INCLUS : Profitez dès maintenant du supplément en ligne de votre Mémento

Sur tablette ou smartphone :
Téléchargez l'application «iMemento» sur l'Apple Store (iPhone & iPad) ou sur Google Play (Androïd)

Sur votre ordinateur :
RDV sur abonnes.efl.fr

Vos avantages :

> Un contenu actualisé à chaque connexion.
> Des fonctionnalités pratiques : moteur de recherche, copier-coller, marque-page, notes, favoris...

W0462851

?

COMMENT ÇA MARCHE

Vous disposez déjà de votre login et mot de passe ?

Votre login et votre mot de passe restent identiques.

Si vous avez perdu vos codes d'accès, vous pouvez contacter notre Service Relation Clients au 01 83 10 10 10 (du lundi au vendredi, de 9h à 18h).

Vous n'avez pas d'identifiant ?

Rendez-vous sur : www.efl.fr/activation

Et utilisez le code personnel d'activation ci-dessous :

1751930ZEIU

MBC

Cet ouvrage a été réalisé
par la Rédaction des Éditions Francis Lefebvre
en collaboration avec :

Géraldine ALLARD
Avocat au barreau de Paris
Pour les rubriques Cession du droit au bail, Contentieux, Loyer du bail initial et Vente des locaux loués

Aline DIVO
Avocat associé du Département Droit immobilier
CMS Francis Lefebvre Avocats
Membre fondateur de LABOCOM
Pour les rubriques Bail vert, Centres commerciaux et Obligations du locataire

Simon ESTIVAL
Avocat au barreau de Paris
INLO Avocats
Chargé d'enseignement à l'Université de Paris I Panthéon Sorbonne
Pour les rubriques Application du statut des baux commerciaux, Centres commerciaux et Obligations du bailleur

Raphaël GARRAUD
Expert immobilier près la cour d'appel de Paris
Pour les développements relatifs à l'expertise dans les rubriques Centres commerciaux, Hôtels et résidences-services, Indemnité d'éviction et Valeur locative des locaux commerciaux

Vanessa JULIENNE
Juri-Editing
Pour les développements fiscaux dans les rubriques Loyer du bail initial et Travaux dans les locaux loués

Françoise MAIGNÉ-GABORIT
Expert immobilier près la cour d'appel de Paris, Agréée par la Cour de cassation – Président d'honneur de la Compagnie nationale des experts judiciaires immobiliers
Pour les développements relatifs à l'expertise dans les rubriques Centres commerciaux, Hôtels et résidences-services, Indemnité d'éviction et Valeur locative des locaux commerciaux

Mélanie PEREIRA
Avocat Of Counsel du Département Droit immobilier
Franklin Avocats
Pour les rubriques Centres commerciaux et Charges locatives

Philippe RIGLET
Avocat associé du Département Droit immobilier
Franklin Avocats
Pour les rubriques Centres commerciaux, Hôtels et résidences-services, Loyer du bail renouvelé et Valeur locative des locaux commerciaux

Louis URVOIS
Avocat au barreau des Hauts-de-Seine
CMS Francis Lefebvre Avocats
Pour la rubrique Indemnité d'éviction

ÉDITIONS FRANCIS LEFEBVRE
10 place des Vosges, 92400 Courbevoie

ISBN 978-2-36893-734-1

MÉMENTO
FRANCIS LEFEBVRE
EXPERT

BAUX COMMERCIAUX

25-26

À jour au 15 mars 2025

Lefebvre Dalloz

LA RÉDACTION DES ÉDITIONS FRANCIS LEFEBVRE

Responsabilité éditoriale

Chrystel Quiney

Vanessa Vélin

Rédacteurs

Laurianne Carrel

Valérie Darbon

Astrid Etienne

Pauline Fleury

Benjamin Joret

Marie-Anne Massiot

Corentine Préel

Claire Ribreau

Présentation et mode d'emploi du Mémento

Qu'il s'agisse d'une boutique en centre-ville, d'un immeuble de bureaux ou d'un magasin situé dans un centre commercial, la pratique des baux commerciaux recouvre des réalités fort diverses et met en jeu des intérêts contradictoires. Les baux commerciaux sont régis non seulement par un statut spécifique, issu du décret du 30 septembre 1953 et repris aux articles L 145-1 à L 145-60 du Code de commerce, mais également par le droit commun du louage qui laisse une large place à la liberté contractuelle.

La **rédaction des baux** constitue donc une étape vitale : les clauses sont rédigées différemment selon que l'on négocie du côté du bailleur ou du locataire ; les particularités des lieux loués (immeuble entier, lots de copropriété, IGH, installations classées, boutiques, bureaux, immeuble construit ou à construire, etc.) doivent également être prises en compte pour rédiger le bail.

Les différentes rubriques du présent ouvrage illustrent cette réalité puisque sont régulièrement rappelées l'application du droit commun au bail commercial et la faculté pour les parties de l'écarter totalement ou partiellement.

Prétendant à l'**exhaustivité,** ce Mémento contient le résumé de milliers de **solutions jurisprudentielles.** Il comporte de **multiples prises de position** sur les questions pratiques non tranchées par les tribunaux. On y trouve enfin de très nombreux **exemples de clauses** (éventuellement contradictoires) issues de la pratique et des décisions jurisprudentielles. Ces modèles sont donnés à titre indicatif et ne constituent qu'une aide à la rédaction. Ils doivent donc être adaptés à la situation particulière de chacun.

La consultation du Mémento est facilitée par :

– des **sommaires** placés en tête de chaque rubrique, ainsi qu'un **plan général** très détaillé et une **table alphabétique** figurant respectivement en début et en fin d'ouvrage ;

– l'emploi de **paragraphes numérotés** auxquels renvoient la table alphabétique et le plan général (la numérotation est discontinue, de manière à faciliter l'intégration de mesures nouvelles ou la création de nouveaux développements) ;

– un système de **mots-repères** en caractères gras.

Plus qu'un ouvrage un service ! À jour au 15 mars 2025, ce Mémento est assorti d'une **version numérique** (pour web, tablette, smartphone) mise à jour en continu. Muni de votre code d'accès (directement transmis par e-mail ou après activation de ce code sur le site www.efl.fr), il vous suffit de télécharger l'application « iMémento » sur votre tablette/smartphone ou de vous rendre sur abonnes.efl.fr.

Plan général

Les chiffres renvoient aux paragraphes

Abréviations

Administrer	Revue « Administrer »
AJDA	Actualité juridique Droit administratif
AJDI	Actualité juridique Droit immobilier
AJPI	Actualité juridique Propriété immobilière
AN	Journal officiel, édition des débats de l'Assemblée nationale
Ann. Loyers	Annale des loyers
BDCF	Bulletin des conclusions fiscales
BF	Bulletin fiscal
BIC	Bénéfices industriels et commerciaux
BJCL	Bulletin juridique des collectivités locales
BNC	Bénéfices non commerciaux
BO	Bulletin officiel
BOCD	Bulletin officiel des contributions directes
BODGI	Bulletin officiel de la Direction générale des impôts
Bofip (BOI)	Bulletin officiel des finances publiques – impôts
Bull. civ.	Bulletin des arrêts de la Cour de cassation, chambres civiles
Bull. crim.	Bulletin des arrêts de la Cour de cassation, chambre criminelle
Bull. inf. C. cass.	Bulletin d'information de la Cour de cassation
CA	Cour d'appel
CAA	Cour administrative d'appel
Cass. ass. plén.	Cour de cassation, assemblée plénière
Cass. ch. mixte	Cour de cassation, chambre mixte
Cass. civ.	Cour de cassation, chambre civile
Cass. com.	Cour de cassation, chambre commerciale
Cass. crim.	Cour de cassation, chambre criminelle
Cass. req.	Cour de cassation, chambre des requêtes
Cass. soc.	Cour de cassation, chambre sociale
CCH	Code de la construction et de l'habitation
C. civ.	Code civil
C. com.	Code de commerce
C. consom.	Code de la consommation
C. exéc.	Code des procédures civiles d'exécution
C. expr.	Code de l'expropriation pour cause d'utilité publique
C. mon. fin.	Code monétaire et financier
C. pén.	Code pénal
CE	Conseil d'État
C. envir.	Code de l'environnement
CGI	Code général des impôts
CIBS	Code des impositions sur les biens et services
Circ.	Circulaire
CGCT	Code général des collectivités territoriales
CGPPP	Code général de la propriété des personnes publiques
COJ	Code de l'organisation judiciaire
CPC	Code de procédure civile
CPP	Code de procédure pénale
CRL	Contribution sur les revenus locatifs

CSP	Code de la santé publique
C. tourisme	Code du tourisme
C. urb.	Code de l'urbanisme
D. (DA, DC, DH ou DP)	Recueil Dalloz (analytique, critique, hebdomadaire ou périodique)
Déb.	Débats (AN ou Sénat)
Defrénois	Répertoire du notariat Defrénois
DGI	Direction générale des impôts
Dupont	Bulletin Dupont (Bulletin des contributions directes, de la TVA et des impôts indirects)
EPCI	Établissement public de coopération intercommunale
Gaz. Pal.	Gazette du Palais
ICC	Indice du coût de la construction
ILAT	Indice trimestriel des loyers des activités tertiaires
ILC	Indice des loyers commerciaux
IR	Impôt sur le revenu
IRL	Indice de référence des loyers
IS	Impôt sur les sociétés
J.-Cl.	Jurisclasseur
JCP	Jurisclasseur périodique, (E : édition entreprise ; G : édition générale ; N : édition nationale)
JO	Journal officiel
Lebon	Recueil Lebon
Lebon T	Tables du recueil Lebon
Loyers et copr.	Revue « Loyers et copropriété »
Navis droit des affaires	Navis Francis Lefebvre, jurisprudence
Ord.	Ordonnance
Quot. jur.	Quotidien juridique
RDI	Revue de droit immobilier
Rec.	Recueil de la jurisprudence de la Cour de justice des Communautés européennes
Rép.	Réponse ministérielle à des parlementaires
Rev. arb.	Revue de l'arbitrage
Rev. Huissiers	Revue des huissiers de justice
RJDA	Revue de jurisprudence de Droit des Affaires, Francis Lefebvre
RJF	Revue de jurisprudence Fiscale, Francis Lefebvre
Rev. Loyers	Revue des loyers
Rev. proc. coll.	Revue des procédures collectives
RTD civ.	Revue trimestrielle de droit civil
RTD com.	Revue trimestrielle de droit commercial
RTD imm.	Revue trimestrielle de droit immobilier
S	Sirey
Sén.	Journal officiel, édition des débats du Sénat
TA	Tribunal administratif
TC	Tribunal de commerce
TGI	Tribunal de grande instance
TI	Tribunal d'instance
TJ	Tribunal judiciaire
TPF	Taxe de publicité foncière
TVA	Taxe sur la valeur ajoutée

APPLICATION DU STATUT DES BAUX COMMERCIAUX

SOMMAIRE

Pour le propriétaire d'un bien immobilier comme pour l'entreprise qui en envisage l'occupation, il est essentiel de déterminer si la relation envisagée sera, ou non, soumise au statut des baux commerciaux. En effet, au-delà du montant du loyer et des charges, chacune des parties devra **mesurer le coût et l'intérêt économique** d'un tel bail au regard des droits et obligations résultant de ce régime locatif. Le locataire devra aussi apprécier les conditions locatives qui lui sont proposées à l'aune des avantages que procure le statut des baux commerciaux qui l'assure d'une pérennité d'exploitation de son fonds (durée, droit au renouvellement, adaptation possible de la destination des lieux, évolution du loyer encadrée, etc.). Parallèlement le bailleur devra prendre la mesure des conditions financières, directes et indirectes (loyer, charges, réparation, entretien...), qu'il proposera au regard du coût éventuel de la propriété commerciale ainsi consentie. **10**

SECTION 1

CONDITIONS GÉNÉRALES D'APPLICATION DU STATUT

20 Le champ d'application du statut des baux commerciaux appréhende, au-delà de l'hypothèse la plus fréquente de l'entreprise commerciale ou industrielle, de nombreuses situations qui confèrent à ce statut un champ d'application notablement plus étendu que pourrait le laisser supposer l'expression « statut des baux commerciaux ».

Le statut présuppose cependant la réunion de **quatre conditions** qui sont : l'existence d'un contrat de bail, ce qui, au-delà de l'apparente simplicité de cette énonciation, implique en tant que tel l'examen détaillé et circonstancié de nombreuses situations ; l'objet dudit bail qui doit être un local ; l'exploitation dans les lieux loués d'un fonds de commerce (ou d'une activité énoncée par le statut) appartenant au locataire et, sauf cas particulier, l'immatriculation du locataire au registre du commerce et des sociétés ou au registre national des entreprises (ex-répertoire des métiers) au titre des lieux loués.

I. NÉCESSITÉ D'UN BAIL

30 Selon l'article L 145-1 du Code de commerce, « les dispositions du présent chapitre s'appliquent aux baux des immeubles ou locaux... ». L'existence d'un bail est donc la première condition à remplir pour que le contrat relève du champ d'application des baux commerciaux statutaires. Le contrat liant les deux parties doit être un contrat de louage, cette notion devant être différenciée d'autres actes juridiques proches.

A. Le contrat de louage

DÉFINITION ET ÉLÉMENTS CONSTITUTIFS DU CONTRAT DE LOUAGE

40 Le contrat de louage est **défini** à l'article 1709 du Code civil : « Le louage des choses est un contrat par lequel l'une des parties s'oblige à faire jouir l'autre d'une chose pendant un certain temps, et moyennant un certain prix que celle-ci s'oblige de lui payer ».

Cette définition permet d'identifier les **éléments constitutifs** du contrat de louage que sont, d'une part, l'obligation pour le bailleur de conférer la jouissance d'un bien et, d'autre part, sa contrepartie, l'obligation pour le locataire de payer le prix. La réunion de ces éléments est à la fois nécessaire et suffisante. Si tous les critères du bail sont réunis, alors la qualification de bail s'impose.

45 Les **parties** peuvent tout à fait prévoir qu'un élément supplémentaire sera nécessaire à la formation du contrat de bail. Tel est le cas lorsque les parties font de la réitération du bail par acte notarié un élément constitutif de leur consentement (Cass. 3e civ. 28-5-1997 n° 928 PF : RJDA 8-9/97 n° 1012).

ATTENTION

Un **écrit** n'est pas nécessaire à la validité du bail. Un bail verbal est tout à fait valable, à condition toutefois de pouvoir démontrer que les parties étaient bien d'accord sur la chose et sur le prix (Cass. 3e civ. 20-5-2021 n° 19-24.658 F-D : RJDA 8-9/21 n° 549). En pratique, il est préférable, sinon quasi impératif, d'exclure lors des négociations la formation d'un bail verbal et de renvoyer à la nécessité d'un contrat écrit ; outre qu'il facilite la preuve de l'existence du bail, il permet surtout de mettre en œuvre de façon indiscutable les obligations d'information et documentaires qui s'imposent au bailleur.

JOUISSANCE D'UN BIEN

50 Le bailleur doit consentir la jouissance du bien loué au locataire. Ce dernier dispose ainsi d'un **droit de créance personnel** : il a la faculté, d'une part d'user de la chose et, d'autre part, d'en percevoir les fruits. Cette jouissance emporte aussi certaines obligations dont celle d'user de la chose raisonnablement et de ne pas en disposer, en vue de la restituer au terme de cette période de jouissance.

L'obligation du bailleur de procurer une jouissance paisible à son locataire lui impose, sauf clause contraire, de délivrer et de maintenir les lieux loués, pendant toute la durée de la location, en un état conforme à leur destination.

Étendue de la jouissance d'un bien Le bail suppose que le locataire ait la pleine jouissance d'un bien déterminé. La jouissance doit être exclusive (Cass. 3e civ. 22-10-2020 n° 18-17.802 F-D : RJDA 2/21 n° 74). Un **droit d'occupation concurrent ou partagé** avec d'autres occupants ou avec le bailleur est exclusif de la qualification de bail (Cass. 3e civ. 13-2-2002 n° 00-17.994 FS-PBR : RJDA 5/02 n° 475 ; Cass. 3e civ. 11-1-2006 n° 04-19.736 FS-PB : RJDA 4/06 n° 382). 55

ILLUSTRATIONS

Ne peut pas être qualifiée de bail la convention par laquelle sont mis à disposition d'un enseignant en gymnastique aquatique un bassin de piscine et des vestiaires partagés avec d'autres utilisateurs et selon des horaires modifiables à tout moment (Cass. 3e civ. 11-1-2006 n° 04-19.736 précité).
Ne constitue pas non plus un bail la convention qui met des installations équestres à la disposition d'un exploitant d'une école d'équitation, dès lors que les installations sont également utilisées par des chevaux appartenant à des tiers (CA Reims 4-9-2012 n° 11/00853, ch. civ. sect. 1 : RJDA 12/12 n° 1043).
À l'inverse, constitue un bail la convention par laquelle le propriétaire d'une maison attribuait expressément à un tiers un « droit d'habitation à vie sur l'immeuble » et qui laissait à celui-ci le droit de décider de la « durée et de l'usage de sa présence », la maison ayant alors été entièrement vidée de ses meubles et le tiers en ayant pris possession en sa totalité ; les séjours ponctuels du propriétaire et de certains de ses amis ne privaient pas le tiers de la jouissance des lieux (Cass. 3e civ. 22-10-2020 n° 18-17.802 F-D précité).

Le **désaccord** des parties **sur une partie de l'assiette** du bail ne permet pas de soutenir que le bail est inexistant. Tel est le cas par exemple lorsque la location porte sur des bâtiments et un terrain et que le désaccord porte sur l'affectation d'un atelier et d'une bande de terrain (Cass. 3e civ. 1-4-1998 n° 483 D : RJDA 6/98 n° 685). 60

Durée de la jouissance du bien Ce droit de jouissance dont bénéficie le locataire est néanmoins temporaire. Le bail suppose que la jouissance consentie au locataire dure « un certain temps » (C. civ. art. 1709). Le Code civil n'impose pas de durée déterminée ni même de durée minimale. En l'absence de précision contractuelle, le bail est considéré conclu pour une durée indéterminée. Cependant, en matière de bail commercial, cette liberté quant à la durée du bail est quelque peu limitée par l'article L 145-4 du Code de commerce qui stipule que « la durée du contrat de location ne peut être inférieure à neuf ans ». 65

Les **conventions perpétuelles** sont prohibées. Chaque partie peut mettre fin à tout moment à un bail perpétuel conclu depuis le 1er octobre 2016, sous réserve de respecter un délai de préavis (C. civ. art. 1210). Pour les baux antérieurs à cette date, la sanction est la nullité d'ordre public (Cass. 3e civ. 8-5-1973 n° 72-11.458 : Bull. civ. III n° 320 ; Cass. 3e civ. 19-2-1992 n° 294 P : RJDA 4/92 n° 323), à laquelle le bailleur ne peut pas renoncer (Cass. 3e civ. 15-5-1996 n° 924 D : RJDA 8-9/96 n° 1014), et qui peut être invoquée par toute personne prouvant son intérêt pendant cinq ans à compter du jour où le titulaire d'un droit a connu ou aurait dû connaître les faits lui permettant de l'exercer (C. civ. art. 2224). 70

L'**appréciation** de la commune intention des parties quant au caractère perpétuel du bail relève du pouvoir souverain des juges du fond (Cass. soc. 29-5-1954 : D. 1954 p. 640 ; Cass. 3e civ. 8-5-1973, précité), de sorte que cette appréciation ne pourrait être sanctionnée qu'en cas de dénaturation par le juge du fond de stipulations contractuelles claires (Cass. 3e civ. 15-1-1976 n° 74-13.328 : Bull. civ. III n° 16).

La Cour de cassation considère comme perpétuel le bail auquel seul le locataire peut mettre fin à son gré sans possibilité pour le bailleur d'y mettre fin (Cass. 1e civ. 7-5-1951 : Bull. civ. I n° 136 ; Cass. 3e civ. 8-5-1973, précité).

ILLUSTRATIONS

Ont été considérés comme **perpétuels** :
– un bail stipulant que « de convention expresse le présent bail sera renouvelable au gré du locataire sur simple demande de sa part formulée six mois avant son expiration » (Cass. 3e civ. 8-5-1973, précité) ;
– un bail commercial portant sur un terrain à usage de dépôt de marchandises et de matériaux stipulant que le bail serait renouvelé dans tous ses effets à son expiration sur simple demande du locataire (Cass. 3e civ. 19-2-1992, précité) ;
– une promesse de bail consentie à une société jusqu'à dissolution de celle-ci dont la durée a été fixée à 99 ans avec faculté de prorogation ou de dissolution par anticipation (Cass. 3e civ. 27-5-1998 n° 819 P : Bull. civ. III n° 110) ;
– un bail portant sur des locaux dans lesquels était exploitée une maison d'accueil et de soins pour personnes âgées précisant qu'il était conclu pour une durée de trois, six, neuf ans, « à la volonté du locataire seul, à charge pour lui de prévenir le bailleur de son intention de faire cesser le bail au moins six mois à l'avance par simple lettre recommandée » (Cass. 3e civ. 13-3-2002 n° 562 FS-PB : RJDA 6/02 n° 599).

En revanche, n'ont **pas** été considérés comme **perpétuels** :
– un bail consenti pour la durée de vie du locataire car, si la durée n'est ni fixe, ni déterminable, le terme est néanmoins fixé par un événement certain et inéluctable, même si la date de sa réalisation est inconnue. Un tel bail a donc une durée déterminée (Cass. 3e civ. 18-1-1995 n° 159 P : RJDA 3/95 n° 257) ;
– un bail renouvelable au gré du locataire dès lors qu'il ne peut être reconduit de la seule volonté de celui-ci que pour une durée limitée à douze ans (Cass. 3e civ. 11-12-2007 n° 06-21.197 F-D : RJDA 6/08 n° 609) ;
– un bail consenti pour une durée de douze ans, renouvelable par tacite reconduction pour la même durée et comportant engagement du bailleur de vendre au locataire les lieux loués dans la mesure où les parties n'envisageaient pas de renouveler le bail, dès lors que le propriétaire pouvait en refuser le renouvellement, peu important qu'il s'obligeât alors à vendre les lieux au locataire (Cass. 3e civ. 7-1-2009 n° 07-18.740 FS-D : RJDA 4/09 n° 312).

PAIEMENT D'UN LOYER

75 Le bail étant un contrat à titre onéreux, le prix, c'est-à-dire le loyer, en constitue un élément essentiel. S'il est librement déterminé par les parties, le prix doit être réel et sérieux (nos 48125 s.). Un bail verbal ne pourrait résulter de la seule occupation des lieux ; le versement effectif d'un loyer est un élément essentiel (Cass. 3e civ. 23-6-2016 n° 14-15.307 F-D : Loyers et copr. 2016 n° 199).

En présence d'un loyer modique, la réalité du loyer est dans certains cas retenue, puisque la modicité ne fait pas en soi perdre au bail son caractère propre. Dans d'autres, à l'inverse, l'on retient son caractère dérisoire et donc insuffisant pour caractériser un loyer réel. Selon le cas, le bail sera donc, soit confirmé, soit disqualifié en prêt à usage ; une disqualification en donation n'est pas non plus exclue. Mais, en l'absence de contrepartie sérieuse, le bail encourt la nullité (n° 48127).

Le paiement de diverses charges, ainsi que de nombreuses autres obligations, faisant ressortir l'existence d'une contrepartie en nature, confère à l'occupation des lieux un caractère onéreux ; en conséquence le contrat de mise à disposition d'un bien immobilier doit être qualifié de contrat de bail (Cass. 3e civ. 1-6-2022 n° 21-15.822 : AJDI 2022 p. 598).

B. Distinction du louage d'un bien avec d'autres opérations

LOUAGE OU VENTE

180 La vente est une convention par laquelle l'un s'oblige à livrer une chose, et l'autre à la payer (C. civ. art. 1582). Si comme le bail, la vente est un contrat à titre onéreux, elle transfère la propriété du bien à l'acquéreur et lui confère une jouissance définitive et illimitée en vertu d'un droit réel et non d'un droit personnel et temporaire. Cette distinction n'est, a priori, pas source de difficultés.

Réserve doit être faite de l'hypothèse du **bail « à carrière »** ou « de carrière ». Cette convention portant sur une carrière ou une mine confère un droit temporaire à son titulaire qui paie une redevance, ce qui la rapproche du bail. La titularité d'un droit d'extraction, et la consommation qui en résulte, l'éloignent du bail, puisque le titulaire ne pourra pas restituer la carrière dans son état initial. La jurisprudence a tranché cette difficulté en qualifiant le bail à carrière de vente de matériaux à extraire, en se fondant sur le fait que la matière objet du contrat (argile, granit...) est un meuble par anticipation (Cass. com. 15-3-1967 n° 64-12.560 : Bull. civ. III n° 119).

LOUAGE OU PRÊT À USAGE

185 Le prêt à usage, anciennement appelé « commodat », est un contrat par lequel l'une des parties livre une chose à l'autre pour s'en servir, à la charge par le preneur de la rendre après s'en être servi (C. civ. art. 1875). Comme le bail, le prêt à usage confère un droit personnel et temporaire de jouissance. La différence se situe au niveau du prix car le prêt à usage est un contrat essentiellement gratuit (C. civ. art. 1876). C'est pour cela que, si le loyer d'un bail est excessivement modique, le contrat peut être disqualifié en prêt à usage.

La question de savoir si une mise à disposition a un caractère onéreux ne dépend pas de la régularité du versement de la contrepartie (Cass. 3e civ. 7-3-2012 n° 11-14.630 FS-PB : RJDA 3/13 n° 196).

ILLUSTRATIONS

Cas dans lesquels la convention a été qualifiée de prêt à usage
Un contrat intitulé bail d'habitation comportait une rubrique mentionnant que « la présente location est consentie et acceptée à titre gratuit ». Le locataire considérait que ce contrat était un

bail car il s'était engagé à payer les impôts locaux ainsi que les travaux importants de chauffage, menuiserie, ravalement de façade. **185** (suite)

Il a été jugé au contraire qu'il s'agissait d'un prêt à usage en l'absence de contrepartie pour les raisons suivantes : le locataire ne fournissait que deux devis pour le chauffage mais aucune facture, deux factures de montants dérisoires pour quelques produits d'entretien et le paiement de la taxe d'habitation dont il était logique qu'il s'acquitte en tant qu'occupant des lieux. De plus, deux constats d'huissiers (ou de commissaires de justice) montraient que la maison n'était pas entretenue, la chaudière ne fonctionnait plus, et aucun travail n'avait été effectué pour la menuiserie et la façade.

CA Rouen 8-12-1999 n° 98-685, 1e ch. civ. : Loyers et copr. 1996 comm. n° 1.

Une association exploitant un golf avait prêté à une société un restaurant destiné à la clientèle du golf ainsi que le mobilier et le matériel qui le garnissaient. Aux termes de la convention de prêt, la société devait rembourser les charges relatives à l'exploitation selon la clé de répartition suivante : 65 % du coût de l'abonnement électrique commun ; la totalité de la consommation électrique du compteur de la cuisine et des charges d'entretien des locaux, matériel et mobilier ; la moitié des mêmes charges pour les parties communes et abords. Estimant que les sommes versées à l'association au titre de cette convention représentaient un loyer déguisé, la société avait demandé la requalification du prêt en bail commercial.

Cette demande a été rejetée aux motifs que la stipulation d'une contrepartie n'exclut pas la gratuité de la mise à disposition d'un bien si le montant versé se limite aux frais générés par l'usage sans inclure la rémunération du service rendu, ce qui était le cas en l'espèce compte tenu du mode de répartition des charges d'exploitation.

CA Besançon 26-1-2011 n° 09-1751, 2e ch. civ. : RJDA 10/11 n° 801.

Dans un cas où le propriétaire d'un immeuble avait prêté gratuitement des locaux à des commerçants pour qu'ils y exploitent un restaurant au bénéfice des occupants de l'immeuble et de leurs invités, les commerçants étant tenus au paiement de l'eau et de l'électricité, les travaux qu'ils ont réalisés dans les locaux ne constituent pas une contrepartie de nature à remettre en cause la gratuité du prêt dès lors que ces travaux ont été effectués sans autorisation du propriétaire.

Cass. 3e civ. 31-5-2011 n° 09-17.008 F-D : RJDA 4/12 n° 396.

En l'absence de loyer, et donc de prix, et de toute autre contrepartie, et notamment en l'absence d'une obligation de mise à la charge du preneur de réaliser des travaux dans un appartement, alors que l'état du délabrement du bâtiment imposait des travaux particulièrement importants, hors de proportion avec le montant d'un loyer si celui-ci avait dû faire l'objet d'un bail, le contrat signé doit être qualifié de prêt à usage et non de bail.

CA Montpellier 27-5-2014 n° 13/02460, 1e ch. D.

Une cour d'appel, qui relève que le contrat de bail commercial n'inclut pas la loge du concierge dans les locaux loués, que le locataire ne pouvait pas se prévaloir du caractère accessoire de la mise à disposition de cette loge et que la prestation de gardiennage en contrepartie de laquelle le bailleur avait mis à la disposition du locataire la loge du concierge n'équivalait pas au service rendu et ne correspondait pour le bailleur ni à une prestation intéressée ni à une rémunération de cette mise à disposition, peut en déduire que cette mise à disposition, qui n'avait pas de caractère onéreux, constituait un prêt à usage auquel le propriétaire pouvait mettre un terme.

Cass. 3e civ. 22-3-2018 n° 16-26.150 FS-D : RJDA 5/18 n° 395.

Les enfants d'un entrepreneur individuel mis en liquidation judiciaire avaient créé une SCI en vue de racheter, au moyen d'un emprunt, l'immeuble d'habitation de leurs parents afin que ces derniers puissent continuer à y vivre. Douze ans plus tard, la SCI avait poursuivi les parents en vue de leur expulsion.

Une cour d'appel a souverainement estimé que la preuve de la conclusion d'un bail verbal entre la SCI et les parents n'était pas rapportée et que l'immeuble avait donc été occupé en vertu d'un prêt à usage : les versements effectués pendant quatre ans depuis le compte des parents sur celui de la SCI n'avaient pas une périodicité mensuelle ; si, pendant huit ans, la SCI avait été destinataire d'un virement permanent interrompu quatre ans avant les poursuites de la SCI, il émanait de la seule société créée par le père et dirigée par son épouse.

Cass. 1e civ. 16-5-2018 n° 16-25.561 F-D : RJDA 12/18 n° 907.

Cas dans lesquels la convention a été qualifiée de bail

Une cour d'appel ne saurait attribuer le caractère d'un prêt à usage à l'utilisation par un tiers de locaux mis à sa disposition par le locataire principal moyennant le remboursement de tout ou partie des loyers réglés par le locataire principal en considérant que « de tels paiements à les supposer établis ne seraient pas suffisants pour exclure le principe d'un contrat à titre gratuit ».

Cass. com. 2-2-1967 n° 65-10.769 : Bull. civ. III n° 58.

Viole l'article 1876 du Code civil l'arrêt qui décide que le contrat d'occupation d'un immeuble constitue un prêt à usage tout en constatant que l'occupant avait versé, outre le prix des consommations d'électricité et de chauffage, une redevance de 5 000 F (750 €) par an.

Cass. com. 2-2-1967 n° 64-13.356 : Bull. civ. III n° 57.

C'est à tort que le propriétaire d'un bâtiment occupé par une association soutenait que la convention constituait un prêt à usage pour les raisons suivantes :
– la modicité du loyer n'avait pas fait perdre au bail son caractère propre, alors surtout que le locataire prenait en charge toutes les réparations ;
– la remise d'un loyer déjà convenu, faite dans une intention libérale, ne modifiait pas la nature du contrat liant les parties ;
– les nouveaux accords conclus par les parties dans l'acte litigieux rendaient inopérante toute référence à la situation antérieure pendant laquelle l'association jouissait des locaux à titre gratuit ;
– deux lettres adressées par le propriétaire établissaient que celui-ci reconnaissait à l'association la qualité de locataire et admettait la réalité du bail.
En conséquence, le contrat conclu entre les parties constituait un bail commercial ne pouvant prendre fin que dans les formes prévues par le statut.

Cass. 3e civ. 15-5-1973 n° 72-11.841 : Bull. civ. III n° 336.

Une société avait consenti un « prêt à usage » renouvelable portant sur l'ensemble d'un domaine ; la société ayant demandé à l'occupant de quitter les lieux à l'expiration du contrat renouvelé, l'occupant l'avait poursuivie aux fins de faire disqualifier la convention en bail rural.
Dès lors que la convention mettait à la charge de l'occupant « toutes les charges afférentes à l'exploitation du bien, notamment la taxe foncière », une cour d'appel en a souverainement déduit le caractère onéreux de la convention.

Cass. 3e civ. 14-1-2004 n° 3 FS-PB : RJDA 7/04 n° 812.

Dans un cas où une société avait mis à disposition de deux époux un bien immobilier lui appartenant, dans lequel ceux-ci avaient opéré d'importants travaux de rénovation, il résulte des éléments suivants que les parties étaient liées par un bail et non par un prêt à usage : dès la mise à disposition du bien, la société avait exprimé clairement son accord pour donner le bien à bail ; l'occupation avait été consentie en contrepartie de travaux importants dont la réalité était démontrée par des factures de matériaux et des photographies du bien avant et après travaux ; le loyer avait été payé en nature par l'exécution de travaux ayant permis de transformer une ruine en logement habitable.

Cass. 3e civ. 9-4-2013 n° 12-15.478 F-D : RJDA 8-9/13 n° 690, 2e espèce.

Un contrat de mise à disposition d'un bien immobilier ne stipulant pas une contrepartie significative doit être qualifié de bail et non de prêt à usage, dès lors que, en sus de diverses charges en lien direct avec son activité, de nombreuses autres obligations, qui par leur nature et leur nombre, ne correspondaient pas à un usage personnalisé des lieux, et bénéficiaient exclusivement à l'occupant, font ressortir l'existence d'une contrepartie en nature conférant à l'occupation des lieux un caractère onéreux.

Cass. 3e civ. 1-6-2022 n° 21-15.822 : AJDI 2022 p. 598.

LOUAGE OU DÉPÔT

200 Le dépôt, en général, est un acte par lequel on reçoit la chose d'autrui, à la charge de la garder et de la restituer en nature (C. civ. art. 1915). La principale différence entre le dépôt et le bail est l'obligation de surveillance qui pèse sur le dépositaire. De plus, celui-ci ne peut user et jouir de la chose sans autorisation expresse ou tacite du déposant, contrairement au bail qui confère un droit de jouissance au locataire. Si le dépôt est essentiellement gratuit, cela n'est pas une condition essentielle de ce type de contrat.

ILLUSTRATIONS

Dans un cas où une caravane a, moyennant une redevance, été mise en stationnement sur un terrain sur lequel était exploité un camping et où cette caravane a été volée, la demande en dommages-intérêts du propriétaire du véhicule a été rejetée dès lors que les contrats habituellement conclus en cours de saison entre la clientèle et le propriétaire du camping n'ayant d'autre objet que la mise à disposition du client d'un emplacement privatif moyennant une redevance journalière, la convention litigieuse s'analysait en un contrat de louage, non en un dépôt (Cass. 1re civ. 3-2-1982 n° 80-16.589 : Bull. civ. I n° 60).

205 S'agissant de la mise à disposition d'**emplacements de parking,** la jurisprudence a tranché en faveur de la qualification de ces conventions en contrats de dépôt. Ainsi, en cas de vol d'un véhicule, remisé dans un garage, le garagiste est considéré responsable du vol, car l'établissement qu'il tient est un garage commun à plusieurs voitures ; on n'est pas en présence d'une simple remise louée privativement à un particulier sans autre obligation pour le propriétaire de l'immeuble que d'assurer à son locataire la libre jouissance des lieux ; le contrat d'abonnement conclu avec le garagiste est assimilable à un dépôt salarié rendant le dépositaire responsable de la perte de la chose mise en dépôt (Cass. 1re civ. 2-11-1966 n° 64-12.907 : Bull. civ. I n° 489).

LOUAGE OU CRÉDIT-BAIL

Le crédit-bail est un mode de financement (C. mon. fin. art. L 313-7 s.) comprenant à la fois une **jouissance** (organisée en empruntant des dispositions du droit du louage) et la **faculté d'acquérir** la propriété du bien immobilier. Le crédit-bailleur reste propriétaire de l'immeuble pendant la durée du contrat de crédit-bail. Le crédit-preneur a la faculté de devenir propriétaire soit par cession en exécution d'une promesse unilatérale de vente moyennant un prix de vente au plus tard à l'expiration du contrat, soit par acquisition directe ou indirecte des droits de propriété du terrain sur lequel ont été édifiés le ou les immeubles loués, soit par transfert de plein droit de la propriété des constructions édifiées sur le terrain appartenant audit locataire. 210

La Cour de cassation refuse l'application du statut des baux commerciaux au motif que le crédit-bail, quelle que soit sa forme, est une opération qui a pour objet l'acquisition d'un immeuble (Cass. 3e civ. 10-6-1980 n° 78-11.032 : Bull. civ. III n° 113 ; Cass. 3e civ. 7-5-1997 n° 740 P : RJDA 1/98 n° 97). La spécificité financière de cette opération s'oppose donc à l'application de la jurisprudence en matière de répartition et de charge des impositions, taxes et contributions entre les parties à un bail commercial. Les contrats de crédit-bail prévoient le plus souvent que les impositions dues par le crédit-bailleur – dont la taxe foncière – sont remboursables par le crédit-preneur, au même titre que les charges de copropriété, puisque l'opération financière réalisée par le crédit-bailleur consiste à percevoir les loyers du crédit-bail nets de toutes charges (CA Versailles 13-2-2014 n° 12/07972 : Rev. loyers 2014 p. 113).

En revanche le **contrat consenti par le crédit-preneur à un occupant** est soumis au statut si les conditions de l'article L 145-1 du Code de commerce sont remplies. En effet, le contrat conclu entre un crédit-preneur et un locataire commerçant est un contrat distinct du contrat de crédit-bail et obéit à des règles qui lui sont propres ; dès lors que le locataire est une société commerciale inscrite au registre du commerce et exploite dans les lieux loués un fonds de commerce, le contrat de location consenti par le crédit-preneur est un bail soumis au statut des baux commerciaux (Cass. 3e civ. 10-12-2002 n° 1867 FS-PBRI : RJDA 3/03 n° 234 ; CA Paris 28-6-2000, 16e ch. A, n° 98-24130 : AJDI 2000 p. 1029 chron. J.-P. Blatter).

LOUAGE OU CONVENTION D'OCCUPATION PRÉCAIRE

La convention d'occupation précaire n'est pas un bail (n° 24030) ; elle ne peut donc pas être soumise au statut des baux commerciaux. La **fragilité du droit de l'occupant,** qui différencie la convention d'occupation précaire du bail, est constatée par la réunion de deux éléments : l'existence de circonstances particulières indépendantes de la seule volonté des parties, légitimant la précarité, et l'intention réelle des parties. Cette convention est étudiée nos 24000 s. 215

BAIL EMPHYTÉOTIQUE

Définition du bail emphytéotique Le bail emphytéotique est un contrat, d'une durée comprise entre 18 et 99 ans, par lequel le bailleur confère au locataire (l'« emphytéote ») un droit réel immobilier spécial (l'« emphytéose ») sur un immeuble (C. rur. art. L 451-1), ce qui permet à ce dernier d'avoir des prérogatives nettement plus importantes qu'en droit commun du louage. L'emphytéote peut, en effet, édifier des constructions sur le terrain, les louer, vendre son droit au bail en ayant pour seule limite de ne pas porter atteinte à la valeur du fonds. Mais en échange, il doit réaliser tous les travaux de construction et d'amélioration prévus au bail et payer toutes les charges relatives au bien loué. Les constructions qu'il édifie font en outre accession au bailleur en fin de contrat, le plus souvent sans indemnité, ce qui justifie que le bail emphytéotique soit consenti moyennant le paiement d'une redevance dont le montant est moins élevé que celui du loyer d'un bail commercial statutaire. Rien n'empêche cependant les parties de convenir d'une indemnisation de l'emphytéote en fin de bail. 220

Le bail emphytéotique ne possède aucune similitude avec le louage d'immeuble ordinaire de droit commun et se trouve soustrait à ses règles (sauf en ce qui concerne l'incendie : C. rur. art. L 451-8, al. 3).

Application du statut des baux commerciaux au bail emphytéotique Les dispositions des articles L 145-1 et suivants du Code de commerce ne sont pas applicables aux baux emphytéotiques, sauf en ce qui concerne la **révision du loyer** (C. com. art. L 145-3). 221

Malgré la lettre de cet article L 145-3, la Cour de cassation juge désormais que le prix d'un bail emphytéotique ne peut pas être fixé à la valeur locative par le jeu d'une demande en révision du prix du bail (Cass. 3e civ. 19-2-2014 n° 12-19.270 FS-PB : RJDA 5/14 n° 419). Le bailleur d'un bail emphytéotique ne peut pas solliciter la révision du loyer pour le faire correspondre à la valeur locative, étrangère à l'économie de ce bail dans lequel la contrepartie de la jouissance du preneur est, non le paiement d'un loyer, mais l'absence de renouvellement du bail et l'accession au bailleur en fin de bail des travaux et améliorations faits par le preneur (Cass. 3e civ. 8-9-2016 n° 15-21.381 FS-PB : RJDA 11/16 n° 772).

> **Précisions** La Cour de cassation avait admis **avant ces arrêts** de 2014 et 2016 que la redevance du bail emphytéotique pouvait être révisée sur le fondement des dispositions régissant le bail commercial, à condition que le bail soit à caractère commercial, industriel ou artisanal (Cass. com. 11-7-1961 n° 58-11.818 : Bull civ. III n° 322 ; Cass. 3e civ. 11-6-1986 n° 84-17.222 : Bull civ. III n° 93).

225 **Existence d'un bail emphytéotique** Les conditions d'existence de l'emphytéose sont appréciées avec rigueur et tous les caractères généraux doivent être réunis. Le juge doit, pour procéder à la qualification, prendre en considération un certain nombre d'éléments envisagés dans leur ensemble : la longue durée du bail, la libre faculté d'apporter des améliorations ou de modifier l'état des lieux, la libre cession et sous-location, la liberté de consentir des hypothèques sur les droits tenus du bail...

Le seul fait que l'immeuble édifié sur le terrain soit à usage commercial et industriel n'est pas un motif suffisant pour écarter la qualification d'emphytéose (Cass. 3e civ. 3-12-1980 n° 79-14.132 : Gaz. Pal. 1981 pan. p. 115).

Si les conditions d'existence de l'emphytéose ne sont pas remplies, il est restitué l'exacte **qualification** du contrat, à savoir celle de bail ordinaire, sans que les clauses contraires aux critères du bail soient considérées comme non écrites. Si le titulaire du contrat disqualifié en bail ordinaire est propriétaire d'un fonds de commerce exploité dans l'enceinte des immeubles contractuels, il est titulaire d'un bail commercial statutaire et bénéficie, s'il en respecte les conditions, du droit au renouvellement.

ATTENTION

En pratique, ce principe peut se heurter aux dispositions de l'article L 145-60 du Code de commerce en vertu desquelles toutes les actions exercées en matière de baux commerciaux sur le fondement des dispositions du Code de commerce se prescrivent par deux ans. En effet, cette **prescription** biennale est applicable à la **requalification d'un contrat en bail commercial** (Cass. 3e civ. 29-10-2008 n° 07-16.185 et Cass. 3e civ. 25-1-2023 n° 21-24.394 F-D : RJDA 6/23 n° 303 à propos d'un contrat de location-gérance ; Cass. 3e civ. 23-11-11 n° 10-24.163 à propos d'un bail professionnel conclu pour l'exercice d'une activité hippique ; CA Bordeaux 23-3-2020 n° 17/04705 à propos d'un bail professionnel conclu pour une activité d'enseignement) avec pour point de départ la date de conclusion du contrat, y compris en cas de renouvellement (Cass. 3e civ. 14-9-2017 n° 16-23.590 ; Cass. 3e civ. 17-9-2020 n° 19-18.435 F-PBI : RJDA 11/20 n° 556). Plusieurs cours d'appel ont appliqué cette solution à la requalification d'un bail emphytéotique en bail commercial (CA Limoges 10-3-2011 n° 09/01433 ; CA Bastia 8-4-2015 n° 14/00163). Le bail ne peut donc plus être requalifié en bail commercial plus de deux ans après sa conclusion.

226 Comme un bail emphytéotique ne peut prévoir aucun dénouement avant la dix-huitième année, la stipulation d'une faculté de résiliation triennale au gré du locataire, celle de la faculté pour le bailleur de résilier ou l'insertion d'une **clause** résolutoire **entraînent la disqualification.** La clause instituant une responsabilité solidaire de l'emphytéote avec son cessionnaire est également disqualifiante ainsi que celle subordonnant le changement du type de commerce exercé à l'accord du bailleur.

Qu'en est-il de la clause soumettant de manière générale et absolue la cession ou la sous-location à l'autorisation du bailleur, ou de la clause requérant l'autorisation du bailleur lorsque la cession s'accompagne d'une modification de l'activité commerciale ? La Cour de cassation a jugé que de telles clauses sont disqualifiantes car le droit de libre cession constitue un caractère essentiel du bail emphytéotique (Cass. 3e civ. 10-4-1991, ci-dessous ; Cass. 3e civ. 29-4-2009 n° 08-10.944 FS-PB : Bull. civ. III n° 92). Néanmoins, à propos d'un bail à construction, elle a jugé que de telles **clauses** sont **nulles** et de nul effet car elles constituent une restriction au droit de céder du preneur contraire à la liberté de cession (Cass. 3e civ. 24-9-2014 n° 13-22.357 FS-PB : RJDA 12/14 n° 889 ; Cass. 3e civ. 14-9-2017 n° 16-23.590). Il est donc permis de s'interroger sur la possible transposition de cette solution au bail emphytéotique : toute clause d'un bail emphytéotique, jusqu'alors considérée comme incompatible avec la nature même de ce contrat, ne serait plus susceptible d'entraîner la disqualification de ce dernier en bail ordinaire, et donc, le cas échéant, en bail soumis au statut si les conditions d'application du statut des baux commerciaux sont remplies. C'est la clause qui s'effacerait, le contrat conservant sa nature de bail emphytéotique.

ILLUSTRATIONS

Par acte du 21 mai 1963, un office d'HLM et la commune de Sète ont donné à bail à une société, moyennant un loyer annuel de 18 000 F (environ 2 700 €), porté à 69 664 F (environ 10 600 €) par an lors de la prorogation consentie en 1983 jusqu'au 5 août 1986. L'office d'HLM a refusé à cette date le renouvellement du bail. Pour décider que cette convention était un bail emphytéotique, l'arrêt attaqué s'était fondé « sur le faible montant du loyer, sur l'impossibilité de réclamer une indemnisation du fait des bâtiments construits et sur le fait, concevable en cas de bail de cette nature, que le droit de cession n'est subordonné à l'accord de l'office et à l'approbation des autorités de tutelle que très limitativement, en cas de modification de l'activité commerciale prévue ».
La Cour de cassation censure cette décision au motif que le droit de libre cession constitue un caractère essentiel du bail emphytéotique.

Cass. 3e civ. 10-4-1991 n° 725 P : RJDA 6/91 n° 471.

Dans un cas où la locataire de locaux à usage commercial et d'habitation avait obtenu le bénéfice du droit au renouvellement de son bail, la bailleresse avait fait valoir que le bail comportait toutes les caractéristiques du bail emphytéotique, notamment la longue durée (25 ans), la modicité de la redevance, le droit de cession et de sous-location, la possibilité d'hypothèques.
Il a au contraire été jugé que le bail, même de longue durée, ne présentait pas les caractéristiques de l'emphytéose compte tenu des éléments suivants : la modicité du loyer n'était que relative, n'avait pas pour contrepartie la prise en charge d'améliorations par le locataire, l'autorisation de construire était limitée à une pièce, ce qui interdisait tous autres aménagements, la liberté de sous-louer ou céder le bail était très atténuée par une clause de responsabilité solidaire du locataire avec le cessionnaire ou sous-locataire et la possibilité d'exercer d'autres commerces n'était pas générale.

Cass. 3e civ. 3-10-1991 n° 1392 P : RJDA 11/91 n° 904.

Les propriétaires d'un terrain l'avaient donné à bail, le 9 décembre1960, par un acte intitulé « bail emphytéotique » pour une durée de 30 ans qui comportait une clause limitant l'usage des terrains à la création d'un centre privé exclusivement réservé aux membres d'organisations naturistes. Diverses cessions de ce bail étant intervenues, les cessionnaires ont, le 23 juin 1977, consenti un bail soumis au statut des baux commerciaux et, le 17 janvier 1992, ils ont sommé le locataire de quitter les lieux en se fondant sur cette stipulation ; ce dernier a alors poursuivi les propriétaires en nullité de la sommation.
Bien que le bail ait été conclu pour une durée de 30 ans, que la redevance annuelle était faible, que l'emphytéote devait supporter toutes les réparations et acquitter tous les impôts, qu'il pouvait sous-louer les lieux ou céder le contrat sans l'accord du bailleur, qu'il n'avait droit à aucune indemnité en fin de convention et qu'il était loisible aux parties de préciser l'objet du contrat sans que le bail réel immobilier spécial accordé à l'emphytéote en soit altéré, le fait que le bail comportait une clause limitant l'usage auquel le bénéficiaire pouvait affecter les lieux loués faisait échec à sa qualification de bail emphytéotique.

Cass. 3e civ. 13-5-1998 n° 70 PF : Bull. civ. III n° 101.

La commune de Sorbollano a, le 8 mars 1969, donné à bail divers terrains communaux suivant un acte qualifié de « bail emphytéotique », pour une durée de 30 ans. Le locataire a poursuivi la commune pour faire disqualifier le bail en bail à ferme du fait de la stipulation contractuelle subordonnant la cession et la sous-location à l'autorisation des conseils municipaux.
Jugé que le constat de ce que le bail comportait une clause limitant la cession ou la sous-location faisait échec à la qualification de bail emphytéotique retenue par les juges du fond.

Cass. 3e civ. 7-4-2004 n° 02-19.870 : Bull. civ. III n° 72.

Ne constitue pas un bail emphytéotique le bail d'un terrain conclu pour 40 ans qui comporte une clause subordonnant la cession du bail à l'accord du bailleur lorsque le cessionnaire n'est pas un successeur dans l'exploitation commerciale.

Cass. 3e civ. 29-4-2009 n° 08-10.944 FS-PB : Bull. civ. III n° 92.

Bail consenti par l'emphytéote Le titulaire d'un bail emphytéotique peut conclure, dans la limite de ses droits, une **location commerciale,** souvent dénommée à tort « sous-location ». Cette location est soumise au statut des baux commerciaux si ses conditions d'application sont remplies (C. com. art. L 145-3), sauf en ce qui concerne la durée, le bénéfice du droit au maintien dans les lieux, du droit au renouvellement ou d'une indemnité d'éviction, dès lors que survient l'expiration de l'emphytéose (voir n° 30730). **230**

BAIL À CONSTRUCTION

Constitue un bail à construction le bail par lequel le locataire s'engage, à titre principal, à édifier des constructions sur le terrain du bailleur et à les conserver en bon état d'entretien pendant toute la durée du bail (CCH art. L 251-1, al. 1). **235**

Le locataire peut céder tout ou partie de ses droits ou les apporter en société (art. L 251-3, al. 3). Cette liberté est à ce point incontournable et irréductible que la loi lui confère un caractère d'ordre public (art. L 251-8).

Le régime du bail à construction est similaire à celui du bail emphytéotique excepté ce qui concerne, d'une part, les conséquences d'une résiliation en présence d'hypothèques et, d'autre part, la destination. Contrairement au bail emphytéotique, qui doit réserver la plus large faculté d'usage à l'emphytéote, les parties peuvent insérer une clause imposant une restriction à l'activité du locataire à construction (Cass. 3e civ. 7-4-2004 n° 465 FP-PBI : RJDA 8-9/04 n° 958). Contrairement à l'emphytéote, le locataire à construction se voit imposer une obligation essentielle de construction sur le terrain loué. En présence d'une simple faculté pour le locataire d'édifier toutes constructions à usage commercial ou industriel, sans aucune obligation de construire, il ne peut s'agir d'un bail à construction mais d'un bail emphytéotique (Cass. 3e civ. 11-6-1986 n° 84-17.222 : Bull. civ. III n° 93).

Un bail à construction régulièrement conclu n'est pas soumis au statut des baux commerciaux (CA Fort-de-France 12-8-2015 n° 14/00477 : Rev. loyers 2015 p. 396).

Le locataire à construction peut librement consentir des baux sur les immeubles qu'il édifie ou sur les parties de terrain non bâties. Si les diverses conditions du statut se trouvent par ailleurs remplies, les baux ainsi consentis sont des baux commerciaux statutaires.

LOUAGE OU LOCATION-GÉRANCE

240 La location-gérance ou « gérance libre » est la convention par laquelle le propriétaire d'un fonds de commerce loue son fonds à un gérant qui l'exploite à ses risques et périls (C. com. art. L 144-1). Ce contrat constitue une location (Cass. com. 1-12-1965 n° 63-12.449 : Bull. civ. III n° 619). Il suppose donc que le locataire verse un loyer déterminé appelé « redevance » (Cass. com. 11-5-1971 n° 70-10.012 : Bull. civ. IV n° 129). Cependant, la location-gérance porte sur l'universalité que constitue le fonds de commerce. Cette **condition** permet de distinguer la location-gérance du bail commercial, qu'il s'agisse d'un bail principal ou d'une sous-location.

ILLUSTRATIONS

Constitue une location-gérance et non un bail commercial l'acte intitulé « bail », qui déguisait une **location-gérance** du fonds non publiée puisque le locataire n'était propriétaire ni d'un fonds ni d'un matériel commercial et bénéficiait de la mise à sa disposition d'un local de boucherie déjà équipé et exploité pratiquement sans interruption.

Cass. 3e civ. 14-3-1968 n° 65-11.693 : Bull. civ. III n° 114.

Une cour d'appel a justement admis que le contrat par lequel une société avait, le 30 juin 1967, donné un fonds de commerce de restaurant, café, mini-golf en location-gérance devait être qualifié de **bail** de locaux commerciaux dès lors qu'il avait été constaté que le fonds était inexploité et qu'il n'existait aucune clientèle qui ait pu être transmise au cocontractant. En effet, le fonds de commerce n'était plus exploité depuis 1965, la société n'avait produit aucun document comptable ou fiscal pour les années 1966 et 1967, la cuisine du restaurant n'était pas installée, le matériel était insuffisant et le stock de marchandises dérisoire.

Cass. civ. 17-6-1975 n° 74-10.605 : Bull. civ. III n° 204.

Une cour d'appel a légalement justifié sa décision déclarant constitutive d'une **location-gérance** la convention conclue entre deux sociétés, dès lors qu'elle a déduit des constatations suivantes l'existence d'une clientèle attachée à l'exploitation préexistante de l'une des sociétés et mise à la disposition de l'autre : la première société avait continué jusqu'à la date de la convention litigieuse l'exploitation d'un fonds de commerce créé plus de trente ans auparavant ; en outre, aux termes de cette convention, qui mettait à la disposition de la seconde un complexe immobilier, pesaient désormais sur le locataire diverses obligations, dont celle de prendre en charge le personnel nécessaire à l'accueil, l'entretien et la gestion du complexe, de mettre au nom de la personne qu'il devait désigner la licence d'exploitation du bar et de continuer avec les sociétés de brasserie les contrats passés.

Cass. com. 14-12-1993 n° 2007 D : RJDA 5/94 n° 517.

Constitue une **sous-location** des murs et non une location-gérance le contrat par lequel une société exploite dans les locaux son propre fonds de commerce, sous sa propre enseigne en apportant sa propre clientèle : la société prétendument locataire-gérant avait exploité son fonds de commerce dans d'autres locaux avant de s'installer dans le local litigieux, sous cette même enseigne, de sorte qu'aucun élément ne démontrait l'exploitation d'une clientèle attachée au fonds donné en location-gérance.

Cass. 3e civ. 7-7-2016 n° 16-16.101 F-D : Administrer août-sept. 2016 p. 46.

245 Lorsque le bail est soumis au statut, la sous-location est interdite, sauf stipulation contraire du bail ou accord du bailleur (C. com. art. L 145-31). Le locataire principal peut être tenté de tourner cette

interdiction en dissimulant la **sous-location** sous la forme d'un autre contrat, en particulier sous un contrat de location-gérance. Sur l'appréciation de l'existence d'une telle dissimulation par les juges du fond, voir nos 75055 s.

BAIL DE COURTE DURÉE

250 Le bail de courte durée (trois ans maximum), encore dénommé « bail dérogatoire », est défini à l'article L 145-5 du Code de commerce. C'est une convention par laquelle les parties choisissent conventionnellement de déroger aux dispositions du statut des baux commerciaux alors que les conditions d'application sont remplies.

BAIL SAISONNIER

260 Le bail saisonnier est prévu à l'article L 145-5 du Code de commerce. Il est conclu pour une saison (l'été pour les stations balnéaires ou l'hiver pour les stations de ski) et l'exploitation ne doit pas être continue.

LOUAGE OU VENTE « POUR LE COMPTE DE »

265 Une convention qui autorise une société à vendre des produits dans un local sous le contrôle de son cocontractant – accord préalable à toute publicité, exercice de l'activité aux jours et heures d'ouverture du cocontractant, remise totale des recettes – ne contient aucune disposition relative aux droits d'un preneur à bail commercial, telle que la durée (la convention est prévue pour un an), le droit au renouvellement, les conditions de résiliation ou la faculté de céder son droit (ce qu'elle exclut au contraire expressément), qui contredirait la dénomination de « vente pour le compte de » que les parties ont donné au contrat et autoriserait le juge à restituer à la convention son exacte qualification. L'application du statut des baux commerciaux est donc exclue malgré un savoir-faire et une certaine autonomie de gestion de la part du fournisseur (CA Paris 3-2-2017 n° 15/03927 : AJDI 2017 p. 442).

PRESTATION DE SERVICES

270 Sur la distinction entre bail et prestation de services en cas de mise à disposition de locaux assortie de prestations de services accordées à l'occupant, voir nos 75100 s.

II. EXIGENCE D'UN IMMEUBLE OU D'UN LOCAL

A. Immeubles bâtis

350 Le statut s'applique aux baux des immeubles ou locaux dans lesquels un fonds est exploité (C. com. art. L 145-1, I-al. 1) ainsi qu'aux baux de locaux ou d'immeubles accessoires à l'exploitation d'un fonds (C. com. art. L 145-1, I-1°). Ces textes opèrent donc une distinction entre les immeubles ou les locaux dans lesquels le fonds est exploité et ceux qui sont seulement accessoires à l'exploitation de ce fonds.

1. DÉFINITIONS DE L'IMMEUBLE ET DU LOCAL

DÉFINITION DE L'IMMEUBLE

360 L'article 518 du Code civil définit les immeubles par nature comme « les fonds de terre et les bâtiments ». La définition de l'immeuble retenue pour l'application des baux commerciaux diffère de celle du droit commun et se révèle beaucoup plus restrictive. Elle exclut par principe les terrains nus, sauf ceux qui remplissent les conditions exposées nos 960 s., et concerne les seuls **bâtiments,** dont la définition en cette matière est celle de biens qui ne reposent pas seulement sur le sol mais qui y sont incorporés. C'est ainsi que des juges du fond ont à juste titre considéré comme immeuble par nature une construction, même temporaire et légère, dès lors qu'ils avaient relevé que le dispositif de liaison d'ancrage ou de fondation avait révélé qu'elle ne reposait pas simplement sur le sol et n'y était pas maintenue par son seul poids (Cass. com. 10-6-1974 n° 73-10.696 : Bull. civ. IV n° 183).

365 Lorsque le bail porte sur un **immeuble à construire** ou en cours de construction, il faut différencier les deux stades suivants.

Avant l'achèvement de l'immeuble, les parties déterminent librement leurs rapports. Elles peuvent en effet se soumettre d'ores et déjà au statut des baux commerciaux en concluant un bail en l'état futur d'achèvement (« befa »), qui les lie immédiatement, la constatation de l'achèvement des locaux emportant prise d'effet du bail. Ce type de bail implique une rédaction spécifique substantiellement différente de celle d'un bail d'immeuble existant en raison de l'ensemble des problématiques spécifiques qui doivent être évoquées et résolues. Les parties peuvent au contraire décider de n'être liées par un bail qu'à compter de la livraison de l'immeuble.

ILLUSTRATIONS

Par actes du 29 octobre 1990, une société avait signé deux baux de locaux à usage commercial situés dans un immeuble acquis en l'état futur d'achèvement par le bailleur ; ces actes précisaient que la date prévisionnelle de livraison était fixée au 15 juin 1992 et prévoyaient, avant cette date, une faculté de renonciation à poursuivre l'exécution des baux par la société locataire, selon certaines modalités ; le 30 octobre 1991, la société locataire avait informé le bailleur de sa renonciation aux baux ainsi conclus le 29 octobre 1990. Ayant relevé que les parties avaient prévu de régir leurs relations entre la date de signature des contrats et la date de prise d'effet du bail, laquelle était différée jusqu'à la livraison de l'immeuble, par des dispositions particulières et notamment par la possibilité pour la société locataire de renoncer à poursuivre l'exécution du contrat moyennant une contrepartie financière, la cour d'appel, qui avait souverainement apprécié le sens et la portée des actes qui lui étaient soumis, avait pu en déduire « que cette faculté de renonciation, antérieure à la prise d'effet du bail, se trouvait régie par le droit commun des contrats et n'était pas soumise aux règles d'ordre public du statut des baux commerciaux » (Cass. 3e civ. 8-1-1997 n° 9 D : RJDA 2/97 n° 173).

Après l'achèvement de l'immeuble, le statut des baux commerciaux s'applique si les conditions de l'article L 145-1 du Code de commerce sont remplies.

DÉFINITION DU LOCAL

370 En l'absence de définition de la notion de local tant dans le Code civil que dans le Code de commerce, la jurisprudence a dégagé deux **conditions cumulatives** pour définir cette notion. La première de ces conditions mérite d'être tempérée. En effet, la jurisprudence relative à l'application de l'article L 145-1, I-al. 1 du Code de commerce est loin d'être constante et elle se révèle souvent difficile à interpréter.

372 1° Pour que le statut des baux commerciaux soit applicable, le **local** devait, pensait-on, être un bâtiment ou une partie de bâtiment clos et couvert **susceptible de recevoir de la clientèle** (Cass. 3e civ. 1-12-1976 n° 75-14.592 : Bull. civ. III n° 436 ; CA Paris 14-11-1956, 16e ch. : Gaz. Pal. 1956 jur. p. 401).

ILLUSTRATIONS

Le règlement d'une galerie précisait que les vitrines ne pouvaient avoir sur le passage une saillie supérieure à 0,25 m si elles étaient fixes, leur hauteur ne devait pas dépasser 2,25 m à partir du dallage de la galerie, et il devait exister entre elles et le sol un espace de 0,40 m minimum. Jugé que, si de telles vitrines pouvaient représenter un élément d'un local commercial, elles ne pouvaient à elles seules constituer un local, lequel exige un lieu clos et couvert dans lequel doit s'exercer la vente. En effet, de dimensions exiguës, apposées contre le mur de l'immeuble où était exploité un bar, elles ne pouvaient permettre que l'exposition de quelques objets destinés à attirer l'attention des passants qui ne pouvaient y accéder qu'en stationnant sur la partie commune du passage, la vente ne pouvant avoir lieu que sur cette partie commune et non pas à l'intérieur du local loué que serait la vitrine (CA Paris 14-11-1956, précité).

Cette définition a rapidement mérité d'être nuancée. En effet, le bénéfice du statut des baux commerciaux a été reconnu au locataire d'une boutique dont l'exiguïté ne permettait pas à la clientèle d'y pénétrer dès lors qu'elle pouvait librement se présenter à l'étalage pour faire son choix (CA Paris 4-6-1959 : Rev. Loyers 1959 p. 546).

375 2° L'**occupation** doit, en outre, être suffisamment **stable,** c'est-à-dire que le bailleur ne doit pas pouvoir imposer de mobilité au locataire.

Néanmoins, le local ne doit pas nécessairement présenter les caractères de solidité et de fixité exigés des constructions édifiées sur un terrain nu (Cass. 3e civ. 25-1-1977 n° 74-15.293 : n° 425). La qualité de la construction du local ou son mauvais état importe peu ; il faut seulement que l'activité soit exploitée dans un local permanent (CA Basse-Terre 12-12-2022 n° 21/01142).

Allant plus loin, la Cour de cassation a admis que le statut peut s'appliquer à un **emplacement** (le terme « emplacement » est plus large que celui de « local » et ne sous-entend pas l'existence d'une construction) : pour cela, l'emplacement concédé doit être stable et permanent, mais il n'a pas nécessairement à être clos et couvert (Cass. 3e civ. QPC 20-3-2014 n° 13-24.439 FS-PB : RJDA 3/15 n° 161). La Cour de cassation fournit ainsi à notre avis des indications sur la manière dont elle entend appliquer l'article L 145-1, I-al. 1 du Code de commerce. La surface doit être un « emplacement concédé », impliquant que la surface fait partie d'un ensemble commercial plus important, et visant ainsi une surface « d'exploitation ». En outre, l'emplacement doit être bien défini (Cass. 3e civ. 1-6-2010 no 09.65.482 F-D : RJDA 10/10 no 917, pour l'emplacement d'un kiosque à journaux exploité dans le hall d'un immeuble en copropriété qui n'était ni aléatoire ni changeant). Un emplacement qui peut librement être modifié ou restreint par le bailleur ne peut donc pas être un local (Cass. 3e civ. 24-2-1976 no 333 : JCP G 1976 II no 18427 ; Cass. 3e civ. 20-2-1985 no 83-16.019 : Bull. civ. III no 38).

2. LOCAL SERVANT À L'EXPLOITATION PRINCIPALE D'UN FONDS DE COMMERCE

Compte tenu de la jurisprudence de la Cour de cassation concernant l'application du statut des baux commerciaux aux emplacements stables et permanents (no 375), la question de l'application du statut à certains emplacements pourrait désormais recevoir une réponse différente de celle retenue dans les décisions ci-dessous. **420**

BARAQUEMENT

Un simple baraquement peut être considéré comme un local, s'il est destiné à l'exploitation d'un fonds de commerce. Il a ainsi été jugé que le bénéfice du statut ne saurait être refusé aux locataires d'un baraquement dans lequel ils étaient autorisés à exploiter un restaurant-buvette, au motif que ce baraquement ne présentait pas un caractère de solidité et de fixité suffisant (Cass. 3e civ. 25-1-1977 no 74-15.293 : Bull. civ. III no 38). En effet, la Cour de cassation a précisé que, si le caractère de solidité et de fixité suffisant est exigé pour les constructions édifiées par le locataire lorsque le bail porte sur un terrain nu, « il n'en est pas de même lorsque le bâtiment existant lors de la conclusion du bail en a constitué l'objet et qu'il était destiné d'un commun accord à l'exploitation d'un fonds de commerce » (Cass. 3e civ. 25-1-1977 no 74-15.293, précité). **425**

VITRINES

Lorsqu'elles sont indépendantes d'un magasin, les vitrines sont exclues du statut (Cass. com. 20-7-1954, Sté de location de vitrine : JCP G 1954 IV p. 141). Cependant, lorsqu'elles sont scellées au mur d'un immeuble commerçant, elles peuvent bénéficier du statut mais au titre des locaux accessoires (CA Lyon 16-11-1989, 6e ch. civ. : Rev. Loyers 1991 p. 76). Sur les locaux accessoires, voir nos 720 s. **430**

MURS ET TOITURES

Les murs, toitures et emplacements servant à l'**affichage publicitaire** sont exclus du statut, même s'ils sont pris en location par une société d'affichage et sont utilisés comme support direct de l'activité commerciale (Cass. civ. 11-5-1949 : Rev. Loyers 1949 p. 494 ; CA Douai 4-5-2023 no 22/00072). **435**

De même, le bénéfice du statut a été refusé au locataire d'emplacements situés dans une galerie d'art destinés à l'**exposition de tableaux.** Au cas particulier, il n'a pas été fait droit à l'argument du bailleur selon lequel la location portait sur de véritables locaux et non de simples emplacements puisque les murs d'accrochage des toiles constituaient une partie des locaux et que la jouissance s'étendait pendant la durée des expositions à la totalité des locaux où la clientèle circulait et tout au long de l'année à l'exploitant et à son personnel qui disposait de surcroît du bureau. La Cour de cassation a jugé en effet que la convention ne portait pas sur des locaux mais sur des emplacements matérialisés par des murs et prévoyait l'exercice de droits variables quant à leur assiette et intermittents (Cass. 3e civ. 20-11-1991 no 1729 P : RJDA 3/92 no 221).

KIOSQUES INSTALLÉS SOUS DES PORTES COCHÈRES ET ÉTALAGES

La jurisprudence dominante exclut ces **kiosques** du statut. « L'application du statut de la propriété commerciale suppose que non seulement on soit en présence d'un bail, mais aussi que l'objet de ce bail réponde à une notion d'immeuble ou de local dans lequel un fonds de commerce est exploité. Cette notion restrictive aboutit à considérer le local comme une sorte de réceptacle à l'échelle humaine ; on ne saurait attribuer ce caractère à un emplacement concédé dans un passage sous porche » (TGI Paris 21-2-1976 : Rev. Loyers 1959 p. 546). **440**

Cependant certains kiosques ont pu être considérés comme des locaux.

ILLUSTRATIONS

Ont été considérés comme des locaux :

– un commerce de produits laitiers installé sur une partie de la voûte d'entrée d'un immeuble exploité de 4 à 10 h du matin et pour lequel la Cour de cassation a considéré qu'il constituait une activité commerciale et un fonds de commerce (Cass. com. 23-2-1959 : JCP G 1959 IV p. 33) ;

– un emplacement dans lequel était exploité un kiosque à journaux dès lors que cet emplacement, situé dans le hall d'un immeuble en copropriété, était bien défini, aucunement aléatoire ou changeant, bénéficiait d'une fermeture avec un rideau métallique et d'une réserve dotée d'une clef ; peu importait le possible déplacement du kiosque fondé sur la contrainte d'éventuels travaux, le nouvel emplacement devant alors être retenu en liaison avec l'exploitant (Cass. 3e civ. 1-6-2010 no 09-65.482 F-D : RJDA 10/10 no 917).

Les **étalages** sont en principe également exclus. Une cour d'appel a ainsi souligné que le but du statut est de protéger le fonds de commerce dont le bail est le principal élément, lequel fait défaut dans le cas où le locataire tient un étalage (CA Paris 28-2-1934, 11e ch. référés : Gaz. Pal. 1934 jur. p. 851).

BÂTIMENTS MOBILES

445 Le statut des baux commerciaux ne peut pas s'appliquer à des **cabines préfabriquées** de type constructions mobiles instantanées transportables au motif que ces objets mobiles aisément transportables ne peuvent pas être assimilés à des immeubles (Cass. 3e civ. 10-5-1989 no 87-16.595 : Bull. civ. III no 104).

AIRES DE STATIONNEMENT

450 Un **emplacement de stationnement** qui constitue une partie de bâtiment peut être qualifié de local au sens de l'article L 145-1 du Code de commerce (Cass. 3e civ. 22-3-2006 no 05-12.106 FS-PB : RJDA 6/06 no 625). Au cas particulier, l'emplacement se trouvait à l'intérieur d'un parking couvert et fermé et sa surface était suffisante pour y stocker des marchandises.

En revanche, une simple aire de stationnement non couverte, sans accès indépendant et séparée des aires louées à des tiers par des bandes de peinture tracées sur le sol, n'est pas un local et à ce titre ne saurait relever à titre principal du statut (Cass. 3e civ. 18-3-1992 no 502 P : Bull. civ. III no 94). Il en est de même d'une aire de stationnement non délimitée, qui n'est pas un parking clos et couvert ni une construction, qui se situe à l'extérieur du bâtiment abritant le fonds de commerce du locataire et est uniquement destinée au stationnement de véhicules (Cass. 3e civ. 1-7-2014 no 13-17.789 F-D : RJDA 11/14 no 829).

D'une manière générale, il est assez rare qu'un bail soit consenti sur des lieux exclusivement constitués d'emplacements de stationnement non couverts. En tout état de cause la situation ne saurait être confondue avec celle d'un bail d'immeuble bâti à usage de la seule activité de parking.

AUTRES CAS

455 Les tribunaux ont également jugé que sont exclus du champ d'application du statut des baux commerciaux, faute pour les emplacements en cause de constituer un local au sens de l'article L 145-1 du Code de commerce :

– les emplacements de vente dans les **passages et** sur les **trottoirs** (CA Paris 13-4-1956 : Rev. Loyers 1956 p. 420) ;

– l'espace délimité au sol d'un **hypermarché** par des cloisons légères à hauteur d'homme (no 580).

– l'emplacement sur lequel est installé un **manège** constitué d'un plateau tournant sur lequel sont montés des sujets et une cabine car il peut être monté en quelques heures et est donc aisément démontable (CA Aix-en-Provence 20-1-2015 no 13/00940 : Loyers et Copr. mars 2015 comm. 68).

3. PLURALITÉ DES LOCAUX PRINCIPAUX

510 Lorsque le fonds de commerce est exploité dans plusieurs locaux, et qu'une partie de l'activité commerciale est réalisée dans chacun d'eux, il n'y a pas un local principal et des locaux accessoires, mais bien pluralité de locaux principaux. On distingue alors deux situations :

– les différents locaux remplissent les conditions pour être soumis au statut des baux commerciaux ; dans ce cas les dispositions des articles L 145-1 s. du Code de commerce sont applicables aux différents locaux ;

– les locaux quoique différents sont indissociables ; il suffit alors que l'un d'eux réponde aux conditions pour que le statut s'applique à tous (Cass. 3e civ. 22-1-1997 no 80 D : RJDA 3/97 no 330). Les juges n'ont pas à rechercher leur caractère indispensable car cette condition n'est exigée que pour les locaux accessoires (Cass. com. 18-11-1958 : D. 1959 p. 139 ; Cass. 3e civ. 29-10-1970 no 69-10.361 : Bull. civ. III no 519). L'importance respective de l'activité exercée dans chaque local importe peu (Cass. 3e civ. 22-10-1974 no 73-12.372 : Bull. civ. III no 367).

ILLUSTRATIONS

515 Dans un cas où une cour d'appel avait estimé qu'une « boutique » sous-louée constituait un local principal dans lequel était exploité un fonds de commerce, le locataire principal avait fait valoir que l'expert avait énuméré les raisons, reprises dans le jugement, pour lesquelles la boutique litigieuse n'était pas utilisée pour l'exploitation d'un fonds de commerce principal de vente de vêtements de confection mais constituait un local accessoire au fonds de commerce principal exploité à une autre adresse et que la cour d'appel ne pouvait pas écarter ces raisons par simple affirmation sans expliquer pourquoi elles étaient sans importance.

La Cour de cassation a rejeté ces arguments pour les raisons suivantes : appréciant souverainement les éléments de preuve qui leur étaient soumis, les juges du fond ont constaté que la boutique en cause constitue un point de vente auquel est attachée une clientèle et à l'intérieur duquel sont accomplis des actes de commerce rentrant dans le cadre de l'exploitation du fonds.

Cass. 3e civ. 22-10-1974 n° 73-12.372 : Bull. civ. III n° 367.

Dénature un rapport d'expertise une cour d'appel qui refuse à des locataires l'indemnité d'éviction qu'ils réclamaient au motif que les entrepôts en cause étaient accessoires à l'exploitation du fonds installé en d'autres lieux, alors que l'expert avait précisé que la vente de fers et grosse quincaillerie, machines-outils, outillage, chaudronnerie, grosse serrurerie, grillage, robinetteries industrielles, ainsi que le stockage s'effectuaient dans les deux lieux, et constaté que la clientèle avait accès à ces locaux pour y accomplir les actes de commerce faisant l'objet de l'exploitation du fonds.

Cass. 3e civ. 13-2-1970 n° 68-11.411 : Bull. civ. III n° 111.

Une cour d'appel ayant décidé que le titulaire d'un bail portant sur un local destiné à l'exploitation d'un bureau de banque avait droit au renouvellement, le bailleur avait fait valoir que le local ne pouvait apparaître que comme un accessoire car le simple fait de recevoir quelques clients, deux fois par semaine, ne pouvait suffire à caractériser l'existence et l'exploitation, dans les lieux loués, d'un fonds dont l'activité n'était exercée que par un seul employé dans la totale dépendance de l'agence voisine où était exploité réellement le fonds de commerce.

La Cour de cassation a considéré au contraire qu'il s'agissait d'un local principal dès lors que la cour d'appel avait relevé que la société locataire, inscrite au registre du commerce, recevait dans le bureau local, installé dans les locaux litigieux et sur la façade desquels était apposée l'enseigne de la banque, une clientèle régionale ou de passage et accomplissait des opérations de banque dont l'importance était chiffrée au compte rendu d'exploitation.

Cass. 3e civ. 12-2-1971 n° 69-11.129 : Bull. civ. III n° 112.

Dans un cas où le titulaire d'un bail commercial avait acquis un immeuble situé en face du précédent où il exerçait également son activité, justifie légalement sa décision la cour d'appel qui décide que le bail devait être renouvelé pour les raisons suivantes : le local loué, « dans son état actuel », servait de réserve mais aussi de magasin de vente avec vitrine d'exposition ; seule la largeur de la rue séparant les deux immeubles, les clients pouvaient facilement passer de l'un à l'autre pour examiner les marchandises dans l'un et régler leurs achats dans l'autre ; le fonds faisait l'objet d'une exploitation commune dans les deux immeubles, les articles étant répartis entre les deux magasins situés l'un en face de l'autre. Il en résultait que le locataire continuait à exercer son activité commerciale dans les lieux loués avec réception de la clientèle.

Cass. 3e civ. 25-10-1972 n° 71-11.575 : Bull. civ. III n° 549.

Ne constitue pas un local principal mais un local accessoire, le local parisien loué par une société, ayant son siège en province où des tissus étaient fabriqués et commercialisés, dans lequel elle n'effectue aucune des opérations industrielles ou commerciales faisant l'objet de l'activité des installations principales du siège de la société. En effet, elle y entrepose des échantillons de marchandise et un stock de pièces types pouvant être présentés à une clientèle de professionnels afin de les informer sur la production de la société sans qu'il y soit fait directement des opérations de vente.

CA Paris 27-11-1986 n° 10140, 16e ch. B : Gaz. Pal. 1987 somm. p. 406 et, sur pourvoi, Cass. 3e civ. 19-7-1988 n° 87-10.814 : Loyers et copr. comm. n° 488.

Une maison avait été louée pour l'exploitation d'un hôtel-restaurant ainsi que plusieurs chambres dépendant d'un autre immeuble sis dans la même commune et appartenant au même propriétaire. Celui-ci avait accepté le renouvellement du bail de la maison et refusé celui du bail des chambres, offrant de ce seul chef une indemnité d'éviction.

Justifie légalement sa décision la cour d'appel qui déduit des éléments suivants que les baux n'étaient pas dissociables : ils avaient été conclus puis renouvelés aux mêmes dates pour des durées identiques ; peu de temps après leur renouvellement, le bailleur avait écrit au locataire que les chambres étaient destinées à recevoir la clientèle de l'hôtel ; à l'occasion d'un autre renouvellement, il avait, dans un autre courrier, lié le sort de ces contrats, qui avaient trait à des locaux complémentaires.

Cass. 3e civ. 22-1-1997 n° 80 D : RJDA 3/97 n° 330.

Un fonds de commerce peut être exploité dans plusieurs locaux différents en vertu d'un bail unique ; en pareil cas l'existence d'une clientèle plus spécialement attachée à chaque agence locale ne fait pas obstacle à la reconnaissance d'un fonds de commerce général, le bail portant sur une pluralité de locaux principaux.

Cass. 3e civ. 7-7-2009 n° 08-17.304 F-D.

4. LOCAUX DÉPENDANTS

570 Certains commerces sont matériellement inclus dans un ensemble commercial ayant lui-même une clientèle. Tel est notamment le cas de stands mis à la disposition d'un commerçant situés **dans l'enceinte d'un centre commercial.** Or cette situation prête à interrogation au regard de l'application du statut des baux commerciaux au contrat intervenu entre l'exploitant du stand et le propriétaire ou le gestionnaire de l'ensemble commercial. Cette situation soulève deux interrogations.

La première a trait à l'existence d'un local objet du bail. Il se peut en effet que l'emplacement loué n'ait pas les caractéristiques d'un local au sens de la réglementation sur les baux commerciaux, par exemple lorsque l'emplacement concédé peut être déplacé par celui qui le met à disposition.

La seconde est relative à l'existence d'un fonds de commerce exploité dans les lieux loués. Il arrive que la dépendance entre le local loué et l'ensemble commercial soit telle que le locataire n'exploite pas un fonds distinct de celui de l'ensemble commercial, ce qui est caractérisé par l'absence d'une clientèle propre au locataire.

575 Les conditions d'application du statut des baux commerciaux étant cumulatives, si le local en cause ne peut être défini comme un local au sens des baux commerciaux et/ou si le locataire n'est pas propriétaire d'un fonds de commerce distinct de celui de son bailleur, le bail en cause ne peut être régi par les dispositions des articles L 145-1 et suivants du Code de commerce.

Pour qu'un tel bail puisse relever du statut, **trois conditions** doivent être cumulativement remplies : une partie de la clientèle du locataire doit lui être propre ; le locataire doit disposer d'un local déterminé ; le locataire ne doit pas souffrir de contraintes incompatibles avec le libre exercice de son activité. Ces trois conditions ont été progressivement dégagées par la jurisprudence et sont appréciées souverainement par les juges du fond. Nous présenterons ici la condition relative au local, les deux autres conditions étant étudiées aux nos 33110 s.

580 S'agissant de la **condition relative au local,** le cas des stands prête à interrogation compte tenu de l'importance et de la variété des circonstances matérielles de leur implantation. Ils doivent, en tout état de cause, être suffisamment solides même s'ils ne sont pas obligatoirement incorporés dans le sol et leur emplacement ne doit pas changer.

Par conséquent, un **emplacement** qui peut **librement** être **modifié ou restreint par le bailleur** ne peut pas être défini comme un local. Il en est de même d'un **emplacement délimité sur le sol par des cloisons légères** à hauteur d'homme dans une galerie marchande (Cass. 3e civ. 5-7-1995 n° 1533 P : RJDA 8-9/95 n° 939).

Toutefois, dans un arrêt relativement récent, seul le critère de l'absence d'autonomie de gestion a été retenu pour dénier à l'exploitant d'un stand de rôtisserie l'application du statut, sans que soit relevé que l'emplacement ne constituait pas un local (Cass. 3e civ. 23-6-2016 n° 14-26.003 F-D : RJDA 10/16 n° 671).

ILLUSTRATIONS

Peut être considéré comme un **local** :

– un stand, même de nature mobile, situé sur un emplacement fixe, délimité, matérialisé au sol et parfaitement déterminé d'une galerie marchande et non laissé contractuellement à la discrétion du bailleur (CA Versailles 10-4-1996 n° 95-1233, 3e ch. : RJDA 12/96 n° 441) ; au cas particulier, le locataire avait exploité un stand de bijouterie fantaisie situé dans la galerie marchande d'un centre commercial, durant plus de 15 ans sur le même emplacement commercial en contrepartie d'un loyer de 10 000 francs (environ 1 500 €) par mois.

– un stand, fût-il sans fondation, dont l'emplacement est identifié et délimité au sein d'un ensemble immobilier commercial et non soumis à l'aléa permanent du changement d'emplacement par le gestionnaire du marché (CA Paris 26-6-2013 n° 11/14906, ch. 5-3) ;

– un local clos et couvert d'environ 20 m^2 situé sous l'auvent extérieur d'un supermarché et bénéficiant des moyens matériels pour faire fonctionner son activité dans la durée (eau, électricité, compression pour l'alimentation de la chambre froide) (CA Bordeaux 20-6-2007 n° 05-6070, 2e ch. : RJDA 8-9/08 n° 886).

Ne peut **pas** être considéré comme un **local** un emplacement dans un supermarché mis à la disposition d'un fleuriste sans autres précisions et dont la situation et l'étendue sont fixées unilatéralement par ce dernier, faute de clause le lui interdisant (Cass. 3e civ. 24-2-1976 n° 333 : JCP 1976 II n° 18427 note B. Boccara) ou l'emplacement dont le découpage, la situation et la surface ont été concédés à la discrétion du bailleur, lequel peut imposer des modifications de surface et d'implantation (Cass. 3e civ. 20-2-1985 n° 83-16.019 : Bull. civ. III n° 38).

5. LOCAUX À USAGE MIXTE

Il arrive que les locaux loués servent pour partie à l'exploitation d'un fonds de commerce et pour partie à l'habitation. Dans une telle situation, le bail, portant sur des locaux mixtes, peut selon le cas bénéficier ou non du statut. **640**

LOCAUX LOUÉS À USAGE COMMERCIAL ET D'HABITATION

Le **bail** portant à la fois sur des locaux commerciaux et d'habitation est, en principe, **indivisible** **645** et il est commercial pour le tout (Cass. com. 5-5-1966 n° 64-11.427 : Bull. civ. III n° 230 ; Cass. 3e civ. 5-2-1971 n° 69-12.416 : Bull. civ. III n° 83). Il en est ainsi quelle que soit l'importance de chaque affectation (Cass. 3e civ. 1-10-1997 n° 1361 P analysé ci-dessous).

ILLUSTRATIONS

Dans le cas d'un bail consenti à usage d'habitation autorisant le locataire à affecter une pièce à l'exercice de son activité de maroquinier, c'est à bon droit que les juges du fond ont estimé que la destination des locaux était mixte et présentait donc un caractère commercial.

Cass. 3e civ. 16-10-1974 n° 73-13.720 : Bull. civ. III n° 360.

Doit être censurée la décision de la cour d'appel qui, pour fixer l'indemnité d'éviction à une certaine somme, retient que, s'il est vrai que l'appartement faisant partie du bail peut apparaître comme constituant une entité matériellement indivisible, il résulte de l'analyse de la destination contractuelle des lieux loués, définie par les parties comme mixte, ainsi que de l'usage effectif des lieux comme logement de fonction à titre principal que cet appartement, bien que loué en vertu d'un bail commercial unique, est un bail à prédominance d'habitation bourgeoise et subsiste très partiellement à titre commercial, sur une surface réduite à usage de local accessoire du local commercial principal, alors que la cour avait constaté l'indivisibilité matérielle des locaux et que dès lors, la conclusion d'un bail unique permettait au locataire principal de prétendre à un droit au renouvellement pour la totalité des locaux.

Cass. 3e civ. 1-10-1997 n° 1361 P : RJDA 12/97 n° 1469.

Le bailleur ne peut, pour échapper à l'application du statut et notamment au paiement d'une indemnité d'éviction, invoquer le caractère non commercial de certains des locaux loués que dans le cas de baux distincts (Cass. 3e civ. 5-2-1971 n° 69-12.416 : Bull. civ. III n° 83). **650**

LOGEMENT AFFECTÉ POUR PARTIE À UNE ACTIVITÉ COMMERCIALE SANS AUTORISATION

Dans le cas où le logement est affecté pour partie à une activité commerciale sans autorisation, **655** le statut des baux commerciaux ne s'appliquera pas, puisque l'utilisation commerciale ne reflète pas l'intention des parties.

ILLUSTRATIONS

Dans un cas où le bailleur n'avait, à aucun moment, eu connaissance que le locataire exerçait une activité commerciale dans les lieux loués, jugé que le bail ne pouvait pas être qualifié de bail commercial, et qu'il demeurait régi par la législation des baux d'habitation (CA Versailles 8-10-1998 n° 96-5399, 12e ch. 2e sect. : D. aff. 1999 p. 661 note Y. Rouquet).

AUTORISATION D'AFFECTER UN LOCAL À USAGE EXCLUSIF D'HABITATION À UNE ACTIVITÉ COMMERCIALE

L'autorisation donnée par un bailleur (conformément à l'article L 631-7 du CCH) d'affecter une **657** des pièces d'un local loué à usage exclusif d'habitation à un usage commercial n'a pas pour effet de changer le régime juridique du bail liant les parties et de le soumettre au statut des baux commerciaux (Cass. 3e civ. 9-12-2009 n° 08-18.038 FS-PB : RJDA 3/10 n° 217).

LOCATION COMMERCIALE COMPORTANT DES LOCAUX SOUS-LOUÉS À USAGE D'HABITATION

En cas de location commerciale comportant des locaux sous-loués à usage d'habitation, la **660** sous-location n'a pas pour effet de modifier l'affectation commerciale des lieux loués. L'ensemble de la location reste donc commercial et le sous-locataire ne peut pas revendiquer l'application de la législation relative aux baux d'habitation (Cass. 3e civ. 6-2-1991 n° 89-16.961 : Bull civ. III n° 46).

665 Lorsque le **locataire** est une **personne morale,** celle-ci ne pouvant pas « habiter » un logement, la faculté d'occuper à usage d'habitation un appartement suppose nécessairement l'autorisation d'en accorder la jouissance à l'un des représentants personnes physiques de la société locataire (Cass. 3e civ. 23-5-2002 n° 866 FS-PB : RJDA 8-9/02 n° 866), ce qui équivaut à une occupation personnelle du locataire, et non à une sous-location. En conséquence, le bailleur ne peut pas valablement refuser le renouvellement du bail sans indemnité d'éviction pour motif grave et légitime en faisant valoir que la sous-location du local à usage d'habitation à un dirigeant aurait été conclue sans son concours (même arrêt).

En revanche, si la mise à disposition à titre onéreux est réalisée au profit d'un tiers, il s'agit d'une sous-location, même si le bénéficiaire de celle-ci est un employé de la société. Sur la mise à disposition d'un logement de fonction, voir nos 75180 s.

6. LOCAUX ACCESSOIRES

a. Définition des locaux accessoires

DISTINCTION ENTRE LOCAL ACCESSOIRE ET LOCAL PRINCIPAL

720 Les locaux accessoires s'opposent aux locaux principaux. Néanmoins, en dépit de cette opposition de principe, les contours exacts des limites qui séparent ces deux notions se révèlent difficiles à délimiter avec précision. La **définition** du local accessoire est donc **négative.** Il s'agit d'un local dans lequel :

- le fonds n'est pas directement exploité,
- la clientèle n'entre pas,
- aucun acte de commerce n'est réalisé, ou l'activité commerciale n'est pas exercée,
- il n'y est effectué aucune des opérations industrielles ou commerciales qui font l'objet de l'activité du principal établissement de la société.

Mais les locaux accessoires sont cependant affectés à l'exploitation de ce fonds.

725 Le caractère accessoire s'apprécie non pas en fonction d'un lien matériel, mais d'un lien fonctionnel. En ce sens, le local accessoire peut ne pas être contigu au **local** principal. D'ailleurs, les locaux accessoires échappent à la nécessité d'immatriculation même s'ils sont **non contigus** (Cass. 3e civ. 4-11-1992 n° 1476 PF : RJDA 1/93 n° 9).

Indépendamment de l'appréciation menée lors de la conclusion du bail, ayant pu conclure à la soumission du bail au statut, le caractère de local accessoire soumis ou non au statut doit être à nouveau apprécié à l'issue du bail et, notamment à une période contemporaine de la délivrance du refus de renouvellement (CA Metz 1-3-2012 n° 09/03355, 1e ch.).

730 Si, le plus souvent, le local accessoire suppose un local principal soumis au statut (Cass. com. 10-11-1965 n° 64-20.096 : Bull. civ. IV n° 777 ; CA Paris 12-7-1955, 16e ch. : GP 1955 jur. p. 275), l'application du statut au local accessoire a cependant été admise **en l'absence de local principal.** Tel est le cas par exemple des marchands ambulants qui utilisent un local seulement pour ranger leurs marchandises ou leur matériel et sans lequel le commerce ne pourrait subsister (Cass. com. 1-3-1966 n° 64-12.466 : Bull. civ. III n° 125). En revanche, le bénéfice du statut a été refusé à un locataire marchand forain sur les marchés pour non-immatriculation des locaux loués à la date du congé, compte tenu des éléments suivants : le locataire était immatriculé au registre du commerce en son nom personnel à l'adresse de sa résidence habituelle et ne disposait pas d'établissement principal ; pour l'exploitation de son fonds de commerce il passait des commandes auprès des fournisseurs qui lui livraient les primeurs dans les lieux loués dans lesquels se trouvait en permanence du personnel salarié ; les lieux loués, qui comprenaient outre deux réserves un bureau avec téléphone, ne pouvaient pas être assimilés à de simples entrepôts (CA Versailles 16-2-1995, 12e ch. 1e sect. : RJDA 5/95 n° 548).

735 ILLUSTRATIONS

Local constituant un local accessoire

Constitue un local accessoire un entrepôt pouvant servir soit de frigorifique, soit de dépôt, soit de magasin, dès lors que cet **entrepôt** n'abritait ni **exploitation propre,** ni **clientèle distincte** de l'établissement principal, pour les raisons suivantes : l'individualisation de la marchandise était effectuée au magasin de vente où le client choisissait un objet précis et défini et où l'accord se

faisait sur la chose et sur le prix qui était réglé dans ce magasin ; dans l'entrepôt, aucune transaction n'était effectuée, le personnel ne pouvant que remettre l'objet acheté contre un bordereau justifiant de l'achat.
Par suite, le locataire n'avait pas l'obligation d'immatriculer ce local.

CA Versailles 2-11-1995, 12e ch. : Administrer avril 1996 p. 33 comm. E.E. Frank.

Encourt la censure la cour d'appel qui, pour décider qu'un commerçant ne pouvait pas bénéficier du droit au renouvellement de son bail sur le local qui lui servait d'**entrepôt pour les produits** vendus dans un autre local pour son commerce d'alimentation, retient que le locataire, qui était inscrit au registre du commerce pour son local principal, ne l'était pas et ne l'avait jamais été pour le local accessoire.

Cass. 3e civ. 11-6-1997 n° 964 PF : RJDA 8-9/97 n° 1013.

Ont un caractère accessoire des **locaux d'activité** à destination de « confection » et **utilisés comme entrepôt** car ils sont indispensables au modèle économique choisi pour leur exploitation. En effet, en raison de son activité de grossiste, la société locataire a besoin d'une importante surface de stockage et elle fidélise sa clientèle en lui proposant, après avoir choisi les modèles de vêtements, de vérifier les commandes dans l'entrepôt situé à 1 km de la boutique ; en outre, les locaux disposent d'un quai de déchargement dans la cour intérieure de l'immeuble adapté à l'activité d'entrepôt.

CA Paris 20-4-2022 n° 19/12702, ch. 5-3 : RJDA 10/22 n° 550.

ILLUSTRATIONS **740**

Local ne constituant pas un local accessoire

Doit être censuré l'arrêt d'une cour d'appel qui, pour reconnaître à un locataire le bénéfice du statut des baux commerciaux sur un local, avait retenu que ce dernier était accessoire au fonds de commerce que le locataire exploitait en un autre lieu, alors que les juges avaient constaté que le **local** en cause était **utilisé comme « point de vente »** et qu'un fonds de commerce y était exploité.

Cass. 3e civ. 23-2-1982 n° 80-14.171 : Bull. civ. III n° 51.

Encourt la censure l'arrêt d'une cour d'appel qui, pour reconnaître à un locataire le bénéfice du statut des baux commerciaux sur un **entrepôt aménagé en magasin,** avait retenu que ce local devait être défini comme un local accessoire absolument nécessaire à la poursuite normale du fonds de commerce que le locataire exploitait en un autre lieu, tout en relevant que l'entrepôt était le siège d'une exploitation où le locataire commercialisait une partie de ses marchandises sans avoir fait mention de ce local au registre du commerce.

Cass. 3e civ. 5-3-1986 n° 84-15.938 : Bull. civ. III n° 20.

Justifie légalement sa décision de déclarer valable un congé délivré par le bailleur sans offre de renouvellement et sans paiement d'indemnité d'éviction, faute d'immatriculation au registre du commerce pour les locaux litigieux, la cour d'appel qui, ayant constaté qu'il résultait d'attestations versées aux débats que des clients s'étaient rendus dans ces locaux pour choisir des marchandises et y effectuer des achats, retient qu'il était établi que la **clientèle** avait **accès** à ces **locaux** qui ne pouvaient être qualifiés d'accessoires.

Cass. 3e civ. 12-7-1995 n° 1637 P : RJDA 11/95 n° 1205.

Ne constitue pas un local accessoire mais un établissement principal ou secondaire un local destiné à l'usage d'**entrepôt,** d'atelier et de bureaux dans lequel une société avait implanté son **service après-vente,** son **atelier de réparation** et son entrepôt de stockage, la direction administrative et financière, l'administration des ventes et la direction des ressources humaines, où le **matériel** commercialisé était **présenté aux clients** et où ces derniers recevaient la formation indispensable à l'utilisation et à la maintenance dudit matériel.

CA Versailles 1-7-1999, 12e ch. 2e sect., SA IER c/ SCI Marceau Sébastopol : RJDA 11/99 n° 1181.

Ne constitue pas un local accessoire un local utilisé uniquement comme **entrepôt** (la destination contractuelle étant celle de commerce alimentaire – achat, vente, importation, exportation et entreposage de matières alimentaires), dès lors que le bailleur n'a jamais eu connaissance de ce prétendu caractère accessoire et que ce local est d'autant moins indispensable à l'exploitation du fonds de commerce du preneur situé à une autre adresse que le preneur avait envisagé une **cession** de ce **fonds, sans** mentionner les **locaux** litigieux.

CA Paris 18-6-2014 n° 12/15721, ch. 5-3.

La qualification de local accessoire à l'exploitation du fonds de commerce de pharmacie ne pouvait être retenue pour l'appartement donné en location au premier étage dès lors, d'une part, qu'il n'existait à cette date aucune communication avec le local principal situé en rez-de-chaussée, et d'autre part, que la preuve n'était pas rapportée que la privation de ce local du premier étage serait de nature à compromettre l'exploitation de la pharmacie.

CA Bordeaux 20-12-2019 n° 19/04915.

DISTINCTION ENTRE LOCAL ACCESSOIRE ET ÉTABLISSEMENT SECONDAIRE

745 Les locaux accessoires ne peuvent pas être le siège d'une exploitation (Cass. 3e civ. 5-3-1986 n° 84-15.938 : Bull. civ. III n° 20). En cela, ils s'opposent à l'établissement secondaire (qui fait l'objet d'une exploitation commerciale distincte du local principal et auquel est rattachée une clientèle propre).

ILLUSTRATIONS

Dans un cas où l'inscription au registre du commerce et des sociétés prise au nom d'une SARL mentionnait l'existence d'un établissement principal sans mentionner celle d'un quelconque établissement secondaire, le local occupé par la société à une autre adresse devait être immatriculé au registre du commerce pour les raisons suivantes : malgré la proximité géographique et l'interdépendance dans les relations avec la clientèle, dans l'organisation du travail de certains salariés, dans l'équilibre financier et la gestion entre l'établissement principal et le local, il s'agissait de deux **établissements distincts** par la dualité des propriétaires des murs, par la configuration très différente des locaux, par la spécialité des fonctions techniques qui y étaient assurées, par leur égale **accessibilité pour la clientèle** ainsi que par leurs aptitudes à maintenir leur caractère attractif pour la clientèle même en cas d'exploitation sous des directions différentes. Par suite, à défaut d'immatriculation de ce local au registre du commerce, le congé délivré à la date contractuelle d'expiration du bail devait recevoir ses effets sans que la locataire puisse invoquer son droit à renouvellement ou au paiement d'une indemnité d'éviction.

CA Paris 12-10-1982 n° 15793, 16e ch. A.

Une société régulièrement immatriculée au registre du commerce au titre de son exploitation principale ne peut pas soutenir que le local portant sur un atelier de menuiserie et d'ébénisterie situé en un autre lieu constitue un local accessoire de son principal établissement à ce titre non soumis à immatriculation, pour les raisons suivantes :
– l'acquisition du fonds de commerce exploité dans le local litigieux avait porté sur l'ensemble des éléments corporels et incorporels du local envisagé comme **entité autonome** par rapport au local principal ;
– les statuts de la société manifestaient clairement l'intention des associés de procéder à « l'acquisition du fonds de commerce d'une unité de production de menuiserie, parqueterie » ;
– le certificat d'identification au répertoire national des entreprises et de leurs établissements (Sirene) définit le statut du fonds de commerce en cause comme étant celui d'un **établissement secondaire.**
Par suite, la société, qui ne justifiait pas d'une immatriculation de son établissement secondaire à la date de délivrance du congé, ne pouvait pas bénéficier du droit au renouvellement, ni prétendre au paiement d'une indemnité d'éviction.

CA Versailles 15-1-2004 n° 02-2381.

Constitue un établissement secondaire le local commercial dans lequel le locataire, entrepreneur de spectacles, recevait les troupes, les auteurs et les artistes, achetait les droits sur les pièces qu'il représentait et engageait des comédiens. C'est en vain que le locataire faisait valoir qu'il était accessoire aux locaux qu'il louait à usage de théâtre dans un autre quartier. Il ne pouvait pas davantage prétendre que ce local était indispensable à son activité principale dès lors qu'il avait exploité son théâtre pendant de nombreuses années avant de le prendre en location. Le bailleur était donc fondé à refuser le renouvellement du bail sans paiement d'une indemnité d'éviction.

CA Paris 3-7-2008 n° 07-18111, 16e ch. B : RJDA 12/08 n° 1225.

Ne peut pas être considéré comme un local accessoire à l'activité de « transport, entreposage, déménagement, garde-meubles » exercée par une société le local utilisé par celle-ci pour son activité de **garde-meubles,** ce local appartenant au surplus à un propriétaire différent du local où est situé l'établissement principal. Il s'agit d'un local secondaire lequel suppose une immatriculation au RCS pour bénéficier du statut.

CA Aix-en-Provence 7-1-2016 n° 14/21755 : RJDA 6/16 n° 422.

DISTINCTION ENTRE LOCAL ACCESSOIRE ET DÉPENDANCES

750 Les locaux accessoires ne se confondent pas avec les simples dépendances des lieux loués. Il a ainsi été jugé qu'en l'absence d'indivisibilité matérielle entre le local principal faisant l'objet d'un bail commercial et des vitrines distinctes situées dans le couloir d'entrée de l'immeuble, indépendantes les unes des autres et utilisables séparément, le locataire ne pouvait pas prétendre que ces vitrines doivent être assimilées à des dépendances du local principal relevant d'un bail unique (CA Paris 26-11-1991 n° 89-12827, 16e ch. A : RJDA 5/92 n° 430).

b. Conditions d'application du statut aux baux des locaux accessoires

Selon l'article L 145-1, I-1° du Code de commerce, le statut des baux commerciaux s'applique « aux baux de locaux accessoires à l'exploitation d'un fonds de commerce quand leur privation est de nature à compromettre l'exploitation du fonds et qu'ils appartiennent au propriétaire de l'immeuble ou du local où est situé l'établissement principal. En cas de pluralité de propriétaires, les locaux accessoires devront avoir été loués au vu et su du bailleur en vue de l'utilisation jointe ». **800**

Les locaux accessoires ne relèvent donc des dispositions du statut des baux commerciaux qu'à la double condition d'être indispensables à l'exploitation du fonds et d'appartenir au propriétaire des locaux servant à l'établissement principal ou, à défaut, que le propriétaire les ait loués en sachant qu'ils serviraient à l'exploitation de l'établissement principal. Ces conditions sont, bien entendu, **cumulatives.** Ainsi, un local n'est-il pas accessoire du seul fait que sa perte causerait un préjudice au fonds de commerce exploité par le locataire dans des locaux voisins ; encore faut-il que le local ait été loué au vu et au su de son propriétaire, pour une utilisation jointe à celle du local principal (Cass. 3e civ. 19-7-1995 n° 1764 P : RJDA 11/95 n° 1206).

CARACTÈRE INDISPENSABLE DU LOCAL ACCESSOIRE

À l'origine, le décret du 30 septembre 1953 soumettait l'application du statut à la preuve du caractère « indispensable » du local. La loi du 30 juillet 1960 a remplacé ce terme par « nécessaire ». Enfin la loi du 12 mai 1965 a utilisé l'expression actuelle de « privation de nature à compromettre l'exploitation du fonds ». Cette modification de terminologie n'a cependant pas induit une profonde modification des critères dégagés par la jurisprudence. **805**

Critères Pour que le local puisse bénéficier du statut, il faut apprécier le caractère nécessaire **en fonction de l'exploitation du fonds** (Cass. com. 18-10-1967 n° 64-13.462 : Bull. civ. III n° 330), sans considération des possibilités de remplacement dont le locataire pourrait disposer par ailleurs (Cass. 3e civ. 30-1-1970 n° 68-12.096 : Bull. civ. III n° 77). En effet, dans cette hypothèse, le remplacement s'impose précisément pour ne pas compromettre le fonds (Cass. 3e civ. 27-4-1982 n° 80-15.199 : Bull. civ. III n° 104 ; Cass. 3e civ. 7-2-1990 n° 273 P : Bull. civ. III n° 43) et justifie le caractère de nécessité du local accessoire. **810**

Le statut ne s'applique aux baux de locaux accessoires à l'exploitation du fonds que si leur utilisation est indispensable à cette exploitation (Cass. com. 18-1-1961 n° 58-10.687 : Bull. civ. III n° 38) ou si la privation de ces locaux met en péril l'exploitation principale (Cass. 3e civ. 10-10-1968 n° 67-10.389 : Bull. civ. III n° 364 ; Cass. 3e civ. 5-3-1971 n° 69-12.458 : Bull. civ. III n° 169). La simple commodité n'est, en revanche, pas suffisante (Cass. com. 26-10-1964 n° 63-11.153 : Bull. civ. III n° 441). La gêne limitée n'est pas non plus suffisante (par exemple si la disparition du local rendait l'exploitation plus onéreuse, sans répercussion sur la bonne marche des activités commerciales).

Appréciation Les juges du fond apprécient souverainement le caractère indispensable du local accessoire (Cass. 3e civ. 6-11-2001 n° 1560 F-D : RJDA 1/02 n° 14 ; Cass. 3e civ. 7-12-2004 n° 1312 F-D : RJDA 3/05 n° 234 ; Cass. 3e civ. 22-3-2006 n° 05-12.106 FS-PB : RJDA 6/06 n° 625). L'article L 145-1, I-1° du Code de commerce n'institue pas au profit du locataire une présomption d'application du statut. C'est donc au locataire qu'il appartient de justifier qu'il remplit les conditions d'application. Il en résulte que la charge de la **preuve** du caractère indispensable du local accessoire incombe au locataire (Cass. 3e civ. 27-2-1991 n° 410 P : RJDA 4/91 n° 280). **815**

ILLUSTRATIONS **820**

Ont été considérés comme **nécessaires ou indispensables** à l'activité principale du locataire :

– des locaux servant de remise, d'atelier et d'entrepôt à un marchand de meubles, un tel commerce exigeant, outre un local pour recevoir la clientèle et exposer un certain choix de meubles, une réserve afin de conserver un approvisionnement suffisant et une annexe pour assurer la réception, le déballage et le remontage ainsi que l'expédition du mobilier. En effet, réduite au seul magasin de vente, une telle entreprise ne constituerait plus un établissement viable, la perte des locaux litigieux affectant l'exploitation dans son existence même (Cass. com. 26-5-1961 n° 58-11.585 : Bull. civ. III n° 234) ;

– un local de 1 734 m² servant à l'entrepôt et au stockage de la marchandise destinée à un important magasin de distribution au détail situé à 300 mètres et d'une surface totale de 5 616 m² dont 3 133 m² d'aire de vente mais seulement 840 m² de réserves, le local apparaissant comme un poumon vital du magasin et ne pouvant pas être aisément remplacé dans le même rayon géographique puisqu'il aurait alors fallu soit recourir à des locaux en périphérie, soit perdre une partie du chiffre d'affaires du magasin pour substituer à une aire de vente une aire de réserve (TGI Paris 3-2-2009 n° 07/12265, 18e ch. sect. 1) ;

– un local à usage d'**atelier de mécanique** pourvu de tout l'outillage et des appareils nécessaires à l'exercice de la profession de mécanicien-garagiste exercée par le locataire où les véhicules sont garés malgré le peu de commodité dudit local (Cass. com. 13-11-1962 n° 60-13.783 : Bull. civ. III n° 446) ;
– une **cave** dont la privation serait de nature à compromettre l'exploitation du fonds de commerce dès lors que ce local est expressément loué à usage exclusif de réserves et d'entrepôt, usage qui suppose une activité commerciale et révèle le lien économique avec la boutique et dont l'exploitation serait sans intérêt pour le preneur si elle n'était pas destinée à l'exploitation du fonds (CA Paris 20-6-1995 n° 94-3351 : D. 1995 IR p. 185) ;
– les **maisons témoins** édifiées sur des terrains nus avec l'accord du bailleur et appartenant à des sociétés dont l'objet était la vente « clé en mains » de maisons individuelles choisies par les clients au vu de ces modèles types, ces maisons constituant, pour les constructeurs, des locaux accessoires dont la disparition compromettrait leur exploitation principale (Cass. 3e civ. 29-9-1999 n° 1436 D : RJDA 11/99 n° 1180) ;
– un **appartement et** un **local à ski** situés en sous-sol d'un immeuble, dès lors qu'ils étaient imbriqués en partie, dès la conclusion du bail, « par emprise d'un local commercial » à usage de café-restaurant, qu'ils ne comportaient pas de fenêtre et qu'ils partageaient un compteur électrique commun avec ce local, ce dont ils se déduisait qu'ils ne pouvaient qu'être réservés au logement du personnel et au rangement des skis des clients (Cass. 3e civ. 15-2-2018 n° 16-19.522 F-D : RJDA 6/18 n° 489) ;
– des **locaux d'activité** à destination de « confection » **utilisés comme entrepôt** compte tenu du modèle économique choisi pour leur exploitation dès lors qu'en raison de son activité de grossiste la société locataire avait besoin d'une importante surface de stockage et fidélisait sa clientèle en lui proposant, après avoir choisi les modèles de vêtements, de vérifier les commandes dans l'entrepôt situé à 1 km de la boutique et que les locaux disposaient d'un quai de déchargement dans la cour intérieure de l'immeuble adapté à l'activité d'entrepôt (CA Paris 20-4-2022 n° 19/12702, ch. 5-3 : RJDA 10/22 n° 550).

825 ILLUSTRATIONS

À l'inverse n'ont **pas** été considérés comme **nécessaires ou indispensables** à l'activité du locataire :
– un local dont il était constaté qu'il était fermé et qui servait uniquement d'**entrepôt** de marchandises, dès lors que celles-ci n'étaient en état ni d'être vendues ni même offertes au public, la clientèle étant invitée par un écriteau à s'adresser à l'établissement, distant de 38 m, dont le preneur était propriétaire (Cass. 3e civ. 29-4-1971 n° 70-10.875 : Bull. civ. III n° 272) ;
– un local destiné à l'entreposage de marchandises, la suppression de cet entreposage ne constituant pas un empêchement à l'exploitation commerciale, le caractère indispensable des locaux à usage uniquement d'entrepôt (échantillons et marchandises objet de négoce avec les clients) n'étant pas démontré (Cass. 3e civ. 19-9-2006 n° 05-18.365) ;
– des locaux à usage d'entrepôt présentant par leur proximité de l'établissement principal une très grande commodité pour la société locataire, mais dont la suppression ne mettrait pas en péril l'existence du fonds de commerce (Cass. com. 15-10-1963 n° 61-10.813 : Bull. civ. III n° 411), dès lors que des locaux de surface importante peuvent être trouvés à louer à des distances équivalentes des points de vente (CA Bordeaux 22-5-2007 n° 06-1613, 2e ch.) ;
– un **terrain** nu supportant des ouvrages rudimentaires extrêmement légers et ce, alors même que la perte du terrain litigieux serait susceptible d'occasionner une « gêne » momentanée à l'entreprise (Cass. com. 2-11-1964 n° 63-11.265 : Bull. civ. III n° 464) ;
– un terrain sur lequel étaient édifiés deux garages, un garage-atelier et un hangar, mais dont une grande partie était demeurée nue, et qui était utilisé par les locataires comme chantier de finition de pierres tombales, de fabrication de dalles en ciment et d'exposition de leurs productions, dès lors qu'en raison des autres immeubles et terrains dont ils disposaient sur la commune, la gêne consécutive à la privation des locaux litigieux ne mettait pas en péril l'exploitation principale du fonds de commerce de marbrerie, monuments funéraires, fleurs et couronnes (Cass. 3e civ. 10-10-1968 n° 67-10.389 : Bull. civ. III n° 364) ;
– un local servant « surtout » de **vitrine** publicitaire, laquelle n'était pas nécessaire à la continuation du commerce en cause (Cass. 3e civ. 16-7-1969 n° 68-10.204 : Bull. civ. III n° 587) ;
– un local loué à usage de **bureaux et** de **dépôt de marchandises** pour un commerce de caoutchouc manufacturé dès lors que le local litigieux, qui ne permettait pas la réception de la clientèle, servait uniquement à entreposer la marchandise, sa forme même n'autorisant qu'un tel usage, sa perte ne pouvant avoir pour effet que d'obliger la société locataire à chercher un autre entrepôt et n'ayant pas pour conséquence de compromettre l'exploitation tout entière du fonds principal (Cass. 3e civ. 16-11-1971 n° 70-12.561 : Bull. civ. III n° 552) ;
– un local à usage de **garage d'atelier de réparation** et d'habitation pour une société qui exploitait un commerce en gros de produits laitiers dès lors que ces locaux, bien que commodes, ne présentaient pas le caractère de nécessité exigé par la loi (Cass. com. 26-10-1964 n° 63-11.153 : Bull. civ. III n° 441) ;
– une **remise,** louée dans un premier temps à un liquoriste au rez-de-chaussée d'un immeuble dont ce dernier s'était servi comme entrepôt, puis cédée avec l'accord du bailleur à une société exploitant un cinéma mitoyen en vue d'y installer une chaufferie, car l'utilisation de la remise

comme **garage** par la gérante de la société à la suite de l'abandon du projet de chaufferie avait pu, certes, présenter une certaine commodité pour la locataire, mais il était évident que sa suppression ne pouvait entraîner qu'une gêne limitée sur la bonne marche des activités, leur importance et les revenus qu'elles procuraient (Cass. 3e civ. 23-1-1974 nº 72-13.411 : Bull. civ. III nº 35) ;

– un **local contigu** à d'autres locaux appartenant à un autre propriétaire pour lesquels le locataire était enregistré au registre du commerce et des sociétés, dès lors que le locataire n'établissait pas que l'ensemble des locaux formaient une unité d'exploitation, dans la mesure où il ne produisait aucun élément quant à l'exploitation du local litigieux, se contentant d'affirmer que celui-ci servait seulement de réserve et qu'il ne pouvait pas être exploité, mais sans soutenir que ce défaut d'exploitation avait des conséquences sur l'exploitation du fonds (CA Paris 20-3-2013 nº 11/14643, ch. 5-3) ;

– des **caves** données en location au titulaire d'un bail commercial portant sur des locaux à usage de restaurant situés au rez-de-chaussée et au premier étage d'un immeuble afin de les utiliser « à son usage », dès lors que, si la location du sous-sol était intervenue en vue de l'utilisation conjointe des caves et du local principal et si une cuisine avait été aménagée dans le sous-sol de l'immeuble, la tolérance du bailleur quant à une telle utilisation des caves ne légitimait pas un tel usage et que seul un usage de caves devait être pris en considération pour déterminer si la privation du sous-sol était de nature à compromettre l'exploitation du fonds de commerce, ce qui n'était pas établi en l'espèce (Cass. 3e civ. 28-5-2020 nº 19-13.381 F-D : RJDA 10/20 nº 471).

Cas intermédiaires Certains types de locaux ne se prêtent pas à l'énonciation d'une solution invariable quant à la soumission ou non au statut. En effet, pour ceux-là c'est à une appréciation circonstanciée que les juridictions du fond sont invitées à procéder ; tel est le cas des locaux d'entreposage, garage, etc. **830**

Si l'on peut y voir une solution pragmatique, l'on ne saurait nier l'incertitude qui plane ainsi sur une relation contractuelle qui est susceptible de se voir soumise au statut ou, tout au contraire, d'y échapper, la prévision des parties étant en pareil cas déjouée le plus souvent tardivement puisque le débat se trouve posé lors de l'expiration de la convention en cause.

La jurisprudence s'est prononcée dans des sens variables pour les **garde-meubles.** La Cour de cassation a ainsi confirmé la décision d'une cour d'appel qui, pour accorder une indemnité d'éviction au locataire d'un local à usage de garde-meubles, avait jugé qu'un garde-meubles ne se conçoit pas sans la disposition des locaux et qu'une réduction relativement importante de la capacité d'entreposage du locataire, c'est-à-dire de son instrument de travail, aurait amputé gravement son fonds (Cass. com. 11-7-1963 nº 62-11.256 : Bull. civ. III nº 372). En revanche, dans un cas où les juges du fond avaient constaté que la perte d'un immeuble à usage de garde-meubles entraînait au détriment du locataire – entreprise de déménagements, camionnage, affrètement et commission en douane – une gêne et une baisse de chiffre d'affaires (de 10 à 12 %) et une baisse des bénéfices (de 15 à 18 %) mais que le fonds, touché dans une utilité et non dans une nécessité, subsistait avec une rentabilité très acceptable, la Cour de cassation a jugé qu'ils avaient pu décider que le local litigieux n'était pas nécessaire à l'exploitation du fonds et refuser le renouvellement du bail sans indemnité d'éviction (Cass. 3e civ. 19-6-1968 nº 65-10.120 : Bull. civ. III nº 284). **835**

S'agissant des **emplacements de stationnement,** quand bien même seraient-ils accessoires à l'exploitation de l'activité du locataire, encore faut-il, pour bénéficier du statut de locaux accessoires protégés, qu'ils soient constitutifs de véritables locaux (Cass. 3e civ. 4-1-1995 nº 88 P : RJDA 3/95 nº 259). **840**

Si tel est le cas, les emplacements en cause peuvent être qualifiés de local accessoire au sens de l'article L 145-1, 1° du Code de commerce s'ils sont considérés, compte tenu de leur nature, fonction et situation, comme indispensables à l'exploitation du fonds de commerce (Cass. 3e civ. 22-3-2006 nº 387 FS-PB : RJDA 6/06 nº 625).

ILLUSTRATIONS

Une société, preneur à bail de locaux à usage commercial, ayant reçu un congé tendant à la libération de deux emplacements de stationnement non visés par le bail commercial, avait invoqué, pour ces emplacements, le bénéfice des dispositions du statut des baux commerciaux. Il n'a pas été fait droit à cette demande. La Cour de cassation a jugé que la cour d'appel avait « tiré les conséquences légales de ses constatations en excluant l'application des dispositions de l'article 1-1° du décret du 30 septembre 1953 (C. com. art. L 145-1-I, 1°) visant les baux de locaux ou d'immeubles accessoires » dès lors qu'elle avait « constaté que la location avait pour objet des aires de stationnement », « procédé à la recherche de la commune intention des parties » et retenu « sans relever le caractère concomitant des quittances, que celles-ci révélaient l'existence d'un bail civil et non commercial relatif à ces emplacements ».

Cass. 3e civ. 12-7-1995 nº 1697 P : RJDA 10/95 nº 1083.

Une société exerçait, dans des locaux qu'elle avait loués, une activité d'ingénierie, de fabrication, de maintenance et d'exploitation de systèmes d'informations magnétiques, photochimiques et électroniques, au titre de laquelle elle intervenait, notamment, sur l'équipement de cars de télévision. Pour ces interventions, elle utilisait deux places de parking, sur lesquelles elle pouvait accueillir les véhicules de retransmission. Le bailleur avait notifié à la locataire un congé portant sur les deux emplacements de parking, soutenant que ces locaux avaient été loués dans le cadre de baux civils.

Ces places de parking ont été qualifiées de locaux accessoires, bénéficiant du régime des baux commerciaux, pour les raisons suivantes :

– les installations électriques du parking étaient reliées à celles des locaux principaux, au moyen d'équipements datant du bail commercial ;

– le local principal et les locaux litigieux appartenaient, lors de la conclusion du bail commercial, à la même société ;

– si la locataire était privée de ces locaux, elle ne pourrait plus réaliser les prestations techniques qui constituaient une partie majeure de son activité.

CA Versailles 12-1-2016 n° 14/00097 : RJDA 8-9/16 n° 597.

Ne constitue pas un local accessoire un terrain à usage de parking qui, s'il est utile à l'exploitation du fonds de commerce de discothèque, n'en est pas indispensable, dès lors qu'il est démontré que la discothèque a pu être exploitée pendant plusieurs années malgré l'absence de ce parking.

CA Caen 9-5-2019 n° 17/01961.

845 En ce qui concerne les **locaux destinés aux besoins personnels du commerçant ou de ses employés,** il a été jugé que des locaux utilisés comme **cantine et réfectoire** ne sont pas indispensables à l'exploitation du fonds au motif que la disparition d'une cantine, en supposant qu'elle ne puisse être rétablie ailleurs, n'est pas de nature à entraver l'activité commerciale de la société (Cass. com. 19-3-1963 n° 60-11.812 : Bull. civ. III n° 162).

Des locaux utilisés pour le **logement** du personnel ne sont pas considérés comme des locaux accessoires alors même que les employés sont obligés d'habiter à proximité eu égard aux horaires (Cass. com. 26-12-1961 n° 57-12.081 : Bull. civ. III n° 500). Une décision a cependant admis ce caractère s'agissant d'un commerce de boulangerie artisanale qui implique un travail de nuit ; il est en effet indispensable que le boulanger puisse résider sur les lieux mêmes ou à proximité de son commerce sauf à compromettre gravement son exploitation (CA Versailles 15-10-1998 n°s 96-8802, 96-2816, 12e ch. 2e sect.).

850 N'ont pas été considérés comme des locaux accessoires les locaux utilisés comme **garage** pour une auto-école (Cass. com. 4-12-1967 n° 66-12.243 : Bull. civ. III n° 394), pour une entreprise de taxis-ambulance (Cass. 3e civ. 12-12-1992 n° 90-13.622 : Loyers et copr. 1992 comm. n° 300). Il en est de même pour un « local à usage de garage d'atelier de réparation et d'habitation » loué à une société exploitant un commerce en gros de produits laitiers (Cass. com. 26-10-1964 n° 63-11.153 : Bull. civ. III n° 441).

En revanche, a été considéré comme local accessoire un garage loué à une société de presse locale qui se trouvait dans l'obligation d'en assurer le transport et la diffusion par ses propres moyens et dont le service de « routage » qui constituait une branche capitale de l'exploitation exigeait une quarantaine d'automobiles avec un atelier de réparation et un personnel important occupant les lieux (Cass. com. 19-7-1966 n° 64-14.185 : Bull. civ. III n° 366).

PROPRIÉTÉ DU LOCAL ACCESSOIRE

855 Le local doit appartenir au propriétaire du local ou de l'immeuble dans lequel est situé l'établissement principal. En cas de pluralité de propriétaires, les locaux accessoires doivent avoir été loués au vu et au su du bailleur en vue de l'utilisation jointe (C. com. art. L 145-1, I-1°).

L'objectif de cette règle est d'éviter au bailleur de se voir opposer le statut alors qu'il avait loué un local qui n'était normalement pas destiné à l'exploitation d'un fonds de commerce. En revanche, si **un propriétaire possède à la fois le local principal et le local accessoire,** sa connaissance de l'utilisation qui sera faite du local accessoire est présumée.

Lorsque le local accessoire appartient à un **propriétaire différent** du local principal, le juge ne peut le soumettre aux dispositions du Code de commerce que s'il est établi que ce local a été loué au vu et au su du bailleur du local accessoire en vue de son utilisation pour l'activité principale du locataire (Cass. 3e civ. 3-7-1968 n° 66-12.056 : Bull. civ. III n° 312 ; Cass. 3e civ. 10-3-1993 n° 465 D : RJDA 5/93 n° 384 ; Cass. 3e civ. 19-3-2008 n° 06-21.752 FS-PB : RJDA 6/08 n° 612), sans qu'il soit nécessaire que le bailleur ait expressément accepté. Il doit être procédé à cette recherche même d'office (Cass. 3e civ. 19-7-1995 n° 1764 P : RJDA 11/95 n° 1206).

ILLUSTRATIONS

Un local loué sert d'annexe à l'activité principale de marchand de meubles, tapissier décorateur, exercée par la locataire dans un local commercial principal situé à trois cents mètres appartenant à un autre bailleur. Il ne peut être considéré que ce local est accessoire et bénéficie du statut puisque indispensable à l'exploitation principale, sans rechercher si le local litigieux avait été loué au vu et au su de la société bailleresse en vue de son utilisation pour l'activité principale du preneur.

Cass. 3e civ. 10-3-1993 n° 465 D, précité.

Un local est loué en complément du local principal dans lequel est exploitée une entreprise de maçonnerie située dans la même ville. Refus de considérer ce local comme accessoire car le locataire ne rapporte pas la preuve que le local prétendument accessoire a été loué au vu et au su du bailleur en vue d'une utilisation jointe avec le local principal.

CA Paris 15-6-1990 nos 88-4604, 89-12195, 16e ch. B : Juris Data n° 1990-022483.

Il résulte des éléments suivants que le bailleur savait, au jour de la signature du bail, que les locaux loués avaient un caractère accessoire indispensable à l'exercice de l'activité principale du locataire :
– dans une lettre reçue par le bailleur la veille de la conclusion du bail, le candidat locataire lui avait demandé de prendre position immédiatement sur la conclusion du bail car des livraisons de marchandises en provenance d'Italie devaient être programmées le soir même ;
– deux jours avant, le candidat avait indiqué au bailleur que l'inauguration de sa nouvelle boutique devait avoir lieu dans moins de 8 jours et qu'il était à la recherche de simples locaux à usage d'entrepôts, stockage de marchandises répondant aux conditions suivantes : le local devait pouvoir être immédiatement mis à sa disposition à l'entresol, devait être fermé et être suffisamment sûr pour contenir les marchandises destinées à être exposées à la boutique de l'avenue Montaigne pour l'inauguration ; la destination des lieux devait être « entrepôt-lieu de stockage » et accessoirement bureaux, mais non à usage exclusivement de bureaux.

CA Paris 27-9-2006 n° 05/13365, 16e ch. A : Administrer-1-2007 p. 48.

Un bailleur ne peut sérieusement prétendre avoir ignoré que son local était loué en vue d'une utilisation jointe au local principal, alors que :
– son local servait au stockage et à l'entrepôt de la marchandise du magasin proche, constitutif du local principal ;
– la relation contractuelle durait depuis plus de 25 ans ;
– le magasin se situait à moins de 300 mètres des locaux litigieux ;
– les flux de marchandises entre les deux entités étaient de notoriété publique, au vu et au su non seulement du bailleur mais de toute personne habitant le quartier ;
– le bailleur avait interdit la sous-location sauf à une société dépendant du groupe propriétaire du fonds exploité dans le magasin en cause.

TGI Paris 3-2-2009 n° 07/12265, 18e ch. sect. 1.

Il résulte des éléments suivants que le bailleur avait bien connaissance, lors de la signature du bail, que ses locaux d'activité à destination de « confection » avaient un caractère accessoire indispensable à l'activité de grossiste exercée par le locataire :
– le bailleur, propriétaire de l'ensemble immobilier dans lequel étaient situés les locaux d'activité, le gérait lui-même et avait un bureau au troisième étage de l'immeuble ; avant la conclusion du bail, le dirigeant de la société locataire avait été vu souvent dans le bureau du bailleur en train de discuter et les négociations avaient duré longtemps ;
– la destination contractuelle de « confection », sans autre précision, n'était pas contraire au stockage de produits de confection, et la configuration des locaux d'activité, avec deux niveaux en sous-sol éclairés par des néons, un rez-de-chaussée en partie aveugle ou éclairé par des briques de verre donnant sur une cour intérieure, avec un quai de déchargement, était adaptée au stockage de produits de confection mais pas à la vente.

CA Paris 20-4-2022 n° 19/12702, ch. 5-3 : RJDA 10/22 n° 550.

La connaissance par le bailleur de l'utilisation jointe **doit exister** au moment de la conclusion **860**
du bail, ce que le preneur doit prouver par tous moyens. Cette connaissance peut résulter des clauses du bail, des actes non équivoques du bailleur montrant qu'il avait connaissance de la situation ou encore des circonstances comme la proximité des lieux : ainsi « la location d'une remise à titre de matériel, presque en face du garage propriété du preneur dans laquelle celui-ci a toujours entreposé des voitures automobiles au vu et au su du bailleur, doit être considérée en vue d'une utilisation jointe » (CA Paris 28-6-1984, 16e ch. B : Loyers et copr. 1984 comm. n° 330).

B. Terrains nus

1. CONDITIONS D'APPLICATION DU STATUT AUX TERRAINS

960 L'article L 145-1, I-2° du Code de commerce dispose que le statut des baux commerciaux s'applique « aux baux des terrains nus sur lesquels ont été édifiés – soit avant soit après la conclusion du bail – des constructions à usage commercial, industriel ou artisanal à condition que ces constructions aient été élevées ou exploitées avec le consentement exprès du propriétaire ».

Trois conditions doivent être remplies. L'article L 145-1, I-2° prévoit les deux premières : les constructions doivent être édifiées sur le terrain loué et ces mêmes constructions doivent être réalisées avec le consentement du bailleur. La jurisprudence a dégagé la troisième : un fonds doit être exploité dans l'édifice en cause.

En outre, conformément à l'article L 145-1, I-al. 1 du Code de commerce (nos 42000 s.), le preneur à bail d'un terrain nu sur lequel sont édifiées des constructions doit également, pour bénéficier du droit au renouvellement, faire **immatriculer au registre** du commerce et des sociétés l'établissement exploité dans les lieux (Cass. 3e civ. 2-6-1999 n° 97-18.409 PB : RJDA 8-9/99 n° 895, rejetant la demande en paiement d'une indemnité d'éviction lorsqu'un des colocataires n'a jamais été inscrit au registre du commerce ; Cass. 3e civ. 23-11-2010 n° 09-68.685 F-D : RJDA 3/11 n° 217 ; Cass. 3e civ. 23-11-2010 n° 09-68.687 F-D : RJDA 3/11 n° 217 ; Cass. 3e civ. 9-6-2016 n° 15-15.416 F-D ; Cass. 3e civ. 23-1-2020 n° 19-11.215 FS-PBI : RJDA 4/20 n° 201).

ÉDIFICATION DE CONSTRUCTIONS SUR LE TERRAIN LOUÉ

965 Les constructions doivent avoir été édifiées sur le terrain soit avant soit au cours du bail. Dans le cas contraire le bail ne sera pas soumis au statut, qu'il s'agisse d'un terrain loué nu sans faculté d'édifier, ou loué avec faculté d'édifier sans que celle-ci ait été exercée (Cass. 3e civ. 14-10-1987 n° 1608 : Rev. loyers 1987 p. 525). Dans ce cas, le non-respect de cet engagement n'a pas pour effet de modifier la nature du bail (CA Paris 19-10-2001 n° 00-8844, 16e ch. B : RJDA 3/02 n° 232).

Les constructions doivent présenter cumulativement un **caractère de fixité et** un caractère **de solidité** suffisants (Cass. 3e civ. 17-10-1968 n° 66-13.711 : Bull. civ. III n° 382). Or il n'existe pas de définition juridique de ces notions. Les juges du fond apprécient donc souverainement si les ouvrages édifiés sur un terrain loué nu présentent ces caractères (Cass. 3e civ. 17-1-1969 n° 67-10.159 : Bull. civ. III n° 52 ; Cass. 3e civ. 1-3-1995 n° 482 D). Les juges ont ainsi relevé qu'une construction implique, sur le plan technique, une idée de structure et de stabilité dont la réalisation suppose des fondations, même peu profondes (CA Paris 25-6-1959 : Rev. Loyers 1959 p. 547), qu'il suffit, pour que la législation soit applicable, que la construction soit solidement effectuée, parfaitement implantée dans le sol et durable (CA Rennes 9-12-1960 : Rev. Loyers 1960 p. 590).

La Cour de cassation contrôle l'appréciation circonstanciée de la notion de construction au sens de l'article L 145-1 du Code de commerce (Cass. 3e civ. 1-3-1995 n° 147 P : RJDA 5/95 n° 549).

970 ILLUSTRATIONS

Sont des constructions au sens de l'article L 145-1, I-2° :

– un **hangar** construit avec une charpente métallique, avec toiture en tôle ondulée, fixée à des pieux en ciment enterrés dont les espaces entre les montants verticaux sont remplis par des briques agglomérées, avec portes et fenêtres, car il constitue une construction solide et durable répondant bien à la destination commerciale et artisanale de constructeur naval, tout en conservant son caractère démontable exigé par la convention. En effet, si l'article 1er du décret de 1953 ne concerne que les terrains nus sur lesquels ont été édifiées des constructions, la jurisprudence n'a entendu exclure que les « constructions volantes et légères », généralement en planches et facilement démontables ;

CA Rennes 9-12-1960 : Rev. Loyers 1960 p. 590.

– des **boxes en dur** autorisés par le bailleur. En l'espèce la société locataire était immatriculée au registre du commerce, possédait un nom commercial et remplissait les obligations imposées aux commerçants, avait eu pour activité unique la location de boxes, constructions en dur non aisément démontables, à des particuliers qui constituaient une clientèle ; la société locataire exploitait donc un fonds de commerce dans les lieux loués ;

Cass. 3e civ. 30-10-1984 n° 1291 : Bull. civ. III n° 178.

– une **station de lavage** construite par le preneur ; même si le bail en cause ne contient aucune référence au statut des baux commerciaux, il apparaît que, répondant aux conditions légales, il s'agit d'un bail commercial ; il a été conclu pour un usage commercial, pour une durée supérieure à neuf ans, par une société preneuse commerçante ; il relève des dispositions du paragraphe 2° de l'article L 145-1 puisque les parties sont convenues de la démolition par la société preneuse du bâtiment en mauvais état existant et de la construction par celle-ci d'une station de lavage ;

CA Paris 19-10-2001 n° 00-8844, 16e ch. B : RJDA 3/02 n° 232.

– deux **containers** reliés par un toit en tôle dans lesquels était exercée une activité d'atelier et de bureaux dès lors que leur solidité résultait de leur pérennité et leur fixité de leur connexion aux réseaux d'alimentation.

Cass. 3e civ. 1-10-2014 n° 13-16.806 FS-PBI : RJDA 3/15 n° 362.

– une installation composée des éléments suivants : un **portique de lavage** reposant sur des rails métalliques soudés sur des poutrelles incluses dans des fondations en béton et installé sur une aire en béton, disposant d'une fosse d'évacuation des eaux de lavage raccordée au réseau des eaux usées ; un **bâtiment modulaire** utilisé comme local technique sur des fondations et longrines en béton disposant des raccordements gaz, électricité, eau, téléphone et internet ; trois **aires de lavage haute pression** dont deux couvertes disposant de douze points d'ancrage chacun dans des fondations en béton avec fosse de récupération des eaux usées ; un **aspirateur professionnel** posé sur une fondation en béton raccordé au réseau électrique.

CA Caen 16-1-2020 n° 18/00334, 2e ch. civ. et com.

ILLUSTRATIONS 975

Ne sont pas des constructions au sens de l'article L 145-1, I-2° :

– les **aménagements d'un terrain de golf,** effectués en profondeur et au ras du sol, sur un terrain d'une superficie de 46 765 m^2 ; il était stipulé dans le bail que la société preneuse devait conserver au terrain loué son aspect actuel de prairie plantée, ne pouvait en changer la destination exclusivement réservée à l'usage de golf, ni élever aucune construction ;

Cass. com. 9-2-1960 n° 56-11.484 : Bull. civ. III n° 54.

– des constructions non permanentes constituées par des **baraques** facilement et rapidement démontables, édifiées **sur un terrain forestier** et destinées à permettre l'exploitation d'une scierie volante et donc transportables ;

Cass. com. 10-1-1961 n° 57-11.552 : Bull. civ. III n° 20.

– un **hangar** édifié sur un terrain à usage de dépôt de bois dénué de stabilité puisque construit en planches et tôle ondulée **sans fondations** ;

Cass. com. 8-10-1962 n° 58-11.689 : Bull. civ. III n° 383.

– des **constructions légères et démontables** qui seules étaient autorisées par les clauses et conditions du bail à l'exclusion de toutes autres constructions qui devaient être enlevées en fin de bail aux frais des locataires ;

Cass. com. 16-6-1965 n° 64-10.556 : Bull. civ. III n° 376 ; Cass. com. 21-6-1966 n° 64-10.719 : Bull. civ. III n° 315.

– des locaux constituant des **sanitaires** sur une partie du terrain loué composé d'un terrain et d'un étang en vue de l'exploitation d'un fonds de commerce de loueur de canots avec droit de pêche ;

Cass. 3e civ. 24-4-1970 n° 68-12.351 : Bull. civ. III n° 277.

– une **construction** existante **légère sans fondation et démontable,** les quelques modifications de structure autorisées par le bailleur et l'appareillage technique nécessaire aux besoins du pressing ne portant pas atteinte au caractère léger et démontable de l'édifice ;

Cass. 3e civ. 4-5-1984 n° 1595.

– une **caravane** mobile, tractable, immatriculée comme tout véhicule et seulement stabilisée par une béquille ;

CA Versailles 2-10-1987, 4e ch. : D 1987 IR. p. 217.

– des **pylônes d'un téléski** ancrés dans le sol par des massifs de béton, en dépit du fait que le terrain a été loué à une société commerciale dans le seul but d'exploiter ces installations ;

Cass. 3e civ. 16-3-1988 n° 86-15.619 : Bull. civ. III n° 57.

– une **construction** dont l'ossature était **composée de** quatre **poutrelles** métalliques aisément démontables, la construction ayant un caractère provisoire et destiné aux locations saisonnières ;

Cass. 3e civ. 8-2-1989 n° 87-15.419 : Gaz. Pal. 1989 pan. p. 80.

– une **clôture** permettant de clore et délimiter les lieux loués qui étaient utilisés pour les besoins d'une activité commerciale d'exposition et de vente de remorques et caravanes ; cette clôture en ciment et un grillage étaient aménagés pour les besoins du commerce, outre l'étalement de plus de 100 tonnes de cailloux et gravillons ;

Cass. 3e civ. 1-3-1995 n° 147 P : RJDA 5/95 n° 549.

– des **courts de tennis** ;

CA Versailles 18-8-1999 n° 344, 12e ch. 2e sect.

– des **bungalows de type Algeco, constructions légères en préfabriqué, provisoires,** posées sur la pelouse du site et dépourvues de toute fondation ou d'ancrage au sol, alimentées en électricité et en eau par des réseaux hors sol ne constituant pas un ancrage au terrain, le caractère démontable étant d'autant moins contestable que le preneur à son départ, avait démonté les bungalows ;

CA Douai 5-11-2013 n° 12/06882, ch. 2-2.

– des **conteneurs** posés sur une dalle en béton et recouverts d'un toit en tôle ondulée, aisément démontables et transportables ;

CA Saint-Denis de la Réunion 5-4-2016 n° 15/00069.

– des **conteneurs** destinés au stockage de pièces ;

Cass. 3e civ. 10-9-2020 n° 19-12.814 F-D.

– un **portique** fixé sur une dalle en béton ;

CA Riom 10-1-2024 n° 22/00689.

– une **baraque mobile** qui ne comporte aucune fondation et dont l'implantation n'avait nécessité qu'une simple autorisation de travaux exemptée de permis de construire.

Cass. 3e civ. 22-3-2018 n° 15-15.901 F-D : RJDA 5/18 n° 399.

CONSENTEMENT DU BAILLEUR À L'ÉDIFICATION DES CONSTRUCTIONS

980 L'article L 145-1, I-2° du Code de commerce exige que « les constructions aient été élevées ou exploitées avec le consentement exprès du propriétaire ». Le terme « exprès » n'implique pas nécessairement que le consentement ait été donné par écrit mais signifie que ce dernier peut résulter de tout acte positif manifestant un accord certain du propriétaire (Cass. 3e civ. 16-4-1969 n° 68-10.187 : Bull. civ. III n° 283). Cependant, un accord tacite n'est pas suffisant ; il incombe au locataire de pouvoir rapporter la preuve d'un accord formel (Cass. 3e civ. 18-3-1980 n° 78-14.510 : Rev. Loyers 1980 p. 312). Une distinction est opérée entre la simple tolérance de l'exploitation de la part du propriétaire, insuffisante pour établir le consentement, et la véritable autorisation d'édifier un bâtiment en dur, qui doit être établie (Cass. 3e civ. 10-7-1996 n° 1265 P : RJDA 11/96 n° 1303).

ILLUSTRATIONS

Le locataire n'apporte pas la preuve d'un accord « qui ne peut pas résulter de travaux énumérés de remblais et de compactage, ces travaux ne pouvant être réputés avoir directement servi à l'édification de locaux à usage commercial. En outre rien n'établit que le bâtiment élevé par le locataire ait reçu l'accord exprès du bailleur alors que la clause d'arasement montre qu'à le supposer donné ce consentement n'aurait concerné que des constructions précaires » (CA Paris 3-10-1991 n° 89-18472, 1e ch. section urgence : Loyers et copr. 1992 comm. n° 73).

Le preneur d'un bail consenti sur un terrain non constructible ne peut pas prétendre bénéficier du statut des baux commerciaux au motif qu'il exerce depuis plus de quatorze années sur ce terrain une activité commerciale de réparation d'engins de travaux publics. En effet, la non-constructibilité était visée dans le document d'origine, ce qui signifie qu'à l'évidence aucune autorisation n'a été donnée par le bailleur (Cass. 3e civ. 9-4-2014 n° 13-10.725 FS-D : Loyers et copr. 2014 comm. n° 182).

Le bailleur qui, après avoir été renseigné par la commune sur l'impossibilité de construire sur le terrain objet du bail en vertu des règles d'urbanisme, met en demeure le preneur de détruire les constructions édifiées par ce dernier sur un terrain nu n'autorise pas ces constructions. Le bail n'entre donc pas dans le champ d'application du statut des baux commerciaux (CA Aix-en-Provence 23-4-2017 n° 15/21733 : Rev. Loyers avril 2017 p. 173).

Dès lors que le bailleur a seulement autorisé l'installation d'une structure légère en bois démontable sur le terrain donné en location, le locataire ne peut pas utilement prétendre que le bailleur a autorisé la construction d'une dalle et de toilettes fixes et non démontables (CA Bastia 14-4-2021 n° 19/00472).

EXPLOITATION D'UN FONDS DANS L'ÉDIFICE

985 Les constructions doivent être destinées à l'usage du commerce. Il est nécessaire que celles-ci servent à l'exercice de l'activité commerciale, industrielle, ou artisanale, sans quoi l'application du statut ne se justifierait pas. Cette exigence n'est pas posée par l'article L 145-1, I-2° du Code de Commerce mais a été dégagée par la jurisprudence (Cass. 3e civ. 11-5-1988 n° 86-19.631 : Bull. civ. III n° 90 ; Cass. 3e civ. 23-1-2020 n° 19-11.215 FS-PBI : RJDA 4/20 n° 201). Il est en outre exigé que le locataire soit le propriétaire de ce fonds exploité (Cass. 3e civ. 6-12-1983 n° 81-11.738 : Bull. civ. III n° 254 ; Cass. 3e civ. 30-10-1984 : n° 970).

ILLUSTRATIONS

Dans un cas où un bail portant sur un terrain nu avait été conclu pour l'exploitation d'un camp de naturistes et où le locataire avait conclu avec un tiers une convention d'association et de partage d'intérêts prévoyant la création d'une société d'exploitation et une société civile destinée à effectuer les constructions nécessaires à cette exploitation, il a été jugé que « le décret de 1953 s'applique à tous les baux de terrains nus destinés à l'édification avec l'accord du propriétaire de construction à usage commercial, que la société civile était chargée de construire sur le terrain des bungalows destinés à être sous-loués et que la commune intention des parties était donc de destiner le terrain à l'exploitation d'un commerce, le caractère civil de la société locataire étant sans incidence en l'espèce » (Cass. 3e civ. 20-12-1976 n° 75-11.700 : Bull. civ. III n° 469).

Mais un bail de terrain nu avec faculté d'édifier peut, dans certaines circonstances, bénéficier de la protection au titre des **locaux accessoires.** Cela a été admis pour des maisons témoins édifiées sur les terrains nus avec l'accord du bailleur (Cass. 3e civ. 29-9-1999 analysé n° 820). 990

2. EFFETS DE LA CONCLUSION D'UN BAIL PORTANT SUR UN TERRAIN NU

LORS DU RENOUVELLEMENT DU BAIL

Si les conditions de l'article L 145-1, I-2° du Code de commerce sont remplies, le bail du terrain nu en cause est soumis au statut des baux commerciaux. 1050

Le renouvellement porte sur le seul **terrain** et non sur les constructions puisque le renouvellement d'un bail commercial s'opère, sauf convention contraire, aux clauses et conditions du bail à renouveler (Cass. 3e civ. 3-2-1988 n° 86-16.158 : Bull. civ. III n° 23).

Si en principe le **loyer** des baux soumis au statut est plafonné (C. com. art. L 145-34), le prix du bail des terrains est fixé en considération de ceux des éléments qui leur sont particuliers, eu égard à la nature et aux modalités de l'exploitation effectivement autorisée (C. com. art. R 145-9). Le loyer du bail commercial portant sur un terrain nu échappe donc à la règle du plafonnement.

SORT DES CONSTRUCTIONS EN FIN DE BAIL

En fin de bail, le sort des constructions édifiées sur le terrain nu est différent selon que le bail est ou non muet sur cette question. 1055

En l'absence de clauses du bail réglant le sort des constructions en fin de bail, c'est le principe légal de l'accession résultant de l'article 555 du Code civil qui reçoit application : « Lorsque les plantations, constructions et ouvrages ont été faits par un tiers et avec des matériaux appartenant à ce dernier, le propriétaire du fonds a le droit, (...) soit d'en conserver la propriété, soit d'obliger le tiers à les enlever. » Le bailleur dispose donc de l'option suivante :

- soit exiger la suppression des constructions, et dans ce cas celle-ci est exécutée aux frais du locataire sans indemnité pour celui-ci ;
- soit conserver la propriété des constructions, et dans ce cas il doit payer au locataire, soit une somme égale à la plus-value apportée au fonds, soit le coût des matériaux et de la main-d'œuvre.

Le bail contient cependant souvent une **clause d'accession** qui a alors pour objet d'écarter les dispositions de l'article 555 du Code civil, lequel n'est pas d'ordre public. La clause peut prévoir soit l'accession sans indemnité à la fin du bail en cours (c'est-à-dire que le bailleur devient propriétaire des constructions à la fin du bail en cours et dans ce cas le bail renouvelé porte sur un terrain construit), soit le report de l'accession en fin de jouissance (c'est-à-dire au terme de l'ultime renouvellement et dans ce cas les baux successivement renouvelés sont des baux de terrains nus) et le plus souvent sans indemnité. 1060

Lorsqu'une clause d'accession prévoit que les constructions deviennent propriété du bailleur au fur et à mesure de leur réalisation, la vente de ces dernières à un tiers par le preneur est inefficace. Ainsi, la société qui acquiert en cours de bail un immeuble bâti par le précédent preneur puis devient ensuite preneur du site n'a pas conclu un bail de terrain nu car le bâtiment a appartenu dès son origine au bailleur (Cass. 3e civ. 18-1-2018 n° 15-27.525 : AJDI 2018 p. 515).

Il arrive fréquemment que le bail impose au locataire de démolir en fin de bail toutes les constructions et de rendre le terrain au bailleur complètement nu et nivelé. Sur le point de savoir si une telle clause, encore dénommée **clause de nivellement,** fait, ou non, obstacle au droit de renouvellement du bail portant sur le terrain sur lequel se trouvaient les constructions qui avaient été néanmoins élevées avec le consentement exprès du bailleur, voir nos 69030 s. 1065

C. Occupation du domaine des personnes publiques

1. NOTION DE DOMAINE PUBLIC

Le domaine public de l'**État,** des **collectivités territoriales** et de **leurs groupements ainsi que leurs établissements publics** est défini à l'article L 2111-1 du Code général de la propriété des personnes publiques (CGPPP) aux termes duquel, sous réserve de dispositions législatives spéciales, le domaine public d'une personne publique mentionnée ci-dessus (art. L 1) est constitué 1170

1170 (suite) des biens lui appartenant qui sont soit affectés à l'usage direct du public, soit affectés à un service public pourvu qu'en ce cas ils fassent l'objet d'un aménagement indispensable à l'exécution des missions de ce service public, et à l'article L 2111-2 qui précise que font également partie du domaine public les biens des personnes publiques mentionnées ci-dessus qui, concourant à l'utilisation d'un bien appartenant au domaine public, en constituent un accessoire indissociable.

Sur le fondement des dispositions antérieures la jurisprudence administrative avait retenu une acception large de la notion de domaine public. Les dispositions du CGPPP tendent, quant à elles, à réduire le champ de la domanialité publique. La jurisprudence la plus récente semble s'inscrire dans cette même mouvance.

ILLUSTRATIONS

En considérant le canal de Champfleury comme appartenant au domaine public, le Conseil d'État l'a étendu à la voûte qui surplombe le canal ainsi qu'à la dalle qui se trouve dessus. De ce fait, l'immeuble construit sur la dalle appartient aussi au domaine public et ne peut pas faire l'objet d'un bail commercial.

CE 25-1-1970 : AJDA 1970 p. 349.

Un contrat conclu entre la ville de Paris et une société portant sur le bail d'un château se trouvant dans le domaine privé de l'État, le changement d'affectation du château ayant entraîné son intégration dans le domaine public a automatiquement transformé le bail en contrat administratif.

T. confl. 3-12-1979 n° 2143 : D. 1980 IR.p. 118.

Dans un cas où une société avait été autorisée à exploiter sur une parcelle de l'esplanade d'un sémaphore un golf miniature en vertu d'une convention conclue avec une commune, la cour administrative d'appel a rappelé qu'avant que la convention intervienne, l'ensemble de l'esplanade était affecté à l'usage du public ; eu égard à la configuration des lieux, la parcelle litigieuse faisant partie de l'esplanade, elle fait partie du domaine public communal.

CAA Bordeaux 20-4-1994 n° 92-476, 3e ch. : AJDA 1995 p. 243 et p. 188.

Un immeuble est acquis par une commune par voie d'expropriation pour cause d'utilité publique en vue d'y installer des services municipaux à caractère culturel et touristique. Il y est réalisé d'importants travaux d'aménagements spéciaux. Le rez-de-chaussée est donné en location pour l'exploitation d'un fonds de commerce de bar-restaurant et n'a pas fait l'objet de ces travaux. Le Conseil d'État conclut que cette partie des locaux extérieurs aux travaux doit quand même être regardée comme une dépendance du domaine public.

CE 1-6-2005 n° 277092, 8e et 3e s.-s.

Dans un cas où, par contrat expressément qualifié de « convention d'occupation du domaine public », une commune avait mis à la disposition d'une société des locaux situés dans le même immeuble que le théâtre municipal et dans lesquels cette société exploitait un café et un restaurant, il a été déduit des éléments suivants que cette convention n'avait pas la nature d'une convention d'occupation du domaine public :
– l'accès aux locaux s'effectuait par une entrée située directement sur la rue et distincte de celle du théâtre municipal ;
– si, en vertu de la convention, la société bénéficiait du droit exclusif de vendre, pendant les représentations théâtrales, des rafraîchissements et des produits comestibles au buffet du premier étage du théâtre ainsi qu'à la buvette des deuxièmes galeries, aucune stipulation contractuelle ne lui faisait obligation d'assurer ces prestations ;
– aucune clause contractuelle n'imposait à la société, pour les jours ou les horaires d'ouverture de ses locaux, des sujétions liées aux spectacles donnés dans le théâtre ;
– le seul fait que les locaux étaient situés dans le même immeuble que le théâtre municipal et que la société disposait de communications internes permettant de fournir les prestations qu'elle décidait d'assurer au buffet ou à la buvette du théâtre était insuffisant pour considérer les locaux comme l'un des éléments de l'organisation d'ensemble du théâtre et par suite comme étant affectés au service public culturel de la commune ou comme un accessoire du domaine public communal.

CE 28-12-2009 n° 290937, sect. : Lebon p. 528.

Une commune était propriétaire d'un terrain où était exploité un service public municipal de camping. Le conseil municipal de la commune, après délibération, avait constaté la désaffectation et procédé au déclassement du domaine public communal de ces biens. Elle avait conclu ensuite un bail commercial au profit d'une société. Une délibération était intervenue pour abroger celle qui avait prononcé le déclassement. Une dernière délibération avait constaté l'extinction du bail commercial mais autorisé l'exploitant à se maintenir dans les lieux quelques mois.
Jugé que le terrain avait réintégré le domaine public quand bien même il s'était agi d'un choix de la personne publique d'affecter à un service public un bien lui appartenant, déjà doté des aménagements indispensables à l'exécution des missions de ce service public, et ce alors même qu'un droit d'occupation de ce bien avait été, à la date de cette décision d'affectation, conféré à

un tiers par voie contractuelle. Le bien loué entrant de nouveau dans le domaine public ne pouvait dès lors être donné à bail commercial ; le contrat avait été requalifié ; le bail commercial en cours à cette date, dont disposait cette société, ne pouvait plus être opposé à la commune en celles de ses clauses devenues incompatibles avec l'appartenance des parcelles en cause au domaine publique ; il constituait néanmoins, tant que la commune n'y avait pas mis fin, un titre autorisant son titulaire à occuper la dépendance en litige.
CE 21-12-2022 n° 464505.

S'agissant des **autres personnes publiques,** elles ne sont soumises au Code général de la propriété des personnes publiques que dans la mesure où les dispositions spéciales les concernant le prévoient (CGPPP art. L 2). **1175**

Le statut des baux commerciaux n'est pas applicable aux autorisations d'occupation précaire accordées par l'administration sur un immeuble acquis par elle à la suite d'une déclaration d'utilité publique (C. com. art. L 145-2, II).

2. OCCUPATION DU DOMAINE PUBLIC

IMPOSSIBILITÉ DE CONCLURE UN BAIL COMMERCIAL SUR LE DOMAINE PUBLIC

La conclusion de baux commerciaux statutaires est exclue sur les dépendances du domaine public. Cette exclusion est motivée par le principe de précarité qui s'applique aux occupations du domaine public, ce principe découlant du caractère incessible et inaliénable dudit domaine (CGPPP art. L 2122-1 s.). En effet, le domaine public de l'État comme celui des collectivités ne peut faire l'objet d'un contrat d'occupation de droit privé. Cela s'explique par le fait que le domaine public est hors commerce. La jurisprudence applique rigoureusement cette règle, qu'il s'agisse du domaine public maritime (Cass. 3e civ. 24-1-1996 n° 134 P : RJDA 4/96 n° 465 ; Cass. 3e civ. 13-9-2018 n° 16-19.187 F-D), communal (Cass. 3e civ. 19-3-2003 n° 402 FS-PBRI : RJDA 6/03 n° 572), départemental (CAA Bordeaux 15-2-2024 n° 21BX02891 : RJDA 7/24 n° 380) ou ferroviaire (Cass. 3e civ. 13-5-1997 n° 95-14.994 : Rev. huissiers 1997 p. 1355). **1230**

ILLUSTRATIONS

Le statut a été jugé inapplicable à :
– l'exploitation d'un restaurant dans le bois de Boulogne ;
CE 23-2-1979 n° 04987, sect. cont. : D. 1979 IR p. 263.
– l'exploitation d'une buvette dans le parc zoologique de Vincennes ;
CE 18-2-1980 : RD publ. 1981 p. 1725.
– la concession d'un kiosque à tabac et journaux dans un bâtiment-pont sur une autoroute ;
Cass. 3e civ. 28-2-1984 n° 82-11.194 : Bull. civ. III n° 49.
– la convention par laquelle l'exploitant d'un café-brasserie, titulaire d'une concession sur le domaine public pour l'installation d'une terrasse, avait concédé à un tiers, moyennant le paiement d'un loyer, un emplacement sur cette terrasse en vue de l'exploitation d'un fonds de commerce de gaufres ;
Cass. 3e civ. 19-11-1985 n° 84-14.522 : Bull. civ. III n° 145.
– la mise à disposition de locaux destinés à l'exploitation d'un fonds de commerce de bar-restaurant situé au rez-de-chaussée d'un immeuble appartenant à une commune qu'elle avait acquis par voie d'expropriation, bien que les locaux litigieux n'aient pas fait l'objet des mêmes travaux que le reste de l'immeuble en vue d'y installer des services publics municipaux à caractère culturel et touristique ;
CE 1-6-2005 n° 277092, 8e et 3e s.-s.
– l'ensemble des espaces commerciaux (boutiques, cafés, restaurants et hébergements) situés à l'intérieur du domaine national de Chambord et destinés à l'accueil des visiteurs car ces espaces doivent être regardés comme appartenant au domaine public de l'État ;
Avis CE 19-7-2012 n° 386715.
– l'exploitation d'un club-house et d'une brasserie qui étaient situés dans l'enceinte d'un stade appartenant au domaine public communal et ne disposaient pas d'accès séparé à la voie publique ;
CAA Nantes 15-11-2013 n° 11-2687 : AJDA 2014 p. 562.
– la convention par laquelle une association bénéficiaire d'une convention de délégation de service public pour la gestion d'une technopole a donné en location des locaux, situés dans la technopole, qui appartenaient au domaine public du département.
CA Bordeaux 15-2-2024 n° 21BX02891 précité.

L'interdiction de conclure un bail commercial sur le domaine public n'a pas été remise en cause par l'article L 2124-32-1 du Code général de la propriété des personnes publiques, qui s'applique aux exploitants occupant le domaine public en vertu d'un titre délivré depuis le 20 juin 2014 (CE 24-11-2014 n° 352402 : RJDA 11/15 n° 737 ; CAA Nantes 27-10-2015 n° 13NT02462 : Loyers et copr. 2016 comm. n° 204). En effet, cet article prévoit qu'un fonds de commerce peut être exploité sur le domaine public sous **1232** réserve de l'existence d'une clientèle propre. Or cette reconnaissance légale de la **présence d'un fonds de commerce** sur le domaine public ne fait pas pour autant naître une simili « propriété commerciale » : l'autorisation d'occupation demeure précaire et révocable et elle ne peut pas être cédée à l'acquéreur du fonds ; celui-ci doit, « par anticipation », demander à l'autorité administrative compétente une autorisation d'occupation temporaire du domaine public pour l'exploitation de ce fonds, sans que l'octroi de cette autorisation soit de droit (CGPPP art. L 2124-33).

Cette reconnaissance expresse de la possibilité d'exploiter un fonds de commerce sur le domaine public met fin aux **divergences** qui opposaient le **Conseil d'État** et la **Cour de cassation** : pour le juge administratif, un fonds de commerce ne pouvait pas exister sans droit au bail (CE 31-7-2009 n° 316534), alors que, pour le juge judiciaire, l'existence d'un fonds de commerce n'était pas subordonnée à un droit au bail mais à la présence d'une clientèle personnelle à l'exploitant (Cass. com. 27-4-1993 n° 91-10.819 P : RJDA 11/93 n° 896 ; Cass. com. 28-5-2013 n° 12-14.049 F-PB : Bull. civ. IV n° 90).

En pratique, il restera à apprécier la portée de cette reconnaissance dans l'aménagement des clauses relatives à l'indemnisation de l'exploitant en cas de retrait ou de résiliation.

1234 L'**interdiction** de souscrire un bail commercial sur une dépendance du domaine public ne peut pas être **contournée** par des stipulations particulières insérées dans le contrat. Ainsi, la qualification de « bail commercial » donnée au bail par les parties et la référence au Code de commerce dans la convention ne permettent pas de passer outre à l'interdiction (CAA Nancy 28-3-2013 n° 11NC01928). De même, le contenu du contrat, qui ne comporterait pas de clause contraire au droit commun, ne peut pas non plus guider la solution du juge en faveur d'un bail commercial, dès lors que la convention porte sur une occupation d'un domaine public, en l'espèce celui de la SNCF (CE 15-2-2012 n° 338059, 8e s.-s.).

1235 L'impossibilité de conclure des baux commerciaux sur le domaine public demeure, même si le **contrat** est **conclu par des personnes privées** (Cass. 3e civ. 20-12-2000 n° 1765 FS-PBI : RJDA 3/01 n° 278, voir aussi Cass. 3e civ. 13-10-2004 n° 993 FS-D : RJDA 1/05 n° 11 ; Cass. 3e civ. 15-9-2009 n° 08-14.172 F-D : Rev. Loyers 2009 p. 436 ; Cass. 3e civ. 10-3-2010 n° 09-12.714 PB : RJDA 6/10 n° 606) : il en est ainsi, alors même que les locaux ne se situent que pour partie sur le domaine public, dès lors qu'ils forment un tout indivisible (Cass. 3e civ. 18-3-1998 n° 439 PB : RJDA 5/98 n° 566) ; ni l'absence de communication au locataire de la convention d'occupation temporaire consentie au bailleur sur le domaine public ni le fait que le contrat de bail observe le formalisme du statut des baux commerciaux et a été conclu pour l'exploitation d'un établissement d'enseignement ne justifient une solution différente (Cass. 3e civ. 17-5-2011 n° 10-19.175 F-D : Administrer 2011 p. 31). De même, une personne privée titulaire d'un bail emphytéotique administratif ne peut pas sous-louer l'immeuble à un tiers dans le cadre d'un bail commercial (Cass. 3e civ. 19-12-2012 n° 11-10.372 FS-D : RJDA 8-9/13 n° 694).

ILLUSTRATIONS

Une société exploitait un bar-restaurant dans des murs appartenant à un club sportif, titulaire d'un bail emphytéotique consenti par une commune pour une durée de 30 ans ; le bail emphytéotique ayant été résilié, le club avait alors délivré un congé à la société, laquelle demandait en réponse la requalification du bail en bail commercial ; la cour rappelle que la convention d'utilisation porte occupation privative du domaine public, et ne peut donc être qualifiée de bail commercial (CA Pau 25-7-2013 n° 12/01585, 2e ch. : BAF 5/13 inf. 141).

Le « bail commercial » conclu dans ces conditions est nul et son annulation justifie l'allocation de dommages-intérêts au locataire (Cass. 3e civ. 15-9-2009 précité).

1237 La **personne publique** qui conclut un « bail commercial » sur le domaine public et laisse espérer au locataire qu'il occupe un local dans les conditions prévues par le statut commet une faute de nature à engager sa **responsabilité** (CAA Marseille 24-1-2011 n° 09MA00172, 7e ch., condamnant la commune à verser 10 000 € de dommages-intérêts ; CE 24-11-2014 n° 352402 : RJDA 11/15 n° 737).

De façon identique, la société bailleresse, **personne privée,** qui, avant de conclure le bail, s'abstient de s'assurer de son pouvoir de contracter valablement commet une faute engageant sa responsabilité (Cass. 3e civ. 18-12-2012 n° 11-28.251 F-D : AJDI 2013 p. 208 ; en l'espèce la société bailleresse en charge de l'établissement et de l'exploitation d'un port de plaisance qu'une commune lui avait sous-traité, contestait sa responsabilité et le préjudice résultant pour la locataire de l'annulation du bail commercial).

ILLUSTRATIONS

Une SCI qui a donné à bail des locaux dont une partie se situait sur le domaine public manque à son obligation relative à la jouissance paisible du preneur même si elle était autorisée personnellement par une autorisation d'occupation du domaine public à occuper cette parcelle. En effet, l'exploitation de cette partie des locaux est soumise au bon vouloir d'un tiers qui peut, en vertu des droits qu'il détient sur le terrain, contredire ceux conférés par le bailleur au preneur ceci justifiant la résiliation du bail aux torts du bailleur (Cass. 3e civ. 2-3-2017 n° 15-11.419 : RJDA 5/17 n° 315).

Si la partie du domaine public en cause fait l'objet d'un **déclassement** par l'autorité compétente et devient partie du domaine privé, la convention ne devient pas ipso facto soumise au statut. Un nouvel accord des parties est nécessaire pour l'application du statut. 1240

ILLUSTRATIONS

Dans un cas où la SNCF a consenti une convention d'occupation précaire sur des locaux situés dans une voûte du viaduc de Vincennes pour y exercer une activité de débit de boissons, tabac, et où la section du viaduc a été déclassée du domaine public au domaine privé de la SNCF par décret du 29 janvier 1993, une cour d'appel a justifié légalement sa décision de débouter les occupants du débit de boissons-tabac de leur demande tendant à obtenir le bénéfice du statut des baux commerciaux en relevant qu'ils n'avaient occupé les locaux qu'en vertu d'une convention d'occupation précaire spécifiant expressément qu'ils ne pouvaient prétendre au statut et en retenant exactement que le déclassement du domaine public ne pouvait pas, sans nouvel accord des parties, modifier le caractère précaire de la convention (Cass. 3e civ. 5-3-1997 n° 369 P : RJDA 5/97 n° 617).

La même solution a été appliquée suite au déclassement d'une parcelle de la gare de Versailles Rive Gauche sur laquelle était situé un local à usage de restaurant-brasserie qui avait fait l'objet d'une concession, moyennant une redevance calculée sur le chiffre d'affaires (Cass. 1e civ. 17-10-2012 n° 11-20.039 F-D : RJDA 3/13 n° 199). Il a été également jugé que la précarité de l'occupation du domaine public ne disparaît pas du fait de son déclassement, quand bien même la précarité, mentionnée dans l'intitulé du contrat, n'est pas autrement rappelée dans le corps de la convention, dès lors qu'aucun accord n'est intervenu entre les parties pour modifier le caractère précaire de l'occupation (CA Paris 16-10-2013 n° 11/22236, ch. 5-3 : Loyers et copr. déc. 2013 comm. n° 338). De la même manière, il a été jugé que le déclassement d'un bien du domaine public suivi de sa cession ne modifient pas la convention d'occupation antérieurement conclue et ne la transforme pas, en dehors de toute novation, en des contrats de droit privé, de sorte que les rapports contractuels de droit public se poursuivent sur le domaine privé (Cass. 3e civ. 27-4-2017 n° 16-14.187 F-D).

La qualification de « contrat d'occupation précaire » découle de la nature même du bien occupé : en l'absence de toute novation, le déclassement du domaine public d'un ensemble immobilier ne fait pas disparaître « la cause de la précarité » de l'occupation (CA Montpellier 19-3-2013 n° 11/07794 : AJDI 2014 p. 31, confirmé par Cass. 3e civ. 19-11-2014 n° 13-20.089 FS-PB : RJDA 3/15 n° 163).

En l'absence d'un acte formel de déclassement, le bien continue d'appartenir au domaine public, même s'il n'est plus affecté à l'usage public ou utilisé par un service public. La désaffectation de fait d'une dépendance du domaine public ne suffit donc pas à l'en faire sortir ; les locaux continuent à appartenir au domaine public et la convention d'occupation, alors même qu'elle ne porte pas sur l'exécution d'un service public et ne comporte pas de clauses exorbitantes du droit commun, est un contrat de droit public (TA Paris 23-12-2011 n° 1105721, sect. 7, 1e ch.). Le fait qu'une dépendance ait fait l'objet d'un bail commercial pendant vingt-deux ans ne la fait pas sortir du domaine public car la nature d'un bail commercial ne saurait prévaloir sur la nature publique d'une dépendance domaniale (CE 13-12-2006 n° 286252, 8e et 3e s.-s. : BJCL 2/07 p. 85). De même, le fait que le local loué soit déclassé du domaine public au cours de la période d'occupation, puis cédé à une personne de droit privé, n'a pas d'incidence sur le titre d'occupation qui ne peut être de plein droit transformé en bail commercial (Cass. 3e civ. 6-2-2013 n° 11-20.207 FS-D : RJDA 8-9/13 n° 694, 2e espèce).

Requalification du bail commercial irrégulièrement conclu Un bail commercial qui aurait été conclu sur le domaine public encourt la requalification. 1243

La requalification d'un bail commercial en convention d'occupation précaire du domaine public entraîne la perte du droit au renouvellement pour l'occupant mais ouvre droit à **réparation.** En effet, le fait de ne pas bénéficier de la propriété commerciale constitue un préjudice indemnisable, même si le locataire est toujours dans les lieux et exploite son fonds de commerce (Cass. 3e civ. 28-1-2021 n° 19-25.036 F-D : RJDA 4/21 n° 216).

POSSIBILITÉS D'OCCUPATION DU DOMAINE PUBLIC

L'occupation du domaine public peut faire l'objet de deux types de convention : soit un bail emphytéotique administratif, soit une autorisation d'occupation du domaine public. 1245

Bail emphytéotique administratif Le bail emphytéotique administratif (BEA) est défini et organisé aux articles L 1311-2 s. du Code général des collectivités territoriales (CGCT). 1250

Le recours à ce type de bail n'est possible que pour les **collectivités territoriales** (CGCT art. L 1311-2) ainsi que leurs groupements et établissements publics (CGCT art. L 1311-4).

Le cocontractant peut être une personne publique ou privée.

L'**objet** de ce bail est déterminé à l'article L 1311-2, al. 1 : il ne peut être conclu qu'en vue de la réalisation d'une opération d'intérêt général relevant de sa compétence ou de l'affectation à une association cultuelle d'un édifice du culte ouvert au public.

Ce bail est toutefois **exclu** sur les dépendances du domaine public relevant du champ d'application de la contravention de voirie (CGCT art. L 1311-2, al. 2). Depuis le 1er avril 2016, date d'entrée en vigueur de l'ordonnance 2015-899 du 23 juillet 2015, un tel bail ne peut plus avoir pour objet l'exécution de travaux, la livraison de fournitures, la prestation de services, ou la gestion d'une mission de service public (art. L 1311-2, al. 3).

> **Précisions** Le bail emphytéotique administratif peut aussi être passé sur le **domaine privé des collectivités territoriales,** de leurs groupements ou établissements. Toutefois, dans nombre de cas, l'affectation envisagée fait basculer le bien dans le domaine public.

1255 **Autorisation d'occupation du domaine public** Toute occupation du domaine public est soumise à des règles générales (CGPPP art. L 2122-1 s.) selon lesquelles, d'une part, tout occupant doit disposer d'un titre et, d'autre part, l'autorisation d'occupation ou d'utilisation est temporaire, précaire et révocable.

L'autorisation peut prendre la **forme** d'une permission de voirie, d'un permis de stationnement (autorisations unilatérales données par la personne publique) ou bien d'une concession de voirie (autorisation contractuelle).

1258 Depuis le 1er juillet 2017, si un titre d'occupation permet à son titulaire d'occuper ou d'utiliser le domaine public en vue d'une exploitation économique, l'autorité compétente doit organiser librement une procédure de **sélection préalable** présentant toutes les garanties d'impartialité et de transparence et comportant des mesures de **publicité** permettant aux candidats potentiels de se manifester (CGPPP art. L 2122-1-1).

1260 Le **déclassement** d'une parcelle faisant l'objet d'une autorisation d'occupation du domaine public n'anéantit pas par lui-même ladite autorisation et ne permet pas de considérer que la convention se serait transformée en un bail commercial puisque le déclassement du domaine public ne peut, sans nouvel accord des parties, modifier le caractère précaire de la convention (Cass. 3e civ. 5-3-1997 analysé n° 1240).

1265 Les articles L 2122-5 s. du Code général de la propriété des personnes publiques (pour le domaine de l'État) et L 1311-5 s. du Code général des collectivités territoriales (pour le domaine des collectivités territoriales) ont prévu la possibilité d'accorder un **droit réel au profit de l'occupant** sur les ouvrages, constructions et installations de caractère immobilier qu'il réalise.

Le recours à l'hypothèque est possible, de même que la cession et le crédit-bail, sous certaines conditions.

1270 L'occupant peut également être indemnisé **en cas de retrait avant terme du titre d'occupation** (CGCT art. L 1311-7, al. 3) :

- soit le retrait est constitutif d'une sanction pour inexécution des obligations de l'occupant (clauses et conditions de l'autorisation), dans ce cas, le retrait de l'obligation ne donne pas droit à une indemnisation ;
- soit le retrait est exclusif de toute faute, alors l'occupant a droit à une indemnité pour son préjudice direct, matériel et certain né de l'éviction anticipée.

L'incidence de l'existence d'un fonds de commerce (voir n° 1230) sur cette indemnisation reste à déterminer (ce type de fonds étant par nature éphémère).

Cette indemnisation permet de parvenir à un compromis entre le caractère précaire de l'autorisation d'occupation du domaine public en raison de son affectation à l'utilité publique et la nécessité de consolidation des droits de l'occupant.

3. OCCUPATION DU DOMAINE PRIVÉ DES PERSONNES PUBLIQUES

1320 L'occupation du domaine privé peut, outre le bail emphytéotique administratif (n° 1250), faire l'objet de deux types de convention : soit un bail commercial, soit une convention d'occupation précaire.

BAIL COMMERCIAL SUR LE DOMAINE PRIVÉ D'UNE PERSONNE PUBLIQUE

1325 L'article L 145-2, I-4° du Code de commerce dispose que le statut des baux commerciaux s'applique aux baux des locaux ou immeubles appartenant à l'État, aux collectivités territoriales et aux établissements publics dans le cas où ces locaux ou immeubles satisfont aux dispositions de l'article L 145-1 du Code de commerce. Ce faisant, il rappelle la possibilité pour une personne publique de consentir un bail commercial à un locataire privé, si ce dernier satisfait aux conditions de droit commun posées par l'article L 145-1 du Code de commerce.

Il convient de souligner que le locataire dispose d'un droit au renouvellement et, en cas de refus du bailleur, à une indemnité d'éviction, et ce, précise l'article L 145-26 du Code de commerce, même si le refus est motivé par une raison d'utilité publique.

La **soumission au statut des baux commerciaux** des baux portant sur le domaine privé entraîne l'application de toutes les dispositions du statut auxdits baux.

ILLUSTRATIONS

Dans un cas où la commune de Mantes-la-Jolie avait conclu avec une société, dont l'objet était la vente de fournitures pour travaux manuels, un contrat de bail pour l'occupation à compter du 1er janvier 1998 d'un atelier-relais dans un bâtiment industriel stipulant qu'il était soumis au droit des baux commerciaux et où le maire avait décidé de mettre fin à ce bail avant son terme, afin de permettre la réalisation d'une zone d'aménagement concerté, le Conseil d'État a jugé que, si la construction d'ateliers-relais par une commune a pour objet de favoriser son développement économique en complétant ses facultés d'accueil des entreprises et relève donc d'une mission de service public, cette circonstance ne suffit pas à faire regarder ces ateliers, qui ont vocation à être loués ou cédés à leurs occupants, comme étant affectés, une fois construits, à un service public et, sous réserve qu'ils aient fait l'objet d'un aménagement spécial, à les incorporer de ce seul fait dans le domaine public de la commune. Ainsi, le bail que la commune consent à une entreprise en vue de l'occupation d'un tel atelier-relais revêt, en l'absence de clause exorbitante du droit commun, le caractère d'un contrat de droit privé.

CE 11-6-2004 n° 261260, 3e et 8e s.-s. : Lebon p. 249.

La convention portant sur un terrain faisant partie du domaine privé de la SNCF, établissement public à caractère industriel et commercial, consentie à une société commerciale exerçant une activité artisanale et commerciale dans les lieux mis à sa disposition, sans intervention ou contrôle de la SNCF, et moyennant un loyer indexé selon les règles applicables aux baux commerciaux constitue un bail commercial et non une convention d'occupation précaire comme le soutenait la SNCF. Par suite, est nul le congé donné à la société dans des formes autres que celles prévues par le statut.

CA Versailles 4-11-1993 n° 91-8133, 12e ch. : RJDA 3/94 n° 268.

Même si la construction d'ateliers-relais par une commune constitue une mission de service public, cette circonstance ne suffit pas à les incorporer dans le domaine public : un bail consenti pour l'occupation d'un atelier-relais revêt le caractère d'un contrat de droit privé et est donc soumis au statut des baux commerciaux dès lors qu'il ne comporte aucune clause exorbitante de droit commun.

CA Pau 6-7-2016 n° 14/04026 : AJDI 2016 p. 769.

La circonstance que des locaux commerciaux soient implantés sur la même emprise cadastrale qu'un camping dont il ne faisait pas de doute qu'il appartenait au domaine public ne permet pas l'application de la théorie de la domanialité publique dès lors que ces derniers étaient situés à l'extérieur du camping et directement accessibles depuis la route.

CE 29-5-2019 n° 417012, Syndicat intercommunal du camping de Donville-Granville : JCP A 2019 n° 2216 obs. H de Gaudemar.

En cas de bail commercial consenti par une commune sur son domaine privé, et en l'absence d'une clause exorbitante du droit commun, le juge judiciaire est compétent pour connaître de l'action en résolution du bail formée par le locataire qui reproche à la commune de ne pas avoir mis à sa disposition un local lui permettant d'exercer son activité. Jugé en l'espèce que l'engagement d'entretenir le chemin rural d'accès aux lieux loués s'inscrit dans l'obligation de délivrance des lieux loués et n'est donc pas constitutif d'une clause exorbitante.

Cass. 1e civ. 4-7-2019 n° 18-20.842 F-PB, Cne de Boissezon.

Il en irait différemment en présence de clauses exorbitantes de droit commun. Il est donc **1330**
important d'être vigilant lors de la rédaction de la convention afin d'éviter tout risque de **disqualification** du bail **en contrat administratif,** ce qui écarterait de facto l'application du statut des baux commerciaux et par voie de conséquence la compétence judiciaire.

La présence de **clauses exorbitantes du droit commun** est, selon une jurisprudence bien établie en matière de conventions d'occupation, de nature à conférer à la convention un caractère administratif.

Pour déterminer le caractère administratif d'un contrat, le Tribunal des conflits retient une approche objective de la clause exorbitante, se référant à l'intérêt général (T. confl. 13-10-2014 n° 3963 : RJDA 4/15 n° 264).

ILLUSTRATIONS

Donnent à la convention litigieuse le caractère de contrat administratif dont les juridictions de l'ordre judiciaire ne pouvaient connaître les clauses suivantes : « la résiliation du contrat... pour cause d'infraction sera prononcée... par simple arrêté municipal », « les travaux reconnus nécessaires seront exécutés par la société sur simple mise en demeure notifiée en la forme administrative et... faute d'exécution dans le délai imparti ils pourront être exécutés par la ville aux frais de la société » ; « les employés permanents doivent être de nationalité française et... la société sera obligée de congédier sans recours contre la ville tout employé dont le renvoi serait requis par le maire ».

Cass. 3e civ. 25-6-1970 n° 69-12.166 : Bull. civ. III n° 441.

Une cour d'appel déduit exactement de ses constatations qu'une convention, intitulée « contrat administratif » et conclue en toute connaissance de cause par l'exploitant d'une buvette, était de nature administrative et ne pouvait, en conséquence, être soumise au statut des baux commerciaux dès lors qu'elle contenait des clauses exorbitantes du droit commun relatives au caractère strictement personnel attaché à l'autorisation d'exploitation sans possibilité de cession, au respect par l'exploitant des heures d'ouverture déterminées de la buvette, au contrôle de l'État et de l'Office national des forêts sur l'activité autorisée avec remise de toutes les preuves attestant de la bonne gestion de la buvette, à l'exécution par l'exploitant des instructions que pourraient être amenés à lui donner les agents chargés du contrôle, ainsi que celle relative à la procédure de résiliation qui devait être conforme à la réglementation domaniale.

Cass. 3e civ. 13-3-2002 n° 565 FS-PB : Bull. civ. III n° 63.

L'exploitant d'un restaurant doit être débouté de sa demande tendant à ce que lui soit reconnu le bénéfice du statut des baux commerciaux. En effet, la convention conclue avec la commune de Meylan constitue un contrat administratif dès lors que le contrat prévoyait :
– des heures quotidiennes impératives d'ouverture et de fermeture tout au long de chaque semaine, avec comme seule exception les jours de Noël et de l'An, toute autre période de fermeture devant être préalablement négociée avec la commune ;
– la participation à toutes les animations et manifestations organisées par la commune et l'obligation de solliciter l'autorisation de la commune pour toute animation ou manifestation n'émanant pas d'elle ;
– l'engagement de la commune d'assurer des heures de ménage avec la précision que celles-ci seraient utilisées en priorité pour les locaux annexes ;
– l'obligation de pratiquer pour les menus du restaurant des prix attractifs.
Ces stipulations, acceptées par l'exploitant, font que son activité commerciale, incontestable, était enserrée dans des dispositions contraignantes contraires à l'indépendance d'un commerçant véritable ; cela est d'autant plus certain qu'aux termes mêmes de la convention l'exploitant ne disposait pas du droit de propriété commerciale, ne pouvait ni sous-louer, ni donner en gérance l'établissement. S'il est vrai qu'en droit commun, il est interdit de faire renoncer un locataire aux droits que lui confère le règlement des baux commerciaux, les clauses contraires à cette interdiction sont licites en l'espèce pour la seule raison qu'elles ont été stipulées par la personne publique. Enfin, le choix initial de la juridiction des référés de l'ordre judiciaire par la commune de Meylan ne saurait priver les clauses exorbitantes du droit commun insérées dans la convention de leur effet sur sa qualification.

CA Grenoble 20-2-1995 n° 92-3448, 2e ch. civ. : JurisData n° 1995-040725.

Comporte une clause exorbitante du droit commun car non usuelle dans les rapports entre particuliers le contrat de bail par lequel une commune loue à une société des locaux affectés, d'une part, à l'exploitation d'une patinoire et à la location de patins et, d'autre part, à l'exploitation d'un bar, d'une cafétéria-snack et à la vente de vêtements liés à la pratique des sports de glace et qui :
– oblige notamment le locataire à mettre l'aire de patinage et le matériel permettant la pratique réglementaire de ce sport à disposition des élèves des écoles primaires de la commune et de leurs accompagnateurs, à certaines plages horaires, selon un planning établi en concertation avec les services municipaux et les responsables éducatifs ;
– prévoit que l'encadrement technique des groupes scolaires doit être assuré par un éducateur sportif qualifié mis à disposition par le locataire ;
– comporte en contrepartie un engagement de la commune de verser au locataire une participation financière destinée à couvrir les dépenses d'entretien, de réparation et de remplacement du matériel fourni.

CA Rennes 9-2-2011 n° 09-7955, 7e ch. : RJDA 5/11 n° 390.

1335 L'insertion par les personnes publiques de clauses exorbitantes du droit commun dans le contrat de bail est souvent suspectée de dissimuler une volonté de ces personnes de soustraire abusivement certains baux au statut des baux commerciaux, alors qu'ils en relèveraient en application de l'article L 145-2, I-4° du Code de commerce. C'est pourquoi la jurisprudence a tenté de **restreindre la portée de telles clauses** exorbitantes du droit commun (Cass. 3e civ. 2-2-2005 n° 130 FS-PB : Bull. civ. III n° 28 ; Cass. 1e civ. 31-3-2010 n° 09-10.731 F-D : RJDA 8-9/10 n° 841). La Cour de cassation a ainsi jugé que le fait qu'une clause déroge au statut des baux commerciaux en conférant un caractère précaire au droit concédé à l'occupant ne suffit pas à lui seul à la qualifier de clause exorbitante du droit commun et que la nature d'un contrat ne peut se déduire d'une clause attributive de compétence à la juridiction administrative (Cass. 3e civ. 2-2-2005 précité).

ILLUSTRATIONS

Ont été qualifiées de bail commercial :
– une convention conclue par la commune de Calvi pour l'exploitation d'un camp de vacances sur un terrain dépendant de son domaine privé qui comportait une clause sanctionnant le défaut d'immatriculation du locataire ou du sous-locataire éventuel au registre du commerce par une résiliation de plein droit (Cass. 1e civ. 4-7-1995 n° 93-14.634 : Loyers et copr. 1995 comm. n° 523 note Ph.-H. Brault) ;
– l'autorisation donnée par l'Office national des forêts à une personne privée d'exploiter, sur une parcelle de terre incorporée au domaine privé de l'État, un stand de restauration qui contenait une clause confiant le contentieux au tribunal administratif de Fort-de-France (Cass. 3e civ. 2-2-2005, précité).

Le Tribunal des conflits apprécie aussi de façon restrictive le caractère exorbitant des stipulations figurant dans les contrats portant sur le domaine privé.

ILLUSTRATIONS

La qualification de clause exorbitante a été rejetée à propos d'une clause de résiliation prévue au seul bénéfice du locataire personne publique (T. confl. 17-10-2011 n° 3809 : RJDA 4/12 n° 450, 1e espèce), d'une stipulation donnant à chacune des parties la possibilité de mettre fin au contrat en respectant un préavis et de celle prévoyant le réajustement automatique du loyer en cas de modification de la tarification municipale générale (T. confl. 12-12-2011 n° 3824 : RJDA 4/12 n° 450, 2e espèce).

Aux termes de l'article L 2122-1-1 du CGPP issu de l'ordonnance 2017-562 du 19 avril 2017, si **1337**
un titre d'occupation permet à son titulaire d'occuper ou d'utiliser le domaine public en vue d'une exploitation économique, l'autorité compétente doit organiser une **sélection préalable** présentant toutes les garanties d'impartialité et de transparence, et comportant des mesures de publicité permettant aux **candidats** potentiels de se manifester. La question se pose de savoir si une personne publique peut se soumettre à ces dispositions préalablement à la délivrance d'un titre d'occupation sur son domaine privé.

À notre avis, la réponse est positive. En effet, si, contrairement à ce que laissait augurer le rapport au Président de la République sur l'ordonnance 2017-562, ce dernier texte n'impose de procédure de transparence et de publicité préalables qu'à l'égard des seules autorisations d'occupation du domaine public, rien n'interdit à la personne publique d'organiser spontanément une telle procédure avant la délivrance de titres d'occupation de son domaine privé, dès lors que celui-ci est occupé ou utilisé « en vue d'une exploitation économique » (Ch. Maugüe et Ph. Terneyre : AJDA 2017 p. 1606). En outre, il ressort d'une décision de la Cour de justice de l'Union européenne à la suite de laquelle a été adoptée l'ordonnance de 2017 (CJUE 14-7-2016 aff. 458/14 et 67/15 : AJDA 2016 p. 2176 obs. R. Noguellou) que l'occupation d'un bien du domaine privé qui, par ses caractéristiques, présente un véritable intérêt économique (rareté et/ou intérêt transfrontalier ; obs. Ch. Maugüe et Ph. Terneyre précitées) est susceptible d'être soumise a minima au principe général de transparence en application de l'article 12 de la directive 2006/123/CE du 12 décembre 2006 dite « directive service ».

Il a pu être envisagé d'étendre ces obligations de publicité et de mise en concurrence préalables au domaine privé des personnes publiques (Rép. J.-L. Fugit : AN 29-1-2019 n° 12868 ; Rép. J.-L. Masson : Sén. 10-9-2020 n° 16130).

Cependant, le Conseil d'État a tranché cette question : il a affirmé que la conclusion par une collectivité publique d'un bail portant sur une dépendance de son domaine privé n'a pas à être précédée d'une mise en concurrence, même si le preneur entend y exercer une activité économique (CE 2-12-2022 n° 460100 : RJDA 5/23 n° 292).

> Précisions L'affaire ayant donné lieu à l'arrêt du 2 décembre 2022 était relative à la conclusion d'un bail emphytéotique portant sur l'Hôtel du Palais à Biarritz, appartenant au domaine privé de cette commune, qui l'avait acquis en 1956. Après avoir successivement conclu deux baux commerciaux par une délibération du 30 juillet 2018, le conseil municipal de Biarritz avait autorisé le maire de la commune à signer avec la société Socomix un bail emphytéotique d'une durée de soixante-quinze ans portant sur les murs et dépendances de l'hôtel du Palais. Selon la Haute Juridiction, il ne résulte ni des termes de (la) directive (service), ni de la jurisprudence de la Cour de justice que de telles obligations s'appliqueraient aux personnes publiques préalablement à la conclusion de baux portant sur des biens appartenant à leur domaine privé, qui ne constituent pas une autorisation pour l'accès à une activité de service ou à son exercice au sens de l'article 4, 6 de la directive service. Par suite, en écartant comme inopérant le moyen tiré de ce que la conclusion du bail en litige méconnaîtrait cette directive, la cour administrative d'appel de Bordeaux, qui n'a pas inexactement qualifié les faits de l'espèce, n'a pas commis d'erreur de droit.

La généralité des termes employés par le Conseil d'État conduit à considérer que la solution vaut aussi pour la conclusion d'un bail commercial statutaire sur un immeuble appartenant au domaine privé d'une personne publique.

1338 Une commune ayant consenti un bail commercial portant sur un immeuble relevant de son domaine privé peut **réaffecter ce bien à la domanialité publique.** Ce bail commercial se transforme alors en convention d'occupation du domaine public, la commune ne pouvant toutefois solliciter l'expulsion de l'occupant sans avoir préalablement mis fin à l'autorisation d'occupation du domaine public dont bénéficiait le locataire ; le titulaire de cette convention peut rechercher devant le juge administratif l'indemnisation de son préjudice (CE 21-12-2022 n° 464505 : RJDA 6/23 n° 309).

CONVENTION D'OCCUPATION PRÉCAIRE DU DOMAINE PRIVÉ D'UNE PERSONNE PUBLIQUE

1340 Il est possible de conclure sur le domaine privé d'une personne publique une convention d'occupation précaire. Le régime de cette convention résulte du principe de précarité qui permet aux collectivités publiques propriétaires de prétendre à la récupération, à tout moment, de la jouissance du terrain ou de l'immeuble objet de la convention pour un motif d'intérêt général (Cass. 3e civ. 16-4-1970 n° 68-14.387 : Bull. civ. III n° 241).

Par ailleurs, l'article L 221-2 du Code de l'urbanisme dispose que les immeubles acquis pour la constitution de réserves foncières ne peuvent faire l'objet que de concessions temporaires qui ne confèrent au locataire aucun droit de renouvellement et aucun droit à se maintenir dans les lieux lorsque l'immeuble est repris en vue de son utilisation définitive.

Les conventions d'occupation précaire du domaine privé constituent en principe des contrats de droit privé (T. confl. 15-2-1979 n° 2109 : JCP G 1980 II n° 19453) sauf si ces conventions renferment une clause exorbitante du droit commun, auquel cas elles relèvent de la catégorie des contrats administratifs (n° 1330).

III. EXPLOITATION D'UN FONDS DE COMMERCE, INDUSTRIEL OU ARTISANAL DANS LES LOCAUX

1370 Le statut des baux commerciaux n'est applicable que si un fonds appartenant à un commerçant, à un industriel ou à un artisan est exploité dans les lieux loués (C. com. art. L 145-1, I-al. 1). Cette condition fait l'objet d'une **étude** exhaustive aux nos 33000 s.

IV. IMMATRICULATION DU LOCATAIRE

1420 Sur le fondement de l'article L 145-1, I du Code de commerce, les tribunaux considèrent que l'immatriculation du locataire au registre du commerce ou au registre national des entreprises, puis l'inscription des locaux dans lesquels est exploité un fonds de commerce ou une entreprise artisanale, est une condition du bénéfice du statut des baux commerciaux. Sur cette condition, voir nos 42000 s.

SECTION 2

EXTENSION DU CHAMP D'APPLICATION DU STATUT

Certains locataires, qui ne remplissent pas les conditions énoncées par l'article L 145-1 du Code de commerce nécessaires pour bénéficier du statut des baux commerciaux, peuvent néanmoins prétendre à cette protection légale soit parce que la loi a étendu le champ d'application de ce statut protecteur, soit parce que les parties au bail ont conventionnellement décidé de soumettre leur relation contractuelle au statut des baux commerciaux. **1600**

A. Extensions légales du champ d'application du statut

L'article L 145-2 du Code de commerce énonce les cas d'extension légale du statut des baux commerciaux. Bénéficient ainsi de cette extension, parfois sous certaines conditions : **1610**
- les établissements d'enseignement,
- les régies communales,
- les entreprises et établissements publics à caractère industriel et commercial,
- les locataires de locaux ou immeubles appartenant au domaine privé de l'État, des collectivités territoriales et des établissements publics,
- les sociétés coopératives à forme ou objet commercial,
- les sociétés coopératives de crédit,
- les caisses d'épargne et de prévoyance,
- les artistes admis à cotiser à la caisse de sécurité sociale de la maison des artistes et reconnus auteurs d'œuvres graphiques et plastiques, tels que définis par l'article 98 A de l'annexe III du Code général des impôts.

Par ailleurs, l'article L 251-4, al. 1 du Code de commerce étend l'application du statut aux groupements d'intérêt économique.

1. ÉTABLISSEMENTS D'ENSEIGNEMENT

ÉTABLISSEMENTS D'ENSEIGNEMENT VISÉS

L'extension du statut bénéficie aux établissements d'enseignement au sens large : **1620**
- établissements sans caractère commercial (Cass. com. 18-3-1964 n° 62-10.902 : Bull. civ. III n° 157 ; CA Paris 24-6-1992 n° 92-3230 : RJDA 10/92 n° 899 ; CA Paris 27-11-2008 n° 08-340, 16e ch. B : RJDA 3/09 n° 183, confirmé par Cass. 3e civ. 23-3-2010 n° 09-11.359 F-D : RJDA 7/10 n° 712) ; il en résulte que l'immatriculation du locataire au registre du commerce et des sociétés n'est pas une condition pour qu'il bénéficie du statut des baux commerciaux lors du renouvellement de son bail (Cass. 3e civ. 21-2-2007 n° 06-12.491 FS-PB : RJDA 5/07 n° 452) ;
- établissements publics ou privés ;
- établissements d'enseignement, quelle que soit la nature de l'enseignement.

ILLUSTRATIONS

Le bénéfice du statut des baux commerciaux a été admis pour l'enseignement de la gymnastique rythmique (Cass. com. 8-7-1957 n° 1925 : Bull. civ. III n° 215), du yoga (CA Paris 2-7-1986, 16e ch. A : Rev. Loyers 1986 p. 490), des arts plastiques (Cass. 3e civ. 16-2-2000 n° 284 PB : RJDA 4/00 n° 385), de l'équitation (CA Caen 14-4-2005 n° 04-441, 1e ch. civ. et com. : RJDA 3/06 n° 235 ; CA Orléans 28-6-2007 n° 07-342, ch. com. éco. fin. : RJDA 11/07 n° 1148, ayant fait prévaloir le statut sur l'interdiction à la sous-location d'un bail rural), du tennis (CA Versailles 18-8-1999 n° 96-9687, 12e ch. : Loyers et copr. 2000 comm. n° 42), de la danse (Cass. 3e civ. 14-1-2004 n° 14 FS-PB : RJDA 5/04 n° 531), de la conduite automobile (Cass. 3e civ. 11-6-1992, n° 1014 PF : RJDA 8-9/92 n° 807), du secrétariat (Cass. com. 18-3-1964 n° 62-10.902 : Bull. civ. III n° 157).

Pour l'application de cette extension légale, la **forme juridique** sous laquelle l'enseignement est dispensé importe peu (CA Paris 27-11-2008 n° 08-340, 16e ch. B : RJDA 3/09 n° 183, confirmé par Cass. 3e civ. 23-3-2010 n° 09-11.359 F-D : RJDA 7/10 n° 712). Il peut s'agir notamment d'une association (CA Paris 27-11-2008 précité ; CA Paris 8-9-2010 n° 08-15197, ch. 5-3 : RJDA 3/11 n° 218). **1621**

CONDITIONS D'EXTENSION DU STATUT AUX ÉTABLISSEMENTS D'ENSEIGNEMENT

1625 Les établissements d'enseignement ne peuvent prétendre au statut des baux commerciaux que s'ils remplissent cumulativement **quatre conditions** relatives respectivement à la propriété du fonds, l'existence d'un fonds d'enseignement, son exercice dans les lieux loués et l'existence des autorisations administratives nécessaires à l'activité.

1630 Le locataire doit être le **propriétaire du fonds** d'enseignement (Cass. 3ᵉ civ. 16-12-1980 nᵒ 79-12.955 : Bull. civ. III nᵒ 195).

ILLUSTRATIONS

N'est pas propriétaire du fonds d'enseignement une association de soutien scolaire des élèves d'une école alors que les locaux loués servent d'habitation pour les professeurs, surveillants et préposés de l'école ainsi que de réfectoire, et que l'enseignement est géré et dirigé par une autre association (Cass. 3ᵉ civ. 5-1-1978 nᵒ 76-12634 : Bull. civ. III nᵒ 11).

1635 Il doit s'agir d'un véritable fonds d'enseignement reposant sur une pédagogie organisée et mettant en œuvre une réelle **organisation d'enseignement,** ce qui suppose une scolarité dispensée par des professeurs titulaires de diplôme adéquat et aboutissant à la présentation d'examens (Cass. 3ᵉ civ. 5-9-2012 nᵒ 11-23.209 F-D : Loyers et copr. 2012 comm. nᵒ 300).

ILLUSTRATIONS

Est un véritable fonds d'enseignement l'instruction de la gymnastique rythmique dispensée par quatre maîtres, tous les jours de l'année scolaire, à des horaires préétablis, encadrée par un directeur d'études et dont le montant de l'abonnement dépend du nombre d'heures de cours dispensés (Cass. com. 17-12-1963 nᵒ 60-11.957 : Bull. civ. III nᵒ 552). Il en va de même lorsque, outre la mention « leçon d'équitation » figurant sur les conventions successives, le locataire justifie de sa compétence en matière d'enseignement de l'équitation, de son identification par les autorités administratives comme « directeur d'école élémentaire d'équitation », et de l'exercice effectif sur les lieux loués, avec du matériel approprié exposé à la vue du public et assorti de publicité, d'une activité d'enseignement et de celle d'examinateur habilité à délivrer les diplômes sanctionnant le niveau des élèves qui fréquentent l'établissement (CA Caen 14-4-2005 nᵒ 04-441, 1ʳᵉ ch. civ. et com. : RJDA 3/06 nᵒ 235).

1640 L'enseignement doit être dispensé **dans les lieux loués** (Cass. 3ᵉ civ. 26-2-1992 nᵒ 337 P : RJDA 5/92 nᵒ 431). Tel n'est pas le cas lorsque les locaux loués, consistant en trois bureaux non contigus de 24, 16 et 19 m², ne contiennent pas de matériel pédagogique et qu'il n'y est pas dispensé d'enseignement quelle qu'en soit la durée, journalière ou hebdomadaire, ce que ne permet d'ailleurs pas leur configuration, leur surface réduite et leur équipement. Il ne suffit pas que, dans le cadre de l'activité de formation, la préparation et l'administration des stages et séminaires se tiennent dans les bureaux loués, dès lors que les stages, séminaires, cours ou réunions ne se déroulent jamais dans les lieux loués (CA Paris 24-6-1992 nᵒ 92-3230 : RJDA 10/92 nᵒ 899).

1645 L'établissement d'enseignement doit avoir obtenu, lorsque la loi l'exige, les **autorisations administratives** idoines (pour un enseignement de danse, Cass. 3ᵉ civ. 14-1-2004 nᵒ 14 FS-PB : RJDA 5/04 nᵒ 531 ; pour une auto-école, Cass. 3ᵉ civ. 11-6-1992 nᵒ 90-16.734 : Bull. civ. III nᵒ 193).

Le juge doit donc rechercher si les autorisations administratives requises pour l'activité considérée ont été délivrées au locataire (Cass. 3ᵉ civ. 16-2-2000 nᵒ 284 PB : RJDA 4/00 nᵒ 385). Il incombe au locataire de justifier qu'il a obtenu les autorisations nécessaires à son activité (Cass. 3ᵉ civ. 10-12-1997 nᵒ 1745 D : RJDA 2/98 nᵒ 147).

En cas de changement de législation imposant une nouvelle déclaration administrative à tous les établissements, le locataire qui disposait d'une autorisation sous l'empire de l'ancienne loi ne peut pas invoquer une atteinte disproportionnée au droit à la propriété commerciale au regard de l'article 1ᵉʳ du premier protocole additionnel à la Convention européenne de sauvegarde des droits de l'Homme et des libertés fondamentales (Cass. 3ᵉ civ. 4-2-2009 nᵒ 08-11.433 FS-PB : RJDA 5/09 nᵒ 412).

1650 **Cas particulier** On relèvera un arrêt étonnant rendu à propos d'une **association.** En l'espèce il s'agissait de la location de bureaux consentie à une association d'enseignement de ski. Il semble que le débat de l'application du statut des baux commerciaux ait été engagé sur le caractère commercial de l'activité et sur le caractère indispensable ou non du local pour l'exercice par l'association de ses fonctions d'enseignement de ski.

Mais le bénéfice du statut a été refusé à cette association au motif que certains membres donnaient des leçons de ski à d'autres dans le cadre interne du club, qu'il n'était pas établi que le club dispensait un enseignement de ski à des personnes non adhérentes et que le bâtiment était destiné à accueillir les sportifs et leurs familles (Cass. 3ᵉ civ. 11-1-1989 nᵒ 87-12.720). Faut-il en conclure que les associations qui, dans la pureté des principes fiscaux, ne doivent pas avoir d'activités commerciales, ne peuvent pas prétendre au bénéfice du statut des baux commerciaux faute d'avoir une clientèle extérieure ?

2. RÉGIES COMMUNALES

Les régies communales bénéficient du statut des baux commerciaux quand bien même le bail n'est pas à usage commercial ou industriel et sans qu'il soit nécessaire d'établir l'existence d'un fonds de commerce (Cass. com. 18-12-1968 n° 67-12.739 : Bull. civ. III n° 562). **1700**

Mais cette extension du bénéfice du statut ne profite pas aux régies autres que communales, ni aux concessionnaires de service public.

Elle ne peut pas davantage être imposée au bailleur qui n'a pas initialement consenti le bail à une régie municipale mais à la commune.

ILLUSTRATIONS

Un bail portant sur des installations de remontées mécaniques consenti à une commune n'est pas régi par le statut dès lors que le bailleur a refusé d'accepter la subrogation sollicitée par la régie municipale créée pour l'exploitation de ces installations (Cass. 3e civ. 10-1-1990 n° 83 P : Bull. civ. III n° 10).

3. ENTREPRISES ET ÉTABLISSEMENTS PUBLICS À CARACTÈRE INDUSTRIEL ET COMMERCIAL

Les baux d'immeubles ou de locaux principaux ou accessoires, nécessaires à la poursuite de l'activité des entreprises publiques et établissements publics à caractère industriel et commercial, bénéficient du statut des baux commerciaux dans les limites définies par les lois et règlements qui les régissent et à condition que ces baux ne comportent aucune emprise sur le domaine public (C. com. art. L 145-2, I-3°). **1750**

Mais n'est pas entreprise ou établissement public qui veut. Encore faut-il répondre à la définition légale, c'est-à-dire être une personne morale de droit public créée selon deux principes : la spécialité et l'autonomie de gestion.

Les établissements publics à caractère industriel ou commercial (**Épic**) forment l'une des catégories d'établissements publics. La nature industrielle et commerciale renvoie à la nature de l'activité gérée et se calque sur la distinction opérée par la jurisprudence administrative entre service public administratif et service public industriel et commercial. **1755**

De nombreux Épic relèvent de la catégorie des entreprises publiques lesquelles peuvent prendre soit le statut d'un établissement public soit celui d'une société.

ILLUSTRATIONS

Une société exploitant un service public de voyageurs au sens des textes relatifs à la coordination des transports ferroviaires et routiers ne saurait faire grief à un arrêt de lui avoir refusé le droit au renouvellement de son bail au motif qu'elle ne constituait pas une entreprise ou un établissement public. En effet, par entreprise ou établissement public, il faut entendre un service institué par une loi, doté de certaines prérogatives de la puissance publique, soumis à un contrat administratif et dont la gestion est désintéressée ; or, la société est constituée sous la forme commerciale et son but principal est la recherche de bénéfices (Cass. com. 12-10-1960 n° 59-10.476 : Bull. civ. III n° 320).

L'extension légale vise également les locaux accessoires des entreprises et établissements publics. Mais, à la différence de l'article L 145-1 du Code de commerce qui accorde le bénéfice du statut aux locaux accessoires lorsque leur privation est de nature à compromettre l'exploitation du fonds, l'article L 145-2, I-3° accorde le statut aux **locaux principaux ou accessoires** nécessaires à la poursuite de l'activité. Il en résulte que, si les locaux doivent être « nécessaires à la poursuite de l'activité », cela ne signifie pas qu'en leur absence, l'activité du fonds ne pourrait pas être poursuivie (Cass. 3e civ. 20-3-1969 n° 67-12.546 : Bull. civ. III n° 252). **1760**

ILLUSTRATIONS

Il a été jugé que les locaux pris en location par le Crédit Lyonnais (à l'époque banque nationalisée) pour la gestion informatique de la comptabilité de deux de ses succursales parisiennes devaient être réputés nécessaires à son activité (CA Paris 12-3-1987 n° 12460 : Loyers et copr. 1987 comm. n° 177).

Pour autant, les baux des locaux destinés au **logement** du personnel de l'entreprise publique ou de l'Épic n'ont pas été admis au bénéfice du statut (Cass. com. 2-12-1958 n° 123 : Bull. civ. III n° 415). Il en est de même pour les baux de **terrains** nus avec autorisation d'édifier des constructions consentis à ces entreprises (CA Rouen 4-5-1956, 2e ch., EDF c/ Darnay : D. 1956 p. 586). **1765**

4. SOCIÉTÉS COOPÉRATIVES ET CAISSES D'ÉPARGNE

1820 Les **sociétés coopératives** ayant la forme commerciale ou un objet commercial et les sociétés coopératives de crédit bénéficient du statut des baux commerciaux (C. com. art. L 145-2, I-5°).

Toutes les coopératives répondant à ces critères (forme ou objet commercial, sociétés coopératives de crédit) profitent de cette protection, quelle que soit la nature de leur activité. En profitent également toutes celles qui ont un objet commercial quelle que soit leur forme statutaire.

Pour autant, il importe que la société coopérative puisse se prévaloir d'un véritable bail pour bénéficier du régime protecteur des baux commerciaux et tel ne peut pas être le cas dans une relation contractuelle plus complexe (Cass. 3e civ. 4-4-1991 n° 89-17.151 ; Cass. 3e civ. 29-3-1995 n° 702 D : RJDA 7/95 n° 819).

1825 Les **caisses d'épargne et de prévoyance** bénéficient du statut (C. com. art. L 145-2, I-5°).

5. ARTISTES

1880 Pour pouvoir bénéficier du statut des baux commerciaux, les artistes doivent remplir les **trois conditions** suivantes (C. com. art. L 145-2, I-6°).

1. Les artistes doivent être admis à la **caisse de sécurité sociale** de la maison des artistes. Ainsi, un auteur photographe ne bénéficie pas de l'extension légale du statut dès lors qu'il est affilié à l'Agessa, association compétente pour gérer la sécurité sociale des auteurs (CA Paris 20-5-2009 n° 08-2432, 16e ch. A : RJDA 12/09 n° 1047).

2. Les artistes doivent être reconnus auteurs d'**œuvres graphiques et plastiques** visées à l'article 98 A de l'annexe III du Code général des impôts qui dispose que :

a. Sont considérés comme biens d'occasion les biens meubles corporels susceptibles de remploi, en l'état ou après réparation, autres que des œuvres d'art et des objets de collection ou d'antiquité et autres que des métaux précieux ou des pierres précieuses.

b. Sont considérées comme œuvres d'art les réalisations ci-après :

– tableaux, collages et tableautins similaires, peintures et dessins, entièrement exécutés à la main par l'artiste, à l'exclusion des dessins d'architectes, d'ingénieurs et autres dessins industriels, commerciaux, topographiques ou similaires, des articles manufacturés décorés à la main, des toiles peintes pour décors de théâtres, fonds d'ateliers ou usages analogues ;

– gravures, estampes et lithographies originales tirées en nombre limité directement en noir ou en couleurs, d'une ou plusieurs planches entièrement exécutées à la main par l'artiste, quelle que soit la technique ou la matière employée, à l'exception de tout procédé mécanique ou photomécanique ;

– à l'exclusion des articles de bijouterie, d'orfèvrerie et de joaillerie, productions originales de l'art statuaire ou de la sculpture en toutes matières dès lors que les productions sont exécutées entièrement par l'artiste ; fontes de sculpture à tirage limité à huit exemplaires et contrôlé par l'artiste ou ses ayants droit ;

– tapisseries et textiles muraux faits à la main, sur la base de cartons originaux fournis par les artistes, à condition qu'il n'existe pas plus de huit exemplaires de chacun d'eux ;

– exemplaires uniques de céramique, entièrement exécutés par l'artiste et signés par lui ;

– émaux sur cuivre, entièrement exécutés à la main, dans la limite de huit exemplaires numérotés et comportant la signature de l'artiste ou de l'atelier d'art, à l'exclusion des articles de bijouterie, d'orfèvrerie et de joaillerie ;

– photographies prises par l'artiste, tirées par lui ou sous son contrôle, signées et numérotées dans la limite de trente exemplaires, tous formats et supports confondus.

c. Sont considérés comme objets de collection les biens suivants, à l'exception des biens neufs :

– timbres-poste, timbres fiscaux, marques postales, enveloppes premier jour, entiers postaux et analogues, oblitérés ou bien non oblitérés mais n'ayant pas cours et n'étant pas destinés à avoir cours ;

– collections et spécimens pour collections de zoologie, de botanique, de minéralogie, d'anatomie, ou présentant un intérêt historique, archéologique, paléontologique, ethnographique ou numismatique.

d. Les objets d'antiquité sont les biens meubles, autres que des œuvres d'art et des objets de collection, ayant plus de cent ans d'âge.

3. Les artistes doivent réaliser ou commercialiser dans les lieux loués des **travaux de création** (Cass. 3e civ. 21-2-2007 no 06-12.491 FS-PBI : RJDA 5/07 no 451 ; Cass. 3e civ. 23-3-2011 no 10-30.495 FS-PB : RJDA 7/11 no 610).

En revanche, les artistes n'ont pas à être **immatriculés** au **registre du commerce** et des sociétés pour bénéficier de cette extension. Il a été jugé que le défaut d'immatriculation de l'époux commun en biens d'un tel artiste ne fait pas obstacle à ce que le bail dont il est cotitulaire avec son conjoint bénéficie de cette extension dès lors qu'il ne peut être fait un sort différent au conjoint d'un artiste du seul fait que la création de ses œuvres est une activité personnelle (Cass. 3e civ. 21-2-2007 no 06-12.491 FS-PBI : RJDA 5/07 no 451). **1885**

De même, l'extension n'est pas subordonnée à l'**enregistrement du local** loué dans les fichiers tenus par la maison des artistes (Cass. 3e civ. 23-3-2011 no 10-30.495 FS-PB : RJDA 7/11 no 610).

6. GROUPEMENTS D'INTÉRÊT ÉCONOMIQUE

Rompant avec une jurisprudence très stricte (Cass. 3e civ. 22-1-1980 no 77-12.158 : Bull. civ. III no 18) qui déniait l'application du statut aux groupements d'intérêt économique aux motifs qu'ils ne pouvaient ni réaliser des bénéfices, ni faire à titre principal et de manière habituelle des actes de commerce pour leur propre compte, le législateur est intervenu pour accorder à ces groupements le bénéfice du statut lorsque leur objet est commercial (C. com. art. L 251-4, al. 1). **1930**

B. Extension conventionnelle du champ d'application du statut

Par opposition à l'extension légale du statut des baux commerciaux qui s'impose aux parties au contrat de bail, l'extension conventionnelle de ce statut nécessite la manifestation d'une volonté expresse des parties : bailleur et locataire décident d'un commun accord, et alors que les conditions posées par la loi ne sont pas remplies, de soumettre leurs relations locatives à ce statut. **1980**

L'extension conventionnelle, si elle est reconnue par la jurisprudence, soulève cependant trois difficultés classiques qui tiennent aux limites légales de la validité d'une telle extension, à ses conditions de validité et sa portée.

1. POSSIBILITÉ ET LIMITE D'UNE EXTENSION CONVENTIONNELLE

FACULTÉ DE CONVENIR DE L'APPLICATION DU STATUT

Alors que les parties au contrat de bail ne peuvent pas écarter le régime des baux commerciaux lorsque celui-ci est applicable de plein droit, comme dans tous les autres domaines, et sous réserve que la location n'entre pas dans le champ d'application d'un autre régime impératif (no 1995), les parties au contrat de bail peuvent décider de soumettre volontairement leurs relations locatives au statut des baux commerciaux, alors même que les conditions exigées par la loi, pour que le locataire en bénéficie, ne seraient pas remplies. Cette liberté d'appliquer conventionnellement les règles des baux commerciaux statutaires est régulièrement reconnue par la jurisprudence (Cass. 3e civ. 6-7-1982 no 1162 : Bull. civ. III no 167 ; CA Paris 29-10-1999, 16e ch. B : RJDA 3/00 no 246 ; Cass. 3e civ. 9-12-2008 no 07-19.220 F-D : AJDI 2009 p. 200). **1990**

LIMITE DU CHOIX DES PARTIES

La faculté de convenir de l'application du statut des baux commerciaux a cependant pour limite celle de l'application obligatoire au bail d'un **autre régime impératif.** En effet, si le caractère d'une location résulte en principe de la destination prévue par les parties, il ne peut dépendre de celles-ci de qualifier à leur gré cette destination, ni de se référer à une législation autre que celle imposée par la loi (Cass. com. 20-1-1966 no 68 : D. 1966 jur. p. 484). Dès lors, hors le cas des baux professionnels (no 2001), tout bail qui relève d'un régime impératif, et qui est conclu postérieurement à la date d'entrée en vigueur de celui-ci (en ce sens, Cass. 3e civ. 28-9-2005 no 1023 FS-D : AJDI 2006 p. 460 note Ch. Denizot), ne peut pas en écarter l'application en stipulant l'application exclusive et conventionnelle du statut des baux commerciaux. **1995**

Les principaux régimes impératifs en matière locative sont ceux relatifs : **2000**
– aux baux de locaux à usage d'habitation principale ou à usage mixte d'habitation principale et professionnelle qui résultent de la loi 48-1360 du 1er septembre 1948 et de la loi 89-462 du 6 juillet 1989 (précédée par celles du 22-6-1982 et du 23-12-1986) ;

– aux baux professionnels qui résultent de la loi du 6 juillet 1989 (Loi 86-1290 du 23-12-1986 art. 57 A et 57 B) ;
– aux baux ruraux ;
– aux baux de biens relevant du domaine public.

ILLUSTRATIONS

Deux personnes de droit privé ne peuvent pas soumettre au statut des baux commerciaux les conditions d'occupation d'un bâtiment construit avec l'autorisation du concédant sur le domaine public maritime ; le gestionnaire du domaine public ne peut pas concéder un bail commercial sur un tel domaine (Cass. 3e civ. 20-12-2000 n° 1765 FS-PBI : RJDA 3/01 n° 278 ; Cass. 3e civ. 10-3-2010 n° 09-12.714 FS-PB : RJDA 6/10 n° 606).

Pour un local loué déclassé du domaine public, voir n° 1240.

2001 Toutefois, dérogeant au principe qui limite le choix des parties, l'article L 145-2, I-7° énonce que, par dérogation à l'article 57 A de la loi 86-1290 du 23 décembre 1986, les parties peuvent conventionnellement choisir d'appliquer le statut des baux commerciaux pour le bail d'un **local** affecté **à** un **usage exclusivement professionnel.** Parallèlement, l'article 57 A dispose que les parties peuvent déroger à cet article d'ordre public dans les conditions fixées à l'article L 145-2 précité.

2005 La jurisprudence a également marqué une évolution en admettant une **application distributive des** deux **régimes** impératifs en présence (celui qui s'impose par la loi et celui que les parties ont conventionnellement retenu), cette répartition devant se faire alors dans l'intérêt maximisé de celui que la loi a entendu protéger par des régimes impératifs, en l'occurrence le locataire (Cass. 3e civ. 2-2-2000 n° 98-15.675 : RJDA 4/00 n° 396 ; Cass. 3e civ. 7-11-2001 n° 99-20.962 : RJDA 2/02 n° 142 ; CA Paris 12-9-2007 : Administrer janvier 2008 p. 52).

> Précisions Les **arrêts** qui ont abouti à cette évolution ont tous été **rendus en matière de baux professionnels** avant la modification législative qui a autorisé les parties à choisir d'appliquer le statut des baux commerciaux pour le bail d'un local affecté à un usage exclusivement professionnel. Si la solution qu'ils énoncent est donc obsolète pour ces baux, elle conserve toute sa valeur pour les autres régimes impératifs.

2. CONDITIONS DE VALIDITÉ ET PORTÉE DE LA CONVENTION D'EXTENSION DU STATUT

2060 Si les parties au contrat de bail peuvent valablement soumettre leurs relations locatives au statut des baux commerciaux, encore faut-il que leur décision soit non équivoque. De même importe-t-il qu'elles en précisent la portée.

CHOIX NON ÉQUIVOQUE D'APPLIQUER LE STATUT

2065 Lorsque les décisions judiciaires énoncent la liberté des parties de se soumettre volontairement au statut des baux commerciaux, elles poursuivent quasi systématiquement par le rappel de la nécessité d'une manifestation sans équivoque de leur volonté de se placer sous ce régime (en ce sens, Cass. 3e civ. 23-3-1994 n° 535 P : RJDA 7/94 n° 784 ; Cass. 3e civ. 20-10-2016 n° 15-20.285 FS-PB : RJDA 1/17 n° 9 ; CA Paris 30-11-1990 n° 89-21022, 16e ch. B : RJDA 1/91 n° 6 ; CA Paris 9-6-1992, 16e ch. A : RJDA 11/92 n° 993 ; CA Versailles 9-4-2019, 12e ch. : Rev. Loyers 2019 p. 228).

2070 L'**appréciation** de l'intention des parties relève du pouvoir souverain des juges du fond (Cass. 3e civ. 10-7-2007 n° 05-21.268 F-D : RJDA 11/07 n° 1064 ; Cass. 3e civ. 14-5-2008 n° 07-10.522 F-D).

La Cour de cassation impose aux juges du fond de rechercher cette intention et de motiver leur décision sur ce point (Cass. 3e civ. 6-7-1982 n° 1162 : Bull. civ. III n° 167). Ainsi a-t-elle jugé qu'une cour d'appel, qui avait considéré que le bail ne stipulait pas que le bailleur acceptait de façon non équivoque de dispenser le preneur « du défaut d'immatriculation », avait dénaturé la clause claire et précise d'un bail qui stipulait l'intention expresse des parties « de soumettre la présente convention au statut des baux commerciaux, tel qu'il résulte des articles L 145-1 du Code de commerce et des textes subséquents, et ce même si toutes les conditions d'application de ce statut ne sont pas remplies ou ne le sont que pour partie, en sorte qu'il y aura éventuellement extension conventionnelle du champ d'application de ce statut », ce dont il résultait que le bailleur avait renoncé à se prévaloir de la condition d'immatriculation (Cass. 3e civ. 28-5-2020 n° 19-15.001 FS-PBI : RJDA 8-9/20 n° 414).

Aucune règle ne se dégage sur les faits et stipulations contractuelles pour pouvoir retenir ou écarter le statut des baux commerciaux. Certaines décisions se contentent de relever la référence dans le contrat au texte des baux commerciaux, d'autres recherchent comment le bail a été exécuté.

ILLUSTRATIONS

2070 (suite)

Décisions ayant retenu l'existence d'un choix non équivoque

La clause du bail stipulant que le locataire bénéficiera de la propriété commerciale même s'il n'occupe pas lui-même tout ou partie de l'immeuble et que le renouvellement ne pourra pas lui être refusé pour non-occupation est une clause claire et précise qui n'appelle aucune recherche de l'intention des parties : le bailleur a ainsi renoncé de manière expresse et non équivoque à se prévaloir du fait que le locataire ne remplissait pas les conditions d'application du décret du 30 septembre 1953.

Cass. 3e civ. 20-6-1990 n° 1146 P : Bull. civ. III n° 152.

Le juge a pu déduire que les parties s'étaient entendues pour soumettre la location au décret du 30 septembre 1953 et que la volonté du bailleur était non équivoque après avoir relevé que le bail était conclu pour neuf ans avec révision triennale et faculté pour le locataire de le faire cesser à l'expiration d'une période de trois ans dans les formes et délais prévus par l'article 5 du décret (désormais C. com. art. L 145-9).

Cass. 3e civ. 23-3-1994, n° 535 P : RJDA 7/94 n° 784 ; dans le même sens pour des circonstances approchantes : Cass. 3e civ. 2-12-1998 n° 1760 D : RJDA 2/99 n° 148.

Ndlr : Jusqu'à l'adoption de la loi 2015-990 du 6 août 2015, il était renvoyé à l'article L 145-9 du Code de commerce pour la forme et le délai du congé donné en vue d'une résiliation triennale.

L'acte de renouvellement du bail rappelait que le bail était régi par le décret du 30 septembre 1953 et l'acte de cession, auquel le bailleur était intervenu pour donner son agrément, mentionnait expressément à la fois que les cessionnaires allaient exercer dans les lieux loués une activité d'infirmiers et que leur étaient cédés tous les droits consentis au cédant par le bail originaire tel que renouvelé : il s'ensuit que le bailleur avait manifesté de façon non équivoque son accord pour appliquer le statut des baux commerciaux.

Cass. 3e civ. 11-12-1996 n° 1872 D : RJDA 2/97 n° 174.

La succession de baux conclus pour une durée de neuf ans stipulant la possibilité pour le locataire d'y mettre fin à l'expiration de chaque période triennale et celle pour le bailleur d'en faire autant en invoquant les articles 10, 13 et 15 du décret du 30 septembre 1953 (désormais C. com. art. L 145-18, L 145-21 et L 145-24) établit la volonté des parties de soumettre la location de locaux à usage de silos au statut des baux commerciaux.

Cass. 3e civ. 5-3-2003 n° 322 FS-D : RJDA 6/03 n° 571.

La location de locaux à usage, d'une part, d'« atelier photographique » (activité civile) et, d'autre part, de « vente de tous produits et appareils photos » (activité commerciale), manifeste la volonté implicite du bailleur de soumettre le bail au régime du statut des baux commerciaux, même si le locataire a seulement exercé l'activité d'atelier photographique.

CA Paris 20-5-2009 n° 08-2432, 16e ch. A : RJDA 12/09 n° 1047.

Le renouvellement d'un bail commercial accordé à deux reprises à un ressortissant turc démontre que le bailleur a renoncé à se prévaloir de la condition de nationalité prévue par l'article L 145-13 du Code de commerce.

CA Paris 2-12-2009 n° 08-5711, ch. 5-3 : RJDA 5/10 n° 480.

Ndlr : La condition de nationalité a été supprimée par la loi 2014-626 du 18 juin 2014 (n° 69220).

La qualification de bail commercial combinée avec un ensemble de clauses du bail conformes au statut et relatives à la durée, à la faculté de résiliation triennale, à la sous-location et la signification d'actes par les parties conformément au statut attestent la volonté des parties de soumettre le bail aux règles des articles L 145-1, R 145-1 et R 145-2 du Code de commerce.

Cass. 3e civ. 30-3-2017 n° 16-11.970 : AJDI décembre 2017 p. 889.

Après avoir relevé que les baux successifs autorisaient la sous-location totale des différents ateliers construits sur le terrain nu, que les constructions avaient toujours été exploitées exclusivement par le sous-locataire, que le locataire n'avait jamais exploité un fonds de commerce et que les renouvellements antérieurs avaient été effectués en application du statut des baux commerciaux, une cour d'appel a pu en déduire que c'est en pleine connaissance de cause que le bailleur a accordé, à plusieurs reprises, le renouvellement d'un bail commercial à un locataire qui n'en remplissait pas les conditions et que les parties avaient eu la volonté non équivoque de faire bénéficier le locataire d'un droit au renouvellement que la loi ne lui permettait pas d'exiger.

Cass. 3e civ. 23-11-2010 n° 09-68.687 F-D : RJDA 3/11 n° 217, 2e espèce.

Un bail commercial consenti à une société commerciale avec autorisation pour elle de sous-louer les locaux à un établissement d'enseignement, à charge pour le locataire ou sous-locataire de maintenir constamment l'exploitation des lieux, manifeste une application volontaire du statut par le bailleur qui avait au surplus entretenu avec l'établissement d'enseignement sous-locataire des relations directes.

Cass. 3e civ. 4-5-2011 n° 09-72.550 FS-PB : Bull. civ. III n° 66.

2070 (suite) Dans un cas où le bail d'un terrain avait été consenti à l'exploitant d'une activité de vente de bouteilles de gaz, bois et charbon, il résulte des constatations suivantes que les parties ont volontairement soumis ce bail au statut des baux commerciaux :
– les clauses du bail étaient établies conformément aux dispositions relatives au statut des baux commerciaux (durée, cession, sous-location, congé) ;
– la destination contractuelle du bail était « tous commerces » ;
– le congé avec indemnité d'éviction délivré par le bailleur visait les dispositions des articles L 145-9 et L 145-14 du Code de commerce.

CA Paris 14-2-2018 n° 16/07654 : BRDA 11/18 inf. 16.

Il résulte des éléments suivants que les parties à un bail avaient la commune intention de le soumettre volontairement au statut : le bail porte le titre de « Bail commercial de terrain nu » ; il reprend les dispositions du statut s'agissant de la durée fixée à neuf ans, du congé donné par le preneur six mois avant le terme de chaque période triennale et par acte extrajudiciaire, de la cession du droit au bail par le preneur sous réserve d'agrément du bailleur auquel l'acte doit être signifié et enfin du congé signifié par le bailleur qui fait expressément référence aux dispositions des articles L 145-18, L 145-21 et L 145-24 du Code de commerce.

CA Aix-en-Provence 15-2-2018 n° 16/01166, 11e ch. B : Rev. Loyers mars 2018 p. 145.

Décisions n'ayant pas admis l'existence d'un choix non équivoque

L'adhésion non équivoque des bailleurs au statut des locations commerciales ne peut être déduite ni de la qualification prétendument commerciale du bail ou de l'activité autorisée ni de l'attitude passive des bailleurs pendant une longue période.

CA Paris 30-11-1990 n° 89-21022, 16e ch. B : RJDA 1/91 n° 6.

L'absence d'activité commerciale dans les lieux loués pendant le cours du bail n'emporte pas renonciation du bailleur à s'en prévaloir en fin de bail.

CA Paris 4-1-1994 n° 91-21421, 16e ch. A : Gaz. Pal. 1994 jur. p. 14 note Ph.-H. Brault.

La qualification de locaux commerciaux figurant dans le bail, la clause de destination qui autorise l'exploitation d'un restaurant végétarien et d'un magasin d'alimentation, la fixation du loyer et ses modalités de paiement établies conformément aux dispositions du décret du 30 septembre 1953 et l'obligation faite au locataire de garnir les locaux de meubles, agencement et marchandises et de les tenir toujours ouverts à la clientèle et achalandés ne sont pas des stipulations qui suffisent à caractériser la volonté de consentir à l'association locataire l'application conventionnelle du statut.

Cass. 3e civ. 20-3-1996 n° 562 D : RJDA 6/96 n° 754.

Il n'y a pas d'accord non équivoque à l'application conventionnelle du statut des baux commerciaux à un bail consenti à une pédicure pour neuf ans et renouvelé deux fois alors que, premièrement, la convention, tout en stipulant des clauses habituelles en matière de baux commerciaux, ne faisait pas référence au décret de 1953 et ne comportait aucune renonciation claire du bailleur à invoquer en fin de bail les conditions d'application du statut, deuxièmement, même si les demandes de révision de loyer et l'une des offres de renouvellement avaient été faites dans les formes prévues par le décret de 1953, les avenants de révision eux-mêmes n'y faisaient pas référence et, troisièmement, les renouvellements antérieurs n'interdisaient pas au bailleur de refuser ensuite de renouveler le bail pour défaut d'immatriculation du locataire.

CA Paris 29-10-1999 n° 98-830, 16e ch. B : RJDA 3/00 n° 246.

La mention de « bail commercial » et la référence générale au décret du 30 septembre 1953 ne suffisent pas à exprimer la volonté des parties de conférer au locataire certaines prérogatives issues du statut des baux commerciaux et, notamment, le droit au renouvellement du bail prévu par ce statut.

CA Toulouse 22-6-2006, Chambre de commerce et d'industrie d'Alava c/ Sté d'Anjou Patrimoine, et sur pourvoi, Cass. 3e civ. 14-5-2008 n° 07-10.522 F-D.

La conclusion de deux baux successifs de neuf ans consentis à une association exploitant un restaurant interentreprises est insuffisante à établir une volonté claire et non équivoque des parties de se soumettre au statut des baux commerciaux, compte tenu des éléments suivants :
– alors que l'objet de l'association, qui visait à gérer le restaurant pour le compte de ses membres, n'était pas commercial par nature, aucun des deux contrats ne comportait d'intitulé ni ne précisait sa nature ;
– aucune stipulation contractuelle ne faisait référence au décret du 30 septembre 1953 qui était alors applicable aux baux commerciaux ;
– aucune clause du contrat ne prévoyait un quelconque droit au renouvellement pour le locataire ;
– le locataire avait la possibilité contractuelle de faire cesser le bail à l'expiration de chaque période triennale par lettre recommandée, alors que le statut ne prévoit cette faculté que par acte extrajudiciaire ;

– la soumission des loyers à la TVA, motivée par des considérations de nature fiscale, est indifférente quant à la nature du bail. **2070** (suite)

CA Paris 22-10-2008 n° 07-10258, 16e ch. A : RJDA 12/09 n° 1046.

Le renouvellement d'un bail accordé à quatre reprises à des époux locataires qui ne remplissaient pas les conditions pour bénéficier du statut des baux commerciaux, faute d'être immatriculés au registre du commerce et des sociétés, ne suffit pas à caractériser la volonté non équivoque du bailleur de renoncer à se prévaloir de la condition légale d'immatriculation et ce faisant, de soumettre la relation locative au statut des baux commerciaux.

Cass. 3e civ. 23-11-2010 n° 09-68.685 F-D : RJDA 3/11 n° 217, 1e espèce.

Le fait que, dans le premier bail, le locataire déclarait utiliser le terrain et les constructions loués à usage commercial et artisanal et que les deux baux suivants ne mentionnaient pas d'activité professionnelle pour le locataire et précisaient que celui-ci habitait dans les lieux ne suffisent pas à démonter que le bailleur connaissait la situation réelle de son locataire qui n'exerçait dans les lieux aucune activité commerciale. Ces éléments étaient donc insuffisants à caractériser la volonté non équivoque du bailleur de renoncer à se prévaloir des conditions auxquelles est subordonné le statut des baux commerciaux.

Cass. 3e civ. 23-11-2010 n° 09-68.688 F-D : RJDA 3/11 n° 217, 3e espèce.

La renonciation à une cause d'inapplicabilité du statut des baux commerciaux ne peut résulter sans équivoque de la conclusion d'un bail dérogatoire.
Par suite, doit être cassé l'arrêt qui, après avoir constaté que la location avait pour objet une aire de stationnement, a retenu qu'il résulte de différentes mentions de l'acte que les parties ont entendu soustraire leur contrat de location aux dispositions du statut des baux commerciaux en application de l'article L 145-5 du Code de commerce, qu'elles n'ont dérogé à ce statut que pour la durée du bail précaire et que, le locataire ayant été laissé en possession au terme des deux années, il s'est opéré un nouveau bail soumis à ce statut.

Cass. 3e civ. 6-4-2011 n° 10-12.097 FS-D : AJDI 2011 p. 526 obs. Y. Rouquet.

Le fait que le bailleur ait donné son accord à la cession du bail commercial au profit du locataire cessionnaire puis qu'il ait sollicité auprès de celui-ci la révision du loyer ne peut pas valoir renonciation non équivoque du bailleur à se prévaloir de l'absence d'exploitation d'un fonds de commerce dans les lieux loués pour signifier un congé avec refus de renouvellement et sans d'indemnité d'éviction.

Cass. 3e civ. 13-11-2013 n° 11-28.341 FS-D : RJDA 4/14 n° 203.

La preuve d'une extension conventionnelle du statut n'est pas rapportée, quoique la convention était dénommée « bail à loyer commercial », dès lors qu'elle ne stipulait aucune clause d'application volontaire expresse, qu'elle avait été conclue pour trois ans et avait pour objet un droit de passage menant aux carrières exploitées par le locataire.

Cass. 3e civ. 4-11-2014 n° 13-17.778 F-D : AJDI février 2015 p. 121.

L'application du statut des baux commerciaux à un contrat de bail ne saurait se déduire du fait que ce contrat prévoit une durée de neuf ans, la révision triennale du loyer trimestriellement fixé, l'impossibilité de sous-louer le droit au bail ou de le transmettre ou encore l'existence d'un dépôt de garantie égal à trois mois de loyer. En effet, ces stipulations sont également celles habituellement insérées dans tout bail professionnel. En outre, en dépit de son intitulé de « bail commercial », le contrat ne comporte pas la mention usuelle selon laquelle il est soumis au statut des baux commerciaux ni aucune mention relative au droit du locataire au renouvellement, le bailleur ayant au contraire manifesté à plusieurs reprises son intention de ne pas renouveler le bail et mis en demeure son locataire de quitter les lieux à son expiration.

CA Versailles 5-1-2016 n° 14/04401 : RJDA 4/16 n° 260.

L'extension conventionnelle du statut des baux commerciaux ne peut pas être retenue à propos d'un bail de locaux à usage de bureaux, dès lors que la qualification de bail commercial, la mention dans la convention selon laquelle le locataire bénéficiera du statut de la propriété commerciale ainsi que la référence aux règles du Code de commerce ne suffisent pas à caractériser une renonciation en toute connaissance de cause et dépourvue d'ambiguïté aux dispositions d'ordre public de l'article 57 A de la loi du 23 décembre 1986.

Cass. 3e civ. 20-10-2016 n° 15-20.285 FS-PB : RJDA 1/17 n° 9.

Ni le fait qu'un bail consenti à une société civile de médecins soit d'une durée de neuf ans correspondant à celle d'un bail commercial, ni la faculté offerte au locataire de résilier annuellement le bail par acte extrajudiciaire, ni la référence faite, par le bailleur, lors de la délivrance de commandements de payer, aux dispositions de l'article L 145-41 du Code de commerce ne caractérisent la volonté claire et non équivoque des parties de se placer sous le régime des baux commerciaux.

Cass. 3e civ. 1-12-2016 n° 15-21.759 F-D : RJDA 3/17 n° 158.

Le bail à usage de bureaux d'une société ayant une activité libérale d'expertise comptable, par nature civile, exercée sous la forme d'une société commerciale, ne manifeste pas de manière claire une application volontaire du statut des baux commerciaux lorsqu'il reprend des références multiples audit statut soit pour en rappeler les termes, soit pour en exclure l'application et alors que rien n'établit une renonciation expresse du preneur aux dispositions d'ordre public relatives au bail professionnel.

Cass. 3e civ. 26-1-2017 n° 15-28.165 F-D.

Les mentions – contradictoires – d'un avenant, et notamment de son intitulé (« bail commercial – convention de mise à disposition – bail précaire – avenant ») sont insuffisantes à établir la volonté claire et expresse des deux parties de se soumettre au statut des baux commerciaux. Il en va de même de la seule référence à une durée de 9 ans et à la délivrance d'un congé par acte d'huissier.

CA Aix-en-Provence 20-6-2019 n° 16/17059.

La conclusion en 2015 d'un contrat pour neuf ans, intitulé « bail commercial de location » et portant sur un local à usage professionnel destiné à l'activité d'infirmière libérale, n'établit pas la volonté des deux parties de déroger au statut du bail professionnel applicable au regard de l'activité du locataire pour adopter de façon expresse, claire et univoque le statut des baux commerciaux, compte tenu des éléments suivants :
– la formule répétitive et impropre de l'intitulé du contrat ne permet pas de caractériser une réelle maîtrise des règles de droit applicables et un choix éclairé des parties, de sorte que cet intitulé ne suffit pas à démontrer un choix délibéré d'écarter la réglementation du bail professionnel pour adopter le statut du bail commercial ;
– si ce contrat reprend certaines clauses spécifiques au bail commercial, il se réfère aussi aux dispositions abrogées du décret du 30 septembre 1953 car codifiées et n'intègre pas les nouvelles dispositions d'ordre public relatives au bail commercial résultant de la loi 2014-626 du 18 juin 2014 ;
– le contrat n'est pas conforme à deux dispositions essentielles du statut des baux commerciaux déclarées d'ordre public par l'article L 145-15 du Code de commerce puisque, d'une part, il autorise le locataire à donner congé à l'issue de la « première » période triennale et non à l'issue « d'une » période triennale et, d'autre part, il prévoit une « révision légale annuelle » alors qu'une telle révision ne peut avoir lieu que tous les trois ans.

CA Paris 27-6-2024 n° 21/15783 : RJDA 2/25 n° 68.

PORTÉE DE L'EXTENSION CONVENTIONNELLE DU STATUT

2075 En cas d'extension volontaire du statut des baux commerciaux, les questions qui se posent sont celles de savoir jusqu'où cette extension volontaire produit ses effets et si les parties peuvent faire leur « marché » en retenant certaines dispositions de ce régime impératif tout en excluant d'autres.

Dans un arrêt très remarqué, la Cour de cassation, réunie en assemblée plénière, a décidé que le choix du statut emporte soumission à toutes les **dispositions impératives du statut** (Cass. ass. plén. 17-5-2002 n° 488 P : RJDA 8-9/02 n° 861).

2080 Cette décision de l'assemblée plénière de la Cour de cassation, dont la portée est cependant limitée aux dispositions impératives du statut, semble remettre en cause la solution résultant d'un arrêt de la troisième chambre civile de la Cour de cassation de 1998 qui, tout en rappelant l'analyse souveraine des juges du fond, avait validé leur décision selon laquelle la commune intention des parties avait été de soumettre le bail, pendant sa durée, au statut des baux commerciaux, mais de ne pas conférer le **droit au renouvellement** du bail tel que régi par le décret du 30 septembre 1953 (désormais codifié) (Cass. 3e civ. 18-2-1998 n° 239 D : RJDA 4/98 n° 392).

Le droit au renouvellement ne saurait donc, en l'état actuel de la jurisprudence, être dénié au locataire au motif d'une application distributive du statut des baux commerciaux lorsqu'il y a application conventionnelle de celui-ci, puisque le droit au renouvellement est de l'essence même de ce statut et compte parmi les dispositions impératives.

2085 Le droit au renouvellement ne peut pas davantage être refusé au motif que le locataire ne remplit pas les **conditions légales du** droit au **renouvellement.**

En cas de soumission volontaire au statut, il appartient au juge du fond de rechercher quelle condition impérative du statut les parties ont écartée pour apprécier le droit au renouvellement du locataire : si les parties ont choisi d'appliquer le statut alors qu'aucun fonds ne devait être exploité dans les lieux, le bailleur ne peut pas exiger une telle exploitation lors du renouvellement (Cass. 3e civ. 21-5-2014 n° 13-14.474 FS-D : RJDA 10/14 n° 746).

Lorsque la clause d'extension conventionnelle du statut est générale et ne précise pas quelle condition d'application du statut fait défaut, l'absence de l'une quelconque des conditions d'application du statut ne permet pas d'écarter le droit au renouvellement (Cass. 3e civ. 19-4-2000 nº 578 D : RJDA 6/00 nº 636 ; Cass. 3e civ. 1-7-2003 nº 861 F-D : RJDA 10/03 nº 924 ; Cass. 3e civ. 28-5-2020 nº 19-15.001 FS-PBI : RJDA 8-9/20 nº 414). La Cour de cassation a ainsi jugé qu'en cas de soumission volontaire au statut des baux commerciaux, l'immatriculation du locataire au registre du commerce et des sociétés (RCS) n'est pas une condition impérative de son droit au renouvellement (Cass. 3e civ. 9-2-2005 nº 197 FS-PB : RJDA 5/05 nº 510, dans un cas où le locataire n'était pas commerçant ; Cass. 3e civ. 28-5-2020 nº 19-15.001 précité, dans un cas où le locataire était commerçant). La solution contraire aurait conduit à exiger des locataires non commerçants une démarche impossible consistant à demander leur immatriculation pour voir leur bail renouvelé. La cour d'appel de Lyon a cependant rendu une surprenante décision en jugeant, à propos d'un bail consenti pour un usage de restaurant stipulant la soumission volontaire de ce bail au statut des baux commerciaux, que le locataire qui exerçait nécessairement son activité soit comme commerçant, soit comme artisan ne pouvait pas bénéficier de la dispense d'immatriculation au RCS car cette dispense ne pouvait profiter qu'aux personnes dans l'incapacité de s'inscrire (CA Lyon 25-9-2018 nº 16/08228, 1e ch. civ. B).

La cour d'appel de Paris a confirmé le droit à indemnité d'éviction d'un locataire dont l'activité était celle de médecin généraliste à la suite du congé avec refus de renouvellement qui lui avait été signifié en relevant notamment que les dispositions d'ordre public de l'article 57 A de la loi du 23 décembre 1986, applicables à la location d'un local affecté à un usage exclusivement professionnel, tendent essentiellement à la protection du locataire et qu'elles ne sauraient donc faire obstacle à l'application volontaire du statut des baux commerciaux (auquel le bail faisait référence) lorsque celui-ci est plus favorable au locataire, ce qui était le cas en l'espèce, l'application du statut des baux commerciaux n'étant contestée que par le bailleur (CA Paris 23-11-2006 nº 04-06556, 16e ch. B : AJDI mai 2007 p. 383 ; dans le même sens pour un chirurgien-dentiste : CA Paris 3-6-2016 nº 12-00306 : Administrer juillet 2016 p. 34 ; pour un orthopodologiste-pédicure-kinésithérapeute : TGI Paris 21-6-2016 nº 13/03624 : Administrer août-septembre 2016 p. 56).

UNE ALTERNATIVE À L'EXTENSION CONVENTIONNELLE

Reste-t-il un autre régime locatif qui ne serait pas une extension conventionnelle du statut des baux commerciaux mais une convention sui generis autorisant alors un **panachage entre dispositions du statut et** dispositions du **droit commun** ? Telle est l'ouverture proposée par une décision de la cour d'appel de Paris qui a admis qu'un bailleur pouvait offrir à son locataire le bénéfice d'un droit spécifique résultant du statut des baux commerciaux, sans pour autant reconnaître à ce locataire le droit à l'application de l'entier statut : une telle opération se distingue d'une extension conventionnelle du statut à des contrats de location qui ne remplissent pas les conditions pour en bénéficier. **2090**

Le bailleur peut offrir à son locataire le renouvellement de son bail alors que ledit locataire n'aurait pu y prétendre faute de remplir les conditions exigées par l'article 4 du décret du 30 septembre 1953 (C. com. art. L 145-8). Dès lors, c'est à bon droit que les bailleurs successifs ont offert au locataire le renouvellement du bail au 1er janvier 1967, au 1er janvier 1976 et au 1er janvier 1985 alors qu'ils auraient pu lui refuser ce renouvellement puisque le locataire n'exerçait plus dans les locaux une activité commerciale. Cette offre n'interdit pas au bailleur de se prévaloir ultérieurement de cette situation si elle persiste, pour dénier le droit du locataire au statut à l'occasion du renouvellement suivant. Enfin une telle offre n'implique pas par elle-même que le bailleur renonce pour l'avenir à se prévaloir des conditions auxquelles est subordonné le bénéfice du statut. Il appartiendra au bailleur d'offrir ou non au locataire le renouvellement au 1er janvier 1994 sans que, en cas de refus, le locataire puisse revendiquer une indemnité d'éviction, puisqu'il ne s'agit pas d'une extension conventionnelle du statut des baux commerciaux (CA Paris 6-12-1991 nº 90-10344, 16e ch. B).

Cette solution se conçoit car, si les parties ne déclarent pas se soumettre conventionnellement au statut des baux commerciaux, dès lors que le bail à conclure relève du droit commun des baux, elles peuvent construire leur bail sur le socle du droit commun du louage (C. civ. art. 1709 s.) en l'amendant de toutes les dispositions de régimes impératifs qui leur conviennent.

BAIL DE COURTE DURÉE

SOMMAIRE

SECTION 1 GÉNÉRALITÉS SUR LE BAIL DE COURTE DURÉE

3000 Le bail de courte durée a été conçu par le législateur pour être un « bail à l'essai » devant déboucher sur un bail commercial. Il permet au bailleur de ne pas s'engager à long terme avec un locataire dont il ne sait rien ; réciproquement, il donne la possibilité au locataire de vérifier la qualité de l'emplacement loué pour l'exercice de son commerce.

DÉFINITION DU BAIL DE COURTE DURÉE

3010 L'article L 145-5 du Code de commerce offre la possibilité aux parties qui remplissent les conditions requises pour que leur bail soit soumis au statut des baux commerciaux de conclure un bail dérogeant aux dispositions de ce statut. Pour éviter les fraudes à la loi, l'article L 145-5 enferme cette faculté dans des limites très précises : le bail doit être conclu lors de l'entrée dans les lieux du locataire pour une durée maximale de trois ans (n°s 3300 s.).

L'expression « **bail dérogatoire** » est souvent utilisée par les praticiens pour désigner un bail conclu en application de l'article L 145-5.

ATTENTION

La formule « **bail précaire** » est malvenue et doit être évitée car la précarité est absente de ce type de bail et peut prêter à confusion avec la convention d'occupation précaire. Or, le bail dérogatoire n'est pas une convention d'occupation précaire. Il se distingue également de la location saisonnière.

DISTINCTION ENTRE LE BAIL DÉROGATOIRE ET LA LOCATION SAISONNIÈRE

3020 **Définition** Une location est dite « saisonnière » lorsque la convention confère la jouissance des locaux pour une saison (C. com. art. L 145-5, al. 4).

La **notion de « saison »** ne suppose pas nécessairement une durée de trois mois mais correspond plutôt à la saison touristique, laquelle varie selon le lieu de situation de l'immeuble loué.

ILLUSTRATIONS

Le caractère saisonnier a été admis pour une location consentie du 15 mars au 30 septembre, dans un local en Vendée (Cass. 3e civ. 7-11-1990 n° 89-12.065).

La même solution a été retenue pour une boutique située à Juan-les-Pins au motif qu'il existe sur la Côte d'Azur deux saisons touristiques bien distinctes pour des raisons climatiques et balnéaires (Cass. 3e civ. 22-7-1987 n° 86-12.858 : Bull. civ. III n° 150).

Le locataire ne doit plus avoir la **jouissance des locaux** à l'expiration de la saison. En effet, si les locaux sont mis à sa disposition de façon **continue,** la location n'est pas saisonnière au sens de l'article L 145-5, al. 4 du Code de commerce et ce, même si le fonds n'est exploité que de façon saisonnière (Cass. 3e civ. 1-3-1972 n° 70-14.539 : Bull. civ. III n° 147 ; CA Nîmes 11-6-1997, 1e ch. A : Loyers et copr. 1999 n° 37). Dans un tel cas, le bail est soumis au statut des baux commerciaux. 3025

En revanche, la conclusion entre les mêmes parties de plusieurs **baux** saisonniers **successifs** portant sur le même local ne fait pas obstacle à la qualification de « location saisonnière ».

La nature de la location résulte naturellement des clauses du bail ; en cas de litige, il appartient au **juge du fond** de restituer à la convention des parties son exacte **qualification** compte tenu des circonstances de fait (Cass. 3e civ. 13-3-1973 n° 71-12.566 : Bull. civ. III n° 188 ; Cass. 3e civ. 15-1-1992 n° 88 P : RJDA 3/92 n° 222). 3030

L'ensemble des décisions présentées ci-dessous repose sur des appréciations de fait souveraines, de sorte qu'il serait imprudent d'en dégager des idées directrices applicables dans tous les cas d'espèce. Néanmoins, il semble que, d'une manière générale, la nature et la durée des contrats liés à l'exploitation (électricité, gaz) ainsi que l'imputation des charges diverses sont retenues comme éléments de preuve. Par ailleurs, le fait que le bailleur tolère notamment la présence de matériel pendant la période hors saison n'entraîne pas une requalification du contrat en bail commercial.

ILLUSTRATIONS

Cas où la qualification de location saisonnière a été retenue

Une cour d'appel a pu décider qu'un locataire de locaux commerciaux n'avait bénéficié que de locations saisonnières exclues du statut des baux commerciaux dès lors qu'elle a constaté que le locataire avait signé des engagements de locations saisonnières de six mois du 1er avril au 30 septembre, étant spécifié que la location prendrait fin automatiquement à l'expiration du terme fixé, et que, s'il avait été laissé dans les lieux après la saison, c'était en vertu d'une simple tolérance du bailleur.

Cass. 3e civ. 13-11-1979 n° 78-13.149 : Bull. civ. III n° 200.

Après avoir constaté que la convention passée ne conférait au locataire que la disposition d'un emplacement du 15 juin au 15 septembre de chaque année et que le dépôt de matériel en dehors de la saison était seulement toléré par le bailleur, une cour d'appel a pu en déduire l'existence d'une location saisonnière, alors même que le locataire s'était assuré pour toute l'année.

Cass. 3e civ. 22-5-1986 n° 84-16.400 : Bull. civ. III n° 74.

Caractérise l'existence d'une location saisonnière la cour d'appel qui relève les éléments suivants : hors saison, les lieux étaient effectivement libérés de marchandises ; les clefs étaient remises en fin de saison, le locataire les récupérant en début de saison suivante ; l'accès du locataire aux locaux à la suite d'une tentative de vol, la présence hors saison de l'enseigne et du mobilier, voire de quelques marchandises, relevaient d'une simple tolérance en raison des bonnes relations entre les parties ; les modalités de souscription des contrats d'abonnement téléphonique ou d'assurance étaient sans incidence sur l'occupation réelle qui n'était pas annuelle.

Cass. 3e civ. 13-7-1999 n° 1271 D : RJDA 11/99 n° 1050.

A légalement justifié sa décision la cour d'appel qui a déduit des constatations suivantes l'existence d'une location saisonnière : le locataire n'exploitait son commerce de vente de prêt-à-porter que de Pâques à septembre ; la galerie dans laquelle était implanté ce commerce était fermée entre-temps ; un constat d'huissier dressé en octobre avait établi que le local était vide de marchandises ; le fait que le locataire, qui avait loué les lieux pendant vingt ans, ait gardé les clés entre deux saisons et réglé à l'année les abonnements de téléphone et d'électricité ne constituait pas une mise en possession mais une simple tolérance du bailleur qui avait pris la précaution de lui faire signer un écrit en ce sens.

Cass. 3e civ. 19-4-2005 n° 542 F-D : RJDA 10/05 n° 1076.

A caractérisé l'existence d'une location saisonnière la cour d'appel qui a relevé les éléments suivants : le locataire n'avais jamais pris plus de vingt-six heures hebdomadaires de location du court de tennis sur les cent cinq heures offertes à la location pendant les périodes extra-scolaires ; quatre places de parking et un bureau avaient été mis à sa disposition pendant les heures louées ; le locataire payait un loyer annuel sans supporter aucune charge locative ; la commune intention des parties était de conduire des relations exclusives de toute propriété commerciale ; le locataire n'était que l'un des clients de la société exploitante du court de tennis et seule titulaire d'un bail commercial.

Cass. 3e civ. 27-11-2007 n° 06-18.176 F-D.

A légalement justifié sa décision de retenir l'existence d'une location saisonnière la cour d'appel qui a souverainement retenu les éléments suivants : les baux souscrits se définissaient comme saisonniers et l'activité exercée était incontestablement saisonnière ; les factures produites démontraient que, pendant l'hiver, le locataire exerçait une activité sur un site différent ; hors saison, le local était fermé et en grand désordre, ce qui démontrait l'inutilité du local entre deux saisons ; la simple tolérance du bailleur, qui n'avait pas exigé la restitution des locaux à la fin de plusieurs saisons consécutives, avait pour seul intérêt d'éviter au locataire d'avoir à déménager son matériel et ses restes de stock, sans pour autant donner à la convention un caractère annuel.

Cass. 3e civ. 18-1-2011 n° 10-11.680 F-D : AJDI 2011 p. 211 note S. Porcheron.

Cas où la qualification de location saisonnière a été refusée

Une cour d'appel a pu retenir l'existence d'une location à l'année et non d'une location saisonnière dès lors qu'elle a relevé que l'assurance payée par le locataire couvrait l'année entière, que celui-ci s'acquittait du gaz et de l'électricité même pendant la morte-saison durant laquelle il conservait la libre disposition du local et qu'il avait engagé des travaux de réparation et de transformation incompatibles avec une location saisonnière.

Cass. 3e civ. 1-3-1972 n° 70-14.539 : Bull. civ. III n° 147.

Une cour d'appel a justement déduit des constatations suivantes que des baux qualifiés de saisonniers constituaient en réalité un bail unique soumis au statut des baux commerciaux : le locataire était resté en possession des clés du local depuis la signature du premier bail ; il avait souscrit des abonnements annuels pour le téléphone et l'électricité et les relevés de ces services attestaient de consommations pour les périodes situées en dehors de celles prévues aux baux ; il avait souscrit une police d'assurance annuelle, engagé une employée par un contrat à durée indéterminée ; des livraisons avaient été effectuées dans le local loué en dehors des périodes contractuellement convenues et les loyers cumulés par année correspondaient aux prix pratiqués habituellement dans le secteur pour des locations annuelles soumises au statut.

Cass. 3e civ. 10-6-1998 n° 959 D : RJDA 8-9/98 n° 953.

Une cour d'appel a souverainement déduit des éléments suivants que les vingt-deux contrats dits de location saisonnière qui avaient été successivement conclus pour six puis neuf mois constituaient en réalité un bail soumis au statut des baux commerciaux conclu pour une exploitation saisonnière : en dehors des périodes d'exploitation, le locataire entreposait des marchandises dans les locaux dont il conservait la disposition toute l'année ; il réglait les factures de téléphone, d'eau, d'électricité et d'assurance sur la période annuelle et s'acquittait des taxes et charges sur la base d'un local loué à l'année ; la remise des clés au terme de chaque période d'exploitation était manifestement fictive.

Cass. 3e civ. 15-2-2011 n° 10-14.003 F-D : RJDA 7/11 n° 608.

3040 **Régime** La location saisonnière est exclue du statut des baux commerciaux (C. com. art. L 145-5, al. 4). Elle obéit exclusivement aux règles prévues aux articles 1709 et suivants du Code civil.

Le maintien du locataire dans les lieux à l'expiration de la location à caractère saisonnier, le renouvellement de cette location ou la conclusion d'une telle convention entre les mêmes parties et portant sur le même local n'entraînent pas la formation d'un bail soumis au statut des baux commerciaux (C. com. art. L 145-5, al. 4). C'est là une différence essentielle avec le bail de courte durée (voir nos 3900 s.).

SECTION 2 CONDITIONS DU BAIL DE COURTE DURÉE

3300 En application de l'article L 145-5, al. 1 du Code de commerce, la conclusion d'un bail de courte durée suppose que :

– la durée totale du bail ou des baux successifs n'excède pas trois ans (nos 3420 s.) ;

– le locataire et le bailleur aient voulu conclure un bail dérogatoire au statut des baux commerciaux (nos 3520 s.).

> **Précisions** Le bail de courte durée ne déroge au statut que par sa durée ; l'occupant qui n'exerce pas d'activités commerciales ou assimilées ne peut donc pas prétendre être titulaire d'un bail régi par l'article L 145-5 (CA Aix-en-Provence 28-11-2019 n° 19/04808 : RJDA 8-9/20 n° 413).

A. Durée du bail de courte durée

Les parties peuvent, lors de l'entrée dans les lieux du locataire, déroger aux dispositions du statut à la condition que la durée totale du bail ou des baux successifs ne soit pas supérieure à trois ans (C. com. art. L 145-5, al. 1). 3420

> **Précisions** Les dispositions issues de la réforme de 2014 s'appliquent aux baux dérogatoires conclus ou renouvelés depuis le 1er septembre 2014 (Loi 2014-626 du 18-6-2014 art. 21, II). Les dispositions antérieures, qui fixaient la durée maximale à deux ans, continuent de régir les baux et les procédures en cours à cette date.

POINT DE DÉPART DU BAIL DE COURTE DURÉE

Le point de départ du bail est « l'entrée du locataire dans les lieux », laquelle désigne la prise de possession des locaux en exécution du bail conclu avec le propriétaire (Cass. 3e civ. 15-4-1992 no 651 P : Bull. civ. III no 129 ; Cass. 3e civ. 30-3-2017 no 16-10.786 F-D : RJDA 6/17 no 392). 3425

CALCUL DE LA DURÉE DU BAIL DE COURTE DURÉE

Pour calculer la durée du bail, il n'est pas tenu compte du temps de présence du locataire dans les lieux avant le point de départ du bail. Ainsi, ne sont pas incluses dans la durée du bail : 3430

- la période pendant laquelle le locataire a occupé les lieux, avec l'accord du bailleur, afin d'y réaliser des aménagements pour préparer l'exécution du bail (Cass. 3e civ. 10-5-1977 : Bull. civ. III no 197) ;
- la période pendant laquelle le locataire a occupé les lieux sans le consentement du bailleur car elle constitue alors une occupation de pur fait (Cass. 3e civ. 5-1-1983 no 81-14.178 : Bull. civ. III no 4 ; Cass. 3e civ. 30-3-2017, précité) ;
- la période pendant laquelle le locataire a occupé les lieux en tant que sous-locataire car le propriétaire des locaux n'est pas partie au contrat de sous-location (Cass. 3e civ. 15-4-1992 no 651 P : Bull. civ. III no 129) ;
- la période pendant laquelle le locataire a occupé les lieux en tant que titulaire d'un bail commercial (Cass. 3e civ. 1-2-2018 no 16-23.122 F-D : RJDA 4/18 no 301).

La durée du bail se calcule au jour près. Ainsi, un bail de 36 mois qui commence à courir le 1er juillet 2024 prend fin le 30 juin 2027.

B. Volonté des parties de conclure un bail de courte durée

La volonté de conclure un bail dérogeant aux dispositions du statut ne se présume pas. 3520

Cette **volonté** peut être seulement **tacite** et résulter des circonstances de fait, mais elle doit être claire et non équivoque. En pratique, les tribunaux reconnaissent rarement l'existence d'un consentement tacite.

ILLUSTRATIONS

Il a été jugé que le seul fait de fixer pour le bail une **durée inférieure à la durée légale maximale** ne suffit pas à caractériser un bail dérogatoire (Cass. 3e civ. 2-2-2005 no 135 F-PB : RJDA 5/05 no 511).
L'accord tacite des parties de déroger au statut a toutefois été admis dans un cas où le bail conclu pour la durée maximale autorisée était assorti d'une **clause de non-concurrence** interdisant au locataire, à l'expiration du bail, d'exploiter dans un périmètre de 500 mètres et pendant cinq ans un commerce similaire à celui exercé pendant le bail (Cass. 3e civ. 8-11-1972 no 71-13.008 : Bull. civ. III no 588).
De même, la **renonciation non équivoque** du locataire au statut a été retenue dans les circonstances suivantes : avant la conclusion de la convention, le dirigeant de la société locataire avait envoyé un courriel au bailleur pour donner son accord à la signature du bail pour un an ; la société locataire avait reconnu expressément, à l'expiration de la convention, ne pas avoir droit à la propriété commerciale, au renouvellement ou au paiement d'une indemnité d'éviction ; cette société avait une parfaite connaissance des droits auxquels elle renonçait puisque les parties étaient liées par un bail commercial pour d'autres locaux (CA Paris 17-2-2016 no 15/10553 : RJDA 6/16 no 423).

La volonté de dérogation peut également résulter d'une **stipulation expresse** du bail affirmant clairement le choix des parties d'écarter l'application du statut des baux commerciaux. Le fait de faire référence par erreur au décret du 30 septembre 1953, dont certaines dispositions ont été intégrées dans le Code de commerce antérieurement à la signature du contrat, ne fait pas obstacle à ce que la volonté de dérogation soit retenue (CA Versailles 5-1-2023 no 21/01276 : RJDA 7/23 no 360). Afin d'éviter toute difficulté d'interprétation de leur volonté, les parties ont intérêt à insérer une clause dans leur bail.

MODÈLE

Clause excluant expressément le statut des baux commerciaux

« En toute connaissance de cause et suffisamment informées, les parties entendent soumettre leurs engagements aux dispositions de l'article L 145-5 du Code de commerce, et expressément déroger, en toutes ses dispositions, au statut des baux commerciaux édicté par le Code de commerce. »

3525 Les parties n'ont pas besoin d'expliquer les **raisons** qui **motivent** leur choix en faveur du bail dérogatoire.

SECTION 3

RÉGIME DU BAIL DE COURTE DURÉE

3700 Le bail de courte durée est un contrat de louage de **droit commun** régi par les dispositions du Code civil (art. 1709 s.). Ces dispositions n'ont qu'un caractère supplétif ; les parties peuvent donc organiser librement leurs relations locatives, à l'exception bien entendu de la durée du bail.

Afin de donner à leurs relations une sécurité juridique satisfaisante, les parties doivent veiller à établir un contrat aussi précis que possible.

La clause relative à la fin du bail doit faire l'objet d'une attention toute particulière : aucune prolongation tacite ne doit être prévue, faute de quoi le bail pourra se transformer en bail soumis au statut.

3705 Le bail dérogatoire n'est assujetti à aucune **forme.** La rédaction d'un bail écrit est cependant indispensable pour des raisons évidentes de preuve du contenu du bail.

La convention locative peut être établie postérieurement à l'entrée en jouissance du locataire (Cass. 3e civ. 25-6-1975 n° 74-12.877 : Bull. civ. III n° 218 ; Cass. 3e civ. 29-6-1994 n° 92-18.042 : Loyers et copr. 1994 comm. n° 477) à condition que la rétroactivité soit stipulée. Toutefois, afin d'éviter d'avoir à faire face à un éventuel refus ultérieur du locataire de s'engager, il est préférable que le bail soit conclu au plus tard lors de l'entrée dans les lieux du locataire.

3710 Un **état des lieux** doit être établi de manière contradictoire par les deux parties (ou un tiers mandaté par elles) au moment de la prise de possession des locaux et lors de leur restitution. À défaut d'état des lieux amiable, il est établi par un huissier ou commissaire de justice à l'initiative de la partie la plus diligente, à frais partagés par moitié entre le bailleur et le locataire. L'état des lieux doit être joint au contrat de bail (C. com. art. L 145-5, al. 5 et 6).

> **Précisions** **a.** Les dispositions relatives à l'état des lieux s'appliquent depuis le **20 juin 2014.** Pour les baux conclus avant cette date, ces règles s'appliquent à toute restitution d'un local dès lors qu'un état des lieux a été établi lors de la prise de possession (Loi 2014-626 du 18-6-2014 art. 3, II).
> **b.** L'**état des risques,** qui doit être fourni au bailleur d'un bail commercial à peine de résolution du contrat ou de réduction du loyer, n'est pas exigé pour le bail dérogatoire (CA Paris 17-10-2018 n° 17/00501 : RJDA 6/19 n° 409).

SECTION 4

SITUATION À L'EXPIRATION DU BAIL DE COURTE DURÉE

CESSATION DU BAIL DE COURTE DURÉE

Le bail de courte durée est un bail à durée déterminée qui, en application de l'article 1737 du Code civil, **cesse de plein droit** à l'arrivée du terme, sans qu'il soit nécessaire de donner congé (Cass. 3e civ. 15-3-1972 nº 71-10.482 : Bull. civ. III nº 182). Le locataire ne peut pas reprocher au bailleur de ne pas avoir respecté les formalités prévues par l'article L 145-9 du Code de commerce car ces dispositions sont applicables aux seuls baux commerciaux statutaires (Cass. 3e civ. 11-5-2022 nº 21-15.389 FS-B : RJDA 8-9/22 nº 460). **3900**

Les parties peuvent toutefois prévoir des **stipulations spécifiques** pour le congé, auquel cas elles doivent s'y tenir.

ILLUSTRATIONS

Dans un cas où un bail dérogatoire prévoyait qu'à l'arrivée du terme il serait automatiquement prorogé pour une durée de trois ans, à moins que l'une des parties ne délivre congé trois mois avant l'arrivée du terme, jugé que ce délai de prévenance s'imposait aux parties et que n'était donc pas valable le congé délivré par le bailleur le 18 juin pour une sommation de quitter les lieux au 31 août suivant, soit moins de trois mois plus tard (CA Versailles 5-1-2023 nº 12/01276).

Sauf stipulation contractuelle spécifique, le locataire n'a aucun droit au renouvellement de son bail ; à l'expiration du bail, il doit donc quitter les lieux sans pouvoir prétendre à une quelconque indemnité d'éviction.

Le départ du locataire des lieux se manifeste par la **remise des clefs** au bailleur. **3905**

ILLUSTRATIONS

Dans un cas où des locaux avaient été mis à disposition en vertu d'un bail dérogatoire, viole l'article 1737 du Code civil la cour d'appel qui, pour rejeter la demande en paiement d'une indemnité d'occupation présentée par le bailleur, retient que l'absence d'occupation réelle était démontrée et que le bailleur, qui en avait parfaitement connaissance, avait la faculté d'accéder librement aux locaux pour en disposer, alors qu'elle n'avait pas constaté que les clefs avaient été remises au bailleur ou que celui-ci avait refusé de les recevoir (Cass. 3e civ. 16-3-2023 nº 21-25.002 : RJDA 12/23 nº 641).

De même, dans un cas où le locataire avait remis les clefs des locaux et quitté les lieux en juillet 2019, il ne peut être condamné à payer une indemnité pour son occupation que jusqu'à cette date, peu important qu'il n'ait pas effectué son changement d'adresse à La Poste et qu'il ait continué de recevoir du courrier à l'adresse des lieux objets du bail (CA Rouen 7-9-2023 nº 22/01468 : RJDA 1/24 nº 6).

Lors de la restitution des locaux, un état des lieux doit être établi (nº 3710).

LE LOCATAIRE EST LAISSÉ DANS LES LIEUX À L'ISSUE DU BAIL DE COURTE DURÉE

Si le locataire reste et est laissé en possession des lieux un mois après l'expiration du bail dérogatoire, il s'opère un nouveau bail soumis au statut des baux commerciaux (C. com. art. L 145-5, al. 2). **4000**

ATTENTION

Cette règle s'applique même si le **bail** dérogatoire a été conclu pour une **durée inférieure à** la durée maximale de **trois ans** (Cass. 3e civ. 8-6-2017 nº 16-24.045 FS-PBI : RJDA 8-9/17 nº 534 ; Cass. 3e civ. 26-3-2020 nº 18-16.113 F-D : RJDA 6/20 nº 301). Il n'y a donc pas **tacite prolongation** du bail dans la limite de trois ans. Rien n'interdit toutefois aux parties de prévoir une clause de renouvellement tacite de leur bail dérogatoire dans la limite de trois ans (Cass. 3e civ. 11-5-2022 nº 21-15.389 FS-B : RJDA 8-9/22 nº 460). Ne constitue pas une telle clause la stipulation d'un bail dérogatoire conclu pour deux ans qui prévoit que « si, à l'expiration d'une durée de trois ans, et au plus tard à l'issue d'un mois à compter de l'échéance, le locataire reste et est laissé en possession, il s'opère un nouveau bail dont l'effet est réglé par les dispositions du statut des baux commerciaux », dès lors que la précision « à l'expiration d'une durée de trois ans » ne saurait être interprétée comme une faculté de proroger le bail dérogatoire d'une année supplémentaire (CA Orléans 7-9-2023 nº 22/01887 : RJDA 2/24 nº 78).

4020 Aucune formalisation par **écrit** du nouveau bail est nécessaire (CA Riom 5-6-2024 n° 22/02098 : RJDA 3/25 n° 127). Néanmoins, pour que le statut s'applique au nouveau bail, encore faut-il, bien sûr, que les **conditions générales d'application du statut** soient remplies. Il faut donc que le locataire dispose d'un bail portant sur un immeuble ou un local et qu'il exploite dans les lieux un fonds de commerce dont il est propriétaire (Cass. 3e civ. 5-7-1995 n° 1533 P : RJDA 8-9/95 n° 939 ; Cass. 3e civ. 16-6-2004 n° 749 F-PBI, Cie Foncière de la Macif c/ Sté Auchan France : RJDA 10/04 n° 1092 ; Cass. 3e civ. 24-6-2009 n° 08-14.674 FS-D : RJDA 1/10 n° 5). En revanche, son immatriculation au registre du commerce à la date d'expiration du bail dérogatoire n'est pas exigée (Cass. 3e civ. 30-4-1997 n° 675 PB : RJDA 6/97 n° 756 ; Cass. 3e civ. 25-10-2018 n° 17-26.126 F-PBI : RJDA 1/19 n° 2).

Pour une étude complète des conditions générales d'application du statut des baux commerciaux, le lecteur se reportera nos 350 s. pour l'exigence d'un local, nos 33000 s. pour la nécessité d'exploiter un fonds de commerce et nos 42010 s. concernant l'immatriculation du locataire.

4030 Pour éviter la naissance d'un nouveau bail soumis au statut, le bailleur doit faire connaître au locataire sa volonté de mettre fin à l'occupation des lieux au plus tard un mois après l'échéance du bail. De son côté, le locataire dispose d'un **délai d'un mois** à compter de l'échéance pour quitter volontairement les lieux.

Le délai d'un mois se calcule de quantième en quantième : lorsqu'il part le dernier jour du mois, il arrive à échéance le dernier jour du mois qui sert de terme au délai (application des art. 641 et 642 du Code de procédure civile). Par exemple, si le bail vient à expiration un 31 août, le bailleur peut notifier son opposition au locataire au plus tard le 30 septembre suivant.

4040 Le **bailleur** peut exprimer formellement son **refus** que le locataire reste dans les lieux en rappelant à celui-ci qu'il doit quitter les lieux au plus tard un mois après l'échéance du bail. Afin de se ménager une preuve, il est conseillé au bailleur de prévenir le locataire par lettre recommandée AR ou par acte extrajudiciaire (signification par huissier ou commissaire de justice).

ATTENTION

Lorsque le **bailleur** est une **société**, le courrier qu'il adresse au locataire pour l'inviter à quitter les lieux doit en principe respecter les dispositions des articles R 123-237 et R 123-238 du Code de commerce relatives aux mentions sur les papiers d'affaires (indication du numéro d'immatriculation, forme de la société...). Le **non-respect des formalités légales** constitue une infraction pénale mais il n'emporte pas nécessairement la nullité du bail. Ainsi, l'absence des mentions prescrites sur la lettre de mise en demeure adressée au titulaire du bail dérogatoire n'en affecte pas la validité dès lors que le locataire a identifié que la lettre lui a été adressée par la société bailleresse ou son gérant (Cass. 3e civ. 17-9-2020 n° 19-13.242 FS-PBI : RJDA 11/20 n° 557).

Une clause du bail prévoyant que le bail dérogatoire se finirait de plein droit à l'expiration du bail serait insuffisante (Cass. 3e civ. 4-5-2010 n° 09-11.840 F-D, Douat c/ Estevez : RJDA 8-9/10 n° 825).

MODÈLE

Sommation de déguerpir

Monsieur Roland Tourney
302 avenue de la Porte de Champerret
75017 Paris

Madame Sylvie Quidias
123 rue de la Coutellerie
75004 Paris

Paris, le 30 juillet 2026

Lettre recommandée avec demande d'avis de réception
Objet : Sommation de déguerpir

Madame,

Suivant acte authentique en date du 28 septembre 2022, je vous ai donné à bail dérogatoire dans les termes de l'article L 145-5 du Code de commerce des locaux à usage de carrosserie-peinture sis 123 rue de la Coutellerie à Paris (75004).

Ce bail dérogatoire au statut des baux commerciaux vous a été consenti pour une durée de trois ans, commençant à courir à compter du 1er octobre 2022 pour se terminer de plein droit le 30 septembre 2025.

Je vous rappelle que vous devez quitter les locaux au plus tard un mois à compter de l'échéance, c'est-à-dire le vendredi 31 octobre, par application de l'article 642, al. 2 du Code de procédure civile.

Je vous demande donc de libérer les locaux et de les restituer libres de tout occupant, matériel et mobilier au plus tard le 31 octobre 2025. Faute de ce faire, je me réserve la possibilité d'utiliser toutes voies et moyens de droit pour vous y contraindre et je solliciterai, le cas échéant, votre expulsion.
Je vous prie d'agréer, Madame, l'expression de mes salutations distinguées.

Roland Tourney

Si le bailleur a clairement exprimé son opposition à la poursuite des relations contractuelles, le maintien dans les lieux du locataire un mois après l'échéance n'entraîne un nouveau bail soumis au statut que si des **actes postérieurs non équivoques** de la part du bailleur peuvent permettre de considérer qu'il est revenu sur sa décision. 4045

ILLUSTRATIONS

Lorsque, avant le terme du bail, le bailleur a manifesté son opposition au maintien dans les lieux du locataire, jugé que le bailleur qui, face au maintien dans les lieux du locataire, a tardé à agir en expulsion et a entamé des négociations pour un nouveau bail, ne peut pas être considéré comme ayant tacitement donné son accord à ce maintien dans les lieux (Cass. 3e civ. 5-6-2013 n° 12-19.634 : RJDA 10/13 n° 772).
En revanche, si l'acte par lequel le bailleur a manifesté son opposition était teinté d'équivoque, il peut en être déduit qu'en restant ensuite inactif, le bailleur a effectivement tacitement accepté le maintien dans les lieux du locataire (Cass. 3e civ. 28-6-2011 n° 10-19.236 : RJDA 12/11 n° 1000).

Lorsqu'un bail dérogatoire a été conclu avec **plusieurs locataires,** tous ceux qui restent dans les lieux et sont laissés en possession sont liés par le nouveau bail soumis au statut, qu'ils exploitent personnellement ou non le fonds de commerce (Cass. 3e civ. 23-5-2013 n° 11-17.071 FS-PB : RJDA 8-9/13 n° 693). En revanche, les colocataires qui ont quitté les lieux ne sont pas partie au nouveau bail (Cass. 3e civ. 6-4-2011 n° 10-11.846 FS-PB : RJDA 12/11 n° 999). 4050

> Précisions Un **locataire en redressement judiciaire** qui reste dans les locaux à l'expiration du bail dérogatoire est lié par un bail soumis au statut des baux commerciaux même si, avant l'échéance du bail, son administrateur judiciaire a demandé la résiliation du bail (Cass. 3e civ. 31-5-2018 n° 17-16.944 F-D : RJDA 10/18 n° 944).

Contenu du nouveau bail Le nouveau bail issu du maintien du locataire dans les lieux est soumis aux mêmes **clauses** et conditions que le **bail expiré** (Cass. 3e civ. 6-11-2001 n° 1557 F-D : RJDA 1/02 n° 15). Ainsi, lorsque le premier bail imposait au locataire d'exploiter personnellement le fonds de commerce, le locataire n'a pas le droit de mettre son fonds en location-gérance au cours du nouveau bail, sous peine de commettre une infraction au bail (CA Paris 16-1-1990, 16e ch. A : Gaz. Pal. 1990 somm. p. 591 note Ph.-H. Brault). Bien entendu, les clauses de l'ancien bail qui ne sont pas compatibles avec le statut deviennent caduques. 4070

Par ailleurs, le **cautionnement** donné pour le bail dérogatoire ne s'étend pas, sauf mention expresse en ce sens, au bail commercial qui lui succède (Cass. 3e civ. 28-11-2012 n° 11-14.671 FS-D : RJDA 4/13 n° 301 ; Cass. 3e civ. 23-5-2013 n° 11-17.071 FS-PB : RJDA 8-9/13 n° 693). Il en a été jugé ainsi dans un cas où l'acte de cautionnement visait « le bail initial ainsi que le renouvellement de celui-ci et les conventions d'occupation qui lui succéderaient » car la caution, non professionnelle du droit, n'était pas nécessairement informée de ce qu'un bail commercial se substituerait au bail dérogatoire si le locataire se maintenait dans les lieux (Cass. 3e civ. 23-5-2013, précité). En cas d'ambiguïté sur la portée de l'engagement de la caution, le cautionnement est interprété par les juges du fond qui ont alors un pouvoir souverain d'appréciation (Cass. 3e civ. 28-11-2012 et Cass. 3e civ. 23-5-2013, précités).

Quant au **loyer** du nouveau bail, il est librement fixé par les parties. Si celles-ci ne parviennent pas à s'entendre sur son montant, il doit correspondre à la valeur locative (Cass. 3e civ. 14-12-2005 n° 1418 FS-PBI : RJDA 4/06 n° 388 ; Cass. 3e civ. 5-2-2008 n° 06-21.999 F-D : RJDA 1/09 n° 7).

> Précisions **L'action en fixation du loyer** du nouveau bail est soumise à la **prescription** biennale de l'article L 145-60 du Code de commerce dont le délai court à compter de la date à laquelle l'une des parties a revendiqué l'application du statut (Cass. 3e civ. 7-7-2016 n° 15-19.485 FS-PBI : RJDA 11/16 n° 767).

CONCLUSION D'UN NOUVEAU BAIL DE COURTE DURÉE

Lorsque le premier bail dérogatoire arrive à son terme, les parties peuvent conclure un nouveau bail dérogatoire, à condition que la **durée** totale des **baux** successifs ne soit **pas supérieure à trois ans** (C. com. art. L 145-5, al. 1). 4075

4080 À l'**expiration** de la **durée maximale** de trois ans, les parties ne peuvent plus conclure un nouveau bail dérogeant au statut pour exploiter le même fonds dans les mêmes locaux (C. com. art. L 145-5, al. 1).

Cette formulation laisse la possibilité aux parties de conclure un nouveau bail dérogatoire (Avis Sén. n° 446 relatif à la loi 2014-626 du 18-6-2014) :

- soit en vue d'exploiter le même fonds mais dans un autre local appartenant au bailleur ;
- soit en vue d'exploiter un fonds différent dans le même local.

ATTENTION

Cette rédaction de l'alinéa 1 de l'article L 145-5 pose question dès lors que le législateur a laissé intact l'alinéa 3. En effet, celui-ci prévoit qu'à l'expiration de la durée maximale, un nouveau bail soumis au statut s'opère en cas de renouvellement exprès du bail ou de conclusion, entre les mêmes parties, d'un nouveau bail pour le même local. Or, pour la Cour de cassation, l'alinéa 3 interdit la conclusion d'un nouveau bail dérogatoire dans le même local, même si l'activité envisagée est différente de celle du bail précédent (Cass. 3e civ. 31-5-2012 n° 11-15.580 FS-PB : RJDA 10/12 n° 831). Se pose donc une réelle question d'interprétation puisque les deux alinéas visent des situations de fait identiques et emportent des conséquences différentes.

4085 La condition d'**identité du local** n'est pas remplie lorsque les locaux loués en vertu d'un nouveau bail dérogatoire sont de consistance différente de ceux loués en vertu d'un précédent bail dérogatoire ayant lié les mêmes parties.

ILLUSTRATIONS

Le propriétaire d'un magasin a valablement pu consentir à un locataire, pour un loyer mensuel de 10 000 francs (1 500 €), un bail de deux ans portant sur un emplacement situé à l'intérieur de son magasin, après avoir loué pour deux ans au même locataire pour l'exercice du même fonds de commerce un emplacement situé à l'extérieur de ce magasin pour un loyer inférieur (Cass. 3e civ. 11-10-1977 n° 76-11.782 : Bull. civ. III n° 332).

De même, jugé qu'après avoir loué un magasin, un bureau et des emplacements de parking en vertu d'un bail de courte durée de 23 mois, un second bail de même nature pouvait être conclu entre les mêmes parties si étaient seulement loués les parkings (Cass. 3e civ. 15-3-1989 n° 87-15.614).

4090 **Expiration du bail dérogatoire et Covid-19**

Pour faire face à la crise sanitaire, le Gouvernement a pris des mesures tendant à amoindrir, voire à annihiler, les effets des délais de toutes sortes qui viendraient à expiration durant cette crise. Ainsi, il a été prévu que tout acte, déclaration, notification prescrit par la loi sous peine d'application d'un régime particulier et qui aurait dû être accompli pendant la **période juridiquement protégée,** située entre le 12 mars et le 23 juin 2020, est réputé avoir été fait à temps s'il a été effectué avant le 23 août 2020 (Ord. 2020-306 du 25-3-2020 art. 5). Cette disposition s'applique aux baux dérogatoires car, à défaut de manifestation à l'expiration du bail, les parties perdent leur droit de mettre fin au contrat et s'exposent à ce que leurs rapports soient ensuite régis par les dispositions d'un régime particulier, celui des baux commerciaux.

Cette disposition n'a pas été reprise dans les textes relatifs à la prorogation de l'état d'urgence sanitaire. Ainsi, pour tous les baux dérogatoires expirés depuis le 24 juin 2020, les dispositions classiques relatives à ce type de baux demeurent applicables.

RENONCIATION AU BÉNÉFICE DU STATUT DES BAUX COMMERCIAUX

4130 **Renonciation du locataire au statut des baux commerciaux** Traditionnellement, il était admis que le locataire pouvait renoncer au bénéfice du statut des baux commerciaux et conclure avec le bailleur une nouvelle convention dérogatoire. Cette renonciation pouvait intervenir une fois que le locataire avait acquis le droit au statut, lequel naissait du maintien en possession à l'expiration du bail dérogatoire (notamment, Cass. 3e civ. 5-5-1999 n° 736 D : RJDA 7/99 n° 766). L'adoption de la loi de modernisation de l'économie du 4 août 2008 a conduit certains auteurs (Ph.-H. Brault et J.-D. Barbier : Le statut des baux commerciaux 2009 p. 39) à se demander si cette **renonciation** restait **possible**, car l'article L 145-5 issu de cette loi autorisait la conclusion de baux dérogatoires successifs mais dans la limite expresse de deux ans (délai passé à trois ans avec la loi de 2014). Selon nous, rien dans la rédaction de cet article n'empêchait le locataire de renoncer au bénéfice du statut, par application des règles relatives à la renonciation à un ordre public de protection.

La question de la faculté de renonciation au bénéfice du statut s'était à nouveau posée avec l'adoption de la loi 2014-626 du 18 juin 2014. En effet, l'alinéa 1 de l'article L 145-5 a été complété d'une phrase précisant qu'à l'expiration des trois ans « les parties ne peuvent plus conclure un nouveau bail dérogatoire pour exploiter le même fonds dans les mêmes locaux ». Appliquant cette disposition à propos d'une succession de baux dérogatoires dont le dernier avait été conclu après l'entrée en vigueur de cet ajout, la Cour de cassation a jugé que la durée maximale du bail dérogatoire devait se calculer à compter de la date d'effet du premier bail dérogatoire, même si le locataire avait renoncé, à l'issue de chaque bail dérogatoire, à l'application du statut (Cass. 3e civ. 22-10-2020 no 19-20.443 FS-PBI : RJDA 12/20 no 630). Il s'ensuit que la renonciation du locataire à l'application du statut est toujours possible, mais qu'elle n'a d'effet que si elle intervient dans les trois ans, c'est-à-dire à l'intérieur de la durée maximale du ou des baux dérogatoires successifs.

Lorsque la **renonciation** au bénéfice du statut est possible, elle n'est retenue que si elle est **non** **4135**
équivoque (Cass. 3e civ. 15-2-2023 no 21-12.698 F-D : RJDA 6/23 no 298). Le fait que locataire admette devoir une certaine somme au titre d'indemnités d'occupation et non de loyers ne suffit pas à établir ce caractère non équivoque (même arrêt).

Renonciation du bailleur au statut des baux commerciaux Sous le régime **4150**
antérieur à la loi 2014-626 du 18 juin 2014, la possibilité de renoncer à se prévaloir du statut des baux commerciaux était reconnue au bailleur, à condition que cette renonciation soit non équivoque (Cass. 3e civ. 24-11-2004 no 1225 FS-PB : RJDA 2/05 no 105 ; Cass. 3e civ. 17-10-2006 no 05-18.669 F-D ; Cass. 3e civ. 23-1-2013 no 11-25.465 FS-D : RJDA 10/13 no 772, 2e espèce). Depuis la réforme de 2014, le bailleur conserve la faculté de renoncer au statut mais, à notre avis, elle est sans effet si la durée cumulée des baux dérogatoires successifs excède trois ans (voir C. com. art. L 145-5, al. 1), comme l'admit la Cour de cassation à propos de la renonciation du locataire au bénéfice du statut (no 4130).

BAIL VERT (ANNEXE ENVIRONNEMENTALE ET DÉCRET TERTIAIRE)

SOMMAIRE

SECTION 1 GÉNÉRALITÉS

5000 La loi 2009-967 du 3 août 2009, dite « loi **Grenelle I** », a prévu que l'État inciterait les bailleurs et les associations de locataires à engager une concertation pour déterminer les modalités de partage des économies d'énergie réalisées grâce à des travaux et équipements générant de telles économies ou permettant l'utilisation des énergies renouvelables.

La mise en œuvre de ces objectifs résulte de la loi 2010-788 du 12 juillet 2010, dite « **Grenelle II** », qui, en matière locative, impose l'introduction, dans certains baux, d'une annexe environnementale (C. envir. art. L 125-9) et d'un diagnostic de performance énergétique (nos 57030 s.).

Par ailleurs, de nouvelles obligations de réduction des consommations ont été mises à la charge des propriétaires et des locataires de certains bâtiments par la loi 2018-1021 du 23 novembre 2018 (no 5300). Ce dispositif a été complété par la loi 2021-1104 du 22 août 2021, dite « **loi Climat et résilience** ».

SECTION 2 L'ANNEXE ENVIRONNEMENTALE

5100 L'annexe environnementale, aussi connue sous l'appellation d'« annexe verte », doit être insérée dans tous les baux conclus ou renouvelés depuis le 1er janvier 2012. Elle est devenue obligatoire pour les baux en cours, depuis le 14 juillet 2013 (C. envir. art. L 125-9, 4 ; CCH art. D 174-19 s.).

CHAMP D'APPLICATION DE L'ANNEXE ENVIRONNEMENTALE

Seuls les baux conclus ou renouvelés portant sur des **locaux** de plus de 2 000 m² à usage de bureaux ou de commerces doivent comporter une annexe environnementale (C. envir. art. L 125-9, 1 ; CA Montpellier 16-11-2021 n° 18/04952, 5e ch. civ : refus d'application de cet article pour un local de 70 m²). 5110

Le **seuil de surface** exclut un grand nombre de commerces et de bureaux, ce qui évite de pénaliser les petits commerces situés en pied d'immeubles ou les bureaux isolés dans un immeuble. En outre, la notion de local à usage de bureau ou de commerce exclut les entrepôts et les bâtiments industriels.

L'instauration d'un seuil de surface est apparue au cours de la discussion du projet de loi Grenelle II, sans qu'aucune distinction ne soit faite pour les locaux commerciaux situés à l'intérieur des **centres commerciaux.** Cette exclusion a été adoptée à l'instigation du Conseil national des centres commerciaux (CNCC). Elle a été motivée par la volonté de ne pas stigmatiser les petits commerçants exerçant leur activité dans les centres commerciaux et de ne pas faire peser sur eux une obligation disproportionnée.

En pratique, les bailleurs investisseurs institutionnels prévoient souvent l'insertion d'une annexe verte dans leurs baux, même lorsque la superficie des locaux est inférieure à 2 000 m².

L'article L 125-9 du Code de l'environnement n'indique pas la nature juridique du **bail** concerné par l'annexe verte. Toutefois, il ne fait pas de doute que le bail commercial relevant des dispositions de l'article L 145-1, alinéa 1er du Code de commerce entre dans son champ d'application ; d'ailleurs, dans la partie réglementaire du statut des baux commerciaux, l'article D 145-34 du Code de commerce fait référence au contenu de l'annexe. 5115

De même, le bail portant sur des **locaux à usage mixte** de commerce et d'habitation devra comporter une annexe environnementale dès lors que la superficie des locaux à usage de commerce est supérieure à 2 000 m².

À notre avis, sont aussi concernés le bail commercial par application conventionnelle du statut, le bail portant sur des locaux accessoires, le bail de courte durée de l'article L 145-5 du Code de commerce, le bail professionnel visé à l'article 57 A de la loi du 23 décembre 1986 et le bail civil de droit commun dès lors qu'ils portent sur des locaux à usage de bureaux ou de commerces de plus de 2 000 m².

À notre avis, la loi concerne aussi le **bail à construction,** le **bail emphytéotique** et le **bail en l'état futur d'achèvement** ; en effet, même s'il résulte d'une lecture stricte du texte que l'annexe environnementale ne concerne que des baux portant sur des locaux déjà construits, l'esprit général de la loi Grenelle I milite pour un domaine d'application plus large.

L'article L 125-9 ne visant que les baux, une interprétation stricte du texte devrait conduire à exclure la **convention d'occupation précaire** de l'obligation de comporter une annexe environnementale. 5120

CONTENU DE L'ANNEXE ENVIRONNEMENTALE

L'annexe environnementale doit comporter des **informations fournies respectivement par** le **bailleur** et le **locataire** (CCH art. D 174-19 et D 174-20) : 5140

– la liste, le descriptif complet et les caractéristiques énergétiques des équipements existant dans le bâtiment (pour le bailleur) ou mis en place dans les locaux (pour le locataire) et relatifs au traitement des déchets, au chauffage, au refroidissement, à la ventilation et à l'éclairage ainsi qu'à tout autre système lié aux spécificités du bâtiment pour le bailleur ou, pour le locataire, à son activité spécifique ;

– les consommations annuelles énergétiques réelles des équipements et systèmes dont il a l'exploitation (pour le bailleur) ou situés dans les locaux ou dont il a l'exploitation (pour le locataire) ;

– les consommations annuelles d'eau des locaux loués et des équipements et systèmes exploités par le locataire et le bailleur ;

– la quantité annuelle de déchets générée par le bâtiment (pour le bailleur) ou à partir des locaux loués (pour le locataire), s'ils en assurent le traitement et, le cas échéant, la quantité qu'ils ont fait collecter en vue d'une valorisation ou d'un traitement spécifique.

CONSEIL

En pratique, le **locataire devra veiller à ne pas souscrire** d'obligations qu'il ne pourra pas satisfaire, notamment en ce qui concerne la limitation de la consommation relative à l'éclairage des locaux loués.

Par ailleurs, le locataire et le bailleur doivent établir, selon une périodicité qu'ils fixent, un **bilan de l'évolution de la performance énergétique et environnementale** du bâtiment et des 5142 locaux loués. Sur la base de ce bilan, ils s'engagent sur un **programme d'actions** visant à améliorer la performance énergétique et environnementale du bâtiment et des locaux loués (CCH art. D 174-21).

SANCTIONS EN CAS DE DÉFAUT D'ANNEXE ENVIRONNEMENTALE

5145 Aucune sanction spécifique n'est prévue en cas de défaut d'établissement de l'annexe environnementale ou si celle-ci est incomplète. La sanction est laissée à l'**appréciation des tribunaux.**

Si l'une des parties refuse de fournir les éléments nécessaires à l'élaboration de l'annexe, l'autre partie peut rechercher sa **responsabilité** pour obtenir des dommages-intérêts, à condition d'établir que l'absence d'annexe lui cause un préjudice personnel.

Pour assurer l'exécution des obligations environnementales, mieux vaut insérer dans le bail une **clause pénale** et prévoir la mise en jeu de la **clause résolutoire** en cas de manquement aux obligations prévues dans ladite annexe. En pratique, ce type de clause est fréquent dans les baux des investisseurs institutionnels.

QUESTIONS SOULEVÉES PAR L'ANNEXE ENVIRONNEMENTALE

5160 **Obligation de communication réciproque d'informations** L'article L 125-9, 2 du Code de l'environnement prévoit que le locataire et le bailleur « se communiquent mutuellement toutes informations utiles relatives aux consommations énergétiques des locaux loués ». Cette disposition, contrairement à celle relative à l'annexe environnementale (C. envir. art. L 125-9, 1), ne vise pas une catégorie de baux. En effet, elle vise « les locaux loués », notion plus large que celle des « baux conclus ou renouvelés portant sur des locaux de plus de 2 000 m^2 à usage de bureaux ou de commerces ».

Dès lors, on peut s'interroger sur le point de savoir si l'obligation de communication réciproque d'informations s'appliquera à tous les baux ou uniquement à ceux concernés par l'annexe environnementale. À notre avis, il n'est pas exclu, compte tenu des objectifs mentionnés dans la loi Grenelle I, que cette obligation d'informations réciproque ait un champ d'application plus large que celui de l'annexe environnementale.

5170 **Travaux d'amélioration de la performance énergétique** Il est également prévu que le locataire permettra au bailleur l'**accès aux locaux loués** pour la réalisation de travaux d'amélioration de la performance énergétique (C. envir. art. L 125-9, 2). Ici encore, la rédaction de cet article ne permet pas de déterminer si le droit d'accès du bailleur concernera tous les baux ou uniquement ceux entrant dans le champ d'application de l'annexe environnementale.

5175 L'exercice de ce droit d'accès soulève plusieurs questions qui doivent être analysées au regard des dispositions du Code civil et des stipulations contractuelles.

On sait en effet qu'en vertu de l'article 1723 du Code civil le bailleur ne peut pas, pendant la durée du bail, **changer la forme de la chose louée.** En application de ce principe d'immutabilité de la chose louée, il ne peut donc pas réaliser de travaux sans le consentement du locataire, sous réserve de ceux visés à l'article 1724 du Code civil, à savoir les réparations urgentes qui ne peuvent pas être différées jusqu'à la fin du bail. Toutefois, l'article 1723 n'étant pas d'ordre public, les parties peuvent y déroger expressément, ce que la plupart des baux commerciaux ne manquent pas de stipuler. Dans ce cas, le bailleur devrait pouvoir réaliser les travaux d'amélioration de la performance énergétique sans le consentement du locataire.

Lorsqu'au contraire aucune dérogation à l'article 1723 n'est prévue le bailleur ne devrait pas pouvoir, a priori, réaliser les **travaux d'amélioration de la performance énergétique** sans le consentement du locataire. Toutefois, dans une telle situation, le bailleur devrait à notre avis être en mesure de se prévaloir de la jurisprudence admettant qu'un bailleur peut apporter des modifications aux locaux loués pour les adapter au confort moderne ou pour les améliorer (n° 57870).

5180 **Impact de l'annexe environnementale sur les clauses du bail** Afin d'éviter tout débat entre les parties sur la répartition entre le locataire et le bailleur des travaux de mise aux normes liés à l'annexe environnementale, il convient que le contenu de l'annexe environnementale soit parfaitement en adéquation avec le bail.

En vertu de l'article R 145-35 du Code de commerce, les dépenses relatives aux travaux ayant pour objet de mettre en conformité le bien loué avec la réglementation, dès lors que les travaux relèvent des grosses réparations mentionnées à l'article 606 du Code civil, ne peuvent pas être imputées au locataire.

SECTION 3

LES OBLIGATIONS DE RÉDUCTION DE LA CONSOMMATION D'ÉNERGIE (DÉCRET TERTIAIRE)

CHAMP D'APPLICATION DU DISPOSITIF

L'article L 174-1 du Code de la construction et de l'habitation prévoit un dispositif d'amélioration de la performance énergétique dans les **bâtiments à usage tertiaire.** 5300

Entrent dans le champ d'application de ce dispositif tout bâtiment (partie de bâtiment ou ensemble de bâtiments situés sur une même unité foncière ou sur un même site) hébergeant exclusivement ou partiellement des activités tertiaires sur une **surface de plancher** supérieure ou égale à 1 000 m² (CCH art. R 174-22).

Sont expressément exclus du champ d'application de ce dispositif (CCH art. R 174-22, III) :

- les constructions ayant donné lieu à un permis de construire à titre précaire,
- les bâtiments, parties de bâtiments ou ensembles de bâtiments destinés au culte,
- les bâtiments, parties ou ensembles de bâtiments dans lesquels est exercée une activité opérationnelle à des fins de défense, sécurité civile ou sécurité intérieure du territoire.

L'obligation de réduction prévue par le dispositif concerne les **propriétaires** au premier chef, mais trouve également à s'appliquer aux **locataires** pour les actions qui relèvent de leurs responsabilités en raison des stipulations du bail.

OBJECTIFS DE RÉDUCTION DE CONSOMMATION D'ÉNERGIE DES BÂTIMENTS

Les **objectifs à atteindre** pour chacune des années 2030, 2040 et 2050 sont les suivants (CCH art. L 174-1, I-al. 3) : 5310

- soit un niveau de consommation d'énergie finale réduit, respectivement, de 40 %, 50 % et 60 % par rapport à une consommation énergétique de référence qui ne peut être antérieure à 2010 ;
- soit un niveau de consommation d'énergie finale fixé en valeur absolue, en fonction de la consommation énergétique des bâtiments nouveaux de leur catégorie.

ATTENTION

Les **objectifs** exprimés **en valeur absolue** ont été définis par différents arrêtés « Valeurs absolues I » du 24 novembre 2020 et « Valeurs absolues II » du 13 avril 2022, « Valeurs absolues III » du 28 novembre 2023, « Valeurs absolues IV » du 20 février 2024 et « Valeurs absolues V » du 5 juillet 2024 modifiant l'arrêté dit « Méthode » du 10 avril 2020 relatif aux obligations d'actions de réduction des consommations d'énergie finale dans des bâtiments à usage tertiaire.

Ces objectifs peuvent faire l'objet de **modulations** en fonction (CCH art. L 174-1, I-al. 4) : 5312

- de contraintes techniques, architecturales ou patrimoniales relatives aux bâtiments concernés, notamment lorsque des actions qui contribueraient à l'atteinte de l'objectif font courir un risque de pathologie du bâti, entraînent des modifications importantes de sites classés ou inscrits en vertu du Code du patrimoine ou du Code de l'environnement, ou ne sont pas conformes à toutes autres servitudes (CCH art. R 174-26, I ; arrêté du 10-4-2020 art. 9) ;
- d'un changement de l'activité exercée dans ces bâtiments ou du volume de cette activité (CCH art. R 174-26, II ; arrêté du 10-4-2020 art. 10) ;
- de coûts manifestement disproportionnés des actions par rapport aux avantages attendus en termes de consommation d'énergie finale (CCH art. R 174-26, III ; arrêté du 10-4-2020 art. 11).

Sauf si elle ne porte que sur le volume de l'activité, la demande de modulation doit être justifiée sur la base d'un dossier technique établi dans les conditions définies par les articles 7 et 8 de l'arrêté du 10 avril 2020 (CCH art. R 174-26, IV).

Pour le **calcul** des **objectifs** à atteindre sont déduites de la consommation, d'une part, la chaleur fatale – à savoir une production de chaleur dérivée d'un site de production, qui n'en constitue 5314 pas l'objet premier, et qui, de ce fait, n'est pas nécessairement récupérée – qui serait autoconsommée par les bâtiments concernés et, d'autre part, la consommation d'énergie liée à la recharge de tout véhicule électrique et hybride rechargeable (CCH art. L 174-1, I-al. 5 et 6).

5316 En cas de **non-respect** non justifié **des objectifs** de réduction des consommations d'énergie, le préfet peut **mettre en demeure** le propriétaire, et le cas échéant son locataire, d'établir un programme d'actions respectant leurs obligations et de s'engager à le respecter. Ce programme d'actions, établi conjointement par le propriétaire et, le cas échéant, le ou les locataires, mentionne les actions dont chacune des parties est responsable et comprend un échéancier prévisionnel de réalisation et un plan de financement. Il est soumis au préfet pour approbation (CCH art. R 185-2, II-al. 1).

À défaut de transmission du programme d'actions dans un délai de six mois après la mise en demeure, le préfet peut mettre en demeure individuellement le propriétaire et, le cas échéant, le locataire d'établir chacun leur programme d'actions, en conformité avec leurs obligations respectives, dans un délai de trois mois, en précisant à chacun d'entre eux que, si le programme d'actions n'est pas transmis dans le délai prévu, il sera procédé à une publication sur un site internet des services de l'État du document retraçant les mises en demeure restées sans effet (CCH art. R 185-2, II-al. 2).

À défaut, le préfet peut prononcer une **amende** administrative au plus égale à 1 500 € pour les personnes physiques et 7 500 € pour les personnes morales (CCH art. R 185-2, II-al. 3).

Lorsque l'assujetti (le propriétaire et/ou, le cas échéant, le locataire) ne se conforme pas au programme d'actions approuvé par le préfet, celui-ci peut engager une procédure contradictoire à l'issue de laquelle un **constat de carence** peut être établi. La carence de l'assujetti est prononcée par un arrêté motivé du préfet qui prévoit sa publication sur un site internet des services de l'État. Sur ce fondement, le préfet peut prononcer une amende administrative au plus égale à 1 500 € pour les personnes physiques et 7 500 € pour les personnes morales, proportionnée à la gravité des manquements constatés (CCH art. R 185-2, III).

COOPÉRATION ENTRE PROPRIÉTAIRES ET LOCATAIRES

5330 Lorsque le dispositif est applicable, le bailleur et le locataire doivent **définir communément** les **actions** aux fins de respecter cette obligation de réduction des consommations d'énergie et doivent assurer la mise en œuvre des moyens correspondants chacun en ce qui les concerne, en fonction des stipulations du bail (CCH art. L 174-1, II-al. 1).

ATTENTION

Les actions de réduction convenues entre le bailleur et le locataire ne sauraient conduire ni à une augmentation du recours aux énergies non renouvelables, ni à une augmentation des émissions de gaz à effet de serre (CCH art. L 174-1, I-al. 2).

5332 Les **actions** destinées à atteindre un niveau de consommation d'énergie finale fixé en valeur absolue en fonction de la consommation énergétique des bâtiments nouveaux de leur catégorie **portent** notamment sur (CCH art. R 174-23, II) :

– la performance énergétique des bâtiments ;

– l'installation d'équipements performants et de dispositifs de contrôle et de gestion active de ces équipements ;

– les modalités d'exploitation des équipements ;

– l'adaptation des locaux à un usage économe en énergie et le comportement des occupants.

5334 Chaque partie doit transmettre annuellement les consommations d'énergie des bâtiments ou parties de bâtiments la concernant afin d'assurer le suivi du respect de son obligation (CCH art. L 174-1, II-al. 2). Ainsi, chaque année et au plus tard le 30 septembre (arrêté du 10-4-2020 art. 13), une **déclaration des consommations d'énergie** relatives à l'année précédente doit être réalisée sur la plateforme numérique Operat ; elle est effectuée par le propriétaire ou le locataire, selon les stipulations contractuelles du bail (CCH art. R 174-28 ; arrêté du 10-4-2020 art. 13).

En cas d'**absence non justifiée** de transmission des données sur la plateforme numérique, le préfet peut mettre en demeure le propriétaire, et le cas échéant le locataire, de respecter ses obligations dans un délai de trois mois. La mise en demeure doit indiquer qu'en l'absence de transmission de ces informations dans le délai prévu il sera procédé à la publication, sur un site internet des services de l'État, du document retraçant les mises en demeure restées sans effet (CCH art. R 185-2, I).

CONSEIL

Les deux parties au bail ont intérêt à **définir** entre elles leurs **responsabilités et rôles respectifs** afin d'éviter tout doublon, voire contradiction dans les déclarations, et afin de pouvoir déterminer qui sera responsable en cas de carence.

Une fois la déclaration réalisée, la plateforme numérique Operat génère pour chaque bâtiment **5336**
(CCH art. R. 174-29) :

- la modulation qui porte sur le volume d'activité ;
- les consommations annuelles d'énergie finale ajustées en fonction des variations climatiques, par type d'énergie ;
- une information sur les émissions de gaz à effet de serre correspondant aux consommations énergétiques annuelles, selon les différents types d'énergie ;
- une attestation numérique annuelle.

Les **consommations** d'énergie finale **et** les **objectifs de consommation** d'énergie finale sont **publiés** sur la base de l'attestation annuelle générée par la plateforme numérique. La publication, complétée par une évaluation de l'émission de gaz à effet de serre correspondant aux données de consommation d'énergie, exprimée en kg de CO_2, est réalisée, soit par voie d'affichage à un endroit visible et facilement accessible, soit par tout moyen pertinent au regard de l'activité tertiaire, des personnels et éventuellement du public concernés, permettant un accès aisé à l'information (art. R 174-32).

L'**évaluation** du respect de l'obligation de réduction de la consommation d'énergie doit être **5338**
annexée, à titre d'information, au contrat de bail (CCH art. L 174-1, II-al. 3).

CENTRES COMMERCIAUX

SOMMAIRE

PRÉSENTATION GÉNÉRALE

6000 Le **centre commercial** a été **défini** comme un « ensemble de magasins et services, conçu, réalisé et géré comme une unité. Le centre commercial s'oppose aux autres formes de concentration commerciale [...] comme les rues commerçantes ou les zones commerciales à l'entrée des villes, dans la mesure où il est, tant au stade de sa conception qu'à celui de son exploitation, soumis à des organes qui assurent cette unité, fondement principal de sa dynamique » (R. d'Heucqueville, Président du Conseil national des centres commerciaux, La notion de centre commercial : RDI 1994 p. 531).

Le centre commercial est une concentration de commerces qui offre un large panel de produits et services à la clientèle. Ainsi que l'a souligné la cour d'appel de Paris dans un arrêt rendu le 3 juillet 2013, « le succès du centre commercial et sa pérennité dépendent de l'attractivité et de la diversité des enseignes qu'il réunit. Il doit, pour maximiser sa fréquentation, réunir une gamme complète de commerces de détail » (CA Paris 3-7-2013 n° 11/17161, ch. 5-4).

Ce modèle commercial est apparu en France dans les années 1960/1970 aux périphéries des villes et il s'est progressivement imposé en raison des commodités offertes à la clientèle (regroupement de tous types de commerces et services, parking gratuit, etc.). Une fois le succès établi de ce nouveau lieu de grande consommation, les enseignes de chaque époque ont souhaité entrer dans les centres commerciaux. Phénomène de concurrence en raison de l'espace commercial limité de chaque centre ou autres raisons, toujours est-il que les **baux des centres commerciaux** ont été rapidement les plus riches en clauses exorbitantes du droit

commun. C'est ainsi que l'équilibre contractuel entre bailleur et locataire tel que prévu par le Code civil est régulièrement écarté par des clauses dérogatoires plus qu'il ne l'est dans les autres baux.
Cette circonstance tient dans une large mesure à l'attractivité que conservent les grands centres commerciaux pour les enseignes.

SECTION 1

SPÉCIFICITÉS DES CENTRES COMMERCIAUX

A. Création d'un centre commercial : réglementation de l'aménagement commercial

Lorsqu'un **bail en l'état futur d'achèvement** est conclu sur des locaux situés dans un **centre commercial en construction,** le candidat preneur s'intéressera opportunément aux conditions juridiques d'ouverture dudit centre, l'obtention de l'autorisation d'aménagement commercial constituant une condition suspensive du bail ou de la promesse de bail de locaux situés dans un centre commercial à construire ou à restructurer. **6010**
L'implantation des magasins à grande surface est, en effet, soumise à une **autorisation** préalable délivrée par une commission départementale (C. com. art. L 750-1 s. et R 751-1 s.). Les principes essentiels de dépôt, d'instruction, de délivrance et de recours sont rappelés ci-après. Pour une étude complète de la réglementation, voir Mémento Urbanisme-Construction n°s 20300 s.

1. CHAMP D'APPLICATION DE L'AUTORISATION D'AMÉNAGEMENT

L'autorisation d'exploitation commerciale concerne notamment les centres commerciaux (C. com. art. L 752-1 s.). Sont également visés les **établissements cinématographiques,** lesquels, compte tenu de leur spécificité, ne seront pas abordés ici (sur ce sujet, voir Mémento Urbanisme-Construction n°s 20800 s.) **6020**

CENTRE COMMERCIAL

La **création** ou l'**extension** d'un ensemble commercial d'une surface de vente totale supérieure à 1 000 m^2 ou devant dépasser ce seuil par la réalisation du projet est soumise à autorisation (C. com. art. L 752-1, 4° et 5°). **6030**
Les magasins réunis sur un même site sont considérés comme faisant partie d'un même ensemble commercial, qu'ils soient ou non situés dans des bâtiments distincts et qu'une même personne en soit ou non le propriétaire ou l'exploitant, dans les cas suivants (C. com. art. L 752-3) :
- lorsqu'ils ont été conçus dans le cadre d'une **même opération d'aménagement** foncier (ZAC, restauration immobilière ou lotissement), que celle-ci soit réalisée en une ou plusieurs tranches ;
- lorsqu'ils bénéficient d'aménagements conçus pour permettre à une **même clientèle** l'accès des divers établissements (voirie interne, parcs de stationnement communs n'interdisant pas la circulation piétonne entre eux, accès piétonniers spéciaux) ;
- lorsqu'ils font l'objet d'une **gestion commune** de certains éléments de leur exploitation (services collectifs communs ou pratiques et publicités commerciales communes) ;
- lorsqu'ils sont réunis par une **structure juridique commune,** contrôlée directement ou indirectement par au moins un associé, exerçant sur elle une influence notable au sens de l'article L 233-16 du Code de commerce ou ayant un dirigeant de droit ou de fait commun.

À ce seuil de principe s'ajoutent des seuils dérogatoires. Notamment, dans les territoires signataires d'une **opération de revitalisation du territoire** (**ORT**), il n'y a pas de seuil, du moins si le projet d'aménagement n'entraîne pas une artificialisation des sols : les opérateurs ne sont pas soumis à autorisation d'exploitation commerciale sauf si la convention organisant l'opération stipule des seuils exigeant le passage en commission, seuils qui ne peuvent pas être inférieurs à 2 500 m² pour les projets à dominante alimentaire et à 5 000 m² pour toutes les autres catégories de magasins (C. com. art. L. 752-1-1).

CHANGEMENT DE SECTEUR D'ACTIVITÉ

6040 Est soumis à autorisation tout changement de secteur d'activité d'un commerce d'une surface de vente supérieure à 2 000 m², seuil réduit à 1 000 m² lorsque le commerce nouveau est à prédominance alimentaire (C. com. art. L 752-1, 3°).

Les **seuils** de 2 000 m² et 1 000 m² s'appliquent aux surfaces de vente créées dans la nouvelle activité.

Les **secteurs** d'activité visés sont les suivants (C. com. art. R 752-2) :

- le commerce de détail à prédominance alimentaire ;
- les autres commerces de détail et les activités de prestation de services à caractère artisanal.

Le changement d'activité d'un magasin de commerce de détail ou de prestations de services à caractère artisanal, sans extension de surface, s'opère librement si la nouvelle activité relève du même secteur que l'ancienne. Il est en revanche soumis à autorisation préalable si la nouvelle activité est classée dans un secteur différent de l'ancienne (Circ. du 16-1-1997).

EXCLUSIONS DU CHAMP DE L'AUTORISATION D'AMÉNAGEMENT

6050 Parmi les opérations et activités exclues du champ d'application de l'autorisation (C. com. art. L 752-2, modifié par loi 2023-973 du 23-10-2023) figurent notamment :

- les **pharmacies** ;
- les **commerces de véhicules automobiles** et de motocycles ;
- les magasins accessibles aux seuls voyageurs munis de billets et situés dans l'enceinte des **aéroports** ;
- les parties du domaine public affecté aux **gares ferroviaires et routières** situées en centre-ville d'une surface maximum de 2 500 m² ;
- les opérations immobilières combinant un projet d'implantation commerciale et des logements situées dans un centre-ville compris dans l'un des secteurs d'intervention d'une **opération de revitalisation de territoire** (ORT) dès lors que la surface de vente du commerce est inférieure au quart de la surface de plancher à destination d'habitation ;
- les regroupements de surfaces de vente de magasins situés dans le périmètre d'une grande opération d'urbanisme (C. urb. art. L 312-3), qui comporte la transformation d'une zone d'activité économique (C. urb. art. L 318-8-1), afin d'en favoriser la mixité fonctionnelle au profit d'implantations, notamment industrielles, s'ils remplissent les conditions cumulatives suivantes : les regroupements contribuent à la réalisation des objectifs de cette opération ; ils résultent du transfert de surfaces de vente autorisées, sans création de surfaces de vente supplémentaires ; ils n'engendrent pas une artificialisation des sols.

> **Précisions** Le **projet de loi de simplification de la vie économique,** déposé au Sénat le 24 avril 2024, autorise le transfert temporaire d'une surface de vente en exploitation sur un autre site et le déplacement d'une surface de vente d'un magasin de commerce de détail en activité vers un magasin de commerce de détail dont les activités ont cessé depuis plus de trois ans sans autorisation d'exploitation commerciale (Texte Sén. n° 635 art. 25).

2. DÉLIVRANCE DE L'AUTORISATION D'AMÉNAGEMENT

6070 Les règles qui gouvernent la présentation de la demande, son instruction, la délivrance de l'autorisation d'aménagement commercial et les recours sont importantes pour le candidat preneur. Le bail ou la promesse de bail dans un centre commercial doit tenir compte (sous forme de conditions suspensives) de ces éléments.

AUTORITÉ COMPÉTENTE POUR DÉLIVRER L'AUTORISATION D'AMÉNAGEMENT

6080 Les autorisations d'urbanisme commercial sont délivrées par les commissions départementales d'aménagement commercial (**CDAC**) ou, en cas de recours, par la Commission nationale d'aménagement commercial (**CNAC**).

Si le projet requiert l'obtention d'un **permis de construire,** après avis favorable de la CDAC ou, le cas échéant, de la CNAC, le permis de construire délivré par l'autorité compétente en matière d'urbanisme vaut autorisation d'exploitation commerciale (C. urb. art. L 425-4).

> **Précisions** L'article 97 de la loi 2022-217 du 21 février 2022, dite « 3DS » (modifié par loi 2023-973 du 23-10-2023), a instauré une **expérimentation** d'une durée de six ans (jusqu'au 21-2-2028) pour la **délivrance** des autorisations d'exploitation commerciale **sans saisine de la CDAC**, au sein :
> – des territoires ayant signé une convention d'opération de revitalisation de territoire ou ayant qualifié de grande opération d'urbanisme une opération d'aménagement portant en tout ou partie sur la transformation d'une zone d'activité économique et soumis à l'expérimentation ;
> – des communautés urbaines, des métropoles, de la métropole d'Aix-Marseille-Provence, de la métropole de Lyon et de la métropole du Grand Paris.

PRÉSENTATION ET CONTENU DE LA DEMANDE D'AUTORISATION

Qualité pour présenter la demande La demande d'autorisation est présentée soit par le propriétaire du terrain ou de l'immeuble, soit par une personne justifiant d'un titre du propriétaire l'habilitant à exécuter les travaux, soit par le mandataire d'une de ces personnes, soit encore par une personne ayant qualité pour bénéficier de l'expropriation pour cause d'utilité publique (C. com. art. R 752-4, al. 1 à 3). **6100**

Contenu de la demande La demande doit **préciser** la qualité en laquelle le demandeur agit et la nature du projet (C. com. art. R 752-5, al. 1). Elle est accompagnée d'un **dossier** comportant les informations énumérées à l'article R 752-6, I du Code de commerce et des informations relatives au demandeur (art. R 752-7, 1° à 3°). Une « **analyse d'impact** du projet » doit être annexée au dossier. Réalisée par un organisme indépendant habilité par le préfet, cette analyse évalue les **effets du projet commercial** sur l'animation et le développement économique des territoires concernés (centre-ville de la commune d'implantation, des communes limitrophes et de l'EPCI) ainsi que sur l'emploi (C. com. art. L 752-6, III). **6105**

L'analyse d'impact comprend notamment des informations relatives à la zone de chalandise et à l'environnement proche du projet, une présentation de la contribution du projet à l'animation des principaux secteurs existants, notamment en matière de complémentarité des fonctions urbaines et d'équilibre territorial, une présentation des effets du projet en matière de protection des consommateurs ou encore une présentation des effets du projet en matière d'artificialisation des sols (C. com. art. R 752-6, II).

DÉPÔT DE LA DEMANDE D'AUTORISATION

La demande d'autorisation d'aménagement commercial est adressée ou déposée à la **mairie** selon les règles de droit commun applicables aux demandes de permis de construire (voir Mémento Urbanisme-Construction n°s 14290 s.), à ceci près que deux exemplaires supplémentaires, dont un sur support dématérialisé, doivent être fournis (C. com. art. R 752-9 ; C. urb. art. R 423-2, avant-dernier al.). Le maire transmet ces deux exemplaires au secrétariat de la **CDAC** dans un délai de 7 jours francs suivant le dépôt (C. urb. art. R 423-13-2). Le maire délivre un récépissé de la demande au pétitionnaire conformément au droit commun du permis de construire (C. urb. art. R 423-3). **6115**

Si le **dossier** de demande d'autorisation d'exploitation commerciale est **complet** au sens des articles R 752-4 et R 752-6 du Code de commerce, le secrétariat de la commission en informe le maire ; en l'absence d'une information contraire communiquée au maire par le secrétariat de la CDAC dans un délai de 15 jours francs à compter de la date à laquelle il a reçu la demande d'autorisation, le dossier est réputé complet (C. com. art. R 752-10) (sur le cas des dossiers incomplets, voir Mémento Urbanisme-Construction n°s 20485 et 20490).

INSTRUCTION DE LA DEMANDE D'AUTORISATION PAR LA CDAC

Délai d'instruction Le délai d'instruction de la demande d'autorisation d'exploitation commerciale **court à compter** de la réception d'un dossier complet ; dès cette réception, le préfet informe les maires des communes limitrophes de la commune d'implantation du projet, si elles sont comprises dans la zone de chalandise du projet (C. com. art. R 752-10, al. 3). **6125**

Si le **dossier** de demande d'autorisation d'exploitation commerciale est **incomplet,** le secrétariat de la commission informe le maire des pièces manquantes qui doivent figurer dans ce dossier. Dans les trois jours suivant leur réception, le maire transmet les pièces manquantes au secrétariat de la commission (C. com. art. R 752-10, al. 2).

La commission départementale se prononce dans un délai de **2 mois** à compter de sa saisine (ou de la date à laquelle le dossier a été complété). Passé ce délai, la décision est **réputée favorable** (C. com. art. L 752-14, II-al. 1 et 2).

Le délai d'instruction du permis de construire du projet, normalement de 3 mois, est porté à 5 mois (C. urb. art. R 423-25, e). Le silence de l'autorité compétente pour délivrer le permis de construire emporte **rejet de la demande** si l'avis de la commission départementale d'aménagement commercial (ou, le cas échéant, de la Commission nationale) est défavorable (C. urb. art. L 425-4, R 423-44-1 et R 424-2, h ; C. com. art. L 752-4).

6130 **Service instructeur** L'instruction des demandes d'autorisation est faite par les services déconcentrés de l'État (C. com. art. L 752-12).

DÉCISION OU AVIS DE LA CDAC

6140 **Critères d'appréciation** La commission – qui ne peut qu'autoriser le projet ou le rejeter dans sa totalité (C. com. art. L 752-22) – doit prendre en considération un ensemble de **critères** regroupés sous trois rubriques (C. com. art. L 752-6, I) : aménagement du territoire, développement durable, protection des consommateurs. À titre accessoire, elle peut prendre en considération la contribution du projet en matière sociale (C. com. art. L 752-6, II).

L'**autorisation** ne peut être **refusée** que si, eu égard à ses effets, le projet contesté compromet la réalisation des objectifs énoncés par la loi ; les commissions doivent se prononcer au vu des critères d'évaluation mentionnés à l'article L 752-6 du Code de commerce, au nombre desquels ne figure pas la densité d'équipement commercial de la zone de chalandise (CE 4-10-2010 n° 333413 : RJDA 12/10 n° 1190). Les commissions n'ont pas à prendre en compte les effets du projet sur l'équilibre entre les différentes formes de commerce, les conditions de la concurrence et l'emploi.

6145 **Compatibilité avec le Scot ou le Plu intercommunal** En raison du principe de l'**indépendance des législations,** l'autorisation d'exploitation commerciale ne peut pas être refusée pour un **motif d'urbanisme.** Il n'appartient pas en principe à la commission chargée d'autoriser les équipements commerciaux de vérifier si les projets qui lui sont soumis sont conformes à la réglementation d'urbanisme (CE 13-4-1983 n° 23578 : Lebon p. 44).

Cependant, les autorisations d'exploitation commerciale, de même que les permis de construire en tenant lieu, doivent être compatibles avec le **document d'orientation et d'objectifs** des schémas de cohérence territoriale (Scot) ou, le cas échéant, avec les orientations d'aménagement et de programmation des plans locaux d'urbanisme (Plu) intercommunaux (C. com. art. L 752-6, I-al. 1).

Le document d'orientation et d'objectifs doit comporter un **document d'aménagement artisanal et commercial** qui détermine, notamment, les conditions d'implantation des équipements commerciaux qui, en raison de leur importance, sont susceptibles d'avoir un impact significatif sur l'aménagement du territoire, le commerce de centre-ville et le développement durable (C. urb. art. L 141-17). En l'absence de Scot, les orientations d'aménagement et de programmation du PLUI doivent comporter des orientations relatives à l'équipement commercial, artisanal et logistique (C. urb. art. L 151-6, al. 2).

Dans les communes qui ne sont pas couvertes par un Scot applicable, il ne peut être délivré ni autorisation d'exploitation commerciale ni autorisation cinématographique à l'intérieur d'une zone ou d'un secteur rendu constructible après le 4 juillet 2003 (C. urb. art. L 142-4).

6150 **Forme de la décision ou de l'avis** L'avis (ou la décision) de la CDAC est motivé et signé par le président. Il indique le sens du vote de chacun des membres de la commission (C. com. art. R 752-16, al. 2). Lorsque l'avis ou la décision est favorable, un tableau récapitulatif des caractéristiques du projet y est joint (C. com. art. R 752-16, al. 3 créé par le décret 2019-563 du 7-6-2019 ; Arrêté ECOI1927869A du 1-10-2019 fixant le contenu du tableau récapitulatif). Lors de l'adoption de l'avis ou de la décision, la CDAC désigne un de ses membres qui, en cas de recours, exposera sa position devant la CNAC (C. com. art. R 752-16, al. 4 créé par le décret 2019-563 du 7-6-2019).

L'autorisation est accordée par mètre carré de surface de vente (C. com. art. L 752-15, al. 2).

PUBLICITÉ DE LA DÉCISION OU DE L'AVIS DE LA CDAC

6160 **Notification** Dans les 10 jours suivant la séance de la commission ou la date de l'autorisation tacite, la décision ou l'avis est notifié au demandeur et, si le projet nécessite un permis de construire, à l'autorité compétente pour le délivrer (C. com. art. L 752-14, II-dernier al. et art. R 752-19, al. 1 et 2). La notification est faite par le préfet, par la voie administrative contre décharge, par lettre AR ou par courrier électronique si le demandeur l'a accepté (C. com. art. R 752-19, al. 1).

6165 **Information des tiers** Dans les 10 jours suivant la séance de la commission ou la date de l'autorisation tacite, la décision ou l'avis est publié par le préfet au **recueil des actes administratifs** de la préfecture (C. com. art. R 752-19, al. 3).

Si la décision ou l'avis est **favorable,** le préfet, dans le même délai de dix jours, en fait publier un extrait aux frais du demandeur dans deux **journaux régionaux ou locaux** diffusés dans le département (C. com. art. R 752-19, al. 5).

RECOURS CONTRE LA DÉCISION OU L'AVIS DE LA CDAC

La décision ou l'avis de la CDAC peut faire l'objet d'un recours devant la **CNAC.** 6175

Pour les personnes auxquelles il est ouvert, l'exercice de ce recours est un **préalable obligatoire** à l'exercice d'un recours contentieux : pour saisir le juge, il faut d'abord avoir saisi la commission nationale (C. com. art. L 752-17, I-al. 3 et II-al. 3 ; C. urb. art. L 425-4, al. 2).

Toutefois, le **maire** de la commune d'implantation et le **préfet** ne sont pas tenus de saisir la CNAC avant d'exercer un recours contentieux contre un permis de construire valant autorisation d'exploitation commerciale (C. com. art. L 752-17, I-al. 3).

Personnes ayant qualité pour exercer le recours Le recours devant la commission nationale contre la décision ou l'avis de la commission départementale peut être exercé par (C. com. art. L 752-17, I-al. 1) : 6180

- le demandeur ;
- le préfet ;
- tout membre de la CDAC ;
- tout professionnel dont l'activité, exercée dans la zone de chalandise du projet, est susceptible d'être affecté par celui-ci ;
- toute association représentant de tels professionnels.

> **Précisions** Un professionnel dont l'activité est susceptible d'être affectée parce que sa propre zone de chalandise chevauche celle du projet autorisé, dans laquelle il n'est pas implanté, est recevable à présenter un recours devant la CNAC puis le cas échéant un recours contentieux (CE 26-9-2018 n° 402275 : RJDA 1/19 n° 46).

Délai de recours Le délai de recours est d'un mois. Il court (C. com. art. R 752-30) : 6185

- pour le demandeur, à compter de la date à laquelle il a reçu notification de la décision ou de l'avis de la commission départementale ;
- pour le préfet et les membres de la commission départementale, à compter de la date de la réunion de la commission ou, en cas de décision tacite, de la date à laquelle l'autorisation est réputée accordée ;
- pour les autres personnes ayant qualité pour agir, à compter de la date de la plus tardive des mesures d'information des tiers (publication au recueil des actes administratifs de la préfecture, publication dans deux journaux régionaux ou locaux publiés dans le département).

Il suffit que le recours soit **envoyé** avant l'expiration du délai, il sera recevable même s'il est reçu après.

Information sur l'existence du recours Si le recours n'est pas présenté par la personne qui a demandé l'autorisation d'exploitation commerciale, l'auteur du recours doit, à peine d'irrecevabilité, en informer le **demandeur** dans les 5 jours suivant la date de la saisine de la CNAC, soit par lettre AR, soit par tout moyen sécurisé. S'il n'en est pas l'auteur, le **préfet** du département de la commune d'implantation est informé du dépôt du recours par le secrétariat de la commission nationale, à charge pour lui d'informer les membres de la commission départementale. Pour les projets nécessitant un permis de construire, dans les 7 jours francs suivant la réception du recours, le secrétariat de la commission nationale informe, par tout moyen, l'autorité compétente en matière de permis de construire du dépôt du recours (C. com. art. R 752-32). 6190

Désistement Si le recours est retiré plus de 2 mois après avoir été présenté, la CNAC peut néanmoins, par un vote à la majorité des présents, décider de se prononcer sur le projet que ce recours lui avait soumis (C. com. art. R 752-33). Elle en informe les parties 10 jours au moins avant la séance au cours de laquelle le projet sera examiné. 6195

Décision de la CNAC La commission nationale doit se prononcer dans le **délai** de 4 mois à compter de la réception du recours. En l'**absence** de décision ou d'avis exprès à l'expiration de ce délai, elle est réputée avoir confirmé la décision ou l'avis de la commission départementale (C. com. art. L 752-17, I-al. 2, II-al. 2). 6200

Le **délai d'instruction** du permis de construire, porté à 5 mois lorsqu'une autorisation d'exploitation commerciale est requise (C. urb. art. R 423-25, e), est prolongé de 5 mois lorsque la CNAC est saisie (ou se saisit elle-même) d'un recours contre la décision de la CDAC (C. urb. art. R 423-36-1). La lettre de notification de l'avis de la CDAC en informe le demandeur (C. urb. art. R 423-44-1, al. 4 s.). Le **silence de l'autorité compétente** pour délivrer le permis de construire emporte rejet de la demande si l'avis de la Commission nationale est défavorable ou s'il confirme l'avis défavorable de la CDAC (C. urb. art. L 425-4, R 423-44-1 et R 424-2, h ; C. com. art. L 752-4).

6205 **Publicité de la décision de la CNAC** Dans le mois suivant la séance de la commission nationale ou la date de la confirmation tacite, la décision ou l'avis est **notifié** au requérant, au demandeur s'il n'est pas le requérant, au préfet et, si le projet nécessite un permis de construire, à l'autorité compétente en matière de permis de construire (C. com. art. R 752-39, al. 1).

Dans les 10 jours suivant la séance de la commission ou la date de la confirmation tacite, la décision ou l'avis est publié par le préfet au **recueil des actes administratifs** de la préfecture du département de la commune d'implantation du projet (C. com. art. R 752-39, al. 2). En outre, si la décision ou l'avis est favorable au projet d'équipement commercial, le préfet en fait publier un extrait aux frais du demandeur dans deux journaux régionaux ou locaux diffusés dans le département.

Toutes les décisions et avis de la CNAC sont rendus publics par **voie électronique** (C. com. art. R 752-39, al. 3).

6210 **Effets de la décision** La décision ou l'avis de la commission nationale sur la conformité du projet aux critères de l'article L 752-6 du Code de commerce **se substitue** à la décision ou à l'avis de la commission départementale ; en l'absence de décision expresse de la commission nationale dans le délai de quatre mois à compter de sa saisine, la décision de la CDAC est réputée confirmée (C. com. art. L 752-17, I-al. 2 et II-al. 2).

Un pétitionnaire dont le projet a été rejeté pour un motif de fond par la CNAC ne peut pas déposer une **nouvelle demande** d'autorisation sur un même terrain, à moins d'avoir pris en compte les motivations de la décision ou de l'avis de la commission nationale (C. com. art. L 752-21, al. 1). Lorsque la nouvelle demande ne constitue pas une modification substantielle, elle peut être déposée directement auprès de la CNAC (C. com. art. L 752-21, al. 2). L'avis ou la décision de la CNAC mentionne cette possibilité (C. com. art. R 752-43-1).

SAISINE DIRECTE DE LA CNAC PAR LE PÉTITIONNAIRE

6220 Lorsque le pétitionnaire, à la suite d'un avis ou d'une décision défavorable de la CNAC, rectifie son projet afin de tenir compte des motifs du refus, sans pour autant le modifier substantiellement, il peut en saisir directement la CNAC (C. com. art. L 752-21, al. 2 et R 752-43-1 s.).

Lorsqu'un permis de construire est requis, la demande est présentée devant le maire, qui la transmet au secrétariat de la CNAC (C. com. art. R 752-43-3).

La nouvelle demande comprend, outre l'avis ou la décision de la CNAC sur le projet, le **dossier actualisé** de demande d'autorisation d'exploitation commerciale. À peine d'irrecevabilité, la demande est accompagnée d'un exposé synthétique des ajustements apportés au projet. À peine d'irrecevabilité également, le demandeur doit, dans les 5 jours de la saisine de la CNAC ou de l'enregistrement de la nouvelle demande en mairie (si un permis de construire est requis), notifier la nouvelle demande, accompagnée de cet exposé synthétique, au préfet du département d'implantation du projet et, s'il y a lieu, à chaque requérant ayant antérieurement contesté le projet devant la CNAC. Cette notification comporte une copie de l'exposé synthétique mentionné à l'alinéa précédent. Le préfet informe sans délai les membres de la CDAC (C. com. art. R 752-43-4).

La CNAC dispose de 4 mois à compter de l'enregistrement de la demande à son secrétariat pour se prononcer. Elle transmet la nouvelle demande pour avis aux services instructeurs départementaux, sous couvert du préfet (C. com. art. R 752-43-5).

Les tiers auxquels la demande est notifiée par le pétitionnaire ont 2 mois à compter de cette notification pour produire des observations, les productions tardives n'étant pas prises en compte par la commission (C. com. art. R 752-43-7).

Le nouvel avis (ou la nouvelle décision) est notifié et publié comme indiqué nos 6160 s. Les tiers qui ont produit des observations ou demandé à être entendus en reçoivent notification.

CONTENTIEUX DE L'AUTORISATION D'EXPLOITATION COMMERCIALE

6230 **Juridiction compétente** Les litiges relatifs aux décisions d'exploitation commerciale prises par la CNAC sur les recours contre les décisions des CDAC relèvent de la compétence de **premier** et **dernier ressort** de la cour administrative d'appel dans le ressort de laquelle la CDAC concernée a son siège (C. just. adm. art. R 311-3). Le Conseil d'État n'est donc saisi de ces contentieux qu'en qualité de **juge de cassation.**

Les litiges relatifs aux permis de construire valant autorisation d'exploitation commerciale relèvent également de la compétence de premier et dernier ressort de la cour administrative d'appel (C. urb. art. L 600-10).

Autorisation d'exploitation commerciale nécessitant un permis de construire 6235

Le contentieux de ce permis à double face repose sur la distinction entre **deux catégories** de requérants.

Les personnes détenant ou occupant régulièrement un bien situé à proximité de la construction projetée, et dont les conditions d'occupation, d'utilisation ou de jouissance seront affectées par celle-ci, ont intérêt à agir contre l'autorisation de construire (voir C. urb. art. L 600-1-2). Leur intérêt est limité à cet aspect du permis : elles ne peuvent en poursuivre l'annulation qu'en tant qu'il vaut **autorisation de construire** et elles ne sont pas recevables à invoquer des moyens relatifs à sa régularité en tant qu'il tient lieu d'autorisation d'exploitation commerciale (C. urb. art. L 600-1-4, al. 2 ; CE 7-3-2018 n° 404079 : RJDA 5/18 n° 468).

Symétriquement, les personnes qui ont qualité pour exercer un recours devant la CNAC contre l'avis de la CDAC ne peuvent saisir le juge que de conclusions tendant à l'annulation de l'acte en tant qu'il tient lieu d'**autorisation d'exploitation commerciale.** Elles ne sont pas recevables à invoquer des moyens relatifs à la régularité du permis en tant qu'il vaut autorisation de construire (C. com. art. L 600-1-4, al. 1). Par ailleurs, ces personnes ne peuvent saisir le juge qu'à la condition d'avoir préalablement exercé un recours devant la CNAC ; toutefois, cette interdiction ne concerne pas le préfet ni le maire de la commune d'implantation du projet (C. com. art. L 752-17, I). Le **délai de recours** contre le permis court dans les conditions de droit commun des autorisations d'urbanisme (C. urb. art. R 600-2), c'est-à-dire à compter du premier jour d'une période continue de deux mois d'affichage du permis sur le terrain (Avis CE 23-12-2016 n° 398077). Dans le cas exceptionnel où la CNAC, régulièrement saisie, rend son avis après la délivrance du permis, la publication de cet avis ouvre un nouveau délai de 2 mois pour attaquer le permis (Avis CE 23-12-2016 n° 398077). Les tiers admis à exercer un recours contre le volet commercial du permis peuvent ainsi saisir le tribunal administratif alors même que le délai de 2 mois à compter de l'affichage du permis est expiré. Le Conseil d'État justifie cette solution par le fait que, pour ces tiers, la saisine de la CNAC est un préalable obligatoire à tout recours contentieux contre le permis de construire valant autorisation d'exploitation commerciale.

3. MISE EN ŒUVRE DE L'AUTORISATION D'EXPLOITATION COMMERCIALE

TRANSFERT OU CESSION DE L'AUTORISATION D'EXPLOITATION

L'autorisation d'exploitation commerciale est cessible et transmissible. Il en va de même du permis de construire valant autorisation d'exploitation commerciale. 6260

> **> Précisions** Les **modalités pratiques du transfert** de l'autorisation commerciale n'ont fait l'objet d'aucune précision législative, réglementaire ou administrative. Sur ce point, voir G. Daudré, Abrogation du principe d'incessibilité et d'intransmissibilité des autorisations d'exploitation commerciale : Defrénois 2016 p. 13. Cet auteur préconise, compte tenu des incertitudes en la matière, d'attendre que l'autorisation de transfert soit purgée de tout recours et de retrait avant de la mettre en œuvre.

CADUCITÉ DE L'AUTORISATION D'EXPLOITATION

Pour les **projets nécessitant** un **permis de construire,** l'autorisation d'exploitation commerciale 6270 est périmée dans un délai de 3 ans à compter de la date à laquelle le permis de construire est devenu définitif pour les surfaces de vente qui n'ont pas été ouvertes au public et pour les points permanents de retrait qui n'ont pas été ouverts à la clientèle (C. com. art. R 752-20, al. 1 à 3). Ce délai est **prolongé** de 2 ans pour les projets qui portent sur la réalisation d'une surface de vente de plus de 2 500 m² jusqu'à 6 000 m². Il est prolongé de 4 ans pour les projets portant sur la réalisation d'une surface de vente de plus de 6 000 m² (C. com. art. R 752-20, al. 4).

Pour les projets **ne nécessitant pas** un permis de construire, l'autorisation est périmée dans un délai de 3 ans à compter de la notification de la décision de la CDAC ou, le cas échéant, de la CNAC, toujours pour les surfaces de vente ou points de retrait non ouverts (C. com. art. R 752-20, al. 5 à 7).

En cas de **recours devant la juridiction administrative** contre l'autorisation d'exploitation commerciale, le délai de 3 ans est suspendu jusqu'au prononcé d'une décision juridictionnelle définitive (C. com. art. R 752-20, dernier al.).

CONFORMITÉ DU CENTRE COMMERCIAL À L'AUTORISATION D'EXPLOITATION

6280 Un mois **avant l'ouverture au public,** l'exploitant doit communiquer au préfet, au maire et au président de l'EPCI dont la commune d'implantation est membre un **certificat** établi à ses frais par un organisme habilité par le préfet attestant du respect de l'autorisation. En l'absence de délivrance du certificat dans le délai prescrit, l'exploitation des surfaces concernées est réputée illicite (C. com. art. L 752-23).

Si le projet autorisé est réalisé ou commercialisé par étapes, il est établi un certificat pour chaque étape, au prorata de chaque réalisation ou commercialisation, dans la limite de la durée de validité de l'autorisation d'exploitation commerciale (C. com. art. R 752-44-10). Tous les certificats mentionnent l'autorisation d'exploitation commerciale et les références des certificats précédemment établis.

Si l'équipement commercial réalisé est d'une surface de vente moindre que ce qui a été autorisé, il est établi un certificat pour la part du projet qui a été réalisée (C. com. art. R 752-44-11).

Le certificat de conformité ne peut pas être assorti de réserves (C. com. art. R 752-44-12). Le cas échéant, il mentionne les différences constatées avec l'autorisation d'exploitation commerciale ; ces différences ne peuvent pas être substantielles. Le refus de certification est motivé.

6285 La conformité à l'autorisation d'exploitation commerciale s'apprécie au regard de certaines **caractéristiques de l'équipement commercial,** avant et après réalisation du projet, qui doivent être récapitulées dans le tableau qui a été joint à l'avis ou à la décision favorable de la CDAC ou de la CNAC (C. com. art. R 752-44).

Ces caractéristiques sont les suivantes :

– pour les **magasins et ensembles commerciaux** (le cas échéant, par commerce venant à dépasser le seuil de 300 m^2), la surface de vente, le secteur d'activité, le nombre de places de stationnement (en distinguant celles dédiées aux véhicules électriques ou hybrides, au covoiturage, à l'autopartage, et les places non imperméabilisées) ;

– pour les **points** permanents **de retrait** par la clientèle **d'achats au détail commandés par voie électronique,** organisés pour l'accès en automobile, le nombre de pistes de ravitaillement y compris les places de stationnement dédiées et les mètres carrés d'emprise au sol, bâtis ou non, affectés au retrait des marchandises, avant et après réalisation du projet ;

– pour l'**ensemble des équipements commerciaux,** la superficie totale du lieu d'implantation du projet, le nombre et les sens de circulation des points d'accès et de sortie du site, la surface des espaces verts, la nature et la surface des autres espaces végétalisés, notamment en toiture, et des autres espaces non imperméabilisés (avec mention des matériaux ou procédés éventuellement utilisés aux fins de limiter l'imperméabilisation des sols), la superficie et la localisation des panneaux photovoltaïques, le nombre et la localisation des dispositifs d'énergie renouvelable intégrés au projet, et tout autre élément mentionné expressément par la commission pour motiver son avis favorable.

CONTRÔLE DE LA CONFORMITÉ DE L'ÉQUIPEMENT

6295 **Contrôle lors du dépôt du certificat de conformité** Le préfet dispose d'un délai de 2 mois, à compter de la date de réception du certificat de conformité, pour contester la conformité de l'équipement commercial à l'autorisation d'exploitation commerciale (C. com. art. R 752-44-15).

Dans ce délai, le préfet peut demander toute explication au porteur du projet (C. com. art. R 752-44-17). Cette demande est sans incidence sur le cours du délai de 2 mois.

S'il estime que l'exigence de conformité n'est pas satisfaite, le préfet **met en demeure** le porteur de projet de mettre l'équipement en conformité avec l'autorisation. Cette mise en demeure interrompt le délai de 2 mois et vaut interdiction d'ouvrir au public l'équipement commercial réalisé, sauf mention expresse contraire du préfet. L'ouverture au public malgré cette interdiction constitue une exploitation illicite, passible des mesures et sanctions prévues à ce titre.

En cas d'exploitation illicite révélée après le délai de 2 mois, ou lorsque ce délai n'a pas couru, des mesures administratives et des sanctions peuvent être mises en œuvre (C. com. art. R 752-44-17, dernier al.).

Contrôles ultérieurs Les infractions sont recherchées et constatées par les **fonctionnaires habilités** par le ministre de l'économie (C. com. art. L 752-5-1). Ces agents disposent des pouvoirs d'injonction prévus aux articles L 521-1 et L 521-2 du Code de la consommation et des pouvoirs de saisine de la juridiction compétente prévus aux articles L 524-1 à L 524-3 du même Code. 6300

Le **préfet** peut faire réaliser des contrôles par les fonctionnaires ainsi habilités (C. com. art. R 752-44-18). Si une infraction est constatée, l'exploitant en est informé, à charge pour lui, le cas échéant, d'informer le titulaire de l'autorisation d'exploitation commerciale. Il est invité à s'expliquer sous 15 jours francs, son silence valant acquiescement au constat d'infraction. Si, à l'expiration de ce délai, les agents maintiennent leur constat, ils transmettent un rapport relevant les infractions au préfet, qui met en œuvre, s'il y a lieu, ses pouvoirs de mise en demeure et de fermeture administrative sous astreinte des surfaces de vente exploitées irrégulièrement.

Le **maire,** sur le territoire de sa commune, ou, s'il est compétent, le **président de l'EPCI,** sur le territoire de ses communes membres, peut faire réaliser des contrôles par ses agents (C. com. art. R 752-44-19). Si une infraction est constatée, l'exploitant concerné en est informé et est invité à s'expliquer sous 15 jours francs, son silence valant acquiescement au constat d'infraction. Si, à l'expiration de ce délai, les agents de la commune ou de l'EPCI maintiennent leur constat, le maire ou le président de l'établissement transmet un rapport relevant les infractions au préfet, qui met en œuvre, s'il y a lieu, les pouvoirs qui sont les siens.

SANCTIONS DE L'EXPLOITATION IRRÉGULIÈRE DU CENTRE COMMERCIAL

Les agents habilités, constatant l'exploitation illicite d'une surface de vente, établissent un rapport qu'ils transmettent au préfet. Celui-ci met l'exploitant en demeure de fermer au public les surfaces de vente exploitées illégalement ou de ramener la surface commerciale à celle qui a été autorisée. À défaut de mise en conformité dans le délai de 3 mois, et sans préjudice de l'application de sanctions pénales, il ordonne, sous 15 jours, la fermeture au public des surfaces de vente exploitées illicitement, jusqu'à régularisation effective. Ces mesures sont assorties d'une astreinte journalière pouvant aller jusqu'à 150 € par mètre carré exploité illicitement. Est puni d'une amende de 15 000 € le fait de ne pas exécuter les mesures ordonnées par le préfet (C. com. art. L 752-23). 6310

> **Précisions** **a.** Le contrevenant peut aussi se voir appliquer les **sanctions prévues par le Code de l'urbanisme,** notamment en cas de construction sans permis.
> **b.** L'exploitation en infraction constitue un acte de **concurrence déloyale** pouvant donner lieu à réparation (Cass. com. 28-11-1995 n° 94-13.045 : RJDA 2/96 n° 298).
> **c.** La **publicité** pour une opération d'aménagement commerciale non autorisée est interdite (C. consom. art. L 121-22). Le fait pour tout annonceur de diffuser, ou faire diffuser, une telle publicité est passible d'une amende administrative dont le montant ne peut excéder 15 000 € pour une personne physique et 75 000 € pour une personne morale (C. consom. art. L 132-24).
> **d.** Sur le régime particulier dans les opérations de **revitalisation du territoire,** voir Mémento Urbanisme-Construction n° 20680.

B. Organisation juridique des centres commerciaux

1. CENTRE COMMERCIAL EN COPROPRIÉTÉ

La copropriété désigne une **organisation** d'un immeuble ou groupe d'immeubles dont la propriété est répartie en lots ; chacun d'eux comporte obligatoirement une partie privative et une quote-part de parties communes, lesquelles sont indissociables. 6340

Le **régime** de la copropriété est défini par la loi 65-557 du 10 juillet 1965 et le décret 67-223 du 17 mars 1967, modifiés à plusieurs reprises et, en dernier lieu, par la loi 2024-322 du 9 avril 2024. Seules certaines dispositions de la loi de 1965, listées à son article 43, sont d'ordre public.

Nous nous limiterons à présenter la copropriété à grands traits dans les développements qui suivent, en mettant l'accent sur les mesures qui doivent **alerter le locataire** qui prend en location des locaux situés dans un centre commercial soumis au statut de la copropriété (pour une étude complète de ce statut, voir Mémento Gestion immobilière n°s 35000 s.).

APPLICATION DU STATUT DE LA COPROPRIÉTÉ AUX CENTRES COMMERCIAUX

6350 De nombreux **centres** commerciaux sont **soumis au statut** de la copropriété. L'assiette foncière de cette dernière consiste en un droit de propriété portant, selon le cas, soit sur une emprise foncière « classique » soit sur un ou plusieurs volumes.

Mais certains peuvent y échapper. En effet, la loi du 10 juillet 1965 régit tout immeuble bâti ou groupe d'immeubles bâtis à usage total ou partiel d'habitation dont la propriété est répartie par lots entre plusieurs personnes (Loi 65-557 art. 1). Le **statut** de la copropriété peut donc être valablement **exclu** pour tout immeuble ou groupes d'immeubles bâtis à destination totale autre que d'habitation, dont la propriété est répartie entre plusieurs personnes, en lots.

Lorsque le statut de la copropriété n'est pas impératif, il est cependant nécessaire d'établir une convention y dérogeant et mettant en place une organisation, dotée de la personnalité morale, et suffisamment structurée pour assurer la gestion des éléments et services communs, telle une association syndicale libre.

DOCUMENTS RÉGISSANT LA COPROPRIÉTÉ

6360 Toute copropriété est régie par un **règlement de copropriété,** de nature contractuelle, qui détermine la destination des parties privatives et des parties communes, qui indique les conditions de leur jouissance et les règles d'administration des parties communes et qui fixe la quote-part afférente à chaque lot dans les charges communes (Loi 65-557 du 10-7-1965 art. 8 et 10).

Ce règlement de copropriété est **opposable** au locataire (Cass. 3e civ. 14-4-2010 n° 09-13.315 FS-D) à compter de sa publication au fichier immobilier (Loi 65-557 art. 13), en application du principe selon lequel le preneur ne peut avoir plus de droits que son bailleur.

En cas de **violation du règlement,** diverses actions, entraînant de lourdes sanctions, pourront être intentées. D'abord, tout copropriétaire peut intenter une action contre un autre copropriétaire, tendant à assurer le respect d'une disposition du règlement de copropriété. Cette action n'est pas soumise à la démonstration, de la part du demandeur, d'un quelconque préjudice personnel (Cass. 3e civ. 26-11-2003 n° 02-14.184 FS-PB : Bull. civ. III n° 210). Le syndicat peut, en outre, agir, par la voie oblique (C. civ. art. 1341-1), à l'encontre du locataire, en vue de faire résilier son contrat de bail, lorsque le copropriétaire bailleur ne fait pas respecter le règlement de copropriété par son locataire (CA Versailles 7-4-2014 n° 12/05379).

6365 Le second document obligatoire de la copropriété est l'**état descriptif de division** (EDD). Sa fonction est d'identifier l'immeuble en copropriété, d'opérer une division en lots et d'attribuer un numéro à chaque lot (Décret 55-1350 du 14-10-1955 art. 71-1).

CONSEIL

Le locataire vérifiera opportunément le contenu du règlement de copropriété et de l'EDD pour identifier avec précision la composition des lieux objet du bail et les droits qui y sont attachés (tout ou partie d'un lot, plusieurs lots, étendue du droit de jouissance sur des parties communes, etc.).

ORGANISATION DE LA COPROPRIÉTÉ

6375 Par l'effet de la loi, les copropriétaires sont groupés en un **syndicat** doté de la personnalité morale, dont l'objet est principalement de gérer les parties communes de la copropriété. L'organe délibérant de la copropriété est l'**assemblée générale,** l'organe exécutif étant le **syndic,** assisté et contrôlé par le **conseil syndical.**

ATTENTION

Dès la signature du bail ou de la promesse de bail commercial, le locataire va très souvent projeter des **travaux.** Lorsque le centre commercial est soumis au statut de la copropriété, il doit avoir conscience que son bailleur n'a pas de pouvoir d'action ou d'autorisation direct et autonome ; il en sera de même en cours de bail en cas de transformations, opérations d'entretien ou de réparation. Dans tous ces cas, seule l'assemblée des copropriétaires sera compétente (sauf en de rares exceptions liées à l'urgence de certaines situations). De la même manière, le preneur ne doit pas se méprendre sur les pouvoirs décisionnels du syndic, lesquels sont très limités. Les apparences peuvent se révéler trompeuses lorsque la société gestionnaire des biens loués pour le compte du bailleur, appartient au même groupe que le syndic : la réponse donnée par la première ne peut en aucun cas valoir réponse, et notamment accord, donné par le syndicat. Vigilance et rigueur s'imposent donc.

ASSEMBLÉE DES COPROPRIÉTAIRES

6385 Les assemblées de copropriétaires sont régies par les articles 22 à 26-4 de la loi 65-557 du 10 juillet 1965, lesquels sont d'**ordre public** (Loi 65-557 art. 43). Si le règlement de copropriété détermine le fonctionnement et le pouvoir des assemblées (art. 22), il ne peut cependant être dérogé aux dispositions légales susmentionnées.

Types d'assemblée Différents types d'assemblées générales sont prévues par la loi auxquelles **tous les copropriétaires** sont invités à participer. 6390

Tout d'abord, le syndicat des copropriétaires doit tenir au moins une assemblée par an. On parle d'**assemblée** générale **ordinaire.** C'est lors de cette assemblée générale ordinaire qu'est voté le budget de l'exercice futur.

Par ailleurs, lorsqu'une décision urgente doit être prise avant la prochaine assemblée générale ordinaire, une assemblée générale, dite « **extraordinaire** », peut être convoquée à tout moment. Les motifs de la tenue d'une telle assemblée sont divers. Il peut s'agir, par exemple, de travaux urgents, ou de la désignation d'un nouveau syndic.

Un copropriétaire souhaitant faire inscrire à l'ordre du jour des questions ne le concernant que lui peut solliciter du syndic la convocation et la tenue d'une assemblée générale extraordinaire, à ses frais (Loi 65-557 du 10-7-1965 art. 17-1 AA). C'est donc une telle assemblée que peut provoquer le copropriétaire bailleur si le projet du preneur nécessite une autorisation du syndicat.

Exceptionnellement, des assemblées peuvent n'être composées que de **certains copropriétaires** : 6395

– lorsque l'immeuble comporte plusieurs bâtiments ou plusieurs entités homogènes susceptibles d'une gestion autonome, les copropriétaires dont les lots composent l'un ou plusieurs de ces bâtiments ou entités homogènes peuvent, réunis en assemblée spéciale, décider, à la majorité des voix de tous les copropriétaires, la constitution entre eux d'un **syndicat,** dit **secondaire** ; l'assemblée générale de ce syndicat secondaire est alors composée des seuls copropriétaires de l'immeuble en question pour prendre les décisions relatives à la gestion, l'entretien et l'amélioration du bâtiment (Loi 65-557 du 10-7-1965 art. 27) ; ce type d'organisation se rencontre dans certaines copropriétés où les différents bâtiments à usage respectivement de centre commercial, de bureaux et d'habitation se trouvent érigés en syndicats secondaires ;

– lorsque les immeubles comportent des parties communes générales et des **parties communes spéciales,** les décisions relatives à ces dernières sont prises soit au cours d'une assemblée spéciale, soit au cours de l'assemblée générale de tous les copropriétaires, seuls prenant part au vote les copropriétaires à l'usage et à l'utilité desquels sont affectées ces parties communes (Loi 65-557 du 10-7-1965 art. 6-2).

Nombre de voix des copropriétaires Chaque copropriétaire dispose d'un nombre de voix correspondant à sa quote-part de parties communes (Loi 65-557 du 10-7-1965 art. 22, I-al. 2). Deux exceptions à ce principe : le syndicat, s'il est propriétaire de lots, est privé de voix quant à ces lots (art. 16) ; lorsqu'un copropriétaire possède une quote-part des parties communes supérieure à la moitié, le nombre de voix dont il dispose est réduit à la somme des voix des autres copropriétaires (art. 22, I-al. 2). 6400

Règles de majorité La loi 65-557 du 10 juillet 1965 prévoit différents types de majorités, en fonction du degré d'importance et de la nature de la décision à prendre. 6405

La **majorité simple** (Loi 65-557 du 10-7-1965 art. 24) est requise lorsqu'il n'en est pas disposé autrement par la loi. Il s'agit donc de la majorité « de principe », qui doit être atteinte pour la majeure partie des décisions, par exemple, l'approbation des états financiers établis par le syndic. Sont prises en compte les « voix exprimées » des propriétaires présents ou représentés ; ne sont donc pas prises en compte les voix des abstentionnistes, des copropriétaires qui votent blanc et de ceux qui ne participent pas au vote.

La **majorité absolue** (Loi 65-557 du 10-7-1965 art. 25) est atteinte lorsque la moitié des voix plus un parmi tous les copropriétaires, qu'ils soient présents ou représentés, sont favorables à la décision en question. Elle est requise lorsque sont votées des décisions concernant les organes de la copropriété (délégation du pouvoir donnée au syndic, désignation ou révocation du syndic ou des membres du conseil syndical...). Dans le contexte du centre commercial en copropriété, l'autorisation donnée à un copropriétaire d'effectuer des travaux affectant l'aspect extérieur ou les parties communes de l'immeuble requiert cette majorité.

La **double majorité** (Loi 65-557 du 10-7-1965 art. 26) est atteinte lorsque deux conditions sont remplies : la majorité des membres du syndicat, représentant les deux tiers des voix doivent être favorables à la décision en question. Cette majorité est requise dans de rares cas tels certains actes d'acquisition et de disposition, la modification du règlement de copropriété s'il concerne la jouissance, l'usage et l'administration des parties communes.

Enfin, l'**unanimité** concerne les décisions les plus « graves », telles que la modification de la répartition des charges (Loi 65-557 du 10-7-1965 art. 11), la modification de la destination des parties privatives (art. 26, al. 6), l'aliénation des parties communes dont la conservation est nécessaire au respect de la destination de l'immeuble (art. 26, al. 7).

6410 Pour faciliter l'adoption des décisions, la loi a mis en place un mécanisme de « passerelle », aussi appelé « **double vote** », lequel permet, lorsque la majorité requise n'est pas atteinte, de prendre la décision à une majorité moindre au cours d'une même assemblée. Ainsi, toutes les décisions qui relèvent en première lecture de la majorité absolue sont obligatoirement soumises à une seconde lecture à la majorité relative, si la résolution a obtenu en première lecture plus d'un tiers des voix des copropriétaires (Loi 65-557 du 10-7-1965 art. 25-1). De même, lorsque la double majorité de l'article 26 n'a pas été atteinte, mais que le projet a recueilli l'approbation de la moitié des membres du syndicat des copropriétaires présents, représentés ou ayant voté par correspondance, représentant au moins le tiers des voix de tous les copropriétaires, la même assemblée se prononce à la majorité des voix de tous les copropriétaires en procédant immédiatement à un second vote (art. 26-1).

6415 **Information des locataires des décisions de l'assemblée** Les locataires doivent être informés par le syndic, dans les trois mois suivant chaque assemblée générale, des décisions prises par celle-ci « susceptibles d'avoir des conséquences sur les conditions d'occupation de l'immeuble et sur les charges des occupants », telles que les décisions relatives à la maintenance et à l'entretien de l'immeuble, aux travaux de toute nature et aux actes techniques concourant à la préparation de ces travaux (Décret 2015-1681 du 15-12-2015).

RÔLE DU SYNDIC

6425 Les décisions prises par les copropriétaires en assemblée sont exécutées par le syndic (Loi 65-557 du 10-7-1965 art. 18, I). En effet, le syndic est le **représentant légal du syndicat** de copropriétaires. Dans le cadre de cette mission, il appartient au syndic de passer les marchés pour les travaux votés. Ainsi, l'accord donné par le syndic à un copropriétaire, ou au locataire de celui-ci, d'effectuer des travaux est dépourvu de toute valeur juridique. Une telle autorisation peut seulement être donnée par le syndicat de copropriétaires réuni en assemblée générale (l'accord de tout ou partie des différents copropriétaires recueilli sous une autre forme, tels des écrits, est aussi dépourvu de toute portée). Le syndic qui accepte la réalisation par un copropriétaire de travaux que seule l'assemblée peut autoriser engage sa responsabilité envers le copropriétaire concerné (CA Paris 6-12-1995 : Loyers et copr. 1995 comm. n° 187), sauf si ce dernier pouvait facilement déceler l'erreur du syndic (Cass. 3e civ. 7-5-1997 n° 95-14.777).

6430 Dans certains cas très limités, le syndic dispose de pouvoirs propres pour la mise en œuvre desquels il n'a plus l'obligation de demander l'autorisation de l'assemblée générale et peut agir seul. Ainsi, en cas d'**urgence,** il peut faire procéder de sa propre initiative à l'exécution de tous les **travaux** nécessaires de l'immeuble (Loi 65-557 du 10-7-1965 art. 18, I). Deux conditions cumulatives sont exigées : l'urgence, d'une part, et la nécessité des travaux, d'autre part. La notion d'urgence est appréciée souverainement par les juges du fond (Cass. 3e civ. 1-4-1992 n° 90-14.291).

En pareil cas, le syndic est tenu d'informer les copropriétaires et de convoquer immédiatement une assemblée générale (Décret 67-223 du 17-3-1967 art. 37, al. 1). Il est alors dérogé à l'obligation de faire observer un délai franc de vingt et un jours avant la date de convocation. Une clause du règlement imposant un délai minimal de convocation est réputée non écrite (CA Paris 28-5-1998 : Loyers et copr. 1998 comm. n° 280). À défaut de convocation immédiate par le syndic, celui-ci engage sa responsabilité à l'égard du syndicat.

En vue de l'ouverture du chantier et de son premier approvisionnement, le syndic peut demander, sans délibération préalable de l'assemblée générale mais après avoir pris l'avis du conseil syndical, s'il en existe un, le versement d'une provision qui ne peut excéder le tiers du montant du devis estimatif des travaux (Décret 67-223 du 17-3-1967 art. 37, al. 2).

RÔLE DU CONSEIL SYNDICAL

6440 Parmi les organes de la copropriété, le conseil syndical est un groupe de copropriétaires élus par l'assemblée générale. Le règlement de copropriété régit le fonctionnement du conseil syndical. Sa fonction est d'**assister** le syndic et de **contrôler** sa gestion (Loi 65-557 du 10-7-1965 art. 21, al. 1).

À cette fin, le conseil syndical peut demander la transmission des pièces ou documents, correspondances ou registres se rapportant à la gestion du syndic et à l'administration de la copropriété ; en cas d'absence de transmission de ces pièces, au-delà d'un délai d'un mois à compter de la demande du conseil syndical, des pénalités par jour de retard sont imputées sur la rémunération forfaitaire annuelle du syndic (art. 21, al. 7).

Le conseil syndical dispose également de certains **pouvoirs de décisions,** dans la limite des délégations votées par l'assemblée générale : 6445

– il peut recevoir de l'assemblée une **délégation,** dite « **ponctuelle** », de prendre un acte ou une décision relevant de l'article 24 de la loi de 1965 (Loi 65-557 du 10-7-1965 art. 25, a) ;

– l'assemblée générale peut, par décision prise à la majorité des voix de tous les copropriétaires, lui accorder une **délégation générale** de prendre tout ou partie des décisions relevant de la majorité simple de l'article 24 ; la délégation de pouvoirs ne peut toutefois pas porter sur l'approbation des comptes, sur la détermination du budget prévisionnel, ou sur les adaptations du règlement de copropriété rendues nécessaires par les modifications législatives et réglementaires (art. 21-1). Seuls les conseils syndicaux d'au moins trois membres peuvent se voir attribuer une telle délégation (art. 21-1), qui est limitée à une durée maximale de deux ans, renouvelable par décision expresse de l'assemblée (art. 21-3). Lorsque le conseil syndical met en œuvre cette délégation de pouvoirs, les décisions sont prises à la majorité de ses membres et, en cas de partage des voix, le président du conseil syndical a voix prépondérante (art. 21-5).

LES PRINCIPES DE CONTRIBUTION AUX CHARGES

Les charges sont définies comme « les **dépenses** incombant définitivement aux copropriétaires, chacun pour sa quote-part » (Décret 67-223 du 17-3-1967 art. 45-1). 6455

CONSEIL

Dans la mesure où les charges de copropriété du centre commercial sont presque toujours **répercutées sur le locataire** de locaux situés dans ledit centre (dans les limites prévues par le statut des baux commerciaux ; n°s 12100 s.), il est essentiel que le preneur ait une parfaite connaissance des mécanismes ci-après décrits. Par ailleurs, pour éviter tout contentieux ultérieur, le bailleur doit veiller à l'exhaustivité et la cohérence des **stipulations du bail** à cet égard.

Les charges ne forment pas un ensemble unique : la loi distingue les charges spéciales, d'une part, et les charges générales, d'autre part, selon l'énumération de l'article 10 de la loi du 10 juillet 1965. La distinction entraîne une différence concernant le mode de leur répartition entre les différents copropriétaires. 6460

Les règles de répartition entre les charges générales et les charges spéciales s'appliquent aux parties communes générales et aux parties communes spéciales.

Charges spéciales Les charges entraînées par les **services collectifs** et les **éléments d'équipement commun,** qualifiées de « spéciales », sont prévues par l'article 10, alinéa 1er de la loi du 10 juillet 1965. Appartiennent notamment à cette catégorie les charges d'ascenseur, de vide-ordure ou encore celles relatives au chauffage collectif ou à l'installation collective de climatisation. Il convient cependant de se référer au règlement de copropriété, qui énumère les parties communes (la loi suppléant le silence ou la contradiction de celui-ci) et les éléments d'équipement commun. 6465

Le critère posé par l'article 10 est celui de l'**utilité** tirée par chaque copropriétaire du service ou de l'équipement commun considéré. C'est une règle d'ordre public (Loi 65-557 du 10-7-1965 art. 43) ; toute clause contraire du règlement de copropriété est réputée non écrite (Cass. 3e civ. 9-6-2010 n° 09-13.067 FS-PB : Bull. civ. III n° 115). Par exemple, une répartition par parts égales des charges d'ascenseur entre des lots situés à des étages différents prévue par un règlement de copropriété est contraire au critère d'utilité (Cass. 3e civ. 9-5-2019 n° 18-17.334 FS-PBI : Rev. Loyers 2019 p. 309 note L. Guégan-Gélinet).

L'utilité s'entend non de l'utilité effective, mais de l'utilité objective. Ainsi, le copropriétaire (ou son locataire) qui peut matériellement utiliser le service ou l'équipement commun en question, mais qui choisit de ne pas en user aura néanmoins l'obligation de contribuer aux charges entraînées par ce service ou équipement commun (Par exemple, pour la participation aux charges concernant le chauffage collectif, voir Cass. 3e civ. 26-10-1983 n° 81-16.768).

En revanche, le copropriétaire qui ne peut pas user du service collectif ou de l'élément d'équipement commun n'aura pas à en assurer la charge. Il en va de même lorsque le service collectif ou l'élément d'équipement commun ne présente aucune utilité à l'égard d'un lot.

Charges générales Les charges générales sont celles relatives « à la **conservation,** à l'**entretien** et à l'**administration des parties communes,** générales et spéciales » (Loi 65-557 du 10-7-1965 art. 10, al. 2). Entrent dans cette catégorie, notamment, les charges relatives aux assurances de la copropriété, aux honoraires du syndic, au coût de tenue des assemblées, au service de gardiennage ou de conciergerie, même si ce service n'a aucune utilité pour un lot, à l'éclairage ou à l'entretien des parties communes. 6470

Les charges générales sont obligatoirement **réparties** en fonction de la valeur relative de chaque partie privative telle que ces valeurs résultent des critères énumérés à l'article 5 de la loi de 1965, à savoir la consistance, la superficie et la situation des lots, sans égard à leur utilisation. Toute clause de répartition des charges ne respectant pas ces critères peut être déclarée non écrite. Par exemple doit être écartée la clause d'un règlement de copropriété stipulant que les surprimes d'assurance consécutives à l'utilisation ou à la nature particulière de certaines parties privatives ou parties communes spéciales incomberont aux seuls copropriétaires concernés (Cass. 3e civ. 8-9-2016 nº 15-17.000 F-D : AJDI 2016 p. 775 obs. S. Porcheron ; en l'espèce, surprime générée par les activités exercées dans un lot à usage de dancing et de bar).

Tous les copropriétaires doivent contribuer à ces charges. Cependant, dans certains cas, seuls certains copropriétaires y seront tenus. En effet, lorsque l'immeuble est composé de plusieurs bâtiments, des **parties communes particulières** sont susceptibles d'être créées ; en pareil cas, le copropriétaire dispose, au titre de ces parties communes, des tantièmes particuliers, et non plus généraux, de copropriété.

2. DIVISION EN VOLUMES

CONTEXTE

6500 Des locaux soumis à des régimes juridiques différents et destinés à recevoir des **affectations différentes** sont de plus en plus souvent superposés, juxtaposés ou imbriqués à l'intérieur d'un ou de plusieurs ensembles immobiliers. Dans un même bâtiment ou groupe de bâtiments, certains locaux sont affectés à l'habitation, d'autres à l'usage commercial, d'autres encore pourront abriter des équipements destinés à un usage public, un centre commercial ou une galerie marchande. Très souvent, des passages publics sont aménagés à l'intérieur des constructions et des parcs de stationnement publics sont réalisés en sous-sol.

Il en est ainsi, par **exemple,** pour le quartier de La Défense, le centre d'affaires de l'Arenas à Nice et de nombreux centres commerciaux.

Ces ensembles sont dénommés « ensembles immobiliers complexes » (**EIC**). Ils sont composés de volumes. Les volumes immobiliers constituent autant d'immeubles distincts. Ce sont ces lots de volumes qui pourront constituer en totalité ou en partie l'assiette des baux commerciaux dans les centres commerciaux situés dans de tels ensembles.

a. Organisation d'un ensemble immobilier complexe

6505 L'organisation d'un EIC se caractérise par la création de volumes immobiliers et, corrélativement, par l'exclusion du statut de la copropriété.

ATTENTION

Un lot de volumes peut toutefois être l'assiette d'une copropriété. Dans ce cas, il y a superposition de deux organisations juridiques, par exemple une association syndicale de propriétaires (ASL) au niveau de l'ensemble des volumes et une copropriété à l'intérieur d'un ou plusieurs volumes. Cette superposition trouve sa traduction dans les décisions de gestion, d'entretien et de réparation (par exemple, décisions d'ASL et décisions d'assemble générale du syndicat de copropriété) et dans les charges et dépenses (acquittées par le bailleur auprès des deux institutions précitées).

VOLUMES IMMOBILIERS

6515 Dans un EIC, le volume global constructible initial est divisé en **volumes immobiliers cessibles,** dont les destinations sont différentes en fonction de leurs affectations. Le volume immobilier possède la nature d'un véritable droit de propriété. Il résulte d'une division tridimensionnelle dans l'espace par référence aux parcelles cadastrales. Du fait de cette dissociation du sol (ou du sous-sol) et de l'espace non bâti, il y a création d'autant de droits réels immobiliers qu'il y aura de volumes créés.

L'**organisation en volumes,** à la différence de la copropriété des immeubles bâtis, repose sur l'abandon de la notion classique de l'unicité de la propriété foncière et s'appuie sur la **dissociation** entre le sol, l'espace et le tréfonds, aboutissant ainsi à la création de volumes, subdivisables en autant de volumes que le permettent les règles d'urbanisme et les techniques de construction.

Le **volume immobilier** porte sur une tranche tridimensionnelle et homogène d'espace ou de tréfonds, correspondant à un immeuble construit, de forme géométrique ou non, déterminé en altimétrie par référence à des plans cotés, ne comportant **pas de parties communes indivises** et inséré dans un réseau de **mitoyennetés et** de **servitudes** réciproques ou non, impliquant les charges et dépenses y afférant.

EXCLUSION DU STATUT DE LA COPROPRIÉTÉ DES IMMEUBLES BÂTIS

Pour ne pas enfermer dans le cadre homogène et parfois rigide de la copropriété les opérations d'urbanisation complexes, et pour permettre leur évolution en fonction des impératifs commerciaux, techniques et juridiques, la loi admet la possibilité de s'affranchir du statut de la copropriété lorsqu'il s'agit d'organiser des **ensembles immobiliers** qui, outre des terrains, des volumes, des aménagements et des services communs, comportent des parcelles ou des volumes, bâtis ou non, faisant l'objet de **droits de propriété privatifs.** La même possibilité est ouverte depuis le 1er juin 2020 aux immeubles ou groupes d'immeubles bâtis à destination totale autre que d'habitation, et notamment les centres commerciaux, dont la propriété est répartie par lots entre plusieurs personnes (Loi 65-557 du 10-7-1965 art. 1, II). **6525**

Afin d'exclure l'application automatique du statut de la copropriété, l'aménageur d'un EIC doit écarter ce statut par une **convention** contraire et créer une **organisation différente** pour les terrains, constructions, aménagements et services communs inclus dans un même périmètre, telle que la constitution d'une association syndicale libre de propriétaires (ASL) régie par l'ordonnance 2004-632 du 1er juillet 2004 (ou d'une association foncière urbaine – AFU – régie par les articles L 322-1 et s. du Code de l'urbanisme) ou encore d'une union de syndicats prévue par l'article 29 de la loi 65-557 du 10 juillet 1965. **6530**

L'existence d'une convention contraire et la création d'une organisation différente pour la gestion des éléments d'équipement communs de l'ensemble immobilier sont des conditions cumulatives devant être remplies pour écarter le statut de la copropriété (Loi 65-557 du 10-7-1965 art. 1, II ; Cass. 3e civ. 19-9-2012 n° 11-13.679 FS-PB : BPIM 6/12 inf. 465 ; Cass. 3e civ. 12-6-2018 n° 17-18.705 FS-D : BPIM 4/18 inf. 285).

À la différence de ce qui se passe dans le cas d'un immeuble en copropriété, la **propriété du sol et des équipements communs** n'est pas divisée en quotes-parts indivises destinées à être rattachées aux parties privatives. Chaque propriétaire d'un volume sera aussi propriétaire des ouvrages qui y seront réalisés, sauf s'il est grevé conventionnellement de la charge de subir l'implantation dans son emprise d'éléments nécessaires à l'usage d'un ou plusieurs autres volumes. Mais quelquefois, l'ASL ou l'Aful est propriétaire des volumes qui abritent les éléments d'équipement d'utilité commune à tout ou partie des volumes, qu'elle détient et gère. **6535**

Le **bailleur propriétaire d'un volume** est investi de tous les attributs d'un propriétaire foncier ; rien ne le distingue d'un propriétaire d'un immeuble « classique ». Il pourra donc céder ce volume, en démembrer la propriété, l'hypothéquer, etc.

b. Documents juridiques

ÉTAT DESCRIPTIF DE DIVISION EN VOLUMES

Contenu de l'état descriptif de division en volumes Pour l'individualisation des volumes, un état descriptif de division (EDD) est établi par **acte authentique,** créant autant de lots que de volumes. **6550**

Cet acte authentique, obligatoirement soumis à la publicité foncière pour la désignation de l'immeuble (Décret 55-22 du 4-1-1955 art. 7, al. 3), a pour objet, à partir de l'assiette parcellaire des terrains auxquels il s'applique :

– d'**individualiser,** en tréfonds ou dans l'espace, au moyen de plans et par référence à des cotes altimétriques, des **volumes matériels ou immatériels,** constituant autant de propriétés distinctes et comportant des parties privatives auxquelles il n'est pas attaché de parties communes ;

– d'en définir la **destination** et la **composition,** et de les assujettir à un réseau cohérent de **servitudes** perpétuelles.

L'EDD peut également créer deux **volumes résiduels,** correspondant l'un au **tréfonds,** l'autre au droit de **surélévation** dont le plus souvent la propriété est transférée à l'entité juridique à laquelle sera dévolue la propriété ou la gestion des ouvrages collectifs (ASL ou AFU généralement).

Le bailleur de locaux du centre commercial doit produire l'EDD au preneur, car lui seul permet d'identifier avec précision et certitude l'assiette du bail (laquelle peut consister en tout ou partie du volume considéré, ou en un lot d'une copropriété elle-même assise sur le volume en cause).

> **> Précisions** Il n'existe aucune partie commune ou propriété indivise entre les propriétaires en volume. L'EDD contient une définition très précise des lots quant à la propriété divise des éléments qui seraient qualifiés de parties communes indivises dans le régime de la copropriété, et notamment le sol, le gros œuvre et les canalisations. L'application des cotes altimétriques permet le découpage de ces **éléments traditionnellement communs** et, ce faisant, l'affectation en propriété d'une portion de ces éléments à un lot précis, avec le cas échéant la constitution de servitudes (réciproques ou non).

6555 **Servitudes créées par l'EDD** Les **rapports entre les volumes** créés sont régis par les dispositions du Code civil relatives à la mitoyenneté et aux servitudes.

Certaines de ces **servitudes** grèveront, parfois à titre réciproque, l'ensemble des volumes. Il s'agit essentiellement des servitudes d'appui, d'accrochage, de surplomb, de vues, de prospect, de passage de personnes, de canalisations, etc. Ces servitudes sont complétées par des **prescriptions** d'usage, d'entretien, de sécurité et de reconstruction.

Elles généreront des contributions, le plus souvent gérées par l'ASL, constituant autant de **charges** figurant dans le descriptif de l'énumération des charges (sur cette énumération, n° 12100), des réparations et des travaux dont la répercussion sera prévue sur le locataire des locaux inclus dans les volumes considérés.

DOCUMENTS ORGANIQUES

6565 **Cahier des règles d'usage et d'occupation** Le cahier des règles d'usage et d'occupation, publié au service de la publicité foncière en raison des servitudes conventionnelles qu'il comporte, définit les règles d'**utilisation des** différents **volumes** et équipements collectifs, et fixe les règles de **répartition des charges** de l'EIC. Il édicte des **servitudes générales** d'utilisation des équipements collectifs. Il précise les obligations des différents propriétaires quant à l'entretien de leurs ouvrages et les modalités de l'**assurance** de l'ensemble des bâtiments ou la répartition des droits à construire, en cas de reconstruction. Il fixe également les règles d'utilisation des volumes déjà bâtis, pendant que se poursuit l'opération de construction, ainsi que celles relatives à la surveillance et à la **sécurité générale** de l'EIC, une fois celui-ci achevé, notamment quand certains locaux sont destinés à recevoir du public. Rappelées dans le bail, ses dispositions s'imposent au preneur et les conséquences financières lui en sont répercutées quasi systématiquement.

6570 **Statuts de l'association** Sont établis les statuts d'une association (en général une ASL ou une Aful) qui a le plus souvent pour **objet** de recevoir de l'aménageur, à titre gratuit, la propriété et/ou la gestion des biens d'utilité collective. Elle peut se voir conférer le pouvoir de faire respecter les règlements et servitudes applicables dans l'ensemble immobilier et de gérer ces dernières.

> **Précisions** **a.** Lorsqu'une copropriété est intégrée à l'intérieur d'un volume immobilier issu d'un EIC composé de plusieurs volumes et doté d'une organisation différente, ce sont les copropriétaires qui sont membres de l'association syndicale. En pareil cas, outre le remboursement des charges et dépenses de copropriété, le bailleur prendra le plus souvent le soin de réclamer le remboursement des charges et dépenses recouvrées par l'ASL ou l'Aful, le tout dans le respect des limites fixées par les dispositions du Code de commerce issues de la loi « Pinel » (voir n° 12110).
>
> **b.** À la différence du régime de la copropriété, les membres de l'ASL, dont les propriétaires des volumes sont membres de droit, ne peuvent pas agir malgré un préjudice personnel en cas d'atteinte « aux parties communes » ; en revanche, il est possible de prévoir que les statuts leur confèrent qualité à agir au nom de l'ASL (Cass. 3e civ. 23-1-2020 n° 19-11.863).

c. Répartition des charges entre locataires commerciaux

6580 Dans un ensemble immobilier complexe comportant plusieurs locataires, le **bail commercial** précise la répartition des charges ou du coût des travaux entre les différents locataires occupant cet ensemble, que le bail porte sur un volume ou une fraction de volume.

Cette **répartition** est **fonction** de la surface exploitée. Le montant des impôts, taxes et redevances pouvant être imputés au locataire correspond strictement au local occupé par chaque locataire et à la quote-part des « parties communes » (en cas d'ensemble immobilier complexe, il s'agit de volumes ou fractions de volume à usage commun ou d'utilité commune) nécessaires à l'exploitation de la chose louée.

En cours de bail, le bailleur est tenu d'**informer les locataires** de tout élément susceptible de modifier la répartition des charges entre locataires (C. com. art. L 145-40-2, 2° -al. 2).

CONSEIL

Les documents organiques comportent le plus souvent une clause relative à la **reconstruction après sinistre.** Le candidat locataire la consultera opportunément, sachant que le moment venu, il faudra composer avec les règles d'urbanisme alors en vigueur.

3. ASSOCIATIONS SYNDICALES LIBRES DE PROPRIÉTAIRES

EXISTENCE D'UNE ASSOCIATION DANS LE CADRE D'UN CENTRE COMMERCIAL

6600 Compte tenu de l'organisation des centres commerciaux, les locaux loués sont quasi systématiquement localisés dans des volumes et/ou une copropriété, situés dans le périmètre d'une

association syndicale de propriétaires, le plus souvent une association syndicale libre (**ASL**), **dont est membre le bailleur** ; en cette qualité, ce dernier est appelé à décider et supporter des travaux et charges qui, pour la plupart, ont vocation à être répercutés sur le preneur.

RÉGLEMENTATION DES ASL

Les associations syndicales libres sont régies par l'ordonnance 2004-632 du 1er juillet 2004, complétée par le décret 2006-504 du 3 mai 2006. **6610**

a. Définition et caractères généraux des ASL

ASL, PERSONNE MORALE DE DROIT PRIVÉ

L'association syndicale est une catégorie particulière de **personne morale** ayant la capacité juridique et réunissant des propriétaires dans le but d'œuvrer pour l'intérêt des fonds groupés de ces propriétaires. Elle présente un **caractère réel.** Les droits et obligations qui dérivent de la constitution de l'association sont attachés aux immeubles compris dans le périmètre de cette dernière. **6630**

Elle est une personne de **droit privé,** relevant exclusivement des règles du droit privé et des tribunaux de l'ordre judiciaire (Ord. 2004-632 du 1-7-2004 art. 2, al. 2).

ATTENTION

Pour conserver leur personnalité morale et, notamment, leur droit d'ester en justice, les **associations** syndicales **constituées** sous l'empire de l'ancienne **loi de 1865** doivent mettre leurs statuts en conformité avec les dispositions de l'ordonnance du 1er juillet 2004 et procéder à une déclaration à la préfecture du département ou à la sous-préfecture de l'arrondissement où l'association a son siège (Ord. 2004-632 art. 5, 8 et 60). L'association syndicale peut justifier de la mise en conformité de ses statuts et de l'accomplissement des formalités requises jusqu'au moment où les juges d'appel statuent sur sa demande (Cass. 3e civ. 3-12-2020 n° 19-17.868 FS-PBI).

ASL ET COPROPRIÉTÉ

L'ASL ne saurait à aucun moment être **confondue** avec la copropriété et le syndicat qui la gouverne (notamment, Cass. 3e civ. 19-2-1980 n° 78-15.650 : Bull. civ. III n° 43 ; Cass. 3e civ. 1-2-1989 n° 87-15.758 : Bull. civ. III n° 28 ; Cass. 3e civ. 17-1-1996 n° 93-15.456 : RJDA 6/96 n° 824 ; Rapp. C. cass. 1994 p. 100). Leur régime est différent. Ainsi, par exemple, à la différence de la copropriété, les membres de l'ASL ne peuvent pas agir malgré un préjudice personnel en cas d'atteinte « aux parties communes » ; en revanche, il est possible de prévoir que les statuts leur confèrent qualité à agir au nom de l'ASL (Cass. 3e civ. 23-1-2020 n° 19-11.863 FS-PBI : BPIM 1/20 inf. 60). Cette différence de régime n'interdit pas à une association syndicale libre d'adopter dans ses statuts les règles prévues par la loi du 10 juillet 1965 portant statut de la copropriété des immeubles bâtis en matière de charges, de définition des parties communes et privatives, etc. (CA Paris 19-6-1999 : Loyers et copr. 1999 comm. n° 297). **6640**

b. Objet des ASL

Peuvent faire l'objet d'une association syndicale de propriétaires la construction, l'entretien ou la gestion d'ouvrages ou la réalisation de travaux ainsi que les actions d'intérêt commun en vue notamment de mettre en valeur des propriétés (Ord. 2004-632 du 1-7-2004 art. 1er). **6660**

Dans les **ensembles immobiliers divisés en volumes comportant un centre commercial,** l'association syndicale :

- gère et entretient les biens et ouvrages d'intérêt commun (voirie, parc de stationnement, réseaux divers, gardiennage, etc.) ;
- prend en assemblée les décisions ordinaires et extraordinaires concernant la vie de l'ensemble immobilier ;
- reçoit les cotisations de charges, assure les dépenses, organise le budget de la collectivité, etc., charges et dépenses dont la répercussion est tout à fait possible dès lors qu'elle ne concerne pas des éléments qui ne peuvent pas être imputés au locataire (voir n° 12110) ;
- défend la collectivité en justice, le cas échéant.

Les **statuts de l'ASL** comportent la liste des immeubles compris dans son périmètre et précisent ses modalités de financement et le mode de recouvrement des cotisations (Ord. 2004-632 du 1-7-2004 art. 7, al. 2).

c. Fonctionnement des ASL

ADMINISTRATION DES ASL

L'association syndicale libre est administrée par un syndicat **composé** de membres élus parmi les propriétaires membres de l'association ou leurs représentants dans les conditions fixées par **6680** les statuts. Le syndicat règle, par ses délibérations, les affaires de l'association (Ord. 2004-632 du 1-7-2004 art. 9).

Le nombre de « **syndics** » (ou « administrateurs »), leur mode de nomination, la durée de leurs mandats sont librement fixés par les statuts. Il en est de même quant à l'étendue des pouvoirs du syndicat, et surtout de ceux de son président.

ASSEMBLÉE DES PROPRIÉTAIRES

6685 Le fonctionnement de l'assemblée est exclusivement prévu par les **statuts** : mode de convocation, règles de quorum et de majorité, modalités de vote (Ord. 2004-632 du 1-7-2004 art. 7, al. 2). Ainsi, la correspondance entre le nombre de voix et le nombre de m² de terrain a été jugée valable (Cass. 3e civ. 11-12-1973 : D. 1974 p. 333).

L'assemblée générale est nulle du seul fait que les règles statutaires n'ont pas été respectées (pour des illustrations, Cass. 3e civ. 14-6-2018 n° 17-20.692 F-D : RJDA 11/18 n° 848 ; Cass. 2e civ. 1-10-2020 n° 19-21.294 F-D : AJDI 2021 p. 681 note J. Nalet).

ATTENTION

Les règles du droit de la copropriété ne sont pas applicables de plein droit, même à titre supplétif, aux associations syndicales libres, qu'il s'agisse du type d'assemblées, des quorums, majorités, plafonnement d'un membre majoritaire, recours contre les décisions. Seule la lecture des statuts permet de connaître les règles applicables. Certains statuts comportent des emprunts aux règles du droit de la copropriété; cela ne rend pas pour autant applicable le droit de la copropriété et la jurisprudence rendue en cette matière aux situations à gérer dans le cadre de l'ASL.

En général, lorsqu'un lot supporte une **copropriété,** c'est le syndic de celle-ci qui participe à l'assemblée, mais les statuts peuvent aussi prévoir que ce sont les propriétaires eux-mêmes qui doivent être convoqués.

CHARGES DE FONCTIONNEMENT DES ASL

6695 Les charges de fonctionnement, quasi systématiquement incluses dans les charges que le bailleur entend répercuter sur le locataire des locaux situés dans le centre commercial, sont réparties selon les règles fixées dans les **statuts** (ou, souvent, dans le cahier des charges, auquel renvoient alors les statuts).

ATTENTION

Les règles de participation aux travaux et charges de l'ASL sont totalement indépendantes de celles applicables en droit de la copropriété : la valeur relative des lots de volumes, l'utilité de la dépense pour tel ou tel lot n'ont pas ici lieu d'être appliquées de plein droit. Seule une lecture attentive des statuts permet de connaître la contribution du lot assiette des lieux loués, contribution qui s'imposera sans possibilité de contestation. Ceci n'exclut pas que les rédacteurs des statuts puissent avoir fait le choix d'appliquer des règles de répartition similaires à celles du droit de la copropriété.

Dans le **silence des statuts,** il appartient à l'ASL d'édicter, en assemblée générale, les règles de répartition des charges (CA Bordeaux 1-6-1988 : JCP N 1989 II p. 156). L'assemblée statue valablement à la majorité prévue par les statuts (Cass. 3e civ. 24-1-2001 : JCP N 2001 p. 1379 obs. B. Stemmer) et avec l'accord des membres de l'association syndicale pour lesquels la modification aboutit à une augmentation de leurs engagements (Cass. 3e civ. 21-9-2011 n° 10-18.788 : BPIM 1/12 inf. 63). Selon le cas, le procès-verbal de l'assemblée considérée sera donc opportunément communiqué au preneur.

6700 En ce qui concerne les **immeubles en copropriété** situés dans le périmètre d'une ASL, les copropriétaires étant seuls membres de l'association, ils sont seuls tenus de payer les dépenses de l'association syndicale. Elle ne peut donc pas réclamer au syndicat des copropriétaires le paiement des charges. Le bail doit donc viser expressément lesdites charges de l'ASL dans la liste des charges récupérables. En revanche, les dépenses de l'ASL deviennent des charges communes dès lors que, comme tel est fréquemment le cas, le règlement de copropriété l'a prévu, et même si les copropriétaires n'ont pas formellement adhéré à l'association (Cass. 3e civ. 28-4-1993 : Bull. civ. III n° 57).

6705 L'**action en paiement** des charges de l'association est soumise à la prescription de droit commun de 5 ans (C. civ. art. 2224).

d. Information du locataire sur l'existence de l'ASL

6725 Le propriétaire d'un bien compris dans le périmètre d'une ASL doit informer l'acquéreur ou son locataire de cette inclusion et de l'existence éventuelle de servitudes (Ord. 2004-632 du 1-7-2004 art. 4, al. 2).

C. Application du statut des baux commerciaux

1. EXISTENCE D'UN FONDS DE COMMERCE EXPLOITÉ DANS LES LOCAUX LOUÉS

Sur l'appréciation de l'existence d'un fonds de commerce – condition nécessaire à l'application du statut des baux commerciaux – lorsque le locataire loue des locaux situés dans l'enceinte d'un établissement plus vaste, voir nos 33110 s. **6750**

2. CENTRES COMMERCIAUX SUR LE DOMAINE PUBLIC

Afin de permettre la **valorisation** du domaine public, la loi 2014-626 du 18 juin 2014, dite « loi Pinel », a introduit de nouvelles dispositions dans le Code général de la propriété des personnes publiques, selon lesquelles « un fonds de commerce peut être exploité sur le domaine public sous réserve de l'existence d'une clientèle propre » (CGPPP art. L 2124-32-1). Cette faculté offre aux occupants du domaine public de nouvelles perspectives de financement (crédit-bail et nantissement de fonds de commerce) et leur permet une valorisation de leur actif dont la perte doit être indemnisée. **6760**

Les centres commerciaux situés sur le domaine public sont en nombre croissant et, en dépit d'une apparence physique identique à celle d'un centre commercial classique situé sur une propriété privée, les droits conférés au commerçant sont substantiellement différents.

> **> Précisions** L'article L 2124-32-1 du CGPPP ne s'applique qu'aux conventions conclues postérieurement à son **entrée en vigueur** (CE 24-11-2014 n° 352402 : Lebon p. 350 qui vise les fonds de commerce dont les exploitants occupent le domaine public en vertu de titres délivrés à compter de l'entrée en vigueur de la loi), soit le 20 juin 2014.

CARACTÈRE D'ORDRE PUBLIC DES DISPOSITIONS DU CGPPP

Dans le silence de l'article L 2124-32-1 du CGPPP, se pose la question de la **faculté pour les parties d'y déroger.** Le fait pour la loi de prévoir qu'un fonds de commerce « peut » être constitué sur le domaine public implique-t-il que cette solution s'applique systématiquement en présence d'une clientèle propre ou seulement en l'absence de stipulation contraire ? Si le caractère d'ordre public devait être retenu, le contrat ou le titre pourrait-il aménager les conditions d'indemnisation du préjudice en cas de cessation anticipée de la relation ? **6770**

À cet égard, compte tenu de la référence des travaux parlementaires ayant précédé l'adoption de la loi Pinel du 18 juin 2014 à la jurisprudence de la Cour européenne des droits de l'Homme, ayant considéré que le fait de dénier la constitution d'un fonds de commerce à un occupant du domaine public constituait une atteinte au droit de propriété (CEDH 26-4-2011 n° 32521/05), on serait enclin à penser que cet article est d'ordre public, les parties conservant néanmoins la possibilité d'aménager contractuellement l'indemnisation de tout ou partie du préjudice.

Pourtant, Benoît Bohnert, dans ses conclusions sous une décision du Conseil d'État du 24 novembre 2014 (CE 24-11-2014 n° 352402 : RJDA 11/14 n° 737), semble s'être incidemment prononcé en sens contraire. En effet, à l'occasion de l'analyse de l'application dans le temps des dispositions nouvelles, le rapporteur public a rappelé que les dispositions d'ordre public s'appliquaient aux contrats en cours, mais que tel n'était pas le cas des articles L 2124-32-1 et suivants du CGPPP, ceux-ci n'étant applicables qu'aux fonds de commerce dont les exploitants occupent le domaine public à compter de leur entrée en vigueur, soit le 20 juin 2014.

Plus récemment, le Conseil d'État a considéré que la clause d'une convention d'occupation du domaine public, selon laquelle l'occupation dudit domaine, pour exploiter un restaurant, ne donnerait pas lieu à la création d'un fonds de commerce, n'était pas de nature à justifier l'annulation de la convention, ou de cette seule clause, considérée comme indivisible du reste de la convention (CE 11-3-2022 n° 453440 : RJDA 10/22 n° 559).

CONDITIONS DE L'EXISTENCE D'UN FONDS DE COMMERCE SUR LE DOMAINE PUBLIC

Les principes de la domanialité publique, dont la précarité de l'occupation prévue par le CGPPP, interdisent une analogie systématique avec le fonds de commerce exploité dans un centre commercial situé sur une propriété privée. **6780**

L'existence d'un fonds de commerce sur le domaine public est caractérisée en présence d'une **clientèle propre** (CGPPP art. L 2124-32-1), exigence qui peut apparaître redondante au regard de la notion de fonds de commerce. Cela invite le juge administratif à se référer à la grille d'analyse dégagée en la matière par le juge judiciaire (voir nos 33120 s.).

D'une manière générale, le juge judiciaire semble assez enclin à retenir l'existence d'une clientèle, à moins qu'il ne soit démontré que les clients du local ne le fréquentent pas spontanément, mais seulement du fait de sa **localisation dans un ensemble plus vaste,** par exemple, dans un golf (CA Pau 2-7-1959, Ville de Biarritz), un hippodrome (Cass. ass. plén. 24-4-1970 n° 68-10.914 : Bull. civ. n° 3), un centre de vacances (Cass. 3e civ. 8-1-1997 n° 95-14.124 : Gaz. Pal. 1997 p. 549) ou un camping (CA Nîmes 16-2-2022 n° 21/01169).

6785 Dans l'hypothèse du domaine public, le même raisonnement devrait, en toute logique, s'appliquer et conduire à exclure l'existence d'une clientèle propre s'agissant de commerces situés dans des « **centres commerciaux captifs** » du domaine public tels que ceux situés, après le contrôle des billets, dans des gares ou aérogares.

La situation devrait en revanche être plus ouverte en présence de **biens disposant d'une certaine autonomie** d'accès et de fréquentation **par rapport** aux autres installations du **domaine public** s'il en existe. Dans ces hypothèses, la méthode du juge administratif pourrait s'inspirer de celle retenue pour la détermination de l'appartenance de certaines emprises au domaine privé ou au domaine public de la collectivité (sur ce sujet, voir CE 25-5-2005 n° 274683 et CE 28-12-2009 n° 290937 : Lebon p. 528).

CESSION DU FONDS DE COMMERCE EXPLOITÉ SUR LE DOMAINE PUBLIC

6795 Pour concilier l'existence d'un fonds de commerce et les prérogatives du maître du domaine public, la loi prévoit que toute personne souhaitant se porter **acquéreur d'un fonds de commerce** exploité sur le domaine public peut, par anticipation, demander à l'autorité compétente une autorisation d'occupation temporaire du domaine public pour l'exploitation de ce fonds. L'autorisation prend effet à compter de la réception par l'autorité compétente de la preuve de la réalisation de la cession du fonds (CGPPP art. L 2124-33).

Ces dispositions excluent l'application du mécanisme jouant en matière de baux commerciaux selon lequel la cession du fonds de commerce doit pouvoir emporter celle du droit au bail (nos 9210 s.). En matière de fonds de commerce exploités sur le domaine public, il appartient au cessionnaire d'obtenir, auprès de la personne publique, une **autorisation d'occupation** qui lui sera propre.

Cette solution s'explique par le caractère incessible des conventions d'occupation simples, non constitutives de droits réels (CE 10-5-1989 n° 73146 : Lebon T. p. 675 ; CE 31-7-2009 n° 316534 : Lebon T. p. 739).

6800 Les textes prévoient néanmoins deux hypothèses, assez limitées, où un fonds de commerce constitué sur le domaine public peut être cédé et le titre d'occupation transmis.

Le premier permet au titulaire d'un titre d'occupation du domaine public de présenter au maire un successeur dans le cadre de la cession de son **fonds de commerce** s'il est **situé dans une halle ou un marché** (CGCT art. L 2224-18-1). En cas d'acceptation par le maire, le successeur est subrogé dans les droits et obligations du cédant et se voit transférer, sans modification, l'autorisation d'occupation du domaine public du titulaire initial permettant l'exercice de l'activité afférente au fonds de commerce.

Une autorisation d'occupation temporaire du domaine public peut également être délivrée aux **ayants droit d'une personne physique décédée** qui souhaitent poursuivre l'exploitation de son fonds de commerce ou le transmettre à un tiers successeur (CGPPP art L 2124-34).

ABSENCE DE PROPRIÉTÉ COMMERCIALE AU PROFIT DE L'OCCUPANT DU DOMAINE PUBLIC

6805 Si un pas a été franchi en reconnaissant la possible existence d'un fonds de commerce sur le domaine public, l'**incompatibilité** de principe **entre bail commercial et domaine public** demeure, ce qui conduit à dénier à l'occupant le bénéfice de la « propriété commerciale ». En effet, la spécificité du fonds de commerce exploité dans un centre commercial situé sur le domaine public tient évidemment au caractère par nature précaire et révocable du titre dont dispose son exploitant.

Mais l'absence de reconnaissance de la titularité d'un droit au bail à l'exploitant est sans incidence sur l'existence d'un fonds de commerce, l'existence d'un droit au bail n'étant pas une condition nécessaire à l'existence d'un fonds (Cass. com. 27-4-1993 n° 91-10.819 : RJDA 11/93 n° 896 ; Cass. com. 4-2-2014 n° 12-25.528).

Dans une certaine mesure, la situation de l'exploitant d'un fonds de commerce sur le domaine public peut être comparée à celle du titulaire d'un bail superficiaire en ce que son fonds de commerce est dénué d'une de ses composantes principales : le bénéfice d'un droit à un bail commercial statutaire susceptible de conférer la « propriété commerciale ».

Il est interdit à un occupant du domaine public, promoteur d'un centre commercial situé sur ledit domaine, de conclure des baux commerciaux avec des tiers sous-occupants. Ceci emporte exclusion des règles afférentes à ce type de bail (telles celles relatives aux répercussions de travaux). 6810

Le titulaire du droit d'occuper le domaine public ne dispose pas de **droit au renouvellement** de son titre d'occupation, et ce, même en présence de clause contraire, étant néanmoins précisé qu'un refus de renouvellement de l'autorisation doit reposer sur des motifs légaux, exempts notamment de détournement de procédure (CAA Lyon 30-10-2014 n° 13LY20754). 6815

En l'absence de « bail commercial » sur le domaine public, l'indemnisation due à l'occupant au terme du titre se trouve de fait limitée, permettant ainsi d'assurer la protection des deniers publics de l'autorité domaniale.

L'occupant ne pourra se prévaloir, en cas de non-renouvellement de son titre, des dispositions de l'article L 145-14 du Code de commerce prévoyant le principe d'une **indemnité d'éviction** due en cas de refus de renouvellement d'un bail statutaire. Le principe demeure celui de l'absence d'indemnisation de l'occupant, lequel ne peut pas prétendre à un renouvellement. 6820

L'**incorporation au domaine public d'un bien, objet d'un bail commercial,** fait perdre à ce contrat son caractère de bail commercial statutaire. Ce bail, en cours à la date de reclassement, ne peut plus être opposé par le preneur à la commune en celles de ses clauses devenues incompatibles avec l'appartenance des parcelles en cause au domaine public ; ce bail constitue néanmoins, tant que la commune n'y a pas mis fin, un titre autorisant son titulaire à occuper la dépendance en cause (CE 21-12-2022 n° 464505). 6825

EFFET DE L'EXPIRATION DE LA CONVENTION D'OCCUPATION DU DOMAINE PUBLIC

Arrivée du terme de la convention ou du titre d'occupation En présence d'un fonds de commerce constitué sur la base d'un titre d'occupation du domaine public, par nature précaire et révocable, la survenance du terme normal du titre ne devrait pas, selon toute probabilité, donner lieu à **indemnisation** : ayant contracté en toute connaissance de cause un contrat (ou bénéficié d'une autorisation unilatérale d'occupation) clairement rédigé quant à l'absence de droit au renouvellement, le propriétaire du fonds de commerce ne peut pas, à notre avis, se prévaloir d'un préjudice du fait de la survenance de l'expiration du terme initialement prévu. 6830

Cette solution peut néanmoins céder – sur un terrain juridique différent – si l'autorité domaniale avait induit l'occupant en erreur sur son droit d'occupation, en lui laissant penser qu'il bénéficiait d'un bail commercial. Ce comportement fautif engage la **responsabilité de la personne publique** et ouvre un droit d'indemnisation à hauteur de l'ensemble des dépenses que l'occupant justifie avoir exposées dans la perspective d'une exploitation dans le cadre d'un bail commercial, des préjudices commerciaux et, le cas échéant, financiers qui résultent directement de la faute l'ayant induit en erreur sur l'étendue de ses droits (CE 24-11-2014 n° 352402 : Lebon p. 350). Il en est de même pour la personne privée titulaire d'une convention d'occupation du domaine et qui conclut une sous-occupation sous forme d'un « bail commercial » disqualifié de ce fait en convention d'occupation précaire (Cass. 3e civ. 28-1-2021 n° 19-25.036 F-D : RJDA 4/21 n° 216).

Résiliation de la convention ou retrait anticipé du titre En cas de résiliation de la convention d'occupation ou de retrait anticipé du titre d'occupation, le CGPPP précise les modalités d'**indemnisation de l'occupant** titulaire de droits réels : le titre d'occupation peut préciser les règles de détermination de l'indemnité couvrant le préjudice direct, matériel et certain causé par son retrait avant le terme prévu pour un motif autre que l'inexécution de ses conditions (CGPPP art. R 2122-17). 6835

Pour ce qui concerne les autorisations simples, la solution, d'origine jurisprudentielle, est identique en l'absence de clause contraire : l'occupant est indemnisé de son préjudice direct et certain comportant la perte de bénéfices et les dépenses exposées pour l'occupation normale du domaine, qui auraient dû être couvertes au terme de cette occupation (CE 31-7-2009 n° 316534 : Lebon T. p. 739 ; CE 24-11-2014 n° 352402 : Lebon p. 350).

Une résiliation anticipée de la convention d'occupation du domaine public conduira, selon toute probabilité, l'autorité domaniale à devoir indemniser l'occupant de la **perte** de son **fonds de commerce,** s'il démontre qu'il ne peut **pas l'établir ailleurs,** ou des coûts et préjudices liés au transfert de l'exploitation du fonds lorsque ce transfert est possible. 6840

Si l'occupant perd sa clientèle du fait de la résiliation ou du retrait de son titre, le préjudice sera similaire à celui visé par l'article L 145-14 du Code de commerce : la perte de son fonds de commerce. La différence principale résidera alors dans la valorisation dudit fonds de commerce, en considération de l'absence, par hypothèse, de caractère pérenne. En effet, ce fonds de commerce ne comprend pas de « droit au bail », ce qui influe sur l'évaluation de la valeur marchande du fonds, compte tenu du caractère par nature précaire et révocable du titre. Sa valeur devrait être réduite à néant en cas de résiliation intervenant à la veille de l'expiration du titre, hypothèse au demeurant peu probable.

S'il est démontré que le **fonds** de commerce **peut être transféré** dans un autre lieu, l'occupant ne devrait pas pouvoir prétendre à indemnisation dès lors que son titre, par nature précaire, n'intégrait pas de droit au bail, d'une part, et que son activité peut se poursuivre à un autre emplacement, d'autre part.

6845 Les **autres postes de préjudice** susceptibles d'être revendiqués par l'occupant indépendamment de ceux liés à l'éventuelle disparition prématurée de son fonds de commerce devraient, quant à eux, demeurer inchangés (défaut d'amortissement des investissements, etc.).

D. Organisation de la concurrence : destination et déspécialisation

1. DESTINATION DU BAIL

PRINCIPES

6870 La clause relative à la destination des locaux loués présente une **importance** toute particulière dans un centre commercial puisque l'organisation et l'attractivité de celui-ci reposent sur une unité commerciale avec la présence de tous les types de commerce attendus par la clientèle et l'équilibre de ces commerces.

En premier lieu, le bailleur doit s'assurer de la destination qu'il peut autoriser pour les locaux qu'il envisage de louer. Le cahier des charges du centre commercial ou son règlement intérieur peut effectivement imposer à tout acquéreur d'un lot dudit centre commercial un engagement de non-concurrence avec les activités déjà en place dans le centre (Cass. 3e civ. 11-12-2012 nº 10-27.375 F-D), ce qui oblige alors le bailleur à consentir une destination des locaux loués compatible avec les commerces implantés.

En second lieu, les règles dégagées par la jurisprudence sur les problématiques liées à la destination des locaux loués, développées nos 27000 s., s'appliquent pleinement aux baux consentis dans un centre commercial.

6875 Comme pour tout autre bail, les **intérêts du bailleur et du locataire divergent** : le bailleur a intérêt à accorder une destination réduite alors que le locataire a intérêt à bénéficier d'une destination la plus large possible. En effet, sauf le cas des activités incluses (nos 27150 s.), le locataire ne peut utiliser les lieux loués que pour la destination contractuellement autorisée, sauf recours aux procédures de déspécialisation partielle ou plénière (nos 27900 s.), étant rappelé que la destination des locaux est exclusivement déterminée par les stipulations contractuelles (nº 27025).

ILLUSTRATIONS

Jugé que la clause générale de « prêt-à-porter féminin » insérée dans un bail consenti à un commerçant d'un centre commercial ne permettait pas la vente de vêtements de cuir aux motifs, d'une part, que cette clause devait être interprétée de manière stricte afin de maintenir l'équilibre commercial du centre et éviter toute anarchie dans la concurrence, et d'autre part, qu'il était d'usage dans les centres commerciaux de distinguer le prêt-à-porter classique du prêt-à-porter de vêtements de cuir (CA Paris 10-10-1995, 16e ch. A : Loyers et copr. 1996 nº 167).

6880 Et comme pour tout autre bail, la clause de destination du bail ne peut pas contrevenir aux **règles d'ordre public du statut** des baux commerciaux. Ainsi, notamment, est réputée non écrite l'obligation imposée au locataire d'exercer son activité sous telle enseigne précise car elle ne permet pas au locataire de faire valoir son droit à déspécialisation partielle, par adjonction d'activités connexes ou complémentaires (Cass. 3e civ. 12-7-2000 nº 98-21.671 FS-PB : RJDA 11/00 nº 963).

IMPLANTATION PAR LE BAILLEUR D'UN COMMERCE SIMILAIRE OU IDENTIQUE

6890 La destination consentie par le bailleur n'implique aucune exclusivité résultant de l'implantation des locaux dans un centre commercial. Même si l'organisation d'un centre commercial recherche l'équilibre entre les commerces présents, le bailleur n'est pas tenu, **sauf clause** expresse **contraire,** d'assurer une exclusivité aux commerçants qu'il sélectionne et il peut consentir un bail dans le centre commercial pour un commerce similaire ou identique à l'un de ceux déjà implantés. La particularité de l'implantation du commerce dans un centre commercial n'emporte aucune dérogation aux règles de droit commun (nos 57900 s.).

ILLUSTRATIONS

Une société de restauration exploitant, aux termes d'un bail, un restaurant dans les locaux d'un centre commercial a poursuivi son bailleur en lui reprochant d'avoir toléré qu'un autre locataire exerce la même activité, sous couvert d'un fonds de commerce de crêperie-pizzeria. La cour d'appel a retenu à bon droit que le bail de la société locataire ne comportait aucune clause lui garantissant l'exclusivité de l'activité de restauration dans le centre commercial et dans le silence du bail et à défaut de circonstances non réunies en l'espèce l'obligation qu'avait le bailleur de garantir à la société locataire la jouissance paisible des lieux loués ne comportait pas celle de lui assurer le bénéfice d'une exclusivité dans l'immeuble.

Cass. com. 2-7-1991 n° 88-20.420 D : RJDA 8-9/91 n° 690.

Le locataire d'un local d'un centre commercial se plaint que le bailleur loue un autre local du centre dans lequel est exploité un commerce de même type. Or la Cour de cassation relève que le bail ne contenait pas de promesse d'exclusivité en faveur de la société locataire, qu'en dépit de leur caractère strict, les clauses régissant la destination des locaux devaient empêcher que celle-ci ne fût modifiée sans l'autorisation de la propriétaire et qu'en l'occurrence la situation de chaque local permettait d'assurer son exploitation sans gêner celle de l'autre. La société bailleresse n'avait donc aucune obligation légale ou conventionnelle d'éviter que les locataires ne se fassent concurrence.

Cass. 3e civ. 19-3-1997 n° 95-16.585 : Rev. Loyers 1997 p. 482.

La vente de produits de parapharmacie entrant dans le champ de l'activité de pharmacie, viole la clause d'exclusivité insérée dans le bail d'un local destiné à une activité d'officine pharmaceutique le bailleur qui consent dans le même centre commercial un bail à une société qui vend des produits de parapharmacie.

Cass. 3e civ. 28-1-2021 n° 19-18.233 FS-D : RJDA 4/21 n° 217.

Lorsqu'une clause d'un bail de locaux situés dans un centre commercial prévoit une « interdiction d'exploiter une activité préexistante dans le centre commercial », un tiers locataire peut s'en prévaloir et la violation de la clause constitue un trouble manifestement illicite que le juge des référés est compétent pour faire cesser.

Cass. 3e civ. 6-5-2021 n° 19-23.145 F-D : RJDA 11/21 n° 750.

Il est d'ailleurs **risqué** pour le bailleur d'un centre commercial de **consentir** une **exclusivité** à ses locataires compte tenu des règles de déspécialisation partielle ou totale dont peut se prévaloir tout locataire.

Si le locataire a conclu un bail commercial dans la **croyance erronée** qu'il lui permettrait d'exercer son **activité sans concurrence** au sein du centre commercial, il peut obtenir l'annulation du contrat pour erreur sur les qualités substantielles de la chose louée. Ainsi, il a été jugé qu'une société locataire justifiait de la matérialité de son erreur en démontrant avoir conclu le bail après s'être assurée de bénéficier d'un environnement commercial non concurrentiel, dans la perspective d'une situation avantageuse, qui avait été prise en compte dans la détermination du prix du bail et constituait une qualité substantielle de la chose louée (Cass. 3e civ. 2-10-2013 n° 12-13.302 FS-D : RJDA 3/14 n° 201). Pour autant, il ne semble pas pouvoir être déduit de cet arrêt que toute location d'un local situé dans un centre commercial pourrait être annulée dès lors que l'environnement commercial se trouverait modifié : il convient d'apprécier lors du déroulement des négociations si l'objet du contrat consiste bien en un local choisi au regard de son environnement commercial non concurrentiel, et d'analyser si cette qualité est entrée ou non de manière convenue et indéniable dans le champ contractuel lors de la conclusion du bail. **6895**

2. DÉSPÉCIALISATION

Les règles relatives à la déspécialisation (C. com. art. L 145-47 s.) sont d'ordre public (art. L 145-15). Le locataire peut ainsi solliciter l'autorisation d'adjoindre à l'activité prévue au bail des activités connexes ou complémentaires : il s'agit de la **déspécialisation partielle.** Le locataire peut pareillement solliciter l'autorisation d'exercer dans les lieux loués une ou plusieurs activités différentes de celle prévue au bail : il s'agit de la **déspécialisation plénière.** **6910**

Ces règles de déspécialisation s'appliquent aux locations consenties dans un centre commercial.

S'agissant d'une demande de **déspécialisation plénière,** celle-ci peut être **rejetée** pour deux **motifs.** **6915**

Le premier est que le bailleur peut s'opposer à une demande de déspécialisation s'il réussit à faire valoir que l'organisation du centre commercial et/ou certaines exclusivités consenties rendent la demande incompatible avec la destination, les caractères et la situation de l'immeuble ou de l'ensemble immobilier (C. com. art. L 145-48, al. 1).

ILLUSTRATIONS

Entre autres raisons, la demande de déspécialisation d'un locataire pour transformer un commerce de meubles en salon de beauté a été rejetée car ce nouveau commerce serait venu en concurrence directe et immédiate avec le commerce exerçant une activité similaire implanté dans le même immeuble (CA Bordeaux 5-3-2008 n° 06/06566, 2e ch. civ.).

De même, sur le fondement de l'article 9 de la loi 65-557 du 10 juillet 1965, il a été jugé que l'obligation faite par le règlement de copropriété aux copropriétaires de maintenir l'affectation commerciale des lots était justifiée par la destination de l'immeuble qui était de pourvoir, par la création et la continuité de commerces stables, à la demande quotidienne de la population d'un quartier excentrique (Cass. 3e civ. 25-11-1980 n° 79-12.562 : Bull. civ. III n° 184).

Le second motif résulte de la loi qui précise que le premier locataire d'un local situé dans le centre ne peut pas se prévaloir de la faculté de déspécialisation plénière pendant un délai de neuf ans à compter de la date de son entrée en jouissance (C. com. art. L 145-48, al. 2).

6920 Certains **auteurs** s'accordent néanmoins pour considérer que l'organisation rationnelle et cohérente des commerces dans un centre commercial est une nécessité et que la déspécialisation est susceptible de menacer cette cohérence. Ainsi, pour F. Chatelain et S. Gautier Le Chatelier, la préservation de l'équilibre vital des commerces, tant dans leur nature que dans leur emplacement dans le centre, ne peut aller sans entraîner des restrictions à la liberté des commerçants et il est nécessaire d'éviter qu'une extension ou un changement de l'activité initialement exercée ne préjudicie à la bonne répartition des commerces dans le centre sur laquelle doivent pouvoir compter clients et commerçants (F. Chatelain et S. Gautier Le Chatelier, La concurrence dans les centres commerciaux : JCP N 1982 I 107 n° 33). J. Derrupé avance les arguments suivants : « Personne ne conteste que le succès d'un centre commercial dépend en grande partie de la qualité de son plan de commercialisation. Le centre doit offrir un éventail de commerces variés et équilibrés pour satisfaire au mieux les divers besoins des consommateurs. Il est essentiel que chacun respecte cette organisation conçue par les promoteurs et gestionnaires du centre dans l'intérêt commun des commerçants qui y sont installés et du public qu'il doit accueillir. Les initiatives individuelles de déspécialisation menacent le développement harmonieux du centre. Le fait que l'activité revendiquée [au titre de la déspécialisation partielle] soit déjà exercée dans le centre commercial à titre autonome devrait suffire à faire échec à la demande. Elle n'est pas complémentaire selon les usages du centre » (J. Derruppé, La vie du centre commercial : RDI 1994 p. 565). Quant à R. d'Heucqueville, il affirme que la liberté de déspécialisation, comme l'application pure et simple des principes de la copropriété, menaceraient la cohérence du merchandising (R. d'Heucqueville, Président du Conseil national des centres commerciaux, La notion de centre commercial : RDI 1994 p. 531).

Pour autant, la précision apportée par l'article L 145-48, al. 2 du Code de commerce peut faire douter que l'organisation commerciale d'un centre commercial justifie à elle seule le refus d'une déspécialisation totale ou partielle.

SECTION 2

LOYER DU BAIL COMMERCIAL DANS UN CENTRE COMMERCIAL

NÉGOCIATION DU LOYER

6950 La concentration des centres commerciaux, tant sur le plan géographique qu'au niveau de la détention de capital et du nombre des opérateurs gestionnaires, ainsi que l'unité économique constituée par chaque centre influent fortement sur la pratique des loyers, non seulement lors de la conclusion de bail mais aussi au moment du renouvellement. Cette pratique se caractérise par une grande homogénéité : le recours à la technique du loyer binaire comportant une partie fixe et une partie variable est généralisé.

La gestion unique du centre commercial exclut la flexibilité du marché locatif des centres-villes. Les échelles de valeurs locatives n'y sont nuancées qu'en fonction de l'emplacement sur le mail, de l'activité et du format dans des fourchettes étroites.

La détention des centres commerciaux est oligopolistique : dès lors, les négociations des loyers s'opèrent souvent à l'échelle de plusieurs centres et peuvent être « polluées » par diverses circonstances : accord de travaux, implantation recherchée dans un centre actif ou consentement au maintien dans un centre en difficulté.

Une offre locative attractive permet par ailleurs au bailleur de préserver un plan de « merchandising » cohérent et la capacité des enseignes-locomotives à drainer des flux de clientèle.

A. Loyer du bail initial

1. LE LOYER BINAIRE

CARACTÉRISTIQUES DU LOYER BINAIRE

Le système du loyer binaire (appelé aussi « **clause-recettes** »), qui comporte une partie fixe et 6960
une partie variable a été adopté et aménagé dans les années soixante par les promoteurs des centres commerciaux afin d'associer le locataire et le bailleur aux aléas de cette nouvelle forme de distribution. La partie fixe du loyer est conçue comme un loyer **minimum garanti,** perçue par le bailleur, quel que soit le montant du chiffre d'affaires réalisé par le locataire et le succès du centre commercial.

ATTENTION

Avec la crise de l'épidémie de **Covid-19,** exploitants et bailleurs ont été amenés à introduire temporairement dans de nombreux secteurs économiques, et notamment la restauration et l'hôtellerie, le temps du retour de la clientèle et du chiffre d'affaires, une « variabilisation » du loyer fixe contractuel en fonction du chiffre d'affaires d'une année de référence, par exemple 2019, non impactée par la crise sanitaire. Si, par exemple, le chiffre d'affaires de l'année 2020 est inférieur de 60 % à celui de l'année de référence, le loyer contractuel est diminué dans la même proportion avec, dans certains cas, la fixation d'un loyer minimum garanti.

On a vu dans le même contexte se déployer la pratique du « full variable », soit un loyer intégralement déterminé en pourcentage du chiffre d'affaires, dispositif souvent exigé des grandes enseignes pour leur implantation au sein d'un centre commercial.

La **partie variable** est déterminée en fonction d'un pourcentage sur le chiffre d'affaires réalisé par le locataire dans les locaux loués ; c'est en quelque sorte un « surloyer » permettant au bailleur de participer à la réussite de son locataire à laquelle il a contribué par la création et la gestion du centre commercial.

Les fourchettes de taux sur recettes les plus souvent observées sont les suivantes :

7 à 8%	• bijouterie & horlogerie • épicerie fine & chocolatier
6 à 8%	• équipement de la personne • électronique & téléphonie • optique
5 à 9%	• parfumerie • équipement de la maison
5 à 7%	• restauration
3 à 5%	• loisirs & jeux
3 à 4%	• pharmacie
2 à 3%	• supermarchés et hypermarchés

ORGANISATION CONTRACTUELLE DU LOYER BINAIRE

6970 Il existe principalement deux structures de loyer binaire.

6975 **Clause-recettes avec minimum garanti** Il est stipulé un loyer de base qui constitue un minimum garanti et un loyer variable additionnel déterminé en fonction d'un certain pourcentage sur le chiffre d'affaires. Ce loyer variable s'applique dès le premier euro, mais le locataire ne verse que la différence positive entre le pourcentage du chiffre d'affaires et le loyer de base.

Des clauses particulières organisent l'appréhension et le contrôle du chiffre d'affaires réalisé par le locataire dans les locaux loués, le plus souvent assorti de sanctions financières en cas d'inexactitude du chiffre d'affaires déclaré.

Compte tenu du développement des ventes sur les sites internet, les parties doivent définir précisément le périmètre du chiffre d'affaires soumis au loyer variable.

MODÈLE

Bail comportant une clause-recettes avec minimum garanti

Fixation

Le preneur réglera, en outre, le cas échéant un loyer variable additionnel correspondant à la différence positive entre un pourcentage du chiffre d'affaires hors taxe réalisé par le preneur dans, sur ou à partir du local et le loyer de base prévu ci-dessus.

Ce pourcentage est défini à l'article... du bail.

Définition du chiffre d'affaires

Il faut entendre par chiffre d'affaires :

– le montant total des ventes ou services hors taxe au comptant ou à crédit (à compter du moment où le crédit aura été accordé et quel que soit le sort de l'encaissement), escomptes déduits, réalisés par le preneur dans le cadre de toutes activités professionnelles exercées avec ou sans autorisation dans, sur, ou à partir d'une partie quelconque du local, y compris les ventes à l'exportation,

– le montant total des ventes ou services hors taxe, résultant des commandes passées (i) soit à partir du local et livrées dans le local, (ii) soit à partir du local et livrées hors du local, (iii) soit hors du local et livrées dans le local, en quelque quantité que ce soit, et par quelque moyen que ce soit (notamment par lettre, télégramme, téléphone, télécopie, internet, courrier électronique ou multimédia, abonnements ou toutes autres démarches ou moyens), y compris les rétrocessions effectuées par le locataire (ex : refacturation de marchandises) à des sociétés du groupe du locataire au sens de l'article L 233-3 du Code de commerce, étant cependant convenu que si ces rétrocessions sont réalisées à prix coûtant entre ces sociétés, elles ne rentreront pas dans le chiffre d'affaires déclaré jusqu'à 1 % du chiffre d'affaires ; tout euro de marge devant, ainsi, être déclaré.

Sont comprises dans la définition du chiffre d'affaires, les éventuelles extensions de garantie consenties sur des produits ou des services.

Contrôle du chiffre d'affaires

Afin de permettre le contrôle de son chiffre d'affaires, tel que défini ci-dessus, le locataire s'engage à transmettre au bailleur :

– mensuellement et ce au plus tard le 5 de chaque mois, un état certifié sincère et véritable par le locataire du chiffre d'affaires hors taxe réalisé par lui, étant précisé que les chiffres ainsi communiqués pourront faire l'objet d'une diffusion interne au profit des différents exploitants, ces derniers s'interdisant la diffusion externe au centre commercial de ces résultats, sauf globalement et par secteur d'activités,

– dans les deux mois suivant la clôture de l'exercice civil, une déclaration du chiffre d'affaires hors taxe de l'année écoulée, certifiée par un expert-comptable indépendant ou un commissaire aux comptes, ainsi qu'une copie certifiée dans les mêmes conditions des déclarations de chiffre d'affaires adressées par le locataire à l'administration fiscale pour la période concernée,

– dans les huit jours de la demande qui lui en sera faite, une déclaration signée par lui ou par tout délégué dûment habilité et comportant le relevé du chiffre d'affaires hors taxe pendant toute période spécifique (première semaine d'ouverture du centre commercial, fêtes, etc.),

– dans les huit jours de la demande qui lui en sera faite, une déclaration signée par lui ou par tout délégué dûment habilité et comportant le nombre de clients passés en caisse sur l'une des périodes considérées ci-dessus.

Il est rappelé en outre, qu'en cas d'exercice d'une activité accessoire selon les modalités prévues par l'article... du bail, le locataire devra prendre toutes les dispositions requises afin de procéder à une ventilation du chiffre d'affaires selon les branches d'activités, de nature à permettre au bailleur d'effectuer les contrôles requis.

Le locataire tiendra ou fera tenir à la disposition du bailleur ou de tout organisme comptable de son choix, pendant cinq (5) années à partir de la fin de chaque année civile, les livres et documents comptables (à savoir sans que cette liste soit exhaustive : journaux, grand livre, balance, comptes annuels, livre de caisse, bandes de caisse ou tous documents détaillant les ventes par articles, ou tous autres documents qui leur seraient substitués) établissant le chiffre d'affaires hors taxe réalisé par le locataire dans le local.

Pour le cas où le locataire, malgré l'engagement pris ci-dessus, n'aurait pas produit les éléments de son chiffre d'affaires dans le délai indiqué, la période de cinq (5) années courra à compter de la remise complète desdits éléments au bailleur ou à son mandataire.

Le contrôle que réalise le bailleur sur le chiffre d'affaires n'a pour but de s'immiscer dans la gestion du locataire mais de lui permettre de vérifier, pour la bonne application du loyer variable additionnel, la véracité du chiffre d'affaires déclaré.

Sanctions

À défaut de transmettre au bailleur ou à son mandataire dans les délais requis l'ensemble des informations afférentes au chiffre d'affaires, ou en cas de refus par le locataire de se soumettre au contrôle selon les modalités prévues ci-dessus, et sans préjudice des actions que le bailleur serait fondé à engager selon le droit commun ou la clause résolutoire ci-après stipulée, le locataire sera redevable à titre de pénalité forfaitaire et irréductible, huit jours après la notification d'une mise en demeure, d'une somme égale à 2/365e du dernier loyer toutes taxes comprises facturé par jour calendaire de retard.

Si le contrôle révèle une variation dans la déclaration supérieure à 0,5 %, comme dans l'hypothèse où le locataire persisterait à s'opposer au contrôle du chiffre d'affaires par le bailleur, nonobstant l'expiration du délai de huitaine consécutif à la mise en demeure, une indemnité égale à trois mois du loyer de base annuel toutes taxes incluses sera due à titre forfaitaire et irrévocable par le locataire sans préjudice de tous autres droits et actions du bailleur et notamment d'acquisition de la clause résolutoire.

Ces sanctions seront encourues même dans l'hypothèse où la prise en compte globale du chiffre d'affaires n'aurait pas donné lieu à la facturation d'un loyer variable additionnel.

Le bailleur sera en droit de facturer au locataire les frais de contrôle si l'une quelconque des infractions relevées ci-dessus était constatée. Il en serait de même si le contrôle ne pouvait s'effectuer dans le local.

Clause de performance Cette seconde structure de loyer binaire est moins fréquemment utilisée dans les centres commerciaux que dans les secteurs du commerce de centre-ville ou de l'hôtellerie : le loyer variable ne se déclenche qu'à partir d'un certain seuil du chiffre d'affaires, et le pourcentage ne s'applique que sur la part de chiffre d'affaires excédant ce seuil. Il s'agit dans ce cas d'associer le bailleur aux « performances » du locataire. **6980**

MODÈLE

Clause de performance

« Le loyer annuel indexé selon les dispositions de l'article... sera majoré d'une somme égale à 30 % du chiffre d'affaires HT effectué dans le cadre de l'exploitation de l'ensemble immobilier au-delà de... €.

Si le chiffre d'affaires HT effectué dans le cadre de l'exploitation de l'ensemble immobilier est supérieur à... €, le loyer annuel sera majoré, d'une part, d'une somme égale à 30 % du chiffre d'affaires HT effectué au- delà de... € jusqu'à... €, d'autre part, d'une somme égale à 35 % du chiffre d'affaires HT effectué au-delà de... €.

Cette somme due par le locataire sera augmentée du montant de la TVA calculée selon le taux en vigueur.

De l'accord exprès des parties, les seuils de... € et de... € précités seront révisés annuellement, à la date d'anniversaire de la date de prise d'effet du bail, en fonction des variations de l'indice des loyers commerciaux publié trimestriellement par l'Insee (ILC), lesdits seuils devant varier du

même pourcentage que l'indice précité. À compter de la date de prise d'effet du bail, le calcul annuel des majorations susvisées interviendra, par année civile, après révision des seuils, les indices de références retenus, dont la variation sera appliquée aux montants des seuils susvisés augmentés de la variation ayant résulté, le cas échéant, de leur dernière révision, étant les indices visés à l'article... du bail.
Il est précisé que si l'exploitation de l'ensemble immobilier ne porte que sur une fraction d'année civile, les montants des seuils et des majorations susvisés seront calculés au prorata de la période d'exploitation par rapport à l'année civile concernée. »

2. LE LOYER VARIABLE PUR

7000 Il est toujours possible de fixer le loyer exclusivement en fonction du chiffre d'affaires du locataire. Il s'agit d'une **clause-recettes pure,** dont la validité a été reconnue par la Cour de cassation (n° 48510). Ce schéma contractuel a pu être envisagé au bénéfice d'enseignes-locomotives pour lancer un centre nouveau ou pour résister à la « dé-commercialisation » de centres commerciaux en difficulté et y fixer des enseignes peu soucieuses de prendre des risques.

Toutefois, en pratique et compte tenu des risques évidents d'une telle stipulation, ces clauses-recettes sont rares, le loyer binaire exposé ci-dessus étant privilégié.

ATTENTION

Avec la crise de l'épidémie de **Covid-19,** certaines transactions intervenues entre bailleurs et locataires ont utilisé le loyer variable pur pendant une période temporaire afin d'accompagner le locataire jusqu'au retour progressif du chiffre d'affaires.

B. Loyer du bail renouvelé

7020 L'autonomie fonctionnelle et contractuelle des centres commerciaux se retrouve lors du renouvellement des baux, et se voit confrontée aux contraintes du statut des baux commerciaux.

1. BAUX À LOYER BINAIRE

a. De l'exclusion des règles statutaires de fixation judiciaire du loyer...

JURISPRUDENCE « THÉATRE SAINT-GEORGES »

7030 Saisie d'une demande de revalorisation du loyer minimum garanti à la valeur locative stipulée dans un bail comportant un loyer binaire, la Cour de cassation a affirmé, dans un arrêt de principe « Théatre Saint-Georges », que « la **fixation du loyer** renouvelé d'un tel bail échappe aux dispositions du décret du 30 septembre 1953 et n'est régie que par la **convention des parties** » (Cass. 3e civ. 10-3-1993 n° 460 P : RJDA 6/93 n° 484, JCP N 1994 II p. 239 note Cohen-Trumer et Lévy, Loyers et copr. 1993 chron. n° 8 Ph.-H. Brault).

Contrairement à l'opinion de certains auteurs (B. Boccara, Le renouvellement des baux à loyer variable : AJPI 1994 p. 278), cette formulation elliptique ne signifie pas que le bail commercial à loyer variable est **exclu** du champ d'application du **statut des baux commerciaux.** Seules sont écartées les règles de fixation du loyer tant en ce qui concerne le fond du droit que l'office du juge. Cela signifie que le locataire continue à bénéficier de l'ensemble des règles statutaires étrangères à la détermination du loyer, telles que le droit au renouvellement.

Il n'en reste pas moins que cette jurisprudence figeait le loyer dans son bloc contractuel pour tous les renouvellements éventuels du bail, compromettant ainsi l'équilibre entre la protection statutaire du renouvellement et le droit pour le bailleur d'obtenir une juste contrepartie économique, représentée par la valeur locative.

> Précisions Le bailleur qui veut échapper à la reconduction du loyer composite peut notifier au locataire un **congé** avec refus de renouvellement ou exercer son droit d'option, s'il a déjà offert le renouvellement (Cass. 3e civ. 12-6-2003 n° 02-11.493 FS-PBIR : RJDA 10/03 n° 930 ; Cass. 3e civ. 23-11-2004 n° 03-16.239 F-D : RJDA 10/05 n° 1082). Dans les deux cas, le bailleur s'expose à l'obligation de verser une indemnité d'éviction, si le locataire évincé en remplit les conditions.

CONFIRMATION DE LA JURISPRUDENCE « THÉÂTRE SAINT-GEORGES »

Par une série d'arrêts péremptoires, la Cour de cassation a confirmé et étendu la jurisprudence « Théâtre Saint-Georges » aux **locaux polyvalents** (Cass. 3e civ. 15-3-2000 no 392 D : RJDA 5/00 no 515, Loyers et copr. 2000 comm. no 141 obs. Ph.-H. Brault). **7040**

Par ailleurs, elle a cassé pour dénaturation de la clause-recettes du bail commercial la décision de la cour d'appel de Paris qui avait retenu que, dans l'intention des parties, le loyer minimum garanti ne pouvait représenter que « la valeur locative minimale » des locaux alors que la clause-recettes prévoyait que le loyer minimum garanti imputable et non additionnel était établi sur la base annuelle de 600 F le mètre carré, soit 23 400 F indexé au 1er janvier de chaque année sur l'indice officiel du coût de la construction (Cass. 3e civ. 13-3-2002 no 575 FS-D : RJDA 6/02 no 609).

Il apparaît ainsi qu'en présence d'une clause de loyer variable la seule marge de manœuvre laissée aux juges du fond est celle de l'**interprétation de la volonté des parties,** à condition toutefois que l'application des stipulations du bail, lors du renouvellement, présente une difficulté. En particulier, les juges ne peuvent pas, sous peine de dénaturation, au seul énoncé de la clause-recettes, extrapoler la volonté des parties de fixer, lors du renouvellement, le loyer minimum garanti à la valeur locative. Il faut une stipulation expresse (no 7080).

Les juridictions du fond se sont inclinées et ont appliqué le principe de l'autonomie contractuelle du loyer variable dans toute sa rigueur (CA Paris 20-3-1998 no 96-9979, 16e ch. B : D. aff. 1998 p. 790 ; CA Versailles 6-12-2001 no 99-8165 ; CA Paris 4-5-2011 no 09/07885, ch. 5-3) avec confirmation de la Cour de cassation (Cass. 3e civ. 18-6-2002 no 1067 F-D : AJDI 2002 p. 685 ; Cass. 3e civ. 18-6-2002 no 1069 F-D : AJDI 2002 p. 686 comm. J.-P. Blatter ; Cass. 3e civ. 12-5-2016 no 15-14.107 F-D : RJDA 8-9/16 no 606), et ce, quand bien même la clause de loyer variable n'aurait jamais été appliquée au cours du bail, le chiffre d'affaires du locataire n'ayant pas atteint le seuil de déclenchement (CA Poitiers 27-2-2018 no 17/004371).

b. ... au respect de l'autonomie de la volonté contractuelle

CLAUSE FIXANT LA PARTIE FIXE À LA VALEUR LOCATIVE

Les parties peuvent par **convention** s'entendre sur le principe de la fixation de la partie fixe du loyer composite à la valeur locative. **7080**

MODÈLE

Clause stipulant un loyer binaire

« Le loyer de renouvellement sera nécessairement le loyer à deux composantes de l'article... du présent bail, c'est-à-dire :

– un loyer de base égal à la valeur locative du local considéré à la date d'effet du renouvellement du bail,

– et un loyer variable complémentaire fixé au taux convenu aux conditions particulières du présent bail.

Les parties conviennent que le montant du loyer de base ainsi renouvelé sera fixé d'un commun accord entre elles, par référence aux prix pratiqués pour des locaux équivalents du centre commercial, sauf à être corrigé en considération des différences constatées entre le local loué et les locaux de référence.

À défaut d'accord amiable, les parties décident dès à présent de demander au juge des loyers du lieu de situation du centre commercial de fixer le loyer de base en fonction de la valeur locative, laquelle sera déterminée par ce dernier, selon les mêmes critères que ceux arrêtés ci-dessus en cas d'accord amiable. »

Difficultés Ces clauses de détermination du loyer de base à la valeur locative sans prise en compte de la partie variable complémentaire ont soulevé deux difficultés. **7085**

La première est celle de savoir si les parties peuvent en même temps attribuer compétence au **juge des loyers** et limiter son **pouvoir** d'appréciation par une définition purement conventionnelle de la valeur locative. Certains des nouveaux baux mis au point par les gestionnaires des centres commerciaux, non seulement s'affranchissent des critères statutaires (C. com. art. R 145-3 à R 145-8), mais encore lient le juge sur son choix des références, en prévoyant, par exemple, d'exclure les renouvellements amiables et les loyers fixés judiciairement, et d'inclure dans les loyers de comparaison les prix de cession de droit au bail.

La seconde difficulté est de déterminer **quelle valeur locative appliquer** au loyer minimum garanti.

INDIVISIBILITÉ DU LOYER BINAIRE

7090 Il paraît difficile de fixer la valeur locative de façon autonome, sans tenir compte de l'existence d'un loyer variable. L'article R 145-8, alinéa 3 du Code de commerce impose, au contraire, la **prise en considération** des **modalités** selon lesquelles le **prix** antérieurement applicable a été **originairement fixé.** Or, le loyer minimum garanti n'exprime qu'une partie de la valeur locative du loyer binaire, à laquelle s'applique également la partie variable. Selon Marianne Lassner et Pierre Vallée, le loyer minimum garanti devrait être fixé en fonction à la fois des cinq critères de l'article 23 du décret (C. com. art. L 145-33) et du jeu de la clause de loyer variable (Loyers binaires et application du statut des baux commerciaux : AJDI 2003 p. 242). Cela signifie que la détermination de la valeur locative du loyer binaire ne peut se réduire à une simple arithmétique résultant de l'application des références du centre commercial. Il faut aussi tenir compte de l'avantage procuré au bailleur par l'intéressement sur le chiffre d'affaires.

Les difficultés posées par ces clauses des baux en centres commerciaux résident donc en ce qu'elles ne tiennent pas compte de la partie variable du loyer binaire, de telle sorte que le bailleur se trouve assuré d'une valeur locative d'ores et déjà maximale et d'un espoir de gain supplémentaire.

On observe qu'en pratique le niveau des loyers minimums garantis se trouve à un niveau tel qu'il dépasse l'application du taux sur recettes.

7095 Deux **arrêts d'appel** illustrent les difficultés que posent l'application de ces clauses et la réticence des juridictions à fixer la partie fixe du loyer binaire sans tenir compte de l'existence d'un possible « surloyer » représenté par la partie variable.

La **cour d'appel** de Limoges a ainsi refusé de faire application de ce type de clause. Elle a considéré que la stipulation d'une fixation à la valeur locative du seul loyer de base du bail renouvelé est incompatible avec le maintien expressément prévu du loyer variable additionnel, étant ici observé que l'article 23 du décret du 30 septembre 1953 (C. com. art. L 145-33), auquel les parties ont entendu se soumettre volontairement, dispose que le montant des loyers des baux renouvelés doit correspondre à la valeur locative, sans possibilité donc d'y ajouter une autre valeur. Par conséquent les stipulations issues de la commune intention des parties relatives à la fixation du loyer du bail renouvelé dérogent nécessairement au statut d'ordre public des baux commerciaux avec lequel elles sont incompatibles, et il n'entre pas dans les pouvoirs du juge des loyers commerciaux de procéder à cette fixation (CA Limoges 4-9-2014 n° 13/00095, ch. civ.).

La cour d'appel d'Aix-en-Provence a adopté une solution identique en se fondant également sur l'indivisibilité des parties fixe et variable du loyer binaire et a considéré que le juge des loyers commerciaux, qui a compétence pour fixer le prix du bail révisé ou renouvelé, doit nécessairement s'attacher à l'examen de l'ensemble de cette contrepartie, prise dans sa globalité – sans ignorer l'existence de la partie variable et a donc refusé de fixer uniquement la partie fixe du loyer (CA Aix-en-Provence 19-2-2015 n° 12/11349, 11e ch. D).

Dans sa majorité, la **doctrine** a critiqué ce nouveau courant jurisprudentiel, faisant valoir que les dispositions de l'article L 145-33 du Code de commerce définissant la valeur locative ne sont pas d'ordre public et que les parties sont libres d'organiser la divisibilité des deux composantes du loyer binaire (A. Jacquin : Gaz. Pal. 14 avril 2015 p. 10 ; Ph.-H. Brault : Loyers et copr. 2015 ; pour une opinion contraire, J.-D. Barbier : Administrer nov. 2014 p. 28).

Dans un arrêt du 17 septembre 2016, la **cour d'appel de Versailles** a en revanche donné effet aux stipulations des parties et reconnu sa compétence en se fondant sur l'argumentation suivante : en insérant une clause relative à la fixation du loyer en renouvellement dans leur contrat, les parties ont clairement manifesté leur volonté de soumettre, lors du renouvellement de leur bail, la fixation du loyer minimum garanti à la valeur locative ; elles ont d'ailleurs renvoyé aux textes du statut des baux commerciaux en matière de loyer et ont donné compétence au juge des loyers commerciaux pour fixer ce loyer ; cette clause claire et précise dans sa rédaction concrétise la volonté des parties dès la conclusion du contrat de déterminer la valeur locative du loyer minimum garanti lors de chaque renouvellement du bail et ne peut aboutir à un déséquilibre du contrat puisque les termes du loyer ont été établis dès le départ par les parties dans le contrat de bail qu'elles ont signé (CA Versailles 13-9-2016 n° 15/02232, 12e ch.).

RESPECT DE L'AUTONOMIE DE LA VOLONTÉ DES PARTIES

7100 La **Cour de cassation** a heureusement tranché cette controverse. Dans deux arrêts de principe publiés au bulletin et connus sous le nom de « **Marveine** », elle a ainsi jugé que la stipulation selon laquelle le loyer d'un bail commercial est composé d'un loyer minimum et d'un loyer calculé sur la base du chiffre d'affaires du locataire n'interdit pas, lorsque le contrat le prévoit, de **recourir au juge** des loyers commerciaux pour fixer, lors du renouvellement, le minimum garanti à la **valeur locative** ; le juge statue alors selon les critères de l'article L 145-33 du Code de commerce, notamment au regard de l'obligation contractuelle du locataire de verser, en sus du loyer minimum garanti, une part variable, en appréciant l'**abattement** qui en découle (Cass. 3e civ. 3-11-2016 nos 15-16.826 FS-PBRI et 15-16.827 FS-PBRI : RJDA 1/17 no 5 et Chron. R. Parneix p. 3).

Ces deux arrêts ont été rendus au visa de l'article 1134 du Code civil (devenu l'article 1103), qui pose le principe de la liberté contractuelle, et de l'article L 145-33 du Code de commerce relatif à la valeur locative.

Les clauses querellées prévoyaient que « le loyer de base sera fixé selon la valeur locative telle que déterminée par les articles 23 à 23-5 du décret du 30 septembre 1953 ou tout autre texte qui lui sera substitué ».

ATTENTION

La Cour de cassation a étendu sa jurisprudence dans le cas où le loyer n'est pas composé de deux parties (un loyer minimum et un loyer calculé sur la base du chiffre d'affaires), mais d'un **loyer** exclusivement composé d'une part **variable,** assorti d'une valeur plancher équivalant à la valeur locative, qu'il est demandé au juge de fixer (Cass. 3e civ. 29-11-2018 no 17-27.798 FS-PBI : RJDA 2/19 no 77, censurant CA Versailles 19-9-2017 no 16/03805 : RJDA 2/18 no 108).

On relèvera que la **cour d'appel** d'Aix-en-Provence s'est ralliée à la solution consacrée par la Cour de cassation (CA Aix-en-Provence 2-2-2017 no 12/06874, 11e ch. B). 7105

Il en va de même de la cour d'appel de Lyon, statuant en tant que cour de renvoi des arrêts de cassation du 3 novembre 2016 : elle a jugé que le fait que seule la partie fixe du loyer serait fixée à la valeur locative par le juge ne contrevenait pas à l'application des critères légaux de détermination de la valeur locative, puisque l'obligation du locataire de payer ce loyer additionnel pouvait être prise en compte dans la détermination de la valeur locative (CA Lyon 28-6-2018 nos 16/09607 et 16/09608, 3e ch. A).

À propos de l'abattement sur la partie fixe du loyer... 7115

Avis de Raphaël Garraud :

Les arrêts de la Cour de cassation du 3 novembre 2016 posent la question de l'estimation du loyer de base et de la mesure de l'abattement qui devrait découler de la structure binaire du loyer.

La Cour de cassation semble lier la justification d'un tel abattement aux dispositions de l'article L 145-33 du Code de commerce. Des corrections négatives peuvent être pratiquées au titre de charges dites exorbitantes du droit commun. Le loyer binaire est presque exclusivement pratiqué en centre commercial : on voit mal, dès lors, comment doser un abattement sur la partie fixe estimée selon des comparables également fixes mais assortis eux-mêmes de taux sur recettes assez lisses ; d'autre part, si les clauses de transferts de charges justifient une décote à raison de leur récurrence, le seuil de déclenchement du taux sur recettes est rarement atteint. Une simple approche statistique montre que ce déclenchement est exceptionnel, tous centres commerciaux confondus, ne serait-ce que parce que, contrairement aux loyers de base modérés des premiers centres commerciaux, la part fixe des baux binaires se trouve aujourd'hui à un niveau tel qu'elle permet très rarement ce déclenchement.

Il est difficile d'envisager de corriger le loyer de base au titre d'une charge supplémentaire qui serait :

– purement hypothétique, si le centre se porte mal ou seulement assez bien ;

– ou à l'inverse, le résultat d'un pari gagné en commun, si le centre connaît une belle prospérité ; il serait paradoxal de procéder à un abattement précisément lorsque le locataire ne peut que se féliciter de sa situation.

On peut aussi considérer que la Cour de cassation a posé en droit le principe d'un abattement pour l'éternité de la vie du loyer binaire.

Pour autant, rien ne semble interdire à l'expert et au juge de pratiquer un abattement égal à zéro si l'on constate au moment de fixer un loyer que le marché du centre ne permet de manière statistique et pérenne aucun déclenchement sinon tout à fait marginal en volume et en nombre de locataires concernés.

La mesure d'un abattement doit être motivée en fonction du risque statistique et de l'étendue de la part variable éventuelle.

Avis de Philippe Riglet :

Il semble que la stipulation d'un loyer variable ne puisse pas constituer une charge exorbitante de droit commun puisqu'elle participe de la détermination du loyer. Toutefois, comme le souligne justement la cour d'appel de Lyon dans l'arrêt du 28 juin 2018 (no 7105), le critère prévu par le point 3° de l'article L 145-33 du Code de commerce concerne les obligations respectives des parties, ce qui inclut l'obligation pour le locataire de verser, en sus du minimum garanti, une part variable : cette obligation peut ainsi donner lieu à application d'un abattement, sans que cela aboutisse à traiter le loyer additionnel comme une charge, l'appréciation des obligations des parties dans la détermination de la valeur locative ne se limitant pas à celle de l'obligation du preneur de payer des charges (en ce sens, commentaire du conseiller R. Parneix : « rien ne s'oppose à ce que le loyer variable additionnel soit pris en compte pour adapter le montant du loyer renouvelé au cas où le cumul de la part variable et de la part fixe excéderait la valeur locative » : RJDA 1/17 chron. p. 3).

Concernant la détermination de l'abattement, il ne s'agit pas d'évaluer une charge exorbitante de droit commun transférée au locataire, mais de prendre en considération, en quelque sorte, la chance de gain supplémentaire que représente pour le bailleur l'obligation pour le locataire de verser un pourcentage du chiffre d'affaires qu'il a réalisé, si celui-ci dépasse le montant du loyer minimum garanti.

Le tribunal de grande instance de Créteil a appliqué un abattement de 5 % sur la valeur locative, à raison de l'obligation du locataire de payer un loyer variable additionnel, sans considération du fait que le seuil d'application du loyer variable n'avait jamais été atteint au cours du bail (TGI Créteil 27-6-2018 n° 15/00.0009).

7120 **Portée de la jurisprudence « Marveine »** La position de la Cour de cassation sera-t-elle la même, en présence des nouvelles clauses des baux mis au point par les propriétaires des centres commerciaux prévoyant que le loyer minimum garanti est fixé à la **valeur locative** de marché, **sans** aucune **référence** ni aux **règles statutaires,** ni à l'existence d'un loyer variable additionnel ?

Le débat reste ouvert. Comme l'ont souligné certains auteurs, la Cour de cassation semble attraire les aménagements contractuels du loyer dans le giron de l'ordre public statutaire (J. Monéger : JCP G 2016 n° 52, 1415 ; J.-D. Barbier, Le loyer commercial entre désordre contractuel et ordre public : Gaz. Pal. 14 mars 2017 n° 11 p. 53). Sans aller jusqu'à reconnaître expressément le caractère d'ordre public de l'article L 145-33 du Code de commerce, la Cour de cassation paraît conditionner la compétence du juge des loyers dans la fixation du loyer de renouvellement, conventionnellement aménagé, au respect des critères de l'article L 145-33.

L'analyse de la jurisprudence récente des cours d'appel tend à montrer que les juges du fond appliquent, lorsqu'ils existent, les critères prévus par les parties pour la détermination du loyer du bail renouvelé.

ILLUSTRATIONS

En présence d'une clause qui, s'affranchissant des dispositions de l'article L 145-33, stipulait que, lors des renouvellements successifs, le loyer minimum garanti serait fixé par référence aux prix pratiqués pour des locaux équivalents dans le centre commercial, les juges d'appel ont retenu leur compétence et ont refusé d'appliquer l'abattement de 5 % qui avait été appliqué par le tribunal en considération de la part variable du loyer, aux motifs que les parties n'avaient pas convenu de se référer à l'article L 145-33 du Code de commerce, de sorte que son alinéa 3 aux termes duquel la valeur locative est déterminée d'après les obligations respectives des parties n'était pas applicable (CA Paris 3-6-2020 n° 18/20160, ch. 5-3 ; CA Versailles 13-4-2023 n° 21/04006, 12e ch.).

Pour avoir une réponse définitive sur la question de savoir si les critères légaux de la valeur locative fixés à l'article L 145-33 du Code de commerce sont d'ordre public ou supplétifs de la volonté, il faudra, comme le souligne la conseillère Marie-Laure Aldigé, « attendre que la troisième chambre civile soit saisie d'un pourvoi lui soumettant cette question pour qu'elle puisse prendre position et préciser à nouveau l'office du juge » (RJDA 10/24 chron. p. 7). On relèvera néanmoins que, dans son arrêt « Monoprix » (Cass. 3e civ. 30-5-2024 n° 22-16.447 FS-BR, Sté Nice Cimiez c/ Sté Monoprix exploitation : RJDA 10/24 n° 520), la Cour de cassation prend le soin de rappeler que les dispositions du Code de commerce relatives à la fixation du prix du bail renouvelé sont supplétives de la volonté des parties, ce qui semble ouvrir la voie à la validation des clauses s'affranchissant des dispositions de l'article L 145-33.

CONSEIL

Compte tenu de l'incertitude pesant sur la compétence du juge pour appliquer les aménagements contractuels dérogeant aux règles statutaires de fixation du loyer du bail renouvelé, les bailleurs auraient tout intérêt à prévoir une fixation du loyer par un **expert** intervenant dans le cadre du mandat d'intérêt commun de l'article 1592 du Code civil ou par un **arbitre.**

7125 **Compétence du juge en l'absence de clause attributive de compétence** Il résulte de la jurisprudence « Marveine » que, en présence d'une clause attribuant compétence expresse au juge des loyers pour fixer à la valeur locative la partie fixe du loyer, le juge des loyers est tenu de retenir sa compétence et d'y faire droit. La question restait néanmoins posée de savoir si le juge des loyers était compétent pour statuer sur une demande de fixation du loyer, en l'absence d'une clause attributive de compétence.

Dans son arrêt « Monoprix », la Cour de cassation répond par l'affirmative (Cass. 3e civ. 30-5-2024 n° 22-16.447 FS-BR, Sté Nice Cimiez c/ Sté Monoprix exploitation : RJDA 10/24 n° 520) : elle considère que le juge des loyers commerciaux étant seul compétent pour statuer sur une demande en fixation judiciaire du prix du bail renouvelé, même si le bail comprend une part variable, il ne peut pas déclarer une telle demande irrecevable, mais doit **statuer au fond** ; il doit déterminer si les parties sont convenues de voir fixer judiciairement la part fixe du loyer à la valeur locative et doit **rechercher** cette **volonté commune** soit dans le contrat dans son ensemble, soit dans des éléments extrinsèques au contrat.

C'est donc la consécration de l'abandon du fondement de l'exclusion statutaire, esquissée par la jurisprudence « Marveine », au profit de la seule recherche de la volonté des parties.

ATTENTION

La Cour de cassation n'ouvre que partiellement la porte à la révision de la partie fixe du loyer, dans la mesure où elle fait **présumer,** en présence d'un loyer binaire, une **volonté des parties d'exclure** une **fixation judiciaire** du prix. Il appartient en conséquence à la partie demanderesse de démontrer la volonté contraire des parties et au juge de la rechercher soit dans le contrat, soit dans les éléments extrinsèques.

Les **juges** du fond vont devoir se livrer à une **recherche,** toujours aléatoire, de la volonté des parties, **en s'appuyant** tant sur les autres clauses du bail que sur les négociations qui ont accompagné sa signature ou la manière dont les parties ont exécuté le contrat. **7126**

Si la **preuve** de la volonté d'une fixation judiciaire du loyer est **rapportée,** le juge des loyers fixera le prix du bail renouvelé, seule la partie fixe étant modifiée, la partie variable échappant au contrôle du juge. Dans le cas **contraire,** le juge devra rejeter la demande et le loyer du bail renouvelé sera alors fixé selon le dispositif contractuel du bail antérieur, à l'instar de la solution retenue dans l'arrêt « Unibail » (Cass. 3e civ. 7-5-2002 n° 809 FS-PBI : RJDA 7/02 n° 738).

ALÉA ET LOYER MINIMUM GARANTI

L'absence d'aléa véritable pour le bailleur pourrait remettre en cause la validité de ces clauses et constituer une cause de nullité du bail si la qualification de contrat aléatoire était retenue (CA Paris 21-9-2005 n° 2004-4395, 16e ch. A : JCP G 2006 II n° 10115 note A. Morin). **7130**

> Précisions Dans cette affaire, les parties avaient conclu un protocole d'accord portant sur le renouvellement amiable d'un bail commercial à usage de clinique, selon un loyer égal à 9 % du chiffre d'affaires hors taxe annuel du locataire avec un minimum de 1 242 459,90 € hors taxe. Il était cependant consenti pour les trois premières années du bail une réduction et une forfaitisation du loyer portant celui-ci à un montant hors taxe fixé annuellement de 998 541,062 €, la première année, 1 059 520,669 €, la deuxième année, 1 120 500,267 €, la troisième année. Il était, en outre, stipulé que le loyer minimum de base de 1 242 459,90 €, applicable à compter de la 4e année, correspondait à la valeur locative, telle qu'évaluée par les parties. Le locataire, souhaitant remettre en cause le protocole d'accord, a revendiqué la qualification de contrat aléatoire et soulevé la nullité du bail renouvelé pour défaut d'aléa pour le bailleur, assuré dans tous les cas d'obtenir la valeur locative.

Si la cour d'appel a retenu la qualification de contrat aléatoire, elle a néanmoins considéré qu'il existait un véritable aléa pour le bailleur, dans la mesure où il acceptait pendant les trois premières années du bail un loyer nettement inférieur à la valeur locative.

2. BAUX À LOYER UNIQUE

APPLICATION DE LA RÈGLE DU PLAFONNEMENT

Les baux des centres commerciaux comportant un loyer fixe unique s'inscrivent dans la problématique classique du statut des baux commerciaux, en particulier en ce qui concerne la règle du plafonnement édictée à l'article L 145-34 du Code de commerce et ses très larges exceptions légales et contractuelles (nos 54010 s.) avec toutefois certaines particularités. **7150**

DÉROGATIONS CONVENTIONNELLES À LA RÈGLE DU PLAFONNEMENT

Pratique des baux d'une durée supérieure à neuf ans Une importante « génération » de baux commerciaux dans les centres commerciaux organise la dérogation à la règle du plafonnement du loyer en stipulant une durée contractuelle supérieure à neuf ans. Cette technique n'est toutefois efficace que lors du premier renouvellement dès lors que, suivant la jurisprudence de la Cour de cassation, le locataire a la possibilité, lors des renouvellements subséquents, de revendiquer la durée légale de neuf ans instituée par l'article L 145-12 du Code de commerce (Cass. 3e civ. 2-10-2002 n° 01-02.781 FS-PB : RJDA 12/02 n° 1246), car les parties ne peuvent **7160**

pas renoncer à l'avance aux dispositions de l'article L 145-12, auquel la Cour confère un caractère d'ordre public (Cass. 3e civ. 18-6-2013 n° 12-19.568 F-D : RJDA 12/13 n° 989).

Ce n'est en conséquence que postérieurement à la date d'effet du congé avec offre de renouvellement, ou dans le nouveau bail renouvelé, que les parties peuvent convenir d'une durée supérieure à neuf ans. Dans le cas contraire, le bail étant renouvelé pour la durée légale de neuf ans, le loyer sera soumis à la règle de plafonnement lors du prochain renouvellement.

7165 **Dérogations fondées sur des conditions financières autonomes** Depuis plusieurs années, les nouvelles « générations » de baux organisent la dérogation à la règle du plafonnement en ne se fondant plus sur la durée du bail, mais sur les stipulations particulières prévoyant les conditions financières autonomes du bail renouvelé.

Les baux prévoient généralement que le loyer du bail renouvelé sera fixé à la **valeur locative de marché,** tout en stipulant un **loyer plancher** correspondant au dernier loyer en cours.

Ces clauses étant totalement autonomes et dérogatoires à la définition légale de la valeur locative de l'article L 145-33 du Code de commerce, il existe un risque similaire à celui rencontré en matière de loyer binaire (nos 7100 s.).

MODÈLE

Clause relative au loyer du bail renouvelé

À titre de condition essentielle et déterminante du bail, les Parties décident d'organiser librement entre elles la fixation du loyer du bail renouvelé, et ce en application de l'article 1103 du Code civil.

De convention expresse entre les Parties, il est stipulé qu'en cas de renouvellement éventuel dans les termes découlant des présentes, le loyer de base du bail renouvelé sera fixé à la valeur locative de marché, et ce indépendamment de sa durée, dans les conditions définies ci-après sans toutefois que ce loyer de base de renouvellement ne puisse être inférieur au loyer de base mentionné à l'article... du bail, actualisé et indexé dans les conditions de l'article... du bail.

Pour la détermination de la valeur locative de marché, il sera pris en compte :

– les seuls loyers de base, librement débattus entre bailleur et locataires, pratiqués pour les autres locaux du Centre commercial où se trouve le local, objet du bail, lequel constitue un marché autonome de références de valeurs locatives, soit à l'occasion de modifications locatives, soit à l'occasion de renouvellements amiables de baux à l'exclusion de toutes références judiciaires, soit encore lors de la prise à bail de nouveaux locaux, pour lesquels seront additionnés aux loyers périodiques les loyers en capital constitués des droits d'entrée et des prix de cession de droit au bail qui seront décapitalisés ;

– les valeurs retenues correspondront aux prix de marché pratiqués dans le Centre commercial (à l'exclusion de toute indemnité d'occupation) dans les trois années précédant la date d'effet du renouvellement, outre ceux de l'année en cours à la date d'effet du renouvellement, pour les locaux et correspondant de préférence au même secteur d'activité, ainsi qu'à des surfaces sensiblement comparables.

Tant pour la détermination des loyers de référence que pour la détermination du loyer de base de renouvellement, sera prise en considération la surface contractuelle des locaux sans qu'aucune pondération ne soit pratiquée.

Il est par ailleurs ici rappelé que l'article L 145-34 du Code de commerce ne trouve pas à s'appliquer au bail. C'est donc exclusivement en tant que de besoin que le locataire déclare renoncer au bénéfice des dispositions de cet article.

MÉTHODE D'ÉVALUATION DE LA VALEUR LOCATIVE LÉGALE

7175 Les valeurs locatives en centre commercial présentent certaines particularités. En effet, un centre commercial constituant une « **unité autonome d'exploitation** » au sens où l'entend la jurisprudence, il est exclu de faire référence à un marché locatif qui lui soit extérieur.

La jurisprudence reste à notre connaissance constante sur ce point (notamment, CA Nîmes 28-6-2018 n° 17/00654, 4e ch. com.), même si une certaine doctrine invite à élargir le choix des éléments de comparaison à ceux qui sont pratiqués au sein de centres commerciaux comparables en termes de format, niveau d'activité ou gamme d'enseignes (Fr. Robine, Réflexions sur l'obsolescence de la notion « d'unité autonome de marché », l'arbitrage et les définitions nouvelles : Gaz. Pal. 10 décembre 2005 p. 3). On relèvera néanmoins que, dans un cas où la société propriétaire était l'unique bailleresse de la galerie marchande, la cour d'appel de Montpellier a approuvé le premier juge d'avoir retenu qu'il était nécessaire de rechercher des éléments de comparaison autres et ne relevant pas de son monopole (CA Montpellier 3-11-2009 n° 08/08270, 1e ch. B : Loyers et copr. 2010 comm. n° 142 note C. Chavance).

Les clauses de certains baux de centres commerciaux, qui lient l'expert et le juge, prévoient, à défaut de locaux équivalents au sein du centre même, de faire référence aux conditions locatives relevées au sein de centres équivalents (avec ou sans définition de cette équivalence).

Dans les centres commerciaux, il est généralement prévu que la **détermination de la surface** se fera selon la méthode dite du « Gross Leasing Area » (GLA), pratiquée aux États-Unis. La licéité de cette méthode, qui consiste à englober dans la surface louée les murs donnant sur les parties communes et, jusqu'à la mitoyenneté, les murs donnant sur les parties privatives, a été admise par la Cour de cassation, au motif qu'aucune disposition législative et réglementaire n'interdit aux parties de fixer le montant du loyer initial en fonction de la superficie hors œuvre des locaux loués (Cass. 3e civ. 23-2-1983 n° 303 : JCP G 1985 II n° 20390).

Sont pris en compte les loyers conventionnels observés, et dans une certaine mesure les **coûts éventuels d'acquisition du droit au bail** (prix de cession ou droit d'entrée versé au bailleur). 7180
L'observation du niveau de ces coûts en capital contribue simplement à éclairer l'appréciation de la valeur locative en donnant la mesure de la commercialité du centre.

Il n'est pas procédé à la décapitalisation directe des coûts de cette nature, ainsi qu'il est pratiqué pour les commerces de centre-ville. En effet, l'acquéreur d'un droit au bail, dans ce dernier cas, valorise, pour apprécier le droit au bail qu'il est prêt à financer, l'avantage que constitue le bénéfice d'un loyer modéré. En centre commercial, l'approche de la valeur du droit au bail dépasse largement la capitalisation de cette économie. Le coût d'acquisition du droit au bail rémunère également des avantages d'une autre nature : clientèle captive, politique de communication collective, complémentarité des enseignes, attractivité de certaines « locomotives », etc.

Les baux de nombre de centres commerciaux incluent une définition conventionnelle de la valeur locative quant au choix des références et à la prise en compte de loyers « décapitalisés ».

Prise en compte de la destination et du taux d'effort Selon **Ph. Riglet,** lors du renouvellement des baux, on peut regretter qu'en pratique, les experts ne tiennent pas compte 7185
de la destination des locaux loués pour se focaliser sur l'emplacement de ces locaux et les références les plus récentes. C'est une erreur juridique, puisque les dispositions de l'article L 145-33 du Code de commerce imposent de tenir compte de « la destination des lieux » pour déterminer la valeur locative. Mais c'est également une erreur économique, car le principe statutaire de différenciation des destinations trouve sa traduction économique dans le taux d'effort, lequel représente le ratio entre le loyer et le chiffre d'affaires. Or, toutes les destinations ne peuvent supporter le même taux d'effort, car elles n'ont pas la même capacité à générer de la marge ; par exemple une destination alimentaire ne peut supporter le même taux d'effort qu'une destination d'équipement de la personne, sous peine de compromettre la pérennité de l'exploitation.

Tel est le raisonnement tenu par la cour d'appel de Montpellier qui, dans le cas d'un bail strictement limité à l'activité de coiffure et non d'un bail tous commerces, a considéré qu'il convenait nécessairement de prendre en considération cet élément et non de s'attacher à une valeur de boutique « standard » susceptible d'accueillir n'importe quel commerce, la destination des lieux étant l'un des critères de la valeur locative (CA Montpellier 3-11-2009 n° 08/08270, 1e ch. B : Loyers et copr. 2010 comm. n° 142 note C. Chavance). De même, la cour d'appel de Versailles a entériné la méthode de l'expert qui a consisté à combiner la méthode des loyers de comparaison avec celle du taux d'effort et d'adopter une valeur locative médiane entre celle obtenue par application d'un taux de 5 % sur le chiffre d'affaires réalisé par la société locataire (activité de jardinerie) après déduction des charges du centre commercial dans lequel était situé le local (taxe foncière, taxe sur les locaux commerciaux et valeur obtenue par la méthode de comparaison (CA Versailles 16-4-2013 n° 12/00068, 12e ch.).

Selon **R. Garraud,** les loyers des centres commerciaux ne sont pas fixés à l'issue d'une négociation aussi souple et sont donc moins contrastés que les loyers de commerces de 7190
centre-ville.

La grille des loyers y est plus uniforme, dès lors que le statut de la copropriété n'est pas le plus fréquent. Pèsent sur le niveau du loyer :

- la qualité de la position physique (plus ou moins grande proximité des lignes de caisse d'un hypermarché, des accès principaux, d'une enseigne « locomotive »),
- le format, l'effet volume dépréciant sensiblement le prix unitaire,
- le linéaire de façade dès lors que les surfaces n'y sont pas pondérées,
- et la destination contractuelle.

Les grilles des loyers conventionnels des centres commerciaux intègrent à la fois :

– un taux d'effort normatif approprié à chaque branche d'activité,

– les contraintes d'un plan de « merchandising » bien construit (l'offre commerciale devant être complète, cohérente et attractive, la gestion du centre offrira à certaines enseignes des conditions privilégiées).

Lors de la fixation judiciaire du loyer en renouvellement de bail, l'expert commis par le tribunal s'attachera à examiner la première série de ces critères d'appréciation. Il devra disposer d'un état locatif actuel et exhaustif (en valeur faciale et en tenant compte des loyers économiques) pour nuancer la valeur locative proposée à la juridiction, en situant notamment l'activité considérée dans une échelle de prix.

L'échelle des valeurs locatives est souvent la suivante, de la valeur locative la plus élevée à la plus modeste.

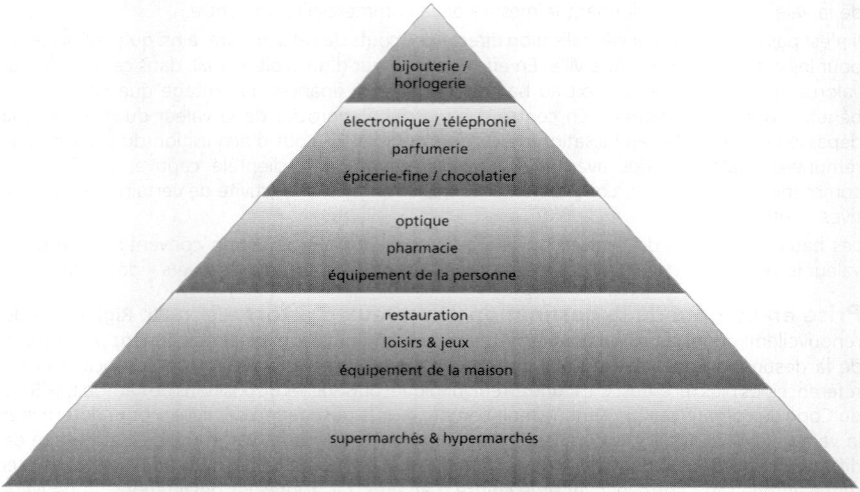

L'existence de cette échelle des valeurs par activités tient à la combinaison du format des locaux et des taux de marges dans chaque branche. Le retour presque systématique à la valeur locative au moment du renouvellement du bail contribue à ce que les échantillons de valeurs locatives soient très resserrés.

PRISE EN COMPTE DES CLAUSES EXORBITANTES DE DROIT COMMUN

7200 Selon **Ph. Riglet,** on relève une pratique assez courante des experts judiciaires intervenant dans les centres commerciaux de ne pas tenir compte des clauses exorbitantes de droit commun transférant au locataire le coût de la taxe foncière, les grosses réparations, l'assurance de l'immeuble, les travaux de mise en conformité, au motif qu'il s'agirait d'un « usage » répandu dans le centre commercial considéré. En réalité, on constate que cet usage est rarement vérifié par une analyse systématique des baux du centre commercial. Mais à supposer qu'il soit établi, on peut sérieusement douter que l'usage puisse exclure l'**application de la règle de la minoration de la valeur locative** édictée par l'article R 145-8 du Code de commerce.

Tout d'abord, la première phrase de l'article R 145-8, qui vise comme facteur de minoration de la valeur locative les « obligations incombant normalement au bailleur dont celui-ci se serait déchargé sans contrepartie », ne fait aucune mention des usages. Ensuite, la référence aux usages, formulée dans la deuxième phrase du même article, est conçue comme alternative à la loi : « au-delà de la loi ou des usages ».

Cela signifie que si une obligation est contractuellement transférée au locataire alors qu'elle incombe légalement au bailleur, on doit appliquer la règle de minoration de la valeur locative. Ce n'est qu'en l'absence de dispositions légales qu'on doit examiner les usages, car l'usage ne saurait primer sur la loi. En outre, on voit mal comment les clauses des baux d'un même et seul centre commercial, imposées par un bailleur unique, pourraient constituer en elles-mêmes un usage.

Sur cette question d'interprétation, les **juridictions du fond** ont adopté des positions divergentes :

– la cour d'appel de Paris a ainsi considéré que l'impôt foncier pèse en principe sur le bailleur et l'allégation que l'usage en centre commercial est de faire supporter par le locataire la charge de cet impôt est inopérante, dès lors qu'un tel usage, à le supposer établi, ne peut contrevenir à une disposition claire de la loi (CA Paris 30-11-2011 n° 10/05085, ch. 5-3 : RJDA 8-9/12 n° 753 ; dans le même sens CA Rouen 17-6-2010 n° 08/03357, 2e ch.) ;

– la cour d'appel de Poitiers a jugé au contraire, s'agissant des obligations respectives des parties, qu'il n'est pas possible de retenir un abattement pour charges exorbitantes de droit commun, dès lors que, dans leur grande majorité, les locataires de la galerie commerciale supportent tous les mêmes charges, que ce soit au titre des grosses réparations, de l'impôt foncier, des frais de gestion et des primes d'assurance (CA Poitiers 10-7-2012 n° 11/04363, 2e ch. civ.) ;

– la cour d'appel d'Angers a considéré que l'existence de transferts de charges n'excluait pas de correction négative de la valeur locative dans la mesure où il n'était pas prouvé que de telles obligations entraient dans la détermination de la valeur locative des autres commerces (CA Angers 30-12-2019 n° 18/01230).

La **Cour de cassation** a tranché en faveur de la déduction du montant de l'impôt foncier de la valeur locative (Cass. 3e civ. 23-5-2019 n° 18-14.917 F-D : RJDA 10/19 n° 610). Elle a réitéré sa position en jugeant que sauf disposition expresse, tant les grosses réparations que le paiement de la taxe foncière sont à la charge du bailleur et les obligations incombant normalement au bailleur, dont celui-ci s'est déchargé sur le locataire, constituent un facteur de diminution de la valeur locative (Cass. 3e civ. 8-4-2021 n° 19-23.183 F-D : RJDA 8-9/21 n° 555).

Selon **R. Garraud,** la règle est celle de l'équivalence. Les centres commerciaux pratiquent le plus souvent des contrats types, soit des « baux-investisseurs » à loyer net en leur faveur, dans les limites des dispositions de l'article R 145-35 du Code de commerce. Il en va de même des artères de commercialité élevée où bailleurs institutionnels et foncières importantes sont très représentés. **7205**

Le **droit commun** des baux de centres commerciaux n'est pas celui des autres marchés locatifs. Dès lors que les clauses de charges des baux de comparaison sont uniformes, il n'y a pas lieu de déprécier la valeur locative au titre des transferts de charges.

La question du caractère exorbitant ou non du droit commun des transferts de charges en centre commercial se pose dès lors que ne sont mis à la charge des locataires que les coûts autorisés par l'article R 145-35 du Code de commerce.

Il est difficile de mesurer ce que peut être la part de monétisation dans le loyer des charges désormais non récupérables. La valeur locative ne peut être appréciée qu'en considération des loyers pratiqués, toutes composantes confondues, cette monétisation étant sans doute assez uniforme. Les facteurs de minoration de la valeur locative ne peuvent plus être motivés.

Une certaine pratique expertale s'interroge sur la possibilité d'exprimer tous les loyers de comparaison en valeur charges comprises pour estimer une valeur locative également charges comprises dont serait retranchée par exemple la taxe foncière, uniformément supportée par les locataires. Cette logique strictement économique vise à préserver l'équivalence entre valeur locative estimée et termes de comparaison.

APPRÉCIATION DE LA MODIFICATION DES FACTEURS LOCAUX DE COMMERCIALITÉ

Le centre commercial constituant une unité autonome de marché, la modification des facteurs locaux de commercialité, qui constitue une cause de déplafonnement, s'apprécie principalement en fonction de **facteurs intrinsèques** au centre commercial, tels que l'extension des surfaces de vente, l'amélioration du stationnement, l'implantation de nouveaux commerces. **7215**

ILLUSTRATIONS

La modification des facteurs locaux de commercialité est réelle à raison tout d'abord du développement de la zone commerciale où est situé le centre commercial, suite à l'implantation dans la zone de plusieurs enseignes nationales, ensuite par la réalisation de travaux d'aménagement de l'accès au centre commercial et du centre commercial lui-même, rendant plus attrayant et favorisant sa fréquentation, enfin par le développement de la galerie commerciale et notamment l'implantation de plusieurs enseignes connues dont une moyenne surface à l'enseigne très attractive, à proximité du commerce de tabac-journaux. L'ensemble de ces éléments a eu pour effet d'entraîner un accroissement important de la fréquentation de l'hypermarché et du centre commercial. Cet accroissement a eu une incidence sur le commerce considéré en raison de sa localisation au cœur de la galerie marchande et sur l'allée d'accès à l'hypermarché.

CA Nîmes 2-12-1999 n° 98-4125, 1e ch. sect. B : Juris-Data n° 1999-103976.

La restructuration du centre commercial dont la surface de vente a été augmentée, l'extension des emplacements de stationnement ainsi que l'amélioration des accès et l'adjonction de nouvelles enseignes connues ont entraîné une modification notable de la commercialité en relation directe avec le commerce considéré.

CA Montpellier 26-9-2000 n° 98-5326, 2e ch. sect. B : Juris-Data n° 2000-135846.

Ayant constaté une modification très importante des facteurs locaux de commercialité, d'où était résultée une augmentation de la clientèle fréquentant le centre commercial, qui englobe la galerie marchande dans laquelle est installée la boutique donnée en location, et retenu que la configuration de l'hypermarché et l'implantation de ses caisses à proximité immédiate de ce magasin, avec accès direct, avaient facilité aux clients de la grande surface le passage devant celui-ci, la cour d'appel en a souverainement déduit que la modification notable des facteurs locaux de commercialité avait eu une incidence certaine et directe sur le commerce considéré justifiant la fixation du loyer du bail renouvelé à la valeur locative.

Cass. 3e civ. 29-1-2002 n° 00-16.394 F-D.

7220 Des **facteurs extérieurs** au centre commercial peuvent également être pris en considération, lorsqu'ils influent sur sa commercialité. Il en va ainsi de la construction d'un lotissement commercial et de cinq lotissements d'habitation à proximité d'un centre commercial dans lequel était situé le local loué entraînant une évolution importante de la zone commerciale et du nombre d'habitants constituant la clientèle potentielle des commerçants de cette galerie commerciale (Cass. 3e civ. 12-6-2001 n° 00-12.064 F-D : Administrer novembre 2001 p. 25 note J.-D. Barbier).

SECTION 3

OBLIGATIONS DU BAILLEUR ET DU LOCATAIRE DANS UN CENTRE COMMERCIAL

7250 Le bailleur et le locataire doivent insérer une **annexe environnementale** dans leurs baux de locaux situés dans un centre commercial dans les conditions de droit commun (n° 5110).

A. Obligations du bailleur

MAINTIEN D'UN ENVIRONNEMENT COMMERCIAL FAVORABLE

7260 **Une obligation minimale** Sauf stipulations particulières du bail, le bailleur propriétaire d'un centre commercial ou d'une galerie marchande n'est pas tenu d'une obligation spécifique d'assurer le maintien d'un environnement commercial favorable au locataire (Cass. 3e civ. 11-4-2019 n° 18-12.076 F-D). La jurisprudence actuelle, sur le fondement de l'article 1719 du Code civil, considère qu'il est seulement tenu d'assurer la délivrance, l'entretien et la jouissance paisible de la chose louée (Cass. 3e civ. 12-7-2000 n° 98-23.171 FS-PB : RJDA 11/00 n° 956 ; Cass. 3e civ. 3-7-2013 n° 12-18.099 : RJDA 11/13 n° 879 ; Cass. 3e civ. 23-1-2020 n° 18-19.051 F-D : RJDA 4/20 n° 199 ; CA Versailles 11-2-2021 n° 19/03622, 12e ch).

ILLUSTRATIONS

Un locataire ne peut reprocher au bailleur l'existence de « dents creuses » préjudiciables à la bonne marche du centre commercial que si le bailleur s'est engagé dans le bail à « commercialiser la totalité des locaux commerciaux et à assurer leur occupation effective et permanente ».

Cass. 3e civ. 12-10-1994 n° 92-20.173.

Pour débouter un locataire de son action en responsabilité à l'encontre de son bailleur, les juges ont relevé qu'aucune stipulation n'obligeait le bailleur à garantir une fréquentation minimale des commerces exploités dans la galerie marchande » et que le « maintien en activité » des pôles d'attraction commerciaux constitués par deux magasins de grande surface n'avait pas été une condition déterminante des baux conclus par les locataires des boutiques du centre commercial et que le changement de ces exploitations provenait d'une cause étrangère au bailleur, la dégradation de l'activité du centre commercial étant due à une implantation malheureuse.

Cass. 3e civ. 16-11-1993 n° 91-21.553.

Le bailleur qui a laissé le centre commercial se désertifier n'a pas manqué à son obligation de faire jouir paisiblement le locataire et n'a donc pas à indemniser le locataire de la diminution importante de son chiffre d'affaires.

Cass. 3e civ. 19-12-2000 n° 99-15.202 : RJDA 4/01 n° 421.

Des clauses imposant au locataire de respecter un certain « standing » ne suffisent pas à prouver que le bailleur est tenu d'assurer la commercialité des locaux.

Cass. 3e civ. 15-12-2021 n° 20-14.423 FS-B : RJDA 5/22 n° 248.

Aménagement conventionnel En pratique, pour éviter tout litige, il est fréquent que les baux prévoient des **stipulations rappelant l'absence d'obligations spécifiques** du bailleur concernant l'évolution de la commercialité du centre. 7265

Par exemple, le bailleur n'est débiteur envers son locataire d'aucune obligation de lui assurer un environnement commercial favorable dès lors que les stipulations du bail prévoient que le locataire accepte les éventuels aléas économiques dont pourrait souffrir le centre et que la responsabilité du bailleur ne pourra pas être engagée pour manquement au titre de la promotion, du développement ou de l'animation du centre, quels que soient les moyens mis en œuvre (CA Caen 3-10-2019 n° 18/03402).

MODÈLE

Clauses exclusives de responsabilité du bailleur concernant la commercialité du centre

« Responsabilité et recours. Le locataire renonce à tout recours contre le bailleur dans les cas suivants : (...) En cas de défaut d'exploitation des autres locaux du centre commercial ou de certains d'entre eux, le bailleur n'étant pas responsable de l'état de commercialité du Centre. »

« Le locataire déclare avoir apprécié par lui-même et sous sa propre responsabilité, aussi bien la commercialité d'ensemble du Centre commercial que celle des locaux du présent bail ».

« Le locataire déclare contracter le présent bail en acceptant les aléas économiques pouvant résulter d'une évolution de la zone d'implantation du centre commercial, de la concurrence, du dynamisme des commerçants du centre commercial, du maintien, de la transformation ou de la disparition des commerces constituant le centre commercial, sans pouvoir rechercher le bailleur à cet égard. »

À l'inverse, le bailleur d'un centre commercial peut **s'engager contractuellement à maintenir** un environnement commercial favorable. 7270

Il n'est alors tenu que d'une simple obligation de moyens (Cass. 3e civ. 26-5-2016 n° 15-11.307 FS-D : RJDA 8-9/16 n° 596 ; dans le même sens CA Versailles 26-4-2018 n° 17/08154).

Par exemple, a satisfait à son obligation de moyens de conserver la commercialité du centre le bailleur qui a, par un mandat exclusif, donné mission à une société gestionnaire à la compétence reconnue de rechercher de nouveaux locataires pour les locaux vacants et a engagé dans un délai raisonnable un projet de restructuration du centre destiné à offrir aux commerçants un cadre totalement rénové (Cass. 3e civ. 26-5-2016 précité). De même, il ne peut pas être reproché au bailleur d'avoir manqué à son obligation de moyens de maintenir une offre suffisante de commerces incitant le chaland à se déplacer dans le centre commercial, dès lors que plusieurs photographies montraient un centre bien entretenu et l'existence d'une réelle chalandise, tandis que le locataire ne prouvait pas que les cellules vides l'étaient restées longtemps, ni ne démontrait avoir demandé au propriétaire de mettre en place des mesures pour diminuer le taux de vacance important de ces cellules, le propriétaire ayant fait preuve de diligence pour diminuer ce taux, notamment en maintenant un bon niveau d'entretien des parties communes, en confiant la recommercialisation des cellules à une société et en signant de nouveaux baux (TGI Paris 11-4-2019 n° 17/08733 : RJDA 11/19 n° 675, 2e espèce).

Certaines décisions ont considéré que l'obligation de maintenir un environnement économique favorable peut être, dans certains cas, rattachée à l'**obligation de délivrance** d'un local dans un environnement qui permette au locataire d'exercer ses activités dans des conditions normales. Ainsi, jugé qu'avait manqué à son engagement contractuel de délivrer un local dans un centre commercial haut de gamme présentant une décoration soignée le bailleur qui, d'une part, avait laissé plusieurs allées du centre sans décoration et présentant des cellules vides avec de grands panneaux blancs de mauvaise qualité et qui, d'autre part, avait fait le choix de se tourner vers des enseignes davantage « mass market » en réorientant ses offres vers un positionnement un 7275 peu plus populaire et avait accepté l'installation de commerces « outlet » dans lesquels sont vendus des produits de marques à bas prix, dans le cadre de déstockage ou de magasins d'usine (CA Paris 19-2-2020 n° 18/20833 : RJDA 6/20 n° 300).

ENTRETIEN DES PARTIES COMMUNES D'UN CENTRE COMMERCIAL OU D'UNE GALERIE MARCHANDE

7285 Le bailleur est tenu d'entretenir les parties communes du centre commercial.

Cette **obligation** est l'aboutissement de l'évolution de la jurisprudence de la Cour de cassation. Dans un premier temps, la Cour a jugé que même en l'absence de stipulations particulières du bail mettant à la charge du bailleur une obligation d'entretien des parties communes, la responsabilité du bailleur pouvait être engagée si le défaut d'entretien avait eu pour effet de priver le locataire des avantages qu'il tenait du bail (Cass. 3e civ. 31-10-2006 n° 05-18.377 FS-PB : RJDA 1/107 n° 17).

Puis, allant plus loin, la Cour de cassation a retenu expressément que l'obligation générale d'entretien de la chose louée mise à la charge du bailleur par l'article 1719 du Code civil s'applique aux parties communes d'un centre commercial ou d'une galerie marchande, car elles constituent des accessoires nécessaires à la chose louée (Cass. 3e civ. 19-12-2012 n° 11-23.541 FS-PBI : RJDA 4/13 n° 296 ; Cass. 3e civ. 23-1-2020 n° 18-19.051 F-D : RJDA 4/20 n° 199).

ILLUSTRATIONS

Une cour d'appel, qui a constaté que le centre commercial au sein duquel était situé le local loué était en état de dépérissement, n'avait plus ni toilettes WC ni parking car des gravats et des levées de terre en obstruait le libre accès, en a justement déduit un manquement grave du bailleur à ses obligations légales.

Cass. 3e civ. 19-12-2012 n° 11-23.541 FS-PBI : RJDA 4/13 n° 296.

Des locataires titulaires d'un bail commercial portant sur un local situé dans un centre commercial avaient demandé la réparation du préjudice qu'ils avaient subi en raison du défaut d'entretien des parties communes par le bailleur (fissures au sol de la galerie, fuite au niveau d'une canalisation d'eaux usées, dalles au plafond manquantes, blocage de l'un des ascenseurs menant au parking, etc). La cour d'appel, qui a relevé que les parties communes du centre commercial étaient dans un état en rapport avec l'âge de centre ouvert en 1996 mais non dans un état d'abandon faute d'entretien et qui a retenu que les locataires ne démontraient pas la réalité ni l'ampleur des manquements allégués, a pu en déduire que le bailleur n'avait pas failli à son obligation d'entretien des parties communes.

Cass. 3e civ. 26-5-2016 n° 15-11.307 FS-D.

Manque à son obligation d'entretien des parties communes et d'exécution de bonne foi du bail le bailleur qui ne prend pas de mesures suffisantes pour réduire l'insécurité du centre et pour en conserver l'attractivité malgré les travaux, alors que l'obligation d'entretien des parties communes est la contrepartie de la participation financière des locataires, incluant notamment les frais liés à l'emploi d'un service d'ordre et les frais de nettoyage.

TGI Paris 10-4-2019 n° 17/09767 : RJDA 11/19 n° 675, 3e espèce.

7290 En pratique, il est fréquent dans les baux de centres commerciaux que l'**obligation** d'entretien du bailleur soit **atténuée,** les dispositions de l'article 1719 du Code civil n'étant pas d'ordre public.

7295 Si le **centre commercial** est placé sous le régime de la **copropriété,** le bailleur ne peut pas être personnellement condamné à effectuer des réparations sur des parties communes mais il doit, pour pouvoir s'exonérer de toute responsabilité en cas de défaut d'entretien, prouver qu'il a accompli auprès du syndicat des copropriétaires toutes les diligences nécessaires pour mettre fin au trouble subi par son locataire.

B. Obligations du locataire

ADHÉSION À UNE ASSOCIATION DE COMMERÇANTS

7310 Lorsque les locaux sont situés dans un centre commercial, l'exploitant du centre, propriétaire des locaux, a, jusqu'à une époque récente, fait souvent **obligation** aux locataires **d'adhérer** à une association et de maintenir leur adhésion pendant toute la durée du bail et de ses renouvellements. Cette association a généralement pour objet de gérer le centre, de défendre les intérêts des commerçants et de mener des actions commerciales destinées à attirer ou à fidéliser la clientèle.

Mais hormis le cas où la loi en dispose autrement, le principe de la liberté d'association fait que nul n'est tenu d'adhérer à une association régie par la loi du 1er juillet 1901, ou, y ayant adhéré, d'en demeurer membre (Cass. ass. plén. 9-2-2001 n° 99-17.642 P : RJDA 5/01 n° 599). Une clause du bail commercial imposant une telle adhésion est entachée d'une **nullité** absolue sur le fondement de l'article 11 de la convention européenne des droits de l'Homme et de l'article 4 de la loi du 1er juillet 1901 (Cass. 3e civ. 12-6-2003 n° 02-10.778 FS-PBIR : RJDA 10/03 n° 971 ; Cass. 1e civ. 27-9-2017 n° 16-19.878 F-D : RJDA 1/18 n° 40 ; Cass. 3e civ. 11-10-2018 n° 17-23.211 F-PB : RJDA 2/19 n° 73 ; CA Versailles 17-2-2022 n° 20/03142).

En présence d'une clause du bail imposant l'adhésion à une association et d'une clause des statuts de l'association faisant obligation au locataire d'adhérer et de maintenir son adhésion à cette association jusqu'au terme du bail, elle aussi entachée de nullité, le locataire ne saurait être condamné à payer à l'association, pour la **période postérieure au prononcé de la nullité** et aussi longtemps qu'il exploitera le commerce, une somme équivalente aux cotisations qu'il aurait dû acquitter comme membre de l'association. En effet, une telle solution aboutirait à une reconnaissance théorique, dénuée de toute effectivité, de la liberté du locataire de ne pas adhérer à l'association (Cass. 1e civ. 20-5-2010 n° 09-65.045 FS-PBI : RJDA 8-9/10 n° 823). **7315**

En revanche, pour la **période antérieure au prononcé de la nullité,** ladite nullité ne fait pas échec au principe des restitutions réciproques en cas d'annulation d'un contrat exécuté (Cass. 3e civ. 23-11-2011 n° 10-23.928 FS-PB : RJDA 4/12 n° 378). Il en résulte que le bailleur doit rembourser au locataire les cotisations perçues par l'association et que le locataire doit restituer en valeur les services dont il a bénéficié à ce titre, cette valeur étant souverainement estimée par les juges du fond (Cass. 1e civ. 12-7-2012 n° 11-17.587 FS-PBI : RJDA 12/12 n° 1046). Par exemple, dans un cas où l'adhésion à une telle association avait été annulée au bout de 12 ans, la cour d'appel de Versailles a procédé à une évaluation du montant de la restitution au regard des services dont avait effectivement bénéficié le locataire, concluant à un montant inférieur à celui des cotisations versées en l'absence de justificatifs permettant d'évaluer le montant des services offerts (CA Versailles 10-5-2016 n° 14/08523). **7320**

Les règles qui gouvernent les restitutions réciproques faisant suite à une annulation sont autonomes et ne trouvent pas leur fondement dans l'enrichissement sans cause ou la répétition de l'indu (Cass. 1e civ. 24-9-2002 n° 00-21.278 FS-PB : RJDA 12/04 n° 1368, 1e esp.) ; la circonstance que la nullité absolue soit fondée sur la méconnaissance d'une liberté fondamentale est sans influence sur la solution.

Afin de tenter de contrecarrer les effets de la jurisprudence de la Cour de cassation, des bailleurs institutionnels ont fait appel à d'**autres mécanismes** et adapté la rédaction de leurs baux en insistant particulièrement sur la notion d'intérêt commun existant entre eux et les locataires quant à l'existence de l'association. **7325**

Pour contourner la nullité des clauses d'adhésion à une association, certains propriétaires de centres commerciaux ont eu l'idée de mettre en place des groupements d'intérêt économique (**GIE**) à la place des associations. L'obligation d'adhérer à un GIE a été jugée licite dès lors qu'elle correspond à la « destination particulière » de l'immeuble où le commerce se trouve implanté (Cass. 3e civ. 18-12-2001 n° 00-14.802). En revanche, il a été considéré que tout membre d'un GIE peut s'en retirer dans les conditions prévues par le contrat constitutif du GIE, sous réserve qu'il ait exécuté ses obligations (Cass. com. 20-3-2012 n° 11-11.097 F-D : RJDA 7/12 n° 690). Si la clause d'un bail commercial obligeant une société à adhérer au GIE a été déclarée nulle, la société doit restituer en valeur les services dont elle a bénéficié de la part du GIE (Cass. com. 16-9-2014 n° 13-22.898 FS-D ; CA Paris 1-9-2021 n° 18/15722, ch. 5-3).

Par ailleurs, certains praticiens ont proposé la technique du « **fonds marketing** » : ce fonds, créé et géré par le seul bailleur, est affecté à la promotion et à l'animation du centre commercial ; le locataire s'engage à contribuer au fonctionnement de ce fonds, pendant toute la durée des baux et de leurs renouvellements, en réglant une charge supplémentaire. Néanmoins, la mise en place d'un tel système géré par le seul bailleur pourrait avoir des conséquences préjudiciables pour ce dernier en cas d'échec de l'attractivité du centre commercial, dès lors que les locataires pourraient a priori se prévaloir de l'existence du fonds pour invoquer la seule responsabilité du bailleur.

EN CAS DE FERMETURE DÉFINITIVE D'UN CENTRE COMMERCIAL

En cas de fermeture définitive d'un centre commercial, le **locataire** de locaux commerciaux situés dans la galerie commerciale n'a pas l'obligation de rester dans les locaux jusqu'au dernier jour ; le fait qu'il **quitte les lieux** quelques jours avant la fermeture définitive du centre ne peut pas être le motif d'une résiliation du bail à ses torts (Cass. 3e civ. 17-5-2005 n° 04-13.364 F-D : RJDA 10/05 n° 1072). **7335**

CHARGES LOCATIVES

7345 Les principes posés par la loi et le droit positif relatifs aux charges locatives dans un bail commercial (nos 12000 s.) sont tout autant applicables lorsque le bail porte sur des locaux implantés dans un centre commercial.

Comme le bail de n'importe quel autre local, le bail conclu ou renouvelé depuis le 5 novembre 2014 doit, conformément à l'article L 145-40-2 du Code de commerce, comporter un inventaire précis et limitatif des catégories des charges répercutées sur le locataire ; il doit informer le locataire de l'état prévisionnel des travaux dans les trois années suivantes et de l'état récapitulatif des travaux réalisés par le bailleur pendant les trois années précédentes ; il doit également énoncer les règles de répartition des charges entre les différents locataires ainsi que les modalités de paiement.

Les **particularités** des baux portant sur des locaux dépendant de centres commerciaux ou d'autres organisations de regroupement de commerce concernent principalement :

- les conditions de négociation,
- la définition du périmètre immobilier pris en compte et les conséquences de son éventuelle extension,
- l'existence de charges spécifiques aux ensembles immobiliers,
- les règles de répartition des charges entre locataires.

7350 **Conditions de négociation** Les baux des centres commerciaux relèvent le plus souvent de la catégorie des **contrats d'adhésion** quand bien même une clause expresse stipule qu'il s'agit d'un contrat négocié. En effet, pour accéder à un centre commercial, le candidat locataire doit généralement accepter purement et simplement les conditions locatives du centre, conditions auxquelles le gestionnaire ou propriétaire refuse de déroger dans le souci d'une gestion harmonisée, basée sur le principe d'un loyer net de toutes charges pour le bailleur, à l'exception, depuis le 5 novembre 2014, des charges, impôts et taxes non refacturables au locataire en application de l'article R 145-35 du Code de commerce.

Face au risque que le juge saisi considère qu'il s'agit d'un contrat d'adhésion, le bailleur doit alors veiller à un équilibre contractuel des droits et obligations des parties au bail (nos 7400 s.).

7355 **Définition du périmètre immobilier** Dans le souci de percevoir un loyer net de charges sous la réserve des dispositions de l'article R 145-35 du Code de commerce, il importe au bailleur de répartir sur ses locataires toutes les charges inhérentes aux parties communes ou à usage collectif du centre commercial.

À la différence d'un immeuble traditionnel, le centre commercial est cependant plus complexe à définir et, pour éviter toute contestation ultérieure, le bail doit en indiquer la **superficie,** les **délimitations** et la **contenance** (immeubles, parkings, espaces verts, zones de circulation...).

Les baux énoncent généralement le principe du caractère nécessaire au bon fonctionnement du centre commercial de l'ensemble de ces parties communes ou à usage collectif pour justifier leur prise en compte dans le périmètre du centre et imposer ainsi la répercussion des charges sur tous les locataires.

Un point de difficulté est celui de l'**évolution du centre commercial.** Certains baux stipulent que le montant des charges pourra varier pour tenir compte des travaux d'extension du centre commercial. L'article L 145-40-2 dispose certes qu'« en cours de bail, le bailleur informe le locataire des charges, impôts, taxes et redevances nouveaux » et qu'il « est tenu d'informer les locataires de tout élément susceptible de modifier la répartition des charges entre locataires ». Il n'est cependant pas certain qu'une telle clause soit exempte de critique s'il en résulte une augmentation des charges répercutées sur les locataires, malgré des règles de répartition également modifiées.

7360 **Existence de charges spécifiques** Les charges sont généralement réparties entre deux catégories : les **charges générales,** qui concernent les éléments de structure, les terrains, les services collectifs et les équipements et installations techniques qui bénéficient à l'usage de tous, et les **charges spéciales** qui sont générées par des infrastructures, des services collectifs, des équipements et installations techniques qui ne bénéficient qu'à certains locataires.

Au-delà de cette distinction, plus souvent nécessaire dans un centre commercial que dans un immeuble traditionnel, les centres commerciaux génèrent des charges particulières liées à l'entité commerciale qu'ils constituent et à l'envergure qu'ils ont. Il en est ainsi des charges relatives à :

- la **voirie,**

– l'ensemble du matériel de **signalisation** et de publicité intérieurs et extérieurs,
– l'équipement multimédia du centre,
– la mise en œuvre des actions prévues par l'annexe environnementale et le décret tertiaire (nos 5000 s.),
– l'assujettissement du centre à d'autres organisations telles des associations syndicales libres (ASL) (nos 6680 s.) ou des associations foncières urbaines libres (Aful).

Outre les charges répercutées au titre des installations, extérieures et intérieures au centre, concourant à la signalisation et à la publicité du centre, il est généralement fait obligation aux locataires d'un centre commercial de supporter la charge de toutes les **opérations promotionnelles** et publicitaires dudit centre.

Règles de répartition des charges entre locataires Les règles de répartition des charges dans les centres commerciaux répondent aux mêmes exigences que dans n'importe quel autre emplacement. Selon que le bail a été conclu ou renouvelé avant ou depuis le 5 mars 2014, les obligations légales diffèrent (no 12900 s.). 7365

Pour les baux conclus ou renouvelés depuis le 5 novembre 2014, dans la mesure où, à l'évidence, le centre commercial est un ensemble immobilier qui abrite plusieurs locataires, la répartition des charges entre les différents locataires doit être effectuée dans les conditions suivantes (C. com. art. L 145-40-2, al. 5) :
– la répartition des charges ou du coût des travaux doit être réalisée en fonction de la **surface exploitée** ;
– le montant des impôts, taxes et redevances pouvant être imputé au locataire doit correspondre strictement au local occupé par chaque locataire et à la **quote-part des parties communes** nécessaires à l'exploitation de la chose louée.

La **notion** de **surface exploitée** n'est définie ni par la loi (C. com. art. L 145-40-2), ni par son décret d'application (C. com. art. R 145-35). Sous réserve de l'appréciation souveraine des juges, il est possible d'envisager différentes définitions de cette notion, ces définitions ne devant pas porter atteinte à l'interdiction d'imputer aux locataires les charges, impôts, taxes, redevances et le coût des travaux relatifs à des locaux vacants ou imputables à d'autres locataires. 7370

L'article R 145-35 du Code de commerce autorise une **pondération conventionnelle** de la surface exploitée, là encore sans préciser les contours de cette liberté contractuelle.

Toujours est-il qu'au risque pour le bailleur de ne pas pouvoir revendiquer le paiement de charges locatives, il lui appartient de stipuler la (les) clé(s) de répartition des charges locatives et vraisemblablement d'expliciter la définition de la clé retenue ainsi que son calcul, avec le cas échéant la règle de pondération appliquée (selon l'usage des surfaces, selon l'importance de la surface réelle louée, etc.).

ILLUSTRATIONS

Dès lors qu'il résulte des stipulations claires et dépourvues d'ambiguïté d'un bail que la quote-part des charges imputables au locataire doit être calculée « au prorata de la surface, éventuellement pondérée tel que prévu dans les conditions particulières ou dans le règlement intérieur figurant en annexe du bail, des locaux loués, par rapport à la surface globale des locaux privatifs loués ou non dont le bailleur est propriétaire dans le centre commercial », il a été jugé que le bailleur qui a réclamé au locataire des charges calculées sur la base des tantièmes des lots correspondant aux locaux loués a utilisé une clé de répartition non prévue contractuellement et peut donc se voir réclamer la répétition des provisions qui ne correspondraient pas aux stipulations contractuelles (CA Paris 30-11-2023 no 21/11061).

La même problématique se pose pour la **surface globale,** qui est prise en compte pour connaître le ratio de charges supporté par chaque locataire.

La jurisprudence devra contrôler les définitions contractuelles ainsi données et préciser ces notions.

Il conviendra également de déterminer le **calcul** de ces surfaces (surface loi Carrez, surface de plancher, surface utile, surface GLA). 7375

Les usages dans les centres commerciaux retiennent pour mesure la **surface GLA** (Gross Leasable Area), qui correspond à la prise en compte des surfaces hors œuvre comprises entre les axes des murs mitoyens avec les parties privatives, les nus extérieurs des murs mitoyens avec les parties communes ou les murs extérieurs, les limites extérieures des parties communes côté mail, sans déduction des surfaces des trémies, poteaux, cloisons, équipements techniques, etc.

Cette mesure de surfaces, classiques dans les centres commerciaux, a été admise par la jurisprudence (nos 12920 et 48401).

SECTION 4

ÉQUILIBRE DU CONTRAT DE BAIL DANS UN CENTRE COMMERCIAL

A. Pratique des clauses exorbitantes

TYPES DE CLAUSES EXORBITANTES

7400 Outre les clauses d'enseigne (n° 27910) et les clauses obligeant le locataire à adhérer à une association des commerçants (nos 7310 s.), le bailleur d'un centre commercial n'étant pas un bailleur comme les autres va chercher à introduire dans le bail des clauses relatives à l'organisation du centre commercial afin d'avoir la pleine maîtrise de la disposition des cellules commerciales, de l'entretien du centre commercial et plus généralement de l'aménagement global du centre. Ces types de clauses dérogatoires au droit commun peuvent avoir un impact sur la consistance de la chose louée et sur l'exploitation par le locataire de son fonds de commerce.

MODIFICATION DE LA CONSISTANCE DE LA CHOSE LOUÉE PAR LE BAILLEUR

7410 Le droit commun du louage interdit au bailleur de « changer la forme de la chose louée » (C. civ. art. 1723). Cette obligation s'applique aux locaux loués mais également aux accessoires de la chose louée tels que les entrées et couloirs d'accès dont le locataire n'a pas l'usage exclusif (CA Paris 31-10-1957 : Gaz. Pal. 1957 II p. 397). Seule doit être prise en considération la modification substantielle de la chose louée qui est défavorable au locataire.

ATTENTION

Cette obligation se distingue de la **clause de souffrance** élargie par laquelle le locataire devra souffrir sans indemnité de tous les travaux réalisés par le bailleur. En effet, même si le bail commercial contient une clause de souffrance élargie, le bailleur ne peut pas, sur ce seul fondement, imposer au locataire un changement de forme des locaux loués imposés par l'extension du centre commercial (Cass. 3e civ. 18-7-2001 n° 00-10.082 F-D : RJDA 12/01 n° 1185).

En matière de centre commercial, il a été jugé que le projet envisagé par le bailleur, qui consistait dans la modification des accès de la galerie commerciale et de la façade, constituait en lui-même une violation de l'article 1723, sans que le locataire ait à faire la preuve d'un préjudice distinct (CA Paris 29-4-2004 n° 2003/14536, 16e ch. B : AJDI 2004 p. 724).

7415 Les dispositions de l'article 1723 du Code civil ne sont pas d'ordre public et les parties peuvent donc y déroger (cf. CA Paris 12-12-2019 n° 17/20038, ch. 5-3), étant précisé que cette dérogation est d'interprétation stricte (CA Paris 22-1-2020 n° 18/02305, ch. 5-3).

Les conditions générales des baux commerciaux des centres commerciaux contiennent généralement une clause dérogatoire.

MODÈLE

Clause dérogeant à l'interdiction de changement de forme de la chose louée

« Par dérogation à l'article 1723 du Code civil, le Bailleur aura la faculté, pendant la durée du bail et sans devoir obtenir l'approbation du Locataire, d'apporter tout changement, d'effectuer toute extension ou modification temporaire ou définitive des parties communes, de modifier ou supprimer tout accès, tout escalier ou escalator, de décider de l'addition ou de la suppression de tout parking, de la création de tout mail nouveau, de procéder à toute extension horizontale ou verticale du Centre, de modifier le plan de commercialisation du centre. »

CLAUSE EXORBITANTE ET EXISTENCE D'UN CONTRAT D'ADHESION

7425 Les praticiens s'interrogent sur la question de savoir si un bail commercial de centre commercial constitue un contrat d'adhésion (sur sa définition, voir n° 18864). Appelés à trancher la question, les juges devront s'attacher au critère de la négociation de la clause.

Les clauses exorbitantes liées à l'évolution du centre commercial sont en pratique difficilement négociables, puisqu'un encadrement reviendrait à limiter les possibilités d'extension et de modification du centre commercial. Néanmoins une enseigne importante bénéficiant d'un effet de locomotive aura certainement plus de poids pour négocier ce type de clause ou, du moins, l'encadrer et imposer le maintien des accès principaux du centre commercial devant sa cellule. Il conviendra de regarder au cas par cas les clauses qui ont échappé à la négociation contractuelle.

B. Limites légales au déséquilibre d'un contrat de bail

En tant que telles, les clauses exorbitantes de droit commun insérées dans les baux des centres commerciaux ne sont pas critiquables, mais il est possible que leur accumulation soit symptomatique d'un déséquilibre susceptible d'être sanctionné. **7440**

DÉSÉQUILIBRE SIGNIFICATIF AU SENS DU DROIT DE LA CONCURRENCE

Le déséquilibre significatif est répréhensible sur le fondement de l'article L 442-1, I-2° du Code de commerce qui énonce qu'engage la responsabilité de son auteur et l'oblige à réparer le préjudice causé le fait, dans le cadre de la négociation commerciale, de la conclusion ou de l'exécution d'un contrat, par toute personne exerçant des activités de production, de distribution ou de services, de soumettre ou de tenter de soumettre l'autre partie à des obligations créant un déséquilibre significatif dans les droits et obligations des parties. **7445**

La Cour de cassation a cependant exclu l'application de ce texte aux relations locatives.

Ainsi, un locataire de locaux commerciaux situés dans un centre commercial avait soutenu que les clauses de non-responsabilité contenues dans le bail traduisaient entre les parties au contrat un déséquilibre significatif au sens de l'article L 442-6, I-2° (remplacé par l'art. L 442-1, I-2 C. com. depuis l'ord. 2019-359 du 24-4-2019). Saisie sur la compétence du juge pour appréhender le contentieux en raison des règles particulières de compétence applicables à ce texte, la Cour de cassation a exclu qu'il puisse être fait application de l'article L 442-6 précité à un bail commercial au motif que seules les activités de production, de distribution ou de services entrent dans le champ d'application de cet article (Cass. 3e civ. 15-2-2018 n° 17-11.329 FS-PBI : RJDA 5/18 n° 463). Or, la location d'un immeuble n'entre pas dans ce champ car il s'agit d'un contrat de louage de chose (C. civ. art. 1709) lequel ne peut pas être qualifié de prestation de services (CA Paris 9-11-2017 n° 16/05321, ch. 4-3 : RJDA 2/18 n° 191 et sur pourvoi, Cass. 1e civ. 19-6-2019 n° 18-10.424 FS-PB).

> **> Précisions** Un arrêt avait annoncé la solution adoptée en 2018 : à l'occasion d'un litige entre un bailleur et son locataire, tous deux commerçants, portant à la fois sur une pratique commerciale abusive et sur le non-respect du statut des baux commerciaux, le tribunal de commerce avait été déclaré incompétent au profit du TGI (devenu le tribunal judiciaire) (Cass. com. 18-10-2016 n° 14-27.212 FS-PBI : RJDA 2/17 n° 125).

DÉSÉQUILIBRE SIGNIFICATIF AU SENS DU DROIT COMMUN

Le contrat de bail, même s'il s'agit d'un bail statutaire régi par les articles L 145-1 s. du Code de commerce, reste régi par les règles du droit commun des contrats et des obligations. C'est ainsi que les parties à un bail peuvent se voir reprocher l'absence de bonne foi (C. civ. art. 1104, al. 1 ; pour une application, Cass. 3e civ. 3-12-2015 n° 14-23.207 FS-PB : Bull. civ. III n° 125) ou de loyauté contractuelle (Cass. 3e civ. 5-10-2017 n° 16-17.533 F-D : AJDI 2018 p. 123 note P. Haas). De la même façon, comme tout autre contrat, si le bail est un **contrat d'adhésion** (nos 18864 s.), à savoir un contrat qui comporte un ensemble de clauses non négociables, déterminées à l'avance par l'une des parties (C. civ. art. 1110), ces clauses peuvent être réputées non écrites dès lors qu'elles créent un déséquilibre significatif entre les droits et obligations des parties (C. civ. art. 1171, al. 1). L'appréciation du déséquilibre significatif ne porte ni sur l'objet principal du contrat ni sur l'adéquation du prix à la prestation (art. 1171, al. 2). **7455**

Un bon nombre de bailleurs ont bien appréhendé le possible impact de ces règles en prenant soin de stipuler d'emblée dans leurs baux des **clauses** rédigées par **exemple** ainsi : « Les parties reconnaissent avoir négocié de bonne foi l'ensemble des conditions du bail, lesquelles constituent ensemble un tout indivisible, chacune ayant eu le temps de consulter ses conseils, de poser à l'autre partie les questions qui lui paraissaient déterminantes de son consentement et d'en recevoir la réponse, et d'apprécier par elle-même la portée de ses engagements, avant de procéder à sa signature. Le bail constitue en conséquence un contrat de gré à gré au sens des dispositions de l'article 1110 du Code civil. » **7460**

Si l'on peut comprendre l'intérêt d'une telle stipulation, force est de s'interroger cependant sur son opportunité car la négociabilité est un fait juridique qui pourra se prouver par tout moyen (les échanges de projets d'actes avec des mark-up, la comparaison des baux des autres locataires du même bailleur...) et imposer la signature d'une telle clause, qui par essence n'est pas naturelle, pourra s'avérer révélateur d'un déséquilibre significatif.

SECTION 5

INDEMNITÉ D'ÉVICTION DANS UN CENTRE COMMERCIAL

7490 L'**estimation** de l'indemnité d'éviction en centre commercial est peu différente de ce qui se pratique au sein d'autres sites commerciaux.

On procède par capitalisation d'un différentiel mesuré entre la valeur locative de marché des locaux et leur loyer théorique en renouvellement de bail.

Il a été jugé qu'en présence d'un loyer binaire adossé sur une clause-recettes et garanti par un prix plancher la fixation de la valeur du loyer annuel renouvelé doit être uniquement fonction de cette clause-recettes pour s'approcher au mieux de la réalité des rapports financiers entre les parties (CA Rouen 19-3-2021 n° 19/04780, ch. civ. et com.). Ce schéma trouve à s'appliquer lorsque le niveau du chiffre d'affaires moyen des trois années précédant l'éviction aurait eu pour conséquence que le loyer aurait été appelé sur la base d'un loyer variable excédant le loyer minimum garanti.

7500 Un centre commercial constitue une unité autonome de marché. Dès lors, on doit considérer que sauf le cas de déplacement du fonds de commerce vers un autre local du centre, il y a **perte du fonds.**

Il a été toutefois considéré que la réimplantation d'une agence bancaire évincée d'un centre commercial pour se réimplanter à ses abords ne pouvait prétendre qu'à une indemnité de transfert (CA Paris 26-4-2006 n° 05/04047).

7505 Il y a débat sur les modalités selon lesquelles doit être traitée la part de **chiffre d'affaires** réalisée **en ligne** dans l'appréciation de la valeur du fonds de commerce évincé.

Dans le cadre d'un **bail à loyer binaire,** ce qui est généralement le cas en centre commercial, cette part des recettes devrait être maintenue dans la base d'évaluation du fonds dès lors qu'elle est contractuellement incluse dans l'assiette de calcul du loyer.

CESSION DU DROIT AU BAIL

SOMMAIRE

SECTION 1 EXISTENCE DE LA CESSION

9000 La cession du droit au bail, fréquemment appelée « cession du bail », est un contrat par lequel le locataire, le **cédant,** transfère à un tiers, le **cessionnaire** (ou l'acquéreur), le bénéfice du bail ; c'est un contrat d'une nature particulière qui comporte cession de créance au profit du cessionnaire, à savoir la cession du droit de jouissance, mais aussi le transfert à la charge de celui-ci de l'obligation de payer et d'exécuter les conditions de la location (Cass. soc. 12-11-1954 : Bull. civ. IV n° 691 ; CA Versailles 2-5-1996, 2e ch. 2e sect.).

La cession de bail peut se faire à titre gratuit ou à titre onéreux ; elle peut entrer dans le cadre de la cession du fonds de commerce, du transfert universel du patrimoine professionnel d'un entrepreneur individuel ou constituer une opération isolée.

9001 La cession du droit au bail doit être **distinguée de plusieurs conventions voisines** ; celles-ci sont néanmoins parfois assimilées à une cession de bail pour l'application des dispositions réglementant cette opération dès lors qu'il y a une véritable substitution au locataire d'origine d'une autre personne, physique ou morale.

A. Cession de fonds de commerce

9010 Les parties peuvent être tentées de **dissimuler une cession du seul droit au bail** sous une cession du fonds de commerce du locataire pour échapper aux restrictions à la cession isolée du bail que peut comporter le contrat (nos 9210 s.).

À l'inverse, elles peuvent chercher à **masquer une cession de fonds de commerce** sous une cession seule du droit au bail, notamment pour empêcher les créanciers du locataire de faire opposition au versement du prix, comme les y autorise l'article L 141-14 du Code de commerce en cas de cession de fonds de commerce.

9011 La cession du droit au bail est différente de la cession du fonds de commerce qui suppose la cession d'autres éléments du fonds, en particulier la clientèle du locataire (Cass. 3e civ. 6-12-1982 : Bull. civ. III n° 396 ; Cass. 1e civ. 11-12-2001 : Bull. civ. I n° 311 ; CA Reims 12-7-2011 n° 10/00840, ch. 1e civ. sect. : RJDA 11/11 n° 887). La **clientèle** est en effet l'élément indispensable sans lequel le fonds n'existe pas.

La cession d'un fonds de commerce emporte cession du bail lorsque le local loué, qui permet le ralliement de la clientèle, est essentiel à l'exploitation (Cass. com. 26-10-1993 n° 1580 P : RJDA 2/94 n° 152). La réciproque n'est pas vraie. La Cour de cassation refuse de considérer qu'une clientèle est attachée aux locaux : elle naît seulement de l'activité du locataire. Ainsi, une cour d'appel ne peut pas valablement décider que la cession du droit au bail s'accompagne nécessairement de cet autre élément du fonds de commerce qu'est la partie de la **clientèle attachée à l'emplacement** sans rechercher si cette clientèle provient de l'**activité personnelle du locataire** (Cass. 3e civ. 16-6-1981 n° 1107 : Rev. Loyers 1981 p. 435 note J.V.).

9012 Les juges ne s'attachent pas à la qualification donnée par les parties et, en vue de déterminer si l'opération constitue une cession de fonds de commerce ou une cession du seul bail, ils recherchent si la clientèle a été transférée, ce qui n'est notamment pas le cas lorsque le locataire a cessé son exploitation au moment de la cession.

9015 ILLUSTRATIONS

Cas où la cession du seul droit au bail a été retenue

Il y a cession isolée du droit au bail dès lors que le **cédant,** après avoir **cessé toute activité commerciale** et s'être fait radier du registre du commerce, a obtenu un nouveau bail l'autorisant à exercer un commerce entièrement différent de celui ayant fait l'objet de son activité antérieure et a procédé dès son obtention à la cession de ce nouveau bail, le fonds de commerce ayant disparu à la date de la cession de ce bail.

Cass. com. 6-12-1982 n° 81-14.422 : Bull. civ. III n° 396.

Dès lors que l'**acte** de vente d'un fonds de commerce **mentionnait** « observation étant faite que la **clientèle,** qui a déjà fait l'objet d'une cession, est **exclue de la** présente **vente** », les juges du fond ne tirent pas les conséquences légales de leurs constatations en estimant que la vente intervenue est bien celle d'un fonds de commerce, après avoir considéré qu'en raison du genre et de la nature du commerce (fonds de commerce de vente de livres et éditions), exercé dans un quartier où sont exploités de nombreux fonds de même sorte, et qui bénéficie par là même d'un achalandage important propre à cette situation, la clientèle exclue de la vente était seulement celle dans le fichier précédemment cédé et ne constituait pas un élément essentiel du fonds de commerce en cause.

Cass. com. 31-5-1988 n° 86-13.486 : Bull. civ. IV n° 180.

Il y a cession de droit au bail et non cession de fonds de commerce dans un cas où le locataire exploitait un fonds de commerce de papeterie-imprimerie-reliure et l'avait vendu à une société exerçant une activité d'impression sur tissus et articles textiles, dès lors que l'**activité exercée par l'acquéreur** est totalement **différente de celle du cédant,** chacune d'elles exigeant marchandises et matériel d'exploitation différents et s'adressant à des clientèles distinctes, que le matériel et les marchandises n'ont pas été compris dans la cession, et que la clientèle n'a pas pu être cédée puisqu'elle ne présentait aucun intérêt pour l'acquéreur.

Cass. com. 12-12-1989 n° 87-19.154 : BRDA 9/90 p. 12.

Il y a cession du seul droit au bail malgré la qualification de cession de fonds de commerce donnée par les parties, dès lors que le **cédant avait cessé toute exploitation dans les lieux loués** : il en est ainsi lorsque la porte d'accès aux lieux loués était fermée, que le nom du locataire ne figurait pas sur la boîte aux lettres, qu'il était parti, aux dires du gardien, sans laisser d'adresse, que l'abonnement au téléphone avait été résilié, et qu'un mandat exclusif avait été donné à une agence immobilière afin de vendre le seul droit au bail.

Cass. 3e civ. 28-2-1990 n° 88-15.715 : Gaz. Pal. 1990 II p. 414.

Ayant retenu que n'étaient prouvées ni l'**existence d'une clientèle** attachée au fonds ni celle d'une **activité dans les locaux** litigieux, la cour d'appel a pu en déduire que le contrat en cause ne constituait pas une vente de fonds de commerce mais une simple cession de droit au bail.

Cass. com. 27-2-1996 n° 93-18.473 : D. aff. 1996 p. 448.

La cour d'appel a légalement décidé que l'acte, intitulé cession de fonds de commerce, par lequel le locataire avait vendu à un tiers son fonds de commerce avec tous ses éléments à l'exclusion du nom commercial, emportait en réalité la vente du seul droit au bail, irrégulière au regard des clauses contractuelles et inopposable au bailleur, dès lors qu'elle a relevé les circonstances suivantes dont elle a déduit l'inexistence d'une clientèle attachée au fonds de vente de matériels informatiques : **absence totale d'achalandage, de marchandises et d'activité commerciale durant l'année ayant précédé l'acte** litigieux et jusqu'à la cession ; absence de cession d'un stock de marchandises, y compris de produits consommables ; mise en place dès la prise de possession des lieux par l'**acquéreur** d'une **activité** radicalement **nouvelle.**

Cass. com. 24-1-2006 n° 100 F-D : RJDA 6/06 n° 626.

Cas où la cession du fonds de commerce a été retenue

Il y a cession d'un fonds de commerce et non cession du seul bail d'une partie des locaux servant à l'exploitation du fonds de commerce lorsque la **cession** porte sur une **branche autonome d'activité à laquelle est attachée une clientèle** propre.

Cass. com. 14-4-1992 n° 89-20.908 : Bull. civ. IV n° 161.

Ayant constaté que le cédant exerçait effectivement dans les lieux, antérieurement à l'acte de cession, le commerce de matériel Hi-Fi et d'articles de cadeaux, la cour d'appel a fait ressortir que cette **branche autonome d'activité et la clientèle** qui s'y rattachait constituaient un fonds de commerce indépendant sur lequel avait porté la cession litigieuse, peu important, que le cédant ait poursuivi, après la vente et dans des lieux différents, une autre activité qu'il avait auparavant exercée au sein du même fonds de commerce.

Cass. com. 3-5-1995 n° 92-18.100 : Administrer octobre 1995 p. 25.

Il y a cession d'un fonds de commerce et pas seulement cession du droit au bail, dès lors que :
– l'**acte** de cession **qualifie** expressément l'**opération** de vente de fonds et précise que celui-ci comporte notamment l'enseigne, le nom commercial, la clientèle et l'achalandage ;
– après la cession, l'acquéreur a exercé l'une des **activités du cédant** ;
– le **prix** de cession (390 000 €) était supérieur à la valeur du droit au bail (300 000 €) déterminée par des experts.

Il importe peu que le **stock** n'ait pas été vendu, la vente d'un fonds ne s'accompagnant pas nécessairement de la reprise du stock par l'acheteur.

CA Paris 8-6-2011 n° 09/22611, ch. 5-3.

B. Apport en société du droit au bail

L'apport en société du droit au bail, y compris l'apport partiel d'actifs non soumis au régime des scissions, est assimilé à une cession de bail dès lors que le bénéficiaire de l'apport est une **personne morale distincte** de celle du locataire (Cass. com. 7-3-1949 : Bull. civ. III n° 116 ; Cass. com. 19-10-1960 : Bull. civ. III n° 329 ; **9050**

Cass. com. 18-3-1963 : Bull. civ. III n° 156 ; Cass. 3e civ. 2-2-1977 : Bull. civ. III n° 58 ; CA Toulouse 11-3-2020 n° 18/02010 : RJDA 7/20 n° 370). En cas d'apport en société, le critère distinctif réside dans cette modification de la personnalité juridique du locataire.

9055 En revanche, ne vaut pas cession de bail l'**apport à une société de fait** ou à une société en participation, de telles sociétés n'ayant pas la personnalité morale et chaque associé restant à l'égard des tiers propriétaire des biens qu'il met à la disposition de la société créée (Cass. 3e civ. 28-6-1989 : Bull. civ. III n° 150 ; en sens contraire Cass. 3e civ. 17-7-1969 : Bull. civ. III n° 598).

C. Opérations concernant une société locataire emportant ou non cession de bail

9080 Quand une personne morale est titulaire d'un bail commercial, la plupart des opérations qui l'affectent ne constituent en rien une cession de droit au bail.

Sur le régime particulier de la transmission de bail en cas de fusion ou d'autres opérations de restructuration d'une société locataire, voir nos 10260 s.

TRANSFORMATION DE LA SOCIÉTÉ

9085 La transformation d'une société en une société d'une **autre forme** n'entraîne pas création d'une personne morale nouvelle (C. civ. art. 1844-3 et C. com. art. L 210-6, al. 1), de sorte qu'elle n'emporte pas cession de bail consenti à la société transformée (Cass. com. 29-5-1961 : Bull. civ. III n° 245).

DISSOLUTION DE LA SOCIÉTÉ

9090 La dissolution de la société n'entraîne pas de plein droit la résiliation des baux des immeubles utilisés pour son activité sociale, y compris les locaux d'habitation dépendant de ces immeubles (C. com. art. L 237-5, al. 1). La personnalité de la société subsiste pour les besoins de sa **liquidation jusqu'à clôture des opérations** (C. com. art. L 237-2, al. 2). Il résulte de ces textes que la dissolution de la société est sans incidence sur le bail consenti à cette société qui survit pour les besoins de la liquidation.

En revanche, l'**attribution du droit au bail de la société à l'un des associés** dans le cadre du partage constitue une cession (Cass. 3e civ. 22-2-1968 n° 66-11.268 : Bull. civ. III n° 68 ; Cass. 3e civ. 24-3-1981 n° 79-14.083 : Bull. civ. III n° 64), dès lors qu'elle a pour effet de faire passer le droit au bail du patrimoine de la société dans celui de l'associé (Cass. com. 25-3-1958 : Gaz. Pal. 1958 I p. 437).

Sur le cas particulier de l'attribution du bail à un associé d'une société dénuée de personnalité morale, voir n° 9120.

CESSION DE PARTS SOCIALES

9095 N'est pas constitutive d'une cession du droit au bail la cession de parts ou d'actions d'une société titulaire d'un bail commercial par des associés dans la mesure où elle ne modifie pas la **personnalité juridique du locataire** (Cass. com. 25-3-1965 : Bull. civ. III n° 235 ; Cass. com. 19-11-1991 n° 1431 D : RJDA 1/92 n° 48 ; Cass. 3e civ. 12-6-1996 n° 1076 P : RJDA 11/96 n° 1305).

La solution vaut même si la cession porte sur la **totalité des parts** (CA Paris 10-4-2013 n° 11/01736, ch. 5-3 : RJDA 8-9/13 n° 695 et, sur pourvoi, Cass. com. 3-6-2014 n° 13-21.345 F-D : RJDA 7/15 n° 485) car une telle cession n'entraîne pas de plein droit dissolution de la société et dévolution de son patrimoine à un tiers (Cass. com. 4-1-1971 : Bull. civ. IV n° 4 ; Cass. com. 12-7-1993 n° 1383 D : Bull. Joly 1993 p. 1146 ; Cass. 3e civ. 12-6-1996 n° 1076 P, précité).

9096 La troisième chambre civile de la Cour de cassation admet toutefois la possibilité de requalifier la cession du contrôle d'une société titulaire d'un bail en une cession de bail en cas de **fraude** aux droits du bailleur (Cass. 3e civ. 10-7-2002 n° 00-20.708 FS-D : RJDA 11/02 n° 1120), alors que la chambre commerciale ne reconnaît cette requalification que dans l'hypothèse où la **société dont les parts** ou actions **sont cédées** est **fictive** (Cass. com. 3-6-2014 n° 13-21.345 F-D : RJDA 7/15 n° 485).

ILLUSTRATIONS

Une cession de parts ne dissimulait pas une cession de bail dès lors que :
– la cession de parts n'a pas entraîné la création d'une personne morale nouvelle qui eut été bénéficiaire du bail dont est titulaire la société dont les parts sont cédées ;
– cette dernière n'a pas été dissoute mais elle a conservé sa forme juridique, son objet social et elle a poursuivi son activité ;
– le fait que le prix ait été fixé symboliquement à un franc et que le cessionnaire se soit engagé à apurer le passif n'est **pas suffisant pour établir à lui seul la fraude** alléguée, alors surtout que les associés cédants, qui n'étaient pas titulaires du bail, n'avaient pas qualité pour disposer du droit au bail, élément de l'actif social.

CA Paris 18-2-1992, 16e ch. A.

Dans un cas où la totalité des parts d'une société locataire de locaux à usage commercial avait été cédée alors qu'une procédure de résiliation du bail avait été engagée par le bailleur, ne donne pas de base légale à sa décision la cour d'appel qui, pour débouter le bailleur de sa demande de résiliation du bail pour cession irrégulière, retient que la cession de parts sociales par des associés d'une société titulaire d'un bail ne constitue en aucun cas une cession de bail sans rechercher, comme il le lui était demandé, si la cession par la société locataire de la totalité de ses parts, au cours de la procédure de résiliation du bail, ne constituait pas une **cession déguisée du bail en fraude** des droits du bailleur.

Cass. 3e civ. 10-7-2002 n° 00-20.708 FS-D : RJDA 11/02 n° 1120.

Deux sociétés, titulaires de baux commerciaux sur des locaux partiellement réunis et situés dans le quartier Saint-Honoré à Paris, y exploitaient des fonds de commerce de prêt-à-porter en franchise sous des enseignes de luxe différentes. Après résiliation des franchises, l'intégralité des parts des deux sociétés avait été cédée à un tiers avec lequel les sociétés avaient conclu des contrats de location-gérance de leurs fonds de commerce respectifs. Après fermeture des magasins pendant quelques mois pour travaux afin de les réunir, le tiers avait rouvert sous une nouvelle enseigne. Le bailleur avait alors demandé la résiliation des baux aux torts des sociétés pour cession frauduleuse du droit au bail.
A légalement justifié sa décision la cour d'appel qui, pour écarter l'existence d'une cession frauduleuse, a retenu que la cession de la totalité des parts sociales d'une société ne peut être assimilée ni à une cession de bail ni à une cession de fonds et que cette cession, qui n'entraîne pas le changement du titulaire du droit au bail ni du propriétaire du fonds, a pour conséquence de transférer tant l'actif que le passif de la société aux nouveaux associés. La cour d'appel n'avait pas à rechercher si l'opération constituait une cession déguisée du bail dès lors qu'il n'était pas invoqué le **caractère fictif des personnes morales dont les titres avaient été cédés.**

Cass. com. 3-6-2014 n° 13-21.345 F-D : RJDA 7/15 n° 485.

D. Autres opérations constituant ou non une cession de bail

PARTAGE D'UNE INDIVISION

Lorsque le droit au bail est la propriété indivise de **plusieurs locataires,** l'**attribution du droit au bail à l'un d'eux,** par l'effet d'un partage déclaratif, n'est pas assimilée à une cession ; il en est ainsi lorsque le partage intervient à l'occasion de la liquidation d'une société de fait dans laquelle le droit au bail était la propriété indivise des deux associés (Cass. 3e civ. 24-3-1981 n° 79-14.083 : Bull. civ. III n° 64). **9120**

De même, n'est pas une cession de bail l'acte de partage mettant fin à une indivision par lequel l'un des indivisaires cède ses droits indivis à l'autre, dès lors que, par l'effet déclaratif du partage prévu à l'article 883 du Code civil, celui qui reçoit le bien est censé en avoir été propriétaire depuis le jour de l'indivision (Cass. 3e civ. 13-10-2004 n° 994 FS-PB : RJDA 1/05 n° 13).

Jugé en revanche que constitue une cession de bail la **cession de ses droits indivis** dans un fonds de commerce consentie par un coïndivisaire **à un tiers** (Cass. 3e civ. 30-4-1997 n° 685 P : Bull. civ. III n° 89).

OPÉRATIONS ENTRE ÉPOUX

La clause de la **convention définitive portant règlement du divorce** attribuant à la femme le fonds de commerce exploité jusqu'alors par le mari, seul inscrit au registre du commerce et seul titulaire du bail commercial, constitue une véritable **cession** (CA Aix-en-Provence 14-1-1988 : Loyers et copr. 1988 comm. n° 545). **9125**

En revanche, l'attribution d'un bail commercial à l'un des époux cotitulaires du bail par une clause de la convention portant règlement de leur divorce ne constitue pas une cession de bail mais un partage (Cass. 3e civ. 23-3-2011 n° 10-30.495 FS-PB : RJDA 7/11 n° 610).

Lorsqu'un **fonds de commerce est commun à deux époux,** il peut être exploité indifféremment par l'un ou l'autre, même en l'absence de cotitularité du bail ; il en résulte que l'**exploitation par celui qui n'est pas titulaire du bail** ne constitue pas une cession de bail (Cass. 3e civ. 24-3-1993 n° 91-15.406 : Loyers et copr. 1993 comm. n° 352).

ADJUDICATION

L'adjudication du droit au bail est assimilée à une cession : jugé que l'adjudicataire du fonds de commerce, ayant cause à titre particulier du précédent locataire du fonds de commerce, peut bénéficier du bail de celui-ci, dès lors que cet engagement ne contient aucune interdiction de cession (CA Paris 9-11-1954 : JCP 1955 IV p. 51). **9130**

LIBÉRALITÉ

9135 La **donation** ou la donation-partage d'un **droit au bail** constitue une cession de bail (Cass. soc. 10-1-1958 : Bull. civ. IV n° 67).

Néanmoins, la **donation**-partage attribuant au fils des époux colocataires la **nue-propriété** du fonds de commerce exploité dans les lieux loués ne peut pas être considérée comme constituant une cession totale ou partielle du bail dès lors qu'elle est sans incidence, du vivant des locataires, sur les relations contractuelles de ceux-ci et du bailleur (Cass. 3e civ. 22-1-1992 n° 90-10.685 : Loyers et copr. 1992 comm. n° 211).

Le **legs** universel qui entraîne transmission du patrimoine avec continuation de la personne du défunt par ses successeurs universels n'est pas assimilé à une cession de bail ; le legs particulier d'un droit au bail commercial doit en revanche être assimilé à une cession (CA Lyon 26-1-1989, 1e ch. civ. : Rev. Loyers 1989 p. 364).

LOCATION-GÉRANCE

9140 La mise en **location-gérance d'un fonds de commerce** n'entraîne pas cession du droit au bail dont est titulaire le propriétaire du fonds, sauf s'il s'agit d'une cession déguisée (CA Paris 11-3-1993, 16e ch. B ; CA Rouen 20-10-1994, 2e ch. civ.). Ainsi, il a été jugé qu'un acte de location-gérance qui présente un caractère fictif et apparaît comme réalisant la transformation d'un commerce exercé par une personne physique en un commerce dévolu à une société ayant pour gérant l'épouse du locataire, s'analyse en une véritable cession du droit au bail (CA Paris 3-11-1989, 16e ch. B).

MISE À DISPOSITION TEMPORAIRE DES LOCAUX

9145 Ne peut pas être assimilée à une cession de bail commercial une convention, régulièrement signifiée au propriétaire par les héritiers du **locataire décédé,** conclue avec un tiers à titre précaire et essentiellement temporaire pour assurer l'exploitation du fonds et destinée à être régularisée à l'issue de l'instance en résiliation du bail intentée par le propriétaire (Cass. com. 16-10-1963 : Bull. civ. III n° 420).

SECTION 2 DROIT DE CÉDER LE BAIL

PRINCIPES

9200 Le Code civil prévoit que le locataire peut céder son bail sauf si le contrat de bail lui interdit toute cession (C. civ. art. 1717). S'agissant d'un bail commercial, le locataire commerçant doit disposer du droit de céder le bail qui constitue très souvent un élément essentiel du fonds de commerce qu'il exploite ; en même temps, il est légitime que le bailleur dispose d'un droit de regard puisque son débiteur change en cas de cession.

Le législateur est donc intervenu pour encadrer la cession du bail commercial et répute non écrites, quelle qu'en soit la forme, les conventions tendant à interdire au locataire de céder son bail ou les droits qu'il tient du statut des baux commerciaux à l'acquéreur de son fonds de commerce ou de son entreprise ou au bénéficiaire du transfert universel de son patrimoine professionnel (C. com. art. L 145-16, al. 1). Depuis le 15 mai 2022 (Loi 2022-172 du 14-2-2022 art. 19, I), la cession du droit au bail peut en effet être réalisée dans le cadre du transfert universel de patrimoine professionnel de l'entrepreneur individuel, lequel est défini comme toute personne physique exerçant en son nom propre une ou plusieurs activités professionnelles indépendantes (C. com. art. L 526-22 s.).

Il résulte de l'article L 145-16 du Code de commerce les conséquences suivantes :

– les parties peuvent convenir que la **cession du seul droit au bail** sera totalement libre ou au contraire soumise à des conditions particulières, voire complètement interdite ;

– la **cession d'un bail incluse dans le cadre d'une cession de fonds de commerce** ou dans le cadre du **transfert universel du patrimoine professionnel de l'entrepreneur individuel** ne peut pas être prohibée par le bailleur, car le locataire doit pouvoir céder son contrat de bail lorsqu'il cède en même temps son fonds ou transfère l'intégralité de son patrimoine professionnel ; mais seules sont prohibées les clauses qui ont pour effet d'interdire au locataire ce type de transmission et non celles qui aménagent ce droit.

Par ailleurs, l'**article 1216 du Code civil,** qui fixe un cadre général à la cession de contrat, peut trouver application en cas de cession de bail commercial (nos 9500 s.).

A. Clauses interdisant de céder le bail

Le locataire qui souhaite céder son fonds de commerce ou, s'il est entrepreneur individuel, transmettre l'intégralité de son patrimoine professionnel a le droit, d'ordre public, de céder son bail à l'acquéreur du fonds ou au bénéficiaire du transfert universel de son patrimoine ; toute clause le lui interdisant est réputée non écrite (C. com. art. L 145-16, al. 1). Les décisions ci-dessous ont été rendues à propos de cessions de fonds de commerce. **9210**

Le bail ne pouvant pas valablement interdire au locataire de céder, avec son fonds de commerce, les **droits que le locataire tient du statut,** celui-ci a le droit de céder son droit au renouvellement ou à indemnité d'éviction à l'acquéreur du fonds de commerce (Cass. 3e civ. 2-6-1982 : Defrénois 1983 art. 33070). **9215**

L'article L 145-16 du Code de commerce ne distingue pas entre **cession totale et cession partielle** du fonds de commerce (Cass. com. 14-10-1959 : Bull. civ. III n° 344), de sorte que l'interdiction vise toute clause ayant pour effet d'interdire une cession partielle. Ainsi, la cession partielle d'un fonds ne peut pas être interdite si l'activité exercée dans chaque local peut constituer une exploitation indépendante et peut faire l'objet d'une cession distincte (Cass. 3e civ. 11-2-1987 : JCP G 1988 II n° 21025, 1e espèce) ou si les branches d'activité cédées constituent par elles-mêmes un fonds de commerce distinct et autonome (Cass. 3e civ. 24-11-1987 : JCP G 1988 II n° 21025, 2e espèce).

De même, lorsque le fonds est indivis, le bailleur ne peut pas interdire à un locataire indivisaire de céder la moitié indivise de son fonds (Cass. com. 14-10-1959, précité).

La prohibition des clauses d'interdiction de céder le bail à l'acquéreur du fonds de commerce s'applique à une **interdiction absolue et générale** de toute cession. **9220**

En dehors de la clause de prohibition absolue, les tribunaux ont jugé prohibée la clause :

- imposant une **exploitation personnelle** du fonds **par le locataire** pendant les trois dernières années du bail et emportant ainsi impossibilité de céder le bail pendant cette période (Cass. 3e civ. 23-7-1986 : Bull. civ. III n° 131) ;
- **interdisant le nantissement** du droit au bail sans prévoir de possibilité d'autorisation ou d'agrément dès lors que, de caractère général et absolu, elle tend à interdire au locataire de céder son bail (Cass. 3e civ. 11-5-1982 : Bull. civ. III n° 117) ;
- tendant à **interdire la cession à une catégorie d'acquéreurs,** par exemple aux personnes morales (Cass. 3e civ. 29-2-1972 : Bull. civ. III n° 135 ; Cass. 3e civ. 10-4-1973 : D. 1973 som. p. 89).

B. Clauses restreignant le droit de céder le bail

La prohibition par l'article L 145-16, al. 1 du Code de commerce des clauses interdisant au locataire de céder son droit au bail à l'acquéreur de son fonds de commerce ou au bénéficiaire du transfert universel de son patrimoine professionnel (nos 9210 s.) ne s'applique pas aux **clauses** qui limitent ou aménagent le droit du locataire de céder son droit au bail, qui sont **valables** (Cass. 3e civ. 28-2-1956 : Bull. civ. III n° 88 ; Cass. 3e civ. 17-2-1960 : Bull. civ. III n° 68 ; Cass. 3e civ. 4-1-1961 : Bull. civ. III n° 1 ; Cass. 3e civ. 19-2-1963 : Bull. civ. III n° 110 ; Cass. 3e civ. 19-12-1983 : Bull. civ. III n° 265 ; Cass. 3e civ. 2-10-2002 n° 1448 FS-PB : RJDA 12/02 n° 1244 et, sur renvoi, CA Versailles 9-3-2004, ch. com. réunies). **9260**

Ces clauses sont fort variées et peuvent, par **exemple,** exiger l'intervention du bailleur à l'acte de cession, ou n'autoriser la cession que dans les hypothèses visées à l'article L 145-16, al. 1, ou prévoir des formalités autres que légales ou encore réserver au bailleur un droit de préemption.

CONSEIL

Les rédacteurs prendront la précaution de préciser si les clauses du bail limitant ou aménageant le droit de céder s'appliquent dans le cadre d'un **transfert universel de patrimoine professionnel.**

Elles ne sont pas anodines ; il a été jugé en effet que la **valeur du droit au bail** est affectée par l'absence du droit pour la société locataire de céder librement son bail (Cass. 3e civ. 27-4-1979 : D. 1979 IR p. 452). **9261**

1. CLAUSES RESTREIGNANT LE CHOIX DE L'ACQUÉREUR DU BAIL

CLAUSE AUTORISANT LA CESSION DANS LES SEULS CAS VISÉS PAR L'ARTICLE L 145-16

Les parties peuvent se contenter de reprendre les dispositions de l'article L 145-16, al. 1 du Code de commerce et n'autoriser la cession du droit au bail qu'au profit de l'acquéreur du fonds de **9270** commerce exploité par le locataire ou au bénéficiaire du transfert universel de son patrimoine professionnel s'il est entrepreneur individuel.

Pour les baux conclus avant le 15 mai 2022, date d'entrée en vigueur du nouveau régime de transfert universel du patrimoine professionnel de l'entrepreneur individuel (n° 9200), la question se pose de savoir si la clause n'autorisant la cession qu'à l'acquéreur du fonds de commerce s'appliquera nécessairement au transfert universel du patrimoine. Dans la mesure où il n'est pas possible d'interdire au locataire de céder son droit au bail au bénéficiaire du transfert, et où l'intention des parties a été de limiter les hypothèses de cession au cadre légal, il nous semble que la réponse soit positive (en ce sens, P. Gaiardo, Cession de bail commercial et loi « activité professionnelle indépendante » : Dalloz actu 2-3-2022 ; F. Kenderian, Le fonds de commerce et la propriété commerciale dans le nouveau régime de protection patrimoniale de l'entrepreneur individuel : D. 2022 p. 1976).

9275 Si le bailleur veut restreindre le plus strictement possible la faculté du locataire de céder son droit au bail, le mieux est de retenir la **clause suivante** : « Le locataire ne pourra pas céder son droit au présent bail, si ce n'est à l'acquéreur de son fonds de commerce ou au bénéficiaire du transfert universel de son patrimoine professionnel s'il est entrepreneur individuel ».

Il y a violation de la clause n'autorisant la cession du droit au bail qu'à l'acquéreur du fonds de commerce lorsqu'une société ayant pour objet des prestations de voyages et de transport a acquis, dans un premier temps, le bail ainsi que le matériel et le mobilier d'une autre société sans continuer l'exploitation du fonds de commerce de mécanique du locataire et, dans un second temps, a acquis des éléments incorporels du fonds de commerce et décidé d'adjoindre à son objet social la mécanique générale, après que le bailleur avait refusé de la considérer comme locataire (Cass. com. 15-1-1962 : Bull. civ. III n° 26).

La **renonciation** du bailleur à une telle clause doit être non équivoque ; tel n'est pas le cas lorsque le bailleur a, par une lettre en réponse au notaire l'informant de la cession du bail, donné son accord à la cession sous strict respect des clauses du bail, alors que le notaire n'a pas précisé que le droit au bail était cédé sans cession du fonds (Cass. 3e civ. 12-10-2010 n° 09-16.989 : RJDA 2/11 n° 116).

CLAUSE AUTORISANT LA CESSION DU BAIL AU « SUCCESSEUR » DU LOCATAIRE

9280 Il arrive que le contrat de bail n'autorise la cession du droit au bail qu'à un « **successeur dans le commerce** » ou « **dans son commerce** » ou « **dans le même commerce** » ; il arrive aussi que, rédigé de manière négative, il interdise au locataire de céder son droit au bail sauf « à un successeur dans son commerce ».

De telles clauses ont suscité un abondant contentieux, auquel la Cour de cassation a tenté de mettre fin en décidant qu'elles étaient claires et précises et n'étaient donc pas susceptibles de donner lieu à **interprétation.** Il semble que ces clauses ne se rencontrent plus beaucoup, les praticiens avertis les ayant bannies de leurs modèles de contrat et préférant la clause présentée ci-dessus n° 9275.

Les clauses se référant au successeur ont suscité deux difficultés d'interprétation : suffit-il que le cessionnaire du droit au bail ait la même activité que le cédant ou faut-il aussi qu'il ait acquis le fonds de commerce de ce dernier ? Après l'acquisition, le nouveau locataire peut-il changer d'activité ?

Par ailleurs, en ce qu'elles visent le « commerce » du locataire, les clauses ont donné naissance à une difficulté d'application.

> **Précisions** Le bénéficiaire du transfert universel du patrimoine professionnel du locataire entrepreneur individuel nous semble pouvoir être considéré comme son « successeur ».

9282 **Obligation de céder le fonds de commerce avec le droit au bail** Ainsi qu'en témoignent les illustrations ci-dessous, la plupart des décisions de justice estiment que, pour respecter la clause autorisant la cession du droit au bail au seul successeur dans le commerce du locataire, ce dernier doit céder son fonds de commerce avec le droit au bail.

ILLUSTRATIONS

En l'état d'une clause interdisant à la société locataire de « céder ses droits au présent bail à toute autre personne, sauf à un successeur dans le même commerce », une cour d'appel qui retient par une interprétation nécessaire, exclusive de dénaturation, des termes obscurs et ambigus de cette clause, que celle-ci doit s'entendre comme ne comportant pas l'obligation que l'acquéreur du bail soit aussi l'acquéreur du fonds, a pu estimer que la cession du bail consentie par la locataire après qu'elle avait déplacé son fonds de commerce dans d'autres locaux était régulière dès lors que **l'acquéreur du droit au bail exerçait le même commerce que la locataire** initiale.

Cass. 3e civ. 11-1-1978 : JCP G 1978 II n° 18944 obs. B. Boccara.

C'est par une souveraine interprétation de la clause d'un bail prévoyant que « le locataire aura le droit de céder le droit au présent bail sans avoir besoin du consentement de la société bailleresse, pourvu que ce soit à un successeur exerçant le même commerce » que la cour d'appel a déclaré que le mot « successeur » supposait **nécessairement** la **cession des droits et éléments incorporels constitués par l'exploitation commerciale** et qu'il n'en était pas ainsi en cas de cession du seul droit au bail et non du fonds de commerce du locataire.

Cass. com. 6-10-1966 : Bull. civ. III n° 383.

La clause d'un bail commercial interdisait au locataire de « céder ses droits au présent bail, sauf à un successeur droguiste » et prévoyait qu'il devrait obtenir l'accord du bailleur s'il souhaitait céder son fonds à un acquéreur exerçant une profession ou un commerce différent de celui de droguiste.

Dénature la convention des parties la cour d'appel qui déduit de cette clause qu'il n'est pas nécessaire que le fonds de commerce ait été cédé et qu'il suffit que le successeur dans le bail soit droguiste et n'ait pas opéré un changement de destination des lieux, alors qu'aux **termes clairs et précis de la clause,** la cession du droit au bail n'était autorisée qu'au profit d'un **successeur dans le fonds de commerce.**

Cass. 3e civ. 28-4-1971 n° 69-14.473 : Bull. civ. III n° 265.

Il résulte des **termes clairs et précis** de la clause interdisant au locataire de céder le droit au bail, sauf à « un successeur dans son commerce » que la cession du droit au bail n'est autorisée qu'au profit du **successeur dans le fonds de commerce.** Cassation de la décision des juges du fond ayant retenu que la clause est ambiguë et peut conduire à deux interprétations en ce qu'elle tend à interdire toute cession sauf, au profit d'un successeur qui peut être un successeur dans le fonds de commerce ou un successeur dans l'activité commerciale.

Cass. 3e civ. 8-2-1984 n° 82-15.176 : Bull. civ. III n° 32.

La clause prévoyant que le locataire ne peut « céder son droit à la présente location sans le consentement exprès et écrit du bailleur, si ce n'est à son successeur dans son commerce » ne peut être interprétée comme exigeant que le locataire cède son fonds de commerce au cessionnaire du bail. Les termes « son successeur dans son commerce » ne comportent pas expressément la condition, ni même une allusion, à la nécessité de l'existence d'une cession d'un fonds de commerce. Il convient de considérer qu'en écrivant dans le bail « si ce n'est à son successeur dans son commerce », les parties ont entendu se référer à la clause de destination du bail selon laquelle « ledit appartement est loué à usage exclusivement de tissus et nouveautés », la clause litigieuse signifiant seulement que la **destination des lieux ne peut pas être modifiée.**

CA Paris 7-1-1986, 16e ch. A : Loyers et copr. 1986 comm. n° 108 note G. Guérin.

La cour d'appel n'a pas dénaturé la clause du bail interdisant au locataire de céder celui-ci sauf à un successeur dans son commerce en retenant qu'elle interdisait au locataire de céder son droit au bail, sauf à l'**acquéreur de son fonds de commerce.**

Cass. 3e civ. 15-10-1991 n° 1460 D : Rev. Loyers 1992 p. 98.

La clause interdisant au locataire de céder son droit au bail « si ce n'est à un successeur dans son fonds de commerce » autorise la cession du droit au bail uniquement à un **acquéreur du fonds de commerce** et non à l'exploitant d'un autre fonds, même si celui-ci exerce une activité semblable à celle du cédant.

CA Paris 12-11-1991, 16e ch. A : D. 1991 IR p. 290.

Activité exercée par l'acquéreur S'il souhaite céder son droit au bail à un commerçant exerçant une activité différente de la sienne, le locataire peut, préalablement à la cession, modifier l'activité exercée dans les lieux loués. Il doit alors respecter les règles propres à la **déspécialisation.** L'acquéreur du fonds de commerce peut lui aussi modifier l'activité du fonds en respectant ces règles. **9285**

La question qui se pose est celle de savoir si le locataire viole la clause du bail l'autorisant à céder le bail au successeur dans son commerce en cédant son fonds de commerce à une personne exerçant une activité différente de la sienne ? La Cour de cassation a répondu par la négative en cassant un arrêt qui avait déclaré irrégulière la cession du droit au bail en présence d'une clause autorisant le locataire à le céder à un successeur dans son commerce après avoir retenu que le cessionnaire exerçait une activité différente de celle du cédant et qu'il n'y avait pas lieu de tenir compte de la possibilité qu'avait le locataire de changer son activité ; la Cour suprême a au contraire jugé que la validité de la cession du bail ne devait pas s'apprécier en considération de l'activité exercée par le cessionnaire, mais qu'elle était subordonnée à la seule acquisition par celui-ci du fonds de commerce du cédant (Cass. 3e civ. 3-1-1985 n° 83-15.665 : Bull. civ. III n° 2). À l'inverse, la cour d'appel de Paris a estimé que le cessionnaire qui avait modifié la destination de « restaurant-cabaret » en activité de discothèque ne pouvait pas être considéré comme le successeur dans le fonds de commerce du cédant, si bien que la cession était irrégulière (CA Paris 28-11-2003, 16e ch. B : Loyers et copr. 2004 comm. n° 109).

En pratique, l'acquéreur qui souhaite exercer une activité différente de celle du cédant doit s'assurer d'obtenir, **préalablement à la cession,** l'autorisation expresse du bailleur donnée soit dans un avenant au bail qui peut résulter d'un échange de lettres, soit par la conclusion d'un nouveau bail ; dans une telle hypothèse, le bailleur soumet fréquemment son autorisation au versement à son profit d'une indemnité dite de déspécialisation ou à l'application d'un loyer révisé à la hausse, voire à ces deux conditions.

9286 **« Commerce » du locataire** Pour que la clause soit applicable, encore faut-il que le locataire exploite un commerce dans les lieux loués.

Jugé ainsi que le locataire a contrevenu à la clause du bail lui interdisant de céder son bail à d'autres qu'à son successeur dans le même commerce en cédant son fonds de commerce, y compris le droit au bail, alors qu'**aucun commerce n'était exercé dans les lieux loués,** le fonds de commerce prétendument exploité ne comportant ni marchandise ni clientèle (Cass. com. 18-7-1962 : Bull. civ. III n° 374).

En cas de **bail de locaux à usage exclusif de bureau** et dépôt de marchandises, la clause n'autorisant le locataire à céder son bail qu'à un successeur dans le même commerce est inapplicable à moins que le locataire ne soit devenu personnellement titulaire d'un fonds de commerce et, à défaut, la portée de la clause se réduit à la cession du droit au bail des locaux à usage commercial de bureaux et entrepôts, seuls prévus au bail (Cass. com. 20-12-1965 : Bull. civ. III n° 658).

AUTRES CLAUSES RELATIVES AU CHOIX DE L'ACQUÉREUR DU BAIL

9290 La clause prévoyant que l'accord du bailleur n'est pas exigé en cas de cession à une personne « exerçant la **même profession** » que celle du locataire implique une stricte identité de profession et interdit à l'acquéreur l'adjonction d'une activité nouvelle, fût-elle complémentaire des activités prévues au bail ; ainsi, la cession doit être autorisée par le bailleur dès lors que l'acquéreur a ajouté à l'activité de fabrication de maroquinerie celle de réparation de maroquinerie (CA Paris 14-2-2007 n° 06-3596, 16e ch. A).

2. CLAUSES EXIGEANT L'INTERVENTION DU BAILLEUR POUR LA CESSION DU BAIL

9300 Certaines clauses du bail subordonnent la cession à l'autorisation du bailleur, d'autres se contentent de son concours à l'acte de cession. Ces clauses ont pour but de permettre au bailleur d'apprécier si l'acquéreur présente des garanties suffisantes de moralité et de solvabilité, ainsi que de vérifier les conditions dans lesquelles la cession a été consentie.

Pour les baux conclus avant le 15 mai 2022, date d'entrée en vigueur du régime de transfert universel du patrimoine professionnel de l'entrepreneur individuel (n° 9200), les clauses aménageant la cession du droit au bail s'appliqueront selon nous si cette cession intervient dans le cadre d'un tel transfert. En revanche, il n'est pas certain que les aménagements spécifiques prévus en cas de cession du droit au bail à l'acquéreur du fonds de commerce du locataire s'appliqueront au transfert universel du patrimoine (en ce sens, P. Gaiardo, Cession de bail commercial et loi « activité professionnelle indépendante » : Dalloz actu 2-3-2022 ; F. Kenderian, Le fonds de commerce et la propriété commerciale dans le nouveau régime de protection patrimoniale de l'entrepreneur individuel : D. 2022 p. 1976).

AUTORISATION DU BAILLEUR À LA CESSION DU BAIL

9305 La clause prévoyant que le bailleur doit autoriser la cession lui permet d'**agréer** ou de refuser **le candidat** à l'acquisition du droit au bail.

L'intervention du **bailleur** à l'acte de cession aux fins de donner son agrément à celle-ci ne lui confère pas la qualité de **partie à la cession** (Cass. 3e civ. 25-3-1992 : Bull. civ. III n° 100 appliquant au bailleur l'article 331 du Code de procédure civile aux termes duquel un tiers peut être mis en cause aux fins de condamnation par toute partie qui est en droit d'agir contre lui à titre principal).

9310 **Validité de la clause** Une telle clause est valable, y compris lorsque l'autorisation est requise pour la cession du droit au bail à l'acquéreur du fonds de commerce du locataire (Cass. 3e civ. 14-4-1982 n° 80-14.693 ; Cass. 3e civ. 19-12-1983 : Bull. civ. III n° 265 ; Cass. 3e civ. 2-10-2002 n° 1448 FS-PB : RJDA 12/02 n° 1244 et sur renvoi CA Versailles 9-3-2004, ch. com. réunies ; CA Paris 8-3-2002, 16e ch. B : RJDA 10/02 n° 992 ; CA Paris 13-2-2019 n° 17/08042 : GP 2019 n° 26 p. 84). Elle doit recevoir application même lorsque l'acquéreur exerce le même commerce que le cédant (CA Paris 5-5-1987, 16e ch. A : D. 1987 IR p. 145) et s'impose en cas de cession autorisée par le juge-commissaire dans le cadre de la liquidation judiciaire du locataire (Cass. com. 19-4-2023 n° 21-20.655 F-B : RJDA 8-9/23 n° 447).

Jugé notamment que la clause disposant que le locataire ne « pourra céder son fonds de commerce ou son droit au bail à une société sauf consentement exprès et par écrit du bailleur » s'analyse comme une clause d'agrément et qu'elle est valable dans la mesure où elle n'interdit pas au locataire de manière générale et absolue toute cession du bail à une société et où elle a pour objet de permettre au bailleur un contrôle de la régularité de la cession, de la moralité, de la solvabilité et de la compétence de l'acquéreur éventuel (CA Paris 19-5-1994 n° 92-26266, 16e ch. B).

Pour la cession isolée du bail, la validité de la clause est renforcée par le régime de la cession de contrat prévue par le Code civil, l'article 1216 du Code civil prévoyant qu'une cession de contrat peut intervenir avec l'accord du cédé, au cas particulier le bailleur (nos 9470 s.). **9311**

Le **refus du bailleur** ne constitue pas un obstacle absolu à la cession, puisque le locataire peut s'adresser au **juge** pour que celle-ci ait cependant lieu (Cass. com. 19-2-1963 : Gaz. Pal. 1963 I p. 443 ; Cass. com. 9-3-1967 : Bull. civ. III n° 111 ; Cass. 3e civ. 16-11-2023 n° 22-17.567 F-D : RJDA 2/24 n° 79). L'autorisation judiciaire ne vaut qu'au profit du cessionnaire désigné par le juge ; ainsi, si la cession a été autorisée au profit d'une personne physique, elle n'est pas valable pour la personne morale constituée postérieurement (Cass. 3e civ. 16-11-2023 n° 22-17.567 F-D, précité). **9312**

En cas d'urgence, l'autorisation de céder peut même être donnée par le juge des référés en attendant le jugement au fond (CA Aix-en-Provence 26-5-1994, 4e ch. civ. : Loyers et copr. 1994 comm. n° 437 ; en l'espèce, la créance que le bailleur prétendait avoir sur le cédant pour justifier son refus n'était ni certaine, ni liquide, ni exigible de sorte que le bailleur n'avait pas de raison de refuser son agrément). Il a même été jugé que le refus infondé du bailleur constitue un trouble manifestement illicite permettant au juge des référés d'ordonner la cession pour faire cesser le trouble (CA Versailles 20-12-2006 n° 06-2554, 14e ch.).

Par ailleurs, la menace d'une action en dommages-intérêts pour abus de droit (voir n° 9325) est susceptible de faire revenir le bailleur sur son refus initial.

Demande d'autorisation En présence d'une telle clause, le locataire doit **solliciter l'accord du bailleur avant** même la conclusion de la cession (CA Paris 19-5-1994 n° 92-26.266, 16e ch. B). Mais rien ne lui interdit de conclure la cession du droit au bail sous la condition suspensive de l'accord du bailleur. **9315**

Modalités de l'autorisation Le bail peut prévoir une simple **autorisation** du bailleur ou préciser que celle-ci doit être **expresse** ou encore donnée par écrit. Néanmoins, la cession sera opposable au bailleur même si les formalités prévues n'ont pas été respectées s'il est établi que le bailleur a **accepté tacitement** la cession et renoncé à se prévaloir du bénéfice de la clause (Cass. com. 4-1-1965 n° 63-12.063 : Bull. civ. III n° 4). L'existence d'un consentement tacite du bailleur à la cession est apprécié souverainement par les juges du fond (Cass. 3e civ. 17-10-1968 : Bull. civ. III n° 381). **9320**

La simple **connaissance de la cession** par le bailleur ne peut pas être retenue, en l'absence d'autres éléments, comme une renonciation du propriétaire à se prévaloir de la clause imposant son consentement exprès et par écrit (Cass. com. 4-1-1961 : Bull. civ. III n° 1).

De même, la **perception** de sommes d'argent représentant les **charges dues par l'occupant** ne suffit pas à établir le consentement tacite du bailleur, dès lors que celui-ci a refusé au prétendu acquéreur de lui accorder un nouveau bail (Cass. 3e civ. 29-4-1969 : Bull. civ. III n° 334).

En revanche, le fait que préalablement à l'acte de cession l'acquéreur ait été présenté par le cédant au bailleur et que postérieurement à cette prise de contact, le bailleur ait **autorisé l'acquéreur à faire procéder à des installations** par Gaz de France démontrait que ce bailleur autorisait la cession (Cass. com. 17-7-1964 : Bull. civ. III n° 379).

La notion d'autorisation tacite de la cession étant très proche de celle d'acceptation tacite équivalant aux formalités de l'article 1690 du Code civil, on se reportera utilement aux développements consacrés à cette notion, nos 9545 s.

> **Précisions** Même si le contrat ne précise pas le délai accordé au bailleur pour donner sa réponse à la demande d'agrément, un défaut de réponse dans un délai raisonnable peut constituer une faute de sa part.
> Ainsi il a été jugé qu'engage sa responsabilité le bailleur qui, alors qu'il était sollicité par son locataire pour donner son agrément à la cession isolée du bail commercial, n'a pas répondu loyalement dans des délais raisonnables. Une telle inaction a causé au locataire un préjudice de perte de chance de céder son bail à titre onéreux, le retard dans la réponse ayant empêché le locataire de faire d'autres recherches ou de discuter le refus (CA Bordeaux 20-2-2019 n° 18/04897 : RJDA 3/20 n° 133).

9325 **Refus d'agrément** Le refus d'agrément de l'acquéreur par le bailleur ne peut pas être discrétionnaire et revêtir un caractère illégitime. Il est soumis au contrôle des tribunaux qui peuvent, en cas de **refus abusif,** soit passer outre et autoriser la cession (n° 9312), soit allouer des dommages-intérêts au locataire (CA Pau 29-8-1991 n° 90-2853, 3e ch.).

ILLUSTRATIONS

Refus abusif

Jugé que ne constitue pas un motif légitime d'opposition la volonté du bailleur d'**obtenir un loyer plus élevé.**

T. civ. Lille 25-10-1960 : Ann. loyers 1961 p. 684.

Il y a refus d'agrément lorsque le bailleur a répondu à la demande d'autorisation de la cession présentée par le locataire en sollicitant des renseignements complémentaires, sans préciser lesquels, et en gardant le silence à la sommation de prendre parti sur la cession envisagée. Ce refus d'agrément, fondé sur aucune considération sérieuse, doit être considéré comme abusif; le bailleur, qui savait que son locataire transférait le lieu de son activité commerciale, avait agi ainsi dans l'**intention évidente d'évincer le locataire en évitant de régler une indemnité d'éviction.**
Le bailleur ne peut pas utilement reprocher à son locataire de ne pas l'avoir assigné devant le tribunal de grande instance (devenu tribunal judiciaire) pour qu'il soit passé outre à son refus et que la cession projetée soit autorisée judiciairement car les aléas et la longueur d'une telle procédure sont de nature à décourager et à faire se désengager tout acquéreur éventuel, soucieux d'entreprendre une activité commerciale rapidement et dans de bonnes conditions.

CA Pau 29-8-1991 n° 90-2853, 3e ch.

Le seul souci de ne pas renouveler les baux dans son immeuble pour **entreprendre une opération de rénovation** ne constituait pas, pour le bailleur, un motif légitime de refuser l'agrément du successeur que lui soumettait son locataire.

Cass. com. 4-1-1994 n° 22 D : RJDA 5/94 n° 636.

Un locataire de locaux à usage commercial avait, conformément aux stipulations du contrat de bail, demandé à son bailleur d'agréer une société en qualité d'acquéreur du droit au bail. Le bailleur, qui avait auparavant engagé des pourparlers avec cette société en vue de la conclusion d'un nouveau bail, pourparlers qui n'avaient pas abouti car la société refusait de payer le coût de rédaction de l'acte, avait refusé la cession sans motiver son refus.
Après avoir rappelé que le refus opposé par le bailleur à la cession ne peut pas être discrétionnaire et doit revêtir un caractère légitime, la Cour de cassation a jugé que l'**échec des pourparlers conduits avec l'acquéreur en vue de la conclusion d'un nouveau** contrat de **bail** ne caractérisait pas un motif légitime de refus de la cession.

Cass. 3e civ. 15-6-2011 n° 10-16.233 F-D : RJDA 10/11 n° 775.

Est abusif le refus d'agrément de l'acquéreur par le bailleur qui n'allègue **aucun motif** à l'appui de son refus.

Cass. 3e civ. 9-5-2019 n° 18-14.540 : AJDI 2019 p. 535.

Refus non abusif

Le bailleur est en droit de subordonner son consentement à la cession du droit au bail projetée par le locataire à l'acceptation par le cessionnaire de certaines modifications aux conditions du bail en cours; ainsi il peut, si le bail en cours comporte à la fois un local à usage commercial et un local à usage d'habitation, et dès lors que la **privation du local d'habitation** n'est pas de nature à compromettre l'exploitation par le futur acquéreur de son propre fonds, subordonner son consentement à l'acceptation par le cessionnaire d'une clause prévoyant qu'à la fin du bail il sera établi deux baux séparés, celui des locaux à usage d'habitation pouvant être établi pour une durée plus courte que celui des locaux à usage commercial.

CA Reims 5-12-1983 : Rev. Loyers 1984 p. 482.

9330 Le bailleur qui a agi en résiliation de bail contre son locataire pour cession irrégulière alors qu'il a été absent volontairement aux opérations de cession commet un abus de droit d'agir en justice et doit être condamné à réparer le **préjudice** subi par le cédant et le cessionnaire par suite du trouble commercial, des pertes de temps et de dépenses non récupérables (Cass. com. 18-10-1965 : Bull. civ. III n° 502).

Il y a lieu de condamner le bailleur, qui a refusé abusivement d'agréer le cessionnaire présenté, à verser à son locataire qui avait transféré le lieu de ses activités commerciales des **dommages-intérêts** équivalant au prix de la cession envisagée (CA Pau 29-8-1991 n° 90-2853, 3e ch.).

Le locataire qui n'obtient pas l'accord du bailleur commet une faute engageant sa responsabilité à l'égard du cessionnaire (Cass. com. 26-1-1966 : Bull. civ. III n° 55). Mais il n'est pas responsable de la non-réalisation de la condition suspensive liée uniquement aux exigences du bailleur quand celles-ci sont excessives (Cass. 3e civ. 10-6-2009 n° 08-14.099 FS-PB : RJDA 8-9/09 n° 704).

APPEL DU BAILLEUR À CONCOURIR À L'ACTE DE CESSION DU BAIL

Les clauses qui prévoient seulement un appel du bailleur à concourir à l'acte ont pour but de l'avertir de la cession. En ce cas, la cession ne peut avoir lieu qu'en « présence du bailleur ou lui dûment appelé », mais ce dernier n'a pas à donner son autorisation à la cession. 9340

L'obligation ne concerne que la **cession du bail et** non la vente **du fonds de commerce** dès lors que les deux cessions ont eu lieu par **actes séparés** (Cass. 3e civ. 12-1-1968 : Bull. civ. III no 20).

Une sommation faite au bailleur d'assister à la cession, conformément aux clauses du bail, et délivrée chez son avocat est valable dès lors que le bailleur a fait, pour l'exécution du bail, **élection de domicile** chez son avocat (Cass. 3e civ. 15-6-1994 no 1161).

En l'état d'une clause exigeant l'**intervention du bailleur** à la cession du bail, l'absence volontaire du bailleur aux opérations de cession, alors qu'il y a été antérieurement et régulièrement sommé, ne peut être invoquée unilatéralement par lui pour soutenir qu'il n'a pas **agréé** l'acquéreur (Cass. com. 18-10-1965 : Bull. civ. III no 502).

3. STIPULATION D'UN DROIT DE PRÉEMPTION AU PROFIT DU BAILLEUR

La clause donnant au bailleur un droit de préemption dans le cas où le locataire vendrait son fonds de commerce n'est interdite par aucun texte ; elle ne porte atteinte à aucun des droits que la loi reconnaît au locataire, libre de vendre son fonds aux conditions qu'il a acceptées. Elle est donc **valable** (Cass. com. 17-2-1960 : Bull. civ. III no 68 ; Cass. 3e civ. 12-7-2000 no 1127 FS-FB : RJDA 11/00 no 965). En effet, le droit de préemption du bailleur laisse intacte la faculté pour le locataire de vendre son fonds et de céder son droit au bail à tel acquéreur de son choix et suivant les modalités, notamment le prix, qu'il juge opportunes, le bailleur pouvant seulement prendre à son compte l'opération telle que librement consentie par le locataire. 9360

La solution est la même pour l'insertion d'un **pacte de préférence** au profit du bailleur (Cass. 3e civ. 12-7-1995 no 1701 P : RJDA 11/95 no 1209).

Dans un cas où le locataire avait notifié au bailleur bénéficiaire d'un droit de préemption un projet de cession de son fonds de commerce et avait joint le projet de convention de vente du fonds, et où le bailleur lui avait réclamé un complément d'information, précisant que le **délai** d'un mois qui lui était imparti **pour exercer son droit de préemption** ne commencerait à courir qu'à compter de la date de communication des éléments demandés, il a été jugé que le bailleur avait exercé son droit de préemption hors délai, dans la mesure où, ne revendiquant pas la nullité de la notification s'il l'estimait incomplète, il avait renoncé à la possibilité de bénéficier de cette sanction et ne pouvait imposer une modification unilatérale du point de départ du délai d'un mois prévu au contrat de bail ; en conséquence, la régularisation de la cession du fonds a été autorisée (CA Dijon 14-12-2000, 1e ch. sect. 1 : JCP E 2001 pan. 1305).

La clause conférant au bailleur un droit de préemption en cas de vente du fonds de commerce ne nous paraît pas pouvoir s'appliquer dans le cas où le **locataire,** entrepreneur individuel, **cède l'intégralité de son patrimoine professionnel** (cf. C. com. art. L 526-27 s.).

C. Autres clauses relatives à la cession du bail

CLAUSE EXIGEANT LE RÈGLEMENT DE TOUS LES LOYERS AVANT LA CESSION

En complément de la clause de garantie solidaire, qui permet au bailleur d'obtenir du cédant les loyers qui seront dus par le cessionnaire (no 37660), le bail peut comporter une clause interdisant au locataire de céder son droit au bail s'il n'est pas à jour des loyers échus jusqu'à la cession. Une cession réalisée en violation de cette clause serait irrégulière, même si toutes les formalités ont été respectées, et pourrait justifier une résiliation du bail, de sorte que le juge saisi d'une demande en résiliation d'un bail comportant cette clause doit rechercher si le locataire a payé l'ensemble des loyers dus à la date de la cession sans se borner à relever que le bailleur a été appelé à l'acte de cession (Cass. 3e civ. 31-5-1994 no 1014 D : Gaz. Pal. 1995 som. p. 307 note J.-D. Barbier). 9400

CLAUSE DE POURSUITE D'UN CONTRAT SOUS PEINE DE RÉSILIATION DU BAIL

La clause d'un bail qui fait obligation aux locataires, acquéreurs du fonds de commerce cédé par le bailleur, de poursuivre un **contrat de concession** conclu auparavant par le bailleur, et qui prévoit qu'en cas de rupture de ce contrat, pour quelque cause que ce soit, imputable ou non aux locataires, le bail serait résilié purement et simplement sans aucune indemnité n'est pas nulle car elle ne fait pas obstacle à la **poursuite de l'exploitation du fonds par le locataire** dans les mêmes conditions, et n'a donc pas pour effet d'interdire au locataire de céder son bail à l'acquéreur de son fonds (Cass. 3e civ. 22-7-1987 : Defrénois 1987 p. 1250 art. 34075 note J. Derruppé). 9405

CLAUSE PRÉVOYANT LA RÉVISION DU LOYER LORS DE LA CESSION

9410 La clause d'un bail prévoyant qu'à l'occasion de la cession le loyer sera modifié est réputée non écrite, non par application de l'article L 145-16 du Code de commerce, mais en vertu de l'article L 145-15 qui prohibe les clauses faisant échec aux dispositions légales régissant la révision du prix du bail (Cass. 3e civ. 27-10-1983 : Loyers et copr. 1984 comm. n° 71 : solution rendue en application de la législation antérieure à la réforme de 2014 qui sanctionnait de telles clauses par la nullité, mais transposable).

CLAUSE RELATIVE À LA RÉDACTION DE L'ACTE DE CESSION

9420 **Obligation de recourir à un mandataire du bailleur** La clause imposant la **rédaction de l'acte** de cession **par un mandataire du bailleur** (par exemple, son notaire ou un administrateur de biens) est licite (CA Paris 24-5-1991, 1e ch. sect. urg. : Loyers et copr. 1992 comm. n° 215). Cette clause est utile en ce qu'elle permet au mandataire et donc au bailleur d'avoir une information préalable complète sur la teneur et les conditions de la cession, d'exercer un certain contrôle sur la cession elle-même et de s'y opposer éventuellement si elle n'est pas régulière.

Dans un cas où le **mandataire** du bailleur avait **refusé de rédiger un acte** de cession du droit au bail dans la mesure où la cession envisagée constituait une violation d'une clause de non-rétablissement, il a été jugé que le locataire ne peut pas utilement faire valoir que ce refus constituait une immixtion irrégulière du mandataire dans les rapports entre le locataire et le cessionnaire, dès lors que l'intervention du mandataire à la cession était susceptible d'engager sa responsabilité délictuelle envers le bénéficiaire de la clause de non-rétablissement (Cass. com. 18-1-1994 : Administrer août-septembre 1994 p. 20).

9425 **Clause imposant le recours à l'acte authentique** Les conventions exigeant à peine d'inopposabilité la **forme authentique** pour une cession du droit au bail sont licites (Cass. com. 12-6-1963 : Bull. civ. III n° 294 ; CA Paris 3-11-1992, 16e ch. B : Loyers et copr. 1993 comm. n° 142 ; Cass. 3e civ. 24-6-1998 n° 1094 PB : Bull. civ. III n° 135, solution implicite).

La cession par acte notarié entraîne la remise d'une copie exécutoire (la « grosse ») au bailleur qui dispose ainsi immédiatement d'un titre exécutoire contre son nouveau locataire.

Sur la possibilité de régularisation de la cession lorsque l'acte a été passé par acte sous signature privée, voir n° 9540.

CLAUSE D'INDEMNITÉ DU BAILLEUR LORS DE LA CESSION

9430 Le bail peut subordonner la cession au versement au bailleur d'une somme, dite « droit de cession », indemnité dont le montant est généralement fixé par référence au montant du loyer. Les tribunaux n'ont pas été, à notre connaissance, appelés à se prononcer sur la **validité** de cette clause. À notre avis, elle ne contrevient pas aux dispositions de l'article L 145-16, al. 1 du Code de commerce en ce qu'elle n'interdit pas au locataire de céder son droit au bail à l'acquéreur de son fonds de commerce. Mais encore faut-il, selon nous, que le **montant** de l'indemnité ne soit pas si élevé qu'il interdise, en fait, au locataire de céder son droit au bail.

CLAUSE ÉTENDANT LE DROIT DE CESSION DU LOCATAIRE

9435 Le contrat de bail peut bien entendu autoriser sans condition et sans restriction le locataire à **céder librement** son droit au bail.

Les parties peuvent notamment étendre le droit de cession du locataire en insérant une clause permettant la **cession pour l'exercice de « tous commerces ».** Il a été jugé toutefois qu'une telle clause n'autorise pas la cession au profit d'une personne n'exerçant pas une activité commerciale (Cass. 3e civ. 26-1-1982 : Bull. civ. III n° 21).

SECTION 3

CONCLUSION DE LA CESSION DU DROIT AU BAIL

A. Formalités de la cession du droit au bail

1. ÉTAT DES LIEUX ENTRE BAILLEUR ET ACQUÉREUR

L'article L 145-40-1 du Code de commerce impose l'établissement d'un état des lieux entre le bailleur et l'acquéreur lors de l'entrée en possession des locaux (sur les modalités, voir nos 19005 s.) ; aux termes de cet article, le bailleur qui ne fait pas toute diligence pour la réalisation de l'état des lieux ne peut pas invoquer la présomption de remise des locaux à l'acquéreur en bon état de réparations locatives, prévue par l'article 1731 du Code civil pour le bail de droit commun. L'obligation d'établir un état des lieux, applicable aux cessions intervenues depuis le 20 juin 2014, est d'ordre public et toute clause y dérogeant est réputée non écrite (C. com. art. L 145-15). **9460**

Cette exigence soulève des questions qui devront être résolues par les tribunaux. En particulier, s'il ressort de l'état des lieux que le local a été dégradé ou que des travaux ont été réalisés sans l'autorisation du bailleur, ce dernier peut-il obtenir du **cédant** la remise en état immédiate ? La sagesse voudrait que l'état des lieux soit dressé en présence du cédant.

2. FORMALITÉS D'OPPOSABILITÉ AU BAILLEUR DE LA CESSION

Il ne fait pas de doute que le bail commercial est un contrat conclu entre le bailleur et le locataire et que sa cession est une cession de contrat. Le Code civil donne un **cadre général pour la cession de contrat et son opposabilité** (C. civ. art. 1216 s.). **9470**

Un contractant, le cédant, peut céder sa qualité de partie au contrat à un tiers, le cessionnaire, avec l'**accord de son cocontractant,** le cédé ; si l'accord du cédé est donné par avance, la cession lui devient opposable lorsque le contrat conclu entre le cédant et le cessionnaire lui est notifié ou lorsqu'il en prend acte (C. civ. art. 1216, al. 1 et al. 2).

Cette règle générale s'applique à toute cession de contrat, sous réserve de règles particulières à tel ou tel contrat (C. civ. art. 1105). Ainsi, à notre avis, la règle particulière selon laquelle le bailleur (le cédé) ne peut pas interdire au locataire de **céder son bail à l'acquéreur de son fonds de commerce ou au bénéficiaire du transfert universel de son patrimoine professionnel** (C. com. art. L 145-16, al. 1) neutralise le droit commun de la cession de contrat qui suppose l'accord du cédé. En revanche, les règles d'opposabilité prévues par le Code civil peuvent s'appliquer en cas de **cession isolée du bail,** celle-ci résultant en général d'un accord du bailleur. Les règles d'opposabilité de la cession peuvent donc différer selon que la cession de bail intervient sur accord du bailleur ou non.

a. Cession de bail sur accord du bailleur

ACCORD DU BAILLEUR DONNÉ PAR AVANCE

À notre avis, quand le bailleur a d'ores et déjà autorisé la cession dans le contrat de bail (par exemple, le bail prévoit que la cession est libre au profit d'une société du même groupe que le locataire), ou lorsqu'il l'a soumise à son accord préalable et que cet accord intervient avant la cession (par exemple, le bail interdit au locataire de céder son bail sans que le bailleur ait agréé l'acquéreur), les **formalités d'opposabilité de l'article 1690 du Code civil** (signification de l'acte par huissier ou commissaire de justice ou acceptation de la cession par le tiers dans un acte authentique) ne s'imposent pas. **9475**

En effet, le Code civil prévoit que l'accord du cédé (le bailleur) à la cession de contrat « peut être donné par avance, notamment dans le contrat conclu entre les futurs cédant et cédé, auquel cas la cession produit effet à l'égard du cédé lorsque le contrat conclu entre le cédant et le cessionnaire lui est **notifié** ou lorsqu'il en **prend acte** (C. civ. art. 1216, al. 2).

Cette disposition nous semble applicable notamment quand le bail interdit au locataire de céder son bail sans que le bailleur ait autorisé la cession (ou agréé le cessionnaire), sauf à l'acquéreur de son fonds de commerce ou au bénéficiaire du transfert universel du patrimoine professionnel de l'entrepreneur individuel.

En pratique, l'accord préalable du bailleur à la cession d'un bail commercial ou l'acte de cession lui-même, quand le bailleur y intervient, prévoient souvent que celui-ci dispense expressément le cédant de procéder aux formalités d'opposabilité.

> **Précisions** Les formalités de l'article 1690 du Code civil s'appliqueront cependant **si le contrat de bail prévoit** que la cession n'est opposable au bailleur qu'après signification ou acceptation par lui dans un acte authentique ou encore si ce contrat vise explicitement « les formalités de l'article 1690 », même pour les baux postérieurs au 1er octobre 2016, date d'entrée en vigueur de l'article 1216, al. 2 du Code civil. En effet, cette disposition n'est pas d'ordre public ; elle ne crée qu'une faculté pouvant être écartée par une clause contraire. Sur ces formalités, voir nos 9500 s.
> Sur l'opposabilité au bailleur de la cession malgré le non-respect des formalités quand il a tacitement accepté celle-ci, voir nos 9545 s.

9477 L'article 1216 du Code civil, qui précise que la cession ne produit effet que si elle est notifiée au cédé ou si ce dernier « en prend acte », n'apporte aucune précision sur la **forme de la notification** ou de la « **prise d'acte** ». Si la notification peut notamment être faite par voie postale, de préférence par lettre recommandée AR pour se ménager la preuve de la réception, la question se pose de savoir quelle forme peut prendre concrètement la prise d'acte du bailleur, débiteur cédé. Comme le relèvent certains auteurs, la prise d'acte n'est pas un concept connu du droit civil ; elle est la « reconnaissance de la cession, qui est une reconnaissance du changement de créancier », de sorte qu'elle implique plus qu'une simple connaissance de la cession et requiert « la volonté du cédé de se conformer à la situation nouvelle, d'en admettre les effets » (O. Deshayes, T. Genicon et Y. M. Laithier, Réforme du droit des contrats, du régime général et de la preuve des obligations : LexisNexis 2018, sous l'article 1324, relatif à la cession de créances). La doctrine considère que la prise d'acte peut être expresse ou tacite et résulter notamment de l'exécution du contrat postérieurement à la connaissance de la réalisation de l'opération de cession (M. G. Chantepie, Rép. Dalloz de droit civil : Contrat : effets Rayonnement du contrat n° 87) ou d'un paiement fait spontanément même sans que le cédé ait reçu une notification de la cession (O. Deshayes, T. Genicon et Y. M. Laithier précités, M. Andreu, J-Cl. civil art. 1321 à 1326, Fasc. 20 n° 45). La Cour de cassation a fait une lecture identique du texte dans le cadre de la cession d'un contrat de location financière (Cass. com. 9-6-2022 n° 20-18.490 F-B : RJDA 10/22 n° 548).

ACCORD DU BAILLEUR DONNÉ AU MOMENT DE LA CESSION DE BAIL

9485 L'article 1216 du Code civil ne prévoit **pas de formalisme** d'opposabilité dans le cas où l'accord du cédé (ici le bailleur) est donné au moment de la cession du contrat. On peut en déduire que, dans ce cas, le seul accord du bailleur suffit à lui rendre la cession opposable. Il nous semble toutefois **prudent** de prévoir alors une clause par laquelle le bailleur reconnaît formellement qu'il accepte que l'acquéreur devienne la nouvelle partie au contrat, avec ou non libération du cédant (nos 10100 s.).

b. Cession de bail non soumise à l'accord du bailleur

NATURE DE LA CESSION

9500 Pour être opposable au cédé (ici, le bailleur), seule la **cession d'un droit ou d'une action** est soumise aux formalités de l'article 1690 du Code civil (signification au bailleur ou acceptation par lui dans un acte authentique). La cession de créance, à laquelle le Code civil consacre une section (C. civ. art. 1321 à 1326), obéit à un formalisme allégé (C. civ. art. 1324, al. 1). La **cession de créance** est ainsi une opération autonome par rapport à la cession d'un droit ou d'une action et les articles la régissant ne peuvent être appliqués que s'il est donné au terme « créance » un sens le distinguant des mots « droit ou action ». La créance ainsi entendue ne peut être que celle dont l'objet est susceptible d'être réalisé par un paiement (C. civ. art. 1342) : elle est le droit au paiement d'une somme d'argent ou à une prestation en nature déterminée ou déterminable, correspondant à la délivrance d'une chose ou à une prestation de services (cf. Mémento Droit commercial n° 14200).

Quand la cession de bail est soumise à l'autorisation du bailleur (cession isolée du bail), le régime d'opposabilité des cessions de contrat prévu par le Code civil (notification ou prise d'acte : C. civ. art. 1216), peut, à notre avis, être appliqué (nos 9475 s.).

En revanche, ce régime n'est pas applicable quand la **cession de bail** intervient **dans le cadre d'une vente de fonds de commerce** ou du **transfert universel du patrimoine professionnel** de l'entrepreneur individuel car la règle particulière selon laquelle le bailleur (le cédé) ne peut pas interdire au locataire de céder son bail à l'acquéreur de son fonds de commerce ou au bénéficiaire du transfert universel de son patrimoine professionnel (C. com. art. L 145-16, al. 1) neutralise le droit commun de la cession de contrat qui soumet la cession à l'accord du cédé.

En conséquence, la cession de bail non soumise à l'accord du bailleur doit, à notre avis, être envisagée sous l'angle de la **cession de droit** et est soumise au formalisme de l'**article 1690.** En effet, la cession du contrat de bail emporte bien cession de divers droits incorporels : droit de jouissance des locaux et droit au renouvellement, notamment.

La question de savoir si l'article 1690 s'applique lorsque le locataire, entrepreneur individuel, cède l'intégralité de son patrimoine professionnel, incluant un droit au bail, dépend toutefois de l'interprétation que l'on retient de l'article L 526-27, al. 3 du Code de commerce (nos 9585 s.).

SIGNIFICATION DE LA CESSION DE BAIL PAR ACTE EXTRAJUDICIAIRE

En principe, la signification de la cession de bail doit être réalisée, à l'initiative du cédant ou du cessionnaire, par un exploit extrajudiciaire remis au débiteur cédé, le bailleur, et indiquant les conditions essentielles de la cession. Un notaire en revanche ne peut pas y procéder. **9520**

ATTENTION

Lorsque le bien loué appartient à une **indivision,** la signification doit être faite à chacun des indivisaires (Cass. 3e civ. 10-12-2002 no 01-13.416 FS-D, retenant que le défaut de signification à tous les indivisaires justifie le refus de renouvellement du bail).

La signification doit **comporter** tous les éléments de nature à renseigner le bailleur, ce qui n'est pas le cas si elle ne contient pas les dispositions essentielles de l'acte de cession (Cass. 3e civ. 6-5-1981) ou si elle comporte la copie d'un acte de cession ni daté ni enregistré (Cass. com. 15-7-1963 : Bull. civ. III no 377).

L'article 1690 ne prévoyant aucun **délai,** la signification est possible tant que le droit au bail demeure, c'est-à-dire jusqu'à la fin du bail. La cession qui est notifiée au bailleur postérieurement au congé, mais avant la date d'effet de celui-ci, est ainsi régulière (Cass. 3e civ. 1-3-1972 : Bull. civ. III no 148 ; voir aussi Cass. 3e civ. 3-2-2010 no 08-19.420 FB-PB : RJDA 4/10 no 336). En pratique, le bail prévoit un délai pour procéder à la signification.

MODÈLE

Lettre à l'huissier ou au commissaire de justice pour signification au bailleur

« *Nom du Cessionnaire* »
« *Adresse* »
« *Code postal* » « *Ville* »

Maître « *Nom de l'huissier ou du commissaire de justice* »
« *Adresse* »
« *Code postal* » « *Ville* »

Le « *Date* »,

Maître,

Je vous prie de trouver sous ce pli un original enregistré de l'acte de cession en date du « *Date* », à « *Lieu* » par « *Nom du Locataire* » à « *Nom du Cessionnaire* » du droit au bail des locaux sis « *Adresse complète* », appartenant à « *Nom du Bailleur* », demeurant « *Adresse complète* ».
Je vous remercie de signifier cette cession au propriétaire des locaux.
Je vous prie d'agréer, Maître, l'expression de mes sentiments distingués.

« *Nom du nouveau Locataire* »

Actes équivalant à une signification La Cour de cassation est très stricte pour admettre l'existence d'actes pouvant remplacer la signification. **9530**

A été **considérée comme un acte équivalant** à une signification la demande de renouvellement du bail signifiée par l'acquéreur visant expressément l'acte de cession, et contenant la cession autorisée sans le consentement du propriétaire et les énonciations suffisantes pour faire connaître au propriétaire l'existence et les conditions du transfert des droits cédés (Cass. com. 27-6-1961 : Bull. civ. III no 292) ainsi que la notification de conclusions à l'occasion d'une instance judiciaire (Cass. 3e civ. 3-2-2010 no 08-19.420 FS-PB : RJDA 4/10 no 336, étant précisé que le bail ne subordonnait la cession à aucune formalité particulière ; la solution pourrait donc être différente si le bail prévoit, par exemple, que la cession n'est opposable que si elle a lieu sous forme d'un acte authentique auquel le bailleur doit être appelé).

En revanche, ne présentent aucun des caractères de la signification prévue à l'article 1690 du Code civil et **ne valent pas signification** :

– la demande de renouvellement du bail indiquant que le locataire sollicitait ce renouvellement en tant qu'acquéreur du fonds de commerce (Cass. com. 13-3-1962 : Bull. civ. III no 157) ;

– la mention, figurant dans l'exploit introductif d'une instance en renouvellement délivré par le cédant et l'acquéreur, selon laquelle le bailleur n'était pas sans ignorer que le droit au bail avait

été cédé par acte sous signature privée, ce dernier ayant été enregistré, transcrit au registre du commerce et publié, dès lors qu'elle ne faisait pas connaître au bailleur les dispositions essentielles de l'acte de cession (Cass. com. 14-3-1962 : Bull. civ. III n° 167) ;
– la communication au bailleur, au cours d'une procédure de référé, d'un jugement relatant la cession, acte auquel ce dernier est étranger (Cass. com. 15-7-1963 : Bull. civ. III n° 377) ;
– la dénonciation au propriétaire par l'acquéreur du droit au bail d'un procès- verbal de constat dressé à sa requête (Cass. 3e civ. 2-2-1977 : Bull. civ. III n° 58).

ACCEPTATION DE LA CESSION DE BAIL PAR ACTE AUTHENTIQUE

9540 Lorsque cette formalité est requise, à défaut de signification, le bailleur peut accepter la cession par acte authentique (C. civ. art. 1690, al. 2). Il est recouru à cette modalité lorsque le contrat de cession du droit au bail est établi par acte authentique ou lorsqu'une clause du bail prévoit que le bailleur doit être appelé à concourir à l'acte. Soulignons qu'il ne suffit pas, pour que la formalité soit régulière, que le bailleur ait été appelé à l'acte ; encore faut-il qu'il donne son acceptation de la cession dans l'acte.

Une acceptation écrite du bailleur dans un **acte sous signature privée** doit être assimilée à une acceptation authentique (Cass. 1e civ. 19-1-1970 : Bull. civ. I n° 19).

ACCEPTATION TACITE DE LA CESSION DE BAIL

9545 Les tribunaux ont reconnu qu'étaient opposables au bailleur certaines cessions qui n'avaient pas fait l'objet des formalités de l'article 1690 du Code civil mais qu'il avait acceptées tacitement. Les mêmes faits sont qualifiés par les juges tantôt d'acceptation tacite, tantôt d'acte positif de renonciation à se prévaloir de l'irrégularité.

9546 Pour que l'acceptation tacite soit reconnue, encore faut-il qu'elle soit non équivoque (Cass. 3e civ. 5-5-1975 : Bull. civ. III n° 150 ; Cass. 3e civ. 10-5-1989 n° 87-17.504 : JCP G 1989 IV p. 256). Elle nécessite un **acte positif** de la part du bailleur.

9547 ILLUSTRATIONS

Constituent une acceptation tacite :
– la délivrance par le bailleur d'une **quittance de loyers** au cessionnaire, et ce, bien que celle-ci comporte la mention « sous réserve de tous droits et actions » (Cass. com. 19-7-1965 : Bull. civ. III n° 453) ;
– le fait pour le bailleur de signifier au cessionnaire, considéré dans l'acte comme seul locataire des lieux, une **demande en révision** du loyer et de lui avoir adressé une sommation d'avoir, en sa qualité de cessionnaire, à lui faire connaître le nom de l'occupant d'une partie des lieux (Cass. com. 21-6-1966 : Bull. civ. III n° 314) ;
– la **connaissance de la cession** par le bailleur par une autre voie que celle de la signification et l'acceptation par lui de la cession sans protestation, déduite du fait qu'il a **délivré** quatre fois **quittance** au cessionnaire des loyers payés par lui (Cass. 3e civ. 24-1-1969 : Bull. civ. III n° 75) ;
– le fait pour le propriétaire d'avoir, après la **réception** d'un exemplaire enregistré **de l'acte** de cession, **invité le cessionnaire à régler les loyers** et de lui avoir proposé une révision du montant des loyers (Cass. 3e civ. 5-11-1976 : Gaz. Pal. 1977 I p. 16) ;
– la **perception** sans réserves **de loyers** par le propriétaire pendant six ans (Cass. 3e civ. 11-5-1982 n° 826 : JCP 1982 IV 254) ;
– le fait pour le bailleur d'**accepter un chèque émis par le cessionnaire** en paiement d'un loyer **et** de **demander** lui-même **la réitération de la cession** du droit au bail par acte notarié (Cass. 3e civ. 6-10-1982 : Loyers et copr. 1983 comm. n° 109) ;
– le fait pour le propriétaire de **s'adresser régulièrement au cessionnaire** pour tout ce qui a trait à la location **et** d'établir de nombreuses **quittances** au double nom du cédant et du cessionnaire (Cass. 3e civ. 12-10-1982 : Bull. civ. III n° 195) ;
– le fait pour le propriétaire de connaître la cession, de réitérer au cessionnaire un **congé** comportant offre de renouvellement du bail, d'**accepter** sans réserves pendant près de trois ans les **loyers versés par le cessionnaire,** et d'être en **pourparlers** avec lui pour le prix du bail renouvelé (Cass. 3e civ. 31-5-1983 : Bull. civ. III n° 127) ;
– le fait pour le propriétaire de se référer dans une **correspondance** adressée au cessionnaire à des courriers antérieurs dans lesquels il lui précisait les conditions du bail, le montant du loyer annuel et reconnaissait que le cessionnaire venait aux droits et obligations du précédent locataire (CA Rouen 16-2-1994, 1e ch. civ. : RJDA 7/94 n° 785) ;
– le fait de percevoir des loyers, d'établir des **quittances** au nom du cessionnaire, sans la moindre réserve ni protestation et de lui **réclamer** directement une **augmentation de loyers** (Cass. 3e civ. 14-12-1994 n° 1969 P : Bull. civ. III n° 212) ;
– le fait pour le bailleur d'**assigner** le cédant et la société cessionnaire **en paiement** des loyers et de reconnaître cette dernière comme son locataire pour lui avoir délivré un commandement de payer les loyers visant la clause résolutoire (Cass. 3e civ. 6-4-2005 n° 461 FS-D : RJDA 8-9/05 n° 941) ;

– le fait pour le bailleur, en accusant réception de la notification de la cession, d'indiquer au cessionnaire qu'il avait procédé à la régularisation de la cession dans ses fichiers, de lui avoir **réclamé les loyers impayés,** sans faire allusion au congé délivré au cédant avant la cession du bail et sans lui interdire d'entrer dans les lieux, et d'avoir **entretenu** pendant neuf mois des **rapports normaux** avec lui (CA Paris 4-10-2007 n° 06-12914, 6e ch. B : RJDA 8-9/08 n° 888) ;
– l'acquiescement sans équivoque à une cession que constitue le fait pour le bailleur d'avoir adressé au cessionnaire deux **lettres visant le bail initial** écrit et procédant à un **réajustement du loyer,** d'avoir régulièrement perçu les loyers et établi des **quittances** visant le bail initial, d'avoir déclaré le sinistre affectant les lieux loués à son assureur en mentionnant comme locataire actuel le cessionnaire, et enfin d'avoir **délivré congé** à ce dernier (Cass. 3e civ. 13-11-2012 n° 11-16.123 F-D : RJDA 6/13 n° 486).
– le fait pour le bailleur, dans le cadre d'un apport de bail commercial assimilé à une cession, de **poursuivre** l'apporteur et la société bénéficiaire pour obtenir leur condamnation solidaire au **paiement** des loyers, et d'en outre **déclarer sa créance** au passif lors de la liquidation judiciaire de la société **sans contester sa qualité de locataire** (CA Toulouse 11-3-2020 n° 18/02010 : RJDA 7/20 n° 370).

ILLUSTRATIONS 9548

Ne valent pas acceptation tacite :
– le fait que le bailleur n'a élevé **aucune protestation** (Cass. 3e civ. 14-3-1969 : Bull. civ. III n° 237) ;
– la simple **connaissance** de la cession (Cass. ass. plén. 14-2-1975 : Bull. civ. n° 1 ; Cass. 3e civ. 16-7-1975 : Bull. civ. III n° 252) ;
– la seule **perception** par le bailleur **de loyers** versés par le cessionnaire (Cass. com. 11-12-1961 : Bull. civ. III n° 467 ; Cass. 3e civ. 29-4-1969 : Bull. civ. III n° 334 : perception de loyers pendant quatre ans et refus du bailleur d'accorder au cessionnaire un bail ; Cass. 3e civ. 5-5-1975 : Bull. civ. III n° 150 ; Cass. 3e civ. 16-7-1975 : Bull. civ. III n° 252 : perception de deux ans de loyers et d'un acompte ; Cass. 3e civ. 10-5-1989 n° 87-17.504 : JCP G 1989 IV p. 256 : perception du loyer sur un compte bloqué pendant 8 mois ; Cass. 3e civ. 30-5-2007 n° 06-13.268 FD : Loyers et copr. 2007 comm. n° 222 : perception des loyers pendant deux ans et correspondances avec le cessionnaire) ;
– le fait que le cessionnaire **exerce son commerce** dans les lieux loués **au vu et au su du bailleur** (Cass. com. 19-3-1962 : Bull. civ. III n° 174) ;
– la simple **connaissance** par le bailleur de la **présence du cessionnaire** dans les lieux, l'**encaissement des loyers** versés par celui-ci, la délivrance au cessionnaire d'un **commandement de payer** visant la clause résolutoire (CA Paris 23-6-1992, 16e ch. A : JCP E 1992 pan. n° 1319) ;
– le fait pour le bailleur de **percevoir** régulièrement des **loyers,** les quittances étant établies au nom du cédant et non à celui du cessionnaire (Cass. 3e civ. 17-7-1996 n° 94-19.822 : Administrer-1-1997 p. 25) ;
– le fait que le bailleur ait reçu du notaire une simple attestation pour l'**informer de la cession,** qu'il n'ait reçu qu'un seul loyer mensuel après la cession par mandat postal, que le cessionnaire n'ait jamais payé lui-même de loyer, dès lors que les courriers du propriétaire au cédant ne faisaient état que d'un projet de bail (Cass. 3e civ. 1-2-2000 n° 157 D) ;
– le **projet de régulariser le bail** lors de la recherche d'une solution transactionnelle dès lors qu'elle n'a pas abouti (Cass. 3e civ. 19-5-2004 n° 587 FS-D : RJDA 8-9/04 n° 951).

3. PUBLICITÉ EN CAS DE VENTE DU FONDS DE COMMERCE DU LOCATAIRE

Si le locataire a cédé son droit au bail à l'occasion de la vente de son fonds de commerce, la cession doit faire l'objet des **formalités** de publicité suivantes (C. com. art. L 141-12 et L 141-13) : 9580
- enregistrement de l'acte de vente ;
- à la diligence de l'acquéreur, publication d'un avis sur un support habilité à recevoir des annonces légales et d'un avis au Bodacc (par l'intermédiaire du greffe du tribunal de commerce).

Ces formalités permettent aux créanciers du cédant de **former opposition** au paiement du prix de vente du fonds (C. com. art. L 141-14).

ATTENTION

En cas de **cession isolée du bail,** ce texte n'est pas applicable (Cass. com. 6-12-1982 n° 81-14.422 : Bull. civ. IV n° 396), sauf le cas éventuel de cession déguisée du fonds de commerce.
Cette solution écarte toute protection des créanciers en cas de vente du droit au bail seul ; c'est pourquoi les praticiens et certains auteurs (M. Dagot : JCP N 1992 p. 197) préconisent de prévoir conventionnellement la publicité de la cession isolée du droit au bail.
Lorsque la cession du fonds de commerce intervient dans le cadre du **transfert universel du patrimoine professionnel** d'un entrepreneur individuel, les règles relatives à l'enregistrement et à la publicité de la vente de fonds de commerce ne sont pas applicables, toute clause contraire étant réputée non écrite (C. com. art. L 526-29) (n° 9585 s.).

4. PUBLICITÉ EN CAS DE TRANSFERT UNIVERSEL DU PATRIMOINE PROFESSIONNEL

9585 Depuis le 15 mai 2022 (Loi 2022-172 du 14-2-2022 art. 19, I), la cession du droit au bail peut être réalisée dans le cadre du transfert universel de patrimoine professionnel de l'entrepreneur individuel, lequel est défini comme toute personne physique exerçant en son nom propre une ou plusieurs activités professionnelles indépendantes (C. com. art. L 526-22 s.).

Le transfert universel du patrimoine professionnel obéit au **régime spécifique** édicté par les articles L 526-27 s. du Code de commerce et les articles D 526-30 s.

En outre, l'article L 526-27, al. 3 prévoit que « sous réserve de la présente section » (celle relative au transfert universel), les **dispositions légales relatives à la vente** sont applicables et qu'il en est de même des dispositions légales relatives à la cession de créances, de dettes et de contrats.

Pour une partie de la **doctrine,** il résulte de cet alinéa que le régime de droit commun de la vente est applicable au transfert universel du patrimoine professionnel, sauf règles particulières énoncées par les articles L 526-27 et suivants du Code de commerce (notamment B. Dondero, Place à l'entrepreneur individuel à deux patrimoines (EI2P) ! : Rev. sociétés 2022 p. 199 ; N. Jullian, La transmission du patrimoine de l'entrepreneur, de nouvelles opérations au service des entrepreneurs individuels : JCP E 2022 n° 117 ; R. Mortier, Le nouveau patrimoine professionnel de l'entrepreneur individuel : Dr. sociétés 2022 étude n° 6). D'autres auteurs en font une interprétation différente, considérant qu'il se rapporte à la seule hypothèse du transfert non intégral d'un ou plusieurs éléments du patrimoine professionnel, pris isolément, prévu par l'article L 526-27, al. 1, l'expression « sous réserve de la présente section » ayant précisément pour objet d'exclure le transfert universel (J.-P. Matteï et M. Menjucq, Le transfert du patrimoine professionnel de l'entrepreneur individuel : BRDA 10/22 inf. 24). Selon ces auteurs, les règles de droit commun sont écartées en raison du caractère universel du transfert.

Il résulte du **rapport du Sénat** présenté dans le cadre des travaux parlementaires sur la loi 2022-172 que cette chambre était favorable à la première interprétation (Rapp. Sén. n° 54). Toutefois, la seconde interprétation a le mérite de donner plus de cohérence au nouveau régime de transfert universel. Ce transfert, qui porte sur une universalité de biens, droits et obligations dont chaque élément ne constitue qu'un élément parmi d'autres, semble en effet difficilement compatible avec les règles de droit commun applicables aux cessions de biens, contrats, créances et dettes isolés. Reste que l'ambiguïté du texte est source d'insécurité juridique et l'on ne peut que formuler l'espoir d'une modification rapide de celui-ci pour éclaircir la situation.

9587 Le transfert de propriété du patrimoine professionnel de l'entrepreneur individuel n'est **opposable** aux tiers qu'à compter de sa publicité (C. com. art. L 526-27, al. 5).

Pour ce faire, le cédant doit publier le transfert, soit sous forme d'un avis au **Bodacc,** soit par une **annonce dans un support d'annonces légales** dans le département dans lequel est exercée l'activité professionnelle, au plus tard un mois après la réalisation du transfert (C. com. art. D 526-30, I-al. 1). Cet avis ou cette annonce doit être accompagné d'un état descriptif des biens, droits, obligations ou sûretés composant le patrimoine professionnel (C. com. art. D 526-30, II). Sur le contenu de l'état descriptif, voir art. A 526-7.

Ces formalités permettent aux créanciers de l'entrepreneur individuel de **former opposition** au transfert de son patrimoine professionnel (C. com. art. L 526-28).

B. Conditions de validité de la cession de bail

NÉCESSITÉ D'UN ÉCRIT CONSTATANT LA CESSION DE BAIL

9600 La cession de contrat doit être constatée par écrit à peine de nullité (C. civ. art. 1216). Cette règle générale nous semble concerner la cession du bail commercial. En effet, la cession de bail est une cession du contrat conclu entre le bailleur et le locataire et, dans un certain nombre de cas, le locataire peut, selon la formule du Code civil, « céder sa qualité de partie » à ce contrat. Certes, au bail commercial est attaché un droit particulier : le **droit au bail,** qui permet au locataire de bénéficier du statut des baux commerciaux et, notamment, au-delà de la jouissance des locaux, d'avoir droit au renouvellement du bail. Pour autant, l'opération, que le Code de commerce appelle « cession de bail » mais que la pratique nomme aussi fréquemment « cession de droit au bail », reste une cession de contrat.

9605 Comme tout **contrat,** une cession de bail doit porter sur un contenu licite et certain ; le consentement des parties ne doit pas être vicié par l'erreur, le dol ou la violence. Nous ne développerons pas ci-après ces aspects qui ne présentent pas de particularité concernant la cession du droit au bail. Nous abordons ici seulement trois points au sujet desquels se pose la question de la validité du bail.

DÉTERMINATION DU PRIX DE LA CESSION DE BAIL

Il a été jugé que la cession de bail n'est pas assimilable à une vente et ne comporte pas nécessairement stipulation d'un prix, au motif qu'elle comporte cession de créance au profit de l'acquéreur, à charge pour lui de payer le loyer et d'exécuter les conditions de la location (Cass. soc. 12-11-1954 n° 651 : Bull. civ. IV n° 691). 9610

En réalité, la valeur d'un bail commercial tient surtout au droit dont dispose le locataire au renouvellement du bail à son terme et, en cas de refus du bailleur, au versement d'une indemnité d'éviction.

CONDITIONS RELATIVES À L'ACQUÉREUR DU DROIT AU BAIL

Deux questions ont été abordées par les tribunaux. 9620

1. **Le cessionnaire peut-il être le bailleur ?** La Cour de cassation a répondu par l'affirmative au motif que l'acquisition par le bailleur du droit au bail mis en vente par son locataire, laquelle permet au premier de recouvrer la jouissance matérielle des lieux loués, a une cause (Cass. 3e civ. 13-10-2004 n° 987 FS-PB : RJDA 1/05 n° 12). La Cour a en l'espèce cassé la décision qui avait retenu que le locataire ne peut céder le droit au bail au propriétaire des murs, que la relation triangulaire entre le cédant, le cessionnaire et le bailleur n'existe plus dès lors que le cessionnaire prétendu et le bailleur sont une seule et même personne et que dans une telle hypothèse la cession du droit au bail est dépourvue de cause.

2. **Le cessionnaire doit-il être immatriculé au registre du commerce** ? Il a été répondu que l'inscription au registre du commerce du cessionnaire **au jour de la cession** n'est pas une condition de validité de la cession du droit au bail (Cass. 3e civ. 1-2-1995 n° 226 P : RJDA 4/95 n° 411). Mais le cessionnaire a intérêt à s'immatriculer s'il veut bénéficier du droit au renouvellement.

DROIT DE PRÉEMPTION COMMERCIAL EN CAS DE CESSION DE BAIL

Périmètre et titulaires du droit de préemption Les communes peuvent délimiter un périmètre de **sauvegarde du commerce et de l'artisanat de proximité** à l'intérieur duquel les aliénations à titre onéreux de fonds de commerce, de baux commerciaux ou de fonds artisanaux sont soumises à un droit de préemption (C. urb. art. L 214-1 s.). 9630

Ce droit de préemption doit s'exercer en vue de la réalisation, dans l'intérêt général, des actions ou opérations d'aménagement répondant aux objets de l'article L 300-1 du Code de l'urbanisme (C. urb. art. L 210-1) et notamment la mutation, l'extension ou l'accueil des activités économiques. Le titulaire du droit de préemption ne peut légalement préempter que s'il justifie, à la date de sa décision, de la réalité d'un projet répondant aux objets de l'article L 300-1 du Code de l'urbanisme (même si les caractéristiques précises de ce projet n'ont pas encore été définies) et s'il mentionne la nature de ce projet dans la décision de préemption ; en outre, la mise en œuvre du droit de préemption doit répondre à un intérêt général suffisant, eu égard notamment aux caractéristiques du bien (fonds artisanal ou commercial ou bail commercial) faisant l'objet de l'opération et au coût prévisible de cette dernière (CE 15-12-2023 n° 470167 : RJDA 4/24 n° 212). Le droit de préemption ne peut en aucun cas être utilisé pour des motifs de protection de la sécurité et de l'ordre public. Par suite, est illégale la décision de préempter un fonds de commerce de café, bar, PMU, loto fondée sur les plaintes récurrentes concernant ce commerce résultant de la dégradation des relations de voisinage troublant la sécurité et l'ordre public qu'il provoquait et sur les graves nuisances induites par ce type d'activité (CE 26-4-2013 n° 362949 : BPIM 3/13 inf. 177).

Les communes, c'est-à-dire les conseils municipaux, ou les maires par délégation, sont titulaires du droit de préemption (CGCT art. L 2122-22, 21°). Lorsque la commune est membre d'un établissement public de coopération intercommunal (EPCI), elle peut, avec son accord, lui déléguer tout ou partie de son droit de préemption (C. urb. art. L 214-1-1, al. 1 ; art. R 214-18 et R 214-19). La commune (ou l'EPCI délégataire) peut aussi déléguer ce droit de préemption à un établissement public y ayant vocation, à une société d'économie mixte, au concessionnaire d'une opération d'aménagement, au titulaire d'un contrat de revitalisation commerciale, à une société publique locale d'aménagement ou une société publique locale d'aménagement d'intérêt national (C. urb. art. L 214-1-1, al. 2).

Un droit de préemption sur les cessions de fonds de commerce, de baux commerciaux ou de fonds artisanaux, dérogatoire au droit commun, peut être institué à l'intérieur d'une **grande opération d'urbanisme** (GOU) mise en œuvre sur tout ou partie d'une zone d'activité économique (ZAE) dont la transformation, notamment afin de favoriser la mixité fonctionnelle, est prévue par cette opération d'aménagement (C. urb. art. L 214-2-1 issu de loi 2023-973 du 23-10-2023). Les secteurs de la GOU dans lesquels ce droit de préemption est instauré sont délimités par l'acte 9631 attribuant la qualification de GOU, ou tout autre acte ultérieur pris dans les mêmes formes, après avis conforme de la commune concernée (C. urb. art. L 214-2-1, al. 2 issu de loi 2023-973).

Le droit de préemption est alors exercé par la collectivité territoriale ou l'établissement public signataire du contrat de projet partenarial d'aménagement, ces derniers pouvant déléguer l'exercice de ce droit à un établissement public y ayant vocation ou à un concessionnaire d'une opération d'aménagement (C. urb. art. L 312-5, 1° bis). Par ailleurs, le droit de préempter est reconnu aux établissements publics fonciers (C. urb. art. L 321-1, al. 6 et L 324-1, al. 4 modifiés par loi 2023-973) et aux établissements publics d'aménagement (C. urb. art. L 321-14, al. 3 modifié par loi 2023-973).

> **Précisions** Les GOU ont pour but de faciliter la réalisation d'opérations d'aménagement importantes et complexes. Une opération d'aménagement peut être qualifiée de GOU lorsqu'elle est prévue par un contrat de projet partenarial d'aménagement (PPA) et qu'en raison de ses dimensions ou de ses caractéristiques, sa réalisation requiert un engagement conjoint spécifique de l'État et d'une collectivité territoriale ou d'un établissement public partie au contrat de PPA (C. urb. art. L 312-3). La qualification de GOU est décidée par l'organe délibérant de la collectivité territoriale ou de l'établissement public contractant, après avis conforme des communes dont le territoire est inclus, en tout ou partie, dans le périmètre de l'opération et avec l'accord des préfets dans les départements concernés (C. urb. art. L 312-4, al. 1 et art. L 312-7).

9632 **Objet du droit de préemption** Sont visés par le droit de préemption les baux commerciaux, les fonds de commerce et les fonds artisanaux (C. urb. art. L 214-1 et R 214-3).

Contrairement à la définition du fonds de commerce qui ne pose pas de problème, la définition des baux commerciaux est délicate ; s'agit-il seulement des **baux commerciaux soumis au statut** spécifique des articles L 145-1 et suivants du Code de commerce ? En effet, il n'y a pas coïncidence entre les notions de bail commercial et de bail soumis au statut des baux commerciaux, certains baux commerciaux n'étant pas soumis au statut tandis que d'autres, non spécifiquement commerciaux, le sont. À notre avis, le droit de préemption demeure circonscrit aux seuls baux qui sont soumis de plein droit au statut (dans le même sens, A. Reygrobellet, Droit de préemption urbain sur les fonds de commerce, fonds artisanaux et baux commerciaux – décret d'application : BPIM 2/08 inf. 107 n° 14). Les tribunaux seront probablement appelés à trancher cette question.

9633 **Opérations visées** Les articles L 214-1 et R 214-3 du Code de l'urbanisme visent les « aliénations à titre onéreux ».

Sont donc exclues les **transmissions à titre gratuit** (succession, donation, legs), ainsi que les **contrats dépourvus de tout effet translatif,** comme les contrats de location-gérance et de crédit-bail.

Par ailleurs, le droit de préemption ne peut pas être exercé dans le cadre d'une **procédure collective** sur un bail compris dans le plan de cession totale ou partielle de l'entreprise (C. com. art. L 626-1, al. 5 pour la sauvegarde, art. L 642-5, al. 4 pour la liquidation judiciaire et, sur renvoi de l'art. L 631-22, pour le redressement judiciaire).

La question est plus délicate pour les transferts de propriété à titre onéreux sans stipulation d'un prix. À notre avis, le droit de préemption de la commune n'est pas applicable lorsque le transfert du fonds ou du bail résulte d'une **fusion,** d'une **scission** ou d'un **apport partiel d'actifs** soumis au régime des scissions car ces opérations s'analysent comme des échanges de droits sociaux et ne portent pas directement sur les actifs transmis (en ce sens à propos du droit de préemption urbain sur les ventes immobilières mais transposables au droit de préemption sur les baux, Rép. min. Türk n° 67 : Sén. 1-7-1993 p. 1055 ; Rép. Serge : AN 3-1-1994 n° 5734 p. 48 ; TA Cergy-Pontoise 10-4-2008 n° 07-8561, 1e ch. : RJDA 11/08 n° 1126).

L'**apport en nature** d'un fonds ou d'un bail à une société en dehors des opérations précitées est assimilable à une cession et impose donc le respect de la procédure prévue.

Le droit de préemption de l'article L 214-1 du Code de l'urbanisme concerne la **dation en paiement** : il y a, en effet, indirectement stipulation d'un prix convenu entre les parties, égal au montant de la dette que la dation a pour objet d'éteindre. La vente en **viager,** au demeurant peu courante en matière de fonds de commerce ou de baux, paraît entrer dans le champ du droit de préemption, malgré le caractère aléatoire du contrat.

Sur les incertitudes pesant sur les cessions de **droits indivis,** voir A. Reygrobellet, Droit de préemption urbain sur les fonds de commerce, fonds artisanaux et baux commerciaux – décret d'application : BPIM 2/08 inf. 107 n° 22.

> **Précisions** La question de savoir si le droit de préemption des communes s'applique lorsque le locataire, **entrepreneur individuel, cède l'intégralité de son patrimoine professionnel,** incluant un droit au bail, dépend de l'interprétation que l'on retient de l'article L 526-27, al. 3 du Code de commerce (nos 9585 s.).

Déclaration d'intention d'aliéner Le **locataire** de locaux commerciaux doit, par une déclaration d'intention d'aliéner (DIA), informer la commune de son intention de céder son fonds artisanal ou de commerce ou son droit au bail (C. urb. art. L 214-1, al. 3). 9635

Outre le prix et les conditions de la cession, la DIA doit préciser l'activité de l'acquéreur pressenti, le nombre de salariés du cédant et la nature de leur contrat de travail. Elle doit également comporter le bail commercial et indiquer le chiffre d'affaires (art. L 214-1, al. 3).

Elle doit être établie conformément au **formulaire** Cerfa 13644*02 (cf. C. urb. art. A 214-1). La DIA doit être rédigée en quatre exemplaires et adressée, par lettre recommandée AR, au maire de la commune où est situé le fonds ou l'immeuble dont dépendent les locaux loués, ou déposée en mairie contre récépissé ; elle peut également être adressée par voie électronique en un seul exemplaire (C. urb. art. R 214-4, al. 2).

Lorsque la DIA est adressée par voie électronique, le déclarant doit recevoir un accusé de réception ou d'enregistrement (C. urb. art. R 214-5, al. 1).

Contrairement à l'activité, l'indication de l'**identité de l'acquéreur** éventuel est facultative dans la déclaration d'intention d'aliéner ; s'agissant du droit de préemption des communes en matière de vente d'immeubles, il a été jugé que lorsqu'une première promesse de vente ayant fait l'objet d'une déclaration n'a pas été conclue, le vendeur n'est pas tenu de déposer une nouvelle déclaration en cas de vente à un autre acquéreur dès lors que le prix et les conditions de la vente projetée ne sont pas modifiés (Cass. 3e civ. 8-10-2008 n° 07-15.935 FS-PBI : RJDA 4/09 n° 325). La solution est à notre avis transposable au droit de préemption prévu par l'article L 214-1 du Code de l'urbanisme. 9636

L'indication de l'identité de l'acquéreur peut avoir un intérêt si la commune qui a préempté ne rétrocède pas le fonds ou le bail dans le délai légal (n° 9642).

Mise en œuvre du droit de préemption Dans un **délai** de deux mois à compter de la réception de la DIA ou du premier des accusés de réception ou d'enregistrement délivré en cas d'envoi de celle-ci par voie électronique, le titulaire du droit de préemption doit notifier sa **décision** (renonciation à l'exercice du droit de préemption, acquisition aux prix et conditions indiqués dans la déclaration ou offre d'acquérir aux prix et conditions fixés par l'autorité judiciaire) au locataire cédant par lettre recommandée AR, par remise contre décharge au domicile ou au siège social du locataire, ou par voie électronique (C. urb. art. R 214-5, al. 1 et 2). 9637

La notification de la décision par voie électronique n'est possible que si la DIA a été envoyée par voie électronique (C. urb. art. R 214-5, al. 2, précité) ; la notification fait alors l'objet d'un accusé de réception électronique ou, lorsque celui-ci n'est pas instantané, d'un accusé d'enregistrement électronique émis selon un procédé sécurisé (Code des relations entre le public et l'administration art. L 112-11).

Le **silence du titulaire du droit de préemption** pendant ce délai vaut renonciation à l'exercice de son droit de préemption (C. urb. art. L 214-1, al. 4 et R 214-5, al. 3).

En cas de décision de ne pas préempter ou de renonciation à l'exercice du droit de préemption, le locataire peut alors réaliser la vente, mais l'opération doit impérativement se conclure aux prix et conditions figurant dans sa déclaration (C. urb. art. L 214-1, al. 4). Le titulaire du droit de préemption ne peut alors plus revenir sur sa renonciation à exercer son droit, que cette renonciation résulte d'une décision explicite ou de son silence pendant les deux mois qui ont suivi la réception de la DIA (CE 27-7-2015 n° 374646 : BPIM 5/15 inf. 350). 9638

Si **le titulaire du droit de préemption souhaite exercer son droit** mais est en **désaccord sur le prix ou sur les conditions** indiqués dans la DIA, il peut saisir le juge de l'expropriation (et non le juge des baux commerciaux), c'est-à-dire le magistrat du tribunal judiciaire chargé d'intervenir dans la phase judiciaire d'une procédure d'expropriation. La saisine doit intervenir dans le délai de deux mois suivant notification de la DIA (C. urb. art. R 214-5 et R 214-6).

Il paraît difficile d'éviter le recours à la **fixation judiciaire du prix** pour au moins deux raisons. D'une part, le caractère lacunaire du formulaire Cerfa est de nature à encourager les titulaires du droit de préemption à saisir le juge afin de s'assurer de la réalité d'un prix qu'ils ne sont pas en mesure d'apprécier compte tenu du peu d'informations dont ils disposent obligatoirement sur le bien. D'autre part, le texte visant aussi les autres aliénations à titre onéreux que la vente, c'est-à-dire les aliénations dont la contrepartie ne se trouve pas nécessairement dans le paiement d'un prix (apport en société, notamment), ne laisse, là encore, d'autre choix aux titulaires du droit de préempter que de saisir le juge de l'expropriation.

Il est prescrit à la juridiction saisie de déterminer un prix d'acquisition qui soit exclusif de toute indemnité accessoire et notamment de l'indemnité de réemploi (C. urb. art. L 213-4, al. 1). À **défaut d'accord sur le prix,** le cédant peut ultérieurement retirer son offre ; il en va de même pour le titulaire du droit de préemption qui peut y renoncer en cours de procédure, et même après la décision définitive du juge de l'expropriation (C. urb. art. L 213-7).

En cas d'acquisition du bail par le titulaire du droit de préemption, l'**acte constatant la cession** et le paiement du prix doit être impérativement dressé dans un **délai** de trois mois ; le délai est calculé à compter de la notification soit de l'accord sur le prix et les conditions indiqués dans la déclaration préalable, soit de la décision judiciaire devenue définitive fixant le prix et les conditions de la cession (C. urb. art. R 214-9, al. 1).

Toutefois, le non-respect du délai de trois mois, et donc le défaut de paiement dans ce délai, n'est assorti d'aucune **sanction** : il ne restera plus au cédant qu'à engager la responsabilité du titulaire du droit de préemption ou à le mettre en demeure de passer l'acte et de payer le prix.

9639 Toute **aliénation** à titre onéreux **réalisée en violation du droit de préemption** du titulaire est nulle (C. urb. art. L 214-1, al. 3), l'action en nullité se prescrivant par cinq ans (C. civ. art. 2224). L'action doit être engagée devant le tribunal judiciaire du lieu de situation du fonds ou de l'immeuble dont dépendent les locaux loués (C. urb. art. R 214-10).

9640 **Rétrocession du bail par le titulaire du droit de préemption** Le titulaire du droit de préemption doit **rétrocéder** le fonds ou le bail à une entreprise immatriculée au registre du commerce ou au registre national des entreprises en tant qu'entreprise du secteur des métiers et de l'artisanat en vue d'une exploitation destinée à préserver la diversité et à promouvoir le développement de l'activité commerciale et artisanale dans le périmètre concerné, dans un **délai** de deux ans à compter de la prise d'effet de la vente, qui peut être porté à trois ans si, pendant la période précédant la rétrocession (nº 9645), le titulaire du droit de préemption a mis le fonds en location-gérance (C. urb. art. L 214-2, al. 1).

ATTENTION

À l'intérieur d'une GOU délimitée au sein d'une zone d'activité économique, dans laquelle le droit de préemption a été institué (nº 9631), le délai de rétrocession peut être porté à six ans, et à sept ans en cas de mise en location-gérance du fonds de commerce ou du fonds artisanal (C. urb. art. L 214-2-1, al. 5 issu de loi 2023-973 du 23-10-2023).

Il doit à cette fin établir un **cahier des charges** permettant d'assurer le respect des objectifs de diversité et de promotion du développement de l'activité commerciale et artisanale (C. urb. art. R 214-11) puis organiser un **appel à candidatures** (C. urb. art. R 214-12). Les personnes candidates à la rétrocession doivent justifier de leur immatriculation au registre du commerce et des sociétés ou au registre national des entreprises en tant qu'entreprise du secteur des métiers et de l'artisanat ou, lorsqu'elles sont établies dans un autre État membre de l'Union européenne, d'un titre équivalent leur conférant ou leur reconnaissant la qualité de commerçant ou d'artisan (art. R 214-12, al. 3).

La rétrocession doit être autorisée par délibération du conseil municipal (C. urb. art. R 214-14) et faire l'objet de publicité (C. urb. art. R 214-15).

9641 La rétrocession ne peut intervenir qu'avec l'**accord préalable du bailleur,** à peine de nullité de l'opération, et cet accord doit figurer dans l'acte de rétrocession (C. urb. art. L 214-2, al. 3). À cette fin, l'accord préalable est recueilli sur le projet de rétrocession, accompagné du cahier des charges, qui doit être transmis au bailleur par lettre recommandée AR (art. R 214-13).

Si le bailleur n'entend pas consentir à la rétrocession, il doit saisir, selon la procédure accélérée au fond, le président du tribunal judiciaire du lieu de situation de l'immeuble dont dépendent les lieux loués pour faire valider son opposition à la rétrocession. La saisine doit être notifiée au titulaire du droit de préemption par le bailleur dans un délai de deux mois suivant la réception du projet d'acte ; à défaut, le bailleur est réputé avoir donné son accord à la rétrocession (C. urb. art. R 214-13, al. 2).

L'article R 214-13, al. 3 du Code de l'urbanisme prévoit que le **délai** imparti pour procéder à la **rétrocession** (nº 9640) est **suspendu** à compter de la notification du projet d'acte au bailleur et jusqu'à l'obtention de son accord. La suspension joue également, à défaut d'accord, pendant la durée de la procédure accélérée au fond jusqu'à l'intervention de la décision juridictionnelle définitive. Il s'ensuit logiquement que la rétrocession ne peut intervenir avant le terme de cette procédure, sauf accord exprès du bailleur.

9642 En cas d'**absence de rétrocession** dans le délai, l'**acquéreur évincé** bénéficie d'un droit de priorité d'acquisition, à condition que l'identité de cet acquéreur ait été mentionnée dans la déclaration d'intention d'aliéner qui a été transmise initialement à la commune et qui a déclenché le processus de préemption (C. urb. art. R 214-16).

> Précisions Le texte précité n'indique pas à quelles **conditions** l'**acquéreur évincé** est autorisé à **se porter acquéreur du fonds** ou du bail. La logique du dispositif voudrait qu'il s'agisse strictement des conditions inscrites dans la déclaration préalable. Mais, précisément, une telle solution est assez irréaliste notamment parce que le fonds exploité pendant la période intermédiaire par la commune pourra avoir perdu, au moins partiellement, la valeur qui était la sienne lorsque les parties s'étaient initialement entendues sur les conditions de l'aliénation, rendue impossible par l'exercice du droit de préemption.

Période intermédiaire Pendant le délai légal (nº 9640) précédant la « rétrocession » à un nouvel exploitant : 9645

- le **statut** des baux commerciaux demeure applicable au **bail préempté** (C. com. art. L 145-2, III-al. 1) ;
- le bailleur ne peut pas invoquer le défaut d'**exploitation du fonds** pour mettre fin au bail (III-al. 2) ;
- le titulaire du droit de préemption peut donner le fonds en **location-gérance** (C. urb. art. L 214-2, al. 4).

C. Cession après la délivrance d'un congé avec refus de renouvellement

Lorsque le bailleur refuse le renouvellement en offrant le paiement d'une **indemnité d'éviction,** le locataire a droit au maintien dans les lieux jusqu'au paiement de cette indemnité. En conséquence, la cession du fonds de commerce incluant un bail commercial intervenue après le refus de renouvellement emporte, sauf clause contraire, cession de la créance d'indemnité d'éviction due au cédant et du droit au maintien dans les lieux (Cass. 3e civ. 6-4-2005 nº 01-12.719 FS-PB : RJDA 10/10 nº 921 ; Cass. 3e civ. 17-2-2010 nº 08-19.357 FS-PB : RJDA 10/10 nº 921), étant précisé que la cession peut valablement intervenir jusqu'au paiement de l'indemnité d'éviction (Cass. 3e civ. 17-2-2010 nº 08-19.357 FS-PB, précité). Sur le calcul de l'indemnité d'éviction due à l'acquéreur du fonds, voir nº 46900. 9700

Si le locataire, à qui un congé avec refus de renouvellement sans offre d'indemnité d'éviction est délivré, cède son fonds de commerce, en ce inclus le droit au bail, **avant la date d'effet du congé,** le bailleur est tenu de payer une indemnité d'éviction à l'acquéreur dès lors que ce bailleur ne fait valoir de **motifs graves et légitimes** qu'à l'égard du cédant (Cass. 3e civ. 15-9-2010 nº 09-14.519 FS-PB : RJDA 1/11 nº 17 ; Cass. 3e civ. 14-12-2023 nº 22-13.661 F-D : RJDA 3/24 nº 153 ; dans le même sens Cass. 3e civ. 10-1-2007 nº 05-20.634 FS-D : RJDA 3/07 nº 232).

> Précisions Cette dernière solution respecte la lettre de l'article L 145-17 du Code de commerce aux termes duquel le bailleur peut refuser le renouvellement du bail sans être tenu au paiement d'aucune indemnité s'il justifie d'un motif grave et légitime à l'encontre du « locataire sortant » (C. com. art. L 145-17). Mais il peut sembler peu opportun d'offrir à un locataire, qui a commis de nombreuses infractions aux clauses du bail justifiant un refus de renouvellement, de céder en toute impunité son fonds à un cessionnaire « vierge » (J.-P. Blatter, note sous Cass. 3e civ. 4-10-2000 nº 99-12.722 : AJDI 2001 p. 138 ; P.-H. Brault, note sous CA Paris 12-9-2005 nº 03-20417 : Gaz. Pal. 2005 p. 4238). Par ailleurs, cette solution peut susciter la crainte d'un **risque de cession frauduleuse** du bail dans le seul but d'éviter une déchéance du droit à indemnité d'éviction. On peut se demander si, dans un bail qui comporterait une **clause d'agrément** du bail en cas de cession du fonds de commerce, le bailleur pourrait légitimement refuser son agrément en raison de la délivrance préalable d'un congé fondé sur l'article L 145-17. La Cour de cassation n'a pas encore eu à se prononcer sur une telle situation.

D. Cession sous condition de signature d'un nouveau bail

Comme tout contrat, la cession de bail peut être soumise à condition (C. civ. art. 1304). Telle qu'envisagée par l'article 1304 du Code civil la condition n'est qu'une modalité du contrat et ne doit pas être confondue avec les éléments nécessaires à sa formation que sont le consentement, la capacité et le contenu licite et certain (C. civ. art. 1128). 9715

Ainsi, la clause qui prévoit une condition portant sur un élément essentiel à la formation du contrat est réputée non écrite. Tel est notamment le cas de la clause aux termes de laquelle la cession du bail commercial est subordonnée à la réalisation d'une **condition suspensive** tenant à la signature d'un nouveau bail entre le cessionnaire et le bailleur (Cass. 3e civ. 22-10-2015 nº 14-20.096 : RJDA 1/16 nº 8, rendu sous l'empire de C. civ. art. 1168 mais transposable sous le régime actuel, C. civ. art. 1304).

SECTION 4

SANCTIONS EN CAS DE CESSION IRRÉGULIÈRE

A. Inopposabilité de la cession

CAS DANS LESQUELS LA CESSION DU BAIL EST INOPPOSABLE

9800 Le **non-respect des formalités de notification** prévues par l'article 1216 du Code civil, **des formalités de signification** prévues par l'article 1690 du même Code (nos 9470 s.) ou des **formalités** prévues par l'article L 526-27 du Code de commerce en cas de cession du bail **dans le cadre du transfert universel du patrimoine professionnel** d'un entrepreneur individuel (no 9587) a pour conséquence l'inopposabilité de la cession au bailleur.

La solution est identique en cas d'**inobservation des clauses contractuelles** restreignant le droit de céder. Ainsi, la cession consentie par le locataire-cédant sans avoir obtenu ni même sollicité l'autorisation expresse et par écrit du bailleur prévue par une clause du bail est inopposable à ce dernier (CA Paris 8-3-2002 no 00-19228, 16e ch. B : RJDA 10/02 no 992). Il en est de même en cas de non-respect de la clause imposant pour la cession le concours du bailleur (Cass. 3e civ. 9-12-2009 no 04-19.923 FS-PB : RJDA 3/10 no 220), l'établissement d'un acte par le notaire du bailleur (Cass. 3e civ. 24-6-1998 no 1094 PB : Bull. civ. III no 135), ou encore de la clause stipulant que la cession devait être constatée par acte notarié en présence du bailleur (Cass. 3e civ. 19-7-1984).

CONSÉQUENCES DE L'INOPPOSABILITÉ DE LA CESSION DE BAIL

9810 **Rapports entre le cédant et le cessionnaire** En l'absence de respect des formalités légales ou des stipulations contractuelles, la cession de bail n'est pas nulle. Il en résulte que le défaut de signification régulière de la cession est sans incidence dans les rapports du cédant et du cessionnaire. Ce dernier peut donc exiger que les locaux soient mis à sa disposition. Toutefois, la cession qui n'a pas été régulièrement signifiée est inopposable au bailleur (no 9800) qui est un tiers par rapport aux parties à la cession, ce qui entraîne de lourdes conséquences.

9812 **Rapports entre le bailleur et le cessionnaire** Le bailleur est fondé à considérer le prétendu cessionnaire comme un occupant précaire n'ayant aucun droit ni titre.

Le cessionnaire n'a donc aucun droit au maintien dans les lieux et le bailleur peut demander son expulsion au juge des référés (Cass. 1e civ. 13-2-1963 : Bull. civ. I no 100). Si le bailleur a obtenu une décision ordonnant l'expulsion du cédant-locataire, il peut, en vertu de ce seul titre, poursuivre l'expulsion du cessionnaire-occupant (Cass. 2e civ. 4-12-2003 no 02-10.387 FS-PB : Bull. civ. II no 366).

Le cessionnaire ne peut pas demander le renouvellement du bail (Cass. com. 14-4-1961 : Bull. civ. III no 157 ; Cass. 3e civ. 13-2-1974 : Bull. civ. III no 75).

Le bailleur est fondé également à rompre les pourparlers pour la conclusion d'un nouveau bail (Cass. com. 15-5-1962 : Bull. civ. III no 258).

9815 **Rapports entre le bailleur et le cédant** Le cédant demeure locataire au regard du bailleur tant qu'il n'a pas été mis fin au bail.

À ce titre, il reste donc libre de le céder à nouveau à un tiers (Cass. com. 10-6-1959 : Bull. civ. III no 255) ou au cessionnaire initial (Cass. 3e civ. 22-3-1995 no 578 D : RJDA 6/95 no 692).

Le cédant est tenu de payer les loyers et, à défaut, le bailleur peut le poursuivre en paiement et obtenir la résiliation du bail (Cass. 3e civ. 13-5-1998 no 782 D : RJDA 8-9/98 no 955).

Faute d'exploiter un fonds de commerce dans les lieux loués, le cédant ne bénéficie pas du droit au renouvellement du bail (Cass. 3e civ. 13-2-1974 : Bull. civ. III no 75).

B. Extinction du bail en cas de cession irrégulière

1. RÉSOLUTION DU BAIL

9860 L'irrégularité de la cession consentie par le locataire, qu'elle résulte du non-respect des formalités légales ou de celles requises par le bail principal, permet au bailleur de remettre en cause le bail en poursuivant la résolution, soit par application d'une clause résolutoire, soit en saisissant le juge d'une demande de résolution.

La résiliation de plein droit du bail par application d'une **clause résolutoire** en cas de cession de bail irrégulière ne présente pas de particularité par rapport à la mise en œuvre de la clause pour tout autre manquement du locataire.

RÉSOLUTION JUDICIAIRE DU BAIL EN CAS DE CESSION IRRÉGULIÈRE

En cas de cession irrégulière, le bailleur peut demander la résolution judiciaire du bail. Pour **9865**
entraîner la résolution du bail, le **manquement** invoqué doit revêtir une **gravité suffisante** (C. civ. art. 1224), souverainement appréciée par les juges du fond.

ILLUSTRATIONS **9866**

Cas où la résolution judiciaire a été prononcée

Le bail dont la **cession** n'a pas été signifiée conformément à l'article 1690 du Code civil mais au contraire **dissimulée** pendant plusieurs années doit être résilié.

Cass. com. 15-5-1962 : Bull. civ. III n° 258.

Justifie la résolution du bail la **violation d'une clause suivant laquelle la cession du bail ne pouvait être faite sans le consentement** exprès et par écrit **du propriétaire,** dès lors que le propriétaire a été mis dans l'impossibilité de dire s'il acceptait ou non la cession de bail sous la forme d'un apport en société.

Cass. com. 9-3-1967 : Bull. civ. III n° 111.

Justifie la résolution du bail la **violation d'une clause autorisant la cession sous la** double condition de l'**accord du propriétaire et de la rédaction d'un acte authentique** dès lors que l'acte de cession n'a pas été dressé en la forme authentique, même si le propriétaire a agréé le futur cessionnaire.

Cass. 3e civ. 17-1-1969 : Bull. civ. III n° 56.

Justifie la résolution du bail la **violation de la clause** de celui-ci **qui exigeait que l'acte de cession soit établi par le conseil du bailleur,** dès lors que le bailleur illettré avait un intérêt évident à ce que son représentant, mieux informé que lui-même de l'étendue de ses droits, fût renseigné avant la réalisation de la cession sur les conditions de celle-ci et l'identité de l'acquéreur, et que la violation délibérée de la clause a été en elle-même préjudiciable au propriétaire.

Cass. 3e civ. 16-7-1970 : Rev. Loyers 1970 p. 446.

Justifie la résolution du bail la **cession** du droit au bail, sans le fonds de commerce, **hors accord du bailleur,** alors que le bail interdisait au locataire de céder son droit au bail sans le consentement exprès et écrit du bailleur, sauf à un successeur dans le commerce, même si l'acquéreur exerce en fait un commerce identique.

Cass. 3e civ. 28-3-1977 : Bull. civ. III n° 157.

Justifie la résolution du bail la **violation de la clause** de celui-ci **prévoyant qu'il ne pouvait être cédé** par le locataire **qu'en totalité et à un successeur** dans son commerce, dès lors que la cession n'était que partielle et que le bailleur ne l'avait pas ratifiée.

Cass. 3e civ. 30-11-1988 n° 87-13.905 : Loyers et copr. 1989 comm. n° 83.

Justifie la résolution du bail la **violation d'une clause stipulant que la cession est soumise à l'agrément du bailleur** dès lors qu'elle a eu pour effet d'empêcher celui-ci de s'assurer de la régularité de la cession ainsi que de la moralité, de la solvabilité et de la compétence professionnelle du cessionnaire et que la faute ainsi commise par le locataire ne peut plus être réparée.

CA Versailles 20-2-1992, 12e ch. : RJDA 6/92 n° 563, 1e espèce.

Justifie la résolution du bail la **violation de la clause exigeant un acte authentique,** même si un acte sous signature privée de cession a été rédigé, dès lors que la cession par cette forme de cession a privé le bailleur d'un titre exécutoire direct contre le locataire.

CA Paris 3-11-1992, 16e ch. B : Loyers et copr. 1993 comm. n° 142.

Justifie la résolution du bail la **violation de la clause faisant obligation** au locataire **de prévenir le bailleur** de son intention de céder le droit au bail en lui indiquant les qualités du cessionnaire éventuel, le prix de la cession ainsi que les modalités de paiement de celui-ci **de manière à lui permettre d'exercer son droit de préférence.**

Cass. 3e civ. 15-6-2011 n° 10-16.421 F-D : RJDA 3/12 n° 255.

ILLUSTRATIONS **9867**

Cas où la résolution judiciaire n'a pas été prononcée

N'ont pas été considérés comme suffisamment graves pour entraîner la résolution du bail :

– le fait de ne **pas avoir appelé le propriétaire à l'acte** de cession comme le bail le prévoyait, dès lors que le propriétaire avait eu connaissance des pourparlers ayant précédé la cession.

CA Paris 15-6-1960, 2e ch. : Gaz. Pal. 1960 II p. 72 et sur pourvoi, Cass. com. 4-3-1963 : Bull. civ. III n° 131.

– la **violation de la clause n'autorisant la cession que par acte** sous signature privée, **contenant engagement direct du cessionnaire envers le bailleur,** en présence de celui-ci dûment appelé, dès lors que le cédant et l'acquéreur du bail ont signé un nouvel acte de cession, en respectant cette fois la clause ; ce comportement ne traduisait pas une volonté malicieuse mais reflétait leur réelle volonté de réparer l'erreur précédemment commise et de restaurer le bailleur dans la plénitude de ses droits.

CA Paris 28-3-2012 n° 10/14710, ch. 5-3 : Loyers et copr. 2012 comm. n° 141 note E. Chavance.

– le **défaut d'intervention du bailleur à l'acte** de cession dès lors que le bailleur avait été informé de la cession et y avait acquiescé en manifestant, dans une lettre adressée au cessionnaire, sa satisfaction à la nouvelle de la cession, ce qui lui permettait de mettre un terme aux problèmes causés par le cédant et d'être payé.

Cass. 3e civ. 30-4-1969 : Bull. civ. III n° 342.

– la **violation de la clause** d'un bail **interdisant la cession du droit au bail sans le consentement** écrit **du propriétaire,** dès lors que le propriétaire a, malgré une sommation faite par le locataire d'assister à la passation de la vente, gardé volontairement le silence et n'a pas formé d'opposition expresse.

Cass. 3e civ. 20-10-1971 : Rev. Loyers 1972 p. 44.

– lorsqu'il est stipulé qu'en cas de cession, un exemplaire devra être remis gratuitement au propriétaire dix jours au plus tard avant le délai d'opposition, le fait d'avoir **remplacé** cette **formalité** par un avis écrit du conseil du locataire sur le projet de cession, dès lors que le bailleur a pu, dans le délai de la loi, former opposition et qu'il n'a subi aucun préjudice.

CA Versailles 27-2-1992, 12e ch. : RJDA 6/92 n° 563, 2e espèce.

– la **violation de la clause du bail exigeant** juste le **concours des propriétaires** à l'acte de cession et non leur accord.

Cass. com. 18-10-1965 : Bull. civ. III n° 502 ; Cass. 3e civ. 11-12-1981 : Rev. Loyers 1981 p. 235.

– la **violation de la clause n'autorisant la cession qu'à un successeur** dans le commerce, dès lors que le bail a été consenti pour l'exercice de tous commerces.

Cass. 3e civ. 10-1-1995 : Rev. Loyers 1995 p. 213.

– la **violation de la clause prévoyant l'agrément de l'acquéreur** par le bailleur dès lors que ce dernier a commis un abus de droit à l'origine du comportement du locataire et du repreneur : il s'était délibérément abstenu de répondre au locataire qui, à de multiples reprises, avait sollicité son consentement à la cession du bail et il n'avait jamais demandé d'informations sur la cession projetée ni opposé de motif sérieux de refus ; une telle attitude était calculée pour décourager le locataire ou le pousser à la faute et reprendre ainsi le local sans bourse délier, ce qui s'était produit.

Cass. 3e civ. 5-1-2012 n° 10-20.179 FS-D : RJDA 4/12 n° 381.

2. REFUS DE RENOUVELLEMENT DU BAIL

9900 Le bailleur peut refuser le renouvellement du bail sans être tenu au paiement d'aucune indemnité s'il justifie d'un **motif grave et légitime** à l'encontre du locataire sortant. La cession irrégulière du bail commercial constitue un motif grave et légitime justifiant le refus de renouvellement.

ILLUSTRATIONS

Justifient le refus de renouvellement :

– la **violation de la clause n'autorisant la cession** sans autorisation **qu'à un successeur** dans le même commerce et exigeant un acte authentique.

Cass. com. 19-10-1960 : Bull. civ. III n° 329.

– la **violation de la clause** prévoyant que la **cession** ne pourra être faite qu'**en présence du bailleur,** même si la cession lui a été signifiée.

CA Paris 7-2-1961 : JCP 1961 II n° 12399.

– le **défaut de signification de la cession** du bail au bailleur.

Cass. com. 13-3-1962 : Bull. civ. III n° 157.

– le **non-respect de la clause imposant l'appel du bailleur** à l'acte.

Cass. com. 7-7-1964 : Bull. civ. III n° 356.

– le **non-respect d'une clause d'agrément.**

Cass. 3e civ. 22-2-1968 : Bull. civ. III n° 68 ; CA Dijon 28-11-1990 : Rev. Huissiers 1992 p. 427.

– la **violation d'une clause soumettant la cession** à la double **condition de l'accord du propriétaire et de la rédaction d'un acte authentique.**

CA Versailles 11-9-1997 n° 7689-95, 12e ch. sect. 2 : Loyers et copr. 1999 n° 43 ; Cass. 3e civ. 21-11-2001 n° 1610 : AJDI 2002 p. 126.

– le **défaut de notification de la cession** de bail à deux des coïndivisaires en cas d'immeuble indivis.

Cass. 3e civ. 10-12-2002 n° 01-13.416 F-D.

– la **conclusion de la cession après le congé** donné par le bailleur ainsi que le **non-respect des clauses** du bail **imposant l'appel du bailleur** à concourir à l'acte et l'envoi préalable du projet de cession pour mettre en œuvre le droit de préférence.
CA Paris 13-2-2008 n° 07-2263,16e ch. A : RJDA 2/09 n° 76.

3. RÉPARATION DU DOMMAGE SUBI PAR LE CESSIONNAIRE ÉVINCÉ

Le prétendu **cessionnaire** qui, étant considéré comme un occupant sans droit ni titre, doit quitter les lieux après résolution du bail ou après refus de renouvellement peut agir en **responsabilité civile contre le cédant.** **9920**

Il a été déduit des constatations suivantes que l'éviction du cessionnaire était due à l'inexécution du bail incombant au cédant seul, ce qui justifiait la condamnation de celui-ci à **réparer l'entier préjudice** en résultant pour le cessionnaire : le bail avait été résolu à la demande du bailleur qui, en contravention avec une clause du bail, n'avait pas été appelé à concourir à l'acte de cession ; il appartenait au cédant de respecter les obligations qu'il avait contractées envers le bailleur, obligations auxquelles le cessionnaire était étranger (Cass. com. 26-1-1966 : Bull. civ. III n° 55).

Si le cessionnaire a lui-même commis une négligence, notamment en ne vérifiant pas que les prescriptions du bail ont été respectées, un **partage de responsabilités** peut être prononcé entre lui et le cédant (Cass. com. 1-4-1965 : JCP G 1965 II n° 14451 ; Cass. 3e civ. 24-10-1968 : Bull. civ. III n° 409, arrêts rendus en matière de sous-location, mais transposables à la cession).

Sur la possibilité pour le cessionnaire d'agir sur le fondement de la garantie d'éviction, voir n° 10150.

C. Régularisation de la cession du bail

La question se pose de savoir si un acte de cession irrégulier au moment de sa conclusion peut être régularisé ultérieurement : notamment, si un acte authentique est exigé par le bail, doit-il être concomitant de la cession, ou peut-il intervenir ensuite, l'acte sous signature privée étant suffisant dans un premier temps ? De même, le bailleur qui n'est pas intervenu à l'acte contrairement aux clauses du bail peut-il donner son concours ou son agrément ultérieurement ? **9960**

Si le contrat de bail contient une **clause résolutoire,** cette clause ne produit effet qu'un mois après un commandement demeuré infructueux (C. com. art. L 145-41), ce qui laisse à penser que la régularisation a posteriori est possible dans le délai d'un mois. **9961**

La Cour de cassation a ainsi censuré la décision d'une cour d'appel qui, pour constater l'acquisition de la clause résolutoire d'un bail, a retenu que l'infraction constituée par l'absence d'intervention du bailleur à l'acte de cession est instantanée et ne peut pas être régularisée a posteriori, de sorte que la sommation d'exécuter n'est pas nécessaire et ne peut avoir d'effet (Cass. 3e civ. 19-4-2005 n° 541 F-D : RJDA 10/05 n° 1077). Il a été jugé également que l'omission de solliciter l'agrément du bailleur pour céder le bail peut être régularisée et que cette régularisation fait obstacle à l'acquisition de la clause résolutoire prévue par le bail (Cass. 3e civ. 27-3-2002 n° 616 FS-D : RJDA 6/02 n° 606).

En l'absence de clause résolutoire, la jurisprudence majoritaire considère toute régularisation comme impossible. **9962**

ILLUSTRATIONS

Régularisation impossible
Dès lors que le bailleur n'a pas été, comme l'exigeait le bail, valablement **appelé à autoriser une cession,** le locataire ne peut réparer l'infraction qu'il a commise par une sommation tardive, délivrée au bailleur, d'avoir à comparaître devant notaire pour donner son accord à la cession.
Cass. com. 16-7-1965 : Bull. civ. III n° 440 ; Cass. 3e civ. 13-10-1976 : Bull. civ. III n° 344.

La réitération, par acte authentique postérieur à l'assignation, d'une cession de bail irrégulière, ne peut effacer les vices du premier acte, dont le bail exigeait la **forme authentique.**
Cass. 3e civ. 7-3-1972 : Bull. civ. III n° 153.

La réitération de la cession à laquelle les propriétaires ont été sommés d'assister quatre mois après la **cession intervenue hors la présence** de ces derniers ne ferait que reproduire une convention déjà intervenue d'une manière définitive, sans qu'il puisse y être ajouté ou retranché, de sorte qu'elle ne constitue rien d'autre que l'acceptation de la cession par acte authentique, formalité que les parties avaient expressément estimée insuffisante.
CA Paris 7-2-1961 : JCP 1961 II n° 12399.

Une cession de bail effectuée sans observation de la clause aux termes de laquelle le **bailleur devait être appelé à la cession** dont un exemplaire devait lui être remis n'est pas opposable à celui-ci malgré l'existence d'un acte dit « réitération » qui lui a été notifié plus d'un mois avant qu'il somme le cédant de régulariser la cession.

Cass. 3e civ. 16-2-1982 : Bull. civ. III n° 48.

La réitération par **acte authentique** d'une cession irrégulière, faite par acte sous signature privée et sans intervention du bailleur, n'efface pas l'irrégularité entachant le premier acte.

Cass. 3e civ. 20-3-1991 : Rev. Loyers 1991 p. 274.

Dans un cas où les clauses claires et précises d'un bail prévoyaient notamment que la **cession** du fonds de commerce doit être **constatée par acte authentique,** la résiliation du bail est encourue dès lors que la cession a été régularisée par acte sous signature privée, le dépôt ultérieur de cet acte au rang des minutes d'un notaire ne pouvant pas effacer les infractions commises.

Cass. 3e civ. 1-4-1998 n° 489 D : RJDA 6/98 n° 690.

La notification faite au bailleur d'un acte de cession irrégulier pour avoir été conclu sans respecter les formalités requises par le contrat de bail n'a pas pour effet d'entraîner sa régularisation. Par suite, doit être censuré l'arrêt qui, après avoir constaté que le contrat de bail stipulait que toute cession du droit au bail devait être établie par un acte auquel le **bailleur** serait **appelé** et que le locataire ne pourrait pas céder son fonds de commerce sans en **proposer préalablement l'achat au bailleur,** retient que ces formalités n'ont pas été respectées et que le bailleur n'a pas été appelé à l'acte de cession mais que la cession ayant été notifiée au bailleur par conclusions signifiées au cours de l'instance introduite en référé, elle lui était opposable.

Cass. com. 9-6-2022 n° 20-10.980 F-D : RJDA 1/23 n° 8.

Régularisation possible

La régularisation devant notaire intervenue après l'acte sous signature privée efface l'irrégularité commise dès lors que le mandataire du **bailleur** a expressément **incité** le locataire et le cessionnaire **à régulariser** la cession et imparti au notaire chargé de la régularisation un délai qui a été respecté.

Cass. 3e civ. 12-10-1994 n° 1688.

La réitération de la **cession avec appel du bailleur à y concourir** est valable : il en résulte que le cédant reste locataire au regard du propriétaire pendant la période de réitération et que le cessionnaire peut valablement faire sa demande de renouvellement après la réitération.

Cass. com. 25-1-1965 : Bull. civ. III n° 64.

9965 Dans tous les cas, il est acquis que la clause exigeant la rédaction d'un acte authentique permet une **cession** par acte sous signature privée, si celle-ci est faite **sous la condition suspensive** d'une réitération par acte authentique (Cass. 3e civ. 6-1-1970 : Bull. civ. III n° 10). De même, jugé, en présence d'une clause imposant la forme notariée, que la cession sous signature privée peut valablement prévoir que le bailleur sera appelé devant notaire afin de rendre la cession définitive par acte authentique car cette stipulation a pour effet de soumettre la cession à une condition suspensive et qu'il faut bien que le cédant cherche un successeur et s'entende avec lui sur les conditions de la vente avant de procéder à la réalisation par acte authentique (Cass. com. 18-4-1967 : JCP G 1968 II n° 15687).

En outre, si la régularisation de la cession irrégulière est impossible, les cédants peuvent éviter la résiliation en concluant une **nouvelle cession** conforme aux stipulations du bail (Cass. 3e civ. 22-3-1995 n° 578 D : RJDA 6/95 n° 692).

SECTION 5

EFFETS DE LA CESSION DE BAIL

10000 La cession de bail est une **cession de contrat** auquel est attaché un droit particulier à savoir le droit au bail qui permet au locataire de bénéficier du statut des baux commerciaux et notamment, au-delà de la jouissance des locaux, d'avoir droit au renouvellement du bail. À notre avis, la cession de bail ne peut pas être qualifiée de cession de créance au sens des articles 1321 à 1326 du Code civil (sur cette question, voir n° 9500).

A. Rapports entre le bailleur et l'acquéreur

L'acquéreur devient créancier de la jouissance des lieux et débiteur des loyers et autres obligations nées du bail directement à l'égard du bailleur. 10050

DROITS DE L'ACQUÉREUR DU BAIL

Par l'effet de la cession régulière du droit au bail, le cessionnaire dispose de la **jouissance des lieux.** 10052

Par ailleurs, la cession emporte transfert au cessionnaire du **droit d'agir** à l'encontre du bailleur cédé pour faire valoir tous les droits nés du titre (Cass. 3e civ. 18-7-1979 : Bull. civ. III n° 155). La Cour de cassation en a déduit dans cette affaire que le locataire qui a cédé à un tiers son droit au bail en s'obligeant envers celui-ci à prendre en charge le coût des travaux et qui a été assigné par le cessionnaire en raison de l'inexécution de son engagement n'est pas fondé à appeler en garantie le bailleur dès lors qu'à la date de l'assignation il se trouvait sans lien de droit avec celui-ci en raison de la cession de bail antérieurement intervenue et qu'avant cette cession il n'avait pas manifesté l'intention de se réserver le droit d'agir contre le propriétaire.

Le cessionnaire a-t-il **droit au renouvellement du bail** ? 10053

Pour avoir droit au renouvellement du bail, le locataire doit justifier d'une exploitation du fonds pendant les trois années précédant la date d'expiration du bail (C. com. art. L 145-8, al. 2). Le cessionnaire a bien vocation au renouvellement du bail (Cass. 3e civ. 24-10-1968 : Bull. civ. III n° 407) mais, en cas de **cession de bail pendant la dernière période triennale,** peut-il compléter sa durée d'exploitation par celle du cédant pour pouvoir bénéficier du droit au renouvellement ? La solution diffère selon que le nouveau locataire a acquis le droit au bail à l'occasion de l'achat du fonds de commerce du cédant ou qu'il a seulement acquis le droit au bail (nos 33970 s.).

On sait que le bailleur peut **refuser le renouvellement** du bail sans être tenu au paiement d'aucune indemnité s'il justifie d'un **motif grave et légitime** à l'encontre du locataire sortant (C. com. art. L 145-17). 10054

En cas de cession de bail, le bailleur ne peut pas invoquer à l'encontre du cessionnaire, actuel locataire, une **faute du précédent locataire** (Cass. com. 26-4-1963 n° 59-10.395 : Bull. civ. III n° 201 ; Cass. com. 20-5-1963 n° 61-11.666 : Bull. civ. III n° 238 ; Cass. 3e civ. 4-10-2000 n° 99-12.722 : Bull. civ. III n° 155), et ce, même si la cession est intervenue après la délivrance d'un congé avec refus de renouvellement (n° 9700). Il en va autrement lorsque l'infraction se poursuit après la cession ; le nouveau locataire est alors en faute pour n'y avoir pas mis un terme (Cass. com. 9-7-1962 n° 61-10.248 : Bull. civ. III n° 346 ; Cass. 3e civ. 30-1-2002 n° 00-16.284 : RJDA 4/02 n° 362, rendu en matière de résiliation mais transposable).

Concernant le calcul de l'**indemnité d'éviction** due au cessionnaire lorsque le bailleur refuse le renouvellement du bail, voir n° 45645. 10055

La **clause du bail** cédé qui prévoit que « dans le cas de cession du droit au bail, les bailleurs s'engagent à consentir au cessionnaire, s'il le demande, un nouveau contrat de location de 3, 6 ou 9 années, aux mêmes conditions et charges que celles contenues dans les présentes, le montant des loyers restant inchangé sous réserve des révisions et prescriptions légales s'appliquant à la date de la cession » est ambiguë en ce qu'elle ne précise pas à quelle date le **cessionnaire peut demander la conclusion d'un nouveau bail** et doit être interprétée en cherchant la commune intention des parties. Cette clause est exorbitante en ce qu'elle permet au cessionnaire d'obtenir la conclusion d'un nouveau bail d'une durée pouvant aller jusqu'à neuf ans aux mêmes conditions et charges que celles du bail ancien et surtout pour un loyer demeurant « inchangé ». Il en résulte que la faculté offerte au cessionnaire de demander la conclusion d'un nouveau bail ne peut logiquement et raisonnablement être exercée qu'au jour de la cession. En laissant le bail d'origine se poursuivre après la cession et en acceptant même la révision du loyer sans demander l'établissement d'un nouveau contrat, le cessionnaire a renoncé à se prévaloir de la clause (CA Paris 26-5-1992, 16e ch. A : RJDA 11/92 n° 995). 10056

OBLIGATIONS DE L'ACQUÉREUR DU BAIL

Le cessionnaire doit **exécuter** les obligations résultant du **bail,** sauf accord particulier convenu avec le bailleur. 10060

Le cessionnaire doit notamment, même s'il a obtenu l'accord du bailleur, **respecter la destination des lieux** ; ainsi, son bail demeure soumis au statut des baux commerciaux, même s'il cesse d'exploiter un fonds de commerce dans le local loué et s'y livre à une activité civile de sculpteur avec l'autorisation du bailleur car il ne peut, par sa propre carence, modifier la nature du bail qu'il a accepté de signer (CA Rouen 17-12-1987, 2e ch. civ., rejetant l'application des règles de la surface corrigée propres aux baux professionnels).

Jugé également que lorsque le bail prévoit l'obligation du locataire de ne céder son droit au bail qu'à un **successeur dans son fonds de commerce,** la seule obligation du cessionnaire est de poursuivre l'activité du cédant ; lorsque tel est le cas, peu importe que le cessionnaire soit inscrit au registre des métiers (désormais registre national des entreprises) et non à celui du commerce et des sociétés, l'activité d'artisan chef d'entreprise étant assimilée à celle de commerçant au regard du statut des baux commerciaux, en application de l'article 1er du décret du 30 septembre 1953 (désormais C. com. art. L 145-1) (CA Versailles 28-4-1994, 12e ch.).

En revanche, il a été jugé que le cessionnaire n'a pas l'obligation d'informer le bailleur d'une **sous-location** intervenue antérieurement à la cession (Cass. 3e civ. 17-9-2008 no 07-10.170 FS-PB : RJDA 1/09 no 8).

10065 En cas de cessions successives du bail – et la solution vaut a fortiori dès la première cession – celles-ci opèrent transmission des obligations en résultant au dernier titulaire du contrat qui devient débiteur envers le bailleur des **dégradations causées par** ses **prédécesseurs** (Cass. 3e civ. 9-7-2003 no 02-11.794 FS-PB : RJDA 10/03 no 926). Le cessionnaire est donc tenu de réparer les dégradations survenues à un moment quelconque au cours du contrat dans les conditions prévues à l'article 1732 du Code civil et donc les dégradations causées par le cédant (Cass. 3e civ. 27-10-1993 no 91-10.672 : Rev. Loyers 1994 p. 147 ; Cass. 3e civ. 13-6-2001 no 911 FS-D : AJDI 2002 p. 28 obs. Ph. Briand).

Sont exclues de ce principe les dégradations pour lesquelles le cédant s'est engagé à effectuer les réparations lors de l'établissement de l'état des lieux de sortie (Cass. 3e civ. 13-6-2001 no 911 précité).

De même, lorsque le cédant a réalisé des travaux irrégulièrement, le bailleur ne peut pas exiger du cessionnaire la remise en état des locaux dans leur état initial s'il a renoncé à se prévaloir de ce manquement du cédant. Tel est le cas si, en connaissance des travaux irréguliers, il a signé un nouveau bail (Cass. 3e civ. 29-5-1996 no 94-17.920 D) ou a renouvelé le bail avec le cessionnaire (Cass. 3e civ. 6-3-2012 no 11-16.033 F-D : RJDA 4/13 no 297).

La cession du bail au profit du bailleur ayant pour effet d'opérer son extinction par la confusion des qualités de propriétaire et de locataire (application de l'article 1349 du Code civil), l'obligation de remise en état des lieux loués, à laquelle est tenu le dernier titulaire du bail, n'est pas transmise au cessionnaire bailleur qui en demeure créancier (Cass. 3e civ. 30-11-2017 no 16-23.498 FP-PBI : RJDA 2/18 no 104).

ATTENTION

La jurisprudence exposée ci-dessus est applicable aux cessions conclues avant le **20 juin 2014.** Son application aux **cessions conclues depuis** cette date dépendra de la portée qu'attribueront les tribunaux à l'état des lieux exigé depuis par l'article L 145-40-1 du Code de commerce.

10070 Le bailleur ne peut pas agir en **résiliation** du bail **pour des fautes commises par le cédant** avant la cession (Cass. 1e civ. 5-6-1967 : Bull. civ. I no 194, pour un abus de jouissance du cédant ; Cass. 3e civ. 20-12-1977 : Rev. Loyers 1978 p. 141, pour un paiement de loyers par chèque sans provision quelques jours avant la cession ; CA Paris 23-11-1982, 16e ch. A : Gaz. Pal. 1983 som. p. 108, pour un défaut de paiement des loyers ; Cass. 3e civ. 30-6-2010 no 09-13.754 : RJDA 11/10 no 1042), sauf si l'infraction invoquée s'est poursuivie après la cession (voir no 72890).

B. Rapports entre le bailleur et le cédant

CLAUSE DE GARANTIE SOLIDAIRE DU BAILLEUR ET DU CÉDANT

10100 Les parties à l'acte de cession prévoient souvent une clause de garantie par laquelle le cédant s'engage à répondre solidairement du cessionnaire pour le **paiement des loyers dès l'exécution des autres conditions** du bail.

Sur le régime de ces clauses de garantie, voir nos 37660 s.

10105 Il a été considéré qu'**en l'absence de clause de garantie solidaire** le cédant était déchargé des obligations nées du bail lorsque le contrat de cession est opposable au bailleur.

Notamment, il a été jugé que le cédant n'était pas tenu du paiement des loyers échus après la cession, sauf s'il en avait pris l'engagement (Cass. 3e civ. 12-7-1988 : Bull. civ. III no 125 ; Cass. 3e civ. 15-1-1992 : Gaz. Pal. 1992 p. 654 note Barbier).

De même, il ne pouvait pas être condamné au paiement des réparations locatives, sauf si le bail prévoyait qu'il était tenu à l'égard du propriétaire tant pour les dégradations locatives constatées lors de son occupation que pour celles commises par le locataire d'origine ou par le cessionnaire (Cass. 3e civ. 15-1-1992, précité).

Toutefois, l'ordonnance 2016-131 du 10 février 2016 a introduit dans le Code civil des dispositions générales sur la cession de contrat, applicables aux **contrats conclus depuis le**

1er octobre 2016. Le Code civil précise que la cession de contrat libère le cédant pour l'avenir si **le cédé** (ici le bailleur) **y a expressément consenti** et qu'**à défaut,** et **sauf clause contraire,** le cédant est tenu solidairement à l'exécution du contrat (C. civ. art. 1216-1). Ces dispositions sont-elles applicables à la cession de bail commercial ? Faut-il désormais considérer que la jurisprudence précitée est obsolète à défaut de libération expresse du cédant par le bailleur, conformément à l'article 1216-1 du Code civil ? Ou peut-on écarter l'application de cet article en tenant le raisonnement suivant : la solidarité étant envisagée par le Code de commerce comme une simple faculté, l'absence de clause de garantie revient pour le bailleur à accepter tacitement de libérer le cédant, ce qui est incompatible avec l'article 1216-1 exigeant son consentement exprès ? La réponse nous paraît incertaine et les parties doivent donc **régler la question en amont,** soit en prévoyant une clause de garantie (limitée par le Code de commerce à trois ans : n° 37680) soit, si telle est leur volonté, en prévoyant la libération expresse du cédant par le bailleur.

AUTRES ENGAGEMENTS

Les parties à l'acte de cession peuvent également prévoir d'autres engagements spécifiques. **10120**

Ainsi, dans un cas où le fonds de commerce avait été cédé avec le droit au bail, alors qu'existait un litige entre le bailleur et le cédant sur le loyer du bail et où l'acte de cession précisait que l'acquéreur serait subrogé dans les droits du vendeur à l'égard de la procédure en cours, qu'un prorata serait établi dès que le jugement ou la **transaction** serait établi et que le cédant prendrait à sa charge toute augmentation rétroactive du loyer jusqu'au jour de l'entrée en jouissance de l'acquéreur, jugé que le nouveau bail qui concrétisait l'accord de l'acquéreur du fonds et du bailleur sur le nouveau loyer constituait entre eux une transaction mettant fin au litige relatif à son prix de sorte que le cédant était tenu par les stipulations de cette transaction dont il s'était engagé à exécuter les dispositions pour le loyer antérieur à la cession (Cass. 1e civ. 6-5-1997 n° 780 P : RJDA 11/97 n° 1332).

Sur la restitution au cédant du **dépôt de garantie** versé au bailleur, voir n° 36235.

C. Rapports entre le cédant et l'acquéreur

GARANTIES DUES PAR LE CÉDANT

Le cédant doit garantir l'**existence du contrat** de bail au temps du transport, quoiqu'il soit fait sans garantie (C. civ. art. 1693). **10150**

Le cédant doit aussi garantir le cessionnaire en cas d'**éviction.** Ainsi, si le bailleur conteste la régularité de la cession et obtient la résiliation judiciaire du bail aux torts du locataire cédant, le cessionnaire peut agir contre ce dernier sur le fondement de la garantie d'éviction (C. civ. art. 1630), pour obtenir des dommages-intérêts, et ce, même s'il avait connaissance des contestations du bailleur lors de son engagement dès lors que l'acte de cession ne contenait pas de clause de non-garantie (Cass. 3e civ. 24-6-1998 n° 96-19.042 PF : Bull. civ. III n° 130). Par ailleurs, le cédant devant garantir le cessionnaire de l'éviction dont il souffre, il ne peut pas obtenir du cessionnaire évincé le remboursement des loyers et indemnités d'occupation qu'il a payés au bailleur pour la période où le cessionnaire a occupé les locaux sans faute (Cass. 3e civ. 4-7-2024 n° 23-13.822 FS-B : RJDA 11/24 n° 582).

De la même manière, la cession d'un droit au bail consentie non par le propriétaire des lieux mais par le titulaire d'un bail emphytéotique, qui ne confère au cessionnaire ni droit au renouvellement du bail ni droit à indemnité d'éviction, ouvre droit à la garantie d'éviction du cédant (Cass. 3e civ. 10-10-2019 n° 18-16.063 F-D : RJDA 1/20 n° 6).

Dans une affaire où le cédant et le cessionnaire étaient tous deux des professionnels de la restauration, le cédant a été tenu responsable des **vices cachés** dès lors que le vice était caché au moment de la cession et que la gravité du vice dont l'installation se trouvait affectée rendait la cuisine impropre à l'usage auquel elle était destinée, la ventilation n'étant pas assurée dans des conditions satisfaisantes (CA Paris 12-9-2005, 16e ch. A : Administrer-11-2005 p. 27).

REFUS DE RÉITÉRATION DE LA CESSION PAR L'ACQUÉREUR

En cas de refus fautif du cessionnaire de réitérer une cession de bail, le cédant peut demander des dommages-intérêts. Ceux-ci peuvent comprendre non seulement le prix de cession, mais aussi le montant des loyers que le cédant a versé au bailleur après la date à laquelle l'acte devait être réitéré (Cass. 3e civ. 19-3-2020 n° 18-26.567 : AJDI 2020 p. 508). **10155**

D. Incidence de la cession sur les garanties au bénéfice du bailleur

1. SORT DU CAUTIONNEMENT

10180 La personne qui s'est portée caution des engagements du locataire est-elle libérée en cas de cession du bail ? La réponse à cette question dépend des **termes de l'acte** de cautionnement. La caution qui s'est engagée à payer les loyers à défaut pour le locataire de remplir ses engagements reste tenue de la même obligation à l'égard du cessionnaire lorsqu'une clause du bail stipule qu'en cas de cession, le locataire resterait débiteur solidaire avec son successeur du paiement du loyer pendant toute la durée du contrat (Cass. 3e civ. 11-5-1995 n° 947 P : RJDA 10/95 n° 1134).

10185 Il faut également faire la distinction selon que l'acte de cession a été conclu **avant ou après le 1er octobre 2016.** Pour les actes conclus à compter de cette date et aux termes desquels le cessionnaire n'obtient que le droit au bail, si le bailleur ne libère pas expressément le locataire de ses obligations, les sûretés qui ont pu être consenties subsistent (C. civ. art. 1216-3).

Pour les actes conclus avant le 1er octobre 2016, la caution est libérée puisque l'acte de cession a pour conséquence d'étendre le cautionnement au-delà des limites envisagées. La caution serait plus sûrement libérée si elle a spécifié dans l'acte de cautionnement qu'elle n'est plus tenue en cas de cession du bail.

À notre avis, la caution est également libérée pour les actes conclus après le 1er octobre 2016 et n'entrant pas dans le champ d'application de l'article 1216-3 précité. Il s'agit des actes aux termes desquels le cessionnaire obtient, outre le droit au bail, le fonds de commerce du locataire.

2. SUBSTITUTION DE GARANTIE

CHAMP D'APPLICATION DE LA SUBSTITUTION DE GARANTIE AU BÉNÉFICE DU BAILLEUR

10190 L'article L 145-16, al. 3 du Code de commerce permet au bailleur, en cas de cession, de fusion ou scission de sociétés, de transmission universelle du patrimoine ou d'apport d'une partie de l'actif de la société locataire, de demander au tribunal de lui octroyer de **nouvelles garanties** si, du fait de l'opération, il ne peut plus bénéficier des garanties prévues au bail.

La faculté de demander une substitution de garantie présente un grand intérêt lorsque la cession intervient alors que le cédant, tenu avec l'acquéreur de l'exécution du bail en vertu d'une clause du bail, est en **liquidation judiciaire.**

> **Précisions** L'article L 145-16, al. 3 du Code de commerce visait à l'origine essentiellement l'absorption de la société locataire lorsque le bail prévoyait que le cédant demeurait tenu solidairement avec l'acquéreur des obligations nées du bail : la société absorbée disparaissant, la garantie ne pouvait plus s'exercer à son encontre. La **loi 2014-626 du 18 juin 2014** a non seulement élargi le champ d'application de la substitution de garantie, mais aussi clarifié la rédaction de l'article L 145-16, al. 3 du Code de commerce en distinguant le cas de la cession de celui des opérations de restructuration de la société locataire qui emportent transmission du droit au bail (nos 10260 s.).

SAISINE DU TRIBUNAL AFIN D'OBTENIR UNE SUBSTITUTION DE GARANTIE

10200 La saisine du tribunal peut être faite à l'**initiative** de l'une ou l'autre des parties, même si c'est le bailleur qui y a intérêt (Cass. 3e civ. 13-11-1997 n° 1530 P : RJDA 1/98 n° 24 ; Cass. 3e civ. 15-9-2010 n° 09-14.519 : RJDA 1/11 n° 17) de sorte que ce dernier ne peut pas utilement reprocher à l'acquéreur ou au cédant de ne pas avoir fait diligence pour obtenir une substitution de garantie (CA Paris 14-1-2000, 16e ch. B : AJDI 2000 p. 340).

La saisine du tribunal n'est soumise à aucun **délai** et, notamment, il n'est pas nécessaire qu'elle soit préalable à la cession (Cass. 3e civ. 13-11-1997 n° 1530 P, précité ; Cass. 3e civ. 15-9-2010 n° 09-14.519, précité ; CA Paris 19-3-2008 n° 06-17548, 16e ch. A : RJDA 10/08 n° 990).

S'agissant de la cession d'un fonds de commerce entrant dans le cadre de la cession des actifs du locataire en liquidation judiciaire ordonnée par un juge-commissaire, la substitution de garantie ne saurait représenter un préalable à la cession ; c'est donc à tort que le bailleur soutient qu'il y a de la part du cédant, comme de l'acquéreur, infraction délibérée à l'obligation contractuelle de ne procéder à la cession du droit au bail qu'en maintenant la garantie du cédant (CA Paris 14-1-2000, 16e ch. B : AJDI 2000 p. 340).

DÉCISION DU TRIBUNAL RELATIVE À LA SUBSTITUTION DE GARANTIE

10205 La substitution de garanties est une simple **faculté** pour les juges (Cass. 3e civ. 13-11-1997 no 1530 P : RJDA 1/98 no 24), qui peuvent la refuser, par exemple si la société absorbante a une solvabilité au moins égale à celle de la société absorbée.

ILLUSTRATIONS

Dans un cas où un bail commercial comportait une clause de garantie solidaire en cas de cession et où le cédant, en liquidation judiciaire, n'était pas en mesure de fournir cette garantie, y a été substituée la garantie d'une **caution bancaire, même si le bailleur disposait** de la garantie du **« dépôt de garantie »** (trois mois de loyers) et même si, dans le cas d'une nouvelle cession, il aurait pu bénéficier de la garantie de l'actuel acquéreur, dès lors qu'en cas de cession de bail dans le cadre de la liquidation judiciaire du locataire, l'acquéreur est imposé au bailleur qui ne peut notamment apprécier le degré de solvabilité de son nouveau locataire.

CA Paris 27-11-1992, 16e ch. B : Loyers et copr. 1993 comm. no 314.

Dans un cas où la cession du droit au bail résultait de la cession d'une unité de production d'une société en liquidation judiciaire autorisée par le juge-commissaire, le tribunal a substitué à la garantie prévue par le bail et consistant en une caution bancaire couvrant six mois de loyers et accessoires, une **caution bancaire égale à dix-huit mois de toutes les sommes dues** contractuellement **et** l'engagement personnel de **caution du gérant** de la société acquéreur garantissant une année de loyers et charges.

CA Paris 14-11-1989, 3e ch. A : BRDA 1990/7 p. 13.

Un **chèque de banque garantissant six mois de loyers** est une substitution satisfaisante à la clause de solidarité prévue au bail dès lors que le cédant, en liquidation judiciaire, était dans l'impossibilité de respecter celle-ci.

CA Paris 19-3-2008 no 06-17548, 16e ch. A : RJDA 10/08 no 990.

10208 Si le **cessionnaire n'a pu fournir la garantie de substitution,** cette violation grave de l'obligation contractuelle de garantie doit entraîner la sanction de la résiliation aux torts exclusifs du cessionnaire (CA Paris 29-3-1994, 16e ch. A : Administrer août-septembre 1994 p. 49).

SECTION 6

CAS PARTICULIERS DE TRANSFERT DU DROIT AU BAIL

10250 La loi prévoit des mesures particulières lorsque le transfert du droit au bail intervient dans le cadre de certaines opérations de restructuration de la société locataire, en vue de permettre au locataire de prendre sa retraite ou lorsque le fonds de commerce exploité dans les lieux loués est un débit de boissons ; ce dernier cas fait l'objet d'une étude aux nos 29330 s.

A. Fusion et autres opérations de restructuration d'une société locataire

PRINCIPE DE SUBSTITUTION DE LOCATAIRE

10260 En cas de fusion ou de scission de sociétés, en cas de transmission universelle de patrimoine d'une société réalisée dans les conditions prévues à l'article 1844-5 du Code civil ou en cas d'apport d'une partie de l'actif d'une société à une autre réalisé dans les conditions de l'article L 236-27 du Code de commerce, la société issue de la fusion, la société désignée par le contrat de scission ou, à défaut, les sociétés issues de la scission, la société bénéficiaire de la transmission universelle de patrimoine ou la société bénéficiaire de l'apport est, nonobstant toute stipulation contraire, substituée à celle au profit de laquelle le bail était consenti dans tous les droits et obligations découlant de ce bail (C. com. art. L 145-16, al. 2 modifié par ord. 2023-393 du 24-5-2023).

RESTRUCTURATIONS ENTRAÎNANT UNE SUBSTITUTION DE LOCATAIRE

10265 La **fusion** est définie comme l'opération par laquelle deux ou plusieurs sociétés se réunissent pour ensuite disparaître soit au sein de l'une d'elles (fusion-absorption), soit au sein d'une société nouvelle, par création de cette société nouvelle (C. com. art. L 236-1, al. 1 ; C. civ. art. 1844-4) ; dans le premier cas, la société absorbée fait apport de la totalité de son patrimoine à la société absorbante ; dans le second cas, les deux sociétés apportent la totalité de leur patrimoine à la société nouvelle.

10266 La **scission** est l'opération par laquelle une société transmet simultanément son patrimoine à des sociétés existantes ou à des sociétés nouvelles (C. com. art. L 236-8, al. 1 modifié par ord. 2023-393 du 24-5-2023 ; C. civ. art. 1844-4, al. 2). La scission implique la disparition de la société apporteuse et le partage de l'apport entre plusieurs sociétés préexistantes ou nouvelles.

10267 L'**apport partiel d'actifs** visé par l'article L 145-16 du Code de commerce est l'opération par laquelle la société qui apporte une partie de son actif et, le cas échéant, une partie de son passif à une ou plusieurs sociétés existantes ou nouvelles et la ou les sociétés qui bénéficient de cet apport décident d'un commun accord de soumettre l'opération au **régime des scissions.**

10268 En cas de transmission universelle de patrimoine d'une société réalisée par **réunion de toutes les parts sociales entre les mains d'un associé unique** (C. civ. art. 1844-5), le bail est automatiquement transmis à la société bénéficiaire, et soumis à l'article L 145-16, al. 2.

MODALITÉS DE LA SUBSTITUTION DE LOCATAIRE

10270 La substitution prévue à l'article L 145-16, al. 2 du Code de commerce est d'ordre public : la transmission du bail est donc réalisée automatiquement, sans aucune **formalité** et quelles que soient les clauses contraires ou restrictives du bail.

Il en résulte que le bailleur ne peut pas se prévaloir de l'inobservation des **formalités prévues par l'article 1690 du Code civil** (Cass. 3e civ. 1-6-1993 n° 1003 P : RJDA 7/93 n° 622 ; CA Versailles 3-10-1996, 12e ch. : RJDA 1/97 n° 60 ; CA Versailles 22-9-2011 n° 10/04401, 12e ch. 2e sect. : RJDA 2/12 n° 166).

Il ne peut pas non plus se prévaloir de **clauses restrictives du bail** imposant des formalités particulières pour une cession de bail, comme d'une clause prévoyant que l'autorisation de sous-louer serait caduque en cas de cession du bail (CA Paris 16-6-2000, 16e ch. B : RJDA 12/00 n° 1100), ou de la clause limitative au droit de cession faisant obligation au locataire de communiquer au bailleur une copie exécutoire du traité d'apport fusion réalisé entre les sociétés concernées par la cession (Cass. 3e civ. 19-2-1997 n° 337 D : RJDA 4/97 n° 518).

La dispense des formalités de cession de bail ne soustrait pas la société bénéficiaire de l'apport partiel d'actifs ou de la fusion à l'obligation d'**immatriculation au registre du commerce** et des sociétés. Ainsi, une société, bénéficiaire d'une cession partielle d'actifs comprenant un bail commercial en cours d'exécution, qui n'était pas immatriculée au registre du commerce pour le local concerné à la date de délivrance du congé, ne pouvait pas se prévaloir de l'immatriculation de la société cédante pour revendiquer l'application du statut lors du renouvellement du bail (Cass. 3e civ. 7-11-2001 n° 1581 FS-PBI : RJDA 2/02 n° 137).

Il appartient au bailleur de délivrer au locataire substitué à la suite de l'apport partiel d'actifs dans tous les droits et obligations du bail des **locaux conformes à la destination** prévue par ce bail, alors même que la société cédante s'est réservée dans le traité d'apport l'exercice de cette activité dans d'autres locaux étrangers au bail (Cass. 3e civ. 3-5-2007 n° 06-11.092 FS-PB : RJDA 10/07 n° 940).

OPPOSITION DU BAILLEUR À LA RESTRUCTURATION ENTRAÎNANT SUBSTITUTION DE LOCATAIRE

10275 Le bailleur de locaux loués aux sociétés absorbées ou scindées a le droit, comme tout créancier, de faire opposition à la fusion, la scission ou l'apport partiel dans les conditions prévues par le droit des sociétés (C. com. art. L 236-15, L 236-26, L 236-30 et R 236-13 modifiés par ord. 2023-393 du 24-5-2023 ; Cass. 3e civ. 1-6-1993 n° 1003 P : RJDA 7/93 n° 622). L'opposition doit intervenir dans les trente jours à compter de la dernière des insertions au Bodacc ou au Balo auxquelles sont soumis les projets de fusion, de scission ou d'apport, ou à l'insertion du projet sur le site internet de la société. Pour plus de détails sur l'exercice de ce droit d'opposition, voir Mémento Sociétés commerciales nos 83953 s.

B. Cession en cas de départ à la retraite ou d'invalidité du locataire

BÉNÉFICIAIRES

La loi institue un droit de cession du bail avec changement d'activité au profit du locataire personne physique qui fait valoir ses droits à la retraite ou qui a été admis au bénéfice d'une pension d'invalidité (C. com. art. L 145-51). Ces dispositions bénéficient à l'**associé unique** d'une EURL ou au **gérant majoritaire** depuis au moins deux ans d'une SARL, lorsque celle-ci est titulaire du bail (C. com. art. L 145-51, al. 3). **10280**

La Cour de cassation a retenu qu'en présence d'**époux cotitulaires** d'un bail commercial, le fait que seul l'un demande à bénéficier de sa retraite suffisait à faire jouer le texte (Cass. 3e civ. 30-1-1991 n° 89-11.313 : Rev. Loyers 1991 p. 404 note Gallet).

La Cour de cassation a également étendu le bénéfice des dispositions de l'article L 145-51 du Code de commerce à l'**usufruitier** du droit au bail, immatriculé au registre du commerce et des sociétés, pour le fonds qu'il exploite dans les lieux loués, s'il justifie de l'accord des nus-propriétaires pour la cession du bail (Cass. 3e civ. 6-2-2013 n° 11-24.708 FS-PB : RJDA 5/13 n° 389).

> Précisions En l'espèce, la cession du bail avec changement d'activité était revendiquée par l'épouse d'un locataire qui, au décès de son mari, avait hérité de l'**usufruit** du fonds de commerce (comprenant le droit au bail) qu'elle avait exploité seule après s'être immatriculée au RCS, ses trois enfants étant nus-propriétaires du fonds.

CONDITIONS DE LA CESSION DU BAIL EN CAS DE RETRAITE OU D'INVALIDITÉ

Les personnes bénéficiant du droit de cession avec changement d'activité doivent avoir demandé à bénéficier de leurs **droits à la retraite** ou avoir été admis au bénéfice d'une pension d'**invalidité** attribuée par le régime d'assurance invalidité-décès des professions artisanales ou des professions industrielles et commerciales (C. com. art. L 145-51, al. 1). **10285**

Le droit à la cession du bail avec changement d'activité est ouvert au profit du locataire en situation de **cumul emploi-retraite** qui sollicite le bénéfice de sa retraite complémentaire et se retire de la vie active (Cass. 3e civ. 23-11-2011 n° 10-25.108 FS-PB : RJDA 4/12 n° 380).

Il suffit que le locataire ait l'**« intention de céder son bail »** (C. com. art. L 145-51, al. 1), ce qui signifie qu'il n'a pas besoin de vendre son fonds de commerce, et qu'il n'a pas à justifier qu'il a trouvé un candidat à l'acquisition du droit au bail.

La **nature des activités** dont l'exercice est **envisagé** doit être **compatible** avec la destination, les caractères et la situation de l'immeuble (C. com. art. L 145-51, al. 2). **10286**

ILLUSTRATIONS

L'exploitation d'un commerce de **café-restaurant** est incompatible avec des locaux loués à usage de **droguerie** compte tenu de l'affectation du premier étage à l'habitation bourgeoise.
CA Rennes 24-4-1990, 1e ch. : Loyers et copr. 1992 comm. n° 124.

L'activité envisagée de **restauration à la suite d'une activité de blanchisserie** présente des nuisances contradictoires avec les caractéristiques de l'immeuble dès lors que, si les nuisances de bruit et d'odeur peuvent être évitées d'un point de vue technique par des systèmes de ventilation mécanique, en revanche l'installation dans la cour intérieure de tables destinées à recevoir la clientèle provoquera une activité bruyante et des éclairages intempestifs qui se prolongeront à des heures tardives, de sorte qu'elle est incompatible avec la destination, les caractères et la situation de l'immeuble, d'occupation bourgeoise pour les étages donnant sur la cour.
CA Nîmes 15-10-1998, 1e ch. : Loyers et copr. 2000 comm. n° 168.

La création d'un fonds de commerce de **« laverie automatique »** qui nécessite l'installation de multiples machines à laver le linge dont les utilisations sont sources de bruit excédant les inconvénients normaux du voisinage dans un immeuble à usage d'habitation et ce, quelles que soient les mesures d'insonorisation des locaux envisagées, et qui entraîne un changement de clientèle avec des heures d'ouverture beaucoup plus larges allant même jusqu'à 24 h sur 24, y compris le dimanche, n'est pas compatible avec les caractères de l'immeuble.
CA Montpellier 12-1-1990, 1e ch. : Loyers et copr. 1991 comm. n° 172.

Dans un cas où le bail cédé permettait le commerce de **couture, bonneterie, lingerie** et frivolités et où l'activité de l'acquéreur était celle de **sandwicherie, pâtisserie** et plats conditionnés sous vide à consommer sur place ou à emporter, il résulte des seules énonciations de l'acte de cession que la cession est incompatible avec la destination, le caractère et la situation de l'immeuble.
CA Paris 15-9-1992, 16e ch. A : Loyers et copr. 1993 comm. n° 28.

10287 Ces conditions sont limitatives et le bailleur ne peut pas utilement invoquer d'**autres motifs** que ceux tirés de la loi pour s'opposer à la cession.

Ainsi, l'éventualité d'un risque de **concurrence** que peut créer la nouvelle activité du locataire ne suffit pas à fonder l'opposition du bailleur (en ce sens, CA Paris 16-6-1988, 16e ch. B : Loyers et copr. 1988 comm. n° 398) mais tel pourrait être le cas si ce risque de concurrence est avéré (Cass. 3e civ. 13-5-2015 n° 14-10.368 FS-D : RJDA 8-9/15 n° 553).

De même, le bailleur n'a pas un motif sérieux de s'opposer à la cession du bail en invoquant des **craintes** de voir sa responsabilité engagée pour **trouble de jouissance** par le bruit ou les odeurs créés par une nouvelle activité de « plats cuisinés à emporter avec dégustation sur place » dès lors qu'il ne donne aucun renseignement sur les caractéristiques et la situation de l'immeuble où se trouve exploité le fonds et qu'il n'ignorait pas que le cédant qui avait un dépôt de croissanterie et pâtisserie faisait déjà des plats cuisinés réchauffés (CA Paris 10-3-1994, 16e ch. B : Loyers et copr. 1994 comm. n° 347).

L'opposition du bailleur n'est pas fondée s'il ne démontre pas que les nouvelles activités projetées, même très étendues, sont incompatibles avec la destination, les caractères et la situation de l'immeuble, notamment au regard du **règlement de copropriété** qui ne comporte aucune restriction quant à la nature des commerces pouvant être exercés dans l'immeuble, et s'il ne s'explique pas sur les **risques de troubles** auxquels le règlement de copropriété veut faire obstacle et qui pourraient être dus à des bruits, des trépidations, des odeurs, de la chaleur, des radiations et à toutes autres causes (CA Paris 2-7-1993, 16e ch. B : Loyers et copr. 1994 chron. n° 2).

Ne constitue pas un motif sérieux d'opposition le motif tiré de l'impossibilité pour le bailleur d'obtenir les autorisations nécessaires aux travaux à envisager pour l'exercice de la nouvelle activité au regard des clauses du règlement de copropriété, alors que, copropriétaire majoritaire dans l'immeuble, il n'a pas vérifié cette impossibilité (Cass. 3e civ. 1-4-2008 n° 07-11.736 F-D : RJDA 6/08 n° 613).

Le cédant n'est pas tenu de faire connaître au bailleur le nom de l'acquéreur ; le bailleur ne peut donc se prévaloir du fait que l'**acquéreur** n'est pas **inscrit au registre du commerce** (CA Paris 16-6-1988, 16e ch. B : Loyers et copr. 1988 comm. n° 398).

> **Précisions** L'opposition injustifiée du **bailleur** peut entraîner la mise en jeu de sa **responsabilité** lorsqu'il agit de mauvaise foi (application de l'article 1104 du Code civil). Tel est le cas lorsque, sans motif légitime, le bailleur adresse à son locataire et au candidat acquéreur, par l'intermédiaire de son avocat, une menace circonstanciée d'engager une procédure judiciaire (CA Paris 27-6-2018 n° 16/20048 : RJDA 11/18 n° 807 ; dans le même sens Cass. 3e civ. 1-4-2008 n° 07-11.736 précité).

MODALITÉS DE LA CESSION DE BAIL EN CAS DE RETRAITE OU D'INVALIDITÉ

10288 Le locataire doit **signifier** par acte extrajudiciaire au bailleur et aux créanciers inscrits sur son fonds de commerce son **intention de céder** le bail en précisant la nature des activités dont l'exercice est envisagé ainsi que le prix proposé (C. com. art. L 145-51, al. 1).

Aucune disposition légale n'exigeant la **conclusion préalable d'un compromis entre le locataire** faisant valoir ses droits à la retraite **et l'acquéreur éventuel,** lorsqu'un tel compromis existe, sa teneur n'a pas à être communiquée au bailleur ; un bailleur ne peut donc pas s'opposer à la demande de déspécialisation du fonds de commerce formée par son locataire au motif que ce dernier n'aurait pas prouvé que la modification de l'activité commerciale exploitée dans les lieux était un élément déterminant de l'engagement de l'acquéreur éventuel du bail (Cass. 3e civ. 16-1-2002 n° 29 FS-PB : RJDA 3/02 n° 233).

Bien que le locataire n'ait que l'obligation de préciser la nature des activités envisagées et le prix proposé, il arrive qu'il **signifie l'acte de cession lui-même,** lequel peut contenir des conditions particulières telles que celle par laquelle l'acquéreur s'engage à prendre les locaux dans leur état actuel et à exécuter au lieu et place du cédant toutes les clauses, charges et conditions dont l'accomplissement lui incombait aux termes du bail cédé. La Cour de cassation a estimé que l'acte de cession était alors opposable en totalité au bailleur (Cass. 3e civ. 30-11-1994 n° 1919 P : RJDA 1/95 n° 8). En l'espèce, le bailleur qui s'était porté acquéreur pour le prix fixé réclamait au locataire cédant l'exécution de son obligation d'entretien de l'immeuble sous forme d'une compensation entre le prix de cession et le coût des travaux. La Cour de cassation a estimé que le prix avait été fixé en tenant compte de l'obligation mise à la charge de l'acquéreur et qu'il existait ainsi une indivisibilité entre le prix et les conditions convenues.

10289 Le **bailleur** dispose d'une **priorité de rachat** aux conditions fixées dans la notification qu'il doit exercer dans un délai de deux mois à compter de la signification (C. com. art. L 145-51, al. 1).

Le bailleur n'est plus recevable à exercer son droit de priorité pour le rachat du droit au bail s'il ne s'est pas prévalu de ce droit dans les deux mois de la signification de la cession (CA Paris 16-6-1988, 16e ch. B : Loyers et copr. 1988 comm. n° 398). Mais le fait, pour le bailleur, de ne pas s'opposer dans le délai légal à la cession ne vaut pas autorisation pour le cessionnaire de réaliser tous les travaux d'aménagements qu'il estime nécessaires à son activité si ces travaux sont soumis, selon le bail cédé, à une autorisation expresse du bailleur (Cass. 3e civ. 21-5-2014 n° 12-35.025 FS-D : RJDA 10/14 n° 747).

Si le **bailleur s'oppose au changement d'activité,** il doit saisir le tribunal judiciaire dans le même délai de deux mois (C. com. art. L 145-51, al. 1). Il ne peut pas y substituer un commandement visant la clause résolutoire du bail, celui-ci ne valant pas refus d'accord à la déspécialisation (Cass. 3e civ. 5-3-2008 n° 07-13.985 FS-PB : RJDA 5/08 n° 495).

À défaut d'exercice de ces droits de rachat ou d'opposition, dans le délai de deux mois, l'accord du bailleur est réputé acquis (C. com. art. L 145-51, al. 1).

Pendant la période d'opposition ouverte au bailleur, le locataire doit respecter les autres clauses du bail ; notamment il doit exploiter et garnir le local loué (Cass. 3e civ. 7-11-1990 n° 89-14.561 PF : RJDA 2/91 n° 95) ou exercer l'activité prévue dans les lieux (Cass. 3e civ. 2-10-1996 n° 1543 D : RJDA 12/96 n° 1442). **10292**

Ainsi, si le locataire s'est fait radier du registre du commerce et a cessé toute activité quelques jours seulement après avoir signifié au bailleur son intention de céder le bail commercial, le propriétaire peut valablement demander la résiliation du bail aux torts de ce dernier (Cass. 3e civ. 7-11-199089-14.561, précité). Il en résulte que le locataire doit continuer à exploiter son fonds jusqu'à la vente, ce qui ne paralyse pas les formalités de liquidation de la pension dont seul le service sera différé jusqu'à la cessation de l'activité.

EFFETS DE LA DÉSPÉCIALISATION DU BAIL

La déspécialisation de l'article L 145-51 du Code de commerce ne permet pas une **modification du prix du bail** : le loyer est maintenu jusqu'au terme du bail (Cass. 3e civ. 15-2-2023 n° 21-25.849 FS-B : RJDA 7/23 n° 361 ; déjà en ce sens CA Paris 3-12-1991, 16e ch. A : RJDA 3/92 n° 224 ; CA Reims 9-2-2004 n° 01-207, ch. 1re civ. sect. : Gaz. Pal. 2004 som. p. 3324 ; CA Paris 18-9-2008 n° 07-20720, 16e ch. B : Administrer-12-2008 p. 56 obs. D. Lipman et W. Boccara). **10295**

En revanche, le changement d'activité peut être invoqué par le bailleur lors du **renouvellement du bail** comme motif de **déplafonnement** du loyer (Cass. 3e civ. 15-2-2023 n° 21-25.849 précité ; déjà en ce sens CA Paris 18-3-2009 n° 08/7028, 16e ch. A : GP 2009.som.3160 obs. Brault ; CA Paris 20-5-2020 n° 18/19050 : RJDA 4/21 n° 218), l'absence d'opposition en justice à la déspécialisation ou le non-exercice par le bailleur de son droit de rachat prioritaire ne pouvant constituer une renonciation de sa part à solliciter ce déplafonnement (Cass. 3e civ. 15-2-2023 n° 21-25.849 précité).

SECTION 7

RÉGIME FISCAL DE LA CESSION DU DROIT AU BAIL

A. Imposition de la plus-value de cession du droit au bail

1. QUALIFICATION DE LA PLUS-VALUE OU MOINS-VALUE

Le droit au bail commercial, qui est l'un des éléments constitutifs du fonds de commerce, fait partie, par nature, des éléments de l'actif immobilisé, qu'il soit inscrit ou non au bilan de l'entreprise, dès lors qu'il ne peut être utilisé qu'en vue de l'**exercice d'une profession** (nos 20010 s.). Sa cession, qu'elle s'exerce au bénéfice du bailleur ou d'un tiers, entraîne la réalisation d'un gain ou d'une perte présentant le caractère d'une plus-value ou d'une moins-value professionnelle. Une plus ou moins-value peut être constatée non seulement en cas de vente du droit au bail mais aussi à l'occasion de toute **opération** ou événement ayant pour effet de faire sortir ce droit de l'actif de l'entreprise locataire ou de lui retirer définitivement tout ou partie de sa valeur : apport en société, expropriation, etc. **10710**

2. CALCUL DE LA PLUS-VALUE OU MOINS-VALUE

La plus-value réalisée à l'occasion de la cession du droit au bail s'obtient en retranchant du prix de cession le prix d'acquisition de ce droit. Si le prix de cession est inférieur au prix d'acquisition, la différence représente la moins-value subie à l'occasion de la cession. **10720**

Si le cédant détient **plusieurs droits au bail** à l'actif de son bilan, le calcul des plus-values ou des moins-values doit s'opérer élément par élément. Ainsi, une entreprise qui possède trois droits au bail inscrits à son bilan pour 100 000 € et qui en cède deux au prix de 95 000 € est tenue de déclarer les plus-values réalisées sur les deux éléments vendus alors même que leur prix de vente n'a pas dépassé la valeur globale au bilan des trois droits au bail (CE 5-5-1970 n° 76-307 : Dupont 1970 p. 300).

PRIX DE CESSION DU DROIT AU BAIL

10725 Le prix de cession s'entend du prix effectivement perçu par le vendeur. Il s'agit du prix net obtenu après déduction des **frais et taxes** qui ont grevé l'opération. Seuls les frais strictement inhérents à la cession, par exemple les commissions d'intermédiaires, viennent en diminution du prix de cession. Les autres frais exposés pour la préparation de la vente constituent des charges déductibles. Ainsi, l'indemnité versée par le cédant d'un droit au bail au profit du propriétaire du local ne peut être assimilée à une indemnité de déspécialisation imputable sur la plus-value réalisée alors même que le cessionnaire envisage l'exercice d'une activité différente ; elle présente le caractère d'une charge d'exploitation (TA Lille 26-9-1996 n° 93-3241 : RJF 6/97 n° 525). En revanche, en cas de cession d'un droit au bail que l'entreprise avait elle-même acquis en versant une **indemnité au précédent locataire,** le montant de cette indemnité doit venir en déduction du prix de cession pour la détermination de la plus-value imposable (Rép. Goussu : AN 29-9-1956 n° 2117, solution non reprise dans la base Bofip).

10735 Le prix de cession à retenir est en principe celui qui est stipulé dans l'acte. Il peut être remis en cause par l'administration dans deux cas.

1. En cas de **dissimulation du prix,** c'est-à-dire lorsque les parties ont volontairement inscrit dans l'acte une somme inférieure au prix réellement payé, l'administration peut retenir le prix réel, à condition bien sûr d'établir l'existence d'une telle dissimulation.

2. En cas d'**insuffisance de prix,** l'administration peut retenir la valeur réelle du bien cédé si la fixation d'un prix trop faible relève d'une gestion anormale. D'une manière générale, l'acte anormal de gestion est celui par lequel une entreprise décide de s'appauvrir à des fins étrangères à son intérêt ; en cas d'insuffisance de prix significative, l'entreprise est présumée avoir commis un acte anormal de gestion, sauf à démontrer, soit qu'elle en a retiré une contrepartie, soit qu'elle était contrainte de céder à un tel prix (CE plén. 21-12-2018 n° 402006 : RJF 3/19 n° 246). Cette situation peut se rencontrer lorsque l'acheteur est associé ou dirigeant de l'entreprise cédante. Le rehaussement de la plus-value est alors réintégré dans tous les cas dans les résultats imposables au taux de droit commun.

En l'absence d'acte anormal de gestion, les insuffisances de prix constatées par le service de l'enregistrement restent sans incidence sur le montant de la plus-value (sauf si la cession fait l'objet d'un acte rectificatif).

PRIX D'ACQUISITION DU DROIT AU BAIL

10740 Il s'agit du prix de revient – ou valeur d'origine – du droit au bail tel qu'il ressort de la comptabilité de l'entreprise à la date de la cession.

Sur la valeur d'inscription du droit au bail à l'actif : voir nos 20010 s.

3. MODALITÉS D'IMPOSITION

a. Régime d'imposition des entreprises soumises à l'impôt sur le revenu

10760 La cession du droit au bail par une entreprise relevant de l'impôt sur le revenu (exploitant individuel ou société de personnes relevant de l'impôt sur le revenu) est soumise au régime des plus-values et moins-values professionnelles à court terme et à long terme, qui prévoit une taxation à taux réduit pour les plus-values à long terme.

DISTINCTION ENTRE COURT TERME ET LONG TERME DE LA PLUS-VALUE DE CESSION DU DROIT AU BAIL

10765 Constituent des plus-values ou moins-values à **court terme** celles qui sont réalisées à l'occasion de la cession d'un droit au bail acquis ou créé depuis moins de deux ans (CGI art. 39 duodecies, 2-a et 4-a).

Les plus-values ou moins-values autres que celles définies ci-dessus présentent le caractère de plus ou moins-values à **long terme** (CGI art. 39 duodecies, 3 et 5).

10770 **Appréciation de la durée de détention** La durée de détention du droit au bail cédé qui détermine la nature de la plus-value (court ou long terme) est **décomptée,** jour par jour, **à**

partir de la date de son acquisition et non de celle de son inscription à l'actif. Le bénéfice du régime des plus-values à long terme est en effet subordonné aux seules conditions que la cession porte sur un élément de l'actif immobilisé, quand bien même il ne figurerait pas au bilan, et que cet élément soit cédé après un délai de deux ans à compter de son acquisition ou de sa création (CE 23-12-2016 n° 375746 : RJF 3/17 n° 214).

Une entreprise qui procède le même jour à la résiliation pure et simple sans indemnité d'un bail commercial dont elle est titulaire et à la **conclusion d'un nouveau bail** portant sur les mêmes locaux doit être regardée comme ayant renoncé à son droit antérieur au renouvellement du bail, qui est donc sorti de son actif commercial. Par suite, la cession ultérieure du droit au bail procède exclusivement du nouveau bail et le profit réalisé relève du régime des plus-values à court terme dans la mesure où elle est intervenue moins de deux ans après sa conclusion (CAA Nancy 24-3-1994 n° 92-984 : RJF 10/94 n° 1030).

RÉGIME DE LA PLUS-VALUE DE CESSION DU DROIT AU BAIL À COURT TERME

La plus ou moins-value à court terme constatée sur la cession du droit au bail est compensée **10775**
avec les autres plus ou moins-values à court terme de l'exercice. Deux situations peuvent se présenter selon que cette **compensation** fait apparaître une plus-value ou une moins-value nette à court terme.

Plus-value nette Si la compensation fait apparaître une plus-value nette à court terme, **10780**
cette plus-value fait partie des résultats imposables dans les conditions et au taux de droit commun. Les entreprises peuvent demander un **étalement** de l'imposition **sur trois ans** : le montant de la plus-value est alors rattaché, par fractions égales, aux résultats de l'année de sa réalisation et des deux années suivantes (CGI art. 39 quaterdecies, 1).

Aucun étalement n'est possible en cas de **cession ou** de **cessation totale d'entreprise** : dans ce cas la plus-value nette est immédiatement comprise dans les résultats imposables (et les plus-values nettes à court terme dont la taxation avait été, le cas échéant, précédemment différée deviennent immédiatement taxables) (CGI art. 39 quaterdecies, 2). Mais, dans ce cas, l'imposition de la plus-value peut bénéficier du système du quotient prévu à l'article 163-0 A du CGI.

Moins-value nette Lorsque la compensation fait apparaître une moins-value nette à court **10785**
terme, celle-ci s'impute sur les bénéfices d'exploitation (CGI art. 39 quaterdecies, 3). Si ces bénéfices ne sont pas suffisants, la fraction non imputée de la moins-value nette – ou, en cas d'absence de bénéfices, la totalité de cette moins-value – prend le caractère d'un déficit d'exploitation reportable dans les conditions de droit commun.

RÉGIME DE LA PLUS-VALUE DE CESSION DU DROIT AU BAIL À LONG TERME

Une **compensation** générale est opérée entre les plus-values à long terme réalisées au cours de **10790**
l'exercice et les moins-values à long terme subies pendant la même période, quelle que soit la nature des biens concernés. La plus-value ou moins-value nette globale qui en résulte obéit aux règles du long terme.

Plus-value nette à long terme Si la compensation entre plus-values et moins-values **10795**
à long terme d'un exercice fait apparaître une plus-value à long terme, celle-ci est en principe taxée au **taux** réduit de 12,8 % auquel s'ajoutent 17,2 % de prélèvements sociaux, soit un taux global d'imposition de 30 % (CGI art. 39 quindecies, I-1).

Les entreprises locataires d'**immeubles expropriés** qui perçoivent une indemnisation pour la **10800**
perte de leur droit au bail peuvent bénéficier d'un différé d'imposition de deux ans de la plus-value à long terme réalisée à cette occasion, dans les mêmes conditions que les entreprises qui perçoivent des indemnités à la suite de l'expropriation d'immeubles faisant partie de leur actif. Les intéressées doivent joindre à la déclaration des résultats de l'année de réalisation de la plus-value une note exprimant leur intention de se placer sous le bénéfice des dispositions du I-1-4e alinéa de l'article 39 quindecies du CGI (BOI-BIC-PVMV-20-30-10 nos 260 à 280). En cas de cessation d'activité, l'imposition de la plus-value est immédiatement établie.

Une **compensation** peut, le cas échéant, être effectuée entre la plus-value nette à long terme **10805**
et :

– les moins-values à long terme subies au cours des dix exercices antérieurs et qui n'ont pas encore été imputées ;

– ou le déficit de l'exercice (qui peut inclure une moins-value à court terme) et les déficits antérieurs qui, faute de pouvoir être imputés sur le revenu global, ont généré un déficit global reportable. Les déficits ainsi annulés cessent d'être reportables. La compensation avec les déficits doit s'opérer euro pour euro, et non pas en comptant les plus-values pour une fraction de leur montant. Cette compensation, qui constitue une décision de gestion, procure un avantage de trésorerie immédiat et présente un intérêt tout particulier lorsque le contribuable court le risque de ne pouvoir imputer ses déficits sur son revenu global avant l'expiration du délai de report déficitaire, faute de disposer à temps de revenus suffisants.

10810 **Moins-value nette à long terme** Lorsque, au titre d'un exercice, la compensation entre plus-values et moins-values à long terme fait apparaître une moins-value nette à long terme, cette moins-value est **imputable** uniquement sur les plus-values à long terme réalisées au cours des dix exercices suivants (CGI art. 39 quindecies I-2). Aucune imputation sur le bénéfice ordinaire ou le revenu global n'est possible.

10815 En cas de **cession ou de cessation d'entreprise,** la moins-value nette à long terme constatée à cette occasion et celles restant encore reportables peuvent être déduites des bénéfices de l'exercice de cession ou de cessation dans la limite du rapport existant entre le taux d'imposition des plus-values à long terme applicable lors de l'exercice de réalisation de la moins-value et le taux de l'impôt sur les sociétés en vigueur lors de l'exercice de cession ou de cessation de l'entreprise (CGI art. 39 quindecies, I-2-al. 2). Elles ne peuvent pas générer un déficit susceptible de s'imputer sur le revenu global (BOI-BIC-PVMV-20-40-20 n° 74).

EXONÉRATIONS DE LA PLUS-VALUE DE CESSION DU DROIT AU BAIL

10820 Deux régimes d'exonération peuvent être invoqués, sous certaines conditions, par le cédant du droit au bail :

– l'un, de portée générale, concerne toutes les cessions d'éléments d'actif réalisées par les petites entreprises dont le montant des recettes n'excède pas certaines limites (n° 10825) ;

– l'autre, spécialement conçu pour les opérations de transmission d'entreprise, dont l'application dépend de la valeur des éléments transmis (nos 10830 s.).

> **> Précisions** D'autres **régimes spécifiques** d'exonération ou de report d'imposition sont prévus en faveur des plus-values constatées lors de certaines opérations de transmission d'entreprise : apport en société d'une entreprise individuelle (CGI art. 151 octies), transmission à titre gratuit d'une entreprise individuelle (CGI art. 41) ou cession d'entreprise lors d'un départ en retraite (CGI art. 151 septies A). Nous n'exposons pas ici ces régimes car cet exposé déborderait le cadre des présents développements. Les lecteurs intéressés se reporteront à notre Mémento fiscal nos 19710 s.

10825 **Exonération des petites entreprises** La plus-value réalisée à l'occasion de la cession du droit au bail peut être exonérée totalement ou partiellement à condition que le montant des recettes de l'entreprise n'excède pas certains seuils et que l'activité ait été exercée à titre professionnel pendant au moins cinq ans (CGI art. 151 septies).

L'exonération porte sur les plus-values nettes, à court terme ou à long terme, déterminées après compensation avec les moins-values de même nature.

L'exonération est **totale** si les recettes n'excèdent pas 250 000 € pour les entreprises industrielles et commerciales de vente ou de fourniture de logements (à l'exception en principe des locations meublées) ou 90 000 € pour les prestataires de services. Elle est **partielle** lorsque les recettes excèdent ces seuils sans dépasser respectivement 350 000 € et 126 000 €.

Les **recettes** sont prises en compte pour leur montant hors taxe. Le montant à retenir s'entend de la moyenne des recettes réalisées au titre des exercices, ramenés le cas échéant à douze mois, clos au cours des deux années civiles qui précèdent la date de clôture de l'exercice de réalisation de la plus-value. Cette règle s'applique aux plus-values réalisées en cours d'activité ou en fin d'exploitation.

Pour un **exposé détaillé** de ce régime, nos lecteurs se reporteront à notre Mémento fiscal nos 18200 s.

10830 **Exonération en fonction de la valeur des éléments cédés** Les plus-values réalisées à l'occasion de la transmission d'une entreprise individuelle ou d'une branche complète d'activité sont, sur option, exonérées totalement ou partiellement, selon la valeur des éléments transmis, à condition que l'activité ait été exercée pendant au moins cinq ans (CGI art. 238 quindecies). L'exonération est **totale** lorsque la valeur vénale des éléments transmis n'excède pas 500 000 € et **partielle** et dégressive lorsque la valeur de ces éléments est comprise entre 500 000 € et 1 000 000 €.

10835 La notion de **branche complète d'activité** se définit comme l'ensemble des éléments d'actif et de passif d'une division d'une entreprise qui constituent une exploitation autonome, c'est-à-dire un ensemble capable de fonctionner par ses propres moyens. L'administration admet, pour l'application de l'exonération aux cessions des éléments affectés à une **activité professionnelle**

exercée à titre individuel, que la condition de cession d'une branche complète est réputée satisfaite dès lors que l'activité est poursuivie à l'identique par un tiers repreneur pendant un délai raisonnable, ce qui n'interdit pas de procéder à des embauches, à des investissements nouveaux ou à des adjonctions d'activité (BOI-BIC-PVMV-40-20-50 n° 200). Ainsi, la cession par un boulanger de son droit au bail et des immobilisations amortissables de son entreprise à son apprenti qui reprend corrélativement le contrat de travail de son unique employée est réputée porter sur une branche complète d'activité dès lors que le nouvel exploitant poursuit l'activité de boulangerie, même si le stock et le passif ne sont pas repris (BOI-BIC-PVMV-40-20-20-20 n° 150). En pratique, l'exonération peut donc s'appliquer lorsque le seul **fonds de commerce** est transmis à l'exclusion du passif, des stocks et des créances clients.

En revanche, la **cession isolée du droit au bail** ne bénéficie pas de l'exonération.

Pour un **exposé détaillé** de ce régime, nos lecteurs se reporteront à notre Mémento fiscal nos 19650 s.

b. Régime d'imposition des entreprises soumises à l'impôt sur les sociétés

Les plus-values et moins-values de cession de droit au bail réalisées par les entreprises soumises à l'impôt sur les sociétés sont exclues du régime des plus-values ou moins-values à long terme, quelle que soit la durée de détention du droit cédé. Le résultat de cession relève d'un régime identique à celui applicable aux bénéfices et pertes d'exploitation (BOI-IS-BASE-20 n° 10). En d'autres termes : **10850**

- les **plus-values** sont comprises dans le résultat ordinaire de l'exercice en cours lors de leur réalisation (sur le taux d'imposition, voir nos 49630 s.) ;
- les **moins-values** s'imputent sur le bénéfice d'exploitation ou contribuent à la formation d'un déficit reportable dans les conditions de droit commun exposées nos 49640 s.

Les sociétés soumises à l'IS peuvent bénéficier de l'**exonération** en fonction de la valeur des éléments cédés prévue à l'article 238 quindecies du CGI (voir nos 10830 s.) en cas de cession d'une branche complète d'activité si elles répondent à la définition communautaire des PME. Il faut pour cela : **10855**

- qu'elles emploient moins de 250 salariés et, soit qu'elles réalisent un chiffre d'affaires annuel inférieur à 50 M€, soit qu'elles aient un total de bilan inférieur à 43 M€ ;
- et que leur capital ou leurs droits de vote ne soient pas détenus à hauteur de 25 % ou plus par une ou plusieurs entreprises ne remplissant pas les conditions d'effectif ou de chiffre d'affaires (ou de total de bilan) précitées.

B. Droits d'enregistrement sur la cession du droit au bail

PRINCIPE

Les cessions de droit au bail et opérations assimilées sont assujetties aux droits d'enregistrement applicables aux cessions de fonds de commerce (CGI art. 725). Ces opérations échappent de ce fait à la **TVA.** **10870**

1. OPÉRATIONS SOUMISES AUX DROITS D'ENREGISTREMENT

CESSIONS DE DROIT AU BAIL

Toute cession de droit à un bail ou du bénéfice d'une promesse de bail portant sur tout ou partie d'un immeuble est assujettie à un droit d'enregistrement quelles que soient la forme et la qualification qui lui sont données par les parties, cession de pas-de-porte, indemnité de départ ou autrement (CGI art. 725, al. 1). **10880**

Les **conditions** pour que la taxation prévue par l'article 725 du CGI s'applique sont les suivantes : **10885**

- un **bail** doit avoir été conclu ou une promesse de bail consentie. C'est ainsi que le paiement d'un droit d'entrée exigé par le propriétaire d'un nouveau locataire lors de la conclusion d'un bail ne donne pas lieu à droit d'enregistrement (BOI-ENR-DMTOM-30 n° 20) ;
- la cession doit intervenir entre un **preneur sortant** et un **preneur entrant** c'est-à-dire entre l'ancien et le nouveau locataire. Tel n'est pas le cas lorsque le propriétaire de l'immeuble octroie un bail à un tiers après l'éviction d'un locataire antérieur ou après la libération des locaux par un occupant antérieur à titre gratuit (Cass. com. 23-6-1987 n° 86-10623 : Bull. civ. IV n° 158 ; Cass. com. 4-5-1993 n° 91-15.160 : RJF 7/93 n° 1072) ;

– le droit au bail doit être cédé indépendamment du **fonds.** Dans le cas contraire, il est taxé en tant qu'élément incorporel du fonds, sa valeur étant alors incluse dans le prix de vente global. Il n'est pas nécessaire en revanche qu'un **prix** ait été stipulé au profit du cédant pour que le droit d'enregistrement soit exigible.

Il n'y a pas lieu non plus de distinguer suivant la **nature ou l'affectation du local** donné à bail (Cass. com. 7-4-1998 n° 95-13783 : RJF 7/98 n° 867 ; BOI-ENR-DMTOM-30 n° 70).

TRANSFERTS DU DROIT À LA JOUISSANCE DE LOCAUX INDUSTRIELS ET COMMERCIAUX

10890 Les actes ou conventions, quelles qu'en soient la nature, les modalités, la forme ou la qualification, ayant pour effet de transférer de quelque manière que ce soit le droit à la jouissance de locaux entrant dans les prévisions des articles L 145-1 à L 145-3 du Code de commerce sont soumis au régime fiscal des cessions de droit au bail (CGI art. 725, al. 3). Cette disposition permet d'imposer aux droits d'enregistrement les **cessions de fait** portant sur un bail commercial.

10895 **Locaux concernés** Sont essentiellement concernés les locaux soumis au régime du bail commercial : locaux à usage commercial, industriel ou artisanal, locaux des entreprises publiques ou des établissements publics à caractère industriel et commercial ainsi que ceux abritant des établissements d'enseignement.

C'est l'**activité** réellement exercée dans les locaux qui détermine la nature de la location : seul peut prétendre au bénéfice de la propriété commerciale le preneur qui justifie de l'exploitation effective d'un fonds de commerce ou d'une entreprise artisanale, conformément aux clauses du bail ou avec l'autorisation du bailleur. Ainsi, le fait que le preneur soit une société de forme commerciale ne suffit pas à conférer un caractère commercial au bail (Cass. civ. 5-3-1971 n° 69-13118 : Bull. civ. III n° 168 ; BOI-ENR-DMTOM-30 n° 210). De même, le caractère commercial de la location ne résulte pas nécessairement de l'existence d'une clause de bail déclarant les lieux « loués commercialement » (Cass. 3e civ. 7-11-1973 n° 72-13.829).

Les locaux doivent présenter un caractère industriel, commercial ou artisanal au regard tant de l'ancien que du nouveau **locataire.** Tel n'est pas le cas lorsqu'un bail commercial est remplacé par un bail d'habitation ou lorsqu'un bail commercial prend fin pour être remplacé par un nouveau bail dont le preneur exerce une profession libérale (BOI-ENR-DMTOM-30 n° 240).

10900 **Imposition des conventions** Il incombe à l'administration d'apporter la **preuve** que les conventions en cause dissimulent en réalité une cession de droit au bail. La présomption instituée par l'alinéa 3 de l'article 725 du CGI n'étant pas irréfragable, l'administration doit être en mesure d'invoquer des **éléments de fait** de nature à rendre probable la transmission par l'ancien locataire au nouvel occupant d'une valeur patrimoniale constituée par le droit au bail des locaux. Elle peut notamment invoquer (BOI-ENR-DMTOM-30 n° 250) :

– la brièveté du délai écoulé entre le départ de l'ancien occupant et l'installation du nouveau locataire (ou entre la résiliation de l'ancien bail et la conclusion du nouveau) ;

– la valeur vénale du droit au bail, compte tenu de l'état du marché local ;

– le prix normal du nouveau loyer excluant la prise en compte du droit au bail ;

– les liens d'intérêts ou autres unissant éventuellement les parties entre elles qu'il s'agisse de personnes physiques ou morales ;

– l'intention manifestée par les occupants successifs des locaux de céder ou d'acquérir le droit au bail (correspondance, documents sociaux, publicité, etc.).

En revanche, le **régime** des cessions de droit au bail n'est **pas applicable** dans les cas suivants :

– location d'un local neuf ou d'un local précédemment occupé par le propriétaire (BOI-ENR-DMTOM-30 n° 290) ;

– résiliation ou non-renouvellement du bail d'un local dont le propriétaire veut se réserver la jouissance ou qu'il désire vendre libre (BOI-ENR-DMTOM-30 n° 290) ;

– convention attribuant un droit de jouissance à l'occupant des lieux sans constituer un bail commercial (Cass. com. 15-5-1990 n° 749 : RJF 7/90 n° 925 ; BOI-ENR-DMTOM-30 n° 190).

Pour des **illustrations jurisprudentielles** voir n° 47755.

2. ASSIETTE DES DROITS D'ENREGISTREMENT

10910 Le droit est perçu (CGI art. 725, al. 2) :

– soit sur le montant de la **somme** ou de l'**indemnité** stipulée au profit du cédant ;

– soit sur la **valeur vénale réelle** du droit cédé, déterminée par une déclaration estimative des parties si la convention ne contient aucune stipulation expresse d'une somme ou d'une indemnité au profit du cédant ou si la somme ou l'indemnité stipulée est inférieure à la valeur vénale du droit cédé.

La **valeur vénale** réelle, qui correspond au prix qui pourrait être obtenu par le jeu de l'offre et de la demande dans un marché réel, abstraction faite de toute valeur de convenance, est fonction des circonstances propres à chaque affaire et elle ne doit pas nécessairement être fixée par la simple application d'un barème au montant annuel du loyer. Certains éléments tels que le montant du loyer, la nature ou la durée du contrat liant les parties peuvent avoir des répercussions importantes sur la détermination de cette valeur. Ainsi, la valeur vénale du droit à la jouissance d'un local est d'autant plus élevée que le loyer est faible et, inversement, cette valeur tend à être nulle lorsque le loyer est si important qu'il est inconcevable qu'un locataire puisse accepter de payer en outre une indemnité pour entrer dans les lieux. **10915**

En cas de **locations successives** d'un local entrant dans les prévisions des articles L 145-1 à L 145-3 du Code de commerce, l'assiette du droit de mutation et des taxes additionnelles doit être fixée en prenant en considération le droit à jouissance de l'ancien locataire. Par suite, si le bail consenti au nouveau preneur confère à celui-ci un droit à jouissance plus étendu que celui qui appartenait à son prédécesseur, les droits et taxes exigibles ne sont pas dus sur le montant de la fraction de l'indemnité versée au bailleur correspondant aux nouveaux avantages consentis par lui au preneur entrant (BOI-ENR-DMTOM-30 n° 350). **10920**

3. TARIF DES DROITS D'ENREGISTREMENT

Les cessions de droit au bail ou d'une promesse de bail d'immeubles ainsi que les opérations ayant pour effet de transférer la jouissance de locaux industriels et commerciaux sont soumises au tarif des cessions de fonds de commerce (CGI art. 725). Elles sont assujetties au droit prévu par l'article 719 du CGI (droit budgétaire au profit de l'État), auquel s'ajoutent des taxes locales additionnelles départementale (CGI art. 1595) et communale (CGI art. 1584 et 1595 bis). **10930**

Ces droits et taxes sont calculés en faisant application du barème suivant :

Fraction du prix (ou de la valeur vénale)	Droit budgétaire	Taxe départementale	Taxe communale	Imposition totale
– n'excédant pas 23 000 € [1]	0 %	0 %	0 %	0 %
– comprise entre 23 000 € et 107 000 €	2 %	0,60 %	0,40 %	3 %
– comprise entre 107 000 € et 200 000 €	0,60 %	1,40 %	1 %	3 %
– supérieure à 200 000 €	2,60 %	1,40 %	1 %	5 %

1. Les cessions n'excédant pas 23 000 € sont soumises au minimum de perception de 25 € prévu par l'article 674 du CGI (BOI-ENR-DMTOM-10-20-20 n° 10).

Les cessions de droit au bail ne peuvent pas bénéficier des **taux réduits** prévus pour les cessions de fonds de commerce dans les zones franches urbaines-territoires entrepreneurs, dans les zones de revitalisation rurale ou dans les zones France ruralités revitalisation (BOI-ENR-DMTOM-10-30-20 n° 20).

4. FORMALITÉS

S'agissant d'un droit de mutation, l'impôt est exigible, que la convention soit écrite ou verbale. **10940**

Les **actes** portant cession de droit à un bail ou au bénéfice d'une promesse de bail portant sur tout ou partie d'un immeuble ou encore transfert du droit à la jouissance de locaux commerciaux doivent être enregistrés dans un délai d'un mois à compter de leur date (CGI art. 635, 2-5°). L'enregistrement des actes **sous seing privé** est effectué au service des impôts du lieu de situation des biens (CGI art. 652). Les actes **notariés** sont enregistrés au service des impôts de la résidence du notaire (CGI art. 650).

A **défaut d'acte,** ces mutations doivent faire l'objet, dans le mois de l'entrée en possession, de déclarations détaillées et estimatives sur des formules spéciales délivrées par l'administration au service de l'enregistrement de la situation de l'immeuble (CGI art. 638).

L'**existence d'une cession** verbale peut être établie suivant les modes de **preuve** du droit commun compatibles avec la procédure écrite.

5. PAIEMENT DES DROITS D'ENREGISTREMENT

10950 Les droits sont dus par le bénéficiaire du transfert, c'est-à-dire par le locataire entrant (CGI art. 1712). Le cédant et le cessionnaire sont cependant solidaires pour le paiement des droits et des pénalités.

C. Conséquences de la cession du droit au bail en matière de contribution économique territoriale

10970 La contribution économique territoriale se compose de deux éléments distincts : la **cotisation foncière des entreprises,** ou CFE, et la **cotisation sur la valeur ajoutée des entreprises,** ou CVAE (CGI art. 1447-0). La CVAE sera totalement supprimée à compter de 2030 (Loi 2025-127 du 14-2-2025 art. 62), mais la CFE est maintenue.

Ces cotisations sont dues en principe pour l'année entière par les personnes physiques ou morales qui, **au 1er janvier** de l'année d'imposition, exercent à titre habituel une **activité** professionnelle non salariée (CGI art. 1478 et art. 1586 octies). Toutefois, en cas d'apport, de cession d'activité, de scission d'entreprise ou de transmission universelle du patrimoine (TUP) intervenant au cours de l'année d'imposition, la CVAE est due également par le redevable qui n'exerce aucune activité imposable au 1er janvier de l'année et auquel l'activité est transmise (CGI art. 1586 octies, I-2).

Les **modalités d'imposition** du cédant et du cessionnaire à la CFE et à la CVAE diffèrent selon que la cession du droit au bail s'analyse en une cessation d'activité suivie d'une création d'établissement ou en un changement d'exploitant.

CESSATION D'ACTIVITÉ SUIVIE D'UNE CRÉATION D'ÉTABLISSEMENT

10971 Selon la jurisprudence, lorsqu'un établissement est repris par un nouvel exploitant qui y exerce une **activité différente,** l'opération s'analyse en une cessation d'activité suivie d'une création d'établissement. Ainsi, procède à la suppression de son activité un redevable qui a cessé effectivement son commerce de vente d'appareils photographiques et cinématographiques le 1er février de l'année d'imposition et qui a cédé le 5 février de la même année le droit au bail des locaux dans lesquels il exerçait son activité à une autre société qui y a créé un fonds de commerce de chaussures (CE 1-2-1989 n° 69507).

10972 **Cotisation foncière des entreprises** Le **cédant** du droit au bail qui cesse toute activité dans un établissement n'est pas redevable de la CFE pour les mois restant à courir (sauf s'il transfère son activité dans un autre établissement).

Le **cessionnaire** n'est pas imposable l'année de la création (même en cas de création au 1er janvier). Pour les deux années suivantes, la base d'imposition est calculée d'après les biens passibles d'une taxe foncière dont le redevable a disposé au 31 décembre de l'année de la création. La base d'imposition de la première année suivant celle de la création est réduite de moitié.

10973 **Cotisation sur la valeur ajoutée des entreprises** Le principe d'annualité s'applique ici strictement : le **cédant** du droit au bail qui exerce l'activité au 1er janvier doit la CVAE sur la valeur ajoutée produite jusqu'à la date de cessation d'activité, sans qu'il y ait la moindre correction du résultat ainsi obtenu.

Le **cessionnaire** qui débute son activité en cours d'année n'est pas imposable au titre de sa première année d'activité (N), s'il clôture son exercice au plus tard le 31 décembre de cette même année (N). En revanche, si l'entreprise nouvellement créée clôture son premier exercice à compter du 1er janvier de l'année suivante (N + 1), la valeur ajoutée de l'année de création est imposée au titre de cette année N + 1 (BOI-CVAE-CHAMP-10-20 n° 70).

CHANGEMENT D'EXPLOITANT

10975 Il y a changement d'exploitant lorsqu'un nouvel exploitant poursuit dans l'établissement la **même activité** que son prédécesseur, même dans des conditions assez différentes (réduction de l'effectif salarié, par exemple). Ce sera notamment le cas lorsque la cession du droit au bail constitue en réalité une cession de fonds de commerce.

10976 **Cotisation foncière des entreprises** Le **cédant** reste redevable de la CFE pour l'année entière si le changement intervient en cours d'année, aucune imposition n'étant établie au nom du successeur. Les parties peuvent prévoir dans l'acte de cession que le nouvel exploitant supportera une partie de l'imposition de son prédécesseur. Mais cette convention ne produit ses effets qu'entre les cocontractants, le cédant demeurant le seul débiteur légal vis-à-vis de l'administration.

Si le changement prend effet le 1er janvier, le **cessionnaire** est imposé, l'année du changement, sur les bases d'imposition relatives à l'activité exercée par le cédant. Pour les deux années suivantes, le nouvel exploitant est imposé d'après la valeur locative des biens passibles de taxe foncière dont il a lui-même disposé au 31 décembre de sa première année d'activité.

Cotisation sur la valeur ajoutée des entreprises Le **cédant** doit la CVAE sur la valeur ajoutée produite jusqu'à la date de cessation d'activité. 10977

La CVAE est également due par le **cessionnaire** qui n'exerce aucune activité imposable au 1er janvier et auquel l'activité est cédée lorsque l'opération intervient au cours de l'année d'imposition. La CVAE est due sur la valeur ajoutée produite de la date de création à la date de clôture de l'exercice ou, en cas d'absence de clôture, de la date de création au 31 décembre de l'année d'imposition (CGI art. 1586 quinquies, 3).

CHARGES LOCATIVES

SOMMAIRE

DÉFINITION DES CHARGES LOCATIVES

12000 Les charges sont les dépenses inhérentes à une chose, une fonction ou une situation. Les charges locatives, dites encore charges récupérables, sont les dépenses mises à la charge du locataire du fait de la location d'un bien. Mais, derrière ce vocable, se cachent, en matière de baux commerciaux, des situations contractuelles très différentes. Cette variété de situations résulte du fait que ni les dispositions du Code de commerce organisant la propriété commerciale, ni le Code civil qui énonce les règles de droit commun du louage (art. 1709 s.) ne définissent les charges locatives, à la différence des textes relatifs aux baux d'habitation à usage de résidence principale (Loi 89-462 du 6-7-1989 art. 23 et décret 87-713 du 26-8-1987). Seul l'article R 145-35 du Code de commerce interdit la refacturation au locataire de certaines charges (nos 12110 s.). Il en résulte que le vocable « charges locatives » peut recouvrir non seulement des charges incombant normalement au locataire (les charges de droit commun), mais également des charges incombant au bailleur (les charges exorbitantes du droit commun).

RÉGLEMENTATION APPLICABLE AUX CHARGES LOCATIVES

12010 Jusqu'à la loi 2014-626 du 18 juin 2014 relative à l'artisanat, au commerce et aux très petites entreprises, dite loi « Pinel », les droits et obligations des parties en matière de charges locatives ne faisaient l'objet d'aucune réglementation spécifique. La question était réglée par le bail et, à défaut de convention des parties, par les dispositions, peu éclairantes, du Code civil.

La loi Pinel et son décret d'application 2014-1317 du 3 novembre 2014 ont porté atteinte à la liberté contractuelle pour les baux conclus ou renouvelés depuis le 5 novembre 2014, sans pour autant annihiler la volonté des parties : l'**article L 145-40-2 du Code de commerce** pose le principe du caractère non imputable au locataire de certaines charges. Si ces baux sont tenus de respecter les règles définies aux **articles R 145-35 à R 145-37,** il n'en demeure pas moins qu'ils seront toujours soumis aux règles dégagées par la jurisprudence antérieure relative à l'interprétation des clauses, dont la rédaction devra être très précise.

SECTION 1

LES CHARGES DANS LES BAUX CONCLUS OU RENOUVELÉS DEPUIS LE 5 NOVEMBRE 2014

A. Champ d'application de la réglementation

BAUX CONCERNÉS PAR LA RÉGLEMENTATION DES CHARGES

Seuls les baux statutaires, c'est-à-dire ceux qui confèrent la propriété commerciale organisée par le Code de commerce, sont assujettis au principe posé par l'article L 145-40-2 de l'impossible répercussion sur le locataire, en raison de leur nature, de certaines charges, impôts, taxes et redevances. 12020

Sont donc **exclus** les baux dérogatoires, les baux commerciaux qui ne confèrent pas la propriété commerciale ou la convention d'occupation précaire définie par l'article L 145-5-1 du Code de commerce.

Application dans le temps L'article 21 de la loi Pinel précise que l'article L 145-40-2 du Code de commerce est applicable aux **contrats conclus ou renouvelés à compter du** premier jour du troisième mois suivant la promulgation de la loi, soit à compter du 1er septembre 2014. Toutefois, le décret d'application prévu par la loi, en date du 3 novembre 2014 n'a été publié que le 5 novembre 2014 ; il précise en outre que les articles R 145-35 à R 145-37 du Code de commerce qui définissent notamment les charges non imputables aux locataires ne sont applicables qu'aux contrats conclus ou renouvelés à compter de la publication du décret. 12025

La promulgation du décret postérieurement au 1er septembre 2014 soulève la difficulté de savoir quels baux sont assujettis aux règles posées par les articles L 145-40-2 et R 145-35 et suivants du Code de commerce. La hiérarchie des normes voudrait que les contrats conclus ou renouvelés dès le 1er septembre 2014 soient assujettis à ces règles. L'article 1er du Code civil dispose cependant que l'entrée en vigueur des dispositions d'une loi nouvelle dont l'exécution nécessite des mesures d'application est reportée à la date d'entrée en vigueur de ces mesures. En outre, l'article L 145-40-2 du Code de commerce énonce que le décret en Conseil d'État fixera les modalités d'application de cet article.

Il paraît donc que le principe posé par le décret 2014-1317 du 3 novembre 2014 doive prévaloir et que les règles posées par les articles R 145-35 à R 145-37 ne s'appliquent qu'aux baux conclus ou renouvelés depuis le 5 novembre 2014.

Saisie d'une **question prioritaire** de **constitutionnalité** concernant les dispositions de l'article L 145-40-2 du Code de commerce, dans leur rédaction issue de la loi 2014-626 du 18 juin 2014, dont il était soutenu qu'elles portaient une atteinte disproportionnée à l'économie des contrats en ce qu'elles sont applicables aux contrats de bail commercial renouvelés postérieurement à leur entrée en vigueur mais initialement conclus sous le régime antérieur, la Cour de cassation a refusé de transmettre cette question au Conseil constitutionnel pour les motifs suivants : par l'effet de la loi, le bail renouvelé peut ne pas l'être aux mêmes clauses et conditions que le bail précédent ; mais, le bail renouvelé étant un nouveau contrat et non pas la prolongation du contrat précédent, l'application des nouvelles dispositions issues de la loi de 2014 aux baux renouvelés ne porte pas d'atteinte aux contrats légalement conclus (Cass. 3e civ. QPC 6-2-2020 n° 19-19.503 : RJDA 4/20 n° 203).

Reste à définir ce qu'il faut entendre par « baux conclus ou renouvelés ». Doit-on prendre en compte la **date de prise d'effet** du bail initial ou renouvelé **ou** bien la **date de signature** du bail ou de l'avenant de renouvellement ? 12030

À notre avis, la date de prise d'effet du bail initial ou renouvelé devrait être le critère pris en compte tant elle est la moins contestable car factuelle, alors que la date de signature d'un bail, initial ou renouvelé, peut être avancée ou différée sans raison par rapport à sa prise d'effet. En outre, pour ce qui est du renouvellement, la date de prise d'effet du bail renouvelé est définie par les règles légales et jurisprudentielles du statut. Elle est soit celle résultant du congé, soit celle résultant de la demande de renouvellement, soit celle résultant de l'exercice du droit de repentir.

La Cour de cassation, appelée à se prononcer à propos du renouvellement, a jugé qu'un bail est considéré comme renouvelé à la date d'effet du bail renouvelé et non à celle de la fixation du loyer (Cass. 3e civ. 17-6-2021 no 20-12.844 FS-B : RJDA 8-9/21 no 552).

ATTENTION

La **tacite prolongation** du bail commercial n'étant pas un renouvellement, le locataire ne peut pas se prévaloir des articles L 145-40-2 et R 145-35 du Code de commerce lorsque le bail a été conclu avant le 5 novembre 2014 et s'est poursuivi au-delà de cette date par prolongation tacite (CA Paris 9-5-2019 no 18/20650, ch. 1-2 : Rev. Loyers 2019 p. 284).

IMPOSSIBILITÉ DE DÉROGATION À LA RÉGLEMENTATION DES CHARGES

12035 Les règles relatives aux charges applicables aux baux conclus ou renouvelés depuis le 5 novembre 2014 sont des règles qui s'imposent aux parties et auxquelles il est impossible de déroger. En effet, l'article L 145-15 du Code de commerce répute non écrits, quelle qu'en soit la forme, les clauses, stipulations et arrangements qui ont pour effet de faire échec notamment aux dispositions de l'article L 145-40-2 qui pose les principes énoncés ci-après.

La question reste cependant posée des conséquences d'une clause réputée non écrite : le locataire sera-t-il alors dispensé du paiement de toute charge ? Dans un cas où un bail ne comportait aucun inventaire des charges, la cour d'appel de Versailles a jugé que la clause qui prévoyait le remboursement de certaines charges par le locataire contournait l'exigence d'inventaire édictée par les dispositions d'ordre public de l'article L 145-40-2 précité et était donc réputée non écrite, de sorte qu'aucune somme ne pouvait être sollicitée par le bailleur au titre des charges locatives (CA Versailles 7-3-2024 no 22/05759, Sté X c/ SARL Moka : RJDA 8-9/24 no 445). La portée de cet arrêt reste cependant incertaine dans l'attente d'un éventuel pourvoi en cassation.

B. La rédaction du bail

INVENTAIRE DES CATÉGORIES DE CHARGES

12100 Le contrat de location doit comporter un inventaire précis et limitatif des catégories de charges, impôts, taxes et redevances liés à ce bail (C. com. art. L 145-40-2, al. 1). La jurisprudence à venir devra interpréter ces dispositions et se prononcer notamment sur l'obligation ou non d'établir un bail écrit pour répondre aux obligations formelles de la clause relative aux charges.

Ni la loi, ni le décret ne définissent les catégories de charges, impôts, taxes et redevances. Il appartient aux **parties au bail** de faire œuvre de création. Le bailleur doit être particulièrement vigilant car la notion de « catégories » de charges n'est pas définie ; se pose alors la question de savoir jusqu'où doit aller la **précision.**

Faut-il établir une liste exhaustive des charges ? L'évolution de la jurisprudence sur l'interprétation des clauses des baux relatives aux charges et l'article L 145-40-2 du Code de commerce obligent à conclure que telle doit être la règle à retenir malgré la difficulté de faire une telle liste. Cette exigence est d'ailleurs dans la droite ligne des règles de droit commun relatives au consentement et aux règles d'interprétation des contrats dont notamment celle selon laquelle « Dans le doute, le contrat de gré à gré s'interprète contre le créancier et en faveur du débiteur, et le contrat d'adhésion contre celui qui l'a proposé » (C. civ. art. 1190).

La cour d'appel de Bordeaux, rendant l'une des premières décisions en la matière, a jugé, à propos d'un local se trouvant dans un ensemble immobilier, que ne constitue pas un inventaire précis et limitatif au sens de l'article L 145-40-2 du Code de commerce l'énumération des catégories de charges incombant au seul locataire, dès lors qu'elle ne comporte aucune précision de la répartition, par catégorie de charges, entre le locataire et le bailleur, aucune clé de répartition entre les différents locataires de l'immeuble, et aucune indication explicite de la quote-part du locataire ; une telle énumération n'est en effet pas susceptible de permettre au locataire d'avoir une visibilité dès la date de conclusion du bail sur les charges qu'il devra assumer (CA Bordeaux 2-3-2022 no 18/04413 : AJDI 2022 p. 362). La cour d'appel de Versailles est allée plus loin : la présence de l'inventaire s'entend strictement ; l'existence de clauses prévoyant la répartition des charges entre le bailleur et le locataire n'en pallie pas l'absence (CA Versailles 7-3-2024, analysé no 12035). En revanche, pour la cour d'appel de Rennes, l'inventaire des charges prévu à l'article L 145-40-2, al. 1 du Code de commerce peut être dispersé dans le bail et figurer, par exemple, à la fois dans une clause listant des charges, dès lors qu'elle est claire et explicite, et dans une annexe du bail présentée comme un inventaire mais listant d'autres charges (CA Rennes 27-11-2024 no 22/00385, 5e ch.).

Sur la reprise, dans un bail renouvelé après le 5 novembre 2014, de la clause relative aux charges incluse dans le bail initial conclu avant cette date, voir no 71313.

ATTENTION

En matière des baux d'habitation à usage de résidence principale, même si le décret 87-713 du 26 août 1987 a donné une liste exhaustive des charges récupérables, force est de constater que la jurisprudence a dérogé à cette liste en déclarant imputables au locataire :
– les frais de détartrage des colonnes de chutes, des branchements d'eaux usées et d'« eaux-vannes » ainsi que les frais de curage des collecteurs extérieurs (Cass. 3e civ. 6-12-1995 no 93-17.250 P : RJDA 2/96 no 204) ;
– les frais d'externalisation du service des poubelles (Cass. 3e civ. 16-9-2008 no 07-16.553 F-D : RJDA 12/08 no 1233) ;
– la vidange d'une fosse septique (Cass. 3e civ. 24-3-2010 no 09-10.218 FS-PB : RJDA 6/10 no 601).

Pour rédiger la clause relative aux charges, il est possible de **s'inspirer** des catégories de charges dégagées en matière de baux d'habitation. En la matière, l'**accord Delmon** de novembre 1973 posait le principe que, dans le secteur où les charges récupérables n'étaient pas déjà énumérées par un texte législatif ou réglementaire, les charges récupérables dans le secteur des baux d'habitation étaient celles qui correspondaient : **12105**

- aux services rendus liés à l'usage des différents éléments de la chose louée (fournitures communes, consommables et dépenses de personnel) ;
- aux dépenses d'entretien courant et de menues réparations sur les éléments (locaux ou équipements) d'usage commun de la chose louée ;
- aux impôts pour lesquels le législateur l'a expressément prévu (droit de bail) ou qui correspondent à des services dont le locataire profite directement (taxe de balayage, taxe d'enlèvement des ordures ménagères, taxe de déversement à l'égout).

L'**accord Delmon de septembre 1974** (Circ. 74-215 du 18-12-1974 : BOMELT no 74-102 bis p. 31), conclu dans la continuité de l'accord de novembre 1973, vise les catégories suivantes, chacune donnant lieu à un inventaire précis des dépenses sous forme de tableaux reproduits no 13205 :

- les dépenses relatives à l'eau froide et chaude et au chauffage collectif des locaux privatifs et des parties communes ;
- les dépenses relatives aux ascenseurs et monte-charges ;
- les dépenses relatives aux espaces extérieurs ;
- les dépenses relatives à l'élimination des rejets, à l'entretien des parties communes et au gardiennage de l'immeuble.

Le décret 87-713 du 26 août 1987 relatif aux charges récupérables dans les baux régis par la loi 89-462 du 6 juillet 1989 identifie les catégories suivantes : **12106**

- ascenseurs et monte-charge ;
- eau froide, eau chaude et chauffage collectif des locaux privatifs et des parties communes ;
- installations individuelles ;
- parties communes intérieures au bâtiment ou à l'ensemble des bâtiments ;
- espaces extérieurs au bâtiment ou à l'ensemble des bâtiments (voies de circulation, aires de stationnement, abords et espaces verts, aires et équipements de jeux) ;
- hygiène ;
- équipements divers du bâtiment ou de l'ensemble des bâtiments ;
- impositions et redevances.

Pour chaque catégorie, le décret indique une liste précise de charges (annexe au décret reproduite no 13200).

CHARGES NON IMPUTABLES AU LOCATAIRE

Si la loi 2014-626 du 18 juin 2014 n'a pas défini les charges locatives, elle a posé le principe de la non-imputation aux locataires, en raison de leur nature, de certaines charges, impôts, taxes et redevances, qui devaient être précisées par décret (C. com. art. L 145-40-2, dernier al.). **12110**

Ces charges non imputables sur le locataire sont les suivantes (C. com. art. R 145-35).

> **Précisions** Force est de souligner que c'est « **en raison de leur nature** » (C. com. art. L 145-40-2, dernier al.) que ces charges, impôts, taxes et redevances ne peuvent pas être répercutées sur le locataire. Il s'agit effectivement de charges, impôts, taxes ou redevances qui correspondent à un service dont bénéficie le bailleur ou qui incombent à ce dernier légalement ou réglementairement, soit en application du droit commun du louage (C. civ. art. 1754), soit en application du Code général des impôts. Preuve en est de l'introduction dans le texte de l'article R 145-35 du Code de commerce de l'exception de la taxe foncière et des taxes additionnelles par le terme « toutefois ».

12112 **Grosses réparations mentionnées à l'article 606 du Code civil** Parmi les charges non imputables figurent les dépenses relatives aux grosses réparations mentionnées à l'article 606 du Code civil ainsi que, le cas échéant, les honoraires liés à la réalisation de ces travaux.

> **Précisions** L'article 6 du décret 2014-1317 du 3 novembre 2014 a créé dans le Code de commerce une section 5 au chapitre V du titre IV du livre I de la partie réglementaire intitulée « Les charges locatives, impôts, taxes, redevances et travaux ». Les « travaux » n'étaient pas visés par la loi, ce qui pose dès lors la question de l'interprétation du **décret** sur ce qui peut être stipulé à propos des travaux et réparations qui relèvent de l'article 606 du Code civil (pour une définition, voir nos 78310 s.).
> La **première interprétation** possible est de concilier la loi et le décret en sorte que le décret n'ajoute pas à la loi. Cette interprétation repose sur la distinction entre l'obligation de faire des réparations et celle de les rembourser : le bail pourrait stipuler l'obligation pour le locataire de supporter la charge des grosses réparations mentionnées à l'article 606 du Code civil nécessaires aux lieux loués dont il a la jouissance privative. Seules seraient non imputables au locataire les dépenses relatives à ces réparations ou travaux relevant de l'article 606 du Code civil qui portent sur les parties des biens loués ou de l'immeuble dont le locataire n'a pas une jouissance privative et qui, à ce titre, correspondent à des réparations ou travaux engagés par le bailleur ou toute personne habilitée à engager ces travaux, tel le syndicat des copropriétaires. Outre l'argument légaliste qui veut que le décret n'ajoute pas à la loi, militent en faveur de cette lecture du décret :
> – la référence par le décret lui-même, non pas aux grosses réparations visées par l'article 606 du Code civil, mais aux « dépenses relatives aux grosses réparations... » et aux « dépenses relatives aux travaux... » ;
> – la distinction qui a toujours été faite entre l'obligation de payer et l'obligation de faire ;
> – la distinction faite, en matière de baux d'habitation, entre les charges locatives (Décret 87-713 du 26-8-1987) et les réparations locatives (Décret 87-712 du 26-8-1987).
> La **seconde interprétation** possible du décret est d'étendre l'impossibilité de répercuter sur le locataire la charge des grosses réparations et des travaux relevant de l'article 606 du Code civil aux travaux et réparations nécessités dans les parties occupées privativement par le locataire comme dans les autres parties du bien loué ou de l'immeuble dans lequel se trouvent les lieux loués.
> La jurisprudence à venir devra définir la portée à donner aux articles L 145-40-2 et R 145-35 du Code de commerce.
> La pratique enregistrée sur les premières années d'application de ces textes est cependant conforme à cette seconde interprétation.

12114 **Dépenses destinées à remédier à la vétusté ou à la mise en conformité** Sont également des charges non imputables les dépenses relatives aux travaux ayant pour objet de remédier à la vétusté ou de mettre en conformité avec la réglementation le bien loué ou l'immeuble dans lequel il se trouve, dès lors qu'ils relèvent des grosses réparations précitées (n° 12112).

La jurisprudence devra se prononcer sur le point de savoir si la distinction, fréquemment faite jusque-là, entre la mise en conformité de l'immeuble et celle liée à l'activité du locataire reste pertinente.

12116 **Impôts, taxes et redevances** Les impôts, taxes et redevances dont le redevable légal est le bailleur ou le propriétaire du local ou de l'immeuble figurent également au nombre des charges non imputables.

Toutefois, peuvent être imputés au locataire :

– la taxe foncière et les taxes additionnelles à la taxe foncière ;

– ainsi que les impôts, taxes et redevances liés à l'usage du local ou de l'immeuble ou à un service dont le locataire bénéficie directement ou indirectement, telles la taxe de balayage, la taxe et la redevance d'enlèvement des ordures ménagères, la taxe annuelle sur les bureaux, les locaux commerciaux, les locaux commerciaux de stockage et les surfaces de stationnement en régions en Île-de-France et Provence Côte-d'Azur.

Notons que l'article L 145-40-2 du Code de commerce envisage la possible exigibilité en cours de bail de nouveaux impôts, taxes, redevances et charges.

> **Précisions a.** Au titre des impôts, et contrairement à la situation antérieure, l'article R 145-35 exclut expressément que le bailleur puisse refacturer sa propre **contribution économique et territoriale** à son locataire. Sont ainsi visées la cotisation foncière des entreprises (CFE) et la cotisation sur la valeur ajoutée des entreprises (CVAE).
> **b.** Au titre des services dont le locataire bénéficie, rappelons que sous le régime antérieur la **taxe d'enlèvement des ordures ménagères** avait été déclarée récupérable quand bien même le redevable légal était le bailleur (Cass. civ. 11-12-1950 n° 415 : Bull. civ. n° 252). Néanmoins, la Cour de cassation a précisé que cette taxe ne pouvait être mise à la charge du locataire qu'en vertu d'une stipulation contractuelle précise (Cass. 3e civ. 13-6-2012 n° 11-17.114 FS-PB : RJDA 1/13 n° 12, 1re espèce ; dans le même sens Cass. 3e civ. 18-11-1998 n° 96-19.556 D : RJDA 1/99 n° 20 ; voir n° 12700).

Honoraires du bailleur liés à la gestion des loyers Les honoraires du bailleur liés à la gestion des loyers du local ou de l'immeuble faisant l'objet du bail sont des charges non imputables. 12120

Il résulte de la rédaction de l'article R 145-35, al. 5 du Code de commerce que le bail peut toujours stipuler à la charge du locataire les **honoraires de gestion technique.** Ces honoraires doivent être justifiés par le coût de gestion de l'immeuble (CA Douai 12-7-2018 n° 18/00485, 2e ch. : Loyers et copr. novembre 2018 n° 227).

En revanche, la rédaction de cet article pose la question de savoir s'il peut s'agir des honoraires supportés par le bailleur au titre de la **gestion** des loyers **par un tiers ou** si ne sont ainsi visés que les honoraires auxquels prétendrait le **bailleur** pour sa propre gestion des loyers. Il appartiendra aux tribunaux de se prononcer.

> **Précisions** Il a déjà été jugé que le transfert contractuel au débit du locataire des honoraires de gestion relevant normalement des charges du bailleur exige en contrepartie que celui-ci puisse vérifier qu'il s'agit de dépenses strictement engagées pour les besoins de l'administration des locaux pris à bail et non un allégement du coût de gestion du patrimoine personnel du bailleur. Au surplus le terme de « charges » est nécessairement « afférent à l'immeuble ». Par suite, le locataire est fondé à s'opposer au règlement de frais qui sont la conséquence directe de la gestion des surfaces louables de l'immeuble (CA Versailles 3-4-1997 n° 94-5576, 12e ch. sect. 1 : RJDA 10/97 n° 1171).

Ensemble immobilier Dans un ensemble immobilier, les charges, impôts, taxes, redevances et le coût des travaux relatifs à des locaux vacants ou imputables à d'autres locataires sont des charges non récupérables. 12125

Travaux d'embellissement L'article R 145-35, dernier alinéa précise que « ne sont pas comprises dans les dépenses mentionnées aux 1° et 2° celles se rapportant à des travaux d'embellissement dont le montant excède le coût du remplacement à l'identique ». La question se pose de savoir comment définir l'embellissement et si le rédacteur du décret a souhaité définir cette notion par un critère financier, à savoir un coût excédant le coût du remplacement à l'identique. 12130

La portée de ce texte est incertaine tant il est curieux de dispenser le locataire de la charge des grosses réparations tout en permettant de lui facturer des travaux d'embellissement.

CHARGES LÉGALEMENT RÉCUPÉRABLES SUR LE LOCATAIRE

Les charges, impôts, taxes que le Code de commerce autorise à récupérer sur le locataire (nos 12116 et 12125), et dont le bailleur entend répercuter le coût sur le locataire, doivent être clairement **mentionnés dans le bail,** à peine pour le bailleur de ne pouvoir exiger aucun remboursement à ce titre. En effet, avant comme après le 5 novembre 2014, les clauses relatives aux charges doivent être précises et claires (n° 12700). 12135

CHARGES POUVANT ÊTRE IMPUTÉES AU LOCATAIRE

À l'exception des charges exclues par l'article R 145-35 du Code de commerce (nos 12110 s.), le bail conclu ou renouvelé depuis le 5 novembre 2014 peut répercuter sur le locataire toutes les charges, y compris celles qui relèvent de la catégorie des **charges exorbitantes du droit commun** (voir nos 12500 s.). 12140

Le bail peut prévoir le remboursement par le locataire des **charges de copropriété** afférentes aux lieux loués (voir n° 12415), sous la triple réserve suivante :

- le bail doit mentionner les différentes catégories de charges (n° 12100),
- la règle de répartition imposée par l'article L 145-40-2 du Code de commerce doit être respectée (n° 12935),
- les charges non imputables par application de l'article R 145-35 du Code de commerce doivent être défalquées du décompte adressé au locataire.

En revanche, et à supposer que les parties fixent une liste de charges très large, les baux conclus ou renouvelés depuis le 5 novembre 2014 ne peuvent plus stipuler un **loyer « net de charges »,** compte tenu de la rédaction de l'article R 145-35. De même, l'exigence d'un inventaire précis et limitatif des catégories de charges, impôts, taxes et redevances répercutées sur le locataire interdit désormais la **forfaitisation** des charges. 12145

C. Information du locataire

INFORMATION DU LOCATAIRE LORS DE LA CONCLUSION DU BAIL

12200 Le bailleur doit communiquer, lors de la conclusion du contrat de location, un **état prévisionnel des travaux** qu'il envisage de réaliser dans les trois années suivantes, **assorti d'un budget prévisionnel** (C. com. art. L 145-40-2, al. 2 et 3). La jurisprudence à venir devra déterminer la portée et la sanction de cette obligation.

Tous les types de **travaux** sont a priori **concernés,** aussi bien ceux supportés par le bailleur que ceux imputables au locataire, même si le souci du législateur est de permettre au locataire d'anticiper les charges financières qu'il aura à supporter. La prévisibilité oblige cependant à penser que, si tous les travaux d'entretien devraient être déclarés, il ne pourra pas en être de même pour tous les travaux de réparations.

Pris à la lettre, le texte n'impose de communiquer au locataire que les travaux que le bailleur envisage d'entreprendre. Dès lors, si les lieux loués dépendent d'un **ensemble immobilier** soumis à une organisation collective de gestion, cette obligation ne viserait pas les projets de la collectivité (le syndicat des copropriétaires ou autres), et seuls seraient visés les travaux que le bailleur envisageait de faire dans les parties privatives lui appartenant. Les tribunaux devront préciser la portée de cette obligation.

La loi ne prévoyant pas de **sanction,** le bailleur imprévoyant sera-t-il sanctionné par l'impossibilité de demander le remboursement de travaux non déclarés par anticipation ? A priori seule une imprévision fautive ou un silence dolosif devrait entraîner une sanction du bailleur.

Encore faut-il que le bail ne stipule pas une renonciation à l'article 1195 du Code civil pour empêcher le locataire de solliciter une renégociation du bail en présence d'un changement de circonstances imprévisible lors de sa conclusion et rendant son exécution excessivement onéreuse. Restent l'erreur et la question de savoir si le locataire pourra s'en prévaloir pour contester le remboursement des travaux non déclarés dans l'état prévisionnel.

ILLUSTRATIONS

Dans un cas où le montant des charges avait anormalement augmenté entre 1993 et 1997, représentant pour cette dernière année une augmentation de près du triple par rapport au montant précis stipulé dans le bail et au montant prévisionnel qui figurait dans une plaquette remise au locataire avant la conclusion du bail, il a été jugé que cette augmentation constituait une erreur sur la qualité substantielle de la chose louée qui justifiait l'annulation du bail (Cass. 3e civ. 13-6-2001 n° 99-18.676 FS-D : Contrats conc. consom. 2001 comm. n° 155 note L. Leveneur).

CONTENU DE L'INFORMATION DU LOCATAIRE EN COURS DE BAIL

12205 Le bailleur doit informer le locataire des **charges,** impôts, taxes et redevances **nouveaux** (C. com. art. L 145-40-2, al. 1 in fine).

Dans un ensemble immobilier comportant plusieurs locataires, le bailleur doit informer le locataire de tout élément susceptible de **modifier la répartition** des charges entre locataires (art. L 145-40-2, al. 5 in fine).

Alors que les articles L 145-40-2 et R 145-35 du Code de commerce ont pour objectif de limiter les charges imputables au locataire et de permettre à ce dernier d'anticiper les charges à venir par la communication de prévisions diverses, l'interrogation s'impose sur cette double ouverture qui permet au bailleur, unilatéralement, de répercuter des charges et impositions nouvelles et de modifier la clé de répartition des charges entre locataires.

Avant la loi 2014-626 du 18 juin 2014, il avait déjà été jugé qu'un bailleur pouvait appliquer, sans violer les dispositions des anciens articles 1129 et 1174 du Code civil (désormais C. civ. art. 1163 et 1304-2), un règlement intérieur établi par lui postérieurement à la conclusion du bail à usage commercial, même si la quote-part des charges communes incombant au locataire n'était déterminable qu'au moment de l'exécution du contrat, dès lors que ce règlement avait été spécialement visé dans le bail comme devant définir la base de répartition des charges que réglerait le locataire et que les conditions dans lesquelles il avait été établi ne révélaient pas d'abus et, enfin, que le locataire n'avançait aucune critique précise quant aux « clés » de répartition posées (Cass. 3e civ. 24-11-2004 n° 03-14.430 FS-PB : RJDA 2/05 n° 103).

Pour un abus dans la modification de répartition des charges d'une association regroupant les commerçants d'un centre commercial, voir Cass. 1e civ. 4-4-2006 n° 03-13.894 FS-PB : RJDA 11/06 n° 1151.

12210 Concernant l'obligation d'**information** annuelle du locataire, voir n° 13105.

Tous les trois ans, dans le délai de deux mois à compter de chaque échéance triennale, le **bailleur** doit aussi communiquer à chaque locataire (C. com. art. R 145-37) : 12215

1° un état prévisionnel des travaux qu'il envisage de réaliser dans les trois années suivantes, assorti d'un budget prévisionnel ;

2° un état récapitulatif des travaux qu'il a réalisés dans les trois années précédentes, précisant leur coût.

À la demande du locataire, le bailleur doit aussi communiquer tout document justifiant le montant de ces travaux.

SECTION 2

LES CHARGES DANS LES BAUX CONCLUS OU RENOUVELÉS AVANT LE 5 NOVEMBRE 2014

Avant le 5 novembre 2014, la détermination contractuelle des charges locatives pouvait être radicale en reportant tout, sans exception, sur le locataire ou encore en stipulant un forfait. 12400

Si **certaines** des **clauses** ci-après **peuvent être reprises** dans les baux conclus ou renouvelés **depuis le 5 novembre 2014,** ce n'est pas le cas de toutes.

La modification de l'équilibre économique des baux renouvelés après le 5 novembre 2014, lesquels faisaient supporter jusque-là au locataire une ou plusieurs des charges visées par l'article R 145-35 du Code de commerce, pose la question des modalités de fixation du loyer du bail renouvelé, qui est traitée n°s 54610 s.

A. Les clauses de détermination des charges locatives

RÉFÉRENCE AUX TEXTES RELATIFS AUX BAUX D'HABITATION

La loi 89-462 du 6 juillet 1989 et son décret d'application 87-713 du 26 août 1987 donnent une liste exhaustive de charges locatives. 12410

La référence à ce régime locatif des baux d'habitation à usage de résidence principale est possible dans un bail commercial. Toutefois, comme le décret qui définit ces charges ne s'applique pas d'autorité aux baux commerciaux, le bail doit y faire expressément référence (en ce sens : Cass. 3e civ. 18-11-1998 n° 96-19.556 D : RJDA 1/99 n° 20), et en l'absence de mention dans le bail des charges incombant au locataire, les juges ne sauraient en faire application de manière supplétive (Cass. 3e civ. 3-10-2012 n° 11-21.108 FS-PB : RJDA 1/13 n° 12, 2e espèce).

RÉFÉRENCE AUX CHARGES DE COPROPRIÉTÉ

Les parties au bail peuvent aussi faire référence aux charges de copropriété lorsque les lieux loués dépendent d'un immeuble en copropriété bien que celles-ci ne soient pas assimilables aux charges locatives et comprennent des charges exorbitantes du droit commun. 12415

Les charges de copropriété sont définies par l'article 10 de la loi 65-557 du 10 juillet 1965. Ce texte ne donne cependant pas une liste exhaustive des charges ; il énumère la nature des charges incombant aux copropriétaires. Il s'agit, d'une part, des charges collectives entraînées par les services collectifs et les éléments d'équipement commun et, d'autre part, de celles nécessaires à la conservation, l'entretien et l'administration des parties communes.

La Cour de cassation a jugé que le juge du fond avait pu déduire que le locataire était tenu au paiement de toutes les charges de copropriété par la clause du bail qui stipulait que celui-ci s'engageait à se conformer, dès sa prise de possession, à toutes les charges et obligations résultant pour lui de l'état descriptif de division et du règlement de copropriété (Cass. 3e civ. 18-12-2012 n° 11-24.132 F-D : RJDA 7/13 n° 585).

DÉTERMINATION PAR RÉFÉRENCE À UN LOYER « NET DE CHARGES »

12420 Nombreux sont les baux qui stipulent que le loyer s'entend net de toutes charges pour le bailleur, en particulier pour les bureaux situés dans les quartiers centraux d'affaires ou de commerces implantés sur les artères de commercialité élevée ou encore dans les centres commerciaux. Cette stipulation vient en général conforter une clause énonçant les charges récupérables sur le locataire. Elle a pour objectif d'éclairer le juge sur la commune intention des parties dans l'hypothèse où le bail omettrait de viser une charge à propos de laquelle la question de la récupération sur le locataire viendrait à se poser.

12425 Ces clauses ont pour objectif de transférer au locataire des charges que l'usage, consacré par la jurisprudence, laisse en principe à la charge du bailleur, les charges dites exorbitantes du droit commun (n° 12500).

ILLUSTRATIONS

La clause d'un bail stipulant que le locataire était tenu au « remboursement de toutes charges, taxes, prestations et tous accessoires que le bailleur serait amené à régler, le loyer fixé devant représenter pour le bailleur un loyer net de toutes charges » ne peut être interprétée qu'à la lumière de la liste des charges et conditions du bail énumérées quelques paragraphes plus loin, et où il apparaît que si le locataire est tenu aux charges locatives ou assimilées habituelles, il n'est nullement précisé qu'il devra supporter des charges incombant d'ordinaire au propriétaire, telles que l'impôt foncier, la taxe annuelle sur les bureaux et l'assurance du propriétaire.
S'agissant de charges que le locataire n'a pas en principe à supporter, toute dérogation suppose, sauf à autoriser tous les abus, que la liste des charges supplémentaires soit expressément contenue dans le bail. À défaut, elles ne sont pas dues par le locataire (CA Versailles 15-1-1998 n° 96-9120, 12e ch. sect. 1 : D. aff. 1998 p. 463 obs. Y. Rouquet).

La distinction juridique entre charges de droit commun et charges exorbitantes du droit commun ne correspond pas à la distinction faite, au plan fiscal, entre les charges qui doivent être traitées comme des compléments de loyer en ce qu'elles correspondent à des charges qui incombent au bailleur (tels l'impôt foncier et la taxe d'enlèvement des ordures ménagères) et les autres, distinction qui emporte un traitement fiscal différent (n° 50085).

12430 L'évolution de la jurisprudence, qui exige très régulièrement des clauses claires et précises pour pouvoir imputer des charges au locataire, vide d'effet la stipulation d'un loyer net de charges si cette stipulation n'est pas suivie d'une énumération précise de charges répercutables (nos 12700 s.) ou si la stipulation d'un loyer net de charges n'est pas complétée pour que la refacturation de certaines charges, bien que non nommément visées, soient répercutables (Cass. 3e civ. 12-9-2019 n° 18-18.018 F-D : RJDA 11/19 n° 674).

BAIL COMPORTANT UNE LISTE DE CHARGES RÉCUPÉRABLES

12435 Les clauses de charges établissant une liste de charges récupérables sont interprétées restrictivement (nos 12700 s.).

FORFAITISATION DES CHARGES

12440 Les baux conclus ou renouvelés avant le 5 novembre 2014 pouvaient stipuler la forfaitisation des charges puisque, jusqu'à la loi du 18 juin 2014, il n'existait pas d'interdiction légale comme il en existe une pour les baux d'habitation régis par la loi 89-462 du 6 juillet 1989 (Cass. 3e civ. 1-2-2018 n° 17-10.021 F-D : AJDI septembre 2018 p. 597).

La forfaitisation a même été reconnue par les organisations représentatives des propriétaires. Ainsi, le protocole Delmon adopté en décembre 1972 disposait : « Les nouveaux engagements de location ou baux conclus entre bailleur et locataire de locaux d'habitation ou à usage professionnel non soumis à la loi du 1er septembre 1948 comporteront soit la liste et toutes indications utiles sur les sommes accessoires qui peuvent être réclamées en sus du loyer ainsi que sur leurs modalités de répartition, soit le montant forfaitaire de ces sommes accessoires. À défaut de ces indications, aucune somme autre que celle convenue lors de l'entrée dans les lieux ne sera réclamée par le bailleur, à moins qu'il ne s'agisse d'une dépense imposée au locataire par une réglementation nouvelle, ou résultant de la création d'un service nouveau, postérieurement à la signature du bail et après consultation du locataire » (extrait du préambule de l'accord Delmon, Circ. 74-215 du 18-12-1974).

12445 La forfaitisation pouvait prendre deux **formes** :
- soit un loyer stipulé charges comprises ;
- soit une clause stipulant un remboursement forfaitaire des charges, fixé le plus souvent à un pourcentage du montant du loyer.

Elle présentait l'**avantage** de la simplicité puisqu'il n'y a pas lieu de faire de décompte de charges, ni à justifier des prestations facturées et de leur montant (Cass. 3e civ. 8-3-2005 no 04-11.047 F-D : RJDA 6/05 no 659 ; contra, Cass. 3e civ. 18-11-1998 no 96-18.273 F-D).

Cependant, l'**inconvénient** de la forfaitisation était d'aboutir le plus souvent à la perception par le bailleur d'un complément de loyer, ce qui avait une incidence sur l'estimation de la valeur locative au moment de la fixation du loyer révisé ou du loyer du bail renouvelé (Cass. com. 7-10-1953 no 8280 : Bull. civ. III no 288). Ainsi, les obligations incombant normalement au bailleur, dont celui-ci se déchargeait sur le locataire sans contrepartie, constituaient un facteur de diminution de la valeur locative (nos 83100 s.).

ILLUSTRATIONS

Un bail, conclu le 30 juin 1946, prévoyait, outre un loyer principal variant en fonction des impôts afférents à l'immeuble dont dépendaient les locaux litigieux, le paiement par le locataire de 10 % des taxes municipales et des impôts grevant cet immeuble ; il mettait aussi à la charge du locataire, à titre de « redevances », le paiement de la valeur de 100 kilowatts d'électricité, de 100 mètres cubes d'eau et de 10 000 mètres cubes d'air comprimé et, en cas de chauffage de l'immeuble, de 200 kilos de charbon. Par le jeu de ces dispositions le loyer principal de 10 000 francs a été, pour l'année 1949, porté à 60 046 francs dont 35 671 francs correspondaient aux charges, taxes et redevances. Les juges du fond, tenant compte à la fois de la disproportion existant entre ces divers éléments et du refus persistant des bailleurs de produire toutes justifications des sommes versées par eux à titre de taxes ou de prestations, ont, par une appréciation souveraine de la volonté des parties, admis que les sommes réclamées de ce chef étaient sans aucun rapport avec les quantités d'électricité, d'eau et d'air comprimé consommées dans l'immeuble et payées par les bailleurs, et qu'elles constituaient un supplément de loyer déguisé, et ils ont à bon droit décidé que les diverses prestations imposées au locataire devaient être prises en considération pour le calcul de la valeur locative équitable (Cass. com. 7-10-1953 no 8.280 : Bull. civ. III. no 288).

La clause organisant la forfaitisation des charges devait cependant être claire et précise, et **12450** indiquer notamment sa portée. La forfaitisation pouvait ne concerner que **certaines charges** (telles celles de consommations de fluides et combustibles), sans que soient assujetties toutes les charges, et notamment les impôts et taxes (en ce sens : CA Paris 14-1-2000 no 98-696 B ; Cass. 3e civ. 18-11-1998 no 96-18.273 D).

B. Nature des charges imputables au locataire

Dans les baux commerciaux, bailleur et locataire peuvent convenir de la répercussion sur ce **12500** dernier de toutes charges, tant des charges usuellement récupérables sur les locataires que des **charges exorbitantes du droit commun** qui correspondent à un service dont bénéficie le bailleur ou qui lui incombent légalement ou réglementairement.

ILLUSTRATIONS

La refacturation par un bailleur à son locataire de la consommation d'électricité de ce dernier, fut-elle sur la base du tarif pratiqué par EDF, est contraire aux dispositions d'ordre public instituant le monopole d'EDF qui bénéficient aussi aux tiers qui peuvent se voir priver, par le biais d'une rétrocession d'électricité prohibée, de la faculté d'avoir un accès direct à la fourniture d'énergie à un tarif librement négocié avec EDF. La clause du bail qui stipule une telle refacturation est nulle et de nul effet, et le locataire ne peut être condamné au paiement de quelque somme que ce soit sur ce fondement (Cass. 1e civ. 2-10-2013 no 12-24.795 F-D : Administrer-1-2014 p. 30 note D. Lipman-W. Boccara).

Dans les baux conclus ou renouvelés avant le 5 novembre 2014, la liberté contractuelle était totale. Toutes les charges exorbitantes de droit commun étaient imputables au locataire, tels par exemple l'impôt foncier, les assurances de l'immeuble, les grosses réparations visées à l'article 606 du Code civil, les travaux imposés par l'administration, des réparations dues à la vétusté ou à la force majeure, le ravalement, etc. Ont été validées les clauses stipulant la prise en charge par le locataire :

- de tout ou partie de l'impôt foncier (CA Paris 19-1-1991 RJDA 6/91 no 468 ; CA Paris 14-11-2005 no 04-15744, 16e ch. A). En effet, assis sur la propriété du foncier, il ne procure aucun avantage au locataire et n'est pas affecté par l'existence et le mode d'occupation des lieux (CA Reims 9-11-1999 no 98-1153) ;
- des travaux de mise en conformité des locaux (CA Paris 9-11-2005 no 04-15561) ;
- des réparations visées par l'article 606 du Code civil (CA Paris 20-6-2005 no 03-17625) ;
- de toutes les charges de copropriété, en ce compris tous les travaux sans exception (CA Paris 24-3-2004 no 2002-15207) ;
- de l'assurance incendie de l'immeuble (CA Paris 15-9-2004 no 02-21802) ;
- du ravalement de l'immeuble (CA Paris 15-9-2004 no 02-14891) ;

– de la peinture des menuiseries extérieures au moins une fois tous les quatre ans, du curage et de la vidange des égouts et des fosses de l'immeuble ainsi que de leurs conduits et de l'entretien de l'installation de chauffage central, celle de l'eau chaude et des appareils sanitaires (CA Rouen 20-12-2001 nos 00-3135 et 01-2780) ;

– de l'entretien d'une verrière (CA Paris 29-6-2005 no 03-20716) ;

– de certains travaux de ravalement de façades (Cass. 3e civ. 19-12-2012 no 11-25.414 FS-PB : RJDA 7/13 no 585).

12515 La distinction entre ces charges et les charges de droit commun importe en matière de baux commerciaux car, si les parties au contrat de location sont libres d'arrêter comme elles l'entendent la liste des charges locatives, l'insertion de charges exorbitantes de droit commun dans la liste contractuelle des charges supportées par le locataire a une **incidence sur l'appréciation de la valeur locative** des lieux loués. En effet, les charges supportées par le locataire sont prises en compte par l'expert et par le juge pour calculer la valeur locative des locaux au moment de fixer le loyer révisé ou celui du bail renouvelé, a fortiori lorsqu'elles sont exorbitantes du droit commun (C. com. art. R 145-8 ; nos 83100 s.).

SECTION 3 LES RÈGLES D'INTERPRÉTATION DES CLAUSES RELATIVES AUX CHARGES

NÉCESSITÉ D'UNE CLAUSE CLAIRE ET PRÉCISE SUR LES CHARGES

12700 L'interprétation des clauses relatives aux charges, qu'elles soient ou non des charges exorbitantes du droit commun, est guidée par les règles posées par le Code civil, à savoir notamment celle qui énonce que, dans le doute, la convention s'interprète contre le créancier et en faveur du débiteur (C. civ. art. 1190).

La **Cour de cassation** rappelle régulièrement la nécessité d'une clause claire et précise du bail commercial ou un accord non équivoque pour permettre au bailleur d'imposer à son locataire le remboursement de charges exposées relativement au bien loué, a fortiori autres que locatives (Cass. 3e civ. 1-6-2022 no 21-14.598 F-D ; Cass. 3e civ. 22-5-2013 no 12-18.995 F-D ; Cass. 3e civ. 13-11-2013 no 12-23.982 FS-D ; Cass. 3e civ. 13-11-2013 no 12-23.980 FS-D ; Cass. 3e civ. 11-12-2013 no 12-26.024 FS-D : RJDA 5/14 no 407, 4e espèce ; Cass. 3e civ. 19-12-2012 no 11-25.414 FS-PB : RJDA 7/13 no 585 ; Cass. 3e civ. 13-6-2012 no 11-17.114 FS-PB ; Cass. 3e civ. 3-10-2012 no 11-21.108 FS-PB : RJDA 1/13 no 12, 2e espèce). L'accord non équivoque peut être reconnu même en présence d'un bail verbal (en ce sens, pour la répercussion de l'impôt foncier, Cass. 3e civ. 29-6-1994 no 92-17.314 D).

Les **juges du fond** ont, de même, une lecture restrictive des clauses de répartition des charges (CA Toulouse 19-11-2017 no 16-04864 : Loyers et copr. juin 2017 no 142 ; CA Paris 14-11-2018 no 16-00262 : Rev. loyers 2018 p. 530).

ILLUSTRATIONS

Pour condamner une société locataire à **assurer contre l'incendie** le local à usage commercial donné à bail, une cour d'appel avait relevé l'absence dans le contrat de stipulation instituant une telle obligation et retenu que le capital social de la locataire ne laisserait aucune possibilité au bailleur d'obtenir réparation des dégâts causés par un incendie.

En statuant ainsi, la cour d'appel, qui a ajouté aux obligations mises par le bail à la charge du locataire, a violé l'article 1134 du Code civil (désormais art. 1103).

Cass. 3e civ. 20-12-1989 no 88-14.862 : Bull. civ. III no 243.

Le tribunal, qui s'est à bon droit fondé sur les seules stipulations du bail conclu pour des locaux à usage commercial et qui a exactement retenu que les charges dues par le locataire y étaient énumérées de façon limitative, en a justement déduit que le bailleur ne pouvait pas demander à son locataire le remboursement de la **taxe d'enlèvement des ordures ménagères** et du droit au bail non compris dans la liste arrêtée par les parties.

Cass. 3e civ. 18-11-1998 no 96-19.556 D : RJDA 1/99 no 20.

La clause d'un bail qui stipule que « le preneur s'oblige à acquitter pendant le cours du bail la contribution personnelle mobilière et la taxe professionnelle, les contributions de toute nature et à rembourser au bailleur la **taxe d'enlèvement des ordures ménagères,** la taxe d'assainissement et toutes autres taxes et impôts de toute nature incombant généralement au preneur » ne peut pas être interprétée comme mettant à la charge du locataire les charges de copropriété. **12700** (suite)

CA Paris 2-9-2016 n° 14/14325, ch. 5-3, confirmé par Cass. 3e civ. 9-5-2019 n° 16-24.701 FS-PBI : RJDA 8-9/19 n° 547.

Un bail stipulait que le preneur s'obligeait à acquitter toutes dépenses locatives courantes nécessaires au bon fonctionnement de l'immeuble (eau, électricité, charges locatives de copropriété comprenant notamment toutes les charges d'entretien et de maintenance à caractère locatif y compris celles relatives aux espaces verts, à l'éclairage, à la piscine...), d'une part, et, d'autre part, que le bailleur conservait à sa charge les dépenses dites « non récupérables » supportées légalement par les propriétaires, en particulier la taxe foncière et les charges de copropriété classiques (assurance de la copropriété, honoraires du syndic, etc.) et tous les impôts attachés à la qualité de propriétaire, comme tous les impôts relatifs à l'encaissement des loyers. Pour mettre à la charge du preneur le remboursement de la **taxe d'enlèvement des ordures ménagères,** le tribunal avait estimé que cette taxe était récupérable et que le bail fournissait une liste non exhaustive des dépenses dites « récupérables ».
Décision censurée : s'agissant d'un bail commercial, la taxe ne pouvait être mise à la charge du preneur qu'en vertu d'une stipulation contractuelle.

Cass. 3e civ. 13-6-2012 n° 11-17.114 FS-PB : RJDA 1/13 n° 12, 1e esp.

Doit être censurée la décision de la cour d'appel qui, pour juger que le locataire s'est engagé à rembourser au bailleur toutes les charges dont la **taxe d'enlèvement des ordures ménagères,** retient que le bail, s'il ne vise pas expressément cette taxe au titre des charges récupérables, stipule que le locataire remboursera la totalité des charges afférentes directement ou indirectement aux locaux loués et à l'immeuble pour sa quote-part de façon que le loyer soit perçu net de toutes charges.

Cass. 3e civ. 16-5-2024 n° 22-19.830 FS-D.

Dans le cas d'un bail prévoyant que le locataire prenait à sa charge les « dépenses nécessaires au fonctionnement, à la propreté, à l'entretien et aux réparations de l'ensemble immobilier tant en ce qui concerne les parties communes que les parties privatives (frais concernant l'entretien et le renouvellement des installations de chauffage, ventilation, climatisation, installation téléphonique, aménagements, ascenseurs, fenêtres, stores, etc.), entretien, réparation et renouvellement de toutes installations », le locataire n'a pas à supporter le coût des **travaux de rénovation** de la cage d'escalier, des halls d'entrée et du remplacement de deux ascenseurs par un seul. En effet, les travaux portant sur les ascenseurs n'ont pas été réalisés en raison de la vétusté de la précédente installation, ni davantage pour un problème de réglementation, mais dans le cadre d'un projet d'embellissement de l'immeuble, et il en va de même du remplacement du carrelage par du marbre et de celui de la peinture par des glaces ; ces dépenses s'analysent comme une **amélioration et non en travaux d'entretien** seuls récupérables sur le locataire.

CA Paris 17-5-2002 n° 01-10184, 16e ch. B.

Lorsque, aux termes du bail, la société preneuse n'est tenue que de la participation aux charges relatives à l'entretien et aux réparations du centre commercial, le bailleur, qui n'établit pas que les **travaux de restructuration ou de rénovation** qui fondent sa demande de paiement relèvent de l'une ou l'autre de ces catégories, doit être débouté de sa demande de remboursement.

Cass. 3e civ. 13-11-2013 n° 12-23.982 FS-D : RJDA 5/14 n° 407, 2e espèce.

L'obligation d'entretenir en bon état les lieux loués n'emporte pas l'obligation d'effectuer les **grosses réparations** imposées par l'administration pour des raisons de sécurité.

CA Bordeaux 12-3-1987 n° 3656-85.

Les impositions dues par le locataire ne sont pas assimilables à celles dont le bailleur est légalement redevable. Quand bien même le locataire doit s'acquitter de ses impôts personnels, mobiliers et de patente ainsi que des impôts et taxes de toute nature réclamés directement aux locataires ou mis à leur charge, il n'a pas à payer la TVA exigible sur les loyers et charges par suite de l'option à l'assujettissement faite par le bailleur.

Cass. 3e civ. 27-6-2001 n° 1040 FS-D : AJDI 2001 p. 882.

Faute de mention expresse, est exclu le transfert au locataire des frais de **ravalement** de l'immeuble.

Cass. 3e civ. 19-12-2012 n° 11-25.414 FS-PB : RJDA 7/13 n° 585, 1e espèce.

Faute de mention expresse, est exclu le transfert au locataire des **honoraires de gérance.**

CA Paris 22-6-2005 n° 04-00705.

Lorsque, sous le titre « charges locatives », il est prévu au bail que « outre le loyer... le preneur remboursera au bailleur sa quote-part... des impôts, contributions et taxes grevant l'immeuble... ainsi que du montant de tous impôts futurs, contributions et taxes nouvelles », cette disposition ne peut avoir d'application que dans le cas d'une charge incombant au preneur.

Tel n'est pas le cas de la **taxe sur les locaux à usage de bureaux** incombant au propriétaire, comme l'impôt foncier, alors que le bail ne contient aucune disposition d'où l'on peut déduire que l'intention des parties était de rendre le loyer perçu net de toutes charges au profit du bailleur.

CA Paris 2-4-1992 : Administrer-10-1992 p. 94.

La **taxe sur les bureaux** et locaux commerciaux est légalement mise à la charge du bailleur, de sorte que le transfert de cette charge au locataire ne peut résulter que d'une stipulation contractuelle claire et non équivoque. Ne constitue pas une telle stipulation la simple référence dans le bail à l'obligation du locataire de rembourser au bailleur les « taxes et prestations de toute nature afférentes aux locaux loués ».

CA Versailles 7-4-2022 n° 20/05527 : RJDA 10/22 n° 551.

La clause d'un bail qui oblige le locataire à payer ses impôts personnels et mobiliers, la taxe professionnelle et tout nouvel impôt ou taxe relatif aux lieux loués ne transfère pas à ce dernier la charge de la **taxe foncière** et de la **taxe sur les bureaux** qui ne sont pas mentionnées expressément ; en effet, l'expression « tout nouvel impôt ou taxe relatif aux lieux loués » doit s'entendre nécessairement comme un nouvel impôt légalement à la charge du locataire.

CA Versailles 6-9-2007 n° 06-4302 : RJDA 2/08 n° 103.

La stipulation selon laquelle un locataire est tenu de l'**impôt foncier** et des **taxes locatives** pour moitié ne peut s'appliquer que sur la fraction de ces taxes et impôts afférents aux locaux dont il a la jouissance contractuelle et qui en forment l'assiette. Par suite, le bailleur ne peut pas en étendre la portée à l'ensemble immobilier objet de l'imposition dès lors que cette extension n'est pas expressément prévue dans le contrat de bail.

CA Paris 19-1-1991 : RJDA 6/91 n° 468.

Est ambiguë la clause d'un bail commercial prévoyant que « le preneur acquittera exactement ses taxes d'habitation, professionnelles, et **taxe foncière,** et généralement tous impôts, contributions et taxes qui lui incombent et dont le bailleur pourrait être responsable à titre quelconque ». Elle doit être interprétée en ce sens que la taxe foncière à laquelle il est fait référence est celle éventuellement due directement par le locataire aux services fiscaux ; l'expression « dont le bailleur pourrait être responsable à titre quelconque » renvoie aux dispositions spécifiques permettant au fisc de recouvrer certains impôts incombant aux locataires de locaux commerciaux sur leurs bailleurs. Le locataire n'est donc pas tenu de payer la taxe foncière afférente aux lieux loués.

Cass. 3e civ. 15-9-2015 n° 14-15.911 F-D : BRDA 19/15 inf. 19.

A dénaturé les termes clairs et précis d'un bail la cour d'appel qui a retenu que le paiement de la **taxe foncière** par le locataire n'était pas expressément prévu dans le bail, alors que le bail mettait à la charge du preneur tous les impôts auxquels sont assujettis les lieux loués, de sorte que le loyer soit net de toutes charges quelconques, à la seule exception des impôts susceptibles de grever les revenus de location.

Cass. 3e civ. 12-9-2019 n° 18-18.018 F-D : RJDA 11/19 n° 674.

A violé l'article 1134 du Code civil (devenu art. 1103) la cour d'appel qui a mis à la charge d'un locataire le remboursement au bailleur de la **taxe foncière** grevant les locaux loués en retenant que le bail commercial obligeait le locataire à rembourser au bailleur la part afférente aux locaux loués dans la taxe d'enlèvement des ordures ménagères, laquelle était incluse dans la taxe foncière. En effet, la taxe d'enlèvement des ordures ménagères et la taxe foncière sont deux impositions distinctes, et la cour d'appel n'a pas constaté que le bail stipulait que la taxe foncière était à la charge du locataire.

Cass. 3e civ. 24-9-2020 n° 19-16.888 F-D : RJDA 12/20 n° 631.

La mention des catégories « taxes municipales » et « charges de ville » dans un bail permet au bailleur d'exiger du locataire le paiement de la **taxe foncière.**

CA Versailles 20-6-2024 n° 23/06378 : RJDA 1/25 n° 10.

Dans le cas d'une clause du bail mettant à la charge du locataire « l'ensemble des taxes et impôts afférents aux locaux loués et notamment la taxe d'enlèvement des ordures ménagères et la taxe foncière en fonction de la superficie louée », les **taxes d'urbanisme** ne peuvent pas, en l'absence de dispositions expresses, être imputées au locataire.

Cass. 3e civ. 25-1-2023 n° 21-17.985 F-D. : RJDA 5/23 n° 240.

12710 L'exigence d'une clause claire n'est pas écartée au prétexte que le locataire aurait accepté de payer tout ou partie des charges réclamées. En effet, la **renonciation** de l'un des contractants aux droits qu'il tient du contrat ne peut en principe résulter que d'actes positifs (en ce sens, Cass. 3e civ. 22-1-2014 n° 12-29.856 : RJDA 5/14 n° 412 à propos de l'absence de renonciation d'un bailleur à percevoir l'intégralité du loyer dû après la perception d'un loyer réduit). Le seul paiement de provisions pour charges ne suffit pas à caractériser l'accord du locataire pour supporter des charges non visées dans le bail, des dépenses de ravalement en l'occurrence (Cass. 3e civ. 19-12-2012 n° 11-25.414 FS-PB : RJDA 7/13 n° 585, 1re espèce).

En l'absence d'une clause mettant l'impôt foncier à la charge du locataire, ce dernier, qui s'en est acquitté, peut en demander le remboursement alors même qu'il avait supporté cet impôt pendant toute la durée du bail initial et qu'il n'en avait pas fait état à l'occasion de la négociation du renouvellement du bail (Cass. 3e civ. 26-3-2013 n° 11-24.311 F-D : RJDA 7/13 n° 585, 3e espèce).

Le fait d'avoir payé pendant plusieurs années des charges non exigibles n'emporte pas acceptation expresse du locataire de les supporter et ne le prive pas d'une action en répétition de l'indu dans les limites de la prescription (Cass. 3e civ. 9-5-2019 n° 16-24.701 FS-PBI : RJDA 8-9/19 n° 547 ; Cass. 3e civ. 26-3-2003 n° 11-25.414 : Bull. civ. III n° 188 ; CA Paris 17-1-2018 n° 16-08381, ch. 5-3 : Loyers et copr. avril 2018 n° 97 ; CA Paris 24-1-2018 n° 16-08577 : AJPI mai 2018 p. 353 ; CA Agen 4-9-2019 n° 17/00114, ch. civ. : Rev. Loyers p. 395).

Il faut noter cependant que, pour un bail à construction régi notamment par l'article L 251-4 du Code de la construction et de l'habitation qui dispose que toutes les charges, taxes et impôts relatifs aux constructions et au terrain sont en principe à la charge du locataire, la Cour de cassation a retenu que le locataire qui, pendant toute la durée du bail, a payé la taxe foncière afférente au bien loué a manifesté sa volonté claire et non équivoque de renoncer à la clause du bail mettant cette taxe à la charge du propriétaire (Cass. 3e civ. 7-4-2016 n° 15-11.129 : BRDA 9/16 inf. 16).

En présence d'un **bail verbal,** il convient de rechercher l'existence d'un accord des parties sur le transfert au preneur de la charge de la taxe foncière. Cet accord est établi dès lors que, depuis son acquisition du droit au bail, la société preneuse avait réglé au bailleur la taxe foncière jusqu'en 2011, que la taxe 2012 avait fait l'objet d'une déclaration de créance admise par le juge-commissaire et que l'administrateur judiciaire avait validé le paiement de la taxe 2013 (Cass. 3e civ. 28-5-2020 n° 19-10.056 FS-PBI : RJDA 10/20 n° 472).

INTERPRÉTATION DU JUGE DE LA CLAUSE RELATIVE AUX CHARGES

Lorsque la clause est claire et précise, le juge doit en confirmer l'application, même s'il s'agit de répercuter sur le locataire des charges exorbitantes du droit commun. **12715**

Ayant relevé que le bail commercial liant les parties comportait une clause selon laquelle « le preneur remboursera chaque année au bailleur en sus du loyer et en même temps que le dernier terme de celui-ci tous les impôts, contributions et taxes de toute nature auxquels les biens loués peuvent et pourront être assujettis ou donner lieu, à l'exception des impôts purement personnels au bailleur tels que l'impôt sur le revenu » et, ayant exactement retenu que l'assiette de la taxe foncière était constituée par l'immeuble indépendamment de la situation personnelle de son propriétaire, lequel n'est tenu au paiement de cette taxe vis-à-vis de l'administration fiscale que du seul fait de sa qualité de propriétaire, la cour d'appel en a, à bon droit, déduit qu'en application de la clause dénuée d'ambiguïté stipulée au bail commercial l'impôt foncier grevant l'immeuble loué devait rester à la charge du preneur (Cass. 3e civ. 3-6-2004 n° 660 FS-D : RJDA 10/04 n° 1093).

Dans la même idée, le bail qui stipule que le preneur supportera sa quote-part de charges, taxes et dépenses de toutes natures afférentes à l'immeuble n'autorise pas le bailleur à exiger le paiement de la TEOM qui n'est pas une charge de l'immeuble (Cass. 3e civ. 13-9-2018 n° 17-22.498 F-D : AJDI novembre 2018 p. 784).

Malgré l'exigence d'une clause claire et précise du bail commercial ou d'un accord non équivoque pour permettre au bailleur d'imposer à son locataire le remboursement de charges exposées relativement au bien loué, il était pendant longtemps difficilement admis que le locataire ne soit tenu du paiement d'aucune charge. **12720**

Ainsi, à propos d'un bail qui stipulait que le locataire « acquittera les impôts et charges ainsi qu'il a été stipulé ci-dessus », le renvoi visant une clause ne citant que les impôts et taxes, la Cour de cassation, après avoir relevé l'ambiguïté des clauses du bail qui rendait nécessaire l'interprétation des juges du fond, n'a pas suivi le locataire qui soutenait que les charges de copropriété n'étaient pas une obligation lui incombant normalement et a considéré que les juges du fond n'avaient pas dénaturé les clauses du bail en jugeant qu'il était redevable des charges de copropriété dont le bailleur pouvait être responsable (Cass. 3e civ. 8-4-1999 n° 97-18.622 F-D).

De même, la clause d'un bail commercial stipulant un loyer annuel hors taxe et hors charges n'a pas été jugée susceptible d'interprétation et n'a pas été assimilée à la clause d'un loyer toutes charges comprises de sorte que le locataire restait redevable des charges locatives afférentes aux parties communes et aux services communs de l'immeuble dont il avait l'usage et dont il bénéficiait (CA Versailles 3-9-2013 n° 12-04215 : RJDA 2/14 n° 88).

Lorsque l'acte stipule de façon claire et précise que le locataire s'oblige au paiement de toutes les sommes dues au syndicat des copropriétaires de l'ensemble immobilier, celui-ci ne peut pas utilement résister à la demande en paiement des charges de copropriété faite par le bailleur en faisant valoir qu'en l'absence de limitation dans les sommes que le locataire devait payer au

syndicat, il n'était tenu qu'au paiement des charges locatives (Cass. 3e civ. 10-6-1998 n° 96-22.083 F-D : RJDA 8-9/98 n° 950).
En revanche, il a été jugé que la clause d'un bail qui prévoit que le locataire « s'oblige à acquitter, pendant le cours du bail, la contribution personnelle mobilière et la taxe professionnelle, les contributions de toute nature et à rembourser au bailleur la taxe d'enlèvement des ordures ménagères, la taxe d'assainissement et toutes autres taxes et impôts de toute nature incombant généralement au locataire » ne peut pas être interprétée comme mettant à la charge du locataire les charges de copropriété (CA Paris 2-9-2016 n° 14/14325, ch. 5-3, confirmé par Cass. 3e civ. 9-5-2019 n° 16-24.701 FS-PBI : RJDA 8-9/19 n° 547).
Toutefois, les conséquences de l'absence d'une clause claire et précise relative aux charges répercutables sur le locataire seront peut-être plus sévères à l'avenir au regard de l'arrêt rendu par la cour d'appel de Versailles le 7 mars 2024 (n° 12035).

SECTION 4

RÉPARTITION ET PAIEMENT DES CHARGES LOCATIVES

12900 Pour les baux conclus ou renouvelés avant le 5 novembre 2014, ni la répartition ni le paiement des charges locatives ne sont organisés par la loi. Le bail doit donc définir les règles à suivre par chacune des parties et arrêter le mode de répartition des charges, les modalités de facturation et de contrôle des charges et enfin celles propres au paiement.
Pour les baux conclus ou renouvelés depuis le 5 novembre 2014, la répartition des charges est organisée, de même que le contrôle des charges dont le paiement est demandé au locataire.

A. Répartition des charges locatives

RÉPARTITION DES CHARGES DANS LES BAUX CONCLUS OU RENOUVELÉS AVANT LE 5-11-2014

12910 Après la répartition matérielle des charges selon leur nature entre bailleur et locataire (n° 12400), le bail doit arrêter les règles de partage des charges notamment lorsque **les lieux loués dépendent d'un immeuble** plus vaste **occupé par plusieurs personnes.** Cette ventilation est plus ou moins aisée selon qu'il existe ou non une règle de répartition dans l'immeuble concerné au moment de la conclusion du bail. Elle peut résulter d'un règlement de copropriété ou, lorsque l'immeuble est la propriété d'une seule personne, d'un règlement d'immeuble ou encore d'une pratique dans l'immeuble.
Dans tous les cas, pour pouvoir prétendre recouvrer des charges locatives, le bailleur doit avoir pris soin de stipuler dans le bail la clé de répartition des charges entre les différents occupants de l'immeuble. Le bailleur ne peut pas en effet procéder unilatéralement à une telle répartition (CA Paris 15-5-2019 n° 17/19177, ch. 5-3 : Loyers et copr. juillet-août 2019 n° 128).

12915 En cas de location de lots **dans un immeuble en copropriété,** il est d'usage de se référer aux tantièmes de copropriété, sans que cette clé de répartition se substitue pour autant à la nécessaire détermination de la nature des charges supportées par chacune des parties (voir n° 12415).

ILLUSTRATIONS

Pour obtenir le remboursement au prorata des millièmes de tous les travaux et réparations faits sur les parties communes hors ceux relevant de l'article 606 du Code civil, le bailleur avait fait valoir essentiellement que le bail d'origine mettait à la charge du locataire les frais d'entretien des parties communes au prorata des millièmes généraux des locaux loués. Cette demande a été rejetée pour les raisons suivantes : aucune clause du bail ne prévoyait cette obligation du locataire qui certes aurait pu être effectivement convenue, et le seul fait que la description des locaux objet du bail faisait référence à la description des lots de copropriété de l'immeuble et indiquait le nombre de millièmes affectés à ces lots ne pouvait en aucun cas être retenu comme fondement des prétentions du bailleur. Par ailleurs, en cas de location de lots dans un immeuble en copropriété, les lieux loués sont seuls susceptibles de supporter, sauf clause contraire, les charges locatives, les parties communes dont l'usage est évidemment nécessaire pour le locataire n'étant pas individualisées. En conséquence, la quote-part des diverses dépenses engagées et payées par la copropriété pour les réparations qui étaient manifestement de grosses réparations portant sur les parties communes de l'immeuble ne pouvait pas être mise à la charge du locataire (CA Paris 13-2-1991 n° 90-7129, 8e ch. A).

Il importe que la clause de répartition des charges de la copropriété soit conforme aux exigences de l'article 10 de la loi 65-557 du 10 juillet 1965. À défaut, elle peut être déclarée non écrite (Cass. 3e civ. 12-6-1991 n° 89-18.331 : Bull. civ. III n° 170 ; Cass. 3e civ. 17-3-2010 n° 09-12.196 FS-D : BPIM 3/10 inf. 240 ; Cass. 3e civ. 28-1-2016 n° 14-26.921 FS-PB : BPIM 2/16 inf. 127) et se poserait alors la question de la récupération des charges auprès du locataire.

Lorsque l'immeuble dont relèvent les locaux loués n'est pas soumis au régime de la copropriété, **12920**
d'**autres règles de ventilation** doivent être recherchées. Il peut être recouru à des méthodes telles que :

- une répartition au prorata des loyers des occupants de l'immeuble ;
- une répartition au prorata de la valeur locative des locaux ;
- une répartition au prorata des surfaces louées (Cass. 3e civ. 29-1-2002 n° 00-19.966). Cette clé de répartition est licite mais encore faut-il qu'elle soit précise et qu'elle indique si l'on tient compte des surfaces utiles louées ou des surfaces « GLA » (« Gross Leasing Area » ou « Gross Lease Area »). Ces dernières, fréquemment utilisées dans les centres commerciaux, sont calculées sans défalquer certaines surfaces non accessibles telles que celles de l'épaisseur des murs et des poteaux.

ILLUSTRATIONS

La disposition du bail fixant la **répartition des charges au prorata des loyers** des occupants de l'immeuble n'est pas entachée de nullité. Les locaux inoccupés n'étant pas générateurs des prestations, l'hypothèse où seul le local du locataire demandeur serait loué n'aurait pas pour effet d'augmenter sa charge. En tout état de cause, les signataires d'un bail commercial sont libres du choix du mode de répartition des charges.

CA Paris 3-4-1992 n° 89-20838 : RJDA 6/92 n° 561.

Dans un immeuble appartenant à un unique propriétaire, dès lors que les dispositions de l'article 23 de la loi du 6 juillet 1989 n'imposent aucun mode particulier de répartition des charges, qui doit seulement être communiqué aux locataires, la **valeur locative** des locaux, appliquée comme **mode de répartition des charges** par le bailleur, sans contestation ni réserve du locataire, n'est pas plus injuste que la répartition établie à partir du prorata ou des millièmes de copropriété et doit être déclarée valable et applicable à tous les occupants, l'équilibre effectif de ce mode de répartition dépendant de la généralité de son application aux occupants de l'immeuble.

CA Paris 5-12-2002 n° 01-15131.

Une société avait loué un local à usage commercial situé dans un immeuble dont elle était propriétaire aux termes d'un bail qui mentionnait que la superficie était approximativement de 224 m^2. Au cours de la procédure en fixation de l'indemnité d'éviction intervenue à la suite du congé délivré par la société avec refus de renouvellement du bail, l'expert commis judiciairement ayant estimé la surface utile d'occupation du local sans habillage mural à 177,78 m^2, le locataire s'était prévalu de l'importante différence entre la surface mentionnée au bail et celle indiquée par l'expert pour réclamer à la société le remboursement des loyers et charges acquittés indûment depuis la prise d'effet du bail. Pour rejeter cette demande, la cour d'appel avait retenu que les **charges** étaient **calculées** et facturées à la société pour l'ensemble des locaux dont elle était propriétaire, non en mètres carrés utiles, mais en **mètres carrés** dits « GLA », soit sur une surface comprenant, en plus de la surface de l'emprise, les murs séparatifs des autres lots, le couloir de desserte de livraison, les cloisons intérieures et les poteaux, qu'elle répartissait ensuite entre ses différents locataires en fonction d'une clé de répartition fondée sur les mètres carrés GLA de chacun des locataires. Cette décision a été censurée par la Cour de cassation faute pour la Cour de ne pas avoir répondu aux conclusions du locataire qui faisait valoir que le bail stipulait que la superficie des locaux loués devait servir de calcul à la quote-part des charges qu'il devait rembourser.

Cass. 3e civ. 24-2-1999 n° 97-15.046 F-D.

La répartition des charges au prorata des surfaces est cependant la **méthode** de répartition la plus **fréquemment utilisée** lorsqu'il n'y a pas de copropriété car la plus facile et la moins contestable à mettre en place. À défaut de précision contractuelle, cette clé de répartition est celle retenue par les juges qui prennent en compte la surface des locaux occupés par le locataire et la surface totale de l'ensemble immobilier (CA Paris 20-3-2008 n° 07-06775 ; CA Versailles 3-9-2013 n° 12-04215 : RJDA 2/14 n° 88).

Le calcul des charges en fonction des surfaces effectivement louées dans l'ensemble immobilier introduit, dans la répartition des charges, un aléa qui, alors que ni le bail ni aucun règlement intérieur ne prévoient d'en faire supporter l'incidence défavorable au locataire qui y est étranger, ne saurait peser sur lui : le calcul des charges doit prendre en compte, pour le prorata, la surface locative totale de l'ensemble immobilier (CA Rouen 5-4-2007 n° 06-00406).

Pour autant, le juge ne peut, sous couvert de la mauvaise foi du bailleur, porter atteinte à la substance même des droits et obligations des parties et ne peut donc modifier une clause claire du bail relative au calcul des charges locatives (Cass. 3e civ. 26-3-2013 n° 12-14.870 F-D : RJDA 12/13 n° 979).

12925 La répartition peut également être différente **selon la nature des charges.** Dans un même bail, certaines charges peuvent être forfaitisées et d'autres, explicitement exclues du forfait, payables en sus (CA Paris 14-1-2000 n° 98-696 ; Cass. 3e civ. 18-11-1998 n° 96-18.273 F-D).

À l'instar des règles posées en matière de copropriété, la répartition des charges peut être différenciée selon leur nature. Ainsi l'article 10 de la loi 65-557 du 10 juillet 1965 fixant le statut de la copropriété des immeubles bâtis énonce-t-il que les copropriétaires sont tenus de participer aux charges entraînées par les services collectifs et les éléments d'équipement commun en fonction de l'utilité que ces services et éléments présentent à l'égard de chaque lot et ils sont tenus de participer aux charges relatives à la conservation, à l'entretien et à l'administration des parties communes proportionnellement aux valeurs relatives des parties privatives comprises dans leurs lots. Dans ce cas, les clés de répartition sont donc celle de l'utilité pour certaines charges et celle de la valeur des lots pour les autres.

RÉPARTITION DES CHARGES DANS LES BAUX CONCLUS OU RENOUVELÉS DEPUIS LE 5-11-2014

12930 La répartition **entre bailleur et locataire** des catégories de charges, impôts, taxes et redevance ou du coût des travaux doit figurer dans le bail (C. com. art. L 145-40-2, al. 1).

12935 De même, lorsque les lieux loués dépendent d'un ensemble immobilier qui abrite plusieurs locataires, le contrat de location doit préciser la répartition des charges ou du coût des travaux **entre les différents locataires.**

Cette répartition doit être fonction de la surface exploitée et le montant des impôts, taxes et redevances pouvant être imputé au locataire doit correspondre strictement au local occupé par chaque locataire et à la quote-part des parties communes nécessaires à l'exploitation de la chose louée (C. com. art. L 145-40-2, al. 5).

Cette répartition peut faire l'objet d'aménagements contractuels, l'article R 145-35 du Code de commerce autorisant la pondération conventionnelle.

> **Précisions** **a.** La jurisprudence devra préciser la **notion de surface exploitée.** Il devrait a priori s'agir de la surface dont le locataire jouit à titre privatif, qu'il l'utilise ou non. Il conviendra également de déterminer le calcul de cette surface (surface loi Carrez, surface de plancher, surface utile).
> **b.** Faute de précision réglementaire, la **pondération conventionnelle des charges,** source de dérogation au principe légal posé, sera certainement aussi sujet à contrôle judiciaire.

B. Paiement des charges locatives

PAIEMENT DES CHARGES DANS LES BAUX CONCLUS OU RENOUVELÉS AVANT LE 5-11-2014

13100 Le bail devait organiser les modalités de paiement des charges, faute d'une telle organisation par la loi.

Les parties étaient libres d'organiser un système de **provision sur charges** donnant lieu à une régularisation sur une période déterminée (le plus souvent annuelle). Elles pouvaient notamment reprendre, par mention expresse dans le bail, le système mis en place pour les baux de locaux à usage de résidence principale par la loi du 6 juillet 1989, relativement contraignant (Loi 89-462 du 6-7-1989 art. 23).

Au contraire d'une forfaitisation des charges, possible pour les baux conclus ou renouvelés avant le 5 novembre 2014, lorsque le bail prévoyait le paiement des charges par provisions, la **régularisation** s'imposait (Cass. 3e civ. 8-3-2005 n° 04-11.047 : RJDA 6/05 n° 659), celle-ci devant intervenir dans les délais contractuellement prévus ou dans un délai raisonnable à peine pour le bailleur d'être sanctionné. Ainsi :

– une régularisation des charges, même juridiquement recevable et exacte dans son calcul, a, en raison de son caractère tardif, été jugée déloyale et brutale et constitutive d'une faute du bailleur dans l'exécution du contrat l'exposant au paiement de dommages-intérêts (en ce sens, Cass. 3e civ. 21-3-2012 n° 11-14.174 FS-PB : RJDA 8-9/12 n° 754) ;

– la régularisation tardive des charges a été également jugée comme constituant un obstacle à la mise en œuvre de la clause résolutoire, faute de bonne foi (Cass. 3e civ. 5-11-2015 n° 14-11.024 F-D : RJDA 4/16 n° 262) ;

– l'absence de régularisation des charges dans les conditions prévues au bail a aussi conduit à la condamnation du bailleur à rembourser les provisions sur charges, cette absence de régularisation rendant sans cause (devenue sans contrepartie) les appels trimestriels de provision à valoir sur le paiement des charges (Cass. 3e civ. 5-11-2014 n° 13-24.451 FS-PB : RJDA 4/15 n° 239 ; Cass. 3e civ. 9-6-2015 n° 14-13.555 F-D : Administrer juillet 2015 p. 37 obs. D. Lipman-W. Boccara ; CA Paris 20-11-2019 n° 18/01647, ch. 5-3 : Loyers et copr. janv. 2020 n° 12 ; Cass. 3e civ. 17-9-2020 n° 19-14.168 FS-PBI : RJDA 11/20 n° 558), sous déduction néanmoins des charges dont la justification a été finalement apportée (Cass. 3e civ. 13-7-2005 n° 04-10.152 D).

> **Précisions** À propos de charges payées concomitamment au loyer, la cour d'appel de Paris a ordonné à un bailleur de **communiquer** à une société locataire des **relevés de charges faisant apparaître la TVA** au motif que si l'instruction fiscale relative « aux règles de TVA applicables aux remboursements de charges et réparations locatives perçues par les bailleurs de leurs locataires » n'apparaît, a priori, concerner que les locations soumises de plein droit ou sur option à la TVA, il n'était pas exclu que la locataire ne puisse, sur le fondement d'autres règles et instructions fiscales, prétendre au remboursement de la TVA sur les charges de copropriété par elle payées et qu'elle devait donc être en mesure de faire valoir à l'administration fiscale ses éventuels droits (CA Paris 1-7-2009 n° 08/9591, 16e ch. A : RJDA 3/10 n° 214).

PAIEMENT DES CHARGES DANS LES BAUX CONCLUS OU RENOUVELÉS DEPUIS LE 5-11-2014

Le bailleur doit **communiquer** tous les ans au locataire un **état récapitulatif de l'inventaire** des catégories de charges mentionné ou intégré au bail incluant la liquidation et la régularisation des comptes de charges. **13105**

Cette communication doit intervenir **au plus tard** le 30 septembre de l'année suivant celle au titre de laquelle il est établi ou, pour les immeubles en copropriété, dans le délai de trois mois à compter de la reddition des charges sur l'exercice annuel.

Le bailleur doit aussi communiquer au locataire, à sa demande, tout document justifiant le montant des charges, impôts, taxes et redevances imputés à celui-ci (C. com. art. R 145-36).

La loi impose la communication au locataire de tout document justifiant le montant des travaux sans dire **comment** doit se faire cette communication : envoi au locataire ou mise à disposition des documents justificatifs dans les locaux du bailleur ou de son mandataire ?

La loi du 6 juillet 1989 relative aux baux d'habitation oblige le bailleur à communiquer au locataire le décompte par nature de charges ainsi qu'à mettre les pièces justificatives à la disposition des locataires dans des conditions normales durant six mois à compter de l'envoi de ce décompte. La jurisprudence a précisé que cette mise à disposition ne signifiait pas l'obligation d'envoyer au locataire les pièces justificatives, mais seulement de lui en donner un accès dans des conditions raisonnables et normales (CA Paris 27-10-2009 n° 08/14067 : AJDI 2010 p. 141).

L'article R 145-36 du Code de commerce ne prévoit pas de **sanction** en cas de non-respect des obligations qu'il prévoit. **13107**

Il est certain que l'absence ou la régularisation tardive des charges exposera a minima le bailleur aux mêmes sanctions que celles prononcées pour les baux conclus ou renouvelés avant le 5 novembre 2014 (n° 13100).

Concernant l'absence de communication de l'état récapitulatif des charges dans le délai légal, la cour d'appel de Paris a jugé qu'il ne s'agissait pas d'une contestation sérieuse, dès lors que le texte ne prévoit pas de sanction particulière, notamment que la créance tardivement justifiée serait inexigible (CA Paris 24-11-2022 n° 22/09311, ch. 1-2). Toutefois, la cour d'appel de Rouen a jugé que le commandement de payer délivré par le bailleur au locataire sans lui avoir préalablement communiqué les justificatifs des sommes visées dans le commandement le privait d'effet (CA Rouen 22-2-2024 n° 22/00600, ch. civ. et com.).

Sur la preuve du paiement des charges et l'obligation du bailleur de produire une **quittance,** voir nos 60700 s. **13110**

Sur le traitement **fiscal** des charges, voir n° 49300 s. pour les impôts directs et n° 50085 pour la TVA. **13112**

Sur la prescription applicable aux **actions en paiement** ou en répétition des charges locatives, voir n° 21865. **13115**

ANNEXES

13200

Liste des charges locatives applicables aux baux d'habitation

Annexe du décret 87-713 du 26 août 1987

I. – Ascenseurs et monte-charge

1. Dépenses d'électricité
2. Dépenses d'exploitation, d'entretien courant, de menues réparations

a) Exploitation :
– visite périodique, nettoyage et graissage des organes mécaniques ;
– examen semestriel des câbles et vérification annuelle des parachutes ;
– nettoyage annuel de la cuvette, du dessus de la cabine et de la machinerie ;
– dépannage ne nécessitant pas de réparations ou fournitures de pièces ;
– tenue d'un dossier par l'entreprise d'entretien mentionnant les visites techniques, incidents et faits importants touchant l'appareil.

b) Fournitures relatives à des produits ou à du petit matériel d'entretien (chiffons, graisses et huiles nécessaires) et aux lampes d'éclairage de la cabine.

c) Menues réparations :
– de la cabine (boutons d'envoi, paumelles de portes, contacts de portes, ferme-portes automatiques, coulisseaux de cabine, dispositif de sécurité de seuil et cellule photo-électrique) ;
– des paliers (ferme-portes mécaniques, électriques ou pneumatiques, serrures électromécaniques, contacts de porte et boutons d'appel) ;
– des balais du moteur et fusibles.

II. – Eau froide, eau chaude et chauffage collectif des locaux privatifs et des parties communes

1. Dépenses relatives :

À l'eau froide et chaude des locataires ou occupants du bâtiment ou de l'ensemble des bâtiments d'habitation concernés ;
À l'eau nécessaire à l'entretien courant des parties communes du ou desdits bâtiments, y compris la station d'épuration ;
À l'eau nécessaire à l'entretien courant des espaces extérieurs ;
Les dépenses relatives à la consommation d'eau incluent l'ensemble des taxes et redevances ainsi que les sommes dues au titre de la redevance d'assainissement, à l'exclusion de celles auxquelles le propriétaire est astreint en application de l'article L 35-5 du Code de la santé publique [devenu CSP art. L 1331-8] ;
Aux produits nécessaires à l'exploitation, à l'entretien et au traitement de l'eau ;
À l'électricité ;
Au combustible ou à la fourniture d'énergie, quelle que soit sa nature.

2. Dépenses d'exploitation, d'entretien courant et de menues réparations

a) Exploitation et entretien courant :
– nettoyage des gicleurs, électrodes, filtres et clapets des brûleurs ;
– entretien courant et graissage des pompes de relais, jauges, contrôleurs de niveau ainsi que des groupes motopompes et pompes de puisards ;
– graissage des vannes et robinets et réfection des presse-étoupes ;
– remplacement des ampoules des voyants lumineux et ampoules de chaufferie ;
– entretien et réglage des appareils de régulation automatique et de leurs annexes ;
– vérification et entretien des régulateurs de tirage ;
– réglage des vannes, robinets et tés ne comprenant pas l'équilibrage ;
– purge des points de chauffage ;
– frais de contrôles de combustion ;
– entretien des épurateurs de fumée ;
– opérations de mise en repos en fin de saison de chauffage, rinçage des corps de chauffe et tuyauteries, nettoyage de chaufferies, y compris leurs puisards et siphons, ramonage des chaudières, carneaux et cheminées ;
– conduite de chauffage ;
– frais de location, d'entretien et de relevé des compteurs généraux et individuels ;
– entretien de l'adoucisseur, du détartreur d'eau, du surpresseur et du détendeur ;
– contrôles périodiques visant à éviter les fuites de fluide frigorigène des pompes à chaleur ;
– vérification, nettoyage et graissage des organes des pompes à chaleur ;
– nettoyage périodique de la face extérieure des capteurs solaires ;
– vérification, nettoyage et graissage des organes des capteurs solaires.

b) Menues réparations dans les parties communes ou sur des éléments d'usage commun :
– réparation de fuites sur raccords et joints ;
– remplacement des joints, clapets et presse-étoupes ;
– rodage des sièges de clapets ;

13200 (suite)

– menues réparations visant à remédier aux fuites de fluide frigorigène des pompes à chaleur ;
– recharge en fluide frigorigène des pompes à chaleur.

III. – Installations individuelles

Chauffage et production d'eau chaude, distribution d'eau dans les parties privatives :
1. Dépenses d'alimentation commune de combustible ;
2. Exploitation et entretien courant, menues réparations :
a. Exploitation et entretien courant :
– réglage de débit et température de l'eau chaude sanitaire ;
– vérification et réglage des appareils de commande, d'asservissement, de sécurité d'aquastat et de pompe ;
– dépannage ;
– contrôle des raccordements et de l'alimentation des chauffe-eau électriques, contrôle de l'intensité absorbée ;
– vérification de l'état des résistances, des thermostats, nettoyage ;
– réglage des thermostats et contrôle de la température d'eau ;
– contrôle et réfection d'étanchéité des raccordements eau froide – eau chaude ;
– contrôle des groupes de sécurité ;
– rodage des sièges de clapets des robinets ;
– réglage des mécanismes de chasses d'eau.
b. Menues réparations :
– remplacement des bilames, pistons, membranes, boîtes à eau, allumage piézo-électrique, clapets et joints des appareils à gaz ;
– rinçage et nettoyage des corps de chauffe et tuyauteries ;
– remplacement des joints, clapets et presse-étoupes des robinets ;
– remplacement des joints, flotteurs et joints cloches des chasses d'eau.

IV. – Parties communes intérieures au bâtiment ou à l'ensemble des bâtiments d'habitation

1. Dépenses relatives :
À l'électricité ;
Aux fournitures consommables, notamment produits d'entretien, balais et petit matériel assimilé nécessaires à l'entretien de propreté, sel.
2. Exploitation et entretien courant, menues réparations
a. Entretien de la minuterie, pose, dépose et entretien des tapis ;
b. Menues réparations des appareils d'entretien de propreté tels qu'aspirateur.
3. Entretien de propreté (frais de personnel)

V. – Espaces extérieurs au bâtiment ou à l'ensemble des bâtiments d'habitation (voies de circulation, aires de stationnement, abords et espaces verts, aires et équipements de jeux)

1. Dépenses relatives :
À l'électricité ;
À l'essence et à l'huile ;
Aux fournitures consommables utilisées dans l'entretien courant :
Ampoules ou tubes d'éclairage, engrais, produits bactéricides et insecticides, produits tels que graines, fleurs, plants, plantes de remplacement, à l'exclusion de celles utilisées pour la réfection de massifs, plates-bandes ou haies.
2.
a) Exploitation et entretien courant :
Opérations de coupe, désherbage, sarclage, ratissage, nettoyage et arrosage concernant :
– les allées, aires de stationnement et abords ;
– les espaces verts (pelouses, massifs, arbustes, haies vives, plates-bandes) ;
– les aires de jeux ;
– les bassins, fontaines, caniveaux, canalisations d'évacuation des eaux pluviales ;
– entretien du matériel horticole ;
– remplacement du sable des bacs et du petit matériel de jeux.
b) Peinture et menues réparations des bancs de jardins et des équipements de jeux et grillages.

VI. – Hygiène

1. Dépenses de fournitures consommables
Sacs en plastique et en papier nécessaires à l'élimination des rejets ;
Produits relatifs à la désinsectisation et à la désinfection, y compris des colonnes sèches de vide-ordures.
2. Exploitation et entretien courant :
Entretien et vidange des fosses d'aisances ;
Entretien des appareils de conditionnement des ordures.
3. Élimination des rejets (frais de personnel)

VII. – Équipements divers du bâtiment ou de l'ensemble des bâtiments d'habitation
1. La fourniture d'énergie nécessaire à la ventilation mécanique
2. Exploitation et entretien courant :
Ramonage des conduits de ventilation;
Entretien de la ventilation mécanique;
Entretien des dispositifs d'ouverture automatique ou codée et des interphones;
Visites périodiques à l'exception des contrôles réglementaires de sécurité, nettoyage et graissage de l'appareillage fixe de manutention des nacelles de nettoyage des façades vitrées.
3. Divers :
Abonnement des postes de téléphone à la disposition des locataires.

VIII. – Impositions et redevances
Droit de bail (Ndlr : cette taxe a été abrogée)
Taxe ou redevance d'enlèvement des ordures ménagères
Taxe de balayage

13205

Tableaux des charges locatives selon l'accord « Delmon »(Extraits de la circ. 74-215 du 18 décembre 1974)

I. Dépenses relatives à l'eau froide, à l'eau chaude et au chauffage collectif des locaux privatifs et des parties communes

DÉFINITION DES POSTES DE DÉPENSES
P 1. – *Tout ce qui est consommable*
1. Courant électrique, force et lumière, et taxes locales y afférentes ....
2. Combustible ou fourniture d'énergie ....
3. Eau ....
4. Sel et résine ....
P 2. – *Exploitation, entretien courant, menues réparations et remplacements assimilables*
1. Nettoyage des gicleurs, électrodes, filtres, clapets des brûleurs ....
2. Entretien courant et graissage des pompes de relais, jauges et contrôleurs de niveau ....
3. Entretien courant et graissage des groupes motopompes et pompes de puisards ....
4. Réparations de fuites sur raccords et joints ....
5. Graissage des vannes et robinets, réfection des presse-étoupes ....
6. Entretien et réglage des appareils de régulation automatique et de leurs annexes : vannes trois voies, etc. ....
7. Remplacement des ampoules des voyants lumineux et ampoules de chaufferie ....
8. Opérations de mise en repos en fin de saison de chauffage :
– rinçage des corps de chauffe et tuyauteries ....
– nettoyage des chaufferies y compris leurs puisards et siphons ....
– ramonage des chaudières, carneaux et cheminées ....
9. Vérification et entretien des régulateurs de tirage ....
10. Réglage des vannes, robinets et tés ....
11. Purge des radiateurs ....
12. Frais de contrôles de combustion ....
13. Entretien des épurateurs de fumée ....
14. Rémunération du personnel chargé de la conduite du chauffage ou facturation de l'entreprise exploitante ....
15. Frais de location et de relevé du compteur général et du compteur de décompte ....
16. Abonnement ou intervention d'entretien de l'adoucisseur, du détartreur d'eau, du surpresseur et du détendeur ....
P 3. – *Gros entretien, grosses réparations et remplacements, renouvellement*
1. Remplacement des chaudières, de l'un ou de plusieurs de leurs éléments, de leur briquetage et de leurs appareillages annexes : thermomètres, thermostats, aquastats ....
2. Remplacement des brûleurs ....
3. Remplacement des appareillages annexes aux brûleurs (gicleurs, électrodes, filtres, clapets) .....
4. Remplacement des vannes et robinets sur tuyauteries ....
5. Remplacement des pompes de relais, jauges et contrôleurs de niveaux, motopompes et pompes de puisards ....
6. Remplacement des appareils de régulation automatique et de leurs annexes : vannes trois voies, etc ....

13205 (suite)

DÉFINITION DES POSTES DE DÉPENSES
7. Remise en peinture des chaudières, tôleries, ferrures et canalisations ....
8. Détartrage des échangeurs et des canalisations d'eau chaude ....
9. Curage des soutes à mazout ....
10. Travaux de maintien en état d'étanchéité des canalisations, y compris les canalisations souterraines et vases d'expansion ....
11. Rémunération du personnel ou de l'entreprise chargée de l'exécution des travaux ainsi énumérés en régie, à prix faits ou à forfaits ....
P 4. – *Amortissement des installations de chauffage extérieures à l'immeuble*
Amortissement de l'installation d'une chaufferie centrale de ZUP ou de ZAC ....

II. Dépenses relatives aux ascenseurs et monte-charge

DÉFINITION DES POSTES DE DÉPENSES
P 1. – *Tout ce qui est consommable*
1. Courant électrique, y compris frais fixes d'abonnement
P 2. – *Exploitation, entretien courant, menues réparations et remplacements assimilables*
1. Visite périodique, nettoyage et graissage des organes mécaniques ....
2. Fourniture des chiffons, graisses et huiles nécessaires ....
3. Dépannage ne nécessitant pas de réparations ou fournitures de pièces ....
4. Visite semestrielle des câbles, vérification annuelle des parachutes ....
5. Tenue d'un dossier par l'entreprise mentionnant les visites techniques, incidents et faits importants touchant l'appareil ....
6. Fourniture des lampes d'éclairage de la cabine ....
7. Réparations cabine (boutons d'envoi, paumelles de portes, contacts de portes, ferme-portes automatiques, coulisseaux de cabine, dispositifs de sécurité de seuil et cellule photoélectrique) ....
8. Réparations paliers (ferme-portes mécaniques, électriques ou pneumatiques, serrures électromagnétiques, contacts de portes et boutons d'appels) ....
P 3. – *Gros entretien, grosses réparations et remplacements assimilables, renouvellement*
1. Gaine :
a) Câbles de traction, de régulateur, de compensation et de sélecteurs d'étages : impulseurs, orienteurs, contacts fixes et mobiles et interrupteurs d'étages et de fin de course ....
b) Câbles souples pendentifs ; poulies d'envoi ....
2. Machinerie :
a) Moteur (roulements, paliers, bobinages, rotor et stator), treuil (arbre à vis, engrenages, paliers, roulements, coussinets), frein (mâchoires, bobines, contrôleurs de manœuvre, bobines, relais, résistances, contacts fixes et mobiles), transformateurs, organes de sélecteurs, contrôleur d'étages et régulateur de vitesse ....
b) Poulies, garnitures, bobines, relais résistances ....

III. Dépenses relatives aux espaces extérieurs (voies de circulation, aires de stationnement des automobiles, abords et espaces verts, aires et équipements de jeux ou de sport)

DÉFINITION DES POSTES DE DÉPENSES
P 1. – *Tout ce qui est consommable*
1. Courant électrique ....
2. Eau ....
3. Produits bactéricides ....
4. Essence, huile ....
P 2. – *Exploitation, entretien courant, menues réparations et remplacements assimilables*
1. Remplacement des ampoules et tubes d'éclairage ....
2. Ramassage des papiers et déchets et vidage des corbeilles à papier ....
3. Curage, nettoyage et mise en hivernage des bassins et fontaines ....
4. Remplacement du sable des bacs ....
5. Remplacement du petit matériel de jeux (cordages, ballons) ....
6. Peinture et menues réparations des bancs de jardin, des équipements de jeux et grillages ......
7. Coupe des gazons et prairies et raccords de gazon d'une surface inférieure à 5 mètres carrés ...

13205 (suite)

DÉFINITION DES POSTES DE DÉPENSES

8. Ramassage et évacuation des feuilles mortes à l'automne ....
9. Désherbage, sarclage et ratissage des allées, aires de jeux, massifs et plates-bandes et traitements chimiques pour éliminer mauvaises herbes et mousses ....
10. Coupe des fleurs fanées, taille des rosiers, arbustes et haies vives ....
11. Arrosage des arbres, arbustes, plantations et pelouses et mesures de protection contre le gel ..
12. Nettoyage périodique des caniveaux, grilles, puisards et canalisations d'évacuation des eaux pluviales ....
13. Dépenses d'entretien du matériel horticole (graissage, affûtage, raccords de tuyaux d'arrosage, remplacement de bougies électrodes et charbons de contact, etc.) ....

P 3. – *Gros entretien, grosses réparations et remplacements assimilables, renouvellement*

1. Réparation et réfection des revêtements bitumés et asphaltés des aires de circulation et de stationnement ....
2. Achat et remplacement des panneaux de signalisation routière et plaques indicatrices diverses ..
3 Réfection des peintures matérialisant les emplacements de stationnement et confirmant les règles de circulation ....
4. Réfection des peintures des lampadaires et bornes d'éclairage électrique ....
5. Réparations des canalisations électriques souterraines et aériennes servant à l'éclairage des lampadaires et bornes ....
6. Réparation des canalisations d'eau ....
7. Remplacement des cellules photoélectriques ....
8. Épandage d'engrais ....
9. Arrachage ; abattage et remplacement des arbres morts ....
10. Traitements insecticides et fongicides des arbustes, rosiers et autres plantations ....
11. Regazonnement total des pelouses et réfections partielles d'une surface supérieure à 5 mètres carrés ....
12. Remplacement des végétaux pour réfection des massifs, plates-bandes ou haies ....
13. Plantation de fleurs non vivaces ....
14. Achat et grosses réparations des matériels mécaniques (tondeuses, matériel d'arrosage, etc.) ..

En outre,

a) Les locataires peuvent avoir financièrement intérêt, dans certains cas, à accepter de contribuer à l'amortissement du matériel (tondeuse à gazon, par exemple) acheté par le gestionnaire pour procéder à l'entretien des espaces verts en régie directe, plutôt que de laisser celui-ci avoir recours, dans un souci de simplification de sa gestion, aux services d'une entreprise qu'il sera en droit de récupérer intégralement sur ses locataires et dont la facturation comprendra en fait, et sans qu'il soit possible de l'éviter en pratique, l'amortissement du matériel utilisé par l'entreprise.

b) L'entretien des voies et espaces verts ouverts au public fait peser sur les locataires une charge injustifiée et il appartient donc au propriétaire, soit de prendre les mesures propres à en empêcher le libre accès, soit de négocier leur cession aux collectivités publiques.

c) Dans le cas assez rare où l'ensemble immobilier comporte une piscine, un bassin ou tout autre équipement sportif, qui ne fait pas l'objet d'une gestion distincte par le propriétaire ou par une association et reste assimilé à une partie commune, le critère général de la distinction entre P 2 et P 3 doit être appliqué. Sont ainsi à la charge du locataire le combustible nécessaire au chauffage de la piscine, la rémunération du surveillant de bassin, la fourniture du petit matériel destiné à l'animation de la piscine, l'entretien de la station de filtrage et de recyclage avec la fourniture des produits bactéricides, le curage, le nettoyage et la mise en hivernage. Sont au contraire à la charge du propriétaire les réparations des installations de chauffage, de filtrage et de recyclage de l'eau et le renouvellement du matériel.

13205 (suite)

IV. Dépenses relatives à l'élimination des rejets provenant de l'habitation, à l'entretien des parties communes et au gardiennage de l'immeuble

DÉFINITION DES POSTES DE DÉPENSES

I. – Dépenses de fournitures consommables (eau, électricité, produits d'entretien, sel, ampoules électriques...) et de petit matériel assimilé nécessaire à l'entretien de propreté ....

II. – Dépenses d'investissement nécessaires à la conservation des parties communes du bien immobilier en bon état d'utilisation :

1. Achat, location ou remplacement des boîtes à ordures et des chariots roule-poubelles ....
2. Remplacement des tapis d'escaliers et tapis brosses des halls d'entrées et ascenseurs ....
3. Remplacement des vitres cassées ....
4. Réfection des peintures des halls d'entrées, corridors et escaliers ....

III. – Taxes ou redevances :

1. Taxe d'enlèvement des ordures ménagères ....
2. Redevance d'assainissement ....
3. Taxe de balayage ....

CONCLUSION DU BAIL

SOMMAIRE

SECTION 1 CAPACITÉ ET POUVOIR DES PARTIES AU BAIL

Pour déterminer la capacité ou le pouvoir de donner ou de prendre à bail commercial, on doit se référer aux règles du droit commun, les dispositions du Code de commerce relatives au statut des baux commerciaux étant muettes sur ce point. **14000**

Par ailleurs, il faut tenir compte de différentes situations (mariage, qualité d'étranger...) qui rejaillissent plus ou moins profondément sur la libre faculté de conclure un bail commercial.

I. CAPACITÉ DES MINEURS ET MAJEURS À CONCLURE UN BAIL

NATURE JURIDIQUE DE LA CONCLUSION D'UN BAIL COMMERCIAL

La conclusion d'un bail commercial en tant que bailleur ou locataire ainsi que son renouvellement constituent des **actes de disposition** quelles que soient leurs conséquences sur le contenu et la valeur du patrimoine des personnes protégées (Décret 2008-1484 du 22-12-2008 art. 1 et ann. 1, colonne 2-I). **14020**

A. Mineurs

1. CAPACITÉ DES MINEURS NON ÉMANCIPÉS À CONCLURE UN BAIL

La conclusion d'un bail commercial au nom d'un mineur non émancipé, en **qualité de locataire,** est rare en pratique et présente peu d'intérêt ; en effet, les mineurs non émancipés ne peuvent pas, à notre avis, être commerçants puisqu'un mineur non émancipé ne peut agir que par représentation (C. civ. art. 388-1-1 pour les mineurs sous administration légale et art. 408 pour les mineurs sous tutelle) et que les articles 387-2, 3° et 509, 3° du Code civil interdisent respectivement à l'administrateur légal d'un mineur sous administration légale et au tuteur d'exercer le commerce au nom de la personne protégée. Il en résulte que le mineur non émancipé ne peut pas être immatriculé au registre du commerce et des sociétés et ne peut pas non plus remplir la condition d'exploitation d'un fonds dans les lieux loués, conditions nécessaires pour bénéficier du statut des baux commerciaux. **14025**

Dans les développements qui suivent, nous n'envisagerons que les règles concernant la capacité d'un mineur à devenir **bailleur.**

a. Capacité des mineurs sous administration légale

L'administration légale permet aux parents d'administrer les biens de leurs enfants mineurs et de bénéficier des revenus de ces biens. C'est un attribut de l'**autorité parentale.** Si l'autorité parentale est exercée en commun par les deux parents, chacun d'eux est administrateur légal. Dans les autres cas, l'administration légale appartient à celui des parents qui exerce l'autorité parentale (C. civ. art. 382). **14030**

Étant un acte de disposition (n° 14020), la **conclusion** d'un **bail** commercial sur un bien appartenant au mineur requiert le consentement des deux parents s'ils exercent conjointement l'autorité parentale (cf. C. civ. art. 382, 382-1 et 387-1), le juge des tutelles n'intervenant qu'en cas de désaccord entre eux (C. civ. art. 387). Si l'autorité parentale est exercée par un seul parent, ce dernier peut conclure un tel bail, sans avoir besoin d'obtenir l'autorisation préalable du juge des tutelles (cf. C. civ. art. 382). **14032**

Lorsque le juge des tutelles est amené à se prononcer sur un acte grave accompli au nom du mineur, il peut, s'il l'estime indispensable, décider que la conclusion du bail doit être soumise à son autorisation préalable ; pour prendre sa décision, le juge doit prendre en considération la composition ou la valeur du patrimoine, l'âge du mineur ou sa situation familiale (C. civ. art. 387-3, al. 1). L'autorisation préalable du juge peut être également requise par les parents ou l'un d'eux, le ministère public ou tout tiers ayant connaissance d'actes ou omissions qui compromettent manifestement et substantiellement les intérêts patrimoniaux du mineur ou d'une situation de nature à porter un préjudice grave à ceux-ci (C. civ. art. 387-3, al. 2).

14035 Le **bail** commercial régulièrement conclu poursuit normalement ses **effets.**

Que se passe-t-il si le bail est conclu par un seul parent alors qu'il aurait dû être conclu par les deux parents ? À notre avis, en l'absence de disposition spécifique dans les textes relatifs à l'administration légale, il convient d'appliquer les règles du droit commun des contrats. Ainsi, le bail serait inopposable au mineur devenu majeur, à moins que le locataire ait légitimement pu croire aux pouvoirs du parent qui avait consenti le bail (application de C. civ. art. 1156, al. 1).

> Précisions Avant l'**ordonnance 2015-1288 du 15 octobre 2015,** qui a réformé l'administration légale des mineurs, l'article 389-7 ancien du Code civil renvoyait pour les mineurs sous administration légale sur les règles applicables aux mineurs sous tutelle, de sorte qu'en cas de bail commercial conclu par un parent agissant sans le consentement de son conjoint (administration légale pure et simple) ou sans autorisation judiciaire (administration légale sous contrôle judiciaire), le bail ne conférait au locataire, à l'encontre du mineur devenu majeur, aucun droit au renouvellement et aucun droit à se maintenir dans les lieux loués à l'expiration du bail. Depuis le 1er janvier 2016, date d'entrée en vigueur de l'ordonnance 2015-1288, ce renvoi sur les règles de la tutelle n'existe plus et les textes relatifs à l'administration légale sont muets sur la question.

b. Capacité des mineurs sous tutelle

14045 Un mineur est sous tutelle lorsque son père et sa mère sont tous les deux décédés ou se trouvent privés de l'exercice de l'autorité parentale (C. civ. art. 390, al. 1). La tutelle s'ouvre aussi à l'égard de l'enfant dont la filiation n'est pas légalement établie (C. civ. art. 390, al. 2). Le tuteur est représentant légal du mineur (C. civ. art. 408).

14050 La conclusion d'un bail commercial en tant que bailleur étant un acte de disposition (n° 14020), un tel acte doit être conclu par le **tuteur** au nom du mineur avec l'autorisation du **conseil de famille,** ou à défaut du juge (C. civ. art. 505, al. 1). Pour que le bail ainsi conclu poursuive normalement ses effets, l'autorisation du conseil de famille doit avoir été donnée spécialement pour la conclusion d'un bail ouvrant droit au statut des baux commerciaux (Cass. 1e civ. 10-5-1988 n° 86-16.497 : Bull. civ. I n° 128, rendu à propos d'un bail conclu par un administrateur sous contrôle judiciaire avant l'ord. 2015-1288 du 15-10-2015 mais transposable au bail conclu par un tuteur ; Cass. 1e civ. 21-6-1989 n° 97-19.434 : Bull. civ. I n° 244) ; tel n'est pas le cas lorsque l'autorisation a seulement été donnée pour un bail d'une durée supérieure à neuf ans (Cass. 1e civ. 10-5-1988, précité).

Seul le tuteur a qualité pour solliciter l'autorisation du conseil de famille (Cass. 1e civ. 19-3-2014 n° 13-12.016 F-PBI : RJDA 6/14 n° 501).

BAIL CONCLU PAR LE TUTEUR D'UN MINEUR AGISSANT SEUL

14053 Le tuteur a la faculté de conclure seul un bail commercial portant sur un immeuble du mineur mais l'**efficacité** juridique **du bail** ainsi consenti est réduite.

14055 Ainsi, le **bail** commercial conclu par le tuteur seul pour une **durée supérieure à neuf ans** n'est opposable au mineur devenu majeur ou émancipé que pour une période de neuf ans à compter de sa conclusion (C. civ. art. 1718 et, sur renvoi, art. 595). Par exemple, si le tuteur consent un bail de douze ans au nom du mineur âgé de treize ans, ce bail n'est opposable au mineur à compter de sa majorité que pour une période de quatre ans.

14060 En outre, quelle qu'en soit la durée, le bail commercial consenti par le tuteur seul ne confère au locataire, à l'encontre du mineur devenu majeur ou émancipé, aucun **droit au renouvellement** et aucun **droit à se maintenir dans les lieux à l'expiration du bail,** nonobstant toutes dispositions contraires (C. civ. art. 504, al. 3). Il en est ainsi même lorsque le locataire a cru que le tuteur était propriétaire des lieux loués (Cass. 1e civ. 14-5-1996 n° 93-21.829 P : Bull. civ. I n° 206).

En conséquence, tant que le propriétaire des locaux demeure un mineur non émancipé, le locataire bénéficie normalement de son droit au renouvellement du bail et au maintien dans les lieux. En revanche, si le propriétaire devient majeur ou est émancipé en cours de bail, le locataire peut être expulsé sans congé à l'expiration du bail (Cass. 3e civ. 2-2-1977 n° 75-12.897 : Bull. civ. III n° 56 et Cass. 3e civ. 26-4-1978 n° 76-15.361 : Bull. civ. III n° 159, solutions rendues à propos de baux ruraux mais transposables). Il en est de même si le locataire s'est maintenu dans les lieux plusieurs années avec le consentement du propriétaire devenu majeur (Cass. 3e civ. 15-3-2000 n° 390 PB : RJDA 5/00 n° 513). Le mineur devenu capable décide seul du renouvellement et il ne peut pas lui être opposé un droit à indemnité d'éviction.

La règle énoncée par l'article 504, al. 3 du Code civil ne s'applique pas si bail a été consenti **avant l'ouverture de la tutelle** (C. civ. art. 504, al. 3). 14065

Elle ne peut être invoquée après la **fin de la tutelle** que par la personne protégée. L'acquéreur du bien donné à bail ne peut donc pas s'en prévaloir à l'encontre du locataire (Cass. 1e civ. 20-3-1989 n° 87-16.870 : Bull. civ. I n° 132). Il en est de même par exemple des héritiers du mineur si celui-ci décède avant l'expiration du bail.

Lorsque le **mineur** est **propriétaire indivis,** il peut se prévaloir de l'article 456, al. 3 ancien du Code civil (désormais, C. civ. art. 504, al. 3) sans attendre le résultat du partage et donc avant même de savoir si l'immeuble loué sera mis dans son lot (Cass. 1e civ. 10-5-1988 : Bull. civ. I n° 128, rendu à propos d'un bail conclu par un administrateur sous contrôle judiciaire avant l'ord. 2015-1288 du 15-10-2015 mais transposable au bail conclu par un tuteur).

2. CAPACITÉ DES MINEURS ÉMANCIPÉS À CONCLURE UN BAIL

Le mineur émancipé a la même capacité qu'un majeur pour tous les actes de la vie civile (C. civ. art. 413-6). Il peut donc librement **donner à bail** commercial un immeuble lui appartenant. Il peut également **prendre à bail** commercial ; toutefois le mineur émancipé ne peut être commerçant que s'il y a été autorisé par le juge des tutelles au moment de l'émancipation ou par le président du tribunal judiciaire après l'émancipation (C. civ. art. 413-8 et C. com. art. L 121-2) ; sans cette autorisation, la conclusion d'un tel acte présente donc peu d'intérêt et ce, pour les mêmes raisons que celles exposées à propos du mineur non émancipé (n° 14025). 14170

Sur le cas du mineur émancipé sous habilitation familiale ou sous mandat de protection future, voir respectivement nos 14520 s. et 14530 s.

B. Majeurs protégés

1. CAPACITÉ DES MAJEURS ATTEINTS D'UN TROUBLE MENTAL À CONCLURE UN BAIL

Pour faire un acte valable, il faut être sain d'esprit (C. civ. art. 1129 et art. 414-1). Par suite, le contrat de **bail** commercial signé par un majeur encourt la **nullité** s'il est établi que, au moment de l'acte, l'intéressé était atteint d'un trouble mental (à la suite d'une maladie ou d'une infirmité, d'un état de faiblesse, de l'emprise de l'alcool, de médicaments ou de stupéfiants...) l'ayant rendu hors d'état de vouloir et de comprendre ce à quoi il s'engageait. Il en est ainsi que le majeur ait signé le contrat de bail en qualité de bailleur ou en qualité de locataire. 14270

Cette nullité est relative (C. civ. art. 1147) puisqu'elle a pour objectif de protéger l'intérêt du majeur dont les facultés mentales sont altérées.

EXERCICE DE L'ACTION EN NULLITÉ POUR TROUBLE MENTAL DU MAJEUR

L'**action en nullité** peut être engagée dans un **délai** de cinq ans (C. civ. art. 414-2, al. 6 et 1304) à compter du jour où le majeur a connu ou aurait dû connaître les faits lui permettant d'agir (C. civ. art. 414-2, al. 6 et 2224), c'est-à-dire à compter de l'acte, sauf suspension de la prescription si le majeur prouve son impossibilité à agir (C. civ. art. 2234). 14275

ILLUSTRATIONS

Dans un cas où un bailleur avait demandé, l'année où il avait été mis sous tutelle, la nullité du bail qu'il avait conclu 13 ans auparavant, son action n'a pas été jugée prescrite dès lors que, selon les conclusions d'un médecin, le majeur était atteint d'un trouble mental à la date de conclusion de cet acte et jusqu'à la date de son placement sous tutelle (Cass. 1e civ. 1-7-2009 n° 08-13.518 : RJDA 10/09 n° 810).

De son vivant, le majeur est seul **titulaire** de l'**action en nullité** (C. civ. art. 414-2, al. 1), même s'il fait l'objet d'une procédure de liquidation judiciaire car cette action est exclusivement attachée à la personne du demandeur (Cass. com. 16-12-2014 n° 13-21.479 FS-PB : RJDA 4/15 n° 298). 14276

Après son décès, ses héritiers peuvent poursuivre l'action en nullité si elle a été engagée avant (Cass. 1e civ. 14-6-1977 n° 75-14.584 : Bull. civ. I n° 272, rendu sur le fondement de l'ancien article 504 du Code civil mais transposable au régime actuel). À défaut d'avoir été engagée dans ce délai, l'action des héritiers n'est recevable que dans les trois cas suivants (C. civ. art. 414-2, al. 2).

1. L'acte porte en lui-même la preuve d'un trouble mental. Tous les troubles mentaux sont visés, quelle que soit leur origine (Cass. 1e civ. 12-11-1975 n° 74-12.097 : Bull. civ. I n° 319). Il importe peu que l'acte ait été rédigé par un tiers et n'ait été que signé par celui dont le trouble mental est invoqué (Cass. 1e civ. 23-6-1964 : Bull. civ. I no 332 ; Cass. 1e civ. 12-11-1975, précité).

La preuve du trouble mental ne peut pas résulter d'éléments extérieurs à l'acte tels qu'un certificat médical (Cass. 1e civ. 15-3-1977 no 75-14.642 : Bull. civ. I no 131), une expertise mentale accompagnée de documents administratifs et de témoignages (Cass. 1e civ. 13-7-1960 : JCP G II no 11798) ou les conséquences économiques et familiales de l'acte (Cass. 1e civ. 23-6-1964 : Bull. civ. I no 332).

Les juges ne peuvent pas ordonner une mesure d'instruction pour rechercher cette preuve (Cass. 3e civ. 28-9-1982 : Gaz. Pal. 1983 jur. p. 455).

2. L'acte a été fait dans un temps où son auteur était placé sous sauvegarde de justice.

3. Une action a été introduite avant le décès de l'auteur de l'acte aux fins de faire ouvrir une tutelle, une curatelle, une habilitation familiale, ou effet a été donné au mandat de protection future.

Il importe peu que cette action ait été introduite avant ou après la date de l'acte dont la nullité est demandée (Cass. 1e civ. 27-1-1987 : JCP G 1988 II no 20981, 2e espèce, note T. Fossier). N'est pas considérée comme introduite l'action aux fins de curatelle qui n'est pas accompagnée du certificat médical exigé pour l'ouverture de la procédure, le juge des tutelles n'étant alors pas valablement saisi (Cass. 1e civ. 11-3-1975 no 73-12.687 : Bull. civ. I no 101, arrêt rendu sur le fondement de l'ancien Code de procédure civile, mais transposable au régime actuel).

> **Précisions** L'article **414-2, al. 2** est **conforme à la Constitution** car il apporte au droit d'agir des héritiers des limitations justifiées par des motifs d'intérêt général et proportionnées au regard de ces objectifs (Cons. const. 17-1-2013 no 2012-288 QPC : RJDA 8-9/13 no 686).

PREUVE DU TROUBLE MENTAL DU MAJEUR

14278 La **charge** de la **preuve** de l'existence d'un trouble mental au moment de la conclusion du bail incombe au demandeur à la nullité (C. civ. art. 414-1). La preuve s'effectue par tous moyens (Cass. 1e civ. 18-12-1984 : Gaz. Pal. 1985 p. 387 ; Cass. 1e civ. 27-1-1987 no 84-15.371 : JCP G 1988 II no 20981, 2e espèce, note T. Fossier, arrêt rendu en matière de vente d'immeuble mais transposable en matière de bail commercial). Ainsi, elle peut être déduite du certificat médical établi deux jours après la conclusion d'une vente et faisant ressortir que le vendeur présentait des troubles psychiques qui le mettaient dans l'impossibilité de gérer ses biens au point qu'il était nécessaire de le mettre sous tutelle, ces constatations étant corroborées par des anomalies relevées dans l'acte de vente (Cass. 1e civ. 27-1-1987 précité ; dans le même sens, CA Paris 26-6-2018 no 17/03617 : RJDA 1/19 no 17).

Le demandeur en nullité doit prouver non seulement que le trouble existait mais également que celui-ci était d'une gravité suffisante pour empêcher le majeur d'exprimer une volonté consciente au moment de la signature du contrat (Cass. 3e civ. 22-6-2010 no 09-14.979 F-D : RJDA 11/10 no 1055, arrêt rendu en matière de vente mais transposable en matière de bail commercial).

ILLUSTRATIONS

Jugé qu'un majeur qui avait conclu une promesse de vente ne rapportait pas la preuve qu'il était hors d'état de manifester sa volonté au jour de la signature de l'acte. En effet, l'intéressé était atteint d'un trouble bipolaire diagnostiqué plusieurs années auparavant pour lequel le psychiatre qui le suivait avait précisé que, durant les phases aiguës de sa maladie, le patient n'était pas toujours en mesure de prendre les décisions importantes avec un parfait discernement et de donner un consentement éclairé ; toutefois, aucune des périodes d'hospitalisation dont la liste exhaustive avait été fournie et qui correspondaient à des phases aiguës de la maladie n'était soit concomitante, soit même proche de la date de signature de la promesse (Cass. 3e civ. 22-6-2010 précité).

14280 L'**existence du trouble mental** est souverainement appréciée par les tribunaux (Cass. 1e civ. 17-5-1977 no 75-15.504 : Bull. civ. I no 241 ; Cass. 2e civ. 23-10-1985 no 83-11.125 : Bull. civ. II no 158 ; Cass. 1e civ. 25-3-1991 no 88-15.973 : Bull. civ. I no 106 ; Cass. 1e civ. 2-12-1992 no 91-11.428 : Bull. civ. I no 299).

ILLUSTRATIONS

Jugé qu'était nul le contrat conclu par une personne alors qu'il résultait des conclusions du rapport d'expertise que ses facultés de discernement ne lui permettaient pas d'avoir la pleine responsabilité de ses actes. Il importe peu que l'expert n'ait pas visité cette personne, devenue ininterrogeable en raison de l'évolution de sa démence, dès lors qu'il a procédé à une analyse approfondie de son état mental. En effet, il avait analysé de manière approfondie le rapport d'un précédent expert ayant examiné la personne malade 16 mois avant la signature du contrat et cette analyse, combinée avec des considérations scientifiques concernant l'**évolution des maladies d'Alzheimer et de Parkinson,** avait révélé que le processus de démence s'était installé très progressivement et avait débuté plusieurs années auparavant avec une évolution descendante par paliers successifs, ce dont il résultait que la démence déjà avancée était largement installée avant l'année au cours de laquelle le contrat avait été conclu (CA Paris 5-4-1996 no 92-2708, 15e ch. B, arrêt rendu à propos d'une cession de parts sociales mais transposable en matière de bail commercial).

Est nulle la promesse de vente conclue par une personne qui ne disposait pas de toutes ses facultés mentales compte tenu des circonstances suivantes : cette personne avait été placée sous sauvegarde de justice puis sous curatelle renforcée un an après la signature de la promesse ; des certificats médicaux établis par des psychiatres indiquaient que cette personne était suivie depuis de nombreuses années pour des **troubles graves du comportement et du jugement** ; l'intéressée avait été hospitalisée à plusieurs reprises en milieu psychiatrique et bénéficiait d'un **traitement lourd et constant** ; les conclusions d'une expertise médicale effectuée par l'assurance de l'intéressée quelques mois avant la signature de la promesse avait retenu un taux d'invalidité supérieur à 66 % et une **perte totale et irréversible d'autonomie** (Cass. 1e civ. 20-2-2007 n° 04-19.943 F-D, arrêt rendu à propos d'une promesse de vente d'un terrain mais transposable en matière de bail commercial).

ACTION EN RESPONSABILITÉ CONTRE LE MAJEUR ATTEINT D'UN TROUBLE MENTAL

La nullité du bail n'a pas pour effet de déroger aux règles de la **responsabilité extra-contractuelle** car toute personne qui cause un dommage à autrui, même sous l'empire d'un trouble mental, en doit réparation (C. civ. art. 414-3). **14288**

Il a ainsi été jugé que l'annulation pour trouble mental d'un cautionnement consenti pour garantir le remboursement d'un prêt par un majeur sous sauvegarde de justice placé ultérieurement sous tutelle n'interdisait pas l'action en responsabilité de la banque contre le majeur qui avait affirmé ne pas faire l'objet d'une mesure de protection. Cette faute ayant causé un préjudice à la banque du fait de la perte de la sûreté dont elle disposait, le majeur a été condamné à verser des dommages-intérêts d'un montant équivalent à ce qu'il aurait dû payer si l'acte de cautionnement consenti n'avait pas été annulé (Cass. 1e civ. 28-1-2003 n° 00-12.498 F-D : Rép. Defrénois 2003 art. 37802 p. 1088 obs. J. Massip, rendu à propos d'un acte de cautionnement mais transposable à un contrat de bail).

2. CAPACITÉ DES MAJEURS SOUS SAUVEGARDE DE JUSTICE À CONCLURE UN BAIL

MAJEURS CONCERNÉS PAR UNE MESURE DE SAUVEGARDE DE JUSTICE

Peuvent être placées sous sauvegarde de justice les personnes qui, en raison de l'altération médicalement constatée de leurs facultés mentales ou de leurs facultés corporelles de nature à empêcher l'expression de leur volonté, ont besoin d'une protection juridique temporaire ou d'être représentées pour l'accomplissement de certains actes déterminés (C. civ. art. 433 et, sur renvoi, art. 425). **14340**

La sauvegarde de justice est une mesure de protection légère mais d'application large qui peut concerner les personnes qui :

- n'ont pas besoin d'un régime de protection plus complet, en raison d'une incapacité légère ou temporaire, ou qui sont susceptibles de mener une vie sociale à peu près normale ;
- ou, pour des raisons psychologiques, familiales ou sociales, n'admettraient pas une mesure d'incapacité ;
- ou encore, ont un besoin urgent de protection dans l'attente d'une tutelle ou d'une curatelle.

GESTION DES BIENS PAR LE MAJEUR SOUS SAUVEGARDE DE JUSTICE

En principe, le majeur sous sauvegarde de justice conserve l'exercice normal de ses droits (C. civ. art. 435, al. 1). Il peut donc conclure seul un bail commercial en qualité de bailleur ou de locataire ou désigner un mandataire pour le faire (CA Aix-en-Provence 24-6-2021 n° 18/03288, arrêt rendu à propos d'un bail d'habitation mais à notre avis transposable), sauf si ce pouvoir a été confié à un mandataire spécial (n° 14385). **14345**

Néanmoins, le bail ainsi conclu peut :

- être **annulé pour insanité d'esprit** dans les conditions exposées nos 14270 s. (C. civ. art. 435, al. 2), avec la particularité que l'action peut être librement engagée par les héritiers du majeur ; il n'est pas nécessaire que l'acte ait porté en lui-même la preuve d'un trouble mental ou qu'une action en vue du placement de l'intéressé sous tutelle ou curatelle ait été ouverte (C. civ. art. 414-2, al. 2) ;
- être **annulé** (« rescindé ») **pour lésion ou réduit pour excès** (C. civ. art. 435, al. 2), s'il a été conclu par le majeur protégé après sa mise sous sauvegarde de justice (Cass. 1e civ. 17-7-1979 n° 77-12.199 : Bull. civ. I n° 215).

Action en rescision pour lésion L'action en rescision pour lésion est possible à **condition** que le majeur ait subi un préjudice financier, quelle que soit son importance, au moment de la conclusion de l'acte, par exemple lorsque le majeur a consenti un bail dont le montant du loyer n'était pas réel et sérieux. Du vivant de l'intéressé, lui seul a qualité pour agir (voir toutefois n° 14385) ; après son décès, l'action peut être exercée par ses héritiers (C. civ. art. 435, al. 3). **14348**

L'**appréciation de la lésion** relève du pouvoir souverain des juges du fond (Cass. 1e civ. 24-5-1989 n° 88-12.940 D ; Cass. 1e civ. 4-12-2013 n° 12-28.656 F-D). Les juges doivent toutefois tenir compte notamment de l'importance ou de la consistance du patrimoine de la personne protégée, de la bonne ou de la mauvaise foi de ceux avec qui elle a contracté et de l'utilité ou de l'inutilité de l'opération (C. civ. art. 435, al. 2).

14350 L'**action** en rescision pour lésion **se prescrit** par cinq ans (C. civ. art. 435, al. 3 et 2224) à compter du jour où le majeur protégé a eu connaissance de l'acte, après la mainlevée de la sauvegarde de justice (art. 1152).

14352 La **rescision** du contrat de bail commercial **entraîne** l'anéantissement du contrat et, par suite, une obligation de restitution à la charge de chaque partie. Les règles concernant les restitutions sont en principe les mêmes que celles étudiées à propos des vices du consentement (nos 20590 s.). Signalons toutefois que, par dérogation à ces règles, le majeur n'est pas tenu de restituer à son cocontractant ce qu'il a reçu de lui : il n'est tenu qu'à la restitution de ce qui a tourné à son profit (C. civ. art. 1352-4).

14354 Le cocontractant capable du majeur peut faire **obstacle à l'action** en rescision (qui est assimilée à l'action en nullité relative) engagée contre lui en établissant que l'acte était utile au majeur et exempt de lésion ou qu'il a profité à celui-ci ; en outre, il peut opposer à l'action en nullité la **confirmation** de l'acte par le majeur devenu ou redevenu capable (C. civ. art. 1151).

14355 **Action en réduction pour excès** Dans les mêmes **conditions** que l'action en rescision pour lésion (nos 14348 s.), la personne protégée ou ses héritiers peuvent exercer une **action en réduction** qui sanctionne les engagements excessifs du majeur protégé, c'est-à-dire ceux qui présentent un caractère inutile ou disproportionné à ses besoins ou ses ressources, par exemple un bail conclu en qualité de locataire dont le montant du loyer est excessif ou un bail inutile à ses besoins.

À notre avis, les juges apprécient souverainement s'il y a lieu ou non de prononcer la réduction, en s'appuyant sur les critères exposés n° 14348.

L'action en réduction a en principe des **effets** plus limités que l'action en rescision : lorsque c'est possible, l'acte contesté est maintenu et les engagements du majeur protégé sont réduits pour être ramenés à des proportions raisonnables, en rapport avec son patrimoine.

L'**action en réduction se prescrit** dans les mêmes conditions que l'action en rescision pour lésion (n° 14350).

GESTION DES BIENS DU MAJEUR SOUS SAUVEGARDE DE JUSTICE PAR UN TIERS

14365 **Mandat d'administration** Si le majeur sous sauvegarde de justice a désigné un mandataire chargé d'administrer ses biens **avant son placement sous sauvegarde de justice,** le mandat continue à recevoir exécution à moins qu'il ne soit révoqué ou suspendu par le juge (C. civ. art. 436, al. 1).

Le majeur peut-il donner un mandat d'administration **après son placement** sous sauvegarde de justice ? Cette possibilité, qui était auparavant expressément prévue (C. civ. art. 491-3 ancien), n'a pas été reprise par la loi 2007-308 du 5 mars 2007. Doit-on en déduire que la conclusion du mandat est interdite ? À notre avis, non : le majeur sous sauvegarde, qui a sauf exceptions pleine capacité juridique, peut charger un tiers d'administrer ses biens.

Le **mandat** d'administration est **régi** par les **règles** du droit commun du mandat. Nous renvoyons donc sur ces règles pour savoir si le mandataire peut donner ou prendre à bail commercial au nom du majeur sous sauvegarde de justice (nos 15160 s.).

14375 **Gestion d'affaires** Lorsque le majeur placé sous sauvegarde de justice demeure inactif et n'a pas désigné de mandataire, il peut être nécessaire de prendre en sa faveur certaines mesures afin d'éviter que son patrimoine ne dépérisse.

Ainsi, en l'absence de mandat, les règles de la gestion d'affaires sont applicables (C. civ. art. 436, al. 2).

La gestion d'affaires est définie comme le fait pour une personne de gérer sciemment et utilement l'affaire d'autrui, à l'insu ou sans opposition du maître de cette affaire (C. civ. art. 1301).

Elle existe si les **conditions** suivantes sont réunies :

– la gestion d'affaires ne doit pas être exclue par une disposition législative (en ce sens, Cass. com. 7-4-2010 n° 09-11.196 F-PB : RJDA 7/10 n° 775 ; Cass. 1e civ. 22-3-2012 n° 11-13.000 F-PBI : RJDA 10/12 n° 844) ;

– le gérant doit agir avec l'intention de s'occuper de l'affaire d'autrui (C. civ. art. 1301) ;

– le gérant doit agir spontanément et accomplir un acte auquel il n'est pas tenu en vertu d'un contrat (C. civ. art. 1301) ;

– l'acte accompli doit avoir été utile au géré (C. civ. art. 1301), cette condition étant satisfaite lorsque le géré ratifie, même tacitement, l'action du gérant (Cass. com. 4-12-1972 n° 71-11.729 : Bull. civ. IV n° 318).

Il résulte de l'article 1301 du Code civil que le **bail** conclu par le gérant au nom du majeur est **opposable** à ce dernier. Le **majeur** est donc personnellement tenu par le bail conclu par le gérant d'affaires en son nom à l'égard du cocontractant (locataire ou bailleur, selon le cas). Ce dernier peut agir directement contre le majeur (notamment, Cass. com. 18-2-1969 : Bull. civ. IV n° 199 ; Cass. 1e civ. 22-12-1981 n° 80-15.451 : Bull. civ. I n° 395), par exemple pour lui demander le renouvellement du bail. **14380**

Mandat spécial Si les règles de la gestion d'affaires et/ou le mandat général d'administration donné par le majeur protégé sont insuffisants, le juge des tutelles peut désigner un mandataire spécial chargé de faire un ou plusieurs actes déterminés, même de disposition, rendus nécessaires par la gestion du patrimoine du majeur protégé (C. civ. art. 437, al. 2). **14385**

Le juge peut donc donner pour **mission** au **mandataire** de conclure un bail commercial au nom du majeur en qualité de bailleur ou de locataire ou d'exercer les actions en nullité pour trouble mental, en rescision ou en réduction mentionnées nos 14345 s. (C. civ. art. 437, al. 2).

Le majeur protégé ne peut pas, à peine de nullité, conclure un bail pour lequel un mandataire spécial a été désigné (C. civ. art. 435, al. 1).

3. CAPACITÉ DES MAJEURS SOUS TUTELLE À CONCLURE UN BAIL

Un majeur est mis sous tutelle quand il a besoin d'être assisté ou contrôlé d'une manière continue dans les actes de la vie civile, en raison de l'altération médicalement constatée de ses facultés mentales ou corporelles (C. civ. art. 440, al. 1 et 3). Il s'agit du régime de protection le plus fort : le majeur est en principe atteint d'une **incapacité absolue,** la gestion de ses biens étant confiée au tuteur qui va le représenter. **14430**

La tutelle ne peut être prononcée que s'il est établi que ni la sauvegarde de justice ni la curatelle ne peuvent assurer une protection suffisante (C. civ. art. 440, al. 4).

Le majeur sous tutelle est placé dans la même situation juridique que le mineur sous tutelle car les textes applicables sont communs. Le tuteur ne peut donc conclure un bail commercial en qualité de bailleur au nom du majeur protégé qu'avec l'autorisation du conseil de famille, ou à défaut du juge (n° 14050). Si le tuteur conclut seul un tel bail commercial donnant au majeur la **qualité de bailleur,** le bail a une efficacité limitée quant à sa durée et au droit au renouvellement et au maintien du locataire dans les lieux loués (nos 14053 s.). **14435**

La **capacité du majeur** sous tutelle peut être **augmentée.** Ainsi, une décision de justice peut, à l'ouverture de la tutelle ou ultérieurement, permettre au majeur sous tutelle de conclure un bail commercial lui-même, soit seul, soit avec l'assistance du tuteur (C. civ. art. 473, al. 2). Cette possibilité est très peu utilisée en pratique.

La conclusion au nom d'un majeur sous tutelle d'un bail commercial en **qualité de locataire** présente peu d'intérêt. En effet, le majeur sous tutelle ne peut pas être commerçant car son tuteur ne peut pas exercer le commerce en son nom, même avec l'autorisation du juge (C. civ. art. 509, al. 1 et 4) ; il ne peut donc pas être immatriculé au registre du commerce et des sociétés et ne peut pas non plus remplir la condition d'exploitation d'un fonds dans les lieux loués, conditions nécessaires pour bénéficier du statut des baux commerciaux. **14438**

BAIL CONCLU IRRÉGULIÈREMENT APRÈS LA MISE SOUS TUTELLE DU MAJEUR

Le **bail** commercial **conclu** en qualité de bailleur **par le majeur sous tutelle agissant seul** à compter du jour où le jugement d'ouverture de la tutelle est devenu opposable aux tiers est sanctionné dans les conditions suivantes (C. civ. art. 465, 1° à 3°) : **14450**

– en principe, le bail est nul de plein droit, sans qu'il soit nécessaire de justifier d'un préjudice ; toutefois, s'il est démontré que l'acte passé a été utile à la personne protégée et exempt de lésion ou qu'il a profité à celle-ci, le contractant du majeur pourra faire obstacle à l'action en nullité engagée contre lui (C. civ. art. 1150 et 1151) ;

– si la capacité du majeur a été augmentée par le juge dans une mesure telle qu'elle lui permet de conclure un bail commercial avec l'assistance du tuteur, le bail ne peut être annulé que si le majeur a subi un préjudice ;

– si l'augmentation de la capacité du majeur aboutit à lui permettre de conclure un bail commercial seul, ce bail est valable mais il peut être « annulé » ou réduit dans les mêmes conditions que s'il avait été effectué par un majeur sous sauvegarde de justice (n° 14348), à moins que la conclusion du bail ait été expressément autorisée par le juge ou par le conseil de famille.

L'**action en nullité** peut être exercée par le tuteur autorisé à cet effet par le juge des tutelles ou le conseil de famille (C. civ. art. 465, al. 6), par le majeur redevenu capable ou par ses héritiers après son décès (Cass. 1e civ. 31-1-1995 n° 93-12.613 : Bull. civ. I n° 60).

14454 L'**action en nullité** se prescrit par cinq ans (C. civ. art. 2224 sur renvoi de l'art. 465, al. 7) ; ce délai de **prescription** court à compter du jour où le majeur a eu connaissance de l'acte effectué, après la cessation de la tutelle (art. 1152, 2°). Toutefois, à l'égard des héritiers du majeur, le délai ne commence à courir qu'à compter du jour du décès de celui-ci, sauf s'il a commencé à courir avant (art. 1152, 3°). À notre avis, l'action en nullité est en tout état de cause prescrite vingt ans après la date de l'acte en raison du délai butoir instauré par l'article 2232 du Code civil.

14458 Les **effets** de la nullité d'un bail conclu par un majeur sous tutelle sont en principe les mêmes que ceux de la nullité de droit commun exposés nos 20540 s. Signalons toutefois que, par dérogation à ces règles, le majeur sous tutelle qui obtient l'annulation de l'acte qu'il a effectué irrégulièrement peut exiger la **restitution** de ce qu'il a remis à son cocontractant sans être tenu de restituer ce qu'il a reçu de celui-ci : il n'est tenu à la restitution qu'à hauteur du profit qu'il a retiré de l'acte annulé (C. civ. art. 1352-4).

BAIL CONCLU IRRÉGULIÈREMENT AVANT LA MISE SOUS TUTELLE DU MAJEUR

14470 Les obligations du **bail** commercial **conclu** par le majeur protégé **moins de deux ans avant la publicité du jugement d'ouverture** de la tutelle peuvent être réduites sur la seule preuve que l'inaptitude du majeur à défendre ses intérêts, par suite de l'altération de ses facultés personnelles, était notoire ou connue du cocontractant à l'époque où le bail a été conclu. Le bail peut même être annulé si le majeur protégé a subi un préjudice (C. civ. art. 464, al. 1 et 2).

Ces actions doivent être engagées dans les cinq ans du jugement d'ouverture de la tutelle (C. civ. art. 464, al. 3).

> **> Précisions** **L'articulation entre les actions en réduction et en nullité** n'est pas évidente. Si la réduction est demandée, c'est a priori parce que l'acte a été dommageable pour le majeur. On peut dès lors se demander ce que signifie l'exigence d'un préjudice pour pouvoir exercer l'action en nullité. Ce préjudice doit-il être plus important que celui qui permettrait (seulement) une action en réduction ? C'est à la jurisprudence de répondre à cette question (sur ce sujet, voir K. Salhi, La régularité des actes passés avant et après les mesures de protection : JCP N 2008 n° 36 art. 1273 p. 44).

4. CAPACITÉ DES MAJEURS SOUS CURATELLE À CONCLURE UN BAIL

14490 La mise sous curatelle concerne le majeur qui, en raison de l'altération médicalement constatée de ses facultés mentales ou corporelles, a besoin, même s'il n'est pas hors d'état d'agir lui-même, d'être conseillé ou contrôlé d'une manière continue dans les actes importants de la vie civile (C. civ. art. 440 et, sur renvoi, art. 425).

14495 Le majeur sous curatelle ne peut, sans l'assistance de son curateur, faire aucun acte qui, sous le régime de la tutelle des majeurs, requerrait une autorisation du juge des tutelles ou du conseil de famille (C. civ. art. 467).

Pour conclure un bail commercial en **qualité de bailleur,** le majeur sous curatelle peut agir seul mais le bail ainsi conclu a une efficacité limitée : durée maximale de neuf ans, absence pour le locataire de droit au renouvellement ou au maintien dans les lieux (nos 14053 s.). Seul le bail conclu avec l'assistance du curateur a plein effet (n° 14050). Si le **curateur refuse son assistance** pour la conclusion du bail commercial, le majeur peut demander au juge des tutelles l'autorisation de l'accomplir seul (C. civ. art. 469, al. 3). À tout moment, le **juge** des tutelles peut, par dérogation aux règles de droit commun de la curatelle, **augmenter la capacité** du majeur sous curatelle (C. civ. art. 471). Il peut ainsi lui permettre d'accorder seul un bail commercial ayant plein effet.

Le majeur sous curatelle peut conclure seul un bail commercial en **qualité de locataire.** En effet, aucun texte ne lui interdit d'exercer le commerce (Cass. 1e civ. avis 6-12-2018 n° 18-70.011 PBI : RJDA 5/19 n° 315) ; il peut dès lors être immatriculé au registre du commerce et des sociétés et peut remplir la condition d'exploitation d'un fonds dans les lieux loués, conditions nécessaires pour bénéficier du statut des baux commerciaux. Le majeur sous curatelle doit néanmoins être assisté de son curateur s'il effectue des actes de disposition en sa qualité de locataire (C. civ. art. 467).

BAIL CONCLU IRRÉGULIÈREMENT APRÈS LA MISE SOUS CURATELLE DU MAJEUR

14510 Le **bail** commercial **accordé par le majeur** sous curatelle, sans l'assistance de son curateur peut être annulé si le majeur a subi un préjudice (C. civ. art. 465, 2°). Cette nullité peut être demandée par le curateur avec l'autorisation du juge (C. civ. art. 465, al. 6).

Si, dans le cadre d'une augmentation de sa capacité, le **majeur** protégé a été **autorisé à conclure seul le bail,** ce dernier peut être « annulé » ou réduit dans les mêmes conditions que s'il avait été effectué par un majeur sous sauvegarde de justice (nos 14348 s.) (C. civ. art. 465, 1°).

Le **bail conclu seul par le curateur,** alors qu'il aurait dû être passé par le majeur avec son assistance, est nul de plein droit sans qu'il soit nécessaire de justifier d'un préjudice (C. civ. art. 465, 4°). L'action en nullité ne peut être exercée que par le majeur assisté de son curateur, pendant la durée de la curatelle, par le majeur protégé après la mainlevée de cette mesure de protection, et par ses héritiers après son décès (Cass. 1e civ. 5-3-2014 n° 12-29.974 F-PB : RJDA 8-9/14 n° 686).

Sur la prescription de ces actions, voir n° 14454.

BAIL CONCLU IRRÉGULIÈREMENT AVANT LA MISE SOUS CURATELLE DU MAJEUR

Les sanctions applicables en cas de **bail** commercial **consenti par le majeur** avant sa mise sous curatelle sont les mêmes, par identité de textes, que celles exposées n° 14470 pour le majeur sous tutelle. **14515**

5. CAPACITÉ DU MAJEUR SOUS HABILITATION FAMILIALE À CONCLURE UN BAIL

MAJEURS POUVANT ÊTRE PLACÉS SOUS HABILITATION FAMILIALE

Le **majeur** (ou le mineur émancipé) qui est dans l'impossibilité de pourvoir seul à ses intérêts en raison d'une altération, médicalement constatée, soit de ses facultés mentales, soit de ses facultés corporelles de nature à empêcher l'expression de sa volonté peut être placé sous habilitation judiciaire (C. civ. art. 494-1). **14520**

PERSONNES POUVANT ÊTRE HABILITÉES

Peuvent être habilités à représenter un majeur ses ascendants, ses descendants, ses frères et sœurs ou, à moins que la communauté de vie n'ait cessé entre eux, son conjoint, son partenaire de Pacs ou son concubin (C. civ. art. 494-1, al. 1). Cette liste est limitative. **14522**

PORTÉE DE L'HABILITATION

La conclusion d'un bail commercial peut entrer dans le **champ d'application de l'habilitation** accordée (C. civ. art. 494-6, al. 2 et 505 ; Décret 2008-1484 art. 1 et ann. 1, colonne 2-I). **14525**

Dans ce cas, lorsque la personne habilitée a pour mission de représenter le majeur (ou le mineur émancipé), c'est elle qui doit conclure le bail, en qualité de bailleur, au nom du majeur. En revanche, la personne habilitée par représentation ne peut pas accomplir les actes qui sont interdits dans le cadre de la tutelle (Cass. 1e civ. avis 20-10-2022 n° 22-70.011 B : RJDA 3/23 n° 134), tel l'exercice du commerce au nom du majeur ; elle ne peut donc pas conclure un bail commercial en qualité de bailleur au nom du majeur. Le majeur ne peut pas non plus conclure un tel acte car il perd la capacité d'accomplir les actes faisant l'objet de l'habilitation par représentation (C. civ. art. 494-8, al. 1).

Lorsque la personne habilitée est investie d'une mission d'assistance, la conclusion du bail par le majeur (ou le mineur émancipé) s'effectue dans les mêmes conditions que pour le majeur sous curatelle (C. civ. art. 494-1, al. 1 et, sur renvoi, art. 467 ; voir n° 14495).

SANCTIONS

Si le **majeur** (ou le mineur émancipé) **sous habilitation** conclut seul un bail commercial, alors qu'un tel acte relève de l'habilitation par représentation, ce bail est nul de plein droit, sans qu'il soit nécessaire de justifier d'un préjudice (C. civ. art. 494-9, al. 1). S'il conclut seul un bail alors qu'une telle conclusion nécessitait une assistance, ce bail ne peut être annulé que s'il est établi que le majeur a subi un préjudice (C. civ. art. 494-9, al. 2). **14527**

6. CAPACITÉ D'UN MAJEUR SOUS MANDAT DE PROTECTION FUTURE À CONCLURE UN BAIL

Un majeur (ou un mineur émancipé), non placé sous tutelle ou sous habilitation familiale, peut charger une ou plusieurs personnes, par un même mandat, de le représenter pour le cas où il ne pourrait plus pourvoir seul à ses intérêts en raison de l'altération médicalement constatée de ses facultés mentales ou corporelles (C. civ. art. 477, al. 1). Le majeur sous curatelle ne peut conclure un tel mandat qu'avec l'assistance de son curateur (C. civ. art. 477, al. 2). **14530**

Si le **mandat** de protection future est donné par acte **sous signature privée,** le mandataire ne peut effectuer que les actes qu'un tuteur peut faire sans autorisation (C. civ. art. 493, al. 1), **14535** c'est-à-dire les actes conservatoires et les actes d'administration. La conclusion d'un bail en qualité de locataire étant un acte de disposition (n° 14020), le mandataire ne peut donc pas conclure un bail commercial en cette qualité. En revanche, et bien que la conclusion d'un bail commercial en qualité de bailleur soit également un acte de disposition (n° 14020), il peut conclure un bail commercial au nom du majeur en qualité de bailleur mais le bail ainsi conclu ne peut pas être d'une durée supérieure à neuf ans et ne confère pas au locataire de droit à renouvellement ou au maintien dans les lieux (n°s 14053 s.).

Si le mandat est conclu **par acte notarié,** le mandataire peut effectuer tous les actes qu'un tuteur a le pouvoir d'accomplir seul ou avec une autorisation, même si le mandat est conçu en termes généraux (C. civ. art. 490). Il peut donc donner à bail commercial. Le mandataire peut-il conclure au nom du majeur un bail en qualité de locataire, l'exercice du commerce au nom du majeur étant interdit au tuteur (n° 14438) ? Dans la mesure où le mandataire est chargé, à la différence du tuteur, des intérêts d'une personne juridiquement capable, la question reste ouverte (en ce sens, N. Peterka, A. Caron-Déglise, Protection de la personne vulnérable : Dalloz action, 6e éd., 2024-2025, n° 412.122). Elle l'est d'autant plus depuis que la Cour de cassation a écarté, sous la curatelle, l'application des interdictions édictées sous la tutelle (Cass. 1e civ. avis 6-12-2018 n° 18-70.011 PBI : RJDA 5/19 n° 315).

14540 La mise en exécution du mandat de protection future ne fait pas perdre au **mandant** sa capacité juridique. Celui-ci peut donc **conclure seul un bail commercial,** en qualité de locataire ou de bailleur, mais ce bail peut être rescindé pour simple lésion ou réduit en cas d'excès, comme les actes passés par un majeur sous sauvegarde de justice (n°s 14348 s.). Les tribunaux doivent notamment prendre en considération l'utilité ou l'inutilité de l'opération, l'importance ou la consistance du patrimoine du mandant et la bonne ou la mauvaise foi de ceux avec qui il a contracté. Cette action appartient au mandant et, après son décès, à ses héritiers. Elle se prescrit par cinq ans (C. civ. art. 488, al. 2).

II. CAPACITÉ DES ÉTRANGERS À CONCLURE UN BAIL

A. Étrangers personnes physiques

1. RÈGLES GÉNÉRALES

14610 Comme tout Français, le ressortissant étranger qui veut conclure un bail commercial en France, en qualité de bailleur ou de locataire, doit en avoir la capacité juridique.

14615 La capacité d'un étranger de conclure un contrat de bail commercial en France dépend de sa **loi nationale** et non pas de la loi française. En effet, l'article 3, al. 3 du Code civil disposant que les lois relatives à l'état et à la capacité des personnes régissent les Français, même résidant dans un pays étranger, les lois nationales des étrangers s'appliquent, par réciprocité, à ceux qui résident en France. Par exemple, pour apprécier si une personne de nationalité anglaise peut conclure un bail commercial soumis au droit français, c'est dans la loi anglaise qu'il faut rechercher si des incapacités s'opposent à la conclusion d'un tel acte. La Cour de cassation a toutefois reconnu, dans un arrêt ancien, l'existence de restrictions à l'**opposabilité** aux Français **de l'incapacité** résultant de la loi nationale de l'étranger. Ainsi, après avoir constaté la difficulté pour un Français qui contracte avec un étranger de vérifier la capacité civile de ce dernier, le ressortissant français ne pouvant pas être tenu de connaître les dispositions de toutes les lois étrangères relatives à la capacité civile, elle a jugé que la règle qui impose de connaître la capacité de celui avec qui on contracte ne peut pas être aussi strictement et rigoureusement appliquée à l'égard des étrangers contractant en France qu'entre Français ; elle en a déduit qu'un contrat conclu entre un Français et un étranger est valable dès lors que le ressortissant français a contracté sans légèreté ni imprudence et avec bonne foi (Cass. req. 16-1-1861 : DP 1861 I p. 193).

14618 Pour pouvoir conclure en France un bail commercial en qualité de locataire, l'étranger doit, outre l'aptitude reconnue par sa loi nationale, satisfaire aux **conditions** requises par la loi française **pour l'exercice du commerce en France** (notamment absence d'interdiction ou d'incompatibilité, titre de séjour éventuellement). À défaut, l'étranger ne peut pas être immatriculé au registre du commerce et des sociétés et ne peut pas non plus remplir la condition d'exploitation d'un fonds de commerce dans les lieux loués, conditions nécessaires pour bénéficier du statut des baux commerciaux.

2. CAPACITÉ ET POUVOIRS DES ÉTRANGERS MARIÉS

a. Capacité de la femme étrangère mariée

À notre avis, toute disposition interne du droit d'un pays étranger limitant la capacité de la femme mariée est contraire à l'**ordre public international français** et à ce titre ne peut pas s'appliquer en France. 14620

b. Pouvoirs des époux étrangers

Pour que l'étranger marié puisse conclure un bail commercial, en qualité de bailleur ou de locataire, il faut vérifier que son régime matrimonial, qui régit les pouvoirs respectifs de chacun des époux sur les biens, ne s'oppose pas à cet acte. Il convient donc de rechercher la **loi applicable.** 14625

En matière de loi applicable, trois **corps de règles coexistent** selon la date du mariage : les règles françaises de source jurisprudentielle pour les époux mariés avant le 1er septembre 1992 ; les règles de la convention de La Haye sur les régimes matrimoniaux du 14 mars 1978 pour les époux mariés entre le 1er septembre 1992 (Convention art. 21, al. 1) et le 28 janvier 2019 inclus ; les règles issues du règlement 2016/1103 du 24 juin 2016, dit « règlement Régimes matrimoniaux », pour les époux mariés à compter du 29 janvier 2019.

Cette présentation est rendue plus complexe en cas de changement de loi applicable : si les époux mariés avant 1992 ont procédé à un changement de loi entre le 1er septembre 1992 et le 28 janvier 2019, le praticien peut être conduit à appliquer le droit commun et le droit conventionnel. Si le couple s'est marié après le 1er septembre 1992 et a procédé à un changement de loi après le 28 janvier 2019, c'est alors la convention et le règlement qu'il convient d'appliquer successivement (S. Godechot-Patris, Commentaire du règlement du 24 juin 2016 relatif aux régimes matrimoniaux : le changement dans la continuité : D. 2016 p. 2292).

> **Précisions** **a.** La **convention de La Haye** s'applique dans tout État signataire à tous les époux même si leur nationalité, leur résidence habituelle ou la loi applicable en vertu de ladite convention n'est pas celle d'un État contractant (Convention art. 2). Les pays qui ont ratifié cette convention sont : l'Autriche, la France, le Luxembourg, les Pays-Bas et le Portugal. Signalons qu'un État contractant de cette convention peut, aux termes de l'article 21, al. 2, étendre par déclaration l'application des dispositions de la convention aux époux mariés avant le 1er septembre 1992 ; à notre connaissance, aucun État contractant n'a usé de cette faculté. La convention ne remet pas en cause les traités internationaux signés par la France en matière de régimes matrimoniaux (Convention art. 20), dont l'existence doit être systématiquement recherchée.
> **b.** Le **règlement 2016/1103** a vocation à s'appliquer dans le cadre de régimes matrimoniaux ayant une incidence transfrontière (Règl. 2016/1104 du 24-6-2016 considérant 14). Au 15 mars 2025, date de mise à jour des présents développements, il concerne 18 États membres participants : Allemagne, Autriche, Belgique, Bulgarie, Chypre, Croatie, Espagne, Finlande, France, Grèce, Italie, Luxembourg, Malte, Pays-Bas, Portugal, République tchèque, Slovénie et Suède. Bien que la précision ne figure pas dans le texte du règlement, il est logique de considérer que les références aux États membres dans le texte du règlement sont des références aux États membres participant à la procédure de coopération renforcée. Le règlement peut s'appliquer à des époux mariés avant le 29 janvier 2019 si ces derniers procèdent après cette date à la désignation (ou à la modification) de la loi applicable à leur régime matrimonial (Règl. 2016/1104 du 24-6-2016 art. 69, 3).

ÉPOUX ÉTRANGERS MARIÉS DEPUIS LE 29-1-2019

Choix des époux de la loi applicable à leur régime matrimonial Depuis le 29 janvier 2019, les futurs époux peuvent choisir la loi applicable à leur régime matrimonial. Ce choix est toutefois encadré puisque les **lois susceptibles d'être choisies** sont uniquement les suivantes (Règl. 2016/1103 du 24-6-2016 art. 22) : 14630

– la loi de l'État de la résidence habituelle de l'un des époux ou futurs époux ;

– la loi d'un État dont l'un des époux ou futurs époux a la nationalité.

L'existence de l'élément de rattachement s'apprécie au moment de la conclusion du contrat et non au moment de la célébration du mariage.

Le **choix** peut intervenir à tout **moment,** avant le mariage, lors de sa célébration ou au cours de ce dernier (Règl. 2016/1103 considérant 45).

Le choix porte-t-il nécessairement sur le **régime légal prévu par la loi désignée ou** les époux peuvent-ils, à l'occasion de la désignation, **désigner la nature du régime matrimonial** choisi par eux comme cela est prévu par le droit français en application de la convention de La Haye ? 14635

Certains auteurs estiment que le **texte du règlement** laisse la place au doute (H. Péroz, Le nouveau Règlement européen sur les régimes matrimoniaux : JCP N 2016 n° 1241). Il nous semble cependant que le **préambule** prévoit expressément la faculté pour les époux de fixer les règles régissant leur régime matrimonial conformément à la loi applicable (Règl. 2016/1103 du 24-6-2016 considérant 18 ; en ce sens, L. Perreau-Saussine, Le nouveau Règlement européen « Régimes matrimoniaux » : JCP G 2016 n° 1116), même si l'article 1397-3 du Code civil n'est pas applicable (H. Péroz, article précité). Néanmoins, les modalités (et la forme) du choix devraient logiquement dépendre de la loi désignée.

14640 **Loi applicable au régime matrimonial en l'absence de choix des époux** En l'absence de choix par les époux étrangers de la loi applicable à leur régime matrimonial, le règlement prévoit une **« cascade » de rattachements** (Règl. 2016/1103 du 24-6-2016 art. 26). La loi applicable est :

– la loi de l'État de la première résidence habituelle commune des époux après la célébration du mariage, ou à défaut ;

– la loi de l'État de la nationalité commune des époux au moment de la célébration du mariage, ou à défaut ;

– la loi de l'État avec lequel les époux ont ensemble des liens les plus étroits au moment de la célébration du mariage, compte tenu de toutes les circonstances.

Si les époux ont **plus d'une nationalité** commune, au moment de la célébration du mariage, le rattachement à la nationalité commune est inopérant, et, en l'absence de résidence habituelle commune, il faut donc rechercher la loi des liens les plus étroits.

14645 **Modification de la loi applicable au régime matrimonial** Le règlement prévoit, à titre exceptionnel, un rattachement alternatif de la loi applicable au régime matrimonial des époux étrangers qui s'apparente à une modification volontaire unilatérale par un époux de la loi applicable sous **contrôle judiciaire** (en ce sens, L. Perreau-Saussine, Le nouveau Règlement européen « Régimes matrimoniaux » : JCP G 2016 n° 1116). La loi de l'État de la **dernière résidence habituelle commune** des époux sera applicable à la place de la loi de leur première résidence habituelle, sous réserve que plusieurs **conditions** soient réunies (Règl. 2016/1103 du 24-6-2016 art. 26, 3) :

– cette modification ne peut être que judiciaire et faite à la demande de l'un des époux ;

– elle requiert en outre que soit démontré que les époux avaient leur dernière résidence habituelle commune dans cet autre État pendant une période significativement plus longue que dans l'État de la première résidence habituelle et qu'ils s'étaient fondés sur la loi de ce même autre État pour organiser ou planifier leurs rapports patrimoniaux ;

– elle requiert enfin l'absence de convention matrimoniale entre les époux avant leur établissement dans l'État de la dernière résidence habituelle commune ; a contrario, la modification de la loi applicable serait possible si les époux ont fait un contrat de mariage soumis à une autre loi dans l'État de leur dernière résidence habituelle commune (G. Khairallah, Les règlements européens du 24 juin 2016 sur les régimes matrimoniaux et les effets patrimoniaux des partenariats : Bull. Cridon Paris 2018 n° 6).Ce rattachement alternatif ne peut pas jouer si la loi applicable est celle de la nationalité commune des époux, en l'absence de résidence habituelle commune.

S'agissant de l'**application dans le temps** de ce changement, la loi de l'État de la dernière résidence habituelle des époux s'applique à leur régime matrimonial à compter de la date de célébration du mariage, sauf opposition de l'un des époux. En cas d'opposition, elle s'applique à compter de la date de l'établissement de leur dernière résidence habituelle dans cet État. Le jeu de ce rattachement alternatif ne peut pas porter atteinte aux droits des tiers.

14650 Les époux peuvent d'un commun accord décider à tout moment au cours du mariage de **modifier** la **loi** choisie pour régir leur régime matrimonial ou, lorsqu'ils n'ont pas procédé à ce choix, de choisir une loi différente de celle qui régit leur régime en l'absence de choix (Règl. 2016/1103 du 24-6-2016 art. 22). Cette modification peut avoir lieu même si les époux se sont mariés avant l'entrée en vigueur du règlement et si leur régime matrimonial est régi par le droit commun ou la convention de La Haye de 1978. Cette modification est également possible alors que le droit applicable au régime interdit le changement de régime matrimonial pendant la durée du mariage. Les époux devraient pouvoir choisir à cette occasion la nature du régime matrimonial (et non pas nécessairement se voir imposer le régime légal de la nouvelle loi désignée), comme le permet le droit français adopté en application de la convention de La Haye (n° 14665) et sans avoir à se conformer aux dispositions de la loi applicable au régime matrimonial pour un changement de celui-ci dans une situation purement interne (en ce sens, de manière prudente, G. Khairallah, Les règlements européens du 24 juin 2016 sur les régimes matrimoniaux et les effets patrimoniaux des partenariats : Bull. Cridon Paris 2018 n° 6 ; plus affirmatifs, E. Fongaro et J.-C. Rega, Le changement de loi applicable au régime matrimonial : JCP N 2022 n° 1296 ; en sens contraire, M.-L. de Tejada, Règlement n° 2016/1103 sur les régimes matrimoniaux : difficultés d'application dans le temps : Bull. Cridon Paris 2019 n° 2).

ÉPOUX ÉTRANGERS MARIÉS ENTRE LE 1-9-1992 ET LE 28-1-2019

Les **époux** étrangers mariés entre le 1er septembre 1992 et le 28 janvier 2019 inclus peuvent avoir **fixé contractuellement,** avant leur mariage, la **loi** interne **applicable** à leur régime matrimonial (Convention de La Haye du 14-3-1978 art. 3, al. 1). Toutefois, ce choix n'est pas entièrement libre puisque les époux ne peuvent choisir qu'entre (art. 3, al. 2) : **14655**

– la loi d'un État dont l'un d'eux a la nationalité au moment du choix ;

– la loi de l'État sur le territoire duquel l'un d'eux a sa résidence habituelle au moment du choix ;

– la loi du premier État sur le territoire duquel l'un d'eux établira une nouvelle résidence habituelle après le mariage.

À l'occasion de la désignation de la loi applicable, les époux peuvent désigner la nature du régime matrimonial choisi par eux (C. civ. art. 1397-3, al. 3).

Lorsque les **époux** étrangers n'ont **pas,** avant le mariage, **fixé la loi applicable** à leur régime matrimonial, celui-ci est en principe soumis à la loi interne de l'État sur le territoire duquel ils établissent leur première **résidence principale habituelle** après le mariage (Convention de La Haye du 14-3-1978 art. 4, al. 1). **14660**

EXEMPLE

Une Anglaise et un Italien qui se sont mariés en France en 2014 sans déclaration expresse ni contrat de mariage préalable et y ont fixé aussitôt leur résidence sont soumis au régime légal français de la communauté d'acquêts.

La notion de « première résidence habituelle » paraît plus large, plus souple que celle de « premier domicile matrimonial » retenue par les règles françaises de droit international privé (n° 14685).

Toutefois, si les **époux** ont une **nationalité commune,** leur régime matrimonial est soumis à la loi de l'État dont ils sont l'un et l'autre nationaux dans les cas suivants (art. 4, al. 2 et art. 5, al. 2) :

1° Cet État a, au moment de son adhésion à la convention, expressément opté pour l'application de sa loi interne lorsque cette situation se présente.

2° Cet État n'est pas partie à la convention de La Haye mais sa loi interne est applicable selon son droit international privé et les époux ont établi leur première résidence habituelle après le mariage :

– dans un État partie à la convention de La Haye et ayant exercé l'option prévue au 1° ci-dessus ;

– dans un État qui n'est pas partie à la convention de La Haye et dont le droit international privé prescrit également l'application de leur loi nationale.

3° Les époux n'ont pas établi sur le territoire du même État leur première résidence habituelle après le mariage.

À **défaut de résidence habituelle et de nationalité commune,** le régime matrimonial des époux est soumis à la loi interne de l'État avec lequel, compte tenu de toutes les circonstances, les époux présentent les liens les plus étroits (art. 4, al. 3).

EXEMPLE

Des époux de nationalité différente, n'ayant pas de résidence habituelle commune en raison de leurs professions respectives et ayant fixé néanmoins l'ensemble de leurs intérêts pécuniaires aux Pays-Bas, sont soumis au régime légal néerlandais de la communauté universelle.

Normalement, la **loi** compétente en vertu des dispositions de la convention demeure applicable au régime matrimonial **pendant toute la durée du mariage,** même si les époux changent de nationalité ou de résidence habituelle (Convention de La Haye du 14-3-1978 art. 7, al. 1). Toutefois, les **époux** peuvent, au cours du mariage, **soumettre** leur **régime matrimonial à une loi interne autre** que celle applicable, cette possibilité étant limitée à la désignation de deux lois : celle d'un État dont l'un d'eux a la nationalité au moment de cette désignation, ou celle d'un État sur le territoire duquel l'un d'eux a sa résidence habituelle au moment de cette désignation (art. 6, al. 1 et 2). **14665**

EXEMPLE

Des **époux portugais** ont établi leur **premier domicile matrimonial au Portugal** en 1991. Leur régime matrimonial est donc soumis au droit portugais, qui n'autorise pas le changement de régime matrimonial. Ils s'établissent en France en 2001. À partir de cette date, ils peuvent demander à changer la loi applicable à leur régime matrimonial et **choisir la loi française.** Le droit français autorisant le changement de régime matrimonial, ils pourront ainsi indirectement changer de régime matrimonial.

14670 Dans certains cas, la **loi** jusque-là **applicable** au régime matrimonial peut être automatiquement remplacée par la loi interne de l'État où les époux ont tous deux leur nouvelle résidence habituelle. La **substitution automatique** n'intervient qu'en l'absence de contrat de mariage ou de désignation de la loi applicable et lorsque (Convention de La Haye du 14-3-1978 art. 7, al. 2-1° à 3°) :

– les époux fixent leur nouvelle résidence dans l'État dont ils ont tous deux la nationalité ou dès qu'ils l'acquièrent ;

– les époux, après le mariage, ont fixé cette nouvelle résidence habituelle depuis au moins dix ans ;

– les époux fixent leur résidence habituelle dans le même État, alors qu'auparavant ils étaient soumis à la loi de leur nationalité commune à défaut de résidence dans un même État lors du mariage.

EXEMPLE

L'arrivée en France d'une épouse turque restée lors du mariage en Turquie alors que son mari turc était venu travailler en France rend aussitôt applicable à leur régime matrimonial la loi française (communauté légale d'acquêts) au lieu de la loi turque.

La substitution automatique ne produit d'effets que pour l'avenir (art. 8).

14675 L'application de la loi déterminée par la convention de La Haye ne peut être écartée que si elle est manifestement incompatible avec l'**ordre public** (Convention de La Haye du 14-3-1978 art. 14).

ÉPOUX ÉTRANGERS MARIÉS AVANT LE 1-9-1992

14685 Par **contrat de mariage,** les époux étrangers mariés avant le 1er septembre 1992 ont pu librement déterminer la loi applicable à leur régime matrimonial.

À défaut de contrat de mariage, il convient de **déterminer** quelle a été leur **volonté.** Les tribunaux ont établi une présomption en faveur de la loi du premier domicile matrimonial (Cass. 1e civ. 4-6-1935, Zelcer : Rev. crit. DIP 1936 p. 755 note Basdevant). Il s'agit du lieu où les époux ont fixé, après le mariage et de façon stable, leurs intérêts pécuniaires, étant souligné que, pour la pratique notariale, seul un premier domicile de plus de deux ans présente un caractère effectif (M. Revillard : J.-Cl. Droit international fasc. 556 n° 23). Il s'agit cependant d'une présomption simple qui peut, à ce titre, être écartée si d'autres circonstances révèlent que les époux ont voulu soumettre leurs intérêts pécuniaires à une autre loi. Ces circonstances peuvent être antérieures, concomitantes ou postérieures au mariage dès lors qu'elles révèlent la volonté des époux au moment du mariage (notamment, Cass. 1e civ. 12-1-1982 : Defrénois 1984 art. 33224 note M. Revillard ; Cass. 1e civ. 12-11-1986 n° 84-17.500 : Bull. civ. I n° 256, 2e arrêt ; Cass. 1e civ. 2-12-1997 n° 95-20.308 : Bull. civ. I n° 338). La volonté des époux est appréciée souverainement par les juges du fond (Cass. req. 4-6-1935 : D. 1936 p. 7 ; Cass. 1e civ. 12-1-1982 : Defrénois 1984 art. 33224 note M. Revillard). Bien entendu, c'est le **régime légal** en vigueur dans la législation ainsi désignée qui s'applique aux époux.

14690 Si les époux souhaitent **changer de régime matrimonial** durant leur union, ils doivent interroger la loi applicable à leur régime matrimonial et vérifier que celle-ci autorise les changements de régime matrimonial (Cass. 1e civ. 4-6-1935 : Rev. crit. DIP 1936 p. 755 note Basdevant).

Le changement de la loi applicable au régime matrimonial n'est pas permis selon le droit international privé commun français. Cette question a toutefois perdu son intérêt pratique dès lors que les époux, même mariés avant le 1er septembre 1992, bénéficient des dispositions de la convention de La Haye du 14 mars 1978 permettant de changer la loi applicable au régime matrimonial et, par la même occasion, de choisir le régime matrimonial dans la loi ainsi désignée n° 14665.

B. Étrangers personnes morales

RECONNAISSANCE DE LA PERSONNALITÉ MORALE DES SOCIÉTÉS ÉTRANGÈRES

14700 Pour qu'une société étrangère ait la capacité de conclure un bail commercial **en France,** que ce soit en tant que bailleur ou locataire, il faut au préalable qu'elle y soit reconnue en tant que personne morale. À cet égard, il convient de distinguer selon que la société est ou non établie dans un pays de l'Union européenne.

Les **sociétés ressortissantes de pays de l'Union européenne** et y ayant leur siège statutaire, leur administration centrale ou ayant leur principal établissement à l'intérieur de l'Union peuvent s'établir dans les autres États membres et y exercer leur activité dans les mêmes conditions que les ressortissants de ces États (TFUE art. 49 et 54).

Pour les sociétés non ressortissantes de pays de l'Union européenne et ayant leur siège social dans ce pays, la personnalité morale peut être reconnue en France par des traités bilatéraux.

ILLUSTRATIONS

En application de l'article 14, 4 et 5 de la convention franco-américaine d'établissement du 25 novembre 1959, les partnerships constitués conformément aux lois et règlements en vigueur aux États-Unis d'Amérique voient leur personnalité morale reconnue en France.
Par suite, encourt la cassation l'arrêt qui déclare irrecevable l'action en responsabilité formée contre un partnership au motif que ce dernier est dépourvu en France de la personnalité juridique (Cass. 1e civ. 17-3-2011 n° 10-30.283 FS-PBI : RJDA 10/11 n° 807).

CAPACITÉ DES PERSONNES MORALES ÉTRANGÈRES

Les **sociétés** étrangères **dont la personnalité morale est reconnue** en France jouissent dans ce pays de tous les droits qui ne leur sont pas refusés par une disposition expresse de la loi (Cass. civ. 27-7-1948 : D. 1948 p. 535 ; Cass. 1e civ. 25-2-1981 n° 79-15.850 : Bull. civ. I n° 72 rendu à propos de personnes physiques mais transposable aux personnes morales). Toutefois, leur **capacité** ne peut pas excéder celle qui leur est reconnue dans leur pays d'origine. En effet, les lois sur la capacité sont attachées aux personnes : elles les régissent dans le pays de leur nationalité et les suivent en dehors de ce pays (en ce sens, Cass. 1e civ. 6-6-1990 n° 88-16.909 : Bull. civ. I n° 137, rendu pour les personnes physiques mais transposable aux personnes morales). **14705**

Il s'ensuit que la capacité d'une société de conclure un bail commercial dépend de sa loi nationale, c'est-à-dire la loi du lieu de son siège social (Cass. ass. plén. 21-12-1990 n° 88-15.744 : Bull. civ. n° 12), sous réserve de ne pas porter atteinte à l'ordre public français.

L'étendue des **pouvoirs des dirigeants** pour agir au nom de la société est également appréciée en fonction de la loi nationale de la société (Cass. com. 9-4-1991 n° 599 P : RJDA 7/91 n° 613 ; Cass. com. 9-3-1993 n° 444 P : RJDA 7/93 n° 617 ; Cass. 1e civ. 8-12-1998 n° 1872 P : RJDA 4/99 n° 415).

III. POUVOIR DES PARTENAIRES PACSÉS DE CONCLURE UN BAIL

Le fait qu'une personne soit partenaire à un pacte civil de solidarité (Pacs) ne restreint pas ses pouvoirs à conclure un bail commercial en qualité de **locataire,** quelle que soit la date à laquelle cette personne a contracté le Pacs. En revanche, l'existence d'un Pacs peut avoir des conséquences sur le pouvoir de chacun des partenaires de conclure un bail commercial en qualité de **bailleur,** selon que le bail porte sur un immeuble acquis avant ou après la conclusion du Pacs. **14760**

La loi 2006-728 du 23 juin 2006 portant réforme des successions et des libéralités a modifié profondément le régime juridique du Pacs, notamment en substituant un régime de séparation des patrimoines (C. civ. art. 515-1 à 515-7) au régime d'indivision complexe issu de la loi du 15 novembre 1999 (C. civ. art. 515-1 à 515-7 anciens). Le régime de séparation des biens s'applique aux pactes conclus depuis le 1er janvier 2007, les partenaires ayant toutefois la possibilité d'opter pour un régime d'indivision.

PACS CONCLUS DEPUIS LE 1-1-2007

Depuis le 1er janvier 2007, les partenaires qui concluent un Pacs sont automatiquement soumis à un **régime de séparation des biens.** Chacun reste propriétaire de ses biens personnels et en conserve l'administration, la jouissance et la libre disposition (C. civ. art. 515-5, al. 1). Il en résulte que le partenaire qui acquiert un immeuble à caractère commercial en est l'unique propriétaire. Il peut donc librement donner cet immeuble à bail. **14770**

Chaque partenaire peut prouver par tout moyen qu'il a la propriété d'un bien. Mais s'il n'y parvient pas, le bien est réputé appartenir indivisément pour moitié aux deux (C. civ. art. 515-5, al. 2).

Les partenaires qui concluent un Pacs peuvent choisir dans leur convention (ou dans une convention modificative) d'écarter le régime de la séparation des patrimoines pour soumettre leurs biens au **régime de l'indivision** : l'immeuble à caractère commercial qu'ils acquièrent ensemble ou séparément à compter de l'enregistrement du Pacs est alors réputé indivis pour moitié (C. civ. art. 515-5-1). L'immeuble demeure néanmoins la propriété exclusive de l'acquéreur lorsque celui-ci a réalisé l'achat avec des fonds qui lui appartenaient avant l'enregistrement de la convention initiale (ou de la convention modificative par laquelle les partenaires adoptent le régime de l'indivision), à condition qu'une déclaration d'emploi des deniers soit effectuée dans l'acte d'acquisition ; à défaut, l'immeuble est indivis pour moitié (C. civ. art. 515-5-2). **14775**

Sauf clause contraire de la convention de Pacs, chaque partenaire est gérant de l'indivision et dispose des pouvoirs reconnus par les articles 1873-6 à 1873-8 du Code civil (C. civ. art. 515-5-3, al. 1).

Ainsi, en application des dispositions de l'article 1873-6, al. 2, il peut consentir un bail commercial sous les mêmes restrictions que celles apportées aux pouvoirs dont disposent les époux sur les biens communs (nos 14860 s.).

> **Précisions** Pour administrer leurs droits indivis, les partenaires peuvent conclure une **convention d'indivision** dans les conditions fixées aux articles 1873-1 à 1873-15 du Code civil, étant précisé que cette convention est conclue pour la durée du Pacs (et non pour une durée maximale de cinq ans comme le prévoit l'article 1873-3 du Code civil) et que les partenaires peuvent décider, lors de la dissolution du Pacs, qu'elle continuera à produire ses effets (C. civ. art. 515-5-3, al. 2 et 3).

PACS CONCLUS AVANT LE 1-1-2007

14780 Si les partenaires n'ont pas opté pour le régime actuel exposé nos 14770 s., le pacte conclu avant le 1er janvier 2007 est soumis au régime de l'**indivision** issu de la loi du 15 novembre 1999.

14785 **Bail portant sur un immeuble acquis après la conclusion du Pacs** Les biens autres que les meubles meublants dont les partenaires deviennent propriétaires à titre onéreux après la conclusion du Pacs sont **présumés indivis** par moitié si l'acte d'acquisition n'en dispose autrement (C. civ. art. 515-5, al. 2 ancien). Cette présomption étant à notre avis irréfragable, les partenaires qui veulent qu'un bien autre qu'un meuble meublant, tel un immeuble commercial, reste leur propriété exclusive doivent le mentionner dans l'acte d'acquisition ou de souscription. S'ils souhaitent une indivision inégalitaire, ils doivent préciser les proportions dans lesquelles chacun sera propriétaire. Car si l'acte d'acquisition prévoit une répartition par moitié de la propriété, un partenaire ne pourra pas prétendre à une part plus importante dans l'indivision (pour une illustration, s'agissant d'une indivision portant sur un immeuble, Cass. 1e civ. 4-3-2015 n° 14-11.278).

Concernant la **gestion de l'indivision**, si rien n'est prévu dans la convention de Pacs ou l'acte d'acquisition, les règles de l'indivision légale sont applicables pour déterminer quels sont les pouvoirs des partenaires pour donner à bail un immeuble à caractère commercial acquis après la conclusion du Pacs (nos 15650 s.).

14790 **Bail portant sur un immeuble acquis avant la conclusion du Pacs** L'article 515-5, al. 2 ancien du Code civil (n° 14785) ne visant que les biens acquis après la conclusion du Pacs, l'immeuble à caractère commercial acquis avant la conclusion du Pacs est exclu de l'indivision et demeure donc la propriété de chaque partenaire. En conséquence, celui-ci peut librement le donner à bail.

IV. POUVOIR DES ÉPOUX DE CONCLURE UN BAIL

14850 Le fait pour une personne d'être mariée ne restreint pas sa capacité de conclure un bail commercial **en tant que locataire.** Chaque époux a la pleine capacité de droit (C. civ. art. 216).

En revanche, le pouvoir des époux de conclure un bail commercial **en qualité de bailleur** est fonction du régime matrimonial sous lequel ils sont mariés (communauté ou séparation de biens) et de la nature de l'immeuble loué (bien faisant partie de la communauté, nos 14855 s. ; bien appartenant à un seul des époux, nos 14930 s.). Ces règles doivent être combinées avec celles du « régime primaire » (C. civ. art. 212 s.), destinées à préserver l'intérêt de la famille ou des tiers et applicables quel que soit le régime (nos 14970 s.).

Sur le pouvoir des époux étrangers de conclure un bail commercial en France, voir nos 14620 s.

A. Bail sur un bien dépendant de la communauté

14855 Les règles présentées ci-après s'appliquent quel que soit le régime communautaire choisi par les époux : communauté réduite aux acquêts (régime applicable de plein droit lorsque les époux n'ont pas conclu de contrat de mariage), communauté universelle, etc. Ces règles s'appliquent également aux époux mariés sous le régime de la séparation de biens assorti d'une société d'acquêts, pour les biens affectés à cette société.

1. CONCLUSION DU BAIL PAR LES DEUX ÉPOUX

Les époux **ne peuvent l'un sans l'autre** donner à bail un immeuble à usage commercial dépendant de la communauté (C. civ. art. 1425). Un époux agissant seul ne peut donc pas consentir, sur un immeuble dépendant de la communauté, un bail donnant au locataire la faculté d'affecter les lieux loués à un usage commercial (Cass. 3e civ. 19-5-1981 no 79-14.882 : Bull. civ. III no 100). **14860**

Cette règle de cogestion ne souffre aucune exception, pas même celle de l'article 1421, al. 2 du Code civil aux termes duquel l'époux qui exerce une profession séparée a seul pouvoir d'accomplir les actes d'administration et de disposition nécessaires à celle-ci (C. civ. art. 1421, al. 3). De même, lorsqu'un époux exerce son activité professionnelle sous le statut d'entrepreneur individuel, il est soumis à cette règle (C. com. art. L 526-26).

Malgré la formule « les époux ne peuvent l'un sans l'autre » utilisée dans l'article 1425 du Code civil, il n'est pas nécessaire que les **époux** soient tous les deux **présents lors de la signature du** contrat de **bail.** En effet, si la loi 85-1372 du 23 décembre 1985 a substitué à la condition exigeant le consentement du conjoint celle interdisant aux époux d'agir l'un sans l'autre, elle n'a pas modifié l'objet de l'intervention du conjoint, celui-ci devant seulement donner son consentement à la conclusion du contrat de bail ; or, sous le régime antérieur à la loi de 1985, les tribunaux avaient admis que le consentement du conjoint pouvait être donné préalablement ou postérieurement à l'acte. Il nous semble donc que cette jurisprudence peut être transposée au régime actuel. **14863**

Le consentement ne peut pas être donné dans n'importe quelles conditions. Ainsi, le conjoint peut exprimer son consentement en donnant mandat à son époux (C. civ. art. 218), mais ce mandat doit être spécial (Cass. 1e civ. 29-6-1983 : Bull. civ. I no 192, rendu à propos d'une donation mais transposable à la conclusion d'un bail commercial par identité des textes applicables), c'est-à-dire qu'il doit préciser le contrat de bail à propos desquels le mandat est donné ; il ne peut en aucun cas être général. Sur la possibilité pour un époux d'invoquer un **mandat** tacite de l'autre époux, voir nos 15200 s. ; sur la faculté pour le cocontractant d'invoquer l'existence d'un mandat apparent entre les époux justifiant le consentement, voir nos 15250 s. **14866**

Sur la possibilité pour le conjoint de donner son **consentement ultérieurement** à l'acte, voir no 14900.

Le **consentement** du conjoint peut être express ou **tacite** (Cass. 1e civ. 1-2-2017 no 16-11.599 FS-PB : Bull. inf. C. cass. 15-2-2017 no 790). **14867**

En application de l'article 219, al. 2 du Code civil, la conclusion d'un bail commercial effectuée par un époux agissant seul peut également être valable si les conditions de la **gestion d'affaires** sont réunies (Cass. 3e civ. 21-2-2001 no 223 F-D : JCP N 2001 p. 1122, rendu à propos d'un bail rural mais transposable au bail commercial en raison de l'identité des textes applicables). **14869**

Le **conjoint** qui a donné son consentement n'est pas de ce fait **cobailleur.** Il ne l'est que s'il est partie au contrat de bail. **14872**

2. CONCLUSION DU BAIL PAR UN SEUL ÉPOUX

Un époux peut demander en justice à être substitué à son conjoint dans l'exercice de ses pouvoirs s'il se trouve confronté à l'une des trois circonstances suivantes (C. civ. art. 1426, al. 1) : **14875**

- son **conjoint** se trouve, de manière durable, **hors d'état de manifester sa volonté** ;
- son conjoint est **inapte à gérer les biens** communs. Il importe peu que le conjoint soit de bonne ou de mauvaise volonté. En effet, l'inaptitude n'implique pas nécessairement un comportement fautif et peut découler d'un simple défaut de compétences pour gérer (en ce sens, F. Terré et Ph. Simler, Régimes matrimoniaux et statut patrimonial des couples non mariés : Précis Dalloz 9e éd. no 452) ;
- la gestion de son **conjoint** révèle qu'il **fraude.** La fraude suppose que le conjoint commette volontairement des actes nuisibles aux intérêts communs du couple.

La demande en justice ne peut émaner que de l'un des époux. Les créanciers de ceux-ci n'ont aucun pouvoir pour agir (C. civ. art. 1446 sur renvoi de l'art. 1426).

L'époux ainsi habilité doit obtenir une autorisation de justice pour conclure un bail commercial (C. civ. art. 1426, al. 2).

L'époux frappé d'incapacité peut demander au tribunal de retrouver ses pleins pouvoirs en établissant que leur retrait n'est plus justifié (C. civ. art. 1426, al. 3).

3. SANCTIONS DU BAIL IRRÉGULIÈREMENT CONCLU PAR UN ÉPOUX

14880 Si l'un des **époux** a outrepassé ses pouvoirs sur les biens communs, par exemple en **consentant seul un bail** commercial sur un bien commun, l'autre, à moins qu'il n'ait ratifié l'acte, peut demander l'annulation de l'acte ainsi effectué (C. civ. art. 1427, al. 1 ; Cass. 3e civ. 19-5-1981).

ATTENTION

Si ce **dépassement de pouvoirs** par l'un des époux est **effectué en fraude des droits de son conjoint,** le bail frauduleux relève également de l'action en nullité prévue par l'article 1427 du Code civil et non de la sanction des actes frauduleux qui ne s'applique qu'à défaut d'une autre sanction (Cass. 1e civ. 30-3-1999 no 97-16.252 : Bull. civ. I no 111 ; Cass. 1e civ. 4-12-2001 no 1964 F-PB : JCP G 2002 II no 10059 note J. Causey ; Cass. 1e civ. 23-3-2011 no 09-66.512 FS-PBI : RJDA 6/11 no 535).

ACTION EN NULLITÉ DU BAIL IRRÉGULIÈREMENT CONCLU PAR UN ÉPOUX

14890 **Titulaire de l'action en nullité** La nullité de l'article 1427 du Code civil est une nullité relative dont l'action est réservée à l'époux victime du dépassement de pouvoirs ou à ses héritiers (Cass. 1e civ. 4-7-2007 no 04-10.494 : RJDA 11/07 no 1103 ; Cass. 3e civ. 14-11-2007 no 06-13.818 : RJDA 4/08 no 385). En conséquence, elle ne peut être invoquée ni par le conjoint auteur de ce dépassement de pouvoirs (Cass. 1e civ. 20-1-1998 no 97 D : Navis Droit des affaires) ni par le cocontractant (Cass. 3e civ. 8-1-1992 no 90-11.921 : Bull. civ. III no 8).

14893 **Délai pour agir en nullité** Le délai pour agir en nullité est de deux ans **à partir** du jour où le conjoint de l'époux auteur du dépassement a eu connaissance de l'acte, sans jamais pouvoir être intentée plus de deux ans après la dissolution de la communauté (C. civ. art. 1427, al. 2). Toutefois, bien que ce texte prévoie que l'action en nullité ne peut jamais être intentée plus de deux ans après la dissolution de la communauté, la Cour de cassation a considéré que, si générale soit cette formule, celle-ci ne peut pas avoir pour effet de priver le conjoint du droit d'agir en nullité pendant les deux années qui suivent la réalisation de l'acte (Cass. 1e civ. 2-6-1981 no 79-14.396 : Bull. civ. I no 187).

ILLUSTRATIONS

Dans un cas où un époux avait conclu une promesse de vente d'un immeuble constituant un bien de communauté sans le consentement de sa femme et où l'acquéreur avait levé l'option deux ans après le décès du mari, elle a jugé que le délai de deux ans pour agir en nullité de la promesse ne pouvait pas commencer à courir avant la levée de l'option, même si la communauté des époux avait été dissoute depuis plus de deux ans (Cass. 1e civ. 2-6-1981 précité, arrêt rendu à propos d'une promesse de vente mais transposable en cas de promesse de bail).

Ce délai est soumis aux règles de droit commun des délais de prescription (Cass. 1e civ. 12-7-1982 no 80-13.242 : Bull. civ. I no 257 ; Cass. 1e civ. 11-1-1983 no 80-15.945 : Bull. civ. I no 14). Sur ces règles (notamment, computation, interruption, suspension du délai), voir Mémento Droit commercial nos 71745 s.

14896 L'expiration du délai de prescription éteint l'action en nullité mais pas le droit d'opposer cette nullité comme exception en défense à une action en justice (**exception** dite **de nullité**). Sur cette question, voir les développements aux nos 20500 s.

14900 **Confirmation de l'acte nul** L'époux victime du dépassement de pouvoirs par son conjoint peut régulariser le contrat de bail en le ratifiant ; il ne peut alors plus en demander l'annulation (C. civ. art. 1427, al. 1).

La ratification peut résulter de tout acte qui implique, sans équivoque, sa volonté de le confirmer (Cass. 1e civ. 17-3-1987 : Bull. civ. I no 95 ; Cass. 1e civ. 12-7-1994 no 1121 P : Bull. civ. I no 246).

14903 **Effets de l'annulation du bail** Le contrat de bail annulé est, conformément au droit commun, privé de tout effet. Il a en effet été jugé que cette action tend non pas à l'**inopposabilité** de l'acte à l'époux victime de l'excès de pouvoirs mais à une **nullité** qui prive l'acte de tout effet non seulement à l'égard de l'époux victime mais aussi dans les rapports entre l'époux qui a outrepassé ses pouvoirs et le cocontractant (Cass. 1e civ. 27-6-1978 : JCP 1980 II no 19424 note M. Henry ; Cass. 3e civ. 5-5-1981 no 792 ; Cass. 1e civ. 17-6-1981 : JCP G 1982 II no 19809 note J. Patarin ; Cass. 3e civ. 28-3-1984 no 83-10.848 : Bull. civ. III no 119, arrêts rendus sous l'empire de l'ancien article 1427 du Code civil, qui sanctionnait les excès de pouvoirs du mari sur les biens communs, dont la solution est transposable sous la rédaction actuelle de l'article 1427).

Le contrat de bail est nul envers le cocontractant même si celui-ci est de bonne foi (notamment à propos d'autres contrats mais transposables au bail, Cass. 1e civ. 6-2-1979 no 77-15.300 : Bull. civ. I no 43 ; CA Paris 26-5-1992 no 90-2081, 16e ch. A).

Sur les autres effets de la nullité, voir nos 20590 s.

RESPONSABILITÉ DE L'ÉPOUX AYANT IRRÉGULIÈREMENT CONCLU UN BAIL

L'époux qui a outrepassé ses pouvoirs en concluant un bail commercial engage sa responsabilité à l'égard de son **conjoint.** Il est ainsi tenu de réparer le préjudice que laisserait subsister le prononcé de la nullité. L'époux victime peut aussi limiter sa demande au seul terrain de la responsabilité civile. 14910

Le **tiers contractant** n'est, en revanche, pas autorisé à rechercher la responsabilité civile de l'époux auteur du dépassement de pouvoir (Cass. 1e civ. 24-3-1981 : JCP 1982 II n° 19746, arrêt ayant toutefois émis une réserve en cas de dol ; Cass. 1e civ. 11-1-1983 n° 80-15.945 : Bull. civ. I n° 14 ; Cass. 1e civ. 28-3-1984 n° 83-10.848 : Bull. civ. I n° 119).

B. Bail sur un bien propre ou personnel

GESTION AUTONOME DES BIENS PROPRES OU PERSONNELS

La gestion des biens qui appartiennent à un seul époux (« biens propres » pour les époux mariés sous un régime communautaire ou « biens personnels » pour les époux mariés sous le régime de la séparation de biens ou de la participation aux acquêts) est simple : chacun des époux peut administrer seul ces biens et en disposer. 14930

Ce principe, énoncé à l'article 225 du Code civil, dont les dispositions sont applicables à tous les époux quel que soit leur régime matrimonial, est repris tant par l'article 1428 qui énonce que chaque époux marié sous un **régime communautaire** a l'administration et la jouissance de ses biens propres et peut en disposer librement, que par les articles 1536, al. 1 et 1569, aux termes desquels chacun des **époux séparés de biens** (ou mariés sous le régime de la participation aux acquêts) conserve l'administration, la jouissance et la libre disposition de ses biens personnels.

En conséquence, chaque époux peut donc librement donner à bail un immeuble lui appartenant personnellement.

INTERVENTION DE L'ÉPOUX NON PROPRIÉTAIRE DU BIEN PROPRE OU PERSONNEL

Mandat exprès Un époux peut donner mandat à l'autre de le représenter dans l'exercice des pouvoirs que le régime matrimonial lui attribue (C. civ. art. 218) ; il peut donc lui donner mandat en vue de donner à bail un immeuble dont il est personnellement propriétaire. Dans un tel cas, les règles du mandat sont applicables, sous la réserve que l'époux mandataire n'a pas à rendre compte de la perception des fruits produits par l'immeuble sauf si le mandat l'y oblige expressément (C. civ. art. 1431 pour les époux communs en biens et art. 1539 pour les époux séparés de biens ou mariés sous le régime de la participation aux acquêts). Sur les règles du mandat, voir nos 15160 s. 14935

Ce mandat est librement révocable (C. civ. art. 218).

Mandat tacite Quand l'un des époux prend en main la gestion des biens de l'autre, au su de celui-ci et néanmoins **sans opposition** de sa part, il est censé avoir reçu un mandat tacite, couvrant les actes d'administration et de jouissance mais non les actes de disposition (C. civ. art. 1432, al. 1 pour les époux communs en biens et 1540, al. 1 pour les époux séparés de biens ou mariés sous le régime de la participation aux acquêts). 14940

La conclusion d'un bail commercial en qualité de bailleur constitue un acte de disposition (n° 15177), de sorte que l'époux qui consent un bail commercial sur un immeuble appartenant à son conjoint excède les pouvoirs de gestion qu'il tient du mandat tacite qu'il a reçu ; néanmoins, le conjoint peut ratifier le bail ainsi consenti (Cass. 1e civ. 17-5-1993 n° 91-20.112 : Bull. civ. I n° 172).

ILLUSTRATIONS

> Il a été déduit des circonstances suivantes et du silence gardé par un époux pendant plus de deux ans que celui-ci avait ratifié le bail consenti par son conjoint sur un immeuble lui appartenant : des liens personnels unissaient l'époux au gérant et aux associés de la société locataire ; l'époux avait une communauté d'intérêt avec ce gérant et ces associés ; l'époux avait parfaitement connaissance de la situation tant par les déclarations fiscales que par la localisation de la société à la même adresse que le domicile des époux (Cass. 1e civ. 17-5-1993 n° 91-20.112, précité).

À défaut de ratification, le contrat de bail est nul (n° 14950). La nullité peut être écartée par le recours à la gestion d'affaires (n° 14945).

Ces restrictions ne valent toutefois que dans les relations entre époux, les **tiers** pouvant, si les conditions en sont réunies, invoquer un **mandat apparent** (nos 15250 s.).

Gestion d'affaires À défaut de pouvoir légal, de mandat ou d'habilitation judiciaire, les actes faits par un époux en représentation de l'autre ont effet à l'égard de celui-ci suivant les règles de la gestion d'affaires (C. civ. art. 219, al. 2). Sur les conditions de la gestion d'affaires, voir n° 14375. 14945

14950 **Intervention irrégulière** Le bail consenti par un époux sur un bien propre ou personnel de son conjoint sans mandat est nul (Cass. 1e civ. 6-7-1976 no 73-13.182 : Bull. civ. I no 246), sous réserve des règles de la gestion d'affaires.

L'action en **nullité** est soumise aux conditions de droit commun ; elle n'est pas, à notre avis, régie par l'article 1427 du Code civil, car ce texte est spécifique aux biens communs et il vise le cas où un époux a outrepassé ses pouvoirs, alors que l'époux qui agit sur les biens propres ou personnels de son conjoint ne dispose d'aucun pouvoir. La nullité est régie par le droit commun des nullités relatives, notamment quant à la prescription et à la possibilité de confirmation (dans le même sens, F. Terré et Ph. Simler, Régimes matrimoniaux et statut patrimonial des couples non mariés : Précis Dalloz 9e éd. no 480 note no 3).

En outre, si l'époux s'est immiscé dans la gestion des biens appartenant à son conjoint au mépris d'une opposition de la part de celui-ci, il est **responsable** de toutes les suites de son immixtion et comptable sans limitation de tous les fruits (tels les loyers) qu'il a perçus, négligé de percevoir ou consommés frauduleusement (C. civ. art. 1432, al. 3 pour les époux communs en biens et art. 1540, al. 3 pour les époux séparés de biens ou mariés sous le régime de la participation aux acquêts).

C. Limitations générales au pouvoir des époux de conclure un bail

EMPÊCHEMENT D'UN ÉPOUX

14970 Si l'un des **époux** se trouve **hors d'état de manifester sa volonté,** l'autre peut se faire habiliter par justice à le représenter, d'une manière générale ou pour certains actes particuliers, y compris à notre avis pour la conclusion d'un bail commercial, les conditions et l'étendue de cette représentation étant fixées par le juge (C. civ. art. 219, al. 1).

Les **causes** pour lesquelles l'un des époux se trouve hors d'état de manifester sa volonté sont multiples : il peut s'agir notamment d'un époux qui a disparu, qui est atteint de troubles mentaux (maladie d'Alzheimer, par exemple), qui est absent. L'article 219 du Code civil est applicable même si le conjoint aurait pu, en raison de son état, être placé sous le régime de la tutelle (Cass. 1e civ. 9-11-1981 : JCP G 1982 II no 19808) ou est déjà placé sous l'un des régimes de protection des majeurs (Cass. 1e civ. 18-2-1981 no 80-10.403 : Bull. civ. I no 60).

14972 Un époux peut être autorisé par justice à passer seul un **bail commercial portant sur un bien commun** (pour lequel le consentement de son conjoint est nécessaire), si celui-ci est hors d'état de manifester sa volonté (C. civ. art. 217, al. 1). La conclusion d'un bail commercial portant sur un bien propre ou personnel n'est en principe pas concernée puisque, pour être éligible à l'autorisation judiciaire, le demandeur doit avoir sur le bien un demi-pouvoir.

L'autorisation judiciaire ne peut être donnée que pour un bail commercial déterminé. Elle doit en préciser les conditions. Le bail autorisé est passé au nom du conjoint valide. Il n'entraîne aucune obligation personnelle pour l'époux empêché qui y demeure étranger. Il lui est cependant opposable.

Les **causes** pour lesquelles un époux est hors d'état de manifester son consentement sont les mêmes à notre avis que celles envisagées à propos de l'article 219, al. 1 (no 14970).

CONFLITS ENTRE ÉPOUX

14975 Chaque époux peut se faire autoriser par justice à consentir seul un bail commercial portant sur un bien commun, un tel acte constituant un acte de disposition (no 15177), lorsque son conjoint oppose un **refus non justifié par l'intérêt de la famille,** alors que cet acte requiert, en principe, le consentement des deux époux (C. civ. art. 217, al. 1). Le caractère justifié ou non du refus au regard de l'intérêt de la famille est souverainement apprécié par les juges du fond et tient compte de l'utilité familiale de l'opération envisagée (Cass. 1e civ. 19-10-1999 no 97-21.466 : Bull. civ. I no 284).

14980 Si l'un des **époux manque gravement à ses devoirs et met ainsi en péril les intérêts de la famille,** le juge aux affaires familiales peut prescrire toutes les mesures urgentes que requièrent ces intérêts ; il peut notamment interdire à cet époux de conclure, sans le consentement de l'autre, un bail commercial en qualité de bailleur, un tel acte constituant un acte de disposition (no 15177), sur ses propres biens. La durée des mesures prescrites par le juge doit être déterminée et ne saurait, prolongation éventuellement comprise, dépasser trois ans (C. civ. art. 220-1).

Si l'époux contre lequel les mesures ont été ordonnées contrevient à ces mesures en consentant seul un bail commercial sur un immeuble lui appartenant personnellement et que son cocontractant est de mauvaise foi, l'autre époux peut en demander la nullité dans les deux ans à partir du jour où il a eu connaissance de l'acte (C. civ. art. 220-3).

V. POUVOIR DE L'USUFRUITIER DE CONCLURE UN BAIL

L'usufruit est défini comme le droit de jouir des choses dont un autre a la propriété à charge d'en conserver la substance (C. civ. art. 578). En pratique l'usufruit confère à son titulaire un droit réel lui permettant d'user et de jouir du bien dont le titulaire de la propriété démembrée, le nu-propriétaire, conserve la faculté de disposer. Mais les droits de l'un limitent nécessairement les droits de l'autre. **15050**

L'usufruit résulte de la loi ou de la volonté des parties (C. civ. art. 579).

L'usufruitier ne peut pas, sans le **concours du nu-propriétaire,** donner à bail un immeuble à usage commercial (C. civ. art. 595, al. 4). **15055**

Si le nu-propriétaire ne donne pas son consentement, l'**usufruitier** peut être **autorisé en justice** à conclure seul le bail (art. précité).

ILLUSTRATIONS

Une cour d'appel a pu autoriser les usufruitiers de terres agricoles en indivision à consentir un bail commercial à une société sur certaines parcelles afin de construire et d'exploiter une plateforme de compostage de déchets organiques, malgré l'opposition de l'un des nus-propriétaires, pour les raisons suivantes : le bail envisagé obéissait à la nécessité d'adapter les activités agricoles à l'évolution économique et à la réglementation sur la protection de l'environnement ; il ne dénaturait ni l'usage auquel les parcelles étaient destinées ni leur vocation agricole ; il était profitable à l'indivision, mais sans porter atteinte aux droits des nus-propriétaires dans la mesure où le locataire s'engageait, en fin de bail, à remettre les lieux dans leur état d'origine (Cass. 3e civ. 2-2-2005 n° 137 FS-PB : RJDA 3/06 n° 350).

Cette autorisation judiciaire n'est soumise à aucune **condition.** L'usufruitier peut donc être autorisé par le juge à conclure un bail avec les locataires de son choix (Cass. 3e civ. 29-11-1995 n° 94-11.735 : Bull. civ. III n° 246, rendu à propos d'un bail rural mais transposable au bail commercial).

Pour accorder l'autorisation, les juges doivent confronter les intérêts de l'usufruitier et du nu-propriétaire. Ainsi, les juges peuvent refuser l'autorisation s'ils considèrent que la conclusion du bail est préjudiciable aux intérêts de ce dernier (Cass. 3e civ. 5-3-1986 n° 84-15.430 : Bull. civ. III n° 24 ; Cass. 3e civ. 4-3-1987 n° 85-17.667 : Bull. civ. III n° 43).

Il est possible de **déroger aux règles légales** et de prévoir une **répartition différente des pouvoirs** de l'usufruitier ou du nu-propriétaire. Ainsi, des impératifs d'efficacité dans la gestion peuvent conduire à permettre à l'usufruitier de conclure seul un bail commercial. **15058**

BAIL CONCLU PAR LE SEUL USUFRUITIER

Le nu-propriétaire peut demander l'**annulation du bail** consenti irrégulièrement par l'usufruitier (Cass. 3e civ. 26-1-1972 ; Cass. 3e civ. 11-2-1975 n° 74-10.893 : Bull. civ. III n° 53, rendu à propos d'un bail de fonds rural mais transposable au bail commercial) et ce, sans attendre la fin de l'usufruit (Cass. 3e civ. 26-1-1972, précité ; Cass. 3e civ. 11-2-1975, précité ; Cass. 3e civ. 16-12-1987 n° 86-15.324 : Bull. civ. III n° 210). **15060**

Bien qu'elle ne protège pas les intérêts d'une partie à l'acte de bail mais ceux d'un tiers (le nu-propriétaire), cette nullité est relative (Cass. 3e civ. 14-11-2007 n° 06-17.412 FS-PB : RJDA 4/08 n° 384 ; CA Bourges 30-5-1979, 1e ch. : Gaz. Pal. 1979 jur. p. 617). L'usufruitier n'est donc pas fondé à invoquer la nullité du bail qu'il a consenti sans l'accord du nu-propriétaire (Cass. 3e civ. 24-2-1998 n° 96-10.457 D : D. aff. 1988 n° 122 p. 1080). Il en est de même pour celui qui a acquis le bien après le décès du nu-propriétaire (Cass. 3e civ. 14-11-2007 précité) ou pour le locataire. Le droit d'invoquer la nullité du bail persiste au profit du nu-propriétaire même après reconstitution de la pleine propriété. La Cour de cassation a ainsi jugé que le nu-propriétaire, après la reconstitution de la pleine propriété entre ses mains à la suite du décès de l'usufruitier, n'est pas pour autant privé de la possibilité d'invoquer la nullité du bail commercial que l'usufruitier avait consenti sans avoir requis son autorisation (Cass. 3e civ. 9-12-2009 n° 08-20.133 : Bull. civ. III n° 271).

La nullité du bail peut être évitée si l'**usufruitier** s'est comporté lors de la conclusion du bail comme un **propriétaire apparent.** La Cour de cassation n'admet pas facilement la qualité de propriétaire apparent de l'usufruitier. Elle a jugé qu'un locataire ne pouvait pas invoquer la croyance légitime qu'il traitait avec le véritable propriétaire alors qu'il savait que le signataire du bail n'était pas le seul propriétaire et qu'il avait dès lors l'obligation de vérifier l'étendue des pouvoirs du bailleur (Cass. 3e civ. 5-4-1995 n° 93-16.963 P : Bull. civ. III n° 99). Sur les conditions qui doivent être réunies pour que la qualité de propriétaire apparent soit reconnue, voir n° 15125. **15065**

15070 L'**action en nullité** doit être intentée dans un délai de cinq ans à compter de la connaissance par le nu-propriétaire de l'existence du bail (C. civ. art. 2224). Le nu-propriétaire d'un bien immobilier ne peut pas demander la nullité du bail qui avait été consenti sur ce bien sans son accord par l'usufruitier, même en agissant par voie d'exception, si ce bail a été exécuté et que plus de cinq années se sont écoulées depuis le jour où il a eu connaissance de ce contrat (Cass. 3e civ. 9-7-2003 n° 918 FS-PB : RJDA 10/03 n° 923).

La **preuve de la connaissance par le nu-propriétaire de l'existence du bail** est difficile à établir.

ILLUSTRATIONS

Dans un cas où les nus-propriétaires indivisaires d'un local à usage commercial avaient constitué une SA pour exploiter un fonds de commerce dans ce local, la Cour de cassation a censuré la décision d'une cour d'appel qui, pour déclarer irrecevable comme prescrite l'action engagée par ces derniers en nullité du bail consenti par l'usufruitier seul à la société après sa transformation en SARL, avait retenu que les statuts de la SA prévoyaient expressément la conclusion d'un bail, que celui-ci s'était poursuivi par tacite prolongation au su des actionnaires qui, devenus associés de la SARL, avaient pu en cette qualité participer à la vie de la SARL et avaient eu nécessairement connaissance du bail litigieux à la date où il avait été conclu. En effet, de tels motifs ne suffisaient pas à caractériser la connaissance que l'un des nus-propriétaires avait eue personnellement de la conclusion du bail à sa date et, en tout état de cause, plus de cinq ans avant la demande en nullité (Cass. 3e civ. 10-10-2001 n° 1390 F-D : RJDA 1/02 n° 117).

Il appartient au locataire qui prétend que le droit du nu-propriétaire est prescrit d'établir que celui-ci avait eu connaissance du bail depuis plus de cinq ans à la date de délivrance de l'assignation (Cass. 3e civ. 22-11-1995 n° 93-20.464 F-D).

15075 La nullité peut être couverte en cas de **confirmation** du bail par le **nu-propriétaire.** Cette confirmation suppose une renonciation non équivoque de se prévaloir de la nullité du bail (Cass. 3e civ. 17-7-1992 : Bull. civ. III n° 256). Le seul fait pour le nu-propriétaire d'avoir délivré un congé au locataire ne suffit pas à établir une telle renonciation (Cass. 3e civ. 22-11-1995 n° 93-20.464 F-D).

15080 Le locataire qui se maintient dans les lieux entre la date du jugement ayant prononcé la nullité du bail et celle de l'extinction de l'usufruit est redevable d'une **indemnité d'occupation** envers l'usufruitier et non envers le nu-propriétaire (Cass. 3e civ. 5-3-1986 : Bull. civ. III n° 25).

15085 L'**usufruitier** qui a consenti un bail sans s'assurer du concours du nu-propriétaire engage sa **responsabilité** envers le locataire dont le bail a été annulé faute de ce concours car il a seul l'obligation de s'assurer de celui-ci ; il ne peut donc pas reprocher au locataire de ne pas avoir vérifié l'existence du concours du nu-propriétaire (Cass. 3e civ. 16-4-2008 n° 07-12.381 FS-PB : RJDA 7/08 n° 867). En effet, l'usufruitier ne peut pas ignorer qu'en agissant ainsi il fragilise le bail. Seules une participation à une fraude aux droits du nu-propriétaire ou la volonté éclairée de courir le risque d'une action en nullité mettant fin à son bail peuvent faire perdre au locataire tout droit à indemnisation.

BAIL CONCLU PAR LE SEUL NU-PROPRIÉTAIRE

15090 Aucun texte ne prévoit de **sanction** lorsque le bail est consenti par le seul nu-propriétaire, lequel empiète alors sur les prérogatives de jouissance de l'usufruitier. Certains auteurs affirment que la réponse est évidente dès lors que, en de telles circonstances, le nu-propriétaire aurait dépassé ses pouvoirs et que le bail serait nul faute de ratification par l'usufruitier (en ce sens, Y. Daborgne-Labbe : JCP G 2017 n° 1053). La Cour de cassation ne s'est pas prononcée sur cette question.

En revanche, elle a eu l'occasion de dire que le droit d'agir en contestation du bail consenti par le nu-propriétaire s'éteint en cas de décès de l'usufruitier : dans un cas où l'**usufruitier** d'une parcelle avait demandé la nullité du bail consenti par le seul nu-propriétaire sur cette parcelle et où cet usufruitier était décédé en cours d'instance, elle a jugé que l'un de ses **héritiers** n'était pas recevable à poursuivre cette action dès lors que la réunion de la nue-propriété et de l'usufruit en la personne du nu-propriétaire, également héritier de l'usufruitier, l'avait privé du droit d'agir (Cass. 3e civ. 6-7-2017n° 15-22.482 FS-PBI : RJDA 1/18 n° 5).

> **Précisions** Il résulte de cet arrêt que l'**action en nullité** du bail conserve une **nature** personnelle et ne survit pas à l'extinction du droit réel qui aurait été méconnu. Elle n'est pas transmise à titre héréditaire puisque le droit dont elle procède, et qui lui imprime ses caractères, n'est pas lui-même transmissible en raison de son caractère viager. Aussi le décès met-il un terme au litige et l'instance s'éteint-elle accessoirement à l'action (CPC art. 384). Les héritiers de l'usufruitier, autres que le nu-propriétaire lui-même parce qu'il a conclu le bail, deviennent en quelque sorte des tiers au regard de ce bail qu'ils contestent.

VI. BAIL DE LA CHOSE D'AUTRUI

Le bail est généralement consenti par le propriétaire du bien loué ou son mandataire. Il peut 15120
cependant arriver que le bailleur loue le bien d'autrui.

EFFET DU BAIL DE LA CHOSE D'AUTRUI ENTRE LES CONTRACTANTS

Le fait que celui qui donne à bail ne possède aucun droit de propriété sur l'immeuble loué ne 15123
constitue pas une cause de nullité du bail, la jurisprudence considérant que le bail de la chose d'autrui produit ses effets entre les contractants tant que la jouissance paisible du locataire n'est pas troublée par le véritable propriétaire (Cass. 3e civ. 13-2-1985 n° 82-14.220 : Bull. civ. III n° 33 ; Cass. 3e civ. 7-10-1998 n° 96-20.409 : Bull. civ. III n° 187 ; Cass. 3e civ. 5-5-2010 n° 08-19.922 FS-D : RJDA 7/10 n° 708 ; Cass. 3e civ. 5-4-2011 n° 10-14.215 F-D ; Cass. 3e civ. 22-11-2011 n° 10-24.919 F-D : RJDA 4/12 n° 377 ; Cass. 3e civ. 19-10-2017 n° 16-23.680 F-D : RJDA 1/18 n° 3).

Il en résulte que chacune des parties contractantes doit exécuter les obligations souscrites. Le **locataire** ne peut pas contester la qualité de propriétaire du bailleur pour remettre en cause la validité du contrat de bail ou échapper à l'exécution de ce contrat (Cass. 1e civ. 18-3-1963 : Bull. civ. I n° 163). Il ne peut pas non plus invoquer le défaut de qualité de propriétaire du bailleur pour échapper au paiement du loyer (Cass. 3e civ. 13-2-1985 précité ; Cass. 3e civ. 22-11-2011 n° 10-24.919 précité) et à l'application de la clause résolutoire inscrite dans le contrat de bail (Cass. 3e civ. 13-2-1985 précité). Quant au **bailleur,** il ne peut pas se prévaloir de son absence de droit de propriété pour rompre unilatéralement le contrat de bail (Cass. 3e civ. 26-4-1972 : Gaz. Pal. 1972 jur. p. 899) ou pour manquer à son obligation d'entretien (Cass. 3e civ. 5-4-2011 n° 10-14.215 F-D : RJDA 4/12 n° 377). Par ailleurs, il doit garantir et relever le locataire de toutes les condamnations qui sont prononcées contre lui au profit du véritable propriétaire pour des actes qu'il a commis dans les limites des droits qu'il tient du bail (Cass. 3e civ. 26-4-1972 précité).

EFFET DU BAIL DE LA CHOSE D'AUTRUI À L'ÉGARD DU VÉRITABLE PROPRIÉTAIRE

En revanche, le bail de la chose d'autrui est **inopposable** au véritable propriétaire (Cass. 1e civ. 15125
18-3-1963 : Bull. civ. I n° 163 ; Cass. 3e civ. 13-2-1985 n° 82-14.220 : Bull. civ. III n° 33) qui peut donc obtenir l'éviction du locataire s'il le demande. Le locataire évincé peut être indemnisé par le bailleur du préjudice subi du fait de cette éviction (Cass. 3e civ. 26-4-1972 : Gaz. Pal. 1972 jur. p. 899 ; Cass. 3e civ. 13-2-1985 précité).

Par exception, le bail est **opposable** au véritable propriétaire si le bailleur s'est comporté comme 15130
un **propriétaire apparent** lorsqu'il l'a conclu. Le locataire doit pour cela avoir traité de bonne foi sous l'empire de l'erreur commune (Cass. 3e civ. 4-2-1975 n° 73-13.759 : Bull. civ. III n° 36 ; Cass. 3e civ. 21-1-1981 n° 79-13.854 : Bull. civ. III n° 17 ; Cass. 3e civ. 21-3-2001 n° 404 FS-D), c'est-à-dire partagée par d'autres (Cass. 3e civ. 15-1-1992 n° 90-16.496 : Bull. civ. III n° 13).

ILLUSTRATIONS

Dans un cas où un usufruitier avait donné à bail des locaux commerciaux sans le consentement du nu-propriétaire, il a été jugé que le locataire avait commis une erreur invincible en estimant que l'usufruitier était le véritable propriétaire des locaux loués, dès lors que l'intéressé avait pris la qualité de propriétaire dans divers actes, qu'il n'avait jamais indiqué sa véritable qualité d'usufruitier, qu'il habitait dans l'immeuble et qu'il n'est pas d'usage de vérifier la qualité de propriétaire du bailleur lors de la signature du bail (CA Paris 10-7-1987, 16e ch. B). En revanche, il a été jugé que, pour bénéficier du statut des baux commerciaux, l'un des sous-locataires du locataire d'un bail emphytéotique ne pouvait pas faire valoir qu'il avait été victime de l'apparence en croyant tenir son bail du propriétaire : la situation était aisément vérifiable à la conservation des hypothèques où le bail emphytéotique avait été enregistré ; à la date du renouvellement du bail, la qualité du bailleur était encore plus douteuse compte tenu du procès ayant opposé le véritable propriétaire et le bailleur, procès qui n'avait pas pu être ignoré d'une fraction au moins des sous-locataires (Cass. 3e civ. 29-1-1992 n° 90-16.346 : Bull. civ. III n° 31).

Les juges du fond doivent préciser les circonstances autorisant une partie à croire en la qualité de propriétaire apparent du bailleur (Cass. 3e civ. 1-2-1995 n° 215 D : RJDA 4/95 n° 407 ; Cass. 3e civ. 4-2-1998 n° 96-12.302 : Bull. civ. III n° 26), ce qui ne peut pas résulter de la constatation selon laquelle le locataire ne disposait d'aucun indice sur la situation véritable du bailleur et payait les loyers à ce bailleur (Cass. 3e civ. 18-1-1995 n° 92-11.572 : Bull. civ. III n° 24).

Le véritable propriétaire est engagé par les actes du propriétaire apparent, peu important qu'il soit de bonne ou de mauvaise foi (Cass. 3e civ. 11-6-1980 n° 79-11.449 : Bull. civ. III n° 115).

> **Précisions** Dans une décision, la Cour de cassation a approuvé une cour d'appel d'avoir déclaré opposable au véritable propriétaire des lieux un bail commercial aux motifs, d'une part, qu'à la date de conclusion du bail il n'était pas établi que le locataire avait pu mettre en doute la qualité de propriétaire de son bailleur qui occupait l'immeuble loué et que, d'autre part, le

locataire avait été conforté dans sa croyance par la rédaction de l'acte notarié de cession de la licence IV qui lui avait été consentie par le bailleur en liaison avec le bail (Cass. 3e civ. 26-9-2001 n° 1264 FS-D : RJDA 12/01 n° 1183). La motivation retenue par la Cour suprême pour considérer que la croyance du locataire était légitime est à rapprocher d'un précédent arrêt qui avait admis l'efficacité d'un mandat apparent en raison notamment de la présence d'un notaire à l'acte (Cass. 3e civ. 22-5-1968 : Bull. civ. III n° 234). Toutefois, dans la présente espèce, le bail n'avait pas été conclu en présence d'un officier public. En outre, il ne s'agissait pas d'un acte réalisé par un **mandataire apparent,** pour lequel la jurisprudence est moins rigoureuse (nos 15250 s.), mais d'un acte accompli par un **propriétaire apparent.** Il nous semble surprenant que la Cour de cassation n'ait pas exigé la preuve d'une erreur commune et ce, d'autant plus que tel avait été le cas dans un arrêt de censure intervenu peu de temps auparavant (Cass. 3e civ. 21-3-2001, précité).

VII. MANDAT DONNÉ POUR CONCLURE UN BAIL

15160 Le mandat est le **contrat** par lequel une personne (le mandant) donne à une autre (le mandataire) le pouvoir de faire quelque chose pour son compte et en son nom (C. civ. art. 1984, al. 1). Appliqué à l'opération de conclusion d'un bail commercial, le mandat est l'acte par lequel le bailleur ou le locataire, selon le cas, donne à un tiers le pouvoir de donner ou de prendre à bail commercial un immeuble.

15165 Le recours au mandat est très **utile** en pratique. Il permet la conclusion et la réalisation d'actes au nom de l'une des parties qui est physiquement absente, mais qui est engagée par son mandataire, avec la même efficacité que si elle avait été présente. Ce sont généralement l'éloignement géographique ou l'indisponibilité qui conduisent une des parties à recourir au mandat. Le bail peut même être valablement conclu alors qu'aucune des parties ne serait présente.

A. Conclusion du contrat

1. ÉTENDUE DU MANDAT

CARACTÈRE OBLIGATOIRE D'UN MANDAT EXPRÈS

15175 Aux termes de l'article 1988 du Code civil, le mandataire muni d'un mandat général ne peut accomplir que des actes d'administration. Il doit être muni d'un mandat exprès pour accomplir des actes de disposition.

En matière de baux commerciaux, la nature particulière des droits concédés au locataire par le bailleur, tels que le droit au renouvellement, conduit à s'interroger sur la **qualification juridique de la conclusion d'un contrat de bail commercial** : acte d'administration ou acte de disposition.

ATTENTION

Le **décret 2008-1484 du 22 décembre 2008** définit la conclusion d'un bail commercial en tant que bailleur ou locataire comme un acte de disposition. Cette définition ne concerne que les actes de gestion du patrimoine des personnes placées sous curatelle ou tutelle ; en d'autres termes, elle ne doit pas être appliquée pour déterminer si la conclusion d'un bail commercial constitue un acte d'administration ou de disposition au regard d'autres dispositions que les articles relatifs à la gestion des biens des personnes protégées.

15177 La **conclusion d'un bail commercial en qualité de bailleur** est un acte de disposition (Cass. 1e civ. 17-5-1993 n° 91-20.112 : Bull. civ. I n° 172). Il en résulte que le mandataire doit être muni d'un mandat exprès pour donner à bail un immeuble à destination commerciale au nom de son mandant.

ATTENTION

L'**expression mandat « exprès »** utilisée par le Code civil suscite la confusion. Ainsi, la cour d'appel de Versailles a jugé que le mandat exprès s'entend d'un pouvoir écrit et spécial (CA Versailles 11-2-2005 n° 02-5528, 3e ch. : RJDA 6/05 n° 688). Or, l'existence d'un mandat exprès est sans incidence sur la forme du mandat.

Le fait que certains éléments du bail que le mandataire est autorisé à conclure (comme le montant du loyer) ne soient pas spécifiés dans le mandat mais laissés à la libre détermination du mandataire n'enlève pas au mandat son caractère exprès. En revanche, un mandat qui autoriserait le mandataire à « administrer un immeuble » serait trop imprécis pour lui permettre de donner cet immeuble à bail commercial.

Prendre à bail commercial est un engagement moins lourd que donner à bail commercial, de sorte qu'il s'agit, à notre avis, d'un acte d'administration. Il en résulte qu'un mandataire muni d'un mandat conçu en termes généraux, c'est-à-dire imprécis, peut prendre à bail un immeuble à destination commerciale au nom de son mandant. Toutefois, en l'absence de réponse certaine, les parties ont tout intérêt à recourir au mandat exprès pour éviter une remise en cause du mandat. **15180**

CONNAISSANCE DU MANDAT PAR LES TIERS CONTRACTANTS

Pour celui qui s'apprête à donner ou prendre à bail par le biais d'un mandataire du bailleur ou du locataire, il n'est pas toujours facile de savoir si ce mandataire dispose des pouvoirs nécessaires. Le tiers qui doute de l'étendue du pouvoir du mandataire peut **demander au mandant** de lui **confirmer** que celui qui se présente comme son mandataire est habilité à donner ou prendre à bail (C. civ. art. 1158, al. 1). **15185**

Le tiers doit faire sa demande par écrit ; il doit fixer le délai, qui doit être raisonnable, dans lequel il attend une réponse et préciser qu'à défaut de réponse dans ce délai, le mandataire sera réputé habilité à conclure l'acte (C. civ. art. 1158, al. 2).

CONSEIL

Pour que cette disposition serve la sécurité juridique, le **mandant** qui est interrogé par le tiers a **intérêt** à répondre sans équivoque, le mieux étant d'écrire que le mandataire est ou n'est pas habilité à conclure tel contrat et de préciser l'étendue de ses pouvoirs.

2. CONDITIONS GÉNÉRALES DE VALIDITÉ DU MANDAT

CAPACITÉ À ÊTRE MANDANT OU MANDATAIRE

Le **mandant** étant réputé avoir lui-même conclu l'acte effectué par le mandataire (conclusion d'un bail commercial en qualité de bailleur ou de locataire), il doit avoir, au moment où il donne pouvoir au mandataire de le représenter, la capacité juridique requise par le droit commun pour accomplir un tel acte. **15190**

La capacité du mandant doit donc être vérifiée au moment où le mandat est donné ; elle doit également exister lors de la conclusion de l'acte en son nom (sur l'incidence du décès ou de l'incapacité du mandant, voir respectivement nos 15565 s. et 15575).

Le **mandataire** ne s'oblige pas personnellement lorsqu'il exécute le mandat, de sorte qu'il n'est pas exigé de lui de capacité particulière. Un mineur non émancipé peut même être choisi comme mandataire (C. civ. art. 1990). Néanmoins, le choix d'un incapable comme mandataire peut conduire à des résultats inopportuns, car l'article 1990 précise que le mandant n'a alors d'action contre le mandataire que « d'après les règles générales relatives aux obligations des mineurs », ce dont il résulte que le mandataire n'est tenu que dans la mesure de son enrichissement (application de C. civ. art. 1352-4). **15195**

Cette possibilité n'est, à notre avis, pas remise en cause par l'article 1160 du Code civil, qui prévoit que les pouvoirs du représentant cessent s'il est atteint d'une incapacité. En effet, cette disposition interdit seulement la poursuite de la représentation par un représentant devenu incapable mais pas le choix délibéré d'un mineur incapable.

CONSENTEMENT DU MANDANT ET DU MANDATAIRE

Lorsque le mandat est accordé pour donner un immeuble à bail commercial, le consentement du **mandant** doit se manifester de manière expresse au moyen d'une déclaration de volonté. En effet, un simple consentement tacite ne suffit pas car le mandat de donner à bail commercial doit être précis (no 15175). En revanche, lorsque le mandat est donné pour prendre à bail commercial un immeuble, un simple consentement tacite suffit, un tel acte étant à notre avis un acte d'administration (no 15175). **15200**

L'accord du **mandataire** peut n'être que tacite et résulter de l'exécution du mandat (C. civ. art. 1985, al. 2) et ce, qu'il s'agisse de donner ou de prendre à bail commercial.

Le **contrat** de mandat ne **se forme** que par l'acceptation de l'offre de mandat par le mandataire (C. civ. art. 1984, al. 2). **15205**

Tant que l'offre n'est pas parvenue au mandataire, le mandant peut la rétracter librement (art. 1115). Une fois qu'elle a été reçue, le mandant peut encore la rétracter mais à condition de respecter le délai fixé dans l'offre ou, à défaut, un délai raisonnable (art. 1116 ; Cass. 3e civ. 20-5-2009 no 08-13.230 FS-PB : RJDA 11/09 no 938 ; Cass. 3e civ. 7-7-2015 no 14-20.536 F-D : RJDA 12/15 no 816).

3. CHOIX DU MANDATAIRE

15215 Une même personne physique ne peut pas être à la fois le **mandataire du locataire et** celui **du bailleur** lorsque les parties, personnes physiques, sont en opposition d'intérêts (C. civ. art. 1161). Or bailleur et locataire ont des rapports antagonistes mais ne sont pas en conflit d'intérêts. Ce conflit n'existe donc pas en soi si bien qu'un même mandataire peut représenter les deux parties. Il n'en irait autrement que dans le cas où l'une des parties aurait un intérêt particulier à pousser l'autre à donner ou prendre à bail.

En tout état de cause, une double représentation est possible si elle est autorisée ou ratifiée par le bailleur et le locataire (C. civ. art. 1161, al. 2). Toutefois, cette double représentation doit être évitée car un bailleur et un locataire ont des intérêts qui divergent.

4. FORME ET PREUVE DU MANDAT

15230 Le mandat donné pour conclure un bail est un contrat consensuel qui n'est donc assujetti à aucune forme. Il peut ainsi être donné non seulement par écrit mais aussi verbalement (C. civ. art. 1985, al. 1).

Lorsque le **mandat** est **écrit,** il peut être constaté dans un acte authentique, un acte sous signature privée, voire même dans une lettre (même article). En raison de l'absence de formalisme entourant la formation du mandat, la mention d'une date ou de la formule manuscrite « bon pour mandat » ou « bon pour pouvoir » n'est pas indispensable. Le mandat peut même ne pas préciser le nom du mandataire : on parle alors de « procuration en blanc » ou de « mandat en blanc ». Dans ce cas, la personne qui a reçu le mandat en blanc est réputée avoir été chargée de choisir le mandataire (Cass. 1e civ. 28-2-1989 nº 87-17.350 : Bull. civ. I nº 98).

Le **mandat** peut être **verbal** même lorsqu'il a pour objet de donner à bail commercial car le consentement nécessairement exprès du mandant peut être exprimé autrement que par écrit (en ce sens, A. Benabent : Droit des contrats spéciaux civils et commerciaux, LGDJ 2019 nº 654).

15235 S'agissant de la **preuve** du mandat, celle-ci s'effectue conformément aux règles de droit commun (C. civ. art. 1985, al. 1), lesquelles sont exposées nºs 19090 s.

Ces règles s'appliquent non seulement entre le mandant et le mandataire, mais aussi lorsque l'une ou l'autre des parties invoque l'existence du mandat à l'encontre d'un tiers (Cass. 1e civ. 19-12-1995 nº 1974 P : RJDA 6/96 nº 779 ; Cass. 1e civ. 21-5-1997 nº 930 D ; Cass. 3e civ. 3-10-2024 nº 23-13.242 F-D : RJDA 1/25 nº 18).

En revanche, lorsque ce sont des tiers qui se prévalent de l'existence du mandat, ils peuvent en rapporter la preuve par tous moyens (Cass. 1e civ. 3-6-2015 nº 14-19.825 FS-PB : RJDA 1/16 nº 50 ; Cass. 3e civ. 3-10-2024 nº 23-13.242 précité).

S'agissant de la notion de tiers au mandat et des conséquences qui en résultent en matière de preuve, il a été jugé que le banquier dépositaire qui se borne à exécuter les ordres de paiement transmis par le mandataire du déposant est un tiers totalement étranger au mandat et peut donc prouver par tous moyens l'existence de celui-ci (Cass. 1e civ. 3-6-2015 nº 14-19.825 FS-PB : RJDA 1/16 nº 50). Il faut attendre d'autres décisions de la Cour de cassation pour savoir si tous les tiers qui traitent avec le mandataire seront considérés comme des tiers étrangers.

5. CAS PARTICULIER DU MANDAT APPARENT

15250 Une personne peut être engagée à l'égard des tiers, alors même qu'elle n'a pas consenti à être représentée par celui qui a traité avec eux, lorsque ces **tiers** ont légitimement pu croire que celui avec lequel ils contractaient disposait des pouvoirs nécessaires (C. civ. art. 1156, al. 1 ; Cass. ass. plén. 13-12-1962 : Bull. civ. nº 3 ; Cass. 3e civ. 13-3-2002 nº 576 FS-D : RJDA 6/02 nº 628 ; Cass. com. 22-11-2011 nº 10-23.125 F-D : RJDA 3/12 nº 291). L'existence de cette **croyance légitime** peut résulter notamment du comportement ou des déclarations du prétendu mandant (C. civ. art. 1156, al. 1). Le « mandant » doit ne pas être complètement étranger à la formation de l'apparence (Cass. com. 29-6-2022 nº 20-16.035 F-D : RJDA 11/22 nº 632).

15255 Compte tenu du terme « notamment » utilisé par l'article 1156 du Code civil, ces indices ne sont mentionnés qu'à titre d'exemples. De ce fait, peut encore être pris en considération le **faisceau d'indices** que les juges avaient forgé, avant l'ordonnance 2016-131 du 10 février 2016, pour établir si le contrat avait été conclu dans des circonstances autorisant le tiers à ne pas vérifier la réalité et les limites des pouvoirs du prétendu mandataire : nature du contrat, caractère régulier et durable des relations antérieures des parties, conditions de l'établissement du contrat en question, qualité et attitude du tiers et du « mandataire ».

Ainsi, le fait que la conclusion du bail a été effectuée par un **mandataire** exerçant une **profession** dans laquelle la réalisation d'un tel acte a un caractère apparemment normal est un élément en faveur de la reconnaissance de la croyance légitime du tiers, sauf cas particulier où chaque partie est représentée par un notaire. **15255** (suite)

Il en va de même si, par son **attitude,** le **« mandant »** a laissé créer à l'égard des tiers une apparence de mandat.

À l'inverse, cette apparence ne peut pas être utilement invoquée par le **tiers** lorsque celui-ci aurait pu avoir connaissance de la véritable situation en prenant quelques précautions, notamment, en demandant confirmation au « mandant » de la réalité des pouvoirs de celui qui se présente comme mandataire (n° 15185).

Les **liens familiaux** existant entre le « mandant » et le « mandataire » peuvent également être pris en compte pour apprécier la légitimité de la croyance du tiers. L'hypothèse fréquemment rencontrée est celle du mandat entre époux, pour l'existence duquel les tribunaux se montrent stricts et l'admettent assez difficilement.

Enfin, les circonstances permettant d'établir l'existence de la croyance légitime doivent être extérieures aux seules déclarations du prétendu mandataire (Cass. com. 23-3-1993 n° 514 D : RJDA 6/93 n° 501).

ILLUSTRATIONS

Existence d'un mandat apparent

Une personne, **membre de la famille du propriétaire** d'un bien, s'est comportée comme un mandataire apparent en donnant ce bien à bail commercial dès lors qu'elle a géré l'immeuble loué pendant plus d'un quart de siècle percevant les loyers, donnant quittance et consentant les renouvellements successifs du bail.

Cass. 3e civ. 18-1-1977 n° 74-14.807 : Bull. civ. III n° 26.

Dans un cas où des parcelles avaient été données à bail par la **mère du propriétaire** de celles-ci, il a été jugé que le locataire avait pu estimer de bonne foi que l'intéressée avait le pouvoir de passer un tel acte sur des terres dont elle assurait la gestion dès lors que, pendant sept ans, le propriétaire, qui accompagnait occasionnellement sa mère chez le locataire, avait laissé celle-ci conclure des accords, passer des baux et encaisser des fermages.

Cass. 3e civ. 23-11-1977 n° 76-11.125 : Bull. civ. III n° 409, rendu à propos d'un bail rural mais transposable au bail commercial.

Dans un cas où un usufruitier **coïndivisaire** avait **conclu un bail au nom de ses enfants majeurs,** nus-propriétaires, la qualité de mandataire apparent ne peut pas être refusée à l'usufruitier au seul motif de l'imprudence du locataire qui ne s'était pas renseigné sur les pouvoirs de l'usufruitier auprès des enfants de celui-ci, alors que l'usufruitier gérait la propriété depuis longtemps, qu'il avait stipulé dans le contrat de bail qu'il avait reçu les pouvoirs pour signer à la place de ses enfants, qu'il jouissait d'une notoriété et que le contrat de bail avait été cosigné par un autre coïndivisaire.

Cass. 3e civ. 4-5-1982 n° 81-11.415 : Bull. civ. III n° 111.

Inexistence d'un mandat apparent

Un tiers à qui un **époux** avait **consenti un bail** rural portant **sur un bien propre de son conjoint** ne peut pas se prévaloir d'un mandat apparent de l'époux dès lors qu'il savait les époux en instance de divorce depuis plusieurs années et que, s'agissant d'une convention importante, il n'était pas dispensé de vérifier la qualité du bailleur.

Cass. 1e civ. 6-7-1976 n° 73-13.182 : Bull. civ. I n° 246, rendu à propos d'un bail rural mais transposable au bail commercial.

Dans un cas où une société qui souhaitait réaliser un lotissement avait conclu avec un époux seul un protocole stipulant que les deux époux donnaient leur accord à la vente d'un terrain qui leur appartenait en commun, la société n'avait pas pu légitimement croire que l'époux disposait d'un mandat apparent pour engager son épouse. En effet, la preuve d'un tel mandat ne pouvait pas résulter de l'**attitude passive de l'épouse** lors des négociations ayant précédé et suivi la signature du protocole ; en outre, la société, qui savait que le terrain était un bien commun, aurait dû, en tant que professionnel de l'immobilier, s'assurer de l'accord de l'épouse.

Cass. 1e civ. 31-3-2010 n° 08-19.649 F-PB : RJDA 6/10 n° 617, rendu à propos de la conclusion d'une vente immobilière mais transposable à la conclusion d'un bail commercial sur un immeuble commun aux époux.

Une personne, **membre de la famille du propriétaire** d'un bien, s'est comportée comme un mandataire apparent en donnant ce bien à bail commercial dès lors qu'elle a géré l'immeuble loué pendant plus d'un quart de siècle percevant les loyers, donnant quittance et consentant les renouvellements successifs du bail.

Cass. 3e civ. 18-1-1977 n° 74-14.807 : Bull. civ. III n° 26.

Dans un cas où un **bail** portant sur des locaux à usage de bureaux avait été **signé par le bailleur et le directeur administratif et financier de la société anonyme (SA) locataire,** a légalement justifié sa décision la cour d'appel qui a jugé que l'avenant signé trois ans plus tard par les mêmes personnes et modifiant la durée du bail et la date de congé triennal n'était pas opposable à la SA, dès lors qu'elle a relevé que le directeur administratif et financier n'était titulaire d'aucun mandat social et ne pouvait donc pas engager la SA sans pouvoir spécial ni délégation générale et que le seul fait que l'intéressé ait signé le bail puis un premier avenant un an après ne dispensait pas le bailleur, représenté par un professionnel de l'immobilier, de la vérification élémentaire du pouvoir du directeur d'engager la société locataire.

Cass. 3e civ. 15-6-2011 no 10-21.085 F-D : RJDA 11/11 no 908.

Le fils de la propriétaire de locaux commerciaux avait consenti un bail de ces locaux à un locataire ; le contrat de bail mentionnait le nom de la propriétaire en tant que bailleur, le cachet de celle-ci était apposé sur la signature du fils et il n'était fait mention d'aucun pouvoir pour la représenter à l'acte.
Une cour d'appel a pu déduire de ces faits qu'ils n'autorisaient pas le **locataire, agissant pour les besoins de son activité professionnelle,** à se dispenser de vérifier les limites exactes des pouvoirs du fils, le **lien de parenté avec la propriétaire** étant insuffisant pour justifier une croyance légitime qu'il avait reçu mandat à cet effet.

Cass. 1e civ. 6-4-2016 no 15-16.446 F-D : RJDA 7/16 no 533.

15260 La **croyance légitime** s'apprécie au **moment** de l'acte passé par le prétendu « mandataire » (Cass. 3e civ. 20-4-1988 : JCP E 1989 II no 21229). Les faits générateurs de cette croyance ne peuvent donc pas être postérieurs à cet acte (Cass. 3e civ. 11-1-1995 no 111 D : RJDA 3/95 no 280).

15265 Le mandat apparent a pour **effet** d'obliger le mandant à exécuter les engagements pris envers les tiers par le mandataire apparent, mais non d'y obliger ce dernier (Cass. com. 21-3-1995 no 614 P : RJDA 8-9/95 no 974). Par ailleurs, les dommages qui seraient causés aux tiers contractants doivent être réparés par le mandant apparent, comme s'il était le véritable mandant (Cass. 1e civ. 31-5-1983 no 82-12.327 : Bull. civ. I no 161 ; voir no 15455). Par exemple, il doit répondre des agissements du mandataire apparent qui a détourné les fonds que lui ont remis les tiers (CA Paris 5-3-2009 no 07-7222, 15e ch. B : RJDA 1/10 no 25).

B. Effets du mandat

1. EFFETS DU MANDAT ENTRE LES PARTIES

a. Obligations du mandataire à l'égard du mandant

EXÉCUTION DU MANDAT

15320 **Pouvoirs du mandataire** Le mandataire doit exécuter la **mission** qui lui a été confiée sans rien pouvoir faire au-delà de ce qui a été prévu dans son mandat (C. civ. art. 1989). Il en résulte que l'étendue du pouvoir de représentation du mandataire est appréciée strictement par les tribunaux. Celui qui donne mandat à un tiers doit donc être très attentif aux termes qu'il utilise dans la procuration.

15325 **Exécution loyale du mandat** L'obligation de loyauté qui s'impose au mandataire à l'égard de son mandant suppose la révélation de toute **information de nature à influer sur le consentement** de celui-ci (Cass. com. 18-5-2017 no 15-28.683 FS-I : RJDA 8-9/17 no 546).

15330 **Substitution de mandataire** Sauf clause contraire, le mandataire n'est pas tenu d'exécuter personnellement sa mission et il peut se substituer un tiers sans être tenu de requérir l'autorisation du mandant.

Le **mandataire** qui recourt à la substitution répond de la gestion de celui qu'il s'est substitué si cette substitution n'a pas été acceptée, expressément ou tacitement, par le mandant ; il en va de même, en cas de substitution autorisée, lorsque le mandataire a choisi une personne notoirement incapable ou insolvable (C. civ. art. 1994, al. 1).

Que la substitution ait été ou non autorisée par le mandant, le mandataire est tenu d'une **obligation** de surveillance de son substitué pour la bonne exécution du mandat (Cass. 1e civ. 29-5-1980 no 79-11.784 : Bull. civ. I no 163 ; Cass. 1e civ. 29-1-1991 no 89-17.227 : Bull. civ. I no 40).

15335 Le **mandant** peut **agir directement** contre le mandataire substitué même s'il n'a pas autorisé la substitution (C. civ. art. 1994, al. 2), notamment pour obtenir réparation du préjudice causé par la mauvaise exécution du mandat. Le mandataire substitué est donc directement responsable de sa faute envers le mandant (Cass. 1e civ. 26-11-1981 no 80-15.740 : Bull. civ. I no 355 ; Cass. com. 23-11-1993 no 1838 P : RJDA 5/94 no 515 ; Cass. 1e civ. 23-1-1996 no 197 P : RJDA 6/96 no 780).

Le mandant peut agir contre le mandataire substitué même si celui-ci n'a pas été informé que son donneur d'ordre n'était lui-même qu'un mandataire (Cass. com. 14-10-1997 no 2130 P : RJDA 2/98 no 169).

Quant au **mandataire substitué,** la jurisprudence lui reconnaît une **action directe contre le mandant** d'origine pour obtenir le remboursement de ses avances et frais ainsi que le paiement de sa rémunération, cette action pouvant être exercée dans tous les cas, que la substitution ait été, ou non, autorisée par le mandant (Cass. com. 9-11-1987 n° 86-11.989 : Bull. civ. IV n° 233 ; Cass. com. 19-3-1991 n° 522 P : RJDA 7/91 n° 589). Toutefois, le mandataire substitué ne peut plus agir contre le mandant lorsque l'action du mandataire initial est elle-même éteinte, ce qui est notamment le cas si ce dernier a reçu du mandant les fonds destinés au mandataire substitué (Cass. com. 3-12-2002 n° 2139 FS-PBR : RJDA 5/03 n° 486 ; Cass. 1e civ. 30-5-2006 n° 04-10.315 F-PB : RJDA 3/07 n° 259). 15340

Le mandant peut opposer à l'action directe du mandataire substitué la faute commise par celui-ci, quel qu'en soit le degré de gravité, si elle est à l'origine du préjudice dont il se plaint (Cass. com. 25-6-1991 n° 1004 P : RJDA 8-9/91 n° 706). Par exemple, le mandataire substitué qui aurait avancé des sommes pour le compte du mandant ne pourrait pas lui demander remboursement de celles-ci s'il avait imprudemment renoncé à une garantie de paiement dont il disposait sur le mandataire intermédiaire.

Responsabilité du mandataire Le mandataire est responsable envers le mandant de l'inexécution, totale ou partielle, de sa mission (C. civ. art. 1991, al. 1). En outre, il répond des fautes qu'il commet dans sa gestion (C. civ. art. 1992). 15345

En cas d'**inexécution totale** du mandat et sauf cas fortuit, la responsabilité du mandataire est présumée : le mandant n'a donc pas à prouver que l'inexécution est due à une faute du mandataire (Cass. soc. 30-11-1945 : D. 1946 p. 155 ; Cass. 1e civ. 18-1-1989 : D. 1989 p. 302 ; Cass. 1e civ. 16-5-2006 n° 03-19.936 F-PB : RJDA 1/07 n° 41). Cette présomption ne joue pas en cas de **mauvaise exécution** du mandat ; dans ce cas, la responsabilité du mandataire n'est engagée que s'il a commis une faute ayant entraîné l'inexécution partielle (Cass. 1e civ. 18-1-1989 et Cass. 1e civ. 16-5-2006, précités).

La responsabilité pour faute du mandataire est plus sévèrement appréciée lorsque le **mandat** est salarié que lorsqu'il est **gratuit** (C. civ. art. 1992, al. 2). Les juges du fond sont donc fondés à ne pas retenir certains manquements comme faute lorsque le mandataire a agi à titre gratuit (Cass. 1e civ. 16-5-2006 n° 03-19.936 F-PB : RJDA 1/07 n° 41). 15350

Cependant, la gratuité du mandat a seulement une incidence sur l'appréciation de la faute et non sur l'étendue de la réparation lorsque la faute est retenue (Cass. 1e civ. 4-1-1980 n° 78-41.291 : Bull. civ. I n° 11 ; Cass. com. 24-3-2015 n° 14-10.255 F-D : RJDA 7/15 n° 492).

Le mandataire peut être **déchargé,** au moins **partiellement,** de sa **responsabilité** lorsqu'une clause limitative ou exclusive de responsabilité est stipulée à son profit dans le mandat. Conformément au droit commun, une telle clause est écartée en cas de dol ou faute lourde du mandataire et n'est opposable au mandant que si celui-ci est réputé l'avoir acceptée. 15351

Par ailleurs, un partage de responsabilité peut être prononcé entre le mandataire et le mandant lorsque celui-ci a contribué à la réalisation de son préjudice. Le seul fait pour le mandant de s'être abstenu d'accomplir les actes juridiques entrant dans la mission du mandataire ne peut pas, bien entendu, constituer une faute justifiant un tel partage (Cass. com. 5-2-2008 n° 06-18.720 F-D : RJDA 7/08 n° 794 ; Cass. 1e civ. 8-4-2010 n° 09-12.824 F-PBI : RJDA 7/10 n° 741).

La responsabilité du mandataire envers son mandant **se prescrit** par cinq ans à compter du jour où le mandant a connu ou aurait dû connaître les faits lui permettant d'agir (C. civ. art. 2224 et C. com. art. L 110-4). 15352

REDDITION DES COMPTES PAR LE MANDATAIRE

Le mandataire doit **rendre compte à son mandant** de sa gestion et informer celui-ci **de tout ce qu'il a reçu** en vertu de sa procuration, même de ce qui n'est pas dû au mandant (C. civ. art. 1993). 15355

Il a été jugé que les sommes remises au mandataire pour le compte du mandant et dont le mandataire a donné décharge au nom de celui-ci doivent être considérées comme reçues en vertu du mandat et que le mandataire est alors tenu de faire raison de la totalité de ces sommes au mandant, sauf si ce dernier a accepté expressément l'utilisation que le mandataire en a faite (Cass. 1e civ. 8-7-1975 : Bull. civ. I n° 226). Dans cette affaire, le mandataire, chargé par un locataire de négocier au meilleur prix une indemnité de résiliation d'un bail, a ainsi été condamné à restituer au mandant la totalité des sommes qu'il avait perçues de la part du bailleur alors même qu'il avait rendu à celui-ci une partie des fonds, conformément à un accord passé entre eux, dès lors qu'il avait donné quittance au nom du mandant pour la totalité des sommes perçues et pas seulement pour celles qu'il n'avait pas restituées au bailleur, et qu'il n'était pas établi que le mandant avait approuvé la convention relative à la restitution d'une partie des fonds.

L'obligation de rendre compte concerne même les sommes illicites reçues par le mandataire dans l'exécution de son mandat (Cass. com. 14-5-2013 n° 11-20.981 F-D : RJDA 1/14 n° 29, arrêt rendu en matière de vente mais transposable en matière de bail commercial). Tel est le cas des commissions occultes qu'une société a versées au mandataire en contrepartie des achats qu'il a effectués auprès de celle-ci au nom et pour le compte du mandant (même arrêt).

Il peut néanmoins être **dispensé** de cette obligation par une convention spéciale (Cass. civ. 22-12-1851 : DP 1852 I p. 37) ou tacite, laquelle résulte alors des circonstances, notamment des liens entre le mandant et le mandataire, qui auraient rendu impossible ou inutile l'obtention d'un quitus formel par le mandant (CA Versailles 29-11-1993 n° 92-6913, 1e ch. sect. 1). En revanche, l'absence de dépassement du mandat n'est pas un motif de dispense (Cass. 1e civ. 16-5-2006 n° 04-13.258 F-PB : RJDA 11/06 n° 1131).

15360 La **reddition** des comptes **s'opère** en général par voie d'inventaire, comportant la liste des recettes et des dépenses du mandataire, avec pièces justificatives à l'appui. Celles-ci peuvent consister en des lettres, factures, récépissés, livres de commerce régulièrement tenus (Cass. req. 26-12-1923 : Gaz. Pal. 1924 I p. 515). En revanche, un simple arrêté de compte courant faisant ressortir un solde débiteur a été jugé insuffisant (Cass. com. 19-10-1993 n° 1527 D : RJDA 3/94 n° 286).

Les juges du fond apprécient souverainement les moyens justificatifs produits par le mandataire et peuvent, pour ce faire, prendre en considération la nature des rapports existant entre les parties (Cass. req. 26-12-1923 précité).

15362 Le mandataire doit **prouver** l'utilisation qu'il a faite des fonds reçus ou prélevés (Cass. 1e civ. 12-11-2015 n° 14-28.016 F-PB : RJDA 3/16 n° 188).

En revanche, il appartient au mandant de rapporter la preuve que le mandataire a perçu d'autres sommes que celles portées à l'inventaire ou qu'il y a porté des dépenses fictives.

15365 Outre les sommes perçues en vertu de l'exécution de sa mission, le mandataire doit l'**intérêt** de celles qu'il a employées à son usage, à dater de cet emploi (C. civ. art. 1996) et non à compter de la sommation de payer qui lui est délivrée (Cass. 1e civ. 14-11-2007 n° 06-19.067 F-D : RJDA 3/08 n° 264). Si le mandant se trouve dans l'impossibilité d'établir la date de l'emploi, les intérêts courent à partir du jour où le mandataire a cessé sa gestion (Cass. req. 3-5-1865 : DP 1865 I p. 379).

Il doit également l'intérêt des sommes dont il reste débiteur, mais seulement à compter de sa mise en demeure (C. civ. art. 1996), étant précisé qu'une simple demande en reddition de compte ne vaut pas mise en demeure (Cass. req. 20-4-1863 : DP 1864 I p. 40). Le mandataire de mauvaise foi peut en outre être condamné à des dommages-intérêts, à condition toutefois que le mandant ait subi un préjudice indépendant de celui causé par le simple retard du mandataire (Cass. 1e civ. 9-5-1990 n° 88-10.082 : Bull. civ. I n° 100).

15370 Le défaut de restitution des sommes dues par le mandataire peut être constitutif du délit d'**abus de confiance** prévu à l'article 314-1 du Code pénal, à condition d'établir le détournement ou la dissipation commis par le mandataire (Cass. crim. 20-1-1939 : DH 1939 p. 151). L'abus de confiance peut exister aussi bien lorsque la somme reçue a été remise au mandataire par un tiers que lorsqu'elle lui a été remise par le mandant lui-même (Cass. crim. 15-2-1939 : DH 1939 p. 294).

b. Obligation du mandant à l'égard du mandataire

DESSAISISSEMENT DU MANDANT

15372 Depuis le 1er octobre 2016, il est expressément prévu que le contrat de mandat laisse au mandant l'exercice de ses droits (C. civ. art. 1159, al. 2 issu de ord. 2016-131 du 10-2-2016) : le mandant peut donc accomplir des actes relevant de la mission du mandataire. Avant cette date, cette solution n'était pas précisée par la loi ; elle dépendait de la commune intention que les parties avaient exprimée explicitement ou implicitement. Il en est encore ainsi pour les mandats conclus avant le 1er octobre 2016, car la loi nouvelle ne peut imposer une solution contraire à la volonté des parties.

REMBOURSEMENT AU MANDATAIRE DE SES FRAIS ET AVANCES

15375 Le mandant doit rembourser au mandataire la totalité des avances et frais que celui-ci a faits pour l'exécution du mandat, même si l'affaire n'a pas réussi et si les dépenses auraient pu être moindres (C. civ. art. 1999). Le mandataire a droit à ce remboursement dès lors qu'aucune faute ne peut lui être reprochée (Cass. 1e civ. 23-3-1982 n° 81-10.447 : Bull. civ. I n° 119).

Le remboursement s'opère en général au **moment** de la reddition des comptes mais il a été jugé que le mandataire pouvait l'exiger immédiatement, notamment en opposant l'exception d'inexécution et en refusant d'exécuter sa mission si le mandant refusait de lui régler les avances qu'il avait faites (Cass. com. 16-6-1981 : Bull. civ. IV n° 276).

Le mandataire a droit aux **intérêts** des avances à compter du jour où celles-ci ont été faites (C. civ. art. 2001), sans qu'une mise en demeure soit nécessaire.

INDEMNISATION DES PERTES DE GESTION DU MANDATAIRE

Le mandant doit aussi indemniser le mandataire des pertes que celui-ci a subies à l'occasion de sa gestion (C. civ. art. 2000). Pour ce faire, le mandataire doit démontrer l'existence de ces pertes (Cass. com. 22-5-2012 n° 11-10.586 F-D : RJDA 7/12 n° 741). 15380

ATTENTION

Le **mandataire** a le droit d'être indemnisé de ses pertes de gestion, à condition qu'aucune **imprudence** ne lui soit imputable (C. civ. art. 2000). Le mandant n'est pas tenu de rembourser les pertes de gestion du mandataire lorsque l'intégralité des pertes sont dues à la faute du mandataire (Cass. com. 10-1-2024 n° 22-19.778 F-D : RJDA 3/24 n° 157).

L'article 2000 du Code civil n'est pas d'ordre public si bien que les parties au mandat peuvent écarter son application (Cass. req. 9-2-1938 : DH 1938 p. 213 ; Cass. com. 4-12-1990 n° 1441 P : RJDA 2/91 n° 115 ; Cass. 1e civ. 6-12-2007 n° 05-14.419 F-D : RJDA 5/08 n° 516), en prévoyant par exemple un **forfait** pour couvrir les pertes subies par le mandataire. 15385

Une telle clause forfaitaire n'empêche toutefois pas le mandataire de demander une indemnisation supplémentaire pour les pertes qui ont pour origine un fait imputable au mandant (Cass. com. 26-10-1999 n° 1735 P : RJDA 12/99 n° 1328 ; Cass. com. 18-5-2010 n° 09-15.227 F-D : RJDA 8-9/10 n° 844).

RÉMUNÉRATION DU MANDATAIRE

Le **mandat** est en principe **gratuit,** sauf si les parties en ont convenu autrement (C. civ. art. 1986). 15390
Lorsqu'aucune rémunération n'a été prévue dans le mandat, le mandataire ne peut donc pas réclamer de rémunération en contrepartie des démarches qu'il a accomplies dans l'exécution de sa mission (Cass. 1e civ. 4-5-2012 n° 11-10.943 F-PBI : RJDA 10/12 n° 851).

La stipulation d'une rémunération peut être expresse ou simplement tacite (Cass. req. 1-12-1891 : DP 1892 I p. 209 ; Cass. req. 1-7-1936 : DH 1936 p. 428). L'appréciation des juges du fond est, à cet égard, souveraine (Cass. req. 1-12-1891 précité).

Le **mandat** est toutefois présumé **salarié** lorsqu'il est donné à des personnes dont la profession consiste à s'occuper des affaires d'autrui (Cass. 1e civ. 19-12-1989 n° 87-11.428 : Bull. civ. I n° 399 ; Cass. 1e civ. 16-6-1998 n° 1087 P : RJDA 11/98 n° 1215). Il incombe au mandant de prouver que le mandataire a renoncé à ses honoraires (Cass. 1e civ. 16-6-1998 précité).

Conditions Il va de soi que la rémunération n'est due que si le mandataire a **exécuté** sa **mission,** lequel doit en rapporter la preuve (Cass. 1e civ. 17-1-1973 : D. 1973 IR p. 53) par tous moyens (Cass. 1e civ. 2-2-1966 : Bull. civ. I n° 83). Par exemple, s'il lui a été donné mandat de donner à bail commercial, il doit avoir recherché un locataire. Mais la rémunération lui est due même si « l'affaire » n'a pas réussi, sauf si l'échec est dû à une faute de sa part (C. civ. art. 1999, al. 2). Ainsi, le mandataire chargé de donner à bail commercial doit être rémunéré s'il a recherché activement un locataire même si, en définitive, il n'en a pas trouvé. 15395

Les parties peuvent avoir fait de l'**exécution effective** de l'opération objet du mandat (recherche d'un locataire ou d'un bailleur, par exemple) une condition de l'octroi de la rémunération au mandataire.

La rémunération peut être due lorsque le **contrat conclu par l'entremise du mandataire** a, par la suite, été **résolu** (Cass. 1e civ. 19-1-2022 n° 20-11.985 F-D : RJDA 5/22 n° 269) ou est resté inexécuté, à condition bien entendu, comme nous venons de le voir (n° 15395), que le mandataire n'ait commis aucune faute et que l'octroi de la rémunération n'ait pas été lié à l'exécution de ce contrat. 15398

Montant de la rémunération La rémunération est librement **fixée** par les parties dans le contrat de mandat et peut consister en une somme forfaitaire ou en un pourcentage sur le montant de l'opération réalisée. 15400

Lorsque la **clause** fixant la rémunération est **imprécise, ambiguë** ou **absente,** le mandataire peut fixer lui-même sa rémunération, à charge pour lui d'en motiver le montant en cas de contestation du mandant ; en outre, si ce dernier considère que le montant est abusif, il peut demander au juge des dommages-intérêts ou la résolution du contrat (C. civ. art. 1165).

> **Précisions** L'article 1165 s'applique aux **contrats de prestation de services** et est, à notre avis, applicable au **contrat de mandat** car le mandataire chargé de prendre ou donner à bail commercial accomplit de telles prestations dans le cadre de sa recherche d'un locataire ou d'un bailleur.

2. EFFETS DU MANDAT À L'ÉGARD DES TIERS

ENGAGEMENT CONTRACTUEL DU MANDANT

15450 Le **mandataire** qui a accompli les actes juridiques au nom et pour le compte du mandant et est **resté dans les limites de son mandat** n'est pas engagé personnellement à l'égard des tiers (Cass. com. 21-3-1995 n° 614 P : RJDA 8-9/95 n° 974) car, en application du principe de représentation, prévu à l'article 1154, al. 1 du Code civil, tout se passe comme si ces actes avaient été directement conclus entre le tiers et le mandant : celui-ci est tenu d'exécuter les **engagements contractés par le mandataire** (C. civ. art. 1998, al. 1). Le mandant est en effet considéré comme ayant traité lui-même avec les tiers si bien que c'est à lui seul qu'incombe l'exécution des obligations contractées par le mandataire (Cass. 1e civ. 14-11-1978 n° 77-12.183 : Bull. civ. I n° 346 ; Cass. 3e civ. 23-11-1988 n° 1591 D ; Cass. com. 5-12-1989 n° 1467 D).

15455 Toutefois, le mandant n'est pas tenu par les actes juridiques que le **mandataire** a accomplis **sans révéler aux tiers qu'il agissait au nom et pour le compte de son mandant.** Seul le mandataire est alors obligé à l'égard des tiers (Cass. 3e civ. 17-10-1972 n° 71-12.672 : Bull. civ. III n° 528 ; Cass. 3e civ. 30-6-1976 n° 75-11.651 : Bull. civ. I n° 241 ; Cass. com. 31-3-1981 n° 377 ; Cass. 3e civ. 10-2-1988 : JCP G 1989 II n° 21192 note C. Atias ; Cass. 1e civ. 17-11-1993 n° 91-16.733 : RJDA 1/94 n° 27).

ABSENCE OU DÉPASSEMENT DE POUVOIRS DU MANDATAIRE

15470 Lorsque le mandataire a agi au-delà de ses pouvoirs, l'acte de **dépassement** est inopposable au mandant, si bien que le tiers ne peut pas lui demander de l'exécuter (C. civ. art. 1156, al. 1 ; art. 1998, al. 2). Le mandant demeure en revanche tenu pour ce qui a été exécuté conformément au mandat (Cass. 1e civ. 26-1-1999 n° 152 P : RJDA 3/99 n° 283). Quant au mandataire, il n'est tenu à aucune garantie vis-à-vis du tiers contractant dès lors qu'il lui a donné une suffisante connaissance de ses pouvoirs (C. civ. art. 1997). Il n'est pas non plus engagé à l'égard du tiers négligent qui aurait pu connaître l'étendue exacte des pouvoirs du mandataire s'il s'était donné la peine de se faire présenter la procuration mentionnée au contrat (Cass. 1e civ. 16-6-1954 : Bull. civ. I n° 200).

Lorsque le « mandataire » a agi **sans pouvoir,** la sanction diffère selon que le contrat de mandat a été conclu avant ou depuis le 1er octobre 2016, date de l'entrée en vigueur de l'article 1156 précité. Dans le premier cas, visant l'article 1984 du Code civil, la Cour de cassation a jugé que l'acte ainsi conclu par le mandataire est entaché d'une nullité relative dont seul le « mandant » peut se prévaloir (Cass. 1e civ. 2-11-2005 n° 1437 FS-PB : RJDA 6/06 n° 643 ; Cass. 1e civ. 9-7-2009 n° 08-15.413 F-D : RJDA 12/09 n° 1077 ; Cass. 3e civ. 7-12-2011 n° 10-27.092 FS-D : RJDA 3/12 n° 284 ; Cass. 1e civ. 17-6-2015 n° 14-14.568 F-D : RJDA 10/15 n° 653) ; si cet acte est notarié, la nullité relative a pour effet de retirer à l'acte son caractère notarié (Cass. 1e civ. 15-10-2014 n° 13-22.473 F-D : RJDA 2/15 n° 89). Dans le second cas, l'acte est inopposable au « mandant » (C. civ. art. 1156, al. 1 précité).

15472 Le tiers contractant peut demander l'**annulation de l'acte** conclu par un mandataire sans pouvoir ou au-delà de ses pouvoirs ; cette faculté ne lui est ouverte que si, au moment de l'acte, il ignorait que le mandataire n'était pas habilité pour agir (C. civ. art. 1156, al. 2). Le tiers contractant peut renoncer à la nullité (C. civ. art. 1182).

15475 Le mandant peut toutefois **ratifier** les **actes** accomplis par le mandataire sans pouvoir (C. civ. art. 1156, al. 3) ou au-delà de ses pouvoirs (C. civ. art. 1998, al. 2). Dans ce cas, le tiers contractant perd sa faculté de demander l'annulation de l'acte ratifié (C. civ. art. 1156, al. 3).

La ratification n'est soumise à aucune condition de **forme** et elle peut donc être expresse mais aussi tacite et résulter de tous actes, faits et circonstances qui manifestent de la part du mandant la volonté certaine de ratifier (Cass. req. 1-6-1880 : S. 1880 I p. 405 ; Cass. req. 23-3-1897 : DP 1897 I p. 152 ; Cass. req. 9-6-1931 : S. 1931 I p. 312). L'appréciation de ces faits et circonstances relève du pouvoir souverain des juges du fond (Cass. 3e civ. 2-5-1978 : Bull. civ. III n° 173 ; Cass. 1e civ. 6-2-1996 n° 284 P : RJDA 8-9/96 n° 1041).

DÉTOURNEMENT DE MANDAT

15478 Le fait pour le mandataire de détourner ses pouvoirs au détriment du mandant est formellement sanctionné (C. civ. art. 1157 ; Cass. 1e civ. 29-3-2023 n° 22-10.001 FS : RJDA 7/23 n° 371) : le mandant peut invoquer la nullité de l'acte accompli si le tiers avait connaissance du détournement ou ne pouvait pas l'ignorer. Il suffit donc que le tiers soit de mauvaise foi ; la collusion frauduleuse avec le mandataire n'est pas exigée.

RESPONSABILITÉ DU MANDANT

15483 Le mandant est responsable contractuellement envers les tiers des **fautes commises par le mandataire dans l'exercice de sa mission** (Cass. 1e civ. 31-3-1981 : Bull. civ. I n° 108 ; Cass. 1e civ. 8-7-1986 : Bull. civ. I n° 195). Sa responsabilité est également engagée s'il a commis une faute personnelle qui est à l'origine du comportement du mandataire, source du dommage causé aux tiers.

En revanche, les **manœuvres dolosives** commises par le **mandataire** dans l'exercice de sa mission n'engagent pas la responsabilité extracontractuelle du mandant, sauf si celui-ci a personnellement commis une faute, ce qu'il incombe au tiers victime d'établir (Cass. ch. mixte 29-10-2021 n° 19-18.470 BR : RJDA 5/22 n° 270).

RESPONSABILITÉ DU MANDATAIRE

Le mandataire est personnellement responsable envers les tiers des **délits et quasi-délits** qu'il peut commettre, soit spontanément, soit même sur les instructions du mandant, dans l'accomplissement de sa mission (jurisprudence constante, notamment, Cass. mixte 26-3-1971 : JCP G 1971 II n° 16762 ; Cass. 1e civ. 13-10-1992 n° 91-10.619 : Bull. civ. I n° 250 ; Cass. 1e civ. 30-4-2014 n° 13-10.582 F-D : RJDA 2/15 n° 133). **15490**

La faute du mandataire peut consister aussi bien dans une abstention que dans un acte positif (Cass. 1e civ. 1-2-1984 n° 82-12.843 : Bull. civ. I n° 47 ; Cass. 1e civ. 11-4-1995 n° 91-21.137 : Bull. civ. I n° 171). L'action du tiers est de nature extracontractuelle, même si la faute du mandataire a été commise dans l'exécution du mandat (Cass. mixte 26-3-1971 précité ; Cass. 1e civ. 30-9-2010 n° 09-69.129 F-D : RJDA 12/10 n° 1149).

Le mandataire est **pénalement responsable** des infractions qu'il commet en accomplissant sa mission (Cass. crim. 28-3-1996 n° 95-80.395 : Bull. crim. n° 142). **15500**

ILLUSTRATIONS

A été condamné pour faux en écriture de commerce le mandataire qui, tenu de justifier sur le plan comptable les mouvements de fonds effectués en vertu de son mandat, avait porté dans ses écritures des mentions inexactes concernant les opérations correspondantes (Cass. crim.14-5-1990 n° 89-84.807 : Bull. crim. n° 188).

C. Fin du mandat

RÉVOCATION DU MANDAT PAR LE MANDANT

Le mandant peut **révoquer** le **mandat** quand bon lui semble (C. civ. art. 2004). Ce droit de révocation existe même si, par des aménagements contractuels, les parties ont prévu une durée limitée à la mission du mandataire ou ont soumis la révocation de celui-ci à des conditions déterminées. Il en va de même si les parties ont décidé que le mandat était « irrévocable » car l'irrévocabilité du mandat de céder un bien ne prive le mandant ni de son droit de disposer personnellement du bien en qualité de propriétaire (Cass. 1e civ. 16-6-1970 : D. 1971 p. 261, rendu à propos d'un mandat de céder des parts sociales mais transposable au mandat de conclure un bail commercial en qualité de bailleur), ni de son droit de renoncer à l'opération (Cass. 1e civ. 5-2-2002 n° 185 FS-P : RJDA 7/02 n° 760 ; Cass. 1e civ. 30-5-2006 n° 04-18.972 F-PB : RJDA 3/07 n° 260, rendus à propos d'un mandat de vente d'un bien mais transposable au mandat de conclure un bail commercial). De tels aménagements peuvent seulement avoir des conséquences sur l'ouverture du droit à indemnisation du mandataire évincé. **15550**

Le mandant peut choisir de ne **révoquer** que **partiellement** le mandat, sauf si celui-ci comporte une clause d'irrévocabilité (Cass. 1e civ. 25-2-2010 n° 08-22.066 F-PBI : RJDA 5/10 n° 501).

La révocation n'est soumise à aucune condition de **forme.** Elle peut être expresse ou tacite. Dans ce dernier cas, elle peut résulter soit de la désignation d'un autre mandataire pour la même affaire (C. civ. art. 2006), soit de l'exécution par le mandant lui-même de l'acte que le mandataire avait été chargé d'accomplir (Cass. 1e civ. 16-6-1970 : Bull. civ. I n° 204 ; Cass. com. 8-12-2015 n° 14-20.307 F-D : RJDA 6/16 n° 434). Elle n'a pas à être acceptée par le mandataire (Cass. 1e civ. 8-1-1968 n° 64-10.400 : Bull. civ. I n° 7 ; Cass. 1e civ. 25-2-2010 n° 08-22.066 F-PBI : RJDA 5/10 n° 501). **15553**

En principe, le mandataire évincé n'a droit à aucune **indemnité** (CA Paris 1-2-1984, 5e ch. B). **15554**

Il en va différemment si sa révocation est intervenue dans des **conditions fautives.** Tel est le cas si le mandant a utilisé son droit de révocation de manière abusive (Cass. req. 9-7-1885 : DP 1886 I p. 310 ; Cass. 1e civ. 2-5-1984 n° 83-12.056 : Bull. civ. I n° 143 ; Cass. com. 11-3-2014 n° 13-11.777 F-D : RJDA 6/14 n° 520), l'abus ne pouvant être retenu que si celui qui l'allègue prouve l'intention de nuire de son auteur ou sa légèreté blâmable (Cass. com. 4-10-2023 n° 22-15.781 F-B : RJDA 2/24 n° 92). Tel est le cas également si le mandant a utilisé son droit de révocation en violation des aménagements contractuels prévus par les parties (Cass. req. 9-7-1885 précité) : ainsi, le mandataire a droit à des dommages-intérêts si le mandat est révoqué avant l'arrivée du terme prévu (Cass. soc. 22-6-1977 n° 76-10.491 : Bull. civ. V n° 418) ou malgré l'irrévocabilité qui avait été stipulée (Cass. 1e civ. 5-2-2002 n° 185 FS-P : RJDA 7/02 n° 760).

Par ailleurs, les dispositions de l'article 2004 du Code civil n'étant pas d'ordre public, les parties peuvent **prévoir contractuellement** une indemnisation au profit du mandataire évincé (Cass. 1e civ. 6-3-2001 n° 386 FS-P : RJDA 7/01 n° 751). Une telle clause ne constitue pas une clause pénale susceptible d'être modérée par le juge (même arrêt). Elle ne s'applique pas lorsque la révocation a été rendue nécessaire par une faute du mandataire (Cass. 1e civ. 23-5-1979 n° 77-15.879 : Bull. civ. I n° 153).

15555 La **révocation prend effet** à compter du jour où le mandataire en a connaissance et non à partir du jour où le mandant a exprimé sa volonté de révoquer le mandat (Cass. 3e civ. 28-2-1984 : Bull. civ. III n° 52). La révocation notifiée au seul mandataire demeure cependant inopposable aux tiers qui ont traité dans l'ignorance de cette révocation, sauf au mandant son recours contre le mandataire (C. civ. art. 2005). Le mandant reste donc tenu des actes passés par le mandataire révoqué s'il ne prouve pas que le tiers qui a traité avec le mandataire était informé de la révocation du mandat (Cass. 3e civ. 13-6-1978 : D. 1979 IR p. 11 ; Cass. com. 17-6-1997 n° 1572 P : RJDA 11/97 n° 1341).

RENONCIATION PAR LE MANDATAIRE

15560 Le mandataire peut renoncer à sa mission à condition de notifier au mandant sa décision ; il peut néanmoins être condamné à indemniser le mandant si cette renonciation cause à celui-ci un préjudice, sauf s'il établit que la poursuite de sa mission entraînerait pour lui-même un préjudice considérable (C. civ. art. 2007).

Il n'existe pas, à notre connaissance, d'illustration jurisprudentielle de cette impossibilité de poursuivre la mission. À notre avis, la maladie ou l'infirmité du mandataire pourrait constituer une telle impossibilité.

DÉCÈS DU MANDANT OU DU MANDATAIRE

15565 Le mandat **prend fin** par le décès du mandant ou du mandataire (C. civ. art. 2003, al. 3). Les parties peuvent toutefois convenir que le mandat **continuera avec les héritiers** du défunt (Cass. crim. 12-10-1995 n° 4835 PF : RJDA 1/96 n° 57). Cette volonté peut être tacite.

15570 En cas de **décès du mandant,** le mandataire doit en tout état de cause achever les choses commencées avant s'il y a « péril en la demeure » (C. civ. art. 1991, al. 2). Tant que le mandataire ignore ce décès, les engagements qu'il prend sont valides et doivent être exécutés à l'égard des tiers de bonne foi (C. civ. art. 2008 et 2009). C'est au mandataire qu'il appartient de prouver son ignorance (Cass. soc. 22-6-1978 n° 76-14.330 : Bull. civ. V n° 511).

En cas de **décès du mandataire,** ses héritiers doivent en aviser le mandant et pourvoir, en attendant, à ce que les circonstances exigent pour l'intérêt de celui-ci (C. civ. art. 2010).

INCAPACITÉ ET INTERDICTIONS FRAPPANT LE MANDANT OU LE MANDATAIRE

15575 Le mandat prend fin lorsqu'une partie, qui est majeure, est mise sous tutelle (C. civ. art. 2003). Cette extinction se produit dans les mêmes conditions que celle consécutive au décès de l'une des parties (nos 15565 s.).

Le mandat prend également fin si le mandataire est frappé d'une interdiction (condamnation à une mesure de faillite personnelle ou à une interdiction de gérer) ou s'il fait l'objet de l'une des mesures de protection suivantes : sauvegarde de justice, curatelle, habilitation familiale ou mandat de protection future ayant pris effet (C. civ. art. 1160 ; cf. art. 1146).

DÉCONFITURE DU MANDANT OU DU MANDATAIRE

15580 Le mandat prend fin par la déconfiture soit du mandant, soit du mandataire (C. civ. art. 2003). Toutefois, par dérogation à cette disposition, la mise en **liquidation judiciaire du mandataire** ne met pas fin au mandat qui lui a été confié, dès lors qu'il n'a pas été exécuté à la date du jugement d'ouverture (Cass. com. 28-6-2017 n° 15-17.394 FS-PBI : RJDA 11/17 n° 747).

> **Précisions** Dans l'arrêt du 28 juin 2017, la Cour de cassation fait **prévaloir** le **droit des procédures collectives** sur les règles particulières du mandat car l'article L 641-11-1, I du Code de commerce exclut expressément toute résiliation d'un contrat en cours du seul fait de l'ouverture d'une liquidation judiciaire et ce, nonobstant toute clause ou disposition contraire.
>
> Ce faisant, la Cour revient sur une solution précédente qu'elle avait adoptée sous l'empire du régime antérieur à la loi du 26 juillet 2005 (Cass. com. 1-12-2009 n° 07-21.441 F-PB : RJDA 8-9/10 n° 847). Cette évolution de jurisprudence s'explique par le fait que les textes alors applicables ne posaient pas expressément la règle de la poursuite des contrats en cours nonobstant toute disposition contraire en cas de procédure collective, comme le font les textes actuels relatifs aux contrats en cours.

VIII. POUVOIR DE PROPRIÉTAIRES INDIVIS DE CONCLURE UN BAIL

Il y a indivision lorsque **plusieurs personnes** sont titulaires sur les mêmes biens de **droits identiques** (qu'ils soient de propriété, de nue-propriété ou d'usufruit) et **concurrents,** chacun pour une part qui n'est pas isolée. L'indivision peut ne porter que sur une partie des droits des intéressés (Cass. 1e civ. 7-7-2016 no 15-10.278 FS-PB : RJDA 11/16 no 829). 15650

L'**indivision** peut être subie et **résulter** de l'effet **de la loi.** Tel est le cas notamment pour les héritiers au décès de leur auteur (C. civ. art. 815 s.) ou pour les époux à la dissolution de la communauté (C. civ. art. 1476) tant qu'il n'y a pas eu partage. Sur la situation des personnes partenaires à un pacte civil de solidarité (Pacs), voir nos 14780 s. 15655

L'**indivision** peut aussi être **conventionnelle** et résulter de la volonté des parties (Cass. 1e civ. 17-1-1995 no 93-10.187 : Bull. civ. I no 35 ; Cass. 1e civ. 18-11-1997 no 1736 PB : Bull. civ. I no 314).

ILLUSTRATIONS

Il existe une indivision : entre deux personnes ayant indiqué expressément dans l'acte de vente acquérir solidairement et indivisément un immeuble, quelles que soient par ailleurs les conditions de paiement du prix (Cass. 1e civ. 17-1-1995 précité ; Cass. 1e civ. 18-11-1997 no 1736 PB : Bull. civ. I no 314) ; entre le conjoint survivant, usufruitier d'une quote-part et plein propriétaire du surplus, et l'héritier titulaire de la nue-propriété de la quote-part démembrée, l'indivision portant sur la nue-propriété (Cass. 1e civ. 6-2-1996 no 94-12.085 : Bull. civ. I no 64).

En revanche, il n'existe pas d'indivision entre les deux acquéreurs d'un bien qui ont assorti leur achat d'une clause de tontine (ou d'accroissement) en vertu de laquelle le survivant est réputé rétroactivement avoir toujours été le seul propriétaire depuis la date de l'achat (Cass. 1e civ. 27-5-1986 : D. 1987 p. 139 note G. Morin ; Cass. 1e civ. 9-2-1994 : D. 1994 p. 417 rapport J. Thierry, décision qui après avoir rappelé le principe ci-dessus ajoute que, tant que la condition ne s'est pas réalisée, les parties ont des droits concurrents qui emportent celui pour chacune d'entre elles de jouir indivisément du bien).

Dans les développements ci-dessous, seule est envisagée la question de la **conclusion d'un bail commercial en qualité de bailleur.** 15660

RÉGIME LÉGAL DE L'INDIVISION

Prérogatives des indivisaires L'unanimité des indivisaires est requise pour tous les actes qui ne relèvent pas de l'**exploitation normale des biens indivis** ainsi que pour les actes de disposition autres que la vente des meubles pour payer les dettes et charges de l'indivision (C. civ. art. 815-3, al. 7). La conclusion d'un bail commercial en qualité de bailleur et le renouvellement de celui-ci ne relevant pas de l'exploitation normale d'un bien indivis, de tels actes requièrent donc le consentement de tous les indivisaires (Cass. 3e civ. 3-3-2009 no 08-11.278 F-D : Rev. Loyers 2009 p. 222). Le refus d'accorder le renouvellement requiert également l'accord de tous les indivisaires (Cass. 3e civ. 18-4-1985 no 84-10.083 : Bull. civ. III no 65). 15665

L'**indivision** étant dépourvue de personnalité juridique, le **bail conclu en son nom** est nul de nullité absolue (Cass. 3e civ. 16-3-2017 no 16-13.063 FS-PB : RJDA 7/17 no 442). Cette nullité ne peut pas être invoquée par voie d'exception si le bail conclu au nom de l'indivision a été exécuté (même arrêt).

Bien que l'article 815-3 du Code civil n'envisage pas cette possibilité, il nous semble possible de donner **mandat** de conclure ou de renouveler un bail commercial sur un bien indivis à un ou plusieurs indivisaires ou à un tiers. Ce mandat doit être **spécial** (Cass. 3e civ. 10-11-2004 no 03-13.611 FS-D : RJDA 2/05 no 102), c'est-à-dire qu'il doit préciser l'opération autorisée et le nom des mandants, et être donné à l'unanimité des indivisaires. Il est également révoqué avec l'accord de l'ensemble des indivisaires. 15670

En revanche, un mandat **tacite** ne permet pas de valider la conclusion ou le renouvellement d'un bail commercial sur un bien indivis (C. civ. art. 815-3, al. 8).

Rôle du juge dans la conclusion d'un bail sur un bien indivis Si l'un des **indivisaires** se trouve **hors d'état de manifester sa volonté,** un autre peut se faire habiliter en justice à le représenter, d'une manière générale ou pour certains actes particuliers, y compris à notre avis la conclusion et le renouvellement d'un bail commercial sur un bien indivis. Les conditions et l'étendue de cette représentation sont fixées par le juge (C. civ. art. 815-4, al. 1). 15675

Les causes de l'impossibilité de manifester sa volonté importent peu : éloignement géographique, problèmes de santé, indivisaire incapable, etc.

15680 Un indivisaire peut être autorisé à conclure seul un bail commercial sur un bien indivis ou à renouveler seul un tel bail si le **refus d'un coïndivisaire** met en **péril** l'intérêt commun (C. civ. art. 815-5, al. 1). L'urgence n'est pas imposée par ce texte et ne constitue donc pas une condition de recevabilité de la demande (Cass. 1e civ. 12-7-2001 no 99-14.202 F-D). L'appréciation de l'intérêt commun relève de l'interprétation souveraine des juges du fond (Cass. 3e civ. 10-5-1983 no 82-10.436 : Bull. civ. III no 113 ; Cass. 1e civ. 29-11-1988 : JCP G 1989 II no 21364 note F.-X. Testu ; Cass. 1e civ. 3-3-1992 : JCP G 1993 II no 22002 note J.-M.G.).

ILLUSTRATIONS

Il a été jugé que constituait une mise en péril de l'intérêt commun l'opposition d'un indivisaire à la conclusion d'un bail commercial, d'abord par amour-propre, puis dans le but de monnayer son accord alors que, compte tenu de la bonne situation de l'immeuble dans un secteur géographique favorable à son commerce automobile, le locataire s'était engagé à investir des sommes considérables pour rénover et aménager l'immeuble, et que ces travaux qui devaient devenir la propriété des indivisaires allaient leur permettre de s'assurer la propriété d'un immeuble de valeur à la place de celui en mauvais état et de faible rentabilité qu'ils avaient (CA Rouen 15-6-1999, 1e ch. civ.). Pourrait, par exemple, également mettre en péril l'intérêt commun le refus d'un indivisaire d'accorder le renouvellement d'un bail si ce refus exposait les indivisaires à devoir payer une indemnité d'éviction trop importante.

L'**autorisation judiciaire** a pour **effet** de rendre l'acte contesté opposable à tous les indivisaires, y compris à celui qui s'y opposait (C. civ. art. 815-5, al. 3). Mais l'acte ne crée aucune obligation à son égard.

15685 Par ailleurs, le président du tribunal judiciaire peut prescrire ou autoriser toutes les **mesures urgentes** que requiert l'intérêt commun (C. civ. art. 815-6, al. 1). Les juges du fond apprécient souverainement l'existence de l'urgence (Cass. 1e civ. 16-2-1988 no 86-16.489 : Bull. civ. I no 45).

Le président du tribunal judiciaire peut notamment désigner un indivisaire comme **administrateur provisoire** ou nommer un séquestre (C. civ. art. 815-6, al. 3). Cette disposition permet de sortir d'une situation de blocage en cas de désaccord entre les indivisaires. Une telle mesure n'est possible que si la gestion de l'indivision n'a pas été confiée à un indivisaire ou à un tiers par un mandat conventionnel.

L'administrateur provisoire peut être un indivisaire ou un tiers (Cass. 1e civ. 19-10-2004 no 1438 : RJDA 3/05 no 339, rendu à propos d'un bail rural mais transposable au bail commercial). Ses pouvoirs, qui peuvent être très étendus, sont déterminés par le juge. Celui-ci peut donner à l'administrateur le pouvoir de conclure un bail commercial (Cass. 1e civ. 19-10-2004 no 1438, précité). Si les pouvoirs de l'administrateur ne sont pas déterminés par le juge, il convient de se référer aux articles 1873-5 à 1873-9 du Code civil relatifs à l'indivision conventionnelle (C. civ. art. 815-6, al. 3).

Quelle que soit l'étendue de son mandat, l'administrateur ne peut pas agir contre l'avis unanime des indivisaires.

15690 En application de l'article 815-6 du Code civil, le président du tribunal judiciaire peut décider toute **autre mesure** conservatoire, autoriser des actes de disposition, tels la conclusion d'un bail en qualité de bailleur ou le renouvellement d'un tel bail, à condition que la mesure soit justifiée par l'intérêt commun.

ILLUSTRATIONS

Dans un cas où des indivisaires, qui avaient délivré à leur locataire un congé avec refus de renouvellement, avaient été condamnés à payer à celui-ci une indemnité d'éviction par une décision de justice dont ils avaient fait appel, l'administrateur judiciaire de l'indivision a été autorisé à exercer le droit de repentir et à offrir en conséquence le renouvellement du bail au locataire compte tenu des éléments suivants : les indivisaires ne pouvaient pas prendre le risque financier de verser une indemnité d'éviction laquelle, sous réserve de l'issue de la procédure judiciaire en cours, allait être due si le locataire quittait les lieux, dans la mesure où, dans cette hypothèse, le droit de repentir ne peut plus être exercé (nos 66120 s.) ; l'exercice du droit de repentir avait un caractère urgent dès lors que le locataire avait été autorisé à pratiquer une saisie conservatoire des indemnités d'occupation dues aux indivisaires en raison de l'indemnité qu'il avait vocation à recevoir et que cette saisie avait eu pour effet de priver l'indivision de tout revenu ; l'existence d'intérêts divergents entre les indivisaires n'impliquait pas l'absence d'un intérêt commun de l'indivision (CA Versailles 27-4-2000, 12e ch. sect. 2).

15695 À défaut de pouvoir légal, de mandat ou d'habilitation par justice, les actes faits par un indivisaire en représentation d'un autre ont effet à l'égard de celui-ci suivant les règles de la **gestion d'affaires** (C. civ. art. 815-4, al. 2). L'existence d'une gestion d'affaires n'est admise qu'à titre subsidiaire, c'est-à-dire en l'absence de mandat exprès, conventionnel ou judiciaire. Pour le reste, c'est le droit commun de la gestion d'affaires qui s'applique. Sur les conditions d'efficacité de la gestion d'affaires, voir no 14375.

Bail conclu irrégulièrement sur un bien indivis Si les règles exposées nos 15665 s. ne sont pas respectées, le contrat de bail commercial conclu sur un bien indivis est valable dans les rapports entre l'indivisaire contractant et le locataire (Cass. 1e civ. 7-11-1950 : Bull. civ. I no 217) mais il est inopposable aux indivisaires non consentants (Cass. 1e civ. 27-10-1992 no 90-21.173 : Bull. civ. I no 264). Le bail est également inopposable au tiers acquéreur de l'immeuble loué, même s'il a été enregistré (Cass. 1e civ. 30-6-2004 no 1138 : RJDA 11/04 no 1277). 15700

L'indivisaire qui consent un bail ne peut pas arguer de son défaut de pouvoir pour en demander la nullité ; il doit garantir le locataire d'une jouissance paisible (Cass. 3e civ. 30-4-1969 : Bull. civ. III no 346).

Pour le locataire, l'efficacité du bail est subordonnée au résultat du partage (Cass. 1e civ. 27-10-1992, précité) : l'acte est consolidé si l'immeuble donné en location est attribué à l'indivisaire qui s'est engagé ; il est anéanti dans le cas contraire. En tout état de cause, si l'indivisaire qui a consenti le bail sans le consentement des autres indivisaires a commis une faute, le locataire peut solliciter la réparation de son préjudice (Cass. 3e civ. 5-5-1999 no 97-17.570 : Bull. civ. III no 105). Par ailleurs, le locataire peut faire annuler le bail s'il établit que son consentement a été vicié.

INDIVISION CONVENTIONNELLE

Les indivisaires peuvent établir des conventions relatives à l'exercice de leurs droits indivis. 15705

Si, pour faciliter la gestion de leurs biens indivis, les intéressés en ont confié la responsabilité à un **gérant** (C. civ. art. 1873-5, al. 1), celui-ci n'a pas le pouvoir de conclure un bail commercial : la décision doit être prise à l'unanimité des indivisaires (C. civ. art. 1873-8, al. 1). La convention peut prévoir que cette décision peut être prise autrement qu'à cette majorité (C. civ. art. 1873-8, al. 3) mais il est impossible de prévoir qu'elle peut être prise par le gérant agissant seul car toute clause extensive des pouvoirs du gérant est réputée non écrite (C. civ. art. 1873-6, al. 2).

En tout état de cause, le gérant, s'il est lui-même indivisaire, peut recourir au juge pour mettre en œuvre les dispositions du régime légal de l'indivision si l'un des indivisaires se trouve hors d'état de manifester sa volonté (no 15675), si le refus d'un coïndivisaire met en péril l'intérêt commun (no 15680) ou si l'intérêt commun requiert des mesures urgentes (nos 15685 s.).

La **présence d'un incapable** (mineur ou majeur protégé) parmi les indivisaires n'empêche pas la désignation d'un gérant (C. civ. art. 1873-7) et est en principe sans effet sur les pouvoirs de ce dernier. Toutefois, il n'est pas possible de prévoir que la décision de conclure un bail commercial peut être prise autrement qu'à l'unanimité. Pour la quote-part de droits appartenant au mineur ou au majeur protégé, une telle décision doit être prise conformément aux règles de protection qui leur sont propres (selon le cas, autorisation du juge des tutelles, assistance du curateur, etc.). 15708

Jusqu'au 1er janvier 2009, la présence d'un mineur parmi les indivisaires avait un autre effet : les baux conclus par le gérant ne pouvaient pas conférer au locataire un droit au renouvellement ou au maintien dans les lieux à l'expiration du bail à l'encontre de l'incapable (C. civ. art. 1873-7, al. 2 et, sur renvoi, ex-art. 456). Lors de la réforme des majeurs protégés opérée par la loi 2007-308 du 5 mars 2007, les dispositions de l'article 456 ont été reprises dans des termes quasi identiques à l'article 504, al. 3 du Code civil sans que l'article 1873-7, al. 2 ait été retouché (il continue à renvoyer à l'article 456 qui ne traite plus des baux mais de la désignation du conseil de famille des majeurs sous tutelle). Reste à savoir si cet oubli remet en cause la limitation des pouvoirs du gérant. Il n'existe pas, à notre connaissance, de jurisprudence sur la question.

IX. CAPACITÉ ET POUVOIR D'UNE SOCIÉTÉ OU AUTRES GROUPEMENTS DE DROIT PRIVÉ DE CONCLURE UN BAIL

A. Sociétés

1. SOCIÉTÉS EN FORMATION

GÉNÉRALITÉS

Pendant la **période de formation** de la société, c'est-à-dire entre le moment où les associés conviennent de constituer la société et celui où, étant immatriculée, celle-ci a une vie juridique autonome, il est souvent nécessaire de **conclure un bail commercial** au nom de la société, 15800 future locataire des lieux. Ces actes ne peuvent, en principe, pas engager la société puisque celle-ci n'existe pas encore.

15805 Le **sort de ce bail** est réglé par les articles L 210-6 du Code de commerce et 1843 du Code civil, aux termes desquels « les personnes qui ont agi au nom d'une société en formation avant qu'elle ait acquis la jouissance de la personnalité morale sont tenues, solidairement et indéfinimement si la société est commerciale, des actes ainsi accomplis à moins que la société, après avoir été régulièrement constituée et immatriculée, ne reprenne les engagements souscrits. Ces engagements sont alors réputés avoir été souscrits dès l'origine par la société ».

À s'en tenir au texte de la loi, les personnes ayant agi pour le compte de la société en formation devraient donc attendre l'immatriculation de la société avant de savoir si leurs actes seront ou non entérinés par les associés et si la société se substituera ou non à eux pour l'exécution de leurs engagements. Cependant, les dispositions réglementaires du Code de commerce et celles du décret 78-704 du 3 juillet 1978 permettent sous certaines conditions la reprise anticipée de ces engagements dès la signature des statuts (ou lors de l'assemblée constitutive s'il s'agit d'une société par actions constituée avec offre au public autre qu'une offre exclue au sens de l'art. L 225-11-2 du Code de commerce).

Indépendamment de cette procédure, il peut arriver, par application des règles du droit commun de la substitution de cocontractant, que la volonté de substituer la société au contractant initial dans l'exécution d'un contrat conclu avec un tiers soit déduite de la conclusion d'un avenant entre la société immatriculée et ce tiers (pour des exemples, voir Cass. com. 24-6-2014 n° 13-18.317 : RJDA 10/14 n° 764 ; Cass. com. 21-3-2018 n° 15-29.377 F-D : RJDA 6/18 n° 499) ou de l'application d'une clause de substitution prévue dans le contrat initial (Cass. com. 15-1-2020 n° 17-28.127 F-D : RJDA 4/20 n° 212).

REPRISE DU BAIL PAR LA SOCIÉTÉ

15808 **Mention à indiquer dans le bail repris** Seuls peuvent être repris les baux passés « **au nom** » ou, ce qui est plus exact, **« pour le compte » de la société en formation** (voir Cass. com. 11-6-2013 n° 11-27.356 : RJDA 10/13 n° 796).

Il a longtemps été exigé que l'acte le mentionne expressément (Cass. com. 18-12-1990 n° 89-14.210 P : RJDA 3/91 n° 210 ; Cass. com. 21-2-2012 n° 10-27.630 F-PB : RJDA 5/12 n° 499 ; Cass. com. 11-6-2013 n° 11-27.356 F-D : RJDA 10/13 n° 796). La Cour de cassation a toutefois abandonné ce formalisme rigoureux. Elle admet désormais que l'acte puisse faire l'objet d'une reprise en l'absence d'une telle mention s'il est établi, au regard de l'ensemble des circonstances tant intrinsèques à l'acte qu'extrinsèques, que la commune intention des parties était de le conclure pour le compte de la société (Cass. com. 29-11-2023 n°s 22-12.865 FS-BR, 22-18.295 FS-BR et 22-21.623 FS-BR : RJDA 2/24 n° 97 et avis M. Lecaroz p. 7 ; Cass. com. 9-10-2024 n° 23-12.401 F et Cass. 3e civ. 17-10-2024 n° 22-21.616 F-D : RJDA 3/25 n° 138). Si l'acte a été directement souscrit par la société, sans que la commune intention des parties soit établie, l'acte est nul de nullité absolue pour avoir été conclu par une partie dépourvue d'existence juridique (Cass. com. 13-12-2005 n° 1654 : RJDA 3/06 n° 266 ; Cass. com. 21-2-2012 n° 10-27.630 F-PB : RJDA 5/12 n° 499 ; Cass. com. 19-1-2022 n° 20-13.719 F-D : RJDA 5/22 n° 272). En revanche, s'il a été souscrit par un des fondateurs de la société sans que les parties aient envisagé la possibilité d'une reprise, il est valide mais reste à la charge de celui qui l'a passé, même si l'une des procédures de reprise a été suivie par la suite (Cass. com. 23-1-2007 n° 05-17.715 : RJDA 5/07 n° 481, 1e espèce).

CONSEIL

Il est recommandé de continuer à mentionner expressément dans l'acte qu'il est conclu « au nom » ou « pour le compte » de la société en formation afin d'**éviter** tout **contentieux** laissant la validité de sa future reprise à l'appréciation des juges du fond.

15810 **Procédures de reprise du bail** La reprise d'un acte passé pour le compte d'une société en formation suppose de suivre l'une des **procédures** de reprise prévues par les textes et dont l'**objet** est d'assurer l'information des associés sur la teneur et les conséquences des engagements mis à la charge de la société. La clause d'un contrat stipulant que l'immatriculation de la société emportera reprise automatique du contrat par elle est inefficace dès lors qu'aucune des procédures de reprise n'a été respectée (Cass. 3e civ. 15-10-2015 n° 13-24.355 : RJDA 2/16 n° 111 ; Cass. 3e civ. 23-5-2019 n° 17-31.463 F-D : RJDA 8-9/19 n° 558).

15812 Lorsque le bail a été conclu pour le compte d'une société en formation avant la signature des statuts, celle-ci emporte **reprise automatique** de cet acte une fois la société immatriculée à condition qu'un état indiquant l'engagement qui résulte de cet acte pour la société soit présenté aux associés avant la signature des statuts et soit annexé à ceux-ci (C. com. art. R 210-5, al. 1 et 2 et R 210-6, al. 1 et 2 pour les SARL et les sociétés par actions ; Décret 78-704 du 3-7-1978 art. 6, al. 1 et 2 pour les sociétés civiles, les SNC ou les SCS). Dans les sociétés par actions constituées avec offre au public (autre qu'une offre exclue au sens de l'art. L 225-11-2 du Code de commerce), cet état doit être présenté aux associés lors de l'assemblée constitutive amenée à se prononcer sur la reprise des actes (C. com. art. R 210-7).

Pour que le bail soit repris, encore faut-il qu'il soit expressément visé par l'état annexé aux statuts.

L'existence d'une clause des statuts précisant que la signature de ceux-ci « emportera reprise des engagements qui seront réputés avoir été souscrits dès l'origine » par la société ne peut pas pallier l'absence d'état des actes annexé aux statuts (Cass. com. 13-3-2001 n° 538 : RJDA 11/01 n° 1109). En revanche, la mention des actes directement dans les statuts suffit à emporter leur reprise (Cass. 3e civ. 13-7-2011 n° 10-18.640 : RJDA 11/11 n° 913).

Pour prouver que l'état des actes passés pour le compte de la société a bien été annexé aux statuts signés par les associés, il doit être annexé aux statuts déposés au greffe du tribunal (CA Versailles 12-12-2005 n° 04-6239 : RJDA 8-9/06 n° 902, 2e espèce).

Les associés de société civile, de SNC, de SCS et de SARL peuvent, **dans les statuts** ou par acte **15815**
séparé, donner **mandat** à l'un ou plusieurs d'entre eux, ou au gérant non associé, de prendre des engagements pour le compte de la société. Sous réserve qu'ils soient déterminés et que les modalités en soient précisées par le mandat, l'immatriculation de la société emportera reprise de ces engagements par la société (Décret 78-704 art. 6, al. 3 pour les sociétés civiles, les SNC ou les SCS ; C. com. art. R 210-5, al. 3 pour les SARL).

Les associés ou actionnaires de sociétés par actions peuvent donner mandat dans les mêmes conditions étant précisé que :

– dans les sociétés par actions constituées sans offre au public, le mandat ne peut être donné qu'à un actionnaire (art. R 210-6, al. 3) ;

– dans les sociétés par actions constituées avec offre au public (autre qu'une offre exclue au sens de l'art. L 225-11-2 du Code de commerce) le mandat peut seulement être donné à un membre du conseil d'administration ou de surveillance (art. R 210-7, al. 4).

Ce procédé ne vaut que pour les baux passés entre la signature des statuts et l'immatriculation de la société ; il n'engage pas la société s'il est utilisé pour des actes passés avant la signature des statuts (Cass. com. 1-7-2008 n° 07-10.676 : RJDA 10/08 n° 1024).

Lorsque le mandat n'est **pas donné dans les statuts,** il doit résulter d'un acte séparé, lequel peut être établi après la conclusion de l'engagement (Cass. com. 1-7-2008 n° 07-10.676 : RJDA 10/08 n° 1024). À défaut de mandat, la reprise n'est pas valable, même si tous les associés ont concouru à la conclusion de l'engagement souscrit pour le compte de la société (Cass. com. 6-12-2005 n° 1602 : RJDA 3/06 n° 267, 1e espèce ; Cass. com. 23-5-2006 n° 665 : RJDA 8-9/06 n° 902, 1e espèce).

Si le **mandataire respecte les termes du mandat,** il est libéré à l'égard des tiers, à moins qu'il ne se soit personnellement obligé envers eux. Il reste responsable de ses fautes d'exécution à l'égard de ses mandants (C. civ. art. 1991 s.). Si, au contraire, le mandataire **ne respecte pas les termes du mandat,** la société n'est pas tenue des engagements pris pour son compte.

Si les associés n'ont pas adopté une des solutions indiquées nos 15810 s. pour reprendre le bail passé **15818**
pour le compte de la société (signature des statuts auxquels est annexé un état des actes accomplis ; mandat de conclure un ou plusieurs actes déterminés), le bail peut être **repris** après l'immatriculation de la société (Cass. com. 12-2-1974 : Rev. sociétés 1974 p. 493 note J. Hémard ; Cass. com. 10-10-1984 : Rev. sociétés 1985 p. 821 note Burst).

La décision doit être prise, sauf clause contraire des statuts, à la majorité des associés (Décret 78-704 du 3-7-1978 art. 6, al. 4). À notre avis, la « clause contraire des statuts » visée par ce texte permet aux associés de prévoir une majorité qualifiée ou même l'unanimité pour décider la reprise mais ne saurait les autoriser à donner aux dirigeants sociaux le pouvoir de prendre seuls cette décision. L'article 6 a en effet pour objectif essentiel de réserver aux associés le droit de décider la reprise. Par ailleurs, une clause statutaire habilitant les dirigeants sociaux à décider la reprise comporterait un mandat général qui rendrait pratiquement inutile l'obligation d'un mandat spécial prescrite par les articles R 210-5, al. 3, R 210-6, al. 3, R 210-7, al. 4 du Code de commerce et par l'article 6, al. 3 du décret 78-704 (n° 15815).

La décision doit être prise collectivement (dans le cadre d'une assemblée générale notamment) une fois la société immatriculée. L'associé unique d'une EURL peut décider la reprise au lieu et place de l'assemblée des associés mais la reprise doit alors résulter d'un acte exprès répertorié dans le registre prévu à cet effet (Cass. com. 31-5-2005 n° 838 : RJDA 11/05 n° 1219).

Il ne saurait y avoir de **reprise implicite** du bail passé pour le compte de la société (Cass. com. **15819**
20-1-1987 : Bull. civ. IV n° 28 ; Cass. com. 12-7-2004 n° 1174 : RJDA 1/05 n° 34 ; Cass. 3e civ. 30-3-2023 n° 21-25.920 F-D : RJDA 7/23 n° 372). La ratification doit résulter d'une décision spéciale des associés.

ILLUSTRATIONS

Ne vaut pas reprise le fait pour la société de se présenter comme le preneur d'un bail à l'occasion d'une transaction et de plusieurs instances judiciaires relatives à l'exécution de ce bail (Cass. com. 20-2-2019 n° 17-14.242 F-D : RJDA 7/19 n° 498).

15820 **Effet de la reprise du bail** Lorsque la société a régulièrement repris les engagements souscrits pour son compte, les **fondateurs** ayant passé ces actes sont **libérés** à l'égard du cocontractant, sauf s'ils se sont engagés personnellement à garantir l'exécution de ces actes (CA Paris 5-4-1991, inédit).

En présence d'un mandat de passer un acte pour le compte de la société, la reprise libère toutes les personnes ayant concouru à cet acte, quand bien même le mandat n'aurait été donné qu'à une seule d'entre elles (Cass. com. 13-12-2005 n° 1649 : RJDA 3/06 n° 267, 2e espèce).

En outre, les actes sont censés avoir été souscrits dès l'origine par la société (C. com. art. L 210-6) dès lors qu'ils ont été effectivement conclus avant l'immatriculation de la société (Cass. com. 21-9-2004 n° 1246 : RJDA 2/05 n° 133).

ILLUSTRATIONS

En cas de reprise par une société de l'acquisition d'un fonds de commerce passée pour son compte, cette acquisition est réputée conclue dès l'origine par la société, qui peut donc bénéficier, dès la date où elle est intervenue, du bail des locaux où est exploité le fonds (Cass. 3e civ. 2-2-2005 n° 03-18.575 : RJDA 5/05 n° 509), même lorsque le bailleur a délivré un congé avant l'immatriculation de la société (Cass. 3e civ. 7-12-2011 n° 10-26.726 FS-PB : RJDA 3/12 n° 290).

15825 **Défaut de reprise du bail** Si la société n'a pas repris le bail conclu pour son compte pendant la période de formation, cet acte reste à la **charge des personnes** qui l'ont conclu personnellement (Cass. com. 26-4-1988 : Bull. civ. IV n° 142 ; Cass. com. 11-1-2005 n° 50 : RJDA 4/05 n° 380) ou qui ont donné mandat de le passer (Cass. com. 3-4-1973 : Rev. sociétés 1974 p. 90 ; CA Paris 27-6-1978 : Bull. Joly 1978 p. 763), cette solution s'appliquant également en cas de reprise irrégulière.

CONSEIL

Pour éviter que l'acte ne demeure à la charge des personnes qui l'ont passé, ces dernières peuvent prévoir dans l'acte, avec l'accord de leur cocontractant, qu'elles seront **libérées** de toute obligation à son égard si la société ne reprend pas les engagements souscrits pour son compte. Le cocontractant perd alors la possibilité de demander l'exécution du contrat à l'associé avec qui il a traité.

Seules **sont visées** par la loi les personnes « qui ont agi au nom d'une société en formation », de sorte que ne sont pas tenus des actes non repris par la société les associés ayant simplement participé à cette formation en tant que fondateurs (Cass. com. 4-5-1981 : D. 1982 p. 482 note J.-J. Daigre ; Cass. com. 15-11-1983 : Bull. civ. IV n° 310). Ainsi, le simple fait qu'un associé ait cosigné le bail des locaux affectés à l'activité de la société n'implique pas qu'il doive répondre des autres actes accomplis par son coassocié pour le compte de la société (CA Paris 20-5-1988 : BRDA 17/88 p. 12).

Ne sont pas non plus tenues des actes non repris par la société les personnes qui ont procédé à des démarches ou à des pourparlers mais qui n'ont pas signé les actes litigieux, même si leur rôle a été prépondérant pour la réalisation de ces actes (CA Orléans 22-2-1978 : BRDA 10/79 p. 15).

15827 **Exécution du bail non repris par la société** Faute d'avoir mis en œuvre l'une des procédures permettant de reprendre une convention conclue pour son compte, une société ne peut pas en obtenir l'exécution. Néanmoins, contrairement à ce qui avait été avancé par certains arrêts (notamment, Cass. 3e civ. 5-1-1994 : RJDA 5/94 n° 523 ; CA Paris 22-2-2008 n° 06-3564 : RJDA 6/08 n° 659 ; CA Paris 24-6-2009 n° 09-1705 : RJDA 11/09 n° 958), la mise en échec de son action doit être fondée non sur le défaut de qualité à agir (Cass. 3e civ. 19-10-2022 n° 21-17.780 F-D : RJDA 3/23 n° 145), mais sur l'absence de droit substantiel, tirée, par exemple, de l'effet relatif des conventions (C. civ. art. 1199).

15828 **Recours de la société à défaut de reprise du bail** Si l'**acte non repris** par la société a profité à celle-ci, son auteur pourra lui demander une indemnité en invoquant les règles de la **gestion d'affaires** (C. civ. art. 1301-2 ; sur ces règles, voir Mémento Droit commercial nos 10305 s.) mais non sur le fondement de l'**enrichissement injustifié** (C. civ. art. 1303 ; CA Paris 1-10-1982 : BRDA 23/82 p. 11).

2. SOCIÉTÉS DOTÉES DE LA PERSONNALITÉ JURIDIQUE

CAPACITÉ DES SOCIÉTÉS DOTÉES DE LA PERSONNALITÉ JURIDIQUE

15830 Les sociétés commerciales (SNC, SCS, SARL, SA, SCA et SAS) et les sociétés civiles acquièrent la **personnalité juridique** à compter de leur immatriculation au registre du commerce et des sociétés (RCS) (C. com. art. L 210-6 pour les sociétés commerciales ; C. civ. art. 1842, al. 1 pour les sociétés civiles).

La capacité des **personnes morales** est limitée par les **règles applicables à chacune d'elles** (C. civ. art. 1145, al. 2).

Sur la capacité des personnes morales étrangères de donner ou prendre à bail commercial, voir nos 14700 s.

REPRÉSENTATION DE LA SOCIÉTÉ DOTÉE DE LA PERSONNALITÉ JURIDIQUE

Personne habilitée à représenter la personne morale En dehors du cas où la **société** est engagée par un mandataire apparent, le bail ne peut être valablement **conclu en son nom** que par son représentant légal ou une personne investie d'une délégation de pouvoirs. À défaut, l'acte est nul. Cette nullité étant relative, seule la société peut s'en prévaloir et non les tiers (Cass. 1e civ. 12-11-2015 no 14-23.340 F-PB : RJDA 2/16 no 115). Toutefois, la société ne peut pas l'invoquer lorsqu'elle y a renoncé dans les conditions prévues par l'article 1182 du Code civil, c'est-à-dire en confirmant la convention expressément ou en l'exécutant volontairement et sans ambiguïté. Il en est de même en cas de résiliation de la convention dès lors que la société a ratifié tacitement la décision de résiliation (Cass. com. 17-1-2018 no 16-22.285 F-D : RJDA 4/18 no 325). 15836

Incidence du Code civil Le Code civil prévoit un **régime général de représentation du cocontractant** (C. civ. art. 1153 s.). En vertu de ce régime, général car applicable aussi bien à la représentation légale, judiciaire ou conventionnelle, le représentant n'est « fondé à agir que dans la limite des pouvoirs qui lui ont été conférés » (art. 1153). 15837

Les dispositions de ce régime qui encadrent les pouvoirs du représentant ont-elles vocation à régir les conditions d'engagement de la société par son représentant légal ?

Nous pensons que non. En effet, les règles générales du Code civil s'appliquent sous réserve des règles particulières propres aux contrats spéciaux (C. civ. art. 1105, al. 3), tel le contrat de société. Or, pensons-nous, les pouvoirs de représentation des dirigeants sociaux sont exhaustivement définis par le **droit de sociétés,** qui **déroge sur ce point** au droit commun des contrats et en exclut totalement l'application.

Ainsi, aux termes de l'article 1155, al. 1 du Code civil, « lorsque le pouvoir du représentant est défini en termes généraux, il ne couvre que les actes conservatoires et d'administration ». Les règles de fonctionnement de la SNC ou de la SCS prévoient que le gérant ne peut engager celle-ci que par les actes entrant dans l'objet social (C. com. art. L 221-5 pour les SNC et, sur renvoi de l'art. L 222-2, pour les SCS). Les représentants légaux des autres sociétés (SARL et sociétés par actions) sont investis des pouvoirs les plus étendus pour agir en toute circonstance au nom de la société et ont même le pouvoir d'engager la société par les actes qui ne relèvent pas de l'objet social, sauf à prouver que le tiers savait que l'acte dépassait cet objet ou qu'il ne pouvait pas l'ignorer compte tenu des circonstances (C. com. art. L 223-18, al. 5, L 225-56, I, L 225-64, al. 2, L 226-7, al. 2 et L 227-6, al. 2). Par leur étendue (engager la société par les actes entrant dans l'objet social ; être investi des pouvoirs les plus étendus pour agir en toute circonstance au nom de la société), ces pouvoirs sont conçus en des termes très généraux. Il n'en résulte pas pour autant que les pouvoirs des dirigeants doivent être limités aux seuls actes conservatoires et d'administration, comme le prescrit l'article 1155, ce qui interdirait aux dirigeants de conclure un acte de disposition. En effet, le droit des sociétés envisage toute la question des pouvoirs du représentant légal de la société et lui seul doit donc être appliqué.

POUVOIR DU REPRÉSENTANT D'ENGAGER LA SOCIÉTÉ À L'ÉGARD DES TIERS

Pour que la société soit engagée à l'égard des tiers par la conclusion d'un bail commercial, celui-ci doit en principe se rattacher à l'objet social, c'est-à-dire qu'il doit en faciliter la réalisation. 15838

L'acte ne se rattachant pas à l'objet social est traité différemment selon qu'il est effectué au nom d'une société de personnes (société civile, SNC ou SCS) ou bien au nom d'une SARL ou d'une société par actions.

Si l'acte a été effectué au nom d'une société civile (en tant que propriétaire donnant les locaux à bail), d'une SNC ou d'une SCS (en tant que locataire ou, plus rarement, en tant que propriétaire), la société peut en demander la nullité (C. civ. art. 1849, al. 1 pour les sociétés civiles ; C. com. art. L 221-5 pour les SNC et, sur renvoi de l'art. L 222-2, pour les SCS). En effet, il y a violation d'une disposition impérative de la loi au sens des articles 1844-10, al. 3 du Code civil ou L 235-1, al. 2 du Code de commerce car le texte fixant les pouvoirs des représentants légaux (C. civ. art. 1849, al. 1 ou C. com. art. L 221-5, selon le cas), en ce qu'il apporte un élément de sécurité juridique aux actes conclus entre la société et les tiers, paraît d'ordre public.

Si l'acte a été effectué par une SARL ou une société par actions, dans les rapports avec les tiers, ces sociétés sont engagées, sauf si elles prouvent que le tiers savait que l'acte dépassait cet objet ou qu'il ne pouvait l'ignorer compte tenu des circonstances, étant précisé que la seule publication des statuts ne suffit pas à constituer cette preuve (C. com. art. L 223-18, al. 5, L 225-56, I, L 225-64, al. 2, L 226-7, al. 2 et L 227-6, al. 2).

15839 La conclusion du bail ne doit pas avoir pour effet de **modifier l'objet social** car une telle modification des statuts relève de la compétence des associés. Les statuts ne peuvent pas déroger à cette règle, sauf dans les SAS. En effet, dans cette forme de société, les statuts peuvent réserver au président le droit de modifier l'objet social.

Un tel acte accompli par un dirigeant au nom de la société relevant du pouvoir des associés est **nul** (cf. C. com. art. L 235-1). Le tiers qui a conclu avec le dirigeant un tel **acte** ne peut cependant pas invoquer cet excès de pouvoirs pour se soustraire à ses engagements si la société a **ratifié** l'acte litigieux.

3. SOCIÉTÉS SOUS ADMINISTRATION PROVISOIRE

15840 L'administrateur judiciaire – ou encore, selon la terminologie courante, l'administrateur provisoire – est un mandataire désigné en justice et chargé, en cas de difficultés graves empêchant le fonctionnement normal d'une société, d'assurer momentanément la gestion des affaires sociales.

La nomination d'un administrateur provisoire constitue une mesure exceptionnelle destinée à remédier à une situation de crise aiguë rendant impossible le **fonctionnement normal de la société** et menaçant celle-ci d'un **péril imminent** (jurisprudence constante ; notamment, Cass. 3e civ. 21-11-2000 : RJDA 3/01 n° 321 ; Cass. com. 6-2-2007 n° 05-19.008 : RJDA 7/07 n° 732 ; Cass. soc. 23-10-2012 n° 11-24.609 : RJDA 1/13 n° 36). En pratique, les tribunaux nomment un administrateur provisoire lorsque la gestion d'une société est entravée soit du fait des organes d'administration et de direction, soit du fait des associés, ou des deux à la fois. L'**entrave** doit être de nature telle qu'elle empêche réellement le fonctionnement régulier de la société et compromet les intérêts sociaux. La désignation de l'administrateur suppose aussi qu'un redressement des affaires sociales puisse être escompté, faute de quoi la seule issue serait la dissolution judiciaire de la société.

15845 L'administrateur provisoire peut-il consentir un bail commercial sur un immeuble appartenant à la société administrée ? Tout dépend de la **mission** qui lui a été confiée par l'ordonnance l'ayant nommé.

Si l'administrateur est chargé d'un **mandat général de gestion** de la société, il peut seulement accomplir les actes conservatoires et d'administration (C. civ. art. 1155, al. 1 ; Cass. 3e civ. 3-5-2007 n° 05-18.486 : RJDA 10/07 n° 942). Il ne peut donc pas effectuer des **actes de disposition,** tels que la conclusion d'un bail commercial en qualité de bailleur (n° 15177).

ILLUSTRATIONS

Un administrateur provisoire chargé d'administrer et de gérer une société immobilière et de réviser les situations locatives en prenant toutes décisions utiles à la société ne peut pas autoriser le renouvellement d'un bail commercial consenti par la société (Cass. 3e civ. 3-5-2007 précité).

Le juge qui confie à l'administrateur un mandat général de gestion de la société peut toutefois l'autoriser à passer des actes de disposition si cette mesure est conforme à l'**intérêt social.**

B. Groupement d'intérêt économique (GIE) à conclure un bail

15890 Le groupement d'intérêt économique (GIE) est constitué par plusieurs personnes physiques ou morales à l'effet de faciliter ou de développer l'activité économique de ses membres, d'améliorer ou d'accroître les résultats de cette activité (C. com. art. L 251-1, al. 2). Il n'acquiert la personnalité morale et la pleine capacité qu'à partir de son immatriculation au registre du commerce et des sociétés (RCS) (C. com. art. L 251-4, al. 1).

GIE EN FORMATION

15895 Pendant la période de formation du GIE, c'est-à-dire entre le moment où les membres conviennent de constituer le GIE et celui où, étant immatriculé, celui-ci a une vie juridique autonome, il peut être nécessaire de **conclure un bail commercial au nom du groupement** en formation, futur locataire des lieux.

Les personnes ayant passé un tel acte sont responsables solidairement et indéfiniment des conséquences, à moins que le GIE, après avoir été régulièrement constitué et immatriculé, ne reprenne cet engagement à son compte. Le bail est alors réputé avoir été souscrit dès l'origine par le GIE (C. com. art. L 251-4, al. 2).

Toutefois, aucune disposition réglementaire ne permet actuellement une **reprise automatique,** sous certaines conditions, des actes passés pour le compte d'un GIE en formation de sorte que les personnes ayant passé ces actes doivent, en principe, attendre l'immatriculation du GIE pour savoir si le groupement reprendra ou non les engagements qu'elles ont contractés. 15900

CONSEIL

Afin de se prémunir contre le risque d'un éventuel **refus de ratification,** les intéressés agiront prudemment en prenant la précaution de se faire habiliter expressément à cette fin par tous les membres du groupement. S'ils ne le font pas, il leur reste la possibilité de faire ratifier par ces derniers le bail commercial conclu, sans attendre l'immatriculation du GIE au RCS. Ces procédés ne règlent toutefois que les rapports des membres du GIE entre eux. Ils ne libèrent pas l'auteur du bail à l'égard du tiers cocontractant sauf si ce dernier a accepté la substitution de débiteur.

GIE DOTÉ DE LA PERSONNALITÉ JURIDIQUE

Ayant la capacité juridique à compter de son immatriculation au registre du commerce et des sociétés (RCS), le GIE peut être propriétaire d'un immeuble à compter de cette date et à ce titre le donner à bail commercial. Il peut également prendre à bail commercial en qualité de locataire (C. com. art. L 251-4, al. 1). 15903

La **conclusion** d'un **bail** commercial en qualité de locataire ou de bailleur **au nom du GIE** s'effectue par le représentant légal de celui-ci. Celui-ci engage le groupement à l'égard des tiers dans la limite de son objet social ; toute limitation de pouvoirs est inopposable aux tiers (C. com. art. L 251-11, al. 2). 15905

C. Associations

ASSOCIATION NON DÉCLARÉE

L'association non déclarée ne jouit pas de la personnalité juridique. Elle ne peut donc pas conclure de bail commercial ni en qualité de bailleur ni en qualité de locataire. 15930

ASSOCIATION DÉCLARÉE

La capacité juridique d'une association est subordonnée à l'accomplissement de deux **formalités** et n'est acquise qu'à l'accomplissement de la seconde d'entre elles (Loi du 1-7-1901 art. 5) : 15935

- une déclaration préalable auprès du représentant de l'État dans le département (greffe des associations) ;
- une insertion d'un extrait de la déclaration au Journal officiel des associations et fondations d'entreprise (JOAFE).

L'association régulièrement déclarée a la capacité de conclure un bail commercial en qualité de bailleur dans la mesure où cet acte entre dans son objet ou en favorise la réalisation (principe de spécialité).

Toute personne désireuse de contracter un bail commercial avec une association doit procéder aux vérifications suivantes :

- s'assurer que l'acte entre dans l'objet de l'association, à défaut de quoi il serait annulable ;
- s'assurer de la qualité et des pouvoirs de son interlocuteur pour représenter l'association s'agissant de cet acte ;
- s'assurer de l'absence de clauses limitatives de pouvoirs (CA Versailles 19-7-2007 n° 06/04190).

ATTENTION

Pour **prendre à bail,** une association doit remplir les conditions requises pour l'application du statut (n° 42117).

X. POUVOIR D'UNE PERSONNE SOUMISE À UNE PROCÉDURE COLLECTIVE DE CONCLURE UN BAIL

Les procédures collectives d'apurement du passif (sauvegarde, redressement ou liquidation judiciaire) peuvent limiter la possibilité pour la personne qui y est soumise (appelée débiteur) de donner à bail commercial un immeuble dont elle est propriétaire ou de prendre à bail commercial en qualité de locataire. 15960

ATTENTION

Si le débiteur est un **EIRL,** les règles exposées ci-dessous ne concernent que les biens relevant du patrimoine affecté à l'activité en difficulté ou, si cette activité est exercée sans affectation de patrimoine, au seul patrimoine non affecté (C. com. art. L 680-2). Si le débiteur est un **entrepreneur individuel,** ces règles ne s'appliquent, en ce qui concerne les biens, droits et obligations de l'entrepreneur, qu'au patrimoine professionnel de l'entrepreneur, sauf disposition contraire (C. com. art. L 681-2, II).

BAIL CONCLU PENDANT LA PÉRIODE SUSPECTE

15965 Entre la **date de cessation des paiements et l'ouverture de la procédure collective,** le débiteur dispose de la pleine capacité juridique et peut en principe conclure un bail commercial en qualité de bailleur ou de locataire. Toutefois, un tel bail conclu pendant cette période, dite « suspecte » encourt la nullité lorsque le débiteur est mis par la suite en redressement ou en liquidation judiciaire. Le bail conclu avant la mise sous sauvegarde du bailleur ou du locataire échappe aux nullités exposées ci-dessous.

Le bail conclu par un débiteur pendant la période suspecte est **nul de plein droit** lorsque les obligations du débiteur excèdent notablement celles de l'autre partie (C. com. art. L 632-1, I-2° et L 641-14, al. 1). Le déséquilibre est apprécié, au jour de la conclusion du bail, uniquement au regard des clauses du contrat et non par rapport à d'autres contrats existants entre les parties (Cass. com. 10-12-2022 n° 2069 : RJDA 5/03 n° 521).

ILLUSTRATIONS

Souhaitant réaliser une opération de promotion immobilière sur un terrain qu'elle avait donné en location à un commerçant, une société avait conclu avec lui un avenant au contrat de bail prévoyant sa résiliation dans un délai de deux ans moyennant une indemnité forfaitaire de résiliation de 330 000 €. Un second avenant, signé deux ans après, reportait de deux années la date de résiliation et ajustait le montant de l'indemnité (150 000 € payables immédiatement et 150 000 € lors de la libération des lieux). Finalement, un protocole d'accord entre le bailleur et son locataire avait mis fin au bail plus tôt que prévu et l'indemnité restant due, réduite de 64 500 €, avait été payée le jour même par le bailleur. Par la suite, le locataire avait été mis en liquidation judiciaire. Le liquidateur avait fait valoir que le protocole d'accord, conclu pendant la période suspecte, était nul en application de l'article L 632-1, I-2° du Code de commerce, prévoyant qu'est nul tout contrat commutatif intervenu depuis la date de cessation des paiements, dans lequel les obligations de l'entreprise faisant l'objet d'une procédure collective excèdent notablement celles de l'autre partie.
Cette demande doit être rejetée dès lors qu'il résulte des constatations suivantes que la réduction de l'indemnité de résiliation, justifiée en très grande partie par des éléments objectifs, constituait une concession équilibrée au regard de la situation et que les obligations mises à la charge du locataire par le protocole n'excédaient pas notablement celles du bailleur :
– il ressortait du protocole que le locataire avait soudainement souhaité libérer les lieux loués sept mois avant la date de fin de bail prévue par le second avenant, ce qui avait nécessairement créé un préjudice pour le bailleur, qui avait accepté de ne pas percevoir sept mois de loyers ;
– si le second avenant, sur lequel était revenu le protocole d'accord, prévoyait une faculté de résiliation anticipée du bail, cette faculté était assortie d'un délai de préavis de six mois, de sorte que le bailleur était en droit d'exiger six mois de loyers (soit environ 26 000 €), ce à quoi il avait renoncé en acceptant la résiliation prématurée du bail, justifiant la réduction de l'indemnité de résiliation à due concurrence ;
– le protocole d'accord faisait état d'arriérés de loyers (d'un montant de 28 000 €) à imputer sur le montant de l'indemnité, que le liquidateur contestait sans pour autant produire aucun élément attestant de ce que le locataire aurait bien réglé les loyers en cause.

CA Paris 14-9-2023 n° 22/04806 : RJDA 2/24 n° 122.

La **nullité** est en revanche **facultative** en cas de conclusion d'un bail commercial par le débiteur pendant la période suspecte avec une personne qui avait connaissance de l'état de cessation des paiements de celui-ci (C. com. art. L 632-2, al. 1 et L 641-14, al. 1).

> **Précisions** Saisie d'une **question prioritaire de constitutionnalité** concernant les dispositions de l'**article L 632-2** dont il était soutenu qu'elles portaient atteinte notamment au principe d'égalité devant la loi et au droit de propriété, la Cour de cassation a refusé de transmettre cette question au Conseil constitutionnel pour les motifs suivants : le but poursuivi par ce texte est d'intérêt général car il tend à reconstituer l'actif du débiteur en difficulté et à sanctionner un acte ayant rompu l'égalité entre les créanciers ; la nullité facultative prévue par ce texte, qui peut être prononcée seulement à l'encontre d'un créancier ayant connaissance de la cessation des paiements du débiteur, n'éteint pas la créance de celui qui a traité avec ce dernier ou de celui qui a reçu un paiement, mais a pour effet de la soumettre à la procédure de déclaration de créance (Cass. com. QPC 26-3-2013 n° 12-40.106 FS-D : RJDA 8-9/13 n° 738).

L'**action en nullité** des actes de la période suspecte est **exercée par** l'administrateur, le mandataire judiciaire, le commissaire à l'exécution du plan ou le ministère public (C. com. art. L 632-4) ou le liquidateur judiciaire (Cass. com. 1-4-2014 n° 13-14.086 F-PB : RJDA 8-9/14 n° 711). Seules ces personnes ont qualité pour agir en nullité (Cass. com. 2-12-2014 n° 13-24.308 F-PB : RJDA 3/15 n° 205) ; ne le peuvent donc ni un créancier ni le débiteur, serait-il redevenu maître de ses biens par suite de l'arrêté du plan de redressement (arrêt précité). 15970

L'action en nullité a pour **effet** de reconstituer l'actif du débiteur (C. com. art. L 632-4) et de réintégrer dans son patrimoine les biens ou les fonds correspondants (Cass. com. 28-5-2002 n° 1051 : RJDA 11/02 n° 1172).

BAIL CONCLU AU COURS DE LA SAUVEGARDE OU DU REDRESSEMENT JUDICIAIRE

En cas de sauvegarde ou de redressement judiciaire, le débiteur continue à exercer sur le patrimoine de son entreprise les actes de disposition et d'administration ainsi que les droits et actions qui ne sont pas compris dans la mission de l'**administrateur judiciaire** (C. com. art. L 622-3, al. 1 et art. L 631-14, al. 1). Or ce dernier peut être chargé par le tribunal : 15980

– en cas de **sauvegarde,** de surveiller le débiteur dans sa gestion ou de l'assister pour tous les actes de gestion ou pour certains d'entre eux (C. com. art. L 622-1, II) ;

– en cas de **redressement judiciaire,** d'assister le débiteur pour tous les actes de gestion ou certains d'entre eux ou d'assurer seul entièrement ou en partie l'administration de l'entreprise (C. com. art. L 631-12, al. 2).

La possibilité pour le débiteur de conclure un bail commercial en qualité de bailleur ou de locataire dépend donc en premier lieu de la mission de l'administrateur, s'il en a été désigné un. Une autorisation du juge-commissaire peut en outre être requise (n° 15985).

Le bail conclu par le seul débiteur alors que l'intervention de l'administrateur était requise n'est pas nul mais inopposable à la procédure (cf. Cass. soc. 5-11-2014 n° 13-19.662 : RJDA 4/15 n° 291 ; CA Versailles 20-2-2018 n° 17/02746 : RJDA 6/18 n° 516), à moins que l'administrateur ne l'ait ratifié (Cass. soc. 17-10-2006 n° 04-45.827 F-D : RJDA 2/07 n° 176).

ATTENTION

Si le tribunal qui a ouvert la procédure de sauvegarde ou de redressement judiciaire n'a désigné **aucun administrateur judiciaire,** le débiteur poursuit seul l'activité de l'entreprise et exerce les fonctions dévolues à l'administrateur (Cass. com. 2-10-2024 n° 23-11.022 F-D : RJDA 1/25 n° 30) ; il peut donc conclure un bail commercial, sous réserve toutefois, s'il s'engage en tant que bailleur et si le bail est constitutif d'un acte de disposition étranger à la gestion courante, d'obtenir l'autorisation du juge-commissaire (n° 15985).

Quelle que soit la procédure ouverte, les **actes de gestion courante** (d'administration ou de disposition) sont réputés valables à l'égard des tiers de bonne foi (C. com. art. L 622-3, al. 2), c'est-à-dire aux personnes ignorant les restrictions apportées aux pouvoirs du débiteur par le jugement d'ouverture de la procédure collective (Cass. com. 13-9-2011 n° 10-24.126 F-D : RJDA 11/11 n° 938, précisant que cette ignorance est présumée et que la preuve contraire ne résulte pas de la seule publication du jugement d'ouverture). La question de savoir si le fait de conclure un bail commercial en qualité de bailleur ou de locataire constitue un acte de gestion courante dépend bien entendu de l'activité habituelle du débiteur. 15985

Quant aux **actes de disposition étrangers à la gestion courante,** ils doivent être autorisés par le juge-commissaire (C. com. art. L 622-7, II-al. 1 et L 631-14, al. 3). Le bail passé sans autorisation est annulable dans un délai de trois ans à compter de sa date de conclusion (C. com. art. L 622-7, III et L 631-14, al. 1 et L 641-3, al. 1). En outre, le débiteur (ou ses dirigeants s'il s'agit d'une personne morale) ainsi que le cocontractant qui s'est engagé en connaissance de cause, s'exposent à des sanctions pénales : emprisonnement de deux ans et amende de 30 000 € (C. com. art. L 654-8, 1° et 3°).

La conclusion d'un bail commercial constitue un acte d'administration pour le locataire (n° 15180) et échappe donc à l'autorisation du juge-commissaire, tandis qu'elle constitue un acte de disposition pour le bailleur (n° 15177), de sorte qu'elle est soumise à l'autorisation du juge-commissaire si une telle conclusion est un acte étranger à la gestion courante.

ATTENTION

Après l'arrêté d'un plan de sauvegarde ou de redressement, le débiteur redevient maître de ses biens (in bonis) (Cass. com. 21-2-2006 n° 04-10.187 FS-PB : RJDA 10/06 n° 1055 ; Cass. com. 2-3-2010 n° 09-14.425 F-D : Rev. proc. coll. 2010 p. 57 note J.-J. Fraimout ; Cass. com. 26-10-2022 n° 21-13.474 F-B : RJDA 1/23 n° 45). Il peut donc conclure librement un bail en tant que locataire ou bailleur.

BAIL CONCLU AU COURS DE LA LIQUIDATION JUDICIAIRE

Le **débiteur** mis en liquidation judiciaire ne peut pas conclure de bail commercial en qualité de bailleur ou de locataire puisque, à partir de la date du jugement prononçant la liquidation 15990 judiciaire et jusqu'à la clôture de celle-ci, il est **dessaisi** de l'administration et de la disposition de tous ses biens et les droits et actions concernant son patrimoine sont exercés par le liquidateur judiciaire (C. com. art. L 641-9, I-al. 1).

Le bail conclu par un débiteur en liquidation judiciaire au mépris de ce dessaisissement n'est pas nul mais inopposable à la procédure collective (notamment à propos d'autres contrats mais transposables au bail, Cass. com. 23-5-1995 n° 1096 P : RJDA 11/95 n° 1295 ; Cass. com. 26-4-2000 n° 923 P : RJDA 7-8/00 n° 783 ; Cass. 3e civ. 18-2-2004 n° 02-16.371 FS-D : RJDA 12/04 n° 1357 ; Cass. com. 13-9-2023 n° 22-10.249 F-D), sans qu'il y ait lieu de rechercher si le tiers qui en bénéficie est de bonne foi (Cass. com. 16-9-2014 n° 13-11.737 FS-PB : RJDA 1/15 n° 34). Le liquidateur judiciaire peut toutefois ratifier le bail (cf. Cass. com. 20-2-2001 n° 97-18.062 FS-D : RJDA 8-9/01 n° 883).

> Précisions Saisie d'une **question prioritaire de constitutionnalité relative aux dispositions de l'ex-article L 622-9** du Code de commerce dans sa rédaction antérieure à la loi du 26 juillet 2005 de sauvegarde des entreprises posant la règle du dessaisissement du débiteur en liquidation judiciaire, la Cour de cassation a refusé de transmettre cette question au Conseil constitutionnel pour les raisons suivantes : selon l'interprétation qu'en donne la jurisprudence constante de la Cour de cassation, ces dispositions ouvrent au liquidateur une action en inopposabilité des actes juridiques accomplis en violation du dessaisissement et n'entraînent pas une privation de propriété ; les restrictions aux conditions d'exercice du droit de propriété qui peuvent en résulter poursuivent un but d'intérêt général (Cass. com. QPC 18-12-2012 n° 12-40.076 FS-D : RJDA 8-9/13 n° 741, solution transposable à l'article L 641-9, I-al. 1 du Code de commerce dans sa rédaction issue de la loi de sauvegarde des entreprises qui a repris à l'identique la règle du dessaisissement du débiteur en liquidation judiciaire prévue par l'ancien texte).

XI. CAS PARTICULIER DES BAUX D'IMMEUBLES À USAGE DE SPECTACLES

16020 Les baux d'immeubles à usage de spectacles doivent, à peine de nullité, être autorisés par le ministre chargé de la culture. La nullité est constatée à la requête du ministère public, des parties, de l'une d'elles ou de tout tiers intéressé (Ord. 45-2339 du 13-10-1945 art. 3).

Malgré la généralité de ce texte, il semble admis qu'il n'est pas applicable aux entreprises de cinéma (C. Quément : J. Cl. civil art. 1708 à 1762 fasc. 1260 n° 65).

SECTION 2

CONSENTEMENT DES PARTIES AU BAIL COMMERCIAL

I. RENCONTRE DES CONSENTEMENTS DES PARTIES AU BAIL COMMERCIAL

PRÉSENTATION DU CONTRAT DE BAIL COMMERCIAL, CONTRAT CONSENSUEL

16300 Le bail se forme par la rencontre des consentements des parties, l'une acceptant l'offre de location faite par l'autre. L'offre de bail et son acceptation doivent satisfaire à certaines conditions pour engager leur auteur, qui sont fixées par le droit commun des contrats ; la rétractation de l'une et de l'autre est aussi encadrée par ce droit commun.

16310 Celui qui émet une offre de contrat (ou une contre-proposition) doit garder à l'esprit qu'il doit respecter les obligations impératives de **bonne foi** (C. civ. art. 1104, al. 1) et d'**information précontractuelle** (C. civ. art. 1112-1 ; nos 18000 s.) qui président à la négociation et à la formation de tout contrat. Ces obligations peuvent influer sur le contenu de l'offre (ou de la contre-proposition) de bail commercial tel qu'il est exposé ci-dessous.

A. Émission d'une offre de bail commercial

1. CARACTÉRISTIQUES DE L'OFFRE

PRÉCISION DE L'OFFRE DE BAIL COMMERCIAL

Pour qu'une proposition de contracter constitue une offre susceptible d'engager son auteur, elle doit indiquer les **éléments essentiels** du contrat envisagé (C. civ. art. 1114, al. 1), à savoir pour un bail, le bien loué, le prix de la location et sa durée (C. civ. art. 1709 ; Cass. 2e civ. 3-3-1965 : Bull. civ. II n° 217 ; Cass. 3e civ. 5-12-2001 n° 00-14.294 ; voir nos 18135 s.). **16330**

La proposition qui ne mentionne pas ces éléments essentiels s'analyse en une simple invitation à entrer en pourparlers (art. 1114 précité) et n'est pas susceptible d'emporter la formation du contrat par sa seule acceptation par le destinataire. Ainsi, la lettre par laquelle une personne demande à une autre quelles sont ses intentions quant au contrat envisagé n'est pas une offre de contrat dès lors qu'elle ne précise pas les éléments essentiels de celui-ci (Cass. 1e civ. 24-11-1998 n° 95-21.074 P : RJDA 1/99 n° 7).

Dès lors qu'elle comporte les éléments essentiels du bail, la proposition est constitutive d'une offre, sauf précision contraire, même si elle est muette sur les **autres modalités du bail.** Il n'est pas possible d'invoquer un défaut d'accord sur les modalités du contrat pour se soustraire à son exécution dès lors qu'il n'est pas établi que les parties ont entendu retarder la formation du contrat jusqu'à la fixation de ces modalités (Cass. 1e civ. 26-11-1962 n° 60-11.634 P : Bull. civ. I n° 504 ; Cass. 3e civ. 14-1-1987 : D. 1988 p. 80 note J. Schmidt : rendus en matière de vente mais transposables au bail). **16345**

Une partie peut décider qu'un **élément habituellement accessoire** du bail sera pour elle un élément constitutif de son consentement et donc **essentiel** à la formation du contrat (Cass. 3e civ. 2-5-1978 : D. 1979 p. 317 ; Cass. com. 16-4-1991 n° 672 P : RJDA 7/91 n° 559, rendus en matière de vente mais transposables au bail). Les juges du fond apprécient souverainement si telle a été l'intention des parties (Cass. 3e civ. 2-5-1978 précité). Ainsi, dans le cas d'un bail signé par le mandataire du bailleur et comportant une clause relative à l'indemnisation des améliorations apportées par le locataire contraire aux termes de la procuration donnée par le bailleur à son mandataire, une cour d'appel, qui a souverainement apprécié le caractère déterminant de la clause que le bailleur entendait voir insérer dans le bail, a pu déduire du défaut d'accord des volontés sur la stipulation figurant dans le bail que le bailleur n'avait pas donné son consentement à celui-ci (Cass. 3e civ. 15-4-1980 n° 78-15.836 : Bull. civ. III n° 73). **16350**

Il est souhaitable que l'offre soit très complète. L'idéal serait d'y comprendre tout **ce qui figurerait dans un avant-contrat** : nature du contrat offert, date d'entrée en jouissance, conditions suspensives, obligations respectives des parties, éventuelles dérogations aux dispositions supplétives du Code de commerce ou du Code civil, modalités de paiement du loyer, etc. Serait ainsi évité le risque que des divergences sur ces questions, objectivement accessoires mais importantes en pratique, donnent prise à des contestations et perturbent ainsi la mise en œuvre d'un contrat formé par l'acceptation d'une offre lacunaire. **16355**

FERMETÉ DE L'OFFRE DE BAIL COMMERCIAL

Pour constituer une offre engageant celui dont elle émane, une proposition de contrat doit être ferme et exprimer la **volonté de son auteur d'être lié** dans le cas où elle serait acceptée (C. civ. art. 1114). À défaut, la proposition s'analyse en une simple invitation à entrer en pourparlers (art. 1114 précité). **16380**

S'il n'entend pas être lié dès l'acceptation, celui qui émet l'offre à tout intérêt à indiquer expressément qu'elle ne constitue pas une offre ferme mais une simple invitation à entrer en pourparlers.

2. FORME DE L'OFFRE DE BAIL

L'émission d'une offre de contrat n'est soumise à aucune forme déterminée. **16400**

L'**offre verbale** est parfaitement valable dans le principe mais il est difficile d'en prouver l'existence et le contenu.

Par souci de conserver une trace de l'offre, l'émission d'une **offre écrite** est préférable. Il peut s'agir d'un document remis à son destinataire de la main à la main, par voie postale ou électronique.

3. DESTINATAIRE DE L'OFFRE DE BAIL

16405 L'offre de contrat peut être faite à une **personne déterminée** (C. civ. art. 1114), c'est-à-dire à une personne nommément désignée ou qui est à tout le moins identifiable.

16410 L'offre faite **à une personne indéterminée ou au public** est valable (C. civ. art. 1102, al. 1 et art. 1114) et ne constitue pas une simple invitation à entrer en pourparlers.

Elle lie l'offrant à l'égard du premier acceptant dans les mêmes conditions que l'offre faite à une personne déterminée (cf. Cass. 3e civ. 28-11-1968 no 67-10.935 P : Bull. civ. IV no 507 ; Cass. 3e civ. 12-2-1975 no 73-14.407 P : Bull. civ. III no 60 ; Cass. 3e civ. 1-2-1998 no 96-20.605 PB : RJDA 11/98 no 1198, rendus à propos de ventes immobilières mais transposables).

4. ÉVÉNEMENTS SUSCEPTIBLES D'AFFECTER L'OFFRE DE BAIL AVANT SON ACCEPTATION

a. Révocation de l'offre de bail

RÉTRACTATION DE L'OFFRE DE BAIL COMMERCIAL AVANT SA RÉCEPTION

16420 Une offre de contrat peut être librement rétractée tant qu'elle n'est pas **parvenue à son destinataire** (C. civ. art. 1115).

Il en résulte notamment que l'**offre** verbale ou écrite **faite** directement **en présence du destinataire** n'est en principe pas rétractable.

Lorsque l'offre est **faite entre absents,** par exemple par courrier, la date butoir de la rétractation est celle de la réception du courrier par le destinataire et non, à notre avis, celle à laquelle il en a effectivement pris connaissance. En cas de contestation, l'offrant doit donc prouver la **date** à laquelle l'offre a été reçue par le destinataire et la date à laquelle il l'a révoquée. À notre avis, en cas de rétractation par courrier, seule la date de l'envoi de la rétractation doit être antérieure à celle de la réception de l'offre ; celle à laquelle le destinataire a reçu la révocation n'a pas d'incidence.

En l'absence de distinction en ce sens dans l'article 1115, l'offre non parvenue au destinataire peut être rétractée même si elle comporte un délai pendant lequel elle doit être maintenue ; la rétractation vaut tant pour l'offre que pour le délai dont elle est assortie.

RÉTRACTATION DE L'OFFRE DE BAIL COMMERCIAL APRÈS SA RÉCEPTION

16425 Une fois parvenue à son destinataire, une offre de contrat ne peut pas être rétractée avant l'expiration du **délai** fixé par son auteur ou, à défaut, à l'issue d'un délai raisonnable (C. civ. art. 1116, al. 1).

Lorsque l'offrant n'a pas stipulé de délai de validité de son offre, le caractère raisonnable du « **délai raisonnable** » pendant lequel il est tenu de maintenir son offre est apprécié souverainement par les juges du fond (Cass. com. 6-2-1973 no 72-10.140 : Bull. civ. IV no 65 ; Cass. com. 27-4-2011 no 10-17.177 F-D), au regard de la nature du bien objet du contrat, de la qualité du destinataire de l'offre (personne physique ou morale, par exemple) ou encore de l'évolution des circonstances dans lesquelles l'offre avait été faite (Cass. 3e civ. 25-5-2005 no 03-19.411 FS-PB : RJDA 12/05 no 1335 ; CA Paris 15e ch. 25-11-2005 no 04-24142 : RJDA 3/06 no 331). Par ailleurs, l'offrant n'était pas tenu, avant de retirer son offre, de faire notifier une **mise en demeure au destinataire d'accepter** celle-ci (Cass. 3e civ. 5-5-1976 no 74-14.978 P : Bull. civ. III no 191 ; Cass. 3e civ. 20-5-1992 no 856 P : RJDA 11/92 no 998). Ces principes, dégagés sous l'empire du régime antérieur à l'ordonnance 2016-131 du 10 février 2016, sont transposables au régime actuel.

La rétractation de l'offre avant le délai empêche la conclusion du contrat ; elle engage la responsabilité extracontractuelle de son auteur dans les conditions du droit commun sans l'obliger à compenser la perte des avantages attendus du contrat (C. civ. art. 1116, al. 2 et 3).

Sur la rétractation de l'offre acceptée, voir no 16705.

b. Caducité de l'offre de bail

CAUSES DE CADUCITÉ DE L'OFFRE DE BAIL COMMERCIAL

16470 **Expiration du délai de validité de l'offre** Une offre de contrat est caduque à l'expiration du délai fixé par son auteur ou, à défaut, à l'issue d'un délai raisonnable (C. civ. art. 1117, al. 1). Il s'ensuit que si l'acceptation est reçue le lendemain du jour où expirait l'offre, elle est sans effet (Cass. 1e civ. 6-1-2021 no 19-21.071 F-D : RJDA 8-9/21 no 543).

CONSEIL

Une offre sans délai est source d'incertitude et donc d'insécurité juridique. Il est conseillé de procéder par voie d'**offre assortie d'un délai.** L'inconvénient pour l'offrant de devoir respecter le délai prévu peut être tempéré par la brièveté de ce délai. Rien n'interdit de proroger une ou plusieurs fois le délai d'une offre, en fonction des circonstances et de l'évolution de la négociation.

Sur l'appréciation du délai raisonnable, voir n° 16425.

Refus de l'offre par le destinataire L'offre refusée est caduque. Le destinataire ne peut plus accepter une offre qu'il a précédemment rejetée, même si son repentir se manifeste dans le délai de l'offre ou dans un délai raisonnable après l'émission de celle-ci. Ainsi en a-t-il été jugé à propos de l'exercice d'un droit légal de rétractation (n° 16680) et la solution est à notre avis transposable. 16475

Décès ou incapacité de l'offrant L'**offre de contrat non acceptée** est caduque en cas de décès ou d'incapacité de son auteur (C. civ. art. 1117, al. 2). Cet article ne distingue pas selon que l'offre est **assortie ou non d'un délai.** Bien que toute offre – non expressément limitée dans le temps – doive être considérée comme assortie d'un délai raisonnable (art. 1116), l'offre ne saura être maintenue pendant un délai raisonnable dans le cas du décès ou de l'incapacité de l'auteur, d'autant que, dans ce dernier cas, l'inefficacité de l'offre tient à ce que l'offrant n'est plus apte à s'engager. 16480

Le décès de l'offrant **après l'acceptation de l'offre** est sans incidence, la vente étant conclue par l'effet de l'acceptation (Cass. 3e civ. 27-11-1990 n° 1859 P : RJDA 1/91 n° 14, rendu en matière de vente mais transposable au bail commercial).

Décès du destinataire Une offre de contrat est caduque en cas de décès de son destinataire (C. civ. art. 1117, al. 2 ; Cass. 1e civ. 5-11-2008 n° 07-16.505 F-D : Petites affiches 2009 n° 47 p. 8 note Loir, en déduisant que l'ayant droit qui a accepté l'offre après le décès n'a pas commis un recel successoral). 16495

Si le destinataire a **accepté** l'offre avant de mourir, son décès ne remet pas en cause le contrat.

EFFETS DE LA CADUCITÉ DE L'OFFRE DE BAIL COMMERCIAL

L'**offre** de contrat devenue caduque est **éteinte** (cf. C. civ. art. 1187, en vertu duquel la caducité met fin au contrat). Elle n'a plus d'effet pour l'avenir, à compter de la survenance de la cause de caducité. 16500

L'offrant n'est pas tenu de retirer l'offre caduque pour cesser d'être lié par celle-ci. Mais il peut le faire **sans** avoir à adresser préalablement une **mise en demeure** au destinataire d'accepter l'offre (Cass. 3e civ. 5-5-1976 n° 74-14.978 P : Bull. civ. III n° 191).

L'**acceptation d'une offre caduque** est sans effet et n'emporte pas la formation du contrat (notamment Cass. 3e civ. 20-5-1992 n° 90-17.647 P : RJDA 11/92 n° 998 ; Cass. 3e civ. 7-5-2008 n° 07-11.690 FS-PB : RJDA 2/09 n° 83).

B. Acceptation de l'offre de bail commercial

1. CARACTÉRISTIQUES DE L'ACCEPTATION DE L'OFFRE

VOLONTÉ DE S'ENGAGER DE L'ACCEPTANT

L'acceptation d'une offre de contrat est la manifestation de volonté de son auteur d'**être lié** dans les termes de l'offre (C. civ. art. 1118). 16590

Il résulte de cette définition que l'acceptant doit exprimer la volonté de s'engager dans l'opération proposée. Les tribunaux distinguent ainsi l'acceptation au sens strict du terme du simple fait de **prendre acte de l'offre,** cette prise d'acte intervenant parfois sous le vocable d'« acceptation ».

ILLUSTRATIONS

Le fait pour le destinataire d'une offre de vente de signer celle-ci et d'y apposer la mention « vu et pris connaissance » ne traduit pas le consentement du destinataire de l'accepter (Cass. 3e civ. 19-10-2011 n° 10-30.655 FS-D : RJDA 3/12 n° 276, rendu à propos d'un contrat de vente mais transposable au contrat de bail).

Dans un cas où le propriétaire d'un immeuble avait reçu pour celui-ci une offre d'achat et avait indiqué le même jour et sur le même document qu'il « acceptait cette offre d'acquérir », jugé que la vente n'était pas conclue, faute d'engagement du propriétaire à vendre dans le délai prévu (Cass. 3e civ. 4-12-2007 n° 06-18.574 F-D : RJDA 6/08 n° 621, rendu à propos d'un contrat de vente mais transposable au contrat de bail).

CONFORMITÉ DE L'ACCEPTATION AUX TERMES DE L'OFFRE DE BAIL COMMERCIAL

16600 Le contrat de bail ne peut se former que si le destinataire de l'offre accepte celle-ci dans les termes où elle lui a été faite (C. civ. art. 1118, al. 1) et si cette offre est ferme et suffisamment précise (n°s 16330 s.). L'acceptation non conforme de l'offre n'emporte pas conclusion du bail (art. 1118, al. 3).

L'**acceptation** de l'offre doit donc être **pure et simple** (Cass. 3e civ. 16-9-2003 n° 02-13.508 F-D : RJDA 1/04 n° 29 ; CA Versailles 21-9-1995 n° 94-7040, 12e ch. 2e sect. : RJDA 2/96 n° 177 ; CA Versailles 5-11-1998 n° 3552-96, 12e ch. 2e sect.) et ne comporter ni réserves ni contre-propositions. Ainsi, un bail commercial n'est pas renouvelé lorsque l'acte d'acceptation de l'offre de renouvellement du bail retient un point de départ du bail différent de celui fixé dans l'offre (Cass. 3e civ. 22-4-1980 n° 78-15.954 P : Bull. civ. III n° 82).

Lorsque les parties ont fait des modalités accessoires du bail un élément constitutif de leur consentement (n° 16350) et qu'une réserve porte sur ces modalités, le bail ne peut pas être considéré comme conclu, même si les parties sont d'accord sur ses éléments essentiels.

ÉMISSION D'UNE CONTRE-PROPOSITION D'OFFRE DE BAIL COMMERCIAL

16610 L'acceptation non conforme à l'offre initiale de contrat peut constituer une **nouvelle offre** (C. civ. art. 1118, al. 3) que l'« acceptant » adresse à l'offrant initial. Pour qu'il en soit ainsi, la contre-proposition doit répondre aux critères de fermeté et de précision exposés n°s 16330 s.

Dans le cas où un bailleur de locaux commerciaux a offert de renouveler le bail pour un certain loyer, le fait que le locataire demande la fixation d'un loyer inférieur constitue une nouvelle offre et le courrier par lequel le bailleur adresse au locataire un avenant de renouvellement aux conditions ainsi proposées vaut acceptation de l'offre du locataire, celui-ci se trouvant dès lors engagé (Cass. 3e civ. 2-12-1998 n° 1777 D : RJDA 3/99 n° 292). Par suite, il ne peut pas être soutenu que l'acceptation du renouvellement du bail résulte de la signature par le bailleur de cet avenant et que, celle-ci étant intervenue après que le locataire a informé le bailleur de sa décision de retirer son offre de renouvellement, le bail n'est pas conclu (même arrêt).

En revanche, tant que les contre-propositions ne sont pas acceptées purement et simplement par l'auteur de l'offre initiale, le contrat n'est pas formé.

2. FORME DE L'ACCEPTATION DE L'OFFRE

16650 L'acceptation de l'offre de contrat de bail n'est soumise à aucune **forme déterminée** (Cass. 3e civ. 27-11-1990 n° 89-14.033 P : RJDA 1/91 n° 14), sauf mention contraire de l'offre elle-même. Il suffit que l'acceptation exprime la volonté de son auteur (C. civ. art. 1118, al. 1).

Le souci de conserver une **preuve** écrite de l'acceptation peut toutefois conduire à intégrer dans l'offre une stipulation rédigée de la manière suivante : « L'acceptation de la présente offre, pour être valable, devra être formulée par un courrier recommandé avec avis de réception. Cette forme est de rigueur et l'acceptation ne pourra être formulée sous aucune autre forme. »

ACCEPTATION EXPRESSE DE L'OFFRE DE BAIL COMMERCIAL

16655 Constitue une manifestation expresse de l'offre de bail commercial toute extériorisation de la volonté qui n'a pas besoin d'être interprétée pour que l'on considère qu'il y a eu acceptation de l'offre.

L'acceptation d'une offre de contracter peut résulter d'une déclaration non équivoque de son auteur (C. civ. art. 1113, al. 2). Elle peut ainsi prendre la forme d'un **écrit** : apposition d'une formule d'acceptation sur le document comportant l'offre, rédaction d'un contrat, échange de lettres, de messages électroniques exprimant la volonté de leur auteur.

L'acceptation peut aussi être **verbale** ou résulter d'un geste dépourvu de toute ambiguïté. La preuve de l'acceptation peut être alors plus difficile à établir en cas de contestation.

Sur la distinction entre l'acceptation et le fait de prendre acte de l'offre, voir n° 16590.

ACCEPTATION TACITE DE L'OFFRE DE BAIL COMMERCIAL

16660 L'acceptation d'une offre de contracter peut être tacite, ou implicite, et résulter d'un comportement **non équivoque** de son auteur (C. civ. art. 1113, al. 2), telle l'**exécution** même **du bail,** objet de l'offre. Ainsi l'exécution du contrat « en connaissance de cause » constitue-t-elle une acceptation (Cass. 1re civ. 25-6-1991 n° 90-11485 : Bull. civ. I n° 205 ; CA Paris 11-3-1999 n° 1996-13860, 5e ch. B : RJDA 7/99 n° 754), peu important l'absence de signature d'un contrat (Cass. com. 25-6-1991 n° 90-11.230 P : RJDA 10/91 n° 787).

ILLUSTRATIONS

Un laboratoire qui souhaitait louer auprès d'une SCI des locaux frigorifiques avait adressé un courrier à celle-ci lui demandant le montant du loyer et précisant les conditions qu'il exigeait (concernant notamment la durée du bail, la répartition des charges, des remises en état et des aménagements à prévoir) ; en réponse, la SCI avait fait une offre de loyer et exprimé son accord sur les conditions demandées. Le laboratoire avait alors confirmé son intention de louer les locaux et demandé à la SCI qu'elle lui adresse « pour cela » un projet de bail notarié. C'est en vain que le laboratoire fait valoir que le bail n'a pas été conclu faute de signature de l'acte notarié : en effet, dès cet instant, le laboratoire avait agréé l'offre qui était suffisamment précise sur les éléments essentiels du bail et le principe de la location était acquis dans l'intention des parties, même si la mise en forme de la convention avait été reportée. En outre, dans les mois qui suivirent, le comportement des parties avait confirmé leur volonté de conclure le bail : le laboratoire avait, d'une part, coopéré étroitement à la rédaction du projet de bail notarié, en faisant modifier certaines stipulations qui mettaient à sa charge des frais non convenus, mais sans contester la date d'effet de la location retenue qui était antérieure à la phase de rédaction du contrat et il avait, d'autre part, évoqué la possibilité d'une réunion avec le notaire ; la SCI avait de son côté remis les clefs des locaux au laboratoire alors que le bail notarié n'avait pas été signé et elle avait sollicité les entreprises qui devaient réaliser les travaux d'aménagement selon les indications fournies par le laboratoire et que la SCI s'était engagée à prendre en charge.

CA Paris 24-11-2000 n° 1999-6128, 5e ch. C : RJDA 5/01 n° 561.

Une société qui a expressément accepté une offre de location précise ne peut pas nier l'existence du bail dès lors que, dans les jours qui ont suivi cette acceptation, elle a adressé au bailleur un projet d'implantation des bureaux puis, dès le lendemain, un plan définitif qui devait conduire le bailleur à entreprendre aussitôt des travaux d'aménagement.

CA Versailles 5-11-1998 n° 96-3552, analysé n° 16705.

SILENCE FACE À L'OFFRE DE BAIL COMMERCIAL

La volonté de s'engager suppose à tout le moins un comportement non équivoque (C. civ. art. 1113, al. 2 ; Cass. 1e civ. 25-5-1870 : D. 1870 I p. 257 ; Cass. 1e civ. 16-4-1996 n° 94-16.528 P : RJDA 7/96 n° 873). Le silence est souvent trop ambigu pour que l'on puisse en déduire une volonté réelle et certaine du destinataire de l'offre de conclure le contrat. La liberté contractuelle suppose par ailleurs qu'une personne est libre de répondre ou de ne pas répondre lorsqu'elle reçoit une offre de contracter. **16665**

Le silence ne vaut donc pas acceptation, à moins qu'il n'en résulte autrement de la loi, des usages, des relations d'affaires ou de circonstances particulières (C. civ. art. 1120 ; Cass. 1e civ. 24-5-2005 n° 02-15.188 F-PB : Bull. civ. I n° 223 ; Cass. com. 18-1-2011 n° 09-69.831 F-PB : RJDA 5/11 n° 377 ; Cass. com. 3-4-2012 n° 10-24.641 F-D : RJDA 8-9/12 n° 796), par exemple en présence d'un usage professionnel en ce sens (Cass. com. 9-1-1956 : Bull. civ. III n° 17).

Ainsi, dans un cas où une partie s'était obligée à manifester expressément son désaccord dans un délai de quinze jours si le prix proposé ne lui convenait pas, il a été considéré que le silence gardé par elle pendant ce délai valait acceptation du prix et que le contrat était parfait (Cass. 1e civ. 12-1-1988 n° 86-12.849 : Bull. civ. I n° 8).

Le silence gardé par une partie qui a exécuté le contrat prévu a été considéré comme constituant une acceptation (Cass. 1e civ. 4-6-2009 n° 08-14.481 FS-PB : RJDA 12/09 n° 1032).

3. RÉTRACTATION DE L'ACCEPTATION DE L'OFFRE

ENCADREMENT LÉGAL DE LA RÉTRACTATION DE L'ACCEPTATION D'UNE OFFRE DE CONTRAT

L'acceptation d'une offre de contracter peut être librement rétractée tant qu'elle n'est pas parvenue à l'offrant et à **condition** que la rétractation lui parvienne avant l'acceptation (C. civ. art. 1118, al. 2). Ces exigences ne sont pas applicables si l'offre de contrat comporte un délai de rétractation au profit du destinataire (n° 16680). **16670**

En privilégiant la **théorie de la réception,** l'article 1118, al. 2 du Code civil rend particulièrement difficile la rétractation de l'acceptation. Elle est impossible si l'acceptation a été faite en présence de l'offrant (ou par téléphone à celui-ci), compte tenu de la simultanéité de l'émission et de la réception de l'acceptation. Elle reste possible en cas d'acceptation donnée par correspondance mais suppose que le mode de communication de la rétractation soit plus rapide que celui utilisé pour la transmission de l'offre et, pour éviter toute contestation, qu'il permette de prouver le moment où la rétractation est parvenue à l'offrant. Par exemple, pour une acceptation adressée par courrier postal, remise en main propre contre émargement de la rétractation. De ce point de vue, la rétractation de l'acceptation est plus strictement encadrée que ne l'est celle de l'offre. Reste qu'il suffit que la rétractation soit parvenue à l'offrant avant l'acceptation, peu important qu'il ait pris ou non connaissance de l'une ou de l'autre.

16675 Les dispositions légales précisent les **sanctions** de la rétractation prématurée de l'offre mais sont muettes sur celles d'une **rétractation tardive** de l'acceptation, ce qui est cohérent puisque la loi donne un effet à la première mais pas à la seconde.

Lorsqu'elle est conforme aux termes de l'offre, l'acceptation emporte la formation du bail qui, dès lors, a force obligatoire entre les parties (C. civ. art. 1103). En dehors de l'étroite fenêtre exposée ci-dessus, l'acceptant ne dispose pas d'un droit de repentir, à moins que le contrat ne lui en réserve un. Toutefois, la révocation de tout contrat, d'un commun accord des parties, reste possible (C. civ. art. 1193).

DROIT CONVENTIONNEL DE RÉTRACTATION DE L'ACCEPTATION DE L'OFFRE

16680 Un contrat de bail peut prévoir un délai de rétractation, qui est le délai avant l'expiration duquel son bénéficiaire peut rétracter son consentement (C. civ. art. 1122). En d'autres termes, le contrat de bail est formé, chaque partie y ayant donné son consentement, mais l'une d'elles est autorisée à se rétracter dans un délai (de quelques jours) et à mettre ainsi un terme au contrat.

Le bénéficiaire de l'offre peut-il se **repentir après** avoir exercé son droit de **rétractation** et accepter à nouveau l'offre valablement ? Statuant à propos du droit de rétractation que confère la loi à l'acquéreur immobilier non professionnel (CCH art. L 271-1), la troisième chambre civile de la Cour de cassation a jugé que l'exercice de ce droit entraîne l'anéantissement du contrat et que l'acquéreur ne peut plus ensuite se repentir de sa décision et accepter à nouveau l'offre qui lui a été faite, même si le délai de rétractation n'est pas encore expiré (Cass. 3e civ. 13-2-2008 n° 06-20.334 FS-PB : RJDA 7/08 n° 789 ; Cass. 3e civ. 13-3-2012 n° 11-12.232 F-PB : RJDA 6/12 n° 581 rendus au double visa de l'art. L 271-1 du CCH et de l'ex-art. 1134 C. civ.). Mais, plus récemment, la première chambre civile de la Haute Juridiction a jugé que la partie qui, faisant usage de la faculté contractuellement stipulée, a exercé son droit de rétractation peut y renoncer en poursuivant l'exécution du contrat et en effectuant des actes d'exécution incompatibles avec cette faculté de rétractation (Cass. 1e civ. 1-7-2020 n° 19-12.855 F-PB : RJDA 11/20 n° 549, rendu également au visa de l'ex-art. 1134 C. civ.). Faut-il considérer qu'il y a une différence de régime selon que le droit de rétractation est légal ou conventionnel ou selon les circonstances d'espèce (l'auteur de l'offre a ou non accepté le repentir de l'acceptant : dans l'affaire de 2020, l'offrant avait commencé à exécuter les travaux prévus au contrat et le rétractant l'avait laissé accéder à ses locaux et avait accepté les travaux sans réserve ; dans les affaires de 2008 et 2012, aucun commencement d'exécution n'était intervenu de part et d'autre) ? Reconnaître au bénéficiaire du droit de rétractation la possibilité de se repentir (même à l'intérieur du délai d'exercice du droit de rétractation) est source d'insécurité juridique pour l'offrant puisque, même après exercice de la rétractation, il ne serait pas libre de céder à un tiers.

CONSEIL

Afin d'éviter les contestations ultérieures, il est important de **préciser** dans l'offre ou dans le contrat de bail, qui comporte un droit de rétractation, les **modalités** précises de sa **mise en œuvre** – durée et modalités de computation du délai de rétractation ; forme de la rétractation (de préférence par écrit, selon un procédé qui garantit l'identité de l'auteur et la date) – et ses **effets** (par exemple, caducité du contrat ; absence de faculté pour le rétractant de revenir sur sa rétractation ; charge des frais déjà engagés ou d'une perte de valeur intercalaire des droits sociaux concernés).

4. EFFETS DE L'ACCEPTATION DE L'OFFRE

RENCONTRE DES CONSENTEMENTS ET CONCLUSION DU BAIL COMMERCIAL

16700 L'acceptation d'une offre de contrat de bail, dans la mesure où l'une comme l'autre ont été émises dans les conditions légales, emporte la formation du contrat (C. civ. art. 1113).

La formalisation du bail dans un écrit est sans incidence sur la conclusion de celui-ci, sauf volonté contraire des parties. Ainsi, une cour d'appel ne peut pas subordonner la naissance d'un contrat de bail à la signature d'un écrit par les parties dès lors que le bail commercial s'est formé du seul fait de l'acceptation dans le délai imparti de l'offre de bail faite à des conditions déterminées (Cass. 3e civ. 12-12-1990 n° 1938 D : RJDA 2/91 n° 91). De même, un contrat de bail est conclu dès l'instant où le candidat locataire a agréé l'offre suffisamment précise sur les éléments essentiels du bail, le principe de la location étant ainsi acquis dans l'intention des parties, même si la mise en forme de la convention a été reportée (CA Paris 24-11-2000 n° 1999-6128, 5e ch. C : RJDA 5/01 n° 561).

Une fois le contrat conclu, aucune des parties ne peut déclarer **retirer** son **offre** ou son acceptation (Cass. com. 9-4-1991 n° 645 D : RJDA 7/91 n° 558), à moins qu'elle ne bénéficie d'une faculté contractuelle de rétractation (n° 16680), ou la **modifier** unilatéralement. Ainsi, l'offrant ne peut pas utilement faire valoir qu'il se réservait d'agréer son cocontractant dès lors que son offre ne comportait aucune restriction (Cass. 3e civ. 1-7-1998 n° 96-20.605 PB : RJDA 11/98 n° 1198). **16705**

Si une **partie refuse de tenir ses engagements,** l'autre partie peut notamment l'y contraindre en justice ou demander la résolution judiciaire du contrat de bail et l'octroi de dommages-intérêts (C. civ. art. 1217).

ILLUSTRATIONS

Par l'intermédiaire de sa filiale, une société mère avait entrepris des négociations avec une SARL en vue de louer un étage entier d'une tour de la Défense. La SARL avait fait une offre de location précisant notamment la nature et la consistance du bien loué, son loyer, la date de départ du bail, et cette offre avait été acceptée par télécopie à en-tête de la société mère, signée du gérant de sa filiale. La SARL avait alors confirmé son intention de louer sous réserve de substituer à l'étage initialement prévu un autre étage de la tour, ce qu'avait également accepté le candidat locataire.

La société mère conteste en vain l'existence du bail car, dès cet instant, un **accord** était intervenu **sur la chose louée, sa localisation et son prix.** Cet accord peut d'autant moins être nié que, dans les jours qui suivirent, la société mère avait adressé au bailleur un projet d'implantation des bureaux puis, dès le lendemain, un plan définitif qui devait conduire le bailleur à entreprendre aussitôt des travaux d'aménagement.

La **société** mère ne peut pas davantage soutenir que le locataire n'était pas définitivement identifié au motif que les pourparlers avaient été menés pour l'essentiel par le **dirigeant** d'une de ses filiales qui n'avait pas **qualité pour l'engager** et que d'autres sociétés du groupe étaient intervenues dans la négociation. En effet, toutes les contre-propositions ou acceptations avaient été émises au nom de la société mère, l'accord de son dirigeant ayant été systématiquement mentionné dans les télécopies échangées entre les parties ; les négociations avaient toujours été conduites par le gérant d'une des filiales de la société mère, agissant au nom du dirigeant de la société mère ; rien ne permettait de douter de la capacité de ce gérant d'engager la société mère, le bailleur étant légitimement fondé à croire, au regard de ce qui précède, que le gérant était dûment habilité, en raison de son appartenance au groupe, pour négocier un bail pour le compte de la société mère ; les projets de baux définitifs mentionnaient bien la société mère comme locataire ce qui n'avait provoqué aucune réaction de celle-ci sur le moment.

Enfin, s'agissant de déterminer si des **pourparlers postérieurs** avaient permis d'aboutir à une révocation conventionnelle du contrat de bail, celle-ci ne pouvant résulter, conformément à l'article 1134 du Code civil (désormais art. 1193), que d'une nouvelle rencontre des consentements entre les parties, il a été retenu que si la SARL avait accepté les contre-propositions formulées par la partie adverse tendant à obtenir notamment un changement de locataire et une réduction des surfaces louées, c'était uniquement sous la condition d'une signature rapide ; or, il n'avait jamais été répondu à cette offre conditionnelle, de sorte qu'elle était devenue caduque et que la SARL était bien fondée à poursuivre l'exécution du bail définitivement conclu.

En refusant de donner suite au contrat de bail valablement conclu, la société mère a incontestablement causé un **préjudice** à la SARL. Si cette dernière ne saurait prétendre au paiement des loyers et charges qu'elle aurait dû percevoir pendant la période triennale dès lors qu'elle a trouvé d'autres locataires pour occuper les lieux, il n'en reste pas moins qu'elle doit être indemnisée du manque à gagner de 30 000 € résultant de la comparaison entre les loyers des baux conclus sur les locaux et les loyers qu'elle aurait dû percevoir de la société mère et du surcoût de travaux pour aménager de petites surfaces de 10 000 €. S'ajoutent pour la SARL l'obligation d'accepter pour locataires des sociétés de moindre surface financière que la société mère et offrant moins de garanties, des frais de gestion plus importants générés par la présence de plusieurs locataires, la précarité de certains baux et la perte de l'unité locative que constituait la location de tout un étage à une seule société, la division du plateau faisant que chaque bail évolue à son propre rythme avec le risque pour le bailleur de ne pas retrouver immédiatement un nouveau locataire. En fonction de l'ensemble de ces éléments, le préjudice total subi par le bailleur est fixé à 90 000 €.

CA Versailles 5-11-1998 n° 96-3552.

Les parties peuvent néanmoins, d'un **commun accord, renoncer** au bail ou **modifier** les modalités qu'elles avaient préalablement arrêtées (C. civ. art. 1193 ; pour un cas où un tel accord n'était pas caractérisé, voir CA Versailles 5-11-1998 n° 96-3552 : n° 16705). **16715**

CONSEIL

Les parties ont intérêt, pour éviter toute contestation ultérieure, à constater **par écrit** cette renonciation ou cette modification et à indiquer, selon le cas, que l'acte précédemment établi ou que telles modalités initialement convenues sont nuls et non avenus.

MOMENT ET LIEU DE LA FORMATION DU BAIL COMMERCIAL

16730 **Intérêts pratiques** Les enjeux de la détermination du **moment** de la formation du contrat de bail sont multiples :

- avant cette formation, les parties ne sont pas liées entre elles ; en revanche, une fois le contrat formé, aucune des parties ne peut plus se rétracter (nos 16705 s.) ;
- la date de formation du bail marque le point de départ de ses effets, sauf clause contraire ;
- le décès ou l'incapacité de l'offrant ou du destinataire de l'offre avant que le contrat de bail soit formé fait obstacle à sa formation (nos 16480 s.).

C'est aussi à cette date que sont appréciées, en cas de contestation, les conditions de validité du contrat, notamment l'absence de vice du consentement et la capacité des parties à contracter.

La détermination du **lieu** de conclusion de la cession a perdu beaucoup de son intérêt pratique : en effet, avant la réforme du Code de procédure civile opérée en 1975, la compétence territoriale des tribunaux appelés à statuer en matière contractuelle dépendait du lieu de formation du contrat, mais, aujourd'hui, l'article 46 du Code de procédure civile ne s'y réfère plus.

16740 **Problématique** Lorsqu'un bail est formé instantanément par la rencontre des volontés des parties qui sont en présence physiquement l'une de l'autre ou par l'intermédiaire de leur mandataire (avocat par exemple), on parle de « **contrat entre personnes présentes** ». Dans cette hypothèse, le bail est conclu au lieu et à la date de la rencontre définitive des volontés.

La situation est différente, et une difficulté apparaît, lorsque l'offrant et l'acceptant ne sont pas au même lieu au moment de l'acceptation et que leurs manifestations de volontés sont séparées par un certain délai. L'expression et la rencontre des volontés cessent de coïncider. On parle alors de « **contrat par correspondance** » ou de « contrat **entre absents** ». Dans ce cas, le contrat est conclu dès que l'acceptation parvient à l'offrant ; il est réputé l'être au lieu où l'acceptation est parvenue (C. civ. art. 1121). Ce texte fait primer la date de réception de l'acceptation (théorie dite de la réception) sur celle de son émission.

II. CONSENTEMENT AU BAIL COMMERCIAL EXEMPT DE VICES

TYPOLOGIE DES VICES DU CONSENTEMENT

16850 La loi prévoit trois vices susceptibles d'affecter l'intégrité du consentement donné à la conclusion d'un contrat. Ainsi, l'**erreur,** le **dol** et la **violence** vicient le consentement lorsqu'ils sont de telle nature que, sans eux, l'une des parties n'aurait pas contracté ou aurait contracté à des conditions substantiellement différentes (C. civ. art. 1130, al. 1).

Chacun de ces vices correspond à une hypothèse différente :

- l'erreur : une des parties s'est trompée toute seule en s'engageant ;
- le dol : une des parties s'est engagée parce qu'elle a été trompée par l'autre ;
- la violence, une des parties a conclu par crainte de menaces.

A. Règles communes aux vices du consentement

1. EXISTENCE DU VICE DU CONSENTEMENT

DATE D'APPRÉCIATION DU VICE DU CONSENTEMENT

16860 La validité du consentement des parties doit être appréciée au moment de la **formation du contrat** (Cass. 1e civ. 26-10-1983 : Bull. civ. I n° 249 ; Cass. com. 20-6-1995 n° 1441 P : RJDA 12/95 n° 1321 ; Cass. 1e civ. 12-7-2007 n° 06-15.090 F-PB : RJDA 2/08 n° 100 ; CA Paris 24-5-2011 n° 10-13447, ch. 5-8 : RJDA 5/12 n° 504).

16865 En conséquence, les **événements survenus postérieurement** à la conclusion du bail, qui par définition n'ont pas pu avoir d'incidence sur le consentement exprimé lors de celle-ci, ne peuvent pas en principe être retenus comme vices du consentement.

ILLUSTRATIONS

Le locataire de locaux loués à usage exclusif de bureaux qui s'étaient révélés non conformes à leur destination effective d'affectation mixte a invoqué en vain une erreur sur la cause déterminante de son engagement et le dol du bailleur qui lui aurait sciemment dissimulé les démarches entreprises en vue de racheter la commercialité des locaux, dès lors que locataire et bailleur n'avaient été informés de cette non-conformité que par un courrier de la préfecture postérieur à la conclusion du bail (CA Paris 12-12-2003 n° 02-6006, 16e ch. B).
Le locataire de locaux situés dans une galerie commerciale n'a pas pu se prévaloir d'un rapport de la commission départementale de l'équipement commercial établi trois ans après la signature du bail pour établir que des promesses de travaux lui avaient été faites par le bailleur pour le décider à contracter (CA Paris 14-2-2007 n° 06-00149, 16e ch. A).
Une augmentation exponentielle des charges locatives dans les trois ans suivant la conclusion du bail ne suffit pas à entraîner son annulation pour erreur du locataire sur ses qualités substantielles, faute d'éléments pour apprécier le vice lors de la conclusion du bail (Cass. 3e civ. 15-2-2023 n° 21-23.166 F-D : RJDA 6/23 n° 296).

Toutefois, ces éléments postérieurs peuvent être utilisés par le juge pour apprécier l'existence d'un vice du consentement au moment de la formation du contrat (Cass. 3e civ. 2-12-1965 n° 64-10.607 : Bull. civ. III n° 621 ; Cass. com. 13-12-1994 n° 2336 P : RJDA 4/95 n° 397 ; CA Paris 17-9-2013 n° 12/14712 : RJDA 12/13 n° 1017). Ainsi, dans un cas où une porcherie donnée en bail à ferme avait fait l'objet d'une fermeture administrative pour absence de mise aux normes, jugé que l'état des lieux, dressé contradictoirement par les parties après la conclusion du bail et après que le bailleur avait été mis en demeure par la préfecture de mettre la porcherie aux normes, était révélateur de la réticence dolosive de ce dernier dès lors qu'il ne faisait pas mention des travaux que la préfecture l'avait précédemment mis en demeure d'effectuer (Cass. 3e civ. 18-5-2004 n° 615 F-D, rendu à propos d'un bail à ferme mais transposable ; analysé n° 17415).

POUVOIR DES JUGES DU FOND POUR APPRÉCIER LES VICES DU CONSENTEMENT

La Cour de cassation abandonne à l'**appréciation souveraine** des juges du fond la constatation des éléments constitutifs des vices du consentement mais contrôle la qualification qu'ils leur donnent au regard des notions de dol, d'erreur et de violence telles qu'elles sont définies par la loi (sur cette question, voir L. et J. Boré, La cassation en matière civile : Dalloz action 2023-2024 nos 67.61 s.). **16870**

2. PREUVE DU VICE DU CONSENTEMENT

CHARGE DE LA PREUVE DU VICE DU CONSENTEMENT

Conformément au droit commun (C. civ. art. 1353), la preuve de l'erreur, du dol ou de la violence est à la charge de la partie qui prétend que son consentement a été vicié (Cass. com. 20-10-1970 : JCP G 1971 II n° 16916 ; Cass. 1e civ. 26-1-1972 : D. 1972 p. 517 ; Cass. soc. 7-10-1987 n° 85-15.403 : Bull. civ. V n° 532). **16900**

Le **défendeur,** tant qu'il se borne à nier le fait allégué contre lui, n'a pas de démonstration à faire. Mais il arrive que, sans nier les affirmations du demandeur, le défendeur invoque à son tour une exception ou un moyen de défense au fond. Il lui revient alors de justifier du bien-fondé de son exception (C. civ. art. 1353, al. 2 ; Cass. com. 27-10-1981 n° 80-11.083 : Bull. civ. IV n° 372).

Ainsi se produit ce que l'on peut appeler un « va-et-vient », une alternance de la preuve : la charge de la preuve passe de l'une à l'autre partie, au fur et à mesure de leurs allégations successives.

MOYENS DE PREUVE DU VICE DU CONSENTEMENT

Les vices du consentement sont des faits juridiques et peuvent donc être prouvés par tous moyens (CA Paris 17-9-2013 n° 12/14712, ch. 5-8 : RJDA 12/13 n° 1017), y compris par témoignages et par présomptions (Cass. civ. 4-1-1949 : D. 1949 p. 135 admettant de simples présomptions tirées de témoignages irréguliers en la forme) et ce, même à l'encontre d'un acte authentique (CA Colmar 30-1-1970 : D. 1970 p. 297 note E. Alfandari). **16905**

B. Erreur des parties au bail commercial

1. DIFFÉRENTES ERREURS DES PARTIES AU BAIL COMMERCIAL

L'unique article du Code civil relatif à l'erreur (ex-art. 1110) a été remplacé par cinq articles par l'ordonnance 2013-131 du 10 février 2016 portant **réforme du droit des contrats** (C. civ. art. 1132 à 1136), lesquels reprennent, pour l'essentiel, les solutions jurisprudentielles antérieures : l'erreur sur la substance ou les qualités substantielles est remplacée par l'erreur sur les qualités **17000** essentielles de la prestation due ou du cocontractant ; l'erreur sur les motifs reste strictement encadrée. Une interrogation demeure toutefois sur le maintien de la notion d'erreur-obstacle. Comme auparavant, l'erreur peut être invoquée tant par le locataire que par le bailleur.

a. Erreur sur la prestation due dans le bail commercial

ERREUR SUR LES QUALITÉS DE LA PRESTATION

17010 Dans les baux conclus depuis le 1er octobre 2016, l'erreur de droit ou de fait commise par l'un des cocontractants est une cause de nullité du contrat lorsqu'elle porte sur les **qualités essentielles de la prestation** due (C. civ. art. 1132, al. 1), qu'il s'agisse de la prestation due par le bailleur ou par le locataire (art. 1133, al. 2). Les qualités essentielles sont celles qui ont été expressément ou tacitement convenues et en considération desquelles les parties ont contracté (art. 1133, al. 1).

Pour les baux antérieurs à cette date, l'ex-article 1110, al. 1 du Code civil exigeait que l'erreur tombe sur la substance même de la chose qui en était l'objet mais une jurisprudence constante a étendu l'erreur sur la substance à celle sur les **qualités substantielles** du bien objet du contrat (origine, authenticité, utilisation, etc.). En matière de bail, il a ainsi été admis que pouvait être invoquée une erreur sur les qualités substantielles du local donné à bail (par exemple, impossibilité d'y exercer l'activité convenue compte tenu de l'état du local ou des termes du règlement de copropriété) mais pas une erreur sur la valeur ou la rentabilité du bien loué (jurisprudence ci-dessous).

À notre avis, le changement de terminologie (erreur sur les qualités substantielles de l'objet du contrat / erreur sur les qualités essentielles de la prestation) ne remet pas en cause les solutions posées avant la réforme, qui demeurent applicables.

17015 ILLUSTRATIONS

Une cour d'appel a pu rejeter la demande d'un locataire en annulation du bail pour erreur sur l'**usage des locaux,** dès lors, d'une part, que le locataire s'était engagé lors de la signature du bail à affecter les lieux loués à usage exclusif de bureaux pour l'exercice de son activité et à faire son affaire personnelle de toute autorisation administrative nécessaire à l'installation de ses services et, d'autre part, que la carence du bailleur pour parvenir à la transformation des lieux n'était pas établie.

Cass. 3e civ. 4-2-1986 no 23 S, Sté Commerciale de Transports Transatlantiques c/ Sté Assurances du Groupe de Paris Vie (AGP).

A légalement justifié sa décision de prononcer l'annulation d'un bail commercial à usage de restauration la cour d'appel qui a retenu, d'une part, que rien ne permettait d'établir que le locataire, qui n'était pas censé savoir que le **règlement de copropriété n'autorisait pas une activité de restauration,** connaissait l'impossibilité dans laquelle il se trouvait de résoudre les problèmes phoniques qui avaient suscité l'opposition des copropriétaires, et, d'autre part, que le bailleur avait été avisé par le syndic de la copropriété de l'inadaptation des installations tant privatives que communes à une activité nouvelle de restauration.

Cass. 3e civ. 17-6-1992 no 90-17.825.

Est nul pour erreur sur la substance le bail de locaux loués à usage exclusif de bureaux dès lors que la qualité essentielle des locaux loués est pour le locataire la possibilité d'y exercer ses activités professionnelles, qu'au demeurant les stipulations du contrat de bail lui interdisent d'en faire un autre usage et que le propriétaire n'a pas obtenu à titre personnel l'autorisation requise par l'article L 631-7 du Code de la construction et de l'habitation de **transformer les locaux à usage d'habitation en locaux à usage professionnel.**

CA Paris 28-3-1994 no 92-15209, 6e ch. A.

Il y a eu erreur sur la qualité substantielle du bien loué au regard de son utilisation dès lors que le bail d'un local a été consenti à usage de laverie pressing automatique au mépris du **règlement de copropriété** de l'immeuble qui **n'autorisait pas l'exercice d'activités commerciales** et que le locataire n'aurait jamais contracté s'il avait su que les lieux ne pourraient pas servir à l'usage commercial auquel ils étaient destinés.

CA Paris 28-6-1994, 16e ch. A.

Une cour d'appel a caractérisé l'erreur affectant le consentement du locataire et souverainement retenu que cette erreur portait sur les qualités substantielles du bien loué en constatant que la destination des lieux prévue au contrat consistait dans **l'exploitation d'un commerce de restauration,** « snack-bar », pizzeria, restauration rapide, plats à emporter, alors que **seule l'activité « snack-bar » était possible** compte tenu de l'exiguïté de la cuisine et que cet élément était inconnu du locataire.

Cass. 3e civ. 13-7-1994 no 92-11.075 D : Loyers et copr. 1994 no 386 note Brault et Mutelet.

Constitue une erreur sur la qualité substantielle du bien loué justifiant l'annulation du bail l'**augmentation anormale des charges locatives** dans les cinq ans suivant la conclusion du bail, présentant pour la cinquième année une augmentation de près du triple **par rapport au montant** précis **stipulé** dans le bail **et au montant prévisionnel** qui figurait dans une plaquette remise avant la conclusion du bail.

Cass. 3e civ. 13-6-2001 nos 99-18.676, 99-20.019 FS-D.

Dans un cas où un bail commercial stipulait que celui-ci ne prendrait effet qu'une fois que le bailleur aurait réalisé certains travaux convenus avec le locataire (notamment, révision de l'étanchéité de la toiture, fabrication et pose d'un escalier métallique, installation d'un climatiseur), ce dernier remboursant au bailleur le coût des travaux par le biais d'un surloyer sur les six premières années du bail, il y a lieu d'annuler le bail en raison de l'erreur commise par le locataire qui n'aurait pas contracté s'il avait connu les **conditions dans lesquelles** les **travaux** seraient **effectués.** En effet, les locaux, livrés avec retard, ont présenté rapidement des désordres pour lesquels un expert a conclu à une carence certaine du bailleur et des techniciens retenus par lui : les travaux avaient été réalisés dans une confusion totale sans architecte, ni bureau d'étude, ni aucun document technique digne de ce nom, ce qui faisait que leur réalisation ne pouvait être qu'imparfaite ; les **locaux** n'étaient **pas conformes à la législation** et étaient **inexploitables dans des conditions normales.**

CA Paris 11-9-2008 n° 07-11392 : RJDA 2/09 n° 73.

ERREUR SUR LA VALEUR DE LA PRESTATION

L'erreur sur la valeur par laquelle, sans se tromper sur les qualités essentielles de la prestation, **17020**
un contractant fait seulement de celle-ci une **appréciation économique inexacte,** n'est pas une cause de nullité du contrat (C. civ. art. 1136). Une telle erreur peut en effet être assimilée à la lésion – défaut d'équivalence entre les prestations – qui n'est pas une cause de nullité du contrat (C. civ. art. 1168), à moins qu'elle ne résulte d'un dol (n° 17530).

Avant l'entrée en vigueur de l'article 1136 issu de la réforme du droit des contrats de 2016, le 1er octobre 2016, les tribunaux considéraient déjà que l'**erreur** sur la valeur ou **sur la rentabilité** du bien loué ne constituait pas une erreur sur la substance (Cass. 3e civ. 31-3-2005 n° 408 FS-PB : RJDA 3/06 n° 219, rendu à propos d'un bail à construction ; CA Paris 15-1-1987 nos M 14152, M 6802, 16e ch. B), à moins qu'elle soit le résultat d'une méprise relative aux données objectives du contrat (par exemple, Cass. 3e civ. 23-2-1982 n° 80-13.116 ci-dessous).

ILLUSTRATIONS

La cour d'appel, qui a retenu que dans les documents destinés à intéresser les éventuels locataires figurait un plan du futur centre commercial indiquant qu'un **supermarché** devait être **implanté au même niveau que les locaux loués,** que l'**emplacement** ainsi prévu avait été **finalement affecté à des réserves** non accessibles au public et que l'exemplaire remis aux locataires lors de la signature du bail ne mentionnait pas cette modification, a souverainement déduit de ces motifs, d'où résulte l'ignorance par les locataires de la modification intervenue, l'existence d'une erreur sur la qualité substantielle du bien loué justifiant l'annulation du bail.

Cass. 3e civ. 23-2-1982 n° 80-13.116.

Le locataire de locaux situés dans les galeries marchandes d'un ensemble commercial en voie de création lors de la conclusion du bail, se plaignant de **mauvais résultats dus à une fréquentation insuffisante** du centre, demande en vain la nullité du bail pour erreur dès lors qu'il ne rapporte pas la preuve que l'**erreur commise** par lui au moment de la conclusion du bail **sur l'environnement commercial** de son fonds portait sur une qualité substantielle en considération de laquelle les parties avaient contracté.

Cass. 3e civ. 12-4-1983 n° 81-13.637.

Il a été déduit des circonstances suivantes que l'erreur invoquée par le locataire d'un local situé dans un **centre commercial** ne portait pas sur les qualités substantielles du bien loué mais seulement sur sa valeur : le caractère mensonger de la publicité effectuée par les promoteurs du centre commercial portait non sur des éléments caractéristiques du centre commercial ou des locaux loués, mais sur des éléments extérieurs (construction d'une tour dans le même îlot de rénovation et de voies d'accès) et si la suppression de ces éléments a pu affecter la commercialité du centre, cela n'a pu entraîner qu'une **diminution de la valeur locative** justifiant tout au plus une réduction du prix du loyer, mais non l'annulation du bail. Par ailleurs, les études préalables faites par les promoteurs concernant la clientèle potentielle et l'attrait de grandes surfaces « locomotives » n'ayant eu pour objet que d'apprécier, avec la part d'aléa inhérente à ce genre d'appréciation, la commercialité future du centre, leur inexactitude n'a pu induire en erreur les souscripteurs que sur la valeur de la chose louée et non sur ses qualités substantielles.

CA Paris 15-1-1987 nos M 14152, M 6802, 16e ch. B.

Dans un cas où le propriétaire d'un local dans un **centre commercial** l'avait donné en location à une société de parfumerie et où, une société ayant la même activité de parfumerie s'était installée dans le local mitoyen au même moment, une cour d'appel a justement déduit des éléments suivants que le contrat de bail devait être annulé pour erreur sur les qualités substantielles du bail : la société locataire démontrait avoir conclu le bail dans la croyance erronée qu'il permettait l'exercice de son activité sans concurrence dans le centre commercial ; la **perspective d'une situation avantageuse,** qui avait été prise en compte dans la détermination du prix du bail constituait une qualité substantielle des locaux loués, comprise dans le champ contractuel et exempte d'aléa.

Cass. 3e civ. 2-10-2013 n° 12-13.302 FS-D : RJDA 3/14 n° 201.

b. Erreur sur la personne dans le bail commercial

17050 L'erreur de droit ou de fait sur les **qualités essentielles du cocontractant** n'est une cause de nullité que dans les **contrats conclus en considération de la personne** (C. civ. art. 1132 et 1134) ; elle doit avoir été déterminante et être excusable (art. 1130 et 1132 ; sur ces notions, voir nos 17180 s.).

Pour les baux conclus avant le 1er octobre 2016 (date d'entrée en vigueur des textes précités), l'ex-article 1110, al. 2 du Code civil n'admettait l'erreur sur la personne de l'autre cocontractant que si la considération de cette personne était la cause principale de la convention. Elle était donc déjà réservée aux baux conclus « intuitu personae ».

La jurisprudence – rare sur cette question – déclarait constitutive d'un vice du consentement l'erreur commise sur l'identité de l'autre partie (Cass. 1e civ. 27-2-2007 n° 05-11.603 F-D rendu dans un cas d'homonymie ; CA Rouen 4-3-1969, 1e ch. civ. : JCP G 1969 II n° 15911) ou sur une qualité substantielle de cette dernière (Cass. com. 19-11-2003 n° 1583 F-PB : RJDA 8-9/04 n° 937 interdiction faite à celle-ci d'exercer une activité commerciale) à condition, comme aujourd'hui, d'être déterminante (CA Versailles 22-12-2000 n° 98-2069 : RJDA 4/01 n° 408 ; CA Paris 14-11-2012 n° 11/12847 rejetant une erreur sur l'identité du dirigeant de la société cocontractante) et excusable (Cass. soc. 3-7-1990 n° 87-40.349 F-PB : Bull. civ. V n° 329 ; Cass. 1e civ. 27-2-2007 précité ; pour un bail, CA Pau 7-10-2002 n° 00-1035 : n° 17200).

Les solutions ci-dessous, rendues par les tribunaux avant la réforme à propos de divers contrats, sont transposables aux baux qu'ils aient été conclus avant ou depuis le 1er octobre 2016.

17055 Jugé ainsi que l'**identité du locataire** d'un local commercial avec lequel le bailleur s'engage pour une durée de neuf ans au moins n'est pas indifférente pour ce dernier qui est libre de choisir son locataire en fonction de critères de sélection qui lui sont propres. Par suite, a été annulé le bail portant sur un local dans lequel était exploité un débit de boissons dès lors que le locataire, qui exerçait en fait une activité salariée dans un pressing, avait reconnu avoir signé en qualité de **prête-nom** de son compagnon, véritable exploitant du fonds de commerce, qui ne pouvait pas acheter le fonds car il était « en procès » (CA Amiens 12-4-2007 nos 05-760 et 06-1908, 1e ch. 2e sect. : RJDA 5/08 n° 491).

17060 L'erreur sur les **qualités substantielles du cocontractant** peut être retenue. Jugé ainsi que le cautionnement garantissant le remboursement d'un prêt destiné à l'acquisition d'un fonds de commerce doit être annulé dès lors que la caution et le prêteur, bénéficiaire de la garantie, ont commis une erreur commune portant sur la capacité de l'emprunteur à exercer une activité commerciale (Cass. com. 19-11-2003 n° 1583 F-PB : RJDA 8-9/04 n° 937). La solution est transposable au bail commercial conclu avec un locataire n'ayant pas la capacité d'exercer une activité commerciale.

La qualité de personne physique ou morale du cocontractant peut aussi être déterminante du consentement de l'autre partie (CA Versailles 22-12-2000 n° 98-2069, 3e ch. : RJDA 4/01 n° 408).

17065 Enfin, l'erreur sur la **solvabilité** du cocontractant n'est admise que si elle a été érigée en condition de l'engagement (Cass. com. 11-1-1994 n° 127 P : RJDA 6/94 n° 693 ; Cass. com. 1-10-2002 n° 1528 FS-P : RJDA 2/03 n° 187).

c. Autres erreurs dans le bail commercial

ERREUR DE DROIT

17100 L'erreur de droit est expressément reconnue par la loi ; elle ne présente aucune autonomie par rapport à l'erreur de fait (C. civ. art. 1132) ; elle peut porter sur les qualités essentielles de la prestation due (nos 17010 s.) ou, dans les contrats conclus en considération de la personne du cocontractant, sur les qualités essentielles de ce dernier (nos 17050 s.). Avant son introduction dans le Code civil en 2016, il avait déjà été jugé que l'erreur sur la signification et les exigences de la loi pouvait constituer un vice du consentement (Cass. civ. 29-5-1980 n° 903 : erreur sur la validité d'un congé ; Cass. 3e civ. 24-5-2000 n° 837 FS-PB : RJDA 9-10/00 n° 828 et Cass. 3e civ. 20-10-2010 n° 09-66.113 FS-PB : RJDA 2/11 n° 103 : croyance erronée en l'existence d'un droit de préemption).

ERREUR SUR LES MOTIFS

L'erreur sur les motifs peut se définir comme celle portant sur les mobiles qui ont déterminé l'une des parties à conclure. 17110

Pour les baux conclus depuis le 1er octobre 2016, l'erreur sur un simple **motif, étranger aux qualités essentielles de la prestation** due **ou du cocontractant,** n'est pas une cause de nullité, à moins que les parties n'en aient fait expressément un élément déterminant de leur consentement (C. civ. art. 1135, al. 1).

Pour les baux conclus avant cette date, le principe est similaire : l'erreur sur un **motif extérieur à l'objet du contrat** n'est pas une cause de nullité de la convention, à moins qu'une stipulation expresse ne l'ait fait entrer dans le champ contractuel en l'érigeant en condition du contrat (Cass. 1e civ. 13-2-2001 no 231 F-P : RJDA 5/01 no 553 ; Cass. 3e civ. 24-4-2003 no 503 FS-PB : RJDA 8-9/03 no 805 ; Cass. com. 12-12-2006 no 04-19.083 F-D : RJDA 8-9/07 no 846 ; Cass. com. 11-4-2012 no 11-15.429 F-PB : RJDA 12/12 no 1035).

Si le motif n'a pas été expressément érigé en élément déterminant du contrat (ou en condition du contrat), l'erreur sur ce motif n'est pas constitutive d'un vice du consentement, y compris si elle a été déterminante du consentement de la partie qui l'invoque (Cass. com. 14-12-1977 no 75-12.206 : Bull. civ. IV no 293 ; Cass. com. 24-4-1984 : Bull. Joly 1984 p. 768 ; Cass. com. 11-4-2012 no 11-15.429 précité), ou si ce motif était connu de l'autre partie (Cass. 1e civ. 13-2-2001 no 231 précité). Ces solutions, rendues avant la réforme, demeurent à notre avis transposables au régime actuel. Le juge est en effet tenu de respecter les termes du contrat, dans la mesure toutefois où le motif déclaré déterminant par les parties n'est pas contraire à l'ordre public (cf. C. civ. art. 1102 et 1162).

ILLUSTRATIONS

Dans un cas où un bail commercial contenait la **clause** suivante : « le bailleur ayant opté pour l'application au présent bail de la TVA, le preneur réglera au bailleur le montant de la taxe grevant le loyer et les charges à l'occasion du paiement de chaque terme de loyers » et où le bailleur avait appris en cours de bail que le locataire n'exerçait aucune activité assujettie à la TVA, jugé que le bailleur demande en vain l'annulation du bail pour erreur en faisant valoir que le remboursement de la TVA par le locataire était un des éléments substantiels de l'objet du bail. En effet, pour pouvoir prétendre que le remboursement par le locataire de la TVA qu'il avait réglée lors de l'acquisition des locaux était pour lui la cause déterminante de son obligation de louer les locaux, le bailleur aurait dû le préciser dans le bail; or, à la différence de la clause d'échelle mobile contenue dans le bail pour laquelle il a précisé qu'elle constituait une condition essentielle et déterminante du bail sans laquelle il n'aurait pas été consenti, le bailleur n'a pas entendu attacher la même importance à la clause intitulée « option TVA », non assortie de cette disposition spéciale et stipulée en fin de bail; il en résulte que la cause de son obligation de remettre les lieux décrits dans le bail était le paiement du loyer, dans lequel il n'a pas inclus le remboursement de la TVA, ainsi que la clause d'échelle mobile (CA Paris 4-5-1984, 16e ch. B, Caisse du bâtiment et des travaux publics c/ chambre des métiers du Val-de-Marne : Gaz. Pal. 1985 jur. p. 649 note R. Blancher).

ERREUR-OBSTACLE

Baux conclus avant le 1er octobre 2016 **Notion d'erreur-obstacle.** On distingue parfois, à côté de l'erreur vice du consentement, envisagée par le Code civil, celle qui ferait obstacle à la rencontre des volontés, l'« erreur-obstacle ». Issue d'une construction essentiellement doctrinale, la notion d'erreur-obstacle apparaît rarement dans la jurisprudence de la Cour de cassation. Si elle y a parfois fait référence (Cass. 3e civ. 21-5-2008 no 07-10.772 FS-PB : Bull. civ. III no 92 ; Cass. 3e civ. 16-12-2014 no 14-14.168 F-D : Contrats, conc., consom. 2015 comm. no 54 estimant que l'erreur par le vendeur sur l'objet même de la vente faisait obstacle à la rencontre des consentements des parties), d'autre décisions retiennent l'existence d'un « malentendu fondamental » entre les parties empêchant l'existence du consentement (Cass. 1e civ. 28-11-1973, Régie communale des Sources Nessel c/ SARL Eurogadget : D. 1975 p. 21 ; aussi Cass. com. 15-2-1961, Sté Tirat et Cie c/ Sté Orazzi et fils : Bull. civ. III no 91, retenant qu'en raison d'une divergence de volonté, due à un malentendu entre les parties, le contrat n'avait pas pu se former), voire un simple un vice du consentement (Cass. 1e civ. 2-4-1996 no 94-15.029 P : RJDA 7/96 no 874 ; en sens contraire, Cass. com. 15-2-1961 précitée). 17120

Pour certains auteurs, l'erreur-obstacle n'existe pas et ne s'analyse que comme une erreur sur la substance dont la sanction est la nullité relative (J. Ghestin, Traité de droit civil, la formation du contrat : LGDJ 1993 no 495).

Entre dans la catégorie de l'erreur-obstacle l'erreur sur la **nature du contrat** (cf. Cass. 3e civ. 18-3-1980 no 78-13.125 : Bull. civ. III no 65). Par exemple, une partie pense donner à bail un immeuble que l'autre croit acquérir. 17125

L'erreur sur la **qualification du contrat** n'est pas prise en compte si les parties sont d'accord sur les effets de ce contrat. Ainsi, dans un cas où un bail intitulé « bail commercial » et reprenant les dispositions du décret du 30 septembre 1953 (désormais codifié dans le Code de commerce) avait été conclu entre une société et une association, il a été jugé que cette dernière demandait en vain la nullité du bail au motif qu'elle ne pouvait pas bénéficier, en sa qualité d'association loi 1901, du statut des baux commerciaux et qu'elle avait signé le bail « commercial » à la suite d'une erreur sur l'objet même du bail. En effet, l'erreur sur la qualification du contrat ne portait pas sur une qualité substantielle de celui-ci puisque, s'il était constant que l'association locataire n'avait pas la qualité de commerçant, les termes du bail étaient explicites et quelle qu'en soit la qualification, le locataire s'était engagé sans ambiguïté à louer pour une durée déterminée (CA Bordeaux 29-5-1997 n° 94-4706, 5e ch.).

17130 L'erreur sur la **cause du contrat** – c'est-à-dire sur la raison déterminante que le cocontractant croyait avoir de s'engager – constitue également un obstacle à l'existence du consentement et justifie l'annulation de la convention (Cass. 1e civ. 2-4-1996 n° 94-15.029 P : RJDA 7/96 n° 874). A ainsi été annulée la renonciation à un bail fondée sur l'inexacte affirmation de sa nullité par un notaire (Cass. req. 13-12-1927 : S. 1928 I p. 125).

17135 De même, il y a absence et non vice du consentement en cas d'erreur sur l'**objet du contrat** (Cass. 3e civ. 1-2-1995 n° 92-16.729 P : RJDA 5/95 n° 535 ; Cass. 3e civ. 21-5-2008 n° 07-10.772 FS-PB : Bull. civ. III n° 92), c'est-à-dire sur l'existence ou sur l'identité du bien loué. Par exemple, une partie entend donner en location une partie d'un local et l'autre prendre en location une partie différente.

Il peut également s'agir d'une **erreur matérielle sur le prix** de la location (à ne pas confondre avec l'erreur sur la valeur du bien loué : n° 17020) : offre faite par l'une des parties à un prix dix fois supérieur à celui qu'elle entendait proposer (Cass. com. 15-2-1961, Sté Tirat et Cie c/ Sté Orazzi et fils : Bull. civ. III n° 91) ou offre à un prix résultant d'une confusion entre anciens et nouveaux francs (Cass. com. 14-1-1969, Sté agence régionale d'éditions officielles c/ Sté Blanchisserie de la Bièvre : D. 1970 p. 458 note M. Pédamon).

17140 **Régime de l'erreur-obstacle.** Différente de l'erreur visée par l'ex-article 1110 du Code civil (désormais art. 1132 à 1136) en ce qu'elle révèle non pas un vice mais une absence de consentement, l'erreur-obstacle n'est pas soumise au même régime juridique.

La question de la **sanction** de l'erreur-obstacle – nullité absolue ou relative, voire inexistence du contrat – faisait l'objet de controverses doctrinales et jurisprudentielles. La troisième chambre civile de la Cour de cassation a tranché la question en faveur de la nullité relative dès lors que l'erreur invoquée (en l'espèce sur l'objet d'une vente) ne portait pas atteinte à l'intérêt général (Cass. 3e civ. 26-6-2013 n° 12-20.934 FS-PB : RJDA 1/14 n° 3).

Contrairement à ce qui est admis en matière d'erreur vice du consentement (n° 17200), le **caractère inexcusable de l'erreur**-obstacle ne paralyse pas l'action de la victime (Cass. 3e civ. 1-2-1995 n° 285 : RJDA 5/95 n° 535 ; Cass. 1e civ. 10-5-1995 n° 92-10.736 : Bull. civ. I n° 194 ; Cass. 3e civ. 16-12-2014 n° 14-14.168 F-D : Contrats, conc., consom. 2015 comm. n° 54).

> **Précisions** Le **débat sur la nature absolue ou relative de la nullité** avait un **intérêt** pratique en matière de prescription, jusqu'à la réforme issue de la loi 2008-561 du 17 juin 2008, dans la mesure où la prescription applicable était différente selon la nullité : prescription trentenaire pour la nullité absolue ou prescription quinquennale pour la nullité relative. La loi du 17 juin 2008 ayant uniformisé les délais de prescription des actions en nullité à cinq ans (C. civ. art. 2224), la nature de la nullité ne conserve d'intérêt que pour la détermination des personnes ayant qualité à agir et l'éventuelle confirmation de l'acte.

17150 **Baux conclus depuis le 1er octobre 2016** La théorie de l'erreur-obstacle exposée aux nos 17120 s. survit-elle à la réforme du droit des contrats issue de l'ordonnance 2016-131 du 10 février 2016 ? La question fait débat et reste intimement liée à celle de l'autonomie de sa sanction.

Les textes issus de l'ordonnance 2016-131, comme les textes antérieurs, sont muets sur l'erreur-obstacle et sur sa sanction.

Pour certains auteurs, ce silence signifie le refus d'un texte jugé inutile : l'absence de consentement conserve son autonomie par rapport au consentement vicié et l'inexistence du contrat est la seule solution logique en cas d'absence de rencontre de consentements (B. Mercadal, Réforme du droit des contrats, Dossier pratique Francis Lefebvre 2016 n° 513 ; aussi, Pratiques contractuelles, Ce que change la réforme du droit des obligations, Éditions Législatives 2016 p. 55, ouvrage collectif en collaboration avec J.-B. Seube, citant les auteurs de l'avant-projet de réforme Terré ; N. Dissaux et C. Jamin, Réforme du droit des contrats, du régime général et de la preuve des obligations Dalloz 2016 p. 39 relevant que les nouveaux articles relatifs à l'erreur vice du consentement ont trait à l'intégrité du consentement et non à son existence, ce qui permet de maintenir le concept d'erreur obstacle et sa sanction, l'inexistence du contrat).

Pour d'autres, l'erreur-obstacle ne se différencie pas de l'erreur sur les qualités essentielles dans la mesure où l'inexistence ne se distingue pas en droit positif de la nullité (Ph. Malaurie, L. Aynès et P. Stoffel-Munck, Droit des obligations éd. LGDJ 2016 p. 287 n° 503).

En attendant que la Cour de cassation tranche le débat, on peut avancer les arguments suivants en faveur d'une absorption de l'erreur-obstacle par l'erreur vice du consentement :
– la définition de l'erreur donnée par l'article 1132 du Code civil tel qu'issu de la réforme de 2016 est particulièrement large : erreur de droit ou de fait sur les qualités essentielles de la prestation due ou sur celle du cocontractant ; elle est donc susceptible d'englober les cas dans lesquels une erreur-obstacle a été retenue par la jurisprudence antérieure (nos 17125 s.) ;
– la réforme a modifié le régime des nullités : désormais la nullité est relative ou absolue selon que la règle violée protège un intérêt strictement privé ou un intérêt général, sans qu'il y ait lieu de s'attacher à la question de savoir s'il manque un élément essentiel à la formation du contrat, ce qui jusqu'à la réforme était un critère de l'erreur-obstacle. Dès avant la réforme du droit des contrats, la troisième chambre civile de la Cour de cassation, compétente en matière de baux commerciaux, a adopté cette conception du régime des nullités (n° 17140).

2. CARACTÉRISTIQUES DE L'ERREUR D'UNE PARTIE AU BAIL COMMERCIAL

ERREUR DÉTERMINANTE DU CONSENTEMENT

Pour être constitutive d'un vice du consentement, l'erreur doit être de telle nature que, sans elle, la partie qui l'invoque n'aurait pas contracté ou aurait contracté à des conditions substantiellement différentes (C. civ. art. 1130, al. 1). La victime doit donc établir que l'erreur a été le motif principal et déterminant de son consentement, c'est-à-dire qu'elle a entraîné chez celle-ci la conviction de conclure le contrat (Cass. com. 29-3-1971 : Bull. civ. IV n° 94 ; Cass. 1e civ. 26-1-1972 : Bull. civ. I n° 32 ; Cass. 3e civ. 3-10-1972 : Bull. civ. III n° 485). Cette exigence n'est toutefois requise ni pour l'erreur-obstacle (n° 17120) ni pour l'erreur portant sur un élément que les parties ont érigé en élément déterminant de leur consentement (n° 17110). **17180**

Le caractère déterminant s'apprécie eu égard aux personnes et aux circonstances dans lesquelles le consentement a été donné (art. 1130, al. 2).

L'erreur n'est pas déterminante lorsqu'elle porte sur une qualité de la prestation pour laquelle les parties ont admis un certain **aléa** (art. 1133, al. 3 ; Cass. 1e civ. 2-3-1964 : Bull. civ. I p. 91 ; Cass. 1e civ. 24-3-1987 : Bull. civ. I n° 105) ou, plus simplement, lorsque **celui qui invoque l'erreur avait** en réalité **connaissance,** au moment de la conclusion du bail, des éléments sur lesquels il prétend s'être trompé. La qualité de professionnel de l'intéressé est prise en compte par les tribunaux pour apprécier l'existence de cet aléa ou de cette connaissance.

ILLUSTRATIONS

Le locataire d'un local situé dans un centre commercial qui a été imparfaitement rempli invoque en vain une erreur sur les qualités substantielles du bien loué, dès lors que le bailleur avait bien l'intention de créer un centre commercial comportant les commerces mentionnés sur le plan remis au locataire et que le **locataire,** commerçant particulièrement **avisé et expérimenté,** ne pouvait pas ignorer que la composition du centre, telle qu'elle était prévue à l'origine, ne pourrait être réalisée que dans la mesure où les appels d'offre seraient suivis d'effets, les aléas de la création et de la composition de cet ensemble ne dépendant pas de la seule volonté du bailleur, mais des réponses favorables faites à ses propositions.

Cass. 3e civ. 19-3-1980 n° 517.

Une société titulaire d'un bail commercial demande en vain l'annulation de la convention de renouvellement de son bail, mentionnant un loyer annuel de 6 804 €, pour erreur sur le montant du loyer en soutenant qu'il s'agissait en réalité d'un loyer exprimé en francs, compte tenu des éléments suivants :
– dans la procédure devant le juge des loyers commerciaux lors du précédent renouvellement du bail, le bailleur avait déjà sollicité un loyer annuel de 5 854 € ;
– le **gérant de la société locataire, professionnel** des transactions et de la gestion immobilière, ne pouvait pas prétendre, même s'il avait été opéré en juillet 2001, qu'il n'était pas familiarisé au moment de la signature de la convention de renouvellement en octobre 2002 avec l'emploi des euros, en usage depuis le 1er janvier 2002, alors qu'il avait réglé le loyer par chèque rédigé en euros à partir de cette dernière date ;
– l'**acte** avait été **rédigé par un avocat** qui ne pouvait pas non plus se méprendre sur la monnaie utilisable ;
– à partir d'octobre 2002, le gérant avait réglé par chèques pendant cinq trimestres la nouvelle somme trimestrielle de 1 710 € ;
– cette société, dont le loyer constituait une de ses principales charges, ne pouvait pas soutenir qu'elle n'avait eu connaissance de l'erreur qu'elle invoque qu'à la suite d'un signalement de son expert-comptable en décembre 2003.

Cass. 3e civ. 16-9-2008 n° 07-14.911 F-D : RJDA 12/08 n° 1223.

ERREUR EXCUSABLE

17200 Même déterminante du consentement, l'erreur n'ouvre un recours à la victime qu'à la condition d'être excusable (C. civ. art. 1132), ce qui suppose qu'elle ne soit pas le résultat d'une faute, tel un manquement de la victime à son **obligation de se renseigner** ou une **négligence** de sa part. Sur l'incidence de la faute de la victime en matière d'erreur sur un motif et d'erreur-obstacle, voir n° 17110 et n° 17140.

La faute est appréciée de manière concrète, en tenant compte des aptitudes ou des connaissances personnelles de la victime, de sa qualité de professionnel expérimenté ou de novice ou encore de la présence de conseils à ses côtés.

ILLUSTRATIONS

Dans un cas où une association locataire prétendait avoir ignoré que son secrétaire était associé de la société bailleresse, et avoir ainsi commis une erreur sur la personne déterminante de son consentement puisque, si elle avait connu cette identité, elle n'aurait jamais conclu le bail compte tenu des conséquences fiscales néfastes découlant de la confusion entre membre de l'association et associé de la société (perte du statut fiscal avantageux des associations), il a été jugé que l'association locataire invoque en vain la nullité du bail dès lors que l'erreur commise n'était pas excusable : en effet, l'association d'une envergure certaine, à même de s'entourer de conseils fiscaux avisés et dont les membres exerçant pour beaucoup la profession médicale présentaient un niveau certain d'instruction, devait avoir à l'évidence, durant les quatre années de négociations ayant précédé la conclusion du bail, la prudence de connaître l'identité des personnes propriétaires d'une société envers laquelle elle allait durablement s'engager (CA Pau 7-10-2002 n° 00-1035).

Un bailleur, qui a appris en cours de bail que son locataire n'exerçait aucune activité assujettie à la TVA, demande en vain l'annulation du bail en faisant valoir qu'il n'a contracté avec le locataire qu'en considération de sa faculté de rembourser cette taxe dès lors qu'il lui appartenait de se renseigner sur les capacités juridiques et fiscales de son cocontractant dont l'identité était clairement exprimée (CA Paris 4-5-1984, 16e ch. B, Caisse du bâtiment et des travaux publics c/ chambre des métiers du Val-de-Marne : Gaz. Pal. 1985 jur. p. 649 note R. Blancher).

17205 L'erreur est toujours excusable lorsqu'elle a été provoquée par la **déloyauté de l'autre partie** (n° 17530). L'erreur est également excusable lorsqu'elle est provoquée par la **dépendance psychologique** de la victime à l'égard de son cocontractant et ce, même si la victime a contracté dans le domaine de son activité professionnelle (Cass. com. 29-4-2002 n° 894 FS-P : RJDA 10/02 n° 1026).

C. Dol subi par une partie au bail commercial

ÉVOLUTION DE LA DÉFINITION LÉGALE DU DOL

17300 Contrairement à l'erreur où le cocontractant s'est trompé, le dol suppose que le cocontractant a été trompé. En vertu de l'ancien article 1109 du Code civil, le consentement ne devait pas avoir été « surpris par dol ». L'ordonnance 2016-131 du 10 février 2016 portant **réforme du droit des contrats** n'a pas repris cette formule mais les nouvelles dispositions précisent désormais que le dol vicie le consentement (C. civ. art. 1130, al. 1) et, comme c'était déjà le cas (ex-art. 1116), qu'il est en conséquence une cause de nullité du contrat (C. civ. art. 1131).

Le dol se traduit en pratique par des manœuvres, des mensonges ou par la dissimulation d'une information déterminante (C. civ. art. 1137) de la part d'un cocontractant ou d'une personne qui agit pour le compte de celui-ci ou de concert avec lui (art. 1338).

Les textes issu de l'ordonnance codifient pour l'essentiel la jurisprudence rendue sous des anciens textes. Toutefois, la définition du dol par dissimulation a été modifié par la loi ratifiant l'ordonnance de 2016.

ATTENTION

Le **dol dans la formation du contrat,** visé par les articles 1130 et 1137 s. du Code civil (ex-art. 1109 et 1116), doit être distingué du dol **dans l'exécution** du contrat, prévu et sanctionné par les articles 1231-7 et 1231-4 du Code civil (ex-art. 1150 et 1151), et défini comme l'inexécution délibérée d'une obligation contractuelle.

1. AUTEUR DU DOL

DOL ÉMANANT D'UNE PARTIE AU BAIL COMMERCIAL

17310 La loi sanctionne au premier chef le dol émanant d'un cocontractant (C. civ. art. 1137). Il peut donc être aussi bien le fait du **bailleur** que du **locataire.**

> Précisions Sous l'empire de l'ancien article 1116 du Code civil dont l'article 1137 a repris les dispositions, les tribunaux avaient même affirmé que le dol viciant le consentement d'une partie à un contrat ne peut en emporter la nullité que s'il émane de l'autre partie, excluant ainsi que le dol d'un tiers puisse avoir une influence sur la validité du contrat (Cass. 1re civ. 27-6-1973 n° 72-11.564 P : Bull. civ. IV n° 219 ; Cass. com. 22-7-1986 n° 85-12.392 P : Bull. civ. I n° 163, rendus en matière de cautionnement ; Cass. 1re civ. 1-12-1999 n° 97-15.043 D : RJDA 2/00 n° 200, rendu à propos d'un prêt).
Mais ils avaient admis quelques exceptions, aujourd'hui reprises par la loi.

DOL ÉMANANT D'AUTRES INTERVENANTS AU BAIL COMMERCIAL

Le dol est constitué lorsqu'il émane du **représentant du cocontractant** (C. civ. art. 1138, al. 1), que ce représentant soit légal, conventionnel ou judiciaire. 17315

Ainsi, le dol du **mandataire** est assimilé à celui du cocontractant lui-même (Cass. com. 13-6-1995 n° 1230 P : RJDA 12/95 n° 1404) dès lors que le mandataire a agi dans l'exercice de sa mission (Cass. 3e civ. 29-4-1998 n° 637 P : RJDA 7/98 n° 825). La responsabilité du mandant est également engagée s'il a commis une faute personnelle qui est à l'origine du comportement du mandataire, source du dommage causé aux tiers (Cass. 1re civ. 23-5-1977 n° 76-10.716 : Bull. civ. I n° 244).

Le dol peut aussi émaner du mandataire de la victime qui, par exemple, est de collusion avec le cocontractant (CA Paris 5-5-1987 n° K 11467, 6e ch. A, rendu à propos d'un bail d'habitation mais transposable). Doit être annulé pour dol le bail conclu entre le mandataire du bailleur et l'un de ses préposés avec lequel il s'est entendu pour conclure le contrat sur des bases inexactes dans des conditions lésant le bailleur (CA Paris 5-5-1987 précité).

Lorsque le cocontractant est une société, elle n'est responsable du dol commis par son **représentant légal** qu'autant que ce dernier a agi en cette qualité (Cass. com. 23-11-1993 n° 92-10.284 P : Bull. civ. IV n° 421 ; Cass. com. 18-6-2002 n° 00-16.629 F-D : RJDA 12/02 n° 1223, rendus en matière de vente d'un fonds de commerce mais transposable au contrat de bail). 17320

La société ne peut pas être tenue pour responsable du dol commis par le dirigeant agissant à titre personnel ou par un associé (Cass. com. 23-11-1993 précité). Inversement, les associés pris en leur nom personnel ne peuvent pas être condamnés pour le dol commis par la société, seule partie à l'acte, même si elle était représentée par l'un d'eux (Cass. com. 18-6-2002 précité).

Le cocontractant peut se voir reprocher le dol commis par son **gérant d'affaires** (C. civ. art. 1138, al. 1). Avant l'entrée en vigueur de cet article le 1er octobre 2016, les tribunaux avaient admis que tel était le cas dans la mesure où la gestion d'affaire avait été ratifiée par le maître de l'affaire (Cass. 1re civ. 7-7-1960 : Bull. civ. I n° 371). À notre avis, cette exigence demeure, la ratification étant toujours requise pour que le maître de l'affaire soit considéré comme le mandant du gérant (C. civ. art. 1301-3). 17322

Le dol est également constitué lorsqu'il émane du **porte-fort** du cocontractant (C. civ. art. 1138, al. 1 ; Cass. com. 27-2-1996 n° 94-11.241 P : RJDA 6/96 n° 794). 17325

L'article 1138 du Code civil vise également le dol commis par le **préposé** du cocontractant, tel un salarié. 17327

DOL ÉMANANT DE TIERS AU BAIL COMMERCIAL

S'il émane d'un tiers, le dol est sans effet sur la validité du contrat (Cass. com. 14-12-1977 n° 75-12.206 P : Bull. civ. IV n° 293 ; Cass. 1re civ. 1-12-1999 n° 97-15.043 D : RJDA 2/00 n° 200 rendus à propos de prêts ; CA Paris 24-5-2011 n° 10-13447, ch. 5-8 : RJDA 5/12 n° 504 pour une cession d'actions). 17330

La nullité est toutefois encourue :

– s'il est établi que le tiers était de connivence avec le cocontractant de la victime (C. civ. art. 1138, al. 2 ; Cass. com. 2-3-1974 n° 73-10.910 P : Bull. civ. IV n° 104 à propos d'une vente d'objets mobiliers ; Cass. com. 10-7-1978 n° 77-10.194 : Bull. civ. IV n° 193 et Cass. 1re civ. 20-3-1989 n° 87-15.450 P : Bull. civ. I n° 127 à propos de cautionnements).

– en l'absence de connivence, si l'erreur que le dol du tiers a provoquée porte sur une qualité essentielle de la prestation due au titre du contrat (cf. Cass. 1re civ. 3-7-1996 n° 1359 P : RJDA 11/96 n° 1291 ; Cass. com. 19-4-2023 n° 22-11.097 F-D, rendus sous l'empire des anciens textes exigeant une erreur sur la substance ou sur les qualités substantielles mais transposables sur le principe au régime actuel) ; la nullité est alors prononcée pour erreur et non pour dol (nos 17010 s.).

La victime des agissements d'un tiers pourra agir contre lui en responsabilité extracontractuelle sur le fondement de l'article 1240 du Code civil (ex-art. 1382), mais seulement pour obtenir des dommages-intérêts en réparation du dommage que lui cause le contrat ainsi conclu.

2. COMPORTEMENTS RÉPRÉHENSIBLES CONSTITUTIFS D'UN DOL

a. Définitions du dol

17350 Le dol est le fait pour un cocontractant d'obtenir le consentement de l'autre par des manœuvres ou des mensonges ou en dissimulant intentionnellement une information déterminante (C. civ. art. 1137). L'ex-article 1116 du Code civil, qui définissait le dol avant l'entrée en vigueur, le 1er octobre 2016, de l'article 1137 se référait exclusivement aux « manœuvres » pratiquées par l'une des parties, ce qui ne visait que les actes positifs et non les comportements passifs ; néanmoins, les tribunaux avaient de longue date admis l'existence d'un dol en cas de rétention volontaire d'informations, la qualifiant de réticence dolosive.

MANŒUVRES DOLOSIVES

17355 Par « manœuvres », on entend tous les agissements malhonnêtes (ruses, tromperies...) tendant à surprendre une personne en vue de lui faire souscrire un engagement qu'elle n'aurait pas souscrit si on n'avait pas usé de la sorte envers elle (CA Colmar 30-1-1970 : D. 1970 p. 297 note E. Alfandari ; CA Paris 23-1-1998 n° 96-20629, 16e ch. B).

> **Précisions** Les manœuvres invoquées peuvent constituer le **délit d'escroquerie,** défini comme le fait, soit par l'usage d'un faux nom ou d'une fausse qualité, soit par l'abus d'une qualité vraie, soit par l'emploi de manœuvres frauduleuses, de tromper une personne et de la déterminer ainsi, à son préjudice ou au préjudice d'un tiers, à remettre des fonds, des valeurs ou un bien quelconque (C. pén. art. 313-1). Toutefois, la notion de dol est plus large que celle d'escroquerie. Ainsi, le mensonge d'une certaine gravité peut à lui seul constituer un dol mais il ne peut caractériser une escroquerie que s'il est corroboré par un élément extérieur lui donnant force et crédit (Cass. crim. 24-9-1998 n° 97-81.748 : Bull. crim. 1998 n° 236). L'escroquerie requiert des actes positifs tandis que le dol recouvre aussi la réticence dolosive (Cass. com. 14-6-2016 n° 14-24.843 F-D : RJDA 11/16 n° 844). Compte tenu de cette différence d'appréciation, la relaxe du chef d'escroquerie n'interdit pas au juge civil de reconnaître l'existence d'un dol pour les mêmes fautes (Cass. com. 10-6-1960 : Bull. civ. III n° 224 ; Cass. com. 26-5-2009 n° 08-15.980 F-D : RJDA 8-9/09 n° 749 ; Cass. com. 14-6-2016 précité).

MENSONGE CONSTITUTIF D'UN DOL

17360 Le dol peut être retenu en cas de mensonge (C. civ. art. 1137, al. 1). Il n'est pas requis que le mensonge soit appuyé d'actes extérieurs (Cass. 3e civ. 6-11-1970 : JCP G 1971 II n° 16942 note J. Ghestin), comme cela est exigé pour caractériser l'escroquerie (n° 17355).

Encore faut-il qu'il soit d'une certaine **gravité.** En effet, n'est pas visé par l'article 1137 du Code civil le « bon dol » (dolus bonus, par opposition au dolus malus, seul sanctionné), c'est-à-dire les menus mensonges, les exagérations, ou les comportements simplement destinés à vanter la qualité des biens objet du contrat, car le caractère intentionnel du dol (nos 17450 s.) fait alors défaut (Cass. com. 13-12-1994 n° 2281 D : RJDA 4/95 n° 420, exagérations contenues dans un document publicitaire ne dépassant pas ce qui est habituel dans les pratiques commerciales ; pour des cas contraires, Cass. 1e civ. 1-2-1960 : Bull. civ. I n° 67 concernant un vendeur de tableaux qui avait dépassé l'exagération permise à tout vendeur ; Cass. 3e civ. 7-4-2016 n° 14-24.164 F-D : RJDA 7/16 n° 518 relevant que les affirmations mensongères relatives à un investissement locatif défiscalisable allaient bien au-delà de la simple exagération publicitaire).

ILLUSTRATIONS

> Un locataire qui avait pris à bail un **local en l'état futur d'achèvement** situé dans un centre commercial faisait valoir, à l'appui de sa demande en annulation du bail, que l'infrastructure du centre ne correspondait pas à ce qui avait été promis ; il se fondait pour cela sur une stipulation des déclarations préalables du bail indiquant que le local s'inscrivait dans un ensemble immobilier en cours de construction comprenant des logements, des bureaux, des parkings et des locaux commerciaux. Il a été jugé que, si le local loué brut de décoffrage s'inscrivait bien dans un ensemble immobilier en cours, il ne pouvait pas être déduit de cette simple déclaration une allégation constitutive de manœuvres dolosives dès lors qu'aucun autre élément du bail ne faisait état d'artifice, de fraude, de mensonge ou de tromperie mais seulement de fréquentes promesses de la part d'un promoteur de centre commercial ne dépassant pas l'exagération permise en matière de location dans un centre commercial en voie de création et qu'un commerçant normalement averti était à même d'apprécier (CA Paris 1-10-1992 n° 91-15760, 16e ch. B).

DISSIMULATION D'INFORMATION CONSTITUTIVE D'UN DOL

17370 Constitue un dol la dissimulation **intentionnelle** par l'un des contractants d'une information dont il sait le caractère déterminant pour l'autre partie (C. civ. art. 1137, al. 2).

Dès avant l'ordonnance 2016-131 et malgré l'ex-article 1116 du Code civil qui visait les seules « manœuvres », les tribunaux avaient sanctionné la **réticence dolosive,** c'est-à-dire le **silence** d'une partie dissimulant à son cocontractant un fait qui, s'il avait été connu de lui, l'aurait empêché de contracter (notamment Cass. 3e civ. 2-10-1974 n° 73-11.901 P : Bull. civ. III n° 330 ; Cass. com. 20-6-1995 n° 1441 P : RJDA 12/95 n° 1321) ou, désormais, l'aurait incité à contracter à des conditions substantiellement différentes (nos 17480 s.).

> **Précisions a.** L'assimilation du silence au dol était parfois justifiée par l'obligation de contracter de **bonne foi** (Cass. 1e civ. 13-5-2003 n° 624 FS-PB : RJDA 12/03 n° 1243 ; Cass. 1e civ. 15-3-2005 n° 548 F-PB : RJDA 8-9/05 n° 984) ou par l'obligation de loyauté contractuelle (Cass. com. 27-2-1996 n° 439 P : RJDA 6/96 n° 794 ; voir toutefois, distinguant le dol du manquement à la bonne foi ou à la loyauté, CA Paris 6-5-2014 n° 12-19322, ch. 5-8 : RJDA 11/14 n° 842).
> **b.** Sur le **caractère intentionnel** de la dissimulation, voir n° 17450.
> **c.** Sur l'**articulation** entre la réticence dolosive et le **devoir d'information précontractuel** de l'article 1112-1 du Code civil, voir nos 17380 s.

17375 La réticence, comme la dissimulation, n'est pas qualifiée de dolosive s'il est établi que la **partie qui l'invoque** avait en réalité **connaissance de l'information** litigieuse (par exemple, Cass. com. 3-11-2004 n° 03-11.662 F-D : RJDA 3/05 n° 269 ; CA Paris 11-6-2009 n° 07-11400 : RJDA 12/09 n° 1033).

Il en est de même s'il n'est pas démontré que la **partie à laquelle elle est reprochée** avait quant à elle bien connaissance de l'information (Cass. 1e civ. 19-2-2002 n° 99-13.034 FS-P : RJDA 7/02 n° 749 concernant la vente d'un véhicule d'occasion ; Cass. com. 31-3-2015 n° 14-10.965 F-D : RJDA 6/15 n° 427 à propos d'une cession d'actions ; CA Versailles 6-10-1994 n° 92-2976 : n° 17415 pour un bail). On ne peut dans ce cas ni parler de dissimulation ni d'intention de tromper.

17377 **Dol par dissimulation portant sur la valeur de la prestation** Ne constitue pas un dol le fait pour une partie de ne pas révéler à son cocontractant son estimation de la valeur de la prestation (C. civ. art. 1137, al. 3), ici celle du bail. L'exonération vaut tant pour le bailleur que pour le locataire.

La portée de cette exclusion est, à notre avis, limitée. Elle n'écarte pas l'existence d'une réticence dolosive en cas de dissimulation d'une information (telle l'absence de conformité des locaux pour l'activité prévue au bail) susceptible d'avoir une influence sur l'estimation de la valeur de la prestation.

17380 **Dol par dissimulation et devoir d'information précontractuel** L'ordonnance 2016-131 du 10 février 2016 a introduit en droit commun des contrats un devoir général d'information précontractuelle que les parties ne peuvent ni limiter ni exclure : celle des parties qui connaît une information dont l'importance est déterminante pour le consentement de l'autre doit l'en informer dès lors que, légitimement, cette dernière ignore cette information ou fait confiance à son cocontractant (C. civ. art. 1112-1 ; nos 18000 s.). Comment ce devoir s'articule-t-il avec la dissimulation intentionnelle prévue par l'article 1137, al. 2 du Code civil et qui dessine, en creux, elle-aussi une obligation d'information ?

17382 **Absence d'articulation générale.** Selon le **rapport au président de la République** sur l'ordonnance 2016-131 du 10 février 2016, « l'exigence que l'information retenue ait été d'une importance déterminante pour le consentement de l'autre partie, rapproche les conditions du devoir précontractuel d'information de celles du dol par réticence, mais s'en distingue par un élément essentiel : ainsi, ce n'est que si la violation de l'obligation d'information a été faite intentionnellement pour tromper l'autre contractant, qu'elle sera constitutive d'un dol entraînant la nullité du contrat, comme le prévoit l'article 1137, al. 2. En l'absence d'intention de tromper, le défaut d'information, qui peut ne résulter que d'une simple négligence, ne sera sanctionné que par l'octroi de dommages-intérêts. À l'inverse, le texte fait le choix de ne pas subordonner la réticence dolosive à l'existence d'un devoir d'information, conformément à une conception plus solidaire du contrat qui met l'accent sur la sanction de l'intention de tromper (l'erreur provoquée étant toujours excusable) ».

Cette distinction a été réaffirmée lors des débats relatifs à la loi 2018-287 du 2 avril 2018 ratifiant l'ordonnance de 2016. Face au Sénat, qui proposait que la nullité pour réticence dolosive soit subordonnée aux hypothèses dans lesquelles une obligation d'information préalable existe, le Gouvernement a fait valoir que « la réticence dolosive, qui implique une intention de tromper, ne doit pas être assujettie aux mêmes limites [que l'article 1112-1 du Code civil] (...). La mauvaise foi implique en effet que le dol doit être sanctionné de façon plus large et plus sévère que ne l'est la simple négligence dans la délivrance d'informations. » (Débats Sén. du 17-10-2017 relatif à loi de ratification 2018-287 du 20-4-2018).

Le choix du législateur de dissocier le dol et l'obligation d'information a soulevé certaines **critiques** dans la **doctrine.** Ainsi, pour B. Fagès (Le droit des sociétés et la réforme du droit des contrats : Bull. Joly 2016 p. 532 s.), un souci de bonne articulation entre les textes voudrait que la dissimulation intentionnelle ne puisse être caractérisée que si, préalablement, il existait à la charge de son auteur une obligation précontractuelle d'information dans les conditions de l'article 1112-1 : en effet, on ne peut reprocher à un contractant d'avoir dissimulé ce qu'il n'était pas légalement tenu de révéler ; admettre l'inverse aboutirait à une incompréhensible coexistence entre deux obligations d'information de portée différente. Selon cet auteur, l'article 1112-1 doit être considéré comme un texte pilote, autour duquel doit venir s'ordonner la dissimulation dolosive. B. Fages a exprimé de nouveau ces inquiétudes après l'adoption de la loi 2018-287 (Droit des obligations, Éd. LGDJ 2018 n° 118). Selon lui, la clarification apportée par la loi de ratification à propos de la dissimulation de la valeur de la prestation (n° 17385) n'a pas tout réglé.

À notre avis, la dissimulation dolosive, telle que prévue par l'article 1137, al. 2 tel qu'issu de la réforme, est bien autonome par rapport à l'obligation d'information précontractuelle :

– le dol par dissimulation suppose l'intention de tromper tandis qu'à la lettre de l'article 1112-1, le manquement au devoir d'information peut être sanctionné même s'il n'est pas intentionnel ;

– l'erreur provoquée par le dol est toujours excusable, alors qu'au regard du devoir d'information, l'ignorance doit être légitime.

> Précisions Comme le relève une auteure qui regrette le manque de clarté du dispositif, une dichotomie similaire existait dans la jurisprudence antérieure à la réforme (G. Cattalano-Cloarec, La formation du contrat : AJ contrats 2018 p. 257). Jugé ainsi que la circonstance qu'un kinésithérapeute aurait dû savoir, en tant que professionnel, qu'il n'était pas autorisé à utiliser l'appareil qu'il avait acheté n'excluait pas l'existence d'un dol de la part du vendeur, la réticence dolosive rendant toujours excusable l'erreur provoquée (Cass. com. 8-3-2016 n° 14-23.135 F-D : RJDA 7/16 n° 508).

17385 **Alignement partiel.** La loi 2018-287 du 20 avril 2018 ratifiant l'ordonnance 2016-131 a procédé à un alignement partiel de l'article 1137 du Code civil sur l'article 1112-1 du même Code, en précisant que ne constitue pas un dol le silence gardé par l'une des parties sur son **estimation de la valeur de la prestation** (art. 1137, al. 3). La révélation de cette estimation est également exclue du devoir d'information précontractuelle. Cet alignement fait suite aux critiques de la doctrine (notamment, M. Mekki : Les incidences de la réforme du droit des obligations sur le droit des sociétés : rupture ou continuité ? – Le contrat : Rev. sociétés 2016 p. 483 s. n° 11).

La dissimulation de la valeur de la prestation ne pourra donc entraîner ni une action fondée sur un manquement au devoir d'information ni une demande fondée sur le dol. En revanche, la dissimulation d'une information qui participe de l'évaluation de la valeur peut toujours être qualifiée de réticence dolosive (dans le même sens, B. Saintourens, Les aspects de droit des sociétés de la loi du 20 avril 2018 ratifiant l'ordonnance du 10 février 2016 réformant le droit des contrats : Bull. Joly p. 373 s.).

J.-D. Pellier s'interroge toutefois sur l'articulation entre le nouvel article 1137, al. 3. et l'article 1139, al. 2, en vertu duquel l'erreur résultant d'un dol est une cause de nullité alors même qu'elle porte sur la valeur de la prestation ou sur un simple motif du contrat : exclure le silence gardé sur la valeur de la prestation du domaine de la réticence dolosive ne revient-il pas à vider cette dernière disposition d'une partie de sa substance ? (L'ordonnance portant réforme du droit des contrats, du régime général et de la preuve des obligations enfin ratifiée !, Dalloz actu. du 30-4-2018).

b. Illustrations du dol

DOL DU LOCATAIRE COMMERCIAL

17400 Les arrêts retenant un dol de la part du locataire à l'encontre du bailleur sont rares. En matière de baux d'habitation, a par exemple été annulé le bail consenti par un bailleur ne sachant ni lire ni écrire le français, trompé par le locataire qui a procédé à une lecture du bail ne correspondant pas au contenu du document (en outre, le texte du bail et la signature du bailleur n'étaient pas de la même main, les quittances n'étaient pas remplies par le bailleur et leur signature n'était pas identique à la signature du bailleur portée sur le bail) (CA Bordeaux 10-5-2000 n° 97-1853, 1e ch. B).

S'agissant d'un bail commercial consenti à une société pour l'exploitation d'un fonds de commerce de « commercialisation de tous produits téléphoniques, multimédia, photos et matériels électroniques call box », il a été jugé que le bailleur faisait valoir en vain, pour obtenir l'annulation du bail, que la société locataire avait commis un dol en ne lui révélant pas qu'elle exerçait une activité de courtage d'assurances qui lui interdisait de conclure un bail commercial pour une autre activité que celle de courtage prévue à son objet social. En effet, l'interdiction d'exercer toute activité commerciale autre que des opérations d'assurances édictée par le Code des assurances ne concerne que les sociétés d'assurances, et non les sociétés de courtage qui servent d'intermédiaire entre un assureur et son client mais n'assurent pas elles-mêmes les risques, de sorte que le silence sur l'activité de la société locataire telle que mentionnée au registre du commerce et des sociétés ne constituait pas une réticence dolosive. En outre, le dépassement de l'objet social de la société locataire importait peu dès lors que l'activité en cause n'était ni soumise à autorisation préalable, ni interdite, ni contraire à l'ordre public et aux bonnes mœurs (CA Paris 5-7-2006 n° 05-20896, 16e ch. A : RJDA 8-9/07 n° 807).

DOL DU BAILLEUR COMMERCIAL

Les illustrations de dol du bailleur sont plus nombreuses ; elles visent des cas où le bailleur a, par exemple, dissimulé l'étendue de ses droits sur les locaux loués (n° 17410), gardé sous silence les obstacles juridiques ou administratifs empêchant le locataire d'exercer son activité dans les locaux ou présenté de manière fallacieuse des conditions d'exploitation des locaux (n° 17415), ou encore dissimulé l'importance des charges pesant sur le locataire (n° 17420). **17405**

ILLUSTRATIONS **17410**

Droits du bailleur sur les locaux

A été annulé pour dol le bail précaire consenti par une société exploitant une station-service et portant sur un local à usage de snack-bar attenant à la station-service dès lors que cette société avait **faussement pris la qualité de bailleur** alors qu'elle n'était en réalité que locataire de la station-service et de ses annexes et n'était pas autorisée à sous-louer.

CA Paris 23-1-1998 n° 96-20629, 16e ch. B.

Le bailleur doit informer le locataire avant la conclusion du bail que l'immeuble dans lequel sont situés les locaux loués fait l'objet d'une **procédure d'expropriation** pour cause d'utilité publique. Les juges du fond ne peuvent pas le décharger de cette obligation aux motifs que, le bail ayant été conclu après l'ouverture de l'enquête préalable à la déclaration d'utilité publique et avant l'ordonnance d'expropriation, chaque partie était ainsi en mesure de savoir, avant la conclusion du bail, que le local à louer faisait l'objet d'un projet d'expulsion.

Cass. 3e civ. 27-5-1998 n° 96-18.236 D : RJDA 7/98 n° 841.

Il y a lieu d'annuler pour dol l'acte conclu entre une SA et une SARL intitulé « bail commercial » dès lors que la SA prétendue **bailleresse** a caché à son cocontractant qu'elle était **en réalité** elle-même **locataire** d'une SCI, réelle propriétaire des lieux, si bien que le bail consenti à la SARL était en fait un contrat de sous-location.
Il importe peu que la SA et la SCI aient eu le même dirigeant dès lors que l'acte litigieux a été signé par le représentant de la SA sans mention de sa double qualité et hors de la présence de la SCI. Le fait qu'une même personne dirige la SA et la SCI montre au contraire que l'**omission d'informer** la SARL de l'exacte situation juridique n'était pas fortuite mais **délibérée.**
Cette omission, qui portait sur la nature même de l'objet du contrat, a eu pour la SARL une **influence déterminante** sur son appréciation de la situation et sur son consentement : l'information omise modifiait en effet sa connaissance de la portée de ses droits puisqu'elle n'était que sous-locataire et que sa situation dépendait donc de l'attitude de la SA locataire ; elle ignorait que la SCI n'avait pas encore donné son consentement à la sous-location, intervenu dans un acte ultérieur, et rien ne lui permettait de savoir qu'un tel accord était nécessaire.
Compte tenu de la nature essentielle du renseignement ainsi caché, la SARL n'aurait pas contracté si elle en avait eu connaissance et elle a d'ailleurs mis fin à la situation dès qu'elle l'a connue.

CA Versailles 11-5-2006 n° 05-05789, 12e ch. sect. 1 : RJDA 1/07 n° 16.

ILLUSTRATIONS **17415**

Conditions d'exploitation des locaux

Dans un cas où le bail d'un local avait été consenti à usage de laverie pressing automatique au mépris du **règlement de copropriété** de l'immeuble qui **n'autorisait pas** l'exercice **d'activités commerciales,** jugé qu'il y avait eu erreur sur la qualité substantielle du bien loué au regard de son utilisation dès lors que le locataire n'aurait jamais contracté s'il avait su que les lieux ne pourraient pas servir à l'usage commercial auquel ils étaient destinés et que le dol pourrait même être caractérisé en retenant la réticence du bailleur qui, en sa qualité de copropriétaire, avait nécessairement connaissance du règlement de l'immeuble dont il n'avait pourtant pas révélé l'existence au candidat locataire.

CA Paris 28-6-1994, 16e ch. A, SCI Cekar c/ Sté SBL France.

Une société locataire reproche en vain au bailleur de lui avoir caché lors de la conclusion du bail les **risques d'inondation** du secteur et notamment le fait que les locaux loués avaient subi une très grave inondation sept ans auparavant ; en effet, si le bailleur connaissait la réalité de cette inondation particulièrement exceptionnelle car qualifiée de centenaire, il n'est pas établi qu'il ait été informé du préjudice subi à l'époque par le précédent locataire puisque, n'habitant pas les lieux, il ne s'était rendu sur place que huit jours après l'inondation et n'avait alors constaté aucun dégât.

CA Versailles 6-10-1994 n° 92-2976, 12e ch.

17415 (suite) Ayant relevé que le bailleur, qui connaissait les problèmes administratifs liés à la situation de son immeuble dans le secteur sauvegardé de la ville de Versailles, avait sciemment **dissimulé** au locataire **l'interdiction de principe de tous travaux** dans les locaux loués et que rien n'établissait que le locataire était informé de cette situation, une cour d'appel, qui n'a pas inversé la charge de la preuve, a pu en déduire l'existence d'une réticence dolosive du bailleur ayant déterminé le locataire à conclure le bail commercial.
Cass. 3e civ. 12-6-1996 n° 94-14.720 D.

Dans un cas où une société exploitant un supermarché avait donné à bail un local à usage de vente de fruits et légumes dans la galerie marchande du supermarché, jugé que le fait pour la bailleresse d'avoir **dissimulé** au locataire sa **décision d'étendre son propre rayon de primeurs** constituait un dol par réticence justifiant l'annulation du bail dès lors que les possibilités d'exploitation d'un commerce traditionnel de fruits et légumes avaient un caractère substantiel pour le locataire, que la bailleresse en avait connaissance et que sa décision d'extension, résultant d'une modification de la politique de vente prise à l'échelle de toutes les surfaces de vente, était nécessairement connue à la date de conclusion du bail pour entrer en application deux mois plus tard et en même temps que la prise d'effet du bail.
Cass. 3e civ. 2-6-1999 n° 1001 D : RJDA 8-9/99 n° 876, 2e espèce.

Dans un cas où le locataire d'un local à usage de discothèque et restaurant demandait l'annulation du bail en raison de la dissimulation par le bailleur, lors de la conclusion du contrat, de l'état de ruine de la fosse septique et de l'obligation de raccorder le local au réseau municipal d'assainissement, ne justifie pas sa décision au regard de l'article 1116 du Code civil la cour d'appel qui, pour rejeter cette demande, retient que le bailleur était certes informé du **problème de raccordement au réseau d'assainissement** du fait de mises en demeure délivrées plusieurs années auparavant, mais qu'en l'absence d'autres demandes depuis l'obligation ne revêtait pas un caractère impératif tel que le locataire ait à en être absolument informé et qu'au surplus ce problème n'avait pas été dissimulé puisqu'une clause du bail y était consacrée, sans rechercher si la réticence du bailleur à informer le locataire des mises en demeure dont il avait été destinataire ne revêtait pas un caractère dolosif.
Cass. 3e civ. 30-6-1999 n° 1205 D : RJDA 8-9/99 n° 876, 1e espèce.

Justifie légalement sa décision d'annuler un bail la cour d'appel qui retient que le consentement du locataire, donné au vu de renseignements fournis intentionnellement de façon incomplète, a été vicié ; en effet, lors de la conclusion du bail, le bailleur n'avait pas informé de façon précise le candidat locataire que les **travaux** qu'il avait exécutés dans les lieux loués avaient fait l'objet d'un **refus de permis de construire,** ni que les lieux loués avaient fait l'objet d'un **arrêté d'insalubrité** deux mois auparavant.
Cass. 3e civ. 13-11-2002 n° 01-11.069 : Administrer 2003 n° 356 p. 32 note B. Gauclère (rendu à propos d'un bail d'habitation mais transposable).

Dans un cas où une porcherie donnée à bail avait fait l'objet d'une **fermeture administrative** car le bailleur n'avait jamais mis aux normes l'exploitation, une cour d'appel, qui peut se fonder sur des éléments d'appréciation postérieurs à la date de formation du contrat, a légalement justifié sa décision d'annuler le bail pour dol en retenant que :
– responsable de la **non-conformité de l'exploitation** qu'il avait créée et tenu d'une obligation de loyauté, le bailleur se devait d'informer son cocontractant de cette situation au moment de la conclusion du bail à ferme ;
– l'état des lieux dressé contradictoirement entre les parties postérieurement à la mise en demeure adressée au bailleur par les services préfectoraux d'avoir à effectuer des travaux de mise aux normes de sa porcherie était révélateur de sa réticence dolosive puisque, à aucun moment, il n'y était fait mention des prescriptions à accomplir ;
– le locataire n'aurait pas conclu le bail s'il avait su que l'exploitation n'était pas aux normes et ferait l'objet d'une fermeture administrative.
Cass. 3e civ. 18-5-2004 n° 03-11.194 F-D (rendu à propos d'un bail à ferme mais transposable).

Un locataire ne peut pas prétendre que le bailleur lui a caché l'**imminence d'un chantier voisin** à proximité du bien loué (en l'espèce un appartement) dès lors qu'il s'agissait d'une information portant sur un fait imprécis, hypothétique et non spécifique au regard de l'activité du bailleur, professionnel de l'immobilier, puisqu'à la date de conclusion du bail, non seulement les travaux n'avaient pas commencé mais l'immeuble objet de ces travaux n'avait pas encore été vendu.
CA Paris 12-2-2004 n° 02-15055, 6e ch. B.

A commis un dol justifiant la nullité du bail le bailleur d'un local commercial qui, pour amener son cocontractant à conclure le bail, a volontairement omis de l'informer de la **présence d'amiante** dans les lieux loués alors qu'il connaissait les activités du précédent locataire liées à l'amiante, qu'il avait été informé de l'absence de tout désamiantage et de la nécessité d'établir une attestation sur la non-présence d'amiante et qu'il savait que le locataire n'aurait pas contracté s'il avait connu la présence d'amiante.
CA Paris 16-9-2009 n° 08-9403, ch. 5-3 : RJDA 4/10 n° 331.

Une cour d'appel a pu déduire des constatations suivantes que le locataire de locaux commerciaux avait été victime d'un dol et annuler en conséquence le bail : le locataire, qui n'était pas un professionnel de l'immobilier, n'avait pu effectuer qu'une seule visite des locaux avant de signer le bail, visite effectuée sans l'assistance d'un architecte ou d'un professionnel de l'immobilier, et il ne pouvait pas lui être reproché de ne pas s'être enquis de l'existence de problèmes susceptibles d'affecter la solidité et la pérennité d'un immeuble destiné à recevoir du public ; les **problèmes de solidité et de stabilité des locaux loués** étaient plus importants que ceux portés à la connaissance du locataire ; le silence intentionnel gardé par le bailleur sur l'étendue des problèmes avait porté sur un élément déterminant du consentement du locataire.

Cass. 3e civ. 2-10-2012 n° 11-24.333 F-D : RJDA 3/13 n° 197.

A commis une réticence dolosive justifiant la nullité du contrat le bailleur qui a signé un bail commercial sans informer le locataire de la **décision de la Commission départementale d'aménagement commercial** en application de laquelle le local loué, situé dans un ensemble commercial, ne pouvait accueillir qu'un **commerce non alimentaire.** En effet, l'exercice d'un commerce alimentaire était l'élément déterminant du consentement du locataire et le bail précisait la destination des locaux, à savoir une activité exclusivement alimentaire.

CA Rennes 9-9-2020 n° 17/03847 : RJDA 12/20 n° 623.

Une cour d'appel a pu déduire des éléments suivants que le vendeur d'un fonds de commerce de restaurant avait commis une réticence dolosive justifiant l'annulation des contrats de cession du fonds et du bail commercial :
– le **règlement de copropriété de l'immeuble** au sein duquel se situait le fonds vendu excluait les commerces de nature à gêner les autres copropriétaires par le bruit ou par les odeurs et précisait que les locataires devaient s'engager à se conformer à toutes les dispositions du règlement de copropriété et du règlement intérieur, à peine de résiliation des baux ;
– une assemblée générale des copropriétaires avait admis l'exercice de l'activité de restauration dans les locaux, sous réserve qu'elle se limite à la dégustation de plats cuisinés prêts à emporter et qu'il n'y ait **pas de réception de clientèle après 20 heures** ;
– le propriétaire initial du fonds de commerce s'était conformé à ces restrictions et n'avait pas ouvert le restaurant le soir ;
– le vendeur, propriétaire des locaux, connaissait le contenu du règlement de copropriété ainsi que les termes de la décision de l'assemblée générale des copropriétaires, qui lui avait été communiquée lors de l'acquisition du fonds, et il ne démontrait pas avoir porté à la connaissance de l'acquéreur que le fonds cédé ne pouvait être exploité qu'à certaines conditions, alors que l'obligation légale de loyauté contractuelle lui imposait d'informer l'acquéreur sur la décision de l'assemblée générale, qui avait une incidence directe sur les conditions d'exploitation du fonds, comme l'avait fait à son égard le précédent propriétaire.

Cass. com. 6-1-2021 n° 18-15.098 F-D : RJDA 5/21 n° 288

ILLUSTRATIONS **17420**

Montant des charges locatives

Il y a dol justifiant l'annulation du bail lorsqu'une société candidate à la location se voit remettre par le mandataire de son bailleur une **estimation prévisionnelle** des charges fixée à 28 500 €, y compris les dépenses d'entretien des surfaces privatives des bureaux, alors qu'**en réalité** c'est un minimum annuel de 38 800 € qui aurait dû être annoncé, sans compter les dépassements prévisibles liés à l'augmentation de certaines charges communes justifiées par l'entrée de la société locataire dans des locaux jusqu'alors vacants et d'autres charges individuelles incombant au locataire et non inscrites au budget de l'année de conclusion du bail ; la totalité des charges, nettoyage privatif compris, incombant à la société locataire s'est d'ailleurs élevée à 52 500 € pour l'année de conclusion du bail et à 54 000 € pour l'année suivante. L'erreur que la société **locataire** a ainsi été amenée à commettre a déterminé son consentement puisqu'elle disposait d'un **budget limité** qui était **connu du bailleur.**

Cass. 3e civ. 29-1-2002 n° 156 F-D : RJDA 4/02 n° 355.

Dans un cas où le bailleur avait remis au locataire une fiche d'information technique mentionnant un **montant de charges à payer** qui s'était avéré **fortement minoré par rapport au montant réellement acquitté** par le précédent locataire, une cour d'appel a pu débouter le locataire de sa demande de nullité du bail pour dol dès lors qu'elle a retenu que le document remis était une fiche commerciale, succincte et peu technique, et que le chiffre annoncé sur celle-ci précisait « impôt foncier compris » et non « taxes et charges toutes comprises », ce qui laissait entendre le **caractère indicatif des données,** ce dont elle a souverainement déduit qu'il n'était pas établi que la discordance constatée procédait d'une volonté délibérée de tromper le locataire.

Cass. 3e civ. 18-6-2002 n° 1071 F-D : RJDA 10/02 n° 987.

Pour un arrêt ayant retenu que le **triplement des charges** incombant au locataire **par rapport aux prévisions** initiales constituait une erreur sur les qualités substantielles du bien loué, voir Cass. 3e civ. 13-6-2001 nos 99-18.676, 99-20.019 FS-D : n° 17015.

3. INTENTION DE TROMPER DE L'AUTEUR DU DOL

EXIGENCE D'UNE FAUTE INTENTIONNELLE DE L'AUTEUR DU DOL

17450 Le dol, qui est qualifié de délit civil, repose sur une faute intentionnelle. L'article 1137 du Code civil, issu de l'ordonnance 2016-131 du 10 février 2016 et en vigueur depuis le 1er octobre 2016, vise un consentement obtenu par manœuvres et mensonges – ce qui sous-tend que les manœuvres et mensonges ont été déployés dans ce but – ou une dissimulation intentionnelle d'une information déterminante. Avant ce texte, sous l'empire de l'ex-article 1116 du Code civil, les tribunaux ont avec constance affirmé que les actes constitutifs du dol doivent être accomplis avec l'**intention délibérée de tromper** le cocontractant (s'agissant des manœuvres positives, Cass. 3e civ. 6-3-1969 : Bull. civ. III no 198 ; Cass. com. 10-7-1989 no 87-19.426 ; s'agissant de la réticence dolosive, Cass. 1e civ. 7-3-1979 : Bull. civ. I no 84 ; Cass. 3e civ. 25-2-1987 : Bull. civ. III no 36 ; Cass. com. 28-6-2005 no 03-16.794 F-PB : RJDA 12/05 no 1314 ; Cass. com. 10-2-2015 no 13-25.008 F-D : RJDA 12/15 no 818). La jurisprudence antérieure, qui a illustré ce principe, est à notre avis transposable au régime actuel.

Le manquement à une obligation précontractuelle d'information, à le supposer établi, ne peut suffire à caractériser le dol par réticence, si ne s'y ajoute la constatation du caractère intentionnel de ce manquement et d'une erreur déterminante provoquée par celui-ci (Cass. com. 28-6-2005 no 03-16.794 précité ; Cass. 2e civ. 30-6-2011 no 10-16.330 F-D : RJDA 12/11 no 1040).

En revanche, la caractérisation du dol ne requiert pas la démonstration de l'**intention de nuire,** c'est-à-dire de la volonté de l'auteur du dol de causer un préjudice à l'autre partie.

17452 Faute d'intention de tromper, ne sont pas constitutives de dol :

– les **négligences,** même graves (Cass. com. 10-3-1981 : Bull. civ. IV no 128) ou l'omission involontaire d'un renseignement (Cass. req. 3-1-1900 : S. 1901 1 p. 321 note Wahl ; CA Aix-en-Provence 19-5-1982 : Bull. Cour d'Aix 1982/2 p. 55) ;

– la seule **insistance** manifestée par de fréquentes démarches afin de convaincre l'autre partie de contracter (Cass. com. 2-6-1981 no 79-13.931 : Bull. civ. IV no 259) ;

– les **pressions** et la violence morale ne visant pas à tromper la victime (Cass. 1e civ. 10-7-1995 no 93-17.388 : D. 1997 p. 20 note P. Chauvel) ;

– de simples **exagérations** destinées à vanter l'intérêt du bien loué (no 17360).

Il n'y a pas non plus dol lorsque la partie poursuivie pour dol a provoqué l'erreur de l'autre partie en **se trompant elle-même** (CA Paris 20-12-1934 : S. 1935 II p. 190) ou si elle n'avait pas connaissance de l'information prétendument dissimulée (no 17375).

17455 Dans un cas où un locataire reprochait au bailleur de lui avoir caché lors de la conclusion du **bail** les risques d'inondations du secteur et notamment le fait que les locaux loués avaient subi une très grave inondation sept ans auparavant, alors qu'ils étaient loués par une autre société, jugé que le caractère intentionnel de la réticence dolosive du bailleur n'était pas établi dès lors que le bailleur pouvait légitimement estimer que le locataire, précédemment installé à proximité des locaux, ne pouvait pas ignorer l'existence de cette inondation exceptionnelle ni la présence d'un ru à 100 mètres des locaux et que le locataire n'avait pas attiré l'attention du bailleur sur le caractère particulièrement fragile des installations montées dans les locaux (CA Versailles 6-10-1994 no 92-2976, 12e ch.).

Pour un arrêt ayant retenu que la discordance entre le montant des charges à payer, annoncé dans une fiche d'information remise au locataire par le mandataire du bailleur, et le montant des charges réellement acquittées les deux années précédant la signature du bail ne procédait pas d'une volonté délibérée de tromper le locataire, voir Cass. 3e civ. 18-6-2002 no 1071 F-D : no 17420.

INCIDENCE DE LA NATURE DE LA DEMANDE DE LA VICTIME DU DOL

17460 L'intention de tromper est-elle requise lorsque la **victime** d'une réticence dolosive ne **demande** pas l'annulation du bail mais **seulement** l'allocation de **dommages-intérêts** ? La réponse donnée par les différentes chambres de la Cour de cassation n'est pas unanime, étant précisé que la troisième chambre civile de la Cour de cassation, dont relève le contentieux des baux commerciaux, ne s'est pas prononcée sur ce point.

La chambre commerciale de la Cour de cassation exige que le caractère intentionnel de la réticence dolosive soit établi pour demander sur le fondement du dol tant l'annulation du contrat (notamment, Cass. com. 21-3-2000 no 97-11.177 D ; Cass. com. 28-6-2005 no 03-16.794 F-PB : RJDA 12/05 no 1314 ; Cass. com. 10-2-2015 no 13-25.008 F-D : RJDA 12/15 no 818) que des dommages-intérêts (Cass. com. 7-6-2011 no 10-13.622 FS-PB : RJDA 8-9/11 no 691 ; déjà en ce sens Cass. com. 3-11-2004 no 03-11.662 F-D : RJDA 3/05 no 269, 2e espèce ; Cass. com. 28-6-2005 no 03-16.794 F-PB précité). Ainsi, dans un cas où l'acheteur d'un fonds de commerce de pharmacie invoquait une réticence dolosive du vendeur pour lui réclamer des dommages-intérêts, la chambre commerciale a jugé qu'une cour d'appel qui a souverainement estimé que n'étaient établis ni l'intention du vendeur de tromper l'acheteur ni le caractère déterminant de l'information litigieuse sur les conditions de la vente en a exactement déduit que la demande fondée exclusivement sur le dol devait être rejetée (Cass. com. 7-6-2011 n° 10-13.622 FS-PB précité). Il résulte de cet arrêt que la chambre commerciale de la Cour de cassation distingue deux cas de figure : soit le demandeur invoque seulement le dol pour fonder sa demande d'indemnisation et il doit alors prouver l'intention de son cocontractant de le tromper ; soit il invoque à titre subsidiaire la responsabilité civile extracontractuelle de son cocontractant (C. civ. art. 1240 s.), auquel cas la démonstration de l'intention n'est pas requise (Cass. 2e civ. 23-11-1972 n° 71-13.202 P : Bull. civ. II n° 299 ; dans le même sens, Cass. com. 12-5-2004 n° 02-19.199 FS-PB : RJDA 11/04 n° 1279).

Pour la première chambre civile de la Cour de cassation, la caractérisation de l'intention ne s'impose pas lorsque la victime demande seulement une indemnisation : elle a jugé qu'une cour d'appel, qui n'était pas saisie d'une demande tendant à l'annulation de la vente, avait pu, sans avoir à se prononcer expressément sur le caractère intentionnel de la réticence qu'elle constatait et qui s'analysait aussi en un manquement à l'obligation précontractuelle d'information du vendeur, allouer des dommages-intérêts à l'acquéreur en réparation de son préjudice (Cass. 1e civ. 28-5-2008 n° 07-13.487 F-PB : RJDA 5/09 n° 406 rendu à propos d'une vente immobilière).

L'ordonnance 2016-131 du 10 février 2016 portant réforme du droit des contrats n'a pas réglé ce point de désaccord : en effet, les dispositions relatives au dol ne visent, comme auparavant, que l'annulation du contrat – de sorte que le régime de l'indemnisation du dol demeure jurisprudentiel – tandis que l'article 1112-1, relatif à l'obligation d'information précontractuelle, prévoit à titre de sanction la responsabilité de l'auteur du manquement, voire l'annulation du contrat si un vice du consentement est caractérisé.

4. ATTEINTE AU CONSENTEMENT DE LA VICTIME DU DOL

NÉCESSITÉ D'UNE ERREUR PROVOQUÉE PAR LE DOL

Les faits constitutifs de dol doivent avoir provoqué une erreur chez la victime l'ayant déterminée **17470**
(elle ou son mandataire) à donner son consentement au contrat (cf. C. civ. art. 1137 ; Cass. 1e civ. 10-7-1995 : D. 1997 p. 20 note P. Chauvel ; Cass. 2e civ. 25-6-2015 n° 14-18.486 F-D).

Mais toute erreur suffit. Contrairement à l'erreur visée par les articles 1132 s. du Code civil (ex-art. 1110 ; nos 17000 s.), l'erreur provoquée par le dol est une cause de nullité même si elle porte seulement **sur la valeur** de la prestation ou sur un **motif** du contrat (C. civ. art. 1139) et non sur les **qualités essentielles** (ou substantielles) de la prestation (Cass. 1e civ. 13-2-1967 n° 65-11.781 : Bull. civ. I n° 58 ; Cass. 3e civ. 2-10-1974 n° 73-11901 : Bull. civ. III n° 330 ; Cass. 3e civ. 7-4-2016 n° 14-24.164 F-D : RJDA 7/16 n° 518, rendus à propos de ventes immobilières mais transposables au contrat de bail).

ERREUR PROVOQUÉE PAR LE DOL DÉTERMINANTE DU CONSENTEMENT

Le dol vicie le consentement lorsqu'il est de telle nature que, sans lui, **une des parties n'aurait** **17480**
pas contracté ou aurait contracté à des conditions substantiellement différentes (C. civ. art. 1130, al. 1). L'erreur provoquée par le dol doit avoir été déterminante du consentement de la victime pour entraîner l'annulation du contrat ou l'allocation d'une indemnisation (pour un arrêt ayant annulé le bail après avoir relevé que le locataire n'aurait jamais contracté s'il avait connu la réalité de la situation dissimulée par le bailleur, voir Cass. 3e civ. 18-5-2004 n° 03-11.194 F-D, analysé n° 17415).

L'ancien article 1116 du Code civil, qui définissait le dol avant l'entrée en vigueur le 1er octobre 2016 de l'article 1130 précité, était à la lettre plus restrictif, n'admettant le dol comme cause de nullité que si, sans lui, la partie victime n'aurait pas contracté. Il ne visait pas le **dol incident,** c'est-à-dire celui sans lequel la victime **aurait** néanmoins **contracté mais à des conditions plus avantageuses** ou moins onéreuses pour elle. Il pouvait en être déduit que cette partie ne pouvait réclamer que des dommages-intérêts. La Cour de cassation a néanmoins admis sous l'empire de ce texte que le dol incident pouvait être sanctionné par l'annulation du contrat (Cass. 3e civ. 22-6-2005 n° 781 FS-PB : RJDA 1/06 n° 15 ; Cass. com. 30-3-2016 n° 14-11.684 FS-PB : RJDA 6/16 n° 418).

Le caractère déterminant du dol s'apprécie eu égard aux personnes et aux circonstances dans lesquelles le consentement a été donné (C. civ. art. 1130, al. 2). Le juge doit donc faire une **appréciation concrète** de l'incidence du dol sur le consentement de celui qui l'invoque.

Les tribunaux considèrent parfois que le dol n'a pas déterminé la **victime** à contracter lorsqu'il **17485**
résulte des circonstances qu'elle **aurait en tout état de cause consenti** à l'opération. Ainsi jugé que le preneur de locaux à usage commercial et d'habitation reproche en vain à une cour d'appel d'avoir rejeté sa demande d'annulation du bail en raison de la dissimulation par le bailleur de l'existence d'une servitude de passage sur le bien loué dès lors qu'il n'est pas établi que le locataire aurait refusé de contracter s'il avait connu en temps utile l'existence de la servitude (Cass. 3e civ. 24-2-1999 n° 97-10.518 D).

17490 L'erreur n'est pas déterminante lorsque les parties ont admis un certain **aléa** sur l'opération (voir également n° 17180 s'agissant du caractère déterminant de l'erreur visée par les articles 1130 s. du Code civil).

ILLUSTRATIONS

Les manœuvres constitutives de publicité mensongère reprochées aux promoteurs d'un centre commercial n'ont pas été jugées déterminantes du consentement des locataires dès lors que la souscription d'un bail commercial dans un centre commercial en voie de création impliquait pour ces derniers l'**acceptation d'un risque** tant en ce qui concerne le développement du centre que l'exploitation future de leur propre commerce et que les éléments reconnus mensongers ou non réalisés dont faisaient état les promoteurs dans leur publicité sont entrés pour une part minime dans l'appréciation de ce risque (CA Paris 15-1-1987 n^os^ M 14152, M 6802, 16e ch. B).

17495 L'erreur n'est pas non plus considérée comme déterminante lorsque la **victime connaissait** la situation dont elle se plaint. Dans un tel cas en effet, elle ne peut pas soutenir que le dol l'a déterminée à donner son consentement.

ILLUSTRATIONS

A été rejetée :
– la demande en réduction du prix de vente formée par l'acquéreur du droit au bail d'un local commercial qui prétendait que son consentement avait été vicié en raison d'**indications erronées** relatives aux **dimensions du local** publiées dans un guide professionnel car l'acquéreur **avait visité les lieux** avant l'acquisition et avait pu en apprécier la contenance (Cass. com. 16-1-1996 n° 93-18.531 D) ;
– la demande en annulation d'un bail d'habitation au motif que les **lieux présentés comme neufs** ne l'étaient pas dès lors que le locataire avait **préalablement visité les lieux** et avait donc été en mesure, au prix de vérifications et de diligences normales, de vérifier l'état réel des lieux et de se renseigner sur la date de construction de l'immeuble ; c'était donc en connaissance de cause, et en dehors de toute manœuvre ou réticence dolosive du bailleur, qu'il avait librement accepté de signer le bail et l'état des lieux qui indiquaient que l'immeuble était neuf ; en tout état de cause, ce n'était pas la simple mention du bail qui avait pu, à elle seule, déterminer le locataire à contracter (CA Versailles 14-3-1997 n° 97-1403, 1e ch. 1e sect.) ;
– la demande en annulation d'un bail commercial et en restitution de la somme versée au titre du droit d'entrée formée par le locataire d'un local situé dans une galerie commerciale au motif que le bailleur lui aurait menti sur l'attractivité de la galerie dès lors, d'une part, que le bail, qui stipulait l'existence d'une **attractivité commerciale** préexistante pour justifier le paiement d'un droit d'entrée important, n'énonçait qu'un fait dont chacun pouvait se convaincre à la **simple visite des lieux,** et, d'autre part, qu'un **constat contemporain de la signature du bail** relevait l'existence de nombreux emplacements fermés. Le locataire n'avait manifestement accepté de payer ce droit d'entrée que parce qu'il espérait un bon rendement commercial d'un emplacement situé dans une galerie qui bénéficiait d'une certaine attractivité commerciale dont il pouvait aisément se convaincre et qui n'avait pas répondu à ses espérances (CA Paris 14-2-2007 n° 06-00149, 16e ch. A).

ERREUR PROVOQUÉE PAR LE DOL EXCUSABLE OU NON

17530 L'erreur provoquée par le dol est toujours excusable (C. civ. art. 1139 ; Cass. 3e civ. 21-2-2001 n° 99-14.820 FS-PBI : RJDA 5/01 n° 554 ; Cass. 3e civ. 14-4-2016 n° 15-10.847 F-D : RJDA 7/16 n° 506 ; déjà en ce sens Cass. 3e civ. 23-5-1995 n° 93-14.810 F-D : RJDA 8-9/95 n° 929). Il en est ainsi que le dol résulte de manœuvres, de mensonges ou de la dissimulation volontaire d'une information déterminante. En effet, la loi assimilant cette dissimulation à un dol à part entière (C. civ. art. 1137, al. 2), il n'y a pas lieu de distinguer entre le dol par commission et celui par omission. C'est aussi le sens de l'adverbe « toujours » figurant à l'article 1139 du Code civil.

L'intention de tromper, inhérente au dol, absorbe l'éventuelle faute de la victime qui, par exemple, aurait pu éviter d'être trompée en se renseignant par elle-même.

ILLUSTRATIONS

Dans un cas où une cour d'appel avait annulé un bail pour dol du bailleur, ce dernier ayant dissimulé au locataire le montant réel des charges à payer, le bailleur avait contesté la décision, soutenant que le locataire, importante société commerciale habituée au monde des affaires, qui se devait de se renseigner sur l'étendue des charges prévues et évaluées dans le contrat de bail, avait commis une erreur inexcusable, la Cour de cassation a jugé que ce moyen n'était pas fondé dès lors que la cour d'appel avait relevé que le locataire avait été trompé par le bailleur sur l'**importance des charges** et que l'erreur qu'il avait ainsi été amené à commettre avait déterminé son consentement au contrat de bail (Cass. 3e civ. 29-1-2002 n° 00-17.201 F-D : RJDA 4/02 n° 355).

D. Violence subie par une partie au bail commercial

DÉFINITION DE LA VIOLENCE

Les articles du Code civil relatifs à la violence (ex-art. 1111 à 1115) ont été remaniés par l'ordonnance 2013-131 du 10 février 2016 portant réforme du droit des contrats (C. civ. art. 1140 à 1143), sans modification fondamentale du régime de ce vice du consentement qui demeure une cause de nullité de tout contrat. 17620

Pour les baux conclus depuis le 1er octobre 2016 (Ord. 2016-131 art. 9), il y a violence lorsqu'une partie s'engage sous la **pression** d'une contrainte qui lui inspire la **crainte** d'exposer sa personne, sa fortune ou celles de ses proches à un **mal considérable** (C. civ. art. 1140). Pour les baux antérieurs à cette date, il y a violence lorsqu'elle est de nature à faire impression sur une personne raisonnable, et qu'elle peut lui inspirer la crainte d'exposer sa personne ou sa fortune à un mal considérable et présent ; elle est aussi une cause de nullité lorsqu'elle a été exercée sur son époux ou sur son épouse, sur ses descendants ou ses ascendants (C. civ. ex-art. 1112, al. 1 et 1113).

Sur la substitution de la notion de proches à la liste des parents susceptibles d'être victimes de violence, voir n° 17660.

Comme les autres vices du consentement, la violence doit avoir été **déterminante du consentement** de la partie qui en a été victime : la violence doit être de telle nature que, sans elle, cette partie n'aurait pas contracté ou aurait contracté à des conditions substantiellement différentes (C. civ. art. 1130, al. 1). 17625

ILLUSTRATIONS

Manque de base légale au regard de l'ex-article 1112 du Code civil l'arrêt d'une cour d'appel qui, pour déclarer nul un bail, retient que le locataire, qui n'avait aucun intérêt à l'opération envisagée, s'est trouvé forcé d'apposer sa signature au bas du bail commercial qui contenait des engagements financiers qu'il ne pouvait manifestement pas assurer par lui-même et que c'est la crainte qui l'a contraint à signer le bail, sans préciser ni la nature de la menace subie par le locataire ni son caractère déterminant du consentement obtenu (Cass. 3e civ. 7-2-1984 n° 82-14.163 P : Bull. civ. III n° 27).

Ce caractère déterminant s'apprécie **eu égard aux personnes** et aux circonstances dans lesquelles le consentement a été donné (art. 1130, al. 2). Sous l'empire de l'ex-article 1112 du Code civil, l'existence de la violence devait être appréciée par référence à une personne raisonnable, en tenant compte de l'âge, du sexe et de la condition de la victime. La différence de rédaction entre les anciens et les nouveaux textes ne devrait pas modifier la façon dont les juges apprécient l'existence de ce vice du consentement, la nouvelle formulation plus générale englobant l'ancienne. L'appréciation doit être faite de manière concrète, au regard des faits de l'espèce.

En conséquence, comme auparavant, il peut être tenu compte, notamment, de l'éventuelle vulnérabilité de la victime de la violence (Cass. com. 4-6-1973 n° 72-10.782 P : Bull. civ. IV n° 193 ; Cass. 3e civ. 13-1-1999 n° 58 PB : RJDA 3/99 n° 252, retenant que la victime était une femme seule avec des enfants à charge), de la présence d'un conseil professionnel à ses côtés ou encore de l'expérience professionnelle de la victime (Cass. com. 27-5-1997 n° 95-16.622 D : RJDA 10/97 n° 1158, rendu à propos d'une vente de fonds de commerce).

ILLUSTRATIONS

Ayant relevé que, deux jours après sa sortie d'hôpital, une locataire âgée de 78 ans s'était engagée à prendre en charge des dépenses pour la réparation des lieux en fin de bail et que cet engagement était hors de proportion avec le droit à réparation auquel aurait pu prétendre le bailleur s'il avait fait procéder à un état des lieux à la sortie de la locataire, une cour d'appel a pu en déduire l'existence de circonstances intimidantes assimilables à la violence ayant eu pour effet de vicier le consentement de la locataire (Cass. 3e civ. 21-11-1995 n° 93-19.885, rendu en matière de bail d'habitation).

L'ordonnance 2016-131 du 10 février 2016 a supprimé l'ex-article 1114 du Code civil, en vertu duquel, la seule **crainte révérencielle envers** le père, la mère, ou autre **ascendant,** sans qu'il y ait eu de violence exercée, n'est pas constitutive d'un vice du consentement. Le principe peut néanmoins perdurer, compte tenu de la latitude laissée au juge pour apprécier la violence.

En tout état de cause, l'**abus d'un état de dépendance** est sanctionnable (n° 17640).

NATURE DE LA VIOLENCE

Violence physique ou morale Il y a violence si l'une des parties a exercé sur l'autre une contrainte **physique** telle que des voies de fait (CA Douai 16-6-1982, 1e ch. civ., Union locale CFDT de Boulogne-sur-Mer c/ Sté Transorient Freight transports Corporation : JCP G 1983 II n° 20035 note R. Jambu-Merlin et, sur pourvoi, Cass. soc. 8-11-1984 n° 82-14.816 P : Bull. civ. V n° 423). Tel est le cas par exemple du locataire de locaux à usage 17630 exclusif de bijouterie-horlogerie qui, au cours d'un entretien avec le bailleur sur les modalités du renouvellement du bail, s'est emparé d'un revolver et l'a contraint à lui consentir un nouveau bail pour tous commerces, le locataire ayant été condamné par le tribunal correctionnel pour ces faits (Cass. 1e civ. 3-7-1962 : Bull. civ. I n° 339).

La contrainte peut n'être que **morale** (Cass. com. 4-6-1973 n° 72-10.782 P : Bull. civ. IV n° 193 ; Cass. soc. 30-10-1973 n° 73-40.233 P : Bull. civ. V n° 541) mais elle n'est alors prise en considération que si elle n'est pas légitime (Cass. 3e civ. 27-1-1999 n° 96-20.297 D : RJDA 3/99 n° 253). Depuis la réforme issue de l'ordonnance 2016-131 du 10 février 2016, en vigueur depuis le 1er octobre 2016, le Code civil envisage expressément l'hypothèse de la menace d'une voie de droit illégitime et celle de l'abus d'un état de dépendance, qui avaient déjà été retenues par la jurisprudence antérieure.

17635 **Menaces de voie de droit** La menace d'une voie de droit (par exemple, de **poursuites judiciaires** ou d'une procédure d'exécution, telle une saisie) ne constitue pas une violence, sauf lorsque la **voie** de droit est **détournée de son but** ou lorsqu'elle est invoquée ou exercée **pour obtenir un avantage** manifestement **excessif** (C. civ. art. 1141 ; Cass. 1e civ. 17-7-1967 n° 65-13.807 P : Bull. civ. I n° 263 ; Cass. 3e civ. 17-1-1984 n° 82-15.753 P : Bull. civ. III n° 13 ; Cass. com. 16-5-2006 n° 05-15.794 F-D). Est aussi illégitime la menace d'exercer une action en justice dénuée de toute chance de succès (Cass. 1e civ. 4-2-2015 n° 14-10.920 F-D : RDC 2015.445 obs. Savaux ; aussi Cass. 1e civ. 17-7-1967 précité, à propos de la menace d'un droit de poursuite judiciaire n'appartenant pas à l'auteur de la menace et éteint par prescription).

ILLUSTRATIONS

Jugé que l'**apposition de scellés** sur des locaux commerciaux par le bailleur, au décès du locataire, pour garantir le paiement de loyers arriérés ne saurait constituer une violence ayant contraint les héritiers du locataire à souscrire un nouveau bail moyennant un loyer supérieur au précédent dès lors qu'ils pouvaient rapidement obtenir la mainlevée de cette mesure conservatoire (Cass. 3e civ. 4-4-1968 : Bull. civ. III n° 152).

Dans un cas où un terrain avait fait l'objet d'une promesse synallagmatique de vente qui avait été jugée caduque par une décision devenue irrévocable après déchéance du pourvoi en cassation formé par la société acquéreuse et où une seconde promesse avait été signée entre les mêmes parties, il a été jugé qu'étaient caractérisées les violences morales exercées sur le vendeur pour le contraindre à signer la seconde promesse : dès avant cette signature, le dirigeant de la société s'était comporté comme l'acquéreur du terrain ; il avait **explicitement menacé** le vendeur par téléphone de poursuivre la procédure engagée devant la Cour de cassation alors qu'il avait déclaré y renoncer dans la promesse et il avait porté plainte contre le vendeur pour escroquerie ; le vendeur avait dû suivre un traitement antidépresseur (Cass. 3e civ. 12-6-2014 n° 13-18.947 FS-D : RJDA 12/14 n° 883, arrêt rendu en matière de vente mais transposable au bail commercial).

17640 **Violence par abus de dépendance** Pour les baux conclus depuis le 1er octobre 2016, il y a violence lorsqu'une partie, abusant de l'état de dépendance dans lequel se trouve son cocontractant, obtient de lui un engagement qu'il n'aurait pas souscrit en l'absence d'une telle contrainte et **en tire un avantage manifestement excessif** (C. civ. art. 1143). La partie qui invoque cet abus doit être en état de dépendance à l'égard de la partie à laquelle elle l'impute (même article). À la lettre, la violence ne peut pas être retenue lorsque l'une des parties est dans une situation de dépendance à l'égard d'un tiers.

L'abus de dépendance est admis pour les contrats antérieurs au 1er octobre 2016 mais dans les termes suivants, un peu différents : seule l'exploitation abusive d'une situation de dépendance économique, faite pour tirer profit de la crainte d'un mal menaçant directement les intérêts légitimes de la personne, peut vicier de violence son consentement (Cass. 1e civ. 3-4-2002 n° 00-12.932 FS-P : RJDA 8-9/02 n° 851 ; Cass. com. 3-10-2006 n° 04-13.987 F-D : RJDA 2/07 n° 187 ; CA Paris ch. 5-8 16-2-2010 n° 09-12380 : RJDA 1/11 n° 6).

La formulation de l'article 1143 est plus générale et vise toute dépendance, quelle qu'en soit la nature ; elle englobe donc la dépendance économique. On peut noter que la jurisprudence antérieure visait une menace sur les intérêts légitimes de la victime alors que le nouveau texte s'attache à l'avantage manifestement excessif obtenu par l'auteur de l'abus, ce qui oblige désormais le juge à caractériser cet excès.

> **Précisions** Il existe un problème d'articulation entre les articles 1130 et 1143 du Code civil : le premier texte considère que le consentement est vicié lorsque la violence est de telle nature que, sans elle, la partie **victime n'aurait pas contracté ou l'aurait fait à des conditions** substantiellement **différentes,** tandis que le second texte n'assimile l'abus de dépendance à la violence que si, en son absence, la partie victime n'aurait pas souscrit l'engagement ; il n'envisage pas l'hypothèse d'un abus « incident » qui aurait eu une influence, non sur la volonté de contracter de la victime, mais seulement sur les conditions que celle-ci a été contrainte d'accepter.

AUTEUR DE LA VIOLENCE

17650 La violence est une cause d'annulation du bail, qu'elle ait été exercée par une partie ou par un **tiers** (C. civ. art. 1142), tel un parent de l'autre partie, une société mère ou filiale de la société bailleresse ou locataire ou encore un créancier.

L'auteur de la violence peut être une personne physique, mais aussi une personne morale (Cass. com. 18-2-1997 n° 94-19.272 P : RJDA 5/97 n° 659, chron. A. Couret p. 391).

VICTIME DE LA VIOLENCE

17660 La violence vicie le consentement d'une partie lorsqu'elle pèse directement sur celle-ci, lui faisant craindre pour sa personne ou sa fortune (C. civ. art. 1140). Il importe peu qu'il s'agisse d'une **personne physique** ou d'une personne morale. En effet, le consentement d'une **société** est exprimé par ses représentants légaux, personnes physiques vis-à-vis desquelles la violence peut avoir effet (Cass. soc. 8-11-1984 n° 82-14.816 P : Bull. civ. V n° 423).

La violence est également retenue lorsqu'elle fait craindre à une partie d'y exposer ses **proches** (C. civ. art. 1140), que le risque soit physique ou patrimonial. La notion de « proche » englobe à l'évidence l'époux, les descendants et les ascendants que l'ancien article 1113 du Code civil visait expressément et de manière limitative. Elle s'étend, désormais, aux autres membres de la famille ainsi qu'aux amis. On peut se demander si, à l'égard d'une société, les menaces visant ses filiales pourraient également être retenues.

E. Sanctions du vice du consentement d'une partie au bail commercial

OPTION OUVERTE À LA VICTIME D'UN VICE DU CONSENTEMENT

17730 Le Code civil ne sanctionne l'erreur, la violence ou le dol que par la **nullité** du contrat (art. 1131). Toutefois, indépendamment de l'annulation du contrat, la partie lésée peut demander **réparation du dommage** subi dans les conditions du droit commun de la responsabilité extracontractuelle (C. civ. art. 1178, al. 4). Il en est ainsi en cas de dol (Cass. 1e civ. 4-2-1975 : JCP 1975 II n° 18100 note C. Larroumet ; Cass. com. 15-1-2002 n° 118 FS-P : RJDA 5/02 n° 490), y compris incident (n° 17480), de violence (Cass. 1e civ. 17-7-1967 : D. 1967 p. 509) ou d'erreur (Cass. 3e civ. 29-11-1968 : Gaz. Pal. 1969 I p. 63). Cette action peut être la seule possible en cas de dol émanant d'un tiers au contrat (n° 17330).

La victime d'un vice du consentement a donc le choix entre l'annulation du bail, accompagnée le cas échéant de dommages-intérêts, ou le maintien du contrat moyennant la perception d'une indemnisation pécuniaire.

Si la recevabilité d'une action en responsabilité est évidente en matière de dol ou de violence (si elle est imputable au cocontractant), puisqu'il y a alors bien faute de la part de son auteur, elle l'est moins en matière d'erreur. Dans ce cas, l'action en responsabilité n'est ouverte à la victime que si son erreur est le résultat d'une faute de son cocontractant, tel un défaut d'information qui en raison de son absence de caractère intentionnel ne pourrait pas être qualifié de dolosif (Cass. 3e civ. 29-11-1968 précité).

17735 **Régime de l'action civile** L'**action en nullité** et l'**action en responsabilité** extra-contractuelle engagées par la victime d'un vice du consentement sont des actions **distinctes** ; il en résulte notamment les conséquences suivantes :

– même en cas de **renonciation** ou de désistement à l'**action en nullité,** la victime peut agir en responsabilité contre son cocontractant (Cass. 1e civ. 4-10-1988 n° 85-18.763 : Bull. civ. I n° 265 ; Cass. com. 18-10-1994 n° 1848 P : RJDA 2/95 n° 102, rectificatif RJDA 4/95 n° 401) ;

– même si une précédente décision de justice a rejeté l'action en nullité, la victime peut engager une action en responsabilité contre son cocontractant (Cass. 3e civ. 11-1-2012 n° 10-23.141 FS-PB : RJDA 5/12 n° 467) ;

– la victime du vice du consentement, qui a choisi d'agir en nullité du bail en première instance, ne peut pas en **appel** opter pour une demande en dommages-intérêts (Cass. com. 18-1-1984 : Bull. civ. IV n° 23 ; Cass. com. 30-11-1999 n° 1929 PB : RJDA 4/00 n° 496). En effet, l'action en nullité ou en résolution, qui a pour objet de mettre à néant le contrat, ne tend pas aux mêmes fins que l'action en responsabilité, qui laisse subsister le contrat. Cette dernière constitue en conséquence une prétention nouvelle au sens de l'article 564 du Code de procédure civile, irrecevable à ce titre en appel ;

– le **juge** ne peut pas **substituer** des dommages-intérêts à la nullité, seule demandée, sans avoir au préalable invité les parties à présenter leurs observations (Cass. com. 3-10-2000 n° 1620 FS-D : RJDA 1/01 n° 3). À défaut, il modifie l'objet du litige et statue « ultra petita » en contravention aux articles 4 et 5 du Code de procédure civile.

17740 **Qualification pénale des vices du consentement** Les vices du consentement peuvent tomber sous le coup d'une **qualification pénale,** telle que l'escroquerie (C. pén. art. 313-1) ou le chantage (C. pén. art. 312-10).

1. ANNULATION DU BAIL EN CAS DE VICE DU CONSENTEMENT

17750 Les vices du consentement sont une cause de **nullité relative** du bail (C. civ. art. 1131). Sur la particularité de la sanction de l'erreur-obstacle, voir n°s 17140 s.

Les dispositions de l'ancien article 1117 du Code civil, en application desquelles un bail conclu sous l'empire d'une erreur, d'un dol ou de violence n'est pas nul de plein droit, n'ont pas été reprises lors de la réforme du droit des contrats. Le principe perdure néanmoins. Il appartient à la victime du vice de demander l'annulation du bail, celle-ci pouvant être, comme avant la réforme, **prononcée par le juge** mais aussi, pour les contrats conclus depuis le 1er octobre 2016, **constatée par les parties** d'un commun accord (C. civ. art. 1178, al. 1 ; nos 20480 s.).

Le **régime** de la nullité applicable à un bail conclu à la suite d'un vice du consentement est celui exposé nos 20400 s. sous réserve des **spécificités** exposées ci-dessous.

DEMANDEUR À L'ACTION EN NULLITÉ POUR VICE DU CONSENTEMENT

17755 La nullité relative ne peut être demandée que par la partie que la loi entend protéger (C. civ. art. 1181, al. 1). Le droit d'invoquer un vice du consentement n'appartient donc en principe qu'à la partie qui a été **victime** du vice du consentement, l'autre **cocontractant** ne pouvant pas s'en prévaloir (Cass. 1e civ. 1-3-1988 : Bull. civ. I n° 56). En conséquence, l'acquéreur d'un immeuble loué ne peut pas engager une action en nullité du bail à raison du dol dont aurait été victime le précédent propriétaire et ce, même si l'acte de vente le subrogeait dans tous les droits et actions du vendeur à l'encontre du locataire pour des causes antérieures à la vente (Cass. 3e civ. 18-10-2005 n° 1117 F-PB : RJDA 4/06 n° 371).

Jugé qu'en raison de son caractère patrimonial, l'action se transmet néanmoins, après le **décès de la victime,** à ses ayants cause universels (Cass. 1e civ. 4-7-1995 n° 93-15.005 P : Bull. civ. I n° 291 à propos de l'annulation d'un contrat de mariage pour dol).

Lorsqu'un mandataire a été victime d'un vice du consentement, ce vice affecte également le consentement du **mandant** (Cass. com. 2-3-1976 : Bull. civ. IV n° 78), de sorte que ce dernier peut agir en nullité du contrat.

À notre connaissance, la question de savoir si les **créanciers** de la victime du vice du consentement peuvent, en cas de carence de celle-ci, agir en nullité par voie oblique (C. civ. art. 1341-1) n'a pas été tranchée par les tribunaux. L'action oblique n'est admise que pour les droits et actions à caractère patrimonial et non les actions exclusivement rattachées à la personne du débiteur (art. 1341-1). La jurisprudence précitée, retenant le caractère patrimonial ou purement personnel de l'action en nullité, ne permet pas de trancher.

17758 Dans le cas où c'est la **caution** du locataire, qui n'est pas partie au contrat principal, qui entend se prévaloir du consentement vicié de ce dernier, il convient de distinguer deux situations.

Si le cautionnement a été souscrit **depuis le 1er janvier 2022,** la caution peut opposer au créancier toutes les exceptions, personnelles ou inhérentes à la dette, qui appartiennent au débiteur mais elle ne peut toutefois pas se prévaloir des mesures légales ou judiciaires dont bénéficie ce dernier en conséquence de sa défaillance, sauf disposition spéciale contraire (C. civ. art. 2298 issu de ord. 2021-1192 du 15-9-2021 ; Ord. 2021-1192 art. 37, I). Elle peut donc invoquer contre un bailleur la nullité du bail à raison du vice affectant le consentement du locataire.

Si le cautionnement a été conclu **avant le 1er janvier 2022,** la caution peut opposer au créancier toutes les exceptions qui appartiennent au débiteur principal et qui sont inhérentes à la dette, mais pas celles qui sont purement personnelles au débiteur (C. civ. art. 2313 dans sa version antérieure à l'ord. 2021-1192). Ainsi, elle n'est pas recevable à invoquer la nullité relative d'un contrat tirée du dol affectant le consentement du contractant garanti et qui, destinée à protéger ce dernier, constitue une exception purement personnelle (Cass. ch. mixte 8-6-2007 n° 03-15.602 PBRI : RJDA 3/08 n° 327). La solution est à notre avis transposable aux autres vices du consentement et à la caution garantissant les sommes dues au titre du bail.

PRESCRIPTION DE L'ACTION EN NULLITÉ POUR VICE DU CONSENTEMENT

L'action en nullité du bail pour vice du consentement est soumise au **délai** de prescription de droit commun de cinq ans (nº 20495). 17760

Le **point de départ** de ce délai est (C. civ. art. 1144) :
- en cas de violence, le jour où elle a cessé ;
- en cas d'erreur, le jour où elle a été découverte ;
- en cas de dol, le jour où il a été découvert.

En cas de vice affectant le consentement d'un **mineur,** le délai de prescription de l'action ne commence à courir qu'à compter du jour de sa majorité ou de son émancipation ; toutefois, à l'égard des héritiers du mineur sous tutelle, ce délai ne commence à courir que du jour du décès de celui-ci, sauf si la prescription a commencé à courir avant (C. civ. art. 1152). S'agissant du vice affectant le consentement d'un **majeur protégé,** le point de départ du délai de l'action en nullité est le même que celui applicable à l'action en nullité pour violation des règles de capacité (pour le majeur sous tutelle : nº 14454 ; pour le majeur sous curatelle : nº 14510).

> **Précisions** **a.** Le délai de l'action en nullité pour **erreur** ne court que du jour, souverainement déterminé par les juges du fond, où cette erreur a été découverte, et non du jour où elle a été seulement **soupçonnée** (Cass. 1e civ. 31-5-1972 : Bull. civ. I nº 142). La précision vaut aussi pour dol.
> **b.** Le **caractère inexcusable de l'erreur** qu'a pu commettre la victime est sans incidence sur le point de départ du délai de l'action en nullité (CA Paris 15-11-1990, 1e ch. B : Gaz. Pal. 1992 p. 51).
> **c.** Le **report du point de départ** du délai pour agir en nullité ne peut pas avoir pour effet de porter le délai de prescription au-delà de vingt ans à compter de la naissance du droit (C. civ. art. 2232). Ce délai butoir ne s'applique pas à un droit né avant l'entrée en vigueur de la loi 2008-561 du 17 juin 2008 dont est issu l'article 2232, à savoir le 19 juin 2008 (Cass. 3e civ. 1-10-2008 nº 19-16.986 FS-PB : RJDA 1/21 nº 63).

CONFIRMATION DE L'ACTE NUL POUR VICE DU CONSENTEMENT

Le bail atteint de nullité pour vice du consentement est susceptible d'être confirmé dans les conditions exposées nºs 20430 s. sous réserve des précisions suivantes. 17770

En cas de violence, la confirmation ne peut intervenir qu'après que la violence a cessé (cf. C. civ. art. 1182, al. 3). Pour l'erreur et le dol, le contrat ne peut être valablement confirmé qu'une fois que la victime a découvert l'erreur ou le dol (Cass. com. 12-1-2010 nº 08-21.247 FS-D : RJDA 4/10 nº 418).

2. INDEMNISATION DE LA VICTIME D'UN VICE DU CONSENTEMENT

CONDITIONS DE MISE EN ŒUVRE DE L'ACTION EN INDEMNISATION

Parfois mise en cause sur le fondement de l'article 1131 du Code civil muet sur ce point, la responsabilité du cocontractant de la victime d'un vice du consentement est généralement recherchée sur le fondement de l'article 1240 du Code civil. 17900

Le succès de l'action en responsabilité suppose l'existence de trois éléments : une **faute,** un **préjudice** et un **lien de causalité** entre les deux. En effet, le droit de demander la nullité d'un contrat pour dol n'exclut pas l'exercice, par la victime des manœuvres dolosives, d'une action en responsabilité extracontractuelle pour obtenir de leur auteur réparation du préjudice qu'elle a subi, mais c'est à la condition d'établir que ces manœuvres ont été la cause directe et exclusive du préjudice invoqué (Cass. com. 4-3-1997 nº 568 D : RJDA 6/97 nº 746 ; Cass. com. 16-5-2000 nº 1069 F-D : RJDA 11/00 nº 974 ; Cass. 3e civ. 26-5-2004 nº 625 FS-D : RJDA 10/04 nº 1082 ; Cass. 2e civ. 30-6-2011 nº 10-16.330 F-D : RJDA 12/11 nº 1040). Sur la nécessité de caractériser ou non le caractère intentionnel d'une rétention d'information pour obtenir une indemnisation, voir nº 17460.

ILLUSTRATIONS

La demande de dommages-intérêts du locataire en réparation du dol doit être rejetée dès lors que le dol a été suffisamment réparé par la restitution de la totalité des loyers versés pour les locaux que le locataire a cependant occupés (Cass. 3e civ. 13-11-2002 nº 01-11.069 : Administrer 2003 nº 356 p. 32 note B. Gauclère, rendu à propos d'un bail d'habitation mais transposable).

Dans un cas où un bailleur avait dissimulé au locataire la présence d'amiante dans les lieux loués, ce dernier a droit à des dommages-intérêts en raison des frais de négociation et de rédaction afférents à la conclusion du bail annulé, des frais de déménagement et d'installation dans de nouveaux locaux et des frais qu'il a exposés pour la recherche d'amiante. Il a par ailleurs subi un préjudice moral car son personnel a été exposé à un risque en raison de la présence d'amiante (CA Paris 16-9-2009 nº 08-9403, ch. 5-3 : RJDA 4/10 nº 331).

À la suite de l'annulation d'un bail pour erreur, les lieux étant inexploitables dans des conditions normales à cause de la mauvaise exécution de travaux de rénovation par le bailleur, ce dernier a été condamné à rembourser au locataire la moitié du coût de ses frais de déménagement dès lors que le bailleur avait une grande part de responsabilité dans l'erreur à l'origine de la nullité et que la fin anticipée du bail avait nécessairement causé un préjudice au locataire (CA Paris 11-9-2008 n° 07-11392 : RJDA 2/09 n° 73).

Les articles 1240 et 1241 du Code civil sont d'**ordre public.** Leur application ne peut pas être neutralisée par avance contractuellement, de sorte que les clauses d'exonération ou d'atténuation de responsabilité extracontractuelle sont nulles, y compris en matière de dol (Cass. 1e civ. 5-7-2017 n° 16-13.407 FS-D : RJDA 11/17 n° 768).

DÉBITEUR DE L'INDEMNISATION DUE EN RAISON D'UN VICE DU CONSENTEMENT

17905 En cas de **dol imputable à une société,** seule cette dernière peut être poursuivie par l'intermédiaire de son représentant légal, mais non les associés de celle-ci qui ne sont pas parties au contrat (Cass. com. 18-6-2002 n° 1196 F-D : RJDA 12/02 n° 1223). La solution est identique en cas de violence.

Le mandant répond des manœuvres dolosives auxquelles s'est livré son **mandataire** (Cass. com. 13-6-1995 n° 1230 P : RJDA 12/95 n° 1404 ; Cass. 3e civ. 29-4-1998 n° 637 P : RJDA 7/98 n° 825).

17910 Lorsque le **dol** ou la **violence** émane de **plusieurs personnes,** celles-ci doivent être condamnées « in solidum » à indemniser la victime (Cass. 2e civ. 12-1-1984 : Bull. civ. II n° 5 ; Cass. com. 3-12-2002 n° 01-00.641 FS-D : RJDA 5/03 n° 468 ; Cass. 1e civ. 19-11-2009 n° 08-15.937 F-PB : RJDA 4/10 n° 328). Cette dernière peut en conséquence demander la réparation intégrale de son dommage à l'un quelconque des coauteurs, sans avoir à tenir compte d'un éventuel partage de responsabilité entre eux (Cass. 3e civ. 22-6-1994 n° 92-20.158 P : RJDA 11/94 n° 1180). Celui qui a indemnisé la victime dispose d'un recours contre les autres coauteurs.

ILLUSTRATIONS

Dans un cas où un bail, consenti pour l'exercice d'une activité qui n'était pas autorisée par le règlement de copropriété de l'immeuble, avait été annulé, il a été jugé que la responsabilité de cette nullité incombait tant au bailleur qu'au notaire, rédacteur du bail et conseil des deux parties, qui, en sa qualité de professionnel tenu à un devoir d'information, se devait de veiller à l'efficacité de l'acte en s'assurant de l'existence du règlement de copropriété et en vérifiant que la destination contractuelle des lieux était conforme à ce règlement. Ils ont en conséquence été solidairement condamnés à réparer le préjudice subi par le locataire qui avait engagé des frais en pure perte (frais de rédaction du bail notarié, loyer payé d'avance, dépôt de garantie, frais de raccordement EDF, prime d'assurance du local) et commencé des travaux d'aménagement des locaux (CA Paris 28-6-1994, 16e ch. A).

17915 **Recours en garantie de l'auteur du dol** Le dol commis par un client ne fait pas obstacle à la condamnation du **notaire,** rédacteur d'acte, à le garantir partiellement en considération de la **faute professionnelle** qu'il a commise (Cass. 1e civ. 14-10-1997 n° 95-19.083 P : Bull. civ. I n° 275, rendu à propos de la vente d'un fonds de commerce mais transposable au contrat de bail). Le juge saisi dispose à cet égard d'un pouvoir souverain d'appréciation. Mais il n'est pas tenu de faire droit au recours en garantie (Cass. 1e civ. 16-6-1992 n° 89-17.305 P : Bull. civ. I n° 185 ; Cass. 1e civ. 16-1-2001 n° 98-15.048 FS-P : RJDA 8-9/01 n° 844 ; Cass. 1e civ. 11-2-2010 n° 08-18.087 F-D : RJDA 7/10 n° 748).

En revanche, l'auteur du dol ne peut pas obtenir que le tiers, auteur d'une faute d'**imprudence ou** de **négligence,** soit condamné à le garantir intégralement des condamnations prononcées au profit de la victime (Cass. com. 28-4-2004 n° 01-13.032 F-D : RJDA 10/04 n° 1087).

PRESCRIPTION DE L'ACTION EN RESPONSABILITÉ POUR VICE DU CONSENTEMENT

17920 L'action en dommages-intérêts se prescrit par cinq ans (C. civ. art. 2224 et C. com. art. L 110-4) à compter du jour où le titulaire du droit a connu ou aurait dû connaître les faits lui permettant d'exercer son droit (C. civ. art. 2224).

SECTION 3 DEVOIR PRÉCONTRACTUEL D'INFORMATION

OBLIGATION LÉGALE D'INFORMATION

Si, dans un souci d'information du locataire, un certain nombre de documents doivent être annexés au contrat de bail (notamment, état des risques naturels et technologiques, diagnostic de performance énergétique), la loi met aussi à la charge des parties à la négociation d'un bail une obligation précontractuelle d'information de droit commun, dans les termes suivants : celle des parties qui connaît une information dont l'importance est déterminante pour le consentement de l'autre doit l'en informer dès lors que, légitimement, cette dernière ignore cette information ou fait confiance à son cocontractant (C. civ. art. 1112-1, al. 1). **18000**

PORTÉE DU DEVOIR D'INFORMATION

Aux termes de l'article 1112-1 du Code civil, le négociateur n'est tenu que de délivrer une « **information** ». Étymologiquement, il n'est donc tenu que de mettre au courant l'autre partie, autrement dit de lui révéler une donnée. **18010**

Le sens précis du devoir d'information a été, à notre avis, mis clairement en lumière par un jugement du tribunal de commerce de Paris (T. com. Paris 13-11-2014 n° 2013054520 : GP 2015.19 août. som.) : l'information suppose une présentation claire et non équivoque du produit en négociation et une réponse aux questions posées ; mais elle ne va pas jusqu'à imposer à celui qui la doit de se substituer au choix de son vis-à-vis, l'information devant être adaptée au profil de ce dernier : si celui-ci est apte à comprendre, la remise d'une documentation écrite peut valoir exécution du devoir d'information.

ATTENTION

Le devoir d'information ne doit pas être confondu avec le devoir de **mise en garde,** parfois formulé comme le devoir d'attirer l'attention, ou avec le devoir de **conseil** qui suppose de la part de celui qui y est tenu une recommandation sur un choix à opérer.

Le devoir précontractuel d'information est d'**ordre public,** les participants aux négociations ne pouvant ni le limiter ni l'exclure (C. civ. art. 1112-1, al. 5). **18015**

DÉBITEUR DU DEVOIR D'INFORMATION

L'obligation d'information précontractuelle n'est mise qu'à la charge de la **partie qui connaît** une information déterminante du consentement de son cocontractant (C. civ. art. 1112-1, al. 1). Elle pèse donc tant sur le bailleur souhaitant louer ses locaux que sur le candidat locataire. Le degré de connaissance de l'information sera naturellement différent selon la qualité de chacun. **18020**

À la lettre, elle ne paraît pas pouvoir être mise à la charge de celui qui **devrait connaître** ou ne pouvait pas ignorer l'information ou son utilité pour l'autre partie. Mais la présomption de connaissance attachée à la qualité de professionnel doit, à notre avis, être tenue par les négociateurs comme un acquis jurisprudentiel qui n'est pas ici remis en cause.

Celui qui doit l'information ne peut pas reprocher à l'autre de ne pas avoir procédé à des investigations pour pallier l'absence d'information qu'il ne lui a pas spontanément communiquée (Cass. 3e civ. 10-9-2013 n° 12-22.844 F-D : RJDA 4/14 n° 318).

BÉNÉFICIAIRE DE L'INFORMATION

L'information n'est due qu'à la partie qui légitimement ignore une information déterminante ou fait confiance à son cocontractant (C. civ. art. 1112-1, al. 1). **18030**

La **partie ignorante** de l'information est, bien entendu, celle qui n'a aucune qualité pour la connaître. Cette qualité pourra être appréciée en fonction de la compétence respective des participants et de la nature de leurs relations d'affaires. **18035**

En outre, la partie n'a droit à l'information que si elle peut « **légitimement** » l'ignorer dans les circonstances de l'espèce. Une partie ne peut donc pas se prévaloir de son ignorance légitime si elle a commis une faute ayant empêché le détenteur de l'information de mesurer qu'il était tenu de l'informer ou si elle connaît les risques attachés à l'exécution de la prestation due.

La **personne qui légitimement « fait confiance »** peut s'entendre comme la personne qui s'en remet naturellement à celui qui lui inspire confiance. Elle ne voit pas de raison de se méfier et **18037** se dispense ainsi de toute recherche pour mieux connaître la portée de la prestation qui lui est promise. Elle demeure alors passive dans la négociation comme la personne qui légitimement ignore. Une partie se tait parce qu'elle ne sait rien ou est fondée à ne rien savoir tandis qu'une autre se tait parce qu'elle n'a pas de raison de douter des propos du promettant.

> **Précisions** La formule « ou fait confiance » pourrait être comprise autrement si on lui donne un **sens** positif. Une partie ne se contenterait pas alors de manifester sa confiance implicitement mais la ferait connaître à son cocontractant en lui déclarant expressément qu'elle prend acte des informations fournies et qu'elle lui fait confiance sur le résultat que ces informations lui permettent d'espérer. Elle tendrait alors à obliger son cocontractant soit à corriger l'interprétation qu'elle aurait retenue, soit à lui confirmer qu'elle peut lui faire confiance sur l'objet déterminé de l'information donnée. Dans ce dernier cas, il en résulterait juridiquement qu'en acceptant, à le supposer sans équivoque, la confiance qui lui est faite, un nouvel accord serait né entre les parties qui aurait nové le devoir unilatéral d'information en une promesse convenue de résultat de l'information communiquée. Le devoir d'information deviendrait alors un « contrat de confiance » portant sur les résultats promis par le débiteur de l'information (B. Mercadal, Mémento Droit commercial n° 11853).

INFORMATION DUE

18045 L'information n'est due que si elle présente une **importance déterminante** pour l'autre partie. Pour être déterminante, l'information doit avoir un lien direct et nécessaire avec le contenu du contrat de bail ou la qualité du bailleur ou du locataire (C. civ. art. 1112-1, al. 1 et 3). Mais elle ne peut pas porter sur l'estimation du loyer (art. 1112-1, al. 2).

Bien évidemment, les négociateurs doivent donner des **informations exactes,** la fourniture d'informations inexactes pouvant entraîner non seulement la réparation du préjudice subi mais aussi la nullité du bail pour dol (nos 17300 s.) ou encore sa résiliation pour vice caché (n° 57775).

18050 **Information liée au contrat** Est déterminante l'information qui a un **lien direct et nécessaire** avec le contenu du contrat de bail (C. civ. art. 1112-1, al. 3). Au premier chef, il s'agit de l'information qui se rapporte au local loué. Mais toute autre clause du contrat de bail envisagé peut justifier la communication d'une information utile à l'efficacité de celui-ci.

Il appartient à la partie qui se plaint de ne pas avoir été informée de prouver l'utilité de l'information pour servir l'objectif du contrat (Cass. com. 5-4-2016 n° 14-23.947 : RJDA 7/16 n° 561 ; CA Versailles 4-11-2021 n° 20/02387 : RJDA 3/22 n° 130).

18060 **Information liée à la qualité des parties** Sont aussi considérées comme déterminantes et doivent être communiquées les informations en lien direct et nécessaire avec la qualité des parties (C. civ. art. 1112-1, al. 3). La finalité du devoir d'information étant de renseigner sur les prestations attendues, la qualité des parties doit s'entendre de l'aptitude de la partie qui s'engage à fournir une prestation donnée à communiquer toute information utile susceptible de donner à l'autre le moyen d'apprécier qu'elle est en mesure d'assumer ce qu'elle propose.

Une partie pourrait aussi avoir à renseigner l'autre négociateur de sa mise sous procédure collective ou, s'agissant d'une société, des liens qui l'unissent à une autre société ou à un groupe concurrent.

> **Précisions** À notre avis, une partie pourrait ainsi être tenue d'informer l'autre de sa mise sous **procédure collective,** ce que les tribunaux avaient écarté, avant l'entrée en vigueur de l'article 1112-1, au motif qu'aucun texte n'obligeait une partie à informer son cocontractant du fait qu'elle faisait l'objet d'un redressement judiciaire (Cass. com. 24-9-2003 n° 00-21.863 F-D : RJDA 2/04 n° 189 ; CA Paris 30-1-2008 n° 05-21137 : RJDA 8-9/08 n° 881). En revanche, une partie n'a pas à révéler à l'autre qu'elle bénéficie d'une procédure de mandat ad hoc ou de conciliation, une telle information étant confidentielle (C. com. art. L 611-15).

18070 **Information sur l'estimation du loyer** Le devoir d'information ne porte pas sur l'estimation de la valeur de la prestation (C. civ. art. 1112-1, al. 2). Il ne peut donc pas porter sur l'estimation du loyer.

PREUVE DE L'EXISTENCE ET DE L'EXÉCUTION DU DEVOIR D'INFORMATION

18080 La preuve de l'existence du devoir d'information **incombe à** la partie qui l'invoque, à charge pour la partie mise en cause de prouver qu'elle l'a fournie (C. civ. art. 1112-1, al. 4).

Dans le silence de l'article 1112-1 du Code civil sur ce point, la preuve de l'existence et de l'exécution de l'obligation d'information peut être faite par tout **moyen,** car il ne s'agit pas de prouver un acte juridique (cf. C. civ. art. 1358).

DÉFAUT OU INSUFFISANCE D'INFORMATION

Réparation du préjudice Le non-respect du devoir précontractuel d'information est sanctionné par une action en responsabilité (C. civ. art. 1112-1, al. 6). Même si le texte ne le précise pas, la nature de la responsabilité encourue est extracontractuelle car le manquement a été commis avant la conclusion du contrat de bail, peu important qu'il ait été invoqué après. Le préjudice n'existe pas si le lien de causalité entre le dommage invoqué et l'omission dénoncée n'est pas établi (Cass. 1e civ. 2-7-2014 n° 13-17.894 : RJDA 11/14 n° 833, rendu à propos du manquement d'un notaire à son devoir de conseil mais à notre avis transposable). 18085

La nature du **préjudice indemnisable** n'est pas non plus précisée. Celui-ci correspond à la perte d'une chance de ne pas contracter et d'éviter ainsi de subir des pertes, ou de contracter à d'autres conditions et non pas à la perte d'une chance d'obtenir les gains attendus (par exemple, Cass. com. 22-9-2021 n° 19-18.886 F-D). La réparation d'un préjudice né d'une perte de chance ne peut pas être en effet égale au bénéfice que le demandeur aurait retiré de la réalisation de l'événement escompté (notamment, Cass. 1e civ. 9-12-2010 n° 09-69.490 F-PBI : RJDA 5/11 n° 480).

> **Précisions** La réparation d'une perte de chance doit être mesurée à la chance perdue, laquelle résulte de la disparition actuelle et certaine d'une **éventualité favorable** ; saisi d'une demande de réparation, le juge ne peut allouer celle-ci sans préciser de quelle éventualité le demandeur a été privé (Cass. com. 21-6-2017 n° 15-17.059 F-D : RJDA 11/17 n° 698).

Annulation du contrat Si le défaut d'information précontractuelle constitue un vice du consentement, le contrat de bail peut également être annulé comme exposé nos 17750 s. (C. civ. art. 1112-1, al. 6). 18087

SECTION 4 PROMESSES DE BAIL ET DE RENOUVELLEMENT

A. Promesse de bail

UTILISATIONS DE LA PROMESSE DE BAIL

La conclusion d'une promesse de bail se fait le plus souvent **au bénéfice d'un futur locataire** : le propriétaire d'un bien s'oblige envers ce dernier auquel il promet de donner son bien en location. Elle peut aussi être faite **au bénéfice du propriétaire** d'un bien : le candidat à la location promet de prendre en location ce bien. 18100

La promesse de bail peut également être obtenue par le locataire en place **au bénéfice d'un tiers** au moyen d'une **stipulation pour autrui** : le locataire, appelé stipulant, obtient de son bailleur, appelé promettant, qu'il donnera les lieux loués en location à un tiers, appelé tiers bénéficiaire (par exemple, Cass. 3e civ. 30-10-1969 n° 67-14.495 : Bull. civ. III n° 696 concernant une exploitation agricole ; Cass. 1e civ. 30-5-1962 n° 57-11.185 : Bull. civ. I n° 279 concernant un fonds de commerce). Le recours à la stipulation pour autrui présente peu d'intérêt dans le cadre du bail commercial dans la mesure où l'article L 145-16, al. 1 du Code de commerce précise que sont réputées non écrites, quelle qu'en soit la forme, les conventions tendant à interdire au locataire de céder son bail ou les droits qu'il tient du statut à l'acquéreur de son fonds de commerce ou de son entreprise (sur cette question, voir nos 9210 s.). C'est la raison pour laquelle nous ne faisons que signaler l'existence de ce type de promesse. 18101

AVERTISSEMENT

Les décisions de justice présentées dans les développements qui suivent ne concernent pas toutes des promesses de bail commercial mais les solutions qu'elles énoncent leur sont transposables. 18102

1. PROMESSE UNILATÉRALE DE BAIL

DÉFINITION

Constitue une promesse unilatérale de bail commercial toute convention par laquelle une partie, le **promettant,** s'engage à l'égard d'une autre partie, le **bénéficiaire,** à lui donner en 18120 location (ou à prendre en location) un bien et qui laisse au bénéficiaire, investi d'un droit d'option, la liberté soit de prendre en location (ou donner en location), soit de ne pas prendre en location (ou donner en location) (application de C. civ. art. 1124, al. 1).

18121 Pour qu'une promesse soit qualifiée d'unilatérale, seule une partie, le promettant, doit avoir contracté un engagement (C. civ. art. 1124, al. 1 ; Cass. 3e civ. 6-6-1978 n° 910, rendu en matière de promesse de vente).
Par exemple, constitue une promesse unilatérale la convention par laquelle une société a promis à une autre société de lui consentir un bail commercial sur un atelier de fabrication et des bureaux moyennant un loyer déterminé, la seconde société se réservant la faculté de demander ou non la réalisation de la promesse qui lui est ainsi consentie, sans donner son accord au bail (CA Versailles 9-4-1998 n° 97-3718, 13e ch. : RJDA 11/98 n° 1250).

18122 La promesse unilatérale de bail se distingue de l'**offre de bail** en ce que l'acceptation de la promesse ne vaut pas engagement du bénéficiaire de conclure le contrat définitif de bail, tandis que l'acceptation de l'offre emporte formation du bail (cf. C. civ. art. 1113). L'acceptation, qui porte sur la promesse en tant que telle, ne vaut pas bail ; elle ne fait que fixer le contrat préparatoire par lequel le promettant s'engage et ouvre au bénéficiaire le droit d'option. Seul l'exercice de cette option peut emporter la formation du bail.

a. Conditions de validité de la promesse

CONSENTEMENT ET CAPACITÉ DES PARTIES À LA PROMESSE

18130 **Consentement des parties** L'existence et l'intégrité du consentement des parties à une promesse unilatérale de bail doivent-elles s'apprécier à la date de la conclusion de la promesse ?

La réponse est affirmative en ce qui concerne le **promettant** qui est engagé dès la conclusion de la promesse.

Il en va différemment pour le **bénéficiaire** dont le consentement ne s'apprécie qu'au moment de la levée de l'option, date à compter de laquelle il s'engage à conclure le contrat définitif.

18132 **Capacité des parties** Les parties à une promesse unilatérale doivent-elles, dès la conclusion de la promesse, avoir la capacité requise à la conclusion du bail ?

La réponse est affirmative en ce qui concerne le **promettant** qui est engagé dès la conclusion de la promesse. En outre et pour les mêmes raisons, c'est à la date de la conclusion de la promesse que le promettant doit avoir le pouvoir de disposer du bien qu'il offre à la location.

À l'inverse, la capacité du **bénéficiaire** ne s'apprécie qu'au moment de la levée de l'option puisque ce n'est qu'à cette date qu'il s'engage à conclure le contrat définitif.

DÉTERMINATION DES ÉLÉMENTS CONSTITUTIFS DU BAIL

18135 Pour être valable, et pour que le promettant soit donc engagé, la promesse unilatérale de bail doit contenir les éléments essentiels du bail (C. civ. art. 1124, al. 1 ; Cass. 3e civ. 19-10-1983 n° 1162). Elle doit donc **déterminer trois éléments** : la chose louée, le montant du loyer et, s'agissant d'une promesse de bail commercial, la durée du bail.

Par exemple, constitue une promesse de bail le contrat par lequel le propriétaire d'un immeuble a promis de le donner en location pour neuf ans à un groupement, les parties étant d'accord sur les lieux donnés en location, la durée du bail et le prix du loyer (Cass. 3e civ. 7-4-1976 n° 74-14.507 : Bull. civ. III n° 138).

L'obligation de préciser les **locaux loués et** le **loyer** résulte de l'article 1709 du Code civil, aux termes duquel « le louage des choses est un contrat par lequel l'une des parties s'oblige à faire jouir l'autre d'une chose pendant un certain temps, et moyennant un certain prix que celle-ci s'oblige à lui payer ».

L'obligation de fixer la **durée du bail** a été déduite par la Cour de cassation de l'article L 145-4 du Code de commerce qui fixe la durée minimale du bail commercial. Elle a ainsi cassé, au visa de cet article et de l'article 1709 du Code civil, la décision d'une cour d'appel qui avait déduit l'existence d'un bail de l'accord des parties sur le local loué et la contrepartie à la charge du locataire sans constater l'accord des parties sur la durée du bail (Cass. 3e civ. 5-12-2001 n° 1726 FS-D : AJDI 2002 p. 129 note M.-P. Dumont). En revanche, n'est pas un élément essentiel du contrat de bail la date de prise d'effet du bail (Cass. 3e civ. 28-10-2009 n° 08-20.224 FS-PB : Bull. civ. III n° 237, rendu en matière de bail rural mais transposable au bail commercial).

Ces éléments de validité de la promesse de bail sont, à notre avis, appréciés à la date de la promesse, cette dernière constituant un engagement ferme du promettant, et non à la date de la levée de l'option (cf. Cass. 3e civ. 21-11-2024 n° 21-12.661 FS-B : RJDA 3/25 n° 129 rendu à propos de l'appréciation de la vileté du prix d'une vente immobilière mais transposable au bail).

Le **loyer** doit être déterminé ou déterminable (cf. C. civ. art. 1163, al. 2). 18136

ILLUSTRATIONS

Le propriétaire d'un local commercial et une société étaient entrés en pourparlers en vue de la location du local et le propriétaire avait autorisé la société à effectuer des travaux de remise en état du local sans qu'aucune convention locative ne soit signée, le propriétaire ayant seulement délivré une attestation certifiant qu'il avait donné à bail le local à la société. Une cour d'appel avait refusé de prononcer l'expulsion de la société au motif que l'attestation du propriétaire contenait une promesse unilatérale de bail qui avait été acceptée, la prise de possession des lieux ayant été réalisée par l'exécution des travaux, et que, si aucun élément décisif n'avait pu être apporté sur la détermination du prix, les **parties** devaient continuer à **se rapprocher afin de s'entendre sur le prix,** dernier élément manquant à la perfection du bail, le propriétaire devant, à défaut, affirmer clairement son intention de rompre unilatéralement une promesse acceptée. Cassation de cette décision dès lors que, pour être valable, une promesse unilatérale de bail doit contenir les éléments essentiels du bail, notamment le prix (Cass. 3e civ. 19-10-1983 n° 1162).

Est nulle une promesse de location d'un bien qui ne contenait aucun élément permettant de déterminer l'importance et la nature des **travaux de réfection** à effectuer par le bénéficiaire en contrepartie de l'avantage résultant de la détermination d'un loyer inférieur à la valeur locative réelle (Cass. 3e civ. 30-10-1991 n° 90-13.260 D).

Le loyer proposé doit en outre être réel et sérieux (nos 48125 s.).

La **désignation des locaux** doit être précise. Par exemple jugé, en matière de promesse de vente : 18138

– que la promesse est nulle pour indétermination de la chose promise dès lors qu'elle porte sur une partie d'un immeuble, qu'aucune **description** précise de la division à intervenir n'y figure, son étendue et sa portée n'étant pas précisées (Cass. 3e civ. 12-9-2006 n° 05-15.281 F-D : RJDA 2/07 n° 137) ;

– qu'il y a absence d'accord des parties sur l'objet de la promesse, impliquant la nullité de celle-ci, lorsque la désignation du bien dans la promesse n'est pas suffisamment précise pour déterminer l'**étendue** de la chose vendue (Cass. 3e civ. 11-3-2008 n° 07-10.348 F-D : RJDA 10/08 n° 1004).

b. Formalités de conclusion de la promesse

La promesse unilatérale de bail étant un contrat consensuel, elle se forme valablement par le seul consentement des parties sans qu'aucune formalité particulière soit requise pour sa validité. Notamment, la promesse de bail échappe au formalisme de l'article 1589-2 du Code civil (constatation par un **acte** authentique ou par un acte sous signature privée enregistré) puisqu'elle n'entre pas dans le champ d'application de ces dispositions qui ne visent que les promesses unilatérales de vente. 18150

Une promesse unilatérale de **bail de plus de douze ans** n'a pas à être publiée au service chargé de la publicité foncière pour être opposable aux tiers (Décret 55-22 du 4-1-1955 art. 37 qui prévoit qu'elle peut l'être pour l'information des tiers). Elle ne confère en effet aucun droit réel à son bénéficiaire, qui dispose seulement d'une créance de nature personnelle (Cass. 1e civ. 22-3-1966 n° 64-10.751 : Bull. civ. I n° 203, rendu à propos d'une promesse unilatérale de vente). 18151

Lorsque la promesse unilatérale est consentie par acte sous signature privée, sa **preuve** n'est pas soumise à la formalité du double original prévue par l'article 1375 du Code civil qui ne s'applique qu'aux conventions synallagmatiques. 18152

c. Acceptation de la promesse par le bénéficiaire

INTÉRÊT DE L'ACCEPTATION

La promesse est un contrat comportant un engagement unilatéral de la part du promettant (C. civ. art. 1124, al. 1), bailleur ou locataire. Mais tout contrat supposant un accord de volonté entre au moins deux personnes (C. civ. art. 1101), la promesse ne devient parfaite que si elle a été acceptée par le bénéficiaire. 18160

Jusqu'à cette acceptation, la promesse ne constitue qu'une offre de promesse susceptible d'être révoquée dans les conditions exposées nos 16420 s.

ATTENTION

Il convient de **ne pas confondre l'acceptation de la promesse et l'acceptation du bail.** Dans le premier cas, seul le promettant est lié, le bénéficiaire, quant à lui, restant libre de conclure le bail. Au contraire, l'acceptation du bail, qui correspond à la « levée d'option » par le bénéficiaire de la promesse, rend le contrat de bail parfait qui engage alors les deux parties.

MODALITÉS DE L'ACCEPTATION

18163 L'acceptation de la promesse n'est soumise à aucune forme particulière, sauf mention contraire de la promesse elle-même. L'acceptation peut être expresse ou tacite et résulter des circonstances de faits. Mais elle ne peut pas se déduire du seul exercice par le bénéficiaire de la faculté de se faire remettre l'acte constatant la promesse afin de détenir la preuve littérale de l'obligation contractée à son profit (Cass. com. 7-6-1979 n° 77-13.016 : JCP N 1980 II p. 21, rendu en matière de promesse de vente).

EFFETS DE L'ACCEPTATION

18165 L'acceptation de la promesse confère irrévocablement au **bénéficiaire** le droit de décider s'il lèvera ou non l'option qui lui a été consentie, mais elle ne lui donne pas pour autant la qualité de locataire puisque le bail n'est parfait qu'au moment de la levée de l'option. Le **promettant** ne peut rétracter la promesse acceptée que dans les conditions exposées nos 18200 s.

18168 **Transmission du bénéfice de la promesse** Il arrive fréquemment que la promesse de bail contienne une **clause** permettant au bénéficiaire, s'il a accepté la promesse, de **se substituer** toute personne (physique ou morale) de son choix.

Cette clause s'analyse, à notre avis, en une cession de contrat (dans le même sens, voir notamment M. Mekki : La clause de substitution dans les promesses de vente : une cession de contrat, what else ? BRDA 20/18 inf. 20 nos 22 s. ; en sens contraire B. Mercadal, Mémento Droit commercial n° 14350). Celle-ci est définie comme l'opération par laquelle le cédant (en l'espèce le bénéficiaire de la promesse) cède sa qualité de partie au contrat à un tiers, le cessionnaire, avec l'accord du cédé (le promettant) (C. civ. art. 1216, al. 1). Lorsque l'accord du promettant est ainsi donné dans la promesse, le contrat entre le bénéficiaire de la promesse et le cessionnaire doit lui être notifié ou il doit en prendre acte pour que la cession de la promesse produise effet. À peine de nullité, la cession doit être constatée par écrit (art. 1216, al. 3).

> **Précisions** Pour les **promesses conclues avant le 1er octobre 2016**, il a été jugé que, ne constituant pas une cession de créance, cette substitution est opposable au promettant même si les formalités de l'article 1690 du Code civil n'ont pas été respectées et donc si elle ne lui a pas été signifiée par huissier ou s'il ne l'a pas acceptée dans un acte authentique (Cass. 3e civ. 13-7-1999 n° 97-18.926 PB : RJDA 10/99 n° 1064 ; Cass. com. 27-3-2001 n° 98-13.637 F-D : RJDA 11/01 n° 1088 ; Cass. 3e civ. 12-4-2012 n° 11-14.279 FS-PB : RJDA 8-9/12 n° 760). En ce cas, il convient de suivre la procédure prévue par la promesse pour informer le promettant de la substitution (une simple notification par lettre recommandée AR par exemple). À défaut, la substitution d'un tiers dans le bénéfice de la promesse est, si la promesse le prévoit, inopposable au promettant, même s'il en a eu connaissance, dès lors qu'il n'a pas renoncé de façon non équivoque aux formalités (Cass. 3e civ. 30-11-2011 n° 10-16.843 FS-D : RJDA 6/12 n° 574). En revanche, si aucune sanction n'est prévue contractuellement, la formalité prévue a exclusivement un but probatoire (Cass. 3e civ. 21-6-2018 n° 17-18.738 F-D : RJDA 10/18 n° 714).

d. Levée de l'option par le bénéficiaire

MODALITÉS DE LA LEVÉE DE L'OPTION

18180 Les conditions dans lesquelles le bénéficiaire peut lever l'option sont librement fixées par les parties. Celles-ci peuvent prévoir que l'option devra être levée en respectant certaines **formalités** ou procédures (notamment, envoi d'une lettre, généralement recommandée AR, enregistrement de l'acte de levée d'option, notification extrajudiciaire) ou que le bail devra être réitéré par acte notarié. Toute levée d'option accomplie sans respecter les formes **prévues par la promesse** est privée d'effet (Cass. 3e civ. 7-1-1987 n° 85-14.930 : Bull. civ. III n° 7 ; Cass. 3e civ. 28-2-1990 n° 88-12.386 D), à moins que le promettant ait renoncé à la formalité prévue. Les parties peuvent en effet librement renoncer d'un commun accord aux modalités de levée d'option convenues dans la promesse (Cass. 3e civ. 6-12-2005 n° 04-18.325 F-D : RJDA 7/06 n° 761, rendu en matière de promesse de vente).

ILLUSTRATIONS

Une cour d'appel a pu déduire des circonstances suivantes que les parties avaient entendu **s'affranchir du formalisme** de la promesse unilatérale de vente et que la vente était parfaite alors même que le bénéficiaire n'avait pas respecté le formalisme prévu : le vendeur avait autorisé une prise de possession réelle des lieux par le bénéficiaire et la réalisation de travaux coûteux et importants ; il avait encaissé 60 % du prix avant la signature de la promesse et après l'expiration du délai de levée d'option ; trois ans s'étaient écoulés entre la levée de l'option et l'envoi par le vendeur d'une lettre recommandée exprimant sa volonté « d'annuler » la vente (Cass. 3e civ. 6-12-2005 n° 04-18.325 F-D précité).

18181 Si les **parties** n'ont **rien prévu,** le bénéficiaire peut lever l'option librement. Par exemple, la levée de l'option est régulière lorsque le bénéficiaire l'a notifiée au notaire du promettant, qui à son tour en a informé oralement ce dernier, même si les parties n'ont pas donné mandat au notaire pour recevoir la levée de l'option (Cass. 3e civ. 19-12-2012 no 08-14.225 FS-PB : RJDA 3/13 no 207).

En cas de doute, le juge recherche les éléments caractérisant la volonté du bénéficiaire de réaliser la promesse. La levée de l'option peut notamment être déduite de l'occupation des locaux par le locataire.

ILLUSTRATIONS

Les parties à un acte qui constitue une promesse de bail assortie d'une promesse de vente des lieux loués sont liées par un bail dès lors que le bénéficiaire des promesses a manifesté son intention de ne pas donner suite à son projet d'acquisition et que la convention locative a été exécutée, tant par l'occupation des locaux que par le paiement du loyer (Cass. 3e civ. 7-4-1976 no 74-14.507 : Bull. civ. III no 138).

À l'inverse, le contrat n'est pas conclu lorsque le bénéficiaire s'est borné à solliciter qu'il lui soit donné acte de ce qu'il réitérait, si besoin était, sa volonté de réaliser la promesse dès l'accomplissement des conditions suspensives (Cass. 3e civ. 27-3-2008 no 07-11.721 FS-D : RJDA 10/08 no 1001).

Il est conseillé de préciser dans l'acte l'**adresse** à laquelle le bénéficiaire pourra **joindre le promettant** pour lui faire part de son intention de lever l'option. Toute levée d'option notifiée à l'adresse mentionnée dans la promesse est opposable au promettant, sauf si celui-ci prouve avoir manifesté son intention de recevoir la notification à une autre adresse. A ainsi été censurée la décision d'une cour d'appel qui, pour déclarer irrégulière une levée d'option notifiée à l'adresse indiquée dans la promesse, avait retenu que le promettant avait entre-temps **changé d'adresse** et que la levée d'option aurait dû être notifiée à sa nouvelle adresse, sans rechercher si ce dernier avait fait connaître au bénéficiaire sa volonté de voir notifier l'acceptation à un nouveau domicile (Cass. 3e civ. 4-7-1990 no 89-10.249 P : Bull. civ. III no 169, rendu en matière de promesse de vente). **18182**

DÉLAI DE LEVÉE DE L'OPTION

Existence d'un délai Le plus souvent, la promesse prévoit que le bénéficiaire doit **lever l'option avant une date** déterminée. Le délai pour lequel la promesse a ainsi été consentie peut être prorogé par le promettant tant qu'il n'est pas expiré. **18185**

La promesse peut aussi prévoir que le bénéficiaire ne pourra lever l'option qu'**après une date** déterminée.

Si **aucun délai** n'a été **stipulé,** le bénéficiaire peut, à notre avis, lever l'option pendant cinq ans, durée de la prescription de son droit personnel sur le promettant (cf. C. civ. art. 2224), à moins qu'il ne résulte des termes de la promesse l'obligation de lever l'option dans un délai raisonnable (cf. Cass. com. 27-1-2021 no 18-22.492 F-D : RJDA 6/21 no 375, estimant que tel était le cas d'une promesse unilatérale de vente de parts sociales en l'absence de mécanisme d'indexation du prix de cession et déclarant tardive l'option levée 11 ans après la date à laquelle l'option pouvait être levée par le bénéficiaire).

Non-respect du délai butoir Mieux vaut prévoir la **sanction** du non-respect du délai, par exemple, que la promesse devient caduque si, à l'expiration de ce délai, le bénéficiaire n'a pas levé l'option. **18186**

Lorsque les parties n'ont pas expressément sanctionné le non-respect du délai par la **caducité** de la promesse, le juge peut prononcer la **résolution judiciaire** de la promesse si le dépassement de délai est suffisamment important. Il a ainsi été jugé qu'un retard de quelques jours apporté par le bénéficiaire à la signature de l'acte définitif ne constituait pas une violation suffisamment grave de la promesse de nature à en entraîner la résolution (Cass. com. 1-6-1993 no 91-16.347 D : RJDA 12/93 no 1009, 1e espèce, rendu en matière de promesse de vente).

Le promettant ne peut pas demander au juge de prononcer la résolution de la promesse pour dépassement du délai s'il est établi qu'il a renoncé au bénéfice de ce délai.

Levée d'option prématurée La levée d'option effectuée par le bénéficiaire avant la date de validité de la promesse ne peut produire aucun **effet** en l'absence d'acceptation par le promettant (Cass. 3e civ. 15-2-2005 no 249 F-D : RJDA 8-9/05 no 947). Mais rien n'interdit alors au bénéficiaire de réitérer la levée de l'option à l'intérieur du délai contractuellement prévu à cet effet pour que le bail soit conclu. **18187**

Combinaison du délai d'option et de réalisation d'une condition Lorsqu'une promesse unilatérale est soumise à une condition suspensive (par exemple la construction ou la reconstruction de l'immeuble), la question se pose de savoir si le bénéficiaire peut **lever l'option dans le délai** prévu alors même que la **condition** n'est **pas réalisée.** Les juges ont répondu à cette question à l'occasion de litiges portant sur des promesses de vente immobilière prévoyant à la fois un délai d'option et un délai pour la réalisation de la condition. Les solutions apportées, **18190**

dont l'application est à notre avis transposable aux promesses conditionnelles de bail, sont les suivantes (D. Pronier, Option et condition suspensive dans une promesse unilatérale de vente : Rapport de la Cour de cassation pour 1998 p. 129) :

1. Lorsque les deux **délais** sont **identiques,** le bénéficiaire en faveur de qui la condition a été stipulée peut choisir de lever l'option le dernier jour de ces délais même si cette condition ne s'est pas réalisée, auquel cas il renonce à se prévaloir des conséquences juridiques de ce défaut de réalisation.

En cas de condition suspensive stipulée dans l'intérêt exclusif du bénéficiaire, celui-ci peut y renoncer, tant que celle-ci n'est pas accomplie ou n'a pas défailli (C. civ. art. 1304-4 issu de ord. 2016-131 du 10-2-2016 et modifié par loi 2018-287 du 20-4-2018 ; Cass. 3e civ. 13-10-1999 n° 1560 D : RJDA 12/99 n° 1305) et valablement lever l'option tant que la promesse est maintenue. La solution serait identique en cas de condition stipulée en faveur des deux parties.

2. Lorsque le **terme du délai d'option** est **antérieur au terme du délai de réalisation de la condition,** le bénéficiaire peut lever l'option sous la condition non encore réalisée (ce qui transforme la promesse en bail conclu sous condition) ou en renonçant au bénéfice de celle-ci.

En revanche, le bénéficiaire est tenu de payer au promettant l'indemnité d'immobilisation prévue dans la promesse s'il ne lève pas l'option alors même que la condition ne s'est pas réalisée à l'expiration du délai d'option ; les juges ne peuvent donc pas déclarer ce paiement dépourvu de fondement contractuel pour défaillance de la condition, sans préciser si les parties ont fixé un terme pour la réalisation de celle-ci correspondant au terme fixé pour la levée de l'option ou s'il est certain que la réalisation de la condition est devenue impossible à l'expiration du délai d'option (Cass. 3e civ. 24-6-1998 n° 1109 PF : RJDA 12/98 n° 1341). De même, un bénéficiaire ne peut pas se prévaloir d'une levée d'option intervenue après le délai d'option dès lors que rien dans la promesse ne liait ce délai au délai de réalisation de la condition et que, par suite, les délais supplémentaires accordés pour cette réalisation ne pouvaient pas entraîner de report du délai d'option, aucune des pièces n'établissant un accord quelconque des parties sur une prorogation de ce délai (Cass. 3e civ. 22-11-1995 n° 2143 P : RJDA 3/96 n° 324).

3. Lorsque le **terme du délai d'option** est **postérieur au terme du délai de réalisation de la condition,** le bénéficiaire peut lever l'option en renonçant, en cas de défaillance de la condition, à se prévaloir des conséquences juridiques de cette défaillance. Mais la solution contraire prévaut lorsque la promesse prévoit qu'à défaut de réalisation de la condition dans le délai contractuellement mentionné, la promesse serait caduque ; dans ce cas, celui en faveur duquel la condition a été stipulée ne peut plus renoncer à celle-ci après l'expiration de ce délai, même si le délai d'option n'est pas expiré (Cass. 3e civ. 9-6-2009 n° 07-15.421 F-D : RJDA 11/10 n° 1036).

En cas de condition stipulée en faveur du promettant ou des deux parties, on considère que le promettant qui a accordé, dès l'origine ou par une prorogation postérieure, un délai d'option plus long que celui stipulé pour réaliser la condition a entendu maintenir son offre au-delà de ce dernier délai et a donc nécessairement renoncé à se prévaloir des conséquences juridiques de la défaillance de la condition. Il en résulte que la promesse est toujours valable après l'expiration du délai de réalisation de la condition, sans qu'il y ait lieu de rechercher si la défaillance de celle-ci a eu pour effet de rendre la promesse caduque (Cass. 3e civ. 12-4-1995 n° 854 P : RJDA 7/95 n° 831).

18191 S'il n'est stipulé **aucun délai pour la réalisation de la condition,** le bénéficiaire peut lever l'option dans le délai prévu par la promesse même si la condition n'est pas réalisée. S'il ne le fait pas, le défaut de réalisation de la promesse lui est imputable. La levée d'option accomplie sous la condition non encore réalisée transforme la promesse en bail conclu sous condition.

18192 En présence d'une **condition mise à la charge du promettant,** le bénéficiaire qui n'a pas levé l'option dans le délai prévu par la promesse ne peut pas imputer la caducité de celle-ci à son cocontractant en lui reprochant de ne pas l'avoir informé de la réalisation de la condition. Il n'en irait autrement que si la promesse mentionnait l'obligation pour le promettant d'aviser le bénéficiaire de la réalisation de la condition avant l'expiration du délai de levée d'option (Cass. 3e civ. 7-3-2001 n° 364 FS-D).

EFFETS DE LA LEVÉE DE L'OPTION

18195 La levée de l'option par le bénéficiaire d'une promesse unilatérale rend le **bail parfait.**

Par la levée de l'option, la promesse devient un contrat synallagmatique obligeant d'une manière définitive et irrévocable les parties, l'accord des volontés étant alors acquis entre elles sur les éléments essentiels du contrat.

18196 En cas de **refus d'une des parties d'exécuter le bail** après la levée de l'option, l'autre partie peut : refuser d'exécuter sa propre obligation ; poursuivre en justice l'exécution forcée du bail ;

provoquer la résolution du contrat (application d'une clause résolutoire ou résolution pour manquement à une obligation) ; demander réparation des conséquences de cette inexécution. Des dommages-intérêts peuvent toujours s'ajouter à ces sanctions (C. civ. art. 1217).

Cas particuliers La levée de l'option ne rend pas le contrat parfait dans les cas suivants : 18197
– si la promesse est consentie sous une **condition suspensive** non réalisée, auquel cas la levée de l'option transforme la promesse en bail conclu sous condition ;
– si le bénéficiaire lève l'option sous une condition non prévue dans la promesse, une telle levée d'option nous paraissant privée d'effet.

e. Défaut de réalisation de la promesse

NON-RÉALISATION DE LA PROMESSE IMPUTABLE AU PROMETTANT

La promesse unilatérale ne constitue qu'une offre de promesse si elle n'a pas été acceptée par 18200
le bénéficiaire ; le promettant peut alors la rétracter dans les conditions exposées n°s 16420 s.

Il en va différemment une fois la promesse acceptée par le bénéficiaire. La faculté pour le promettant de rétracter sa promesse avant la levée de l'option ou de louer les locaux à un tiers au mépris de la promesse est limitée, les droits du bénéficiaire étant protégés.

Sur la rétractation du promettant après la levée de l'option, voir n° 18196.

Rétractation de la promesse Lorsque la **promesse** unilatérale a été **conclue depuis** 18202
le 1er octobre 2016, sa rétractation par le promettant pendant le temps laissé au bénéficiaire pour opter n'empêche pas la formation du contrat promis (C. civ. art. 1124, al. 2 issu de ord. 2016-131 du 10-2-2016 portant réforme du droit des contrats et des obligations ; sur la conformité de cette disposition à la Constitution, Cass. 3e civ. QPC 17-10-2019 n° 19-40.028 FS-PBI : RJDA 1/20 n° 10).

Le bénéficiaire de la promesse peut donc lever l'option malgré la rétractation et demander l'exécution forcée du bail (à condition bien sûr que la promesse mentionne les éléments essentiels du bail ; n°s 18135 s.). Si le promettant refuse, il s'expose à ce que le juge constate l'existence du contrat.

Le promettant peut néanmoins se réserver, dans la promesse, une **faculté de révoquer** celle-ci (n° 18211).

L'article 1124, al. 2 du Code civil s'applique-t-il à une **promesse conclue avant le 1er octobre** 18204
2016 ? La réponse est négative : l'article 9 de l'ordonnance 2016-131 du 10 février 2016, dont est issu ce texte, précise que, sauf pour quelques rares dispositions d'application immédiate (parmi lesquelles ne figure pas l'article 1124), les contrats conclus avant le 1er octobre 2016 (date d'entrée en vigueur de l'ordonnance) restent soumis à la loi ancienne, y compris pour leurs effets légaux et pour les dispositions d'ordre public.

Toutefois, appelée à statuer, après cette ordonnance, sur des promesses de vente immobilières consenties et rétractées avant le 1er octobre 2016, la troisième chambre civile de la Cour de cassation a jugé, au visa des textes antérieurs à la réforme, que la rétractation du promettant ne constituait pas une circonstance propre à empêcher la formation de la vente (Cass. 3e civ. 23-6-2021 n° 20-17.554 FS-B : RJDA 11/21 n° 708 ; Cass. 3e civ. 20-10-2021 n° 20-18.514 FS-B : RJDA 2/22 n° 70 ; Cass. 3e civ. 21-11-2024 n° 21-12.661 FS-B : RJDA 3/25 n° 129) alors qu'elle affirmait le contraire auparavant (notamment, Cass. 3e civ. 11-5-2011 n° 10-12.875 FS-PB : RJDA 8-9/11 n° 690 et les arrêts cités en précisions). En d'autres termes, elle a unifié sur ce point le régime des promesses consenties avant et après le 1er octobre 2016, quelle soit la date de la rétraction et, à notre avis, quel que soit l'objet de la promesse : vente ou bail, rien ne justifiant une solution différente pour ce dernier.

Pour expliquer son revirement de 2021, la troisième chambre civile de la Cour de cassation a exposé son raisonnement dans les termes suivants (Cass. 3e civ. 23-6-2021 n° 20-17.554 précité). En application des articles 1101 et 1134 (dans leur rédaction antérieure à celle issue de l'ordonnance 2016-131) et 1583 du Code civil, il était jusqu'à présent jugé que, tant que le bénéficiaire de la promesse unilatérale n'avait pas déclaré acquérir, l'obligation du promettant ne constituait qu'une obligation de faire. Il en résultait que la levée de l'option, postérieure à la rétractation du promettant, excluait toute rencontre des volontés réciproques de vendre et d'acquérir, de sorte que la réalisation forcée de la vente ne pouvait être ordonnée (Cass. 3e civ. 15-12-1993 n° 91-10.199 P : RJDA 3/94 n° 274), la violation, par le promettant, de son obligation de faire ne pouvant ouvrir droit qu'à des dommages-intérêts (Cass. 3e civ. 28-10-2003 n° 02-14.459 F-D). Cependant, à la différence de la simple offre de vente, la promesse unilatérale de vente est un avant-contrat qui contient, outre le consentement du vendeur, les éléments essentiels du contrat définitif qui serviront à l'exercice de la faculté d'option du bénéficiaire et à la date duquel s'apprécient les conditions de validité de la vente, notamment s'agissant de la capacité du promettant à contracter et du pouvoir de disposer de son bien. Par ailleurs, en application de l'article 1142 du Code civil (dans sa rédaction antérieure à l'ordonnance de 2016), la jurisprudence retient la faculté pour toute partie contractante, quelle que soit la nature de son obligation, de poursuivre l'exécution forcée de la convention lorsque celle-ci est possible (Cass. 1e civ. 16-1-2007 n° 06-13.983 : RJDA 5/07 n° 442). Il convient dès lors d'apprécier différemment la portée juridique de l'engagement du **promettant** signataire d'une promesse unilatérale de vente et de retenir qu'il **s'oblige définitivement** à vendre dès la conclusion de l'avant-contrat, sans possibilité de rétractation, sauf stipulation contraire.

> **Précisions** **a.** À noter que, par l'arrêt du 23 juin 2021 précité, la Cour statuait pour la seconde fois dans la même affaire et que, lors de sa première intervention en 2018 dans ce litige, elle avait maintenu son ancienne jurisprudence et refusé d'ordonner l'exécution forcée de la vente (Cass. 3e civ. 6-12-2018 n° 17- 21.170 FS-D : RJDA 5/19 n° 323).
> **b.** Les chambres commerciale et sociale de la Cour de cassation ont procédé à un revirement de jurisprudence similaire à celui de la troisième chambre civile (Cass. soc. 21-9-2017 n° 16-20.103 FS-PBR, 16-20.104 FS-PBRI : RJDA 12/17 n° 784 ; Cass. com. 15-3-2023 n° 21-20.399 FS-B : RJDA 7/23 n° 363).

18206 L'article 1124, al. 2 du Code civil vise la rétractation de la promesse unilatérale « pendant le temps laissé au bénéficiaire pour opter ». Qu'en est-il lorsque la **promesse ne comporte pas de délai d'option** ?

Lors de son revirement de jurisprudence de 2021, évoqué au n° 18204 et tendant à unifier le régime des promesses consenties avant et après le 1er octobre 2016, la troisième chambre civile de la Cour de cassation a jugé que la rétraction d'une promesse unilatérale de vente avant la levée de l'option n'empêche pas la formation de la vente :

– dans une première hypothèse où la levée de l'option ne pouvait pas intervenir avant le décès de l'ancienne propriétaire du bien (qui s'était réservée un droit d'usage et d'habitation) mais n'était pas ensuite limitée dans le temps et où la rétractation était intervenue avant le décès envisagé (Cass. 3e civ. 23-6-2021 n° 20-17.554 FS-B : RJDA 11/21 n° 708) ;

– dans une seconde hypothèse où la promesse ne comportait aucun délai d'option mais où le bénéficiaire de la promesse avait soutenu que la révocation nécessitait une mise en demeure préalable (Cass. 3e civ. 20-10-2021 n° 20-18.514 FS-B : RJDA 2/22 n° 70) ; c'est implicitement que la Cour de cassation a écarté l'argument, retenant le caractère ferme et définitif de l'engagement du promettant et l'absence de délai d'option.

Jusqu'alors, la troisième chambre civile de la Cour de cassation avait jugé que, en l'absence de délai d'option prévu par la promesse, le promettant pouvait se rétracter avant la levée de l'option après avoir **en vain mis en demeure le bénéficiaire** de prendre parti dans un délai raisonnable, à moins que le bénéficiaire n'ait déjà renoncé à se prévaloir de la promesse (Cass. 3e civ. 24-4-1970 n° 68-10.536 P : Bull. civ. III n° 279). Maintenir une telle faculté n'était pas cohérent avec la reconnaissance d'un engagement ferme de la part du promettant.

18208 Reste l'hypothèse où la promesse comporte un **délai d'attente pour** le bénéficiaire qui ne peut pas **lever l'option** avant une certaine date (ou la survenance d'un événement). Tant la troisième chambre civile que la chambre commerciale de la Cour de cassation ont jugé que, sauf clause contraire, la rétractation de la promesse unilatérale par le promettant avant que le délai pour lever l'option n'ait commencé à courir est sans effet et n'interdit pas au bénéficiaire de lever l'option à l'expiration de ce délai (Cass. 3e civ. 23-6-2021 n° 20-17.554 FS-B : RJDA 11/21 n° 708 ; Cass. com. 15-3-2023 n° 21-20.399 FS-B : RJDA 7/23 n° 363, rendus à propos de promesses de vente consenties avant le 1-10-2016, mais transposables aux promesses de baux consenties depuis cette date).

18211 **Rétractation autorisée par une clause de dédit** Les parties peuvent prévoir dans la promesse une **clause de dédit** stipulée en faveur du promettant, qui lui permet de se départir de son engagement soit en indemnisant le bénéficiaire, soit gratuitement si la clause n'a pas prévu le versement d'une somme à titre de dédit. Rien n'interdit à une partie de s'engager envers une autre avec une faculté de dédit gratuite (Cass. com. 30-10-2000 n° 1789 F-D : Contrats, conc., consom. 2001 comm. n° 21 note L. Leveneur, solution énoncée en matière de vente de navires).

La faculté de dédit doit avoir été expressément prévue par les parties au profit de celle qui l'invoque. Tel n'est pas le cas d'une promesse prévoyant bien une clause de dédit en faveur du bénéficiaire, mais non au profit du promettant ; celui-ci ne pouvait donc pas se prévaloir d'une faculté que la convention, claire et précise, ne contenait pas, dont il n'avait jamais été question au cours des pourparlers et dont les parties ne paraissaient même pas avoir envisagé la possibilité (Cass. 1e civ. 16-7-1956 : D. 1956 p. 609).

> **Précisions** La faculté de dédit à titre onéreux ne s'analyse pas en une **clause pénale**, si bien que le juge n'a pas le pouvoir d'en diminuer le montant (Cass. com. 14-10-1997 n° 2016 P : RJDA 1/98 n° 14 ; Cass. 3e civ. 15-2-2006 n° 231 FS-PB : RJDA 5/06 n° 503 ; Cass. com. 18-1-2011 n° 08-13.230 FS-PB : RJDA 5/11 n° 383).

Location consentie à un tiers Depuis le 1er octobre 2016, si le promettant consent le bail commercial à un tiers au mépris de la promesse, le bénéficiaire de celle-ci peut demander l'annulation du bail à condition d'établir que le **tiers connaissait l'existence de cette promesse** (C. civ. art. 1124, al. 3 issu de ord. 2016-131 du 10-2-2016). La simple connaissance de celle-ci suffit à justifier la sanction. Il s'agit d'une nullité relative destinée à protéger les intérêts du bénéficiaire de la promesse, qui seul peut s'en prévaloir (cf. C. civ. art. 1181, al. 1). Une fois le contrat conclu en violation de la promesse annulé, le promettant et le bénéficiaire se retrouvent dans la situation contractuelle d'origine. Le bénéficiaire peut, à la condition d'avoir levé l'option dans les conditions prévues par la promesse, poursuivre la réalisation du bail. **18213**

Avant le 1er octobre 2016, l'annulation du bail supposait la preuve, plus délicate, de l'existence d'une collusion frauduleuse entre le tiers et le promettant (Cass. 3e civ. 10-11-1982 n° 81.13-408 P : Bull. civ. III n° 221).

Le bénéficiaire de la promesse n'a aucun recours contre le **tiers** de **bonne foi** mais il peut réclamer des dommages-intérêts au promettant sur le terrain de la responsabilité contractuelle.

NON-RÉALISATION DE LA PROMESSE IMPUTABLE AU BÉNÉFICIAIRE

Le défaut de levée de l'option n'entraîne aucune conséquence pour le bénéficiaire, sauf si les parties ont prévu en pareil cas le versement au promettant d'une indemnité d'immobilisation. **18216**

Sur les conséquences du refus par le bénéficiaire d'exécuter le bail après la levée de l'option, voir n° 18196.

Il est parfois prévu qu'en cas de défaut de réalisation de la promesse du fait du bénéficiaire (refus de lever l'option et, le cas échéant, de signer le contrat définitif de bail) celui-ci devra verser au promettant une somme déterminée, appelée **« indemnité d'immobilisation »** (parfois qualifiée à tort de « dédit »). Cette indemnité constitue le prix de l'exclusivité consentie au bénéficiaire. **18217**

La cause (désormais contrepartie) de l'obligation de verser l'indemnité résidant dans l'avantage que procure le promettant au bénéficiaire en s'interdisant de louer à une autre personne pendant un délai déterminé, cette obligation n'est pas nulle pour défaut de cause (désormais défaut de contrepartie) (Cass. com. 23-6-1958 : D. 1958 p. 581 note Ph. Malaurie, rendu en matière de promesse de vente).

L'indemnité d'immobilisation reste **acquise au promettant** en cas de non-réalisation de la promesse seulement si la non-réalisation est imputable au bénéficiaire (Cass. 3e civ. 15-12-2010 n° 09-15.211 FS-PB : RJDA 4/11 n° 297).

Le bénéficiaire d'une promesse unilatérale n'est pas tenu de prendre en location et ne manque ainsi à aucune obligation contractuelle en s'abstenant de lever l'option, de sorte que la stipulation d'une indemnité d'immobilisation au profit du promettant ne constitue pas une **clause pénale** susceptible de réduction par le juge (Cass. 3e civ. 5-12-1984 n° 83-12.895 : Bull. civ. III n° 208 ; dans le même sens, Cass. 3e civ. 5-12-1984 n° 83-11.788 : Bull. civ. III n° 207). **18218**

L'indemnité constituant le prix de l'exclusivité consentie au bénéficiaire, elle se distingue aussi de la **clause de dédit,** dont l'objet est différent puisque cette clause permet à un contractant de se départir de son engagement moyennant le versement ou la restitution d'une somme d'argent.

Lorsque, en présence d'une clause prévoyant le **versement de l'indemnité** au jour de la conclusion de la promesse ou avant l'expiration du délai pour lequel elle a été consentie, le bénéficiaire manque à cette obligation, le promettant est en droit de demander en justice la résolution de la promesse et l'octroi de dommages-intérêts en réparation de son préjudice (application des articles 1227 et 1228 du Code civil). **18220**

2. PROMESSE SYNALLAGMATIQUE DE BAIL

DÉFINITION DE LA PROMESSE SYNALLAGMATIQUE DE BAIL

Un contrat est synallagmatique lorsque les contractants s'obligent réciproquement les uns envers les autres (C. civ. art. 1106, al. 1). Par suite, la promesse de bail est dite « synallagmatique » lorsque l'**engagement** des parties est **réciproque.** **18300**

L'engagement réciproque des parties peut être **symétrique** (l'une promet de donner en location un bien déterminé à un prix déterminé à l'autre qui, de son côté, promet de prendre ce bien en location au même prix) mais pas nécessairement. Ainsi, est également réciproque la promesse de donner un bien en location, le bénéficiaire de cette promesse promettant de son côté de vendre un bien ou d'abandonner une action en justice.

La promesse réciproque symétrique sera la seule sorte de promesse synallagmatique objet des développements ci-après.

a. Promesse synallagmatique valant ou non bail

18310 Se pose au sujet de la **promesse** réciproque symétrique la question de savoir si elle dispose d'une **autonomie au regard du contrat de bail.** En d'autres termes, la promesse synallagmatique de bail ne vaut-elle pas toujours bail lorsque les parties se sont mises d'accord sur les éléments essentiels du contrat ?

PROMESSE SYNALLAGMATIQUE DE BAIL VALANT BAIL

18315 Lorsque, dès la conclusion de la promesse, les parties sont d'**accord sur les éléments essentiels** du contrat de bail, celui-ci est formé et doté de la force obligatoire. En conséquence, lorsqu'il n'est assorti d'aucune modalité particulière, l'accord présenté par les parties comme une promesse synallagmatique de bail constitue par lui-même le contrat définitif de bail et le propriétaire du bien loué doit permettre au locataire d'entrer en jouissance, ce dernier étant tenu, en contrepartie, de payer le loyer.

ILLUSTRATIONS

Emporte conclusion définitive d'un contrat obligatoire pour les parties la promesse de bail d'un immeuble destiné au casernement de la gendarmerie dès lors qu'elle porte accord complet des parties sur la chose, le prix, la durée, l'entrée en jouissance et les travaux à exécuter par le bailleur et qu'elle a été signée par le propriétaire, approuvée par l'autorité militaire et acceptée par délibération du conseil général (Cass. req. 21-3-1921 : DP 1921 I p. 166).

Inversement, il ne peut pas y avoir de bail ou de promesse de bail lorsqu'aucun prix n'a été convenu ni même discuté entre les parties et que celles-ci n'ont pas envisagé non plus la durée de la location (Cass. 1e civ. 31-10-1962 n° 60-13.420 : Bull. civ. I n° 453). Dans le même sens, justifie sa décision la cour d'appel qui, constatant, entre le propriétaire d'un immeuble et une personne qui se prétendait titulaire d'une promesse de bail, l'**absence d'accord** sur le prix et la durée du bail, éléments essentiels du contrat, en déduit que les conditions d'existence d'un bail n'étaient pas réunies (Cass. 3e civ. 23-1-1970 n° 68-12.212 : Bull. civ. III n° 63). En l'espèce, la cour d'appel avait, par une interprétation souveraine de la volonté des parties, relevé que le propriétaire n'avait pas conclu d'accord avec le prétendu bénéficiaire de la promesse sur le loyer de la maison d'habitation, partie indivisible des immeubles dont la location était envisagée, et qu'il n'y avait eu aucune entente ni sur la durée du bail ni sur l'aménagement des lieux, l'occupation par l'intéressé d'une partie de l'immeuble ne démontrant pas l'existence d'un titre locatif.

18318 **Promesse sous condition suspensive** Le fait de conclure une promesse synallagmatique de bail sous condition suspensive de la réalisation d'un événement futur et incertain n'affecte en rien le principe ci-dessus énoncé : la promesse de bail vaut bail sous condition suspensive.

ILLUSTRATIONS

Après avoir, en présence d'une promesse de bail passée devant notaire et enregistrée, relevé que l'objet de celle-ci était nettement déterminé, que sa durée était même fixée de manière précise et que les parties avaient indiqué la façon selon laquelle le montant du loyer serait établi par arbitres indépendamment de leur volonté, de telle sorte qu'elles s'étaient trouvées d'accord sur les éléments essentiels du contrat soumis à la condition suspensive de la reconstruction de l'immeuble, une cour d'appel a pu, par une interprétation souveraine, décider qu'il y avait promesse synallagmatique de bail valant bail (Cass. 1e civ. 14-12-1960 n° 1286 : Bull. civ. I n° 543).

18320 **Conséquences de la condition suspensive** L'existence d'une condition suspensive ne retarde pas la **formation du** contrat de **bail.** L'exécution de celui-ci se trouve simplement suspendue à la réalisation de la condition. En conséquence, lors de la conclusion de la promesse, aucune des parties n'est d'ores et déjà engagée à exécuter le contrat de bail placé sous la condition et aucune d'elles ne peut exiger de l'autre l'exécution de ce contrat tant que la condition n'est pas réalisée (C. civ. art. 1304 et 1304-6). Ainsi, dans un cas où, par acte sous signature privée, le propriétaire d'un local commercial avait consenti une promesse de bail de neuf ans sous la condition du versement par le bénéficiaire de la promesse d'un « droit d'entrée » de 40 000 F (environ 6 000 €) et où, ce dernier ayant été autorisé à prendre possession des lieux, il y avait exploité un restaurant pendant six mois avant qu'un tiers se prétendant seul titulaire d'un bail lui en interdise l'accès, la demande du bénéficiaire tendant à obtenir sa réintégration dans les locaux loués, l'expulsion du tiers occupant et le paiement de dommages-intérêts en raison de la privation de jouissance doit être rejetée, dès lors que le commencement du bail était fixé au premier jour du mois suivant le versement de la somme prévue à titre de droit d'entrée et que ce versement n'avait pas eu lieu (Cass. 3e civ. 18-3-1998 n° 440 D : RJDA 5/98 n° 559). En l'espèce, aucun délai n'ayant été fixé pour la réalisation de la condition, la promesse de bail était toujours valable au moment de l'expulsion du bénéficiaire mais elle ne pouvait valoir bail qu'à compter du versement du droit d'entrée. Le bénéficiaire n'ayant pas demandé à la Cour de constater la réalisation de la condition et la formation du bail, mais seulement d'ordonner sa réintégration, il suffisait donc aux juges de constater que le versement n'avait pas eu lieu pour débouter le bénéficiaire qui ne pouvait pas encore se prévaloir d'un titre.

Promesse à terme Le fait d'assortir la promesse synallagmatique d'un **terme suspensif** ne remet pas en cause la formation du contrat de bail dès la conclusion de la promesse. **18322**

Celle-ci vaut bail à terme et ne se distingue pas du contrat de bail définitif qui est d'ores et déjà conclu au jour de la promesse, ses effets (délivrance du bien loué, paiement du loyer, etc.) étant simplement retardés à l'arrivée du terme, événement futur mais certain (cf. C. civ. art. 1305).

Il peut aussi arriver que les parties prévoient que la promesse, en général conclue par acte sous signature privée, fera l'objet d'une **réitération** par **acte authentique** afin de constater le bail. Cette réitération peut n'être qu'une simple **modalité d'exécution du contrat** définitif. Dans ce cas, la promesse de bail vaut bail (Cass. 3e civ. 11-6-1992 no 90-12.415 : Bull. civ. III no 206, rendu en matière de promesse de vente), l'exigence d'une réitération ne visant pas à différer la formation du contrat de bail mais uniquement à retarder ses effets. La réitération s'analyse alors comme un terme suspensif. **18325**

ILLUSTRATIONS

Doit être censurée la décision d'une cour d'appel qui a retenu que la clause, insérée dans une promesse de cession de fonds de commerce, selon laquelle la vente devait donner lieu à régularisation dans les plus brefs délais et au plus tard le 31 décembre 1988 par acte authentique, devait être analysée comme une condition suspensive dont le défaut de réalisation rendait inexistante la promesse, alors qu'elle avait relevé que la réitération en la forme authentique devait intervenir avant une date déterminée, ce dont il résultait que cet événement n'était pas incertain, et qu'elle ne faisait état d'aucun élément établissant la volonté des parties de subordonner la formation de la vente à l'accomplissement de cette formalité (Cass. com. 11-3-1997 no 648 D).

Dans ce cas, l'expiration du **délai dans lequel la réitération doit intervenir** détermine le moment à partir duquel chaque partie peut mettre l'autre en demeure de régulariser l'acte et, à défaut pour celle-ci de s'exécuter spontanément, de demander en justice l'exécution forcée du contrat (si les conditions suspensives prévues sont réalisées ; Cass. 3e civ. 4-2-2021 no 20-15.913 F-D) ou sa résolution (Cass. 3e civ. 29-11-2000 no 98-20.502 FS-D : RJDA 4/01 no 434 ; Cass. 3e civ. 1-10-2020 no 19-16.561 FS-PBI : RJDA 1/21 no 15, rendus en matière de promesse de vente).

Toutefois, lorsque, dans la promesse synallagmatique, un délai est prévu pour la réalisation de la **condition suspensive** et qu'à la date prévue pour la réitération par acte authentique, cette condition n'est pas accomplie, la promesse est caduque (Cass. 3e civ. 29-5-2013 no 12-17.077 FS-PBR : Bull. civ. III no 69 ; Cass. 3e civ. 9-3-2017 no 15-26.182 FS-PB : RJDA 7/17 no 445), sauf en cas de report de la date de signature de l'acte notarié (Cass. 3e civ. 29-5-2013 précité) ou de renonciation, avant la date prévue pour la signature de cet acte, au bénéfice des conditions suspensives par la partie dans l'intérêt de laquelle elles ont été stipulées (Cass. 3e civ. 19-10-2011 no 10-16.921 FS-D : RJDA 3/13 no 210 ; Cass. 3e civ. 6-6-2024 no 23-11.680 F-D : RJDA 10/24 no 513, rendus en matière de promesse de vente).

Lorsque la promesse de bail sous signature privée est suivie d'une réitération par acte authentique, précisons qu'il n'existe aucune primauté du second sur la première ni en raison de son caractère authentique, ni en raison de sa date plus récente. En cas de **discordance entre l'acte** authentique **et la promesse** sous signature privée, ce sont les dispositions de cette dernière qui doivent recevoir application (Cass. com. 23-2-1999 no 422 D : RJDA 5/99 no 505 ; CA Poitiers 20-2-1991 : D. 1991 som. p. 315). Il demeure loisible aux parties, si elles l'entendent, de révoquer expressément tout ou partie de la promesse sous signature privée à l'occasion de l'établissement de l'acte authentique. Mais, une partie ne pouvant pas modifier unilatéralement le contenu de la promesse (C. civ. art. 1193), le bénéficiaire de cette dernière peut refuser de conclure un acte authentique qui n'est pas conforme aux termes de la promesse s'il n'a pas consenti à la modification imposée par son cocontractant (Cass. 3e civ. 27-6-2019 no 18-18.310 F-D : RJDA 10/19 no 608, rendu à propos d'une vente). **18327**

Promesse assortie d'une clause de dédit Même si, en pratique, cela est rare dans les promesses de bail, le contrat préparatoire peut contenir une clause de dédit permettant à l'une et/ou à l'autre partie de se départir de son engagement moyennant le versement ou la restitution d'une somme d'argent à son cocontractant. **18330**

En matière de promesse synallagmatique de vente, la Cour de cassation estime, et cette solution est transposable aux promesses de bail, que l'existence d'une faculté de dédit n'implique pas nécessairement que l'engagement ne soit pas une promesse de vente valant vente, la faculté discrétionnaire de dédit étant compatible avec une telle promesse (Cass. 1re civ. 10-1-1961 no 58-11.413 : Bull. civ. I no 27).

La clause de dédit s'analyse alors comme une condition résolutoire qui n'empêche pas la formation immédiate du contrat de bail même si sa mise en œuvre peut l'anéantir rétroactivement. Elle peut aussi constituer une condition suspensive lorsque les parties ont pris soin de subordonner expressément l'exécution du bail à la condition suspensive du non-exercice de la faculté de dédit.

PROMESSE DE BAIL NE VALANT PAS BAIL

18350 Bien qu'elles aient donné leur accord sur les éléments essentiels du contrat définitif, les parties peuvent conventionnellement décider d'écarter le principe du consensualisme qui permet aux parties de conclure un bail écrit ou verbal sans formalisme particulier. Ce faisant, les parties écartent la formation parfaite du bail au moment de la conclusion de la promesse synallagmatique et optent pour la conclusion d'un **avant-contrat autonome.** Il en est ainsi lorsque l'objet de la promesse est la conclusion d'un contrat solennel dont la validité suppose, outre le consentement des parties, l'accomplissement d'une formalité qui retarde la formation du bail. Cette formalité consiste le plus souvent en la signature d'un acte authentique.

18351 La Cour de cassation considère que la **réitération par acte authentique** retarde la formation du contrat de bail si les parties ont fait de la signature de l'acte authentique un élément constitutif de leur consentement (Cass. 3e civ. 28-5-1997 n° 928 PF : RJDA 8-9/97 n° 1012 ; Cass. 3e civ. 7-9-2022 n° 21-17.628 F-D : RJDA 12/22 n° 678), par exemple en prévoyant expressément que la promesse sera caduque à défaut de réitération dans le délai convenu (Cass. 3e civ. 18-2-2009 n° 08-10.677 FS-PB : Bull. civ. III n° 47 ; Cass. 3e civ. 9-7-2014 n° 13-12.470 FS-D : RJDA 2/15 n° 77 ; Cass. 3e civ. 30-11-2017 n° 16-25.107 F-D : RJDA 3/18 n° 219, à propos de promesses de vente).

À défaut, le bail est parfait dès l'accord des parties sur les éléments essentiels du bail (n° 18325).

APPLICATIONS JURISPRUDENTIELLES DE LA DISTINCTION

18355 Une rédaction imprécise des promesses synallagmatiques par les parties est parfois à l'origine d'incertitudes sur l'appréciation de leur nature et de leur portée. Il revient alors aux tribunaux de déterminer le caractère synallagmatique de la promesse et, dans l'affirmative, sa nature de promesse valant ou non bail, la Cour de cassation contrôlant la qualification retenue par les juges du fond.

18356 ILLUSTRATIONS

Promesse valant bail

Un médecin, qui projetait l'installation d'un centre psycho-médico-pédagogique, avait arrêté avec le propriétaire d'un immeuble les **conditions de la location et** le **montant du loyer** en précisant que le bail devait être conclu par l'organisme non encore désigné qui créerait le centre. Sans qu'aucun contrat de location ne soit établi, il avait fait appel à un architecte et fait exécuter des travaux modificatifs des lieux. Le propriétaire ayant réclamé le montant du loyer et la signature d'un bail, le médecin l'avait informé qu'il s'agissait d'une convention avec le conseil d'administration de l'action sanitaire de la ville de Bordeaux. Le propriétaire avait alors assigné le médecin en résiliation du contrat de bail qu'il prétendait conclu et en paiement d'une indemnité.

Il y a lieu d'accueillir la demande de dommages-intérêts du propriétaire dès lors qu'entre le propriétaire et le médecin s'était formé un **véritable contrat** comportant, pour ce dernier, l'engagement de conclure un bail conforme aux stipulations convenues et que cet engagement, concrétisé par les travaux auxquels le médecin avait fait procéder dans l'immeuble, était générateur d'obligations dont l'inexécution justifiait sa condamnation.

Cass. 3e civ. 11-3-1970 n° 68-12.302 : Bull. civ. III n° 182.

La promesse de bail valant bail lorsqu'il y a accord des parties sur la chose et sur le prix, justifie légalement sa décision la cour d'appel qui, pour reconnaître l'existence d'un bail rural, retient, d'une part, que dès la signature de l'acte de vente d'une exploitation agricole les **parties s'étaient entendues sur l'ensemble des conditions** tant de la vente que du bail, prévu pour une durée de 21 ans, sans que cette convention impose l'établissement ultérieur d'un acte authentique et, d'autre part, que le promettant avait effectivement exécuté son engagement de donner à bail les terres lui appartenant.

Cass. 3e civ. 20-5-1992 n° 90-21.109 : Bull. civ. III n° 152.

La **stipulation** de l'acte d'acquisition d'un domaine agricole, suivant laquelle l'acquéreur s'engageait à consentir un bail à long terme de dix-huit ans au locataire, ayant été expressément **acceptée** par celui-ci, qui a porté son paraphe au bas de chacune des feuilles de l'acte translatif de propriété, a les caractères d'une promesse synallagmatique de bail, valant bail, dès lors qu'elle **contient les éléments essentiels de l'engagement : chose louée, prix et durée.**

Cass. 3e civ. 29-3-1995 n° 92-12.482.

Le propriétaire d'un local commercial, autorisé en cours de bail par le locataire en place à chercher un nouveau locataire, avait consenti une promesse de bail à ce nouveau locataire qui avait versé un dépôt de garantie et pris possession des lieux. Les loyers étant restés impayés, le bailleur en avait réclamé le paiement au locataire initial.
Viole les articles 1134 (désormais C. civ. art. 1103) et 1714 du Code civil la cour d'appel qui, pour accueillir cette demande, retient que le contrat de bail prévu dans la promesse n'avait pas été régularisé, que le locataire initial s'était engagé à respecter les clauses du bail jusqu'à ce qu'un nouveau locataire soit trouvé et que, faute de locataire, le bail initial devait se poursuivre jusqu'à l'expiration de la période triennale, alors que la promesse de bail vaut bail lorsqu'il y a **accord sur la chose et sur le prix** et que la cour d'appel n'avait pas relevé de circonstances de nature à démontrer que les parties avaient fait de la **réitération par acte notarié** un élément constitutif de leur consentement.

Cass. 3e civ. 28-5-1997 n° 95-17.953 PF : RJDA 8-9/97 n° 1012.

ILLUSTRATIONS **18357**

Promesse ne valant pas bail

En présence d'une promesse ainsi rédigée : « M. X s'oblige à louer le rez-de-chaussée et le jardin à M. Y si ce dernier le désire dès que ces locaux seront devenus vacants par le départ de l'occupant actuel. Le loyer de ce rez-de-chaussée et de ce jardin sera, à défaut d'accord entre les parties, fixé à dire d'expert comme il est expliqué ci-dessus pour le cas de révision et sera payable dans les mêmes termes et les mêmes conditions que le loyer actuel », les juges du fond ont pu estimer, sans dénaturer les documents de la cause, que la durée de la location, sinon le prix du loyer, n'avait pas été prévue entre les parties, les clauses du bail auxquelles se référait la promesse in fine s'appliquant aux modalités de règlement de loyer et non à la durée du contrat. Par suite, c'est à bon droit que, appréciant souverainement l'intention des parties, ils ont déclaré que l'acte ne constituait « qu'un **engagement unilatéral,** pris par le mari ès qualités d'administrateur de la communauté, soumis pour sa réalisation à diverses conditions : volonté de M. Y et vacance des lieux », les considérations ainsi retenues excluant que l'acte constitue une promesse de bail valant bail au sens de l'article 1709 du Code civil.

Cass. soc. 7-11-1958 n° 47.985 : Bull. civ. IV n° 1153.

Un acte, intitulé « promesse de bail », prévoyait que « le bail sera établi sous les charges et conditions fixées par M. X ; en particulier le bail aura une durée de deux années à compter de l'achèvement des travaux que doit entreprendre la société sans que la date de départ du bail puisse excéder le 1er janvier 1972 ; le bail aura une durée maximale de deux ans ; il sera consenti pour un commerce de fleurs ; le loyer sera fixé à six cents francs par mois ». Cet **écrit** qualifié de « promesse de bail » n'est pas un bail dans la mesure où il **renvoie à une rédaction ultérieure pour l'établissement des charges et conditions.**

Cass. 3e civ. 10-5-1977 n° 75-12.020 : Bull. civ. III n° 197.

Dans un cas où, par acte sous signature privée, les propriétaires d'un domaine viticole avaient autorisé un tiers à effectuer tous travaux nécessaires à l'entretien du domaine « en attendant passation d'un bail dans les formes légales », doit être confirmée la cour d'appel qui, après avoir estimé à juste titre que le contrat synallagmatique intervenu entre les parties était à titre onéreux, avait à bon droit retenu qu'**à défaut d'accord des parties sur les éléments essentiels** d'un bail, et notamment son **prix,** le projet de bail contenu dans l'acte ne constituait pas une promesse de bail valant bail.

Cass. 3e civ. 12-1-1978 n° 82.

Une société civile immobilière (SCI) avait consenti à un tiers une promesse de bail portant sur un hôtel qu'elle devait construire sur un terrain lui appartenant sous la condition suspensive de l'achèvement de l'immeuble. Le bénéficiaire n'ayant pas donné suite à la promesse et ayant été mis en redressement judiciaire, la SCI, se prévalant de cette promesse, avait déclaré sa créance entre les mains du représentant des créanciers.
La cour d'appel, qui constate que la **promesse de bail renvoyait à une rédaction ultérieure pour l'établissement des charges et conditions** et que, si dans ce document était prévu un mode de calcul du **loyer** envisagé à partir d'un pourcentage du coût hors taxe de l'investissement variant selon les années considérées, ce dernier coût était uniquement estimé à titre **indicatif,** peut en déduire que cette promesse, ne constatant pas l'accord des parties sur les éléments essentiels de l'engagement, notamment sur le montant du loyer, ne valait pas bail et ne pouvait en conséquence pas être invoquée au soutien de la déclaration de la créance du prétendu bailleur.

Cass. 3e civ. 30-6-1999 n° 1187 D : RJDA 8-9/99 n° 886.

b. Formalités de la promesse synallagmatique de bail

ABSENCE D'EXIGENCE D'UN ÉCRIT

18400 Comme le bail avec lequel elle se confond le plus souvent, la promesse synallagmatique de bail est un **contrat consensuel** qui, en principe, ne requiert pas l'accomplissement de formalités particulières ; notamment, un écrit n'est pas nécessaire (CA Versailles 1-10-1999 n° 97-8116).

Néanmoins, la rédaction d'un écrit permet aux parties de se ménager une preuve de la promesse et d'en assurer l'opposabilité aux tiers (sur cette question, voir n°s 19090 s.). Jugé notamment que la mention, dans le cahier des charges de l'adjudication d'un immeuble, de l'existence d'une promesse de bail consentie par le précédent propriétaire a pour effet de donner date certaine à la promesse et ainsi de conférer à son bénéficiaire un titre opposable au nouvel acquéreur du bien (Cass. 3e civ. 30-10-1969 n° 67-14.495 : Bull. civ. III n° 696).

CAS PARTICULIER : PROMESSE DE BAIL D'UNE DURÉE SUPÉRIEURE À 12 ANS

18402 Lorsqu'elle vaut bail pour une durée supérieure à douze ans, la promesse doit être établie par acte authentique pour être publiée au service chargé de la publicité foncière ; à défaut, le bail est inopposable aux tiers pour la période excédant les douze premières années (Décret 55-22 du 4-1-1955 art. 4, al. 1, art. 28, 1°-b et art. 30, 1 et 3). L'inopposabilité se limite à la fraction du bail conclue pour la durée excédant la première période de douze ans déterminée à compter de l'entrée en jouissance du locataire et non de la date d'acquisition par le tiers du droit concurrent.

B. Promesse de renouvellement de bail

INTÉRÊT DE L'ENGAGEMENT DE RENOUVELLEMENT

18500 Par une clause du bail initial ou d'un avenant, improprement dénommée « promesse de renouvellement du bail », il arrive que le bailleur prenne l'engagement de renouveler le bail à son expiration.

Le plus souvent, cet engagement est prévu afin de permettre au locataire d'amortir sur une durée supérieure à neuf ans les investissements qu'il réalise. Il est d'ailleurs parfois demandé par l'établissement de crédit qui prête au locataire les fonds destinés à la réalisation de travaux dans les locaux.

VALIDITÉ DE L'ENGAGEMENT DE RENOUVELLEMENT

18501 L'engagement de renouvellement du bail est valable à condition de ne pas conférer un **caractère perpétuel** au bail, conformément à l'article 1210 du Code civil. Par exemple, une clause ne peut pas valablement prévoir que le bailleur s'engage à renouveler le bail sur simple demande du locataire. En revanche, est valable la clause prévoyant que, « à son expiration, le bail sera renouvelé pour la même destination (...) et pour une durée de neuf ans » ; en effet, par cette clause, les parties ont entendu assurer le renouvellement automatique et ferme du bail pour neuf ans « supplémentaires » puisqu'il n'est fait référence qu'à l'expiration du bail originel et non à chaque échéance du bail renouvelé (CA Toulouse 12-4-2011 n° 10/00392, ch. 2 sect. 2).

ÉTENDUE DE L'ENGAGEMENT DU BAILLEUR

18504 La clause du bail qui prévoit le renouvellement de celui-ci doit être rédigée de manière claire et sans laisser place à une quelconque équivoque pour ne pas donner prise à une interprétation des juges du fond qui ne correspondrait pas à la volonté des parties. Ainsi, lorsque la clause d'un bail commercial par laquelle le bailleur promet, à l'expiration du bail, de le renouveler pour une période de neuf années est imprécise, c'est par une interprétation souveraine exclusive de dénaturation qu'une cour d'appel a retenu que cette promesse de renouvellement valait **renouvellement automatique du bail** à son échéance ; le bailleur faisait valoir en vain que, par cette clause, il s'engageait à faire droit à la demande de renouvellement du locataire et qu'elle ne créait à sa charge qu'une obligation de faire se résolvant en dommages-intérêts en cas d'inexécution (Cass. 3e civ. 1-10-2008 n° 07-16.435 FS-D : RJDA 1/09 n° 10).

18505 En s'engageant à renouveler le bail, le **bailleur renonce au droit** que lui accorde l'article L 145-14 du Code de commerce **de refuser le renouvellement** du bail **en payant une indemnité d'éviction** au locataire ; une telle renonciation est valable (Cass. 3e civ. 29-10-1970 n° 69-11.287 : Bull. civ. III n° 553), sous réserve que les promesses de renouvellement n'aboutissent pas à un bail perpétuel (Cass. 3e civ. 19-2-1992 n° 90-16.148 : RJDA 4/92 n° 323).

Renonce-t-il également au droit, que lui reconnaît l'article L 145-17, I du Code de commerce, de refuser le renouvellement **pour motif grave et légitime ou en cas d'immeuble insalubre** ou dangereux ? S'agissant du refus de renouvellement pour motif grave et légitime à l'encontre du locataire, la réponse est affirmative si la promesse de renouvellement a été consentie dans le cadre d'une transaction mettant fin à un litige né entre les parties en raison d'une faute commise par le locataire. Pour le reste, la cour d'appel de Paris a répondu également par l'affirmative : lorsque les parties sont convenues de l'automaticité du renouvellement, le bailleur qui n'a pas à notifier un congé n'est pas à même d'opposer un refus de renouvellement, fût-ce pour motif grave et légitime, et il peut seulement poursuivre la résiliation du bail sur le fondement de la clause résolutoire ou sur le fondement de l'ex-article 1184 du Code civil (désormais C. civ. art. 1227) permettant la résiliation judiciaire du contrat de bail (CA Paris 27-9-2006 n° 05/10868, 16e ch. A et, sur pourvoi, Cass. 3e civ. 1-10-2008 n° 07-16.435 FS-D : RJDA 1/09 n° 10). Dans le cas où l'immeuble doit être totalement ou partiellement démoli, le défaut d'intérêt pour le locataire d'une promesse de renouvellement est évident.

La promesse de renouvellement emporte-t-elle par ailleurs **renonciation** du bailleur **à refuser le renouvellement** dans les conditions de l'article L 145-57, al. 2 du Code de commerce **une fois** que le juge a **fixé le loyer du bail renouvelé** ? La réponse à cette question est incertaine, ce qui devrait inciter les parties à apporter un grand soin à la rédaction de la promesse. **18508**

En effet, dans un cas où la promesse de renouvellement figurait dans une transaction conclue entre le bailleur et son locataire, la Cour de cassation a jugé que le bailleur, qui avait donné congé avec offre de renouvellement, ne pouvait pas valablement rétracter son offre après que le juge avait fixé le loyer du bail renouvelé, au motif que la promesse de renouvellement contenue dans la transaction obligeait le bailleur à consentir le bail promis (Cass. 3e civ. 12-11-1980 : Rev. loyers 1981 p. 87 note J.V.).

Par deux autres arrêts, la Cour de cassation n'a pas répondu à la question : elle a seulement jugé que tout dépendait des stipulations de la promesse, souverainement appréciées par les juges du fond.

Ainsi, en l'état d'une convention par laquelle le bailleur de locaux commerciaux a promis à son locataire de ne pas lui donner congé à l'expiration du bail et de renouveler celui-ci « réserve faite des droits relatifs à la fixation des conditions du loyer, en conformité de la législation sur les baux commerciaux », les juges du second degré, par une interprétation nécessaire de cette convention, exclusive de dénaturation, ont relevé que la **renonciation du bailleur** au droit de refuser le renouvellement du bail **s'étendait** au refus accordé par l'article 31 du décret du 30 septembre 1953 (C. com. art. L 145-57) et que les réserves formulées à l'acte ne visaient que le droit, à défaut d'accord amiable, de faire fixer les conditions et le prix du bail renouvelé par le juge, dont la décision s'imposerait aux parties (Cass. 3e civ. 29-10-1970 n° 69-11.287 : Bull. civ. III n° 553).

Dans la seconde affaire, un bailleur qui avait promis le renouvellement du bail reprochait à une cour d'appel d'avoir décidé qu'il ne pouvait pas revenir sur son acceptation de principe au renouvellement en faisant valoir qu'il disposait d'un droit de rétractation, même en l'absence de cause grave et légitime, sous réserve d'acquitter l'indemnité d'éviction et à condition que cette rétractation intervienne dans le délai fixé à l'article 31 du décret du 30 septembre 1953 (C. com. art. L 145-57). La Cour de cassation a écarté cet argument : ayant souverainement retenu, en recherchant la commune intention des parties, que la **promesse de renouvellement valait renouvellement** et relevé qu'elle serait privée de tout effet si son inexécution justifiait seulement l'allocation de dommages-intérêts, la cour d'appel en a justement déduit que le propriétaire ne pouvait pas revenir sur son engagement (Cass. 3e civ. 23-5-1995 n° 93-11.103 : Loyers et copr. 1995 comm. n° 526 note Ph.-H. Brault).

LOYER DU BAIL RENOUVELÉ

Les parties peuvent valablement **déterminer dans la promesse** les conditions de fixation du loyer du bail renouvelé (Cass. 3e civ. 10-3-2004 n° 295 F-PBI : n° 54255). **18515**

EXEMPLE

Les parties peuvent convenir que le loyer du bail renouvelé sera le même que celui du bail en cours.

Elles peuvent se contenter de faire référence aux modalités de fixation prévues aux articles L 145-33 et L 145-34 du Code de commerce.

Elles peuvent aussi prévoir que le loyer du bail renouvelé sera fixé par des experts ou organiser une indexation du loyer du bail en cours, en choisissant l'indice des loyers commerciaux (ILC) ou tout autre indice en relation avec l'objet du bail ou l'activité de l'une d'elles.

Si la **promesse** est **muette** sur la question du loyer du bail renouvelé, doit-on considérer que le bailleur a accepté que le loyer initial, le cas échéant augmenté par application de la clause d'indexation, s'appliquera pendant la durée du bail et de son renouvellement ? La Cour de cassation a répondu par la négative : en promettant le renouvellement du bail, le bailleur ne renonce pas à faire fixer le loyer du bail renouvelé (Cass. 3e civ. 23-5-2012 no 11-12.792 FS-D et Cass. 3e civ. 12-12-2012 no 11-20.727 FS-PB : RJDA 3/13 no 202). S'il veut obtenir un nouveau loyer dès le renouvellement, le bailleur doit faire connaître le loyer qu'il propose dans un congé délivré conformément à l'article L 145-9, al. 5 du Code de commerce (congé par acte extrajudiciaire, avec offre de renouvellement), sauf stipulation contractuelle fixant une autre modalité (Cass. 3e civ. 12-12-2012 no 11-20.727 précité).

MISE EN ŒUVRE DU RENOUVELLEMENT

18520 Sauf dans l'hypothèse où il entend demander un nouveau loyer non prévu par la promesse (no 18515), le bailleur qui s'est engagé à renouveler le bail est dispensé de donner **congé avec offre de renouvellement** (Cass. 3e civ. 27-10-2004 no 03-15.769 FS-PB : RJDA 1/05 no 14).

En effet, la clause prévoyant le renouvellement du bail déroge à l'article L 145-9, al. 1 et 2 du Code de commerce, dont les dispositions ne sont pas d'ordre public, qui exige la délivrance d'un congé donné six mois à l'avance et prévoit qu'à défaut de congé le bail fait par écrit se poursuit par tacite prolongation au-delà du terme fixé par le contrat.

Dans un tel cas, le bailleur n'a même pas besoin d'adresser une lettre à son locataire pour lui rappeler les conditions de renouvellement du bail.

ILLUSTRATIONS

Une clause d'un bail commercial intitulée « promesse de renouvellement » prévoyait qu'à l'issue de la première période de neuf ans le bail se renouvellerait pour une nouvelle période de neuf ans moyennant un loyer plafonné au montant de 1,2 fois le loyer applicable à la veille du renouvellement. Après le terme du bail initial, le locataire avait refusé de payer le loyer calculé aux nouvelles conditions, prétendant que le bail n'avait pas été renouvelé, faute de congé donné par le bailleur, mais qu'il s'était seulement poursuivi par tacite prolongation. La Cour de cassation a au contraire jugé que le bail s'était renouvelé en se fondant sur l'argumentation suivante : la clause de renouvellement n'était pas contraire au statut des baux commerciaux ; le bailleur n'avait aucune obligation de donner congé avec offre de renouvellement puisque les parties s'étaient, dès la conclusion du bail initial, mises d'accord sur le caractère automatique du renouvellement à des conditions de loyer acceptées par elles (Cass. 3e civ. 27-10-2004 no 03-15.769 FS-PB : RJDA 1/05 no 14).

OPPOSABILITÉ DE LA PROMESSE AU TIERS ACQUÉREUR DE L'IMMEUBLE

18525 La promesse de renouvellement du bail est opposable à l'acquéreur de l'immeuble dans les mêmes conditions que le bail lui-même (sur celles-ci, voir nos 19500 s.). Ainsi, la promesse de renouvellement d'un bail, qui constituait un avenant au bail et avait été constatée dans un acte authentique dont l'existence était mentionnée dans l'acte de vente, est opposable au tiers, acquéreur de l'immeuble (Cass. 3e civ. 23-5-1995 no 93-11.103 : Loyer et copr. 1995 comm. no 526 note Ph.-H. Brault).

SECTION 5 FORME ET CONTENU DU BAIL

A. Forme du bail

BAIL VERBAL OU ÉCRIT

18700 Le bail est un contrat consensuel qui se forme dès qu'il y a accord des parties sur les éléments essentiels du contrat (CA Paris 19-11-1992 no 92-3158, 6e ch. B). Sa validité n'est subordonnée à aucune forme particulière (Cass. req. 26-6-1901 : DP 1901 1 p. 501).

Le contrat de bail peut donc être **verbal** (C. civ. art. 1714 ; Cass. soc. 8-3-1957 : JCP 1957 IV p. 57 ; Cass. 3e civ. 16-6-2004 no 03-11.383 FS-D : RJDA 10/04 no 1098). L'application du statut des baux commerciaux n'est pas subordonnée à la signature d'un **écrit** (Cass. 3e civ. 12-2-1985 no 83-11.728 : Bull. civ. III no 29 ; Cass. 3e civ. 12-12-1990 no 1938 D : RJDA 2/91 no 91). Voir cependant pour les baux de débits de boissons et les baux consentis pour une durée supérieure à douze ans, no 18716.

Encore faut-il qu'il ait eu rencontre des consentements des parties (sur cette question, voir la jurisprudence exposée no 19315).

CONSEIL

En pratique, les parties ont toutefois **intérêt** à recourir à un **contrat** de bail **écrit** afin de se ménager la preuve de son existence et de son contenu (notamment quant au montant du loyer, aux modalités de sa révision, aux charges répercutables sur le locataire et aux réparations mises à sa charge), d'éviter les problèmes d'interprétation de leur volonté par le juge et de faciliter l'opposabilité du bail aux tiers (n°s 19500 s.).

BAIL PAR ACTE AUTHENTIQUE OU SOUS SIGNATURE PRIVÉE

Liberté de choix entre différents types d'actes Le bail est constaté soit dans un acte authentique, généralement dressé par un notaire, soit dans un acte sous signature privée (le cas échéant contresigné par un avocat), l'un comme l'autre pouvant être établi sur un support **papier** ou un support **électronique.** 18710

L'acte électronique a la même force probante que son équivalent papier dès lors que la personne dont il émane peut être dûment identifiée et que l'acte est établi et conservé dans des conditions de nature à en assurer l'intégrité (C. civ. art. 1366).

L'acte sous signature privée classique présente une plus grande **souplesse** que l'acte authentique : il peut être constitué par un acte unique constatant le consentement des parties mais peut aussi résulter d'un échange de courriers (Cass. req. 26-6-1901 : DP 1901 1 p. 501 ; Cass. 3e civ. 18-7-1977 n° 76-11.043 : Bull. civ. III n° 318 ; CA Paris 25-11-1987) si ces courriers sont suffisamment précis et explicites (CA Dijon 7-4-1992, 1e ch. ; CA Paris 24-11-2000 n° 1999-6128, 5e ch. C, analysé n° 16660). Le contrat est alors formé sauf si les parties ont fait de la réitération de leur accord par acte authentique un élément déterminant de leur consentement (Cass. 3e civ. 28-5-1997 n° 982 PF : RJDA 8-9/97 n° 1012). 18712

L'acte authentique présente l'avantage d'une plus grande **sécurité juridique** que l'acte sous signature privée. En effet, contrairement à ce dernier, le contenu d'un acte authentique ne peut être remis en cause que dans le cadre de la procédure d'inscription de faux (n° 19225). 18714

En outre, l'acte authentique constitue un **titre exécutoire** (C. exécution art. L 111-3, 4°) qui permet de procéder à tout type de saisie sans autorisation préalable du juge (art. L 211-1 pour la saisie-attribution, art. L 221-1 pour la saisie-vente et art. L 511-2 pour la saisie conservatoire). En revanche, le bailleur titulaire d'un bail sous signature privée ne peut procéder, sans autorisation judiciaire, qu'à une saisie conservatoire et pour le seul paiement des loyers (art. L 511-2) ; il doit ensuite obtenir un titre exécutoire pour poursuivre les biens du locataire (art. L 511-4).

Toutefois, il est possible d'obtenir un titre exécutoire en déposant le bail sous signature privée au rang des minutes d'un notaire (voir M. Dagot, Baux commerciaux et titres exécutoires : JCP N 1995 Prat. 3497).

La distinction entre l'**acte sous signature privée** et l'**acte authentique** s'est **amenuisée** depuis la création de l'acte sous signature privée contresigné par un avocat. 18715

En contresignant un acte sous signature privée, l'avocat atteste avoir éclairé pleinement la ou les parties qu'il conseille sur les conséquences de l'acte (Loi 71-1130 du 31-12-1971 art. 66-3-1).

Le contreseing de l'avocat sur l'acte sous signature privée améliore la sécurité juridique de l'acte sur certains points, le rapprochant ainsi de l'acte authentique sans pour autant lui donner la même portée. Ainsi, même contresigné par un avocat, l'acte sous signature privée acquiert date certaine à l'égard des tiers dans les mêmes conditions que l'acte sous signature privée classique (n° 87000 s.) et n'a aucune force exécutoire.

En outre, le contreseing de l'avocat a une force probatoire supérieure à celle de l'acte sous signature privée classique mais toutefois inférieure à celle de l'acte authentique (n° 19245).

Exceptions Un acte authentique est obligatoire pour les **baux d'une durée supérieure à douze ans,** afin de permettre leur publication par le service chargé de la publicité foncière et de les rendre opposables aux tiers (Décret 55-22 du 4-1-1955 art. 4 et 28, 1°-b). La publicité d'un tel bail emporte exigibilité de la taxe de publicité foncière de 0,70 % (soit une taxation globale de 0,71498 % compte tenu du prélèvement pour frais d'assiette et de recouvrement), due en principe sur le montant cumulé de toutes les années à courir (CGI art. 742). La taxe est liquidée sur le prix exprimé, augmenté des charges, ou sur la valeur locative réelle des biens loués si elle est supérieure au prix augmenté des charges. L'assiette de la taxe est toutefois limitée à vingt fois la moyenne annuelle du loyer et des charges pour les baux d'une durée supérieure à vingt ans (BOI-ENR-JOMI-10 n° 80). Si le bail est soumis à la TVA, il est fait abstraction de la TVA pour le calcul de la taxe de publicité foncière (BOI-ENR-JOMI-10 n° 120). La publication donne lieu également au paiement de la contribution de sécurité immobilière. 18716

Le recours à l'acte authentique est également obligatoire pour les **baux de débits de boissons** (CGI art. 504 jusqu'au 30-6-2025 ; CSP art. L 3336-8 à compter du 1-7-2025). Cette obligation purement fiscale est destinée à empêcher le débitant de se soustraire au paiement des taxes sur l'alcool ; elle n'a pas d'incidence sur la validité du contrat (Cass. 3e civ. 13-3-1974 n° 73-10.473 : Bull. civ. III n° 116).

B. Contenu du bail

1. LIMITES À LA LIBERTÉ CONTRACTUELLE

a. Respect de l'ordre public

ORDRE PUBLIC DÉCOULANT DU STATUT DES BAUX COMMERCIAUX

18800 Lorsque le bail est écrit et que le statut des baux commerciaux s'applique, les parties ne sont pas libres de donner au contrat de bail le contenu qu'elles veulent mais doivent obligatoirement respecter certaines **dispositions impératives du statut** qui ont pour finalité de protéger le locataire dans son activité.

Les articles L 145-15, L 145-16 et L 145-45 du Code de commerce listent les dispositions du statut qui sont impératives. En outre, la Cour de cassation a parfois étendu l'ordre public à d'autres dispositions du statut (par exemple, l'article L 145-9, al. 4 et 5 concernant le formalisme du congé, l'article L 145-16-2 limitant la durée de la clause de solidarité souscrite par le locataire cédant son bail ou encore l'article L 145-46-1 relatif au droit de préférence légal du locataire en cas de vente du local loué).

18802 Ainsi les **parties ne peuvent pas déroger** aux dispositions concernant :

– le droit au renouvellement du bail (C. com. art. L 145-8 s.) ;

– la durée minimale du bail initial (C. com. art. L 145-4, al. 1) et du bail renouvelé (art. L 145-12) ;

– la faculté de résolution anticipée par le locataire ayant demandé à bénéficier de ses droits à la retraite ou ayant été admis au bénéfice d'une pension d'invalidité (C. com. art. L 145-4, al. 4) ;

– la révision triennale du loyer et la révision des loyers indexés (C. com. art. L 145-37, L 145-38 et L 145-39) ;

– la réglementation des loyers payés d'avance (C. com. art. L 145-40) ;

– l'établissement d'un état des lieux au moment de la prise de possession des locaux et lors de leur restitution (C. com. art. L 145-40-1) ;

– l'insertion dans le bail d'un inventaire des catégories de charges, impôts, taxes et redevances liés au bail (C. com. art. L 145-40-2, al. 1) ;

– la communication par le bailleur d'un état récapitulatif des travaux réalisés et d'un état prévisionnel des travaux (C. com. art. L 145-40-2, al. 2 à 4) ;

– les modalités de mise en œuvre des clauses résolutoires (C. com. art. L 145-41) ;

– le régime de la déspécialisation (C. com. art. L 145-47 à L 145-55 et L 145-42, al. 1) ;

– le formalisme à suivre en matière de congé (C. com. art. L 145-9, al. 5) et de demande de renouvellement (art. L 145-10, al. 2) ;

– la cession du bail à l'acquéreur du fonds de commerce ou de l'entreprise du locataire ou au bénéficiaire du transfert universel du patrimoine professionnel de celui-ci (C. com. art. L 145-16, al. 1) et la transmission du bail en cas de fusion ou d'apport partiel d'actif soumis au régime des scissions (C. com. art. L 145-16, al. 2) ;

– les clauses résolutoires en matière de procédures collectives (C. com. art. L 145-45).

18804 Dans ces domaines, la liberté contractuelle des parties n'est pas totalement absente puisqu'elles peuvent **conférer plus de droits** au bénéficiaire de la protection que ne le prévoit le statut (par exemple, en prévoyant une durée du bail ou un délai de préavis du congé supérieur au minimum légal ; voir nos 30120 s. et 69830 s.).

Sur la question de savoir si une partie peut **renoncer au bénéfice des dispositions impératives** du statut : voir n° 22165.

18806 Les **clauses contraires** aux dispositions impératives du statut sont réputées non écrites (C. com. art. L 145-15 et L 145-16).

> **> Précisions** Jusqu'au 20 juin 2014, date d'entrée en vigueur de la loi 2014-626 du 18 juin 2014 ayant modifié les articles précités, de telles clauses étaient sanctionnées par la nullité. Sur les effets de la réforme de 2014 et son application dans le temps, voir nos 22150 s.

AUTRES ORDRES PUBLICS

La liberté des parties n'est pas seulement limitée par les dispositions impératives du statut des baux commerciaux. Il leur est également interdit de déroger par contrat aux règles qui intéressent l'ordre public (C. civ. art. 6) et donc notamment aux textes suivants : **18820**

- les articles 1112-1 et 1104 du Code civil qui, pour tout contrat, imposent un devoir précontractuel d'information ainsi qu'une obligation de bonne foi lors de la négociation, de la formation et de l'exécution du contrat ainsi que les articles 1170 et 1171 du même Code qui sanctionnent les atteintes abusives au contenu du contrat ;
- l'article L 631-7 du Code de la construction et de l'habitation relatif au changement d'usage des locaux à usage d'habitation ;
- l'article L 3331-6 du Code de la santé publique relatif à la transformation des débits de boissons ;
- l'article 1709 du Code civil concernant le bail perpétuel ;
- les articles L 112-1 et L 112-2 du Code monétaire et financier relatifs à l'indexation (choix de l'indice d'indexation et de la période d'indexation).

b. Clauses exorbitantes

CLAUSE ÉLUDANT LES OBLIGATIONS ESSENTIELLES NÉES DU BAIL

Dans les **contrats conclus depuis le 1er octobre 2016,** toute clause qui prive de sa substance l'obligation essentielle du débiteur est réputée non écrite (C. civ. art. 1170 issu de ord. 2016-131 du 10-2-2016). La disposition s'applique au bail commercial ; le débiteur visé est tant le bailleur que le locataire, chacun étant débiteur d'obligations au titre du contrat de bail. **18830**

Pour les contrats conclus **avant cette date,** une prohibition similaire a été posée par la jurisprudence, réputant non écrite les clauses limitatives de responsabilité contredisant l'engagement ou l'obligation essentielle du bénéficiaire de la clause (notamment, Cass. 3e civ. 22-10-1996 n° 93-18.632 PB : RJDA 1/97 n° 6 ; Cass. com. 29-6-2010 n° 09-11.841 FP-PBRI : RJDA 11/10 n° 1031 ; Cass. com. 31-5-2011 n° 10-13.633 F-D : RJDA 10/11 n° 771). En matière de bail commercial, la Cour de cassation a affirmé à plusieurs reprises que les clauses du bail ne peuvent pas totalement décharger le **bailleur** de son obligation de délivrance qui, par nature découle du bail (cf. C. civ. art. 1719). Sur cette jurisprudence, voir nos 57235 s.

Sur l'**action** tendant à faire réputer non écrite une clause, le pouvoir du juge en la matière et l'incidence sur le bail, voir les développements qui concernent les clauses réputées non écrites en application du statut des baux commerciaux (nos 22150 s.) et qui sont à notre avis transposables à l'application de l'article 1170 du Code civil. **18840**

CLAUSE GÉNÉRANT UN DÉSÉQUILIBRE SIGNIFICATIF

Depuis la réforme du droit des contrats, issue de l'ordonnance 2016-131 du 10 février 2016, les clauses générant un déséquilibre significatif entre les droits et obligations des parties sont prohibées dans les contrats d'adhésion (C. civ. art. 1171). Les termes de cette prohibition, tout comme la définition du contrat d'adhésion donnée par l'ordonnance, ont été modifiés par la loi 2018-287 du 20 avril 2018 qui a ratifié la réforme. **18860**

L'interdiction posée par l'article 1171 est d'**ordre public** (cf. Rapp. Sén. n° 22 relatif à la loi de ratification 2018-287 du 20-4-2018 ; cela s'infère aussi du fait que les clauses sont réputées non écrites) ; les parties ne peuvent donc pas y échapper conventionnellement.

Contrat d'adhésion ou de gré à gré L'article 1171 du Code civil sanctionne les clauses générant un déséquilibre manifeste dans les seuls contrats d'adhésion. De telles clauses peuvent donc figurer dans un contrat de gré à gré, dans la mesure toutefois où elles ne contreviennent pas à une autre disposition légale, tel l'article 1170 du même Code qui répute non écrite toute clause privant de sa substance l'obligation essentielle du débiteur. **18862**

La question de l'application de l'article 1171 est donc intrinsèquement liée à celle de la qualification du contrat.

Dans sa rédaction initiale (issue de ord. 2016-131 du 10-2-2016), l'article 1110 du Code civil donnait les **définitions** suivantes : le contrat de gré à gré était celui dont les stipulations étaient librement négociées entre les parties ; le contrat d'adhésion était celui dont les conditions générales, soustraites à la négociation, étaient déterminées à l'avance par l'une des parties. Ces définitions valent toujours pour les contrats conclus entre le 1er octobre 2016 et le 30 septembre 2018. **18864**

Depuis la modification de ce texte par la loi 2018-287 du 20 avril 2018, le contrat de gré à gré est celui dont les stipulations sont négociables entre les parties tandis que le contrat d'adhésion est celui qui comporte un ensemble de clauses non négociables, déterminées à l'avance par l'une des parties. Ces définitions s'appliquent aux contrats conclus depuis le 1er octobre 2018 (Loi 2018-287 du 20-4-2018 art. 16, I-al. 1).

18866 Les baux des **centres commerciaux** relèvent généralement de la catégorie des contrats d'adhésion. En effet, pour accéder à un centre commercial, le candidat locataire doit le plus souvent accepter purement et simplement les conditions locatives du centre, conditions auxquelles le gestionnaire ou propriétaire refuse de déroger dans le souci d'une gestion harmonisée, basée sur le principe d'un loyer net de toutes charges pour le bailleur, à l'exception, depuis le 5 novembre 2014, des charges, impôts et taxes non refacturables au locataire en application de l'article R 145-35 du Code de commerce.

Il en est fréquemment de même des **baux** dits « **d'investisseurs** » qui sont standardisés.

Il n'est pas exclu que la qualification de contrat d'adhésion puisse également être retenue dans d'autres hypothèses. La suppression de la notion de « conditions générales » de la définition de ce type de contrat (n° 18864) en a élargi le champ d'application.

18868 L'**existence d'un contrat d'adhésion** doit toutefois être prouvée. La charge de cette **preuve** repose sur la partie qui invoque cette qualification (CPC art. 9).

La négociabilité des clauses du bail (ou leur négociation effective) est un fait juridique dont la preuve peut être rapportée par tous moyens, par exemple les échanges de projets d'actes avec des marques de révision, la comparaison des baux consentis par le bailleur à ses autres locataires, le caractère inhabituel des clauses contestées... Sur ce point, M. Mekki s'interroge (La loi de ratification de l'ordonnance du 10 février 2016. Une réforme de la réforme : D. 2018 p. 900 s. n° 31) : le juge peut-il aussi prendre en compte l'inégalité économique, sociale ou intellectuelle des parties ?

CONSEIL

Chacune des parties au contrat de bail a tout intérêt à **conserver** les **traces** des différentes étapes des **négociations** ayant mené à la signature afin de pouvoir, le cas échéant, prouver l'existence ou l'absence de négociabilité des clauses du bail.

Il faut aussi prouver que les clauses non négociables forment un « ensemble » (C. civ. art. 1110, al. 2 modifié par loi 2018-287 du 20-4-2018). La qualification de contrat d'adhésion devrait donc être écartée en présence de quelques clauses isolées non négociables. Mais pour constituer un ensemble, faut-il que les clauses soient matériellement regroupées au sein du contrat et/ou qu'elles soient aussi liées par un lien « structurant » comme le soutient L. Andreu (Le nouveau contrat d'adhésion : AJ contrats 2018 p. 262 s.) ? Le nombre de clauses concernées, leur objet et leur éventuel caractère prépondérant dans l'équilibre du contrat de bail doivent-ils également être pris en considération ? Autant de questions pour l'instant sans réponse.

Enfin, les clauses non négociables doivent avoir été déterminées à l'avance par l'une des parties. À cet égard, un auteur a relevé que le contrat de bail est presque toujours rédigé par le bailleur ou son conseil ; cela n'en fait pas nécessairement un contrat d'adhésion mais la standardisation des baux proposés peut être un indice de cette qualification (F. Auque, Ratification de l'ordonnance du 10 février 2016 portant réforme du droit des contrats : impact sur les baux commerciaux : AJDI 2018 p. 497 s.)

18870 Nombre de bailleurs et de praticiens ont d'ores et déjà pris soin d'insérer dans leurs baux des **clauses destinées à éluder la qualification de contrat d'adhésion,** par exemple sous la forme suivante : « Les parties reconnaissent avoir négocié de bonne foi l'ensemble des conditions du bail, lesquelles constituent ensemble un tout indivisible, chacune ayant eu le temps de consulter ses conseils, de poser à l'autre partie les questions qui lui paraissaient déterminantes de son consentement et d'en recevoir la réponse, et d'apprécier par elle-même la portée de ses engagements, avant de procéder à sa signature. Le bail constitue en conséquence un contrat de gré à gré au sens des dispositions de l'article 1110 du Code civil. »

Si l'on peut comprendre l'intérêt d'une telle stipulation, force est de s'interroger cependant sur son **opportunité** car imposer la signature d'une telle clause, qui par essence n'est pas naturelle, pourra s'avérer révélateur d'un déséquilibre significatif ou d'un manquement à la bonne foi qui doit présider à la conclusion du contrat.

> Précisions Les parties ont la faculté d'**aménager conventionnellement** certaines **modalités de la preuve** pour les droits dont elles ont la disposition (C. civ. art. 1356, al. 1 issu de ord. 2016-131 du 10-2-2016 ; auparavant, Cass. 1e civ. 8-11-1989 n° 86-16.196 : Bull. civ. I n° 342). À supposer que cette faculté puisse leur être reconnue dans le cadre des articles 1110 et 1171 du Code civil, les parties ne peuvent pas néanmoins établir au profit de l'une des parties une présomption irréfragable (art. 1356, al. 2 ; Cass. com. 6-12-2017 n° 16-19.615 FS-PBI : RJDA 2/18 n° 202).

Existence d'un déséquilibre significatif L'article 1171 du Code civil (que ce soit avant ou après sa modification par loi 2018-287 du 20-4-2018) vise les clauses d'un contrat d'adhésion qui créent un **déséquilibre significatif entre les droits et obligations des parties** au contrat. Dans un bail répondant aux critères du contrat d'adhésion, le dispositif peut profiter au bailleur ou au locataire, selon que le déséquilibre est au détriment de l'un ou de l'autre. 18875

L'**appréciation** du déséquilibre significatif ne porte ni sur l'objet principal du contrat ni sur l'adéquation du prix à la prestation (C. civ. art. 1171, al. 2). Il résulte de cette précision que l'article 1171 ne permet pas de sanctionner une éventuelle lésion dans le bail s'il s'avère que le **loyer** convenu ne correspond pas à la valeur locative des locaux parce qu'il est sous-évalué ou, au contraire, surévalué. Les mécanismes de révision de loyer et de fixation du loyer du bail renouvelé prévus par le statut des baux commerciaux permettent cependant de corriger un loyer anormal.

Le déséquilibre doit donc exister dans les **autres modalités du bail** (clause de répartition des travaux et de l'entretien des locaux, clause de non-garantie, clause résolutoire, clauses relatives au règlement des situations contentieuses...).

À notre avis, pourraient être considérées comme génératrices ou symptomatiques d'un déséquilibre significatif les clauses dont la Commission des **clauses abusives** a préconisé, sur le fondement de l'article L 212-1 du Code de la consommation (comportant un dispositif similaire à celui de l'article 1171 du Code civil), l'élimination dans les baux d'habitation conclus par un consommateur, à savoir les clauses ayant pour objet ou pour effet (Recommandation 2000-01) : 18877

- d'interdire au locataire, par des clauses non limitatives de renonciation, tout recours contre le bailleur ;
- d'interdire au locataire de rechercher la responsabilité du bailleur en raison d'un défaut d'entretien de l'immeuble, de la vétusté ou de la dangerosité des éléments installés ;
- d'interdire au locataire de rechercher la responsabilité du bailleur en cas de destruction totale des lieux loués ;
- d'exonérer le bailleur de sa responsabilité lorsque le contrat impose au locataire de remettre ses clefs, en cas d'absence, à une personne qu'il n'a pas lui-même librement choisie ;
- d'exonérer, dans tous les cas, le bailleur de sa responsabilité pour les troubles, dommages ou actes délictueux causés par les colocataires occupants de l'immeuble ou par les tiers.

L'appréciation de l'existence du déséquilibre et de son caractère significatif incombe au **juge.** 18880
Pour application de l'article L 442-1, I-2° du Code de commerce qui sanctionne le déséquilibre significatif entre partenaires commerciaux (n° 18890), le déséquilibre est apprécié au regard du contrat pris dans sa globalité, le déséquilibre créé par une clause pouvant être compensé par d'autres clauses (Cass. com. 3-3-2015 n° 13-27.525 FS-PB et Cass. com. 3-3-2015 n° 14-10.907 FS-D : RJDA 5/15 n° 393). L'existence d'obligations créant un déséquilibre significatif peut notamment se déduire d'une absence totale de réciprocité ou de contrepartie à une obligation, ou encore d'une disproportion importante entre les obligations respectives des parties (CA Paris 19-4-2017 n° 15/24221 : RJDA 12/17 n° 840).

CONSEIL

Pour limiter les risques de caractérisation d'un déséquilibre significatif dans les droits et obligations des parties, le bail peut notamment **préciser** quelle est la justification ainsi que la **contrepartie** de telle ou telle clause qui confère un avantage particulier à l'une des parties sur l'autre. Il est aussi possible de « **bilatéraliser** » certaines clauses afin que **les prérogatives** qu'elles comportent ne bénéficient pas à une des parties mais aux deux, telle une clause de renonciation à recours ou au bénéfice de la force majeure.

Sanction du déséquilibre significatif Dans les **contrats d'adhésion conclus depuis le 1er octobre 2018,** toute clause d'un contrat d'adhésion qui, non négociable et déterminée à l'avance par une des parties, crée un déséquilibre significatif entre les droits et obligations des parties au contrat est réputée non écrite (C. civ. art. 1171, al. 1 dans sa rédaction issue de loi 2018-287 du 20-4-2018 ; Loi 2018-287 du 20-4-2018 art. 16, I, al. 1). Les clauses qui ont été négociées ou qui étaient négociables ne peuvent donc pas être réputées non écrites, même si elles sont source d'un déséquilibre significatif. 18885

En revanche, pour les contrats d'adhésion **conclus entre le 1er octobre 2016 et le 30 septembre 2018,** est réputée non écrite toute clause génératrice d'un déséquilibre significatif (C. civ. art. 1171, al. 1 dans sa rédaction issue de ord. 2016-131 du 10-2-2016), y compris donc si elle était négociable ou a été négociée et peu important qu'elle ait été ou non déterminée à l'avance par une seule des parties.

Sur l'**action** tendant à faire réputer non écrite une clause, le pouvoir du juge en la matière et l'incidence sur le bail, voir les développements nos 22155 s. qui sont à notre avis transposables à l'application de l'article 1171 du Code civil.

18890 **Le déséquilibre significatif prévu par le droit de la concurrence**

Le droit de la concurrence sanctionne aussi le déséquilibre significatif dans les rapports contractuels. Ainsi, engage la responsabilité de son auteur et l'oblige à réparer le préjudice causé le fait, par toute personne exerçant des activités de production, de distribution ou de service, de soumettre ou de tenter de soumettre l'autre partie à des obligations créant un déséquilibre significatif dans les droits et obligations des parties (C. com. art. L 442-1, I-2°). La victime d'une telle pratique, le ministre de l'économie et le ministère public peuvent demander l'annulation des clauses illicites et la restitution des sommes versées en application de celles-ci (art. L 442-4).
Sous l'empire de l'ex-article L 442-6, I (qui sanctionnait déjà le déséquilibre significatif) mais la solution est transposable à l'actuel article L 442-1, la Cour de cassation a exclu l'application du dispositif aux relations locatives. Ainsi, un locataire de locaux commerciaux situés dans un centre commercial avait soutenu que les clauses de non-responsabilité contenues dans le bail traduisaient entre les parties au contrat un déséquilibre significatif au sens de l'ex-article L 442-6, I-2. Saisie sur la compétence du juge pour appréhender le contentieux en raison des règles particulières de compétence applicables à ce texte, la Cour de cassation a exclu qu'il puisse être fait application de l'ex-article L 442-6 précité à un bail commercial au motif que seules les **activités de production, de distribution ou de services** entrent dans le champ d'application de cet article (Cass. 3e civ. 15-2-2018 n° 17-11.329 FS-PBI : RJDA 5/18 n° 463 ; dans le même sens, CA Toulouse 29-10-2024 n° 21/03143). Or, la location d'un immeuble n'entre pas dans ce champ car il s'agit d'un **contrat de louage de chose** (C. civ. art. 1709) lequel ne peut pas être qualifié de prestation de services (CA Paris 9-11-2017 n° 16/05321 : RJDA 2/18 n° 191).

2. DOMAINE DE LA LIBERTÉ CONTRACTUELLE

18900 En dehors des dispositions impératives citées nos 18800 s., les parties peuvent librement **aménager ou écarter** les règles du **statut** des baux commerciaux. Si les **parties ne le font pas,** le statut (qui est supplétif de la volonté des parties) s'applique de plein droit.
Quant aux **aspects** du bail qui ne sont **pas régis par le statut** (par exemple les obligations des parties), ils relèvent, dans le silence des parties, des règles supplétives du Code civil.

18902 Cette **liberté** contractuelle se manifeste **en matière de** :
- destination des lieux loués (nos 27010 s.) ;
- sous-location (nos 75000 s.) ;
- fixation du loyer : les parties sont totalement libres de fixer le montant du loyer initial et peuvent par exemple insérer une clause-recettes (nos 48500 s.) ; elles peuvent déterminer conventionnellement les modalités de calcul du bail renouvelé, hors tout plafonnement (nos 54250 s.) ;
- résiliation triennale à l'initiative du locataire : pour certains baux limitativement énumérés, les parties peuvent aménager la faculté donnée au locataire de dénoncer son bail à l'expiration de chaque période triennale en prévoyant par exemple que le locataire renonce à la faculté de donner congé à l'issue de la première ou de la seconde échéance triennale ou, au contraire, en prévoyant une faculté de dénonciation plus fréquente (nos 72012 s.) ;
- cession du bail : il est possible d'interdire ou de soumettre à autorisation du bailleur la cession isolée du bail et, si les clauses interdisant au locataire de céder son droit au bail à l'acquéreur de son fonds de commerce sont prohibées, il est toutefois possible de soumettre cette cession à des conditions restrictives (nos 9260 s.) ;
- clause résolutoire : les parties sont libres d'insérer une clause prévoyant la résiliation de plein droit du bail en cas de manquement du locataire à une seule de ses obligations ; il reste que cette clause doit être rédigée avec attention car elle ne peut être mise en œuvre que pour les manquements aux obligations expressément visés au bail (nos 72480 s.) ;
- garanties conférées au bailleur : ce dernier peut exiger, par exemple, un dépôt de garantie (nos 36010 s.) mais aussi un cautionnement (nos 36700 s.) ;
- répartition des charges, taxes et travaux : il est possible de transférer du bailleur vers le locataire certaines charges ou travaux qui en principe relèvent du bailleur à condition que le transfert résulte d'une clause expresse et non ambiguë (nos 78010 s.).

18904 Parce qu'en matière de baux commerciaux, les clauses sont rédigées différemment selon que l'on négocie du côté du bailleur ou du côté du locataire et parce qu'il est important, lors de la rédaction du bail, de prendre en compte les particularités des lieux loués (immeuble entier, lots de copropriété, installations classées, boutiques, bureaux, immeuble construit ou à construire, etc.), nous avons choisi de ne pas insérer dans cet ouvrage de modèle de bail.

Nous avons en revanche reproduit ci-dessous un **sommaire type** de bail commercial afin d'orienter le lecteur vers les grands thèmes qui doivent figurer au contrat ; dans chacune des rubriques de l'ouvrage développant ces thèmes, des exemples de clauses lui seront fournis.

Sommaire de bail commercial 18910

Article 1 : IDENTIFICATION DES PARTIES	nos 14000 s.
Article 2 : DÉSIGNATION	nos 350 s.
Article 3 : DURÉE	nos 30000 s.
Article 4 : DESTINATION DES LIEUX LOUÉS	nos 27000 s.
Article 5 : LOYER	nos 48000 s.
Article 6 : INDEXATION DU LOYER	nos 48600 s.
Article 7 : DÉPÔT DE GARANTIE	nos 36010 s.
Article 8 : CHARGES ET CONDITIONS	
8.1 Exploitation commerciale	nos 33000 s.
8.2 Entretien – Réparations – Travaux	nos 78000 s.
8.3 Impôts, taxes et charges	nos 12000 s.
8.4 Assurances	nos 60905 s.
8.5 Sous-location	nos 75000 s.
8.6 Cession	nos 9000 s.
8.7 Restitution des lieux	nos 61250 s.
Article 9 : CLAUSE RÉSOLUTOIRE	nos 72480 s.
Article 10 : FRAIS – ENREGISTREMENT	nos 87055 s.
Article 11 : RÈGLEMENT DES LITIGES	nos 21200 s.
Annexes	nos 19000 s.

3. ANNEXES AU CONTRAT DE BAIL

LISTE

Outre un état des lieux (nos 19005 s.), différents documents doivent le cas échéant être joints au contrat de bail commercial, notamment : 19000

- l'annexe environnementale pour le bail « vert » (nos 5100 s.) ;
- l'état des risques naturels et technologiques et les informations concernant les sinistres survenus à ce titre (nos 57010 s.) ;
- le diagnostic de performance énergétique (nos 57030 s.) ;
- la fiche récapitulative du dossier amiante (no 59300) ;
- l'inventaire des charges, impôts et taxes (nos 57060 s.) ;
- la liste des travaux réalisés depuis trois ans et ceux prévus pour les trois années à venir (no 57070).

ÉTAT DES LIEUX

Un état des lieux doit être dressé lors de la prise de possession des locaux par le locataire dans les cas suivants (C. com. art. L 145-40-1, al. 1) : 19005

- conclusion d'un bail ;
- cession du droit au bail ;
- cession ou mutation à titre gratuit du fonds de commerce ;
- restitution des locaux.

Toute clause excluant l'établissement des lieux dans l'un des cas énoncés est réputée non écrite (art. L 145-15).

L'**état des lieux** doit être **établi** soit contradictoirement et amiablement par le bailleur et le locataire ou par un tiers mandaté par eux, soit par un huissier de justice à l'initiative de la partie la plus diligente, à frais partagés par moitié entre le bailleur et le locataire (C. com. art. L 145-40-1, al. 1). 19010

L'état des lieux doit être **joint** au contrat de bail ou, à défaut, conservé par chacune des parties (hypothèses de cessions de fonds de commerce pour lesquelles l'intervention du bailleur n'est pas requise et pour lesquelles aucun acte n'intervient entre le bailleur et le cessionnaire) (C. com. art. L 145-40-1, al. 1). 19015

19020 À **défaut de réalisation de l'état des lieux,** le bailleur ne peut pas invoquer la présomption de l'article 1731 du Code civil selon lequel, en l'absence d'état des lieux, le locataire est présumé les avoir reçus en bon état de réparations locatives (C. com. art. L 145-40-1, al. 3).

> Précisions La Cour de cassation a été saisie quant à la constitutionnalité de l'article L 145-40-1 et elle a refusé de transmettre une question prioritaire de constitutionnalité au Conseil constitutionnel (Cass. 3e civ. QPC 6-2-2020 n° 19-19.503 FS-PB : RJDA 4/20 n° 203).

SECTION 6

PREUVE ET OPPOSABILITÉ DU BAIL

A. Preuve du bail entre les parties

RÉPARTITION DE LA CHARGE DE LA PREUVE

19090 C'est à celui qui invoque l'existence ou le contenu d'un bail d'en apporter la preuve (application de l'article 1353, al. 1 du Code civil). Il a ainsi été jugé que la preuve d'un bail, à la charge d'un propriétaire demandeur, ne peut pas se déduire du silence du prétendu locataire, ni d'un acte délivré par le propriétaire lui-même, ni d'un témoignage sur l'occupation des lieux, alors que c'est à celui qui réclame l'exécution d'une obligation de la prouver (Cass. 3e civ. 12-6-2001 n° 99-17.138).

Réciproquement, celui qui se prétend libéré doit justifier le paiement ou le fait qui a produit l'extinction de son obligation (art. 1353, al. 2) ; inverse donc la charge de la preuve la cour d'appel qui, pour rejeter la demande d'un bailleur en paiement de loyers et résiliation d'un bail verbal, retient que, si ce dernier apporte la preuve d'un bail verbal, il n'établit pas que la situation a perduré, alors que, l'existence du contrat ayant été démontrée, c'était au locataire d'établir qu'il avait mis fin à ses obligations (Cass. 3e civ. 29-4-2002 n° 00-21.522).

MODE D'ADMINISTRATION DE LA PREUVE

19092 Le mode d'administration de la preuve en matière de baux commerciaux est lié à la **nature civile ou commerciale du bail,** nature elle-même liée à la **qualité des parties.**

Le bail a une nature commerciale pour les deux parties lorsqu'il est conclu entre deux commerçants pour l'exercice de leur commerce. Il est civil si aucune des parties n'est commerçante. Conclu entre un commerçant et un non-commerçant, il s'agit d'un acte mixte, commercial pour le commerçant agissant pour les besoins de son commerce et civil pour le non-commerçant.

19095 **Condition d'admission d'une preuve illicite ou déloyale**

Dans un procès civil, l'illicéité ou la déloyauté dans l'obtention ou la production d'une preuve ne conduit pas nécessairement à l'écarter des débats ; le juge doit, lorsque cela lui est demandé, apprécier si une telle preuve porte une atteinte au caractère équitable de la procédure dans son ensemble, en mettant en balance le droit à la preuve et les droits antinomiques en présence, le droit à la preuve pouvant justifier la production d'éléments portant atteinte à d'autres droits, à condition que cette production soit **indispensable** à son exercice et que l'atteinte soit strictement **proportionnée** au but poursuivi (Cass. ass. plén. 22-12-2023 n° 20-20.648 BR : RJDA 4/24 n° 266). Sous ces conditions, il est ainsi possible de produire en justice un document portant atteinte au secret des affaires (Cass. com. 5-6-2024 n° 23-10.954 F-B : RJDA 11/24 n° 635), au secret des correspondances (Cass. 1e civ. 5-4-2012 n° 11-14.177 F-PBI : Bull. civ. I n° 85) ou encore à la vie privée d'une personne (Cass. com. 15-5-2007 n° 06-10.606 F-PB : RJDA 10/07 n° 968 ; Cass. 2e civ. 6-6-2024 n° 22-11.736 FS-BR : RJDA 11/24 n° 637), comme il est possible de produire une preuve recueillie à l'insu de la personne ou obtenue par manœuvre ou stratagème (Cass. ass. plén. 22-12-2023 précité).

1. PREUVE ENTRE COMMERÇANTS OU À L'ÉGARD D'UN COMMERÇANT

19100 La preuve en matière commerciale est libre. Ainsi, à l'égard d'un commerçant agissant dans l'exercice de son commerce ou à l'égard de la partie pour laquelle le contrat a une nature commerciale, la preuve de l'**existence** et du **contenu du bail** peut se faire par tous moyens : écrit, présomptions, témoignages (C. com. art. L 110-3 ; Cass. com. 5-7-1962 : Bull. civ. III n° 453).

En application de ce texte, une partie peut également opposer à l'autre tous moyens de preuve en vue de **combattre les mentions contenues dans le contrat de bail** et déroger ainsi aux dispositions du Code civil imposant la preuve par un autre écrit contre et outre le contenu des actes notariés ou sous signature privée (C. civ. art. 1359).

La liberté de preuves à l'égard des commerçants exclut également la **formalité du double original** dans la mesure où le bail constitue un acte de commerce pour les deux parties (cf. Cass. com. 25-4-1968 n° 65-14.214 : Bull. civ. IV n° 132 ; Cass. soc. 22-2-1979 n° 77-14.598 : Bull. civ. V n° 171). Lorsque l'acte est mixte, voir n° 19240. **19105**

2. PREUVE À L'ÉGARD D'UN NON-COMMERÇANT

a. Preuve du bail écrit

EXIGENCE D'UNE PREUVE PAR ÉCRIT

À l'égard d'un non-commerçant, la preuve de l'existence et du contenu d'un bail écrit doit être rapportée, en application de l'article 1359 du Code civil, par écrit (sous signature privée ou notarié) lorsque la valeur du contrat excède 1 500 € (Décret 80-533 du 15-7-1980 art. 1). **19200**

ATTENTION

Il est interdit de se **constituer une preuve à soi-même** (application de C. civ. art. 1363). Ce principe vaut pour la preuve des actes juridiques ; ainsi, le bailleur ne peut pas, par exemple, prouver le contenu du bail en produisant une quittance qu'il a lui-même établie.

EXCEPTIONS À L'EXIGENCE D'UN ÉCRIT

L'obligation de prouver le bail par écrit est écartée dans les cas suivants : **19210**

- lorsque l'une des parties se trouve dans l'**impossibilité matérielle ou morale** de se procurer un écrit, s'il est d'usage de ne pas établir un écrit ou lorsqu'elle a **perdu l'écrit** constatant le bail à la suite d'une force majeure (C. civ. art. 1360) ; la preuve de l'existence du bail peut alors être faite par tous moyens, par exemple par la production de photocopies (Cass. 1e civ. 10-1-1973 : D. 1973 IR p. 46) ;
- lorsqu'il existe un **commencement de preuve par écrit,** c'est-à-dire un document écrit émanant de la personne contre qui on l'invoque et rendant vraisemblable le bail allégué (C. civ. art. 1361 et 1362) ; dans ce cas, il appartient à la partie produisant ce document de parfaire la preuve du bail au moyen d'autres éléments, tels que des témoignages ou le comportement des parties ;
- lorsque le bail a fait l'objet d'un **aveu judiciaire** ou d'un **serment décisoire** et que cet aveu ou ce serment est corroboré par un autre moyen de preuve (C. civ. art. 1361) ;
- lorsqu'une partie n'a pas conservé l'original du contrat de bail mais peut présenter une **copie fiable,** le juge appréciant cette fiabilité (C. civ. art. 1379, al. 1 ; Cass. 1e civ. 30-5-2000 n° 98-16.519 F-P : RJDA 7-8/00 n° 819, pour le pouvoir du juge) ; la copie fiable a en effet la même force probante que le contrat original, qu'il ait ou non été conservé (art. 1379, al. 1 et al. 3).

> Précisions a. L'ancien article 1348 du Code civil écartait déjà l'exigence d'un écrit en cas d'**impossibilité** d'en **établir** un ou de perte de l'**acte** établi. Les tribunaux avaient aussi admis que l'existence d'un usage pouvait constituer une impossibilité morale de se procurer un écrit (notamment, à propos d'une vente, Cass. 1e civ. 15-4-1980 n° 79-10.328 P : Bull. civ. I n° 113). Jugé que les liens étroits d'amitié liant les parties au début de la location, qui ne permettaient pas au locataire d'imposer au propriétaire la délivrance de reçus, et le comportement de ce dernier qui refusait habituellement la délivrance de quittances de loyers, placent le locataire dans l'impossibilité de se préconstituer une preuve écrite du paiement des loyers (Cass. soc. 7-6-1963 n° 62-20.253 : Bull. civ. IV n° 480).

b. Le **commencement de preuve par écrit** d'un bail peut résulter du procès-verbal d'assemblée d'une société civile immobilière mentionnant la décision de louer ses appartements aux associés et dont une copie porte la signature de l'un d'eux. Les différents écrits de ce dernier, dans lesquels il invoque sa qualité de locataire, forment le complément de preuve nécessaire pour parfaire ce commencement de preuve par écrit (Cass. 3e civ. 25-4-2001 n° 99-13.830 FS-PB : RJDA 7/01 n° 831).

c. La **copie** exécutoire ou authentique du contrat de bail est réputée fiable (C. civ. art. 1379, al. 1). Les autres copies (photocopie, scan ou télécopie par exemple) sont présumées fiables, jusqu'à preuve du contraire, dès lors qu'elles résultent d'une reproduction à l'identique de la forme et du contenu du contrat de bail original et que leur l'intégrité est garantie dans le temps (art. 1379, al. 2). Cette dernière condition est remplie lorsque le procédé de reproduction utilisé entraîne une modification irréversible du support de la copie ou, en cas de reproduction électronique, si le procédé permet notamment, grâce à une empreinte spécifique, l'identification, la datation et la conservation intègre de la copie, ainsi que la détection des modifications (Décret 2016-1673 du 5-12-2016).
Si l'original a été conservé, le juge peut toujours en exiger la production (art. 1379, al. 3).

FORCE PROBANTE DE L'ÉCRIT

19220 La force probante de l'écrit constatant le contrat de bail diffère selon qu'il a été établi en la forme authentique ou par acte sous signature privée (contresigné ou non par un avocat).

La même distinction s'applique au bail constaté par un écrit sur **support électronique,** ce dernier ayant la même force probante que l'écrit sur support **papier** (C. civ. art. 1366). En cas de conflit entre un écrit sur papier et un écrit sous forme électronique, le juge peut établir par tous moyens le titre le plus vraisemblable quel qu'en soit le support (art. 1368).

19225 **Bail fait en la forme authentique** L'acte authentique fait foi jusqu'à inscription de faux de ce que l'officier public dit avoir personnellement accompli ou constaté (C. civ. art. 1371, al. 1). Il ne peut être remis en cause que dans le cadre de la procédure d'inscription en faux prévue aux articles 303 et suivants du Code de procédure civile (art. 1371 précité ; Cass. 1e civ. 11-6-2003 n° 820 FP-PB : RJDA 6/04 n° 771).

> **Précisions** L'acte ne fait toutefois preuve que de ce que l'officier public a personnellement constaté alors que les mentions qui relatent les déclarations des parties ne font foi que jusqu'à preuve contraire (Cass. 3e civ. 9-6-2004 n° 693 : RJDA 1/05 n° 88 ; Cass. 1e civ. 2-11-2005 n° 1441 F-PB : RJDA 5/06 n° 607).

19230 **Bail sous signature privée classique** L'acte sous signature privée classique signé fait foi de tout ce qu'il contient à l'égard des parties et de leurs héritiers ou ayants cause (C. civ. art. 1372), sauf **preuve** contraire qui ne peut être administrée que par écrit (art. 1359). Si le contrat de bail est contesté par un tiers, la preuve est alors libre (n° 19470).

19235 Les parties peuvent désavouer formellement leur écriture ou leur signature et demander au juge de procéder à une vérification (C. civ. art. 1373) régie par les articles 287 et suivants du Code de procédure civile. Le juge doit procéder lui-même à l'examen de l'écrit (Cass. 3e civ. 9-3-2005 n° 03-14.686 FP-PB : RJDA 7/05 n° 918, 2e espèce ; Cass. 1e civ. 16-1-2007 n° 06-12.207 F-PB : RJDA 10/07 n° 1042), sauf s'il peut statuer sans en tenir compte (Cass. 1e civ. 10-1-1995 n° 90 PF : RJDA 7/95 n° 923 ; Cass. com. 26-11-2003 n° 1612 F-D : RJDA 4/04 n° 505 ; Cass. 3e civ. 9-3-2022 n° 21-10.619 FS-B : RJDA 6/22 n° 381) ou s'il trouve en la cause des éléments de conviction suffisants (Cass. 3e civ. 12-7-2018 n° 17-20.497 F-D ; Cass. 3e civ. 4-7-2024 n° 23-10.534 F-D : RJDA 11/24 n° 593). Mais il n'est tenu à cette vérification que si l'écrit litigieux constitue un « acte » – ce qui n'est pas le cas d'une photocopie qui n'a par elle-même aucune valeur juridique (Cass. com. 15-12-1992 n° 1910 P : RJDA 4/93 n° 369) – et seulement si celui dont la signature est contestée est le défendeur et non un tiers ayant apposé sa signature sur l'acte en cause (Cass. 3e civ. 9-3-2005 n° 305 FP-PB : RJDA 7/05 n° 918, 1e espèce).

19240 Comme tout contrat synallagmatique, le bail sous signature privée doit en principe être établi en autant d'originaux qu'il y a de parties ayant, en vertu de l'acte, un intérêt distinct (C. civ. art. 1375). Cette **formalité,** dite **du double original,** n'est pas requise lorsque le bail constitue un acte de commerce pour les deux parties car alors la preuve du contrat est libre (Cass. com. 24-11-2009 n° 08-20.549 F-D : RJDA 5/10 n° 584 ; n° 19100). Elle doit être respectée si le bail est un acte mixte (c'est-à-dire un acte de nature civile pour l'une des parties et un acte de nature commerciale pour l'autre partie) mais la partie à l'égard de laquelle le bail est commercial ne pourra pas se prévaloir de l'inobservation de la formalité ; cette faculté n'appartient qu'au cocontractant pour lequel l'acte est civil, dans la mesure toutefois où il n'a pas déjà exécuté même partiellement le bail (art. 1375, al. 3).

Le non-respect de cette formalité n'entraîne pas la nullité du bail mais prive seulement l'acte de force probante (Cass. 3e civ. 26-6-1973 : D. 1973 som. p. 144 ; Cass. civ. 13-2-1991 n° 89-14.861 : Bull. civ. III n° 58). L'acte peut toutefois valoir comme commencement de preuve par écrit (Cass. 1e civ. 12-4-1956 n° 932 : Bull. civ. I n° 151 ; Cass. 3e civ. 12-7-2018 n° 17-20.497 F-D). Sur cette notion, voir n° 19210.

> **Précisions** Lorsque le **bail** est établi **sous la forme électronique,** l'exigence d'une pluralité d'originaux est réputée satisfaite lorsque l'acte est établi et conservé dans des conditions de nature à en garantir l'intégrité et lorsque le procédé permet à chaque partie de disposer d'un exemplaire ou d'y avoir accès (C. civ. art. 1375, al. 4).
> Cette exigence n'est pas requise lorsque les parties conviennent de remettre l'exemplaire unique à un tiers mandataire commun (art. 1375, al. 1 ; Cass. 3e civ. 15-4-1992 n° 91-14.297 : Bull. civ. III n° 131 ; CA Paris 7-11-1994, 2e ch. A : RJDA 2/95 n° 229).

19245 **Bail sous signature privée contresigné par un avocat** Comme l'acte sous signature privée classique, l'acte sous signature privée contresigné par un avocat fait foi de la même manière qu'un acte authentique, lorsqu'il a été reconnu par la partie à laquelle on l'oppose ou est légalement tenu pour reconnu (C. civ. art. 1372).

L'acte sous signature privée contresigné par un avocat a une **force probatoire** supérieure à l'acte sous signature privée classique tout en restant inférieure à celle de l'acte authentique. En effet, il fait foi de l'écriture et de la signature des parties tant à leur égard qu'à celui de leurs héritiers ou ayants cause (C. civ. art. 1374). En revanche, en cas de fraude (usurpation d'identité, par exemple), les parties peuvent contester ces points selon la procédure d'incident de faux prévue aux articles 299 et suivants du Code de procédure civile.

L'acte sous signature privée contresigné par un avocat est soumis à la **formalité** dite **du double original** dans les conditions exposées n° 19240. **19248**

b. Preuve du bail verbal

La preuve de l'existence et du prix d'un bail verbal est soumise à un régime particulier, dérogeant à celui applicable au bail écrit. **19280**

PREUVE DE L'EXISTENCE D'UN BAIL VERBAL

Le mode d'administration de la preuve de l'existence d'un bail verbal diffère selon que ce dernier a reçu ou non un commencement d'exécution. **19290**

Bail n'ayant pas reçu de commencement d'exécution À l'encontre d'un non-commerçant, le bail qui n'a pas été constaté par écrit et qui n'a pas reçu un commencement d'exécution ne peut pas être prouvé par témoins, même si le montant des engagements souscrits est modique ; la preuve de son existence peut **seulement** être rapportée par **serment décisoire** (C. civ. art. 1715) ou **aveu,** ces deux modes de preuve étant similaires. L'existence d'un commencement de preuve par écrit ne permet pas de recourir à la preuve par témoins ou présomptions (Cass. 3e civ. 18-3-1987 n° 84-14.588 : Bull. civ. III n° 54). **19300**

> **> Précisions a.** Le **serment** décisoire consiste pour celle des parties qui ne peut rapporter la preuve requise à s'en remettre à la conscience de l'autre partie. Cette dernière, en prêtant le serment, gagne son procès ; si elle refuse, elle le perd. Le serment décisoire peut seulement être déféré par celui qui invoque l'existence du bail à celui qui nie le bail (C. civ. art. 1715, al. 2).
> **b.** L'**aveu** peut être fait au cours d'une instance judiciaire ou par voie extrajudiciaire, notamment par acte d'huissier (Cass. 3e civ. 12-2-1980 : Gaz. Pal. 1980 som. p. 318), à condition d'être écrit. Il doit être précis et formel.

Bail ayant reçu un commencement d'exécution L'existence d'un bail verbal peut être établie par tous **moyens de preuve** dès lors que celui-ci a reçu un commencement d'exécution (C. civ. art. 1715 a contrario ; Cass. soc. 15-6-1962 n° 61-20.059 : Bull. civ. IV n° 558 ; Cass. 3e civ. 26-2-1971 n° 69-13.697 : Bull. civ. III n° 147 ; Cass. 3e civ. 22-5-1973 n° 71-12.631 : Bull. civ. III n° 357). La preuve du **commencement d'exécution** peut elle aussi être administrée par tous moyens (Cass. 3e civ. 23-11-1977 n° 76-10.540 : Bull. civ. III n° 405), sans que la production d'un commencement de preuve par écrit soit nécessaire (Cass. 3e civ. 20-12-1971 n° 70-12.671 : Bull. civ. III n° 642 ; Cass. 3e civ. 13-5-1981 : Rev. loyers 1981 p. 412 ; Cass. 3e civ. 13-3-2002 n° 564 FS-PB : RJDA 6/02 n° 598). **19310**

En pratique, la preuve de l'existence du bail verbal et la preuve de son exécution se confondent. Les juges qui constatent qu'un propriétaire, dans une procédure de renouvellement de bail, ne conteste pas le principe du renouvellement, qu'il ne proteste pas contre l'emploi de l'expression « locataire » par l'occupant des lieux, que les sommes versées par celui-ci sont comptabilisées et déclarées au fisc comme loyer, peuvent en déduire qu'il y a eu exécution du bail et que l'occupant a rapporté la preuve d'un bail verbal (Cass. 3e civ. 16-7-1970 n° 68-13.032 : Bull. civ. III n° 487).

La preuve du bail et de son exécution résulte d'un **faisceau d'indices.** Elle ne saurait résulter de la seule **occupation des lieux** (Cass. 3e civ. 4-2-1975 n° 73-14.101 : Bull. civ. III n° 37 ; Cass. 3e civ. 5-1-1978 n° 76-11.010 : Bull. civ. III n° 10 ; Cass. 3e civ. 27-4-1988 : Bull. des loyers juill. 1988 n° 303 ; Cass. 3e civ. 4-3-2008 n° 07-15.522 F-D). Le commencement d'exécution suppose en effet de la part de celui qui s'en prévaut non seulement l'exercice des droits, mais aussi l'accomplissement des obligations découlant du bail (Cass. 3e civ. 4-2-1975 précité ; Cass. 3e civ. 5-1-1978 précité) et notamment le **paiement du loyer** (Cass. 3e civ. 29-4-1970 n° 68-14.497 : Bull. civ. III n° 289 ; CA Paris 9-4-2004, 14e ch. B : Loyers et copr. 2004 comm. n° 140). **19315**

L'occupation doit donc être complétée par d'autres indices tels l'exploitation d'un fonds de commerce dans les lieux, la souscription de contrats d'abonnement par le locataire ou encore la délivrance de quittances de loyers par le bailleur dès lors que ces faits sont dénués de toute équivoque.

ILLUSTRATIONS

Cas où l'existence et l'exécution du bail ont été retenues

Établissent le commencement d'exécution d'un bail verbal l'installation et l'**exploitation** dans les lieux loués **d'un fonds de commerce.**

Cass. soc. 3-11-1956 : JCP G 1956 IV p. 165.

19315 (suite) Le bail consenti avant la vente de l'immeuble loué est opposable à la société acquéreuse, et le locataire a donc droit à une indemnité d'éviction à la suite de la reprise des lieux par la société, dès lors que ce locataire produit deux **quittances** trimestrielles de loyer **postérieures à l'achat de l'immeuble** et délivrées par le gérant de la société et ne comportant aucune réserve relative à l'occupation des locaux. La société acquéreuse s'était ainsi interdit de prétendre ensuite que le bail consenti à ce locataire lui était inopposable sur le fondement de l'article 1743 du Code civil.

Cass. com. 5-7-1965 n° 63-13.358 : Bull. civ. III n° 423.

L'**occupation des lieux** accompagnée du **paiement du loyer** pendant plus de quatre ans établit l'existence d'un bail verbal.

Cass. 3e civ. 29-4-1997 n° 93-18.928 D : Rev. loyers 1997 p. 427.

La **présence** d'une personne **à l'état des lieux** d'entrée, sa **domiciliation** dans les lieux, la souscription d'une police d'**assurance** ainsi que l'**abonnement** et la consommation d'une ligne téléphonique établissent le commencement d'exécution d'un bail verbal.

Cass. 3e civ. 18-7-2000 n° 98-23.133.

La preuve qu'une société est titulaire d'un bail verbal a pu être déduite de ce que la société a **occupé les lieux** litigieux et que les bailleurs l'ont toujours considérée comme locataire, lui ayant délivré des quittances intitulées « **quittances de loyers** » avec la mention « pour la location d'une boutique située à », ce qui manifeste un accord des parties sur la chose et sur le prix.

Cass. 3e civ. 21-2-2006 n° 252 F-D : RJDA 5/06 n° 508.

Ayant informé son bailleur qu'il recherchait une surface supplémentaire de stockage et qu'un local voisin lui conviendrait, le locataire de locaux commerciaux avait reçu un e-mail du responsable immobilier tertiaire du bailleur contenant la proposition suivante : « Vous récupérez ce hangar d'une surface d'environ 15 m² à titre gratuit, seules les charges vous seront facturées. Je vous laisse me confirmer que vous récupérez cette surface. Je verrai de mon côté comment officialiser cette attribution sans nécessairement vous faire signer un contrat ». Par retour d'e-mail, le locataire lui avait répondu qu'il acceptait « volontiers », lui avait demandé s'il souhaitait « officialiser [la] proposition par une lettre » et avait précisé qu'il ferait les travaux nécessaires pour réhabiliter le hangar. Le lendemain, le responsable immobilier lui avait répondu qu'il préparait « un avenant d'adjonction de surface » qu'il lui transmettrait « pour signature rapidement » et l'avait autorisé à commencer d'ores et déjà les travaux et à installer un verrou sur la porte du local. Après avoir occupé le hangar pendant quatorze mois, le locataire avait été informé par le responsable immobilier que « ce local n'[était] plus proposé à la location de façon isolée ».
Il s'infère de ces éléments que la proposition formulée par le responsable immobilier du bailleur tendant à conclure un **avenant d'adjonction de surface au bail** commercial initial, à titre gratuit sauf paiement des charges par le locataire, a été acceptée sans ambiguïté ni réserve par le locataire tant sur la chose louée que sur le prix, ce qui caractérise une rencontre des volontés sur les éléments essentiels du contrat de bail commercial conclu verbalement, sans écrit. En outre, un accord est également intervenu entre les parties sur la durée de ce bail verbal : en effet, si aucune mention explicite afférente à cette durée n'apparaît dans les **e-mails échangés par les parties,** le responsable immobilier a précisé préparer « un avenant d'adjonction de surface » et a ainsi implicitement mais nécessairement entendu calquer la **durée du bail verbal** sur celle du bail commercial initial entre les parties, la seule modification portant sur l'assiette du bail. Étant donné que les échanges entre les parties n'évoquaient pas la nécessité d'un contrat écrit au titre de la validité de l'engagement mais seulement à titre probatoire et que le bail avait reçu un **début d'exécution** puisque le locataire avait occupé les locaux litigieux en contrepartie notamment de la réalisation de travaux d'aménagement, il y a lieu de considérer que le contrat de bail verbal a été régulièrement conclu et que la demande d'expulsion formée par le bailleur doit donc être rejetée.

CA Paris 4-4-2024 n° 22/10921 : RJDA 8-9/24 n° 442.

Cas où l'existence et l'exécution du bail n'ont pas été retenues

Le bail d'une parcelle agricole ne peut pas être résilié pour **sous-location** prohibée sur la base d'une attestation du précédent bailleur indiquant que le locataire désigné et un cultivateur occupant la parcelle étaient copreneurs de cette dernière, dès lors que les **quittances** de fermage ont toujours été établies **au seul nom du locataire** et qu'aucun fait de nature à démontrer l'exécution par le cultivateur d'un bail fait sans écrit n'était établi.

Cass. 3e civ. 4-2-1975 n° 73-14.101 : Bull. civ. III n° 37.

Le fait qu'une personne ait **réglé les loyers à la suite du décès du locataire** ne vaut pas preuve d'un bail verbal à son profit dès lors que les quittances ont continué à être établies au nom du locataire décédé.

CA Paris 27-4-1989 n° 88-11158, 6e ch. B.

La délivrance de **quelques quittances de loyers** ne suffit pas à elle seule à établir l'existence d'un bail en l'absence d'accord sur la durée de l'occupation et le montant du loyer.
Cass. 3e civ. 29-11-1995 n° 93-19.340.

Revendique en vain la qualité de locataire l'occupant qui se trouve dans les lieux en tant que sous-locataire ou cessionnaire du contrat de bail sans l'accord du bailleur et n'a **payé que quelques loyers.**
CA Versailles 27-6-1996, 1e ch. : Loyers et copr. 1997 comm. n° 104.

Dans un cas où l'occupation d'un logement s'est poursuivie après la résiliation du bail, jugé que l'acceptation par le propriétaire du **paiement du loyer** par les occupants ne suffisait pas à caractériser l'acceptation non équivoque par le propriétaire d'un bail à leur profit.
Cass. 3e civ. 16-5-2000 n° 709 F-D : Loyers et copr. 2000 comm. n° 185.

Ne justifie pas de l'existence d'un commencement d'exécution d'un bail verbal l'occupant qui se prévaut de **seulement trois paiements** effectués au profit du **bailleur** qui **les a** d'ailleurs **refusés,** paiements intervenus à un moment où les relations entre les parties se sont nettement dégradées et allaient devenir contentieuses, et qui ne s'explique pas sur la raison pour laquelle il n'a souscrit un **contrat auprès d'EDF** qu'un mois avant une mise en demeure de quitter les lieux et **non dès la prise d'effet du bail** allégué.
CA Paris 9-4-2004, 14e ch. B : Loyers et copr. 2004 comm. n° 140.

L'occupation des locaux pendant dix ans et le **paiement du loyer par l'occupant** ne suffisent pas à établir l'existence d'un bail dès lors que le bailleur a continué à **adresser les quittances** de loyer **à son ancien locataire.**
Cass. 3e civ. 29-9-2004 n° 941 F-D : RJDA 12/04 n° 1299.

La conclusion d'un bail commercial verbal suppose l'accord des parties sur la chose et sur le prix du loyer et la seule **occupation des lieux non accompagnée du paiement du loyer** ne peut pas caractériser l'existence d'un tel bail.
Cass. 3e civ. 4-3-2008 n° 07-15.522 F-D.

Une cour d'appel a souverainement retenu des éléments suivants que le propriétaire de locaux commerciaux et un commerçant les occupant n'étaient jamais parvenus à un accord sur la chose et sur le prix, de sorte qu'ils n'étaient pas liés par un bail verbal : lors des pourparlers, le propriétaire avait adressé à l'occupant un projet de contrat que ce dernier n'avait jamais signé ; la **prise de possession des locaux** par l'occupant et le **paiement spontané** de sommes d'argent correspondant à une partie des sommes initialement réclamées par le propriétaire au titre des loyers et du dépôt de garantie avaient eu lieu plus de trois mois après que le propriétaire l'avait informé de sa renonciation à signer le bail.
Cass. 3e civ. 20-5-2021 n° 19-24.658 : RJDA 8-9/21 n° 549.

PREUVE DU CONTENU D'UN BAIL VERBAL

Détermination des parties à l'acte Si le bail est verbal, des difficultés peuvent surgir en cas de pluralité de bailleurs ou de locataires. **19360**

L'absence d'écrit peut notamment être source de problème en cas d'**indivision ou** de **démembrement de propriété.** Ainsi, dans un cas où un immeuble était en propriété indivise et où deux des coïndivisaires soutenaient bénéficier d'un bail verbal sur la partie de l'immeuble qu'ils occupaient, une cour d'appel a pu souverainement retenir l'absence de preuve d'un tel bail dès lors que, pour faire face aux dépenses afférentes à l'immeuble, les coïndivisaires avaient recouru, afin de fixer équitablement leurs contributions, à l'établissement de la surface corrigée des locaux qui avait été notifiée aux occupants par le gérant du bien immobilier, que ceux-ci avaient reçu des quittances de loyer sans se prévaloir d'un bail, à l'exception des deux coïndivisaires qui en revendiquaient le bénéfice, et que les recettes de l'indivision provenant des loyers payés par des tiers et de la modeste participation des coïndivisaires, étroitement ajustées aux charges, faisaient l'objet d'une répartition au prorata de leurs parts (Cass. 3e civ. 14-5-1997 n° 772 P : RJDA 12/97 n° 1535).

La **personne physique,** seule personne en relation avec le propriétaire lors de la conclusion d'un bail verbal, est le locataire en l'absence de preuve contraire. Par suite, si elle prétend que le bail n'a pas été conclu à son profit mais à celui de la **société** dont elle est le gérant, il lui appartient de le prouver (Cass. 3e civ. 24-1-1996 n° 122 P : RJDA 4/96 n° 463). **19365**

Preuve du loyer Sur cette question, voir n° 48230. **19370**

Durée du bail La durée d'un bail commercial ne pouvant pas être inférieure à neuf ans (C. com. art. L 145-4, al. 1), la durée d'un bail verbal sera automatiquement de neuf ans. Le bailleur qui entend consentir un bail dérogatoire de deux ans a donc intérêt à recourir à un bail écrit. **19380**

Pour la fixation du point de départ d'un tel délai, il convient de prendre en compte la date d'entrée en jouissance du locataire, révélée par exemple par la date du déménagement, la mutation des abonnements ou la date de souscription d'une assurance.

Pour un cas où un bail verbal portant sur un espace de stockage supplémentaire a été considéré comme conclu pour la durée du bail principal, voir CA Paris 4-4-2024 n° 22/10921 : n° 19315.

19390 **Consistance des lieux loués** Les **modes de preuve** prescrits par l'article 1715 du Code civil (n° 19300) ne sont pas exigés lorsqu'il s'agit de déterminer la consistance et l'étendue du bien loué (Cass. soc. 1-6-1957 n° 46-685 : Bull. civ. IV n° 652 ; Cass. 3e civ. 13-7-1999 n° 97-13.081 : Loyers et copr. 1999 comm. n° 284). Les juges peuvent se fonder sur des témoignages et présomptions qu'ils apprécient souverainement (Cass. 3e civ. 22-1-1970 n° 68-14.155 : Bull. civ. II n° 50).

ILLUSTRATIONS

Dans un cas où le locataire demandait qu'un droit locatif lui soit reconnu sur des caves, une cour d'appel a souverainement retenu que cette demande était justifiée après avoir relevé que, selon une **attestation d'une employée du gérant de l'immeuble,** le locataire avait occupé régulièrement les caves ainsi comprises dans les locaux loués (Cass. 3e civ. 13-7-1999 précité).

Une cour d'appel a souverainement apprécié qu'un débarras situé dans la cour attenante à l'habitation faisait partie de la location en se fondant notamment sur les **déclarations** de l'ensemble **des locataires** de l'immeuble qui attestaient que le locataire de l'habitation avait toujours eu la jouissance de ce local (Cass. 3e civ. 22-1-1970 précité).

B. Preuve du bail par les tiers

19470 Conformément au droit commun, les tiers qui n'ont pas participé à l'engagement peuvent prouver par tous **moyens** l'existence du bail auquel ils sont étrangers, même si ce contrat a été établi par écrit. Par exemple, le bailleur peut prouver par tous moyens une sous-location consentie par le locataire (Cass. 3e civ. 8-12-1976 n° 75-13.863 : Bull. civ. III n° 453).

C. Opposabilité du bail aux tiers

19500 La question de l'opposabilité du bail aux tiers se pose principalement en cas de vente du bien loué (nos 87000 s.) ainsi qu'en cas de conflit entre locataires d'un même local ; seule cette dernière hypothèse est exposée ci-dessous. Elle revêt une grande importance pour le locataire car, à défaut de pouvoir opposer son bail, il risque de devenir un occupant sans droit ni titre et donc expulsable.

19650 Le conflit entre locataires d'un même local auquel le propriétaire aurait consenti des baux successifs se résout par l'**antériorité** des titres ayant acquis **date certaine** (sur la détermination de cette date, voir nos 87050 s.) : ainsi, celui qui se prévaut du contrat le premier enregistré l'emporte sur son concurrent, peu important l'éventuelle bonne foi de ce dernier (Cass. soc. 1-6-1954 n° 54-02.098 : Bull. civ. n° 383) et la date effective de signature du bail.

Mais le locataire second en date qui a procédé à l'enregistrement alors qu'il connaissait l'existence du premier bail ne peut pas se prévaloir de son bail (Cass. 3e civ. 25-6-1975 n° 74-10.397 : Bull. civ. III n° 217 ; Cass. 3e civ. 29-6-1979 : Rev. loyers 1980 p. 137 note J. V.).

19655 Lorsque les deux **locataires concurrents** sont **commerçants,** l'exigence d'une date certaine est écartée (n° 87060) ; il en résulte que la préférence doit être donnée au locataire premier en date, alors même que lui serait opposé un bail enregistré (Cass. com. 25-4-1983 n° 81-16.804 : Bull. civ. IV n° 122).

Si la date de l'acte dont se prévaut le premier locataire est contestée par le second, il appartiendra au premier locataire de prouver par tous moyens la date de son bail (n° 19100).

19660 Enfin, lorsque des formalités de **publicité foncière** sont exigées, comme c'est le cas pour les baux d'une durée supérieure à douze ans (Décret 55-22 du 4-1-1955 art. 4 et 28, 1°-b), c'est l'antériorité de l'accomplissement des formalités qui permet de trancher le conflit entre locataires successifs (Décret 55-22 du 4-1-1955 art. 30).

SECTION 7

CONSÉQUENCES FISCALES DE LA CONCLUSION DU BAIL

A. Imposition du locataire

1. IMPÔT SUR LES BÉNÉFICES

Pour obtenir la disposition des locaux, le locataire peut être amené à effectuer différents versements, soit au profit du propriétaire (droits d'entrée ou pas-de-porte : voir nos 50500 s.), soit au profit du précédent locataire (indemnités de résiliation de bail, droit au bail proprement dit). 20000

Qu'il soit imposé à l'impôt sur les sociétés ou à l'impôt sur le revenu dans la catégorie des bénéfices industriels et commerciaux, le locataire n'est pas autorisé à comprendre, parmi les charges immédiatement déductibles de son bénéfice imposable, les versements effectués en contrepartie de l'acquisition d'un **droit au bail**, qui se traduisent nécessairement par l'acquisition d'une immobilisation.

Nous examinons ci-après le régime fiscal de ce droit au bail.

En ce qui concerne le droit pour le locataire de déduire les **loyers** mis à sa charge par le contrat de bail, voir nos 49700 s.

INSCRIPTION DU DROIT AU BAIL À L'ACTIF

Principe Le droit au bail représente le droit, procédant aussi bien des conventions que de la législation sur la propriété commerciale, qui confère au locataire commerçant l'assurance que l'implantation de son fonds dans les lieux où il l'exploite ne subira pas de modifications de la part du bailleur ou que celui-ci ne pourra le modifier que moyennant réparation du préjudice correspondant. La valeur du droit au bail correspond au montant versé par le locataire en considération du transfert, à son bénéfice, des droits résultant tant des conventions que de la législation sur la propriété commerciale (BOI-BIC-PVMV-10-10-10 n° 360). 20010

Le droit au bail commercial, qui est l'un des **éléments constitutifs du fonds du commerce,** fait partie, par nature, des éléments de l'actif immobilisé, même s'il ne figure pas au bilan, dès lors qu'il ne peut être utilisé qu'en vue de l'exercice d'une profession (CE 17-10-1990 n° 56991, 7e et 8e s.-s. : RJF 12/90 n° 1434 ; CE 23-2-2000 n° 162659, 9e et 10e s.-s. : RJF 4/00 n° 453 ; CE 27-1-2017 n° 391817 3e-8e ch. : RJF 4/17 n° 298 ; BOI-BIC-PVMV-10-10-10 n° 360).

Les dépenses exposées en vue d'obtenir la conclusion d'un bail au profit de l'entreprise versante ayant pour contrepartie l'entrée d'un **élément d'actif** dans le patrimoine de celle-ci ne peuvent, en conséquence, être regardées ni comme des dépenses de premier établissement, ni comme une charge d'exploitation déductible (BOI-BIC-CHG-20-10-20 n° 1). Il en va de même des dépenses visant à acquérir des droits supplémentaires au droit au bail (n° 50615).

La qualification d'**élément incorporel** du fonds de commerce vaut même s'il s'agit de locaux destinés à être sous-loués (CE 5-12-1966 n° 62651, 7e s.-s. : Dupont 1967 p. 92).

> Précisions **a.** Dans le cas particulier où l'acquisition du droit au bail précède l'**acquisition de l'immeuble commercial** lui-même, le prix payé pour le droit au bail constitue un élément du prix de revient de cet immeuble (BOI-BIC-AMT-10-20 n° 100). Si l'immeuble est destiné à être démoli, le prix d'acquisition du droit au bail doit être considéré comme un élément du prix de revient du terrain (CE 25-5-1977 n° 99470 7e et 9e s.-s. : RJF 7/77 n° 384).

b. Les dépenses qui visent à acquérir des **droits supplémentaires au droit au bail** ne sont pas déductibles au titre de l'exercice où elles sont exposées. Constituent, par exemple, un élément incorporel de l'actif immobilisé de la société locataire les avantages consentis par le bailleur, suite à un avenant à un contrat de bail commercial, et qui consistent à :
– réserver au locataire la préférence en cas de cession de l'ensemble immobilier ;
– consentir au locataire un renouvellement du bail, pour une durée identique, dans les mêmes conditions ;
– ne pas tenir compte, pour l'évaluation du prix de vente, en cas de cession au preneur, de la valeur vénale des constructions ou travaux réalisés par ce dernier (CE 27-1-2017 n° 391817 : RJF 4/17 n° 298).

c. S'agissant des **entrepreneurs individuels,** dès lors que le bien (droit au bail ou immeuble) est utile à son activité, celui-ci fait automatiquement partie de son patrimoine professionnel (C. com. art. R 526-26).

20012 **Conséquences du défaut d'inscription** Jurisprudence et doctrine administrative divergent quant aux conséquences à tirer de la qualification d'élément de l'**actif immobilisé par nature** du droit au bail. Selon l'administration, la non-inscription au bilan d'une immobilisation par nature constitue une erreur dont la correction, à l'initiative du contribuable ou de l'administration, entraîne la **constatation d'un profit égal à l'augmentation d'actif** correspondant à son coût d'acquisition (BOI-BIC-PVMV-10-20-30-10 n° 80). Mais certaines décisions jurisprudentielles ont infirmé cette position, qui aboutit à l'imposition d'un profit sans existence économique réelle. Ainsi, un jugement du tribunal administratif d'Orléans a considéré que l'inscription à l'actif du bilan d'un fonds de commerce trois ans après son acquisition pour la valeur de cette acquisition est sans incidence sur le montant du bénéfice imposable dès lors que l'accroissement de l'actif net qui en résulte a pour **contrepartie un supplément d'apport** (TA Orléans 15-3-1994 n° 89.751, 2e ch. : RJF 6/94 n° 673). Cette décision est à rapprocher de la jurisprudence du Conseil d'État selon laquelle la correction en hausse, comme d'ailleurs en baisse, par l'administration, de la valeur pour laquelle un contribuable a inscrit un élément d'actif à son bilan ne conduit par elle-même, eu égard aux dispositions de l'article 38 du CGI, à la constatation d'aucun profit, ni en sens inverse d'aucune perte (CE 17-11-2000 n° 179429, 8e et 3e s.-s. : RJF 2/01 n° 144).

Si le **coût d'acquisition** du droit au bail a été **passé en charge,** l'administration conserve bien entendu le droit de rehausser le bénéfice imposable de l'entreprise de la charge indûment déduite, dans le délai de reprise.

20015 Il résulte du caractère d'immobilisation par nature du droit au bail que, même si l'entreprise a omis de le faire figurer à l'actif de son bilan, sa **cession** donne lieu à la constatation d'une plus-value professionnelle imposable (voir nos 10710 s.).

DÉPRÉCIATION DU DROIT AU BAIL

20020 **Principe** Les avantages procurés à l'entreprise par le droit au bail ne peuvent être regardés, dès leur acquisition, comme devant nécessairement prendre fin à l'expiration du bail, celui-ci étant susceptible d'être renouvelé. Ils ne peuvent donc pas donner lieu à **amortissement** (CE 15-10-1982 n° 26585 7e et 8e s.-s. : RJF 12/82 n° 1090 ; BOI-BIC-AMT-10-20 n° 370). Voir toutefois la jurisprudence rendue à propos du droit d'entrée : n° 50610.

Le droit au bail pourrait en revanche donner lieu à la constitution d'une **provision** pour dépréciation dans la mesure où sa valeur se serait abaissée en dessous de son prix de revient (CE 23-6-1986 n° 50655 8e et 7e s.-s. : RJF 10/86 n° 859).

> **> Précisions** Dans le cas particulier où l'acquisition du droit au bail précède l'**acquisition de l'immeuble,** le prix d'achat du droit au bail, qui doit être ajouté au prix de revient de l'immeuble, peut faire l'objet d'un amortissement dans les mêmes conditions que ce dernier (BOI-BIC-AMT-10-20 n° 100).

20025 **Applications** Des solutions administratives anciennes ont autorisé la constatation de la dépréciation du droit au bail en cas de **refus de renouvellement sans indemnité,** à partir du moment où le propriétaire a fait connaître au locataire, dans les formes et délais réglementaires, qu'il refuse le renouvellement du bail dans les conditions excluant l'attribution d'une indemnité à l'occupant (Rép. Philip : Sén. 25-6-1930 p. 1333 n° 285 ; Rép. Mistral : AN 10-3-1932 p. 1470 n° 14831, solutions non reprises dans la base Bofip).

La cour administrative d'appel de Bordeaux a, pour sa part, jugé que la **sous-location** de locaux commerciaux ne justifie pas la dépréciation totale et immédiate de la valeur du droit au bail figurant à l'actif du locataire principal pour tenir compte de la perte du droit au renouvellement du bail (CAA Bordeaux 24-7-2001 n° 98-176, 3e ch. : RJF 12/01 n° 1497).

2. CONTRIBUTION ÉCONOMIQUE TERRITORIALE

20070 La contribution économique territoriale se compose de deux éléments distincts : la cotisation foncière des entreprises, ou CFE, et la cotisation sur la valeur ajoutée des entreprises, ou CVAE (CGI art. 1447-0). Elle est due, sauf exonération, par les personnes qui, au 1er janvier de l'année d'imposition, exercent de manière habituelle en France une **activité non salariée à titre professionnel.** La CVAE est supprimée à compter du 1er janvier 2030 (Loi 2024-127 du 14-2-2025 art. 62).

La **base d'imposition** à la CFE est constituée par la valeur locative des **biens** passibles d'une taxe foncière **dont le redevable dispose pour les besoins de son activité** professionnelle (CGI art. 1467). Le fait que ces biens soient, ou non, effectivement imposés à la taxe foncière est sans incidence dès lors que le redevable en dispose pour les besoins de son activité professionnelle en fin de période de référence (CE 14-4-2022 n° 439812 : RJF 7/22 n° 646). Sont visés les biens placés sous le contrôle du redevable et matériellement utilisables pour la réalisation des opérations qu'il effectue, qu'ils fassent ou non l'objet d'une utilisation effective (CE 18-2-2002 n° 220796 : RJF 5/02 n° 520 ; BOI-IF-CFE-20-20-10-10 n° 30). Doivent ainsi être retenues non seulement les immobilisations appartenant au contribuable, mais également celles dont il dispose en vertu d'un contrat de location ou de crédit-bail. Lorsque des locaux sont pris à bail, c'est le locataire qui est redevable de la CFE due à raison des locaux considérés (BOI-IF-CFE-20-20-10-10 n° 30).

B. Imposition du bailleur

1. IMPOSITION DES LOYERS ET PAS-DE-PORTE

Le régime fiscal des loyers et des sommes perçues par le bailleur lors de la conclusion du bail à titre de pas-de-porte ou droits d'entrée est exposé respectivement aux n°s 49200 s. et aux n°s 50500 s. où nos lecteurs sont invités à se reporter. **20090**

2. CONTRIBUTION ÉCONOMIQUE TERRITORIALE

LOCATIONS D'IMMEUBLES MEUBLÉS OU AMÉNAGÉS À USAGE PROFESSIONNEL

Les bailleurs d'immeubles meublés ou aménagés à usage professionnel exercent une activité professionnelle et sont donc imposables à la CFE et à la CVAE (jusqu'à sa suppression en 2030) dans les conditions de droit commun. Il convient de rappeler que c'est, en principe, le locataire qui est redevable de la CFE assise sur la valeur locative des immeubles dont il dispose pour son activité professionnelle (n° 20070) ; le bailleur assujetti à la CFE est toutefois, le cas échéant, redevable de la cotisation minimum prévue par l'article 1647 D du CGI. **20100**

LOCATIONS D'IMMEUBLES NUS

Cotisation foncière des entreprises Les activités de location ou de sous-location d'immeubles nus, autres que celles relatives à des immeubles à usage d'habitation, sont réputées exercées à titre professionnel. Elles entrent donc dans le **champ d'application** de la CFE (CGI art. 1447). **20105**

L'assujettissement de ces locations à la CFE concerne aussi bien les bailleurs **personnes physiques** imposés dans la catégorie des revenus fonciers que l'ensemble des **sociétés,** qu'elles relèvent ou non de l'impôt sur les sociétés.

Toutefois, la CFE n'est pas due lorsque l'activité de location ou de sous-location d'immeubles nus est exercée par des personnes qui, au cours de la période de référence, en retirent des **recettes** brutes hors taxe inférieures à 100 000 €.

Les **recettes à prendre en compte** s'entendent des recettes brutes au sens de l'article 29 du CGI relatif aux revenus fonciers. Elles comprennent l'ensemble des recettes de toute nature perçues par le bailleur (loyers, droits d'entrée ou pas-de-porte, charges incombant au bailleur et mises à la charge des locataires, etc.).

La **période de référence** est, en règle générale, l'avant-dernière année précédant l'année d'imposition ou l'exercice de 12 mois clos au cours de cette même année lorsque cet exercice ne coïncide pas avec l'année civile. Lorsqu'elle ne correspond pas à une période de 12 mois, le montant des recettes ou du chiffre d'affaires est ramené ou porté, selon le cas, à 12 mois.

> **> Précisions** Les activités de location d'**immeubles nus à usage d'habitation** s'entendent de celles consistant, pour le propriétaire d'un bien immobilier, à le louer nu à un preneur dans le cadre d'un bail d'habitation. Dès lors, la location de locaux nus pour une exploitation commerciale ne peut pas être qualifiée de location à usage d'habitation, même si les locaux sont utilisés pour l'hébergement des locataires de l'exploitant. L'activité du bailleur qui loue des locaux à l'exploitant d'une résidence pour personnes âgées présente donc un caractère professionnel et est assujettie à la CFE (CE 4-5-2018 n° 402897 : RJF 7/18 n° 762).

Cotisation sur la valeur ajoutée des entreprises La CVAE, jusqu'à sa suppression le 1er janvier 2030, est due en principe par les personnes physiques ou morales qui exercent une **activité imposable à la CFE** et dont le **chiffre d'affaires** est supérieur à 152 500 € (CGI art. 1586 ter, I et II-1). Toutefois, l'application du dégrèvement prévu par l'article 1586 quater du CGI lors du calcul du montant de la CVAE conduit en pratique à une exonération pour les entreprises dont le chiffre d'affaires est inférieur à 500 000 €. **20107**

La **période de référence** à retenir pour l'appréciation du chiffre d'affaires est l'année d'imposition ou le dernier exercice de 12 mois clos au cours de cette année, en règle générale (CGI art. 1586 quinquies). En cas de création d'activité en cours d'année, le chiffre d'affaires de la période comprise entre la date de création et le 31 décembre de l'année d'imposition doit être annualisé.

La CVAE est **égale à** une fraction de la valeur ajoutée produite par l'entreprise au cours de la période de référence. La valeur ajoutée est déterminée à partir du chiffre d'affaires majoré d'autres produits et diminué de certaines charges (CGI art. 1586 sexies).

RESPONSABILITÉ SOLIDAIRE DU BAILLEUR

20110 Le propriétaire peut être tenu **responsable** du paiement d'une fraction de la CFE due par le locataire **en cas de déménagement** de ce dernier, s'il n'a pas, un mois avant le terme fixé par le bail ou par les conventions verbales, informé le comptable du Trésor de ce déménagement. Dans le cas d'un déménagement furtif, le propriétaire a trois mois pour donner avis du déménagement au comptable du Trésor (CGI art. 1687).

La responsabilité du propriétaire porte sur la fraction de CFE afférente à l'exercice de l'activité du locataire au cours du mois précédent et du mois du déménagement.

En cas de **sous-location,** cette responsabilité incombe au principal locataire : l'administration ne peut pas invoquer la solidarité entre le propriétaire et le principal locataire (BOI-REC-SOLID-20-40 n° 10).

> Précisions Lorsqu'il est à la fois propriétaire de l'immeuble occupé par son locataire et **propriétaire du fonds de commerce** donné en location-gérance à ce dernier, le propriétaire est solidairement responsable, jusqu'à la publication du contrat de location-gérance, de la totalité de la contribution économique territoriale (CGI art. 1684, 3). Cette solidarité est subordonnée à la condition que les impositions en cause fassent l'objet des majorations de 40 ou 80 % pour retard ou insuffisance de déclaration visées aux articles 1728 1-b et c et 1729 du CGI et que le propriétaire ait connu ou n'ait pu ignorer l'existence des manquements ayant entraîné l'application desdites majorations.

3. IMPÔT SUR LA FORTUNE IMMOBILIÈRE

CHAMP D'APPLICATION DE L'IFI

20150 Entrent en principe dans le champ d'application de l'IFI tous les **biens et droits immobiliers** appartenant, au 1er janvier de l'année d'imposition, au contribuable et aux membres de son foyer fiscal (incluant son conjoint, ou son partenaire de Pacs ou son concubin notoire, ainsi que ses enfants mineurs) ainsi que, sous réserve des exceptions ci-après, les **parts ou actions de sociétés** à hauteur de la fraction de leur valeur représentative de biens ou droits immobiliers détenus directement ou indirectement par la société, quel que soit le nombre de niveaux d'interposition (CGI art. 965).

20152 **Non-taxation de certains titres de sociétés** Les **titres de sociétés opérationnelles** dont le contribuable détient, directement ou indirectement, seul ou conjointement avec son époux, partenaire ou concubin notoire, ou leurs enfants mineurs, **moins de 10 %** du capital et des droits de vote échappent à l'imposition. De même, les titres de sociétés opérationnelles détenus par la société dans laquelle le contribuable est associé sont exclus du calcul de la fraction imposable de ses titres lorsque le contribuable détient, directement ou indirectement, moins de 10 % du capital et des droits de vote de ces sociétés (CGI art. 965, 2e al. 3).

Les **biens** ou droits immobiliers détenus directement ou indirectement par la société et **affectés à** sa propre **activité opérationnelle** ou à celle d'une société de son groupe ne sont pas retenus pour le calcul de la **fraction imposable de la valeur des titres** détenus par le contribuable (CGI art. 965, 2°, a et b). Certaines **dettes** contractées par la société ne sont pas prises en compte pour la détermination de la valeur taxable des titres (CGI art. 973, II et IV modifiés par loi 2023-1322 du 29-12-2023 art. 27).

EXONÉRATION DES BIENS PROFESSIONNELS

20155 Si les immeubles ou les titres détenus par le contribuable entrent dans le champ d'application de l'IFI, ils peuvent cependant en être exonérés s'ils remplissent les conditions pour être qualifiés de biens professionnels (CGI art. 975). Le caractère de bien professionnel est reconnu lorsque la location de l'immeuble à usage industriel ou commercial ne prive pas en fait le propriétaire du bien ou des droits de la possibilité d'utiliser l'immeuble pour les besoins exclusifs de son activité professionnelle exercée à titre principal. C'est le cas :

– lorsque la **location** est consentie **à une société dans laquelle le contribuable exerce son activité principale** ;

– lorsque l'immeuble, détenu par une société immobilière dont le contribuable détient des droits sociaux, est loué à l'**exploitation individuelle** de celui-ci ;

– lorsque la location porte sur un **établissement muni du mobilier et du matériel** nécessaires à son exploitation, sous réserve que cette activité de location constitue l'activité professionnelle principale du contribuable.

> **Précisions** Compte tenu de la définition du **foyer fiscal** pour l'IFI (n° 20150), les immeubles peuvent être détenus et utilisés par l'un quelconque des membres du foyer, y compris le partenaire d'un Pacs, le concubin notoire et les enfants mineurs. Le caractère principal de la profession s'apprécie distinctement pour chaque époux, partenaire d'un Pacs ou concubin notoire.

Immeubles affectés à l'activité d'une société Les **immeubles détenus directement** par le contribuable sont partiellement exonérés d'IFI lorsqu'ils sont affectés à l'activité opérationnelle : **20160**

– d'une société de personnes dont le contribuable est associé (quel que soit son pourcentage de détention) et dans laquelle il exerce son activité professionnelle principale (sur cette notion, voir n° 20165) ;

– d'une société soumise à l'impôt sur les sociétés dans laquelle le contribuable est associé et exerce, à titre principal, une fonction de direction, sous réserve du respect de certaines conditions tenant aux modalités d'exercice de ses fonctions de direction et à l'importance de la participation détenue.

En cas de **détention indirecte** de l'immeuble par l'intermédiaire d'une société, l'exonération s'applique à la fraction de la valeur des titres représentatifs des immeubles affectés à la société d'exploitation.

Les immeubles (ou fractions d'immeubles) doivent être **nécessaires à l'activité,** qui doit être de nature industrielle, commerciale, artisanale, agricole ou libérale.

Lorsque ces conditions sont satisfaites, les biens en cause, qu'il s'agisse des immeubles ou de la fraction de la valeur des titres représentative des immeubles, sont considérés comme professionnels en **proportion** des droits détenus par le contribuable, son conjoint, son partenaire de Pacs ou son concubin notoire et leurs enfants mineurs dans la société d'exploitation.

Immeubles affectés à une exploitation individuelle Les immeubles **nécessaires à l'exercice à titre principal d'une profession** industrielle, commerciale, artisanale, agricole ou libérale constituent des biens professionnels exonérés d'IFI. La notion de profession suppose l'existence d'une activité effectivement exercée à titre habituel et constant et dans un but lucratif ; en cas de pluralité d'activités, la profession principale est celle qui constitue l'essentiel des activités économiques du contribuable (BOI-PAT-IFI-30-10-10-30 n° 10). Lorsque les immeubles, détenus par une société immobilière dont le redevable détient des droits sociaux, sont loués à l'exploitation individuelle de celui-ci, les **titres de la société** détenus par le contribuable sont exonérés d'IFI pour la fraction de leur valeur représentative desdits immeubles. **20165**

Location d'établissements équipés La location d'un établissement industriel ou commercial muni du mobilier et du matériel nécessaires à son exploitation est considérée comme une **activité commerciale** pour l'application de l'exonération des biens professionnels (CGI art. 975, V-2°). Il en est notamment ainsi de la location ou de la location-gérance d'un fonds de commerce ou d'industrie. Les établissements commerciaux ou industriels munis du mobilier donnés en location doivent être dotés d'équipements qui, par leur importance et leur consistance, peuvent permettre au locataire de poursuivre l'exploitation à laquelle ils sont destinés (BOI-PAT-IFI-30-10-10-10 n° 70). **20170**

Pour que la valeur des immeubles que cet établissement comporte soit exonérée d'IFI, cette activité locative doit représenter l'**activité principale du bailleur,** c'est-à-dire celle qui constitue l'essentiel de ses activités économiques (BOI-PAT-IFI-30-10-10-30 n° 10).

Dans l'hypothèse où le contribuable est **associé d'une société loueuse** d'établissements commerciaux ou industriels au sein de laquelle il exerce son activité principale, les immeubles figurant à l'actif de la société et affectés par elle aux locations considérées sont exonérés pour la valeur qu'ils confèrent aux titres détenus par le contribuable. Si les établissements loués forment les seuls actifs immobiliers de la société, ces titres sont alors totalement exonérés d'IFI.

EXEMPLE

1. M. X détient un immeuble d'une valeur de 3 M€ dont les deux tiers de la superficie sont mis exclusivement à la disposition d'une société anonyme dont il possède 60 % des actions et dans laquelle il exerce les fonctions de président du conseil d'administration.
L'immeuble est exonéré d'IFI en tant que bien professionnel à hauteur d'une fraction de sa valeur égale à 3 M€ × 2/3 × 60 % = 1,2 M€.
2. M. X donne en location un immeuble d'exploitation, qu'il détient à titre privé, exclusivement à une société industrielle dont il possède 40 % du capital et dont il est président du conseil d'administration. Mme X détient également 15 % du capital de la même société. Cet immeuble est considéré pour M. X comme un bien professionnel exonéré pour 40 % + 15 %, soit 55 % de sa valeur, et comme un bien non professionnel pour 45 %.
3. Trois associés, X, Y et Z, détiennent chacun 1/3 des droits dans une société immobilière louant son immeuble, son unique actif d'une valeur de 15 M€, à une SARL. X, Y et Z sont gérants de cette dernière et en détiennent le capital à parts égales. Leurs droits respectifs dans la société immobilière sont exonérés à hauteur du taux de leur participation dans la SARL, soit (15 M€ × 1/3) = 5 M€ pour chacun d'eux.
4. M. X détient 80 % des droits de vote d'une SAS dont il est dirigeant. Il possède par ailleurs, avec son épouse, l'intégralité des titres d'une SCI qui détient un immeuble, d'une valeur de 1 M€, donné en location à la SAS et divers actifs mobiliers d'une valeur de 1,5 M€. Compte tenu des dettes contractées par la SCI, les titres de cette société valent, par hypothèse, 2 M€. L'immeuble donné en location à la SAS représente 40 % de l'actif de la SCI (1 M€/2,5 M€). Les titres de la SCI sont exonérés à hauteur de 80 % × (40 % × 2 M€) = 640 000 €. Ils sont imposables pour le surplus, soit (40 % × 2 M€) – 640 000 € = 160 000 €.

ÉVALUATION DES IMMEUBLES LOUÉS

20180 Lorsqu'ils ne répondent pas aux critères d'exonération des biens professionnels, les immeubles donnés à bail doivent être déclarés, en application des règles de droit commun, pour leur valeur vénale réelle au 1er janvier de l'année d'imposition.

La **valeur vénale** correspond au prix que le jeu normal de l'offre et de la demande permettrait au propriétaire de retirer de la vente du bien considéré, compte tenu des données du marché, des particularités physiques, juridiques et économiques de ce bien, abstraction faite de toute valeur de convenance.

Lorsqu'un immeuble est donné en location, les **effets juridiques du contrat de location** doivent être pris en compte pour son évaluation (notamment Cass. com. 7-2-1989 n° 242 P : RJF 5/89 n° 640). Toutefois, si l'évaluation d'un immeuble loué a pu se faire, par le passé, en appliquant une décote tirée du marché immobilier à une valeur libre de toute occupation, cette méthode ne doit plus être utilisée. La valeur d'un immeuble loué peut en effet être supérieure, dans un certain nombre de cas, à celle d'un immeuble inoccupé.

Pour une étude approfondie des méthodes d'évaluation des locaux commerciaux, les lecteurs intéressés peuvent se référer à notre ouvrage « Évaluation ».

C. Responsabilité fiscale solidaire en cas de location de bureaux meublés

20240 L'article 1688 du CGI prévoit que, en garantie du paiement des impôts directs dont elle peut être redevable, toute personne **locataire** d'un bureau meublé est tenue de verser au Trésor, à la fin de chaque mois, sous la responsabilité du **loueur** du bureau et par son entremise, une somme égale à 25 % du prix de location.

Pour l'application de ce texte, tout loueur de bureaux meublés doit remettre, dans les dix premiers jours de chaque mois, au comptable des finances publiques du lieu de la situation des bureaux, une **déclaration** en double exemplaire indiquant, pour chacun des locataires pendant le mois précédent : les nom et prénoms, l'adresse de l'habitation, la profession exercée, la date de l'entrée en jouissance des locaux et, le cas échéant, la date où la location a pris fin, le prix de location afférent à la période d'occupation pendant le même mois. En ce qui concerne les locations en cours à l'expiration du mois considéré, l'état doit indiquer en outre la somme due en consignation pour chaque locataire et calculée à raison de 25 % du prix de location. Cette dernière disposition s'explique par le fait que, les consignations devant être effectuées au dernier jour de chaque mois, seules y sont tenues les personnes qui, à cette même date, sont locataires d'un bureau meublé (BOI-REC-SOLID-20-40 n° 200). Le versement fait pour le compte de chaque locataire est constaté par une quittance ou une déclaration de recettes mentionnant à la fois la désignation du loueur et celle du locataire. Cette quittance est délivrée au loueur pour être remise au locataire.

Si ces formalités ne sont pas régulièrement remplies, le loueur est tenu des impôts dus par le locataire jusqu'à concurrence des sommes dont la consignation a été omise. Le Conseil d'État a en effet estimé que la **responsabilité incombant au loueur,** pour une année d'imposition due par le locataire, ne peut en aucun cas excéder le quart du loyer annuel (CE 2-2-1934 n° 30492).

Le **locataire** peut obtenir le **remboursement** des sommes par lui consignées au cours d'une année déterminée, s'il est reconnu avoir acquitté les impôts dont il est redevable au titre de la même année et de l'année suivante, tant au lieu du bureau meublé qu'au lieu de son habitation. 20245

La demande de remboursement doit être adressée au directeur départemental des finances publiques du lieu de la situation du bureau, au plus tard le 31 décembre de la quatrième année qui suit celle du versement des consignations. Elle mentionne la date et le montant des versements auxquels elle s'applique (BOI-REC-SOLID-20-40 n° 220).

SECTION 8 ANNULATION DU BAIL

A. Principes généraux régissant la nullité du bail

CAUSES DE NULLITÉ DU BAIL

En application du droit commun des contrats, le contrat de bail est nul s'il ne remplit pas les conditions requises pour sa validité (C. civ. art. 1178, al. 1). 20400

Les causes de nullité du bail sont exposées sous les développements qui les concernent.

Incidence de la disparition d'une clause sur la validité du bail En cas d'**annulation** d'une de ses **clauses,** le bail n'est nul en son entier que si cette clause a constitué un élément déterminant de l'engagement des parties ou de l'une d'elles (C. civ. art. 1184, al. 1 ; Cass. 3e civ. 24-6-1971 n° 70-11.730 P : Bull. civ. III n° 405 ; Cass. 1e civ. 16-3-1983 n° 82-10.334 P : Bull. civ. I n° 100). À défaut, le bail est maintenu, amputé de la clause. 20405

Toutefois, le juge doit annuler le contrat si les parties ont prévu qu'il sera nul intégralement si telle clause est invalidée (Cass. com. 19-1-1967 n° 65-10.493 P : Bull. civ. III n° 39), sauf si cette stipulation constitue une fraude à la loi (Cass. 3e civ. 6-6-1972 n° 71-11.279 P : D. 1973.151 note Malaurie ; Cass. 3e civ. 31-1-2001 n° 98-12.895 FS-D : RJDA 4/01 n° 428). À notre avis, cette exception perdure sous l'empire des textes actuels.

Le bail est également maintenu si une **clause** est **réputée non écrite,** ou lorsque les fins de la règle méconnue exigent son maintien (C. civ. art. 1184, al. 2). 20407

NULLITÉ RELATIVE OU ABSOLUE DU BAIL

Critères de distinction La nullité d'un bail est absolue en cas de violation d'une règle ayant pour objet la **sauvegarde** de l'**intérêt général** ; elle est relative si la règle violée a pour seul objet la sauvegarde d'un **intérêt privé** (C. civ. art. 1179). 20410

Ainsi, le régime de la nullité doit être déterminé non pas en fonction de l'existence ou de l'absence d'un élément essentiel du contrat au jour de sa formation (comme le prévoyait la théorie classique ou organique des nullités), mais au regard de la nature de l'intérêt, privé ou général, protégé par la règle transgressée (théorie moderne des nullités ; Cass. com. 22-3-2016 n° 14-14.218 FS-PB : RJDA 5/16 n° 359).

En dehors des cas où la nature de la nullité est précisée par la loi (par exemple, C. civ. art. 1131 affirmant le caractère relatif de la nullité encourue en cas de vice du consentement) ou par la jurisprudence sur la base du critère posé par l'article 1179 précité, il faut apprécier au cas par cas si la règle en cause protège un intérêt général ou exclusivement privé, ce qui peut s'avérer délicat.

> **Précisions** En l'absence d'atteinte à l'intérêt général, constitue une **nullité relative** celle fondée :
> – sur une erreur sur l'objet du contrat (Cass. 3e civ. 26-6-2013 no 12-20.934 FS-PB : RJDA 1/14 no 3 à propos d'une vente immobilière) ;
> – sur l'absence de consentement au contrat (Cass. com. 23-10-2019 no 18-11.425 F-D : RJDA 3/20 no 149), y compris lorsqu'elle résulte d'une falsification de la signature d'une des parties (Cass. 3e civ. 25-5-2022 no 21-12.238 FS-B : RJDA 10/22 no 545 à propos d'une cession de droits sociaux) ;
> – sur le défaut de cause du contrat (Cass. 1e civ. 20-2-2001 no 99-12.574 FS-P : Bull. civ. I no 39 à propos d'un contrat d'organisation d'arbitrage ; Cass. 3e civ. 29-3-2006 no 05-16.032 FS-PB : RJDA 11/06 no 1106, relatif à l'adhésion à une société en participation) ;
> – sur le caractère dérisoire ou indéterminable du prix convenu par les parties (Cass. 3e civ. 21-9-2011 no 10-21.900 FS-PB : Bull. civ. III no 152 à propos d'un bail à construction ; Cass. 3e civ. 24-10-2012 no 11-21.980 FS-D : RJDA 2/13 no 100 ; Cass. com. 22-3-2016 no 14-14.218 FS-PB précité ; Cass. 3e civ. 5-11-2020 no 19-10.833 F-D à propos de ventes).

20415 **Différences de régime** Selon qu'elle est relative ou absolue, la nullité n'est pas soumise aux mêmes règles en ce qui concerne la faculté de sommer une partie de se prononcer sur le sort du bail (no 20420), l'éventuelle confirmation du bail (nos 20430 s.) et les personnes pouvant demander l'annulation (no 20490). Pour le reste, le régime est identique.

SOMMATION DE SE PRONONCER SUR LA NULLITÉ DU BAIL

20420 **Champ d'application** Le Code civil donne la faculté à une des parties à un contrat de sommer celle qui pourrait se prévaloir d'une cause de nullité de prendre position sur le sort du contrat (C. civ. art. 1183). Elle peut être utilisée depuis le **1er octobre 2016** (Ord. 2016-131 du 10-2-2016 art. 9, al. 3), y compris pour un bail conclu avant cette date.

Même si l'article 1183 du Code civil ne le précise pas, cette faculté n'est pas utilisable en présence d'une cause de **nullité absolue** car elle serait susceptible d'aboutir à la confirmation du bail ce qui n'est pas possible si celui-ci est atteint d'une cause de nullité absolue (C. civ. art. 1180, al. 2). Elle est ouverte en cas de nullité relative mais, à notre avis, elle devrait être neutralisée pour certaines causes de nullité **relative** dont la confirmation paraît difficile pour les raisons exposées no 20430.

La distinction, parfois délicate entre nullité relative ou absolue, doit inciter à la prudence dans l'utilisation de cette faculté de sommer l'autre cocontractant.

20425 **Mise en œuvre et effets** Le cocontractant qui entend s'assurer de la validité du contrat sur laquelle il a un doute doit demander par **écrit** à la partie en droit de soulever la nullité du contrat soit de confirmer ce dernier, soit d'agir en nullité dans un délai de six mois à peine de forclusion (C. civ. art. 1183, al. 1). La demande doit aussi préciser qu'à défaut d'action en nullité exercée avant l'expiration de ce délai le contrat sera réputé confirmé (art. 1183, al. 2). Bien que l'article 1183 soit muet sur la forme de cette demande, il est recommandé au demandeur de procéder par lettre recommandée AR, pour que la preuve de l'interpellation soit préconstituée et que le point de départ du délai de six mois soit fixé.

La **cause de la nullité** doit avoir **cessé** pour que la demande puisse être présentée (art. 1183, al. 1). Il n'est donc pas requis par la loi que la nullité ait été supprimée et ne puisse plus être invoquée ; il est seulement exigé que le vice qui ouvre la voie à la nullité ait cessé. Jusque-là, la partie qui en est victime, ne sachant pas que le contrat comporte une cause de nullité, ne peut en effet ni invoquer cette nullité ni confirmer le contrat (Cass. 3e civ. 29-9-2016 no 15-15.129 F-PB : Bull. civ. III no 123).

> **Précisions** La victime le pourra le jour où, s'agissant d'un **vice du consentement,** elle aura connu son erreur, ou le dol du cocontractant ou d'un tiers ou le jour où elle ne sera plus sous l'emprise de la violence (cf. C. civ. art. 1144).
> Si le vice tient à son **incapacité,** elle ne peut valablement agir que le jour où elle est devenue, ou redevenue, capable ; tant que ce moment n'est pas arrivé, elle est toujours incapable ; partant si elle est mise en demeure de prendre parti par son cocontractant, son défaut de réponse comme sa réponse seront l'acte d'un incapable sanctionné par la nullité de la réponse ou par l'inopposabilité de la confirmation attachée au défaut de réponse dans les six mois.
> Si le vice tient à une **autre cause,** et pour autant qu'il soit sanctionné d'une nullité relative, elle sera en mesure d'agir le jour où elle aura connu ou aurait dû avoir connu la cause de nullité.

CONFIRMATION D'UN BAIL NUL

20430 **Faculté** La faculté, décrite ci-dessous, de confirmer un bail nul est admise en cas de **nullité relative** (C. civ. art. 1181, al. 2).

Nonobstant les termes de l'article 1181 du Code civil, on peut néanmoins se demander si toutes les causes de nullité relative peuvent donner lieu à confirmation, puisque la nullité relative peut désormais sanctionner l'absence d'un élément essentiel du contrat (no 20410). Le bail conclu à la suite d'un vice du consentement ou pour une contrepartie dérisoire ou « potestative » peut toujours être confirmé. Mais qu'en est-il du bail dont le contenu (l'objet) ou la contrepartie est indéterminable ? Il ne s'agit pas alors de confirmer le contrat mais plutôt de le compléter. Selon M. Mignot, la nullité liée à l'absence des éléments essentiels du contrat, même si elle est relative, n'est pas confirmable ; c'est le cas, selon lui, de l'absence de consentement, d'objet ou de cause (Commentaire article par article de l'ordonnance du 10-2-2016 portant réforme du droit des contrats, du régime général et de la preuve des obligations art. 1172 à 1192 : Petites affiches 22-3-2016 p. 6 s.). C'est, le concède-t-il, une résurgence de la théorie classique des nullités.

Le bail atteint de **nullité absolue** ne peut pas être confirmé (C. civ. art. 1180, al. 2). **20435**

Mais les parties peuvent renouveler leur accord (refaire le contrat) ou le maintenir lorsque la cause de nullité a disparu (Cass. 1e civ. 8-1-1985 n° 83-15.771 P : Bull. civ. I n° 6 ; Cass. soc. 25-6-1996 n° 94-19.992 P : Bull. civ. V n° 255).

Modalités Dans la mesure où la nullité encourue est une nullité relative, la partie qui peut s'en prévaloir peut néanmoins choisir de confirmer le bail (C. civ. art. 1181, al. 1 et 1182, al. 1). **20440**

La confirmation ne se présume pas (Cass. 1e civ. 27-4-1953 : Bull. civ. I p. 115). Elle peut être expresse ou tacite à condition de ne pas être équivoque. Elle peut ainsi résulter :

- d'un **acte exprès de confirmation** ; celui-ci doit indiquer que la partie qui peut invoquer la nullité y renonce ainsi que la substance de l'obligation et le vice affectant le contrat (C. civ. art. 1182, al. 2 et 3) ;
- du **défaut** de **réponse** à la **sommation** de confirmer ou d'agir en nullité (nos 20420 s.) ;
- de l'**exécution volontaire du contrat,** en connaissance de la cause de nullité (art. 1182, al. 1 ; Cass. com. 8-1-2002 n° 98-16.037 F-D : RJDA 5/02 n° 504 ; Cass. 1e civ. 27-2-2013 n° 12-15.972 F-D : RJDA 6/13 n° 480 ; Cass. com. 21-4-2022 n° 20-16.295 F-D : RJDA 8-9/22 n° 459 ; Cass. 3e civ. 23-11-2023 n° 22-21.463 FS-B : RJDA 2/24 n° 93).

Dans tous les cas, la confirmation ne peut intervenir qu'après la conclusion du contrat (art. 1182, al. 2) et elle suppose qu'à la **date** où elle survient, son auteur a connaissance de la cause de nullité (cf. art. 1182, al. 1 et 3). Sur les spécificités de la confirmation d'un bail nul pour vice du consentement, voir n° 17770.

> **Précisions** **a.** Les **mentions** prévues par l'article 1182 pour une **confirmation écrite** étaient déjà requises par l'ancien article 1338 du Code civil, qui exigeait en outre que l'acte manifeste l'intention de réparer le vice cause de nullité. La précision, non reprise par le nouveau texte, n'a plus d'utilité dans la mesure où il n'y a confirmation du contrat qu'en cas de renonciation à en invoquer la nullité (art. 1182, al. 1), ce qui ne laisse aucune ambiguïté sur le sens de la confirmation.
> **b.** L'acte confirmant **un bail de plus de douze ans** qui est entaché de nullité doit être publié au service de la publicité foncière (Décret 55-22 du 4-1-1955 art. 28, 4°-a).
> **c.** La confirmation du contrat ne saurait résulter de l'**absence de contestation** de sa validité avant l'instance en justice (Cass. 3e civ. 20-11-1974 n° 73-12.328 : Bull. civ. III n° 421 ; Cass. 1e civ. 28-11-2018 n° 17-30.966 F-D : RJDA 3/19 n° 164) ni de l'invocation de sa validité dans une autre instance (Cass. 1e civ. 28-11-2018 précité). Des **actes équivoques,** c'est-à-dire qui pourraient s'expliquer autrement que par cette double condition d'avoir été accomplis volontairement et en connaissance de cause, ne sauraient avoir un effet confirmatif. Par exemple, il n'y a pas confirmation en cas d'exécution partielle d'une convention nulle par la partie susceptible d'invoquer la nullité dès lors qu'elle s'est exécutée sous la menace réitérée de poursuites judiciaires de la part du cocontractant (Cass. civ. 16-3-1948 : JCP G 1948 II n° 4319). La stipulation que « la nullité de l'une des clauses d'un contrat, quelle qu'en soit la cause ou la date de prise d'effet, n'entraînera pas la nullité du contrat » constitue une simple affirmation du principe de l'autonomie des clauses du contrat et ne peut pas être interprétée comme une renonciation à toute action en nullité pour vice du consentement ou défaut de cause, désormais défaut de contrepartie (CA Paris 14-4-1995 n° 93-8334, 5e ch. B).

Effets La confirmation d'un bail susceptible d'annulation a pour effet d'interdire à l'**auteur de la confirmation** d'attaquer le bail tant par voie d'action que par voie d'exception, sans préjudice toutefois du droit des tiers (C. civ. art. 1182, al. 4). **20445**

Entre les parties, la renonciation a un effet rétroactif et le bail est réputé valable depuis son origine (Cass. com. 23-6-1981 n° 79-15.316 : Bull. civ. IV n° 289, à notre avis, transposable au régime actuel). En revanche, la confirmation n'est pas rétroactive à l'égard des **tiers,** le bail leur est donc opposable à compter, non pas de la date à laquelle il a été conclu, mais de la date à laquelle il a été confirmé.

Si l'**action** en nullité relative a **plusieurs titulaires** (pluralité de bailleurs ou de locataires), la renonciation de l'un n'empêche pas les autres d'agir en nullité (C. civ. art. 1181, al. 3).

INDEMNISATION EN COMPLÉMENT DE L'ANNULATION DU BAIL

Indépendamment de l'annulation du contrat de bail, la partie lésée peut demander **réparation du dommage subi** dans les conditions du droit commun de la responsabilité extracontractuelle (C. civ. art. 1178, al. 4), telles que fixées par les articles 1240 et suivants du Code civil. **20450**

Toutefois, la partie ayant subi un préjudice ne peut en demander réparation qu'à **condition** d'être de bonne foi (Cass. ch. mixte 9-7-2004 n° 02-16.302 P : RJDA 2/05 n° 116, refusant cette possibilité au cocontractant auteur du dol ayant entraîné l'annulation du contrat) et d'invoquer un préjudice personnel distinct de celui réparé par l'annulation du contrat et les restitutions qui en résultent (Cass. com. 9-10-2007 n° 05-22.023 F-D : RJDA 12/07 n° 1243 ; Cass. com. 12-7-2011 n° 10-19.297 F-D : RJDA 11/11 n° 922). Si ces conditions sont remplies, le préjudice doit être intégralement indemnisé, sans perte ni profit pour la partie qui l'invoque.

B. Modalités d'annulation du bail

1. CONSTATATION AMIABLE DE LA NULLITÉ DU BAIL

CONDITIONS DE L'ANNULATION AMIABLE DU BAIL

20480 Les parties à un bail peuvent constater la nullité de celui-ci d'un commun accord (C. civ. art. 1178, al. 1). L'article 1178, de portée générale, s'applique que le bail soit affecté de nullité absolue ou relative.

L'annulation amiable du bail suppose « un **commun accord** » des parties. Comme tout accord de volonté entraînant des effets de droit, ici éteignant des obligations, cet accord correspond à un contrat (cf. C. civ. art. 1101) ; il doit donc remplir les conditions de validité du contrat (consentement et capacité de contracter des parties, contenu certain et licite de l'accord ; C. civ. art. 1128).

Même si l'article 1178 ne fait pas de l'existence d'un écrit une condition de validité de cet accord, il est préférable d'en établir un, ne serait-ce qu'à titre de preuve, en y mentionnant la cause de nullité qui affectait le bail.

> **› Précisions** Les parties peuvent préférer opter pour la **révocation du bail d'un commun accord** (C. civ. art. 1193). Le mécanisme de la révocation amiable est très proche de celui qui autorise les parties à constater la nullité du bail (il emporte aussi l'extinction du contrat), à cette différence que la révocation peut concerner un bail parfaitement valide, auquel les parties sont convenues de ne pas donner suite.

EFFETS DE L'ANNULATION AMIABLE DU CONTRAT

20485 Le constat amiable de la nullité entraîne les effets habituels de la nullité, l'article 1178, al. 1 du Code civil ne mettant aucune restriction aux effets prévus dans ses autres alinéas :

– le contrat annulé est censé n'avoir jamais existé (art. 1178, al. 2) ; cet anéantissement se produit à la date de l'accord constatant la nullité ;

– le cas échéant, l'annulation donne lieu aux restitutions exposées nos 20590 s. (art. 1178, al. 3) ;

– indépendamment de l'annulation du contrat, la partie lésée peut demander réparation du dommage subi dans les conditions du droit commun de la responsabilité extracontractuelle (art. 1178, al. 4).

2. ANNULATION JUDICIAIRE DU BAIL

PERSONNE POUVANT DEMANDER L'ANNULATION DU BAIL

20490 La **nullité absolue** du bail peut être demandée par toute personne justifiant d'un intérêt ainsi que par le ministère public (C. civ. art. 1180, al. 1).

La nullité **relative** du bail peut être demandée par la partie que la loi entend protéger (art. 1181, al. 1), à moins que cette partie n'ait confirmé le bail atteint de nullité (nos 20430 s.). Ni l'autre partie ni les tiers ne peuvent invoquer la nullité (pour des applications en matière de vices du consentement, voir nos 17755 s.).

PRESCRIPTION DE L'ACTION EN NULLITÉ DU BAIL

20495 Le **délai** pour agir en nullité du bail sur le **fondement du droit commun des contrats** est de cinq ans (C. civ. art. 2224 ; C. com. art. L 110-4). Ce délai court à compter du jour où celui qui agit a connu ou aurait dû connaître la cause de nullité (C. civ. art. 2224) sauf exceptions (pour la nullité pour vice du consentement, voir n° 17760).

EXCEPTION DE NULLITÉ DU BAIL

20500 **Caractère perpétuel** L'exception de nullité du bail consiste à opposer la nullité du contrat en défense à une action en justice tendant à l'exécution de celui-ci. Cette exception **ne se prescrit pas** si elle se rapporte à un contrat qui n'a reçu aucune exécution (C. civ. art. 1185).

En effet, l'accomplissement du délai de prescription éteint l'action en nullité mais n'éteint pas le droit, qui est perpétuel, d'opposer la nullité du contrat comme **exception en défense** à une action principale (notamment, Cass. com. 10-7-1978 : Bull. civ. IV n° 195 ; Cass. 3e civ. 25-3-1998 n° 96-17.307 P : RJDA 6/98 n° 722 ; Cass. 3e civ. 2-12-1998 n° 97-10.590 P : RJDA 4/99 n° 379) ou à une demande reconventionnelle (Cass. 3e civ. 18-6-2002 n° 01-03.209 F-D : RJDA 12/02 n° 1234 ; Cass. com. 15-11-2011 n° 10-26.907 F-D : RJDA 3/12 n° 245) tendant à l'exécution du contrat.

> **Précisions** **a.** L'exception de nullité est perpétuelle, peu important que l'action en exécution du contrat ait été introduite avant l'expiration du délai de prescription de l'action en nullité (Cass. 1e civ. 12-11-2015 n° 14-21.725 F-PB : RJDA 6/16 n° 420 ; Cass. com. 31-1-2017 n° 14-29.474 FP-PBI : RJDA 4/17 n° 225 ; Cass. com. 18-3-2020 n° 18-16.099 F-D : RJDA 6/20 n° 310).
> **b.** L'action tendant à l'annulation d'un contrat et à la restitution des sommes versées en exécution de celui-ci constitue une demande reconventionnelle soumise à la prescription, et non une exception de nullité (Cass. com. 14-9-2022 n° 21-12.744 F-D : RJDA 1/23 n° 5).

Restrictions au caractère perpétuel L'exception de nullité du bail n'est perpétuelle que si le bail n'a reçu aucune exécution (C. civ. art. 1185 ; par exemple, Cass. 3e civ. 14-5-2003 n° 02-10.984 FS-PB : RJDA 8-9/03 n° 816 ; Cass. 3e civ. 9-7-2003 n° 02-15.061 FS-PB : RJDA 10/03 n° 923). Un commencement d'exécution suffit à neutraliser l'exception de nullité (Cass. com. 13-5-2014 n° 12-28.013 F-PB : RJDA 10/14 n° 744 ; Cass. com. 31-1-2017 n° 14-29.474 FP-PBI : RJDA 4/17 n° 225). **20505**

Il en est ainsi que le bail soit atteint d'une cause de nullité relative ou absolue (Cass. 1e civ. 24-4-2013 n° 11-27.082 F-PBI : RJDA 8-9/13 n° 689 ; Cass. 3e civ. 16-3-2017 n° 16-13.063 FS-PB : RJDA 7/17 n° 442).

Au regard de ces principes, le paiement des loyers par le locataire entre les mains du bailleur ou du mandataire de ce dernier vaut exécution du bail et interdit au locataire de se prévaloir du caractère perpétuel de l'exception de nullité (Cass. 3e civ. 16-3-2017 précité) après la prescription de l'action en nullité (n° 20510).

> **Précisions** Pour neutraliser l'exception de nullité, le **commencement d'exécution** doit-il émaner seulement de celui qui invoque l'exception ou peut-il être le fait de l'autre partie ? La troisième chambre civile de la Cour de cassation ne distingue pas (Cass. 3e civ. 30-1-2002 n° 00-18.682 FS-PBR : RJDA 4/02 n° 352, rejetant l'exception de nullité d'un crédit-bail immobilier invoquée par le preneur dès lors que le crédit-bailleur avait déjà acquis le terrain, construit le bâtiment et mis celui-ci à disposition du preneur ; Cass. 3e civ. 9-3-2017 n° 16-11.728 FS-PBRI : RJDA 6/17 n° 390 estimant que l'inscription d'une hypothèque constitue un commencement d'exécution de celle-ci, indépendamment de la personne qui y procède) tandis que la chambre commerciale semble le faire (Cass. com. 13-5-2014 n° 12-28.013 précité, rejetant l'exception de nullité de la clause d'un prêt dès lors que la garantie voulue par le prêteur avait été mise en place par l'emprunteur de sa propre initiative et non sur celle du prêteur).
> En tout état de cause, le fait que la cause de nullité n'ait pas été connue par celui qui a exécuté est sans incidence ; l'exception de nullité demeure irrecevable (Cass. 3e civ. 14-5-2003 n° 02-10.984 FS-PB précité). L'exécution peut avoir porté sur une obligation autre que celle dont la nullité est invoquée (Cass. com. 13-5-2014 n° 12-28.013 précité). Une condition suspensive fait dépendre l'obligation souscrite d'un événement futur et incertain mais ne constitue pas l'objet de l'obligation, de sorte que la réalisation de la condition ne constitue pas l'exécution, même partielle, de cette obligation et ne peut donc pas faire échec au caractère perpétuel d'une exception de nullité (Cass. com. 19-1-2022 n° 20-14.010 F-B : RJDA 4/22 n° 199).

L'exigence de l'absence d'exécution du bail ne s'applique qu'à compter de l'expiration du délai de **prescription de l'action en nullité** du contrat (Cass. 1e civ. 12-11-2015 n° 14-21.725 FS-PB : RJDA 6/16 n° 420 ; Cass. com. 31-1-2017 n° 14-29.474 FP-PBI : RJDA 4/17 n° 225 ; Cass. 1e civ. 31-1-2018 n° 16-21.697 FS-PBI : Bull. civ. I n° 14). Tant que l'action en nullité n'est pas prescrite, l'annulation peut toujours être demandée par voie d'action principale ou reconventionnelle, ou d'exception, peu important en principe l'exécution de l'acte (Cass. 3e civ. 3-12-2020 n° 19-23.397 F-D : RJDA 3/21 n° 149). Toutefois, une exécution en connaissance de cause de la nullité affectant l'acte peut valoir confirmation de cet acte et rendre irrecevable la demande d'annulation (nos 20440 s.). **20510**

3. SPÉCIFICITÉ DE L'ANNULATION D'UN BAIL DE PLUS DE 12 ANS

La **demande tendant à l'annulation judiciaire** d'un acte soumis à **publicité foncière,** ce qui est le cas d'un bail de plus de douze ans, doit être également publiée (Décret 55-22 du 4-1-1955 art. 28, 4°-c), y compris si elle est formée au cours d'une instance (Cass. 3e civ. 18-3-1998 n° 96-17.072 FB : RJDA 5/98 n° 660, exigeant la publicité de la demande reconventionnelle). Il doit être justifié de cette publicité auprès du juge par un certificat du service de la publicité foncière ou par la production d'une copie de la demande revêtue de la mention de la publicité (Décret 55-22 art. 30, 5). **20520**

À défaut, la demande en nullité est irrecevable (Décret 55-22 art. 30, 5). Cette fin de non-recevoir ne peut être invoquée que par les parties à l'acte et non d'office par le juge (Cass. 3e civ. 7-11-2001 n° 97-22.231 FS-PB : RJDA 2/02 n° 211).

Le défaut de publicité de la demande de nullité peut être régularisé jusqu'à ce que le juge statue (Cass. 3e civ. 22-6-2017 n° 16-13.651 précité) soit par la publication en cours d'instance des conclusions récapitulatives du demandeur contenant la demande d'annulation ou de résolution de l'acte attaqué (Cass. 3e civ. 20-10-2010 n° 09-16.640 FS-PB : RJDA 2/11 n° 192) soit, en cas d'appel du jugement contenant mention de l'assignation introductive d'instance, par la publication de ce jugement (Cass. 3e civ. 18-11-2009 n° 08-11.893 FS-PB : RJDA 4/10 n° 444).

Doivent aussi être publiés les **décisions** constatant l'annulation du contrat, les décisions de rejet de ces demandes et les désistements (Décret 55-22 art. 28, 4°-d).

À notre avis, l'acte par lequel les parties procèdent à l'**annulation amiable** d'un bail de plus de douze ans est également soumis à publicité foncière.

C. Effets de l'annulation du bail

ANÉANTISSEMENT RÉTROACTIF DU BAIL

20540 L'annulation du bail entraîne l'anéantissement rétroactif de tous les effets que le bail a produits dans les rapports entre les parties : celui-ci est **censé n'avoir jamais existé** (C. civ. art. 1178, al. 2 ; Cass. 1e civ. 16-7-1998 n° 96-18.404 P : Bull. civ. I n° 251 ; Cass. 3e civ. 2-10-2002 n° 01-02.924 FS-D : RJDA 1/03 n° 8). Il est donc privé de toute efficacité juridique tant pour l'avenir que pour le passé. Il en est ainsi que la nullité ait été obtenue en justice par voie d'action ou d'exception (CA Versailles 1-4-1999, 1e ch. A, n° 97-8657 : RJDA 8-9/99 n° 884) ou qu'elle ait été constatée par les parties (nos 20480 s.), et ce, dès l'annulation.

L'annulation du bail qui a été substitué à un bail antérieur entraîne le retour au bail antérieur qui s'est poursuivi par tacite reconduction en l'absence d'acte autre que le bail annulé y mettant fin (Cass. 3e civ. 27-3-2002 n° 00-20.840 D).

20545 En raison du caractère rétroactif de l'annulation, aucune **clause** du bail annulé ne peut **plus** en principe **recevoir application.**

ILLUSTRATIONS

Après annulation du contrat, sont privées d'effets :
– la clause de **dédit** (Cass. 1e civ. 27-6-1978 : Bull. civ. I n° 241) et la **clause pénale** (cf. C. civ. art. 1178, al. 2 ; Cass. com. 20-7-1983 n° 82-12.145 P : Bull. civ. IV n° 230 ; Cass. 1e civ. 20-3-2007 n° 06-12.770 F-D : RJDA 7/08 n° 783) ;
– la **clause** par laquelle l'une des parties, qui s'était chargée de faire établir l'acte constatant le contrat, déclarait **assumer** seule la responsabilité et **les conséquences de cet acte,** de telle sorte que l'autre partie ne soit jamais inquiétée (Cass. com. 10-9-2013 n° 12-21.678 F-D) ;
– la **promesse** unilatérale de vente ou d'achat figurant dans le contrat (Cass. com. 21-10-2014 n° 13-22.428 F-D : RJDA 1/15 n° 13, rendu à propos d'une promesse de vente de fonds de commerce incluse dans un contrat de location-gérance de ce fonds).

Par **exception,** la clause d'arbitrage (ou clause compromissoire) présente, par rapport au contrat dans lequel elle s'insère, une autonomie juridique (CPC art. 1447, al. 1 et 1506, 1°) qui exclut, sauf clause contraire, qu'elle puisse être affectée par la nullité du contrat (Cass. 2e civ. 4-4-2002 n° 356 FS-PBR et Cass. com. 9-4-2002 n° 839 FS-PB : RJDA 10/02 n° 1100 ; Cass. 2e civ. 20-3-2003 n° 303 F-PB : RJDA 10/03 n° 1030). De même, en raison de son autonomie, la clause attributive de compétence survit à l'annulation du contrat qui la contient (Cass. 1e civ. 8-7-2010 n° 07-17.788 F-PBI : RJDA 11/10 n° 1120).

Sur le sort des **garanties,** voir n° 20605.

RESTITUTIONS CONSÉCUTIVES À L'ANNULATION DU BAIL

20590 **Principe de remise en état des parties** Compte tenu du caractère rétroactif de la nullité du bail, les parties doivent être remises dans l'état où elles se trouvaient avant la conclusion du contrat : chacune doit restituer à l'autre ce qu'elle a, le cas échéant, reçu d'elle (C. civ. art. 1178, al. 3 ; auparavant, Cass. com. 29-2-1972 n° 69-14.728 : D. 1972 p. 623 ; Cass. 1e civ. 11-6-2002 n° 00-15.297 F-PB : RJDA 10/02 n° 980 admettant une restitution en nature ou en valeur).

> Précisions **a.** Les restitutions s'imposent même si le **contrat** est **annulé pour illicéité** (Cass. 3e civ. 25-2-2004 n° 02-15.269 FS-PB : RJDA 7/04 n° 799 ; Cass. 3e civ. 23-11-2011 n° 10-23.928 FS-PB : RJDA 4/12 n° 378 ; Cass. 1e civ. 17-2-2021 n° 19-22.234 F-P : RJDA 6/21 n° 362) et indépendamment de l'éventuelle faute commise par la partie qui doit recevoir la restitution (Cass. com. 28-6-2023 n° 22-15.676 F-D : RJDA 12/23 n° 638).
b. L'annulation du contrat entraînant de plein droit la remise des parties en l'état où elles se trouvaient avant à sa conclusion, le **juge** n'est pas tenu d'**ordonner** les **restitutions** qui en résultent, à défaut de demande expresse en ce sens (Cass. 1e civ. 6-2-2019 n° 17-25.859 F-PB : RJDA 6/19 n° 421 ; Cass. 1e civ. 24-1-2024 n° 21-20.693 FS-B : RJDA 6/24 n° 366), tout comme il peut les ordonner même en l'absence de demande en ce sens (Cass. 3e civ. 29-1-2003 n° 01-03.185 FS-D : RJDA 4/03 n° 473).

Restitution par le bailleur des sommes perçues En conséquence de l'annulation du bail, le bailleur doit restituer au locataire les loyers et autres sommes perçus, notamment le dépôt de garantie. Il doit en outre les **intérêts** au taux légal à compter du paiement s'il a perçu les sommes de mauvaise foi (par exemple, bailleur auteur d'un dol ou d'une violence) ou, dans le cas contraire, à compter de la demande en nullité (C. civ. art. 1352-6 et 1352-7). 20595

La restitution des sommes inclut, le cas échéant, les taxes acquittées entre les mains de celui qui les a reçues (art. 1352-6).

Indemnité d'occupation due par le locataire En cas d'annulation du bail, le locataire, qui ne peut pas rendre en nature la prestation qu'il a reçue, la restitue par équivalent en versant au bailleur une indemnité d'occupation en **contrepartie de la jouissance des locaux** (Cass. 3e civ. 10-5-2001 n° 99-20.374 FS-D : RJDA 11/01 n° 1077 ; Cass. 3e civ. 24-6-2009 n° 08-12.251 FS-PB : RJDA 10/09 n° 818 ; Cass. 3e civ. 3-11-2021 n° 20-16.334 FS-B : RJDA 2/22 n° 63). Toutefois, le principe reçoit une exception en cas d'annulation du bail pour un motif étranger au comportement du locataire : ce dernier n'est pas redevable de l'indemnité s'il n'a pas bénéficié de la jouissance de locaux conformes à leur destination contractuelle (Cass. 3e civ. 3-11-2021 n° 20-16.334 précité). 20600

Cette indemnité n'est due que si le bailleur la réclame (Cass. com. 4-3-2014 n° 12-19.836 F-D : RJDA 6/14 n° 519).

Le **montant** de l'indemnité est fixé au regard de la valeur de la prestation fournie au locataire, cette valeur devant être appréciée à la date où elle a été fournie (C. civ. art. 1352-8). L'indemnité n'est pas forcément égale au montant du loyer prévu dans le bail. Par exemple, dans un cas où un bail a été annulé pour erreur, les lieux étant inexploitables dans des conditions normales à la suite de la mauvaise exécution de travaux de rénovation, l'indemnité d'occupation due par le locataire a été fixée à la moitié du loyer global au regard des troubles importants qui ont affecté la jouissance des lieux le temps de l'exécution du bail (CA Paris 11-9-2008 n° 07-11392 : RJDA 2/09 n° 73). En tout état de cause, elle ne peut pas correspondre à l'indemnité d'occupation conventionnellement fixée par les parties puisque le bail est rétroactivement annulé avec toutes les stipulations qu'il contient (cf. Cass. 3e civ. 30-10-2002 n° 01-01.219 FS-PB : RJDA 1/03 n° 12).

> **Précisions** **a.** Sur le **calcul** de l'indemnité en cas d'annulation du bail pour non-respect des règles concernant le **changement d'affectation des locaux** à usage d'habitation, voir n° 27040.
> **b.** Le délai de **prescription** de l'action en paiement de l'indemnité d'occupation ne peut pas courir avant le prononcé de la nullité du bail (Cass. 3e civ. 14-6-2018 n° 17-13.422 FS-PBI : RJDA 11/18 n° 798).

INDEMNISATION EN COMPLÉMENT DE L'ANNULATION

Indépendamment de l'annulation du contrat, la partie lésée peut demander **réparation du dommage subi** dans les conditions du droit commun de la **responsabilité extracontractuelle** (C. civ. art. 1178, al. 4), telles que fixées par les articles 1240 s. du Code civil. 20603

Toutefois, à notre avis, la partie ayant subi un préjudice du fait de la conclusion du contrat annulé peut en demander réparation à **condition** d'être de bonne foi (Cass. ch. mixte 9-7-2004 n° 02-16.302 P : RJDA 2/05 n° 116) et d'invoquer un préjudice personnel distinct de celui réparé par l'annulation du contrat et les restitutions qui en résultent (Cass. com. 9-10-2007 n° 05-22.023 F-D : RJDA 12/07 n° 1243 ; Cass. com. 12-7-2011 n° 10-19.297 F-D : RJDA 11/11 n° 922 rendus à propos d'annulation de cession de parts sociales pour dol). En effet, cette jurisprudence, rendue sous l'empire des textes antérieurs à l'ordonnance 2016-131 du 10 février 2016 dont est issu l'article 1178, devrait perdurer sous l'empire du régime actuel.

SORT DES GARANTIES DU BAIL

En cas d'annulation du bail, les **sûretés** constituées pour l'exécution de celui-ci (tel un cautionnement) sont **reportées** de plein droit sur l'obligation de **restitution** consécutive à l'annulation (C. civ. art. 1352-9). 20605

Le report n'intervient que sur l'obligation de restitution et non, à notre avis, sur l'éventuelle indemnisation du préjudice causé par l'annulation du contrat (cf. Cass. com. 12-7-2005 n° 02-13.583 F-D : RJDA 11/05 n° 1228).

OPPOSABILITÉ DE LA NULLITÉ DU BAIL AUX TIERS

La nullité du bail constitue une situation juridique opposable aux tiers qui se prévalent du bail (Cass. 1e civ. 21-2-1995 n° 92-17.814 PF : RJDA 6/95 n° 678). 20620

SORT DES CONTRATS INTERDÉPENDANTS AVEC LE BAIL ANNULÉ

L'annulation du bail commercial peut entraîner la caducité d'un autre contrat conclu par le locataire même avec un tiers : il en est ainsi dès lors que le bail et l'autre contrat sont nécessaires à la réalisation de la même opération, que l'exécution de l'autre contrat est rendue impossible 20630

20630 (suite) par la disparition du bail ou que le maintien de ce dernier était une condition déterminante du consentement d'une partie à l'autre contrat (cf. C. civ. art. 1186, al. 2). Toutefois, la caducité de l'autre contrat n'intervient que si le contractant contre lequel elle est invoquée connaissait l'existence de l'opération d'ensemble lorsqu'il a donné son consentement (art. 1186, al. 3).

La problématique peut se poser à propos notamment des financements ou des contrats de distribution souscrits par le locataire pour exercer son activité.

ILLUSTRATIONS

Dans un cas où un bail commercial avait été annulé pour dol du bailleur, jugé que de cette nullité découlait celle des **prêts** souscrits par le locataire, le bail et les prêts constituant une opération économique unique et globale. En effet, ces prêts avaient été contractés pour les besoins de l'activité devant être exercée dans les locaux objets du bail commercial. En outre, les conditions particulières des prêts mentionnaient que les crédits étaient affectés aux besoins du commerce alimentaire et la garantie du paiement de ces prêts était constituée par le nantissement du fonds de commerce. Ainsi, les revenus de l'activité du locataire devaient permettre le remboursement des prêts (CA Rennes 9-9-2020 n° 17/03847 : RJDA 12/20 n° 623).

Deux baux conclus entre les mêmes parties, portant l'un sur des locaux à usage d'hôtel-restaurant, l'autre sur des chambres dépendant d'un autre immeuble, sont indissociables compte tenu des éléments suivants : ils ont été conclus puis renouvelés aux mêmes dates, pour des durées identiques ; peu de temps après leur renouvellement, le bailleur avait écrit au locataire que les chambres étaient destinées à recevoir la clientèle de l'hôtel ; il avait plus tard, par lettre, à l'occasion d'un autre renouvellement, lié le sort de ces contrats, qui avaient trait à des locaux complémentaires (Cass. 3e civ. 22-1-1997 n° 94-19.554 D : RJDA 3/97 n° 330).

Un contrat de **franchise et** un contrat de **bail** commercial ont été considérés comme ne constituant pas une opération économique unique pour les raisons suivantes : l'exécution du contrat de franchise était possible dans un autre local, comme l'exécution du bail était possible sans l'existence du contrat de franchise en cause ; le contrat de franchise avait été conclu cinq ans après le contrat de bail commercial ; la clause du contrat de franchise qui prévoit que « le franchisé ne pourra en aucun cas déplacer ou transférer son activité dans un autre local, sauf accord préalable et écrit du franchiseur » ne s'opposait pas au transfert de l'activité du franchisé dans un autre local que celui mentionné au contrat (CA Paris 15-5-2019 n° 17/20051 : RJDA 10/19 n° 617 rendu dans un cas de résiliation du bail commercial mais transposable à l'annulation).

CONTENTIEUX DU BAIL COMMERCIAL

SOMMAIRE

SECTION 1

PROCÉDURE CONTENTIEUSE EN MATIÈRE DE BAIL COMMERCIAL

GÉNÉRALITÉS

21200 La compétence en matière de baux commerciaux relève essentiellement du tribunal judiciaire (ex-TGI). Néanmoins, il existe, au sein même de cette juridiction, ainsi qu'au profit du tribunal de commerce, des îlots de compétence résiduels.

Ont été maintenues dans les développements ci-dessous les solutions jurisprudentielles antérieures au remplacement du TGI par le tribunal judiciaire qui sont, à notre avis, transposables.

A. Compétence d'attribution en matière de bail commercial

1. CONTESTATIONS RELATIVES À L'APPLICATION DU STATUT DES BAUX COMMERCIAUX

21210 L'article R 145-23 du Code de commerce édicte une compétence spéciale du tribunal judiciaire en ce qui concerne les contestations relatives à l'application du statut des baux commerciaux. Selon la nature des contestations, sont compétents le tribunal judiciaire ou son président en tant que « juge des loyers commerciaux ». Le bail commercial sera donc soumis à des juridictions différentes en fonction de l'objet du litige né entre les parties à l'instance.

Bien qu'ils ne soient pas expressément mentionnés par l'article L 145-15 du Code de commerce parmi les dispositions statutaires réputées d'ordre public, les articles R 145-23 et suivants du Code de commerce relatifs à la procédure en matière de bail commercial [ex-art. 29 s. du décret de 1953] ont un caractère impératif, découlant de leur nature de texte de procédure (Cass. 3e civ. 10-6-1971 n° 70-12.678 : Bull. civ. III n° 374). Leur violation vicie la procédure tout entière.

LITIGES RELATIFS À LA FIXATION DU LOYER DU BAIL RÉVISÉ OU RENOUVELÉ

21215 **Domaine de compétence du président du tribunal judiciaire** Les contestations relatives à la **fixation du loyer du bail révisé ou renouvelé** sont portées, quel que soit leur montant, devant le président du tribunal judiciaire (C. org. jud. art. R 213-2 ; C. com. art. R 145-23, al. 1). En tant que « juge des loyers », le président du tribunal judiciaire est ainsi compétent pour fixer, en cas de désaccord des parties, le loyer du bail renouvelé, mais aussi pour trancher l'action en révision triennale légale (C. com. art. L 145-38), et la révision du loyer du bail assorti d'une clause d'échelle mobile (C. com. art. L 145-39). Il n'est en revanche pas compétent pour établir l'échéancier de l'augmentation progressive du loyer que le bailleur est en droit de percevoir en vertu du mécanisme du lissage prévu au dernier alinéa de l'article L 145-34 du Code de commerce, ce dispositif étant distinct de celui de la fixation du loyer (Cass. 3e civ. avis 9-3-2018 n° 17-70.040 PB : RJDA 10/18 n° 708 ; Cass. 3e civ. 25-1-2023 n° 21-21.943 FS-B : RJDA 5/23 n° 243). Il en résulte qu'en cas de litige entre les parties sur les modalités de cet échéancier, le juge compétent sera le tribunal judiciaire, juge compétent pour toutes les contestations relatives à l'application du statut des baux commerciaux (C. com. art. R 145-23, al. 2).

Le juge des loyers est également compétent en cas de **sous-location** pour connaître de l'action en réajustement du loyer du bail principal, lorsque le sous-loyer est supérieur à celui de la location principale (C. com. art. L 145-31). Toutefois il s'agit d'une action distincte et autonome de sorte qu'elle ne peut être soulevée par le bailleur à l'occasion de la procédure en fixation du loyer du bail renouvelé comme moyen de défense, mais doit faire l'objet d'une demande nouvelle, notifiée par mémoire, puis en saisissant le juge des loyers, par une nouvelle assignation (Cass. 3e civ. 7-2-2007 n° 05-20.252 FS-PB : RJDA 5/07 n° 456).

En cas de **déspécialisation plénière,** si le différend porte seulement sur le prix du bail, celui-ci est fixé conformément aux dispositions réglementaires prévues pour la fixation du prix des baux révisés (C. com. art. L 145-52, al. 2). Le juge des loyers est donc compétent.

Le juge des loyers est juge de la recevabilité et de la **régularité de la procédure** dont il est saisi et a donc le pouvoir de statuer sur la prescription de l'action introduite (CA Grenoble 24-9-2015 n° 13/04498).

La Cour de cassation a jugé que la compétence du juge des loyers, qui lui permet, après avoir fixé le prix du bail révisé ou renouvelé, d'**arrêter le compte** que les parties sont obligées de faire, est exclusive de toute **condamnation** (Cass. 3e civ. 11-5-2022 n° 20-21.689 FS-B : RJDA 8-9/22 n° 463). Il avait été précédemment jugé que le juge des loyers commerciaux qui fixe le prix du loyer révisé à un montant inférieur à celui du loyer versé par le locataire est compétent, en application de l'ex-article 1376 du Code civil (désormais C. civ. art. 1302-1 sur la répétition de l'indu), pour statuer sur la demande de restitution par le bailleur du trop-perçu qui en résulte, cette demande étant accessoire à la demande principale (Cass. 3e civ. 17-9-2020 n° 19-20.589 F-D ; également en ce sens CA Paris 16-11-1977, 16e ch. : Gaz. Pal. 1977 p. 650 note L. Legrand ; CA Paris 5-3-1996 n° 95-5338, 16e ch. A : Loyers et copr. 1997 comm. n° 47 jugeant le juge des loyers compétent pour statuer sur l'action en paiement tant des compléments de loyers que des intérêts qui y sont attachés, dans la mesure où il s'agit d'une demande accessoire intimement liée à la contestation relative à la fixation du loyer). **21217**

La compétence du président du tribunal judiciaire est une **compétence d'exception,** d'interprétation stricte. En conséquence, lorsque s'élève une contestation entre les parties à l'occasion d'une action en fixation du prix du bail, le juge des loyers doit surseoir à statuer quand la question posée présente une incidence sur la fixation du loyer mais ne ressort pas de sa compétence, et renvoyer le point litigieux devant le tribunal judiciaire. Ainsi, bien que les contestations relatives à l'opposabilité d'un congé et à l'assiette du bail aient évidemment une incidence sur la fixation du montant du loyer renouvelé, elles sont de par leur nature étrangères à la fixation de celui-ci et ne relèvent pas de la compétence du premier juge qui est alors tenu de surseoir à statuer dans l'attente de la décision des juges du fond (CA Paris 10-3-1995 n° 93-23571, 16e ch. B). **21220**

Lorsque le **juge des loyers** commerciaux était le président du TGI et qu'il était saisi d'une contestation ne relevant pas de sa compétence, la pratique du TGI de Paris lui permettait, dans l'intérêt d'une bonne administration de la justice, afin de ne pas retarder la solution du litige par des navettes procédurales excessives, de **se dessaisir** complètement de l'affaire au profit du TGI qui, en raison de sa compétence générale, pouvait statuer accessoirement sur le montant du loyer (par exemple, TGI Paris 2-4-2003 n° 02-18092). À notre avis, cette pratique devrait être reprise par les tribunaux judiciaires, les dispositions de l'article 82-1 du Code de procédure civile, qui simplifient la résolution des questions de compétence au sein du tribunal judiciaire, allant dans ce sens.

La limitation des pouvoirs du juge des loyers constitue à l'évidence une source de difficulté et contribue inutilement à l'allongement des délais de procédure.

Le juge des loyers est ainsi incompétent pour : **21225**

- statuer sur une contestation portant sur le **principe** même **du renouvellement** (Cass. com. 18-7-1966 n° 64-14.373 : Bull. civ. III n° 359) ;
- trancher une contestation relative à la **date de renouvellement** du bail (TGI Paris 5-6-1973 : Gaz. Pal. 1973 p. 440) ;
- statuer sur la force obligatoire d'une estimation de la **valeur locative** confiée à un expert désigné par les parties d'un commun accord (Cass. 3e civ. 5-2-1997 n° 95-13.158 PB : RJDA 4/97 n° 484) ;
- fixer une **indemnité d'occupation** (CA Paris 18-10-1973, 16e ch. : Gaz. Pal. 1974 p. 201, JCP G 1974 II n° 17635) ;
- trancher les contestations portant sur le montant du **dépôt de garantie** ou le calcul de l'**impôt foncier** (CA Paris 23-2-1983 n° 09-643, 16e ch. A : Loyers et copr. 1983 comm. n° 171) ou pour réajuster le dépôt de garantie (TGI Paris 13-1-1975 : Loyers et copr. 1975 comm. n° 96) ;
- apprécier la validité d'une « **clause-recettes** » (CA Aix-en-Provence 7-6-1984, SCI Renoir c/ Sté ORECO : Rev. Loyers 1985 p. 223) ;
- statuer sur la **validité du congé** (CA Paris 19-2-2009 n° 08-4528, 16e ch. B : Loyers et copr. 2009 comm. n° 125 note Ph.-H. Brault) ;
- statuer sur une demande de modification du montant du loyer stipulé dans le bail en raison d'une **erreur de superficie** (Cass. 3e civ. 7-7-2016 n° 15-15.173 F-D : RJDA 11/16 n° 769).

Sur la compétence du juge des loyers pour fixer le loyer de renouvellement d'un bail comportant un **loyer binaire,** voir nos 7100 s.

En outre, la Cour de cassation rappelle régulièrement qu'interdiction est faite au juge des loyers, ainsi qu'au tribunal, de **modifier les clauses,** même accessoires, **du bail initial** lors du renouvellement. Sur ce point, voir n° 71335. **21230**

21235 **Compétence accessoire du tribunal judiciaire** À titre accessoire, le tribunal judiciaire peut être saisi d'une contestation relative à la fixation du prix du bail révisé ou renouvelé (C. com. art. R 145-23, al. 2 ; Cass. 3e civ. 24-2-1999 no 97-14.536 PF : RJDA 4/99 no 388 ; Cass. 3e civ. 9-6-2016 no 15-12.766 F-D : Administrer juillet 2016 p. 30). Saisi d'une demande de fixation du loyer, présentée **accessoirement à une autre contestation** et relevant comme telle de sa compétence, il a l'obligation de se prononcer sur le bien-fondé de cette demande (Cass. 3e civ. 12-3-1985 no 83-11.331 : Bull. civ. III no 49).

Par exemple, le tribunal judiciaire, saisi principalement d'une contestation sur la date du renouvellement du bail, est compétent pour se prononcer sur le déplafonnement du loyer du bail renouvelé (Cass. 3e civ. 24-2-1999 no 97-14.536 précité). De même, saisi d'une demande en fixation de l'indemnité d'occupation due entre la date d'effet du congé et celle de l'exercice du droit de repentir, il reste compétent pour connaître de la demande accessoire en fixation du prix du bail renouvelé (Cass. 3e civ. 9-6-2016 no 15-12.766 précité).

Dans ce cas, la demande est instruite suivant les **règles applicables** devant cette juridiction, et non pas suivant la procédure spéciale en vigueur devant le juge des loyers commerciaux (Cass. 3e civ. 27-11-2002 no 01-12.775 FS-PB : RJDA 2/03 no 119 ; Cass. 3e civ. 23-5-2013 no 12-14.009 FS-PB : RJDA 8-9/13 no 697 ; Cass. 3e civ. 25-1-2023 no 21-20.009 FS-B : RJDA 5/23 no 248).

AUTRES LITIGES NÉS DE L'APPLICATION DU STATUT DES BAUX COMMERCIAUX

21240 Les contestations qui ne sont pas portées devant le président du tribunal judiciaire, c'est-à-dire celles qui ne concernent pas la fixation du loyer, sont portées devant le **tribunal judiciaire** (C. com. art. R 145-23, al. 2). Cette compétence est d'ordre public. Par ailleurs, elle est exclusive pour connaître des actions fondées sur les articles L 145-1 à L 145-60 du Code de commerce (C. org. jud. art. R 211-3-26, 11° et R 211-4, 2°).

21245 **Au principal,** le tribunal judiciaire est compétent pour statuer notamment sur :

– les conditions d'application du statut des baux commerciaux ;

ILLUSTRATIONS

Une cour d'appel avait retenu la compétence du tribunal de commerce pour trancher un litige opposant l'acquéreur d'un fonds de commerce et le bailleur des locaux aux motifs que la présence de l'acquéreur dans les locaux résultait de la cession à son profit du fonds, laquelle ne comportait aucune transmission du bail commercial et prévoyait le départ de l'acquéreur dans d'autres locaux, objet de baux en l'état futur d'achèvement.

L'arrêt est censuré pour violation des dispositions de l'article R 145-23, dès lors que la cour d'appel avait constaté que l'acquéreur poursuivait dans les lieux l'activité antérieurement exercée par le cédant du fonds en vertu d'un bail commercial et que l'acquéreur soutenait régler les loyers et être ainsi titulaire d'un bail commercial (Cass. 3e civ. 9-5-2012 no 11-23.135 FS-D : RJDA 10/12 no 836).

– les litiges relatifs au droit au renouvellement, y compris sur les motifs graves et légitimes de refus de renouvellement (CA Paris 16-2-1984 no 18154, 16e ch. B : Gaz. Pal. 1984 p. 178 note Ph.-H. Brault) ;

– la validité et les effets du congé ;

– les actions en paiement des indemnités d'éviction ;

– les actions en fixation de l'indemnité d'occupation prévue par l'article L 145-28 du Code de commerce (Cass. 3e civ. 14-9-2017 no 16-18.444 F-D) ;

– la prescription ;

– les demandes en reprise de locaux d'habitation ;

– les demandes de déspécialisation sauf celle exposée no 21215 ;

– les cessions et sous-locations ;

– les questions relatives à la propriété de l'immeuble loué ou à sa gestion (Cass. 3e civ. 5-3-1974 no 73-11.337 : Bull. civ. III no 98) ;

– l'action en nullité d'un commandement visant la clause résolutoire intentée par un locataire ;

– l'action en contestation de l'acquisition de la clause résolutoire ou en suspension de celle-ci.

21246 Le tribunal judiciaire est également compétent pour connaître de demandes indemnitaires dès lors que la résolution du litige nécessite d'apprécier le respect des règles spécifiques au statut des baux commerciaux (Cass. com. 18-10-2016 no 14-27.212 FS-PBI : RJDA 2/17 no 125 ; Cass. 3e civ. 13-10-2021 no 20-18.333 F-D : RJDA 1/22 no 5).

ILLUSTRATIONS

Dans la première affaire, les négociations sur la fixation du loyer renouvelé ayant échoué, le bailleur avait exercé son **droit d'option** lui permettant de refuser le renouvellement du bail, moyennant le versement d'une indemnité d'éviction. Le locataire, invoquant une **rupture fautive des négociations** relatives au renouvellement du bail et reprochant au bailleur d'avoir tenté de le soumettre à un déséquilibre significatif à l'occasion de ces négociations, avait engagé une action en réparation de ses préjudices devant le tribunal de commerce de Paris.

La Cour de cassation a écarté la compétence de ce dernier pour les motifs suivants : la solution du litige entre le locataire et son bailleur nécessitait l'examen préalable des conditions dans lesquelles le droit d'option avait été exercé et requérait donc une appréciation du respect du statut des baux commerciaux lequel relevait de la compétence exclusive du juge civil (Cass. com. 18-10-2016 n° 14-27.212 précité).
Dans la seconde affaire, un locataire avait agi en **responsabilité à l'encontre du bailleur et du mandataire de celui-ci** pour ne pas l'avoir informé de l'irrégularité de sa demande de renouvellement du bail commercial alors qu'il avait la possibilité de régulariser cette demande, de l'avoir laissé dans l'ignorance des conséquences de l'absence de renouvellement du bail entraînant, à l'expiration du délai de douze ans, le déplafonnement du loyer, d'avoir volontairement gardé le silence afin de pouvoir, après que la durée du bail expiré avait atteint douze ans par l'effet de la tacite prolongation, délivrer une offre de renouvellement moyennant un loyer déplafonné. Il sollicitait l'indemnisation de préjudices économiques résultant du différentiel entre le loyer contractuel et le montant du loyer déplafonné, et résultant de la perte de valeur de son fonds. La Cour de cassation approuve la cour d'appel d'avoir retenu que le litige relevait de la compétence exclusive du tribunal judiciaire du lieu de situation de l'immeuble dès lors que les fautes reprochées au bailleur et à son mandataire et les préjudices allégués par le locataire trouvant leur source dans l'application des règles spécifiques au statut des baux commerciaux tenant à la délivrance du congé et au déplafonnement du loyer, la solution du litige requérait une appréciation des règles du statut des baux commerciaux (Cass. 3e civ. 13-10-2021 n° 20-18.333 précité).

Il importe peu que le litige ne concerne pas les parties au bail dès lors qu'il porte sur le statut (Cass. 3e civ. 24-10-2019 n° 18-20.838 F-D : RJDA 2/20 n° 67). Dans cette affaire, l'objet du litige était de déterminer si la clause rendant obligatoire l'adhésion du locataire à une association de commerçants devait être réputée non écrite en application des articles L 145-15 et L 145-6 du Code de commerce.

À titre accessoire, le tribunal judiciaire peut être saisi d'une contestation relative à la fixation du prix du bail révisé ou renouvelé (n° 21235). **21250**

2. LITIGES NE CONCERNANT PAS LE STATUT DES BAUX COMMERCIAUX

COMPÉTENCE DU TRIBUNAL JUDICIAIRE

La compétence exclusive du tribunal judiciaire ne porte que sur les actions relatives aux baux commerciaux fondées sur les articles L 145-1 à L 145-60 du Code de commerce (nos 21240 s.). Au titre de sa compétence exclusive, le tribunal judiciaire peut connaître de l'application combinée des **règles statutaires et de droit commun.** Cette compétence exclusive ne s'applique toutefois pas pour les litiges fondés sur le **seul droit commun** des obligations, telle une action portant sur une demande provisionnelle en paiement de loyers, laquelle ne met en œuvre aucune règle touchant le statut des baux commerciaux (CA Paris 30-3-2022 n° 21/16714 : RJDA 8-9/22 n° 465). **21300**

Les contestations concernant un bail commercial mais fondées sur des dispositions autres que celles du statut des baux commerciaux peuvent donc être portées devant le tribunal judiciaire, en tant que juge de droit commun connaissant de toutes les affaires civiles et commerciales pour lesquelles la compétence n'est pas attribuée, en raison de la nature de la demande, à une autre juridiction (C. org. jud. art. L 211-3 et R 211-3), ou devant le tribunal de commerce si la qualité des parties le permet (n° 21310).

Sur les conséquences en matière de compétence territoriale selon que le tribunal judiciaire est saisi au titre de sa compétence exclusive ou au titre de sa compétence de droit commun, voir n° 21480.

COMPÉTENCE DU TRIBUNAL DE COMMERCE

Les dispositions qui attribuent compétence exclusive au tribunal judiciaire pour les actions relatives à l'application des règles statutaires (n° 21240) conduisent à écarter la compétence du tribunal de commerce dans ces matières. **21310**

Le tribunal de commerce conserve cependant un îlot de compétence résiduelle. En effet, si le **litige,** bien que **concernant un bail commercial,** est fondé seulement sur le droit commun des obligations, le tribunal de commerce peut être saisi si bailleur et locataire sont tous deux commerçants (C. com. art. L 721-3). Le demandeur non commerçant dispose du choix de saisir le tribunal judiciaire ou le tribunal de commerce. Sur la compétence du tribunal des activités économiques (TAE) pour connaître des actions et contestations relatives aux baux commerciaux nées de la procédure collective, voir n° 63355.

ILLUSTRATIONS

Le **tribunal de commerce** a été reconnu **compétent** :
– dans un cas où le locataire d'un local commercial était poursuivi par un administrateur de biens en paiement des factures de frais de rédaction d'avenants que celui-ci avait établies (Cass. com. 27-10-2009 n° 08-18.004 FS-PB : RJDA 1/10 n° 103) ;
– pour le cas d'une demande du bailleur en paiement de sommes dues par le locataire commerçant en exécution du bail commercial au motif que la demande ne portait pas sur l'application des dispositions relatives au statut des baux commerciaux (Cass. 3e civ. 10-3-2015 n° 14-10.341 F-D : RJDA 10/15 n° 639) ;
– pour un litige relatif à l'exécution d'un protocole transactionnel organisant la résiliation anticipée d'un bail commercial (Cass. 3e civ. 11-4-2019 n° 18-16.061 FS-PBI : RJDA 6/19 n° 415).
En revanche, le tribunal de commerce n'a **pas** été reconnu **compétent** :
– pour connaître d'un litige portant sur le paiement de la quote-part de l'impôt foncier réclamé par le bailleur au locataire bénéficiant d'un bail commercial (CA Bordeaux 31-5-2012 n° 10/4269, 5e ch. civ. : Loyers et copr. 2012 comm. n° 206 note Ph.-H. Brault) ;
– pour un litige locatif entre deux commerçants portant sur l'effondrement d'une partie de l'immeuble loué (CA Toulouse 27-6-2012 n° 12/00500, 2e ch. sect. 1 : Juris-Data n° 2012-016105) ;
– dans un litige portant sur la validité d'une clause d'indexation au regard des dispositions des articles L 112-1 et L 112-2 du Code monétaire et financier dans lequel la cour d'appel de Paris a fait droit au contredit de compétence soulevé par le défendeur à l'action introduite devant le tribunal de commerce au profit du TGI (devenu tribunal judiciaire) de Paris (CA Paris 6-3-2014 n° 13/22214).

Les **baux dits « du Code civil »** (ou de droit commun), qui portent sur un immeuble autre qu'à usage d'habitation, relèvent de la compétence du tribunal de commerce, lorsque les deux parties ont la qualité de commerçant.

3. COMPÉTENCE DU JUGE DES RÉFÉRÉS EN MATIÈRE DE BAIL COMMERCIAL

COMPÉTENCE DU PRÉSIDENT DU TRIBUNAL JUDICIAIRE

21360 En tant que juge des référés, dont la compétence s'applique dans les conditions et limites fixées par les articles 834 et 835 du Code de procédure civile, le président du tribunal judiciaire peut :

– constater l'acquisition de la **clause résolutoire** ou en suspendre les effets en accordant des délais au locataire, sous réserve qu'il n'existe pas de difficulté sérieuse quant à l'existence de l'infraction (Cass. 3e civ. 18-12-1991 n° 90-12.067 : Gaz. Pal. 1992 jur. p. 84) et ce, même lorsque les deux parties ont la qualité de commerçant, dès lors qu'est en jeu l'article L 145-41 du Code de commerce (Cass. 3e civ. 26-6-1991 n° 89-19.489 P : RJDA 10/91 n° 796) ; il dispose du pouvoir de réputer non écrite la partie d'une clause résolutoire qui contreviendrait à cet article d'ordre public (CA Douai 9-11-2023 n° 23/01695 : RJDA 8-9/24 n° 447) ; mais le juge des référés n'a pas le pouvoir de prononcer la résiliation d'un bail (Cass. 3e civ. 20-12-2018 n° 17-16.783 F-D : RJDA 3/19 n° 171) ;

– ordonner une **mesure d'instruction,** par exemple afin de constater le défaut d'exploitation des locaux ;

– autoriser le bailleur, dans le cadre d'une procédure en révision de loyer qui n'a pas encore abouti à la désignation d'un expert, à **accéder aux locaux** loués afin de permettre à son expert amiable de procéder à l'étude de la valeur locative (TGI Paris 22-11-2010 n° 10/59272, ord. réf. : RJDA 6/11 n° 504) ;

– ordonner l'**expulsion** des occupants sans droit ni titre d'un appartement qui était un accessoire du local commercial loué à bail commercial au locataire initial, dont les occupants venaient au droit (CA Paris 15-1-2013 n° 12/01169, ch. 1-2 : Juris-Data n° 2013.15905).

Sur la compétence du juge des référés pour accorder une provision sur l'indemnité d'éviction, voir n° 45201.

21365 **En revanche,** la compétence générale du président du tribunal judiciaire en tant que juge des référés s'efface devant celle du juge des loyers, lorsqu'il s'agit de désigner un expert avec pour mission d'évaluer la valeur locative en vue de la fixation ultérieure du prix du bail renouvelé (CA Paris 13-2-1991 n° 90-24643, 14e ch. A : D. 1991 IR p. 72 ; CA Versailles 5-11-2020 n° 20/02776, 14e ch. A : Rev. Loyers 2020 p. 479), ou lorsque les mesures demandées se rapportent à des affaires qui, sur le fond, relèvent de la compétence d'une autre juridiction.

Il n'entre pas dans les pouvoirs du juge des référés de prononcer la déchéance d'un locataire commercial de son droit à une indemnité d'éviction et de son droit au maintien dans les lieux jusqu'au paiement d'une indemnité d'éviction (Cass. 3e civ. 15-12-2021 n° 20-22.078 F-D : RJDA 5/22 n° 254).

EXPERTISE IN FUTURUM

Selon les dispositions de l'article 145 du Code de procédure civile, s'il existe un motif légitime de conserver ou d'établir avant tout procès la preuve des faits dont pourrait dépendre la solution du litige, les mesures d'instruction légalement admissibles peuvent être ordonnées à la demande de tout intéressé, par requête ou en référé. **21370**

Après la délivrance d'un congé avec refus de renouvellement et offre d'une indemnité d'éviction, les parties ont très souvent recours à cet article pour demander au juge des référés une expertise aux fins d'évaluation des indemnités d'éviction et d'occupation. Cette pratique a été confirmée par la Cour de cassation (Cass. 3e civ. 18-12-2002 n° 01-14.202 FS-PB : RJDA 3/03 n° 240). La question se pose de savoir si cette demande reste légitime même si elle est formée avant la date d'effet du congé avec refus de renouvellement. La cour d'appel de Paris, statuant en référé, l'a admis estimant que le droit à indemnité d'éviction prend naissance le jour de la délivrance du congé (CA Paris 23-6-2015 n° 15/05025 : RJDA 4/16 n° 264). La cour d'appel de Lyon, statuant également en référé, avait précédemment retenu une solution contraire, estimant que la demande d'expertise du bailleur ne tendait pas à permettre d'administrer au mieux une preuve qui lui incombe mais à évaluer prématurément une indemnité dont les éléments d'évaluation doivent être appréciés, non pas au jour où le juge des référés statue mais à une date future, celle de l'éviction définitive (CA Lyon 25-4-1991 n° 3111/90, 6e ch. civ.).

En revanche, la pratique de certains bailleurs consistant à saisir le juge des référés **avant tout congé avec refus de renouvellement,** ou en l'absence d'exercice du droit d'option suite à une offre de renouvellement, pour connaître le montant de l'indemnité d'éviction qui pourrait être due en cas de refus de renouvellement, admise un temps par la cour d'appel de Paris (notamment CA Paris 25-1-2006 n° 05.10856, 14e ch. A : Gaz. Pal. 2006 somm. p. 1965 obs. Ch.-E. Brault) a été rejetée par la Cour de cassation : ces demandes d'expertise sont déclarées irrecevables faute d'existence d'un litige potentiel au sens de l'article 145 du Code de procédure civile (Cass. 3e civ. 16-4-2008 n° 07-15.486 FS-PBI : RJDA 7/08 n° 766). **21375**

Pour que l'expertise in futurum puisse être sollicitée, il faut que le litige potentiel existe le **jour** où le juge statue, peu important qu'il n'existe pas encore au jour où la demande est formée (Cass. 3e civ. 8-4-2010 n° 09-10.226 FS-PB : RJDA 7/10 n° 720).

Il s'ensuit que le bailleur ne peut demander une mesure d'expertise aux fins d'évaluer l'indemnité d'éviction tant qu'un congé avec refus de renouvellement n'a pas été délivré ou, si le renouvellement a été offert, tant que le droit d'option n'a pas été exercé. On peut regretter cette solution, du moins en ce qui concerne l'hypothèse où, le bail étant expiré sans qu'aucun congé n'ait été délivré, le bailleur souhaite connaître le coût de l'indemnité d'éviction avant de prendre sa décision. Il est, en effet, presque impossible pour un expert amiable de déterminer une indemnité d'éviction de remplacement de fonds de commerce, sans avoir accès aux comptes du locataire. Or, la communication des comptes ne peut être imposée que dans le cadre d'une expertise judiciaire.

Le juge des référés ne peut pas être saisi en application de l'article 145 alors qu'une **instance,** portant sur le même objet, est **pendante devant le juge du fond** (Cass. 2e civ. 16-7-1992 n° 91-12.486 : Bull. civ. II n° 213). L'action de l'article 145 ne peut en effet être exercée qu'avant tout procès. **21380**

> **> Précisions** Une **instance relative à la seule annulation d'un congé** refusant le renouvellement d'un bail commercial et offrant le paiement d'une indemnité d'éviction ne fait pas obstacle à une demande d'expertise fondée sur l'article 145 du Code de procédure civile, avant tout procès, destinée au recueil des éléments de preuve nécessaires à l'évaluation et à la fixation des indemnités d'éviction et d'occupation, dont le juge du fond n'a pas été saisi (Cass. 3e civ. 6-4-2023 n° 22-10.475 FSB).

B. Compétence territoriale en matière de bail commercial

Le **président du tribunal judiciaire** (juge des loyers) territorialement compétent pour connaître des litiges relatifs à la fixation du loyer du bail révisé ou renouvelé est celui du lieu de situation de l'immeuble (C. com. art. R 145-23, al. 3). **21480**

La compétence territoriale du **tribunal judiciaire** est différente selon qu'il statue dans le cadre de sa compétence exclusive (nos 21210 s.) ou en tant que juridiction de droit commun (n° 21300). Dans le premier cas, le tribunal territorialement compétent est celui du lieu de situation de l'immeuble (C. com. art. R 145-23, al. 3). Dans le second cas, la juridiction compétente est, au choix du demandeur, celle du lieu où demeure le défendeur (CPC art. 42, al. 1) ou, s'agissant d'un litige en matière contractuelle, celle du lieu de l'exécution de la prestation de services (CPC art. 46). Pour un cas d'application, voir Cass. 3e civ. 13-10-2021 no 20-18.333 analysé no 21246.

Pour le **tribunal de commerce,** il est fait application des articles 42 et 46 du Code de procédure civile.

Le **juge des référés** territorialement compétent pour statuer sur une demande de mesure d'instruction in futurum ou une demande de communication de pièces en vue d'un procès au fond est celui de la juridiction appelée à connaître de l'éventuel litige au fond. Si cette dernière est le tribunal judiciaire statuant en tant que juge de droit commun, le demandeur peut assigner devant le juge des référés du domicile du défendeur (CA Paris 30-3-2022 no 21/16714 : RJDA 8-9/22 no 465, à propos d'une demande en paiement de loyers, demande ne relevant pas de la compétence exclusive du tribunal judiciaire).

ATTENTION

Lorsqu'il existe plusieurs tribunaux judiciaires dans un même département, **l'un de ces tribunaux peut être spécialement désigné** pour connaître seul, dans l'ensemble de ce département, des litiges relatifs aux baux commerciaux fondés sur les articles L 145-1 à L 145-60 du Code de commerce. Cette disposition peut même s'appliquer, à titre exceptionnel, à des tribunaux judiciaires situés dans deux départements différents lorsque leur proximité géographique et les spécificités territoriales le justifient (C. org. jud. art. R 211-4 et L 211-9-3). Le siège, le ressort et les compétences matérielles des tribunaux judiciaires ainsi spécialement désignés sont fixés conformément au tableau IV-IV annexé au Code de l'organisation judiciaire (C. org. jud. art. D 211-4-1). Au 15 mars 2025, date de mise à jour des présents développements, seul le tribunal judiciaire de Dax a été désigné dans le département des Landes (Annexe Tableau IV-IV).

21485 La question de la validité d'une **dérogation conventionnelle** aux règles exposées ci-avant s'est posée dans une affaire où les **parties, ayant la qualité de commerçant,** avaient dans un bail commercial portant sur une boutique incluse dans le centre commercial de Parly 2, près de Versailles, attribué compétence aux tribunaux parisiens. La cour d'appel a répondu par l'affirmative aux motifs qu'il ne résulte pas des dispositions de l'article L 145-15 du Code de commerce qu'une clause faisant échec à la compétence territoriale du lieu de situation de l'immeuble prévue par l'article 29 du décret (désormais C. com. art. R 145-23) est nulle et de nul effet (désormais réputée non écrite), et qu'il n'est pas indiqué dans ce texte qu'il s'agit d'une compétence exclusive (CA Paris 21-6-2001 no 01-6069, 1e ch. D : Loyers et copr. 2001 comm. no 291). La cour d'appel de Paris a d'ailleurs réaffirmé ce principe en retenant la validité d'une clause attribuant compétence aux tribunaux de Paris alors que les locaux étaient situés en dehors de Paris (CA Paris 4-6-2009 no 08-18149, 16e ch. B : Loyers et copr. 2009 comm. no 237 note E. Chavance ; CA Paris 24-10-2024 nos 24/11779 et 24/11828 : BRDA 2/25 inf. 12). Cette solution est conforme aux dispositions de l'article 48 du Code de procédure civile permettant aux personnes ayant contracté en qualité de commerçant de déroger par une clause spécifique et très apparente, aux règles de compétence territoriale.

En revanche, une clause attributive de compétence à la juridiction du lieu de situation de l'immeuble insérée dans un bail **entre un non-commerçant et un commerçant** ne peut pas être appliquée (CA Paris 30-3-2022 no 21/16714 : RJDA 8-9/22 no 465 au sujet du juge des référés et jugeant la validité d'une telle clause sérieusement contestable).

> Précisions Dans ces arrêts du 24 octobre 2024, la cour d'appel de Paris a infirmé les décisions rendues par le juge des référés du tribunal judiciaire de Paris (notamment TJ Paris réf. 21-6-2024 no 23/56868 : RJDA 1/25 no 13) qui s'était déclaré incompétent en invoquant le caractère d'ordre public de l'article R 145-3 du Code de commerce. Régulièrement saisi d'affaires portant sur des immeubles situés en dehors de son ressort, le tribunal tentait, semble-t-il, d'apporter une réponse aux « enjeux systémiques » de la compétence territoriale en matière de bail commercial en arguant que le principe de proportionnalité et l'exigence de proximité qui en résulte font du juge du lieu de l'immeuble le plus adapté. La solution avait été critiquée en doctrine (J.-P. Blatter, Le prononcé de l'ordre public ou... le moyen, de décharger les juridictions : AJDI 2024 p. 497 ; J. Monéger, La nature d'ordre public de l'article R 145-3 du Code de commerce et l'incompétence du tribunal : Loyers et copr. 2024 alerte 149), aucune disposition n'énonçant que l'article R 145-3 est d'ordre public.

C. Procédure devant le juge des loyers commerciaux

21550 La procédure devant le président du tribunal judiciaire, juge des loyers, pour fixer le loyer du bail révisé ou renouvelé est une **procédure dite « sur mémoire ».** Elle est organisée par les articles R 145-23 à R 145-33 du Code de commerce.

Le ministère d'**avocat** est obligatoire pour les instances introduites depuis le 1er janvier 2020 (C. com. art. R 145-29).

Les parties échangent des mémoires dans lesquels elles exposent leurs arguments.

MÉMOIRE PRÉALABLE À L'ASSIGNATION

Exigence d'un mémoire préalable La notification d'un mémoire préalable par la partie la plus diligente doit être suivie dans trois hypothèses : **21560**

– à la suite d'une demande en renouvellement émanant du locataire pour la fixation du loyer de renouvellement ;

– à la suite d'un congé avec offre de renouvellement émanant du bailleur pour la fixation du loyer de renouvellement ;

– à la suite d'une demande de révision du loyer pour introduire une action en révision triennale légale (Cass. 3e civ. 26-1-2017 no 16-10.304 FS-PB : RJDA 5/17 no 316).

Le mémoire est une **formalité impérative** pour la partie qui prend l'initiative de la procédure à la suite d'un désaccord lors de la phase préalable relative à la fixation du loyer révisé ou renouvelé (Cass. 3e civ. 10-6-1971 no 70-12.678 : Bull. civ. III no 374). Ainsi, la notification d'une demande de révision par lettre recommandée contenant la demande initiale en révision du prix ne peut valoir mémoire dès lors que le mémoire exigé en cas de litige est un acte distinct de la demande initiale et produit d'autres effets (Cass. 3e civ. 19-12-2000 no 98-16.180 F-D : Juris-Data no 2000-00.7634 ; Cass. 3e civ. 15-11-2006 no 05-18.259 FS-PB : RJDA 2/07 no 131).

Le **défaut de notification** du mémoire avant la saisine du juge des loyers commerciaux donne lieu à un fin de non-recevoir qui n'est pas susceptible d'être régularisée (Cass. 3e civ. 8-2-2024 no 22-22.301 FS-B : RJDA 5/24 no 276). Ainsi, il appartient aux parties, qui ont été renvoyées devant le juge des loyers par une décision d'incompétence, de procéder à la notification du mémoire ; à défaut, la procédure est irrégulière et l'instance en fixation du loyer est éteinte (Cass. 3e civ. 14-9-2011 no 10-10-037 FS-FB : RJDA 1/12 no 17). **21565**

De même, lorsque les prétentions d'une partie ont été jugées irrecevables en première instance, faute d'avoir respecté la formalité du mémoire, celle-ci perd la possibilité de faire valoir ultérieurement, en cause d'appel, des moyens de fond. Ainsi, un locataire dont la demande avait été jugée irrecevable en première instance en l'absence de la formalité du mémoire, a été déchu du droit de faire valoir des moyens de fond à l'appui d'une demande d'expertise judiciaire (Cass. 3e civ. 13-12-2006 no 05-20.281 FS-PB : RJDA 3/07 no 233).

Le mémoire devant être adressé à chacune des parties au bail ou, en cas de pluralité de locataires ou de bailleurs, à chacun d'entre eux (no 21570), le défaut de notification **à toutes les parties** est également sanctionné par l'irrecevabilité (Cass. 3e civ. 3-7-2013 no 12-13.780 FS-PB : RJDA 12/13 no 988, en l'espèce, des époux tous deux propriétaires des locaux loués). Un mémoire en demande ayant été adressé non à la personne morale locataire, mais à une personne physique qui n'était plus titulaire du bail depuis la cession du fonds de commerce et qui était décédée avant la notification, le bailleur ayant eu une pleine connaissance de la cession à laquelle il était personnellement intervenu, la Cour de cassation a approuvé la cour d'appel d'avoir considéré qu'aucun mémoire adressé au locataire n'avait précédé l'assignation (Cass. 3e civ. 18-11-1998 no 96-22.696 P : RJDA 1/99 no 22).

Forme, contenu et destinataire du mémoire préalable Les mémoires préalables doivent être notifiés par chacune des parties à l'autre, par **lettre recommandée** AR. Ils doivent être signés par les avocats des parties (C. com. art. R 145-26). **21570**

Il y a autant de mémoires adressés qu'il y a de défendeurs. La notification est valablement faite par le locataire au gérant du local loué (C. com. art. R 145-26). En présence d'une élection de domicile dans un cabinet d'avocats, le mémoire doit être notifié à l'avocat par lettre recommandée AR.

ATTENTION

En cas de **décès du destinataire,** la règle de la notification s'applique à ses héritiers. La circonstance que l'un des héritiers soit titulaire de l'intégralité des droits attachés au bail est indifférente, dès lors que chaque héritier conserve des prérogatives sur le bail en qualité de nu-propriétaire et que l'indivision n'a pas la personnalité juridique (CA Versailles 3-2-2005 no 03-6532, 12e ch. sect. 2 : Bull. inf. C. cass. 15-7-2005 no 1504). Il en est de même de la notification du mémoire préalable à « Mme X, indivision X » et non au titulaire du bail et ses héritiers, les héritiers étant nus-propriétaires des droits attachés au bail (Cass. 3e civ. 4-5-2006 no 05-13.564 FS-D).

Il suffit à l'auteur du mémoire de justifier de sa présentation au domicile du destinataire, sans qu'il soit nécessaire d'exiger une remise effective (Cass. 3e civ. 16-10-2013 no 12-20.103 FS-PB : RJDA 1/14 no 13, 2e espèce). Ainsi jugé que la notification est régulièrement accomplie dès lors qu'il est établi que le locataire a été à même de retirer à La Poste le mémoire adressé par le bailleur après deux avis de passage déposés à son domicile (Cass. 3e civ. 6-11-1986 no 84-10.103 : Bull. civ. III no 147).

La Cour de cassation a rappelé que la notification d'un acte pouvant toujours être faite par voie de signification même si la loi a prévu une autre forme (CPC art. 651, al. 3) et aucun texte n'écartant l'application de cette disposition à la procédure de fixation du loyer commercial, le mémoire est valablement notifié par **acte extrajudiciaire** (Cass. 3e civ. 16-10-2013 no 12-19.352 FS-PB : RJDA 1/14 no 13, 1e espèce).

21572 La charge de la **preuve de la notification** du mémoire incombe à la partie qui s'en prévaut. Dans un cas où le bailleur n'avait pas été en mesure de rapporter la preuve de la notification du mémoire au locataire, il n'était pas établi que l'assignation avait été délivrée après expiration du délai d'un mois suivant réception du mémoire : elle n'était donc pas valable. La prescription biennale étant acquise, l'action du bailleur était irrecevable et le jugement ayant fixé le loyer à la valeur locative a été infirmé (CA Paris 21-3-2007 no 05-11409, 16e ch. A : AJDI 2007 p. 566 obs. S. Porcheron).

21575 Le mémoire doit comporter les **mentions** suivantes (C. com. art. R 145-24) :

– pour les personnes physiques : leurs nom, prénoms, profession, domicile, nationalité, date et lieu de naissance ;

– pour les personnes morales : leurs dénomination et siège social, ainsi que le titre, les nom et prénom de leur représentant légal ;

– l'adresse de l'immeuble donné à bail.

Il doit en outre **contenir** (C. com. art. R 145-25) :

– une copie de la demande en fixation de prix faite, selon le cas, lors de la révision du loyer ou du renouvellement du bail ;

– l'indication des autres prétentions ;

– les explications de droit et de fait de nature à justifier les prétentions de leur auteur ou à réfuter celles de l'autre partie.

> **> Précisions** Les mémoires **en réplique** ou rédigés **après l'exécution d'une mesure d'instruction** peuvent ne comporter que les explications de droit ou de fait (C. com. art. R 145-25, al. 5). Les **copies des pièces** que les parties estiment devoir y annexer doivent être certifiées conformes à l'original par le signataire du mémoire (C. com. art. R 145-26).

21590 **Sanction des irrégularités affectant le mémoire préalable** Les actes de procédure peuvent être affectés par des **irrégularités de fond** limitativement énumérées à l'article 117 du Code de procédure civile : défaut de capacité d'ester en justice, défaut de pouvoir d'une partie ou d'une personne figurant au procès comme représentant soit d'une personne morale, soit d'une personne atteinte d'une incapacité d'exercice, défaut de capacité ou de pouvoir d'une personne assurant la représentation d'une partie en justice. Ces irrégularités affectent la validité du mémoire indépendamment du préjudice qu'elles ont pu causer.

Par ailleurs, le mémoire préalable peut être affecté par des **irrégularités de forme**, lesquelles n'entraîneront sa nullité que si elles causent un préjudice à la partie adverse, même lorsqu'il s'agit d'une formalité substantielle et d'ordre public (CPC art. 117 ; Cass. 3e civ. 4-10-1972 no 71-12.253 : Bull. civ. III no 494 : irrecevabilité de la demande tirée de la nullité d'un mémoire). Toutefois, la Cour de cassation a déjà sanctionné par la nullité une irrégularité de forme sans qu'il y ait lieu à justifier d'un grief (Cass. 2e civ. 24-9-2015 no 14-23.169 F-PB : RJDA 1/16 no 27). Au cas d'espèce, la société locataire avait notifié un mémoire après expertise faisant mention d'un siège social correspondant à l'adresse des lieux loués alors qu'elle avait quitté les lieux dix-huit mois plus tôt. La Cour de cassation a considéré que les conclusions d'appel de la société étaient irrecevables en application des articles 960 et 961 du Code de procédure civile car elles mentionnaient un siège social fictif, sans qu'il soit nécessaire de justifier d'un grief. C'est la nullité du mémoire qui était invoquée même si l'arrêt vise « l'irrecevabilité des conclusions ». Cela peut s'expliquer par le fait que devant la cour d'appel, le locataire avait notifié un mémoire et pris également des conclusions.

21595 Constituent des irrégularités de forme les irrégularités suivantes :

– le défaut de **remise au greffe** du mémoire préalable du bailleur dès lors que les parties avaient échangé et notifié leurs mémoires (Cass. 3e civ. 22-1-1997 no 94-21.488 P : RJDA 3/97 no 333, 1e espèce ; CA Aix-en-Provence 20-9-2013 no 11/02129, 11e ch.), car la remise au greffe de son mémoire par la partie la plus diligente ne tendant qu'à la fixation de la date de l'audience et ne saisissant pas le juge, son omission ne constitue pas une fin de non-recevoir (Cass. ass. plén. 23-2-2001 no 99-15.541 P : RJDA 7/01 no 760) ;

– le défaut de **signature** du mémoire (Cass. 3e civ. 13-2-2002 no 00-18.671 FS-PB : RJDA 5/02 no 482, retenant que ce mémoire daté du 6 décembre 1994, dont les locataires avaient soulevé la nullité le 4 février 1998 après avoir conclu au fond le 25 mai 1995, avait interrompu la prescription) ;

– la **notification** du mémoire dans un **lieu** inadéquat (CA Paris 13-3-2002, 16e ch. A : Gaz. Pal. 2002 somm. p. 1105 note Ph.-H. Brault). En l'espèce, le domicile du locataire était connu du bailleur, auteur du mémoire tendant à la fixation du prix du loyer du bail commercial renouvelé. L'acte ne devait donc pas être signifié à l'adresse des lieux loués. Cependant, l'irrégularité commise quant au lieu de délivrance étant une irrégularité de forme, l'acte ne peut être déclaré nul qu'en cas de grief en résultant pour le locataire, grief inexistant en l'espèce ;

– le défaut d'**annexion au mémoire** en fixation du prix du bail révisé de la **demande préalable en révision** (Cass. 3e civ. 16-6-2010 no 09-11.565 FS-PB : RJDA 11/10 no 1046). En l'espèce, l'irrégularité de forme ne causait aucun préjudice puisque le mémoire demandait la révision du loyer au même montant que la demande préalable.

SAISINE DU JUGE DES LOYERS

Le juge ne peut pas, à peine d'irrecevabilité, être saisi avant l'expiration d'un **délai** d'un mois suivant la réception par son destinataire du premier mémoire établi (C. com. art. R 145-27, al. 1). **21670**

La partie la plus diligente doit remettre au greffe son **mémoire** aux fins de fixation de la date d'audience. Les **pièces** sur lesquelles est fondée la demande ainsi qu'un plan des locaux doivent être annexés au mémoire. Le mémoire et les pièces reçues par l'autre partie doivent y être joints. Les mémoires et les pièces peuvent être remis en original ou en copie (C. com. art. R 145-27, al. 2 et 3). **21675**

Cette remise ne saisit pas le juge des loyers commerciaux, et ne peut donc pas interrompre le délai de la prescription (Cass. 3e civ. 23-1-2013 no 11-20.313 FS-PB : RJDA 10/13 no 774).

Les **pièces requises,** communes aux instances en révision et en renouvellement du bail, sont les suivantes : **21680**

– le mémoire préalable et, le cas échéant, les mémoires échangés ultérieurement accompagnés de la preuve de leur notification (accusés de réception),

– le bail et ses avenants,

– les plans des locaux.

En outre, il faut ajouter :

– pour les procédures en révision triennale, la demande de révision avec l'accusé de réception ainsi que le dernier acte de révision ;

– et pour les procédures en renouvellement de bail, le congé ou la demande de renouvellement ainsi que, le cas échéant, l'avis de la commission de conciliation.

Le juge est saisi par l'**assignation** délivrée comme en matière de procédure d'urgence à jour fixe (application des articles 840 à 844 du CPC). L'assignation n'a toutefois pas à reproduire ou à contenir les éléments déjà connus de l'autre partie (C. com. art. R 145-28). Les parties sont tenues de constituer avocat (C. com. art. R 145-29). **21685**

POUVOIRS DU JUGE DES LOYERS

Dans la fixation du loyer, le juge est lié par les **prétentions des parties.** En application de l'article L 145-37 du Code de commerce, le prix judiciairement fixé ne peut être ni supérieur à la demande du bailleur ni inférieur à celle du locataire, sauf à ce que les prétentions des parties aient varié depuis. Dans ce cas, le nouveau prix demandé ne prend effet qu'à compter de la notification par mémoire additionnel des nouvelles prétentions (C. com. art. R 145-21). **21690**

En pratique, le juge sera alors amené à fixer deux loyers dont la date de prise d'effet sera différente.

La production en justice de **rapports d'expertise amiable** est une pratique répandue, le bailleur (ou le locataire) appuyant ses prétentions sur un rapport dressé, à sa demande, par un expert inscrit sur une liste auprès d'une cour d'appel. La Cour de cassation a admis qu'un tel rapport pouvait être produit à titre de preuve devant un tribunal s'il est soumis à la libre discussion des parties (Cass. 3e civ. 23-3-2005 no 04-11.455 : Bull. civ. III no 73), à charge pour le juge d'en apprécier souverainement la valeur probante. **21692**

En revanche, il ne peut pas se déterminer au vu de ce seul rapport, même s'il a été soumis aux observations contradictoires des parties. En effet, la Cour de cassation a précisé qu'en se fondant exclusivement sur une expertise non contradictoire établie à la demande de l'une des parties, les juges du fond avaient méconnu le droit à un procès équitable prévu par l'article 6, § 1 de la Convention de sauvegarde des droits de l'Homme et des libertés fondamentales (Cass. 3e civ. 3-2-2010 no 09-10.631 FS-PB : RJDA 4/10 no 340).

Rien n'interdit à la partie qui se prévaut du rapport d'intégrer dans ses écritures des éléments objectifs tirés du rapport amiable, tels que les chiffres de fréquentation de la station de transport en commun, la création de nouvelles constructions, pour une demande de déplafonnement fondée sur la modification des facteurs locaux de commercialité, de telle sorte que le juge puisse se fonder sur ces données concrètes.

Par ailleurs, dans l'exercice de son pouvoir souverain d'appréciation de la valeur et de la portée des éléments de preuve, un juge peut se fonder sur une expertise amiable, non contradictoire à l'égard de l'une des parties, et sur une expertise, certes ordonnée judiciairement, mais également non contradictoire à l'égard de cette même partie, dès lors que ces expertises ont été soumises à la libre discussion des parties (Cass. 3e civ. 15-11-2018 n° 16-26.172 FP-PBI : RJDA 2/19 n° 75).

21695 Le juge des loyers peut ordonner certaines **mesures d'instruction** s'il s'estime insuffisamment éclairé sur certains points ou s'il lui apparaît que les prétentions des parties divergent sur de tels points : il peut se rendre sur les lieux ou commettre toute personne de son choix afin de procéder à de simples constatations matérielles (C. com. art. R 145-30, al. 1 et 2). Lorsque les divergences portent sur des points de fait qui ne peuvent être tranchés sans recourir à une **expertise,** le juge désigne un expert, lequel devra s'expliquer, indépendamment de la mission complémentaire qu'il aurait reçue du juge, sur tous les éléments mentionnés, selon le cas, aux articles R 145-3 à R 145-7, L 145-34, R 145-9, R 145-10 et R 145-11 du Code de commerce (C. com. art. R 145-30, al. 3). Toutefois, si le juge estime devoir limiter la mission de l'expert à la recherche de l'incidence de certains éléments seulement, il indique ceux sur lesquels elle porte (C. com. art. R 145-30, al. 4).

21700 Durant le cours de l'instance, le locataire est tenu de payer les **loyers** échus à l'ancien prix ou au prix fixé par le juge à titre provisionnel (C. com. art. L 145-57, al. 1). En pratique, le juge applique le dernier loyer en cours, sauf à ce que les éléments du dossier permettant dès ce stade de fixer un prix différent, notamment au cas de surévaluation ou sous-évaluation manifeste.

OBLIGATION DES PARTIES APRÈS EXPERTISE

21705 Lorsque le juge a recours à une mesure d'expertise, l'article R 145-31, al. 1 précise que, dès le dépôt du rapport, le secrétaire-greffier avise les parties (ou leurs avocats), par lettre recommandée AR, de la date à laquelle l'affaire sera reprise et de celle à laquelle les mémoires faits après l'exécution de la mesure d'instruction devront être échangés. Devant certains juges des loyers, il appartiendra à la partie la plus diligente de réenrôler l'affaire en notifiant un mémoire.

Les parties doivent obligatoirement échanger de nouveaux **mémoires en ouverture de rapport** avant la date d'audience, même si elles n'entendent développer aucun argument supplémentaire (sur la forme, le destinataire et le contenu du mémoire, voir nos 21570 s.). Il s'agit d'une formalité substantielle dont l'omission vicie toute la procédure. Ainsi, le dépôt, après l'expertise, de conclusions, sans respecter la formalité préalable du mémoire est nul (Cass. 3e civ. 24-6-1998 n° 96-19.730 PF, Sté La Quercynoise c/ Commenge : RJDA 8-9/98 n° 959 ; CA Paris 26-4-2006 n° 05-6283, 16e ch. A, Sté Potel et Chabot c/ Reille Soult Dalmatie) et la nullité des conclusions substituées au mémoire n'affecte pas seulement ces écritures mais entraîne interruption définitive et extinction de la procédure en fixation du loyer (Cass. 3e civ. 30-4-2003 n° 525 FS-PB : RJDA 7/03 n° 701 ; Cass. 3e civ. 4-2-2009 n° 08-10.723 FS-PB : RJDA 5/09 n° 415 ; Cass. 3e civ. 22-11-2011 n° 10-25-686 FD : RJDA 12/12 n° 1052, 2e espèce ; CA Paris 16-3-2011 n° 09/21791 : Juris-Data 2011-005924). De même, une nouvelle assignation délivrée après mesure d'instruction devant le juge des loyers commerciaux, au lieu et place de la notification d'un mémoire, est affectée d'une nullité de fond entraînant interruption définitive de la procédure en fixation de loyer ainsi introduite (Cass. 3e civ. 13-10-2010 n° 09-66.600 FS-D : RJDA 2/11 n° 119).

Lorsque la mesure d'expertise a été ordonnée par la cour d'appel, les parties doivent impérativement respecter le formalisme de l'article R 145-26 du Code de commerce et notifier un mémoire par lettre recommandée AR.

La Cour de cassation a précisé que l'appellation « conclusions récapitulatives » pour un document notifié après expertise n'a pas d'incidence sur sa validité, aucun texte n'imposant l'emploi du nom « mémoire » à peine de nullité ; il importe seulement que les écritures soient adressées directement à l'autre partie et non pas communiquées selon les règles des notifications entre avocats (Cass. 3e civ. 16-10-2013 n° 12-19.352 FS-PB : RJDA 1/14 n° 13, 1e espèce ; solution toutefois rendue avant que les textes ne prévoient la représentation obligatoire par avocats).

21707 La rigueur de ces solutions a toutefois été substantiellement atténuée par la Cour de cassation dans deux arrêts de principe, en vertu desquels l'**irrégularité** de fond affectant la procédure en fixation du loyer, en l'absence de notification d'un mémoire en ouverture de rapport, peut être **couverte** par la notification d'un mémoire régulier, tant que le juge ou la cour d'appel n'a pas statué (Cass. 3e civ. 17-9-2008 nos 07-16.973 FS-PB et 07-17.362 FS-PB : RJDA 1/09 n° 12 ; Cass. 3e civ. 22-1-2013 n° 11-28.184 F-D : RJDA 10/13 n° 775).

Une possibilité de **régularisation** est ainsi admise conformément aux dispositions de l'article 121 du Code de procédure civile selon lesquelles « dans les cas où elle est susceptible d'être couverte, la nullité ne sera pas prononcée si la cause a disparu au moment où le juge statue ». La régularisation de la procédure n'est toutefois possible que si le délai de la prescription biennale n'est pas acquis, ce qui ne peut pas être le cas d'un mémoire notifié postérieurement à l'arrêt qui a constaté l'irrégularité procédurale (CA Toulouse 27-11-2013 n° 12/02273, 2e ch. 1e sect.).

En résumé, l'irrégularité de fond affectant la procédure en fixation du loyer, en l'absence de notification d'un mémoire après expertise régulier, peut être couverte par la notification d'un mémoire régulier à la double condition que la régularisation intervienne dans le délai de la prescription biennale et que la juridiction saisie n'ait pas encore statué (CA Pau 24-7-2017 n° 15/01919 : Juris-Data n° 2017-015152). Au cas d'espèce, le mémoire notifié après le dépôt du rapport d'expertise n'a pu régulariser la procédure dans la mesure où la prescription biennale était acquise.

AUDIENCE

La **procédure** devant le juge des baux commerciaux est **écrite.** À l'audience, les **parties** ne peuvent, ainsi que leur conseil, développer oralement que les moyens et conclusions de leurs mémoires (C. com. art. R 145-29). **21710**

La Cour de cassation rappelle régulièrement que l'interdiction faite aux parties devant le juge des loyers de développer d'autres moyens et conclusions que ceux de leurs mémoires ne concerne que le déroulement des débats. Les dispositions du Code de commerce n'interdisent pas aux parties de modifier leurs écritures pour évoquer de nouveaux moyens en cours d'instance alors que ceux-ci ne figurent ni dans le congé ni dans le mémoire (Cass. 3e civ. 30-11-1982 n° 81-10.841 : Bull. civ. III n° 235 ; Cass. 3e civ. 10-7-2002 n° 00-21.565 FS-D : Gaz. Pal. 1er février 2003 som. p. 23 note J.-D. Barbier ; Cass. 3e civ. 10-11-2010 n° 09-16.783 FS-PB : RJDA 3/11 n° 223).

JUGEMENT

En tant que substitut à l'accord des parties La fixation judiciaire du loyer permet de parfaire l'accord des parties sur le principe de renouvellement du bail exprimé par le congé avec offre de renouvellement. C'est là une des dispositions les plus originales du statut des baux commerciaux : le législateur a dévolu au juge des loyers non seulement le pouvoir de se substituer aux parties pour fixer un élément essentiel du contrat, le prix, mais aussi celui de créer un instrumentum matérialisant le renouvellement du bail. Deux **conditions** sont toutefois requises : **21715**

- le jugement doit avoir acquis un caractère définitif ;
- les parties ne doivent pas avoir exercé leur droit d'option dans le délai d'un mois qui suit la décision définitive, le locataire renonçant au renouvellement ou le bailleur refusant celui-ci (nos 71000 s.). Si, à l'issue de ce délai, le bailleur n'a pas adressé au locataire un projet de bail conforme à la décision définitive fixant le loyer, aux fins de signature, le jugement ou l'arrêt fixant le loyer vaut bail (C. com. art. L 145-57, al. 2).

Ces dispositions déconcertent souvent les locataires qui, pour des raisons pratiques, notamment la perspective de céder leur fonds de commerce, réclament à leur bailleur la formalisation d'un bail. Dans la mesure où le jugement vaut bail, il ne peut être exigé de l'autre partie la régularisation d'un document. D'un point de vue matériel, la durée du nouveau bail et son loyer seront définis dans le jugement et les autres conditions locatives dans le précédent bail établi par les parties.

En tant que décision fixant le loyer Le jugement indique le **point de départ du nouveau loyer** qui, en principe, à moins que les parties aient varié dans leur demande, commence à courir à compter de la date d'effet du bail renouvelé. **21720**

Compte tenu de la durée de la procédure, il peut s'écouler plusieurs années avant que le juge des loyers rende sa décision. La question qui se pose alors est celle du **point de départ des intérêts** dus par le locataire sur les compléments de loyer. **21722**

Le retard de paiement d'un loyer étant un fait, soumis à la loi applicable au jour où il a lieu, le point de départ va différer selon que le retard est survenu **avant ou depuis le 1er octobre 2016,** date d'entrée en vigueur de l'ordonnance 2016-131 du 10 février 2016. Ainsi, quand le retard de paiement est survenu **depuis** le 1er octobre 2016, les intérêts courent à compter de la mise en demeure de payer faite au locataire (C. civ. art. 1231-6), étant précisé que ce dernier est mis en demeure de payer soit par une sommation ou un acte portant interpellation suffisante, soit, si le contrat le prévoit, par la seule exigibilité de l'obligation (C. civ. art. 1344).

Sauf convention contraire, les intérêts dus sur la différence entre le nouveau loyer et le loyer provisionnel échus avant le 1er octobre 2016 courent, sur le fondement de l'ancien article 1155 du Code civil, du jour de la demande en fixation du nouveau loyer par le seul effet de la loi (Cass. 3e civ. 3-10-2012 n° 11-17.177 FS-PBR : RJDA 2/13 n° 95), c'est-à-dire :

– à compter de la délivrance de l'assignation en fixation du prix lorsque le bailleur est à l'origine de la procédure (Cass. 3e civ. 18-6-2014 n° 13-14.715 FS-PBI : RJDA 11/14 n° 831 ; Cass. 3e civ. 12-4-2018 n° 16-26.514 FS-PBI : RJDA 7/18 n° 561 ; Cass. 3e civ. 9-9-2021 n° 19-19.285 FS-B : RJDA 1/22 n° 1) ;

– à compter de la notification du premier mémoire en défense par le bailleur lorsque c'est le locataire qui a pris l'initiative de saisir le juge (Cass. 3e civ. 18-6-2014 n° 13-14.715 précité).

21725 La **décision** du juge des loyers est **exécutoire** de plein droit à titre provisoire (CPC art. 514). Cette disposition s'applique aux instances **introduites depuis le 1er janvier 2020** (Décret 2019-1333 du 11-12-2019 art. 55, I). Pour les instances introduites avant cette date, la décision du juge des loyers n'est pas exécutoire de plein droit. Pour ces dernières, il s'ensuit qu'en cas d'appel, et en l'absence d'exécution provisoire ordonnée par le juge, ce n'est qu'au terme de la procédure que le nouveau loyer devra être effectivement versé par le locataire, ce qui l'expose à devoir s'acquitter de plusieurs années d'importants arriérés.

VOIES DE RECOURS ET EXÉCUTION DU JUGEMENT

21730 Le jugement est susceptible des voies de recours ordinaires et extraordinaires de droit commun, notamment l'appel dans un délai d'un mois à compter de la date de signification du jugement à partie.

La fixation par le juge du loyer de renouvellement ou du loyer révisé est exclusive du prononcé de toute **condamnation** (Cass. 3e civ. 18-3-1992 n° 497 PF : RJDA 6/92 n° 562 ; Cass. 3e civ. 11-5-2022 n° 20-21.689 FS-B : RJDA 8-9/22 n° 463). Il s'ensuit que la majoration de cinq points du taux de l'intérêt légal prévu en cas de condamnation (C. mon. fin. art. L 313-3) n'est pas applicable à la décision judiciaire fixant le loyer de renouvellement (Cass. 3e civ. 18-3-1992 n° 497 PF : RJDA 6/92 n° 562).

En cas de défaut de règlement par le locataire **des compléments de loyers,** la question s'est posée de savoir si le bailleur devait saisir le juge des référés afin de faire liquider sa créance et d'obtenir un titre exécutoire. La cour d'appel de Paris a estimé que le jugement fixant le loyer de renouvellement assorti de l'exécution provisoire constitue un titre exécutoire suffisant, nonobstant l'appel interjeté, pour permettre aux propriétaires d'obtenir la liquidation de la créance de compléments de loyers et d'intérêts (CA Paris 5-3-1996 n° 95-5338, 16e ch. A : Loyers et copr. 1997 comm. n° 47 ; CA Paris 9-9-1999, 8e ch. : GP 2000 som. p. 1195 obs. J.-D. Barbier). Voir également n° 21217 sur la compétence du juge pour statuer sur une demande de restitution.

D. Prescription des actions en matière de baux commerciaux

1. DOMAINE ET DÉLAIS DES DIFFÉRENTES PRESCRIPTIONS

PRESCRIPTION DE L'ARTICLE L 145-60 DU CODE DE COMMERCE

21850 Toutes les **actions exercées en application du statut** se prescrivent par deux ans (C. com. art. L 145-60). Le juge du fond n'est pas tenu de soulever d'office la prescription (Cass. 3e civ. 19-12-1990 n° 89-13.402 P : Bull. civ. III n° 271).

Toutefois, les actions tendant à l'**anéantissement d'une clause à raison de la violation d'une disposition d'ordre public du statut** des baux commerciaux échappent à toute prescription depuis le 20 juin 2014, date d'entrée en vigueur de la loi 2014-626 du 18 juin 2014 : toute clause illicite est « réputée non écrite » et non plus nulle (C. com. art. L 145-15). Sur cette question, voir ci-dessous nos 22150 s.

Par ailleurs, la demande tendant à faire constater l'existence d'un **bail commercial statutaire, né du maintien en possession du locataire à l'issue d'un bail dérogatoire,** est imprescriptible (Cass. 3e civ. 25-5-2023 n° 21-23.007 FS-B : RJDA 10/24 n° 505).

ATTENTION

Il convient de **distinguer** les **deux actions** qui coexistent, lorsqu'un locataire titulaire ou ancien titulaire d'un bail dérogatoire veut revendiquer le bénéfice du statut des baux commerciaux : l'**action en constatation** de la transformation d'un bail dérogatoire en bail statutaire par l'effet du maintien dans les lieux, imprescriptible, et l'**action en requalification** d'un bail dérogatoire en bail statutaire qui reste soumise à la prescription biennale (n° 21852).

Les **actions soumises** à la prescription biennale concernent, notamment : 21852
- la révision triennale du loyer (Cass. 3e civ. 1-6-1988 n° 86-14.659 : Bull. civ. III n° 100) ;
- la fixation du loyer de renouvellement (Cass. 3e civ. 28-2-1979 n° 77-13.394 : Bull. civ. III n° 51), même si l'action est exercée par le locataire (Cass. 3e civ. 20-10-2016 n° 15-19.940 FS-PB : RJDA 1/17 n° 6) ;
- la fixation du loyer du bail commercial né à l'issu d'un bail dérogatoire (Cass. 3e civ. 7-7-2016 n° 15-19.485 FS-PBI : RJDA 11/16 n° 767) ;
- la fixation d'une indemnité d'occupation prévue par l'article L 145-28 du Code de commerce (n° 47205) ;
- le paiement d'une indemnité d'éviction lorsque le droit du locataire a été reconnu en justice par une décision devenue irrévocable (Cass. 3e civ. 18-12-2002 n° 01-11.189 FS-P : RJDA 3/03 n° 241) ;
- le paiement des intérêts dus sur loyer d'avance en application de l'article L 145-40 du Code de commerce (CA Paris 8-3-1984 n° J 12884, 6e ch. B : D. 1984 IR p. 314) ;
- l'exécution d'un congé donné conformément aux dispositions de l'article L 145-9 du Code de commerce (Cass. 3e civ. 29-10-1973 n° 72-13.322 : Bull. civ. III n° 549) ;
- la validité d'un congé (Cass. 3e civ. 14-6-1972 n° 71-10.913 : Bull. civ. III n° 395) ;
- en cas de sous-location, le réajustement du loyer principal (n° 76230) ;
- la nullité d'un congé avec refus de renouvellement et offre d'une indemnité d'éviction (Cass. 3e civ. 15-11-2005 n° 04-16.591 F-PB : RJDA 2/06 n° 117) ;
- la requalification d'une convention locative en bail commercial (Cass. 3e civ. 25-5-2023 n° 22-15.946 FS-B : RJDA 12/24 n° 644). Sur l'imprescriptibilité de l'action tendant à faire constater l'existence d'un bail commercial statutaire, né du maintien en possession du locataire à l'issue d'un bail dérogatoire, voir n° 21850.

Même en présence d'une clause stipulant le renouvellement automatique du bail initial, il appartient au locataire, qui a reçu notification d'un congé avec refus de renouvellement et offre d'indemnité d'éviction, d'agir dans le délai de la prescription biennale (CA Paris 7-5-2014 n° 12/11877, ch. 5-3).

> **Précisions** La Cour de cassation a refusé de renvoyer au Conseil constitutionnel une **question prioritaire de constitutionnalité** sur l'application du délai de prescription biennale à la contestation du congé avec refus de renouvellement, considérant d'une part que la question n'était pas nouvelle et, d'autre part qu'elle ne présentait pas un caractère sérieux dès lors que le régime de prescription biennale des actions dérivant du statut des baux commerciaux, justifié par un intérêt général de sécurité juridique, n'introduit aucune distinction injustifiée de nature à priver les justiciables de garanties égales et, compte tenu des garanties procédurales établies, il ne porte pas d'atteintes substantielles aux droits de la défense et au droit au recours effectif devant une juridiction (Cass. 3e civ. QPC 6-1-2012 n° 11-40.083 F-D : RJDA 4/12 n° 382).

Action en fixation de l'indemnité d'éviction Lorsque l'indemnité d'éviction a été 21855
offerte dans le congé, un fort courant doctrinal considérait que l'action en fixation de l'indemnité d'éviction ne relevait pas du statut des baux commerciaux, puisqu'il n'y a pas de contestation du congé, mais du droit commun, puisque l'indemnité d'éviction a été offerte par le bailleur.

Dans un souci d'unification, la Cour de cassation a toutefois jugé, dans un arrêt de principe, que la prescription biennale de l'article L 145-60 du Code de commerce n'est pas soumise à la condition que le **droit du locataire à une indemnité** d'éviction soit contesté (Cass. 3e civ. 31-5-2007 n° 06-12.907 FS-PB : RJDA 8-9/07 n° 822) étant précisé que le seul fait de délivrer un congé avec offre de paiement d'une indemnité d'éviction en application de l'article L 145-9 du même Code ne vaut pas reconnaissance de ce droit à indemnité (Cass. 3e civ. 30-3-2017 n° 16-13.236 F-D : RJDA 8-9/17 n° 537). Les juridictions du fond se sont ralliées à cette solution (CA Versailles 29-11-2007 n° 06-5913, 12e ch. sect. 2 ; CA Paris 20-3-2008 n° 07-5904, 16e ch. B : Juris-Data n° 361900, Administrer juillet 2008 p. 42 note D. Lipman et W. Boccara ; CA Paris 14-5-2009 n° 08-1582, 16e ch. B : RJDA 11/09 n° 937).

La seule **inaction du locataire** à compter de la date d'effet du congé avec offre d'indemnité d'éviction suffit à faire courir le délai de prescription biennale. Il lui appartient donc d'agir en justice et de ne pas se contenter de se maintenir dans les lieux. Sur la situation du locataire après expiration du délai de prescription, voir n° 47085.

PRESCRIPTIONS DE DROIT COMMUN

Délais et domaines des prescriptions Les **actions qui ne sont pas fondées sur les** 21865
dispositions du statut des baux commerciaux relèvent de la prescription de droit commun de cinq ans (C. civ. art. 2224 ; C. com. art. L 110-4 en matière commerciale).

Ce délai quinquennal s'applique à toutes les **actions personnelles ou mobilières** et a donc vocation, par sa généralité, à s'appliquer à toutes les actions de droit commun fondées sur le bail commercial ou les actions en responsabilité civile contractuelle ou extracontractuelle. Tel est le cas des demandes de résiliation judiciaire de bail, de paiement des créances de loyers, de charges, d'indemnités d'occupation, de dommages et intérêts.

La prescription quinquennale est également applicable à l'action en nullité contractuelle, que la nullité soit relative ou absolue.

Parmi les litiges auxquels s'applique la prescription quinquennale, **citons** :

– la résiliation judiciaire du bail pour inobservation des obligations contractuelles découlant des clauses du bail (Cass. 3e civ. 12-7-1989 n° 88-10.159 : Bull. civ. III n° 164 ; Cass. 3e civ. 3-7-1985 n° 84-11.807 : Bull. civ. III n° 107) ;

– la constatation de l'acquisition de la clause résolutoire, laquelle n'est pas exercée en vertu des dispositions du décret du 30 septembre 1953, mais en application de la clause résolutoire contenue au bail (CA Paris 11-6-1999 n° 98-903, 16e ch. B : AJDI 1999 p. 818 ; voir toutefois solution contraire : CA Paris 21-5-1999 n° 98-922, 16e ch. B : Juris-Data n° 1999-02.3187) ;

– l'action en paiement d'une indemnité de résiliation anticipée stipulée dans le bail (Cass. 3e civ. 9-3-2023 n° 21-20.358 F-D : RJDA 6/23 n° 304) ;

– le paiement d'une indemnité d'occupation due par un locataire devenu occupant sans droit ni titre ne pouvant plus invoquer le bénéfice du statut des baux commerciaux (Cass. 3e civ. 14-3-1973 n° 71-13.963 : Bull. civ. III n° 201 ; Cass. 3e civ. 21-5-1974 n° 73-10.786 : Bull. civ. III n° 217 ; Cass. 3e civ. 26-1-2017 n° 16-10.235 F-D ; CA Paris 1-12-2000 n° 99-8302, 16e ch. B : AJDI 2001 p. 142) ;

– l'expulsion du locataire devenu occupant sans droit ni titre (Cass. 3e civ. 12-2-1971 n° 69-11.616 : Bull. civ. III n° 114) ;

– une demande de dommages-intérêts compensatoires en raison de l'extinction du bail en application d'un arrêté de péril (CA Paris 13-2-2002 n° 00-19800, 16e ch. A : Juris-Data n° 2002-17.3189) ;

– l'action du locataire contre le bailleur pour manquement à son obligation de délivrance (CA Rouen 1-6-2022 n° 20/03324 : RJDA 1/23 n° 14) ;

– la restitution du dépôt de garantie (CA Paris 26-2-2004 n° 02-21096, 16e ch. B) ;

– la nullité d'une clause d'indexation fondée sur l'article L 112-2 du Code monétaire et financier (Cass. com. 2-2-2010 n° 09-11.293 F-D : Loyers et copr. 2010 comm. n° 110 obs.) ;

– le paiement des arriérés de loyers (CA Colmar 31-8-2011 n° 10/05165, 1e ch. civ. B) ;

– l'action en régularisation des charges locatives car, si l'article R 145-36 du Code de commerce instaure une obligation de régularisation annuelle de charges, aucune sanction spécifique n'est prévue par ce texte (CA Paris 5-9-2024 n° 23/01839 : RJDA 2/25 n° 70) ;

– le paiement d'une indemnité compensatoire en raison d'un retard dans l'exécution de travaux (Cass. 3e civ. 14-1-2016 n° 14-23.134 F-D : Administrer févr. 2016 p. 27).

21875 Il existe néanmoins plusieurs **exceptions** à l'application du délai de référence de cinq ans.

Le délai de prescription des **actions réelles immobilières** est de trente ans (C. civ. art. 2227).

Les obligations financières liées à la réparation des dommages causés à l'**environnement** par les installations, travaux, ouvrages et activités se prescrivent par dix ans (C. envir. art. L 152-1).

Les actions en responsabilité contre les **constructeurs et leurs sous-traitants** sont soumises à des délais de prescription de dix et deux ans (C. civ. art. 1792-4-1 et 1792-4-2).

En outre, les **demandes civiles présentées devant une juridiction répressive** obéissent aux règles de prescription de l'action publique (CPP art. 10, al. 1) permettant ainsi à la victime d'une infraction pénale de se constituer partie civile devant une juridiction répressive tant que la prescription pénale n'est pas acquise, si la prescription civile est plus courte que la prescription pénale ; si elle est plus longue, la victime continuera à ne pas pouvoir exercer son action devant une juridiction répressive lorsque l'action publique est prescrite.

2. POINT DE DÉPART DES DÉLAIS DE PRESCRIPTION

21910 En matière d'actions personnelles ou mobilières, comme en matière d'actions réelles immobilières, la prescription court à compter du jour où le **titulaire d'un droit a connu ou aurait dû connaître les faits** lui permettant de l'exercer (C. civ. art. 2224 et 2227).

Selon les travaux parlementaires relatifs à l'adoption de ces dispositions, « la notion de bonne foi est consubstantielle de la formule retenue pour l'article 2224 » : un demandeur ne pourra donc pas se prévaloir de l'ignorance de faits par mauvaise foi, le libellé du texte permettant de sanctionner l'éventuelle négligence du créancier (Rapport AN relatif à la loi 2008-561 du 17-6-2008 n° 847). Cette rédaction laisse ainsi au juge une grande latitude pour apprécier si le titulaire du droit connaissait ou ne pouvait ignorer les faits lui permettant d'agir (Rapport Sénat relatif à la loi précitée n° 83).

La jurisprudence établit des distinctions quant au point de départ du délai, selon l'action en cause. Ainsi : 21915

– concernant l'action en contestation de la **validité d'une clause du bail,** la prescription commence à courir le jour de la signature du bail ;

– concernant la **validité d'un congé,** la prescription de l'action court à compter de la date d'effet de celui-ci (C. com. art. L 145-9, al. 5), fût-elle erronée (Cass. 3e civ. 23-0-2021 no 20-10.026 F-D : RJDA 12/21 no 768) ;

– concernant la **validité d'un refus de renouvellement** faisant suite à une demande de renouvellement, la prescription de l'action court à compter de la date de signification du refus (C. com. art. L 145-10, al. 5), peu important que cette date soit antérieure au terme du bail (Cass. 3e civ. 3-11-2021 no 20-18.351 : RJDA 2/22 no 68, 1e espèce) ;

– concernant l'action en **requalification** d'une convention locative en un bail commercial, l'action court, même en présence d'une succession de contrats distincts dérogatoires aux dispositions du statut des baux commerciaux, à compter de la conclusion du contrat dont la requalification est recherchée (Cass. 3e civ. 25-5-2023 no 22-15.946 FS-B : RJDA 12/24 no 644, la Cour de cassation retenant jusqu'alors comme point de départ de la prescription, la date de conclusion de la convention initiale : Cass. 3e civ. 23-11-2011 no 10-24.163 FS-PB : RJDA 4/12 no 385 ; Cass. 3e civ. 29-11-2018 no 17-24.715 F-D ; Cass. 3e civ. 7-12-2022 no 21-23.103 FS-B : RJDA 5/23 no 247 ; Cass. 3e civ. 25-1-2023 no 21-24.394 F-D : RJDA 6/23 no 303, peu important qu'elle ait été tacitement reconduite : Cass. com. 11-6-2013 no 12-16.103 F-PB : RJDA 12/13 no 990 ou renouvelée par avenants successifs : Cass. 3e civ. 3-12-2015 no 14-19.146 FS-PB : RJDA 3/16 no 176 ; Cass. 3e civ. 14-9-2017 no 16-23.590 FS-PB : RJDA 12/17 no 797) ;

– concernant l'action en fixation du **loyer du bail commercial né à l'issu d'un bail dérogatoire,** le délai court à compter de la date à laquelle la demande d'application du statut est formée par l'une ou l'autre des parties et non de la date à laquelle naît le bail commercial (Cass. 3e civ. 7-7-2016 no 15-19.485 FS-PBI : RJDA 11/16 no 767) ;

– concernant l'action en **révision du loyer,** le délai pour agir commence le jour de l'expédition de la demande par lettre recommandée avec avis de réception (Cass. 3e civ. 7-11-1990 no 89-12.922 PF : RJDA 2/91 no 94 ; Cass. 3e civ. 13-2-2002 no 00-17.667 FS-PB : RJDA 5/02 no 483) ;

– concernant l'action en **rétractation de l'offre de renouvellement** d'un bail commercial **pour motif grave et légitime,** le délai court à compter du jour où le bailleur a eu connaissance de l'infraction invoquée à l'appui de son refus et non du jour où il a délivré le congé (Cass. 3e civ. 9-11-2017 no 16-23.120 FS-PBI : RJDA 2/18 no 105) ;

– concernant l'action en **paiement de l'indemnité d'éviction,** voir no 45200 ;

– concernant l'action en **réajustement du loyer principal,** le délai part de la date à laquelle le bailleur a eu connaissance du prix de la sous-location (no 76230) ;

– concernant l'action en **fixation de l'indemnité d'occupation fondée sur l'article L 145-28** du Code de commerce relatif au droit au maintien dans les lieux du locataire, le délai ne peut commencer à courir avant le jour où est définitivement consacré, dans son principe, le droit du locataire au bénéfice d'une indemnité d'éviction (sur cette question voir no 47205) ;

– concernant l'action en **paiement de l'indemnité d'occupation due après l'annulation du bail,** voir no 20600.

Le locataire qui a acquitté un loyer indexé alors que le bail ne comportait aucune **clause d'indexation** ne peut contester le jeu de l'indexation plus de cinq ans avant sa demande de **restitution du trop-versé** ; la créance de restitution doit être calculée sur la base du loyer acquitté à la date du point de départ de la prescription et non sur la base du loyer initial (Cass. 3e civ. 6-7-2017 no 16-16.426 F-PB : RJDA 11/17 no 699, rendu en matière de bail d'habitation). Sur la demande de restitution du trop-versé lorsqu'une clause d'indexation est réputée non écrite, voir no 22160.

Dans un cas où le contrat de bail avait prévu une **participation du bailleur aux travaux effectués par le locataire sous la forme d'un allégement de loyers** pendant neuf ans et où, lors de l'action en fixation du prix du bail renouvelé, il était apparu que les travaux avaient été d'un montant inférieur à celui envisagé initialement, la Cour de cassation a jugé que la prescription de l'**action en répétition** de l'indu engagée par le bailleur avait commencé à courir à compter de la date où le paiement était devenu indu, c'est-à-dire à compter du jour où les réductions de loyers consenties avaient excédé le coût des travaux d'améliorations engagés (Cass. 3e civ. 31-5-2007 no 06-13.224 FS-PB : RJDA 8-9/07 no 820).

Le point de départ de la prescription quinquennale de l'action en **paiement des travaux** de ravalement n'est constitué ni par le vote des travaux de ravalement par l'assemblée générale des copropriétaires, ni par les appels de fonds du syndic, mais par l'arrêté du compte des charges incluant le coût total des travaux de ravalement (CA Paris 9-10-2013 no 10/25.204, ch. 5-3).

21920 Concernant l'action en **fixation du loyer de renouvellement,** le point de départ du délai de la prescription se situe :

– à la date d'effet du nouveau bail si la procédure a été engagée suite à un congé avec offre de renouvellement donné par le bailleur (Cass. 3e civ. 2-10-1996 n° 94-18.470 P : RJDA 1/97 n° 24 ; Cass. 3e civ. 8-1-1997 n° 95-12.060 PB : RJDA 2/97 n° 183 ; Cass. 3e civ. 1-7-1998 n° 96-20.204 PB : RJDA 10/98 n° 1084) ou si, en présence d'une demande de renouvellement émanant du locataire, la réponse du bailleur intervient avant l'expiration du bail précédent (Cass. 3e civ. 30-6-2004 n° 03-10.661 FS-PBRI : RJDA 10/04 n° 1099 ; Cass. 3e civ. 3-11-2016 n° 15-19.598 F-D : RJDA 2/17 n° 70) ;

– à la date d'acceptation du principe du renouvellement, si la réponse du bailleur intervient après la date d'expiration du bail à renouveler ou après la date d'effet de son renouvellement (Cass. 3e civ. 29-11-2006 n° 05-19.736 FS-PBI : RJDA 2/07 n° 134).

Lorsque le bailleur ne donne aucune réponse dans les trois mois de la notification de la demande de renouvellement, il est réputé avoir accepté le principe du renouvellement du bail précédent (C. com. art. L 145-10). Dans ce cas, le point de départ de la prescription se situe à la date de son acceptation implicite, si elle est postérieure à l'expiration du bail ou à la date de prise d'effet du nouveau bail, si elle intervient antérieurement à cette expiration (Cass. 3e civ. 7-9-2017 n° 16-17.174 FS-PB : RJDA 11/17 n° 702).

3. INTERRUPTION DU DÉLAI DE PRESCRIPTION

21950 La **demande en justice,** même en référé, interrompt le délai de prescription (C. civ. art. 2241, al. 1). L'interruption résultant de la demande en justice produit ses effets jusqu'à l'extinction de l'instance (C. civ. art. 2242). Pour une assignation, il y a lieu de prendre en compte sa date de délivrance et non la date à laquelle elle a été placée auprès du greffe du tribunal (Cass. 3e civ. 27-11-2002 n° 01-10.058 FS-PB : RJDA 2/03 n° 117 à propos d'une action en fixation de l'indemnité d'occupation ; Cass. 3e civ. 22-6-2022 n° 20-20.844 FS-B : RJDA 1/23 n° 13 à propos de l'action en paiement de l'indemnité d'éviction).

ATTENTION

Le **mémoire préalable** ne constitue pas une demande de justice au sens de l'article 2241 du Code civil (Cass. 3e civ. 25-1-2023 n° 21-20.009 FS-B : RJDA 5/23 n° 248).

Par ailleurs, pour le **défendeur** à une action, seule constitue une **demande en justice** interrompant la prescription celle par laquelle il prétend obtenir un avantage autre que le simple rejet de la prétention de son adversaire (Cass. 2e civ. 1-2-2018 n° 17-14.664 P).

De même, la prescription est interrompue par la **reconnaissance par le débiteur** du droit de celui contre lequel il prescrivait (C. civ. art. 2240), par une **mesure conservatoire** prise en application du Code des procédures civiles d'exécution ou par un « **acte d'exécution forcée** » (C. civ. art. 2244), lequel regroupe la saisie et le commandement. Cette énumération est limitative de sorte qu'une mise en demeure même adressée par lettre recommandée avec demande d'avis de réception n'interrompt pas la prescription (Cass. com. 18-5-2022 n° 20-23.204 F-B : RJDA 8-9/22 n° 534, rendu à propos d'une action en paiement de loyers).

Rappelons que la renonciation à un droit est étroitement contrôlée par la Cour de cassation, qui exige l'existence d'actes positifs manifestant sans équivoque la volonté de renonciation de son auteur.

ILLUSTRATIONS

Un bailleur avait assigné son locataire en paiement d'une somme au titre de loyers et indemnités d'occupation demeurés impayés. Lors de la procédure en appel, le locataire avait invoqué la prescription quinquennale de l'action. L'avocat du locataire ayant adressé à celui du bailleur des conclusions dans lesquelles figurait un tableau récapitulant les sommes dues par le locataire et dont son client était créancier, une cour d'appel avait estimé que, même si le solde de ce décompte apparaissait erroné, il n'en constituait pas moins une reconnaissance des sommes dues et, dès lors, une **renonciation tacite à la prescription** invoquée.

Décision censurée par la Cour de cassation : ces motifs ne suffisaient pas à caractériser la renonciation non équivoque du locataire à se prévaloir de la prescription.

Cass. 3e civ. 26-5-2009 n° 08-16.570 F-D : RJDA 8-9/09 n° 703.

Ndlr : La situation aurait été différente si, en appel, la locataire avait expressément sollicité la compensation des sommes qu'elle reconnaissait devoir et des sommes dont elle était créancière, car la demande expresse de compensation n'étant pas une simple défense au fond aurait alors pu être analysée en une manifestation non équivoque de la volonté de renoncer à la prescription (Cass. 3e civ. 3-3-1993 n° 90-21.407).

Ne suffisent pas à caractériser la **reconnaissance du droit du bailleur** à voir **fixer le loyer du bail renouvelé** la participation spontanée du locataire à l'expertise amiable diligentée par les bailleurs ni le fait que le locataire a émis des observations sur le projet de renouvellement du bail après l'expertise.

Cass. 3e civ. 30-9-2009 n° 08-11.20431 FS-D : Loyers et copr. 2009 comm. n° 259 note Ph.-H. Brault, Administrer déc. 2009 p. 30 note D. Lipman-W. Boccara.

Le locataire qui, soutenant bénéficier d'un bail commercial, **soulève l'incompétence du tribunal** d'instance devant lequel son bailleur l'a assigné en expulsion, **interrompt la prescription** biennale de l'action en contestation du refus de renouvellement que le bailleur lui a délivré postérieurement à l'assignation.

Cass. 3e civ. 26-3-2014 n° 12-24.203 FS-PB : RJDA 7/14 n° 606.

Le bailleur, à l'initiative duquel un expert a été désigné pour voir évaluer l'indemnité d'éviction, qui adresse un dire à l'expert dans lequel il fait connaître sa position sur la nature et la méthode d'évaluation de l'indemnité d'éviction due au locataire évincé, **reconnaît** sans ambiguïté le **droit** de son **locataire à indemnité d'éviction**, entraînant ainsi une interruption de la prescription.

TJ Paris 10-2-2022 n° 19/01010, 18e ch. sect. 2.

La saisine du juge des référés par le bailleur pour obtenir une expertise judiciaire portant sur l'évaluation de l'indemnité d'éviction qui « pourrait » être due et sa participation à l'expertise judiciaire ne caractérisent **pas** une **reconnaissance par le bailleur**, dépourvue d'équivoque, du droit du locataire **à** recevoir le paiement d'une **indemnité d'éviction**, compte tenu de l'utilisation de formulations au conditionnel, de sorte qu'il n'y a pas eu interruption de la prescription.

CA Paris 13-6-2024 n° 22/08263, ch. 5-3 : RJDA 11/24 n° 584.

Le délai de prescription est interrompu lorsque la demande en justice est portée devant une **juridiction incompétente ou** lorsque l'acte de saisine est annulé par l'effet d'un **vice de procédure** (C. civ. art. 2241). **21952**

En ce qui concerne les **effets** de l'interruption, l'article 2231 du Code civil précise qu'elle efface le délai de prescription acquis et fait courir un nouveau délai de même durée que l'ancien. **21953**

Les solutions dégagées par la jurisprudence sur les **causes d'interruption de la prescription spécifiques au statut des baux commerciaux** avant la réforme de la prescription de 2008 restent valables. **21955**

Devant le président du tribunal judiciaire, juge des loyers, la notification du **mémoire préalable** par l'une ou l'autre partie interrompt la prescription à compter de la date d'expédition du mémoire par lettre recommandée AR (Cass. 3e civ. 17-10-2012 n° 11-21.646 FS-PB : RJDA 4/13 n° 303). Il court donc un nouveau délai de deux ans durant lequel il conviendra d'assigner. Il en est ainsi même si le mémoire n'est pas signé (Cass. 3e civ. 13-2-2002 n° 00-18.671 FS-PB : RJDA 5/02 n° 482) et même s'il est affecté d'un vice de fond (Cass. 3e civ. 8-7-2015 n° 14-15.192 FS-PB : RJDA 2/16 n° 93). En revanche, la notification n'interrompt pas la prescription si elle est effectuée par lettre simple (Cass. 3e civ. 2-2-2005 n° 03-18.042 F-PB : RJDA 5/05 n° 514).

ATTENTION

Le **mémoire préalable** n'est institué que pour la procédure devant le juge des loyers commerciaux de sorte que sa notification n'interrompt la prescription que lorsque la contestation relative à la fixation du prix du bail révisé ou renouvelé est portée devant ce juge. Si la **contestation** est **portée devant le tribunal judiciaire au titre de sa compétence accessoire** (n° 21235), la procédure spéciale sur mémoire ne s'applique pas et le mémoire, qui n'est pas une demande en justice au sens de l'article 2241 du Code civil, n'a alors aucun effet interruptif (Cass. 3e civ. 25-1-2023 n° 21-20.009 FS-B : RJDA 5/23 n° 248).

En l'absence de toute précision ou restriction, le caractère interruptif de prescription ne peut être réduit, sans ajouter au texte, au premier mémoire notifié par le demandeur à la révision. Il doit au contraire être décidé, conformément aux principes relatifs à la prescription, que la notification d'un second mémoire interrompt le délai et fait courir un nouveau délai de deux ans. Est donc recevable l'assignation délivrée dans les deux ans suivant la notification du second mémoire (CA Paris 14-1-2000 n° 98-17873, 16e ch. B).

En revanche, l'enrôlement du mémoire auprès du greffe n'interrompt pas la prescription biennale de l'action en fixation du loyer du bail renouvelé, à défaut de sa notification à l'autre partie (Cass. 3e civ. 23-1-2013 n° 11-20.313 FS-PB : RJDA 10/13 n° 774). De même, la prescription ne peut pas être interrompue par l'assignation signifiée à la requête de la partie qui entend s'en prévaloir (CA Grenoble 24-9-2015 n° 13/04498).

La demande du locataire en **fixation de l'indemnité d'éviction** n'a pas d'effet interruptif sur la prescription de l'action en **fixation de l'indemnité d'occupation** car elle ne vaut pas reconnaissance du droit du bailleur à l'indemnité d'occupation (Cass. 3e civ. 1-7-1998 n° 1165 D : RJDA 10/98 n° 1083). **21960**

De même, les actions en fixation des indemnités d'éviction et d'occupation étant distinctes par leur objet et par leur cause, la mise en œuvre de l'une n'a pas pour effet d'interrompre le cours de la prescription de l'autre (Cass. 3e civ. 19-1-2000 n° 98-13.773 PB : RJDA 3/00 n° 248).

21965 Dans le cas où le bailleur signifie un refus de renouvellement à la suite d'une demande de renouvellement, son **action en validité du congé** n'interrompt pas le délai de prescription de l'action du locataire en **fixation de l'indemnité d'éviction** (Cass. 3e civ. 3-11-2021 n° 20-20.219 F-D : RJDA 2/22 n° 68, 2e espèce). Le locataire qui souhaite formuler reconventionnellement une telle demande doit donc notifier des conclusions en défense dans le délai de deux suivant la signification du refus de renouvellement.

4. SUSPENSION DU DÉLAI DE PRESCRIPTION

CAUSES DE SUSPENSION

21990 **Mesure d'expertise** La prescription est suspendue lorsque le juge fait droit à une demande de mesure d'instruction présentée **avant tout procès** (C. civ. art. 2239). Le délai de prescription est suspendu pendant toute la **durée** de la mesure d'instruction et ne recommence à courir qu'à compter du jour où la mesure a été exécutée – en pratique, le dépôt du rapport par l'expert – et pour une durée qui ne peut être inférieure à six mois (pour une application de la suspension par une ordonnance de référé ordonnant une mesure d'expertise : Cass. 3e civ. 6-7-2017 n° 16-17.151 F-PB : RJDA 11/17 n° 703).

21991 Il été jugé, en matière de droit de la construction, que lorsque le juge fait droit à une demande de mesure d'instruction avant tout procès, la suspension de la prescription, qui fait suite à l'interruption de celle-ci au profit de la partie qui a sollicité la mesure en référé, ne joue qu'à son profit (Cass. 2e civ. 31-1-2019 n° 18-10.011 F-PB ; Cass. 3e civ. 19-3-2020 n° 19-13.459 FS-PBRI : RJDA 7/20 n° 405). La cour d'appel de Paris a récemment retenu la même solution en matière de bail commercial, pour déclarer prescrite une action en fixation d'une indemnité d'éviction : lorsque le juge des référés accueille une demande d'expertise destinée à évaluer l'indemnité d'éviction, l'interruption de la prescription lors de l'instance (C. civ. art. 2241 et 2242), puis sa suspension (C. civ. art. 2239), ne jouent **qu'au profit de la partie qui a sollicité cette mesure,** en l'espèce le bailleur (CA Paris 30-5-2024 n° 23/11321, ch. 5-3 ; CA Paris 13-6-2024 n° 22/08263, ch. 5-3 : RJDA 11/24 n° 584). Dans ces affaires, seul le bailleur avait demandé cette mesure, laquelle ne pouvait donc pas avoir d'effet suspensif à l'égard du locataire qui ne s'était pas joint à la demande d'expertise mais avait seulement émis des protestations et réserves ; en outre, le fait que la mission confiée à l'expert visait à déterminer les droits du locataire n'était pas non plus de nature à suspendre la prescription à son égard.

CONSEIL

Pour bénéficier de l'interruption et de la suspension de la prescription découlant de l'instance en référé, le locataire, défendeur à l'action en référé, doit s'associer à la demande d'expertise en formulant également des prétentions liées à l'évaluation de l'indemnité d'éviction.

21994 **Médiation, conciliation procédure participative** La prescription est également suspendue à compter du jour où, après la survenance d'un litige, les parties conviennent soit de recourir à la médiation ou à la conciliation, soit de conclure une convention de procédure participative (C. civ. art. 2238).

Le **point de départ** de l'effet suspensif est fixé au jour de l'accord écrit par lequel les parties décident de recourir à ces modes alternatifs de résolution des litiges ou, à défaut d'accord écrit, à compter du jour de la première réunion de médiation ou de conciliation ou de l'accord du débiteur pour participer à la procédure participative (C. civ. art. 2238, al. 1).

La suspension prend **fin** à compter de la date à laquelle soit l'une des parties ou les deux, soit le médiateur ou le conciliateur déclarent que la médiation ou la conciliation est terminée. En cas de convention de procédure participative, la suspension prend fin à compter du terme de la convention ou, en cas d'échec de la procédure, à compter de la date de refus du débiteur. Le délai de prescription restant à courir dans ces hypothèses ne peut être inférieur à six mois (C. civ. art. 2238, al. 2).

21995 **Causes spécifiques de suspension** La jurisprudence a retenu certaines causes spécifiques de suspension en matière de baux commerciaux. Elle applique notamment dans ce domaine le principe selon lequel le délai ne court pas contre celui dont le droit se trouve subordonné à la solution d'une action en cours (Cass. 3e civ. 23-3-1977 n° 75-15.533 : Bull. civ. III n° 147 et Cass. 3e civ. 24-3-1999 n° 97-17.674 D : RJDA 5/99 n° 532, 2e espèce). Ainsi, la demande en constatation de l'acquisition de la clause résolutoire devant le juge des référés suspend la prescription de l'action en fixation des loyers (CA Paris 3-4-1981 n° 49606, 16e ch. B : Juris-Data n° 1981-02-2237).

En revanche, l'action en révision triennale légale du loyer n'est pas subordonnée à la solution de l'instance en cours relative à la fixation du prix du bail renouvelé (Cass. 3e civ. 10-11-1982 n° 81-13.399 : Bull. civ. III n° 217). De même, il n'existe pas de lien de dépendance direct et nécessaire entre deux instances en résiliation judiciaire du bail et celle relative au refus de renouvellement du bail, la procédure en fixation d'une indemnité d'éviction suite à un refus de renouvellement du bail commercial ne dépendant pas de la solution du litige relatif à la résiliation du bail commercial par le jeu de la clause résolutoire (Cass. 3e civ. 23-3-2010 n° 08-21879 F-D : AJDI 2010 p. 717 obs. D. Lipman-W. Boccara).

Jugé également que le bailleur qui a demandé acte de ce qu'il offrait le renouvellement du bail si la demande principale en dénégation de statut n'était pas accueillie et qui était donc en mesure de former une demande en fixation du prix du bail renouvelé et ne l'a pas fait dans le délai de deux ans à compter de la date de renouvellement du bail ne justifie pas d'une impossibilité d'agir de nature à suspendre la prescription (Cass. 3e civ. 4-7-2012 n° 11-13.868 FS-PB : Administrer septembre 2012 p. 42 note D. Lipman-W. Boccara).

De même, l'action du locataire en contestation de la validité d'un congé sans offre de renouvellement ni d'indemnité d'éviction n'est pas suspendue par son placement en redressement ou liquidation judiciaire (Cass. 3e civ. 8-10-2015 n° 14-18.881 FS-PB : RJDA 2/16 n° 94).

Fraude La fraude suspend le délai de prescription biennale (Cass. 3e civ. 23-9-2021 n° 20-10.812 F-D : RJDA 12/21 n° 769 ; Cass. 3e civ. 25-5-2023 n° 22-15.946 FS-B : RJDA 12/24 n° 644). La Cour de cassation a ainsi approuvé une cour d'appel d'avoir retenu que la fraude **commise par le bailleur,** consistant à conclure des baux dérogatoires successifs en alternance entre le locataire et des prête-noms dans le but d'éluder le statut des baux commerciaux, avait suspendu la prescription pendant la durée du bail frauduleux (Cass. 3e civ. 8-4-2010 n° 08-70.338 FS-PB : RJDA 7/10 n° 713). La Cour de cassation a confirmé ce principe en jugeant que la fraude commise par le bailleur pour éluder le statut des baux commerciaux suspend la prescription biennale pendant la durée du contrat (Cass. 3e civ. 19-11-2015 n° 14-13.882 F-D : RJDA 5/16 n° 357). Au cas d'espèce, le contrat avait été faussement intitulé « contrat de prestations de services réciproques ». La Cour avait constaté que les clauses de mobilité et de durée qui permettaient unilatéralement au bailleur de faire obstacle à la stabilité du local et de réduire sa superficie, alors que ce local avait été livré brut de décoffrage et aménagé par le locataire, avaient été stipulées dans le but exclusif de contourner le statut des baux commerciaux. 21997

La **fraude du locataire** peut également suspendre la prescription si le bailleur prouve qu'il était dans l'incapacité de faire valoir ses droits en raison des manœuvres frauduleuses dont il a été victime. Tel n'est pas le cas du bailleur qui soutenait que la société avec qui il avait contracté à l'origine, membre d'un groupe de sociétés objet d'une restructuration, l'avait laissé dans l'ignorance de qui était devenue, en raison des opérations de dissolution et de transmission universelle de patrimoine survenues, sa locataire, et qu'il n'avait donc pu assigner à temps son réel locataire devant le juge des loyers, alors que le cabinet d'avocats en charge de la restructuration du groupe dont faisait partie la société preneuse avait communiqué au mandataire du bailleur, avant l'expiration du délai de deux ans pour saisir le juge, l'identification complète de la preneuse et son adresse (Cass. 3e civ. 24-11-2010 n° 09-16.104 FS-D : RJDA 3/11 n° 224).

EFFET DE LA SUSPENSION

En ce qui concerne les effets de la suspension, l'article 2230 du Code civil précise qu'elle arrête temporairement le cours de la prescription sans effacer le délai déjà couru. 21998

5. DÉLAI BUTOIR DE 20 ANS

Le report du point de départ, la suspension ou l'interruption de la prescription ne peuvent pas avoir pour effet de porter le délai de prescription extinctive au-delà de 20 ans à compter de la naissance du droit (C. civ. art. 2232, al. 1). 22000

Il existe toutefois de nombreuses exceptions à ce principe (C. civ. art. 2232, al. 2), notamment ce délai butoir ne s'appliquera ni au cas d'interruption de la prescription à la suite d'une demande en justice portée devant une juridiction incompétente ou d'un acte d'exécution forcée, ni aux créances périodiques, ni à l'exécution des titres exécutoires.

6. AMÉNAGEMENT CONVENTIONNEL DES DÉLAIS DE PRESCRIPTION

Les parties ont la possibilité de fixer elles-mêmes, contractuellement, un délai de prescription entre un plafond et un plancher (C. civ. art. 2254) : 22030

- soit en l'allongeant dans une limite de dix ans ;
- soit en le réduisant, dans une limite d'un an.

Ceci étant, cette faculté d'aménagement contractuel est exclue dans plusieurs séries d'hypothèses (C. civ. art. 2254, al. 3), notamment pour les **actions en paiement ou en répétition** des loyers et charges locatives et plus généralement pour les actions en paiement de tout ce qui est payable par années ou à des termes périodiques plus courts.

La question se pose de savoir si cette faculté d'aménagement reconnue aux parties par l'article 2254 du Code civil peut être applicable à la prescription biennale spécifique aux actions exercées en application du statut des baux commerciaux (C. com. art. L 145-60). Rien ne paraît s'y opposer.

7. EFFETS DE LA PRESCRIPTION

22100 L'acquisition de la prescription éteint définitivement l'action et consolide la situation juridique existante. La prescription de l'action en fixation du **loyer de renouvellement** n'entraîne pas la caducité du congé ou de la demande de renouvellement mais, au contraire, le renouvellement définitif du bail aux clauses et conditions, y compris le montant du loyer du bail expiré (Cass. 3e civ. 8-7-1980 n° 79-11.079 : Rev. Loyers 1980 p. 451 ; Cass. 3e civ. 4-7-2001 n° 99-19.042 FS-D : RJDA 11/01 n° 1082 ; Cass. 3e civ. 28-11-2006 n° 05-20.436 F-D : AJDI 2007 p. 650 obs. M. Denisot).

En matière de révision triennale légale, en revanche, la prescription entraîne la caducité de la demande de **révision du loyer** et le bailleur peut notifier une nouvelle demande sans attendre le délai de trois ans.

Le renouvellement du bail n'interdit pas au bailleur de poursuivre son action en révision triennale du prix pour modification matérielle des facteurs locaux de commercialité ayant entraîné une variation de plus de 10 % de la valeur locative introduite antérieurement, même s'il laisse se prescrire l'action en fixation du prix du bail renouvelé (Cass. 3e civ. 1-2-2012 n° 11-10.271 FS-D : RJDA 6/12 n° 566).

La prescription de l'action en **paiement de l'indemnité d'occupation** de l'article L 145-28 n'atteint pas seulement les créances anciennes depuis plus de deux ans, mais entraîne l'extinction totale du droit à réclamer cette indemnité (Cass. 3e civ. 23-3-1977 n° 75-15.533 P : Bull. civ. III n° 147 ; Cass. 3e civ. 10-3-2004 n° 02-16.548 F-PB : Bull. civ. III n° 51).

E. Contentieux des clauses illégales des baux commerciaux

1. CLAUSES ILLÉGALES DEPUIS LA LOI DU 18 JUIN 2014 : LE « RÉPUTÉ NON ÉCRIT »

22150 Aux termes de l'**article L 145-15** du Code de commerce, tel que modifié par la loi 2014-626 du 18 juin 2014, sont réputés non écrits, quelle qu'en soit la forme, les clauses, stipulations et arrangements qui ont pour effet de faire échec au droit de renouvellement institué par le statut ou aux dispositions des articles L 145-4, L 145-37 à L 145-41, du premier alinéa de l'article L 145-42 et des articles L 145-47 à L 145-54. De même, en vertu de l'article **L 145-16** sont réputées non écrites, quelle qu'en soit la forme, les conventions tendant à interdire au locataire de céder son bail ou les droits qu'il tient du statut à l'acquéreur de son fonds de commerce ou de son entreprise ou au bénéficiaire du transfert universel de son patrimoine professionnel. Auparavant, ces clauses étaient nulles.

APPLICATION DANS LE TEMPS

22151 En l'absence de dispositions transitoires, l'application de la réforme dans le temps est régie par les règles de droit commun. En conséquence, eu égard aux principes définis par la convention européenne des droits de l'Homme (CEDH 28-10-1999 nos 24846/94, 34165/96 à 34173/96 : RJF 1/00 n° 140), les dispositions précitées ne s'appliquent pas aux **procédures en cours** au 20 juin 2014, date d'entrée en vigueur de la loi du 18 juin 2014 (Cass. 3e civ. 22-6-2017 n° 16-15.010 F-PB : RJDA 2/18 n° 110 ; Cass. 3e civ. 28-6-2018 n° 16-17.939 FD : RJDA 11/18 n° 810 ; CA Paris 10-2-2016 n° 13-23690). En effet, la loi du 18 juin 2014 n'a pas vocation à régir les situations juridiques définitivement acquises lors de son entrée en vigueur.

En revanche, la Cour de cassation a jugé que les nouvelles dispositions de l'article L 145-15 du Code de commerce, ayant substitué à la nullité des clauses contraires aux dispositions qu'elles visent leur caractère réputé non écrit, sont d'application immédiate aux **baux en cours,** si la procédure est introduite postérieurement, l'action tendant à voir réputer non écrite une telle clause n'étant pas soumise à la prescription (Cass. 3e civ.19-11-2020 n° 19-20.405 FS-PBI : RJDA 2/21 n° 82).

Dès lors, la sanction du réputé non écrit est applicable quand bien même la prescription de l'action en nullité d'une telle clause serait acquise avant l'entrée en vigueur de la loi Pinel (Cass. 3e civ. 16-11-2023 no 22-14.091 F-B : RJDA 2/24 no 81). Cette solution est justifiée au regard de la règle suivant laquelle la loi nouvelle régit les effets légaux des situations juridiques nées avant son entrée en vigueur et non définitivement réalisées (Cass. 3e civ. 23-11-2017 no 16-20.475 FS-PBI : RJDA 2/18 no 112 ; Cass. 3e civ. 21-4-2022 no 21-10.375 F-D, rectifié par Cass. 3e civ. 23-11-2022 no 21-10.375 F-D : RJDA 5/23 no 242). Elle n'est pas contraire au principe de non-rétroactivité de la loi (C. civ. art. 2) et prend en compte le caractère d'ordre public des dispositions concernées (dans le même sens, notamment, D. Barbier, La réforme du statut des baux commerciaux par la loi du 18 juin 2014 : Gaz. Pal. 9 août 2014 p. 11).

> **Précisions** Pour **apprécier si un bail est en cours** au moment de l'introduction de l'action en justice, il convient de se placer à la **date** d'effet du congé, et non pas à celle de sa délivrance (cf. Cass. 3e civ. 20-3-1991 no 89-20.349 PF : RJDA 5/91 no 386). Dans l'arrêt du 16 novembre 2023 (no 22-14.091 précité), le congé avait été délivré après l'entrée en vigueur de la loi Pinel et pour une date postérieure, de sorte que la question ne se posait pas. Mais dans un autre arrêt du même jour (no 22-14.046 F-D), la Cour de cassation retient la même solution alors que le congé avait été délivré à une date antérieure à l'entrée en vigueur de la loi et pour une date d'effet postérieure. Et, dans une troisième décision également rendue le 16 novembre (no 22-14.089 F-D), elle refuse d'appliquer la sanction du réputé non écrit à un bail ayant pris fin avant la date d'entrée en vigueur de la loi Pinel, le bailleur ayant délivré congé pour une date d'effet antérieure à cette date, sans ouvrir de droit au renouvellement du locataire.

POUVOIR DU JUGE

22152 Le juge qui constate que la clause contestée entre dans les prévisions des articles L 145-15 et L 145-16 du Code de commerce n'a aucune latitude dans le prononcé de la sanction. Il doit constater qu'elle est réputée non écrite. Il ne peut pas choisir de prononcer la nullité de la clause ; il ne peut pas modifier le contenu de cette clause.

Il n'a pas non plus le pouvoir d'annuler le contrat lui-même : celui-ci est maintenu, amputé de la clause litigieuse (C. civ. art. 1184), peu important qu'elle ait été déterminante du consentement de l'une des parties.

EFFETS DU « RÉPUTÉ NON ÉCRIT »

22155 Comme le souligne un auteur, la clause réputée non écrite constitue une fiction légale : la clause, bien qu'écrite, est censée n'avoir jamais existé (J. Kullmann, Remarques sur les clauses réputées non écrites : Dalloz 1993 p. 59).

En conséquence, l'action tendant à voir réputer non écrite une clause du bail commercial n'est pas soumise à **prescription** (Cass. 3e civ. 19-11-2020 no 19-20.405 FS-PBI : RJDA 2/21 no 82 ; Cass. 3e civ. 30-6-2021 no 19-23.038 FP-BC : RJDA 10/21 no 640, 1re espèce ; Cass. 3e civ. 16-11-2023 no 22-14.091 F-B : RJDA 2/24 no 81 ; Cass. 3e civ. 23-1-2025 no 23-18.643 FS-B) à la différence de l'action tendant à la nullité de la clause.

La Cour de cassation s'était déjà prononcée en ce sens à plusieurs reprises, notamment en matière de copropriété (Cass. 3e civ. 2-3-2005 no 03-16.731 FS-PBI : Bull. civ. III no 53) ou en ce qui concerne les clauses abusives des contrats conclus entre professionnels et consommateurs (Cass. 1re civ. 13-3-2019 no 17-23.169 F-PB : RJDA 11/19 no 716). La solution est conforme à la volonté du législateur, qui souhaitait soustraire les clauses illégales à la prescription biennale, celle-ci ayant pour effet de les valider indirectement dès lors qu'elles n'avaient pas fait l'objet d'une action en nullité dans les deux ans de la conclusion du bail. Elle permet en tout cas de remettre en cause des clauses qui paraissaient depuis longtemps à l'abri de toute contestation.

22160 Si l'action visant à faire constater par le juge l'inexistence de la clause réputée non écrite est imprescriptible, en revanche un problème de prescription se pose pour l'**action en répétition de l'indu** qui en est la conséquence.

À l'occasion d'actions fondées sur le caractère non écrit de la clause d'indexation, il a été jugé, sur le fondement de l'article 2224 du Code civil relatif à la répétition de l'indu, que le locataire ne peut agir en paiement des sommes indûment versées que dans les cinq ans précédant sa demande en justice (CA Paris 4-4-2012 no 10/23391, ch. 5-3 ; CA Paris 20-1-2016 no 13-21626 ; CA Paris 7-2-2018 no 16/07034, ch. 5-3 ; CA Paris 9-11-2023 no 23/04584 : AJDI 2024 p. 459 ; Cass. 3e civ. 23-1-2025 no 23-18.643 FS-B). La stipulation réputée non écrite étant censée n'avoir jamais existé, la créance de restitution de l'indu doit être calculée sur la base du montant du loyer qui aurait été dû à défaut d'application d'une telle stipulation et non sur la base du loyer acquitté à la date du point de départ de la prescription (Cass. 3e civ. 23-1-2025 précité).

22165 Selon la majorité de la doctrine, le fait qu'une clause soit réputée non écrite empêche la partie dont le droit est protégé de **renoncer à l'invoquer** : le changement de sanction opéré par la loi 2014-626 du 18 juin 2014 (de la nullité au réputé non écrit) aurait eu pour effet de modifier l'ordre public en matière de baux commerciaux, lequel serait un ordre public de direction, et non plus de protection (A. Confino, Réflexions sur le réputé non écrit dans le bail commercial après la loi Pinel : AJDI 2015, p. 407 ; J.-P. Blatter, À la recherche de l'ordre public des baux commerciaux : Loyers et copr. oct. 2018, dossier 10 ; J. Monéger, Le statut des baux commerciaux est-il encore un ordre public de protection ? : Loyers et copr. 2016, dossier 8 ; S. Ringler et J.-P. Blatter, La réputation non écrite : l'arme contre le prescription des actions en nullité : AJDI 2024 p. 830). Ainsi, si la renonciation était possible lorsque les clauses, stipulations ou arrangements illicites étaient sanctionnés par la nullité (dès lors que le droit était né et acquis et que le titulaire du droit d'agir en nullité y renonçait en toute connaissance de cause), il serait désormais impossible de renoncer à une disposition protégée par un ordre public de direction. À notre connaissance, la Cour de cassation ne s'est pas encore prononcée explicitement sur la question.

2. CLAUSES ILLÉGALES AVANT LA LOI DU 18 JUIN 2014 : LA NULLITÉ

PRESCRIPTION APPLICABLE

22170 Jusqu'à la loi 2014-626 du 18 juin 2014, les clauses contraires aux dispositions d'ordre public des articles L 145-15 et L 145-16 du Code de commerce étaient sanctionnées par la nullité, et l'**action en annulation** était soumise au délai de prescription biennale de l'article L 145-60 du Code de commerce. La Cour de cassation ayant retenu la **date de conclusion** du bail comme point de départ du délai de prescription, les clauses illégales portant atteinte à la propriété commerciale se trouvaient ainsi consolidées seulement deux ans après la signature du bail (Cass. 3e civ. 1-2-1978 n° 75-15.295 : Bull. civ. III n° 31 ; Cass. 3e civ. 1-2-1983 n° 81-10.317 : Bull. civ. III n° 31 ; Cass. 3e civ. 3-2-2010 n° 08-21.333 FS-PB : RJDA 4/10 n° 341 ; Cass. 3e civ. 6-6-2019 n° 18-13.665 F-D : RJDA 11/19 n° 679 refusant de considérer comme point de départ la date d'un avenant au bail commercial, dès lors que celui-ci n'est pas un nouveau bail).

DÉROGATION

22180 La jurisprudence apportait néanmoins une dérogation importante à la règle de la prescription, en autorisant le défendeur à l'action à opposer, de façon perpétuelle, comme **exception en défense,** la nullité de la clause (Cass. com. 13-12-1976 n° 75-11.349 : Bull. civ. IV n° 319 ; Cass. com. 10-7-1978 n° 77-10.240 : Bull. civ. IV n° 195 ; Cass. 3e civ. 25-3-1998 n° 96-17.307 P : RJDA 6/98 n° 722 ; pour un exemple en matière de baux commerciaux : Cass. 3e civ. 2-6-1999 n° 97-19.324 PB : RJDA 8-9/99 n° 896).

Les praticiens devraient toutefois être attentifs aux **notions de défendeur et de demandeur** à une action. C'est ainsi que dans une affaire où le locataire, après avoir reçu un congé avec refus de renouvellement, avait assigné le bailleur en nullité de la clause litigieuse sur laquelle était fondé le congé, lui donnant droit à indemnité d'éviction en cas d'expropriation, la Cour de cassation a considéré que l'exception de nullité ne pouvait pas jouer dès lors que le locataire avait la qualité de demandeur à l'action (Cass. 3e civ. 24-11-1999 n° 98-12.694 PB : Bull. civ. III n° 223). De même, ne peut arguer d'une exception de nullité le locataire qui assigne son bailleur en opposition à un commandement de payer des sommes dues en vertu d'une clause qu'il conteste, dès lors que l'action principale est prescrite et qu'il est demandeur à l'instance (Cass. 3e civ. 3-2-2010 n° 08-21.333 FS-PB : RJDA 4/10 n° 341).

Il faut en outre tenir compte de la jurisprudence de la Cour de cassation selon laquelle l'exception de nullité d'un contrat ne peut plus jouer lorsque le **contrat** vicié a été **exécuté** (pour un emprunt : Cass. 2e civ. 1-12-1998 n° 96-17.761 P : RJDA 4/99 n° 379 ; pour un bail commercial : Cass. 3e civ. 14-5-2003 n° 02-10.984 FS-PB : RJDA 8-9/03 n° 816).

F. Procédure d'expulsion du locataire commercial

22200 À l'**expiration du bail,** quelles qu'en soient les modalités ou les raisons (congé, mise en œuvre de la clause résolutoire de plein droit, résiliation judiciaire, etc.), le locataire devient un occupant sans droit ni titre contre lequel peuvent être dirigées des mesures d'expulsion afin d'obtenir la libération des lieux loués tant par les personnes qui les occupent que par les meubles qui s'y trouvent.

Les règles de l'expulsion figurent aux articles L 411-1 à L 451-1 et R 411-1 et suivants du Code des procédures civiles d'exécution.

1. CONDITIONS DE L'EXPULSION DU LOCATAIRE

La procédure d'expulsion ne peut être mise en œuvre qu'après obtention d'une **décision judiciaire** d'expulsion **ou** d'un **procès-verbal de conciliation exécutoire,** c'est-à-dire un accord des parties sur la libération des locaux, obtenu pendant l'instance et signé de toutes les parties et du juge, et après signification d'un commandement d'avoir à quitter les lieux (C. exécution art. L 411-1). **22205**

Ne constitue pas un titre exécutoire permettant l'expulsion un protocole d'accord rendu exécutoire par une ordonnance sur requête du président du tribunal de grande instance (aujourd'hui, tribunal judiciaire) (Avis Cass. 20-10-2000 n° 20-20013 P : RJDA 3/01 n° 276). En revanche, le jugement d'adjudication constitue un titre exécutoire permettant l'expulsion (C. exécution art. L 322-13).

La loi permettant d'effectuer une mesure d'exécution avec un titre exécutoire provisoire, l'expulsion peut être, en principe, poursuivie sur le fondement d'une ordonnance en référé frappée d'appel. Cependant, et bien qu'ils ne soient pas réglementés en matière de baux commerciaux, certaines juridictions accordent des délais suspendant la mesure d'exécution. En effet, l'article 8 du décret 92-755 du 31 juillet 1992 [désormais C. exécution art. R 121-1, al. 2] ne fait pas obstacle à ce que le **juge de l'exécution** accorde un délai de grâce au locataire d'un bail commercial qui a reçu un commandement de quitter les lieux, car ce texte ne fait aucune distinction selon que le **délai de grâce** concerne une obligation de payer ou une obligation de faire comme celle de quitter les lieux ni davantage selon que les locaux sont d'habitation ou des locaux professionnels, y compris des locaux commerciaux (TGI Paris Jex 9-11-1998 n° 98-85379 : Gaz. Pal 2000 somm. p. 867). **22207**

ATTENTION

À compter de la signification du commandement d'avoir à libérer les locaux, toute **demande de délais** formée en application des articles L 613-1 à L 613-5 du Code de la construction et de l'habitation (devenus C. exécution art. L 412-4 s.) doit être portée devant le juge de l'exécution et non devant le juge des référés (Cass. 2e civ. 18-9-2003 n° 01-16.019 : Bull. civ. II n° 285).

Le bailleur peut poursuivre l'expulsion de **sous-locataires** qui ne tiennent leur titre que du locataire principal dont l'expulsion a été ordonnée (Cass. 2e civ. 4-12-2003 n° 02-10.387 FS-PB : Bull. civ. II n° 366). En revanche, tant que le lien de droit locatif demeure entre le locataire principal et le propriétaire des locaux, ce dernier ne peut pas agir directement en expulsion contre le sous-locataire (Cass. 3e civ. 1-2-2012 n° 10-22.863 FS-PB : RJDA 6/12 n° 567, AJDI 2012 p. 508 note J.-P. Blatter). **22210**

> **Précisions** Au cas particulier, le locataire avait consenti une sous-location, ainsi que le bail l'y autorisait, mais il avait omis d'appeler le propriétaire des locaux à concourir à l'acte. Ce dernier avait alors introduit une action tendant à voir condamner le locataire principal à faire cesser la sous-location et ordonner l'expulsion du sous-locataire. La Cour de cassation a censuré l'arrêt de la cour d'appel qui avait fait droit à cette demande aux motifs que le **bail principal se poursuivait** et que, la sous-location produisant ses effets dans les rapports entre le locataire principal et le sous-locataire, le bailleur ne pouvait agir en expulsion de ce dernier.

2. DÉCISION D'EXPULSION DU LOCATAIRE

La décision d'expulsion relève de la **compétence** du tribunal judiciaire, en sa qualité de juridiction des baux commerciaux (C. org. jud. art. R 211-3-26, 11°). Sur le juge compétent en cas de résiliation du bail de plein droit constatée par le juge-commissaire ou par le TAE, voir n° 63343. **22250**

L'exécution de la décision d'expulsion suppose sa **signification** (CPC art. 503, al. 1) ainsi que celle d'un commandement d'avoir à libérer les locaux (C. exécution art. L 411-1).

3. PROCÉDURE D'EXPULSION DU LOCATAIRE

Commandement d'avoir à quitter les lieux Le commandement doit, à peine de nullité, contenir les **mentions** suivantes (C. exécution art. R 411-1) : **22300**

- l'indication du titre exécutoire en vertu duquel l'expulsion est poursuivie ;
- la désignation de la juridiction devant laquelle peuvent être portées les demandes de délais et toutes contestations relatives à l'exécution des opérations d'expulsion ;
- l'indication de la date à partir de laquelle les locaux pourront être libérés ;
- l'indication qu'à compter de cette date il pourra être procédé à l'expulsion forcée du débiteur ainsi qu'à celle de tout occupant de son chef.

Il peut être délivré dans l'acte de signification de la décision d'expulsion (C. exécution art. R 411-1, dernier al.). Il doit être **signifié** à la personne dont l'expulsion a été ordonnée mais il n'a pas à l'être à l'occupant de son chef (Cass. 2e civ. 23-6-2016 no 15-21.408 F-PB : Bull. civ. II no 165 ; Cass. 3e civ. 20-5-2021 no 19-24.658 F-D : RJDA 8-9/21 no 549) et donc pas au sous-locataire (Cass. 3e civ. 30-11-2005 no 04-18.686 FS-PB : RJDA 2/06 no 109). Il ne peut être signifié à domicile élu (C. exécution art. R 411-2) sous peine d'engager la responsabilité de l'huissier ou du commissaire de justice (TGI Paris 12-1-2000 no 98-23234, 1e ch. : Juris-Data no 2000-10.6613).

> Précisions **a.** En matière de location commerciale, la Cour de cassation a exclu l'application de l'article 197 du décret du 31 juillet 1992 [désormais C. exécution art. R 412-2] relatif à la **transmission au préfet** du commandement de quitter les lieux (Cass. 2e civ. 20-1-2005 no 03-13.138 : Bull. civ. II no 18).

b. Le débiteur ne peut invoquer la nullité du **commandement** de quitter les lieux sous prétexte qu'il n'aurait pas été motivé : l'**absence de motivation** n'est pas une cause de nullité puisqu'aucun texte ne le prévoit (CA Paris 13-1-2011 no 10/05015, ch. 4-8 : Juris-Data no 2011-000514, ayant relevé que le commandement de quitter les locaux contenait toutes les mentions prescrites par l'article 194 du décret du 31-7-1992).

22305 **Déroulement** À compter de cette signification, l'huissier ou le commissaire de justice sera en mesure de se rendre sur place en présence de témoins afin de faire une première tentative d'expulsion qui reste généralement infructueuse. À la suite du refus de l'expulsé de quitter les lieux, sera dressé un procès-verbal de tentative d'expulsion qui est le fondement de son **procès-verbal de réquisition de la force publique** adressé au préfet.

C'est uniquement s'il est fait droit à cette réquisition que l'huissier ou le commissaire de justice pourra se déplacer sur les lieux en présence d'un serrurier, et assisté des forces de police ou de gendarmerie, afin de demander l'ouverture des locaux loués et pratiquer l'expulsion. L'expulsion sera constatée par un **procès-verbal d'expulsion** qui reprendra l'ensemble des démarches effectuées par l'huissier ou le commissaire de justice. Même s'il ne conteste pas ce procès-verbal, le locataire conserve un intérêt à exercer l'action en annulation du commandement de quitter les lieux (Cass. 2e civ. 13-2-2003 no 01-03.272 F-PB : Bull. civ. II no 34).

22310 **En l'absence** d'autorisation **de recours à la force publique,** le bailleur n'aura comme recours que de mettre en cause la **responsabilité de l'État.** En règle générale, elle n'est engagée qu'au terme du délai de deux mois après réquisition de la force publique, qui fait naître une décision implicite de rejet de cette demande et qui est regardé comme le délai normal de réflexion accordé au préfet (CE 27-9-2006 no 285279). Toutefois, lorsque les circonstances sont de nature à entraîner pour le propriétaire une privation de son bien dont les effets sont particulièrement graves, et exigent, en conséquence, une décision rapide sur les suites à donner à la demande, la période de responsabilité peut commencer plus tôt (CE 18-6-2008 no 285380 : BPIM 2/09 no 162). Ainsi en a-t-il été jugé dans le cas d'une occupation d'une usine (même arrêt).

Le fait que la demande de concours de la force publique ne soit pas accompagnée, contrairement aux prescriptions de l'article 50 du décret du 31 juillet 1992 [désormais C. exécution art. R 153-1], « d'un exposé des diligences auxquelles l'huissier de justice a procédé » ne rend pas la demande incomplète et n'est pas de nature à faire obstacle à l'engagement de la responsabilité de l'État, dès lors que l'autorité administrative a été tenue informée par d'autres moyens des difficultés du propriétaire à rentrer en possession de son bien (CE 18-6-2008 no 285380, précité).

En cas de maintien dans les lieux, le juge de l'exécution est alors compétent pour condamner le locataire à une indemnité d'occupation en raison de l'inexécution de la mesure d'exécution forcée (Cass. 2e civ. 20-6-1996 no 94-14.012 : Bull. civ. II no 168).

22315 Si **une partie des locaux loués** est **à usage d'habitation,** la question se pose de savoir si le formalisme d'une procédure d'expulsion d'un logement d'habitation doit être respecté et en particulier celui de l'article L 412-1 du Code des procédures civiles d'exécution aux termes duquel si l'expulsion porte sur un lieu habité par la personne expulsée ou par tout occupant de son chef, elle ne peut avoir lieu qu'à l'expiration d'un **délai** de deux mois qui suit le commandement.

Dans un cas où, à la suite de la résiliation d'un bail commercial portant sur un local à usage de commerce et d'habitation, le locataire avait invoqué la nullité de la procédure d'expulsion et l'irrecevabilité de l'assignation en résiliation du bail commercial, ces demandes ont été écartées pour les raisons suivantes : les parties avaient conclu un bail commercial ne se référant qu'aux dispositions du Code de commerce et prévoyant comme usage et destination des lieux « toutes activités de restauration sur place ou à emporter » ; l'objet principal du bail était la fourniture de locaux à usage commercial et l'article L 145-1 du Code de commerce prévoit que le statut des baux commerciaux s'applique aussi aux locaux constituant l'accessoire de l'activité commerciale tels des locaux d'habitation ; les dispositions relatives à la notification de l'assignation au représentant de l'État dans le département ne sont pas applicables dans le cadre d'un bail commercial ; la procédure d'expulsion, postérieure à la résiliation du bail, ne peut entacher de nullité l'assignation en résiliation du bail ni constituer une fin de non-recevoir de l'action ; enfin, aucun élément du dossier ne permettait de retenir que les locaux d'habitation compris dans le bail commercial étaient habités par le gérant de la société locataire, cette dernière communiquant au contraire un extrait Kbis faisant apparaître une adresse du gérant différente (CA Caen 16-1-2025 n° 24/00560, 2e ch. civ.).

4. RÔLE DE L'HUISSIER OU DU COMMISSAIRE DE JUSTICE EN CAS D'EXPULSION DU LOCATAIRE

L'huissier ou le commissaire de justice a la **responsabilité de la conduite des opérations** 22360
(C. exécution art. L 122-2). À ce titre, il peut requérir le concours de la force publique (C. exécution art. L 153-2) mais est le seul juge du point de savoir si ce recours est nécessaire au succès de sa mission (Cass. ass. plén. 16-12-1974 n° 73-92.495 : Bull. ass. plén. n° 4).

L'huissier ou le commissaire de justice chargé de l'exécution de la mesure d'expulsion ne peut 22365
pas pénétrer dans les lieux hors la présence de l'occupant sans le concours de la force publique, sauf pour constater que la personne expulsée et les occupants de son chef ont volontairement libéré les lieux après la signification du commandement (C. exécution art. L 451-1 et L 142-1). En effet, l'article L 142-1 du Code des procédures civiles d'exécution, qui permet à l'huissier de pénétrer dans le logement en l'absence de l'occupant ou si ce dernier en refuse l'accès en présence d'une autorité municipale (maire de la commune, conseiller municipal ou fonctionnaire municipal délégué par le maire à cette fin), d'une autorité de police ou de gendarmerie, ou, à défaut, de deux témoins majeurs qui ne sont ni au service du créancier, ni de l'huissier ou commissaire de justice chargé de l'exécution, ne s'applique pas en matière d'expulsion, sauf pour constater la libération volontaire des locaux (C. exécution art. L 431-1 ; CA Montpellier 24-7-2002 n° 02-1978, 5e ch. A : Juris-Data n° 2002-20.3374 ; CA Paris 23-1-2003 n° 02-15537, 8e ch. B).

> **Précisions** Aux termes de l'article 21-1, 1e phrase de la loi de 1991 [désormais C. exécution art. L 431-1], les dispositions des articles 20 et 21 de la loi de 1991 ne s'appliquent pas en matière d'expulsion. Selon la cour d'appel, ces dispositions ne faisant aucune distinction selon qu'il s'agit de locaux à usage d'habitation ou de locaux à usage commercial, l'article 21-1 est applicable aux locaux commerciaux. En conséquence, en l'absence de la personne à expulser ou de tout occupant de son chef, l'huissier de justice ne peut ni procéder à l'ouverture des portes ni pénétrer dans les lieux en présence de l'un des témoins visés par l'article 21 ; l'huissier doit, sous réserve de l'exception prévue par l'article 21-1 [C. exécution art. L 431-1], dresser procès-verbal de tentative d'expulsion et requérir le concours de la force publique. L'irrégularité commise par l'huissier ne peut avoir pour sanction la réintégration de la personne expulsée et n'ouvre droit qu'à indemnisation du préjudice subi par l'octroi de dommages-intérêts (CA Montpellier 24-7-2002 précité).

5. RESPONSABILITÉ DU BAILLEUR APRÈS L'EXPULSION DU LOCATAIRE

Après l'expulsion, les locaux sont placés sous la responsabilité du bailleur qui peut être 22400
condamné à réparer le préjudice subi par le locataire en cas de vol ou de dégradations survenus dans le local. En particulier, les dispositions de l'article 1725 du Code civil exonérant le bailleur du fait de troubles et de fautes commis par des tiers ne sont pas applicables, nonobstant l'annulation ultérieure de l'ordonnance d'expulsion (Cass. 3e civ. 5-1-2012 n° 10-12.741 FS-D : RJDA 7/12 n° 645).

SECTION 2 RÈGLEMENT AMIABLE DES CONFLITS EN MATIÈRE DE BAIL COMMERCIAL

Dans tous les domaines, donc nécessairement en matière de baux commerciaux, les parties à 22500
un différend sont de plus en plus incitées à tenter de le résoudre amiablement et à ne saisir le juge, étatique ou arbitral, qu'en cas d'échec. L'**intérêt principal** est la rapidité de ces modes alternatifs de règlement face à la lenteur des procédures judiciaires et sans doute une meilleure écoute des parties et du marché.

Les parties peuvent tenter de résoudre leur différend de façon amiable **avant toute action en justice** avec l'assistance d'un médiateur, d'un conciliateur de justice ou, dans le cadre d'une procédure participative, avec l'assistance de leurs avocats (CPC art. 1528). La médiation, la conciliation, ainsi que la procédure participative peuvent également être tentées **une fois l'instance engagée.**

Par ailleurs, pour un certain nombre de différends relatifs aux baux commerciaux, une conciliation peut être tentée devant une commission départementale dédiée, composée de bailleurs et de locataires.

A. Différend porté devant la commission départementale de conciliation

22505 Certains litiges peuvent être soumis à une commission départementale de **conciliation mixte** composée de bailleurs et de locataires, en nombre égal, et de personnes qualifiées. La commission s'efforce de concilier les parties et rend un avis (C. com. art. L 145-35, al. 1).

La composition de la commission, le mode de désignation de ses membres et ses règles de fonctionnement sont régis par les articles D 145-12 et suivants du Code de commerce et une circulaire du 3 août 1988 (JO 25-9 p. 12198).

DOMAINES D'INTERVENTION DE LA COMMISSION DE CONCILIATION

22510 Peuvent être soumis à la commission départementale de conciliation (C. com. art. L 145-35) :

- les litiges relatifs à la fixation du loyer du bail renouvelé ;
- et ceux relatifs à la révision du loyer, aux charges et aux travaux.

22512 En ce qui concerne les loyers, le champ d'action des commissions de conciliation se limite aux litiges relatifs à l'application de la règle du **plafonnement** instituée par l'article L 143-34 du Code de commerce pour le loyer du bail renouvelé et par l'article L 145-38 pour le loyer du bail révisé.

Elles ont donc vocation à connaître des litiges relatifs :

- aux motifs de déplafonnement du loyer soulevés par le bailleur sur le fondement d'une modification notable des éléments de la valeur locative ;
- au calcul du plafonnement et à ses modalités d'application.

22514 Échappent en conséquence à leur compétence les **baux qui ne relèvent pas de la règle du plafonnement** à raison de la nature du bien loué, à savoir les terrains nus, les locaux monovalents et les bureaux qui sont régis respectivement par les articles R 145-9 à R 145-11 du Code de commerce (pour un exemple, CA Paris 24-9-1992 n° 91-16104, 16ᵉ ch. B : Loyers et copr. 1992 comm. n° 394 note Ph.-H. Brault et C. Mutelet).

Il devrait en aller de même **en cas de discussion des parties sur la qualification du bail** au regard de l'un des régimes spécifiques exclusifs du plafonnement. Lorsque, par exemple, les parties s'opposent sur l'existence d'un local monovalent, au sens de l'article L 145-10, la commission ne devrait pas pouvoir connaître de ce litige, sous peine de se prononcer sur un texte qui ne relève pas de sa compétence.

En revanche, dans la mesure où l'article L 145-34 du Code de commerce mentionne la durée du bail, la commission de conciliation devrait être saisie préalablement des **litiges relatifs à la durée** contractuelle du bail ou à sa tacite prolongation, prise en tant que cause de déplafonnement (voir en ce sens TGI Limoges 12-10-1989 n° 89-1190 : D. 1990 somm. p. 254 obs. L. Rozès).

Lorsque la discussion est limitée à la fixation du loyer, les parties étant d'accord sur le principe du déplafonnement ou le locataire invoquant l'exception de la valeur locative inférieure au montant du loyer, la commission ne devrait pas être compétente. En effet, si la commission peut donner, à titre accessoire, son avis sur la valeur locative lorsqu'elle est saisie d'un litige portant sur l'application de l'article L 145-34 du Code de commerce, il en va différemment lorsque l'entier litige intéresse la détermination de la valeur locative, laquelle relève exclusivement de l'article L 145-33 du Code de commerce (en ce sens, voir J.-D. Barbier, J.-Cl. Bail à loyer, Procédure, fasc. 1302 n° 34).

Les **actions en révision** triennale légale du loyer peuvent être portées devant la commission, mais pas les actions en révision de loyer à la valeur locative fondées sur l'article L 145-39 du Code de commerce.

SAISINE DE LA COMMISSION DE CONCILIATION ET DÉROULÉ DE LA PROCÉDURE

22520 La commission de conciliation **territorialement compétente** est celle du lieu de situation de l'immeuble.

Elle peut être saisie à tout moment par lettre recommandée AR adressée à son secrétariat, qui **convoque** les parties à la séance au cours de laquelle l'affaire sera examinée par lettre recommandée AR, adressée au minimum quinze jours avant la date retenue. La commission émet son **avis** même si les parties, dûment convoquées, ne sont ni présentes ni représentées (C. com. art. D 145-17).

Les parties peuvent se faire **représenter** par un tiers spécialement habilité à cet effet ou par un avocat. Dans les deux cas, le mandataire ne pourra accepter une transaction que s'il bénéficie d'un pouvoir spécial. C'est rarement le cas.

Combinaison avec la procédure devant la juridiction saisie La commission peut être saisie avant tout recours au tribunal, mais les situations suivantes peuvent aussi se présenter : **22525**

La **commission** et la **juridiction** sont **saisies parallèlement.** Le juge des loyers, ou le tribunal si le litige concerne des charges ou des travaux, est alors tenu de surseoir à statuer tant que l'avis de la commission n'est pas rendu (C. com. art. L 145-35, al. 2). À défaut d'avis dans un délai de trois mois et en l'absence de conciliation, la commission est automatiquement dessaisie et le juge peut statuer (art. L 145-35, al. 3).

Seul le juge des loyers ou le tribunal, si le litige concerne des charges ou des travaux, est **saisi.** Dans ce cas, il convient de distinguer les deux situations suivantes :

– Si la commission est saisie par le défendeur après l'assignation mais avant la date des débats devant le juge, celui-ci doit, comme dans l'hypothèse précédente, surseoir à statuer jusqu'à ce que la commission ait rendu son avis à la date des débats devant le juge.

– Si à la date des débats devant le juge, la commission de conciliation n'a pas été saisie, la demande en justice demeure recevable (Cass. 3e civ. 10-3-2010 n° 09-10.344 FS-PB : RJDA 5/10 n° 481), le juge n'est pas tenu de surseoir à statuer (Cass. 3e civ. 3-2-1993 n° 90-20.346 PF : RJDA 4/93 n° 302) ; il n'a même pas à rechercher d'office si la commission a été consultée (Cass. 3e civ. 2-12-1992 n° 91-17.352 : Bull. civ. III n° 311). Cette jurisprudence se trouve consolidée par la rédaction de l'article L 145-35 issue de la loi du 18 juin 2014, qui a remplacé les termes « sont soumis » par « peuvent être soumis ».

Lorsque le défendeur, à la date des débats, n'a pas saisi la commission, il est réputé avoir renoncé à la phase de conciliation. On peut même penser, bien que cette question n'ait pas encore été jugée, que la saisine de la commission par la partie défenderesse devrait intervenir avant toute défense au fond, pour pouvoir être opposée au demandeur, ce afin d'éviter les manœuvres dilatoires (contra, TGI Limoges 12-10-1989 n° 89-1190 : D. 1990 som. p. 254 obs. L. Rozès).

La saisine de la commission départementale de conciliation, dans la mesure où elle ne constitue pas un préalable obligatoire, n'a pas d'**effet interruptif de la prescription** biennale prévue à l'article L 145-60 du Code de commerce (Cass. 3e civ. 18-2-1998 n° 96-14.525 PF : RJDA 4/98 n° 396). **22527**

MISSION DE LA COMMISSION DE CONCILIATION

Le rôle de la commission est de tenter de concilier les parties. **Lorsqu'un accord est intervenu** entre les parties, il doit recevoir application sans que l'une d'elles puisse invoquer une action en fixation du loyer exercée postérieurement comme valant renonciation (Cass. 3e civ. 14-6-1995 n° 93-14.769 P : RJDA 8-9/95 n° 947). Dans cet arrêt, la Cour de cassation a approuvé une cour d'appel qui, à la suite d'un accord intervenu devant la commission départementale de conciliation, a retenu que cet accord, signé des deux parties, devait recevoir application alors que la société locataire refusait de signer le bail renouvelé. **22535**

Cet accord, concernant le renouvellement du bail, suffit à lier les parties sans qu'il soit besoin d'autre formalité. Le bail d'origine est maintenu sans que la rédaction d'un nouveau bail soit nécessaire.

Par suite, un locataire ne saurait valablement contester la validité d'un commandement de payer fondé sur la clause résolutoire prévue dans le bail initial, et renouvelée par l'accord de conciliation, n'étant pas contesté que les causes du commandement sont restées impayées ; le commandement de payer se référant expressément à cette clause est donc valable (TGI Versailles 11-9-2000 n° 99-1888, 3e ch. : Juris-Data n° 2000-131051).

En l'absence d'accord, la commission émet un avis faisant apparaître les points essentiels du désaccord des parties et la proposition motivée de la commission. Cet avis, qui doit être signé par le président et le secrétaire, doit être aussitôt notifié à chacune des parties par lettre recommandée AR (C. com. art. D 145-18). **22537**

Cet avis a un rôle uniquement consultatif et ne lie pas le juge.

INTÉRÊT DE LA COMMISSION DE CONCILIATION

22545 Les commissions de conciliation n'étaient auparavant saisies que des litiges relatifs au loyer du bail renouvelé. À l'occasion de la réforme des baux commerciaux de 2014, le législateur a suivi le rapport qui préconisait l'**extension** « de façon facultative » **du champ de compétence** de ces commissions aux litiges relatifs au loyer révisé, au dépôt de garantie, aux charges et aux travaux. Afin d'éviter un allongement de la durée de l'instance, ce rapport recommandait de limiter le délai de sa saisine à six mois en matière de loyer (Rapport Pelletier, avril 2004 n° 116).

Le recours à la procédure de conciliation devant la commission départementale pose toutefois **difficulté,** tant sont complexes à déterminer les causes du déplafonnement et la valeur locative, cette dernière nécessitant une connaissance approfondie des locaux et des valeurs de comparaison. Les mêmes difficultés existent pour les différends relatifs aux charges et aux travaux, qui nécessitent d'interpréter les clauses du bail et de connaître la jurisprudence.

En pratique, on constate que les commissions de conciliation n'ont pas toujours les connaissances juridiques et techniques ni les moyens suffisants pour remplir leur mission. En outre, une grande partie des litiges trouvent leur solution amiable après le dépôt du rapport de l'expert désigné par le juge. Une phase d'étude approfondie du litige constitue souvent un préalable indispensable afin de rapprocher les parties.

22547 Dans le contexte de la crise sanitaire due à l'épidémie de **Covid-19,** les pouvoirs publics ont pris des mesures pour inciter au report des échéances de loyers, à leur réduction ou à des aménagements. Pour faciliter la mise en place des **accords entre locataire et bailleur,** une circulaire des ministres de l'économie et de l'intérieur du 22 juillet 2020 relative à la conciliation portant sur le **paiement des loyers** commerciaux et adressée aux préfets (NOR : ECO12016561C) préconise, outre la saisine du médiateur des entreprises, celle de la commission départementale de conciliation.

Les textes ne prévoient pas la compétence de cette commission pour concilier bailleur et locataire en cas de défaut de paiement de loyer ou de demande de délais ou de suspension de paiement mais, précise la circulaire, rien n'interdit aux parties d'organiser un règlement de leurs différends par un **tiers de confiance,** en application du principe de **liberté contractuelle.** Ces cas de figure ne relevant pas du champ de compétence de la commission prévue par les textes, il n'y a pas lieu d'appliquer la procédure habituelle. Ainsi, **en cas de saisine concomitante du tribunal,** ce dernier n'a pas à surseoir à statuer et la commission n'est pas dessaisie si elle n'a pas statué dans un délai de trois mois. **Si le bailleur est un particulier,** précise encore la circulaire, la commission doit être prioritairement sollicitée par rapport au médiateur d'entreprise.

En cas de conciliation et d'accord entre le bailleur et le locataire, il doit être dressé un acte signé des parties et visé par le président et le secrétaire de la commission. L'accord est dépourvu d'autorité de la chose jugée mais peut être homologué par le juge pour recevoir force exécutoire.

B. Médiation et conciliation

DÉFINITION ET TEXTES APPLICABLES

22605 La médiation s'entend de tout **processus structuré,** quelle qu'en soit la dénomination, par lequel deux ou plusieurs parties tentent de parvenir à un accord en vue de la **résolution amiable** de leurs différends, avec l'aide d'un tiers, le **médiateur,** choisi par elles ou désigné, avec leur accord, par le juge saisi du litige (Loi 95-125 du 8-2-1995 art. 21).

Cette définition, très large, englobe la procédure dite « de conciliation » dont les parties ou le juge choisissent de confier la conduite à un **conciliateur de justice** relevant du décret 78-381 du 20 mars 1978. La conciliation se distingue de la médiation au sens strict en ce que le rôle du conciliateur de justice est généralement plus directif que celui du médiateur dans la recherche de la résolution du différend. En outre, le conciliateur est toujours bénévole (Décret du 20-3-1978 art. 1er, al. 2), alors que le médiateur peut être rémunéré.

La médiation et la conciliation peuvent prendre deux formes : elles sont dites « **conventionnelles** » lorsqu'elles interviennent en dehors de toute procédure judiciaire, que ce soit en exécution d'une convention (n° 22610) ou, à défaut, à la demande des parties (nos 22615 s.) ; elles sont **judiciaires** lorsqu'elles sont mises en œuvre en cours d'instance, à l'initiative des parties ou du juge (nos 22630 s.).

La médiation conventionnelle est régie par les articles 1532 à 1535 du Code de procédure civile et par les dispositions générales de la loi 95-125 du 8 février 1995 (Loi art. 21 à 21-7).

La médiation judiciaire, régie par ces mêmes dispositions générales, est par ailleurs soumise aux articles 22 et suivants de la loi 95-125 et aux articles 131-1 à 131-15 du Code de procédure civile.

Les articles 1536 à 1541 du Code de procédure civile régissent la conciliation conventionnelle. La conciliation judiciaire est soumise aux articles 128 à 131 du même Code.

1. MÉDIATION ET CONCILIATION CONVENTIONNELLES

CLAUSE DE MÉDIATION OU DE CONCILIATION PRÉALABLE

Les parties peuvent prévoir dans le bail une procédure de médiation ou conciliation préalable à toute saisine des juridictions de jugement. Selon la Cour de cassation, cette clause est licite (Cass. ch. mixte 14-2-2003 nos 00-19.423 et 00-19.424 : RJDA 5/03 n° 556) et peut être opposée par le défenseur à l'instance comme une fin de non-recevoir au sens de l'article 122 du Code de procédure civile (Cass. ch. mixte 12-12-2004 n° 13-19.684 PBRI ; Cass. ch. mixte 14-2-2003 nos 00-19.423 et 00-19.424 précités). **22610**

Lorsqu'elle est mise en œuvre, la clause de médiation ou de conciliation suspend jusqu'à son issue le cours de la prescription (Cass. ch. mixte 14-2-2003 n° 00-19.423 précité).

MODÈLE

Clause de médiation conventionnelle

« **1. Principe.** Hors les différends portant sur la mise en jeu de la clause résolutoire et notamment le recouvrement des loyers, charges et accessoires du bail, les parties entendent recourir, préalablement à toute instance judiciaire, à la médiation pour toutes les contestations qui viendraient à se produire à propos de la validité, l'interprétation, l'exécution ou l'inexécution, l'interruption ou la résiliation du présent contrat de bail et ce, dans les conditions décrites ci-après.

De convention expresse entre les parties, le recours à la médiation ne constitue pas une remise en cause des dispositions du présent bail lesquelles ont été consenties ou acceptées par les parties en pleine connaissance de cause.

Par ailleurs, si le délai imparti à la médiation devait venir en concours avec un des délais stipulés au présent bail, il sera interruptif de ces délais qui reprendront, ainsi, leur cours normal à défaut d'accord des parties à la date d'établissement du procès-verbal du médiateur augmenté du délai engendré par ladite médiation.

2. Conditions. La partie qui entendra faire application de la présente clause en avertira l'autre par lettre recommandée avec avis de réception en visant, expressément, le présent article et en proposant une liste de trois personnes maximum susceptibles d'être retenues comme médiateurs.

Les parties choisiront, alors, un médiateur d'un commun accord soit dans la liste proposée, soit en dehors de celle-ci, étant expressément convenu que ce médiateur devra être un professionnel reconnu du sujet à traiter.

Si, au terme d'un délai de huit jours ouvrables suivant l'envoi de la lettre susvisée, les parties n'arrivaient pas à se mettre d'accord sur le choix du médiateur, la partie la plus diligente saisira Monsieur ou

Madame le Président du tribunal judiciaire, statuant en référé et du lieu de situation de l'immeuble, qui nommera le médiateur en référence au critère de professionnalisme défini ci-dessus.

Dès la consignation de ses honoraires, le médiateur réunira les parties en vue de rechercher un accord. La mission du médiateur ne pourra excéder un délai de deux mois suivant la consignation de ses honoraires.

La proposition du médiateur ne sera ni obligatoire, ni exécutoire.

Les frais et honoraires de ce médiateur et de toute procédure préalable à sa désignation seront répartis pour moitié entre les parties.

En cas d'échec de la médiation, chacune des parties reprendra ses droits quant à l'exécution de l'une quelconque des clauses du présent bail et la partie la plus diligente saisira la juridiction compétente qui statuera sur le litige qui lui est soumis suivant les règles applicables en la matière.

La médiation conservera un caractère confidentiel entre les parties qu'un accord ou non soit intervenu entre elles. »

MÉDIATION ET CONCILIATION CONVENTIONNELLES ORGANISÉES PAR LE CODE DE PROCÉDURE CIVILE

La médiation et la conciliation conventionnelle s'entendent de tout processus structuré par lequel deux ou plusieurs parties tentent de parvenir à un accord **en dehors de toute procédure judiciaire** en vue de la résolution amiable de leurs différends, avec l'aide d'un tiers choisi par **22615** elles (CPC art. 1530). Les parties désignent alors conjointement un médiateur ou un conciliateur pour tenter de résoudre leur différend, le cas échéant après avoir conclu une convention organisant la conduite de la médiation ou de la conciliation.

Le **délai de prescription** pour agir en justice est alors suspendu à compter du jour où les parties sont convenues de recourir à la médiation ou à la conciliation ou, à défaut d'accord écrit, à compter du jour de la première réunion de médiation ou de conciliation (n° 21997).

22617 Le **médiateur** peut être une personne physique ou morale ; dans ce dernier cas, elle désigne avec l'accord des parties, la personne physique chargée d'accomplir la mission de médiation (CPC art. 1532). La personne choisie comme médiateur ne doit pas avoir fait l'objet d'une condamnation, d'une incapacité ou d'une déchéance mentionnées sur le bulletin n° 3 du casier judiciaire. En outre, elle doit posséder, par l'exercice présent ou passé d'une activité, la qualification requise eu égard à la nature du différend ou justifier, selon le cas, d'une formation ou d'une expérience adaptée à la pratique de la médiation (CPC art. 1533).

22619 Le **conciliateur de justice,** institué par le décret du 20 mars 1978, peut être saisi sans forme par toute personne physique ou morale (CPC art. 1536). Il invite le cas échéant les intéressés à se rendre devant lui, lesquels peuvent se faire accompagner d'une personne majeure de leur choix, qui justifie de son identité (art. 1537). L'établissement d'un constat d'accord n'est pas obligatoire, sauf lorsque la conciliation a pour effet la renonciation à un droit. Un exemplaire du constat est remis à chaque intéressé. Le conciliateur de justice procède également, sans délai, au dépôt d'un exemplaire au greffe du tribunal judiciaire (art. 1540).

22621 L'**accord** auquel parviennent les parties à une médiation ou une conciliation peut être soumis, aux fins de le rendre exécutoire, à l'**homologation du juge** compétent pour connaître du contentieux dans la matière considérée. Le juge à qui est soumis l'accord ne peut pas en modifier les termes (CPC art. 1565). La demande tendant à l'homologation de l'accord issu de la médiation ou de la conciliation est présentée au juge par requête de l'ensemble des parties ou de l'une d'elles, avec l'accord exprès des autres (CPC art. 1534 pour la médiation et art. 1541 pour la conciliation).

Les actes constatant un accord issu d'une médiation ou d'une conciliation **contresignés par les avocats** de chacune des parties et **revêtus de la formule exécutoire par le greffe** de la juridiction compétente constituent des titres exécutoires (C. exécution art. L 111-3, 7°). Il n'y a donc pas lieu, dans cette hypothèse, de solliciter l'homologation du juge pour rendre l'accord exécutoire.

2. MÉDIATION ET CONCILIATION JUDICIAIRES

TENTATIVE DE RÈGLEMENT AMIABLE IMPOSÉE OU PROPOSÉE PAR LE JUGE

22630 À peine d'irrecevabilité que le juge peut prononcer d'office, et sauf cas de dispense, la demande en justice devant le tribunal judiciaire doit être précédée, au choix des parties, d'une tentative de conciliation menée par un conciliateur de justice, d'une tentative de médiation ou d'une tentative de procédure participative, lorsqu'elle tend au paiement d'une somme n'excédant pas 5 000 € (CPC art. 750-1, disposition annulée par le Conseil d'État à compter du 22 septembre 2022 : CE 22-9-2022 n°s 436939 et 437002, puis rétablie à compter du 1er octobre 2023 par décret 2023-357 du 11-5-2023). Dans ce cas, la demande initiale en justice doit indiquer, à peine de **nullité,** les diligences entreprises en vue d'une résolution amiable du litige ou la justification de la dispense d'une telle tentative (CPC art. 54, 5°).

Hors les cas prévus à l'article 750-1, s'il n'est pas justifié de diligences entreprises pour parvenir à une résolution amiable de leur litige, le **juge** peut **proposer** aux parties une mesure de médiation ou de conciliation (CPC art. 127).

Par ailleurs, le juge qui estime qu'une résolution amiable du litige dont il est saisi est possible peut, en tout état de la procédure, y compris en référé, s'il n'a pas recueilli l'accord des parties pour une médiation, leur **enjoindre de rencontrer,** dans le délai qu'il détermine, un **médiateur** qu'il désigne (Loi 95-125 du 8-2-1995 art. 22-1 ; CPC art. 127-1).

CONCILIATION JUDICIAIRE

22635 Les parties peuvent se concilier d'elles-mêmes ou à l'initiative du juge tout au long de l'instance (CPC art. 128). La conciliation entrant dans la mission du juge, celui-ci peut la mener lui-même mais en pratique il en délègue la conduite à un conciliateur de justice relevant du décret 78-381 du 20 mars 1978, en fixant la durée de sa mission, laquelle ne peut pas excéder trois mois mais peut être renouvelée une fois pour une même durée, à la demande du conciliateur (CPC art. 129-2).

En présence d'un **accord,** même partiel, à l'issue de la conciliation, la teneur de l'accord est consignée, selon le cas, dans un procès-verbal signé par les parties et le juge ou dans un constat signé par les parties et le conciliateur de justice (CPC art. 130). Les extraits du procès-verbal valent titre exécutoire (CPC art. 131, al. 1) mais pas le constat d'accord. Pour être exécutoire, le constat d'accord doit être soumis par les parties à l'**homologation** du juge, saisi sur requête par les deux parties ou par la plus diligente d'entre elles (CPC art. 131, al. 2). L'acte constatant un accord issu d'une conciliation **contresigné par les avocats** de chacune des parties et **revêtu de la formule exécutoire par le greffe** de la juridiction compétente constitue un titre exécutoire (C. exécution art. L 111-3, 7°). Il n'y a donc pas lieu, dans cette hypothèse, de solliciter l'homologation du juge pour rendre l'accord exécutoire.

MÉDIATION JUDICIAIRE

Le juge, saisi d'un litige, peut, avec l'**accord des parties,** désigner un médiateur en tout état de la procédure, y compris en référé (Loi 95-125 du 8-2-1995 art. 22 ; CPC art. 131-1). Cette modalité de résolution des conflits est de plus en plus proposée par le juge judiciaire. **22645**

La **durée** initiale de la médiation ne peut excéder trois mois, renouvelable une fois, à compter du jour où la provision à valoir sur la rémunération du médiateur est versée entre ses mains (CPC art. 131-3). Le rôle du médiateur est d'entendre les parties et de confronter leurs points de vue pour leur permettre de trouver une solution au conflit qui les oppose (CPC art. 131-1, al. 2).

Si un **accord** est trouvé, les parties peuvent demander au juge son **homologation** (CPC art. 131-12). L'acte constatant un accord issu d'une médiation **contresigné par les avocats** de chacune des parties et **revêtu de la formule exécutoire par le greffe** de la juridiction compétente constitue un titre exécutoire (C. exécution art. L 111-3, 7°). Il n'y a donc pas lieu, dans cette hypothèse, de solliciter l'homologation du juge pour rendre l'accord exécutoire.
À défaut d'accord, la procédure reprend son cours.

AUDIENCE DE RÈGLEMENT AMIABLE

Depuis le 1er novembre 2023, les instances introduites devant le tribunal judiciaire sont susceptibles d'être interrompues par l'audience de règlement amiable qui a pour **finalité** la résolution amiable du différend entre les parties, par la confrontation équilibrée de leurs points de vue, l'évaluation de leurs besoins, positions et intérêts respectifs, ainsi que la compréhension des principes juridiques applicables au litige (CPC art. 774-2, al. 1 issu du décret 2023-686 du 29-7-2023). Ce dispositif a été étendu aux instances en cours devant le tribunal de commerce et le juge des loyers commerciaux à compter du 1er septembre 2024 (Décret 2024-673 du 3-7-2024). **22650**

Convocation à une audience de règlement amiable Le juge saisi d'un litige portant sur des droits dont les parties ont la libre disposition peut, à la demande de l'une des parties ou d'office après avoir recueilli leur avis, décider qu'elles seront convoquées à une audience de règlement amiable. Cette décision est une mesure d'administration judiciaire. Elle ne dessaisit pas le juge (CPC art. 774-1 issu du décret 2023-686 du 29-7-2023). **22652**

Devant le tribunal judiciaire, la **décision** est **prise par** le président de la chambre lors de l'audience d'orientation (CPC art. 776, al. 3 issu du décret 2023-686), par la juge de la mise en état lors de l'instruction (CPC art. 785, al. 4 issu du décret 2023-686) ou même après révocation de l'ordonnance de clôture (CPC art. 803, al. 4 issu du décret 2023-686). Devant le tribunal de commerce, la décision est prise par le juge chargé d'instruire l'affaire (CPC art. 863 issu du décret 2024-673 du 3-7-2024) ou par la formation de jugement (CPC art. 860-2 issu du décret 2024-673). Elle peut également être prise par le président du tribunal judiciaire ou du tribunal de commerce saisi en référé (CPC art. 836-2 issu du décret 2023-686 et art. 873-2 issu du décret 2024-673). Le juge des loyers commerciaux dispose de cette faculté depuis le 1er septembre 2024 (C. com. art. R 145-29-1 issu du décret 2024-673).

Les parties sont convoquées à l'audience de règlement amiable, à la diligence du greffe, par tout moyen, la convocation devant préciser qu'elles doivent comparaître en personne (CPC art. 774-3, al. 1 et 2 issu du décret 2023-686). Lorsqu'elles ne sont pas dispensées de représentation obligatoire, les parties comparaissent assistées de leur avocat ; dans les autres cas, elles peuvent être assistées de l'une des personnes suivantes : un avocat ; leur conjoint, concubin ou partenaire de Pacs ; leur parent ou alliés en ligne directe ; leurs parents ou alliés en ligne collatérale jusqu'au troisième degré inclus ; les personnes exclusivement attachées à leur service ou à leur entreprise (CPC art. 762, sur renvoi de CPC art. 774-3, al. 3 et 4 issu du décret précité). Le représentant, s'il n'est pas avocat, doit justifier d'un pouvoir spécial (CPC art. 762, dernier al.). **22654**

Interruption de l'instance L'instance est interrompue par la décision de convocation des parties à l'audience de règlement amiable (CPC art. 369, al. 6 issu du décret 2023-686 du 29-7-2023). Un nouveau délai court à compter de la première audience fixée postérieurement devant le juge saisi de l'affaire (CPC art. 392, al. 4 issu du décret 2023-686). **22656**

Déroulement de l'audience L'audience est tenue par un juge qui ne siège pas dans la formation de jugement (CPC art. 774-1, al. 1 issu du décret 2023-686 du 29-7-2023), en **chambre du conseil,** hors **22658**

la présence du greffe (CPC art. 774-3, al. 5 issu du décret précité). Le juge chargé de l'audience peut prendre **connaissance des conclusions et des pièces échangées** par les parties et procéder aux constatations, évaluations, appréciations ou reconstitutions qu'il estime nécessaires, en se transportant si besoin sur les lieux (CPC art. 774-2, al. 2 et 3 issu du décret précité). Il détermine les conditions dans lesquelles l'audience se tient et peut décider d'entendre les parties séparément (CPC art. 774-2, al. 4 issu du décret précité). À tout moment, le juge chargé de l'audience de règlement amiable peut y mettre fin par une mesure d'administration judiciaire (CPC art. 774-3, dernier al. issu du décret précité).

22660 Sauf accord contraire des parties, tout ce qui est dit, écrit ou fait au cours de l'audience de règlement amiable, par le juge et par les parties, est **confidentiel.** Il est toutefois dérogé à la confidentialité lorsque la révélation de l'existence ou la divulgation du contenu de l'accord qui est issu de l'audience de règlement amiable est nécessaire pour sa mise en œuvre ou son exécution (CPC art. 774-3, al. 6 à 9 issu du décret 2026-686 du 29-7-2023).

22662 **Accord des parties** À l'issue de l'audience de règlement amiable, les parties peuvent demander au juge chargé de l'audience, assisté du greffier, de constater leur **accord, total ou partiel,** dans les conditions des articles 130 et 131, al. 1 du Code de procédure civile (teneur de l'accord consigné dans un procès-verbal signé par les parties et le juge, les extraits du procès-verbal valant titre exécutoire) (CPC art. 774-4, al. 1 issu du décret 2023-686 du 29-7-2023). Le juge informe le juge saisi du litige qu'il est mis fin à l'audience de règlement amiable et lui transmet, le cas échéant, le procès-verbal d'accord (CPC art. 774-4, al. 2).

C. Procédure participative

22670 La procédure participative prévue aux articles 2062 à 2068 du Code civil est organisée par les articles 1542 à 1564-4 du Code de procédure civile. Elle se déroule selon une **procédure conventionnelle** de recherche d'un accord et se poursuit, le cas échéant, par une **procédure aux fins de jugement.** Les parties, assistées de leurs avocats, recherchent conjointement, dans des conditions fixées par convention, un accord mettant un terme au différend qui les oppose. À l'issue de la procédure conventionnelle, le juge peut être saisi de l'affaire, selon le cas, pour homologuer l'accord des parties mettant fin en totalité au différend, pour homologuer un accord partiel des parties et statuer sur la partie du litige persistant ou pour statuer sur l'entier litige.
De nouvelles dispositions relatives à la procédure participative aux fins de mise en état offrent aux parties la possibilité de parvenir à un accord même si le juge est déjà saisi du litige (CPC art. 1543, al. 2).

D. Mandat d'intérêt commun

DÉFINITION

22700 Prévu par l'article 1592 du Code civil en matière de vente, le mandat d'intérêt commun consiste pour les parties à confier à un tiers le soin de **fixer** à leur place le prix de la transaction. La Cour de cassation a validé l'adoption de cette technique juridique pour déterminer **le loyer** d'un bail commercial (Cass. com. 8-5-1961 n° 59-11.156 : Bull. civ. III n° 192 ; Cass. 2e civ. 9-6-1961 n° 58-10.962 : Bull. civ. II n° 436).
Elle peut également être utilisée pour la fixation de **l'indemnité d'éviction** en cas de refus de renouvellement, mais risque de se heurter à des difficultés d'interprétation des règles de droit.

DISTINCTION AVEC L'ARBITRAGE

22705 Le mandat d'intérêt commun se distingue de l'arbitrage en ce que l'expert désigné par les parties n'a pas vocation à régler un litige déjà né, mais de fixer à la place des parties un élément essentiel de leur accord. Ainsi, en présence d'une clause prévoyant que le loyer serait fixé par un collège de trois experts, la Cour de cassation a jugé que cette stipulation ne pouvait s'analyser en une clause compromissoire mais conférait à l'estimation un caractère contractuel au même titre que si elle avait été arrêtée par les parties (Cass. 3e civ. 4-3-1998 n° 96-16.671 PB : AJDI 1998 p. 620 note J.-P. Blatter).

DIFFICULTÉS PRATIQUES

22710 L'utilisation de la technique du mandat d'intérêt commun pour fixer le loyer de renouvellement ou le montant de l'indemnité d'éviction, si elle permet une plus grande rapidité, présente néanmoins certains inconvénients.
Contrairement à l'arbitrage ou à l'expertise au sens des articles 263 et suivants du Code de procédure civile, le mandataire commun n'est pas tenu au respect du contradictoire puisqu'il

agit au lieu et place des parties. Les parties n'ont donc pas la possibilité de défendre leurs points de vue ni de débattre, ce qui, surtout pour la détermination de l'indemnité d'éviction, peut être lourd de conséquences.

CARACTÈRE OBLIGATOIRE DE L'ÉVALUATION

En s'en remettant, pour l'évaluation du loyer de renouvellement ou de l'indemnité d'éviction à l'estimation d'un tiers, les contractants font de celle-ci leur loi. La jurisprudence rendue en matière de fixation du prix de vente par un tiers selon laquelle il n'appartient pas aux juges, en modifiant le prix, d'imposer aux parties une convention différente de celle qu'elles ont entendu établir peut être transposée au bail commercial (Cass. com. 6-6-1950 nº 38.918 : Bull. civ. III nº 205 ; Cass. com. 9-4-1991 nº 89-21.611 P : RJDA 7/91 nº 561 ; Cass. com. 6-6-2001 nº 98-18.503 F-D : Bull. Joly 2002 p. 239 nº 49 ; Cass. com. 12-6-2007 nº 05-20.290 F-D : RJDA 10/07 nº 974). **22715**

Exceptions Il n'en irait autrement qu'en cas d'erreur grossière commise par le tiers, de dol ou de violence (Cass. com. 6-6-1950 nº 38.918 : Bull. civ. III nº 205 ; Cass. com. 12-11-1962 nº 61-10.656 : Bull. civ. III nº 444) ou si, conformément aux règles de droit commun du mandat, le tiers avait outrepassé ses pouvoirs. **22720**

Selon la Cour de cassation, l'erreur grossière est une condition de la remise en cause de la détermination du prix mais non de la responsabilité du mandataire chargé de celle-ci. En conséquence, la responsabilité du mandataire peut être recherchée selon les conditions de droit commun du mandant tel qu'édictées par l'article 1992 du Code civil en vertu duquel le mandataire répond des fautes qu'il commet dans sa gestion (Cass. com. 4-2-2004 nº 01-13.516 FS-PB : RJDA 6/04 nº 688).

La notion d'**erreur grossière** ne fait l'objet d'aucune définition de la part de la Cour de cassation. Néanmoins, à la suite de M. le professeur A. Viandier, il est possible d'affirmer qu'il s'agit de celle qu'un technicien normalement soucieux de ses fonctions ne saurait commettre, l'erreur étant appréciée par rapport au « comportement d'un appréciateur avisé et consciencieux » (Cass. com. 4-11-1987 nº 86-10.027 : JCP E 1988 nº 15212 note A. Viandier). **22725**

La lecture des arrêts rendus par la **Cour de cassation** semble indiquer un glissement quant au contrôle exercé par cette dernière sur l'appréciation des faits soumis aux juridictions du fond. En effet, après leur avoir reconnu un pouvoir souverain d'appréciation (Cass. com. 22-4-1976 nº 74-14.896 : Bull. civ. IV nº 129), la Cour exerce ces dernières années un contrôle dit « léger » (voir par exemple Cass. com. 6-6-2001 nº 98-18.503 F-D : Bull. Joly 2002 p. 239 nº 49 et Cass. 1e civ. 25-11-2003 nº 00-22.089 FS-P : RJDA 5/04 nº 568). En tout état de cause, la Cour de cassation exige des juges du fond qu'ils recherchent si les griefs allégués par l'une des parties à l'encontre des opérations d'expertise constituent ou non des erreurs grossières (Cass. com. 9-4-1991 nº 89-21.611 P : RJDA 7/91 nº 561).

Compte tenu de la complexité inhérente à la réglementation des baux commerciaux, la question risque peut-être de se poser plus souvent qu'en matière de vente.

ILLUSTRATIONS

Les parties ayant choisi de s'en remettre à un tiers pour fixer le prix de cession de parts sociales, encourt la cassation pour défaut de base légale la cour d'appel qui décide de retenir la somme déterminée par l'expert et de refuser une nouvelle expertise sans rechercher si les griefs allégués à l'encontre des opérations d'expertise constituaient ou non des erreurs grossières. Au cas particulier, les associés cédants reprochaient à l'expert des erreurs dans l'évaluation du fonds de commerce social et d'avoir omis, dans son estimation de l'actif, de prendre en compte des investissements importants (Cass. com. 9-4-1991 précité).

Un notaire exerçant parallèlement à sa profession une activité de marchand de biens dans plusieurs sociétés civiles avait été contraint de se retirer de ces sociétés et une procédure en redressement judiciaire, ouverte à son encontre, avait débouché sur un plan de continuation avec cession partielle d'actifs. Un litige s'étant élevé quant à l'évaluation de ses droits dans les sociétés, un expert avait été nommé par le tribunal en application de l'article 1843-4 du Code civil dont le rapport était contesté, plusieurs erreurs grossières étant reprochées à l'expert. Jugé que c'est à tort qu'il est reproché à l'expert de n'avoir tenu compte ni de la valeur négative des droits sociaux de l'intéressé, ni de la réserve des droits des tiers (application de l'article 1869 du Code civil). En effet, la valeur négative des droits sociaux résultait des sommes que l'intéressé devait aux sociétés, et les sociétés n'ayant pas déclaré leur créance à la procédure collective, les créances étaient éteintes. De même, l'expert n'a pas commis d'erreur en retenant des références à des immeubles de bureaux et d'habitation car, contrairement aux allégations des sociétés, les parties étaient en désaccord sur la prise en compte de la référence aux immeubles d'habitation (CA Paris 4-2-2000 nº 1998-6036, 25e ch. B : RTD com. 2000 p. 376 obs. Cl. Champaud et D. Danet).

En revanche, l'expert commet une erreur grossière s'il cumule les résultats de deux méthodes d'évaluation d'un même bien, valorisant ainsi deux fois un terrain non bâti (Cass. 3e civ. 12-3-2020 nº 19-10.245 FS-D : RJDA 5/20 nº 262).

MÉTHODE D'ÉVALUATION

22730 Le tiers est, en principe, libre de retenir les critères qu'il juge opportuns suivant la méthode d'évaluation qui lui apparaît la plus adaptée ; il peut ainsi recourir à deux méthodes différentes selon les spécificités distinctes d'un ensemble immobilier (Cass. 3e civ. 12-3-2020 n° 19-10.245 FS-D : RJDA 5/20 n° 262). En matière de baux commerciaux, l'expert devra, en outre, respecter les contraintes réglementaires et jurisprudentielles. C'est ainsi, par exemple, que pendant la durée du bail en cours et celle du bail renouvelé qui lui font suite, dans la limite de douze ans, le bailleur d'un hôtel ne peut prétendre à aucune majoration de loyer du fait de l'incorporation à l'immeuble des améliorations résultant de l'exécution de certains travaux d'équipement (C. tourisme art. L 311-3).

22735 Depuis quelques années, les grandes sociétés foncières ont toutefois mis au point dans leurs baux des **clauses de fixation du loyer à dire d'expert** définissant de façon très précise la méthode à appliquer, les références à prendre en considération.

MODÈLE

Clause de fixation du loyer à dire d'expert

« **1. Loyer du bail renouvelé.** De convention expresse entre les parties, il est stipulé qu'en cas de renouvellement, le loyer du bail renouvelé sera fixé :
(i) au même loyer que le loyer mentionné ci-dessus à l'article *x (article définissant le loyer de base),* annuellement indexé selon les conditions prévues à l'article *x (article relatif à l'indexation),*
(ii) ou à la valeur locative de marché telle que définie à l'article *2.2 (article définissant la valeur locative de marché)* ci-après, à la condition expresse que celle-ci soit supérieure au loyer alors en vigueur.
Cette condition est déterminante de la volonté des parties et s'imposera à tout expert devant donner son avis sur le montant du loyer.
Toutes autres clauses et conditions du bail seront maintenues et appliquées dans le cadre du bail renouvelé si le présent bail ne les a pas expressément exclues en cas de renouvellement.
Le présent article 1 n'affecte pas, cependant, la faculté pour le bailleur de refuser le renouvellement du bail ni celle du locataire de mettre un terme à son bail dans les conditions de l'article L 145-9 du Code de commerce et des présentes.
2. Valeur locative. La valeur locative sera établie dans tous les cas où elle est applicable en vertu du présent bail selon les dispositions suivantes auxquelles les parties ne pourront en aucun cas déroger.
2.1 La valeur locative sera, à défaut d'accord entre les parties, irrévocablement fixée par un expert choisi sur la liste figurant à l'annexe *x (numéro de l'annexe),* étant précisé que l'expert ne devra pas avoir travaillé pour l'une des parties ou une société du groupe d'une partie au sens de l'article L 233-3 du Code de commerce, dans les douze mois précédant sa nomination. Les frais de l'expert seront supportés par moitié par chacune des parties.
Dans l'hypothèse où les parties n'arriveraient pas à s'entendre sur le nom de l'expert figurant à l'annexe *x (numéro de l'annexe)* ou si tous les experts ont travaillé pour l'une des parties ou une société de leur groupe dans les douze mois précédant leur nomination, la partie la plus diligente saisira le président du tribunal de commerce de Paris statuant en référé qui nommera sans recours un des experts figurant à l'annexe *x.*
Sauf le cas de fusion-absorption qui n'est pas considéré comme un cas de disparition, il est précisé que si tous les experts figurant à l'*annexe x (numéro de l'annexe*) n'existent plus lors de la détermination de la valeur locative, l'expert sera choisi, obligatoirement, par le président du tribunal de commerce de Paris statuant en référé sur la liste des membres de l'« AFREXIM » (Association Française des Sociétés d'Expertises Immobilières) dont la notoriété et la compétence sont assimilables à ceux figurant à l'annexe *x (numéro de l'annexe).*
L'expert devra rendre sa décision dans les soixante jours de sa saisine et sa décision liera irrévocablement les parties et ne sera susceptible d'aucun appel.
2.2 Il est précisé que la valeur locative sera dans tous les cas calculée exclusivement par comparaison avec les loyers du marché, c'est-à-dire :
(i) des prix librement débattus entre un propriétaire et son locataire pour des locaux libres de toute occupation, en dehors de toute notion de renouvellement et en aucun cas fixés judiciairement,
(ii) et ce, au cours des douze mois précédant le renouvellement,
(iii) pour des biens immobiliers comparables à l'immeuble, c'est-à-dire des immeubles de même nature que l'immeuble et présentant les mêmes caractéristiques que celles de l'immeuble, le même prestige, standard de qualité, de construction, de services intégrés, d'équipement technologique, de fonctionnalité, d'utilisation des espaces, de modernité.

Si les loyers du marché apparaissaient pour certains sous-évalués, devront être recherchés et pris en compte, le cas échéant, le montant des travaux réalisés par les locataires concernés, les indemnités d'entrée, le montant des cessions de droit au bail ainsi que l'éventuel effet d'une progressivité du loyer sur la durée des baux.
Seule la surface de bureaux (à l'exclusion des surfaces accessoires) sera prise en compte sans pondération pour le calcul du loyer renouvelé à la valeur locative. »

On peut se demander jusqu'à quel point il est possible de lier l'expert sans obérer son jugement ni compromettre sa mission (voir opinion critique de Fr. Robine, Réflexions sur l'obsolescence de la notion d'unité autonome de marché, l'arbitrage et les définitions nouvelles : Gaz. Pal. 10-12-2005 p. 3). **22740**

Lorsque le bailleur profitant de sa situation économique dominante impose une méthode d'évaluation de la valeur locative qui n'est pas conforme à celle habituellement admise, en imposant par exemple la décapitalisation systématique des prix de cession de droit au bail ou l'exclusion des renouvellements amiables, le risque est grand d'une contestation judiciaire, que ce soit sur le terrain de l'erreur grossière, de l'atteinte au droit au renouvellement, voire de l'abus de dépendance économique (C. com. art. L 420-2).

E. Arbitrage en matière de bail commercial

À la différence du mandat d'intérêt commun, l'arbitrage a vocation à **trancher les litiges** existant entre les parties. Il peut donc être utilisé tant pour la fixation du loyer de renouvellement que pour tous les autres litiges nés du bail, à l'exclusion de ceux mettant en œuvre des dispositions d'ordre public qui ne sont pas arbitrables. **22850**

L'arbitrage peut être décidé par les parties une fois que le litige est né, c'est la technique du compromis. Il peut être également organisé dans le contrat, comme mode conventionnel de règlement des conflits, c'est la clause compromissoire.

L'arbitre peut être dispensé de suivre les règles de droit : il en est ainsi lorsque les parties lui ont donné le pouvoir de statuer comme amiable compositeur (CPC art. 1478).

La clause d'amiable composition est une renonciation conventionnelle aux effets et au bénéfice de la règle de droit, les parties perdant la prérogative d'en exiger la stricte application, et les arbitres recevant corrélativement le pouvoir de modifier ou modérer les conséquences des stipulations contractuelles, dès lors que l'équité ou l'intérêt commun des parties l'exige (CA Paris 28-11-1996 : Rev. arb. 1997 p. 380 note Loquin). Les arbitres amiables compositeurs doivent néanmoins respecter les règles d'ordre public qu'ils doivent même invoquer d'office (CA Paris 16-3-1995 : Rev. arb. 1996 p. 146 obs. Derains).

1. LITIGES ARBITRABLES

LITIGES NE RELEVANT PAS DES DISPOSITIONS D'ORDRE PUBLIC

Selon l'article 2059 du Code civil, les parties peuvent « compromettre sur les droits dont elles ont la libre disposition ». L'article 2060 exclut expressément les questions d'état et de capacité des personnes, et plus généralement celles intéressant l'ordre public. **22860**

Il en résulte que les dispositions du statut des baux commerciaux ne relevant pas de l'ordre public sont arbitrables. Il en va ainsi de la fixation du loyer de renouvellement, de la détermination de l'indemnité d'éviction, lorsque le droit du locataire n'est pas contesté. De même, les parties peuvent compromettre sur l'ensemble des questions relevant du droit commun du louage, telles que les réparations et les charges.

LITIGES METTANT EN CAUSE L'ORDRE PUBLIC

Contrairement à ce que pourrait laisser croire une lecture littérale de l'article 2060 du Code civil, le caractère d'ordre public d'une disposition ne constitue pas nécessairement un obstacle à l'arbitrage d'un litige. Selon la jurisprudence, la nullité de la convention d'arbitrage n'est pas imputable au fait que le litige intéresse des dispositions d'ordre public, mais constitue la sanction de la violation par la convention de l'ordre public (CA Paris 15-6-1956, 1e ch. supp. : JCP G 1956 II n° 9419 note H. Motulsky). La Cour de cassation a franchi un pas supplémentaire en accordant à l'arbitre le pouvoir de mettre en œuvre les règles impératives du droit sous le contrôle du juge de l'annulation (Cass. com. 9-4-2002 n° 98-16.829 FS-PB : RJDA 10/02 n° 1100). **22865**

Spécificité des baux commerciaux La question qui se pose toutefois en matière de baux commerciaux est de savoir si le législateur n'a pas réservé à la compétence exclusive du **22870**

tribunal judiciaire ou du juge des loyers (président du tribunal judiciaire) les **litiges relevant de l'ordre public statutaire.** Tel semble être le cas de l'action en révision triennale légale du loyer ou des demandes de déspécialisation du bail dans la mesure où on trouve dans le même corpus les dispositions d'ordre public et la compétence du juge des loyers (C. com. art. L 145-37 pour le loyer révisé et R 145-20 du Code de commerce) ou du tribunal judiciaire (C. com. art. L 145-52 pour la déspécialisation). La Cour de cassation s'est déjà prononcée en ce sens, dans des arrêts anciens, pour la fixation du loyer révisé (Cass. 3e civ. 26-2-1969 n° 67-11.236 : Bull. civ. III n° 165 ; Cass. 3e civ. 25-11-1975 : Loyers 1976 p. 101).

De même, s'agissant d'un litige né portant sur l'acquisition de la clause résolutoire stipulée au bail et mise en œuvre dans un commandement de payer les loyers, a été jugée nulle la clause compromissoire ayant pour objet de faire échapper au contrôle du juge les conditions de résiliation d'un bail soumis au statut des baux commerciaux portant atteinte aux dispositions d'ordre public de l'article L 145-41 du Code de commerce (CA Montpellier 21-12-2011 n° 10/07430, 1e ch. B : Loyers et copr. 2012 comm. n° 209 note Ph.-H. Brault).

2. CONVENTION D'ARBITRAGE

22910 Le décret 2011-48 du 13 janvier 2011 portant réforme de l'arbitrage (JO du 14 p. 777) a fusionné les règles applicables à la clause compromissoire et au compromis et les réunit sous un chapitre unique intitulé « La convention d'arbitrage » (CPC art. 1442 à 1527). La réforme est entrée en vigueur le 1er mai 2011.

a. Compromis d'arbitrage

22920 Le compromis est la convention par laquelle les parties soumettent un **litige né** à l'arbitrage d'une ou plusieurs personnes (CPC art. 1442, al. 3). Il doit, à peine de nullité, identifier l'objet du litige, désigner le ou les arbitres ou prévoir les modalités de leur désignation.

Le législateur a ouvert largement la faculté de recourir à ce mode de règlement des conflits, qui peut être conclu tant par des commerçants que des non-commerçants, qu'ils soient professionnels ou non, à la seule exception des collectivités publiques et des établissements publics. Toutefois, les établissements publics à caractère industriel et commercial peuvent être autorisés par décret à compromettre (C. civ. art. 2060).

b. Clause compromissoire

22950 La clause compromissoire est la convention par laquelle les parties à un ou plusieurs contrats s'engagent à soumettre à l'arbitrage les **litiges qui pourraient naître** relativement à ce ou ces contrats (CPC art. 1442, al. 2).

APPLICATION AU BAIL COMMERCIAL

22955 Depuis la loi 2001-420 du 15 mai 2001, la clause compromissoire, qui n'était jusqu'alors valable qu'entre commerçants, a vu son champ d'application élargi aux « contrats conclus à raison d'une activité professionnelle » (C. civ. art. 2061). Cette réforme a ainsi ouvert la voie à un développement des clauses compromissoires dans les baux commerciaux. La loi 2016-1547 du 18 novembre 2016 a de nouveau modifié cet article qui dispose désormais que « la clause compromissoire doit avoir été acceptée par la partie à laquelle on l'oppose, à moins que celle-ci n'ait succédé aux droits et obligations de la partie qui l'a initialement acceptée. Lorsque l'une des parties n'a pas contracté dans le cadre de son activité professionnelle, la clause ne peut lui être opposée ». Il n'est donc plus exigé, à peine de validité, que la clause compromissoire soit insérée dans un contrat conclu à raison d'une activité professionnelle. Il devient désormais possible de stipuler une clause compromissoire en dehors de toute activité professionnelle, précision faite que, dans cette hypothèse, la clause compromissoire ne sera plus sanctionnée par la nullité mais sera inopposable à la partie ayant contracté en dehors de son activité.

Des difficultés d'interprétation devront toutefois être tranchées par la jurisprudence.

En particulier, l'**activité professionnelle** peut-elle être celle autorisée par le bail ou doit-elle se vérifier du chef de chaque cocontractant ? L'esprit de la loi paraît dicter la seconde solution, dans un but de protection de la partie non professionnelle (en ce sens, N. Rontchevsky, L'arbitrage dans les baux commerciaux depuis la loi NRE : AJDI 2002 p. 270 ; N. Reboul-Maupin, Arbitrage et bail, Dr. et Patrimoine mai 2002 p. 69). Selon le professeur Monéger, la première solution est également concevable, dans une optique de promotion de l'arbitrage (RTD com. 2001 p. 634). À l'appui de cette thèse, on relèvera que le texte ne vise pas les personnes contractantes, mais l'activité au singulier.

La Cour de cassation a toutefois retenu la solution plus restrictive : le caractère professionnel doit s'apprécier du chef de chaque personne cocontractante. Elle a ainsi jugé qu'était nulle la clause d'arbitrage insérée dans des contrats par lesquels un commerçant retraité avait vendu son fonds de commerce et consenti un bail commercial à l'acquéreur dès lors que, le cédant n'exerçant plus aucune activité professionnelle, les contrats n'avaient pas été conclus à raison d'une activité professionnelle, au sens de l'article 2061 du Code civil (Cass. 1e civ. 29-2-2012 n° 11-12.782 FS-PBI : RJDA 5/12 n° 544).

Lorsque le **bailleur** est constitué sous la forme d'une **personne morale non commerçante** ayant pour objet social l'acquisition et la gestion immobilière, le critère de l'activité professionnelle semble rempli, à raison même de la spécificité de l'objet et du fait que les revenus de la société proviennent principalement de l'exercice de l'objet statutaire, sans qu'il y ait lieu de prendre en compte la qualité des associés (en ce sens, N. Rontchevsky précité).

> **> Précisions** S'agissant de l'application transitoire des dispositions de l'article 2061 du Code civil, la jurisprudence rendue à propos de l'entrée en vigueur de la loi du 15 mai 2001 avait appliqué cette loi aux **contrats en cours** (Cass. 1e civ. 7-6-2006 n° 04-20.350 F-PBI : RJDA 6/08 n° 738 ; CA Paris 25-11-2015 n° 13-22010, R. c/ Sté Mutuelle des architectes français). Bien que la loi du 18 novembre 2016 ne prévoie aucune disposition concernant son application aux contrats en cours, la jurisprudence précitée devrait également recevoir application.

RÉDACTION DE LA CLAUSE COMPROMISSOIRE

La clause compromissoire doit, à peine de nullité, être stipulée par écrit. Elle peut résulter d'un échange d'écrits ou d'un document auquel il sera fait référence dans la convention principale (CPC art. 1443). **22960**

Les parties peuvent librement choisir la nature des litiges qu'elles souhaitent soumettre à l'arbitrage, aussi bien que limiter la clause compromissoire à une certaine catégorie de litiges. Elles désignent le cas échéant le ou les arbitres ou prévoient les conditions dans lesquelles se fera leur nomination. À défaut, le Code de procédure civile prévoit des dispositions spécifiques permettant de suppléer la volonté des parties (CPC art. 1444 et sur renvoi art. 1451 à 1454).

Les parties peuvent choisir entre l'arbitrage institutionnel faisant appel à un organisme préexistant, pourvu d'un règlement et d'une organisation, et l'arbitrage « ad hoc » dans lequel les parties définissent elles-mêmes le régime de l'arbitrage, ce qui nécessite, en pratique, une construction très détaillée de la clause compromissoire.

MODÈLE

Clause compromissoire

« **1. Principe.** Par exception au recours aux instances judiciaires, tout différend éventuel portant sur le refus de renouvellement motivé par un contexte de restructuration du Centre commercial (ci-après le « Centre ») sera, de convention expresse entre les parties, réglé par voie d'arbitrage dans les conditions ci-après.

Les parties sont d'accord pour considérer qu'une restructuration dans un Centre répond à l'action de réorganiser, selon de nouveaux principes et/ou avec de nouvelles structures, une zone dudit Centre jugée inadaptée et qu'elle doit correspondre :

– soit à la création de parties communes, justifiées pour les besoins collectifs du Centre par la sécurité, le respect de la réglementation administrative (personnes handicapées...),

– soit à la réalisation de tout projet d'extension physique du Centre par la création de m^2 complémentaires, nécessitant le dépôt d'un permis de construire et/ou d'une autorisation d'équipement commercial (« CDEC »),

– soit à la redynamisation d'une zone du Centre en déshérence, laquelle s'entend de plus du tiers de locaux vacants dans la zone en question.

En conséquence, le refus de renouvellement motivé par toute autre raison sera instruit judiciairement selon les modalités prévues à cet effet par la législation en vigueur.

2. Préalable à l'arbitrage. Comme préalable à l'arbitrage, les parties devront s'être rapprochées et, à défaut d'accord, devront s'être soumises à la mesure de médiation prévue à l'article X susvisé et ce, dans les mêmes conditions. En conséquence, cette mesure de médiation sera demandée par le bailleur, ou à défaut par le locataire, dans les dix-huit mois qui précèdent la date d'échéance du bail. Ce n'est qu'à défaut d'accord des parties à l'issue de cette médiation que l'arbitrage sera requis dans les conditions ci-après.

3. Nomination des arbitres. Il sera constitué un collège arbitral, composé en nombre impair de trois arbitres, nommés par les parties dans les conditions ci-après :

a) Les arbitres seront désignés, par chacune des parties, parmi les options suivantes et sous la double condition qu'ils soient formés à l'arbitrage et spécialisés dans l'estimation immobilière commerciale, à savoir :

– le Président de la Compagnie Nationale des Experts judiciaires en estimations immobilières et inscrits auprès de la cour d'appel ou toute personne que le président aura bien voulu désigner parmi lesdits experts,

22960 (suite)

– toute personne que le Président des fédérations ou organismes professionnels, spécialisés dans le développement du commerce et auxquels l'une des parties adhère, tels que PROCOS (Fédération pour l'urbanisme et le développement du commerce spécialisé), CNSH (Conseil national des succursalistes de l'habillement), commerces associés, CNCC (Conseil national des centres commerciaux), Fédération française de la franchise, aura bien voulu choisir au sein des listes que ces fédérations ou organismes auront, obligatoirement, constituées étant convenu qu'il ne devra y avoir qu'un arbitre pris au sein d'une même fédération ou organisme,
– les instances arbitrales reconnues compétentes en estimations immobilières commerciales.

b) Le bailleur fera connaître au locataire, par lettre recommandée avec avis de réception adressée au siège social du locataire ou à son siège administratif, son intention de recourir à l'arbitrage en lui indiquant le contexte dans lequel s'inscrit la restructuration du Centre ainsi que les coordonnées de l'arbitre qu'il a choisi étant entendu que :
– le bailleur ne pourra solliciter la mesure d'arbitrage qu'après échec de la médiation,
– et dans les douze mois qui précèdent l'expiration du bail ou, à tout moment, au cours de la tacite reconduction.

c) Le locataire lui fera connaître dans le délai de trente jours ouvrables suivant la réception de ladite lettre, et ce, par lettre recommandée avec avis de réception, les coordonnées de l'arbitre qu'il aura lui-même choisi.

d) À défaut de réponse du locataire dans ce délai et prorogé de huit jours pour le cas où l'une des parties contesterait les qualités requises pour l'arbitre, l'autre partie pourra demander à Monsieur ou à Madame le Président du tribunal judiciaire, statuant en référé et du lieu de situation de l'immeuble, par une décision insusceptible de tout recours de désigner un arbitre nécessairement choisi parmi les options définies ci-dessus.

e) Les deux arbitres ainsi désignés choisiront d'un commun accord un tiers arbitre selon les options sus-désignées et ce, dans le délai de quinze jours ouvrables de l'acceptation de sa mission par le dernier arbitre étant entendu que le Président de la Compagnie Nationale des Experts judiciaires en estimations immobilières ou toute personne substituée sera le président du collège arbitral.

À défaut de désignation du tiers arbitre dans le délai ci-dessus, la partie la plus diligente pourra demander à Monsieur ou à Madame le Président du tribunal judiciaire, statuant en référé et du lieu de situation de l'immeuble par une décision insusceptible de tout recours, de désigner le tiers arbitre, nécessairement choisi en regard des options susvisées.

Les arbitres devront accepter ou refuser la mission dans le délai de quinze jours ouvrables de la notification de leur désignation qui leur sera adressée par la partie la plus diligente. À défaut, ils pourront être remplacés par un autre arbitre choisi selon les conditions et options susvisées par simple ordonnance de référé rendue par Monsieur ou Madame le Président du tribunal judiciaire, statuant en référé et du lieu de situation de l'immeuble, insusceptible de recours.

4. Sentence arbitrale – Signification – Frais et honoraires. Les arbitres seront tenus de suivre les règles de procédure régissant les instances soumises aux tribunaux judiciaires et, notamment, le principe du contradictoire.

Au cas où une difficulté apparaîtrait lors du déroulement de leur mission et qui ne pourrait être réglée par les termes du présent bail, les arbitres devront se référer aux règles de droit en la matière pour le litige qui leur est soumis et procéderont conformément aux dispositions des articles 1444 à 1457 du Code de procédure civile.

Le collège arbitral rendra sa sentence en référence aux éléments suivants, lesquels s'imposeront à lui et ce, de convention expresse entre les parties :

– Pour l'indemnité d'éviction, elle sera déterminée en référence à l'article L 145-14 du Code de commerce étant précisé que ledit collège sera compétent pour désigner le séquestre habilité à recevoir cette indemnité dans les conditions de l'article X, pour le cas où les parties ne s'entendraient pas sur sa désignation.

– Pour l'indemnité d'occupation, elle sera calculée selon les modalités du renouvellement arrêtées par les parties, conformément au bail.

– Les arbitres rempliront leur mission dans le délai maximum de six mois suivant l'acceptation de sa mission par le dernier arbitre désigné.

– Les parties devront fournir aux arbitres les informations nécessaires à la bonne exécution de leur mission.

– Sauf si au cours de l'instance les parties se concilient, les arbitres rendront leur sentence à la majorité des voix et adresseront une copie certifiée conforme de celle-ci à chacune des parties.

– La sentence devra être signifiée par la partie la plus diligente à l'autre partie par voie extrajudiciaire.

– De convention expresse entre les parties, les frais et honoraires liés à l'instance seront supportés par moitié par les parties, chacune d'elles conservant les honoraires de ses avocats.

5. Exécution de la sentence arbitrale.
– ***Droit de repentir*** : La procédure d'arbitrage n'affecte pas la faculté pour le bailleur d'exercer son droit de repentir, lequel lui est en tant que de besoin conventionnellement reconnu jusqu'à l'expiration d'un délai d'un mois à compter de la signification de la sentence arbitrale, à charge pour le bailleur de supporter les frais de l'instance et de consentir au renouvellement du bail dont les conditions, en cas de désaccord des parties, seront fixées conformément aux règles édictées à l'article x.
Pour permettre le bon déroulé de la présente clause, le locataire ne devra libérer les locaux et en restituer les clés au bailleur que lorsque la sentence deviendra définitive et après paiement de l'indemnité d'éviction par le bailleur dans les conditions ci-après.
– ***Éviction – Paiement de l'indemnité d'éviction*** : À défaut pour le bailleur d'avoir exercé son droit de repentir dans le délai d'un mois susvisé, la sentence arbitrale aura un caractère définitif pour ce qui concerne l'éviction du locataire. En conséquence, le bailleur devra payer l'indemnité d'éviction, au plus tard dans les quinze jours ouvrables qui suivent l'expiration du délai d'un mois, et ce, après déduction des éventuels compléments d'indemnité d'occupation et entre les mains d'un séquestre, désigné amiablement ou à défaut par les arbitres, étant convenu que :
– le séquestre sera habilité, si le locataire lui en fait la demande, à débloquer 30 % maximum de la somme qui lui a été remise mais ce, sous réserve de l'absence de créancier inscrit sur le fonds de commerce du locataire ou de toute dette du locataire susceptible d'entraîner une mesure de sauvegarde, de redressement ou de liquidation judiciaire et contre remise au bailleur d'une garantie à première demande émanant d'une banque ou d'établissement financier de premier rang laquelle sera restituée au locataire à la libération du local,
– le locataire disposera d'un délai maximum de quatre-vingt-dix jours ouvrés suivant le versement de cette indemnité pour libérer les lieux.
Par l'effet des dispositions susvisées, l'indemnité d'éviction ne portera intérêt au profit du bailleur dans les conditions de l'article L 145-30 du Code de commerce que passé le délai de quatre-vingt-dix jours susvisé et à défaut de libération du locataire dès le quatre-vingt-onzième jour sans qu'il soit besoin d'effectuer une quelconque mise en demeure et ce, jusqu'à la date effective de remise des clés par le locataire au bailleur.
– ***Appel*** : À l'expiration du délai du mois susvisé au point 1 et à défaut pour le bailleur d'avoir exercé son droit de repentir, chacune des parties disposera d'un nouveau délai d'un mois, commençant à courir à l'expiration du premier délai ci-dessus, pour former appel de la sentence arbitrale pour ce qui concerne le montant de l'indemnité d'éviction ou de l'indemnité d'occupation.
En conséquence et ce, de convention expresse entre les parties, cet appel ne pourra porter que sur le montant de l'une ou l'autre desdites indemnités et ne remettra pas en cause l'éviction du locataire au plus tard à la date stipulée ci-dessus.
L'appel sera instruit selon les règles de procédure judiciaire classiques prévues par la législation en vigueur en matière de baux commerciaux.
À défaut de l'avoir exercé dans ce deuxième délai du mois, la sentence arbitrale aura un caractère définitif pour ce qui concerne le montant de l'indemnité d'éviction ou de l'indemnité d'occupation.
– ***Frais de poursuite*** : La partie qui, par son refus d'exécuter la sentence, contraindrait l'autre à poursuivre l'exécution judiciaire de celle-ci, supportera tous les frais de poursuites qui en découleraient.
Cet article constitue dans son ensemble une condition déterminante du présent bail sans laquelle les parties n'auraient pas contracté et à laquelle elles déclarent adhérer sans équivoque. »

c. Procédure d'arbitrage

Sauf si les parties en ont décidé autrement dans la convention d'arbitrage, les arbitres règlent la procédure arbitrale sans être tenus de suivre les règles établies pour les tribunaux (CPC art. 1464, al. 1). Toutefois, sont toujours applicables dans un arbitrage interne à l'instance arbitrale les principes directeurs du procès énoncés par le Code de procédure civile aux articles 4 à 10, 11, al. 1, 12, al. 2 et 3 et 13 à 21, 23 et 23-1 (CPC art. 1464, al. 2). **23010**

Les arbitres peuvent prendre des **mesures conservatoires** telles que la constatation d'un état de fait ou la désignation d'un expert chargé de procéder à certaines investigations si la convention d'arbitrage leur en donne le pouvoir. Les tribunaux peuvent aussi, tant que le tribunal arbitral n'est pas constitué, être saisis en référé pour adopter ces mesures (CPC art. 1449, al. 1). **23012**

> **Précisions** Sous réserve des dispositions régissant les saisies conservatoires et les sûretés judiciaires, la **demande** est **portée devant** le président du tribunal judiciaire ou de commerce, qui statue sur les mesures d'instruction dans les conditions prévues à l'article 145 et, en cas d'urgence, sur les mesures provisoires ou conservatoires sollicitées par les parties à la convention d'arbitrage (CPC art. 1449, al. 2).

VOIES DE RECOURS

23015 Les voies de recours, autres que l'opposition et le pourvoi en cassation qui sont interdits (CPC art. 1503), sont recevables dès le prononcé de la sentence et cessent de l'être si elles n'ont pas été exercées dans le mois de la notification de la sentence (CPC art. 1494, al. 2).

23020 **Appel en réformation** La sentence n'est susceptible d'appel que si les parties l'ont expressément prévu (CPC art. 1489).

Dès lors qu'elle est possible, la voie de l'appel est seule ouverte, qu'elle touche à la réformation de la sentence ou à son annulation (CPC art. 1490). En conséquence, est irrecevable le recours en annulation formé par une partie qui n'a pas renoncé à l'appel (CA Paris 26-5-1987 n° 86-4957, 1e ch. supp. : Rev. arb. 1987 p. 509 note M. Ch. Jarrasson ; CA Paris 13-7-1990 n° 89-20629, 1e ch. C : Rev. arb. 1991 p. 362 note B.M).

L'appel est porté devant la cour d'appel dans le ressort de laquelle la sentence a été rendue (CPC art. 1494, al. 1) et il est jugé selon la procédure d'appel (CPC art. 1495).

23025 **Recours en annulation** Le recours en annulation devient le recours de droit commun (CPC art. 1491), mais il ne peut être formé que dans les cas suivants (CPC art. 1492) :

1° si le tribunal arbitral s'est déclaré à tort compétent ou incompétent ;

2° si le tribunal arbitral a été irrégulièrement constitué ;

3° si l'arbitre a statué sans se conformer à la mission qui lui avait été conférée (Cass. 2e civ. 11-6-1997 n° 94-19.003 PB : Bull. civ. II p. 100 n° 169 : arbitre ayant statué ultra petita) ;

4° lorsque le principe du contradictoire n'a pas été respecté ;

5° si la sentence est contraire à l'ordre public ;

6° si la sentence n'est pas motivée ou n'indique pas la date à laquelle elle a été rendue ou le nom du ou des arbitres qui l'ont rendue ou ne comporte pas la ou les signatures requises ou n'a pas été rendue à la majorité des voix.

EXÉCUTION DE LA SENTENCE ARBITRALE

23030 **Exécution provisoire** En matière d'arbitrage interne, les délais pour exercer l'appel ou le recours en annulation sont suspensifs, ainsi que ces recours eux-mêmes. Néanmoins, les règles sur l'exécution provisoire des jugements sont applicables (CPC art. 1496).

En cas d'appel ou de recours en annulation, le premier président ou le magistrat chargé de la mise en état, dès lors qu'il est saisi, peut (CPC art. 1497) :

1° arrêter ou aménager l'exécution d'une sentence assortie de l'exécution provisoire lorsqu'elle risque d'entraîner des conséquences manifestement excessives,

2° ordonner l'exécution provisoire de tout ou partie de la sentence.

Le premier président ou le juge de la mise en état peut conférer l'exequatur à la sentence assortie de l'exécution provisoire ou lorsqu'il l'a accordée (CPC art. 1498).

23035 **Exécution définitive** La sentence n'est susceptible d'exécution forcée qu'en vertu d'une décision d'exequatur émanant du tribunal judiciaire (juge de l'exécution) dans le ressort duquel la sentence a été rendue (CPC art. 1487, al. 1).

Les conditions de forme du dépôt de la demande d'exequatur, présentée par simple requête, ont été allégées. Elle ne doit plus être précédée du dépôt de la minute de la sentence accompagnée d'un exemplaire de la convention d'arbitrage. Le dépôt des copies de ces documents réunissant les conditions requises pour leur authenticité suffisent (CPC art. 1487, al. 3).

L'exequatur peut être apposé sur l'original de la sentence arbitrale ou, si celui-ci n'est pas produit, sur sa copie (CPC art. 1487, al. 4).

La procédure d'exequatur n'est pas contradictoire (CPC art. 1487, al. 2). L'exequatur ne peut pas être accordé si la sentence est manifestement contraire à l'ordre public ; l'ordonnance qui refuse l'exequatur doit être motivée (CPC art. 1488).

SECTION 3

RÔLE DE L'EXPERT EN MATIÈRE DE BAIL COMMERCIAL

La **complexité technique de l'évaluation,** qu'il s'agisse de déterminer l'indemnité d'éviction au cas de refus de renouvellement ou d'apprécier la modification des facteurs locaux de commercialité et la valeur locative dans une procédure de renouvellement, justifie le recours systématique du juge à une mesure d'instruction. **23200**

L'expert est appelé à jouer un rôle central dans le procès, en raison de sa connaissance du marché et des usages professionnels. La conduite de l'expertise dans le respect du contradictoire et le partage des connaissances de l'expert avec les parties et leur conseil sont indispensables pour parvenir à un rapport qui permette soit aux parties de transiger – ce qui est souvent le cas –, soit au juge de statuer dans de bonnes conditions. On soulignera la difficulté de cette évaluation qui, obéissant tant aux lois économiques et financières qu'aux règles juridiques, est à la fois dans le marché et hors le marché.

A. Statut des experts judiciaires

Les experts sont choisis sur une liste dressée dans chaque ressort par la cour d'appel, laquelle agrée les candidatures. L'article 10 du décret 2004-1463 du 23 décembre 2004 (modifié par décret 2023-468 du 16-6-2023) pris en application de la loi 2004-130 du 11 février 2004 aménage les conditions de réinscription par périodes de cinq années des experts déjà inscrits. Cette réinscription est soumise à examen du dossier de l'intéressé et justification de ce qu'il a satisfait à une obligation de formation permanente. **23210**

Les magistrats ont la faculté de désigner un expert qui ne figure pas sur une liste de cour d'appel mais ce cas est exceptionnel.

L'organisation pratique de l'activité d'expert varie d'une cour d'appel à l'autre. À Paris, les experts commis en matière d'estimation de valeurs locatives et indemnités d'éviction sont le plus souvent choisis dans la rubrique « C Bâtiment – Travaux Publics – Gestion Immobilière » et, sous cette rubrique, dans la spécialité « C 18.02 Estimations immobilières immatérielles ». **23215**

Les experts parisiens exercent pour la plupart leur activité de manière exclusive, qu'il s'agisse de missions judiciaires ou d'estimations amiables. En province, l'activité d'expert judiciaire est souvent exercée en marge d'une activité professionnelle d'une autre nature.

B. Missions des experts judiciaires

DÉFINITION DES MISSIONS

En matière de **chiffrage des indemnités d'éviction et d'occupation,** la mission des experts est le plus souvent définie comme suit : se faire communiquer tous documents et pièces utiles, visiter les lieux, les décrire, dresser le cas échéant la liste du personnel employé par le locataire, rechercher – en tenant compte de la nature des activités professionnelles autorisées par le bail, de la situation, de l'état des locaux –, tous éléments permettant de déterminer le montant des indemnités. **23260**

En ce qui concerne le montant de l'indemnité d'éviction, la définition de la mission de l'expert diffère selon la situation du locataire :

1° En présence d'une perte du fonds, il lui est demandé de fixer la valeur marchande déterminée suivant les usages de la profession, augmentée éventuellement :

- des frais normaux de déménagement et de réinstallation,
- des frais et droits de mutation afférents à la cession d'un fonds d'importance identique,
- de la réparation du trouble commercial.

2° En cas de transfert possible du fonds sans perte conséquente de clientèle sur un emplacement de qualité équivalente, il doit déterminer le coût d'un tel transfert, comprenant :
- l'acquisition d'un titre locatif avec les mêmes avantages que l'ancien,
- les frais et droits de mutation,
- les frais de déménagement et de réinstallation, la réparation du trouble commercial.

L'expert détermine le **montant de l'indemnité** due par le locataire pour l'occupation des lieux, objet du bail, **à compter** de la date d'expiration du bail jusqu'à leur libération effective.

23265 En matière de **recherche de motifs de déplafonnement** du loyer **et** d'**estimation de la valeur locative,** les juges assignent généralement à l'expert les missions suivantes :
- convoquer les parties, et, dans le respect du principe du contradictoire, se faire communiquer tous documents et pièces nécessaires à l'accomplissement de sa mission,
- visiter les locaux litigieux, les décrire,
- entendre les parties en leurs dires et explications,
- procéder à l'examen des faits qu'allèguent les parties,
- rechercher la valeur locative des lieux loués au regard des caractéristiques du local, de la destination des lieux (et, le cas échéant, indiquer, d'une part, si au regard de ces caractéristiques, les lieux loués ont été construits ou aménagés en vue d'une seule utilisation et, d'autre part, l'importance des travaux à opérer en vue du changement de destination des lieux loués), des obligations respectives des parties, des facteurs locaux de commercialité, des prix couramment pratiqués dans le voisinage (en retenant tant les valeurs de marché que les valeurs fixées judiciairement, en application des dispositions des articles L 145-33 et R 145-3 à R 145-7 du Code de commerce).

DÉROULEMENT DES OPÉRATIONS D'EXPERTISE

23270 L'expert commis par le tribunal entreprend ses opérations d'expertise lorsqu'il a été avisé par la Régie du tribunal de la **consignation** de la provision sur ses frais et honoraires. La première étape consiste habituellement en une **visite** des locaux litigieux. Après instruction du dossier, l'expert réunit les parties pour leur communiquer ses premières **conclusions** et/ou leur remet un pré-rapport (ou note de synthèse) en fixant le délai sous lequel peuvent lui être adressés des « **dires** ».

Sa mission est close avec le dépôt du **rapport** au greffe du tribunal.

> **Précisions** L'expert nommé pour donner des éléments de calcul de l'indemnité d'éviction doit **soumettre aux parties les investigations** matérielles auxquelles il procède **hors de leur présence** avant de déposer son rapport. À défaut, le principe de la contradiction n'est pas respecté et il appartient au juge de prendre toute mesure utile pour y remédier (Cass. 3e civ. 4-1-2011 n° 09-17.397 F-D : RJDA 5/11 n° 392).

CONVENTION D'OCCUPATION PRÉCAIRE

SOMMAIRE

SECTION 1

GÉNÉRALITÉS SUR LA CONVENTION D'OCCUPATION PRÉCAIRE

La convention d'occupation précaire est une création de la pratique conçue à l'origine pour répondre aux **circonstances exceptionnelles** issues de la guerre et de l'occupation ennemie. Au lieu de laisser leur immeuble inoccupé pendant leur absence, certains propriétaires préféraient en confier la jouissance provisoire à un occupant, à charge pour celui-ci de le leur restituer à leur retour. **24000**

Cette convention a connu un réel **essor** en tant que « contrat de réaction » contre les règles impératives du statut des baux commerciaux institué en 1953 (Ph. Malaurie, L. Aynès et P.-Y. Gautier : Droit des contrats spéciaux LGDJ, 2024 n° 41), ce qui a conduit le législateur désireux d'endiguer le développement des conventions d'occupation précaire à introduire dans le décret de 1953 la faculté pour les parties de déroger au statut en concluant des baux de courte durée (voir nos 3000 s.). On a pu croire que le recours à la convention d'occupation précaire en tant que « contrat de réaction » était voué à disparaître au profit des baux dérogatoires, mais il n'en a rien été. En effet, la convention d'occupation précaire offre, par sa souplesse, un cadre juridique adéquat au besoin de flexibilité de la pratique (C. Roy-Loustaunau, Une construction prétorienne originale : la convention d'occupation précaire de locaux commerciaux : RTD com. 1987 p. 333) : n'étant pas limitée à une durée spécifique, elle permet au propriétaire d'accorder un droit d'occupation provisoire aussi longtemps que la précarité persiste, ce qui s'avère très utile lorsqu'elle est consentie dans l'attente d'une opération d'urbanisme compte tenu des lenteurs administratives en la matière.

Dans cette optique, baux de courte durée et conventions d'occupation précaire coexistent dans la mesure où ils répondent à des besoins différents de la pratique.

DÉFINITION DE LA CONVENTION D'OCCUPATION PRÉCAIRE

24010 Non soumise au statut des baux commerciaux, la convention d'occupation précaire se caractérise, quelle que soit sa durée, par le fait que l'occupation des lieux n'est autorisée qu'à raison de circonstances indépendantes de la seule volonté des parties (C. com. art. L 145-5-1).

Cette définition, introduite en 2014 par le législateur dans le Code de commerce, correspond à celle retenue traditionnellement par la Cour de cassation (Cass. 3e civ. 9-11-2004 n° 1170 F-PB : RJDA 2/05 n° 101 ; Cass. 3e civ. 29-4-2009 n° 08-13.308 FS-PB et n° 08-10.506 FS-PB : RJDA 7/09 n° 598).

24012 La convention d'occupation précaire est donc caractérisée par le fait que l'occupant ne peut fonder aucun espoir d'avenir vers la possession de la chose pour la création d'un commerce ou d'une industrie ; la fragilité de l'occupation est donc le critère essentiel de ce type de convention (CA Versailles 12-1-1995 n° 94-7406, 12e ch. sect. 2).

CONVENTION D'OCCUPATION PRÉCAIRE ET SITUATIONS VOISINES

24020 La différence entre la convention d'occupation précaire et certaines conventions n'est pas très nettement dessinée et la nature juridique des conventions d'occupation précaire fait l'objet de nombreuses **controverses doctrinales** auxquelles la définition légale ne met pas fin puisqu'elle se contente de reprendre la définition jurisprudentielle. Il semble qu'il s'agisse en fait d'un contrat innommé. Un auteur voit plutôt cette convention comme une structure d'accueil pour tous les contrats précaires que la jurisprudence estime devoir faire échapper au statut des baux commerciaux (J.-P. Pizzio, La notion de convention précaire et son application jurisprudentielle : JCP G 1980 I n° 2975).

24030 **Convention de louage** La Cour de cassation a affirmé clairement que la convention d'occupation précaire ne constitue pas un **bail de droit commun** (Cass. 3e civ. 19-11-2014 n° 13-20.089 FS-PB : RJDA 3/15 n° 163 ; Cass. 3e civ. 11-1-2024 n° 22-16.974 FS-B : RJDA 3/24 n° 150), ni un **bail commercial** (Cass. com. 11-1-1965 : Bull. civ. III n° 24 ; Cass. 3e civ. 30-4-1969 n° 67-11.457 : Bull. civ. III n° 344). Cette exclusion du champ d'application du statut des baux commerciaux est désormais affirmée expressément à l'article L 145-5-1 du Code de commerce.

24040 Par ailleurs, la convention d'occupation précaire se différencie du **bail de courte durée** régi par l'article L 145-5 du Code de commerce. En effet, alors que celui-ci est nécessairement bref (durée maximale de trois ans), la convention d'occupation n'est pas limitée dans le temps et peut durer tant que le motif de précarité qui a justifié sa conclusion ne se réalise pas.

Il arrive que les tribunaux et les professionnels de l'immobilier utilisent l'expression « bail précaire » pour désigner indifféremment l'une ou l'autre de ces conventions. Cette pratique est regrettable compte tenu des conséquences juridiques de la qualification de la convention : alors que le bail de courte durée peut tomber sous le coup du statut des baux commerciaux si le locataire est laissé en possession des lieux plus de trois ans, tel n'est pas le cas en présence d'une convention d'occupation précaire, laquelle demeure toujours en dehors du champ d'application du statut (cf. C. com. art. L 145-5-1 ; Cass. 3e civ. 25-5-1977 n° 76-10.226 : Bull. civ. III n° 220).

ILLUSTRATIONS

Jugé que trois conventions conclues successivement pour des durées inférieures à deux ans, qualifiées chacune de convention d'occupation précaire, étaient en réalité des **baux dérogatoires** faute de mentionner l'existence de circonstances exceptionnelles marquant le terme de celles-ci (Cass. 3e civ. 19-11-2003 n° 1262 FS-PB : RJDA 2/04 n° 140). Jugé de même que, en l'absence de motif de précarité, un bail de deux ans s'analysait nécessairement en un bail dérogatoire au statut des baux commerciaux et non en une convention d'occupation précaire (Cass. 3e civ. 15-10-2014 n° 13-20.085 FS-PB : RJDA 2/15 n° 73). Constitue également un bail dérogatoire et non une convention d'occupation précaire, en l'absence de cause objective de précarité, l'accord aux termes duquel un locataire est autorisé à se maintenir dans les locaux pour une durée de vingt-trois mois après la résiliation du bail commercial dont il était titulaire, ceci afin de lui permettre de céder son fonds de commerce (Cass. 3e civ. 12-12-2019 n° 18-23.784 FS-PBI : RJDA 3/20 n° 132).

En revanche, il a été jugé qu'un contrat de location, conclu pour une durée de vingt mois et stipulant expressément que les parties entendaient déroger au statut des baux commerciaux, constituait non pas un bail dérogatoire mais une **convention d'occupation précaire**, exclusive de toute idée de fraude aux dispositions impératives du Code de commerce. En effet, la convention avait été signée alors que les locaux du locataire venaient d'être détruits par un incendie et qu'il était urgent pour lui de trouver des locaux de remplacement permettant d'abriter le personnel et les machines afin de poursuivre l'exploitation de son fonds ; en outre, lors de la conclusion du contrat, le locataire n'avait pas pris parti sur le point de savoir s'il retournerait sur son ancien site de production après reconstruction des bâtiments ou s'il se maintiendrait dans les locaux du propriétaire. Par suite, le fait que le locataire se soit maintenu dans les lieux au-delà de la période initialement prévue, dans l'attente de l'achèvement des travaux de reconstruction de l'usine incendiée, n'avait pas eu pour conséquence de rendre applicable le statut des baux commerciaux (Cass. 3e civ. 2-4-2003 n° 01-12.923 FS-D : RJDA 7/03 n° 697, rendu sous le régime antérieur à la loi LME du 4-8-2008 mais transposable).

Prêt à usage La convention d'occupation précaire se distingue du prêt à usage régi par les articles 1875 à 1891 du Code civil. En effet, si comme elle, le prêt à usage permet au prêteur de donner en jouissance un immeuble, il en diffère en raison de son caractère essentiellement gratuit (C. civ. art. 1876) puisque l'essence de la convention d'occupation précaire est d'être conclue à titre onéreux, quand bien même le prix serait dérisoire. Selon un auteur, « pour conserver son individualité propre, la convention d'occupation précaire doit être nécessairement passée à titre onéreux » (J.-P. Pizzio, La notion de convention d'occupation précaire et son application jurisprudentielle : JCP G 1980 I n° 2975 n° 7). 24050

ILLUSTRATIONS

Constitue un prêt à usage et non une convention d'occupation précaire le contrat par lequel le propriétaire d'un immeuble en a prêté l'usage à un tiers dès lors, d'une part, qu'il n'est pas établi qu'une redevance, indemnité ou **contrepartie** a été convenue entre les parties et, d'autre part, que les versements irréguliers qui ont eu lieu au profit du propriétaire peuvent correspondre à certaines prestations d'ordre matériel (entretien du jardin, des lieux et/ou participation aux taxes et impôts, etc.), librement assumées par les emprunteurs, et sont insuffisants à démontrer que le prêt à usage aurait perdu son caractère essentiel de gratuité (CA Versailles 7-5-1998, 1e ch. 2e sect. : Bull. inf. C. cass. 1-12-1998 n° 1327).

SECTION 2 ÉLÉMENTS CARACTÉRISTIQUES DE LA CONVENTION D'OCCUPATION PRÉCAIRE

La convention d'occupation précaire suppose la réunion de deux éléments : la fragilité du droit de l'occupant (nos 24310 s.) et l'existence de circonstances légitimant la précarité (nos 24600 s.). La définition légale reprenant la définition jurisprudentielle, les précisions apportées par les tribunaux avant la codification conservent toute leur valeur et sont reprises ci-dessous. 24300

A. Fragilité du droit de l'occupant de la convention précaire

La précarité du droit de l'occupant doit avoir été voulue et convenue par les parties (Cass. com. 28-2-1966 n° 62-11.924 : Bull. civ. III n° 120). La seule qualification formelle retenue dans l'acte n'est pas suffisante (Cass. 3e civ. 12-10-1988 n° 87-12.117). Un contrat intitulé « convention d'occupation précaire » ne constitue donc pas nécessairement une telle convention. 24310

L'intention réelle des parties de conclure une convention d'occupation précaire peut être déduite de différents éléments, tels que la durée de la convention (n° 24320), les conditions de sa dénonciation (n° 24370), ou ses modalités économiques (nos 24420 s.). Ces éléments, pris isolément, ne suffisent pas à emporter la qualification d'occupation précaire mais peuvent constituer un faisceau d'indices lorsqu'ils se cumulent. 24315

1. DURÉE DE LA CONVENTION D'OCCUPATION PRÉCAIRE

La durée de l'occupation peut être déterminée ou indéterminée (Cass. 3e civ. 13-5-1997 n° 95-16.735) et dépendre de la survenance d'un événement spécifique. 24320

La **courte durée** de la convention ne constitue pas un indice important pour qualifier de précaire une convention d'occupation. En effet, la précarité d'une convention ne réside pas dans sa brièveté mais dans sa fragilité, la précarité pouvant durer de nombreuses années (notamment, CA Versailles 20-10-2005 n° 05-1175, 12e ch. sect. 1 : RJDA 5/06 n° 507).

La **durée effective d'occupation** n'est pas déterminante de la qualification de convention d'occupation précaire car la pérennité de la convention dépend de la survenance d'un événement incertain ou certain mais dont la date de réalisation est incertaine (CA Caen 14-4-2005 n° 04-441, 1e ch. civ. et com. : RJDA 3/06 n° 235) : la convention peut durer tant que perdure la circonstance qui a justifié sa conclusion. La précarité résulte en fait de l'incertitude sur la durée de l'occupation.

ILLUSTRATIONS

Ont été qualifiées de précaires des conventions conclues pour une durée de vingt-quatre heures renouvelable (Cass. com. 25-4-1963 n° 61-12.222 : Bull. civ. III n° 196), de trois mois (Cass. 3e civ. 29-4-2009 n° 08-13.308 FS-PB : RJDA 7/09 n° 598), de douze mois (Cass. 3e civ. 25-4-1990 n° 88-16.643), d'un an tacitement renouvelable par périodes annuelles (CA Paris 19-9-2007 n° 06-19586, 16e ch. A : RJDA 7/08 n° 761), de cinq ans (Cass. 3e civ. 16-2-2000 n° 281 P : RJDA 4/00 n° 384) ainsi que des conventions qui avaient prévu leur caractère temporaire et révocable mais se sont poursuivies pendant vingt ans (Cass. 3e civ. 28-10-1987 n° 84-10.296 : D. 1988 chron. p. 216 ; Cass. 3e civ. 14-11-2019 n° 18-21.297 F-D : RJDA 2/20 n° 66).

2. DÉNONCIATION DE LA CONVENTION D'OCCUPATION PRÉCAIRE

24370 La faculté de mettre fin à la jouissance des lieux à tout moment, sans avoir à respecter un **délai de préavis,** est un élément important en faveur de l'existence d'une occupation précaire (Cass. com. 20-6-1961 : Gaz. Pal. 1961 II 244 ; Cass. com. civ. 10-4-1967 n° 63-11.578 : Bull. civ. III n° 137). Le fait d'exiger un bref préavis (trois ou six mois par exemple) ne fait toutefois pas échec à la précarité (Cass. 3e civ. 26-11-1970 n° 69-10.246 : Bull. civ. III n° 636 ; CA Paris 26-2-1991 n° 90-19280, 16e ch. A ; CA Paris 22-6-2005 n° 03-3789, 16e ch. A : RJDA 2/06 n° 106).

La **possibilité** de rompre le contrat est souvent **reconnue** aux deux **parties,** les conventions stipulant que « l'une ou l'autre des parties peut mettre fin à l'occupation » (CA Paris 26-2-1991, précité ; CA Paris 23-9-1992 nos 91-12579 et 92-7186, 6e ch. C ; Cass. 3e civ. 5-4-2011 n° 10-30.158 F-D : RJDA 12/11 n° 998).

3. MODALITÉS ÉCONOMIQUES DE LA CONVENTION D'OCCUPATION PRÉCAIRE

24420 La modicité de la **redevance** constitue un indice de la précarité de l'occupation (Cass. com. 28-2-1966 n° 62-11.924 : Bull. civ. III n° 120 ; Cass. 3e civ. 25-4-1990 n° 88-16.643 ; CA Caen 14-4-2005 n° 04-441, 1e ch. civ. et com. : RJDA 3/06 n° 235). Elle a été considérée comme un critère inhérent à la nature de l'occupation précaire sans lequel il ne peut y avoir une telle convention (CA Paris 24-9-1991 n° 90-9353, 16e ch. A). Toutefois, dans un arrêt récent, la cour d'appel de Paris a retenu que le montant élevé des loyers ne saurait remettre en cause la volonté non équivoque des parties de conclure une convention d'occupation précaire (CA Paris ch. 1-3 4-4-2018 n° 17/14027 : RJDA 8-9/18 n° 624).

ILLUSTRATIONS

A été considérée comme **modique** la redevance fixée à la moitié du loyer correspondant à la valeur réelle du local (CA Bordeaux 19-3-1992 n° 91-5679, 1e ch. A), la redevance qui est sans commune mesure avec un véritable loyer commercial (CA Lyon 12-11-1981 : Rev. Loyers 1982 p. 444), ou celle qui, bien qu'ayant doublé en dix ans, reste très en deçà des prix habituellement pratiqués dans la zone géographique concernée (CA Caen 14-4-2005, précité).

La **modicité** n'a en revanche **pas été retenue** dans un cas où la gratuité de la première année d'occupation avait été accordée en contrepartie de la réalisation par l'occupant des aménagements nécessaires à la constitution d'un parc d'attractions et où le montant du loyer des deux années suivantes avait été loin d'être modique puisqu'il avait représenté 10 % du chiffre d'affaires du parc (CA Rouen 14-5-1997, 1e ch. civ. : RJDA 12/97 n° 1466).

24425 Peut être également prise en compte pour caractériser ce type de convention l'absence d'obligation d'**entretien des lieux** par l'occupant (CA Caen 14-4-2005 n° 04-441, 1e ch. civ. et com. : RJDA 3/06 n° 235).

24430 Par ailleurs, le fait que la convention ne mette pas les **charges locatives** à la charge de l'occupant constitue un élément supplémentaire en faveur de la précarité de cette convention (CA Caen 11-5-2000 n° 98-2846, 1e ch. civ. et com.).

B. Existence de circonstances légitimant la précarité de la convention

CIRCONSTANCES INDÉPENDANTES DE LA VOLONTÉ DES PARTIES

24600 Des circonstances indépendantes de la seule volonté des parties doivent caractériser la précarité de la convention (C. com. art. L 145-5-1). Ces circonstances doivent exister au moment de la signature de la convention (Cass. 3e civ. 29-4-2009 n° 08-13.308 FS-PB et n° 08-10.506 FS-PB : RJDA 7/09 n° 598 ; Cass. 3e civ. 31-1-2012 n° 10-28.591 F-D : RJDA 2/13 n° 91 ; Cass. 3e civ. 7-7-2015 n° 14-11.644 F-D : RJDA 11/15 n° 736).

ILLUSTRATIONS **24600** (suite)

Par un acte intitulé « autorisation d'occupation précaire », le propriétaire d'un local avait autorisé une société à y exercer son activité commerciale pour une durée de six mois.
Ne donne pas de base légale à sa décision, la cour d'appel qui, pour débouter la société locataire de sa demande tendant à se faire déclarer titulaire d'un bail commercial, retient que le propriétaire et la société avaient **intérêt à conclure** un contrat précaire alors qu'aucune donnée objective ne caractérise la précarité de la convention.
Cass. 3e civ. 12-10-1988 n° 87-12.147 F-D.

Un contrat, conclu entre le bailleur de locaux commerciaux et son locataire exploitant un fonds de commerce de charcuterie traiteur, avait organisé la rupture anticipée du bail commercial et avait autorisé le locataire à se maintenir dans les lieux pendant une durée maximale de vingt-trois mois, afin de lui laisser le temps de **céder son fonds de commerce.**
Statue par des motifs impropres à caractériser l'existence, au moment de la signature de la convention, de circonstances particulières indépendantes de la seule volonté des parties justifiant le recours à une convention d'occupation précaire la cour d'appel qui considère que la circonstance particulière objective justifiant la précarité de l'occupation de l'immeuble résultait de la volonté même du locataire de mettre un terme au bail commercial initial dont il disposait et de quitter les lieux, le maintien dans les lieux ne lui étant plus permis que le temps pour lui de trouver un acquéreur dans les vingt-trois mois.
Cass. 3e civ. 7-7-2015 F-D, précité.

Ne peut pas être qualifiée de convention d'occupation précaire la convention par laquelle le bailleur autorise le locataire qui souhaite partir à la retraite à se maintenir dans les lieux pour une durée maximale de 23 mois dans l'attente de la **cession de son fonds de commerce.** En effet, un tel motif exclut l'existence d'une cause objective de précarité, d'autant plus qu'il existe, en cas de départ à la retraite du locataire, des dispositions spécifiques concernant la vente de fonds de commerce ou de droit au bail dans le cadre du statut des baux commerciaux.
CA Paris 1-12-2021 n° 20/04742, ch. 5-3.

Des locaux appartenant à un établissement public avaient fait l'objet d'un contrat de bail intitulé « convention d'occupation précaire ». Ce contrat stipulait qu'il ne constituait ni un bail commercial ni un bail dérogatoire au sens de l'article L 145-5 du Code de commerce et prévoyait que son terme dépendait de la **mise en œuvre du projet urbain de construction de logements sociaux** voulu par la commune d'Aubervilliers et qu'il pourrait prendre fin à tout moment, à la demande de l'une ou l'autre des parties, moyennant un préavis de trois mois notifié par lettre recommandée avec accusé de réception ou par acte extrajudiciaire, sans que cette demande ait besoin d'être justifiée.
La volonté non équivoque des parties de conclure une convention d'occupation précaire ne saurait être remise en cause, en effet :
– il importe peu que le programme initial de logements sociaux ait, par la suite, évolué en un projet de construction d'un collège à l'initiative des autorités publiques responsables de la mission d'intervention foncière confiée à l'établissement public ;
– le montant élevé du loyer et la longue durée du bail dont fait état le locataire pour établir la prétendue commercialité du loyer sont sans incidence ;
– il ne saurait se déduire de l'existence d'une convention d'intervention foncière à laquelle l'établissement public était partie que la décision de construire un collège, ou d'engager tout autre projet foncier, ne constituerait pas une « circonstance particulière indépendante de la volonté des parties » faisant échapper le bail conclu au champ d'application de l'article L 145-5-1 du Code de commerce.
CA Paris 4-4-2018 n° 17/14027 : RJDA 8-9/18 n° 624.

La convention conclue entre le sous-locataire de locaux commerciaux et le crédit-preneur, locataire principal, ne peut pas être qualifiée de convention d'occupation précaire. En effet, la convention d'occupation précaire se caractérise, quelle que soit sa durée, par le fait que l'occupation des lieux n'est autorisée qu'à raison de circonstances particulières caractérisant la précarité et pour une durée dont le terme est marqué par une cause autre que la seule volonté des parties. Or, l'existence d'un **contrat de crédit-bail** ne constitue pas un motif de précarité dans la mesure où sa résiliation dépend de l'exécution du contrat par le crédit-preneur et de la levée de l'option d'achat dont il bénéficie à l'issue du contrat. Ces circonstances dépendent de la seule volonté du crédit-preneur et non de celle du crédit-bailleur, tenu d'exécuter ses engagements.
CA Lyon 23-9-2021 n° 18/08205 : RJDA 4/22 n° 188.

Dans un cas où l'acte de **vente d'un fonds de commerce** à usage de camping précisait que l'acquéreur entendait acheter le terrain sur lequel le fonds était exploité dans un délai maximal de trois ans, la convention conclue entre l'acquéreur du fonds et le propriétaire du terrain, pour

patienter jusqu'au **rachat du terrain,** ne peut pas être qualifiée de convention d'occupation précaire dès lors que :
– les parties ont recouru à cette convention au seul motif que l'acquisition du terrain était envisagée dans un délai de trois années ;
– aucun avant-contrat n'a été signé engageant les parties sur cette vente si bien qu'elles étaient libres chacune d'y renoncer ;
– il n'est pas fait mention d'une demande de prêt qui aurait été en cours d'instruction par la banque à la date de la signature de la convention et dont l'issue, indépendante de la volonté des parties, conditionnerait la vente.
CA Bordeaux 19-2-2024 n° 22/00234 : RJDA 8-9/24 n° 444.

EXEMPLES DE CIRCONSTANCES LÉGITIMANT LA PRÉCARITÉ DE LA CONVENTION

24605 Nous présentons ci-dessous les circonstances légitimant la précarité les plus fréquemment retenues par les tribunaux.

24610 Situation transitoire de l'immeuble loué

Motifs retenus
Occupation consentie dans l'attente d'une **expropriation** (Cass. 3e civ. 12-1-1977 n° 75-13.632 : Bull. civ. III n° 20 ; Cass. 3e civ. 6-11-1991 n° 1588 D : RJDA 12/91 n° 1003 ; CA Lyon 12-11-1981 : Rev. Loyers 1988 p. 444 ; CA Caen 14-4-2005 n° 04-441, 1e ch. civ. et com. : RJDA 3/06 n° 235), peu important que les vicissitudes de la procédure administrative aient considérablement retardé l'opération d'expropriation (Cass. 3e civ. 6-11-1991, précité).
Occupation consentie par une commune sur un terrain où il est envisagé de créer une **zone industrielle** destinée aux petites et moyennes entreprises et industries (Cass. 3e civ. 16-2-2000 n° 281 P : RJDA 4/00 n° 384).
Mise à la disposition de l'exploitant d'un centre de loisirs d'un **terrain** situé dans la zone de protection d'une forêt, dans un secteur des rives du Rhin **destiné à l'édification d'un barrage** (Cass. 3e civ. 28-10-1987 n° 84-10.296 : D. 1988 chron. p. 216).
Mise à la disposition pour une durée d'un an renouvelable de parcelles acquises dans la perspective de l'**extension** à moyen terme d'une **carrière** exploitée à proximité (Cass. 3e civ. 20-5-2014 n° 13-11.065 F-D).
Convention conclue dans l'attente de la reconstruction des locaux de l'occupant détruits par un **incendie** (Cass. 3e civ. 2-4-2003 n° 490 FS-D : RJDA 7/03 n° 697).
Mise à la disposition d'un garagiste de locaux appartenant à une société en liquidation judiciaire dans l'attente de la construction d'un nouveau garage, la signature d'un bail étant en outre conditionnée à une **autorisation** des **créanciers hypothécaires** de la société (Cass. 3e civ. 29-4-2009 n° 08-13.308 FS-PB : RJDA 7/09 n° 598).
Mise à la disposition de commerçants de divers emplacements situés sur un terrain qu'une société a acquis pour y édifier un magasin dépendant de sa chaîne mais dont la **construction** a été **suspendue** en raison de **dispositions législatives** interdisant la création de magasins de la catégorie envisagée (CA Paris 22-12-1973, 16e ch. : Gaz. Pal. 1974 I p. 174 note Ph.-H. Brault ; CA Paris 5-5-1972, 16e ch. : Rev. Loyers 1972 p. 528).
Convention conclue dans l'attente de **trouver** un **acquéreur** pour le local (CA Paris 19-9-2007 n° 06-19586, 16e ch. A : RJDA 7/08 n° 761).
Occupation consentie dans l'attente de la réalisation de la **promesse** synallagmatique **de vente** conclue sous la condition suspensive de l'obtention du prêt nécessaire à l'achat du local (Cass. 3e civ. 10-7-1996 n° 1536 D ; Cass. 3e civ. 31-1-2012 n° 10-28.591 F-D : RJDA 2/13 n° 91).
Convention portant sur des entrepôts et conclue dans le cadre d'un **accord de coopération** comportant promesse irrévocable du bailleur de vendre les entrepôts à l'occupant dans les cinq ans suivant leur acquisition par le bailleur au moyen d'une opération de crédit-bail (CA Paris 18-12-2002 n° 02-2501, 16e ch. A).
Convention passée par l'administrateur judiciaire d'une société dans l'attente de l'**issue** d'un **procès** mettant en cause le droit de propriété de la société sur les locaux (CA Paris 13-1-1972, 14e ch. : JCP G 1973 II n° 17361).
Convention passée entre les parties dans l'intention d'**essayer** pendant une durée limitée une **nouvelle activité** de restauration rapide, accessoire à celle de bar que le locataire exerçait déjà dans un local contigu (Cass. 3e civ. 9-2-2017 n° 15-18.251 FS-D : Loyers et copr. 2017 comm. n° 80).
Occupation consentie pour permettre au **sous-locataire non agréé** de rester dans les locaux après la résiliation du bail principal jusqu'à l'issue de la **procédure collective** du locataire principal (CA Aix-en-Provence 13-6-2019 n° 16/18821 : RJDA 11/19 n° 677).
Occupation consentie dans un cas où la destruction de l'immeuble, liée à un **projet de réhabilitation** du centre-ville, a été évoquée dès l'origine des relations contractuelles et à plusieurs reprises (Cass. 3e civ. 14-11-2019 n° 18-21.297 F-D : RJDA 2/20 n° 66).

Modalités de l'occupation Une **occupation** consentie de façon **discontinue** et **temporaire** peut justifier la précarité. 24620

ILLUSTRATIONS

Justifie la précarité la mise à disposition de deux pièces au profit d'une banque les seuls jours de marché ou de foire (Cass. 3e civ. 14-11-1973 n° 72-13.043 : Bull. civ. III n° 578) ou de la convention qui accorde à un conservatoire de danse le droit d'utiliser un studio entre 9 et 19 heures (Cass. 3e civ. 13-2-2002 n° 234 FS-PBR : RJDA 5/02 n° 475).

La **situation géographique** de la surface mise à disposition de l'occupant peut aussi constituer un motif légitime de précarité. 24625

ILLUSTRATIONS

Constitue un motif de précarité l'occupation d'un emplacement d'une superficie approximative situé dans un grand magasin, et pour lequel l'accès est limité aux heures d'ouverture du magasin (Cass. 3e civ. 9-2-1994 n° 91-16.864) ou l'installation d'un kiosque mobile et démontable dans le cadre d'un hypermarché (CA Paris 26-2-1991 n° 90-19280, 16e ch. A).

SECTION 3

RÉGIME JURIDIQUE DE LA CONVENTION D'OCCUPATION PRÉCAIRE

En tant que contrat sui generis, la convention d'occupation précaire ne s'insère dans aucune catégorie strictement définie. Il en résulte plusieurs conséquences. 24900

Tout d'abord, la convention n'est soumise à aucun **formalisme** : elle peut être écrite ou verbale. L'occupant ne peut donc pas utilement soutenir que l'absence de signature de la convention démontre qu'il n'a pu à aucun moment souscrire à la clause de précarité qui y était contenue (Cass. 3e civ. 28-10-1987 n° 84-10.296 : D. 1988 chron. p. 216). En pratique, le recours à l'écrit doit cependant être privilégié car la preuve de l'existence et du contenu de la convention sera difficile à rapporter en cas de convention verbale.

Par ailleurs, la convention d'occupation précaire n'est pas soumise aux règles du **droit commun du bail,** ce qui n'empêche toutefois pas l'application de certaines de ces règles dans des cas déterminés (nos 24910 s.).

La convention n'est pas non plus assujettie aux dispositions du **statut des baux commerciaux,** sauf en cas de fraude des parties (nos 25000 s.).

A. Exclusion des règles du louage

La convention d'occupation précaire ne permet pas à l'occupant d'exiger du **propriétaire** de l'immeuble qu'il se conforme aux obligations d'un bailleur. Ainsi, l'**obligation de délivrance** prévue à l'article 1719 du Code civil n'est pas à la charge du propriétaire (Cass. 3e civ. 11-1-2024 n° 22-16.974 FS-B : RJDA 3/24 n° 150) si bien qu'en cas de préjudice consécutif à un sinistre dans les locaux l'occupant doit établir un manquement du propriétaire à ses obligations contractuelles au regard des seules prévisions contractuelles des parties. Par ailleurs, les règles applicables aux **travaux** rendus indispensables par la vétusté des locaux ne sont pas non plus opposables au propriétaire (Cass. 3e civ. 12-6-1985 n° 84-12.214 ; dans le même sens : CA Versailles 20-10-2005 n° 05-1175, 12e ch. sect. 1 : RJDA 5/06 n° 507). Il en résulte que l'occupant ne peut obtenir ni la condamnation du propriétaire à l'exécution des travaux (CA Versailles 20-10-2005, précité), ni une réduction de l'indemnité d'occupation contractuellement prévue en raison des troubles de jouissance causés par le mauvais état des locaux (Cass. 3e civ. 12-6-1985, précité). 24910

La **garantie d'éviction** due par un propriétaire à son locataire (C. civ. art. 1719) ne bénéficie pas non plus à un occupant précaire (Cass. 3e civ. 22-7-1992 n° 1258 D).

En revanche, la Cour de cassation a jugé que l'occupation contractuelle des lieux moyennant une contrepartie, fût-ce à titre précaire, soumet l'**occupant** à la présomption de **responsabilité en cas** 24915

d'incendie prévue à l'article 1733 du Code civil (Cass. 3e civ. 28-10-1975 no 74-11.752 : Bull. civ. III no 312 ; Cass. 3e civ. 2-6-1977 : D. 1977 p. 694). En application de cet article, l'occupant ne peut échapper à sa responsabilité que s'il parvient à démontrer que l'incendie est arrivé par cas fortuit, force majeure, ou par vice de construction, ou encore que le feu a été communiqué par une maison voisine.

Soulignons que la solution est différente lorsque la convention d'occupation précaire a été consentie à l'occupant par le locataire et non par le propriétaire des lieux. Dans ce cas, l'article 1733 du Code civil ne s'applique pas à l'occupant (Cass. 3e civ. 17-7-1996 no 1394 P : RJDA 11/96 no 1300 ; Cass. 3e civ. 7-7-2016 no 15-12.370 FS-PB : RJDA 11/16 no 765).

La responsabilité de l'occupant peut être recherchée sur le fondement de l'article 1351 du Code civil aux termes duquel l'impossibilité d'exécuter la prestation libère le débiteur à due concurrence lorsqu'elle procède d'un cas de force majeure et qu'elle est définitive sauf s'il a accepté de s'en charger ou s'il a été préalablement mis en demeure.

24920 Une convention d'occupation précaire n'étant pas un bail, elle n'a pas à être publiée au service chargé de la **publicité foncière,** même si elle est supérieure à douze ans (Cass. 3e civ. 19-11-2014 no 13-20.089 FS-PB : RJDA 3/15 no 163).

B. Exclusion des règles du statut

PRINCIPE D'EXCLUSION DU STATUT DES BAUX COMMERCIAUX

25000 Les conventions d'occupation précaire demeurent en dehors du champ d'application du statut des baux commerciaux (C. com. art. L 145-5-1). Il en résulte plusieurs conséquences.

Tout d'abord, à l'expiration de la convention ou après sa dénonciation, l'occupant doit quitter les lieux, faute de quoi le juge peut prononcer son expulsion (Cass. 3e civ. 9-2-1994 no 91-16.864). N'ayant pas de droit au renouvellement, l'occupant ne peut prétendre à aucune **indemnité d'éviction** (Cass. 3e civ. 6-11-1991 no 1588 D : RJDA 12/91 no 1003).

Par ailleurs, le **renouvellement** ou la conclusion d'une nouvelle convention d'occupation précaire entre les mêmes parties est possible et n'entraîne pas l'application du statut des baux commerciaux tant que les conditions de précarité sont réunies (Cass. com. 7-5-1962 no 59-10.351 : Bull. civ. III no 238 ; Cass. 3e civ. 21-3-1990 no 88-19.365 : Loyers et copr. 1990 comm. no 266).

Le fait qu'un occupant se **maintienne dans les lieux** au-delà de la période initialement prévue, sans conclure une seconde convention d'occupation précaire, ne rend pas applicable le statut des baux commerciaux, dans la mesure où le motif de précarité perdure (Cass. 3e civ. 2-4-2003 no 490 FS-D : RJDA 7/03 no 697 ; CA Paris 22-6-2005 no 03-3789, 16e ch. A : RJDA 4/06 no 106).

> **> Précisions** Si un **bail commercial** est **requalifié en convention d'occupation précaire,** l'occupant peut être indemnisé pour la perte du droit au renouvellement qui était attaché au bail commercial qu'il pensait avoir conclu (Cass. 3e civ. 28-1-2021 no 19-25.036 F-D : RJDA 4/21 no 216).

EXCEPTION À L'EXCLUSION DU STATUT

25010 La **convention** d'occupation précaire constitue un bail commercial déguisé lorsqu'elle a été **conclue dans le seul but** de faire échec aux dispositions légales sur les baux commerciaux (notamment, Cass. 3e civ. 25-5-1977 no 76-10.226 : Bull. civ. III no 220). Dans ce cas, les juges requalifient la convention en bail commercial. Pour se prononcer, les juges recherchent quelle était l'intention des parties lors de la conclusion de la convention ainsi que la cause de celle-ci, c'est-à-dire les circonstances particulières qui l'ont motivée.

Lorsque la convention est requalifiée, le bailleur ne peut plus revendiquer l'application des stipulations qu'elle renferme. Par exemple, il ne peut plus invoquer contre l'occupant une clause restrictive du droit de cession du bail, droit qui est protégé par l'article L 145-16 du Code de commerce (Cass. 3e civ. 1-4-2009 no 07-21.833 FS-PB : RJDA 6/09 no 516).

25015 ILLUSTRATIONS

> Une cour d'appel a pu décider que les parties avaient conclu, non pas une convention d'occupation précaire, mais un bail commercial après avoir déduit des précautions prises dans la formule d'engagement imposée à l'occupant que la prétendue convention d'occupation précaire n'avait pour but, en dehors de tout motif légitime ou de circonstances spéciales, que de faire échec aux dispositions légales : la location portait sur une **boutique** avec vitrine donnant sur la rue qui ne pouvait être **utilisée** par l'occupant **que pour** l'exercice de son **commerce** ; l'occupant avait joui des lieux pendant quatre ans, payant régulièrement le loyer convenu qui correspondait à la valeur locative et à l'état des lieux ; le propriétaire connaissait le commerce de l'occupant et y avait acquiescé puisqu'il en était client.
> *Cass. com. 15-12-1966 no 64-11.760 : Bull. civ. III no 483.*

Pour être licite, une convention d'occupation précaire doit être exclusive de toute fraude. Un motif légitime de précarité ou des circonstances particulières justifiant la fragilité de l'occupation doivent en conséquence présider à sa conclusion. Le véritable critère doit être recherché essentiellement dans la fragilité de l'occupation (à laquelle il peut être mis fin à tout moment) plutôt que dans sa durée (qui peut être longue), le montant du loyer n'apparaissant pas toujours déterminant. Il s'ensuit que l'**occupation** provisoire d'un **local en dépannage,** qui s'est en réalité prolongée pendant onze ans avec l'accord du propriétaire, doit être requalifiée en bail dérogatoire soumis aux dispositions de l'article 3-2 du décret du 30 septembre 1953 (C. com. art. L 145-5). Le locataire ayant été laissé en possession à l'expiration du premier bail, un nouveau bail soumis au statut des baux commerciaux s'est donc opéré.

CA Paris 8-12-1992, 16e ch. A : Loyers et copr. 1993 comm. n° 181.

Constitue un bail déguisé conclu en fraude des dispositions impératives du statut des baux commerciaux la « convention d'occupation » d'une ancienne carrière affectée à l'exploitation d'un camping et d'un parc d'attractions, conclue pour une durée de trois ans, prévoyant, d'une part, que l'occupant doit entretenir les lieux en bon état de réparations locatives et contracter une assurance contre les risques locatifs et, d'autre part, que la convention sera résiliée en cas de non-paiement de l'indemnité d'occupation ou de sous-occupation des lieux sans l'accord du propriétaire. En effet, il résulte de ces stipulations que les parties n'ont pas eu l'intention de conférer à la mise à disposition un caractère essentiellement précaire et révocable mais qu'elles sont convenues d'un véritable bail. En outre, le fait que la convention contienne une **promesse de vente du bien** à l'occupant si celui-ci lève l'option à l'expiration du délai de trois ans laisse apparaître la volonté des parties de ménager à l'occupant, acheteur éventuel, la possibilité d'exploiter le parc pendant une période déterminée afin de lui permettre d'acquérir au vu des résultats d'une première période d'activité.
C'est en vain que le propriétaire des locaux soutient que la modicité de la redevance stipulée à la charge de l'occupant révélerait le caractère précaire du droit d'occupation consenti, dès lors que, d'une part, la gratuité de la première année était accordée en contrepartie de l'obligation de l'occupant de réaliser les aménagements nécessaires à la constitution du camping et que, d'autre part, le montant du loyer des deux années suivantes était loin d'être modique puisqu'il représentait 10 % du chiffre d'affaires réalisé par l'occupant pendant l'exercice courant.

CA Rouen 14-5-1997, 1e ch. civ. : RJDA 12/97 n° 1466.

Pour éviter une requalification de leur convention, les parties ont tout intérêt à expliciter, dans le préambule de leur contrat, les **raisons** qui ont motivé leur **recours à la convention** d'occupation précaire. **25020**

MODÈLE

Préambule de convention d'occupation précaire

Après avoir préalablement exposé que :

1. Les parties se sont rapprochées en vue de conclure une convention d'occupation tenant compte des circonstances particulières relatées ci-après légitimant le caractère précaire des droits de l'occupant voulu par les soussignés.

En cas de précarité liée à la situation particulière de l'immeuble :

2. En effet, la situation de l'immeuble dans lequel sont situés les locaux, objet de la présente convention, est frappée de précarité, ledit immeuble devant faire l'objet d'une démolition (ou de travaux de rénovation, ou d'une expropriation, etc.) d'ici le « *Date* ».

En cas de précarité liée à la nature ou l'emplacement des locaux :

2. En effet, les locaux, objets de la présente convention, sont situés dans l'enceinte d'un magasin (ou d'un local recevant du public ou d'un local ne disposant pas d'accès direct, etc.).

En cas de précarité liée à l'occupation :

2. En effet, la durée de location des locaux, objets de la présente convention, est intermittente (ou courte, etc.).

3. En conséquence, les parties sont convenues de conclure une convention d'occupation précaire non soumise aux dispositions du Code de commerce.

DESTINATION DU BAIL ET DÉSPÉCIALISATION

SOMMAIRE

27000 En principe, le locataire doit respecter la destination des lieux loués telle qu'elle est prévue au bail. Toutefois, le législateur a instauré une procédure dite « de déspécialisation » qui permet au locataire de modifier la destination contractuelle même en cas d'opposition du bailleur.

SECTION 1

DESTINATION DU BAIL COMMERCIAL

L'article 1728 du Code civil impose au locataire d'user de la chose louée suivant la destination donnée par le bail. Il en résulte qu'il ne peut pas modifier son activité, sauf à obtenir l'accord du bailleur. 27010

I. DÉTERMINATION DE LA DESTINATION DU BAIL

LIMITES À LA LIBRE DÉTERMINATION DE LA DESTINATION DU BAIL

La destination des lieux est librement convenue par les parties lors de la conclusion du bail. Le bailleur doit cependant veiller à ne pas consentir de location pour une destination non conforme aux **bonnes mœurs** (C. civ. art. 6) ou au **règlement de copropriété** de l'immeuble (Loi 65-557 du 10-7-1965 art. 8, I-al. 1 et 9, I-al. 1). 27020

Le bailleur doit également tenir compte de certaines dispositions légales ou réglementaires telles que celles concernant les **changements d'affectation des locaux à usage d'habitation** (nos 27040 s.).

IMPORTANCE DE LA CLAUSE DE DESTINATION DU BAIL

Les parties doivent apporter un **soin** tout particulier **à la rédaction** de la clause de destination de leur bail car cette destination est déterminée exclusivement en fonction des stipulations contractuelles. 27025

Elle ne résulte donc pas de l'**usage** qui est fait des lieux par le locataire (Cass. ass. plén. 3-5-1956 : JCP G 1956 II n° 9345 ; Cass. 3e civ. 13-2-1970 n° 68-11.808 : Bull. civ. III n° 113 ; Cass. 3e civ. 5-6-1973 n° 72-12.363 : Bull. civ. III n° 400 ; Cass. 3e civ. 6-12-1995 n° 2221 D : RJDA 2/96 n° 190). En cas de discordance entre l'exploitation réellement exercée par le locataire et les stipulations du bail, ce sont ces dernières qui prévalent sans qu'il y ait lieu de rechercher la commune intention des parties (Cass. 3e civ. 17-7-1997 n° 96-10.261 D).

ILLUSTRATIONS

Doit être censurée la décision d'une cour d'appel qui, pour reconnaître au locataire le droit d'exercer une activité d'habillement de confection pour hommes malgré la **clause** du bail interdisant un tel commerce, a jugé que la clause avait pour **but,** non pas de limiter l'activité du locataire, mais d'éviter une concurrence avec un locataire voisin et que cette crainte n'avait plus lieu d'être, compte tenu du changement d'activité de ce dernier (Cass. 3e civ. 17-7-1997 précité).

Jugé également que c'est à tort qu'une cour d'appel a retenu qu'un locataire pouvait vendre des petits mobiliers et des lampes aux motifs que ce commerce constituait le prolongement habituel et normal de l'activité exercée par le précédent propriétaire du fonds de commerce et que l'**usage** des lieux, dans la commune intention des parties, ne pouvait pas être **différent de celui qui en avait été fait,** alors que la destination des lieux était définie par les stipulations du bail, lesquelles autorisaient dans les lieux loués le « commerce d'ornements d'église, articles religieux, librairie religieuse, vente de souvenirs et articles funéraires, bimbeloterie » (Cass. 3e civ. 1-6-1994 n° 976 D).

De même, dans un cas où le locataire avait transformé en salle de restaurant un local à usage de réserve et de dépôt servant à l'activité de restauration qu'il exerçait dans des lieux contigus lui appartenant, la Cour de cassation a reproché aux juges du fond d'avoir estimé que la transformation en salle de restaurant du local loué ne constituait pas une **modification de l'usage des lieux** dès lors que ceux-ci restaient affectés à la même activité de restauration déjà connue du bailleur et acceptée par lui, sans rechercher si la salle donnée à bail avait reçu une affectation conforme à sa destination contractuelle (Cass. 3e civ. 5-7-1995 n° 1512 D : RJDA 8-9/95 n° 941).

L'affectation contractuelle des lieux prime également sur les éléments **descriptifs des lieux** insérés dans le bail. 27030

ILLUSTRATIONS

Il a été jugé que la clause de destination prévalait sur la clause de description dans un cas où le contrat de bail désignait le premier étage des locaux loués comme un « appartement comprenant entrée, cuisine, deux chambres » mais assignait à l'ensemble des lieux loués (rez-de-chaussée et premier étage) la destination contractuelle exclusive de « bar-café-restaurant » (Cass. 3e civ. 9-3-2010 n° 09-13.528 F-D : RJDA 5/10 n° 479 ; dans le même sens, CA Paris 30-5-1995 : Administrer octobre 1995 p. 27, note B. Boccara).

Dans un cas où le descriptif des locaux loués mentionnait l'existence d'un commerce et d'une cuisine en rez-de-chaussée, de trois chambres et un sanitaire à l'étage et d'une cave en sous-sol, il a été jugé que le locataire pouvait utiliser l'ensemble des locaux pour son activité commerciale dès lors, d'une part, que la clause relative à la destination des lieux loués stipulait que « les locaux faisant l'objet du bail pourraient être utilisés par le locataire pour l'**exercice de tous commerces,** [que] les lieux loués formaient une location considérée comme indivisible et à titre commercial pour le tout » et, d'autre part, que la mention « les locaux faisant l'objet du présent bail » ne distinguait pas entre les pièces à usage commercial et les pièces à usage privé (Cass. 3e civ. 4-3-2008 n° 07-13.881 F-D ; dans le même sens, CA Versailles 20-3-2008 n° 07/29, 12e ch. sect. 2).

En présence d'un bail qui stipulait que les locaux seraient utilisés pour y exercer le **commerce de garagiste-mécanicien,** aucun usage d'habitation n'y étant prévu, il a été jugé que le fait que le descriptif des locaux mentionnait l'existence de cinq chambres à l'étage ne valait pas intention des parties d'affecter ces pièces à un usage d'habitation et qu'il en résultait que l'affectation des locaux apparaissait à usage commercial (CA Paris 26-5-1999, 16e ch. A : Loyers et copr. 2000 comm. n° 11).

Dans un cas où un avenant avait étendu l'assiette du bail au logement du premier étage qui communiquait avec la boutique par un escalier intérieur, les autres clauses du bail étant maintenues y compris celle relative à la destination contractuelle, et où l'avenant ne contenait aucune interdiction quant à l'utilisation de ce local pour l'exercice de l'activité commerciale du locataire, il a été jugé que l'ensemble des locaux était à usage commercial (Cass. 3e civ. 17-11-1998 n° 97-15.301).

27033 Les stipulations contractuelles l'emportent également sur la **définition** de l'**activité** retenue par la **réglementation professionnelle.**

ILLUSTRATIONS

Alors que le Code de la consommation interdit l'utilisation du terme « boulangerie » lorsque le pain n'est pas fabriqué sur place, il a été jugé qu'un locataire avait pu régulièrement se contenter de vendre, dans les lieux loués, le pain et les pâtisseries fabriquées dans une autre de ses boulangeries, dès lors que la clause de destination de boulangerie-pâtisserie prévue au bail n'imposait pas la fabrication artisanale et la vente dans le même local (Cass. 3e civ. 27-6-2007 n° 05-15.456 FS-PB : RJDA 12/07 n° 1195).

27035 En cas d'**imprécision** ou de **silence du bail** sur la destination des lieux, il appartient aux juges du fond de rechercher la commune intention des parties.

ILLUSTRATIONS

Dans un cas où un bail consenti à un commerçant forain et portant sur un « local comprenant un garage avec une petite pièce et une cave » ne comportait aucune précision quant à la destination des lieux, une cour d'appel n'a fait qu'user de son pouvoir d'interpréter les termes ambigus et obscurs de la convention en considérant que les parties n'avaient voulu apporter aucune limitation à la faculté pour le locataire d'exploiter le commerce de son choix dans les lieux loués et en décidant en conséquence que le locataire qui exploitait un commerce de fruits et légumes avait droit au renouvellement de son bail.

Cass. com. 7-12-1964 : Bull. civ. III n° 536.

En présence d'un bail qui ne mentionnait ni destination des lieux, ni commerce autorisé, ni interdiction ou restriction d'activité commerciale quelconque, les juges n'ont fait qu'user de leur pouvoir d'interpréter la convention en estimant que les parties n'avaient voulu apporter aucune limitation à la liberté professionnelle du locataire et que l'utilisation de la qualité d'exploitant forestier pour désigner le locataire dans le bail ne pouvait pas être interprétée comme l'intention de n'exercer que cette activité dans les lieux.

Cass. 3e civ. 4-6-1971 : Bull. civ. III n° 355.

Dès lors que les lieux loués devaient servir pour partie à l'exploitation du commerce et, pour une autre partie, à l'habitation, et qu'ils ne pouvaient pas, même temporairement, être utilisés à un autre usage, les juges du fond ont, par une interprétation nécessaire, exclusive de dénaturation, des termes ambigus du bail, souverainement retenu que celui-ci n'autorisait pas le locataire à utiliser les pièces d'habitation comme réserve de marchandises.

Cass. 3e civ. 14-3-1990 n° 88-18.456.

En présence d'une clause d'un bail prévoyant la « vente de vêtements et accessoires » dans les lieux loués, c'est par une appréciation, exclusive de dénaturation, que l'ambiguïté de la clause rendait nécessaire, que les juges du fond ont souverainement considéré que le bail n'autorisait pas le locataire à exercer, à titre principal, le seul commerce de lingerie dans les lieux loués.

Cass. 3e civ. 20-6-1995 n° 1367 D.

Dans un cas où un bail stipulait que les locaux étaient loués à usage de « centre sportif de squash et, accessoirement, exploitation d'un club house avec restauration rapide, snack, salon de thé », une cour d'appel a souverainement estimé que la commune intention des parties avait été de mettre à la disposition du locataire des équipements à l'usage de clients sportifs recherchant une structure où ils puissent pratiquer une activité physique avant toute chose et se restaurer en quelques minutes dans le cadre d'un emploi du temps chargé, notamment en semaine dans les intervalles de leurs horaires de travail. Elle a pu en déduire que le bail n'autorisait pas le locataire à exercer une activité de restauration et d'organisation de soirées musicales donnant lieu à des annonces publicitaires dans la presse locale et qui, loin d'être réservées aux seuls membres du centre sportif ou à leurs proches, étaient destinées à un public de consommateurs n'ayant aucun lien avec eux.

Cass. 3e civ. 25-1-2006 n° 119 FS-D : RJDA 4/06 n° 390.

CHANGEMENTS D'AFFECTATION DES LOCAUX À USAGE D'HABITATION

Le bailleur doit veiller à ne pas consentir un bail non conforme aux dispositions légales concernant les changements d'affectation des locaux à usage d'habitation dans certaines zones urbaines (CCH art. L 631-7 s. ; nos 27045 s.). En effet, tout bail qui serait conclu en violation des dispositions d'**ordre public** de l'article L 631-7 du Code de la construction et de l'habitation serait nul de plein droit (art. L 631-7, al. 7). Dans ce cas, l'occupation des lieux n'est pas fautive. L'occupant est redevable à l'égard du propriétaire d'une **indemnité compensatoire** de la mise à disposition des lieux, qui, en l'absence de caractère fautif de l'occupation, ne peut pas comprendre l'indemnisation d'un préjudice. **27040**

L'indemnité doit être déterminée en fonction de l'usage d'habitation auquel les locaux loués étaient destinés. Il s'ensuit qu'elle ne peut pas être égale au montant du loyer du bail annulé qui avait été conclu pour un usage commercial, le prix des locaux commerciaux n'étant pas équivalent à celui de locaux d'habitation (CA Paris 20-2-2008 n° 06/21003 : RJDA 7/08 n° 863).

Dans les **communes situées en zones tendues,** c'est-à-dire les communes où s'applique la taxe sur les logements vacants (CGI art. 232, I), le changement d'usage des locaux d'habitation peut être soumis, sur délibération du conseil municipal, à autorisation administrative préalable ; si la commune est membre d'un établissement public de coopération intercommunale compétent en matière de plan local d'urbanisme, la délibération est prise par l'organe délibérant de cet établissement (CCH art. L 631-7, al. 1 modifié par loi 2024-1039 du 19-11-2024 et L 631-7-1, al. 4). **27045**

Constituent des locaux à usage d'habitation toutes les **catégories de logements** et leurs annexes, y compris les logements-foyers, logements de gardien, chambres de service, logements de fonction, logements inclus dans un bail commercial, locaux meublés loués aux fins d'assurer la résidence principale du locataire (art. L 631-7, al. 2).

L'**autorisation** administrative de changement d'usage des locaux d'habitation doit être obtenue par le **propriétaire** des locaux (Cass. 3e civ. 11-12-1996 n° 95-10.215 : Rev. Loyers 1997 p. 570 ; Cass. 3e civ. 7-7-2004 n° 03-11.427 FS-PB : RJDA 11/04 n° 1201 ; Cass. 3e civ. 10-6-2015 n° 14-15.961 FS-PB : RJDA 10/15 n° 722) ; la clause par laquelle le locataire fait son affaire personnelle de cette obtention est sans objet (Cass. 3e civ. 10-6-2015 précité). **27050**

L'autorisation est **délivrée** par le maire de la commune dans laquelle est situé l'immeuble, après avis, à Paris, Marseille et Lyon, du maire d'arrondissement concerné. Elle peut être subordonnée à une compensation sous la forme de la transformation concomitante en habitation de locaux ayant un autre usage (art. L 631-7-1, al. 1). Elle est accordée à titre personnel ; elle **cesse** de produire effet lorsqu'il est mis fin, à titre définitif, à l'exercice professionnel du bénéficiaire. Toutefois, lorsqu'elle est subordonnée à une compensation, le titre est attaché au local et non à la personne (art. L 631-7-1, al. 2).

Quand l'autorisation a été donnée à titre personnel, les locaux doivent être rendus à un usage d'habitation dès le départ du bénéficiaire.

L'autorisation administrative de changement d'usage des locaux d'habitation doit être obtenue avant la **signature du bail.**

ATTENTION

Dans les **communes hors zones tendues,** le contrôle du changement d'usage peut, depuis le 21 novembre 2024, être mis en place sans passer par une autorisation préalable. Une délibération de l'organe délibérant de l'établissement public de coopération intercommunale compétent en matière de plan local d'urbanisme, ou à défaut, du conseil municipal, suffit sous réserve qu'elle soit motivée par un déséquilibre entre l'offre et la demande de logements entraînant des difficultés sérieuses d'accès au logement sur l'ensemble du parc résidentiel existant (CCH art. L 631-9, al. 1 modifié par loi 2024-1039 du 19-11-2024).

Affectation partielle d'un local d'habitation à une activité commerciale **27055**

Dans les communes visées n° 27045, une activité commerciale peut être exercée dans une partie d'un local d'habitation, sans autorisation préalable de changement d'affectation (n° 27050), dès lors que l'activité considérée n'est exercée que par l'occupant ayant sa résidence principale dans ce local et seulement si aucune stipulation contractuelle du **bail** ou du **règlement de copropriété** ne s'y oppose pas (CCH art. L 631-7-3 et L 631-7-4). Les conditions d'exercice varient selon la situation du local au sein de l'immeuble : si le local est situé **en étage,** l'occupant ne peut pas recevoir de la clientèle et des marchandises (art. L 631-7-3) ; si le local est situé au **rez-de-chaussée,** l'interdiction de recevoir des clients et des marchandises ne s'applique pas mais l'activité ne doit engendrer ni nuisance, ni danger pour le voisinage et ne conduire à aucun désordre pour le bâti (art. L 631-7-4).

Lorsque les conditions visées ci-dessus ne sont pas remplies (activité exercée dans un local situé en étage nécessitant la réception de clientèle et marchandises, activité exercée par une personne n'ayant pas sa résidence principale dans le local), l'occupant doit obtenir l'autorisation du maire, pourvu qu'aucune stipulation du bail ou du règlement de copropriété ne s'y oppose, que cette activité n'engendre ni nuisance, ni danger pour le voisinage et qu'elle ne conduise à aucun désordre pour le bâti (CCH art. L 631-7-2, al. 1).

Si l'occupant est locataire, son bail d'habitation ne peut pas être soumis au statut des baux commerciaux et ne peut pas être un élément constitutif de son fonds de commerce (art. L 631-7-2, al. 2 et L 631-7-4, al. 2).

II. ÉTENDUE DE LA DESTINATION DU BAIL

27140 L'affectation contractuelle des lieux peut être très restrictive et autoriser l'exercice d'une seule activité ou, au contraire, être large et permettre l'utilisation des lieux pour plusieurs types d'activités. Les parties peuvent même prévoir une clause dite « tous commerces » qui permet au locataire d'exercer dans les lieux l'activité de son choix.

A. Activités incluses dans le bail

27150 Sauf bien entendu dans le cas d'une clause « tous commerces », le locataire ne peut utiliser les locaux que pour le ou les commerces énumérés au bail. Toutefois, certaines activités, bien que non expressément citées, peuvent être considérées comme étant implicitement incluses dans la destination contractuelle. En pratique, une interprétation de la clause de destination s'avère souvent nécessaire ; les juges du fond disposent à cet égard d'un pouvoir souverain d'appréciation.

La jurisprudence en la matière est abondante mais les solutions adoptées sont purement factuelles si bien qu'il est délicat d'en tirer des enseignements généraux. Néanmoins, il apparaît que l'**évolution des usages commerciaux,** la **création de produits** nouveaux ou l'actualisation des **termes désuets** sont autant de critères utilisés par les tribunaux pour décider si la nouvelle activité est ou non comprise dans la destination autorisée par le bail.

Lorsque l'activité nouvelle est implicitement incluse dans les commerces autorisés, il n'y a pas lieu de suivre la procédure de déspécialisation partielle prévue en cas d'adjonction d'une activité connexe ou complémentaire (CA Paris 11-5-1988 n° 88/1841, 1e ch. sect. urg.). Toutefois, compte tenu des risques encourus (nos 27580 s.), la prudence commande au locataire d'informer le bailleur, conformément à cette procédure (nos 28170 s.), de son intention d'adjoindre une nouvelle activité.

ATTENTION

Une **confusion** courante est faite, tant par la doctrine que par les tribunaux, entre la notion d'**activité « incluse »** ou « comprise » dans la destination et la notion d'**activité connexe** ou complémentaire. Cette confusion est regrettable car les deux notions emportent des conséquences juridiques différentes.

Sont exposés aux nos 27160 s. des exemples tirés de la jurisprudence, classés par type d'activité.

DESTINATION DU BAIL ET ACTIVITÉ DE CAFÉ-BAR-RESTAURANT

27160 S'agissant de la destination désuète de commerce de « **marchand de vins, liqueurs** », il a été jugé que l'évolution des usages en région parisienne, depuis les années 1970, conduit à admettre que ce commerce correspond aujourd'hui à celui de débit de boissons (CA Paris 5-1-1993 n° 91/11767, 16e ch. A ; CA Paris 9-11-2001 n° 01/5031, 16e ch. B ; CA Paris 7-6-2002 n° 01/11347, 16e ch. B : AJDI 2002 p. 607 note Y. Rouquet) et autorise l'exercice d'une activité de petite restauration, rapide et non élaborée, telle qu'une brasserie (CA Paris 13-5-2009 n° 08/627, 16e ch. A : RJDA 1/10 n° 10) ou la vente de frites, saucisses, merguez, omelettes ou sandwichs (CA Paris 20-11-1973, 16e ch. : Gaz. Pal. 1974 p. 176 ; CA Paris 5-1-1993 n° 91/11767 précité).

La question de savoir si un commerce de « **marchand de vins, liqueurs et traiteur** » autorise l'activité de restaurant a donné lieu à des solutions divergentes. Pour la 16e chambre B de la cour d'appel de Paris, la réponse doit être négative car le terme « traiteur », bien qu'il ait été synonyme de « restaurateur » au début du XXe siècle comme l'indique le « Petit Robert », désigne aujourd'hui celui qui prépare des plats à emporter et à consommer chez soi (CA Paris 14-5-1992 n° 91/3292, 16e ch. B). La 16e chambre A de cette même cour a retenu la solution inverse à deux reprises. Ainsi, appelée à interpréter une clause de destination similaire insérée dans un bail conclu dans les années 1900, elle a jugé qu'à cette époque un « traiteur » était un restaurateur, terme alors peu usité mais passé aujourd'hui dans le langage courant, et que le mot « traiteur », s'il fait d'abord songer à un professionnel qui livre à l'extérieur des repas préparés par ses soins, n'en signifie pas moins, d'une manière générale, celui qui donne à manger pour de l'argent, les dictionnaires récents donnant d'ailleurs à ce mot le double sens de restaurateur et de commerçant qui fournit à domicile des mets préparés (CA Paris 6-1-1988 n° 86/7725, 16e ch. A). Dans une autre affaire mettant en cause un bail initialement conclu en 1912, elle a retenu la même solution, se plaçant à la date de conclusion du bail pour apprécier le sens du mot « traiteur » et en déduire qu'il recouvrait l'activité de restaurateur (CA Paris 17-10-1995 n° 93/22.570, 16e ch. A : Loyers et copr. 1996 comm. n° 25 note Ph.-H. Brault et C. Mutelet).

Concernant le commerce de « **vins, bois et charbons** », il a été jugé que l'activité de restauration comprenant le service de plats chauds ne peut pas être considérée comme une extension conforme à l'évolution des usages de ce commerce, dès lors que non seulement elle dénature unilatéralement la destination conclue par les contractants, mais qu'elle génère en outre pour l'immeuble et le voisinage immédiat des nuisances de circulations de la clientèle, de bruits et de fumées dont certaines nécessitent un équipement adapté et reconnu suffisant (CA Paris 28-4-1988 n° 86/16868, 16e ch. B).

L'activité d'« **épicerie fine, cave à vin et dégustation** » visée dans un bail commercial est exclusive de toute activité de **restauration** qui se caractérise par la fourniture de repas élaborés et servis sur place, la dégustation se limitant à la consommation de petites portions de produits non cuisinés sur place pour en découvrir les qualités et les saveurs (CA Pau 20-4-2023 n° 21/02613 : Rev. Loyers 2024 p. 215 obs. N. Bellatrèche-Titouche). **27162**

L'activité de « **restaurant** » visée dans un bail commercial permet de vendre pour consommer sur place les boissons dont la consommation est autorisée mais seulement à l'occasion des repas ou comme accessoires de la nourriture. N'est donc pas incluse dans une telle activité mais constitue une activité de bar non autorisée par le bail l'activité de « **happy hour** » de 15 à 20 h au cours de laquelle le locataire propose à la vente des cocktails composés d'alcool fort et présentés à la clientèle sans mention des repas (CA Paris 28-3-2018 n° 16/13272, ch. 5-3 : RJDA 10/18 n° 706). **27163**

L'activité de « **vente sur place** ou à emporter de **sandwichs grecs,** assiettes de frites, crudités, merguez et brochettes » n'est pas incluse dans celle de **vente de sandwichs** autorisée par le bail. En effet, la vente de sandwichs n'implique pas la création d'un véritable restaurant de quarante couverts, même s'il ne s'agit que de restauration rapide. En outre, si l'autorisation d'installer un conduit réglementaire d'évacuation des odeurs permet de retenir que la confection de préparations culinaires sur place est autorisée, et donc que la confection de sandwichs grecs était envisagée puisque celle-ci nécessite à l'évidence une cuisson de leurs composants, on ne saurait en déduire qu'a été autorisée la consommation sur place de ces derniers, laquelle relève d'un commerce de **restauration** (CA Paris 1-6-2005 n° 04/1527, 16e ch. A : RJDA 12/05 n° 1325, 2e espèce). **27165**

De même, lorsque les locaux sont réservés à la seule activité « boulangerie-pâtisserie, **sandwicherie,** rôtisserie, pizzas et autres plats **à emporter,** et de glaces, bonbons, frites et boissons fraîches à emporter, à l'exclusion de tous autres commerces et de toutes activités bruyantes, dangereuses et malodorantes », le locataire ne peut pas installer des tables et chaises en terrasse pour proposer aux clients d'y consommer les produits achetés, l'activité de **petite restauration sur place** étant distincte de celle de vente à emporter (Cass. 3e civ. 26-3-2020 n° 18-25.893 F-D : RJDA 1/21 n° 6).

Sur la question de savoir si l'activité de **restauration** prévue au bail autorise le locataire à vendre des plats cuisinés **à emporter,** il a été jugé, dans un premier temps, que l'activité de vente à emporter de sandwichs variés, couscous, merguez, brochettes et pâtisseries ne peut pas être exercée dans un commerce de « restaurant, salon de thé, pâtisserie » (CA Paris 16-3-2001 n° 00/2549, 16e ch. B : AJDI 2001 p. 879 note J.-P. Blatter) ou dans celui de « restaurant, pizzeria, bar et brasserie », au motif que la restauration sur place et la vente à emporter génèrent des méthodes de travail et **27167** une fiscalité différentes, même si les approvisionnements en matière première sont identiques (CA Paris 23-5-2001 n° 99/16524, 16e ch. A).

De manière comparable, lorsque les locaux sont réservés à l'activité de « plats cuisinés à emporter ou consommer sur place, **restaurant** », la cour d'appel de Paris a considéré que celle de **vente et livraison à domicile de plats cuisinés** à l'avance n'est pas incluse dans la destination contractuelle. En effet, la seconde activité se distingue de la première par la nécessité d'utiliser un nombre important de véhicules à deux roues destinés à la livraison de plats commandés au téléphone, le service rendu à la clientèle consistant plus dans la rapidité de la livraison, quels que soient l'heure et le lieu, que dans la qualité des mets ainsi acheminés ou celle du service à table ou au comptoir ; en outre, l'affectation, la fréquentation, l'organisation et l'aspect même des lieux se trouvent ainsi substantiellement modifiés, ceux-ci ne servant plus en fait qu'à la confection et au conditionnement des plats, la clientèle n'étant plus appelée sauf exception, à séjourner dans la boutique pour y consommer ; enfin, les nuisances occasionnées par un tel commerce, relevant au demeurant d'une réglementation distincte et plus exigeante, sont à l'évidence très différentes de celles entraînées par l'exploitation, dans une petite salle d'une vingtaine de mètres carrés, d'un fonds de restauration destiné à la prise de repas rapides ou à la vente de plats emportés par le client lui-même (CA Paris 24-6-1998 n° 96/7222, 19e ch. A).

Par la suite, la même cour a jugé que, si la livraison à domicile est distincte de la vente à emporter car elle implique une organisation spéciale comme la mise en place d'un service de mobylette, la vente de **pizzas sur place et à emporter** est en revanche incluse dans l'activité de « salade-bar-**restauration rapide** » prévue au bail, conformément à l'évolution des besoins de la clientèle (CA Paris 11-6-2009 n° 08/13759, 16e ch. B). Compte tenu de l'alignement désormais opéré entre le taux de TVA applicable à la vente à emporter et celui applicable à la restauration sur place (CGI art. 279, m et n ; voir Mémento fiscal nos 53195 s.), on peut raisonnablement penser que les juges auraient aujourd'hui tendance à se rallier à ce dernier courant.

D'ailleurs, la cour d'appel de Paris a jugé plus récemment que les activités de **vente à emporter** et de **vente en ligne avec livraison** de plats cuisinés sur place sont incluses dans celles d'« **alimentation générale et restaurant,** typiquement exotique, c'est-à-dire typiquement asiatique » prévues au bail. Elles en constituent une modalité particulière d'exploitation, compte tenu de l'évolution des usages commerciaux, la tendance étant de permettre à la clientèle, particulièrement en milieu urbain, de pouvoir emporter les plats cuisinés ou se les faire livrer à domicile, notamment par l'intermédiaire de plateformes. C'est la combinaison de l'activité d'alimentation générale avec celle de restauration qui autorise la vente à emporter, ou par internet avec livraison, des plats confectionnés sur place (CA Paris 17-2-2021 n° 18/07905, ch. 5-3 : RJDA 6/21 n° 373). Reste à savoir si une telle solution pourra s'étendre à un bail ayant pour seule destination la restauration.

ATTENTION

Lors de l'épidémie de **Covid-19,** les restaurants et débits de boissons, frappés d'une mesure d'interdiction d'accueil du public, avaient été autorisés à rester ouverts « pour leurs activités de livraison » et « pour les besoins de la vente à emporter » (Décret 2020-1310 du 29-10-2020 art. 40, abrogé par Décret 2021-699 du 1-6-2021).

À notre avis, compte tenu de cette disposition, dans l'hypothèse d'un bail prévoyant exclusivement l'activité de restauration, le bailleur pourrait difficilement soutenir que le locataire a enfreint la clause de destination en proposant la vente à emporter ou la livraison à domicile de plats cuisinés durant la période d'interdiction d'accueil du public liée au Covid-19.

27170 Lorsque les locaux sont réservés à l'exploitation d'une **crêperie,** le locataire ne respecte pas la destination du bail en servant à la clientèle des steaks, desserts, salades composées, **fondues** et **raclettes** car si les fromages, salades et desserts peuvent être regardés comme l'accessoire d'une restauration composée principalement de crêpes, et si l'usage se répand de consommer des viandes grillées entourées de crêpes, la mise à la disposition du public de fondues et de raclettes ne peut pas constituer le prolongement normal d'un repas qui doit être essentiellement à base de crêpes (CA Versailles 12-10-1989 n° 88/7929, 12e ch.).

Dans le même ordre d'idées, lorsque les locaux sont réservés au commerce de « **café-bar et plats du jour** », il a été jugé que l'exercice d'une activité de **crêperie** n'est pas admise. En effet, l'activité de crêperie est un type de restauration spécifique, comme celle de pizzeria, car il s'agit de restaurants spécialisés dans la vente d'un seul type de préparation culinaire alors que le plat du jour est un mets proposé par un traiteur ou dans un restaurant, en dehors de la carte, et qui change chaque jour (CA Paris 20-1-2017 n° 14/24684, ch. 5-3 : RJDA 8-9/17 n° 535).

27173 La question de savoir si l'activité de **restauration rapide** et celle de **café-restaurant** sont distinctes l'une de l'autre a donné lieu à des solutions divergentes. La cour d'appel de Paris a donné une définition précise de ces deux activités : selon elle, la restauration rapide ne se caractérise nullement par le fait de consommer debout ou de consommer dans une assiette mais – traduction de « fast-food » – par le fait de consommer, à prix très modérés, voire à bas prix, des repas rapides standardisés, sans la mise en œuvre quelconque d'art culinaire, avec une fourniture quasi instantanée des aliments payés ; le restaurant, au contraire, suppose une cuisine préalable des mets plus ou moins élaborée, dont la préparation peut varier à la demande du client et pouvant entraîner un décalage de temps plus ou moins long entre la commande et le service (CA Paris 13-2-2008 n° 06/14865, 16e ch. A : RJDA 7/08 n° 763). Par application des éléments caractérisant ces deux activités, la cour en a déduit que la vente de **sandwichs turcs avec rotation verticale** entre dans la restauration rapide et non dans celle de café-restaurant, dès lors que cette activité fait appel incontestablement à une préparation standardisée en permettant aux clients de s'asseoir et de consommer dans une assiette, de surcroît dans le contexte de la proximité d'une gare pouvant conduire les consommateurs soumis fréquemment aux aléas des transports à souhaiter, sans s'adresser à un restaurant, une nourriture rapidement servie, d'un prix très accessible, accompagnée de la possibilité de faire une pause assise (arrêt précité).

Au contraire, pour la cour d'appel de Versailles, l'activité de restauration rapide est incluse dans celle de « restaurant » pour les raisons suivantes : l'activité de « restaurant » sans autre précision ne doit pas être limitée à la restauration classique ; dès lors que le locataire met à disposition de sa clientèle des tables et des chaises pour qu'elle puisse consommer sur place et qu'il lui fournit des plats cuisinés sur place, il importe peu que les plats offerts soient des plats classiques ou des menus composés de « **burgers** », de « **paninis** » ou de « **sandwichs** » ; en adoptant ce type de restauration qui correspond à l'évolution des mœurs, le locataire vise la même clientèle tout en cherchant à la fixer en lui proposant une restauration à moindre prix (CA Versailles 9-7-2009 n° 08/4618, 12e ch. sect. 1 : RJDA 1/10 n° 6).

S'agissant d'un commerce de « **café-restaurant** », il a été jugé que l'exploitation d'une **brasserie** était l'accessoire de ce commerce et pouvait donc être exercée dans les lieux loués (CA Rennes 19-2-1960, 2e ch. ; CA Paris 6-5-2015 n° 13/18071, ch. 5-3 : RJDA 2/16 n° 90). Pour justifier sa solution, la cour d'appel de Paris a défini l'activité de brasserie comme étant un débit de boissons, notamment de bière, où l'on sert aussi des repas chauds ou froids rapidement préparés.

Appelée à se prononcer sur la question de savoir si une activité de **restauration traditionnelle** **27175**
pouvait être exercée dans des lieux réservés à l'exploitation d'un « **snack-bar** », la cour d'appel de Riom a répondu par la négative après avoir donné une définition de snack-bar, sur laquelle elle a fondé sa décision : l'activité de snack-bar ne consiste pas seulement à servir des plats réchauffés en provenance de l'extérieur, ces plats pouvant être également confectionnés sur place, d'où la nécessité de se conformer à certaines règles d'hygiène et de salubrité définies par l'autorité administrative ; toutefois, la caractéristique essentielle de ce type d'établissement étant d'offrir un service de restauration rapide, il s'ensuit que l'exploitant d'un snack-bar n'a pas besoin de locaux et d'équipements techniques semblables à ceux d'un véritable restaurateur, de sorte qu'il ne peut pas, sans l'autorisation du bailleur, transformer les locaux en créant un véritable restaurant avec aménagement d'une cuisine et transformation de la salle de bar en salle à manger (CA Riom 4-4-1996, 1e ch. civ. sect. 1 : AJPI 1997 p. 479 note C.-H. Gallet, confirmé par Cass. 3e civ. 27-5-1998 n° 826 D : RJDA 7/98 n° 842).

En outre, il a été jugé que l'activité de « **café-bar-petite restauration** » n'inclut pas le service à la clientèle de **plats garnis,** lesquels répondent à une véritable activité de restauration (Cass. 3e civ. 17-11-1998 n° 1674 D : RJDA 2/99 n° 149 som.).

Par ailleurs, l'incertitude demeure quant à la possibilité d'exercer une activité de **petite restauration** dans les lieux loués à usage de « **débit de boissons** ». Certaines décisions ont en effet refusé cette faculté, estimant qu'une telle activité est orientée vers la nourriture tandis que celle de café-bar l'est vers la boisson et que le service de repas, qui peut se faire sans consommation de boisson payante, ne constitue donc pas le soutien d'un service de boissons (CA Toulouse 5-10-1998 n° 96/4351, 2e ch. sect. 1). D'autres ont en revanche admis cette possibilité, sans toutefois fournir d'explication (Cass. 3e civ. 21-11-1995 n° 2107 D ; Cass. 3e civ. 17-12-2002 n° 1959 F-D). La cour d'appel de Paris s'est, quant à elle, fondée sur l'évolution des usages pour se rallier au second courant, dans une affaire où un locataire avait exercé une activité de petite brasserie (steaks, côtelettes grillées) dans des lieux loués à usage de « café-débit de boissons » (CA Paris 27-6-2001 n° 99/582, 16e ch. A).

S'agissant de l'activité de **PMU** par l'exploitant d'un **débit de boissons,** la cour d'appel **27178**
d'Aix-en-Provence a jugé qu'une telle activité est le prolongement de l'activité principale et est conforme aux usages locaux (CA Aix-en-Provence 13-11-1997, 4e ch. civ. : Loyers et copr. 1998 comm. n° 10

note Ph.-H. Brault). En revanche, la cour d'appel de Paris a considéré que l'activité de PMU n'était pas incluse dans celle de « restaurant-débit de boissons » (CA Paris 15-2-2012 n° 10/03974, ch. 5-3 : RJDA 8-9/12 n° 752 ; CA Paris 13-2-2013 n° 11/02592, ch. 5-3 : RJDA 6/13 n° 487).

En ce qui concerne la possibilité d'installer des **jeux** dans un café (baby-foot, juke-box, billard ou jeux électroniques), certaines juridictions l'admettent (CA Montpellier 17-6-1998 n° 95/7301, 1e ch. D) mais d'autres la refusent (CA Metz 15-11-1995 n° 94/2223, ch. civ.), la cour d'appel de Metz considérant en outre que la vente de jeux de la Française des jeux n'est pas non plus permise.

27180 S'est souvent posée la question de savoir si des **activités d'animation** pouvaient être librement exercées dans des locaux loués à usage de **café, restaurant ou cafétéria.** Sans qu'il soit possible de donner une réponse définitive, il semble ressortir de la jurisprudence que la fréquence et l'importance des animations sont autant de critères pris en compte pour déterminer si ces activités sont incluses ou non dans ces destinations contractuelles. Ainsi, l'exploitant d'un café-restaurant s'est vu reconnaître le droit d'organiser pour ses clients des animations ponctuelles (rencontres avec un philosophe, animations musicales lors de la fête de la musique, projection de courts métrages) aux motifs que ces animations étaient un mode d'exploitation original du fonds de commerce destiné à le rendre plus dynamique, sous réserve qu'elles n'occasionnent pas de troubles anormaux de voisinage (CA Paris 31-5-2002 n° 01/2195, 16e ch. B : RJDA 12/02 n° 1243). Jugé également que le locataire pouvait proposer des expositions de tableaux car celles-ci constituaient une activité accessoire d'animation des bars-restaurants (Cass. 3e civ. 13-1-1999 n° 45 D : RJDA 3/99 n° 259). En revanche, il ne peut pas, de manière régulière, organiser des soirées musicales et de véritables concerts (CA Montpellier 17-6-1998 n° 95/7301, 1e ch. D ; CA Paris 20-2-2008 n° 07/4550, 16e ch. A ; Cass. 3e civ. 8-6-2017 n° 15-26.208 F-D : RJDA 1/18 n° 6), des activités de piano-bar et de karaoké (Cass. 3e civ. 17-7-1996 n° 1410 D : RJDA 11/96 n° 1304) ou des soirées dansantes (CA Paris 13-12-1990, 16e ch. B : RJDA 2/91 n° 98 som.) car de telles activités ne sont alors plus considérées comme une extension normale de l'activité de bar, restaurant ou cafétéria.

Par ailleurs, le bail qui autorise l'exercice du commerce de bar ne permet pas au locataire d'exploiter un **bar de nuit** car les deux activités sont de nature différente (CA Paris 7-6-2002 n° 01/11347, 16e ch. B : AJDI 2002 p. 607 note Y. Rouquet ; CA Paris 5-10-2005 n° 04/6033, 16e ch. A : RJDA 2/06 n° 111).

27182 Lorsque l'activité prévue au bail est celle de « **café-restaurant** », le locataire peut exploiter dans les lieux loués un **débit de tabac** qui en est l'accessoire (Cass. 3e civ. 1-2-2000 n° 131 D).

L'activité de **vente de billets** d'accès au château de Versailles a été considérée comme incluse dans un bail autorisant les activités de café, bar, salon de thé, restauration, vente à emporter et vente de jeux instantanés de la Française des jeux, dès lors qu'il s'agit d'un **service offert** à leur clientèle **par l'ensemble des bars-restaurants** situés près du château et que cette activité offre un service de proximité correspondant à l'**évolution des usages locaux** aux abords du château (Cass. 3e civ. 16-9-2015 n° 14-18.708 FS-PB : RJDA 2/16 n° 89).

La clause de destination d'un bail qui vise l'exercice des commerces de « café, **bar,** brasserie, restauration, vente à emporter, licence IV, écailler » autorise toutes les activités habituelles de bar, y compris l'offre de consommation de **narguilé** en terrasse, dont elle n'est qu'un accessoire (CA Paris 19-2-2020 n° 18/20833, ch. 5-3 : RJDA 6/20 n° 300).

DESTINATION DU BAIL ET ACTIVITÉ D'HÔTELLERIE

27184 S'agissant de locaux loués exclusivement à destination d'hôtel de tourisme et accessoires, il a été jugé que le locataire ne pouvait pas exercer une activité de **restauration** accessible à une **clientèle extérieure** à l'hôtel, avec publicité en ligne et une entrée séparée de celle de l'hôtel puisqu'il s'agit d'une véritable activité distincte de nature à attirer une nouvelle clientèle (Cass. 3e civ. 30-11-2023 n° 21-25.584 F-D : RJDA 4/24 n° 210).

DESTINATION DU BAIL ET ACTIVITÉ DE BOULANGERIE-PÂTISSERIE

27190 La présentation à la **vente de quiches, croque-monsieur, croissants au jambon** et **pizzas** peut être considérée, en raison de l'évolution des modes de consommation, comme annexe à l'activité de boulangerie-pâtisserie (CA Paris 25-2-1994 n° 91/23644, 19e ch. B et, sur pourvoi, Cass. 3e civ. 21-11-1995 n° 2076 D ; CA Versailles 16-2-1995 n° 92/6499, 12e ch. sect. 1 : Administrer 1995 n° 268 p. 19 note E.-E. Franck). Il en est de même de la vente de **sandwichs** (CA Versailles 17-2-1994 n° 92/4235, 12e ch., confirmé par Cass. 3e civ. 3-4-1996 n° 94-13.789 D).

En revanche, il a été jugé que l'installation et l'utilisation d'appareils de cuisson en vue de la **fabrication de fritures** (beignets, chichis, etc.), tant à l'intérieur qu'à l'extérieur du magasin, n'entrent pas dans le cadre de l'activité de « dépôt de pain-pâtisserie » (Cass. 3e civ. 13-5-1986 n° 156 FD).

En ce qui concerne la **vente de boissons rafraîchissantes,** la jurisprudence semble, après hésitations, la considérer comme incluse dans le commerce de boulangerie. Ainsi, certaines décisions ont retenu que cette activité constitue un développement usuel du commerce de boulangerie et qu'elle s'y rattache naturellement compte tenu de l'évolution des usages de la profession (CA Versailles 17-2-1994 précité ; CA Paris 14-4-1999 n° 97/7411, 16e ch. A ; CA Paris 1-6-2005 n° 03/14252, 16e ch. A : RJDA 12/05 n° 1325, 1re espèce) ; d'autres ont reconnu l'existence d'une telle évolution, à condition toutefois que la vente de boissons reste marginale et sans incidence sur le développement du commerce (CA Versailles 16-2-1995 précité).

S'agissant de l'offre d'un **service payant de photocopies,** jugé qu'elle ne constitue pas une activité incluse dans celle de boulangerie-pâtisserie (CA Paris 1-6-2005 précité).

DESTINATION DU BAIL ET ACTIVITÉ DE BOUCHERIE-CHARCUTERIE

Le commerce de boucherie-charcuterie comprend la préparation en quantité restreinte de produits d'**épicerie, assaisonnements** et accompagnement de viandes (CA Colmar 11-1-1993 n° 90/3827, 3e ch. civ.). La préparation et la vente de **plats cuisinés** ne sont pas incluses dans le commerce de boucherie (voir CA Paris 19-9-2003 n° 02/3715, 16e ch. B : n° 27205) mais entrent dans l'activité de boucherie-charcuterie (CA Aix-en-Provence 4-3-1982 n° 80/11413, 4e ch. civ.), sous réserve que les juges du fond s'appuient sur des usages commerciaux et non sur la seule composition des plats cuisinés (Cass. 3e civ. 22-10-2015 n° 14-18.670 F-D). Contrairement à ce que soutenait un locataire, selon lequel le mot « **traiteur** » n'est qu'une appellation moderne du terme charcutier, il a été jugé que ces deux activités sont différentes car le traiteur est un commerçant qui prépare des plats sur commande et les porte à domicile, ce qui n'est pas le cas du charcutier (CA Paris 1-6-1990 n° 88/5269, 16e ch. B). 27200

S'agissant de l'activité de **rôtisserie,** la cour d'appel de Paris avait, dans un premier temps, refusé d'y voir une adaptation simple et mineure du commerce de boucherie et avait estimé qu'il s'agissait d'une activité connexe ou complémentaire de celui-ci (CA Paris 11-12-1991, 16e ch. A : Loyers et copr. 1992 comm. n° 260 note Ph.-H. Brault et C. Mutelet). Appelée quelques années plus tard à se prononcer de nouveau sur la question, elle a jugé que, compte tenu de l'évolution des usages dans la profession de boucher, l'activité de rôtisserie constituait désormais une adaptation communément admise et mineure de l'activité de boucherie (CA Paris 8-10-1999 n° 97/3451, 16e ch. B). Il a été jugé de même pour la **vente de volailles** crues ou cuites dans une boucherie (même arrêt) ou dans une charcuterie (Cass. com. 12-1-1967 n° 65-10.196 : Bull. civ. III n° 29). En revanche, une telle activité n'a pas été considérée comme indissociable du commerce de boucherie chevaline (CA Paris 27-3-1990 n° 88/22015, 16e ch. A).

Bien que le commerce de **charcuterie** soit souvent associé au commerce de boucherie, il n'est pas intrinsèquement lié à celui-ci et ne peut donc pas, en principe, être exercé lorsque le bail réserve les locaux au seul usage de boucherie. 27205

ILLUSTRATIONS

Il a été jugé que la **vente** de **merguez,** même isolée, dans des lieux destinés au « commerce de boucherie » constituait une infraction au bail justifiant l'application de la clause résolutoire, pour les raisons suivantes : les merguez sont, conformément à la définition qu'en donne le Code de la charcuterie de la salaison et des conserves de viandes, des saucisses de petit calibre assaisonnées de piment rouge et de poivre, fabriquées à base de porc ou de volaille ; en outre, ces saucisses constituent un produit de charcuterie et entrent nécessairement dans l'activité de commerce de charcuterie et non de boucherie, même si certaines ne sont pas fabriquées avec de la viande de porc et même si elles sont vendues crues ; enfin, si l'usage est fréquent que certains bouchers vendent, à titre accessoire, des articles de charcuterie tels que saucisses de merguez, il n'autorise pas l'exercice d'une activité qui ne relève pas de la boucherie (CA Paris 29-10-1993 n° 92/1822, 16e ch. B).

Dans un cas où un bail stipulait que le locataire ne pourrait « utiliser les lieux loués qu'à usage commercial pour l'exercice de son activité de commerce de boucherie en général et boucherie chevaline en particulier avec vente de tous produits accessoires habituels dans ce commerce », jugé que la mention « avec vente de tous produits accessoires habituels dans ce commerce » ne permettait pas d'inclure dans la destination contractuelle la vente de produits de **charcuterie** fabriqués **à partir de** viande de **porc,** la confection et la vente de plats cuisinés ou de produits traiteur dès lors que ces activités, qui cristallisaient une véritable extension du commerce contractuellement autorisé, ne pouvaient s'analyser ni comme implicitement incluses dans le bail ni comme accessoires de celle décrite dans la clause de destination contractuelle au regard tant de la convention que des usages pratiqués à Paris (CA Paris 19-9-2003 n° 02/3715, 16e ch. B).

Toutefois, il a été admis que le locataire de locaux à usage de boucherie pouvait vendre de la **charcuterie non fabriquée sur place** car la vente de produits industriels ou semi-industriels de charcuterie correspond à une évolution des usages commerciaux (CA Paris 15-2-2012 n° 10/03062, ch. 5-3 : RJDA 7/12 n° 647).

DESTINATION DU BAIL ET DÉBIT DE TABAC-PRESSE-PAPETERIE

Si le commerce de **vente de billets de loto** n'est pas considéré comme intrinsèquement lié à l'activité de « presse-papeterie » (Cass. 3e civ. 6-5-1996 n° 860 D), son adjonction comme celle de vente 27210 de billets de la Loterie nationale et d'autres **jeux avec tickets** s'inscrit dans le développement du commerce de débit de tabac et en constitue donc une activité incluse (CA Rouen 9-10-1990 n° 89/2356, ch. civ. réunies ; CA Paris 20-6-1995 n° 94/17373, 16ᵉ ch. A ; CA Poitiers 9-9-2008, 2ᵉ ch. civ. : Loyers et copr. 2009 comm. n° 153 obs. E. Chavance ; CA Paris 13-5-2009 n° 08/627, 16ᵉ ch. A : RJDA 1/10 n° 10). Tel est également le cas, en raison de l'évolution des usages commerciaux, de la **vente** accessoire de produits diffusés par une filiale de la Seita (**voitures miniatures,** poupées, **stylos,** etc.), à condition toutefois que la commercialisation de ces objets reste marginale (CA Paris 22-4-1997, 16ᵉ ch. A).

Lorsque le bail du débit de tabac autorise également la vente de **boissons à emporter,** constitue une activité incluse la vente de **glaces à emporter** (CA Poitiers 9-9-2008 précité).

Par ailleurs, si la **vente de cartes téléphoniques** est une activité incluse dans celle de débit de tabac, il n'en est pas de même de la vente de tous produits de téléphonie (CA Versailles 23-6-2011 n° 09/02886, 12ᵉ ch. sect. 1, confirmé par Cass. 3ᵉ civ. 14-11-2012 n° 11-25.017 FS-D : RJDA 5/13 n° 390).

DESTINATION DU BAIL ET COMMERCES DE CONFECTION

27220 Le commerce de « prêt-à-porter » ne comprend pas la vente de **chaussures** qui en est une activité distincte (CA Pau 18-12-1997 n° 96/1709, 2ᵉ ch.). Par ailleurs, il a été jugé que la clause générale de « prêt-à-porter féminin » insérée dans un bail consenti à un commerçant d'un centre commercial ne permet pas la vente de **vêtements de cuir** aux motifs, d'une part, que cette clause doit être interprétée de manière stricte afin de maintenir l'équilibre commercial du centre et éviter toute anarchie dans la concurrence et, d'autre part, qu'il est d'usage dans les centres commerciaux de distinguer le prêt-à-porter classique du prêt-à-porter de vêtements de cuir (CA Paris 10-10-1995, 16ᵉ ch. A : Loyers et copr. 1996 comm. n° 167). En revanche, les **services de retouche** et de transformation de vêtements sont des activités incluses dans celles d'une boutique de création et de vente de prêt-à-porter (CA Paris 9-4-2008 n° 07/6685, 16ᵉ ch. A : RJDA 10/08 n° 992).

Lorsque des locaux commerciaux ont été loués en vue d'un « commerce de confection en gros, lingerie, tissus, bonneterie, etc. », le locataire doit avoir une activité de fabrication, ce qui exclut une activité de pure distribution limitée à l'**achat et** à la **revente d'articles préfabriqués** (simple négoce) mais comprend l'exécution des **tâches matérielles de confection** dans les lieux, les mots « en gros » s'appliquant seulement aux modes d'écoulement de la production (CA Paris 15-1-1991, 16ᵉ ch. A : RJDA 3/91 n° 195 som.).

Quant au bail portant à l'origine sur le commerce de « vente articles textiles », il doit être interprété comme autorisant actuellement la **vente** de **vêtements** de confection **féminins,** dès lors que les locaux loués ont la même destination depuis 1944 et qu'à cette époque, l'expression « articles textiles » était prise dans son sens le plus large et comportait les vêtements confectionnés (Cass. 3ᵉ civ. 25-1-1978 n° 76-15.539 : Bull. civ. III n° 54).

Par ailleurs, il est d'usage constant à Paris, et ce, afin d'attirer la clientèle, que le commerce de modiste (chapeaux pour dames) comprend la vente accessoire d'**écharpes,** de **bas** et de colifichets (CA Paris 31-1-1956 n° U/5084, 16ᵉ ch.).

27222 L'activité de garde de fourrures est comprise dans celle d'« **essayages ou finition et vente de fourrures** » car l'achat de fourrures, quoique nécessairement réservé à un certain type de clientèle privilégiée, s'accompagne forcément de l'engagement du vendeur de pouvoir assurer la garde d'un tel vêtement de prix, particulièrement fragile pendant la période estivale ou pendant toute absence significative de son propriétaire (CA Paris 10-9-2008 n° 07/308, 16ᵉ ch. A : RJDA 1/09 n° 11). Il en est de même de la pratique de l'adjonction d'accessoires en atelier (tels que cols de fourrure, finition de manches ou autres parties de vêtements avec des bandes de fourrure) et de la fabrication même de vêtements, seule cette analyse donnant du sens à la combinaison, pour partie alternative et pour partie cumulative, des trois termes « essayages », « finition », « vente de fourrures » ; la vente de peaux, même non mises en œuvre, est également incluse dans cette activité (même arrêt).

27224 L'organisation de **défilés de mode** et l'installation de **showrooms de vêtements** ne peuvent pas être considérées comme des activités intrinsèquement incluses dans celle de **stylisme de mode et de couture** prévue au bail. Même si ces activités sont en lien, elles sont néanmoins spécifiques et distinctes en ce qu'elles impliquent la réception d'un public, potentiellement nombreux, auquel les vêtements créés par le styliste sont présentés et offerts à la vente dans une démarche non plus créative mais purement commerciale (CA Paris 9-11-2023 n° 21/19623 : RJDA 11/24 n° 581).

DESTINATION DU BAIL ET ACTIVITÉS DIVERSES

27230 Lorsque l'activité autorisée par le bail est celle de « **bijouterie fantaisie** », la vente de bijoux en or, même de faible valeur, n'est pas autorisée, dès lors qu'il est d'usage dans le commerce de la bijouterie de distinguer selon que l'activité porte sur des bijoux comportant des métaux et pierres précieux ou semi-précieux ou sur des bijoux qui n'en comprennent pas. En effet, bien que le marché de la bijouterie or se soit sensiblement modifié puisque la vente de ce type de bijoux ne s'effectue plus nécessairement dans des commerces de bijouterie traditionnelle, la nomenclature des activités professionnelles établie par l'Insee continue d'opérer une telle distinction et les deux activités ne sont pas rattachées à la même chambre syndicale (CA Rouen 4-9-2002 n° 99/2554, ch. 1 cab. 1 : RJDA 3/03 n° 235). De même, la vente de maillots de bain et d'articles de lingerie, fussent-ils agrémentés de bijoux dans leur présentation, n'a pas été jugée incluse dans les activités de vente de « bijoux fantaisie » et « d'accessoires de mode » visées au bail (CA Paris 28-11-2007 n° 06/14368, 16e ch. A).

En revanche, la vente de petits bijoux fantaisie, articles de mode et de maroquinerie a été considérée comme annexe aux activités d'**esthétique** et de **soins de beauté,** pour les raisons suivantes : aujourd'hui, presque tous les salons de coiffure pour femmes vendent des bijoux fantaisie et des articles de mode, produits qui apparaissent comme les accessoires de l'esthétique féminine ; en outre, la vente de tels objets se justifie encore plus dans un salon de soins de beauté où la notion de « coloriste » prédomine aujourd'hui, ce qui incite l'esthéticienne à proposer des accessoires destinés à mettre en valeur la couleur dominante qu'elle propose à sa cliente d'adopter (CA Paris 31-3-1998 n° 96/4955, 16e ch. A).

De même, jugé que la vente de bijoux fantaisie, vernis à ongles et parfum entre dans l'activité d'« **équipement de la personne** » autorisée par le bail car, selon l'Insee, ce secteur regroupe les activités de commerce de détail, d'habillement et de chaussures et des autres équipements de la personne, notamment parfumerie et produits de beauté (CA Paris 30-9-2016 n° 13/08227 : RJDA 4/17 n° 229).

L'activité de **coiffure pour hommes** ne peut pas être considérée comme une activité comprise dans celle de **coiffure pour dames.** En effet, les techniques, les produits et les méthodes de travail diffèrent ; la clientèle est également par nature différente et a des besoins distincts (CA Paris 27-2-2013 n° 11/15987, ch. 5-3 : RJDA 11/13 n° 880). **27232**

Une clause de destination limitant le bail aux activités de « **balnéothérapie-modelage esthétique** » n'inclut pas l'activité de massages tantriques et naturistes avec des masseuses dévêtues ; le locataire n'est pas autorisé à proposer de telles prestations à sa clientèle dans les lieux loués (CA Paris 17-4-2019 n° 17/05683, ch. 5-3 : RJDA 5/20 n° 261). **27233**

L'activité de **pharmacie** comporte la vente de produits de **parapharmacie** qui lui sont réservés (ou autorisés) par les textes législatifs ou réglementaires (Cass. 3e civ. 21-3-2007 n° 06-12.322 FS-PB : RJDA 8-9/07 n° 821 ; Cass. 3e civ. 28-1-2021 n° 19-18.233 FS-D : RJDA 4/21 n° 217). Elle englobe en outre les produits habituellement distribués en pharmacie, parmi lesquels les produits homéopathiques et vétérinaires (CA Paris 13-11-1996, 16e ch. A). **27235**

Lorsque l'activité autorisée par le bail conclu dans les années 60 est celle de « **maison de retraite** pour vieillards », les locaux ne peuvent pas être utilisés pour accueillir des personnes dépendantes car la notion de « vieillards » dans les années 60 n'incluait pas l'invalidité (Cass. 3e civ. 28-6-2011 n° 10-16.410 F-D : RJDA 1/12 n° 11). **27237**

À la question de savoir si des produits frais pouvaient être vendus dans un local loué à destination d'un **commerce de surgelés,** une réponse positive a été apportée en raison de l'évolution des usages commerciaux et des habitudes des consommateurs : il a en effet été jugé que la vente de produits frais ou congelés ne s'adresse pas à des catégories particulières de clients mais tend à satisfaire les besoins d'une même clientèle, celle des acheteurs de denrées alimentaires destinées à la consommation courante, à laquelle elle procure, en fournissant sur place non seulement les produits surgelés mais encore la matière première à congeler et les denrées alimentaires accessoires, une indiscutable facilité et un gain de temps appréciable (CA Versailles 28-10-1988, 14e ch. : Rev. Loyers 1989 p. 181 note JCB). **27240**

La vente de chocolats n'a pas été reconnue comme un produit accessoire au **commerce de torréfaction,** les juges du fond considérant que la vente de produits chocolatés sous toutes les formes possibles par bon nombre de torréfacteurs n'impliquait pas pour autant que le commerce de chocolat accompagne naturellement celui du café (CA Versailles 8-2-1990, 12e ch., SARL Aromatis c/ SCI Les arcades : Rev. Loyers 1990 p. 337). **27241**

Lorsque les locaux sont loués à l'usage exclusif de commerce de « **vente de beurre-œufs-fromage** », le locataire n'a pas le droit d'y exercer une activité de vente de boissons, fruits et légumes. En effet, le commerce autorisé, qui relève de l'activité de « crèmerie », est différent de **27243** l'activité effectivement exercée relevant, elle, de l'alimentation générale (CA Paris 15-10-2008 n° 07/13460, 16e ch. A : RJDA 3/09 n° 184).

27245 Dans un cas où la clause de destination des lieux insérée dans un bail prévoyait que le locataire était autorisé à exercer dans les lieux loués le commerce de vente, location et entretien de matériels et appareillages d'équipements électriques et électroniques ainsi que les commerces de **librairie, jouets** et tout ce qui s'y rapporte, il a été jugé que cette clause claire et précise visait des activités parfaitement déterminées, de sorte que la mention plus ambiguë « et tout ce qui s'y rapporte » ne suffisait pas à elle seule à transformer cette clause en autorisation d'y exercer un commerce de sex-shop. En effet, ont précisé les juges, ce commerce ne peut en rien se rattacher aux activités prévues au bail et si, dans ce magasin, il était vendu ou loué des livres, des jeux divers et des vidéocassettes, sa spécialisation dans le domaine de la pornographie en faisait un commerce à caractère spécifique, se reflétant dans l'aspect extérieur de la boutique qui, avec l'obligation des vitrines aveugles, ne ressemblait en rien à une librairie ou à un magasin de jouets (CA Paris 28-2-1985 n° K/11090, 16e ch. B). Dans une affaire similaire, la Cour de cassation a approuvé les juges du fond qui avaient estimé que les activités très spécialisées de sex-shop ne constituaient pas « les accessoires afférents au commerce de librairie, d'édition et de diffusion même étendu à l'import-export » autorisés dans les lieux loués (Cass. 3e civ. 16-2-1983 n° 81-15.812 F-D).

Par ailleurs, jugé que le locataire d'un local destiné au commerce de « **librairie-édition-papeterie-reliure** ou tout autre commerce se rattachant au commerce de l'industrie du livre en général » pouvait vendre des reproductions d'œuvres picturales ou de dessins, telles que les estampes, gravures et affiches, car cette activité est incluse dans celle d'édition autorisée au bail et répond aux désirs et besoins de la clientèle en fonction de l'évolution des usages dans ce commerce : en effet, si le mot « édition » n'a, à l'origine, représenté que la réalisation matérielle et la commercialisation d'une œuvre littéraire par la voie du livre, alors seul moyen de porter de telles œuvres à la connaissance du public, l'évolution des techniques a amené à comprendre, dans l'édition, la réalisation et la commercialisation d'une œuvre artistique, aussi bien par la voie du livre que par celles du disque ou des bandes magnétiques, ou par la sérigraphie et les divers moyens de reproduction des œuvres picturales. Corrélativement, cette évolution des techniques a amené les librairies-papeteries à offrir au public parmi leurs articles usuels, notamment des posters, des estampes et des lithogravures, ainsi que des affiches, tous ces articles ne constituant que l'édition en nombre d'une œuvre picturale ou photographique (CA Paris 21-2-1980 n° F/4044).

27250 S'agissant d'un local loué à usage de commerce d'**articles de bazar,** il peut y être exercé toute activité comprise dans les groupes de spécialités des bazars et non exclue par le bail, ce qui est le cas de l'activité de vente de jouets, modèles réduits et postes de CB puisque les dictionnaires, et en particulier le Larousse du vingtième siècle, édition 1928, définissent le mot bazar comme un local spacieux où, dans une succession de comptoirs différents, on vend, à des prix marqués et généralement peu élevés, toute espèce de menus objets, d'ustensiles, d'outils, jouets, etc. (CA Paris 6-11-1998 n° 98/23214, 16e ch. B).

L'exploitation d'un bazar ne constitue pas une activité incluse à celle de **bimbeloterie,** celle-ci n'étant pas assimilable à des produits bon marché ou soldés tels qu'articles de plage, produits d'entretien ou d'hygiène (Cass. 3e civ. 9-4-2013 n° 12-13.622 F-D : Loyers et copr. 2013 comm. n° 179 obs. E. Chavance).

27252 Quant aux locaux destinés au commerce de **vente de souvenirs,** il a par exemple été jugé que la vente de maroquinerie sous forme d'articles de voyage est permise en cas de bail autorisant la vente d'« articles de Paris, bimbeloterie et jouets ». En effet, l'acception usuelle des **« articles de Paris »** s'est étendue et comprend actuellement l'ensemble des objets qu'un voyageur ou un touriste peut être conduit à acheter lorsqu'il vient à Paris, en y incluant les valises, les sacs de voyage ou encore les parapluies ; il importe peu que les articles en question (objets utiles ou de décoration) ne soient pas fabriqués à Paris, voire en France, dans la mesure où leur aspect correspond à la représentation que le touriste se fait du « goût parisien » sans qu'il y ait lieu de rechercher si tel est bien le sens artistique ou culturel des habitants de Paris (CA Paris 7-11-2007 n° 06/12972, 16e ch. A : RJDA 8-9/08 n° 887).

En revanche, jugé que l'activité de « création, importation et exportation de bijoux fantaisie incluant tant la vente en gros qu'au détail » exercée par le locataire dans des locaux à usage de commerce d'articles de Paris n'est pas conforme à la destination du bail. En effet, le commerce d'articles de Paris se définit comme la vente d'un ensemble d'accessoires de mode (notamment, sacs, foulards et bijoux fantaisie) alors que l'activité de création et vente de bijoux fantaisie relève d'une autre catégorie, celle de joaillerie (CA Paris 7-9-2011 nos 09/29040 et 10/10412, ch. 5-3 : RJDA 3/12 n° 254).

Par ailleurs, un locataire qui avait exercé une activité de micro-informatique dans les lieux réservés à la « **vente de mobilier, articles divers,** rideaux, papiers, tapis » a été considéré comme ayant respecté la destination des lieux fixée au bail au motif que le commerce de matériel de bureau et d'informatique se confond naturellement avec celui du mobilier et articles divers (CA Rouen 4-10-1990, 2e ch. civ.). En revanche, il a été jugé que l'activité d'encadrement n'était pas incluse dans les commerces « d'**art de la table,** de **vente d'objets de décoration,** de cadeaux et de carterie » autorisés par le bail, peu important qu'il n'existait au sein du local aucun plan de travail destiné à la fabrication d'encadrements (CA Versailles 9-3-2010 n° 09/226, 12e ch. sect. 1 : RJDA 7/10 n° 715). **27255**

Jugé que la vente de produits alimentaires et de consommation sur place par le locataire exploitant une **station-service** constitue un commerce accessoire à l'activité principale autorisée au bail car il est d'usage actuellement répandu sur le territoire français que les stations-service mettent à la disposition de leurs clients diverses marchandises et menus objets, notamment des denrées alimentaires et des boissons destinées à leur permettre de se restaurer dans un minimum de temps, cet usage étant d'ailleurs reconnu par la puissance publique qui accorde aux exploitants de station-service des licences leur permettant de vendre des boissons à emporter (CA Versailles 21-2-1991 n° 89/9377, 12e ch.). **27260**

L'activité de dépôt de pellicules photographiques en vue de leur développement par un laboratoire n'est pas incluse dans l'activité de **cordonnerie,** contrairement à la reproduction de clés qui, compte tenu des usages de la profession, est devenue inhérente à la conception moderne de la cordonnerie (CA Paris 9-4-1999 n° 96/88002, 16e ch. B). **27265**

Le commerce d'articles de « **photos-cinéma-son** » comprend la vente de cassettes vidéo car celles-ci sont issues d'une évolution technique substituant la bande magnétique à la pellicule (CA Paris 12-7-1982, 16e ch. A : Loyers et copr. 1983 comm. n° 89). Pour les mêmes raisons, il nous semble que le locataire qui exploite un tel commerce serait actuellement autorisé à vendre des DVD et Blu-ray.

Par ailleurs, il a été jugé que l'activité d'**illustrateur,** seule prévue au bail, n'excluait pas pour autant celle de peintre (CA Paris 9-5-2003 n° 01/22026, 16e ch. B).

Jugé que l'activité de « chauffage » est implicitement incluse, selon les usages de la profession, dans l'activité de « **plomberie couverture** » (CA Paris 2-7-1996 n° 94/22818, 16e ch. A et, sur pourvoi, Cass. 3e civ. 13-1-1999 n° 48 D). **27270**

S'agissant d'un bail autorisant la **réparation de bicyclettes** dans les locaux loués, jugé que la vente de pièces détachées, de cycles, vélomoteurs et scooters ne constitue pas un commerce différent mais s'inscrit dans le cadre d'une évolution économique normale (CA Paris 4-11-1960, 2e ch. : Rev. Loyers 1961 p. 77). En revanche, jugé que l'activité de contrôle technique automobile ne peut pas être incluse dans l'activité de « **réparation et entretien de véhicules,** dépannages, transport et négoce de véhicules utilitaires » prévue au bail, dans la mesure où les fonctions de contrôleur doivent être indépendantes de toute autre activité exercée dans la réparation ou le commerce automobile (CA Paris 25-2-2008 n° 07/8565, 16e ch. A : RJDA 7/09 n° 602).

Quant à l'activité de **vente de prothèses dentaires,** elle n'a pas été considérée comme comprenant celle de fabrication ou réparation de telles prothèses (CA Paris 26-2-2003 n° 00/21435, 16e ch. A). **27275**

Jugé que la distribution de produits d'assurance par les banques, qui a été consacrée par la loi et généralisée dans l'ensemble des banques, est, en fonction de l'évolution des usages dans la profession, une activité incluse dans celle de **banque** classique (CA Paris 30-6-2010 n° 09/207, ch. 5-3 : RJDA 6/11 n° 501). **27280**

Jugé que l'activité de discothèque et club échangiste n'était pas contenue dans celle de **piano-bar,** seule autorisée par le bail (CA Paris 2-3-2006 n° 2005/8364, 16e ch. B). **27285**

Enfin, les activités de services liées au **coaching** et au **développement personnel** n'incluent pas les activités de tarot, astrologie, numérologie, arts divinatoires ou voyance (CA Paris 15-3-2023 n° 20/09312 : AJDI 2023 p. 435). **27290**

B. Destination multiple des locaux prévue au bail

En présence d'un bail prévoyant une destination multiple des lieux, la question s'est posée de savoir si le locataire avait l'**obligation d'exercer toutes les activités** prévues ou s'il pouvait se contenter de l'une d'elles. La réponse dépend de la rédaction de la clause de destination. **27370**

27375 Lorsque la **clause précise** clairement si le locataire est tenu ou non d'exploiter l'ensemble des activités, la solution s'impose d'elle-même.

ILLUSTRATIONS

Dans un cas où la clause de destination prévoyait que le locataire ne pourrait « exercer dans les lieux loués d'autres commerces que celui de café-hôtel-restaurant sans que, sous aucun prétexte, il puisse cesser momentanément de l'exploiter sauf pendant la période normale des vacances et des jours de repos », il a été jugé que la suppression des activités d'hôtel et de café constituait une infraction au bail (CA Paris 24-11-1994 n° 92/22454, 16e ch. B, confirmé par Cass. 3e civ. 4-2-1997 n° 204 D).

27380 En revanche, si la **clause ne se prononce pas** sur le caractère cumulatif des activités, les tribunaux considèrent que le locataire n'est pas obligé d'exploiter toutes les activités.

ILLUSTRATIONS

Dans un cas où la clause fixant la destination des lieux stipulait que ceux-ci devaient « servir exclusivement à l'exploitation du commerce de bar-hôtel-restaurant », la Cour de cassation a approuvé la cour d'appel qui avait jugé que l'abandon de la seule branche hôtel ne suffisait pas à caractériser un manquement du locataire à cette destination et à l'obligation d'exploitation (Cass. 3e civ. 3-3-1993 n° 90-20.742 ; Cass. 3e civ. 30-10-2007 n° 06-17.037 F-D). De même, en présence d'une clause de destination affectant les lieux loués « à l'usage de magasin de vente en gros et au détail et stockage d'articles de maroquinerie », il a été jugé que le locataire était en droit de n'exercer que l'activité de stockage (CA Paris 3-11-2004 n° 02/14477, 16e ch. A). De même encore, en admettant que le locataire de locaux destinés à une activité de « cybercafé, bar, brasserie, restaurant » avait pu, au bout de sept ans, vouloir exercer l'activité de restauration prévue au bail et ne plus se contenter de l'activité de cybercafé exercée jusque-là, la cour d'appel a reconnu que le locataire n'était pas obligé d'exercer toutes les activités prévues (CA Paris 31-1-2008 n° 07/4866, 16e ch. B : RJDA 7/08 n° 764).

Afin de prévenir tout litige, il est **conseillé,** dans la clause de destination, de faire précéder l'énumération des différentes activités soit des mots « ensemble ou séparément », soit du terme « simultanément » (dans le même sens, B. Boccara, D. Lipman-Boccarra et M.-L. Sainturat : Administrer juillet 1997 p. 35, note sous Cass. 3e civ. 4-2-1997 précité).

III. MODIFICATION CONVENTIONNELLE DE LA DESTINATION DU BAIL

27470 Les parties peuvent décider, d'un commun accord, de modifier la destination des lieux.

L'**accord** du bailleur à une telle modification peut être **exprès,** ce qui est le cas lorsqu'il est exprimé dans un avenant au bail, un échange de lettres, de messages électroniques, de télégrammes ou de télex. Jugé que tel est également le cas lorsque le procès-verbal de conciliation d'une commission de conciliation acte l'accord des parties sur l'établissement d'un nouveau bail « tous commerces sauf bruyants » moyennant un loyer mensuel de 1 000 euros, peu important qu'il n'entre pas dans la compétence de la commission de concilier les parties pour les litiges relatifs à la destination du bail en application de l'article L 145-35 du Code de commerce (Cass. 3e civ. 16-11-2023 n° 22-17.409 F-D : RJDA 7/24 n° 382).

27475 Cet accord peut aussi n'être que **tacite** mais il doit alors être non équivoque. Il ne peut donc pas résulter d'une simple **tolérance** (Cass. soc. 3-11-1956 : Bull. civ. IV n° 812 ; Cass. 3e civ. 26-11-1991 n° 90-16.149 FD : Loyers et copr. 1992 comm. n° 69). Une attitude passive du **bailleur** ne peut pas établir son consentement à un changement de destination des lieux, en l'absence d'autres circonstances relevées par les juges du fond (Cass. ass. plén. 3-5-1956 : JCP G 1956 II n° 9345 ; Cass. soc. 18-4-1958 : Bull. civ. V n° 511 ; Cass. 1e civ. 6-1-1960 n° 58-11.700 : Bull. civ. I n° 10 ; Cass. 3e civ. 4-2-1997 n° 204 D ; Cass. 3e civ. 4-5-2006 n° 528 FS-PB : RJDA 8-9/06 n° 876, analysé n° 45565). Ainsi, la Cour de cassation a censuré la décision d'une cour d'appel qui, pour admettre que le bailleur avait tacitement donné son accord à l'exploitation d'un commerce de vente de poissons au détail dans les lieux initialement loués à usage d'habitation, s'était fondée uniquement sur le silence du bailleur, se bornant à constater que le locataire ayant exercé ouvertement son commerce, le bailleur, quoique n'habitant pas sur place, n'avait pu l'ignorer et avait laissé faire pendant des années (Cass. ass. plén. 3-5-1956 précité).

27480 Il faut des actes positifs du bailleur manifestant de manière non ambiguë sa volonté d'autoriser la modification de la destination contractuelle des lieux car le silence ne vaut pas acceptation, à moins qu'il n'en résulte autrement de la loi, des usages, des relations d'affaires ou de circonstances particulières (C. civ. art. 1120).

ILLUSTRATIONS

27480 (suite)

C'est par une appréciation souveraine de la gravité des motifs invoqués par le bailleur qui soutenait que le locataire avait changé la destination des lieux, au mépris d'une clause du bail, en exploitant une pâtisserie dans les locaux loués en vue de l'exercice d'un commerce de boulangerie qu'une cour d'appel a considéré que le locataire avait droit au renouvellement de son bail aux motifs qu'une ordonnance, rendue par le juge des loyers trois ans auparavant, avait, pour fixer le prix du loyer, retenu que du pain et des gâteaux étaient vendus dans le magasin et qu'il en résultait que non seulement le **bailleur connaissait la situation** de fait reprochée à son locataire mais encore l'avait acceptée puisqu'il **l'avait invoquée** comme un fait déterminant à l'appui de sa prétention.

Cass. com. 19-6-1961 n° 58-10.633 : Bull. civ. III n° 273.

Un bailleur doit être considéré comme ayant tacitement autorisé la vente de boucherie dans les lieux loués à usage de charcuterie, dès lors que sa femme, leur bonne et lui-même sont **venus** régulièrement **s'y approvisionner** en viande pendant cinq ans sans jamais émettre la moindre protestation quant au fait que ces produits n'étaient pas prévus au bail.

Cass. com. 12-1-1967 n° 65-10.196 : Bull. civ. III n° 29.

Dans un cas où un locataire exerçait, en violation du bail, un commerce de teinturerie dans les lieux loués, le bailleur n'a pas seulement toléré l'exercice de cette activité mais l'a tacitement autorisée, dès lors que, installé dans le même immeuble, il a à plusieurs reprises **confié au locataire des vêtements à nettoyer.**

Cass. 3e civ. 3-12-1974 n° 73-12.554 : Bull. civ. III n° 448.

A pu être rejetée la demande de résiliation d'un bail pour extension de l'activité de café, prévue au bail, à celle de restaurant, compte tenu des éléments suivants : le bailleur avait **pris régulièrement** ses **repas** pendant plusieurs années dans le restaurant du locataire, de sorte qu'il avait accepté l'affectation des lieux à cet usage ; les travaux avaient été effectués par le maçon du bailleur qui avait conseillé le locataire après avoir décelé un risque d'effondrement.

Cass. 3e civ. 20-1-1988 n° 86-16.923.

Un bailleur doit être considéré comme ayant accepté la modification de la destination des lieux prévue au bail, dès lors que les transformations réalisées dans les lieux loués ont été invoquées par le bailleur lors de l'**instance en révision du prix** qui a abouti à majorer substantiellement celui-ci.

Cass. 3e civ. 14-12-1994 n° 92-19.351 P : Bull. civ. III n° 212.

Une cour d'appel ne peut pas, pour rejeter la demande de résiliation du bail formée par le bailleur pour changement non autorisé de la destination des locaux loués à usage de « café, casse-croûte », retenir que le bailleur, qui **n'ignorait pas la nouvelle activité** de restauration du locataire, n'avait émis **aucune protestation** à son encontre pendant de nombreuses années, donnant ainsi tacitement son autorisation au changement de destination, sans relever aucun acte positif du bailleur démontrant son acceptation du changement de destination.

Cass. 3e civ. 10-1-1995 n° 34 D.

Dans le cas d'un bail de locaux comprenant une boutique au rez-de-chaussée et un appartement au premier étage, une cour d'appel a pu déduire des éléments suivants l'existence d'un fait positif qui, ajouté à la connaissance et à la tolérance du bailleur, caractérisait de la part de celui-ci l'acceptation non équivoque du changement de la destination des lieux du premier étage : **habitant** lui-même **l'immeuble,** le bailleur n'avait pas pu ignorer pendant près de quinze ans que l'appartement était désormais affecté à un usage commercial et était accessible à la clientèle ; dans l'**acte de renouvellement du bail** intervenu douze ans après la transformation des lieux, la **clause de désignation des locaux,** si elle mentionnait, d'une part, la boutique avec sous-sol, d'autre part, l'appartement d'habitation, ne distinguait plus les locaux « à destination commerciale » des locaux « à destination bourgeoise » comme le faisait le précédant avenant, tandis que la clause « occupation jouissance » reprenait, en la complétant, la destination commerciale mentionnée dans celui-ci et qu'en revanche, l'interdiction d'utiliser l'appartement n'était pas reprise.

Cass. 3e civ. 31-10-2000 n° 1412 FS-D : Administrer février 2001 p. 24 obs. B. Boccara et D. Lipman-Boccara.

Caractérise l'acceptation implicite par le bailleur de l'activité connexe qui a été adjointe à l'activité principale la cour d'appel qui relève que celui-ci ne conteste pas avoir eu **connaissance** de l'exercice de cette **activité** par son locataire et n'a **formulé aucun reproche** à ce sujet aux précédents propriétaires du fonds de commerce, ou à l'actuel titulaire du bail lors des procédures judiciaires les ayant opposés.

Cass. 3e civ. 12-3-2002 n° 545 F-D : RJDA 6/02 n° 605.

Ne suffisent pas à caractériser une renonciation du bailleur à se prévaloir de l'infraction constituée par le changement de destination des lieux effectué sans son autorisation les motifs selon lesquels l'activité de petite restauration exercée dans les lieux loués à usage de débit de boissons était connue du bailleur et de son prédécesseur, qui l'ont tacitement acceptée, puisque le premier **fréquentait régulièrement l'établissement** et le second résidait au-dessus de celui-ci.

Cass. 3e civ. 5-6-2002 no 974 FS-PB : RJDA 8-9/02 no 862, 1e espèce.

Ndlr : Au cas particulier, le bailleur fréquentait certes régulièrement l'établissement mais il n'était pas établi qu'il se restaurait dans les lieux, ce qui aurait pu constituer un acte positif manifestant son acceptation tacite à l'exercice de l'activité de petite restauration.

Dans un cas où un locataire avait exploité sous forme de location de chambres meublées des lieux loués à destination d'hôtel-restaurant, ni le témoignage d'un menuisier attestant avoir effectué des travaux sur devis, ni l'échange de correspondance entre le bailleur et le locataire confirmant la réparation effectuée par le menuisier, ni le **suivi de l'entretien par le bailleur,** et notamment le fait de diligenter le chantier, sont des éléments suffisants pour caractériser une renonciation du bailleur à se prévaloir de l'infraction constituée par le changement de destination des lieux effectué sans son autorisation.

Cass. 3e civ. 30-5-2007 no 06-12.853 F-D.

Pour un autre exemple où le renoncement du bailleur n'était pas caractérisé, voir Cass. 3e civ. 15-4-2008 no 07-10.859, analysé no 27595.

Dans un cas où le locataire exerçait dans les lieux loués une activité de petite restauration, qui n'était pas autorisée mais avait seulement été envisagée entre le bailleur et le locataire à l'occasion de **négociations qui n'avaient pas abouti,** le bailleur peut demander la résiliation du bail pour non-respect de la destination contractuelle des lieux dès lors que sa connaissance de l'adjonction de l'activité de petite restauration et son absence d'opposition ne valaient que simple tolérance et ne caractérisaient pas un accord de sa part.

Cass. 3e civ. 12-5-2016 no 15-13.851 F-D : RJDA 8-9/16 no 599.

27485 L'**accord** du bailleur peut être donné **sous conditions.** Par exemple, si le bailleur autorise le locataire à exercer des activités différentes de celles prévues au bail sous la réserve de leur compatibilité avec la destination, les caractères et la situation de l'immeuble, jugé que le locataire ne peut pas valablement exercer une activité de restauration dès lors que celle-ci exige des travaux d'aménagements intérieurs et extérieurs importants et n'est donc pas compatible avec la destination de l'immeuble conçu pour des activités de vente et d'exposition de matériels (Cass. 3e civ. 27-11-2007 no 06-19.641 F-D).

IV. SANCTIONS DU NON-RESPECT DE LA DESTINATION DU BAIL

27580 L'exercice d'une activité irrégulière dans les locaux loués constitue une infraction au bail et expose le locataire à différentes sanctions. Précisons qu'il en est ainsi alors même que la modification a été décidée par le gérant libre que le locataire a introduit dans les lieux (Cass. 3e civ. 27-6-1990 no 89-12.829 : Bull. civ. III no 156).

Le bailleur peut choisir d'entériner une modification irrégulière de la destination et s'en prévaloir comme motif de déplafonnement du loyer lors du renouvellement du bail. Sur les conséquences de ce choix, voir no 84285.

RÉSILIATION DU BAIL POUR NON-RESPECT DE LA DESTINATION

27590 Tout d'abord, le non-respect de la destination du bail peut justifier la mise en jeu d'une **clause résolutoire de plein droit,** si une telle clause sanctionne cette infraction au bail (sur la mise en œuvre de cette clause, voir nos 72500 s.).

ATTENTION

Les régimes dérogatoires qui avaient été instaurés lors de l'épidémie de **Covid-19** pour neutraliser les clauses résolutoires en cas de retard ou de non-paiement des loyers (no 72505) n'interdisaient pas la mise en œuvre de telles clauses pour d'autres motifs, notamment pour non-respect de la destination du bail.

27595 Par ailleurs, en l'absence de clause résolutoire, la modification unilatérale par le locataire de la destination des lieux est susceptible d'entraîner la **résiliation judiciaire** du bail. Les juges du fond disposent d'un pouvoir souverain d'appréciation pour décider si la gravité du manquement aux obligations du bail justifie le prononcé d'une telle sanction (Cass. 3e civ. 19-2-1974 no 216 ; Cass. 3e civ.

30-11-1976 n° 75-11.563 : Rev. Loyers 1977 p. 145 ; Cass. 3e civ. 16-11-1993 n° 91-20.579 D : Rev. Loyers 1994 p. 148 ; Cass. 3e civ. 27-5-1998 n° 826 D : RJDA 7/98 n° 842). C'est pourquoi une cour d'appel peut, sans se contredire, refuser de prononcer la résiliation du bail après avoir constaté que le locataire a commis des infractions au bail en vendant des produits de pâtisserie, étrangers au commerce de « charcuterie, comestibles » autorisé dans les lieux loués (Cass. 3e civ. 19-2-1974 n° 216 précité). **27595** (suite)

ILLUSTRATIONS

Cas où la résiliation du bail a été prononcée

La résiliation du bail doit être prononcée à l'encontre du locataire qui a lourdement transgressé ses obligations en organisant de véritables **concerts** dans un « **café-bar** », dès lors que ceux-ci étaient susceptibles d'engendrer des troubles du voisinage qui s'étaient d'ailleurs produits, comme en témoignait la pétition des voisins se plaignant de nuisances nocturnes et particulièrement du bruit excessif lié à l'organisation périodique de concerts de rock à base de batterie.

CA Montpellier 17-6-1998 n° 95/7301, 1e ch. D.

Dans un cas où le locataire avait exercé une activité de **restauration** dans des locaux qu'il s'était engagé à utiliser pour le **commerce de cafetier,** une cour d'appel a pu valablement prononcer la résiliation judiciaire du bail après avoir retenu que le locataire ne pouvait pas utilement se prévaloir de l'accord tacite du bailleur, qui ne pouvait d'ailleurs pas résulter d'une simple attitude passive, et cela d'autant plus que le bailleur avait au contraire montré son opposition au comportement du locataire dès qu'il en avait eu connaissance.

Cass. 3e civ. 28-5-1997 n° 927 D : Rev. Loyers 1998 p. 35 note G. de Maillard.

En présence d'un bail dont la destination était celle d'« **hôtel pension de famille** », le prononcé de la résiliation du bail aux torts du locataire est justifié dès lors que les éléments suivants caractérisent le changement d'activité du locataire et l'absence de renoncement du bailleur à s'en prévaloir : le locataire ne proposait aucune chambre à la clientèle et se limitait à louer des studios dont il tirait une partie infime de ses revenus ; il se consacrait uniquement à l'activité de **restauration** et n'avait conservé que les apparences de l'ancien hôtel de Bourgogne ; le congé délivré par le bailleur ne pouvait pas s'interpréter comme une approbation du changement d'activité car l'acte affirmait seulement que le locataire occupait des locaux « sis (...) à Bandol hôtel-restaurant » ; la transformation allait au-delà de celle qui eût consisté à adjoindre l'activité de restauration à l'activité hôtelière de sorte que l'appellation d'hôtel-restaurant ne convenait pas à l'activité exercée.

Cass. 3e civ. 15-4-2008 n° 07-10.859 F-D : RJDA 10/08 n° 989.

L'exercice d'une activité de **restauration** dans des locaux que le locataire s'était engagé à utiliser pour le commerce de **bar-dancing** caractérise un changement total de destination qui, à défaut de preuve de l'accord du bailleur, constitue un manquement grave aux clauses du bail justifiant le prononcé de sa résiliation judiciaire aux torts du locataire.

Cass. 3e civ. 23-3-2010 n° 09-13.441 F-D : RJDA 7/10 n° 714.

Dans un cas où les locaux avaient été loués à usage de « **réparation et entretien de véhicules,** dépannages, transport et négoce de véhicules utilitaires », la société locataire qui s'est mise à y exercer une activité de **contrôle technique automobile** et a changé son objet social pour opérer cette réorientation a commis une infraction au bail justifiant le prononcé de la résiliation de celui-ci.

CA Paris 25-2-2008 n° 07/8565, 16e ch. A : RJDA 7/09 n° 602.

Le locataire qui, sans autorisation du bailleur, a exercé un commerce d'**encadrement** en plus des activités « d'**art de la table,** de **vente d'objets de décoration,** de cadeaux et de carterie » prévues par le bail a commis un manquement grave devant être sanctionné par la résiliation judiciaire du bail.

CA Versailles 9-3-2010 n° 09/226, 12e ch. sect. 1 : RJDA 7/10 n° 715.

L'exercice par un locataire d'une activité de **crêperie** dans des locaux loués à usage exclusif d'un commerce de café-bar et plats du jour revêt un caractère suffisamment grave pour entraîner le résiliation du bail.

CA Paris 20-1-2017 n° 14/21684 : RJDA 8-9/17 n° 535.

Dans un cas où le locataire de locaux commerciaux loués à usage de **commerce de vins et restaurant** y organisait régulièrement des **concerts et spectacles de danse et de chant,** ces activités étant répertoriées dans une revue spécialisée et décrites sur son site internet, une cour d'appel a souverainement retenu que l'organisation de spectacles ne pouvait pas être considérée comme une activité incluse dans l'activité autorisée par le bail, de sorte que le bail devait être résilié.

Cass. 3e civ. 8-6-2017 n° 15-26.208 F-D : RJDA 1/18 n° 6.

Lorsque le bail réserve l'exploitation des lieux loués à l'activité de « **balnéothérapie-modelage esthétique** », le locataire qui y exerce des **massages tantriques et naturistes** avec des masseuses dévêtues commet une violation suffisamment grave d'une clause essentielle du bail pour entraîner sa résiliation judiciaire.

CA Paris 17-4-2019 n° 17/05683, ch. 5-3 : RJDA 5/20 n° 261.

27595 (suite)

En présence d'un bail autorisant l'activité de « boulangerie-pâtisserie, sandwicherie, rôtisserie, pizzas et autres plats **à emporter,** et de glaces, bonbons, frites et boissons fraîches à emporter, à l'exclusion de tous autres commerces et de toutes activités bruyantes, dangereuses et malodorantes », doit être censuré l'arrêt d'appel qui juge que l'**installation** par le locataire **de tables et de chaises en terrasse** pour offrir aux clients la possibilité de consommer sur place les produits achetés ne constitue pas une modification de la destination du bail, alors que l'activité de petite restauration sur place est distincte de la vente à emporter.

Cass. 3e civ. 26-3-2020 n° 18-25.893 F-D : RJDA 1/21 n° 6.

Lorsque les locaux sont loués exclusivement à destination d'hôtel de tourisme et accessoires, le locataire qui exerce une activité de **restauration** accessible à une **clientèle extérieure** à l'hôtel, avec publicité en ligne et une entrée séparée de celle de l'hôtel commet un manquement suffisamment grave pour justifier la résiliation du bail.

Cass. 3e civ. 30-11-2023 n° 21-25.584 F-D : RJDA 4/24 n° 210.

Cas où la résiliation du bail n'a pas été prononcée

Si le fait de servir des **fondues** et des **raclettes** constitue une violation de la clause autorisant dans les lieux loués l'**exploitation d'une crêperie,** l'infraction commise n'est toutefois pas suffisamment grave pour justifier le prononcé de la résiliation du bail : les activités incriminées sont certes différentes de celles autorisées mais en sont cependant voisines ; le locataire n'a offert à la clientèle que des mets relativement simples, analogues à ceux que l'on déguste dans les grills, à l'exclusion de plats particulièrement élaborés ; le bailleur n'a pas établi que leur confection, dans une cuisine très modeste et peu équipée, a été pour l'entourage la source de nuisances ou pour lui-même la cause d'un quelconque préjudice.

CA Versailles 12-10-1989 n° 88/7929, 12e ch.

Bien que le locataire ait, en infraction avec le bail, vendu du **chocolat** dans des locaux réservés exclusivement au **commerce de torréfaction,** il n'y a pas lieu de prononcer la résiliation du bail au motif que l'**infraction,** qui a été de **courte durée** et a immédiatement cessé après réception par le locataire du commandement du bailleur, ne constitue **pas** un **manquement grave** de la part du locataire à son obligation contractuelle.

CA Versailles 8-2-1990, 12e ch. : Rev. Loyers 1990 p. 337.

La cour d'appel, qui a constaté que le bailleur avait autorisé le locataire à utiliser une pièce de l'immeuble pour exercer sa **profession de coiffure,** a pu user du pouvoir souverain d'appréciation qui lui appartient pour décider que le changement partiel de destination que le locataire avait réalisé en vendant des **parfums** et des **produits de beauté** ne justifiait pas la résiliation du bail, mais qu'il suffisait de faire **défense** au locataire de **persévérer** et de le condamner à verser au propriétaire une somme de 50 000 F à titre de dommages-intérêts.

Cass. com. 23-6-1959 n° 56-550.

Le locataire qui a exercé l'activité de **traiteur** dans les lieux réservés au **commerce de charcuterie** a commis une infraction au bail dont la gravité ne justifie cependant pas le prononcé de la résiliation du bail, compte tenu de l'évolution du métier de charcutier, de la généralisation dans ce genre de commerce du service à la clientèle des plats cuisinés, ainsi que de l'exercice par le locataire de l'activité de traiteur depuis plusieurs années au vu et au su de tous et particulièrement de la mère du bailleur qui gérait auparavant les locaux et avait été elle-même commerçante en boucherie juste à côté.

CA Rouen 7-2-2001 n° 99/70, 1e ch. cab. 1.

Bien que le locataire d'un **hôtel** de trente chambres ait contrevenu à la destination hôtelière des lieux loués en affectant six chambres à ses salariés, soit 1/5e de la capacité théorique d'accueil de l'établissement, la gravité de l'infraction, qui n'est pas irréversible, ne justifie pas le prononcé de la résiliation du bail et il convient d'accorder au locataire un délai de trois mois pour se mettre en conformité avec ses obligations.

CA Paris 8-12-2010 n° 09/7656, ch. 3-5 : RJDA 6/11 n° 502.

Bien que le locataire d'un local à usage de **restaurant** ait, en infraction avec le bail, exercé une activité de « happy hour » de 15 à 20 h au cours de laquelle il proposait à la vente des cocktails composés d'alcool fort et présentés à la clientèle sans mention de repas, l'exercice de cette activité ne constitue pas un manquement suffisamment grave de nature à justifier la résiliation de ce dernier dès lors que la persistance de l'activité de bar n'a pas été établie : moins de deux mois après la constatation de ce manquement, il a été constaté par un huissier que la mention « happy hour » était désormais accompagnée de la formule « dans le cadre d'un repas » et une capture d'écran du site Tripadvisor démontre qu'il en était de même deux ans auparavant.

CA Paris 28-3-2018 n° 16/13272, ch. 5-3 : RJDA 10/18 n° 706.

REFUS DE RENOUVELLEMENT DU BAIL POUR NON-RESPECT DE SA DESTINATION

Le locataire qui change la destination des lieux loués s'expose également à un refus de renouvellement de son bail **sans indemnité d'éviction** car ce non-respect constitue un motif grave et légitime. 27600

ILLUSTRATIONS

Dans un cas où le bail de lieux loués à usage d'épicerie, primeurs et comestibles ne permettait pas au locataire de **vendre des lapins,** poulets, œufs et poissons, le fait pour ce dernier d'avoir persisté à vendre ces produits, postérieurement aux mises en demeure du bailleur, constitue pour celui-ci un motif grave et légitime de refus de renouvellement du bail.

Cass. 3e civ. 20-2-1969 n° 67-13.112 : Bull. civ. III n° 160.

Doit être censuré l'arrêt qui, pour déclarer nul un congé avec refus de renouvellement sans indemnité d'éviction, retient que la transformation en salle de **restaurant** du local loué ne constituait pas une modification de l'usage des lieux car ceux-ci restaient affectés à la même activité de restauration déjà connue du bailleur et acceptée par lui, sans rechercher si la salle donnée à bail avait reçu une affectation conforme à sa destination contractuelle.

Cass. 3e civ. 5-7-1995 n° 1512 D : RJDA 8-9/95 n° 941.

Le fait pour un locataire d'avoir exercé une activité de **club échangiste** en contravention de son bail et de l'avoir maintenue plus d'un mois après avoir reçu la mise en demeure d'y mettre fin justifie un refus de renouvellement sans indemnité d'éviction.

CA Paris 2-3-2006 n° 2005/8364, 16e ch. B.

Le locataire qui a **changé d'enseigne** au mépris d'une clause du bail lui imposant d'exploiter le local loué sous une enseigne déterminée a commis un manquement aux obligations nées du bail. Cette violation constitue un motif grave et légitime de refus de renouvellement du bail, dès lors que le locataire n'a pas obtempéré à la mise en demeure délivrée préalablement au congé.

CA Rouen 3-3-2010 n° 09/772, ch. 1-1 : RJDA 8-9/10 n° 832.

Ndlr : Au cas particulier, la clause d'enseigne s'appliquait car sa validité n'avait pas pu être remise en question en raison de la prescription (voir n° 27910).

Dans un cas où le bail réservait les locaux à l'activité de « bar (licence IV), petite restauration, sandwicherie et vente à emporter, jeux non réglementés à l'exclusion de tout autre même temporairement », le fait pour le locataire d'avoir modifié la destination des lieux, sans accord du bailleur, pour en faire un **cabaret-bar de nuit** avec hôtesses, établissement dans lequel les prestations proposées à la clientèle diffèrent de celle de la simple exploitation d'une licence IV, et d'avoir maintenu cette activité malgré la mise en demeure d'y mettre fin constitue une infraction grave au bail justifiant le refus de renouvellement sans indemnité d'éviction.

CA Chambéry 8-11-2022 n° 19/01024, ch. civ. sect. 1 : AJDI 2023 p. 119.

Dans un cas où des locaux étaient destinés à la seule activité de **stylisme de mode et de couture,** le fait pour le locataire de permettre à des tiers d'organiser dans ces locaux des **défilés de mode** et d'installer des **showrooms de vêtements** constitue une infraction au bail qui présente à elle seule une gravité justifiant le refus de renouvellement du bail par le bailleur pour motif grave et légitime, ces activités ayant été jugées comme non intrinsèquement incluses à celle prévue au bail (n° 27224).

CA Paris 9-11-2023 n° 21/19623 : RJDA 11/24 n° 581.

INDEMNISATION DU BAILLEUR POUR NON-RESPECT DE LA DESTINATION

Conformément au droit commun de la responsabilité, le locataire peut être condamné à indemniser le **bailleur** si celui-ci a subi un préjudice. 27610

Le locataire peut être également condamné à verser des dommages-intérêts à un **tiers** au bail auquel le non-respect de la destination a causé un préjudice. 27615

ILLUSTRATIONS

Dans un cas où le propriétaire de deux immeubles voisins avait, dans un premier temps, vendu l'un d'eux à un acquéreur à l'égard duquel il s'était engagé à ne pas exploiter de restaurant dans l'immeuble qu'il conservait, puis avait loué celui-ci dans le cadre d'un bail qui interdisait au locataire toute activité de restauration, le locataire qui, en violation des stipulations du bail, avait exercé un commerce de restauration a été condamné à indemniser l'acquéreur (Cass. 3e civ. 17-2-2010 n° 08-18.752 FS-D : RJDA 10/10 n° 920). Dans le même ordre d'idées, un locataire qui, en dépit de la clause de non-concurrence insérée dans son bail, avait exercé une activité concurrente de celle du second locataire du bailleur a dû verser des dommages-intérêts au second locataire (Cass. 3e civ. 13-7-2010 n° 09-67.516 FS-PB : RJDA 12/10 n° 1136).

SECTION 2 DÉSPÉCIALISATION DES ACTIVITÉS DU LOCATAIRE

27900 Le locataire peut modifier son activité selon une procédure dite de « déspécialisation », laquelle lui permet :
- d'adjoindre à l'activité prévue au bail des activités connexes ou complémentaires (déspécialisation partielle ou restreinte : n°s 27910 s.) ;
- de transformer le fonds (déspécialisation plénière : n°s 28610 s.).

Lorsque cette transformation est motivée par le départ en retraite ou l'incapacité physique du locataire, un régime spécifique s'applique et fait l'objet de développements aux n°s 10280 s.

Le régime particulier de la déspécialisation des débits de boissons est étudié n°s 29330 s.

I. DÉSPÉCIALISATION PARTIELLE OU RESTREINTE DES ACTIVITÉS DU LOCATAIRE

CLAUSE INTERDISANT LA DÉSPÉCIALISATION

27910 Les règles mises en place par les articles L 145-47 et suivants du Code de commerce (n°s 27920 s.) pour organiser la déspécialisation partielle au profit des locataires sont d'ordre public si bien que sont réputés non écrits les clauses, stipulations et arrangements qui ont pour effet d'interdire aux locataires de procéder à une déspécialisation (C. com. art. L 145-15).

ILLUSTRATIONS

Est réputée non écrite la **clause prohibant l'exercice de toute activité autre que celle prévue au bail** ; il s'ensuit que la violation par le locataire d'une telle stipulation ne permet pas au bailleur d'obtenir l'acquisition de la clause résolutoire contenue dans le bail (Cass. com. 11-6-1991 n° 935 P : RJDA 7/91 n° 572).

Il en est de même de la **clause** d'un bail, que les parties ont conclu en même temps qu'un contrat de franchise avec lequel il formait un tout indivisible, **obligeant un locataire,** franchisé du bailleur, **à exercer** son activité dans les lieux loués **sous une enseigne déterminée** pendant toute la durée du bail. En effet, une telle clause a pour effet d'interdire au locataire de mettre en œuvre une déspécialisation partielle du bail (Cass. 3e civ. 12-7-2000 n° 1205 FS-PB : RJDA 11/00 n° 963). Cette solution est à notre avis applicable quel que soit le mode de distribution choisi par le fournisseur (franchise, concession, mandat, etc.).

Pour rejeter une demande d'extension de commerce formée par un locataire sur le fondement de l'article L 145-47 du Code de commerce, une cour d'appel ne peut pas déclarer que les différents baux consentis par le propriétaire contenaient, pour maintenir l'harmonie commerciale entre les locataires, des **clauses restrictives, librement consenties dans l'intérêt collectif,** qui devaient être respectées et n'entraient pas dans le cadre des prévisions de l'article L 145-15, car il convenait de tenir compte du tout que constituaient ces contrats de bail, lesquels ne pouvaient pas être examinés individuellement, les restrictions consenties par les uns trouvant leur compensation dans la limitation imposée aux autres. En effet, cette clause du bail avait pour effet d'interdire au locataire d'adjoindre à l'activité prévue au bail des activités connexes ou complémentaires et était donc contraire à l'article L 145-15 précité (Cass. 3e civ. 25-5-1972 n° 71-10.160 : Bull. civ. III n° 326).

En revanche, la **clause** d'un bail **qui interdit** à son locataire d'exploiter une **activité de friterie** dans les lieux loués à destination de « fast-food, croissanterie préemballée sans friture et sans crêpes » pour préserver les occupants de l'immeuble de nuisances olfactives est valable dès lors qu'elle n'a pas pour effet d'interdire toute déspécialisation (CA Paris 28-2-2018 n° 16/13779, ch. 5-3 : RJDA 7/18 n° 560).

Sur la question de savoir si une **clause de non-concurrence** peut faire obstacle à la demande de déspécialisation partielle du locataire, voir n° 28500.

Jusqu'au 20 juin 2014, date d'entrée en vigueur de la **loi du 18 juin 2014,** les clauses, stipulations et arrangements susvisés étaient sanctionnés par la nullité. Sur les effets de la réforme de 2014 et son application dans le temps, voir n°s 22150 s.

A. Adjonction d'activités connexes ou complémentaires par le locataire

L'article L 145-47 du Code de commerce autorise le locataire à adjoindre à l'activité prévue au bail des activités connexes ou complémentaires selon une procédure présentée nos 28170 s. **27920**
L'« **adjonction** d'une activité connexe ou complémentaire » **implique,** non une simple déclaration d'intention matérialisée notamment par l'apposition d'une enseigne, mais l'exercice effectif d'un commerce distinct. Cependant, l'annonce publique d'une activité complémentaire constitue une présomption d'exercice de celle-ci et il appartient au locataire qui en invoque la fictivité d'en rapporter la preuve, conformément au principe général posé par l'article 1353 du Code civil (CA Paris 1-6-1990 n° 88/5269, 16e ch. B, rendu sous l'empire de l'ex-art. 1315 mais transposable).

ILLUSTRATIONS

Jugé que ne rapportait pas une telle preuve le locataire de locaux réservés à l'usage exclusif de charcuterie qui prétendait avoir seulement utilisé le terme « traiteur » dans une publicité sans exercer en fait cette activité dès lors que, contrairement à ce qu'il soutenait, les locaux étaient largement suffisants pour pratiquer l'activité de traiteur et l'emploi d'un seul apprenti ne faisait pas obstacle à cette activité (arrêt précité).

Ni ce texte ni aucun autre ne définit la **notion** d'« activité connexe ou complémentaire », laquelle a dû être précisée par les tribunaux. **27925**
Ainsi, sont connexes à une activité celles qui ont un rapport étroit avec elle, et complémentaires celles qui sont nécessaires à un meilleur exercice de l'activité principale (CA Paris 21-4-1983 n° J/6626, 16e ch. B ; CA Paris 27-3-1990 n° 88/22015, 16e ch. A). Le lien de connexité suppose une similitude ou une dépendance des activités en cause et des méthodes de travail qu'elles impliquent ; le lien de complémentarité s'entend d'activités nouvelles accessoires, susceptibles de favoriser le développement de celles qui sont déjà exercées sans en modifier la nature (CA Caen 30-1-1996, 1e ch. civ., SA Interdiscount France c/ SNC Alltid ; CA Rouen 21-11-2002 n° 01/2295, 2e ch.).
Par ailleurs, pour que deux commerces soient connexes entre eux ou que l'un soit complémentaire de l'autre, il ne suffit pas qu'il y ait à la base une matière première commune ; encore faut-il que ces commerces ne soient pas différents dans leur nature, leur mode d'exploitation, leur installation et le genre de clientèle à laquelle ils s'adressent (Cass. 3e civ. 29-10-1970 n° 69-11.211 : Bull. civ. III n° 550).

ILLUSTRATIONS

Jugé que le commerce de dégustation de thé, café, chocolat, glaces (c'est-à-dire l'activité de salon de thé) n'est ni connexe ni complémentaire au commerce de vente de ces mêmes produits, dès lors que, dans le second cas, il s'agit d'un simple magasin de vente où la clientèle ne reste pas longtemps, y entrant uniquement pour effectuer des achats alors que, dans le premier cas, il s'agit d'une dégustation sur place qui nécessite un séjour plus prolongé et souvent par groupes de personnes et qui, en outre, implique une installation de matériel adéquat avec un personnel plus nombreux et qualifié (arrêt précité).

Pour être connexe ou complémentaire, l'**activité** envisagée doit, bien entendu, ne pas être déjà **autorisée par le bail** (Cass. 3e civ. 7-1-1972 n° 70-14.155 : Bull. civ. III n° 16). **27930**

ILLUSTRATIONS

Dans un cas où un bail stipulait que « le locataire pourrait exercer dans les lieux loués le commerce de café déjà existant ainsi que tout commerce de luxe de son choix », il a été jugé que le commerce de restaurant de luxe que le locataire avait adjoint à celui de café ne constituait pas une activité connexe ou complémentaire à celles prévues dans le bail dès lors que celui-ci autorisait l'exploitation de tout commerce de luxe et que le caractère luxueux du restaurant installé dans les lieux n'était pas remis en cause (arrêt précité). De même, jugé que la présence d'une armoire à boissons était de pratique courante chez les boulangers-pâtissiers, de sorte qu'il n'y avait pas eu déspécialisation partielle (CA Paris 14-4-1999 n° 97/7411, 16e ch. A).

En outre, l'**activité** qui est adjointe doit nécessairement être **exercée par** le propriétaire ou l'exploitant du fonds de commerce prévu au bail. Par conséquent, si elle est exploitée par un tiers, fût-il le fils du locataire, aucune connexité ou complémentarité ne peut être alléguée (CA Riom 8-1-1968 : D. 1968 p. 665).

En revanche, il importe peu que l'**activité** envisagée soit **prépondérante** par rapport à l'activité initiale puisque l'article L 145-47 impose seulement qu'elle soit connexe ou complémentaire (Cass. 3e civ. 24-10-1984 n° 83-11.433 : Bull. civ. III n° 174 ; Cass. 3e civ. 4-2-1997 n° 203 D). Dans l'affaire ayant donné lieu à l'arrêt de 1997, le bailleur avait demandé à ce que soit constatée la clause résolutoire pour changement de destination des lieux au motif que le locataire, après avoir obtenu l'autorisation d'exercer l'activité complémentaire de carterie dans le kiosque qu'il louait à usage de vente de presse, journaux, périodiques et magazines, s'était mis à proposer à la vente une centaine seulement de journaux « Sud-Ouest », le reste du magasin étant occupé par la vente de cartes postales. La Cour de cassation a rejeté cette demande, jugeant au contraire que, si l'activité de carterie était certes devenue prépondérante par rapport à celle de la vente de journaux périodiques et magazines, le caractère complémentaire d'une activité n'excluait pas qu'elle puisse être prépondérante par rapport à l'activité ancienne.

La nouvelle **activité** ne doit cependant pas **se substituer** à celle autorisée par le bail car un changement complet d'activité ne constitue pas une extension.

ILLUSTRATIONS

Dans un cas où un locataire avait demandé à pouvoir exploiter une activité de bowling dans les lieux loués à destination de « bar, restaurant, dancing, cabaret », il a été jugé que cette demande ne remplissait pas les conditions de la déspécialisation partielle car la surface du dancing-cabaret était inférieure à la superficie envisagée pour l'activité de bowling, de sorte que celle-ci, loin d'être complémentaire, serait nécessairement une activité de substitution à celle de dancing-cabaret (CA Versailles 5-3-2009 n° 07/883, 12e ch. sect. 2 : RJDA 12/10 n° 1137).

27935 La détermination du caractère accessoire ou complémentaire relève du **pouvoir** souverain **des juges du fond** (Cass. 3e civ. 20-2-1969 n° 67-13.112 : Bull. civ. III n° 160 ; Cass. 3e civ. 16-1-1973 n° 71-14.165 : Bull. civ. III n° 45 ; Cass. 3e civ. 26-11-1991 n° 90-16.149 FD : Loyers et copr. 1992 comm. n° 69 obs. Ph.-H. Brault ; Cass. 3e civ. 19-7-2000 n° 1259 FS-D : RJDA 12/00 n° 1076). Pour apprécier si l'extension sollicitée par le locataire peut être autorisée, les juges sont invités par l'article L 145-47, al. 2 du Code de commerce à tenir compte notamment de l'évolution des usages commerciaux. La Cour de cassation exige des juges du fond qu'ils recherchent d'office quels sont les usages en la matière (Cass. 3e civ. 25-5-1972 n° 71-10.160 : Bull. civ. III n° 326).

Les tribunaux ont été amenés à de très nombreuses reprises à se prononcer sur le caractère connexe ou complémentaire des activités exercées dans les lieux loués. Toutefois, à l'instar des décisions en matière d'activités incluses (nos 27150 s.), les solutions sont purement empiriques et dépendent largement de l'époque où elles ont été rendues ainsi que du lieu concerné.

ILLUSTRATIONS D'ACTIVITÉS COMPLÉMENTAIRES OU CONNEXES DU LOCATAIRE

27940 **Café-bar, restaurant** Une tendance générale semble s'être dégagée refusant la possibilité pour l'exploitant d'un **débit de boissons** d'adjoindre des activités liées à la restauration. Ainsi, le caractère connexe ou complémentaire a été écarté pour l'activité de **brasserie-restaurant** (CA Paris 29-9-1992 n° 92/5193, 16e ch. A) et de **brasserie-plats du jour** (CA Paris 17-4-1986 n° M/1258, 16e ch. B). À l'appui de cette dernière solution, la cour d'appel de Paris a relevé les différences de sujétion d'exploitation existant avec l'activité de café-bar : d'une part, l'activité à adjoindre suppose des préparations culinaires renouvelées chaque jour pour les principaux repas ; d'autre part, elle nécessite des installations conformes à la réglementation en matière d'hygiène et de sécurité pour l'évacuation des fumées et des odeurs et la ventilation des locaux ; enfin, elle implique des approvisionnements renouvelés fréquemment ainsi que l'évacuation quotidienne de déchets.

De même, il a été jugé que la « **restauration normale** », caractérisée par l'élaboration de plats complets servis chauds ou froids à de nombreux clients, ne présentait pas non plus un caractère connexe ou complémentaire de l'activité de cafetier dont elle est totalement différente puisqu'elle nécessite un équipement professionnel spécialisé distinct et des aménagements totalement différents (Cass. 3e civ. 28-5-1997 n° 927 D : Rev. Loyers 1998 p. 35 note G. de Maillard). Cette solution a été affirmée à plusieurs reprises (CA Paris 13-3-1990 n° 89/13939, 16e ch. A, et, sur pourvoi, Cass. 3e civ. 6-11-1991 n° 90-15.613 ; Cass. 3e civ. 19-7-2000 n° 1259 FS-D : RJDA 12/00 n° 1076).

En revanche, le caractère connexe ou complémentaire a été retenu pour l'activité de **restauration rapide** exercée dans un café-bar car elle ne nécessite pas d'aménagements importants et vise la même clientèle que celle qu'elle tend à fixer par l'apport de ce service supplémentaire (Cass. 3e civ. 19-7-2000 n° 1259 précité). Il en est également ainsi d'un service de **casse-croûte** car, à Paris, celui-ci est habituellement toléré dans les cafés (CA Paris 13-3-1990 n° 89/13939 précité).

27945 Lorsque le commerce exploité dans les lieux est celui de **pizzeria** et de **restaurant,** l'activité de **sandwicherie** n'est ni connexe ni complémentaire au commerce initial car celui-ci implique l'élaboration de plats complets et suppose des techniques de travail et un matériel différents (CA Paris 3-7-2002 n° 00/13314, 16e ch. A). L'inverse est vrai : il a ainsi été jugé que l'activité de restauration sous forme de pizzeria ne présentait pas non plus un tel caractère par rapport à l'activité de restauration sous la forme de « saladerie-sandwicherie » exercée dans les lieux loués car il s'agissait de passer d'une restauration ne nécessitant pas de cuisson (salades, sandwichs) à une restauration impliquant une cuisson (pizzas) et, partant, de nature à engendrer des odeurs pouvant, le cas échéant, incommoder le voisinage (Cass. 3e civ. 18-6-2002 no 1065 F-D : RJDA 10/02 no 991).

Le caractère connexe ou complémentaire a été dénié à la **vente à emporter** pour un commerce de « restauration, pizzeria, bar et brasserie », pour les raisons suivantes : la vente à emporter ne répondait pas aux mêmes besoins et nécessitait un type d'exploitation et un service différents dès lors que, selon le mode d'exploitation qui avait été choisi, elle s'exerçait à l'extérieur, au profit des chalands, et s'adressait à une clientèle autre que celle consommant dans l'établissement (CA Paris 23-5-2001 no 99/16524, 16e ch. A). Au contraire, dans une autre affaire, la vente à emporter a été considérée comme connexe à l'activité de restauration prévue au bail car les plats ou les sandwichs à emporter étaient cuisinés à l'intérieur des lieux loués, les produits vendus étaient destinés à répondre aux mêmes besoins et cette activité impliquait un service aux clients très proche de la restauration rapide (CA Versailles 9-7-2009 no 08/4618, 12e ch. sect. 1 : RJDA 1/10 no 6). **27947**

Il a même été jugé que la **livraison à domicile** de pizzas était une activité connexe ou complémentaire à celle de « vente de pizzas sur place ou à emporter » prévue au bail (CA Paris 11-6-2009 no 08/13759, 16e ch. B).

ATTENTION

Les mesures d'interdiction d'accueil du public lors de l'épidémie de **Covid-19** ont conduit les restaurateurs à proposer leurs plats à emporter (cf. Décret 2020-1310 du 29-10-2020 art. 40, abrogé par Décret 2021-699 du 1-6-2021). Cette circonstance semble avoir entraîné une évolution dans les modes de consommation et pourrait conduire à considérer l'activité de vente à emporter comme connexe ou complémentaire de celle de restauration ; néanmoins il est vivement conseillé au locataire d'informer le bailleur de l'adjonction de cette activité en respectant la procédure de déspécialisation partielle (Q. Lagallarde, Le bail commercial et la fin de confinement, épée de Damoclès sur la tête des restaurateurs : AJDI 2021 p. 30).

L'**organisation de soirées musicales et dansantes** dans un **bar-restaurant** est, quant à elle, diversement analysée par les juges du fond. Certaines juridictions dénient tout caractère connexe ou complémentaire à l'organisation de telles soirées, pour les raisons suivantes : les deux types d'activités en cause ne concernent pas la même clientèle car la restauration vise tous les publics y compris des personnes qui ne souhaitent pas écouter de musique alors que l'activité de bar musical vise avant tout des personnes sensibles à la musique et dont ce sera la seule motivation pour fréquenter les lieux ; les produits sont différents en ce que la qualité des mets est la préoccupation essentielle d'un restaurant alors que le bar musical crée son succès sur la musique et l'ambiance qui en résulte ; les méthodes de travail sont différentes, la restauration se faisant par un travail axé sur les repas de midi et du soir alors que l'activité de bar musical a lieu avec un personnel spécialisé, uniquement le soir et de préférence tard dans la nuit (CA Toulouse 13-4-2006 no 05/1317, 2e ch. sect. 1). D'autres considèrent au contraire que l'organisation de ces soirées est complémentaire de l'activité de bar-restaurant aux motifs qu'elle est exercée dans d'autres bars ou restaurants de la ville concernée, qu'elle attire et conserve la clientèle, séduite par le caractère spécifique de l'établissement, et qu'elle constitue une part non négligeable du chiffre d'affaires du bar-restaurant (CA Dijon 2-3-2006 no 04/2103, ch. civ. B). Rappelons que l'organisation de telles soirées a même parfois été considérée comme une « activité incluse » (no 27180). **27950**

S'agissant de l'activité contractuelle de **glacier,** il a été jugé que l'adjonction d'une « **petite restauration** » était complémentaire à l'activité initiale (Cass. 3e civ. 31-3-1998 no 531 D). **27955**

Concernant l'exercice de l'activité de **friterie,** il a été jugé qu'elle n'était ni connexe ni complémentaire à celle de « **fast-food, croissanterie préemballée sans friture et sans crêpes** » pour les raisons suivantes : le fast-food est un type de restauration rapide, impliquant la distribution à toute heure, pour un prix peu élevé, de quelques produits froids ou chauds (sandwich, pizza, hot-dog, croque-monsieur, panini, etc.), qui peuvent être consommés sur place ou emportés ; ce type de restauration ne nécessite aucune préparation culinaire, hormis un réchauffage rapide de certains plats proposés à la vente ; en interdisant expressément dans le bail l'activité de friterie et de crêperie, le bailleur a voulu préserver les occupants de l'immeuble dans lequel le fonds de commerce du locataire est exploité de nuisances olfactives évidentes ; une activité est connexe ou complémentaire si elle s'exploite dans les mêmes conditions que l'activité initiale ; l'activité de friterie, qui nécessite des installations spécifiques pour la ventilation des locaux et l'évacuation des fumées et des odeurs, dans le respect de la réglementation en matière d'hygiène et de sécurité, ainsi qu'un matériel distinct pour cuisiner les plats proposés à la vente, ne peut pas être considérée comme une activité complémentaire à celle de fast-food (CA Paris 28-2-2018 no 16/13779, ch. 5-3 : RJDA 7/18 no 560). **27958**

27960 **Hôtel** La transformation de l'activité d'« hôtel-bureau avec bar » prévue par le bail en activité de « **résidence hôtelière** » ne constitue pas l'adjonction d'une activité connexe ou complémentaire. En effet, il a été jugé que ces deux activités sont, par nature, différentes puisque l'activité de résidence hôtelière implique l'installation dans les chambres d'une cuisine équipée ou d'un meuble cuisine-réfrigérateur afin que la clientèle ait la possibilité de cuisiner et prendre ses repas dans sa chambre alors que l'activité d'hôtel-bureau suppose, en principe, l'hébergement d'une clientèle de passage, séjournant de nuit, non génératrice de nuisances sonores ou olfactives telles que celles pouvant être occasionnées ou liées à la préparation de plats cuisinés. En outre, les méthodes de travail de ces deux activités ne sont pas identiques, dans la mesure où la résidence hôtelière favorise des séjours de plus longue durée qui ne nécessitent pas des services journaliers (CA Rouen 21-11-2002 n° 01/2295, 2e ch.).

Par ailleurs, l'activité de **piano-bar** et de **karaoké** a été analysée comme étant complémentaire de l'activité d'« hôtel meublé » et de bar autorisée dans les lieux loués (Cass. 3e civ. 17-7-1996 n° 1410 D : RJDA 11/96 n° 1304).

27970 **Boucherie-charcuterie** La **vente d'abats** frais, sans préparation, et de boîtes d'**aliments pour animaux** domestiques, a été reconnue comme constituant en région parisienne une activité connexe ou complémentaire du commerce de boucherie (CA Paris 1-12-1987 n° 87/459, 1e ch. A).

Quant à la vente de **porc frais,** elle a tout d'abord été jugée complémentaire du commerce de boucherie compte tenu des usages commerciaux (CA Paris 26-6-1971, 16e ch. A, Sté Seimaroise c/ Charcuterie du centre : JCP G 1972 II n° 17117 note B. B.), puis analysée comme connexe à la vente de viande crue, qui constitue l'essence même du commerce de boucherie (CA Paris 21-4-1983 n° J/6626, 16e ch. B). En ce qui concerne l'activité de **rôtisserie,** voir n° 27200.

La question de savoir si l'activité de **charcuterie** présente un caractère connexe ou complémentaire à l'activité de boucherie est exemplaire de la fluctuation de la jurisprudence. En effet, dans un premier temps, la cour d'appel de Paris a jugé que cette activité présentait, en l'état des usages commerciaux, un lien de complémentarité avec le commerce de boucherie (CA Paris 26-6-1971 précité). Elle a ensuite adopté une position contraire justifiant sa décision par les motifs suivants : il n'existe aucune connexité entre les deux activités car les produits charcutiers et régionaux, qui sont d'une extrême diversité, n'ont de commun avec la viande crue que la seule caractéristique d'être des produits comestibles mais avec l'importante différence d'une nécessaire préparation préalable pour la viande crue ; il n'y a pas de complémentarité entre ces activités car la vente de produits charcutiers et régionaux représente pour le boucher une autre activité que la sienne propre qui ne se trouve ni modifiée ni améliorée par l'adjonction de cet autre commerce ; en effet, si une certaine tendance se manifeste vers la concentration en un même lieu de commerces distincts comme celui, chez un boucher, de charcuteries, conserves et autres produits alimentaires, cette évolution n'est pas la même en province et dans les localités d'intense activité commerciale, comme Paris en particulier, où l'importance de la clientèle potentielle donne à chaque commerçant la possibilité d'exercer son commerce spécifique sans qu'il se trouve dans l'obligation de lui adjoindre d'autres activités, étant d'ailleurs précisé que les clients ne trouveraient qu'un faible avantage à cette concentration dans la mesure où, comme en l'espèce, le charcutier ou tout autre commerçant exerce son activité à proximité (CA Paris 21-4-1983 n° J/6626, 16e ch. B). Elle a en outre souligné que ce défaut de connexité et de complémentarité résultait de la spécificité de l'activité de charcutier qui implique, entre autres facteurs essentiels, l'utilisation d'un laboratoire (CA Paris 5-1-1988 n° M/9710, 16e ch. A). Par la suite, la cour est revenue à sa jurisprudence initiale, estimant que les usages ayant cours à Paris avaient avalisé de telles pratiques comme devenues courantes, mais précisant toutefois qu'une convenable mise en pratique de ces activités supposait la réunion d'un certain nombre de conditions, telles que l'absence de préparation préalable dans les locaux loués (CA Paris 11-12-1991, 16e ch. A : Loyers et copr. 1992 comm. n° 260 note Ph.-H. Brault et C. Mutelet). Enfin, alors qu'elle était saisie de la question de savoir si l'activité de charcuterie était incluse dans celle de « boucherie en général et boucherie chevaline en particulier », elle a affirmé qu'il s'agissait d'une activité connexe ou complémentaire, mais sans justifier sa solution (CA Paris 19-9-2003 n° 02/3715, analysé n° 27205).

27975 S'agissant d'une **boucherie chevaline,** outre l'arrêt de 2003 cité n° 27970, un arrêt plus ancien avait reconnu à l'activité de **charcuterie** le caractère connexe ou complémentaire après avoir considéré qu'il était d'usage très courant dans la profession de boucher chevalin d'adjoindre la vente d'autres produits à ce commerce, les extensions les plus fréquentes étant la vente de volailles, de porc frais, de produits de charcuterie, la vente de triperie, ainsi que celle de veau et de mouton (CA Paris 16-5-1973, 16e ch.). Plus tard, la cour d'appel avait jugé au contraire que la vente de produits charcutiers régionaux, comme la vente de volailles, représente pour le boucher chevalin une activité autre que la sienne propre, laquelle ne se trouve ni complétée ni améliorée par le voisinage de ces activités nouvelles, si bien que celles-ci ne lui sont ni connexes ni complémentaires (CA Paris 27-3-1990 n° 88/22015, 16e ch. A, confirmé par Cass. 3e civ. 26-11-1991 n° 90-16.149 FD : Loyers et copr. 1992 comm. n° 69).

Par ailleurs, dans un cas où les locaux étaient réservés à l'usage d'une « **boucherie-triperie** » avec le droit de vendre des volailles non rôties, jugé que la vente des **volailles rôties** à côté de volailles non rôties, de la viande fraîche de porc et des conserves de viande de boucherie ou triperie est incontestablement connexe ou complémentaire aux ventes qui ont habituellement lieu dans les boucheries-triperies, selon les usages de la profession (Cass. 3e civ. 19-6-1970 n° 68-12.469 : Bull. civ. III n° 431). **27980**

Pour une **boucherie-charcuterie,** il a été jugé que si une rôtisserie et la vente de conserves pouvaient y être adjointes, tel n'était pas le cas de la vente de vin et de l'activité de traiteur (TGI Draguignan 30-1-2003 n° 02/73, 1e ch.). En effet, a précisé le tribunal, il est d'évidence que le boucher-charcutier opère la transformation de produits carnés, impliquant en matière de charcuterie des processus culinaires (confection de pâtés, saucisson, boudin, tripes à la mode de Caen, andouillettes, etc.), de sorte que la **vente de conserves** peut être considérée comme complémentaire en tant qu'elle est infiniment proche de la confection de ces produits. De même, l'adjonction d'une rôtisserie, concernant traditionnellement la volaille, apparaît comme ayant un caractère connexe en ce qu'elle relève d'une opération de transformation relevant des mêmes activités. En revanche, la **vente de vin** ne se rattache pas par un lien suffisamment étroit à l'activité de boucher-charcutier. De même, la profession de **traiteur** consistant dans la préparation de plats cuisinés ne peut pas être considérée comme ayant un caractère connexe ou complémentaire à l'activité de boucherie-charcuterie car elle implique des processus alimentaires totalement distincts, le boucher-charcutier n'ayant pas pour vocation de transformer des produits extérieurs à la chaîne alimentaire dont il tire son activité (agrumes, féculents, poissons, etc.). **27985**

La **vente** de **spécialités bretonnes** dans laquelle est comprise la vente des gâteaux de riz et des produits dits bretons, quelle que soit leur origine, constitue à l'égard du commerce de « **charcuterie-comestibles** » une activité connexe ou complémentaire (Cass. 3e civ. 19-2-1974 n° 216). **27990**

Commerces d'alimentation Il a été reconnu la faculté d'adjoindre au commerce d'**épicerie** l'activité complémentaire de **vente à emporter** des **boissons** les plus courantes, telles que vins et cidres au motif que, s'agissant d'un magasin de quartier, il est conforme aux usages que la clientèle puisse s'y procurer l'ensemble des denrées, solides et liquides, nécessaires à son alimentation, étant précisé que la nécessité pour le locataire de remplir les formalités administratives exigées pour l'exercice de cette activité ne saurait en modifier le caractère connexe ou complémentaire (CA Rouen 8-12-1967, 2e ch. civ. : Gaz. Pal. 1968 p. 263). **28000**

Néanmoins, l'activité de préparation de plats à emporter ne constitue pas une activité connexe ou complémentaire de celle d'**alimentation générale** et de **vente de plats à emporter** autorisée par le bail, dès lors que la préparation de plats ne s'adresse pas nécessairement à la même clientèle et implique l'intervention d'un personnel aux compétences spécifiques et l'aménagement d'une cuisine, ce qui suppose une organisation et une méthode de travail totalement différentes de celles de vente dans un commerce alimentaire (CA Nouméa 29-4-2021 n° 20/00184, ch. civ. : AJDI 2021 p. 518).

Par ailleurs, dans le cas d'un bail autorisant dans les lieux loués l'exercice des activités de « laitier, beurre, œufs, fromages, comestibles et produits alimentaires avec ou sans primes et conserves », jugé que celles-ci rentraient dans le cadre d'un commerce d'**alimentation générale** et que, si la vente de **vins** et **alcools** ne constitue pas nécessairement une branche de ce commerce, elle en constitue néanmoins une activité connexe ou complémentaire (CA Paris 30-11-1977 n° D/1757, 16e ch. A).

En présence d'un commerce de vente de **fruits et légumes,** il a été jugé que, dans la localité de Ruoms (Ardèche), le commerce de vin, œufs, saucissons et poulets présentait un caractère connexe ou complémentaire (CA Nîmes 11-6-1997, 1e ch. A : Loyers et copr. 1999 p. 11 note Ph.-H. Brault et C. Mutelet).

S'agissant d'un bail autorisant le « **commerce de vins, tous liquides et produits alimentaires de choix** », la possibilité d'y adjoindre des activités de **droguerie** et accessoires, parfumerie courante et **hygiène** a été reconnue, compte tenu des usages, de l'évolution des pratiques commerciales et de la forme de l'exploitation du commerce en libre-service sous une enseigne nationale tacitement autorisée par le bailleur (CA Paris 4-11-2009 n° 08/12261, ch. 5-3 : RJDA 4/10 n° 335).

En revanche, les juges ont refusé que l'activité de « **fabrication et vente de crèmes glacées** et autres produits glacés » prévue au bail puisse être étendue à la **vente de crêpes,** compte tenu des circonstances suivantes : il n'était pas fait état de nouveaux usages professionnels ; les techniques de fabrication des produits glacés et des crêpes, comme les matières employées, sont nettement distinctes, de sorte que la vente de crêpes ne peut pas être considérée comme le prolongement normal de l'activité prévue au bail ; compte tenu de la nature des deux produits, il n'apparaît pas qu'ils se fassent mutuellement valoir ; si une mode récente a entraîné la création de crêperies qui vendent à la fois des crêpes dessert et des crêpes repas, rien n'établit que la combinaison de l'activité initiale du locataire avec celle qu'il voudrait y ajouter corresponde à la satisfaction de besoins complémentaires d'une même clientèle ; il ressort des documents fournis que pendant la période d'hiver, il s'est produit une baisse d'activité de 89 % par rapport à la période d'été précédente, ce qui montre que, pendant l'hiver, il n'y aurait pas extension mais changement quasi complet de la destination du fonds (CA Lyon 24-2-1977 n° 1341, 1re ch.).

28005 Dans un commerce de **boulangerie,** l'adjonction de la vente de **confiseries,** chocolats et glaces n'est pas possible, faute de lien de connexité ou de complémentarité (Cass. 3e civ. 16-1-1973 n° 71-14.165 : Bull. civ. III n° 45).

Quant à la **fabrication de pâtisserie,** elle n'est ni connexe ni complémentaire de la **vente de pâtisseries** (Cass. 3e civ. 6-10-1971 n° 1081).

28010 **Commerces de confection** La vente de **foulards,** écharpes, carrés et **cravates** constitue une activité connexe ou complémentaire de la vente de **ganterie** et de bonneterie (CA Paris 4-12-1979, 4e ch. A). Le commerce de **bonneterie** peut être étendu à la vente de **chemisiers** en tous tissus au motif que celle-ci constitue une activité complémentaire de la bonneterie dans sa conception actuelle, mais ne peut pas l'être à « toute la **lingerie** », laquelle est un commerce nettement différent de la bonneterie (CA Paris 6-5-1969, 16e ch.).

Dans le cas d'un bail prévoyant un commerce exclusivement axé sur la vente de **corsets, gaines,** compacts, **soutiens-gorge,** jarretelles, **costumes de bain** élastiques à l'exclusion de la bonneterie pure, objet d'un commerce exercé par les propriétaires d'un local voisin, la cour d'appel de Paris a jugé que la vente de tous articles de **lingerie** ou de **bonneterie autres** que ceux désignés par le bail ne pouvait pas en principe être considérée comme connexe ou complémentaire de l'activité prévue au bail. La cour a toutefois apporté un tempérament et admis la connexité pour les ensembles composés de plusieurs pièces indivisibles qui ne peuvent donc pas être vendues séparément au motif que l'interdiction faite au locataire de vendre de tels ensembles entraînerait pour celui-ci l'impossibilité de fournir à sa clientèle certains articles rentrant dans le cadre de son activité (CA Paris 1-10-1969, 16e ch. : Gaz. Pal. 1969 p. 341).

Par ailleurs, l'activité de « **confection, prêt-à-porter** pour dames » a été considérée comme connexe ou complémentaire au commerce de « **gaines,** soutiens-gorge, **chemiserie, bonneterie** et sous-vêtements » autorisé par le bail car les deux activités s'adressent à la même clientèle féminine dans la même gamme d'articles textiles de luxe (Cass. 3e civ. 24-10-1984 n° 83-11.433 : Bull. civ. III n° 174). La solution contraire a été retenue s'agissant de l'activité « tout pour l'**enfant, prêt-à-porter** de la naissance à 16 ans », envisagée dans un commerce de « mode de confection et de bonneterie pour dames » car l'évolution des usages dans le département concerné n'allait pas dans ce sens : en effet, sur quarante-sept magasins spécialisés en vêtements d'adultes et d'enfants, cinq seulement vendaient des vêtements de femmes et d'enfants (CA Pau 7-4-1978 : AJPI 1979 p. 42).

28015 Aucun lien de connexité ou de complémentarité n'a été reconnu entre le commerce initial de « **tailleur** hommes, femmes et enfants, **prêt-à-porter** masculin, confection et vente de manteaux, robes, vestes, blousons hommes et dames en daim » et celui de **vente de gants** pour hommes et femmes, **sacs à main** en cuir ou vernis et ceintures pour hommes, les juges se fondant sur l'argumentation suivante : il n'apparaissait pas que les tailleurs et magasins de confection pour hommes, femmes et enfants vendaient habituellement des gants et des sacs à main ; si l'on suivait le raisonnement du locataire, fondé sur la nécessité d'assortir les gants et les sacs à main aux toilettes féminines, on serait également amené à autoriser dans les magasins d'habillement la vente de chaussures pour dames et même de colliers, bracelets ou autres bijoux ; habituellement, la vente des gants fait l'objet d'un commerce spécialisé et la vente des sacs à main et des ceintures en cuir est le fait des maroquiniers chez qui il est facile de trouver tous les articles voulus assortis à sa toilette (CA Rouen 6-5-1969, 2e ch. civ. : D. 1969 p. 626).

Quant au commerce de **chaussures,** il n'a pas non plus été considéré comme connexe ou complémentaire de l'activité de « prêt-à-porter, fourrures et tous accessoires s'y rapportant ». En effet, a précisé la cour d'appel, s'il y a une similitude de matière entre les vêtements de cuir et les chaussures, il n'y a pas vraiment de rapport étroit entre ces deux articles d'habillement et encore moins entre le prêt-à-porter, qui concerne principalement le textile, et les chaussures ; en outre, même si la vente obéit aujourd'hui au souci de satisfaire une clientèle toujours plus pressée, on ne saurait autoriser sans assimilation abusive dans les magasins d'habillement, la vente de toutes sortes d'articles, allant de la vente de chaussures à celles de colliers en passant par la fourrure ou la lingerie ; enfin, si, de nos jours, la tendance des fabricants de la mode est de rendre indispensables certains accessoires spécialement assortis aux vêtements, il n'en demeure pas moins que l'activité de marchand de chaussures au détail, qui est une activité spécifique relevant normalement d'un commerce spécialisé et autonome, n'est pas nécessaire à un meilleur exercice de l'activité initiale car la vente de vêtements de prêt-à-porter n'est ni complétée ni améliorée par le voisinage de cette activité nouvelle (CA Paris 3-4-1992, 16e ch. A, Sté du Forum des Halles c/ Sté Piergil : Loyers et copr. 1992 comm. n° 261 note Ph.-H. Brault et C. Mutelet).

En revanche, le commerce de **fourrures** et le commerce de **vêtements de peaux** ont été reconnus connexes, compte tenu, d'une part, de l'identité de la matière première et, d'autre part, de l'évolution des usages commerciaux permettant de constater que la plupart des fourreurs vendent des vêtements de peaux, étant précisé qu'eu égard à l'importance de ces facteurs de rapprochement, les différences de prix des marchandises et de qualité des clientèles des deux commerces ne sauraient supprimer leur caractère connexe (CA Colmar 22-5-1970 n° 69/192, 2e ch. civ.). Rappelons que la vente de peaux a même été considérée comme une « activité incluse » (n° 27222).

Commerce de chaussures La cour d'appel de Paris a refusé de qualifier le commerce de **maroquinerie** d'activité connexe ou complémentaire du commerce de la chaussure bien que l'autorisation de vendre des articles de maroquinerie ait pu être donnée fréquemment par des bailleurs à des locataires. Toutefois, la cour a estimé que la récente évolution des usages commerciaux et le souci de répondre au désir d'une clientèle féminine dont le goût va en s'affinant devaient, en l'espèce, conduire à permettre au locataire d'exercer comme activité complémentaire à celle de vente de chaussures la vente de sacs à main pour dames et de ceintures, mais sous la réserve que ceux-ci soient spécialement, en ce qui concerne la matière et les coloris, coordonnés avec des modèles de chaussures en vente dans la boutique (CA Paris 25-11-1974, 16e ch. : Gaz. Pal. 1975 p. 100). **28020**

Garage Il a été jugé que la réparation de voitures avec atelier de **carrosserie** et de **peinture** n'était pas, en fonction des usages commerciaux de la ville de Montpellier, connexe ou complémentaire de l'activité de « **garagiste sans réparations,** avec poste d'essence » prévue au bail (Cass. 3e civ. 17-3-1971 n° 69-14.324 : Bull. civ. III n° 191). Quant à l'activité de tôlerie peinture, son caractère connexe ou complémentaire à celle de **mécanique automobile,** seule autorisée dans les lieux loués, n'a pas été retenu dès lors que le matériel employé et les compétences requises pour l'exercice de ces deux activités sont totalement différents (Cass. 3e civ. 4-2-1997 n° 196 D). **28030**

Activités diverses Si la vente d'articles de **papeterie, mercerie, librairie** est considérée comme une activité connexe ou complémentaire d'un fonds de commerce initialement prévu pour la « vente d'articles de **bazar, journaux,** disques, tabac et articles de fumeurs », jugé que la vente d'appareils de **radio, télévisions,** transistors et **appareils électroménagers** ne constitue pas en principe une activité connexe ou complémentaire à ce commerce, mais une activité distincte nécessitant des locaux plus spacieux pour l'exposition des appareils proposés à la vente et une organisation commerciale spécialisée, comportant notamment un service après-vente. Ainsi, même compte tenu de l'évolution des usages commerciaux, le « Bazar » exploité concurremment avec le commerce de tabac et de journaux ne peut pas être considéré comme un magasin à rayons multiples, mais plutôt comme un endroit où l'on trouve toutes sortes de menus objets à prix généralement peu élevés et non des objets importants et encombrants comme téléviseurs, cuisinières électriques ou autres appareils électroménagers (CA Montpellier 25-3-1969, 2e ch. : D. 1989 p. 391). **28040**

De même, la vente de **produits régionaux** et de **confiseries** ne constitue pas une activité connexe ou complémentaire au commerce de « maroquinerie, articles **cadeaux,** meubles, bijoux fantaisie et **bazar** » autorisés dans les lieux loués. En effet, le bail ne mentionne que des produits ni périssables ni alimentaires de sorte que les termes « cadeaux » et « bazar » doivent être définis par rapport aux autres éléments purement matériels de l'énumération (CA Dijon 27-3-1991 n° 90/960, 1e ch. sect. 1).

Jugé également qu'il n'existe aucun lien de connexité ou de complémentarité entre l'activité de « **vente d'appareils électroménagers et télévision** » envisagée et le commerce de « **machines à coudre, mécanique** et vélocipède » exercé dans les lieux loués (Cass. 3e civ. 18-6-1970 n° 68-13.064 : Bull. civ. III n° 418). **28045**

La possibilité d'adjoindre à l'activité originaire de commerce de « **radio-télévision, électricité** et ses applications, appareils **électroménagers** et, à titre accessoire, disques et meubles de cuisine » la vente d'**appareils photographiques,** le service de **développement** automatique de photographies, ainsi que la vente de **montres,** de réveils électriques et électroniques et de **28050**

radio-réveils a été refusée (CA Caen 30-1-1996, 1e ch. civ., SA Interdiscount France c/ SNC Alltid). Pour justifier sa solution, la cour d'appel a développé l'argumentation suivante :

– le fait que les appareils vendus actuellement par le locataire et ceux qu'il souhaite adjoindre aient la même source d'énergie (l'électricité) est inopérant tant s'est développée et généralisée à de nombreux domaines l'utilisation de l'énergie électrique ;

– la similitude des méthodes de travail ne peut pas non plus être invoquée car le développement, même sous forme automatisée, de photographies ne peut être comparé à la vente d'appareils téléviseurs étant donné que le premier, sauf à offrir à la clientèle un service incomplet ou de médiocre qualité, nécessite un minimum de compétences techniques particulières (luminosité, cadrage, agrandissements, retouches, etc.) que ne requiert nullement la seconde qui ne concerne que des appareils prêts à l'emploi et d'un maniement simple ;

– le fait que ces produits sont des objets ayant un rapport, d'une manière ou d'une autre, avec l'image est insuffisant pour en conclure qu'ils ont la même finalité car, d'une part, le téléviseur est un appareil de réception d'images mobiles diffusées collectivement ou servant simplement d'écran à des images réalisées à titre familial, alors que l'appareil photographique est un appareil de création essentiellement à titre privé d'images fixes, et, d'autre part, ils procèdent de techniques totalement différentes ;

– les notions d'identité de « clientèle familiale » ou de « clientèle de loisirs » ne peuvent pas servir de fondement à la demande car ces notions sont trop vagues et sans consistance réelle, sauf à les voir appliquées à un nombre important de produits sans rapport les uns avec les autres ;

– il ne peut pas être utilement soutenu que les activités à adjoindre, qu'il s'agisse des montres ou des appareils photographiques, correspondent à l'évolution des désirs et des besoins de la clientèle car ces produits sont de création antérieure à ceux qui sont actuellement commercialisés par le locataire, de sorte que si une telle évolution avait eu lieu, elle n'aurait pu être qu'inverse ;

– l'évolution des techniques et l'apparition du numérique qui a « révolutionné le monde de l'image » notamment par l'apparition du « photo-compact-disc » n'est pas non plus un élément probant car, contrairement aux magnétoscopes et aux caméscopes dont l'utilisation ne se conçoit que conjointement avec un téléviseur et en sont donc les accessoires, les appareils photographiques dont l'existence est bien antérieure sont utilisés de manière indépendante des téléviseurs puisque leur objet demeure essentiellement la création d'images sur papier ; en outre, le photo-compact-disc, procédé qui n'en est d'ailleurs à l'heure actuelle qu'à ses balbutiements et dont l'avenir reste incertain, n'implique nullement que soient vendus dans le même commerce l'appareil photographique et le lecteur de compact-disc d'une part, le téléviseur d'autre part ;

– aucune évolution des usages locaux, alliant la vente de téléviseurs à celle des appareils photographiques n'est démontrée dès lors que les éléments de comparaison produits concernent majoritairement des grandes surfaces.

28055 Dans un cas où le bail d'origine d'un artisan prévoyait les seules activités de « **plomberie, sanitaire** et chauffage » et où le locataire souhaitait y ajouter celles de « **carrelage, peinture, électricité** », il a été jugé que, s'agissant d'un artisan exerçant à titre individuel et non d'un chef d'entreprise de travaux publics – la clientèle étant essentiellement composée de personnes physiques et de chantiers modestes –, les activités de sanitaire, carrelage, chauffage et électricité étaient complémentaires et que l'activité de peinture était connexe comme devant compléter nécessairement l'installation d'une salle de bains ou celle d'un chauffage électrique notamment dans une maison individuelle (CA Versailles 25-10-1990, 12e ch. : RJDA 1/91 no 7).

28057 Il a été jugé qu'était connexe ou complémentaire à l'activité « d'**ébéniste** fabricant et **marchand de meubles** et articles de Paris » autorisée dans les lieux la vente de **luminaires** en tous genres, **petits meubles** d'appoint, accessoires de décoration et cadeaux (Cass. 3e civ. 16-3-1977 no 480). En revanche, l'activité d'encadrement n'a pas été considérée comme connexe ou complémentaire des commerces « d'**art de la table,** de **vente d'objets de décoration,** de cadeaux et de carterie » autorisés par le bail (CA Versailles 9-3-2010 no 09/226, 12e ch. sect. 1 : RJDA 7/10 no 715).

28060 Le commerce de **cadeaux,** bijoux **fantaisie,** tableaux et **gadgets** ne constitue pas une activité connexe ou complémentaire de celle de « **drogueries et couleurs** » prévue au bail. En effet, il n'existe entre les deux commerces aucun lien tenant à la nature des objets vendus qui sont totalement différents dans leur fabrication et dans l'usage auquel ils sont destinés. En outre, le locataire ne peut pas justifier le caractère accessoire ou complémentaire de sa nouvelle activité en faisant état d'un article paru dans une revue professionnelle invitant les droguistes à adjoindre un tel commerce à leur activité principale, dès lors que cette adjonction n'est pas encore conforme à un usage courant résultant de l'évolution économique (CA Amiens 14-4-1976).

Jugé que la **coiffure pour hommes** est une activité connexe à celle de **coiffure pour dames** car il s'agit d'une extension de cette activité (CA Paris 27-2-2013 n° 11/15987, ch. 5-3 : RJDA 11/13 n° 880). **28062**

Il a été déduit des éléments suivants que l'activité de **nettoyage à sec** est complémentaire de celle de **laverie** et peut donc être adjointe à celle-ci : l'activité de nettoyage à sec présente un lien résultant de la nature de la prestation avec l'activité de lavage au poids ; l'adjonction sollicitée, qui procure à la clientèle une indiscutable facilité et un gain de temps appréciable, est conforme à l'évolution des usages commerciaux (Cass. 3e civ. 13-2-1973 n° 71-14.033 : Bull. civ. III n° 113). **28065**

Quant à la mise en vente, dans le **bar américain** autorisé dans les lieux loués, de luxueuses **mallettes** en cuir contenant un **nécessaire à cocktails,** il a été jugé que cette activité n'avait pas un simple caractère publicitaire, même si le produit de ces ventes ne représentait qu'une faible proportion du chiffre d'affaires du locataire (moins de 1 %), mais présentait un caractère connexe ou complémentaire à l'activité prévue au bail (CA Paris 15-2-1990 n° 88/17028, 16e ch. B). **28067**

B. Régime de la déspécialisation partielle des activités du locataire

La procédure de déspécialisation partielle, qui permet au locataire d'adjoindre à l'activité prévue au bail des activités connexes ou complémentaires, est organisée par l'article L 145-47 du Code de commerce. Il est **indispensable** pour le locataire de **respecter** cette **procédure.** À défaut, il reste tenu par les stipulations du bail relatives à la destination des lieux (Cass. 3e civ. 6-11-1985 n° 84-14.108). Si le locataire n'a pas mis en œuvre la procédure, les juges du fond n'ont pas à se prononcer sur le caractère connexe ou complémentaire des nouvelles activités adjointes (Cass. 3e civ. 3-7-1985 n° 84-11.807 P : Bull. civ. III n° 107). **28170**

Le locataire ne peut pas se dispenser de suivre cette procédure même si la clause de destination du bail stipule qu'il ne peut « exercer aucune autre activité non connexe ou complémentaire » à celle autorisée dans les lieux loués, car le bailleur doit pouvoir conserver la possibilité de contester le caractère connexe ou complémentaire des activités envisagées (Cass. 3e civ. 26-11-1991 n° 90-16.149 FD : Loyers et copr. 1992 comm. n° 69).

Par ailleurs, les juges ne peuvent pas, sans se contredire, qualifier une activité de connexe ou complémentaire et décider que les parties ne sont pas tenues de respecter la procédure de déspécialisation. La Cour de cassation a ainsi censuré la décision d'une cour d'appel qui, après avoir considéré que la vente à emporter constituait une activité connexe ou complémentaire du commerce de bar, brasserie, buffet froid exercé dans les lieux, avait jugé que le locataire pouvait l'exercer sans recourir à la procédure de déspécialisation partielle dès lors que ces activités ont un rapport étroit entre elles (Cass. 3e civ. 7-12-2004 n° 1323 FD : Administrer avril 2005 p. 23 obs. J.-D. Barbier).

1. PROCÉDURE DE DÉSPÉCIALISATION PARTIELLE DES ACTIVITÉS DU LOCATAIRE

DEMANDE DE DÉSPÉCIALISATION PARTIELLE DU LOCATAIRE

Le locataire qui souhaite adjoindre une autre activité connexe ou complémentaire à celle qu'il exerce déjà doit notifier son intention au propriétaire par **acte extrajudiciaire** ou par **lettre recommandée AR** indiquant la nouvelle activité envisagée (C. com. art. L 145-47, al. 2). L'assignation à jour fixe délivrée au bailleur ne vaut pas notification (Cass. 3e civ. 24-2-1976 n° 74-12.786 : Bull. civ. III n° 79). **28180**

Lorsque la notification a été faite par lettre recommandée AR et que la lettre n'a pas pu être présentée au bailleur, le locataire doit renouveler sa démarche par acte extrajudiciaire (C. com. art. R 145-38).

Si le locataire n'est pas certain du caractère connexe ou complémentaire des nouvelles activités projetées, il peut, parallèlement à sa **demande** de déspécialisation partielle, solliciter dans le même acte, à titre **subsidiaire,** une demande de déspécialisation plénière.

Avant d'exercer effectivement les nouvelles activités qu'il souhaite adjoindre au commerce prévu au bail, le **locataire** doit **attendre** d'avoir obtenu l'autorisation du bailleur (Cass. 3e civ. 29-10-1973 n° 72-13.128 : Bull. civ. III n° 548 ; Cass. 3e civ. 25-2-1975 n° 74-10.856 : Bull. civ. III n° 75).

RÉPONSE DU BAILLEUR À LA DEMANDE DE DÉSPÉCIALISATION PARTIELLE

La notification par le locataire d'une demande de déspécialisation vaut mise en demeure du bailleur de faire connaître s'il conteste le caractère connexe ou complémentaire des activités dont l'adjonction est demandée ; il dispose, à peine de déchéance, d'un **délai** de deux mois **28190** pour prendre position (C. com. art. L 145-47, al. 2). Si le bailleur souhaite élever une contestation, il doit nécessairement le faire pendant ce délai. **À défaut,** le locataire est fondé à adjoindre l'activité envisagée dès l'expiration du délai.

ILLUSTRATIONS

Dans un cas où le locataire, cessionnaire d'un bail, avait commencé à exercer diverses activités nouvelles après que le bailleur avait laissé sans réponse la lettre par laquelle il l'avait informé de son intention d'exercer outre l'activité prévue au bail diverses autres activités précises, la Cour de cassation a censuré l'arrêt d'une cour d'appel qui, pour prononcer la résiliation du bail aux torts exclusifs du locataire, avait retenu qu'il ne pouvait pas se prévaloir de sa lettre faute d'avoir obtenu l'accord du bailleur au bas de ce courrier ou dans l'acte de cession auquel ce dernier avait concouru, alors que le bailleur n'avait pas, dans le délai requis, contesté le caractère connexe ou complémentaire des activités envisagées (Cass. 3e civ. 1-3-1995 n° 93-16.062 P : Bull. civ. III n° 64).

En cas de notification par lettre recommandée AR, la date de notification à prendre en compte pour déterminer le **point de départ** du délai de deux mois est celle de la première présentation de la lettre au bailleur (application de C. com. art. R 145-38).

28191 Le bailleur n'est pas tenu d'exprimer son **opposition** sous une **forme** particulière (Cass. 3e civ. 6-3-1973 n° 72-10.454 : Bull. civ. III n° 165 ; Cass. 3e civ. 23-4-1974 n° 73-11.437 : Bull. civ. III n° 158 ; Cass. 3e civ. 9-2-2017 n° 15-28.759 FS-PB : RJDA 5/17 n° 317). Il suffit qu'il la manifeste de façon non équivoque (Cass. 3e civ. 9-2-2017 précité). Par exemple a été admise la contestation du bailleur adressée au locataire par lettre recommandée AR (Cass. 3e civ. 6-3-1973 précité) ou par lettre simple (Cass. 3e civ. 9-2-2017 précité).

28193 Le bailleur qui s'oppose à une demande d'adjonction d'une activité connexe ou complémentaire n'est pas tenu de **motiver** sa décision (Cass. 3e civ. 9-2-2017 n° 15-28.759 FS-PB : RJDA 5/17 n° 317). Mais il ne peut **s'opposer** à l'extension projetée qu'en invoquant l'absence de caractère connexe ou complémentaire de ces activités, à l'exclusion de tout autre motif.

Ainsi, pour refuser au locataire de locaux à usage d'atelier pour montres et horlogerie l'autorisation d'adjoindre à son activité celle de « vente de montre et d'horlogerie-bijouterie et orfèvre au détail », il a été jugé que le bailleur ne pouvait pas faire valoir que les locaux ne constituaient qu'un atelier de fabrication sans aucun caractère commercial ou artisanal et que l'article L 145-47 du Code de commerce ne s'appliquait pas (Cass. 3e civ. 11-2-1971 n° 69-12.590 : Bull. civ. III n° 100). Il ne pouvait pas non plus utilement invoquer un motif grave et légitime (CA Colmar 22-5-1970 n° 69/192, 2e ch. civ.) ou une exclusivité accordée à un locataire du même immeuble (n° 28470).

De même, les stipulations du règlement de copropriété ne constituent pas un motif valable d'opposition à l'activité connexe ou complémentaire envisagée. Si celle-ci est interdite par le règlement de copropriété, le bailleur peut être condamné à verser des dommages-intérêts à la copropriété et à redonner aux locaux leur usage antérieur. Dans ce cas, le locataire, contraint de cesser son activité, peut obtenir la résiliation du bail aux torts du bailleur.

28195 MODÈLE

Modèle de contestation du caractère connexe ou complémentaire des activités envisagées par le locataire

« Nom du bailleur »
« Numéro et nom de rue »
« Code postal » « Ville »

« Nom du locataire »
« Numéro et nom de rue »
« Code postal » « Ville »

« Ville », « Date »

Objet : Contestation du caractère connexe ou complémentaire des activités envisagées

Monsieur (ou Madame),

Suivant exploit de Maître « Nom de l'huissier ou du commissaire de justice », demeurant « numéro et nom de rue » (*variante* : Par lettre recommandée AR), en date du « date », vous m'avez fait connaître votre intention d'adjoindre à l'activité de... (*à préciser*, par exemple « boulangerie ») prévue au bail celles prétendues connexes ou complémentaires de... (*à préciser*, par exemple « vente de confiserie, chocolats et glaces »).

Par la présente, je conteste formellement le caractère connexe ou complémentaire des activités susvisées et vous fais défense de procéder à leur adjonction avant qu'il n'ait été statué sur la présente contestation par le tribunal compétent qu'il vous appartient de saisir.
Au cas où vous procéderiez à une adjonction prématurée des activités projetées, je vous informe que je me réserve le droit de mettre en œuvre la clause résolutoire prévue au bail.
Veuillez agréer, Monsieur (ou Madame), l'expression de mes salutations distinguées.

« Nom du bailleur »
« Signature »

Le **bailleur,** qui a contesté la déspécialisation dans le délai légal, mais pour un « mauvais » motif, n'est pas **forclos** à discuter en justice le caractère connexe ou complémentaire de l'activité projetée, même si, sur le fond, son opposition n'a aucune chance de prospérer. **28200**

ILLUSTRATIONS

Doit être censurée la décision d'une cour d'appel qui, pour déclarer le bailleur forclos à discuter en justice le caractère connexe ou complémentaire de l'activité envisagée par le locataire, s'était fondée sur le caractère erroné du motif avancé par le bailleur, alors que celui-ci, dans le délai légal et quel que soit le motif qui l'avait déterminé, s'était opposé à cette extension (Cass. 3e civ. 6-3-1973 no 72-10.454 : Bull. civ. III no 165).

AUTORISATION JUDICIAIRE DE DÉSPÉCIALISATION PARTIELLE

En cas de contestation de la part du bailleur, le litige relève du **tribunal judiciaire** saisi par la partie la plus diligente (C. com. art. L 145-47, al. 2). Cette saisine n'est enfermée dans aucun **délai.** Le locataire a toutefois intérêt à engager l'action le plus rapidement possible car il doit attendre l'issue de son action en déspécialisation pour adjoindre les nouvelles activités (Cass. 3e civ. 10-11-1987 no 86-15.314 ; Cass. 3e civ. 28-5-2003 no 676 FS-PB : RJDA 8-9/03 no 817). **28205**

Sur les éléments que doivent prendre en compte les juges du fond afin de se prononcer, voir no 27935.

Le **locataire** peut **renoncer** à sa demande à tout moment et jusqu'à l'expiration d'un délai de quinze jours à compter de la date à laquelle la décision est passée en force de chose jugée ; la renonciation doit être notifiée au bailleur par acte extrajudiciaire ou par lettre recommandée AR ; le locataire supporte alors tous les frais de l'instance (C. com. art. L 145-55). **28210**

En cas de notification par lettre recommandée AR, la **date** de notification à prendre en compte pour déterminer si la renonciation est tardive ou non est celle de l'expédition de la lettre par le locataire (application de C. com. art. R 145-38).

2. NON-RESPECT DE LA PROCÉDURE DE DÉSPÉCIALISATION PARTIELLE PAR LE LOCATAIRE

SANCTIONS

Toute extension de la destination des lieux, même limitée à une activité connexe ou complémentaire, réalisée sans l'autorisation préalable du bailleur ou du tribunal constitue un manquement du locataire à ses obligations susceptible d'entraîner **différentes sanctions** à son encontre (Cass. 3e civ. 24-10-1990 no 88-18.644 P : Bull. civ. III no 197 ; Cass. 3e civ. 20-12-2000 no 1767 FS-D : RJDA 3/01 no 279 ; CA Versailles 9-7-2009 no 08/4618, 12e ch. sect. 1 : RJDA 1/10 no 6). Cette infraction au bail peut ainsi justifier sa condamnation à des dommages-intérêts, un refus de renouvellement du bail pour motif grave et légitime ou encore la résiliation de celui-ci, soit par les juges s'ils estiment que l'extension constitue un manquement suffisamment grave aux obligations du locataire, soit par le jeu de la clause résolutoire insérée au bail. **28260**

ILLUSTRATIONS **28265**

Refus de renouvellement du bail

Dans un cas où les clauses d'un bail autorisaient exclusivement l'exploitation d'un commerce de « **bar-restaurant-alimentation** » dans les lieux loués, le congé délivré par le bailleur avec refus de renouvellement du bail et sans indemnité d'éviction est justifié dès lors que le locataire a créé, en violation des clauses du bail et sans accord du bailleur, un « **dancing-club de nuit** », qu'il a poursuivi cette activité malgré les mises en demeure d'y mettre fin, et qu'il n'a jamais eu recours à la procédure de déspécialisation.

Cass. 3e civ. 29-10-1973 no 72-13.128 : Bull. civ. III no 548.

Le locataire, qui a adjoint sans l'autorisation du bailleur un commerce de **cadeaux, bijoux fantaisie, tableaux et gadgets** à son activité de **droguerie et couleurs** seule prévue au bail et a poursuivi cette activité malgré la mise en demeure d'y mettre fin, a commis un grave manquement à ses obligations justifiant le refus de renouvellement du bail.
CA Amiens 14-4-1976.

A justifié sa décision la cour d'appel qui a déclaré valable le congé avec refus de renouvellement sans indemnité d'éviction délivré par le bailleur, après avoir retenu que le locataire, qui avait adjoint des activités de **chauffage et de couverture** au commerce de **plomberie et sanitaire** autorisé par le bail, ne s'était pas conformé aux stipulations contractuelles en dépit de la sommation qu'il avait reçue du bailleur.
Cass. 3e civ. 24-10-1990 n° 88-18.644 P : Bull. civ. III n° 197.

A commis un manquement constituant un motif grave et légitime de refus de renouvellement du bail sans indemnité d'éviction le locataire qui, malgré une sommation reçue du bailleur, a exploité un commerce de **vente à emporter,** certes connexe à l'activité de **restauration** prévue au bail mais sans avoir formé une demande de déspécialisation auprès du bailleur.
CA Versailles 9-7-2009 n° 08/4618, 12e ch. sect. 1 : RJDA 1/10 n° 6.

28270 ILLUSTRATIONS

Résiliation en présence d'une clause résolutoire

Après avoir jugé que l'exploitation d'un bureau de **PMU** n'entrait pas dans le cadre des activités prévues au bail aux termes duquel les locaux commerciaux étaient loués à usage exclusif de « **café, snack-bar, jeux** », une cour d'appel en a justement déduit qu'était valable la sommation faite par le bailleur au locataire de cesser d'exercer cette exploitation, mettant ainsi en jeu la clause résolutoire insérée au bail, dès lors que le locataire n'avait pas sollicité, dans les conditions prévues par la loi, l'autorisation de l'exercer.
Cass. 3e civ. 27-11-1970 n° 69-12.468 : Bull. civ. III n° 650.

Il y a lieu de constater la résiliation de plein droit d'un bail de locaux à usage de « **snack-bar-restaurant** » pour exercice non autorisé de l'activité de **glacier** par le locataire dès lors que celui-ci a exercé cette activité sans respecter la procédure prévue à l'article L 145-47 du Code de commerce et qu'il n'a pas obtempéré à la mise en demeure adressée par le bailleur rappelant les termes de la clause résolutoire inscrite dans le bail.
Cass. 3e civ. 6-11-1985 n° 84-14.108.

Faute d'avoir fait connaître préalablement au bailleur son intention d'adjoindre à son commerce de **bar américain** le commerce connexe ou complémentaire de **vente de mallettes pour cocktails,** le locataire s'est mis en infraction avec le bail, ce qui entraîne l'application de la clause résolutoire du bail et justifie le prononcé de l'expulsion du locataire.
CA Paris 15-2-1990 n° 88/17028, 16e ch. B.

Dans un cas où un bailleur, qui avait loué des locaux à usage d'exploitation d'un fonds d'**hôtel-restaurant, pension de famille, bar, salon de thé,** avait mis vainement en demeure son locataire de cesser l'organisation d'**activités touristiques,** doit être censuré l'arrêt qui, pour rejeter la demande du bailleur en constatation de l'acquisition de la clause résolutoire, retient que le locataire ne faisait qu'organiser pour les clients de l'hôtel des activités touristiques, qui ne pouvaient pas s'exercer, de par leur nature, dans les locaux loués ainsi que cela ressortait de l'examen de l'extrait K bis du registre des sociétés, tout en constatant qu'aux termes du bail les locaux loués devaient servir exclusivement à l'exploitation du commerce d'hôtel-restaurant, pension de famille, bar, salon de thé et tout commerce similaire et que la faculté d'adjonction d'activités connexes ou complémentaires ne pouvait être effectuée qu'avec l'autorisation du bailleur.
Cass. 3e civ. 18-3-1998 n° 423 P : RJDA 5/98 n° 570.

Justifie légalement sa décision d'accueillir une demande en constatation de l'acquisition de la clause résolutoire et expulsion d'un locataire la cour d'appel qui relève que ce dernier a **étendu son activité sans attendre l'issue de son action en déspécialisation** et qu'il n'a pas obtempéré dans le délai d'un mois au commandement visant la clause résolutoire qui lui faisait injonction de respecter la destination du bail.
Cass. 3e civ. 28-5-2003 n° 676 FS-PB : RJDA 8-9/03 n° 817.

28275 ILLUSTRATIONS

Résiliation judiciaire

Le fait pour le locataire de locaux loués pour le commerce de « **machines à coudre, mécanique et vélocipède** » d'exposer dans son magasin, en vue de leur vente, des appareils de **télévision** ainsi que des **fers et rasoirs électriques,** sans attendre l'expiration du délai accordé au bailleur pour répondre à sa demande de déspécialisation, justifie le prononcé de la résiliation du bail.
Cass. 3e civ. 18-6-1970 n° 68-13.064 : Bull. civ. III n° 418.

Bien que le locataire ait exercé l'activité de **vente de confiserie, chocolats et glaces,** qui n'est ni connexe ni complémentaire du commerce de **boulangerie** prévu au bail, l'infraction ainsi commise n'est pas assez grave pour entraîner la résiliation du bail demandée par le propriétaire dès lors que la vente de ces produits est souvent pratiquée par des boulangers et que le bail ne comportait aucune interdiction précise sur ce point.

Cass. 3e civ. 16-1-1973 n° 71-14.165 : Bull. civ. III n° 45.

Après avoir retenu que l'**extension** d'activité, opérée par le locataire **sans autorisation,** était irrégulière et constituait une faute, c'est par une **appréciation souveraine** que les juges du fond ont estimé que cette infraction n'était pas suffisamment grave pour justifier la résiliation du bail.

Cass. 3e civ. 25-5-1976 n° 74-11.671 : Bull. civ. III n° 223.

Ndlr : En l'espèce, la cour d'appel avait considéré que la faute du locataire n'était pas de nature à entraîner la résiliation du bail car les activités ajoutées étaient complémentaires du commerce prévu au bail de sorte que si le bailleur avait contesté ce caractère, l'action qu'il aurait intentée aurait été vouée à l'échec.

A légalement justifié sa décision la cour d'appel qui a rejeté la demande de résiliation du bail après avoir énoncé qu'en admettant qu'il y ait eu faute de la part du locataire à **ne pas attendre la décision de justice** reconnaissant le caractère connexe des nouvelles activités adjointes, cette faute ne serait pas suffisamment grave pour motiver la résiliation demandée, dès lors que l'**activité** adjointe était **connexe** et qu'elle avait été **tolérée** depuis plus d'un an.

Cass. 3e civ. 16-3-1977 n° 480.

Bien que le locataire ait **adjoint** à son activité de vente de **fruits et légumes** le commerce de **vin, œufs, saucissons et poulets sans en faire part** au bailleur, ce manquement dans l'information du bailleur n'est pas de nature à entraîner la résiliation du bail dès lors que l'**activité** nouvelle est bien **connexe** ou complémentaire de l'activité initiale.

CA Nîmes 11-6-1997, 1e ch. A : Loyers et copr. 1999 p. 11 note Ph.-H. Brault et C. Mutelet.

Pour un autre exemple où la résiliation n'a pas été prononcée, voir n° 28280.
Une cour d'appel a **souverainement retenu** que ne présentait pas un degré de gravité suffisant pour entraîner la résiliation du bail l'adjonction d'une activité de **petite restauration** à celle de **glacier** prévue au bail, dès lors que l'**activité** adjointe, même si elle n'avait **pas** été **autorisée** par le bailleur, était **complémentaire** à celle initialement prévue et n'occasionnait **aucune gêne** supplémentaire.

Cass. 3e civ. 31-3-1998 n° 96-17.129 D.

Une cour d'appel, qui a constaté que le locataire avait, **sans autorisation** du bailleur, adjoint au commerce de **boucherie** seul prévu au bail une activité de vente de produits de **charcuterie** préparés par ses soins, a pu, par une **appréciation souveraine** de la gravité de l'adjonction, en déduire que celle-ci justifiait la résiliation du bail.

Cass. 3e civ. 13-3-2002 n° 00-18.298.

ILLUSTRATIONS **28280**

Dommages-intérêts

Le locataire, qui a adjoint à son activité initiale de **poissonnerie** celle de **traiteur,** créant ainsi une activité connexe et complémentaire sans en aviser son bailleur, a certes commis une faute mais celle-ci n'est pas de nature à justifier la résolution du bail et doit seulement entraîner le versement au bailleur d'une somme de 15 000 F (2 290 € environ) à titre de dommages-intérêts.

CA Bordeaux 13-2-1997 n° 94/2641, 5e ch.

Seul le bailleur a **qualité pour demander** le prononcé de **sanctions** à l'encontre du locataire, à **28285**
l'exclusion de tout autre titulaire d'un bail. En conséquence, si le bailleur ne sollicite pas la résiliation du bail de l'un de ses locataires alors que ce dernier a adjoint sans autorisation une activité connexe ou complémentaire à celle prévue au bail, un autre locataire ne peut pas se substituer au bailleur car il ne dispose que d'une action extracontractuelle à l'encontre du locataire contrevenant (CA Paris 4-12-1979, 4e ch. A).

RECEVABILITÉ D'UNE ACTION EN DÉSPÉCIALISATION POSTÉRIEURE

Si le locataire étend ses activités de manière prématurée et irrégulière, est-il encore recevable à **28290**
engager une action en déspécialisation ? La jurisprudence a répondu par l'affirmative à cette question, jugeant qu'une telle extension n'est pas en elle-même une cause d'irrecevabilité, en l'absence de dispositions prévoyant la déchéance dans un tel cas (CA Paris 26-6-1971, 16e ch. A, Sté Seimaroise c/ Charcuterie du centre : JCP G 1972 II n° 17117 note B. B. ; CA Lyon 24-2-1977 n° 1341, 1e ch. ; CA Paris 30-11-1977 n° D/1757, 16e ch. A ; CA Paris 23-5-2001 n° 99/16524, 16e ch. A ; CA Dijon 2-3-2006 n° 04/2103, ch. civ. B). La demande ne serait **tardive** que si le bailleur avait procédé à la sommation prévue par la clause résolutoire du bail et si, celle-ci étant demeurée infructueuse, il avait demandé que soit constatée la résiliation du bail (CA Lyon 24-2-1977 précité ; voir aussi CA Metz 27-7-2023 n° 21/01262 : Rev. Loyers 2024 p. 215 obs. N. Bellatrèche-Titouche).

ILLUSTRATIONS

Jugé que la demande en justice présentée par un locataire en vue d'obtenir l'autorisation d'adjoindre une activité de confection à son commerce de vente au détail de tissus était irrecevable pour les raisons suivantes : il avait commencé à exercer cette activité avant toute autorisation du bailleur ou de la justice ; il n'y avait pas mis fin à l'expiration du délai d'un mois imparti par la **sommation du bailleur visant la clause résolutoire** insérée au bail, le bail s'étant alors trouvé résilié par l'effet de cette clause (Cass. 3e civ. 25-2-1975 n° 74-10.856 : Bull. civ. III n° 75).

De même, dans un cas où un locataire, qui avait mis en vente des produits interdits par le bail, avait persisté dans cette infraction malgré une **sommation du bailleur visant la clause résolutoire** et avait attendu l'expiration du délai imparti par la sommation pour engager la procédure de déspécialisation, jugé que le bail s'était trouvé résilié le jour de l'expiration du délai par l'effet de la clause résolutoire, de sorte que le locataire ne pouvait pas se prévaloir de la forclusion pour défaut de réponse du bailleur à sa demande d'extension d'activité, puisque cette forclusion n'aurait été acquise qu'après la résiliation du bail (Cass. 3e civ. 20-12-1971 n° 70-13.058 : Bull. civ. III n° 640).

C. Effets de la déspécialisation partielle des activités du locataire

1. EFFETS DE LA DÉSPÉCIALISATION PARTIELLE À L'ÉGARD DES PARTIES

RÉALISATION DE TRAVAUX DE TRANSFORMATION

28390 Si le bail contient une **clause de résiliation de plein droit pour cessation d'activité,** une telle clause cesse de produire effet pendant le temps nécessaire à la réalisation des transformations impliquées par la déspécialisation partielle. Ce délai ne peut toutefois pas excéder six mois à dater de l'accord sur la déspécialisation ou de la décision judiciaire l'autorisant (C. com. art. L 145-42).

RÉVISION DU LOYER

28400 La déspécialisation partielle n'entraîne pas d'augmentation immédiate du loyer. L'article L 145-50 du Code de commerce, qui autorise la modification du prix du bail au moment de la transformation, vise seulement le cas de la déspécialisation plénière de la destination des lieux (nos 29090 s.) (CA Rouen 9-9-1997 n° 96/391, ch. civ. réunies).

28405 En revanche, il peut être tenu compte des activités commerciales adjointes lors de la première **révision triennale** suivant la notification au bailleur de la demande si celles-ci ont entraîné par elles-mêmes une modification de la valeur locative des lieux loués (C. com. art. L 145-47, al. 3). Dans ce cas, et par dérogation à la règle du plafonnement du loyer révisé prévue à l'article L 145-38 du Code de commerce (nos 51650 s.), le loyer est fixé à la valeur locative.

ATTENTION

Comme l'a relevé très justement J.-P. Blatter (Traité des baux commerciaux Le Moniteur 7e éd. n° 1731), si la prochaine **révision triennale** possible intervient **avant qu'il ait été statué judiciairement sur la demande de déspécialisation** du locataire, le bailleur a intérêt à différer sa demande de révision pour la formuler postérieurement au jugement, de manière à pouvoir prendre en compte la modification de destination qui serait autorisée par le tribunal, alors que le locataire a intérêt à faire cette demande à la bonne date pour les raisons inverses.

Il résulte de la lettre de l'article L 145-47, al. 3 précité que le plafonnement est écarté dès que la valeur locative est modifiée, quelle que soit l'ampleur de cette modification. Il s'agit là d'une condition suffisante mais nécessaire, et il appartient au bailleur d'en rapporter la preuve (CA Poitiers 7-4-1993 n° 91/3056, ch. 2e civ. sect.).

Pour que la valeur locative puisse être modifiée, il faut que les activités nouvelles soient suffisamment importantes par rapport aux activités initiales, ce qui est le cas d'une nouvelle activité qui, même sans être immédiatement rentable, permet au locataire de conquérir un nouveau marché en se diversifiant (CA Paris 28-2-1992 n° 90/8134, 16e ch. B).

Les dispositions de l'article L 145-47, al. 3 étant d'ordre public, elles ne peuvent être écartées que par une **renonciation** intervenant une fois le droit à la déspécialisation acquis : le locataire ne peut donc pas, dans le même acte, à la fois convenir d'une déspécialisation avec le bailleur et consentir à une augmentation de loyer puisque celle-ci constitue une renonciation à son droit d'attendre la prochaine révision triennale pour subir cette augmentation (Cass. 3e civ. 19-5-2004 n° 593 FS-PB : RJDA 8-9/04 n° 950).

La déspécialisation partielle peut également être une cause de déplafonnement du loyer lors du **renouvellement du bail** (sur cette question, voir nos 84250 s.). 28410

2. EFFETS DE LA DÉSPÉCIALISATION PARTIELLE À L'ÉGARD DES TIERS

À la différence de ce qui est prévu pour la déspécialisation plénière (nos 28890 s.), les dispositions de l'article L 145-47 du Code de commerce, qui confèrent au locataire le droit d'adjoindre des activités connexes ou complémentaires à son commerce, ne protègent pas les droits des tiers. Pour admettre ou refuser l'extension demandée, il n'y a donc pas lieu de faire état du droit éventuel des tiers (Cass. 3e civ. 13-2-1969 no 67-11.783 : Bull. civ. III no 132 ; Cass. 3e civ. 19-6-1970 no 68-12.469 : Bull. civ. III no 431). 28460

ILLUSTRATIONS

Pour s'opposer à la vente de viandes de boucherie, jugé que le bailleur ne pouvait pas utilement invoquer le fait qu'il avait déjà, dans le même immeuble, consenti un bail à un boucher et que l'extension demandée allait le contraindre à autoriser une **concurrence** portant gravement atteinte aux droits résultant, pour ce commerçant, du bail qu'il lui avait consenti (Cass. 3e civ. 13-2-1969 précité).

CLAUSE D'EXCLUSIVITÉ CONSENTIE À UN AUTRE LOCATAIRE

En cas de déspécialisation régulière L'exclusivité accordée par le bailleur à un autre locataire dans le même immeuble ne peut pas **faire échec** aux dispositions d'ordre public du Code de commerce sur la **déspécialisation** (Cass. 3e civ. 1-2-1978 no 76-12.490 : Bull. civ. III no 63 ; Cass. 3e civ. 24-10-1984 no 83-11.433 : Bull. civ. III no 174). Ni le bailleur ni le bénéficiaire de l'exclusivité ne peuvent se retrancher derrière une telle clause pour s'opposer à l'extension sollicitée (CA Caen 30-1-1996, 1e ch. civ., SA Interdiscount France c/ SNC Alltid). 28470

ILLUSTRATIONS

Les clauses du bail d'un local commercial situé dans un ensemble immobilier prévoyaient, d'une part, que les lieux loués étaient réservés à l'exploitation d'un commerce de « **crèmerie, alimentation générale** et tous articles de consommation et d'approvisionnement » et, d'autre part, que le bailleur s'engageait à ne louer dans l'ensemble immobilier aucun local pour un commerce susceptible de faire **concurrence** au locataire. Quelques années plus tard, le bailleur ayant l'intention de louer un autre local pour y établir un commerce du type « **supermarché** », une convention avait été conclue entre le bailleur et les deux locataires par laquelle le premier se voyait accorder l'exclusivité de la vente de lait frais, en contrepartie de quoi il acceptait l'installation dans l'ensemble immobilier du commerce envisagé qui pourrait vendre tous articles d'épicerie, y compris du lait concentré ou en poudre. Il a été jugé que le bailleur ne pouvait pas s'opposer à la vente de lait frais que le locataire exploitant le supermarché souhaitait adjoindre à son activité, aux motifs qu'il n'était pas contesté que la vente de ce produit était une activité connexe de celle de supermarché et que le droit conféré au locataire d'adjoindre à son commerce une telle activité ne souffrait ni réserve ni condition, le législateur n'ayant pas entendu réserver les droits des tiers dans cette hypothèse (CA Paris 4-11-1968, 16e ch., Entreprise Goulet-Turpin c/ Sté Laiterie Amiot et Ponlevé : Rev. Loyers 1969 p. 35).

Le bénéficiaire de la clause d'exclusivité ne peut pas rechercher la **responsabilité du bailleur** qui n'a pas fait respecter son exclusivité car il ne peut pas, lors de la signature de son bail, avoir ignoré les possibilités qu'offre l'article L 145-47 du Code de commerce aux autres locataires (CA Paris 26-6-1971, 16e ch. A, Sté Seimaroise c/ Charcuterie du centre : JCP G 1972 II no 17117 note B. B.). Toutefois, il peut demander réparation au bailleur, pour trouble irrégulièrement apporté à son exploitation, si ce dernier ne réagit pas alors que le locataire qui a mis en œuvre la procédure de déspécialisation a commencé à exercer irrégulièrement les nouvelles activités avant l'expiration du délai de contestation (sur ce délai, voir no 28190). 28475

Le bailleur peut être condamné à **restituer** au locataire la **somme** qu'il a **reçue en contrepartie de l'exclusivité,** dès lors qu'il se trouve dans l'impossibilité de faire respecter cette exclusivité du fait des dispositions légales sur la déspécialisation (Cass. com. 5-10-1981 no 80-11.076 : Bull. civ. IV no 340). Encore faut-il bien entendu que le bénéficiaire rapporte la preuve que la somme versée avait pour but de rémunérer l'exclusivité qui lui a été consentie (CA Paris 26-6-1971 précité). 28480

En cas de déspécialisation irrégulière L'absence d'efficacité de la clause d'exclusivité suppose toutefois que la procédure de déspécialisation ait été respectée. La Cour de cassation a ainsi approuvé une cour d'appel qui avait interdit à un locataire exploitant un commerce d'alimentation générale dans un centre commercial de vendre des articles de droguerie en concurrence avec un autre locataire droguiste, dès lors qu'il ne pouvait pas invoquer l'article L 145-47 du Code de commerce, faute d'avoir fait connaître au propriétaire son intention d'étendre son activité commerciale, et que le bailleur avait reconnu à chaque 28490 locataire une garantie d'exclusivité, interdisant ainsi la concurrence entre les locataires pour la vente des mêmes produits (Cass. 3e civ. 16-11-1971 n° 70-12.623 : Bull. civ. III n° 553).

Le locataire qui a vendu des produits relevant de l'exclusivité accordée à un autre locataire sans respecter les formalités prévues par l'article L 145-47 peut être tenu de **garantir** le **bailleur** de l'action intentée par cet autre locataire pour trouble résultant de cette extension illicite de commerce portant atteinte à son droit d'exclusivité (Cass. 3e civ. 16-7-1974 n° 73-11.795 : Bull. civ. III n° 303).

ILLUSTRATIONS

Dans un cas où un bail stipulait que l'exploitation d'un commerce de « boucherie-charcuterie-volaille » était seule autorisée dans les lieux loués sis dans un ensemble immobilier, « sauf toutefois adjonction d'activités dans les conditions légales, sous réserve que cette activité ne soit pas déjà exercée par un commerce en place » et où un autre locataire, exploitant une « rôtisserie-traiteur » et installé en premier dans les lieux, soutenait que le boucher vendait des produits relevant de l'exclusivité qui lui avait été accordée et réclamait au propriétaire de l'ensemble immobilier la cessation de ce trouble illicite et des dommages-intérêts, jugé que le propriétaire de l'ensemble immobilier était légitime à appeler le boucher en garantie dès lors qu'il n'avait **pas respecté les formalités** prévues par l'article L 145-47 du Code de commerce (Cass. 3e civ. 16-7-1974 précité).

ENGAGEMENT DE NON-CONCURRENCE DU LOCATAIRE DEMANDANT LA DÉSPÉCIALISATION

28500 L'engagement de non-concurrence souscrit par le locataire peut-il faire obstacle à sa demande de déspécialisation partielle ? La réponse à cette question dépend de l'acte dans lequel est inséré cet engagement.

Si la clause de non-concurrence figure dans l'**acte locatif** lui-même, elle tombe sous le coup de l'article L 145-15 du Code de commerce qui répute non écrite toute clause ayant pour effet d'interdire à l'exploitant d'un fonds de commerce d'adjoindre à l'activité prévue au bail des activités connexes ou complémentaires ; elle n'empêche alors pas le locataire d'étendre son activité (Cass. 3e civ. 9-1-1969 n° 67-10.699 : Bull. civ. III n° 32 ; Cass. 3e civ. 15-2-2012 n° 11-17.213 FS-PB : RJDA 7/12 n° 648).

Il en va de même pour tout engagement de non-concurrence qui découle d'une **stipulation inséparable** des conventions intervenues entre bailleur et locataire (Cass. ass. plén. 26-1-1973 n° 71-10.583 : Bull. civ. n° 2).

ILLUSTRATIONS

Dans un cas où le propriétaire de locaux commerciaux avait procédé à leur location par adjudication, jugé qu'était inséparable de la convention locative l'engagement souscrit par le commerçant, préalablement à la conclusion du bail, et inscrit dans le **cahier des charges,** suivant lequel il s'interdisait de vendre du pain dans le local qu'il soumissionnait pour y exploiter un supermarché (Cass. ass. plén. 26-1-1973 précité).

28505 En revanche, si la clause de non-concurrence est insérée dans un **acte** totalement **extérieur au bail,** le locataire ne peut pas invoquer les dispositions de l'article L 145-15 du Code de commerce pour échapper à son engagement et être autorisé à effectuer la déspécialisation projetée car cet article concerne les conventions passées entre un locataire et son bailleur mais ne peut pas avoir pour effet d'annuler des conventions passées entre deux commerçants n'ayant entre eux aucun lien locatif (CA Paris 4-11-1968, 16e ch., Entreprise Goulet-Turpin c/ Sté Laiterie Amiot et Ponlevé : Rev. Loyers 1969 p. 35). Le fait que ces deux commerçants aient un propriétaire commun importe peu et est insuffisant pour faire entrer la convention dans le cadre des dispositions légales sur la déspécialisation (CA Paris 4-11-1968 précité).

ILLUSTRATIONS

Jugé que l'acquéreur d'un fonds de commerce qui s'était engagé à ne pas se livrer à une activité exercée par le vendeur dans un second fonds, et avait ensuite pris à bail les locaux où était exploité le fonds vendu, ne pouvait pas se prévaloir, pour se soustraire à son engagement, des dispositions d'ordre public sur la déspécialisation, car cet engagement, souscrit dans l'acte de vente du fonds de commerce, était indépendant du bail (Cass. 3e civ. 10-1-1978 n° 76-11.388 : Bull. civ. III n° 22).

II. DÉSPÉCIALISATION PLÉNIÈRE DES ACTIVITÉS DU LOCATAIRE

28610 Le locataire peut, sur sa demande, être autorisé à exercer dans les lieux loués une ou plusieurs activités différentes de celles prévues au bail, en raison de la **conjoncture** économique et des nécessités de l'organisation rationnelle de la **distribution,** lorsque ces activités sont compatibles avec la destination, les caractères et la situation de l'**immeuble** ou de l'ensemble immobilier (C. com. art. L 145-48).

Ces dispositions sont d'**ordre public** de sorte que sont réputés non écrits les clauses, stipulations et arrangements qui ont pour effet d'y faire échec (C. com. art. L 145-15).

> **Précisions** Jusqu'au 20 juin 2014, les clauses, stipulations et arrangements susvisés étaient sanctionnés par la nullité. Sur les effets de la **réforme de 2014** et son application dans le temps, voir nos 22150 s.

A. Conditions de la déspécialisation plénière des activités du locataire

1. CONDITIONS ÉCONOMIQUES DE LA DÉSPÉCIALISATION PLÉNIÈRE

Les **conditions** relatives à la conjoncture économique et à l'organisation rationnelle de la distribution sont **cumulatives** (Cass. 3e civ. 18-3-1980 n° 78-13.905 ; Cass. 3e civ. 24-1-2001 n° 68 FS-D : RJDA 4/01 n° 427). Il appartient aux juges du fond de décider souverainement si ces conditions économiques, qui restent assez floues, sont réunies (Cass. 3e civ. 18-3-1980 précité ; Cass. 3e civ. 8-6-1995 n° 1199 P : RJDA 8-9/95 n° 942). **28620**

La **conjoncture économique** revêt souvent la forme d'une crise économique affectant la branche d'activité du commerçant demandeur. La Cour de cassation a d'ailleurs relevé que, en période de mutation et d'instabilité de la distribution, la plus grande souplesse était nécessaire (Cass. 3e civ. 8-6-1995 n° 1199 P : RJDA 8-9/95 n° 942). S'il est toutefois possible de remédier à cette situation en pratiquant une déspécialisation partielle, la déspécialisation plénière est refusée (Cass. 3e civ. 26-10-1977 n° 1321, analysé n° 28640). **28625**

Il résulte de la jurisprudence que les **résultats financiers** du locataire ou le **caractère peu rentable** de la profession qu'il exerce sont autant d'éléments qui peuvent être pris en considération au regard de la conjoncture économique. En revanche, la **plus-value** que la transformation envisagée pourrait conférer tant au fonds de commerce qu'à l'immeuble lui-même n'est pas un élément qui peut être utilement invoqué, dès lors que la déspécialisation ne peut pas permettre de changer la nature d'un commerce normalement rentable pour un commerce dont les bénéfices escomptés seront plus substantiels afin de réaliser une opération spéculative et que l'appréciation des critères de déspécialisation ne repose pas sur l'intérêt que présenterait la modification des activités autorisées au regard de l'immeuble lui-même (CA Paris 22-2-1990, 1e ch. A).

La condition liée à l'**organisation rationnelle de la distribution** concerne le commerce projeté. Le locataire doit démontrer que l'appareil local de distribution ne correspond plus aux besoins de la clientèle et que la nouvelle activité présenterait un intérêt pour celle-ci. **28630**

ILLUSTRATIONS **28635**

Cas où la déspécialisation plénière a été autorisée

Il y a lieu d'autoriser le locataire à exercer le **commerce de tout ce qui se rapporte à l'enfant** en plus de son activité de **mercerie, bonneterie** et dérivés prévue au bail, pour les raisons suivantes :
– l'activité sollicitée est compatible avec la destination et la situation de l'immeuble loué ;
– il est certain que cette activité correspond à une organisation rationnelle de la distribution dans une petite ville comme Yssingeaux où la spécialisation commerciale est moins poussée que dans les ensembles urbains plus importants ;
– l'extension demandée se justifie par l'unicité de clientèle, le locataire ayant affaire, dans son commerce de mercerie, bonneterie, à une clientèle essentiellement féminine, clientèle qui est tout naturellement conduite à se procurer au même endroit ce dont elle a besoin pour de jeunes enfants, soit les articles touchant à l'équipement de ceux-ci en layette et les articles de puériculture ;
– concernant la conjoncture économique, il résulte d'une attestation du président de la chambre de commerce et d'industrie que l'évolution de la branche professionnelle dans laquelle est placé le locataire se caractérise par des nouveautés dont la vente, dans ce genre de magasin, devient indispensable à la bonne marche de ces entreprises commerciales.

CA Riom 26-9-1974, 1e ch. : Gaz. Pal. 1975 p. 5 note Ph.-H. Brault.

Justifie légalement sa décision d'autoriser le locataire d'un local à usage commercial à adjoindre à son activité de **vente et toilettage d'animaux** de compagnie celle de vente d'**accessoires, cadeaux et petits objets,** la cour d'appel qui, constatant le caractère peu rentable de la profession de toiletteur, retient que l'activité nouvelle ne met pas en cause l'organisation rationnelle de la distribution et est compatible avec la destination, les caractères et la situation de l'immeuble.

Cass. 3e civ. 4-3-1992 n° 90-20.323 P : Bull. civ. III n° 69.

Un locataire a pu être autorisé à transformer son commerce de **pressing** en **établissement de restauration** et de préparation de pâtes fraîches dès lors que :
– cette déspécialisation était justifiée, d'une part, par les résultats financiers du pressing et l'évolution du commerce de nettoyage à sec dans le quartier et, d'autre part, par le fait que la spécificité du commerce de restauration envisagé convenait au quartier, qui était touristique et où étaient implantés plusieurs hôtels ;
– l'activité envisagée n'était pas incompatible avec les caractères et la destination de l'immeuble et n'était pas de nature à créer des nuisances disproportionnées avec celles qui existaient déjà.

Cass. 3e civ. 24-6-1992 n° 91-10.607 P : Bull. civ. III n° 221.

La cour d'appel, qui relève que le commerce de **cartes géographiques** était peu rentable, sinon déficitaire, dans les lieux loués, et qu'en période de mutation et d'instabilité de la distribution, la plus grande souplesse était nécessaire, retient souverainement, pour autoriser le locataire à exploiter dans les lieux **tous commerces à l'exception d'un commerce alimentaire,** que l'exploitation d'un commerce non alimentaire obéissait tant aux nécessités de la conjoncture économique, qu'à celles de l'organisation rationnelle de la distribution.

Cass. 3e civ. 8-6-1995 n° 1199 P : RJDA 8-9/95 n° 942.

La demande de déspécialisation plénière formulée par un locataire exploitant un commerce de **location de DVD** pour exercer l'activité de commerce de proximité d'**alimentation générale** est bien fondée, dès lors que le locataire a démontré que son chiffre d'affaires est en continuelle baisse depuis cinq ans et que le commerce projeté a un caractère concurrentiel.

CA Aix-en-Provence 21-1-2014 n° 2014/46, 11e ch. A : Loyers et copr. 2014 comm. n° 84 obs. E.C.

28640 ILLUSTRATIONS

Cas où la déspécialisation plénière n'a pas été autorisée

Il n'y a pas lieu de faire droit à la demande du locataire souhaitant étendre son activité de « fabrication et **vente de crèmes glacées** et autres produits glacés » à la **vente de crêpes** pendant la période froide en raison du ralentissement de la vente des glaces en hiver, dès lors que la situation économique n'a pas été modifiée quant au genre de commerce depuis la date du bail, que les difficultés invoquées par le locataire tiennent au caractère saisonnier de son activité qui était déjà connu de lui lorsqu'il a signé le bail, et que la création d'une crêperie ne s'impose pas pour rendre plus rationnelle la distribution dans le quartier.

CA Lyon 24-2-1977 n° 1341, 1e ch.

A pu être refusée au locataire l'autorisation de substituer l'activité d'**administrateur de biens et transactions immobilières** à son **commerce de chaussures** dès lors qu'il résulte de l'examen des nécessités d'une organisation rationnelle de la distribution que le nombre d'agences immobilières dans la localité était suffisant et que, si le commerce de la chaussure était particulièrement éprouvé, il était possible d'envisager des activités complémentaires.

Cass. 3e civ. 26-10-1977 n° 1321.

A légalement justifié sa décision la cour d'appel qui, pour refuser la déspécialisation plénière demandée par un locataire souhaitant exercer le commerce de vente de tous articles de **confection pour dames,** a constaté la présence sur la place de plusieurs magasins ayant cette activité avant de retenir souverainement que l'organisation rationnelle de la distribution dans ce genre de commerce était assurée et qu'une déspécialisation plénière n'aurait pas apporté une amélioration de la distribution eu égard aux besoins de la clientèle dans un domaine où il y avait pléthore de commerces.

Cass. 3e civ. 18-3-1980.

Un locataire exploitant un **commerce de chaussures et maroquinerie** avait demandé l'autorisation d'étendre son commerce aux articles d'habillement de **prêt-à-porter pour femmes et accessoires de mode,** en faisant valoir qu'il rencontrait des difficultés depuis quelques années dans l'exploitation de son commerce en raison du désintérêt de l'actuelle clientèle de la rue de la Chaussée-d'Antin à l'égard du commerce traditionnel et de la transformation de cette artère, désormais consacrée à la solderie des articles d'habillement. Cette demande a été rejetée pour les raisons suivantes :
– au regard de la conjoncture économique, le marasme était tout aussi important dans le secteur de l'habillement que dans celui de la chaussure ;

– alors qu'il existait dans la rue trois magasins de chaussures et qu'il n'était pas établi que ce commerce ne profitait pas de la clientèle très importante et diversifiée fréquentant cette rue proche des grands magasins, la présence de vingt boutiques de prêt-à-porter était constatée sur une distance de 150 mètres, entraînant une concurrence proche de la saturation, de sorte que la déspécialisation demandée n'était pas justifiée par les nécessités de la distribution ; **28640** (suite)
– il était de l'intérêt du consommateur que cette artère très parisienne et particulièrement animée ne soit pas entièrement consacrée à un seul type d'activité et que soient maintenus des commerces diversifiés permettant de satisfaire les désirs d'une clientèle très large.

CA Paris 8-11-1988 n° 87/13159, 16e ch. A.

Il n'y a pas lieu d'autoriser la transformation d'un commerce de « **teinturerie-pressing** » en « **prêt-à-porter, chaussures** », dès lors que le locataire ne démontre pas que l'activité actuellement exercée est inadaptée et que la nouvelle activité s'impose. En effet, l'activité de teinturerie est parfaitement rentable et son maintien présente un intérêt pour la clientèle locale, ce qui est démontré par l'importance du prix de cession du fonds de commerce et par l'augmentation très sensible du chiffre d'affaires au cours des trois derniers exercices. En outre, la transformation envisagée n'apporterait pas une amélioration de la distribution dans un quartier où la grande abondance des magasins de prêt-à-porter et de chaussures satisfait déjà aux besoins des consommateurs.

CA Paris 22-2-1990, 1e ch. A.

A pu être refusée la déspécialisation plénière visant à transformer un commerce de **chemiserie, lingerie, layette,** bonneterie en une activité d'**agent immobilier,** dès lors qu'il existait déjà dans le secteur concerné dix agences immobilières dont deux faisaient l'objet d'une procédure collective et que l'implantation d'une nouvelle agence immobilière ne répondait pas aux nécessités d'une organisation rationnelle de la distribution.

Cass. 3e civ. 4-11-1992 n° 91-11.170 : Loyers et copr. 1993 comm. n° 190 obs. Ph.-H. Brault et C. Mutelet.

Ne remplit pas les conditions requises pour obtenir l'autorisation d'une déspécialisation plénière le locataire exploitant un fonds de **cafetier-limonadier** qui souhaite ajouter l'activité supplémentaire de **restauration,** dès lors que, si l'adjonction d'une telle activité lui permettrait de profiter de la nouvelle demande de la clientèle et, par suite, d'augmenter son chiffre d'affaires, le locataire ne démontre pas pour autant que l'exercice de son exploitation actuelle de cafetier-limonadier n'est plus, en l'état, adaptée, l'attestation de l'expert-comptable n'étant en effet pas significative d'une quelconque baisse de la seule activité de cafetier.

Cass. 3e civ. 24-1-2001 n° 68 FS-D : RJDA 4/01 n° 427.

Un locataire avait demandé l'autorisation de transformer son commerce d'**alimentation générale** en une activité « **tous commerces, à l'exclusion de commerces entraînant des nuisances sonores et olfactives** », en faisant valoir que l'arrivée d'une grande surface alimentaire juste en face des lieux loués mettait en péril son exploitation. Il y a lieu de rejeter cette demande pour les raisons suivantes :
– la seule exclusion des commerces entraînant des nuisances sonores et olfactives sans autre précision ne permet ni de déterminer la nature des activités que le locataire entend désormais exercer ni de vérifier si elles sont compatibles avec la destination, les caractères et la situation de l'immeuble ;
– les conditions relatives à la conjoncture économique et à l'organisation rationnelle de la distribution étant cumulatives, il ne suffit pas au locataire de prouver que l'activité d'alimentation générale n'est plus rentable ; il doit également démontrer que la ou les nouvelles activités sont pertinentes compte tenu des nécessités de l'organisation de la distribution dans le quartier, démonstration impossible faute d'indication des nouvelles activités qu'il souhaite réellement exercer.

CA Versailles 30-10-2007 n° 06/6852, 12e ch. sect. 1 : RJDA 4/08 n° 378.

Ne remplit pas les conditions requises pour obtenir l'autorisation d'une déspécialisation plénière le locataire exploitant un « **bar, restaurant, dancing, cabaret** » qui souhaite exercer dans les lieux loués une activité de **bowling** dès lors que :
– la création d'une salle de bowling ne répond pas aux nécessités de l'organisation rationnelle de la distribution qui sont déjà satisfaites car, si un guide des sorties en Île-de-France ne mentionne pas l'existence d'une salle de bowling dans le département des Hauts-de-Seine où sont situés les locaux, dix établissements de ce type sont ouverts dans Paris et sa proche banlieue ;
– l'abandon de l'activité de dancing n'est pas justifié par la conjoncture économique. En effet, la désaffection de la salle procède seulement d'un choix du locataire et ne prouve donc pas le caractère non rentable de l'activité. En outre, la nouvelle réglementation administrative qui impose la fermeture des activités nocturnes à 1 heure du matin ne rend pas plus difficile l'exercice de l'activité de dancing et se serait appliquée, en tout état de cause, à l'activité de bowling.

CA Versailles 5-3-2009 n° 07/883, 12e ch. sect. 2 : RJDA 12/10 n° 1137.

2. CONDITIONS DE LA DÉSPÉCIALISATION PLÉNIÈRE RELATIVES À L'IMMEUBLE

28690 Les activités envisagées par le locataire doivent être compatibles avec la destination, les caractères et la situation de l'immeuble ou de l'ensemble immobilier où est situé le local commercial (C. com. art. L 145-48, al. 1).

C'est pourquoi, lorsque le local loué fait partie d'un immeuble en copropriété, le bailleur peut invoquer les clauses du **règlement de copropriété.** Cependant, un changement de nature de l'activité commerciale dans un lot où le règlement autorise l'exercice du commerce en général n'implique pas par lui-même une modification de la destination de l'immeuble (Cass. 3e civ. 10-12-1986 no 85-10.987 : Bull. civ. III no 179).

28695 Ces conditions relatives à l'immeuble viennent s'ajouter aux conditions économiques requises pour obtenir la déspécialisation plénière (nos 28620 s.) et doivent donc être nécessairement remplies pour que cette déspécialisation puisse être autorisée.

ILLUSTRATIONS

Jugé que le refus du bailleur de voir transformer un commerce de meubles en « bar-restaurant sans cuisine » était justifié dès lors que le fonds était situé au rez-de-chaussée d'un immeuble lui appartenant qui comportait quatre étages composés chacun de deux appartements. En effet, même si la conjoncture économique et l'organisation rationnelle de la distribution étaient plus favorables, dans un quartier animé, à l'exploitation d'un débit de boissons et d'aliments qu'à celle d'un commerce de meubles, l'intérêt des locataires des appartements méritait d'être protégé autant que celui des commerçants et de leurs clients ; or, eu égard à la surface du local qui aurait permis d'accueillir entre vingt et cinquante personnes, sa **transformation** en établissement de restauration rapide aurait été nécessairement génératrice de bruits et nuisances diverses de nature à perturber les conditions de vie des occupants de l'immeuble (CA Pau 6-9-1994 no 93/1408, 3e ch.).

L'appréciation de cette condition relève du pouvoir souverain des juges du fond. Pour des cas où l'activité envisagée a été considérée comme compatible avec les caractéristiques des lieux loués, voir no 28635.

B. Régime de la déspécialisation plénière des activités du locataire

28850 Le déroulement de la procédure de déspécialisation plénière est organisé par les articles L 145-49 et suivants du Code de commerce.

DEMANDE DE DÉSPÉCIALISATION PLÉNIÈRE DU LOCATAIRE

28860 Avant toute transformation de son fonds, le locataire doit demander l'**autorisation** au **bailleur.** La demande doit être formée par acte extrajudiciaire ou par lettre recommandée AR et doit, à peine de nullité, indiquer les activités dont l'exercice est envisagé (C. com. art. L 145-49, al. 1).

Le locataire commet une infraction au bail s'il exerce la nouvelle activité avant d'avoir obtenu cette autorisation.

ILLUSTRATIONS

Jugé que n'indique pas les activités dont l'exercice est envisagé la demande par laquelle le locataire sollicite l'autorisation d'« exploiter tous commerces y compris les spectacles » (CA Besançon 25-11-1992 no 91/1477, 2e ch. civ.). N'est pas non plus régulière la demande tendant à transformer un commerce d'alimentation générale en une activité « tous commerces, à l'exclusion de commerces entraînant des nuisances sonores et olfactives » (CA Versailles 30-10-2007 no 06/6852, 12e ch. sect. 1, analysé no 28640). En effet, selon la cour, la seule exclusion des commerces entraînant de telles nuisances sans autre précision ne permet pas de déterminer la nature des activités que le locataire entend réellement exercer et de vérifier si elles sont compatibles avec les conditions prévues par l'article L 145-48 du Code de commerce. Dans une autre affaire, un locataire a au contraire été autorisé à transformer son commerce peu rentable de cartes géographiques en « tous commerces autres qu'alimentaires » (Cass. 3e civ. 8-6-1995, analysé no 28635). Ces solutions divergentes s'expliquent par le fait que l'appréciation des conditions économiques prévues par l'article L 145-48 relève du pouvoir souverain des juges du fond. Le locataire qui demande à changer d'activité a donc intérêt à être précis et à éviter ce type de formule.

28865 Le locataire doit en outre **notifier aux créanciers inscrits** sur le fonds de commerce sa demande de déspécialisation par acte extrajudiciaire ou par lettre recommandée AR (C. com. art. L 145-49, al. 1).

Aucune **sanction** n'est prévue **en cas d'absence de notification.** Les créanciers ne peuvent donc pas demander la nullité de la demande de déspécialisation mais ils peuvent former tierce opposition (dans le même sens, J.-P. Blatter : Traité des baux commerciaux Le Moniteur 7e éd. n° 1749 ; G. Azéma, C. Mutelet et J. Prigent, Lamy baux commerciaux 2019 n° 320-60).

RÉPONSE DU BAILLEUR À LA DEMANDE DE DÉSPÉCIALISATION PLÉNIÈRE

Le bailleur dispose d'un **délai** de trois mois, à partir de la demande du locataire, pour lui notifier sa réponse. Il peut accepter purement et simplement la transformation, la refuser ou assortir son autorisation de certaines conditions. **S'il ne répond pas** dans le délai qui lui est imparti, il est réputé avoir acquiescé à la demande (C. com. art. L 145-49, al. 3). **28870**

En cas de recours à la lettre recommandée AR, la **date de notification** à prendre en compte pour déterminer si le délai est respecté est celle de la première présentation de la lettre (application de C. com. art. R 145-38).

Si le bailleur décide de **s'opposer** à la demande de déspécialisation plénière, il doit motiver son refus. Celui-ci doit reposer sur des **motifs graves et légitimes** (C. com. art. L 145-52, al. 1). La jurisprudence en la matière étant peu fournie, la notion de « motif grave et légitime » reste assez floue. **28880**

Il semble certain toutefois que :

– constitue un tel motif l'absence de l'une des conditions requises par l'article L 145-48 du Code de commerce pour permettre la déspécialisation plénière (n° 28610) ;

– ne constitue pas un tel motif l'existence dans le bail d'une clause interdisant au locataire d'effectuer toute déspécialisation plénière car les dispositions de l'article L 145-48 précité sont d'ordre public, de sorte qu'il est impossible d'y déroger.

ILLUSTRATIONS

La volonté du bailleur de respecter le règlement de copropriété interdisant « tout bruit et tapage nocturne susceptible de troubler la tranquillité des occupants » a été considérée comme un motif grave et légitime de refuser la transformation partielle d'une brasserie en bar musical (CA Toulouse 13-4-2006 n° 05/1317, 2e ch. sect. 1).

Jugé qu'un bailleur avait un motif grave et légitime de refuser la déspécialisation plénière d'un fonds de vêtements en fonds d'alimentation orientale dès lors qu'une telle transformation était de nature à entraîner diverses nuisances au voisinage, un encombrement du trottoir et qu'elle n'était pas justifiée par une nécessité de conjoncture économique ou d'organisation de la distribution (CA Colmar 20-9-1989, ch. civ.).

Ce qui est certain, c'est que le refus de transformation du fonds est suffisamment motivé lorsque le bailleur invoque qu'il entend **reprendre les lieux** à l'expiration de la période triennale en cours, soit en application des articles L 145-18 à L 145-24 du Code de commerce, soit pour exécuter des travaux prescrits ou autorisés dans le cadre d'une opération de rénovation urbaine ou de restauration immobilière (C. com. art. L 145-53, al. 1). **28885**

Le bailleur qui a **faussement invoqué** le droit de reprise ou n'a pas mis à exécution les intentions qu'il avait avancées pour motiver le rejet de la demande du locataire ne peut pas s'opposer à une nouvelle demande de transformation d'activité, sauf pour motifs graves et légitimes, à moins que le défaut d'exécution ne lui soit pas imputable. Il peut, en outre, être condamné à verser au locataire une indemnité à raison du préjudice subi par ce dernier (C. com. art. L 145-53, al. 2).

Sur une étude complète du droit de reprise, voir nos 67800 s.

DROIT DES TIERS EN CAS DE DÉSPÉCIALISATION PLÉNIÈRE

Créanciers inscrits sur le fonds de commerce Les **droits** des créanciers inscrits sur l'ancien fonds sont **reportés** sur le fonds transformé avec leur rang antérieur (C. com. art. L 145-50, al. 3). **28890**

Toutefois, si les créanciers inscrits craignent d'être lésés par la transformation du fonds, ils peuvent demander que le **changement** d'activité soit **subordonné à** certaines **conditions** de nature à sauvegarder leurs intérêts (C. com. art. L 145-49, al. 1). On peut déduire de la lettre de cet article que les créanciers n'ont pas de droit d'opposition à la transformation.

L'article L 145-49, al. 1 ne précise ni la forme de cette « demande » ni son destinataire. À notre avis, la demande peut être adressée au locataire, puisque c'est lui qui notifie sa demande de déspécialisation aux créanciers inscrits (n° 28865), avec copie au bailleur pour l'informer des conditions demandées. À défaut d'accord sur les conditions exigées par les créanciers, la demande doit être portée en justice.

Aucun délai de rigueur n'est imparti aux créanciers pour former leur demande. L'extension par voie d'analogie du délai imparti au bailleur pour répondre au locataire est impossible (n° 28870).

Il s'ensuit que l'on doit admettre que les créanciers inscrits puissent présenter leur demande non seulement pendant ce délai, mais également, en cas de contestation, au cours de la procédure, et ce, jusqu'au jugement.

28900 **Bénéficiaires d'une clause de non-concurrence ou d'exclusivité** Dans le **délai** d'un mois à compter de la demande de déspécialisation plénière formée par le locataire, le **bailleur** doit en **aviser** par acte extrajudiciaire ou par lettre recommandée AR les locataires auxquels il a consenti une clause d'exclusivité pour des activités similaires à celles visées dans la demande. Ceux-ci doivent, à peine de forclusion, faire connaître leur attitude dans le mois de cette notification (C. com. art. L 145-49, al. 2). Ils peuvent donc **s'opposer** à la **transformation** en invoquant leur droit.

ATTENTION

Si l'article L 145-49 réserve les droits des tiers, il ne précise pas les **conséquences de l'opposition** de ceux-ci. On ne saurait en déduire que celle-ci fait obstacle à la déspécialisation car les motifs d'ordre public qui justifient cette dernière peuvent toujours, si les juges l'estiment nécessaire, primer les intérêts privés. Toutefois, le fait que le législateur ait prévu une protection des droits des tiers devrait, nous semble-t-il, conduire les tribunaux à une certaine sévérité en présence d'une clause de non-concurrence. Mais là encore, tout dépend de la rédaction de cette clause. Ainsi, dans le cas d'une clause stipulant que le bailleur s'interdisait formellement d'exploiter directement ou indirectement un commerce similaire à celui du locataire, il a été déduit des éléments suivants qu'un bailleur n'avait d'autre obligation que celles prévues par la clause et qu'il n'avait donc commis aucune faute en accordant à un autre locataire de la galerie marchande l'autorisation d'exercer, grâce à une déspécialisation plénière, un commerce directement concurrent de celui du premier locataire : le bail litigieux comportait seulement l'engagement du bailleur de ne pas « exploiter directement ou indirectement un commerce similaire » alors que, dans les autres baux consentis dans le même immeuble, le bailleur s'interdisait de louer ou céder tout ou partie de l'immeuble pour y exploiter un commerce similaire ; cette différence de rédaction n'était pas le fait du hasard ou d'une inexacte transcription de la volonté des parties dès lors qu'elle avait été introduite en contrepartie de la faculté d'affecter les locaux à tous commerces, sous la seule réserve de ne pas concurrencer les commerçants déjà établis dans la galerie (Cass. 3e civ. 30-6-1999 no 1207 D).

AUTORISATION JUDICIAIRE DE DÉSPÉCIALISATION PLÉNIÈRE

28910 Si le bailleur refuse la déspécialisation plénière, le locataire peut saisir le **tribunal judiciaire,** qui peut autoriser la transformation totale ou partielle du fonds si le refus du bailleur n'est pas justifié par un motif grave et légitime (C. com. art. L 145-52). Même si le texte ne le prévoit pas expressément, il est évident que le tribunal peut aussi être saisi lorsque le bailleur a accepté la déspécialisation sous réserve de certaines conditions et que ces dernières ne conviennent pas au locataire.

Le **locataire** peut **renoncer** à sa demande à tout moment et jusqu'à l'expiration d'un délai de quinze jours à compter de la date à laquelle la décision est passée en force de chose jugée ; la renonciation doit être notifiée au bailleur par acte extrajudiciaire ou par lettre recommandée AR ; le locataire supporte alors tous les frais de l'instance (C. com. art. L 145-55). En cas de notification par lettre recommandée AR, la date de notification à prendre en compte pour déterminer si la renonciation est tardive ou non est celle de l'expédition de la lettre par le locataire (application de C. com. art. R 145-38).

NON-RESPECT DE LA PROCÉDURE DE DÉSPÉCIALISATION PLÉNIÈRE

28920 La procédure mise en place par le Code de commerce est obligatoire. Une déspécialisation plénière qui interviendrait sans respecter cette procédure constituerait un changement de destination prohibé par le bail. Le locataire s'exposerait à différentes **sanctions,** à savoir la résiliation de son bail (judiciaire ou de plein droit), à un refus de renouvellement de celui-ci sans indemnité d'éviction ou au paiement de dommages-intérêts au bailleur.

C. Effets de la déspécialisation plénière des activités du locataire

1. EFFETS DE LA DÉSPÉCIALISATION PLÉNIÈRE À L'ÉGARD DU LOCATAIRE

29020 Aucun texte ne prévoit de **délai** à l'issue duquel le locataire doit obligatoirement exploiter sa nouvelle activité. Une décision isolée a pourtant jugé que le locataire, qui avait demandé à être autorisé à exercer dans les lieux loués une activité de restauration ou d'alimentation générale à la place de son commerce initial de vente de vêtements, avait l'obligation d'exploiter uniquement sa nouvelle activité à l'expiration du délai de trois mois accordé au bailleur pour faire connaître son avis (CA Montpellier 30-10-1996, 1e ch. B : Loyers et copr. 1998 comm. n° 157).

Si le bail contient une **clause de résiliation de plein droit pour cessation d'activité,** une telle clause cesse de produire effet pendant le temps nécessaire à la réalisation des transformations impliquées par la déspécialisation plénière. Ce délai ne peut toutefois pas excéder six mois à dater de l'accord sur la déspécialisation ou de la décision judiciaire l'autorisant (C. com. art. L 145-42). 29025

2. EFFETS DE LA DÉSPÉCIALISATION PLÉNIÈRE À L'ÉGARD DU BAILLEUR

DROIT À INDEMNITÉ

Le changement d'activité peut motiver le paiement, à la charge du locataire, d'une indemnité égale au montant du préjudice dont le bailleur établirait l'existence (C. com. art. L 145-50, al. 1). À notre connaissance, les tribunaux n'ont eu que très peu l'occasion de se prononcer sur ce que recouvre cette indemnité. La doctrine s'accorde à considérer que l'existence d'un tel préjudice est rare car, si celui-ci est suffisamment important, il constituera un motif grave et légitime permettant au bailleur de s'opposer à la demande. La majorité des auteurs estime que ce préjudice peut résulter de l'indemnité que le bailleur pourrait être amené à verser à des locataires bénéficiant d'une exclusivité (J.-P. Blatter : Traité des baux commerciaux Le Moniteur 7e éd. n° 1758 ; F. Auque : Les baux commerciaux 1996 éd. LGDJ n° 139 ; J. Lafond, B. Vial-Pedroletti, F. Kendérian, E. Chavance : Code des baux 2023 éd. LexisNexis note n° 12 sous art. L 145-50). Selon J.-P. Blatter, le préjudice pourrait également être lié à la perte de prestige de l'immeuble ou, comme l'a envisagé F. Auque, à l'augmentation de la future indemnité d'éviction que le bailleur pourrait être conduit à verser au locataire en cas de refus de renouvellement du bail. 29080

Sur le régime fiscal de l'indemnité de déspécialisation, voir nos 29200 s.

RÉVISION DU LOYER

Le bailleur peut demander une modification du loyer **au moment de la transformation** de l'activité (C. com. art. L 145-50, al. 2). Ainsi, contrairement à la déspécialisation partielle, il n'a pas à attendre la première révision suivante (Cass. 3e civ. 24-6-1992 n° 91-10.607 P : Bull. civ. III n° 221). Ce droit du bailleur est la contrepartie de l'avantage procuré au locataire par la déspécialisation (art. L 145-50, al. 2 précité). Peu importe que celle-ci ait donné lieu ou non à des travaux (CA Paris 10-4-1990 n° 90/2364, 16e ch. A). Mais en tout état de cause, le changement d'activité doit être intervenu à la suite de la mise en œuvre de la procédure de déspécialisation plénière. 29090

Sur le juge compétent lorsque le différend porte sur le prix du bail, voir n° 21215.

ILLUSTRATIONS

Le bailleur ne peut pas utilement invoquer l'article L 145-50 lorsque la transformation de l'activité initiale d'agence bancaire en activité de bijouterie est intervenue dans le cadre de la cession d'un bail qui autorisait expressément la cession du bail pour tous commerces (CA Paris 8-11-1994 n° 95/5063, 16e ch. A : Loyers et copr. 1995 comm. n° 226). De même, dans le cas de locaux loués à usage de « tous commerces à l'exception de celui d'alimentation », le remplacement d'un commerce de vente de meubles par une activité de bazar ne constitue pas une déspécialisation plénière dont le bailleur peut se prévaloir pour obtenir un déplafonnement du loyer (CA Versailles 12-3-1998 n° 93/4156, 12e ch. sect. 1).

Le loyer est alors fixé sans qu'il y ait lieu d'appliquer les dispositions relatives à la révision légale (C. com. art. L 145-50, al. 2). Il est donc fixé à la valeur locative.

La transformation pourra également être prise en compte **lors du renouvellement du bail** dès lors qu'elle présente un caractère notable (nos 84250 s.). 29095

PLUS-VALUE CONFÉRÉE AU FONDS TRANSFORMÉ

Lorsque l'immeuble dans lequel est exploité le fonds doit être démoli ou restauré, ou lorsque le fonds doit être exproprié dans le cadre d'une opération de rénovation ou de restauration immobilière décidée moins de trois ans après la demande de transformation, il n'est pas tenu compte, pour le calcul de l'**indemnité d'éviction,** de la plus-value conférée au fonds par la transformation (C. com. art. L 145-54). 29100

D. Régime fiscal de l'indemnité de déspécialisation

IMPÔTS DIRECTS SUR L'INDEMNITÉ DE DÉSPÉCIALISATION

29200 **Situation du locataire** L'indemnité de déspécialisation versée par le locataire a le caractère de supplément de loyer déductible des résultats imposables lorsque les **loyers stipulés au bail** sont **inférieurs à la valeur locative réelle des locaux** (CE 10-12-1982 n° 25362 : RJF 2/83 n° 178).

En revanche, lorsque le **loyer** versé a un caractère **normal,** l'indemnité de déspécialisation doit être regardée comme le prix d'acquisition d'éléments incorporels du fonds de commerce, et non comme une charge de loyer déductible (CE 2-10-1985 n° 41539 : RJF 11/85 n° 1407 ; dans le même sens : CE 16-4-1980 n° 9359 : RJF 6/80 n° 472).

29210 **Imposition du bailleur relevant des revenus fonciers** L'indemnité de déspécialisation doit être comprise dans les revenus fonciers imposables du bailleur si elle est destinée à compenser une **perte de recettes** (par exemple, diminution du loyer des autres locataires en compensation des troubles de jouissance qu'ils supportent du fait de la nouvelle activité exercée par le commerçant dont le bail a été modifié) ou un **accroissement des charges** qu'il supporte.

Il en est de même, quelle que soit la nature du préjudice subi, lorsque le **montant de l'indemnité excède celui du préjudice** ; dans ce cas, l'excédent doit être considéré comme un supplément de loyer imposable.

Dans les **cas autres** que ceux visés ci-dessus, sous réserve de l'examen des circonstances particulières, l'indemnité de déspécialisation présente le caractère d'un gain foncier qui n'a pas à être pris en compte pour la détermination du revenu foncier (BOI-RFPI-BASE-10-20 n° 190).

29220 **Imposition du bailleur relevant des BIC ou de l'IS** De façon générale, les indemnités versées aux entreprises industrielles ou commerciales en réparation de préjudices qui leur sont causés constituent des produits imposables (relevant du régime de droit commun ou du régime des plus-values selon la nature du préjudice) dès lors qu'elles ont pour objet de compenser :

- des **pertes de recettes taxables** ;
- des **charges déductibles** ;
- la **perte** ou la **dépréciation d'éléments d'actif.**

Par exception à la règle générale, elles ne constituent pas des recettes imposables lorsqu'elles ont pour objet de compenser une **charge par nature non déductible** du résultat fiscal.

L'administration précise que l'indemnité de déspécialisation versée par le locataire doit être prise en compte pour la détermination du bénéfice imposable du bailleur dans la mesure où elle garantit un **manque à gagner** ou est destinée à faire face à un **supplément de charges** (BOI-BIC-PDSTK-10-30-20 n° 40).

TVA ET CRL SUR L'INDEMNITÉ DE DÉSPÉCIALISATION

29230 Lorsque le bailleur est redevable de la **TVA,** toutes les sommes exigées des locataires doivent, quelle que soit leur dénomination, être incluses dans le chiffre d'affaires imposable à la taxe lors de leur versement dans la mesure où elles présentent le caractère de compléments de loyers (BOI-TVA-BASE-10-10-10 n° 10). Les indemnités perçues par le bailleur en contrepartie de la dépréciation d'un élément de patrimoine ne sont en revanche pas taxables.

Lorsque le bailleur est une personne morale assujettie à la **contribution sur les revenus locatifs** (CRL), l'indemnité de déspécialisation est retenue dans les recettes imposables comme en matière de revenus fonciers (voir n° 29210), sauf si elle donne lieu au paiement effectif de la TVA.

III. TRANSFORMATION D'UN DÉBIT DE BOISSONS EN AUTRE COMMERCE

29330 Lorsque les lieux ont été loués en vue de l'exploitation d'un débit de boissons, l'article L 3331-6 du Code de la santé publique autorise, sous certaines conditions, la modification de la destination du fonds, sans que le bailleur puisse s'y opposer.

Cette faculté est ouverte non seulement au locataire mais aussi au cessionnaire du droit au bail.

A. Conditions de la transformation d'un débit de boissons

Pour que l'article L 3331-6 du Code de la santé publique s'applique, il faut tout d'abord que le **débit de boissons** exploité dans les lieux soit de **troisième ou quatrième catégorie.** La licence de troisième catégorie, dite « licence restreinte », comporte l'autorisation de vendre des boissons fermentées non distillées (bière, poiré, cidre, hydromel, etc.), des vins doux naturels, des vins de liqueur, des apéritifs à base de vin et des liqueurs de fraise, framboise, cassis ou cerise, ne tirant pas plus de 18° d'alcool pur. La licence de quatrième catégorie, dite « grande licence », permet de vendre toutes les boissons dont la vente est autorisée (CSP art. L 3331-1, 3° et 4°). **29340**

Si le **fonds comporte plusieurs activités** (tabac-presse, etc.), la transformation ne peut concerner que la partie « débit de boissons » ; les autres activités doivent continuer à être exercées (Cass. 3e civ. 8-3-1972 n° 71-11.938 : Bull. civ. III n° 164).

B. Procédure de transformation d'un débit de boissons

Avant de procéder aux modifications nécessaires pour transformer le débit de boissons, le locataire (ou le cessionnaire) doit en **informer** le **bailleur** par lettre recommandée AR (CSP art. L 3331-6, al. 2). **29440**

À défaut, il s'expose à la résiliation de son bail pour modification irrégulière de la destination des lieux (Cass. 3e civ. 11-5-1988 n° 87-11.486 : Loyers et copr. 1988 comm. n° 323).

Le **bailleur** ne peut **s'opposer** à cette transformation qu'en démontrant que celle-ci entraîne pour l'immeuble, ses habitants ou le voisinage, des inconvénients supérieurs à ceux découlant de l'exploitation du fonds supprimé (CSP art. L 3331-6, al. 1). Aucun autre motif d'opposition ne peut être utilement invoqué. L'article L 3331-6 précité prévoit d'ailleurs que la transformation est possible même si une clause du bail l'interdit. **29445**

L'opposition du bailleur n'est enfermée dans aucun délai.

À notre avis, la **juridiction compétente** pour connaître de l'action en contestation du bailleur est, bien que l'article L 3331-6 précité ne le précise pas, le tribunal judiciaire (dans le sens de la compétence du TGI, devenu tribunal judiciaire, voir aussi J.-P. Blatter : Traité des baux commerciaux Le Moniteur 7e éd. n° 1590).

C. Effets de la transformation d'un débit de boissons en autre commerce

Après la déspécialisation, la **clause de destination** du bail doit être **modifiée** en conséquence. Faute pour les parties de parvenir à un accord, l'adaptation du contrat de bail aux conditions d'exploitation nouvelles est effectuée dans les conditions prévues pour les baux de locaux à usage commercial (CSP art. L 3331-6, al. 3), c'est-à-dire par le tribunal judiciaire en tant que juridiction des baux commerciaux (C. com. art. R 145-23, al. 2). **29540**

La question de savoir si le **prix du loyer** peut être modifié au moment de la transformation n'a pas été tranchée par les tribunaux. À notre avis, une réponse négative s'impose (dans le même sens, J.-P. Blatter : Traité des baux commerciaux Le Moniteur 7e éd. n° 1590 ; en sens contraire, P. Garbit : Lamy droit commercial 2022 n° 1161). **29545**
En effet, l'article L 3331-6 du Code de la santé publique constitue un texte autonome de telle sorte que le changement de destination ainsi institué ne s'inscrit pas dans les règles de droit commun de la déspécialisation simple ou plénière. En conséquence, le bailleur ne peut pas s'en prévaloir pour demander une augmentation de loyer. En revanche, il devrait pouvoir invoquer le changement de destination à l'appui d'une demande de déplafonnement, lors du renouvellement du bail.

DURÉE DU BAIL

SOMMAIRE

ENJEU LIÉ À LA DURÉE DU BAIL

30000 La durée du bail commercial semble, a priori, ne poser aucun problème. Neuf ans, répondront certains ; trois, six, neuf, diront d'autres. Pour autant, le sujet n'est ni simple ni anodin. De la durée pourra dépendre l'application ou non du statut de la propriété commerciale. De la durée pourra résulter le déplafonnement du loyer.

La durée du bail commercial peut s'avérer, par ailleurs, tout autre que celle contractuellement arrêtée puisque, dérogeant en cela aux règles de droit commun, le bail commercial ne cesse que par l'effet d'un congé ou d'une demande en renouvellement.

SECTION 1

DURÉE DU BAIL INITIAL

A. Durée minimale du bail initial

30010 La durée d'un bail commercial relevant du statut ne peut pas être inférieure à **neuf ans** (C. com. art. L 145-4, al. 1).

Cette règle s'applique aussi bien pour les baux écrits que pour les baux conclus verbalement. En revanche, elle ne concerne ni les baux de courte durée ni les conventions d'occupation précaire.

S'agissant de la durée d'une sous-location, voir n° 76410.

30015 Les dispositions de l'article L 145-4 sont d'**ordre public** si bien que sont réputés non écrits les clauses, stipulations et arrangements qui ont pour effet de faire échec à la durée minimale prévue (C. com. art. L 145-15). En conséquence, si un bail relevant du statut est conclu pour une durée inférieure à neuf ans, tout se passe comme si la clause prévoyant une telle durée n'existait pas : le bail est considéré comme conclu pour neuf ans.

Sur le droit qui est toutefois reconnu aux parties de résilier le bail à l'expiration d'une période triennale, voir nos 72300 s. pour le bailleur et nos 72010 s. pour le locataire.

B. Autres durées du bail initial

DURÉE DU BAIL DÉROGATOIRE

30110 L'article L 145-5 du Code de commerce permet aux parties de déroger à la durée minimale de neuf ans en les autorisant à conclure un bail d'une durée maximale de trois ans. Ce bail de courte durée, couramment appelé « bail dérogatoire », permet aux parties de déroger au statut des baux commerciaux. Il fait l'objet d'une étude exhaustive nos 3000 s.

DURÉE CONVENTIONNELLE DU BAIL SUPÉRIEURE À NEUF ANS

L'article L 145-4, al. 1 du Code de commerce ne fixe aucune **durée maximale.** Les parties peuvent donc librement convenir de la durée de leur bail dès lors que celle-ci est supérieure à neuf ans. Comme tout contrat (C. civ. art. 1210), le bail ne peut cependant pas être à durée perpétuelle. **30120**

Le **choix** d'une durée **autre** que la **durée** minimale doit néanmoins être effectué avec discernement par les parties car il n'est pas sans **conséquences.** **30125**

En premier lieu, la conclusion d'un bail pour une durée contractuelle supérieure à neuf ans a une incidence sur le calcul du loyer du bail renouvelé puisque, dans ce cas, le loyer n'est pas plafonné. La proposition du bailleur de faire coïncider la date d'échéance du bail avec une échéance calendaire peut aboutir à la conclusion d'un bail pour une durée de neuf ans et quelques jours et constituer en fait un bel alibi pour masquer le déplafonnement du loyer du bail suivant. Sur le déplafonnement du loyer du bail renouvelé, le lecteur se reportera utilement à notre étude figurant nos 54600 s.

En second lieu, lorsqu'un bail est consenti pour plus de douze années, il doit faire l'objet d'une publicité au service chargé de la publicité foncière (Décret 55-22 du 4-1-1955 art. 28, 1°-b).

DURÉE DU BAIL À PÉRIODES

Il est possible de conclure un « bail à périodes » (C. com. art. L 145-9, al. 4). Il s'agit d'un bail de longue durée comprenant nécessairement une première période de neuf années, suivie d'un nombre défini d'autres périodes triennales (Cass. 3e civ. 1-7-1998 n° 1161 PB : RJDA 10/98 n° 1079). **N'entre pas dans cette définition** le bail conclu pour une période de neuf ans et qui, à l'issue de cette période, doit se renouveler par périodes triennales à l'expiration desquelles chacune des parties peut donner congé : un tel bail ayant été conclu pour une durée ne dépassant pas neuf ans, son renouvellement automatique par périodes de trois ans viole les règles légales fixant la durée d'un bail renouvelé (même arrêt). **30140**

CONSEIL

Pour **éviter** toute **incertitude sur la qualification du bail,** J. Derruppé (RDI 1997 p. 301) préconise la conclusion d'un bail de longue durée (dix-huit ans par exemple) en stipulant que chaque partie pourra donner congé à l'expiration des neuf premières années et, par la suite, tous les trois ans.

Les conditions de forme et de délai du congé sont celles prévues par l'article L 145-9, al. 1 et 5 du Code de commerce (voir nos 69730 s. et 69830 s.).

DURÉE DU BAIL SUBORDONNÉE À LA SURVENANCE D'UN ÉVÉNEMENT

L'article L 145-9, al. 3 du Code de commerce envisage l'hypothèse du bail dont la durée est subordonnée à la survenance d'un événement déterminé, tel que le décès du bailleur, son mariage ou la vente de l'immeuble. **30150**

La réalisation de cet événement n'entraîne pas la cessation de plein droit du bail ; elle autorise seulement le bailleur (ou ses héritiers) à en demander la résiliation. Celle-ci ne peut toutefois intervenir qu'au-delà de la durée de neuf ans, même si l'événement se produit avant (C. com. art. L 145-9, al. 3).

Sur l'existence du droit du locataire au renouvellement du bail malgré la survenance de l'événement prévu au contrat, voir n° 69585.

C. Date d'entrée en vigueur du bail initial

La détermination de la date d'entrée en vigueur du bail est importante car elle permet de décompter la durée du bail et ses échéances triennales. Le statut des baux commerciaux ne contient aucune disposition particulière concernant l'entrée en vigueur du bail initial. C'est donc le droit commun des contrats qui s'applique. **30250**

En principe, le bail entre en vigueur au jour de sa conclusion (Cass. 1e civ. 11-12-1985 n° 84-15.716 : Bull. civ. I n° 349). Le **bail** peut cependant être **signé** à une **date différente** de celle de la date d'entrée en vigueur, qui peut être antérieure comme postérieure.

D. Stapylton-Smith apporte néanmoins une limite à la liberté reconnue aux parties : selon lui, le bailleur étant obligé, par la nature du contrat, à délivrer les locaux au locataire (C. civ. art. 1719), la date d'entrée en vigueur du bail ne peut pas être antérieure au jour où le locataire a la faculté d'entrer dans les lieux (D. Stapylton-Smith, Date de prise d'effet d'un bail commercial : remise en cause de la date contractuelle : JCP N 1998 p. 432).

Sur la problématique du bail portant sur un immeuble à construire ou en cours de construction, voir n° 365.

SECTION 2
DURÉE DU BAIL RENOUVELÉ

A. Durée minimale du bail renouvelé

30500 La durée du bail renouvelé est de **neuf ans,** sauf accord des parties pour une durée plus longue (C. com. art. L 145-12, al. 1).

Seules les parties sont libres de **déroger à la durée** de neuf ans ; le juge chargé de fixer la durée du bail renouvelé n'a pas cette faculté (Cass. 3e civ. 18-6-1970 n° 68-12.591 : Bull. civ. III n° 420).

Bien que l'article L 145-12, al. 1 du Code de commerce ne figure pas au nombre des dispositions auxquelles l'article L 145-15 du Code interdit de faire échec, la Cour de cassation a reconnu à cette disposition le caractère d'ordre public (Cass. 3e civ. 2-10-2002 n° 1464 FS-PB : RJDA 12/02 n° 1246).

30505 Lorsque le **bail initial** a été **conclu pour une durée supérieure à neuf ans,** la durée du bail renouvelé est-elle identique à celle du bail initial ou correspond-elle à la durée légale de neuf ans ?

La réponse à cette question supposait que soit réglé le conflit entre, d'une part, le texte de l'article L 145-12, al. 1 du Code de commerce selon lequel la durée du bail renouvelé est de neuf ans, sauf accord des parties pour une durée plus longue, et, d'autre part, le principe jurisprudentiel du renouvellement des baux commerciaux aux clauses et conditions des baux expirés.

Appelée à se prononcer, la Cour de cassation a donné la priorité au texte de l'article L 145-12, ainsi qu'au principe selon lequel un bail commercial renouvelé est un nouveau bail, jugeant que le bail est renouvelé pour la durée légale de neuf années sauf si, lors du renouvellement, les parties ont exprimé expressément leur volonté de contracter pour une durée supérieure (Cass. 3e civ. 2-10-2002 n° 1464 FS-PB : RJDA 12/02 n° 1246).

ILLUSTRATIONS

Dans le cas d'un bail initial de douze ans, jugé que le bail renouvelé avait une durée de neuf ans car le locataire n'avait pas consenti expressément à un renouvellement pour douze ans et avait au contraire demandé que le bail soit renouvelé pour trois, six ou neuf années (CA Paris 23-6-2004 n° 03-6328, 16e ch. A).

Jugé de même dans un cas où le locataire avait accepté l'offre de renouvellement faite aux mêmes conditions que le bail initial mais avait refusé l'augmentation du loyer sans faire allusion à la durée du bail (CA Paris 30-9-2016 n° 14-14983 : RJDA 3/17 n° 160).

Jugé également que le bail renouvelé avait une durée de neuf ans dès lors que le locataire n'avait pas répondu au congé avec offre de renouvellement du bail initial pour douze ans et que, après la date d'effet du congé, aucun accord des parties était intervenu sur une durée de douze ans (Cass. 3e civ. 18-6-2013 n° 12-19.568 F-D : RJDA 12/13 n° 989).

La **position** de la **Cour de cassation** rend plus qu'incertaine la possibilité pour les parties de prévoir dans le bail initial supérieur à neuf ans que la durée du bail renouvelé sera identique à celle du bail initial.

> Précisions La **commission Pelletier** a pour sa part clairement pris position, suggérant de permettre aux parties de convenir par avance de la durée du bail renouvelé, que ce soit dans le bail initial ou dans un avenant conclu antérieurement au renouvellement (Rapport Pelletier, avril 2004 n° 79).

B. Point de départ du bail renouvelé

30610 Le nouveau bail prend effet à compter de l'expiration du bail précédent ou, le cas échéant, de sa prolongation (C. com. art. L 145-12, al. 3).

30615 La **date d'expiration** du bail précédent est celle **contractuellement prévue** si un congé ou une demande de renouvellement a été délivré dans les formes et délais requis (sur cette question, voir nos 69730 s. et 69830 s. pour le congé, et nos 70190 s. pour la demande de renouvellement).

Si le bail s'est au contraire poursuivi tacitement au-delà du terme convenu (voir nos 31000 s.), le point de départ du bail renouvelé est reporté, soit à la **date** pour laquelle le **congé** est donné, soit au premier jour du trimestre civil qui suit la demande de renouvellement (C. com. art. L 145-12, al. 3). Dans le cas où un congé et une demande de renouvellement ont été formés parallèlement, voir no 31015. 30620

Sur le point de départ du bail renouvelé en cas d'exercice par le bailleur de son **droit de repentir,** voir no 66365.

C. Durée des baux particuliers

DURÉE D'UN BAIL CONSENTI PAR LE TITULAIRE D'UN BAIL EMPHYTÉOTIQUE

Lorsque le titulaire d'un bail emphytéotique a consenti un bail, le **sous-locataire bénéficie du droit au renouvellement** de son bail s'il en remplit les conditions et sous réserve que la durée du bail renouvelé n'ait pas pour effet de prolonger l'occupation des lieux au-delà de la date d'expiration du bail emphytéotique (C. com. art. L 145-3). À l'expiration de celui-ci, quelle qu'en soit la cause, le sous-locataire ne peut pas prétendre avoir droit au renouvellement de son bail et, partant, à une indemnité d'éviction (Cass. 3e civ. 9-2-2005 no 190 FS-PB : RJDA 5/05 no 516). 30730

DURÉE D'UN BAIL CONSENTI PAR LE TITULAIRE D'UN BAIL À CONSTRUCTION

Les baux consentis par le titulaire d'un bail à construction s'éteignent à l'expiration du bail à construction (CCH art. L 251-6, al. 1) sans que le locataire commercial ait droit au renouvellement ou au paiement d'une indemnité d'éviction (Cass. 3e civ. 14-11-2007 no 06-18.133 FS-PB : RJDA 4/08 no 383). Les dispositions de l'article L 251-6 précité n'étant pas d'ordre public, le bail commercial peut valablement prévoir un engagement du bailleur à construction de poursuivre ledit bail après son expiration. Cette dérogation conventionnelle, assez rare en pratique, est le plus souvent conditionnée à un agrément par le bailleur à construction des conditions du bail commercial lors de sa conclusion (ou de son renouvellement). 30735

DURÉE D'UN SOUS-BAIL RENOUVELÉ

En cas de sous-location, la durée du sous-bail renouvelé est étudiée no 76470. 30740

SECTION 3 DURÉE DU BAIL TACITEMENT PROLONGÉ

Lorsque le bail initial arrive à sa date contractuelle d'expiration sans que le bailleur ait délivré un congé au moins six mois avant ou que le locataire ait formulé une demande de renouvellement (voir nos 69450 s.), le bail se prolonge tacitement au-delà du terme fixé par le contrat (C. com. art. L 145-9, al. 2). 31000

En cas d'exercice du droit de **repentir** par le bailleur **après** la date d'**expiration du bail,** la période comprise entre cette date et la date du repentir ne constitue pas une période de tacite prolongation du bail (voir no 66370).

> **Précisions** Avant la réforme issue de la **loi du 22 mars 2012,** l'alinéa 2 de l'article L 145-9 du Code de commerce prévoyait une **tacite reconduction** du bail conformément à l'article 1738 du Code civil selon lequel, si le locataire reste et est laissé en possession à l'expiration du bail, il s'opère un nouveau bail à durée indéterminée. La loi de 2012 a supprimé toute référence à cet article du Code civil et a remplacé le terme « reconduction » par « prolongation » afin d'éviter toute confusion possible sur le fait qu'il y a bien poursuite du bail en cours (Rapport AN no 3787 p. 62 s. relatif à la loi 2012-38 du 22-3-2012), même si, traditionnellement, la Cour de cassation considérait que la poursuite d'un bail commercial après l'arrivée du terme n'entraînait pas formation d'un nouveau contrat (Cass. 3e civ. 19-2-1975 no 73-14.018 : Bull. civ. III no 70 ; Cass. 3e civ. 18-3-1998 no 426 PB : RJDA 5/98 no 568).

31005 **Conséquences de l'absence de nouveau contrat** L'absence de nouveau contrat emporte plusieurs conséquences :

– le bailleur peut invoquer des manquements commis par le locataire avant la date contractuelle d'expiration du bail pour refuser le renouvellement du bail tacitement prolongé (Cass. 3e civ. 18-3-1998 no 426 PB : RJDA 5/98 no 568) ;

– les modifications législatives qui interviennent pendant la période de tacite prolongation n'affectent pas le bail poursuivi à moins que la loi les ait déclarées expressément applicables aux baux en cours (Cass. 3e civ. 19-2-1975 no 73-14.018 : Bull. civ. III no 70) ;

– toutes les clauses du bail initial continuent de s'appliquer pendant la période de tacite prolongation.

Concernant le maintien de l'engagement de la caution au-delà du terme contractuel du bail, voir no 37100.

Sur le déplafonnement du loyer du bail qui s'est poursuivi au-delà de la durée contractuelle de neuf ans, voir nos 54150 s.

31010 **Régime du bail tacitement prolongé** Le bail tacitement prolongé est à **durée** indéterminée (Cass. 3e civ. 27-1-1999 no 109 D : RJDA 3/99 no 261 ; Cass. 3e civ. 12-3-2002 no 482 F-D : Administrer-10-2002 p. 20 ; Cass. 3e civ. 23-3-2004 no 386 F-D : RJDA 7/04 no 792 ; Cass. 3e civ. 7-12-2004 no 1351 F-PB : RJDA 3/05 no 235).

Il peut **prendre fin** à tout moment :

– par une demande de renouvellement du locataire ;

– par un congé donné par le bailleur (ou le locataire) au moins six mois à l'avance et pour le dernier jour du trimestre civil (C. com. art. L 145-9, al. 2).

EXEMPLE

Si le bailleur envoie son congé un 4 avril, l'effet de ce congé est reporté au 31 décembre suivant : délai de six mois, du 4 avril au 4 octobre, augmenté du délai nécessaire pour atteindre la fin du trimestre civil.

31015 Pour déterminer la date d'échéance du bail prolongé lorsqu'un **congé et** une **demande de renouvellement** ont été **signifiés parallèlement,** il importe de prendre en considération non pas la date à laquelle le congé ou la demande de renouvellement ont été formés, mais la date pour laquelle ils ont été délivrés ; par conséquent, si la demande de renouvellement a été formée par le locataire pour une date antérieure à celle pour laquelle le congé a été délivré, le bail tacitement prolongé doit expirer au jour indiqué dans la demande de renouvellement, même si cette dernière a été formulée postérieurement au congé (TGI Paris 25-1-1994 : Gaz. Pal. 1994 som. p. 573 note Barbier ; CA Reims 18-5-1994, ch. civ. sect. 1 : Loyers et copr. 1995 comm. no 164). Réciproquement, si le congé a été donné pour une date antérieure à celle de la demande de renouvellement, il convient de retenir cette date comme date d'expiration du bail.

Par ailleurs, si, dans sa demande de renouvellement, le locataire accepte la date d'effet du congé avec offre de renouvellement notifié par le bailleur pour une date donnée, le locataire se trouve lié par cette date sans pouvoir changer d'avis (Cass. 3e civ. 14-1-2016 no 14-21.814 FS-D).

EXPLOITATION D'UN FONDS DE COMMERCE DANS LES LIEUX LOUÉS

SOMMAIRE

Lorsque des locaux commerciaux font l'objet d'un bail commercial, le locataire est assujetti à plusieurs obligations parmi lesquelles figure celle d'exploiter un fonds de commerce dans les lieux loués. Cette obligation est essentielle car son respect conditionne, d'une part, l'application du statut (nos 33010 s.) et, d'autre part, le droit du locataire au renouvellement de son bail (nos 33800 s.). **33000**

> **Précisions** Le non-respect de l'obligation d'immatriculation ne constitue pas une **cause de résolution judiciaire** du bail, sauf en présence d'une stipulation expresse imposant une exploitation effective et continue du fonds (Cass. 3e civ. 10-6-2009 nos 07-18.618 FS-PB et 08-14.422 FS-PB : RJDA 8-9/09 no 705 ; Cass. 3e civ. 16-10-2012 no 11-25.234 F-D : RJDA 1/13 no 16 ; Cass. 3e civ. 13-1-2015 no 13-25.197 F-D : Administrer février 2015 p. 26 obs. J.-D. Barbier ; Cass. 3e civ. 3-12-2020 no 19-20.613 F-D). En tout état de cause, même si l'absence d'exploitation du fonds est qualifiée de manquement à une obligation du bail, elle ne peut justifier la résolution judiciaire de celui-ci que si elle est suffisamment grave. Jugé que tel n'était pas le cas de la fermeture temporaire du fonds de commerce à la suite de la liquidation judiciaire du locataire-gérant, dès lors que le locataire avait fait toute diligence pour récupérer les lieux et reprendre l'exploitation du fonds (Cass. 3e civ. 2-6-2010 no 09-11.112 FS-D : RJDA 10/10 no 922).

SECTION 1

CONDITION D'APPLICATION DU STATUT DES BAUX COMMERCIAUX

33010 Le statut des baux commerciaux ne s'applique que si un fonds est exploité dans les lieux loués, que ce fonds appartienne à un commerçant, à un industriel immatriculé au registre du commerce et des sociétés ou au chef d'une entreprise du secteur des métiers et de l'artisanat immatriculée au registre national des entreprises, accomplissant ou non des actes de commerce (C. com. art. L 145-1, I).

Pour qu'il y ait « exploitation d'un fonds », il faut donc que :
- un véritable fonds existe (nos 33020 s.) ;
- ce fonds soit la propriété du commerçant, de l'industriel ou du chef d'une entreprise du secteur des métiers et de l'artisanat (nos 33250 s.) ;
- il y soit exercé une activité commerciale, industrielle ou relevant du secteur des métiers ou de l'artisanat (nos 33390 s.).

33015 C'est au locataire qui prétend bénéficier du statut de **prouver** qu'il remplit les conditions prévues par l'article L 145-1, I du Code de commerce (Cass. 3e civ. 17-10-1972 : Bull. civ. III no 519).

A. Existence d'un fonds de commerce

1. RÈGLES GÉNÉRALES

33020 Le fonds de commerce est composé de divers éléments traditionnellement divisés en éléments incorporels (clientèle, droit au bail, nom commercial, droits de propriété industrielle, etc.) et en éléments corporels (marchandises et matériels). La **clientèle** est l'élément indispensable sans lequel le fonds n'existe pas (Cass. 3e civ. 18-5-1978 : Bull. civ. III no 205 ; Cass. 3e civ. 19-9-2006 no 969 F-D : RJDA 12/06 no 1201). En effet, il n'y a pas de fonds de commerce lorsqu'il n'y a pas ou lorsqu'il n'y a plus de clientèle qui s'y trouve attachée (Cass. com. 31-5-1988 no 86-13.486 : Bull. civ. IV no 180).

CARACTÉRISTIQUES DE LA CLIENTÈLE ATTACHÉE AU FONDS

33030 La clientèle peut être définie comme l'ensemble des personnes qui sont disposées à entretenir des relations contractuelles avec un commerçant. À la question de savoir quel est le nombre de clients nécessaire pour qu'existe une clientèle en tant qu'élément d'un fonds de commerce, la cour d'appel de Paris a répondu qu'aucun texte ni aucun principe ne fixent un **nombre minimal** et que si la clientèle est le plus souvent constituée d'un nombre illimité et variable de personnes, elle peut aussi être très limitée et constante (CA Paris 10-7-1984 no K/13161, 16e ch. A).

33035 Si la **clientèle** peut être composée uniquement d'un petit nombre de clients, elle doit néanmoins être **réelle,** c'est-à-dire actuelle et certaine et non future ou potentielle (Cass. 3e civ. 18-5-1978 : Bull. civ. III no 205 ; Cass. 1e civ. 4-12-2013 no 12-28.076 F-PB : Bull. civ. I no 238). La **cessation temporaire d'activité** ne fait pas nécessairement perdre à la clientèle son caractère réel (Cass. 3e civ. 15-9-2010 no 09-68.521 FS-PB : RJDA 1/11 no 15 ; Cass. com. 29-1-2013 no 11-28.690 F-D : RJDA 6/13 no 475), l'appréciation de la persistance de la clientèle en dépit de la fermeture du fonds relevant du pouvoir souverain d'appréciation des juges du fond (Cass. 3e civ. 10-11-2009 no 08-70.110 F-D : RJDA 2/10 no 145). Ainsi, dans un cas où l'exploitation d'un fonds d'articles souvenirs et religieux situé à Lourdes avait été interrompue pendant plus de deux ans à la suite de la maladie puis du décès de l'exploitant, il a été jugé que la clientèle demeurait réelle. En effet, l'achalandage attaché au fonds n'avait pas été affecté en raison de la spécificité de l'activité exercée concernant en quasi-totalité une clientèle de passage et la clientèle s'était reconstituée naturellement dès la réouverture du fonds au public (Cass. 3e civ. 15-9-2010, précité).

33040 En outre, pour être prise en considération comme élément du fonds de commerce, la **clientèle** doit être **propre** au commerçant, lui être personnellement attachée. Cette condition suscite souvent des difficultés dans le cas des commerces dépendants (nos 33110 s.).

Afin de rapporter la **preuve** de l'existence d'une clientèle, il a été jugé que le locataire peut se limiter à démontrer que la clientèle a accès aux locaux dans lesquels il accomplit les actes de sa profession (Cass. 3e civ. 13-6-1972 : Bull. civ. III no 378). **33045**

ILLUSTRATIONS **33050**

L'absence de clientèle a été retenue dans un cas où l'**accès au restaurant** exploité dans les lieux loués était réservé aux seuls adhérents de la société coopérative locataire (Cass. 3e civ. 7-5-1985 no 668 S).
De même, il a été jugé qu'aucun fonds de commerce n'était exploité dans les locaux constitués d'un **entrepôt de stockage** destiné à des produits de grande consommation et de bureaux, dès lors que le locataire n'avait jamais eu l'intention d'exploiter dans les lieux un magasin de vente et qu'il n'était pas contesté qu'aucune clientèle n'y était reçue (Cass. 3e civ. 16-6-2004 no 749 F-PBI : RJDA 2/04 no 1092 ; dans le même sens, Cass. 3e civ. 23-2-1994 no 401 P : RJDA 6/94 no 632 ; CA Paris 30-9-1991 no 91/8733, 1e ch. urg.).
Jugé également qu'une société exerçant l'activité de « **dépôt de véhicules en fourrière** » était nécessairement dépourvue de clientèle car cette activité ne pouvait résulter que d'opérations de police administrative ou judiciaire, ordonnées à la demande du maire, d'un officier de police judiciaire ou de l'État (CA Versailles 5-1-2016 no 14/04401 : RJDA 4/16 no 260).

ILLUSTRATIONS **33055**

En revanche, dans un cas où le **locataire de locaux** commerciaux à usage de bureaux avait **sous-loué** ceux-ci à une société de manière constante pendant douze ans, la cour d'appel de Paris a estimé qu'un fonds de commerce était exploité dans les lieux loués car la clientèle existait bien que le locataire n'ait eu qu'un seul client. En effet, a-t-elle précisé, le locataire aurait pu consentir des locations de bureaux, de très courte durée, et avoir en douze ans des dizaines de clients, de sorte que rien ne permettait de retenir un nombre plutôt qu'un autre (CA Paris 10-7-1984 no K/13161, 16e ch. A).
Jugé également qu'exploite un fonds de commerce la société qui loue un **local dans lequel sont remisées** environ **seize voitures** appartenant à divers propriétaires, dès lors que ces derniers constituent bien une clientèle même s'ils détiennent chacun une clé de la porte d'entrée du garage (Cass. 3e civ. 5-6-1970 : Bull. civ. III no 383).

2. CAS PARTICULIER DES COMMERCES DÉPENDANTS

L'application du statut des baux commerciaux suscite des difficultés particulières lorsque le locataire exerce son activité à l'intérieur ou dans l'enceinte d'un autre établissement plus vaste tel qu'un supermarché, une salle de spectacle, un complexe sportif, un hôtel ou encore un centre de vacances. **33110**

Dans ce cas, outre la condition tenant aux caractéristiques du local loué, qui est étudiée nos 350 s., la jurisprudence pose deux conditions.

CLIENTÈLE PERSONNELLE

La Cour de cassation considère que le locataire ne peut prétendre au bénéfice du statut que s'il prouve qu'il dispose d'une **clientèle** personnelle **distincte** de celle de son bailleur, autrement dit d'une clientèle propre (Cass. ass. plén. 24-4-1970 no 68-10.914 : Bull. civ. no 3). **33120**

En revanche, la Cour n'exige plus, comme elle l'a fait pendant plusieurs années, que cette **clientèle** personnelle présente, en outre, un **caractère prépondérant** par rapport à celle de l'établissement d'accueil (Cass. 3e civ. 19-3-2003 no 402 FS-PBRI : RJDA 6/03 no 572). Par un arrêt de 1991, la Cour de cassation avait en effet estimé que le fait, pour le locataire, de justifier d'une clientèle indépendante était nécessaire mais insuffisant pour pouvoir bénéficier de l'application du statut ; encore fallait-il que cette clientèle soit prépondérante, en valeur (Cass. 3e civ. 27-11-1991 no 1752 P : RJDA 3/92 no 221, 2e espèce). C'est ainsi qu'elle avait jugé qu'un commerçant, à qui un supermarché avait concédé l'exploitation d'un banc de poissons situé à l'extérieur du magasin, ne pouvait pas bénéficier du statut des baux commerciaux, même si une partie de sa clientèle était celle de son ancien fonds de commerce de poissonnerie, dans la mesure où sa clientèle actuelle était constituée de manière largement prépondérante par celle du supermarché (même arrêt). De même, elle avait refusé le bénéfice du statut à un commerçant, locataire d'un local situé dans le hall d'un hôtel, au motif que la clientèle personnelle qu'il s'était constituée n'était pas prédominante par rapport à celle de l'hôtel (Cass. 3e civ. 4-11-1992 no 1464 D : RJDA 12/92 no 1108). En supprimant cette condition, qu'au demeurant la loi n'a pas prévue, la Cour de cassation a levé un obstacle majeur à la reconnaissance du bénéfice du statut aux commerçants qui exercent leur activité dans un ensemble commercial, la preuve qui leur était demandée étant souvent difficile à rapporter.

L'appréciation de l'existence d'une clientèle personnelle du locataire relève du **pouvoir souverain** des juges du fond (Cass. 3e civ. 19-3-2003, précité).

33125 ILLUSTRATIONS

Existence d'une clientèle propre

Le locataire qui exerce son activité commerciale de vente de produits alimentaires dans une construction permanente couverte, située à l'extérieur d'un **supermarché** au mur duquel elle est adossée, et qui possède une **clientèle** personnelle **attirée** tant par son emplacement que **par les spécialités vendues,** doit être considéré comme exploitant un fonds de commerce et bénéficie donc du statut des baux commerciaux.

Cass. 3e civ. 1-12-1976 : Bull. civ. III n° 436.

Il y a lieu d'admettre que le commerçant qui louait un emplacement de douze mètres carrés dans le hall d'accueil d'un **hôtel-restaurant** pour y exercer une activité de « Truckstore CB radio » disposait d'une clientèle propre, compte tenu des circonstances suivantes :
– le local se trouvait dans une entrée commune à l'hôtel-restaurant et à un escalier donnant **accès** aux **bureaux** d'une quinzaine de professionnels des transports : transitaires et affréteurs, dont certains étaient propriétaires de leurs locaux ;
– le local, même s'il n'ouvrait pas directement sur la voie publique, n'impliquait pas que la clientèle du commerçant se confonde avec celle de l'hôtel-restaurant car sa situation sur le passage obligé des clients des divers prestataires de transport, à laquelle s'ajoutait la proximité des bureaux des services douaniers, constituait tout au contraire un facteur d'**achalandage distinct** ;
– le locataire gérait son commerce en toute indépendance et disposait notamment d'une complète liberté concernant ses horaires d'ouverture, qui ne coïncidaient pas avec ceux de l'hôtel-restaurant.

CA Rouen 21-10-1992 n° 91/2569, 2e ch. civ.

Bénéficie du statut des baux commerciaux le locataire d'un emplacement situé dans l'enceinte d'un **supermarché,** dès lors qu'il résulte des éléments suivants qu'il a une clientèle propre et autonome : depuis l'origine le locataire a disposé sans interruption d'un emplacement stable, parfaitement délimité et pouvant être séparé des locaux du supermarché par des rideaux métalliques ; il bénéficie d'une vitrine et d'un accès sur rue direct, distinct de celui du supermarché dont les horaires d'ouverture sont d'ailleurs différents ; les **produits vendus** dans les deux magasins ne sont **pas identiques** ; les étalages du locataire sont situés à l'extérieur du supermarché, sur le trottoir de la voie publique.

CA Paris 21-6-1994 n° 93/5675, 16e ch. A.

Dans un cas où le propriétaire d'un terrain à usage de **camping** avait donné en location une des parcelles à un commerçant en vue d'y exploiter un fonds de commerce de « bazar journaux », il y a lieu de reconnaître au commerçant le bénéfice du statut des baux commerciaux, dès lors qu'il disposait d'une clientèle propre et autonome par rapport à celle du camping et prépondérante à l'égard de celle-ci : le commerce était situé à l'entrée du camping largement ouvert et à proximité immédiate de la plage ; il y était vendu des articles de plage et de bazar, des jouets, des cartes postales, des journaux et faisait office de dépôt pour le développement des photos, de sorte que la **clientèle** était non seulement celle du camping mais aussi celle **de la plage** et des **immeubles voisins** attirée par l'ensemble des commerces.

CA Rouen 10-12-2002 n° 2000/443, 1e ch. cab. 3.

Ndlr : Le caractère prépondérant de la clientèle n'est plus exigé mais la solution conserve toute sa valeur car le locataire qui bénéficie d'une clientèle prépondérante dispose a fortiori d'une clientèle autonome telle qu'elle est entendue par la jurisprudence actuelle.

Dans un cas où, par l'intermédiaire d'une régie de remontées mécaniques, une commune avait donné en location un **chalet** dont elle était propriétaire, la cour d'appel qui relève que le locataire, qui exerce un commerce de vente de « casse-croûte » et boissons dans les lieux loués dont il a la libre disposition toute l'année, est régulièrement inscrit au registre du commerce et des sociétés et qu'il possède, en dehors de la clientèle de la régie, une clientèle propre constituée par les amateurs de ski de fond et d'équitation, les randonneurs et les promeneurs en raquette, en déduit exactement que le locataire bénéficie du statut des baux commerciaux.

Cass. 3e civ. 19-3-2003 n° 402 FS-PBRI : RJDA 6/03 n° 572.

Exploite un fonds de commerce et peut donc bénéficier du statut des baux commerciaux la société qui a loué un emplacement situé sur le **parking** d'un magasin de bricolage afin d'y exploiter un commerce de « pizzas, boissons, glaces à emporter », compte tenu des éléments suivants : s'il est incontestable que la proximité immédiate d'**une grande surface** constitue un avantage commercial important, on ne peut pas réduire la clientèle de la société à celle du magasin de bricolage dès lors que les heures d'ouverture des deux commerces ne coïncident qu'imparfaitement et que l'emplacement se situe également le long d'une route à grande circulation de sorte que, profitant de la facilité de stationnement qui constitue l'essentiel de l'enjeu commercial de l'emplacement, la société dispose d'une clientèle de passage importante. En outre, le fait que la société ait à l'origine exploité son commerce sous une franchise ne conduit pas à la priver de toute possibilité de détenir une propriété commerciale car la société dispose d'une clientèle liée à son activité personnelle, en particulier du fait de l'emplacement sur lequel le commerce est exploité et qui, dans ce type de commerce, représente le principal atout du commerçant, avec le savoir-faire personnel qu'il détient auquel l'attrait exercé par la marque peut ajouter, mais qu'il ne saurait suppléer.

CA Paris 14-3-2005 n° 2003/352, 16ᵉ ch. A.

Ndlr : En tout état de cause, le fait d'exploiter son commerce sous franchise n'aurait pas empêché le locataire de bénéficier du statut des baux commerciaux (voir n° 33290).

ILLUSTRATIONS 33130

Absence de clientèle propre

Il résulte des éléments suivants que le locataire de locaux à usage de bar-restaurant situés dans l'enceinte d'un **golf** ne disposait pas d'une clientèle personnelle car il n'avait pas d'autres clients que les membres du club de golf :
– le bail réservait expressément **l'accès** au bar-restaurant **aux seuls membres du club** et à leurs invités ;
– il réglementait le coût des consommations, fixait les heures d'ouverture et de fermeture en fonction de l'activité du club et interdisait toutes manifestations autres que celles organisées par le comité du golf ;
– le bar-restaurant n'avait **pas d'accès direct sur une voie publique,** étant situé à l'intérieur d'une propriété interdite au public étranger au club.

CA Pau 2-7-1959.

Dans un cas où une société de courses avait accordé une concession exclusive d'installation et d'exploitation d'un buffet-buvette sur un **hippodrome** et avait limité l'activité de son concessionnaire non seulement à l'enceinte du champ de courses mais aussi aux seules journées de réunions hippiques, une cour d'appel a pu décider que le concessionnaire ne remplissait pas les conditions exigées par l'article 1 du décret du 30 septembre 1953, faute pour lui de s'être constitué une clientèle personnelle distincte de celle du champ de courses, dès lors qu'elle a constaté que le **public** qui venait sur l'hippodrome et fréquentait l'établissement se rendait avant tout sur les lieux pour **assister aux courses** de chevaux, lesquelles n'avaient lieu que six à sept fois par an.

Cass. ass. plén. 24-4-1970 : Bull. civ. n° 3.

Ne bénéficie pas du statut le locataire d'un local dépendant d'un **supermarché** qui exerce dans les lieux loués une activité de poissonnerie, dès lors qu'il ne démontre pas l'existence, pour la poissonnerie, d'une clientèle indépendante de celle du supermarché.

Cass. 3ᵉ civ. 28-9-1982 n° 1243.

Dans un cas où le propriétaire de terrains qui exploitait un **centre de vacances** avait donné en location une des parcelles à des époux en vue d'y exercer un commerce d'alimentation, a légalement justifié sa décision la cour d'appel qui a décidé que le contrat de location n'était pas soumis au statut des baux commerciaux, après avoir relevé les éléments suivants : les époux exerçaient leur activité dans un lieu clôturé et dont la liberté d'**accès** était réservée **aux seuls membres du club** de vacances, les non-adhérents ne pouvant y entrer qu'après dépôt de leur carte d'identité et sur autorisation du gardien, de sorte que la **clientèle extérieure** ne pouvait être que **très limitée** et, en tout cas, non prépondérante par rapport à la clientèle « captive », même si celle-ci avait la possibilité de s'approvisionner en dehors du centre.

Cass. 3ᵉ civ. 8-1-1997 n° 20 D : Gaz. Pal. 1997 jur. p. 549.

Ndlr : Bien que le critère de la prépondérance de la clientèle du locataire soit abandonné, la solution ci-dessus conserve, à notre avis, toute sa valeur car, au cas particulier, la clientèle extérieure était très limitée et n'aurait donc certainement pas été considérée comme caractérisant une clientèle personnelle distincte.

Une cour d'appel déduit souverainement des éléments suivants que le locataire de locaux situés à l'intérieur d'un terrain appartenant à une ligue de tennis ne démontre pas avoir une clientèle propre : le rapprochement des bénéfices déclarés par le locataire avec le nombre de passages évalué à partir du nombre d'adhérents de la ligue démontrait que le **commerce** du locataire était nécessairement **très dépendant** de l'activité de la ligue ; les locaux se trouvaient au centre d'un terrain clos de murs hors la voie publique ; le terrain était situé dans une zone pavillonnaire, à l'écart de toutes autres activités commerciales, de sorte que le commerce exploité par le locataire ne pouvait bénéficier d'**aucun passage fortuit.**

Cass. 3ᵉ civ. 10-2-1999 n° 294 D.

A légalement justifié sa décision la cour d'appel qui a refusé l'application du statut au contrat de mise à disposition d'un emplacement dans un **centre commercial** pour y installer un **manège,** dès lors qu'elle a souverainement relevé que le locataire ne démontrait pas avoir de clientèle propre détachable de l'achalandage du centre commercial qui lui imposait ses horaires d'ouverture et de fermeture.

Cass. 3ᵉ civ. 15-10-2014 n° 13-24.439 FS-D : RJDA 10/15 n° 633.

ABSENCE DE CONTRAINTES INCOMPATIBLES AVEC LE LIBRE EXERCICE DE L'ACTIVITÉ

33140 Outre une clientèle personnelle, la Cour de cassation a pendant longtemps exigé que le locataire justifie d'une **autonomie de gestion** par rapport au bailleur pour pouvoir bénéficier du statut (notamment, Cass. 3e civ. 9-7-1979 : D. 1980 p. 64 ; Cass. 3e civ. 24-1-1996 no 111 P : RJDA 4/96 no 464 ; Cass. 3e civ. 5-2-2003 no 155 FS-PB : RJDA 4/03 no 365).

Infléchissant sa position, la Cour de cassation a remplacé la condition positive d'autonomie de gestion par une condition négative, énoncée en forme d'exception : le bénéfice du statut peut être dénié si l'exploitant du fonds est soumis à des **contraintes incompatibles** avec le libre exercice de son activité (Cass. 3e civ. 19-1-2005 no 60 FS-PBR : RJDA 4/05 no 362).

ILLUSTRATIONS

Il a été jugé que les **contraintes imposées** au locataire par le règlement de l'hôtel dans l'enceinte duquel se trouvait le local loué (horaires d'ouverture et de fermeture ; détermination des prestations à fournir aux clients) ne constituaient **pas une entrave** effective à l'activité commerciale du locataire et n'étaient donc pas incompatibles avec l'exercice de celle-ci (Cass. 3e civ. 19-1-2005 : RJDA 4/05 no 362).

L'**existence de « contraintes incompatibles »** a en revanche été reconnue dans une affaire mettant en cause l'exploitant d'un restaurant situé dans un hôtel de luxe : les horaires des prestations de restauration étaient déterminés par l'hôtel dont l'accord préalable était également nécessaire pour la fermeture du restaurant ; les prix des repas du personnel et des petits déjeuners étaient fixés par le contrat ; l'hôtel conservait la maîtrise du planning d'occupation des salons, disposait d'un véritable droit de contrôle sur les employés du restaurant et prenait en charge de nombreuses prestations (fluides, électricité, taxes, entretien et réparation des agencements des locaux affectés à la restauration) ; les représentants de l'hôtel pouvaient accéder aux zones de stockage ; l'exploitant du restaurant ne pouvait pas changer le nom du restaurant sans l'accord écrit de l'hôtel (Cass. 3e civ. 5-9-2012 no 11-14.961 F-D : RJDA 12/12 no 1048).

De même a été considérée comme soumise à des « contraintes incompatibles » la société qui exploitait une rôtisserie sur le parking d'un supermarché dans les conditions suivantes : l'autorisation d'occupation précaire consentie par le supermarché précisait que l'activité de la locataire devait s'exercer pendant les heures d'ouverture du magasin ; la locataire n'avait pas la maîtrise exclusive de l'emplacement mis à sa disposition ; elle dépendait des infrastructures du magasin pour l'exercice de son activité car les branchements électriques se trouvaient dans un boîtier fermé dont elle n'avait pas le libre accès et ses bouteilles de gaz étaient entreposées dans le magasin (Cass. 3e civ. 23-6-2016 no 14-26.003 F-D : RJDA 10/16 no 671).

33145 Cette solution n'est pas sans conséquence puisqu'elle entraîne un renversement de la **charge de la preuve** : ce n'est plus au locataire d'un commerce intégré de démontrer son autonomie de gestion afin de se voir appliquer le statut mais au bailleur, qui refuserait cette application en dépit de la réunion des conditions tenant au local et à la clientèle, de prouver qu'en réalité le locataire est soumis à des contraintes incompatibles avec l'exercice de son activité.

B. Propriété du fonds exploité dans les lieux loués

33250 Le bénéfice du statut des baux commerciaux est réservé au locataire qui est à la fois titulaire du bail et propriétaire du fonds de commerce exploité dans les lieux loués (Cass. 3e civ. 18-7-1972 : Bull. civ. III no 474 ; Cass. 3e civ. 25-1-1983 : Bull. civ. III no 22 ; Cass. 3e civ. 29-10-1985 : Bull. civ. III no 135). Sur la possibilité pour le locataire qui a sous-loué tout ou partie des locaux objet du bail de conserver le bénéfice du statut des baux commerciaux, voir nos 76300 s.

ILLUSTRATIONS

Dans un cas où un bail portant sur un local destiné au commerce de vente en gros et demi-gros avait été cédé à un époux, jugé qu'aucun des **époux** ne remplissait les conditions légales pour avoir droit au renouvellement du bail, dès lors que l'époux locataire avait cessé toute activité commerciale et que son conjoint, qui s'était inscrit au registre du commerce et exerçait dans les lieux loués un commerce de friperie, n'était ni titulaire du bail ni cessionnaire de celui-ci (Cass. 3e civ. 18-7-1972, précité).

De même, jugé que la personne physique locataire de locaux commerciaux et **associée majoritaire d'une société** n'avait pas droit au renouvellement de son bail dès lors que le fonds de commerce exploité dans les lieux loués appartenait à la société. En effet, la société, personne morale, et le locataire, personne physique, ayant leur personnalité juridique propre, il n'y avait pas lieu de prendre en considération la confusion que le locataire prétendait avoir créée en fait entre ces deux personnes juridiques distinctes et provenant de ce qu'il détenait la quasi-totalité du capital social (Cass. 3e civ. 4-5-1976 : Bull. civ. III no 183).

Le **mode d'exploitation** du fonds importe peu, pourvu que le locataire conserve la propriété du fonds : le locataire peut donc librement choisir d'exploiter son fonds personnellement ou d'en confier l'exploitation à un tiers, sauf clause du bail le lui interdisant. Ainsi, en cas d'usufruit, le locataire, nu-propriétaire du fonds, peut revendiquer l'application du statut même si le fonds est effectivement exploité par l'usufruitier, commerçant inscrit au registre du commerce (Cass. 3e civ. 6-1-1982 : Bull. civ. III no 1). De même, une personne, titulaire du bail et propriétaire du fonds de commerce exploité dans les lieux loués, a droit au renouvellement du bail alors même qu'elle réside à l'étranger, dès lors qu'elle a confié son fonds à un tiers, qui était son fondé de pouvoir (CA Paris 7-7-1987, 16e ch. A : Gaz. Pal. 1987.2 pan. p. 778). **33255**

Certains modes d'exploitation du fonds de commerce méritent des développements particuliers car ils peuvent susciter des difficultés d'application quant à la détermination de la qualité de propriétaire du fonds.

LOCATION-GÉRANCE DU FONDS

Lorsque le **locataire de locaux** met son fonds en location-gérance, il en conserve la propriété, de sorte qu'il ne perd pas le **droit au statut** des baux commerciaux ; réciproquement, le locataire-gérant n'en bénéficie pas (Cass. com. 18-11-1958 : Bull. civ. III no 393 ; Cass. 3e civ. 13-2-1980 : Bull. civ. III no 37 ; Cass. 3e civ. 10-6-1981 : Bull. civ. III no 118 ; Cass. 3e civ. 17-7-1981 : Bull. civ. III no 145 ; Cass. 3e civ. 26-9-2001 no 1260 FS-PB : RJDA 12/01 no 1186). En conséquence, les tribunaux ne peuvent pas décider de répartir les diverses indemnités dues par le bailleur à la suite de son refus de renouveler le bail entre le propriétaire du fonds – locataire des locaux – et le locataire-gérant, en allouant au premier l'indemnité principale et au second les indemnités accessoires, telles que les frais de déménagement, de réinstallation et de mutation (Cass. 3e civ. 26-9-2001, précité), même si, en pratique, le locataire-gérant est le seul à supporter les frais liés à la nécessité d'une réinstallation. Pour pallier ces inconvénients, rien n'empêche les parties de prévoir, dans le contrat de location-gérance, des modalités particulières de répartition de l'indemnité d'éviction, mais ces modalités ne seront pas opposables au bailleur car celui-ci n'est pas partie au contrat de location-gérance. **33260**

Pour que le locataire puisse bénéficier du statut des baux commerciaux, encore faut-il que la location-gérance soit **autorisée par le bail.** Tel n'est pas le cas en présence d'une clause faisant obligation au locataire d'exploiter personnellement les lieux loués (Cass. 3e civ. 14-11-1996 no 1668 : RTD com. 1997 p. 227). En revanche, une clause imposant au locataire d'occuper personnellement les lieux n'a pas pour objet de l'empêcher de donner son fonds en location-gérance (notamment, Cass. 3e civ. 14-11-2002 no 1671 FS-D : RJDA 2/03 no 115). Il en va de même de la clause stipulant que le « locataire ne peut se substituer quelque personne que ce soit, ni prêter les lieux même temporairement à des tiers », insérée dans un article du bail consacré à « l'occupation et à la jouissance » et au sein d'un alinéa relatif à la cession et à la sous-location qui vise uniquement les locaux et non l'exploitation du fonds de commerce (CA Versailles 24-6-2004 no 03/5938, 12e ch. sect. 2). Quant à la clause interdisant au locataire « de concéder la jouissance des lieux loués à qui que ce soit et sous quelque forme que ce soit », la Cour de cassation a jugé qu'elle ne pouvait pas être assimilée à une clause prohibant la location-gérance (Cass. 3e civ. 23-1-2007 no 72 F-D : RJDA 5/07 no 453), censurant en conséquence la décision des juges du fond qui avaient jugé le contraire (CA Paris 12-10-2005 no 04/5349, 16e ch. A : RJDA 5/06 no 510). **33270**

Il n'y a pas d'obligation, pour le locataire-gérant, d'avoir **exploité personnellement** le fonds avant sa mise en location-gérance. **33272**

Les contrats de location-gérance conclus **avant le 21 juillet 2019** demeurent soumis à la condition que le locataire ait exploité pendant deux années au moins le fonds de commerce (C. com. ex-art. L 144-3 abrogé par Loi 2019-744 du 19-7-2019), étant précisé que cette exigence est écartée dans les cas visés par l'ancien article L 144-5 ou sur dérogation accordée par le tribunal (C. com. ex-art. L 144-5). À défaut, le contrat de location-gérance est atteint d'une nullité absolue (Cass. 3e civ. 22-3-2018 no 17-15.830 F-PB : RJDA 5/18 no 400) ; cette nullité entraîne la déchéance du droit au renouvellement du bail portant sur les locaux dans lesquels le fonds est exploité (C. com. art. L 144-10).

Dans certaines situations, **le locataire-gérant peut** toutefois **revendiquer** le bénéfice du **statut.** Tel est le cas lorsqu'il a **créé,** dans des conditions régulières, un **fonds distinct** de celui qui lui est loué et qu'il en rapporte la preuve (Cass. 3e civ. 22-5-1968 : Bull. civ. III no 230 ; Cass. 3e civ. 25-1-1983 : Bull. civ. III no 22). Les tribunaux reconnaissent rarement l'existence d'un tel fonds. Dans la décision de 1968, l'existence d'un commerce distinct a toutefois été admise : le bail autorisait le gérant libre d'un fonds de débit de boissons resté la propriété du bailleur à ajouter au commerce principal des branches commerciales distinctes, notamment vente de journaux, articles de fumeurs, de maroquinerie et de confiserie, et stipulait que le locataire pourrait toujours les transporter où bon lui semblerait à la fin de la location. Le locataire qui, conformément à l'autorisation qui lui **33275** avait été donnée, avait exploité dans les lieux loués un commerce de « confiserie, articles de fumeurs, maroquinerie » en plus du débit de boissons s'est ainsi vu accorder, pour ce nouveau fonds, une indemnité d'éviction à la suite du refus de renouvellement du bail.

Le locataire-gérant peut aussi prétendre au bénéfice du statut lorsque, à défaut d'avoir créé le fonds, il a **développé** la **clientèle** d'une manière telle qu'une part « notable » de celle-ci peut être regardée comme lui étant attachée (Cass. com. 21-3-1995 n° 596 P : RJDA 8-9/95 n° 975). Là encore, la preuve qu'il en est ainsi lui incombe.

33280 Lorsque le **propriétaire de l'immeuble** loué est également **propriétaire du fonds** de commerce et que le bail porte en même temps sur les deux, le locataire n'a pas droit au statut puisqu'il n'est pas propriétaire du fonds. Mais, à son départ, le bailleur doit lui verser une indemnité correspondant au profit qu'il pourra retirer de la plus-value apportée soit au fonds, soit à la valeur locative de l'immeuble par les améliorations matérielles effectuées par le locataire avec l'accord exprès du bailleur (C. com. art. L 145-46).

FRANCHISE OU CONCESSION

33290 Un franchisé (ou un concessionnaire) qui exploite son activité dans des locaux dont il est locataire dispose d'une clientèle propre le rendant propriétaire d'un fonds de commerce et lui permettant ainsi de bénéficier du statut des baux commerciaux (Cass. 3e civ. 27-3-2002 n° 615 FS-PBRI : RJDA 6/02 n° 603). En effet, la Cour de cassation a précisé que, si une **clientèle** nationale est attachée à la notoriété de la marque du franchiseur, la clientèle locale n'existe que grâce aux moyens mis en œuvre par le franchisé, parmi lesquels figurent les éléments corporels de son fonds de commerce (matériel et stock) et l'élément incorporel que constitue le bail ; cette clientèle fait elle-même partie du fonds de commerce du franchisé car, même si celui-ci n'est pas le propriétaire de la marque et de l'enseigne mises à sa disposition par le franchiseur, la clientèle est créée par son activité avec des moyens qu'il met en œuvre à ses risques et périls puisqu'il contracte à titre personnel avec ses fournisseurs ou les établissements de crédit.

La Cour de cassation a cependant réservé le cas où le franchisé (ou le concessionnaire) est dans un **état de totale dépendance** à l'égard du franchiseur (ou du concédant) et ne dispose d'aucune latitude pour gérer son affaire. Dans ce cas, le contrat est requalifié en contrat de travail (Cass. com. 3-5-1995 n° 819 D : RJDA 11/95 n° 1228), ce qui empêche le « franchisé » d'invoquer un quelconque droit au statut.

C. Nature de l'activité du locataire

33390 En vertu de l'article L 145-1, 1° du Code de commerce, l'application du statut des baux commerciaux suppose que le fonds exploité dans les lieux loués appartienne soit à un commerçant ou à un industriel immatriculé au registre du commerce et des sociétés (nos 33400 s.), soit au chef d'une entreprise du secteur des métiers et de l'artisanat immatriculée au registre national des entreprises, accomplissant ou non des actes de commerce (nos 33450 s.). Le locataire qui exerce une activité de nature civile ne remplit donc pas cette condition (nos 33500 s.).

1. ACTIVITÉ COMMERCIALE OU INDUSTRIELLE DU LOCATAIRE

33400 L'exercice d'une **activité commerciale** se définit par l'accomplissement d'actes de commerce tels que déterminés par l'article L 110-1 du Code de commerce. Il s'agit par exemple des achats de biens meubles pour les revendre ou des opérations d'intermédiaire pour l'achat ou la vente d'immeubles ou de fonds de commerce ou encore de la location de meubles.

L'**activité industrielle** doit être entendue ici au sens large comme une activité économique ayant pour objet l'exploitation des richesses et la transformation des matières premières.

2. ACTIVITÉ ARTISANALE DU LOCATAIRE

33450 Une activité du secteur des métiers et de l'artisanat s'entend d'une activité professionnelle indépendante de production, de transformation, de réparation ou de prestations de services, faisant partie d'une liste établie par décret et figurant à l'article R 111-1 du Code de l'artisanat (C. artisanat art. L 111-1).

On y retrouve notamment les métiers de l'alimentation (commerce de détail de vente de viandes, de poisson ; fabrication de produits de boulangerie...), les activités du bâtiment (travaux de construction ; désamiantage...), les activités de fabrication (imprimerie de magazines ; fabrication de vêtements, de chaussures, de produits informatiques...) et les activités de service (déménagement ; démorquage ; coiffure...).

Par ailleurs, doit être rempli un critère lié au nombre de salariés employés par le locataire (n° 42120).

3. ACTIVITÉ CIVILE DU LOCATAIRE

Le bail consenti à un locataire qui exerce une activité de nature civile n'entre pas en principe dans le champ d'application du statut des baux commerciaux tel que défini par l'article L 145-1, 1° du Code de commerce. Il en va toutefois différemment si le locataire peut prétendre à une extension légale du statut (nos 1610 s.) ou si les parties sont convenues de soumettre leur bail au régime du statut (nos 1980 s.). **33500**

L'exclusion du statut concerne toutes les activités de nature civile, quelle que soit la **forme** sous laquelle elles sont exercées. En effet, la forme commerciale d'une société n'emporte pas en elle-même exploitation d'un fonds de commerce et ne suffit donc pas à conférer le droit au statut à la société (CA Paris 10-11-1988 n° 87/8344, 16e ch. B ; CA Paris 24-2-1992 n° 91/4315, 6e ch. A ; CA Lyon 12-1-2017 n° 15/03438 : RJDA 10/17 n° 610).

Dans les développements ci-dessous, nous avons recensé les activités qui, en principe, sont de nature civile mais ont donné lieu à des décisions jurisprudentielles quant à leur qualification.

LOCATAIRE EXERÇANT UNE ACTIVITÉ LIBÉRALE

L'activité libérale consiste dans la fourniture d'un travail intellectuel par un professionnel attaché à ses clients par des relations de confiance. Elle est par nature civile, de sorte que le statut des baux commerciaux ne s'applique pas aux locaux dans lesquels une telle activité est exercée. Elle peut toutefois devenir commerciale si les services matériels fournis sont plus importants que la prestation intellectuelle. **33510**

Parmi les activités libérales, figurent les activités des **professions médicales et paramédicales.** **33515**

ILLUSTRATIONS

Un **médecin** qui louait un local pour l'exercice de sa profession s'est vu refuser le bénéfice du droit au renouvellement de son bail au motif qu'aucun fonds de commerce n'était exploité dans les lieux, faute d'activité commerciale (Cass. 3e civ. 8-12-1981 : Rev. Loyers 1982 p. 84). La même solution a été retenue pour un locataire exploitant dans les lieux loués un **laboratoire d'analyses** de biologie médicale (Cass. 3e civ. 7-1-1998 n° 15 D : RJDA 3/98 n° 264).

Par ailleurs, l'application du statut a été déniée à des locaux loués à usage de « **clinique sociale** », expression par laquelle les parties avaient désigné un organisme dispensant des prestations de caractère médical données aux assurés sociaux et aux mutualistes sans hébergement, dès lors que l'activité exercée avait un caractère libéral et que l'emploi, voire la **revente** aux patients, des matières employées pour les **prothèses** et pour les travaux effectués en « clinique sociale » constituaient les accessoires des soins et n'avaient pas en conséquence pour effet de transformer le centre de soins en entreprise commerciale (CA Paris 24-2-1992 n° 91/4315, 6e ch. A).

De même, jugé que le locataire exploitant une « **maison d'accouchements** » ne pouvait pas non plus bénéficier du statut des baux commerciaux, car une telle maison ne constitue un fonds de commerce que lorsqu'elle est gérée par une personne qui n'y exerce pas une profession médicale ; or, il résultait de la description des lieux figurant au bail que le locataire disposait seulement de quelques chambres (en tout état de cause, pas plus de quatre) pour y loger éventuellement des parturientes, de sorte que l'activité médicale du locataire l'emportait nécessairement sur l'**activité hôtelière** et de gestion et que son cabinet était de nature civile et non commerciale (CA Paris 15-4-1991 n° 90/3285, 6e ch. A).

De même encore, un docteur **vétérinaire** s'est vu refuser l'application du statut aux locaux qu'il louait pour l'exercice de sa profession, dès lors que celle-ci, de nature libérale, pouvait certes comporter, à titre **accessoire,** la **vente** de **produits pharmaceutiques** aux clients, le toilettage des animaux et la pension occasionnelle de ces derniers mais que ces activités accessoires, qui auraient pu être de nature commerciale si elles avaient été exercées séparément, ne faisaient pas perdre au cabinet vétérinaire son caractère professionnel (CA Paris 4-11-1970 : Rev. Loyers 1971 p. 21).

L'exercice d'une **profession juridique ou comptable** constitue une autre catégorie d'activité libérale. Ne bénéficie donc pas du statut des baux commerciaux un conseil juridique ou fiscal (Cass. 3e civ. 23-5-1973 n° 803 ; Cass. 3e civ. 4-10-1983 : Bull. civ. III n° 177), ou un expert-comptable (Cass. 3e civ. 7-11-1973 : Bull. civ. III n° 569). **33520**

S'agissant d'une **activité d'ingénierie,** jugé que n'entrait pas dans le champ d'application du statut le bail consenti à une société anonyme dont l'activité n'avait aucun caractère commercial, **33525** ce qui résultait des éléments suivants : du commun accord des parties, l'usage des locaux avait cessé d'être commercial plus de deux ans avant l'expiration du bail puisque l'avenant avait autorisé dans les lieux l'activité de « bureaux d'organisation de toutes méthodes et techniques de gestion d'entreprises », activité purement professionnelle ; l'activité exercée consistait en des consultations et visites aux fins de donner des conseils et des directives pour l'achat et l'emploi d'ordinateurs et ne comportait ni gestion des affaires d'autrui, ni fournitures matérielles quelconques, ni même une mise à la disposition temporaire de main-d'œuvre qui soit sous les ordres du client (Cass. 3e civ. 5-3-1971 : Bull. civ. III n° 168).

LOCATAIRE EXERÇANT UNE ACTIVITÉ DE CRÉATION INTELLECTUELLE

33530 L'exploitation par leurs auteurs des œuvres tirées de l'esprit est une activité civile. Il a, par conséquent, été jugé que le bail consenti à un **photographe professionnel** non inscrit au registre du commerce n'était pas soumis au statut des baux commerciaux, dès lors qu'aucun fonds de commerce n'était exploité dans les lieux loués : le locataire n'avait dans son bureau aucun matériel professionnel et ne recevait pas de client chez lui ; il visitait sa clientèle à domicile, prenait des photographies et remettait aux clients un reçu des bons de commande qu'il transmettait à un atelier ainsi que les photographies à agrandir, les agrandissements étant ensuite adressés directement aux clients (Cass. com. 12-5-1966 : Bull. civ. III n° 245).

L'activité de **recherche** est civile quand elle est purement intellectuelle. Tel est le cas, par exemple, de l'activité de bureau d'organisation de gestion d'entreprise qui n'ouvre donc pas droit au bénéfice du statut (CA Paris 10-11-1988 n° 87/8344, 16e ch. B : Rev. loyers 1989 p. 215).

LOCATAIRE EXERÇANT UNE ACTIVITÉ IMMOBILIÈRE

33540 L'activité qui consiste à donner des immeubles en **location ou** en **sous-location** n'est pas, en elle-même, une activité commerciale. En effet, l'article L 110-1 du Code de commerce, qui détermine la nature commerciale d'une entreprise, ne vise ni l'achat d'un immeuble pour le louer ni la location d'un immeuble pour le sous-louer.

33545 Le statut a cependant été reconnu par la jurisprudence à des sociétés de forme commerciale locataires de locaux dans lesquels elles exerçaient une activité consistant à **louer** à des particuliers **des boxes** individualisés pour automobiles (Cass. 3e civ. 30-10-1984 : Bull. civ. III n° 178). Au pourvoi qui invoquait le caractère civil de cette activité, la Cour de cassation a répondu que la société locataire, qui était immatriculée au registre du commerce, possédait un nom commercial et remplissait les obligations imposées aux commerçants, avait eu pour activité unique la location de boxes, constructions en dur non aisément démontables, à des particuliers qui constituaient une clientèle. En retenant que la société exploitait un fonds de commerce, la Cour de cassation a donc nécessairement estimé que la location des boxes par une société commerciale était un acte de commerce.

La Cour de cassation a tenu le même raisonnement dans une affaire où une société anonyme ayant pour objet « l'achat, la construction, la vente et la location de tous biens meubles et immeubles » avait **sous-loué des locaux nus** dont elle était locataire. Elle a en effet jugé que cette société avait une clientèle composée de locataires présents ou éventuels, un nom commercial et effectuait, dans les lieux, des actes de commerce de sorte qu'elle exerçait une exploitation commerciale, qui constituait un véritable fonds de commerce et lui permettait d'invoquer le bénéfice de la loi sur la propriété commerciale (Cass. com. 2-4-1957 : JCP G 1958 II n° 10356).

33550 Le bénéfice du statut a en revanche été refusé à une société, commerciale par la forme, dont l'activité consistait à **fournir** à sa clientèle **des logements meublés** dont elle était locataire, aux motifs que les appartements constituaient l'objet de l'activité de la société mais non le lieu où celle-ci exploitait un fonds de commerce (Cass. 3e civ. 10-11-1993 n° 1774 PF : RJDA 1/94 n° 11). Cette décision pourrait sembler contraire à celles de 1957 et 1984 (n° 33545) mais, dans le cas de la location des boxes, les locaux étaient à la fois le lieu d'exploitation du fonds et celui de l'exécution de la prestation. En revanche, dans l'affaire de 1993, les lieux loués n'étaient pas ouverts au public et la société locataire n'y effectuait aucun acte de commerce, n'y exploitait aucun fonds. Il ne s'agissait que d'un produit. Aucun des appartements n'était d'ailleurs à lui seul indispensable à l'activité de la société qui pouvait faire varier le nombre et la consistance des locaux d'habitation pris à bail au gré de ses besoins.

Un bémol a toutefois été apporté à cette solution : si la société fournit des prestations de services dans les lieux loués, le bail relève alors du statut (Cass. 3e civ. 10-2-1999 n° 306 PB : RJDA 5/99 n° 529).

Sur l'appréciation de l'existence d'un fonds de commerce pour les hôtels et résidences services, voir nos 39200 s.

ACTIVITÉS DIVERSES DU LOCATAIRE

L'activité d'**agent d'assurances** ne constitue pas un fonds de commerce de sorte que le statut des baux commerciaux n'est pas applicable à cette activité (CA Pau 11-12-2007 n° 06/2223, 2e ch. sect. 1). 33560
N'est pas non plus soumis à la législation sur les baux commerciaux le bail consenti à une **société d'assurance à forme mutuelle** et cotisation variable, dès lors que celle-ci a un caractère civil : en effet, elle ne fait pas d'actes de commerce, n'est pas inscrite au registre du commerce et des sociétés, n'a pas pour but de réaliser des profits et son assujettissement à la patente est insuffisant pour donner à son activité un caractère commercial (CA Rennes 3-5-1977, 2e ch.).
De même, l'exercice de l'activité d'**expert automobile,** prestation purement intellectuelle qui constitue une activité civile par nature, n'entre pas dans le champ d'application du statut, peu important que les services soient fournis à titre professionnel et lucratif par une société commerciale (CA Lyon 12-1-2017 n° 15/03438 : RJDA 10/17 n° 610).

Par ailleurs, est exclu du champ d'application du statut le bail consenti à un **fonctionnaire** car il lui est, en principe, interdit d'exercer, à titre professionnel, une activité privée lucrative de quelque nature que ce soit (CGFP art. L 123-1, al. 1 modifié par Ord. 2021-1574 du 24-11-2021 ; Cass. 3e civ. 19-6-2002 n° 1083 FS-PB : RJDA 10/02 n° 990 ; Cass. 3e civ. 16-2-2011 n° 09-71.158 FS-PB : RJDA 11/11 n° 886). 33565

> **> Précisions** Les **fonctionnaires** peuvent être **autorisés** par leur autorité hiérarchique **à exercer** à titre accessoire **une activité lucrative** lorsque cette activité est compatible avec les fonctions confiées et n'affectent pas leur exercice (CGFP art. L123-7 issu de Ord. 2021-1574 du 24-11-2021). Un bail consenti à un fonctionnaire ayant obtenu une telle autorisation pourrait entrer dans le champ d'application du statut.

SECTION 2 CONDITION EXIGÉE LORS DU RENOUVELLEMENT DU BAIL COMMERCIAL

Pour que le propriétaire du fonds exploité dans les lieux loués puisse invoquer le droit au renouvellement du bail, le fonds doit avoir fait l'objet d'une exploitation effective au cours des trois années qui ont précédé la date d'expiration du bail ou de sa prolongation, sauf si le propriétaire du fonds justifie de motifs légitimes de non-exploitation (C. com. art. L 145-8). 33800
La condition relative à la propriété du fonds et celle relative à la nature du fonds exploité ont déjà été examinées en tant que conditions d'application du statut des baux commerciaux ; nous invitons donc le lecteur à se reporter à nos développements nos 33010 s.

Le locataire qui ne remplit pas les conditions exigées par l'article L 145-8 s'expose soit à un refus de renouvellement de son bail sans indemnité d'éviction, en application de l'article L 145-17 du Code de commerce (voir nos 66610 s. et notamment n° 66930), soit à être privé de son droit au renouvellement du bail (nos 70510 s.). 33805

A. Exploitation effective du fonds de commerce

1. NOTION D'EXPLOITATION EFFECTIVE DU FONDS

L'exploitation effective se caractérise par une **exploitation réelle, régulière** et conforme à la destination du bail (pour une étude de la destination du bail, voir nos 27000 s.). Elle suppose des relations commerciales réelles et non pas apparentes, un courant d'affaires continu (F. Auque : Les baux commerciaux, théorie et pratique LGDJ 1996 n° 197). Elle ne résulte donc pas de la seule inscription du locataire au registre du commerce et des sociétés (Cass. 3e civ. 8-1-1969 : Bull. civ. III n° 19). 33810

L'exploitation effective d'un fonds de commerce n'est pas synonyme d'**exploitation permanente** de celui-ci. Le fonds de commerce peut ainsi être considéré comme exploité de façon 33815 effective même si le magasin n'est pas constamment ouvert : une solution contraire, qui exigerait une ouverture sept jours sur sept et vingt-quatre heures sur vingt-quatre, serait contraire à la liberté du commerce et à la liberté fondamentale d'aller et venir ; le locataire doit pouvoir prendre quelques jours de vacances et être libre d'adapter les jours et horaires d'ouverture aux besoins de son commerce, en laissant par exemple la boutique fermée les jours de marché car les clients sont plus attirés par les marchands forains que par le commerce sédentaire mais en la laissant ouverte le dimanche matin (CA Paris 17-12-1985 n° L/16467, 16e ch. A).

33820 L'**exploitation saisonnière** d'un fonds de commerce, dans un local faisant l'objet d'un bail continu de neuf années, peut constituer l'exploitation effective exigée par l'article L 145-8 du Code de commerce, si telle a été la volonté des parties (Cass. 3e civ. 16-4-1973 : Bull. civ. III n° 288). Ainsi, dans le cas d'un commerce de fabrication et vente de glaces exploité pendant la saison estivale, il a été jugé que le locataire avait droit au renouvellement de son bail venu à expiration, bien qu'il n'exploitât pas le fonds d'une manière continue, dès lors que les signataires du bail n'avaient envisagé, lors de la conclusion de celui-ci, que l'exercice d'une activité saisonnière, ce qui résultait des éléments suivants : le bail ne contenait aucune précision quant à l'obligation d'ouverture du fonds ; le père de l'actuel bailleur et vendeur du fonds n'exploitait lui-même ce commerce que d'une manière saisonnière ; la correspondance échangée entre lui et le locataire démontrait que le même mode d'exploitation devait être maintenu, compte tenu de la situation de ce fonds dans une station estivale (même arrêt).

33825 La question de savoir si le locataire remplit ou non la condition d'exploitation effective du fonds relève de l'**appréciation souveraine** des juges du fond (Cass. com. 21-4-1958 : Bull. civ. III n° 156 ; Cass. com. 11-5-1960 : AJPI 1960 p. 154 ; Cass. com. 22-4-1964 : Bull. civ. III n° 205).

33830 ILLUSTRATIONS

C'est par une appréciation souveraine qu'une cour d'appel a estimé que **le locataire** qui **avait abandonné l'exploitation,** dans les lieux loués, de son fonds **de café-restaurant** n'avait pas rempli la condition tenant à l'exploitation effective de son fonds et n'avait donc pas droit au renouvellement de son bail, après avoir relevé qu'il résultait d'un rapport d'expertise que l'immeuble était en état de servir à une exploitation commerciale et que le locataire l'ayant occupé pour cette exploitation pendant plusieurs mois au cours de l'année 1948 ne pouvait pas invoquer les conséquences d'un fait de guerre pour justifier son abandon.

Cass. com. 21-4-1958 : Bull. civ. III n° 156.

Après avoir énoncé que la plus essentielle des conditions exigées pour pouvoir prétendre au renouvellement d'un bail commercial est l'exploitation dans les lieux d'un fonds de commerce, une cour d'appel, appréciant souverainement la portée des éléments de preuve soumis à son examen, a pu décider que le bailleur était fondé à refuser, sans indemnité, le renouvellement du bail, dès lors qu'elle a relevé une carence et un manquement caractérisé du locataire à son obligation d'exploiter un fonds dans les lieux loués : le locataire avait **sous-loué son magasin** à une société de cycles qui utilisait effectivement les lieux comme entrepôt de cycles moteurs ; le **matériel du locataire** était placé dans des housses **dans l'attente d'être liquidé.**

Cass. com. 11-5-1960 : AJPI 1960 p. 154.

Une cour d'appel a souverainement justifié que l'**absence de toute exploitation** commerciale dans les lieux loués était **imputable au locataire** et l'empêchait d'obtenir le renouvellement de son bail commercial ou à défaut le paiement d'une indemnité d'éviction, dès lors qu'après avoir constaté l'état d'abandon des lieux, privés d'eau par suite d'une coupure de la compagnie, elle a relevé, d'une part, que le locataire ne justifiait pas avoir fait quelque démarche que ce soit pour obtenir le rétablissement du service d'eau coupé en raison du non-paiement des redevances et, d'autre part, qu'il n'avait jamais signalé au bailleur que les lieux avaient besoin de réparations, le mauvais état des toitures et des charpentes étant d'ailleurs dû en grande partie au manque d'entretien de la part du locataire.

Cass. com. 22-4-1964 : Bull. civ. III n° 205.

N'est pas légalement justifié l'arrêt qui refuse le renouvellement d'un bail pour défaut d'exploitation du commerce, alors qu'il a constaté que l'exploitation commerciale était réelle jusqu'au moment où le fonds avait été mis en location-gérance par le locataire, puisque ce dernier avait **continué de commercialiser les produits** dont il avait cédé le droit de fabrication à une autre société.

Cass. 3e civ. 18-6-1970 : Bull. civ. III n° 419.

Le bailleur qui a donné en location divers locaux dépendant d'un immeuble à une société exploitant une **station-service** ne peut pas utilement prétendre que, les appareils de distribution étant sur le trottoir, la station-service n'est pas exploitée dans les locaux loués, alors que la citerne, le bureau, les réserves de lubrifiant et les accessoires se trouvent à l'intérieur de l'immeuble, ce dont il résulte que l'essentiel du fonds de commerce est exploité dans les lieux loués.

Cass. 3e civ. 8-2-1972 : Bull. civ. III n° 83.

Une cour d'appel a légalement justifié sa décision de refuser au locataire de locaux commerciaux le droit au renouvellement de son bail, faute d'exploitation effective du fonds de commerce dans les lieux loués, dès lors qu'ayant souverainement relevé qu'à la date du constat d'huissier, dont elle a apprécié la valeur probante, il n'y avait aucune activité dans les lieux loués et retenu que le locataire exerçait avec son fils, dans d'autres locaux, une activité de garage, expertise et vente de véhicules automobiles sous la forme d'une société en nom collectif, elle a pu déduire de ses constatations que l'**activité** exercée dans les lieux loués avait été **transférée** dans les locaux de la société.

Cass. 3e civ. 16-1-1991 : Rev. Loyers 1991 p. 397.

Jugé que le locataire de locaux commerciaux n'avait pas droit au renouvellement de son bail, faute d'avoir exploité de manière effective son fonds de commerce au cours des trois dernières années précédant la date d'expiration du bail : lors des différentes visites de l'huissier, celui-ci avait constaté que la boutique était fermée et les volets métalliques entièrement baissés ; le locataire avait maintenu son immatriculation au registre du commerce mais y avait fait mentionner, deux ans avant la date d'expiration du bail, la « cessation provisoire de son activité » ; les différents certificats médicaux indiquaient que l'**état de santé** du **locataire** nécessitait un arrêt de travail pour une durée indéterminée ; quatre ans avant la date d'expiration du bail, une pension d'invalidité avait été attribuée au locataire par un organisme de retraite qui avait estimé que l'état de santé de l'intéressé était incompatible avec l'exercice de son métier pour une durée de quinze mois.

CA Paris 30-3-1993 n° 91/17797, 16e ch. A.

2. DURÉE DE L'EXPLOITATION EFFECTIVE DU FONDS

Le fonds doit avoir été exploité au cours des trois années précédant la date d'expiration du bail ou de sa tacite prolongation (C. com. art. L 145-8, al. 2). Seule une exploitation effective du fonds pendant les trois dernières années donne droit au renouvellement du bail (Cass. 3e civ. 14-6-2006 n° 722 FS-PB : RJDA 10/06 n° 996). Pour que le locataire soit privé de ce droit, il n'est pas nécessaire de rapporter la preuve d'une cessation totale de l'exploitation du fonds pendant les trois dernières années ; il suffit de démontrer que le fonds n'a pas été exploité de manière effective pendant ces trois ans (même arrêt). **33880**

Si le fonds n'a pas fait l'objet d'une exploitation effective pendant les trois dernières années, le locataire ne peut pas prétendre au renouvellement de son bail même s'il a antérieurement exploité le fonds pendant plus de trois ans (Cass. 3e civ. 23-7-1973 : Bull. civ. III n° 496).

Il résulte de l'article L 145-8 que le **calcul** s'effectue, en remontant dans le temps : **33885**

- soit à partir de la date d'expiration contractuelle du bail, si le congé a été régulièrement délivré pour cette date ou si la demande de renouvellement a été faite dans les six mois la précédant ;
- soit, selon le cas, à partir de la date pour laquelle le congé a été donné ou à partir du premier jour du trimestre civil qui suit la demande de renouvellement, si le bail s'est poursuivi par tacite prolongation au-delà du terme fixé par le contrat.

ILLUSTRATIONS

Jugé que la condition de durée n'était pas remplie dans un cas où le bailleur avait, le 28 juin 1990, donné congé avec offre d'indemnité d'éviction pour le 31 décembre, date d'expiration normale du bail, et où le locataire avait cessé d'exploiter le fonds le 22 août de la même année (CA Paris 23-3-1995 n° 94/5303, 16e ch. B).

Sur la situation en cas de **cession du fonds** ou **du droit au bail,** voir respectivement nos 33970 s. et 33980 s.

L'**exploitation** du fonds commencée dans les lieux loués **antérieurement à l'inscription** du locataire au **registre** du commerce peut être prise en considération dans le calcul de la durée d'exploitation (Cass. com. 15-12-1966 : Bull. civ. III n° 483 ; Cass. 3e civ. 25-10-1983 : Bull. civ. III n° 195). **33890**

Il peut également être tenu compte de la **période** pendant laquelle le **locataire a constitué** avec un sous-locataire une **association en participation,** cette dernière n'entraînant pas la création d'une personne morale distincte de la personne de chaque associé et le locataire conservant la qualité de propriétaire du fonds (Cass. 3e civ. 18-3-1971 : Bull. civ. III n° 200).

En revanche, l'**occupation des lieux** par le locataire, avec l'accord du bailleur, **avant le point de départ du bail** pour réaliser des aménagements n'est pas prise en considération pour le calcul du délai d'exploitation car l'occupation de fait est alors étrangère à la convention écrite et n'a pour objet que de préparer l'exécution de celle-ci (Cass. 3e civ. 10-5-1977 : Bull. civ. III n° 197). **33895**

Il en va de même de la **période** pendant laquelle le locataire a consenti une **sous-location irrégulière** (Cass. com. 27-5-1959 : Bull. civ. III n° 220).

3. EXPLOITATION D'UN MÊME FONDS

33950 La Cour de cassation considère que l'« exploitation du fonds », visée à l'article L 145-8 du Code de commerce, s'entend de l'exploitation du même fonds (Cass. com. 10-2-1960 : Bull. civ. III n° 59 ; Cass. 3e civ. 8-10-1970 : Bull. civ. III n° 496).

C'est la raison pour laquelle elle a refusé le droit au renouvellement à un locataire qui, après avoir cessé toute activité commerciale, avait **créé** un **nouveau fonds** moins de deux ans avant l'expiration du bail (Cass. 3e civ. 8-10-1970, précité) ou à celui qui, après avoir cessé d'exercer son activité de charcutier en novembre 1973 et s'être fait radier du registre du commerce, s'était réinstallé dans les lieux le 1er mai 1974 après avoir reçu un congé avec refus de renouvellement en y exerçant l'activité de marchand de glaces pour laquelle il s'était fait de nouveau immatriculer au registre du commerce (Cass. 3e civ. 11-12-1979 n° 1789). Le renouvellement a également été refusé au locataire qui, après avoir été radié du registre du commerce pour cessation complète de son activité de « bimbeloterie, articles de Paris » autorisée par le bail, s'était de nouveau immatriculé pour exercer l'activité de loueur de fonds et de matériels non prévue au bail, activité qu'il avait exploitée pendant les trois années précédant l'expiration du bail (Cass. 3e civ. 22-1-2008 n° 06-17.835 F-D).

CHANGEMENT D'ACTIVITÉ DU LOCATAIRE

33960 La **transformation du fonds** dans les trois dernières années du bail ne prive pas le locataire de son droit au renouvellement lorsque cette transformation a été effectuée dans les conditions prévues aux articles L 145-47 et suivants du Code de commerce, relatifs à la **déspécialisation** (C. com. art. L 145-8, al. 2). Pour une étude complète de la déspécialisation, voir nos 27900 s.

33965 Par ailleurs, la Cour de cassation a admis que le changement d'activité en cours de bail, effectué sans suivre la procédure de déspécialisation mais avec l'**accord du bailleur,** ne constitue pas non plus un obstacle au droit au renouvellement (Cass. 3e civ. 17-5-1977, SARL Domus c/ SCI Lamennais-Friedland : Bull. civ. III n° 214 ; Cass. 3e civ. 10-2-1988 : Bull. civ. III n° 31). Elle a en conséquence censuré la décision d'une cour d'appel qui, pour refuser à un locataire un tel droit, avait, d'une part, retenu que celui-ci avait modifié son activité en cours de bail et avait ainsi créé un fonds de commerce nouveau qui n'avait pas été exploité pendant la durée légale, et, d'autre part, estimé que le fait d'avoir exercé une activité nouvelle contractuellement licite ne donnait pas droit au locataire d'invoquer les dispositions du décret de 1953, alors qu'un commerce avait été exercé licitement et sans discontinuité dans les lieux pendant toute la durée du bail (Cass. 3e civ. 17-5-1977, précité).

33967 L'accord du bailleur pour procéder à la déspécialisation peut résulter d'une **autorisation expresse** qu'il donne à l'occasion du changement d'activité et formalisée dans un avenant au bail par exemple.

L'autorisation peut aussi être **implicite** et s'inférer de la clause du bail autorisant, dans les lieux loués, l'exercice de tous commerces ou tout au moins d'un vaste choix de commerces. Ainsi, dans un cas où le locataire de locaux commerciaux avait transformé son fonds de vente à emporter type « Nicolas » en commerce de café-restaurant lors de la dernière période triennale du bail et où ce changement était intervenu sans recourir à la procédure de déspécialisation car le bail autorisait un usage « tous commerces », il a été jugé que ce changement régulier du commerce, avec l'accord implicite mais certain du bailleur du fait de cette clause « tous commerces », n'autorisait pas le bailleur à exciper d'une durée d'exploitation inférieure à trois ans pour dénier tout droit à renouvellement au locataire (CA Paris 4-6-1996, 16e ch. A, Sté Trans World investissement c/ Les Caves des Grands Crus).

CESSION DU FONDS DE COMMERCE

33970 La cession du fonds de commerce pendant la dernière période triennale du bail ne fait pas échec au droit au renouvellement de l'acquéreur du fonds. En effet, l'article L 145-8 du Code de commerce exige seulement qu'un même fonds ait été exploité pendant les trois dernières années ; peu importe en revanche que, durant cette période, le fonds ait changé de propriétaire. Il en résulte que l'**acquéreur du fonds** peut se prévaloir des droits acquis par le cédant pour **compléter** la **durée de son exploitation** et avoir droit au renouvellement de son bail (Cass. com. 15-5-1962 n° 60-13.835 : Bull. civ. III n° 256).

33975 Par ailleurs, lorsque l'acquéreur du fonds **modifie l'activité** exercée dans les lieux loués, il peut **ajouter à sa durée d'exploitation celle du cédant,** dans les mêmes conditions que celles présentées ci-dessus (nos 33960 s.). C'est la solution retenue par la Cour de cassation dans l'affaire suivante : à la suite d'une cession de bail et de fonds de commerce intervenue deux ans avant la date d'expiration du bail, le locataire avait créé un fonds de commerce de confection pour enfants au lieu et place du commerce de chaussures exploité précédemment. Pour refuser au nouveau locataire tout droit au renouvellement, le bailleur avait fait valoir que le cessionnaire d'un bail qui créé un nouveau fonds de commerce sans déspécialisation ne peut pas ajouter à son temps d'exploitation la durée de celle du cédant du fonds, de sorte que le fonds nouvellement créé n'avait pas été exploité pendant la durée minimale des trois ans. Après avoir rappelé que le changement d'activité en cours de bail, lorsqu'il est effectué avec l'accord du bailleur, ne peut avoir pour effet de priver le locataire de son droit au renouvellement, la Cour de cassation a rejeté l'argumentation du bailleur et a reconnu au locataire le droit au renouvellement de son bail, au motif que la transformation de l'activité commerciale dans les lieux loués était conventionnellement permise puisque le bail affectait les locaux à l'« exercice d'un commerce », sans autre précision, et qu'un fonds de commerce était exploité dans les lieux depuis plus de trois ans (Cass. 3e civ. 10-2-1988 : Bull. civ. III n° 31).

CESSION DU DROIT AU BAIL

Lorsqu'une cession du droit au bail intervient au cours des trois dernières années du contrat, la Cour de cassation refuse au cessionnaire la possibilité de **compléter** sa **durée d'exploitation par celle du cédant,** s'il n'a pas acquis en même temps le fonds de commerce de celui-ci (Cass. 3e civ. 6-10-1981 : Bull. civ. III n° 148 ; Cass. 3e civ. 6-11-1991 n° 89-19.686 : Gaz. Pal. 1992 jur. p. 80 note J.-D. Barbier ; Cass. 3e civ. 4-5-1994 n° 734 P : RJDA 8-9/94 n° 914). **33980**

Le raisonnement est le suivant : en présence d'une cession du seul droit au bail, le cessionnaire ne peut pas prétendre être le successeur du cédant dans l'exploitation de son fonds puisque le fonds a précisément été exclu de la cession, soit parce que le cédant l'a installé ailleurs, soit parce qu'il en a accepté la disparition. Le cessionnaire n'a donc pas « transformé » le fonds du cédant au sens de l'article L 145-8 mais il a créé un nouveau fonds.

Par conséquent, le fait que le bail initial comporte la **faculté d'exercer tous commerces** dans les lieux loués ne permet pas au cessionnaire d'ajouter à son temps d'exploitation la durée de celle du cédant puisque le fonds initial n'a pas été cédé (Cass. 3e civ. 23-2-1983 n° 81-16.378 : Bull. civ. III n° 56).

La jonction des durées d'exploitation des ancien et nouveau fonds n'est pas non plus permise lorsque le cessionnaire du bail exerce la **même activité** que le cédant (Cass. 3e civ. 19-7-1995 n° 1774 P : Bull. civ. III n° 197) : l'activité est certes identique mais elle est exercée dans un fonds différent.

Afin d'éviter d'être privé du droit au renouvellement pour défaut d'exploitation pendant la durée minimale requise par l'article L 145-8 du Code de commerce, le cessionnaire doit soit essayer d'obtenir du bailleur qu'il renonce à se prévaloir de la durée d'exploitation, soit ne conclure la cession qu'après le renouvellement. **33985**

Il a été jugé que l'**engagement** tacite du **bailleur** à consentir un renouvellement du bail ne pouvait pas résulter de l'autorisation qu'il avait donnée à la cession du bail et à l'exercice dans les lieux loués d'une nouvelle activité (Cass. 3e civ. 6-10-1981 : Bull. civ. III n° 148).

En revanche, l'existence d'un tel engagement a été déduite du fait que le bailleur, qui avait concouru à la cession du bail intervenue au cours de la dernière période triennale du bail, avait accepté une modification de la nature du commerce, moyennant une augmentation sensible du loyer (Cass. 3e civ. 27-6-1990 n° 1207 D : Gaz. Pal. 1991 p. 83).

B. Dérogations à l'obligation d'exploitation effective du fonds

1. MOTIFS LÉGITIMES DE NON-EXPLOITATION DU FONDS

Le locataire peut être dispensé de son obligation d'exploiter son fonds s'il justifie de motifs légitimes (C. com. art. L 145-8, al. 2). **34090**

Pour bénéficier de cette dérogation, le locataire n'a pas besoin de démontrer l'existence d'une impossibilité d'exploiter ; il lui suffit de prouver qu'un motif légitime l'a conduit à interrompre son exploitation (Cass. 3e civ. 6-10-1982 : Bull. civ. III n° 191).

L'appréciation du caractère légitime des motifs invoqués relève du pouvoir souverain des juges du fond (notamment, Cass. 3e civ. 25-6-1970 : Bull. civ. III n° 442 ; Cass. 3e civ. 6-7-1977 n° 1068 ; Cass. 3e civ. 6-10-1982, précité ; Cass. 3e civ. 1-2-1989 n° 201 D ; Cass. 3e civ. 26-10-2011 n° 10-25.247 FS-D : RJDA 4/12 n° 379 ; Cass. 3e civ. 18-12-2012 n° 11-25.088 F-D : RJDA 4/13 n° 300).

ÉTAT DE SANTÉ DU LOCATAIRE

34100 Parmi les motifs très divers qui sont allégués se trouve l'état de santé du locataire. Si cette circonstance pourrait, nous semble-t-il, justifier la fermeture provisoire du fonds, il en va différemment d'une fermeture prolongée (Cass. com. 10-4-1962 : Bull. civ. n° 223, fermeture pendant deux ans ; CA Paris 30-3-1993 n° 91/17797, 16e ch. A, fermeture pendant quatre ans). Ainsi, ne constitue pas un motif légitime la grave **maladie** dont le **locataire** est atteint, dès lors que celui-ci ne démontre pas que l'interruption de son activité présente un caractère provisoire ou réversible, ni qu'il va pouvoir reprendre, dans les meilleurs délais, son métier de photographe qu'il exerce dans les lieux loués (CA Paris 5-11-1992 n° 91/18504, 16e ch. B). Les tribunaux estiment en effet qu'il appartient alors au locataire de prendre toutes dispositions, soit pour faire exploiter le fonds par un tiers salarié ou un locataire-gérant, soit pour céder son fonds.

Il a par ailleurs été jugé que la **maladie** grave **d'un proche** du locataire ne constituait pas un motif légitime de non-exploitation du fonds (CA Paris 27-3-2002, 16e ch. A : Loyers et copr. 2002 comm. n° 206). Dans cette affaire, le locataire d'origine iranienne avait dû repartir en Iran au chevet de son père resté hospitalisé pendant deux ans.

En cas de **décès du locataire,** une interruption de l'activité commerciale pendant une « durée raisonnable » pour permettre aux héritiers de faire face à ce décès a été jugée comme constitutive d'un motif légitime, d'autant plus que, pendant ce temps, le bailleur avait continué de percevoir le montant intégral des loyers et charges (CA Paris 18-11-1986 n° 85/15867, 1e ch. sect. urg.). Une solution contraire a en revanche été retenue dans une affaire où trois années avaient été nécessaires pour régler la succession du locataire (Cass. 3e civ. 1-2-1989 n° 201 D). De même, jugé que le décès du locataire ne justifiait pas la non-exploitation du fonds un an après ce décès (CA Paris 15-12-1983 n° K/11.344, 14e ch. B).

PROCÉDURE COLLECTIVE DU LOCATAIRE

34110 La période d'observation consécutive à l'ouverture d'une procédure de **redressement judiciaire** à l'encontre du locataire constitue un motif légitime de non-exploitation de son fonds ; il n'en est en revanche pas de même pour l'inexploitation se poursuivant au-delà de cette période (Cass. 3e civ. 12-7-2000 n° 1203 FS-PB : RJDA 11/00 n° 960). M. Keita explique cette différence de traitement par le fait que la période d'observation permet de faire le point sur la situation de l'entreprise ; cette période ne suppose donc pas nécessairement la poursuite effective de l'activité de l'entreprise. En revanche, au-delà de la période d'observation, l'entreprise ne justifie plus d'aucune excuse légitime au regard du droit des procédures collectives pour ne pas reprendre l'exploitation (M. Keita, Petites Affiches 23-3-2001 p. 11).

Cette solution est transposable, à notre avis, en cas d'ouverture d'une **procédure de sauvegarde** contre le locataire.

34115 La mise en **liquidation judiciaire** du locataire ne suffit pas à elle seule pour constituer un motif légitime de non-exploitation du fonds de commerce (CA Paris 23-3-1995 n° 94/5303, 16e ch. B ; CA Paris 7-11-1997, 16e ch. B : RJDA 2/98 n° 146).

En revanche, lorsque le tribunal a ordonné la cession des actifs de la société placée en liquidation judiciaire (C. com. art. L 642-1), une interruption d'exploitation liée aux opérations de cession peut constituer un tel motif (Cass. 3e civ. 10-12-2008 n° 07-15.241 FS-PB : RJDA 2/09 n° 75). Tel est le cas d'une interruption d'un an en raison de difficultés rencontrées pour procéder aux opérations de cession du fonds de commerce (même arrêt).

Retenir une autre solution aurait conduit à permettre au bailleur de mettre à néant une décision emportant cession du fonds de commerce dans le cadre de la liquidation de l'entreprise alors que les textes d'ordre public relatifs aux procédures collectives lui interdisent, sauf circonstances particulières, de s'y opposer.

COMPORTEMENT DU BAILLEUR OU DU LOCATAIRE

34120 Lorsque l'interruption de l'exploitation du fonds est une conséquence directe d'un **comportement fautif du locataire,** ce dernier ne peut utilement se prévaloir d'aucune raison sérieuse pour justifier cette non-exploitation.

Jugé qu'il en était ainsi dans un cas où un fonds avait fait l'objet d'une fermeture administrative décidée à la suite d'une condamnation pénale définitive du locataire pour des faits de proxénétisme perpétrés dans les lieux loués : il importait peu que seul le mari ait été l'auteur des faits sanctionnés par la juridiction pénale et à l'origine de la fermeture du fonds et que l'épouse, colocataire, n'ait pas été poursuivie. En effet, il suffisait que les faits aient été commis par l'un des époux colocataires, l'autre étant responsable, à l'égard du bailleur, d'une exploitation licite. Au cas particulier, l'épouse, qui ne pouvait pas ignorer les faits délictueux qui se déroulaient dans les locaux dont elle était colocataire, était tenue d'empêcher son mari de commettre les faits pour lesquels il avait été condamné et, en tout cas, devait veiller, personnellement, à l'utilisation des lieux en « bon père de famille » [raisonnablement] (CA Reims 8-3-1988 n° 1510/86, aud. sol.).

De même, a été considéré comme exclusif de tout motif d'excuse le comportement fautif grave du locataire exploitant un débit de boissons qui avait d'abord entraîné de multiples interventions de la police puis avait causé la fermeture du débit de boissons pendant un mois par arrêté préfectoral (Cass. 3e civ. 11-3-1980 : Rev. Loyers 1980 p. 257 note J. V.).

À l'inverse, le **fait du bailleur** peut conduire à reconnaître au locataire un motif légitime de non-exploitation du fonds. Il a par exemple été admis que les dégradations des lieux constituaient une raison sérieuse pour le locataire de ne pas exploiter le fonds dès lors que ces dégradations étaient la conséquence de l'inexécution par le bailleur des réparations qui lui incombaient et du défaut d'entretien qui lui était imputable (Cass. 3e civ. 5-12-1979 n° 1760). L'existence d'un motif légitime a aussi été reconnue au profit d'un locataire qui avait dû cesser d'exploiter son fonds de commerce de vente de voitures car le bailleur était resté en possession des clés du local tout en recevant le montant des loyers (Cass. 3e civ. 3-7-1968 : Bull. civ. III n° 311). Ont également été considérées comme un motif légitime de non-exploitation les exigences injustifiées du bailleur formulées lors de travaux de rénovation entrepris par le locataire, ce qui avait entraîné un allongement des délais de réalisation des travaux (Cass. 3e civ. 6-7-1977 n° 1068, Sté immobilière du 57 rue Pierre Charron c/ SARL François Villon). **34125**

En revanche, un manquement du bailleur à son obligation de délivrance ne constitue pas par principe un motif légitime de non-exploitation ; pour qu'un tel motif soit retenu, le locataire doit ne pas être resté inactif et avoir entrepris des démarches pour remédier à ce manquement (Cass. 3e civ. 18-12-2012 n° 11-25.088 F-D : RJDA 4/13 n° 300). L'existence d'un motif légitime a ainsi été refusée à un locataire considéré insuffisamment diligent : peu après son entrée dans les lieux, il avait agi en référé contre le bailleur pour que celui-ci exécute les travaux de mise en conformité des locaux puis il avait attendu de recevoir, sept ans plus tard, un congé avec refus de renouvellement pour assigner le bailleur en exécution forcée de ces travaux (même arrêt).

AUTRES MOTIFS DE DÉROGATION D'EXPLOITATION DU FONDS

Jugé que constituent des **motifs légitimes** de non-exploitation : **34130**

– le fait pour un locataire de transférer son fonds dans un autre local en raison de la **précarité** de son **installation** qui résultait non seulement de décisions administratives interdisant tout renouvellement du bail et tous travaux d'aménagement sans autorisation préfectorale, mais aussi de la perspective de l'expropriation imminente à laquelle ces mesures ouvraient la voie (Cass. 3e civ. 25-6-1970 : Bull. civ. III n° 442) ;

– la **contestation** qui s'était élevée sur la **propriété du fonds** de commerce exploité dans les lieux loués (Cass. 3e civ. 6-10-1982 : Bull. civ. III n° 191) ;

– le fait pour le locataire qui avait cédé régulièrement son droit au bail d'avoir cessé l'exploitation du fonds pendant le temps nécessaire à un **déménagement** et à l'exécution de **travaux d'agencement** et de remise en état des lieux (Cass. 3e civ. 12-12-1990 n° 89-13.070) ;

– l'**autorisation** de ne pas exploiter le fonds donnée expressément par le **bailleur** au locataire dans le courrier suivant : « suite à notre communication téléphonique, je vous accorde la permission de fermer votre salon de coiffure à la condition que vous me régliez le loyer et les charges y afférents » ; certes, une telle dispense n'a pas un caractère perpétuel, mais il appartient au propriétaire qui entend revenir sur cette autorisation de la notifier au locataire et de le mettre en demeure d'exploiter (CA Aix-en-Provence 7-9-1995 n° 94/7941, 4e ch. A) ;

– la **préemption par une commune des locaux** que le locataire envisageait d'acheter, ce qui a contraint ce dernier à revoir ses plans et redéfinir les travaux qu'il envisageait d'effectuer en qualité de propriétaire, de sorte qu'il n'a pu reprendre l'exploitation du fonds qu'après achèvement de ces travaux (Cass. 3e civ. 26-10-2011 n° 10-25.247 FS-D : RJDA 4/12 n° 379).

En revanche, n'ont pas été considérés comme des motifs légitimes de non-exploitation : **34135**

– le fait que l'exploitation d'un fonds de commerce donné en gérance libre par le locataire ait dû être interrompue à la suite d'un **différend** entre le **locataire** et le **locataire-gérant,** ce différend étant inopposable au bailleur (Cass. com. 24-4-1967 : Bull. civ. n° 158) ;

– le **refus** du bailleur de **modifier** la clause de **destination** du **bail** afin que le locataire puisse exercer dans les lieux loués une poissonnerie au lieu d'un commerce de « laiterie-crèmerie et denrées alimentaires » (Cass. 3e civ. 16-3-1977 n° 484) ;

– la réalisation progressive de l'**absorption** de la société locataire par une autre société (Cass. 3e civ. 12-3-1974, Sté Maurice Daniel c/ SCI Fontaine au Roi : Bull. civ. III n° 111) ;

– les simples **difficultés** rencontrées par le locataire **avec** des **livreurs** en raison de l'état du sol de la cour, dès lors que cette situation ne rendait pas les livraisons impossibles et que le locataire ne s'était jamais plaint des dégradations auprès du bailleur (CA Paris 9-2-1988 n° 87/20107, 16e ch. A).

34150 **Covid-19 : un motif légitime de non-exploitationdu fonds de commerce**

Il ne fait pas de doute que la **fermeture provisoire de locaux commerciaux** ordonnée dans le cadre de l'état d'urgence sanitaire (CSP ex-art. L 3131-15, 5°) constitue un motif légitime de non-exploitation du fonds de commerce.

2. STAGE EFFECTUÉ PAR LE LOCATAIRE

34190 Le locataire est dispensé de l'obligation d'exploiter son fonds pendant toute la durée du stage de **conversion** ou de **promotion professionnelle** qu'il a été autorisé à suivre (C. com. art. L 145-43).

GARANTIES AU PROFIT DU BAILLEUR

SOMMAIRE

PRINCIPALES GARANTIES DU BAILLEUR

Le bailleur peut exiger du locataire le versement d'un dépôt de garantie et/ou la garantie de tiers (sous la forme d'un cautionnement ou d'une clause de solidarité) pour se protéger contre d'éventuelles défaillances du locataire dans l'une quelconque de ses obligations (non-paiement du loyer ou des sommes accessoires, non-exécution des réparations locatives, dégradation des lieux loués, etc.). À ces garanties s'ajoute le privilège que l'article 2332 du Code civil confère au bailleur sur les meubles introduits par le locataire dans les locaux loués. **36000**

Seules ces garanties sont exposées ci-dessous. Le bailleur peut également souscrire une assurance spécifique qui couvre notamment les risques d'impayés.

SECTION 1 DÉPÔT DE GARANTIE

PRÉSENTATION DU MÉCANISME DU DÉPÔT DE GARANTIE

Il est d'usage que le bailleur exige du locataire, au moment de la conclusion du bail, le versement d'une somme d'argent destinée à en garantir la bonne exécution. **36010**

Cette somme reste entre les mains du bailleur pendant toute la durée du bail et doit être restituée lors du départ du locataire après entière exécution de ses obligations, déduction faite des sommes éventuellement dues.

> **Précisions** Un dépôt de garantie, même s'il est rajusté proportionnellement au loyer, constitue une sûreté réelle, un gage avec dépossession qui a vocation à être restitué et il ne correspond pas à une modification de loyer (CA Versailles 3-5-2016 n° 14/06654 : RJDA 7/16 n° 514 som.).

A. Constitution du dépôt de garantie

1. CRÉANCES GARANTIES PAR LE DÉPÔT

36020 Le dépôt de garantie est destiné à garantir l'exécution de ses obligations locatives par le locataire. Stipulation courante dans les baux commerciaux, le dépôt de garantie n'est pas visé par le Code civil et ne fait l'objet que d'une seule disposition dans le Code de commerce (art. L 145-40 : n° 36080). C'est donc aux parties de préciser son objet et sa portée.

Ainsi la clause relative au dépôt de garantie doit-elle préciser en premier lieu la **nature des créances garanties** : loyer, charges, réparations locatives, remise en état des lieux, indemnités d'occupation. Le dépôt peut également garantir le paiement des impositions dont le bailleur est tenu solidairement avec le locataire à l'égard du Trésor public. Afin d'étendre au maximum le champ des sommes couvertes, la clause peut préciser que « toutes les sommes dues au départ du locataire, à quelque titre que ce soit » pourront être retenues sur le dépôt de garantie.

2. MONTANT DU DÉPÔT DE GARANTIE

FIXATION CONTRACTUELLE DU MONTANT DU DÉPÔT DE GARANTIE

36070 Les parties au bail sont libres de déterminer le montant du dépôt de garantie. En pratique toutefois, le montant demandé par le bailleur est souvent limité à deux termes de loyers puisque au-delà de ce seuil, les sommes versées d'avance portent obligatoirement intérêt au profit du locataire (nos 36080 s.).

> **Précisions** Le **projet de loi de simplification de la vie économique,** déposé au Sénat le 24 avril 2024, envisage d'ajouter à l'article L 145-40 du Code de commerce une disposition prévoyant, pour les baux conclus ou renouvelés à compter de la date de promulgation de ladite loi, que les sommes payées à titre de garantie par le locataire ne pourront pas excéder le montant des loyers dus au titre d'un trimestre (Texte Sén. n° 635 art. 24).

DÉPÔT DE GARANTIE OUVRANT DROIT AU PAIEMENT D'INTÉRÊTS

36080 Les loyers payés d'avance sous quelque forme que ce soit, et même à titre de garantie, portent intérêt au profit du locataire, au taux pratiqué par la Banque de France pour les avances sur titres, pour les **sommes excédant** celle qui correspond au prix du loyer de plus de deux termes (C. com. art. L 145-40).

ATTENTION

Le **projet de loi de simplification de la vie économique,** déposé au Sénat le 24 avril 2024, envisage d'ajouter à l'article L 145-40 du Code de commerce une disposition prévoyant, pour les baux conclus ou renouvelés à compter de la date de promulgation de ladite loi, que les sommes payées à titre de garantie par le locataire ne porteront pas intérêt à son profit (Texte Sén. n° 635 art. 24).

36085 Par **sommes versées d'avance** au bailleur, il faut entendre non seulement le montant du dépôt de garantie lui-même mais aussi le montant du premier loyer lorsqu'il est stipulé payable d'avance ainsi que le pas-de-porte s'il correspond à un supplément de loyer (nos 48910 s.). Lorsque le bail prévoit que le locataire doit verser, à titre de dépôt de garantie, trois mois de loyers **TVA** comprise, les sommes à prendre en compte incluent la TVA ainsi comprise dans le dépôt de garantie (A. d'Argenlieu, Bailleur commercial, dépôt de garantie et intérêt annuel : Gaz. Pal. 16-9-2004 p. 11).

En revanche, les autres garanties demandées par le bailleur, qui ne constituent pas une somme d'argent versée entre ses mains, n'ouvrent pas droit aux intérêts. Il en est ainsi par exemple lorsque le locataire dépose sur un compte bloqué une certaine somme destinée à garantir le paiement des loyers à venir (CA Paris 13-10-1995 n° 94-4516, 6e ch. B, rendu en matière de baux d'habitation mais transposable).

36090 Pour déterminer si les sommes versées d'avance au bailleur excèdent ou non deux termes de loyers, il faut ensuite tenir compte de la **périodicité du loyer** (trimestriel ou mensuel) et de ses **modalités de paiement** (loyer payé d'avance ou à terme échu).

Si le loyer est payable par trimestre, c'est le trimestre qui constitue le terme. Le bailleur peut donc obtenir un trimestre de loyer d'avance et un trimestre de dépôt de garantie ou deux trimestres de dépôt de garantie si le loyer est payable à terme échu.

Si le loyer est mensuel, c'est le mois qui constitue le terme et le bailleur peut obtenir un mois de loyer d'avance et un mois de dépôt de garantie ou deux mois de dépôt de garantie si le loyer est payable à terme échu (Cass. 3e civ. 6-5-1985 no 83-11.840 P : Bull. civ. III no 78).

Le bailleur peut exiger du locataire le versement d'un dépôt de garantie excédant la limite fixée par l'article L 145-40 du Code de commerce ; il doit alors obligatoirement lui payer des **intérêts** sur les sommes excédant les deux termes, au taux des avances sur titres de la Banque de France, soit 4,90 % au 15 mars 2025 (taux disponible sur webstat.banque-france.fr). **36095**

Le bailleur peut dans ce cas placer les fonds dont il a la libre disposition pendant toute la durée du bail afin de couvrir l'intérêt versé au locataire.

Toute **clause** du bail **stipulant que le dépôt** de garantie **n'est pas productif d'intérêts** pour le montant du dépassement est réputée non écrite (C. com. art. L 145-15 ; CA Versailles 4-6-1992 no 91-4077, 12e ch. : Administrer mai 1993 p. 53, rendu sous le régime de la nullité mais transposable). Sur la prescription applicable à l'action tendant à faire constater que la clause est réputée non écrite et à l'action en paiement des intérêts sur les sommes excédant deux termes de loyers, voir no 21850. **36100**

MODALITÉS DE RÈGLEMENT DU DÉPÔT DE GARANTIE

Les parties au bail sont également libres de déterminer les modalités de règlement du dépôt de garantie : **périodicité** mensuelle ou trimestrielle, paiement **par avance ou à terme échu.** **36110**

Les **moyens de paiement** (chèque, virement, espèces) sont soumis aux mêmes conditions d'utilisation que pour le paiement du loyer (no 60611).

ATTENTION

Lorsque le dépôt de garantie est versé au moyen d'un chèque, le bailleur peut l'encaisser immédiatement même si les parties ont prévu que le chèque ne sera pas encaissé ou qu'il ne le sera que si certaines conditions sont remplies ; le **chèque** est en effet un instrument de paiement même dans le cas où il a été remis à titre **de garantie** (Cass. com. 17-11-1998 no 96-14.296 P : RJDA 1/99 no 92 ; Cass. com. 24-10-2000 no 97-21.710 FS-P : RJDA 1/01 no 78 ; Cass. 1e civ. 6-1-2011 no 09-71.400 F-D : RJDA 5/11 no 459).

RÉVISION DU DÉPÔT DE GARANTIE

Les parties peuvent envisager la révision du dépôt de garantie en cours de bail ou lors de son renouvellement. Le bail prévoit généralement que le montant du dépôt de garantie évoluera avec le loyer et sera révisé lors de chaque modification de ce dernier pour lui conserver sa valeur. En l'absence de stipulation expresse en ce sens, le montant du dépôt ne pourra être réajusté qu'au moment du renouvellement du bail (nos 71330 s.). **36120**

B. Restitution du dépôt de garantie

Le dépôt de garantie doit être rendu au **locataire** lors de son départ, après entière exécution de ses obligations. Ce dernier ne peut pas de son propre chef **imputer** le ou les derniers termes de **loyers sur le dépôt de garantie.** Il est en effet redevable du paiement des loyers jusqu'à la fin du bail et donc y compris pendant le délai de préavis (Cass. 3e civ. 5-10-1999 no 98-10.162 D, concernant un bail d'habitation mais transposable). Par ailleurs, en procédant à une telle imputation, le locataire priverait le bailleur de la garantie en ce qu'elle concerne également les charges, les éventuelles réparations locatives ou les taxes. **36200**

Sauf clause expresse contraire, le locataire peut réclamer la restitution du **dépôt** de garantie, même s'il a été **versé par un tiers** (Cass. 3e civ. 14-6-2006 no 05-13.784 FS-PB : RJDA 10/06 no 999 ; Cass. 3e civ. 7-4-2010 no 08-21.844 F-D : RJDA 7/10 no 721 rendus à propos de baux d'habitation mais transposables).

Sur le sort du dépôt de garantie en cas de procédure d'apurement du passif du locataire, voir nos 63625 et 63960.

DÉBITEUR ET CRÉANCIER DE LA RESTITUTION DU DÉPÔT DE GARANTIE

S'agissant d'une dette personnelle du bailleur à l'égard du locataire, la restitution du dépôt de garantie incombe au bailleur originaire et ne se transmet pas à son ayant cause particulier. **36210**

En conséquence, si le **bailleur décède** en cours de bail, c'est à ses héritiers ayants cause à titre universel, et non à son légataire à titre particulier, de restituer le dépôt (Cass. 3e civ. 25-2-2004 no 02-16.589 FS-PB : RJDA 6/04 no 683, rendu en matière de bail d'habitation mais transposable).

En cas d'annulation du bail, le notaire, garant subsidiaire de la restitution du dépôt de garantie envers le locataire en cas de défaillance avérée du bailleur, ne peut pas être condamné à garantir le bailleur de cette restitution, même si celui-ci est insolvable (Cass. 1e civ. 28-10-2015 no 14-17.518 F-PB : RJDA 3/16 no 172). **36212**

36230 Lorsque l'exécution du bail est garantie par un cautionnement, la **caution** peut se prévaloir de la restitution du dépôt de garantie. En application des articles 1347-6, al. 1 (issu de ord. 2016-131 du 10-2-2016 ; ex-art. 1294, al. 1) et 2298, al. 1 (issu de ord. 2021-1192 du 15-9-2021 ; ex-art. 2313, al. 1) du Code civil, la caution, même solidaire, peut en effet opposer au créancier toutes les exceptions qui appartiennent au débiteur et qui sont inhérentes à la dette, au nombre desquelles figure la compensation entre les sommes dues et le dépôt de garantie (Cass. com. 17-7-2001 n° 98-15.736 FS-P : RJDA 2/02 n° 200).

36235 Lorsque le **locataire** a versé un dépôt de garantie en vertu du bail et qu'il **cède le bail,** il est en droit d'obtenir du bailleur le remboursement du dépôt (Cass. com. 5-2-2008 n° 07-11.010 F-D : RJDA 6/08 n° 691). De son côté, le bail se poursuivant aux conditions convenues entre le cédant et le bailleur, l'acquéreur du bail doit reconstituer le dépôt de garantie (Cass. com. 16-9-2008 n° 06-17.809 FS-PB : RJDA 2/09 n° 126 ; TGI Paris 20-1-2015 n° 14/15133 : RTD com. 2015.47 obs. Kendérian).

> Précisions **a.** Ces décisions, rendues à propos de la cession de bail ordonnée dans le cadre du plan de cession de locataires faisant l'objet d'une **procédure collective,** sont transposables à la cession amiable du bail.
b. Le bailleur peut s'opposer à la restitution du dépôt de garantie en invoquant la **compensation** avec une créance connexe qu'il détient sur le locataire (n° 63960).
c. Le **projet de loi de simplification de la vie économique,** déposé au Sénat le 24 avril 2024, envisage d'ajouter à l'article L 145-40 du Code de commerce une disposition prévoyant qu'en cas de mutation à titre gratuit ou onéreux des locaux intervenue à l'expiration d'un délai de trois mois après la date de promulgation de ladite loi, l'obligation de restitution au locataire des sommes payées à titre de garantie sera transmise au nouveau bailleur (Texte Sén. n° 635 art. 24).

MOMENT DE LA RESTITUTION DU DÉPÔT DE GARANTIE

36240 Le dépôt de garantie, destiné à garantir l'exécution de ses obligations locatives par le locataire, ne peut être restitué qu'après qu'il a libéré les lieux (CA Paris 29-1-1991 n° 89-18513, 6e ch. A).

La libération des lieux s'entend de la **remise des clés** entre les mains du bailleur ou de son représentant (n° 61115). Tant que cette remise n'a pas eu lieu, le locataire demeure responsable des faits survenus après l'expiration du bail (n° 60270) et le bailleur peut à ce titre refuser de restituer le dépôt de garantie.

36245 Lorsque le bail a été consenti à **plusieurs locataires** et que **l'un d'eux seulement donne congé,** aucun remboursement même partiel du dépôt de garantie ne peut être exigé tant que les lieux n'ont pas effectivement été libérés (Cass. 3e civ. 21-11-1990 n° 89-14.827 : Bull. civ. III n° 237, concernant un bail d'habitation mais transposable).

36250 Contrairement au régime des baux d'habitation qui impose un délai maximal de deux mois pour la restitution du dépôt de garantie (Loi 89-462 du 6-7-1989 art. 22, al. 3 et 4), aucun **délai maximum** n'est prévu en matière de baux commerciaux. Les parties peuvent, si elles le souhaitent, librement déterminer ce délai dans le bail.

> Précisions Le **projet de loi de simplification de la vie économique,** déposé au Sénat le 24 avril 2024, envisage d'ajouter à l'article L 145-40 du Code de commerce une disposition prévoyant que les sommes payées à titre de garantie par le locataire lui seront restituées dans un délai raisonnable ne pouvant pas excéder trois mois à compter de la remise en main propre, ou par lettre recommandée avec avis de réception, des clés au bailleur ou à son mandataire, déduction faite, le cas échéant, des sommes restant dues au bailleur, sous réserve qu'elles soient dûment justifiées (Texte Sén. n° 635 art. 24). Cette disposition s'appliquerait aux baux en cours d'exécution à la date de promulgation de ladite loi lorsque la remise des clés du local interviendrait à l'expiration d'un délai de trois mois après cette date.

SOMMES RETENUES PAR LE BAILLEUR

36260 Après entière exécution de ses obligations par le locataire, le bailleur est tenu de lui restituer le dépôt de garantie et ne peut pas le **conserver de manière abusive.** En particulier, lorsque le bailleur constate que les **locaux** loués lui ont été **rendus en bon état** et reconnaît ne pouvoir demander le paiement d'aucun travaux et n'avoir perdu aucun loyer, il est tenu de restituer le dépôt de garantie car dès l'état de sortie, il a recouvré la libre disposition des lieux et a pu relouer à un autre locataire (Cass. 3e civ. 19-12-2000 n° 99-13.206 F-D).

Jugé également que ne rapporte pas la preuve qui lui incombe que les lieux ne lui ont pas été rendus en parfait état, et doit en conséquence restituer au locataire le dépôt de garantie, le bailleur qui :

– a reloué l'immeuble le lendemain de la libération des lieux par le locataire ;

– a refusé de restituer le dépôt de garantie, alors que les locaux étaient réoccupés depuis plus de six mois, au motif que ces derniers ne lui avaient pas été rendus « dans un état convenable » ;

– a produit des documents ne pouvant pas constituer la preuve objective de l'état dans lequel les lieux lui ont été rendus puisqu'ils émanaient d'un cabinet mandaté par lui pour rechercher un nouveau locataire et de la société candidate à la reprise, finalement devenue locataire (CA Paris 26-2-2004 n° 02-21096, 16e ch. B).

Mais en cas de manquement du locataire à ses obligations locatives, la fonction de garantie du dépôt doit jouer et ce dernier n'est restitué qu'après **déduction des sommes dues** au bailleur. Ces sommes ne peuvent pas être évaluées forfaitairement par les juges (Cass. 3e civ. 26-6-2007 n° 06-16.644 F-D : RJDA 11/07 n° 1068) mais doivent correspondre aux éléments de préjudice à réparer. Les éventuelles prévisions contractuelles relatives aux conditions dans lesquelles le dépôt reste acquis au bailleur doivent être exécutées. Le bail peut notamment avoir prévu les modalités d'imputation sur les sommes garanties, par exemple en premier lieu sur les derniers mois de loyers puis sur les charges. **36270**

> Précisions Lorsque le **dépôt** de garantie a été **réglé par chèque,** le bailleur peut imputer sur le montant du chèque sa créance lorsqu'elle est inférieure à celui-ci et doit restituer le surplus (cf. notamment Cass. 1e civ. 6-1-2011 n° 09-71.400 F-D : RJDA 5/11 n° 459) mais il ne peut pas être condamné à restituer le chèque lui-même (Cass. com. 17-11-1998 n° 96-14.296 P : RJDA 1/99 n° 92).

CLAUSE D'ATTRIBUTION DU DÉPÔT DE GARANTIE AU BAILLEUR

Les parties sont libres d'organiser la restitution du dépôt de garantie et de prévoir qu'il restera acquis au bailleur **à titre de dommages-intérêts,** sans préjudice de toutes sommes qui pourront être dues par ailleurs (notamment au titre de loyers arriérés ou de frais de remise en état), en cas de rupture du bail. **36280**

Il résulte de la jurisprudence reproduite ci-dessous qu'afin d'éviter tout problème d'interprétation les parties ont intérêt, soit à rédiger une telle clause de manière très générale afin d'englober le maximum de situations, soit à délimiter précisément les cas où le dépôt de garantie reste acquis, en précisant à quel type de rupture du bail (résiliation, refus de renouvellement) et pour quelles causes de rupture (cause quelconque ou seulement pour une faute du locataire) s'applique la clause.

ILLUSTRATIONS **36285**

Viole la loi des parties l'arrêt qui décide que les sommes versées d'avance par le locataire à titre de garantie doivent rester acquises au bailleur selon les termes du bail alors que celui-ci ne le prévoyait qu'**au cas de résiliation du bail** en vertu d'une clause résolutoire et que l'arrêt ne prononce pas la résiliation du bail mais se borne à déclarer justifié par des motifs graves et légitimes le **refus** opposé par le bailleur à son **renouvellement.**

Cass. 3e civ. 13-3-1974 n° 73-10.024 P : Bull. civ. III n° 115.

Dans un cas où une clause prévoyait que le dépôt de garantie resterait acquis au bailleur, **en cas de résiliation pour une cause quelconque,** à titre de dommages-intérêts, le bailleur est en droit de conserver le dépôt, même si le **bail** avait été **résilié à l'amiable,** dès lors que cette résiliation n'a pas entraîné novation de la clause et que le coût de la remise en état des lieux était d'un montant supérieur à celui du dépôt.

CA Paris 21-4-1988 n° 86-15922, 16e ch. B : D. 1988 IR p. 138.

Ayant relevé que le locataire d'un appartement et d'un local s'était engagé par acte sous signature privée à acheter l'immeuble loué lorsque le bailleur voudrait vendre, le dépôt de garantie versé lors de la conclusion du bail devenant acompte sur le prix de vente et restant la propriété du bailleur « **en cas de refus ou de départ du locataire** » et constaté que ce dernier, qui avait cédé son fonds de commerce, était parti, une cour d'appel a justifié sa décision en retenant, par une interprétation nécessaire des termes ambigus de l'engagement souscrit et sans dénaturation, que le locataire ne pouvait pas obtenir le remboursement de la somme qu'il avait versée.

Cass. 3e civ. 22-2-1994 n° 92-15.231 D : RJDA 7/94 n° 781.

Les parties à un bail commercial avaient prévu dans une convention distincte du bail sa résiliation anticipée avec engagement du locataire de verser, « à titre de complément de cette résiliation », une certaine somme pour solde de tous comptes.

Le bailleur ne peut pas prétendre, pour conserver le dépôt de garantie, que c'est en complément de ce dépôt qu'avait été prévue ladite somme dès lors que :

– la convention, qui est parfaitement autonome du bail et doit recevoir une interprétation stricte, ne fait aucune référence au dépôt de garantie qui représentait pourtant une somme conséquente ;

– le dépôt de garantie n'est régi que par le bail qui prévoit qu'en cas de résiliation pour une cause imputable au locataire le dépôt de garantie restera définitivement acquis au bailleur au titre de premiers dommages-intérêts sans préjudice de tous autres. Or en l'espèce, il ne s'agit **pas** d'une

résiliation contentieuse pour une cause imputable au locataire et il n'est réclamé à ce dernier aucune somme au titre de réparations locatives.

CA Versailles 15-5-1997 n° 94-6311.

Justifie légalement sa décision rejetant une demande de restitution d'un dépôt de garantie formée par le locataire de locaux à usage d'habitation la cour d'appel qui relève que le bail stipule que le dépôt de garantie resterait acquis au bailleur à titre de premiers dommages-intérêts sans préjudice de tous autres si le contrat était résilié pour inexécution des conditions ou toute autre cause imputable au locataire et qui retient que le **bail** a été **résilié** par un précédent arrêt **aux torts du locataire** pour manquement grave à ses obligations.

Cass. 3e civ. 5-2-2003 n° 01-11.135 FS-D : RJDA 5/03 n° 471.

36290 **Qualification de clause pénale** La question se pose de savoir si la clause qui attribue le dépôt de garantie au bailleur à titre d'indemnité forfaitaire, en cas de résiliation du bail pour faute du locataire, peut être qualifiée de clause pénale. L'intérêt de cette qualification réside dans le fait qu'à la différence de clauses voisines, le juge a le pouvoir de réduire ou de majorer le montant de la clause pénale si celui-ci est manifestement excessif ou dérisoire (C. civ. art. 1231-5, al. 2).

36295 La clause pénale est celle qui prévoit que celui qui manquera d'exécuter le contrat paiera une certaine somme à titre de dommages-intérêts sans qu'il puisse être alloué à l'autre partie une somme plus forte ni moindre (C. civ. art. 1231-5, al. 1). Cette clause a pour objet non seulement de contraindre les cocontractants à exécuter la convention mais aussi de permettre une évaluation conventionnelle et forfaitaire d'un préjudice futur causé par l'inexécution de cette convention (Cass. com. 24-5-2005 n° 04-12.369 F-D : RJDA 11/05 n° 1190).

Or, l'objet de la clause attribuant le dépôt de garantie au bailleur est **seulement** d'**indemniser forfaitairement** ce dernier du préjudice subi du fait de la résiliation anticipée du bail par le locataire. En ce qu'elle ne tend pas à faire assurer l'exécution de ses obligations par le locataire ou à en sanctionner l'inexécution, une telle clause ne peut pas être qualifiée de clause pénale (Cass. 1e civ. 6-3-2001 n° 98-20.431 FS-P : RJDA 7/01 n° 751, rendu à propos d'un mandat de gestion ; CA Rouen 1-2-1996 n° 94-1033, 2e ch. civ., rendu à propos de la location d'un matériel).

36300 Par ailleurs, l'existence d'une clause pénale est en principe exclusive de toute **indemnisation supplémentaire,** sauf preuve d'un préjudice distinct (Cass. 3e civ. 21-11-1967 : Bull. civ. III n° 337). Il en résulte que la stipulation d'un bail précisant que le dépôt de garantie reste acquis au bailleur à titre de premiers dommages-intérêts « sans préjudice de tous autres » est contraire à la nature forfaitaire de l'évaluation des dommages-intérêts opérée par une clause pénale (en ce sens, Cass. 3e civ. 5-2-2003 n° 01-11.135 FS-D : RJDA 5/03 n° 471).

36305 **ILLUSTRATIONS**

Dans le cas où les parties ont prévu que le dépôt de garantie restera acquis au bailleur à titre d'indemnité, sans préjudice de tous dépens et de tous dommages-intérêts, en cas d'acquisition de la clause résolutoire, cette indemnité ne constitue **pas une clause pénale** car il s'agit d'une indemnité à caractère forfaitaire contractuellement prévue en vue de réparer le préjudice causé au bailleur une fois le bail rompu à la suite de l'inexécution par le locataire de ses obligations quelles qu'elles soient.

CA Paris 20-2-1998 n° 95-8196, 15e ch. B.

Ne s'analyse **pas** en **une clause pénale** la clause d'un bail prévoyant, en cas de résiliation du fait du locataire, que le montant total des loyers payés d'avance et du dépôt de garantie restera acquis au bailleur au titre d'indemnité forfaitaire. En effet, en cas d'inexécution des clauses du bail, la sanction consiste en la perte du droit d'obtenir la restitution du dépôt de garantie et non dans l'obligation faite au locataire de verser au bailleur une somme déterminée.

CA Paris 4-12-1998 n° 97-493, 16e ch. B : Navis droit des affaires, jurisprudence.

Ndlr : La motivation de la cour d'appel nous semble erronée. En effet, la clause pénale suppose un engagement qui s'ajoute aux obligations prévues par le contrat, conduisant un contractant à payer plus que ce à quoi il est tenu en vertu du contrat, ce qui est le cas que le paiement s'effectue par le versement d'une somme d'argent ou par compensation entre une créance indemnitaire égale au montant du dépôt de garantie et la créance de restitution de ce même dépôt de garantie.

Dans un cas où le bail de locaux à usage d'entrepôt a été résilié à la suite d'un incendie qui a entièrement détruit les locaux et dont la cause est restée inconnue en laissant ainsi la charge au locataire, jugé que la clause du bail prévoyant que le dépôt de garantie resterait acquis au bailleur en cas de résiliation du bail pour une cause quelconque émanant du locataire, autre qu'un congé délivré régulièrement, n'est **pas une clause pénale** et doit s'appliquer.

Cass. 3e civ. 7-11-2001 n° 00-15.508 FS-D : RJDA 2/02 n° 132.

Ndlr : La Cour de cassation, même si elle ne la reprend pas dans son arrêt, fait sienne la motivation des juges du fond qui avaient exclu la qualification de clause pénale en retenant que la clause litigieuse n'avait pas pour objet de contraindre le locataire à exécuter ses obligations locatives. Il est vrai que l'on peut se demander quelle obligation locative n'est pas exécutée quand un locataire subit un incendie dont la cause reste inconnue.

PRESCRIPTION DE L'ACTION EN RESTITUTION

Sur la prescription de l'action en restitution du dépôt de garantie, voir nos 21865 s. **36320**

C. Fiscalité du dépôt de garantie

1. IMPÔTS DIRECTS

a. Imposition du bailleur

SOMMES REÇUES PAR LE BAILLEUR À TITRE DE DÉPÔT DE GARANTIE

Bailleur relevant des BIC ou de l'IS Les sommes reçues à titre de dépôt de garantie **36410** par une entreprise industrielle ou commerciale ont pour contrepartie, au passif du bilan, une dette d'égal montant constatée **envers le locataire.** Par suite, ces sommes demeurent en principe sans incidence sur les résultats imposables de l'entreprise, tant que celle-ci n'a pas acquis définitivement le droit de les conserver.

Ainsi, les dépôts de garantie reçus n'influencent le résultat imposable du bailleur que s'il ressort des stipulations contractuelles ou des circonstances de fait qu'ils lui sont **définitivement acquis.**

Bailleur relevant des revenus fonciers Les dépôts de garantie remis au propriétaire **36420** par le locataire ne constituent pas, lors de leur **versement,** des recettes au sens de l'article 29 du CGI et ne doivent donc pas être inclus dans les revenus fonciers imposables. Ils ne peuvent pas, en effet, être regardés comme définitivement acquis au propriétaire tant que celui-ci ne les a pas utilisés pour se couvrir du montant des loyers qui ne lui auraient pas été payés à leur terme ou de frais de remise en état des locaux après le départ du locataire (CE plén. 8-5-1981 n° 19171 : RJF 7-8/81 n° 677 ; BOI-RFPI-BASE-10-10 n° 380 ; dans le même sens : CE 28-5-1984 n° 40578 : RJF 7/84 n° 843).

Les règles applicables lors du **départ du locataire** diffèrent suivant l'affectation donnée aux dépôts de garantie (BOI-RFPI-BASE-10-10 nos 390 et 400 et BOI-RFPI-BASE-20-40 n° 60) :

– les **sommes remboursées** aux locataires en fin de bail sont normalement sans incidence sur la détermination du revenu foncier de l'année de remboursement (pas d'imposition et pas de déduction) ;

– les **sommes conservées** par le bailleur pour se couvrir de **loyers impayés** constituent des revenus imposables au titre de l'année où elles sont acquises au bailleur. Il en est de même des sommes conservées par le propriétaire pour financer des **charges locatives** acquittées par lui-même et **non remboursées** par le locataire, qui doivent en principe être rajoutées aux recettes brutes, puis déduites au titre des charges récupérables non récupérées. L'administration admet toutefois, à titre de mesure de simplification, que le bailleur s'abstienne de faire état des sommes correspondantes lorsque le chiffre à déclarer dans les recettes brutes est identique à celui porté en déduction. Cette condition implique notamment que les charges locatives dont le propriétaire obtient le remboursement par le biais d'une retenue effectuée sur le dépôt de garantie n'aient pas déjà été déduites au titre d'une année antérieure.

INTÉRÊTS VERSÉS PAR LE BAILLEUR AU TITRE DES DÉPÔTS DE GARANTIE

À notre avis, que le bailleur relève des bénéfices industriels ou commerciaux, de l'impôt sur les **36430** sociétés ou des revenus fonciers, il devrait être autorisé à **déduire de ses bénéfices ou revenus imposables** le montant des intérêts mis légalement à sa charge (voir nos 36080 s.).

La déduction devrait s'opérer :

– pour les **bailleurs relevant des BIC ou de l'IS,** au titre de l'exercice au cours duquel les intérêts ont couru (par exception, les entreprises qui tiennent une comptabilité super-simplifiée sont autorisées à déduire les intérêts au moment de leur paiement) ;

– pour les **bailleurs relevant des revenus fonciers,** lors du versement des intérêts.

b. Imposition du locataire

SOMMES VERSÉES PAR LE LOCATAIRE À TITRE DE DÉPÔT DE GARANTIE

Les versements réalisés à titre de dépôt de garantie lors de l'entrée en jouissance du bien, qui **36470** sont destinés à gager le bon paiement des loyers ou le respect de certains engagements souscrits, ne peuvent pas donner lieu à déduction des résultats imposables de l'entreprise locataire (ni de façon immédiate, ni de façon échelonnée). Ils ont en effet pour contrepartie la constatation d'une créance sur le bailleur et constituent donc un élément d'actif de l'entreprise locataire.

ILLUSTRATIONS

En contrepartie de la renonciation par le bailleur à demander un pas-de-porte lors de l'entrée dans les lieux, le locataire d'un bail commercial s'était engagé à n'occuper les lieux que pendant la durée du bail, sans demander le bénéfice de son renouvellement. Pour garantir l'exécution de l'engagement pris, le locataire avait versé une **somme,** productrice d'intérêts, **remboursable à l'expiration du bail** en cas de départ effectif. Cette somme doit être regardée comme un gage consenti par le locataire au bailleur et ne peut donc donner lieu à déduction ou amortissement sur la durée du bail.

CE 15-11-1989 n° 56112 : RJF 1/90 n° 10.

Un **versement contractuel de garantie** constitué par des loyers payés d'avance n'est pas une charge déductible de l'exercice en cours.

CE 4-12-1991 n° 86382 : RJF 1/92 n° 119.

36475 Les sommes versées à titre de dépôt de garantie ne peuvent être déduites des résultats de l'entreprise locataire que dans deux hypothèses :

– lorsque l'avance de loyer peut être utilement imputée sur la dette de loyer effectivement courue, c'est-à-dire dans la très grande généralité des cas lors de la **dernière échéance de loyer** (BOI-BIC-CHG-40-20-10 n° 160) ;

– lorsque les sommes sont considérées comme définitivement **acquises au bailleur** et perdues pour l'entreprise locataire.

INTÉRÊTS PERÇUS PAR LE LOCATAIRE AU TITRE DES DÉPÔTS DE GARANTIE

36480 Les intérêts perçus par l'entreprise locataire au titre des dépôts de garantie effectués auprès du bailleur doivent être inclus dans les **bénéfices professionnels imposables.**

Conformément aux dispositions de l'article 38 du CGI, ces intérêts doivent être compris dans les résultats de l'exercice au cours duquel ils sont acquis. En raison de leur nature de fruits civils s'acquérant au jour le jour, les intérêts sont rattachés aux produits de l'**exercice au cours duquel ils sont courus.**

Constitue un acte anormal de gestion le fait pour un locataire de **renoncer sans contrepartie à percevoir les intérêts** dus par le bailleur (TA Dijon 23-6-1998 n° 96-6029 : RJF 8-9/98 n° 907).

2. TVA

36510 Selon l'administration, la TVA est exigible sur les dépôts de garantie versés par les locataires dans la mesure et au moment où survient la clause contractuelle de leur **conservation par le bailleur** (BOI-TVA-BASE-10-10-10 n° 20).

Toutefois, il a été jugé que les dépôts de garantie appréhendés en fin de bail par le bailleur pour effectuer les **travaux de remise en état,** à la suite de dégradations commises par les locataires, n'ont pas pour effet de rémunérer le bailleur d'un élément de la prestation de location, même si le versement du dépôt de garantie est prévu contractuellement au bail, mais de le dédommager de l'inexécution par ses locataires de leur obligation de restituer le bien loué en bon état en fin de location ; par suite, ils ne peuvent être soumis à la TVA en application de l'article 256 du CGI (TA Versailles 23-9-2003 n° 01-1982 : RJF 1/04 n° 27).

Signalons toutefois que le tribunal administratif de Paris a retenu une solution contraire en matière d'indemnités de rupture, en jugeant que l'indemnité versée par le locataire au bailleur et destinée à permettre la remise en état des locaux à l'issue de la location s'analyse comme une rémunération présentant un lien direct avec une prestation de services individualisée imposable à la TVA, et non comme la réparation d'un simple préjudice (TA Paris 17-10-2006 n° 00-1614 : RJF 3/07 n° 265). La doctrine administrative apparaît, à tout le moins, fragilisée.

3. IFI

36540 Pour le **locataire,** le dépôt de garantie versé constitue une créance sur le bailleur et non un bien ou un droit immobilier. Dès lors, il n'est pas compris dans l'assiette imposable de l'impôt sur la fortune immobilière (IFI), si le locataire est assujetti à cet impôt.

Pour le **bailleur** assujetti à l'IFI, le dépôt de garantie reçu du locataire en début de bail constitue une dette non déductible de son patrimoine immobilier imposable dès lors qu'il ne figure pas dans la liste des dettes déductibles limitativement fixée par l'article 974, I du CGI (BOI-PAT-IFI-20-40-10 n° 30).

SECTION 2
CAUTIONNEMENT

AVERTISSEMENT

Il est fréquent que le bailleur demande un cautionnement pour garantir le paiement des sommes dues par le locataire en cas de carence de ce dernier. Les développements qui suivent ne constituent pas une étude exhaustive du cautionnement ; ils rappellent certains **principes** de base propres à cette garantie et précisent leur application au cas particulier du cautionnement garantissant un bail commercial. **36700**

Les règles applicables au cautionnement ont été modifiées par la **réforme des sûretés issue de l'ordonnance 2021-1192 du 15 septembre 2021.** Les nouvelles dispositions s'appliquent seulement aux cautionnements conclus depuis le 1er janvier 2022 (Ord. 2021-1192 art. 37, I-al. 1). Les cautionnements conclus avant cette date restent soumis à la loi ancienne, y compris « pour leurs effets légaux et pour les dispositions d'ordre public » ; il est toutefois dérogé à ce principe, y compris en matière de cautionnement réel, pour les dispositions relatives à l'information de la caution (Ord. 2021-1192 art. 37, II et III ; nos 37200 s.). **36705**

A. Demande d'un cautionnement

FACULTÉ POUR LE BAILLEUR D'EXIGER UN CAUTIONNEMENT

Le paiement des loyers est souvent garanti par un **cautionnement** donné par un tiers, **professionnel ou non.** Le cautionnement est le contrat par lequel une caution s'oblige envers le créancier à payer la dette du débiteur en cas de défaillance de celui-ci (C. civ. art. 2288). **36710**

La **demande** par le bailleur d'un cautionnement est tout à fait **licite.** Aucune disposition législative ou réglementaire n'interdit au bailleur de demander au locataire, avant de conclure un bail, une garantie particulière, telle que celle constituée par une caution bancaire, qui est destinée à assurer, par la disponibilité des fonds détenus par la banque, le paiement des loyers à venir (CA Paris 13-10-1995 n° 94-4516, 6e ch. B).

Les parties peuvent convenir que la fourniture d'un cautionnement bancaire par le locataire dans un délai déterminé est une **condition essentielle du contrat** (Cass. 3e civ. 9-2-2005 n° 03-16.097 FS-D).

OPTION POUR UNE AUTRE GARANTIE

Pour échapper aux règles légales protectrices de la caution, le bailleur peut recourir à la **garantie autonome,** engagement par lequel le garant s'oblige, en considération d'une obligation souscrite par un tiers, à verser une somme soit à première demande, soit suivant des modalités convenues (C. civ. art. 2321, al. 1). À la différence de la caution, le garant ne peut pas opposer d'exceptions au bénéficiaire de la garantie et doit payer sans que le sort du contrat principal puisse entrer en considération. **36715**

Si le recours à la garantie autonome est limité en matière de bail d'habitation puisqu'elle ne peut être utilisée qu'en lieu et place du dépôt de garantie, sans pouvoir se cumuler avec ce dernier ni se substituer au cautionnement (Loi 89-462 du 6-7-1989 art. 22-1-1), aucune disposition semblable n'existe en matière de baux commerciaux où l'exigence d'une garantie autonome pour garantir le paiement des loyers est parfaitement licite.

L'acte par lequel un tiers affecte un de ses biens en garantie des obligations du locataire (souvent appelé **cautionnement réel ou hypothécaire** lorsque le bien donné en garantie est un immeuble) est une sûreté réelle et non un cautionnement personnel (Cass. ch. mixte 2-12-2005 n° 235 P : RJDA 2/06 n° 197 ; Cass. 3e civ. 12-4-2018 n° 17-17.542 FS-PBI : RJDA 6/18 n° 534 ; Cass. com. 5-4-2023 nos 21-14.166 et 21-18.531 FS-B : RJDA 10/23 n° 547). Cette sûreté est soumise au régime du gage si elle porte sur un bien mobilier corporel (C. civ. art. 2334), à celui du nantissement si elle porte sur un bien mobilier incorporel ou encore à celui de l'hypothèque si le bien donné en garantie est un immeuble. Toutefois, le tiers qui a consenti une telle sûreté depuis le 1er janvier 2022 bénéficie en partie de la protection accordée à la caution (art. précité) : notamment, le bailleur doit le mettre en garde lors de la constitution de la garantie (n° 37320), l'informer dans les mêmes conditions que la caution (nos 37205 s.) et peut se voir opposer la perte de subrogation (nos 37340 s.). La sûreté étant nécessairement limitée au bien donné en garantie (art. 2325), celui qui l'a consentie ne peut pas en invoquer la disproportion au regard de ses facultés contributives (cf. Cass. 1e civ. 7-5-2008 n° 07-11.692 F-PB : RJDA 5/09 n° 475). **36720**

B. Mentions de l'acte de cautionnement

EXIGENCE LÉGALE

36800 Le cautionnement d'un bail commercial est régi par le droit commun du cautionnement qui impose, à titre de preuve de la garantie ou pour la validité même de tout ou partie de la garantie, que soient portées dans l'acte certaines mentions permettant à la caution de prendre conscience de la nature et de l'étendue de son engagement.

> **Précisions** Depuis le 1er janvier 2022, tout cautionnement peut être donné sous forme d'un **acte** sous signature privée **électronique** (C. civ. art. 1175). Dans ce cas, les mentions manuscrites exposées ci-dessous peuvent être apposées également sous forme électronique dès lors que les conditions de cette apposition sont de nature à garantir qu'elle n'est effectuée que par la personne se portant caution (cf. C. civ. art. 1174).

36805 **Cautionnements échappant aux mentions légales** Les mentions exposées ci-dessous ne sont pas requises lorsque le cautionnement est :
- donné par **acte authentique** établi par notaire (C. civ. art. 1369, al. 3) ;
- ou par acte **sous signature privée contresigné** par un avocat (C. civ. art. 1374, al. 3) ;
- consigné dans une **décision judiciaire** (Cass. com. 11-2-2004 n° 01-16.192 FS-PB : RJDA 6/04 n° 754 ; Cass. com. 6-7-2010 n° 08-21.760 FS-PBRI : RJDA 12/10 n° 1186 ; Cass. com. 14-6-2017 n° 12-11.644 F-PBI : RJDA 10/17 n° 665).

MENTIONS REQUISES POUR LA PREUVE DU CAUTIONNEMENT

36810 Le cautionnement doit être constaté dans un acte qui comporte la signature de celui qui souscrit cet engagement ainsi que la mention, écrite par lui-même, de la **somme en** toutes **lettres et en chiffres** (C. civ. art. 1376). Si le cautionnement est donné sur un acte papier, la signature et la mention doivent être manuscrites ; s'il est consenti par acte électronique, l'apposition doit être faite selon un des procédés d'identification conforme aux règles qui gouvernent la signature électronique ou tout autre procédé permettant de s'assurer que le signataire est le scripteur de ladite mention (Cass. 1e civ. 13-5-2008 n° 06-17.534 FS-PBRI : RJDA 7/08 n° 878 ; cf. C. civ. art. 1174).

L'article 1376 du Code civil n'est toutefois **pas applicable** dans les cas exposés n° 36805 ni lorsque l'engagement est consenti par un commerçant (Cass. 1e civ. 18-5-2004 n° 01-17.007 F-P : Bull. civ. I n° 140).

L'exigence de la mention de la somme en lettres et en chiffres est une règle de preuve destinée à protéger la caution et non pas une règle de validité du cautionnement (Cass. 1e civ. 6-7-2004 n° 01-15.041 FS-P : RJDA 1/05 n° 76). Ainsi, en cas d'**absence** de mention manuscrite ou de mention incomplète, l'acte vaut comme commencement de preuve par écrit du cautionnement et doit, pour faire preuve, être complété par des éléments extérieurs à l'acte lui-même établissant que la caution avait une parfaite connaissance de la portée de son engagement. Constitue par exemple un tel élément extérieur la signature du contrat de bail par la caution ou le fait qu'elle soit le dirigeant de la société locataire.

> **Précisions** **a.** Le juge ne peut pas condamner en paiement la **caution** qui **conteste être l'auteur de la mention manuscrite** sans procéder à la vérification de son écriture, même si elle reconnaît avoir signé l'acte (Cass. 3e civ. 9-3-2022 n° 21-10.619 FS-B : RJDA 6/22 n° 381, rendu à propos d'un cautionnement souscrit dans le cadre d'un bail d'habitation mais transposable).
> **b.** La mention « **bon pour caution** » apposée en fin de bail est insuffisante (Cass. 1e civ. 7-4-1999 n° 695 D ; CA Paris 19-1-1999 n° 97-9683, 6e ch. : AJDI 1999 p. 241).

MENTIONS REQUISES POUR LA VALIDITÉ DE TOUT OU PARTIE DU CAUTIONNEMENT

36820 **Cautionnements visés** Sauf dans les cas exposés n° 36805, des mentions particulières sont imposées pour les cautionnements souscrits par une personne physique au profit d'un créancier, par le Code de la consommation ou le Code civil, selon que le cautionnement a été conclu avant ou après le 1er janvier 2022, date d'entrée en vigueur de l'ordonnance 2021-1192 du 15 septembre 2021 portant réforme du droit des sûretés.

Ce dispositif protège toute **caution personne physique,** qu'elle agisse dans le cadre d'une activité professionnelle ou à titre privé (CA Lyon 15-2-2007 n° 05-7178, 3e ch. civ. A : Bull. inf. C. cass. 2007/663 n° 1334 ; CA Nîmes 7-7-2011 n° 09/03054, 2e ch. B com. : RJDA 11/11 n° 959), qu'elle soit profane ou avertie, que le cautionnement soit de nature civile ou commerciale (Cass. com. 10-1-2012 n° 10-26.630 FS-PB : RJDA 4/12 n° 433 ; Cass. 1e civ. 15-10-2014 n° 13-21.605 F-D : RJDA 1/15 n° 46). Le dispositif s'applique au cautionnement garantissant les sommes dues en exécution d'un bail commercial (Cass. 1e civ. 15-10-2014 n° 13-21.605 F-D : RJDA 1/15 n° 46 ; Cass. 3e civ. 10-2-2015 n° 13-25.607 F-D). En bénéficie donc le dirigeant, personne physique, d'une société qui se porte caution des dettes sociales (Cass. com. 10-1-2012, CA Nîmes 7-7-2011 et CA Lyon 15-2-2007 précités) au titre du bail commercial consenti à celle-ci.

> **Précisions** En cas de **pluralité de cautions,** chacune doit porter les mentions requises par la loi et les signer. En effet, chacune des cautions a droit à la protection prévue par les textes et c'est en écrivant elle-même les mentions que la caution est amenée à prendre conscience de la portée et de l'étendue de son engagement. Pour qu'il en soit ainsi, l'exercice doit être individuel et non collectif. La Cour de cassation a estimé que la seule signature d'une des cautions apposée sous la mention ne permettait pas d'identifier clairement qui se portait caution dès lors que le texte préimprimé du cautionnement indiquait que des époux s'engageaient tous les deux (Cass. com. 27-1-2015 n° 13-28.502 F-D : RJDA 5/15 n° 387 annulant le cautionnement qui comportait d'autres irrégularités).

Le **créancier professionnel** s'entend de celui dont la créance est née dans l'exercice de sa profession ou se trouve en rapport direct avec l'une de ses activités professionnelles (Cass. 1e civ. 9-7-2009 n° 08-15.910 FS-PBI : RJDA 1/10 n° 76 ; Cass. com. 10-1-2012 n° 10-26.630 FS-PB : RJDA 4/12 n° 433 ; Cass. com. 27-9-2017 n° 15-24.895 F-PBI : RJDA 1/18 n° 66 ; CA Paris 14-2-2013 n° 12/02595, ch. 9-5 : RJDA 6/13 n° 547 refusant de considérer comme un créancier professionnel une SARL ayant consenti un bail commercial sur une partie de ses locaux d'exploitation à la suite d'une baisse d'activité), même si celle-ci n'est pas principale (Cass. com. 15-11-2017 n° 16-13.532 F-D : RJDA 2/18 n° 176 ; Cass. com. 21-6-2023 n° 21-24.691 F-B : RJDA 11/23 n° 612 ; CA Versailles 18-1-2024 n° 21/04746 : RJDA 5/24 n° 311). Mais il n'est pas pour autant nécessaire qu'il soit commerçant (Cass. 3e civ. 9-3-2011 n° 10-11.011 FS-D : RJDA 11/11 n° 958). Il n'est donc pas exclu qu'une société civile immobilière bailleresse puisse être considérée comme un créancier professionnel (en ce sens, CA Aix-en-Provence 10-12-2015 n° 15/00759 : JCP G 2016 doct. n° 553 § 3 obs. Ph. Simler et Ph. Delebecque). Mais cette qualité ne peut être présumée du seul fait qu'elle est une société civile immobilière (Cass. com. 15-11-2017 n° 16-13.532 précité ; CA Versailles 18-1-2024 n° 21/04746 précité). 36822

Cautionnements conclus avant le 1er janvier 2022

Mention sur l'objet et l'étendue du cautionnement. Lorsqu'une personne physique s'est engagée par acte sous signature privée en qualité de caution envers un créancier professionnel avant le 1er janvier 2022, son engagement doit comporter la mention manuscrite suivante, placée avant sa signature : « En me portant caution de X, dans la limite de la somme de... couvrant le paiement du principal, des intérêts et, le cas échéant, des pénalités ou intérêts de retard et pour la durée de..., je m'engage à rembourser au prêteur les sommes dues sur mes revenus et mes biens si X n'y satisfait pas lui-même » (C. consom. ex-art. L 331-1). Sur les cas de dispense, voir n° 36805. 36825

En l'**absence de cette mention** ou si elle est irrégulièrement apposée ou incomplète (nos 36828 s.), le cautionnement est nul (C. consom. ex-art. L 343-1), le créancier ne pouvant pas se prévaloir du fait que la caution a par ailleurs reconnu l'existence de son engagement (Cass. com. 28-4-2009 n° 08-11.616 FS-PB : RJDA 8-9/09 n° 795 écartant en l'espèce les effets de l'aveu prévu par l'article 1383 du Code civil). Toutefois, s'agissant d'une nullité relative, la caution peut ratifier le cautionnement : tel est le cas lorsqu'elle paie le créancier volontairement et en ayant connaissance du vice affectant son engagement (Cass. com. 5-2-2013 n° 12-11.720 FS-PB : RJDA 5/13 n° 452). Mais le seul fait que la caution n'ait pas soulevé la nullité de son engagement lors des instances de référé engagées à son encontre par le créancier ne permet pas de considérer qu'elle avait effectivement connaissance du vice l'affectant et l'intention de le réparer (Cass. com. 9-10-2024 n° 23-13.173 F : RJDA 3/25 n° 164).

L'absence de date sur l'acte de cautionnement n'empêche pas la caution de comprendre la portée de son engagement et n'entraîne pas l'annulation de celui-ci (Cass. com. 15-2-2023 n° 21-18.644 F-D : RJDA 8-9/23 n° 459, rendu à propos du cautionnement d'un prêt mais transposable).

ATTENTION

La **mention** exigée par l'ex-article L 331-1 du Code de la consommation, manifestement conçue pour le cautionnement garantissant un prêt, est **inadaptée lorsque le cautionnement porte sur un bail.** Et des **aménagements rédactionnels** de cette mention peuvent emporter la nullité de l'engagement (n° 36829). S'il est probable que la substitution du terme « bailleur » à celui de « prêteur » n'affecte pas la validité du cautionnement, en est-il de même si l'expression « paiement du capital » est remplacée par la liste des sommes pouvant être dues par le locataire en exécution du bail ou à l'extinction de celui-ci ? Dans un cas où la caution avait écrit qu'elle s'engageait à garantir le paiement de « l'ensemble des sommes qui seront dues par la société [le locataire], indemnités d'occupation, charges récupérables, réparations locatives, taxes diverses et frais éventuels de procédure », la Cour de cassation a annulé le cautionnement au motif que la limite chiffrée de l'engagement et sa durée ne figuraient pas dans la mention manuscrite (Cass. com. 31-1-2017 n° 14-27.185 F-D : RJDA 4/17 n° 281). Cette décision ne condamne donc pas l'énumération des dettes garanties. Une telle énumération constitue une clarification de l'étendue du cautionnement et permet de limiter les contestations. Mais le juge en fera une application stricte : toute dette n'y figurant pas sera considérée comme n'étant pas couverte par le cautionnement. Pour éviter cet écueil et un risque d'annulation, le bailleur a donc intérêt à exiger un cautionnement contresigné par avocat ou établi par un notaire, car la mention de l'ex-article L 331-1 n'est alors pas requise.

36826 **Mention de la solidarité.** La personne physique qui s'est portée caution solidaire avant le 1er janvier 2022 doit, à peine de nullité de son engagement, avoir fait précéder sa signature de la mention manuscrite suivante : « en renonçant au bénéfice de discussion et en m'obligeant solidairement avec X, je m'engage à rembourser le créancier sans pouvoir exiger qu'il poursuive préalablement X » (C. consom. ex-art. L 331-2 et L 343-2). Cette mention ne s'impose pas dans les cas exposés n° 36805.

À défaut d'une telle mention ou si elle est irrégulièrement apposée (nos 36828 s.), seule la clause de solidarité est nulle : l'engagement ne vaut alors que comme cautionnement simple (Cass. com. 8-3-2011 n° 10-10.699 FS-PBI : RJDA 5/11 n° 466 ; Cass. 1e civ. 16-10-2013 n° 12-17.858 FS-PBI : RJDA 2/14 n° 168 ; Cass. com. 14-11-2019 n° 18-15.468 F-D : RJDA 2/20 n° 108), à condition que la mention prévue par l'ex-article L 331-1 du Code de la consommation y figure bien et soit conforme (Cass. com. 10-5-2012 n° 11-17.671 F-PB : RJDA 8-9/12 n° 800). La nullité affectant la clause de solidarité étant relative, la caution peut y renoncer par une exécution volontaire de son engagement irrégulier, en connaissance du vice l'affectant (Cass. com. 5-2-2013 n° 12-11.720 F-PB : RJDA 5/13 n° 452).

> **Précisions** La clause de solidarité est réputée non écrite, y compris en cas de cautionnement par acte authentique (Cass. com. 6-7-2010 n° 08-21.760 FS-PBRI : RJDA 12/10 n° 1186), si l'engagement de la caution n'est pas limité à un montant global, expressément et contractuellement déterminé, incluant le principal, les intérêts, les frais et accessoires (C. consom. ex-art. L 331-3). En conséquence, un **cautionnement** solidaire donné par acte notarié par une personne physique à un créancier professionnel doit être **d'un montant déterminé,** sans que la reproduction de la mention prévue par l'ex-article L 331-1 du Code de la consommation soit toutefois requise, mais il peut être à durée indéterminée.

36828 **Caractère manuscrit des mentions.** Les mentions prévues par les ex-articles L 331-1 et L 331-2 du Code de la consommation doivent être manuscrites, c'est-à-dire portées de sa main par la **caution** (Cass. com. 4-7-2018 n° 16-21.743 F-D : RJDA 11/18 n° 668), sauf lorsque le cautionnement est constaté dans un acte électronique (n° 36800). Est irrégulière la mention rédigée par la **secrétaire** de la caution, même si la signature de la caution n'est pas contestée (Cass. com. 13-5-2012 n° 10-27.814 F-D : RJDA 8-9/12 n° 801 som.). Le cautionnement est cependant valable si la caution, de nationalité étrangère et sachant mal écrire, a demandé à sa secrétaire de rédiger la mention à sa place, de sorte qu'elle était consciente de son engagement et autant informée des conséquences que si elle avait porté la mention elle-même (Cass. com. 20-9-2017 n° 12-18.364 F-D : RJDA 1/18 n° 71). Si la caution fait sciemment reproduire les mentions légales par sa secrétaire (ou par un tiers quelconque) afin de faire échec à une demande en paiement, elle commet une fraude qui l'empêche d'invoquer la nullité de son engagement (Cass. com. 5-5-2021 n° 19-21.468 F-P : RJDA 8-9/21 n° 604).

ATTENTION

La première chambre civile de la Cour de cassation paraît plus stricte : si la caution ne se trouve pas en mesure d'apposer elle-même les mentions manuscrites exigées par la loi et destinées à assurer sa protection et son consentement éclairé, le cautionnement doit être souscrit par **acte notarié** (Cass. 1e civ. 9-7-2015 n° 14-21.763 F-PB : RJDA 1/16 n° 58 rendu à propos d'une caution illettrée).

La caution qui n'a pas écrit de sa main les mentions manuscrites peut voir sa **responsabilité** extracontractuelle engagée (Cass. com. 21-10-2020 n° 18-19.429 FS-D : RJDA 4/21 n° 265).

36829 **Conformité du contenu des mentions.** Chaque mention apposée doit être **identique à celle requise par la loi** (Cass. com. 5-4-2011 n° 09-14.358 FS-PB : RJDA 6/11 n° 577, 1e esp. réservant le cas où le défaut d'identité résulterait d'une erreur matérielle). Toutefois, sont admis des **aménagements mineurs** ne portant pas atteinte au sens et à la portée des mentions (notamment, Cass. 1e civ. 10-4-2013 n° 12-18.544 FS-PB : RJDA 2/14 n° 169, 1e espèce ; Cass. com. 21-4-2022 n° 20-23.300 F-B : RJDA 7/22 n° 437).

En dehors des **irrégularités** répertoriées ci-dessous, la question se pose de la formulation de la **durée** de l'engagement. Pour la chambre commerciale de la Cour de cassation, le cautionnement à durée indéterminée est licite même s'il relève de l'ex-article L 331-1 du Code de la consommation (Cass. com. 15-11-2017 n° 16-10.504 F-PBI : RJDA 2/18 n° 177 validant la mention selon laquelle le cautionnement est consenti « jusqu'au paiement effectif de toutes les sommes dues »). Au 15 mars 2025, date de mise à jour des présents développements, la première chambre civile ne s'est pas encore prononcée sur la validité d'un tel cautionnement. En revanche, concernant le cautionnement à durée déterminée, les deux chambres ont adopté la même solution : s'agissant d'un élément essentiel permettant à la caution de mesurer la portée exacte de son engagement, la durée du cautionnement doit figurer dans la mention manuscrite de manière précise, sans qu'il soit nécessaire de se référer aux clauses imprimées de l'acte (Cass. 1e civ. 9-7-2015 n° 14-24.287 F-PB : RJDA 11/15 n° 783 ; Cass. com. 29-11-2023 n° 22-17.913 F-B : RJDA 4/24 n° 243 ; Cass. com. 9-10-2024 n° 23-13.173 F : RJDA 3/25 n° 164).

ILLUSTRATIONS

Le **cautionnement** est **valable** lorsque :
– les deux mentions sont présentées en une phrase unique, séparées par une virgule (Cass. com. 5-4-2011 n° 10-16.426 FS-PB : RJDA 6/11 n° 577, 2e espèce ; Cass. 1e civ. 11-9-2013 n° 12-19.094 FS-PB : RJDA 1/14 n° 169, 2e espèce), ou sans ponctuation ni accents (Cass. com. 14-6-2016 n° 15-11.106 F-D : RJDA 8-9/16 n° 647) ;
– la mention de l'ex-article L 331-1 indique la somme garantie seulement en chiffres ou seulement en lettres (Cass. com. 18-1-2017 n° 14-26.604 F-PB : RJDA 3/17 n° 206, 2e espèce) ;
– cette mention n'indique pas le montant et les modalités de calcul des pénalités, la loi n'exigeant pas cette précision (Cass. com. 29-11-2016 n° 15-21.197 F-D : RJDA 2/17 n° 119) ;
– sont omis les termes « mes biens », le cautionnement n'engageant alors que les revenus de la caution (Cass. com. 1-10-2013 n° 12-20.278 : RJDA 2/14 n° 169, 3e espèce), ou le terme « intérêts », le cautionnement ne portant alors que sur le principal (Cass. com. 4-11-2014 n° 13-24.706 F-PB : RJDA 2/15 n° 144) ;
– lorsque la caution a ajouté après « je m'engage à rembourser au prêteur » les mots « ou à toute personne qui lui sera substituée en cas de fusion, absorption, scission ou apports d'actifs » (Cass. com. 27-1-2015 n° 13-24.778 FS-D : RJDA 5/15 n° 386), ou après le mot « intérêts » les mots « des commissions, frais et accessoires » (Cass. com. 21-4-2022 n° 20-23.300 F-B précité) ;
– l'exemplaire de l'acte détenu par la caution ne respecte pas le formalisme prévu par l'ex-article L 331-1 alors que celui détenu par le créancier est conforme (Cass. com. 2-6-2021 n° 20-10.690 FS-P : RJDA 11/21 n° 736).
Le cautionnement est **nul** dans les cas suivants :
– absence d'indication du débiteur (du locataire) ou erreur dans son identification (Cass. com. 10-1-2018 n° 15-26.324 F-D : RJDA 4/18 n° 362 ; Cass. com. 15-11-2017 n° 15-27.045 F-D : RJDA 2/18 n° 178), la lettre X de la formule légale devant être remplacée par le nom ou la dénomination sociale du débiteur, même si celui-ci figure dans le reste de l'acte (Cass. com. 24-5-2018 n° 16-24.400 FS-PB : RJDA 8-9/18 n° 682 ; Cass. com. 12-11-2020 n° 19-15.893 F-D : RJDA 7/21 n° 519) ;
– absence de signature à la suite de la mention manuscrite, l'apposition par la caution de son paraphe au bas de la page comprenant la mention manuscrite, séparé de cette mention par d'autres stipulations, ne pouvant pas y suppléer (Cass. com. 4-11-2021 n° 20-14.170 F-D : RJDA 4/22 n° 225) ;
– omission du mot « caution » dans la mention (Cass. com. 3-4-2019 n° 17-22.501 F-D : RJDA 7/19 n° 528) ;
– mention que la caution s'engage « sur ses biens ou ses revenus » au lieu de « sur ses biens et ses revenus » (Cass. com. 26-1-2016 n° 14-20.868 F-D : RJDA 5/16 n° 397 ; Cass. com. 5-4-2023 n° 21-20.905 FS-B : RJDA 10/23 n° 546) ;
– mention que la caution garantit, d'une part, des loyers échus (pour un montant chiffré) et, d'autre part, les loyers à échoir sans préciser la limite chiffrée du deuxième engagement ni sa durée, le cautionnement étant nul pour le tout (Cass. com. 31-1-2017 n° 14-27.185 FS-PB : RJDA 4/17 n° 282).
La **mention relative à la solidarité** est nulle si elle commence par « en renonçant au bénéficiaire de discussion » au lieu de « en renonçant au bénéfice de discussion » (Cass. com. 4-5-2017 n° 15-19.756 F-D).

Signature de la caution. En application des ex-articles L 331-1 et L 331-2 du Code de la consommation, dans les cautionnements souscrits avant le 1er janvier 2022, les **mentions doivent précéder** la **signature** de la caution. La chambre commerciale et la troisième chambre civile de la Cour de cassation en déduisent que le cautionnement est nul ou la clause de solidarité est nulle dès lors que la signature de la caution ne figure pas sous la mention manuscrite (Cass. com. 17-9-2013 n° 12-13.577 FS-PB : RJDA 12/13 n° 1050 ; Cass. com. 15-3-2023 n° 21-21.840 F-D : RJDA 7/23 n° 402 ; Cass. 3e civ. 11-7-2024 n° 22-17.252 F-D : RJDA 2/25 n° 108), quand bien même la mention serait suivie du paraphe de la caution (Cass. com. 23-10-2019 n° 18-11.825 F-D : RJDA 2/20 n° 109 ; Cass. com. 4-11-2021 n° 20-14.170 F-D : RJDA 4/22 n° 225). La première chambre civile de la Cour de cassation adopte une position plus souple puisqu'elle considère au contraire que le cautionnement est valable lorsque la mention manuscrite, bien que figurant sous la signature de la caution, est immédiatement suivie du paraphe de celle-ci (Cass. 1e civ. 22-9-2016 n° 15-19.543 F-D : RJDA 12/16 n° 904). 36830

Lorsque le cautionnement est solidaire et que les **deux mentions** sont donc requises, il n'est pas nécessaire que la caution ait signé sous chacune d'elles ; une signature unique après la dernière des mentions suffit (Cass. com. 27-3-2012 n° 10-24.698 F-D : RJDA 7/12 n° 717).

> **Précisions** La chambre commerciale de la Cour de cassation a admis la validité du cautionnement en cas d'**interposition, entre la mention manuscrite et la signature, d'un ajout ou d'une clause préimprimée** mais seulement lorsque ces éléments n'affectent pas le sens et la portée de la mention manuscrite (Cass. com. 5-12-2018 n° 17-26.237 F-D : RJDA 2/19 n° 135). Jugé que tel est le cas de l'interposition de la mention « Bon pour accord au présent cautionnement », de la mention préimprimée « le conjoint de la caution » destinée à permettre, le cas échéant, à ce dernier de donner son accord au cautionnement (arrêt précité), d'indications préimprimées relatives aux précisions à donner dans la mention manuscrite et au modèle du texte de cette mention (Cass. com. 28-2-2018 n° 16-24.637 F-D : RJDA 5/18 n° 459). Le cautionnement a, en revanche, été annulé dans un cas où la caution avait, entre la mention manuscrite et sa signa-

ture, apposé une phrase indiquant que son engagement s'ajoutait à un précédent cautionnement donné au même créancier (Cass. com. 20-4-2017 n° 15-18.239 F-D : RJDA 11/17 n° 760).

Jusqu'à présent, la première chambre civile de la Cour de cassation s'est montrée hostile à toute interposition (Cass. 1e civ. 22-9-2016 n° 15-19.543 F-D précité).

36840 **Cautionnements conclus depuis le 1er janvier 2022** Toute personne physique qui se porte caution depuis le 1er janvier 2022 doit, à peine de nullité de son engagement, apposer elle-même la **mention** qu'elle s'engage en qualité de caution à payer au créancier ce que lui doit le débiteur en cas de défaillance de celui-ci, dans la **limite d'un montant** en principal et accessoires exprimé en toutes lettres et en chiffres ; en cas de différence, le cautionnement vaut pour la somme écrite en toutes lettres (C. civ. art. 2297, al. 1). Si la caution est privée des **bénéfices de discussion ou de division** (cautionnement solidaire entre la caution et le débiteur et/ou entre les différentes cautions), elle reconnaît dans cette mention ne pas pouvoir exiger du créancier qu'il poursuive d'abord le débiteur ou qu'il divise ses poursuites entre les cautions ; à défaut, elle conserve le droit de se prévaloir de ces bénéfices (art. 2297, al. 2).

La **mention,** requise que le créancier bénéficiaire du cautionnement soit ou non un professionnel, n'est **pas sacramentelle** : l'article 2297 en fixe le contenu et non la formulation ; en cas de contestation, il incombe au juge d'apprécier si la mention est suffisante pour assurer l'information de la caution. À noter que, contrairement aux anciennes dispositions du Code de la consommation, le Code civil n'impose pas à la caution d'indiquer la durée pour laquelle elle s'engage. Mais celle-ci a tout intérêt à le préciser dans l'acte.

Comme sous le régime antérieur, les exceptions exposées n° 36805 sont applicables. À notre avis, est aussi transposable la jurisprudence interdisant à la caution d'invoquer la nullité de son engagement si elle a volontairement fait apposer la mention par un tiers (Cass. com. 5-5-2021 n° 19-21.468 F-P : RJDA 8-9/21 n° 604 ; n° 36828).

C. Dettes garanties par le cautionnement

PRINCIPES DE DÉTERMINATION DES DETTES GARANTIES

36900 La détermination des dettes du locataire dont le bailleur peut réclamer le paiement à la caution dépend des **termes** utilisés pour la rédaction **de l'acte de cautionnement.** En effet, un cautionnement ne peut pas être étendu au-delà des limites dans lesquelles il a été contracté (C. civ. art. 2294 ; ex-art. 2292). Les parties et leurs conseils doivent donc être particulièrement vigilants lors de l'établissement du cautionnement.

Il n'y a aucune difficulté si les **dettes** garanties sont **explicitement visées dans l'acte.** Si les obligations garanties sont clairement identifiées et limitativement énumérées, la caution ne sera tenue de payer que celles-ci à l'exclusion des autres (Cass. civ. 3-7-1872 : S. 1872 I p. 294). Le cautionnement garantissant le seul loyer ne permettra pas au bailleur de réclamer à la caution le paiement d'autres sommes dues par le locataire.

Si le cautionnement **désigne de manière imprécise les dettes** garanties, il appartient au juge de rechercher l'intention des parties ; il peut ainsi inclure dans la garantie des dettes qui ne sont pas expressément visées dans l'acte de cautionnement ou qui y sont désignées de façon imprécise. Si un doute subsiste sur la volonté des parties, le juge doit retenir la solution la plus favorable à la caution en application de l'article 2294 du Code civil.

Enfin, le **cautionnement** peut être **libellé en termes généraux** ; tel est le cas lorsque la caution s'engage à garantir « toutes les sommes que le locataire pourrait devoir au bailleur » ou à garantir « l'exécution de toutes les **obligations** du locataire à l'égard de ce dernier ». Dans ce cas, la caution est tenue exactement comme le locataire (Cass. 1e civ. 23-6-1992 n° 91-11.678 P : Bull. civ. I n° 193).

Sur la portée du cautionnement garantissant « l'exécution du bail » en ce qui concerne l'indemnité due par le locataire en cas d'incendie ou en cas de maintien dans les lieux après l'expiration du bail, voir respectivement nos 36925 et 36940.

Sur les dettes couvertes par les mentions apposées par la caution sur l'acte de cautionnement, voir nos 36820 s.

> **Précisions** Le **cautionnement des obligations futures** d'un locataire est valable dès lors qu'elles sont déterminées ou déterminables (C. civ. art. 2292 ; auparavant Cass. com. 3-11-2015 n° 14-26.051 F-PB : RJDA 2/16 n° 147).

36905 Si la caution peut limiter son engagement à certaines des obligations du locataire à l'égard du bailleur, elle peut aussi mettre une **limite** chiffrée à son engagement (par exemple « je me porte caution de l'exécution du bail dans la limite de X € »). La caution ne peut alors pas être poursuivie pour une somme supérieure, quel que soit le montant des sommes dues par le locataire. Cette limite chiffrée s'impose lorsque le cautionnement est donné par une personne physique à un créancier professionnel (nos 36825 et 36840).

Nous présentons ci-dessous des **applications jurisprudentielles** de ces principes classées par types de dette posant problème. Rendues avant la réforme des sûretés opérée par l'ordonnance 2021-1192 du 15 septembre 2021, elles sont, à notre avis, transposables au nouveau régime. À noter que, pour le loyer, qui est toujours expressément visé et ne fait donc pas l'objet de contentieux, la question se pose surtout de savoir si la caution est tenue des intérêts et pénalités de retard afférents à celui-ci (nos 36980 s.). **36910**

RÉPARATIONS LOCATIVES

La personne qui s'est portée **caution de l'exécution de toutes les obligations** incombant au locataire d'un local commercial est tenue dans les mêmes conditions que le locataire des réparations locatives (Cass. 1e civ. 23-6-1992 no 91-11.678 : Bull. civ. I no 193). **36920**

En revanche, la caution ne garantit pas ces réparations :

– si le **cautionnement ne vise que le loyer** principal, la provision pour charges et le droit au bail (Cass. 3e civ. 15-12-1998 no 1950 P : RJDA 3/99 no 338) ;

– s'il vise seulement le loyer, les charges et accessoires (Cass. 3e civ. 25-2-2004 no 248 FS-D ; dans le même sens, CA Orléans 3-5-1990 no 90-942, ch. 1e civ. sect.).

La volonté de la caution de garantir les réparations ne saurait être déduite, en l'absence de mention en ce sens dans l'acte de cautionnement, de la **présence de la caution lors** de l'établissement **de l'état des lieux de sortie** auquel elle a été sommée d'assister par exploit d'huissier à la requête du bailleur (CA Orléans 3-5-1990, précité).

La caution est-elle tenue de l'**indemnité** que doit le locataire au bailleur **en cas d'incendie** par application de l'article 1733 du Code civil ? **36925**

Il a été jugé que la caution n'est pas tenue de la garantir dès lors que le bail, qui énumérait minutieusement tous les cas de garantie, était muet à cet égard et que le propriétaire, déjà protégé par une assurance, n'avait aucun intérêt à exiger une nouvelle sûreté (Cass. req. 3-7-1872 : S. 1872 I p. 294).

En revanche, celui qui s'est porté caution d'un contrat de bail, sans autre précision, est tenu des loyers et de toutes les autres obligations à la charge du locataire, notamment de celle de restituer les locaux loués en bon état, et par suite de l'indemnité due par le locataire en raison de l'incendie des bâtiments loués (CA Chambéry 10-4-1867 : S. 1867 II p. 212).

INDEMNITÉ D'OCCUPATION

On sait que le **locataire** qui se maintient dans les lieux **sans droit ni titre** doit verser à ce titre une indemnité d'occupation au bailleur (nos 74060 s.). Le **cautionnement donné pour le bail** ne s'étend pas au paiement de l'indemnité d'occupation car cette dernière n'est due qu'en raison de la faute extracontractuelle commise par celui qui se maintient sans droit dans les lieux et elle a un caractère indemnitaire qui exclut qu'elle se rattache à l'exécution du bail (Cass. 3e civ. 6-3-1996 no 498 D : RJDA 6/96 no 755 ; CA Paris 28-11-1991, 16e ch. B ; CA Versailles 5-12-1997, 1e ch. B : RJDA 3/98 no 335). **36940**

Les parties au cautionnement peuvent déroger à cette règle. Mais l'acte de cautionnement doit être explicite sur ce point. **36945**

Jugé ainsi que :

– s'il est prévu que le cautionnement porte sur toute la période au cours de laquelle le **locataire demeure dans les lieux** en ce qui concerne les charges et la jouissance qui lui est concédée sans exceptions ni réserves, la caution est débitrice du loyer, des charges et de l'indemnité d'occupation jusqu'à la remise des clés au bailleur, peu important que le bail ait pris fin à une date antérieure (Cass. com. 17-6-2001 no 1511 FS-P : RJDA 2/02 no 200) ;

– si la caution s'est engagée par des termes clairs et précis à garantir, sans limitation de durée, **toute somme** dont le locataire pourrait être débiteur envers le bailleur, elle sera également condamnée à payer les indemnités d'occupation dues après la résiliation du bail (Cass. 1e civ. 31-3-1998 no 96-16.637 P : Bull. civ. I no 135).

En revanche, la caution n'est pas tenue de ladite indemnité dès lors qu'elle ne s'est engagée à garantir que le **loyer principal,** la provision sur charges et le droit au bail (Cass. 3e civ. 15-12-1998 no 1950 P : RJDA 3/99 no 338) ou encore le loyer, dont le montant total est précisé, majoré des charges, frais, indemnités et pénalités de toute nature (CA Paris 9-2-2001, 16e ch. B : AJDI 2001 p. 330).

36950 Si le bail lui-même prévoit une **indemnité d'occupation conventionnelle,** le cautionnement des obligations découlant du bail couvrira celle-ci (transposition des solutions rendues à propos de la clause de garantie solidaire n° 37610).

DÉPÔT DE GARANTIE

36960 N'est pas tenue au paiement du dépôt de garantie la caution qui n'est pas intervenue à la signature du bail cautionné et dont l'engagement définissait clairement le montant garanti des loyers, charges et droit au bail, la seule mention d'un dépôt de garantie ne permettant pas de déduire que la caution aurait souscrit un engagement de portée générale, alors qu'à défaut d'être en possession du bail elle n'était pas à même d'en discuter les clauses (CA Versailles 26-6-1998, 1e ch. 2e sect. : Bull. inf. C. cass. 1999 n° 624).

FRAIS DE PROCÉDURE

36970 La personne qui s'est portée caution pour le paiement des loyers et charges :

- ne peut pas se voir réclamer les frais de procédure engagés par un huissier (ou commissaire de justice) dès lors qu'ils ne découlent pas des clauses et conditions du bail (CA Paris 2-4-1991 n° 90-18405, 1e ch. D) ;
- n'est pas tenue des frais de procédure dus à compter de la résiliation du bail ; il ne saurait être tiré aucun élément déterminant de sa présence lors de l'établissement de l'état des lieux de sortie puisqu'elle avait été sommée d'y assister par exploit d'huissier (ou de commissaire de justice) délivré à la requête du propriétaire (CA Orléans 3-5-1990 n° 90-942, ch. 1e civ. sect.).

ACCESSOIRES DE LA DETTE GARANTIE

36980 **Cautionnements conclus avant le 1er janvier 2022.** Le cautionnement indéfini d'une obligation principale s'étend à tous les accessoires de la dette, même aux frais de la première demande, et à tous ceux postérieurs à la dénonciation qui en est faite à la caution (C. civ. ex-art. 2293 modifié par ord. 2021-1192 du 15-9-2021). Cependant le cautionnement doit être exprès et on ne peut l'étendre au-delà des limites dans lesquelles il a été contracté (C. civ. ex-art. 2292 modifié par ord. 2021-1192). En outre, l'acte sous signature privée de cautionnement doit mentionner le montant de l'engagement (C. civ. art. 1376).

Pour combiner ces trois textes, la **chambre commerciale et la première chambre civile de la Cour de cassation** ont des **positions divergentes.**

Pour la chambre commerciale, le cautionnement d'une obligation principale s'étend automatiquement à tous les accessoires de la dette, même s'ils ne sont pas visés dans la mention manuscrite (Cass. com. 3-4-2002 n° 668 FS-P : RJDA 8-9/02 n° 939). Pour la première chambre civile, il n'est pas non plus nécessaire que la mention portée par la caution sur l'acte de cautionnement vise les accessoires, mais il faut que la caution en ait eu connaissance au moment où elle s'est engagée (Cass. 1e civ. 22-5-2002 n° 719 FS-PBR et Cass. 1e civ. 22-5-2002 n° 720 FS-PBR : RJDA 11/02 n° 1190).

Le cautionnement d'un bail commercial relève de la compétence de la chambre commerciale lorsqu'il est commercial et de la première chambre civile lorsqu'il est un acte civil (sur la nature du cautionnement, voir n° 19092).

La question ne se pose pas dans les mêmes termes pour les **cautionnements consentis par une personne physique à un créancier professionnel,** car ils comportent un montant maximal de garantie et l'indication expresse qu'il couvre le principal, les intérêts et, le cas échéant, les pénalités ou intérêts de retard (C. consom. ex-art. L 331-1 et L 331-3 ; n° 36825). Selon la chambre commerciale de la Cour de cassation, la référence, dans la **mention manuscrite** prescrite par l'ex-article L 331-1 du Code de la consommation, aux pénalités est applicable à l'indemnité de résiliation du contrat garanti, cette indemnité ayant la nature d'une clause pénale ; dès lors que la mention manuscrite portée sur le cautionnement est conforme aux exigences du texte précité, l'engagement de la caution s'étend à l'indemnité de résiliation, sans qu'il y ait à rechercher si la mention indiquait le montant et les modalités de calcul de cette pénalité, indication que l'ex-article L 331-1 n'exige pas (Cass. com. 29-11-2016 n° 15-21.197 F-D : RJDA 2/17 n° 119).

36982 **Cautionnements conclus depuis le 1er janvier 2022.** Sauf clause contraire, le cautionnement s'étend aux intérêts et autres accessoires de l'obligation garantie, ainsi qu'aux frais de la première demande, et à tous ceux postérieurs à la dénonciation qui en est faite à la caution (C. civ. art. 2295). Le **principe d'inclusion des accessoires** dans le champ de la garantie, qui était circonscrit, avant la réforme du droit des sûretés, au seul cautionnement indéfini d'une obligation principale, est **généralisé.** À moins qu'il n'en soit stipulé autrement, l'engagement de la caution doit donc, à notre avis, s'étendre de plein droit à tous les accessoires de la dette, quand bien même la mention qu'elle doit apposer dans l'acte de cautionnement ne les énumérerait pas (sur le contenu de cette mention, voir n° 36840).

Comme sous le régime antérieur, le cautionnement doit être exprès et ne peut pas être étendu au-delà des **limites** dans lesquelles il a été contracté (C. civ. art. 2294).

La jurisprudence ci-dessous, rendue en application du régime antérieur à l'ordonnance 2021-1192, est transposable aux cautionnements conclus depuis le 1er janvier 2022 en ce qu'elle qualifie des pénalités de retard ou une indemnité de résiliation d'accessoires de la dette garantie.

Clause pénale Il a été jugé, dans un cas où la caution s'était engagée non seulement pour le principal mais aussi **pour les accessoires** de la dette, que la pénalité de 10 % due par le débiteur principal constituait un accessoire de la dette garantie (Cass. com. 6-2-2001 n° 270 FS-P : RJDA 5/01 n° 639, rendu à propos du cautionnement d'un prêt mais transposable à celui garantissant un bail). 36985

Dans un cas où le contrat de location prévoyait que le locataire serait tenu de payer, dès la dénonciation du contrat entraînant sa résiliation, le montant total des loyers non encore échus pour toute la durée contractuelle de la location et où la caution s'était engagée par acte séparé à couvrir les intérêts et, **le cas échéant,** les pénalités ou intérêts de retard, il a été jugé que le cautionnement garantissait les sommes dues à titre de pénalités (Cass. com. 3-4-2001 n° 738 FS-D).

La société qui s'est portée caution tant pour le paiement des loyers et charges que pour **l'exécution de toutes les autres clauses** et conditions du bail est tenue au paiement des loyers restant dus pour la durée d'occupation effective du locataire, augmentés des pénalités de retard (CA Paris 2-4-1991 n° 90-18405, 1e ch. D).

Indemnité de résiliation La chambre commerciale de la Cour de cassation a cassé l'arrêt qui, pour rejeter la demande d'un crédit-bailleur en paiement par la caution de l'indemnité conventionnelle de résiliation du contrat de crédit-bail qu'elle garantissait, a retenu que la caution, aux termes de la mention manuscrite qui définit les limites de son engagement, s'était seulement obligée pour une somme déterminée en principal, et qu'il ne pouvait lui être demandé paiement de l'indemnité de résiliation, sans rechercher si, dans l'acte de cautionnement, la caution s'était engagée à garantir les accessoires de la dette (Cass. com. 3-4-2001 n° 739 FS-D : RJDA 8-9/01 n° 910). L'indemnité de résiliation est considérée comme un accessoire de la dette. 36990

Elle constitue aussi une pénalité qui est couverte par la mention manuscrite prévue par l'ex-article L 331-1 du Code de la consommation pour certains cautionnements (n° 36980).

Intérêts Le cautionnement s'étend aux intérêts et accessoires de la dette, même s'ils n'ont pas été visés dans la **mention manuscrite** de l'article 1376 du Code civil (Cass. com. 16-3-1999 n° 650 P : RJDA 5/99 n° 604 ; Cass. com. 3-4-2002 n° 668 FS-P : RJDA 8-9/02 n° 939). 36995

Une cour d'appel a légalement justifié sa décision de ne pas retenir un engagement de la caution quant aux accessoires de la dette constitués d'intérêts et de pénalités de retard dès lors qu'elle a relevé que l'acte de cautionnement litigieux, qui garantissait le paiement du prix de vente d'un immeuble, ne comportait d'engagement manuscrit que pour une somme correspondant au montant de ce prix et souverainement constaté qu'il ne résultait pas des circonstances de l'espèce que la caution avait eu **connaissance** des conditions d'intérêts et de pénalités de retard négociées entre les parties (Cass. 1e civ. 22-5-2002 n° 719 FS-PBR : RJDA 11/02 n° 1190). À l'inverse, une caution a été tenue au paiement des intérêts dès lors que, si son engagement ne précisait pas le taux des intérêts, du moins les circonstances de l'acte établissaient-elles que la caution avait eu connaissance du taux convenu (Cass. 1e civ. 22-5-2002 n° 720 FS-PBR : RJDA 11/02 n° 1190).

Pour les cautionnements donnés par une personne physique à un créancier professionnel avant le 1er janvier 2022, la mention manuscrite exigée par l'ex-article L 331-1 du Code de la consommation vise expressément les intérêts de la dette garantie mais n'exige pas que leur taux figure dans la mention. En cas d'omission du terme « intérêts » dans la mention, ils ne sont pas couverts par le cautionnement (Cass. com. 4-11-2014 F-PB n° 13-24.706 : RJDA 2/15 n° 144).

> **> Précisions** Avant le revirement de jurisprudence opéré en 2002, la première chambre civile de la Cour de cassation avait jugé que la caution ne peut être tenue des intérêts au taux conventionnel, en cas d'insuffisance des mentions manuscrites quant à ce taux, que sur le fondement d'éléments extrinsèques propres à compléter ces mentions (Cass. 1e civ. 29-2-2000 n° 458 PBR : RJDA 5/00 n° 595 ; Cass. 1e civ. 10-7-2001 n° 1266 FS-P : RJDA 1/02 n° 96).

D. Durée du cautionnement

DÉTERMINATION DE LA DURÉE DU CAUTIONNEMENT

Le cautionnement d'un bail commercial peut être donné pour une **durée limitée** soit à la durée du bail, soit à un nombre précis d'années ou de mois. 37080

Lorsque le cautionnement est donné **sans limitation de durée,** c'est-à-dire en cas de silence du contrat sur ce point, il couvre la durée du bail ; la date d'expiration du bail constitue alors le terme implicite du cautionnement (Cass. com. 7-7-1992 n° 1263 P : RJDA 8-9/92 n° 860 s'agissant d'un prêt mais la solution est transposable).

Sur l'indication de cette durée dans le cautionnement consenti par une personne physique, voir nos 36825 et 36840.

37085 L'arrivée du terme libère la caution de sa garantie des dettes nées après (**obligation de couverture**) mais elle n'interdit pas au créancier d'entreprendre des poursuites pour des dettes nées avant (**obligation de règlement**). À défaut d'une stipulation contractuelle limitant dans le temps le droit de poursuite du créancier, le seul fait que la caution soit appelée à régler après la date limite de son engagement est sans incidence sur son obligation de payer les dettes nées auparavant.

ILLUSTRATIONS

Lorsque la caution s'est engagée pour la durée du bail, elle est libérée par la survenance du terme pour les dettes du bailleur nées après l'arrivée du terme.
Si un cautionnement est limité à trois ans, cette durée porte sur la période couverte par la garantie, soit en l'espèce trois ans de location, mais ne concerne pas la durée d'exercice de l'action contre la caution en exécution de cet engagement ; il en résulte que la caution est tenue de la dette locative afférente aux trois ans de bail, peu important la date à laquelle elle a été poursuivie en paiement en cette qualité.

CA Paris 25-11-1999 n° 98-9673, 6e ch. B.

La caution qui s'est engagée à garantir, sans détermination d'objet ni de durée, les obligations contractées ou qui viendraient à l'être du débiteur envers le créancier doit la garantie de toutes les obligations à durée déterminée convenues avant la révocation unilatérale du cautionnement, quand bien même l'exécution de ces obligations se poursuivrait, en vertu des stipulations contractuelles, après cette résiliation.

Cass. com. 11-5-1993 n° 837 P : RJDA 11/93 n° 940 (rendu à propos d'une location de matériel mais transposable).

Viole les articles 2011 et 2034 (devenus les articles 2288 et 2313) du Code civil la cour d'appel qui, pour limiter le montant des condamnations de la caution aux sommes dues en exécution du bail à la date de révocation de l'engagement de caution, retient que le bail conclu pour une durée de neuf ans, renouvelable par tacite reconduction (désormais prolongation), était à durée indéterminée et que la caution avait le droit de résilier son engagement, alors que le bail étant conclu pour une durée de neuf ans, renouvelable, la caution devait garantir toutes les obligations à durée déterminée convenues antérieurement à la révocation unilatérale du cautionnement, quand bien même l'exécution de ces obligations se poursuivrait, en vertu de stipulations contractuelles après la date de cette résiliation.

Cass. com. 20-1-1998 n° 177 D : RJDA 5/98 n° 646 som.

PROLONGATION TACITE DU BAIL

37100 La question de savoir si le cautionnement du bail s'étend aux obligations résultant de la prolongation tacite (anciennement tacite reconduction) du bail, qui n'emporte pas formation d'un nouveau bail (C. com. art. L 145-9, al. 2 ; n° 31005), ne pose aucune difficulté si l'acte de cautionnement vise celle-ci expressément ou si la caution s'est engagée à garantir les sommes dues par le locataire « pendant toute la durée de son occupation » (Cass. 1e civ. 21-3-2006 n° 04-17.323 F-D : RJDA 7/06 n° 832), ce qui couvre le bail tacitement prolongé.

En l'absence de telles précisions dans l'acte de cautionnement, la caution n'est pas tenue des obligations résultant du bail prolongé (Cass. com. 16-1-2007 n° 05-10.028 F-D ; Cass. 1e civ. 5-11-2009 n° 08-15.433 F-D : RDC 2010 p. 1325 note C. Grimaldi ; CA Aix-en-Provence 10-7-2009 n° 04/01833 : Gaz. Pal. 22-1-2010 n° 16 p. 5).

RENOUVELLEMENT DU BAIL

37110 Le renouvellement du bail commercial emporte, comme pour tout contrat (C. civ. art. 1214, al. 2), formation d'un nouveau bail (nos 71300 s.) que le cautionnement **donné pour le bail initial** ne garantit pas, sauf clause contraire.

Jugé ainsi que la société qui s'est portée caution pour les paiements exigibles en vertu du bail originaire et qui n'a pas été partie à l'acte de renouvellement n'est plus tenue à compter de l'expiration de la durée contractuelle du bail originaire (Cass. 3e civ. 4-11-1980 n° 79-13.227 : Bull. civ. III n° 167), sauf si elle s'y est engagée par une mention manuscrite à l'acte précisant l'extension de l'engagement dans une telle éventualité (Cass. 1e civ. 4-10-2000 n° 1458 F-P : RJDA 2/01 n° 228, rendu à propos du cautionnement d'un bail d'habitation mais transposable).

Jugé également, dans un cas où une clause du cautionnement prévoyait que la caution devait garantir les **sommes dues par le locataire « pendant toute la durée de son occupation »,** que l'engagement de la caution portait sur toute la période au cours de laquelle le locataire était demeuré dans les lieux et qu'en conséquence la caution était tenue du paiement des loyers nés du bail renouvelé (Cass. 1e civ. 21-3-2006 n° 04-17.323 F-D : RJDA 7/06 n° 832, rendu à propos d'un bail d'habitation mais transposable).

Si un contrat de cautionnement prévoit qu'il est donné pour la **durée du contrat de bail initial et de son renouvellement** éventuel, la caution n'est tenue que pour les dettes nées d'un seul renouvellement (CA Versailles 30-9-2003 n° 02-02188).

FUSION OU ABSORPTION DE LA SOCIÉTÉ LOCATAIRE

Pour les cautionnements conclus depuis le 1er janvier 2022 (Ord. 2021-1192 du 15-9-2021 art. 37, I et II), en cas de dissolution de la société locataire par l'effet d'une fusion ou d'une absorption, la **caution** qui garantit le paiement des loyers **demeure tenue** pour les dettes nées avant que l'opération ne soit devenue opposable au tiers ; elle ne garantit celles nées après que si elle y a consenti à l'occasion de cette opération (C. civ. art. 2318, al. 1 ; pour les cautionnements conclus avant cette date, Cass. com. 8-11-2005 n° 1403 PBRI : RJDA 2/06 n° 142, 2e espèce ; Cass. com. 17-5-2017 n° 15-15.745 F-D). Précision nouvelle issue de l'ordonnance, la caution peut désormais s'engager par avance à maintenir son engagement (même art.). **37115**

FUSION OU ABSORPTION DE LA SOCIÉTÉ BAILLERESSE

Pour les cautionnements conclus depuis le 1er janvier 2022 (Ord. 2021-1192 du 15-9-2021 art. 37, I et II), en cas de dissolution de la société bailleresse, bénéficiaire du cautionnement, par l'effet d'une fusion ou d'une absorption, la **caution demeure tenue** pour les dettes nées avant que l'opération ne soit devenue opposable au tiers ; elle ne garantit celles nées après que si elle y a consenti à l'occasion de cette opération (C. civ. art. 2318, al. 1 ; pour les cautionnements conclus avant cette date, Cass. com. 30-6-2009 n° 08-10.719 F-D : RJDA 11/09 n° 967 ; Cass. com. 22-2-2017 n° 14-26.704 F-D : RJDA 5/17 n° 340). Depuis l'ordonnance précitée, la caution peut s'engager par avance à maintenir son engagement (même art.). **37120**

FUSION OU ABSORPTION DE LA SOCIÉTÉ CAUTION

Pour les cautionnements conclus depuis le 1er janvier 2022 (Ord. 2021-1192 du 15-9-2021 art. 37, I et II), en cas de dissolution de la société caution par l'effet d'une fusion ou d'une absorption, toutes les obligations issues du cautionnement sont transmises (C. civ. art. 2318, al. 2). **37122**

DISSOLUTION DE LA SOCIÉTÉ N'AYANT QU'UN ASSOCIÉ

Lorsqu'une société est dissoute en raison de la réunion de toutes ses parts (ou actions) entre les mains d'une seule personne (C. civ. art. 1844-5), ce qui n'est pas systématique, il y a lieu d'appliquer les règles exposées nos 37115 s. selon que la société concernée est le **locataire,** la **bailleresse** ou la **caution** (art. 2318, al. 1). **37123**

DÉCÈS DE LA CAUTION

Les **héritiers** de la caution ne sont tenus que des **dettes nées avant** le décès de celle-ci (C. civ. art. 2317, al. 1 ; ex-art. 2294 et Cass. com. 29-6-1982 n° 80-14.160 P : Bull. civ. IV n° 258). **37125**

Les **héritiers échappent au transfert** du cautionnement s'ils refusent la succession ou, l'ayant acceptée, s'ils sont déchargés du cautionnement par le juge, cette décharge totale ou partielle ne pouvant intervenir que s'ils avaient des motifs d'ignorer le cautionnement au moment de l'acceptation de la succession et si l'exécution de la garantie obère gravement leurs patrimoines personnels (cf. C. civ. art. 786, al. 2).

> **> Précisions** **a.** Si à l'expiration d'un délai de quatre mois après l'ouverture de la succession, les héritiers n'ont ni accepté la succession ni renoncé à celle-ci, le **bailleur,** créancier de la succession, peut **sommer les héritiers** de se prononcer (C. civ. art. 771).
> **b.** Toute **clause** qui **prévoit que les héritiers** de la caution seront **tenus des dettes nées après** son décès est réputée non écrite si le cautionnement a été conclu depuis le 1er janvier 2022 (C. civ. art. 2317, al. 2), ou nulle, car constitutive d'un pacte sur succession future prohibé, si le cautionnement est antérieur à cette date (Cass. com. 13-1-1987 n° 84-14.146 : Bull. civ. IV n° 9).

AUTRES CAS

La question de la durée du cautionnement se pose également dans les hypothèses suivantes : **37135**

- en cas de **cession du bail** garanti (nos 10180 s.) ;
- lorsque **l'immeuble loué** est **vendu** (n° 88120) ;
- lorsque, le cautionnement ayant été donné pour un **bail de courte durée,** le locataire se maintient dans les lieux à l'expiration de celui-ci (n° 4070).

E. Information de la caution par le bailleur en cours de bail

RÉGIME D'INFORMATION UNIFIÉ

37200 L'ordonnance 2021-1192 du 15 septembre 2021 portant réforme du droit des sûretés a unifié le régime de l'information que le créancier professionnel (sur cette notion, voir n° 36822) doit communiquer à la caution sur l'**évolution de la dette** et les éventuels **défauts de paiement du débiteur principal.** Les nouvelles dispositions s'appliquent même aux cautionnements consentis avant le 1er janvier 2022 (Ord. 2021-1192 art. 37, III). Est concerné le bailleur, professionnel, qui bénéficie d'un cautionnement pour le paiement des loyers ou d'autres sommes que lui devrait le locataire.

L'information n'est due que si la caution est une personne physique ; aucune information n'est due à la caution personne morale. Bénéficie donc de ces informations le dirigeant de la société locataire qui s'est porté caution à l'égard du bailleur, s'il est une personne physique (Cass. com. 27-11-2007 n° 06-15.128 F-PB : RJDA 3/08 n° 326 ; Cass. 1e civ. 30-10-2008 n° 05-10.193 F-D : RJDA 5/09 n° 468).

> **Précisions a.** Avant la réforme du droit des sûretés, le régime de l'information annuelle de la caution par le créancier professionnel était régi par diverses dispositions aux champs d'application différents (C. civ. ex-art. 2293 ; C. mon. fin. ex-art. L 313-22 ; C. consom. ex-art. L 333-1 et L 333-2 ; Loi 94-126 du 11-2-1994 ex-art. 47, II). Ces textes ont été abrogés (ou modifié en ce qui concerne l'article 2293 du Code civil) par l'ordonnance 2021-1192 du 15 septembre 2021.
b. La caution doit communiquer à ses frais à la **sous-caution personne physique** les informations qu'elle a reçues, dans le mois qui en suit la réception (C. civ. art. 2304).

INFORMATION ANNUELLE DE LA CAUTION SUR L'ÉVOLUTION DE LA DETTE GARANTIE

37205 Tout créancier professionnel est tenu, avant le 31 mars de chaque année et à ses frais, de faire connaître à toute caution personne physique le **montant** du principal de la dette, des intérêts et autres accessoires **restant dû** au 31 décembre de l'année précédente au titre de l'obligation garantie, sous peine de déchéance de la garantie des intérêts et pénalités échus depuis la date de la précédente information et jusqu'à celle de la communication de la nouvelle information ; dans les rapports entre le créancier et la caution, les paiements effectués par le débiteur pendant cette période sont imputés prioritairement sur le principal de la dette (C. civ. art. 2302, al. 1).

Le créancier professionnel est aussi tenu, à ses frais et sous la même sanction, de rappeler à la caution personne physique le terme de son engagement ou, si le cautionnement est à durée indéterminée, sa **faculté de résiliation** à tout moment et les conditions dans lesquelles celle-ci peut être exercée (art. 2302, al. 2).

INFORMATION DE LA CAUTION SUR LES INCIDENTS DE PAIEMENT DU LOCATAIRE

37215 Le créancier professionnel est tenu d'informer toute caution personne physique de la défaillance du débiteur dès le premier **incident** de paiement **non régularisé** dans le mois de l'exigibilité de ce paiement, à peine de déchéance de la garantie des intérêts et pénalités échus entre la date de cet incident et celle à laquelle elle en a été informée ; dans les rapports entre le créancier et la caution, les paiements effectués par le débiteur pendant cette période sont imputés prioritairement sur le principal de la dette (C. civ. art. 2303).

F. Principaux moyens de défense de la caution poursuivie en paiement

EXCEPTIONS OPPOSABLES PAR LA CAUTION AU BAILLEUR

37300 **Cautionnements conclus avant le 1er janvier 2022** Lorsqu'elle a souscrit son engagement avant le 1er janvier 2022, la caution, même solidaire, peut **opposer au créancier** toutes **les exceptions** qui appartiennent au débiteur principal et qui sont **inhérentes à la dette** ; mais elle ne peut pas opposer les exceptions purement personnelles au débiteur (C. civ. ex-art. 2313).

Elle peut notamment invoquer :

– la **remise de dette** consentie par le bailleur au locataire, sauf si le bailleur a fait du maintien de son recours contre la caution la condition tacite de la remise consentie (en ce sens, Cass. com. 11-2-2004 n° 288 F-D : RJDA 8-9/04 n° 1043) ;

– la **compensation** entre les sommes dues par le locataire au bailleur et celles dues par ce dernier au premier (C. civ. art. 1347-6, al. 1), même si le locataire a renoncé à l'invoquer (Cass. com. 26-10-1999 n° 1732 P : RJDA 1/00 n° 96) ;

– la **prescription** de la dette principale (Cass. req. 2-8-1904 : S. 1905 I p. 185).

En revanche, la caution ne peut pas invoquer la nullité du bail pour dol affectant le consentement du locataire (Cass. mixte 8-6-2007 n° 03-15.602 PBRI : RJDA 3/08 n° 327 ; dans le même sens à propos d'une vente, Cass. com. 27-1-2021 n° 18-22.541 : RJDA 5/21 n° 341) ni pour insanité d'esprit du locataire (cf. Cass. 1e civ. 21-11-2018 n° 18-10.756 F-D) ni pour défaut de pouvoir du représentant de la société locataire qui a signé le bail (cf. Cass. com. 12-10-2022 n° 21-15.990 F-D : RJDA 2/23 n° 108), car il s'agit d'**exceptions** purement **personnelles** au locataire.

Cautionnements conclus depuis le 1er janvier 2022 La caution qui s'est engagée depuis le 1er janvier 2022 peut opposer au créancier toutes les **exceptions, personnelles ou inhérentes à la dette,** qui appartiennent au débiteur mais elle ne peut pas (C. civ. art. 2298) : **37310**

– invoquer le défaut de capacité à contracter du débiteur personne physique dès lors qu'elle en avait connaissance (cf. art. 2293, al. 2) ;

– se prévaloir des mesures légales ou judiciaires dont bénéficie le débiteur en conséquence de sa défaillance, sauf disposition spéciale contraire.

Sous les réserves précitées, la caution recouvre donc la faculté d'invoquer les exceptions purement personnelles au locataire, telles celles tenant à la nullité du bail en cas de vice du consentement subi par celui-ci.

MANQUEMENT DU BAILLEUR À SON DEVOIR DE MISE EN GARDE

S'agissant des **cautionnements souscrits depuis le 1er janvier 2022,** le créancier professionnel est tenu de mettre en garde la caution personne physique lorsque l'engagement du débiteur principal (ici le locataire) est inadapté aux capacités financières de ce dernier. À défaut, le créancier est déchu de son droit contre la caution à hauteur du préjudice subi par celle-ci (C. civ. art. 2299). **37320**

> **> Précisions** Une telle obligation **ne s'applique pas** aux cautionnements souscrits avant la date précitée. Si la jurisprudence a bien institué un devoir de mise en garde, elle ne le faisait peser que sur les établissements de crédit et assimilés (telles les sociétés de crédit-bail) lors de l'octroi d'un financement et ne l'a, à notre connaissance, jamais étendu aux bailleurs, même professionnels.

CAUTIONNEMENT DISPROPORTIONNÉ

Cautionnements conclus avant le 1er janvier 2022 Un créancier professionnel ne peut pas se prévaloir d'un contrat de cautionnement conclu par une personne physique avant le 1er janvier 2022 dont l'engagement était, lors de sa conclusion, manifestement **disproportionné à ses biens et revenus,** à moins que le patrimoine de cette caution, au moment où celle-ci est appelée, ne lui permette de faire face à son obligation (C. consom. ex-art. L 332-1). **37330**

Cette disposition s'applique à tout créancier professionnel (n° 36822), que la dette soit ou non professionnelle ; en l'absence de distinction par la loi entre les cautions et malgré l'insertion de ces dispositions dans le Code de la consommation, cette disposition s'applique aux cautionnements de dettes locatives donnés par les dirigeants de la société locataire (en ce sens, Cass. com. 27-11-2007 n° 06-15.128 F-PB : RJDA 3/08 n° 326 ; Cass. com. 22-6-2010 n° 09-67.814 FS-PBI : RJDA 11/10 n° 1106 ; Cass. com. 22-2-2017 n° 14-17.491 F-D : RJDA 6/17 n° 432).

Si le cautionnement était disproportionné lors de sa conclusion et si le créancier ne démontre pas que la caution était en mesure d'y faire face au moment où il réclame le paiement (Cass. com. 1-3-2016 n° 14-16.402 FS-PB : RJDA 5/16 n° 396 ; Cass. 1e civ. 25-3-2020 n° 19-15.163 F-D : RJDA 8-9/20 n° 456), la caution est déchargée de son engagement en totalité et non pas seulement à hauteur de la disproportion (Cass. com. 22-6-2010 précité ; Cass. com. 28-3-2018 n° 16-25.651 F-D : RJDA 7/18 n° 604).

> **> Précisions a.** La **disproportion** du cautionnement **suppose** que la caution soit, lorsqu'elle souscrit son engagement, dans l'impossibilité manifeste de faire face à un tel engagement (et non à l'obligation garantie, Cass. com. 6-3-2019 n° 17-27.063 F-D : RJDA 6/19 n° 459 ; Cass. com. 8-9-2021 n° 20-14.931 F-D : RJDA 1/22 n° 41) avec ses biens et revenus (Cass. com. 28-2-2018 n° 16-24.841 F-PBI : RJDA 6/18 n° 533).
>
> **b.** La **caution** ne **peut pas agir** à titre principal contre le créancier au titre de la disproportion tant que ce dernier ne l'a pas appelée à payer, le retour à meilleure fortune devant être apprécié au moment où la caution est poursuivie (Cass. com. 18-12-2024 n° 22-13.721 FS-B : RJDA 3/25 n° 161).
>
> **c.** Si le **cautionnement** n'est **pas disproportionné** lors de sa conclusion, le créancier peut poursuivre la caution sans être tenu de prouver

que son patrimoine lui permet de faire face à son obligation au moment où elle est appelée (Cass. com. 21-10-2020 n° 18-25.205 F-PB : RJDA 2/21 n° 125 ; CA Versailles 1-3-2022 n° 21/03130, 13e ch. : RJDA 7/22 n° 436).

d. Lorsque le **bail** est garanti **par plusieurs cautionnements,** la décharge dont bénéficie une des cautions en application de l'ex-article L 332-1 vaut tant à l'égard du bailleur que des autres cautions qui ne peuvent donc la poursuivre (Cass. ch. mixte 27-2-2015 n° 13-13.709 PBRI : RJDA 5/15 n° 385 ; Cass. 1e civ. 26-9-2018 n° 17-17.903 FS-PB : RJDA 12/18 n° 944 ; Cass. 1e civ. 28-9-2022 n° 21-14.673 F-B : RJDA 12/22 n° 715, arrêts rendus en matière de prêt mais transposables au bail). Les autres cautions ne sauraient prétendre être elles-mêmes déchargées de leur engagement en application de l'article 2314 du Code civil pour perte de leur recours du fait du créancier (Cass. ch. mixte 27-2-2015 précité).

37335 **Cautionnements conclus depuis le 1er janvier 2022** Si le cautionnement souscrit par une personne physique envers un créancier professionnel depuis le 1er janvier 2022 était, lors de sa conclusion, manifestement **disproportionné** aux revenus et au patrimoine de la caution, il est **réduit** au montant à hauteur duquel elle pouvait s'engager à cette date (C. civ. art. 2300).

À notre avis, est ici transposable la jurisprudence antérieure (n° 37330) en ce qu'elle autorise le dirigeant personne physique de la société locataire, qui s'est porté caution des dettes locatives, à invoquer la disproportion de son engagement, en ce qui concerne les critères d'appréciation de cette disproportion et en ce qui concerne la décharge à l'égard des éventuelles autres cautions. Mais, contrairement au régime précédent, le créancier ne perd pas la possibilité de se prévaloir du cautionnement disproportionné dont le montant est toutefois réduit, même si la caution est revenue à meilleure fortune lorsque le créancier lui réclame le paiement.

PERTE DES ACTIONS ET SÛRETÉS PAR LE CRÉANCIER

37340 La caution qui a payé tout ou partie de la dette est subrogée dans les droits qu'avait le créancier contre le débiteur (C. civ. art. 2309 ; ex-art. 2306). Lorsque la subrogation aux droits du créancier ne peut plus, par sa faute, s'opérer en faveur de la caution, celle-ci est déchargée à concurrence du préjudice qu'elle subit ; toute clause contraire est réputée non écrite (art. 2314, al. 1 et 2). Cette décharge n'implique pas que le préjudice subi par la caution soit égal aux sommes qui lui sont réclamées (Cass. com. 11-5-2023 n° 21-20.470 F-D : RJDA 10/23 n° 543).

Par exemple, la caution peut être déchargée si le bailleur ne déclare pas sa créance dans le cadre de la **procédure collective du locataire** (n° 64075).

En matière de **recours tardifs,** la première chambre civile de la Cour de cassation a certes jugé que la caution du bail est déchargée en application de l'article 2314 dès lors que le bailleur n'a pas exercé en temps utile l'action résolutoire contre le locataire et qu'il résultait de cette carence et de l'ouverture d'une procédure collective à l'encontre du locataire que la caution ne pouvait plus être subrogée dans cette action (Cass. 1e civ. 17-2-1993 n° 90-12.916 PF : RJDA 3/93 n° 246 et, sur renvoi, CA Paris 7-6-1995 n° 94-4938, 1e ch. A : D. 1995 IR 166). Mais on peut s'interroger sur le maintien de cette jurisprudence ; en effet, la chambre commerciale de la Cour de cassation refuse désormais de sanctionner le caractère tardif des recours du bailleur sauf abus de droit (n° 37350).

37342 L'essentiel du contentieux relatif à la perte de subrogation par la caution concerne des situations où le **créancier dispose de plusieurs garanties** pour les mêmes dettes et a laissé disparaître l'une d'elles ou y a renoncé. Dans l'hypothèse où le bailleur est garanti à la fois par un cautionnement personnel et une sûreté réelle (y compris un cautionnement réel), consentie par le locataire ou un tiers, qui lui permet de demander soit la vente, soit l'attribution judiciaire du bien donné en garantie, il convient de distinguer les deux situations suivantes.

Si le cautionnement personnel a été consenti **avant le 1er janvier 2022,** la Cour de cassation a jugé que l'attribution judiciaire n'est qu'une faculté pour le créancier mais que ce dernier commet une faute si, en s'abstenant de demander cette attribution, il prive la caution d'un droit qui pouvait lui profiter (Cass. com. 3-12-2003 n° 01-14.761 F-D : RJDA 5/04 n° 626). La décharge n'est prononcée que si l'abstention a effectivement causé un préjudice à la caution (Cass. com. 15-2-2011 n° 08-70.303 F-D : RJDA 6/11 n° 576 ; Cass. com. 13-12-2017 n° 16-14.672 F-D : RJDA 4/18 n° 360).

En revanche, la caution dont l'engagement a été souscrit **après le 1er janvier 2022** ne peut pas reprocher au créancier son choix du **mode de réalisation d'une sûreté** (C. civ. art. 2314, al. 3). Par conséquent, la caution ne peut plus être déchargée pour perte de subrogation dans les droits du créancier, y compris dans le cas évoqué ci-dessus. Le principe vaut pour l'attribution tant judiciaire que conventionnelle (en vertu d'un pacte commissoire) du bien donné en garantie.

RESPONSABILITÉ DU CRÉANCIER À L'ÉGARD DE LA CAUTION

37345 Aux termes d'une jurisprudence constante, la caution poursuivie en exécution de son engagement peut, par voie d'une **demande reconventionnelle,** mettre en jeu la responsabilité du créancier bénéficiaire de la garantie si celui-ci a commis une faute envers elle et obtenir ainsi que les dommages-intérêts qui lui sont dus à ce titre soient compensés avec sa propre dette. Elle peut aussi opposer cette faute comme **défense au fond** pour obtenir le seul rejet de la prétention du bailleur (cf. notamment, Cass. com. 2-11-2016 n° 14-29.723 FS-PB : RJDA 2/17 n° 135).

ATTENTION

En cas de **pluralité de cautions,** la compensation entre les dommages-intérêts dus par le créancier fautif à l'égard d'une caution et la créance de cette dernière au titre de sa garantie envers ce même créancier ne profite qu'à cette caution et n'éteint pas la dette principale garantie (Cass. com. 25-1-2023 n° 21-12.220 FS-B : RJDA 5/23 n° 276).

Le **caractère tardif des recours du bailleur** contre la caution ou le locataire (et l'accroissement corrélatif des arriérés de loyers) est-il constitutif d'une faute que la caution peut invoquer ? **37350**

La Cour de cassation l'a longtemps admis, retenant la responsabilité du créancier, bénéficiaire du cautionnement, pour avoir tardé à agir contre le débiteur (notamment, à mettre en œuvre la clause résolutoire) ou la caution (par exemple, en matière de bail, Cass. 1e civ. 16-7-1998 n° 96-17.476 D : RJDA 11/98 n° 1296 ; Cass. com. 12-7-2004 n° 03-12.131 F-D ; en matière de prêt, Cass. com. 30-5-2006 n° 05-14.323 : RD bancaire et financier 130/2006 p. 15 note D. Legeais). Mais la chambre commerciale de la Cour de cassation a procédé à un **revirement de jurisprudence** : elle a jugé qu'un créancier qui agit en recouvrement de sa créance dans le délai de prescription ne commet pas de faute, sauf abus dans l'exercice de ce droit (Cass. com. 2-11-2016 n° 14-29.723 FS-PB : RJDA 2/17 n° 135). À notre connaissance, la première chambre civile de la Cour de cassation n'a pas fait évoluer sa jurisprudence dans le même sens.

Avant ce revirement, la Cour de cassation a jugé qu'un bailleur avait commis un **abus de droit** en tardant à demander la résiliation du bail pour non-paiement des loyers alors qu'il savait qu'aucune activité n'était plus exercée dans les lieux (Cass. com. 5-12-1995 n° 93-18.936 : RJDA 4/96 n° 456). Cette solution demeure à notre avis valable. Les juges pourraient aussi retenir l'existence d'un abus lorsque, malgré un important arriéré de loyers, le bailleur consent au renouvellement du bail ou ne fait pas obstacle à sa prolongation tacite.

PROTECTION DE LA CAUTION EN CAS DE PROCÉDURE COLLECTIVE DU LOCATAIRE

Lorsque le locataire fait l'objet d'une procédure collective, la caution, personne physique, qui le garantit bénéficie d'une certaine protection qui limite la possibilité pour le bailleur d'exiger qu'elle exécute son engagement. Elle profite notamment de la suspension des **poursuites,** des **remises** et **délais** de paiement prévus par le plan (n° 64130) et de l'inopposabilité des créances non régulièrement déclarées (n° 64075). Le cas échéant, les créances garanties par la caution peuvent être éteintes par compensation entre les créances réciproques du locataire et du bailleur (nos 63950 s. et 64160). **37360**

Sur la faculté pour la caution de déclarer sa créance au passif du locataire en procédure collective, voir n° 64010.

SECTION 3 CLAUSE DE GARANTIE SOLIDAIRE

INTÉRÊT DE LA CLAUSE DE GARANTIE SOLIDAIRE POUR LE BAILLEUR

La clause de garantie solidaire présente un intérêt pour le bailleur essentiellement dans deux hypothèses : lorsqu'il loue ses locaux à plusieurs personnes (nos 37550 s.) et lorsque le bail est cédé (nos 37660 s.), car cette clause renforce ses chances d'être payé. **37540**

Elle peut également être envisagée lorsque la société locataire appartient à un groupe de sociétés afin d'obtenir la garantie de la société mère. En effet, si cette dernière n'a souscrit ni une clause de garantie solidaire ni un cautionnement au profit du bailleur, il est délicat pour ce dernier d'obtenir le paiement des loyers impayés auprès de la société mère (sur cette question, voir Mémento Sociétés commerciales nos 81100 s.).

> **Précisions** Jugé ainsi que le seul fait, pour une société mère, d'avoir décidé la cessation d'activité de la filiale débitrice de loyers et la libération consécutive des locaux loués par cette dernière ne constituait pas un acte d'immixtion dans le contrat de bail et ne pouvait pas justifier, en l'absence de clause de solidarité, la condamnation solidaire de la société mère au paiement des loyers impayés (Cass. 3e civ. 25-2-2004 n° 01-11.764 FS-PB : RJDA 6/04 n° 715).

A. Clause de garantie solidaire en cas de pluralité de locataires

NÉCESSITÉ D'UNE CLAUSE DE SOLIDARITÉ

37550 Lorsque le bailleur consent un bail commercial à plusieurs personnes, ces dernières ne sont pas nécessairement solidaires entre elles à l'égard du bailleur. Il en résulte notamment qu'en cas de non-paiement du loyer, le bailleur ne peut pas réclamer l'intégralité de celui-ci à l'un des colocataires mais doit tous les assigner en paiement.

Aucune disposition légale ne prévoit la solidarité entre les colocataires d'un bail commercial. Par ailleurs, la **solidarité** entre plusieurs débiteurs n'est **présumée** qu'**en matière commerciale,** c'est-à-dire lorsque plusieurs commerçants sont débiteurs de la même dette. Tel est le cas d'époux ou de concubins qui exercent un commerce en commun (Cass. com. 7-1-1980 : D. 1980 IR p. 344 ; Cass. com. 5-7-1982 : Gaz. Pal. 1983 pan. p. 59 ; Cass. com. 27-3-1984 n° 82-14.044 : D. 1984 IR p. 465).

En revanche, il n'y a pas solidarité entre des époux lorsque le fonds de commerce est exploité par un seul d'entre eux (Cass. com. 9-12-2008 n° 07-18.236 F-D : RJDA 3/09 n° 265), peu important qu'ils soient mariés sous le régime de la communauté (Cass. civ. 28-4-1986 : Gaz. Pal. 1986 pan. p. 175) ou que l'autre époux soit inscrit au registre du commerce ou au registre national des entreprises en qualité de conjoint collaborateur (cf. C. com. art. L 121-6 réputant le conjoint collaborateur mandataire tacite de l'époux chef d'entreprise). Il n'y a pas non plus présomption de solidarité entre des colocataires artisans qui, s'ils peuvent bénéficier du statut des baux commerciaux (n° 33450), ne sont pas pour autant des commerçants.

En dehors de l'hypothèse de colocataires commerçants, la solidarité entre les colocataires ne se présume pas ; elle doit être expressément prévue par le contrat de bail (cf. C. civ. art. 1310).

AVANTAGES DE LA CLAUSE DE SOLIDARITÉ

37560 En présence d'une clause de solidarité, le bailleur peut demander à l'un quelconque des colocataires le paiement de l'intégralité de sa créance (C. civ. art. 1313, al. 1) ; il est libre de choisir le colocataire qu'il entend poursuivre (art. 1313, al. 2), et le locataire poursuivi ne peut pas exiger que le bailleur poursuive préalablement un autre colocataire ou qu'il poursuive chacun des autres colocataires séparément et pour leur part.

37565 Chacun des colocataires doit être considéré comme le représentant des autres, de sorte que la mise en demeure adressée à l'un des colocataires produit effet à l'égard des autres ; la demande d'intérêts moratoires adressée à l'un des colocataires fait courir les intérêts à l'égard de tous (C. civ. art. 1314) et le jugement rendu entre le bailleur et le locataire poursuivi a l'autorité de la chose jugée à l'égard de tous les autres.

37570 **À défaut** d'engagement solidaire des colocataires, le bailleur doit diviser ses recours et adresser à chacun des locataires les sommations ou commandements de payer (n° 60620) ou encore le congé (n° 69675).

DÉPART D'UN COLOCATAIRE

37590 La solidarité ne cesse pas lorsque l'un des colocataires quitte les lieux après avoir donné congé au bailleur : ce colocataire reste tenu au paiement des **loyers dus pour la période postérieure** à la date d'effet du congé. Ainsi viole l'article 1200 du Code civil (devenu l'article 1313 du même Code) la cour d'appel qui, pour rejeter la demande en paiement des loyers et charges formée par un bailleur à l'encontre du cotitulaire du bail qui avait quitté les lieux en donnant congé, retient que l'engagement solidaire de ce dernier, qui a suivi le sort de ses obligations, a pris fin en même temps que celles-ci, alors que ce colocataire, qui s'était obligé solidairement avec l'autre colocataire, demeuré dans les lieux, restait tenu, de ce chef, au paiement des loyers et des charges (Cass. 3e civ. 8-11-1995 n° 1983 P : RJDA 12/95 n° 1333).

Il en est de même pour :

– le locataire qui a délivré unilatéralement congé alors que le bail stipulait que les colocataires étaient tenus solidairement et indivisiblement et que tout congé devait être donné simultanément par l'ensemble des locataires (Cass. 3e civ. 14-6-2018 n° 17-14.365 F-PB : RJDA 10/18 n° 703) ;

– le locataire qui est parti sans donner congé (CA Paris 20-11-1991, 6e ch. C : Loyers et copr. 1992 comm. n° 108).

> **Précisions** **a.** Le fait que l'un des locataires quitte les lieux, même après en avoir dûment informé le bailleur, ne peut mettre fin au bail ; seul un **congé** délivré par les deux colocataires est susceptible de mettre fin au bail (CA Versailles 17-9-1999 n° 97-7195 : Loyers et copr. 2001 comm. n° 5).
> **b.** Sur la question de savoir si le colocataire qui est parti est tenu solidairement, après l'extinction du bail, au paiement de l'**indemnité d'occupation** due par l'autre colocataire qui s'est maintenu dans les locaux loués, voir n° 37610.

SORT DE LA CLAUSE DE SOLIDARITÉ EN CAS DE DÉCÈS D'UN COLOCATAIRE

En cas de décès de l'un des colocataires solidaires, la dette de celui-ci se divise entre ses **héritiers** ; ceux-ci se retrouvent donc codébiteurs solidaires avec le locataire survivant envers le bailleur, à moins qu'ils aient renoncé à la succession. **37600**

Le caractère solidaire de la dette au regard des codébiteurs originaires n'est pas effacé par le décès, de sorte que le congé adressé au seul codébiteur resté dans les lieux produit ses effets à l'égard des héritiers du colocataire décédé, même s'il ne leur a pas été signifié (Cass. 3e civ. 19-2-2014 n° 12-17.263 FS-PB : RJDA 5/14 n° 413).

Pour rejeter la demande d'un bailleur en paiement de loyers et accessoires dirigée contre les héritiers d'un colocataire, une cour d'appel avait retenu les éléments suivants : au décès du colocataire, lequel était engagé solidairement, le bail s'était poursuivi avec l'autre colocataire ; les héritiers du défunt ne pouvaient être tenus que des obligations exigibles jusqu'à la date du décès ; or le bailleur ne poursuivait que le règlement de loyers et charges échues après le décès et le défunt n'avait manqué ni à son obligation principale de payer le loyer ni à son obligation d'entretien des locaux. La Cour de cassation a censuré cette décision au motif que les juges n'avaient pas répondu aux conclusions faisant valoir que, les colocataires s'étant soumis solidairement entre eux à toutes les obligations leur incombant en vertu du bail, les héritiers du locataire décédé étaient responsables, au même titre que leur auteur, des manquements du colocataire survivant à ses obligations de restituer les locaux, de réparer les dégradations commises au cours de son occupation et de payer le loyer (Cass. 3e civ. 16-5-2000 n° 692 F-D).

SORT DE LA CLAUSE DE SOLIDARITÉ SI LE BAIL EST TACITEMENT PROLONGÉ

La prolongation tacite (anciennement tacite reconduction) d'un bail commercial n'emporte pas formation d'un nouveau contrat mais prorogation du contrat initial (C. com. art. L 145-9, al. 2 ; n° 31005). En conséquence, la clause de solidarité initialement prévue s'applique jusqu'à l'expiration du bail prolongé (Cass. 3e civ. 5-6-2002 n° 979 FS-PB : RJDA 8-9/02 n° 863 ; Cass. 3e civ. 7-2-2007 n° 06-11.148 FS-PB : RJDA 6/07 n° 594, rendu à propos d'une clause de solidarité entre cédant et cessionnaire d'un bail mais transposable à la clause de solidarité entre colocataires), sauf indication contraire de cette clause. **37605**

SORT DE LA CLAUSE DE SOLIDARITÉ EN CAS D'EXTINCTION DU BAIL

La clause de solidarité souscrite par les colocataires ne survit pas à la résiliation du bail, sauf stipulation contraire du bail (Cass. 3e civ. 5-5-2004 n° 515 FS-PB : RJDA 8-9/04 n° 949; Cass. 3e civ. 1-4-2009 n° 08-13.508 FS-PB : RJDA 6/09 n° 514; CA Paris 21-10-2009 n° 08-08749, ch. 5-3 : RJDA 4/10 n° 332 som.). Ce principe affirmé à propos de la résiliation vaut également pour les autres causes d'extinction du bail, et aussi quand il y a **renouvellement** du bail, puisque le bail renouvelé est un nouveau bail (C. civ. art. 1214, al. 2). **37610**

En conséquence, sauf stipulation expresse contraire, la solidarité ne s'étend pas au paiement de l'**indemnité d'occupation** lorsque cette dernière est due, en application de l'article 1240 du Code civil, par celui qui se maintient dans les lieux sans droit ni titre (Cass. 3e civ. 13-6-2001 n° 906 FS-D : RJDA 10/01 n° 943, 1re espèce ; Cass. 3e civ. 1-4-2009 précité ; Cass. 3e civ. 14-6-2018 n° 17-14.365 F-PB : RJDA 10/18 n° 703). Dans ce cas, l'indemnité d'occupation a un caractère extracontractuel (arrêts précités) et ne saurait donc se rattacher à l'exécution du bail pour laquelle les colocataires ont accepté d'être solidaires. En revanche, si le bail prévoit une indemnité d'occupation conventionnelle, la clause de solidarité est applicable (Cass. 3e civ. 24-3-1999 n° 604 PB : RJDA 5/99 n° 528; Cass. 3e civ. 27-6-2001 n° 1049 FS-D : RJDA 10/01 n° 943, 2e espèce ; Cass. 3e civ. 4-5-2004 n° 521 D).

RECOURS DU COLOCATAIRE QUI A PAYÉ

L'obligation contractée solidairement envers le bailleur se divise de plein droit entre les colocataires qui n'en sont tenus entre eux que **chacun pour sa part** et portion (C. civ. art. 1317) ; le codébiteur d'une dette solidaire, qui l'a payée en entier, ne peut répéter contre les autres que les part et portion de chacun d'eux (art. 1317, al. 2). **37650**

Il en résulte que, en cas de bail consenti à deux locataires, le locataire qui a payé l'intégralité des sommes dues à la demande du bailleur a ensuite un recours contre son colocataire et peut lui demander le remboursement de la moitié.

ILLUSTRATIONS

Viole la loi le tribunal qui, pour débouter le locataire resté dans les lieux de sa demande tendant à obtenir le paiement de la moitié des loyers par le cotitulaire du bail qui avait donné congé, retient que ce locataire, ne faisant état d'aucun accord sur le taux de participation du colocataire aux loyers, ne peut demander de remboursement.

Cass. 3e civ. 24-6-1998 n° 96-19.442 : Bull. civ. III n° 129.

Le départ de l'un des colocataires ne faisant pas disparaître, vis-à-vis du bailleur, l'obligation de payer les loyers qui demeurent dans leur intégralité, le locataire qui a payé a le droit d'agir en remboursement contre le locataire ayant donné congé.

Cass. 3e civ. 27-2-2002 n° 00-17.290 : Loyers et copr. 2002 comm. n° 275, rendu pour un bail professionnel mais transposable.

Le locataire qui quitte les lieux et qui a été condamné à payer un arriéré de loyers intervenu après son départ reste redevable de sa part et ne peut demander au locataire demeuré dans le logement la restitution des sommes versées, dès lors que ce dernier ne s'est pas maintenu indûment dans les lieux et que lui-même n'a pas donné congé.

Cass. 3e civ. 1-2-2005 n° 139 D : Loyers et copr. 2005 comm. n° 82.

37655 **Renonciation au recours** Le colocataire qui s'acquitte de la totalité des loyers peut renoncer à son action en remboursement mais cette renonciation doit être claire et **non équivoque.**

ILLUSTRATIONS

Dans un cas où l'un des colocataires solidaires d'un bail professionnel avait donné congé et cessé de payer les loyers et où les autres colocataires, qui avaient réglé sa quote-part de loyers, lui en avaient demandé le remboursement, doit être cassé l'arrêt qui, pour rejeter la demande, a relevé que dans une lettre les colocataires avaient noté, comme une évidence, que le départ de l'intéressé allait augmenter les charges et qu'ils ne reprenaient pas, dans leurs conclusions, le moyen selon lequel celui-ci était tenu avec eux jusqu'au terme du bail, de sa quote-part du prix du bail, que ce faisant ils avaient accepté qu'il perde envers la bailleresse la qualité de locataire et qu'il ne devait plus, en conséquence, régler le loyer. En effet, en statuant ainsi alors que, d'une part, la lettre précisait aussi que le locataire partant demeurait tenu de sa part du prix du bail jusqu'à l'expiration du contrat tant qu'il n'aurait pas cédé son droit de bail et, d'autre part, que les conclusions des autres locataires soutenaient que le départ de l'un des colocataires ne faisait pas disparaître, vis-à-vis du bailleur, l'obligation de payer les loyers qui demeurait dans son intégralité, la cour d'appel avait dénaturé les termes clairs et précis du courrier et des écritures (Cass. 3e civ. 27-2-2002 n° 00-17.290 : Loyers et copr. 2005 comm. n° 82).

B. Clause de garantie solidaire en cas de cession du bail

CARACTÈRE USUEL DE LA CLAUSE

37660 Pour renforcer la sécurité du bailleur, les parties à l'acte de cession peuvent convenir d'y inclure une clause de garantie par laquelle le **cédant s'engage solidairement avec le cessionnaire** au paiement des loyers et à l'exécution du bail, souvent pour la seule durée du bail restant à courir. En pratique, cette clause figure dans toutes les cessions de bail. En cas d'absence d'une telle clause, voir n° 10105.

Sur le sort de cette clause lorsque le bail est cédé dans le cadre de la procédure collective du locataire, voir n° 63621 (plan de cession incluant le bail) et nos 63650 et 63670 (cession isolée du bail).

37662 Le contrat de bail peut aussi contenir une clause de garantie solidaire dite « **inversée** » qui rend cette fois le **cessionnaire** du bail **solidaire du cédant** pour les sommes dues au titre du bail avant la cession. Le cessionnaire est alors susceptible d'être appelé par le bailleur pour prendre en charge le passif antérieur du cédant. Cette clause permet notamment au bailleur, lorsque le cédant fait l'objet d'une **procédure collective,** d'échapper à l'interdiction de recevoir le paiement des créances antérieures à cette procédure (n° 63800). Mais elle constitue un frein à la cession du bail, d'autant que, contrairement à la clause de solidarité « classique », sa durée n'est pas limitée aux trois années qui suivent la cession (n° 37680). Cette clause est neutralisée lorsque le bail est inclus dans le plan de cession arrêté dans la procédure collective du locataire (n° 63622).

DISTINCTION ENTRE LA CLAUSE DE SOLIDARITÉ ET LE CAUTIONNEMENT

37670 Aux termes d'une jurisprudence dominante, la clause par laquelle le cédant s'engage, en cas de cession du bail, à rester garant et à répondre solidairement du cessionnaire pour le paiement des loyers et l'exécution des conditions du bail constitue un engagement de garantie solidaire et non un cautionnement (Cass. 3e civ. 26-11-1997 n° 1677 D : RJDA 1/98 n° 23 ; Cass. 3e civ. 15-11-2000 n° 1488 FS-D : Administrer janvier 2001 p. 31 ; Cass. 3e civ. 28-10-2003 n° 1066 F-D).

37675 L'**intérêt** de la distinction réside dans le fait que, contrairement à la caution, le garant solidaire ne peut pas se prévaloir de l'absence de certaines mentions dans l'acte contenant son engagement (cf. C. civ. art. 1376 et 2297 ; C. consom. ex-art. L 331-1 et L 331-2 pour les cautionnements conclus avant le 1-1-2022), ni opposer au bailleur les moyens de défense personnels à son co-garant ou inhérents à la créance de loyer (cf. C. civ. art. 2298 ; ex-art. 2313), ni être déchargé, en vertu de l'article 2314 du même Code, de son obligation, en cas de perte du bénéfice des sûretés ou des actions dont jouissait le bailleur (Cass. 3e civ. 15-11-2000 n° 1488 FS-D, précité ; Cass. 3e civ. 28-10-2003 n° 1066 F-D, précité ; CA Paris 27-9-2002, 16e ch. B : AJDI 2002 p. 852).

DURÉE DE LA SOLIDARITÉ DU CÉDANT

Si la cession du bail commercial s'accompagne d'une clause de garantie du cédant au bénéfice du bailleur, celui-ci ne peut l'invoquer que durant trois ans à compter de la cession du bail (C. com. art. L 145-16-2). Cette **limitation,** issue de la loi 2016-626 du 18 juin 2014 (dite « loi Pinel ») dont l'objectif était de limiter la durée et l'étendue de la garantie solidaire afin de protéger les droits du cédant, a suscité un certain nombre de questions. **37680**

La première était de savoir si ce nouveau texte était ou non d'ordre public. L'article L 145-16-2 n'étant pas visé par l'article L 145-15 (qui répute non écrites les clauses contraires à certaines dispositions, dès lors considérées comme d'ordre public), une cour d'appel en avait déduit qu'il n'était pas d'ordre public (CA Paris 7-2-2018 n° 16/07034, ch. 5-1). Mais la Cour de cassation a jugé au contraire qu'il était d'ordre public, de sorte que les parties ne peuvent pas l'écarter par des stipulations contraires (Cass. 3e civ. 11-4-2019 n° 18-16.121 FS-PBI : RJDA 6/19 n° 410, avis Av. gén. B. Sturlèse p. 499).

La seconde question concernait son application dans le temps. La loi 2014-626 est **entrée en vigueur** le 20 juin 2014, mais en l'absence de dispositions transitoires, fallait-il considérer que l'article L 145-16-2 s'appliquait à toute cession de bail conclue depuis le 20 juin 2014, y compris si le bail avait été conclu (ou renouvelé) avant cette date ou, au contraire, que les baux conclus (ou renouvelés) avant cette date n'y étaient pas soumis même s'ils étaient cédés après cette date ? Les juges du fond ont paru s'attacher à la seule date de la cession. Une cour d'appel a considéré que l'article L 145-16-2 était d'application « immédiate » mais pas au contrat en cours, de sorte qu'il ne pouvait pas être invoqué pour une cession conclue avant le 20 juin 2014 (CA Versailles 11-5-2017 n° 16/05403, 14e ch.). Dans le même esprit, une autre cour d'appel a refusé de faire application de la limitation de trois ans à l'engagement par lequel, dans l'acte de cession du bail, le dirigeant de la société locataire s'était porté personnellement garant solidaire du cessionnaire du bail au motif que cet engagement avait été contracté avant la date précitée (CA Colmar 18-6-2018 n° 18/0387). Une autre cour d'appel a jugé que l'article L 145-16-2 n'était pas d'application immédiate aux contrats en cours au 20 juin 2014, sans préciser clairement si elle visait le bail ou l'apport partiel d'actifs qui avait emporté sa transmission à un tiers (CA Paris 7-2-2018 n° 16/07034, ch. 5-1). La Cour de cassation a mis fin aux controverses en indiquant que l'article L145-16-2 du Code de commerce n'est pas d'application immédiate parce que, d'une part, il ne répond pas à un **motif impérieux d'intérêt général** justifiant son application immédiate, d'autre part, la garantie solidaire du cédant ne constitue pas un effet légal du contrat mais demeure régie par la **volonté des parties** (Cass. 3e civ. 11-4-2019 précité). La survie de la loi ancienne s'impose donc pour les baux en cours au 20 juin 2014.

Il a été jugé qu'il n'y a pas lieu de renvoyer au Conseil constitutionnel la question de savoir si les dispositions de l'article L 145-16-2 du Code de commerce, dans sa rédaction issue de la loi 2014-626 du 18 juin 2014, en ce qu'elles sont applicables aux contrats de bail commercial **renouvelés postérieurement** à leur entrée en vigueur mais **initialement conclus** sous le régime antérieur, portent à l'économie des contrats légalement conclus une atteinte disproportionnée au regard de l'objectif poursuivi, en méconnaissance des articles 4 et 16 de la Déclaration des droits de l'Homme et du citoyen du 26 août 1789, car la question ne présente pas un caractère sérieux (Cass. 3e civ. 6-2-2020 n° 19-19.503 FS-PB : RJDA 4/20 n° 203).

Le champ d'application de l'article L 145-16-2 est limité aux clauses prévoyant la **solidarité du cédant** ; y échappent donc les clauses de solidarité « **inversée** », en vertu desquelles le cessionnaire est solidaire du cédant pour les loyers échus avant la cession (voir n° 37662).

Le point de départ du **délai de trois ans** est, à la lettre du texte, la date de signature de la cession, alors que, dans certaines hypothèses, la cession peut n'être opposable au bailleur qu'à partir du moment où elle lui a été notifiée (nos 9470 s.).

L'expiration du délai de trois ans met fin à l'obligation de couverture du garant (de sorte qu'il n'est pas tenu des dettes nées ultérieurement) mais est-il pour autant mis un terme à son obligation de règlement (de sorte que le bailleur ne pourrait plus le poursuivre, au-delà de trois ans, pour des dettes nées pendant la période de garantie) ? La rédaction peu précise de l'article L 145-16-2 ne permet pas de répondre avec certitude.

> **Précisions** Avant la loi Pinel, les tribunaux avaient dégagé les principes suivants. En présence d'une clause de garantie solidaire, le cédant restait débiteur solidaire du paiement des loyers pendant la durée du contrat de bail (Cass. 3e civ. 11-5-1995 n° 947 P : RJDA 10/95 n° 1134). Cette

obligation cessait dès que le bail prenait fin par l'effet d'un congé (Cass. 3e civ. 4-3-1998 n° 363 P : RJDA 5/98 n° 570) ou d'une résiliation (CA Paris 7-7-1983, 16e ch. B : D. 1983 IR p. 428), même amiable (Cass. 3e civ. 18-10-2006 n° 05-16.773 D).
Il en était de même lorsque la clause visait « tous les cessionnaires successifs » : le cédant n'était garant de ces derniers que dans la limite de la durée de son bail initial (Cass. 3e civ. 7-3-2001 n° 349 FS-D : RJDA 5/01 n° 562).
Si les parties avaient limité la durée de la clause de solidarité dans le temps, jugé qu'en application de cette clause, reprise dans l'acte de cession, la solidarité du locataire cédant avec le cessionnaire ne pouvait plus jouer au-delà de la durée convenue (Cass. 3e civ. 15-12-1999 n° 98-11.967 D).

37682 **En cas de renouvellement du bail** La clause de solidarité ne s'applique pas au bail renouvelé **après la cession** (CA Paris 6-10-1999 n° 1998-208, 16e ch. A : Loyers et copr. 2000 comm. n° 89 ; Cass. 3e civ. 28-9-2022 n° 21-22.377 F-D). L'argument selon lequel le bail se renouvelle aux clauses et conditions du bail expiré est inopérant puisque, comme pour tout contrat (C. civ. art. 1214, al. 2), un bail renouvelé est un nouveau bail (Cass. 3e civ. 24-11-1999 n° 1756 D : RJDA 1/00 n° 14).

37685 **En cas de prolongation tacite du bail** Le bailleur ne peut invoquer la clause que **durant trois ans** à compter de la cession du bail (C. com. art. L 145-16-2 ; n° 37680). La protection du cédant est ainsi assurée en cas de prolongation tacite du bail : l'idée qu'en ce cas c'est le même bail qui se prolonge au-delà du terme fixé par contrat et pour une durée indéterminée pouvait conduire à une garantie du cédant fort longue puisqu'elle continuait à s'appliquer tant qu'il n'était pas mis fin au bail prorogé par un congé régulier, une demande de renouvellement ou une résiliation. Cette disposition ne s'applique qu'aux baux conclus à compter du 20 juin 2014 (voir n° 37680).

> **Précisions** Il était jugé auparavant qu'en l'absence de stipulation contractuelle limitant la clause de garantie solidaire à la durée contractuelle du bail et en l'absence de congé, le cédant reste tenu jusqu'à l'expiration du bail tacitement prolongé (anciennement tacitement reconduit) et donc pendant la période de tacite prolongation du bail (Cass. 3e civ. 5-6-2002 n° 979 FS-PB : RJDA 8-9/02 n° 863 ; Cass. 3e civ. 7-2-2007 n° 118 FS-PB : RJDA 6/07 n° 594 ; CA Paris 20-4-2000, 6e ch. B : JCP E 2000 pan. p. 1978 ; CA Versailles 11-5-2000 n° 98-2495, 12e ch. sect. 1 : RJDA 11/00 n° 964).

ÉTENDUE DE LA SOLIDARITÉ DU CÉDANT

37690 La clause de garantie solidaire du cédant est interprétée restrictivement quant à son étendue. Ainsi, lorsqu'elle est limitée au paiement des loyers dus par le cessionnaire, le cédant ne peut pas être tenu de payer les **réparations locatives** (Cass. 3e civ. 12-4-1995 n° 847 P : RJDA 7/95 n° 821 ; Cass. 3e civ. 4-3-1998 n° 363 P : RJDA 5/98 n° 570).

De même, sauf mention contraire (Cass. 3e civ. 28-10-2009 n° 08-16.826 FS-PB : RJDA 2/10 n° 129), la clause de solidarité visant l'exécution du bail ne s'étend pas à l'**indemnité d'occupation** due par le cessionnaire après la résiliation du bail car cette indemnité est fondée sur une faute extra-contractuelle commise par le locataire qui se maintient sans droit dans les lieux et elle ne se rattache donc pas au contrat de bail qui a pris fin avec sa résiliation (Cass. 3e civ. 6-3-1996 n° 498 D : RJDA 6/96 n° 755 ; CA Paris 13-6-2001 n° 1999-18651, 16e ch. A : JCP N 2002 p. 1196 note A. Djigo). En revanche, cette clause est applicable lorsque l'indemnité d'occupation est prévue par le bail (voir en ce sens la jurisprudence citée n° 37610 à propos de la solidarité entre colocataires et à notre avis transposable à la solidarité entre le cédant et le cessionnaire du bail).

INFORMATION DUE PAR LE BAILLEUR AU CÉDANT

37700 Lorsque la cession du bail s'accompagne d'une clause de solidarité du cédant au bénéfice du bailleur, ce dernier doit informer le cédant de tout **défaut de paiement du locataire,** cessionnaire du bail, dans le délai d'un mois à compter de la date à laquelle la somme aurait dû être acquittée par celui-ci (C. com. art. L 145-16-1). Sur les questions de la constitutionnalité de ce texte, de l'entrée en vigueur de ce dispositif, issu de la loi 2014-626 du 18 juin 2014, et son caractère d'ordre public, voir n° 37680 les développements relatifs à l'article L 145-16-2 né de la même loi et qui sont transposables.

La forme et le contenu de cette information ne sont pas fixés par la loi. Le bailleur a tout intérêt à procéder par lettre recommandée AR afin de pouvoir établir le respect du délai précité. Pour que ce courrier ait un effet utile, il doit indiquer à notre avis l'identité du locataire, l'adresse des locaux concernés, la nature (loyer, charges...) et le montant de la somme impayée ainsi que la date à laquelle elle aurait dû être réglée.

En l'absence de sanction spécifique prévue par la loi (telle une déchéance du droit aux intérêts, comme en matière de cautionnement ; n° 37215), le non-respect de cette obligation peut, à notre avis, être sanctionné par la responsabilité contractuelle du bailleur. Le cédant pourrait donc réclamer des dommages-intérêts mais à condition d'établir que le manquement lui a causé un préjudice. Cette indemnisation pourrait se compenser avec les sommes réclamées au cédant par le bailleur au titre de la garantie.

ATTENTION

En l'absence de toute sanction prévue par l'article L 145-16-1, les **juridictions du fond** apportent des **réponses différentes** sur les conséquences du manquement du bailleur à son obligation d'information (CA Pau 13-4-2021 n° 20/01042, 2e ch. sect. 1 : RJDA 4/22 n° 189, 1e espèce, qui a jugé, la clause de garantie étant silencieuse à ce sujet, que le cédant était tenu des loyers impayés même si le bailleur ne l'avait informé que quatre mois après la survenance des impayés ; CA Aix-en-Provence 10-6-2021 n° 18/12850, ch. 1-8 : RJDA 4/22 n° 189, 2e espèce, qui a jugé au contraire que le bailleur ne pouvait pas valablement solliciter le paiement d'une échéance s'il n'était pas établi que le cédant en avait eu connaissance dans le délai d'un mois). Pour que cette question soit définitivement tranchée, il faut donc attendre que la Cour de cassation se prononce.

FAUTE DU BAILLEUR À L'ÉGARD DU GARANT

Le **bailleur** qui **tarde à agir contre le locataire ou le garant,** laissant les impayés s'accumuler, engage-t-il sa responsabilité à l'égard du garant ? Procédant à **revirement de jurisprudence,** la chambre commerciale de la Cour de cassation a jugé qu'un créancier qui agit en recouvrement de sa créance dans le délai de prescription ne commet pas de faute, sauf abus dans l'exercice de ce droit (Cass. com. 2-11-2016 n° 14-29.723 FS-PB : RJDA 2/17 n° 135). Cette décision remet partiellement en cause la jurisprudence antérieure qui admettait la responsabilité du bailleur en cas de recours tardif pour faute ou négligence, ces notions étant plus larges que celle d'abus de droit. Reste à savoir si la troisième chambre civile de la Cour de cassation fera évoluer sa jurisprudence dans le même sens. **37720**

Dans cette attente, nous maintenons ci-dessous les illustrations jurisprudentielles rendues avant le revirement de la chambre commerciale. Elles demeurent pertinentes dès lors qu'elles caractérisent un abus de droit ou qu'elles rejettent la demande.

ILLUSTRATIONS

En attendant quinze mois depuis que les loyers étaient impayés pour mettre en demeure le cédant, le bailleur fait preuve d'une carence fautive qui a pour conséquence de laisser s'accroître la dette de loyers et d'empêcher le **cédant, non informé,** de préserver ses droits, notamment en rendant plus aléatoire sinon vain son recours contre le cessionnaire, carence d'autant plus grave que ce dernier acquittait ses loyers avec retard depuis un certain temps ; l'attitude du bailleur ne peut exonérer totalement le cédant de son obligation mais peut seulement conduire à limiter dans le temps les effets de garantie.

CA Paris 7-5-1991, 16e ch. A : D. 1991 som. p. 362, 1e espèce

En s'abstenant pendant plus de deux ans de provoquer la résiliation du bail malgré le défaut de paiement des loyers échus depuis plus de trois mois après le jugement d'ouverture d'une procédure de redressement judiciaire, **alors qu'aucune activité n'était plus exercée** dans les lieux et en réclamant la totalité des loyers échus pendant cette période au locataire originaire qui n'avait pas la possibilité de faire résilier le contrat, le bailleur n'a pas exécuté de bonne foi les conventions et a cherché à lui faire supporter les conséquences de sa propre carence ; sa réclamation tendant au paiement des loyers échus depuis plus de deux ans étant entachée d'abus de droit est donc irrecevable.

Cass. com. 5-12-1995 n° 93-18.936 D : RJDA 4/96 n° 456.

La responsabilité du bailleur est engagée pour faute lorsqu'il n'a adressé au cessionnaire qui n'a jamais payé ses loyers **ni courrier ni lettre recommandée avant une sommation de payer,** qu'il n'a pas poursuivi la procédure alors que la sommation tardive n'avait eu aucun effet, qu'il n'a **pas informé le cédant** de cette situation et n'a jamais fait **en trois ans** de tentative sérieuse pour récupérer ses loyers auprès de la société cessionnaire du bail ni tenu le cédant informé de cette situation alarmante.

Cass. 3e civ. 24-6-1998 n° 96-21.682 D : Defrénois 1998 art. 36878.

Une cour d'appel a pu déduire des éléments suivants que le bailleur avait commis une faute à l'origine du préjudice subi par le cédant : **depuis la cession du bail** en juillet 1992, le cessionnaire ne s'était acquitté que de deux acomptes, laissant les **loyers et charges totalement impayés** à compter du quatrième trimestre de 1992 jusqu'au 30 août 1993, date de la délivrance du commandement de payer visant la clause résolutoire, une semaine avant l'ouverture d'une procédure de redressement judiciaire à son encontre ; le **bailleur,** en **laissant pendant plus d'une année s'accroître la dette** de loyers sans agir ni contre le cessionnaire, ni contre le cédant codébiteur solidaire, avait privé ce dernier du bénéfice de la subrogation légale.

Cass. 3e civ. 12-6-2001 n° 99-20.455 F-D : AJDI 2001 p. 881.

Dans un cas où le cédant avait fait valoir qu'il avait été informé tardivement par le bailleur, parfaitement avisé, lui, de la défaillance de la société locataire dans le paiement des loyers, il ne peut pas être reproché à une cour d'appel d'avoir rejeté l'action en responsabilité contractuelle engagée par le cédant à l'encontre du bailleur dès lors qu'elle a relevé que le **non-paiement** par le locataire des loyers de **mars à juillet 1997** avait fait l'objet d'une mise en demeure, adressée par le bailleur au cédant par lettre recommandée avec avis de réception du **14 août 1997.**

Cass. 3e civ. 28-10-2003 n° 02-13.152 F-D.

Une cour d'appel a pu déduire des motifs suivants que le cédant ne démontrait pas la réalité d'une faute commise par le bailleur : **aucune des clauses** des conventions passées **n'imposait** au bailleur **d'informer le cédant** de l'évolution de la situation locative après la cession du bail et du bon respect par le nouveau locataire de ses obligations ; les **loyers** ayant été **partiellement réglés** en février, mars, juin et octobre, l'arriéré justifiait qu'un commandement de payer ait été signifié le 19 décembre suivant, de telle sorte qu'il ne pouvait être reproché au bailleur d'avoir négligé le recouvrement de ses loyers.

Cass. 3e civ. 28-10-2003 n° 02-13.687 F-D : RJDA 1/04 n° 24.

Le cédant d'un bail commercial peut, lorsqu'il est assigné en paiement par le bailleur **devant le juge des référés,** soutenir que cette demande se heurte à une **contestation sérieuse** si le bailleur s'est montré négligent dans la poursuite de sa créance contre le cessionnaire ; tel est le cas lorsque, pour des loyers impayés depuis 2005, le bailleur a adressé au cessionnaire trois lettres simples de relance entre 2005 et 2006, une mise en demeure en 2007 puis un commandement de payer en 2008.

Cass. 3e civ. 5-3-2013 n° 11-25.382 F-D : RJDA 10/13 n° 773.

SECTION 4 PRIVILÈGE DU BAILLEUR

FONDEMENT ET NATURE DU PRIVILÈGE DU BAILLEUR

37900 Le privilège du bailleur d'immeuble, prévu par l'article 2332, 1° du Code civil, est un privilège « spécial mobilier ». Il s'agit d'une sûreté fondée sur l'idée de **gage tacite** : le locataire serait d'accord, tacitement avec le bailleur, pour que les meubles introduits dans les lieux loués soient affectés, comme par une mise en gage, à la garantie de ses dettes envers le bailleur. Ce fondement se justifie d'autant plus que l'article 1752 du Code civil impose au locataire, à peine d'expulsion, de garnir les locaux de meubles suffisants (ou, à défaut, de donner des sûretés capables de répondre du loyer), ce qui équivaut à une mise en gage de ses meubles. Néanmoins, le rapprochement entre le privilège du bailleur, sûreté légale, et le gage, sûreté conventionnelle, doit rester limité car les droits du bailleur ne sont pas identiques à ceux du créancier gagiste.

> Précisions L'article 2332, 1° du Code civil n'étant applicable qu'au bailleur d'immeuble, le loueur de fonds de commerce ne bénéficie pas de ce privilège. En particulier, lorsque le **loueur d'un fonds** est **également bailleur de l'immeuble** dans lequel ce fonds est exploité, le privilège ne s'applique qu'aux loyers dus pour la location des murs, à l'exclusion de ceux dus en contrepartie de la location-gérance du fonds (CA Rennes 7-4-1952, 2e ch. : D. 1952 p. 628).

INCIDENCE DE LA RÉFORME DES SÛRETÉS

37950 L'article 2332, 1° du Code civil a été modifié par l'ordonnance 2021-1192 du 15 septembre 2021 portant réforme du droit des sûretés. À notre avis, l'article 37 de l'ordonnance ne prévoyant pas de disposition transitoire particulière concernant cet article, les nouvelles règles concernant le privilège du bailleur sont applicables aux **baux conclus avant** le 1er janvier 2022, date d'entrée en vigueur de l'ordonnance (art. 37, I), en vertu du principe selon lequel la loi nouvelle a vocation à régir les effets légaux des situations juridiques ayant pris naissance avant son entrée en vigueur et non définitivement réalisées (Cass. 3e civ. 23-11-2017 n° 16-20.475 FS-PBI : RJDA 2/18 n° 112 ; Cass. com. 25-9-2019 n° 16-24.151 F-D : RJDA 1/20 n° 22 ; Cass. 1e civ. 3-3-2021 n° 19-19.000 FS-P : RJDA 7/21 n° 454).

A. Créances garanties par le privilège du bailleur

1. CRÉANCES PRIVILÉGIÉES – CAS GÉNÉRAL

38000 Les créances garanties par le privilège du bailleur sont toutes les sommes dues à ce dernier en exécution du bail (C. civ. art. 2332, 1°). Il en résulte que sont notamment garantis :

– les loyers et les réparations locatives ;

– les avances d'argent faites par le bailleur au locataire, en conformité des clauses du bail et pour en assurer l'exécution (Cass. req. 19-1-1880 : S. 1880 1 p. 19 ; Tr. civ. Sens 17-11-1932 : Gaz. Pal. 1933 I p. 284) ;

– les accessoires du loyer (CA Paris 9-3-1899 : DP 1900 II p. 441), telle la taxe d'enlèvement des ordures ménagères (CA Metz 12-6-1990 n° 88-1195) ; sur la question de savoir si le pas-de-porte constitue un accessoire du loyer, voir nos 48910 s. ;
– les dommages-intérêts dus pour les détériorations et les dégradations commises par le locataire (TGI Cahors 9-7-1959 : D. 1959 som. p. 113) ou en réparation du préjudice subi par le bailleur du fait d'une résiliation anticipée du bail (CA Paris 9-3-1899, précité ; CA Paris 21-4-1934, 2e ch. : Gaz. Pal. 1934 II p. 124).

Le privilège vise également « toutes les sommes dues en exécution (...) **de l'occupation d'un immeuble** » (C. civ. art. 2332, 1°). La règle vise notamment les indemnités dues par un occupant sans titre ou par un occupant bénéficiaire d'une réquisition (cf. CCH art. L 641-1 ; M. Cabrillac, C. Mouly, S. Cabrillac et P. Pétel : Droit des sûretés Litec 2015 n° 723 ; voir aussi les arrêts cités au n° 38117 en cas de procédure collective du locataire). **38005**

> **Précisions** Bien que le privilège du bailleur d'immeuble s'applique aux indemnités d'occupation, il a été jugé que le loueur d'un fonds de commerce ne pouvait pas prétendre bénéficier de ce privilège pour le versement d'une indemnité d'occupation de ce fonds due à la suite de l'annulation du contrat de location-gérance (Cass. com. 18-6-1975 : Bull. civ. IV n° 172). En effet, le privilège du bailleur d'immeuble ne s'applique pas dans le cas de la location d'un fonds de commerce (n° 37900).

Les créances précitées sont garanties par le privilège du bailleur sans restriction de sommes, **dans les limites de la prescription.** **38050**

Les créances locatives, y compris le loyer et les charges locatives, se prescrivent par cinq ans (C. com. art. L 110-4, I ; C. civ. art. 2224). Il en résulte que, sauf suspension ou interruption de la prescription (par exemple par une action en paiement engagée par le bailleur), le privilège du bailleur ne peut couvrir plus de cinq ans d'arriérés dus par le locataire.

> **Précisions** La faculté pour les **parties** de **déroger aux règles de prescription** (réduction ou allongement de la durée légale, ajout de cas de suspension ou d'interruption non prévus par la loi) ne s'applique pas aux actions en paiement ou en répétition de loyers, charges locatives et, généralement, de tout ce qui est payable par années ou à des termes périodiques plus courts (C. civ. art. 2254).

2. CRÉANCES PRIVILÉGIÉES – EN CAS DE PROCÉDURE COLLECTIVE DU LOCATAIRE

En cas de procédure de sauvegarde, de redressement ou de liquidation judiciaire du locataire, l'étendue des créances garanties par le privilège est réduite (C. com. art. L 622-16, al. 1 à 3, sur renvoi des art. L 631-14, al. 1 et L 641-12, al. 6) afin de préserver le crédit du locataire et d'éviter que les autres créanciers subissent les conséquences de la négligence du bailleur qui a laissé s'accumuler les loyers arriérés. **38110**

Cette limite s'applique que le bail ait ou non date certaine ; en revanche, pour certaines créances, une distinction est établie suivant que le bail est résilié ou pas.

> **Précisions** Les dispositions précitées n'ont pas vocation à s'appliquer lorsque le locataire fait l'objet d'une procédure de **rétablissement professionnel,** cette procédure tendant à l'effacement des dettes du locataire et non au paiement de ses créanciers. Toutefois, si à l'issue de cette procédure, le locataire ne peut pas bénéficier d'un effacement de ses dettes, il est mis en liquidation judiciaire et le régime exposé ci-dessous s'applique.

RESTRICTION GÉNÉRALE DU PRIVILÈGE DU BAILLEUR

En cas de procédure collective du locataire, le bailleur n'a privilège que « pour les **deux dernières années de loyers** avant le jugement d'ouverture de la procédure » (C. com. art. L 622-16, al. 1). Cette disposition est applicable que le bail soit ou non résilié durant la procédure collective (Cass. com. 9-1-1974 n° 72-11.577 : JCP G 1974 II n° 1777 note H. Thuillier). **38115**

Pour déterminer quelles sont les **échéances** de loyers **visées,** il faut donc prendre comme point de départ la date du jugement d'ouverture de la procédure et remonter deux ans en arrière (B. Soinne : Traité des procédures collectives Litec 1995 n° 2333 ; M. Cabrillac, C. Mouly, S. Cabrillac et P. Petel : Droit des sûretés Litec 2015 n° 725 ; M. Le Corre : Droit et pratique des procédures collectives Dalloz action 2021-2022 § 591-621).

Selon certains auteurs, une telle solution ne serait pas compatible avec la notion d'année courante car celle-ci est également privilégiée si le bail est résilié (art. L 622-16, al. 2 ; voir n° 38120). Pour concilier les dispositions ci-dessus avec celles-ci, il faudrait considérer les deux dernières années comme les deux dernières années échues, en prenant donc comme point de départ des deux années antérieures la date anniversaire du bail précédant le jugement d'ouverture. Tout au plus pourrait-on faire « remonter » le délai à l'échéance du dernier terme de loyer précédant le jugement. Par exemple, pour un bail commencé le 1er mars 2020 et un jugement d'ouverture rendu le 10 juin 2025, le point de départ des deux années antérieures doit correspondre, selon ces auteurs, non pas au 10 juin mais au 1er mars ou, tout au plus, au 1er juin 2025 (Y. Guyon et J. Derruppé cités par F. Macorig-Vernier : Rép. com. Dalloz Entreprises en difficulté – Les créanciers n° 391). Cette solution est, à notre avis, contestable. La référence à l'année courante en cas de résiliation du bail vise les créances qui concernent l'exécution du bail et non les loyers au sens strict du terme. Pour les loyers, l'année courante se trouve en fait englobée dans les deux dernières années visées à l'article L 622-16, al. 1 du Code de commerce (M. Cabrillac, C. Mouly, S. Cabrillac et P. Pétel : Droit des sûretés Litec 2015 n° 725).

38116 En cas de **paiement partiel** de loyers depuis plus de deux ans et à défaut d'indication d'imputation dans la quittance, les règles de droit commun de l'imputation des paiements sur les dettes les plus anciennes (C. civ. art. 1342-10, al. 2) conduisent à conférer le privilège aux dettes les plus récentes enfermées dans le délai de deux ans (CA Rouen 29-3-1990 n° 89-1594 : Rev. Loyers 1994 p. 291).

38117 Même si l'article L 622-16 du Code de commerce n'envisage expressément le privilège du bailleur que pour les loyers, ce privilège s'applique en cas de procédure collective du locataire à **toute créance résultant de l'occupation des lieux** à quelque titre que ce soit (Cass. com. 25-10-2011 n° 10-25.257 FS-PB : RJDA 2/12 n° 127 censurant une cour d'appel qui refusait d'en faire application pour une indemnité d'occupation ; Cass. com. 23-4-2013 n° 12-17.520 F-D).

ÉTENDUE DU PRIVILÈGE EN CAS DE RÉSILIATION DU BAIL

38120 Si le bail est résilié après le jugement d'ouverture, le bailleur a, en outre, privilège pour l'année courante pour tout **ce qui concerne l'exécution du bail** et pour les **dommages-intérêts** qui pourront lui être alloués par les tribunaux (C. com. art. L 622-16, al. 2).

La notion d'année courante doit être entendue comme la période comprise entre la date anniversaire de l'entrée dans les lieux et le jugement d'ouverture (M. Cabrillac, C. Mouly, S. Cabrillac et P. Pétel : Droit des sûretés Litec 2015 n° 725).

Dans l'exemple ci-dessus (n° 38115), le privilège s'applique sur la période comprise entre le 1er mars et le 10 juin 2025.

ÉTENDUE DU PRIVILÈGE EN CAS DE CONTINUATION DU BAIL

38125 Pour la période postérieure au jugement d'ouverture et si le bail n'est pas résilié, le bailleur ne peut pas bénéficier de son privilège sur les **loyers à échoir** lorsque les sûretés qui lui ont été données lors de la conclusion du bail sont maintenues ou lorsque celles qui lui ont été fournies depuis le jugement d'ouverture sont jugées suffisantes (C. com. art. L 622-16, al. 3).

Par « sûretés », il faut entendre non seulement les sûretés conventionnelles, réelles ou personnelles, consenties lors de la conclusion du bail, mais aussi le privilège lui-même (M. Cabrillac, C. Mouly, S. Cabrillac et P. Pétel : Droit des sûretés Litec 2015 n° 725 ; P.-M. Le Corre : Droit et pratique des procédures collectives Dalloz 2021-2022 n° 591.631).

DÉCLARATION DE LA CRÉANCE ET DU PRIVILÈGE

38130 En application des articles L 622-24 et L 622-25 du Code de commerce, le bailleur doit déclarer sa créance et son privilège auprès du mandataire judiciaire (ex-représentant des créanciers) (Cass. com. 10-7-2001 n° 1375 F-D : Rev. proc. coll. 2002 p. 94 n° 6 ; Cass. com. 7-12-2004 n° 1757 F-D : RJDA 4/05 n° 426) ou, cas de liquidation judiciaire, auprès du liquidateur.

La déclaration de créance est impérative pour les créances nées avant le jugement ouvrant la procédure collective ; elle s'impose également pour les créances nées après ce jugement dès lors qu'elles ne sont pas nées pour les besoins du déroulement de la procédure ou de la période d'observation ou en contrepartie d'une prestation fournie au locataire pendant cette période (C. com. art. L 622-24, al. 1 et 6). En revanche, cette formalité n'est pas requise pour les créances postérieures au jugement d'ouverture et qui sont nées pour le déroulement de la procédure ou en contrepartie d'une prestation fournie au locataire (art. L 622-17, I) ; tel est le cas des loyers échus après le jugement d'ouverture. Ces dernières créances sont en outre payées par privilège aux autres créances à condition que ce privilège de paiement soit porté à la connaissance du mandataire judiciaire ou de l'administrateur (art. L 622-17, IV ; pour une application, Cass. com. 28-6-2016 n° 14-21.668 FS-PB : RJDA 10/16 n° 709).

> **› Précisions** Le **défaut de déclaration** de créance est sanctionné par l'impossibilité pour le bailleur de se faire payer dans le cadre de la procédure collective (C. com. art. L 622-26, n° 64070) ; en l'absence de mention du privilège lors de la déclaration, la créance déclarée ne peut être admise au passif du locataire qu'à titre chirographaire, c'est-à-dire sans le bénéfice du privilège.

B. Assiette du privilège du bailleur

BIENS GARNISSANT LES LIEUX LOUÉS

Le privilège du bailleur porte « sur le mobilier garnissant les lieux » (C. civ. art. 2332, 1°). 38210

Seuls les **meubles corporels** entrent dans l'assiette du privilège. Le privilège porte donc, par exemple, sur les meubles meublants, le matériel et l'outillage, les véhicules ou les marchandises et ce, bien qu'elles soient destinées à être vendues (Cass. req. 9-11-1869 : S. 1870 I p. 60 ; CA Paris 21-4-1886 : D. 1887 II p. 52).

Bien entendu, les **meubles devenus immeubles par destination** ne peuvent pas être compris dans l'assiette du privilège puisque le bailleur en est devenu le propriétaire.

ILLUSTRATIONS

Jugé que l'installation d'un **chauffage** central par le locataire pour le compte du bailleur avait un caractère immobilier et échappait au privilège du bailleur (CA Colmar 13-1-1966, 3e ch. : JCP G 1967 II n° 14971 note G. Wiederkehr).
En revanche, jugé que le privilège du bailleur pouvait s'exercer sur les **aménagements intérieurs d'un local** commercial loué, dès lors qu'ils avaient fait l'objet d'une cession au nouveau bénéficiaire du droit au bail et qu'ils devaient donc être considérés comme des meubles corporels et non comme des immeubles par destination (CA Grenoble 17-10-1994 n° 91-1839, 2e ch. civ. : JCP G 1995 IV p. 479).

Les **éléments incorporels** du fonds de commerce que sont, notamment, la clientèle, le droit au bail, le nom commercial et les droits de propriété industrielle (par exemple, un brevet d'invention : CA Lyon 26-12-1863 : S. jurispr. gén. II p. 200) échappent également au privilège.

Le **fonds de commerce,** en tant qu'universalité, ne peut pas tomber en tant que tel sous le coup du privilège du bailleur. Néanmoins, si, dans le prix global de vente du fonds, la ventilation est faite entre la fraction afférente aux éléments incorporels et celle qui vise les éléments corporels, cette dernière fraction peut valablement être affectée au privilège du bailleur (CA Paris 14-5-1930 : Defrénois 1930 p. 651).

INDEMNITÉS D'ASSURANCES

En cas de sinistre affectant les biens grevés (incendie, par exemple), le privilège du bailleur s'exerce sur l'indemnité d'assurance de dommage souscrite par le locataire (C. ass. art. L 121-13). En effet, l'indemnité est censée remplacer les meubles détruits si bien que, par le mécanisme de la subrogation réelle, le privilège du bailleur se reporte sur elle. Cette règle n'est pas limitée à la destruction totale du bien assuré ; elle s'applique également aux biens détériorés par le sinistre et confère au créancier un droit sur l'indemnité destinée à financer la remise en état (Cass. 1e civ. 6-10-1971 n° 70-11.330 : Bull. civ. I n° 251, décision concernant un créancier gagiste mais transposable). 38220

Cette attribution s'effectue suivant le rang du privilège du bailleur par rapport aux autres créanciers privilégiés (art. L 121-13, al. 1 ; sur le rang entre les créanciers, voir nos 38400 s.). Le privilège s'exerce également sur les indemnités dues en cas de sinistre par le locataire ou par le voisin, par application des articles 1733 du Code civil (responsabilité du locataire pour incendie) et 1240 du même Code (art. L 121-13, al. 3).

L'attribution de l'indemnité d'assurance au bailleur n'est pas subordonnée à une délégation expresse du locataire (art. L 121-13, al. 1). En revanche, elle suppose que le bailleur fasse opposition au paiement de l'indemnité au locataire (art. L 121-13, al. 2).

L'indemnité d'assurance ne tombe pas dans le patrimoine du locataire ; elle échappe donc à ses autres créanciers (Cass. com. 4-2-1986 n° 84-16.639 : Bull. civ. IV n° 2, décision concernant un créancier nanti mais transposable).

BIENS APPARTENANT AU LOCATAIRE

Depuis le 1er janvier 2022, le privilège du bailleur ne peut s'exercer que sur les biens garnissant les locaux loués qui appartiennent au locataire (C. civ. art. 2332, 1°). Le bailleur ne peut donc pas appréhender les **biens** présents dans le local et **appartenant à des tiers.** Et la loi ne lui permet pas de revendiquer les biens déplacés sans son accord par le locataire entre les mains d'un tiers. 38230

> **Précisions** Avant le 1er janvier 2022, date d'entrée en vigueur de l'**ordonnance 2021-1192 du 15 septembre 2021,** la jurisprudence prévoyait au contraire que le privilège du bailleur pouvait aussi s'exercer sur les biens présents dans les lieux loués et appartenant à un tiers (Cass. 3e civ. 24-6-2009 n° 08-14.357 FS-PB : RJDA 10/09 n° 813), ce qui était notamment le cas de ceux qui avaient été vendus au locataire avec une clause par laquelle le vendeur s'en réservait la propriété jusqu'au paiement du prix (Cass. com. 16-11-2010 n° 09-70.765 F-PB : RJDA 2/11 n° 114). Encore fallait-il que le bailleur soit de bonne foi, ce qui supposait qu'il ne savait pas, au moment de leur introduction dans les lieux loués, que ces meubles n'appartenaient pas au locataire (Cass. req. 28-11-1898 : D. 1899 I p. 36 ; Cass. 3e civ. 24-6-2009 n° 08-14.357 précité ; Cass. com. 16-11-2010 n° 09-70.765 précité).
> Le bailleur pouvait en outre revendiquer les biens déplacés sans son accord par le locataire entre les mains d'un tiers (ex-art. 2332, 1°-al. 5).

LOCATAIRE FAISANT L'OBJET D'UNE PROCÉDURE COLLECTIVE

38270 L'ouverture d'une procédure collective (sauvegarde, redressement ou liquidation judiciaire) à l'encontre du locataire peut affecter l'assiette du privilège du bailleur. En effet, le juge-commissaire peut autoriser le débiteur, l'administrateur ou le liquidateur judiciaire, selon le cas, à **vendre des meubles** garnissant les lieux loués soumis à dépérissement prochain, à dépréciation imminente ou dispendieux à conserver, ou dont la réalisation ne met pas en cause, soit l'existence du fonds, soit le maintien de garanties suffisantes pour le bailleur (C. com. art. L 622-16, al. 4, L 631-14, al. 1 et L 641-11, al. 1). Si cette vente a lieu, l'assiette du privilège du bailleur est réduite d'autant.

C. Exercice du privilège du bailleur

DROITS ATTACHÉS AU PRIVILÈGE DU BAILLEUR

38350 Pour exercer le privilège établi par l'article 2332, 1° du Code civil, le bailleur doit **faire procéder à la vente** des meubles grevés grâce à la procédure de saisie-vente (C. exécution art. L 221-1 s.). Le plus souvent, il sera néanmoins nécessaire que le bailleur exerce au préalable des mesures conservatoires afin de sauvegarder son droit sur les meubles.

Son privilège confère au bailleur un **droit de préférence** sur le prix de vente des meubles grevés, mais d'autres créanciers également bénéficiaires de garanties sur ces biens peuvent avoir un meilleur rang que le bailleur. À notre avis, le bailleur ne bénéficie pas d'un **droit de rétention** : d'une part, l'article 2332 du Code civil ne le prévoit pas et les dispositions régissant les privilèges sont d'interprétation stricte ; d'autre part, la situation du bailleur ne correspond pas à celles dans lesquelles l'article 2286 du Code civil reconnaît au créancier un droit de rétention.

SAISIE CONSERVATOIRE SUR LES BIENS GARNISSANT LE LOCAL LOUÉ

38360 La procédure de saisie-vente suppose, d'une part, que les meubles soient encore détenus par le locataire et, d'autre part, que le bailleur soit muni d'un titre exécutoire (un bail authentique ou une décision de justice reconnaissant la créance, passée en force de chose jugée et notifiée au locataire). Dans l'attente de la délivrance d'un tel titre, le **bailleur** peut **se prémunir contre le déplacement des meubles** du locataire en recourant à la procédure de saisie conservatoire de droit commun (C. exécution art. L 511-1 s. et R 511-1 s.).

38365 La saisie conservatoire consiste à rendre indisponibles les biens dont le locataire est propriétaire (C. exécution art. L 521-1) : elle lui interdit de les aliéner par vente ou donation, de les donner en gage ou d'en diminuer la valeur. Le déplacement de meubles faisant l'objet d'une telle saisie est puni de trois ans d'emprisonnement et de 375 000 € d'amende (C. pén. art. 314-6), l'amende pouvant être portée à 1 875 000 € pour les personnes morales (art. 314-13 et, sur renvoi, art. 131-38).

Le bailleur demande l'autorisation d'exercer cette saisie en formant une requête auprès du juge de l'exécution ou, lorsque la mesure est demandée avant tout procès et tend à la conservation d'une créance relevant de la compétence de la juridiction commerciale, auprès du président du tribunal de commerce du lieu ou demeure le débiteur (C. exécution art. L 511-3 et R 511-1). L'autorisation du juge est caduque si la mesure conservatoire n'a pas été exécutée dans un délai de trois mois à compter de l'ordonnance (art. R 511-6).

Cette autorisation n'est cependant pas nécessaire si le bailleur dispose d'un titre exécutoire, ou même seulement d'une décision de justice qui n'a pas force exécutoire (par exemple, un jugement de première instance condamnant le locataire alors que le délai d'appel n'est pas expiré), voire d'un simple bail écrit dont le loyer est resté impayé (art. L 511-2).

La saisie conservatoire est, par nature, provisoire. Après l'avoir exécutée, le bailleur doit, sous peine de caducité de la mesure, effectuer dans le mois les démarches nécessaires pour obtenir le titre exécutoire qui, en règle générale, lui fait défaut (art. L 511-4 et R 511-7). Dès qu'il disposera du titre exécutoire, il pourra alors, si le locataire est toujours défaillant, solliciter la conversion de sa saisie en saisie-vente : l'acte de conversion contient en effet un commandement d'avoir à payer les sommes qui y sont indiquées dans un délai de huit jours, faute de quoi il sera procédé à la vente des biens saisis (art. R 522-7).

RANG DU PRIVILÈGE DU BAILLEUR

38400 Même titulaire de son privilège, le bailleur peut se trouver en **concours avec d'autres créanciers du locataire,** également titulaires de droits préférentiels ou de garanties diverses. Il s'agit alors de déterminer quel est le rang du bailleur parmi ces autres créanciers, c'est-à-dire l'ordre dans lequel il sera payé par rapport à ces derniers.

Cas général En droit commun, le rang du privilège du bailleur par rapport aux autres garanties est déterminé par la loi et la jurisprudence suivant, notamment, les règles suivantes (M. Cabrillac, C. Mouly, S. Cabrillac et P. Pétel : Droit des sûretés Litec 2015 n°s 1026 s.) : 38405

– en tant que privilège spécial mobilier, le **privilège du bailleur prime,** en principe, les privilèges généraux sur les meubles énumérés à l'article 2331 du Code civil (par exemple, les créances salariales ou les frais de justice) (C. civ. art. 2332-1) ; il est fait exception à cette règle pour le privilège du Trésor (sauf en matière de contributions indirectes, où le bailleur prime le fisc dans la limite de six mois de loyers ; CGI art. 1920) ;

– les privilèges spéciaux du bailleur d'immeuble, du conservateur et du vendeur de meuble s'exercent dans l'ordre qui suit : 1° le privilège du conservateur, lorsque les frais de conservation sont postérieurs à la naissance des autres privilèges ; 2° le privilège du bailleur d'immeuble, qui ignorait l'existence des autres privilèges ; 3° le privilège du conservateur, lorsque les frais de conservation sont antérieurs à la naissance des autres privilèges ; 4° le privilège du vendeur de meuble ; 5° le privilège du bailleur d'immeuble, qui connaissait l'existence des autres privilèges (C. civ. art. 2332-3) ;

– le **privilège du bailleur est primé** par le « privilège » du créancier nanti sur le fonds de commerce ou du créancier gagiste sur l'outillage et le matériel si le bail n'a pas date certaine avant l'inscription du nantissement ou du gage (cas, fréquent, du bail sous signature privée non enregistré). En effet, entre privilèges fondés sur la notion de gage (tels ceux du bailleur d'immeuble et du créancier nanti sur fonds de commerce), la préférence à accorder à leurs titulaires respectifs doit être fixée suivant la date à laquelle chaque privilège a été rendu opposable aux tiers (Cass. com. 14-2-1977 n° 75-13.907 : Bull. civ. IV n° 43).

En cas de procédure collective du locataire L'ouverture d'une procédure collective (sauvegarde, redressement ou liquidation judiciaire) à l'encontre du locataire limite l'étendue de la créance garantie (n°s 38110 s.). L'ordre de paiement des créances est exposé n°s 64220 s. 38410

Par ailleurs, l'ouverture d'une procédure collective à l'encontre du locataire apporte une autre restriction. En effet, le bailleur ne peut exercer immédiatement son privilège sur le produit de la **vente des biens garnissant les lieux loués** : la quote-part du prix correspondant au privilège est en effet bloquée et versée en compte de dépôt à la Caisse des dépôts et consignations ; après l'adoption d'un plan de redressement ou en cas de liquidation judiciaire, les créanciers privilégiés sont alors payés suivant l'ordre de préférence existant entre eux (C. com. art. L 622-8, al. 1 en cas de sauvegarde et sur renvoi de l'art. L 631-14 en cas de redressement judiciaire).

HÔTELS ET RÉSIDENCES-SERVICES

SOMMAIRE

39000 À côté de l'hôtellerie traditionnelle s'est développé un important secteur d'activités s'adressant à une clientèle très large, tant de loisirs que professionnelle, et offrant un hébergement et des services de nature hôtelière. La réglementation n'a pu suivre ce foisonnement des formes commerciales et le régime juridique locatif de ces nouveaux concepts repose essentiellement sur une pratique contractuelle et prétorienne en gestation.

On distingue ainsi un secteur réglementé obéissant à des catégories administratives, des normes de classement, voire des règles d'organisation spécifiques, et un secteur « libre » dépendant du seul droit commun.

SECTION 1 CADRE GÉNÉRAL

1. HÔTELS ET RÉSIDENCES DE TOURISME

39010 Il existe deux grandes catégories de structures ayant fait l'objet d'une réglementation. Il s'agit des hôtels de tourisme, d'une part, et des résidences de tourisme, d'autre part.

a. Hôtels de tourisme

DÉFINITION DES HÔTELS DE TOURISME

39015 L'**hôtel de tourisme** est défini comme un établissement commercial d'hébergement classé, qui offre des chambres ou des appartements meublés en location à une clientèle de passage qui y effectue un séjour caractérisé par une location à la journée, à la semaine ou au mois, mais qui, sauf exception, n'y élit pas domicile (C. tourisme art. D 311-4).

CLASSEMENT DES HÔTELS DE TOURISME

Les **normes** de classement des hôtels de tourisme, qui s'appliquent quel que soit le nombre de chambres dont dispose l'établissement, sont définies dans le Code du tourisme qui décrit également la **procédure** de classement (C. tourisme art. L 311-6 et art. D 311-5 à D 311-8 ; Arrêté du 29-12-2021). **39020**

Depuis le 1er avril 2022, de nouveaux critères relatifs au développement durable, à l'économie et à la gestion des énergies et à la réduction de l'impact environnemental de l'établissement sont pris en compte dans le classement des hôtels de tourisme (Arrêté précité).

Pour obtenir le classement de son établissement, valable pendant cinq ans, l'exploitant doit transmettre, par voie électronique, au groupement d'intérêt économique Atout France un dossier comprenant :

- un formulaire de demande de classement conforme au modèle défini par Atout France ;
- un certificat établi par un organisme évaluateur sur la base d'une visite des lieux dans les trois mois qui précèdent l'envoi du dossier.

Atout France doit prendre la décision de classement dans le mois qui suit la réception du dossier complet de demande.

> **Précisions** L'organisme évaluateur dispose d'un délai de quinze jours à compter de la date à laquelle s'est achevée la visite de l'établissement pour remettre à l'exploitant le certificat de visite sous forme électronique (C. tourisme art. D 311-7, al. 4).

b. Résidences de tourisme

DÉFINITION DES RÉSIDENCES DE TOURISME

La résidence de tourisme est définie de façon similaire aux hôtels comme un établissement commercial d'hébergement classé, faisant l'objet d'une exploitation permanente ou saisonnière. Elle est constituée d'un ou plusieurs bâtiments d'habitation individuels ou collectifs regroupant, en un ensemble homogène, des locaux d'habitation meublés et des locaux à usage collectif. Les locaux d'habitation meublés sont proposés à une clientèle touristique qui n'y élit pas domicile, pour une occupation à la journée, à la semaine ou au mois. Elle est dotée d'un minimum d'équipements et de services communs. Elle est gérée dans tous les cas par une seule personne physique ou morale (C. tourisme art. D 321-1). **39025**

CLASSEMENT DES RÉSIDENCES DE TOURISME

Les résidences de tourisme bénéficient d'un classement exprimé par un nombre d'étoiles croissant avec le confort de l'établissement et les prestations offertes (C. tourisme art. L 321-1 ; art. D 321-3). Les **critères** de ce classement sont définis à l'annexe de l'arrêté du 10 avril 2019. **39030**

Pour obtenir le classement de son établissement, qui sera valable cinq ans, l'exploitant doit procéder aux mêmes démarches et formalités que celles décrites ci-dessus n° 39020.

> **Précisions** L'arrêté du 10 avril 2019 (annexe, B) est venu réduire la capacité d'accueil minimale nécessaire au classement d'une résidence en « résidence de tourisme ». Désormais, à titre de prérequis, une résidence doit avoir une **capacité d'accueil** minimale de 50 lits (personnes susceptibles d'être accueillies) pour prétendre à un tel classement. Les établissements classés résidences de tourisme qui ont fait l'objet, avant le 1er juillet 2010, d'un classement sans répondre à ce critère de capacité minimale, initialement fixée à 100 lits, peuvent conserver le bénéfice de cette dérogation lors des classements ultérieurs, dès lors que l'établissement est en conformité avec l'ensemble des autres critères fixés au tableau de classement (Décret 2010-759 du 6-7-2010 art. 1, II).

ORGANISATION DES RÉSIDENCES DE TOURISME

La résidence de tourisme peut être placée sous le statut de la **copropriété** des immeubles bâtis fixé par la loi 65-557 du 10 juillet 1965 **ou** sous le régime des **sociétés d'attribution** d'immeubles en jouissance à temps partagé défini par la loi 86-18 du 6 janvier 1986, sous réserve que le règlement de copropriété ou les documents prévus par l'article 8 de la loi du 6 janvier 1986 prévoient expressément (C. tourisme art. D 321-2) : **39050**

1° Une destination et des conditions de jouissance des parties tant privatives que communes conformes au mode d'utilisation telles que définies ci-dessus pour ce type de classement et comportant une obligation durable de location d'au moins 70 % des locaux d'habitation meublés, qui ne saurait être inférieure à neuf ans, les copropriétaires ou les associés des sociétés d'attribution pouvant bénéficier d'une réservation prioritaire.

2° Une gestion assurée pour l'ensemble de la résidence de tourisme par une seule personne, physique ou morale, liée par un contrat de louage ou mandat aux copropriétaires ou associés des sociétés d'attribution.

> **Précisions** Par **dérogation**, le **seuil** de 70 % est abaissé à 55 % pour les résidences de tourisme exploitées depuis plus de neuf ans et dont le classement est arrivé à échéance au 1er avril 2015 ainsi que pour les établissements non classés répondant aux caractéristiques fixées à l'article D 321-1 du Code du tourisme et exploités depuis plus de neuf ans. Il s'applique sans préjudice des règles de copropriété issues de la loi du 10 juillet 1965 : en particulier, la modification du règlement de copropriété induite par ce nouveau seuil devra être adoptée à la majorité des deux tiers des membres du syndicat de copropriétaires, conformément à l'article 26, b de la loi de 1965.

OBLIGATIONS DU GESTIONNAIRE DE RÉSIDENCE DE TOURISME

39055 Le gestionnaire doit communiquer à l'ensemble des propriétaires, une fois par an, un **bilan** de l'année écoulée, lequel doit préciser le taux de remplissage, les événements significatifs de l'année ainsi que le montant et l'évolution des principaux postes de dépenses et de recettes de la résidence.

En outre, les propriétaires qui en font la demande peuvent obtenir communication du **compte d'exploitation** de leur résidence (C. tourisme art. L 321-2).

> **Précisions** Saisie d'une **question prioritaire de constitutionnalité** concernant les dispositions de l'article L 321-2 du Code du tourisme dont il était soutenu qu'il portait atteinte notamment au principe d'égalité devant la loi et à la liberté d'entreprendre, la Cour de cassation a refusé de transmettre cette question au Conseil constitutionnel pour les motifs suivants : le législateur, qui a entendu renforcer l'efficacité du contrôle de nature à permettre aux propriétaires de lots dans une résidence de tourisme d'être informés de la gestion de l'exploitant, susceptible d'affecter leur situation, a suffisamment défini les obligations de celui-ci et a ainsi assuré un juste équilibre, qui n'est manifestement pas disproportionné, entre le respect de la liberté d'entreprendre et celui des droits des propriétaires ; la différence de traitement instituée par la disposition contestée entre les exploitants de résidence de tourisme et les autres opérateurs économiques, laquelle repose sur une différence de situation, est en rapport direct avec l'objet de la loi, qui est de **permettre aux propriétaires** d'avoir accès aux indicatifs relatifs à la performance de leur investissement (Cass. 3e civ. QPC 28-2-2017 no 16-21.458 FS-PB ; Cass. 3e civ. QPC 28-2-2017 no 16-21.460 FS-PB).

PROTECTION DES INVESTISSEURS DANS UNE RÉSIDENCE DE TOURISME

39060 L'application aux résidences de tourisme du statut des baux commerciaux (nos 39200 s.) a conduit le législateur à encadrer la commercialisation de ce placement immobilier à la fiscalité avantageuse qui permet au propriétaire, après la période de location obligatoire de neuf années, de récupérer le bien comme résidence secondaire.

Les **documents de commercialisation** doivent comporter des informations concernant (C. tourisme art. L 321-3 et L 321-4) :

– le promoteur de l'opération et le gestionnaire de la résidence (outre leur identité et leurs engagements respectifs vis-à-vis de l'investisseur, doit être indiqué, pour le premier, son expérience professionnelle dans le domaine des résidences de tourisme et, pour le second, le nombre de résidences gérées) ;

– les avantages, notamment fiscaux et financiers, de l'investissement en résidence de tourisme et les conditions pour en bénéficier, notamment l'obligation impérative de classement de l'établissement en tant que résidence de tourisme ;

– les différents statuts possibles de l'acquéreur investisseur ;

– le projet lui-même (la situation géographique précise de la résidence, ses modes de desserte et normes de construction, les modalités de gestion du bien comprenant l'état de la copropriété et le montant des charges, ainsi que les contraintes liées à l'agencement et à l'équipement des parties privatives).

Concernant l'indemnité d'éviction, les documents de commercialisation doivent comporter la mention suivante : « Le bailleur peut refuser le renouvellement du bail conclu avec l'exploitant de la résidence de tourisme. Toutefois, il devra dans ce cas, sauf exceptions prévues aux articles L 145-17 et suivants du Code de commerce, payer à l'exploitant une indemnité dite d'éviction égale au préjudice causé par le défaut de renouvellement. Les modalités de calcul de cette indemnité sont fixées au deuxième alinéa de l'article L 145-14. » On observera que le législateur n'a pas prévu de sanction en cas d'éventuel défaut ou insuffisance de mention dans le document de commercialisation. C'est donc probablement plus sur le terrain des dommages-intérêts que sur celui de la remise en cause du droit à indemnité d'éviction qu'il faudra rechercher la solution.

2. RÉSIDENCES-SERVICES

DÉFINITION DE LA RÉSIDENCE-SERVICES

La résidence-services est un ensemble d'habitations constitué de logements autonomes permettant aux occupants de bénéficier de services spécifiques non individualisables ; les services spécifiques non individualisables sont ceux qui bénéficient par nature à l'ensemble des occupants (CCH art. L 631-13, al. 1). **39100**

Les catégories de services spécifiques non individualisables sont (CCH art. D 631-27) :

– l'accueil personnalisé et permanent des résidents et de leurs visiteurs ;

– la mise à disposition d'un personnel spécifique attaché à la résidence, le cas échéant complétée par des moyens techniques, permettant d'assurer une veille continue quant à la sécurité des personnes et la surveillance des biens ;

– le libre accès aux espaces de convivialité et aux jardins aménagés.

Les services spécifiques individualisables peuvent être souscrits par les occupants auprès de prestataires. Le délai de préavis préalable à la résiliation de ce contrat ne peut excéder un mois (CCH art. L 631-13, al. 2).

En **pratique,** le cadre juridique de la résidence-services est le plus souvent utilisé pour les résidences seniors ou les résidences pour étudiants et, plus récemment, pour les résidences de coliving.

> **> Précisions** Par une décision récente, le Conseil d'État saisi d'une question de l'application des règles d'un PLU relatif à la mixité sociale a toutefois considéré qu'une **résidence senior** ne relevait pas de la catégorie « logement » mais de la catégorie « hébergement » (CE 13-12-2021 n° 443815).

MONTAGES JURIDIQUES DES RÉSIDENCES-SERVICES

Les **résidences-services organisées en copropriété** sont régies par un statut spécifique d'ordre public qui prévoit notamment que le règlement de copropriété peut étendre l'objet d'un syndicat de copropriétaires à la fourniture, aux résidents de l'immeuble, de services spécifiques qui, du fait qu'ils bénéficient par nature à l'ensemble des résidents, ne peuvent être individualisés (Loi 65-557 du 10-7-1965 art. 41-1, al. 1). **39105**

Les services non individualisables sont confiés par convention à un prestataire (Loi du 10-7-1965 art. 41-1, al. 2). Toutefois, le conseil syndical peut se voir déléguer, à la majorité absolue des voix du syndicat des copropriétaires, les décisions relatives à la gestion courante de ces services ; en l'absence de délégation, il doit donner son avis sur tout projet de convention confiée à un prestataire, surveiller la bonne exécution de la convention et en présenter un bilan chaque année à l'assemblée générale (art. 41-6, al. 3).

La **convention** entre le syndicat et le prestataire doit préciser notamment sa durée, les conditions de son renouvellement et de sa dénonciation, les modalités de surveillance par le conseil syndical de son exécution, les conditions de communication par le prestataire des documents relatifs à cette exécution, l'objet et les conditions financières de la fourniture du ou des services et les conditions matérielles et financières d'occupation des locaux (Décret 67-223 du 17-3-1967 art. 39-2-1).

Le bilan annuel du **conseil syndical** doit porter sur les conditions financières d'exécution de la convention, la qualité et le contenu des services dispensés, et sur leur conformité aux attentes des résidents ; il doit être signé par le président du conseil et être joint à la convocation à l'assemblée. Le conseil syndical doit informer sans délai le syndic, en cas de difficulté d'exécution de la convention (art. 39-3).

Si l'équilibre financier du ou des **services est gravement compromis** ou compromet l'équilibre financier de la copropriété, et après que l'assemblée générale s'est prononcée, des copropriétaires représentant 15 % au moins des voix du syndicat peuvent saisir le président du tribunal judiciaire statuant selon la procédure accélérée au fond qui peut décider soit la suspension, soit la suppression desdits services (Loi 65-557 art. 41-1, al. 4). L'action doit être diligentée contre le syndicat des copropriétaires et, le cas échéant, contre le prestataire. Le juge peut entendre le président du conseil syndical. Dans le mois qui suit son prononcé, le syndic doit porter la décision à la connaissance des copropriétaires non parties à l'instance par lettre recommandée AR ou par remise contre émargement (Décret 67-223 art. 39-6 et 39-7).

Les copropriétaires peuvent valablement constituer entre eux une **association syndicale libre** pour gérer les services spécifiques de la résidence (Cass. 3e civ. 14-11-2012 n° 11-23.808 FS-PB : Bull. civ. III n° 167). **39107**

ILLUSTRATIONS

Dans l'affaire ayant donné lieu à l'arrêt du 14 novembre 2012 précité, la résidence de services était composée de deux immeubles soumis à un règlement de copropriété distinct ; les SCI propriétaires des immeubles avaient constitué entre elles une ASL chargée de la gestion des services spécifiques, laquelle avait modifié le mode de décompte des voix et la répartition des charges. Quelques années plus tard, les deux syndicats de copropriétaires avaient modifié les règlements de copropriété pour intégrer les charges spécifiques dans les charges de copropriété et les répartir en fonction du nombre de résidents par appartement. Enfin, une assemblée générale de l'ASL avait décidé de reprendre la gestion des services spécifiques, le transfert de gestion en faveur de l'ASL étant entériné par les assemblées générales des deux copropriétés. Plusieurs copropriétaires, s'opposant au paiement des charges qui leur étaient réclamées par l'ASL, avaient invoqué la nullité des assemblées générales de l'ASL et de ses statuts.

1° Les copropriétaires contestant la **modification de la répartition des charges** et celle de la destination de l'immeuble, ils avaient demandé l'annulation des actes de l'ASL ayant entériné ces décisions.

La cour d'appel d'Angers a jugé que la demande d'annulation des assemblées générales antérieures à 5 ans à compter de l'assignation était prescrite : la loi du 21 juin 1865 et l'ordonnance du 1er juillet 2004 ne prévoyant pas de délai pour contester et le délai de 2 mois du statut de la copropriété n'étant pas applicable, c'est le délai quinquennal de l'article 1304 du Code civil qui s'applique. Décision confirmée par la Cour de cassation.

2° Les copropriétaires avaient ensuite remis en cause la licéité de l'**objet de l'ASL**, qui, à leurs yeux, ne pouvait légalement concerner que la réalisation de travaux de mise en valeur ou d'entretien d'immeubles et non la gestion de services d'accueil de retraités actifs et autonomes. Là encore ils furent déboutés. Le règlement de copropriété relatif aux parties communes mentionnait dès l'origine l'existence de locaux propres à la destination de résidence de services. Les statuts de l'ASL en reprenant la teneur, la gestion et l'entretien des équipements et services communs entraient bien dans les prévisions de la loi de 1865 dont l'énumération n'est pas limitative et de l'ordonnance de 2004 qui autorise la constitution d'une ASL pour la mise en place des services collectifs et communs destinés à assurer la jouissance de l'immeuble conformément à sa destination.

En revanche, la Cour de cassation a censuré la cour d'appel en ce qu'elle avait jugé que les **assemblées générales** de l'ASL avaient pu valablement n'être **constituées** que des seuls membres susceptibles de bénéficier des services collectifs dès lors que le périmètre d'intervention syndicale était enfermé par l'objet statutaire de l'ASL, lequel se limitait aux services spécifiques. : une fois créée, l'ASL s'impose à tous les propriétaires d'immeubles inclus dans son périmètre et tous les membres de l'ASL doivent être convoqués à l'assemblée générale, même si l'objet de cette ASL se limite à la gestion de services qui ne bénéficient qu'à certains de ses membres.

3. FISCALITÉ

IMPÔTS DIRECTS

39110 Selon le type de montage, les revenus de l'investisseur sont imposés soit dans la **catégorie** des bénéfices industriels et commerciaux, soit, plus rarement, dans la catégorie des revenus fonciers. Aucun régime spécial n'ayant été prévu pour l'imposition des revenus provenant des hôtels ou résidences de tourisme ou des résidences-services, il convient de faire application des règles générales en fonction des clauses des contrats de location.

ATTENTION

Les investissements réalisés par des personnes physiques **jusqu'au 31 décembre 2022** dans certaines résidences-services (résidences pour étudiants ou pour personnes âgées essentiellement) pouvaient ouvrir droit à une réduction d'impôt. Ce régime, appelé « **Censi-Bouvard** », est réservé aux contribuables qui, dans le cadre d'une activité de location exercée à titre non professionnel et dont le produit est imposé dans la catégorie des bénéfices industriels et commerciaux (BIC), destinent le logement à une location meublée (CGI art. 199 sexvicies, modifié par Loi 2023-1322 du 29-12-2023 qui impose une date limite d'achèvement du logement ou des travaux de réhabilitation ou de rénovation au plus tard le 1er juillet 2025, ou dans les quatre ans de l'acquisition de logements acquis en l'état futur d'achèvement après le 1er juillet 2021). Pour en bénéficier, le propriétaire s'est engagé à louer le logement pendant au moins neuf ans à l'exploitant de l'établissement ou de la résidence. En cas de non-respect de l'engagement de location ou en cas de cession du logement, la réduction d'impôt fait, sauf exception, l'objet d'une reprise.

39112 **Bénéfices industriels et commerciaux** Lorsque le **logement est loué meublé** par le propriétaire, ce dernier est imposable sur les revenus retirés dans la catégorie des BIC soit en tant que loueur professionnel, soit en tant que loueur non professionnel (sur les critères de distinction entre loueurs professionnels et loueurs non professionnels, voir n° 49460).

Dans le cas le plus fréquent où les loyers sont soumis à la TVA, le régime micro-BIC est exclu, l'imposition des loyers étant obligatoirement établie selon un régime réel d'imposition (simplifié ou normal).

Les revenus sont également imposés dans la catégorie des BIC lorsque la location de locaux non destinés à être meublés présente un **caractère commercial** en raison des modalités prévues dans le contrat de bail ; il en est ainsi notamment dans le cas où la location constitue pour le bailleur le moyen de participer à la gestion ou aux résultats d'une entreprise commerciale, ou lorsque le propriétaire fournit, de manière directe ou indirecte, des services attachés à la location des logements.

Revenus fonciers Si les **logements sont loués nus** par le propriétaire au gestionnaire de la résidence, même s'ils sont destinés à être sous-loués meublés aux clients, et sauf cas rare où la location revêt un caractère commercial, l'imposition des revenus relève de la catégorie des revenus fonciers. 39115

TVA

Sur les règles générales d'imposition applicables en matière de TVA, voir les développements aux nos 50050 s. 39120

CONTRIBUTION ÉCONOMIQUE TERRITORIALE

Lorsque le logement est **loué nu à usage d'habitation** au preneur, dans le cadre d'un bail d'habitation, le propriétaire du logement n'est pas soumis à la contribution économique territoriale. En revanche, si le preneur fait un **usage commercial** des locaux, ce qui est le cas de l'exploitant d'un établissement d'hébergement, l'activité de location du bailleur ne peut pas être regardée comme portant sur des immeubles nus à usage d'habitation (même si la destination finale des locaux est l'habitation) et elle entre donc dans le champ d'application de la cotisation foncière des entreprises (CFE), et corrélativement, de la cotisation sur la valeur ajoutée (CVAE) si le chiffre d'affaires du redevable excède une certaine limite (CE 4-5-2018 n° 402897 : RJF 7/18 n° 762). La CFE n'est toutefois pas due lorsque l'activité de location ou de sous-location d'immeubles nus est exercée par des personnes qui, au cours de la période de référence, en retirent des recettes brutes inférieures à 100 000 €. 39125

La location en **meublé** constitue en principe par nature une activité professionnelle passible de la cotisation foncière des entreprises (et corrélativement, de la cotisation sur la valeur ajoutée, le cas échéant). Cette présomption joue sans qu'il soit besoin de rechercher si l'activité de location est exercée de manière régulière, ni si elle implique la mise en œuvre de moyens matériels ou intellectuels. En cas de conventions en cascade, l'activité de chaque bailleur, propriétaire ou locataire intermédiaire, est imposable (BOI-IF-CFE-10-20-20-30 n° 20).

SECTION 2 APPLICATION DU STATUT DES BAUX COMMERCIAUX AUX HÔTELS ET RÉSIDENCES-SERVICES

Selon l'article L 145-1 du Code de commerce, les dispositions du statut s'appliquent aux baux des immeubles ou locaux dans lesquels un fonds est exploité (nos 33000 s.). Si les critères du bail et du local ne posent pas en principe de difficultés pour les hôtels et résidences-services, celui de l'**existence d'un fonds de commerce** exploité dans les locaux loués peut s'avérer plus délicat à caractériser. 39200

Dans un premier temps, la Cour de cassation a refusé le bénéfice du statut des baux commerciaux à une société, commerciale par la forme, dont l'activité consistait à fournir des 39205 logements meublés à sa clientèle dont elle était locataire, aux motifs que les appartements constituaient l'objet de l'activité de la société mais non le lieu où celle-ci exploitait un fonds de commerce (Cass. 3e civ. 10-11-1993 n° 91-12.626 PF : RJDA 1/94 n° 11). Dans une affaire qui portait sur le bail consenti à l'exploitant d'une résidence de tourisme classée, la Cour de cassation a toutefois semblé abandonner ce **critère** pour celui de la fourniture de services dans les locaux loués lequel, s'il est rempli, entraîne l'application du statut des baux commerciaux (Cass. 3e civ. 10-2-1999 n° 97-14.669 PB : RJDA 5/99 n° 529).

39206 La contradiction entre ces deux arrêts n'est en réalité qu'apparente. Dans l'espèce de 1993, la société locataire se bornait à sous-louer des appartements meublés disséminés dans des immeubles différents, sans aucune unité physique ni exploitation. Il n'y avait aucune activité exercée à partir des appartements et donc aucun fonds de commerce exploité dans les lieux loués. De même, dans une espèce similaire, où la question de la commercialité de l'activité de location meublée touristique se posait au regard de sa conformité au règlement de copropriété, la Cour de cassation a relevé que l'activité exercée par la société gestionnaire ne s'accompagnait d'aucune prestation de services accessoires ou seulement de prestations de services mineures ne revêtant pas le caractère d'un service parahôtelier et demeurait en conséquence civile (Cass. 3e civ. 25-1-2024 n° 22-21.455 F-D : RJDA 5/24 n° 277). On relèvera que la société locataire se bornait là aussi à sous-louer des appartements disséminés dans une résidence à usage d'habitation, sans aucune unité d'exploitation ni gestion des parties communes.

En revanche, dans l'espèce de 1999, le bail portait sur un immeuble exploité de façon autonome pour une destination commerciale de résidence de tourisme classée impliquant nécessairement un minimum de **services rendus dans les lieux loués,** tels que la réception de la clientèle, le nettoyage des appartements, la fourniture de linge de toilette et de maison. Dès lors, les appartements loués étaient non seulement l'objet de l'activité de la société locataire, mais le lieu de l'exploitation d'un fonds de commerce.

Dans cet arrêt, la Cour de cassation n'a défini ni la **nature** ni l'**importance** de ces **services.** On sait seulement qu'ils doivent être fournis en sus de la location. Ce principe posé par la Cour de cassation renvoie à la théorie des actes civils accessoires, c'est-à-dire des « actes qui sont des actes de commerce par nature mais qui, exceptionnellement, prennent une coloration civile parce qu'ils sont faits par des non-commerçants pour les besoins de leur profession civile, à titre d'accessoire nécessaire » (Hamel, Lagarde et Jauffret, Droit Commercial : Dalloz 1980 T.I., vol. 1 n° 183). C'est ainsi que le bailleur de locaux meublés ne devient pas commerçant car la location de meubles, acte de commerce, est l'accessoire de la location de l'immeuble, acte civil par nature (Cass. soc. 16-3-1995 n° 92-19.851 P : RJS 6/95 n° 715). En revanche, lorsque la location meublée s'accompagne de services, la Cour de cassation semble considérer que la location devient commerciale par accessoire, dans la mesure où elle se fond dans un ensemble complexe constitué par l'hébergement des clients comprenant la mise à disposition de locaux, de meubles et la fourniture de prestations, au service d'un établissement d'hébergement expressément qualifié de « commercial » par le Code de tourisme.

Il n'y a dès lors pas lieu de quantifier les services ; il suffit qu'ils existent, pour que l'activité de location d'immeuble, civile par nature, devienne une activité commerciale d'hébergement génératrice d'un fonds de commerce.

Les juridictions du fond doivent s'attacher à vérifier l'existence de services proposés par l'exploitant, qu'ils soient utilisés ou non par les clients, sans entrer dans leur quantification, conformément à la jurisprudence de 1999.

39210 L'existence d'un fonds de commerce éligible au statut des baux commerciaux a ainsi été reconnue dans les cas suivants :

– **Pour une résidence-services** : alors que le bailleur faisait valoir que le chiffre d'affaires généré par les services parahôteliers était modique par rapport à celui tiré de l'activité hébergement proprement dite, la cour d'appel a considéré que, les parties ayant volontairement convenu de soumettre le bail aux dispositions du statut des baux commerciaux, il importait peu que les prestations parahôtelières fournies aient un caractère accessoire, étant observé que l'offre de ces prestations constitue un élément entrant dans le choix des occupants, peu important qu'ensuite ils n'utilisent ces services que modérément dans leur ensemble. Par suite, la société locataire exerçait dans les lieux loués une activité de prestations parahôtelières dans le cadre de l'exploitation de son fonds de commerce de gestion et d'exploitation de résidences (CA Paris 25-1-2012 n° 10/06401, ch. 5-3 : AJDI 2012 p. 197).

– **Pour une résidence étudiante** : une société exploitant une résidence universitaire bénéficie du statut des baux commerciaux dès lors qu'elle ne se contente pas d'exercer une activité de sous-location pure et simple mais consent aux étudiants le bénéfice d'installations communes et des prestations supplémentaires notamment « de nettoyage, fourniture de petits déjeuners ou de linge » (TGI Paris 7-10-2010 nº 08/13744, 18ᵉ ch., sect. 2). La même solution a été adoptée à l'égard d'un autre exploitant de résidence universitaire qui offrait comme prestations supplémentaires, notamment le nettoyage des locaux, la fourniture de petits déjeuners et de linge de maison, un service d'accueil et de gardiennage (TGI Paris 14-10-2010 nº 09/11637, 18ᵉ ch. sect. 2).

> Précisions a. Dans une réponse ministérielle relative au champ d'application du **droit de préemption du locataire** institué par l'article L 145-46-1 du Code de commerce, le ministre de l'économie et des finances a précisé, dans le droit fil de cette jurisprudence, que le locataire de locaux destinés à la sous-location en résidence étudiante, hôtelière ou Ehpad bénéficie du droit de préemption accordé au locataire commercial en cas de vente des locaux s'il fournit trois prestations d'hébergement, telles que petit déjeuner, ménage, linge de maison ou réception (Rép. Le Grip : AN 13-11-2018 nº 9737 : BPIM 6/18 inf. 439). C'est bien le critère de la fourniture de l'offre de services qui est déterminant pour caractériser l'existence d'un fonds de commerce d'hébergement permettant au locataire de bénéficier du statut des baux commerciaux.

b. **À notre avis,** l'obligation faite à l'exploitant d'une résidence de tourisme classée de s'engager pour une durée ferme de neuf ans lors de la conclusion du bail commercial, instituée par l'article L 145-7-1 du Code de commerce, présume la **commercialité de l'activité de résidence de tourisme classée.** Le statut des baux commerciaux n'est en effet applicable que si le locataire exploite un fonds de commerce dans les locaux loués, ce qui implique l'exercice d'une activité commerciale. En intégrant l'exploitant d'une résidence de tourisme dans le statut des baux commerciaux, en lui imposant de conclure un bail commercial d'une durée ferme de neuf ans, le législateur donne nécessairement une qualification commerciale à cette activité.

c. **L'exploitant d'une résidence de tourisme, située en zone de montagne** au sens de l'article 3 de la loi nº 85-30 du 9 janvier 1985 relative au développement et à la protection de la montagne, peut céder à titre gratuit son droit de préemption légal (C. com. art. L 145-46-1) à un établissement public y ayant vocation, à une société d'économie mixte, à une société publique locale ou à un opérateur agréé par l'État ; le cessionnaire du droit s'engage à ce que les biens acquis soient exploités en qualité de résidence de tourisme pour une durée de neuf ans au moins. La cession doit être constatée par écrit, à peine de nullité ; elle produit effet à l'égard du propriétaire du local lorsqu'elle lui a été signifiée ou lorsqu'il en prend acte (C. tourisme art. L 321-5 issu de loi 2022-1217 du 21-2-2022).

SECTION 3

DURÉE DU BAIL DES HÔTELS ET RÉSIDENCES-SERVICES

GÉNÉRALITÉS

La durée d'un bail commercial à usage d'hôtel ou de résidence de tourisme ne peut pas être inférieure à neuf ans, dès lors qu'il relève du statut des baux commerciaux (C. com. art. L 145-4, al. 1). 39250

Mais alors que tous les locataires commerciaux, sans exception, bénéficient de la faculté de **résiliation triennale,** et qu'ils ne peuvent plus renoncer à cette faculté, hormis pour les baux conclus pour une durée supérieure à neuf ans, les locaux monovalents et les locaux à usage exclusif de bureau, l'exploitant d'une résidence de tourisme mentionnée à l'article L 321-1 du Code du tourisme se voit dénier par le législateur cette possibilité, de telle sorte que le bail commercial a une durée ferme minimum de neuf ans (C. com. art. L 145-7-1).

Bien que l'article L 145-7-1 ne fasse pas partie des dispositions impératives expressément visées par le Code de commerce, la Cour de cassation a jugé que cet article est d'ordre public et qu'il s'applique aux baux en cours au jour de son entrée en vigueur, le 25 juillet 2009 (Cass. 3ᵉ civ. 9-2-2017 nº 16-10.350 FS-PBI : RJDA 4/17 nº 228 ; Cass. 3ᵉ civ. 7-9-2023 nº 21-14.279 FS-B : RJDA 1/24 nº 8). On peut s'étonner de la formulation de la Cour de cassation qui s'est référée au seul caractère d'ordre public du texte pour justifier son application immédiate aux baux en cours. En effet, la nature d'ordre public d'un texte ne suffit pas en principe à justifier son application aux contrats en cours ; encore faut-il que l'ordre public soit particulièrement impératif (notamment, Cass. 1ʳᵉ civ. 4-12-2001 nº 98-18.411 FP-P : RJDA 6/02 nº 719).

CHAMP D'APPLICATION DE L'EXCLUSION DE LA RÉSILIATION TRIENNALE

39255 L'exclusion de la faculté de résiliation triennale est une règle instituée par le législateur pour protéger l'investissement des particuliers qui ont eu à souffrir par le passé de montages hasardeux de résidences de tourisme laissées en déshérence par leur exploitant. Elle a néanmoins vocation à s'appliquer à tous les biens portant sur des résidences de tourisme, sans considération de la personne du **bailleur.**

Compte tenu de la référence aux dispositions de l'article L 321-1 du Code du tourisme, il apparaît que l'article L 145-7-1 du Code de commerce s'applique uniquement aux **résidences** de tourisme classées, de sorte que les résidences de tourisme non classées ne devraient pas logiquement y être soumises quand bien même le statut des baux commerciaux leur serait applicable.

39260 **Application de l'exclusion au bail renouvelé** La **question** de l'application de l'article L 145-7-1 au bail renouvelé présente un enjeu économique substantiel ; elle vient d'être **tranchée** par la Cour de cassation après avoir reçu des réponses divergentes des juges du fond (pour une réponse positive, CA Poitiers 28-5-2019 n° 17/03289 : RJDA 3/20 n° 134 ; pour une réponse négative, CA Paris 27-1-2021 n° 19/14657, ch. 5-3 : RJDA 5/21 n° 297).

Le texte vise « les baux commerciaux signés entre les propriétaires et les exploitants de résidences de tourisme » sans distinguer selon qu'il s'agit de baux initiaux ou de baux renouvelés. La Haute Juridiction a énoncé qu'il résulte des travaux parlementaires que l'objectif poursuivi par le législateur est de rendre fermes de tels baux commerciaux afin d'assurer la pérennité de l'exploitation pendant une période initiale minimale de neuf ans. Elle a ajouté que, d'une part, selon l'article L 145-12 du Code de commerce, qui est d'ordre public, sauf accord des parties pour une durée plus longue, la durée du bail renouvelé est de neuf ans et, d'autre part, les dispositions de l'article L 145-4, al. 2 et 3 du même Code, relatives au droit de résiliation du locataire et du bailleur à l'expiration de chaque période triennale, sont applicables au cours du bail renouvelé. Elle en a déduit que l'article L 145-7-1 du Code de commerce n'est pas applicable aux baux renouvelés soumis au seul article L 145-12 du même Code (Cass. 3e civ. 7-9-2023 n° 21-14.279 FS-B : RJDA 1/24 n° 8).

CONSTITUTIONNALITÉ DE L'ARTICLE L 145-7-1 DU CODE DE COMMERCE

39280 On pouvait s'interroger sur la constitutionnalité de l'article L 145-7-1 du Code de commerce au regard du principe d'égalité des citoyens devant la loi et les charges publiques édicté par l'article 6 de la Déclaration des droits de l'Homme et du citoyen. En imposant aux seuls exploitants des résidences de tourisme classées l'obligation de conclure un bail d'une durée ferme de neuf ans, l'article L 145-7-1 crée, en effet, une discrimination entre les preneurs à bail commercial puisque tous les autres locataires bénéficient de cette faculté de résiliation triennale. Il en va ainsi en particulier des exploitants des autres types de résidences-services (résidences pour étudiants, résidences pour personnes âgées, Ephad) qui ne sont pas soumis à la même contrainte, alors qu'ils sont exactement dans la même situation et utilisent le même schéma juridique et fiscal avec les investisseurs, notamment le régime Censi-Bouvard permettant des réductions d'impôts.

Tel était le sens de la **question prioritaire de constitutionnalité** posée mais la Cour de cassation a refusé de la renvoyer au Conseil constitutionnel pour les raisons suivantes : la question ne portant pas sur l'interprétation d'une disposition constitutionnelle dont le Conseil constitutionnel n'aurait pas encore eu l'occasion de faire application, elle n'était pas nouvelle ; elle ne présentait pas un caractère sérieux, en ce que la différence de traitement existant entre les preneurs de logements situés dans une résidence de tourisme classée, qui seuls ne peuvent user de la faculté de résiliation triennale, et les autres locataires commerciaux, est justifiée par un motif d'intérêt général d'ordre économique tenant à la nécessité de garantir la pérennité de l'exploitation des résidences de tourisme classées, lequel est en rapport avec l'objet de la loi qui est de protéger les propriétaires du risque de désengagement, en cours de bail, des exploitants (Cass. 3e civ. QPC 16-3-2017 n° 16-40.253 FS-PB).

Pour Philippe Riglet, cette motivation paraît singulière, dans la mesure où, selon les dispositions des articles 23-2 et 23-5 de l'ordonnance 58-1067 du 7 novembre 1958 portant loi organique sur le Conseil constitutionnel, c'est la question posée qui doit être nouvelle et non l'interprétation de la disposition constitutionnelle invoquée, faute de quoi la plupart des QPC seraient vouées à l'échec car elles sont en grande partie fondées sur les grands principes énoncés dans la Constitution et son préambule, tels que l'égalité devant la loi. Par ailleurs, force est de constater que la Cour de cassation n'a pas répondu aux moyens du pourvoi selon lesquels cet objectif de protection et le particularisme de la situation de certains bailleurs n'étaient pas de nature à justifier les différences de traitement en cause. Il semble que la Cour de cassation soit allée beaucoup plus loin que le simple contrôle du caractère sérieux de la QPC et ait tranché elle-même la question de la constitutionnalité de la loi.

SECTION 4 TRAVAUX RÉALISÉS DANS LES LOCAUX LOUÉS À USAGE D'HÔTEL OU DE RÉSIDENCE-SERVICES

Le régime juridique des travaux diffère selon que le bail porte sur un hôtel de tourisme ou un autre type d'établissement d'hébergement. 39300

1. TRAVAUX RÉALISÉS DANS LES HÔTELS

PRINCIPE

Le propriétaire d'un immeuble dans lequel est exploité un hôtel ne peut s'opposer, nonobstant toute stipulation contraire, à l'exécution des travaux d'équipement et d'amélioration que le locataire, propriétaire du fonds de commerce, réalise à ses frais et sous sa responsabilité (C. tourisme art. L 311-1). 39310

Ces dispositions s'appliquent à tous les hôtels, quelle que soit la catégorie à laquelle ils appartiennent.

Lors du départ du locataire ou de l'acquéreur du droit au bail, le bailleur ne peut pas exiger la **remise des lieux dans** leur **état antérieur,** les lieux étant restitués dans l'état où ils se trouvent (C. tourisme art. L 311-4, al. 1). 39312

Bien que le texte ne le précise pas, il convient de comprendre que les locaux loués sont restitués dans l'état où ils se trouvent suite aux travaux d'amélioration, ce qui ne préjuge en rien des comptes que le locataire pourrait avoir à rendre au bailleur en cas de non-respect de ses obligations contractuelles.

NATURE DES TRAVAUX AUTORISÉS DANS LES HÔTELS

Les travaux sont **limitativement énumérés** par l'article L 311-1 du Code du tourisme et concernent : 39315

- la distribution de l'eau, du gaz et de l'électricité ;
- l'installation du téléphone, d'appareils récepteurs de radiodiffusion et de télévision ;
- l'équipement sanitaire ;
- le déversement à l'égout ;
- l'installation du chauffage central ou de distribution d'air chaud ou climatisé ;
- l'installation d'ascenseurs, monte-charge et monte-plats ;
- l'aménagement des cuisines et offices ;
- la construction de piscines, même si ces travaux doivent entraîner une modification dans la distribution des lieux.

FORMALITÉS PRÉALABLES AUX TRAVAUX DANS LES HÔTELS

Avant de procéder aux travaux, le locataire doit **notifier son intention** à son propriétaire par lettre recommandée avec demande d'avis de réception. Un plan d'exécution et un devis descriptif et estimatif des travaux projetés sont joints à cette notification (C. tourisme art. L 311-2). 39320

Deux situations peuvent alors se présenter :

1° Les travaux n'affectent pas le gros œuvre de l'immeuble : le locataire peut commencer les travaux dès la notification ;

2° Les travaux affectent le gros œuvre : le propriétaire dispose alors d'un délai de deux mois pour informer dans la même forme le locataire de son acceptation ou de son refus. Le défaut de réponse est réputé valoir accord (C. tourisme art. L 311-2) ; en cas de refus du propriétaire, les travaux ne peuvent être entrepris qu'après avis favorable d'une commission dont la composition et le fonctionnement sont fixés par décret pris sur avis du Conseil d'État et dans laquelle sont représentés en nombre égal les hôteliers et les propriétaires d'immeubles (C. tourisme art. L 311-1, dern. al. ; art. R 311-1 ; art. D 311-2).

Dans ce dernier cas le locataire doit, avant d'entreprendre tous travaux, attendre soit l'expiration du délai de deux mois, soit l'accord du bailleur, soit, en cas de désaccord, l'avis favorable de la commission.

39325 La **notification** est une formalité **substantielle** dont l'omission prive le locataire de tout droit à invoquer les dispositions des articles L 311-1 et suivants du Code du tourisme (Cass. 3e civ. 21-2-2001 n° 237 FS-PB : RJDA 5/01 n° 565 ; Cass. 3e civ. 10-7-2002 n° 1255 FS-D ; Cass. 3e civ. 3-5-2007 n° 06-11.210 FS-PB : RJDA 10/07 n° 935).

En outre, l'absence de notification constitue une **faute** justifiant la résiliation du bail (Cass. 3e civ. 10-7-1996 n° 1255 D : RJDA 11/96 n° 1299). En conséquence, viole l'article 2 de la loi du 1er juillet 1964 (désormais C. tourisme art. L 311-2) la cour d'appel qui, pour rejeter une demande en résiliation de baux pour défaut d'autorisation du bailleur en vue d'exécuter divers travaux, retient que le locataire a normalement rempli ses obligations, n'ayant exécuté les travaux qu'après l'expiration du délai de réponse de deux mois prévu par la loi précitée, sans constater que le plan d'exécution et le devis descriptif et estimatif des travaux projetés avaient été adressés au propriétaire par lettre recommandée avec demande d'avis de réception (Cass. 3e civ. 5-5-1999 n° 734 D : RJDA 6/99 n° 648).

PRISE EN COMPTE DES TRAVAUX RÉALISÉS DANS LES HÔTELS

39330 **Pour la fixation du loyer** L'article L 311-3 du Code du tourisme institue un **mécanisme** original **de neutralisation** des travaux réalisés par le locataire : pendant la durée du bail en cours et celle du bail renouvelé qui lui fait suite et pour une durée de douze années « à compter du délai d'exécution mentionné à l'article L 311-2 », le propriétaire ne peut prétendre à aucune majoration de loyer du fait de leur incorporation à l'immeuble. Ce dernier texte prévoit que le locataire doit notifier au bailleur son intention de procéder aux travaux et que, si ceux-ci affectent le gros œuvre, le propriétaire dispose d'un délai de deux mois pour informer le locataire de son accord ou de son refus.

La Cour de cassation a apporté les précisions suivantes (Cass. 3e civ. 13-11-2013 n° 12-21.165 FS-PB : Bull. civ. III n° 141 ; BPIM 1/14 inf. 65) :

– le délai de 12 ans court à compter de la date à laquelle les travaux sont exécutés et non pas de celle à laquelle le propriétaire a donné son accord sur les travaux ;

– lorsque le délai s'achève au cours du bail renouvelé, le loyer est augmenté pour prendre en compte les améliorations sans qu'il y ait lieu de reporter l'incorporation des améliorations au renouvellement suivant.

La solution retenue par la Cour de cassation, et confirmée par la cour de renvoi (CA Paris 24-6-2016 n° 14/054467 : Loyers et copr. 2015 comm. n° 215), a le mérite de ne pas laisser de côté l'hypothèse où, en l'absence de projet affectant le gros œuvre, le locataire peut commencer les travaux sans délai.

39332 Le locataire ne peut pas revendiquer le bénéfice de l'article L 311-3 du Code du tourisme si, avant d'engager les travaux, il n'a pas **notifié au propriétaire** son **intention** de **réaliser** les **travaux.** Ainsi, un locataire qui ne soutient pas avoir procédé à cette notification ne peut se prévaloir de ces dispositions (Cass. 3e civ. 1-3-2000 n° 325 PB : RJDA 5/00 n° 518).

Il importe peu qu'il ait accompli les travaux au vu et au su du bailleur qui ne s'y était pas opposé (CA Dijon 3-11-1994 n° 93-1739, 1e ch. sect. 2 : Loyers et copr. 1995 comm. n° 376 note Ph.-H. Brault). De même, la seule stipulation du contrat de bail par laquelle le bailleur autorise d'ores et déjà le locataire à la réalisation de travaux ne suffit pas à le dispenser des formalités de la notification préalable (CA Aix-en-Provence 19-10-2012, 11e ch. A, n° 2012/497 : Juris-Data n° 2012-029092).

Dans ce cas, le bailleur peut demander la fixation du loyer du bail renouvelé à la valeur locative sur le fondement de l'article L 145-10 du Code de commerce en raison de la monovalence des locaux (Cass. 3e civ. 12-7-2000 n° 1129 FS-D : RJDA 11/00 n° 958). Un arrêt de la Cour de cassation a toutefois admis que des travaux réalisés par le locataire autres que ceux relevant de la loi hôtelière, et au financement desquels le bailleur n'avait pas participé, pouvaient bénéficier des dispositions de l'article R 145-8 du Code de commerce au titre des améliorations (Cass. 3e civ. 3-5-2007 n° 06-11.210 FS-B : RJDA 10/07 n° 935 ; dans le même sens, CA Paris 29-11-2006 n° 05-14606, 16e ch. A : Administrer-2-2007 p. 34).

> **> Précisions** La formalité de la notification préalable au bailleur a été étendue à la **révision du loyer** dans le cadre de l'article L 145-38 du Code de commerce (TGI Paris 20-6-2015 n° 12/15902), ce qui paraît plus critiquable, dans la mesure où les dispositions d'ordre public de cet article prévoient qu'en aucun cas il n'est tenu compte, pour le calcul de la valeur locative, des investissements du locataire, ni des plus ou moins-values résultant de sa gestion pendant la durée du bail en cours.

Pour la détermination de la valeur locative En pratique, experts et tribunaux déterminent dans un premier temps la valeur locative de l'hôtel dans son état actuel, c'est-à-dire après travaux, et appliquent ensuite un abattement pour neutraliser la valeur des travaux, lequel varie en fonction de leur importance (pour un abattement de 40 % : Cass. 3e civ. 15-11-2000 n° 99-13.134 : RJDA 2/01 n° 134). 39335

Lorsque la période de douze années s'achève au cours du bail à renouveler, le locataire peut néanmoins obtenir un abattement pour travaux. Plusieurs pratiques ont pu être observées lorsque l'accession des travaux hôteliers s'opère durant cette période :

– la non-prise en compte des travaux dont l'incorporation à l'immeuble n'est pas encore opérée ;

– la pratique d'un abattement modulé pour tenir compte de ce qu'il a déjà été pratiqué un « amortissement » économique éventuellement substantiel sur la durée du bail antérieur ;

– la limitation d'un abattement au taux plein à la seule période précédant la date d'effet de l'accession : cette solution a été validée par la cour d'appel de Paris (CA Paris 10-1-2001 n° 98-2248, 16e ch. A : Administrer avril 2001 p. 56 obs. B. Boccara), et confirmée par la Cour de cassation (Cass. 3e civ. 13-11-2013 n° 12-21.165 FS-PB : Bull. civ. III n° 141) ;

– le lissage sur la durée du bail à renouveler des deux paliers de loyers comme dans le calcul précédent.

En présence d'une clause du bail différant l'accession aux travaux en fin de jouissance, il semble que, conformément à ce qui a été jugé pour l'article R 145-8 du Code de commerce (n° 83980), les travaux du locataire, même après douze ans, ne puissent pas être intégrés dans la valeur locative. 39340

Un arrêt de la cour d'appel de Paris, qui toutefois n'a pas été rendu dans cette hypothèse précise, paraît incliner pour une solution contraire. Dans cette affaire, le locataire, qui ne remplissait pas les conditions d'application du texte faute d'avoir procédé à la notification prévue à l'article L 311-2, se prévalait d'une clause du bail qui selon lui reportait l'accession en fin de jouissance, et revendiquait de ce fait la neutralisation des travaux. La cour d'appel a rejeté sa demande en considérant qu'au regard des dispositions d'ordre public de la loi du 1er juillet 1964 (désormais C. tourisme art. L 311-1 s.), il était indifférent que les améliorations en cause aient, à l'époque du renouvellement, fait ou non accession au bailleur (CA Paris 14-11-2005 n° 04-11995, 16e ch. A : Loyers et copr. 2007 comm. n° 1 note Ph.-H. Brault). Cette solution, à notre avis très critiquable dans la mesure où elle fait fi de la volonté des parties, a néanmoins été confirmée par la Cour de cassation (Cass. 3e civ. 3-5-2007 n° 06-11.210 FS-B : RJDA 10/07 n° 935). Dans un arrêt postérieur, la cour d'appel de Paris semble toutefois revenir à une application plus orthodoxe de la clause d'accession (CA Paris 27-2-2013 n° 11/05464, ch. 3-5 : RJDA 2/14 n° 87).

Pour la fixation de l'indemnité d'éviction En cas de refus de renouvellement du bail, le montant de l'indemnité d'éviction prévue par l'article L 145-14 du Code de commerce (n° 66010) est fixé compte tenu de la plus-value apportée au fonds de commerce par l'exécution des travaux (C. tourisme art. L 311-4, al. 2). 39345

CONTESTATIONS RELATIVES AUX TRAVAUX DANS LES HÔTELS

Les contestations relatives à l'application des dispositions des articles L 311-1 et suivants du Code du tourisme sont jugées conformément au Code de commerce (art. L 145-56 et L 145-60) mais elles n'entraînent pas la suspension des travaux. 39350

2. TRAVAUX RÉALISÉS DANS DES ÉTABLISSEMENTS D'HÉBERGEMENT AUTRES QUE DES HÔTELS

Les résidences de tourisme et les autres établissements d'hébergement ne bénéficient pas de la loi hôtelière sur les travaux. Les travaux réalisés par le locataire dans les lieux loués obéissent au même régime juridique que celui applicable aux locaux monovalents. Ce régime particulier est exposé nos 84100 s. 39360

SECTION 5

LOYER DU BAIL RENOUVELÉ DES HÔTELS ET RÉSIDENCES-SERVICES

1. RÉGIME APPLICABLE

39400 Le renouvellement des baux à usage d'hôtels ou de résidences-services s'inscrit dans la problématique de la monovalence qui, selon l'article R 145-10 du Code de commerce, s'entend de locaux construits en vue d'une seule utilisation. Ce régime autonome de détermination du loyer déroge au régime général dans la mesure où il échappe à la règle du plafonnement (nos 54900 s.) et où la valeur locative ne repose pas sur la méthode des prix de comparaison, mais est fonction des usages observés dans la branche d'activité considérée (nos 39500 s.).

MONOVALENCE DES HÔTELS

39410 Certaines activités nécessitent par nature, pour être exercées, des aménagements lourds touchant la structure de l'immeuble, dont la spécificité conduit presque à coup sûr à la monovalence. Il en est ainsi de la structure particulière des locaux à usage d'hôtel comportant un hall de réception et surtout des chambres sur plusieurs niveaux rendant leur changement d'affectation très coûteux. Il a ainsi été jugé que des locaux à usage d'hôtel ne sauraient être transformés sans d'importantes modifications de structures et dépenses d'équipement, en maison de repos ou de retraite (CA Orléans 25-9- 2003 n° 02-1863, ch. com. : Bull. inf. C. cass. 15-5-2004 n° 799 ; voir aussi Cass. 3e civ. 14-3-1979 n° 77-13.035 : Gaz. Pal. 1979 pan. p. 306 ; Cass. 3e civ. 15-9-2015 n° 14-15.069 F-D).

En présence de commerces dépendant du même bail qu'un hôtel, l'importance respective des surfaces peut peser sur l'appréciation de la monovalence. Il peut en être ainsi même en cas d'exploitation et d'accès indépendants si les surfaces en boutique sont d'importance relativement modeste, et alors même que la sous-location est autorisée (TGI Paris 24-5-2007 n° 04-07973). De manière plus traditionnelle, l'autonomie économique des commerces conduit à un constat de non-monovalence (CA Paris 11-12-2008 n° 08-00302 : Loyers et copr. 2009 comm. 67 et la jurisprudence analysée n° 54985).

MONOVALENCE DES RÉSIDENCES DE TOURISME ET RÉSIDENCES-SERVICES

39415 La jurisprudence a reconnu à plusieurs reprises la monovalence des maisons meublées à raison des aménagements spécifiques permettant leur exploitation.

ILLUSTRATIONS

C'est à juste titre que le premier juge a reconnu le caractère monovalent d'un local loué à usage de **pension de famille et maison de retraite** car, si l'immeuble construit et réalisé comme une grande maison bourgeoise du 19e siècle n'avait pas été édifié à l'origine pour une destination commerciale, il n'en reste pas moins qu'il a été loué et aménagé de manière spécifique, notamment par la création d'issues de secours extérieures conformément à la réglementation en vigueur.

CA Versailles 23-9-1993 n° 91-6584, 12e ch. : Rev. Loyers 1994 p. 199.

Présentent un caractère monovalent les locaux occupant la totalité d'un immeuble se composant d'un sous-sol, d'un rez-de-chaussée et de cinq étages, se situant à l'angle ouest des rues de Berri et d'Artois à Paris 8e, et loués pour une activité « de **locations** meublées ou non meublées bourgeoisement occupées ». En effet, l'aménagement résultant des travaux considérables d'un montant de 14 millions de francs engagés par le preneur pour une exploitation de **suites meublées** luxueuses de 55 m^2 à 200 m^2 ne permettait pas une modification de l'activité de la société preneuse en location d'appartements de type classique.

CA Paris 23-5-1997 n° 95-25082, 16e ch. B : Loyers et copr. 1997 comm. n° 262 note Ph.-H. Brault et C. Mutelet.

La monovalence doit être refusée pour deux **appartements** exploités en **meublés,** sans communication entre eux, sans entrée commune et sans aménagement spécifique, de telle sorte que les locaux loués pouvaient être transformés, sans travaux importants, pour une activité de bureaux ou d'ateliers.

CA Paris 6-12-2002, Caisse de retraite et de prévoyance des clercs et employés de notaires c/ Sté Match : Gaz. Pal. 2003 jur. p. 22, note Ph.-H. Brault.

En application des articles L 145-36 du Code de commerce et 23-8 du décret du 30 septembre 1953, le prix du bail des locaux construits en vue d'une utilisation peut, par dérogation aux dispositions précédentes relatives au plafonnement légal et aux critères de détermination de la valeur locative, être déterminé selon les usages observés dans la branche d'activité considérée. Tel est le cas des **locaux à usage de résidence de tourisme** et des parkings construits et affectés par le règlement de copropriété à cet usage exclusif.

TGI d'Albertville 22-3-2005 n° 05/00004.

La monovalence doit être reconnue pour un immeuble à usage de résidence-services loué par plusieurs propriétaires à un exploitant unique.

CA Versailles 29-4-2014 n° 09/05992, 12e ch.

Pour rejeter la qualification de locaux monovalents, l'expert s'est attaché aux seuls lieux dont le bailleur est propriétaire, sans se livrer à une analyse de l'ensemble à destination de **résidence étudiante.** Or, les lieux loués par le bailleur constituent des parties communes de la résidence étudiante, nécessaires à l'exploitation de l'ensemble de celle-ci. Aussi une résidence étudiante, à l'instar d'un hôtel, d'une maison de retraite ou de repos, qui pour être transformée nécessiterait nécessairement, dans son ensemble, des aménagements structurels importants et coûteux, doit être qualifiée de locaux monovalents.

TGI Paris 5-5-2016 n° 11/02634.

Il y a lieu de retenir la qualification de locaux monovalents pour des **logements étudiants** dès lors que le règlement de copropriété prévoyait une destination exclusive de l'immeuble à l'usage de résidence d'habitations locatives en meublé ou non, destinées au logement d'étudiants avec fourniture de services dont notamment ceux prévus à l'article 261-D du Code général des impôts et que l'immeuble, divisé en 262 studios destinés à l'habitation, ne pourrait être utilement transformé en un immeuble de bureaux, voire d'entreprise artisanale ou autre sans de coûteux aménagements dont la faisabilité légale ou technique n'est pas avérée.

CA Versailles 4-7-2017 n° 16/04294, 12e ch.

Ne sont pas monovalents les locaux à usage de **résidence étudiante** dès lors que, bien qu'ayant été construits en vue d'une seule utilisation, ils peuvent facilement être transformés sans d'importants travaux, puisque, ainsi que le notent les experts, seule la salle de cafétéria serait à affecter à un autre usage.

CA Paris 2-5-2018 n° 16/16703, ch. 5-3.

Il n'est pas certain que le débat sur la monovalence des maisons meublées et des résidences de tourisme ait été correctement posé. **39420**

Tout d'abord, la **possibilité de changer l'affectation** ne devrait pas s'apprécier par rapport à un usage d'habitation traditionnelle mais par rapport à un autre usage commercial, puisqu'il s'agit d'évaluer la polyvalence d'une affectation commerciale. Ainsi, à propos d'un hôtel transformé en résidence de locaux meublés sans lieu de réception centralisée et sans personnel sur place, il a été jugé que si les locaux loués pouvaient être rendus, sans moindres travaux à l'habitation, cela ne constituait pas un changement de destination puisqu'il ne s'agit pas d'une autre activité commerciale, ne faisant pas échec à la monovalence (CA Paris 4-3-2009 n° 08-5014, 16e ch. A : Loyers et copr. 2009 comm. n° 178 note Ph.-H. Brault).

Ensuite, pour analyser cette possibilité de transformation, il ne faut pas tenir compte uniquement des critères physiques et matériels, mais aussi des contraintes légales. Par exemple, dans les zones touristiques de montagne ou de bords de mer, les plans locaux d'urbanisme (PLU) interdisent souvent le changement d'affectation ou affectent des coefficients d'occupation des sols différents suivant les destinations dans le but de préserver les équipements d'hébergements touristiques. Ainsi, il a été jugé qu'une résidence-service présentait un caractère monovalent dès lors que les locaux ne pouvaient être transformés en appartements sans, d'une part, une modification du règlement de copropriété nécessitant un vote unanime de tous les copropriétaires et, d'autre part, l'obtention d'autorisations administratives et une mise en conformité de la résidence avec les dispositions du plan local d'urbanisme (CA Poitiers 13-11-2018 n° 17-02335, 2e ch. : AJDI 2019 p. 370).

2. DÉTERMINATION DE LA VALEUR LOCATIVE DES HÔTELS ET RÉSIDENCES-SERVICES

GÉNÉRALITÉS

Le principe étant de faire référence en matière de locaux monovalents aux usages de la profession, l'estimation de la valeur locative des hôtels et résidences hôtelières exclut la mise en œuvre d'une **méthode métrique.** **39500**

Comme pour la plupart des locaux monovalents, la valeur locative est corrélée à la capacité de l'outil immobilier à générer des recettes. La **méthode dite « hôtelière »** est ancienne et son application non discutée (pour une application récente, Cass. 3e civ. 22-6-2022 n° 21-10.520 F-D), si ce n'est quant aux modalités de sa mise en œuvre.

Les mutations de l'industrie hôtelière ont conduit à une rénovation de cette méthode en 2016 à l'initiative de la Compagnie des experts en immobilier commercial et d'entreprises près la cour d'appel de Paris : développement d'une offre d'hébergement diversifiée, banalisation du « pricing dynamique », commissionnements servis aux sites internet hôteliers, modification des obligations d'affichage des prix par un arrêté du 18 décembre 2015.

Cette **méthode** dite **« actualisée »** ou « rénovée » reste ainsi fidèle aux principes définis par le Code de commerce et aux usages observés dans la branche hôtelière et contribue à préserver l'équilibre contractuel. Elle est désormais très largement validée par la jurisprudence. D'ailleurs, il n'y a eu de vrai débat que sur l'échéance de son applicabilité. C'est ainsi que la cour d'appel de Paris a jugé que les loyers des renouvellements de baux antérieurs à la promotion de la méthode actualisée (octobre 2016) devaient être déterminés selon les modalités de la méthode ancienne (CA Paris 20-5-2020 n° 19-02744, ch. 5-3). La cour d'appel de Versailles a pris le parti inverse en validant l'application de la méthode hôtelière actualisée à un renouvellement de bail au 1er octobre 2013 (CA Versailles 12-9-2019 n° 18/00628, 12e ch.).

DÉTERMINATION DE LA VALEUR LOCATIVE DES HÔTELS

39505 Il existe deux méthodes qui ont en commun d'être assises non sur les résultats effectifs de l'exploitation mais sur une capacité théorique à dégager ces résultats.

39510 **Méthode hôtelière dite « actualisée »** Cette méthode, seule appropriée à l'hôtellerie indépendante, consiste à fixer la valeur locative par référence à la recette globale praticable hors taxe.

Cette dernière se compose de la manière suivante :

1° La **recette hébergement,** déterminée en appliquant à la capacité de l'établissement en nombre de chambres un prix praticable hors taxe de source statistique, issu de données visant des établissements de catégorie comparable du même secteur géographique et ajusté selon la typologie des chambres.

Elle est corrigée :

– d'un abattement au titre des commissions versées aux OTA (« online travel agency ») ;

– d'un taux d'occupation choisi en fonction du classement de l'hôtel, de l'emplacement géographique et des éléments statistiques recueillis pour des établissements de même catégorie.

Il est appliqué à la recette hébergement un taux déterminé selon la catégorie de l'hôtel, les normes statistiques observées pour des établissements comparables, les caractéristiques physiques de l'immeuble.

2° Les **recettes annexes** (petits déjeuners, parking, salle de séminaire, spa...) valorisées, également sur une base praticable, auxquelles sont appliqués des taux modulés selon que ces recettes résultent plutôt de l'outil immobilier ou du travail de l'exploitant.

Il est enfin pratiqué, le cas échéant, un abattement pour tenir compte de charges exorbitantes du droit commun ou du report de l'accession au bailleur de travaux de nature hôtelière.

ATTENTION

La **classification** des hôtels **en nombre d'étoiles** a perdu de sa pertinence car les critères de classement d'Atout France sont peu lisibles et le poids des critères non immobiliers s'est accru. La segmentation s'opère désormais en trois gammes (économique, moyenne gamme et haut de gamme) outre la catégorie particulière des établissements labélisés Palace.

39511 Meilleure est la catégorie de l'hôtel, plus faible est le **taux sur recettes hébergement.** Cela tient au fait que la prestation immobilière est d'importance moindre que celle des prestations de confort dans les catégories les plus élevées.

Les taux de prélèvement sont désormais les suivants et appliqués à des données statistiques hors taxe (TVA et taxe de séjour) :

– 21 à 25 % : en situation secondaire (type zone industrielle et d'activité, éloignée du centre-ville), pratiquement sans services autres apportés (hôtels 0 étoile et 1 et 2 étoiles) que le logement ;

– 18 à 21 % : pour les hôtels équivalents à 1 ou 2 étoiles banalement placés, avec prestations annexes modérées ;

– 15 à 18 % : pour les hôtels 3 et 4 étoiles en centre-ville ou en périphérie ;

– 12 à 15 % : pour un hôtel 5 étoiles.

ATTENTION

Cette **grille** de taux est susceptible d'**ajustements** en considération soit du nombre de chambres, soit de l'implantation de l'hôtel, en nuançant entre grandes métropoles, sites secondaires et lieux touristiques.

En matière de **résidences hôtelières,** ces taux sont généralement compris entre 25 et 35 %, dès lors que les coûts de gestion sont moindres qu'en matière d'hôtellerie traditionnelle.

Ces taux sont à corriger au cas de transfert au locataire des coûts des **travaux de mise aux normes** dont l'incidence peut peser lourdement sur l'exploitation. **39512**

En effet, les hôtels sont des établissements recevant du public de type O « hôtels et autres établissements d'hébergement ». Ils sont à ce titre assujettis à des contraintes réglementaires en matière notamment de **sécurité** incendie (système de sécurité incendie, encloisonnement des escaliers, issues de secours, exutoires de fumées, portes coupe-feu...) et d'**accessibilité** aux personnes handicapées, quel que soit leur handicap (aménagements spécifiques de chambres, dont le nombre dépend de la capacité totale de l'établissement).

Le **taux de prélèvement sur les recettes annexes** doit être nuancé dans une fourchette de 10 à 50 % selon l'importance de l'outil immobilier dans le service de chaque prestation : le parking justifiera un taux élevé quand la restauration, consommatrice de main-d'œuvre, imposera un taux plus modéré. **39513**

Les experts s'attachent à contrôler leurs estimations sur des bases théoriques par rapprochement avec la réalité comptable. Les taux cités ont vocation à être adaptés dans le temps en fonction des évolutions du marché hôtelier. La valeur locative à la chambre (loyer/nombre de chambres) constitue un recoupement utile avec les conditions locatives d'établissements concurrents. **39514**

Enfin, le rapprochement de la valeur locative estimée avec les ratios professionnels loyer/RBE (résultat brut d'exploitation : excédent brut d'exploitation majoré des coûts immobiliers de l'exploitant) peut être éclairant. Ce recoupement ne peut s'opérer que par référence à des données normatives en matière de RBE.

Méthode du REVPAR En ce qui concerne les chaînes hôtelières, il peut être appliqué une méthode dite « du REVPAR ». Cette seconde méthode de source anglo-saxonne consiste à définir la valeur locative par **répartition d'un profit entre propriétaire** de l'immeuble **et exploitant** du fonds hôtelier. **39515**

L'estimation par la méthode du REVPAR est fondée sur un chiffre d'affaires moyen de source statistique d'hôtels de chaînes. Elle est issue de l'observation du marché en matière de mise en place de loyers d'hôtels neufs. Elle n'est adaptée, compte tenu des données sur lesquelles elle repose, qu'à des établissements similaires présentant un mode de gestion uniforme et la jurisprudence ne l'a mise en œuvre que de manière exceptionnelle et en matière d'hôtellerie de chaînes.

Les juridictions ne font référence au REVPAR que pour apprécier la pertinence des paramètres de mise en œuvre de la méthode hôtelière actualisée (CA Paris 20-6-2024 n° 21/21091, ch. 5-3).

Le REVPAR se définit comme le **revenu moyen journalier statistique par chambre disponible.** Il peut être obtenu soit par la division du chiffre d'affaires moyen par le nombre de chambres disponibles, soit par la multiplication du prix moyen de la chambre louée par le taux d'occupation. **39520**

On définit ainsi un revenu brut d'exploitation dénommé « Gross Operating Profit » (GOP) ou par application de normes de présentation comptable (Uniform System of Accounts for Hotels). Il est égal au résultat brut d'exploitation retraité par réintégration de diverses charges (loyer, taxe foncière, taxe professionnelle, frais financiers, assurance de l'immeuble, amortissements), les coûts de pilotage administratif étant déduits. Le rapport du GOP à la recette hébergement évolue dans une large fourchette de 25 à 55 % selon la catégorie de l'hôtel ; il est plus élevé dans les hôtels de catégories inférieures.

DÉTERMINATION DE LA VALEUR LOCATIVE DES RÉSIDENCES DE TOURISME

À l'instar des hôtels, l'application de la **méthode hôtelière** aux résidences de tourisme est justifiée par le fait que dans ces établissements le volume d'activité est en proportion directe de la capacité d'hébergement des locaux donnés à bail, capacité qui dépend étroitement de la taille, de l'ergonomie et de l'aménagement des parties accueillant le public. **39530**

Ces établissements présentent par rapport aux hôtels un certain nombre de **spécificités** :

– une activité saisonnière pour des raisons climatiques ;

– en stations de sports d'hiver, une dépendance aux dates d'ouverture de ces stations ;
– une fréquentation variable d'une semaine sur l'autre (périodes de vacances scolaires et jours fériés) ;
– contrairement aux hôtels, la rareté des prix à la journée ;
– une grille tarifaire selon la période et la saison ;
– l'existence de prix « rack » et de prix « flexibles » permettant d'ajuster/annuler une réservation ;
– des barèmes à la personne ou au logement.

Les **taux d'occupation** statistiques doivent être utilisés de manière nuancée selon qu'ils sont connus au logement ou au lit et qu'ils détaillent ou non les taux d'occupation par catégories hôtelières.

ATTENTION

Depuis l'arrêté du 25 octobre 2011 qui a modifié le champ d'application de la **réglementation incendie** en matière d'établissements de type O à compter du 1er janvier 2012, les résidences de tourisme sont soumises en principe aux dispositions relatives aux établissements recevant du public (ERP) contenues dans l'arrêté du 25 juin 1980 (modifié en dernier lieu par un arrêté du 20 octobre 2014 qui a reporté l'entrée en vigueur au 1er janvier 2015). En revanche, en sont exclus les établissements exploités sous le régime des sociétés d'attribution d'immeuble à temps partagé ou sous le statut de la copropriété.

La fourchette d'usage en matière de résidences hôtelières est de 25 à 35 % (CA Rennes 24-1-2024 n° 20/05701, 5e ch.).

La supériorité de ces taux comparés à ceux qui visent les hôtels tient à ce que les charges d'exploitation sont moindres en termes de prestations servies à la clientèle. Il y a lieu toutefois de nuancer le choix du taux sur recettes dès lors que la tarification de certaines résidences inclut une part de prestations plus ou moins importante qui ne relèvent pas de la jouissance de l'outil immobilier (animations, activités sportives et de loisirs, garderie...).

DÉTERMINATION DE LA VALEUR LOCATIVE DES EHPAD

39535 Les établissements d'hébergement pour personnes âgées dépendantes (Ehpad) sont des locaux monovalents au sens de l'article R 145-10 du Code de commerce (CA Paris 26-5-1999 n° 1997/15676, 16e ch. : AJDI 1999 p. 817). Leur valeur locative est donc déterminée par référence aux usages de la branche d'activité considérée.

Les méthodes d'estimation usuelles sont la méthode hôtelière (utilisée à titre principal) et, pour recoupement éventuel, la méthode financière fondée sur un prélèvement sur la profitabilité, outre la méthode par comparaison directe avec des loyers d'établissements équivalents du même secteur géographique lorsqu'elle est praticable.

39536 La **méthode hôtelière** est mise en œuvre dans une logique normative, c'est-à-dire sans considération des performances effectives de l'exploitant locataire. Elle est pratiquée en appliquant un taux de prélèvement immobilier à une recette globale hébergement praticable hors taxe. Cette recette théorique est déterminée par application au nombre de chambres d'un prix moyen hébergement praticable qui tient compte de la capacité des chambres.

Il n'est pas d'usage d'exclure la part des recettes hébergement liée à la restauration et accessoirement à l'animation. En effet :
– ces recettes ne peuvent pas être quantifiées avec précision ;
– elles sont assujetties à la jouissance de surfaces dédiées (salle à manger, cuisines, réserves...) ;
– le taux de prélèvement tient compte de ce qu'elles sont incluses dans l'assiette ;
– la jurisprudence valide leur prise en compte (TGI Nanterre 16-10-2017 n° 17/04985).

Il n'y a lieu d'inclure dans la recette théorique ni la rémunération par les résidents ni les subventions publiques liées aux soins et à la gestion de la dépendance (mesurée en termes de « GIR »). En effet, cette pratique est critiquable dès lors qu'elle inclut des prestations qui ne sont pas directement immobilières. D'autre part et surtout, elle revient à assujettir la mesure de la valeur locative à l'état de santé des résidents à un instant donné, aux choix de la direction d'accueillir tel ou tel patient plus ou moins dépendant, à l'évolution de l'état des résidents dans le temps... On se trouve très loin de la valorisation d'un local monovalent dans une logique normative et par référence au seul potentiel offert par l'outil immobilier. Le tribunal judiciaire de Fontainebleau a écarté cette pratique (TJ Fontainebleau 14-5-2020 n° 16/01021).

La recette théorique est corrigée pour tenir compte d'un taux d'occupation également normatif lequel est très élevé compte tenu de la pression de la demande d'hébergement.

À cette recette théorique hébergement, il est appliqué un taux de prélèvement compris entre 25 % et 35 % selon les qualités de l'outil immobilier.

Cette approche normative de la recette revient le plus souvent à opérer un prélèvement – souvent de l'ordre de 15 à 20 % – sur le chiffre d'affaires toutes recettes confondues.

La **méthode financière** est appuyée sur les données effectives de l'exploitation mesurées en termes d'excédent brut d'exploitation (EBE), majoré des loyers (EBITDAR, notion comparable au RBE en matière d'hôtellerie). Elle est appropriée à des produits neufs et techniquement très bien adaptés. En revanche, elle n'est pas appropriée à un bâti de génération ancienne et/ou de médiocre fonctionnalité. 39538

Cette méthode a été validée dans le passé avec recoupement par la méthode par comparaison (CA Colmar 23-10-2013 n° 11/03900).

DÉTERMINATION DE LA VALEUR LOCATIVE DES RÉSIDENCES SENIORS

Les résidences seniors sont vouées à l'hébergement de personnes âgées avec fourniture de services à l'exclusion des prestations médicales qui sont propres au statut des Ehpad. 39545

Dans cette catégorie de résidences, la jurisprudence a pu retenir la **méthode par comparaison** en faisant référence aux articles L 145-33 et R 145-7 du Code de commerce (CA Rennes 6-5-2020 n° 17/02980). Dans cette espèce, l'expert commis par le tribunal avait rapproché la méthode hôtelière et la méthode métrique. La cour a privilégié la seconde selon accord des parties. Le prix unitaire a été déterminé par référence aux loyers relevés au sein d'autres résidences seniors du secteur et pour d'autres lots de la même résidence.

DÉTERMINATION DE LA VALEUR LOCATIVE DES RÉSIDENCES ÉTUDIANTES

Il y a débat sur la question de la **monovalence** des résidences étudiantes au regard de l'article R 145-10 du Code de commerce (nos 39415 s.), qualification permettant la fixation du loyer en renouvellement de bail à la valeur locative par référence aux usages professionnels. 39550

La qualification des locaux comme monovalents ou non induit le choix de la méthode hôtelière ou de la méthode métrique.

SECTION 6 APPLICATION AUX HÔTELS ET RÉSIDENCES-SERVICES DU DROIT COMMUN DU LOUAGE

Les hôtels et les résidences de tourisme sont soumis à des **règles** substantielles **en matière de sécurité,** à raison de leur caractère d'établissement recevant du public. Leur ouverture au public nécessite un avis favorable de la commission de sécurité, qui exerce tout au long du bail un contrôle régulier sur la conformité, a le pouvoir de prescrire des obligations de travaux et peut émettre un avis défavorable à la poursuite de l'exploitation, le maire pouvant ensuite prendre un arrêté d'interdiction d'ouverture au public. 39580

Au moment de la conclusion du bail, le **bailleur** a l'**obligation de délivrer** un local conforme à sa destination d'hôtel ou de résidence de tourisme, ce qui implique que le local réponde aux normes de sécurité des établissements recevant du public et qu'il soit apte dans sa conception à répondre aux critères du classement stipulés au bail. Au cours du bail, la jurisprudence se fonde sur l'**obligation de jouissance paisible** pour faire supporter par le bailleur l'obligation de prendre à sa charge les travaux de mise en conformité de l'établissement aux règles de sécurité applicables, à défaut de clause contraire. En cas de fermeture administrative des locaux loués, le **locataire** est fondé à opposer au bailleur l'**exception d'inexécution** pour ne pas régler les loyers ou même à faire prononcer par le juge la **résiliation** judiciaire du bail.

39580 (suite)

ILLUSTRATIONS

Le locataire est fondé à demander des dommages-intérêts à son bailleur pour impossibilité d'exploiter son hôtel par suite du refus du bailleur de supporter les **frais d'ouverture d'un accès sur la voie publique** prescrit par les services de sécurité de la ville. Peu importe que le bailleur n'ait été tenu qu'aux réparations de l'article 606 du Code civil puisque son obligation relève de l'article 1719.

Cass. 3e civ. 7-1-1998 n° 95-21.027 D : RJDA 3/98 n° 262.

Le preneur d'un bail commercial exploitant un fonds de commerce de bar-hôtel snack qui invoque l'**humidité générale des locaux** loués ne saurait obtenir du bailleur la prise en charge de la totalité des travaux de remise en état. Recherchant une solution équitable, l'expert judiciaire désigné procède au contraire à une répartition de la charge des désordres nécessitant lesdits travaux entre le bailleur et le preneur. Ainsi, les travaux d'aménagement des lieux et l'installation d'une aération adaptée dans la salle d'eau sont à la charge du bailleur au titre de l'obligation générale de délivrance de locaux et de la jouissance paisible du preneur. En revanche, les dégâts des eaux résultant d'un défaut d'entretien des canalisations sont à la charge du preneur. Enfin, le preneur ne peut pas prétendre n'être tenu qu'en fin de bail puisque, justement, il réclame la réalisation de ces travaux dans le but d'assurer son activité commerciale.

CA Riom 5-11-2008 n° 07/02148, ch. com.

C'est par des motifs appropriés que le tribunal a ordonné une **expertise** afin de connaître le montant exact des **travaux** relatifs à la mise en conformité des locaux loués à usage d'hôtel et a alloué au preneur 5 000 euros toutes causes de préjudice confondues, après avoir constaté que l'exploitation de l'hôtel avait pu être poursuivie malgré un **arrêté municipal de fermeture**, que l'inertie du bailleur avait porté atteinte à une jouissance paisible des lieux loués, puis relevé l'existence d'un préjudice moral consécutif à la réelle menace de fermeture.

CA Montpellier 16-12-2008 n° 08/03153, 1e ch. B.

Il ressort des dispositions de l'article 1719 du Code civil et de la jurisprudence en matière de baux commerciaux que les travaux prescrits par l'autorité administrative sont à la charge du bailleur, sauf stipulation expresse contraire concernant ces travaux. Le bail signé par les parties ne contient pas une clause expresse mettant à la charge du preneur les travaux imposés par l'autorité administrative. Notamment les travaux de transformation et de réparation visés au bail ne couvrent pas les **travaux imposés par l'administration.** Il s'ensuit que ces travaux sont à la charge du bailleur.

CA Nancy 1-6-2011 n° 10/01897 : AJDI 2012 p. 429.

Il appartient au bailleur d'une résidence devant être classée en résidence de tourisme 4 étoiles de fournir un bâtiment exempt de malfaçons, non-conformités et non-finitions affectant l'immeuble et de fournir les documents nécessaires à l'obtention de ce classement.

Cass. 3e civ. 2-5-2012 n° 10-28.250 F-D : AJDI 2012 p. 669 obs. H. Guyader.

Le bailleur manque à son obligation de délivrance conforme dès lors que la **commission de sécurité** a émis un **avis défavorable** à la poursuite de l'activité d'hôtellerie et qu'il n'a pas réalisé les travaux préconisés.

CA Paris 27-6-2012 n° 11/09037, ch. 5-3.

Dans un cas où un établissement dans lequel était exploité un fonds de commerce d'hôtel-restaurant avait fait l'objet d'une **fermeture administrative,** a légalement justifié sa décision de prononcer la **résiliation** du bail aux torts exclusifs du locataire la cour d'appel qui a relevé que l'autorité administrative, se fondant sur des constatations de la direction départementale des services vétérinaires, avait motivé son arrêté de fermeture par le mauvais état des locaux et l'absence de respect par le locataire des bonnes pratiques hygiéniques, et retenu que les travaux nécessaires à une réouverture du commerce relevaient des seules réparations locatives et n'étaient imposés qu'en raison de l'utilisation que le locataire avait fait des locaux et des installations.

Cass. 3e civ. 30-10-2013 n° 12-25.798 FS-D : RJDA 4/14 n° 306.

Il y a lieu de rejeter la demande du locataire de locaux à usage de café-restaurant et hôtel meublé tendant à la **résiliation** du bail pour violation par le bailleur de son obligation de délivrance d'un local permettant son exploitation, dès lors que le manquement du bailleur à son obligation de délivrance n'était que partiel puisque la partie bar-restaurant située au rez-de-chaussée restait exploitable, au contraire de la partie hôtel, et que ce manquement avait déjà été sanctionné par la réduction partielle (du tiers et de la moitié) du paiement des loyers, puis par la suspension des loyers.

CA Paris 3-6-2015 n° 12/11808, ch. 5-3.

Dès lors que des locaux à usage d'hôtel ont fait l'objet d'une **fermeture administrative** par arrêté du 9 avril 1979, maintenue par arrêté du 1er avril 2003, et que ce n'est qu'à la suite de l'avis favorable de la commission de sécurité que l'ouverture au public a été autorisée par arrêté du

18 décembre 2009, il y a lieu de constater que la privation de jouissance qui justifie l'**exception d'inexécution** opposée par le preneur a commencé dès la conclusion du bail en janvier 2003 et s'est poursuivie jusqu'en décembre 2009. **39580** (suite)

CA Aix-en-Provence 3-9-2015 n° 2015/416, 11e ch. B.

Une société exploitant une résidence de tourisme ne peut pas, pour refuser de payer les loyers, utilement invoquer une quelconque **exception d'inexécution** en raison de désordres ou d'inexécution de **travaux de réfection nécessaires.** En effet, le taux d'occupation de la résidence pour la période considérée s'établissait à un taux moyen de 57 %, de sorte que la société n'était pas, par suite d'un manquement du bailleur à ses obligations contractuelles, dans l'impossibilité d'user des lieux loués au regard de l'activité prévue au bail.

CA Toulouse 7-12-2017 n° 17/02526, 3e ch.

La clause de baux commerciaux portant sur des appartements dans une résidence de tourisme prévoyait que « le loyer sera fixé à 30 % des recettes nettes effectivement encaissées par le preneur en cas de force majeure interrompant l'activité touristique du lieu de situation des biens loués (tels que tremblement de terre, pollution de toute nature, catastrophe naturelle, entrave administrative ou autre au libre accès aux lieux loués ou à la circulation des personnes et des biens...) ou d'événements amenant un dysfonctionnement grave et dont la durée viendrait à excéder trois jours consécutifs dans l'activité du preneur, notamment une quelconque modification dans la destination ou l'accès aux parties communes ou encore leur mauvais entretien ou fonctionnement, étant entendu que cette disposition ne saurait s'appliquer dans l'éventualité où le preneur aurait la charge ou le contrôle de l'entretien ou du dysfonctionnement desdites parties communes ». C'est en vain que la société titulaire des baux invoque cette clause pour **refuser de payer les loyers.** En effet, les nuisances sonores provenant de l'établissement de nuit situé au sein de l'immeuble qui affectaient 10 appartements, à des degrés moindres et de façon non quotidienne, sur les 80 appartements de la résidence dont 60 ouverts à l'exploitation, ne pouvaient, d'évidence, constituer le dysfonctionnement grave exigé par la clause. En outre, le dégât des eaux survenu dans le réseau d'écoulement des eaux usées d'un appartement ne répondait pas davantage aux critères contractuels au regard de la période concernée car il s'agissait d'un sinistre ponctuel n'ayant révélé sa réelle ampleur qu'après les trimestrialités de loyers en cause. Enfin, les désordres affectant le système de chauffage/climatisation étaient mineurs et limités et n'entraient pas dans le **champ d'application de la clause.**

CA Toulouse 7-12-2017 n° 17/02509, 3e ch.

Les travaux prescrits par l'autorité administrative relèvent, en vertu de l'article 1719 du Code civil, de l'obligation de délivrance du bailleur et sont à la charge de ce dernier sauf stipulation expresse contraire ; le bail portant sur des locaux à usage d'hôtel faisant obligation au locataire de supporter les frais de **ravalement de l'immeuble** mais ne comportant aucune stipulation concernant les travaux **prescrits par l'autorité administrative,** il s'ensuit que les travaux de ravalement imposés par l'administration sont **à la charge** du bailleur.

Cass. 3e civ. 15-6-2023 n° 21-19.396 F-D : RJDA 12/23 n° 640.

IMMATRICULATION DU LOCATAIRE

SOMMAIRE

PRINCIPES

42000 Le statut des baux commerciaux s'applique aux baux des immeubles ou locaux dans lesquels un fonds est exploité, que ce fonds appartienne soit à un commerçant ou à un industriel immatriculé au registre du commerce et des sociétés, soit à un chef d'une entreprise du secteur des métiers et de l'artisanat immatriculée au registre national des entreprises, accomplissant ou non des actes de commerce (C. com. art. L 145-1, I).

Sur le fondement de ces dispositions, les tribunaux considèrent que l'immatriculation du locataire, puis l'inscription des locaux dans lesquels est exploité un fonds de commerce ou une entreprise artisanale, est une **condition légale, nécessaire et objective** pour bénéficier du statut des baux commerciaux applicable de plein droit à tous les commerçants et artisans titulaires d'un bail (Cass. 3e civ. 30-1-2002 n° 188 FS-D : RJDA 4/02 n° 360 ; CA Paris 7-1-2000 n° 98-11438, 16e ch. B ; CA Paris 30-11-2001 n° 99-11629, 16e ch. B ; sur les autres conditions légales, voir nos 20 s.).

42001 Ainsi que l'illustrent les arrêts analysés dans les développements qui suivent, la Cour de cassation fait preuve d'une très grande sévérité quant au respect de la condition d'immatriculation, contraignant parfois le législateur à intervenir pour atténuer la rigueur de sa jurisprudence (nos 42250 s.).

Il est néanmoins vrai que l'immatriculation au registre du commerce ou au registre national des entreprises est aussi une condition nécessaire de l'exercice régulier du commerce et de l'artisanat. Elle constitue un **instrument de contrôle et de publicité** précieux, qui sert notamment à renseigner les tiers, banquiers, fournisseurs, entreprises et clients, et doit en conséquence refléter de manière précise la situation des personnes assujetties. Il paraît donc légitime que le bénéfice du statut ne puisse être reconnu qu'à des personnes « en règle ». Ainsi que l'a résumé une cour d'appel, l'article 1er du décret du 30 septembre 1953 (désormais C. com. art. L 145-1) tend à n'accorder le bénéfice du statut des baux commerciaux qu'à des personnes régulièrement immatriculées et non pas à « des agents économiques clandestins cherchant à se soustraire aux contrôles de l'autorité publique » (CA Paris 7-11-1989, analysé n° 43451).

Sur la condition d'immatriculation au registre du commerce ou au registre national des entreprises en cas de cession du droit au bail, voir n° 9620.

> **Précisions** **Depuis le 1er janvier 2023,** le registre national des entreprises s'est substitué au répertoire des métiers (Ord. 2021-1189 du 15-9-2021).

SECTION 1

LOCATAIRES SOUMIS À IMMATRICULATION

Pour bénéficier du statut des baux commerciaux, le locataire doit être immatriculé au registre du commerce ou au registre national des entreprises. Toutefois, pour pouvoir demander son immatriculation, il doit être assujetti à cette immatriculation (nos 42110 s.). Dans le cas contraire, il ne peut pas requérir son immatriculation et se trouve, de fait, exclu du bénéfice du statut, à moins qu'il ne bénéficie par ailleurs d'une extension légale ou conventionnelle du statut (sur cette question, voir nos 1600 s.). **42010**

Lorsque plusieurs locataires sont titulaires du bail, seul le locataire exploitant doit remplir la condition d'immatriculation (nos 42250 s.). Par ailleurs, nous verrons que les héritiers peuvent demander le maintien de l'immatriculation de leur ayant cause (nos 42400 s.).

Nous examinerons également la situation du propriétaire et du locataire d'un fonds donné en location-gérance (no 42650) ainsi que celle de l'usufruitier et du nu-propriétaire (no 42750).

A. Règles communes à toute immatriculation

PERSONNES ASSUJETTIES À IMMATRICULATION

L'**inscription** aux registres est effectuée **à la demande** des personnes qui y sont assujetties, à savoir les commerçants personnes physiques, les sociétés et certains groupements pour le registre du commerce et des sociétés (C. com. art. L 123-1), et les chefs d'entreprises du secteur des métiers et de l'artisanat pour le registre national des entreprises (C. com. art. L 123-36, 3°). **42110**

Commerçants personnes physiques Sont **commerçants** les personnes qui exercent des actes de commerce et en font leur profession habituelle (C. com. art. L 121-1). **42111**

Tel n'est pas le cas du locataire qui ne soutient ni **exploiter un fonds de commerce** ni **exercer des actes de commerce** dont il ferait sa profession habituelle. Par suite, c'est à bon droit que la demande d'enregistrement de ce locataire a été rejetée par le juge du tribunal de commerce commis à la surveillance du registre du commerce et des sociétés dès lors qu'il ne remplissait pas les conditions exigées par l'article L 123-1 du Code de commerce pour pouvoir solliciter son immatriculation, même si cela était susceptible de le priver, ainsi que son colocataire, du droit au renouvellement du bail au regard des dispositions de l'article L 145-1, I du Code de commerce (CA Paris 8-2-2002 no 01-18841, 3e ch. C).

Tel est, en revanche, le cas du **loueur de chambre d'hôtes** qui exerce cette activité de façon régulière, soit de manière saisonnière, soit tout au long de l'année, dans l'intention de réaliser des profits subvenant aux besoins de son existence. En effet, l'activité de location de chambres d'hôtes s'analyse en une mise à disposition de chambres meublées, assortie de prestations de services liées à un hébergement temporaire telles que l'accueil de la clientèle, le service de repas, la fourniture de linge de maison, le nettoyage de la chambre ou encore la mise à disposition d'un parking privatif ; cette activité entre donc dans le champ des actes de commerce comme entreprise de fourniture de services (Avis CCRCS 93-1 et 93-2 du 8-4-1993 ; Avis CCRCS 2016-018 des 15-9 et 18-10-2016). Le loueur échappe néanmoins à cette obligation d'immatriculation lorsque son activité a un caractère civil ce qui est le cas de la location de chambres d'hôte exercée par un exploitant agricole et ayant pour support l'exploitation agricole (Avis CCRCS 2016-018 précité). **42112**

Agents publics Les fonctionnaires ont l'interdiction de créer ou de reprendre une entreprise lorsque celle-ci donne lieu à immatriculation au registre du commerce et des sociétés ou au registre national des entreprises en tant qu'entreprise du secteur des métiers et de l'artisanat (CGFP art. L 123-1, 1°). **42113**

La Cour de cassation a ainsi censuré la décision d'une cour d'appel qui, pour faire droit à une demande en renouvellement d'un bail, avait retenu qu'à la date de la demande de renouvellement, le locataire était toujours inscrit au registre du commerce et que le fonds avait fait l'objet d'une exploitation effective au cours des trois dernières années, sans répondre aux conclusions par lesquelles le bailleur faisait valoir que l'intéressé ne pouvait pas prétendre au renouvellement de son bail en vue d'exploiter un fonds de commerce dès lors qu'il occupait un emploi de fonctionnaire (Cass. 3e civ. 19-6-2002 n° 1083 FS-PB : RJDA 10/02 n° 990, rendu sous l'empire du décret-loi du 29-10-1936 mais transposable sous le régime actuel).

> Précisions Sous l'empire de l'article 25 septies, I-1 de la loi 83-634 du 13 juillet 1983, l'interdiction de créer ou de reprendre une entreprise donnant lieu à immatriculation au registre du commerce ou au répertoire des métiers (devenu RNE) concernait les fonctionnaires occupant un emploi à temps complet et exerçant leurs fonctions à temps plein. Lors de la codification de cette loi dans le Code de la fonction publique, cette restriction n'a pas été reprise par l'article L 123-1 du Code général de la fonction publique. À notre avis, il faut en déduire que l'interdiction vise désormais tout fonctionnaire, qu'il occupe ou non un emploi à temps complet et ses fonctions à temps plein.

42115 **Personnes morales** Sont assujettis à immatriculation au registre du commerce et des sociétés (C. com. art. L 123-1) :
- les sociétés, les groupements d'intérêt économique et les groupements européens d'intérêt économique, ayant leur siège dans un département français ;
- les associations émettant des obligations ;
- les établissements publics français à caractère industriel ou commercial ;
- les sociétés commerciales étrangères possédant un établissement en France ;
- les organismes publics à caractère industriel ou commercial des États étrangers fonctionnant sur le territoire français.

42116 Il en va différemment des **fédérations mutualistes** qui ne peuvent pas s'inscrire au registre du commerce et qui, en outre, ne comptent pas parmi les établissements pour lesquels la loi prévoit une extension du champ d'application du statut (CA Paris 5-7-1991, 16e ch. B, Sté Haussmann Laffite Immobilier c/ Fédération mutualiste interdépartementale de la région parisienne : JCP E 1991 pan. 984).

42117 Une **association** qui exerce, dans le cadre de son objet associatif et désintéressé, une activité de nature commerciale ne peut pas s'immatriculer au registre du commerce (Cass. com. 1-3-1994 n° 621 P : RJDA 6/94 n° 676). Elle ne peut donc pas bénéficier du statut des baux commerciaux, sauf si elle exploite dans les locaux un établissement d'enseignement, ou si elle l'a expressément convenu avec le bailleur.

Seules peuvent être immatriculées les associations émettant des obligations (C. mon. fin. art. L 213-10) et celles effectuant habituellement des opérations de change manuel (C. mon. fin. art. L 524-3). Pour ces associations, il nous semble que rien ne fait obstacle à ce que le statut des baux commerciaux leur soit applicable, dès lors que les autres conditions requises sont satisfaites.

42120 **Chef d'une entreprise du secteur des métiers et de l'artisanat** L'obligation d'immatriculation au registre national des entreprises vise les personnes relevant du secteur des métiers et de l'artisanat mentionnées à l'article L 111-1 du Code de l'artisanat, anciennement article 19 de la loi 96-603 du 5 juillet 1996 (C. com. art. L 123-36, 3°), c'est-à-dire les personnes physiques ou morales qui **emploient** moins de onze **salariés** et exercent à titre principal ou secondaire une **activité professionnelle** indépendante de production, de transformation, de réparation ou de prestation de services figurant sur la liste de l'article R 111-1 du Code de l'artisanat (C. artisanat art. L 111-1).

Peuvent également s'immatriculer au registre national des entreprises les personnes qui emploient au moins onze salariés et moins de cent salariés et qui reprennent un fonds précédemment exploité par une personne immatriculée (C. artisanat art. L 112-1, al. 2). En outre, peuvent demeurer immatriculées les personnes dont l'effectif atteint ou dépasse onze salariés tout en demeurant inférieur à deux cent cinquante (C. artisanat art. L 112-1, al. 1).

ATTENTION

Les personnes relevant du secteur des métiers et de l'artisanat n'ont pas nécessairement la **qualité d'artisan.** En effet, les personnes physiques et les dirigeants sociaux des personnes morales relevant du secteur de l'artisanat au sens de l'article L 111-1 du Code de l'artisanat ne peuvent se prévaloir de la qualité d'artisan que s'ils justifient d'un diplôme, d'un titre ou d'une expérience professionnelle dans le métier qu'ils exercent, dans les conditions définies par décret en Conseil d'État (C. artisanat art. L 211-1 et R 211-1).

42125 **Micro-entrepreneurs** Les micro-entrepreneurs bénéficiant du régime d'imposition simplifié, dit « micro-social », sont soumis à l'obligation d'immatriculation au registre du commerce ou au registre national des entreprises. En effet, depuis le 19 décembre 2014, ils ne bénéficient plus de la dispense d'immatriculation qui leur avait été accordée par la loi 2008-776 du 4 août 2008 (C. com. art. L 123-1-1 et loi 96-603 du 5-7-1996 art. 19, V abrogés par loi 2014-626 du 18-6-2014, art. 27, I et II).

ATTENTION

Depuis le 19 décembre 2014, les micros-entrepreneurs ne bénéficient plus de la dispense d'immatriculation qui leur avait été accordée par la loi 2008-776 du 4 août 2008 (C. com. art. L 123-1-1 et loi 96-603 du 5-7-1996 art. 19, V abrogés par loi 2014-626 du 18-6-2014 art. 27, I et II). Ils avaient jusqu'au 19 décembre 2015 pour se faire immatriculer auprès du répertoire compétent (Loi 2014-626 du 18-6-2014 art. 27, VI-al. 2). Les micro-entrepreneurs qui n'ont pas effectué les formalités nécessaires à cette date ne sont plus en conformité avec l'exigence d'immatriculation et ils pourraient se voir privés du bénéfice du statut.

DEMANDE D'IMMATRICULATION

Toute demande d'immatriculation au registre du commerce ou au registre national des entreprises doit être effectuée par Internet auprès du **guichet électronique de formalités des entreprises,** accessible sur le site formalites.entreprises.gouv.fr. **42130**

ATTENTION

Afin d'assurer la continuité du service en cas de **difficulté grave de fonctionnement** du guichet unique, une procédure de secours est prévue (art. R 123-15 et arrêté du 28-12-2022). En cas de déclenchement de cette procédure, le déclarant peut réaliser sa formalité auprès d'organismes chargés d'assurer la continuité du service, c'est-à-dire pour l'essentiel auprès des anciens CFE (Arrêté précité art. 2, I et II). La déclaration est effectuée au moyen d'un formulaire électronique par le biais d'un téléservice opéré par l'Inpi dénommé « guichet-entreprises » (Arrêté précité art. 2, III).

Commerçants L'**immatriculation** d'un commerçant au registre du commerce doit être **demandée** auprès du guichet unique qui transmettra la demande au greffe du tribunal dont dépend le commerçant (tribunal du lieu du principal établissement de l'intéressé ou, à défaut d'établissement, du lieu de son domicile ou de l'organisme auprès duquel il a fait élection de domicile) (C. com. art. L 123-33, al. 1 et 2 ; art. R 123-77 ; art. R 123-32). **42131**

Si une demande d'immatriculation déposée auprès du guichet unique a pour effet d'interrompre au profit du commerçant les délais à l'égard du registre du commerce (C. com. art. R 123-11, al. 1), elle ne vaut pas pour autant immatriculation au registre du commerce, celle-ci ne devenant effective qu'après que le greffier, qui a seul compétence pour procéder à l'immatriculation, s'est assuré de la régularité de la demande (C. com. art. R 123-11, al. 2 ; CA Versailles 29-4-1993, 12e ch. : Gaz. Pal. 1994 somm. p. 15, à propos de la demande d'immatriculation auprès du centre de formalités des entreprises mais transposable). Un locataire ne peut donc pas se prévaloir du dépôt de sa demande auprès du guichet unique électronique de formalités des entreprises et de sa transmission au greffe du tribunal de commerce pour estimer que son immatriculation au registre du commerce est effective depuis cette date (CA Versailles 13-11-1997, 12e ch. : Loyers et copr. 1998 comm. n° 9, à propos de l'enregistrement de la déclaration auprès d'un centre de formalités des entreprises mais transposable).

Il arrive parfois que, dans certaines circonstances, un commerçant assujetti à immatriculation perde le droit de demander son immatriculation au registre du commerce. Tel est le cas d'un **commerçant en liquidation judiciaire** qui, postérieurement au jugement l'ayant dessaisi de l'administration et de la disposition de son patrimoine, ne peut plus valablement demander son immatriculation au registre du commerce (Cass. com. 3-5-1994 n° 92-10.401 : Bull. civ. IV n° 160). En effet, en raison des conséquences qui s'y attachent, l'immatriculation au registre du commerce ne constitue pas un simple acte conservatoire que peut accomplir un débiteur en liquidation. **42132**

Par ailleurs, le fait, pour un **commerçant,** d'être **titulaire** d'un **bail verbal** ne l'empêche pas de demander son immatriculation au registre du commerce. En effet, le juge commis à la surveillance du registre a la possibilité de dispenser une personne de la production d'une pièce justificative telle qu'un bail (Cass. 3e civ. 7-6-1990 n° 89-12.122 : Bull. civ. III n° 137). En l'espèce, le locataire soutenait que son défaut d'immatriculation était lié à l'impossibilité de requérir son inscription faute d'être à même de produire le titre juridique justifiant de la jouissance privative du local où il exerçait son activité. Toutefois, malgré l'absence de bail écrit, l'intéressé avait fini par obtenir son immatriculation, laquelle n'avait pas pu être prise en considération car elle était intervenue tardivement. **42133**

Chef d'une entreprise du secteur des métiers et de l'artisanat Le chef d'une entreprise du secteur des métiers et de l'artisanat demande son immatriculation au registre national des entreprises par l'intermédiaire du guichet unique électronique des formalités des entreprises (C. com. art. R 123-239). Les inscriptions d'informations et les dépôts de pièces au registre national des entreprises sont validés par le président de la chambre des métiers et de l'artisanat **42135**

de région ou, par délégation, le président de la chambre des métiers et de l'artisanat de niveau départemental compétente (voir C. com. art. L 123-43).

> Précisions Dans les **départements alsaciens et en Moselle,** les chefs d'entreprises du secteur des métiers et de l'artisanat sont immatriculés par le biais du guichet unique sur le registre des entreprises tenu par les chambres des métiers de ces départements (voir C. com. art. R 123-323).

CARACTÈRE PERSONNEL DE L'IMMATRICULATION

42140 En principe, l'immatriculation au registre du commerce a un caractère personnel et principal (C. com art. R 123-31). Il en est de même à notre avis pour le registre national des entreprises même si, à notre connaissance, aucun texte ne reprend cette précision. Sur la nécessité d'une inscription pour chaque établissement en cas d'exploitation de plusieurs établissements par une même personne, voir nos 42850 s.

Une **société locataire** qui n'est pas personnellement immatriculée ne peut donc pas utilement faire valoir que la société inscrite à l'adresse des lieux loués est un établissement secondaire d'une société appartenant au même groupe qu'elle, car cette société constitue une personne morale distincte de la sienne (Cass. civ. 5-2-1997 n° 216 D : RJDA 4/97 n° 478).

En cas de sous-location totale des locaux loués, le locataire doit rester immatriculé au registre du commerce pour pouvoir prétendre bénéficier du statut, sauf convention contraire : voir n° 76315.

IMMATRICULATION REQUISE EN CAS DE PLURIACTIVITÉ DU LOCATAIRE

42150 À notre avis, l'immatriculation du locataire chef d'une entreprise du secteur des métiers et de l'artisanat au registre national des entreprises ne le dispense pas, le cas échéant, de s'immatriculer au registre du commerce et des sociétés. En effet, au sens des baux commerciaux, l'immatriculation est spécifique au fonds exploité ; il faut donc que l'activité exploitée dans les lieux loués soit celle-là même pour laquelle le locataire est immatriculé et qui correspond à l'activité autorisée par le bail (en ce sens : J.-P. Blatter : Traité de baux commerciaux, Le Moniteur 7e éd. n° 705). En conséquence, le chef d'une entreprise du secteur des métiers et de l'artisanat qui développe une **activité commerciale parallèle** doit être immatriculé au registre du commerce et des sociétés pour pouvoir bénéficier du statut des baux commerciaux sur la partie commerciale de son activité, il devra en outre faire la déclaration de cette nouvelle activité au registre national des entreprises (voir C. com. art. R 123-240, 1°).

De la même manière, un commerçant qui développe une **activité artisanale parallèle** est tenu d'en faire la déclaration au registre national des entreprises (voir C. com. art. R 123-240, 1°).

42155 Le locataire pluriactif qui n'est pas immatriculé pour l'une ou l'autre de ses activités commerciale ou artisanale peut néanmoins prétendre au paiement d'une **indemnité d'éviction,** mais seulement pour l'activité couverte par l'immatriculation.

ILLUSTRATIONS

Dans un cas où un locataire était inscrit au répertoire des métiers en qualité d'artisan réparateur de montres, horloges et bijouterie alors qu'il exploitait en réalité un fonds de commerce d'horlogerie et bijouterie pour lequel il n'était pas inscrit au registre du commerce, il a été jugé qu'il ne pouvait prétendre à une indemnité d'éviction que pour son activité artisanale, pour les raisons suivantes (CA Paris 19-10-1995 n° 94-3309, 16e ch. B) :
– si en sa qualité d'artisan, l'intéressé régulièrement inscrit au répertoire des métiers (remplacé par le registre national des entreprises) avait droit au bénéfice du statut des baux commerciaux, en application de l'article 1er bis du décret du 10 juin 1983 (désormais abrogé mais remplacé par l'article 145-1, al. 1 du Code de commerce), il n'était pas dispensé de l'immatriculation au registre du commerce et des sociétés dès lors que son activité artisanale avait évolué et se rapprochait de l'entreprise commerciale ; en effet, une entreprise artisanale peut avoir une double nature juridique à la fois commerciale, elle constitue alors un fonds de commerce soumis à ce titre à la réglementation en la matière, et artisanale, elle peut alors bénéficier d'une réglementation privilégiée dans divers domaines (fiscal, social, crédit) ;
– le chef d'entreprise peut être immatriculé à la fois au registre du commerce et au répertoire des métiers et, dans l'hypothèse où il y a double immatriculation, le bailleur qui donne congé sans offre de renouvellement est tenu de payer au locataire artisan une indemnité d'éviction qui couvre à la fois l'activité commerciale et l'activité artisanale ;
– lorsque le locataire ne justifie que d'une immatriculation au répertoire des métiers alors qu'il a également une activité commerciale, le bailleur n'est tenu qu'au paiement d'une indemnité d'éviction correspondant à la perte ou au transfert de l'activité artisanale ;
– en l'espèce l'activité artisanale était modeste et s'il ne voulait pas bénéficier exclusivement des avantages attachés au statut d'artisan, il appartenait au locataire de procéder à une inscription complémentaire pour son activité commerciale.

À notre avis, le locataire qui ne serait inscrit qu'au Registre national des entreprises, et non au registre du commerce, alors que son activité est uniquement commerciale pourrait se voir totalement dénier le bénéfice du statut par le bailleur qui serait alors dispensé de lui payer une indemnité d'éviction pour défaut d'immatriculation au registre du commerce. 42160

B. Immatriculation des colocataires

1. PRINCIPE D'IMMATRICULATION DES COLOCATAIRES

IMMATRICULATION DES COLOCATAIRES EXPLOITANTS

Lorsqu'un même **fonds** de commerce (ou artisanal) est la **propriété indivise de plusieurs personnes,** le bail du local abritant ce fonds est consenti à l'ensemble des copropriétaires qui deviennent colocataires. L'obligation d'immatriculation pèse sur le seul exploitant du fonds, l'article L 145-1, III-al. 1 du Code de commerce précisant qu'il bénéficie du statut même si ses colocataires ou coïndivisaires non exploitants ne sont pas immatriculés au registre du commerce et des sociétés ou au registre national des entreprises en tant qu'entreprise du secteur des métiers de l'artisanat. 42250

Bien que l'article L 145-1, III-al. 1 du Code de commerce ne vise que « l'exploitant du fonds », il va sans dire qu'en présence de **plusieurs colocataires exploitants,** l'obligation d'immatriculation subsiste pour chacun d'eux, la dispense d'immatriculation ne concernant que les colocataires non exploitants du fonds de commerce ou d'artisanat (dans le même sens, J.-P. Blatter, La loi 2008-776 du 4 août 2008 de modernisation de l'économie et les baux commerciaux : AJDI 2008 p. 650). 42256

Les dispositions de l'article L 145-1, III du Code de commerce ont été introduites par un amendement dont l'objectif était « de faire bénéficier du statut des baux commerciaux les personnes simplement « mentionnées » au registre du commerce ou au répertoire des métiers (désormais registre national des entreprises) » (amendement AN n° 153), en d'autres termes, les colocataires non exploitants. Reste qu'une **interprétation du texte** au pied de la lettre conduit à penser que le renouvellement du bail ne bénéficie qu'au colocataire exploitant puisqu'il précise clairement que « si le bail est consenti à plusieurs locataires ou indivisaires, l'exploitant du fonds de commerce ou du fonds artisanal bénéficie des dispositions du statut ». Comme le note un auteur, « seul l'exploitant du fonds de commerce, en situation régulière, bénéficierait du statut, non les colocataires ou coïndivisaires non immatriculés. Le bail, qui était au nom de plusieurs, serait renouvelé au nom d'un seul, s'il n'y a qu'un seul exploitant immatriculé » (J.-D. Barbier, La réforme du statut des baux commerciaux par la LME du 4 août 2008 : Gaz. Pal. 12-13 septembre 2008 doctr. p. 2). Cet auteur ajoute que la solution « paraît conforme au nouveau texte, mais non aux intérêts du bailleur qui avait plusieurs codébiteurs et qui n'en aurait plus qu'un seul après le renouvellement ». Autrement dit, en application de ces dispositions, le bailleur pourrait écarter les colocataires non exploitants du bail renouvelé, ce qui reviendrait à leur dénier le bénéfice du statut, alors même que l'objectif poursuivi par la loi est de le leur reconnaître. Mais, conclut l'auteur, « le bailleur n'aura pas intérêt à invoquer le défaut d'immatriculation de certains de ses colocataires, puisque cela ne lui permettra pas de reprendre son local, mais le privera seulement de leur garantie ». 42260

Époux communs en biens Il résulte de l'article L 145-1, III-al. 1 du Code de commerce que lorsque le fonds n'est effectivement exploité que par un époux : lui seul est tenu de s'immatriculer. En revanche, lorsque le **fonds** est **exploité par les deux époux,** chacun doit être immatriculé en qualité de commerçant ou de chef d'une entreprise du secteur des métiers et de l'artisanat, la dispense d'immatriculation ne concernant que les colocataires non exploitants (n° 42256). À noter que n'est pas immatriculé en qualité de commerçant l'époux dont le nom et la qualité de conjoint collaborateur sont seuls mentionnés au registre du commerce et des sociétés à côté du nom du conjoint commerçant (Cass. 3e civ. 1-6-2010 n° 08-21.795 F-D : RJDA 10/10 n° 918). 42265

Colocataire malade Avant la loi 2008-776 du 4 août 2008 instaurant une dispense d'immatriculation pour le colocataire non exploitant, la Cour de cassation avait jugé que la maladie qui empêche un colocataire d'exercer toute activité professionnelle au moment de la délivrance du congé ne constitue pas une excuse légitime le dispensant d'immatriculation. Par suite, son absence d'immatriculation prive l'ensemble des colocataires du bénéfice du statut (Cass. 3e civ. 5-3-1997 n° 391 D : RJDA 5/97 n° 618). Cette solution conserve tout son intérêt, mais seulement dans l'hypothèse où le colocataire malade exploite le fonds de commerce, puisque seul le **colocataire exploitant** est désormais tenu de s'immatriculer. 42270

2. EXCEPTION AU PRINCIPE D'IMMATRICULATION DES COLOCATAIRES

42400 En cas de décès du titulaire du bail, le statut s'applique à ses **héritiers ou ayants droit** qui, bien que n'exploitant pas de fonds de commerce ou de fonds artisanal, demandent le **maintien de l'immatriculation** de leur ayant cause pour les besoins de sa succession (C. com. art. L 145-1, III-al. 2).

À notre avis, lorsque les héritiers ont effectivement demandé le maintien de l'immatriculation, l'héritier (ou les héritiers) exploitant ne peut pas se voir dénier le bénéfice du statut pour défaut d'immatriculation. Ce n'est qu'après la liquidation de la succession qu'il lui appartiendra de s'immatriculer personnellement si le fonds lui est attribué et qu'il en poursuit l'exploitation.

42410 L'article L 145-1, III du Code de commerce faisant clairement référence à une « succession », son bénéfice ne peut être invoqué que par des colocataires devenus indivisaires en vertu des règles de dévolution successorale, les indivisaires conventionnels en étant exclus.

Il n'existe pas d'indivision entre un usufruitier et un nu-propriétaire. Ainsi, dans un cas où un **époux séparé de biens** exploitait dans un local dont il était colocataire avec son épouse un fonds de commerce acquis en indivision avec cette dernière, il a été jugé qu'après le décès de l'époux ses héritiers ne pouvaient pas bénéficier du droit au renouvellement du bail dès lors que l'épouse survivante, devenu usufruitière du quart de la succession (application de l'article 767 du Code civil), n'était pas elle-même inscrite au registre du commerce à la date de délivrance du congé. Elle ne pouvait donc pas se prévaloir de la qualité de cohéritier indivis puisqu'il n'y a pas d'indivision entre un usufruitier et un nu-propriétaire (Cass. 3e civ. 31-10-2000 no 1432 FS-D : RJDA 1/01 no 13). Précisons qu'au décès de l'époux la part indivise de l'épouse dans le fonds de commerce était restée dans le patrimoine de ce dernier à la suite de la liquidation du régime matrimonial. N'étant pas devenue indivisaire du fonds, et donc colocataire du local en vertu des règles de dévolution successorale, mais à la suite de l'acquisition de ce fonds (indivision conventionnelle), l'épouse survivante ne pouvait pas bénéficier de l'exception à l'obligation d'immatriculation des cotitulaires d'un bail commercial puisque la Cour de cassation ne l'étend pas à ce cas.

42411 En cas de **conclusion d'un nouveau bail,** les héritiers indivis perdent le bénéfice de l'exception en vertu de laquelle ils peuvent bénéficier du statut sans être immatriculé en leur nom, car ils deviennent alors de simples colocataires (Cass. 3e civ. 2-6-1999 no 934 PB : RJDA 8-9/99 no 895 ; dans le même sens, CA Paris 13-2-2008 no 05-08658, 16e ch. A).

> **Précisions** Dans l'arrêt de 1999, une sous-location avait été consentie à une mère de famille et à ses deux enfants. Avec l'accord du bailleur, cette dernière avait fait édifier des constructions sur le terrain loué afin d'y exploiter un fonds de commerce d'épicerie-buvette. Elle avait ensuite donné ce **fonds en location-gérance** à son fils, qui s'était immatriculé au registre du commerce en cette qualité. Après le décès de la sous-locataire, le bailleur avait conclu un nouveau bail avec les enfants mais ceux-ci ne s'étaient pas immatriculés au registre du commerce en qualité de propriétaires du fonds. Le bailleur avait alors délivré congé avec **refus de renouvellement** sans offre d'indemnité d'éviction. Les colocataires avaient contesté ce congé et sollicité le paiement d'une indemnité d'éviction. La Cour de cassation a rejeté cette demande au motif que les locataires avaient signé un nouveau bail en qualité de colocataires avec mention qu'ils exploitaient un commerce dans les constructions édifiées sur le terrain et qu'ils n'avaient donc pas poursuivi le précédent bail en qualité d'héritiers, l'un d'eux n'ayant jamais été inscrit au registre du commerce.

C. Immatriculation du propriétaire d'un fonds donné en location-gérance

42650 Lorsque le fonds est exploité sous forme de location-gérance, le propriétaire du fonds bénéficie du statut des baux commerciaux sans avoir à justifier de l'immatriculation (C. com. art. L 145-1, II). En effet, le propriétaire du fonds abandonne l'exploitation au locataire-gérant si bien que son immatriculation n'est plus justifiée.

Ce droit n'est pas remis en cause par le **défaut d'immatriculation du locataire-gérant,** le propriétaire du fonds n'étant pas tenu de rechercher si ce dernier a effectué les diligences qui lui incombent en matière d'immatriculation (Cass. 3e civ. 30-5-1996 no 974 P : RJDA 8-9/96 no 1019 ; Cass. 3e civ. 15-9-2010 no 09-68.521 FS-PB : RJDA 1/11 no 15). Cette solution apparaît opportune dans la mesure où elle exclut l'idée qu'un droit pourrait être soumis à une condition afférente à une personne qu'il ne concerne pas.

Toutefois, la **location-gérance** du fonds doit être **régulière.** 42651

ILLUSTRATIONS

Dans un cas où les époux propriétaires d'un fonds avaient donné celui-ci en location-gérance, viole les articles 1421 et 1424 du Code civil et les articles 2 et 4 de la loi du 20 mars 1956 (désormais C. com. art. L 144-2 et L 144-3) la cour d'appel qui a estimé que la location-gérance était irrégulière car elle avait été consentie par le mari seul, de sorte que, aucun des époux n'étant immatriculé au registre du commerce, ils ne pouvaient prétendre au renouvellement du bail, alors que la cour avait elle-même relevé que les époux étaient communs en biens et que le mari, immatriculé au registre du commerce depuis de nombreuses années, l'était encore lorsqu'il avait donné le fonds en location-gérance (Cass. 1e civ. 16-5-2000 : Bull. RCS 2000 nos 9 et 10 p. 47).
En revanche, dans un cas où une location-gérance était inopposable au bailleur faute d'avoir été autorisée par celui-ci conformément aux prévisions du bail, le bailleur a pu dénier le bénéfice du statut des baux commerciaux au locataire qui n'était pas immatriculé au registre du commerce à la date de délivrance du congé (Cass. 3e civ. 6-11-2001 no 1464 FD). De même, c'est en vain que, pour justifier son absence d'immatriculation au registre du commerce et des sociétés, le locataire invoque le contrat de location-gérance lorsque celui-ci est nul, le fonds de commerce n'ayant pas été exploité pendant au moins deux ans par le loueur avant la conclusion du contrat, conformément aux prescriptions de l'article L 144-3 du Code de commerce (CA Paris 3-7-2008 no 06-7612, 16e ch. B).

En outre, la mise en location-gérance doit être **intervenue avant la date** à laquelle l'immatriculation doit être effective. À défaut, c'est le propriétaire du fonds qui doit être immatriculé ; cette recherche doit être opérée par les juges du fond (Cass. 3e civ. 4-11-1998 no 1566 D : RJDA 12/98 no 1331). 42652
Au cas particulier, un propriétaire avait loué une parcelle de terrain, à usage exclusif de dépôt de marchandises, accessoire à l'activité commerciale exercée par le locataire. Ce dernier y avait fait construire un bâtiment. Le bailleur avait délivré à son locataire un congé avec refus de renouvellement du bail sans offre d'indemnité aux motifs qu'il avait fait édifier cette construction sans son consentement et qu'il n'était pas immatriculé au registre du commerce pour son activité principale. La Cour de cassation a censuré la cour d'appel qui, pour dire que le locataire pouvait bénéficier du statut, avait retenu qu'à la date d'effet du congé le locataire avait donné son fonds de commerce en location-gérance, les lieux loués étant l'accessoire indispensable de ce fonds, et qu'en conséquence il n'était pas tenu, à cette date, d'être immatriculé au registre du commerce, sans préciser la situation du locataire au regard de l'obligation d'inscription au registre du commerce à la date de la délivrance du congé.

Lorsque la **location-gérance** est **annulée** pendant la période de renouvellement ou de fixation de l'indemnité d'éviction, il peut être reproché au propriétaire du fonds de ne pas avoir été immatriculé à la date d'effet du congé ou de la demande de renouvellement. En effet, l'annulation fait rétroactivement renaître sur sa tête l'obligation dont il était dispensé. Après l'annulation, le bailleur peut donc rétracter son offre ou refuser de payer l'indemnité d'éviction en raison de l'absence d'immatriculation de son locataire à la date du congé (Cass. 3e civ. 10-11-2010 no 09-16.927 FS-D : RJDA 3/11 no 216). En l'espèce, la cour d'appel avait, au contraire, jugé que le bailleur ne pouvait pas utilement se prévaloir d'une absence d'immatriculation du locataire pour lui dénier le droit à la propriété commerciale en relevant notamment que la condition d'immatriculation du locataire doit s'apprécier au regard de la situation existant lors du congé et de sa date d'effet soit en l'état d'une location-gérance en cours, avec une immatriculation du locataire-gérant qui dispensait le locataire d'une immatriculation propre. 42653

D. Immatriculation de l'usufruitier et du nu-propriétaire

L'usufruitier et le nu-propriétaire d'un fonds de commerce (ou d'un fonds artisanal) ne forment pas une indivision. Chacun d'eux doit donc être immatriculé au registre du commerce ou au registre national des entreprises (no 42410). 42750
Cette solution ne pose pas de difficulté particulière lorsque l'usufruitier et le nu-propriétaire **exploitent le fonds en commun** mais, le plus souvent, **seul l'usufruitier** est **exploitant** (et donc commerçant ou chef d'une entreprise relevant du secteur des métiers et de l'artisanat). Dans ce cas, la Cour de cassation requiert du nu-propriétaire qu'il remplisse la condition d'immatriculation pour permettre aux colocataires de prétendre au renouvellement du bail (Cass. 3e civ. 5-3-2008 no 05-20.200 FS-PB : RJDA 5/08 no 493). Il est vrai que l'article L 145-1 du Code de commerce vise le propriétaire du fonds, une qualité que le nu-propriétaire n'a pas perdue, même si les attributs

du droit de propriété sont exercés par l'usufruitier. Par conséquent, le nu-propriétaire doit être inscrit au registre du commerce ou au registre national des entreprises en qualité de nu-propriétaire non exploitant (CA Paris 30-1-1998 n° 97-13039, 1e ch. B ; dans le même sens, voir également Rép. Briane 12-10-1998 n° 42262).

À notre avis, cette jurisprudence n'est pas remise en cause par les dispositions de l'article L 145-1, III du Code de commerce issu de la loi 2008-776 du 4 août 2008 (voir nos 42250 s. ; dans le même sens, F. Auque, La toilette des baux commerciaux et professionnels : JCP E 2008 n° 427 ; J.-P. Blatter, La loi 2008-776 du 4 août 2008 de modernisation de l'économie et les baux commerciaux : AJDI 2008 p. 650).

SECTION 2 LOCAUX SOUMIS À IMMATRICULATION

42850 L'immatriculation au registre du commerce et des sociétés ou au registre national des entreprises revêt un caractère personnel (n° 42140). Chaque commerçant ou chef d'une entreprise du secteur des métiers et de l'artisanat n'a le droit de s'immatriculer qu'une seule fois à un même registre. Toutefois, l'immatriculation doit porter sur l'ensemble des **locaux où s'exerce l'activité.** Si l'immatriculation de l'établissement principal va de soi, elle ne doit pas faire oublier que les autres établissements, qualifiés de secondaires, doivent eux aussi être immatriculés (C. com. art. R 123-4,1 ; art. R 123-247, 3°). À défaut, le locataire n'aura pas droit au renouvellement du bail du local abritant l'établissement pour lequel il n'est pas immatriculé (CA Paris 31-10-1991, 16e ch. A : RJDA 5/92 n° 429), même si l'établissement principal a fait l'objet d'une inscription.

Seuls les locaux accessoires échappent à l'obligation d'immatriculation (n° 42920).

> Précisions a. Lorsque le local est situé dans un **ensemble immobilier,** la mention de l'adresse de l'établissement suffit à son identification au registre du commerce et des sociétés sans qu'il soit besoin de préciser le numéro du bâtiment (Cass. 3e civ. 4-7-2012 n° 11-13.868 FS-PB : RJDA 11/12 n° 940). En l'espèce, l'extrait K bis d'une société faisait apparaître que celle-ci était immatriculée au registre du commerce et des sociétés avec pour adresse « bâtiment 29 – 11 rue de Cambrai – 27 quai de Gironde », alors que les locaux commerciaux qu'elle occupait étaient en réalité situés « bâtiment 33 – 11 rue de Cambrai – 27 quai de Gironde ». La Cour de cassation a jugé que cette erreur ne justifiait pas le refus de renouvellement du bailleur pour défaut d'immatriculation de la société au registre du commerce et des sociétés.

b. Sur l'obligation pour le titulaire d'un **bail portant sur un terrain nu** sur lequel sont édifiées des constructions de se faire immatriculer pour bénéficier du statut des baux commerciaux, voir n° 960.

A. Immatriculation d'un établissement secondaire

DÉFINITION DE L'ÉTABLISSEMENT SECONDAIRE

42855 Défini par les articles R 123-40 et R 123-247, 3°-a du Code de commerce comme un établissement « permanent, distinct du siège social ou de l'établissement principal, et dirigé par la personne tenue à l'immatriculation, un préposé ou une personne ayant le pouvoir de lier des rapports juridiques avec des tiers », l'établissement secondaire est considéré par la jurisprudence comme un établissement faisant l'objet d'une **exploitation commerciale distincte** de l'établissement principal auquel est attachée une **clientèle propre** (notamment Cass. 3e civ. 23-2-1982 et Cass. 3e civ. 12-7-1995 n° 1637 P, analysés n° 740).

Sur la distinction entre établissement secondaire et local accessoire, voir notamment CA Paris 3-7-2008, analysé n° 745.

42856 Lorsque le locataire inscrit un local en précisant qu'il s'agit d'un « local secondaire », cette mention peut lui être opposée par les juges qui sont dès lors dispensés d'en vérifier la véracité. Ainsi, il a suffi au juge de constater qu'un locataire, ayant transféré son siège social, avait inscrit les locaux loués antérieurement, en visant lui-même l'ouverture d'un établissement secondaire, pour lui dénier le bénéfice du statut dès lors que l'inscription avait été faite postérieurement à la date à laquelle l'immatriculation était requise (Cass. 3e civ. 6-1-1993 n° 90 P : RJDA 2/93 n° 95).

DEMANDE D'IMMATRICULATION DE L'ÉTABLISSEMENT SECONDAIRE

Commerçants Tout commerçant immatriculé qui ouvre un établissement secondaire doit, dans le délai d'un mois avant ou après l'ouverture, demander au greffe du tribunal dans le ressort duquel est situé l'établissement, par l'intermédiaire du guichet unique électronique des formalités d'entreprises (C. com. art. R 123-41 et R 123-43) : 42860
- une immatriculation secondaire, s'il n'est pas déjà immatriculé dans le ressort de ce tribunal ;
- une inscription complémentaire dans le cas contraire.

Personnes morales Toute personne morale immatriculée qui ouvre un établissement secondaire doit, selon le cas, demander son **immatriculation secondaire** ou une **inscription complémentaire,** cette obligation n'étant pas applicable aux établissements publics français à caractère industriel et commercial et aux autres personnes morales dont l'immatriculation est prévue par les dispositions législatives ou réglementaires telles que, notamment, les groupements européens d'intérêt économique (C. com. art. R 123-63 et R 123-67). 42865

Sur le fondement de ces dispositions, la Cour de cassation a censuré la décision d'une cour d'appel qui, pour condamner le bailleur à payer une indemnité d'éviction à sa locataire, avait retenu que cette dernière, société commerciale régulièrement immatriculée au registre du commerce, pouvait valablement opposer au bailleur l'exploitation d'un fonds dans les lieux loués et revendiquer en conséquence le bénéfice du statut des baux commerciaux, tout en constatant que l'établissement secondaire exploité dans les lieux loués n'avait fait l'objet ni d'une immatriculation secondaire ni d'une inscription complémentaire (Cass. 3e civ. 13-10-1999 n° 1545 D : RJDA 12/99 n° 1302). En l'espèce, la cour d'appel (CA Versailles 23-10-1997, 12e ch. 1e sect. : RDI 1998 p. 144) avait considéré que, contrairement au défaut d'immatriculation au registre du commerce qui est un motif péremptoire de dénégation du bénéfice du statut des baux commerciaux, les faits et actes sujets à mention peuvent toujours être opposés aux tiers qui en avaient personnellement connaissance, conformément aux dispositions de l'article L 123-9 du Code de commerce. Le bailleur ayant eu connaissance de l'exploitation commerciale dans les lieux loués plus d'un an avant la délivrance du congé, la cour d'appel en avait déduit qu'il ne pouvait pas se prévaloir du défaut de publicité qu'il invoquait.

En censurant cette décision, la Cour de cassation écarte donc la possibilité suggérée par certains auteurs (voir notamment B. Boccara : Administrer juin 1998 p. 31) d'opérer une distinction entre, d'une part, l'immatriculation au titre du siège ou du principal établissement qui serait une condition essentielle du droit au statut et, d'autre part, l'immatriculation secondaire ou l'inscription complémentaire au titre d'un établissement secondaire qui serait une condition obéissant aux règles d'opposabilité des faits ou actes soumis à publicité telles que déterminées par l'article L 123-9 du Code de commerce.

Chefs d'une entreprise du secteur des métiers et de l'artisanat La création de tout établissement secondaire par le chef d'une entreprise du secteur des métiers et de l'artisanat doit être déclarée au registre national des entreprises, par le biais du guichet unique électronique, dans le mois qui précède la date déclarée du début de l'activité, et au plus tard, dans le délai de quinze jours qui suit la date de début d'activité (C. com. art. R 123-239, al. 1 et R 123-247, 3°). 42870

CAS PARTICULIER

Une inscription secondaire ou modificative n'est pas nécessaire lorsqu'il apparaît que le local en cause forme, en fait, un **ensemble avec le local principal d'exploitation** ayant fait l'objet d'une immatriculation (Cass. 3e civ. 30-11-1988 n° 87-13.487 : Bull. civ. III n° 168). 42875

L'appréciation de la notion « d'ensemble » relève du pouvoir souverain des juges du fond, étant précisé que la seule proximité des locaux ne suffit pas à la caractériser (CA Paris 31-10-1991, 16e ch. A : RJDA 5/92 n° 429).

ILLUSTRATIONS 42876

Constituent un ensemble :

– deux locaux loués par une entreprise dès lors que la double adresse de l'entreprise locataire était mentionnée sur le papier commercial et que les juges ont relevé que les salariés ne pouvaient pas travailler dans un seul des locaux ;

Cass. 3e civ. 30-11-1988, précité n° 42875.

– un local contigu pour lequel le locataire avait été autorisé par le bailleur à percer le mur le séparant de l'établissement principal pour les besoins de l'exploitation si bien qu'il faisait partie intégrante de cet établissement ;

Cass. 3e civ. 29-10-1970 n° 69-10.361 : Bull. civ. III n° 549.

– deux locaux contigus occupés par un artisan plombier dont l'un servait à entreposer des matières premières et des outils ainsi qu'à préparer des zincs tandis que l'autre était le lieu du domicile personnel de l'artisan et constituait l'emplacement de son secrétariat où étaient réceptionnés les appels téléphoniques ;

Cass. 3e civ. 19-4-1989 n° 654 D.

– deux locaux qui communiquaient entre eux formant ainsi une véritable unité d'exploitation en présence de laquelle la théorie de l'ensemble économique trouvait à s'appliquer dès lors que les deux adresses figuraient sur le papier commercial de la société locataire et que ses deux salariés étaient appelés à travailler indifféremment dans les deux locaux et ce, même si les conditions dans lesquelles le locataire avait pratiqué la communication entre les locaux pouvaient être contestées ;

CA Paris 21-4-1992, 16e ch. A, Sté Optimo c/ Sté Fryste : Gaz. Pal. 1992 somm. p. 13 note P.-H. Brault.

– deux immeubles dans lesquels une société avait installé respectivement son siège et son activité commerciale, seul le premier étant immatriculé, dès lors qu'il résultait du plan des lieux que les deux immeubles étaient non seulement mitoyens mais fortement imbriqués l'un dans l'autre et que l'opération de fusion-absorption effectuée par la société locataire s'était traduite par une unité d'exploitation exercée dans des locaux contigus au sein d'un même établissement ;

Cass. 3e civ. 4-5-1994 n° 92-12.003.

– deux immeubles dont l'un était immatriculé et abritait le siège de la société dès lors que cet immeuble appartenait au bloc de constructions encadré par deux rues et était contigu à l'autre immeuble non immatriculé et situé dans l'une de ces deux rues ;

Cass. 3e civ. 10-11-1999 n° 1719 D.

– deux locaux dont l'un, où étaient effectués des travaux d'impression en dorure, de découpe de cartons et de gaufrage, constituait avec le second, où s'exécutaient les opérations d'encollage, un ensemble économique indivisible, les salariés pouvant travailler indifféremment dans l'un ou l'autre local ;

CA Paris 31-10-2001 n° 94-12921.

– deux immeubles distincts occupés par un hôtel meublé, compte tenu des éléments suivants : il résultait de manière cohérente de l'ensemble des pièces produites aux débats et notamment des statuts de la société, des certificats de classement de l'hôtel, du papier à en-tête de la société, de sa comptabilité et de ses déclarations fiscales, qu'une exploitation unique d'hôtel était réalisée dans les deux immeubles ; le procès-verbal de constat corroborait cette interdépendance totale d'exploitation dans les deux immeubles puisque, d'une part, de nombreux services communs aux deux constructions n'étaient situés que dans l'une d'entre elles tels que la salle de petit déjeuner, la cuisine, la réception, le standard téléphonique ou l'alarme et que, d'autre part, des services comme le bar ou le chauffage de l'hôtel avaient pour accès l'un des bâtiments et pour situation l'autre bâtiment.

TGI Paris 13-9-2005 n° 03-10061 : RJDA 12/06 n° 1202.

Ne constituent pas un ensemble :

– des locaux dans lesquels aucun élément ne permettait de dire qu'à la date de délivrance du congé, il existait une exploitation commune d'un même fonds de commerce, la société locataire n'exerçant plus ses activités dans un de ces locaux dont elle avait concédé la « jouissance privative » à une autre société.

Cass. 3e civ. 29-1-2002 n° 164 F-D.

– le local situé à 130 mètres du siège social dès lors qu'il n'est pas contigu au local principal, qu'il n'y a pas d'unité d'exploitation entre les deux et qu'aucun élément n'établi que l'activité exercée au sein du local litigieux forme un seul espace et une unité ou une complémentarité d'activité avec celle du siège social.

CA Paris 4-4-2024 n° 21/14780 : RJDA 10/24 n° 515.

B. Immatriculation des locaux accessoires

42920 Par opposition à l'établissement secondaire (nos 42855 s.), le local accessoire échappe à l'obligation d'immatriculation (Cass. 3e civ. 11-12-1996 n° 1843 D, rendu à propos d'un local donné à bail pour servir de réserve à un fonds de commerce ; CA Paris 2-4-2022 n° 19/12702 : RJDA 10/22 n° 550). Il en est ainsi même si le local accessoire n'est pas contigu au local principal. La Cour de cassation a ainsi censuré la décision d'une cour d'appel qui, pour déclarer valable le congé délivré par un bailleur à son locataire auquel il avait donné à bail un local servant de garage à l'hôtel que ce dernier exploitait de l'autre côté de la rue, avait retenu que, s'agissant d'un local accessoire non contigu à l'immeuble où était exploité le fonds, le défaut d'immatriculation du locataire au registre du commerce, pour ce local, faisait obstacle à la revendication par celui-ci du statut des baux commerciaux, alors que les locaux accessoires, même **non contigus,** dans lesquels un fonds n'est pas distinctement exploité, échappent à la nécessité d'une immatriculation au registre du commerce (Cass. 3e civ. 4-11-1992 n° 1476 PF : RJDA 1/93 n° 9).

Avant de retenir qu'un local est accessoire et n'a pas à être immatriculé, les **juges du fond** doivent rechercher si, à la date de délivrance du congé, il constituait un établissement permanent dirigé par l'assujetti, un préposé ou une personne ayant le pouvoir de lier des rapports juridiques avec les tiers (Cass. 3e civ. 18-10-1989 : Rev. Loyers 1990 p. 83 note J.-C. B.).
Sur les caractéristiques du local accessoire entrant dans le champ d'application du statut des baux commerciaux, voir nos 720 s.

SECTION 3 DATE D'IMMATRICULATION DU LOCATAIRE

PRINCIPES

L'immatriculation du locataire au registre du commerce et des sociétés, pour les commerçants, ou au registre national des entreprises, pour les chefs d'entreprises du secteur des métiers et de l'artisanat, est une condition du bénéfice du statut des baux commerciaux pour le **renouvellement du bail** (Cass. 3e civ. 1-10-1997 no 1353 P : RJDA 12/97 no 1467 ; Cass. 3e civ. 1-10-2003 no 1017 FS-PB : RJDA 1/04 no 20 ; CA Paris 4-12-1998, 16e ch. B : D. aff. 1999 no 149 p. 284 ; Cass. 3e civ. 19-11-2015 no 14-22.000 F-D : RJDA 3/16 no 175 ; sur l'application de ce principe dans un cas où le locataire avait été laissé en possession à l'expiration d'un bail de courte durée, voir no 43026). **43020**
En conséquence, au regard des règles du statut des baux commerciaux, l'immatriculation du locataire n'est pas requise lors de la conclusion du bail ou en cours d'exécution.
En revanche, il doit être immatriculé à la date de délivrance du congé ou de la demande de renouvellement (nos 43140 s.) ainsi qu'à la date d'effet du congé (nos 43240 s.), faute de quoi le bailleur peut lui dénier le bénéfice du statut (sur la mise en œuvre de la dénégation, voir nos 70510 s.).

L'immatriculation est également requise en cas de **revendication** de l'application **du statut.** **43025**
Dans cette hypothèse, le locataire doit être immatriculé à la date à laquelle il revendique le bénéfice du statut des baux commerciaux (Cass. 3e civ. 13-7-2010 no 09-67.506 FS-D : Administrer octobre 2010 p. 41 comm. J.-D. Barbier), faute de quoi sa demande sera déclarée irrecevable (Cass. 3e civ. 24-11-2021 no 19-25.251 F-D : RJDA 2/22 no 64).
Les juges du fond ne peuvent pas se contenter de mentionner que le locataire s'est immatriculé en cours de procédure ; ils doivent vérifier que l'inscription au registre du commerce ou au registre national des entreprises est effective à la date de la demande en justice par laquelle le locataire revendique le bénéfice du statut (voir Cass. 3e civ. 22-1-2014 no 12-26.179 FS-PB : RJDA 7/14 no 604 ; Cass. 3e civ. 9-6-2016 no 15-15.416 F-D ; Cass. 3e civ. 24-11-2021 no 19-25.251 F-D précité).

L'immatriculation du **titulaire d'un bail dérogatoire** n'est, en revanche, pas requise lorsque ce locataire, resté dans les locaux après la date d'expiration du bail, revendique l'application du statut des baux commerciaux (Cass. 3e civ. 30-4-1997 no 94-16.158 PB : RJDA 6/97 no 756 ; Cass. 3e civ. 25-10-2018 no 17-26.126 F-PBI : RJDA 1/19 no 2). **43026**

> **> Précisions a.** Sur l'**application du statut** des baux commerciaux au titulaire d'un bail commercial resté dans les locaux après la date d'expiration, no 4000.
> **b.** Les décisions mentionnées no 43025 qui font état de l'exigence d'immatriculation visent des situations dans lesquelles le locataire entend requalifier en bail commercial un bail d'une autre nature. Les décisions de 1997 et 2018 visent une situation de fait différente : dans ces cas le locataire entend faire constater qu'il est titulaire d'un **bail soumis au statut par l'effet de la loi.** Elles ne remettent donc pas en cause la jurisprudence antérieure.

ABSENCE DE NÉCESSITÉ D'UNE IMMATRICULATION PERMANENTE DU LOCATAIRE

Lors de la conclusion du bail L'obligation légale d'immatriculation n'est pas requise lors de la conclusion du bail, les commerçants comme les chefs d'entreprises du secteur des métiers et de l'artisanat ne devant être immatriculés qu'à compter du début de leur activité. En effet, le Code de commerce prévoit que toute personne physique ayant la qualité de **commerçant** doit demander son immatriculation au registre du commerce au plus tard dans le délai de quinze jours à compter de la date du début de son activité commerciale (art. R 123-32), tandis que l'immatriculation des **sociétés** et des groupements d'intérêt économique est demandée au plus tôt après l'accomplissement des formalités de constitution et notamment **43030**

des formalités de publicité, celle des autres personnes morales étant demandée dans les quinze jours de l'ouverture du siège ou de l'établissement (art. R 123-36).

En ce qui concerne les **artisans,** et plus généralement les chefs d'entreprises du secteur des métiers et de l'artisanat, la demande d'immatriculation au registre national des entreprises est présentée dans le délai d'un mois avant le début de l'activité et au plus tard dans le délai de quinze jours qui suit la date de début d'activité (C. com. art. R 123-239).

43035 **En cours de bail** Le locataire est soumis à l'obligation légale d'immatriculation en cours de bail mais, en principe, le bailleur ne peut pas se prévaloir du défaut d'immatriculation pour demander la résolution du bail. Il n'en va différemment que dans le cas où l'immatriculation a été mentionnée au bail comme étant une condition de celui-ci. En effet, la résolution ne peut résulter que d'un manquement aux obligations nées du bail. En conséquence, en l'absence de clause expresse en ce sens, le défaut d'immatriculation n'est pas de nature à justifier la résolution du bail (Cass. 3e civ. 15-5-1996 n° 923 PB : RJDA 8-9/96 n° 1024 ; Cass. 3e civ. 29-4-1997 n° 726 ; CA Versailles 20-11-1997 n° 9029-95, 12e ch. 2e sect. ; CA Paris 12-11-1999 n° 98-14674, 16e ch. B).

Précisons toutefois que si, pendant l'exécution du bail, le locataire fait valoir un droit qu'il tient de l'application du statut, le bailleur peut lui opposer le défaut d'immatriculation pour lui dénier le bénéfice de ce droit (voir notamment Cass. 3e civ. 7-11-1990 n° 89-14.561 : Bull. civ. III n° 218 et jugeant impossible pour le locataire de revendiquer la cession du droit au bail en cas de départ à la retraite dès lors qu'il est déjà radié du registre du commerce et que l'exploitation a cessé).

43040 **Pendant la période de préavis du congé** Le locataire devant remplir les conditions statutaires au moment où se pose la question du droit au renouvellement, et seulement à ce moment (n° 43020), l'immatriculation n'a pas à être continue pendant la période de préavis du congé (Cass. 3e civ. 28-1-2004 n° 71 FS-PBRI : RJDA 5/04 n° 530). En cas de cession du bail durant cette période, le bailleur ne peut donc pas dénier le bénéfice du statut à l'acquéreur sous prétexte qu'il n'aurait pas procédé à son immatriculation dès l'acquisition. En revanche, l'acquéreur doit être immatriculé à la date d'effet du congé (même arrêt).

43045 **Après l'expiration du bail** Revenant sur sa jurisprudence (notamment Cass. 3e civ. 27-3-2002 n° 600 : RJDA 6/02 n° 604), la Cour de cassation a jugé que le locataire ne peut pas se voir refuser le bénéfice du statut pour défaut d'immatriculation **pendant la procédure de renouvellement ou de fixation de l'indemnité d'éviction,** dès lors que sa radiation au registre du commerce est intervenue après la date d'expiration du bail (Cass. 3e civ. 29-9-2004 n° 934 FS-PBRI : RJDA 12/04 n° 1301). Cette solution prévaut également lorsque le locataire n'est pas immatriculé **pendant la procédure en fixation du loyer du bail renouvelé** (Cass. 3e civ. 18-5-2005 n° 587 FS-PB : RJDA 8-9/05 n° 940).

DATE D'IMMATRICULATION EFFECTIVE DU LOCATAIRE

43140 **Immatriculation à la date du congé ou de la demande de renouvellement** Dans les rapports entre bailleur et locataire, l'immatriculation doit être effective au moment où l'application du statut est revendiquée par le locataire ou déniée par le bailleur.

Le locataire doit donc être immatriculé à la date de délivrance du congé (Cass. 3e civ. 2-7-1985 n° 84-11.373 : Bull. civ. III n° 105 ; CA Paris 18-5-2006 n° 05-15400) ou à la date de la demande de renouvellement (Cass. 3e civ. 25-10-1983 : JCP G 1985 II n° 20371 ; CA Paris 11-4-2018 n° 16/16297 : RJDA 8-9/18 n° 626), sans pouvoir prétendre à un quelconque délai pour régulariser sa situation (n° 43340).

ILLUSTRATIONS

Lorsqu'une société justifie, au jour du congé, d'une immatriculation au registre du commerce à l'adresse des lieux loués et de la propriété du fonds qui y est exploité, le bailleur ne peut pas, sans ajouter à l'article 1er du décret du 30 septembre 1953 (désormais C. com. art. L 145-1), se prévaloir de l'absence d'inscription modificative concernant l'augmentation du capital social pour dénier à sa locataire le droit au bénéfice de la propriété commerciale (TGI Paris 9-9-1997, 18e ch. 1e sect. : Rev. Loyers 1997 p. 609 note G. A.).

En revanche, dès lors que le locataire n'était immatriculé à l'adresse des lieux loués ni à la date du congé ni à celle de l'expiration du bail, le bailleur peut invoquer le défaut d'immatriculation du locataire pendant toute la durée de la procédure en fixation du loyer du bail renouvelé même s'il en a été informé préalablement, en l'espèce à la date du congé avec offre de renouvellement (Cass. 3e civ. 19-11-2015 n° 14-22.000 F-D : RJDA 3/16 n° 175).

La seule **connaissance** par le **bailleur** du **défaut d'immatriculation** du locataire ne vaut pas renonciation de sa part à se prévaloir des conditions auxquelles est subordonné le statut (Cass. 3e civ. 17-3-2016 n° 14-25.088 F-D).

Le locataire ne peut pas échapper à cette obligation en prétendant que l'**exploitation saisonnière** qu'il exerçait dans les lieux justifiait son absence d'immatriculation à la date de délivrance du congé (Cass. 3e civ. 12-7-1995 n° 1691 D : RJDA 10/95 n° 1084 ; voir également Cass. 3e civ. 18-11-1998, analysé n° 70585). 43141

ILLUSTRATIONS

Un bail commercial avait été consenti par le propriétaire d'un local situé à Cabourg et, pour juger que ce bail devait être renouvelé pour neuf ans, une cour d'appel avait retenu que le locataire était inscrit à titre principal au registre du commerce de Romorantin, où il était fait mention de l'ouverture d'un établissement secondaire à Cabourg, qu'il était inscrit chaque année pour la saison estivale au registre du commerce de Caen, que l'activité saisonnière justifiait les inscriptions temporaires renouvelées chaque année pour l'établissement de Cabourg et que le bailleur n'avait fait aucune remarque particulière sur cet état de fait durant l'exécution du bail précédent. La Cour de cassation a censuré cette décision au motif que la cour d'appel avait constaté que le bail expiré était d'une durée de neuf ans et qu'ainsi le bailleur était en droit d'opposer au locataire que les conditions légales de renouvellement n'étaient pas réunies à la date de délivrance du congé (Cass. 3e civ. 12-7-1995, précité).

L'exploitation saisonnière d'un fonds de commerce est sans influence sur l'obligation pour le locataire d'être immatriculé au registre du commerce à la date de délivrance du congé. Soit le bail correspond à une location saisonnière et le bénéfice du statut est écarté en application de l'article L 145-5 du Code de commerce (n° 3040), soit il s'agit d'un bail à l'année et le statut ne s'applique que si le locataire justifie des conditions légales.

De même, une **société bénéficiaire** d'une **cession partielle d'actifs** comprenant un bail commercial en cours d'exécution ne peut pas se prévaloir de l'immatriculation de la société apporteuse pour revendiquer l'application du statut des baux commerciaux, dès lors qu'elle n'est pas immatriculée au registre du commerce pour le local concerné à la date de délivrance du congé (Cass. 3e civ. 7-11-2001 n° 1581 FS-PBI : RJDA 2/02 n° 137). 43142

Cette solution, qui confirme la sévérité de la jurisprudence en la matière, n'allait pas de soi. En effet, en cas de **fusion** ou d'**apport d'une partie de l'actif** d'une société, la société issue de la fusion ou la société bénéficiaire de l'apport est, nonobstant toute stipulation contraire, substituée à celle au profit de laquelle le bail était consenti dans tous les droits et obligations découlant de ce bail (C. com. art. L 145-16, al. 2). Comme l'apport partiel d'actif inclut généralement le droit au bail, il constitue en réalité une cession de bail et le mécanisme de la substitution légale dans les droits et obligations découlant du contrat de location dispense les sociétés intéressées, pour faciliter ce type d'opération, d'observer les formalités contractuelles ou légales de cession (signification de la cession au bailleur, acceptation de celui-ci dans un acte authentique, etc.). Pour la Cour de cassation, la dispense des formalités de cession de bail n'implique toutefois pas la dispense de l'obligation générale d'immatriculation au registre du commerce, pour les locaux concernés, qui doit être effectuée par la société bénéficiaire de l'apport partiel d'actif comme elle doit l'être par tout cessionnaire d'un bail commercial qui veut bénéficier du statut (sur la cession du bail, voir n° 10270).

Immatriculation à la date d'effet du congé Le locataire demeuré dans les lieux loués après la délivrance du congé doit être immatriculé à la date d'effet du congé qui correspond à la date d'expiration du bail en cours (Cass. 3e civ. 20-3-1991 n° 583 PF : RJDA 5/91 n° 386). Cette exigence résulte de l'obligation légale d'immatriculation. Elle se cumule à l'obligation pour le locataire d'être immatriculé à la date de délivrance du congé ou de la demande de renouvellement ; en aucun cas elle ne peut suppléer le défaut d'immatriculation à ces dates (Cass. 3e civ. 4-11-1998, analysé n° 42652). 43240

ILLUSTRATIONS

La Cour de cassation a censuré la décision d'une cour d'appel qui, pour dire que des locataires avaient droit à une indemnité d'éviction, avait retenu que le droit à cette indemnité doit s'apprécier à la date de délivrance du congé et que leur radiation du registre du commerce intervenue trois mois avant la date d'effet du congé ne constituait pas un départ volontaire mais trouvait sa raison dans le refus de renouvellement qui les y avait contraints, alors que les locataires ne pouvaient, faute d'être encore régulièrement immatriculés à la date d'expiration du bail, se prévaloir du statut des baux commerciaux (Cass. 3e civ. 2-6-1999 n° 935 PB : RJDA 8-9/99 n° 896).

IMMATRICULATION TARDIVE DU LOCATAIRE

Toute immatriculation tardive est inopérante et le locataire qui procède à son immatriculation à titre de **régularisation** après la date de délivrance du congé ou la date de demande de renouvellement ou encore la date d'effet du congé ne peut pas se prévaloir du bénéfice du 43340 statut (Cass. 3e civ. 7-6-1990, analysé n° 42132 ; Cass. 3e civ. 6-1-1993, analysé n° 42856 ; CA Paris 4-4-2024 n° 22/15510 : RJDA 10/24 n° 516), même si la demande d'immatriculation mentionne une date de début d'activité antérieure à la date du congé (Cass. 3e civ. 18-12-2012 n° 11-26.762 F-D : RJDA 10/13 n° 771).

43341 Peu importe qu'une demande d'immatriculation ait été faite avant la date de délivrance du congé (Cass. 3e civ. 30-1-2002 n° 188 FS-D : RJDA 4/02 n° 360) ou de la demande de renouvellement, ou que l'immatriculation soit intervenue après la date de demande de renouvellement mais avant que le bailleur ne conteste l'application du statut (Cass. 3e civ. 4-3-1998 n° 376 PB : RJDA 5/98 n° 567).

À notre avis, cette dernière solution se justifie pour deux raisons. D'une part, il est acquis que la condition d'immatriculation s'apprécie à la date du congé ou de la demande de renouvellement, la situation étant en quelque sorte figée à cette date. D'autre part, en cas de défaut d'immatriculation du locataire lors de la délivrance du congé ou de la date de la demande de renouvellement, la jurisprudence reconnaît au bailleur qui invoque ce défaut le droit de dénier le statut à tout moment au cours de la procédure de renouvellement, même après que le bailleur a offert de payer une indemnité d'éviction et, dans ce cas, même si le bailleur avait connaissance de la situation du locataire au moment de l'offre (Cass. 3e civ. 10-1-1996 n° 60 P : RJDA 4/96 n° 468).

Le locataire ne peut pas non plus échapper aux conséquences d'une immatriculation tardive en se prévalant de l'exécution d'autres actes de la vie des affaires tels qu'une immatriculation à l'Urssaf, au fichier Siret ou l'ouverture d'un compte bancaire (CA Paris 8-9-2010 n° 08-24467, ch. 5-3 : RJDA 4/11 n° 287).

43342 Doit également être considérée comme tardive la **réinscription** au registre du commerce ou au registre national des entreprises qui fait suite à une radiation d'office du locataire faite par erreur lorsque cette réinscription est opérée postérieurement à la date de délivrance du congé ou à la date de demande de renouvellement ou encore à la date d'effet du congé.

DÉFAUT D'IMMATRICULATION DU LOCATAIRE IMPUTABLE À UN TIERS

43450 **Erreur commise par le greffe** Le greffe du tribunal de commerce peut commettre une erreur en procédant, notamment, à une radiation injustifiée du locataire du registre du commerce et des sociétés. Dépourvu d'immatriculation, le locataire se voit alors dénier le bénéfice du statut par le bailleur. La question se pose de savoir si le **locataire** peut **opposer au bailleur l'erreur** ainsi commise.

43451 La jurisprudence a d'abord répondu par l'affirmative. La Cour de cassation a en effet admis que l'irrégularité de l'immatriculation due à une erreur du greffier n'empêchait pas le **locataire** de **se prévaloir de son immatriculation** (Cass. 3e civ. 24-11-1993 : Loyers et copr. 1994 comm. n° 69 et, dans le même sens, Cass. 3e civ. 26-11-1997 : Administrer-1-1998 p. 43), tout en précisant que le greffier devait effectivement être à l'origine de l'erreur.

ILLUSTRATIONS

Après avoir relevé que le bénéfice du statut des baux commerciaux est réservé à des commerçants ou artisans véritables et immatriculés comme tels et non à des « agents économiques clandestins cherchant à se soustraire aux contrôles de l'autorité publique », la cour d'appel de Paris a également considéré qu'un artisan radié d'office du répertoire des métiers pour avoir déménagé sans laisser d'adresse avait néanmoins droit au paiement d'une indemnité d'éviction pour les raisons suivantes : l'intéressé avait toujours été inscrit au répertoire des métiers lorsqu'il exerçait à son ancienne adresse ; son changement d'adresse n'avait pas été enregistré par la chambre des métiers alors qu'elle l'avait été par le service des impôts, EDF, les banques, les Assédic et l'Urssaf ; après avoir appris sa radiation, il s'était aussitôt fait réinscrire à sa bonne adresse. Il était ainsi établi qu'il avait toujours été de bonne foi et n'avait pas cherché à se faire rayer du registre du commerce dans un but inavouable ; enfin, il n'était pas établi qu'il se soit volontairement soustrait à l'obligation édictée par l'article 1er du décret du 30 septembre 1953 (désormais C. com. art. L 145-1) qui ne lui était donc pas applicable (CA Paris 7-11-1989 n° 88-012575, 16e ch. A).

43452 En l'état de cette jurisprudence, un auteur avait établi une règle de partage reposant sur l'**origine de l'erreur.** Selon lui, l'erreur totalement étrangère au fait du locataire devait être prise en compte par les tribunaux et ne constituait pas un obstacle au bénéfice du statut, ce qui n'était pas le cas lorsque l'erreur était en partie imputable au locataire ou avait été provoquée par son inertie (S. Duplan-Miellet, Chronique de jurisprudence commerciale baux commerciaux : Defrenois 1999 p. 492).

43453 Toutefois, des arrêts plus récents se prononcent dans un sens différent et font de l'exigence d'immatriculation une condition « objective » du bénéfice du statut, **peu important** alors les circonstances à **l'origine** du **défaut d'immatriculation.** Ainsi, revenant sur sa jurisprudence antérieure, la troisième chambre civile de la Cour de cassation a censuré la décision d'une cour d'appel qui, tout en constatant que le locataire n'était pas immatriculé au registre du commerce à la date où l'immatriculation devait être effective, avait jugé que le locataire avait droit au renouvellement de son bail car l'erreur commise par le greffe du tribunal de commerce était la cause déterminante du retard de deux ans apporté à cette immatriculation (Cass. 3e civ. 12-7-2000 n° 1128 FS-PB : RJDA 11/00 n° 961). En l'espèce, le greffe avait omis de prélever sur le compte du notaire du locataire le complément de redevance réclamé en vue de l'immatriculation de ce dernier.

La Cour de cassation a fait preuve de la même rigueur dans un cas où le locataire invoquait une erreur du greffe pourtant rectifiée par la suite (Cass. 3e civ. 3-5-2011 n° 10-15.428 F-D).

Dans un cas où une **erreur** avait été commise au registre du commerce **sur la qualité du bénéficiaire de l'immatriculation,** le locataire ayant été inscrit en qualité de locataire-gérant au lieu d'être inscrit en qualité de propriétaire du fonds, il a également été jugé que le locataire ne pouvait pas bénéficier du statut des baux commerciaux à défaut d'immatriculation en qualité de propriétaire à la date où l'immatriculation devait être effective (Cass. 3e civ. 3-4-1997 n° 633 D : RJDA 5/97 n° 619). **43454**

Dans un cas où le locataire avait fait l'objet d'une radiation d'office à la suite d'une **erreur administrative,** la chambre commerciale de la Cour de cassation a fait preuve de la même sévérité en jugeant que la réparation ultérieure de cette erreur par la réinscription du locataire était sans effet (Cass. com. 12-1-1999 n° 139 P : RJDA 3/99 n° 260 confirmant CA Paris 5-4-1996 : Dr. Sociétés 1996 comm. 141 note T. Bonneau ; dans la même affaire, voir également Cass. 3e civ. 20-3-1991). **43455**

ILLUSTRATIONS

Le propriétaire de locaux commerciaux avait fait délivrer un congé à son locataire avec refus de renouvellement du bail sans indemnité d'éviction en invoquant l'absence d'immatriculation de ce dernier au registre du commerce à la date où l'immatriculation devait être effective, en raison de la radiation d'office prononcée par le juge commis à la surveillance du registre. La décision de ce dernier avait ensuite été infirmée en appel au motif que la radiation était la conséquence d'une erreur administrative. Le locataire avait alors fait valoir que l'annulation de la radiation avait provoqué sa réinscription rétroactive au registre. Jugé au contraire que l'autorité de la chose jugée qui s'attache à l'arrêt qui a réformé l'ordonnance du juge commis à la surveillance du registre ne s'oppose pas à ce que le bailleur puisse valablement fonder le congé sur le défaut d'immatriculation du locataire (Cass. com. 12-1-1999 précité).

Cette position fait l'objet de nombreuses **critiques** de la part **de la doctrine.** Notamment, Bruno Boccara estime notamment qu'il n'est pas certain que la nécessité de l'inscription au registre du commerce exige une application stricte de l'article L 145-1 du Code de commerce alors que la situation juridique doit être appréciée à la fois en fonction des dispositions relatives à ce registre mais aussi des règles de la responsabilité civile. Il trouve en outre regrettable de faire bénéficier de l'erreur du greffe le propriétaire d'autant que les recours nécessairement exercés contre le greffe conduisent à multiplier les procédures et à faire supporter au greffier l'indemnité d'éviction dont le bailleur bénéficie sans raison réelle (note sous Cass. 3e civ. 12-7-2000 : Administrer octobre 2000 p. 40). **43460**

Le locataire qui, du fait de l'erreur commise par le greffe, perd ses droits au renouvellement du bail et au paiement d'une indemnité d'éviction peut engager une **action en responsabilité** contre l'administration à l'origine de son préjudice. **43463**

Faute du bailleur Lorsque par sa faute ou sa négligence, le bailleur est à l'origine du défaut d'immatriculation du locataire, ce dernier peut-il invoquer cette faute pour s'opposer à la dénégation du bénéfice du statut ? Ici encore, on notera une évolution de la jurisprudence. **43470**

Plusieurs **cours d'appel** avaient répondu par l'affirmative. Il a ainsi été jugé que le bailleur ne pouvait pas reprocher son défaut d'immatriculation au locataire :

– lorsque, sachant qu'un seul locataire occupait les lieux, il avait insisté lors du renouvellement pour que l'ancien colocataire, qui n'exerçait plus aucune activité commerciale dans les lieux depuis plusieurs années, signe le bail afin de pouvoir disposer de codébiteurs solidaires (CA Paris 31-10-2000 n° 98-13871, 16e ch. A) ;

– lorsque la radiation du locataire était la conséquence d'une impossibilité d'exploitation résultant d'un manquement du bailleur à son obligation de délivrance (CA Rouen 10-9-2002, ch. réunies : Loyers et copr. 2002 comm. n° 258 ; arrêt de résistance rendu sur renvoi de Cass. 3e civ. 2-6-1999, analysé n° 43240) ;

– lorsque la radiation sollicitée par une société locataire pour mise en sommeil n'était que la conséquence de l'impossibilité où elle s'était trouvée d'exploiter le fonds de commerce de restaurant du fait d'une situation dont l'origine première était imputable au bailleur en ce qu'il avait permis et préparé, par la réalisation dans les locaux de travaux de pose de cheminées avec gaine d'extraction, un changement d'affectation des lieux initialement destinés à une activité de photographe, sans s'assurer au préalable de l'accord de la copropriété (CA Paris 29-10-2003 n° 01-16475, 16e ch. A).

43471 Saisie à son tour de la question à l'occasion d'un pourvoi formé contre l'arrêt de la cour d'appel de Paris du 29 octobre 2003 (n° 43470), la **Cour de cassation** a, au contraire, clairement confirmé l'application du principe de la condition d'immatriculation du locataire en rappelant que le bénéfice du statut des baux commerciaux ne peut pas être accordé à un locataire qui n'est pas immatriculé au registre du commerce et des sociétés à la date de la délivrance du congé par le bailleur (Cass. 3e civ. 18-10-2005 n° 1119 F-D, Mahieu c/ Sté Patparnasse : RJDA 1/06 n° 10).

Sans aller aussi loin, la cour d'appel de Paris se prononçant après cet arrêt a refusé au titulaire d'un bail commercial le droit de prétendre au bénéfice du statut et, par suite, au renouvellement du bail car il ne rapportait pas la preuve qu'il avait entrepris toutes les diligences nécessaires pour procéder à son immatriculation à la date de sa demande de renouvellement ou au moins à la date d'effet de sa demande, ni que l'opposition du bailleur à lui reconnaître la qualité de locataire était l'unique cause de son impossibilité à s'immatriculer et que celui-ci était donc de mauvaise foi en lui contestant le bénéfice du statut des baux commerciaux (CA Paris 11-4-2018 n° 16/16297 : RJDA 8-9/18 n° 626).

43472 La solution de la Cour de cassation est sévère pour le locataire et ne tient pas compte de l'**obligation de bonne foi** mise à la charge des parties contractantes par l'article 1104 du Code civil.

Le locataire mis dans l'impossibilité de s'immatriculer, du fait de l'inexécution par le bailleur de ses obligations, doit donc, sans attendre la fin du bail, agir contre ce dernier.

À notre avis, rien ne fait obstacle à ce que le locataire, qui est demeuré inactif en cours d'exécution du bail, agisse en **responsabilité** contre son bailleur lorsque celui-ci a commis une faute ayant conduit à son défaut d'immatriculation.

43480 **Faute du rédacteur de l'acte** Lorsque le rédacteur d'un acte de cession du fonds de commerce ou d'un bail commet une faute en ne procédant pas lui-même aux formalités d'immatriculation ou en omettant de signaler au locataire la nécessité d'être immatriculé pour bénéficier du statut, il cause un préjudice au locataire dont il doit en principe répondre.

La faute du rédacteur de l'acte ne peut pas être considérée comme la cause du non-renouvellement du bail qui a pour seule origine la volonté du bailleur de renouveler ou non le bail ; le préjudice subi par le locataire résulte donc uniquement de la perte du bénéfice du statut (CA Paris 9-9-1998 n° 97-08073, 1e ch. G). En l'espèce, la cour d'appel a jugé que le conseil juridique chargé de la rédaction d'une cession d'un droit au bail manquait à son devoir de conseil en n'avertissant pas les locataires de nationalité étrangère de la nécessité d'être tous deux immatriculés au registre du commerce ou, à défaut, de l'obligation pour eux de constituer une société commerciale pour exploiter le fonds dont ils devenaient colocataires, peu important que ces derniers ne l'aient pas personnellement mandaté pour effectuer les formalités d'immatriculation dès lors qu'il se devait d'assurer la pleine efficacité de l'opération réalisée par son intermédiaire. Elle a considéré que la faute ainsi commise avait concouru à la perte d'une chance de régularisation de la situation des colocataires au regard du statut des baux commerciaux et partant, de percevoir une indemnité d'éviction dont la réparation appelait une allocation de 200 000 F (soit environ 30 500 €).

43481 Aux termes de l'article R 123-89 du Code de commerce, le **notaire** qui rédige un acte comportant, pour les parties intéressées, une incidence quelconque en matière de registre du commerce est tenu de procéder aux formalités correspondantes sous peine d'une amende civile de 15 à 750 € prononcée par le tribunal judiciaire sans préjudice de l'application de sanctions disciplinaires et de leur responsabilité, garantie dans les conditions prévues au chapitre III du décret 55-604 du 20 mai 1955.

Sur le fondement de ces dispositions, la première chambre civile de la Cour de cassation a jugé que le notaire a une **responsabilité exclusive** dans le préjudice subi par le locataire du fait du défaut d'immatriculation et que ce dernier ne peut pas se voir reprocher ce défaut alors que les formalités d'immatriculation incombent au notaire (Cass. 1e civ. 13-12-2005 n° 1712 FS-PB : RJDA 2/06 n° 523). Il en va ainsi sans qu'il soit besoin que le notaire ait reçu mandat (Cass. 1e civ. 6-10-2011 n° 10-19.190 F-PBI : RJDA 1/12 n° 38).

La troisième chambre civile a jugé qu'un notaire n'avait pas respecté son **devoir de conseil** et avait commis une faute en ne procédant pas aux démarches nécessaires auprès du registre du commerce et des sociétés après l'acte d'acquisition d'un fonds de commerce (Cass. 3e civ. 26-1-1994 n° 91-16.654). En l'espèce, le notaire était resté inactif pendant plus de quatre mois.

Signalons cependant que, dans un autre arrêt, la troisième chambre civile a jugé que l'immatriculation au registre du commerce constitue une obligation légale qu'un commerçant ne peut pas ignorer. Elle a donc censuré la décision d'une cour d'appel condamnant un notaire qui avait rédigé l'acte de cession d'un fonds de commerce sans informer le cessionnaire de la nécessité pour lui de s'immatriculer (Cass. 3e civ. 12-6-1996 n° 1080 D : RJDA 10/96 n° 1166). **43482**

Cette solution, qui se démarque de celle retenue par les deux arrêts précités (n° 43481), doit à notre avis s'analyser au regard des faits particuliers de l'espèce : l'acte de cession du fonds de commerce avait été conclu en 1981 et le locataire ne s'était immatriculé qu'en 1991 de sorte que l'inobservation de l'exigence légale d'immatriculation avait perduré pendant dix ans. Les faits auraient sans doute donné lieu à une solution différente si la question du défaut d'immatriculation s'était posée dans les mois suivants la rédaction de l'acte.

Un **conseil juridique** ou un **avocat** qui manque à son **devoir de conseil** en n'informant pas un client locataire de la nécessité de s'immatriculer au registre du commerce et des sociétés, commet lui aussi une faute dont il doit réparation (voir Cass. 3e civ. 4-3-1997 : Rev. Loyers 1997 p. 306 ; CA Paris 9-9-1998 n° 97-08073, 1e ch. G). **43483**

Les juges du fond doivent prendre soin de répondre à la demande d'**indemnisation** telle que le locataire l'a formulée. **43484**

L'acquéreur d'un fonds de commerce, auquel le bailleur avait dénié le bénéfice du statut pour défaut d'immatriculation, avait engagé une action en responsabilité contre son conseil juridique faute pour ce dernier de ne l'avoir pas averti de la nécessité de s'immatriculer. Tout en relevant qu'il avait commis une faute, une cour d'appel avait rejeté la demande d'indemnisation formée par le locataire car, selon elle, cette demande portait sur la réparation du préjudice qu'il avait supporté du fait du renchérissement du loyer et du paiement d'un droit d'entrée dans un nouveau local, préjudice sans lien de causalité direct avec la faute commise par le conseil juridique. La Cour de cassation a censuré cette décision au motif qu'il ressortait des conclusions déposées devant la Cour que les intéressés sollicitaient bien, à titre principal, la réparation du préjudice résultant de la perte du bénéfice du statut des baux commerciaux (Cass. 3e civ. 4-3-1997 : Rev. Loyers 1997 p. 306).

INDEMNITÉ D'ÉVICTION

SOMMAIRE

La caractéristique essentielle du statut des baux commerciaux est le droit au renouvellement qui permet de protéger et de valoriser les fonds de commerce, industriels ou artisanaux. 45000

L'indemnité d'éviction est la clef de voûte du statut. En effet, **alternative au renouvellement** du bail, l'indemnité d'éviction est le prix à payer au locataire par le bailleur qui entend refuser le renouvellement du bail pour recouvrer la libre jouissance de son bien dès lors qu'il ne peut pas exciper de l'un des motifs l'exonérant du paiement de cette indemnité (nos 66600 s., 67800 s., 68390 s.). L'indemnité d'éviction garantit ainsi au locataire son droit à renouvellement et, à cet effet, elle doit être égale au préjudice causé par le défaut de renouvellement.

C'est en cela que l'on en est venu à parler de « propriété commerciale » tant il est vrai que le statut des baux commerciaux obère les droits du bailleur sur son bien, mais tant il est vrai aussi que, du fait du refus de renouvellement, le locataire subit la perte de son fonds de commerce ou du bail lui-même, deux biens patrimoniaux dont la valorisation doit alors être faite (S. Legrix de La Salle, Le bail commercial, un bien de valeur : BPIM 2/13 inf. 90).

L'offre d'indemnité d'éviction est faite pour l'échéance du bail (échéance contractuelle ou autre) à l'occasion de la signification d'un congé avec refus de renouvellement ou du refus de renouvellement signifié suite à une demande de renouvellement. L'offre d'indemnité d'éviction peut également être signifiée pour une fin de période triennale lorsque le bailleur peut se prévaloir d'une des circonstances visées aux articles L 145-18, L 145-21, L 145-23-1 ou L 145-24 du Code de commerce pour construire, reconstruire, surélever l'immeuble existant, réaffecter le local d'habitation accessoire à cet usage, transformer à usage principal d'habitation un immeuble existant par reconstruction, rénovation ou réhabilitation ou exécuter des travaux prescrits ou autorisés dans le cadre d'une opération de restauration immobilière et en cas de démolition de l'immeuble dans le cadre d'un projet de renouvellement urbain (C. com. art. L 145-4). 45001

Le droit à indemnité d'éviction n'est cependant **pas systématique.** Puisque cette indemnité répare la perte du droit au renouvellement du bail, le locataire évincé doit remplir les conditions inhérentes au droit au renouvellement pour pouvoir y prétendre. Et, même une fois faite, l'offre d'indemnité d'éviction n'est pas définitive : elle peut être rétractée soit parce que le bailleur invoque la dénégation du statut (nos 70510 s.) ou son droit de repentir (nos 66120 s.), soit parce que des circonstances ultérieures ou révélées ultérieurement au congé portent irrémédiablement atteinte à ce droit, ce qui est le cas lorsque le locataire enfreint, à un moment donné, ses obligations contractuelles, fût-ce pendant la période du maintien dans les lieux (nos 46960 s.). 45002

Indépendamment des circonstances propres au locataire, le bailleur peut également refuser le renouvellement d'un bail commercial sans être tenu de payer une indemnité d'éviction si l'immeuble est déclaré insalubre par l'autorité administrative ou s'il ne peut plus être occupé sans danger en raison de son état.

Sur le droit à indemnité d'éviction du titulaire d'un bail commercial conclu dans le cadre d'un bail emphytéotique ou d'un bail à construction, voir nos 30730 s.

SECTION 1 LES PROTAGONISTES ET L'INITIATEUR DE L'ACTION EN FIXATION DE L'INDEMNITÉ D'ÉVICTION

Lorsqu'un congé avec refus de renouvellement et offre d'indemnité d'éviction a été signifié et que les parties ne trouvent pas un accord sur le montant de l'indemnité (cas le plus fréquent en pratique), la fixation de l'indemnité d'éviction relève de la compétence du tribunal judiciaire. Se pose alors la question de savoir qui a intérêt à saisir le juge pour la fixation de cette indemnité (nos 45200 s.). Mais il importe également de déterminer qui en sont le débiteur (nos 45020 s.) et le créancier (nos 45100 s.). 45010

I. LES PARTIES À L'ACTION EN FIXATION DE L'INDEMNITÉ D'ÉVICTION

A. Débiteur de l'indemnité d'éviction

45020 Le débiteur de l'indemnité d'éviction désigné par le texte est le bailleur (C. com. art. L 145-14). Derrière ce vocable, différentes situations peuvent se présenter.

DÉBITEUR DE L'INDEMNITÉ EN CAS D'INDIVISION

45025 L'indemnité d'éviction est due par chacun des indivisaires. Ceci explique que le refus de renouvellement doit, à peine de nullité, être signifié au nom et avec l'accord de tous les coïndivisaires ou, à défaut, avec l'autorisation prévue par l'article 818-5 ou 815-6 du Code civil (Cass. 3e civ. 18-4-1985 no 84-10.083 : Bull. civ. III no 65 ; Cass. 3e civ. 10-12-2002 no 01-15.087 FS-D : RJDA 3/03 no 231).

Toutefois, la solidarité ne se présume pas et les dettes nées du fonctionnement de l'indivision ne sont solidaires entre indivisaires que par l'effet de la loi ou celui d'une stipulation expresse (Cass. 1e civ. 29-11-2005 no 03-11.385 : Bull. civ. I no 460). Peu importe, en l'absence de solidarité conventionnellement arrêtée, que l'un des coïndivisaires ait agi comme mandataire des autres ou que chacun d'eux ait tiré personnellement profit du mandat (Cass. 3e civ. 12-5-1975 no 74-11.154 : Bull. civ. III no 165 ; Cass. 3e civ. 20-1-1993 no 90-15.112 : Bull. civ. III no 8 ; Cass. 3e civ. 23-5-2007 no 06-13.459 : Bull. civ. III no 82).

Sur les conditions de délivrance du congé par une indivision, voir no 69655.

DÉBITEUR DE L'INDEMNITÉ EN CAS D'USUFRUIT

45030 En cas de démembrement de la propriété, seul l'usufruitier a la qualité de bailleur (Cass. 3e civ. 13-12-2005 no 04-20.567 F-D : AJDI 2006 p. 119). À ce titre, il peut seul délivrer un congé avec refus de renouvellement sans l'accord du nu-propriétaire ou refuser une demande de renouvellement (Cass. 3e civ. 9-12-2009 no 08-20.512 FS-PB : RJDA 3/10 no 222). En outre, il est seul tenu au paiement de l'indemnité d'éviction, quand bien même le congé est signifié conjointement par lui et le nu-propriétaire (Cass. 3e civ. 19-12-2019 no 18-26.162 FS-PBI : RJDA 3/20 no 186).

DÉBITEUR DE L'INDEMNITÉ EN CAS DE DÉCÈS DU BAILLEUR

45035 Le bail ne cesse pas par l'effet du décès d'une des parties (C. civ. art. 1742) : il est transmis aux héritiers qui sont alors tenus à l'exécution du bail et au paiement de l'indemnité d'éviction si un congé avec refus de renouvellement et offre d'indemnité d'éviction a été signifié.

DÉBITEUR DE L'INDEMNITÉ EN CAS DE SOUS-LOCATION

45040 Tout comme n'importe quel autre bailleur, le locataire principal qui consent une sous-location comme le crédit-preneur qui consent un bail commercial (fréquemment qualifié de sous-location) sont les débiteurs de l'indemnité d'éviction en cas de refus de renouvellement.

Il faut bien évidemment que le sous-locataire, ou le locataire du crédit-preneur, remplisse, comme tout locataire commerçant, les conditions pour prétendre au droit au renouvellement et donc à l'indemnité d'éviction et que le locataire principal ou le crédit-preneur ne soit pas privé, hors toute faute de leur part, de leur titre.

45042 Dans le cadre de la **sous-location,** il existe par ailleurs d'autres conditions à l'exigibilité d'une indemnité d'éviction à l'encontre du locataire principal. Ainsi, notamment, le locataire principal ne sera pas tenu au paiement de l'indemnité d'éviction :

– si le sous-locataire peut exercer son droit direct au renouvellement à l'encontre du bailleur principal ;

– si, alors que le bail principal n'est plus en cours ou n'est pas renouvelé, la sous-location est partielle et porte sur des locaux indivisibles : dans ce cas, le sous-locataire ne peut prétendre à aucun droit vis-à-vis du bailleur principal et il ne peut demander aucune indemnité d'éviction au locataire principal qui n'a lui-même plus de titre.

Ces conditions sont étudiées nos 76650 s.

Sur la possibilité, dans certaines circonstances, pour le sous-locataire de prétendre non à une indemnité d'éviction mais à une indemnité de droit commun, voir nos 75915 s.

45045 Lorsque le bail commercial est consenti par le titulaire d'un **contrat d'une autre nature** (crédit-bail, bail à construction, bail emphytéotique), à l'échéance duquel le bail commercial prend également fin, le locataire ne peut prétendre ni au renouvellement de son bail ni à l'indemnité d'éviction (Cass. 3e civ. 9-2-2005 n° 03-17.065 FS-PB : RJDA 5/05 n° 516 ; Cass. 3e civ. 14-11-2007 n° 06-18.133 FS-PB : RJDA 4/08 n° 383).

DÉBITEUR DE L'INDEMNITÉ EN CAS DE PLURALITÉ DE BAILLEURS NON INDIVISAIRES

Celui des bailleurs **qui prend l'initiative** de signifier un congé doit supporter la charge de l'indemnité d'éviction correspondant au préjudice causé par le défaut de renouvellement, car la division, entre les mains de propriétaires distincts, du bien loué par un bail unique met fin, à l'expiration du bail, à l'indivisibilité de celui-ci. Dès lors, le congé donné par le bailleur, devenu propriétaire après démembrement des biens, ne vaut que pour son bien démembré et le bailleur n'est tenu que de l'indemnité résultant de cette reprise (Cass. 3e civ. 11-7-2007 n° 06-14.476 FS-PB : RJDA 11/07 n° 1063). Mais la précision selon laquelle l'indemnité due est celle résultant de cette reprise n'empêche pas une indemnisation pour la perte du fonds exploité sur l'ensemble des locaux donnés à bail si perte il y a, le locataire devant être indemnisé du préjudice résultant des conséquences de la privation d'une partie du bien initialement donné à bail. **45050**

> **Précisions** La jurisprudence rappelle régulièrement que l'**indivisibilité du bail** cesse à son **expiration** pour en conclure que le congé donné pour un lot, résultant de la division des lieux loués en cours de bail, est valablement délivré par l'acquéreur dudit lot (en ce sens, Cass. 3e civ. 4-5-2000 n° 98-18.108 FS-PB : RJDA 7-8/00 n° 749 ; Cass. 3e civ. 12-1-2005 n° 03-19.255 FS-PB : RJDA 4/05 n° 360).

DÉBITEUR DE L'INDEMNITÉ EN CAS DE VENTE DES LOCAUX APRÈS LE CONGÉ

Sur le débiteur de l'indemnité d'éviction en cas de vente des locaux loués postérieure au congé, voir nos 88370 s. **45055**

B. Créancier de l'indemnité d'éviction

L'article L 145-14 du Code de commerce désigne le créancier de l'indemnité d'éviction : il s'agit du locataire évincé. Mais tout locataire évincé ne peut pas prétendre à une telle indemnité. Pour apprécier si un locataire peut revendiquer le paiement d'une indemnité d'éviction, il convient d'examiner sa situation au regard de la réponse aux deux questions essentielles suivantes : à quel moment naît le droit à l'indemnité d'éviction et à quelles conditions est assujetti ce droit indemnitaire. **45100**

L'indemnité d'éviction accordée au locataire prend sa source dans le préjudice qu'il subit par suite du refus du bailleur de renouveler le bail (Cass. 3e civ. 14-11-1968 n° 66-13.249 : Bull. civ. III n° 462). Par conséquent, **le droit** à indemnité d'éviction **naît** à la date d'effet du congé avec refus de renouvellement (CA Chambéry 6-9-2016 n° 14/01763, ch. civ. sect. 1) : jusqu'à cette date, le bail se poursuit, le locataire ne subit aucun préjudice, l'éviction n'ayant pas encore eu lieu.

ATTENTION

Un arrêt rendu par la cour d'appel de Paris le 23 juin 2015 a considéré que le droit à indemnité d'éviction prend naissance au jour de la délivrance du congé (CA Paris réf. 23-6-2015 n° 15/05025, ch. 1-3). Cette décision a été rendue en référé. Or, le juge des référés n'a pas le pouvoir de statuer au fond sur un point de droit. La cour d'appel de Lyon avait précédemment statué dans le sens de l'arrêt de la cour d'appel de Chambéry (CA Lyon 25-4-1991, 6e ch. : Loyers copr. 1993 comm. 63).

Le droit à indemnité d'éviction est conditionné à l'obligation pour le locataire de remplir toutes les conditions nécessaires au bénéfice de la propriété commerciale, autrement dit du droit au renouvellement de son bail.

Sur le créancier de l'indemnité d'éviction **en cas de cession** du fonds de commerce avec le droit au bail, voir n° 9700.

CONDITION INITIALE AU DROIT À INDEMNITÉ D'ÉVICTION

La délivrance d'un congé ou un **refus de renouvellement** signifié à la suite d'une demande de renouvellement est nécessaire à l'ouverture du droit à indemnité d'éviction. En effet, le locataire ne peut pas prétendre à une telle indemnisation s'il n'est pas évincé par le bailleur. Ainsi, le locataire ne peut pas revendiquer d'indemnité d'éviction dans les cas suivants. **45105**

– S'il prend l'initiative du congé ou s'il quitte volontairement les lieux loués avant la date d'effet du congé (Cass. 3e civ. 29-9-2009 n° 08-15.842 F-D : Administrer avril 2010 p. 22 obs. J.-D. Barbier ; Cass. 3e civ. 23-5-2012 n° 11-12.214 FS-D : RJDA 10/12 n° 833 ; CA Douai 12-4-2018 n° 16/03982, 2e ch. sect. 2 : Rev. Loyers mai 2018 p. 249). Dans un cas où le locataire avait initialement contesté en justice la validité du congé signifié par le bailleur et quitté volontairement les lieux en cours de procédure, les juges ont considéré que le départ du locataire, non obligé de quitter les lieux, le privait de toute indemnité d'éviction (Cass. 3e civ. 29-4-1987 n° 85-17.935 : Rev. Loyers 1987 p. 328). Il en va de même si le locataire a quitté les lieux après avoir demandé le renouvellement mais avant d'avoir obtenu la réponse du bailleur (Cass. 3e civ. 10-3-1958 n° 582 : Bull. civ. III n° 109).

– Si le bail est résilié de plein droit, et sans dédommagement, en raison de la destruction par cas fortuit de l'immeuble en vertu de l'article 1722 du Code civil, qui s'applique pendant la période de maintien dans les lieux.

– S'il existe un motif grave et légitime pour refuser le paiement d'une indemnité d'éviction.

– S'il n'est pas évincé des locaux après le congé avec refus de renouvellement sans offre d'indemnité d'éviction et qu'il acquiert lesdits locaux par la suite (Cass. 3e civ. 3-3-2009 n° 08-10.970 F-D : Rev. Loyers 2009 p. 223).

> **Précisions** La perte du droit à indemnité d'éviction n'est cependant pas automatique : un locataire, qui avait contesté judiciairement un refus de renouvellement sans offre d'indemnité d'éviction en raison d'un motif grave et légitime invoqué par le bailleur et qui avait fait connaître au bailleur les mesures déjà prises pour quitter les lieux quelques jours plus tard, s'est vu reconnaître le droit à indemnité, au motif que le droit de repentir exercé par le **bailleur** postérieurement à l'annonce par le locataire de son départ avait été jugé exercé de **mauvaise foi** (CA Paris 29-10-2008 n° 07/08205, 16e ch. A : Administrer février 2009 p. 37 obs. D. Lipman-W. Boccara).

AUTRES CONDITIONS D'ALLOCATION DE L'INDEMNITÉ D'ÉVICTION

45110 L'indemnité d'éviction est accordée au locataire évincé en réparation du préjudice subi du fait du refus de renouvellement de son bail. Dès lors, pour pouvoir prétendre à l'indemnité d'éviction, encore faut-il que le locataire évincé réponde aux conditions statutaires du droit au renouvellement (n° 45112) ou qu'il y ait eu une manifestation non équivoque de soumettre le bail au statut des baux commerciaux malgré certaines conditions non remplies (nos 1980 s.). Encore faut-il aussi que le locataire ne puisse pas se voir opposer la prescription (nos 21850 s.). Mais, le fait qu'il ait droit au statut des baux commerciaux ne rend pas définitivement acquis son droit à indemnité d'éviction : en cas de maintien dans les lieux, d'autres conditions doivent être remplies (nos 46880 s.).

En revanche, la liquidation judiciaire du locataire n'est pas un obstacle en soi au droit à indemnité d'éviction dès lors que le refus de renouvellement, à la date de restitution des clés, l'a privé d'un droit susceptible de donner lieu à réparation (Cass. 3e civ. 15-6-2010 n° 09-10.814 F-D : RJDA 11/10 n° 1045 ; Cass. 3e civ. 16-3-2017 n° 16-10.143 F-D : RJDA 12/17 n° 793).

45112 **Conditions du droit au renouvellement** La **date** de notification du congé est importante, car la capacité du locataire à pouvoir revendiquer l'allocation de l'indemnité d'éviction s'apprécie tout d'abord à ce moment (Cass. 3e civ. 14-11-1968 n° 66-13.249 : Bull. civ. III n° 462).

Le jour de la notification du congé, le locataire doit remplir les conditions légales du droit au renouvellement visées aux articles L 145-1 et L 145-8 du Code de commerce (Cass. 3e civ. 6-1-1993 n° 91-13.904 P : RJDA 2/93 n° 95 ; Cass. 3e civ. 18-10-2005 n° 04-15.348 F-D : RJDA 1/06 n° 10).

Lorsque le refus de renouvellement fait suite à une demande de renouvellement du locataire, les conditions auxquelles est assujetti le droit à indemnité d'éviction s'apprécient à la date de la demande de renouvellement et à la date d'expiration du bail (Cass. 3e civ. 18-5-2005 n° 04-11.985 FS-PB : RJDA 8-9/05 n° 940).

45115 L'**exploitation du fonds** de commerce doit être continue, du moins jusqu'à la date d'effet du congé à peine pour le locataire de perdre le droit à indemnité d'éviction (n° 33880), sauf motifs légitimes de non-exploitation (nos 34090 s.). Dès lors, hormis ces motifs, le constat de la situation du locataire tant à la date de signification du congé qu'à celle de la date d'effet du congé est irréfragable et il ne peut plus être remis en cause ultérieurement, quand bien même le locataire reprendrait l'exploitation avant la date d'échéance du bail.

45120 **Conditions à remplir pendant la période de maintien dans les lieux** Le locataire peut se maintenir dans les lieux après la date d'effet de son congé jusqu'au paiement de l'indemnité d'éviction. Toutefois, pendant cette période, les clauses du bail expiré demeurent applicables et le locataire doit assurer les charges et obligations contractuellement à sa charge à peine de perdre le bénéfice de l'indemnité d'éviction (nos 46960 s.).

Le maintien dans les lieux n'est cependant qu'un droit et non une obligation. En conséquence, le locataire qui déclare renoncer au droit au maintien dans les lieux conserve néanmoins le bénéfice de l'indemnité d'éviction (n° 46950).

Concernant les conditions statutaires du droit au renouvellement, la question se pose de savoir s'il doit encore les remplir : 45122

– S'agissant de la condition de l'**immatriculation** au registre du commerce et des sociétés ou au registre national des entreprises, il faut, mais il suffit que le locataire soit immatriculé à la date de délivrance du congé et à sa date d'effet (nos 43240 s.), ou à la date de l'assignation diligentée par le locataire pour revendiquer le bénéfice du statut (no 43025). Sur l'incidence de l'annulation d'une location-gérance, voir no 42653.

– S'agissant de la **propriété du fonds,** cette condition doit toujours être remplie (no 33800) puisque seul le propriétaire du fonds peut prétendre à l'indemnité d'éviction (Cass. 3e civ. 26-9-2001 no 00-11.652 FS-PB : RJDA 12/01 no 1186).

– S'agissant de l'**exploitation du fonds,** celle-ci nous paraît devoir perdurer aussi longtemps que les clés ne sont pas restituées au bailleur. En effet, les obligations résultant du bail demeurant exigibles pendant la période de maintien dans les lieux (nos 46960 s.), le locataire qui n'exploiterait pas son fonds de commerce dans les lieux s'exposerait à la résiliation de son bail.

II. L'INITIATEUR DE L'ACTION EN FIXATION DE L'INDEMNITÉ D'ÉVICTION

A. Initiative du locataire

Lorsque le bailleur délivre un **congé avec refus de renouvellement,** le locataire doit, pour préserver ses droits à l'indemnité d'éviction, assigner son bailleur avant l'expiration du délai de deux années à compter de la date pour laquelle le congé a été donné pour ne pas encourir la prescription biennale de l'article L 145-60 du Code de commerce (C. com. art. L 145-9, al. 5). En effet, l'action en fixation de l'indemnité d'éviction est prescrite deux ans après la date d'effet du congé avec refus de renouvellement, que celui-ci soit donné avec ou sans offre d'indemnité d'éviction (Cass. 3e civ. 17-10-2012 no 11-18.771 FS-D : AJDI 2013 p. 433 ; Cass. 3e civ. 31-5-2007 no 06-12.907 FS-PB : RJDA 8-9/07 no 822 ; Cass. 3e civ. 30-3-2017 no 16-13.236 : RJDA 8-9/17 no 537). Le droit du locataire à une indemnité d'éviction sera également réservé s'il conteste judiciairement, dans ce délai de deux ans, les prétentions du bailleur tendant à faire reconnaître la validité du congé avec refus de renouvellement sans offre d'indemnité d'éviction signifié par ce dernier (Cass. 3e civ. 7-2-2019 no 17-31.807 F-D : RJDA 6/19 no 416). 45200

ATTENTION

Il est fréquent que l'action en fixation de l'indemnité d'éviction soit précédée d'une instance en **référé** aux fins de solliciter la **désignation d'un expert** ayant pour mission d'évaluer les indemnités d'éviction et d'occupation. Il appartient au locataire, pour bénéficier de l'interruption et de la suspension de la prescription découlant de l'instance en référé, de solliciter une mesure d'expertise ou de s'associer à une telle demande (voir no 21991).

En cas de congé délivré sans motif ou pour motifs équivoques par le bailleur, le locataire doit aussi veiller à la prescription biennale, car il peut choisir de revendiquer le paiement de l'indemnité d'éviction (no 67180).

Lorsque le bailleur **refuse le renouvellement demandé par le locataire,** celui-ci doit saisir le tribunal avant l'expiration d'un délai de deux ans à compter de la date à laquelle est signifié le refus de renouvellement (C. com. art. L 145-10, al. 5), peu important que cette date soit antérieure au terme du bail (Cass. 3e civ. 3-11-2021 no 20-18.351 F-D : RJDA 2/22 no 68, 1re espèce).

ATTENTION

Si le locataire peut avoir intérêt à **poursuivre le plus longtemps possible son activité** et donc à retarder le moment où l'indemnité d'éviction lui sera versée pour pouvoir se maintenir dans les lieux jusque-là, il doit toutefois veiller à ne pas encourir la prescription biennale de l'article L 145-60 du Code de commerce.

Il se peut cependant que le locataire soit intéressé par le fait de quitter les lieux au plus vite, voire qu'il sollicite le versement d'une **indemnité provisionnelle** à valoir sur l'indemnité définitive. Plusieurs obstacles se heurtent au versement d'une indemnité provisionnelle, à savoir le droit de repentir du bailleur (nos 66120 s.), le risque que le locataire perde, pour une raison ou pour une autre, son droit à indemnité d'éviction, notamment pendant la période de maintien dans les 45201 lieux (n° 46885). Seule l'hypothèse où le locataire aurait déjà quitté les lieux et ne serait plus susceptible de voir son droit à indemnité d'éviction remis en cause pourrait autoriser la fixation d'une indemnité provisionnelle (en ce sens, J.-D. Barbier, note sous TGI Lyon réf. 14-11-1995, Sté Hofidis c/ Région Alpes : Gaz. Pal. 1996 som. p. 258 note J.-D. Barbier).

Se posent aussi les questions de savoir si le **juge des référés** est compétent pour accorder au locataire une provision sur l'indemnité d'éviction dont l'exigibilité a été reconnue par le bailleur, mais dont le montant reste à fixer, et si une telle action du locataire est recevable. La jurisprudence semble divisée. Le tribunal de grande instance de Lyon (devenu tribunal judiciaire) a répondu par l'affirmative à ces deux questions sans préciser si le locataire avait libéré les lieux (TGI Lyon réf. 14-11-1995 précité). La cour d'appel de Bordeaux a suivi ce même raisonnement (CA Bordeaux 7-10-2009 n° 09/01815, 2e ch. : Gaz. Pal. 13 mars 2010 p. 39 note J.-D. Barbier), alors que la cour d'appel de Toulouse a refusé de consentir une provision sur indemnité en relevant un possible droit de repentir du bailleur (CA Toulouse 14-10-2009, n° 09/02787, 2e ch. sect. 1).

B. Initiative du bailleur

45210 Le bailleur a intérêt à prendre l'initiative de faire délivrer un congé avec refus de renouvellement et offre d'indemnité d'éviction en perspective d'un autre projet pour les lieux loués. Dans le cas contraire, en l'absence d'urgence à retrouver la jouissance des lieux loués, il pourra tenter l'inertie pour opposer ensuite à son locataire la prescription de son action en fixation de l'indemnité d'éviction. Sur une péremption d'instance, voir Cass. 3e civ. 23-3-2010 n° 08-21.879 F-D : AJDI 2010 p. 717 obs. D. Lipman-W. Boccara.

Le bailleur peut aussi souhaiter **connaître le montant de l'indemnité d'éviction** qu'il aurait à payer en cas de refus de renouvellement. La recevabilité d'une telle demande est appréciée au regard des critères posés par l'article 145 du Code de procédure civile et dépend de savoir si un congé avec refus de renouvellement a été signifié ou si un droit d'option a été exercé. Sur cette question, voir nos 21370 s.

45215 Dans l'hypothèse où le bailleur chercherait à obtenir au plus vite la libération des lieux, la question se pose de savoir s'il pourrait solliciter l'**exécution provisoire** du jugement prononçant le montant de l'indemnité d'éviction à payer. La réponse paraît devoir être négative car, tant que la décision fixant l'indemnité d'éviction n'est pas définitive, le paiement de cette indemnité ne peut pas être libératoire. Or, sauf cas particulier (n° 46850), le juge ne peut pas condamner le locataire à quitter les lieux tant que ce paiement n'est pas intervenu en application de l'article L 145-29 du Code de commerce (n° 47440).

ILLUSTRATIONS

Par application des dispositions de l'article 20, al. 1 du décret du 30 septembre 1953 (C. com. art. L 145-28, al. 1), le locataire ne peut être contraint de quitter les lieux qu'il occupe avant d'avoir reçu l'indemnité d'éviction définitivement fixée, le droit du locataire au maintien dans les lieux jusqu'au paiement de cette indemnité constituant un droit de rétention ; cette garantie reconnue au locataire par la loi s'oppose, en conséquence, à ce qu'il soit procédé à l'expulsion de celui-ci avant que la juridiction d'appel ait définitivement statué sur le montant de l'indemnité provisionnelle supprimée par la loi du 5 janvier 1957 et maintenue en droit positif dans la seule hypothèse prévue à l'alinéa 2 de l'article 10 du texte précité (C. com. art. L 145-18, al. 2), étrangère au cas d'espèce.
Il en découle que l'exécution provisoire du jugement, en ses dispositions relatives à l'indemnité d'éviction, est incompatible, pour les motifs énoncés ci-dessus, avec la nature même de l'affaire au sens de l'article 515 du Code de procédure civile ; elle est en outre, et pour les mêmes motifs, de nature à entraîner pour la société locataire des conséquences manifestement excessives en la privant de son fonds et en lui faisant courir des risques financiers indus.

CA Paris réf. 13-10-1995 n° 95/1173.

Un jugement est exécutoire à partir du moment où il passe en force jugée, à moins notamment que le débiteur ne bénéficie d'un délai de grâce (CPC art. 501). Le locataire qui peut prétendre à une indemnité d'éviction bénéficie d'un tel délai de grâce pour libérer les lieux loués jusqu'au versement de cette indemnité.

CA Paris 27-6-2005 n° 04/6191, 16e ch. A.

45220 Même si le bailleur ne peut obtenir l'exécution provisoire du jugement fixant l'indemnité d'éviction, il peut néanmoins convenir d'un **accord avec un tiers** relatif à la libération des lieux, mais cet accord sera inopposable au locataire. Pour un exemple, voir n° 88385.

SECTION 2

ÉVALUATION DE L'INDEMNITÉ D'ÉVICTION

PRINCIPES

L'indemnité d'éviction doit **réparer le préjudice** causé au locataire par le défaut de renouvellement (C. com. art. L 145-14, al. 1) : tout le préjudice (Cass. 3e civ. 13-6-1969 n° 67-13.575 : Bull. civ. III n° 477), mais rien que le préjudice (Cass. com. 30-11-1964 n° 61-12.755 : Bull. civ. III n° 519) : l'indemnité ne doit entraîner ni enrichissement ni appauvrissement du locataire évincé (CA Paris 19-4-2023 n° 17/17921, ch. 5-3). En cas de sous-location, voir n° 76345. Lorsque le refus de renouvellement ne cause aucun préjudice au locataire évincé, il n'y a pas lieu de lui allouer une indemnité d'éviction. **45400**

ILLUSTRATIONS

Justifie légalement sa décision la cour d'appel qui refuse d'allouer au locataire une indemnité d'éviction après avoir constaté qu'à son départ volontaire des lieux la locataire n'avait plus aucune activité et que la sous-traitance de son activité exercée dans les locaux loués n'avait pas été causée par son obligation d'avoir à quitter les lieux, puisqu'elle disposait du droit de s'y maintenir jusqu'à ce qu'il soit statué sur l'indemnité d'éviction, mais par sa décision de restructurer l'ensemble de son activité.
Cass. 3e civ. 10-2-1999 n° 97-16.134 D : RJDA 4/99 n° 386.

Le locataire qui a cessé son exploitation en raison de la procédure de liquidation judiciaire entraînant la disparition de son fonds de commerce ne peut pas prétendre à une indemnité d'éviction, fût-ce celle correspondant à la valeur du droit au bail, dès lors que si le refus de renouvellement aurait pu priver le locataire de son droit au bail, les baux litigieux n'autorisaient qu'une cession du droit au bail à un successeur dans le commerce exploité et qu'à défaut de successeur dans le fonds de commerce qui avait disparu le locataire n'était pas autorisé à céder le droit au bail mais pouvait prétendre à la valeur de cession dudit droit au bail en réparation de son préjudice.
Cass. 3e civ. 6-11-2001 n° 00-16.373 F-D : RJDA 1/02 n° 22.

Cette indemnité est constituée d'une indemnité principale, qui sera selon le cas une indemnité de remplacement ou une indemnité de transfert, et d'indemnités accessoires. À défaut d'accord des parties sur le montant de cette indemnité, il incombe alors au juge qui, dans la pratique, se fait systématiquement assister par un expert, de déterminer la **nature et l'importance du préjudice.** **45405**

ATTENTION

Le **recours à l'expert** n'est pas obligatoire. Lorsque le juge considère disposer des éléments suffisants pour fixer la valeur de l'indemnité, il peut le faire sans recourir à l'expertise (pour un exemple, voir CA Paris 4-12-2013 n° 12/01910, ch. 5-3 : Administrer mars 2014 p. 35 obs. A. Guillemain).

L'article L 145-14 du Code de commerce, dont les dispositions ont été validées par le Conseil constitutionnel (Cons. const. 5-3-2021 n° 2020-887 QPC : RJDA 6/21 n° 374), présume que le **préjudice** correspond à la **perte du fonds**, puisqu'il énonce que cette indemnité comprend notamment la valeur marchande du fonds de commerce, déterminée suivant les usages de la profession, augmentée éventuellement des frais normaux de déménagement et de réinstallation ainsi que des frais et droits de mutation à payer pour un fonds de même valeur.

Il ne s'agit toutefois que d'une **présomption**, puisque le texte prévoit que l'indemnité pourra être appréciée différemment si le propriétaire fait la preuve que le préjudice est moindre.

ILLUSTRATIONS

Le locataire qui exerce une activité de rempaillage et cannage de chaises, par nature transférable, ne perd pas sa clientèle du fait de l'éviction dès lors que, par sa compétence et sa notoriété, il a étendu sa clientèle très au-delà de l'arrondissement de Paris dans lequel il était installé : dès lors, le montant de l'indemnité d'éviction doit être limité au versement d'une indemnité de transfert.
Cass. com. 13-2-2001 n° 97-19.869 F-D : RJDA 5/01 n° 567.

Après avoir relevé que le locataire de locaux à usage de studio de photographie pourrait se réinstaller dans un secteur assez proche, même si cela ne se ferait pas sans difficulté, la cour d'appel a jugé que l'indemnité principale était une indemnité de déplacement qui ne pouvait pas être inférieure à la valeur du droit au bail, à laquelle devaient être ajoutées une indemnité au titre des frais de remploi, une indemnité pour trouble commercial caractérisé par les difficultés que le locataire allait rencontrer pour retrouver des locaux équivalents et une indemnité au titre des frais de déménagement et de remplacement d'un matériel professionnel très spécifique difficilement démontable.
CA Aix-en-Provence 13-5-2011 n° 09/19871, 11e ch. A : RJDA 11/11 n° 889.

45410 Il n'appartient pas au locataire évincé de faire la **preuve** de la non-transférabilité de son fonds, mais au propriétaire d'établir la possibilité d'un transfert (n° 45520). L'article L 145-14 du Code de commerce, qui énonce ce que comprend l'indemnité d'éviction, précise bien que l'indemnité comprend ces chefs indemnitaires « sauf dans le cas où le propriétaire fait la preuve que le préjudice est moindre ».

45415 L'article L 145-14 du Code de commerce n'impose aucune règle impérative pour le calcul de l'indemnité d'éviction et la valorisation du préjudice relève du **pouvoir** souverain **du juge du fond** (Cass. com. 14-12-1964 n° 62-10.549 : Bull. com. n° 551 ; Cass. 3e civ. 22-11-1972 n° 71-13.387 : Bull. civ. III n° 625 ; Cass. 3e civ. 11-10-1978 n° 1263 : Rev. Loyers 1978 p. 542 note J. Viatte ; Cass. 3e civ. 13-10-2009 n° 08-15.185 F-D : RJDA 1/10 n° 13), qui doit toutefois :

– préciser les éléments du préjudice qu'il entend réparer (Cass. 3e civ. 30-1-1979 n° 77-12.349 : Bull. civ. III n° 27), qu'il s'agisse de l'indemnité principale ou des indemnités accessoires ;

– chiffrer les chefs de préjudice retenus sans les forfaitiser (Cass. 3e civ. 7-12-2004 n° 03-16.963 F-D : RJDA 3/05 n° 237).

I. INDEMNITÉ PRINCIPALE D'ÉVICTION

45430 L'indemnité principale est une indemnité de remplacement (ou de perte de fonds) si le locataire évincé perd sa clientèle du fait du refus de renouvellement. Elle sera une indemnité de transfert (ou de déplacement) dans les autres cas.

A. Nature de l'indemnité principale d'éviction

1. PRINCIPE

45440 L'estimation de l'indemnité d'éviction impose de rechercher si le fonds de commerce est appelé à disparaître ou s'il est transférable.

Le plus souvent, un expert est désigné par la juridiction dès le début de la procédure avec mission de chiffrer le montant de l'indemnité d'éviction en tenant compte des activités autorisées par le bail et de la situation des locaux dans les deux hypothèses de perte ou de transfert du fonds. Il soumet au tribunal l'ensemble des éléments d'appréciation, la transférabilité étant tranchée par le juge.

La question de la **transférabilité** est celle de la plus ou moins grande dépendance de l'activité au site. L'expert recherche quelle est la nature de la clientèle. S'il s'agit d'un commerce de détail voué à la clientèle de proximité, la dépendance à l'achalandage conduira à une indemnité de perte.

À l'inverse, une activité indépendante du site sera réputée transférable. Il en va ainsi des commerces qui s'adressent à une clientèle géographiquement dispersée ou de ceux qui sont exercés au sein de locaux sans visibilité sur rue. Ce peut être également le cas des commerces à très forte notoriété ou en situation monopolistique : la clientèle est alors considérée comme captive.

L'état du marché locatif local est aussi à considérer. La transférabilité peut être admise même pour un commerce assujetti à l'achalandage lorsqu'en raison de la faiblesse de la commercialité du site l'offre locative est chronique. Il faut toutefois que le marché locatif soit susceptible d'offrir des locaux de transfert équivalents disponibles lorsque l'éviction deviendra effective. Cette équivalence doit tenir à la configuration des locaux en termes de format et de commercialité, la différence de coût trouvant sa contrepartie dans l'allocation d'une valeur de droit au bail (n° 45870).

Au soutien de la transférabilité du fonds, le bailleur peut établir la disponibilité, à proximité des lieux, de locaux équivalents, susceptibles de permettre au locataire de poursuivre son activité commerciale sans perte significative de clientèle. Mais, pour ce faire, il ne peut pas s'appuyer sur un constat d'huissier établi plusieurs mois après la restitution des locaux par le locataire (Cass. 3e civ. 14-3-2019 n° 18-11.991 : RJDA 6/19 n° 413). Sur la date d'appréciation de l'indemnité d'éviction, voir n° 45640.

Cette offre ne peut être regardée comme satisfactoire que si les locaux offerts présentent des caractères physiques et de commercialité équivalents et si elle n'impose pas au locataire des obligations qui ne sont pas de nature locative (TJ Paris 16-5-2024 n° 18/08830, 18e ch. sect. 1).

L'INDEMNITÉ PRINCIPALE D'ÉVICTION, UNE INDEMNITÉ DE REMPLACEMENT

L'indemnité principale est une indemnité de perte du fonds, dite encore de remplacement, chaque fois que l'éviction entraîne la perte de la clientèle. Sauf cas particuliers où la **perte de l'adresse** des lieux loués n'engendrera pas la perte de la clientèle, l'impossibilité pour le locataire de se réinstaller à proximité des locaux évincés aboutira à la fixation d'une indemnité de remplacement. Tel est le plus souvent le cas pour les commerces de détail qui s'adressent à une clientèle de proximité, sachant que l'implantation de plusieurs points de vente du locataire aux alentours des lieux dont le locataire est évincé n'est pas suffisante pour prétendre à l'absence de perte de fonds de commerce (CA Versailles 3-5-2012 n° 08/08083, analysé ci-dessous). **45445**

En présence d'une **enseigne de réseau,** l'appréciation de la faculté de report de tout ou partie de la clientèle vers un autre point de vente impose de rechercher aussi bien le maillage de l'enseigne que celui de la concurrence. Il y a lieu par ailleurs d'examiner la nature de sa clientèle pour mesurer sa fidélité. Il en va ainsi par exemple des agences bancaires : la clientèle professionnelle est moins volatile que celle des particuliers. La préférence nationale peut peser également.

ILLUSTRATIONS

L'élément essentiel d'un fonds de commerce est la clientèle. S'agissant d'un commerce de bouche, cette clientèle est nécessairement constituée par les habitants du quartier et la clientèle de passage. Il ne peut donc être opposé à la société preneuse évincée une soi-disant possibilité de transfert dans un local situé à plusieurs centaines de mètres, dans un environnement commercialement moins favorable, d'un fonds installé depuis plusieurs dizaines d'années sur l'axe piétonnier joignant entre elles deux places principales du centre historique de Toulouse. D'ailleurs, si la société a elle-même ouvert un magasin secondaire rue du Rempart-Saint-Étienne, c'est bien pour bénéficier d'une clientèle nouvelle, différente et complémentaire de celle de son point de vente principal. Le fait, non contesté, qu'avec une surface de vente supérieure de 10 m^2 ce magasin, malgré son enseigne et l'ancienneté de son implantation, ne réalise que le quart du chiffre d'affaires total illustre la différence de commercialité des deux emplacements.
Pour être prise en compte, une possibilité de transfert doit en outre non seulement être commercialement convenable, mais aussi réaliste et économiquement viable : tel n'est pas le cas d'un local dont la superficie est inférieure au quart de celle du local actuel, situé en face d'un local déjà exploité par la preneuse évincée. Les considérations des bailleresses quant à une éventuelle spécialisation des points de vente pour éviter qu'ils ne se fassent concurrence sont des hypothèses purement gratuites, ces dernières n'ayant pas vocation à s'immiscer dans la gestion de la société preneuse et à dicter sa politique commerciale, dans le seul but de minorer l'indemnité qu'elles auront à lui verser.
Enfin, les bailleresses ne peuvent prétendre imposer un transfert dans un local qui ne leur appartient pas, et dont il n'est même pas établi qu'il serait encore disponible à la date à laquelle la cour statue, et a fortiori lorsque la preneuse quittera, le cas échéant, le local de la rue des Changes.
C'est donc bien une valeur de remplacement qui doit être calculée.

CA Toulouse 20-10-2005 n° 04/2795, 2e ch. sect. 1.

Une société spécialisée dans la vente de téléphonie multimarque et multiopérateur disposait de trois points de vente à Saint-Germain-en-Laye et alentours, l'un en centre-ville, les deux autres respectivement à 6 km dans un centre commercial et à 15 km dans la ville de Montigny-lès-Cormeilles. En sa qualité de sous-locataire pour sa boutique du centre-ville, elle avait exercé son droit au renouvellement direct auprès du propriétaire, lequel avait refusé de renouveler son bail. Pour s'opposer à l'évaluation de l'indemnité d'éviction calculée sur la base d'une perte du fonds de commerce, le propriétaire faisait valoir qu'il y avait eu transfert et que la disparition du fonds résultait d'une décision stratégique et non d'une impossibilité technique : transfert des salariés vers les deux autres points de vente et de la clientèle vers celui du centre commercial malgré la présence de locaux vacants en centre-ville.
Arguments rejetés par la cour d'appel et pour les raisons suivantes :
– la boutique du centre-ville bénéficiait d'un excellent emplacement puisque situé dans une rue piétonne de très bonne commercialité à proximité d'une dizaine de boutiques dédiées à la téléphonie mobile, qu'il s'agisse d'opérateurs spécifiques ou non ;
– les différents points de vente attirent des clientèles différentes, celle du centre-ville étant plus « bourgeoise » que celle du centre commercial drainée par la présence d'une grande enseigne d'hypermarché ;
– l'accessibilité du centre commercial ne suffit pas à décider la clientèle du centre-ville à suivre l'enseigne vers la nouvelle implantation dès lors qu'elle continue à trouver en centre-ville une offre équivalente de téléphonie multimarque et multiopérateur.
Il y a donc lieu de considérer la boutique, conformément à l'avis de l'expert judiciaire, comme un commerce de proximité s'adressant à une clientèle circonscrite dans un périmètre, justifiant que l'indemnité d'éviction corresponde à la valeur intrinsèque de la partie du fonds exploité dans les lieux objet de la reprise.

CA Versailles 3-5-2012 n° 08/08083, 12e ch. : Administrer juin 2012 p. 38 obs. A. Guillemain.

Dans le cas d'un commerce de teinturerie blanchisserie situé rue du Bac à Paris et d'un second, situé à cinquante mètres rue de Verneuil, dans lequel est exploité en location-gérance un pressing laverie, l'indemnité d'éviction due à la suite du refus de renouvellement du bail de la rue du Bac est une indemnité de remplacement et non de transfert pour les raisons suivantes : la commercialité des voies sur lesquelles sont situés ces deux commerces est distincte ; le commerce de la rue de Verneuil qui ne traite que la blanchisserie bénéficie de celui de la rue du Bac et non l'inverse ; il n'est pas établi qu'une partie importante ou en tout cas non négligeable de la clientèle serait transférée vers le commerce de la rue de Verneuil qui ne bénéfice pas du tout de la même commercialité ; le locataire ne peut disposer dans un délai raisonnable d'un emplacement comparable pour un commerce de pressing dans la mesure où ce type de commerce est contrôlé comme étant susceptible de porter atteinte à l'environnement et où les copropriétés se montrent réticentes à en accueillir.

CA Paris 12-12-2012 n° 11/12887, ch. 5-3.

Pour évaluer le montant de l'indemnité d'éviction qu'il devait à son locataire exploitant dans les lieux loués une activité de contrôle technique automobile, un bailleur avait fait valoir qu'il avait proposé au locataire des locaux équivalents à ceux pour lesquels il avait délivré congé.
Jugé au contraire que le fonds de commerce n'était pas transférable et que l'indemnité d'éviction due au locataire (évaluée à 310 395 €) devait inclure la perte de ce fonds dès lors que :
– l'ancien local, qui se trouvait à côté d'un grand centre commercial et d'un centre auto et qui bénéficiait d'un grand parking automobile attenant, se situait dans un environnement exceptionnel compte tenu de l'activité du locataire ;
– ce local était implanté à la jonction de plusieurs axes routiers majeurs et faciles d'accès ;
– il n'existe pas de relations privilégiées entre les clients et les professionnels dans ce type d'activité, la clientèle visée se conformant aux dispositions réglementaires imposant des visites obligatoires périodiques et, compte tenu de la réglementation très précise en ce domaine s'appliquant à tous les centres, ce sont essentiellement les prix pratiqués et l'emplacement qui différencient un centre d'un autre ;
– d'après la réglementation applicable, l'agrément du matériel était attaché au site et une installation sur un autre site nécessitait un nouvel agrément.
Par ailleurs, les nouveaux locaux proposés par le bailleur au locataire étaient d'une superficie et d'une implantation ne permettant pas de retrouver les retombées économiques de l'emplacement actuel.

CA Montpellier 9-5-2017 n° 15/00589 : RJDA 12/17 n° 794.

45447 Lorsque le **transfert** du fonds de commerce dans un autre local est **incertain,** l'estimation de l'indemnité d'éviction doit être fondée sur l'hypothèse de la perte du fonds de commerce dans sa totalité (Cass. 3e civ. 18-1-2011 n° 09-17.007 F-D : AJDI juillet/août 2011 p. 522). Tel est le cas :
– lorsque l'agrément de l'administration des douanes pour le transfert d'un débit de tabac reste incertain et que rien ne permet de retenir que le locataire transférera son commerce dans un autre local (même arrêt) ;
– des fonds industriels, transférables par nature, mais qui comportent des installations classées pour la protection de l'environnement (ICPE). La réinstallation est soumise à autorisation administrative : ici, la question est parfois moins celle de l'aléa que celle du délai d'instruction du dossier par l'administration, incompatible avec le maintien de l'activité ;
– de certaines activités sensibles qui sont soumises à autorisation d'exploiter avec contrôle des locaux par l'administration après réinstallation, comme les crèches par exemple ;
– de certains contrats de distribution sectorisée liés à l'agrément du local : la perte du droit au bail constitue une menace pour la survie du fonds.

45450 Dès lors qu'un transfert du fonds est exclu, l'indemnité d'éviction ne saurait se résumer à la recherche de la seule valeur du droit au bail (CA Paris 12-2-1991 n° 89/18359, 16e ch. A). Dans cette hypothèse, les juges du fond ne peuvent pas refuser de rechercher la valeur marchande du fonds de commerce (Cass. 3e civ. 3-11-2021 n° 20-20.739 F-D : RJDA 2/22 n° 66).

45455 La perte du fonds est le plus souvent liée à la perte de l'emplacement mais elle peut être causée par d'**autres éléments** de fait telles les caractéristiques irremplaçables des lieux.

ILLUSTRATIONS

Pour un local situé dans une tour parisienne édifiée en 1787 et surmontée d'un dôme en verre gravé et transformé en 1981 en restaurant dont la décoration intérieure a été assurée par le peintre Roger Benevant : afin de déterminer le montant de la plus-value d'indemnité d'éviction que constituent l'aménagement et la décoration exceptionnelle du restaurant, ainsi que l'attestent de nombreux articles de presse et les pages 66 et 67 du livre édité par Gallimard et consacré aux 50 plus beaux restaurants de Paris, l'expert s'est attaché dans son rapport à décrire les éléments d'aménagement et de décoration dont des soubassements « en bois cintré avec décoration et au-dessus du soubassement, une bande décorative peinte sur la maçonnerie en fond de différentes couleurs avec pose de feuilles en métaux précieux et terminé par un vernis à l'ancienne ». En raison de cette décoration et de l'emplacement du restaurant, c'est avec juste raison que l'expert, suivi par le tribunal, a estimé qu'il n'apparaissait pas possible que la société locataire puisse retrouver des locaux identiques et que l'indemnité d'éviction devait être calculée en fonction de la valeur du fonds, ce que ne conteste pas la société bailleresse (CA Paris 26-10-1993 n° 93/4077, 16e ch. A : Loyers et copr. 1994 comm. n° 198 note Ph.-H. Brault).

L'INDEMNITÉ PRINCIPALE D'ÉVICTION, UNE INDEMNITÉ DE TRANSFERT

Lorsque, malgré le déménagement, le locataire a continué à exploiter sa clientèle, élément principal de son fonds de commerce, il ne peut pas prétendre avoir perdu celui-ci (Cass. 3e civ. 28-4-2009 n° 08-12.046 F-D : Rev. Loyers 2009 p. 330). Par conséquent, s'il est démontré que le lieu d'exploitation du fonds importe peu et que le locataire conserve sa clientèle, l'indemnité versée est une indemnité de « déplacement » ou de « transfert ». La perte de l'adresse ou de la commodité qu'offraient les lieux loués s'avère sans incidence sur la clientèle. Ces activités dites transférables se rencontrent notamment lorsque le maintien de la clientèle tient à la **renommée** du locataire **ou** au **caractère** très **spécifique de l'activité** ou lorsque l'emplacement n'a pas d'incidences sur son activité. En pratique, cette situation se retrouve notamment pour des activités de gros, celles qui visent une clientèle professionnelle géographiquement dispersée, des fonds auxquels est attachée une forte notoriété, ou encore des activités sans visibilité parce qu'exercées sur cour ou en étage ou encore dans un quartier ou sur un axe sans commercialité. **45460**

Les tribunaux ont reconnu que tel était le cas :

– d'un **créateur** réputé de dessins et modèles dont la valeur de l'entreprise a, comme éléments essentiels, sa marque, son classement « Arts et Créations », sa collection de dessins et modèles (Cass. 3e civ. 21-3-1968 n° 66-10.735 : Bull. civ. III n° 122) ;

– d'un **garagiste** car la personnalité de l'exploitant pour attirer la clientèle joue un rôle essentiel dans ce genre de commerce où les relations et une importante publicité sont, alliées aux connaissances techniques, les conditions indispensables de réussite et alors que, dans l'espèce, il n'existe pas de magasin d'exposition sur rue et que la configuration des locaux les rend invisibles de l'extérieur (Cass. com. 8-11-1965 n° 63-11.066 : Bull. com. n° 558) ;

– d'un entrepreneur de **transport de voyageurs** lorsqu'il est relevé que le locataire exploitait des lignes régulières de transports de voyageurs entre Chevreuse et Saclay et organisait des voyages par autocars, et qu'ainsi il ne perdra ni sa clientèle ni son matériel et qu'il pourra poursuivre son activité dès qu'il aura trouvé à louer, dans le large périmètre entre Paris, Saclay et Étampes, un autre terrain (Cass. com. 8-6-1967 n° 64-10.867 : Bull. civ. III n° 234) ;

– d'un **rempailleur** de chaises (Cass. 3e civ. 13-2-2001 analysé n° 45405) ;

– d'un **agent commercial** car l'éviction dont il fait l'objet ne va pas entraîner la perte de son fonds d'agent commercial de fabrication de jouets, articles de sports et mobilier de jardin d'entreprises étrangères et d'achat/vente de marchandises, alors qu'il résulte des éléments du dossier que celui-ci a transféré son exploitation à Créteil, dans des locaux plus vastes, et que son chiffre d'affaires a progressé. Par suite, les premiers juges ont justement retenu à titre d'indemnité principale la valeur du droit au bail, calculée par différence entre le loyer qui serait dû pour des locaux équivalents loués vacants, sans pas-de-porte, et le loyer effectivement acquitté pour ces mêmes locaux (CA Paris 15-10-1993 n° 92/10860, 16e ch. B) ;

– d'un **lithographe** pour des locaux situés en fond de cour, sans accès direct sur la rue et non accessibles aux chalands, alors que les locaux hébergeant les presses nécessaires à cette activité étaient dans un autre local (CA Paris 22-5-2008 n° 07/12879, 16e ch. B : JCP G 2008 IV n° 2214) ;

– d'un **photographe professionnel** exerçant depuis plus de 25 ans et recherché pour des campagnes publicitaires d'excellent niveau (CA Aix-en-Provence 13-5-2011 n° 09/19871, 11e ch. A : RJDA 11/11 n° 889) ;

– d'une **galerie d'art** qui réalise au moins un tiers de son chiffre d'affaires en dehors des locaux et dont le déplacement n'entraînera pas le départ des artistes sous contrat, étant souligné que la clientèle n'est pas une clientèle de quartier en raison de la nature particulière de l'activité, de la publicité assurée par les manifestations de rayonnement national et par Internet (CA Paris 22-2-2012 n° 08/02599, ch. 5-3 : Loyers et copr. 2012 comm. n° 301 obs. Ph.-H. B.) ;

– d'un **conseil en gestion** des ressources humaines, prestations de services et conseils aux entreprises (CA Paris 6-2-2013 n° 10/22061, ch. 5-3 : Loyers et copr. 2013 comm. n° 149) ;

– d'un **grossiste** qui s'adressait essentiellement à de grands groupes hôteliers ou d'assurances et dont l'organisation du personnel confirmait que les ventes en magasin ne représentaient pas l'essentiel de l'activité (Cass. 3e civ. 17-11-1998 n° 97-12.406 D : RJDA 3/99 n° 267) ;

- d'une **école de formation** avec organisation de congrès et de séminaires (CA Paris 14-6-2017 n° 12/19168, ch. 5-3 : Administrer juillet 2017 p. 35) ;
- d'un loueur de **studios audiovisuels** (CA Paris 10-7-2013 n° 11/09938, ch. 5-3) ;
- de **locaux industriels** (CA Versailles 29-1-2013 n° 11/05943, 12e ch.).

ATTENTION

La clientèle des **grossistes** est professionnelle et donc le plus souvent transférable. Il existe cependant une exception à ce principe : les « grossistes de secteur ». Lorsque les grossistes d'une branche d'activité sont concentrés géographiquement, l'achalandage est constitué de professionnels. La perte de l'emplacement pour ces commerces peut menacer leur survie, à moins que le marché locatif soit suffisamment offreur.

S'agissant de la notoriété qui justifierait l'allocation d'une indemnité de transfert, celle-ci doit être forte. Tel n'est pas le cas lorsque la renommée du locataire n'est pas suffisante pour qu'il conserve sa clientèle où qu'il aille (pour un restaurant, CA Paris 15-4-2016 n° 14/08539, ch. 5-3 : Administrer mai 2016 p. 30).

45462 L'indemnité de transfert ne peut pas être refusée à un locataire au motif qu'il n'aurait fourni aucun effort financier en opérant le transfert de son activité alors qu'il était constaté qu'il avait acquitté un droit au bail pour intégrer ses nouveaux locaux (Cass. 3e civ. 28-1-2016 n° 14-24.184 F-D).

NATURE DE L'INDEMNITÉ EN CAS DE TRANSFÉRABILITÉ PARTIELLE DU FONDS

45465 Outre les hypothèses de remplacement ou de déplacement, il existe des situations intermédiaires dans lesquelles l'activité peut être maintenue pour partie en dépit de la perte du droit au bail. Ainsi en est-il notamment en cas de coexistence d'une clientèle de gros et de détail. Dans ce schéma, l'activité perdue ne peut être que marginale et il doit être établi qu'il subsiste une viabilité du fonds de commerce grâce aux seules activités transférées.

L'indemnisation sera alors limitée à la branche d'activité perdue (n° 46660).

Dans des cas bien spécifiques, l'indemnité principale peut être panachée entre indemnité de « remplacement » et de « transfert » lorsque le fonds est transférable, mais qu'une partie de la clientèle, peu importante, est néanmoins perdue.

ILLUSTRATIONS

Pour un commerce d'objets d'art et de meubles anciens, il a été retenu que, si l'éviction des lieux n'avait pas entraîné la perte du fonds de commerce, l'impossibilité de poursuivre ses expositions dans un lieu fixe au cœur d'un quartier parisien où sont implantées d'autres galeries d'art faisait perdre au locataire évincé une partie de sa clientèle. L'indemnité principale d'éviction a ainsi été fixée par rapport à la valeur du droit au bail, valeur complétée par la valorisation partielle de clientèle (CA Paris 6-2-2019 n° 16/07456, ch. 5-3 : Administrer mars 2019 p. 42).

INCIDENCE DU E-COMMERCE SUR LA NATURE DE L'INDEMNITÉ

45470 Certains commerces comportent à la fois une activité en boutique et des ventes en ligne. Se pose alors la question de la préservation éventuelle de la part de l'activité Internet.

Il y a lieu d'analyser les données chiffrées de chaque branche mais également de rechercher l'interdépendance des deux modes de distribution. La vente en ligne peut contribuer à stimuler la vente en boutique, mais la jouissance de celle-ci peut être une condition de l'exercice de la vente à distance (commande en ligne avec retrait sur place, faculté de repérage physique des produits, etc.).

2. EXCEPTIONS

INDEMNITÉ DE REMPLACEMENT EN CAS DE FONDS TRANSFÉRABLE

45500 La valeur vénale du fonds de commerce constitue normalement le plafond de l'indemnité principale à laquelle peut prétendre le locataire évincé.

Bien que le fonds soit transférable, l'indemnité versée au locataire peut être une indemnité de remplacement. Tel est le cas lorsque le **coût du déplacement ou** la **valeur du droit au bail,** élément principal de l'indemnité de transfert, s'avèrent **supérieurs à la valeur du fonds** : l'indemnité principale d'éviction sera plafonnée à la valeur du fonds.

L'indemnité principale d'éviction peut donc être constituée de la valeur du fonds de commerce ou de la valeur du droit au bail et non des deux cumulées (CA Nîmes 8-12-2016 n° 14/05534, 2e ch. civ. A).

ILLUSTRATIONS

Pour répondre aux conclusions des locataires qui prétendaient qu'en vertu de l'article 8 du décret du 30 septembre 1953 (C. com. art. L 145-14) seule une réinstallation à l'identique dans une autre boutique des Champs-Élysées compenserait leur préjudice, la cour d'appel énonce exactement qu'aucun texte n'autorise le locataire évincé à réclamer le coût d'un transfert dans des locaux équivalents, lorsque ce coût dépasse la valeur de remplacement du fonds. Contrairement à l'allégation du pourvoi, la cour d'appel n'a entendu assigner comme limite supérieure à la réparation du préjudice causé par le défaut de renouvellement ni la valeur du fonds de commerce, ni le remplacement de ce fonds par un fonds équivalent, mais a retenu, à juste titre, qu'il convenait de baser le montant de l'indemnité d'éviction sur la valeur marchande du fonds de commerce des locataires.

Cass. 3e civ. 2-2-1968 n° 66-10.444 : Bull. civ. III. n° 45 ; dans le même sens Cass. 3e civ. 22-2-1968 n° 66-10.967 : Bull. civ. III n° 69.

Alors même qu'en raison de sa notoriété le fonds exploité dans les lieux est transférable, la société locataire ne peut pas se prévaloir d'une indemnité de déplacement dès lors que le coût du transfert s'avère manifestement supérieur à la valeur marchande du fonds réduite à la valeur du droit au bail. Il résulte en effet des dispositions de l'article 8 du décret du 30 septembre 1953 que la valeur vénale du fonds constitue en toutes circonstances le plafond de l'indemnité à laquelle peut prétendre le locataire évincé de sorte que le transfert du fonds sans perte importante de clientèle implique nécessairement un préjudice moindre. Il s'ensuit qu'il ne peut y avoir indemnité de transfert et par conséquent substitut à l'indemnité de remplacement que si le coût de déplacement est inférieur à la valeur marchande du fonds, ce qui n'est manifestement pas le cas en l'espèce. Dans ces conditions, la société locataire ne peut prétendre qu'à une indemnité de remplacement pour perte du fonds assise sur la valeur du droit au bail, dès lors que cette dernière apparaît supérieure à la valeur marchande du fonds déterminée suivant les usages de la profession. La nature de l'indemnité due exclut en conséquence les indemnités accessoires spécifiques du transfert, telles que les frais de réinstallation, de déménagement des agencements, ainsi que les frais administratifs divers.

CA Paris 2-4-1996 n° 95/17351, 16e ch. A, confirmé par Cass. 3e civ. 16-12-1997 n° 96-16.779 D.

La valeur du droit au bail a été exactement chiffrée à 800 000 francs (121 000 € environ) par l'expert sur des bases de calcul ayant fait l'objet d'explicitations. Force est en conséquence de constater que la valeur du droit au bail est supérieure à la valeur du fonds estimée par ce même expert à la somme non contestée de 750 000 francs (114 000 € environ).
Il en résulte, dans l'hypothèse retenue d'un déplacement possible du fonds sans perte importante de clientèle et, par conséquent, d'un préjudice moindre, que l'indemnité principale ne saurait être supérieure à la valeur du fonds (non perdu) de sorte que la valeur du droit au bail doit être nécessairement limitée à 750 000 francs.

CA Paris 18-6-1996 n° 93/1199, 16e ch. A.

INDEMNITÉ DE TRANSFERT EN CAS DE FONDS NON TRANSFÉRABLE

À l'inverse, lorsque le fonds n'est pas transférable, si la **valeur du droit au bail** s'avère **supérieure à la valeur du fonds** de commerce, le locataire doit se voir allouer une indemnité de transfert qui correspondra à la valeur du droit au bail. En effet, il est de jurisprudence constante que, lorsque le locataire perd son fonds de commerce, l'indemnité ne peut être en aucun cas inférieure à la valeur du droit au bail des locaux dont le locataire est évincé, puisque la valeur du fonds de commerce comprend la valeur du droit au bail, lequel est un élément du fonds de commerce (notamment, Cass. 3e civ. 13-10-2021 n° 20-19.340 FS-B). **45515**

ILLUSTRATIONS

Pour fixer le montant de l'indemnité d'éviction due à des preneurs de locaux à usage commercial, une cour d'appel avait retenu que, malgré la qualité exceptionnelle de l'emplacement, il n'y avait pas lieu de se référer à la valeur du droit au bail et qu'il convenait de déterminer la valeur marchande du fonds d'après les résultats d'exploitation. Décision censurée par la Cour de cassation, la cour d'appel n'ayant pas recherché si, comme le soutenaient les locataires, la valeur du droit au bail n'était pas supérieure à la valeur du fonds qu'elle avait retenue.

Cass. 3e civ. 11-6-1992 n° 90-17.109 P : RJDA 8-9/92 n° 814 ; dans le même sens Cass. 3e civ. 13-10-1993 n° 91-16.942 D : Gaz. Pal. 1994 jur. p. 202 note J.-D. Barbier ; Cass. 3e civ. 16-12-1997 n° 96-16.779 D : Administrer avril 1998 p. 39 obs. B. Boccara, D. Lipman-Boccara et M.-L. Sainturat.

Dans un cas où le refus de renouvellement du bail de locaux sis aux puces de Montreuil a entraîné la perte du fonds de commerce car la clientèle, attirée par les puces, n'a pas suivi le locataire, l'indemnité principale doit être égale à la valeur du fonds. Mais, cette valeur étant inférieure à la valeur du droit au bail, l'indemnité d'éviction doit être fixée à la valeur du droit au bail.

CA Paris 18-2-2004 n° 98/13871, 16e ch. A ; dans le même sens : CA Poitiers 17-4-2012 n° 11/03440, 2e ch. civ. : Administrer juin 2012 p. 40 obs. A. Guillemain ; CA Paris 15-5-2013 n° 11/11090, ch. 5-3 : Administrer juillet 2013 p. 44 ; CA Paris 18-6-2014 n° 12/13450 : AJDI 2015 p. 65 ; CA Paris 16-3-2016 n° 14/03758 : Administrer mai 2016 p. 32 ; CA Paris 28-11-2018 n° 17/03923, ch. 5-3 : Administrer mars 2019 p. 45.

La seule valorisation adaptée au fonds consiste en la valeur du droit au bail. Compte tenu de la rareté des locaux objets des baux, notamment liée à leur situation rue de la République à Lyon, la valeur du droit au bail dépasse en effet la valeur du fonds exploité. La valeur du droit au bail est donc retenue comme valeur plancher.

CA Lyon 31-5-2018 n° 16/02850, 3e ch. A.

45520 Dans tous les cas, la nature de l'indemnité ou son montant dépendra de l'éventuelle **preuve** par le bailleur **d'un préjudice moindre.** La loi présumant que l'éviction entraîne la perte du fonds de commerce du locataire, il appartient au bailleur qui soutient que l'éviction n'entraîne pas la disparition du fonds de rapporter la preuve contraire (notamment, CA Paris 9-4-2014 n° 12/07469 ; CA Aix-en-Provence 17-1-2017 n° 15/19402 : Administrer février 2017 p. 42).

Cette preuve ne saurait résulter de la seule affirmation par le bailleur de l'existence de locaux vacants sans fournir la moindre indication précise permettant notamment de vérifier s'il s'agit de locaux équivalents (CA Paris 11-4-1995 n° 93/24783, 16e ch. A : Loyers et copr. 1995 comm. n° 279 note Mutelet ; CA Orléans 18-12-2014 n° 14/00450 : Administrer janvier 2015 p. 53). En revanche, elle peut résulter d'une offre faite par le bailleur d'un local de remplacement, répondant aux besoins du locataire et excluant une perte significative de clientèle (Cass. com. 30-11-1964 : Bull. civ. III n° 519). Le local de remplacement doit être comparable au local objet de l'éviction (Cass. 3e civ. 25-1-1978 n° 76-13.795 : Bull. civ. III n° 53). Il ne peut pas s'agir des mêmes locaux (Cass. 3e civ. 1-2-1989 n° 87-17.063 : Bull. civ. III n° 27).

ILLUSTRATIONS

Il n'y a pas lieu de rechercher la valeur totale du fonds, ni de chacun de ses éléments pris isolément compte tenu des éléments suivants : la société locataire a réinstallé son commerce dans d'autres locaux ; le fonds de commerce n'a pas disparu grâce à sa réputation et au fait qu'elle travaille principalement sur commande ; ladite société a conservé une bonne partie de sa clientèle et elle reconnaît que la valeur de son entreprise a, comme éléments essentiels, sa marque, son classement « Arts et Créations » et sa collection de dessins et modèles.

Cass. 3e civ. 21-3-1968 n° 66-10.735 : Bull. civ. III n° 122.

Viole l'article 8 du décret du 30 septembre 1953 (C. com. art. L 145-14) la cour d'appel qui refuse d'augmenter l'indemnité d'éviction des frais normaux de déménagement et de réinstallation, au motif qu'il n'était pas démontré, ni même allégué que la locataire veuille acquérir un fonds équivalent, et que les frais de déménagement se compensent avec la licence dont la propriétaire du fonds conserve la disposition alors que la preuve de l'inexistence de ces éléments de préjudice est à la charge du propriétaire et que la conservation, par le locataire évincé, de la licence qui lui appartient ne peut compenser les frais de déménagement, conséquence de l'éviction.

Cass. 3e civ. 21-6-1972 n° 71-10.437 : Bull. civ. III n° 415.

Le caractère transférable de l'activité d'agence immobilière n'est pas établi pour un local, d'une surface utile de 46 m^2 en rez-de-chaussée, située au numéro 1, de la Grande-Rue à Divonne-les-Bains (Ain), ville d'eau du pays de Gex concernée par l'essor de l'immobilier dû à l'afflux de clients suisses. En effet, les locaux de l'agence immobilière, en plein cœur de la ville et disposant d'un stationnement possible à proximité, ont été parfaitement rénovés avec des matériaux de qualité et où la disponibilité immédiate de locaux à proximité n'est pas démontrée. Le fait pour l'agence d'avoir un site Internet ne rend pas secondaire l'emplacement des locaux dont l'aspect visuel est déterminant. L'indemnité d'éviction due doit donc être fixée en fonction de la valeur marchande du fonds de commerce exploité.

CA Dijon 27-12-2005 n° 02/00599, ch. civ. B ; dans le même sens, CA Paris 4-12-2008 n° 07/22019, 16e ch. B.

Le bailleur ne peut refuser de payer au locataire évincé des frais de remploi (arrêt de 1993) ou une indemnité pour trouble commercial (arrêt de 2014) que s'il prouve l'absence de réinstallation de ce locataire.

Cass. 3e civ. 16-6-1993 n° 91-19.996 P : Bull. civ. III n° 87 ; Cass. 3e civ. 30-9-2014 n° 10-25.601 F-D.

INDEMNITÉ EN CAS DE PLURALITÉ DE LOCAUX SOUMIS À DES BAUX DISTINCTS

45525 Lorsque le fonds de commerce du locataire évincé porte sur plusieurs locaux soumis à des baux distincts et dès lors que l'**exploitation du fonds** est **indivisible,** l'indemnité principale, qu'il s'agisse d'une indemnité de remplacement ou de déplacement, doit être évaluée en tenant compte de l'ensemble des locaux que le locataire sera contraint d'abandonner (n° 45580).

B. Périmètre d'appréciation du préjudice

45550 La détermination du périmètre d'appréciation du préjudice repose sur la réponse à trois questions. Quel fonds doit être pris en compte ? À quelle date doit-on faire la photographie de ce fonds ? À quelle date doit-on évaluer l'indemnité d'éviction ?

1. LE FONDS À PRENDRE EN CONSIDÉRATION POUR CALCULER L'INDEMNITÉ D'ÉVICTION

ACTIVITÉS PRISES EN COMPTE DANS LE CALCUL DE L'INDEMNITÉ D'ÉVICTION

Le fonds à prendre en considération est celui du locataire évincé. Toutefois, seules seront prises en compte les **activités autorisées** par le bail, c'est-à-dire celles expressément visées dans le bail mais aussi celles qui, en vertu des usages et de l'évolution du commerce, sont considérées comme étant **implicitement contenues dans la clause « destination »** sans qu'il y ait à mettre en œuvre la procédure de déspécialisation partielle prévue par l'article L 145-47 du Code de commerce qui permet d'adjoindre à l'activité prévue au bail des activités connexes ou complémentaires. Sur ces activités dites « incluses », voir n°s 27150 s. **45560**

Il importe donc, avant tout chiffrage, de déterminer les activités poursuivies dans les lieux loués et de vérifier qu'elles entrent dans la destination stipulée au bail.

La **clause « destination »** du bail est donc essentielle. L'indemnité d'éviction ne peut pas prendre en compte l'activité exercée par le locataire en violation de la clause de destination de son bail (Cass. 3e civ. 28-5-2020 n° 19-10.017 F-D : Administrer juillet 2020 p. 46). En outre, le locataire ne peut pas se prévaloir d'une simple tolérance ou d'une attitude passive du bailleur en cas d'extension d'activité. Ainsi, dans le cas d'un bail n'autorisant que l'exploitation d'un café-bar, une cour d'appel a décidé à bon droit que le bailleur était tenu de régler une indemnité d'éviction calculée sur la seule activité autorisée par le bail après avoir exactement retenu que, même si le locataire avait exercé dans les lieux loués une activité de crêperie sans opposition de la part du bailleur, ce silence ne valait pas acquiescement de ce dernier à cette nouvelle activité (Cass. 3e civ. 4-5-2006 n° 05-10.938 FS-PB : RJDA 8-9/06 n° 876). **45565**

Incidence des activités non autorisées Les résultats chiffrés de l'exploitation d'activités non autorisées par le bail n'entrent pas dans le périmètre d'indemnisation (Cass. 3e civ. 9-4-2013 n° 12-13.622 F-D : Loyers et copr. 2013 comm. n° 179 note Ph.-H. Brault). Lorsque les éléments comptables ne comportent pas de données analytiques suffisantes, les multiplicateurs appliqués aux résultats globaux de l'activité sont dépréciés pour tenir compte de ce qu'ils incluent des revenus de source non contractuelle. **45567**

DÉTERMINATION DU FONDS À ÉVALUER POUR LE CALCUL DE L'INDEMNITÉ

Le **fonds** de commerce à évaluer est celui **exploité dans les lieux** dont le locataire va se trouver privé du fait du refus de renouvellement. **45570**

Lorsque le locataire a édifié sur un **terrain loué nu,** avec l'accord du bailleur, des **constructions** dont le bail prévoit leur enlèvement en fin de jouissance aux frais du locataire (clause dite de nivellement), se pose la question de savoir si l'indemnité d'éviction doit tenir compte de la perte de ces constructions ou, fort de la clause de nivellement, les ignorer.

La cour d'appel de Paris a considéré, dans une telle situation, que l'indemnité d'éviction devrait correspondre au préjudice de perdre la propriété et surtout l'utilisation des constructions édifiées ou, ce qui revient au même au plan économique, de la nécessité soit d'avoir à louer à nouveau un terrain construit dont la valeur locative sera très supérieure à celle du terrain considéré comme nu et dont il a la jouissance, soit de louer un terrain nu et de supporter le coût des constructions nécessaires (CA Paris 24-4-1984 n° K 335, 16e ch. A : Rev. Loyers 1984 p. 371).

En présence d'une **sous-location partielle de locaux,** qui ne sont ni matériellement ni conventionnellement indivisibles, le locataire n'a droit au renouvellement de son bail ou, à défaut, au paiement d'une indemnité d'éviction, que pour la partie des locaux qu'il exploite, même si le bailleur a donné son accord à la sous-location (n° 76345). **45575**

En revanche, lorsque l'**activité** est **exploitée dans différents locaux relevant de baux distincts,** il appartient au juge du fond d'apprécier si l'ensemble doit donner lieu à indemnisation. Cette appréciation peut se baser sur le constat que les locaux forment ou non un ensemble économiquement indivisible, sans repli possible de l'exploitation au sein des locaux non concernés par l'éviction. **45580**

ILLUSTRATIONS

Une société, qui exerce des activités indissociables dans plusieurs immeubles loués à des bailleurs différents, peut prétendre, lorsque l'un des bailleurs signifie un refus de renouvellement sur un des immeubles, à la réparation du préjudice résultant de l'obligation de transférer l'ensemble des activités exercées tant dans l'immeuble en cause que dans les autres immeubles.

Cass. 3e civ. 16-12-1980 n° 79-11.901.

45580 (suite) Au-delà de la valeur intrinsèque du droit au bail pour les locaux dont le locataire est évincé, il appartenait à l'expert de rechercher si l'activité exercée dans les locaux voisins était indissociable de celle exercée dans les premiers locaux et, dans l'affirmative, le préjudice subi par le locataire évincé qui s'est trouvé dans l'obligation de résilier son autre bail pour lequel pourtant le renouvellement était offert.

CA Paris 22-10-1993, 6e ch. B, Sté Aubert & Cie c/ Sté La Courroie : Loyers et copr. 1994 comm. n° 160.

Un locataire, qui exploitait un fonds de commerce sur deux boutiques géographiquement proches mais bien distinctes, ne peut pas, du fait du congé reçu pour l'une, implantée dans un centre commercial très vivace, bien desservi par les transports en commun et bénéficiant d'un flux important de chalands, maintenir l'intégralité de son activité dans la seule boutique lui restant. Pour autant, la disparition de la boutique en centre commercial n'entraînera pas celle de l'autre, la société pouvant parfaitement poursuivre l'exploitation de cette boutique. Elle a en effet la possibilité d'y maintenir la vente des articles de la marque Levi's qui, selon elle, génère des marges plus importantes, l'enseigne actuellement apposée sur cette boutique mentionnant d'ailleurs « Levi's, Chevignon, Schott, Donovan, Chefdeville », et aucun élément ne venant démontrer que l'éviction de la boutique Passing risque de lui faire perdre son contrat de distribution avec la société Levi's.
La disparition de la boutique en centre commercial aura un impact sur l'activité de l'autre boutique puisque la réduction de moitié des locaux entraîne la réduction des surfaces d'exposition et des possibilités de stockage et par conséquent une force de vente amoindrie par rapport à la concurrence très vive régnant dans le centre commercial. Par suite, l'indemnité d'éviction doit réparer la dépréciation du fonds de commerce restant en place.

CA Paris 14-2-2003 n° 01/12569, 16e ch. B.

Dans le cas d'un fonds exploité dans trois lots distincts, il résulte du rapport de l'expert que le refus de renouvellement a pour effet de priver le locataire d'un pavillon de 92 m^2 où se situent un bureau et un local d'attente client, du vestiaire des ouvriers, d'une salle d'archives, d'une chambre et d'un lit, d'un petit local de 90 m^2 où s'effectuent les réparations rapides (Renault minute), disposant d'un pont élévateur et d'un magasin de pièces détachées, d'une possibilité de stockage de trois véhicules devant ce local, et par conséquent de surfaces importantes, affectées à un usage particulier et ne lui permettant pas l'exploitation de son fonds de commerce sur le seul lot restant à savoir sur l'atelier principal de 250 m^2 équipé de trois ponts élévateurs, d'un pont mobile, d'une fosse et d'une possibilité de parking de six véhicules devant celui-ci.
L'indemnité d'éviction doit, conformément à l'article L 145-14 du Code de commerce, être égale au préjudice causé par le défaut de renouvellement, soit en l'espèce la perte du fonds de commerce lequel constitue un tout indissociable.

CA Paris 13-1-2010, ch. 5-3 : Administrer avril 2010 p. 29 obs. A. Guillemain.

Même si l'éviction n'entraîne pas la perte du fonds (vente en gros de baguettes pour encadrement et cadres, ébénisterie, décoration, ameublement et miroiterie), compte tenu de la nature de la clientèle composée de professionnels, le préjudice à réparer du fait de l'éviction est celui du transfert de l'ensemble des activités du locataire dès lors que le fonds, unique et indivisible, est exploité dans deux locaux contigus loués séparément.

CA Paris 20-6-2012 n° 10/14750, ch. 5-3 : Administrer août 2012 p. 44 obs. A. Guillemain.

Un locataire exerçait son activité dans des locaux objets de deux baux, situés dans le même ensemble immobilier, bénéficiant d'une entrée séparée et reliés par un couloir. Bien que la clause de destination du bail n° 1 permettait à la fois une activité de commerce et d'entrepôt, alors que celle du bail n° 2 ne permettait qu'une activité d'entrepôt, le locataire exploitait dans les deux locaux un fonds de commerce unique (vente de détail de tapis, moquettes et revêtements de murs et de sols), possédant une unique direction et une unique comptabilité, de sorte que l'éviction du local objet du bail n° 2 portait atteinte à l'exploitation de l'ensemble du fonds de commerce. En donnant congé du bail n° 1 pour les locaux qu'il était contraint d'abandonner compte tenu de son éviction des locaux objet du bail n° 2, le locataire n'a fait qu'éviter un éventuel contentieux avec son bailleur sur le terme de ce bail, mais n'a pas renoncé au bénéfice d'une indemnité d'éviction, une telle renonciation ne se présumant pas. Dans ces conditions, l'assiette de l'indemnité d'éviction doit reposer sur les locaux objets des deux baux.

CA Paris 11-4-2018 n° 16/13593, ch. 5-3.

Une société qui exerce une activité de location de logements en meublé avec fourniture de services parahôteliers dans un immeuble en copropriété au moyen de baux commerciaux consentis par les copropriétaires ne peut pas prétendre à une indemnité d'éviction principale calculée sur la base de la perte totale de son fonds de commerce et suivant la méthode du chiffre d'affaires, alors que seuls quelques copropriétaires ont refusé le renouvellement, dès lors que les juges du fond ont souverainement retenu que le non-renouvellement des baux de plusieurs lots constituait une perte partielle du fonds de commerce, écartant ainsi le caractère indivisible du fonds, et ont indemnisé la perte de rentabilité du fonds subsistant.

Cass. 3e civ. 21-2-2019 n° 17-24.458 F-D : AJDI 2019 p. 288.

Le repli de l'activité au sein de locaux dépendant d'un bail qui ne fait pas l'objet de l'éviction peut être possible mais entraîner, même dans le cas de locaux contigus, une dépréciation du fonds de commerce :
- la réduction des surfaces d'exposition peut peser directement sur le niveau du chiffre d'affaires ;
- l'amoindrissement de la gamme des produits offerts à la clientèle peut décourager une frange plus ou moins importante de celle-ci.

La faisabilité peut donc être physique sans être économique.

2. LA CONSISTANCE DU FONDS À ÉVALUER POUR CALCULER L'INDEMNITÉ D'ÉVICTION

L'indemnité d'éviction a pour rôle de réparer le préjudice subi du fait du non-renouvellement du bail, lequel se concrétise à la **date** d'effet du refus de renouvellement. À cette date, le locataire n'est plus tenu de se maintenir dans les lieux. C'est donc à cette date que la consistance du fonds doit être appréciée. **45620**

Force est cependant de relever un flou jurisprudentiel sur la date exacte à laquelle la consistance du fonds à indemniser doit être photographiée. Certains arrêts posent la règle d'une appréciation de la consistance du fonds à la date de signification du congé avec refus de renouvellement (Cass. 3e civ. 20-10-1971 n° 70-12.102 : Bull. civ. III n° 501 ; Cass. 3e civ. 14-12-1971 n° 70-13.170 : Bull. civ. III n° 621), d'autres à la date d'effet du congé (Cass. 3e civ. 21-11-1974 n° 73-12.925 : Bull. civ. III n° 431 ; CA Paris 22-10-1993, 6e ch. B, Sté Aubert et Cie c/ Sté La Courroie : Loyers et copr. 1994 comm. n° 160), d'autres encore à l'époque du refus de renouvellement (Cass. 3e civ. 21-1-1998 n° 96-12.998 : RJDA 3/98 n° 270).

Si l'on suit le raisonnement tenu par la Cour de cassation sur la date d'exigibilité de l'indemnité d'occupation, la consistance du fonds devrait, en cas d'exercice par le bailleur de son droit d'option, être appréciée à la date de prise d'effet du congé initialement signifié avec offre de renouvellement (n° 71095).

Ce principe a cependant donné lieu à des aménagements car s'il est d'application simple **lorsque le locataire** quitte les lieux à la date d'effet du refus de renouvellement, tel n'est pas le cas lorsque ce dernier **se maintient dans les lieux** jusqu'au paiement de l'indemnité ainsi que l'y autorise la loi (n° 46850). **45625**

Il a ainsi été jugé qu'il n'y avait pas lieu de s'attacher à la nouvelle consistance du fonds pour fixer l'indemnité lorsque le locataire avait mis à profit des lenteurs de procédure pour transformer en cours d'expertise son fonds de buvette-crêperie en restaurant et étendu ainsi son chiffre d'affaires, cette extension d'activité étant abusive et frauduleuse (Cass. 3e civ. 21-11-1990 n° 89-15.286 : Rev. Loyers 1991 p. 318). En revanche, la poursuite de travaux administrativement et contractuellement autorisés dans les lieux loués n'est pas un abus de droit ; en conséquence, le recours du bailleur contre la décision posant le principe d'un calcul de l'indemnité d'éviction en tenant compte de la plus-value apportée au fonds par l'exécution de ces travaux poursuivis après la date de délivrance du congé n'est pas fondé (Cass. 3e civ. 16-3-1988 n° 86-18.636).

M. Jacques Lafond a ainsi résumé cette jurisprudence : « Un changement dans la consistance du fonds postérieur à la date d'effet du congé ne peut être pris en considération que s'il s'agit de la mise en œuvre par le locataire, de manière licite, d'une potentialité offerte par le contrat de bail, mais à condition que toute fraude ou abus soit exclu » (J.-Cl. Notarial, formulaire bail commercial, fasc. 510 n° 23).

La cour d'appel de Paris a cependant admis une majoration de 20 % de l'estimation faite de l'indemnité d'éviction à partir du chiffre d'affaires réalisé par un locataire pour ses activités de bar-restaurant au motif d'un permis de construire déposé quelques jours après la date d'effet du congé ayant pour effet futur la restauration du centre commercial voisin et la redynamisation consécutive de l'activité commerciale du quartier (CA Paris 26-3-2009 n° 08/08183, 16e ch. B : Loyers et copr. 2009 comm. n° 154 obs. Ph.-H. Brault).

L'appréciation de la consistance du fonds est parfois délicate : la frontière est d'appréciation difficile lorsque l'activité évolue sur une **durée de procédure importante.** Par exemple, l'élargissement de l'activité de librairie traditionnelle à celle de vente de bandes dessinées doit-il être considéré comme la création d'une branche nouvelle après congé ou comme le développement normal de l'activité d'origine ? **45630**

3. L'ESTIMATION DE L'INDEMNITÉ D'ÉVICTION

DATE D'APPRÉCIATION DE L'INDEMNITÉ D'ÉVICTION

45640 Le préjudice à indemniser est celui subi du fait de l'éviction. Partant, son évaluation doit être faite au moment où le préjudice est réalisé, c'est-à-dire à la date la plus proche du jour auquel devient effective l'éviction, soit à la date de l'éviction elle-même, soit du moins à la date où le locataire cesse d'occuper régulièrement les lieux (Cass. com. 30-6-1959 n° 57-10.984 : Bull. civ. III n° 292 ; Cass. 3e civ. 21-1-1998 n° 96-12.998 PB : RJDA 3/98 n° 270 ; Cass. 3e civ. 10-7-2002 n° 00-20.702 FS-D : RJDA 11/02 n° 1122 ; Cass. 3e civ. 14-3-2019 n° 18-11-991 F-D : RJDA 6/19 n° 413).

45645 Si le **locataire** n'est **plus dans les lieux,** l'évaluation est faite au jour de son départ effectif (Cass. 3e civ. 21-1-1998 n° 96-12.998 PB : RJDA 3/98 n° 270 ; Cass. 3e civ. 10-7-2002 n° 00-20.702 FS-D : RJDA 11/02 n° 1122 ; Cass. 3e civ. 14-3-2019 n° 18-11.991 F-D : RJDA 6/19 n° 413).

Toutefois, lorsque le locataire n'a pas encore quitté spontanément les lieux, en raison du droit au **maintien dans les lieux** que lui accorde la loi jusqu'au paiement de l'indemnité d'éviction, la jurisprudence a retenu le principe d'une évaluation au jour où le juge statue (Cass. 3e civ. 11-10-1989 n° 88-11.562 D ; Cass. 3e civ. 24-11-2004 n° 03-14.620 FS-PB : RJDA 2/05 n° 106 ; Cass. 3e civ. 8-3-2011 n° 10-15.324 F-D : RJDA 11/12 n° 942 et Cass. 3e civ. 28-9-2011 n° 10-12.730 F-D : RJDA 11/12 n° 942 somm. ; Cass. 3e civ. 19-12-2012 n° 11-26.584 FS-PB : Bull. civ. III n° 196 ; CA Caen 31-3-2016 n° 13/00610 : Administrer avril 2016 p. 34).

En cas de **cession du fonds postérieure à la date d'effet du congé,** l'évolution postérieure du fonds de commerce doit être prise en compte pour le calcul de l'indemnité d'éviction puisque « la cession à l'acquéreur du fonds des droits que le locataire tient du décret du 30 septembre 1953 confère au cessionnaire tous les droits et toutes les obligations découlant du statut des baux commerciaux » (Cass. 3e civ. 2-6-1982 n° 80-16.401 : Bull. civ. III n° 134 ; Cass. 3e civ. 20-10-2016 n° 15-15.760 F-D : AJDI 2017 p. 201).

45650 Cette règle normale de l'évaluation du préjudice peut cependant être écartée en cas de **fraude** ou d'**abus.** Ainsi, l'accroissement au cours de la procédure des affaires du locataire et, par suite, de la valeur de son fonds de commerce peut ne pas être pris en compte dès lors que le juge constate souverainement que le locataire a laissé sans réponse les demandes de l'expert et a retardé les opérations pendant un an (Cass. com. 20-12-1965 n° 63-12.582 : Bull. civ. III n° 659).

ACTUALISATION DE LA VALEUR DU FONDS

45655 Si la valeur des éléments du fonds a marqué une **évolution avant que les juges statuent,** une réactualisation par majoration forfaitaire ou application d'un coefficient ne doit pas être appliquée comme correctif (Cass. 3e civ. 2-6-1993 n° 91-16.455 P : RJDA 8-9/93 n° 681).

ILLUSTRATIONS

La Cour de cassation a censuré une cour d'appel qui, pour fixer l'indemnité d'éviction, avait évalué le fonds de commerce au 1er janvier 1985 en se référant au chiffre d'affaires moyen des années 1983, 1984 et 1985 et en affectant la valeur retenue d'une majoration de 10 % tout en constatant que le chiffre d'affaires avait fortement augmenté pour les années 1986, 1987 et 1988 (Cass. 3e civ. 19-6-1991 n° 90-12.423 P : RJDA 8-9/91 n° 694).

45660 Le juge doit tenir compte des **résultats de l'exploitation postérieurs au rapport d'expertise,** qu'ils soient en hausse ou en baisse (Cass. 3e civ. 25-2-1975 n° 73-13.788 : Bull. civ. III n° 76 ; Cass. 3e civ. 2-6-1982 n° 80-16.401 : Bull. civ. III n° 134 ; Cass. 3e civ. 8-3-2011 n° 10-15.324 F-D et Cass. 3e civ. 28-9-2011 n° 10-12.730 FS-D : RJDA 11/12 n° 942 som.), sans pouvoir réévaluer l'indemnité telle que proposée par l'expert en appliquant un pourcentage (Cass. 3e civ. 19-6-1991 n° 90-12.423 P : RJDA 8-9/91 n° 694).

ILLUSTRATIONS

A ainsi été réformée une décision qui avait fixé une indemnité d'éviction due suite à un refus de renouvellement signifié pour le 31 août 1982 sur la base de la valeur marchande d'un fonds calculée sur le chiffre d'affaires moyen TTC des exercices 1987, 1988 et 1989 avec majoration forfaitaire de 11 % pour tenir compte d'une évolution à la date la plus proche du départ. En effet, pour respecter le principe selon lequel l'indemnité d'éviction doit être appréciée à la date la plus proche du départ, il convient de retenir les chiffres d'affaires figurant dans les derniers bilans communiqués, relatifs aux exercices 1992, 1993, 1994, aucune actualisation forfaitaire n'étant admise en la matière.

CA Paris 14-11-1995 n° 93-26023, 16e ch. A.

Pour fixer l'indemnité d'éviction due à un locataire toujours présent dans les lieux, il convient, dès lors qu'il est de principe d'évaluer l'indemnité d'éviction à la date la plus proche du départ du locataire évincé, de prendre en compte, non plus les bilans trop anciens 1988, 1989, 1990 figurant au rapport d'expertise, mais ceux des trois derniers exercices 1993, 1994, 1995.

Or, les chiffres d'affaires concernés marquent un net fléchissement par rapport aux années antérieures de sorte que le pourcentage revendiqué par la société évincée apparaît aujourd'hui encore plus excessif.
CA Paris 18-6-1996 n° 94/28557, 16e ch. A.

ESTIMATION DE L'INDEMNITÉ D'ÉVICTION LORS DE LA CRISE DE COVID-19

Le contexte de la crise sanitaire liée à l'épidémie de Covid-19 crée une difficulté particulière. En effet, les données chiffrées les plus actuelles peuvent être lourdement dégradées sans que l'on puisse anticiper une dépréciation pérenne du fonds de commerce. **45665**

Il est habituel d'exclure des bases comptables d'estimation l'impact de circonstances exceptionnelles (sinistre, fermeture pour travaux...).

La jurisprudence a ainsi admis qu'il y avait lieu d'écarter les données chiffrées des années 2020 et 2021 (notamment, CA Paris 30-3-2022 n° 19/04806, ch. 5-3 ; CA Chambéry 18-1-2022 n° 19/00426, 1e ch.)

C. Méthodes d'évaluation de l'indemnité d'éviction

La loi ne définit pas les méthodes d'évaluation de l'indemnité d'éviction, qu'il s'agisse d'apprécier le fonds de commerce ou le droit au bail. Le juge se trouve ainsi confronté à des données économiques, voire financières, sans outil juridique pour en faire lecture. Il recourt alors quasi systématiquement à l'expert judiciaire, mieux armé pour évaluer ce qui doit l'être, mais il reste souverain dans son appréciation, y compris dans le choix de la méthode d'évaluation et le mode de calcul (Cass. com. 15-4-1959 n° 1846 : Bull. civ. III n° 167 ; Cass. 3e civ. 1-3-1995 n° 93-11.703 ; Cass. 3e civ. 15-10-2008 n° 07-17.727 FS-PB : RJDA 12/08 n° 1232). **45750**

1. ÉVALUATION DU FONDS DE COMMERCE

a. Absence de définition légale des principes d'évaluation

La **valeur marchande** est celle que pourrait obtenir le locataire dans une vente de gré à gré de son fonds de commerce, lequel est constitué d'éléments incorporels et d'éléments corporels. Cette valeur marchande ne résulte pas de l'application de règles arithmétiques. Le point essentiel est donc de savoir comment la déterminer. Le seul éclairage donné par la loi résulte de l'article L 145-14 du Code de commerce qui se borne à renvoyer à « la valeur marchande du fonds de commerce déterminée selon les usages de la profession », référence qui s'avère parfois tellement floue ou insuffisante que certains praticiens ont pu commenter les incertitudes auxquelles ils se trouvaient confrontés avec leurs clients par des formules telles que « la fixation des indemnités d'éviction ou la française des jeux judiciaires » (J.-P. Forestier et Ph. de Belot : Administrer juillet 1995 p. 2). **45760**

b. Diversité méthodologique d'évaluation du fonds de commerce

GÉNÉRALITÉS

L'estimation du fonds de commerce est le plus souvent opérée en rapprochant plusieurs méthodes, appuyées sur les éléments chiffrés de l'exploitation et l'examen de son environnement (pour des exemples, voir CA Aix-en-Provence 17-6-2010 n° 09/17070, 4e ch. : Administrer novembre 2010 p. 46 qui recourt à la méthode de l'évaluation du fonds de commerce par application du pourcentage sur le chiffre d'affaires et la méthode de la capitalisation de la rentabilité ; CA Caen 24-10-2019 n° 18/00623, 2e ch. civ. et com. : Administrer décembre 2019 p. 40 qui retient la valeur moyenne entre la méthode du chiffre d'affaires et la méthode de rentabilité). **45775**

Il n'existe pas de recette universelle pour l'estimation d'un fonds de commerce mais presque autant de méthodes que de branches d'activités.

La pratique des experts a évolué dans le temps. Le recours aux **taux sur recettes** des barèmes professionnels est largement relayé par une estimation assise sur la capacité du fonds à générer des résultats de manière pérenne.

Pour autant, la loi impose l'estimation de la valeur marchande du fonds selon les **usages de la profession.** Certaines décisions rappellent ce principe (en ce sens : CA Paris 24-4-2013 n° 11/13715, ch. 5-3, Sté Ilot Saint-Honoré c/ Sté Le Spot : Administrer août/sept. 2013 p. 51 ; CA Paris 1-4-2015 n° 13/06065 : Administrer mai 2015 p. 28 ; CA Paris 3-6-2015 n° 13/10167 : Administrer juin 2015 p. 29) et considèrent que la valeur d'un fonds de commerce ne peut être le résultat de la synthèse de différentes valeurs de fonds similaires, calculées suivant différentes approches (CA Paris 1-4-2015 et CA Paris 3-6-2015 précités ; CA Versailles 4-11-2014 n° 13/05213 : RJDA 4/15 n° 244, rejetant la moyenne entre la méthode par le chiffre d'affaires et la méthode par la rentabilité en raison du manque de rentabilité du commerce résultant d'un choix de gestion du gérant ; en sens contraire, pour l'application d'une moyenne entre la valeur résultant de la méthode des barèmes professionnels et celle résultant du calcul de l'excédent brut d'exploitation pondéré : CA Aix-en-Provence 17-1-2017 n° 15/19402 : Administrer février 2017 p. 42). Le recours à d'autres méthodes que celle correspondant aux usages ne doit être fait qu'à titre de recoupement pour vérifier la justesse des premières conclusions (CA Paris 24-2-2016 n° 13/24523 : Administrer mars 2016 p. 39).

Jugé que c'est à juste titre que l'expert, après avoir constaté que la vente de santons n'existe pas en tant que telle comme activité répertoriée dans les monographies traditionnelles, a procédé par analogie avec les barèmes utilisés pour les activités cadeaux, souvenirs, articles de Paris et bimbeloterie, qui sont des activités de la même classe (CA Aix-en-Provence 11-6-2015 n° 14/06232 : Administrer juillet 2015 p. 40).

PRINCIPES GÉNÉRAUX D'ESTIMATION DU FONDS DE COMMERCE

45780 Quelle que soit la méthode employée, il est usuel de fonder l'estimation de la valeur du fonds sur les **éléments chiffrés** des trois derniers exercices connus. Il en est déduit des moyennes arithmétiques. On ne peut pas raisonner par projection de résultats (Cass. 3e civ. 20-3-2007 n° 06-11.040 F-D : Rev. Loyers 2007 p. 229). La pratique de la **pondération** des données chiffrées (3 pour l'année N, 2 pour l'année N – 1 et 1 pour l'année N – 2) peut être utilisée pour souligner une tendance forte et cohérente de l'activité en volume et en résultat, que ce soit à la hausse ou à la baisse. Plus souvent, c'est le choix des multiplicateurs appliqués à l'assiette qui restituera l'existence d'une tendance.

Il est généralement procédé par recoupement de deux ou plusieurs méthodes pour autant qu'elles aboutissent à des résultats suffisamment cohérents (CA Paris 21-11-2007 n° 06/14396, 16e ch. A, Fontaine Investissements c/ GDB : Administrer février 2008 p. 24 ; CA Paris 16-1-2008 n° 04/19840, 16e ch. A : Administrer avril 2008 p. 36 obs. D. Lipman-W. Boccara ; CA Paris 29-4-2009 n° 08/07136, 16e ch. A : Administrer janvier 2010 p. 49 ; CA Paris 14-12-2011 n° 10/06460, ch. 5-3 : Administrer avril 2012 p. 36 ; CA Paris 30-11-2022 n° 20/02478, ch. 5-3).

C'est ainsi que dans l'arrêt précité de 2011, la cour d'appel de Paris a fait la moyenne arithmétique entre la valeur résultant de la méthode basée sur le chiffre d'affaires (318 378 €) et la valeur résultant de la méthode EBE (221 380 €).

ESTIMATION DU FONDS DE COMMERCE PAR LE CHIFFRE D'AFFAIRES

45785 Lorsqu'elle est fixée judiciairement, l'indemnité d'éviction due au locataire est évaluée en fonction des usages de la profession du locataire évincé.

Les juges du fond doivent donc rechercher les modalités d'évaluation des fonds de commerce en usage dans la profession en cause pour évaluer la valeur marchande du fonds, en particulier pour inclure, ou non, la TVA (Cass. 3e civ. 15-6-1994 n° 1081 P : RJDA 12/94 n° 1265 ; Cass. 3e civ. 5-2-2014 n° 13-10.174 FS-PB : RJDA 5/14 n° 415). Les bases d'estimation sont généralement retenues **hors TVA** (pour un exemple, CA Aix-en-Provence 21-10-2010 n° 09/07457, 4e ch. C : Administrer mars 2011 p. 33 obs. A. Guillemain).

Certains fonds sont toutefois chiffrés sur une base **TTC,** simplement parce que cette approche est conforme à la négociation de tels fonds sur le marché. Il en est ainsi par exemple des officines de pharmacie alors même que leur activité est assujettie à trois taux de TVA différents, ou encore des fonds d'optique-lunetterie (CA Paris 27-11-2013 n° 12/00763, ch. 5-3 : Administrer janvier 2014 p. 36 obs. A. Guillemain), des fonds de café-bar (CA Paris 30-6-2010 n° 09/00137, ch. 5-3 : Administrer octobre 2010 p. 53 obs. M.-L. Sainturat ; CA Paris 6-10-2010 n° 03/19784, ch. 5-3 : Administrer décembre 2010 p. 68 ; CA Pau 20-12-2011 n° 08/04190, 2e ch. sect. 1 : Administrer mars 2012 p. 36 ; CA Paris 18-12-2013 n° 12/03309, ch. 5-3 : Administrer février 2014 p. 40 obs. A. Guillemain ; CA Versailles 16-12-2014 n° 13/05801 : Administrer janvier 2015 p. 55) ou encore des fonds de restauration (CA Caen 24-10-2019 n° 18/00623, 2e ch. civ. et com. : Administrer décembre 2019 p. 40).

La prise en compte ou non de la TVA sur les recettes qui servent de base à la valorisation du fonds a fait **débat.**

Dans un premier temps, la Cour de cassation a posé le principe selon lequel, s'agissant de la réparation d'un préjudice, il n'y avait pas lieu de prendre en compte la taxe (Cass. 3e civ. 17-12-2003 n° 02-12.236 FS-PB : RJDA 3/04 n° 280). Désormais, elle considère que, bien que l'indemnité réparatrice ne soit pas soumise à la TVA, cela ne fait pas obstacle à la prise en compte pour sa fixation d'éléments comptables arrêtés toutes taxes comprises dès lors que tels sont les usages et modalités retenus dans la profession ou le secteur d'activité commerciale concerné (Cass. 3e civ. 5-2-2014 n° 13-10.174 FS-PB : RJDA 5/14 n° 415). Il appartient au juge de rechercher quels sont ces usages (Cass. 3e civ. 27-4-2017 n° 16-11.307 F-D : AJDI octobre 2017 p. 671).

En pratique, raisonner sur la base d'un chiffre hors taxe n'exclut pas le respect des usages professionnels : il suffit de corriger le taux statistique pour l'appliquer à une base hors taxe (taux sur recettes HT = taux statistique TTC × taux TVA).

La référence à la base hors taxe évite divers écueils :

- les documents comptables et fiscaux sont dressés hors taxe ;
- ils ventilent rarement les recettes lorsqu'il existe plusieurs taux (hôtellerie/restauration, café/brasserie, pharmacie/parapharmacie, etc.) ;
- le changement de taux de TVA dans le temps ne peut induire une correction mécanique de la valeur du fonds.

ESTIMATION DU FONDS DE COMMERCE PAR LE TAUX SUR RECETTES

Les juridictions se sont longtemps fondées sur de simples taux sur recettes pour le chiffrage des indemnités d'éviction. La base sur laquelle doivent être appliqués les taux sur recettes peut être le chiffre d'affaires annuel ou une recette journalière ; il importe alors de connaître l'amplitude d'exploitation dans l'année. **45790**

Les **taux** sur recettes sont **issus** de barèmes définis par branches d'activités. Quelle qu'en soit la source (chambres de commerce, fédérations professionnelles, experts-comptables, administration fiscale, publications juridiques, etc.), ils portent sur un échantillon étendu et disparate. Il s'ensuit des fourchettes souvent trop larges. En outre, les mises à jour des barèmes sont de plus rares et souvent tardives.

Pour éviter ces écueils, il convient d'analyser les mutations récentes portant sur des fonds comparables du même secteur en rapprochant prix de cession et performances économiques du fonds de commerce.

Enfin, il existe diverses branches pour lesquelles il n'existe pas de taux sur recettes, qu'il s'agisse d'activités trop récentes, atypiques ou faute de marché (les agences bancaires) ; dans ce cas, le fonds ne pourra être valorisé que par une approche purement financière.

Néanmoins, cette méthode reste encore largement employée, étant précisé que le niveau du résultat pèse sur le choix du taux sur recettes. Elle conserve un **intérêt** pour recouper d'autres approches de la valeur et correspond à une pratique professionnelle effective dans certaines branches (par exemple pour les fonds de garages-hôtels : CA Paris 6-5-2009 n° 08/00961, 16e ch. A : Administrer août-sept. 2009 p. 37 obs. M.-L. Sainturat, ou pour les fonds de bar-brasserie-hôtel : CA Paris 20-5-2009 n° 08/05066, 16e ch. A : Administrer octobre 2009 p. 50 ; CA Paris 30-6-2010 n° 09/00137, ch. 5-3 : Administrer octobre 2010 p. 53 obs. M.-L. Sainturat ; CA Pau 20-12-2011 n° 08/04190, 2e ch. sect. 1 : Administrer mars 2012 p. 36).

Le recours au taux sur recettes **concerne** le plus souvent des exploitations de format modeste tel un salon de coiffure (CA Paris 4-2-2009 n° 08/07679, 16e ch. A : Administrer mai 2009 p. 38) ; un café-bar de quartier sera valorisé par référence à un taux sur recettes, alors qu'une grande brasserie bien située le sera sur la base d'un multiple du résultat.

En dépit des limites de la méthode par le taux sur recettes, cette approche peut s'imposer lorsque les comptes de résultats présentent une part d'opacité ou des anomalies.

ESTIMATION DU FONDS DE COMMERCE PAR LE RÉSULTAT

Dans cette approche, l'évaluation du fonds de commerce est recherchée par capitalisation de la capacité bénéficiaire dégagée par l'exploitation, capacité appréciée par référence à l'**excédent brut d'exploitation** (EBE) **moyen** des années de référence. Cette méthode est largement employée par les experts. **45795**

L'EBE représente l'ensemble des disponibilités dégagées par l'exploitation. Il présente l'avantage de mesurer l'activité courante, sans prise en compte de la politique d'amortissement et de provisions, ni surtout de la stratégie financière de l'exploitant. Il exclut l'incidence de tous les éléments exceptionnels ou hors exploitation et est privilégié pour cette raison.

Il se détermine comme suit :

Résultat d'exploitation
– Autres produits d'exploitation
+ Autres charges d'exploitation
– Reprises sur amortissements et provisions
– Transfert de charges d'exploitation
+ Dotations aux amortissements et provisions
= EXCÉDENT BRUT D'EXPLOITATION

Le chiffre d'affaires n'est pas un indicateur toujours pertinent : un volume important peut s'accompagner d'une absence de résultat. L'expert, puis le juge, rechercheront la profitabilité effective de l'exploitation.

Partant d'un EBE comptable, il pourra y avoir lieu à retraitement. Les corrections les plus fréquemment pratiquées sont les suivantes :

- réintégration des salaires alloués aux dirigeants pour la part qui excéderait ce qui constitue la rémunération « normale » de leurs fonctions effectives ;
- à l'inverse, déduction du coût de rémunération normative des fonctions bénévoles ;
- correction de la charge locative dans l'hypothèse où il y aurait eu matière à fixation du loyer en renouvellement de bail à la hausse ou à la baisse ;
- déduction d'une quote-part de frais de siège dans l'hypothèse d'une exploitation en succursale pour mise en équivalence avec un fonds équivalent, etc.

Le multiplicateur est à choisir dans une fourchette habituellement comprise entre 3 et 8. Le choix du coefficient tient à divers critères, dont notamment la courbe d'évolution de l'activité et ses perspectives.

45796 Dans le cas d'une **éviction d'enseigne pratiquant l'intégration verticale,** se pose la question de la prise en compte ou non des deux étages de marge (celle du grossiste et celle du distributeur). Deux thèses s'opposent : celle de la réparation intégrale du préjudice (prise en compte de la double marge effective) et celle selon laquelle le préjudice est à apprécier dans la limite de la relation contractuelle, soit la location de surfaces pour exploitation d'un commerce de détail (prise en compte de la seule marge distributeur dans une approche normative par référence à la marge ménagée aux franchisés ou pratiquée au sein de réseaux de distribution comparables).

Le tribunal de grande instance (devenu tribunal judiciaire) de Paris a implicitement validé la seconde de ces approches (TGI Paris 15-5-2012 n° 07/08661).

Cette jurisprudence, bien qu'isolée, souligne le fait que raisonner seulement par application d'un taux sur recettes peut aboutir à un défaut de cohérence entre valeur du fonds par le chiffre d'affaires et par capitalisation du résultat.

Les taux sur recettes ne peuvent habituellement rejoindre une approche par la profitabilité que s'ils sont purgés de la marge de gros.

ESTIMATION DU FONDS DE COMMERCE PAR LA CAPITALISATION BOURSIÈRE

45798 La valorisation du fonds de commerce par la capitalisation boursière consiste à appliquer à la profitabilité du point de vente objet de l'éviction le même multiple que celui que dégage le rapprochement entre la valeur globale en bourse des titres d'une société cotée, rapprochée de son résultat.

Cette approche paraît artificielle à plusieurs égards :

- il est fait un amalgame entre fonds de commerce et société : la valorisation de la seconde s'appuie sur un bilan et non un compte de résultat, elle intègre des éléments hors exploitation (patrimoine immobilier, trésorerie, participations...) et est le résultat d'un historique qui dépasse les trois exercices d'assiette de valorisation d'une indemnité d'éviction ;
- le secteur d'action de certaines sociétés est trop large pour servir de recoupement à la valorisation d'une branche d'activité particulière ;
- les sociétés cotées exercent une activité à l'échelle mondiale qui ne peut servir de baromètre à l'estimation d'un point de vente local même excellement placé : la croissance de marchés émergents, les variations de cours ou d'autres facteurs internationaux ne doivent pas peser sur l'estimation de cette branche de fonds ;
- la valorisation boursière est enfin assujettie à des pressions qui ne sont pas toujours directement liées au niveau de l'activité : il en va ainsi notamment de la politique de distribution de dividendes.

ESTIMATION DU FONDS DE COMMERCE PAR ACTUALISATION DES FLUX

45800 Cette méthode (également appelée « **Discounted Cash Flow** » – DCF), souvent employée pour transmission sur le marché de fonds de taille significative, reste d'application encore exceptionnelle dans un cadre judiciaire.

Elle consiste, en se fondant sur des états prévisionnels d'activité, à valoriser le fonds par actualisation selon des taux financiers des flux de trésorerie qu'il est susceptible de générer. Cet examen, afin d'éviter les aléas d'une estimation prospective sur une durée trop longue, porte sur une période le plus souvent limitée à cinq années.

Cette méthode n'est pas appropriée au commerce de proximité. Elle est de plus peu compatible avec la valorisation du fonds de commerce dans un cadre judiciaire parce que aléatoire en termes d'anticipation, de choix de la durée sur laquelle sont mesurés les flux et du taux d'actualisation.

ESTIMATION DU FONDS DE COMMERCE PAR COMPARAISON DIRECTE

Cette méthode peut constituer un moyen de recoupement. Elle consiste à rapprocher une première estimation des conditions de négociation sur le marché d'un fonds de même nature. Sont alors comparées leurs caractéristiques respectives : commercialité de l'implantation, capacité bénéficiaire, etc. **45805**

MÉTHODES D'ESTIMATION DU FONDS SPÉCIFIQUES À CERTAINES ACTIVITÉS

Certains fonds sont à valoriser en tenant compte des pratiques propres à une branche d'activité donnée. Les fonds de théâtre sont par exemple valorisés en termes d'outil de travail « au fauteuil ». De même, les fonds de débit de tabac ou presse ne sont pas valorisés en se référant au chiffre d'affaires, non significatif car perçu pour compte de tiers, mais sur la base d'un multiple des remises ou commissions. **45810**

ESTIMATION DU FONDS DE COMMERCE EN PRÉSENCE DE CAS PARTICULIERS

Au-delà de cette diversité des méthodes d'évaluation, certaines situations rendent encore plus complexe l'appréciation de la valeur marchande du fonds. Les **fonds industriels** sont ainsi valorisés dans une logique financière selon leur profitabilité ou en termes de reconstitution de l'outil de travail (droit au bail, équipements professionnels, bénéfice d'autorisations administratives d'exploiter, brevets, etc.). **45815**

Existence de branches d'activités distinctes Lorsque le locataire évincé peut exercer au sein des locaux des activités relevant de modes de valorisation distincts, il est alors procédé par addition d'estimations séparées. Il en est ainsi d'un café-brasserie : la branche « limonade » sera estimée par la méthode de la recette journalière et la branche restauration par application d'un pourcentage au chiffre d'affaires annuel (pour des exemples, voir CA Paris 30-6-2010 n° 09/00137, ch. 5-3 : Administrer octobre 2010 p. 53 obs. M.-L. Sainturat ; CA Paris 6-10-2010 n° 03/19784, ch. 5-3 : Administrer décembre 2010 p. 68 obs. A. Guillemain). **45820**

Même si l'estimation procède de la même méthode, le coefficient retenu peut différer selon les activités. Ainsi, pour un salon de coiffure, l'estimation basée sur le chiffre d'affaires retient des pourcentages différents selon qu'il s'agit de l'activité coiffure, de celle de soins de beauté ou de la vente de produits de beauté (CA Paris 13-1-2016 n° 13/22989 : Administrer février 2016 p. 29).

Location-gérance Pour les fonds exploités en location-gérance, le juge se pose désormais la question de savoir si le fonds constitue toujours un outil de travail pour le locataire ou s'il n'est pas devenu un pur placement financier. **45825**

Le plus souvent, l'indemnité d'éviction est calculée en suivant les usages (n° 45760) et en se référant aux chiffres d'affaires ou résultats réalisés par le locataire-gérant (en ce sens, CA Paris 13-9-2000 n°s 95/625 et 97/5030, 16e ch. A : Gaz. Pal. 15 mars 2001 p. 33). Toutefois, si le fonds est considéré comme un placement financier, l'indemnité peut être fixée par capitalisation de la redevance payée par le locataire-gérant.

ILLUSTRATIONS

Après avoir observé que les locataires exerçaient d'autres activités et avaient promis de vendre le fonds à leur locataire-gérant, faisant que ce fonds n'était plus pour eux un instrument de travail, mais un simple placement, justifie sa décision le juge qui alloue aux preneurs évincés un capital représentatif de la redevance annuelle de location-gérance qui leur était versée puisque aucune règle impérative pour le calcul de l'indemnité d'éviction n'est imposée par l'article 8 du décret du 30 septembre 1953 (Cass. 3e civ. 11-10-1978 n° 77-12.212 ; dans le même sens Cass. 3e civ. 8-1-1985 n° 83-15.481).

Le chiffrage du préjudice peut rapprocher une estimation fondée sur les données chiffrées de l'exploitation par le locataire-gérant (avec réintégration de la redevance pour assimilation à un fonds en exploitation directe) et la **capitalisation de la redevance de gérance.**

Cette capitalisation s'opère par application d'un taux financier qui doit donner la mesure du facteur de risque attaché à l'exploitation d'un fonds de commerce. On ne raisonne pas par application d'un coefficient multiplicateur.

Sur les indemnités accessoires, voir n° 46050.

Fonds déficitaires La situation déficitaire du fonds n'est pas nécessairement exclusive d'une indemnité en vertu du principe selon lequel le droit au bail constitue une indemnisation **45830**

minimale (n° 45870). Faute de résultat, l'indemnité principale peut être estimée en se référant au chiffre d'affaires (le multiplicateur qui y est appliqué tient alors compte de l'absence de capacité bénéficiaire), en termes de parts de marché, de coût de reconstitution de l'outil de travail...

ILLUSTRATIONS

Le résultat déficitaire d'une exploitation n'est pas de nature à priver le locataire évincé de l'indemnité d'éviction mais celle-ci doit être réduite à la valeur du droit au bail qui est un des éléments du fonds de commerce, cette valeur économique existant indépendamment du fait que le bail ait comporté une clause interdisant la cession du droit au bail sans celle du fonds de commerce (CA Paris 19-10-1995 n° 94/13164, 16e ch. B).

45835 **Points de vente dépendant d'un réseau** Pour ces points de vente, qu'ils dépendent d'un réseau succursaliste, de franchise ou de concession, se pose la question de leur indemnisation : indemnité de perte du fonds si l'on considère qu'il y a perte de la clientèle, ou indemnité de déplacement si l'on considère le fonds transférable eu égard à l'attachement de la clientèle à l'enseigne.

Ce mode de distribution étant cependant le plus souvent retenu pour des commerces ou activités qui ciblent la clientèle de proximité, ces points de vente sont généralement estimés comme des établissements indépendants en se fondant sur les données chiffrées analytiques de leur exploitation.

ILLUSTRATIONS

Après avoir observé qu'il résultait des documents fournis que l'éviction allait entraîner la disparition du fonds considéré appartenant à une société à succursales multiples, la cour d'appel de Paris a jugé que le fonds devait, pour le calcul de l'indemnité d'éviction, être regardé comme une entreprise individuelle (CA Paris 25-2-1993 n° 91/23369, 16e ch. B).

ESTIMATION DU FONDS DE COMMERCE EN CAS DE DÉPÔT DE BILAN

45840 La cessation des paiements et le prononcé de la liquidation judiciaire du locataire, tous deux postérieurs à la date de prise d'effet du congé avec refus de renouvellement, n'empêchent pas ledit locataire de prétendre au paiement de l'indemnité d'éviction dès lors qu'à la date d'effet du congé, comme à la date de remise des clés, le fonds en cause, s'il n'y avait eu éviction, aurait eu encore une valeur marchande à cette date (Cass. 3e civ. 15-6-2010 n° 09-10.814 F-D : RJDA 11/10 n° 1045).

En l'espèce, la cessation des paiements avait été prononcée près de deux ans après la date d'effet du congé mais il ressortait que le fonds avait été exploité jusqu'au 30 novembre 2004. Le bailleur avait tenté de faire valoir l'absence de valeur marchande du fonds en raison de sa non-exploitation à compter du jugement prononçant la liquidation judiciaire le 31 janvier 2005.

2. ÉVALUATION DU DROIT AU BAIL

a. Principes d'évaluation du droit au bail

DROIT AU BAIL CONSTITUTIF D'UNE INDEMNISATION MINIMALE

45870 Dans tous les cas, qu'il s'agisse de fixer une indemnité de perte du fonds ou de déplacement, il y a lieu de rechercher la valeur du droit au bail. Le droit au bail est le capital correspondant à l'intérêt d'être situé à un emplacement donné pour exercer une activité donnée moyennant un loyer donné ; plus l'emplacement est bon, la destination contractuelle large et le loyer modéré, plus la valeur du droit au bail est élevée (CA Paris 5-7-2017 n° 15/16820, ch. 5-3 : RJDA 12/17 n° 795).

Cette valeur, élément incorporel majeur du fonds de commerce, constitue, sauf exception, l'indemnisation minimale à laquelle peut prétendre le locataire évincé (Cass. 3e civ. 11-6-1992 n° 90-17.109 analysé n° 45515). Cette jurisprudence est d'application constante.

ILLUSTRATIONS

Bien que le locataire ait transféré son fonds de commerce dans d'autres locaux, les juges du fond ne peuvent pas exclure la prise en compte de la valeur du droit du bail dans le calcul de l'indemnité d'éviction, motif pris que son préjudice serait nécessairement inférieur à la valeur de ce fonds (Cass. 3e civ. 28-3-2019 n° 18-11.739 F-D : Rev. Loyers 2019 p. 175).

LOCAUX PRIS EN COMPTE POUR ÉVALUER LE DROIT AU BAIL

45875 L'évaluation du droit au bail doit normalement appréhender la perte du bénéfice du bail dont le renouvellement est refusé sur la base des caractéristiques des locaux loués (CA Aix-en-Provence 20-2-2003 n° 2002/05860). L'évaluation doit porter sur tous les locaux objet dudit bail en vertu du principe de l'indivisibilité du bail. Cette règle s'applique aussi lorsque le bail commercial porte sur des **locaux mixtes** à usage commercial et d'habitation (Cass. 3e civ. 1-4-2009 n° 08-12.502 FS-D : AJDI 2009 p. 868 obs. D. Lipman-W. Boccara), nonobstant le fait que la surface commerciale serait plus petite que la surface des locaux à usage d'habitation (Cass. 3e civ. 1-10-1997 n° 95-14.322 P : RJDA 12/97 n° 1469).

Rappelons qu'en cas de **sous-location** totale des locaux le locataire évincé n'aura pas droit à une indemnité d'éviction faute de pouvoir revendiquer le droit au renouvellement à défaut d'exploitation d'un fonds de commerce dans les locaux, et qu'en cas de sous-location partielle des locaux les droits du locataire évincé s'apprécieront différemment selon que les locaux étaient ou non matériellement ou conventionnellement indivisibles (nos 76300 s.). **45880**

b. Méthodes d'évaluation du droit au bail

FONDEMENT DE LA VALEUR DU DROIT AU BAIL

Le fondement économique de la valeur du droit au bail peut être recherché dans une logique indemnitaire ou de marché. Dans chacune de ces approches, la valeur du droit au bail trouve son origine dans l'infériorité du loyer contractuel théorique en renouvellement de bail par rapport à la valeur locative de marché. **45940**

Dans une **logique de marché,** cette valeur vénale est celle à laquelle le droit au bail peut être négocié. On constate, dans une approche statistique, que cette valeur résulte de l'application à l'économie de loyer d'un coefficient dit « de situation » dont le niveau est proportionnel à la commercialité de l'emplacement et traduit la confiance d'un candidat acquéreur dans le retour sur investissement.

Dans une **logique indemnitaire,** la valeur du droit au bail est directement liée à l'économie de coûts locatifs. L'indemnité d'éviction doit compenser la perte de rente qui résulte de l'infériorité du loyer par rapport à la valeur locative. La valorisation du droit au bail des locaux autres que les boutiques s'inscrit généralement dans cette approche purement indemnitaire dès lors qu'il n'existe pas, sauf considérations de convenance, de marché pour ces autres catégories de locaux.

ÉVALUATION DU DROIT AU BAIL PAR LA MÉTHODE DU DIFFÉRENTIEL DE LOYER

Calcul du différentiel La méthode d'évaluation du droit au bail la plus fréquemment retenue est celle de « l'économie de loyer », dite encore « par capitalisation du différentiel », écart mesuré entre la valeur locative de marché des locaux objet de l'éviction et le loyer contractuel des mêmes locaux dans l'hypothèse d'un renouvellement du bail (CA Versailles 3-11-2015 n° 10/05686 : RJDA 4/16 n° 265 ; CA Paris 5-7-2017 n° 15/16820, ch. 5-3 : RJDA 12/17 n° 795 ; CA Paris 7-3-2018 n° 16/14291, ch. 5-3). **45945**

Ce différentiel est fondé sur la différence entre le loyer qui aurait été effectivement payé si le bail avait été renouvelé, que celui-ci soit plafonné ou déplafonné, et le loyer qu'il faudrait débourser au prix du marché pour un local équivalent (CA Paris 19-10-1995 n° 94/13164, 16e ch. B). Il faut donc rechercher si le loyer théorique en renouvellement de bail aurait été susceptible d'être fixé à la valeur locative ou par application de l'indexation (CA Paris 11-9-2013 n° 11/15476 ; CA Paris 25-9-2013 n° 11/16435 ; CA Paris 11-2-2009 n° 07/21354, 16e ch. A : Administrer octobre 2009 p. 44 obs. A. Guillemain et M.-L. Sainturat).

Lorsque l'**éviction** a lieu en cours de bail, **à la fin d'une période triennale,** l'évaluation du droit au bail doit tenir compte de l'éventuel déplafonnement du loyer résultant d'une modification des facteurs locaux de commercialité ayant entraîné par elle-même une variation de plus de 10 % de la valeur locative (Cass. 3e civ. 25-6-1997 n° 95-16.433 D : RJDA 10/97 n° 1174).

Application d'un coefficient La méthode du différentiel suppose ensuite l'application d'un coefficient sur le différentiel obtenu. Il s'agit d'un coefficient « de situation » analysé à l'examen du marché dans une approche statistique : meilleures sont la commercialité de l'artère et les perspectives de retour sur investissement et plus élevé est ce coefficient. Ce coefficient dépend essentiellement de l'emplacement des lieux loués. Ainsi, les experts se basent souvent sur le « barème » suivant : **45950**

- En centre-ville :
  - 4 à 4,5 : Situation médiocre
  - 5 : Situation moyenne
  - 5,5 : Bonne situation
  - 6 à 6,5 : Très bonne situation
  - 7 à 7,5 : Excellente situation
  - 8 à 12 : Très haute valeur commerciale
- Dans les centres commerciaux entre 8 et 10, sauf emplacements à très haute valeur commerciale.

Ce coefficient multiplicateur est le plus souvent compris dans une fourchette entre 3 et 10 en matière de boutiques (en ce sens, TGI Nanterre 27-7-2009 n° 06/13553, 7e ch. B : AJDI 2010 p. 753 ; TGI Paris 5-1-2010 n° 04/15323, 18e ch. 1re sect. : Gaz. Pal. 19-20 novembre 2010).

En matière d'ateliers, d'appartements commerciaux, de locaux d'activités le multiplicateur est choisi, faute de marché, selon une approche non de valeur vénale mais simplement indemnitaire dans une fourchette généralement comprise entre 2 et 5 (par exemple pour un coefficient fixé à 5, CA Paris 16-5-2012 n° 10/10825, ch. 5-3 : Administrer juillet 2012 p. 31 obs. A. Guillemain). La rareté éventuelle des locaux de transfert possibles, les contraintes techniques qui réduiront l'éventail de choix du locataire militeront en faveur d'un multiplicateur élevé.

ILLUSTRATIONS

Pour l'appréciation de la valeur du droit au bail, le juge a retenu un coefficient de 9 pour une **boutique** située au niveau – 1 du Centre commercial du Forum des Halles (CA Paris 22-5-2013 n° 11/14682, ch. 5-3 : Administrer juillet 2013 p. 46).
Pour un **appartement** en étage sis à Paris, 25 boulevard Poissonnière, loué pour une activité de **prêt-à-porter en gros,** les juges ont retenu un coefficient de 4,5 en le justifiant ainsi : « En réalité, l'absence de visibilité est sans impact important dès lors que la clientèle est composée de professionnels ; en revanche, quoique situé dans un secteur recherché et n'ayant qu'un faible loyer, l'appartement ne dispose que d'une surface assez réduite, d'aucun aménagement particulier et est en état d'entretien très moyen. Il ne constitue donc pas un produit rare et ce d'autant que l'allégation de Paris Habitat qu'il existe de nombreux locaux disponibles dans le secteur, attestée par les photographies produites, n'est pas sérieusement contestée, cette constatation ne pouvant cependant conduire à considérer que le secteur est déserté alors qu'il reste attractif pour l'activité considérée » (CA Paris 28-3-2012 n° 10/16024, ch. 5-3 : Administrer mai 2012 p. 35).

En aucun cas on ne raisonne par application d'un taux financier.

ATTENTION

La crise liée à l'épidémie de **Covid-19** a affecté le marché locatif sur certains sites en termes notamment de correction des valeurs locatives. Elle s'est par ailleurs traduite par une **disparition des cessions de droit au bail** de locaux en nature de boutique ou un amoindrissement significatif de leur valeur. Ce phénomène tient à la fois à la baisse des prix de marché, au volume de locaux disponibles libérés au sortir de la crise, aux réticences des locataires à investir en capital sans perspectives assurées de retour sur investissement au regard de la possibilité de conclure des baux « à l'américaine » constitués d'un loyer pur, à un recours plus important au bail dérogatoire avant de s'engager sur la durée par un bail commercial et aux difficultés de financement. La **fourchette des coefficients** de situation statistiques de 3 à 10 ou 12 pourrait se trouver plus ou moins sévèrement corrigée à la baisse.

45955 **Effets** Cette méthode d'économie de loyer conduit, dans certains cas, à conclure à une **valeur de droit au bail nulle** ou quasi nulle. La valeur du droit au bail est nulle en l'absence de différence entre la valeur locative et le loyer qui aurait été perçu si le bail avait été renouvelé (CA Paris 17-9-2014 n° 12/18367 : Administrer août-septembre 2015 p. 40). L'indemnité d'éviction peut alors être limitée aux indemnités accessoires (CA Paris 4-5-2011 n° 10/23733, ch. 5-3 : Administrer octobre 2011 p. 58). Certaines décisions reconnaissent toutefois, même dans ces cas particuliers exposés ci-dessous, une valeur de droit au bail en considérant qu'un loyer en renouvellement, même non soumis à la règle de plafonnement, n'est jamais absolument égal au loyer négocié pour un local proposé vide sur le marché (en ce sens, CA Paris 10-3-1992 n° 90/17691, 16e ch. A : Loyers et copr. 1993 comm. n° 102 ; CA Paris 30-6-2000 n° 98/25969, 16e ch. B ; voir en sens contraire TGI Paris 11-4-1995 n° 92/13753, 18e ch. sect. 1 : Administrer février 1996 p. 37 obs. B. Boccara, D. Lipman-Boccara et M.-L. Sainturat).

Lorsque le bail stipule une clause de fixation du loyer de renouvellement à la valeur locative de marché, il n'existe pas de différentiel, de sorte que la valeur du droit au bail est nulle (CA Paris 13-5-2020 n° 18/02421, ch. 5-3).

45960 Le droit au bail constitue seul l'indemnité principale d'éviction dès lors que les activités exercées dans les locaux loués sont naturellement indépendantes de l'achalandage local et par nature transférables.

Lorsqu'il s'agit de **locaux à usage exclusif de bureau,** la valorisation du droit au bail est l'exception. Il n'existe en effet pas de valeur du droit au bail faute de marché pour cette catégorie d'actifs et parce que le loyer en renouvellement de bail des locaux à usage exclusif de bureaux est fixé à la valeur locative statutaire, laquelle rejoint la valeur locative de marché.

Il n'existe dès lors pas de différentiel à capitaliser qui soit générateur d'une valeur de droit au bail (Cass. 3e civ. 4-2-2009 n° 07-19.567 FS-D : AJDI 2009 p. 300 obs. D. Lipmann-W. Boccara, Administrer avril 2009 p. 46 obs. A. Guillemain et M.-L. Sainturat). Ce principe a été repris par la cour d'appel de Paris (CA Paris 24-6-2020 n° 18/19270, ch. 5-3).

Cette valeur de droit au bail est reconnue pour les bureaux-boutiques tels que les agences bancaires, les agences de voyages (TGI Paris 16-9-2010 n° 04/14760, 18e ch. sect. 2 : Gaz. Pal. 11 mars 2011) ou les agences immobilières (CA Versailles 2-6-2022 n° 20/05558 : Loyers et copr. 2022 comm. n° 162 obs. E. Chavance).

L'indemnité d'éviction est alors limitée aux coûts de transfert. La Cour de cassation a ainsi approuvé les juges du fond d'avoir « souverainement retenu que les loyers des bureaux correspondant à la valeur locative, le locataire ne subirait aucun surcoût financier en transférant son fonds » (Cass. 3e civ. 20-6-1995 n° 93-19.509 : Gaz. Pal. 1995 som. p. 559 ; dans le même sens : Cass. 3e civ. 4-2-2009 n° 07-19.567 précité).

Rappelant toujours le pouvoir d'appréciation souverain du juge du fond, la Cour de cassation a cependant approuvé des décisions ayant admis une valeur du droit au bail pour des locaux à usage exclusif de bureau calculée sur le différentiel de loyer entre un loyer même déplafonné et le prix du marché (Cass. 3e civ. 12-11-2008 n° 07-19.092 F-D : Administrer janvier 2009 p. 30, note J.-D. Barbier). Certaines décisions, au départ marginales, ont ainsi considéré qu'il subsistait un différentiel à capitaliser, générateur d'une valeur de droit au bail, selon des motivations diverses :

– la valeur locative judiciaire en renouvellement de bail ménagerait un écart avec le prix du marché (TGI Paris 20 septembre 2005 n° 04/16976, 18e ch. sect. 1 ; CA Paris 30-6-2000 n° 98/25969, 16e ch. B : Administrer janvier 2001 p. 26 ; CA Paris 20-5-2009 n° 08/09124, 16e ch. A : Administrer octobre 2009 p. 48 obs. M.-L. Sainturat) ;

– le marché locatif a pu progresser entre la date d'effet du congé et la date de fixation de l'indemnité d'éviction : le différentiel est calculé entre les prix de marché aux deux échéances (CA Paris 20-6-2007 n° 05/22066, 16e ch. A) ;

– l'éviction a privé le locataire de la possibilité de négocier avec le bailleur un loyer de renouvellement supposé plus modéré que le marché (CA Paris 11-6-2008 n° 07/02800, 16e ch. A).

Le pouvoir souverain du juge est à ce point affirmé que celui-ci peut retenir une indemnité basée sur le différentiel de loyer après avoir relevé que cette indemnité devait être à la mesure de la somme représentant le droit au bail des locaux acquis du locataire précédent (Cass. 3e civ. 13-10-2009 n° 08-15.185 F-D : RJDA 1/10 n° 13).

ILLUSTRATIONS

Après avoir relevé la conservation de la clientèle par une banque évincée de ses bureaux et retenu le principe d'une indemnité de transfert, les juges ont écarté la demande de la banque de prendre en compte les frais réels exposés pour acquérir les nouveaux titres de location, lui permettant de conserver sa clientèle, dans la limite des surfaces perdues, en incluant les frais de remploi (CA Toulouse 17-3-2010 n° 08/03889, 2e ch. sect. 1 : Administrer octobre 2010 p. 49).

Il peut en revanche être retenu une valeur de droit au bail de bureaux **lorsque le congé est signifié à une échéance triennale** : si le déplafonnement du loyer est acquis en fin de bail, le locataire aurait pu en revanche dans le cas d'un congé signifié en cours de bail bénéficier d'un loyer plafonné jusqu'à son expiration. La perte de cet avantage est constitutive d'une valeur de droit au bail dans une approche indemnitaire : le multiplicateur de l'économie de loyer est nuancé selon la durée du bail qui reste à courir. **45965**

L'application volontaire du statut des baux commerciaux à une location consentie pour une activité de chirurgien-dentiste et de commerce de produits dentaires n'est **pas assimilable** à la location de **locaux à usage exclusif de bureau** : il en résulte une valeur de droit au bail à prendre en compte pour le calcul de l'indemnité d'éviction (CA Paris 3-6-2016 n° 12/00306 : Administrer juillet 2016 p. 34). **45966**

De même, pour un bail soumis volontairement au statut des baux commerciaux consenti à un orthopodologiste-pédicure-kinésithérapeute : les locaux ne pouvaient pas être assimilés à des locaux à usage exclusif de bureau en raison du stockage et de la manipulation de marchandises, et il en résulte une valeur de droit au bail (TGI Paris 21-6-2016 n° 13/03624 : Administrer août/septembre 2016 p. 56).

La valeur du droit au bail pour les **locaux monovalents** devrait être déclarée nulle puisque l'article R 145-10 du Code de commerce énonce que le prix de ces locaux peut, par dérogation aux articles L 145-33 et R 145-3 et suivants, être déterminé selon les usages observés dans la branche d'activité considérée. **45970**

En l'absence d'économie de loyer à capitaliser, il ne peut être dégagé de valeur de droit au bail de ces locaux.

VALEUR DU DROIT AU BAIL PERDU

Le principe posé par l'article L 145-14 du Code de commerce est que l'indemnité doit être égale au préjudice causé par le défaut de renouvellement. La question s'est posée de savoir si l'indemnité doit être déterminée par référence à la valeur du droit au bail perdu ou en fonction du coût supporté par le locataire pour sa réinstallation. **45973**

La Cour de cassation a tranché en faveur de la première de ces valeurs (Cass. 3e civ. 13-10-2021 no 20-19.340 FS-B : RJDA 1/22 no 6 ; déjà dans le même sens : Cass. 3e civ. 15-7-1971 no 70-11.234 : Bull. civ. III no 457 ; Cass. 3e civ. 28-3-2019 no 18-11.739 D). La cour d'appel de Paris avait décidé que la valeur du droit au bail était nulle et elle avait limité l'indemnité d'éviction aux seules indemnités accessoires : le locataire s'était réinstallé dans un nouveau local équivalent avant la fixation de l'indemnité ; il convenait selon elle de prendre en compte le coût locatif de ce local ; en l'espèce, il n'y avait pas de différentiel de loyer positif puisque le loyer des locaux de transfert était inférieur au loyer des locaux dont avait été évincé le locataire et que le nouveau bail n'avait pas été conclu dans des conditions désavantageuses pour ce dernier, qui pouvait y exercer la même activité dans des locaux de superficie équivalente moyennant un loyer moins élevé et sans avoir eu à régler un droit d'entrée. La Cour de cassation a censuré ce raisonnement : l'indemnité d'éviction doit être fixée en tenant compte de la valeur du droit au bail des locaux dont le locataire est évincé, lequel est un élément du fonds de commerce. Les juges du fond ne pouvaient donc pas fixer l'indemnité sans tenir compte de cette valeur.

INCIDENCE DE LA LOI PINEL SUR LA VALEUR DU DROIT AU BAIL

45980 La loi 2014-626 du 18 juin 2014 (dite « Loi Pinel ») a introduit un mécanisme de **lissage des loyers déplafonnés.** L'article L 145-34 du Code de commerce qu'elle a modifié prévoit qu'« en cas de modification notable des éléments mentionnés aux 1° à 4° de l'article L 145-33 ou s'il est fait exception aux règles de plafonnement par suite d'une clause du contrat relative à la durée du bail, la variation de loyer qui en découle ne peut conduire à des augmentations supérieures, pour une année, à 10 % du loyer acquitté au cours de l'année précédente ».

Dans le cas où le principe du déplafonnement du loyer aurait été acquis au profit du bailleur hors contexte de l'éviction, le bénéfice de ce lissage aurait pu bénéficier au locataire. Le lissage à 10 % par an du loyer en vigueur ménage une économie de loyer supplémentaire jusqu'au retour à la valeur locative déplafonnée.

Aucun impact du lissage n'a pu être mesuré sur le marché des droits aux baux. La perte de cet avantage n'est donc pas à valoriser en termes de complément de valeur du droit au bail mais au titre d'un poste de **préjudice financier spécifique.**

Il est estimé par **actualisation de l'économie annuelle** mesurée entre la valeur locative statutaire et le loyer effectivement applicable. Comme pour le droit au bail de base, on raisonne en valeur instantanée sans prise en compte des indexations.

Le taux d'actualisation appliqué à cette économie est construit en tenant compte :

– des taux financiers de base (OAT à 10 ans) ;

– d'une prime d'illiquidité : le marché des droits aux baux répond à une logique « utilisateur » ; leur liquidité n'est pas celle de produits strictement financiers ; cette illiquidité est nuancée selon le niveau de commercialité de l'artère ;

– d'une prime de risque liée à l'activité autorisée par le bail, plus ou moins sécurisante.

La jurisprudence a adhéré à cette approche (CA Paris 30-11-2022 no 20/02478, ch. 5-3).

II. INDEMNITÉS ACCESSOIRES D'ÉVICTION

LISTE DES INDEMNITÉS ACCESSOIRES D'ÉVICTION

46050 Il n'existe pas de liste d'indemnités accessoires d'éviction. L'article L 145-14 du Code de commerce ne vise que le remboursement éventuel des frais normaux de déménagement et de réinstallation, ainsi que les frais et droits de mutation à payer pour un fonds de même valeur. Mais cette liste n'est pas exhaustive (Cass. 3e civ. 2-10-2012 no 11-13.483 F-D : AJDI 2013 p. 344 ; CA Rennes 27-3-2019 no 16/03497, 5e ch. ; CA Paris 27-5-2020 no 16/24272, ch. 5-3) et le principe étant que l'indemnité d'éviction doit réparer l'entier préjudice de la perte du droit au bail, doivent également être indemnisés tous les préjudices accessoires non pris en compte dans l'indemnité principale.

L'étude des décisions judiciaires fait ressortir **le plus souvent,** au titre des indemnités accessoires, les frais de remploi, les frais de déménagement, le trouble commercial, les frais administratifs, l'indemnité de double loyer, la perte de travaux et d'agencements spécifiques et irrécupérables, les indemnités de licenciement et les frais de réinstallation. Si certaines de ces indemnités accessoires répondent au préjudice subi tant en cas de perte de fonds qu'en cas de transfert, d'autres sont propres à la seule situation du transfert du fonds de commerce, tels les frais de déménagement des agencements (voir nos 46150 s. et 46540 s.).

Le chiffrage des indemnités accessoires est adapté à toutes les situations particulières : il appartient au **locataire** évincé de faire état de tous les postes de préjudices liés à son activité dès lors qu'ils présentent un lien avec l'éviction par exemple :

- modification d'adresse sur des stocks de produits soumis à encadrement administratif ;
- inscription modificative du siège en chaque lieu où est protégée la propriété industrielle ;
- autorisation administrative à obtenir pour poursuivre l'activité sur un site de transfert ;
- mises à niveau techniques requises par la réglementation en cas de déplacement de l'activité.

En revanche, il appartient au **bailleur** d'établir l'absence de réinstallation du locataire pour être libéré du paiement des frais de recherche d'un nouveau droit au bail, des frais de réinstallation et de mutation à exposer pour l'acquisition d'un nouveau fonds de commerce (Cass. 3e civ. 17-11-2016 n° 15-19.741 FS-D : RJDA 2/17 n° 67 ; Cass. 3e civ. 18-12-2012 n° 11-23.273 F-D : RJDA 7/13 n° 590).

ATTENTION

Ne peuvent pas être inclus dans les indemnités accessoires les **frais de dépollution du site d'une installation classée** pour la protection de l'environnement car l'obligation particulière de dépollution incombe, à la cessation définitive de l'exploitation, au locataire, lorsqu'il en est le dernier exploitant (Cass. 3e civ. 22-6-2022 n° 20-20.844 FS-B : RJDA 1/23 n° 13).

Mais, selon que le locataire apportera la **preuve d'autres préjudices ou** le bailleur l'**absence** de certains d'entre eux, les postes d'indemnités accessoires différeront de cette liste traditionnelle. **46055**
Par exemple :

- lorsque le locataire a cessé d'exploiter son fonds quatre ans plus tôt, sans envisager de se réinstaller, pour le donner en location-gérance à son fils, le préjudice consécutif à l'éviction ne peut être déterminé au regard du préjudice du locataire-gérant, qui est sans lien de droit avec le bailleur ; le locataire ne peut donc pas prétendre aux indemnités pour trouble commercial et pour frais de remploi (CA Paris 11-2-2009 n° 07/21354, 16e ch. A : Administrer octobre 2009 p. 44 ; dans le même sens, alors que le locataire avait quitté les lieux depuis plus de deux ans, avait cessé son activité et se trouvait radié d'office du RCS, CA Paris 16-1-2013 n° 10/15252, ch. 5-3, Sté Epargne Foncière c/ Sté Or des Antilles : Administrer mars 2013 p. 35 obs. A. Guillemain). Mais la seule absence de réinstallation du locataire, même deux ans après avoir quitté les lieux loués, peut s'avérer insuffisante pour établir sa volonté de ne pas se réinstaller. Par suite, le bailleur qui ne produit aucun élément démontrant la renonciation du locataire à se réinstaller, alors qu'il a la charge de cette preuve, est redevable des frais de réinstallation (CA Aix-en-Provence 11-2-2010 n° 08/10170, 4e ch. C : Loyers et copr. 2011 comm. n° 46) et de tous autres chefs indemnitaires liés à une réinstallation (Cass. 3e civ. 30-9-2014 n° 10-25.601 F-D : AJDI avril 2015 p. 281) ;
- lorsque le mandataire judiciaire du locataire déclaré en liquidation judiciaire fait savoir, en cours de procédure en fixation de l'indemnité d'éviction, après la date d'effet du congé, qu'il n'entend pas poursuivre l'exécution du bail, il ne peut pas prétendre aux indemnités accessoires de remploi ; seuls les frais de déménagement peuvent être pris en compte au titre des frais de réinstallation (CA Paris 28-5-2014 n° 12/12674, ch. 5-3, Sté Paris-Ouest et Cie c/ Ancel ès qual. : Administrer octobre 2014 p. 34 obs. A. Guillemain ; dans le même sens, CA Limoges 11-6-2019 n° 18/00754, ch. écon. et soc. : Administrer juillet 2019 p. 41) ;
- lorsque le locataire a cessé toute activité à la date d'évaluation de l'indemnité d'éviction, le bailleur est fondé à contester l'allocation d'une indemnité de remploi (Cass. 3e civ. 26-9-2001 n° 00-12.620 FS-D : RJDA 12/01 n° 1187). Il en va de même en cas de liquidation judiciaire (TGI Paris 9-1-2003 : Gaz. Pal. 2003, 1 som. p. 2022) ou de départ à la retraite du locataire évincé (Cass. 3e civ. 8-6-1995 n° 93-14.463 FS-D).

Lorsque le locataire n'apporte pas la preuve des préjudices qu'il invoque, il ne peut pas prétendre à l'organisation d'une mesure d'instruction pour suppléer sa carence (CA Reims 16-2-2009 n° 08/1200, ch. civ. sect. 1 : Administrer octobre 2009 p. 46). La Cour de cassation a considéré qu'il n'y avait pas inversion de la **charge de la preuve** lorsqu'est exigée du locataire la preuve de son projet de réinstallation (Cass. 3e civ. 9-11-2010 n° 09-16.683 F-D : AJDI 2011 p. 209 note D. Lipman-W. Boccara).

EFFET DE L'AGGRAVATION DU PRÉJUDICE SUR L'INDEMNITÉ ACCESSOIRE

Le locataire ne saurait être indemnisé de l'aggravation du préjudice à indemniser qui serait de son fait. Seul le préjudice normal est pris en compte. **46060**

ILLUSTRATIONS

Le locataire n'a pas été indemnisé :
– des frais occasionnés par des installations provisoires successives qui sont la conséquence de l'imprévoyance du locataire ;
Cass. com. 9-5-1968 n° 66-11.037 : Bull. civ. III n° 190.

– des frais de déménagement dès lors qu'il ne s'agit pas de frais « normaux » : ainsi, des propriétaires ne sont nullement tenus de supporter le coût d'un transport dans les Alpes-Maritimes (tel qu'il résulte du devis produit par le locataire) alors qu'une réinstallation pourrait fort bien être envisagée dans la région parisienne ;
CA Paris 13-6-1995 n° 94/2181, 16e ch. A.
– de la perte financière due à l'autofinancement que le locataire, n'étant pas obligé de quitter les lieux avant d'avoir perçu l'indemnité d'éviction, a dû faire pour entreprendre des travaux dans ses nouveaux locaux.
Cass. 3e civ. 29-9-1999 n° 97-22.054 D.

CONSIGNATION DES INDEMNITÉS ACCESSOIRES D'ÉVICTION

46065 Les **indemnités** accessoires, une fois fixées, peuvent ne pas être versées entre les mains du locataire, mais être **consignées jusqu'à** justification de l'engagement des frais.

ILLUSTRATIONS

Dans le cas d'un fonds transférable, il a été jugé que, si le délaissement des lieux ne saurait faire présumer la non-réinstallation du locataire et le priver d'emblée de toute indemnisation de ce chef, la réinstallation peut apparaître incertaine dans l'état d'une situation financière obérée ne permettant pas de supporter une augmentation substantielle de loyer. Il apparaît, dans ces conditions, plus opportun de subordonner l'indemnisation à une réinstallation effective et, partant, à un préjudice réel dûment justifié. En conséquence, la consignation de cette indemnité est ordonnée avec autorisation de déblocage au vu de tous les justificatifs de frais de remploi effectivement déboursés et obligation de restituer la partie non utilisée au bailleur (CA Paris 2-4-1996 n° 95/17351, 16e ch. A, confirmé par Cass. 3e civ. 16-12-1997 n° 96-16.779 D).

RESTITUTION DES INDEMNITÉS ACCESSOIRES D'ÉVICTION INDÛMENT PERÇUES

46070 L'autorité de la chose jugée ne peut pas être opposée lorsque des événements postérieurs sont venus modifier la situation antérieurement reconnue en justice. Dès lors, le bailleur peut assigner son locataire en paiement d'une somme correspondant au montant des **indemnités** accessoires **indûment perçues** du fait de la non-réinstallation du locataire dès lors que la cause de ses demandes, constituée par la fraude commise par le locataire, et étayée par l'invocation de nouveaux éléments de fait, est distincte de la cause de la demande présentée dans le cadre de la fixation de l'indemnité d'éviction fondée sur l'absence d'intention du locataire de se réinstaller (Cass. 3e civ. 26-9-2001 n° 99-21.778 FS-D : RJDA 12/01 n° 1292 ; Cass. 3e civ. 28-3-2019 n° 17-17.501 FS-PBI : RJDA 6/19 n° 414).

A. Indemnités accessoires communes à la perte du fonds ou à son transfert

INDEMNITÉ POUR FRAIS DE REMPLOI

46150 L'indemnité pour frais de remploi vise à couvrir les frais d'acquisition d'un nouveau fonds de commerce d'une valeur équivalente à celui objet de l'éviction ou d'un nouveau droit au bail. Elle comprend notamment les droits de mutation à payer, les frais d'agence et de rédaction d'acte. Elle est due si le preneur se réinstalle, que le fonds soit ou non transférable (Cass. 3e civ. 18-12-2012 n° 11-23.273 FD : RJDA 7/13 n° 590, 2e espèce).

Ces frais de remploi sont généralement **calculés** par référence à l'indemnité principale (en ce sens, CA Paris 2-4-1996 n° 95/17351, 16e ch. A, confirmé par Cass. 3e civ. 16-12-1997 n° 96-16.779 D : Administrer 1998 n° 299 p. 39 obs. B. Boccara, D. Lipman-Boccara et M.-L. Sainturat).

Les droits fiscaux sont calculés selon le barème de l'article 719 du CGI au-delà d'une franchise de taxe sur la première tranche de l'indemnité principale de 23 000 € :
- 2 % sur la tranche supérieure à 23 000 € et n'excédant pas 107 000 € ;
- 0,60 % sur la tranche supérieure à 107 000 € et n'excédant pas 200 000 € ;
- 2,60 % au-delà.

S'y s'ajoutent les taxes additionnelles au profit du département (CGI art. 1595) et au profit de la commune (CGI art. 1584) ou du fonds de péréquation départemental (CGI art. 1595 bis). Ces droits sont allégés dans certains secteurs géographiques (CGI art. 722 bis : zones franches urbaines-territoires entrepreneurs et zones France ruralités revitalisation).

Les honoraires et commissions sont souvent décomptés forfaitairement sur une base de 2 à 10 %, à proportion inverse de l'indemnité principale.

En l'absence de marché de droit au bail dans certaines catégories de locaux (ateliers, locaux d'activités, appartements commerciaux, bureaux...), seuls sont retenus des frais de transaction.

Alors que les droits fiscaux peuvent être déterminés au réel (en ce sens, CA Paris 26-9-2018 n° 16/24822, ch. 5-3 ; CA Montpellier 18-12-2018 n° 16/02685, 1re ch. C ; CA Paris 23-3-2022 n° 19/11562, ch. 5-3), les juridictions privilégient une indemnisation forfaitaire globale généralement fixée à 10 % (en ce sens, CA Paris 3-7-2019 n° 17/18962, ch. 5-3 ; CA Versailles 28-9-2023 n° 22/01848, 12e ch. ; CA Paris 4-7-2024 n° 21/18063, ch. 5-3).

Il est à noter que les incidences fiscales de l'éviction autres que les droits de mutation ne sont pas prises en compte en l'état de la jurisprudence.

ILLUSTRATIONS

Le locataire n'a pas été indemnisé :
– de l'impôt sur le revenu frappant l'indemnité d'éviction (Cass. com. 14-5-1962 : Bull. civ. III n° 250) ;
– de la taxation à la plus-value dont il fait l'objet à la suite de l'encaissement de l'indemnité d'éviction (Cass. 3e civ. 11-1-1968 : Bull. civ. III n° 10 ; Cass. 3e civ. 25-4-1968 : Bull. civ. III n° 168 ; Cass. 3e civ. 25-11-1992 n° 91-15.413 : Loyers et copr. 1993 comm. n° 101 ; CA Paris 8-11-2017 n° 16/01315, ch. 5-3 ; CA Pau 7-2-2020 n° 18/02754, ch. 2-1 ; voir D. Schmitt, Indemnité d'éviction et imposition de plus-value : Gaz. Pal. 2005 doctr. p. 899).

Lorsque le **transfert** est **déjà intervenu,** l'indemnité de remploi est fixée aux frais effectivement exposés par le **locataire** (Cass. 3e civ. 3-4-2001 n° 99-17.755 F-D : Administrer juillet 2001 p. 33 obs. B. Boccara et D. Lipman-Boccara ; en ce sens, CA Paris 19-4-2023 n° 21/01082, ch. 5-3 ; CA Caen 23-5-2024 n° 22/02865, 2e ch. civ.), pour autant qu'ils ne présentent pas un caractère abusif et qu'ils constituent un préjudice en lien de causalité directe avec l'éviction (CA Paris 4-7-2024 n° 21/09739, ch. 5-3). **46160**

Cette indemnité n'étant constituée que des frais des actes de location passés par le locataire pour sa réinstallation, la cour d'appel, qui ne recherche pas ce coût réel, ne donne pas de base légale à sa décision (Cass. 3e civ. 3-4-2001 précité).

Mais, au même titre que les autres chefs indemnitaires, les frais de remploi ne sont pas automatiquement alloués (Cass. 3e civ. 2-12-1998 n° 97-11.791 PB : RJDA 2/99 n° 157). Si le bailleur fait la preuve que **ces frais ne sont pas dus,** et cette preuve lui incombe (Cass. 3e civ. 16-6-1993 n° 91-19.996 P : Bull. civ. III n° 87 ; Cass. 3e civ. 18-12-2012 n° 11-23.273 F-D : RJDA 7/13 n° 590 ; Cass. 3e civ. 11-9-2013 n° 12-15.425 FS-D ; CA Aix-en-Provence 7-6-2018 n° 16/07714, 11e ch. B), ils ne doivent pas être inclus dans l'indemnité d'éviction. Il en est ainsi lorsque : **46165**

– la réinstallation du locataire évincé est exclue (Cass. 3e civ. 9-10-1991 n° 90-11.819 D : RJDA 12/91 n° 1004 ; Cass. 3e civ. 16-6-1993 précité ; Cass. 3e civ. 3-4-2001 n° 499 F-D ; Cass. 3e civ. 9-11-2010 n° 09-16.683 F-D : AJDI 2011 p. 209 note D. Lipman-W. Boccara ; CA Paris 30-9-2015 n° 13/15944 : Administrer décembre 2015 p. 28 ; CA Caen 31-3-2016 n° 13/00610 : Administrer avril 2016 p. 34) ;

– la réinstallation s'est faite sans frais de cette nature ou à moindres frais (Cass. 3e civ. 11-6-1992 n° 90-20.372 : Bull. civ. III n° 194 ; Cass. 3e civ. 9-9-2014 n° 13-20.046 F-D : AJDI juin 2015 p. 433).

Les circonstances peuvent apporter cette preuve de non-réinstallation (CA Paris 7-6-2017 n° 15/09238, ch. 5-3 : Gaz. Pal. 11-7-2017 p. 73).

En revanche, le fait que l'exploitation ait été déficitaire ne fait pas obstacle à l'allocation de l'indemnité de remploi (CA Paris 12-12-2007 n° 05/11926, 16e ch. A : Administrer 2008 p. 33).

INDEMNITÉ POUR TROUBLE COMMERCIAL

L'indemnité pour trouble commercial a pour objet de réparer le préjudice causé par la perturbation dans l'exploitation du fonds due au non-renouvellement du bail (gestion de l'éviction et recherche de locaux de transfert ou d'un nouveau fonds). Ce trouble commercial génère une perte de revenus et parfois même, en cas de transfert, une perte marginale de clientèle. **46220**

Ce poste de préjudice est **apprécié** au cas par cas et généralement forfaitisé par référence à la capacité bénéficiaire du locataire, mesurée souvent en se référant à l'excédent brut moyen d'exploitation (EBE) sur trois mois calculé sur la base des trois dernières années d'exploitation (en ce sens, CA Paris 27-1-2016 n° 13/23518 : Loyers et copr. mars 2016 n° 65). En l'absence de capacité bénéficiaire, il subsiste dans le principe un trouble à indemniser : il peut être chiffré en se fondant sur le chiffre d'affaires (en ce sens, CA Versailles 2-7-2019 n° 18/00886, 12e ch. : Administrer janvier 2020 p. 45), une perte de marge sur coûts variables, etc.

La mesure du trouble commercial doit tenir compte de la plus ou moins grande dépendance de l'activité du locataire au site objet de l'éviction. Une activité exercée en bureaux est naturellement moins impactée que celles qui sont assujetties à l'achalandage. Son préjudice peut dès lors être mesuré en termes de maintien de coûts fixes improductifs (loyer, salaires, assurances, frais de maintenance...).

Cette indemnité n'est pas systématiquement accordée. Elle suppose une réinstallation et elle n'est donc pas due en cas de **cessation d'activité** du locataire (Cass. 3e civ. 9-11-2010 n° 09-16.683 F-D : AJDI 2011 p. 209 note D. Lipman-W. Boccara ; CA Paris 19-1-2011 n° 09/11694, ch. 5-3 ; CA Caen 31-3-2016 n° 13/00610, 2e ch. civ. : Administrer avril 2016 p. 34). **46230**

Elle n'est pas non plus allouée lorsque le fonds indemnisé est exploité par un locataire-gérant auquel rien n'est dû puisque le préjudice indemnisé est celui subi par le locataire. La société locataire qui a donné son fonds en **location-gérance** et qui, en vertu du contrat de location-gérance, peut n'être tenue de verser aucune indemnité à sa locataire-gérante après résiliation ne peut prétendre percevoir une indemnité en réparation de son préjudice commercial (CA Paris 13-9-2000 nos 95/625 et 97/5030, 16e ch. A : Gaz. Pal. 15 mars 2001 p. 33). Selon d'autres décisions, lorsque le fonds est exploité en location-gérance, le trouble commercial peut être chiffré à hauteur d'un certain nombre de mois de redevance de gérance. Il y a en effet perte temporaire pour le propriétaire du fonds des revenus issus de cette gérance jusqu'à l'acquisition d'un nouveau fonds (CA Paris 16-12-2010 n° 08/00128, ch. 4-7).

En cas de **cession du fonds de commerce,** l'acquéreur du fonds a droit à la réparation du trouble commercial que lui cause l'éviction alors même que le refus de renouvellement était antérieur à l'acquisition du fonds (Cass. 3e civ. 7-12-2017 n° 15-12.452 F-D : RJDA 3/18 n° 216).

INDEMNITÉ POUR FRAIS ADMINISTRATIFS

46270 Ce chef de préjudice, encore appelé « réfactions diverses », correspond à tous les coûts administratifs engendrés par le déménagement : frais des formalités de changement de siège (inscriptions modificatives ou radiation au RCS), frais de réédition de tous les documents commerciaux et supports de communication faisant mention de l'adresse des locaux objet de l'éviction, coûts de résiliation et de conclusion d'abonnements divers, coûts de l'information de la clientèle. Il est généralement réparé par une indemnité forfaitaire.

En cas de perte du fonds, seul est indemnisable le premier de ces postes.

INDEMNITÉ POUR PERTE DE TRAVAUX DE CONSTRUCTION ET AGENCEMENTS SPÉCIFIQUES

46280 Une indemnité pour la perte de travaux de construction et agencements spécifiques et irrécupérables peut être allouée. Cette indemnité a été jusque récemment dépendante de la règle d'accession contractuellement retenue.

La jurisprudence rejetait ce chef indemnitaire lorsque le bail dont le renouvellement avait été refusé prévoyait une clause d'accession de ces travaux et/ou aménagements au profit du bailleur sans indemnité en fin de bail (Cass. 3e civ. 7-4-1994 n° 92-12.093 D). La Cour de cassation a ainsi cassé une décision qui avait inclus dans l'indemnité d'éviction une indemnité pour travaux non encore amortis faute d'avoir recherché si, du fait de la clause d'accession en fin de bail, le congé n'était pas sans incidence sur l'amortissement des constructions et si la société locataire ne pouvait pas inscrire en charges déductibles la partie non amortie de ces constructions (Cass. 3e civ. 1-7-2003 n° 02-13.083 F-D : RJDA 10/03 n° 931 ; dans le même sens : CA Paris 3-6-2015 n° 13/10167 : Administrer juin 2015 p. 29 ; TGI Bonneville 24-7-2015 n° 12/00176 : Administrer août/septembre 2015 p. 41).

La question se pose de savoir si cette jurisprudence sera maintenue après la décision rendue le 13 septembre 2018 par la Cour de cassation qui a rejeté l'argument de la clause d'accession en fin de bail pour retenir le droit du locataire à une indemnité pour frais de réinstallation (n° 46305).

INDEMNITÉ POUR FRAIS DE RÉINSTALLATION

46300 **Contenu des frais** L'indemnité d'éviction doit notamment **comprendre** les frais normaux de déménagement et de réinstallation (C. com. art. L145-14, al. 2). Le déménagement puis l'aménagement du locataire est un préjudice que le juge se doit d'évaluer même en l'absence de pièces justificatives (Cass. 3e civ. 17-9-2013 n° 12-20.584 F-D : AJDI 2014 p. 518). Les frais de réinstallation sont ceux nécessaires à la reprise de l'activité du locataire dans de nouveaux locaux : travaux d'aménagement ou d'équipement, travaux de mise aux normes, etc. Ils doivent avoir été constatés dans les locaux, objet de l'éviction (CA Nîmes 12-5-2011 n° 10/00648, 2e ch. B : Administrer juillet 2011 p. 38 obs. A. Guillemain).

En revanche, sont exclus des frais de réinstallation indemnisables les aménagements de pure convenance (Cass. 3e civ. 18-5-1994 n° 92-13.337 D), ainsi que les aménagements relevant de l'obligation de délivrance du bailleur (TGI Paris 11-9-2012 n° 11/17535, 18e ch. sect. 1). Il en va de même pour les modifications nécessitées par l'évolution de la réglementation, qui auraient dû être supportées par l'exploitant dans le cas d'un renouvellement de bail (CA Lyon 31-1-2019 n° 16/09015, 3e ch. A).

Par ailleurs, seuls sont indemnisés les frais de réinstallation concernant la partie du local accessible à la clientèle (CA Paris 30-11-2022 n° 20/02478, ch. 5-3 ; CA Paris 22-3-2023 n° 20/05363, ch. 5-3). Dans ces deux arrêts, la cour d'appel a constaté l'obligation du locataire de respecter une identité visuelle spécifique à la chaîne à laquelle il appartenait, nécessitant l'engagement de ces frais, lesquels ont été limités à la seule surface accessible au public.

L'**appréciation des frais de réinstallation** indemnisables est variable.

ILLUSTRATIONS

– dans le cas d'une réinstallation de cabinet dentaire, les frais de réhabilitation totale des nouveaux locaux n'ont pas été admis au titre des frais de réinstallation ; seuls ont été admis des frais d'aménagement et d'adaptation (CA Paris 13-12-2007 n° 07/00685, 16e ch. B) ;
– les travaux d'adaptation nécessaires dans les locaux de transfert n'ont pas eu pour effet de faire supporter au bailleur d'origine une rénovation de locaux sans aménagement particulier (CA Paris 28-3-2012 n° 10/16024, ch. 5-3 : Administrer mai 2012 p. 35) ;
– les frais destinés à la reconstitution à l'identique du fonds perdu (un restaurant ne dépendant pas d'une chaîne) n'ont pas été pris en compte au motif que la clientèle nécessairement différente de celle quittée ne serait pas attachée à retrouver dans le nouvel établissement les mêmes éléments de décoration (CA Paris 27-11-2013 n° 12/03282 : Administrer janvier 2014 p. 35) ;
– les frais de réinstallation ont été rejetés dès lors que le locataire ne justifiait pas d'aménagements spécifiques dans les locaux objet de l'éviction (CA Paris 13-4-2022 n° 17/00655, ch. 5-3) et susceptibles d'être réinstallés dans les locaux de remplacement (CA Aix-en-Provence 2-10-2014 n° 13/19065 : Administrer novembre 2014 p. 36) ;
– les frais de réinstallation ont été rejetés dès lors que les éléments d'équipement et d'agencement pour le commerce de café, hôtel, location de chambres meublées et restaurant étaient sommaires et ne caractérisaient aucun agencement spécifique et que le locataire ne présentait pas d'élément de nature à caractériser et quantifier de tels frais (CA Paris 12-4-2023 n° 20/07859) ;
– les frais de réinstallation ont été rejetés motif pris de l'obsolescence des agencements, de la vétusté des installations et de l'aveu du locataire d'avoir à remettre aux normes de l'identité visuelle du nouveau concept qu'il aurait dû mettre en place en l'absence d'éviction (CA Paris 26-9-2018 n° 16/24822, ch. 5-3 : Administrer février 2019 p. 31).

Conditions d'octroi des frais de réinstallation L'indemnité pour frais de réinstallation n'est due qu'à condition que le locataire se réinstalle (Cass. 3e civ. 18-12-2012 n° 11-23.273 F-D : RJDA 7/13 n° 590, 2e espèce), à charge pour le bailleur de rapporter la preuve de l'absence de **réinstallation** (Cass. 3e civ. 12-1-2017 n° 15-25.939 F-D : RJDA 4/17 n° 231 ; Cass. 3e civ. 11-7-2019 n° 18-16.993 F-D : AJDI 2019 p. 213), laquelle ne se présume pas. Dans une affaire où le locataire avait quitté les locaux à la date d'effet du congé donné en 2008 et ne s'était pas réinstallé en 2017, la cour d'appel de Paris a toutefois jugé que le locataire ne pouvait prétendre à des indemnités de remploi et de réinstallation que s'il prouvait, sous six mois à compter de la signification de l'arrêt, sa réinstallation effective (CA Paris 7-6-2017 n° 15/09238, ch. 5-3 : Gaz. Pal. 11-7-2017 p. 73). 46302

En revanche, l'**accession à la propriété du bailleur en fin de bail** des installations et aménagements faits par le locataire dans le local à libérer ne fait pas obstacle au droit du locataire à revendiquer des frais de réinstallation (Cass. 3e civ. 13-9-2018 n° 16-26.049 : RJDA 12/18 n° 891 ; CA Paris 7-6-2017 n° 15/09238 précité ; CA Paris 8-7-2020 n° 18/23545 : RJDA 11/20 n° 559).

Le **locataire** ne perd pas non plus son droit à indemnité en raison du fait qu'il a **acquis les murs des nouveaux locaux** dans lesquels il va se réinstaller et que les travaux d'aménagement ou de renforcement de la structure de l'immeuble acquis, nécessaires au transport de l'électricité du locataire, apportent une plus-value à l'immeuble et deviennent un élément de son patrimoine (Cass. 3e civ. 2-2-2000 n° 98-13.018 D : Rev. Loyers 2000 p. 256 obs. G. de Maillard).

L'indemnisation au titre des **frais** de réinstallation suppose la **preuve** de devoir les exposer (n° 46055). Tel n'est pas le cas en l'absence d'installations spécifiques dans les locaux quittés et en l'absence de documents chiffrés pour la future installation (CA Paris 27-11-2013 n° 12/00763, ch. 5-3 : Administrer janvier 2014 p. 36 obs. A. Guillemain ; CA Paris 22-11-2017 n° 16/04094, ch. 5-3 : Loyers et copr. févr. 2018 p. 22).

Calcul des frais de réinstallation Les aménagements spécifiques, semblables à ceux perdus, doivent être indemnisés, quel que soit leur coût à leur **valeur à neuf** (Cass. 3e civ. 27-11-2012 n° 11-15.373 F-D : RJDA 7/13 n° 590 1e esp.), sans qu'il y ait lieu de tenir compte de l'amortissement des installations abandonnées (Cass. 3e civ. 27-11-2012 précité ; CA Paris 14-6-2017 n° 15/15133, ch. 5-3). 46303

Dans le cadre de leur pouvoir souverain d'appréciation, les juges du fond ont cependant retenu un **coefficient de vétusté** pour les installations abandonnées (CA Paris 14-6-2017 précité ; CA Versailles 1-12-2017 n° 15/08923, 1e ch. sect. 1) ainsi que pour l'amortissement dont ces installations ont fait l'objet (TGI Paris 13-9-2016 n° 13/07691 ; TGI Paris 20-12-2016 n° 15/06966, 18e ch. sect. 1 : Loyers et copr. février 2018 p. 22/23 ; CA Bastia 3-5-2017 n° 16/00392, ch. civ. A ; CA Paris 30-11-2022 n° 20/02478, ch. 5-3 ; CA Paris 22-3-2023 n° 20/05363, ch. 5-3 ; CA Paris 19-4-2023 n° 21/01082, ch. 5-3).

Lorsque les **nouveaux locaux** sont **plus grands,** les frais de réinstallation sont indemnisés au prorata des surfaces des locaux objets de l'éviction (en ce sens, CA Bastia 3-5-2017 précité).

En cas de bail portant sur un terrain nu Lorsque le bail porte sur un **terrain nu avec obligation de construire et** une **clause d'accession** des constructions au bailleur en fin de 46305 jouissance **sans indemnité,** l'indemnité d'éviction due par le bailleur ne porte que sur la perte d'un terrain nu sans prise en compte, au titre des frais de réinstallation, des frais de construction d'un bâtiment sur le nouveau terrain nu pris à bail par le preneur pour y transférer son fonds (Cass. 3e civ. 21-5-2014 no 13-10.257 FS-PB : RJDA 10/14 no 750).

Cette analyse est peut-être remise en cause par une décision plus récente de la Cour de cassation qui énonce que la clause d'accession sans indemnité stipulée au profit du bailleur ne fait pas obstacle au droit du locataire évincé d'être indemnisé des frais de réinstallation dans un nouveau local bénéficiant d'aménagement et d'équipement similaires à celui qu'il a été contraint de quitter (Cass. 3e civ. 13-9-2018 no 16-26.049 : RJDA 12/18 no 891).

46310 **En cas de transfert du fonds** L'indemnité de réinstallation n'est pas discutée en cas d'activité transférable (Cass. 3e civ. 4-2-2009 no 07-19.567 FS-D : AJDI 2009 p. 300 obs. D. Lipman-W. Boccara ; CA Nîmes 12-5-2011 no 10/00648, 2e ch. B : Administrer juillet 2011 p. 38 obs. A. Guillemain).

46315 **En cas de perte du fonds** En revanche, l'indemnité de réinstallation n'a pas toujours été admise ou identifiée en tant que telle en cas de perte du fonds de commerce et d'allocation d'une indemnité d'éviction dite de remplacement au motif que, dans ce cas, l'indemnité principale était censée couvrir l'acquisition d'un fonds de commerce avec tous ses éléments, corporels et incorporels (Cass. 3e civ. 2-2-2000 no 98-13.018 D : Administrer mai 2000 p. 38 obs. B. Boccara et D. Lipman-Boccara). La **Cour de cassation** a clos ce débat en reconnaissant le droit à indemnité pour frais de réinstallation même en cas de perte de fonds : le locataire n'a pas à supporter les frais d'une réinstallation coûteuse à proportion du degré d'amortissement des investissements qu'il abandonne par la contrainte ; il convient de tenir compte de ces frais de réinstallation pour évaluer le préjudice subi, tant dans l'hypothèse du remplacement du fonds de commerce que dans celle du déplacement, et le bailleur doit supporter une partie, souverainement fixée par le juge, des travaux d'aménagement des nouveaux locaux livrés au locataire (Cass. 3e civ. 21-3-2007 no 06-10.780 FS-PB, Sté Sophia-GE capital c/ Sté Monoprix : RJDA 7/07 no 701 ; dans le même sens : CA Paris 24-2-2010 no 08/19561, ch. 5-3 : Loyers et copr. 2010 comm. no 168 obs. Ph.-H. Brault ; Cass. 3e civ. 21-1-2014 no 12-27.078 F-D : Loyers et copr. 2014 comm. no 119 note P.-H. Brault ; CA Paris 17-9-2014 no 11/17535 : Administrer août-septembre 2015 p. 40 ; CA Paris 13-1-2016 no 13/22989 : Administrer février 2016 p. 29 ; CA Versailles 1-12-2017 no 15/08923).

Le locataire ne peut cependant pas **percevoir deux fois** cette **indemnité** : une fois en tant que frais de réinstallation, l'autre fois au travers de l'indemnité principale. Dès lors, la jurisprudence antérieure à 2007, qui relève que l'indemnité principale a été évaluée pour un local équivalent à celui dont le locataire est évincé (muni des mêmes agencements et équipements), demeure valable en ce qu'elle a retenu que, dans ces circonstances, il n'y avait, a priori, pas lieu d'accorder une indemnité de réinstallation (CA Paris 15-5-2003 no 02/05860, 16e ch. B : Loyers et copr. 2003 comm. no 180 note G. Vigneron).

Les frais de réinstallation ne sont dus qu'à proportion du degré d'**amortissement** des **investissements abandonnés,** et pour éviter un enrichissement sans cause, limités au coût des seules installations non amorties des locaux délaissés puisque la perte du fonds est indemnisée (CA Paris 12-1-2022 no 19/06644, ch. 5-3).

INDEMNITÉ POUR PERTE SUR STOCK

46370 La perte sur stock est, dans certains métiers, inévitable (denrées périssables, produits saisonniers, articles de mode, etc.). Selon les circonstances, tout le stock perdu sera indemnisable ou ne sera indemnisable que la marge perdue en raison d'une vente bradée du stock (CA Paris 27-10-1994 no 93/17024 : Gaz. Pal. 1995 som. p. 395 ; CA Aix-en-Provence 11-6-2015 no 14/06232, 11e ch. B : Administrer juillet 2015 p. 40 ; CA Grenoble 3-11-2022 no 21/02631, ch. com.). Il est tenu compte du cycle d'approvisionnement.

Pour bénéficier de l'indemnité de perte sur stock, le locataire doit justifier d'un préjudice spécifique résultant de la perte du stock (Cass. 3e civ. 22-9-2016 no 15-18.983 F-D : RJDA 12/16 no 848). Un locataire a ainsi pu être indemnisé au titre de la perte sur stock sur la base d'une note d'un expert-comptable comportant une évaluation au prix d'achat HT du stock mis au rebut (CA Paris 30-9-2021 no 19/13340, ch. 5-3).

Le fait d'avoir rendu les clés quatre ans après la date d'effet du congé n'est pas de nature à exclure tout préjudice (Cass. 3e civ. 12-1-2017 no 15-25.939 F-D : RJDA 4/17 no 231). Le fait, à l'inverse, d'avoir quitté les lieux avant de percevoir l'indemnité d'éviction ne justifie pas non plus un refus d'indemnisation pour perte du stock dans la mesure où le maintien dans les lieux est une faculté et non une obligation (CA Aix-en-Provence 17-1-2017 no 15/19402 : Administrer février 2017 p. 42).

INDEMNITÉ POUR DÉMÉNAGEMENT

Le coût du déménagement est à la charge du bailleur si le locataire se réinstalle (Cass. 3e civ. 2-7-2013 n° 11-28.899 : Loyers et copr. 2014 n° 19). Dans le cas d'une perte du fonds, ce poste n'est généralement pas valorisé dans la mesure où l'indemnisation de la perte du fonds comprend celle du mobilier qui le compose, si ce n'est pour ce qui peut concerner le déménagement des effets personnels de l'exploitant (CA Paris 3-6-2015 n° 13/10617, ch. 5-3), du contenu du logement de l'exploitant inclus dans l'assiette du bail ou, le cas échéant, des archives (CA Paris 21-12-2023 n° 22/06147, ch. 5-3). 46390

INDEMNITÉS DE LICENCIEMENT ET AUTRES COÛTS SALARIAUX

À la suite de l'éviction, la cessation d'activité du locataire ou son simple déménagement peuvent l'obliger à licencier tout ou partie de son personnel. Le coût de ce licenciement, résultant de l'application de la loi en la matière, est donc un chef de préjudice indemnisable (Cass. 3e civ. 16-3-1976 n° 74-13.959 : Bull. civ. III n° 115 ; Cass. 3e civ. 2-2-1982 n° 80-13.342 : Rev. Loyers 1982 p. 248). Ce préjudice est indemnisé sur justificatifs (CA Toulouse 26-10-2016 n° 10/03527, 2e ch. : Loyers et copr. 2017 comm. n° 17 ; CA Paris 13-5-2020 n° 18/02421, ch. 5-3 ; CA Paris 12-4-2023 n° 20/07859, ch. 5-3). 46420

L'indemnité pour frais de licenciement est appréciée diversement par les juridictions.

S'il a pu être admis que l'indemnité pour frais de licenciement doit couvrir les **indemnités de préavis et de congés payés** (CA Paris 5-7-2017 n° 15/16820 : RJDA 12/17 n° 795), de nombreuses juridictions refusent de les indemniser dès lors qu'elles découlent de l'exécution du contrat de travail et non de l'éviction (en ce sens s'agissant des indemnités de congés payés, CA Toulouse 24-11-2010 n° 04/04357, ch. 2-1 ; CA Caen 16-3-2017 n° 15/01030, 2e ch. civ. ; CA Paris 16-11-2022 n° 20/12628, ch. 5-3 ; en ce sens s'agissant des indemnités de congés payés et de préavis, CA Paris 21-11-2012 n° 10/13671, ch. 5-3 ; CA Aix-en-Provence 28-3-2019 n° 18/04189).

Les frais de licenciement peuvent aussi comprendre la **contribution au financement de l'allocation de sécurisation professionnelle** versée à France Travail (anciennement Pôle Emploi) (CA Orléans 18-12-2014 n° 14/00450 : Administrer janvier 2015 p. 53 ; CA Angers 6-12-2022 n° 18/00380, ch. A com.).

D'**autres coûts salariaux** peuvent également être pris en compte dans l'indemnisation du locataire. Il en est ainsi : 46425

- des montants de salaires chargés correspondant à la période de préavis non exécutée ;
- des frais de panier et de déplacement ;
- du coût du plan social, des frais annexes d'expert-comptable et de cellule de reclassement (CA Rennes 12-5-2021 n° 119/07650, 5e ch.) ;
- des pertes sur salaires correspondant aux jours de travail non travaillés du fait du déménagement lorsqu'il y a déplacement du fonds.

Mais ces coûts ne sont pas systématiquement intégrés dans le calcul de l'indemnité. Ont ainsi été exclues les indemnités de préavis, faute pour le locataire de rapporter la preuve du non-accomplissement du préavis par les salariés, ainsi que les indemnités de compensation de congés payés, les frais de panier et de déplacement, le paiement de ces sommes découlant de l'exécution des contrats de travail (CA Versailles 23-10-1997 n° 96/7070, 12e ch. sect. 1 : RJDA 2/98 n° 152).

> **Précisions** Les allocations versées à Pôle Emploi au titre des conventions de **reclassement** des salariés et les indemnités visées au titre du reliquat des droits acquis par les salariés au titre du **droit individuel à la formation** sont assimilées, en matière d'indemnité d'éviction, aux frais de licenciement (TGI Paris 18e ch. 2e sect. 16-9-2010 n° 10/04446 : Administrer novembre 2010 p. 48).

INDEMNITÉ POUR PERTE D'EXPLOITATION

Lorsque le locataire ne peut pas se maintenir dans les lieux du fait du bailleur en raison du mauvais état des locaux alors que l'article L 145-28 du Code de commerce lui reconnaît ce droit, le bailleur doit indemniser le locataire du préjudice subi (n° 46850) et notamment des pertes d'exploitation ainsi causées (Cass. 3e civ. 18-2-2014 n° 12-28.677 F-D : AJDI 2014 p. 698). 46450

B. Indemnités spécifiques au transfert du fonds de commerce

INDEMNITÉ POUR FRAIS DE DÉMÉNAGEMENT

Les frais de déménagement d'une activité transférable sont pris en compte : **démontage, transport, remontage.** 46540

INDEMNITÉ POUR FRAIS DE RÉINSTALLATION

46545 Depuis l'arrêt « Monoprix » rendu par la Cour de cassation le 21 mars 2007, l'indemnité accessoire de frais de réinstallation n'est plus spécifique à l'hypothèse d'un fonds de commerce transférable (voir n° 46315).

INDEMNITÉ DE DOUBLE LOYER

46635 Comme son nom l'indique, l'indemnité de double loyer a pour objet de réparer le préjudice subi par le locataire qui doit supporter cumulativement pendant une certaine période, du fait du déménagement à opérer et de l'éventuel aménagement des nouveaux locaux ou d'autres raisons recevables, deux loyers correspondant aux locaux à libérer et aux locaux pris à bail.

Elle est **calculée** sur la durée probable de cette anticipation par référence, soit à la valeur locative de marché des locaux objet de l'éviction (CA Paris 2-12-2015 n° 13/21512, ch. 5-3), soit au loyer des locaux objets de l'éviction (CA Aix-en-Provence 17-7-2008 n° 08/14851, 4e ch. C), soit au loyer du nouveau bail (CA Paris 17-2-2010 n° 08/15175, ch. 5-3).

Selon Raphaël Garraud, cette indemnité de double loyer devrait inclure le coût des charges qui y sont corrélées.

INDEMNITÉ POUR PERTE PARTIELLE DE CLIENTÈLE

46660 Bien que le fonds exploité par le locataire soit déclaré transférable, le locataire peut néanmoins subir une perte partielle de clientèle et, dans ce cas, il doit en être dédommagé.

Il en est ainsi notamment :

– en cas de transfert dans une zone de moins bonne commercialité (CA Paris 10-11-2004 n° 02/15202 16e ch. A ; CA Nîmes 3-9-2015 n° 14/01706 : Administrer novembre 2015 p. 27) ;

– lorsque la clientèle est partiellement composée d'une clientèle de proximité et que le transfert n'a pu être opéré dans la zone de chalandise (CA Paris 18-6-2008 n° 07/14518, 16e ch. A ; CA Paris 28-1-2015 n° 13/01971, ch. 5-3 : Administrer février 2015 p. 34) ;

– en cas de perte du bénéfice de la notoriété de l'immeuble quitté favorable à l'attractivité de la clientèle (CA Paris 21-9-2005 n° 02/06299, 16e ch. A).

Dès lors que le caractère transférable de l'activité est acquis, il appartient au locataire de rapporter la preuve de l'existence d'une perte partielle de clientèle (CA Paris 4-7-2012 n° 10/16247, ch. 5-3) sans que cela remette en cause la charge de la preuve d'un préjudice moindre par le bailleur (CA Paris 28-1-2015 précité ; CA Paris 5-11-2014 n° 12/18609 : Administrer décembre 2014 p. 40).

> **Précisions** L'évolution des pratiques professionnelles a conduit à élargir le principe d'une transférabilité partielle. Il en est ainsi par exemple des **agences bancaires.**
> Plusieurs éléments confortent l'hypothèse de la conservation d'une partie de la clientèle en cas d'éviction. Tout d'abord, la numérisation de l'industrie bancaire : les services bancaires sont de plus en plus digitalisés, la relation client s'opérant désormais à distance et la fréquentation des agences marquant un fort déclin ; cette mutation initiée par les grands groupes bancaires se traduit par la fermeture de nombreux points de vente physiques et la création de filiales offrant des services exclusivement en ligne. Ensuite, les contraintes administratives liées au changement de banque : contrairement aux opérateurs téléphoniques, les établissements bancaires ne proposent pas la portabilité du numéro de compte bancaire, ce qui entrave le passage à la concurrence ; la gestion des virements et des prélèvements ou l'impossibilité de transférer certains produits d'épargne peuvent ainsi freiner de tels mouvements. Enfin, la densité du maillage des réseaux permet de considérer qu'une partie de la clientèle pourra être orientée vers d'autres agences de proximité.

L'indemnité pour perte partielle de clientèle peut être évaluée sur la base de l'excédent brut d'exploitation (CA Paris 13-5-2020 n° 18/02421, ch. 5-3) ou du chiffre d'affaires hors taxe (CA Paris 28-1-2015 précité).

III. INDEMNITÉS DE DROIT COMMUN

46700 Indépendamment ou en sus de l'indemnité principale et des indemnités accessoires, une indemnité de droit commun peut être due par le bailleur.

Par exemple, le locataire qui n'a pas pu bénéficier du droit à se maintenir dans les lieux après le refus de renouvellement du bail jusqu'au paiement de l'indemnité d'éviction et qui a donc été privé de la possibilité de poursuivre dans les locaux une activité commerciale pendant cette période peut obtenir des dommages-intérêts en **réparation** de la perte de ce droit. En effet, l'indemnité qui répare le préjudice subi par le défaut de renouvellement du bail ne couvre pas le préjudice de la **perte du droit au maintien dans les lieux** (Cass. 3e civ. 30-11-2017 no 16-17.686 FP-PB : RJDA 2/18 no 109 ; Cass. 3e civ. 27-2-2020 no 18-24.986 F-D : RJDA 5/20 no 263 ; Cass. 3e civ. 17-6-2021 no 19-21.132 F-D). Il appartient au juge d'évaluer ce préjudice (Cass. 3e civ. 25-1-2023 no 21-19.089 FS-B : RJDA 5/23 no 245).

Une indemnité de droit commun peut également être due lorsque le **bailleur** agit **de mauvaise foi** en délivrant un congé avec refus de renouvellement et un commandement visant la clause résolutoire.

Tel a été le cas pour un bailleur qui ne pouvait ignorer l'état de vétusté générale de son immeuble et qui avait fait délivrer un commandement visant la clause résolutoire pour défaut d'entretien des lieux ainsi qu'un congé sans offre de renouvellement ni indemnité d'éviction fondé sur les mêmes motifs, alors que le bailleur avait été préalablement informé du projet de vente du fonds de commerce de son locataire lequel avait signé un compromis de cession devant être réitéré quelques jours après. Relevant que le bailleur avait ainsi tenté d'obtenir du locataire et de son cessionnaire des compensations financières et la signature immédiate d'un nouveau bail emportant une augmentation du loyer à laquelle il ne pouvait prétendre, les juges ont sanctionné ce comportement abusif ayant empêché la vente du fonds de commerce en considérant que le préjudice subi par le locataire était égal au différentiel existant entre le prix convenu du fonds et le montant de l'indemnité d'éviction allouée. Toutefois, en l'espèce, l'indemnité prononcée a été limitée à la demande du locataire (CA Caen 31-3-2016 no 13/00610 : Administrer avril 2016 p. 34).

Une telle décision ne pourra qu'être confirmée avec les nouvelles dispositions du Code civil qui soulignent l'obligation de bonne foi (cf. C. civ. art. 1104 issu de ord. 2016-131 du 10-2-2016).

SECTION 3

MAINTIEN DANS LES LIEUX ET RÈGLEMENT DE L'INDEMNITÉ D'ÉVICTION

GÉNÉRALITÉS

Clef de voûte de la propriété commerciale, l'indemnité d'éviction doit être acquise sûrement au locataire. C'est pourquoi le législateur a garanti le paiement de cette indemnité en lui accordant un droit au maintien dans les lieux jusqu'à ce qu'il l'ait reçue : aucun locataire pouvant prétendre à une indemnité d'éviction ne peut être obligé de quitter les lieux avant de l'avoir reçue. Jusqu'au paiement de cette indemnité, il a droit au maintien dans les lieux aux conditions et clauses du contrat de bail expiré (C. com. art. L 145-28, al. 1). Il n'est fait exception à cette règle que dans le cas d'une reprise par le bailleur de locaux situés en secteur protégé (C. com. art. L 145-18, al. 2) mais, alors, le locataire n'est tenu de quitter les lieux qu'après le versement d'une indemnité provisionnelle (nos 68700 s.). 46850

Sur le droit au maintien dans les lieux en cas de vente des locaux loués, voir no 88380.

Ainsi, le congé avec refus de renouvellement, sous réserve qu'il ouvre droit à une indemnité d'éviction, ne produit pas tous les effets normaux d'un congé. Le règlement de l'indemnité est donc aussi important pour le locataire que pour le bailleur, lequel ne pourra recouvrer la libre disposition de son bien qu'à compter de ce paiement. 46852

> **Précisions** L'appel d'une décision de première instance, qui fixe les indemnités d'éviction et d'occupation et ordonne l'**exécution provisoire,** empêche le bailleur de s'opposer au droit au maintien dans les lieux de son locataire : les effets de l'exécution provisoire sont neutralisés par les dispositions impératives de l'article L 145-28 du Code de commerce, tant que l'indemnité d'éviction n'est pas définitivement fixée (CA Paris 14-2-2018 no 17/22058, ch. 1-3).

I. MAINTIEN DANS LES LIEUX

A. Mise en œuvre du droit au maintien dans les lieux

1. CONDITIONS DU DROIT AU MAINTIEN DANS LES LIEUX

EXISTENCE DU DROIT À INDEMNITÉ D'ÉVICTION

46880 La condition déterminante du droit au maintien dans les lieux est que le locataire ait droit à une indemnité d'éviction. Telle est l'exigence posée par l'article L 145-28 du Code de commerce. Cette exigence est logique puisque le droit au maintien dans les lieux a pour objectif de garantir le paiement de l'indemnité d'éviction à l'instar de l'ancien droit de rétention institué par la loi du 13 juillet 1933 modifiant la loi du 30 juin 1926 qui organisait, avant le décret de 1953, le statut des baux commerciaux.

Dès lors, faute de pouvoir prétendre à une indemnité d'éviction, le locataire ne pourra pas se maintenir dans les lieux après la date d'effet du congé avec refus de renouvellement. Le droit au maintien dans les lieux sera ainsi perdu lorsque :

- le locataire ne remplira pas les conditions légales pour pouvoir prétendre au droit au renouvellement de son bail et donc à l'indemnité d'éviction (nos 69200 s. et 45122) ;
- le locataire n'aura pas respecté les charges et obligations du bail expiré (nos 46960 s.) ;
- le bailleur pourra invoquer un des motifs visés à l'article L 145-17 du Code de commerce (nos 66600 s.) ;
- les locaux loués auront été détruits (no 46970) ;
- l'action en fixation de l'indemnité d'éviction sera prescrite (no 45200).

ABSENCE DE REMISE EN CAUSE DU DROIT À INDEMNITÉ D'ÉVICTION

46885 Le maintien dans les lieux peut être remis en cause avec l'offre d'indemnité d'éviction. En effet, l'offre d'une indemnité d'éviction n'a qu'un caractère provisoire et n'interdit pas au bailleur de refuser le renouvellement du bail sans indemnité s'il établit que le locataire ne remplissait pas les conditions exigées par la loi pour en bénéficier (Cass. 3e civ. 5-3-1971 no 69-12.458 : Bull. civ. III no 169).

À la différence d'un refus de renouvellement pour motif grave et légitime, qui ne peut justifier la rétractation de l'offre de renouvellement du bail pour un grief déjà connu du bailleur quand il a fait délivrer congé (no 70850), le bailleur, qui a offert le renouvellement du bail, peut, même s'il avait eu, lors de cette offre, connaissance de la situation, rétracter ultérieurement cette offre sans payer une indemnité d'éviction pour **dénégation du statut** s'il établit que les conditions d'application du statut ne sont pas remplies (no 70585).

46890 Un **motif grave et légitime** survenant après l'offre d'indemnité d'éviction peut également justifier la rétractation de l'indemnité d'éviction. Il peut s'agir du non-respect par le locataire des clauses et conditions du bail expiré telle une exploitation commerciale illicite dans les lieux (Cass. 3e civ. 4-1-1985 no 83-13.442 : Bull. civ. III no 4), le défaut de paiement de façon récurrente et dans des proportions importantes de l'indemnité d'occupation (CA Aix-en-Provence 5-9-2024 no 21/15890, ch. 3-4 analysé no 47245), la conclusion d'une sous-location prohibée (CA Orléans aud. sol. 13-1-1989 : Loyers et copr. 1989 comm. no 390), ou la donation du fonds de commerce sans respect des formalités prévues en cas de cession de bail (Cass. 3e civ. 28-10-2009 no 08-19.573 FS-D : BPIM 1/10 no 68). Le motif grave et légitime peut être extérieur à l'exécution du bail (pour un exemple, voir Cass. 3e civ. 19-12-2001 no 00-14.425 FS-PB : RJDA 5/02 no 480 analysé no 66840).

La preuve du motif grave et légitime qui justifie la rétractation de l'offre d'indemnité d'éviction incombe au bailleur (Cass. 3e civ. 31-5-2012 no 11-30.179 FS-D : AJDI 2013 p. 36 note D. Lipman-W. Boccara).

46895 Le locataire ne pourra pas davantage prétendre au maintien dans les lieux dans les **autres cas** suivants :

- si, malgré un congé avec offre d'indemnité d'éviction, il n'a pas engagé d'action en fixation de l'indemnité d'éviction dans les deux ans de la date d'effet du congé ou de la demande de renouvellement (C. com. art. L 145-9 et L 145-10 ; Cass. 3e civ. 30-3-2017 no 16-13.236 F-D : RJDA 8-9/17 no 537) ;
- si, après avoir reçu un congé avec refus de renouvellement et refus d'indemnité d'éviction, il n'a pas assigné le bailleur en demandant une indemnité d'éviction dans les deux ans suivant la date d'effet du congé signifié (Cass. 3e civ. 1-3-2000 no 97-21.799 : AJDI 2000 p. 556 obs. S. Porcheron) ;

– si, après avoir reçu un congé avec refus de renouvellement et refus d'indemnité d'éviction, il reçoit du bailleur une demande d'expulsion sans contester reconventionnellement le refus d'indemnité ;

– si, bien qu'ayant droit à une indemnité d'éviction, il ne protège pas ses droits face à un dépôt de bilan du bailleur en déclarant sa créance d'indemnité d'éviction : depuis la réforme résultant de la loi 2005-845 du 26 juillet 2005 relative à la sauvegarde des entreprises, le créancier qui a omis de déclarer sa créance ne subit plus l'extinction de celle-ci, mais sa créance est néanmoins inopposable au débiteur et il ne peut notamment pas participer aux répartitions et dividendes (C. com. art. L 622-26).

MAINTIEN DANS LES LIEUX EN CAS DE CESSION DU FONDS DE COMMERCE

Lorsque la cession n'intervient que postérieurement à la date d'effet du congé, la question s'est posée de savoir si le cessionnaire pouvait se maintenir dans les lieux comme le prévoit l'article L 145-28 du Code de commerce. En effet, après la date d'effet du congé, il n'y a plus de bail et le locataire n'est plus titulaire que d'un droit au maintien dans les lieux aux conditions et clauses du bail expiré. Or, l'article L 145-28 du Code de commerce reconnaît le droit au maintien dans les lieux au « locataire ». La Cour de cassation concluait de ce constat que le cessionnaire ne pouvait pas revendiquer le droit au maintien dans les lieux, faute pour lui d'avoir été locataire du fait de la postériorité de la cession par rapport à la date d'effet du congé (Cass. 3ᵉ civ. 28-5-1997 nº 95-17.938 PB : RJDA 8-9/97 nº 1016). **46900**

Cette analyse a été abandonnée et il est désormais acquis que la cession du fonds de commerce, comprenant le droit au bail, emporte cession du droit à l'indemnité d'éviction et transfert du droit au maintien dans les lieux organisé par l'article L 145-28 du Code de commerce (Cass. 3ᵉ civ. 6-4-2005 nº 01-12.719 FS-PB : RJDA 8-9/05 nº 943), sans qu'il y ait lieu à minorer l'indemnité d'éviction au motif que le cessionnaire ne pouvait ignorer le caractère précaire de l'occupation des lieux (Cass. 3ᵉ civ. 4-6-2013 nº 12-17.719 F-D : Loyers et copr. 2013 comm. nº 245 obs. Ph.-H. Brault).

ILLUSTRATIONS

Après avoir été expulsé, un locataire ne perd pas son droit à indemnité d'éviction pour perte du fonds de commerce alors même qu'il a cédé ensuite son fonds de commerce dans la mesure où, pour le fonds exploité dans les locaux dont il avait été expulsé, l'acte précisait, d'une part, l'absence de cession des droits au bail correspondant aux baux dérogatoires conclus pour 23 mois postérieurement à l'expulsion et, d'autre part, la cession avec une valorisation « pour mémoire » des éléments incorporels (Cass. 3ᵉ civ. 3-10-2007 nº 06-12.186 FS-PB : Bull. civ. III nº 166).

Même lorsque l'immeuble dans lequel est exploité un fonds de commerce fait l'objet d'une ordonnance d'expropriation, qui éteint le droit au bail, le fonds demeure et la cession de celui-ci, postérieure à l'ordonnance d'expropriation, emporte, sauf clause contraire, cession de la créance d'indemnité d'éviction due au cédant (Cass. 3ᵉ civ. 20-3-2013 nº 11-28.788 FS-PB : Loyers et copr. 2013 nº 178 note P.-H. Brault).

2. MODALITÉS DU MAINTIEN DANS LES LIEUX

DURÉE DU MAINTIEN DANS LES LIEUX

Principe L'article L 145-28 du Code de commerce reconnaît le droit au locataire de se maintenir dans les lieux jusqu'au paiement de l'indemnité d'éviction qui lui est due sans pour autant lui en faire obligation. **46950**

Sauf stipulation expresse figurant au bail, le locataire peut donc choisir discrétionnairement de ne plus rester dans les lieux, sans pour autant perdre le droit à l'indemnité d'éviction. En effet, l'exercice du droit au maintien dans les lieux est facultatif et le bailleur ne peut pas alléguer l'obligation du locataire d'exploiter les lieux pour solliciter la résiliation du bail aux torts de ce dernier ou dénier le droit à l'indemnité d'éviction au motif de la disparition du fonds (en ce sens : Cass. 3ᵉ civ. 28-2-1990 nº 88-13.978 : Bull. civ. III nº 66 ; Cass. 3ᵉ civ. 17-7-1996 nº 94-20.009 : Loyers et copr. 1997 comm. nº 49 obs. Ph.-H. Brault ; CA Paris 28-5-2014 nº 12/12674, ch. 5-3, Sté Paris-Ouest et Cie c/ Ancel ès qual. : Administrer octobre 2014 p. 34 obs. A. Guillemain).

> Précisions Ainsi que l'a justement relevé Ph.-H. Brault dans son commentaire de l'arrêt du 17 juillet 1996, la lecture de ces deux arrêts ne permet pas de savoir si les **locataires** avaient **restitué** les **clés.** Or, cette question est essentielle. En effet, tant que le locataire ne restitue pas les lieux loués (et les clés) au bailleur, on doit en tirer la conclusion qu'il exerce son droit au maintien dans les lieux ; dans ce cas, il se doit de répondre à ses obligations contractuelles mais aussi aux conditions auxquelles est subordonné le droit à la propriété commerciale faute de perdre tout droit à indemnité d'éviction et au maintien dans les lieux.

Les décisions précitées ne peuvent donc être approuvées que si les locataires avaient restitué les lieux loués aux bailleurs. Dans le cas contraire, les locataires devraient être déchus du droit au maintien dans les lieux, ce qui suppose, ainsi que l'a souligné cet auteur, que les bailleurs aient pris l'initiative de notifier une mise en demeure fondée soit sur la clause résolutoire, soit sur les dispositions de l'article L 145-17, I du Code de commerce.

46955 **Effet** La seule délivrance du congé avec refus de renouvellement avec offre d'indemnité d'éviction ne justifie donc pas qu'il soit mis fin à des **conventions emportant** le **droit d'occuper les lieux.** Ainsi, un locataire-gérant ne peut pas légitimement rompre unilatéralement et avant l'échéance contractuelle son contrat de location-gérance au motif que le loueur du fonds a reçu un congé avec refus de renouvellement et offre d'indemnité d'éviction alors qu'une instance en demande d'indemnité d'éviction est pendante et que ledit loueur de fonds peut se maintenir dans les lieux, ce dont il résultait qu'il pouvait laisser le fonds en location-gérance (Cass. com. 24-3-1998 n° 96-19.447 D : RJDA 8-9/98 n° 981).

RÉGIME DU MAINTIEN DANS LES LIEUX

46960 Pendant la période du maintien dans les lieux, bailleur et locataire sont tenus d'exécuter les **charges et conditions du bail** et/ou, à défaut, celles qui résultent du droit commun du bail.

Le bailleur reste par exemple tenu d'effectuer les réparations à sa charge (n° 78150) et, lorsque le bail stipule un pacte de préférence au bénéfice du locataire en cas de vente du bien loué en cours de bail, ce dernier peut s'en prévaloir tant qu'il est maintenu dans les lieux (Cass. 3e civ. 16-6-1999 n° 97-16.764 PBR : RJDA 8-9/99 n° 900). À défaut, le bailleur est tenu d'indemniser le préjudice subi par le locataire en raison de ses manquements, sans que la période du maintien dans les lieux ne puisse venir limiter le montant des dommages-intérêts alloués (Cass. 3e civ. 16-5-2024 n° 22-22.906 F-D : RJDA 8-9/24 n° 446).

Le locataire doit pareillement respecter les charges et conditions du bail à peine de s'exposer à la perte du droit à l'indemnité d'éviction et donc à la perte du droit au maintien dans les lieux.

46965 La perte du droit au maintien dans les lieux peut ainsi être encourue du fait du **non-respect** des **conditions locatives** telles que :

– un aménagement non autorisé de cave (Cass. 3e civ. 17-10-1973 n° 72-12.790 : Bull. civ. III n° 532) ;

– des retards réitérés et parfois importants pour le paiement des loyers ou indemnités d'occupation (Cass. 3e civ. 12-7-2011 n° 10-19.047 F-D : RJDA 1/12 n° 19 ; CA Aix-en-Provence 16-5-2017 n° 16/10392, 11e ch. A : AJDI décembre 2017 p. 849 ; CA Paris 17-11-2010 n° 09/08220, ch. 5-3 ; voir n° 47245) sauf compensation légitimement exercée (n° 47243) ;

– le non-respect des modalités de cession prévues au bail, alors même que la cession serait intervenue après l'expiration du bail (CA Paris 3-7-2008 n° 07/04005, 16e ch. B : RJDA 12/08 n° 1226).

Il importe peu que les infractions soient postérieures ou non au congé (Cass. 3e civ. 12-7-2011 précité).

La perte du droit au maintien dans les lieux peut résulter soit d'une résiliation judiciaire ou de plein droit du bail, soit d'une action rétractant l'offre d'indemnité d'éviction.

La résiliation judiciaire n'est pas soumise à l'exigence d'une mise en demeure préalable et prive de l'indemnité d'éviction le locataire qui n'a pas respecté les clauses et conditions du bail expiré pendant la période de maintien dans les lieux (Cass. 3e civ. 4-5-2000 n° 98-18.011 FS-PB : RJDA 7-8/00 n° 750). Mais les juges du fond restent souverains dans l'appréciation de la gravité du manquement invoqué (Cass. 3e civ. 17-10-2012 n° 11-22.920 FS-PB : RJDA 2/13 n° 96 ; Cass. 3e civ. 29-6-2005 n° 04-11.397 FS-PB : RJDA 10/05 n° 1083). Par exemple, il a été jugé que des retards de paiement de plusieurs échéances d'un plan de continuation, toujours rapidement régularisés, ne constituaient pas une faute suffisamment grave pour entraîner la déchéance du droit à l'indemnité d'éviction (CA Paris 5-7-2017 n° 15/16820, ch. 5-3 : RJDA 12/17 n° 795).

Face à un manquement aux clauses et conditions du bail expiré, le bailleur peut préférer mettre en œuvre la clause résolutoire du bail entraînant la déchéance au droit au paiement d'une indemnité d'éviction (Cass. 3e civ. 14-2-1973 n° 71-14.649 : Bull. civ. III n° 131 ; Cass. 3e civ. 1-3-1995 n° 93-10.172 : Bull. civ. III n° 66 ; Cass. 3e civ. 23-11-2011 n° 10-25.493 FS-D : BPIM 1/12 n° 75). Mais, outre le respect de la formalité de la mise en demeure (voir nos 72600 s.), il doit, dans ce cas, veiller à ce que la clause résolutoire vise le manquement invoqué (pour des exemples de constatation d'acquisition de clause résolutoire entraînant déchéance du droit au maintien dans les lieux et du droit au paiement d'une indemnité d'éviction : CA Paris 18-3-2015 n° 13/04582, ch. 5-3 ; CA Versailles 18-3-2021 n° 18/05433, ch. 12).

ATTENTION

Dans un arrêt rendu le 9 décembre 1980, en rappelant la distinction à faire entre loyer et indemnité d'occupation, la Cour de cassation avait refusé de confirmer la constatation de la résiliation du bail par application d'une clause résolutoire du bail invoquée pour le non-paiement de l'indemnité d'occupation. Cette décision ne déroge cependant pas au principe selon lequel le bailleur peut invoquer la clause résolutoire du bail pendant la période de maintien dans les lieux car, au cas d'espèce, la clause résolutoire ne visait que le non-paiement des loyers et non celui de l'indemnité d'occupation (Cass. 3e civ. 9-12-1980 no 79-14.235 : Bull. civ. III no 191). Or, les clauses résolutoires s'interprètent restrictivement (no 72540).

De son côté, le bailleur peut voir sa responsabilité engagée s'il ne permet pas au locataire d'exercer son droit au maintien dans les lieux (voir nos 46450 et 46852).

Outre l'hypothèse du non-respect des charges et conditions du bail, d'autres circonstances survenant au cours de la période de maintien dans les lieux peuvent faire perdre au locataire le bénéfice de l'indemnité d'éviction et du maintien dans les lieux. **46970**

Tel est le cas lorsque le locataire, maintenu dans les lieux, a **laissé péricliter** le **fonds** de commerce de telle sorte que celui-ci n'existe plus : il perd alors le droit à indemnité d'éviction (CA Douai 3-5-2007 no 07-284, 2e ch. sect. 2).

Tel est également le cas lorsque les lieux loués viennent à être détruits pendant cette période du droit au maintien dans les lieux en raison de la combinaison de l'article 1722 du Code civil (nos 74475 s.) et du principe selon lequel le maintien dans les lieux est régi par les règles du louage et des clauses et conditions du bail expiré. La **destruction totale des locaux** par cas fortuit, avant la fixation définitive de l'indemnité d'éviction, fait perdre rétroactivement au locataire l'indemnité dont le principe était acquis avant cette destruction (Cass. 3e civ. 29-9-1999 no 98-10.237 PB : RJDA 11/99 no 1183 ; dans le même sens, Cass. 3e civ. 16-1-2002 no 00-18.179 FS-D : RJDA 3/02 no 235 ; Cass. 3e civ. 29-9-2004 no 03-13.997 FS-PBRI : RJDA 12/04 no 1301 ; Cass. 3e civ. 29-6-2011 no 10-19.975 : Bull. civ. III no 115 ; CA Paris 13-5-2020 no 18/20097, ch. 5-3 : AJDI novembre 2020 p. 763), puisque dans ce cas le bail est résilié de plein droit sans dédommagement.

En cas de **destruction partielle,** le locataire pouvant demander une diminution du prix ou la résiliation du bail (C. civ. art. 1722), il a été jugé que le bailleur ne pouvait pas arguer d'une destruction partielle des lieux pour rétracter son offre d'indemnité d'éviction alors que le locataire ne s'était pas prévalu de la résiliation du bail (Cass. 3e civ. 12-10-1993 no 91-16.029 : Rev. Loyers 1994 p. 19).

> **Précisions** La solution retenue en cas de **destruction totale des locaux** ne viole ni l'article 1er du Protocole additionnel de la convention de sauvegarde des droits de l'Homme ni l'article 17 de la charte des droits fondamentaux de l'Union européenne garantissant la protection des droits de propriété (Cass. 3e civ. 29-6-2011 no 10-19.975 FS-PB : RJDA 12/11 no 1005).

B. Indemnité d'occupation en cas de maintien dans les lieux

Alors que le droit **au maintien dans les lieux** s'exécute aux charges et conditions du bail expiré, la **contrepartie financière** de ce droit n'est pas le loyer tel qu'il était pratiqué jusqu'à la date d'échéance du bail mais une indemnité d'occupation qui se distingue du loyer par sa nature et son mode de calcul. Toutefois, si le bailleur omet de solliciter judiciairement la fixation d'une telle indemnité (no 47200), celle-ci sera égale au dernier loyer, éventuellement révisé (Cass. 3e civ. 11-2-2016 no 14-28.091 F-D : Loyers et copr. 2016 comm. no 125). **47050**

> **Précisions** **a.** Le fait pour le bailleur d'appeler et quittancer des loyers et non des indemnités d'occupation n'emporte pas **renonciation** au bénéfice du congé délivré et le locataire ne peut pas prétendre à la formation d'un bail verbal (Cass. 3e civ. 6-7-2017 no 16-17.817 : Loyers et copr. 2017 comm. no 212). De même, le fait pour le bailleur d'**appeler** et quittancer des indemnités d'occupation dans l'attente de fixation du montant de celles-ci n'emporte pas renonciation du bailleur à faire fixer ce montant (Cass. 3e civ. 7-7-2009 no 08-15.764 : AJDI 2010 p. 31).
> **b.** Sur le **délai de prescription** de l'action en paiement de l'indemnité d'occupation, voir no 47205.

1. NATURE DE L'INDEMNITÉ D'OCCUPATION DUE EN CAS DE MAINTIEN DANS LES LIEUX

Cette indemnité d'occupation, prévue par l'article L 145-28 du Code de commerce, se distingue de l'indemnité d'occupation de droit commun (nos 74060 s.). En effet, l'article L 145-28 précise que cette indemnité « est déterminée conformément aux dispositions des sections VI et VII, compte tenu de tous éléments d'appréciation ». En d'autres termes, elle est fixée selon les mêmes règles que celles appliquées pour la détermination du loyer, puisqu'il est fait référence aux articles L 145-33 et suivants du Code de commerce (en ce sens, CA Paris 11-6-2009 no 08/14055, 16e ch. B : Administrer octobre 2009 p. 41). **47060**

Néanmoins, durant la période du maintien dans les lieux, la situation des parties au bail peut évoluer, et se pose alors la question de savoir quelle est l'incidence sur la nature de la somme **47065** à payer par le locataire à l'échéance du bail non renouvelé (loyer, indemnité d'occupation régie par l'article L 145-28 ou indemnité d'occupation de droit commun) de la perte du droit à indemnité d'éviction ou de l'exercice du droit d'option ou du droit de repentir.

INDEMNITÉ D'OCCUPATION EN CAS D'EXERCICE DU REPENTIR

47070 Lorsque le bailleur exerce son droit de repentir, qui consiste à accepter le renouvellement du bail après l'avoir refusé dans un premier temps, la somme due par le locataire maintenu dans les lieux entre l'expiration du bail et la notification de l'exercice du droit de repentir est une indemnité d'occupation déterminée en application de l'article L 145-28 du Code de commerce. Ce n'est ni une indemnité « sui generis », ni une indemnité de droit commun (Cass. 3e civ. 11-6-1997 n° 95-18.873 P : RJDA 8-9/97 n° 1017 ; Cass. 3e civ. 30-6-1999 n° 96-21.449 : Bull. civ. III n° 153 ; Cass. 3e civ. 27-11-2002 n° 01-10.058 FS-PB : RJDA 2/03 n° 117).

INDEMNITÉ D'OCCUPATION EN CAS D'EXERCICE DU DROIT D'OPTION

47080 Lorsque les parties exercent leur droit d'option, qui consiste pour le bailleur à refuser le renouvellement du bail après avoir signifié un congé avec offre de renouvellement et pour le locataire à renoncer à ce renouvellement, le locataire est également redevable d'une indemnité d'occupation.

Lorsque **le bailleur exerce** le droit d'**option**, l'indemnité d'occupation qui trouve son origine dans les articles L 145-28 et L 145-57 du Code de commerce est égale à la valeur locative et se substitue rétroactivement au loyer dû, et ce à compter de la date d'expiration du bail dont le bailleur avait d'abord accepté le principe du renouvellement (Cass. 3e civ. 27-2-2025 n° 23-18.219 FS-B).

Lorsque c'est le **locataire** qui **exerce** le droit d'**option**, la nature de l'indemnité d'occupation diffère selon la période. Entre la date d'échéance du bail et celle de l'exercice du droit d'option, cette indemnité d'occupation trouve son origine dans l'application de l'article L 145-57 du Code de commerce et est, en tant qu'indemnité « statutaire », soumise à la prescription biennale édictée par l'article L 145-60 de ce Code (Cass. 3e civ. 5-2-2003 n° 01-16.882 FS-PB : RJDA 4/03 n° 369 ; Cass. 3e civ. 16-3-2023 n° 21-19.707 FS-B : RJDA 6/23 n° 301). En revanche, pour la période écoulée entre l'exercice du droit d'option et la libération des lieux loués, le locataire se trouve dans la situation d'un occupant sans titre puisqu'il a renoncé au renouvellement : il est donc redevable d'une indemnité de droit commun, soumise à la prescription quinquennale (Cass. 3e civ. 16-3-2023 n° 21-19.707 FS-B précité) ; cette indemnité est susceptible d'être supérieure à la valeur locative (pour une décision, fixant l'indemnité d'occupation de droit commun au même montant que l'indemnité d'occupation statutaire, soit à la valeur locative : CA Paris 8-12-2021 n° 19/08667, ch. 5-3).

Les juridictions du fond ont approfondi le travail d'analyse et d'aucunes considèrent que, bien que statutaire, l'indemnité d'occupation fondée sur l'article L 145-57 du Code de commerce serait différente de celle calculée en application de l'article L 145-28 du même Code en ce qu'elle ne subirait pas l'**abattement de précarité** appliqué à l'indemnité d'occupation de l'article L 145-28 (CA Paris 24-10-2007 n° 04/21937, 16e ch. A : Loyers et copr. 2008 comm. n° 110 ; CA Chambéry 1-6-2010 n° 09/02172, ch. com. : Loyers et copr. 2010 comm. n° 320 ; CA Paris 20-6-2012 n° 10/21533, ch. 5-3 : Administrer août-septembre 2012 p. 47 ; CA Paris 26-2-2014 n° 12/05634, ch. 5-3 : Loyers et copr. 2014 comm. n° 115 ; CA Paris 8-12-2021 n° 19/08667, ch. 5-3), et en ce qu'elle peut donner lieu à l'application des dispositions de l'article R 145-8 du Code de commerce (TJ Paris 18-9-2024 n° 17/11850, 18e ch. sect. 2).

> **› Précisions** L'application d'un **abattement de précarité** à l'indemnité d'occupation due au titre de la période courue entre la date d'échéance du bail et celle de l'exercice du droit d'option n'est peut-être pas toujours à exclure. Il semble en effet que les **juges du fond** n'aient exclu cet abattement que lorsque l'**initiateur du droit d'option** était le locataire, considérant que celui-ci avait alors librement fait le choix de renoncer au renouvellement du bail qui lui était offert. On remarquera qu'avant l'arrêt du 5 février 2003 précité, les juges du fond appliquaient souvent un abattement pour précarité sur la valeur locative retenue en cas d'exercice par le bailleur de son droit d'option (CA Versailles 17-6-1997 n° 95/478, ch. réu. : RJDA 12/97 n° 1470 ; CA Versailles 19-1-1999, 22e ch. : RJDA 5/99 n° 531).

INDEMNITÉ D'OCCUPATION EN CAS DE PERTE DU DROIT À INDEMNITÉ D'ÉVICTION PAR PRESCRIPTION

47085 Lorsque le locataire perd son droit à indemnité d'éviction par prescription faute d'avoir intenté une action en fixation de l'indemnité d'éviction dans le délai requis, il perd corrélativement son droit au maintien dans les lieux. Dès lors, le bailleur est en droit de revendiquer le paiement d'une indemnité d'occupation de droit commun souverainement évaluée par le juge du fond (Cass. 3e civ. 18-1-2012 n° 10-26.304 FS-D : RJDA 6/12 n° 569). Contrairement à certaines cours d'appel qui estimaient qu'en raison de l'effet rétroactif de la prescription, l'indemnité d'occupation due par le locataire était, dès lors, une indemnité de droit commun depuis la date d'expiration du bail (CA Paris 1-12-2010 n° 09/06813, ch. 5-3 : Administrer février 2011 p. 31), la Cour de cassation a précisé que l'indemnité est égale à la valeur locative pendant toute la période où il avait droit au maintien dans les lieux, ne devenant une indemnité de droit commun qu'à partir de la date à laquelle il a perdu son titre d'occupation par prescription (Cass. 3e civ. 5-9-2012 n° 11-19.200 FS-PB : RJDA 12/12 n° 1053).

2. DÉTERMINATION DE L'INDEMNITÉ D'OCCUPATION DUE EN CAS DE MAINTIEN DANS LES LIEUX

a. Règles applicables à la fixation de l'indemnité d'occupation

PRINCIPE

Bien que l'article L 145-28 du Code de commerce renvoie, pour la détermination de l'indemnité d'occupation, aux règles de fixation du loyer, cette référence a cependant été interprétée restrictivement par la jurisprudence : l'indemnité doit correspondre à la **valeur locative** établie conformément aux dispositions du Code de commerce (Cass. 3e civ. 14-11-1978 n° 77-12.032 : Bull. civ. III n° 341 ; Cass. 3e civ. 30-6-1999 n° 97-20.357 : Bull. civ. III n° 153 ; Cass. 3e civ. 17-6-2021 n° 20-15.296 FS-B : RJDA 8-9/21 n° 556) ; elle n'est pas soumise à la règle du plafonnement (mêmes arrêts) et le mécanisme de lissage du loyer prévu par l'article L 145-34, al. 4 du Code de commerce ne s'applique pas (Cass. 3e civ. 13-10-2021 n° 20-16.421 F-D : RJDA 1/22 n° 4). **47130**

De même, les dispositions de l'article R 145-8 du Code de commerce, qui permettent de prendre en compte pour la fixation du loyer les améliorations faites par le locataire, ne trouvent application qu'en cas de renouvellement du bail et ne s'appliquent donc pas à la fixation de l'indemnité d'occupation (Cass. 3e civ. 13-10-1993 n° 91-16.942 D ; Cass. 3e civ. 5-2-2003 n° 01-16.354 ; CA Paris 27-1-2016 n° 13/23518, ch. 5-3 : Loyers et copr. mars 2016 n° 65).

Sous réserve que l'action en fixation de l'indemnité d'occupation ne soit pas prescrite (n° 47205), le bailleur est en droit d'exiger le paiement d'une indemnité d'occupation égale à la valeur locative quand bien même le locataire a réglé les loyers dus jusqu'à son départ des lieux loués (Cass. 3e civ. 21-6-1978 n° 76-15.538 : Bull. civ. III n° 259). Pour rejeter une telle demande, le juge doit rechercher la valeur locative des lieux et dire en quoi les règlements des loyers par le locataire sont en réalité des règlements d'indemnité d'occupation.

L'indemnité d'occupation, qui est distincte du loyer auquel elle se substitue de plein droit dès l'exercice par le bailleur de son droit d'option, doit correspondre, à défaut de convention contraire, à la valeur locative. Ainsi, dans le cas d'un loyer fixé en fonction d'une **clause-recettes,** il a été jugé que l'indemnité d'occupation ne pouvait pas être déterminée sur la base du loyer tel que celui-ci aurait été fixé en cas de renouvellement du bail, c'est-à-dire avec un minimum garanti et un loyer égal à un pourcentage du chiffre d'affaires (Cass. 3e civ. 3-10-2007 n° 06-17.766 FS-PBRI : RJDA 11/08 n° 1099 ; pour des exemples, en présence d'un loyer binaire, de fixation de l'indemnité d'occupation à la valeur locative : CA Versailles 26-1-2006 n° 02/05456, ch. 12-2 ; CA Paris 16-2-2011 n° 09/15190, ch. 5-3 ; CA Caen 20-5-2010 n° 08/04426, 1re ch. civ. et com. ; CA Angers 6-12-2022 n° 18/00380, ch. A com.).

Les juges du fond sont souverains dans leur **appréciation** du montant de l'indemnité d'occupation (Cass. 3e civ. 10-12-1997 n° 96-10.565 D : RJDA 2/98 n° 153). Pour évaluer ce montant, ils peuvent ainsi tenir compte de la baisse des valeurs locatives intervenue depuis le dépôt du rapport de l'expert judiciaire (Cass. 3e civ. 18-7-2000 n° 99-12.309 F-D). Mais ils n'ont pas à rechercher la preuve de la mauvaise foi de l'occupant (Cass. 3e civ. 29-3-2000 n° 98-11.518 D : Loyers et copr. 2000 comm. n° 200 note Ph.-H. Brault et P. Pereira). **47135**

Il importe peu de discuter de la charge de la preuve d'une modification notable des facteurs locaux de commercialité ou de contester la transformation du quartier constatée par les juges : un tel moyen ne tend qu'à remettre en cause l'appréciation souveraine et motivée par les juges du fond du montant de l'indemnité d'occupation (Cass. 3e civ. 15-6-1994 n° 92-14.172 P : RJDA 12/94 n° 1265).

Lorsque le bailleur sollicite la fixation d'une indemnité d'occupation, il doit solliciter également l'exigibilité des charges ou taxes accessoires, faute de quoi celles-ci ne seront pas dues (CA Paris 29-3-2000 n° 99/24929, 16e ch. A : Administrer juillet 2000 p. 26 obs. B. Boccara et D. Lipman-Boccara ; CA Versailles 21-1-2010 n° 08/06457, 12e ch. sect. 2 : Loyers et copr. 2010 comm. n° 225 note E. Chavance).

ABATTEMENT DE PRÉCARITÉ APPLIQUÉ À L'INDEMNITÉ D'OCCUPATION

La valeur locative qui doit être retenue pour déterminer le montant de l'indemnité d'occupation est cependant fréquemment minorée par l'application d'un abattement retenu au motif de la précarité. La pratique d'un abattement de précarité est justifiée par la précision de texte qui indique que l'indemnité est déterminée conformément aux dispositions des sections VI et VII **47140** compte tenu de tous éléments d'appréciation. Le bien-fondé de cette pratique peut cependant être sujet à discussion car, sauf clause expresse du bail imposant au locataire de se maintenir dans les lieux jusqu'au paiement de l'indemnité d'éviction, le locataire n'est pas obligé de subir cette précarité et peut quitter les lieux à tout moment.

Cet abattement de précarité peut atteindre des **taux** importants, jusqu'à 50 % de la valeur locative, lorsque le locataire peut apporter la preuve de circonstances exceptionnelles (par exemple, longueur anormale de la procédure) justifiant un abattement particulier (Cass. 3e civ. 18-1-2011 n° 09-17.007 F-D : Administrer mars 2011 p. 26 note J.-D. Barbier ; CA Paris 15-4-2016 n° 14/08539, ch. 5-3 : Administrer mai 2016 p. 30). Mais il est le plus souvent fixé entre 10 et 20 % (CA Paris 8-6-2011 n° 09/18981, ch. 5-3 : Administrer août-septembre 2011 p. 33 obs. A. Guillemain) :

– un abattement usuel de 10 % car exploiter sous le coup d'une éviction est nécessairement pénalisant (CA Paris 24-2-2016 n° 13/24523 : Administrer mars 2016 p. 39 ; CA Paris 15-4-2016 précité ; CA Paris 27-5-2020 n° 18/09884 ; CA Paris 31-5-2023 n° 20/03198, ch. 5-3 ; CA Paris 7-6-2023 n° 20/09672, ch. 5-3) ;

– un abattement supplémentaire de 10 %, voire plus, qui tient compte de la sévérité particulière de l'impact de cette éviction sur une situation donnée (CA Aix-en-Provence 1-12-2015 n° 12/02095, 11e ch. A : Loyers et copr. 2016 comm. n° 127). Tel est le cas par exemple si l'exploitation du locataire se trouve entravée en ce qui concerne le calendrier des approvisionnements ou le renouvellement des agencements des locaux : un commerce exploité sous une enseigne de chaîne et tenu d'engager des coûts pour mise aux normes périodique de l'identité visuelle sera plus pénalisé que le locataire d'un atelier sommairement agencé. De même, le fait que le bail inclut le logement de l'exploitant pourra justifier d'alourdir l'abattement de précarité.

Dans tous les cas, il importe que ce taux se réfère à un usage et ne résulte pas d'une affirmation générale (en ce sens, Cass. 3e civ. 18-1-2011 n° 09-17.007 précité).

47142 En cas d'**exercice** du droit de **repentir,** il convient de tenir compte de la précarité de l'occupation pendant la période intermédiaire entre l'expiration du bail et l'exercice du droit de repentir et d'appliquer un abattement sur la valeur locative (CA Versailles 30-6-2015 n° 13/08370 : RJDA 11/15 n° 738). Cet abattement peut être important selon le préjudice causé par la précarité de situation dans laquelle s'est trouvé le locataire et sa durée.

ILLUSTRATIONS

Un abattement de 25 % a été appliqué en raison d'un droit de repentir notifié quatre ans après le refus de renouvellement et dix-huit mois après le dépôt du rapport d'expertise fixant l'indemnité d'éviction (CA Rennes 28-3-2018 n° 15/06130 : RJDA 11/18 n° 809).

Un abattement de 20 % a été appliqué dans un cas où l'exercice par le bailleur de son droit de repentir a été notifié deux ans après la date d'effet du refus de renouvellement et près d'un an après le dépôt du rapport d'expertise judiciaire (CA Caen 7-9-2023 n° 21/03032, 2e ch. civ. et com.).

Sur l'application de cet abattement en cas d'**exercice** du **droit d'option** par le locataire, voir n° 47080.

47145 La reconnaissance de la précarité ainsi que le taux de l'abattement relèvent du **pouvoir souverain** des juges du fond.

ILLUSTRATIONS

Les juges du fond n'ont fait qu'user de leur pouvoir souverain d'appréciation en refusant d'appliquer un abattement pour précarité à l'indemnité d'occupation fixée après avoir constaté que le locataire n'avait pas cessé d'exercer ses activités commerciales d'épicier et de loueur en meublé et qu'il ne justifiait pas, notamment par son chiffre d'affaires, que la précarité de son occupation lui ait causé un préjudice.

Cass. 3e civ. 6-11-1970 n° 69-12.206 : Rev. Loyers 1971 p. 32.

Considérée comme gênante pour l'exploitation d'un fonds d'hôtellerie, la précarité justifie l'application d'un abattement sur la valeur locative retenue.

Cass. 3e civ. 6-10-1976 n° 75-10.215 : AJPI 1977 p. 468 note J. Viatte.

Les preneurs, maintenus dans les lieux, n'ont plus les mêmes garanties et avantages qu'offre un contrat de bail et cela justifie un abattement de 30 % sur l'évaluation de la valeur locative faite par l'expert pour fixer l'indemnité d'occupation.

CA Paris 18-11-1991 n° 91-004013, 1e ch. sect. urg. : Loyers et copr. 1992 comm. n° 179.

S'il est d'usage de tenir compte de la précarité de l'occupation liée à l'incertitude sur la date de l'éviction, c'est à juste titre que l'expert en a écarté l'application en l'espèce dès lors que, nonobstant cette incertitude, le chiffre d'affaires de la locataire a été en constante progression de 2000 à 2005, soit au total + 119 % sur cette période.

CA Paris 16-1-2008 n° 04/19840, 16e ch. A.

S'il est d'usage de fixer l'abattement à 10 %, il en est toutefois différemment lorsque certains éléments d'appréciation entraînent un préjudice supplémentaire. Tel est le cas face à une procédure particulièrement longue et incertaine, de nature à limiter la pleine jouissance de l'outil d'exploitation, s'accompagnant d'une prudence et d'une mise en veille des investissements à réaliser. En l'espèce, le coefficient de précarité de 60 % retenu par l'expert est excessif. En effet, le locataire disposait d'un second magasin à proximité en vue de préparer son déménagement et dont il s'est séparé postérieurement à la date d'effet du refus de renouvellement, de sorte que la précarité de sa situation ne l'a pas empêchée de réaliser des investissements. En outre, la longueur de la procédure est largement imputable aux actions et à l'inertie du locataire. Il y a donc lieu de retenir un abattement de 40 %.

CA Aix-en-Provence 5-9-2024 n° 21/15890, ch. 3-4.

Se pose cependant la question de savoir qui doit apporter la **preuve du préjudice** ou de l'absence de préjudice **lié à la précarité.** L'arrêt rendu par la Cour de cassation le 6 novembre 1970 (analysé n° 47145) laisse à penser qu'il appartient au locataire de démontrer le préjudice lié à la précarité. Toutefois, des arrêts plus récents, confirmant une décision ayant retenu un « abattement d'usage pour tenir compte de la précarité de la situation de tout locataire évincé », laissent à penser qu'il appartient maintenant au bailleur de prouver l'absence de préjudice causé par la précarité (Cass. 3e civ. 27-11-1996 n° 96-18.215 D : RDI 1997 p. 146 ; Cass. 3e civ. 18-1-2011 n° 09-17.007). 47150

RÉVISION DE L'INDEMNITÉ D'OCCUPATION

La période de maintien dans les lieux peut être longue et se pose alors la question de la révision de l'indemnité. La référence aux sections VI et VII pour apprécier le montant de l'indemnité d'occupation a posé la question de savoir si l'indemnité pouvait être révisée annuellement ou devrait être révisée selon les règles posées par les articles L 145-33 et L 145-34 du Code de commerce. L'**indexation annuelle** a été admise par la Cour de cassation (Cass. 3e civ. 18-2-1987 n° 85-16.591 : Gaz. Pal. 1987 jur. p. 367 note J.-D. Barbier ; Cass. 3e civ. 7-11-1990 n° 89-11.328 : Bull. civ. III n° 221 ; Cass. 3e civ. 13-10-1993 n° 91-16.942 D : Loyers et copr. 1994 comm. n° 74). 47155

Elle n'est cependant pas systématique (CA Paris 11-4-1995 n° 93/24783, 16e ch. A : Loyers et copr. 1995 comm. n° 279 note Mutelet ; CA Paris 24-2-2016 n° 13/24523 : Administrer mars 2016 p. 39 ; CA Paris 22-3-2023 n° 20/08307, ch. 5-3). L'indemnité d'occupation n'est sujette à indexation automatique que si le juge le précise, même si l'indexation du loyer était stipulée dans le bail (CA Paris 19-2-2020 n° 17/12494, ch. 5-3).

De même certaines décisions ont retenu le principe de la fixation de l'indemnité d'occupation année par année (par exemple, CA Aix-en-Provence 17-1-2017 n° 15/19402 : Administrer février 2017 p. 42 ; CA Paris 13-4-2022 n° 17/00655).

En présence d'un bail contenant une clause d'échelle mobile **triennale,** il a été décidé de réviser l'indemnité d'occupation conformément à cette clause (CA Paris 5-7-2017 n° 15/16820 : RJDA 12/17 n° 795).

b. Action en fixation de l'indemnité d'occupation

Quel que soit l'initiateur de la procédure en fixation de l'indemnité d'éviction, il importe pour le **bailleur** de solliciter le juge de première instance sur la fixation de cette indemnité d'occupation car une demande présentée pour la première fois devant la cour d'appel est irrecevable (Cass. 3e civ. 2-10-1996 n° 94-20.544 D : RJDA 12/96 n° 1571, Rev. Loyers 1997 p. 196 note de Maillard). Toutefois, le droit au maintien dans les lieux s'exerçant aux conditions et clauses du bail expiré, à défaut d'action du bailleur, le locataire reste néanmoins tenu de régler le loyer transformé en indemnité d'occupation (Cass. 3e civ. 11-2-2016 n° 14-28.091 F-D : Loyers et copr. 2016 comm. n° 125 ; Cass. 3e civ. 14-3-2019 n° 18-11.991 F-D : RJDA 6/19 n° 413). 47200

L'action en fixation de l'indemnité d'occupation est soumise à la **prescription** biennale de l'article L 145-60 du Code de commerce (Cass. 3e civ. 30-5-1968 n° 67-10.398 : Bull. civ. III n° 251 ; Cass. 3e civ. 1-4-1998 n° 488 PF : RJDA 6/98 n° 691 ; Cass. 3e civ. 5-2-2003 n° 01-16.882 FS-PB : RJDA 4/03 n° 369 ; Cass. 3e civ. 16-3-2023 n° 21-19.707 FS-B : RJDA 6/23 n° 301). Elle **court** : 47205

– à compter de la date d'effet du congé, dès lors que le congé avec refus de renouvellement offre une indemnité d'éviction et que le droit à indemnité n'a pas été contesté ultérieurement (Cass. 3e civ. 10-12-1997 n° 96-13.373 P : RJDA 2/98 n° 154) ; il en est ainsi même en cas d'exercice par le bailleur de son droit de repentir (Cass. 3e civ. 12-6-2001 n° 99-21.821 : Loyers et copr. 2002 comm. n° 38) ;

– en cas de contestation du droit à indemnité d'éviction, à compter du jour où est définitivement consacré, dans son principe, le droit du locataire au bénéfice d'une indemnité d'éviction (Cass. 3e civ. 22-1-1997 n° 95-14.080 D : RJDA 4/97 n° 483 ; Cass. 3e civ. 24-3-1999 n° 97-17.011 D ; Cass. 3e civ. 24-3-1999 n° 530 D : RJDA 5/99 n° 532 ; Cass. 3e civ. 13-12-2000 n° 99-13.404 FS-D : Loyers et copr. 2001 comm. n° 290 obs. Ph.-H. Brault et P. Pereira ; Cass. 3e civ. 23-3-2011 n° 10-13.898 FS-PB : RJDA 7/11 n° 615 ; Cass. 3e civ. 15-12-2016 n° 15-23.508 : RJDA 3/17 n° 162) ; il en est ainsi même en cas d'exercice par le bailleur de son droit de repentir (Cass. 3e civ. 18-1-2018 no 16-27.678 FS-PB : RJDA 4/18 no 306) ou même dans l'hypothèse où le congé avec refus de renouvellement a été délivré initialement avec offre d'indemnité d'éviction et que le droit à indemnité a été contesté postérieurement devant la cour d'appel, au regard des manquements allégués du locataire (Cass. 3e civ. 17-10-2012 no 11-22.920 FS-PB : RJDA 2/13 no 96) ;

– en cas d'exercice du droit d'option, à compter de la date de notification de l'option, que l'option soit le fait du bailleur (CA Paris 14-1-1998 no 96/10134, 16e ch. A, Sté Victoire 14 c/ Sté Island : Loyers et copr. 1998 comm. no 241) ou du locataire (Cass. 3e civ. 16-3-2023 no 21-19.707 FS-B précité).

Une demande d'expertise en référé **interrompt** la prescription, et l'assignation faite par le bailleur dans les deux ans de l'ordonnance de référé, même sans demande en paiement chiffrée, est recevable (CA Paris 11-6-2009 no 08/1455, 16e ch. B : Administrer octobre 2009 p. 41).

47207 Le fait que la demande du bailleur en paiement de l'indemnité d'occupation prévue par l'article L 145-28 du Code de commerce soit prescrite n'interdit pas de solliciter une indemnité d'occupation de droit commun due en raison de l'occupation effective des locaux sans droit ni titre lorsque le locataire est lui-même déchu de son droit au maintien dans les lieux (Cass. 3e civ. 18-1-2012 no 10-26.304 FS-D : RJDA 6/12 no 569). Cette indemnité est soumise à la prescription quinquennale de droit commun.

3. PAIEMENT DE L'INDEMNITÉ D'OCCUPATION DUE EN CAS DE MAINTIEN DANS LES LIEUX

DURÉE DE L'EXIGIBILITÉ DE L'INDEMNITÉ D'OCCUPATION

47220 **Point de départ de l'exigibilité** L'indemnité d'occupation est due à compter de la date à laquelle, le titre locatif prenant fin, l'occupation prend effet (Cass. 3e civ. 20-5-1980 no 78-16.116 : Bull. civ. III no 102). La date à laquelle le bailleur introduit en justice la demande tendant à faire fixer cette indemnité est inopérante (même arrêt), sauf incidence de la prescription de l'action (no 47205).

47225 Le principe selon lequel l'indemnité d'occupation est due à compter de la date d'effet du congé n'est pas remis en cause par l'exercice du **droit d'option** du bailleur. La date à laquelle le bailleur exerce son droit d'option et refuse ainsi le renouvellement du bail dans le mois suivant la signification de la décision définitive fixant le prix du bail renouvelé est en effet inopérante (Cass. 3e civ. 7-11-1984 no 83-13.550 : Bull. civ. III no 185).

Lorsque l'une des parties à un bail commercial use du droit d'option, l'indemnité d'occupation due au bailleur est exigible à compter du lendemain de la date d'expiration du bail commercial (Cass. 3e civ. 18-1-2011 no 09-68.298 F-D : RJDA 7/11 no 613).

47230 L'exercice du **droit de repentir** par le bailleur, qui accepte ainsi le renouvellement du bail après l'avoir refusé dans un premier temps, n'a pas d'incidence sur la période de maintien dans les lieux et la possibilité pour le bailleur de demander une indemnité d'occupation pour la période allant de la date d'effet du congé à la date de signification du repentir (Cass. com. 5-10-1966 no 65-12.057 : Bull. civ. III no 377).

47235 **Arrêt de l'exigibilité** En principe, l'indemnité d'occupation est due jusqu'à la libération effective des locaux (Cass. 3e civ. 21-1-1998 no 67 PF : RJDA 4/98 no 391), laquelle doit intervenir, en application de l'article L 145-29 du Code de commerce, à l'expiration d'un délai de trois mois suivant la date du versement de l'indemnité d'éviction entre les mains du locataire ou de la notification à ce dernier du versement entre les mains d'un séquestre. Mais s'il est prouvé que le locataire est dans l'impossibilité d'exploiter le fonds de commerce pour des raisons qui ne lui sont pas imputables, il ne peut être condamné à payer l'indemnité d'occupation (arrêté de fermeture en raison de l'état de péril de l'immeuble, Cass. 3e civ. 26-6-1991 no 89-21.034 P : RJDA 10/91 no 793).

Toutefois, la jurisprudence admet que le bail puisse imposer au locataire de rester dans les lieux jusqu'au paiement de l'indemnité d'éviction (en ce sens, Cass. 3e civ. 12-1-2005 no 03-17.751 F-D : RJDA 4/05 no 363). Dans ce cas, le locataire peut avoir à payer l'indemnité d'occupation au-delà de la date de libération des lieux si, à cette date, l'indemnité n'a pas encore été versée. Il peut en effet être dans l'intérêt du bailleur de maintenir l'attractivité commerciale des lieux loués le temps de la procédure en indemnité d'éviction. Si ce dernier peut renoncer à cette exigence à tout moment, le risque pour le locataire qui ne respecterait pas cette obligation est de s'exposer à la perte de l'indemnité d'éviction puisque, sauf accord du bailleur, il ne peut pas se délier seul de cet engagement contractuel.

Lorsque les lieux loués relèvent du régime des **installations classées,** l'indemnité d'occupation est due jusqu'à ce que le locataire, dernier exploitant de l'installation, ait réalisé toutes les mesures utiles pour la mise en sécurité du site (Cass. 3e civ. 19-5-2010 n° 09-15.255 FS-PB : RJDA 8-9/10 n° 831 ; CA Grenoble 11-4-2019 n° 17/03368, ch. com.).

MODALITÉS DE PAIEMENT DE L'INDEMNITÉ D'OCCUPATION

Le locataire maintenu dans les lieux doit respecter les stipulations du bail expiré. Ainsi, s'il s'est engagé à payer le loyer au domicile du bailleur, il est tenu de lui faire parvenir l'indemnité d'occupation, substituée au loyer, aux échéances (Cass. 3e civ. 5-2-1997 n° 96-15.336 PB : RJDA 4/97 n° 482). De même, dès lors que le bail stipule que le loyer sera majoré de la TVA, le locataire ne peut pas s'exonérer de la TVA due sur l'indemnité d'occupation (Cass. 3e civ. 13-12-2018 n° 17-28.055 F-D ; CA Aix-en-Provence 5-9-2024 n° 21/15890, ch. 3-4). **47240**

COMPENSATION DE L'INDEMNITÉ D'OCCUPATION AVEC L'INDEMNITÉ D'ÉVICTION

La possibilité de compenser les indemnités d'éviction et d'occupation accordées par une **décision judiciaire définitive** est reconnue par la Cour de cassation (Cass. 3e civ. 1-7-1998 n° 96-13.692 PF : RJDA 10/98 n° 1152). Cette solution est une application du principe de la compensation qui a pour effet d'éteindre simultanément les créances réciproques existant entre deux personnes (C. civ. art. 1347, al. 1), dès lors que ces créances sont fongibles, certaines, liquides et exigibles (C. civ. art. 1347-1). **47243**

Les indemnités d'éviction et d'occupation judiciairement et définitivement fixées remplissent ces conditions puisqu'elles sont alors certaines et déterminées dans leur montant. Le fait que le jugement ayant fixé le montant des deux indemnités précise qu'au montant de l'indemnité d'éviction devront s'ajouter les frais de licenciement du personnel ne permet pas de déduire que l'indemnité d'éviction n'est pas liquide et que le jeu de la compensation légale doit être différé au jour où le locataire justifiera du coût des licenciements (CA Paris 27-2-2009 n° 09/00669, 14e ch. B : RJDA 7/09 n° 670).

La compensation ne s'opère que si elle est invoquée par celui qui s'en prévaut (C. civ. art. 1347, al. 2).

Mais il ne peut y avoir compensation entre l'indemnité d'occupation due par le locataire et l'indemnité d'éviction due par le bailleur, dès lors qu'elles sont encore en cours de fixation et donc ni encore liquides ni encore exigibles (Cass. 3e civ. 22-3-2018 n° 17-13.634 F-D : RJDA 6/18 n° 490).

> **Précisions** Avant la **réforme** issue de l'ordonnance **2016-131**, l'ex-article 1290 du Code civil affirmait que la compensation opérait de plein droit, même à l'insu des parties. Toutefois, en dépit de la lettre de ce texte, les tribunaux avaient toujours exigé que la compensation soit invoquée (Cass. req. 11-5-1880 : DP 1880.1.470).

DÉFAUT DE PAIEMENT DE L'INDEMNITÉ D'OCCUPATION

Sanction Le défaut de paiement de l'indemnité d'occupation peut être sanctionné par la résiliation du bail et la déchéance du droit à indemnité d'éviction (Cass. 3e civ. 5-2-1997 n° 96-15.336 PB : RJDA 4/97 n° 482 ; Cass. 3e civ. 23-11-2011 n° 10-25.493). Les juges du fond sont souverains pour apprécier si les non-paiements répétés constituent une infraction suffisamment grave pour justifier la résiliation du bail et les conséquences qui en résultent (Cass. 3e civ. 29-6-2005 n° 04-11.397 FS-PB : RJDA 10/05 n° 1083). **47245**

ILLUSTRATIONS

Jugé que des retards de paiement de plusieurs échéances d'un plan de continuation, toujours rapidement régularisés, ne constituaient pas une faute suffisamment grave pour entraîner la déchéance du droit à l'indemnité d'éviction (CA Paris 5-7-2017 n° 15/16820, ch. 5-3 : RJDA 12/17 n° 795). En revanche, jugé que le non-paiement des indemnités d'occupation à leur date d'exigibilité, de façon récurrente et dans des proportions plus que conséquentes puisqu'il est établi que seize trimestres n'ont pas été réglés, constitue un manquement suffisamment grave de la part du locataire à ses obligations contractuelles justifiant la déchéance du droit au paiement de l'indemnité d'éviction (CA Aix-en-Provence 5-9-2024 n° 21/15890, ch. 3-4).

Le non-paiement de l'indemnité d'occupation peut ne pas être sanctionné lorsque le locataire peut valablement opposer la compensation avec l'indemnité d'éviction fixée judiciairement et non encore réglée (n° 47243).

Sur le délai de prescription de l'action en paiement de l'indemnité d'occupation, voir n° 47205.

Intérêts de retard En cas de retard de paiement de l'indemnité d'occupation, les **intérêts courent,** à notre avis, à compter de la mise en demeure du locataire (C. civ. art. 1231-6), l'indemnité d'occupation étant assimilée à un loyer et non à une indemnité de droit commun (n° 47060). **47250**

II. RÈGLEMENT DE L'INDEMNITÉ D'ÉVICTION

47300 Le règlement de l'indemnité d'éviction va permettre au bailleur, sauf le cas particulier visé à l'article L 145-28, al. 2 du Code de commerce (nos 68700 s.), d'exiger du locataire la libération des lieux. À cette fin, ce règlement doit être intégral et effectué entre les mains du locataire ou du séquestre désigné.

Si la libération des lieux n'est pas consécutive au règlement de l'indemnité, il peut s'ensuivre des sanctions pour le locataire. Parallèlement, le bailleur qui refuse de régler l'indemnité d'éviction s'expose également à des pénalités.

Sur le versement d'une provision sur l'indemnité, voir n° 45201.

A. Règlement libératoire de l'indemnité d'éviction

1. PAIEMENT INTÉGRAL DE L'INDEMNITÉ D'ÉVICTION

47310 Pour pouvoir exiger la libération des lieux, le bailleur doit régler l'intégralité de l'indemnité d'éviction fixée amiablement par les parties ou judiciairement. Seul le versement de l'indemnité d'éviction dans sa totalité fait courir le délai laissé au locataire évincé pour libérer les lieux. Il importe peu que la différence entre ce qui est dû et ce qui a été versé soit minime, l'exigence de versement intégral s'imposant comme une **condition** nécessaire à l'efficacité de la mise en demeure (Cass. 3e civ. 5-12-2001 n° 99-14.987 FS-D : RJDA 2/02 n° 139, confirmant CA Paris 17-2-1999 n° 97/19572 : AJDI 1999 p. 343).

Le **paiement intégral de l'indemnité s'entend** du paiement de l'indemnité principale mais aussi des indemnités accessoires (CA Paris 6-12-2017 n° 17/08019, ch. 5-3 : Loyers et copr. 2018 comm. n° 18).

47315 Le bailleur peut revendiquer judiciairement la **compensation** de l'indemnité d'éviction avec des sommes qui pourraient lui être dues par le locataire, tel le coût de la dépollution et de la remise en état d'un site industriel résultant d'une obligation légale particulière dont la finalité est la protection de l'environnement et de la santé publique et qui incombe au dernier exploitant, en l'occurrence le locataire évincé (Cass. 3e civ. 11-9-2013 n° 12-15.425 FS-D : RJDA12/13 n° 980).

À défaut d'avoir sollicité ou obtenu la compensation, le bailleur qui souhaite recouvrer des sommes qui lui sont dues par le locataire doit, après avoir versé l'indemnité d'éviction, user de toutes les voies de droit habituelles (saisie conservatoire, saisie-attribution...) : si l'indemnité d'éviction est versée entre les mains d'un séquestre, il lui appartient alors de faire opposition entre ses mains. Dans tous les cas, son action ne sera recevable que si sa créance est certaine, liquide et exigible.

Sur la compensation légale entre indemnité d'éviction et indemnité d'occupation, voir n° 47245.

> **Précisions** La décision devenue définitive qui fixe l'indemnité d'éviction fait de cette indemnité une créance liquide et exigible, peu important que la décision n'ait pas été signifiée (Cass. com. 28-6-2017 n° 16-10.025 FS-PBI : RJDA 10/17 n° 735), et elle permet au locataire de mettre en œuvre des **mesures d'exécution,** telle une saisie immobilière (Cass. 3e civ. 26-5-2016 n° 15-12.235 F-D).

2. PAIEMENT DE L'INDEMNITÉ D'ÉVICTION AU LOCATAIRE OU À UN SÉQUESTRE

47320 L'article L 145-29 du Code de commerce envisage le versement de l'indemnité d'éviction soit entre les mains du locataire lui-même, soit entre les mains d'un séquestre.

a. Paiement de l'indemnité d'éviction au locataire

47330 Le versement de l'indemnité d'éviction entre les mains du locataire est le mode d'opérer le plus simple mais, dans la pratique, le moins usuel en raison des garanties qu'apporte au bailleur l'intervention d'un séquestre.

b. Paiement de l'indemnité d'éviction à un séquestre

CHOIX DU SÉQUESTRE AUQUEL EST VERSÉE L'INDEMNITÉ D'ÉVICTION

47340 Le séquestre offre la garantie au bailleur d'une bonne exécution par le locataire des obligations qui résultent de ce paiement (remise des clés, remise des locaux vides, justification du paiement des impôts et des loyers). Cependant, le versement de l'indemnité d'éviction entre les mains d'un séquestre, s'il est permis par l'article L 145-29 du Code de commerce, ne l'est selon ce texte qu'à titre « éventuel », et doit donc rester exceptionnel eu égard aux pénalités de retard encourues par le locataire (CA Paris 29-6-2005 n° 03/17727, 16e ch. A : RJDA 3/06 n° 242). En principe, le bailleur ne peut avoir recours au séquestre que si celui-ci est choisi d'un commun **accord des parties** ou s'il est nommé judiciairement soit par le jugement prononçant la condamnation au paiement de l'indemnité, soit par simple ordonnance sur requête.

Le séquestre est nommé « **à défaut d'accord** entre les parties » par le jugement prononçant condamnation au paiement de l'indemnité ou à défaut par simple ordonnance sur requête (C. com. art. L 145-29, al. 1). Ainsi que le souligne M. Brault, le texte vise « manifestement un désaccord portant sur le principe même de la désignation du séquestre ou sur l'identité de celui qui pourrait être désigné, le recours à la procédure d'ordonnance sur requête s'imposant en l'absence de désignation par le jugement statuant sur l'indemnité d'éviction » (Ph.-H. Brault, note sous CA Paris 14-12-2005 n° 04/15583, 16e ch. A : Loyers et copr. 2006 comm. n° 133). **47342**

Toutefois, la cour d'appel de Paris estime que seuls peuvent justifier la désignation d'un séquestre un désaccord sur le décompte présenté par le bailleur rendant impossible la remise du solde contesté au locataire ou des circonstances permettant d'induire une résistance injustifiée du locataire à libérer les lieux malgré le versement de ce solde, la désignation d'un séquestre servant alors de moyen légitime de pression en vue de cette libération (CA Paris 29-6-2005 analysé n° 47525). Les juges apprécient si le bailleur a recours de bonne foi au séquestre.

Le séquestre de l'indemnité d'éviction peut également s'avérer être une garantie pour les **créanciers du locataire** mais, quand bien même il y aurait des créanciers inscrits sur le fonds de commerce exploité dans les lieux loués, le bailleur n'encourrait aucune responsabilité de ne pas séquestrer l'indemnité d'éviction. En l'absence de fraude démontrée et en l'absence d'une législation précise protégeant les créanciers inscrits en cas de versement de l'indemnité d'éviction, ces derniers ne sont pas recevables à réclamer au bailleur le paiement de leurs créances (CA Paris 10-10-1997 n° 95/26581, 16e ch. B : Loyers et copr. 1998 comm. n° 12). Aucun droit de préférence ou de suite n'a en effet été organisé par la loi permettant aux créanciers inscrits sur le fonds de commerce de prétendre transférer leur privilège sur l'indemnité. **47345**

ILLUSTRATIONS

Le créancier titulaire d'un nantissement sur le fonds de commerce ne bénéficie d'aucun droit de préférence ou de suite sur l'indemnité, convenue amiablement entre locataire et bailleur, pour la résiliation du bail grâce auquel est exploité le fonds de commerce (Cass. 3e civ. 6-4-2005 n° 03-11.159 FS-PB : RJDA 8-9/05 n° 942). Cette décision s'inscrit dans le droit fil d'une décision rendue par la chambre commerciale de la même Cour qui avait jugé que l'indemnité d'éviction perçue en contrepartie de la perte du droit au bail ne représente pas le prix d'une mutation de propriété et ne peut donc ouvrir un droit de préférence ou de suite (Cass. com. 3-12-2002 n° 00-12.774 F-D).

Contrairement à ce qui est prévu en cas de cession de fonds de commerce (C. com. art. L 141-12 s.), de déplacement du fonds (C. com. art. L 143-1) ou de résiliation du bail (C. com. art. L 143-2), la loi n'organise pas de publication du jugement prononçant l'indemnité d'éviction ou de signification dudit jugement aux créanciers inscrits (en ce sens, CA Paris 15-9-1995 n° 95/007092, 2e ch. B : Loyers et copr. 1995 comm. n° 479 note Ph.-H. Brault). On peut alors s'interroger sur la portée de l'article L 145-29, alinéa 2 du Code du commerce qui énonce que l'indemnité est versée par le séquestre au locataire... s'il n'y a pas d'**opposition** des créanciers. **47350**

En pratique, les séquestres demandent fréquemment au bailleur de notifier aux créanciers inscrits la nomination du séquestre de l'indemnité d'éviction et ils ne libèrent les fonds qu'une fois passé le délai d'un mois suivant cette notification.

Ceci pose la question de la validité d'une telle procédure et de la responsabilité du séquestre, en l'absence d'accord du bailleur et du locataire sur ce point, en cas de manifestation d'un créancier qui aurait pu ignorer le versement de l'indemnité d'éviction en l'absence de notification.

HONORAIRES DU SÉQUESTRE AUQUEL EST VERSÉE L'INDEMNITÉ D'ÉVICTION

En l'absence de précision dans la convention qui le nomme ou dans le jugement, se pose la question de savoir qui doit supporter les honoraires du séquestre. **47355**

Après avoir rappelé qu'il résultait de l'article 20 du décret du 30 septembre 1953 (devenu C. com. art. L 145-29) que l'intervention d'un séquestre permettait de procéder plus facilement aux formalités de publicité, à la réception des oppositions mais aussi et surtout d'obtenir plus efficacement la libération des lieux par le locataire grâce à la possibilité pour le bailleur de retenir 1 % de ladite indemnité par jour de retard et après avoir relevé, malgré l'existence d'une inscription de privilège sur le fonds, l'absence de désaccord entre bailleur et locataire, le tribunal de grande instance (devenu tribunal judiciaire) de Paris a jugé que les frais de séquestre devaient être supportés par le bailleur, sa nomination n'étant réputée intervenir que dans son seul intérêt (TGI Paris 24-11-1994 n° 93-969, 18e ch. sect. 2 : Gaz. Pal. 1995 som. p. 50 note Ph.-H. Brault).

c. Date du paiement de l'indemnité d'éviction

47370 A priori, il va de l'intérêt du bailleur de payer au plus tôt l'indemnité d'éviction, puisque ce paiement déclenche l'obligation pour le locataire, qui n'aurait pas encore quitté les lieux, de les libérer.

L'indemnité d'éviction devra être versée au locataire dans un **délai** de trois mois à compter de la date d'un commandement signifié par acte extrajudiciaire après l'expiration du délai de quinzaine prévu au bénéfice du bailleur pour qu'il exerce son droit de repentir (C. com. art. L 145-30, al. 2). Le commandement doit, à peine de nullité, reproduire le texte de l'article L 145-30, al. 2.

47372 En application de l'article 514 du Code de procédure civile qui dispose que les décisions de première instance sont de droit exécutoires à titre provisoire à moins que la loi ou la décision rendue n'en dispose autrement, la décision fixant le montant de l'indemnité d'éviction est en principe assortie de l'**exécution provisoire.** Dans ce cas, le bailleur peut se trouver en situation difficile s'il entend faire appel car l'article 524 du Code de procédure civile dispose que, lorsque l'exécution provisoire est de droit ou a été ordonnée, le premier président ou, dès qu'il est saisi, le conseiller de la mise en état peut, en cas d'appel, décider, à la demande de l'intimé et après avoir recueilli les observations des parties, la radiation du rôle de l'affaire lorsque l'appelant ne justifie pas avoir exécuté la décision frappée d'appel ou avoir procédé à la consignation autorisée dans les conditions prévues à l'article 521, à moins qu'il lui apparaisse que l'exécution serait de nature à entraîner des conséquences manifestement excessives ou que l'appelant est dans l'impossibilité d'exécuter la décision.

ILLUSTRATIONS

Le premier président de la cour d'appel de Paris a jugé que la seule perspective pour le bailleur de devoir vendre son immeuble et de ne pas pouvoir le racheter en cas d'infirmation de la décision ne constituaient pas des conséquences manifestement excessives exigées par l'article 524 du Code de procédure civile pour suspendre l'exécution provisoire (CA Paris ord. 18-6-2020 n° 19/18197, ch. 5-1 : Rev. Loyers 2020 p. 323, rendu sur le fondement de l'art. 524 dans sa version antérieure au 1-1-2020 mais transposable).

Le juge a la possibilité **d'écarter l'exécution provisoire** de droit, en tout ou partie, s'il estime qu'elle est incompatible avec la nature de l'affaire. Le juge statue d'office ou à la demande d'une partie, par décision spécialement motivée (CPC art. 514-1). L'incompatibilité de l'exécution provisoire avec la nature des instances en fixation de l'indemnité d'éviction est susceptible de résulter d'une part, de l'atteinte au droit au maintien dans les lieux du locataire dans la mesure où l'exécution provisoire l'obligerait à quitter les locaux après paiement de l'indemnité d'éviction alors même que cette dernière n'est pas définitivement fixée et, d'autre part, de la privation faite au bailleur de la possibilité d'exercer son droit de repentir une fois le locataire parti des lieux (en ce sens : TJ Bobigny 17-6-2024 n° 23/02827, ch. 5-3).

INTÉRÊTS DE RETARD PRODUITS PAR L'INDEMNITÉ D'ÉVICTION

47375 Pour autant, cela ne signifie pas que ce n'est qu'au-delà de ce délai que le bailleur pourra être tenu au versement d'intérêts de retard car la règle posée par l'article L 145-30 du Code de commerce n'empêche pas l'exigibilité de ces intérêts avant la date prévue par cette disposition.

Pour le **point de départ** des intérêts au taux légal, l'indemnité d'éviction est soumise aux dispositions de l'article 1231-7 du Code civil qui prévoit que les intérêts courent à compter du jugement, sauf si le juge en décide autrement. Le juge a donc la faculté de fixer discrétionnairement le point de départ des intérêts (Cass. 3e civ. 15-6-1994 n° 92-12.091 P : RJDA 10/94 n° 1008 ; Cass. 3e civ. 4-7-2001 n° 97-20.663 FS-PB : RJDA 11/01 n° 1083).

Il peut ainsi le fixer à la date d'assignation du locataire en reconnaissance du droit à indemnité d'éviction (Cass. 3e civ. 15-6-1994 précité) ou encore à la date du jugement déféré confirmé (CA Paris 20-6-2007 n° 05/22066, 16e ch. A, SCI Opéra Capucines c/ SA Crédit Lyonnais : Loyers et copr. 2007 comm n° 177). La Cour de cassation a jugé que, dans le cas où un premier arrêt fixe seulement le montant de l'indemnité d'éviction sans condamner le bailleur à son paiement, seul l'arrêt condamnant le bailleur à payer l'indemnité fait courir les intérêts majorés en application de l'article L 313-3 du Code monétaire et financier (Cass. 3e civ. 18-9-2007 n° 06-15.220 F-D : Gaz. Pal. 29 décembre 2007 som. p. 20), aux termes duquel le taux d'intérêt légal est majoré de cinq points à l'expiration d'un délai de deux mois à compter du jour où la décision emportant condamnation est devenue exécutoire (pour une application, Cass. 3e civ. 19-10-2022 n° 21-16.055 F-D).

L'indemnité d'éviction n'emporte pas l'exigibilité d'intérêts au taux légal au profit du locataire évincé durant le laps de temps où cette indemnité reste légitimement entre les mains du séquestre (Cass. 3e civ. 4-7-2001 n° 97-20.663 FS-PB : RJDA 11/01 n° 1083) puisqu'un tel versement est libératoire (Cass. 3e civ. 3-12-2003 n° 01-15.210 FS-D : RJDA 3/04 n° 282). Toutefois, si le bailleur fait ensuite une résistance qualifiable d'abusive empêchant le séquestre de verser les fonds au locataire, il peut être tenu au paiement d'intérêts de retard pour une période postérieure au paiement de l'indemnité entre les mains du séquestre (même arrêt). Dans cette affaire, le bailleur a été condamné à verser des intérêts au taux légal entre la date du départ des lieux du locataire et la date à laquelle le séquestre, en exécution des ordonnances de référé que le locataire avait dû solliciter, s'est dessaisi de cette indemnité. **47380**

PRODUITS FINANCIERS DE L'INDEMNITÉ D'ÉVICTION APRÈS SÉQUESTRE

Les produits financiers de l'indemnité d'éviction bénéficient de plein droit au locataire évincé, **47385** créancier de cette indemnité, dès le jour de son versement par le bailleur entre les mains du séquestre (Cass. 3e civ. 3-12-2003 n° 02-10.890 FS-D : RJDA 3/04 n° 282).

B. Libération des lieux

1. DATE DE LA LIBÉRATION DES LIEUX

Le locataire peut quitter les lieux dès la date de prise d'effet du congé avec refus de **47440** renouvellement et, au plus tard, à l'expiration d'un délai de trois mois suivant la date du versement de l'indemnité d'éviction entre ses mains ou de la notification à lui faite du versement de celle-ci à un séquestre (C. com. art. L 145-29, al. 1).

2. CONDITIONS D'UNE BONNE LIBÉRATION DES LIEUX

PRINCIPE

La remise des biens doit porter sur l'**intégralité des lieux** loués. En effet, l'objet de la location **47480** étant indivisible, il ne saurait être admis que le locataire puisse ne rendre qu'une partie des locaux sur lesquels il bénéficie d'un maintien en application de l'article L 145-28 du Code de commerce alors que ce texte précise que le maintien lui est accordé aux conditions et clauses du contrat de bail expiré (CA Paris 20-6-1973, 16e ch., Sté du Petit Parisien et d'Éditions c/ Sté Immobilière La Lisaine : Rev. Loyers 1974 p. 159 note J. Viatte).

Cette remise suppose des **locaux vides,** vides de tout occupant et de tout mobilier. Tel n'est pas **47485** le cas lorsqu'il reste des meubles dans les lieux et qu'une chambre reste occupée par des tiers (Cass. 3e civ. 30-10-1969 n° 67-13.395 : Bull. civ. III n° 699), ou lorsque les clés sont remises alors que les locaux ne sont pas libérés de toute occupation (Cass. 3e civ. 4-2-1986 n° 84-16.371 : Bull. civ. III n° 2).

Toutefois, lorsque les clés sont remises sans réserve avec un constat d'huissier (ou de commissaire de justice) déclarant les lieux dépourvus de toute marchandise, les juges peuvent retenir qu'il importait peu que quelques meubles fussent restés sur place (Cass. 3e civ. 2-2-2000 n° 97-21.840).

Les juges apprécient également si le locataire a fait toutes les **diligences** nécessaires **pour** **47490** **obtenir la libération** des lieux (Cass. 3e civ. 14-4-1982 n° 80-13.513 : Revue Loyers 1982 p. 337) et la force majeure ou le comportement du bailleur peuvent exonérer le locataire de la retenue de 1 % (CA Paris 27-6-1990 n° 89/14015, 14e ch. A : BRDA 24/90 p. 19).

ILLUSTRATIONS

N'encourt pas la pénalité de 1 % le locataire qui, ayant offert sans retard les clés des locaux commerciaux occupés par lui, n'a pas pu faire libérer une partie des lieux loués, sous-loués à usage d'habitation avec l'accord du bailleur, en raison du droit au maintien dans les lieux reconnu au sous-locataire par la loi du 1er septembre 1948, situation assimilable à un cas de force majeure (Cass. 3e civ. 25-1-1968 n° 65-14.001 : Bull. civ. III n° 34).

CAS PARTICULIER DE LA LIBÉRATION DES LIEUX DES HÔTELS MEUBLÉS

Les règles exposées ci-dessus sont assouplies pour les hôtels meublés car l'article L 145-28, qui **47495** n'est pas d'ordre public, doit être concilié avec les dispositions d'ordre public de la loi 49-458 du 2 avril 1949 qui donnent un **droit au maintien** dans les lieux aux **clients** d'un hôtel meublé. Il s'ensuit que :

– le locataire ne peut, tant qu'il exerce le commerce, les contraindre à vider les lieux et, postérieurement à son départ, il est évidemment sans droit ni titre à poursuivre l'expulsion de ses ex-clients. Dès lors, l'opposition du bailleur à la remise de l'indemnité d'éviction n'est pas fondée (TGI Seine réf. 27-4-1960, Sté Hôtel des Deux-Communes c/ Sté Établissement Siam et Dreyfus : Gaz. Pal. 1960 2e sem. p. 94) ;

– le locataire n'a pas à subir la retenue de 1 % lorsque, malgré ses diligences consistant à avoir donné congé à ses clients et assigné ceux-ci en validité de congé, le locataire n'a pas été en mesure d'obtenir, dans le temps voulu pour son propre départ, la libération des lieux par certains des locataires en meublé (Cass. com. 12-10-1964 n° 59-13.147 : Bull. civ. III n° 417 ; dans le même sens, Cass. 3e civ. 18-1-1989 n° 87-12.468 : Bull. civ. III n° 14 ; Cass. 3e civ. 30-4-1997 n° 95-17.913 : Bull. civ. III n° 93 ; Cass. 3e civ. 13-9-2018 n° 17-22.719 F-D) ;

– la retenue de 1 % est acquise au bailleur à défaut de restitution des chambres vacantes et des locaux occupés personnellement par le locataire, lorsque celui-ci n'établit pas avoir pris toutes les initiatives opportunes pour obtenir la libération effective des lieux (Cass. 3e civ. 28-5-1997 n° 95-18.158 : Bull. civ. III n° 119).

3. RETENUE DE 1 % SUR L'INDEMNITÉ D'ÉVICTION

47520 En cas de non-remise des clés à la date fixée et après mise en demeure, le séquestre retient 1 % par jour de retard sur le montant de l'indemnité et restitue cette retenue au bailleur sur sa simple quittance (C. com. art. L 145-30, al. 1). Cette restitution est subordonnée à la condition que la somme séquestrée couvre l'intégralité de l'indemnité d'éviction, en principal et accessoires (Cass. 3e civ. 19-10-2022 n° 21-16.055 F-D). Cette pénalité ne peut cependant pas commencer à courir tant que le montant de l'indemnité d'éviction n'a pas été fixé par une décision passée en force de chose jugée (Cass. 3e civ. 5-4-2006 n° 04-12.598 FS-PB : RJDA 7/06 n° 755).

ILLUSTRATIONS

Une cour d'appel ne peut pas retenir qu'une indemnité d'éviction a été entièrement absorbée par la retenue de 1 % qui aurait couru à compter de la mise en demeure de restituer les lieux délivrée par le propriétaire après séquestration du montant de l'indemnité en exécution d'un jugement de première instance du 5 décembre 2006 la fixant et assorti de l'exécution provisoire, puisque le jugement n'avait été définitivement confirmé que par un arrêt du 7 janvier 2008 (Cass. 3e civ. 2-10-2012 n° 11-17.098 F-PB : RJDA 3/13 n° 203).

Pour ne pas encourir cette retenue, le locataire doit libérer les lieux loués au plus tard à l'expiration d'un délai de trois mois suivant la date du versement de l'indemnité d'éviction entre ses mains ou de la notification à lui faite du versement de celle-ci à un séquestre (C. com. art. L 145-29, al. 1).

47525 Cette retenue, qui ne peut être opérée que si un séquestre a été désigné (CA Dijon 26-6-1992 : AJPI 1994 p. 917), constitue une **pénalité** définitive et non une astreinte, et ne peut donc pas être modérée par le juge sur le fondement de l'article 1231-5 du Code civil. Seul le juge du fond peut en retarder le point de départ en fonction de l'existence d'un cas de force majeure ou du comportement du bailleur ; aucune disposition légale ne permet au juge des référés d'en suspendre les effets en accordant un délai supplémentaire au locataire (CA Paris 27-6-1990 n° 89/14015, 14e ch. A : BRDA 24/90 p. 19). Ainsi, une ordonnance de référé ne peut pas accorder à un locataire un délai pour restituer les lieux pour lui permettre de procéder au dégazage de cuves d'hydrocarbures (même arrêt).

La retenue ne fait pas double emploi avec l'indemnité d'occupation. Dès lors, en n'ayant pas quitté les lieux dans le délai prévu par la loi, le locataire perd son indemnité d'éviction par imputation de cette pénalité et il s'ensuit qu'il ne peut prétendre compenser l'indemnité d'occupation dont il est redevable avec l'indemnité d'éviction perdue (Cass. 3e civ. 4-1-1977 n° 75-13.392 : Bull. civ. III n° 2).

La retenue de 1 % vise à sanctionner l'inertie du locataire à quitter les lieux. Le bailleur ne peut donc pas obtenir le paiement d'un montant au titre de la retenue de 1 % au-delà de l'indemnité d'éviction absorbée, l'article L 145-30 du Code de commerce n'autorisant pas le bailleur à percevoir cette indemnité jusqu'à la libération effective des lieux loués, le maintien sans titre dans les locaux étant réparé par l'indemnité d'occupation (CA Paris 2-8-2018 n° 17/03640, ch. 5-8).

Elle n'est exigible qu'à la **condition** que le bailleur ait notifié le versement de l'indemnité d'éviction entre les mains du séquestre, cette obligation de notifier ne pesant pas sur le séquestre (Cass. 3e civ. 18-1-1989 n° 87-12.468 : Bull. civ. III n° 14).

Le comportement fautif du bailleur ne permet pas d'écarter l'application des articles L 145-29 et L 145-30 du Code de commerce dès lors que les conditions légales de la retenue de garantie par le séquestre sont réunies ; seule l'allocation de dommages-intérêts permet de sanctionner un tel comportement (Cass. 3e civ. 27-6-2007 n° 06-12.345 FS-PB : RJDA 12/07 n° 1198 et, sur renvoi, CA Paris 16-10-2008 n° 07/15290, 16e ch. B : RJDA 6/09 n° 523). Au cas particulier, la Cour de cassation a censuré une cour d'appel qui avait repoussé la date de prise d'effet de la retenue de 1 % à la date de libération des locaux par le locataire compte tenu des agissements fautifs du bailleur, dont notamment l'obtention indue d'une mesure de séquestre de l'indemnité d'éviction (CA Paris 14-12-2005 n° 04/15583, 16e ch. A : Loyers et copr. 2006 comm. n° 133).

ILLUSTRATIONS

Condamné au paiement d'une indemnité d'éviction, un bailleur avait envoyé un décompte à son locataire le 18 janvier 2001 et présenté une requête en désignation d'un séquestre judiciaire le 13 février suivant à laquelle il avait été fait droit, ce qui obligeait le locataire à quitter les lieux au plus tard le 1er avril 2001 sous peine des pénalités de retard de l'article L 145-30. Le locataire n'avait pu quitter les lieux que le 15 mai, ce qui l'avait rendu redevable de pénalités d'un montant égal à celui de l'indemnité d'éviction.

En agissant ainsi, le bailleur a commis un abus de droit. En effet :

– le bailleur ne pouvait pas présenter la requête en désignation de séquestre sans s'être préalablement rapproché de son cocontractant pour connaître sa position sur le décompte et, en cas de non-acceptation, pour s'assurer de son accord sur la désignation de séquestre ;

– en s'abstenant d'une telle démarche et en prétendant à l'appui de sa requête qu'aucun accord n'avait pu intervenir quant à la désignation d'un séquestre, le bailleur avait fait preuve d'un comportement déloyal à l'égard du locataire qui n'avait pas entendu contester le décompte sous réserve d'y ajouter à son crédit le remboursement du dépôt de garantie ;

– le bailleur ne pouvait pas ignorer les difficultés de transfert de l'activité du locataire compte tenu des spécificités de celle-ci et du matériel utilisé pour lequel il avait besoin de locaux de hauteur sous plafond d'au moins trois mètres ; il savait que le locataire ne pourrait pas matériellement quitter les lieux pour le 1er avril en raison du temps nécessaire à la recherche de nouveaux locaux, à la régularisation des actes, aux aménagements éventuels et au déménagement ; pourtant il avait eu recours à un séquestre, et ce, dans le but manifeste de minorer, par le jeu des pénalités de retard, le montant de l'indemnité d'éviction ;

– rien ne permettait de penser que le locataire opposerait une résistance injustifiée à la libération des lieux ; il avait d'ailleurs recherché d'autres locaux puisqu'il avait fait le 12 février une offre d'achat d'autres locaux.

Par suite, la cour d'appel a alloué au locataire des dommages-intérêts (préjudice évalué au montant des pénalités et aux frais de garde-meubles).

CA Paris 29-6-2005 n° 03/17727, 16e ch. A : RJDA 3/06 n° 242.

La **mise en demeure** qui rend exigible la retenue n'est soumise à aucune condition de **forme** ou de délai. Il importe cependant que le bailleur puisse prouver qu'il a mis en demeure son locataire, d'où, a minima, l'utilisation de la lettre recommandée avec avis de réception. **47530**

Il faut aussi, pour être opérante, que cette mise en demeure soit suffisamment explicite pour **éclairer le locataire** sur la consistance de ses droits et obligations et la formule « premier jour du terme d'usage » n'est pas suffisante à l'égard d'un non-professionnel compte tenu de la gravité de la sanction encourue (Cass. 3e civ. 19-3-1997 n° 95-17.070 PB : RJDA 5/97 n° 623).

Elle peut être valablement faite avant la **date** fixée pour la libération des lieux mais elle ne produira effet, et la retenue ne commencera à courir, qu'à compter de la date fixée pour la libération des lieux.

Dès lors que le bailleur a mis en demeure son locataire d'avoir à libérer les lieux après avoir séquestré l'indemnité d'éviction, peu importe que la mise en demeure ait indiqué une date erronée pour libérer les lieux faute de tenir compte des usages locaux : l'article L 145-28 ne fait pas obligation au propriétaire de signifier une nouvelle mise en demeure pour faire courir la pénalité de retard (Cass. com. 9-6-1966 n° 64-12.683 : Bull. civ. III. n° 294).

Peu importe le délai prévu par la loi pour l'exercice du **droit de repentir** du bailleur. Si ce dernier a versé l'indemnité d'éviction et a mis en demeure son locataire de libérer les lieux à peine d'encourir la pénalité de 1 %, cette retenue sera exigible à la date prévue par l'article L 145-29 (n° 47440 ; en ce sens, Cass. 3e civ. 7-4-1994 n° 92-16.777 P : Bull. civ. III n° 74 rendu sous le régime applicable avant la loi 2008-776 du 4-8-2008, mais transposable). Au cas particulier, le bailleur avait versé l'indemnité d'éviction entre les mains du séquestre le 1er septembre 1989 et mis en demeure son locataire le 8 septembre 1989, soit avant la signification de l'arrêt prononçant l'indemnité qui était intervenue le 20 septembre 1989. Le locataire, prétextant le délai de repentir de 15 jours expirant le 5 octobre, prétendait pouvoir se maintenir dans les lieux sans avoir à supporter la retenue de 1 % jusqu'au 31 décembre 1989. **47533**

SECTION 4

RÉGIME FISCAL DE L'INDEMNITÉ D'ÉVICTION OU D'OCCUPATION

I. RÉGIME FISCAL DE L'INDEMNITÉ D'ÉVICTION

EN BREF

47600 En matière d'**impôts directs,** le régime applicable à l'indemnité d'éviction dépend, pour le **bailleur,** des raisons qui justifient le versement de l'indemnité (location à des conditions plus avantageuses, reprise des locaux en vue de la vente, etc.). Pour le **locataire,** les règles diffèrent selon qu'il est soumis à l'impôt sur les sociétés ou à l'impôt sur le revenu et, dans ce dernier cas, selon la nature du préjudice couvert par l'indemnité.

L'indemnité d'éviction n'est pas assujettie à la **TVA.** Le non-renouvellement du bail, qu'il donne lieu ou non au versement d'une indemnité, entraîne uniquement, en principe, la perception d'un droit fixe d'**enregistrement.**

A. Indemnité d'éviction et impôts directs

1. IMPOSITION DU BAILLEUR

INDEMNITÉ D'ÉVICTION : BAILLEUR RELEVANT DES BIC OU DE L'IS

47601 Le régime fiscal des indemnités d'éviction versées par le bailleur dépend des circonstances de leur versement. Selon les motivations qui conduisent le propriétaire à évincer le locataire, les indemnités sont qualifiées de **charges déductibles** des résultats imposables ou d'**éléments d'actif.**

En tout état de cause, pour être déductibles, les indemnités d'éviction doivent être **justifiées** et répondre à l'**intérêt de l'entreprise** versante conformément aux règles de droit commun.

47602 Les indemnités d'éviction versées par le propriétaire sont considérées comme des **charges** immédiatement **déductibles** lorsque l'**objectif du propriétaire** est :

– de louer l'immeuble à des conditions plus avantageuses ;

– ou de s'y installer afin d'y exercer une activité génératrice de revenus différente de celle du locataire sortant.

En revanche, les indemnités d'éviction sont analysées comme un **élément du prix de revient d'un actif** lorsque le propriétaire souhaite reprendre les locaux afin de les vendre, de les démolir, d'y exercer la même activité professionnelle que celle du locataire sortant ou de les affecter à un usage d'habitation.

47603 ILLUSTRATIONS

Lorsqu'un contribuable exploitant une entreprise de transports routiers de voyageurs et concessionnaire d'une marque d'automobiles reprend, moyennant le versement d'une indemnité d'éviction, la disposition de locaux dont il est propriétaire et dans lesquels il entreprend la **profession** de garagiste et de distributeur d'essence **précédemment exercée par le locataire évincé,** il bénéficie, en fait, de la clientèle de ce dernier. Il ne peut, pour la détermination de son bénéfice imposable, déduire l'intégralité de l'indemnité d'éviction, car celle-ci a eu notamment pour contrepartie une augmentation de la valeur de son propre fonds de commerce.

CE 11-5-1964 n° 58730 : Dupont 1964 p. 562 ; BOI-BIC-CHG-20-10-20 n° 80.

Le versement d'une indemnité d'éviction par une SARL ayant pour objet la location de locaux à usage commercial et d'habitation n'est pas engagé dans l'intérêt de l'entreprise et n'est donc pas déductible, dès lors que :

– d'une part, la société bailleresse ne pouvait faire état, au moment où elle a décidé de ne pas renouveler le bail, d'aucun élément lui permettant d'espérer une **location plus avantageuse** qui aurait compensé la charge constituée par l'indemnité d'éviction ;

– d'autre part, elle ne pouvait ignorer, en raison des liens unissant les deux gérants, que la société locataire cesserait son activité quelques mois plus tard, ce qui lui aurait permis de reprendre la disposition des locaux sans indemnité.

CE 17-3-1982 n° 18770 : RJF 5/82 n° 460.

Correspond en réalité à un transfert de fonds de commerce entraînant un accroissement d'actif l'indemnité dite de « résiliation du bail » (comprenant le prix d'acquisition d'un matériel important) versée par une société en vue de reprendre la disposition de locaux donnés à bail et d'y **poursuivre la même activité que le locataire,** sous forme d'une location-gérance à une société du même groupe, en bénéficiant de la clientèle acquise par le locataire.
Les sommes correspondantes sont par suite exclues des charges déductibles.

CE 19-2-1986 n° 46347 : RJF 4/86 n° 347.

L'indemnité versée par une société exploitant un fonds de commerce de boucherie-charcuterie à un boucher-charcutier auquel elle donnait à bail un immeuble situé dans la même rue, en vue de reprendre la disposition tant des locaux à usage d'habitation que du local commercial, revêt :
– pour partie le caractère d'une charge déductible des résultats eu égard notamment à la faible valeur de la clientèle, au montant peu élevé du loyer ainsi qu'à la circonstance que la résiliation du bail a permis à la société d'**améliorer le revenu** tiré de ce bien par l'aménagement en studios de la partie à usage d'habitation ;
– pour partie le caractère d'un accroissement de la valeur d'actif du fonds de commerce dans la mesure où l'opération a eu pour effet d'**éliminer un concurrent et** de **récupérer une partie de sa clientèle,** les stipulations du bail conclu avec le nouveau locataire du local commercial interdisant l'ouverture d'un commerce identique.

CE 31-3-1989 n° 80712 : RJF 5/89 n° 539.

Une indemnité d'éviction égale à plus de quatre fois le loyer annuel est déductible dès lors que la libération des locaux a permis au propriétaire de les **relouer à de meilleures conditions** grâce au surplus de loyer versé par le nouvel occupant.

CE 3-7-2009 n° 305732 : RJF 11/09 n° 910.

L'indemnité de résiliation d'un bail commercial versée par la société bailleresse aux exploitants d'un fonds de commerce de restauration doit être regardée comme lui ayant permis d'acquérir les éléments de ce fonds dont elle a ensuite confié l'exploitation à une SARL dès lors que :
– les exploitants du restaurant se sont engagés, dans l'acte de résiliation, à **ne pas gérer ou exploiter directement ou indirectement un fonds de commerce similaire** à celui précédemment exploité durant cinq années, dans un rayon de cinq cents mètres ;
– la SARL, appartenant au même groupe familial que la société bailleresse, a **poursuivi,** dans les locaux du restaurant, **une activité de restauration analogue** après n'avoir acquis auprès des exploitants précédents, avant même d'être titulaire du bail commercial, que des installations et matériels divers ainsi que la licence IV pour la vente de boissons ;
– le **loyer** versé par la SARL à la société bailleresse, pour la seule location des locaux, dont la superficie a certes été augmentée de 20 % et qui ont fait l'objet de travaux d'aménagement, excède de plus de cinq fois le loyer acquitté par les précédents exploitants, et est **nettement supérieur aux prix du marché.**
Par suite, l'indemnité de résiliation, dont le montant correspond à la valeur du fonds de commerce, doit être regardée comme la contrepartie de l'acquisition d'un élément d'actif.

CE 9-10-2015 n° 373654 : RJF 1/16 n° 4.

Constitue le prix d'acquisition d'une valeur d'actif l'indemnité d'éviction versée par le propriétaire au locataire en vue de **démolir l'immeuble** occupé par ce dernier pour y **édifier à la place son siège social.**

CE 22-2-1965 n° 56030 : Dupont 1965 p. 228.

L'indemnité d'éviction versée par une entreprise au locataire d'un **immeuble** lui appartenant en vue de le **libérer avant de** le **vendre** a pour contrepartie un accroissement de la valeur de cet élément de l'actif immobilisé et constitue donc un élément de son prix de revient.
En conséquence, elle est exclue des charges déductibles.

CE 5-10-1988 n° 61841 : RJF 12/88 n° 1298.

La somme versée par une société pour obtenir le départ des locataires de l'immeuble dont elle est propriétaire ne constitue pas une charge déductible de ses résultats dès lors que la **libération de l'immeuble en vue de sa vente** a eu pour effet d'accroître sa valeur.

CE 10-7-1989 n° 41069 : RJF 10/89 n° 1075.

L'indemnité d'éviction versée à l'occupant d'un **immeuble** qui fait partie du **stock d'un marchand de biens** ne peut être regardée comme une charge dès lors qu'elle contribue à l'accroissement de la valeur du stock. Par suite, l'indemnité acquittée par un marchand de biens pour un immeuble dont il est propriétaire et qu'il destine à la **revente** constitue un élément du coût de revient de son stock.

CE 28-3-2012 n° 318830 : RJF 6/12 n° 566.

Indemnité d'éviction versée lors de l'acquisition de l'immeuble Lorsque leur versement est effectué à l'occasion de l'acquisition d'un immeuble, les indemnités d'éviction 47605 payées au locataire en vue d'obtenir son départ anticipé constituent en principe un élément du prix de revient des locaux. En effet, l'acquisition d'un immeuble occupé est généralement opérée pour un prix inférieur à la valeur du bien. Les indemnités d'éviction, destinées à rendre l'immeuble libre de tout bail, sont alors considérées comme un **complément du prix d'acquisition.**

Toutefois, le Conseil d'État a admis la déductibilité dans des circonstances où le **prix payé** par l'acquéreur, sans même tenir compte de l'indemnité, était déjà **très élevé par rapport à la valeur vénale des locaux** (CE 12-2-1990 n° 60557 : RJF 4/90 n° 379).

INDEMNITÉ D'ÉVICTION : BAILLEUR RELEVANT DES REVENUS FONCIERS

47610 L'indemnité d'éviction versée par le bailleur est déductible des recettes brutes foncières si, compte tenu des circonstances de fait, elle peut être regardée comme une dépense faite en vue de l'acquisition ou de la conservation du revenu au sens de l'article 13, 1 du CGI. Tel est le cas lorsque le bailleur reprend la disposition de ses locaux en vue de les **relouer dans de meilleures conditions** ou pour effectuer des **travaux permettant une relocation avantageuse.**

En revanche, l'indemnité versée n'est pas déductible lorsqu'elle présente le caractère d'une **dépense personnelle** ou d'une dépense engagée en vue de la réalisation d'un **gain en capital.** Tel est le cas lorsque le propriétaire reprend les biens donnés en location pour son usage personnel, pour les vendre libres de toute location ou les démolir, par exemple pour pouvoir conclure un bail à construction sur le terrain libéré. L'administration refuse également la déduction de l'indemnité lorsque la reprise du bien loué a pour but la transformation de locaux commerciaux en logements (BOI-RFPI-BASE-20-20 n° 10), mais cette position a été infirmée, sous certaines conditions, par le Conseil d'État (CE 29-3-1989 n° 81836, voir ci-dessous n° 47612).

L'indemnité d'éviction versée en vue de faciliter la **vente** de l'immeuble, non déductible des revenus fonciers du propriétaire, peut être prise en compte pour le calcul de la **plus-value immobilière** réalisée.

47612 ILLUSTRATIONS

Un propriétaire d'immeubles anciens avait **résilié les baux** consentis à des locataires commerçants et leur avait versé une indemnité d'éviction afin de conclure, avec un tiers, un **bail à construction** prévoyant le remplacement de ces immeubles par des **constructions nouvelles devant lui revenir en fin de bail.**

L'opération ayant eu pour objet de dégager un terrain nu à bâtir et ayant créé, pour le bailleur, une situation nouvelle entièrement distincte de la situation antérieure, les indemnités versées ne peuvent pas être regardées comme devant permettre la continuation, sous une autre forme, de l'exploitation des immeubles dont le bailleur était propriétaire, mais comme la contrepartie d'un accroissement de son patrimoine immobilier. L'intéressé ne peut dès lors demander à déduire le montant des indemnités de son revenu foncier.

CE plén. 20-10-1978 n° 7157 : RJF 12/78 n° 544 ; BOI-RFPI-BASE-20-20 n° 10.

L'indemnité d'éviction versée par le propriétaire d'un immeuble à un locataire n'est pas déductible du revenu brut foncier lorsqu'elle a pour contrepartie l'accroissement de la valeur de l'immeuble. Il en est ainsi dans le cas où l'indemnité a été versée au locataire préalablement à la **vente de l'immeuble à un acquéreur qui entendait procéder à sa démolition.**

CE 6-1-1988 n° 46658 : RJF 3/88 n° 284.

L'indemnité d'éviction versée à un locataire commerçant pour la libération des locaux loués qui, après des travaux de transformation, ont été pour partie **reloués à usage d'habitation** moyennant un loyer supérieur à celui du bail commercial et, pour le surplus, **rattachés à un appartement dont le propriétaire a gardé la disposition** est déductible des revenus fonciers du propriétaire au prorata de la surface de la partie relouée des locaux.

CE 29-3-1989 n° 81836 : RJF 5/89 n° 570.

L'associé d'une SCI, propriétaire d'un **immeuble reconstruit sur l'emplacement d'un précédent immeuble démoli,** n'est pas en droit de déduire de ses revenus fonciers la part lui incombant dans l'indemnité que la SCI a dû verser au titulaire d'un bail commercial portant sur des locaux situés dans l'immeuble démoli, dès lors qu'il ne donne aucune indication sur l'**utilisation de l'immeuble envisagée** par la SCI après le versement de l'indemnité.

CE 6-7-1990 n° 61637 : RJF 10/90 n° 1203.

L'indemnité d'éviction versée à un exploitant de bains-douches en vue de la libération de locaux à usage commercial pour leur **remise en état avant une nouvelle location** constitue une dépense effectuée en vue de l'acquisition et de la conservation du revenu au sens de l'article 13, 1 du CGI. Elle peut, en conséquence, être déduite des revenus fonciers du propriétaire.

CAA Paris 31-1-1991 n° 1033, 2e ch. : RJF 5/91 n° 618 ; BOI-RFPI-BASE-20-20 n° 1.

Une société civile immobilière, propriétaire de locaux à usage industriel loués à une société anonyme, avait procédé à la résiliation anticipée du bail avec l'accord de son locataire et, en exécution d'une sentence arbitrale, versé à celui-ci une indemnité d'éviction.
Jugé, au cas particulier, que la partie de l'indemnité qui correspond à la **plus-value donnée à la propriété par l'abandon des constructions** édifiées par le locataire n'est pas déductible.
En revanche, est déductible la fraction de l'indemnité qui correspond à la renonciation du locataire à son droit à la propriété commerciale et qui permet une **augmentation du revenu tiré de l'immeuble** (la propriété ayant pu être louée pour un montant de loyer annuel quatre fois supérieur à celui payé par la société anonyme).

CE 10-2-1993 n° 91545 : RJF 4/93 n° 540.

Une indemnité d'éviction dont le versement permet, après la réalisation de travaux, la relocation de l'immeuble à des conditions plus avantageuses est déductible dès lors que son objet vise à augmenter le revenu tiré de l'immeuble. La **concomitance entre l'acquisition de l'immeuble et le versement de l'indemnité** est sans incidence sur la déductibilité de celle-ci. De même, il importe peu que les **travaux** dont l'éviction des locataires était le préalable indispensable aient le caractère d'une **reconstruction** au sens de l'article 31 du CGI.

CE 8-7-2005 n° 253291 : RJF 11/05 n° 1194.

Ndlr : Autrement dit, il n'est pas tenu compte du caractère non déductible des travaux de reconstruction.

Doit être regardée comme ayant visé à augmenter le revenu tiré de l'immeuble et pouvant ainsi être déduite, par application des dispositions de l'article 13, 1 du CGI, des revenus fonciers procurés par la location, l'indemnité d'éviction du locataire ayant permis d'installer un nouvel occupant moyennant le paiement d'un **loyer quatre fois supérieur au montant du terme précédent.**
La **concomitance entre l'acquisition de l'immeuble et le versement de l'indemnité** n'a pas conféré à cette dernière le caractère d'une dépense engagée en vue de la réalisation d'un gain en capital.

CAA Bordeaux 12-7-2006 n° 03-1773, 4e ch. : RJF 2/07 n° 161.

Ne sont pas déductibles, en application de l'article 13, 1 du CGI, les dépenses exposées par une société civile immobilière pour la **reprise des aménagements et agencements réalisés par les locataires** à l'intérieur des locaux loués en leur remboursant les emprunts qu'ils avaient contractés à cet effet ou en souscrivant elle-même des emprunts pour les dédommager de leurs dépenses dès lors que ces dépenses ont eu pour effet d'accroître l'actif immobilisé de la SCI à raison de la reprise de ces aménagements et agencements qui consistaient principalement en l'installation de l'électricité, du chauffage, du téléphone et de la distribution d'eau et ne présentaient aucune spécificité attachée à l'activité des locataires. Ces dépenses ne sont pas assimilables à des indemnités d'éviction versées pour obtenir la libération des lieux et donner ceux-ci en location à des conditions plus avantageuses.

CE 20-2-2008 nos 287456 et 287457 : RJF 5/08 n° 560.

L'indemnité d'éviction et les intérêts de l'emprunt contracté pour la payer sont déductibles quelle que soit l'**importance des charges de l'emprunt** dès lors que l'indemnité a eu pour but d'augmenter le revenu tiré du local et a permis au bailleur de relouer l'immeuble à des conditions plus avantageuses (loyer plus de deux fois supérieur au loyer antérieur).

CE 3-7-2009 n° 293154 : RJF 11/09 n° 946.

2. IMPOSITION DU LOCATAIRE

Pour le locataire, le régime d'imposition de l'indemnité d'éviction diffère selon qu'il est soumis à l'impôt sur le revenu ou à l'impôt sur les sociétés. **47650**

Lorsque le locataire relève de l'**impôt sur le revenu,** les règles d'imposition varient selon la nature du préjudice que cette indemnité est destinée à réparer.

Ainsi, la fraction de l'indemnité destinée à compenser la **perte d'un élément d'actif immobilisé,** notamment le droit au bail, est assimilée à un prix de cession et suit en conséquence le régime des plus-values professionnelles.

En revanche, lorsqu'elle compense une **charge** (frais de remploi, frais de déménagement et de réinstallation, droits de mutation, frais de publicité, etc.) ou un **manque à gagner** (perte de recettes commerciales), la fraction de l'indemnité d'éviction correspondante doit être comprise dans le résultat imposable au taux normal (en ce sens, BOI-BIC-PDSTK-10-30-20 n° 110).

Lorsque le locataire est une **société soumise à l'IS,** l'indemnité d'éviction est comprise dans les résultats soumis au taux normal, quelle que soit la nature du préjudice compensé par l'indemnité.

47652 ILLUSTRATIONS

L'indemnité allouée par le TGI (devenu tribunal judiciaire) à une société pour éviction d'un local commercial constitue un profit imposable dans les conditions de droit commun, et non selon le régime des plus-values sur cession d'éléments de l'actif, à hauteur de la somme destinée à compenser un manque à gagner correspondant aux **difficultés** rencontrées par la société dans son exploitation pendant le temps nécessaire **pour retrouver** à sa nouvelle adresse **une activité normale.**

CE 27-5-1983 n° 27921 : RJF 7/83 n° 854 ; BOI-BIC-PDSTK-10-30-20 n° 110.

La partie de l'indemnité d'éviction due à une entreprise en raison du non-renouvellement de son bail et destinée, selon la sentence arbitrale qui en a fixé le montant, à compenser des **frais de remploi,** des **frais d'installation,** des **frais de publicité** et d'autres frais de premier établissement et charges diverses que l'exploitant serait conduit à exposer pour déplacer son entreprise est imposable dans les conditions de droit commun, dès lors qu'il n'est pas établi que la ventilation fixée dans la sentence n'aurait pas correspondu à l'objet des divers éléments de l'indemnité.
Il en va ainsi quelle que soit l'interprétation que les arbitres aient pu donner ultérieurement de leur décision et même si le contribuable a été, en fait, dans l'impossibilité de se réinstaller dans un autre local et aurait subi, de ce chef, la perte intégrale de son fonds de commerce.

CE 1-2-1984 n° 36169 : RJF 4/84 n° 413 ; BOI-BIC-PDSTK-10-30-20 n° 110.

L'indemnité reçue lors de la résiliation d'un bail commercial pour couvrir la **perte du droit au bail** et celle de l'avantage représenté par des loyers commerciaux maintenus jusque-là à des taux modérés correspond à un élément incorporel de l'actif immobilisé et constitue dès lors une plus-value à long terme.

CE 25-11-1985 n° 40357 : RJF 2/86 n° 150.

L'indemnité perçue par une société à l'occasion de la résiliation anticipée de son bail commercial doit être regardée comme représentant en totalité la contrepartie de la **perte de ce bail** dès lors qu'il ne résulte, ni des conventions conclues entre les parties, ni de l'instruction, que l'indemnisation ait un autre objet, notamment, comme le soutient l'administration, qu'une partie de l'indemnité représente des frais de remploi, la société n'ayant d'ailleurs pas transféré son fonds de commerce.
Les sommes perçues sont donc imposables comme plus-values à long terme.

CE 10-7-1989 n° 41069 : RJF 10/89 n° 1075.

Le régime des plus-values à long terme est applicable à une indemnité d'éviction versée par une filiale à sa société mère, à hauteur de la fraction compensant la **perte du droit au bail,** dès lors que :
– le droit au bail que détient une société mère en vertu du bail commercial que lui a consenti sa filiale justifie le versement d'une indemnité en cas de résiliation du bail ;
– l'administration n'apporte pas la preuve de la valeur nulle du droit au bail en se bornant à invoquer, sans produire aucune estimation chiffrée, la situation de subordination du bailleur, filiale du locataire, ou l'absence de déclaration par le bailleur au titre des droits d'enregistrement de la reprise à son profit du droit au bail alors qu'il n'y était pas tenu.

CE 23-10-1991 nos 71792-72822 : RJF 12/91 n° 1482.

L'indemnité perçue par une société à la suite de la résiliation amiable anticipée du bail dont elle était titulaire est imposable, pour la part de l'indemnité affectée à la compensation de la **perte d'un élément d'actif immobilisé** (droit au bail), selon le régime des plus-values à long terme et dans les conditions de droit commun pour la part de l'indemnité couvrant les **frais de déménagement et de réinstallation** supportés par la société.

CE 9-12-1991 n° 65544 : RJF 2/92 n° 174.

Une entreprise installée dans un ensemble immobilier devenu insuffisant pour les besoins de son exploitation se porte acquéreur de locaux contigus aux siens et offre au locataire une indemnité suffisamment incitative pour obtenir qu'il renonce à son maintien dans les lieux. En l'absence de tout lien d'intérêt entre les parties contractantes, l'**indemnité** convenue, bien que **largement supérieure à la valeur du droit au bail** pour un acheteur quelconque, exprime la valeur particulière pour la société de la renonciation par son locataire à son droit au bail. Dès lors, cette indemnité constitue pour le locataire une plus-value de cession, exception faite de la **fraction ayant servi à compenser des charges** déductibles qui doit être regardée comme une recette ordinaire.

CE 2-4-1993 n° 56468 : RJF 5/93 n° 625.

L'indemnité versée à raison de la résiliation anticipée d'un bail commercial doit être imposée en tant que plus-value à long terme, et non en tant que recettes imposables compensant les pertes de recettes et les frais liés à la réinstallation du locataire qui n'est intervenue que deux ans plus tard, dans la mesure où l'interruption durable de l'activité, ajoutée à la fermeture définitive des locaux, a entraîné la **disparition du fonds de commerce,** et où il n'est pas établi que la **valeur réelle du droit au bail résilié et celle de la clientèle perdue** étaient inférieures au versement effectué.

TA Poitiers 12-2-1998 n° 95-896 : RJF 7/98 n° 770.

EXERCICE DE RATTACHEMENT DE L'INDEMNITÉ D'ÉVICTION

Les indemnités d'éviction perçues par les locataires doivent être rattachées aux résultats de l'exercice au titre duquel elles apparaissent certaines dans leur principe et dans leur montant (par exemple, exercice en cours à la date du jugement, du contrat ou de la convention qui les fixe). **47655**

Si une **base d'indemnisation** est prévue, l'indemnité est à notre avis à enregistrer immédiatement au compte de résultat de l'exercice où l'éviction a été notifiée, en fonction des modalités de calcul prévues. Lorsque les frais liés à l'éviction sont probables mais non encore engagés, il y a lieu de constituer une provision à raison de ces frais.

En l'**absence de base d'indemnisation,** l'indemnité n'est à enregistrer que lorsqu'elle est acquise.

Une convention conclue à l'occasion de la résiliation d'un bail commercial peut prévoir, outre l'indemnité versée au locataire, que le **bailleur prend à sa charge tous les impôts** ou rappels d'impôts afférents à la perception de cette indemnité. La **créance du locataire** sur le bailleur résultant de la mise en jeu de cette garantie ne peut être évaluée que compte tenu, notamment, de la répartition de l'indemnité entre éléments taxables au taux réduit et éléments imposables au taux normal. **47660**

Jugé que, en cas de redressement et de litige opposant sur ce point le contribuable à l'administration, la créance correspondant à l'**impôt contesté,** certaine dans son principe, n'est en revanche pas certaine dans son montant à la clôture de l'exercice au cours duquel la convention est conclue et l'administration n'est donc pas fondée à la rattacher à cet exercice.

Une telle créance ne devient certaine dans son montant qu'à la date où le juge de l'impôt statue sur son évaluation (CE 13-5-1988 n° 56468 : RJF 7/88 n° 836 ; BOI-BIC-BASE-20-10 n° 30).

B. Indemnité d'éviction et TVA

De façon générale, pour être imposables à la TVA, les indemnités doivent correspondre à des sommes qui constituent la contrepartie d'une prestation de services individualisée rendue à celui qui la verse. Une indemnité qui a pour objet exclusif de réparer un préjudice n'a pas à être soumise à cet impôt. **47700**

L'indemnité d'éviction versée par le propriétaire est destinée à réparer le **préjudice causé au locataire** par le défaut de renouvellement. Elle ne constitue pas la contrepartie d'une prestation de services et ne peut donc pas être assujettie à la TVA (BOI-TVA-BASE-10-10-50 n° 310).

Ainsi jugé que l'engagement d'une société de quitter les locaux commerciaux qu'elle avait pris à bail et de ne pas réclamer un quelconque droit tiré du contrat de bail résilié ne constitue pas une prestation de services au sens de l'article 256 du CGI et l'indemnité de résiliation anticipée perçue à cette occasion du bailleur ne révèle pas, à elle seule, une telle prestation. Dès lors, en l'absence d'une prestation nettement identifiable rendue par le locataire et directement liée à l'indemnité perçue, celle-ci n'est pas taxable sur le fondement de l'article 256 du CGI (TA Nice 25-6-2002 n° 98-5449 : RJF 2/03 n° 160).

En revanche, lorsque le locataire est incité, moyennant le versement d'une indemnité complémentaire et spécifique **distincte** de celle versée au titre de l'éviction, à libérer les lieux loués avant la date d'effet du congé qui lui a été signifié, cette somme nous semble devoir être soumise à la TVA, l'administration fiscale pouvant y voir la contrepartie d'un service rendu au bailleur (en ce sens, CE 27-2-2015 n° 368661 : RJF 7/15 n° 576 ; BOI précité n° 260). Au cas particulier, il a été jugé que le bailleur avait bénéficié d'une prestation nettement individualisable de la part du locataire dont le départ anticipé lui avait permis de disposer immédiatement de la libre jouissance du local commercial pour toute la période couverte par le bail initial et de conclure un nouveau bail dans des conditions de marché nettement plus avantageuses.

> **Précisions** La Cour de justice de l'Union européenne a aligné le régime d'exonération des indemnités de résiliation assujetties à la TVA sur celui des loyers, afin de ne pas pénaliser le **bailleur qui décide de ne pas opter pour la TVA** et ne pourra donc pas déduire la TVA grevant l'indemnité en question (CJUE 15-12-1993 aff. 63/92 : RJF 3/94 n° 367). Ainsi, si les **loyers** sont **exonérés de la TVA,** l'indemnité de résiliation, dans les cas où elle est placée dans le champ d'application de la TVA, le sera aussi. Une indemnité de résiliation anticipée de bail pourrait donc entrer dans le champ d'application de la TVA mais en être exonérée (BOI précité n° 260).

C. Indemnité d'éviction et droits d'enregistrement

47750 Le non-renouvellement du bail (moyennant ou non indemnité) n'est en principe soumis qu'au **droit fixe** de 125 € prévu à l'article 738, 1° du CGI, en cas de présentation volontaire de l'acte à la formalité de l'enregistrement.

47752 Les dispositions de l'article 725 du CGI qui soumettent au **droit proportionnel** des cessions de fonds de commerce les cessions de droit au bail ainsi que tous actes et conventions ayant pour effet de transférer le droit à la jouissance d'immeubles ou de locaux industriels ou commerciaux ne sont pas applicables en cas de résiliation ou de non-renouvellement du bail d'un local dont le propriétaire veut se réserver la jouissance personnelle ou qu'il veut vendre libre de location (BOI-ENR-DMTOM-30 n° 290).

Le droit de mutation n'est susceptible d'être exigé que lorsque le non-renouvellement est suivi d'un nouveau bail et que l'opération dissimule une **cession de droit au bail** ou lorsqu'il entraîne une **cession de fonds de commerce** ou d'activité, le propriétaire reprenant le commerce du locataire avec transfert de clientèle.

47755 ILLUSTRATIONS

La **restitution** amiable **de locaux** commerciaux par la société locataire au propriétaire, **puis** la concession par ce dernier d'un **bail à une autre société** ne peuvent constituer « le transfert » – au sens de l'article 725, 3e al. du CGI – à cette dernière société du bail de la société précédente, s'il n'est pas établi par l'administration que cette double opération tendait à dissimuler une cession de bail.

Cass. com. 16-11-1970 n° 68-12912 ; BOI-ENR-DMTOM-30 n° 280

Suite à la résiliation amiable à laquelle avait été contrainte la société locataire qui, en raison de ses difficultés financières, avait dû cesser toute activité et avait été dissoute, le propriétaire avait repris les locaux puis consenti six mois plus tard à une autre société une nouvelle location à des conditions différentes de la première.

La Cour de cassation a annulé le jugement du TGI (devenu tribunal judiciaire) qui, pour déclarer que les droits de cession de droit à un bail étaient dus dans cette affaire, a considéré – sans s'expliquer sur l'existence et la valeur des circonstances particulières alléguées par le nouveau preneur – que, quel que soit le temps écoulé entre la résiliation de l'ancien bail et la conclusion du nouveau, il suffisait qu'il y ait eu **succession dans les lieux** pour que soit transféré au profit du nouvel occupant le droit de jouissance ayant appartenu au précédent locataire et qu'il était inutile de rechercher s'il existait un lien quelconque entre les actes ou conventions successifs.

Cass. com. 15-6-1973 n° 71-10244 : Bull. IV, n° 204.

Un tribunal a pu décider à juste titre qu'il n'y a eu aucun transfert du droit à la jouissance d'un immeuble de l'ancien locataire au nouveau, dès lors qu'il résulte des constatations du tribunal que le preneur a **remis les locaux** à la disposition du bailleur à une **date très antérieure** à celle de la conclusion du **nouveau bail** et que le fait pour l'ancien locataire d'**avoir continué,** après la cessation de son activité, **de payer** non pas les loyers, comme le prétend l'administration, mais les **frais d'eau, de gaz et d'électricité** n'impliquait pas qu'il était toujours titulaire du bail. Les droits prévus à l'article 725, 3e al. du CGI n'étaient donc pas dus.

Cass. com. 10-3-1975 n° 74-10301 : RJF 7-8/75 n° 387.

Dès lors que les conventions intervenues entre l'ancien locataire et le propriétaire, d'une part, et entre ce dernier et le nouveau locataire, d'autre part, ont abouti au départ prématuré du premier locataire et à son remplacement dans les lieux par le second qui a été autorisé immédiatement à procéder à des travaux et que cette **opération** avait été **préparée antérieurement à la résiliation de l'ancien bail** par la demande d'un permis de construire, il y a transfert du droit à la jouissance des locaux commerciaux avec l'accord du propriétaire ; ce dernier avait versé au locataire sortant une indemnité compensée par la perception par lui-même d'une majoration très importante du montant des loyers.

Il s'agit là d'une cession déguisée du droit à la jouissance des biens soumise au droit proportionnel prévu par l'article 725, 3e al. du CGI.

Cass. com. 2-2-1981 n° 79-12941 : RJF 6/81 n° 645 ; BOI-ENR-DMTOM-30 n° 250.

Une société civile immobilière a loué un terrain à une SARL qui, après l'avoir aménagé, l'a exploité comme « marché aux puces » en le mettant, moyennant redevance, à la disposition de revendeurs et de brocanteurs. Le bail a ensuite été résilié moyennant le versement d'une indemnité par la SCI propriétaire à la SARL locataire.

En déduisant de ces constatations, d'une part, que la convention avait été conclue à titre onéreux et, d'autre part, qu'elle avait permis à la **société bailleresse d'exercer l'activité qui était antérieurement celle de la société locataire** et qui était différente de celle de simple bailleur qu'elle exerçait auparavant, le tribunal a légalement justifié sa décision de soumettre l'indemnité versée aux droits d'enregistrement visés à l'article 720 du CGI (convention de successeur soumise au régime des cessions de fonds de commerce).

Cass. com. 15-10-1985 n° 8365 : RJF 2/86 n° 249.

Après acquisition par deux époux de l'intégralité des parts d'une SCI (société A), cette dernière **résilie amiablement contre paiement d'une indemnité d'éviction** le bail commercial consenti à une autre société (société B), **puis consent un nouveau bail commercial** à une troisième société (société C) constituée par les époux avec leur fils.
Jugé que :
– l'opération n'est pas constitutive d'une cession de droit au bail de la société B au bénéfice de la société C. En effet, aucune convention ne lie les sociétés B et C, et l'indemnisation de la première a été assurée par la SCI. Si la société C est contrôlée à 80 % par les époux, le gérant en est leur fils, et il n'est invoqué **aucune fictivité** de cette société ;
– l'abus de droit invoqué par l'administration n'est pas caractérisé dès lors que les choix juridiques effectués par les époux ne sont pas révélateurs d'un **montage** impliquant des sociétés réelles dans le but d'éluder l'impôt.

CA Caen 10-1-2002 n° 00-2437, 1e ch. : RJF 2/03 n° 237.

Par un **accord** conclu entre le bailleur, le preneur sortant et le preneur entrant, il a été convenu que les baux consentis au **preneur sortant** feraient l'objet d'une **résiliation anticipée et** qu'un **bail commercial** serait **conclu** sur les mêmes locaux entre le bailleur et le **preneur entrant.** La cour d'appel justifie que la convention en cause entre dans les prévisions de l'article 725, al. 3 du CGI en retenant les circonstances suivantes :
– par l'effet des accords conclus entre les parties, le preneur sortant a été libéré de son obligation contractuelle de paiement des loyers jusqu'au terme du bail et a versé au bailleur une **indemnité** forfaitaire **de résiliation anticipée** limitée ;
– le preneur entrant a de son côté obtenu du bailleur une **franchise de loyers** dont le montant est sensiblement **équivalent** à celui de l'indemnité de résiliation ;
– compte tenu de ces éléments, le preneur entrant ne peut contester le lien existant entre la résiliation des anciens baux et la signature concomitante du nouveau bail relativement aux mêmes lieux. Est ainsi établi le transfert du droit de jouissance des locaux commerciaux du preneur sortant au preneur entrant.

Cass. com. 4-2-2014 n° 13-13.950 F-D : RJF 5/14 n° 507.

II. RÉGIME FISCAL DE L'INDEMNITÉ D'OCCUPATION

L'indemnité d'occupation, définie comme la contrepartie financière du droit au maintien dans les lieux du locataire à l'échéance du bail non renouvelé et calculée d'après la valeur locative des locaux, a incontestablement pour fondement le **droit de propriété du bailleur** sur les locaux donnés à bail et la **mise à disposition du preneur** des locaux considérés. **47800**

En matière de **revenus fonciers,** l'administration considère que la partie de l'indemnité d'occupation qui représente la contrepartie de la jouissance des locaux constitue un revenu imposable pour le propriétaire. En revanche, le supplément d'indemnité qui peut être versé au titre de la réparation du préjudice subi par le propriétaire présente le caractère de dommages et intérêts et n'est donc pas imposable (BOI-RFPI-BASE-10-20 n° 110).

En matière de **bénéfices industriels et commerciaux,** le régime fiscal de l'indemnité d'occupation n'a jusqu'à présent donné lieu à aucune solution particulière. Par application des règles générales, l'indemnité versée par le locataire au bailleur doit à notre avis être imposée comme un loyer, en tant qu'elle est destinée à rémunérer la jouissance des lieux. Il en est de même pour la partie de l'indemnité correspondant à la réparation d'un préjudice subi par le bailleur, lorsque ce préjudice consiste en un manque à gagner (perte de recettes) ou un accroissement de charges.

Au regard de la **TVA,** il a été jugé que l'indemnité d'occupation accordée par le juge au bailleur et ayant pour seul objet de réparer le préjudice causé à ce dernier par l'ancien locataire n'est pas taxable, même si son montant a été fixé par référence à celui de l'ancien loyer (CE 30-5-2018 n° 402447 : RJF 8-9/18 n° 840 ; BOI-TVA-BASE-10-10-50 n° 310).

LOYER DU BAIL INITIAL

SOMMAIRE

48000 Le bail étant un contrat à titre onéreux, le prix est un élément essentiel sans lequel le bail n'existe pas.
Le prix du bail comprend à la fois le loyer, qui constitue la contrepartie directe du droit de jouissance consenti au locataire, et les éléments accessoires du loyer, notamment les charges.

48001 Nous examinerons successivement les principes régissant la fixation du loyer d'origine (nos 48020 s.), les différents types de loyers (nos 48400 s.), le pas-de-porte (nos 48900 s.) ainsi que les règles fiscales applicables tant au bailleur qu'au locataire (nos 49200 s.).
Les modalités de paiement du loyer sont quant à elles étudiées nos 60600 s.

SECTION 1

PRINCIPES RÉGISSANT LA FIXATION DU LOYER D'ORIGINE

A. Personnes habilitées à fixer le loyer

Le loyer du bail initial est librement fixé par accord des **parties,** aussi bien dans son montant que dans ses modalités de paiement (Cass. 3e civ. 2-10-1984 n° 82-14.855 : Bull. civ. III n° 155). Faute pour les parties d'y procéder, une fixation judiciaire n'est pas possible, les tribunaux ne pouvant pas se substituer aux contractants pour arrêter le montant du loyer. En conséquence, doit être censurée la décision d'une cour d'appel qui, pour admettre l'existence d'un bail, s'est bornée à constater l'accord intervenu entre les parties concernant divers éléments du bail et a retenu qu'à défaut d'accord amiable sur le prix, ce dernier pouvait être fixé judiciairement (Cass. 3e civ. 26-1-1972 n° 71-10.304 : Bull. civ. III n° 64). **48020**

Les parties peuvent aussi décider de confier le soin de fixer le prix du bail à un **tiers.** Même si cette pratique est rare au stade de la fixation du loyer d'origine, elle est valable en application des dispositions de l'article 1592 du Code civil qui, bien que spécial à la vente, s'applique au louage par analogie (Cass. 3e civ. 8-5-1961 n° 59-11.156 : Bull. civ. III n° 192). Pour des détails sur la désignation du tiers, son rôle et sa responsabilité, voir nos 22700 s. **48021**

B. Caractéristiques du loyer

PRIX DÉTERMINÉ OU DÉTERMINABLE

Comme dans tout contrat dont le prix est un des éléments essentiels, celui-ci doit être déterminé ou déterminable, le bail devant alors indiquer les modalités précises de sa fixation. **48120**

LOYER RÉEL ET SÉRIEUX

Le loyer doit également être réel et sérieux. Le juge apprécie souverainement la réalité du loyer au regard des **circonstances** de chaque espèce en prenant en compte l'ensemble des **prestations mises à la charge du locataire.** **48125**

ILLUSTRATIONS

Aux termes d'une convention, les parties à un bail portant sur un terrain avec un hangar et des bâtiments avaient décidé que, contre l'abandon du hangar au bailleur, le locataire ne payerait plus de loyer pour la partie du terrain et des bâtiments qu'il continuerait à occuper, ne restant à sa charge que la fraction d'impôt foncier afférente à cette partie. À l'issue du bail, le bailleur avait refusé le renouvellement de celui-ci et le paiement d'une indemnité d'éviction.
Les juges du fond, qui ont relevé que l'existence d'un bail implique la stipulation d'un loyer sérieux, ont pu estimer, sans dénaturer la convention, que le locataire n'était plus qu'un occupant à titre gratuit du terrain en cause et qu'il avait perdu sa qualité de locataire.
Cass. 3e civ. 12-5-1959 n° 57-10.377 : Bull. civ. III n° 201.

En énonçant qu'une commune cherchait non pas à réaliser une opération rentable en percevant un loyer de 1 franc mais à remplir au bénéfice de la population le but éducatif et récréatif inscrit dans les statuts d'un foyer rural, les juges ont écarté les critiques tirées de l'absence de prix sérieux.
Cass. 1e civ. 16-3-1964 n° 62-12.596 : Bull. civ. I n° 154.

Après avoir souverainement retenu qu'en compensation des travaux déjà réalisés par les locataires à la date de signature du bail, les propriétaires de locaux à usage commercial avaient abandonné les loyers convenus pour dix ans sans que les locataires justifient avoir assumé la charge financière de la réfection de l'immeuble et exposé des sommes équivalentes au montant des loyers dus pour l'entière durée du bail, c'est à bon droit qu'une cour d'appel en a déduit l'absence de loyer sérieux.
Cass. 3e civ. 29-6-1992 n° 89-21.408.

L'occupation d'un local par le fils de la propriétaire est exclusive de la qualification de bail dans le cas où il était patent que l'intéressé n'avait jamais payé de loyer, peu important qu'il ait effectué des travaux dans les lieux loués.
CA Paris 27-7-1984 : Rev. Loyers 1985 p. 467.

Est exclusive de la qualification de bail, lequel implique la stipulation d'un prix sérieux, la mise à disposition, par une société civile immobilière à ses associés, d'un immeuble lui appartenant, sans contrepartie financière de la part de ces derniers.
CA Versailles 14-1-2000 n° 97-3873, 3e ch. : RJDA 3/00 n° 271.

Viole les articles 1709 et 1131 (désormais art. 1162) du Code civil la cour d'appel qui, pour déclarer valable un bail portant sur un terrain moyennant un franc symbolique, estime qu'il existait une contrepartie sérieuse équivalant à un loyer dès lors que le bail prévoyait que les constructions édifiées par le locataire resteraient la propriété du bailleur sans indemnité à l'expiration du bail si le locataire choisissait de ne pas les démolir, ce qui avait été le cas, alors que l'existence d'une contrepartie s'apprécie au jour de la formation du contrat.
Cass. 3e civ. 19-5-2015 n° 14-11.830 F-D : RJDA 8-9/15 n° 551.

48126 En présence d'un **loyer modique,** le juge peut retenir la réalité du loyer. En effet, la Cour de cassation a considéré que la modicité d'un loyer ne fait pas perdre au bail son caractère propre en particulier lorsque « le locataire prend la charge de toutes les réparations et que la remise d'un loyer déjà convenu, faite dans une intention libérale, ne modifie pas la nature du contrat » (Cass. 3e civ. 15-5-1973 n° 72-11.841 analysé n° 185). De même, la minoration du loyer justifiée par des liens de parenté ne prive pas le contrat de bail de cause (Cass. 3e civ. 20-2-1991 : JCP G 1992 IV p. 248). Dans ce cas, le bail sera confirmé.

Mais le juge peut également considérer que son caractère dérisoire est insuffisant à caractériser un loyer réel.

48127 Lorsque le loyer fixé par les parties n'est pas sérieux ou que son montant est jugé dérisoire, le **bail** peut être **requalifié** en prêt à usage, voire en donation, **ou** être déclaré **nul** pour défaut de contrepartie. En revanche, il ne peut pas être déclaré **inexistant** (Cass. 3e civ. 21-9-2011 n° 10-21.900 FS-PB : Bull. civ. III n° 152).

ILLUSTRATIONS

Doit être déclaré nul comme ne comportant pas de loyer sérieux et comme étant dépourvu de cause (désormais contrepartie) le bail consenti par une société à l'un de ses associés pour trente ans sur une importante propriété moyennant le **prix de 10 F par an non révisable,** le locataire étant en outre exonéré des impôts, taxes et charges de toute nature. Par ailleurs, il n'était pas spécifié que l'assemblée générale de la société avait consenti ce bail en contrepartie de la cession, par l'associé bénéficiaire du bail, de cinquante de ses parts à son coassocié, contrepartie qui, de toute façon, n'intéressait que ce dernier et non la société.
Cass. 3e civ. 20-12-1971 n° 70-13.540 : Bull. civ. III n° 644.

Une société civile agricole immobilière ayant pour objet l'acquisition, l'administration et l'exploitation d'une propriété de 53 hectares, comprenant divers bâtiments, avait aménagé un terrain de golf et un « country-club » sur cette propriété. Elle avait ensuite proposé à une association composée de cessionnaires des parts de la société un bail de trente ans portant sur l'ensemble de cette propriété avec les installations et le matériel d'entretien et d'exploitation, moyennant un **loyer de 100 F par mois** jusqu'à ce que soit terminée la réalisation des installations promises et d'un montant qui serait ensuite « fixé d'un commun accord ou, à défaut, à dire d'expert ».
Ce bail est nul en raison du **caractère fictif du prix** pendant la période précédant l'achèvement des travaux et de l'impossibilité de fixer le prix définitif du loyer, compte tenu des éléments suivants :
– la proposition de bail ne précise ni la nature ni la qualité des installations que la société immobilière s'est obligée à réaliser de sorte que peut indéfiniment être invoqué un état d'inachèvement des travaux qui empêcherait la fixation du loyer à un taux normal ;
– l'existence d'un bail, quelle qu'en soit la durée, implique la stipulation d'un prix sérieux ;
– un loyer mensuel de 100 F pour une propriété de 53 hectares à usage de golf est un prix purement symbolique ne correspondant même pas à l'impôt foncier ;
– la modicité du prix du loyer ne peut pas s'expliquer par les sommes importantes versées à la société civile immobilière propriétaire du bien, en vue de l'acquisition de parts par les adhérents de l'association sportive locataire, cette personne morale ne se confondant pas avec les personnes physiques qui en sont les adhérents ;
– les parties n'ont pas nommément désigné le tiers devant déterminer le montant du loyer applicable à partir de l'achèvement des travaux et n'ont pas prévu à titre subsidiaire que cette désignation pourrait être faite par le tribunal, lequel ne peut, en conséquence, se substituer aux parties en désaccord sur cette désignation à laquelle est subordonné le bail.
Cass. 3e civ. 27-4-1976 n° 74-13.925 : Bull. civ. III n° 176.

Dans un cas où les parties à un contrat ont manifesté leur commune intention de placer leurs rapports dans le cadre d'un bail à loyer en convenant du paiement d'un loyer réel et pas seulement symbolique et en réservant aux locataires les droits tirés de la loi, la minoration du loyer, justifiée par des liens de parenté, ne prive pas le contrat de cause (désormais contrepartie) et ainsi le contrat n'est pas nul.
Cass. 3e civ. 20-11-1991 n° 89-20.853.

Est nul le bail de neuf ans aux termes duquel le propriétaire d'un terrain de 25 m² met à disposition d'une société de téléphonie mobile un emplacement destiné à l'installation d'équipements techniques de radiotéléphonie cellulaire numérique, **sans percevoir de loyer.** En effet, le contrat conclu prévoit seulement qu'en **contrepartie,** la société donne aux bailleurs deux terminaux, deux kits mains libres, deux allume-cigares, trois forfaits pour un montant total de 32 447 €, soit, sur neuf ans, **3 608 € par an.** Les dons de terminaux faits au bailleur, dont la technologie ne peut que se trouver dépassée avant même la fin du bail, et l'octroi d'abonnements téléphoniques ne peuvent tenir lieu de contrepartie sérieuse à l'égard du bailleur alors que le loyer est l'essence du louage de chose, l'existence d'un bail impliquant la stipulation d'un prix sérieux.
CA Aix-en-Provence 12-3-2008 n° 05-15771, 11e ch. A : RJDA 5/09 n° 410.

LOYER SURÉVALUÉ

La fixation du loyer d'origine relevant de la liberté contractuelle et donc en pratique du poids de chaque partie dans la négociation, il serait vain pour le locataire de tenter d'obtenir en justice la réduction d'un loyer qu'il estimerait excessif. En effet, le **juge** ne peut pas réduire un loyer tenu pour surévalué. La Cour de cassation a ainsi censuré pour violation de l'ex-article 1134 du Code civil (désormais art. 1103) une cour d'appel qui, en présence d'un bail stipulant que le locataire ne pourrait pas être indemnisé du préjudice résultant de la durée des travaux à effectuer sur les parties communes, avait retenu, pour condamner le bailleur à rembourser une partie des loyers déjà payés et réduire le montant de ceux restant à courir, que le préjudice du locataire tenait à la charge d'un loyer initial manifestement surévalué, ne correspondant pas au service rendu lors de l'entrée dans les lieux (Cass. 3e civ. 30-5-1996 n° 977 D : RJDA 8-9/96 n° 1016). **48135**

Un tel loyer pourra retrouver un niveau égal à la valeur locative à l'occasion du renouvellement du bail (nos 54600 s.) et parfois, lorsque les conditions sont remplies, par le jeu des mécanismes de la révision légale (nos 51605 s.). **48136**

C. Preuve du prix

La question de la preuve du loyer se pose en particulier en présence d'un bail verbal. **48230**
L'article 1716 du Code civil précise que « lorsqu'il y a contestation sur le prix du **bail verbal** dont l'exécution a commencé, et qu'il n'existera point de quittance, le propriétaire en est cru sur son serment, si mieux n'aime le locataire demander l'estimation par experts ; auquel cas les frais de l'expertise restent à sa charge, si l'estimation excède le prix qu'il a déclaré ». À cet égard il a été précisé que :
– la contestation sur le prix du bail verbal ne peut être résolue que par la parole du bailleur ou le recours à l'expert, le juge ne pouvant pas fixer le prix, selon les circonstances, en fonction d'autres éléments et notamment en se référant aux manifestations de volonté des parties (Cass. 3e civ. 15-3-2000 n° 380 PF : RJDA 5/00 n° 510, constituant un revirement de jurisprudence par rapport à la solution retenue par un arrêt antérieur de la même chambre : Cass. 3e civ. 3-10-1968 n° 65-13.962 : Bull. civ. III n° 356) ;
– les juges du fond n'ont pas le pouvoir d'appliquer d'office l'article 1716 (Cass. 3e civ. 22-2-1989 : D. 1990 p. 186 note R. Martin).

SECTION 2 LES DIFFÉRENTS TYPES DE LOYERS

A. Loyer forfaitaire

En pratique, le loyer est traditionnellement fixé forfaitairement à un certain montant annuel **sans référence à la surface** louée ni précision quant à la méthode utilisée. **48400**
La fixation forfaitaire du loyer est valable, la Cour de cassation ayant jugé que le prix d'un bail peut consister en une redevance annuelle dont l'assiette est librement fixée par les parties (Cass. 3e civ. 18-5-1994 n° 92-14.878).

Parfois, le loyer est fixé **en fonction de la surface.** La méthode la plus usuelle consiste à calculer le nombre de m², augmenté d'un nombre de m² correspondant aux parties communes, puis à le multiplier par un prix au mètre carré.

48401 Dans les **centres commerciaux,** il est généralement prévu que la détermination de la surface se fera selon la méthode dite du « Gross Leasing Area » (GLA), pratiquée aux États-Unis. La licéité de cette méthode, qui consiste à englober dans la surface louée les murs donnant sur les parties communes et, jusqu'à la mitoyenneté, les murs donnant sur les parties privatives, a été admise par la Cour de cassation au motif qu'aucune disposition législative et réglementaire n'interdit aux parties de fixer le montant du loyer initial en fonction de la superficie hors d'œuvre des locaux loués (Cass. 3ᵉ civ. 23-2-1983 nº 303 : JCP G 1985 II nº 20390).

48402 Afin de protéger les parties contre les **risques de variations de** valeur de **la monnaie** de paiement, le loyer peut être indexé sur une clause d'échelle mobile (sur cette clause, voir nºˢ 48600 s.).

En outre, la révision légale du loyer prévue par le statut, bien qu'elle ne vise qu'à adapter le loyer à la valeur locative et non à lutter contre les risques d'érosion monétaire, permet de réviser le loyer tous les trois ans. En effet, même si cela semble évident, la Cour de cassation a jugé que la fixation par avance et forfaitairement du prix du bail n'empêche pas l'application des règles de la révision légale du loyer (Cass. 3ᵉ civ. 30-1-2002 nº 00-15.202 FS-PB : RJDA 4/02 nº 361).

L'article 1195 du Code civil institue par ailleurs un principe général de renégociation du contrat (nºˢ 51160 s.).

48403 Sur la fixation d'un loyer net de charges, voir nº 12145 pour les baux conclus ou renouvelés depuis le 5 novembre 2014.

B. Loyer variable : la clause-recettes

DÉFINITION DE LA CLAUSE-RECETTES

48500 La pratique du loyer variable s'est développée depuis les années soixante dans les centres commerciaux, mais elle se rencontre aussi pour les locaux commerciaux situés aux meilleurs emplacements des centres-villes. Elle se caractérise par un loyer déterminé par un pourcentage du chiffre d'affaires réalisé par le locataire, d'où son appellation de « clause-recettes ».

Mode de détermination du loyer, la clause-recettes se distingue de la clause d'échelle mobile qui constitue un mécanisme de révision en fonction d'une indexation (nºˢ 48600 s.).

48501 Il est toujours possible de fixer le loyer exclusivement en fonction du chiffre d'affaires du locataire (**clause-recettes pure**). Toutefois, en pratique et compte tenu des risques évidents d'une telle stipulation, les clauses-recettes prévoient généralement que le loyer sera assorti d'un minimum garanti (ou d'une partie fixe). Dans ce cas, le **loyer** est dit **binaire** ; il peut être assorti d'une dégressivité de la partie variable et d'une indexation de la partie fixe.

La clause-recettes, et en particulier la définition de l'assiette à laquelle appliquer le pourcentage, doit être rédigée avec soin. Dans un cas où un contrat de bail conclu entre des propriétaires de villas et une société qui les exploitait en les sous-louant stipulait que le locataire verserait un loyer représentant 60 % du chiffre d'affaires réalisé et encaissé par la locataire au titre de l'exploitation des villas, il a été jugé que l'application dans les relations entre les parties d'un tarif public des prestations d'hébergement avait déterminé l'engagement des bailleurs, de sorte que les remises commerciales accordées par la locataire à ses clients n'étaient pas opposables aux bailleurs et ne pouvaient affecter l'assiette de calcul des loyers (Cass. 3ᵉ civ. 29-6-2011 nº 10-15.016 FS-D : RJDA 12/11 nº 1001).

48502

MODÈLE

Clause-recettes

Clause-recettes pure

Le présent bail est consenti et accepté moyennant un loyer variable correspondant à « *taux* » du chiffre d'affaires taxes comprises, réalisé par le locataire pendant la période considérée.

Le chiffre d'affaires tel qu'il est défini ci-après sera calculé pour la première fois sur une période de « *nombre* » mois à compter du début de l'activité du locataire et par la suite à l'issue de chaque période de « *nombre* » mois.

Clause-recettes avec minimum garanti

48502 (suite)

Le présent bail est consenti et accepté moyennant un loyer variable correspondant à « *taux* » % du chiffre d'affaires taxes comprises, réalisé par le locataire pendant la période considérée.

Le chiffre d'affaires tel qu'il est défini ci-après sera calculé pour la première fois sur une période de « *nombre* » mois à compter du début de l'activité du locataire et par la suite à l'issue de chaque période de « *nombre* » mois.

Le locataire devra toutefois verser au bailleur un loyer minimum garanti annuel égal à « *montant* » euros hors taxe.

Ce montant minimum garanti sera payé à titre définitif si le loyer variable tel que prévu ci-dessus est égal ou inférieur à ce montant.

Le loyer variable sera seul appliqué s'il excède le montant minimum garanti.

Le loyer minimum garanti sera révisé le « *date* » de chaque année, et pour la première fois le « date », en fonction des variations de l'indice « *à préciser* » publié par l'Insee.

La révision du loyer minimum garanti interviendra de plein droit sans aucune formalité ou demande préalable.

Clause-recettes assortie d'une partie fixe

Le présent bail est consenti et accepté moyennant un loyer :

- fixe annuel hors taxe de « *montant* » euros ;
- auquel s'ajoutera un loyer variable correspondant à « *taux* » % du chiffre d'affaires taxes comprises, réalisé par le locataire au cours de la période considérée.

Le chiffre d'affaires tel qu'il est défini ci-après sera calculé pour la première fois sur une période de « *nombre* » mois à compter du début de l'activité du locataire et par la suite à l'issue de chaque période de « *nombre* » mois.

Le loyer fixe visé ci-dessus sera révisé le « *date* » de chaque année, et pour la première fois le « *date* », en fonction des variations de l'indice « *à préciser* » publié par l'Insee.

La révision de ce loyer fixe interviendra de plein droit sans aucune formalité ou demande préalable.

Clause-recettes avec minimum garanti et dégressivité de la partie variable

Le présent bail est consenti et accepté moyennant un loyer variable correspondant à l'application des pourcentages ci-après définis aux fractions du chiffre d'affaires taxes comprises, réalisé par le locataire pendant la période considérée.

Ce loyer variable sera calculé comme suit :

- chiffre d'affaires réalisé : de « *montant* » euros à « *montant* » euros, pourcentage : « *taux* » % ;
- chiffre d'affaires réalisé : de « *montant* » euros à « *montant* » euros, pourcentage : « *taux* » %.

Le chiffre d'affaires tel qu'il est défini ci-après sera calculé pour la première fois sur une période de « *nombre* » mois à compter du début de l'activité du locataire et par la suite à l'issue de chaque période de « *nombre* » mois.

Le locataire devra toutefois verser au bailleur un loyer minimum garanti annuel égal à « *montant* » euros hors taxe.

Ce montant minimum garanti sera payé à titre définitif si le loyer variable tel que prévu ci-dessus est égal ou inférieur à ce montant.

Le loyer variable sera seul appliqué s'il excède le montant minimum garanti.

Le loyer minimum garanti sera révisé le « *date* » de chaque année, et pour la première fois le « *date* », en fonction des variations de l'indice « *à préciser* » publié par l'Insee.

La révision du loyer minimum garanti interviendra de plein droit sans aucune formalité ou demande préalable.

Définition du chiffre d'affaires

Le chiffre d'affaires réalisé par le locataire s'entendra du prix toutes taxes comprises des produits, biens ou marchandises vendus par ledit locataire ainsi que de toutes sommes perçues pour des services rendus à la clientèle et, d'une manière générale, toutes les recettes réalisées par le locataire à raison des activités exercées dans ou à partir des locaux loués.

Le chiffre d'affaires comprendra en outre le montant total des ventes à tempérament ou à crédit ; ledit montant sera considéré comme ayant été réalisé à la date d'octroi du crédit.

Seront exclus du chiffre d'affaires du locataire tel que défini ci-dessus :

- les rabais, remises et ristournes ;
- les restitutions pour commandes annulées ou marchandises refusées ;
- les intérêts des ventes à crédit pris en charge par le locataire.

Dans les « *nombre* » jours suivant l'établissement du chiffre d'affaires, le locataire devra en adresser le montant au bailleur, lequel se réserve la faculté de procéder ou faire procéder par toute personne de son choix à un contrôle de la comptabilité du locataire.

Le bailleur s'engage à assurer la confidentialité des informations transmises par le locataire.

VALIDITÉ DE LA CLAUSE-RECETTES

48510 L'article L 145-15 du Code de commerce prévoit que sont réputés non écrits, quelle qu'en soit la forme, les clauses, stipulations et arrangements qui ont pour effet de faire échec aux dispositions des articles L 145-37 à L 145-39 du Code de commerce relatifs à la révision du loyer, ce qui est précisément le cas de la clause-recettes.

Néanmoins, la Cour de cassation a jugé que le prix d'un bail commercial peut valablement être fixé en fonction du chiffre d'affaires du locataire (Cass. com. 18-10-1967 n° 64-12.832 : Bull. civ. III n° 331).

Cette validité a d'abord été admise pour les clauses-recettes insérées postérieurement à la conclusion du bail au motif qu'une partie peut toujours renoncer, après naissance de son droit, au bénéfice de dispositions légales, seraient-elles d'ordre public (Cass. 3e civ. 29-6-1977 n° 76-10.408 : Bull. civ. III n° 294). Elle a ensuite reconnu la licéité de la clause-recettes dès la conclusion du bail (Cass. 3e civ. 2-10-1984 n° 82-14.855 : Bull civ. III n° 155 ; Cass. 3e civ. 2-10-1984 n° 82-13.757 : Bull. civ. III n° 156 ; Cass. 3e civ. 17-6-1987 n° 85-18.735 : Bull. civ. III n° 124).

Dans son rapport pour 1988, la Cour suprême justifie cette orientation par les considérations suivantes : « Une telle solution qui réalise, on ne peut le cacher, une exception non écrite à l'application d'une disposition du décret du 30 septembre 1953 (devenu C. com. art. L 145-1 et s.) est justifiée par l'absence, dans ce texte, de prise en considération de la particularité de tels loyers et la constante adaptation aux circonstances qui résulte de la variation du loyer conclu par les parties » (Rapport de la Cour de cassation 1988 p. 190 et 191).

La validité de la clause-recettes ayant été maintes fois affirmée depuis, elle ne pose de problèmes qu'au moment de la révision (nos 52650 s.) ou lors de la détermination du loyer du bail renouvelé (nos 55300 s.).

C. Loyer indexé : la clause d'échelle mobile

1. DÉFINITION DE LA CLAUSE D'ÉCHELLE MOBILE

48600 La clause d'échelle mobile contient un **mécanisme d'indexation** en application duquel le loyer est automatiquement révisé en fonction du prix d'une denrée, d'un service ou d'un indice économique ou monétaire, à des échéances plus ou moins rapprochées prévues par les contractants.

48601 Son **intérêt** est double :

- d'une part, elle permet de protéger les parties contre les **risques de variations** de **valeur** de la **monnaie de paiement.** On sait en effet que tout contrat dont les effets s'échelonnent dans le temps risque, en raison des circonstances économiques, de devenir déséquilibré. Sur le pouvoir reconnu au juge de réviser le contrat de bail, voir nos 51150 s. ;
- d'autre part, elle constitue un **mécanisme de révision plus souple** que celui qui résulte de l'article L 145-38 du Code de commerce relatif à la révision triennale du loyer (voir nos 51300 s.), même si l'application de cette disposition n'est pas pour autant exclue (n° 48402). Notamment, la clause d'échelle mobile permet une variation du loyer pour une périodicité annuelle si bien que les parties n'ont pas à attendre l'achèvement de la période triennale qui ouvre droit à la révision légale pour que le loyer soit modifié. Et, même lorsque les parties ont prévu, ce qui arrive, que l'indexation ne se produira que tous les trois ans, la clause d'échelle mobile est mise en œuvre automatiquement alors que la révision légale suppose le respect de formalités spéciales.

48602 La clause d'échelle mobile doit être **distinguée** d'autres stipulations contractuelles, telle que la **clause d'actualisation** du prix initial par laquelle le loyer originaire est déterminé en fonction de l'évolution de l'indice choisi par les parties entre la date de conclusion du bail et la date d'entrée en jouissance du locataire (Cass. 3e civ. 23-2-1983 n° 303 : JCP G 1985 II n° 20390).

De même, les « **clauses-recettes** », prévoyant que le loyer est fixé en totalité ou en partie en fonction du chiffre d'affaires réalisé par le locataire (nos 48500 s.) ne constituent pas des clauses d'échelle mobile (Cass. 3e civ. 17-6-1987 no 85-18.735 ; Cass. 3e civ. 15-5-1991 no 838 P : RJDA 7/91 no 570). Il en est ainsi que cette clause institue des loyers alternatifs, déterminables année par année en fonction d'un pourcentage sur le chiffre d'affaires du locataire (Cass. 3e civ. 5-1-1983, SARL Freneau et fils c/ Sté Locabail Immobilier : JCP 1985 II no 20389) ou qu'elle prévoie un loyer fixe annuel indexé sur un indice et un loyer variable en fonction du chiffre d'affaires du locataire (Cass. 3e civ. 16-4-1986 : Rev. Loyers 1986 p. 266 note J.-C. Berthault). **48603**

De même encore, en présence d'un bail comportant un prix fixé par l'addition d'une somme déterminée dans son montant et d'une somme variable, égale à certains pourcentages du chiffre d'affaires du locataire, cette dernière partie variable n'est pas une clause d'échelle mobile (Cass. 3e civ. 14-6-1983, Sté hôtelière et de restauration c/ SCI des restaurants Eurotel et Biarritz [Scireb] : JCP G 1985 II no 20390), ou d'un bail stipulant un loyer correspondant à une somme fixe indexée qui en constitue le minimum et à laquelle s'ajoute éventuellement une autre somme égale à la différence entre un certain pourcentage du chiffre réalisé par le locataire et le loyer minimum (Cass. 3e civ. 26-4-1989 no 88-10.225), ou encore d'un bail dont le prix comprend une partie fixe et une partie constituée par un pourcentage sur le chiffre d'affaires (Cass. 3e civ. 7-2-1990, SCI Rue de Chateaubriand c/ Sté Savidis : Loyer et copr. 1990 comm. no 180).

La clause d'échelle mobile doit également être distinguée de celle prévoyant une **augmentation forfaitaire du loyer,** un bail contenant une telle clause s'apparentant à un bail à paliers (no 48750). **48605**

2. VALIDITÉ DE LA CLAUSE D'ÉCHELLE MOBILE

En instituant une faculté de révision spéciale pour le cas où le bail est assorti d'une clause d'échelle mobile, l'article L 145-39 du Code de commerce (nos 52310 s.) admet nécessairement la validité de principe d'une telle clause (Cass. 3e civ. 2-6-1977 no 76-13.199 : Bull. civ. III no 241). **48610**

La validité de l'indice et de la période d'indexation choisis par les parties peut poser problème (sur ces questions, voir nos 48624 s. et 48662 s.).

3. EXISTENCE D'UNE CLAUSE D'ÉCHELLE MOBILE

Les clauses relatives à la révision du loyer sont parfois mal rédigées de sorte qu'il arrive que l'existence de la clause d'échelle mobile soit contestée et que l'**interprétation** des tribunaux s'impose (voir notamment Cass. civ. 26-1-1994 no 211 P, analysé no 52517). **48615**

À défaut de clause claire et précise, les juges du fond doivent rechercher la **commune intention des parties.** La Cour de cassation exerce un contrôle sur cette recherche et veille à ce que ces derniers ne dénaturent pas la commune intention lorsqu'elle est clairement exprimée (Cass. 3e civ. 10-1-1979, Cass. 3e civ. 23-2-1982 et Cass. 3e civ. 28-10-1987, analysés no 48616).

Le plus souvent, la question se pose de savoir si les parties ont introduit dans le contrat une clause d'échelle mobile ou si elles n'ont fait que rappeler les règles de la révision légale prévues par l'article L 145-38 du Code de commerce. Dans la pratique, on constate en effet que le terme « révision » est employé indifféremment, que le montant du loyer soit modifié en application des règles de la révision légale ou d'une clause d'échelle mobile, alors qu'il conviendrait de réserver à cette dernière hypothèse le terme « indexation ».

Outre le titre de la clause, les **critères** permettant de reconnaître une clause d'indexation sont les suivants :

– la clause prévoit une adaptation automatique du loyer aux échéances préalablement fixées dans le bail, sans qu'il soit besoin de demander l'application de la clause et sans formalisme particulier (nos 52210 s.) ;

– la clause précise l'indice applicable pour effectuer l'indexation (nos 48624 s.) ;

– la clause prévoit la périodicité de la variation du loyer (nos 48660 s.).

ILLUSTRATIONS **48616**

Cas où l'existence d'une clause d'échelle mobile a été reconnue

Dans un cas où, un locataire ayant refusé de payer la majoration de loyer résultant de l'application de la clause d'échelle mobile prévue au contrat, le bailleur avait engagé une action en justice aux fins de voir déclaré acquis le bénéfice de la clause résolutoire incluse dans le bail, une cour d'appel, statuant en référé, s'était déclarée incompétente pour connaître de cette demande estimant qu'il existait une contestation sérieuse sur l'interprétation de la clause au motif que toute révision de loyer devait être conforme aux dispositions des articles 27 et 28 du décret du 30 septembre 1953 (désormais C. com. art. L 145-38 et L 145-39) et que les termes de cette clause étaient ambigus puisqu'elle était intitulée « révision de loyer » tout en précisant que ce loyer serait modifié automatiquement en fonction de l'indexation choisie.

48616 (suite) En statuant ainsi, la cour d'appel a violé l'article 1134 du Code civil (désormais art. 1103) dès lors que les **termes clairs et précis** de la clause impliquaient une **variation automatique** de loyer **en fonction de l'indice** du coût de la construction et manifestaient la volonté des parties d'instituer une révision distincte de la révision légale prévue par l'article 28 du décret du 30 septembre 1953.

Cass. 3e civ. 10-1-1979 n° 71.

Dans un cas où la clause d'un bail stipulait : « Le bail sera **révisable tous les trois ans en fonction de l'indice** de la reconstruction publié par l'Insee, l'indice de référence étant celui du premier trimestre 1971 », une cour d'appel dénature les **termes clairs et précis** de la clause en énonçant qu'elle constituait le rappel de la révision légale alors qu'elle constituait une clause d'échelle mobile.

Cass. 3e civ. 23-2-1982 n° 329 : Rev. Loyers 1982 p. 250.

Ndlr : Deux éléments permettaient d'affirmer qu'on était en présence d'une clause d'échelle mobile. D'une part, la révision légale s'effectue, non pas en fonction de la variation de l'indice choisi par les parties, mais en fonction de la modification de la valeur locative des lieux loués, l'indice visé ne servant qu'au plafonnement du loyer révisé. D'autre part, la variation de l'indice déterminant ce plafonnement n'est prise en considération que pour la période qui s'étend du point de départ du bail au jour de la demande ; or en l'espèce, les parties avaient décidé de tenir compte de la modification d'un indice de base, qui était antérieur de deux trimestres au point de départ du bail.

Viole l'article 1134 du Code civil (désormais art. 1103) la cour d'appel qui, pour refuser de constater la résiliation d'un bail commercial en application d'une clause résolutoire, retient qu'il existait une contestation sérieuse dès lors qu'une partie des sommes réclamées par le commandement correspondait à l'application d'une clause de révision annuelle du loyer dérogeant à l'article 27 du décret du 30 septembre 1953 (désormais C. com. art. L 145-38) qui n'autorise qu'une révision triennale alors que **les termes clairs et précis** de la clause impliquaient une **variation automatique du loyer** en fonction de l'indice du coût de la construction et manifestaient la volonté des parties d'instituer une **indexation distincte** de la révision légale prévue par l'article 27.

Cass. 3e civ. 28-10-1987 n° 84-10.371 : Gaz. Pal. 1988 Jur. p. 445.

Justifie légalement sa décision la cour d'appel qui, après avoir relevé que le bail prévoyait que la révision du loyer se ferait en fonction de l'indice du coût de la construction et que le locataire avait accepté des révisions triennales, a retenu que cette stipulation impliquait une **automaticité** du montant des majorations ou diminutions du loyer qui devaient être pratiquées lors des révisions et constituaient donc une clause d'échelle mobile.

Cass. 3e civ. 20-7-1994 n° 92-19.218 : Gaz. Pal. 1995 p. 382.

Alors qu'elle stipule, comme pour la révision réglementaire des articles 26 et 27 du décret du 30 septembre 1953 (devenu L 145-38 du Code de commerce), une fréquence de trois ans pour chaque révision et la variation d'un même indice, à savoir l'indice du coût de la construction publié par l'Insee, une clause d'échelle mobile se distingue néanmoins à plusieurs titres de cette révision dès lors qu'elle prévoit par ailleurs :
– que les révisions auraient lieu **automatiquement** les 1er janvier 1988 et 1991 à la différence des révisions réglementaires qui prennent effet à partir d'une demande ;
– que le montant des révisions serait calculé sur l'évolution de l'indice du 2e trimestre 1984 jusqu'au 2e trimestre 1987 pour la révision au 1er janvier 1991 à la différence des révisions réglementaires qui prennent en considération, d'une part, l'indice du trimestre correspondant au point de départ du bail et pour la deuxième révision l'indice afférent au trimestre au cours duquel est intervenue la précédente révision et, d'autre part, l'indice du trimestre au cours duquel a été notifiée la demande de révision.
Par ailleurs, la clause conventionnelle ignorait la disposition de l'article 27 du décret selon laquelle une modification matérielle des facteurs locaux de commercialité ayant entraîné par elle-même une variation de 10 % de la valeur locative peut avoir pour effet soit un loyer révisé fixé à un prix inférieur à la variation des indices, soit un prix de loyer inférieur au prix en vigueur selon que la variation est en hausse de la valeur locative ou en baisse.

CA Paris 22-2-1991, 16e ch. B, Sté Selec Invest 5 c/ Sté Sorest Montmartre : RJDA 7/91 n° 571.

Ndlr : Depuis la loi 2014-626 du 18 juin 2014, l'ICC ne peut plus servir de référence pour calculer la révision triennale légale (n° 51650).

Une clause d'indexation était ainsi rédigée :
« De convention expresse entre les parties, le loyer hors taxe ci-dessus fixé sera révisable par période triennale, selon la formule ci-dessous et conformément à la législation relative aux baux commerciaux :
L = Lo (0,20 + 0,40 I ÷ 0 + 0,40 Ih ÷ Iho)
L : loyer nouveau hors taxe
Lo : loyer d'origine hors taxe
I : indice Insee construction du trimestre au cours duquel la période triennale considérée arrive à échéance
Lo : indice Insee construction du mois de la première période triennale à compter de la signature du bail

Ih : indice d'évolution des prix conventionnés de l'industrie hôtelière du trimestre au cours duquel la période triennale considérée arrive à échéance
Iho : indice d'évolution des prix conventionnés de l'industrie hôtelière du mois de la première période triennale à compter de la signature du bail
1° De convention expresse entre les parties, la révision des loyers sera faite sur le loyer hors taxe de manière à éviter toute conséquence fâcheuse du fait d'une éventuelle modification des taux de TVA.
2° Il est ici précisé que le montant du loyer sera obligatoirement augmenté de 11 % à la fin de la troisième année et ce dans l'hypothèse où l'incidence de la formule ci-dessus viendrait à déterminer un pourcentage inférieur. À l'inverse, un coefficient supérieur à 11 % obligerait l'application stricte de ladite formule. »
Cette clause est une clause unilatérale d'échelle mobile, pour les raisons suivantes :
– malgré l'expression « sera révisable par période triennale » et malgré la référence « à la législation relative aux baux commerciaux », il était manifeste que les parties avaient entendu soumettre le prix du bail au jeu d'une clause d'échelle mobile ;
– les deux paragraphes qui suivent la **formule d'indexation** étaient manifestement destinés à préciser les modalités de mise en œuvre de la formule ;
– dans le deuxième paragraphe, l'expression « à la fin de la troisième année » s'appliquait nécessairement à chaque période triennale à l'issue de laquelle devait jouer la clause d'indexation et ne signifiait nullement « à la fin de la troisième année du bail » ;
– les parties avaient prévu un seuil d'augmentation du loyer en dessous duquel le jeu de la clause serait sans effet.
Toutefois, bien qu'en présence d'une clause d'échelle mobile, la révision contractuelle ne pouvait pas être mise en œuvre. En effet, il résulte de l'article 28 du décret du 30 septembre 1953 (désormais C. com. art. R 145-22) que la révision conventionnelle du prix du bail ne peut pas se substituer à la révision légale lorsqu'un des éléments retenus pour le calcul de l'indexation vient à disparaître, cette exclusion s'appliquant par analogie lorsqu'un des éléments retenus pour le calcul n'a jamais pu être déterminé. Tel était le cas en l'espèce puisque les parties avaient retenu comme éléments de calcul, d'une part, l'indice Insee de la construction et, d'autre part, l'indice d'évolution des prix conventionnés de l'industrie hôtelière. Or, ce dernier indice n'ayant pas donné lieu à la publication d'indices d'évolution, les juges de première instance avaient dénaturé la convention des parties en admettant la **substitution** de l'**indice** Insee des prix à la consommation (rubrique « Hôtel ») à l'indice d'évolution des prix conventionnés qui ne pouvait pas être déterminé.
CA Nîmes 24-7-1991 n° 89-1764, 2e ch.

ILLUSTRATIONS **48617**

Cas où l'existence d'une clause d'échelle mobile n'a pas été reconnue
La clause d'indexation contractuelle qui se réfère à la fois à l'indice général du coût de la construction et à des périodes triennales n'est que la reprise de l'article 27 du décret du 30 septembre 1953 (désormais C. com. art. L 145-38). Pour obtenir la révision du loyer, il convenait donc pour les parties de mettre en œuvre la procédure prévue par les articles 29 et suivants du décret.
CA Paris 23-4-1992, 16e ch. B : Loyer et copr. 1992 comm. n° 303 obs. Ph.-H. Brault.

Ndlr : Depuis la loi 2014-626 du 18 juin 2014, l'ICC ne peut plus servir de référence pour calculer la révision triennale légale (n° 51650).

Aux termes du contrat de bail, les parties se sont réciproquement reconnu la faculté, à compter de la sixième année, de se demander une révision du loyer de plus ou moins 5 % en cas de variation de plus de 5 % de l'indice trimestriel du coût de la construction par rapport à l'indice trimestriel en vigueur au moment de l'expiration de la cinquième année et ensuite chaque fois que, à partir de la dernière révision effective, l'indice trimestriel a augmenté ou diminué de plus de 5 % par rapport à l'indice trimestriel de l'année de la dernière révision effective.
Si le cas d'ouverture du droit à variation de loyer et les paramètres du calcul de la variation ont ainsi été prévus, sur la base d'un indice de référence légalement admissible, **aucune périodicité pour la variation du loyer** n'a été arrêtée entre les parties. Faute de l'un des paramètres nécessaires pour l'automaticité de la variation, le bail ne contient pas de clause d'échelle mobile.
CA Nancy 9-4-2014 n° 13/02244, 2e ch. com. : JCP E 2014 n° 1372 comm. B. Brignon.

4. CHOIX DE L'INDICE

Dans les dispositions statutaires ou conventionnelles, est interdite toute clause prévoyant des indexations fondées sur le salaire minimum de croissance, sur le niveau général des prix ou des salaires ou sur les prix des biens, produits ou services n'ayant pas de **relation directe avec l'objet** du statut ou **de la convention ou avec l'activité de l'une des parties.** Est réputée en relation directe avec l'objet d'une convention relative à un immeuble bâti toute clause prévoyant une indexation sur la variation de l'**indice national du coût de la construction** (ICC) **48624** publié par l'Institut national de la statistique et des études économiques **ou,** pour les activités commerciales définies ci-après (n° 48626), sur la variation de l'**indice trimestriel des loyers commerciaux** (ILC) ou encore, pour les autres activités définies ci-après (n° 48626), sur la variation de l'**indice trimestriel des loyers des activités tertiaires** (ILAT) (C. mon. fin. art. L 112-2).

MAINTIEN DE L'ICC COMME INDICE DE RÉFÉRENCE

48625 La **loi 2014-626 du 18 juin 2014,** dite Loi Pinel, a supprimé l'ICC comme indice de référence pour calculer la révision triennale légale (C. com. art. L 145-38 : n° 51650) ou le plafonnement du loyer du bail renouvelé (C. com. art. L 145-34 : nos 54440 s.) pour les contrats conclus ou renouvelés depuis le 1er septembre 2014.

Mais la loi nouvelle n'empêche pas de faire référence à l'ICC en cas d'indexation du loyer en application d'une clause d'échelle mobile, l'article L 112-2 du Code monétaire et financier autorisant toujours l'indexation d'un loyer sur l'ICC.

Il convient toutefois de s'interroger sur l'opportunité de recourir à l'ICC pour la clause d'échelle mobile car on se trouverait alors en présence d'un loyer indexé sur l'ICC, mais révisé et/ou plafonné selon l'ILAT ou l'ILC, ce qui pourrait être source de difficultés futures.

APPLICATION DE L'ILC ET DE L'ILAT

48626 **Champ d'application de l'ILC et de l'ILAT** Les activités auxquelles l'ILC et l'ILAT peuvent être appliqués sont définies à l'article D 112-2 du Code monétaire et financier.

Pour l'**ILC,** sont concernés les loyers de locaux affectés aux activités commerciales et aux activités artisanales.

Pour l'**ILAT,** sont concernées les activités tertiaires autres que les activités commerciales et artisanales visées ci-dessus, à savoir notamment les activités des professions libérales et celles effectuées dans les entrepôts logistiques.

> **Précisions** Le **champ d'application** respectif de l'ILC et de l'ILAT reste **incertain.** Alors que le décret d'application de l'ILC exclut les plates-formes logistiques et les locaux à usage exclusif de bureaux, le décret d'application de l'ILAT évoque les entrepôts logistiques et les baux professionnels. En outre, l'utilisation par ce dernier décret du terme « notamment » interroge. Ainsi que le souligne André Jacquin : « Si l'ILAT s'applique incontestablement aux locaux à usage de bureaux, en revanche, une interrogation se pose pour les locaux industriels qui ne semblent pas être inclus dans ce « notamment ». Ainsi, les activités industrielles ne rentreraient ni dans le champ d'application de l'ILC, ni dans celui de l'ILAT, ce qui serait à l'évidence fâcheux » (L'entrée en vigueur de l'ILAT suscite des interrogations : Gaz. Pal. 17-18 février 2012 Doctr. p. 20). Julien Prigent relève pour sa part à propos du décret d'application de l'ILAT : « Une approche littérale du texte inciterait à penser qu'une clause d'indexation fondée sur l'ILAT ne serait pas, a priori, régulière dans les baux pour lesquels l'activité stipulée au bail est commerciale, bien qu'elle puisse être qualifiée de tertiaire. Ainsi le champ d'application de l'ILC se trouverait lui-même modifié par le nouveau texte, puisque, par exemple, les activités commerciales exercées dans des locaux à usage exclusif de bureaux, qui étaient exclues expressément de l'ILC, ne sont désormais plus visées par le nouveau texte. L'ILC pourrait donc être choisi dans ce cas, et pas l'ILAT » (Quelques difficultés dans la détermination du champ d'application de l'indice des loyers des activités tertiaires : Rev. Loyers 2012 n° 925 p. 90). L'application de l'ILC ou de l'ILAT aux activités multiples et aux baux tout commerce soulèvent également des questions. La doctrine milite pour l'adoption d'un indice unique ou d'un nouveau décret qui permettrait, en rectifiant les deux précédents, d'apporter une plus grande cohérence à l'édifice. Le législateur ne s'est pas saisi de la question à l'occasion de la loi 2014-626 du 18 juin 2014. Il a au contraire compliqué la tâche des rédacteurs car le choix de l'ICC, qui pouvait se révéler préférable en cas de doute sur le champ d'application de l'un ou l'autre de ces deux indices, est désormais à éviter (n° 48625).

48627 **Formule de calcul de l'ILC et de l'ILAT** La formule de calcul de l'**ILAT** est définie par le décret 2011-2028 du 29 décembre 2011 : l'ILAT est constitué par la somme pondérée d'indices représentatifs du niveau des prix à la consommation, de celui des prix de la construction neuve et de celui du produit intérieur brut en valeur.

La formule de calcul de l'**ILC,** mise en place par le décret 2008-1139 du 4 novembre 2008, a été modifiée par le décret 2022-357 du 14 mars 2022 : depuis la publication de l'indice du mois de mars 2022, l'ILC est calculé en prenant en compte les indices représentatifs de l'évolution des prix à la consommation (IPCL), à hauteur de 75 %, et de celle de l'indice du coût de la construction (ICC), à hauteur de 25 %. L'indice du chiffre d'affaires dans le commerce de détail (ICAVaCD), qui était jusqu'alors une composante de l'indice, n'entre plus dans la formule de calcul.

> **Précisions** Selon un communiqué de presse du ministre de l'économie et des finances, la **suppression de la composante « chiffre d'affaires du commerce de détail »** dans la formule de calcul devrait permettre de modérer considérablement les revalorisations des loyers commerciaux indexés sur l'ILC. En effet, cette composante générait de la volatilité et favorisait les hausses de l'indice, et donc les augmentations de loyers. En outre, elle intégrait l'ensemble du chiffre d'affaires du secteur, y compris celui réalisé en ligne (e-commerce) ; la progression continue des ventes par internet (près de 100 % de hausse entre 2014 et 2021) alimentait ainsi – sans aucune justification économique – la revalorisation des loyers des magasins physiques.

Plafonnement de l'ILC L'article 14 de la loi 2022-1158 du 16 août 2022, modifié par la loi 2023-568 du 7 juillet 2023, a introduit un mécanisme de **plafonnement temporaire** de la variation de l'ILC : la variation annuelle, prise en compte pour la révision du loyer applicable aux petites et moyennes entreprises ne peut excéder 3,5 % pour les trimestres compris entre le deuxième trimestre 2022 et le premier trimestre 2024 (soit huit indices pris en compte). **48628**

Les petites et moyennes **entreprises concernées** sont celles qui répondent à la définition de l'annexe I au règlement (UE) n° 651/2014 de la Commission du 17 juin 2014 déclarant certaines catégories d'aides compatibles avec le marché intérieur, c'est-à-dire les entreprises qui occupent moins de 250 personnes et dont le chiffre d'affaires annuel n'excède pas 50 millions d'euros ou dont le total du bilan annuel n'excède pas 43 millions d'euros.

Le plafonnement est-il cantonné aux seules clauses d'indexation annuelle ? Au sein du ministère de l'économie, la Direction générale des entreprises (DGE) a précisé que le plafonnement intervient pour les révisions automatiques, dans le cas de l'application d'une clause d'échelle mobile, dès lors que le trimestre sur lequel l'indexation est adossée est compris entre le 2e trimestre de 2022 et le 1er trimestre de 2023 (désormais 1er trimestre 2024 depuis la loi 2023-568 ayant prolongé la mesure) (DGE, Foire aux questions du 23-9-2022, Plafonnement de l'Indice des Loyers Commerciaux (ILC) pour les PME). Le plafonnement devrait donc pouvoir s'appliquer même si la clause d'échelle mobile prévoit une indexation triennale et non annuelle (pour une opinion contraire, J.-P. Blatter, Incidence de la loi pour la protection du pouvoir d'achat sur certains loyers commerciaux : AJDI 2022 p. 593). Le texte vise en effet la variation annuelle de l'ILC mais n'évoque pas la périodicité de l'indexation et il nous semble possible de fractionner la variation de l'ILC en appliquant normalement cette variation sur les années non concernées par le plafonnement et en la limitant à 3,5 % pour la ou les autres années dès lors qu'entre en jeu dans le calcul un indice compris entre le 2e trimestre de 2022 et le 1er trimestre de 2024 (dans le même sens, A. Confino, Le plafonnement de l'ILC : une idée louable, mais un dispositif complexe et loin d'être parfait : Lexbase Lettre juridique du 28-9-2022).

Le **plafonnement** de la variation annuelle est **définitivement acquis** et la majoration ou la diminution de loyer consécutive à une révision postérieure ne peut prendre en compte la part de variation de l'ILC supérieure à 3,5 % sur cette même période.

EXEMPLE

Un bail conclu à effet du 1er janvier 2023 moyennant un loyer annuel de 20 000 € indexé annuellement sur l'ILC, l'indice de référence étant le dernier indice publié à sa date d'effet soit l'ILC du 3e trimestre 2022 (126,13) et l'indice de comparaison étant l'indice du même trimestre de l'année suivante.

Au 1er janvier 2024, le loyer devrait être indexé de la manière suivante : 20 000 € × 133,66 (ILC 3e trimestre 2023) / 126,13 (ILC 3e trimestre 2022) = 21 194 €.

Mais la variation de l'ILC ayant dépassé 3,5 % (+ 5,97 % en l'espèce), le loyer sera fixé au 1er janvier 2024 à la somme de : 20 000 € + 3,5 % = 20 700 €.

L'indexation au 1er janvier 2025 sera réalisée sur la base du loyer de 20 700 €, et non de 21 194 €, afin que le plafonnement de la variation soit définitivement acquis.

Entrée en vigueur de l'ILC et de l'ILAT L'ILC s'applique aux baux conclus depuis le 7 novembre 2008, **date** d'entrée en vigueur du décret 2008-1139 du 4 novembre 2008, et l'ILAT aux baux conclus depuis le 30 décembre 2011, date d'entrée en vigueur du décret 2011-2028 du 29 décembre 2011. **48629**

Les deux indices s'appliquent aussi aux **baux en cours,** sous réserve de la conclusion par les parties d'un avenant exprimant leur choix d'adopter l'un ou l'autre.

RELATION DIRECTE ENTRE L'INDICE RETENU ET L'ACTIVITÉ DE L'UNE DES PARTIES

Les tribunaux exigent que l'**activité** en relation avec l'indice retenu ait un **caractère professionnel,** peu importe que la profession en cause soit celle du bailleur ou celle du locataire et que l'activité en relation avec l'indice retenu soit l'**activité principale** de l'une ou l'autre des parties (Cass. 3e civ. 15-2-1972 n° 70-13.280 : Bull. civ. III n° 100). **48630**

Sauf lorsque l'une des parties est une banque ou un établissement de crédit (Cass. com. 22-5-2001 n° 98-14.406 FS-P : RJDA 11/01 n° 1145), équivaut à une indexation sans rapport avec l'objet du contrat la clause d'un bail de droit interne qui prévoit le **paiement du loyer en monnaie étrangère** (Cass. 3e civ. 2-10-2007 n° 06-14.725 F-D : RJDA 12/07 n° 1277). Une telle clause doit être réputée non écrite et les juges du fond doivent constater d'office qu'elle contrevient aux dispositions d'ordre public relatives à l'indexation des prix (même arrêt). C'est ainsi qu'a été annulée la clause d'un bail portant sur des locaux à usage commercial et d'habitation mettant à la charge du locataire une « indemnité de dépréciation » de 190 000 $ US (Cass. 3e civ. 18-10-2005 n° 04-13.930 F-PB : RJDA 2/06 n° 187).

48631 Le choix de l'**indice** peut notamment s'opérer sur le prix des marchandises vendues ou fabriquées par le locataire, sur celui des matières premières entrant dans la fabrication desdites marchandises, sur le niveau de salaire des ouvriers ou employés de la branche professionnelle correspondant à l'activité principale ou accessoire du locataire. Par exemple, si le locataire a pour activité la prestation de tous services en matière informatique, le loyer peut être indexé sur l'indice Syntec.

RELATION DIRECTE ENTRE L'OBJET DU CONTRAT ET L'INDICE RETENU

48635 Bien que présumé licite par l'article L 112-2 du Code monétaire et financier, l'indice Insee n'est pas le seul à pouvoir être valablement utilisé dans les contrats de bail. Il a notamment été jugé que l'indice publié par l'Académie d'architecture de Paris pouvait également l'être (Cass. 3e civ. 22-1-1980 n° 78-11.290 : Bull. civ. III n° 19 ; Cass. 3e civ. 3-2-1988 : Gaz. Pal. 1988 I p. 411 note J. P.), dès lors que le lien existant entre l'objet de la convention unissant les parties et l'indice choisi était incontestablement direct. Précisons toutefois que cet indice, publié jusqu'en 1998, ne l'est plus à ce jour.

CONDITIONS D'APPRÉCIATION DE LA LICÉITÉ DE L'INDICE

48640 Pour apprécier si l'indice choisi répond aux exigences du contrat, la **date** à prendre en considération est celle de la conclusion du contrat. Une indexation en relation avec l'activité d'une des parties au moment de la conclusion d'un contrat demeure valable si cette partie vient, par la suite, à changer d'activité (Cass. 1e civ. 18-6-1980 n° 78-12.195 : Bull. civ. I n° 192 ; Cass. 1e civ. 6-6-1984 n° 83-12.301 : Bull. civ. I n° 187).

Dans ce cas, la question de la licéité de l'indice risque de se poser lors du renouvellement du bail si bien que les parties ont intérêt à prévoir dans le contrat de bail initial les conditions de substitution de l'indice.

48641 Le caractère direct de la relation existant entre l'indice retenu et l'objet du contrat, fonction de la part plus ou moins importante pour laquelle le produit ou le service envisagé est susceptible d'entrer dans la réalisation de cet objet, est une question de fait qui échappe au contrôle de la Cour de cassation (notamment, Cass. com. 4-3-1964 n° 62-13.425, analysé n° 48642). Il en va de même du caractère direct de la relation existant entre l'indice retenu et l'activité de l'une ou l'autre des parties.

48642 L'appréciation des juges du fond est étroitement liée aux cas d'espèce si bien qu'elle peut, à propos d'un même indice, donner lieu à des solutions divergentes.

ILLUSTRATIONS

L'appréciation du rapport existant entre la nature de l'indice et l'objet du contrat est fonction de la part plus ou moins importante pour laquelle le produit ou service envisagé est susceptible d'entrer dans la réalisation de cet objet et est une question de fait qui échappe au contrôle de la Cour de cassation.

Par suite, il ne saurait être fait grief à une cour d'appel d'avoir refusé d'appliquer une clause d'indexation prévue par un bail commercial et stipulant que le bail serait révisé chaque année en fonction du **salaire d'un manœuvre maçon.**

Cass. com. 4-3-1964 n° 62-13.425 : Bull. civ. III n° 121 ; Cass. com. 12-6-1965 n° 63-12.958 : Bull. civ. III n° 363 ; Cass. 3e civ. 11-7-1968 n° 66-13.228 ; Cass. 3e civ. 13-2-1969 n° 67-10.888 : Bull. civ. III n° 134 ; Cass. 3e civ. 6-6-1972 n° 71-11.279 : Bull. civ. III n° 369.

Une cour d'appel a pu déclarer valable la clause d'un bail portant sur un local où était exploité un commerce d'établissement de bains et stipulant que le prix du loyer serait tous les trois ans fixé selon une échelle mobile qui prendrait pour base le **salaire du manœuvre de tous travaux de bâtiment** dès lors que le caractère direct de la relation existant entre la nature de l'indice et l'objet du contrat est fonction de la part plus ou moins importante pour laquelle le service envisagé contribue à l'accomplissement de cet objet et dépend de considérations de fait qui relèvent de l'appréciation des juges du fond et qui, comme telles, échappent au contrôle de la Cour de cassation.

Cass. 3e civ. 10-10-1967 n° 64-14.123 : Bull. civ. III n° 315.

L'appréciation du rapport existant entre la nature de l'indice et l'objet du contrat est une question de fait qui échappe au contrôle de la Cour de cassation. Par suite, justifie sa décision la cour d'appel qui refuse de prononcer la nullité d'une clause d'indexation du prix d'un bail sur le **salaire**

horaire d'un ouvrier métallurgiste au motif qu'il existait un lien direct entre l'activité sociale du locataire et l'index choisi dès lors que l'installation d'appareillages électriques entrait dans le champ d'application de la convention collective de l'industrie métallurgique dont la société locataire devait respecter les clauses pour le salaire de son personnel et les charges sociales, facteurs importants du prix de revient.

Cass. 3e civ. 30-5-1972 n° 71-12.562 : Bull. civ. III n° 345.

Par avenant au bail originaire portant sur un local à usage de restaurant et d'appartement, les parties avaient prévu que le loyer serait indexé sur le **coût de la construction établi par la section centrale des architectes** et, à défaut, sur le montant du salaire horaire du manœuvre de la région parisienne. Justifie sa décision la cour d'appel qui, après avoir relevé que si, aux termes des dispositions de la loi du 9 juillet 1970 (désormais C. mon. fin. art. L 112-2, al. 1), l'indice national du coût de la construction publié par l'Insee est réputé être en relation directe avec l'objet de la convention relative à un immeuble, ce n'est pas cet indice qui figure dans la convention liant les parties, mais celui du coût de la construction dans la région parisienne établi par la section centrale d'architecture, a décidé souverainement que la clause d'indexation litigieuse n'était pas en relation directe avec l'objet du contrat ni avec l'activité de l'une des parties et qu'elle devait être déclarée nulle.

Cass. 3e civ. 7-3-1973 n° 71-14.388 : Bull. civ. III n° 183.

RÉFÉRENCE À UN INDICE ILLICITE

La référence à un indice illicite est **sanctionnée** par la nullité de la clause. L'annulation n'affecte pas la **validité du bail tout entier,** même si cette clause a été déclarée déterminante par les parties dès lors qu'une telle stipulation porterait atteinte au droit au renouvellement du bail si le propriétaire pouvait, sous peine de nullité du bail, exiger de son locataire commerçant le respect d'une clause illicite (Cass. 3e civ. 9-7-1973 n° 72.12-660 : Bull. civ. III n° 467 ; Cass. 3e civ. 14-6-1983 : Rev. Loyers 1983 p. 446 ; CA Lyon 1-12-2009 n° 08-8441, 3e ch. A). **48650**

Lorsque la clause d'indexation illicite a reçu application avant d'être annulée, le locataire qui a versé des **sommes qui n'étaient pas dues** peut en demander le remboursement (application de l'article 1376 du Code civil), sans être tenu à aucune autre preuve (Cass. ass. plén. 2-4-1993 n° 89-15.490 P : RJDA 7/93 n° 642 mettant un terme à la jurisprudence antérieure). En effet, en réglant le loyer sur les bases contractuelles tant que la clause d'indexation n'a pas été déclarée nulle, le locataire n'a pas renoncé, par avance, à réclamer le remboursement des sommes indûment versées (Cass. 3e civ. 13-12-1978 : Gaz. Pal. 1979 somm. p. 112).

Il en va différemment si, sachant que la clause était atteinte de nullité, le locataire a réglé les loyers en connaissance de cause (Cass. 3e civ. 12-6-1979, précité).

Les parties peuvent toutefois volontairement **substituer un nouvel indice** à l'indice annulé et même prévoir cette substitution dès la conclusion du contrat (Cass. 3e civ. 9-10-1984 n° 83-10.383 : Bull. civ. III n° 162). **48651**

Si la convention n'a pas prévu la possibilité de remplacer la clause et en cas de désaccord des parties sur la substitution d'un autre indice, ces dernières n'ont en principe pas d'autre choix que de recourir à la révision légale de l'article L 145-38 du Code de commerce dans les conditions exposées nos 51300 s.

La question s'est posée de savoir si, en présence d'un indice illicite, la substitution d'un nouvel indice par le **juge** du fond était possible. La jurisprudence rendue sur cette question ne nous semble pas encore définitivement fixée. **48652**

Dans un premier temps, la Cour de cassation a clairement exclu cette possibilité en censurant la décision d'une cour d'appel qui avait décidé de remplacer la clause d'indexation sur le coût de la vie figurant dans un bail à usage de boucherie et frappée de nullité, par une clause d'échelle mobile se référant au prix moyen de la viande de bœuf fixé par le syndicat des bouchers (Cass. 3e civ. 14-10-1975 n° 74-12.880 : Bull. civ. III n° 290 ; dans le même sens, voir CA Nîmes 24-7-1991 n° 89-1764, analysé n° 48616).

Une cour d'appel a ensuite admis le contraire et le pourvoi formé contre cet arrêt a été rejeté par la Cour de cassation aux motifs que les juges du fond, recherchant la **commune intention des parties,** avaient souverainement retenu que la volonté de ces dernières avait essentiellement porté sur le principe de l'indexation et que la stipulation du choix de l'indice en constituait une application et qu'ainsi il y avait lieu de substituer à l'indice annulé un indice admis par la loi (Cass. 3e civ. 22-7-1987 n° 84-10.548 : Bull. civ. III n° 151).

Signalons également un arrêt de la cour d'appel de Lyon qui a jugé qu'une clause d'indexation illicite ne peut pas être tenue comme purement et simplement non écrite et qu'il convient de rechercher quel indice licite traduisant l'intention commune des parties peut y être substitué (CA Lyon 9-7-1990 n° 2869-89, 1re et 2e ch. réunies ; rendu à propos d'un contrat de fourniture mais transposable au contrat de bail sur ce point).

5. CHOIX DE LA PÉRIODE D'INDEXATION

48660 La périodicité d'application de la clause d'échelle mobile est laissée à la **libre appréciation des parties.** Ces dernières peuvent donc faire varier le loyer à chaque parution de l'indice ou sur une période plus longue.

Le plus souvent, la clause prévoit une variation annuelle du montant du loyer au cas où l'indice de référence se trouverait modifié dans un sens ou dans l'autre d'un pourcentage défini, ce qui permet d'éviter d'attendre l'achèvement de la période triennale qui ouvre le droit à la révision légale de l'article L 145-38 du Code de commerce.

Rappelons que le choix d'une variation triennale de la clause d'échelle mobile peut se révéler ambigu et prêter à confusion avec la révision du loyer prévue par l'article L 145-38 du Code de commerce, dans le cas où les parties n'ont pas pris soin de distinguer clairement la clause d'indexation du simple rappel du mécanisme de la révision légale (voir n° 48615).

48661 De façon générale, chaque fois que la périodicité de la **clause** est **obscure** ou maladroitement définie par les parties, les juges du fond seront amenés à interpréter la clause.

ILLUSTRATIONS

En présence d'une clause stipulant que « le loyer fixé pour la première période triennale sera susceptible d'être révisé au début de chacune des périodes » en application d'une clause d'échelle mobile, la Cour de cassation a confirmé la décision d'une cour d'appel qui, après avoir souverainement retenu, par une interprétation que l'ambiguïté des termes du bail rendait nécessaire, que les parties à ce bail étaient convenues que le loyer serait susceptible d'être révisé au début de chaque période triennale, en avait déduit que la clause d'échelle mobile ne pouvait pas être mise en œuvre par le bailleur au cours d'une période triennale et qu'en conséquence celui-ci n'était pas fondé à invoquer la clause résolutoire pour sanctionner le défaut de paiement de la somme correspondant à la différence entre les loyers effectivement payés et ceux résultant de l'application de la clause de révision pour les mois d'août à novembre 1995 (Cass. 3e civ. 30-10-2002 n° 1573 FS-D).

MÉTHODES APPLICABLES

48662 Selon les stipulations du bail, il existe deux méthodes pour appliquer une clause d'échelle mobile.

La **première méthode** consiste à modifier chaque année l'indice de base, l'indice de comparaison de l'année précédente devenant le nouvel indice de base, et cette variation étant appliquée sur le loyer en cours.

EXEMPLE

Cas d'un bail ayant pris effet au 1er janvier 2019 moyennant un loyer de 20 000 € et prévoyant une indexation annuelle à sa date anniversaire suivant le dernier indice des loyers commerciaux (ILC) publié au jour de la signature du bail, soit l'ILC du 3e trimestre 2018 (113,45).
Le 1er janvier 2020, le loyer est fixé à : 20 000 € × 115,60 (indice 3e trimestre 2019, indice de comparaison) / 113,45 (indice de référence) = 20 379,02 €.
Le 1er janvier 2021, le loyer est fixé à : 20 379,02 € × 115,70 (indice 3e trimestre 2020) / 115,60 (indice 3e trimestre 2019) = 20 396,65 €.
Le 1er janvier 2022, le loyer est fixé à : 20 396,65 € × 119,70 (indice 3e trimestre 2021) / 115,70 (indice 3e trimestre 2020) = 21 101,80 €.

La **seconde méthode** consiste à conserver le même indice de base correspondant à la date d'effet du bail et à comparer chaque année cet indice avec l'indice du même trimestre correspondant à l'année d'indexation, puis à appliquer cette variation sur le loyer initial.

EXEMPLE

Cas d'un bail ayant pris effet au 1er janvier 2019 moyennant un loyer de 20 000 € et prévoyant une indexation annuelle à sa date anniversaire suivant l'indice de base fixe du 3e trimestre 2018 (dernier indice publié au jour de la signature du bail).
Le 1er janvier 2020, le loyer est fixé à : 20 000 € × 115,60 (indice 3e trimestre 2019, indice de comparaison) / 113,45 (indice 3e trimestre 2018, indice de base fixe) = 20 379,02 €.
Le 1er janvier 2021, le loyer est fixé à : 20 000 € × 115,70 (indice 3e trimestre 2020) / 113,45 (indice 3e trimestre 2018) = 20 396,65 €.
Le 1er janvier 2022, le loyer est fixé à : 20 000 € × 119,70 (indice 3e trimestre 2021) / 113,45 (indice 3e trimestre 2018) = 21 101,80 €.

CLAUSE D'INDEXATION À INDICE DE BASE FIXE

48663 La **validité** de la clause d'indexation à indice de base fixe a été **discutée** dans la mesure où l'article L 112-1 du Code monétaire et financier répute non écrite toute clause d'un contrat à exécution successive, et notamment des baux et locations de toute nature, prévoyant la prise en compte d'une période de variation de l'indice supérieure à la durée s'écoulant entre chaque révision. Par exemple, pour une indexation annuelle, la période de variation de l'indice ne peut pas excéder une année ; pour une indexation triennale, la période de variation de l'indice ne peut pas excéder trois années.

Or, si l'indice de base est fixe, chaque année, la variation entre l'indice de base et celui retenu pour le calcul de l'indexation du trimestre considéré est supérieure à la durée s'étant écoulée entre l'indexation en cours et la précédente indexation, par hypothèse celle de l'année antérieure.

La **Cour de cassation** a mis un terme au débat en jugeant que la clause d'indexation se référant à un indice de base fixe ne contrevient pas à l'article L 112-1 du Code monétaire et financier dès lors qu'il y a concordance entre la période de variation indiciaire et la durée s'écoulant entre deux révisions (Cass. 3e civ. 16-10-2013 no 12-16.335 FS-PB : RJDA 1/14 no 12 ; Cass. 3e civ. 11-12-2013 no 12-22.616 FS-PB : RJDA 3/14 no 204 ; Cass. 3e civ. 3-12-2014 no 13-25.034 FS-PBR : RJDA 4/15 no 240 ; Cass. 3e civ. 25-2-2016 no 14-28.165 FS-PB : analysé no 48666). En d'autres termes, la clause est valable si la durée séparant les indices de base et de comparaison est identique à celle séparant le loyer de référence et le loyer indexé. **48664**

Toute **distorsion** entre l'intervalle de variation indiciaire et la durée écoulée entre deux révisions n'est cependant pas répréhensible. Il convient d'en examiner l'origine. **48665**

Ce n'est que lorsque la **clause organise par avance une distorsion** que la sanction du réputé non écrit s'impose. Tel est le cas d'une clause prévoyant une révision annuelle à une certaine date alors que le bail a pris effet à une autre date (Cass. 3e civ. 14-9-2017 no 16-20.048 F-D, analysé no 48666), d'avenants de modification de loyer, intervenant à une date qui n'est pas celle de l'indexation annuelle mais reprenant à l'identique la clause d'indexation (Cass. 3e civ. 7-5-2014 no 12-22.637 FS-D ; Cass. 3e civ. 25-2-2016 no 14-28.165 FS-PB, analysés no 48666). Tel est également le cas lorsque le bail renouvelé reproduit sans l'adapter la clause d'indexation du bail expiré (Cass. 3e civ. 4-1-2023 no 21-23.412 F-D, analysé no 48666), générant ainsi une inévitable distorsion. Les juges du fond n'ont aucun pouvoir d'appréciation au regard de la distorsion ainsi engendrée : ils doivent déclarer la clause non écrite même si la distorsion est minime (Cass. 3e civ. 17-5-2018 no 17-11.635 FS-D : RJDA 7/18 no 558). La distorsion temporelle est sanctionnée dès la première mise en œuvre de la clause d'indexation (Cass. 3e civ. 14-9-2017 no 16-20.048 F-D : analysé no 48666 ; Cass. 3e civ. 6-2-2020 no 18-24.599 FS-PBI : RJDA 4/20 no 202 : écartant l'argument selon lequel l'art. L 112-12 du Code monétaire et financier ne vise que la durée s'écoulant « entre chaque révision », ce qui exclurait la durée s'écoulant entre la prise d'effet du bail et la première révision).

Toutefois, la Cour de cassation a précisé que seule la partie de la clause qui crée la distorsion prohibée est réputée non écrite (Cass. 3e civ. 29-11-2018 no 17-23.058 FS-PBRI : RJDA 2/19 no 76 ; Cass. 3e civ. 6-2-2020 no 18-24.599 FS-PBI, précité ; Cass. 3e civ. 30-6-2021 no 20-11.685 F-D : RJDA 10/21 no 640, 2e espèce : excluant que la clause créant une distorsion pour la première révision seulement soit déclarée réputée non écrite en son entier). La clause d'indexation ne sera réputée non écrite dans son entier que si la stipulation prohibée ne peut lui être retranchée sans porter atteinte à sa cohérence et lui est indivisible (Cass. 3e civ. 4-1-2023 no 21-23.412 F-D analysé no 48666). Cette solution a le mérite de respecter au mieux la volonté des parties d'adapter le montant du loyer à l'évolution économique. En effet, elle restreint l'invalidation à ce qui est strictement nécessaire et donc à la partie de la clause qui crée effectivement une distorsion prohibée, sans l'étendre, lorsque la clause est divisible, à ses dispositions licites.

En revanche, la clause reste valable dès lors que la **distorsion** ne résulte pas de la clause d'indexation elle-même mais de la **date** de **renouvellement** du bail (Cass. 3e civ. 13-9-2018 no 17-19.525 FS-PBI : analysé no 48666) ou de la **date** de fixation judiciaire du **loyer révisé** (Cass. 3e civ. 17-5-2018 no 17-15.146 FS-PBI : analysé no 52380) qui ne coïncide pas avec la date prévue pour l'indexation.

ILLUSTRATIONS **48666**

Ayant retenu que la **reproduction dans l'avenant de la clause** d'indexation **contenue dans le bail initial** engendrait une **distorsion** dès lors qu'était appliqué à un nouveau loyer de base correspondant au loyer du 1er mars 2002 l'indice de référence du 4e trimestre 1997, une cour d'appel, qui n'a pas condamné la simple référence à un indice de base fixe et ne s'est pas fondée sur les seules modalités d'exécution de la clause par le bailleur, a pu en déduire que la clause de l'avenant était réputée non écrite.

Cass. 3e civ. 7-5-2014 no 12-22.637 FS-D : Loyers et copr. 2014 comm. no 212 note Ph.-H. Brault.

S'il n'interdit pas la prise en compte d'un indice de base fixe, l'article L 112-1 du Code monétaire et financier prohibe toute organisation contractuelle d'une distorsion entre la période de variation de l'indice et la durée s'écoulant entre deux révisions.

A légalement justifié sa décision d'annuler la clause d'indexation de l'avenant d'un bail commercial la cour d'appel qui a relevé que la **reproduction dans un avenant** à effet de février 2007 **de la clause** d'indexation **contenue dans le bail initial** et la référence ainsi faite à l'indice du quatrième trimestre 2003, indice de référence à la signature du bail initial, puis l'application consécutive qui en était faite pour calculer les indexations annuelles dues au titre des années 2007 à 2012 entraînaient une **distorsion** entre l'intervalle de variation indiciaire et la durée s'écoulant entre deux révisions annuelles, dès lors que le loyer de base pris en compte était celui applicable au 9 février 2007.

Cass. 3e civ. 25-2-2016 no 14-28.165 FS-PB : RJDA 6/16 no 424.

Ayant relevé que la clause d'indexation stipulait que l'indice à prendre en considération serait le dernier indice publié au 1er janvier de chaque année, l'indice de référence étant le dernier connu au 1er juillet 1996, et relevé que le bailleur avait, lors de la première révision le 1er janvier 1998, pris en compte l'indice publié à cette date, soit celui du 2e trimestre 1997, et l'avait rapporté à celui connu au 12 juillet 1996, soit celui du 1er trimestre 1996, une cour d'appel, qui a constaté une **distorsion** temporelle **entre l'indice de base fixe et l'indice multiplicateur,** a légalement justifié sa décision de déclarer non écrite la clause d'indexation.

Cass. 3e civ. 9-2-2017 n° 15-28.691 FS-PB : Bull. civ. III n° 21.

Ayant constaté que la clause d'indexation stipulait que la première révision interviendrait au 1er janvier suivant la date de livraison du local sur la base du dernier indice connu du coût de la construction au 4 juillet 2002 (4e trimestre 2001) et les suivantes, au 1er janvier de chaque année, sur la base de l'indice de comparaison pris en compte lors du précédent réajustement et l'indice du même trimestre de l'année précédant la date d'indexation et relevé que la période de variation des indices (4e trimestre 2001-2e trimestre 2004) avait été de vingt-sept mois et que la durée entre le 3 mars 2004, date à laquelle le point de départ du bail avait été reporté, et le 1er janvier 2005, avait été de neuf mois et vingt-huit jours, une cour d'appel a retenu, à bon droit, que l'article L 112-1 du Code monétaire et financier s'appliquait dès la première indexation et que la **clause comportait en elle-même une distorsion** entre l'intervalle de variation indiciaire et la durée s'étant écoulée entre deux révisions ; elle a pu en déduire qu'à défaut de divisibilité de la clause prévue par le texte précité et de convention entre les parties emportant une renonciation à agir, la clause devait être déclarée non écrite en son entier.

Cass. 3e civ. 14-9-2017 n° 16-20.048 F-D.

La clause d'indexation d'un bail, signé le 13 juillet 1999 et ayant pris effet le 1er septembre 1999, était ainsi rédigée : « Indice de référence et calcul : Le taux de variation indiciaire sera calculé en tenant compte de l'indice fixe du 2e trimestre 1998 (soit 1058) : la première fois, le dernier indice publié au 1er janvier 1999, soit 1058, et d'autre part, à la date d'effet de chaque échéance annuelle d'indexation. La prise en compte, par simple commodité de calcul, du dernier loyer exigible dans les termes de la présente convention, n'emporte pas novation aux stipulations qui précèdent et qui comportent comme indice de base immuable l'indice de référence à la date d'effet du bail. »
Par application de la clause d'indexation, la première indexation avait eu lieu le 1er janvier 2000, quatre mois après la prise d'effet du bail sur la base de l'indice du 2e trimestre 1998 comparé à celui du 2e trimestre 1999, soit une variation indiciaire d'un an.
Viole l'article L 112-1 du Code monétaire et financier la cour d'appel qui, pour refuser de déclarer la clause non écrite, retient qu'il existe une **distorsion** mais que ses effets sont **minimes.**

Cass. 3e civ. 17-5-2018 n° 17-11.635 FS-D : RJDA 7/18 n° 558.

Le propriétaire de locaux commerciaux les avait donnés en location à partir du 1er janvier 1994. Après avoir refusé le renouvellement du bail, il avait exercé son droit de repentir et avait offert à son locataire le renouvellement à partir du 1er février 2006. En réponse à sa demande de fixation du montant du loyer révisé, le locataire lui avait opposé l'illicéité de la clause d'indexation prévue dans le bail renouvelé.
A violé l'article L 112-1, al. 2 du Code monétaire et financier la cour d'appel qui a déclaré non écrite la clause d'indexation au motif qu'elle créait une distorsion prohibée, alors que la distorsion ne résultait pas de la clause elle-même mais du **décalage** entre la **date de renouvellement du bail** intervenu le 1er février 2006 et la **date prévue pour l'indexation** annuelle du loyer fixée au 1er janvier 2006.

Cass. 3e civ. 13-9-2018 n° 17-19.525 FS-PBI : RJDA 11/18 n° 806.

Ayant retenu que la **reproduction dans le bail renouvelé** du 30 août 2005 **de la clause d'indexation initiale** appliquant un indice de référence du premier trimestre 1997 engendrait une distorsion qui s'est poursuivie après le 1er septembre 2005, une cour d'appel a ainsi fait ressortir que la stipulation prohibée par l'article L 112-1 du Code monétaire et financier ne pouvait être retranchée de la clause d'indexation sans porter atteinte à la cohérence de celle-ci et lui était indivisible et en a exactement déduit que la clause du bail renouvelé était **réputée non écrite en son entier.**

Cass. 3e civ. 4-1-2023 n° 21-23.412 F-D.

48667 Compte tenu du risque d'invalidation d'une clause d'échelle mobile à indice de base fixe, les bailleurs ont intérêt à faire varier chaque année l'indice de base.

MODÈLE

Clause d'indexation

« Le loyer sera indexé de plein droit et sans formalité ni notification préalable, chaque année, à la date anniversaire de la prise d'effet du bail, sur la base de l'indice « *à préciser* » publié trimestriellement par l'Insee. Pour la première indexation, l'indice de base sera celui du dernier indice publié à la date de prise d'effet du bail et l'indice de comparaison celui du même trimestre de l'année suivante. Pour les indexations suivantes, l'indice de base sera le précédent indice de comparaison et le nouvel indice de comparaison, celui du même trimestre de l'année suivante.

Par exception, si au cours du bail ou lors de son renouvellement, le loyer venait à être modifié amiablement ou judiciairement entre deux indexations, l'indexation suivante devra être calculée sur la base du rapport entre le dernier indice publié à la date de prise d'effet du loyer modifié (nouvel indice de base) et l'indice du même trimestre de l'année suivante (nouvel indice de comparaison). Si l'indice choisi était modifié ou remplacé, le loyer serait indexé en utilisant l'indice modifié ou remplacé, assorti, le cas échéant, du coefficient de raccordement publié par l'Insee (...) ».

6. LIMITATION DU SENS DE L'INDEXATION

CLAUSE NE JOUANT QU'À LA HAUSSE OU INSTAURANT UN PLANCHER

Certains baux apportent une restriction à l'automaticité de l'indexation en prévoyant soit l'exclusion de toute révision du loyer à la baisse, soit la limitation de cette baisse au loyer d'origine, ainsi défini comme un loyer plancher. **48670**

Aucun texte n'interdit expressément de telles clauses et elles ne tombent pas sous le coup des règles édictées par les articles L 112-1 et L 112-2 du Code monétaire et financier (pour un arrêt ayant toutefois jugé qu'une telle clause était contraire à l'article L 112-1 : Cass 3e civ. 11-3-2021 n° 20-12.345 F-D : RJDA 5/21 n° 296) mais, par un arrêt de principe, la Cour de cassation s'est prononcée dans le sens de l'illicéité de telles stipulations qui excluent la réciprocité de la variation (Cass. 3e civ. 14-1-2016 n° 14-24.681 FS-PB : RJDA 4/16 n° 261).

La jurisprudence est désormais établie quant à la nature et au fondement de la sanction encourue : la clause d'indexation, qui exclut toute réciprocité de la variation en prévoyant que l'indexation ne s'effectuerait que dans l'hypothèse d'une variation à la hausse, contrevient aux dispositions de l'article L 145-39 du Code de commerce et doit être **réputée non écrite** par application de l'article L 145-15 dudit Code. En effet, le propre d'une clause d'indexation est de faire varier le loyer à la hausse et à la baisse, de sorte que la clause qui écarte toute réciprocité de variation, si elle ne crée pas la distorsion prohibée par l'article L 112-1 du Code monétaire et financier, fausse le jeu normal de l'indexation. En outre, la neutralisation des années de baisse de l'indice de référence a mathématiquement pour effet de modifier le délai d'atteinte du seuil de variation du quart, conditionnant la révision du loyer, tel que celui-ci résulterait de l'évolution réelle de l'indice (Cass. 3e civ. 30-6-2021 n° 19-23.038 FP-BC : RJDA 10/21 n° 640, 1e espèce ; Cass. 3e civ. 12-01-2022 n° 21-11.169 FS-B : RJDA 6/22 n° 327). La même solution a été retenue à propos d'une clause limitant la baisse du loyer à un montant plancher (Cass. 3e civ. 25-1-2023 n° 20-20.514 F-D).

ILLUSTRATIONS

Est illicite la clause d'indexation qui prévoit que l'actualisation du loyer sera celle résultant de l'application de cette clause avec un minimum de révision fixé à 1,5 % et un maximum à 3,5 %. En effet, la clause exclut la réciprocité de la variation puisque l'actualisation du loyer emporte a minima + 1,5 %, de sorte que le loyer ne peut être révisé qu'à la hausse. Or, le propre d'une clause d'indexation étant de faire varier à la hausse et à la baisse le loyer, la clause qui exclut, en cas de baisse de l'indice, l'ajustement du loyer prévu pour chaque période annuelle en fonction de la variation de l'indice publié dans le même temps écarte toute réciprocité de variation et fausse ainsi le jeu normal de l'indexation (CA Paris 7-12-2023 n° 21/15328 : RJDA 7/24 n° 381).

Il en résulte que l'action du locataire tendant à voir la clause litigieuse réputée non écrite n'est enfermée dans aucun **délai de prescription** (Cass. 3e civ. 30-6-2021 n° 19-23.038 FP-BC, précité). Sur la prescription de l'action en restitution des sommes indûment perçues au titre d'une clause d'indexation irrégulière, voir n° 22160.

Seule la stipulation prohibée doit être réputée non écrite (Cass. 3e civ. 30-6-2021 n° 19-23.038 FP-BC : RJDA 10/21 n° 640, 1e espèce ; Cass. 3e civ. 12-1-2022 n° 21-11.169 FS-B : RJDA 6/22 n° 327 ; Cass. 3e civ. 28-9-2022 n° 21-25.507 F-D ; Cass. 3e civ. 25-1-2023 n° 20-20.514 F-D) lorsqu'elle peut être retranchée de la clause d'indexation sans porter atteinte à la cohérence de celle-ci (Cass. 3e civ. 4-7-2024 n° 23-13.285 F-D : RJDA 11/24 n° 580). Pour pouvoir éradiquer la clause d'indexation en son entier, les juges du fond doivent caractériser une **indivisibilité** entre les stipulations de la clause, le fait que la partie illicite de la clause ait présenté un caractère déterminant et essentiel pour l'une des parties n'étant pas un élément permettant de caractériser l'indivisibilité de la clause (mêmes arrêts). Le critère du caractère déterminant ou essentiel de la stipulation illicite, qui avait un temps été pris en compte pour déterminer l'étendue de la sanction (Cass. 3e civ. 14-1-2016 n° 14-24.681 FS-PB : RJDA 4/16 n° 261 ; Cass. 3e civ. 10-9-2020 n° 19-17.139 F-D : RJDA 2/21 n° 78), est donc définitivement abandonné. **48672**

> **Précisions** Sur le fondement de l'article 1217 du Code civil, dans sa rédaction antérieure à l'ordonnance 2016-131 du 10 février 2016, aux termes duquel « l'obligation est divisible ou indivisible selon qu'elle a pour objet ou une chose qui dans sa livraison, ou un fait qui dans l'exécution, est ou n'est pas susceptible de division, soit matérielle, soit intellectuelle », la **cour d'appel de Paris** a continué à appliquer le critère du caractère

déterminant de la stipulation pour réputer non écrite une clause d'indexation dans son intégralité (CA Paris 26-10-2022 n° 20/09598). Plus récemment, sur ce même fondement, après avoir énoncé que l'indivisibilité matérielle peut s'entendre d'un obstacle technique qui rendrait la clause inapplicable du seul fait de sa suppression et l'invisibilité intellectuelle de la volonté des parties qui ont donné un caractère déterminant à la clause sans laquelle elles n'auraient pas contracté, elle a jugé que la clause qui prévoit exclusivement la création d'un « tunnel » et aménage les conditions d'une indexation du bail en limitant l'impact de la hausse à une fourchette comprise entre 1,5 % et 3,5 % forme un tout indivisible en ce qu'il ne permet aucune autre alternative à l'indexation du loyer en cas de suppression de cette formule la rendant ainsi inapplicable pour le tout (CA Paris 7-12-2023 n° 21/15328 : RJDA 7/24 n° 381).

CLAUSE ENCADRANT LA VARIATION DE L'INDEXATION

48675 Certains bailleurs ont introduit dans leurs baux des clauses encadrant la variation de l'indexation. Cet encadrement peut être unilatéral, avec un plafonnement des seules hausses ou des seules baisses. Mais il peut aussi être bilatéral, en prévoyant un encadrement aussi bien des hausses que des baisses ; on parle alors de clause « tunnel ».

Dans le premier cas, en l'absence de réciprocité de la variation, la solution rendue à propos des clauses d'indexation ne variant qu'à la hausse ou instaurant un plancher aura vocation à s'appliquer (n° 48670). En revanche, pour les **clauses « tunnel »,** la Cour de cassation ne s'est pas encore prononcée.

La cour d'appel de Paris a déclaré non écrite :

– une clause d'indexation prévoyant que la variation indiciaire retenue était égale à la moitié de la variation annuelle de l'indice augmentée de 1,5 point, de sorte que la formule avait pour effet, en cas de variation négative de l'indice, comme en cas de variation nulle ou de variation inférieure à 3 %, de produire systématiquement un montant de loyer supérieur à celui qui aurait été obtenu par l'application de la variation indiciaire, dont au passage elle se désolidarise (CA Paris 20-1-2016 n° 13/17680 : JCP E 2016, 1165 note B. Brignon) ;

– une clause prévoyant que le loyer est indexé sur la hausse annuelle en pourcentage de l'indice, sans toutefois que la majoration annuelle puisse être inférieure à 2 % en sorte que la variation de l'indice ne trouve à s'appliquer que si la variation entre les deux indices est supérieure à 2 %, la majoration de 2 % s'appliquant dans tous les autres cas ». Les juges ont estimé que cette formule avait pour effet, « en cas de variation négative de l'indice (...) comme en cas de variation positive inférieure à 2 %, (...) d'écarter purement et simplement le jeu de l'indice et de produire un montant de loyer systématiquement à la hausse et supérieur à celui qui aurait été obtenu par l'application de la variation indiciaire » (CA Paris 20-1-2016 n° 13/21626 : Loyers et copr. 2016 comm. n° 67 Ph.-H. Brault).

> **> Précisions** L'article 24 du **projet de loi de simplification de la vie économique,** adopté en première lecture par le Sénat le 22 octobre 2024, prévoit la possibilité pour les parties, par dérogation à l'article L 112-1 du Code monétaire et financier, d'insérer une clause ayant pour objet ou effet d'encadrer, dans les mêmes proportions, à la hausse et à la baisse, la variation annuelle de l'ILC prise en compte pour la révision du loyer en application de l'article L 145-39 du Code de commerce.

D. Loyer à paliers et loyer avec allégement ou franchise

DÉFINITIONS

48750 Le **bail à paliers** est un contrat dans lequel une évolution du prix du loyer, généralement progressive, est prévue par avance quant à son montant et quant à la date à laquelle elle devra se produire.

Les évolutions prévues par les parties interviennent automatiquement et indépendamment de l'application des règles de la révision légale ou d'une éventuelle indexation du loyer en application d'une clause d'échelle mobile. Ainsi, les parties peuvent valablement prévoir de pratiquer une augmentation forfaitaire annuelle du loyer (en l'occurrence, + 4,5 % par an), sans référence à un indice économique et indépendamment des prescriptions liées à la révision ou l'indexation (Cass. 3e civ. 21-6-2022 n° 21-16.042 F-D : RJDA 1/23 n° 6).

48751 Dans le **bail avec allégement ou franchise,** le loyer est fixé à un montant déterminé que le bailleur accepte de diminuer ou de ne pas percevoir pendant une durée arrêtée par les parties. À l'issue de la période d'allègement ou de franchise, le locataire doit régler le loyer initialement convenu.

La seule acceptation par le bailleur d'un loyer réduit au-delà d'une période de franchise ne vaut pas renonciation de sa part, qui doit être claire et non équivoque, à se prévaloir du loyer contractuellement prévu (Cass. 3e civ. 22-1-2014 n° 12-29.856 FS-PB : RJDA 5/14 n° 412).

Le recours au bail à paliers peut être **justifié par** l'existence de travaux à la charge du locataire. C'est presque toujours le cas du bail avec franchise. En fonction de l'importance et de la durée des travaux, les parties conviennent alors d'un simple allégement ou d'une franchise de loyer. 48752

DISTINCTION ENTRE BAIL À PALIERS ET BAIL AVEC FRANCHISE

Le bail à paliers et le bail avec franchise ne doivent pas être confondus. Comme le précise un auteur, « les différences sont à la fois rédactionnelles et économiques. En effet, dans un bail comportant des allégements, (...) il est admis explicitement ou implicitement que le loyer contractuel reste celui fixé hors allégements. À l'inverse, dans un bail à paliers, les parties ont envisagé des loyers économiquement différents à chaque palier » (B. Boccara et D. Lipman-Boccara sous CA Paris 12-10-2001 : Administrer octobre 2002 p. 26). 48760

Autrement dit, le bail à paliers est un mécanisme contractuel d'évolution du prix du loyer alors que le bail avec allégements ou franchise est un bail classique dans lequel les parties ont prévu des modalités particulières de paiement du loyer.

Sur le calcul du loyer révisé ou renouvelé, voir respectivement nos 51012 s. et no 54425.

RÉDACTION DE LA CLAUSE

Le mode de fixation du loyer initial constitue un critère de distinction entre ces deux types de baux et les parties doivent donc y apporter le plus grand soin. 48765

Si elles souhaitent conclure un **bail à paliers,** elles doivent introduire le mécanisme d'évolution du loyer par paliers dans la clause fixant le loyer initial au moyen, par exemple, de la formule suivante : « Le loyer initial est composé de trois paliers successifs d'un montant de 15 000 € les deux premières années, de 20 000 € la troisième année et de 25 000 € les six dernières années. » Sur la validité d'une clause prévoyant une augmentation forfaitaire annuelle, voir no 48750.

Si elles souhaitent au contraire s'engager sur la base d'un **loyer avec franchise,** elles peuvent choisir la formule suivante : « Le loyer initial est fixé à 25 000 € par an. À titre exceptionnel, ce montant ne sera pas perçu la première année. » 48766

On observera que dans ce cas, les parties peuvent souhaiter étaler l'allégement ou la franchise sur plusieurs années, ce qui accroît le risque de confusion avec le bail à paliers.

Pour éviter ce risque, la formule suivante peut alors être retenue : « Le loyer initial est fixé à 25 000 € par an. À titre exceptionnel, le bailleur accorde au locataire une franchise de loyer qui sera étalée dans le temps de sorte que le loyer sera fixé de la manière suivante :

- première année : le loyer ne sera pas perçu ;
- deuxième année : 10 000 € ;
- troisième année : 20 000 € ;
- à partir de la quatrième année, le loyer initial fixé à 25 000 € sera applicable. »

Lorsqu'une franchise de loyer est accordée pour une période donnée, il est recommandé de préciser si elle s'applique ou non aux charges, taxes et prestations.

À défaut de clause claire, les juges du fond doivent rechercher la commune intention des parties. Ainsi, dans un cas où un bail avait été « consenti moyennant un loyer annuel hors taxe de 1 000 000 F (environ 150 000 €) pendant les trois premières années, soit du 1er janvier 1995 au 31 décembre 1997 », et où « à compter du 1er janvier 1998 le loyer annuel serait porté à la somme de 1 300 000 F (environ 198 000 €) », il a été jugé que ce contrat était un bail à loyer classique, et non un bail à paliers. En effet, outre les termes du contrat, il résultait du détail des quittances et plus spécialement des courriers échangés entre les parties que la volonté de celles-ci était de fixer le loyer à 1 300 000 F tout en prévoyant un abattement de 300 000 F (environ 45 000 €) pour les trois premières années (CA Paris 12-10-2001 no 2000-07780, 16e ch. B). 48767

SECTION 3 LE PAS-DE-PORTE

Le pas-de-porte est une pratique ancienne qui, au gré de l'évolution du droit des baux commerciaux, a rempli différentes fonctions économiques, lesquelles se traduisent encore aujourd'hui dans l'analyse qu'en font les tribunaux. 48900

Depuis le début des années 1970, les locations nouvelles portant sur des locaux neufs sont couramment consenties sans pas-de-porte. C'est notamment le cas pour les bureaux, locaux industriels, locaux commerciaux situés dans les centres commerciaux et galeries marchandes. Leur loyer est fixé selon les prix pratiqués sur le marché et se trouve donc supérieur aux valeurs locatives retenues par les tribunaux.

DÉFINITION ET VALIDITÉ DU PAS-DE-PORTE

48905 Le pas-de-porte ou « droit d'entrée » est une somme en capital qui reste définitivement acquise au bailleur et qui est versée, en une ou plusieurs fois, par le locataire lors de son entrée dans les lieux. Il s'élève généralement à trois ou six mois de loyers.

Le pas-de-porte ne vise en aucun cas le prix de cession du bail (ou droit au bail) que le locataire cessionnaire verse à l'ancien locataire. Celui-ci ne saurait donc être retenu comme facteur de minoration de la valeur locative (Cass. 3e civ. 5-6-2002 n° 980 FS-PB : RJDA 8-9/02 n° 864).

48906 La Cour de cassation considère que la **pratique** du pas-de-porte, d'origine très ancienne, est **licite** dès lors qu'aucune disposition du statut n'interdit la remise d'une somme au bailleur par le locataire à son entrée dans les lieux (Cass. com. 14-11-1962 n° 759 : JCP G 1963 II n° 12999 ; Cass. 3e civ. 15-2-1995 n° 92-18.769 : RJDA 4/95 n° 410).

QUALIFICATION DU PAS-DE-PORTE

48910 Selon les circonstances, les tribunaux analysent le pas-de-porte :

– soit comme un **supplément de loyer payé d'avance** (Cass. com. 29-3-1966 n° 64-11.104 : Bull. civ. III n° 178 ; Cass. 3e civ. 12-10-1976 n° 75-11.063 : Bull. civ. III n° 334) ou par fractions et destiné à compenser la différence entre le loyer qui sera perçu tout au long du bail et de ses renouvellements, éventuellement judiciairement fixé, et le loyer qui résulterait du marché ;

– soit comme la « **contrepartie d'éléments de nature diverse,** notamment d'avantages commerciaux sans rapport avec le loyer » (Cass. com. 14-11-1962 n° 759 : Bull. civ. III n° 452, analysé n° 76155) ou comme la contrepartie de la dépréciation de l'immeuble résultant des droits que le statut des baux commerciaux accorde au locataire (CA Paris 20-7-1983 n° E 11076, 6e ch. B), en particulier droit au renouvellement ou à indemnité d'éviction.

Le pas-de-porte peut aussi avoir une **nature mixte** (CA Paris 18-10-1979, 16e ch.).

48911 Cette approche est contestée par une partie de la **doctrine.** Se démarquant de la jurisprudence, certains auteurs considèrent en effet que la nature juridique du pas-de-porte est nécessairement celle d'un loyer payé d'avance. Pour l'un d'entre eux, « le système du pas-de-porte n'a d'intérêt que parce que le loyer se trouve minoré par rapport au prix du marché » et que dès lors il s'agit, « d'une manière ou d'une autre, d'un « surloyer » (L. Rozès sous Cass. com. 14-4-1992 : D. 1994 som. p. 47). Pour un autre, « on voit mal pourquoi un commerçant payerait (un pas-de-porte) pour avoir le droit de payer le loyer à sa valeur. Et tout raisonnement tendant à dire que le droit au bail indemnise le bailleur de la moins-value qui affecte son immeuble du fait d'être donné à bail commercial laisse nécessairement deux arguments sans réponse : d'une part, s'agissant de boutiques ou de locaux industriels, ils peuvent difficilement être loués autrement que par des baux soumis au statut, si ce n'est de manière précaire ou pour de courtes durées ; d'autre part, l'inconvénient du statut pour le bailleur est le corollaire de son avantage pour le locataire, et est nécessairement pris en considération dans l'évaluation du loyer de marché » (L. Lévy sous Cass. com. 14-4-1992 : JCP 1992 II n° 21957).

48915 **Rôles des juges dans la qualification du pas-de-porte** Il appartient aux juges du fond de rechercher, dans chaque espèce, la **commune intention des parties** pour apprécier la nature juridique du pas-de-porte (Cass. 3e civ. 12-3-1958 n° 688, analysé n° 48917 ; Cass. 3e civ. 12-10-1976 n° 75-11.063 : Bull. civ. III n° 334 ; Cass. 3e civ. 11-10-1978 n° 77-11.212 et Cass. 3e civ. 2-12-1998, analysés n° 48917).

48916 Ils **apprécient souverainement** la commune intention des parties (Cass. 3e civ. 12-3-1958 n° 688, analysé n° 48917 ; Cass. com. 14-11-1962 n° 759 : Bull. civ. III n° 452, analysé n° 76155 ; Cass. com. 14-11-1962 n° 761 : Bull. civ. III n° 450, analysé n° 48917), la Cour de cassation vérifiant que l'intention des parties clairement exprimée n'est pas dénaturée par ces derniers (voir notamment Cass. 3e civ. 23-1-1980 n° 78-12.824, analysé n° 48917).

48917 ILLUSTRATIONS

Un contrat de bail prévoyait un loyer annuel de 35 000 F (environ 5 300 €) et le paiement d'une somme de 800 000 F (environ 122 000 €) étant précisé, d'une part, que le défaut de paiement des loyers aux termes trimestriels convenus devait entraîner la résiliation du bail et, d'autre part, que les locataires disposaient d'un délai de trois ans pour s'acquitter du versement de la somme de 800 000 F, le non-paiement de cette somme étant garanti par un nantissement sur le fonds de commerce des locataires et la dation en gage d'une voiture automobile. En interprétant souverainement les conventions des parties, une cour d'appel a pu estimer que la double modalité de paiement du loyer et de l'indemnité ainsi que la discrimination des mesures de sûreté et de coercition affectant ces deux prestations prouvaient bien la volonté des parties contractantes d'admettre que le loyer était de 35 000 F et que l'indemnité était une **indemnité sans rapport avec le montant du loyer.**

Cass. 3e civ. 12-3-1958 n° 688 : Bull. civ. III n° 117.

Confronté à un refus de renouvellement de son bail, un locataire avait assigné son bailleur en paiement d'une indemnité d'éviction laquelle avait été évaluée à une certaine somme qui prenait notamment en compte le pas-de-porte que le locataire avait versé à son nouveau bailleur.
Une cour d'appel a pu établir, par une appréciation souveraine de la volonté des parties, que le pas-de-porte objet du litige n'était qu'un **élément du calcul du loyer** afférent au nouveau local et qu'ainsi il ne devait pas être compris dans l'indemnité d'éviction à un autre titre.
En effet, dans l'esprit du locataire et de son nouveau bailleur, le pas-de-porte, qui avait été versé comme « indemnité de bail », représentait un **supplément de loyer** puisque, notamment, les parties avaient expressément convenu que le privilège du bailleur s'exercerait pour l'intégralité de l'indemnité.

Cass. com. 14-11-1962 n° 761 : Bull. civ. III n° 450.

Ne donne pas de base légale à sa décision la cour d'appel qui, statuant à l'occasion du renouvellement d'un bail commercial, rejette la prétention du propriétaire soutenant que le pas-de-porte versé par le locataire lors de son entrée dans les lieux constituait un loyer payé d'avance dont il doit être tenu compte pour le calcul du loyer d'origine servant de base à la fixation du nouveau prix, sans rechercher si, selon l'intention des parties, les sommes payées d'avance pouvaient constituer, au même titre que les redevances périodiques, la **contrepartie de la jouissance des lieux** dont bénéficiait le locataire.

Cass. 3e civ. 11-10-1978 n° 77-11.212 : Bull. civ. III n° 312.

Un bail qualifiait de « **supplément de loyer** » une somme de 100 000 F (environ 15 000 €). Dénature les termes clairs et précis du contrat l'arrêt qui, pour décider que cette somme constituait une indemnité versée à titre de pas-de-porte et ne pouvait s'ajouter au loyer de 2 400 F (environ 365 €) pour servir de base au nouveau loyer, retient qu'un supplément ne peut être supérieur à la somme qu'il complète, que la division du capital de 100 000 F par neuf ans n'aboutissait pas à un chiffre rond et que seul le loyer annuel avait été périodiquement réévalué.

Cass. 3e civ. 23-1-1980 n° 78-12.824 : Bull. civ. III n° 21.

Dans un cas où, dans le bail lui-même, les parties étaient expressément convenues de qualifier de **supplément de loyer** la somme remise par le locataire au bailleur à titre de droit d'entrée, justifie légalement sa décision la cour d'appel qui en a déduit que cette qualification traduisait clairement la volonté commune des cocontractants, sans laisser place à l'équivoque ni à l'interprétation et qu'elle liait le juge.

Cass. 3e civ. 2-12-1998, SCI Les Bouleaux blancs c/ Sté Polypress : Administrer avril 1999 p. 26 note J.-D. Barbier.

Pour déterminer la commune intention des parties, les tribunaux se fondent sur certains **critères.** Le **fractionnement** du paiement peut notamment constituer un élément permettant de qualifier le pas-de-porte de supplément de loyer (CA Paris 29-2-1980 : Loyers et copr. 1980 comm. n° 204 ; CA Paris 20-7-1983 n° E 11076, 6e ch. B). Toutefois, dans un cas où, selon les termes du contrat de bail, les sommes dues au bailleur à titre de droit d'entrée avaient le caractère d'une indemnité destinée à compenser la dépréciation de l'immeuble résultant de l'octroi au locataire de la propriété commerciale, il a été jugé que l'étalement des échéances de cette indemnité, payable en trois fractions, n'en modifiait pas la nature (Cass. com. 14-4-1992 n° 89-18.486 : Bull. civ. IV n° 158). **48918**

La stipulation selon laquelle le pas-de-porte **restera** en totalité **acquis au bailleur** peut conduire à qualifier le pas-de-porte d'indemnité. Ainsi, dans un cas où le bail stipulait que le somme de 280 000 F (environ 42 000 €), versée en une seule fois lors de la signature du bail, resterait en toute hypothèse et sans exception acquise à titre définitif et en totalité au bailleur, même en cas de résiliation pour quelque cause que ce soit, il a été jugé que justifie légalement sa décision la cour d'appel qui retient que cette somme correspondait non à un complément de loyers mais à une indemnité compensatrice d'avantages commerciaux (Cass. 3e civ. 16-5-2000 n° 720 D). **48920**

Conséquences de la qualification du pas-de-porte Les conséquences pratiques de la qualification sont importantes puisque, lorsqu'il est qualifié de supplément de loyer, le pas-de-porte est pris en considération pour le calcul de la révision triennale (nos 51910 s.) et pour l'application de l'indice servant à la fixation du loyer du bail renouvelé (n° 54420). **48925**

En outre, la nature juridique du pas-de-porte (supplément de loyer ou indemnité) a des incidences lors de l'appréciation de la valeur locative (nos 82610 s.) ainsi que dans les cas suivants :

– lorsqu'il est versé par un sous-locataire et constitue un supplément du loyer, il doit être pris en compte pour calculer la majoration du loyer de la location principale (Cass. com. 14-11-1962, analysé n° 76155) ;

– lorsqu'il constitue un supplément de loyer, il produit intérêts comme les loyers payés d'avance (nos 36080 s.) ;

– lorsqu'il s'analyse en une indemnité compensatrice d'avantages commerciaux, il reste acquis au propriétaire en cas de résiliation du bail, sauf convention contraire (Cass. 3e civ. 14-11-1978 no 77-13.543 ; Cass. civ. 19-3-1980, Sté Primistères c/ OPHLM de la ville de Paris : Rev. Loyers 1980 p. 355). En revanche, s'il est considéré comme un supplément de loyer et si le locataire l'a versé intégralement lors de son entrée dans les lieux, il peut, en cas de résiliation, donner lieu à un remboursement en fonction du temps d'occupation des locaux restant à courir ; en tout état de cause, le bailleur ne peut pas réclamer le paiement des annuités postérieures à la résiliation (CA Aix 18-6-1980 : Ann. loyers 1981 p. 693).

Sur les incidences fiscales de la qualification, voir nos 50500 s.

RÉDACTION DU PAS-DE-PORTE PAR LES PARTIES

48930 Compte tenu de la nature juridique double du pas-de-porte, les parties au bail doivent apporter la plus grande attention à sa rédaction et veiller à exprimer clairement leur commune intention.

ATTENTION

Lorsque les parties veulent désigner un supplément de loyer, l'expression « **loyers d'avance** », parfois utilisée, est maladroite alors qu'il s'agit, en fait, de désigner une somme versée à titre de supplément de loyer même si ce supplément peut effectivement être payé d'avance.

Par ailleurs, le devoir de conseil qui pèse sur les rédacteurs de baux commerciaux doit les inciter à attirer l'attention de leurs clients sur ce point. La cour d'appel de Paris a ainsi considéré que le notaire rédacteur d'un bail ne peut, sans engager sa responsabilité, méconnaître la possibilité de choix offerte aux parties et s'abstenir d'inviter ses clients à préciser leurs intentions (CA Paris 30-4-1993, 2e ch. B : JCP N 1994 II no 252 note critique J. Lafond).

48931

MODÈLE

Clause comportant un pas-de-porte

En fonction de la nature que les parties souhaitent donner au pas-de-porte, les formulations suivantes peuvent être retenues :

« Le présent bail est consenti et accepté moyennant le paiement d'un pas-de-porte de 12 000 € par le locataire au bailleur.

Cette somme constitue un **supplément de loyer** destiné à compenser la différence entre le loyer qui sera perçu tout au long du bail et de ses renouvellements, éventuellement judiciairement fixé, et le loyer qui résulterait du marché.

En cas de versement unique : Le pas-de-porte sera intégralement versé par le locataire lors de son entrée dans les lieux. En cas de résiliation pour quelque cause que ce soit, le pas-de-porte donnera lieu à un remboursement proportionnel au temps d'occupation restant à courir.

En cas de versements en plusieurs fois : Le pas-de-porte sera versé en trois échéances de 4 000 € chacune, à l'occasion du paiement annuel du loyer. En cas de résiliation pour quelque cause que ce soit, le bailleur ne pourra pas demander le paiement des échéances postérieures à la résiliation.

Le pas-de-porte sera pris en compte pour le calcul de la révision triennale, pour l'application de l'indice servant à la fixation du prix du loyer renouvelé en cas de plafonnement et pour la fixation de l'indemnité d'éviction.

Le pas-de-porte produira des intérêts au profit du locataire conformément aux dispositions de l'article L 145-40 du Code de commerce. »

Ou :

« Le présent bail est consenti et accepté moyennant le paiement d'un pas-de-porte de 12 000 €.

Les parties conviennent que le pas-de-porte constitue la **contrepartie de la dépréciation de l'immeuble** résultant notamment du droit du locataire à renouvellement du bail et à paiement d'une indemnité d'éviction.

Il sera intégralement versé au bailleur lors de l'entrée du locataire dans les lieux et, à cette date, il sera définitivement acquis au bailleur sans qu'il puisse être tenu d'en restituer tout ou partie au locataire pour quelque cause que ce soit et alors même que le bail consenti viendrait à prendre fin avant son expiration normale pour quelque motif que ce soit. »

SECTION 4

RÉGIME FISCAL DES LOYERS

49200 Les règles fiscales applicables en cas de **sous-location** sont exposées dans les développements consacrés à la sous-location.

Celles applicables aux **loyers payés d'avance à titre de garantie** sont traitées dans l'étude de la fiscalité du dépôt de garantie.

Le régime fiscal des **pas-de-porte** est traité n°s 50500 s.

I. IMPÔTS DIRECTS

A. Imposition du bailleur relevant de l'impôt sur le revenu

49210 Relèvent de l'impôt sur le revenu pour les loyers perçus en cours de bail commercial :

– les **personnes physiques** propriétaires de l'immeuble donné à bail ;

– les personnes physiques associées d'une **société relevant du régime fiscal des sociétés de personnes** propriétaire de l'immeuble donné à bail. Il peut s'agir d'une société en nom collectif, d'une société en commandite simple ou d'une EURL n'ayant pas opté pour leur assujettissement à l'impôt sur les sociétés, d'une SARL de famille s'étant placée sous le régime fiscal des sociétés de personnes, ou encore d'une société civile non soumise à l'impôt sur les sociétés (ni de droit en raison du caractère commercial de son activité, ni sur option).

Les loyers perçus sont susceptibles de relever, soit de la catégorie des **revenus fonciers,** soit de la catégorie des **bénéfices industriels et commerciaux** (BIC).

1. QUALIFICATION FISCALE DES LOYERS VERSÉS AU BAILLEUR

49215 De façon générale, les revenus tirés de la location d'**immeubles nus** appartenant au **patrimoine privé** du bailleur entrent dans la catégorie des revenus fonciers.

Relèvent de la catégorie des bénéfices industriels et commerciaux les revenus provenant :

– de manière marginale, de la location d'immeubles inscrits à l'**actif d'une entreprise industrielle ou commerciale** ;

– de la location d'**établissements commerciaux ou industriels munis du mobilier** ou du matériel nécessaire à leur exploitation ;

– de la location d'immeubles nus ayant pour effet de **faire participer le bailleur à la gestion ou aux résultats de l'entreprise commerciale** exploitée par le preneur.

Relèvent également des BIC les revenus provenant de la location de **locaux meublés ou garnis** consentie à l'exploitant d'un établissement hôtelier ou parahôtelier.

Lorsque la **location à caractère commercial** est consentie par une **société civile,** les revenus correspondants sont assujettis à l'impôt sur les sociétés : voir n° 49600.

IMMEUBLES INSCRITS À L'ACTIF D'UNE ENTREPRISE INDUSTRIELLE OU COMMERCIALE

49220 Les revenus tirés de la **location d'immeubles nus** inscrits à l'actif du bilan d'une **entreprise individuelle** (ou sur le tableau des immobilisations et amortissements d'une entreprise soumise au régime réel simplifié dispensée de bilan) ne sont pas pris en compte pour la détermination du résultat imposable de l'exploitation dès lors qu'ils ne proviennent pas de l'activité professionnelle exercée par l'entreprise. En application de l'article 155, II et III du CGI, en effet (BOI-BIC-BASE-90 n°s 170 s.) :

– le bénéfice net de l'exploitant individuel imposé au titre des bénéfices industriels et commerciaux (ou agricoles) selon un régime réel doit être diminué du montant des **produits qui**

ne proviennent pas de l'activité exercée à titre professionnel et augmenté du montant des **charges** déductibles (amortissement, charges financières, etc.) qui ne sont pas nécessitées par l'exercice de cette activité, alors même que ces produits et charges se rapportent à des éléments d'actif ;

– les opérations afférentes à des éléments d'actif étrangers à l'activité professionnelle donnent lieu à la détermination d'un **résultat distinct** dans la catégorie d'imposition correspondant à leur nature (revenus fonciers, bénéfices industriels et commerciaux non professionnels, etc.) comme s'ils ne figuraient pas au bilan de l'entreprise individuelle.

Ces règles concernent en particulier les **immeubles de placement,** que l'administration définit comme des actifs immobiliers utilisés par l'entreprise afin d'en retirer des loyers ou de valoriser le capital, et les immeubles d'exploitation **qui cessent d'être utilisés pour** les besoins de **l'activité professionnelle** (BOI-BIC-BASE-90 n° 200). Ainsi, les produits et charges afférents à ces immeubles ne peuvent être compris dans le résultat imposable de l'activité professionnelle et doivent faire l'objet respectivement d'une déduction et d'une réintégration extra-comptables. La location d'immeubles nus étant une activité civile, les produits et charges y afférents sont imposables dans la catégorie des revenus fonciers.

Par **exception,** les revenus provenant des immeubles non utilisés pour l'exercice de l'activité peuvent rester inclus dans les bénéfices de l'entreprise, sur option expresse du contribuable, s'ils présentent un caractère marginal (CGI art. 155, II-3). L'option peut être exercée lorsque le total des loyers et des autres produits non issus de l'activité professionnelle, hors plus-values de cession, n'excède pas 5 % de l'ensemble des produits de l'exercice (y compris ceux relatifs aux activités agricoles ou non commerciales accessoires rattachées aux bénéfices industriels et commerciaux en vertu de l'article 155, I du CGI, mais à l'exception des plus-values de cession). Ce montant est porté à 10 % si la condition de 5 % était satisfaite au titre de l'exercice précédent. Toutefois, même lorsque ces seuils sont respectés, les charges afférentes à un élément d'actif non professionnel ne sont déductibles du résultat professionnel qu'à concurrence du montant des produits générés par cet élément.

ATTENTION

On rappelle que l'article 155, II et III du CGI a mis fin aux effets de la **théorie du bilan** qui permettait de prendre en compte dans le résultat professionnel toutes les opérations relatives aux biens inscrits à l'actif, même s'ils étaient sans lien avec l'activité de l'exploitant. Il concerne donc également le régime fiscal des plus-values de cession desdits biens.

C'est ainsi que les **plus et moins-values de cession de biens immobilisés** qui, au cours de leur période d'inscription à l'actif d'une exploitation individuelle ou d'une société de personnes soumise à un régime réel d'imposition et relevant des BIC (ou des BA), n'ont pas toujours été utilisés pour les seuls besoins de l'activité exercée à titre professionnel ne relèvent du régime des plus-values professionnelles que pour une fraction de leur montant (CGI art. 155, II et III). La plus ou moins-value de cession de ces biens doit être ventilée entre :

– une fraction afférente à la période pendant laquelle le bien a concouru à l'exercice de l'activité, soumise au régime des **plus-values professionnelles** ;

– et une fraction relative à la période pendant laquelle le bien n'a pas été utilisé pour l'exercice de l'activité, qui relève des règles d'imposition des **plus-values privées.**

Pour plus de détails sur le régime des plus-values de cession d'éléments d'actif non utilisés pour les besoins de l'activité professionnelle : voir n°s 18460 s. de notre Mémento fiscal.

49221 Lorsque l'entreprise industrielle ou commerciale est exploitée par une société relevant du régime fiscal des **sociétés de personnes** (SNC, société en commandite simple, EURL ou SARL de famille ayant opté pour son assujettissement à ce régime), la question de savoir comment doivent être imposés entre les mains des associés les revenus des immeubles appartenant à la société mais sans lien avec l'activité professionnelle est délicate. En effet, si les sociétés relevant du régime fiscal des sociétés de personnes déterminent leur résultat dans les conditions prévues pour les exploitants individuels (CGI art. 60), l'application des dispositions de l'article 155, II et III du CGI précité n'est pas systématique et dépend de la qualité et du régime fiscal des associés (BOI-BIC-BASE-90 n° 40 ; BOI-BIC-BASE-10-20-10 n° 190) :

– lorsque l'**associé** est une **entreprise industrielle, commerciale, artisanale ou agricole** imposable à l'impôt sur le revenu de plein droit selon le **bénéfice réel** et que ses parts dans la société sont inscrites à son actif, sa quote-part du bénéfice social est déterminée selon les règles BIC ou BA (CGI art. 238 bis K, I) et l'article 155, II et III du CGI est applicable : la société de personnes doit donc distinguer le résultat de son activité professionnelle de celui résultant, le cas échéant, de son activité non professionnelle. Comme pour les exploitants individuels, les revenus de la location sont en principe imposables en tant que revenus fonciers et ne sont taxables dans la catégorie des BIC, sur option expresse, que si les produits étrangers à l'activité professionnelle présentent un caractère marginal ;

– lorsque l'**associé** est **passible de l'impôt sur les sociétés** (IS) dans les conditions de droit commun, la quote-part de résultat social lui revenant est déterminée selon les règles propres à l'IS (CGI art. 238 bis K, I), donc sans application des dispositions de l'article 155, II et III ;

– pour tous les **autres associés** (personne physique, entreprise imposable à l'impôt sur le revenu ayant opté pour le régime du bénéfice réel, contribuable exerçant une activité non commerciale, etc.), la quote-part de bénéfice social est déterminée d'après les règles propres à la catégorie de bénéfices ou de revenus dont relève l'activité de la société (CGI art. 238 bis K, II) : il y a donc lieu de faire application des dispositions de l'article 155, II et III lorsque la société exerce une activité imposable au titre des BIC (ou des BA) selon un régime de bénéfice réel, les règles mentionnées ci-dessus pour le cas où l'associé est une entreprise BIC imposable selon un régime réel étant applicables.

ÉTABLISSEMENTS COMMERCIAUX OU INDUSTRIELS MUNIS DE LEURS MOYENS D'EXPLOITATION

Conformément aux dispositions de l'article 35, I-5° du CGI, les profits tirés de la location d'un établissement commercial ou industriel présentent le caractère de bénéfices industriels et commerciaux lorsque l'établissement est muni du mobilier ou du matériel nécessaire à son exploitation, que la location comprenne, ou non, tout ou partie des éléments incorporels du fonds de commerce ou d'industrie. **49225**

Pour que la location soit considérée comme commerciale, il n'est pas nécessaire que la **totalité du matériel** soit louée : l'essentiel suffit. Mais si l'exploitation exige plusieurs sortes de matériels, il faut que l'**essentiel** du matériel des différentes catégories soit loué. La notion relative au critère essentiel du matériel loué doit être entendue comme ce qui est caractéristique, indispensable ou obligatoire pour la réalisation de l'activité du preneur.

ILLUSTRATIONS **49226**

Cas où le caractère commercial de la location a été reconnu

Exerce une activité commerciale au sens de l'article 35, I-5° du CGI une société qui loue, d'après les termes mêmes de l'engagement de location, des locaux meublés et équipés du matériel nécessaire à leur exploitation. Peu importe que les **meubles et le matériel,** bien qu'entreposés dans les locaux loués, n'aient **pas été utilisés en fait par le locataire** dès lors qu'il n'est pas établi qu'il en soit résulté une réduction de loyer.

CE 11-2-1972 n° 81608, 8e et 9e s.-s. : Dupont 1972 p. 185.

Doit être considérée comme louant un établissement industriel ou commercial muni de ses moyens d'exploitation, et donc comme exerçant une activité de nature industrielle ou commerciale au sens de l'article 35, I-5° du CGI, la société qui loue à une union de coopératives fromagères un immeuble doté d'un **matériel important permettant l'affinage et le stockage des fromages** et constituant l'essentiel de l'outillage nécessaire à l'exploitation de la coopérative intéressée.

CE 31-5-1972 n° 81688, 7e et 9e s.-s. : Dupont 1972 p. 300 ; BOI-BIC-CHAMP-20-60 n° 20.

Pour apprécier la nature de la location consentie, il y a lieu, en l'absence de modification de l'objet du bail au cours de la période en litige, de se référer à la situation existant à la date d'entrée en vigueur du contrat. Par suite, les profits retirés par une société de la location d'un immeuble doté d'**équipements conçus pour l'affinage et le stockage des fromages** et qui comprenait effectivement à la date de signature du bail l'essentiel du matériel nécessaire à cette activité (installation frigorifique et étagères spécialement agencées notamment) sont imposables dans la catégorie des bénéfices industriels et commerciaux, alors même que le **locataire** aurait exercé durant les années en litige d'**autres activités** pour lesquelles aucun matériel n'a été donné en location, le bail n'ayant pas été conclu pour ces activités.

CE 18-3-1983 n° 32542, 7e et 9e s.-s. : RJF 5/83 n° 598 ; BOI-IS-CHAMP-10-30 n° 260.

Une société donne à bail des **bureaux nus à usage commercial** avec obligation pour le preneur de conclure un **autre contrat** avec une autre société composée pour partie des mêmes associés pour la **mise à disposition du mobilier et de divers équipements** (salle de conférences, standard, etc.) moyennant le paiement de « charges diverses forfaitaires » fixées à 20 % du loyer des locaux. La société bailleresse est regardée comme ne s'étant déchargée de l'exécution de ces prestations que dans le but d'éluder l'impôt (procédure de répression des abus de droit de l'article L 64 du LPF). Elle s'est comportée comme assurant en fait la location de bureaux meublés et exerce à ce titre une activité commerciale.

CE 16-5-1990 n° 68584, 9e et 8e s.-s. : RJF 7/90 n° 878.

Présente un caractère commercial la location d'un immeuble à usage de **clinique,** dès lors qu'il comporte l'ensemble des installations et aménagements techniques constituant l'**essentiel de l'équipement nécessaire** à l'exploitation de la clinique, notamment les salles d'opération, les appareils de radiographie et le laboratoire de biologie. Sont sans incidence sur cette qualification le fait que les matériels loués constituent des immeubles par destination et la circonstance que la société d'exploitation de la clinique a pris en charge la plus grande partie de l'équipement mobilier nécessaire à son fonctionnement, ainsi que la restauration des malades et du personnel.

CAA Paris 13-7-1993 n° 91-943, 3e ch. : RJF 4/94 n° 391 confirmé par CE CAPC 13-1-1995 n° 154261 : RJF 5/95 n° 583.

Présente un caractère commercial la location d'un **terrain de camping** qui comporte l'essentiel du matériel nécessaire à son exploitation commerciale à usage de camping et d'hôtellerie de plein air, ainsi que toutes les infrastructures indispensables dont le réseau de distribution d'eau, de gaz, d'électricité, de chauffage et de téléphone. Il importe peu que le **preneur** ait lui-même **installé des maisons mobiles, bungalows écogîtes et chalets** utiles à l'exploitation dès lors que ces équipements ne sont pas nécessaires à l'exploitation.

CAA Marseille 19-9-2017 n° 16MA00306 : RJF 10/18 n° 931 confirmé par CE (na) 25-5-2018 n° 415855 : RJF 10/18 n° 931.

Cas où le caractère commercial de la location n'a pas été reconnu

Ne constitue pas l'exercice d'une activité commerciale la location consentie, par un ancien **négociant en vins,** cidres et spiritueux, de locaux commerciaux comprenant un bâtiment en maçonnerie et un **hangar métallique équipé de cuves** à vin et à cidre scellées au sol et d'**installations d'eau et d'électricité** avec compteur dès lors que le bailleur n'a pas mis à la disposition du locataire le matériel d'exploitation non immobilisé également nécessaire à l'exploitation.

CE 15-4-1964 n° 56826, 8e s.-s. : Dupont 1964 p. 577 ; BOI-BIC-CHAMP-20-60 n° 30.

La location d'un immeuble spécialement aménagé en vue de l'exploitation d'un **bar-restaurant-discothèque,** comprenant notamment plusieurs bars et une piste de danse, a un caractère civil dès lors que, ne portant ni sur le **matériel de cuisine,** ni sur la **vaisselle,** ni sur le **mobilier** de la salle à manger, elle exclut une partie du matériel nécessaire à l'exploitation.

CE 27-2-1985 n° 43158, 7e et 8e s.-s. : RJF 4/85 n° 546.

Présente un caractère civil la location d'un immeuble destiné à une activité de **restauration d'entreprise** comprenant pour partie des locaux, dits laboratoires, spécialement conçus pour la préparation de la charcuterie et de la pâtisserie et des aménagements, tels que **monte-charge, tunnel de congélation, rails de transport,** mais aussi pour partie des locaux ne faisant l'objet d'aucun aménagement spécial, dès lors que cette location ne comprend pas les éléments mobiliers nécessaires à l'activité du preneur.

CE 2-12-1988 n° 43745, 8e et 7e s.-s. : RJF 2/89 n° 159.

Lorsqu'un contribuable, qui cesse d'exercer son activité de **négociant en vins et spiritueux,** d'une part donne en location à son fils les locaux d'exploitation comportant notamment des **cuves en béton,** d'autre part lui fait donation des véhicules de transport ainsi que du matériel et de l'outillage nécessaires à l'exploitation, la location en cause ne porte pas, malgré la présence des cuves, sur un établissement commercial muni du mobilier ou du matériel nécessaire à son exploitation. Cette location ne présente donc pas un caractère commercial.

CE 29-1-1992 n° 73615, 8e et 9e s.-s. : RJF 3/92 n° 287.

Ne présente pas un caractère commercial – en l'absence du **matériel de manutention** qui constitue l'essentiel du matériel nécessaire à l'exploitation d'une **entreprise de stockage** – la location emportant mise à disposition du preneur d'un entrepôt, d'un ensemble de bureaux équipés de vestiaires et sanitaires, de locaux techniques, de parkings, d'espaces verts, d'un embranchement ferroviaire équipé d'un quai couvert adapté pour charger des trains de marchandises, d'un transformateur moyenne tension électrique, de quais niveleurs mécaniques facilitant le chargement et le déchargement rapide, et de modules de stockage dits « racks » permettant de disposer les produits sur des palettes.

CE 16-5-2012 n° 323079, 10e et 9e s.-s. : RJF 8-9/12 n° 791.

Les seules **stipulations du bail** ne suffisent pas à établir qu'un parcours de golf donné en location dispose des équipements nécessaires à son fonctionnement, même si ces derniers doivent donner lieu à rénovation, et que la location présente ainsi un caractère commercial. Il convient en effet de rechercher si le terrain mis en location dispose effectivement de l'essentiel des équipements nécessaires à son exploitation commerciale.

CE 3e et 9e s.-s. 26-2-2014 n° 362327 : RJF 5/14 n° 429.

49227 Même si elle n'entre pas dans les prévisions de l'article 35, I-5° du CGI, la location d'un établissement industriel ou commercial peut être considérée comme étant de nature commerciale, lorsqu'elle correspond en réalité à la **location, directe ou indirecte, du fonds de commerce** lui-même.

ILLUSTRATIONS 49228

Des contribuables qui ne se sont pas bornés à donner à bail des **salles de cinéma** qu'ils possédaient, mais qui, en outre, ont « cédé au preneur tous les avantages et charges des baux qu'ils détiennent » en stipulant que les noms, la destination et la disposition actuelle des locaux loués ne peuvent être changés, et qui se sont engagés à ne pas exploiter un établissement similaire dans la même ville, doivent être regardés comme ayant loué les fonds de commerce qu'ils exploitaient eux-mêmes précédemment et comme poursuivant ainsi, sous une modalité différente, l'exploitation de leur actif commercial. Ils sont taxés, à bon droit, au titre des bénéfices industriels et commerciaux.

CE 12-7-1932 n° 10334 : Dupont 1932 p. 566 ; BOI-BIC-CHAMP-60-20 n° 420.

Un contribuable qui a donné à bail, en même temps que des locaux servant de **boulangerie** et d'**auberge,** divers éléments de ces fonds de commerce, notamment la clientèle, le nom commercial et la licence d'exploitation, doit être considéré comme réalisant des revenus de caractère commercial. Le fait que cette location, ne comprenant ni le mobilier ni le matériel, ne serait pas de celles visées à l'article 35, I-5° du CGI ne modifie pas le caractère des revenus envisagés.

CE 29-11-1937 n° 59368 : Dupont 1938 p. 159.

Lorsque la **location d'un fonds de commerce** est **assortie de la location de l'immeuble** dans lequel le fonds est exploité, la question de la qualification civile ou commerciale de la location de l'immeuble dépend des modalités de conclusion et des caractéristiques du contrat. 49229

Dans l'hypothèse où les locations du fonds de commerce et de l'immeuble sont consenties par un **même contrat,** la location de l'immeuble peut être qualifiée de commerciale et imposée dans la catégorie des bénéfices industriels et commerciaux.

Lorsque les locations sont consenties par **contrats distincts,** la location de l'immeuble est à notre avis de caractère civil si elle ne s'accompagne ni de la location du mobilier ou matériel nécessaire à l'exploitation, ni de la participation du bailleur à l'exploitation ou aux résultats du preneur (en ce sens : CE 18-6-1990 n° 61022-61023, 7e et 8e s.-s. : RJF 8-9/90 n° 1028). Dès lors, les revenus de la location de l'immeuble consentie par bail séparé doivent être imposés dans la catégorie des revenus fonciers lorsque l'immeuble figure dans le patrimoine privé du bailleur (CE 18-6-1990 précité ; TA Nantes 10-11-2000 n° 96-3613, 1e ch. : RJF 5/01 n° 585). Dans l'hypothèse où l'immeuble est inscrit à l'actif du bilan, la question se pose de savoir s'il doit être considéré comme utilisé pour l'exercice de l'activité professionnelle de location du fonds de commerce (dès lors qu'il est loué au même locataire), auquel cas le loyer est imposable dans la catégorie des BIC, ou bien comme un immeuble de placement dont l'exploitation est imposable au titre des revenus fonciers.

L'administration considère pour sa part que la location simultanée d'un immeuble et du fonds de commerce exploité dans cet immeuble présente un caractère commercial, même si un loyer distinct est fixé pour l'immeuble et le fonds (BOI-BIC-CHAMP-60-20 n° 60).

PARTICIPATION DU BAILLEUR À LA GESTION OU AUX RÉSULTATS DE L'ENTREPRISE DU LOCATAIRE

Une jurisprudence bien établie range dans la catégorie des bénéfices industriels et commerciaux les profits tirés de la location d'immeubles nus lorsque le bailleur participe à la gestion ou aux résultats de l'entreprise commerciale exploitée par le preneur. 49235

Il en est notamment ainsi lorsque le **loyer** est **calculé en fonction du bénéfice ou du chiffre d'affaires** du locataire ou encore lorsqu'une clause du bail implique une **participation du propriétaire aux résultats** de l'entreprise locataire (CE 18-7-1973 n° 82577, 8e et 9e s.-s. : Dupont 1973 p. 359).

ILLUSTRATIONS 49236

Cas où le caractère commercial de la location a été reconnu

Exerce une activité commerciale le contribuable qui donne en location des immeubles servant à l'exploitation d'une station thermale à une compagnie locale des eaux thermales dont le conseil d'administration est d'ailleurs présidé par le conjoint du bailleur, moyennant un loyer fixe et une **redevance annuelle égale à 30 % des recettes brutes** perçues par la compagnie, laquelle, au surplus, s'est engagée à verser, en toute hypothèse, au titre de cette redevance, une somme au moins égale, chaque année, à 80 % de celle versée l'année précédente.

Dès lors que les conditions très particulières de la location accordent en fait la plus grande partie des profits réalisés par la compagnie au **bailleur** et l'**associent étroitement à la gestion** de la station thermale, la location constitue un mode particulier d'exploitation par le bailleur du commerce installé dans l'immeuble loué, malgré la circonstance qu'il ne serait pas propriétaire du fonds de commerce et que le bail n'aurait pas comporté la location d'installations suffisantes pour permettre le fonctionnement normal de la station.

CE 12-7-1969 n° 75738, 7e et 9e s.-s. : Dupont 1969 p. 378 ; BOI-BIC-CHAMP-60-20 n° 90.

Relève de l'exercice d'une activité commerciale la location d'un immeuble consentie moyennant un **loyer égal à 2 % du chiffre d'affaires** de la société locataire, alors que le bailleur, qui est président-directeur général et détient la quasi-totalité du capital de cette société, a en fait **renoncé à la perception de certains des loyers** qui lui étaient dus pour pallier les difficultés financières de la société locataire et a ainsi participé aux résultats de l'entreprise locataire.
CE 13-3-1974 n° 90766, 8e et 9e s.-s. : Dupont 1974 p. 249 ; BOI-BIC-CHAMP-60-20 n° 100.

Est réputée exercer une activité commerciale une société qui donne à bail à l'un de ses membres les locaux nus destinés à l'exploitation d'un fonds de commerce (pharmacie en l'occurrence) moyennant un loyer annuel comportant une part fixe et une **part variable égale à 5 % du chiffre d'affaires.** Compte tenu de sa participation importante aux résultats, la société bailleresse a entendu participer, sous le couvert de la location consentie, à la gestion et aux résultats de l'entreprise commerciale du preneur.
CE 28-5-1984 n° 36308, 7e et 9e s.-s. : RJF 7/84 n° 817 ; BOI-BIC-CHAMP-60-20 n° 100.

La location de locaux nus par une SCI constitue une opération commerciale lorsque le bailleur participe à la gestion ou aux résultats de l'entreprise commerciale locataire. Tel est le cas de la location d'une surface commerciale consentie par une SCI à une société liée moyennant un **loyer fixe indexé sur le chiffre d'affaires du preneur.**
Dès lors que cette activité commerciale représente **20 % des recettes,** elle entraîne l'assujettissement de la SCI à l'impôt sur les sociétés.
CE 11-12-2009 n° 301504, 8e et 3e s.-s. : RJF 3/10 n° 211.

Présente un caractère commercial, dès lors qu'elle constitue pour le bailleur le moyen de participer à la gestion et aux résultats de l'entreprise locataire, la location par une société d'un immeuble à usage commercial à une société ayant des associés majoritaires communs qui s'est accompagnée de la part du bailleur d'une **renonciation à la perception des loyers** dus et d'un **engagement de caution** au profit de la société locataire.
CE 28-11-1984 n° 42499, 8e et 9e s.-s. : RJF 2/85 n° 212.

La location d'un ensemble immobilier comportant des cuves de stockage d'huiles végétales consentie par une société moyennant un **loyer proportionnel aux quantités de produits stockés** a pour effet d'associer cette société aux aléas inhérents à l'activité commerciale de stockage. La seule circonstance que la société bailleresse et l'entreprise preneuse aient des associés communs n'est pas de nature à justifier le caractère commercial de la location, mais cette qualification résulte de la participation du bailleur aux résultats du locataire.
CE 29-12-1995 n° 137244, 9e et 8e s.-s. : RJF 2/96 n° 179.

Cas où le caractère commercial de la location n'a pas été reconnu

N'est pas de nature à conférer un caractère commercial à la location d'un ensemble de locaux dépourvus de tout élément d'exploitation une **clause de variation du loyer en fonction des ventes annuelles** réalisées par le locataire, le loyer devant être au moins égal à un certain montant. Une telle clause ne saurait, à elle seule, faire regarder le bailleur comme ayant participé effectivement à la gestion et aux résultats de l'entreprise exploitée dans les locaux loués.
CE 30-6-1967 n° 70037, 9e s.-s. ; BOI-BIC-CHAMP-60-20 n° 130.

Un bailleur ne peut pas être considéré comme participant aux résultats de l'entreprise locataire lorsque le loyer prévu par le bail est fixe. Il en est ainsi même s'il a été amené à consentir une **diminution de** ce **loyer à la suite d'un incendie** des biens loués. Par ailleurs, la circonstance que le principal actionnaire de la société locataire soit également l'un des associés majoritaires de la société civile bailleresse ne suffit pas à donner au bail conclu le caractère d'un bail commercial.
CE 2-12-1988 n° 43745, 8e et 7e s.-s. : RJF 2/89 n° 159.

L'activité de loueur à laquelle se livre une société immobilière propriétaire de locaux loués nus n'est réputée commerciale que si les stipulations du bail ou les modalités de fixation du loyer associent le bailleur à l'exploitation ou aux résultats de la société preneuse. Cette condition n'est pas remplie du seul fait que la **société bailleresse supporte certaines charges** de personnel afférentes au fonctionnement de la société preneuse, alors même que celle-ci détient la majorité du capital de la société immobilière.
CAA Paris 22-11-1994 n° 93-187, 2e ch. : RJF 4/95 n° 460.

Le fait qu'une société immobilière qui procède à la location d'immeubles nus se soit portée **caution** d'une autre société pour le compte de laquelle elle aurait payé la taxe de surdensité n'est pas, à lui seul, de nature à établir le caractère commercial de son activité.
CE 6-11-1995 n° 126663, 9e et 8e s.-s. : RJF 1/96 n° 24.

49237 Même si le bail ne prévoit pas la participation du bailleur aux résultats de l'entreprise locataire, les profits tirés de la location des immeubles relèvent de la catégorie des bénéfices industriels et commerciaux lorsque le bailleur poursuit lui-même une activité commerciale qui constitue un **ensemble économique étroitement intégré** avec l'activité du locataire.

Sont considérées comme faisant partie d'un ensemble commercial intégré :
– la location de locaux nus construits aux alentours d'un hypermarché et consentie par la société exploitant ce magasin (CE 29-4-1977 n° 275, Plén. : RJF 6/77 n° 343) ;
– la location de locaux aménagés de façon à stimuler les affaires commerciales du bailleur (sélection des activités du locataire, aménagements favorisant la circulation du public entre la portion louée et celle qui ne l'est pas, etc.) (CE 26-11-1982 n° 28224, 8e et 9e s.-s. : RJF 1/83 n° 42).
Inversement, ne constituent pas un ensemble économique intégré :
– la location de locaux nus par une société exploitant une clinique à des médecins ou membres de professions paramédicales en l'absence d'une intégration des activités des praticiens à la clinique (CE 3-11-1986 n° 38648, 9e et 8e s.-s. : RJF 1/87 n° 25 et CAA Paris 19-6-1990 n° 2232 3e ch. : RJF 10/90 n° 1176) ;
– la location d'un local à usage de débit de boissons assortie d'une clause d'approvisionnement dès lors que l'ensemble du contrat n'aboutit pas à la formation de l'ensemble visé (CE 12-12-1979 nos 15226 et 15227, 7e et 9e s.-s. : RJF 2/80 n° 75).

LOCAUX MEUBLÉS OU GARNIS LOUÉS À L'EXPLOITANT D'UN ÉTABLISSEMENT HÔTELIER OU PARAHÔTELIER

La location en meublé ou garni de locaux d'habitation est une activité commerciale relevant des BIC, qu'elle soit exercée à titre habituel ou occasionnel. Il en est ainsi notamment de la location de locaux garnis ou meublés consentie par bail commercial à l'exploitant d'un établissement hôtelier ou parahôtelier type résidence pour étudiants, résidence pour personnes âgées ou « résidence-services ». **49240**

2. RÈGLES GÉNÉRALES DE DÉTERMINATION DU REVENU IMPOSABLE

a. Exigence d'un loyer normal

Le **loyer stipulé au bail** doit en principe être retenu pour la détermination des revenus imposables du bailleur. Toutefois, il peut être majoré lorsque le bail, bien que régulier, comporte un loyer anormalement faible. **49260**
Par ailleurs, en cas d'**abandon de loyer,** le loyer non perçu doit néanmoins être inclus dans les revenus imposables du bailleur, sauf pour ce dernier à justifier de circonstances particulières de nature à faire obstacle à la poursuite du recouvrement du loyer.
Ces principes généraux trouvent à s'appliquer pour la détermination des revenus imposables tant dans la catégorie des revenus fonciers que des BIC.

En matière de **BIC** (et d'impôt sur les sociétés), le fait de renoncer au recouvrement d'un loyer (abandon de créance) ou de fixer un montant de loyer trop faible (renonciation à recettes) relève en outre du dispositif légal qui restreint les possibilités de déduction des **aides interentreprises** (CGI art. 39, 13). Pour être déductibles, ces aides doivent : **49261**
– soit répondre à des **motivations d'ordre commercial** et relever d'une gestion normale, c'est-à-dire comporter une contrepartie équivalente pour l'entreprise qui les consent ; par exception, cette dernière condition n'est pas exigée pour les abandons de créances à caractère commercial consentis ou supportés dans le cadre d'un plan de sauvegarde ou d'un plan de redressement ainsi que ceux consentis en application d'un accord de conciliation constaté ou homologué dans les conditions prévues à l'article L 611-8 du Code de commerce, qui sont toujours déductibles (CGI art. 39, 1-8°) ;
– soit répondre à des motivations autres que commerciales (**intérêt principalement financier**) et être consenties à une entreprise en difficulté financière dans le cadre d'une procédure de sauvegarde ou de redressement ou liquidation judiciaires, ou lors d'une procédure de conciliation en application d'un accord constaté ou homologué dans les conditions prévues à l'article L 611-8 du Code de commerce (l'administration étend cette mesure aux abandons de créances consentis dans le cadre d'une procédure d'insolvabilité). La déduction est limitée dans ce cas en fonction de la situation nette négative de l'entreprise bénéficiaire de l'aide.

> **Précisions** Pour l'étude de ces aides, qui dépasse le cadre du présent Mémento : voir nos 8920 s. de notre Mémento fiscal.
> Contentons-nous de préciser ici que peut être qualifié de **commercial** l'abandon d'une créance trouvant son origine dans les relations commerciales entretenues par deux entreprises et consenti soit pour maintenir des débouchés,

soit pour préserver des sources d'approvisionnement. À l'inverse, un abandon de créance doit être qualifié de **financier** lorsque simultanément la nature de la créance (prêt, avance, etc.), les liens existant entre l'entreprise créancière et l'entreprise débitrice – exclusifs de toute relation commerciale – ainsi que les motivations de l'abandon présentent un caractère strictement financier (BOI-BIC-BASE-50-10 n°s 120 et 130).

Pour le cas où le **loyer** stipulé au bail serait **anormalement élevé,** voir n° 49720.

LOYER INSUFFISANT

49265 Lorsque le loyer stipulé au bail est anormalement faible, l'administration est fondée à réintégrer aux revenus imposables du bailleur la différence entre le montant du loyer normal et le loyer stipulé si aucune circonstance ne justifie cette renonciation à recettes.

Le **montant de la renonciation à recettes** consentie par le bailleur, qui fait l'objet d'une réintégration aux résultats imposables en l'absence de justification, est déterminé d'après la valeur locative des locaux loués telle qu'elle résulte en principe des loyers stipulés à raison de locaux analogues par leur nature et leur emplacement. D'autres méthodes peuvent également être retenues, fondées par exemple sur la prise en compte d'un taux normal de rentabilité de l'investissement réalisé par le bailleur ou sur la valeur locative cadastrale actualisée de l'immeuble.

Aucune réintégration ne peut toutefois être opérée lorsque la renonciation à recettes est justifiée. Cette **justification** peut consister en l'existence de contreparties suffisantes pour le bailleur ou en l'impossibilité dans laquelle celui-ci se trouve de louer au prix normal.

En matière de BIC, le fait de percevoir des loyers d'un montant inférieur à la valeur locative des biens loués constitue un acte anormal de gestion, à moins que l'opération ne soit justifiée par les relations commerciales entre le bailleur et le locataire ou les difficultés rencontrées par celui-ci : voir n° 49261.

49266 **ILLUSTRATIONS**

Une entreprise qui consent la location des installations d'une usine moyennant un **prix anormalement faible,** inférieur à leur valeur locative réelle, eu égard notamment aux charges d'amortissement de ces biens, ne commet pas un acte anormal de gestion dès lors qu'une fraction des **commissions** qu'elle a perçues, à raison de la vente des produits fabriqués par l'entreprise locataire, en sa qualité de concessionnaire exclusif, présentait en réalité le caractère d'un **supplément de loyer.** Dans la mesure où le total formé par les loyers et les commissions a procuré à l'entreprise locataire une rémunération normale, l'administration ne peut valablement réintégrer à ses résultats imposables la différence entre le montant du loyer normal et le loyer stipulé.

CE 18-6-1965 n° 61957, 9e s.-s. : Dupont 1965 p. 363.

En cas de location par une société civile à un associé moyennant un **loyer anormalement bas,** le revenu brut perçu par cet associé doit être déterminé en retenant la fraction des résultats sociaux correspondant à ses droits d'après les termes du pacte social et la totalité de l'avantage en nature résultant de la minoration de loyer.

CE 26-4-1976 n° 93212 Plén. : RJF 6/76 n° 272.

Alors que l'administration soutient que le **loyer** d'un immeuble loué aux fins d'exploitation d'un casino est anormalement bas dans la mesure où il est **inférieur à 3 % de la valeur estimée du capital immobilier,** l'entreprise apporte la preuve de l'exagération des redressements en faisant valoir :

– qu'eu égard à l'inadaptation des locaux loués à l'exploitation d'un casino, la valeur locative du droit d'exploitation de ce casino est indépendante de la valeur en capital de l'immeuble ;

– que les recettes provenant de la sous-location de certains locaux dépendant du casino ne peuvent être utilement retenues pour apprécier les loyers litigieux en raison de la vétusté des locaux en cause ;

– qu'en raison du caractère complémentaire des activités des sociétés concernées, le remplacement du locataire aurait compromis ses intérêts et que, par conséquent, la valeur des loyers exigibles est sans rapport avec les prix couramment pratiqués pour les baux commerciaux.

CE 25-7-1979 n°s 96008 et 96009, 7e et 8e s.-s. : RJF 10/75 n° 458.

En l'absence de circonstances indépendantes de la volonté du propriétaire faisant obstacle à ce qu'il retire un loyer normal de l'immeuble qu'il a donné à bail, le revenu brut foncier peut être porté au montant de la valeur locative normale lorsque le loyer convenu est manifestement anormal (en l'espèce, le loyer s'élevait à environ **10 % de la valeur locative normale**).

CE 13-2-1980 n° 16937, 7e et 9e s.-s. : RJF 3/80 n° 221 ; BOI-RFPI-BASE-10-10 n° 430.

Si l'administration a le droit de rectifier le revenu foncier imposable d'un propriétaire lorsque la location est consentie pour un prix sensiblement inférieur à la valeur locative normale, elle ne peut pas, en tout état de cause, lorsque la **fixation du loyer fait l'objet d'une réglementation,** fixer un chiffre excédant le maximum autorisé.

CE 28-5-1980 n° 17326, 7e et 8e s.-s. : RJF 7/80 n° 597.

Lorsque, en l'absence de circonstances indépendantes de la volonté du propriétaire, le loyer d'un immeuble est notablement **inférieur à sa valeur locative réelle,** l'administration est en droit de retenir cette dernière pour le calcul du revenu foncier imposable. Dans ce cas, la valeur locative de l'immeuble peut être fixée par **référence à sa valeur locative cadastrale,** mais c'est à juste titre que le propriétaire critique la méthode de revalorisation retenue par l'administration – méthode qui a consisté, au cas d'espèce, à majorer la valeur locative cadastrale, au 1er janvier 1970 de 10 % par an, à compter de 1970 – alors que ses bases d'imposition auraient été déterminées avec une meilleure précision en se référant aux variations annuelles de l'indice du coût de la construction. Le propriétaire a, par conséquent, obtenu un dégrèvement partiel des impositions supplémentaires mises à sa charge.

CE 23-6-1986 n° 48466, 8e et 7e s.-s. : RJF 10/86 n° 892.

Les loyers d'un immeuble faisant l'objet d'un bail commercial avaient été calculés – lors d'une révision triennale et du renouvellement du bail – en appliquant au montant des loyers initiaux un **coefficient maximal de réévaluation prévu par la loi.** Si l'administration soutient que les loyers fixés dans le cadre de la révision triennale sont inférieurs à la valeur locative des locaux, elle doit établir que les loyers initiaux étaient eux-mêmes minorés ou qu'une erreur avait été commise lors de cette révision. De même, lorsqu'elle prétend que les loyers fixés à l'occasion du renouvellement du bail sont inférieurs à la valeur locative, l'administration doit établir la minoration des loyers initiaux ou que le bailleur aurait pu demander et obtenir une dérogation au plafonnement légal du prix du bail renouvelé.

CE 18-12-1987 nos 69532 et 71301, 7e et 8e s.-s. : RJF 2/88 n° 183 ; CE 25-4-1988 nos 69533-71300, 69534-72423, 69535-72421, 69536-72422, 7e s.-s.

L'administration établit le caractère anormalement bas du loyer consenti par une SARL à ses associés en démontrant que la valeur locative de l'ensemble immobilier loué, déterminée par comparaison avec la **valeur locative d'immeubles similaires** situés dans la même commune et eu égard aux particularités de la propriété telles que son ancienneté, son importance, sa situation et ses équipements, est nettement supérieure au loyer perçu.
Dès lors que la société ne fait état d'aucune circonstance particulière de nature à justifier son intérêt à renoncer à des recettes de loyer, l'administration établit l'existence d'un acte anormal de gestion et est en droit de réintégrer les loyers non réclamés dans les résultats.

CE 29-1-2003 n° 205636, 8e et 3e s.-s. : RJF 4/03 n° 470.

Relève d'une gestion anormale la location d'immeubles effectuée moyennant un **prix anormalement faible sans contrepartie réelle.** Par conséquent, l'administration est fondée à réintégrer aux résultats imposables du bailleur la fraction des loyers qu'il a renoncé à percevoir.

CE 14-11-2003 n° 228245, 10e et 9e s.-s. : RJF 2/04 n° 170.

Relève d'une gestion anormale la **remise par avenant de 50 % du loyer** initialement consenti, dont la conformité à la valeur locative de l'immeuble n'est pas contestée, dès lors que la société qui l'a consentie ne justifie **pas de contreparties suffisantes** eu égard à l'ampleur de cette remise, à l'évolution de son résultat d'exploitation et de celui de la société preneuse au cours des deux années suivant la signature de l'avenant, aux liens capitalistiques existant entre les deux sociétés et à l'absence de clause de retour à meilleure fortune dans l'avenant. Les difficultés financières de la société preneuse importent peu dès lors que la société bailleresse se borne à se prévaloir en termes généraux de ces difficultés, de la durée et du coût d'une éventuelles procédure d'expulsion et de la difficulté qu'elle aurait pu rencontrer pour trouver un nouveau locataire.

CE 12-10-2018 n° 402256 : RJF 1/19 n° 15.

Pour déterminer le montant des loyers dont s'est privée une société au titre de la **mise à disposition à titre gratuit d'un ensemble immobilier** au profit de tiers, l'administration est fondée, en l'absence d'autres éléments de comparaison pertinents, à se référer à la **valeur vénale de la propriété** et à lui appliquer un **taux de rendement** de 4 %, par comparaison avec le taux de rendement de 4,5 % qui aurait été celui de la propriété mitoyenne appartenant à sa société sœur. La société n'est pas fondée à demander l'application d'un taux de rendement fixé par référence au taux des obligations assimilables du Trésor à dix ans qui se rapporte à un placement financier totalement différent de celui en litige.

CAA Marseille 31-5-2024 n° 23MA00455 : RJF 1/25 n° 9.

ABANDON DE LOYERS

Le propriétaire qui n'a pas effectivement perçu le loyer d'un immeuble donné en location est en **49270**
principe imposable sur ce loyer, sauf à justifier de **circonstances particulières** de nature à faire obstacle à la poursuite du recouvrement du loyer. En particulier, la jurisprudence considère qu'un bailleur est fondé à consentir un abandon de loyer lorsqu'il est de son intérêt de ne pas accroître les difficultés de trésorerie du locataire.

En matière de BIC, l'abandon de loyers est notamment déductible lorsqu'il est consenti à un locataire soumis à une procédure collective ou de conciliation en raison de ses difficultés financières : voir n° 49261.

49271 ILLUSTRATIONS

Un contrat de location d'un immeuble à usage de clinique a été conclu entre une société immobilière et une SARL contrôlées par le même associé dirigeant. En raison de l'important déficit d'exploitation enregistré par la clinique au démarrage de son activité, la société propriétaire des locaux lui a consenti un **abandon partiel des loyers.** Cet abandon relève d'une gestion normale dès lors qu'il était de l'**intérêt du propriétaire,** eu égard à l'affectation des locaux, de ne pas accroître les **difficultés de trésorerie du locataire** liées à la modicité du prix de journée initialement autorisé, plutôt que de supporter les **charges inhérentes à une procédure d'expulsion** préalable à la recherche d'un nouveau locataire. L'abandon partiel de créance a effectivement permis le redressement de la situation de la société locataire qui a repris par la suite le versement du loyer.

CE 9-5-1990 n° 71453, 7e et 8e s.-s. : RJF 7/90 n° 797.

L'administration n'est pas fondée à réintégrer dans les revenus fonciers d'un **propriétaire** le montant des loyers qu'il a été **contraint de renoncer à poursuivre** pour obtenir le départ des lieux de son locataire qui avait cessé de payer ses loyers et auquel il avait signifié son congé.

CE 1-6-1990 n° 68313, 7e et 9e s.-s. : RJF 8-9/90 n° 1030.

Un abandon de loyer n'a pas le caractère d'une libéralité procédant d'un acte de disposition et justifiant d'un redressement dans la catégorie des revenus fonciers lorsqu'il existe un **intérêt à renoncer** à titre temporaire **à la perception du loyer** convenu pour ne pas accroître les importantes difficultés de trésorerie du preneur plutôt que de supporter immédiatement les charges inhérentes à son éviction et à une nouvelle affectation des locaux.

CE 29-5-1991 n° 75021-75022, 7e et 8e s.-s. : RJF 7/91 n° 956.

Lorsqu'un contribuable qui donne en location un immeuble à la société dont il est le dirigeant **reverse** à celle-ci, en l'**absence d'obligation juridique** l'y contraignant, le **montant du loyer** qu'elle lui avait versé, il doit être regardé comme ayant librement disposé en faveur de la société du revenu que représentait le loyer. Ce loyer doit par suite être inclus dans les revenus imposables de l'intéressé.

CE 30-3-1992 n° 79541, 8e et 9e s.-s. : RJF 5/92 n° 591.

La circonstance qu'un dirigeant qui loue à la société des éléments mobiliers et immobiliers d'exploitation a, postérieurement à la clôture de l'exercice, abandonné à la société les loyers que celle-ci avait inscrits en cours d'exercice au crédit de son compte courant ne fait pas obstacle à ce que les **loyers,** à la date où ils ont été **inscrits au crédit du compte courant,** soient réputés disponibles pour l'intéressé. En abandonnant à la société les loyers qu'elle avait inscrits au crédit de son compte courant, le dirigeant bailleur a donc accompli un acte de disposition en faveur de la société. Par suite, les loyers en cause sont imposables dans la catégorie des revenus fonciers.

CE 26-6-1992 n° 72164, 8e et 7e s.-s. : RJF 10/92 n° 1283 ; BOI-RFPI-BASE-10-10 n° 70.

Un abandon de loyers a le caractère d'une libéralité procédant d'un acte de disposition lorsque l'**intérêt du propriétaire à renoncer à leur perception** n'est pas établi. En l'espèce, le propriétaire (en fait l'un des associés d'une société civile immobilière propriétaire de locaux donnés en location à une société anonyme contrôlée par les mêmes personnes) s'opposait au redressement en invoquant les difficultés de trésorerie de l'entreprise locataire. Mais l'argument avancé, à savoir le décalage permanent entre les dates d'échéance et de paiement des loyers, n'établissait pas l'existence de telles difficultés ni la nécessité pour la société civile immobilière de différer l'encaissement.

CAA Paris 10-2-1994 n° 92-1190, 2e ch. : RJF 5/94 n° 553 ; CE CAPC 6-2-1995 n° 157674 : RJF 4/95 n° 77 ; BOI-RFPI-BASE-10-10 n° 70.

Lorsqu'une société a inscrit en charge les loyers qu'elle doit à son gérant, ce dernier, qui soutient n'avoir pas reçu ces loyers mais n'allègue ni avoir entrepris les **démarches nécessaires pour en obtenir le paiement,** ni que la situation de la société aurait rendu leur **paiement impossible,** doit être regardé comme ayant accompli un acte de disposition au profit de la société.

CAA Paris 8-6-2000 n° 97-2186, 5e ch. : RJF 1/01 n° 62.

Les loyers abandonnés par une SCI constituent des libéralités dès lors que, si la SCI soutient que la SARL locataire de l'immeuble avait d'importantes difficultés de trésorerie qui l'auraient amené à réduire le montant des loyers durant les années en litige, il résulte de ses propres déclarations qu'elle n'a découvert les malversations de son gérant et les difficultés de la SARL que postérieurement aux années d'imposition en litige ; en outre, la SCI ne justifie pas de sa préoccupation à l'égard de la situation économique de son preneur et de son **intérêt** propre **à renoncer à la perception** d'une partie des loyers.

CE 13-2-2013 n° 342085 F-D, 9e et 10e s.-s. : RJF 5/13 n° 506.

En l'absence de **justificatifs de graves difficultés de trésorerie** rencontrées au cours des années en litige par la société locataire, dont la mise en liquidation judiciaire au cours de l'instance est sans incidence sur les impositions litigieuses, l'administration doit être regardée comme apportant la preuve que les abandons de revenus fonciers consentis par les requérants au titre de la location de

l'immeuble litigieux ont le caractère d'une libéralité. Il résulte en outre de l'instruction que le locataire s'était dûment acquitté, au cours des années en litige, du loyer au titre d'un autre immeuble.
CAA Versailles 2-10-2014 n° 12VE01589, 7e ch.

Une SCI n'établit pas la réalité des difficultés de trésorerie de la société locataire s'il est établi que celle-ci a réalisé des bénéfices fiscaux au titre des deux années concernées et que le montant du solde de son compte « report à nouveau » a augmenté. La présentation de **courriers de la banque** de la société locataire l'informant de l'impossibilité de régler des chèques émis pour défaut de provision sur son compte ne suffisent pas à démontrer les **graves difficultés financières** que celle-ci traverse, en l'absence d'autres incidents de paiement au cours de cette période. C'est donc à bon droit que l'administration a considéré l'abandon des loyers comme une libéralité et à réintégré les loyers non perçus dans les revenus fonciers de la SCI.
CAA Paris 3-10-2019 n° 18PA00243 : RJF 3/20 n° 227.

b. Versements assimilés à des suppléments de loyers imposables

Les revenus imposables entre les mains du bailleur, dans la catégorie des revenus fonciers ou des BIC, comprennent, outre les loyers proprement dits, certains versements assimilés. Il en est ainsi des **dépenses incombant au propriétaire et mises contractuellement à la charge du locataire** et de certaines **indemnités** versées par le preneur au bailleur. **49300**

En ce qui concerne les **pas-de-porte** ou droits d'entrée perçus par le bailleur, voir nos 50510 s.

Pour les **travaux effectués par le locataire** sur l'immeuble loué, voir nos 80870 s.

DÉPENSES INCOMBANT AU PROPRIÉTAIRE ET MISES À LA CHARGE DU LOCATAIRE

Les dépenses incombant normalement au propriétaire et mises par convention à la charge du locataire présentent pour le bailleur le caractère de suppléments de loyers imposables et doivent donc être comprises dans ses revenus bruts fonciers (CGI art. 29) ou ses bénéfices industriels et commerciaux (en ce sens, dans une espèce où la taxe foncière due par le propriétaire avait été mise contractuellement à la charge du locataire : CE 3-3-1958 n° 22982, 7e s.-s. : Dupont 1958 p. 219). **49305**

Outre les impositions incombant normalement au propriétaire telles que la taxe foncière et les taxes annexes, il peut s'agir du montant des **réparations autres que locatives** payées par le locataire en vertu d'une stipulation expresse du bail ou encore des **primes d'assurance** contre des risques dont le propriétaire est responsable, acquittées par le locataire (pour une application dans une espèce où le locataire avait pris à sa charge le paiement d'une assurance couvrant le risque d'incendie de l'immeuble : CE 25-11-1966 n° 63523 : Dupont 1967 p. 50).

INDEMNITÉS VERSÉES PAR LE PRENEUR AU BAILLEUR

Certaines indemnités versées par le locataire au propriétaire présentent le caractère de suppléments de loyers imposables. Il en est ainsi lorsque les sommes versées trouvent leur origine dans le **droit de propriété du bailleur** sur l'immeuble donné à bail et qu'elles se rattachent à la mise à disposition du preneur de l'immeuble considéré. **49310**

Indemnités pour maintien dans les lieux Il a été jugé que : **49315**

– les sommes reçues par un propriétaire en vertu d'une transaction conclue avec son locataire constituent des suppléments de loyers imposables, dès lors qu'elles ont été versées par le locataire en vue d'**obtenir un titre régulier d'occupation des locaux,** le bail promis dans la transaction ayant été conclu effectivement deux mois plus tard (CE 10-5-1963 n° 57308, 9e s.-s. : Dupont 1963 p. 627) ;

– l'indemnité reçue par un propriétaire, lors du renouvellement d'un bail commercial, en contrepartie de sa **renonciation à l'exercice de son droit de reprise,** a le caractère d'un supplément de loyer imposable (CE 21-5-1962 n° 50140, 7e s.-s. : Dupont 1962 p. 469 ; BOI-RFPI-BASE-10-20 n° 230) ;

– la somme perçue au titre d'un accord transactionnel par le propriétaire d'un bien donné à bail et tendant à **éviter la résiliation des conventions** passées entre le locataire et le propriétaire en raison d'installations irrégulièrement édifiées par le preneur constitue un supplément de loyer imposable (CAA Nancy 10-2-1994 n° 92-599, 2e ch. : RJF 10/94 n° 1072).

Indemnités pour remise en état des lieux Il a été jugé que : **49320**

– dans le cas d'un propriétaire ayant donné un immeuble à bail à une société, à charge pour cette dernière de remettre les locaux en l'état, **la somme représentant l'évaluation des travaux** qu'eût occasionnés cette remise en l'état, que la société locataire a, au moment de son départ, préféré verser au propriétaire, n'a pas pour l'intéressé le caractère d'une indemnité destinée à réparer un préjudice mais celui d'une recette exceptionnelle à inclure dans son revenu brut foncier (CE 18-4-1966 n° 63452 : Dupont 1966 p. 349 ; BOI-RFPI-BASE-10-10 n° 360) ;

– une indemnité versée par le locataire d'un local commercial, lors de la résiliation anticipée du bail, en contrepartie de la renonciation du bailleur à exiger la remise en état des lieux prévue par le contrat, constitue une recette imposable et non l'indemnisation d'un préjudice, dès lors qu'eu égard à la vétusté générale de l'immeuble, le propriétaire a procédé à sa **rénovation totale** et en a **changé l'affectation** (CAA Bordeaux 28-6-1995 n° 94-457, 3e ch. : RJF 11/95 n° 1257 ; CE CAPC 3-7-1996 n° 172193 : RJF 12/96 n° 1444 ; BOI-RFPI-BASE-10-10 n° 360) ;

– lorsque le locataire de locaux commerciaux, situés dans un immeuble dans lequel le bailleur possédait en outre des locaux d'habitation, acquiert ces locaux afin d'y poursuivre son activité en continuant à bénéficier des aménagements qu'il y avait apportés, l'indemnité qu'il verse au bailleur en contrepartie de la renonciation de celui-ci à exiger la remise en l'état des locaux prévue par le bail et en réparation du préjudice, et notamment du **préjudice visuel,** que lui causaient, en sa qualité de propriétaire des locaux d'habitation, ces aménagements, compense la **dépréciation** que l'absence de travaux de remise en état fait subir à son bien. Une telle indemnité ne constitue pas pour le bailleur une recette imposable (CE 21-11-2012 n° 329345, 10e et 9e s.-s. : RJF 2/12 n° 165) ;

– l'indemnité versée au bailleur par le locataire, sous forme de cession au franc symbolique des parts détenues dans une SCI, gestionnaire des charges de l'immeuble, en **compensation** des sommes dues au titre des **frais de réparation et de remise en état** des locaux ainsi que du paiement d'**arriérés de loyers** à la suite de son départ, trouve son origine dans le droit de propriété et ne constitue pas l'indemnisation d'un préjudice qu'aurait subi le bailleur. Cette indemnité doit être incluse dans la détermination du revenu foncier (CE 20-3-2013 n° 334682 F-D, 10e et 9e s.-s. : RJF 6/13 n° 616) ;

– l'indemnité de fin de bail versée par une société locataire d'un appartement au propriétaire usufruitier en exécution d'un bail professionnel, qui prévoyait le versement d'une indemnité de fin de bail afin de permettre la remise en l'état d'origine des locaux, doit être prise en compte pour la détermination du revenu brut foncier dès lors que la résiliation du bail a eu pour seul objet de permettre de **relouer** les locaux **au même locataire sous le régime des baux commerciaux** au lieu du **régime antérieur des biens professionnels** et qu'aucun travail de remise en l'état n'a été effectué par le propriétaire (CAA Marseille 17-11-2020 n° 19 MA01435 ; CE (na) 3e ch. 12-10-2021 n° 448813 : RJF 1/22 n° 35).

> Précisions Bien entendu, le propriétaire est en droit de comprendre dans ses **charges déductibles** le montant des dépenses de réparation effectivement supportées par lui pour la remise en état des locaux. En revanche, si le propriétaire n'utilise pas le montant de l'indemnité pour remettre les locaux en état, il ne peut opérer aucune déduction à ce titre.

49325 **Indemnités de déspécialisation** L'indemnité de déspécialisation est celle que verse au bailleur le preneur d'un local à usage commercial, industriel ou artisanal en contrepartie du droit d'exercer dans les lieux loués une ou plusieurs activités différentes de celles prévues au bail.

Ces indemnités sont dans certaines situations considérées comme des compléments de loyers imposables entre les mains du propriétaire : voir nos 29210 s.

3. MODALITÉS DE RÈGLEMENT DE L'IMPÔT SUR LE REVENU

49330 Le paiement de l'impôt sur le revenu donne lieu à un **prélèvement à la source** applicable à la majorité des revenus imposables, et notamment aux revenus tirés de la location imposables dans la catégorie des revenus fonciers ou des bénéfices industriels et commerciaux.

ASSIETTE ET TAUX DU PRÉLÈVEMENT À LA SOURCE

49332 Le prélèvement opéré au titre des revenus fonciers ou des BIC prend la forme d'un **acompte** liquidé par l'administration d'après le montant des **revenus imposés** (sous réserve de certains retraitements, liés notamment aux déficits et aux revenus exceptionnels) au titre de la **dernière année** pour laquelle l'impôt a été établi (appréciée à la date à laquelle l'acompte doit être versé), et prélevé sur le compte bancaire du contribuable.

Le prélèvement est calculé en appliquant à cette assiette un **taux de droit commun** déterminé par l'administration, pour chaque foyer fiscal, sur la base de l'impôt sur le revenu et des revenus de l'avant-dernière année pour le calcul des acomptes afférents à la période de janvier à août de l'année concernée, et sur la base de l'impôt sur le revenu et des revenus de l'année précédente pour les prélèvements opérés de septembre à décembre. Le taux de droit commun est égal au **quotient** suivant : Impôt sur le revenu afférent aux revenus soumis au prélèvement à la source/Total des revenus soumis au prélèvement à la source.

L'impôt afférent aux revenus soumis au prélèvement à la source figurant au **numérateur** correspond à l'impôt sur le revenu, avant imputation des réductions et crédits d'impôt, multiplié par le rapport existant entre le total des revenus nets imposables soumis au prélèvement et le total des revenus nets catégoriels soumis au barème progressif. Les contribuables se voient ainsi prélever un montant potentiellement supérieur à celui de l'impôt finalement dû après imputation des réductions et crédits d'impôt de l'année N. La **régularisation** opérée en N + 1 (n° 49335) peut donc conduire à une restitution totale ou partielle de la différence.

> **Précisions a.** Le taux du prélèvement à la source est modifié en cas de **changement de situation du foyer fiscal** (mariage, Pacs, divorce, décès, naissance, etc.).
> **b.** Le **taux** du prélèvement à la source peut, sur option, être **individualisé** pour chacun des conjoints ou partenaires liés par un Pacs soumis à imposition commune. À compter du 1er septembre 2025, ce taux individualisé s'appliquera de plein droit, sauf option contraire. Les taux individualisés s'appliquent sur les seuls revenus personnels de chacun des conjoints ou partenaires (notamment le cas des bailleurs titulaires de BIC), les autres revenus demeurant soumis au taux du foyer.

PAIEMENT ET IMPUTATION DU PRÉLÈVEMENT À LA SOURCE

L'acompte calculé par l'administration fiscale est prélevé sur le **compte bancaire** désigné par le bailleur soit par douzièmes, au plus tard le 15 de chaque mois, soit, sur option, par quarts les 15 février, 15 mai, 15 août et 15 novembre. Les bailleurs titulaires de BIC peuvent toutefois, sous certaines conditions, reporter le paiement d'échéances sur la suivante, sans que cette faculté n'aboutisse à les reporter au-delà de l'année civile concernée. **49335**

Les bailleurs peuvent par ailleurs demander la **suspension** des acomptes ou des fractions d'acomptes lorsqu'ils cessent d'être titulaires de BIC ou de revenus fonciers. Ils peuvent également faire procéder à une **modulation à la baisse** du prélèvement si le montant du prélèvement estimé par les bailleurs au titre de leur situation et de leurs revenus de l'année en cours est inférieur de plus de 5 % au montant du prélèvement qu'ils supporteraient en l'absence de cette modulation (CGI art. 204 J, III-1).

Le total du prélèvement à la source opéré au cours de l'année N est imputé sur l'impôt sur le revenu dû établi d'après les éléments figurant sur la déclaration de revenus de l'année N souscrite en N + 1. L'**excédent** de paiement éventuel est restitué au contribuable. En cas de **solde restant à payer,** celui-ci est prélevé par l'administration.

ATTENTION

Une **modulation à la baisse excessive** (appréciée en N + 1 au vue des revenus effectivement perçus au titre de l'année N) donne lieu à une majoration à taux variable (CGI art. 1729 G). Il y a modulation excessive lorsque l'estimation d'un contribuable, autorisé à moduler, conduit néanmoins l'administration à opérer un prélèvement qui s'avère finalement inférieur de plus de 10 % à celui qui aurait dû être pratiqué.

4. RÈGLES SPÉCIFIQUES AUX LOYERS RELEVANT DES BIC

a. Produits

PÉRIODE D'IMPOSITION DES LOYERS

Les loyers fixés par le bail sont imposables au titre de l'**exercice** au cours duquel ils ont **couru,** en application des règles fixées par l'article 38, 2 bis du CGI. En d'autres termes, les loyers doivent être rattachés à la période de location à laquelle ils se rapportent, quelles que soient les modalités et la date de leur règlement. Notamment, les loyers courus au cours de l'exercice sont imposés au titre de cet exercice, même si leur date d'échéance ou le paiement par le locataire n'intervient qu'au cours de l'exercice suivant. **49350**

Pour l'application de ces dispositions, l'exercice d'imposition correspond à l'**exercice comptable,** qui peut ou non coïncider avec l'**année civile.**

EXEMPLE

Si l'exercice coïncide avec l'**année civile,** les loyers courus du 1er janvier au 31 décembre 2025 sont imposés, en 2026, au titre de 2025. Si le bilan est arrêté au **30 juin** de chaque année, le contribuable est imposé, en 2026, au titre de 2025, d'après les loyers courus du 1er juillet 2024 au 30 juin 2025.

Loyers perçus d'avance En application des dispositions de l'article 38, 2 bis du CGI, les loyers payés d'avance par le locataire ne sont pas imposés immédiatement entre les mains du bailleur mais doivent être étalés sur l'ensemble de la période à laquelle ils se rapportent (BOI-BIC-PDSTK-10-10-20 n° 245). **49355**

> **Précisions** Le régime fiscal des loyers perçus d'avance est conforme aux **règles comptables** qui prescrivent que les loyers perçus d'avance doivent être « extournés » des résultats de l'exercice en cours lors du paiement (compte 487 : « Produits constatés d'avance ») pour la fraction qui se rapporte aux exercices suivants, cette fraction étant incluse au fur et à mesure dans les produits d'exploitation de ces exercices.

49360 **Loyers impayés** Le principe de l'imposition des loyers au titre de l'exercice au cours duquel ils ont couru a pour corollaire la possibilité pour le bailleur de constituer une **provision** pour loyers impayés lorsque des événements en cours à la clôture de l'exercice rendent probable le non-recouvrement de la créance.

Le non-paiement des loyers à l'échéance ne justifie pas en soi la constitution d'une provision. Encore faut-il que le bailleur puisse faire état d'éléments justifiant que sa **créance** est **compromise à la clôture de l'exercice** considéré en raison soit de la mauvaise situation du locataire débiteur (provision pour créance douteuse), soit d'un litige l'opposant à celui-ci (provision pour créance litigieuse).

Dans l'hypothèse où la **créance** de loyers est, à la clôture d'un exercice donné, considérée comme **définitivement perdue,** elle peut être passée en perte.

Le point de savoir si une créance peut être considérée comme perdue ou si cette perte apparaît seulement probable à la clôture d'un exercice est essentiellement une **question de fait.**

Par exemple, ne constituent pas une preuve du caractère irrécouvrable de la créance :
- la seule circonstance qu'elle n'ait fait l'objet d'aucun recouvrement ;
- le fait que le débiteur fasse l'objet d'une procédure collective ;
- l'ancienneté des créances, en l'absence de toute diligence du créancier en vue de leur recouvrement et de la preuve de l'insolvabilité du débiteur.

La preuve de l'irrécouvrabilité peut en revanche être apportée par des attestations d'huissier.

ILLUSTRATIONS

Le bailleur d'un fonds de commerce mis en location-gérance est redressé par l'administration fiscale, qui évalue d'office les produits nets de cette location. Redressement confirmé par les juges : le **caractère impayé** de loyers et l'engagement de **poursuites en paiement** ne suffisent pas à caractériser des créances irrécouvrables (CAA Nancy 24-3-1994 n° 93-585 : RJF 10/94 n° 1031).

AUTRES PRODUITS IMPOSABLES

49365 Outre les loyers proprement dits, les produits imposables comprennent, on le rappelle, certains **versements** effectués par le locataire et **assimilés à des suppléments de loyers** (n°s 49300 s.).

Les produits imposables comprennent également des produits exceptionnels tels que les **subventions** acquises au bailleur et les **indemnités d'assurances** perçues pour compenser des pertes ou charges déductibles ou des pertes de recettes taxables (pertes de loyers).

> Précisions L'article 42 septies du CGI prévoit un dispositif optionnel d'**imposition étalée** pour certaines **subventions publiques d'équipement.** Sont concernées les subventions accordées par l'Union européenne ou versées par des organismes créés par les institutions de l'Union européenne, l'État, les collectivités publiques ou tout organisme public, ainsi que celles versées par les groupements professionnels agréés de rationalisation et de conversion, et utilisées pour la création, l'acquisition ou le financement par crédit-bail d'immobilisations déterminées. Les subventions d'équipement qui concernent des **immobilisations amortissables** ne sont pas comprises dans les résultats de l'exercice au cours duquel elles sont attribuées mais sont rapportées aux résultats imposables au rythme de l'amortissement des immobilisations en cause.

b. Charges

PRINCIPES DE DÉDUCTION DES FRAIS ET CHARGES

49370 De façon générale, pour être admis en déduction des bénéfices imposables au titre des BIC, les frais et charges exposés par le bailleur doivent remplir les **conditions** suivantes :
- ils doivent se traduire par une diminution de l'actif net de l'entreprise (ce qui conduit à distinguer frais généraux et coût d'acquisition des immobilisations) ;
- ils doivent être exposés dans l'intérêt de l'entreprise, autrement dit se rattacher à une gestion normale ;
- ils doivent être régulièrement comptabilisés et appuyés de pièces justificatives suffisantes.

La déduction s'opère en principe au titre des résultats de l'**exercice** au cours duquel les frais et charges sont engagés, c'est-à-dire lorsqu'ils présentent pour le bailleur le caractère d'une dette certaine dans son principe et dans son montant, quelle que soit la date de paiement ou d'exigibilité.

Pour le cas particulier où l'**immeuble** loué est **étranger à l'activité professionnelle** du bailleur, voir n° 49220.

TRAVAUX EFFECTUÉS SUR L'IMMEUBLE LOUÉ

49375 Le régime fiscal des travaux réalisés par le bailleur sur l'immeuble donné à bail est étudié n°s 80505 s.

AMORTISSEMENT DE L'IMMEUBLE LOUÉ

Identification des composants En application de la méthode d'amortissement par composants, les éléments principaux d'une immobilisation ayant dès l'origine des **utilisations différentes** et devant être **remplacés** une ou plusieurs fois avant l'expiration de la durée réelle d'utilisation de l'immobilisation doivent être inscrits distinctement à l'actif comme composants et amortis séparément (PCG art. 214-9 ; CGI ann. II art. 15 bis). 49380

En ce qui concerne les immeubles, l'identification des composants dépend notamment des caractéristiques physiques des constructions, de leur affectation et de leur ancienneté. À titre indicatif, **peuvent ainsi être identifiés** à côté du gros œuvre ou de la structure (composant principal de l'immeuble) : les agencements ; les aménagements intérieurs ; les câblages techniques ; le chauffage ; la climatisation et le désenfumage ; l'électricité ; l'étanchéité ; la toiture ; les façades ; les finitions, le second œuvre et les abords ; le groupe électrogène ; les installations générales et les ascenseurs ; les installations techniques ; les menuiseries extérieures ; les plomberies et canalisations ; la protection incendie ; les revêtements de sols.

> **Précisions** L'administration admet que ne soient **pas identifiés** comme composants les éléments dont la valeur unitaire est inférieure à 500 € et ceux dont la valeur est inférieure à 1 % du prix de revient de l'immeuble dans son ensemble. Le rattachement à la structure peut également être retenu pour les éléments principaux dont la durée d'utilisation est inférieure à douze mois ou égale à 80 % ou plus de la durée réelle d'utilisation de l'immobilisation considérée dans son ensemble (BOI-BIC-CHG-20-10-10 nos 90 et 120).

Base de l'amortissement Fiscalement, les amortissements déductibles sont calculés sur la base du prix d'achat ou du **prix de revient de la construction** (CGI ann. II art. 15). 49385

La valeur du **terrain d'assiette** est exclue du prix de revient amortissable des constructions (CE 18-1-1989 n° 56752 : RJF 3/89 n° 262 ; BOI-BIC-AMT-10-20 n° 230). Mais les frais d'aménagement d'un terrain sont amortissables lorsqu'ils sont indissociables de travaux de construction ou concourent à la création d'immobilisations amortissables (CE 30-4-1975 n° 93770 : RJF 6/75 n° 275).

> **Précisions** Dans les comptes, la base d'amortissement est diminuée de la **valeur résiduelle du bien,** définie comme le montant (net des coûts de sortie attendus) qu'une entreprise obtiendrait de la cession de l'actif sur le marché à la fin de son utilisation, si elle est significative et mesurable (PCG art. 214-4). Une provision pour amortissement dérogatoire peut alors être constatée afin que l'amortissement fiscal soit pratiqué d'après le coût de revient total.

Durée d'amortissement En application de la **réglementation comptable,** la durée d'amortissement d'un actif est fixée d'après sa **durée réelle d'utilisation** attendue par l'entreprise. Cette durée est déterminée lors de l'acquisition du bien compte tenu de ses caractéristiques techniques et de l'utilisation que l'entreprise entend en faire. Cette règle s'applique aux immeubles donnés à bail, qui doivent être amortis par le bailleur sur leur durée normale d'utilisation, et non en fonction de la durée de la location (CGI art. 39 C, I). 49390

À titre indicatif, les durées d'amortissement suivantes peuvent être associées aux composants immobiliers les plus courants (selon les caractéristiques propres de chaque immeuble) : agencements : 5 à 18 ans ; aménagements intérieurs : 15 ans ; câblages techniques : 15 ans ; chauffage : 20 à 30 ans ; climatisation, désenfumage : 20 ans ; électricité : 15 à 25 ans ; étanchéité : 15 ans ; toiture : 25 ans ; façades : 20 à 40 ans ; finitions, second œuvre et abords : 10 à 18 ans ; groupe électrogène : 25 à 30 ans ; installations générales, ascenseurs ; 15 à 25 ans ; installations techniques : 10 à 25 ans ; menuiseries extérieures : 25 ans ; plomberies, canalisations : 25 ans ; protection incendie : 20 ans ; revêtements de sols : 7 à 12 ans. Le gros œuvre ou la structure (composant principal de l'immeuble) peut être amorti dans les comptes sur une durée de 40, 50, 60 ou 70 ans.

ILLUSTRATIONS

> **L'usufruitier titulaire d'un droit viager** portant sur un immeuble donné en location peut amortir son droit en retenant un taux calculé selon la durée attendue des effets bénéfiques de ce droit sur son activité de loueur. Jugé que l'usufruit viager, droit cessible et qui constitue une source de revenus pérenne, a le caractère d'un élément d'actif dont la valeur est nécessairement dégressive avec l'écoulement du temps. Il est possible de déterminer une durée d'amortissement en tenant compte notamment de l'âge du propriétaire et de son espérance de vie lors de l'acquisition, à partir de données reposant sur la table de mortalité publiée par l'Insee (CE 24-4-2019 n° 419912 : RJF 7/19 n° 622).

L'amortissement sur la durée d'utilisation concerne en principe tous les éléments constitutifs d'un même bien inscrits séparément à l'actif en application de la méthode par composants, et notamment la **structure** ou composant principal. 49392

Sur le **plan fiscal,** l'administration autorise les entreprises à se prévaloir, pour la structure des biens décomposés, des **durées d'usage admises avant 2005** (date à partir de laquelle la comptabilisation par composants est devenue obligatoire), mais elle exclut de cette solution les **immeubles de placement** définis comme les biens immobiliers inscrits à l'actif immobilisé qui ne sont pas affectés à l'exploitation de l'entreprise (BOI-BIC-AMT-10-40-10 n° 20 et 130 s.). Les immeubles donnés à bail ne peuvent donc pas en principe bénéficier de cette possibilité et le bailleur doit en amortir tous les éléments, structure et composants, sur leur durée réelle d'utilisation. Toutefois, l'administration autorise l'amortissement sur la durée d'usage de la structure pour les immeubles loués pour plus de 50 % de leur superficie à des entreprises liées au bailleur par des liens de dépendance au sens de l'article 39, 12 du CGI lorsque ces entreprises les affectent à leur propre exploitation. Des liens de dépendance sont réputés exister entre deux entreprises lorsqu'une entreprise détient directement ou par personne interposée la majorité du capital social de l'autre, ou y exerce en fait le pouvoir de décision, ou encore si les deux entreprises sont placées sous le contrôle d'une même entreprise tierce. Des liens de dépendance sont également réputés exister entre deux entreprises placées sous le contrôle d'une même personne physique (BOI-BIC-PROV-40-10-20-10 n° 180).

> Précisions L'administration estime que le bailleur doit se référer aux usages en vigueur dans la **branche d'activité** de l'entreprise locataire (BOI-BIC-AMT-20-40-10-10 n° 10). Mais le Conseil d'État n'exclut pas l'application de taux d'amortissement conformes aux usages propres aux entreprises bailleresses (CE 25-1-1984 n° 34642 : RJF 3/84 n° 274).
À titre indicatif, pour des **bâtiments commerciaux,** des durées d'usage comprises entre 20 et 50 ans ont été admises (25 ans pour des immeubles à usage de **bureaux**).
Si l'entreprise choisit cette solution, la **différence avec l'amortissement comptable** calculé d'après la durée réelle d'utilisation de la structure est déduite par la constatation d'une provision pour amortissement dérogatoire.

49395 **Mode d'amortissement** L'amortissement est en principe effectué selon le **mode linéaire** qui consiste à pratiquer des annuités constantes tout au long de la période d'amortissement. Ces annuités sont calculées en appliquant au prix de revient des éléments à amortir le **taux d'amortissement** déterminé de la façon suivante : taux d'amortissement linéaire (en pourcentage) = 100/durée d'amortissement. Par exemple, un bien amortissable sur 20 ans sera amorti au taux linéaire de 5 %.

49397 Certains biens peuvent être amortis selon le **mode dégressif** qui consiste à pratiquer des annuités d'amortissement d'importance décroissante. Le choix du mode d'amortissement dégressif par l'entreprise a un caractère facultatif, il constitue une décision de gestion.

Ce régime, en principe réservé aux entreprises industrielles, s'applique aux entreprises commerciales qui possèdent des immobilisations identiques à celles des entreprises industrielles, qu'elles les exploitent elles-mêmes ou qu'elles les mettent à la disposition d'autres entreprises.

Sont **éligibles** au mode d'amortissement dégressif notamment les biens suivants, acquis neufs ou créés par l'entreprise :

- les bâtiments industriels dont la durée d'utilisation n'excède pas 15 années ;
- les immeubles et matériels des entreprises hôtelières ;
- les matériels et outillages utilisés pour des opérations industrielles de fabrication, de transformation ou de transport ;
- les matériels de manutention ;
- les installations destinées à l'épuration des eaux et à l'assainissement de l'atmosphère ;
- les installations productrices de vapeur, de chaleur ou d'énergie ;
- les installations de sécurité ;
- les installations à caractère médico-social ;
- les machines de bureau ;
- les matériels et outillages utilisés à des opérations de recherche scientifique ou technique ;
- les installations de magasinage et de stockage, sans que puissent y être compris les locaux servant à l'exercice de la profession ;
- les immeubles neufs et équipements destinés à titre exclusif à l'accueil des expositions et des congrès.

Lorsqu'un immeuble est éligible à l'amortissement dégressif (**bâtiment industriel, immeuble à usage d'hôtel ou immeuble destiné à accueillir des expositions et des congrès**), tous ses composants bénéficient de ce mode d'amortissement.

Pour les **autres immeubles** (qui relèvent en principe du mode linéaire), seuls peuvent être amortis en dégressif les composants qui entrent dans le champ d'application de ce système : par exemple, la comptabilisation distincte des installations de chauffage permet de bénéficier de l'amortissement dégressif à raison du coût de revient de ces installations.

Le système de l'amortissement dégressif se caractérise par l'application d'un taux constant d'abord à la valeur d'origine, puis, à partir du deuxième exercice, à la valeur résiduelle comptable de l'élément à amortir. **49399**

Le **taux constant de l'amortissement dégressif** s'obtient en multipliant le taux de l'amortissement linéaire normalement applicable à l'élément considéré par un coefficient qui varie selon la durée fiscale d'amortissement de cet élément (durée réelle d'utilisation pour les composants et durée d'usage pour la structure des biens décomposés). Le coefficient est fixé à 2,25 lorsque cette durée est supérieure à six ans. Par exemple, un bien amortissable sur 20 ans sera amorti au taux dégressif de : 5 % × 2,25 = 11,25 %.

Limitation de l'amortissement des biens loués par une personne physique **49405**

En application des dispositions de l'article 39 C, II-2 du CGI, lorsque la location de l'immeuble est consentie directement ou indirectement par un bailleur personne physique, le **montant de l'amortissement admis en déduction** du résultat imposable d'un exercice est limité à la différence entre le montant du loyer acquis au titre de cet exercice et le montant des autres charges afférentes à l'immeuble (dépenses de gestion, d'entretien, de réparation et d'assurance, y compris celles incombant aux locataires et mises à la charge du propriétaire ; intérêts des emprunts contractés pour l'acquisition, la construction, la réparation ou l'amélioration des immeubles ; frais de gérance et de rémunération des gardes et concierges ; taxes foncières et taxes annexes, etc.).

La limitation du montant de l'amortissement s'applique pour tous les immeubles donnés en location, sauf si le bailleur, outre la mise à disposition des locaux, fournit de véritables prestations de services à ses locataires. Lorsque l'activité du bailleur se limite à louer des locaux meublés à des sociétés hôtelières ou parahôtelières qui se chargent seules des **prestations de services ressortissant de l'hôtellerie ou de la parahôtellerie,** la limitation est applicable (CAA Marseille 12-10-1998 n° 97-544, 3ᵉ ch. : RJF 1/99 n° 9, confirmé par CE 28-7-2000 n° 201789, 8ᵉ et 3ᵉ s.-s. : RJF 11/00 n° 1208). Il en est ainsi même si le propriétaire des locaux a consenti à la société hôtelière ou parahôtelière un **mandat de gestion,** dans la mesure où il n'assume pas les risques de l'exploitation (CE 16-10-2009 n° 301235, 10ᵉ et 9ᵉ s.-s. : RJF 1/10 n° 6).

Pour l'application de la limitation de l'amortissement aux **immobilisations constituées de plusieurs composants** inscrits séparément à l'actif, il convient de prendre en compte l'ensemble du loyer et des charges afférentes au bien donné en location pour déterminer le plafond de déduction des amortissements. Puis, il y a lieu de répartir proportionnellement la réintégration de l'excédent d'amortissement ainsi calculé entre les dotations pratiquées à raison de la structure et des composants. **49406**

EXEMPLE

Soit un immeuble décomposé et amorti comme suit :

	Valeur brute en euro	Durée d'amortissement fiscale	Dotations annuelles en euro
Structure	900 000	30 ans	30 000
Menuiseries extérieures	150 000	25 ans	6 000
Installations électriques	90 000	20 ans	4 500
Étanchéité	75 000	15 ans	5 000
Agencements	210 000	15 ans	14 000

L'immeuble est donné à bail pour neuf ans pour un loyer annuel de 100 000 €. Les charges annuelles afférentes au bien supportées par le bailleur (autres que les amortissements) s'élèvent à 60 000 €. Les dotations aux amortissements déduites au titre d'un exercice ne peuvent donc excéder 40 000 €.

Le bailleur devra réintégrer à ses résultats imposables au titre de chaque exercice couvert par le bail la somme de 19 500 € (59 500 € – 40 000 €).

La réintégration sera répartie de la manière suivante :
- 9 832 € pour la structure (30 000 × 19 500/59 500) ;
- 1 966 € pour les menuiseries extérieures (6 000 × 19 500/59 500) ;
- 1 475 € pour les installations électriques (4 500 × 19 500/59 500) ;
- 1 639 € pour l'étanchéité (5 000 × 19 500/59 500) ;
- 4 588 € pour les agencements (14 000 × 19 500/59 500).

49415 **Limitation de l'amortissement des biens loués par une société de personnes** En application des dispositions de l'article 39 C, II-1 du CGI, lorsqu'un bien est mis en location par une société ou un groupement relevant du régime fiscal des sociétés de personnes (SNC n'ayant pas opté pour l'impôt sur les sociétés, par exemple), la quote-part de résultat revenant aux **associés personnes physiques** est déterminée en appliquant la limitation visée n° 49405.

Pour la détermination de la quote-part de résultat revenant aux **associés personnes morales,** le **montant de l'amortissement déductible** fait l'objet de limitations, avec des modalités qui diffèrent selon que les biens loués sont situés, exploités ou immatriculés en France ou dans un État partie à l'accord sur l'Espace économique européen (EEE), ou ailleurs. En tout état de cause, la limitation ne s'applique pas à la part de résultat revenant à l'entreprise utilisatrice du bien (hypothèse où le preneur est associé de la société de personnes), sous réserve que la location ou mise à disposition ne soit pas consentie indirectement par une personne physique.

En ce qui concerne l'application de la limitation aux **locations consenties à des sociétés hôtelières ou parahôtelières,** voir les précisions données n° 49405.

49417 **Report des amortissements non admis en déduction** La **perte du droit à déduction** des amortissements n'est que **provisoire** : la fraction d'amortissement exclue au titre d'un exercice peut être déduite du résultat des exercices suivants, en sus de l'annuité normale, dans le respect de la limite de déduction applicable au titre de l'exercice. Le bailleur doit néanmoins comptabiliser des amortissements au moins égaux à l'amortissement minimal, la fraction de l'amortissement exclue du résultat fiscal étant réintégrée de manière extra-comptable.

Lorsqu'un bien **cesse** d'être soumis à la **limitation** (par exemple, s'il n'est plus donné en location), l'amortissement qui n'a pu être déduit est déduit du bénéfice de l'exercice au cours duquel intervient cet événement. Si ce bénéfice n'est pas suffisant, l'excédent d'amortissement est reporté et déduit des bénéfices des exercices suivants (CGI art. 39 C, II-3).

PROVISIONS

49420 Le bailleur imposé selon les règles des BIC peut déduire de son résultat imposable les provisions constituées en prévision d'une perte ou d'une charge qui n'est pas encore effective à la clôture de l'exercice mais que des événements en cours rendent probable.

Sur le plan fiscal, la déduction des provisions est subordonnée au respect des conditions générales suivantes :

- la provision doit être destinée à faire face à une **perte ou** à une **charge déductible.** Cette condition s'oppose notamment à la déduction des provisions constituées en prévision d'investissements qui se traduisent par un accroissement d'actif ;
- la perte ou la charge doit être **nettement précisée** ;
- la perte ou la charge doit être **probable,** ce qui exclut les provisions fondées sur des risques simplement éventuels ;
- la probabilité de la perte ou de la charge doit résulter d'**événements en cours** à la clôture de l'exercice ;
- la **provision** doit être effectivement **comptabilisée.**

S'agissant des provisions afférentes à des **immeubles** inscrits à l'actif de l'entreprise mais **étrangers à l'activité professionnelle,** voir n° 49220.

49425 **Provisions pour dépréciation des immobilisations** Conformément aux articles 214-15 et 214-16 du PCG, les entreprises doivent apprécier **à chaque clôture des comptes** s'il existe un indice, interne ou externe, de perte de valeur d'un actif. En présence d'un tel indice, elles doivent effectuer un test de dépréciation consistant à comparer la valeur nette comptable de l'immobilisation concernée à sa valeur actuelle, définie comme la valeur la plus élevée de la valeur vénale ou de la valeur d'usage.

Sur le **plan fiscal,** exigeant le respect par les entreprises de ces règles comptables, le Conseil d'État a jugé que la seule circonstance que la valeur vénale d'un élément d'actif soit inférieure à sa valeur nette comptable ne suffit pas à justifier la déduction d'une provision s'il n'est pas établi que sa valeur d'usage est inférieure à la valeur nette comptable (CE 22-11-2022 n° 454766 : RJF 2/23 n° 86). Sous réserve que cette condition soit satisfaite, la déduction d'une dépréciation fondée sur l'abaissement de la valeur vénale du bien devrait être admise si les éléments retenus pour son calcul sont suffisamment probants, étant précisé que l'administration refuse l'imputation des coûts de sortie sur cette valeur. Ces règles s'appliquent notamment aux **immeubles** qui, en cas de dépréciation, peuvent faire l'objet de provisions déductibles, alors même que ces biens sont amortissables et indépendamment de toute intention de les céder à la clôture de l'exercice (CE 10-12-2004 n° 236706 : RJF 2/05 n° 118 ; CE 12-1-2005 n° 253865 : RJF 3/05 n° 217 ; BOI-BIC-PROV-40-10-10 n° 40). Toutefois, pour les entreprises qui détiennent plusieurs immeubles, les provisions pour dépréciation constatées au titre d'un exercice sur des **immeubles de placement** ne sont déductibles que pour la part qui excède les plus-values latentes constatées à la clôture de l'exercice à raison de l'ensemble des immeubles de cette nature inscrits à l'actif. Sont concernés par cette limitation les biens immobiliers inscrits à l'actif immobilisé et non affectés par l'entreprise à sa propre exploitation, notamment les **immeubles donnés en location,** à l'exclusion des immeubles donnés en location à des entreprises liées au sens de l'article 39, 12 du CGI et qui les affectent à leur propre exploitation (CGI art. 39,1-5°-al. 34 et 35).

EXEMPLE

Une société détient deux immeubles de placement A et B. À la clôture de l'exercice 2024, elle comptabilise une dépréciation sur l'immeuble A égale à 50 000 € tandis qu'il existe une plus-value latente sur l'immeuble B de 20 000 €. La dépréciation est donc déductible à hauteur de 30 000 € (50 000 € – 20 000 €). Une réintégration de 20 000 € doit être pratiquée au résultat de l'exercice.
À la clôture de l'exercice 2025, elle constate une nouvelle dépréciation sur l'immeuble A égale à 60 000 € et la plus-value latente sur l'immeuble B est portée à 30 000 €. Le montant déductible de cette dépréciation s'élève à 60 000 € – (30 000 € – 20 000 €), soit 50 000 €. La réintégration à effectuer au résultat de l'exercice s'élève donc à 10 000 €.
À la clôture de l'exercice 2026, elle reprend la dépréciation constatée sur l'immeuble A à hauteur de 40 000 € ; cette reprise s'impute en priorité sur la dépréciation non déduite, soit 30 000 € (20 000 € + 10 000 €). Elle n'est donc taxable qu'à hauteur de 10 000 €.

Provisions pour créances douteuses ou litigieuses Lorsqu'une créance, sans être définitivement perdue, est compromise en raison soit de la **mauvaise situation du débiteur,** soit de l'**existence d'un désaccord** non encore tranché portant sur le principe ou la quotité de la créance, l'entreprise créancière peut déduire de ses résultats imposés selon les règles des BIC la provision pour créance douteuse ou litigieuse constituée à la triple condition : 49430

- que la créance soit inscrite à l'actif et résulte d'une gestion commerciale normale ;
- que le risque de non-recouvrement soit nettement précisé ;
- que les événements en cours à la date de clôture rendent probable la perte supputée.

Pour l'application de ces principes aux provisions constituées par le bailleur à raison des **loyers impayés,** voir n° 49360.

Provisions pour travaux Le bailleur peut être amené à constituer des provisions dites « pour **gros entretien** » en prévision de certains travaux à effectuer sur l'immeuble loué : voir n° 80537. 49435

Les dépenses destinées à **remplacer des éléments principaux d'immobilisations corporelles** ne peuvent en aucun cas donner lieu à la comptabilisation de provisions mais doivent être immobilisées en tant que composant de l'actif principal (PCG art. 214-9) ; voir n° 49380.

AUTRES CHARGES

Parmi les autres charges que le bailleur est admis à déduire de ses bénéfices imposables figurent : 49440

- les **frais d'acte et d'enregistrement** relatifs à l'acquisition de l'immeuble (honoraires du notaire, droits de mutation et d'enregistrement, commissions versées à un intermédiaire, etc.), qui peuvent, au choix du contribuable, être soit immédiatement déduits, soit rattachés au coût d'acquisition de l'immeuble et déduits par voie d'amortissement ;
- les **intérêts des emprunts** contractés pour l'acquisition, la construction ou les travaux effectués sur l'immeuble donné à bail ;
- les **primes d'assurance** qui ont pour objet de garantir le bailleur contre toute perte d'élément d'actif ou d'exploitation ;
- les **frais généraux** et d'administration (frais de bureau, de documentation, correspondance, téléphone, etc.) ;

– les **commissions et honoraires** versés dans le cadre de l'activité ;

– certaines **taxes** incombant au propriétaire (notamment la taxe foncière et les taxes annexes).

S'agissant des charges afférentes à des **immeubles** inscrits à l'actif de l'entreprise mais **étrangers à l'activité professionnelle,** voir nº 49220.

Sur le point de savoir si l'**indemnité d'éviction** versée au locataire constitue ou non une charge déductible, voir nºs 47601 s.

c. Micro-BIC

49450 Les bailleurs **personnes physiques** et les **EURL** dont l'associé unique dirigeant est une personne physique sont en principe imposés selon le régime du micro-BIC lorsque leur chiffre d'affaires hors taxe de l'année précédente ou, le cas échéant, de la pénultième année n'excède pas 77 700 € (CGI art. 50-0). Ce seuil fait l'objet d'une actualisation triennale (la prochaine actualisation devrait s'appliquer à l'imposition des revenus de 2026).

Ces bailleurs portent directement sur la déclaration nº 2042-C-PRO complémentaire à leur déclaration annuelle de revenus le montant brut de leur chiffre d'affaires et l'administration calcule leur bénéfice net imposable en appliquant à ce chiffre d'affaires un abattement forfaitaire réputé tenir compte de toutes les charges, y compris les amortissements.

Le taux de l'abattement forfaitaire est fixé à 50 %. En d'autres termes, les loyers sont imposés sur la moitié de leur montant.

Les contribuables concernés peuvent toutefois **renoncer au régime micro-BIC** et opter pour l'imposition de leurs revenus selon le régime réel, ce qui leur permet de déduire les charges réellement exposées dans le cadre de leur activité (et, le cas échéant, de constater un déficit). Cette option doit être exercée dans le délai de dépôt de la déclaration d'ensemble des revenus souscrite au titre de l'année précédant celle au titre de laquelle ils désirent relever de ce dernier régime. Cette option est valable un an et reconduite tacitement chaque année pour un an.

> **Précisions** Le régime micro-BIC est applicable exclusivement aux entreprises individuelles et aux EURL dont l'associé unique est une personne physique dirigeant la société. Les autres **sociétés de personnes** en sont exclues et relèvent donc obligatoirement du régime réel. Les exploitants individuels et les EURL relevant du régime micro-BIC soumis au dispositif de versement forfaitaire libératoire des cotisations sociales (« micro-social ») peuvent, sous certaines conditions de revenus, opter pour le régime de l'**auto-entrepreneur** qui leur permet, chaque mois ou chaque trimestre, de s'acquitter auprès d'un seul interlocuteur (l'Urssaf) de l'impôt sur le revenu et de l'ensemble des cotisations et contributions de sécurité sociale. Les lecteurs intéressés par ce régime peuvent se reporter à notre Mémento fiscal nºs 85100 s.

d. Imputation des déficits

PRINCIPES D'IMPUTATION DES DÉFICITS DE LA CATÉGORIE DES BIC

49455 En principe, les déficits constatés dans la catégorie des BIC sont imputables sur le revenu global du contribuable (revenu global de l'année de constatation du déficit et, en cas d'insuffisance de ce revenu, revenu global des années suivantes, jusqu'à la sixième année inclusivement).

Toutefois, les déficits provenant d'**activités BIC non professionnelles** (à l'exception des activités des loueurs en meublé) ne sont pas déductibles du revenu global mais peuvent seulement être imputés sur les bénéfices tirés d'activités semblables durant la même année ou les six années suivantes (CGI art. 156, I-1º bis).

Pour l'application de ce dispositif, les activités non professionnelles s'entendent des activités qui ne comportent pas la participation personnelle, directe et continue de l'un des membres du foyer fiscal à l'accomplissement des actes qui leur sont nécessaires. L'activité est ainsi qualifiée de non professionnelle :

– lorsque la **gestion** est **confiée,** en droit ou en fait, **à un tiers** par l'effet d'un mandat, d'un contrat de travail ou de toute autre convention ;

– lorsque les **associés d'une société de personnes** (ou les membres de leur foyer fiscal) n'interviennent pas dans l'exploitation, ces associés « passifs » n'étant pas admis à imputer sur leur revenu global la quote-part du déficit social leur revenant ;

– mais aussi, selon l'administration, lorsque le **nombre d'actes nécessaires à l'activité** est **réduit,** comme dans l'activité de location isolée d'immeubles munis de leurs moyens matériels d'exploitation, imposable en BIC en application de l'article 35, I-5º du CGI (BOI-BIC-DEF-10 nº 290).

Les déficits ne peuvent pas s'imputer sur les rehaussements et droits donnant lieu à l'application de l'une des **majorations d'au moins 40 %** prévues pour insuffisance de déclaration, défaut ou retard de déclaration, opposition au contrôle fiscal ou encore abus de droit (CGI art. 1731 bis, 1).

DÉFICITS DES LOUEURS EN MEUBLÉ

Lorsque le bailleur donne en location des locaux d'habitation meublés à l'exploitant d'un **établissement hôtelier ou parahôtelier,** les règles spécifiques aux loueurs en meublé sont applicables si le loyer perçu n'est pas fonction des résultats dégagés par l'activité hôtelière ou parahôtelière et si le locataire gestionnaire de l'établissement supporte seul les risques de l'exploitation (CE 16-10-2009 n° 301235, 10e et 9e s.-s. : RJF 1/10 n° 1 ; CE 25-11-2009 n° 306540, 3e et 8e s.-s. : RJF 2/10 n° 99). **49457**
C'est le cas notamment lorsque le locataire assure seul et pour son propre compte la gestion des hébergements et des prestations (CAA Nantes 16-11-1999 n° 98-1952, 1e ch. : RJF 2/00 n° 142 ; CAA Bordeaux 26-10-2006 n° 03-2275, 4e ch. : RJF 3/07 n° 249).

Lorsque la qualité de loueur en meublé est reconnue, le sort des déficits est différent selon qu'il s'agit d'un loueur en meublé professionnel ou non professionnel. **49460**

La **qualité de loueur professionnel** est reconnue aux personnes qui remplissent les deux conditions suivantes :

– les recettes annuelles tirées de cette activité par l'ensemble des membres du foyer fiscal sont supérieures à 23 000 € ;

– ces recettes excèdent les revenus professionnels du foyer fiscal soumis à l'impôt sur le revenu.

Sont donc considérées comme non professionnelles les personnes qui ne respectent pas l'une de ces deux conditions. Lorsque la location est consentie par une **société de personnes,** le seuil de recettes s'apprécie en retenant les recettes revenant à chaque associé au prorata de ses droits dans les bénéfices sociaux (CE 27-7-2006 n° 272397, 3e et 8e s.-s. : RJF 12/06 n° 1493 ; BOI-BIC-CHAMP-40-10 n° 140).

Lorsqu'il a la qualité de loueur en meublé professionnel, le bailleur peut imputer les déficits retirés de l'activité de location meublée sur son revenu global sans limitation (sous réserve que ces déficits ne proviennent pas d'amortissements exclus des charges déductibles).

S'il s'agit d'un loueur en meublé **non professionnel,** les déficits ne sont imputables que sur les bénéfices de même nature réalisés au cours de la même année et des dix années suivantes.

5. RÈGLES SPÉCIFIQUES AUX LOYERS RELEVANT DES REVENUS FONCIERS

a. Détermination du revenu imposable sous le régime réel d'imposition

Le revenu foncier imposable à l'impôt sur le revenu est égal, chaque année, à la différence entre le montant des recettes encaissées et le total des frais et charges acquittés. **49470**

RECETTES À PRENDRE EN COMPTE POUR LE CALCUL DU REVENU FONCIER IMPOSABLE

Outre les **loyers** proprement dits, les recettes imposables comprennent certains **versements** effectués par le locataire et **assimilés à des suppléments de loyers** (nos 49300 s.). **49472**

Les recettes imposables comprennent également des revenus exceptionnels tels que les **subventions** et les **indemnités d'assurances** perçues par le bailleur pour financer des charges déductibles (travaux) ou des pertes de recettes taxables (pertes de loyers).

> **› Précisions** **a.** Lorsque les **recettes exceptionnelles** perçues au cours d'une année dépassent la moyenne des revenus nets d'après lesquels le contribuable a été imposé à l'impôt sur le revenu au titre des trois dernières années, celui-ci peut demander l'application du **système du quotient** prévu à l'article 163-0 A, I du CGI, qui permet d'atténuer les effets de la progressivité de l'impôt.
> **b.** En ce qui concerne les **renonciations à loyers** consenties par le bailleur, voir nos 49260 s.

Date de prise en compte Les **recettes** à retenir pour la détermination du revenu foncier sont celles qui ont été **effectivement encaissées** au cours de l'année d'imposition, quelle que soit la période à laquelle elles se rapportent. Sont ainsi imposés non seulement les **loyers perçus à leur échéance normale,** mais aussi les encaissements se rapportant à des loyers **arriérés** ou **perçus d'avance.** **49475**

En revanche, les loyers venus à échéance en cours d'année et demeurés **impayés** par suite de la carence des locataires n'ont pas à être déclarés.

Les loyers encaissés par l'intermédiaire d'un **mandataire** doivent, dès leur perception par ce dernier, être considérés comme étant à la disposition du propriétaire.

CHARGES DÉDUCTIBLES DU REVENU FONCIER IMPOSABLE : PRINCIPES

49480 Conformément au principe général posé par l'article 13 du CGI, sont admises en déduction les **dépenses** effectuées **en vue de l'acquisition ou de la conservation du revenu.**

La déduction est en principe opérée au titre de l'**année** au cours de laquelle les dépenses ont été **effectivement acquittées,** quelle que soit la date à laquelle la dette correspondante a pris naissance ou est venue à échéance, ou la date à laquelle ont été exécutées les prestations auxquelles elles se rapportent.

49485 L'article 31, I du CGI donne une **liste non limitative** des charges déductibles du revenu foncier qui comprend :

– les **dépenses de réparation et d'entretien,** ainsi que certaines **dépenses d'amélioration,** effectuées sur les immeubles loués (voir nos 80570 s.) ;

– les **dépenses acquittées pour le compte des locataires** et restant définitivement à la charge du propriétaire (en pratique, il s'agit des dépenses supportées pour le compte du locataire par le propriétaire dont celui-ci n'a pu obtenir le remboursement au 31 décembre de l'année du départ du locataire) ;

– les **provisions pour charges de copropriété** ;

– les **frais de gestion** ;

– les **primes d'assurance** afférentes aux immeubles loués ;

– certaines **impositions** ;

– les **intérêts des emprunts** contractés pour l'acquisition, la construction, la réparation, l'amélioration ou la conservation des immeubles.

Les **indemnités d'éviction** peuvent également faire partie, dans certains cas, des charges déductibles : voir nos 47610 s.

Le régime des revenus fonciers n'autorise l'**amortissement** des immeubles que dans le cadre de dispositifs spécifiques réservés aux immeubles à usage d'habitation. Les locaux commerciaux en sont exclus et ne peuvent donc pas être amortis.

PROVISIONS POUR CHARGES DE COPROPRIÉTÉ

49490 Les provisions déductibles sont celles qui correspondent aux dépenses prévues à l'article 14-1 de la loi 65-557 du 10 juillet 1965, à savoir les **dépenses courantes** de maintenance, de fonctionnement et d'administration des parties communes et équipements communs de l'immeuble ainsi que les **dépenses pour travaux.**

Ces provisions sont, en principe, déduites du revenu foncier de l'année de leur versement et régularisées l'année suivante. C'est ainsi que les copropriétaires bailleurs déduisent de leur revenu foncier le montant total des provisions pour charges versées au syndic **au cours de l'année** (sans qu'il y ait lieu d'examiner l'utilisation effective de ces sommes ou leur affectation à des dépenses déductibles ou non), diminué de celui des provisions déduites **l'année précédente** correspondant à des charges non déductibles.

Ce dispositif est **obligatoire.** Ainsi, même s'il connaît la ventilation exacte des charges lorsqu'il souscrit sa déclaration de revenus fonciers, le copropriétaire bailleur doit déduire les provisions payées sans tenir compte de cette ventilation.

En pratique, les charges de copropriété déduites des revenus de l'année N doivent être réintégrées dans les revenus imposables de l'année N + 1 lorsqu'elles correspondent à des charges non déductibles (notamment celles récupérables sur les locataires). Le solde résultant de l'approbation des comptes de l'exercice comptable précédent fait également l'objet d'une régularisation sous forme de réintégration (solde positif) ou de déduction (solde négatif) (BOI-RFPI-BASE-20-70 nos 70 et 80).

FRAIS DE GESTION

49495 Sont déductibles du revenu foncier pour leur montant effectif :

– les **frais de procédure,** notamment les dépenses supportées à l'occasion d'un procès entre le bailleur et son locataire ou un tiers ;

– les frais de rémunération, honoraires et commissions versés à un tiers pour la gestion des immeubles. Sont déductibles à ce titre les **frais de gérance** supportés par les propriétaires ayant recours aux services de gérants d'immeubles ou d'administrateurs de biens, les **commissions** versées à une agence de location, les **honoraires** versés à un tiers pour la rédaction des déclarations fiscales ou encore les sommes versées à un tiers pour la tenue de la comptabilité des immeubles ;

– les **rémunérations** (salaires en espèces, avantages en nature, charges sociales et fiscales) des gardes ou concierges.

Les **autres frais** de gestion (frais de correspondance, de déplacement et de téléphone) sont réputés couverts par un forfait fixé à 20 € par local.

Pour les **immeubles en copropriété,** les frais de rémunération des gardes et concierges et les frais de gérance sont normalement pris en compte dans la provision pour charges déductible selon les modalités exposées n° 49490.

ILLUSTRATIONS

Le propriétaire d'un logement loué peut déduire de ses revenus fonciers les **frais de conseil supportés en vue de la résiliation du bail** consenti aux occupants afin d'y procéder à des travaux de rénovation dès lors que cette dépense est réalisée en vue de la location ultérieure du bien. *CAA Paris 5-11-2019 n° 18PA01654.*

PRIMES D'ASSURANCE

Les primes d'assurance afférentes aux immeubles loués sont déductibles du revenu foncier pour leur montant réel, quel que soit le **risque couvert** (incendie, dégâts des eaux, responsabilité civile, loyers impayés, emprunt, etc.). **49500**

IMPÔTS

Sont **déductibles** du revenu foncier les impositions, **autres que celles incombant normalement au locataire,** perçues à raison des propriétés au profit des collectivités locales, de certains établissements publics et d'organismes divers. Il s'agit pour l'essentiel de la **taxe foncière** et des **taxes annexes** à cet impôt (taxes spéciales d'équipement). **49505**

Sont également déductibles la **taxe additionnelle sur les surfaces de stationnement en Île-de-France** et, lorsqu'elle est encore exigible (nos 50200 s.), la **contribution sur les revenus locatifs.**

Les taxes incombant au propriétaire sont déductibles même lorsqu'elles sont **mises conventionnellement à la charge du locataire,** puisque, dans ce cas, leur montant doit être ajouté aux recettes brutes (n° 49305).

Ne sont **pas déductibles** du revenu foncier : **49510**

- les impôts **perçus au profit de l'État** : impôt sur le revenu, prélèvements sociaux, droits d'enregistrement, TVA éventuellement acquittée sur les loyers ;
- les taxes **incombant normalement à l'occupant** (taxe d'enlèvement des ordures ménagères, taxe de balayage) ;
- les taxes d'**urbanisme** (taxe d'aménagement notamment), considérées fiscalement comme un élément du prix de revient de l'immeuble ;
- la **taxe annuelle sur les bureaux** en Île-de-France et la taxe annuelle sur les bureaux en Provence-Côte d'Azur.

INTÉRÊTS DES EMPRUNTS

Le bailleur peut déduire du revenu foncier le montant des intérêts des emprunts contractés : **49515**

- pour l'**acquisition,** la **construction,** la **réparation** ou l'**amélioration** des immeubles ; on notera que les intérêts des emprunts contractés pour l'amélioration de locaux commerciaux sont admis en déduction quelle que soit la nature des travaux (alors que les dépenses d'amélioration proprement dites ne sont déductibles que si elles sont destinées à faciliter l'accueil des personnes handicapées ou à protéger les locaux des effets de l'amiante : voir nos 80580 s.) ;
- ou encore pour la **conservation** des immeubles (par exemple, pour payer les droits de succession).

La déduction porte, non seulement sur les intérêts proprement dits, mais encore sur les **frais d'emprunt** : frais de constitution de dossier et frais d'inscriptions hypothécaires ; frais ajoutés par les organismes de crédit au montant des intérêts ; commission d'engagement, agios et taxes ; primes du contrat d'assurance-vie souscrit pour garantir le remboursement de l'emprunt.

ILLUSTRATIONS

Le contribuable conserve le bénéfice de la déduction lorsqu'il conclut un emprunt destiné à rembourser ou à se substituer à son emprunt initial (**emprunt substitutif**) si le nouvel emprunt est immédiatement et intégralement utilisé pour le remboursement, total ou partiel, du premier emprunt (CE 1-2-2012 n° 336469, 8e et 3e s.-s. : RJF 4/12 n° 365). Lorsque l'emprunt substitutif est souscrit pour rembourser à la fois un premier emprunt et des avances en compte courant d'associés ayant permis de financer la construction d'un immeuble, les intérêts du nouvel emprunt sont également déductibles en totalité même si les avances des associés n'étaient pas rémunérées (CE 28-3-2014 nos 35816 et 35817, 10e et 9e s.-s. : RJF 6/14 n° 571).

Outre les intérêts, sont également déductibles les indemnités de résiliation anticipée et de renégociation du prêt ainsi que les frais d'ouverture de dossier du nouvel emprunt (CE 5-7-2010 n° 301044, 10e et 9e s.-s. : RJF 11/10 n° 1027 ; CE 5-10-2007 n° 281658 : RJF 12/07 n° 1439). L'administration subordonne cependant leur déduction à la condition que la résiliation et la souscription de l'emprunt substitutif permettent de réduire la charge d'intérêts restant dus (BOI-RFPI-BASE-20-80 n° 220).

b. Micro-foncier

49520 Les bailleurs dont le **revenu brut foncier** procuré par l'ensemble de leurs immeubles est **inférieur ou égal à 15 000 €** sont en principe soumis à un régime d'imposition simplifié (dit du « micro-foncier ») qui aboutit à n'imposer que 70 % des recettes (CGI art. 32).

La limite de 15 000 € est appréciée **annuellement** – y compris lorsque la location ne couvre pas la totalité de l'année civile – en retenant les revenus de l'ensemble du **foyer fiscal** du bailleur. Elle s'apprécie, le cas échéant, en tenant compte du montant des revenus fonciers correspondant aux **droits** du bailleur dans les bénéfices comptables des sociétés de personnes (SCI par exemple) ou des fonds de placement immobilier (FPI) dont il est membre.

Le régime ne peut toutefois **pas s'appliquer** lorsque le bailleur, ou l'un des membres de son foyer fiscal, est propriétaire d'immeubles relevant de certains **régimes particuliers** (monuments historiques donnés en location, logements « Périssol », « Besson », « Robien », « Cosse », « Borloo ancien », « Loc'Avantages » notamment). En revanche, le micro-foncier est **applicable** aux bailleurs bénéficiant des **réductions d'impôt** « Duflot », « Pinel », « Denormandie », « Scellier » (sans application des déductions spécifiques « Scellier intermédiaire ou ZRR ») ou « Malraux ».

Lorsque le bail est consenti par une **société de personnes** (SCI notamment), les associés de la société ne bénéficient du régime qu'à la condition qu'ils soient par ailleurs propriétaires directs d'un immeuble donné en location nue.

49525 Les bailleurs soumis au micro-foncier portent directement le montant de leur revenu brut sur leur **déclaration** d'ensemble des revenus n° 2042. Le revenu net imposable est déterminé par l'administration en appliquant au revenu ainsi déclaré un **abattement de 30 %** représentatif de l'ensemble des **charges de la propriété** (aucune autre déduction ne peut être opérée sur le revenu brut).

Les bailleurs placés de plein droit sous le régime du micro-foncier peuvent cependant opter pour le **régime réel** d'imposition, afin de pouvoir déduire les charges qu'ils ont réellement exposées et constater éventuellement un déficit. L'**option** est globale et s'applique obligatoirement pour une **période** de trois ans durant laquelle elle est irrévocable. À l'issue de cette période, le bailleur peut à tout moment y **renoncer** en se plaçant sous le régime micro-foncier (sous réserve, bien entendu, que ses conditions d'application soient toujours réunies). L'option et la renonciation à l'option prennent **effet** à compter de l'imposition des revenus de l'année au titre de laquelle elles sont exercées.

> Précisions **a.** L'option et la renonciation à l'option ne sont soumises à aucun **formalisme** particulier. L'option résulte de la simple souscription de la déclaration n° 2044. Quant à la renonciation à l'option, elle résulte de l'absence de dépôt de déclaration n° 2044 et du report direct du montant des revenus bruts fonciers sur la déclaration d'ensemble des revenus n° 2042.

b. Le contribuable qui a **omis d'opter pour le régime réel** pour ses revenus fonciers dans le délai prévu pour le dépôt de la déclaration d'ensemble des revenus de la première année au titre de laquelle il souhaite en bénéficier (CGI art. 32) peut régulariser sa situation dans le délai de réclamation de deux ans suivant le dépôt de sa déclaration (CAA Marseille 4-2-2021 n° 19MA01186 : RJF 5/21 n° 494).

c. Imputation des déficits fonciers

PRINCIPES D'IMPUTATION DES DÉFICITS FONCIERS

49530 Lorsque les opérations de détermination du revenu foncier font apparaître un résultat négatif, le déficit ainsi constaté ne peut, en principe, être imputé que **sur les revenus fonciers** des dix années suivantes. Toutefois, les déficits fonciers résultant de dépenses (déductibles des revenus fonciers) autres que les intérêts d'emprunt sont imputables sur le **revenu global** du propriétaire dans la limite annuelle de 10 700 € (CGI art. 156, I-3°). La fraction du déficit supérieure à cette limite ainsi que celle correspondant aux intérêts d'emprunts ne sont imputables que sur les revenus fonciers des dix années suivantes.

Lorsque le revenu global du contribuable est **insuffisant** pour absorber le déficit foncier imputable (limité à 10 700 €), l'excédent du déficit est imputable dans les conditions de droit commun sur les revenus globaux des six années suivantes.

Ce dispositif d'imputation est **obligatoire** dès lors qu'un déficit foncier est dégagé au cours d'une année.

Dans certains **cas particuliers** prévus par la loi (immeubles historiques, dispositif « Cosse », régime « Périssol »), les déficits fonciers sont imputables selon des règles spécifiques.

> **Précisions** **a.** Dans le cadre du **micro-foncier,** du fait de l'application de l'abattement de 30 % représentatif de l'ensemble des charges de la propriété, aucun déficit ne peut être constaté. Mais les déficits constatés antérieurement à l'application du régime et encore reportables au 1er janvier de la première année d'application demeurent imputables sur les revenus fonciers des années suivantes dans les conditions de droit commun.
> **b.** En cas de **démembrement** de la propriété de parts d'une société soumise au régime des sociétés de personnes, l'usufruitier est soumis à l'impôt sur le revenu pour la quote-part correspondant à ses droits dans les bénéfices sociaux. Lorsque le résultat de la société de personnes est déficitaire, l'usufruitier peut déduire de ses revenus fonciers la part du déficit correspondant à ses droits (CE 8-11-2017 n° 399764 : RJF 2/18 n° 184 ; CAA Bordeaux 31-10-2019 n° 17BX03627).
> **c.** La limite annuelle d'imputation des déficits fonciers sur le revenu global est rehaussée, sans pouvoir excéder 21 400 € par an, à concurrence du montant des dépenses déductibles de **travaux de rénovation énergétique** permettant à un bien de passer d'une classe énergétique E, F ou G à une classe énergétique A, B, C ou D (CGI art. 156, I-3°). Sont concernées les dépenses afférentes aux travaux d'amélioration de la performance énergétique globale des logements susceptibles d'être financés par l'« éco-PTZ », y compris les dépenses éligibles à la prime de transition énergétique (autrement dénommée « MaPrimeRénov' »), à l'exclusion cependant des travaux de réhabilitation de systèmes d'assainissement non collectif et des travaux de pose d'une chaudière à très haute performance énergétique. Les travaux éligibles doivent avoir fait l'objet de l'acceptation d'un devis à compter du 5 novembre 2022 et être payés entre le 1er janvier 2023 et le 31 décembre 2025 (Loi 2022-1499 du 1-12-2022 art. 12, II). Si le contribuable ne justifie pas du nouveau classement de performance énergétique du bien au plus tard le 31 décembre 2025, le revenu foncier et le revenu global des années de déduction des dépenses de travaux sont, sans préjudice de la remise en cause visée n° 49535, reconstitués selon les modalités applicables en l'absence de rehaussement de la limite d'imputation.

MODALITÉS D'IMPUTATION DES DÉFICITS FONCIERS SUR LE REVENU GLOBAL

L'imputation des déficits fonciers sur le revenu global n'est définitivement acquise que si le contribuable maintient l'**affectation de l'immeuble à la location jusqu'au 31 décembre de la troisième année suivant** celle au titre de laquelle **l'imputation** a été pratiquée. Lorsque l'**immeuble appartient à une société** (non soumise à l'impôt sur les sociétés), l'imputation des déficits fonciers sur le revenu global d'un associé est subordonnée à la double condition d'affectation de l'immeuble à la location par la société pendant trois ans et de conservation des parts de la société par l'associé pendant le même délai. **49535**

Lorsque cette condition n'est pas respectée, le revenu global et les revenus fonciers des trois années qui précèdent l'année de **cessation de la location** sont reconstitués selon les modalités applicables en cas de non-imputation du déficit sur le revenu global (le contribuable se trouve ainsi replacé, pour les années en cause, dans la situation qui aurait été la sienne en l'absence d'application du dispositif d'imputation sur le revenu global). Les déficits indûment imputés sur le revenu global des trois années précédentes peuvent alors être imputés sur l'ensemble des revenus fonciers de l'année au cours de laquelle ces déficits ont été réalisés et viennent augmenter le déficit reportable de cette année (CE 26-4-2017 n° 400441 : RJF 7/17 n° 659). Les déficits fonciers qui restaient à imputer après la cessation de la location pourront s'imputer pendant dix ans sur les revenus fonciers provenant d'autres biens locatifs. À défaut de tels biens productifs de revenus fonciers, ces déficits seront perdus (BOI-RFPI-BASE-30-20 n° 260).

Aucune remise en cause de l'imputation n'est effectuée dans les cas suivants : **décès, invalidité** ou **perte d'emploi** du contribuable ou de son conjoint, **expropriation** pour cause d'utilité publique de l'immeuble productif du déficit.

B. Imposition du bailleur relevant de l'impôt sur les sociétés

1. CAS D'ASSUJETTISSEMENT DU BAILLEUR À L'IS

Les revenus provenant d'immeubles loués par bail commercial sont assujettis à l'impôt sur les sociétés (IS) dans les hypothèses suivantes : **49600**

– les immeubles donnés à bail sont inscrits à l'actif d'une société relevant du régime fiscal des **sociétés de capitaux** : SA, SARL et SAS n'ayant pas opté pour le régime des sociétés de personnes ; SCA ; EURL dont l'associé unique est une société ;

– les immeubles donnés à bail sont inscrits à l'actif d'une société relevant normalement du régime des **sociétés de personnes** mais qui a **opté pour** son **assujettissement à l'IS** : SNC, SCS, société civile, EURL dont l'associé unique est une personne physique. Lorsque la société n'a pas opté pour son assujettissement à l'IS, seule la quote-part de ses résultats qui revient à un **associé relevant lui-même de l'impôt sur les sociétés** est soumise à cet impôt ;
– les immeubles donnés à bail appartiennent à une **société civile** qui exerce une **activité commerciale.** Sont notamment réputées exercer une activité commerciale les sociétés civiles qui donnent en location des établissements commerciaux ou industriels munis du mobilier ou du matériel nécessaire à leur exploitation (nos 49225 s.) ou qui participent à la gestion ou aux résultats de l'entreprise exploitée par le preneur (nos 49235 s.).

2. RÉGIME DES LOYERS IMPOSÉS À L'IS

DÉTERMINATION DU BÉNÉFICE IMPOSABLE À L'IS

49620 Les bénéfices passibles de l'impôt sur les sociétés sont déterminés, en principe, de la même manière que les **bénéfices industriels et commerciaux** soumis à l'impôt sur le revenu selon le régime réel. On se reportera donc, pour tout ce qui concerne la détermination du bénéfice imposable à l'IS (règles générales d'imposition, produits imposables, charges déductibles), aux explications données nos 49210 s. à propos des revenus imposés dans la catégorie des BIC réels.
Notons toutefois que les entreprises passibles de l'IS ne sont pas concernées par la suppression des effets de la théorie du bilan (voir nos 49220 s.).

49625 **Amortissement de l'immeuble loué** Les règles exposées nos 49380 à 49399 sont applicables. Le dispositif de limitation de l'amortissement exposé nos 49415 et 49417 trouve également à s'appliquer lorsque la **location** est consentie **par une société soumise au régime fiscal des sociétés de personnes,** pour la part de résultat revenant à un associé soumis à l'impôt sur les sociétés. Toutefois, la limite de déduction de l'amortissement ne s'applique pas à la part de résultat revenant à l'associé utilisateur du bien.

L'article 39 C, II-1 du CGI limite par ailleurs le montant de la **quote-part de déficits** constatés par la société de personnes bailleresse **que ses associés peuvent déduire de leurs résultats** au titre des 12 premiers mois d'amortissement : les déficits correspondant au montant des amortissements dont l'imputation est autorisée au titre des 12 premiers mois sont limités au quart du bénéfice imposable à l'impôt sur les sociétés au taux de droit commun que chaque associé retire du reste de ses activités (ou 25 % du bénéfice du groupe s'il appartient à un périmètre d'intégration).

Lorsque les 12 premiers mois d'amortissement du bien s'étalent sur deux exercices, l'exercice d'acquisition du bien et l'exercice suivant, la limitation du déficit imputable s'applique pour le premier exercice à hauteur des amortissements admis en déduction au titre de ce bien dans la limite de trois fois le montant des loyers et pour le second exercice, dans la même limite, à hauteur des amortissements admis en déduction du premier jour de l'exercice jusqu'au terme de la période de 12 mois (BOI-BIC-AMT-20-40-10-20 n° 310).

La fraction des déficits non admise en déduction au titre des 12 premiers mois d'amortissement est déductible du bénéfice des exercices suivants. Au-delà de la période des 12 premiers mois d'amortissement, le report des déficits s'effectue sans limite.

IMPOSITION DES BÉNÉFICES À L'IS

49630 **Taux normal** Les bénéfices réalisés par les sociétés soumises à l'impôt sur les sociétés sont en principe imposés au taux normal de l'IS. Ce taux est fixé à **25 %** pour toutes les entreprises, quel que soit le montant de leur chiffre d'affaires.

> **Précisions** **a.** Les sociétés les plus importantes redevables de l'impôt sur les sociétés sont susceptibles d'être assujetties à une **contribution sociale**, assise sur l'impôt sur les sociétés, au taux de 3,3 % due par les sociétés dont l'impôt sur les sociétés excède 763 000 € (CGI art. 235 ter ZC). La contribution sociale n'est pas due par les PME. Pour plus de précisions sur cette contribution, voir Mémento Fiscal nos 36690 s.
> **b.** Une **contribution exceptionnelle additionnelle à l'impôt sur les sociétés** est due par les entreprises réalisant en France un chiffre d'affaires supérieur ou égal à 1 Md€. Son taux est de 20,6 % ou 41,2 % selon que le chiffre d'affaires est inférieur ou supérieur à 3 Mds€. Cette contribution n'est due qu'au titre du premier exercice clos à compter du 31 décembre 2025 (Loi 2025-127 du 14-2-205 art. 48).

49635 **Taux réduit en faveur des PME** Les petites et moyennes entreprises qui réalisent un chiffre d'affaires annuel hors taxe inférieur ou égal à 10 M€ et dont le capital est entièrement libéré et détenu pour 75 % au moins par des personnes physiques (ou par des sociétés satisfaisant elles-mêmes à ces conditions) bénéficient d'un taux réduit d'IS de **15 %** sur une fraction de leur bénéfice imposable limitée à 42 500 € par période de 12 mois (CGI art. 219, I-b).

IMPUTATION DES DÉFICITS SUBIS PAR UNE SOCIÉTÉ À L'IS

Le déficit subi au titre d'un exercice par une société soumise à l'impôt sur les sociétés ne peut en aucun cas être imputé sur les revenus des associés. Ce déficit ne peut être imputé que sur les résultats propres de la société. **49640**

Celle-ci a le **choix entre deux régimes** de report des déficits :

- un régime de droit commun, dit de report « en avant », qui permet d'imputer les déficits sur les bénéfices des exercices suivant l'exercice déficitaire ;
- et un système optionnel de report « en arrière » des déficits (« carry-back ») sur le bénéfice de l'exercice précédent.

Sur le cas particulier des déficits résultant de l'**amortissement du bien loué par une société de personnes** dont la société soumise à l'IS est associée : voir n° 49625.

Report en avant Le droit au report en avant des déficits subis par les sociétés soumises à l'IS est **illimité dans le temps** (sauf dispositif particulier de limitation temporaire lorsque les déficits excèdent 2,5 Mds€). L'imputation des déficits constatés est soumise à une règle de plafonnement. Ainsi, le déficit subi au titre d'un exercice est considéré comme une charge de l'exercice suivant et déduit du bénéfice réalisé pendant ledit exercice, dans la **limite d'un montant** de 1 M€, majoré de 50 % de la fraction du bénéfice excédant ce seuil. Lorsque le déficit constaté au titre d'un exercice excède 1 M€ alors que le bénéfice de l'exercice suivant dépasse également ce seuil, l'entreprise doit donc acquitter un montant d'IS calculé sur 50 % de la fraction de ce bénéfice excédant 1 M€. La **part** de déficit qui ne peut **pas** être **déduite** en application de cette mesure est reportable sur les exercices suivants, sans limitation de durée, dans la même limite (CGI art. 209, I-al. 3). **49645**

ATTENTION

En vertu de la règle dite de l'« identité d'entreprise », les déficits ne sont susceptibles d'être reportés, en principe, qu'au sein de l'entreprise qui les a subis. C'est ainsi que le **changement de régime fiscal,** le changement **d'objet ou d'activité** réelle des sociétés, ou la **disparition des moyens de production,** qui emportent cessation d'entreprise, entraînent la **perte du droit au report** des déficits.

La règle qui limite l'imputation des déficits s'applique avant de déterminer la part du **bénéfice des PME** qui est taxée au taux réduit prévu par l'article 219, I-b du CGI (n° 49635).

Pour les sociétés auxquelles sont consentis des **abandons de créances** en application d'un accord homologué dans les conditions prévues à l'article L 611-8 du Code de commerce ou dans le cadre d'une procédure de sauvegarde, de redressement judiciaire ou de liquidation judiciaire, la limite de 1 M€ est majorée du montant de ces abandons.

Report en arrière (« carry-back ») Le système du « carry-back » permet d'imputer le déficit constaté à la clôture d'un exercice sur le bénéfice de l'exercice précédent, dans la limite de la fraction non distribuée de ce bénéfice, ce qui fait naître une **créance sur le Trésor** correspondant à l'excédent d'impôt antérieurement versé. Cette créance est remboursable au terme d'une période de cinq ans lorsqu'elle n'a pas été utilisée dans ce délai pour le paiement de l'IS. **49650**

Ce dispositif est optionnel. L'**option** ne peut être exercée qu'au titre de l'exercice au cours duquel le déficit est constaté (CGI art. 220 quinquies), dans le délai de dépôt de la déclaration de résultat de l'exercice de constatation du déficit. Le déficit alors constaté ne peut être imputé en arrière que dans la limite du montant le plus faible entre le bénéfice de l'exercice précédent et un montant de 1 M€.

> **Précisions** Cette option pour le report en arrière peut être exercée par une société soumise à l'IS à raison de la quote-part de déficit correspondant à ses **droits dans une ou plusieurs sociétés de personnes** (CAA Paris 30-12-1997 n° 94-686 : RJF 3/98 n° 246).

C. Imposition du locataire

Lorsqu'il exerce lui-même, dans les locaux pris à bail, une activité industrielle ou commerciale, le locataire est imposé au titre des revenus de cette activité, soit à l'impôt sur les sociétés s'il relève de cet impôt, soit à l'impôt sur le revenu dans la catégorie des bénéfices industriels et commerciaux. Dans les deux cas, les loyers acquittés sont en principe déductibles des revenus de l'activité dans les conditions examinées ci-après. **49700**

1. EXIGENCE D'UN LOYER NORMAL

PRINCIPES GÉNÉRAUX DE DÉDUCTION DES LOYERS

49710 Aux termes de l'article 39, 1-1° du CGI, le bénéfice net de l'entreprise est établi sous déduction de toutes charges, celles-ci comprenant notamment le loyer des immeubles dont l'entreprise est locataire.

Toutefois, en application des principes généraux de déductibilité des charges, le loyer acquitté par l'entreprise n'est admis en déduction qu'à condition d'être considéré comme normal. Le caractère normal du loyer est apprécié par rapport à la **valeur locative réelle du bien loué.** Cette appréciation est réalisée de façon globale, en prenant en considération l'**ensemble des versements effectués par le locataire** à raison de la jouissance de l'immeuble (notamment les dépenses de travaux et autres dépenses incombant normalement au bailleur et mises contractuellement à la charge du preneur).

DÉTERMINATION DU MONTANT NORMAL DES LOYERS

49715 Il résulte de la jurisprudence que la déductibilité des sommes dues au titre des loyers, majorés le cas échéant des versements accessoires, suppose que leur montant total n'excède pas la valeur locative des biens loués. Cette valeur est en principe déterminée d'après les loyers stipulés à raison de **locaux analogues** par leur nature et leur emplacement. D'autres méthodes peuvent également être retenues, fondées par exemple sur la prise en compte d'un **taux normal de rentabilité de l'investissement** réalisé par le bailleur ou sur la **valeur locative cadastrale** de l'immeuble.

ILLUSTRATIONS

Les loyers des immeubles pris à bail par une entreprise sont déductibles à concurrence de la valeur locative réelle des locaux, valeur qui correspond aux **prix pratiqués,** dans la même région, **pour la location de biens similaires.** La société locataire ne peut justifier la déduction d'un loyer supérieur, ni en se prévalant d'une convention occulte aux termes de laquelle la propriété du local lui reviendrait en fin de bail, ni en soutenant que l'immeuble, construit sur ses indications, lui conviendrait particulièrement.

CE 25-1-1978 n° 346, 8e et 9e s.-s. : RJF 3/78 n° 85. Dans le même sens : CE 15-2-1978 n° 4121 : RJF 4/78 n° 162.

Une société qui prend en location auprès de son PDG un immeuble moyennant un loyer fixé à près de **25 % de son prix de revient** et **six fois sa valeur locative cadastrale** commet un acte anormal de gestion. L'administration peut valablement réintégrer aux résultats imposables une fraction de ces loyers déterminée d'après une évaluation du prix de revient au mètre carré dont il n'est pas contesté qu'elle est supérieure aux prix généralement pratiqués pour des locaux comparables.

CE 12-3-1980 n° 10588, 8e et 9e s.-s. : RJF 5/80 n° 412.

L'administration est en droit de réintégrer dans les résultats imposables les sommes versées en exécution d'un contrat de bail qui excéderaient, au cours d'un exercice, la valeur locative réelle des immeubles loués. Pour apprécier cette valeur locative réelle, il est possible de se référer à la **valeur locative cadastrale** des immeubles à la condition qu'il soit établi, sous le contrôle du juge de l'impôt, que compte tenu des éléments pris en compte, cette méthode est de nature à permettre de déterminer avec une précision suffisante la valeur locative réelle.

L'entreprise en cause fournissant des **termes de comparaison** constituant un commencement de preuve de ce que la valeur locative réelle est supérieure au chiffre retenu, le Conseil d'État a ordonné une expertise en vue de déterminer cette valeur par comparaison avec les prix normalement pratiqués à la même époque pour des **locations de nature, d'importance et d'emplacement comparables.**

CE 19-4-1982 nos 26471, 25916 et 25917, 8e et 9e s.-s. : RJF 6/82 n° 526.

Le caractère normal d'un loyer s'apprécie par rapport aux **loyers pratiqués pour des locaux comparables** au cours de la même période. Dès lors qu'elle n'établit pas le caractère anormal du montant révisé des loyers versés par une société à son dirigeant qui lui donne à bail des terrains et des immeubles, l'administration ne peut contester la déduction opérée à ce titre :

– ni en faisant valoir que les modalités de **révision de prix** stipulées dans le bail auraient excédé la référence à la variation du coût trimestriel de la construction imposée par la réglementation alors en vigueur, la consistance des biens loués ayant d'ailleurs augmenté et le prix restant inférieur à celui pratiqué pour des biens comparables ;

– ni en soutenant qu'un **agrément** prévu par le Code de l'urbanisme eût été nécessaire pour transformer en locaux à usage professionnel des locaux à usage d'habitation inclus ultérieurement dans le bail.

CE 3-10-1984 n° 33567, 8e et 9e s.-s. : RJF 12/84 n° 1406.

Le loyer versé par une société à son dirigeant qui lui donne à bail un local commercial de 250 m^2 ne peut être considéré comme d'un montant anormalement élevé eu égard à la **situation,** à la **superficie** et à la **destination des lieux** dans lesquels sont situées d'importantes installations nécessaires à l'activité et aux **éléments de confort** qu'il comporte.

CE 9-12-1988 n° 40068, 9e et 7e s.-s. : RJF 2/89 n° 172.

Estimant que le loyer, pour lequel une société avait pris à bail auprès d'une SCI ayant les mêmes associés des locaux à usage de bureaux, **excédait** d'au moins **80 % la valeur locative** réelle de ces derniers, l'administration a pu, conformément à l'avis de la commission départementale, réduire dans des proportions importantes le montant des sommes déductibles à ce titre. La société ne peut valablement contester l'évaluation produite par l'administration :
– ni en produisant des **termes de comparaison** qui ne font pas apparaître un **prix au mètre carré** supérieur à celui retenu ;
– ni en faisant valoir qu'une **clause du contrat** de location l'**autorisant à sous-louer** justifierait un loyer accru alors que d'autres clauses compensent cette stipulation.

CE 22-2-1989 n° 71181, 7e et 8e s.-s. : RJF 4/89 n° 412.

Sur la base de **comparaisons pertinentes,** l'administration a pu, à bon droit, rapporter aux résultats imposables d'une société la fraction des loyers versés à une SCI ayant les mêmes associés excédant ceux pratiqués pour des **locaux analogues** à utilisation commerciale et situés dans des quartiers de la même localité présentant, pour le commerce, des **environnements d'intérêt comparable.**

CE 25-4-1990 n° 75972, 7e et 8e s.-s.

Une société à qui incombe la charge de la preuve est fondée à soutenir que la valeur locative retenue par l'administration pour un immeuble que son PDG lui donne en location est sous-évaluée en faisant valoir une expertise amiable fondée sur l'application combinée d'une **méthode de rentabilité** et d'une **méthode dite « de comparaison »** dont il résulte que la méthode d'estimation suivie ne tient pas suffisamment compte de la hausse des prix de location dans la zone géographique de l'immeuble en raison du rapide développement commercial de celle-ci.

CE 26-10-1992 n° 65625, 8e et 9e s.-s. : RJF 12/92 n° 1626.

Après avoir conclu un bail avec la SCI propriétaire des murs, une société anonyme exploitant un hôtel, détenue en quasi-totalité par les associés de la SCI, accepte moins d'un an après une augmentation de loyer de 50 %, avec effet au jour de la conclusion du bail. En acceptant une telle augmentation de loyer, la société n'a pas commis d'acte anormal de gestion dès lors que même si elle n'était pas tenue d'y consentir, elle avait intérêt à éviter la défaillance de son bailleur dont la santé financière était menacée par les charges de remboursement d'emprunt excédant les produits tirés de la location des locaux. En outre, l'augmentation n'a fait que porter le loyer à un niveau correspondant au **prix du marché locatif** de la ville d'implantation de l'hôtel.

CE 3-11-2004 n° 234525, 10e et 9e s.-s. : RJF 1/05 n° 28.

L'administration apporte la preuve du caractère anormalement élevé des loyers versés par une société anonyme à une SCI ayant les mêmes associés en faisant valoir que la **rentabilité** moyenne de cinq **investissements comparables** ressortait à 11,6 % du prix de revient de l'immeuble alors que la société anonyme acquitte un loyer qui représente 16 % du prix de revient des locaux détenus par la SCI.

CAA Bordeaux 23-11-2006 n° 04-1122 : RJF 3/07 n° 259.

Commet un acte anormal de gestion la société qui accepte de verser des loyers d'un montant excessif à une SCI, détenue par son dirigeant et son épouse, pour la jouissance de locaux à usage de bureaux compte tenu des **comparaisons** effectuées par l'administration sur des locaux similaires et de l'absence de caractère exceptionnel des **travaux réalisés par la société bailleresse.**

CE 6-10-2010 n° 308629, 10e et 9e s.-s. : RJF 1/11 n° 19.

CONSÉQUENCES DU CARACTÈRE EXCESSIF DES LOYERS

En cas de constatation de loyers excessifs, l'administration est en droit de **refuser au locataire la déduction** de la partie des loyers considérée comme excédant la valeur locative réelle de l'immeuble pris à bail. **49720**

Selon la cour administrative d'appel de Nancy, l'administration n'est toutefois en mesure de procéder à des réintégrations aux résultats imposables à raison de loyers considérés comme excessifs que dans la mesure où la **disproportion** avec la valeur locative de l'immeuble apparaît comme **substantielle** (CAA Nancy 30-1-1992 n° 649 : RJF 7/92 n° 951).

> Précisions Notons en outre que la réintégration aux résultats du locataire de la partie excessive des loyers versés peut s'accompagner, pour le **bailleur associé de la société locataire soumise à l'impôt sur les sociétés,** de la requalification de cette partie des loyers en **revenus distribués.**

2. MODALITÉS DE DÉDUCTION DES LOYERS

CONDITIONS DE DÉDUCTION DES LOYERS

49740 Les loyers supportés par une entreprise en contrepartie de la jouissance de biens immeubles sont déductibles des résultats imposables de cette entreprise dans les conditions de droit commun. Il importe notamment que l'opération de location soit réalisée dans l'intérêt de l'entreprise et que le montant des versements effectués soit justifié.

49745 **Intérêt de l'entreprise** Le loyer des **locaux professionnels** dont l'exploitant a la jouissance sont en principe regardés comme supportés dans l'intérêt de l'entreprise. Toutefois, ne sont pas admis en déduction les versements effectués à titre de loyers de **locaux** qui ne sont **pas affectés à l'exploitation,** notamment des locaux affectés à l'usage personnel de l'exploitant.

Lorsqu'un immeuble est utilisé partie pour l'habitation de l'intéressé, partie pour l'exercice de son activité professionnelle, une **ventilation** du loyer doit être effectuée à l'effet de déterminer la partie correspondant à une charge déductible (BOI-BIC-CHG-40-20-10 n° 170).

ILLUSTRATIONS

Le **loyer d'un appartement,** situé à la même adresse que le magasin du contribuable, n'est pas déductible des résultats de l'entreprise dès lors qu'il ne constitue pas une dépendance du local commercial, est loué **à usage d'habitation** et n'est pas affecté, contrairement à ce que soutient le requérant, au stockage des marchandises.

CE 28-12-1988 n° 57390, 9e et 8e s.-s. : RJF 3/89 n° 260.

L'administration établit qu'une société, en prenant à bail des locaux appartenant à une société sœur, n'a pas agi dans son intérêt, dès lors que ces locaux avaient été acquis par la société sœur pour y réaliser une implantation commerciale à laquelle elle a renoncé, et que les **locaux** sont restés **inutilisés** par la société locataire. Dès lors, l'administration est fondée à refuser la déduction des loyers versés.

CE 20-1-1992 n° 81577, 8e et 9e s.-s. : RJF 3/92 n° 296.

Les charges locatives afférentes à l'**immeuble** mis par une société **à la disposition exclusive de son dirigeant** sont valablement réintégrées aux résultats imposables de la société.

CE 13-5-1992 n° 71497, 8e et 9e s.-s. : RJF 7/92 n° 948.

Ne sont pas exposés dans l'intérêt d'une société les loyers versés pour l'occupation d'un **local** qui n'abrite aucun matériel d'exploitation et **dans lequel aucune activité professionnelle n'est exercée.** Dès lors l'administration est en droit de refuser la déduction de ces loyers du résultat de l'entreprise.

CE 16-1-2006 n° 252782, 9e et 10e s.-s. : RJF 4/06 n° 447.

Ne sont pas exposés dans l'intérêt d'une société les loyers afférents à des locaux qu'elle a pris à bail auprès d'une SCI détenue par son principal associé, dès lors qu'elle n'a **jamais utilisé ces locaux,** qui devaient lui permettre de développer une nouvelle activité. La société n'a, en outre, à aucun moment, disposé des moyens humains ou matériels nécessaires à l'exercice de cette activité et ne les a pas recherchés.

CAA Marseille 14-6-2024 n° 23MA00500 : RJF 1/25 n° 8.

49747 **Cas particulier : résidence de plaisance ou d'agrément** L'article 39, 4 du CGI exclut notamment des charges déductibles les charges résultant de la location de résidences de plaisance ou d'agrément, sauf lorsqu'elles concernent :

– des **résidences faisant partie intégrante d'un établissement de production et servant à l'accueil de la clientèle** : l'ensemble des charges liées à l'utilisation professionnelle de la résidence est admis en déduction et non pas seulement les charges liées à l'accueil de la clientèle ; les charges liées à une éventuelle utilisation privative ne sont en revanche pas déductibles ;

– des **résidences servant d'adresse ou de siège de l'entreprise** : dans ce cas, sont admises en déduction les charges exposées pour l'utilisation de la résidence en tant qu'adresse ou siège social, à l'exclusion de celles exposées pour son utilisation en tant que local d'habitation, qui ne sont pas engagées dans l'intérêt de l'exploitation. En ce qui concerne les charges mixtes, l'entreprise doit procéder à une juste répartition entre les dépenses professionnelles déductibles et les dépenses personnelles non déductibles (BOI-BIC-CHG-30-20 n° 40) ;

– des **demeures historiques** classées ou inscrites au titre des monuments historiques (lorsque les charges sont exposées pour les besoins de l'exploitation : usage de bureaux, accueil de clients, séminaires, etc.).

Justification des versements effectués Les dépenses supportées dans l'intérêt de l'entreprise doivent, pour être comprises dans les charges déductibles des résultats imposables, être justifiées quant à leur **réalité** et leur **montant.** 49750

Le Conseil d'État a jugé que, faute de pouvoir produire un titre justificatif de sa dette, une société ne peut comprendre parmi ses charges le montant de trois annuités dues pour la location d'un bien immeuble appartenant à son PDG (CE 16-6-1982 n° 27032, 7e et 8e s.-s. : RJF 8-9/82 n° 755).

EXERCICE DE RATTACHEMENT

En cours de bail, la déduction des **loyers** s'opère en principe au titre de l'exercice au cours duquel ils ont **couru,** sans considération de la date de leur paiement. Toutefois, l'administration admet la déduction des loyers payables d'avance à leur date d'échéance (BOI-BIC-CHG-40-20-10 n° 140). 49760

Les locataires qui tiennent une **comptabilité « super-simplifiée »** sont par ailleurs autorisés à déduire les loyers lors de leur paiement.

En ce qui concerne les versements effectués au titre d'un **pas-de-porte** ou droit d'entrée, voir nos 50600 s.

En ce qui concerne les versements réalisés à titre de **dépôt de garantie** lors de l'entrée en jouissance du bien, voir nos 36470 s.

ATTENTION

Lorsque des **loyers** sont **payés avant la conclusion du bail,** la jurisprudence refuse leur déduction dès lors que les versements ainsi effectués antérieurement à l'entrée en jouissance du bien ne résultent d'aucune obligation de payer (CE 9-7-1986 n° 44724, 8e et 9e s.-s. : RJF 10/86 n° 867).

II. TVA

A. Conditions d'assujettissement des locations à la TVA

1. LOCATIONS DE LOCAUX NUS

Les locations de locaux nus entrent en principe dans le champ d'application de la TVA mais en sont **exonérées** par une disposition expresse du Code général des impôts, sauf s'il s'agit de locations qui peuvent en fait être **réputées commerciales.** 50000

Une **option pour l'assujettissement** volontaire à la TVA est par ailleurs ouverte aux bailleurs qui donnent en location nue des locaux pour les besoins de l'activité du preneur.

LOCATIONS DE LOCAUX NUS EXONÉRÉES

L'article 261 D, 2° du CGI pose le **principe** de l'exonération des locations de locaux nus. Cette exonération est indépendante de la qualité du locataire et s'applique notamment aux locaux à usage commercial, industriel ou professionnel, dès lors que ces locaux sont loués nus et non aménagés. L'exonération s'applique quel que soit le statut juridique du bailleur (personne physique, société civile ou société commerciale). 50005

L'exonération de la location a pour **effet** d'interdire la déduction de la TVA ayant grevé l'acquisition ou la construction de l'immeuble par le bailleur, ainsi que de la TVA grevant les charges de l'immeuble.

LOCATIONS DE LOCAUX NUS RÉPUTÉES COMMERCIALES

L'article 261 D, 2° du CGI exclut du bénéfice de l'exonération prévue en faveur des locations de locaux nus : 50010

– les locations d'immeubles nus qui constituent pour le bailleur un moyen de **poursuivre,** sous une autre forme, l'**exploitation d'un actif commercial** ;

– celles qui constituent pour le bailleur un moyen d'accroître ses **débouchés** ;

– celles consenties par des bailleurs qui **participent aux résultats** de l'entreprise locataire. Cette participation aux résultats s'entend d'une association aux profits et aux aléas de l'exploitation du locataire.

Ces locations sont donc imposables de plein droit à la TVA.

50010 (suite) Les trois cas d'exclusion de l'exonération visés à l'article 261 D, 2° du CGI (entré en vigueur le 1er janvier 1979) entérinent le caractère imposable reconnu par la jurisprudence rendue pour l'application de l'article 256 du CGI dans sa rédaction applicable avant le 1er janvier 1979 à certaines locations auxquelles était attribué un caractère commercial. Il ressort de cette jurisprudence que la question de savoir si la location de locaux nus est imposable à la TVA doit être examinée dans chaque cas d'espèce compte tenu des conditions de fait dans lesquelles l'opération est réalisée, notamment au regard de la notion de continuité de l'exploitation et des liens d'intérêts qui unissent les parties au contrat (BOI-TVA-CHAMP-10-10-30 n° 140).

On exposera ci-après, par ordre chronologique, certaines décisions rendues pour l'application de l'ancien article 256 du CGI puis celles rendues pour l'application de l'actuel article 261 D, 2° du CGI.

ILLUSTRATIONS

Décisions rendues pour l'application des règles en vigueur avant le 1er janvier 1979

Sont imposables les loyers perçus par une société qui donne en location un immeuble commercial à usage de casino comprenant un restaurant, un théâtre et des salles de jeu – alors même que la plus grande part des meubles meublants aurait été fournie par la société locataire –, l'immeuble commercial comprenant dès l'origine des installations techniques en ordre de marche, la **partie variable du loyer** étant calculée à raison de **18 %** du montant des **bénéfices** de la société locataire, cette dernière prenant en charge certaines des dépenses incombant au propriétaire, et l'attribution de deux **sièges au conseil d'administration** de la société locataire étant prévue dans une convention annexe. Cette association étroite de la société bailleresse à la gestion et aux profits du casino constituait un mode particulier d'exploitation du commerce installé dans les bâtiments loués.

CE 15-7-1960 n° 37664, 8e s.-s. : Bull. vert 8-9/60 p. 395.

La location d'un ensemble d'immeubles servant à l'exploitation d'une station thermale à une compagnie, dont le bailleur préside le **conseil d'administration,** moyennant un loyer fixe et une **redevance annuelle égale à 30 % des recettes brutes** et qui ne saurait être inférieure chaque année à 80 % de celle versée l'année précédente, doit être regardée, même si le bailleur n'est pas propriétaire du fonds de commerce de la station thermale et si les locaux loués ne suffisent pas à eux seuls à permettre le fonctionnement normal d'une exploitation, comme associant le bailleur à la gestion de la station et constituant un mode particulier d'exploitation de son actif commercial.

CE 7-12-1962 n° 53680, 9e s.-s. : Dupont 1963 p. 334.

Le fait, pour un propriétaire d'immeuble, de donner celui-ci à bail à une SARL à laquelle il a fait **apport d'un fonds de commerce** de garage d'automobiles qu'il exploitait seul dénote l'intention de permettre à cette société de poursuivre, sous une autre forme, l'exploitation commerciale qu'il détenait auparavant et dont, en sa qualité de gérant majoritaire, il a conservé la gestion effective ; il s'agit, dès lors, d'une location commerciale.

CE 21-12-1962 n° 43838, 9e s.-s. : Dupont 1963 p. 335.

Constitue un mode d'exploitation de son actif commercial et, par suite, une activité passible de la TVA la location de bâtiments nus faite par une société à une autre société qui s'engage à n'exercer dans les lieux loués que la fabrication ou la vente du produit prévu lors de la construction et à ne céder son droit au bail ni sous-louer sans le consentement par écrit de la société bailleresse, celle-ci détenant **76 % du capital de la société locataire** et accordant à cette dernière des avances de fonds et les deux sociétés ayant, au surplus, un **gérant commun** et le **même siège social.**

CE 15-11-1963 n° 47775, 8e s.-s. : Dupont 1964 p. 184.

Sont imposables à la TVA les loyers perçus par un négociant en boissons, brasseur, pendant la période où il donne en location des locaux, à usage de débit de boissons, les baux faisant **obligation aux locataires de s'approvisionner en boissons** à sa brasserie, leur **interdisant le transfert** hors des locaux loués **de la licence** et obligeant le locataire à restituer cette licence à la fin du bail, et pendant la période ultérieure où il a fait apport de sa brasserie à une société dont il reçoit des actions représentant la valeur commerciale du droit exclusif d'approvisionnement qui se trouve transféré à la société bénéficiaire de l'apport.

CE 1-7-1970 nos 77743 et 77744, 7e et 8e s.-s. : Dupont 1970 p. 415.

La personne qui loue à la société anonyme dont elle est président-directeur général et dont elle détient la quasi-totalité des actions des locaux dans lesquels cette société exerce son activité industrielle accomplit un acte de nature commerciale et, par suite, est imposable aux taxes sur le chiffre d'affaires dès lors qu'elle participe aux résultats de la société locataire. Il en est ainsi lorsque le bail stipule un **loyer de 2 % du chiffre d'affaires** de la société et qu'en fait le bailleur a, par deux fois au cours de la période d'imposition litigieuse, renoncé à la perception de loyers qui lui étaient dus pour pallier les difficultés de la société locataire.

CE 13-3-1974 n° 90766, 8e et 9e s.-s. : Dupont 1974 p. 249, Bull. vert 4/74 avec chronique p. 229.

Les locations portant sur des locaux nus situés dans un bâtiment construit aux **alentours** immédiats d'un **supermarché** (« Mammouth ») et consenties par la société anonyme exploitant ce magasin à des commerçants et divers prestataires de services (pressings, salons de coiffure, banques...) sont imposables à la TVA, dès lors que les activités des locataires forment avec celle de la société bailleresse un **ensemble commercial intégré** facilitant les activités de cette dernière et que, en contrepartie de l'apport de clientèle qui leur est procuré par le supermarché, les loyers réclamés à ces commerçants et prestataires sont plus élevés que si les locaux livrés n'avaient pas été situés à proximité du magasin.

CE 29-4-1977 n° 275 Plén. : RJF 6/77 n° 343 avec chronique p. 213.

Dans le cas d'un **ensemble intégré,** où la location de locaux est aménagée de façon à stimuler les affaires commerciales du bailleur (sélection des activités du locataire, aménagements favorisant la circulation du public entre la portion louée et celle qui ne l'est pas, etc.), le bailleur, qui détient d'ailleurs **50 % du capital de la société locataire,** est imposable à la TVA sur les loyers perçus.

CE 26-11-1982 n° 28224, 8e et 9e s.-s. : RJF 1/83 n° 42.

L'exploitant d'un sauna donnait en location à des kinésithérapeutes exerçant à titre personnel une salle de massage et une salle de rééducation ayant une entrée commune avec celle des bains de chaleur sèche et, outre la **prise en charge des dépenses** de chauffage et d'éclairage des locaux, mettait à la disposition des kinésithérapeutes l'eau et le téléphone, en contrepartie de quoi **40 % des honoraires** lui étaient reversés. Ces sommes étant dans leur ensemble liées aux résultats de l'activité des kinésithérapeutes, elles constituaient pour le tout la contrepartie d'une opération imposable sans qu'il y ait lieu de dissocier le prix de la location des locaux de la rémunération des prestations de services.

CE 27-7-1984 n° 39942, 7e et 9e s.-s. : RJF 11/84 n° 1315.

La location de locaux non équipés par une SA exploitant une clinique à des radiologues, échotomographes, kinésithérapeutes et cobalthérapeutes y exerçant à titre personnel leur spécialité n'est pas passible de la TVA, même si les praticiens fournissent des soins aux malades hospitalisés, en l'**absence d'une intégration des activités** des praticiens et de la clinique.

CAA Paris 19-6-1990 n° 2232, 3e ch. : RJF 10/90 n° 1176.

Décisions rendues pour l'application des règles entrées en vigueur le 1er janvier 1979

La location de locaux nus ne peut pas être regardée comme un moyen pour le bailleur de poursuivre, sous une autre forme, l'exploitation d'un actif commercial ou d'accroître ses débouchés, au sens de l'article 261 D, 2° du CGI, dès lors que les **locaux** ont été loués seulement parce qu'ils **n'étaient plus utiles au bailleur** pour son exploitation.

CAA Lyon 23-10-2003 n° 98-407, 5e ch. : RJF 10/04 n° 981.

La circonstance que le **bailleur** de locaux nus **détient la quasi-totalité du capital du preneur** ne permet pas, à elle seule, de considérer que le bailleur participe aux résultats de l'entreprise locataire au sens de l'article 261 D, 2° du CGI.

CAA Lyon 22-12-2005 n° 00-1149, 5e ch. : RJF 6/06 n° 683.

Un bailleur doit être considéré comme participant indirectement aux résultats de l'entreprise locataire dès lors que la location a été consentie moyennant, outre un **loyer de base** (dénommé redevance) et à condition que les recettes tirées de l'exploitation des locaux par le locataire soient supérieures à ce loyer de base, un **intéressement de 1 %** calculé sur les **recettes,** la redevance venant alors s'imputer sur l'intéressement.

CAA Lyon 26-3-2009 n° 07-419, 2e ch. : RJF 12/09 n° 1076.

LOCATIONS DE LOCAUX NUS IMPOSABLES SUR OPTION

Les locations d'immeubles nus exonérées de la TVA en application de l'article 261 D, 2° du CGI **50015**
peuvent, sur option du bailleur personne physique ou morale, être soumises à la TVA lorsqu'elles portent sur des **immeubles loués nus pour les besoins de l'activité du preneur** (CGI art. 260, 2°).

En pratique, l'option peut concerner :

- les immeubles à usage commercial : boutiques, magasins, etc. ;
- les immeubles à usage industriel : ateliers, usines, hangars, etc. ;
- les immeubles à usage professionnel : locaux affectés à l'exercice d'une profession médicale, cabinets d'architectes, bureaux d'études, laboratoires d'analyses, etc.

Le fait que l'activité exercée par le preneur soit **taxable** (il s'agit alors, selon la terminologie propre à la TVA, d'un « assujetti taxable ») ou **exonérée de TVA** (il s'agit alors d'un « assujetti non taxable ») est sans incidence sur le droit du bailleur à exercer l'option. Le bailleur a même la possibilité d'opter lorsque l'activité exercée par le preneur n'emporte pas assujettissement à la TVA dudit preneur (il s'agit alors au sens strict d'un « non-assujetti »).

ATTENTION

Dans l'hypothèse de « **non-assujettissement** » **du preneur** (qui concerne pour l'essentiel des locaux loués à certains organismes sociaux ou services administratifs), et seulement dans cette hypothèse, le bail doit expressément faire mention de l'option du bailleur.

50017 L'option exercée par le bailleur de locaux nus à usage professionnel couvre l'ensemble des bâtiments nécessaires à l'activité du locataire. Elle couvre notamment les locaux affectés à des personnels exerçant des **fonctions impliquant** par nature et au regard de l'activité exercée par le preneur une **résidence permanente sur les lieux mêmes du travail** et, en particulier, le logement du personnel chargé de fonctions permanentes de surveillance ou de sécurité (CE 7-9-2009 n° 313138, 8e et 3e s.-s. : RJF 12/09 n° 1074 ; BOI-TVA-CHAMP-50-10 nos 190 s.).

L'option est exclue en ce qui concerne les locaux que les preneurs utilisent pour des **besoins autres** que ceux de leur activité (par exemple : locaux utilisés pour des besoins privés ; locaux à usage d'habitation).

En cas de conclusion d'un **bail unique** portant à la fois sur des **locaux commerciaux** et sur des **locaux d'habitation,** l'option pour le paiement de la TVA ne peut porter que sur les seuls locaux dans lesquels le preneur exerce son activité professionnelle. Il faut donc procéder à une ventilation, dans le bail, de la part de loyer afférente à chacun des locaux (en l'absence d'une telle ventilation, le bailleur doit déterminer, sous sa propre responsabilité et sous le contrôle de l'administration, la quotité des loyers se rapportant aux locaux commerciaux).

50020 **Intérêt de l'option pour la TVA** Le bailleur de locaux nus qui exerce l'option se trouve placé, au regard notamment des **droits à déduction** et des obligations, dans la même situation que celle des redevables de plein droit de la TVA. En particulier, il peut, dans les conditions de droit commun, déduire de la taxe dont il est redevable celle qui grève ses investissements et frais généraux.

L'option pouvant être exercée **avant l'achèvement de l'immeuble,** voire même avant le début des travaux (CE 10e s.-s. (na) 7-12-2015 n° 386964 : RJF 3/16 n° 232), le bailleur qui fait procéder à la construction des locaux a intérêt à opter sans attendre la location effective de tout ou partie des locaux, pour effacer intégralement la TVA supportée. Selon le **Conseil d'État,** l'option pour la TVA n'est toutefois valide et ne produit donc ses effets (notamment au regard des droits à déduction) qu'à compter du premier jour du mois au cours duquel elle est formulée ou, si elle est postérieure, de la date à laquelle des **engagements contractuels aux fins de location,** immédiate ou future, des locaux sont souscrits (CE 9e-10e s.-s. 13-1-2006 n° 253404 : RJF 4/06 n° 366 ; CE 8e-3e ch. 21-12-2023 n° 474042 : RJF 3/24 n° 205).

L'**administration** retient une position plus souple et admet que, lorsque l'option a été formulée en bonne et due forme, l'assujetti peut exercer immédiatement son droit à déduction de la TVA liée à l'acquisition de l'immeuble même s'il n'a pas encore conclu de baux ou perçu de loyers, dès lors qu'il peut être établi, par des éléments objectifs, qu'il offre des immeubles à la location (BOI-TVA-CHAMP-50-10 n° 170). Elle précise que l'option peut même être exercée avant que le futur bailleur soit propriétaire ou ne bénéficie de la jouissance de l'immeuble sur lequel porte l'option. L'option peut ainsi être formulée dès la première concrétisation d'un projet, au stade des avant-contrats ou même à la constitution d'une société ayant vocation à donner à bail un immeuble, sous réserve toutefois que le futur bailleur désigne, dans sa lettre d'option, l'immeuble affecté à l'activité locative (BOI-TVA-CHAMP-50-10 n° 230).

Sur la date d'effet de l'option, voir également n° 50030.

50022 **Portée de l'option** Les bailleurs qui possèdent **plusieurs immeubles ou ensembles immobiliers** situés en des lieux différents doivent, s'ils souhaitent opter pour leurs différents immeubles ou ensembles immobiliers, exercer leur option immeuble par immeuble, ou ensemble immobilier par ensemble immobilier. Par « ensemble immobilier », on entend non seulement un groupe de bâtiments ayant fait l'objet d'un même plan de masse, d'un permis de construire unique ou d'un même programme de construction réalisé sur un terrain appartenant à un même bailleur, mais également deux ou plusieurs immeubles construits sur un même terrain et destinés à l'exercice d'une seule et même activité par le preneur (BOI-TVA-CHAMP-50-10 n° 110).

L'article 193 de l'annexe II au CGI prévoit que, dans les immeubles ou ensembles d'immeubles comprenant **à la fois des locaux** nus donnés en location **ouvrant droit à l'option et d'autres locaux,** l'option ne s'étend pas à ces derniers mais s'applique globalement à l'ensemble des locaux de la première catégorie. Toutefois, selon le Conseil d'État, ces dispositions ne s'opposent pas à ce qu'un bailleur puisse opter pour la soumission à la TVA de **certains**

seulement des locaux éligibles à l'option (CE 9-9-2020 n° 439143 : RJF 12/20 n° 989). Lors de l'exercice de l'option, le bailleur peut donc décider de mentionner les locaux pour lesquels il entend soumettre les loyers à la TVA, ce choix s'appréciant par **opération de location,** c'est-à-dire pour un même contrat de bail. La désignation doit alors être effectuée de **façon expresse, précise et non équivoque** (Rép. Grau : AN 16-11-2021 n° 38389).

Aucune régularisation n'est exigible lorsque, pendant la durée de l'option, il est constaté une **vacance temporaire** des locaux nus à usage professionnel justifiée par des circonstances économiques étrangères à la volonté du bailleur. Il en est ainsi, par exemple, en cas de changement de locataire pendant la période au cours de laquelle le bailleur effectue les diligences nécessaires à la recherche d'un nouveau locataire (BOI-TVA-CHAMP-50-10 n° 180). Dans le même ordre d'idées, il a été jugé que l'arrêt temporaire de la perception des loyers ne constitue pas une cessation d'activité justifiant une régularisation de la taxe antérieurement déduite s'il s'explique par des motifs tels que la conjoncture économique ou les difficultés financières du locataire (CAA Lyon 23-2-2006 n° 00-2614 : RJF 10/06 n° 1180). **50023**

ILLUSTRATIONS

Une société qui a opté pour soumettre la location de deux immeubles à la TVA ne peut voir remise en cause la déduction de sa TVA d'amont au motif que ces **immeubles** sont restés **inoccupés pendant plus de deux ans,** dès lors qu'elle prouve qu'elle a cherché à les louer (CJUE 28-2-2018 aff. 672/16 : RJF 5/18 n° 567).

Conséquences de l'option sur les déductions Au regard du droit à déduction, chaque immeuble, ensemble d'immeubles ou fraction d'immeuble ayant fait l'objet d'une option constitue un secteur d'activité distinct. En conséquence, les loueurs qui ont exercé des options afférentes à **plusieurs immeubles** sont tenus de suivre distinctement les déductions propres à chaque immeuble. De même, les loueurs d'immeubles qui exercent d'**autres activités** passibles de la TVA sont tenus de séparer les deux catégories d'activité pour le calcul du droit à déduction (BOI-TVA-CHAMP-50-10 n° 130). **50025**

Lorsque l'**immeuble** ou l'ensemble d'immeubles **regroupe à la fois des locaux couverts par l'option** et des **locaux non couverts** par l'option (locaux à usage d'habitation notamment), la TVA afférente à la construction ou à l'acquisition de l'immeuble ou de l'ensemble d'immeubles concerné n'est déductible qu'à concurrence de la surface des locaux effectivement couverts par l'option (BOI-TVA-CHAMP-50-10 n° 160). Même solution en cas de réparation (Rép. Zimmermann : AN 23-11-2010 n° 78147, non reprise dans Bofip).

Modalités et durée de l'option L'option, qui doit être **expresse,** revêt en principe la forme d'une déclaration écrite, faite par lettre simple (formalisant l'intention de soumettre à la TVA l'activité de location) et adressée au service des impôts territorialement compétent. Toutefois, en cas de **création d'entreprise,** l'option peut être exercée sur la déclaration de création d'entreprise ou d'activité, à condition que cette dernière comporte des indications suffisamment précises pour identifier le ou les immeubles auxquels l'option se rapporte (CE 23-12-2011 n° 323189, 9e et 10e s.-s. : RJF 3/12 n° 236). **50030**

L'option prend **effet** le premier jour du mois au cours duquel elle a été déclarée au service des impôts.

Rappelons que l'option doit être exercée **immeuble par immeuble** (voire locaux par locaux : n° 50022).

L'administration considère que l'option n'a pas à être accompagnée d'un **bail,** d'une promesse de bail ou de tout autre document analogue (BOI-TVA-CHAMP-50-10 n° 210) ; notons que cette solution administrative est moins restrictive que celle du Conseil d'État qui, s'il n'exige pas la conclusion d'un bail en bonne et due forme, subordonne néanmoins la validité de l'option et sa prise d'effet à un engagement contractuel aux fins de location immédiate ou future des locaux : voir n° 50020.

La **dénonciation** de l'option peut intervenir à compter du 1er janvier de la neuvième année civile qui suit celle au cours de laquelle elle a été exercée, et prend effet le premier jour du mois au cours duquel elle a été formulée auprès du service des impôts. Ainsi, une option exercée le 24 janvier 2025 prend effet le 1er janvier 2025 et peut être dénoncée à compter du 1er janvier 2034 (application de l'exonération à compter de cette date). **50032**

Lorsque l'**option** a été **exercée au titre d'un immeuble non encore achevé,** elle peut être dénoncée à compter du 1er janvier de la neuvième année suivant celle de l'achèvement. Par exemple, une option exercée le 21 juin 2025 au titre de la location d'un immeuble à usage commercial achevé en 2026 pourra être dénoncée à compter du 1er janvier 2035.

50035 **Incidences sur l'option des changements de situation locative** Le **changement d'utilisation des locaux** est sans incidence sur la validité de l'option lorsqu'il s'agit d'un simple changement d'activité. Il en est ainsi dans le cas d'un preneur assujetti qui change d'activité et devient non assujetti, même si le contrat de bail ne mentionne pas l'option du bailleur (BOI-TVA-CHAMP-50-10 n° 280).

En revanche, si le preneur n'utilise plus le local pour son activité professionnelle, l'option cesse ses effets de plein droit pour les locaux concernés. Elle devient éventuellement caduque si ce changement affecte l'ensemble des locaux que le bailleur possède dans l'immeuble (BOI-TVA-CHAMP-50-10 n° 290).

Le **changement de locataire** n'affecte pas la validité de l'option sous réserve que, si le nouveau bail est conclu avec un preneur non assujetti, il contienne bien la clause indiquant que l'option est exercée par le bailleur. Au cas où le nouveau preneur non assujetti n'accepte pas l'option, celle-ci cesse ses effets de plein droit pour les locaux concernés (BOI-TVA-CHAMP-50-10 n° 300).

En cas de **renouvellement du bail sans changement de locataire,** l'option continue de produire ses effets jusqu'à son terme même si, le locataire étant non assujetti, le nouveau bail ne contient pas la clause requise pour l'exercice de l'option (BOI-TVA-CHAMP-50-10 n° 310).

2. LOCATIONS DE LOCAUX AMÉNAGÉS À USAGE PROFESSIONNEL

50040 Les locations de locaux à usage professionnel (magasins, ateliers, salles de spectacles, etc.) munis du mobilier, du matériel ou des **installations nécessaires à l'exercice de l'activité** du locataire sont passibles de la TVA. Pour le Conseil d'État, les locaux doivent être pourvus des aménagements nécessaires, c'est-à-dire de ceux sans lesquels l'exploitation commerciale à laquelle ils sont destinés n'est pas possible (CE 26-12-2013 n° 360124 : RJF 3/14 n° 234).

L'existence du mobilier ou du matériel (de caractère mobilier ou immobilier) nécessaire à l'exploitation doit être appréciée dans chaque cas.

ILLUSTRATIONS

La location à une société chargée de les exploiter de locaux commerciaux comprenant un bâtiment en maçonnerie et un hangar métallique équipé de **cuves à vin et à cidre** et d'**installations d'eau et d'électricité** ne correspond pas à l'exercice d'une activité de nature commerciale et n'est par suite pas imposable à la TVA car, si les cuves à vin et à cidre scellées au sol et l'installation électrique étaient des équipements techniques nécessaires à l'exploitation, le matériel d'exploitation non immobilisé, également nécessaire, n'était pas mis par le bailleur à disposition de la société locataire.

CE 15-4-1964 n° 56826, 8e s.-s. : Dupont 1964 p. 470 et 577 ; BOI-TVA-CHAMP-10-10-50-30 n° 70.

Une SCI louait des **bureaux** à usage commercial par des baux portant sur des locaux nus. En même temps, elle obligeait chaque preneur à passer une **convention séparée** avec une autre société (composée pour partie des mêmes associés), convention prévoyant pendant toute la durée d'occupation des lieux la mise à disposition du preneur du mobilier et de certains **services** contre paiement de sommes fixées à 20 % du loyer.

La preuve du caractère fictif de la séparation des deux contrats de location a été considérée comme établie : la SCI devant être considérée comme ayant assuré en fait la location de bureaux meublés, les loyers perçus présentaient bien un caractère commercial les rendant passibles de la TVA.

CE 25-3-1983 n° 30787, 7e et 9e s.-s. : RJF 6/83 n° 775 ; BOI-TVA-CHAMP-10-10-50-30 n° 60.

La location d'un immeuble spécialement aménagé en vue de l'exploitation d'un **bar-restaurant-discothèque,** comprenant notamment plusieurs bars et une piste de danse, a un caractère civil dès lors que, ne portant ni sur le matériel de cuisine, ni sur la vaisselle, ni sur le mobilier de la salle à manger, elle excluait une partie du matériel nécessaire à l'exploitation.

CE 27-2-1985 n° 43158, 7e et 8e s.-s. : RJF 4/85 n° 546.

La location d'un immeuble destiné à une activité de **restauration d'entreprise** comprenait pour partie des locaux, dits laboratoires, spécialement conçus pour la préparation de la charcuterie et de la pâtisserie et comportant des aménagements tels que monte-charge, tunnel de congélation, rails de transport, mais aussi pour partie des locaux ne faisant l'objet d'aucun aménagement spécial. Cette location ne comprenait pas les éléments mobiliers nécessaires à l'activité du preneur. Excluant ainsi, pour l'essentiel, le matériel nécessaire à l'exploitation, cette location présentait un caractère civil n'entraînant pas son assujettissement à la TVA.

CE 2-12-1988 n° 43745, 8e et 7e s.-s. : RJF 2/89 n° 159.

Constitue une location de locaux nus exonérée de TVA en application de l'article 261 D, 2° du CGI celle qui porte sur des locaux qui ne sont pas munis de l'essentiel des équipements immobiliers et mobiliers et du matériel nécessaires à l'exploitation à laquelle ils sont destinés. Tel est le cas d'un **manège équestre** équipé d'un pare-bottes et de boxes, mais dépourvu des autres installations et matériels indispensables à son exploitation.

CE 28-7-1999 n° 164834, 9e et 8e s.-s. : RJF 10/99 n° 1161.

Doit être regardée comme une location de locaux nus au sens de l'article 261 D, 2° du CGI celle qui porte sur des locaux qui ne sont pas munis de l'essentiel des équipements immobiliers et mobiliers et du matériel nécessaires à l'exploitation à laquelle ils sont destinés. Entrent ainsi dans la catégorie des locaux nus au sens de cet article des locaux munis d'**équipements** et du matériel **nécessaires à une activité qui n'est pas celle du preneur** et dépourvus de ceux nécessaires à l'activité de ce dernier.

CAA Lyon 23-10-2003 n° 98-407, 5e ch. : RJF 10/04 n° 981.

3. LOCATIONS DE LOCAUX À L'EXPLOITANT D'UN ÉTABLISSEMENT D'HÉBERGEMENT

LOCATIONS IMPOSABLES À LA TVA

Pour l'application de la TVA, les personnes qui donnent en location des locaux, meublés ou nus, dont la destination finale est le logement meublé, c'est-à-dire les personnes qui procèdent à une **location en meublé « indirecte »,** sont assimilées par l'article 260 D du CGI aux loueurs en meublé « directs ». **50050**

Les locations de logements meublés ou garnis à usage d'habitation sont en **principe** exonérées de TVA. En application de l'article 261 D, 4°-c du CGI sont toutefois exclues de l'exonération et imposables de plein droit à la TVA les locations de locaux nus, meublés ou garnis consenties à des exploitants d'**établissements** d'hébergement **à caractère hôtelier** (ou parahôtelier) **ou à usage résidentiel,** eux-mêmes imposables à la TVA à ce titre, à l'exclusion des locations consenties aux exploitants de logements-foyers mentionnés à l'article L 633-1 du Code de la construction et de l'habitation dont l'activité n'ouvre pas droit à déduction.

Les établissements d'hébergement à caractère hôtelier (ou similaire) ou à usage résidentiel concernés sont ceux visés aux b et b bis de l'article 261 D, 4° du CGI qui excluent de l'exonération :

a. Les prestations d'hébergement fournies dans le cadre du **secteur hôtelier** ou de secteurs parahôteliers ayant une fonction **similaire** (hôtels, villages et maisons familiales de vacances, résidences de tourisme, terrains de camping, chambres d'hôtes, meublés de tourisme, etc.) si elles remplissent les conditions cumulatives suivantes :

– elles sont offertes au client pour une durée n'excédant pas 30 nuitées (sans préjudice de la possibilité, pour le professionnel, de proposer au client de réserver sur une durée plus longue) ;

– elles comprennent la mise à disposition d'un local meublé et au moins trois prestations parmi le petit déjeuner, le nettoyage régulier des locaux, la fourniture de linge de maison et la réception, même non personnalisée, de la clientèle (BOI-TVA-CHAMP-10-10-50-20 nos 10 à 100).

b. Les locations de logements meublés à **usage résidentiel** dans le cadre de secteurs autres que le secteur hôtelier ou similaire (résidences étudiants, résidences seniors, résidences services, maisons de retraite, habitat partagé ou « coliving », etc.) dès lors qu'elles sont assorties de trois des prestations mentionnées ci-dessus. Sont concernées les locations dont la durée excède nécessairement un mois mais il n'est pas requis que le locataire fasse du logement sa résidence principale (BOI-TVA-CHAMP-10-10-50-20 nos 110 à 130).

> Précisions a. Les prestations d'hébergement dans le **secteur hôtelier (ou parahôtelier)** qui ne comprennent **pas trois des prestations** mentionnées ci-dessus (et qui sont, donc, en principe exonérées : BOI-TVA-CHAMP-30-10-50 n° 120) devraient pouvoir être soumises à la TVA, sous réserve d'établir que ces prestations sont assimilables à des prestations d'hébergement hôtelier (en ce sens, voir CE avis 5-7-2023 n° 471877 : RJF 10/23 n° 709).

b. Les règles de taxation des locations meublées à usage d'habitation ont été redéfinies par l'article 84 de la loi 2023-1322 du 29 décembre 2023 à la suite d'un avis du Conseil d'État qui a considéré que les anciennes dispositions de l'article 261 D, 4° du CGI étaient partiellement incompatibles avec les objectifs de l'article 135 de la directive TVA (CE avis 5-7-2023 n° 471877 : RJF 10/23 n° 709). Elles distinguent donc, **depuis le 1er janvier 2024,** le secteur hôtelier ou similaire du secteur résidentiel.

MODALITÉS D'IMPOSITION À LA TVA

Du fait de leur assimilation à des loueurs en meublé « directs » par l'article 260 D du CGI, les personnes visées n° 50050 imposables à la TVA suivent les mêmes **règles d'imposition.** **50055**

Les principales caractéristiques de ces règles sont les suivantes :

– tous les loueurs en meublé peuvent **déduire** dans les conditions de droit commun la taxe ayant grevé leurs acquisitions de biens et services. Autrement dit, ils peuvent soit imputer cette taxe, soit en demander le remboursement ;

– les **obligations** déclaratives et comptables des loueurs en meublé sont, à titre général, les mêmes que celles des autres assujettis à la TVA et dépendent du régime d'imposition dont ils relèvent (voir n°s 50145 s.) ;

– le **service des impôts dont dépendent les loueurs en meublé** est en principe celui du lieu du meublé. En cas de pluralité de meublés, le service compétent est soit celui du lieu de résidence du redevable, soit celui du lieu de situation d'un des meublés, en principe le plus important. Les loueurs en meublé qui exercent une autre activité taxable relèvent du service compétent pour cette autre activité.

TAUX D'IMPOSITION

50056 Par l'effet de l'article 260 D du CGI, c'est le taux de la **prestation d'hébergement** qui s'applique aux locations imposables de locaux nus, meublés ou garnis consenties à des exploitants d'établissements d'hébergement à caractère hôtelier (ou parahôtelier) ou à usage résidentiel. Il s'agit en principe du taux intermédiaire de 10 % mais le taux réduit de 5,5 % est applicable dans certains cas (en ce sens, BOI-TVA-LIQ-30-20-10-30 n° 30).

50057 **Locations soumises au taux intermédiaire** Le taux intermédiaire de **10 %** est en principe applicable aux prestations relatives à la fourniture d'hébergement dans le cadre du secteur hôtelier ou de secteurs ayant une fonction similaire (secteur parahôtelier) et aux locations meublées à usage résidentiel imposables (CGI art. 279, a). Dès lors, le propriétaire de locaux nus, meublés ou garnis, qui les loue à l'exploitant d'un tel établissement est lui-même soumis à ce taux (Rép. Valleix : AN 17-2-1992 n° 51059, non reprise au Bofip mais qui conserve sa valeur).

Si la location porte également sur des locaux utilisés à usage de **restaurant,** les recettes de location correspondantes sont normalement passibles du taux normal de la taxe. Il appartient au bailleur de ventiler le loyer correspondant à chacun des deux établissements (hébergement et restauration) loués. À défaut, la taxe est due au taux le plus élevé, soit, au cas particulier, le taux normal (Lettre SLF 14-10-1983).

> **> Précisions a.** La location de **centres de vacances,** composés de plusieurs bâtiments et d'importantes infrastructures comme des terrains de sport ou des piscines, est assimilée dans son ensemble à une location meublée, dès lors que les prestations correspondantes, sans facturation distincte de celle de l'hébergement, ne constituent pas pour la clientèle une fin en soi et qu'elles ne sont pas séparables de la prestation principale de logement et de nourriture à laquelle elles se rattachent et dont elles doivent suivre le traitement fiscal en tant que prestations accessoires. Au cas particulier, la facture délivrée par le bailleur à la société exploitante ne comportant toutefois aucune distinction entre les locations afférentes, d'une part, à des terrains de camping et, d'autre part, aux locaux meublés, l'ensemble de ces prestations est assujetti au taux normal de TVA (CE 9e-10e s.-s. 30-10-2009 n° 301077 : RJF 4/10 n° 342).
>
> **b.** Tous les **services annexes facturés en sus** (petit déjeuner, téléphone, télévision, garage, blanchissage, soins esthétiques, excursions, droit d'usage d'installations sportives, etc.), toutes les **ventes** (cartes postales, bibelots) ainsi que les **recettes annexes** (publicité, locations de vitrines, de salles) doivent en principe être imposés au taux qui leur est propre. Toutefois, ces biens et services relèvent du taux intermédiaire de 10 % dès lors qu'ils sont si étroitement liés aux prestations d'hébergement taxables qu'ils forment ensemble une opération unique et qu'ils ont un **caractère accessoire** au sein de cette opération (BOI-TVA-LIQ-30-20-10-10 n°s 40 à 60). Ainsi jugé à propos de l'accès à un complexe aquatique situé dans un village de vacances (CE 24-6-2015 n° 365849 : RJF 10/15 n° 779) et de l'accès à des équipements sportifs, des espaces de détente et des mini-clubs proposés par un club de vacances (CAA Versailles 5-4-2011 n° 09VE04193 : RJF 10/11 n° 1040).

50058 **Locations relevant du taux réduit** Dans les **maisons de retraite** et les **établissements accueillant des personnes handicapées,** c'est le taux réduit de **5,5 %** qui s'applique à la fourniture du logement et de la nourriture, ainsi qu'aux prestations exclusivement liées, d'une part, à l'état de dépendance des personnes âgées et, d'autre part, aux besoins d'aide des personnes handicapées, hébergées dans ces établissements et qui sont dans l'incapacité d'accomplir les gestes essentiels de la vie quotidienne (CGI art. 278-0 bis, C). En vertu de l'article 260 D du CGI, les locations de locaux d'hébergement aux exploitants de ce type d'établissements relèvent donc également du taux de 5,5 %.

> **Précisions** Les **maisons de retraite** s'entendent des établissements à but lucratif hébergeant des personnes âgées, mentionnés à l'article L 312-1, I-6° du CASF et régis par les dispositions de ce Code (CE 18-3-2019 n° 409652 : RJF 6/19 n° 532 ; BOI-TVA-LIQ-30-20-10-30 n° 30).

Le taux de 5,5 % s'applique également aux prestations d'hébergement et d'accompagnement social rendues dans les **résidences hôtelières à vocation sociale** mentionnées à l'article L 631-11 du Code de la construction et de l'habitation qui s'engagent à réserver plus de 80 % de leurs logements à des personnes désignées par le représentant de l'État dans le département ou à des publics particulièrement fragiles (personnes aux revenus faibles, sans-abri ou en détresse ; demandeurs d'asile) mentionnés au troisième alinéa de l'article L 631-11 précité.

Les locations de locaux aux exploitants de ces différentes structures bénéficient également du taux de 5,5 %.

ATTENTION

Les locaux destinés à l'hébergement des personnes âgées dépendantes au sein des établissements spécialisés (**Ehpad**) comportent, outre les infrastructures dédiées à l'hébergement proprement dit, d'autres locaux tels que les **locaux servant à dispenser les soins, salle de restauration, cuisine, salle de convivialité, etc.**

Les locaux destinés à l'hébergement proprement dit ainsi que les locaux d'accueil, les parties communes et les locaux administratifs qui ne produisent pas d'autres recettes par eux-mêmes que les loyers acquittés par les clients au titre de l'hébergement en meublé sont soumis au taux réduit de la TVA. Les locaux qui sont affectés à des services exonérés, ou à des prestations soumises au taux normal, sont soit soumis à la TVA sur option dans les conditions prévues par l'article 260, 2° du CGI lorsqu'ils sont loués nus (n°s 50015 s.), soit soumis à la taxe de plein droit lorsqu'ils sont aménagés (n°s 50040 s.) ; le taux applicable est alors le taux normal, quand bien même l'exploitant de l'établissement bénéficierait du taux réduit ou serait exonéré de TVA au titre des services rendus dans ces locaux. En conséquence, il appartient au bailleur de ventiler le loyer perçu entre les locaux destinés à l'hébergement soumis au taux réduit, et les autres locaux soumis au taux normal (Rép. Victoria : AN 20-12-2005 n° 76984, non reprise dans la base Bofip mais dont la solution nous paraît conserver sa valeur ; CAA Versailles 26-3-2019 n° 17VE02251 : RJF 8-9/19 n° 775).

4. LOCATIONS CONSENTIES POUR UN LOYER TRÈS FAIBLE

Lorsque le prix d'un bien ou d'un service est fixé à un niveau très inférieur au prix du marché, l'opération est constitutive d'une **libéralité** et le fournisseur ou le prestataire ne peut être regardé comme exerçant une activité économique soumise à la TVA. **50060**

Ce principe trouve à s'appliquer dans le domaine locatif. C'est le cas lorsque des locations sont consenties entre des **personnes liées juridiquement ou économiquement** pour un loyer manifestement inférieur à celui du marché. Dans cette hypothèse (qui est celle d'un acte anormal de gestion), la location (qu'il s'agisse d'immeubles aménagés ou non) se trouve placée **hors du champ d'application de la TVA** ; d'où, notamment, **le caractère inopérant de l'option** qui aurait été exercée (s'il s'agit d'immeubles nus à usage professionnel) et l'obligation de reverser :

– la totalité de la TVA déduite lorsque les loyers sont anormalement faibles dès le début de la location ;

– une fraction de la TVA déduite, l'année où les loyers fixés jusqu'alors à un niveau normal deviennent anormalement bas ; dans cette situation, la sortie de l'option est effective à compter du 1er janvier de l'année considérée (solution figurant antérieurement dans D. adm. 3 D-1524 n° 41, non reprise dans la base Bofip mais qui nous paraît conserver sa valeur). .

ILLUSTRATIONS

La notion de **loyer anormalement bas** est délicate à appréhender. On peut citer à titre d'exemples la jurisprudence qui a jugé normaux des loyers correspondant à un **taux de rentabilité** de :

– 4,26 %, même si ce taux paraissait faible en comparaison de celui constaté pour l'agglomération, compris entre 10 et 12 % (TA Toulouse 2-10-2001 n° 97-3208) ;

– 2,94 %, malgré la présence dans le bail de clauses favorables au preneur et notamment l'impossibilité de réévaluer le loyer, dès lors que la location assurait au bailleur la perception de recettes qui n'étaient pas insignifiantes et qui présentaient un caractère de permanence (CAA Lyon 28-4-2016 n° 13LY01889 : RJF 8-9/16 n° 696).

Il en est de même pour une société qui loue à ses associés des emplacements dans un terrain de camping pour 2 € par mètre carré et par an dès lors que le montant des **recettes** perçues n'est **pas symbolique** et que celles-ci présentent, eu égard à la durée de location prévue aux contrats, un caractère de permanence (CAA Nantes 19-10-2017 n° 16NT01751 : RJF 2/18 n° 153).

B. Modalités d'imposition des locations soumises à la TVA

50080 Lorsqu'ils sont imposables, **de plein droit ou sur option,** les bailleurs de locaux sont tenus de respecter les différentes règles de droit commun relatives à la TVA. Nous résumons ici quelques points intéressant plus particulièrement les locations.

1. BASE D'IMPOSITION

50085 La TVA doit être **acquittée** sur l'ensemble des sommes perçues en contrepartie du service rendu (CGI art. 266, 1-a).

La TVA est due sur les **loyers** et plus généralement sur l'ensemble des sommes reçues ou à recevoir par le bailleur en contrepartie du service rendu.

Il en résulte, en cas d'imposition du loyer de plein droit ou sur option, que le bailleur doit comprendre dans sa base d'imposition l'ensemble des sommes perçues du preneur et notamment celles versées au titre du **remboursement des charges récupérables** telles que définies par le bail. L'administration fiscale admet cependant une dérogation à cette règle pour les **charges dites locatives** qui peuvent être analysées comme engagées par le bailleur au nom et pour le compte du preneur et suivre en conséquence le régime des remboursements de frais défini par l'article 267, II-2° du CGI. Les **dépenses dont le bailleur est le redevable légal** (taxe foncière sur les propriétés bâties, taxe d'enlèvement des ordures ménagères, etc.) ou qui lui incombent juridiquement (assurance de l'immeuble, etc.) sont exclues du régime dérogatoire et doivent toujours être traitées comme des compléments de loyers qui en suivent le régime au regard de la TVA (BOI-TVA-BASE-10-10-30 nos 300 et 310).

En revanche, le bailleur peut ne pas inclure dans sa base d'imposition les sommes perçues en **remboursement des autres dépenses récupérables** engagées au nom et pour le compte des locataires conformément aux clauses du bail sous réserve du respect des conditions suivantes (BOI-TVA-BASE-10-10-30 n° 280) :

- comptabilisation des dépenses dans un compte de passage ;
- reddition de compte à l'identique, donc sans bénéfice ni perte, du montant des dépenses engagées ;
- justification, auprès de l'administration, de la nature et du montant exact des débours.

Les **provisions** appelées sur les charges qui relèvent du régime des débours ne sont pas soumises à la TVA lors de leur encaissement par le bailleur à condition qu'elles soient régularisées au moins une fois par an (BOI-TVA-BASE-10-10-30 n° 320).

> **> Précisions** Les sommes que les hôteliers sont contractuellement en droit de débiter sur la carte bancaire donnée en garantie lorsqu'un client ne se présente pas pour honorer sa réservation (dites « **no shows** »), que ces sommes correspondent au prix de la première nuitée ou à l'intégralité du prix du séjour, constituent la contre-valeur de la prestation d'hébergement que le client s'était engagé à régler de manière ferme à la signature du contrat. Dès lors, ces sommes représentent la contrepartie d'une prestation de service individualisable et doivent être soumises à la TVA (CE 9-10-2024 nos 472257 et 489947 : RJF 12/24 n° 837).

2. FAIT GÉNÉRATEUR ET EXIGIBILITÉ DE LA TVA

50090 Le **fait générateur** de la taxe se définit comme le fait par lequel sont réalisées les conditions légales nécessaires pour l'exigibilité de la taxe. Pour les locations d'immeubles, qui font partie des prestations de services donnant lieu à l'établissement de décomptes ou à des encaissements successifs, le fait générateur est réputé intervenir lors de l'expiration des périodes auxquelles ces décomptes et ces encaissements se rapportent (CGI art. 269, 1-a bis).

Quant à l'**exigibilité** (définie comme le droit que le Trésor public peut faire valoir aux termes de la loi, à partir d'un moment donné, auprès du redevable pour obtenir le paiement de la taxe), elle intervient lors de l'encaissement des acomptes, du prix ou de la rémunération ou, sur option du bailleur, d'après les débits (CGI art. 269, 2-c).

Des deux notions – fait générateur et exigibilité – c'est celle de l'exigibilité qui revêt, en pratique, la plus grande importance.

En effet, la date de l'**encaissement** détermine la période (mois, trimestre, etc.) au titre de laquelle le montant des locations imposables doit faire l'objet d'une **déclaration avec paiement** de l'impôt correspondant. Elle détermine en outre la date à partir de laquelle le **droit à déduction** prend naissance chez le locataire (CGI art. 271, I-2).

ATTENTION

En cas de **paiement par chèque,** la taxe n'est exigible, en principe, que lors de l'encaissement de ce chèque soit directement, soit par inscription au compte. Cependant, en pratique, le redevable soumis au paiement de la TVA d'après les encaissements et qui reçoit un chèque en paiement acquitte généralement la taxe dès la remise du chèque par son client. Toutefois, le paiement n'est confirmé que lorsque le chèque est encaissé. Dès lors, si le chèque n'est pas provisionné, l'exigibilité doit être considérée comme n'étant pas effectivement intervenue et le redevable peut opérer l'imputation de la taxe acquittée lors de la remise du chèque.

En cas d'**option pour le paiement** de la taxe **d'après les débits,** la taxe est exigible lors de l'inscription des loyers dus au débit du compte « client » qui coïncide, en principe, avec la facturation. L'administration considère cependant que cette option ne peut pas avoir pour effet de permettre au contribuable de s'acquitter de la TVA postérieurement à l'encaissement des sommes dues (BOI-TVA-BASE-20-50-10 n° 70). **50093**

L'exercice du droit à déduction chez le locataire étant lié à l'exigibilité de la taxe chez le bailleur, il est recommandé aux redevables acquittant la taxe d'après les débits d'en informer leurs locataires par une mention adéquate sur leurs factures pour leur permettre d'opérer les déductions dans des conditions régulières.

3. TAUX DE LA TVA

Pour toutes les locations d'immeubles soumises à la TVA – autres que les locations meublées –, le taux de la TVA applicable, c'est-à-dire facturé par le bailleur, est le taux normal de 20 %. **50095**

Pour les locations meublées et les locations assimilées (nos 50050 s.), les taux applicables sont les taux intermédiaire ou réduit indiqués nos 50056 s.

Ces taux s'appliquent à une base hors taxe.

4. DÉDUCTIONS DE TVA

PRINCIPES

Dès lors qu'ils effectuent des locations effectivement, et à bon droit, passibles de la TVA (que ce soit obligatoirement ou sur option), les bailleurs sont admis à déduire de la taxe qu'ils acquittent au titre de ces locations tout ou partie de la **taxe qui grève l'ensemble des biens,** y compris les investissements (achat ou construction des immeubles loués), et des **services** utilisés pour la réalisation de ces opérations. **50100**

Constitution de secteurs distincts L'exercice du droit à déduction de la TVA par les bailleurs d'immeubles peut entraîner l'obligation de constituer des secteurs distincts, c'est-à-dire de suivre, dans des comptes distincts pour chaque immeuble, toutes les opérations se rapportant à l'immeuble du secteur. **50105**

En pratique, les bailleurs peuvent être tenus de constituer plusieurs secteurs distincts, à raison de plusieurs activités et/ou de plusieurs opérations de même nature dans les cas ci-après énoncés, étant précisé qu'il n'est pas nécessaire que plusieurs comptabilités séparées soient tenues : il suffit que les **données comptables** propres à chaque secteur (acquisitions, opérations taxables ou exonérées, cessions d'immobilisations, transferts, etc.) apparaissent dans la comptabilité du bailleur, complétée le cas échéant par des registres annexes, et que le bailleur soit en mesure de justifier les mentions portées sur ses déclarations.

De même, une seule **déclaration** de TVA est souscrite, sur laquelle sont regroupés les éléments propres à chaque secteur (notamment tous les droits à déduction, tous secteurs confondus).

Doivent être constituées en secteurs distincts toutes les **locations** d'immeubles nus **assujetties à la TVA sur option** (CGI ann. II art. 209, I-2°). Chaque immeuble (ou ensemble immobilier) constitue un secteur distinct. La sectorisation par immeuble (ou ensemble d'immeubles) a pour principale conséquence d'imposer le calcul des droits à déduction secteur par secteur. Une fois calculés séparément, secteur par secteur, les droits à déduction sont globalisés sur la déclaration unique. **50106**

L'obligation de constituer un secteur d'activité s'étend à tout redevable de la TVA qui, **en sus de son activité taxable,** loue un ou plusieurs immeubles ou ensembles d'immeubles dont la **location** n'est **pas soumise à la TVA.**

En revanche, lorsque le bailleur n'exerce **que des activités taxables à titre obligatoire,** il ne doit pas sectoriser.

En ce qui concerne les **immeubles nus à usage professionnel,** au titre desquels une option pour la TVA a été exercée, qui regroupent à la fois des locaux couverts et non couverts par cette option, voir n° 50025.

MONTANT DU DROIT À DÉDUCTION DE TVA

50107 Le montant de TVA déductible est déterminé en fonction d'un **coefficient de déduction** propre à chaque bien ou service, qui est égal au produit de trois coefficients distincts : le coefficient d'assujettissement, le coefficient de taxation et le coefficient d'admission (CGI ann. II art. 205 et 206, I).

Qu'il s'agisse d'immobilisations ou d'autres biens ou services, la déduction est effectuée en fonction de l'utilisation réelle du bien ou du service, et cela quelle que soit la qualité du contribuable : redevable intégral ou redevable partiel, assujetti partiel. Le coefficient de déduction permet de déterminer à la fois les montants de TVA déductible initialement et, au travers de ses variations, les régularisations de taxe auxquelles l'assujetti peut être tenu. Il doit donc être déterminé, pour chaque bien et service grevé de TVA, même si le bailleur est un redevable intégral.

Rappelons qu'il y a **assujettissement partiel** à la TVA lorsqu'un assujetti réalise des opérations dont certaines sont situées hors du champ d'application de la TVA et les autres dans le champ d'application de la taxe. Le **redevable partiel** est l'assujetti (effectuant ou non par ailleurs des opérations hors champ) qui réalise, à côté de ses opérations placées dans le champ d'application et ouvrant droit à déduction de TVA, des opérations dans le champ mais n'ouvrant pas droit à déduction.

> Précisions a. Les trois coefficients doivent être **arrondis** à la 2e décimale par excès et le coefficient de déduction qui en résulte est lui-même arrondi à la 2e décimale par excès (CGI ann. II art. 206, V-2).
b. Chaque **coefficient** est **d'abord déterminé de manière provisoire** en fonction de l'utilisation du bien ou du service au moment de son achat ou de sa première utilisation. Il doit ensuite faire l'objet d'un calcul définitif avant le 25 avril de l'année suivante ou, pour les opérateurs qui deviennent redevables en cours d'année, avant le 31 décembre de l'année suivante (CGI ann. II art. 206, V-2), par rapport à l'utilisation réelle du bien ou du service sur la durée d'utilisation réelle. Une régularisation (déduction complémentaire ou reversement) doit être opérée si le moindre écart est constaté entre le coefficient provisoire et le coefficient définitif.
c. Lorsqu'un **bien** est **utilisé pendant une durée inférieure à l'année civile** (acquisition ou cession en cours d'année, par exemple), il n'y a pas lieu d'appliquer un prorata temporis (BOI-TVA-DED-60-20-40 n° 30).

50108 **Coefficient d'assujettissement** Le coefficient d'assujettissement détermine la **proportion d'utilisation** du bien ou du service **à des activités imposables.** Il doit être calculé dès l'acquisition, l'importation ou la première utilisation d'un bien ou d'un service, en fonction de l'affectation à des opérations dites « imposables », c'est-à-dire entrant dans le champ d'application de la TVA (qu'elles soient effectivement taxées ou légalement exonérées).

Le coefficient est égal à 1 pour les biens ou services utilisés exclusivement pour la réalisation d'**opérations** placées **dans le champ d'application de la TVA,** que ces opérations soient taxées ou légalement exonérées. En revanche, le coefficient est égal à 0 pour les biens ou services utilisés exclusivement pour la réalisation d'opérations situées **hors du champ** d'application de la TVA.

Le coefficient d'assujettissement d'un bien ou d'un service utilisé à la fois pour la réalisation d'**opérations imposables et non imposables** est égal à sa proportion d'utilisation pour la réalisation d'opérations imposables. Cette proportion, déterminée par l'assujetti sous sa propre responsabilité, doit traduire correctement l'utilisation réelle de chaque bien ou service. Le coefficient d'assujettissement qui en résulte est alors compris entre 0 et 1. Par dérogation au principe de l'affectation, l'administration peut autoriser le redevable à appliquer pour l'ensemble de ses dépenses (mixtes et non mixtes) une clé de répartition calculée en fonction de la quote-part des recettes taxables par rapport aux recettes totales (autrement dit, toutes les dépenses sont réputées mixtes) (BOI-TVA-DED-20-10-10 n° 30). Le contribuable peut également, sans avoir à en avertir l'administration et sous réserve d'être en mesure d'en justifier, déterminer pour l'ensemble des biens et services « mixtes » un coefficient d'assujettissement unique par année civile (CGI ann. II art. 206 V, 1-1°).

> Précisions La CJUE juge qu'un bien initialement affecté exclusivement à des opérations hors du champ d'application de la TVA peut donner lieu à des régularisations de TVA en cas d'**affectation ultérieure à des opérations dans le champ** dès lors qu'il a été acquis par un assujetti agissant en tant que tel (CJUE 25-7-2018 aff. 140/17 : RJF 12/18 n° 1303). Cette position de la CJUE est contraire à la législation française actuelle qui prévoit qu'un bien immobilisé utilisé initialement pour des opérations hors du champ de la TVA, et qui s'est donc vu attribuer un coefficient d'assujettissement de référence nul, est définitivement exclu du mécanisme des régularisations (CGI ann. II art. 207, II-5).

50109 **Coefficient de taxation** Le coefficient de taxation détermine la **proportion d'utilisation** du bien ou du service à des **activités ouvrant droit à déduction.** Il doit être calculé dès l'acquisition, l'importation ou la première utilisation d'un bien ou d'un service, en fonction de l'affectation à des opérations ouvrant droit à déduction. Aucune distinction n'est à faire entre les immobilisations et les autres biens ou services.

Le coefficient est égal à 1 pour les biens et services exclusivement utilisés pour des opérations ouvrant droit à déduction (par exemple, locations aménagées à usage professionnel) ; il est égal à 0 pour les biens et services utilisés exclusivement pour des opérations dans le champ d'application de la TVA mais n'ouvrant pas droit à déduction (CGI ann. II art. 206, III-1 et 2). Pour les biens ou services utilisés concurremment pour des opérations situées dans le champ d'application de la TVA mais dont certaines ouvrent droit à déduction et d'autres n'ouvrent pas droit à déduction, le coefficient est compris entre 0 et 1 et est déterminé de manière forfaitaire selon les modalités exposées ci-après.

Le coefficient de taxation forfaitaire utilisé pour les **biens et services d'utilisation mixte** est égal au rapport entre (CGI ann. II art. 206, III-3) : **50110**

a. Au **numérateur,** le montant total annuel du chiffre d'affaires afférent aux opérations ouvrant droit à déduction (opérations taxables et opérations assimilées), y compris les subventions directement liées au prix de ces opérations ;

b. Au **dénominateur,** le montant total annuel du chiffre d'affaires afférent à l'ensemble des opérations situées dans le champ d'application de la TVA, y compris les subventions directement liées au prix de ces opérations. On doit donc retenir ici la totalité des recettes qui proviennent :

– des opérations ouvrant droit à déduction (c'est-à-dire des sommes figurant déjà au numérateur) ;

– et des opérations n'ouvrant pas droit à déduction.

Lorsque le contribuable a constitué des **secteurs d'activités distincts,** le chiffre d'affaires à retenir pour le calcul du coefficient de taxation forfaitaire est celui du ou des secteurs pour lesquels le bien ou le service est utilisé (CGI ann. II art. 206, III-3-2°).

Le **chiffre d'affaires à retenir** pour le calcul du coefficient (numérateur et dénominateur) est celui correspondant aux opérations pour lesquelles l'exigibilité de la taxe est intervenue au cours de l'année considérée (les opérations exonérées doivent être prises en compte à la date à laquelle l'exigibilité serait intervenue en cas de soumission à la TVA). Il s'entend tous frais et taxes compris, à l'exclusion de la TVA elle-même (BOI-TVA-DED-20-10-20 n° 50 ; en ce sens également CE 11-12-2020 n° 427136 : RJF 3/21 n° 267).

On ne doit pas retenir les sommes qui proviennent des **activités situées hors du champ d'application de la TVA,** notamment les indemnités d'assurances reçues de son assureur à la suite d'un sinistre.

Les **sommes** ci-après sont **à exclure complètement pour le calcul du coefficient** (c'est-à-dire qu'elles n'ont à figurer ni au numérateur ni au dénominateur) même si elles sont afférentes à des opérations situées dans le champ d'application de la TVA (liste non exhaustive) : remboursements de débours perçus par un mandataire et non soumis à la TVA ; recettes non imposables encaissées pour le compte d'un tiers pour lui être reversées ; livraisons à soi-même de biens immobilisés soumises à la TVA ; produits financiers (intérêts des prêts ou placements) exonérés de TVA (et n'ouvrant pas droit à déduction) mais dans le champ d'application de la TVA, lorsqu'ils proviennent d'opérations financières accessoires (CGI ann. II art. 206, III-3-3°-b) ; recettes immobilières exonérées de TVA (en pratique, c'est le cas notamment des locations de terrains non aménagés et de locaux nus et des locations meublées à usage d'habitation) lorsqu'elles ont un caractère accessoire (CGI ann. II art. 206, III-3-3°-b).

Le contribuable peut, sous sa responsabilité et sans avoir à en avertir l'administration au préalable, retenir par année civile, pour l'ensemble des biens et services, un **coefficient unique** de taxation déterminé de manière forfaitaire (CGI ann. II art. 206, V-1-2°). Le coefficient de taxation forfaitaire, qui est en principe utilisé pour les seuls biens d'utilisation mixte, s'applique alors à l'**ensemble des biens et services** acquis par le contribuable.

Coefficient d'admission Le coefficient d'admission prend en compte les éventuelles **exclusions ou restrictions du droit à déduction.** **50111**

Il est égal à 1 lorsque le bien ou le service ne fait l'objet d'aucune exclusion ou restriction du droit à déduction (CGI ann. II art. 206, IV-1).

Il est compris entre 0 et 1 lorsque le bien ou le service fait l'objet d'une restriction du droit à déduction : en pratique, cela concerne essentiellement certains produits pétroliers (CGI ann. II art. 206, IV-3 et 4).

Le coefficient d'admission est égal à 0 dans certains cas particuliers (CGI ann. II art. 206, IV-2). En pratique, cela aboutit à une exclusion du droit à déduction de la taxe grevant les dépenses correspondantes. Parmi les cas listés par le CGI, citons les biens fournis sans rémunération ou pour un prix trop bas et les biens ou services utilisés à plus de 90 % à des fins étrangères à l'entreprise.

JUSTIFICATION DU DROIT À DÉDUCTION DE TVA

50112 Pour procéder à la déduction de la taxe ayant grevé les biens et les services qu'ils utilisent pour leurs opérations de location imposables, les bailleurs doivent être en mesure d'en justifier.

Pour les biens et services qu'ils acquièrent, la taxe déductible est normalement celle qui figure sur les **factures d'achat** qu'ils détiennent (CGI art. 271, II).

En ce qui concerne la taxe acquittée à l'occasion d'une **livraison à soi-même,** la justification du montant de la taxe déductible est apportée par la mention de l'opération sur les déclarations de TVA souscrites par le bailleur.

MODALITÉS DE RÉCUPÉRATION DE LA TVA DÉDUCTIBLE

50115 Les modalités de récupération de la TVA dépendent du régime d'imposition des redevables.

Pour les redevables relevant du **régime réel normal,** la récupération de la TVA déductible s'opère normalement par voie d'**imputation** sur la taxe due au titre des locations imposables. Les crédits non imputables peuvent faire l'objet d'un **remboursement** direct.

Le remboursement est en principe **annuel** (montant minimum de 150 €). Toutefois, les crédits remboursables des redevables qui souscrivent des déclarations de chiffre d'affaires selon une périodicité **mensuelle ou trimestrielle** peuvent être remboursés au terme de l'un quelconque des onze premiers mois (ou des trois premiers trimestres) de l'année civile à condition que la demande de remboursement porte sur un montant minimum de 760 €.

Le remboursement est accordé sur **demande,** formulée en principe sur un formulaire spécial n° 3519-SD qui est obligatoirement transmis par voie électronique en même temps que la déclaration de TVA. Pour accélérer l'instruction des demandes de remboursement, l'administration recommande d'utiliser un formulaire n° 3310-ter-SD destiné à justifier de la quotité des droits mentionnés sur la déclaration notamment dans le cas de bailleurs ayant constitué des secteurs distincts (BOI-TVA-DED-20-20 n° 170).

Dès la souscription de la demande de remboursement, le crédit figurant sur la déclaration de TVA doit être diminué du montant du remboursement demandé. Lorsque le remboursement a été effectué, le **crédit remboursé** est définitivement **annulé.** Si le montant remboursé est égal à celui demandé, le bailleur ne doit plus le faire figurer sur les déclarations de TVA suivantes ; mais si le montant remboursé est différent de celui demandé, il doit rectifier en conséquence la première déclaration de TVA suivant le remboursement.

Cas des bailleurs ayant constitué des **secteurs distincts** d'activité : voir nos 50105 et 50106.

ATTENTION

Pour instruire les demandes de remboursement, l'administration peut, après l'envoi d'un avis d'**instruction sur place,** procéder dans les locaux de l'assujetti à des constats matériels et consulter les livres ou documents comptables et les pièces justificatives, voire en prendre copie. En cas d'opposition du contribuable à l'instruction sur place, la demande de remboursement peut être rejetée pour défaut de justification (LPF art. L 198 A).

50116 Pour les redevables placés sous le **régime simplifié** d'imposition qui n'ont pas choisi de renoncer aux formalités simplifiées et qui ne souscrivent donc pas de déclarations CA3 mais une déclaration de régularisation CA12 ou CA12 E (nos 50150 s.), les modalités particulières de remboursement sont les suivantes.

Chaque année, ou chaque exercice, lors du dépôt de la **déclaration de régularisation** CA12 ou CA12 E, les redevables déterminent, pour la période écoulée, la TVA nette due ou le crédit de taxe non imputé. Ce crédit peut leur être remboursé en totalité à condition que la somme à rembourser soit au moins égale à 150 € (les éventuels excédents de versement d'acomptes, pour leur part, sont remboursables quel que soit leur montant). La **demande de remboursement** est formulée directement sur la déclaration de régularisation (au cadre prévu à cet effet).

Les redevables peuvent, toutefois, demander un **remboursement semestriel** du crédit constitué par la **taxe déductible** ayant grevé l'acquisition de biens constituant des **immobilisations** lorsque son montant est au moins égal à 760 €. La demande est formulée, par voie électronique, sur l'imprimé n° 3519-SD, auquel doivent être joints la ou les factures ou les documents en tenant lieu qui mentionnent notamment la taxe déductible sur les immobilisations à l'origine du crédit. Elle doit être effectuée au cours du mois suivant le semestre considéré dans des conditions qui varient selon que le bailleur souscrit une déclaration annuelle en fonction de l'année civile ou de l'exercice (BOI-TVA-DECLA-20-30-10-20 nos 283 et 285). Ce remboursement semestriel a un caractère provisionnel : il donne lieu à régularisation lors du dépôt de la déclaration CA12 ou CA12 E. La TVA déductible afférente aux immobilisations peut également être imputée, dans le régime simplifié, sur le montant des acomptes semestriels (dans les conditions exposées n° 50152).

DATE DE LA DÉDUCTION DE TVA

Le droit à déduction prend naissance lorsque la **taxe afférente à l'opération** motivant la déduction (vente, prestation de services, etc.) devient **exigible** chez le redevable de cette taxe. **50120**

La déduction de la taxe est opérée par imputation sur la taxe due par le bailleur au titre du mois pendant lequel le droit à déduction a pris naissance ou, à défaut, par voie de remboursement. La taxe déductible doit être mentionnée sur les déclarations déposées pour le paiement de la TVA.

Mais la mention de la TVA déductible peut être faite **avant même** que le bailleur ait commencé à percevoir des **loyers** ou des préloyers (n° 50020).

Pour les **bailleurs qui deviennent redevables** de la TVA, le droit à déduction peut être exercé par voie de remboursement :

– pour les bailleurs redevables **de plein droit** de la taxe : dès qu'ils ont manifesté par une déclaration de création d'entreprise ou d'activité l'intention de réaliser des locations imposables, la sincérité de cette intention devant toutefois être étayée par des éléments d'information objectifs tels que, notamment, l'acquisition de moyens d'exploitation propres à la réalisation des opérations projetées (en ce sens BOI-TVA-DED-50-20-10 n° 90) ;

– pour les bailleurs taxables à la TVA du fait de l'**option** : dès la date d'effet de leur option (nos 50020 s.).

NOUVEAUX REDEVABLES DE LA TVA

Les bailleurs qui deviennent redevables de la TVA (soit obligatoirement, soit sur option) peuvent bénéficier d'un droit à déduction : **50125**

– de la TVA ayant grevé les biens constituant des **immobilisations neuves** n'ayant pas encore commencé à être utilisés à la même date ;

– d'une fraction de la TVA ayant grevé les biens constituant des **immobilisations en cours d'utilisation** à cette date ;

– de la TVA ayant grevé les biens ne constituant pas des immobilisations et qu'ils détiennent en **stock** à la date à laquelle ils deviennent redevables.

Ce droit à déduction s'opère dans le cadre du régime des **régularisations.**

RÉGULARISATIONS DES DÉDUCTIONS DE TVA

Les déductions de TVA régulièrement opérées présentent en principe un **caractère définitif.** **50130**
Elles peuvent cependant être **remises en cause** dans certains cas, variables selon qu'il s'agit d'immobilisations ou d'autres biens ou services (CGI ann. II art. 207).

Nous nous bornerons ici à signaler les points suivants.

1. En ce qui concerne les **immobilisations,** il convient de distinguer **deux catégories de régularisations** : les régularisations dites « annuelles » qui tiennent compte de l'évolution de l'utilisation du bien immobilisé (utilisation pour la réalisation d'opérations ouvrant droit ou n'ouvrant pas droit à déduction) ; les régularisations dites « globales » qui sont déclenchées par la survenance de certains événements affectant le coefficient de déduction de l'immobilisation.

2. Les régularisations concernant les immobilisations, qu'elles soient annuelles ou globales, ne doivent être effectuées que pendant une certaine **période** dont la durée est de 20 ans pour les immeubles immobilisés et de 5 ans pour les autres biens meubles. La période de régularisation court à compter de l'année au cours de laquelle le bien a été acquis, importé, achevé, utilisé pour la première fois ou transféré entre secteurs d'activités distincts, ladite année étant comptée pour une année entière.

3. Chaque année, durant la période définie ci-dessus, une **régularisation dite annuelle** de la taxe initialement déduite sur les **biens immobilisés** doit être opérée lorsque la différence entre le produit des coefficients d'assujettissement et de taxation de l'année, d'une part, et le produit des coefficients d'assujettissement et de taxation de référence, d'autre part, est supérieure, en valeur absolue, à un dixième. La régularisation annuelle s'opère uniquement au vu de la variation de l'activité de la société.

4. La taxe initialement déduite sur les **biens immobilisés** doit également faire l'objet d'une régularisation lorsque certains **événements** affectant la situation du bien au regard du droit à déduction interviennent avant l'expiration de la période de régularisation au terme de laquelle la déduction présente un caractère définitif. Les **régularisations** devant être effectuées lors de la survenance de ces événements sont **dites « globales »,** en ce sens qu'elles constituent la somme des régularisations annuelles qui devraient intervenir jusqu'au terme de la période de régularisation s'il était possible d'étaler ces régularisations annuelles jusque-là. Les cas de régularisations globales sont les suivants :

- cession ou apport en société non soumis à la TVA sur le prix total ou la valeur totale ;
- transfert entre secteurs d'activités ;
- cession ou apport soumis à la TVA sur le prix total ou la valeur totale ;
- modification législative ou réglementaire des règles d'exclusion du droit à déduction ;
- biens cessant d'être utilisés pour la réalisation d'opérations ouvrant droit à déduction ;
- biens en cours d'utilisation venant à être utilisés pour la réalisation d'opérations ouvrant droit à déduction.

Les régularisations annuelles qui servent à la détermination de la régularisation globale doivent être calculées et prises en compte même lorsque la différence entre le produit des coefficients d'assujettissement et de taxation considérés pour les années restant à courir, d'une part, et le produit des coefficients d'assujettissement et de taxation de référence, d'autre part, est inférieure ou égale, en valeur absolue, à un dixième.

5. OBLIGATIONS INCOMBANT AUX BAILLEURS REDEVABLES DE LA TVA

50140 Qu'ils soient taxés à la TVA de plein droit ou sur option, les bailleurs d'immeubles sont tenus aux mêmes obligations que les autres redevables de la TVA.

OBLIGATIONS DÉCLARATIVES

50145 En dehors de la **déclaration de création d'entreprise ou d'activité** prévue à l'article 286 du CGI, à déposer en principe dans les 15 premiers jours de l'exercice de l'activité taxable et de l'obtention d'un **numéro individuel d'identification** à la TVA, les obligations déclaratives des bailleurs d'immeubles dépendent du régime d'imposition sous lequel ils se trouvent placés, de plein droit ou par option.

Insistons sur le fait que les **bailleurs qui souhaitent opter** pour le paiement de la TVA doivent adresser une déclaration en ce sens, tandis que les bailleurs imposables de plein droit doivent, le cas échéant, **renoncer** expressément **à la franchise** en base pour préserver leurs droits à déduction.

Le **régime d'imposition** du bailleur est en principe fonction du chiffre d'affaires réalisé l'année précédente, en tenant compte de l'ensemble des recettes tirées de la location des immeubles.

Tous les redevables de la TVA sont tenus à une obligation de **télédéclaration** et de **télérèglement** de la TVA (y compris pour les relevés d'acomptes semestriels du régime simplifié : n° 50150), sans considération de chiffre d'affaires ou d'assujettissement ou non à l'IS. Le non-respect de ces obligations est sanctionné par une majoration de 0,2 % du montant des droits correspondant à la déclaration déposée selon un autre procédé et/ou du montant des sommes dont le versement a été effectué selon un autre mode de paiement (CGI art. 1738).

50147 **Franchise en base** L'**objet** de la franchise en base est de dispenser le fournisseur d'un bien ou service normalement taxable à la TVA de la déclaration et du paiement de la TVA. Les personnes qui en bénéficient ne peuvent, bien entendu, pratiquer aucune déduction de TVA, ni faire apparaître la taxe sur leurs factures ou sur tout autre document en tenant lieu (CGI art. 293 B).

Certaines **opérations** sont **exclues** de la franchise. Il en est ainsi notamment de toutes les opérations imposables à la TVA sur option (location de locaux nus à usage professionnel, principalement).

La franchise en base de TVA s'applique en France de plein droit, au titre d'une année N, aux bailleurs établis en France dont le **chiffre d'affaires** (hors TVA) de l'année précédente n'excède pas une **limite de base** fixée à 37 500 € (85 000 € pour les locations meublées). La franchise **cesse de s'appliquer** aux bailleurs dont le chiffre d'affaires hors TVA de l'année en cours dépasse une **limite majorée** fixée à 41 250 € (ou 93 500 € pour les locations meublées) ; dans ce cas, ils deviennent redevables de la TVA pour les opérations intervenant à compter de la date de dépassement. La franchise en base de TVA reste donc applicable l'année du franchissement de la limite de base, à condition que le chiffre d'affaires n'excède pas la limite majorée.

La loi de finances pour 2025 modifie ces limites pour les porter, quel que soit le secteur d'activité, à 25 000 € (limite de base) et 27 500 € (limite majorée) (Loi 2025-127 du 14-2-2025 art. 32). Ces limites devaient s'appliquer **à compter du 1er mars 2025** mais le ministère des finances a indiqué, par un communiqué, suite à une concertation engagée avec les parties prenantes en vue de permettre une bonne mise en œuvre de la mesure, que celle-ci était suspendue jusqu'au 1er juin 2025. D'ici là, les entreprises concernées ne sont pas tenues d'effectuer les nouvelles démarches déclaratives en matière de TVA.

> Précisions a. Plusieurs **aménagements** ont été apportés au régime de la franchise en base **à compter du 1er janvier 2025** afin d'harmoniser au sein de l'Union européenne les règles applicables aux petites entreprises (Loi 2023-1322 du 29-12-2023 art. 82 transposant la directive UE/2020/285 du 18-2-2020). En particulier, le plafond de chiffre d'affaires permettant de bénéficier de la franchise en base en France qui était auparavant de 36 800 € (91 900 € pour les locations meublées) a été porté à 37 500 € (85 000 € pour les locations meublées). Par ailleurs, peut bénéficier de la franchise en France non seulement tout assujetti établi en France mais également tout assujetti établi dans un autre État membre dès lors que le chiffre d'affaires réalisé sur l'ensemble du territoire de l'UE n'excède pas 100 000 €. De la même façon, un assujetti établi en France peut bénéficier du régime de la franchise dans un autre État membre de l'UE pour les opérations qu'il y réalise. Le mécanisme d'actualisation triennale des limites de la franchise est supprimé (la prochaine indexation aurait dû avoir lieu au 1-1-2026).

b. Est considéré comme **établi en France** (CGI art. 293-0 B, I-1° et II) :
– tout bailleur dont le siège de l'activité économique est situé en France ;
– tout bailleur dont le siège de l'activité est situé en territoire tiers, qui dispose d'un établissement stable en France et qui choisit d'être rattaché à la France.

Les bénéficiaires de la franchise peuvent **opter pour le paiement de la TVA.** Cette option couvre obligatoirement une période de deux années, y compris celle au cours de laquelle elle est déclarée, et prend effet le premier jour du mois au cours duquel elle est déclarée. Elle est renouvelable par tacite reconduction pour une même durée, sauf dénonciation. Elle est reconduite de plein droit si les redevables ont bénéficié, au cours ou à l'issue de la période couverte par l'option, d'un remboursement de crédit de TVA. **50148**

L'option pour le paiement de la TVA permet notamment aux intéressés de récupérer la TVA grevant leurs investissements et leur évite, le cas échéant, d'avoir à procéder aux régularisations qu'entraîne la perte de la qualité de redevable. Elle emporte aussi exonération de la contribution sur les revenus locatifs dont sont passibles certaines sociétés (nos 50200 s.).

ATTENTION

Les **nouveaux bailleurs** relèvent de plein droit de la franchise en base tant que leur chiffre d'affaires n'a pas atteint la limite de la franchise : s'ils ne souhaitent pas en bénéficier, il leur appartient donc de l'indiquer au service des impôts dès le début de l'activité. Il est précisé que pour le bailleur qui débute son activité en cours d'année les limites visées n° 50147 sont ajustées à proportion de la durée de l'année restant à courir à la date du début de l'activité (CGI art. 293 D, III).

Régime simplifié

Régime simplifié Le régime réel simplifié de TVA s'applique aux bailleurs qui remplissent les **conditions** suivantes : **50150**

– ils ne bénéficient pas de la franchise en base ;

– leur chiffre d'affaires (hors TVA) de l'année civile précédente n'excède pas une limite fixée à 254 000 € (840 000 € pour les loueurs en meublé). Ces limites s'appliquent pour 2023, 2024 et 2025 et feront l'objet d'une révision au 1er janvier 2026 (CIBS art. L 162-4) ;

– la TVA exigible au titre de l'année civile ou de l'exercice comptable précédent n'excède pas 15 000 € (CGI art. 287, 3 bis).

Les bailleurs relevant du régime simplifié n'ont aucune déclaration de chiffre d'affaires à remplir en cours d'année ou d'exercice. Ils sont seulement tenus au versement d'**acomptes semestriels,** en juillet et en décembre. Ces acomptes sont en principe égaux à 55 % (juillet) et 40 % (décembre) de la taxe due au titre de l'année ou de l'exercice précédent avant déduction de la TVA relative aux biens constituant des immobilisations. Ils font ensuite l'objet d'une régularisation lors d'une **déclaration annuelle** (modèle CA 12) qui, lorsque l'exercice coïncide avec l'année civile, doit être déposée au plus tard le 2e jour ouvré suivant le 1er mai de l'année suivante. Les bailleurs qui clôturent leur exercice en cours d'année civile doivent souscrire leur déclaration (modèle CA12 E) dans les trois mois suivant la clôture de l'exercice. Il y a **dispense** du versement d'acomptes lorsque la taxe due au titre de l'année ou de l'exercice précédent, avant déduction de la TVA relative aux biens constituant des immobilisations, est inférieure à 1 000 €. Dans ce cas, le montant total de l'impôt exigible est acquitté lors de la souscription de la déclaration annuelle.

En cas de **cession,** de **cessation d'activité,** de **redressement** ou de **liquidation judiciaire,** les entreprises doivent souscrire dans un délai de 60 jours la déclaration relative à l'année ou l'exercice en cours ainsi que, le cas échéant, celle qui n'aurait pas été déposée au titre de l'année civile ou de l'exercice précédent.

> **Précisions** Le régime réel simplifié de TVA sera **supprimé à compter du 1er janvier 2027.** Il sera remplacé par un régime déclaratif et de paiement aligné sur le régime du réel normal selon une périodicité trimestrielle lorsque le chiffre d'affaires est inférieur ou égal à 1 M€ pour l'année civile précédente et 1,1 M€ pour l'année en cours, avec option possible pour un dépôt mensuel des déclarations (Loi 2025-127 du 14-2-2025 art. 38).

50151 Les **nouveaux redevables** sont autorisés, lors de leur première année d'imposition, à acquitter la TVA par acomptes semestriels dont ils déterminent eux-mêmes le montant mais dont chacun doit représenter au moins 80 % de l'impôt réellement dû pour le semestre correspondant. En cas de crédit de taxe au titre d'un semestre de la première période d'imposition, aucune somme n'est due au titre de l'acompte correspondant (ce crédit de taxe peut être imputé sur l'acompte suivant ou faire l'objet d'un remboursement dans les conditions exposées n° 50116 lorsqu'il correspond à la taxe ayant grevé l'acquisition d'immobilisations).

Les **redevables nouvellement placés sous le régime simplifié** déterminent également eux-mêmes leurs acomptes. À titre de règle pratique, les redevables précédemment soumis au régime réel normal peuvent déterminer ces acomptes sur la base de la TVA due au titre de l'année ou de l'exercice précédent, avant déduction de la taxe grevant les immobilisations, telle qu'elle résulte des déclarations CA3, sans se voir opposer « la règle des 80 % », à condition d'utiliser la même méthode pour les deux acomptes (BOI-TVA-DECLA-20-20-30-20 n° 220).

50152 Les acomptes peuvent faire l'objet de **modulations à la baisse** dans les conditions suivantes. Il faut toutefois noter que lorsqu'un acompte a été indûment minoré, le redevable encourt une majoration de 5 % et les intérêts de retard.

a. Les redevables sont autorisés à **imputer** le **crédit de taxe** et/ou l'**excédent de versement** d'acomptes éventuels constatés sur la déclaration annuelle CA 12/CA 12 E, dont le remboursement n'a pas été sollicité, sur le ou les acomptes suivant le dépôt de ladite déclaration (cette possibilité d'imputation peut être combinée avec la modulation visée ci-après au d).

b. Les redevables peuvent, par ailleurs, **suspendre** le paiement du **deuxième acompte** s'ils estiment que le montant de l'acompte déjà versé au titre de l'année (ou de l'exercice) est égal ou supérieur au montant de la taxe qui sera finalement due.

c. Ils peuvent également **diminuer** le montant du **deuxième acompte ou du premier acompte** avant suspension (cas visé au b ci-dessus), si le **paiement partiel** effectué à ce titre représente le **solde** de la taxe dont le redevable estime être débiteur au titre de l'année (ou de l'exercice).

d. Enfin, lorsqu'ils estiment que la **taxe due à raison des opérations réalisées au cours d'un semestre,** après imputation de la taxe déductible au titre des immobilisations, est **inférieure d'au moins 10 % au montant de l'acompte** correspondant, les redevables peuvent diminuer à due concurrence le montant de cet acompte. Si ces opérations ont été réalisées au cours d'une période inférieure à six mois, la modulation n'est admise que si la taxe réellement due est inférieure d'au moins 10 % à l'acompte réduit au prorata du temps.

La suspension ou la modulation des acomptes dont le redevable entend se prévaloir doit être mentionnée sur l'**avis d'acompte n° 3514-SD** accompagnant chaque versement semestriel.

50155 **Régime du réel normal** Les redevables relevant du régime du réel normal déposent chaque mois une **déclaration** CA3. Cependant, si la taxe due annuellement est inférieure à 4 000 €, ils peuvent déposer leur déclaration par trimestre civil.

Le **paiement** de l'impôt intervient au moment même de la souscription de la déclaration.

En cas de **cession** ou de **cessation d'activité,** les redevables relevant du régime réel normal doivent souscrire leur dernière déclaration CA3 dans les 30 jours (CGI art. 287, 4).

AUTRES OBLIGATIONS DES BAILLEURS REDEVABLES DE LA TVA

50160 Outre les obligations déclaratives indiquées n° 50145 s., les bailleurs d'immeubles imposables à la TVA (partiellement ou totalement) doivent tenir une **comptabilité** leur permettant de justifier la déclaration des opérations qu'ils réalisent ou, à défaut, un livre spécial (CGI art. 286, I-3°).

La comptabilité doit être appuyée des pièces justificatives.

Pour les bailleurs tenus à la constitution de **secteurs d'activités** distincts (nos 50105 et 50106), les opérations réalisées dans chaque secteur doivent être comptabilisées distinctement.

Les bailleurs bénéficiant de la **franchise en base** doivent tenir et, sur demande du service des impôts, présenter un registre des achats, ainsi qu'un livre-journal servi au jour le jour et présentant le détail de leurs recettes professionnelles, appuyés des factures et de toutes autres pièces justificatives (CGI art. 286, II).

En matière de **facturation,** les bailleurs d'immeubles imposables à la TVA doivent respecter les règles exigées de l'ensemble des redevables, c'est-à-dire : **50162**
– délivrer obligatoirement (ou faire délivrer) une facture pour chaque prestation faite au profit d'un autre assujetti à la TVA ou d'une personne morale non assujettie et qui ne sont pas exonérées en application des articles 261 à 261 E du CGI (CGI art. 289, I) ;
– porter (ou faire porter) sur chaque facture les mentions suivantes : la date et le numéro de la facture, le nom du prestataire et du client (ou désignation sociale), leur adresse (ou lieu du siège social), le numéro individuel d'identification à la TVA du prestataire, la date de l'opération (en cas de facturation différée), la description, le prix unitaire hors taxe et le taux de TVA de chacune des prestations fournies, le montant de la TVA à payer, le montant total hors taxe et la taxe correspondante pour chaque taux.

Lorsque le bailleur bénéficiant de la **franchise en base** délivre une facture, celle-ci doit obligatoirement comporter la mention « TVA non applicable, art. 293 B du CGI ».

ATTENTION

Les factures que les assujettis à la TVA doivent émettre pour les opérations qu'ils réalisent, en application de l'article 289 du CGI, peuvent actuellement être transmises sous **format papier** ou, sous réserve de l'acceptation du destinataire, sous **forme électronique.** Une **obligation** de recourir à la **facturation électronique entre assujettis** (« e-invoicing ») ainsi qu'une obligation de transmettre à l'administration de manière dématérialisée des informations qui ne sont pas issues des factures électroniques (« e-reporting ») seront progressivement mises en place à compter du 1er septembre 2026 (Loi 2022-1157 du 16-8-2022 art. 26 modifié par loi 2023-1322 du 29-12-2023 art. 91). En particulier, la réception de factures électroniques sera obligatoire pour tous les assujettis, quelle que soit la taille de leur entreprise, à compter du 1er septembre 2026. L'émission de factures électroniques et le e-reporting seront obligatoires à compter du 1er septembre 2026 pour les entreprises de taille intermédiaire et les grandes entreprises, et à compter du 1er septembre 2027 pour les PME et les microentreprises. Les conditions et modalités d'application techniques concernant ces obligations sont définies par le décret 2022-1299 du 7 octobre 2022 modifié par le décret 2024-266 du 25 mars 2024 et l'arrêté ECOE2218934A du 7 octobre 2022. Les entreprises peuvent également trouver des éléments d'information dans la foire aux questions accessible sur impots.gouv.fr (rubrique « Professionnel » puis « Passer à la facturation électronique »).

III. CONTRIBUTION SUR LES REVENUS LOCATIFS (CRL)

Les loyers relatifs à des **immeubles achevés depuis 15 ans** au moins et perçus par certaines personnes morales supportent une contribution dénommée contribution sur les revenus locatifs (CRL) (CGI art. 234 nonies). **50200**

La CRL est, en principe, **à la charge** du bailleur. Toutefois, lorsqu'elle est due sur des locaux commerciaux situés dans des immeubles comportant, à concurrence de la moitié au moins de leur superficie totale, des locaux loués affectés à usage d'habitation ou à l'exercice d'une profession, la taxe est, sauf convention contraire, supportée à concurrence de la moitié par le locataire (Loi 99-1172 du 30-12-1999 art. 12, P-I).

CHAMP D'APPLICATION DE LA CRL

Personnes imposables La CRL est due uniquement par les **personnes morales** suivantes : personnes morales passibles de l'impôt sur les sociétés, sociétés de personnes (et assimilées) dont un membre au moins est soumis à l'impôt sur les sociétés dans les conditions de droit commun, autres organismes non passibles de l'impôt sur les sociétés et ne relevant pas du régime fiscal des sociétés de personnes. Les associés des sociétés immobilières ne sont personnellement assujettis à la CRL que si la société est dotée de la transparence fiscale au sens de l'article 1655 ter du CGI et s'ils ont eux-mêmes la qualité de personnes morales assujetties. **50210**
Pour les sociétés et groupements relevant du régime des sociétés de personnes, la présence d'un seul membre assujetti à l'impôt sur les sociétés de droit commun conduit à l'assujettissement de la société ou du groupement à la CRL sur la totalité des loyers perçus, cette condition étant appréciée à la clôture de l'exercice (BOI-RFPI-CTRL-20-10 n° 50).

Les **personnes physiques** et les sociétés de personnes (et assimilées) dont aucun membre n'est soumis à l'impôt sur les sociétés dans les conditions de droit commun échappent, quant à elles, à cette contribution.

ATTENTION

La **notion de membre d'une société de personnes** doit être entendue de manière large et est indépendante de la qualité d'associé. Ainsi, une société soumise à l'IS détentrice en usufruit des parts sociales d'une SCI est membre de la SCI au sens de l'article 234 terdecies du CGI ; cette dernière est donc soumise à la CRL (CE 24-10-2014 nos 378039 et 378015 : RJF 1/15 n° 26).

50215 **Locations imposables** La CRL est applicable aux revenus tirés de la location de locaux situés dans des **immeubles achevés depuis 15 ans** au moins au 1er janvier de l'année d'imposition. Ainsi, la CRL n'est exigible au titre de 2025 que si les locaux sont situés dans des immeubles achevés au plus tard le 31 décembre 2009.

Même achevés depuis plus de 15 ans, les immeubles ne donnent toutefois pas lieu à contribution s'ils ont subi depuis moins de 15 ans des **transformations** susceptibles de les assimiler à des constructions nouvelles.

> Précisions a. Un immeuble est considéré comme **achevé** lorsque l'état d'avancement des travaux en permet l'utilisation ou l'occupation effective.
b. Les **sous-locations** consenties par le locataire principal ne sont pas assujetties (BOI-RFPI-CTRL-20-10 n° 180 ; en ce sens, CAA Paris 23-3-2017 n° 16PA00198 : RJF 7/17 n° 693).

50220 **Exonérations** Parmi les exonérations listées par l'article 234 nonies, III du CGI, sont notamment susceptibles d'intéresser les bailleurs d'immeubles à usage commercial celles s'appliquant :
– aux loyers dont le **montant,** par local, **n'excède pas 1 830 €** au cours de la période d'imposition à laquelle ils sont rattachés. La limite doit être ajustée prorata temporis lorsque la période d'imposition à la CRL est d'une durée supérieure ou inférieure à 12 mois, mais pas lorsque la location est d'une durée inférieure à la période d'imposition (BOI-RFPI-CTRL-20-20 nos 50 et 60). Les recettes à prendre en compte sont celles définies ci-après n° 50230 ;
– aux revenus qui donnent lieu au **paiement effectif de la TVA** soit de plein droit, soit sur option (les bénéficiaires de la franchise en base examinée n° 50147 sont donc en principe assujettis à la CRL) ;
– aux revenus des locations d'immeubles faisant partie de **villages de vacances** ou de **maisons familiales** de vacances agréés.

TAUX DE LA CRL

50225 La CRL est calculée au taux de **2,50 %** sur l'assiette définie n° 50230 (CGI art. 234 quindecies).

ASSIETTE DE LA CRL

50230 La CRL est assise sur le montant des **recettes nettes perçues** au cours de la période d'imposition, c'est-à-dire l'année civile ou l'exercice selon les redevables (n° 50240).

Les recettes nettes s'entendent du revenu brut tel qu'il est défini en matière de revenus fonciers (n° 49475).

Notons que les entreprises qui **comptabilisent les produits courus** doivent retraiter leurs écritures comptables pour déterminer l'assiette de la contribution.

PÉRIODE D'IMPOSITION AU TITRE DE LA CRL

50240 La CRL est calculée sur les revenus de location de l'**exercice** lorsque le redevable est une personne morale assujettie à l'impôt sur les sociétés (de plein droit ou sur option) ou une société (ou assimilée) relevant du régime des sociétés de personnes.

La CRL est calculée sur les revenus de location de l'**année civile** lorsque le redevable est une personne morale non passible de l'impôt sur les sociétés et ne relevant pas du régime des sociétés de personnes.

MODALITÉS D'IMPOSITION À LA CRL

50250 Les modalités d'imposition sont celles de l'impôt sur les sociétés pour l'ensemble des personnes morales (même non soumises à cet impôt).

50255 **Personnes morales passibles de l'impôt sur les sociétés** L'assiette de la CRL est portée sur la **déclaration** de résultats n° 2065 (CGI art. 234 duodecies).

La CRL est **payée** spontanément au comptable de la DGFiP aux dates prévues pour le paiement du solde de l'impôt sur les sociétés, à l'appui du formulaire n° 2572.

Elle donne lieu au versement d'un **acompte provisionnel unique,** au plus tard à la date de paiement du dernier acompte d'impôt sur les sociétés. Cet acompte (porté sur le relevé n° 2571) est égal à 2,5 % des recettes imposables à la contribution perçues au cours de l'exercice précédent. L'acompte n'est pas exigible lorsque son montant n'excède pas 100 €.

> **Précisions** Comme en matière d'impôt sur les sociétés, le bailleur peut, sous sa responsabilité, **limiter le montant de l'acompte** versé lorsqu'il estime que la contribution dont il sera finalement redevable sera inférieure à la somme due au titre de l'acompte. Si, au moment de la liquidation de la contribution, le montant de l'acompte versé s'avère inexact par rapport à celui qui aurait dû être versé, l'intérêt de retard et la majoration de 5 % s'appliquent à la différence constatée.

Sociétés ou groupements relevant du régime des sociétés de per- 50257
sonnes Lorsqu'ils sont redevables de la CRL, les sociétés et groupements relevant du régime des sociétés de personnes (et assimilés) doivent en principe **acquitter** spontanément la CRL auprès du comptable de la DGFiP au plus tard à la date de dépôt de la déclaration de résultats (CGI art. 234 terdecies).

L'assiette de la CRL est portée sur la **déclaration** de résultats n° 2072-C (sociétés immobilières) ou sur la déclaration spécifique n° 2582 (autres sociétés et groupements).

Un **acompte provisionnel unique** doit être versé en principe au plus tard le 15 du dernier mois de l'exercice, au vu d'un formulaire n° 2581. Cet acompte est égal à 2,5 % des recettes imposables à la contribution perçues au cours de l'exercice précédent. L'acompte n'est pas exigible lorsque son montant n'excède pas 100 €. Le montant de l'acompte peut être limité dans les conditions exposées n° 50255.

SECTION 5

RÉGIME FISCAL DES PAS-DE-PORTE OU DROITS D'ENTRÉE

50500 Le régime fiscal des pas-de-porte ou droits d'entrée (les deux termes seront ici employés indifféremment), définis comme la **somme en capital versée par le preneur au bailleur lors de son entrée** dans les locaux loués, dépend du point de savoir si la somme ainsi acquittée constitue un supplément de loyer versé d'avance ou la contrepartie de l'abandon par le bailleur, ou de l'acquisition par le preneur, d'un élément de patrimoine.

La **qualification** des sommes versées dépend des circonstances de fait : selon les circonstances, une même indemnité sera qualifiée ou non de supplément de loyer. Au surplus, il n'y a pas forcément symétrie dans la qualification et le traitement fiscal d'une même indemnité, selon que le contribuable considéré est le bailleur ou le preneur.

I. IMPÔTS DIRECTS

A. Situation du bailleur

QUALIFICATION FISCALE DES DROITS D'ENTRÉE REÇUS

50510 Les droits d'entrée perçus par le bailleur sont **le plus souvent** analysés comme des **suppléments de loyers** tant par la doctrine administrative que par la jurisprudence du Conseil d'État, même si certaines décisions rendues en matière de revenus fonciers marquent un infléchissement de cette position.

Il est important de souligner que la situation du bailleur n'est pas nécessairement symétrique à celle du **locataire** pour lequel le droit d'entrée peut présenter soit le caractère d'un supplément de loyer, soit celui de prix d'acquisition d'un élément d'actif, cette qualification dépendant essentiellement du caractère normal ou anormal du loyer.

50515 Selon la **doctrine administrative,** lorsqu'un droit d'entrée est stipulé au profit d'une entreprise, propriétaire des locaux donnés en location, il ne peut dans la généralité des cas (même si, le locataire étant également une entreprise, celle-ci est tenue d'inscrire à son actif tout ou partie du droit d'entrée stipulé) être considéré comme constituant la contrepartie pour l'entreprise bailleresse d'une cession d'éléments de son actif immobilisé ou d'une diminution de valeur vénale d'un tel élément. Par suite, les sommes correspondantes doivent être regardées comme présentant, pour le bailleur, le caractère d'un supplément de loyer, dès lors que ces sommes sont la contrepartie des avantages que le locataire tire de l'occupation de l'immeuble loué ; il en est ainsi même lorsque la conclusion du contrat de location a pour effet de faire naître au profit du nouvel occupant un droit au bail de nature commerciale (BOI-BIC-PDSTK-10-30-20 n° 10).

50520 La **jurisprudence** rendue par le Conseil d'État **en matière de bénéfices industriels et commerciaux** a affirmé le principe selon lequel le seul fait de donner des locaux à bail à un commerçant n'entraîne pas par lui-même une dépréciation du patrimoine du bailleur, les sommes perçues à titre de droits d'entrée constituant dès lors des suppléments de loyers imposables.

ILLUSTRATIONS

Les « pas-de-porte » versés par des preneurs à une société bailleresse propriétaire de locaux commerciaux qu'elle n'entendait pas exploiter elle-même ne sauraient être regardés comme correspondant à la diminution d'éléments d'actif du seul fait que les preneurs ont un **droit au renouvellement du bail,** mais constituent des suppléments de loyers que la société doit inclure dans son bénéfice imposable sans être autorisée à constituer une **provision pour dépréciation** d'un égal montant.

CE 7-2-1966 n° 64182, 7e s.-s. : Dupont 1966 p. 175 ; BOI-BIC-PDSTK-10-30-20 n° 20.

L'indemnité versée par le locataire de locaux à usage commercial au bailleur ne correspond pas au **prix de cession partielle du fonds de commerce** que le bailleur avait lui-même antérieurement exploité dès lors que ce dernier avait entre-temps donné ledit fonds en gérance libre au futur locataire en l'autorisant à en changer l'objet et avait ainsi **renoncé à l'exploitation** de ce fonds. Cette indemnité doit être regardée comme « un pas-de-porte » versé en contrepartie des avantages accordés au locataire du fait de la location de l'immeuble et constitue un supplément de loyer imposable.

CE 26-6-1968 n° 70030, 7e s.-s. : Dupont 1968 p. 387.

Une indemnité d'entrée versée par le locataire d'un immeuble ne peut constituer le prix de cession du droit au bail d'un immeuble et être soumise à ce titre au régime des plus-values à long terme dès lors que l'entreprise bailleresse propriétaire de l'immeuble ne détient aucun **élément d'actif incorporel** qui puisse être distingué de l'ensemble constitué par la propriété de l'immeuble. Cette indemnité doit donc être regardée comme un simple « pas-de-porte » versé en contrepartie des avantages accordés au locataire du fait de l'occupation de l'immeuble.
À supposer que le droit au bail dont le preneur est désormais titulaire entraîne une **dépréciation** de l'immeuble par rapport à sa valeur comptable, il convient de constater cette dépréciation par une provision.

CE 4-5-1979 n° 98253, 7e et 9e s.-s. : RJF 6/79 n° 342.

Le droit d'entrée que perçoit un bailleur du preneur d'un local commercial constitue dans sa totalité un supplément de loyer, dès lors que :
– le bail n'interdit pas au **bailleur de poursuivre son activité,** différente de celle du preneur, dans un local voisin ;
– la location n'entraîne aucune **dépréciation** de la valeur du local loué, même si elle crée au profit du preneur un élément d'actif nouveau représenté par le **droit au renouvellement** du bail.

CE 17-6-1985 n° 44509, 9e et 7e s.-s. : RJF 8-9/85 n° 1153.

50525 En matière de **revenus fonciers,** le Conseil d'État a assoupli sa jurisprudence et admet que le droit d'entrée perçu par le bailleur n'a pas le caractère d'un supplément de loyer imposable lorsqu'il constitue la contrepartie d'une dépréciation patrimoniale ou d'une cession d'un élément de l'actif commercial. Toutefois, le simple fait que le locataire acquiert, lors de la conclusion d'un bail commercial, un élément d'actif représenté par le droit de renouvellement de ce bail ne s'accompagne pas nécessairement d'une perte d'actif chez le bailleur. Pour éviter la taxation du droit d'entrée perçu, il faut donc que le bailleur puisse justifier de **circonstances particulières** se traduisant par l'abandon ou la dépréciation d'un élément de son patrimoine.

L'administration semble s'être ralliée à cette position, admettant ainsi que les pas-de-porte et droits d'entrée de toutes sortes ne sont pas imposables lorsqu'ils constituent uniquement la contrepartie de la dépréciation de l'immeuble, pour autant que cette dépréciation soit réelle et sous réserve des circonstances particulières susceptibles de motiver ce versement (BOI-RFPI-BASE-10-10 nos 220 et 240).

ILLUSTRATIONS

Le droit d'entrée perçu par le bailleur d'un local commercial peut ne pas constituer un supplément de loyer imposable lorsque ce bailleur établit que le droit d'entrée représente la contrepartie de la **dépréciation de la valeur des locaux** qui résulte de la location de l'immeuble. **50525** (suite)

Cependant, la **preuve** de cette dépréciation ne peut pas résulter du simple fait que la conclusion du bail crée au profit du locataire un élément d'actif nouveau représenté par le **droit au renouvellement du bail.**

CE 24-2-1978 n° 97347, section : RJF 4/78 n° 160, avec chronique dans RJF 12/78 p. 346.

Après cessation de l'activité qu'il exerçait dans un magasin dont il était propriétaire, l'exploitant d'un commerce de machines à coudre et d'appareils électroménagers a donné ce magasin en location à une société de fabrication et de distribution de matériels de même nature. Indépendamment du loyer (qui n'était pas d'un montant anormalement bas eu égard aux caractéristiques du local), le versement d'une certaine somme était stipulé au profit du propriétaire. Jugé que cette somme a constitué, non pas un supplément de loyer imposable au titre des revenus fonciers (comme le soutenait l'administration), mais la contrepartie de la **cession d'éléments incorporels du fonds de commerce dont le contribuable a cessé l'exploitation,** dès lors que la société a acquis le droit d'installer ses magasins dans un local où venait depuis longtemps une clientèle utilisant des machines ou appareils correspondant à la gamme de produits fabriqués et distribués par elle et qu'elle trouvait de plus dans cette opération l'avantage de mettre fin à une activité concurrente.

CE 23-1-1980 n° 17060, 8e et 9e s.-s. : RJF 3/80 n° 222.

Pour déterminer si le droit d'entrée, perçu par un contribuable qui a donné en location les locaux dans lesquels il exerçait une activité de restauration, est un supplément de loyer passible à ce titre de l'impôt sur le revenu, il y a lieu de tenir compte non seulement des clauses du bail et du montant de l'indemnité stipulée, mais aussi du niveau normal d'un loyer correspondant au local. Jugé, au cas particulier, que l'administration n'a établi :

– ni que le **loyer** stipulé était **anormalement bas** en comparaison des loyers de locaux commerciaux comparables ;

– ni que le droit d'entrée n'avait pas pour objet d'indemniser la **dépréciation du fonds de commerce** du contribuable alors que la location lui interdisait de reprendre ultérieurement une activité de restauration.

La somme litigieuse ne peut donc être regardée ni comme un supplément de loyer ni comme un autre revenu foncier.

CE 28-9-1984 n° 38704, 8e et 9e s.-s. : RJF 11/84 n° 1332.

Un contribuable a loué à une caisse d'épargne, moyennant un loyer normal assorti d'une indemnité d'entrée dans les lieux, un immeuble où il exploitait personnellement un fonds de commerce. Le **bail,** de caractère civil, a une **durée de 40 ans** et **exclut toute possibilité de résiliation** de la part du propriétaire, sauf en cas de non-paiement des loyers.

En raison de la nature et de la durée de ce bail, qui implique, par ailleurs, nécessairement la **disparition du fonds de commerce antérieurement situé dans l'immeuble,** l'indemnité d'entrée dans les lieux doit être regardée comme la contrepartie de la dépréciation affectant le patrimoine du contribuable et n'est donc pas imposable.

CE 29-9-1989 n° 68212, 7e et 9e s.-s. : RJF 11/89 n° 1230.

Le droit d'entrée perçu par un commerçant ayant loué l'immeuble où il exerçait son activité constitue, non pas un supplément de loyer imposable au titre des revenus fonciers, mais la contrepartie d'une dépréciation patrimoniale dès lors que le loyer n'est pas anormalement bas et que le **bailleur,** même s'il n'a pas cédé sa clientèle au preneur puisque ce dernier exerce une activité différente, a **perdu la clientèle attachée au local** en renonçant à y poursuivre son exploitation et en s'engageant à ne pas se réinstaller dans un rayon de 500 mètres. Ce droit d'entrée relève du régime des plus-values professionnelles à long terme dès lors qu'il constitue la contrepartie de l'abandon d'un élément incorporel de l'actif commercial.

CAA Bordeaux 20-11-1990 n° 1596 : RJF 3/91 n° 304.

Le droit d'entrée versé par le locataire commercial à son bailleur constitue, non la contrepartie d'une dépréciation patrimoniale ou d'une cession d'un élément patrimonial, mais un supplément de loyer imposable lorsque :

– le bailleur a cessé toute exploitation commerciale dans les locaux et le **fonds de commerce n'existe plus** lors de la conclusion du bail ;

– le **local** n'a, compte tenu de ses caractéristiques, d'autre vocation que d'être **occupé par un commerçant ;**

– les **clauses du bail** n'entraînent **pas** une **limitation** particulière du **droit de propriété** du bailleur.

CAA Bordeaux 6-5-1993 n° 91-416, 2e ch. : RJF 10/93 n° 1308.

50525 (suite)

Constitue un supplément de loyer imposable, et non la contrepartie non imposable d'une dépréciation immobilière ou d'une cession d'éléments incorporels de fonds de commerce, le droit d'entrée versé par le locataire commercial à son bailleur, alors même que le loyer n'aurait pas un caractère anormalement bas, dès lors que :
– la **conclusion d'un bail commercial** n'a pas par elle-même pour effet d'entraîner la dépréciation de l'immeuble loué ;
– la **clause de non-concurrence** à la charge du bailleur ne comporte aucune contrainte particulière par rapport au droit commun des contrats commerciaux ;
– la **qualification** d'indemnité d'entrée dans les lieux **donnée par les parties** à la somme litigieuse n'est pas de nature à déterminer sa nature fiscale ;
– l'indemnité ne peut être regardée comme constituant le **prix de cession d'une clientèle** ou de l'achalandage.

CAA Nancy 13-3-1997 n° 94-1512, 2e ch. : RJF 10/97 n° 926.

Constitue un supplément de loyer le droit d'entrée versé par le locataire commercial à son bailleur, dès lors que :
– si le bailleur fait valoir que la location a créé au profit du preneur un élément d'actif nouveau représenté par le droit au renouvellement du bail, cette seule circonstance n'a pas, pour autant, emporté l'**aliénation d'un élément de son patrimoine** ;
– s'il avance aussi que ce droit d'entrée aurait pour contrepartie une **dépréciation patrimoniale** dans la mesure où le bail entraînerait systématiquement une perte de valeur de l'immeuble, il n'apporte aucun élément à l'appui de cette affirmation permettant d'en apprécier le bien-fondé.

CAA Bordeaux 6-7-2001 n° 98-1095, 3e ch. : RJF 1/02 n° 88.

Constitue un supplément de loyer imposable, et non la compensation non imposable de la dépréciation de l'immeuble loué, le droit d'entrée versé par le locataire commercial à son bailleur, alors même que le loyer consenti n'aurait pas un caractère anormalement bas, dès lors que :
– la **conclusion d'un bail commercial** n'a pas eu pour effet par elle-même d'entraîner la dépréciation de l'immeuble loué ;
– les **clauses du bail** n'ont pas eu pour effet d'entraîner une dépréciation du patrimoine du bailleur ;
– la **qualification retenue par les parties** au contrat de location de la somme litigieuse ne saurait déterminer la nature fiscale de celle-ci.

CAA Nancy 22-1-2004 n° 01-752 : RJF 7/04 n° 720.

Le droit d'entrée qu'un bailleur perçoit du preneur d'un nouveau bail commercial constitue un supplément de loyer imposable, en l'absence de dépréciation, dès lors que l'immeuble était **auparavant** loué à usage de **bureaux** et que la **commercialité a été acquise** par le contribuable lui-même qui l'y a transférée.

CAA Paris 20-11-2006 n° 06-1512 : RJF 2/08 n° 146.

Le droit d'entrée perçu par le bailleur doit être en principe regardé comme un supplément de loyer. Il ne peut en aller autrement que si, dans les circonstances particulières de l'espèce, il apparaît, d'une part, que le **loyer** n'est **pas anormalement bas** et, d'autre part, que le droit d'entrée constitue la contrepartie d'une dépréciation du patrimoine du bailleur ou de la cession d'un élément d'actif.
La seule circonstance que le bail commercial se traduise, pour le preneur, par la création d'un élément d'actif nouveau, compte tenu du droit au renouvellement du bail que celui-ci acquiert, ne suffit pas pour caractériser une dépréciation du patrimoine du bailleur ou une cession d'actif de sa part.
En l'espèce, un entrepreneur avait acquis d'abord le droit au bail du local dans lequel il exerçait son activité puis, quelques années après, l'immeuble dans lequel ce local se situait. Il avait conservé cet immeuble dans son patrimoine privé et maintenu le droit au bail à l'actif de son entreprise individuelle. Cessant son activité, il avait consenti à une société un bail commercial qui prévoyait le versement d'un loyer annuel et d'un droit d'entrée.
Jugé que le contrat de bail commercial conclu doit être regardé comme ayant, d'une part, concédé la jouissance des locaux pris à bail contre le versement d'un loyer, et d'autre part, procédé à la **cession,** au profit du preneur, du **droit au bail inscrit à l'actif professionnel** contre le versement du droit d'entrée. Ce droit d'entrée, qui ne vient pas compenser, pour tout ou partie, un loyer anormalement bas, constitue donc le prix de cession d'un élément d'actif relevant du régime d'imposition des plus-values professionnelles, et non un supplément de loyer imposable au titre des revenus fonciers.

CE 3-7-2009 n° 298433, 3e et 8e s.-s. : RJF 11/09 n° 944.

Les indemnités versées aux bailleurs par des preneurs, exerçant une activité de bar-tabac, lors de la conclusion de deux baux en 2015 constituent des suppléments de loyers imposables dans la catégorie des revenus fonciers dès lors que :
– les clauses de ces contrats, dont la conclusion n'a pas par elle-même pour effet d'entraîner la dépréciation de l'immeuble loué, ne mettaient pas à la charge des bailleurs des contraintes

supplémentaires par rapport au droit commun de la législation sur les baux commerciaux ni n'entraînaient une **limitation particulière de leur droit de propriété** qui serait constitutive d'une perte de capital ;
– l'existence alléguée d'une dépréciation de la valeur de cet immeuble du fait de la **nature de l'activité exercée par les preneurs** n'est pas établie dès lors que le local mis en location abritait auparavant des activités commerciales de même nature, comme l'atteste l'acte d'achat de l'immeuble par les bailleurs en 1996, faisant état d'un « local à usage de café-restaurant, un local de vente de tabac et épicerie ».
CAA Nancy 18-2-2021 n° 19NC03646.

CONSÉQUENCES DE LA QUALIFICATION SUR L'IMPOSITION DU BAILLEUR

La qualification des droits d'entrée comme des suppléments de loyers ou comme un prix de cession d'un élément de l'actif commercial a une portée différente selon qu'elle concerne un bailleur soumis à l'impôt sur le revenu ou un bailleur soumis à l'impôt sur les sociétés. **50530**

Bailleur relevant de l'impôt sur le revenu Pour les bailleurs soumis à l'impôt sur le revenu, la qualification en **cession d'élément de l'actif commercial** permet de soumettre le pas-de-porte au régime des plus-values professionnelles et de bénéficier du taux réduit d'imposition des plus-values à long terme. **50535**

Les droits d'entrée qualifiés de **suppléments de loyers** sont soumis à l'impôt sur le revenu dans les conditions de droit commun (dans la catégorie des revenus fonciers ou des bénéfices industriels et commerciaux selon les règles exposées n°s 49210 s.). **50537**

Lorsqu'ils sont taxés dans la catégorie des **revenus fonciers,** les droits d'entrée constitutifs de suppléments de loyers sont en principe imposables dès leur encaissement, mais ils peuvent, le cas échéant, bénéficier des modalités particulières d'imposition prévues par l'article 163-0 A du CGI à l'égard des revenus exceptionnels (système du quotient) si les conditions en sont remplies (BOI-IR-LIQ-20-30-20 n° 110).

Lorsqu'ils sont imposés dans la catégorie des **bénéfices industriels et commerciaux,** les droits d'entrée doivent être étalés sur la durée du bail dans la mesure où ils rémunèrent des **prestations continues,** au sens de l'article 38, 2 bis du CGI, qui sont accessoires à la location et qui confèrent au preneur des droits pouvant être exercés tout au long du bail, quelles que soient par ailleurs les modalités de paiement (CE 14-4-2008 n° 293577, 8e et 3e s.-s. : RJF 7/08 n° 777). Cette solution est conforme aux règles comptables qui préconisent une répartition du droit d'entrée perçu sur la durée du bail, par l'intermédiaire du compte de régularisation « 487 : Produits constatés d'avance » lorsque le droit d'entrée constitue pour le bailleur un supplément de loyer ou la contrepartie de prestations économiques offertes au preneur sur la durée du bail. La doctrine administrative s'est alignée sur la jurisprudence du Conseil d'État, en précisant toutefois que lorsque le droit d'entrée perçu par le bailleur rémunère une **prestation ponctuelle,** telle que des travaux d'aménagement du local avant prise à bail, les sommes correspondantes doivent être comprises dans les résultats de l'exercice au cours duquel le droit d'entrée est réputé acquis en vertu des stipulations du contrat (BOI-BIC-PDSTK-10-30-20 n° 30). La cour administrative d'appel de Lyon a retenu sur ce dernier point la même solution, jugeant que le remboursement par le locataire des travaux effectués par le bailleur avant le début de la location constitue un produit immédiatement imposable (CAA Lyon 5e ch. 3-12-2015 n° 13LY00026 : RJF 7/16 n° 600). Cette solution semble cependant discutable si l'on considère que la somme versée au bailleur correspond au supplément de valeur locative de l'immeuble résultant des travaux qui ont été réalisés pour permettre au locataire d'occuper l'immeuble dans des conditions satisfaisantes.

Bailleur relevant de l'impôt sur les sociétés Pour les bailleurs soumis à l'impôt sur les sociétés, la qualification des droits d'entrée en **cession d'un élément de l'actif commercial** ne présente pas d'intérêt particulier dès lors que ces plus-values sont soumises au taux normal de l'impôt sur les sociétés. **50540**

L'assimilation des droits d'entrée à des **suppléments de loyers** est dès lors plus favorable car elle permet de bénéficier de l'étalement de leur imposition sur toute la durée du bail lorsque les conditions en sont remplies (voir ci-dessus n° 50537 les règles exposées en matière de BIC).

B. Situation du locataire

Suivant les situations, les sommes versées par le locataire au propriétaire du local commercial pris à bail à titre de droit d'entrée ou pas-de-porte peuvent être qualifiées de **charges déductibles** ou d'éléments du coût de revient d'un **élément incorporel de l'actif immobilisé.** **50600**

Il résulte d'une jurisprudence bien établie que pour qualifier les versements de droits d'entrée comme une charge ou comme le coût de revient d'un élément de l'actif immobilisé, il convient de se fonder essentiellement sur le **caractère normal ou anormal du loyer,** apprécié par rapport à la valeur locative réelle de l'immeuble. Certaines **stipulations du bail** qui peuvent prévoir des avantages spécifiques au profit du locataire, ou la prise en charge par le bailleur (ou, inversement, par le preneur) de dépenses d'aménagement de l'immeuble, peuvent également constituer des éléments d'appréciation pour la détermination du régime fiscal applicable au droit d'entrée.

VERSEMENTS EFFECTUÉS EN PRÉSENCE D'UN LOYER INFÉRIEUR À LA VALEUR LOCATIVE

50605 Conformément à la jurisprudence et à la doctrine administrative, le droit d'entrée ou pas-de-porte versé au bailleur peut être assimilé à un supplément de loyer déductible lorsque son **montant augmenté du loyer** stipulé **n'excède pas la valeur locative réelle** de l'immeuble.

La déductibilité du droit d'entrée peut également trouver sa justification dans les **prestations annexes** fournies par le bailleur.

La **déduction** s'opère de façon **étalée** sur une période au moins égale à la durée du bail initial.

ILLUSTRATIONS

Constitue un supplément de loyer **déductible** par fractions égales **sur la durée du bail** la somme versée par une société lors de l'entrée dans des locaux industriels pris à bail pour une durée de neuf ans, dès lors que la **valeur locative réelle** des locaux n'est pas inférieure à la somme du loyer annuel effectivement versé majorée du neuvième de l'indemnité stipulée et que, d'ailleurs, celle-ci trouve sa justification dans la circonstance que la société bailleresse a pris à sa charge le coût des **installations particulières** nécessaires à l'exploitation de l'usine par la société locataire.

CE 25-7-1980 n° 18189, 8e et 9e s.-s. : RJF 11/80 n° 862.

Lorsqu'un loyer commercial a été fixé à un chiffre inférieur à la valeur locative normale des locaux loués, l'indemnité que le preneur a versée au bailleur, lors de l'entrée en jouissance, doit être regardée comme un supplément de loyer susceptible d'être porté dans les charges de l'entreprise commerciale, à condition d'être **répartie sur la durée du bail,** et à concurrence de la **différence** existant **entre la valeur locative réelle** du local en cause et le **loyer effectivement versé.**
Mais aucune disposition législative ou réglementaire ni aucune règle comptable n'interdisent à l'entreprise de répartir cette indemnité sur une **période plus longue** que la durée du bail (CE 5-2-1975 n° 93068 ; analysé ci-dessous).

BOI-BIC-CHG-40-20-10 n° 150

Une société locataire de locaux dans lesquels elle exploite une station-service en vertu d'un bail conclu pour une durée de neuf ans, tacitement reconductible par périodes de trois ans, peut valablement répartir la déduction du droit d'entrée acquitté, dont le caractère de supplément de loyer n'est pas contesté, sur une période de 25 ans correspondant selon elle à la **durée probable de la location.**
En effet, si cette déduction doit être répartie sur une période **au moins égale à la durée inscrite au bail** lors de la conclusion, l'administration ne peut limiter la période d'étalement aux neuf années du bail initial dès lors qu'aucune disposition législative ou réglementaire ni aucune règle comptable ne fait obstacle à ce que le contribuable choisisse de la répartir sur une période plus longue.

CE 5-2-1975 n° 93068, 7e et 8e s.-s. : RJF 4/75 n° 173.

VERSEMENTS EFFECTUÉS EN PRÉSENCE D'UN LOYER NORMAL

50610 Il résulte d'une jurisprudence constante que le droit d'entrée versé au bailleur par le locataire doit être regardé comme constitutif du prix de revient d'un **élément incorporel du fonds de commerce** dès lors que le montant du loyer stipulé est normal eu égard à la valeur locative réelle des locaux.

Lorsque le droit d'entrée constitue le prix de revient d'un élément incorporel, l'entreprise locataire ne peut pas le déduire. Le Conseil d'État exclut en principe également l'**amortissement** du droit d'entrée au motif que, le bail étant renouvelable, les avantages procurés au preneur ne peuvent pas être considérés comme prenant fin à une date déterminée (l'entreprise locataire ne pouvant dès lors tenir compte du droit d'entrée que pour le calcul de la plus-value éventuellement réalisée lors de la cession du droit au bail : voir n° 10725). Le droit d'entrée peut toutefois être amorti s'il rémunère un avantage temporaire indépendant du caractère renouvelable du contrat et dont les effets bénéfiques sur l'exploitation cesseront à une date prévisible (CE 15-4-2016 nos 375796 et 383067 analysé ci-dessous).

ILLUSTRATIONS

Le droit d'entrée versé par un locataire lors de son entrée en jouissance est constitutif d'un supplément de loyer à concurrence seulement d'un montant annuel égal à la différence entre la valeur locative réelle de l'immeuble et le loyer effectivement versé, et correspond pour le surplus au prix d'acquisition du **droit au renouvellement du bail.**

CE 21-1-1972 n° 77366, 8e et 9e s.-s. : Dupont 1972 p. 104 ; BOI-BIC-CHG-20-10-20 n° 30.

N'a pas le caractère d'un complément de loyer déductible mais a pour contrepartie l'acquisition d'éléments du fonds de commerce non amortissables l'indemnité versée par une entreprise au bailleur des locaux lors de la conclusion du bail, dès lors que le **loyer** doit être regardé comme **normal** eu égard à la nature du fonds de commerce, à la superficie et à l'emplacement du local donné à bail, ainsi qu'à la nécessité dans laquelle s'est trouvée l'entreprise locataire d'effectuer d'**importants travaux** dans ce local qui lui a été loué dépourvu de tout aménagement.

CE 19-11-1976 n° 98701, 7e et 9e s.-s. : RJF 1/77 n° 9.

Un pharmacien qui prend à bail un local situé dans un centre commercial dans le cadre d'un contrat stipulant que l'indemnité d'entrée ne constituait pas un « supplément de loyer comptant pour la durée du bail » mais la « contrepartie d'avantages commerciaux sans rapport avec le loyer » n'établit pas que la somme versée représente, en dépit des termes du contrat, un supplément de loyer dès lors que le montant du **loyer** est **normal,** compte tenu de la circonstance que le preneur devait assumer les **frais d'aménagement du local.**
En conséquence, l'indemnité d'entrée doit être regardée comme le prix d'acquisition d'un élément incorporel du fonds de commerce, dès lors que la société bailleresse a conféré à l'intéressé le **droit au renouvellement** d'un bail commercial en un lieu particulièrement achalandé et, compte tenu de l'organisation du centre, largement protégé contre la concurrence.

CE 17-3-1982 n° 22738, 8e et 9e s.-s. : RJF 5/82 n° 458.

L'indemnité versée par une société à son associé et ancien PDG qui lui donne en location des locaux commerciaux ne peut être considérée comme un supplément de loyer déductible des résultats dès lors que le **contrat** de bail la désigne expressément comme une **contrepartie de la propriété commerciale** et que le montant du loyer n'est pas anormalement bas.

CE 23-6-1986 n° 48465, 7e et 8e s.-s. : RJF 10/86 n° 866.

Dès lors que le **loyer** pour lequel une entreprise prend en location un local à usage de bureau présente un caractère **normal,** le droit d'entrée versé au propriétaire doit être regardé comme le **prix payé pour obtenir la signature d'un bail** permettant d'utiliser ce local dans les conditions appropriées aux besoins de l'exploitation. Cette somme ne peut donc pas être retranchée des résultats imposables, mais peut seulement être retenue pour le calcul de la plus-value réalisée éventuellement lors de la cession du droit au bail.

CE 20-4-1988 n° 49791, 7e et 8e s.-s. : RJF 6/88 n° 705.

L'« indemnité de loyer » que le locataire verse au bailleur à l'occasion de la conclusion d'un bail commercial a pour contrepartie l'acquisition d'une **immobilisation incorporelle,** dès lors que l'intéressé l'a inscrite à l'actif de son bilan à un compte d'immobilisation et qu'il ne se prévaut pas sur ce point d'une erreur comptable.

CE 28-12-1988 n° 57390, 9e et 8e s.-s. : RJF 3/89 n° 260.

Un élément incorporel de l'actif immobilisé ne peut faire l'objet d'une dotation annuelle à un compte d'amortissements que s'il est normalement prévisible, dès sa création ou son acquisition, que ses **effets bénéfiques sur l'exploitation** de l'entreprise prendront fin nécessairement à une date déterminée.
Commet une erreur de droit une cour administrative d'appel qui juge qu'un droit d'entrée ne peut donner lieu à aucun amortissement, sans rechercher si certains de ses éléments pouvaient faire l'objet d'un tel amortissement, alors que le contrat de bail qui lui était soumis prévoyait que ce droit était versé en contrepartie non seulement de la durée exceptionnelle de douze années du bail, mais aussi de la **renonciation du bailleur à sa faculté de résiliation pendant six ans,** avantage indépendant du caractère renouvelable du contrat et dont les effets bénéfiques sur l'exploitation cesseraient à une date prévisible.

CE 9e-10e s.-s. 15-4-2016 nos 375796 et 383067 : RJF 7/06 n° 597.

Le Conseil d'État a par ailleurs jugé que l'**indemnité versée** au bailleur **pour acquérir des droits supplémentaires au droit de bail** constitue le prix de revient d'un élément incorporel de l'actif immobilisé et ne peut être déduite (CE 3e-8e ch. 27-1-2017 n° 391817 : RJF 4/17 n° 298). Au cas particulier, le bailleur avait réservé au locataire, par avenant au contrat de bail commercial portant sur un ensemble immobilier, la préférence en cas de cession de cet ensemble. Il s'était en outre engagé, d'une part, à consentir au locataire un renouvellement du bail dans les mêmes conditions et, d'autre part, à ne pas tenir compte, pour l'évaluation du prix de vente, en cas de cession au preneur, de la valeur vénale des constructions ou travaux réalisés par ce dernier. **50615**

II. TVA ET CRL

50650 Lorsque le bailleur est redevable de la **TVA** (voir nos 50000 s.), toutes les sommes exigées des preneurs de bail doivent, quelle que soit leur dénomination (droits d'entrée, pas-de-porte, loyers d'avance, etc.), être incluses dans le chiffre d'affaires imposable à la taxe dès leur versement dans la mesure où elles présentent le caractère de **compléments de loyers** (BOI-TVA-BASE-10-10-10 no 10). Les indemnités perçues par le bailleur en contrepartie de la dépréciation d'un élément de patrimoine ne sont en revanche pas taxables.

Il en est de même au regard de la **CRL** : lorsque le bailleur est une personne morale assujettie à cette contribution (voir nos 50200 s.), les recettes imposables, déterminées comme en matière de revenus fonciers, comprennent les indemnités versées par les locataires à titre de droits d'entrée ou pas-de-porte dès lors qu'elles présentent le caractère de **suppléments de loyers, sauf** si ces revenus donnent lieu au paiement effectif de la **TVA.**

LOYER : RÉVISION

SOMMAIRE

SECTION 1

PRINCIPES DE LA RÉVISION DU LOYER AU COURS DU BAIL

A. Révision du loyer organisée par le Code de commerce

1. TEXTES APPLICABLES À LA RÉVISION DU LOYER AU COURS DU BAIL

À la différence du loyer initial que les parties sont libres de fixer comme elles l'entendent (nº 48020), la révision du loyer en cours de bail est strictement réglementée. Le Code de commerce y consacre plusieurs de ses dispositions. **51000**

L'article L 145-37 pose d'abord le principe de la révision du loyer en dehors de toute volonté exprimée par les parties au contrat de bail : « Les loyers des baux d'immeubles ou de locaux régis par les dispositions du [statut], renouvelés ou non, peuvent être révisés à la demande de l'une ou de l'autre des parties. » En pratique, ce principe est souvent rappelé dans le bail sous la forme suivante : « Le loyer sera révisé selon les conditions légales en vigueur. »

51001 L'article L 145-38 du Code de commerce fixe ensuite le principe de la révision triennale du loyer (n°s 51010 s.) : « La demande en révision ne peut être formée que trois ans au moins après la date d'entrée en jouissance du locataire ou après le point de départ du bail renouvelé [...]. De nouvelles demandes peuvent être formées tous les trois ans à compter du jour où le nouveau prix sera applicable. »

Par dérogation à ce principe, l'article L 145-39 prévoit qu'en présence d'une clause d'échelle mobile (n°s 52205 s.), « la révision peut être demandée chaque fois que, par le jeu de cette clause, le loyer se trouve augmenté ou diminué de plus d'un quart par rapport au prix précédemment fixé contractuellement ou par décision judiciaire ».

51002 Il en résulte deux modes de révision distincts auxquels vient s'ajouter un troisième mode : la révision du loyer du bail assorti d'une clause-recettes, qui, à la différence des deux précédents, n'est régie que par la convention des parties (n°s 52650 s.).

2. CHAMP D'APPLICATION DE LA RÉVISION DU LOYER AU COURS DU BAIL

51010 Les articles L 145-37, L 145-38 et L 145-39 du Code de commerce forment un corpus de règles dépendantes les unes des autres.

Ainsi, lorsque l'article L 145-37 du Code de commerce vise les **baux d'immeubles ou de locaux régis par le statut des baux commerciaux,** on peut en déduire que la révision triennale (C. com. art. L 145-38) et que la révision du bail en présence d'une clause d'échelle mobile (C. com. art. L 145-39) s'appliquent à l'ensemble de ces baux.

L'article L 145-38 du Code de commerce ne s'applique pas à la **location-gérance** de fonds de commerce (Cass. 3e civ. 13-1-1988 n° 86-15.273).

51011 À la question de savoir si ces dispositions s'appliquent également aux **locaux à usage de bureau,** qui sont effectivement « régis » par le statut, la Cour de cassation a répondu par l'affirmative (Cass. 3e civ. 30-5-2001 n° 885 FS-PB : RJDA 8-9/01 n° 853).

Pour logique qu'elle soit, cette **solution** n'est pas exempte de **critique.** En effet, elle aboutit à réintroduire, lors de la révision du loyer de locaux à usage de bureau, la règle du plafonnement alors que celle-ci est écartée en matière de renouvellement (n° 54810). En outre, elle apparaît d'autant plus surprenante que, dans un précédent arrêt, la troisième chambre civile de la Cour de cassation avait retenu la même solution mais en prenant soin de préciser qu'en l'espèce l'application de l'article L 145-38 n'était pas contestée par les parties (Cass. 3e civ. 7-1-1998 n° 25 D, Sté Ceca c/ Sté Scidense : RJDA 3/98 n° 265). Une solution contraire à l'arrêt du 30 mai 2001 pouvait donc être envisagée en se fondant sur le caractère dérogatoire de l'article R 145-11 du Code de commerce qui prévoit que le prix du bail des locaux à usage exclusif de bureaux est fixé par référence aux prix pratiqués pour des locaux équivalents. Dès lors, le loyer des locaux à usage de bureaux n'aurait pu qu'être celui du prix du marché et ce, tant lors du renouvellement que de la révision.

51012 Le loyer des baux à paliers et des baux avec allégement ou franchise sont également soumis à révision. Ces deux types de baux présentent la particularité de donner lieu au versement de loyers évolutifs de sorte que, lors de la révision, se pose la question de la détermination du loyer de référence qu'il convient de prendre en compte pour le calcul du montant du loyer révisé.

51013 Lorsque le bail fixe le loyer à un montant déterminé que le bailleur accepte de diminuer ou de ne pas percevoir pendant une certaine durée, le calcul du montant du loyer révisé se fait sur la base du montant du loyer initial contractuellement fixé par les parties. En effet, le **bail avec allégement ou franchise** est un bail classique dans lequel les parties ont prévu des modalités particulières de paiement du loyer et l'allégement ou la franchise consentie par le bailleur ne modifie en rien le loyer initial.

ILLUSTRATIONS

Dans un cas où un bail commercial, qui avait été consenti moyennant un loyer annuel de 25 200 F (environ 3 840 €), prévoyait que, pour le calcul de la révision triennale, les parties s'obligeraient à considérer cette révision en fonction d'un loyer initial de 36 000 F (environ 5 500 €), la différence entre ces deux loyers s'expliquant par les travaux mis à la charge du locataire pendant la première période triennale, il a été jugé que justifie sa décision la cour d'appel qui, recherchant la commune intention des parties, a souverainement estimé que le loyer révisé devait être calculé en fonction du loyer initial de 36 000 F et a ensuite déduit à bon droit que l'inexécution des travaux par le locataire était sans incidence pour la fixation du prix du loyer révisé (Cass. 3e civ. 18-5-1978 n° 77-10.316 : Bull. civ. III n° 204).

Lorsque les parties ont conclu un **bail à paliers,** la question s'est posée de savoir quel loyer de référence devait être pris en considération. 51014

La Cour de cassation a jugé, à propos de la fixation du prix du bail renouvelé, que la variation indiciaire prévue par les dispositions de l'article L 145-34 du Code de commerce doit être appliquée au loyer initial acquitté par le locataire lors de la prise d'effet du bail à renouveler, nonobstant la fixation dans le bail expiré d'un loyer progressif à paliers (Cass. 3e civ. 6-3-2013 nº 12-13.962 FS-PB, analysé nº 54425). Compte tenu de l'identité des textes applicables, la solution dégagée nous paraît transposable à la révision du loyer assorti de paliers d'augmentation.

La Cour de cassation avait déjà retenu qu'un bail à paliers ne faisait pas obstacle à ce que le bailleur puisse invoquer le bénéfice de l'article L 145-38 du Code de commerce, et sollicite ainsi une fixation du prix du bail révisé à la valeur locative en justifiant d'une modification matérielle des facteurs locaux de commercialité ayant entraîné par elle-même une variation de plus de 10 % de la valeur locative (Cass. 3e civ. 14-5-1980 nº 79-10.511, analysé nº 51366). Dans un commentaire de cet arrêt, un auteur avait induit de la solution retenue au sujet de la date d'appréciation de la variation des facteurs locaux de commercialité qu'il fallait uniquement s'attacher au loyer initial applicable à la prise d'effet du bail (J. Viatte : Rev. Loyers 1980 p. 377).

3. DÉROGATIONS À LA RÉVISION LÉGALE DU LOYER AU COURS DU BAIL

INTERDICTION DE PRINCIPE DE DÉROGER À LA RÉVISION LÉGALE DU LOYER

L'article L 145-15 du Code de commerce prévoit que sont réputés non écrits, quelle qu'en soit la forme, les clauses, stipulations et arrangements qui ont pour effet de faire échec aux dispositions des articles L 145-37 à L 145-39 du Code de commerce relatifs à la révision du loyer : étant considérées comme n'ayant pas d'existence, aucune prescription ne court à leur égard. En d'autres termes, le principe de la révision est d'**ordre public.** 51100

> **> Précisions a.** Jusqu'au 20 juin 2014, date d'entrée en vigueur de la loi 2014-626 du 18 juin 2014, ces clauses étaient sanctionnées par la nullité. Sur les effets de la **réforme de 2014** et son application dans le temps, voir nos 22150 s.
> **b.** Précisons que les **dispositions** aujourd'hui **codifiées** à l'article L 145-15 du Code de commerce sont celles de l'article 35 du décret du 30 septembre 1953, elles-mêmes reprises de l'article 34 du même décret. Ceci explique que, selon l'époque où ils ont été rendus, les arrêts fassent référence à des articles différents.

Illustrations Ont été **jugés contraires** aux règles d'ordre public régissant la révision : 51101

– la clause prévoyant une révision biennale (Cass. com. 20-11-1961 nº 500 : Bull. civ. III nº 417) ;

– la clause par laquelle les parties s'engagent à ne pas demander en cours de bail la révision du prix fixé d'un commun accord pour la durée du contrat (Cass. com. 20-5-1963 nº 60-13.638 : Bull. civ. III nº 234) ;

– la clause d'arbitrage en cas de désaccord des parties sur la révision du loyer (Cass. 3e civ. 11-2-1964 nº 62-12.033 : Bull. civ. III nº 65) ;

– la clause suivant laquelle, à l'expiration d'une période de trois ans, le montant du loyer serait fixé par des arbitres dont la décision serait sans appel et lierait les parties, substituant ainsi la compétence d'arbitres à celle du tribunal compétent en cas de refus d'exécution de la clause par l'une des parties (Cass. 3e civ. 20-2-1969 nº 67-11.236 : Bull. civ. III nº 165) ;

– la clause prévoyant que le loyer serait fixé lors de la première révision triennale à la valeur locative alors que l'article L 145-38 du Code de commerce instaure un plafonnement (Cass. 3e civ. 14-6-1983 nº 81-16.258 : Bull. civ. III nº 136) ;

– la clause selon laquelle, en cas de cession, le loyer sera révisable sans attendre l'expiration de la période triennale en cours et le nouveau prix fixé en fonction du cours des loyers du moment (Cass. 3e civ. 27-10-1983 nº 1224 : D. 1984 IR p. 73) ;

– l'avenant au bail par lequel le bailleur renonce par anticipation au droit de demander la révision (Cass. 3e civ. 2-7-1986, analysé nº 52500) ;

– la clause stipulant que le loyer fixé pour les trois premières années du bail sera révisable exclusivement à la hausse car, même si elle ne fait pas échec au principe de la révision, elle est contraire aux dispositions de l'article L 145-37 du Code de commerce (CA Paris 28-3-2003 nº 01-10946, 16e ch. B) ;

– la clause prévoyant que, en cas de suppression de tout ou partie des impôts et taxes mis à la charge du locataire, une somme égale au montant de la part remboursée par celui-ci serait ajoutée au loyer de plein droit et immédiatement, dès lors que cette clause peut provoquer une majoration du montant du loyer en cours de bail empêchant la fixation du loyer révisé en fonction de la seule variation de l'indice (CA Paris 2-10-2008 n° 08-1151, 16e ch. B : RJDA 4/09 n° 315) ;

– la clause par laquelle le locataire renonce à solliciter la fixation judiciaire du loyer à une somme inférieure au loyer contractuel initialement fixé, même dans le cas où la valeur locative se révélerait inférieure au loyer contractuel (Cass. 3e civ. 30-3-2017 n° 16-13.914 FS-PB : RJDA 6/17 n° 393).

EXCEPTION À L'INTERDICTION DE DÉROGER À LA RÉVISION LÉGALE DU LOYER

51110 **Convention des parties** Bien que l'article L 145-38 du Code de commerce soit d'ordre public, il était traditionnellement admis que les parties pouvaient, après la conclusion du bail, une fois que le droit à révision était né et acquis, se mettre d'accord pour décider que la révision du loyer se ferait sans tenir compte des dispositions prévues par ce texte (Cass. 3e civ. 24-10-1979, analysé n° 51111). De même, le locataire pouvait valablement renoncer à son droit d'obtenir la révision du loyer sur le fondement de l'article L 145-39 du Code de commerce une fois ce droit acquis, c'est-à-dire après le constat d'une augmentation du loyer de plus d'un quart par le jeu de la clause d'indexation (Cass. 3e civ. 30-3-2017 n° 16-13.914 FS-PB : RJDA 6/17 n° 393). Ces solutions sont une application de la théorie des droits acquis qui reconnaît à toute partie le droit de valablement **renoncer à une règle d'ordre public,** dès lors qu'elle a acquis le droit de s'en prévaloir. Mais depuis la loi Pinel du 18 juin 2014 qui a remplacé la sanction de la nullité par le réputé non écrit, la persistance de cette possibilité n'est plus certaine (voir n° 22165).

Dans un cas où, par jugement, le loyer d'un bail renouvelé avait été porté à une certaine somme à compter du 1er juillet 1993 et où, par avenant au bail signé le 13 mai 1996, les parties étaient convenues de réviser ce loyer à compter du 1er juillet 1996, viole donc les articles 27 et 35 du décret du 30 septembre 1953 (désormais C. com. art. L 145-38 et L 145-15) la cour d'appel qui, pour décider que l'avenant était nul et, en conséquence, débouter le bailleur de sa demande en paiement de la partie de loyer non payée par le locataire, retient que cet avenant est intervenu avant la fin de la période de trois ans prévue par l'article 27 pour former une demande de révision, alors que l'article 35 du décret susvisé n'interdit pas aux parties, en cours de bail, de **procéder à la révision du loyer sans tenir compte des règles** de l'article 27 (Cass. 3e civ. 7-3-2001 n° 351 FS-PB : RJDA 7/01 n° 758 ; Cass. 3e civ. 26-5-2016 n° 14-18.293 F-D : RJDA 8-9/16 n° 598).

En revanche, viole les articles L 145-15 et L 145-38 du Code de commerce une cour d'appel qui, pour débouter un propriétaire de locaux à usage commercial de sa demande de révision du loyer, retient que les parties, qui avaient valablement décidé de fixer par avance et forfaitairement le prix du bail, n'ont plus la faculté de demander sa révision triennale (Cass. 3e civ. 30-1-2002 n° 189 FS-PB : RJDA 4/02 n° 361).

51111 La décision de révision du loyer en dehors des conditions du Code de commerce doit résulter d'un **commun accord** des parties (contrat ou transaction judiciaire notamment) et ne peut pas être imposée par le bailleur. Ainsi, une cour d'appel, qui retient souverainement qu'il était établi que le bailleur avait imposé à son locataire deux révisions de prix du loyer à huit mois d'intervalle, relève à bon droit que celles-ci étaient illégales comme contraires aux dispositions d'ordre public de l'article L 145-38 du Code de commerce (Cass. 3e civ. 29-3-1995 n° 772 D : RJDA 6/95 n° 691).

ILLUSTRATIONS

Dans un cas où les parties avaient, d'un commun accord, saisi les juges du fond afin de faire fixer la valeur locative équitable et où un expert avait été nommé pour l'estimer, ces juges ont pu, sans violer l'article 34 du décret du 30 septembre 1953 (devenu art. 35 puis C. com. art. L 145-15), rejeter l'exception d'irrecevabilité soulevée après le dépôt du rapport d'expertise dès lors qu'il s'était formé entre les parties un contrat judiciaire sur le principe de la révision étant précisé qu'en réservant « tous moyens des parties au fond », le juge de première instance n'avait entendu viser que les moyens relatifs au nouveau prix à fixer, seul demeuré en litige.

Cass. 3e civ. 14-10-1963 n° 61-13.871 : Bull. civ. III n° 404.

L'article 35 du décret du 30 septembre 1953 (désormais C. com. art. L 145-15) n'interdit pas, une fois les conditions de la révision du prix réunies, que les parties décident d'un commun accord de procéder à cette révision, sans tenir compte des règles de l'article 27 (désormais C. com. art. L 145-38). Par suite, dans un cas où, aux termes d'une transaction judiciaire admise par le locataire, un expert avait été désigné par un tribunal avec mission d'apprécier la valeur locative équitable, une cour d'appel a souverainement retenu qu'en vertu de cette transaction librement conclue en présence d'un tribunal les parties avaient entendu accepter d'avance les conclusions de l'expert désigné d'où il résultait le consentement du locataire à la fixation à dire d'expert du prix du bail et sa renonciation à se prévaloir de l'article 27 du décret pour la fixation du prix révisé du bail antérieur.

Cass. 3e civ. 24-10-1979 n° 78-11.107 : Bull. civ. III n° 189.

Le fait de prévoir conventionnellement que la révision du loyer dépendra de la **réalisation d'une condition** ne peut pas être assimilé à une renonciation à toute révision pour le cas où la condition ne se réaliserait pas. Par suite, dans un cas où, en cours de bail, les parties avaient prévu que la révision conventionnelle du bail interviendrait en fonction d'une modification de l'état des lieux du fait de travaux que le propriétaire devait exécuter, jugé que la non-réalisation de la révision conventionnelle – en raison de l'exécution tardive des travaux – ne faisait pas obstacle à la révision légale (Cass. 3e civ. 13-11-1975 : Rev. Loyers 1976 p. 95). 51112

Paiement des loyers par avance La révision triennale du loyer – et par conséquent le respect des dispositions des articles L 145-37 et suivants du Code de commerce – est impossible lorsque le **loyer total** a été payé d'avance car, dans ce cas, la dette de loyer est éteinte. Ainsi, dans un cas où, d'un commun accord, les parties avaient fixé, forfaitairement et transactionnellement, à une certaine somme le prix d'un bail de douze ans pour toute sa durée et sans recours ultérieur possible, une cour d'appel a pu, sans faire échec à l'article 34 du décret du 30 septembre 1953 (désormais C. com. art. L 145-15), retenir que, l'obligation de payer un loyer étant éteinte, l'action en révision de ce loyer ne pouvait être accueillie (Cass. com. 5-1-1961 n° 59-10.164 : Bull. civ. III n° 8 ; dans le même sens, Cass. com. 5-7-1965 n° 63-12.981 : Bull. civ. III n° 421). 51120

Dans un arrêt ancien, la cour d'appel de Paris (CA Paris 28-5-1963 : D. 963 jur. p. 569, confirmé par Cass. com. 5-7-1965, précité) a donné à la solution ainsi dégagée une explication que certains auteurs ont pu qualifier de « judicieuse » (voir notamment J. Viatte sous Cass. 3e civ. 12-12-1968, Cie Davum c/ Sté des Ferronneries du Midi : AJPI 1969 p. 809) : le but de la révision du loyer étant de maintenir l'équivalence des prestations des parties au cours du bail, cette équivalence est réalisée lorsque le loyer est payé en totalité d'avance car le bailleur peut alors employer le capital qu'il a reçu et mettre à profit l'évolution des circonstances économiques dont dépend l'augmentation des valeurs locatives.

En l'espèce, la cour d'appel a précisé que la périodicité du loyer, si elle est habituelle, n'est toutefois pas de l'essence du contrat de louage de choses, spécialement du bail d'immeubles, les parties ayant la faculté d'y renoncer en convenant d'un loyer payé globalement au début de la jouissance et pour toute la durée de celle-ci. Elle a donc considéré qu'en payant la totalité du loyer par avance, le locataire éteint l'obligation relative au loyer de sorte que les rapports entre les parties ne laissent pas de place à la révision du loyer, tant parce que cette révision ne se conçoit pas pour une obligation qui a déjà été entièrement exécutée dans les termes de la convention que parce que l'équilibre des prestations, qui en est la raison d'être, n'est pas en cause.

Ce qui est vrai lorsque le loyer fait l'objet d'un paiement total par avance l'est aussi lorsque seule une **partie du loyer** a été payée d'avance : la révision ne peut être admise que sur la part faisant l'objet de versements périodiques (Cass. 3e civ. 12-12-1968, Cie Davum c/ Sté des Ferronneries du Midi : AJPI 1969 p. 809). 51121

ATTENTION

Cette situation doit être distinguée de celle où le locataire verse au bailleur un **pas-de-porte** (ou droit d'entrée). Si le paiement d'un pas-de-porte avant l'entrée du locataire dans les lieux peut parfois s'analyser comme un supplément de loyer payé d'avance (n° 48910), en aucun cas il ne peut être qualifié de paiement de loyer fait d'avance (n° 48930).

Clauses-recettes Bien qu'elles fassent échec aux dispositions légales relatives à la révision triennale, les tribunaux reconnaissent la validité des clauses-recettes. Sur cette question, voir n° 48510. 51130

B. Révision du loyer organisée par le Code civil

DE LA RÉVISION DU LOYER À LA RÉVISION DU CONTRAT

Le législateur du bail commercial a eu conscience, dès l'origine, de la nécessité de prévoir les **mécanismes correcteurs** permettant de **réviser le loyer** du bail commercial, au cas de survenance de circonstances particulières, légalement encadrées et définies, au cours du bail. 51150

L'article L 145-39 du Code de commerce organise ainsi la révision du loyer à la valeur locative, lorsque par l'effet de la clause d'échelle mobile, le loyer a évolué de plus de 25 % au cours du bail (nos 52310 s.). De même, l'article L 145-38 prévoit le retour à la valeur locative, en présence d'une modification matérielle des facteurs locaux de commercialité ayant entraîné par elle-même une variation de plus de 10 % de la valeur locative (nos 51750 s.).

L'article 1195 du Code civil institue un principe général de renégociation du contrat et, pour y parvenir, confie au juge les pouvoirs les plus étendus. En effet, il admet la possibilité d'une 51151 révision judiciaire du contrat lorsque les parties ne sont pas parvenues à s'accorder sur le sort de celui-ci alors que son exécution est devenue excessivement onéreuse à la suite d'un changement imprévisible.

Ce texte, applicable à tous les baux conclus ou renouvelés **depuis le 1er octobre 2016** (date d'entrée en vigueur de l'ordonnance 2016-31 du 10 février 2016 portant réforme du droit des contrats), pose de nombreuses questions aux praticiens des baux commerciaux.

ARTICULATION DE L'ART. 1195 C. CIV. AVEC LES RÈGLES DE RÉVISION DU LOYER

51160 Une première difficulté consiste à déterminer comment concilier les règles spéciales de révision du loyer instituées par les articles L 145-38 et L 145-39 du Code de commerce avec le principe général de révision du contrat consacré par l'article 1195 du Code civil.

L'article 1105, al. 3 du Code civil apporte un début de réponse en rappelant que « les règles générales s'appliquent sous réserve des règles spéciales ». Le principe paraît simple et bien connu mais son application pratique risque d'être malaisée.

51162 Sur le terrain de l'**article L 145-39 du Code de commerce,** on peut raisonnablement penser qu'en cas d'évolution du loyer inférieure au seuil de 25 % institué par ce texte, la prééminence de la règle spéciale devrait faire obstacle à une demande de révision du loyer fondée sur l'article 1195 du Code civil. En effet, dans cette hypothèse, il y a concours entre les deux textes et identité d'objet.

51164 En revanche, la solution paraît plus malaisée en ce qui concerne la révision triennale légale. Rappelons que selon l'**article L 145-38 du Code de commerce,** les parties peuvent demander la révision du loyer à la valeur locative en présence d'une modification matérielle des facteurs locaux de commercialité survenue en cours de bail, et ayant entraîné par elle-même une variation de plus de 10 % de la valeur locative.

Si on prend l'exemple tragique des attentats survenus en 2015 et 2016 en France qui ont eu un impact très négatif sur l'exploitation des hôtels, à raison de la désaffection des touristes, il n'est pas du tout certain qu'ils soient considérés comme un facteur matériel de commercialité, ni qu'il puisse être rapidement vérifié qu'ils ont eu un impact de plus de 10 % sur la valeur locative. En revanche, sur le terrain général de l'article 1195 du Code civil, un tel événement paraît relever de la notion de « circonstances imprévisibles » justifiant la révision générale du contrat. Le même raisonnement peut être suivi avec la crise sanitaire et économique générée par la pandémie de Covid-19, survenue en 2020, et les mesures administratives de restriction, voire d'interdiction, des déplacements, de fermeture des frontières, d'interdiction de recevoir du public dans les commerces dits « non essentiels » qui ont entraîné pour de nombreuses activités, et plus particulièrement dans les secteurs du divertissement, de l'hôtellerie et de la restauration, la plus grave crise de leur histoire et remis en cause l'équilibre économique des baux pour une durée substantielle.

En présence d'un événement revendiqué par une partie à l'appui d'une demande de révision du bail pour imprévision, le juge devra dès lors se demander s'il s'agit d'une circonstance pouvant être qualifiée de « facteur local de commercialité », auquel cas le texte spécial de l'article L 145-38 devrait en principe faire obstacle à l'application du texte général. Une difficulté demeure toutefois, car même à supposer qu'on soit en présence d'un événement pouvant être considéré comme un facteur local de commercialité et relevant donc en principe de la règle spéciale de l'article L 145-38, il n'en reste pas moins que les dispositions de cet article et celles de l'article 1195 du Code civil n'ont pas exactement le même objet : dans le premier cas, il s'agit de réviser le loyer à la valeur locative, alors que dans le second cas il s'agit d'« adapter le contrat », ce qui est substantiellement différent, le juge pouvant arrêter les mesures financières, mais pas seulement ; il pourrait par exemple autoriser le locataire à sous-louer les locaux, voire à modifier son activité, ou encore, pour reprendre l'exemple des attentats, accorder une baisse temporaire du loyer pendant une courte période, ce que le juge des loyers ne peut pas faire dans le strict cadre légal de la révision triennale légale.

ATTENTION

Dans un arrêt isolé, la cour d'appel de Versailles a jugé que l'article 1195 du Code civil ne s'applique pas en matière de baux commerciaux. Selon elle, dès lors que le statut des baux commerciaux prévoit de nombreuses dispositions spéciales relatives à la révision du contrat de bail (révision triennale, clause d'indexation), il n'y a pas lieu de faire application des dispositions générales de l'article 1195 précité, ces dernières devant être écartées au profit des règles spéciales du statut des baux commerciaux (CA Versailles 12-12-2019 nº 18/07183, 12e ch.). Signalons que, dans cette affaire, la question de l'application de l'article 1195 n'avait pas à être soulevée car le bail était antérieur au 1er octobre 2016.

L'article 1195 du Code civil pourrait ainsi devenir un **mécanisme autonome de révision du bail,** même pour des événements tels que des facteurs locaux de commercialité, relevant des règles spéciales du statut des baux commerciaux. Cette règle de révision du bail devrait permettre de lever l'obstacle de l'autonomie de la volonté des parties sur laquelle se fonde la Cour de cassation pour refuser de réviser le loyer binaire comportant une partie fixe et une partie variable, depuis le fameux arrêt de principe « Théâtre Saint-Georges » (Cass. 3e civ. 10-3-1993 n° 91-13.418, Sté Théâtre Saint-Georges c/ Sté Cie Financière Saint-Dominique : RJDA 6/93 n° 484). Or l'article 1195 attribue expressément au juge du contrat le pouvoir de s'affranchir de la « convention des parties » et d'adapter en conséquence le loyer du bail. 51166

CONDITIONS DE MISE EN ŒUVRE DE L'ART. 1195 C. CIV.

La révision du bail est soumise à une **double condition** : il s'agit d'un « changement de circonstances » qui, d'une part, était « imprévisible lors de la conclusion du contrat » et, d'autre part, « rend l'exécution » du bail « excessivement onéreuse » pour une, voire les deux parties. 51175

La première condition a un spectre très large : elle a vocation à s'appliquer à tous types d'**événements** ou de circonstances nouvelles, dès lors toutefois qu'ils étaient **imprévisibles lors de la conclusion du contrat.** Le juge du contrat devra donc se reporter à la date de signature du bail et se demander si, à cette époque, l'événement qui est venu au cours du bail bouleverser l'économie du contrat était raisonnablement prévisible. 51177

Si on prend l'**exemple** d'un exploitant hôtelier déclenchant une demande de révision d'un bail conclu en 2008, à raison de la concurrence des plateformes de type Airbnb, le juge devra déterminer si, à cette date, l'exploitant hôtelier pouvait raisonnablement anticiper la concurrence future de ce type d'hébergement. De façon encore plus prégnante, il ne fait guère de doute que les mesures de restriction des déplacements et d'interdiction de recevoir du public dans les locaux, prises par les autorités nationales et locales dans le cadre de la pandémie de Covid-19, devraient être considérées comme imprévisibles, dans la mesure où elles sont sans précédent en France. D'ailleurs, une première décision a été rendue en ce sens : dans un cas où une société avait effectué en janvier 2020 de lourds travaux dans des locaux qu'elle avait pris en location en décembre 2019 en vue d'y exploiter une activité de restauration, le juge des référés parisien a considéré que le locataire pouvait, sans contestation sérieuse, se prévaloir des circonstances imprévisibles visées par l'article 1195 du Code civil car le maintien de mesures de police visant à assurer la distanciation sociale pendant la période de réouverture du restaurant l'avait empêché de démarrer son activité conformément à ses prévisions et d'amortir ainsi le coût des lourds travaux d'aménagement du local commercial ; le juge des référés en a conclu que le juge du fond devra déterminer si les dispositions sur l'imprévision justifient une adaptation du contrat pour le troisième trimestre 2020 (TJ Paris réf. 21-1-2021 n° 20/55750 : RJDA 6/21 n° 371). La Cour de cassation ne s'est pas encore prononcée sur la question.

La seconde condition sera sans doute plus aisée à établir, puisqu'il s'agit de démontrer que le changement de circonstance rend l'**exécution du bail excessivement onéreuse** pour la partie concernée. 51179

Si on prend l'exemple des attentats de 2015-2016 ou celui de la pandémie de Covid-19, le juge saisi devra déterminer si la désaffection massive des touristes et l'annulation des réservations se traduisant par une chute drastique du taux d'occupation des hôtels et une perte substantielle du chiffre d'affaires rend la charge du loyer négocié lors de la conclusion du bail insupportable pour l'exploitant hôtelier.

MISE EN ŒUVRE DE LA RÉVISION DU CONTRAT DE BAIL

Le législateur a prévu deux étapes. La première est uniquement contractuelle. Elle repose sur l'obligation de **négocier de bonne foi l'adaptation du contrat.** Pendant cette première phase, la partie qui a initié la demande de révision doit continuer à exécuter le bail aux conditions contractuelles. 51185

Les parties négocient en réalité sous la menace de l'intervention du juge, puisqu'**à défaut d'accord** dans un délai raisonnable le **juge** peut être **saisi** par l'une des parties. Le pouvoir conféré au juge est considérable et consacre son immixtion dans la relation contractuelle, ce qui constitue une nouveauté radicale dans le système juridique français. 51186

Le pouvoir du juge du contrat, contrairement à celui du juge des loyers, ne se cantonne pas à la révision du loyer puisqu'il a toute latitude pour adapter le contrat, et même « y mettre fin, à la date et aux conditions qu'il fixe » ; cela constitue une atteinte inédite à la force obligatoire du contrat.

> **Précisions** Concernant l'obligation de continuer à **exécuter le bail** aux conditions contractuelles, il ne semble pas que l'obligation par exemple de régler les loyers pour le locataire qui invoque l'imprévision soit une **condition de recevabilité de la demande,** dans la mesure où le texte ne prévoit pas cette sorte de déchéance (O. Deshayes, T. Genicon, Y.-M. Laithier : Réforme du droit des contrats, du régime général et de la preuve des obligations, LexisNexis p. 462, 2e éd.). Cette sanction serait beaucoup trop grave, le locataire étant dans la plus grande difficulté économique pour une cause qui ne lui est pas imputable à faute. En réalité, la procédure de l'inexécution du bail va nécessairement se combiner avec celle de l'imprévision, que le locataire pourra invoquer comme moyen de défense.

CARACTÈRE SUPPLÉTIF DE L'ART. 1195 C. CIV.

51200 L'article 1195 du Code civil prévoit que les parties peuvent accepter, lors de la conclusion du bail, d'« assumer le risque » de l'imprévision, ce qui confère au texte un caractère simplement supplétif (en ce sens, Rapp. AN n° 639 relatif à la ratification de l'ordonnance 2016-131 du 10 février 2016 p. 6 et 30). Les bailleurs « professionnels », notamment les grandes sociétés foncières, très inquiets du risque que peut représenter l'immixtion du juge dans la relation contractuelle, ont mis au point dans leurs nouveaux baux une **dérogation** systématique **à la règle de la révision du contrat pour imprévision.** Il est toutefois douteux que cette renonciation puisse être étendue au futur renouvellement du bail, sans qu'un nouvel accord de volonté du locataire intervienne lors du renouvellement (dans le même sens : J. Monéger, Au croisement des droits – droit des contrats et de la preuve et droit des baux commerciaux : l'ordonnance 2016-131 du 10 février 2016, les articles L 145-1 et suivants du Code du commerce et le bail commercial : RTD com. 2016 p. 427). La référence de l'article 1195 à la conclusion du contrat paraît induire la nécessité d'une renonciation intervenant lors de chaque renouvellement successif.

Nul doute que le bouleversement de l'équilibre économique des baux généré par la pandémie de Covid-19 devrait inciter les locataires à apporter plus d'attention à ces clauses de renonciation systématique et, au contraire, à introduire des nouvelles clauses de « hardship » dans les baux.

SECTION 2

RÉVISION TRIENNALE DU LOYER EN L'ABSENCE D'UNE CLAUSE D'INDEXATION

A. Demande de révision triennale du loyer

51300 La demande de révision doit être formée par acte extrajudiciaire ou par lettre recommandée avec demande d'avis de réception. Elle doit, à peine de nullité, préciser le montant du loyer demandé ou offert (C. com. art. R 145-20, al. 1).

51301 Cette demande est fortement encadrée par la loi, qu'il s'agisse de la date à laquelle elle doit intervenir (nos 51360 s.) ou de la forme qu'elle doit revêtir (nos 51430 s.). À notre avis, plus que d'une « demande » de révision, il convient de parler de « proposition de révision ». En effet, l'auteur de la demande (nos 51310 s.) soumet à son cocontractant une proposition qui ne rendra exigible un nouveau loyer que lorsqu'elle aura été acceptée par ce dernier (nos 51500 s.) ou à la suite d'une décision de justice.

1. AUTEUR DE LA DEMANDE

51310 La demande de révision du loyer n'est pas réservée au seul bailleur ; elle peut être faite par l'une ou l'autre des **parties au bail** commercial (C. com. art. L 145-37 ; Cass. com. 8-1-1964 n° 62-10.374 : Bull. civ. III n° 15 ; Cass. com. 22-3-1966 : Bull. civ. III n° 157), étant précisé que, le plus souvent, c'est le bailleur qui en est à l'origine.

Outre les parties au bail, il a été jugé que l'**avocat** auquel le bailleur a conféré un mandat peut adresser la demande de révision triennale du loyer au locataire (CA Paris 6-2-2008 n° 06-15555, 16e ch. A), de même que le **créancier** du bailleur, en formant une action oblique, dans le cas particulier où l'immeuble loué a été saisi (CA Aix 20-3-1986, 4e ch. civ., Sté Garantie Mutuelle du Corps Médical [Sogammed] c/ Sté Clinique des Fontaines).

La Cour de cassation a également admis que l'**associé** d'une **société de construction** auquel l'assemblée générale avait attribué la jouissance de locaux qu'elle avait précédemment donnés en location avait qualité pour agir dès lors que l'attribution des locaux qui lui avait été faite avait été signifiée au locataire (Cass. 3e civ. 14-11-1968 n° 67-11.569 : Bull. civ. III n° 464).

Lorsque l'immeuble loué appartient à **plusieurs propriétaires,** est-ce que la demande de révision doit être faite par l'ensemble des copropriétaires ? **51311**

Les réponses à cette question ont été apportées par des arrêts rendus avant les modifications apportées au régime de l'indivision par la loi 2006-728 du 23 janvier 2006 mais les solutions retenues restent à notre avis valables.

La Cour de cassation a considéré que les copropriétaires d'un immeuble se trouvant en état d'indivision successorale sont obligés, du fait de la situation juridique qui en résulte, de demander à l'unanimité la révision du loyer commercial consenti sur cet immeuble sans pouvoir invoquer les dispositions de l'article 34 du décret du 30 septembre 1953 (désormais C. com. art. L 145-15) (Cass. com. 5-2-1963 n° 59-12.085 : Bull. civ. III n° 85).

Les juges du fond ont toutefois précisé que la **poursuite de la procédure** en révision du loyer, initialement formée par deux copropriétaires indivis, étant un simple acte d'administration rentrant dans le cadre des modalités d'exécution d'un bail en cours, chacun des copropriétaires est recevable à accomplir seul tous actes de procédure, dès lors que les autres copropriétaires ne s'y opposent pas (CA Paris 19-3-1971 n° 19574, 16e ch.).

2. DATE DE LA DEMANDE

PRINCIPES

La demande en révision ne peut être formée que trois ans au moins après la date d'entrée en jouissance du locataire ou après le point de départ du bail renouvelé ; de nouvelles demandes peuvent être formées tous les trois ans à compter du jour où le nouveau prix du loyer est applicable (C. com. art. L 145-38, al. 1 et 2). **51360**

Il s'agit d'un délai d'attente. La Cour de cassation considère en effet que la demande en révision ne peut être formée que si la **période triennale** est **échue** (Cass. 3e civ. 11-6-1985 n° 84-12.248 : Bull. civ. III n° 92 ; Cass. 3e civ. 30-5-2001 n° 99-17.810 FS-D : AJDI 2001 p. 982 obs. J.-P. Blatter).

> **Précisions** La Cour de cassation a refusé d'admettre que la **demande** puisse être formée **avant l'échéance** de trois ans même si elle a été faite pour la date à partir de laquelle l'augmentation du loyer est applicable. Ainsi, dans l'arrêt du 11 juin 1985, la Cour de cassation a censuré la décision d'une cour d'appel qui, pour déclarer recevable la demande en révision du prix d'un bail commercial ayant fait l'objet d'une précédente révision, avait retenu que l'article 27 (désormais C. com. art. L 145-38) n'imposait pas que la demande soit formée au jour près au moment du départ de la période triennale et avait estimé qu'il fallait autoriser les propriétaires, pour qu'ils ne soient pas lésés par un formalisme excessif, à demander l'augmentation du loyer dans un délai raisonnable avant l'échéance à partir de laquelle elle était due et que la demande de révision, faite un mois avant l'échéance, permettait de sauvegarder les intérêts des deux parties.

POINT DE DÉPART DU DÉLAI DE RÉVISION TRIENNALE DU LOYER

Première révision Pour la première révision qui fait suite à la conclusion du **bail d'origine** ou du bail renouvelé, le délai de trois ans court à compter soit de l'entrée en jouissance du locataire, c'est-à-dire la date d'effet du bail d'origine, soit du point de départ du bail renouvelé, c'est-à-dire sa date d'effet (C. com. art. L 145-38, al. 1). **51365**

La date d'entrée en jouissance est celle indiquée dans le bail (Cass. com. 27-12-1960 n° 58-12.235 : Bull. civ. III n° 433 ; Cass. 3e civ. 28-6-1960 n° 1.235 : Bull. civ. III n° 259), sans qu'il y ait à tenir compte du fait que le locataire a pris possession des lieux à une autre date (Cass. 3e civ. 28-6-1960 précité). Dans cette affaire, le locataire avait eu la jouissance effective des lieux deux ans avant la signature du bail par acte authentique mais la solution est, à notre avis, identique en cas de prise de possession des lieux après la date de signature du bail.

En cas de **renouvellement du bail,** le délai court à compter de la date du renouvellement, peu important que la date d'exigibilité du loyer soit reportée (Cass. 3e civ. 8-9-2016 n° 15-17.485 FS-PB : RJDA 12/16 n° 846 ; CA Paris 24-9-2008, Sté Ideal Standard France c/ SCI Madeleine de Grouchy : Loyers et copr. 2009 comm. n° 16).

51366 Les mêmes règles s'appliquent en présence d'un **bail à paliers** (Cass. 3e civ. 14-5-1980 n° 79-10.511 : Bull. civ. III n° 98).

ILLUSTRATIONS

En l'espèce, le bail avait été consenti à compter du 1er septembre 1968, pour un loyer annuel de 3 500 F (530 € environ) pendant les deux premières années et de 4 500 F (680 € environ) à partir du 1er septembre 1970. La Cour de cassation a censuré la décision d'une cour d'appel qui, pour réviser le prix du bail, avait retenu qu'il n'était pas démontré qu'entre le 1er septembre 1970 et le 13 septembre 1974, date de la demande en révision, la variation des facteurs locaux de commercialité avait entraîné par elle-même une modification de plus de 10 % de la valeur locative. Les juges du fond avaient en effet pris pour point de départ de la période au cours de laquelle devait être appréciée la variation des facteurs locaux de commercialité une date autre que celle de la prise d'effet du bail.

51370 **Révisions ultérieures** Le Code de commerce prévoit que de nouvelles demandes peuvent être formées tous les trois ans. Dans ce cas, le délai de trois ans court du jour où le loyer précédemment révisé s'est appliqué, quelle que soit la date de sa fixation (C. com. art. L 145-38, al. 2 ; voir également Cass. 3e civ. 11-6-1985, analysé n° 51360).

Il en va ainsi même en cas de **modification conventionnelle** du loyer en cours de période (Cass. 3e civ. 26-11-1986 n° 85-14.399 : Bull. civ. III n° 167).

ILLUSTRATIONS

Le propriétaire de locaux commerciaux donnés en location à une société moyennant un loyer annuel de 234 000 F, révisable le 1er juin 1982, avait accepté, par un avenant du 14 octobre 1981, la sous-location partielle des lieux loués au bénéfice d'un tiers, moyennant une majoration de loyer de 16 000 F (environ 2 400 €) applicable à compter du 1er mars 1981, avant d'assigner le locataire aux fins d'obtenir la révision du loyer principal à compter du 1er juin 1982. Ayant constaté que le loyer a été conventionnellement réévalué par le propriétaire et le locataire principal à compter du 1er mars 1981, la Cour de cassation a jugé que les juges de du fond avaient justement retenu qu'une demande en révision formée pour le 1er juin 1982 était irrecevable comme faite moins de trois ans après la date de prise d'effet de la révision antérieure (Cass. 3e civ. 26-11-1986 n° 85-14.399 précité).

Dans un cas où, moins de trois ans après l'entrée en jouissance du locataire, le loyer avait été modifié par avenant au bail d'origine pour tenir compte de travaux exécutés par le bailleur, la Cour de cassation a confirmé la décision d'une cour d'appel qui avait retenu qu'une nouvelle demande en révision fondée sur l'article 26, alinéa 1 du décret du 30 septembre 1953 (devenu C. com. art. L 145-37) ne pouvait être formée que trois ans après le jour où le prix convenu était entré en application (Cass. 3e civ. 21-1-1981 n° 79-14.060 : Bull. civ. III n° 18).

51371 **Après l'expiration de la période triennale,** la révision peut être demandée à n'importe quel moment et sans limite de temps, les textes ne mentionnant pas de date limite pour demander la révision du loyer, mais elle ne prendra effet qu'au jour de la demande (n° 52000), et la révision suivante sera décalée d'autant.

À partir du moment où le délai de trois ans est écoulé depuis la dernière révision, une nouvelle demande peut être faite même si aucune révision n'a été demandée au terme de la précédente période de trois ans. Ainsi, après avoir relevé qu'aucune disposition législative n'instaure de forclusion pour le bailleur qui n'a pas demandé de révision après une première période de trois ans et n'empêche de tenir compte de l'évolution des facteurs de révision sur une période supérieure à trois ans, une cour d'appel a jugé indifférente, pour la solution d'un litige tendant à la fixation d'un loyer révisé le 1er janvier 1978, l'existence ou non d'une précédente révision au 1er janvier 1975, le nouveau loyer pouvant être apprécié par rapport au loyer fixé au 1er janvier 1972 (CA Paris 21-9-1982, 16e ch. A).

51372 Précisons qu'aucune demande de révision ne peut être formée lorsque l'expiration de la période de trois ans tombe l'année où le bail est renouvelé et où, par conséquent, est fixé le prix du **bail « renouvelé »** (Cass. com. 22-2-1960 n° 57-10.902 : Bull. civ. III n° 72 ; Cass. 3e civ. 16-2-1972 n° 70-13.541 : Bull. civ. III n° 108 ; Cass. 3e civ. 13-6-1973 n° 72-11.500 : Bull. civ. III n° 408). Dans ce cas, c'est évidemment la procédure de détermination du loyer du bail renouvelé qui s'applique (sur ce point, voir nos 54000 s.).

Ainsi, dans un cas où le bailleur avait régulièrement délivré congé à son locataire en se déclarant prêt à discuter des conditions d'un nouveau bail, il a été jugé que ce bail ne constituait pas un bail tacitement reconduit mais un bail renouvelé dont le loyer devait être fixé conformément à l'article 23 du décret du 30 septembre 1953 (devenu C. com. art. L 145-33 s.), sans qu'il puisse être fait application des dispositions de l'article 27 du même décret (devenu C. com. art. L 145-38) (Cass. 3e civ. 8-2-1972 n° 70-13.149 : Bull. civ. III n° 84).

Lorsque le bail n'est pas renouvelé dans le délai légal mais seulement reconduit par **tacite prolongation,** aucune disposition du statut des baux commerciaux ne permet d'écarter l'application de la révision triennale au loyer du bail reconduit dès lors qu'il s'est écoulé au moins trois ans depuis la dernière révision (CA Bourges 16-11-1976, 1e ch. civ. : Rev. Loyers 1977 p. 105).

Par ailleurs, il a été jugé que la demande de révision du loyer n'est pas **subordonnée à la solution d'une instance en cours** relative à la fixation du prix du bail renouvelé (Cass. 3e civ. 10-1-1982 n° 81-13.399 : Bull. civ. III n° 217 ; Cass. 3e civ. 25-11-1987 n° 86-14.638 : Bull. civ. III n° 194). De même, le droit à révision du prix du bail pour la troisième période triennale n'est pas subordonné à la solution de l'instance en cours relative à la révision du prix du bail pour la période précédente (Cass. 3e civ. 13-3-1985 n° 443, Sté de gérance des Établissements cinématographiques Éclair c/ Sté Athena). **51373**

COMPUTATION DU DÉLAI DE RÉVISION TRIENNALE DU LOYER

Le délai de trois ans prévu par l'article L 145-38 du Code de commerce est soumis à l'article 641, al. 2 du Code de procédure civile (Cass. 3e civ. 23-2-1994 n° 407 P : RJDA 6/94 n° 628) : lorsqu'un délai est exprimé en mois ou en années, il expire le jour du dernier mois ou de la dernière année qui porte le même quantième que le jour de l'acte, de l'événement, de la décision ou de la notification qui fait courir le délai et, à défaut d'un quantième identique, le délai expire le dernier jour du mois. En outre, si la période triennale expire un samedi, un dimanche ou un jour férié, la demande doit être faite à partir du premier jour ouvrable suivant, conformément aux prévisions de l'article 642, al. 2 du Code de procédure civile. **51385**

ILLUSTRATIONS

Dans un cas où un loyer avait été révisé le 1er décembre 1979 et où la période triennale venait à expiration le 1er décembre 1982, la demande en révision ne pouvait pas être valablement formée avant le 2 décembre de la même année (Cass. 3e civ. 23-2-1994 précité).

Dans un cas où le loyer avait été fixé le 30 octobre 1985 et où le bail venait à expiration le 30 septembre 1988, il a été jugé que la demande de révision faite ce même jour, alors que la durée de trois ans n'était pas encore écoulée, était irrégulière (CA Paris 17-4-1992, 16e ch. B : Loyers et copr. 1992 n° 301 obs. Brault).

Lorsque la **demande** n'est pas faite par acte extrajudiciaire mais **par lettre recommandée** avec demande d'avis de réception, la date à prendre en considération est celle de l'expédition, et non la date de réception (Cass. 3e civ. 22-4-1980 n° 78-13.422 : Bull. civ. III n° 81). **51387**

3. FORME ET CONTENU DE LA DEMANDE

FORME DE LA DEMANDE DE RÉVISION TRIENNALE DU LOYER

La demande en révision du loyer doit être formée par **acte extrajudiciaire** ou par **lettre recommandée** avec demande d'avis de réception (C. com. art. R 145-20). Une lettre simple ne produit effet que si le destinataire reconnaît l'avoir reçue et si l'inobservation des formes légales ne lui a pas porté préjudice (CA Paris 30-6-1971 : Ann. loyers 1972 p. 1629 et CA Bordeaux 23-1-1989 : Loyers et copr. 1989 comm. n° 334). **51430**

ATTENTION

Les dispositions prévues par l'article R 145-20 du Code de commerce relatives à la forme et au contenu de la demande en révision ne concernent que la **procédure** à appliquer **devant le juge des loyers commerciaux.** Sur les règles applicables lorsque la demande en révision du loyer est portée accessoirement devant le tribunal judiciaire, voir n° 21235.

Dans un cas où, sans respecter la formalité de l'article R 145-20 du Code de commerce, un locataire avait notifié au bailleur un **mémoire** lui demandant la fixation du loyer révisé à une certaine somme avant de l'assigner en justice à cette fin, la procédure a été jugée irrégulière dès lors que le mémoire qui est notifié préalablement à la saisine du juge est un acte distinct de la demande en révision du loyer, qu'il produit d'autres effets et que sa notification ne vaut pas demande préalable (Cass. 3e civ. 15-11-2006 n° 1177 FS-PB : RJDA 2/07 n° 131). La situation n'est pas susceptible d'être régularisée par la notification de la demande de révision après le mémoire en demande (Cass. 3e civ. 26-1-2017 n° 16-10.304 FS-PB : RJDA 5/17 n° 316). De même, une **assignation en justice** ne constitue pas une demande en révision de loyer (dans ce sens, voir Cass. 3e civ. 29-4-1998 n° 625 PF : RJDA 6/98 n° 689). Il convient en effet de distinguer la demande de révision amiable et la demande de révision judiciaire. L'article R 145-20 du Code de commerce prévoit qu'en cas de désaccord des parties sur la révision du loyer la demande de révision est jugée dans les conditions prévues aux articles L 145-56 et suivants du même Code relatifs à la fixation judiciaire du loyer. **51431**

La **notification de la demande** de révision du loyer est généralement faite à l'adresse des lieux loués. **51432**

CONTENU DE LA DEMANDE DE RÉVISION TRIENNALE DU LOYER

51440 La demande de révision doit, à peine de nullité, préciser le **montant du loyer demandé** ou offert (C. com. art. R 145-20, al. 1). Cette précision qui vise à favoriser l'accord des parties constitue un préalable indispensable ; il ne peut y être suppléé par un chiffrage figurant dans l'assignation en fixation du loyer révisé (Cass. 3e civ. 12-10-1976 n° 74-13.864 : Bull. civ. III n° 335).

51441 Toutefois, les dispositions de l'article R 145-20 du Code de commerce se heurtent à un **obstacle pratique** car l'un des indices permettant de calculer le nouveau montant du loyer est l'indice du trimestre au cours duquel a été notifiée la demande de révision. Or, les indices sont publiés par l'Insee plusieurs mois après le début du trimestre concerné de sorte que le nouvel indice n'est pas connu à la date de la demande de révision (dans le même sens, J.-D. Barbier note sous Cass. 3e civ. 20-12-1989, Sté Giberedy c/ Sté supermarché Bordeaux Nord : Gaz. Pal. 1990 jur. p. 681) : par exemple, pour une demande faite le 10 septembre 2024, l'indice à prendre en compte est celui du 3e trimestre de l'année 2024 qui a n'été publié qu'en décembre 2024.

51442 Pour **éviter** cette **difficulté,** certains baux avaient prévu que le montant du loyer révisé serait calculé sur la base du **dernier indice connu** à la date de la demande de révision (dans notre exemple, celui du 1er trimestre 2024 qui a été publié en juin 2024). Mais cette pratique a été condamnée par les juges (n° 51701).

51443 La cour d'appel de Paris a quant à elle cherché une autre solution pour atténuer la règle en admettant que le montant du loyer demandé ou offert n'a **pas nécessairement** à être **chiffré avec exactitude,** dès lors que la demande comporte une indication permettant de déterminer clairement le loyer futur en fonction d'un élément ne dépendant nullement de la volonté de l'une ou de l'autre des parties (CA Paris 27-4-1977, 16e ch. : JCP G 1977 II n° 18765 note B. Boccara).

ILLUSTRATIONS

Jugé que répondait aux conditions de l'article 26 du décret du 30 septembre 1953 (désormais C. com. art. R 145-20) la demande de révision qui comportait une référence au taux de variation de l'indice car cela impliquait le désir du bailleur d'obtenir le chiffre maximum permis par le décret en l'absence de toute modification matérielle des facteurs locaux de commercialité, peu important que cet indice n'ait pas encore été publié à la date de la demande dès lors qu'il le serait nécessairement dans un proche avenir (CA Paris 27-4-1977 précité).

En revanche, après avoir rappelé que l'article 26 précité n'exige pas que le montant du loyer soit chiffré dans la demande dès lors que les éléments en permettant le calcul sont définis avec suffisamment de précision pour que le locataire puisse l'établir dès la parution de l'indice manquant, la cour d'appel de Paris a jugé qu'une demande de révision devait être déclarée nulle car elle était de nature à jeter le trouble dans l'esprit du locataire commerçant peu habitué aux subtilités du décret du 30 septembre 1953, pour les raisons suivantes (CA Paris 16-4-1985, 16e ch. : Loyers 1985 n° 301 note G. G.) :

– la lettre ne disait pas depuis quelle date le précédent loyer avait été fixé, ni surtout celle à partir de laquelle le nouveau loyer était demandé ;
– la référence à l'article 17 de la loi du 12 mai 1965 était sans intérêt et, en conséquence, de nature à provoquer des interrogations chez le locataire ;
– le paragraphe sur l'article 12 de la même loi aurait été plus utilement présenté comme étant l'alinéa 3 de l'article 27 du décret de 1953, cette présentation étant également de nature à provoquer des perturbations dans l'esprit du locataire ;
– l'indication que le loyer serait inférieur à la somme obtenue par le calcul de variation des indices laissait le locataire dans l'incertitude du montant du loyer réclamé ;
– la lettre aurait pu être plus explicite si le bailleur avait donné l'indice du 1er trimestre 1978 auquel il se référait et qu'il connaissait ;
– enfin, et essentiellement, la prise en compte pour 1981 de l'indice du 2e trimestre, alors que par référence à l'indice du 1er trimestre 1978 le bailleur aurait dû se référer à l'indice du 1er trimestre 1981, était un élément de nature à troubler le locataire.

Cette **atténuation** de la règle nous semble **condamnée** par un arrêt postérieur de la Cour de cassation (Cass. 3e civ. 17-12-1986 : Rev. Loyers 1987 p. 107). Au cas particulier, le bailleur avait repris l'argumentation développée par la cour d'appel de Paris dans son arrêt du 27 avril 1977 et soutenait que si l'article 26 du décret du 30 septembre 1953 (désormais C. com. art. R 145-20) prévoit que la demande doit préciser le montant du loyer demandé, il n'exige pas l'indication d'une somme en numéraire puisqu'il suffit que le loyer soit objectivement déterminable en fonction d'un élément étranger à la volonté des parties et qu'une demande indiquant, comme en l'espèce, que le loyer ferait l'objet de l'augmentation légale telle que découlant de la variation de l'indice du coût de la construction répond suffisamment au vœu de la loi. La Cour de cassation a rejeté cet argument et confirmé la décision des juges du fond qui, après avoir constaté l'absence de précision du montant du loyer réclamé dans la lettre de demande de révision, avaient jugé que cette demande était entachée de nullité.

Dans un arrêt plus récent, dont il est difficile de tirer des enseignements quant à une éventuelle évolution de la jurisprudence de la cour d'appel de Paris, cette dernière a jugé que la demande de révision d'un loyer calculé « en fonction des indices trimestriels en vigueur sur la base d'un loyer restant à fixer judiciairement » ne répond pas à la condition de précision requise dès lors qu'elle ne permet pas au locataire de connaître le montant du loyer proposé, lequel n'était même pas déterminable (CA Paris 30-1-2008 n° 06-18659, 16ᵉ ch. A : Loyers et copr. 2008 comm. n° 85 note E. Chavance).

À notre avis, la meilleure solution consiste à fixer dans la demande un **montant** de loyer **provisoire ou probable,** car l'essentiel est qu'un montant soit exprimé. Une fois l'indice publié, les parties pourront alors revenir sur ce montant (dans ce sens, voir Cass. 3ᵉ civ. 20-12-1989 : Gaz. Pal. 1990 jur. p. 681, dans lequel le bailleur avait demandé un prix provisionnel dans l'attente de la publication de l'indice). **51444**

> Précisions a. Lorsque le montant du **loyer** est chiffré de manière imprécise, le bailleur peut le **modifier en cours d'instance** dès lors que sa demande n'est pas abusive. Ainsi, il a été jugé que devait être cassée la décision d'une cour d'appel qui, pour débouter un bailleur d'une telle demande, avait retenu que celui-ci n'avait pas pu, sans abus manifeste, modifier sa demande, sans relever aucun élément caractérisant cet abus (Cass. 3ᵉ civ. 30-6-1971 n° 70-10.904 : Bull. civ. III n° 414).

b. Le **jugement** qui statue dans son dispositif sur la régularité d'une demande de révision dont la nullité est invoquée pour absence de précision du montant du loyer tranche une question de fond de sorte qu'il est susceptible d'un **appel immédiat** (Cass. 3ᵉ civ. 19-3-2008 n° 07-10.679 FS-PB : RJDA 6/08 n° 617).

4. ACCEPTATION DE LA DEMANDE

Le bailleur ne peut pas, au seul motif qu'il a formulé une demande de révision du loyer, exiger du locataire le paiement du nouveau loyer. L'acceptation de la demande par le locataire ou une décision du juge des loyers est en effet indispensable pour rendre la révision exigible. **51500**

Le locataire peut accepter le nouveau loyer **par écrit.** Dans ce cas, le bailleur ne peut pas remettre cet accord en cause en invoquant une erreur de calcul commise par son mandataire (CA Aix-en-Provence 22-1-1981 : Ann. Loyers 1983 p. 409 ; voir toutefois Cass. 3ᵉ civ. 30-6-1971, analysé n° 51444).

L'acceptation peut également être tacite et résulter par exemple du fait que le locataire **règle le nouveau loyer,** même de manière épisodique (Cass. 3ᵉ civ. 15-5-1991 n° 89-21.894 D). Mais pour que l'acceptation tacite soit retenue, encore faut-il que la demande de révision soit régulière (Cass. 3ᵉ civ. 14-12-2023 n° 22-15.871 F-D : RJDA 5/24 n° 274).

La **demande** de révision du prix du loyer **non acceptée** par le locataire est inefficace. En conséquence, le défaut de paiement par ce dernier de la majoration de loyer ne peut pas justifier une action en résiliation du bail par application de la clause résolutoire (CA Versailles 29-9-1988, 12ᵉ ch. : Juris-Data n° 44846). **51501**

De même, le bailleur ne peut pas adresser de commandement au locataire ou prendre des mesures conservatoires à son encontre.

Ainsi, dans un cas où un bailleur avait fait procéder à une saisie-arrêt sur le compte bancaire de la société locataire pour obtenir paiement d'un arriéré de loyers calculé sur la base d'une révision triennale qu'il avait unilatéralement proposée à cette dernière, le bailleur a été condamné à payer à celle-ci des dommages-intérêts pour saisie-arrêt abusive et à rembourser les frais de mainlevée de cette saisie-arrêt dès lors qu'en l'absence d'accord des parties il incombait au bailleur de saisir le juge des loyers commerciaux pour fixer le prix du loyer révisé (Cass. 3ᵉ civ. 12-4-1995 n° 93-12.849 : Bull. civ. III n° 103).

B. Fixation judiciaire du loyer révisé

À défaut d'accord entre les parties sur le loyer révisé, celui-ci est fixé par le juge selon la procédure dite « sur mémoire » (voir nᵒˢ 21550 s.). **51600**

1. LE PRINCIPE : FIXATION DU LOYER RÉVISÉ À LA VALEUR LOCATIVE

En principe, le montant des loyers des baux révisés doit correspondre à la valeur locative et, à défaut d'accord, cette valeur est déterminée d'après les caractéristiques du local considéré, la destination des lieux, les obligations respectives des parties, les facteurs locaux de commercialité et les prix couramment pratiqués dans le voisinage (C. com. art. L 145-33). **51605**

Le juge fixe souverainement la valeur locative en adoptant le mode de calcul qui lui apparaît le meilleur (Cass. 3e civ. 7-5-1986 no 83-14.535 : Bull. civ. III no 63) sans toutefois pouvoir prendre en compte les investissements réalisés par le locataire dans les lieux loués ni les plus ou moins-values résultant de sa gestion pendant la durée du bail en cours (C. com. art. L 145-38, al. 4).

En pratique, ce **principe** est devenu l'**exception** (nos 51750 s.) car le montant du loyer révisé est soumis à un plafonnement destiné à freiner la hausse des loyers commerciaux (nos 51650 s.).

2. PLAFONNEMENT DU LOYER RÉVISÉ

51650 Par dérogation au principe selon lequel le montant du loyer révisé doit correspondre à la valeur locative (nos 51605 s.), et à moins que ne soit rapportée la preuve d'une modification matérielle des facteurs locaux de commercialité ayant entraîné par elle-même une variation de plus de 10 % de la valeur locative (nos 51755 s.), la majoration ou la diminution de loyer consécutive à une révision triennale ne peut pas excéder la **variation** d'un indice Insee de référence intervenue depuis la dernière fixation amiable ou judiciaire du loyer (C. com. art. L 145-38, al. 3).

ATTENTION

Pour les contrats conclus ou renouvelés **à compter du 1er septembre 2014**, la loi 2014-626 du 18 juin 2014 a supprimé l'indice du coût de la construction **(ICC)** comme indice de référence ; seuls demeurent l'indice des loyers commerciaux **(ILC)** et l'indice trimestriel des loyers des activités tertiaires **(Ilat)**, chacun pour le domaine qu'il couvre (no 48626).
Pour les **contrats en cours** faisant référence à l'ICC, les parties devront donc se mettre en conformité avec la loi en lui substituant l'un de ces deux indices lors du prochain renouvellement (et non pas lors de la prochaine révision triennale).

a. Jurisprudence « Privilèges » et loi « Murcef »

ÉVOLUTION DE LA JURISPRUDENCE

51655 En complétant l'article L 145-38, al. 3 du Code de commerce par les mots « par dérogation aux dispositions de l'article L 145-33 du Code de commerce », la loi « Murcef » du 11 décembre 2001 a mis fin à la jurisprudence « Privilèges » posée par la Cour de cassation en 1996 (Cass. 3e civ. 24-1-1996 no 132 P, Sté Privilèges c/ L. : RJDA 4/96 no 466). L'intervention du législateur, qui a clairement cherché à mettre un terme à cette jurisprudence (G. Tavernier et J. Baverez, « Révision du loyer commercial : conditions d'application de l'article 26 de la loi Murcef » : Gaz. Pal. 2002 doctr. p. 225, présentant les travaux parlementaires préparatoires à l'adoption du texte), ne peut se comprendre qu'à la lumière de l'évolution de la jurisprudence de la Cour de cassation intervenue au cours des trente années qui ont précédé le vote de la loi « Murcef ».

51656 Dans des arrêts maintenant anciens, la Cour suprême considérait que la **révision** du loyer, fondée sur l'article 27 du décret du 30 septembre 1953 (désormais C. com. art. L 145-38), ne pouvait avoir lieu que **dans le même sens que** celui de la variation de **l'indice** du coût de la construction (alors applicable : no 51650). Il s'ensuivait que lorsque l'indice était modifié dans le sens de la hausse, la révision ne pouvait aboutir qu'à une majoration du loyer, lequel ne pouvait donc pas être fixé à un niveau inférieur au loyer de base en vigueur au cours de la période précédente, même si la valeur locative évoluait à la baisse (Cass. 3e civ. 16-4-1973 no 72-10.654 : Bull. civ. III no 289 ; Cass. 3e civ. 18-7-1979 no 78-10.619 : Bull. civ. III no 158).

51657 Ensuite, la Cour de cassation a jugé qu'il résultait des articles 23 et 27 du décret (désormais C. com. art. L 145-33 et L 145-38) que le loyer révisé devait être fixé dans la double limite du prix résultant de la variation indiciaire et de la valeur locative (Cass. 3e civ. 13-1-1988 no 86-16.431 : Bull. civ. III no 9 ; Cass. 3e civ. 19-7-1995 no 1771 P : RJDA 11/95 no 1207), le juge devant retenir la somme la plus faible des deux (Cass. 3e civ. 12-7-1989 no 88-11.109 : Bull. civ. III no 163). L'application de la **règle dite de la « double limite »** avait pour effet de condamner implicitement mais nécessairement les principes retenus par les arrêts de 1973 et 1979 (no 51656). Cet abandon a été confirmé par l'**arrêt « Privilèges »** aux termes duquel la révision du loyer ne pouvait pas excéder la valeur locative. En application du principe dit de la « double limite », le loyer révisé devait donc être fixé dans la limite de la valeur locative mentionnée à l'article L 145-33 et dans la limite du prix résultant de l'indexation prévue à l'article L 145-38, de sorte qu'il appartenait au juge de retenir la moins élevée de ces deux sommes et de **réviser le loyer à la baisse** dans le cas où la **valeur locative** se révélait **inférieure au montant du loyer en cours** (Cass. 3e civ. 30-5-2001 no 99-17.837 FS-PB : RJDA 8-9/01 no 852).

51658 La déconnexion opérée par la loi « Murcef » entre l'article L 145-33 (qui pose le principe de la fixation du loyer à la valeur locative) et l'article L 145-38 a rendu impossible la révision du loyer en cours à la baisse lorsque la valeur locative est inférieure à celui-ci.

Autrement dit, en l'absence de modification matérielle des facteurs locaux de commercialité ayant entraîné par elle-même une variation de plus de 10 % de la valeur locative (nos 51755 s.), le **loyer en cours** constitue le **loyer plancher,** même si la valeur locative est inférieure (Cass. 3e civ. 11-7-2007 n° 06-12.888 FS-PB : RJDA 11/07 n° 1065 ; CA Versailles 6-2-2003 n° 01-3300, 12e ch. sect. 1 : RJDA 5/03 n° 473).

Toutefois, le **montant du loyer révisé** ne doit **pas nécessairement** être fixé **en application de la variation indiciaire.** La Cour de cassation a en effet admis que le loyer révisé doit être fixé à la **valeur locative** lorsque celle-ci se situe **entre le loyer en cours et le plafond** résultant de la variation de l'indice (Cass. 3e civ. 6-2-2008 n° 06-21.983 FS-PBI : RJDA 5/08 n° 494). **51659**

APPLICATION DANS LE TEMPS DE LA LOI « MURCEF »

La loi « Murcef » s'applique aux **instances introduites depuis le 14 décembre 2001** (Cass. ass. plén. 23-1-2004 n° 03-13.617 P : RJDA 4/04 n° 409 ; Cass. 3e civ. 7-4-2004 n° 436 FS-PBI : RJDA 7/04 n° 793, 1re espèce ; Cass. 3e civ. 7-4-2004 n° 437 FS-PBI : RJDA 7/04 n° 793, 2e espèce), même si le bail a été conclu avant celle-ci, les effets légaux d'un contrat étant régis par la loi en vigueur au moment où ils se produisent (Cass. 3e civ. 1-2-2009 n° 08-13.143 FS-PB : RJDA 5/09 n° 413). **51665**

b. Mécanisme du plafonnement du loyer révisé

En l'absence de modification des facteurs locaux de commercialité (nos 51755 s.), le loyer du bail révisé en application de l'article L 145-38, al. 3 du Code de commerce doit être fixé en tenant compte de la seule **variation indiciaire** (voir toutefois n° 51659). **51700**

RÈGLE GÉNÉRALE

Pour calculer le taux de variation de l'indice, il convient, d'une part, de prendre comme nouvel indice l'indice du trimestre au cours duquel a été notifiée la demande de révision et, d'autre part, comme indice de référence l'indice du trimestre correspondant à la dernière fixation amiable ou judiciaire du loyer qui peut être soit l'indice du trimestre correspondant au point de départ du bail (en cas de première révision), soit, pour les révisions suivantes, l'indice du trimestre correspondant à la précédente révision amiable ou judiciaire du bail (C. com. art. L 145-38, al. 3 ; CA Paris 14-6-2002, 16e ch. B : AJDI 2002 p. 765). **51701**

Le choix d'**indices contractuels différents** de ceux correspondants aux trimestres aux cours desquels interviennent la fixation de l'ancien loyer et la demande de révision a été condamné par la jurisprudence (CA Paris 31-10-2012 n° 11/01173, ch. 5-3 : Loyers et copr. 2012 comm. n° 329 note E. Chavance) : la cour d'appel a jugé que les dispositions de l'article L 145-38 du Code de commerce organisent un plafonnement du loyer révisé et que les indices à prendre en compte pour le calcul de la révision légale sont ceux, d'une part, du trimestre au cours duquel la demande de révision est notifiée et, d'autre part, du trimestre au cours duquel est intervenue la dernière fixation du loyer, sans qu'il soit possible d'organiser contractuellement un mode de calcul différent qui contreviendrait aux dispositions d'ordre public de la révision visant à contenir la révision des loyers.

Le **taux de variation de l'indice** résulte de la différence entre ces deux indices (Cass. com. 11-6-1958 : Gaz. Pal. 1958 p. 98 ; Cass. 3e civ. 9-6-1959 n° 58-11.125 : Bull. civ. III n° 252 ; Cass. 3e civ. 29-11-1960 n° 57-10.622 : Bull. civ. III n° 386, rendus sur la base de l'indice applicable à l'époque mais transposable sur le principe). **51702**

EXEMPLE

Soit un bail commercial qui a pris effet le 1er juin 2021 pour un loyer annuel de 50 000 €, l'indice applicable étant l'ILC. La révision triennale du loyer peut être demandée le 2 juin 2024. Pour calculer le montant du nouveau loyer, il faut prendre l'indice du 2e trimestre 2021 (118,41) et l'indice du 2e trimestre 2024 (136,72).
Nouveau loyer : (50 000 × 136,72) / 118,41 = 57 732 €.

Les parties peuvent conventionnellement fixer une **variation** du loyer **inférieure** à celle de l'indice, une telle clause n'étant pas contraire aux dispositions de l'article L 145-38 du Code de commerce qui prohibe les modifications excédant la variation de l'indice (Cass. 3e civ. 18-12-1985 n° 84-15.827 : Bull. civ. III n° 168) : en l'espèce, la clause prévoyait que le loyer serait révisé tous les trois ans conformément à la législation en vigueur, en fonction de l'indice du coût de la construction, mais que l'augmentation du prix ne pourrait pas excéder 50 % de celle résultant de l'application de l'indice. **51703**

RÈGLE TEMPORAIRE

Un mécanisme de **plafonnement temporaire à 3,5 %** de la variation de l'ILC a été introduit pour les trimestres compris entre le 2e trimestre 2022 et le 1er trimestre 2024 (Loi 2022-1158 du 16-8-2022 art. 14 modifié par loi 2023-568 du 7-7-2023). Sur les entreprises concernées, voir n° 48628. **51705**

Au sein du ministère de l'économie, la Direction générale des entreprises (DGE) a précisé que le plafonnement intervient pour le calcul du loyer plafonné lors de la révision légale triennale du loyer, ce qui implique un calcul spécifique pour toute revalorisation postérieure au 2e trimestre 2022 (DGE, Foire aux questions septembre 2022 et 2023, Plafonnement de l'Indice des Loyers Commerciaux (ILC) pour les PME).

L'application du plafonnement temporaire à la révision triennale a suscité des doutes chez certains auteurs en raison de la lettre de l'article 14 qui vise la variation « annuelle » de l'ILC (J.-P. Blatter, Incidence de la loi pour la protection du pouvoir d'achat sur certains loyers commerciaux : AJDI septembre 2022 p. 593 ; Ph.-H. Brault, Un nouveau plafonnement temporaire concernant notamment les loyers de certains baux commerciaux : JCP E n° 37, sept. 2002 act. 728). Nous ne partageons pas cette opinion : la variation de l'ILC peut à notre avis être fractionnée en appliquant normalement cette variation sur les années non concernées par le plafonnement et en la limitant à 3,5 % pour la ou les autres années dès lors qu'entre en jeu dans le calcul un **indice compris entre le 2e trimestre de 2022 et le 1er trimestre 2024** (dans le même sens, A. Confino, Le plafonnement de l'ILC : une idée louable, mais un dispositif complexe et loin d'être parfait : Lexbase lettre juridique du 28-9-2022).

> **Précisions** Dans sa note, la DGE a proposé des **formules de calcul** du loyer plafonné révisé à propos desquelles nous émettons des réserves car elles prennent en compte le dernier indice publié alors que le nouvel indice à prendre en compte pour la révision triennale est l'indice du trimestre au cours duquel a été notifiée la demande de révision.

3. DÉPLAFONNEMENT DU LOYER RÉVISÉ

PRINCIPES

51750 La révision du loyer échappe à la règle du plafonnement (nos 51650 s.) lorsque la preuve est rapportée d'une modification matérielle des facteurs locaux de commercialité ayant entraîné par elle-même une variation de plus de 10 % de la valeur locative (nos 51755 s.), cette dernière circonstance constituant en quelque sorte une exception à l'exception.

À certaines conditions, le loyer révisé est également déplafonné lors de la première révision triennale suivant une déspécialisation partielle (n° 51860).

51752 Lorsque les conditions du déplafonnement du loyer commercial sont remplies, le loyer révisé doit être fixé à la **valeur locative,** quel qu'en soit le montant ; il en est donc ainsi même si la valeur locative est inférieure au loyer en vigueur fixé dès l'origine au-dessus des prix du marché, et indépendamment du sens de la variation de l'indice (Cass. 3e civ. 24-5-2017 n° 16-15.043 F-D : RJDA 10/17 n° 611).

a. Modification matérielle des facteurs locaux de commercialité

51755 La règle du plafonnement est écartée lorsque la preuve est rapportée d'une modification matérielle des facteurs locaux de commercialité ayant entraîné par elle-même une variation de plus de 10 % de la valeur locative (C. com. art. L 145-38) ; les juges du fond doivent constater cette évolution (Cass. 3e civ. 1-4-2003 n° 01-18.019 F-D) et ne peuvent faire droit à une demande de révision pour modification matérielle des facteurs locaux de commercialité sans relever les éléments établissant une telle modification et expliquer en quoi ces éléments ont entraîné la variation requise (Cass. 3e civ. 1-2-2012 n° 11-10.271 FS-D : RJDA 6/12 n° 566 ; Cass. 3e civ. 18-2-2003 n° 243 F-D, n° 51800).

Sous les conditions énoncées nos 51757 s., une variation à la baisse de la commercialité permet ainsi au locataire de demander un loyer révisé inférieur au loyer plafond, voire même au loyer en cours, tandis qu'une hausse de la commercialité permet au bailleur de solliciter un loyer révisé dépassant le plafond résultant de la variation indiciaire. Dans ce cas, et depuis la loi 2014-626 du 18 juin 2014, la **hausse** de loyer sera **encadrée** (nos 51820 s.).

DÉFINITION DES FACTEURS LOCAUX DE COMMERCIALITÉ

51756 Bien que donnée à propos du renouvellement des baux, la définition légale des facteurs locaux de commercialité fournie par l'article R 145-6 du Code de commerce s'applique à la révision des baux.

Précisons toutefois que la modification est appréciée différemment selon que le bail est simplement révisé ou renouvelé. Dans ce dernier cas, la modification n'a pas besoin d'être « matérielle » ; en outre, elle ne doit pas avoir entraîné par elle-même une variation de plus de 10 % de la valeur locative mais être simplement « notable » (voir n° 54620).

51757 Les facteurs locaux de commercialité dépendent principalement de l'intérêt que présentent, pour le commerce considéré (C. com. art. R 145-6) :
- l'importance de la ville, du quartier ou de la rue où il est situé ;
- du lieu de son implantation ;

– de la répartition des diverses activités dans le voisinage ;
– des moyens de transport ;
– de l'attrait particulier ou des sujétions que peut présenter l'emplacement pour l'activité considérée ;
– des modifications que ces éléments subissent d'une manière durable ou provisoire.

La **liste** de ces éléments n'est **pas limitative** (CA Paris 11-10-1988, analysé n° 51805 ; CA Paris 17-4-1992, 16e ch. B : Loyers et copr. 1992 n° 301 obs. Brault). Par suite, en présence d'une boutique située à l'intérieur d'une galerie marchande sans devanture donnant dans la rue la plus proche – ainsi qu'il en serait s'il s'agissait d'un centre commercial – et dans le cas où la commercialité de cette rue n'a pas un caractère exceptionnel, il a été jugé que la commercialité de la boutique est totalement indépendante de celle du quartier et dépend exclusivement de celle de la galerie marchande qui est un tout autonome animé par une commercialité qui lui est propre et ce, même si l'article 23-4 du décret du 30 septembre 1953 (désormais C. com. art. R 145-6) ne fait pas référence aux galeries marchandes, le législateur ayant pris soin d'utiliser le mot « principalement » (CA Paris 12-7-1983 n° J 13611, 16e ch. A).

Il a été jugé que la commercialité d'un local, qui peut être définie comme le degré d'aptitude que les circonstances confèrent aux lieux loués pour l'exercice d'un commerce, est fonction de la **clientèle latente** qui s'offre à l'activité du locataire et, par conséquent, des éléments matériels qui influent sur la répartition de la population autour du local, sur les facilités de déplacement sur ses habitudes (T. com. Saint-Brieuc 6-12-1957, analysé n° 51805). **51758**

CARACTÈRE MATÉRIEL DE LA MODIFICATION DE LA COMMERCIALITÉ

La modification des facteurs locaux de commercialité doit être matérielle, ce qui signifie qu'elle doit porter sur des éléments matériels, concrets et certains (CA Paris 15-10-1959, 16e ch., Sté des Immeubles de France c/ Sté Hôtel Royal-Madeleine : Gaz. Pal. 1959 p. 290) par opposition à de « simples projets non encore réalisés » (F. Maigné-Gaborit, J.-D. Barbier « La révision triennale du loyer du bail commercial à la hausse » : Gaz. Pal. 2000 doctr. p. 1811). Même s'il n'est pas aisé de synthétiser la jurisprudence en la matière, il semble que le fil conducteur puisse être trouvé dans l'existence d'une véritable transformation de la commercialité existante, qui ne soit pas seulement une évolution naturelle (dans le même sens, J.-P. Blatter : Traité des baux commerciaux n° 944 éd. Dalloz Le Moniteur, 7e éd.). Comme l'a proposé un auteur, le caractère matériel pourrait se définir comme l'apparition rapide et soudaine d'un ou d'évènement(s) inhabituel(s) survenu(s) au cours de la période de référence et ayant un effet sur la commercialité (A. Betaille, Paradoxe du coronavirus : l'occasion d'améliorer les capacités de discernement de l'expert : AJDI mai 2020 p. 348). **51765**

Le critère matériel exclut que puisse être considérée comme une modification la simple **évolution quantitative** de facteurs anciens matériellement inchangés (CA Paris 21-12-1970 et CA Paris 8-12-1970, analysés n° 51810), telle que, par exemple, l'augmentation du nombre de voyageurs passant par une aérogare.

On remarquera néanmoins que l'évolution quantitative du nombre d'habitants, de passants, de voyageurs est souvent la conséquence de la construction d'habitations nouvelles, de la transformation d'un quartier ou encore de l'extension d'une gare ou d'un aéroport.

La **transformation** d'une rue **en rue piétonne** a été considérée comme un fait matériel au sens de l'article L 145-38 du Code de commerce (CA Versailles 27-4-1989, analysé n° 51805). Dans un arrêt où elle était amenée à se prononcer sur la modification des facteurs locaux de commercialité, la cour d'appel de Paris a indiqué, à titre d'exemples, que constituaient des modifications matérielles la **construction de bâtiments** neufs augmentant la densité de la population sédentaire d'un quartier, l'ouverture de nouvelles voies à proximité du commerce considéré, l'**accroissement** des **moyens de communication** telles de nouvelles lignes d'autobus, de stations de métro, l'implantation d'industries nouvelles autour desquelles s'agglutinent des populations sédentaires (CA Paris 23-3-1971, analysé n° 51810). Il en a été jugé de même de la **baisse** de la **fréquentation touristique** d'une station de ski, du nombre de nuitées, du parc de lits marchands, de la fermeture de résidences et de pensions de famille (CA Grenoble 6-9-2018 n° 13/04314, ch. com.). **51766**

En revanche, il a été jugé qu'une **réglementation** d'ordre **administratif,** en l'occurrence la libération de la tarification de la location des places de stationnement, n'est pas susceptible de constituer une modification matérielle (CA Paris 17-4-1992, analysé n° 51810). Jugé de même à propos de la modification, en faveur d'entreprises concurrentes, de **conventions** auxquelles le bailleur et le locataire sont tiers (Cass. 3e civ. 25-10-2018 n° 17-22.129 FS-PBI : RJDA 1/19 n° 3).

CARACTÈRE LOCAL DE LA MODIFICATION DE LA COMMERCIALITÉ

La modification doit en outre avoir un caractère local. En effet, en prévoyant que la modification matérielle des facteurs locaux de commercialité doit avoir entraîné par elle-même une variation de plus de 10 % de la valeur locative, l'article L 145-38 du Code de commerce ne vise pas une **51780** évolution générale du marché des loyers dans le quartier considéré mais une variation de la valeur locative déterminée par des facteurs matériels propres au quartier, tels la construction d'immeubles, le percement d'une voie, l'augmentation de la population locale, la disparition de commerces concurrents, à proximité des lieux loués, entraînant objectivement une variation de la valeur locative (CA Paris 23-3-1971, analysé n° 51810).

Le caractère matériel de la modification localede la commercialité des hôtels à l'aune de la crise sanitaireliée à l'épidémie de Covid-19

Qu'il s'agisse des hôtels ou des résidences de tourisme de montagne, du littoral ou implantés dans des centres urbains, les mesures prises tant par le Gouvernement que par les autorités locales (préfectures/mairies) de restriction des déplacements, de la fermeture des restaurants, des résidences de tourisme et villages de vacances, des établissements culturels et récréatifs, et plus généralement de tous les éléments attractifs ont entraîné une chute drastique de la clientèle tant française qu'internationale fréquentant ces établissements.

Le **critère matériel** est-il rempli ? La jurisprudence le dira. Néanmoins, comme le souligne un auteur : « L'interdiction partielle des déplacements et les fermetures administratives subies par une grande partie des commerces semblent en effet constituer une série d'événements inhabituels dont l'ampleur a entraîné de manière plus ou moins temporaire des baisses importantes, successives et brutales du flux de chalands » (A. Betaille, Paradoxe du coronavirus : l'occasion d'améliorer les capacités de discernement de l'expert : AJDI mai 2020 p. 348). La fermeture des restaurants, des hôtels et de tous les espaces récréatifs constituent à cet égard des éléments concrets et matériels affectant directement la commercialité du quartier où sont implantés ces établissements.

Que la **cause** première **de la crise** de la commercialité soit **nationale voire internationale** ne devrait pas constituer un obstacle à la prise en compte des facteurs locaux de commercialité, dès lors que ses éléments concrets et matériels tels que la fermeture des commerces et la disparition de la clientèle peuvent être constatés localement dans la zone de chalandise de l'établissement. L'article R 145-6 du Code de commerce n'édicte aucune exclusivité du caractère local, ce qui serait économiquement absurde, mais précise seulement que les modifications doivent pouvoir être constatées au niveau de la ville, du quartier ou de la rue où est implanté l'établissement, ce qui renvoie à la zone de chalandise du commerce considéré qui, pour les hôtels, s'étend généralement au niveau de la ville elle-même.

INCIDENCE DE LA MODIFICATION DE LA COMMERCIALITÉ SUR LE COMMERCE

51785 Cette notion, commune à la révision et au renouvellement, est étudiée en détail n°s 85100 s.

Rappelons ici que pour justifier le déplafonnement du loyer du bail révisé, la modification des facteurs locaux de commercialité doit se référer non à la destination des lieux loués mais à l'**intérêt présenté pour l'activité exercée** dans les lieux. Tel n'est pas le cas lorsque la clientèle du locataire est recrutée soit par démarchage à domicile ou dans des centres commerciaux ou dans des foires et salons, soit par annonces dans la presse, soit par parrainage à l'intérieur des points de vente, dès lors que l'évolution de la commercialité a, dans ce cas, peu d'impact sur l'activité effectivement exercée dans les lieux loués (CA Paris 16-1-2004, 16e ch. B, SCI 37, rue de Rivoli c/ SARL France Loisirs). Pour d'autres illustrations, voir TGI Paris 23-10-1995, analysé n° 51805, CA Paris 17-4-1992 et CA Douai 6-7-2017 n° 16/03433, analysés n° 51810.

Par ailleurs, les juges ont l'obligation de procéder à cette recherche au besoin d'office, c'est-à-dire même en l'absence de demande du locataire (Cass. 3e civ. 27-1-1999 n° 94-19.002 PB : RJDA 3/99 n° 262 ; Cass. 3e civ. 7-4-2004 n° 02-17.946 FS-PB : RJDA 7/04 n° 796).

PÉRIODE DE RÉFÉRENCE DE LA MODIFICATION DE LA COMMERCIALITÉ

51790 Pour être prise en compte, la modification matérielle des facteurs locaux doit intervenir ou avoir produit ses effets entre la **dernière fixation du loyer et** la **demande en révision** (CA Paris 15-10-1959, CA Paris 8-12-1970 et CA Paris 21-12-1970, analysés n° 51810 ; TGI Paris 23-10-1995 et CA Montpellier 5-11-1997, analysés n° 51805).

Une modification matérielle des facteurs locaux de commercialité intervenue avant la période de référence mais dont les conséquences se font sentir au cours de cette période doit être prise en compte. Ce n'est pas le cas d'une modification intervenue pendant la période de référence qui ne produit ses effets que postérieurement à la période en cause.

PREUVE DE LA MODIFICATION DE LA COMMERCIALITÉ

51795 Lorsque le locataire le demande expressément, les juges du fond ne peuvent pas refuser de limiter la majoration du loyer, conséquence de la révision triennale, à la variation indiciaire, sans rechercher si est rapportée la preuve d'une modification matérielle des facteurs locaux de commercialité ayant entraîné par elle-même une variation de plus de 10 % de la valeur locative (Cass. 3e civ. 6-2-1973 no 71-13.995 : Bull. civ. III no 93).

Ils peuvent autoriser le demandeur à rapporter cette preuve par **voie d'expertise** lorsqu'il ne se borne pas à de simples affirmations mais mentionne des faits précis et dignes d'examen (CA Paris 18-10-1957, 6e ch. : Gaz. Pal. 1957 p. 293 ; Cass. 3e civ. 22-1-1997 no 72 P : RJDA 3/97 no 333). Tel n'est pas le cas du locataire qui n'apporte aucun élément tendant à prouver l'existence d'une modification matérielle des facteurs locaux de commercialité mais se borne à des considérations d'ordre général sur la baisse des prix concernant le marché locatif même s'il ajoute à ce sujet : « et plus particulièrement dans le 8e arrondissement de Paris », arrondissement où le commerce était exploité, sans apporter aucun élément concret de nature à rendre plausible cette affirmation (CA Paris 9-5-2001 no 98-21939, 16e ch. A : AJDI 2001 p. 518, 3e esp.).

EFFET DE LA MODIFICATION DE LA COMMERCIALITÉ SUR LA VALEUR LOCATIVE

Pour que le loyer du bail révisé puisse être déplafonné, il faut que la modification des facteurs **51800**
locaux de commercialité ait eu pour effet d'entraîner, par elle-même, une **variation de plus de 10 %** de la valeur locative.

En outre, un **lien de causalité** doit exister entre la modification des facteurs locaux de commercialité et la variation de la valeur locative. L'article L 145-38 du Code de commerce prévoit en effet que la modification doit avoir entraîné « par elle-même » la variation.

C'est au demandeur (le bailleur en cas de variation à la hausse, le locataire en cas de variation à la baisse) de rapporter la **preuve** de ce lien de causalité (Cass. 3e civ. 18-2-2003 no 01-14.224 F-D ; CA Paris 15-10-1959, analysé no 51810 ; CA Paris 7-2-2003, 16e ch. B, SA Castorama France c/ SARL Parinvest).

Période de référence de la variation de la valeur locative La jurisprudence **51801**
n'a pas encore réellement tranché la question, le débat étant très rarement posé par les parties. Plusieurs interprétations sont possibles.

Un arrêt ancien de la cour d'appel de Paris a considéré que les termes de comparaison à prendre en compte pour apprécier l'évolution de la valeur locative sont le montant de la valeur locative à la date de prise d'effet du bail ou de la **dernière révision annuelle ou judiciaire** – qui peut donc être différente du loyer contractuellement fixé – et la valeur locative à la date de la révision (CA Paris 26-5-1999, 16e ch. A : RJDA 10/99 no 1051). Cette solution qui ne repose pas sur le texte de l'article L 145-38 du Code de commerce ne nous convainc pas car elle ne respecte pas l'exigence du lien de causalité qui doit exister entre la modification des facteurs locaux de commercialité et la variation de la valeur locative. En effet, si l'indexation annuelle du bail intervient pendant la période de modification des facteurs locaux de commercialité, il sera impossible d'établir ce lien de cause à effet. En outre, elle aboutit à de véritables impasses si la demande de révision est faite au lendemain de la date anniversaire de l'indexation.

Une autre option est de prendre en compte le loyer initial ou le **dernier loyer fixé amiablement ou judiciairement.** Cette solution semble s'appuyer sur les dispositions des alinéas 1 et 2 de l'article L 145-38 Code de commerce selon lesquelles la demande de révision ne peut être formée que trois ans au moins après la date d'entrée en jouissance ou après le point de départ du bail renouvelé (al. 1), ainsi que trois ans à compter du jour où le nouveau prix est applicable (al. 2). Toutefois ces alinéas régissent le délai de mise en œuvre de la demande de révision et non les effets de la modification de la commercialité sur la valeur locative qui sont définis au troisième alinéa. Comme le soulignent J.-D. Barbier et F. Maigné-Gaborit, « il ne faut pas confondre les conditions de mise en œuvre de la révision, à savoir le délai minimal de trois ans, avec les conditions du déplafonnement, qui doivent s'apprécier en fonction d'un événement ponctuel sans rapport avec la date de fixation initiale du loyer » (J.-D. Barbier, F. Maigné-Gaborit, La révision triennale du loyer du bail commercial à la hausse : Gaz. Pal. 26-10-2000 p. 23).

Une troisième voie consisterait à prendre en compte la **valeur locative existant avant la modification de la commercialité.** En effet, le troisième alinéa de l'article L 145-38 du Code de commerce ne fait pas référence à une date précise, qu'il s'agisse de celle de la date d'entrée ou jouissance ou de la fixation du nouveau prix, mais à un lien de causalité direct et immédiat à établir entre la modification des facteurs locaux de commercialité et la valeur locative. Pour établir ce lien de causalité, il paraît nécessaire de déterminer quelle était la valeur locative existant avant la survenance de la modification des facteurs locaux de commercialité et de la comparer avec la nouvelle valeur locative résultant du changement de la commercialité (dans le même sens, Brault et Barbier, Le statut des baux commerciaux 2020, éd. LGDJ), sous peine de dénaturation du texte.

51805 ILLUSTRATIONS

Modification matérielle des facteurs locaux de commercialité ayant entraîné par elle-même une variation de plus de 10 % de la valeur locative

La notion de **facteurs locaux de commercialité** a un **caractère objectif.** La commercialité d'un local qui, de ce point de vue objectif indépendant de la gestion personnelle du locataire commerçant, peut être définie comme le degré d'aptitude que les circonstances confèrent aux lieux loués pour l'exercice d'un commerce, est fonction de la clientèle latente qui s'offre à l'activité du locataire et, par conséquent, des éléments matériels qui influent sur la répartition de la population autour du local, sur les facilités de déplacement, sur ses habitudes.

La modification matérielle des facteurs locaux de commercialité d'une rue a entraîné une variation objective de plus de 15 % de la valeur locative d'un local loué à usage de chemiserie-bonneterie, pour les raisons suivantes :

– suite à la création de plusieurs lotissements durant la période de référence, le quartier où était situé la chemiserie s'était considérablement développé ;

– le dégagement de ces **nouveaux lotissements,** dont l'apport en population avait été évalué à 20 % au minimum, s'effectuait par la rue où était situé le local loué et plus particulièrement, en ce qui concerne la circulation des piétons, par le trottoir côté midi de cette rue, trottoir desservant l'immeuble loué ;

– à la suite de cet afflux de population, les commerces s'étaient multipliés dans la rue.

T. com. Saint-Brieuc 6-12-1957, Harel c/ Coateven : Gaz. Pal. 1958 I p. 116.

Ndlr : Avant la loi du 12 mai 1965, la variation du pourcentage était fixée à 15 % de la valeur locative.

Le loyer révisé d'un local commercial peut dépasser le plafond résultant de l'application de l'indice prévu par la loi et atteindre la valeur locative réelle dès lors que la modification des facteurs locaux de commercialité a entraîné par elle-même une variation de plus de 10 % de la valeur locative, compte tenu des éléments suivants :

– depuis la dernière fixation du loyer, le secteur, où étaient situés les lieux litigieux, essentiellement constitué de terrains vagues dépourvus de construction, s'était grandement modifié et continuait de se transformer ;

– un grand ensemble sportif était en cours d'édification ;

– en face des lieux litigieux, avait été construit un **ensemble immobilier** de 285 logements HLM et, derrière, un autre ensemble de 200 logements HLM ;

– à proximité, s'étaient installés un important dépôt des magasins Printemps et un magasin d'alimentation.

TGI Paris 9-1-1971 : Gaz. Pal. 1971 jur. p. 242.

Doit être confirmée la décision d'une cour d'appel qui, pour fixer le montant du loyer révisé d'un local loué à une banque à la valeur locative, ne s'est pas fondée seulement sur la hausse des valeurs locatives mais a retenu que la **population de la ville** dans laquelle était situé le local avait augmenté de 18 % pendant la période de référence et que l'**activité bancaire** avait elle-même augmenté pendant la même période dans des proportions considérables que révélaient la majoration des dépôts effectués dans les banques et l'ouverture de huit guichets permanents dans l'agglomération en quatre années.

Cass. 3e civ. 10-1-1979 no 73, Sté Générale c/ Houdia.

Constitue une modification des facteurs locaux de commercialité ayant entraîné une variation de plus de 10 % de la valeur locative la **réduction,** de 27 à 14, du nombre des **boutiques** ouvertes dans une **galerie marchande.**

CA Paris 12-7-1983 no J 13611, 16e ch. A.

La preuve d'une modification matérielle des facteurs locaux de commercialité ayant entraîné par elle-même une variation de plus de 10 % de la valeur locative est établie dans le cas suivant :

– il ressortait du rapport d'expertise une **baisse de commercialité du centre commercial** où était situé le commerce en cause, le centre étant en soit non seulement dépourvu d'attrait, mais également concurrencé par suite de l'implantation de plusieurs grandes surfaces dans la région à 4, 5, 7, 9, 10, 15, 20 et 25 km, à l'exception de trois d'entre elles qui ne sauraient être prises en considération pour avoir été créées après la période de référence à considérer ;

– les comptes d'exploitation du locataire faisaient certes apparaître une augmentation du chiffre d'affaires mais, pour lutter contre la concurrence, le locataire avait concomitamment diminué le coefficient multiplicateur appliqué aux achats de sorte que les **marges brutes** étaient allées en **diminuant** et que les **bénéfices nets** avaient été **pratiquement nuls** ;

– le bailleur ne pouvait invoquer la gestion inefficace du locataire dès lors qu'il ne contestait pas l'existence des pétitions des commerçants attestant un marasme des affaires confirmé par des fermetures de boutiques ;

– il s'agissait donc d'une situation économique générale affectant l'ensemble des locaux commerciaux du centre et non d'une situation individuelle imputable aux défauts d'exploitation du locataire ;

– si l'expert soulignait des facteurs favorables à l'expansion, attestée par la construction de 164 villas nouvelles, il y avait lieu d'observer que cet espoir d'amélioration s'était manifesté postérieurement à la période de référence. **51805** (suite)

CA Versailles 11-3-1988, 4e ch., Sté Primistères c/ Sté Verneuil Loisirs : Rev. Loyers 1989 p. 90 note Duplan-Miellet.

Les facteurs locaux de commercialité d'un commerce de boulangerie sont modifiés et ont entraîné une variation de plus de 10 % de la valeur locative dès lors qu'il est suffisamment établi que le quartier où était situé le commerce avait été rénové, que l'emplacement des lieux était favorable à l'activité exercée, que des constructions neuves avaient fait leur apparition et qu'un habitat de personnes plus aisées s'était surajouté à la population primitive (de condition relativement modeste) et que le chiffre d'affaires avait, de ce fait, continuellement progressé, le quartier, pris dans son ensemble, ayant servi de cadre à un renouveau de l'activité commerciale.

CA Paris 11-10-1988 n° 87-14050, 16e ch. A.

La transformation d'une rue en **rue piétonne** réalisée par le maire en accord avec les commerçants riverains dans le but notamment d'accroître la commercialité constitue un fait matériel au sens de l'article 27 du décret du 30 septembre 1953 (désormais C. com. art. L 145-38). Cette transformation peut autoriser le déplafonnement du loyer dès lors qu'elle a effectivement entraîné une variation de plus de 10 % de la valeur locative pour les raisons suivantes :
– la transformation avait pour le commerce de pâtisserie-confiserie, objet du bail, accru sensiblement les facteurs de commercialité en attirant une clientèle plus nombreuse s'attardant plus longuement ;
– l'expert avait relevé que toute création d'une voie piétonne a pour effet d'augmenter la chalandise et de transformer dans un sens favorable la physionomie commerciale de la rue ;
– ces éléments étaient confortés par la création d'une galerie marchande à proximité du fonds de commerce et par l'augmentation sensible du chiffre d'affaires du commerce dès après la transformation de la rue, compte tenu des circonstances économiques, notamment de l'inflation.

CA Versailles 27-4-1989 n° 1500-88, 12e ch.

Le loyer révisé doit être fixé à la valeur locative si les locataires démontrent que cette diminution est due à la modification matérielle de la commercialité du quartier, laquelle doit, en outre, être intervenue entre la date de prise d'effet du bail et celle de la demande de révision et avoir une répercussion sur le commerce exercé.
Tel est le cas du loyer d'un commerce de restauration situé dans le quartier des Halles à Paris, pour les raisons suivantes :
– la diminution de la valeur locative n'était pas liée à un changement dans la situation ni dans l'environnement des lieux loués mais à l'**évolution générale défavorable de la conjoncture** économique depuis la guerre du Golfe ;
– les locaux étaient situés à proximité immédiate du Forum des Halles auquel il était facile d'accéder en empruntant une galerie ;
– lors du renouvellement du bail, les lieux avaient été considérés comme bénéficiant de la modification notable des facteurs locaux de commercialité résultant de l'accroissement considérable du nombre de commerces dans le secteur du Forum survenu au cours du bail expiré, soit de 1979 à 1988 ;
– le Forum, créé en 1979, avait connu une forte progression de son chiffre d'affaires jusqu'en 1989 mais, à partir de 1990, des problèmes d'insécurité avaient infléchi la courbe des résultats qui, en 1993, étaient devenus inférieurs à ceux de 1987 ;
– la présence de nombreux squatters ou toxicomanes avait entraîné la raréfaction d'une certaine clientèle et, partant, la fermeture de nombreuses boutiques dans le quartier ;
– cette désaffection avait eu une nécessaire répercussion sur l'activité exercée, le restaurant considéré affichant un certain standing.

TGI Paris 23-10-1995 n° 35220/93, ch. Baux commerciaux.

Justifie légalement sa décision la cour d'appel qui, ayant relevé que le litige ne portait que sur la modification des facteurs locaux de commercialité ayant entraîné une augmentation de la valeur locative supérieure à 10 %, constate que le **chiffre d'affaires** des locataires avait sensiblement augmenté sur la période de référence, que leur magasin avait été incorporé dans une **galerie** où tous ceux qui pénétraient étaient acheteurs potentiels, que les **loyers** payés par les **autres commerçants** de la galerie constituaient une preuve de la croissance des valeurs locatives et que la disparité entre le loyer plafonné payé jusqu'alors et la valeur locative réelle du magasin ne pouvait résulter que de l'évolution favorable des facteurs locaux de commercialité.

Cass. 3e civ. 26-6-1996 n° 94-16.724 D.

Constitue une modification des facteurs locaux de commercialité ayant entraîné une variation de plus de 10 % de la valeur locative le **départ massif des commerçants de l'ensemble immobilier,**

51805 (suite) à l'origine attractif, où était installé le commerce en cause entre la date de conclusion du bail et celle de la demande de révision qui s'était traduit par une baisse importante du chiffre d'affaires du locataire.

CA Montpellier 5-11-1997, 1e ch. B : Loyers et copr. comm. n° 272.

Doit être confirmée la décision d'une cour d'appel qui, pour juger qu'il y avait modification des facteurs locaux de commercialité en faveur d'un commerce de **pharmacie** ayant entraîné une variation de plus de 10 % de la valeur locative, avait retenu que ce commerce était situé dans la partie de rue où se trouvaient les commerces les plus attractifs, à proximité d'une **aire de stationnement** de véhicules dont la **surface** avait été **doublée** pendant la période à considérer et que **deux médecins généralistes** s'étaient **installés** dans un secteur tout proche de l'officine.

Cass. 3e civ. 16-12-1997 n° 1784 D.

Les conditions d'application de l'article 27 du décret du 30 septembre 1953 (désormais C. com. art. L 145-38) sont réunies dans le cas de locaux loués à usage de **pharmacie** et situés dans le 7e arrondissement de Paris, pour les raisons suivantes :

– le nombre important de pharmacies dans cet arrondissement réduisait la zone de chalandise habituellement retenue pour apprécier l'évolution des facteurs locaux et leur incidence sur le commerce exercé ;

– la **fermeture d'un hôtel** 4 étoiles, contigu aux locaux loués, n'avait pu avoir qu'un effet défavorable sur le flux des chalands attirés par la pharmacie et la parapharmacie offerte dans ce commerce ;

– la **baisse de fréquentation du métro** Bac de 23 % induisait une baisse des facteurs locaux de commercialité ; même si cette station n'était pas située dans la zone de chalandise de la pharmacie, il pouvait en être tenu compte car elle drainait des clients différents (touristes, promeneurs) et constituait ainsi un élément complémentaire qui éclairait l'évolution de la commercialité du quartier ;

– la **baisse du chiffre d'affaires** confortait ces éléments.

TGI Paris 19-1-1998, ch. Baux commerciaux : AJDI 1998 p. 720.

La dégradation des facteurs locaux de commercialité d'un quartier a entraîné une modification de la valeur locative de plus de 10 % pour les raisons suivantes : le quartier, où depuis 1992 de nombreux **commerces** avaient été **fermés** et où des **locaux** restaient **vacants,** certains à proximité, était en récession, ce fait n'étant pas combattu par la faible fréquentation d'un parc de stationnement, la réalisation décevante d'une zone d'aménagement concerté et l'ouverture d'une résidence réservée à des personnes âgées qui ne constituaient pas une clientèle potentielle pour le locataire pratiquant essentiellement la vente d'équipements sanitaires ; l'expert avait relevé une forte baisse des prix de vente des locaux neufs à usage de bureaux et d'habitation ainsi que la **chute des valeurs des fonds de commerce et de droits de bail** devenus sans objet ; la seule renommée du commerce en cause ne suffisait pas au plein exercice de son activité et le choix même de son implantation dans ce quartier révélait l'importance de sa localisation pour le locataire, la plus ou moins bonne marche du secteur immobilier y étant en relation directe avec l'objet de son commerce.

Cass. 3e civ. 26-9-2001 n° 00-13.859 FS-D.

Les conditions posées par l'article L 145-38 du Code de commerce pour la fixation du loyer révisé du magasin d'épicerie fine de la marque Hédiard située place de la Madeleine à Paris à la valeur locative sont remplies, pour les raisons suivantes :

– une étude indiquait que 75 % des clients habitaient ou travaillaient près du magasin alors que, pendant la période de référence, les surfaces de bureaux vacants étaient passées de 200 000 à 951 000 m^2 et que le personnel travaillant dans les bureaux en restructuration était parti ;

– une autre étude portant sur la **situation immobilière** en matière de bureaux indiquait qu'au milieu de la période de référence, 131 000 m^2 de bureaux étaient en chantier dans les 2e, 8e et 9e arrondissements, donc dans la zone de chalandise du magasin Hédiard et que la situation devait perdurer puisque c'est dans le quartier de l'Opéra, relié à la place de la Madeleine par le boulevard des Capucines, que se trouvaient le plus de projets en cours de lancement ;

– le **nombre d'habitants** dans l'arrondissement où se trouvait l'épicerie était en **diminution** de 3,8 % par rapport au précédent recensement ;

– les **accès de métro** les plus proches du magasin avaient été **fermés** ;

– l'affirmation selon laquelle la clientèle d'Hédiard ne serait venue à la boutique qu'en voiture était loin d'être certaine car cela aurait supposé la présence d'un grand nombre de voituriers, ce qui n'est pas démontré ;

– la clientèle parisienne du magasin, sachant que le chantier concernant la ligne de métro « Meteor » perturbait gravement la circulation place de la Madeleine, n'avait pu qu'être incitée à renoncer à venir faire des achats au cours de la période en cause ;

– la société Hédiard avait été gravement et durablement affectée par cette situation.

CA Paris 27-11-2002, 16e ch. A : Gaz. Pal. 2003 somm. p. 1873.

Le déplafonnement du loyer révisé d'un commerce de prêt-à-porter parisien est justifié dès lors qu'il résulte des éléments suivants qu'il y a eu modification matérielle des facteurs locaux de commercialité au cours de la dernière période triennale ayant entraîné par elle-même une variation de plus de 10 % de la valeur locative :
– de nombreux **logements** et **bâtiments** à usage **scolaire** et industriel s'étaient **construits** à proximité des locaux loués ;
– la portion de l'**avenue** sur laquelle étaient implantés les locaux loués avait été **rénovée** et réaménagée.

Cass. 3e civ. 24-5-2017 n° 16-15.043 F-D : RJDA 10/17 n° 611.

Pour d'autres illustrations, voir nos 84650 s. rendus à propos du loyer d'un bail renouvelé mais transposables.

ILLUSTRATIONS 51810

Absence de modification des facteurs locaux de commercialité ou modification n'ayant pas entraîné par elle-même une variation de plus de 10 % de la valeur locative

Lorsque, d'une part, les immeubles nouveaux dont le demandeur invoque la **construction** n'étaient **pas** encore **terminés** à la **date de la demande de révision** et, d'autre part, que les lieux loués étaient situés à la périphérie d'une ville de banlieue parisienne modeste dont l'**évolution commerciale** avait été **faible** depuis la dernière fixation du loyer, il apparaît que la modification matérielle des facteurs locaux de commercialité n'a pas entraîné, pendant la période concernée, une variation supérieure à 15 % de la valeur locative.

CA Paris 18-10-1957, 16e ch. : Gaz. Pal. 1957 p. 293.

Ndlr : Avant la loi du 12 mai 1965, la variation du pourcentage était fixée à 15 % de la valeur locative.

Il appartient au demandeur de rapporter la **preuve** de la survenance, entre la dernière fixation du loyer et la demande en révision, d'éléments matériels concrets dont certains auraient, en modifiant les facteurs locaux de commercialité des lieux loués, entraîné une variation de plus de 15 % de la valeur locative.
Cette preuve n'est pas rapportée dans le cadre de la révision du loyer d'un immeuble à usage d'hôtel situé à Paris pour les raisons suivantes :
– si le quartier de la gare Saint-Lazare dans lequel se trouvait l'hôtel bénéficiait d'un coefficient de commercialité élevé en raison de sa situation particulière, l'**existence** de la **gare,** d'un **nombre important d'hôtels,** de **grands magasins** et d'**agences de voyages** était déjà acquise lors du bail initial ;
– l'augmentation du nombre d'entreprises commerciales, indiquée par l'expert, ne concerne pas strictement la période seule à envisager ;
– l'**accroissement du chiffre d'affaires** des grands établissements du quartier comme les « Galeries Lafayette », le « Printemps » ou les « Trois Quartiers » apparaissait inopérant parce qu'il était dû soit à leur gestion propre, soit à l'incidence, sur les prix des marchandises, de circonstances économiques d'ordre général si bien qu'il n'était pas démontré que cet accroissement résultait des facteurs locaux de commercialité ou qu'il ait eu lui-même une répercussion favorable sur les autres commerces du quartier, notamment sur les hôtels ;
– il n'était pas non plus démontré que l'**augmentation du nombre des voyageurs** à la gare Saint-Lazare ait eu une répercussion, dans les conditions exigées par la loi, sur le quartier en général, et sur la rue Pasquier où était situé l'hôtel en particulier où, par ailleurs, il n'était signalé aucune construction d'immeuble, aucune extension des services de transport, aucune création de commerce nouveau ;
– l'**augmentation du nombre des touristes étrangers** avait eu une répercussion certaine sur l'économie nationale mais il ne résultait pas des éléments d'appréciation fournis qu'elle ait affecté spécialement le quartier considéré.

CA Paris 15-10-1959, 16e ch. : Gaz. Pal. 1959 jur. p. 290.

Ndlr : Avant la loi du 12 mai 1965, la variation du pourcentage était fixée à 15 % de la valeur locative.

La variation de valeur locative doit être due à une **modification matérielle** des facteurs locaux de commercialité, ce qui exclut une simple **modification quantitative** des facteurs anciens et cette modification doit être intervenue ou avoir **produit ses effets** entre la date à partir de laquelle le loyer à réviser est entré en vigueur et la date à laquelle il doit être révisé.
Par suite, dans un cas où, pour déplafonner le montant du loyer révisé, un tribunal avait tiré argument de l'augmentation de la population d'une commune, de l'existence d'un groupe d'habitations à loyer modéré et d'une plage à proximité des locaux loués ainsi que des efforts de la municipalité pour assurer le développement de la commune, cette décision doit être infirmée pour les raisons suivantes :
– il ne pouvait pas être tenu compte des efforts de la municipalité pour assurer le **développement de la commune** car ils n'avaient eu aucun effet pendant la période de référence, ni de l'existence d'une plage dont il n'était ni établi ni allégué qu'elle avait été créée pendant la période considérée ou y aurait connu sa vogue ;

51810 (suite)

– l'**augmentation de la population globale** de la commune ne pouvait être retenue que dans la mesure où elle était le résultat d'une modification matérielle des locaux loués, de leurs abords ou du quartier, ce qui n'était pas le cas en l'espèce dès lors que la construction du groupe d'habitations remontait à une date antérieure à la période de référence et que seule la **construction d'un nouvel immeuble** abritant une trentaine de familles avait été réalisée pendant la période considérée sans que cette adjonction minime ait eu d'influence sérieuse sur la valeur locative et alors surtout qu'une autre modification matérielle, la **suppression des pompes à essence** sur la voie publique, avait eu une influence contraire certaine;
– pendant la période de référence le fonds avait diminué son activité et il n'était pas établi que l'activité de l'ensemble des commerçants avait été en hausse ni que les valeurs vénales ou locatives des immeubles avaient progressé du fait de modifications des facteurs locaux de commercialité.
CA Paris 8-12-1970, 16ᵉ ch.

La variation de valeur locative doit être due à une **modification matérielle** des facteurs locaux intervenue ou ayant produit ses effets entre la date d'entrée en vigueur du loyer à réviser et celle de la demande en révision, ce qui exclut une simple **modification quantitative** de facteurs anciens matériellement inchangés, telle que l'**augmentation du nombre de voyageurs** passant par une aérogare qui était en service et très fréquentée bien avant la période considérée.
L'**implantation** de cinq **cafés-restaurants** et d'une **agence de voyages** sur le côté sud des Champs-Élysées qui n'a nécessité que des transformations intérieures de boutiques anciennes et a correspondu à un courant de rénovation normale des fonds de commerce n'a pas pu, elle non plus, constituer une modification matérielle des facteurs de commercialité d'un fonds d'hôtel situé rue de Marignan, ni par elle-même, ni par l'animation commerciale qu'elle a pu apporter à une partie des Champs-Élysées.
CA Paris 21-12-1970, 16ᵉ ch. : Gaz. Pal. 1971 som. p. 48.

La modification des facteurs locaux de commercialité susceptible de justifier une demande de révision a une portée très limitée, l'expression légale visant non point une évolution générale du marché des loyers dans le quartier considéré mais une variation de la valeur locative déterminée par des facteurs matériels propres au quartier, tels la construction d'immeubles, le percement d'une voie, l'augmentation de la population locale, la disparition de commerces concurrents, à proximité des lieux loués, entraînant objectivement une variation de la valeur locative. Ainsi, autorisent la révision l'existence de constructions neuves augmentant la densité de la population sédentaire, l'ouverture de nouvelles voies à proximité des locaux, l'accroissement des moyens de communication telles de nouvelles lignes d'autobus, de stations du métropolitain, l'implantation d'industries nouvelles autour desquelles s'agglutinent des populations sédentaires.
Par suite, un bailleur ne démontre pas que l'**ouverture d'un parc de stationnement souterrain** dans le **quartier de la bourse à Paris** ait pu avoir une incidence favorable sur la commercialité du quartier pour les raisons suivantes :
– si la construction du parking avait eu pour effet d'apporter un certain remède aux difficultés de stationnement dans un secteur très fréquenté comportant un nombre important d'entreprises commerciales et de bureaux et dans le périmètre duquel se trouvent les sièges de grandes banques et le palais de la bourse, elle n'avait pas pu, par elle-même, modifier la commercialité du quartier qui était restée identique et ne s'était pas trouvée augmentée, du fait même du déplacement vers l'ouest du centre des affaires de Paris;
– si le quartier en cause conservait un coefficient de commercialité élevé, celui-ci était déjà acquis lors de la conclusion du bail;
– il n'était justifié d'aucune augmentation du nombre des entreprises commerciales par le fait de constructions nouvelles, d'ouvertures de voies ou d'accroissement des moyens de communication;
– les chiffres d'affaires des commerces du même quartier avaient pu se trouver augmentés mais cette augmentation apparaissait être due soit à leur gestion propre, soit aux circonstances économiques d'ordre général.
CA Paris 23-3-1971 : Gaz. Pal. 1971 jur. p. 242.

Si la **création de vastes parkings** dans les zones à faible densité de population, notamment aux abords des magasins à grande surface, est susceptible de modifier matériellement les facteurs locaux de commercialité en attirant une clientèle nouvelle, il n'apparaît pas qu'une telle création dans un quartier du **centre de Paris** puisse avoir pour effet d'augmenter sensiblement sa fréquentation déjà très élevée de même que celle de ses commerces réputés, alors qu'elle n'a pour but que de pallier les difficultés croissantes de garage et de stationnement. Ainsi, la **place de la Madeleine,** centrale et bien desservie, ayant toujours constitué une adresse recherchée pour les établissements de luxe, la création d'un nouveau parking, même important, ne peut avoir que peu d'influence sur le nombre déjà considérable de ses chalands et c'est à bon droit que les premiers juges ont estimé que le propriétaire d'un immeuble abritant le restaurant Lucas Carton situé sur cette place ne démontrait pas que le fait matériel qu'il invoquait avait provoqué une majoration de plus de 10 % de la valeur locative depuis la précédente révision triennale.
CA Paris 15-12-1971, 16ᵉ ch. : Gaz. Pal. 1972 p. 188 confirmant TGI Paris 1-12-1970 : Gaz. Pal. 1971 1 p. 242.

La **libération de la tarification du prix de location des places de stationnement** (bloquée entre octobre 1985 et octobre 1988) ne peut pas être considérée comme une modification matérielle des facteurs locaux de commercialité dans la mesure où cette réglementation, d'ordre administrative, avait une application nationale non limitée à l'activité déterminée d'un garage-hôtel. Que si la suppression de cette réglementation a pu entraîner effectivement au profit du locataire une augmentation considérable de son chiffre d'affaires, il revenait aux parties d'en prévoir les conséquences en adoptant dans le bail une clause de recettes pures. À défaut, il n'y a pas lieu de prendre en considération le chiffre d'affaires réalisé par le locataire dès lors que le bailleur n'étant pas associé à l'exploitation de ce dernier, il n'a pas à subir le contrecoup des fortunes diverses que ce dernier peut rencontrer. **51810** (suite)
En outre, la modification matérielle des facteurs locaux de commercialité devant s'apprécier par rapport au **commerce considéré,** l'augmentation du nombre de demandeurs de places de stationnement et le développement des interdictions de stationnement ne peuvent pas être pris en compte dès lors qu'ils constituent des considérations générales d'ordre sociologique qui ne sont pas particulières au garage-hôtel concerné.

CA Paris 17-4-1992, 16e ch. B : Loyer et copr. 1992 no 301 obs. P.-H. Brault.

C'est à tort qu'un tribunal retient une variation de plus de 10 % de la valeur locative en se fondant uniquement sur la comparaison, au 1er juillet 1988, de la valeur estimée par l'expert et du prix plafond alors qu'il convenait de démontrer la variation exigée entre les valeurs locatives 1985 et 1988. Dans le proche secteur des locaux loués, l'expertise avait certes mis en évidence une **mutation commerciale** certaine, favorable à l'activité exercée et ce, à la suite de la transformation de nombreux commerces de bouche en commerces non alimentaires au cours des trois années considérées (1985-1988), mais il n'en demeurait pas moins que la mesure d'instruction n'avait pas permis d'établir que cette **modification matérielle** des facteurs locaux de commercialité avait par elle-même **entraîné une variation de plus de 10 %** de la valeur locative, l'expert ayant d'ailleurs conclu qu'il était d'avis de considérer qu'il n'y avait pas lieu à déplafonnement du loyer révisé.

CA Paris 8-11-1994 no 93-5063, 16e ch. A : Loyers et copr. 1995 comm. no 223 obs. C. Mutelet.

Si, pendant la période de référence, l'évolution matérielle des facteurs locaux de commercialité était évidente dans un cas où, d'une part, une **résidence de grand standing** avait été **achevée,** un **centre commercial** d'une surface de 9 900 m^2 (dont 6 500 m^2 de parties privatives) **ouvert** et, d'autre part, trente-sept **logements** avaient été **construits** et 3 348 m^2 de **surfaces** à usage **commercial** ou d'**enseignement** avaient été **créées** dans un rayon maximum de 400 mètres, il n'était cependant nullement établi que cette évolution matérielle des facteurs locaux de commercialité avait entraîné, par elle-même, une **variation de plus de 10 %** de la valeur locative pendant la même période si bien qu'il convenait de fixer le loyer du bail révisé en fonction de l'évolution de l'indice du coût de la construction.

CA Paris 30-11-2001, 16e ch. B : AJDI 2002 p. 216.

Ndlr : Pour les baux conclus ou renouvelés depuis le 1er septembre 2014, l'indice du coût de la construction ne peut plus servir de référence pour le calcul de la révision (no 51650).

Le locataire d'un local commercial loué à usage d'agence bancaire ne rapporte pas la preuve de l'évolution à la baisse des facteurs locaux de commercialité qu'il invoque et du lien de cause à effet qu'elle présenterait avec une variation de la valeur locative excédant 10 %, pour les raisons suivantes :
– s'il n'était pas sérieusement contesté par le bailleur que le marché locatif de bureaux était en baisse sensible, cette circonstance ne pouvait être prise en considération que si elle révélait une modification de facteurs locaux de commercialité ;
– c'était essentiellement par l'effet de la **crise économique** accentué par la **crise** affectant le **marché immobilier** du fait d'une offre excédant la demande que le marché locatif de bureaux se trouvait à la baisse depuis quelques années ;
– rien n'établissait en revanche que les facteurs locaux de commercialité se soient effectivement dégradés au regard de l'activité considérée d'agence de banque, c'est-à-dire par exemple que la clientèle provenant des entreprises occupant précédemment les locaux à usage de bureaux dans le secteur et les ayant quittés avait effectivement fait défaut à l'agence en cause ;
– le locataire n'avait versé aux débats aucun élément comptable concernant l'évolution de ses chiffres d'affaires sur la période de référence qui aurait pu démontrer ou, à tout le moins, être indicatif d'une incidence de la dégradation des facteurs locaux invoqués, les seuls chiffres communiqués concernant les chiffres d'affaires réalisés postérieurement à la période de référence ;
– l'évolution de l'agence, qui était exploitée en tout ou partie en « boutique » en angle de rues dans un quartier d'affaires, ne pouvait pas être assimilée avec celle de la valeur locative des locaux à usage de bureaux.

TGI Paris 11-2-1997 no 1184-94, ch. baux comm. : AJDI 1998 p. 719.

Si le montant des loyers des baux à renouveler ou à réviser doit correspondre à la valeur locative, il n'en demeure pas moins que l'article 27 du décret du 30 septembre 1953 (désormais C. com. art. L 145-38) a prévu que la majoration ou la diminution de loyer consécutive à une révision

51810 (suite)

triennale ne peut excéder la variation de l'indice trimestriel du coût de la construction, intervenue depuis la dernière fixation amiable ou judiciaire du loyer, à moins que ne soit rapportée la preuve d'une modification matérielle des facteurs locaux de commercialité ayant entraîné par elle-même une variation de 10 % de la valeur locative. Jugé que cette preuve n'a pas été rapportée par un locataire dans le cas suivant :
– la **baisse générale des prix** était un phénomène conjoncturel sans rapport avec l'évolution de la commercialité locale ;
– si certaines **enseignes** avaient **quitté le quartier,** leur départ ne caractérisait pas une modification matérielle des facteurs locaux de commercialité dans une des artères les plus prestigieuses de Paris et plus spécialement au regard de la situation du commerce en cause situé à l'angle de l'avenue Montaigne et de la rue François-Ier ;
– la **baisse des valeurs locatives** ne pouvait pas caractériser à elle seule une évolution matérielle des facteurs locaux de commercialité, mais révélait une évolution plus générale de la conjoncture.

TGI Paris 18-6-1998 n° 1996-7946, ch. loyers comm. : AJDI 1999 p. 226.

Ndlr : Pour les baux conclus ou renouvelés depuis le 1er septembre 2014, l'indice du coût de la construction ne peut plus servir de référence pour le calcul de la révision (n° 51650).

La preuve d'une baisse matérielle des facteurs locaux de commercialité est démontrée pour un commerce de photo situé boulevard Haussmann dans un quartier d'affaires (banques, assurances, bureaux) bénéficiant d'une bonne commercialité avec la proximité de l'Opéra et des grands magasins situés à 150 mètres des lieux, mais dont les éléments suivants établissent la **dégradation de la commercialité** pour ce commerce entre le 1er janvier 1990 et le 3 janvier 1994 :
– à la fin de la période concernée on pouvait constater, dans une rue voisine, le délaissement de nombre de bureaux au n° 28 de la rue Taitbout, les locaux murés d'un ancien pub situé au n° 3 de la même rue et l'inactivité de quatre commerces boulevard Haussmann ;
– un constat d'huissier (commissaire de justice) montrait la profondeur de la détérioration de l'environnement commercial qui avait perduré après la période de référence ;
– le bailleur reprochait abusivement à l'expert d'avoir lui-même constaté cette persistance de la vacance de locaux commerciaux lors des opérations d'expertise en 1996 alors que, par les éléments recueillis sur place, ce dernier avait pris soin d'établir que le délaissement et la **démolition de locaux commerciaux** proches des lieux litigieux avaient commencé dès 1992 et qu'il précisait que les projets concernant les immeubles 41 et 43 rue Taitbout avaient été soit abandonnés soit non réalisés, ce qui soulignait un désintérêt durable pour le secteur ;
– la fermeture des locaux du journal Le Monde au 11 de la rue Taitbout entre la fin 1988 et le début 1989, avant la période considérée, avait contribué au **mouvement de désertification du quartier** et avait induit des effets dans le temps sur la qualité de la commercialité des établissements proches (cafés, restaurants, boutiques) fréquentés par les nombreux salariés du journal ;
– la baisse notable d'activité n'avait pas été compensée par les **constructions** réalisées entre 1991 et 1994 dans un rayon de 350 mètres car, pour un commerce de semi-proximité de photographie, la chalandise générée par l'ouverture de boutiques et bureaux à une telle distance avait été concurrencée par le pôle plus attractif du carrefour de la Chaussée d'Antin-Lafayette-Haussmann ;
– la baisse du chiffre d'affaires du commerce entre 1991 et 1993 ne contredisait pas celle de l'activité du quartier.

CA Paris 29-1-1999 n° 97-25917, 16e ch. B.

La baisse de commercialité alléguée par le locataire n'est pas démontrée dans le cas suivant :
– l'expert avait relevé dans le secteur concerné une **stabilisation de la population** depuis l'évolution enregistrée lors du recensement précédant celui de 1990 ;
– il relevait une **diminution notable des implantations nouvelles** dans la zone industrielle où se situait le commerce en cause, l'absence de modification, durant le cours du bail, quant à la visibilité de la partie de cette zone où se situait le commerce et quant à son accès ;
– il relevait enfin que cette partie de la zone située en limite du centre d'activité ne bénéficiait pas pleinement de la synergie commerciale constatée dans cette zone ;
– il ne résultait pas de ces constatations l'existence d'éléments susceptibles d'établir une **variation de plus de 10 % de la valeur locative** ;
– la **substitution d'enseignes** invoquée par le locataire comme allant à l'encontre de cette appréciation n'était pas de nature à entraîner une modification notable des facteurs locaux de commercialité ;
– aucun autre élément n'était produit pour démontrer l'incidence négative, sur la commercialité de la zone en cause, de la **création** d'autres **centres commerciaux sur les communes voisines** ;
– la baisse du chiffre d'affaires du commerce en cause n'était pas significative en elle-même d'une baisse de commercialité du secteur.

CA Paris 4-7-2001, 16e ch. A : Loyers et copr. 2001 comm. n° 230.

Dans un cas où un magasin Fnac digitale avait ouvert à 50 mètres d'un local abritant un commerce de papeterie, le bailleur de ce local ne rapporte pas la preuve d'une modification matérielle des facteurs de commercialité ayant entraîné par elle-même une variation de plus de 10 % de la valeur locative. En effet, le local, situé sur le boulevard Saint-Germain à Paris, avait été loué à usage de papeterie traditionnelle comportant la vente d'imprimés, de fournitures et de matériel et machines pour bureaux. Son catalogue 2005, intitulé « fournitures de bureau », comportait 12 rubriques dont une consacrée à la bureautique et une autre à l'informatique. Cette dernière ne proposait pas la vente d'ordinateurs fixes ou portables mais seulement des périphériques, meubles et consommables qui leur sont accessoires, et les autres rubriques étaient consacrées au mobilier et à l'équipement de bureau, aux papiers façonnés, courriers, dessins professionnels, écriture, correction et classement. Dans ces conditions, l'accroissement de clientèle généré par l'ouverture de la Fnac et la densification de bureaux au sein de l'îlot d'immeubles dont dépendait le local, avait compensé la **perte de clientèle** occasionnée par la puissance commerciale de ce **nouveau concurrent,** particulièrement sur les produits de bureautique ou d'accessoires informatiques.

CA Paris 13-2-2008 n° 06-20854, 16e ch. A.

Une agence immobilière louait des locaux commerciaux dans le centre-ville de Lille alors que se trouvait à proximité une large façade sans commerce, à l'emplacement d'un ancien grand magasin. L'**aménagement de la friche commerciale** par l'installation de nouveaux commerces (supermarché, magasin de vélos) n'a pas constitué une modification matérielle des facteurs locaux de commercialité présentant objectivement et concrètement un intérêt pour l'**activité exercée** par l'agence immobilière et ne justifiait donc pas un déplafonnement du loyer dès lors que :
– en dépit de la suppression de la friche commerciale, de nombreux locaux commerciaux ou bureaux demeuraient vacants à proximité immédiate de l'agence immobilière et la zone de la rue où se situait l'agence était toujours en retrait par rapport aux emplacements numéro 1 de cette rue ;
– le magasin d'alimentation attirait une clientèle locale pour des courses de dépannage (panier moyen de 12 €) et le magasin de vente de vélos avait déménagé après trois ans d'exploitation ;
– compte tenu de son activité, l'agence immobilière ne fonctionnait pas sur le simple passage de chalandise, l'acte d'achat, de location ou d'investissement immobilier étant une démarche réfléchie, issue de recherches préalables effectuées notamment via internet et pour laquelle l'impact de l'affichage en vitrine restait limité.

CA Douai 6-7-2017 n° 16/03433 : RJDA 12/17 n° 791.

Pour d'autres illustrations, voir nos 84650 s. rendus à propos du loyer d'un bail renouvelé mais transposables.

ENCADREMENT DES HAUSSES DE LOYER DUES AU DÉPLAFONNEMENT

C'est une des principales innovations de la loi 2014-626 du 18 juin 2014. Dans un souci de protection du locataire et dans un contexte de crise économique persistante et d'interventionnisme étatique, le législateur a instauré un verrou supplémentaire à l'application de la valeur locative. **51820**

L'alinéa 3 de l'article L 145-38 du Code de commerce est désormais complété par une disposition prévoyant que lorsqu'est rapportée la preuve d'une modification des facteurs locaux de commercialité ayant entraîné une variation de plus de 10 % de la valeur locative, la variation en découlant ne peut pas conduire à des augmentations supérieures, pour une année, à 10 % du loyer acquitté au cours de l'année précédente. L'augmentation résultant du déplafonnement est donc désormais étalée sur la durée du bail, par paliers de 10 %.

Cette règle a un caractère d'**ordre public,** de sorte que les parties ne peuvent pas y déroger ; toute clause contraire serait réputée non écrite (C. com. art. L 145-15).

La limitation des augmentations de loyer s'applique aux **baux conclus ou renouvelés depuis le 1er septembre 2014** (Loi 2014-626 du 18-6-2014 art. 21, II). Elle a donc vocation à régir les baux dont la date d'effet d'une demande de renouvellement ou d'un congé avec offre de renouvellement est intervenue au 1er septembre 2014, étant précisé qu'elle ne s'applique en pratique que depuis le 1er septembre 2017, soit trois ans après la conclusion ou le renouvellement du bail. En revanche, doivent être exclus les baux dont la date d'effet de la demande de renouvellement ou du congé est antérieure au 1er septembre 2014, quand bien même le loyer ne serait pas définitivement fixé à cette date. **51822**

Un auteur a toutefois défendu la thèse contraire en faisant valoir que tant que le loyer n'a pas été fixé par le juge, le bail n'est pas définitivement renouvelé et qu'en conséquence il devrait être soumis à la règle de limitation (J.-D. Barbier, Application de la loi du 18 juin 2014 dans le temps : Gaz. Pal. 8-9 août 2014 p. 47). On objectera toutefois que le moment auquel les parties ou le juge ont fixé le loyer de renouvellement n'a aucune incidence sur la date du bail renouvelé. Si le congé avec offre de renouvellement a pris effet le 30 juin 2014, et que le loyer du bail renouvelé n'a été définitivement fixé que le 1er mai 2016, le bail n'en reste pas moins renouvelé à compter du

1er juillet 2014. Or la législation vise la date du bail renouvelé (bail renouvelé au 1er septembre 2014) et non la date à laquelle le consentement des parties sur le nouveau loyer a eu lieu.

51824 Contrairement à ce qui est prévu par l'article L 145-34 du Code de commerce en matière de déplafonnement du loyer renouvelé (no 55225), cette règle de l'encadrement des hausses de loyer s'applique à tous **types de locaux** (boutiques, bureaux ou locaux monovalents...).

51826 Sur la **mise en œuvre** du mécanisme et les **difficultés d'interprétation** suscitées par le nouveau texte, voir nos 55240 s.

b. Première révision triennale du loyer suivant une déspécialisation

51860 Parmi les prérogatives dont dispose le locataire figure la possibilité d'adjoindre au commerce préexistant des activités connexes ou complémentaires.

S'il ne peut y être fait opposition, il peut, lors de la première révision triennale suivant la déspécialisation partielle et par dérogation à la règle du plafonnement prévu par l'article L 145-38 du Code de commerce, être tenu compte des activités commerciales adjointes, si celles-ci ont entraîné par elles-mêmes une modification de la valeur locative des lieux loués (C. com. art. L 145-47, al. 3) ; sur cette question, voir no 28400.

4. INCIDENCE D'UN PAS-DE-PORTE SUR LA RÉVISION TRIENNALE DU LOYER

51910 Il est assez fréquent que, lors de la conclusion du contrat de bail, le bailleur exige la remise d'une somme par le locataire, appelée communément « pas-de-porte » ou « droit d'entrée ». Lorsque le pas-de-porte constitue, dans l'intention des parties, un **supplément de loyer** (voir nos 48925 s.), il est admis que, lors de la révision du loyer, une fraction du montant du pas-de-porte soit prise en compte dans le loyer d'origine pour maintenir la correspondance avec la valeur locative. Les juges du fond doivent rechercher la commune intention des parties avant d'accepter ou de refuser la prise en compte du pas-de-porte dans le loyer d'origine.

ILLUSTRATIONS

Ne fait qu'user de son pouvoir d'interpréter les conventions la cour d'appel qui, après avoir relevé qu'un bail avait été consenti moyennant le versement anticipé d'un pas-de-porte de 3 millions de francs (457 000 € environ) et le paiement d'un loyer annuel de 600 000 F (91 000 € environ) stipulé « révisable selon les circonstances économiques et conformément à la loi », déclare que les parties étaient d'accord pour imputer le versement initial sur la première période triennale en raison de la modicité du loyer annuel convenu, lequel avait été réduit à 3 000 F (460 € environ) pour les trois premières années.

Cass. 3e civ. 29-3-1966 no 64-11.104 : Bull. civ. III no 178.

Dans un cas où un bail stipulait qu'une somme de 13 000 F (1 980 € environ) serait versée par le locataire à l'entrée dans les lieux « en compensation des avantages commerciaux et comme indemnité complémentaire et forfaitaire du loyer pour la période du bail », le locataire soutient à tort que les parties auraient implicitement admis que le pas-de-porte convenu demeurait sans incidence sur le montant du loyer lors de la révision triennale dès lors que les révisions triennales du loyer autorisées par l'article 27 du décret du 30 septembre 1953 (désormais C. com. art. L 145-38) sont plafonnées à la variation de l'indice du coût de la construction intervenue depuis la dernière fixation amiable ou judiciaire, ce qui exclut la prise en compte d'un loyer différent de celui antérieurement applicable.

CA Paris 24-2-1978 no 13-358 : Gaz. Pal. 1978 jur. p. 321 note J. et Ph.-H. Brault.

Ndlr : Pour les baux conclus ou renouvelés depuis le 1er septembre 2014, l'indice du coût de la construction ne peut plus servir de référence pour le calcul de la révision (no 51650).

51911 En l'**absence de paiement de pas-de-porte** lors de l'entrée du locataire dans les lieux, il a été jugé que les juges du fond peuvent fixer le loyer d'un bail commercial révisé en tenant compte de cette absence (Cass. 3e civ. 2-10-2002 no 1445 FS-D : RJDA 12/02 no 1242). En effet, parmi les éléments à prendre en considération pour déterminer la valeur locative d'un immeuble loué à usage commercial figurent les modalités selon lesquelles le prix antérieurement applicable a été originairement fixé (Décret de 1953 art. 23-3, al. 4, désormais C. com. art. R 145-8). Or, il arrive que le loyer initial soit majoré pour tenir compte de l'absence de pas-de-porte. Il est dans ce cas logique, et conforme à l'article 23-3, al. 4, que, lors de la révision du loyer, les juges du fond prennent en considération les prix pratiqués dans le voisinage pour des locaux loués dans des conditions identiques, c'est-à-dire sans pas-de-porte (CA Versailles 26-6-1984 n° 444-84).

ILLUSTRATIONS

Le montant du loyer dû en vertu d'un contrat de louage de choses, qui est un contrat commutatif, doit, notamment à l'occasion d'une révision en cours de bail, correspondre à la valeur locative, telle que déterminée par l'article 23 du décret du 30 septembre 1953. Parmi les éléments qui doivent être retenus pour établir, à défaut d'accord entre les parties, la valeur recherchée, figure l'examen des prix couramment pratiqués dans le voisinage dans les conditions précisées par l'article 23-5 du même décret. Il résulte de ces dispositions qu'il doit être tenu compte, à titre d'éléments de comparaison, ainsi, non seulement des prix fixés par des décisions judiciaires, mais également de ceux librement pratiqués par les parties. Par suite, il y a lieu d'inviter l'expert à compléter les éléments d'appréciation permettant de déterminer la valeur locative à la date considérée en recherchant notamment les prix fixés pour des locaux équivalents situés dans le voisinage par accord entre les parties, en distinguant suivant que celles-ci ont prévu ou non un supplément de loyer sous la forme d'un pas-de-porte ou en tenant compte, s'il y a lieu, des valeurs de cession de bail et à donner son avis sur les indications qui peuvent en résulter.

CA Paris 16-1-1980 n° 13.917, 16e ch. A.

La doctrine et la jurisprudence s'accordent pour reconnaître l'existence en matière de prix de loyer de baux commerciaux, de deux secteurs, l'un constitué par les prix de locaux dont les locataires sont entrés dans les lieux en payant un pas-de-porte et qui ont bénéficié des lois protectrices de ce qu'il est convenu d'appeler la propriété commerciale, l'autre par les prix de locaux dont les locataires sont entrés dans les lieux à une époque récente, sans paiement de pas-de-porte. Le second secteur se caractérise par des prix de loyer beaucoup plus élevés que le premier. Cette différence impose, pour la détermination de la valeur locative d'un local dont le prix originaire a été librement débattu et pour respecter les dispositions de l'article 23-3 du décret du 30 septembre 1953, de se référer à des prix de location consentis dans les mêmes conditions, c'est-à-dire hors de toute contrainte législative et sans versement d'un pas-de-porte, pour des locaux équivalents tant au point de vue superficie qu'au point de vue situation. L'expert doit dès lors rechercher les prix de loyer pratiqués pour des locaux à usage commercial semblables à celui loué, c'est-à-dire qui notamment n'ont pas donné lieu lors de leur location au paiement d'un pas-de-porte et ont été librement débattus entre bailleur et locataire.

CA Toulouse 14-6-1984 n° 2555-81, 2e ch. civ.

C. Date d'effet du loyer révisé

LOYER RÉVISÉ FIXÉ PAR LES PARTIES

Le nouveau loyer est dû à compter du **jour de la demande** en révision (C. com. art. L 145-38 et R 145-20, al. 3). **52000**

> **> Précisions** Dans sa rédaction **antérieure au décret 2014-1317** du 3 novembre 2014, l'article R 145-20 du Code de commerce autorisait les parties à se mettre d'accord, avant ou pendant l'instance, sur une autre date, plus ancienne ou plus récente. Dans le cas où les parties avaient prévu de donner à la révision un effet rétroactif, et où le bailleur laissait s'écouler plusieurs mois entre la date d'échéance des trois ans et sa demande de révision, les conséquences financières pouvaient se révéler lourdes pour le locataire qui devait faire face à un rattrapage de l'augmentation du loyer. C'est la raison pour laquelle une telle clause est désormais privée d'effet.

LOYER RÉVISÉ FIXÉ JUDICIAIREMENT

À défaut d'accord entre les parties sur le loyer révisé, celui-ci est fixé par le juge (n° 21215 s.). Durant **52001**
le **cours de l'instance,** le locataire est tenu de payer les loyers échus à l'ancien prix ou au prix fixé par le juge à titre provisionnel (C. com. art. L 145-57, al. 1). En pratique, le juge applique le dernier loyer en cours, sauf à ce que les éléments du dossier permettent dès ce stade de fixer un prix différent, notamment au cas de surévaluation ou sous-évaluation manifeste.

En application de l'article R 145-20 du Code de commerce, le juge doit fixer l'échéance du nouveau loyer à la **date de la demande** de révision.

Sur la question du point de départ des intérêts de retard dus sur les loyers échus en cas de fixation judiciaire, voir n° 21722.

SECTION 3

RÉVISION DU LOYER EN PRÉSENCE D'UNE CLAUSE D'INDEXATION OU DE VARIABILITÉ DU LOYER

52200 Il arrive que les parties au contrat de bail prévoient conventionnellement que le loyer sera indexé par la mise en œuvre d'une clause d'échelle mobile (nos 52205 s.) ou qu'il sera variable en application d'une clause-recettes (nos 52650 s.).

A. Révision du loyer en présence d'une clause d'échelle mobile

GÉNÉRALITÉS

52205 À la différence de la clause-recettes, qui constitue un mode de détermination du loyer, la clause d'échelle mobile est un mécanisme de révision du loyer par indexation de celui-ci en fonction d'un indice choisi par les parties. Sur la définition de la clause d'échelle mobile et le choix de l'indice, voir nos 48600 s. et sur le plafonnement temporaire de l'ILC, voir no 48628.

Si la clause d'échelle mobile prévue par les parties s'applique automatiquement en fonction du jeu de l'indice (nos 52210 s.), le bail indexé est cependant soumis à un régime spécial de révision judiciaire (nos 52310 s.) afin d'éviter que les circonstances économiques n'entraînent une variation de l'indice de la clause d'échelle mobile sans rapport avec l'évaluation de la valeur locative.

La présence d'une clause d'échelle mobile dans le contrat de bail n'exclut pas pour autant l'application des dispositions de l'article L 145-38 du Code de commerce relatives à la révision légale du loyer (nos 51300 s.).

1. APPLICATION AUTOMATIQUE DE LA CLAUSE D'ÉCHELLE MOBILE

52210 La **périodicité** d'application de la clause d'échelle mobile étant laissée à la libre appréciation des parties (no 48660), la modification s'opère automatiquement aux dates d'échéances préalablement fixées dans le bail, sans qu'il soit besoin de demander l'application de la clause (voir notamment Cass. 3e civ. 20-7-1994, analysé no 48616) et sans formalisme particulier. En conséquence :

– la clause d'échelle mobile doit s'appliquer tant que l'une des parties n'en a pas demandé l'adaptation judiciaire (Cass. 3e civ. 2-6-1977 no 76-13.199, : Bull. civ. III no 241) ;

– le seul fait que le bailleur n'ait pas réclamé le montant des augmentations dès leur prise d'effet n'implique pas de sa part **renonciation** à se prévaloir de la clause d'indexation (Cass. 3e civ. 17-4-1991 no 89-19.951 ; Cass. 3e civ. 21-1-2014 no 12-26.174 F-D : RJDA 5/14 no 412, rendu à propos d'un bail d'habitation mais transposable).

ILLUSTRATIONS

Dans le cas d'une **clause ne précisant pas expressément l'automaticité,** la cour d'appel de Paris a jugé que l'automaticité de la révision s'induit de l'insertion dans le bail d'une clause particulière intitulée « Indexation annuelle », de l'emploi du futur et non du conditionnel, de l'absence de formalités prévues pour demander l'application de l'indexation et de la détermination très précise de l'indice de référence (CA Paris 24-3-2010 no 08-17111 : Loyers et copr. 2010 comm. no 256).

52215 Néanmoins, le bailleur doit porter le **montant du loyer révisé** à la **connaissance du locataire** afin de le mettre en mesure de l'acquitter, faute de quoi la cour d'appel de Paris a estimé qu'il devait être considéré comme ayant, de mauvaise foi, mis en œuvre la clause résolutoire du bail pour non-paiement de l'arriéré des loyers, lequel ne constituait pas un manquement suffisamment grave de nature à prononcer la résiliation du bail (CA Paris 12-5-1993 no 92-004418, 6e ch.).

Dans un cas où une clause stipulait que « le loyer sera révisable chaque année en fonction de la variation de l'indice du coût de la construction publié trimestriellement par l'Insee et [que] le nouveau loyer ainsi déterminé sera applicable ipso facto, sans l'accomplissement d'aucune formalité », la cour d'appel de Paris a jugé que c'était à juste titre qu'un huissier (commissaire de justice) avait calculé l'arriéré des loyers dû au bailleur en appliquant la révision conventionnelle à compter du début du bail et sans que le locataire puisse opposer la **prescription** de cinq ans, laquelle s'applique aux loyers et non au processus de l'indexation qui est un mode de calcul (CA Paris 12-5-1993 n° 92-004418, 6e ch.). 52220

La Cour de cassation a néanmoins censuré un arrêt de la cour d'appel de Pau ayant déclaré non prescrite l'action en paiement des sommes dues en application d'une clause d'indexation annuelle du loyer, au motif que la prescription quinquennale ne court pas contre les créances qui ne sont pas déterminées tout en rappelant que l'action en paiement des sommes représentant non seulement les loyers mais aussi l'indexation des loyers déterminables contractuellement, se prescrit par cinq ans en application de l'article 2277 (devenu art. 2225) du Code civil (Cass. 3e civ. 15-9-2010 n° 09-15.924 : AJDI 2010 p. 797).

Les parties peuvent conventionnellement décider d'**écarter l'automaticité** de la clause (pour un cas où les juges du fond, interprétant la clause du bail, ont estimé qu'il en était ainsi, voir Cass. 3e civ. 30-10-2002 n° 1573 FS-D, analysé n° 48661) et prévoir qu'elle ne s'appliquera par exemple qu'à la demande de l'une des parties formée par courrier. 52225

2. RÉVISION JUDICIAIRE DU LOYER INDEXÉ

Afin d'éviter que les circonstances économiques n'entraînent une variation de l'indice de la clause d'échelle mobile sans rapport avec l'évaluation de la valeur locative, l'article L 145-39 du Code de commerce soumet le bail indexé à un **régime spécial de révision** judiciaire. Rarement utilisé par le passé en raison d'une faible évolution de l'indice du coût de la construction, cet article connaît une nouvelle « jeunesse » depuis les années 2007/2008, sous l'effet conjugué de la très forte augmentation de l'indice et d'une baisse conjoncturelle de la valeur locative des loyers de bureaux. 52310

> Précisions La révision du loyer indexé ne porte atteinte ni au droit de propriété ni à la liberté contractuelle car elle ne remet pas en cause la libre négociation du loyer initial et ne s'applique que lorsque les parties ont entendu assortir le bail d'une clause d'échelle mobile ; la mise en œuvre de cette révision, qui peut être demandée indifféremment par le bailleur ou le locataire et nécessite que soit atteint un seuil de variation de 25 %, est entourée de garanties procédurales et de fond suffisantes si bien qu'elle ne porte atteinte ni au principe d'égalité ni à la garantie des droits (Cass. 3e civ. QPC 6-12-2012 n° 12-40.071 F-D : RJDA 3/13 n° 200).

a. Conditions de la révision judiciaire

CONDITION DE FOND DE LA RÉVISION JUDICIAIRE DU LOYER INDEXÉ

Évolution du loyer Une demande de révision peut être faite par l'une des parties lorsque, par le jeu de la clause d'échelle mobile, le loyer se trouve **augmenté ou diminué de plus d'un quart** par rapport au prix précédemment fixé contractuellement ou par décision judiciaire (C. com. art. L 145-39). Sur la possibilité de limiter le sens de l'indexation, voir n° 48670. 52315

EXEMPLE

Soit un bail ayant pris effet le 1er décembre 2023 pour un loyer mensuel de 1 000 € indexé annuellement, par le jeu de la clause d'échelle mobile, le loyer passe à 1 100 € au bout d'un an puis à 1 300 € le 1er décembre 2024. Le loyer ayant augmenté de 30 % par rapport au loyer initial, le locataire ou le bailleur peut alors demander que le nouveau loyer soit fixé en justice.

Le bailleur ne peut pas valablement **suspendre** unilatéralement l'**exécution de la clause** d'indexation afin d'éviter que le seuil de 25 % ne soit atteint. Dans un cas où le bailleur s'était abstenu de réclamer le loyer indexé, lors de la dernière échéance de révision annuelle, alors que les années précédentes il avait appliqué la clause d'indexation, un tribunal a considéré que cet élément était insuffisant pour démontrer l'existence d'un accord entre les parties de ne pas appliquer la clause d'indexation (TGI Paris 7-1-2010, The Conran Shop c/ Le Bon Marché maison Aristide Boucicaut : Loyers et copr. 2010 comm. n° 78).

Le régime spécial de révision judiciaire du loyer prévu par l'article L 145-39 du Code de commerce **ne doit pas être confondu** avec l'application automatique de la clause d'échelle mobile stipulée dans un bail (n° 52210). Ainsi, dans un cas où le bail prévoyait que l'application de la clause était subordonnée conventionnellement à une variation d'au moins 10 % de l'indice 52316 local des prix, cette stipulation n'est pas nulle comme contraire aux dispositions de l'article L 145-39 (Cass. com. 27-1-1960 : Bull. civ. III n° 40).

De même, dans un cas où une clause stipulait que « le loyer et les charges seraient au 1er avril de chaque année automatiquement modifiés, proportionnellement à la variation constatée d'un indice, à condition que cette variation ait été d'au moins 10 % depuis la dernière modification du loyer et des charges », une cour d'appel énonce à bon droit que, contrairement à ce qu'invoquait l'appelant, il ne s'agissait pas de l'application de l'article L 145-39 du Code de commerce, lequel exige effectivement pour sa mise en jeu, outre d'autres conditions, une variation du loyer de plus du quart ; la demande avait un objet complètement différent et les juges du fond, en s'attachant à déterminer le loyer tel qu'il résultait de l'application de la clause d'échelle mobile, n'avaient pas confondu cette application avec la révision d'un bail prévue par l'article L 145-39 du Code de commerce (Cass. com. 7-10-1964 n° 62-10.922 : Bull. civ. III n° 414).

52317 **Loyer de référence** Le « prix précédemment fixé », qui constitue la base de comparaison pour calculer la variation, est le loyer nominal fixé contractuellement dans le **contrat initial** (Cass. com. 23-10-1961 n° 59-12.351 : Bull. civ. III n° 371 ; Cass. com. 20-11-1962 n° 60-13.018 : Bull. civ. III n° 468 ; Cass. 3e civ. 9-12-1981, The prudential insurance company limited c/ Sté Sequana), ou **dans un avenant intervenu au cours du bail** (Cass. 3e civ. 16-12-1992 n° 91-12.016 : Gaz. Pal. 1993 p. 309, note J.-D. Barbier ; CA Paris 6-2-1987, 16e ch. B) et ce, même si le nouveau loyer résulte pour l'essentiel d'une extension de l'assiette du bail (Cass. 3e civ. 17-3-2016 n° 14-26.009 FS-PB : RJDA 5/16 n° 354).

Lorsque le **loyer** a **déjà** fait l'objet d'une **révision judiciaire** en application de l'article L 145-39 du Code de commerce, le loyer servant de base de comparaison est celui qui a été judiciairement fixé (Cass. com. 20-11-1962, précité). Dans le cas où, faute de réponse du bailleur à la demande de renouvellement du locataire, le **bail** est **renouvelé** aux mêmes clauses et conditions que le bail expiré (application de l'article R 145-10 du Code de commerce), le loyer servant de référence pour apprécier la variation de plus d'un quart est le loyer du bail renouvelé (Cass. 3e civ. 15-12-2016 n° 15-23.069 FS-PB : RJDA 4/17 n° 227).

Le montant du loyer de référence est **hors indexation** (Cass. 3e civ. 9-7-2014 n° 13-22.562 FS-PB : RJDA 11/14 n° 830 ; Cass. 3e civ. 15-12-2016 n° 15-23.069, précité). Il ne peut pas comprendre la **taxe foncière** mise à la charge du locataire au titre d'un transfert conventionnel de charges (Cass. 3e civ. 3-5-2012 n° 11-13.448 FS-PB : RJDA 7/12 n° 646) ni le **pas-de-porte** (CA Paris 27-2-2013 n° 11/00683, ch. 5-3 : Loyers et copr. 2013 comm. n° 246 note P.-H. Brault).

Pour vérifier l'existence d'une évolution de plus du quart, le **loyer de référence** doit être **comparé au** loyer obtenu par le jeu de la clause d'indexation et non le loyer effectivement payé (Cass. 3e civ. 15-12-2016 n° 15-27.148 FS-PB : RJDA 4/17 n° 226).

52318 **Lorsque le bail porte sur des locaux à usages différents** (bureaux, entrepôts, parkings) pour lesquels des loyers de montants distincts sont prévus, la question se pose de savoir si le loyer à prendre en considération pour l'application de l'article L 145-39 du Code de commerce est le loyer des différentes catégories de locaux ou le prix global du loyer.

Dans un cas où il apparaissait que le loyer de la partie bureaux avait augmenté de plus de 25 % alors que le loyer global n'avait subi qu'une hausse de 24,32 %, la Cour de cassation a jugé qu'une cour d'appel avait souverainement relevé que la ventilation opérée ne constituait en fait qu'une méthode de pondération des différents éléments matériels d'un bail unique et avait justement retenu que seul devait être pris en considération le prix global du loyer (Cass. 3e civ. 11-5-1982 n° 80-15.285 : Bull. civ. III n° 119).

52319 À notre connaissance, la question du loyer auquel il convient de se référer en présence d'un **bail à paliers** n'a pas été tranchée par les tribunaux (sur la question de la révision légale du loyer de référence des baux à paliers, voir nos 51012 s.).

CONDITIONS DE FORME DE LA RÉVISION JUDICIAIRE DU LOYER INDEXÉ

52325 **Demande de révision** À la différence de la demande de révision triennale (nos 51300 s.), la demande de révision judiciaire en présence d'une clause d'échelle mobile n'est soumise à aucune condition de **délai.** Dès que, par le jeu de la clause d'échelle mobile, le loyer a augmenté ou diminué de plus d'un quart, la demande de révision est recevable. Elle peut intervenir dès la première année d'application de la clause, dans le cas où l'indice évolue immédiatement de plus de 25 %. Elle peut aussi n'intervenir qu'après plusieurs années.

Ainsi, dans un cas où les parties avaient conventionnellement prévu que la clause d'échelle mobile jouerait tous les trois ans, cette stipulation ne s'oppose pas à ce que, en cours de période, le loyer puisse faire l'objet d'une adaptation en cas de variation de l'indice de plus du quart (Cass. 3e civ. 22-11-1989 n° 88-14.336 : Loyers et copr. 1990 comm. n° 133).

Chacune des **parties** peut se prévaloir de l'augmentation ou de la diminution de plus d'un quart de l'indice pour demander au juge d'adapter le jeu de l'échelle mobile à la valeur locative (Cass. com. 7-6-1963 : Bull. civ. III n° 268). 52326

Toutefois, la question s'est posée de savoir si chacune des parties pouvait former cette demande dans tous les cas, que l'indice varie à la baisse ou à la hausse.

Estimant que, dans un souci de protection réciproque des intérêts des deux parties, le législateur avait entendu freiner, et non pas aggraver, les effets de la clause d'échelle mobile chaque fois que le loyer s'éloigne exagérément de la valeur locative par le jeu de l'évolution de la clause, certaines cours d'appel considéraient qu'**en cas d'augmentation** de plus d'un quart seul le locataire était recevable à demander « l'adaptation » du jeu de la clause d'échelle mobile à la valeur locative, laquelle est supposée être inférieure au loyer atteint, et que, dans l'hypothèse d'une **diminution** du loyer de plus d'un quart, seul le bailleur était recevable à solliciter la même adaptation à la valeur locative, laquelle est, cette fois, supposée être supérieure au loyer atteint (notamment CA Paris 11-9-1991, 16e ch. ; CA Paris 15-12-1992, 16e ch. A, Sté Polyprotec c/ SCI Castelnau Madelaine).

La Cour de cassation a censuré ces cours d'appel après avoir précisé que l'article 28 du décret du 30 septembre 1953 (désormais C. com. art. R 145-22) ne contient aucune disposition de nature à restreindre le pouvoir d'appréciation du juge, qui doit seulement fixer le loyer révisé à la valeur locative (Cass. 3e civ. 15-1-1992 n° 90 PF : RJDA 3/92 n° 223, confirmant CA Grenoble 20-3-1990, ch. urgences : Loyers et copr. 1990 comm. n° 436 ; Cass. 3e civ. 6-1-1993 n° 94 PF : RJDA 2/93 n° 96 ; Cass. 3e civ. 16-6-1993 n° 1117 P : RJDA 10/93 n° 780 ; Cass. 3e civ. 18-5-1994 n° 909 D ; CA Paris 10-1-1996, 1re ch. A aud. sol., La Compagnie La Mondiale c/ Sté Primistères Reynoird : JCP E 996 pan. 299).

Dès que l'augmentation ou la diminution de plus d'un quart est constatée, les parties sont donc recevables à demander au juge d'adapter le jeu de l'échelle mobile à la valeur locative. C'est ainsi que le bailleur peut demander l'adaptation du loyer à la valeur locative alors même que le jeu de l'échelle mobile entraîne déjà une hausse supérieure à 25 % (Cass. 3e civ. 20-7-1994 n° 1508 P : RJDA 12/94 n° 1263), le locataire étant autorisé à faire de même lorsque le jeu de l'échelle mobile entraîne déjà une baisse de plus de 25 %.

Pour le bailleur, une telle demande n'a d'intérêt que si l'adaptation du loyer à la valeur locative permet de fixer le loyer à un montant supérieur à celui résultant de l'évolution de l'indice à la hausse ; pour le locataire, que si l'adaptation du loyer à la valeur locative permet de fixer le loyer à un montant inférieur à celui résultant de l'évolution de l'indice à la baisse.

Les conditions de **forme** auxquelles la demande de révision judiciaire est soumise ne sont précisées ni par l'article L 145-39 du Code de commerce, ni par l'article R 145-22 du Code de commerce. 52327

La cour d'appel de Paris a jugé que la demande de révision doit être faite dans les formes imposées pour la révision triennale par l'article 26 du décret du 30 septembre 1953 (désormais C. com. art. R 145-20) (CA Paris 17-10-1989, 16e ch. A : D. 1989 IR p. 282 ; dans le même sens, voir TGI Paris 4-6-1985, Radio Monte-Carlo c/ Sté pour l'industrie des transports : Gaz. Pal. 1986 somm. p. 19 note P.-H. Brault). C'est également le point de vue développé par un auteur qui estime que la rédaction des textes visés ci-dessus « implique bien la notification régulière d'une demande de révision suivant les formes prévues par l'article 26 du décret du 30 septembre 1953 » (P-H. Brault, sous TGI Paris 4-6-1985, précité) ; sur l'article R 145-20 du Code de commerce, voir nos 51440 s.

b. Modalités de la révision judiciaire

DÉTERMINATION PAR LE JUGE DU MONTANT DU LOYER RÉVISÉ

Le juge doit adapter le jeu de l'échelle mobile à la **valeur locative** au jour de la demande (C. com. art. R 145-22 ; Cass. 3e civ. 27-1-1988, n° 86-18.177 : Gaz. Pal. 1988 p. 195). 52370

Par exception à ce principe, le prix judiciairement fixé ne peut en aucun cas excéder les limites de l'offre et de la demande et, si les **parties** ont **varié dans leurs prétentions,** le prix retenu par le juge ne peut prendre effet, dans la mesure où il excéderait les limites des prétentions originaires, qu'à dater des nouvelles prétentions (C. com. art. R 145-21). Ainsi, lorsque le locataire a offert un premier loyer annuel lors de la demande en révision du loyer, puis l'a ramené à un chiffre moindre après dépôt du rapport de l'expert, les juges ne peuvent retenir cette dernière somme à compter du jour de la demande en révision (Cass. 3e civ. 23-2-1994 n° 408 P : RJDA 6/94 n° 629).

Il résulte des articles R 145-22 et R 145-20 du Code de commerce que le **loyer** doit être **fixé judiciairement** et non par référence aux stipulations contractuelles. 52371

Comme a pu le souligner un auteur, le terme « adapter » utilisé dans l'article R 145-22 est « imparfait et source de confusion possible ; il ne s'agit pas en vérité d'adapter quoi que ce soit ; il s'agit simplement, pour le juge, de fixer le loyer à la valeur locative » (J.-P. Blatter : Traité des baux commerciaux n° 978, Dalloz Le Moniteur, 7e éd.). L'expression « adapter le jeu de l'échelle mobile » signifie donc qu'il appartient au juge de fixer le nouveau loyer à sa valeur réelle, selon les critères habituels permettant de déterminer la valeur locative (sur ces critères, voir nos 82200 s.).

52372 L'article R 145-22 du Code de commerce ne comportant aucune disposition de nature à restreindre le pouvoir d'appréciation de la juridiction saisie, le juge peut fixer le montant du loyer révisé à une **valeur inférieure au loyer initial** arrêté par les parties elles-mêmes ou à une **valeur supérieure** dès lors qu'elle correspond à la valeur locative (sur cette question, voir n° 52326).

Le loyer ainsi révisé sert ensuite de base à l'application de la clause d'échelle mobile, tant pour le calcul de la variation de plus du quart que pour l'indexation en fonction de la variation de l'indice de référence. Dans ce dernier cas, l'indice de base à retenir est celui publié à la date de la demande en révision judiciaire (Cass. 3e civ. 12-2-1985 n° 83-10.443 : Bull. civ. III n° 30).

52373 Si la mise en œuvre de l'article L 145-39 du Code de commerce conduit à une **hausse de loyer,** cette augmentation doit s'appliquer progressivement par pallier de 10 %, dans les conditions décrites nos 51820 s. Ce « mécanisme de lissage » introduit par la **loi Pinel du 18 juin 2014** s'applique aux baux conclus ou renouvelés depuis le 1er septembre 2014.

ADAPTATION PAR LE JUGE DE LA CLAUSE D'INDEXATION

52380 Le juge est contraint de fixer l'**échéance du nouveau loyer** à la date de la demande de révision, conformément à l'article R 145-20 du Code de commerce. Cette échéance est rarement en corrélation avec la date contractuelle de révision du loyer indexé si bien qu'une **distorsion** se crée mécaniquement entre la période de variation de l'indice et la durée s'écoulant entre chaque révision. Néanmoins, une telle distorsion n'entraîne pas l'illicéité de la clause d'indexation au regard de l'article L 112-1 du Code monétaire et financier car seule l'organisation contractuelle d'une telle distorsion est prohibée (Cass. 3e civ. 17-5-2018 n° 17-15.146 FS-PBI : RJDA 7/18 n° 559).

La Cour de cassation reconnaît au juge le pouvoir d'adapter la clause d'indexation en fonction de la nouvelle échéance légale afin de mettre fin à la distorsion (même arrêt).

ILLUSTRATIONS

Les faits ayant donné lieu à l'arrêt du 17 mai 2018 étaient les suivants. Un bail commercial, qui avait pris effet le 1er juillet 1994, contenait une clause d'indexation prévoyant que le loyer serait indexé sur l'indice du coût de la construction et serait révisé tous les ans en prenant, pour indice de référence, celui du 4e trimestre 1993 et, pour indice de comparaison, celui du 4e trimestre de l'année civile précédant le jour anniversaire de la révision (pour la première révision au 1er juillet 1995, indice du 4e trimestre 1994). La révision judiciaire était intervenue sur demande du bailleur le 23 décembre 2009, donc à une date différente de celle retenue par le bail pour l'application de la clause d'indexation (le 1er juillet). Le locataire avait alors avancé l'argumentation suivante : la révision avait entraîné une modification de l'intervalle de révision convenu initialement et a induit nécessairement une distorsion prohibée rendant la clause d'indexation illicite puisque la nouvelle période de révision du nouveau loyer n'était plus en concordance avec l'intervalle de variation indiciaire; le juge ne pouvait pas éviter cette distorsion en adaptant la clause par application de l'article R 145-22 du Code de commerce car cet article ne lui donnait pas le pouvoir de modifier la clause mais prévoyait seulement que « le juge adapte le jeu de l'échelle mobile à la valeur locative au jour de la demande ». Ce raisonnement a été écarté par la Cour de cassation.

52382 La **solution** retenue par la Cour de cassation est **pragmatique.** Si l'article R 145-22 ne vise expressément que l'adaptation de la clause d'indexation au regard de la valeur locative, on ne saurait se fonder exclusivement sur la lettre du texte pour considérer que le juge est privé de tout pouvoir d'adaptation l'empêchant de corriger la distorsion mécanique liée à son pouvoir de révision : le juge doit donc pouvoir remettre en concordance la clause d'indexation lorsque la distorsion résulte de sa seule intervention. En procédant ainsi, le juge ne remet en cause ni l'indice choisi par les parties ni l'économie générale de la clause d'indexation ; il se limite à adapter cette clause en fonction de la nouvelle échéance légale du loyer révisé.

3. APPLICATION AU LOYER INDEXÉ DES RÈGLES DE LA RÉVISION TRIENNALE

CUMUL DE L'INDEXATION ET DE LA RÉVISION LÉGALE DU LOYER

52500 Bien que d'ordre public (C. com. art. L 145-15), l'article L 145-39 du Code de commerce ne fait pas obstacle à la **révision triennale** de droit commun (nos 51300 s.) auquel ce texte se trouve explicitement rattaché (Cass. com. 3-5-1960 n° 57-12.063 : Bull. civ. III n° 154 ; Cass. 3e civ. 16-12-1998 n° 1870 PB : RJDA 2/99 n° 150). En effet, l'expression « en outre », par laquelle commence l'article L 145-39, indique bien que le législateur n'a pas entendu exclure, pour les baux indexés, la possibilité d'une révision dans les conditions prévues à l'article L 145-38 du Code de commerce (Cass. com. 7-11-1961 n° 57-11.739 : Bull. civ. III n° 396).

ILLUSTRATIONS

Jugé également que viole l'article 35 du décret de 1953 (désormais C. com. art. L 145-15) la cour d'appel qui, pour rejeter une demande de révision en application de l'article 27 du décret du 30 septembre 1953, avait retenu qu'en souscrivant une clause d'échelle mobile le bailleur avait renoncé au bénéfice des articles 26 et 27 du décret du 30 septembre 1953 (désormais C. com. art. L 145-38 et R 145-20), alors que le bailleur ne pouvait **renoncer** par anticipation à l'application de ces articles (Cass. 3e civ. 2-7-1986 : JCP G 1986 IV p. 265). En l'espèce, le bailleur, qui avait donné en location un immeuble à usage d'hôtel, avait, en 1972, conclu avec son locataire un avenant stipulant un loyer non révisable jusqu'en 1979, ce prix devant subir, à partir de 1979, les variations résultant d'une clause d'échelle mobile. En 1979, le bailleur avait demandé que le loyer soit révisé par application des articles 26 et 27 précités.

La recevabilité d'une demande de révision fondée sur l'article L 145-38 du Code de commerce doit s'apprécier par référence à la date de la dernière fixation amiable ou judiciaire du loyer, ce qui exclut la possibilité de faire courir le **délai de trois ans** à compter du jour où le prix du loyer a été fixé en application de la clause d'échelle mobile. Les variations de cette dernière échappent en effet à la volonté des parties et ne sont pas le résultat d'une décision de justice (Cass. com. 3-5-1960 n° 57-12.063 : Bull. civ. III n° 154 ; CA Paris 2-5-2001, 16e ch. A : Gaz. Pal. 2001 jur. p. 1108, note P.-H. Brault). **52501**

ILLUSTRATIONS

Le locataire de locaux à usage commercial avait assigné son bailleur en révision du loyer annuel fixé lors de la conclusion du bail, en 1985, à 400 000 F (environ 61 000 €) et affecté d'une clause d'échelle mobile, demandant sa fixation à 300 000 F (environ 45 000 €) à compter du 16 février 1984. Jugé qu'une cour d'appel avait à bon droit relevé que la clause d'échelle mobile ne faisait pas obstacle à la révision triennale prévue à l'article 27 du décret du 30 septembre 1953 (désormais C. com. art. L 145-38), et que l'application annuelle de l'indice du coût de la construction au loyer en cours devait être distinguée de la révision de celui-ci. Par suite, la cour d'appel, constatant qu'aucune révision amiable ou judiciaire n'avait eu lieu depuis la conclusion du bail, en avait exactement déduit que la période à prendre en considération pour l'application de cet article allait de la prise d'effet de ce contrat à la demande en révision du 16 février 1994 et constatant que, dans le même temps, la valeur locative avait varié de plus de 10 % par suite de la modification matérielle des facteurs locaux de commercialité, elle avait justement retenu que le loyer révisé devait être égal à la valeur locative, celle-ci eût-elle varié en sens inverse de l'indice (Cass. 3e civ. 16-12-1998 n° 1870 PB : RJDA 2/99 n° 150).

Les possibilités de réviser un loyer indexé en faisant application de l'article L 145-38 du Code de commerce sont en fait restreintes. **52502**

En effet, interrogée sur la question de savoir à quoi correspond, en présence d'une clause d'indexation, la **notion** de « **loyer en cours** » qui, pour l'application de l'article L 145-38 du Code de commerce, constitue le loyer plancher (n° 51658), la Cour de cassation a répondu qu'il s'agit du dernier loyer indexé (Cass. 3e civ. 20-5-2015 n° 13-27.367 FS-PBRI : RJDA 10/15 n° 635). Elle en a déduit qu'à défaut de modification des facteurs locaux de commercialité ayant entraîné par elle-même une variation de plus de 10 % de la valeur locative, il n'y a pas lieu à révision sur le fondement de l'article L 145-38.

Il résulte de cette décision que si l'application de l'indexation a abouti à une augmentation du montant du loyer, la révision triennale ne peut pas conduire à la fixation d'un loyer, même correspondant à la valeur locative, d'un montant inférieur à celui atteint par le jeu de l'indexation, sauf en cas de déplafonnement.

CONFLIT ENTRE L'INDEXATION ET LA RÉVISION LÉGALE DU LOYER

La renaissance de l'article L 145-39 du Code de commerce et son utilisation par les locataires pour obtenir la révision du loyer à la baisse a fait surgir une question inédite : celle du concours de l'action en révision de l'article L 145-39 du Code de commerce avec la révision triennale légale (C. com. art. L 145-38). **52505**

Dans une affaire où le bailleur avait notifié une demande de révision triennale légale qui précédait celle du locataire fondé sur l'article L 145-39, un tribunal a considéré, d'une part, qu'il fallait faire primer cette dernière sur celle de l'article L 145-38 en vertu du principe selon lequel les lois spéciales dérogent aux lois générales, d'autre part, que le « prix précédemment fixé contractuellement ou par décision judiciaire » au sens de l'article L 145-39 était en l'occurrence le loyer figurant au bail et non celui qui pourrait résulter de sa fixation judiciaire sur la demande de révision formée par le bailleur, puisque le loyer révisé non encore fixé ne revêtait pas le caractère d'antériorité exigé par cet article (TGI Paris 13-11-2009 n° 09-11775 : RJDA 8-9/10 n° 827).

Cette interprétation suscite toutefois certaines réserves car, en fait, il n'y a pas cumul des révisions comme le souligne justement M. Barbier mais succession dans le temps, de sorte que la première révision fondée sur l'article L 145-38 doit recevoir tous ses effets (J.-D. Barbier, Gaz. Pal. 13 mars 2010 p. 29 s.) et que la seconde, fondée sur l'article L 145-39, doit être écartée si, de ce fait, les conditions légales du seuil de 25 % cessent d'être remplies.

De même, il paraît difficile de rejeter le loyer révisé en application de l'article L 145-38 au motif qu'il n'a pas encore été fixé judiciairement alors même que le loyer révisé rétroagit au jour de la demande et se trouve en conséquence fixé antérieurement à la demande de révision fondée sur l'article L 145-39.

En réalité, c'est sur le terrain de la **fraude** que la demande de révision **du bailleur** pourrait être critiquée, dès lors qu'elle n'a d'autre intérêt que d'empêcher l'action du locataire. Mais quelle sera la solution lorsque, du fait du glissement d'un trimestre à un autre, la révision indiciaire donnera un résultat sensiblement supérieur à la simple application de la clause d'indexation ? Toutes ces questions, pour la plupart nouvelles, devront être tranchées par les tribunaux.

DISPARITION DE L'INDICE RETENU DANS LA CLAUSE D'ÉCHELLE MOBILE

52510 Si l'un des **éléments retenus pour le calcul** de la clause d'échelle mobile **disparaît,** la révision ne peut être demandée que conformément à la révision légale de l'article L 145-38 du Code de commerce, dans les conditions exposées n°s 51300 s. Par analogie, il en va de même lorsqu'un des éléments retenus pour le calcul n'a jamais pu être déterminé (CA Nîmes 24-7-1991, analysé n° 48616).

Le plus souvent, l'indice retenu disparaît à la suite de modifications légales ou réglementaires.

L'article 28, alinéa 3 du décret du 30 septembre 1953 (devenu C. com. art. R 145-22) ne fait cependant pas échec à l'application d'un **nouvel indice déterminé en exécution de la convention** (Cass. 3e civ. 9-10-1984 n° 83-10.383 : Bull. civ. III n° 162).

ILLUSTRATIONS

Les parties avaient stipulé que le loyer serait fixé, pour partie, à une certaine somme indexée sur l'indice pondéré départemental du coût de la construction (IPD) et qu'au cas où cet indice cesserait d'être publié elles se référeraient à un autre indice qui, à défaut d'accord entre elles, serait choisi par un arbitre nommément désigné par le bail. Plus tard, le bailleur avait fait délivrer à son locataire deux commandements, visant la clause résolutoire insérée au bail, de payer notamment certains loyers correspondant à des périodes postérieures à la cessation de la publication de l'IPD. Un arrêt statuant sur les oppositions à commandement formées par le locataire avait sursis à statuer jusqu'à la décision de l'arbitre saisi d'une demande en substitution d'indice. Ce dernier avait alors décidé de substituer à l'IPD l'indice du coût de la construction. La Cour de cassation a censuré la décision de la cour d'appel de Paris qui avait énoncé que la mise en œuvre de l'arbitrage était en rapport direct avec l'instance en révision de loyer pendante entre les parties et que, dès lors, la sentence, qui fait échec aux dispositions d'ordre public des articles 27 et 28 du décret du 30 septembre 1953 (désormais C. com. art. L 145-38 et L 145-39), en consacrant une méthode de révision différente de celle instituée par ces textes, devait être annulée.

52511 En présence d'une **double indexation** à partir de deux éléments autonomes, il a été jugé que la **substitution** d'un indice à un autre n'était pas possible (CA Nîmes 24-7-1991, analysé n° 48616). En revanche, les juges du fond peuvent **limiter les effets** de l'article R 145-22 du Code de commerce au seul élément annulé et considérer que l'autre demeure régi par la convention locative (Cass. com. 12-6-1963 n° 61-12.625 : Bull. civ. III n° 295). En l'espèce, le contrat prévoyait que le loyer serait scindé en deux parties : 50 % indexés sur les prix du lait à la consommation révisables annuellement et 50 % indexés sur les prix de gros industriels et révisables semestriellement.

De même, lorsque les parties ont stipulé un loyer indexé, avec référence à l'indice des soins médicaux « ou à tout autre qui lui serait substitué », il a été jugé qu'après avoir constaté que l'indice contractuel n'était plus applicable les juges du fond peuvent retenir un indice de substitution conforme à l'esprit des parties lors de la conclusion du bail (Cass. 3e civ. 29-6-1977 n° 76-10.408 : Bull. civ. III n° 294).

Si la clause d'indexation n'est pas renseignée suite à une **erreur matérielle,** la clause de révision n'est pas applicable et aucun rappel de loyers ou complément de dépôt de garantie ne peut alors être demandé (CA Paris 31-3-2010 n° 08-10760 : AJDI 2010 p. 715).

RENONCIATION DES PARTIES À LA RÉVISION ISSUE DE L'INDEXATION

52515 Lorsque les parties ont renoncé à invoquer la révision consécutive à une indexation, la révision ne peut plus être demandée que conformément à l'article L 145-38 du Code de commerce.

La renonciation ne doit **pas** être **équivoque.** Pourtant, dans un cas où il existait un doute sur la volonté des parties, la cour d'appel de Paris a jugé que la révision devait être demandée conformément à l'article L 145-38 du Code de commerce (CA Paris 8-3-1988, 16e ch., Ets Bertucat c/ SARL Berbeyer). En l'espèce, le bail comportait deux clauses, l'une se référant à la révision prévue par l'article L 145-38 du Code de commerce et l'autre stipulant une révision automatique du loyer par le jeu d'une clause d'échelle mobile en fonction de l'indice du coût de la construction. Le bailleur avait demandé la révision du loyer en application de cette dernière clause et la cour d'appel a rejeté sa demande au motif que les clauses litigieuses se contredisaient et aboutissaient à deux résultats différents, l'un favorable au locataire et le second favorable au bailleur. Sur le fondement de l'ex-article 1162 du Code civil (devenu l'article 1190), elle a donc fait application de la clause d'indexation qui était la plus favorable au locataire. 52516

Cette solution nous semble critiquable. La stipulation d'une clause d'échelle mobile dans un bail ne faisant pas obstacle à l'application de la révision triennale du loyer (no 52205), rien ne faisait obstacle à ce que les deux clauses figurant dans le bail s'appliquent cumulativement.

La renonciation **ne résulte pas** du simple fait que le bailleur ne s'est pas prévalu de l'indexation pendant plusieurs années (Cass. civ. 26-1-1994 no 211 P : Bull. civ. III p. 7 ; Cass. 3e civ. 21-1-2014 no 12-26.174 F-D : RJDA 5/14 no 412 ; voir également CA Paris 12-5-1993 et CA Paris 12-3-2010, analysés no 52210). 52517

ILLUSTRATIONS

Dans l'arrêt de 1994, la clause d'indexation prévoyait que le loyer serait indexé sur l'indice trimestriel du coût de la construction et que la révision de ce loyer, le 1er mai de chaque année, se ferait en fonction de l'indice le plus récemment publié, l'indice de base étant celui du 4e trimestre 1979. La Cour de cassation a jugé que, par une interprétation nécessaire des termes imprécis du bail, une cour d'appel avait souverainement retenu que les parties étaient convenues de la révision du loyer, chaque année, à la date anniversaire du contrat, en fonction d'une évolution de l'indice sur 12 mois, la référence à l'indice du 4e trimestre 1979 n'étant que l'illustration de leur volonté de prendre en compte les derniers indices publiés tant au début qu'à la fin de cette période avec celle de la durée d'évolution des indices retenus et qu'elle avait à bon droit relevé qu'aucune renonciation au jeu de la clause d'indexation ne résultait du fait que le bailleur ne s'était pas prévalu de celle-ci pendant plusieurs années.

De même, l'accord des parties à un contrat de bail, constaté par une ordonnance du juge, pour la désignation d'un expert en vue de rechercher la valeur locative équitable des lieux n'implique nullement l'existence d'un contrat judiciaire portant renonciation des parties à se prévaloir de la clause d'échelle mobile stipulée au bail mais seulement reconnaissance de la recevabilité de la demande de révision triennale du loyer (Cass. 3e civ. 27-1-1960 : Bull. civ. III no 40).

B. Révision du loyer en présence d'une clause-recettes

Le prix d'un bail commercial peut valablement être fixé en fonction du chiffre d'affaires du locataire et la jurisprudence est désormais bien établie en ce sens que la révision des loyers fixés en considération du chiffre d'affaires du locataire échappe au Code de commerce (Cass. 3e civ. 5-3-2013 no 11-28.461 F-D : RJDA 2/14 no 89) et n'est régie que par la **convention des parties** (voir notamment Cass. 3e civ. 2-10-1984 no 82-13.757 : Bull. civ. III no 156 ; Cass. 3e civ. 15-5-1991 no 838 P : RJDA 7/91 no 570), seule la **variation conventionnelle** trouvant donc à s'appliquer. 52650

Cette solution vaut tant pour la clause elle-même que pour le loyer minimum fixe qui peut lui être associé (Cass. 3e civ. 13-1-1988 no 86-16.978 : Bull. civ. III no 10), les deux composantes du loyer, partie fixe et partie variable, étant contractuellement indivisibles (Cass. 3e civ. 10-12-2002 no 01-10.208 : Loyers et copr. 2003 comm. no 135 note P.-H. Brault). 52651

La révision du loyer étant régie par la seule convention des parties, celles-ci n'ont pas la possibilité d'invoquer le **pouvoir** reconnu au **juge des loyers commerciaux** (Cass. 3e civ. 15-3-2000 no 98-16.771 D : RJDA 5/00 no 515 ; Cass. 3e civ. 7-3-2001 no 99-17.055 FS-PB : Loyers et copr. 2000 comm. no 141 note P.-H. Brault, rendus dans des litiges relatifs au renouvellement du bail mais transposables à la révision) et le prix du bail révisé ne peut résulter que de l'accord des parties (Cass. 3e civ. 7-5-2002 no 809 FS-PBI : RJDA 7/02 no 738, rendu dans un litige relatif au renouvellement du bail mais transposable à la révision). 52652

La Cour de cassation a reconnu la possibilité pour les parties de donner compétence au juge des loyers pour fixer la partie fixe du loyer binaire lors du renouvellement du bail (nos 7100 s.). Peut-on étendre cette solution à la révision du loyer ? Le tribunal judiciaire de Paris a reconnu cette possibilité (TJ Paris 24-7-2024 no 23/02404, SAS Maisons du monde France c/ X : RJDA 1/25 no 11).

ILLUSTRATIONS

Dans l'affaire ayant donné lieu au jugement du tribunal judiciaire de Paris, un bail commercial prévoyait un loyer annuel comportant un loyer minimum garanti de 1,1 millions d'euros et un loyer variable additionnel. Dans l'avenant conclu par les parties pour modifier la destination contractuelle, le montant du loyer minimum garanti n'avait pas été modifié mais une clause avait réajusté les modalités de son indexation afin de prévoir comme indice de base le dernier indice IRL publié à la date d'effet de l'avenant. Cette clause précisait en outre que les autres stipulations du bail restaient inchangées, notamment celle qui affirmait que « nonobstant la clause d'indexation ci-dessus, les parties restent fondées à voir réviser le loyer en application des dispositions d'ordre public des articles L 145-37 et L 145-38 du Code de commerce ». Concernant le loyer du bail renouvelé, une clause prévoyait que le loyer minimum garanti serait fixé à la valeur locative des locaux loués telle que définie à l'article L 145-33 du Code de commerce et qu'à défaut d'accord entre les parties celles-ci convenaient que le loyer minimum serait fixé judiciairement selon les modalités prévues aux articles R 145-23 et suivants du Code de commerce, le loyer variable ne pouvant pas être modifié sauf accord des parties en ce sens. Analysant ces clauses, le tribunal a jugé qu'il convenait de constater que, par une stipulation expresse, les parties avaient entendu se conformer aux règles légales de révision du loyer, de ne pas exclure la compétence du juge des loyers commerciaux, en cohérence avec la clause expresse attribuant compétence au juge des loyers commerciaux pour la fixation du loyer minimum garanti lors du renouvellement du bail en cas de désaccord des parties, et de dissocier le loyer minimum garanti fixé à la valeur locative, du loyer variable additionnel non modifiable sauf accord des parties. Il en a déduit que la révision légale pouvait s'appliquer au loyer minimum garanti qui pourrait être fixé à la valeur locative et que le juge des loyers était donc compétent pour statuer sur cette demande de révision.

Néanmoins, pour répondre définitivement à cette question, il convient d'attendre que la Cour de cassation se prononce précisément sur ce point. Il est intéressant de relever que, dans son avis relatif à l'arrêt « Monoprix » (n° 7125 s.), Madame Morel-Coujard avait préconisé à la Cour de cassation d'énoncer que les dispositions sur la révision légale étant d'ordre public, les parties ne peuvent pas y déroger, même si le loyer initial stipule une clause de loyer binaire (Avis Morel-Coujard, av. gén. relatif à Cass. 3e civ. 30-5-2024 n° 22-16.447 FS-BR).

On ne saurait trop conseiller aux **rédacteurs de baux** assortis d'une telle clause de prévoir, dès la conclusion du bail ou dans un avenant, les modalités de détermination de la partie fixe du loyer lors de la révision afin d'éviter tout litige (fixation tenant compte, par exemple, de certains éléments de la valeur locative ; fixation par un expert désigné par les parties).

52653 Toutefois, si la **clause** relative au loyer est **imprécise ou ambiguë,** les juges du fond ont le pouvoir souverain de l'interpréter en recherchant la commune intention des parties (C. civ. art. 1188).

ILLUSTRATIONS

Dans un cas où un bail stipulait que le loyer serait égal à un pourcentage du chiffre d'affaires du locataire avec un minimum garanti correspondant à la valeur locative lors de la prise d'effet du bail et devant être réévalué en fonction de l'indice national du bâtiment, la Cour de cassation a jugé que justifiait légalement sa décision la cour d'appel qui, par une interprétation nécessaire des termes ambigus du bail, avait souverainement retenu que les parties n'avaient entendu se référer à la valeur locative que pour la détermination du loyer minimum garanti et non pour son évaluation future (Cass. 3e civ. 24-5-2000 n° 98-21.657).

52654 Par ailleurs, dans le cas où le loyer est constitué d'un minimum garanti et d'une partie variable, le contrat prévoit en général que le locataire doit fournir au bailleur le montant des recettes nécessaire au calcul de la partie variable du loyer. Jugé que la prescription quinquennale de l'article 2277 (devenu art. 2225) du Code civil ne peut courir que si le locataire ne fournit pas au bailleur la **base de calcul** nécessaire (Cass. 3e civ. 21-2-1996 n° 94-14.821 P : RJDA 5/96 n° 723). En l'espèce, la Cour de cassation reprochait à la cour d'appel d'avoir déclaré prescrite la demande d'un bailleur tendant à la condamnation de son locataire en paiement de compléments de loyers, sans répondre aux conclusions du bailleur soutenant qu'il ne pouvait pas y avoir prescription quand une créance même périodique dépend d'éléments qui ne sont pas connus du créancier et résulte, en particulier, de déclarations que le débiteur est tenu de faire.

LOYER DU BAIL RENOUVELÉ

SOMMAIRE

La fixation du loyer, lors du renouvellement du bail, constitue un des moments les plus forts de cristallisation du conflit entre locataire et bailleur. Le droit au renouvellement trouve ici sa sanction financière : celle d'un contrôle du juge sur le montant du loyer du nouveau bail. La règle du plafonnement est une des sources principales de litige, mais elle n'est pas la seule, tant la valeur locative peut s'avérer complexe à déterminer, à raison de l'opacité du marché pour les boutiques, ou encore de la spécificité de certains biens, tels que les hôtels, les cliniques ou les cinémas, pour lesquels il existe des méthodes d'évaluation propres, tirées des usages de la profession. **54000**

Ces facteurs expliquent le caractère éminemment judiciaire de ce secteur du droit des affaires, et la recherche par les parties de modes alternatifs de résolution des litiges.

FIXATION AMIABLE DU LOYER DU BAIL RENOUVELÉ

Un **accord** amiable sur un nouveau loyer est toujours possible. Il peut être **exprès** ou seulement **tacite,** mais il faut alors que l'accord du locataire soit caractérisé. Ainsi, jugé que les parties qui sont convenues de renouveler le bail « aux mêmes clauses et conditions antérieures » sans mentionner aucune réserve ont conclu un accord exprès sur les conditions et clauses du bail précédent, en ce compris le prix du bail (Cass. 3e civ. 15-4-2021 no 19-24.231 FP-P : RJDA 7/21 no 457). **54005**

En revanche, ne suffisent pas à démontrer un accord sur le prix du bail renouvelé :

– le seul fait pour le locataire de se maintenir dans les lieux loués après avoir reçu un congé avec offre de renouvellement moyennant un nouveau loyer (Cass. 3e civ. 20-5-1992 no 90-20.291 : Rev. Loyers 1992 p. 325) ;

– le fait pour le locataire de se maintenir dans les lieux loués après avoir reçu un congé avec offre de renouvellement, en s'acquittant régulièrement du loyer prévu au congé, dès lors que le loyer offert correspondait au loyer stipulé dans le bail initial (Cass. 3e civ. 7-9-2022 no 21-11.592 F-D : AJDI 2022 p. 829) ;

– le fait que le locataire demande le renouvellement du bail « aux mêmes clauses et conditions du bail antérieur » après avoir reçu une offre de renouvellement du bailleur proposant un nouveau loyer (Cass. 3e civ. 24-6-2009 no 08-13.970 FS-D : Administrer août-sept. 2009 p. 29) ;

– le fait que les parties se soient entendues sur le principe de renouvellement et le montant du loyer dès lors qu'elles s'opposent sur la question de savoir si cette somme était convenue toutes taxes comprises ou hors taxe (Cass. 3e civ. 14-4-2016 no 15-14.159 F-D).

En cas de cession du fonds de commerce pendant la période de maintien dans les lieux, l'accord sur le nouveau loyer ne peut se déduire ni de la mention dans l'acte de vente du montant du loyer demandé par le bailleur – dans la mesure où l'acte mentionnait à la fois ce montant et celui du loyer du bail expiré –, ni de l'absence de saisine du juge des loyers commerciaux (Cass. 3e civ. 23-3-2010 no 09-12.592 F-D : RJDA 7/10 no 718).

SECTION 1

PLAFONNEMENT DU LOYER DU BAIL RENOUVELÉ

A. Exception à la valeur locative

54010 Pour les rédacteurs du décret du 3 juillet 1972 qui a institué pour la première fois cette règle (ex-art. 23-6 du décret de 1953 codifié à l'article L 145-34 du Code de commerce), le plafonnement se conçoit comme une exception au principe posé par l'article L 145-33 du Code de commerce en vertu duquel le montant des loyers des baux renouvelés doit correspondre à la valeur locative. Il s'agit d'une règle instituée pour la **protection du locataire** afin de limiter la hausse du loyer. Le plafonnement fonctionne ainsi comme le verrou d'une porte qui ouvrirait sur la valeur locative.

54011 La **commission Pelletier** a officiellement affirmé ne pas proposer la suppression du plafonnement au motif que les esprits ne seraient pas prêts à l'accepter (Rapport Pelletier, avril 2004 no 50). Toutefois, la proposition d'adoption d'un nouveau cas de déplafonnement, celui du loyer manifestement sous-évalué (Rapport Pelletier, avril 2004 no 87), aurait abouti de facto au déplafonnement quasi automatique de tous les loyers ayant décroché de la valeur locative. Le Gouvernement de l'époque n'a toutefois pas suivi cette proposition d'inspiration libérale, sans doute la seule véritablement novatrice mais aussi la plus controversée et portant en elle un fort risque de contentieux.

Dix années plus tard, les changements politiques et la crise économique persistante ont entraîné un mouvement de balancier inverse et le renforcement de la protection du locataire, avec notamment l'instauration, par la loi 2014-626 du 18 juin 2014 dite « **loi Pinel** », d'un mécanisme de limitation de l'augmentation du loyer en cas de déplafonnement.

54012 Interrogée sur la compatibilité de la règle du plafonnement avec, d'une part, l'article 14 de la convention européenne de sauvegarde des droits de l'Homme (CESDH) instituant un principe de non-discrimination et, d'autre part, l'article 1er alinéa 1 du 1er protocole additionnel à cette Convention, admettant le droit des États membres de réglementer l'usage des biens conformément à l'intérêt général, la cour d'appel d'Amiens a jugé que l'article L 145-34 du Code de commerce ne portait pas atteinte aux impératifs de sauvegarde des droits fondamentaux de l'individu et qu'il n'y avait pas lieu d'en écarter l'application sur le fondement du protocole pour les raisons suivantes : la règle du plafonnement n'est pas un texte impératif puisque, d'une part, les parties peuvent décider d'y déroger lors de la signature du bail initial en concluant un bail d'une durée supérieure à neuf ans et, d'autre part, elles peuvent, en cours de bail, renoncer aux règles légales de fixation du prix et notamment au plafonnement (CA Amiens 8-2-2005 no 04-2965, ch. éco. : JCP G 2005 II no 10060 note F. Auque).

Par ailleurs, la Cour de cassation a refusé de transmettre au Conseil constitutionnel la question de savoir si l'article L 145-34 portait atteinte à la liberté contractuelle, à la libre concurrence et au droit de propriété garantis par la Déclaration des droits de l'Homme de 1789, faute de caractère sérieux pour les raisons suivantes : d'une part, la règle du plafonnement ne s'applique pas lorsque les parties l'ont exclue de leurs prévisions contractuelles ou ont pu s'accorder sur le montant du loyer du bail renouvelé, de sorte qu'elle ne porte atteinte ni à la liberté d'entreprendre ni à la liberté contractuelle ; d'autre part, le loyer plafonné étant le loyer initialement négocié augmenté de la variation indiciaire si l'environnement du bail est demeuré stable, aucune atteinte ni dénaturation du droit de propriété ne résulte de l'application de la règle (Cass. 3e civ. QPC 13-7-2011 n° 11-11.072 FS-PB : RJDA 4/12 n° 382).

B. Champ d'application du plafonnement du loyer du bail renouvelé

Règle d'exception, le plafonnement connaît un domaine limité. Le législateur a voulu réserver son application aux baux conclus pour une durée de neuf ans et uniquement dans l'hypothèse où la valeur locative est supérieure au loyer. Une limite supplémentaire a été apportée par la jurisprudence : celle de la volonté des parties. **54120**

1. BAUX CONCLUS POUR UNE DURÉE DE NEUF ANS

L'article L 145-34 du Code de commerce distingue suivant que le bail a expiré à sa date d'échéance contractuelle ou qu'il s'est poursuivi postérieurement. **54130**

NOTION DE BAIL À RENOUVELER

Selon les dispositions de l'article L 145-34, la règle du plafonnement ne s'applique que si la durée du « bail à renouveler » n'est pas supérieure à neuf ans. La jurisprudence a dû trancher le sens de cette expression relativement ambiguë qui peut viser tant le bail initial que le bail renouvelé. **54135**

Dans un premier temps, la Cour de cassation a considéré que cette expression concernait le nouveau bail (Cass. 3e civ. 25-6-1975 n° 74-13.069 : Bull. civ. III n° 219). On aurait dû en déduire que le bail conclu pour une durée supérieure à neuf ans mais renouvelé pour une durée de neuf ans bénéficierait du plafonnement. Mais après la modification de l'article 23-6 du décret de 1953 par la loi du 6 janvier 1986 et celle du 5 janvier 1988, la Cour de cassation est revenue sur cette solution et a affirmé à plusieurs reprises que le « bail à renouveler » devait s'entendre du **bail expiré** et non du nouveau bail (Cass. 3e civ. 7-6-1989 n° 88-10.858 : Bull. civ. III n° 132 ; Cass. 3e civ. 30-1-1991 n° 286 P : RJDA 3/91 n° 197 ; Cass. 3e civ. 13-11-1997 n° 1534 PF : RJDA 1/98 n° 26).

RENOUVELLEMENT DU BAIL À LA DATE D'EXPIRATION CONTRACTUELLE

Cette hypothèse correspond à l'envoi soit d'un congé par le bailleur six mois au moins avant la date d'expiration du bail, soit d'une demande de renouvellement par le locataire à l'intérieur du délai de six mois. **54140**

Il résulte de la jurisprudence exposée ci-dessus que ne seront pas soumis à la règle du plafonnement : **54141**

- le bail renouvelé pour une durée supérieure à neuf ans ;
- le bail renouvelé pour une durée de neuf ans, mais conclu initialement pour une durée supérieure à neuf ans.

Tel serait par exemple le cas d'un bail de douze ans qui serait muet sur la durée des futurs renouvellements. En effet, si un tel bail, à défaut d'accord des parties, est renouvelé pour la durée légale de neuf ans (n° 30505), le loyer du bail renouvelé échappe au plafonnement puisque le bail a été conclu initialement pour une durée de douze ans. En revanche, lors des renouvellements subséquents, la règle du plafonnement s'appliquera.

RENOUVELLEMENT DU BAIL APRÈS LA DATE D'EXPIRATION CONTRACTUELLE

Si le bail se poursuit tacitement au-delà du terme contractuel de neuf ans, mais **sans excéder douze ans,** le loyer du bail renouvelé bénéficie du plafonnement. **54150**

En revanche, le plafonnement est exclu lorsque, par l'effet de cette prolongation, « la durée du bail **excède douze ans** » (C. com. art. L 145-34, al. 3, texte déclaré conforme à la Constitution : Cass. 3e civ. QPC 5-10-2010 n° 10-14.091 FS-D : RJDA 5/11 n° 491).

L'expression « bail à renouveler » visant nécessairement la durée du bail expiré (n° 54135), c'est à la date d'effet du congé ou de la demande de renouvellement qu'il faut se reporter pour déterminer la durée effective du bail (Cass. 3e civ. 8-11-1995 n° 93-16.642 : Gaz. Pal. 1996 p. 127 note J.-D. Barbier).

ILLUSTRATIONS

Dans un cas où à l'expiration du bail, le 31 décembre 1985, les parties avaient établi un acte mentionnant un nouveau loyer et où le bail s'était poursuivi jusqu'au 31 juillet 1989, date pour laquelle le bailleur avait notifié un congé avec offre de renouvellement, il a été jugé que le loyer du bail renouvelé devait être calculé en fonction de la valeur locative, dès lors que l'acte s'analysait en un simple avenant de révision – et non comme le soutenait le locataire en un nouveau bail – et que le bail avait eu une durée supérieure à douze ans (Cass. 3e civ. 14-10-1992 no 91-13.313 : Administrer mai 1993 p. 41).

54155 Afin d'obtenir à coup sûr le déplafonnement du loyer, le bailleur peut avoir intérêt à laisser le bail se poursuivre au-delà de douze ans. Dans la mise en œuvre de cette **stratégie,** le bailleur doit toutefois tenir compte des dates d'effet distinctes attachées au congé avec offre de renouvellement et à la demande de renouvellement.

Alors que le congé doit être donné six mois à l'avance (C. com. art. L 145-9, al. 1), la demande de renouvellement met fin au bail en cours, dès le premier jour du trimestre civil qui suit cette demande (C. com. art. L 145-12, al. 3). C'est ainsi qu'un congé avec offre de renouvellement notifié le 1er janvier 2025 expirera le 30 juin 2025, alors qu'une demande de renouvellement notifiée entre le 1er janvier et le 31 mars prendra effet le 1er avril 2025. Or, la jurisprudence considère que la délivrance d'un congé avec offre de renouvellement pendant la période de tacite prolongation du bail ne fait pas obstacle à l'envoi par le locataire d'une demande de renouvellement, et qu'en cas de concours entre ces deux actes, c'est la demande de renouvellement qui l'emporte, dans la mesure où elle prend effet avant le congé (no 31015). Pour être sûr d'obtenir le déplafonnement, le bailleur doit donc attendre le lendemain de l'expiration de la durée de douze ans pour notifier un congé avec offre de renouvellement.

ILLUSTRATIONS

Dans un cas où le bailleur avait notifié un congé à son locataire le 21 janvier 1988 pour le 31 juillet 1988 avec offre de renouvellement à compter du 1er avril 1988, ce qui avait pour effet de porter la durée du bail à douze ans et un mois, une cour d'appel a justement fait prévaloir la demande de renouvellement du locataire notifiée avant les douze années écoulées à compter du début du contrat d'origine (soit le 9 juin 1988) pour prendre effet à la date d'expiration de ces douze années (soit le 30 juin). Par suite, le loyer du bail renouvelé était soumis à la règle du plafonnement.

Cass. 3e civ. 21-12-1993 no 1992 P : RJDA 3/94 no 272 ; dans le même sens, CA Paris 4-3-2009 no 08-4531, 16e ch. A : Administrer juin 2009 p. 33.

Le bailleur ayant délivré un premier congé avec refus de renouvellement le 30 décembre 1988 pour le 30 juin 1989, date d'expiration du bail, puis un second avec offre de renouvellement le 16 octobre 1992 avec effet au 30 juin 1993, le bail se trouvait, du fait de ce dernier congé, poursuivi pour une durée supérieure à douze ans.
Doit être censurée la décision de la cour d'appel qui, tout en constatant la renonciation du bailleur au premier congé et l'acceptation par le locataire de cette renonciation, a néanmoins appliqué la règle du plafonnement.

Cass. 3e civ. 18-3-1998 no 421 P : RJDA 5/98 no 573.

Dans le cas d'un bail ayant commencé à courir le 1er décembre 1991 pour se terminer le 30 novembre 2000 et dont le renouvellement a été demandé par le locataire le 23 novembre 2003 à compter du 30 novembre 2003, soit avant les douze années écoulées du bail d'origine pour prendre effet à la date d'expiration de ces douze années, justifie sa décision la cour d'appel qui a retenu que le loyer devait être plafonné dès lors qu'il n'était pas avéré que le terme d'usage visé par l'article L 145-12 du Code de commerce [avant la loi 2008-776 du 4-8-2008] et résultant des usages locaux imposait de retenir comme date d'effet du bail renouvelé une autre date que celle anniversaire du bail initial.

Cass. 3e civ. 30-6-2010 no 09-15.152 FS-D : Administrer août-sept. 2010 p. 27 obs. D. Lipman-W. Boccara.

2. VALEUR LOCATIVE SUPÉRIEURE AU LOYER DU BAIL À RENOUVELER

54200 Le plafonnement est une limitation à la hausse du montant du loyer du bail à renouveler. Ce n'est que dans l'hypothèse où la valeur locative est supérieure au loyer en cours que cette règle d'exception s'applique. C'est le sens même des termes utilisés par l'article L 145-34 du Code de commerce : « Le taux de variation du loyer applicable… ne peut excéder » la variation de l'indice. En revanche, lorsque la valeur locative est inférieure au loyer en cours, le plafond, par définition, ne s'applique pas, et il faut revenir au principe de la valeur locative édicté par l'article L 145-33.

> **Précisions** La Cour de cassation a refusé de renvoyer au Conseil constitutionnel une **question prioritaire de constitutionnalité** portant sur les articles L 145-33 et L 145-34 du Code de commerce en ce qu'ils fixent le loyer du bail renouvelé à la valeur locative **sans** prévoir de **plancher à la baisse.** En effet, ces dispositions ne portent pas atteinte au droit de propriété : elles ne sont pas d'ordre public, les parties pouvant les écarter afin de fixer d'un commun accord le prix du loyer du nouveau bail ; le bailleur peut demander la révision du loyer à l'issue d'une période de trois ans et compenser ainsi partiellement ou totalement la perte de revenus subie lors du renouvellement du bail ; la fixation du loyer à la valeur locative, y compris à la baisse, correspond au juste prix du bail, déterminé si nécessaire après expertise contradictoire et sous le contrôle du juge, compte tenu des caractéristiques matérielles du bien et de l'état du marché locatif. En outre, les dispositions ne sont pas non plus contraires au principe d'égalité : le bailleur et le locataire ne sont pas dans une situation identique, de sorte que le législateur est fondé à les soumettre à un traitement différent afin d'assurer la protection du locataire contre l'augmentation du loyer en cas de dégradation de l'environnement économique du bail ; cette différence de traitement est limitée, proportionnée et en rapport avec l'objet de la loi qui l'établit (Cass. 3e civ. QPC 12-11-2020 n° 20-15.179 FS-PBI : RJDA 2/21 n° 80).

La Cour de cassation a manifesté depuis de nombreuses années son attachement à cette règle (Cass. 3e civ. 29-10-1986 n° 84-14.757 : Bull. civ. III n° 140 ; Cass. 3e civ. 9-12-1986 n° 85-12.418 : Bull. civ. III n° 172). **54201**

Certaines juridictions du fond ont refusé d'appliquer la valeur locative, au motif que le locataire n'était pas en mesure soit de justifier d'une modification des facteurs locaux de commercialité, soit d'apporter des références de comparaison (CA Montpellier 24-9-2002 n° 01-01.548, 2e ch. B : Gaz. Pal. 2003 som. p. 3173 note Ch.-E. Brault ; CA Paris 12-2-2003, 16e ch. A : Loyers et copr. 2003 comm. n° 178 ; CA Paris 19-11-2003, 16e ch. A : Loyers et copr. 2004 comm. n° 12).

Toutefois, ce courant minoritaire n'a pas pu prospérer, donnant ainsi à la Cour de cassation l'occasion de rappeler le régime de fixation du loyer renouvelé :

– **En deçà du loyer plafond,** le juge doit fixer le loyer à la valeur locative, quand bien même elle serait inférieure au loyer en cours et en l'absence de toute modification des éléments fixés aux articles R 145-3 à R 145-6 et art. R 145-8 [ex-art. 23-1 à 23-4 du décret de 1953] (Cass. 3e civ. 3-6-2004 n° 661 F-D : RJDA 10/04 n° 1096 ; Cass. 3e civ. 24-11-2004 n° 1224 F-D : AJDI 2005 p. 214 obs. S. Porcheron ; Cass. 3e civ. 11-12-2007 n° 07-10.476 F-D ; Cass. 3e civ. 5-11-2014 n° 13-21.990 FS-PB : RJDA 4/15 n° 241). Cette règle s'applique même lorsque le loyer est assorti d'une clause d'indexation annuelle (Cass. 3e civ. 23-6-2015 n° 14-12.411 F-D), car une telle clause est un mécanisme de révision du loyer en cours de bail et ne s'applique donc pas lors du renouvellement du bail.

– Si le locataire n'est pas en mesure de rapporter la **preuve,** par la production de références, **de la valeur locative réelle** des lieux loués, il appartient au juge, au besoin d'office, de la rechercher (Cass. 3e civ. 3-12-2003 n° 1350 FS-PB : RJDA 3/04 n° 278). Cela signifie, d'une part, que le juge ne peut plus écarter les prétentions du locataire pour défaut de preuve et, d'autre part, qu'en pratique, il procédera de façon quasi systématique à la désignation d'un expert, afin de rechercher la valeur locative, devenue un préalable à la fixation du loyer.

3. EXCLUSION CONVENTIONNELLE DU PLAFONNEMENT

EXCLUSION DU PLAFONNEMENT AU MOMENT DE LA CONCLUSION DU BAIL

Exclusion limitée Jusqu'à une date récente, les praticiens qui souhaitaient exclure la règle du plafonnement se fondaient sur l'article L 145-34, en prévoyant une durée supérieure à neuf ans. L'efficacité de cette méthode s'est toutefois avérée limitée au premier renouvellement du bail (n° 54135). Lors du second renouvellement, le loyer retourne au droit commun et se trouve « plafonnable ». **54250**

Exclusion définitive L'évolution de la jurisprudence permet aux parties d'exclure non plus temporairement mais définitivement la règle du plafonnement. **54255**

La Cour de cassation a consacré la liberté quasi absolue des parties d'aménager leurs relations financières (Cass. 3e civ. 10-3-1993 n° 460 P : RJDA 6/93 n° 484, arrêt connu sous le nom « Théâtre Saint-Georges »). Cette autonomie des parties ne se justifie pas seulement par la nature particulière du loyer dit composite comportant une partie fixe et une partie variable en fonction du chiffre d'affaires du locataire. Elle se vérifie également pour la fixation du loyer de renouvellement des baux statutaires à loyer « classique ».

Les signes précurseurs de cette volonté jurisprudentielle se trouvaient à l'œuvre dès 1979, lorsque la Cour de cassation affirmait que les articles 23-1 à 23-6 du décret du 30 septembre 1953 (désormais C. com. art. R 145-3 à R 145-8 et L 145-34) relatifs à la fixation du prix du bail renouvelé ne sont pas visés par l'article 35 de ce décret (désormais C. com. art. L 145-15). Un locataire peut donc consentir dans une transaction à la fixation à dire d'expert du prix du bail renouvelé (Cass. 3e civ. 24-10-1979 no 78-11.107 : Bull. civ. III no 189 ; également Cass. 3e civ. 11-2-1987 no 83-16.190).

Allant jusqu'au bout de la logique, la Cour de cassation a affirmé, dans un arrêt de principe, le droit pour les parties d'**organiser,** par des stipulations particulières du bail, **les conditions financières** du futur **renouvellement** (Cass. 3e civ. 10-3-2004 no 295 F-PBI : RJDA 6/04 no 681).

ILLUSTRATIONS

Dans l'affaire ayant donné lieu à l'arrêt du 10 mars 2004 (Cass. 3e civ. 10-3-2004 no 295 F-PBI précité), les parties avaient conclu un bail selon un loyer initial de 690 F le m². Elles avaient en outre prévu que lors du renouvellement, d'une part, le plafonnement serait exclu et, d'autre part, que le nouveau loyer serait fixé à 1 100 F le m², sur la base d'une augmentation de la valeur locative de 6,6 % par an. Compte tenu de ces différents paramètres, et aussi semble-t-il d'un indice de révision, le prix du bail renouvelé s'est trouvé fixé à 1 260 F le m². La Cour de cassation a sanctionné la cour d'appel qui avait annulé la clause, comme ayant pour effet de dissuader le locataire d'exercer son droit au renouvellement.

Dans une autre espèce, la cour d'appel de Paris a validé la clause d'un protocole d'accord qui, d'une part, prévoyait que lors du renouvellement du bail le loyer serait fixé à la valeur locative et, d'autre part, déterminait une surface pondérée contractuelle supérieure à la surface réelle (CA Paris 12-2-1999, 16e ch. B, SCI 418 rue Saint-Honoré c/ Sté TIT : Gaz. Pal. 1999 som. p. 388 note J.-D. Barbier). En revanche, la même cour a annulé la clause qui prévoyait qu'en cas de suppression de tout ou partie des impôts et taxes mis à la charge du locataire, une somme égale au montant de la part remboursée par celui-ci serait ajoutée au loyer de plein droit et immédiatement, dès lors que cette clause était susceptible de faire échec aux dispositions d'ordre public de l'article L 145-34 auxquelles les parties n'avaient pas entendu renoncer ; en effet, elle pouvait provoquer une majoration du montant du loyer en cours de bail empêchant la fixation du loyer révisé en fonction de la seule variation de l'indice trimestriel du coût de la construction (CA Paris 2-10-2008 no 08-1151, 16e ch. B : RJDA 4/09 no 315).

54256 Les parties peuvent donc non seulement exclure par convention la règle du plafonnement pour la totalité des éventuels renouvellements du bail, mais encore organiser à l'avance les conditions financières du renouvellement, lesquelles peuvent, semble-t-il, être différentes de la valeur locative statutaire, telle que définie par les articles R 145-3 à R 145-8 du Code de commerce.

La seule **limite,** qui n'apparaît pas dans l'arrêt du 10 mars 2004 précité (no 54255), mais qui résulte de l'article L 145-15, est que les conditions financières ne doivent pas être telles qu'elles privent le locataire du droit au renouvellement. Il n'est toutefois pas certain, compte tenu de la jurisprudence « Théâtre Saint-Georges », que la Cour de cassation soit prête à assurer ce contrôle. On peut le regretter.

ILLUSTRATIONS

Le tribunal de grande instance de Paris a ainsi fait une application pure et simple d'une clause d'un bail consenti à la société GAP concernant les locaux sis 36 avenue des Champs Elysées à Paris qui stipulait que « le loyer du bail renouvelé devra être fixé en tenant compte des seuls prix du marché pratiqués au jour du renouvellement. Cette commune intention des parties, quant au prix du marché s'imposera à tout juge ou tout expert pouvant porter appréciation ou fixer le loyer du bail renouvelé. » Le tribunal a considéré que, compte tenu de ces clauses, le loyer de renouvellement ne pouvait pas être fixé selon la manière traditionnelle, prenant en considération aussi bien les fixations judiciaires que les renouvellements amiables et les nouvelles locations, mais devait être fixé seulement par rapport au prix du marché, lequel peut être défini comme étant la valeur locative d'un emplacement tel qu'il résulte du jeu de l'offre et de la demande sur un marché ouvert à « la concurrence » (TGI Paris 30-1-2012 no 10/02225, loyers com.).

54257 La **pratique du bail** renouvelé **à prix de marché** tend à se répandre pour les nouveaux baux conclus sur les artères de haute commercialité, et pour lesquels aucun droit d'entrée n'a été versé par le locataire. Les enseignes qui acceptent ce type de clause doivent avoir conscience que le contrôle du juge s'exercera seulement sur l'application des termes de comparaison, mais aucunement sur le principe de fixation du loyer à la valeur locative du marché. Or, par définition, dans un marché ouvert, toutes les destinations sont en concurrence, de sorte que la valeur locative du marché fait abstraction de la notion même de renouvellement, donc de la destination du bail, et partant du taux d'effort admissible pour un commerce considéré. C'est ainsi qu'un restaurant pourra se voir appliquer les références de commerces à marge plus élevée tels que le prêt-à-porter ou la bijouterie, puisque telle est la loi du marché.

EXCLUSION DU PLAFONNEMENT LORS DU RENOUVELLEMENT DU BAIL

54300 L'exclusion de la règle du plafonnement peut également résulter du **comportement du locataire** au cours du processus de renouvellement du bail, que le juge peut interpréter comme une **renonciation implicite** au bénéfice du plafonnement.

Ainsi, est réputé avoir renoncé au plafonnement le locataire qui :
– a fait, par l'intermédiaire d'un professionnel, une proposition sans réserve d'un loyer supérieur au loyer plafonné (CA Paris 17-11-1992, 16e ch. A, SCI Lermusiau Quellet c/ Abbé Groult Automobiles : Loyers et copr. 1993 comm. n° 185 ; CA Caen 25-11-2021 n° 19/03390, Sté L'Ostrea c/ Sté Caennais Plage : RJDA 5/22 n° 251) ;
– a formulé une contre-proposition de renouvellement au bailleur en acceptant un loyer dépassant le plafonnement prévu (CA Bordeaux 6-5-1993 n° 92-453, 5e ch. : Juris-Data n° 043638) ;
– a proposé, dans un mémoire en réponse à une offre de renouvellement, un loyer supérieur à celui résultant de la variation de l'indice (CA Paris 23-6-2000, 16e ch. B : Loyers et copr. 2001 comm. n° 37 note Ph.-H. Brault et P. Pereira) ;
– n'a pas contesté le procès-verbal de la commission de conciliation dans lequel figurait sa proposition de loyer déplafonné (Cass. 3e civ. 14-5-1997 n° 95-14.815 : Juris-Data n° 002145).

En revanche, n'emporte **pas renonciation** à la règle du plafonnement l'offre faite par l'avocat du locataire d'un montant de loyer supérieur au loyer indiciel, dès lors qu'elle n'a été formulée qu'« à titre transactionnel » et qu'elle est devenue caduque, faute d'avoir été acceptée (CA Paris 19-6-2002 n° 00-4850, 16e ch. A : Juris-Data n° 190745). 54301

On peut regretter la sévérité de cette jurisprudence qui paraît contraire au principe suivant lequel la renonciation à un droit doit être manifeste et sans équivoque. Or, dans la majorité des cas, si le locataire est disposé à accepter une augmentation du loyer, généralement légèrement supérieure au plafond, c'est pour éviter une procédure. La proposition a donc nécessairement un caractère transactionnel. L'utilisation qui est faite du compte-rendu de la commission de conciliation est également choquante, car elle interdit de facto toute possibilité de transaction devant cet organe, dont c'est pourtant la raison d'être.

C. Calcul du loyer plafonné du bail renouvelé

L'application de la règle du plafonnement nécessite la maîtrise de trois paramètres : le loyer de base, la période de variation, le choix des indices. 54400

1. DÉTERMINATION DU LOYER DE BASE

PRINCIPE

L'article L 145-34 du Code de commerce mentionne la variation de l'indice intervenue depuis la fixation initiale du loyer du bail expiré. C'est donc au prix originaire du bail qu'il faut rapporter la variation indiciaire. 54410

Cette règle simple peut néanmoins être source de difficulté lorsque le loyer a varié, au cours du bail, en dehors de la révision indiciaire contractuelle ou légale, ou encore lorsque les parties sont convenues d'une application progressive du loyer.

INCIDENCE D'UNE MODIFICATION CONTRACTUELLE DU LOYER AU COURS DU BAIL

Certains **événements au cours du bail** peuvent amener les parties à modifier le loyer initial. C'est le cas, par exemple, de l'adjonction ou de la réduction de surfaces ou d'un changement de destination. Dans tous les cas où les parties conviennent d'un nouveau loyer se substituant au prix initial, il existe une impossibilité technique à appliquer la règle du plafonnement, puisque le loyer initial n'existe plus. L'exception du plafonnement ne pouvant techniquement jouer, il y a lieu de retourner au principe de la valeur locative. 54415

Que ce soit dans des hypothèses d'augmentations successives du loyer au cours du bail à des montants excédant sensiblement la variation indiciaire ou au contraire de baisses de loyer pour des raisons conjoncturelles, la jurisprudence a considéré que cette modification conventionnelle du loyer s'analysait en une modification notable des obligations des parties justifiant à elle seule l'exclusion de la règle du plafonnement (n° 84375).

Lorsque l'**augmentation** du loyer a été **prévue dès l'origine** du bail, la jurisprudence considère qu'elle ne peut pas être assimilée à une augmentation intervenue après accord pris en cours de bail, seul susceptible en l'absence de renonciation du locataire à se prévaloir des dispositions de l'article L 145-34 du Code de commerce, de justifier, si elle est notable, un déplafonnement du loyer lors du renouvellement du bail (CA Paris 12-10-2005, 16e ch. A : AJDI 2006 p. 282 ; CA Reims 13-3-2006, ch. civ. sect. 1 : Gaz. Pal. 2006 p. 36 note J.-D. Barbier). 54417

En revanche, si les parties sont d'accord pour appliquer la règle du plafonnement, le loyer à prendre en considération, pour l'application de la variation indicielle, ne peut être que le loyer 54418 initial. Si le prix a été modifié substantiellement au cours du bail, le loyer du bail renouvelé peut donc s'avérer inférieur au loyer contractuel en cours (CA Paris 16-2-2001 n° 99-21971, 16e ch. B : AJDI 2001 p. 516).

CONSEIL

Pour éviter ce travers, et si les parties ne souhaitent pas retourner à la valeur locative, elles ont intérêt à prévoir par une **clause expresse** que la variation indiciaire, lors du prochain renouvellement, s'appliquera, par exception, au dernier loyer en cours.

INCIDENCE D'UNE MODIFICATION DU LOYER PAR L'EFFET DE LA LOI

54419 Lorsque la modification du loyer intervient en application de dispositions légales, la question se pose de l'application ou de l'exclusion de la règle du plafonnement.

La révision du loyer par l'effet des articles L 145-38 (révision triennale légale) et L 145-39 du Code de commerce (révision des baux assortis d'une clause d'échelle mobile) paraît difficilement entrer dans la notion de modification des obligations des parties en cours de bail au sens des dispositions de l'article R 145-8 du Code de commerce, si on limite ce texte aux modifications conventionnelles du loyer. Le résultat reste néanmoins irrationnel puisque cela signifie que, par application de la règle du plafonnement, le loyer du bail renouvelé peut s'avérer inférieur au loyer en cours issu de la **révision judiciaire,** d'ordre public, à la valeur locative.

C'est pourtant cette solution peu satisfaisante qu'a appliquée la Cour de cassation, qui a jugé que la fixation judiciaire du loyer révisé au cours du bail expiré en application de l'article L 145-39 ne constitue pas une modification notable des obligations des parties justifiant le déplafonnement lors du renouvellement (Cass. 3e civ. 11-4-2019 n° 18-14.252 FS-PBI : RJDA 6/19 n° 412 ; dans le même sens, TGI Paris 16-12-2009 n° 098387). S'en tenant à une lecture stricte des dispositions de l'article L 145-34, elle a ajouté que, nonobstant cette fixation judiciaire du loyer révisé, le loyer à prendre en considération pour calculer le montant du loyer plafonné du bail renouvelé est le loyer initial (Cass. 3e civ. 11-4-2019 n° 18-14.252 précité).

INCIDENCE DU VERSEMENT D'UN DROIT D'ENTRÉE

54420 Lorsque, au moment de la conclusion du bail, le locataire a versé au bailleur en une seule fois un droit d'entrée (ou pas-de-porte), cette somme doit-elle être incluse dans la base du plafonnement ?

La réponse à cette question est fonction des clauses du contrat :

– Si le droit d'entrée présente un **caractère indemnitaire,** il demeure exclu du loyer de base. Ce caractère indemnitaire a été retenu dès lors qu'aux termes du bail la somme versée était destinée à dédommager le bailleur des travaux effectués dans les locaux loués (CA Douai 15-12-2011 n° 08/03010, ch. 2 sect. 2) ;

– S'il s'analyse comme un **supplément de loyer,** il est en principe réintégré dans le loyer de base, à hauteur d'un neuvième (Cass. 3e civ. 6-7-1976 n° 74-12.831 : Loyers et copr. 1976 comm. n° 274 ; Cass. 3e civ. 23-1-1980 n° 78-12.824 : Bull. civ. III n° 21 ; Cass. 3e civ. 12-2-1980 n° 78-14.025 : Loyers et copr. 1980 comm. n° 240).

Même lorsque le droit d'entrée est qualifié de supplément de loyer, les **rédacteurs d'acte** prévoient généralement que la somme ainsi versée ne sera pas prise en compte dans le calcul du plafonnement.

INCIDENCE DU VERSEMENT D'UN LOYER PROGRESSIF

54425 De nombreux baux prévoient l'application progressive du loyer de base, par **paliers** successifs, s'échelonnant quelquefois sur plusieurs années. On se heurte, là aussi, à une difficulté technique d'appliquer la règle du plafonnement, puisque le loyer initial n'était que temporaire. Le retour à la règle de la valeur locative devrait dès lors logiquement s'imposer.

La Cour de cassation a toutefois jugé que la variation indiciaire prévue par l'article L 145-34 doit être appliquée au loyer initial acquitté par le locataire lors de la prise d'effet du bail à renouveler, nonobstant la fixation dans le bail expiré d'un loyer progressif à paliers. Par suite, elle a censuré la décision de la cour d'appel de Paris qui, pour juger que le loyer du bail renouvelé devait être déplafonné, avait retenu que la fixation du loyer par paliers dans le bail expiré excluait la fixation d'un loyer de base, ce qui faisait obstacle à l'application de la règle du plafonnement et imposait d'apprécier le loyer à sa valeur locative (Cass. 3e civ. 6-3-2013 n° 12-13.962 FS-PB : RJDA 6/13 n° 488 ; dans le même sens TGI Paris 30-4-2014 n° 13/01557).

Cette solution, qui repose sur une lecture littérale de l'article L 145-34, est très pénalisante pour le bailleur puisqu'elle aboutit à fixer un loyer plafond inférieur au dernier loyer en cours. Le rédacteur d'actes devrait donc délaisser le système du loyer à paliers au profit du **bail avec allègement ou franchises,** dans lequel les parties définissent un loyer de base et conviennent d'une réduction ou d'une remise temporaire des loyers s'étalant sur plusieurs années. Comme pour le loyer à paliers, le plafonnement s'applique sur le montant du loyer initial, lequel correspond en principe au dernier loyer en cours.

ILLUSTRATIONS

Les parties à un bail commercial avaient fixé le loyer initial à 250 000 F tout en décidant que ce montant serait ramené à 150 000 F pour les trois premières années, puis à 200 000 F pour les trois années suivantes. Lors du renouvellement du bail, le locataire avait soutenu que la variation de l'indice du coût de la construction servant au calcul du montant du loyer plafonné devait être appliquée au montant du loyer réellement acquitté lors de la prise d'effet du bail à renouveler, soit 150 000 F. La Cour de cassation a écarté cet argument et jugé au contraire que le loyer à prendre en considération pour l'application de la variation indiciaire est celui fixé par les parties lors de la prise d'effet du bail à renouveler (Cass. 3e civ. 17-5-2006 n° 606 FS-PB : RJDA 8-9/06 n° 879).

2. CHOIX DE L'INDICE APPLICABLE POUR LE CALCUL DU LOYER PLAFONNÉ

REMPLACEMENT DE L'ICC COMME INDICE DE RÉFÉRENCE

Depuis l'entrée en vigueur du décret du 3 juillet 1972 qui a institué la règle du plafonnement **54440**
du loyer du bail renouvelé, l'indice national trimestriel mesurant le coût de la construction (ICC) constituait l'unique indice de référence. La **loi 2011-525 du 17 mai 2011,** tout en maintenant l'ICC, a créé deux nouveaux indices de référence : l'indice trimestriel des loyers commerciaux (ILC), d'une part, et l'indice trimestriel des loyers des activités tertiaires (ILAT), d'autre part. Ces deux indices ne se substituaient pas de plein droit à l'ICC, mais uniquement dans les cas où ils étaient applicables. Comme pour la clause d'échelle mobile, le choix de l'ILC ou de l'ILAT n'était possible que pour les activités définies à l'article D 112-2 du Code monétaire et financier. Cette condition nécessaire n'était cependant pas suffisante pour entraîner l'application de l'indice. À défaut de précision du législateur, le choix de l'ILC ou de l'ILAT comme indice de référence était, comme en matière d'indexation, purement facultatif. En conséquence, il nécessitait un accord des parties, qu'il soit donné au moment de la conclusion du bail ou postérieurement.

La **loi 2014-626 du 18 juin 2014** a supprimé l'ICC comme indice de référence et lui substitue l'**ILC** et l'**ILAT** dont l'application est désormais obligatoire (C. com. art. L 145-34, al. 1). Toutefois, à la différence de l'ICC, qui était d'une application générale, l'ILC et l'ILAT relèvent d'une application particulière, en fonction de l'activité exercée par le locataire. Compte tenu des incertitudes liées au champ d'application respectif de ces deux indices (n° 48626), il existe un risque de contestation de l'indice applicable, par exemple en ce qui concerne les bureaux, boutiques ou les locaux industriels, qui ne peut être résolue par une stipulation du bail puisque les deux indices ont un champ d'application légalement défini et obligatoire. En cas de désaccord des parties, il appartiendra au juge de déterminer l'indice applicable pour le calcul de loyer plafond, par une interprétation de la loi.

Saisi par une question prioritaire de constitutionnalité portant sur l'article L 145-34, alinéa 1 du Code de commerce au regard du droit de propriété, la Cour de cassation l'a écartée comme ne présentant pas un caractère sérieux. Pour la Haute Juridiction, la **substitution** à l'**indice** trimestriel du coût de la construction d'autres indices en meilleure adéquation avec l'objet des baux, pour la mise en œuvre du mécanisme légal de fixation du prix du bail renouvelé en cas de plafonnement, ne cause ni atteinte ni dénaturation du droit de propriété du bailleur (Cass. 3e civ. QPC 6-2-2020 n° 19-19.503 FS-PB : RJDA 4/20 n° 203).

APPLICATION DANS LE TEMPS DE L'ILC ET DE L'ILAT

L'ILC et l'ILAT s'appliquent aux **baux conclus ou renouvelés à compter du 1er septembre 2014.** **54442**
Afin de rendre possible immédiatement le calcul des loyers de renouvellement, les valeurs de ces deux indices de référence antérieures à leur date de création ont été publiées : pour l'ILC, du 1er trimestre 2005 au 1er trimestre 2007, et pour l'ILAT du 1er trimestre 2005 au 4e trimestre 2007 (JO du 20-11-2014, textes 80 et 81). Toutefois cette antériorité peut s'avérer insuffisante pour les baux qui se sont poursuivis par tacite prolongation (voir n° 54490).

Le renouvellement des **baux en cours de procédure de fixation du loyer,** mais dont la date d'effet du congé ou de la demande de renouvellement est antérieure au 1er septembre 2014, restent donc régis par les dispositions issues de la loi du 17 mai 2011.

PLAFONNEMENT DE L'ILC

Indépendamment de la modification de la formule de calcul de l'ILC (n° 48627), l'article 14 de la **54445**
loi 2022-1158 du 16 août 2022, modifié par la loi 2023-568 du 7 juillet 2023, a introduit un mécanisme de **plafonnement temporaire** de la variation de l'ILC pour certaines entreprises (n° 48628).

La question se pose de savoir si ce plafonnement de l'ILC devait également s'appliquer au calcul du loyer plafonné lors du renouvellement du bail.

Même si la lettre de l'article 14 de la loi se réfère uniquement à « la révision » du loyer, le Ministère de l'économie a précisé que le plafonnement de l'ILC doit s'appliquer lors du renouvellement du bail commercial (DGE, Foire aux questions du 23 septembre 2022, Plafonnement de l'Indice des Loyers Commerciaux (ILC) pour les PME). Il s'ensuit que la notion de « révision » devrait être appréciée très largement, et comprendre également le renouvellement des baux (A. Confino, Le plafonnement de l'ILC : une idée louable, mais un dispositif complexe et loin d'être parfait : Lexbase, Lettre juridique du 28-9-2022).

À notre avis, la variation de l'ILC peut être fractionnée, en appliquant normalement cette variation sur les années non concernées par le plafonnement et en la limitant à 3,5 % dès lors qu'entre en jeu dans le calcul un indice compris entre le 2e trimestre de 2022 et le 1er trimestre de 2024.

EXEMPLE

Un bail conclu à effet du 1er avril 2014, dont le loyer était initialement fixé à 20 000 €. Pour un renouvellement du bail à effet du 1er avril 2023, l'indice de référence étant le dernier indice publié à la date de prise d'effet du bail, soit l'ILC du 3e trimestre 2013 (108,47) et l'indice de comparaison étant le dernier indice publié à la date de prise d'effet du nouveau bail, soit l'ILC du 3e trimestre 2022 (126,13).
Le loyer plafond du bail renouvelé devrait être calculé comme suit :
20 000 € × 126,13 (ILC 3e trimestre 2022) / 108,47 (ILC 3e trimestre 2013) = 23 256,20 €.
Mais la variation de l'ILC ayant dépassé 3,5 % (+ 5,37 % en l'espèce), le plafond du bail renouvelé sera calculé comme suit :
[20 000 € × 119,70 (ILC 3e trimestre 2021) / 108,47 (ILC 3e trimestre 2013)] × (1 + 3,5 %) = 22 843,09 €

3. DÉTERMINATION DE LA PÉRIODE DE VARIATION INDICIAIRE

54480 L'article L 145-34 du Code de commerce distingue suivant que le renouvellement intervient à l'expiration de la durée contractuelle ou postérieurement à cette date.

RENOUVELLEMENT À L'ÉCHÉANCE CONTRACTUELLE

54485 Si les parties ont choisi un trimestre de référence, on calcule l'indexation sur la période comprise entre l'indice référencé et l'indice correspondant neuf ans plus tôt.

Dans le silence du contrat, l'indice à prendre en compte, suivant l'article L 145-34, est le dernier indice publié. Bien que le texte ne le précise pas, il faut, en bonne logique, retenir l'indice publié à la date d'effet du bail renouvelé à la suite de la demande de renouvellement du locataire ou du congé du bailleur.

EXEMPLE

Dans le cas d'un bail ayant pris effet le 1er avril 2014 moyennant un loyer annuel hors taxe et hors charges de 90 000 €, expirant le 31 mars 2023, le plafonnement, calculé en fonction de l'ILC, sera calculé de la façon suivante :
– dans le cas où les parties ont indiqué comme indice de référence le 1er trimestre :

$$\frac{90\,000\,€ \times \text{indice du 1}^{\text{er}}\text{ trimestre 2023}}{\text{indice du 1}^{\text{er}}\text{ trimestre 2014}}$$

– à défaut d'indice de référence, en fonction du dernier indice publié au 1er avril 2023 :

$$\frac{90\,000\,€ \times \text{indice du 4}^{\text{e}}\text{ trimestre 2022}}{\text{indice du 4}^{\text{e}}\text{ trimestre 2013}}$$

RENOUVELLEMENT POSTÉRIEUR À L'ÉCHÉANCE DU BAIL

54490 Lorsque le renouvellement intervient postérieurement à la date contractuelle d'expiration du bail, c'est-à-dire pendant la période de tacite prolongation, la période de variation indiciaire correspond à la durée écoulée entre la date initiale du bail et celle de son renouvellement effectif. L'indice d'arrivée est celui publié à la date d'effet du renouvellement. L'indice de base est celui correspondant à la période de variation calculée à partir de l'indice d'arrivée.

EXEMPLE

Dans le cas d'un bail conclu le 1er octobre 2004 moyennant un loyer annuel hors taxe et hors charges de 90 000 €, expirant le 30 septembre 2013 et s'étant poursuivi par tacite prolongation jusqu'au 31 mars 2015, l'indice des loyers commerciaux publié à la date du renouvellement du bail est celui du 4e trimestre 2014. Il s'est écoulé une période de dix ans et deux trimestres entre la date initiale du bail et son renouvellement effectif. L'indice de base est donc celui correspondant dix ans et deux trimestres plus tôt à compter du 4e trimestre 2014, soit :

$$\frac{90\,000\,€ \times \text{indice 4}^{e}\text{ trimestre 2014}}{\text{indice 2}^{e}\text{ trimestre 2004}}$$

On relèvera que dans cet exemple on se heurte à une **difficulté** pour appliquer la variation indiciaire sur toute la période puisque l'on ne dispose pas de l'**ILC avant le 1er trimestre 2005** (n° 54442).

La solution consistant à appliquer uniquement l'indice du coût de la construction (ICC) semble en contradiction avec les dispositions de la loi du 10 juin 2014 qui a supprimé l'ICC comme indice de référence pour baux conclus ou renouvelés à compter du 1er septembre 2014 (n° 54440).

Appliquer distributivement des indices applicables sur la période à prendre en considération paraît plus conforme à la volonté du législateur (voir en ce sens J.-D. Barbier, Plafonnement du loyer : quel calcul ? Gaz. Pal. 25-11-2014 p. 12).

En reprenant l'exemple ci-dessus, il serait donc fait une application de l'ICC jusqu'au 4e trimestre 2004 et une application de l'ILC à compter du 1er trimestre 2005 correspondant à la première référence publiée de l'ILC :

$$\frac{90\,000\,€ \times \text{ICC du 4}^{e}\text{ trimestre 2004 (1 269)}}{\text{ICC du 1}^{er}\text{ trimestre 2004 (1 225)}} = 93\,232\,€$$

Il serait ensuite fait application sur le restant de la période de l'ILC :

$$\frac{93\,232\,€ \times \text{ILC du 4}^{e}\text{ trimestre 2014 (108,52)}}{\text{ILC du 1}^{er}\text{ trimestre 2005 (92,15)}}$$

Soit un loyer plafond de : 109 794 €.

Il a également été soutenu (E. Chavance et S. Regnault, Le loyer après la loi Pinel : Revue Cahiers de droit de l'entreprise n° 3, mai 2015, dossier 15) que pouvait s'appliquer dans cette hypothèse une jurisprudence ancienne aux termes de laquelle, lorsqu'un coefficient requis par les textes pour le calcul du plafond n'a pas été publié, le loyer ne peut être calculé qu'en fonction de la valeur locative (Cass. 3e civ. 12-1-1977 n° 75-13.885 : Bull. civ. 1977 n° 17).

Mais, ainsi que le souligne un auteur, cette jurisprudence ne paraît pas transposable dans la mesure où, ainsi que nous l'avons exposé ci-dessus, il est possible d'appliquer le loyer plafond en combinant l'application des indices (Ch.-E. Brault, Le calcul du déplafonnement face à l'inadéquation des indices : Gaz. Pal. 14 mars 2017 p. 57). Le tribunal de grande instance de Paris a récemment statué en ce sens (TGI Paris 22-9-2017 n° 15/17568 : RJDA 4/18 n° 305). La jurisprudence la plus récente de la Cour de cassation, rendue à propos des loyers paliers, semble privilégier la solution de l'application de la règle du plafonnement, même en cas de difficultés de mise en œuvre (Cass. 3e civ. 6-3-2013 n° 12-13.962 FS-PB, analysé n° 54425).

SECTION 2

DÉPLAFONNEMENT DU LOYER DU BAIL RENOUVELÉ

54600 Si la valeur locative est le principe et le plafonnement l'exception, le déplafonnement est l'exception à cette exception, qui permet de retourner au principe.

A. Déplafonnement résultant d'une modification notable des éléments de la valeur locative

54610 La vocation du plafonnement est de régir les situations stables. Lorsque les éléments constitutifs de la valeur locative, hormis le prix, ont subi une altération, alors le déplafonnement s'impose et une nouvelle valeur doit être fixée par les parties ou à défaut par le juge.

ÉLÉMENTS DE LA VALEUR LOCATIVE

54615 Selon l'article L 145-33 du Code de commerce, à défaut d'accord des parties, la valeur locative est déterminée par cinq éléments qui sont :

1° les caractéristiques du local considéré,

2° la destination des lieux,

3° les obligations respectives des parties,

4° les facteurs locaux de commercialité,

5° les prix couramment pratiqués dans le voisinage.

Ces éléments sont déclinés aux **articles R 145-3 à R 145-8 du Code de commerce.** Il s'agit d'une définition légale qui s'impose au juge. Lorsque l'un ou plusieurs des quatre premiers éléments ont connu, au cours du bail à renouveler, une modification notable, le déplafonnement est encouru.

Le cinquième élément, qui est pourtant essentiel, celui des prix pratiqués dans le voisinage, n'est pas pris en considération pour apprécier l'existence d'une modification, du moins en tant que facteur propre (Cass. 3e civ. 29-4-1986 n° 85-11.113 : Rev. Loyers 1986 p. 265 note J.-C. Berthault).

L'ensemble de ces critères fait l'objet d'une étude détaillée nos 82000 s.

CARACTÈRE NOTABLE DE LA MODIFICATION DE LA VALEUR LOCATIVE

54620 La modification des éléments constitutifs de la valeur locative, tels que définis aux articles R 145-3 à R 145-6 et R 145-8 du Code de commerce (ex-art. 23-1 à 23-4 du décret de 1953) doit être notable. Cette notion, qui ne peut être définie abstraitement et fait l'objet d'une **appréciation** au cas par cas, relève du pouvoir souverain **des juges** du fond (Cass. 3e civ. 25-1-1977 : Gaz. Pal. 1977 I pan. p. 164 ; Cass. 3e civ. 3-6-1992 n° 996 P : RJDA 8-9/92 n° 811, Administrer juin 1993 p. 22 note J.-D. Barbier ; Cass. 3e civ. 24-3-2004 n° 366 FS-PB : RJDA 6/04 n° 679 ; Cass. 3e civ. 5-2-2013 n° 11-28.829 F-D : RJDA 5/13 n° 390, 3e esp.).

La Cour de cassation exerce néanmoins un contrôle rigoureux sur la motivation et le lien de causalité devant exister entre la modification alléguée et son impact sur le commerce exploité dans les lieux loués (Cass. 3e civ. 30-6-2004 n° 810 F-PBI : RJDA 10/04 n° 1095), le juge devant, au besoin d'office, procéder à cette recherche (Cass. 3e civ. 27-1-1999 n° 130 PB : RJDA 3/99 n° 262).

54621 La modification notable d'un seul des quatre **éléments visés** aux articles 23-1 à 23-4 du décret de 1953 (désormais C. com. art. R 145-3 à R 145-6 et R 145-8) suffit à écarter la règle du plafonnement (Cass. 3e civ. 13-2-1979 n° 77-13.720 : Gaz. Pal. 1979 I pan. p. 207). À l'inverse, le caractère notable peut résulter de la combinaison de plusieurs éléments, même s'ils ne présentent pas, pris isolément, ce caractère.

ILLUSTRATIONS

Une cour d'appel a valablement jugé que pouvait caractériser une modification notable la jonction des éléments suivants : augmentation par le locataire de la surface de vente, création d'une nouvelle pièce à usage de réserve, remplacement par le bailleur de l'installation de chauffage au charbon ayant entraîné la disparition des obligations spécifiques du locataire relatives au chauffage (Cass. 3e civ. 2-12-1998 n° 97-12-138 F-PB : RJDA 2/99 n° 155).

54623 À la différence de la valeur locative dont la recherche est de droit, le juge n'est pas tenu de rechercher la **preuve** d'une modification d'un des éléments constitutifs de la valeur locative (Cass. 3e civ. 22-1-1997 n° 72 P : RJDA 3/97 n° 333, 2e espèce).

Il appartient au bailleur qui invoque le déplafonnement de rapporter la preuve des modifications alléguées (Cass. 3e civ. 1-3-2000 n° 340 PB : RJDA 5/00 n° 516).

PÉRIODE DE LA MODIFICATION DE LA VALEUR LOCATIVE

54630 La modification doit être intervenue au cours du **bail expiré** jusqu'à la prise d'effet du nouveau bail (Cass. 3e civ. 19-11-1975 n° 74-13.168 : Bull. civ. III n° 343 ; Cass. 3e civ. 9-3-2022 n° 20-19.188 F-D). Cette période, très compréhensive, vise non seulement les événements qui se sont produits entre la date d'effet du bail à renouveler et sa date d'expiration contractuelle, mais encore ceux survenus pendant la période de tacite reconduction [désormais prolongation] (Cass. 3e civ. 21-12-1976 n° 74-13.189 : Bull. civ. III n° 471). Dire que la modification doit intervenir au cours du bail expiré signifie qu'elle doit produire son effet au cours de cette période. Doit-on pour autant exclure les modifications qui ne s'appliquent qu'à compter de la prise d'effet du bail renouvelé ? La question s'est posée pour l'interdiction, issue de la loi Pinel, de transférer certaines charges sur le locataire, notamment les grosses réparations de l'article 606 du Code civil. Certaines juridictions ont refusé de prendre en considération cette modification des obligations des parties résultant de la loi (C. com. art. L 145-40-2, dernier al. et R 145-35), aux motifs qu'elle ne s'appliquait qu'à compter de la prise d'effet du bail renouvelé, et non au cours du bail expiré (TGI Paris 29-6-2017 n° 16/15417 : RJDA 2/18 n° 107). D'autres ont en revanche considéré que l'article R 145-8 n'exige pas que la modification des obligations des parties ait eu lieu au cours du bail expiré puisqu'il dispose en son alinéa 2 : « Les obligations découlant de la loi et génératrices de charges pour l'une ou l'autre partie depuis la dernière fixation du prix peuvent être invoquées par celui qui est tenu de les assumer » ; il suffit que la modification existe lors de la prise d'effet du nouveau bail (CA Caen 25-11-2021 n° 19/03390 : RJDA 5/22 n° 251).

Lorsque, à la suite d'un congé avec refus de renouvellement, **le bailleur exerce son droit de repentir,** le nouveau bail prend effet le jour de la notification du droit de repentir. **54635**

Après quelques hésitations, la jurisprudence considère qu'il faut prendre en considération les modifications survenues pendant la période intermédiaire comprise entre la date d'effet du congé avec refus de renouvellement et celle de l'exercice du droit de repentir, bien que cette période ne soit pas couverte par l'ancien bail (Cass. 3e civ. 11-12-1996 n° 1860 PF : RJDA 2/97 n° 178 ; CA Paris 28-1-2000 n° 98-5175, 16e ch. B : AJDI 2000 p. 342). Cette solution est cohérente. À défaut d'une définition précise par l'article L 145-34 de la période à prendre en considération pour apprécier les modifications survenues, il est logique de se référer à la période définie pour déterminer la variation des indices lorsque la méthode du plafonnement est appliquée. Or, l'article L 145-34 vise expressément la « date du renouvellement effectif » (en ce sens, J.-D. Barbier, note Gaz. Pal. 1997 1 p. 208).

MODIFICATIONS DE LA VALEUR LOCATIVE INTERVENUES HORS PÉRIODE

Les modifications intervenues **avant la date initiale du bail** ne peuvent pas être prises en considération. Ainsi, un bailleur se prévaut en vain du fait que le quartier soit quasiment devenu piétonnier, favorisant ainsi la chalandise, dès lors que la mise en place d'une « voie marché » est antérieure au bail précédent (CA Paris 13-5-2016 n° 14/08838 : Loyers et copr. 2016 comm. n° 178). De même, quand l'autorisation de mettre le fonds de commerce exploité en location-gérance est donnée dans le bail expiré renouvelant un bail précédent ne prévoyant pas une telle autorisation, le bailleur ne peut s'en prévaloir pour obtenir la fixation du loyer du bail renouvelé à la valeur locative, car aucune modification notable des obligations des parties n'a eu lieu pendant l'exécution du bail à renouveler (Cass. 3e civ. 25-11-2009 n° 08-21.049 FS-PB : RJDA 3/10 n° 223). Ne peut non plus être indemnisé lors du second renouvellement, le préjudice résultant de l'abstention fautive du mandataire, qui n'a pas fait valoir la modification à l'occasion du premier renouvellement du bail. En effet, le bail renouvelé étant un nouveau bail, le préjudice invoqué ne se rattache que par un lien indirect à la faute du mandataire (Cass. 3e civ. 13-5-2009 n° 08-15.564 FS-PB : RJDA 8-9/09 n° 709). Il en va de même des travaux du locataire ayant modifié les caractéristiques des locaux : s'ils ne sont pas invoqués par le bailleur lors du renouvellement du bail au cours duquel ils ont été réalisés, ils ne peuvent plus l'être lors du renouvellement suivant (Cass. 3e civ. 14-10-1992 n° 1379 PF : RJDA 12/92 n° 1109 ; Cass. 3e civ. 4-11-1998 n° 1568 PB : RJDA 3/99 n° 264). Pour une étude détaillée des travaux du locataire et du choix de qualification entre caractéristiques des locaux, visés par l'ancien article 23-1 (désormais C. com. art. R 145-3 et R 145-4), et améliorations, régies par l'ancien article 23-3 du décret (désormais C. com. art. R 145-8), il convient de se reporter nos 83500 s. **54640**

Le fondement de ce rejet n'est pas une renonciation implicite du bailleur à se prévaloir de cette cause de déplafonnement, mais celui de la définition de la période au cours de laquelle cette modification peut être prise en compte.

Toutefois, le bailleur reste recevable à invoquer la modification lors du renouvellement subséquent, s'il était dans l'**ignorance légitime** de son existence. Il en va ainsi par exemple lorsque, au cours du bail précédent, le locataire a changé la destination des lieux loués (CA Paris 1-12-1994, 16e ch. B, Faure c/ Bevat : Loyers et copr. 1995 comm. n° 121) ou a transformé les locaux sans l'autorisation du bailleur (CA Paris 14-2-1992, 16e ch. B : Loyers et copr. 1992 comm. n° 436 note Ph.-H. Brault et C. Mutelet). **54641**

Cas particulier L'appréciation des **facteurs locaux de commercialité** pose très souvent un problème de date. Lors des expertises, on se heurte à la difficulté de définir avec précision la date de la réalisation d'un événement ayant modifié la commercialité d'un secteur, tel que la création d'un parking, l'installation de nouvelles enseignes, les travaux de rénovation d'un hôtel. À un jour près, la date peut être déterminante. **54645**

À partir de quand un événement donné est-il réputé s'être réalisé ? Est-ce l'existence de l'événement ou ses effets qui doivent être pris en compte ? Toutes ces questions trouvent difficilement réponse. Lorsque, par exemple, une nouvelle ligne TGV est ouverte quelques mois seulement avant la fin du bail, doit-on considérer que ce facteur peut être pris en compte, alors qu'il n'a encore produit aucun effet ?

Ainsi, une cour d'appel a été censurée pour avoir anticipé, dans son appréciation de la valeur locative, sur l'évolution probable de la population de la commune où se situaient les locaux loués, dont la diminution sera quasi inévitable dans les années à venir, ainsi que le laisse présager l'évolution actuelle de la population rurale française et spécialement celle des gros bourgs ruraux (Cass. 3e civ. 4-2-1997 no 201 D : Administrer juin 1997 p. 27 note J.-D. Barbier, Loyers et copr. 1997 comm. no 144 note Ph.-H. Brault et C. Mutelet).

B. Déplafonnement résultant de la nature des lieux loués

54750 Trois catégories de biens immobiliers échappent de plein droit à la règle du plafonnement, à raison de leur nature particulière : il s'agit des terrains nus, des locaux à usage exclusif de bureaux et des locaux monovalents.

Hormis les bureaux, la valeur locative de ces immeubles obéit à des règles spécifiques d'évaluation examinées nos 82830 s. et 83070.

1. TERRAINS NUS

54755 Lorsqu'il bénéficie du statut des baux commerciaux, le bail de terrain nu échappe à la règle du plafonnement (Cass. 3e civ. 13-4-1976 no 74-15.280 : Bull. civ. III no 150). Le loyer du bail renouvelé est fixé, aux termes de l'**article R 145-9 du Code de commerce,** en considération des éléments propres au terrain, eu égard à la nature et aux modalités de l'exploitation effectivement autorisée.

PROPRIÉTÉ DES CONSTRUCTIONS ÉDIFIÉES PAR LE LOCATAIRE

54760 La difficulté que pose presque toujours le bail de terrain nu est celle de l'éventuelle accession du bailleur à la propriété des constructions édifiées par le locataire. En effet, lors du renouvellement du bail, on se trouve nécessairement en présence de constructions, autrement le statut des baux commerciaux ne s'appliquerait pas.

La question de la propriété des constructions détermine la nature du bail et le régime juridique du loyer :

– soit le **bailleur** est devenu propriétaire des constructions, et il ne s'agit plus d'un bail de terrain nu, mais d'un bail portant sur un immeuble construit. Il faut dès lors, comme en droit commun, se demander si la règle du plafonnement s'applique ou s'il existe des causes de déplafonnement ;

– soit le **locataire** conserve la propriété des constructions. Dans ce cas, le renouvellement d'un bail commercial s'opérant aux clauses et conditions de la convention à renouveler, l'objet du bail renouvelé continue à porter sur un terrain nu, et le loyer doit être évalué en faisant abstraction des constructions édifiées par le locataire (Cass. 3e civ. 3-2-1988 no 86-16.158 : Bull. civ. III no 23 ; CA Paris 9-11-2006 no 05-15.756, 16e ch. B).

INCIDENCE DU RÉGIME JURIDIQUE DES CONSTRUCTIONS

54765 Pour déterminer la propriété des constructions, il faut examiner les clauses du bail organisant l'accession.

En l'absence de clause, les règles du Code civil s'appliquent, en particulier les dispositions de l'article 555 (nos 79930 s.). Ces règles doivent en outre être combinées avec le régime spécifique des améliorations de l'article R 145-8 du Code de commerce, auxquelles la jurisprudence assimile les constructions nouvelles (no 83890).

Lors du renouvellement, le bailleur peut ainsi accéder à la propriété des constructions réalisées au cours du bail sans pouvoir, pour autant, les intégrer dans la valeur locative, s'il n'a pas participé à leur coût. Il devra, dans ce cas, attendre le renouvellement suivant. Pour une étude détaillée du régime des améliorations, il convient de se reporter nos 83500 s.

2. LOCAUX À USAGE EXCLUSIF DE BUREAUX

APPLICATION DE LA VALEUR LOCATIVE

54810 Le loyer des locaux à usage exclusif de bureaux échappe à la règle du plafonnement (Cass. 3e civ. 25-2-1976 no 75-10.613 : Bull. civ. III no 91). Il est fixé à la valeur locative, par référence au prix de marché pour des locaux équivalents, corrigé le cas échéant pour tenir compte des éventuelles différences de situation ou de consistance avec les locaux loués (C. com. art. R 145-11).

DÉFINITION DES LOCAUX À USAGE DE BUREAUX

54815 L'**article R 145-11 du Code de commerce** ne définit pas la notion de bureau. La Cour de cassation, dans sa politique judiciaire de limitation du plafonnement, a adopté une définition très extensive qui recouvre non seulement les activités administratives, mais également tous les locaux affectés à la réception de la clientèle, dès lors qu'ils ne servent ni au dépôt, ni à la livraison de marchandises (Cass. 3e civ. 6-4-1976 no 74-13.770 : Gaz. Pal. 1976 II p. 514 ; Cass. 3e civ. 7-4-1994 no 670 P : RJDA 7/94 no 787). Cette **conception intellectualiste** s'attache à l'activité autorisée par le bail plutôt qu'aux caractéristiques physiques des locaux. C'est ainsi qu'un local commercial situé au pied d'un immeuble, comportant une vitrine et recevant du public, sera qualifié de bureau si aucune marchandise n'est reçue, déposée ou vendue.

De nombreux locaux qui, physiquement, s'apparentent à des boutiques, mais dans lesquels s'exerce une activité de nature intellectuelle, se trouvent, par ce critère, attraits par l'article R 145-11. Tel est le cas des **agences bancaires,** qui bien qu'étant physiquement des boutiques, sont intellectuellement des bureaux au sens de cette disposition. Au terme d'un conflit de jurisprudence avec la cour d'appel de Paris, la Cour de cassation a finalement tranché le débat et imposé sa définition suivant laquelle l'activité bancaire est essentiellement d'ordre comptable, administratif ou juridique, sans être affectée par la réception de clients, ni par l'usage d'une boutique (Cass. 3e civ. 13-11-1986 no 84-11.778 : Bull civ. III no 155 ; Cass. 3e civ. 8-1-1997 no 24 P : RJDA 2/97 no 181 ; CA Paris 8-7-2009 no 08-3351, 16e ch. A : Administrer décembre 2009 p. 37 note A. Guillemain). **54816**

Cette solution a été appliquée mutatis mutandis aux **autres activités** suivantes : **54817**
- agences immobilières (CA Paris 21-5-1999, 16e ch. B : Loyers et copr. 2000 comm. no 43 note Ph.-H. Brault et C. Mutelet ; CA Paris 30-5-2007, 16e ch. A, Étude Rochechouart Immobilier c/ SCI Arcothel et Paris : Administrer novembre 2007 p. 34) ;
- agences de voyages (Cass. 3e civ. 21-10-1980, Cie Internationale des Wagons-Lits et du Tourisme c/ Sté Foncière Lyonnaise : Gaz. Pal. 1981 pan. p. 34 ; CA Paris 30-6-2004 no 02-21857, 16e ch. A : RJDA 10/05 no 1081, AJDI 2004 p. 887 note S. Porcheron) ;
- agences d'assurance (CA Paris 11-6-1993 no 92-18208, 16e ch. B : D. 1993 IR p. 181) ;
- sociétés d'intérim (CA Paris 31-10-1991, 16e ch. B : Loyers et copr. 1991 comm. no 475 note Ph.-H. Brault ; CA Paris 7-4-2004 no 02-11018, 16e ch. A : AJDI 2004 p. 722 obs. S. Porcheron) ;
- agences de publicité (CA Paris 4-7-2001, 16e ch. A : Loyers et copr. 2001 comm. no 289 note Ph.-H. Brault et P. Pereira).

L'application de la conception intellectualiste peut se heurter à des **difficultés pratiques.** C'est ainsi que les activités d'édition relèvent de l'article R 145-11 lorsque l'intention des parties est d'autoriser uniquement la conception des ouvrages en vue de leur publication, mais ni la gestion des stocks, ni la vente (Cass. 3e civ. 27-2-2002 no 391 FS-PB : RJDA 5/02 no 479, Loyers et copr. 2002 comm. no 151 note Ph.-H. Brault et P. Pereira-Osouf). En revanche, si le bail autorise l'ensemble de ces activités, l'article R 145-11 cesse de s'appliquer (CA Paris 9-6-2002, 16e ch. A, Cie Rhin et Moselle Vie c/ Sté Documentations Industrielles et Techniques : Administrer mai 1993 p. 52). De même, l'activité de conception de logiciels informatiques ne relève pas de cette disposition, lorsque le bail permet en outre leur vente (CA Paris 9-4-1996, 16e ch. A : Loyers et copr. 1996 comm. no 310 note Ph.-H. Brault et C. Mutelet). **54820**

L'activité d'enseignement, qui pourtant est de nature intellectuelle, échappe elle aussi à la qualification de bureau, dans la mesure où l'essentiel des locaux est affecté à la réception du public (Cass. 3e civ. 17-7-1987 no 86-11.688 : Rev. Loyers 1987 p. 485 note J.-C. Berthault ; TGI Paris 29-4-1997, ch. des baux com. : Loyers et copr. 1997 comm. no 263).

L'activité d'atelier de dessins publicitaires consistant dans la réalisation matérielle de prototypes d'emballages, de maquettes en volume réel, de coffrets de parfums à l'unité ou en petites séries ne peut être assimilée à une prestation de conception publicitaire et exclut la qualification d'usage exclusif de bureau (CA Paris 24-5-2006, 16e ch. A : Juris-Data no 2006-303880).

Évolution nécessaire de la définition La conception intellectualiste de la Cour de cassation, si elle permet d'exclure de nombreux locaux de la règle du plafonnement, souffre néanmoins d'un manque de cohérence. Le critère du dépôt et de la vente de marchandises paraît, en effet, inadapté à l'économie du XXIe siècle où prédominent les services. On ne voit pas sur quel fondement le commerçant qui vend des marchandises aurait droit à une protection supérieure à celui qui commercialise des services, alors qu'ils exercent leurs activités dans les mêmes locaux. **54825**

Si la règle du plafonnement est inadaptée, il faut la changer mais de façon raisonnée et transparente.

Pour définir l'usage de bureaux, les caractéristiques physiques des locaux devraient être le critère déterminant. C'est cette démarche qu'a adoptée le législateur, que ce soit pour la taxe annuelle sur les bureaux, ou pour la taxe annuelle sur les locaux commerciaux (Ch. Lavabre et Ph. Riglet : Loyers et copr. 1999 chron. no 3 p. 4). C'est également ce **critère matérialiste** qui est suivi par les villes, dans les plans locaux d'urbanisme, pour différencier le COS applicable aux bureaux et aux locaux commerciaux.

La conception actuelle de la Cour de cassation bloque, en réalité, tout assouplissement des règles statutaires, notamment la durée, qui paraissent inadaptées à la catégorie des bureaux proprement dits.

NOTION D'USAGE EXCLUSIF DE BUREAUX

54830 Afin de déterminer si un local est à usage exclusif de bureaux, il faut se référer au bail, et plus particulièrement à la **clause « destination des lieux »,** laquelle doit s'apprécier à la date du renouvellement du bail (Cass. 3e civ. 1-4-2009 n° 08-13.130 analysé ci-dessous). Les rédacteurs d'actes utilisent souvent une qualification mixte visant à la fois les bureaux et l'activité du locataire. Cette méthode est à proscrire car, par son ambiguïté, elle laisse la voie ouverte à l'interprétation du juge.

ILLUSTRATIONS

Ne relèvent pas de l'article R 145-11 :

– Les locaux **« destinés à usage de bureaux pour l'exercice du commerce d'agence de photographies publicitaires et d'archive photothèque »,** dès lors qu'il résultait de l'interprétation de cette clause ambiguë que les parties n'avaient pas seulement affecté les locaux à une activité administrative.

Cass. 3e civ. 14-6-1995 n° 93-15.018 D : Loyers et copr. 1995 comm. n° 429 note Ph.-H. Brault et C. Mutelet, Juris-Data 1995-00.2478.

– Le bail énonçant que les locaux étaient **loués à usage de bureaux** et que cet usage s'exerçait **dans le cadre de l'activité de la société locataire,** telle qu'elle résultait des énonciations de son objet social, dès lors que ces activités n'étaient pas des activités de simple bureau, mais aussi des **activités de type commercial.**

CA Riom 7-12-2005 n° 05-864, ch. com.

– Les locaux loués pour une activité de **« vente et location de yachts,** avitaillement, accastillage, assurances, gestion, gardiennage de bateaux **et généralement tout ce qui concerne les bateaux ».** En effet, dénature les termes clairs et précis de cette clause de destination la cour d'appel qui retient que les cocontractants avaient eu en vue la destination contractuelle d'activités d'intermédiaires pour la location et vente de yachts, activité purement intellectuelle.

Cass. 3e civ. 2-2-2010 n° 08-13.559 F-D : RJDA 4/10 n° 339.

– Les locaux loués pour un « **usage de bureau d'étude d'architecture d'intérieur et de décoration ainsi que de diffusion et vente d'objets produits et matériels pour l'aménagement intérieur et extérieur, et aménagement de locaux et stands en ingénierie** », dès lors que la destination autorisait une activité de nature commerciale.

CA Grenoble 6-10-2016 n° 13/03686, ch. com.

– Les locaux loués à usage de « **location de bureaux et de domiciliation d'entreprises, de salles de réunion de l'hôtel adjacent** », et donc destinés à recevoir de la clientèle, dès lors que la destination contractuelle permettait la réception de public dans la salle de réunion en vue d'activités organisées par la société locataire pour ses clients et que l'usage de cette salle, non exclusivement limité à l'exercice d'activité intellectuelle, ne se concevait pas sans la présence de la clientèle, nécessaire à l'activité elle-même.

Cass. 3e civ. 7-12-2017 n° 16-14.969 F-D : RJDA 3/18 n° 215.

En revanche, bénéficient de cette disposition :

– La location de bureaux à usage tous commerces, dès lors que le local ne présentait **aucune caractéristique l'apparentant à une boutique** avec vitrine.

CA Paris 24-9-1992, 16e ch. B : Loyers et copr. 1992 comm. n° 391.

– Les locaux loués pour un **« usage de bureaux commerciaux et administratifs nécessaires aux activités » de la société locataire** et constituant le siège social de celle-ci, distinct du lieu d'exploitation.

Cass. 3e civ. 24-3-1999 n° 615 D : Administrer 2000 n° 319 p. 32, note J.-D. Barbier.

– Des locaux loués à « usage exclusif de bureaux pour l'**activité de formation, production et diffusion de matériel pédagogique** ». Dans le cadre de la procédure de renouvellement du bail, le locataire tentait de se soustraire à l'application de l'article R 145-11 en soutenant que le loyer du bail renouvelé devait être fixé en considération de l'activité de formation qu'il avait commencé à exercer dans les lieux quelques mois après la date de renouvellement du bail et qui était conforme à la clause de destination. Argument rejeté dès lors que le caractère à usage exclusif de bureaux des lieux loués doit s'apprécier à la date de renouvellement du bail. C'était donc à bon droit que la cour d'appel avait constaté que le locataire n'établissait pas que la commune intention des parties avait été de considérer que les lieux étaient loués à usage d'établissement d'enseignement, et que la clause de destination, qui visait expressément des locaux à usage exclusif de bureaux et des activités de nature intellectuelle et administrative, était dépourvue d'ambiguïté.

Cass. 3e civ. 1-4-2009 n° 08-13.130 FS-PB : RJDA 6/09 n° 521, Administrer juin 2009 p. 32, obs. D. Lipman-W. Boccara.

– Des locaux loués pour l'**activité de production, réalisation, édition, diffusion de toutes prestations liées à la musique et toute autre activité connexe ou complémentaire,** dès lors que cette activité s'apparente à une prestation intellectuelle par opposition aux activités supposant une manipulation de marchandises ou une intervention manuelle.

CA Paris 4-3-2020 n° 18/14735 : Administrer avril 2020 p. 54 obs. Panepinto.

– Des locaux loués à usage exclusif de bureaux formant un tout indivisible, le locataire ayant l'**interdiction** de faire dans les locaux tous actes de **production** industrielle, artisanale ou de **vente achalandée** en gros ou en détail, ainsi que toute vente aux enchères.

CA Paris 11-1-2023 n° 20/04578 : Gaz. Pal. 28-2-2023 p. 72 obs. Chastagnier.

Pluridestinations L'usage effectif des locaux par le locataire n'est pas pris en considération. Ce qui importe, c'est l'ensemble des **activités autorisées par le bail,** même si elles ne sont pas exploitées par le locataire. La faculté théorique d'exercer un seul commerce suffit à écarter l'article R 145-11, faute d'exclusivité dans la destination de bureau. **54835**

ILLUSTRATIONS

Ne permettent pas l'application de l'article R 145-11 :

– La destination contractuelle permettant la préparation et l'organisation de toute publicité par tous moyens de diffusion, ainsi que l'exploitation de tous stands, comptoirs, vitrines destinés, notamment, à la présentation et à la vente de tous objets, produits et articles publicitaires. La **possibilité pour le locataire de vendre des objets,** produits et articles publicitaires est incompatible avec l'usage exclusif de bureaux.

CA Paris 25-3-1998, 16e ch. A : Administrer août-septembre 1998 p. 40.

– La destination de « cycles et accessoires et usage de bureaux et profession libérale », dans la mesure où elle **permet** au locataire d'affecter les locaux non seulement à une activité de bureaux, mais aussi à une **activité purement commerciale.**

CA Versailles 20-1-2000 n° 97-4578, 12e ch. 2e sect. : Bull. inf. C. cass. 2000/526 p. 42 n° 1403.

– Le bail autorisant le locataire à exercer dans les lieux loués **toute activité pouvant se rattacher à son objet social.**

Cass. 3e civ. 17-12-2002 n° 1955 F-D : Gaz. Pal. 2003 som. p. 27 note J.-D. Barbier.

– La destination de « conseil en marketing d'entreprise, communication, recrutement, formation, étude de sondages, agence de publicité et immobilière, location de salles de réunion, exposition de produits à tester, recherche de marchés et tout ce qui est susceptible de s'y rattacher directement ou indirectement ». En effet, l'**organisation de tests sur des produits commercialisés,** parce qu'il s'agit d'une activité centrée sur la marchandise en vue de sa commercialisation ainsi que la présence effective du produit, ne constitue pas une activité purement intellectuelle et la **location de salles de réunion** n'est en rien une opération intellectuelle mais, au contraire, la mise à disposition d'un bien matériel.

CA Paris 24-1-2005 n° 04-1442, 16e ch. A : AJDI 2005 p. 388 obs. S. Porcheron.

– Le bail consenti à une **agence bancaire** dès lors qu'il destine les locaux à l'**activité « tous commerces ».**

Cass. 3e civ. 25-3-2015 n° 13-27-710 F-D.

– La clause de destination qui, après avoir énoncé que le preneur doit utiliser les locaux pour son commerce de **banque et activités annexes,** précise qu'il est **autorisé à exercer** dans les lieux loués soit directement soit indirectement par l'intermédiaire d'une filiale ou d'une société dépendant de son groupe toute activité pouvant se rattacher directement ou indirectement à son objet social, de même que **toute activité,** sous réserve qu'elle ne porte pas atteinte à la bonne tenue de l'immeuble.

CA Douai 8-1-2014 n° 12-05779, ch. 2 sect. 1.

– La destination contractuelle d'un bail commercial consenti à une société civile de moyens qui était « fonction des activités tant directes que connexes et complémentaires des membres de la société : architecture, informatique, marchand de biens, transaction, gestion et syndic. » En effet, bien que large, cette destination, qui ne mentionnait pas l'usage exclusif de bureaux, n'était pas ambiguë : si elle visait les activités d'architecture, de marchand de biens, de transaction, de gestion et de syndic, elle visait également **« l'informatique »,** ce qui **recouvre** non seulement des **activités de conseil** dans ce domaine, **mais aussi la conception et la vente de matériels et de logiciels** ; l'argument du bailleur selon lequel le bail avait été consenti à une société qui avait pour seul objet la mise en commun de moyens était contredit par la référence expresse aux « activités » de ses « membres », de surcroît « tant directes que connexes et complémentaires » ; le fait que le bail s'intitule « bail professionnel » était sans portée puisqu'il ressortait clairement de l'ensemble des dispositions contractuelles qu'il était bien un bail commercial ; quant à l'interdiction de sous-louer, elle ne faisait que renvoyer à l'interdiction de principe posée par l'article L 145-31 du Code de commerce. En outre, le fait que, lors de sa prise de possession par le locataire, le local n'était plus occupé depuis 2 ou 3 ans et que son état général, dû à l'activité antérieure de fabrication et de diffusion d'articles textiles, avait nécessité de gros travaux pour sa transformation en bureaux

n'impliquait pas que la destination avait été convenue « à usage exclusif de bureaux », mais que la transformation en bureaux s'imposait pour les activités, autres que l'informatique, visées au titre de la destination. Enfin, la configuration des locaux n'était pas de nature à rendre leur destination contractuelle à usage exclusif de bureaux car, situés au rez-de-chaussée, ils avaient déjà abrité une activité de fabrication et de diffusion de textiles.
CA Paris 29-1-2014 n° 12/03692, ch. 5-3 : RJDA 7/14 n° 605.

54840 **Clause de cession ou de sous-location « tous commerces »** La stipulation d'une clause autorisant la cession ou la sous-location pour tous commerces permet au locataire d'écarter l'usage exclusif de bureaux et donc le déplafonnement de l'article R 145-11 (Cass. 3e civ. 18-2-1998 n° 260 PB : RJDA 4/98 n° 395 ; Cass. 3e civ. 25-6-2008 n° 07-14.682 FS-PB : RJDA 10/08 n° 994 ; Cass. 3e civ. 14-2-2012 n° 11-11-115 F-D : RJDA 7/12 n° 650 ; Cass. 3e civ. 11-2-2016 n° 14-25.570 F-D : Loyers et copr. 2016 comm. n° 122 ; CA Paris 19-1-2022 n° 19/13432 ; CA Versailles 3-3-2022 n° 20/00564), même si la totalité des locaux est sous-louée en réalité pour un usage de bureaux (CA Paris 22-9-2004 n° 02-16275, 16e ch. A : Administrer décembre 2004 p. 50 obs. B. Boccara).

54845 **Local à usage mixte** Pour apprécier l'usage exclusif de bureaux en présence d'un bail à usage mixte d'**habitation et commercial,** il faut prendre uniquement en considération l'affectation de la partie commerciale des locaux loués permettant l'application du statut des baux commerciaux (Cass. 3e civ. 21-2-1996 n° 364 P : RJDA 5/96 n° 615). Il en va toutefois différemment si la majeure partie des locaux loués est affectée à l'habitation, auquel cas l'application de l'article R 145-11 est écartée (Cass. 3e civ. 10-10-1979, Cie des Immeubles de la Plaine-Monceau c/ Sté Guigard : Rev. Loyers 1980 p. 103).

54850 **Cas particuliers** Lorsque la **clause** de **destination** est rédigée de façon **trop générale,** les juges se réfèrent à la configuration et à l'aménagement des lieux, et surtout à l'utilisation effective des locaux par le locataire, qui semble être, dans ce cas précis, le critère déterminant (Cass. 3e civ. 31-1-1979 n° 77-14.529 : Bull. civ. III n° 30 ; CA Paris 7-2-2005 n° 03-20185, 16e ch. A : AJDI 2005 p. 389 obs. S. Porcheron, Administrer juillet 2005 p. 46 obs. B. Boccara et D. Lipman-W. Boccara).

ILLUSTRATIONS

La clause de destination portant la mention « commerce de producteur de films cinéma et télévision, films publicitaires, radio et publicité sous toutes ses formes » n'emporte, par sa consistance même, qu'une « destination générale » ne permettant pas de la définir, en l'absence de précisions complémentaires sur l'intention des parties (CA Paris 29-10-1991, 16e ch. A : Loyers et copr. 1992 comm. n° 28).
Dans une affaire où le bail portait comme indication d'activité exclusive « activité de maquettiste-publicitaire-photographe », une cour d'appel a considéré que le bail n'étant pas suffisamment explicite, il fallait se pencher sur l'activité effective de la société locataire. Pour rejeter la qualification d'usage exclusif de bureaux, elle a retenu que le local, situé en rez-de-chaussée, était composé d'une boutique d'angle avec vitrines, disposait d'un comptoir d'accueil puis de deux bureaux, et que la société locataire détenait un stock important de photographies mises à la disposition d'une clientèle, et faisant l'objet de vente par présentation et remise avec cession des droits correspondants (CA Paris 4-7-2007, 16e ch. A, SCI La Tour Maubourg c/ Sté Scope : Administrer novembre 2007 p. 404).

54855 En présence d'un bail ne comportant **aucune clause** de destination alors que l'accord préalable entre les parties en contenait une faisant référence à un usage bancaire, la Cour de cassation a jugé qu'une cour d'appel avait souverainement retenu que les parties n'avaient pas entendu donner aux locaux une destination à usage exclusif de bureaux (Cass. 3e civ. 30-5-2012 n° 11-20.344 F-D).

3. LE LOYER DES LOCAUX MONOVALENTS

RÈGLES GÉNÉRALES

54900 Les locaux monovalents sont régis par l'**article R 145-10 du Code de commerce.**

La monovalence n'est pas une simple cause de déplafonnement. Elle constitue un **régime autonome** spécial de détermination du loyer dérogeant au régime général issu de l'article L 145-33 du Code de commerce. La Cour de cassation a en effet jugé que « la seule monovalence des lieux loués justifie l'application de l'article 23-8 du décret du 30 septembre 1953 même s'il existe d'autres causes de déplafonnement du loyer du bail renouvelé tenant notamment à la durée de celui-ci » (Cass. 3e civ. 29-9-2004 n° 940 PB : RJDA 12/04 n° 1303). Au cas particulier, un bail à usage de cinéma s'étant prorogé pour une durée supérieure à douze ans, le bailleur prétendait que cette cause de déplafonnement, issue du régime légal de l'article L 145-34, devait supplanter, dans la hiérarchie des normes, celle de la monovalence, de valeur réglementaire, et demandait, en conséquence, l'exclusion de la méthode de la « jauge » correspondant aux usages de la profession, au profit de celle des valeurs de comparaison. Précisons que depuis la loi 2010-1149 du 30 septembre 2010, le loyer des cinémas est obligatoirement déterminé selon une méthode spécifique (C. com. art. L 145-36, al. 2 ; nos 82990 s.).

Faisant application de cette règle à des locaux loués à usage d'hôtel, la cour d'appel de Paris a refusé de prendre en compte les éléments de comparaison avec d'autres locaux bien que gérés par le même locataire (CA Paris 30-6-2010 nº 08/18864, ch. 5-3).

La fixation du loyer des locaux monovalents n'est pas soumise à la règle du plafonnement (Cass. 3e civ. 3-5-1978 nº 77-12.007 : Bull. civ. III nº 179 ; Cass. 3e civ. 10-2-1981 nº 79-13.984 : Bull. civ. III nº 26). En contrepartie, la valeur locative peut être déterminée par le juge, non pas selon la méthode des prix de comparaison mais en fonction des usages observés dans la branche d'activité considérée (pour l'application des méthodes, se reporter nos 82830 s.). **54901**

a. Notion de monovalence

Il n'existe pas de définition générale et abstraite du local monovalent. La jurisprudence fait, au contraire, une application très concrète de l'article R 145-10 du Code de commerce, qui est fortement déterminée par chaque cas d'espèce et dont seuls les contours peuvent être dessinés. **54950**

CRITÈRE MATÉRIEL DE LA MONOVALENCE

Selon l'article R 145-10 du Code de commerce, la monovalence s'entend de locaux construits en vue d'une seule utilisation. Ce concept – essentiellement matériel et physique – s'applique aux **immeubles** qui, **dès leur origine,** ont été conçus, construits et aménagés en vue d'une exploitation unique. Il en va ainsi le plus souvent des hôtels, cinémas ou cliniques. **54955**

La jurisprudence a logiquement étendu l'application du texte aux **locaux** spécialement aménagés et **transformés** en vue d'un usage unique. Sont ainsi réputés monovalents :

- un local loué brut de gros œuvre aménagé par le preneur en cinéma ;
- les locaux ayant subi d'importants travaux d'aménagement en vue de leur utilisation en maison de retraite ;
- un terrain aménagé avec des installations spécifiques en vue de leur utilisation unique de camping-caravaning.

Seule compte la matérialité de l'affectation (Cass. 3e civ. 10-2-1981 nº 79-13.984 : Bull. civ. III nº 26 ; Cass. 3e civ. 6-5-1987 nº 83-15.409 ; Cass. 3e civ. 29-9-2004 nº 03-13.624 F-PB : RJDA 12/04 nº 1303).

Il faut toutefois tenir compte tant des **règles de l'accession** que de celles de l'article R 145-8 sur les **travaux d'amélioration.** Si les travaux d'aménagement spécifiques n'ont pas encore accédé à la propriété du bailleur, l'analyse du caractère monovalent des locaux doit être menée en faisant abstraction de ces travaux (Cass. 3e civ. 26-2-1992 nº 333 : RJDA 4/92 nº 328). Ainsi, en présence d'une clause reportant l'accession des constructions nouvelles et travaux au départ du locataire, le bailleur ne peut pas se prévaloir des travaux d'aménagement du preneur spécifiquement réalisés pour un usage industriel, pour revendiquer la monovalence des locaux, dès lors qu'il n'y avait eu aucune sortie des lieux loués (Cass. 3e civ. 21-5-2014 nº 13-12.592 FS-PB : RJDA 10/14 nº 749). Il en va de même si les transformations ont été réalisées par le locataire à ses frais au cours du bail qui a précédé le bail à renouveler.

ILLUSTRATIONS

Un bail autorisait le locataire à effectuer tous travaux nécessaires à la transformation des locaux pour une activité d'hôtel et stipulait que tout embellissement, améliorations et installations faits par le locataire pendant le cours de son bail resteraient la propriété du bailleur à la fin du bail à moins que le bailleur ne préfère le rétablissement des lieux dans leur état primitif. Jugé que la possibilité laissée au bailleur de demander ce rétablissement « en fin de bail » ne pouvait s'interpréter que comme une accession à la fin des relations contractuelles, marquée par le départ des lieux du locataire, et non lors du renouvellement du bail, bien qu'un nouveau contrat soit effectivement formé. Par suite, les aménagements réalisés par le locataire demeuraient sa propriété au jour du renouvellement et le bailleur ne pouvait donc pas s'en prévaloir pour faire considérer les locaux comme monovalents à la date du renouvellement (CA Paris 9-11-2023 nº 22/03962 : Administrer décembre 2023 p. 46 obs. Panepinto).

CRITÈRE ÉCONOMIQUE DE LA MONOVALENCE

Au critère structurel de la conception du bâtiment, la jurisprudence a ajouté une condition d'ordre économique. La monovalence des locaux ne peut être retenue que s'il n'est pas possible de changer la destination des lieux sans engager des travaux importants ou des transformations coûteuses. La Cour de cassation a ainsi censuré des arrêts qui avaient retenu la monovalence d'un local à usage de boulangerie construit avec un four incorporé, sans avoir vérifié si le critère économique du coût de la transformation était rempli (Cass. 3e civ. 29-4-1998 nº 96-14.664 PB : RJDA 6/98 nº 693 ; Cass. 3e civ. 7-3-2001 nº 352 FS-D : RJDA 5/01 nº 563 ; Cass. 3e civ. 8-3-2005 nº 323 F-D : Loyers et copr. 2005 comm. nº 94 note Ph.-H. Brault ; voir aussi CA Paris 20-6-2007, 16e ch. A, Kelly Gestion c/ Sté Pain et Fruit : Administrer novembre 2007 p. 350). **54960**

On remarquera que la **possibilité d'une modification partielle** des locaux ne suffit pas à les considérer comme polyvalents. C'est la totalité des locaux loués qui doit pouvoir être affectée à un autre usage que celui prévu par le bail, sans importants travaux d'aménagement (CA Paris 1-3-2006 n° 03-16040, 16e ch. A : Administrer mai 2006 p. 42).

54962 **Modalités de gestion** Les choix de gestion du locataire ne sont pas en eux-mêmes de nature à affecter la qualification des locaux. Ainsi, le fait qu'une partie de l'activité ait été, postérieurement au dernier renouvellement, confiée à un locataire-gérant ne justifie pas à lui seul le changement de qualification de locaux initialement monovalents, à défaut d'autres éléments de nature à caractériser que les locaux sont devenus polyvalents (Cass. 3e civ. 20-5-2015 n° 14-12.223 FS-D : RJDA 10/15 n° 638).

APPRÉCIATION DE LA MONOVALENCE PAR LES TRIBUNAUX

54965 Le juge doit ainsi procéder à une **application cumulée des deux critères,** en identifiant d'abord l'existence d'aménagements structurels adaptés à un usage unique, et en vérifiant ensuite si les locaux peuvent être affectés à une autre destination, sans entraîner des travaux de grande ampleur. Il dispose, dans l'appréciation concrète de ces deux critères, d'un pouvoir souverain (Cass. 3e civ. 22-1-1992 n° 170 P : RJDA 4/92 n° 327, Administrer juin 1992 p. 49, note J.-D. Barbier).

La monovalence ne se présume pas ; elle doit être démontrée par la partie qui l'invoque. Au critère physique et matériel, relativement aisé à mettre en œuvre, se superposent d'**autres notions** plus complexes telles que la spécificité de l'usage et l'unicité de clientèle qui s'avèrent difficiles à appliquer en présence d'immeubles accueillant plusieurs activités.

INCIDENCE DE LA DESTINATION CONTRACTUELLE SUR LA MONOVALENCE

54970 La jurisprudence de ces dernières années a consacré la prééminence du critère matériel et économique sur celui de la destination contractuelle.

54971 La **spécialisation du bail** ne postule pas la monovalence des locaux quand bien même ils ont reçu cette affectation depuis l'origine de la construction et qu'il s'agit d'un commerce comportant des aménagements spécifiques. Seul importe le critère économique du coût de la transformation (pour une pharmacie : CA Colmar 28-1-1988 n° 95-4370, 1e ch. B : Juris-Data n° 1998-05.5174 ; pour une boulangerie : CA Paris 3-11-1992 n° 91-9073, 16e ch. A : Loyers et copr. 1993 comm. n° 103 ; CA Chambéry 13-6-2001 n° 98-1114, ch. civ. : Juris-Data n° 2001-14.6869 ; pour un commerce de café-brasserie : CA Nîmes 14-10-2001 n° 2000-1812, 1e ch. A : Juris-Data n° 2001-16.8617 ; voir cependant pour un grand magasin : Cass. 3e civ. 8-2-2005 n° 169, analysé n° 55100).

54973 À l'inverse, et toujours à l'aune du critère économique, le **bail « tous commerces »** n'exclut pas en soi la monovalence. Contrairement aux locaux à usage exclusif de bureaux, la monovalence ne dépend pas des stipulations du bail. La Cour de cassation a ainsi censuré une cour d'appel qui avait écarté la monovalence des locaux à usage d'agence bancaire au seul motif que la clause « tous commerces » insérée dans le bail s'opposait à la qualification de locaux monovalents (Cass. 3e civ. 27-11-2002 n° 1737 FS-PB : RJDA 2/03 n° 118, Administrer février 2003 p. 32 note J.-D. Barbier ; voir aussi Cass. 3e civ. 12-3-2002 n° 00-18.918 : Gaz. Pal. 2002 som. p. 1104 pour une clause du bail autorisant le locataire à exercer tous commerces au rez-de-chaussée d'un immeuble à usage d'hôtel).

54975 La Cour de cassation a confirmé la prééminence du critère économique sur la destination du bail, en retenant la monovalence de locaux à usage de spectacles, dès lors qu'ils ne pouvaient pas être transformés en vue d'une destination différente sans réalisation de travaux importants et coûteux, en dépit de la clause destination prévue au **bail autorisant des activités différentes** de spectacles telles que manifestations sportives, boxe, tennis, patinage et tous autres spectacles de variétés (Cass. 3e civ. 3-12-2003 n° 1351 FS-PB : RJDA 3/04 n° 279, AJDI 2004 p. 284 note M.-P. Dumont).

54977 En revanche, le juge doit tenir compte de la clause destination du bail en tant qu'**élément de détermination de la valeur locative** du local monovalent. La Cour de cassation a ainsi approuvé une cour d'appel qui avait retenu une majoration de 10 % de la valeur locative d'un terrain aménagé en camping-caravaning – dont la monovalence n'était pas contestée – à raison de la clause « tous commerces » insérée au bail (Cass. 3e civ. 3-11-2005 n° 1158 FS-PB : RJDA 2/06 n° 113, Loyers et copr. 2005 comm. n° 125 note Ph.-H. Brault).

L'objet du bail n'est toutefois pas totalement indifférent. C'est ainsi qu'**en cas de sous-location** de locaux à usage d'hôtel faisant partie d'un ensemble immobilier plus vaste, accueillant des commerces différents, il n'est tenu compte, pour apprécier la monovalence, que des seuls locaux objet du sous-bail (Cass. 3e civ. 29-5-1985 n° 83-13.133 : Bull. civ. III n° 86 p. 67).

Inversement, la monovalence du bail principal ne rejaillit pas sur la sous-location lorsqu'elle porte sur un local commercial « banalisé » ne remplissant pas les critères de l'article R 145-10. Si on prend l'exemple d'un hôtel comportant une boutique au rez-de-chaussée sous-louée à un tiers, le loyer du bail principal, à raison de la monovalence de l'ensemble, sera fixé en fonction de la valeur locative, alors que le sous-locataire de la boutique pourra revendiquer la règle du plafonnement.

INCIDENCE DE L'UNICITÉ ÉCONOMIQUE DE CLIENTÈLE SUR LA MONOVALENCE

En cas d'activités partiellement monovalentes, pour les immeubles accueillant **plusieurs activités,** certaines monovalentes, d'autres non, exploitées tantôt ensemble par le même locataire, tantôt séparément, l'application des critères matériels et économiques du coût de la transformation ne suffit pas. Au fil des années, la Cour de cassation a dégagé la **notion d'exploitation unique concernant une même clientèle,** comme critère complémentaire de la monovalence. 54985

Elle applique aussi le critère de l'accessoire : lorsqu'il s'agit d'une simple **activité annexe à l'exploitation principale,** la monovalence n'est pas remise en cause.

ILLUSTRATIONS

Ne sont pas monovalents :

– Les locaux affectés à un usage d'hôtel-restaurant, dès lors que l'activité hôtelière est quasiment nulle et qu'en réalité les lieux sont affectés principalement et presque de manière exclusive à un usage de bar-tabac-journaux s'adressant à une clientèle tout à fait distincte d'un établissement hôtelier.

Cass. 3e civ. 30-6-2004 n° 820 FS-PB : RJDA 10/04 n° 1094, AJDI février 2005 p. 133 note M.-P. Dumont.

– Les locaux dans lesquels sont exploités un hôtel et un restaurant s'adressant à une clientèle différente et comportant l'un et l'autre une entrée distincte.

Cass. 3e civ. 30-9-1998 n° 1387 D : RJDA 11/98 n° 1194 ; Cass. 3e civ. 16-6-1999 n° 1127 D : Loyers et copr. 1999 comm. n° 214 note Ph.-H. Brault et C. Mutelet ; Cass. 3e civ. 12-4-2018 n° 17-15.202 D : Loyers et copr. 2018 comm. n° 174 note Ph.-H. Brault.

– Des locaux, situés aux deux derniers étages d'un immeuble en contenant huit représentant un quart de l'ensemble, et sous-loués pour l'activité de confection, dès lors que cette activité n'est en aucune manière complémentaire ou interdépendante de celle de garage-hôtel exploitée dans les autres étages et le sous-sol.

CA Paris 30-1-2008 n° 07-00587, 16e ch. A : Administrer avril 2008 p. 35.

– Un immeuble, constitué de 7 niveaux, construit en vue de la seule utilisation de garage-hôtel, mais accueillant avec l'autorisation du bailleur, donnée par avenant au bail, deux activités économiquement distinctes : celle initialement prévue sur 5 étages, et avec d'importantes difficultés d'exploitation liées à la configuration des locaux, celle de confection dans les deux étages supérieurs.

Cass. 3e civ. 25-11-2009 n° 08-14.189 FS-PB : RJDA 2/10 n° 131.

Ndlr : La Cour de cassation a ainsi fait prévaloir le critère de l'unicité économique de la clientèle qui, en l'espèce, faisait défaut, sur le critère matériel du coût des travaux permettant l'organisation rationnelle d'une autre activité commerciale.

– Un immeuble loué à usage de « hôtel, restaurant et bar », dès lors que l'hôtel disposait d'une entrée séparée de celle du bar-restaurant, que le chiffre d'affaires réalisé dans l'activité bar-restaurant était largement prépondérant sur celui produit par l'activité d'hôtel, et qu'une exploitation séparée des deux activités était tout à fait envisageable avec des travaux de faible importance.

Cass. 3e civ. 2-10-2012 n° 11-22.172 F-D.

– Un immeuble loué à usage de café-hôtel, dès lors que, si la partie affectée à l'exploitation de l'hôtel est à usage monovalent, il n'en va pas de même de l'activité de bar puisque les locaux dans lesquels elle s'exerce pourraient, compte tenu de leur configuration et de leur faible niveau d'aménagement, être affectés à une autre destination sans qu'il soit nécessaire de réaliser d'importants et coûteux travaux. Or, l'activité de bar n'est pas un simple accessoire ou complément de l'hôtel dès lors qu'elle représente une part prépondérante du chiffre d'affaires. En outre, l'activité du bar est indépendante de celle de l'hôtel car leurs clientèles sont distinctes, le bar ayant essentiellement une activité de jour, puisqu'il ferme à 21 heures, l'hôtel étant alors accessible par une entrée qui lui est propre. Le fait que les clients de l'hôtel prennent leurs petits-déjeuners dans la salle du bar et que l'accueil de l'hôtel s'y effectue durant la journée ne peut suffire à faire qualifier les locaux de monovalents.

CA Reims 20-2-2024 n° 23/01715 : Loyers et copr. 2024 n° 85 obs. Marcet.

Sont considérés comme monovalents :

– Les locaux affectés à usage d'hôtel, même s'il leur a été adjoint une boutique, dans la mesure où un changement d'affectation ne pourrait intervenir sans d'importants travaux.

Cass. 3e civ. 18-3-1992 n° 90-14.625 : Loyers et copr. 1992 comm. n° 435 note Ph.-H. Brault.

– Les locaux loués à usage d'hôtel comportant une boutique faisant l'objet d'une sous-location distincte.

CA Paris 13-9-1991 n° 90-19126, 16e ch. B : Loyers et copr. 1992 comm. n° 27 note Ph.-H. Brault.

– Les locaux affectés à des activités d'hôtellerie et de café-bar-restaurant avec licence IV, le locataire ne démontrant ni qu'il existe deux entrées distinctes, l'une pour l'hôtel, l'autre pour le café-bar-restaurant, ni même que les activités sont autonomes et que les clientèles ne se confondent pas.

CA Paris 29-9-2004 n° 02-2208, 16e ch. A : Administrer décembre 2004 p. 49 obs. B. Boccara et D. Lipman-W. Boccara.

– Les locaux affectés à des activités d'hôtellerie et de petite restauration, bar, dès lors que l'activité de bar-restaurant est à l'évidence un accessoire de l'activité hôtelière et quasi réservée à la clientèle de cette dernière.

CA Nancy 19-10-2011 n° 10/01718 : AJDI 2012 p. 873.

– Les locaux affectés à « l'exploitation d'une station de lavage de véhicules en libre-service et toutes opérations connexes, l'exploitation de kiosques à pizza et poulets rôtis et l'exercice de la location et la vente de tous moyens audio-vidéo distribuables automatiquement », dès lors que ces locaux ne pourraient être affectés à une autre activité sans que des travaux de transformation importants et coûteux, au regard de la valeur d'ensemble, soient réalisés : cette transformation nécessiterait a minima des travaux d'infrastructure importants résultant de la nécessité de procéder à la suppression en sous-sol du vide sanitaire sous le bâtiment en position central et des fosses de récupération des boues et eaux usées sous chaque zone de lavage couverte, abstraction faite de toute obligation résultant le cas échéant, d'une réglementation administrative, notamment, de dépollution qui ne pèserait que sur l'exploitant.

CA Paris 6-6-2024 n° 21/08715 : Administrer juillet 2024 p. 42 obs. Panepinto.

PLURIACTIVITÉS MONOVALENTES

54990 Lorsque les locaux accueillent plusieurs activités présentant toutes un caractère monovalent, la Cour de cassation fait prévaloir le critère physique et économique sur celui de l'autonomie de la clientèle. Elle a précisé que le fait que les lieux loués soient utilisés pour différentes formes de spectacles n'altère pas leur caractère monovalent (Cass. 3e civ. 21-3-2007 n° 05-20.714 : RJDA 7/07 n° 700). Au cas particulier, elle a approuvé la solution de la cour d'appel de Paris qui, statuant au sujet de la salle du Bataclan – qui accueille un très large spectre d'activités telles que théâtre, concerts de rock, music-hall, spectacles chorégraphiques, opéra, cabaret, soirées privées, conventions d'entreprise, réunions politiques, plateaux de télévision – avait considéré que ces utilisations variées utilisaient le potentiel que la salle offre de par sa structure à la fois architecturale avec des spécificités acoustiques auxquelles sont attachés les organisateurs des spectacles qui tous, hormis la boxe, ont en commun la diffusion de paroles ou de musique (CA Paris 7-9-2005 n° 03-18238, 16e ch. A : Loyers et copr. 2006 comm. n° 82 note P. Pereira-Osouf).

La cour d'appel de Paris a également refusé de distinguer suivant les différentes branches de spectacles exploitées dans des locaux initialement construits à usage de salle de bal, et utilisés pour des manifestations sportives, boxe, catch, tennis, patinage et tous autres spectacles de variété (CA Paris 11-1-2002 n° 00-18125, 16e ch. B : Loyers et copr. 2002 comm. n° 176 note Ph.-H. Brault et C. Mutelet).

La clientèle s'identifie en quelque sorte à la monovalence physique et matérielle des lieux.

b. Locaux habituellement monovalents

55040 Certaines activités nécessitent par nature, pour être exercées, des aménagements lourds touchant la structure de l'immeuble, dont la spécificité conduit presque, à coup sûr, à la monovalence. Sont ainsi habituellement considérés par la jurisprudence comme monovalents :

1. Les **cliniques** (Cass. 3e civ. 21-7-1981 n° 80-12.978 : Gaz. Pal. 1982 pan. p. 87).

Toutefois, n'ont pas été jugés monovalents les locaux édifiés à l'origine à titre de résidence d'agrément et loués en vue de l'exploitation d'une clinique psychiatrique, compte tenu notamment des éléments suivants : les locaux pouvaient être adaptés à d'autres activités sans reconstruction ni modification majeure de leur structure ; l'absence de bloc opératoire, de salle de réanimation et d'équipement ou d'appareillage lourd permettait de transformer les locaux en hôtel, lieu de séminaires, bibliothèque ou mairie, sans engager de grands travaux (Cass. 3e civ. 30-10-2007 n° 06-18.335 F-D : RJDA 2/08 n° 107).

2. Les **cinémas** : la cour d'appel de Paris a considéré que l'étendue de travaux qu'il y aurait lieu de faire pour transformer la salle de cinéma en salle de spectacles serait considérable et fort coûteuse (CA Paris 29-1-2003 n° 01-984, 16e ch. A : Gaz. Pal. 2003 jur. p. 19 obs. Ph.-H. Brault, Administrer mai 2003 p. 25 obs. B. Bocarra et D. Lipman-Bocarra confirmé par Cass. 3e civ. 29-9-2004 n° 940 F-PB : RJDA 12/04 n° 1303, AJDI 2005 p. 300 note M.-P. Dumont ; voir aussi Cass. 3e civ. 10-11-1987 n° 86-14.766 : Bull. civ. III n° 185).

3. Les **salles de spectacles** (Cass. 3e civ. 3-12-2003 n° 1351 FS-PB : RJDA 3/04 n° 279, AJDI 2004 p. 284 note M.-P. Dumont ; CA Paris 8-1-1999 n° 96-20994, 16e ch. B : Loyers et copr. 1999 comm. n° 125 note Ph.-H. Brault et C. Mutelet).

4. Les **hôtels** : voir n° 39410.

c. Locaux susceptibles d'être monovalents

Pour d'autres activités nécessitant des aménagements moins spécifiques, la monovalence ne peut résulter que d'un examen approfondi du cas d'espèce. On notera toutefois la tendance des tribunaux à faire prévaloir le critère économique du coût de la transformation sur toute autre considération. 55090

GARAGE

Les locaux à usage de garage-hôtel ayant pour activité principale la location de places de stationnement sont en général considérés comme monovalents, dans la mesure où les emplacements sont répartis sur plusieurs niveaux et reliés par une rampe d'accès, ce qui rend leur transformation d'un coût prohibitif (CA Paris 9-1-1997 n° 95-20146, 16e ch. B : Rev. Loyers 1998 p. 134 note Ph.-H. Brault et C. Mutelet ; CA Paris 4-10-2000 n° 99-12904 : Rev. Loyers 2000 p. 539). 55095

En revanche, les garages proprement dits exploités par les concessionnaires automobiles qui vendent des voitures et effectuent des réparations sont structurellement proches des locaux commerciaux classiques et peuvent changer d'affectation pour un coût raisonnable (CA Paris 19-2-2014 n° 12/09097, ch. 5-3), même lorsqu'ils comportent une rampe d'accès (CA Paris 28-11-2001 n° 99-20455, 16e ch. A : Juris-Data n° 2002.175806 ; CA Lyon 15-3-2007, 6e ch. civ., F. c/ Sté Garage Fulchiron : Gaz. Pal. 29-12-2007 p. 25 ; CA Versailles 8-10-2020 n° 19-00409, 12e ch.), ainsi qu'un espace de graissage avec fosse adaptée et cabine de peinture de carrosserie (Cass. 3e civ. 10-11-2010 n° 09-16.783 FS-PB : RJDA 3/11 n° 223).

On relèvera toutefois un arrêt qui a retenu la monovalence d'un garage automobile au motif notamment de la résistance insuffisante des sols pour un grand nombre d'activités commerciales qui nécessiterait des travaux de renforcement pour changer l'affectation des lieux (CA Paris 24-11-2010 n° 09/07109, ch. 5-3).

BAINS-DOUCHES

Des locaux à usage de bains-douches ont été reconnus monovalents, dès lors qu'ils avaient été structurés dès l'origine à cet usage et que le coût des travaux nécessaires pour rendre les lieux adaptés à l'exercice d'une autre activité était important (CA Paris 24-10-2007, 16e ch. A : Juris-Data n° 2007-346421). 55097

BRASSERIE, RESTAURANT

En l'absence d'aménagements structurels lourds de gros œuvre sur les volumes, la distribution interne et (ou) les aménagements intérieurs, la monovalence a été refusée à un local à usage de brasserie comportant trois corps de bâtiments distincts et différents, en dépit de la façade alsacienne typée de l'un des bâtiments donnant sur la rue Saint-Lazare. Il a en outre été relevé que cette façade n'interdisait pas l'exploitation d'un autre commerce moyennant des aménagements dont le coût chiffré à 2 000 000 de francs par l'expert judiciaire apparaissait raisonnable, puisqu'il correspondait à un tiers du chiffre d'affaires du locataire (CA Paris 12-10-1995 n° 93-26712, 16e ch. B : Loyers et copr. 1996 comm. n° 31 note Ph.-H. Brault, confirmé par Cass. 3e civ. 7-1-1998 : RJDA 3/98 n° 269). Cet arrêt peut être utilement rapproché de la solution retenue ci-dessous par la Cour de cassation concernant un grand magasin. 55100

GRAND MAGASIN

Dans un cas où un immeuble appartenant pour partie à la société preneuse et pour partie au bailleur avait été reconstruit en 1949 en vue d'une seule utilisation de grand magasin, la Cour de cassation a jugé que les critères de la monovalence étaient remplis, dès lors que, d'une part, les lieux loués constituaient un élément structurellement dépendant d'un tout indissociable permettant une unicité d'exploitation et, d'autre part, le changement d'affectation nécessitait des travaux de séparation entre les deux héritages d'un coût important avoisinant la valeur de l'immeuble (Cass. 3e civ. 8-2-2006 n° 169 FS-PB : RJDA 5/06 n° 513). 55102

La Cour de cassation a ainsi fait prévaloir la conception purement matérielle de la monovalence qui résulte ici de l'unicité structurelle d'un immeuble appartenant à deux propriétaires, sur le critère de la spécificité de l'usage.

COLLÈGE PRIVÉ

La monovalence a été refusée à des locaux loués pour une activité de collège privé, dans la mesure où il n'était pas démontré que ces locaux ne pourraient être utilisés comme agence de voyages, bureaux ou banque, qu'avec des travaux de transformation profonde (CA Paris 8-11-2007, 16e ch. B : Loyers et copr. 2008 comm. n° 13). 55103

HALLES/MARCHÉS

55105 La monovalence a été reconnue à une cellule commerciale à usage de boulangerie située sous les halles de Dinard. En effet, les nouvelles halles, destinées exclusivement au commerce de bouche, sont constituées d'emplacements matérialisés par des étals brut de béton qui ont été aménagés par les commerçants. Il ne peut être envisagé de modifier les lieux d'une seule cellule pour prévoir une autre utilisation qu'un commerce de bouche et les halles ne pourraient être utilisées pour une autre destination que si l'ensemble des cellules était modifié, ce qui entraînerait la mise en œuvre de travaux importants et coûteux (CA Rennes 6-6-2012 n° 10/09268, 5e ch.).

En revanche, la monovalence d'un stand au sein du marché aux puces de Saint-Ouen a été refusée aux motifs que le bailleur ne peut pas se fonder sur les caractéristiques de l'activité économique du marché pour soutenir qu'une transformation des locaux loués devait entraîner celle de tout l'ensemble pour des frais considérables, la modification des seuls locaux loués pour une utilisation autre que celle spécifique de commerce d'antiquités, pouvant, compte tenu de la configuration du stand et de sa construction sommaire, s'envisager sans travaux ou transformations coûteux (CA Paris 13-1-2016 n° 13/24576 : Loyers et copr. 2016 comm. n° 150).

SALLES DE SPORT

55106 Ne sont pas monovalents des locaux aménagés en club de sports et studios de musique, pour une surface de près de 2 300 m² se répartissant sur trois niveaux, compte tenu des éléments suivants :

– les grandes salles de cours, de cardio-training et de musculation ne sont équipées que de matériels qu'il est facile d'enlever pour affecter les salles à d'autres activités (salles d'exposition ou de conférences, show-room, agence de publicité, galerie d'art, etc.) ;

– s'agissant des aménagements spécifiques, la piscine a été couverte et son plancher est celui d'une salle de musculation, les salles de squash sont susceptibles d'être affectées à d'autres activités sans modification de structures après enlèvement des revêtements de fond de cours, les vestiaires et sanitaires sont utiles pour toute activité, les saunas sont démontables et les studios de musique ont pour seule spécificité d'être insonorisés, ce qui ne peut pas faire obstacle à leur utilisation dans le cadre d'autres activités ;

– l'installation de locaux est plus onéreuse que la suppression de ces équipements ;

– le coût de la destruction des aménagements spécifiques à l'activité de sport et de la remise en état des lieux que nécessiteraient de nouvelles destinations, nécessairement limitées par la superficie exceptionnelle des locaux loués, est raisonnable (CA Paris 5-9-2012 n° 10/14720, ch. 5-3 : RJDA 12/12 n° 1051).

SECTION 3

LIMITATION DES HAUSSES DE LOYER DUES AU DÉPLAFONNEMENT

55200 C'est une des principales innovations de la loi 2014-626 du 18 juin 2014. Dans un souci de protection du locataire et un contexte de crise économique persistante et d'interventionnisme étatique, le législateur a instauré un verrou supplémentaire à l'application de la valeur locative. L'**article L 145-34** du Code de commerce est désormais complété par un **alinéa 4** instaurant une limitation annuelle de 10 % à l'augmentation du loyer découlant du déplafonnement. Ce nouveau dispositif a été validé par le Conseil constitutionnel (Cons. const. 7-5-2020 n° 2020-837 QPC : RJDA 10/20 n° 473).

A. Champ d'application du lissage du déplafonnement

APPLICATION DANS LE TEMPS DU LISSAGE DU DÉPLAFONNEMENT

La limitation des augmentations de loyer s'applique aux **baux conclus ou renouvelés à compter du 1er septembre 2014** (Loi 2014-626 du 18-6-2014 art. 21, II). Elle a donc vocation à régir les baux dont la date d'effet d'une demande de renouvellement ou d'un congé avec offre de renouvellement est intervenue au 1er septembre 2014. En revanche devront être exclus les baux dont la date d'effet de la demande de renouvellement ou du congé est antérieure au 1er septembre 2014, quand bien même le loyer ne serait pas définitivement fixé à cette date. 55210

> Précisions Un auteur a toutefois défendu la thèse contraire en faisant valoir que tant que le loyer n'a pas été fixé par le juge, le bail n'est pas définitivement renouvelé et qu'en conséquence il devrait être soumis à la règle de limitation (J.-D. Barbier, Application de la loi du 18 juin 2014 dans le temps : Gaz. Pal. 8-9 août 2014 p. 47). On objectera toutefois que le moment auquel les parties ou le juge ont fixé le loyer de renouvellement n'a aucune incidence sur la date du bail renouvelé. Si le congé avec offre de renouvellement a pris effet le 30 juin 2014 et que le loyer du bail renouvelé n'a été définitivement fixé que le 1er mai 2016, le bail n'en reste pas moins renouvelé à compter du 1er juillet 2014. Or la législation vise la date du bail renouvelé (bail renouvelé au 1er septembre 2014) et non la date à laquelle le consentement des parties sur le nouveau loyer a eu lieu.
Les premières **décisions des juridictions du fond** ont retenu la date d'effet du bail renouvelé et non celle à laquelle le juge statue (CA Paris 2-12-2015 n° 14/09224 : Loyers et copr. 2016 comm. n° 151 obs. Ph.-H. Brault ; CA Poitiers 23-2-2016 n° 15/01293 : Loyers et copr. 2016 comm. n° 201, obs. Ph.-H. Brault). De manière assez surprenante, une décision a par ailleurs admis que les nouvelles dispositions de l'article L 145-34 du Code de commerce s'appliquaient à une procédure en cours, dès lors que le bail était renouvelé postérieurement au 1er septembre 2014 (CA Bordeaux ord. réf. 2-7-2015, n° 15-00079 : Loyers et copr. 2016 comm. n° 206 obs. Ph.-H. Brault).
On relèvera également un arrêt de la cour d'appel d'Agen qui, opérant une distinction entre le bail en cours de renouvellement et le bail définitivement renouvelé, fait application de la loi du 18 juin 2014 à un bail dont le renouvellement a pris effet le 1er juillet 2013, mais qui n'était pas encore définitivement renouvelé au 1er septembre 2014, le jugement et l'expiration du délai d'appel étant postérieurs à cette date (CA Agen 16-11-2016 n° 15/01619 : Loyers et copr. 2017 comm. n° 81). Ces premières dissonances jurisprudentielles appellent à une harmonisation de la Cour de cassation.

DÉPLAFONNEMENTS CONCERNÉS PAR LE LISSAGE

L'article L 145-34 alinéa 4 du Code de commerce limite l'augmentation découlant de la fixation du loyer déplafonné uniquement dans les deux cas suivants : 55215

– Lorsque le loyer est déplafonné à raison d'une **modification notable** des éléments mentionnés aux articles 1° à 4° de l'article L 145-33 du Code de commerce, qui constituent avec le prix les éléments constitutifs de la valeur locative. La limitation posée par la loi Pinel devra ainsi s'appliquer si le loyer est déplafonné à raison d'une modification des facteurs locaux de commercialité ;

– S'il est fait exception aux règles du plafonnement par suite d'une **clause** du contrat relative à la **durée** du bail. Sont ici visés les baux conclus pour une durée supérieure à neuf ans qui sont déplafonnés de plein droit en application des dispositions de l'article L 145-34. Pour les baux conclus initialement pour neuf ans qui échappent au plafonnement à raison d'une prolongation tacite de leur durée conventionnelle au-delà de douze ans, voir n° 55225.

Cas particuliers Des difficultés d'interprétation ne manqueront pas toutefois de se poser lorsqu'il existera **plusieurs causes de déplafonnement,** dont l'une relèvera du champ d'application de l'article L 145-34, alinéa 4. Tel sera le cas, par exemple, pour un bail portant sur un local monovalent ou à usage exclusif de bureau conclu pour une durée supérieure à neuf ans. La question s'est déjà posée sur le terrain du mode de détermination du loyer, à propos d'un bail à usage de cinéma qui s'était prolongé pour une durée supérieure à douze ans. La Cour de cassation a jugé que « la seule monovalence des lieux loués justifie l'application de l'article 23-8 du décret du 30 septembre 1953 [désormais art. R 145-10], même s'il existe d'autres causes de déplafonnement du loyer du bail renouvelé tenant notamment à la durée de celui-ci (Cass. 3e civ. 29-9-2004 n° 03-13.624 PB : RJDA 12/04 n° 1303). Il n'est toutefois pas certain que cette solution puisse être transposée mutatis mutandis, car il ne s'agit pas de déterminer une valeur locative, mais de limiter les augmentations du loyer dues au déplafonnement. 55220

La question sera encore plus délicate à trancher pour les baux des boutiques conclus pour une durée excédant neuf ans mais comportant une **clause spécifique de fixation du loyer,** par exemple à la valeur locative du marché. Le juge fera-t-il prévaloir l'autonomie de la volonté des parties, comme en matière de loyer variable, sur la règle statutaire de protection du locataire ?

CAS D'EXCLUSION DU LISSAGE DU DÉPLAFONNEMENT

55225 La règle de limitation ne s'applique pas aux baux des **locaux monovalents** (C. com. art. R 145-10), des locaux à usage exclusif de **bureau** (C. com. art. R 145-11) et des **terrains nus** (C. com. art. R 145-9) qui obéissent à un régime autonome de fixation de loyer.

Par ailleurs, elle ne s'applique pas en cas de fixation du **loyer** du bail renouvelé à un montant inférieur au loyer en cours.

De même, le cas du déplafonnement du loyer pour tacite prolongation du bail pendant une **durée supérieure à douze ans** ne bénéficie pas du mécanisme de lissage de l'augmentation du loyer déplafonné (TGI Paris 5-5-2017 n° 14/10431 : RJDA 1/18 n° 8). La solution paraît logique car on ne voit pas comment la limitation par paliers pourrait s'appliquer aux baux tacitement prolongés, alors que la loi vise exclusivement les baux échappant « au plafonnement par suite d'une clause du contrat relative à la durée du bail ».

Le lissage n'est pas non plus applicable à l'**indemnité d'occupation** due entre la date du bail expiré et la date d'exercice du droit de repentir (CA Versailles 26-6-2018 n° 17/00354).

Enfin, les dispositions de l'article L 145-34 n'étant pas d'ordre public, les **parties** peuvent **convenir de ne pas appliquer** la règle de limitation des augmentations (Cass. 3e civ. avis 9-3-2018 n° 17-70.040 PB : RJDA 10/18 n° 708).

B. Paliers d'augmentation de 10 %

ÉLÉMENTS DE CALCUL DES PALIERS D'AUGMENTATION

55240 Aux termes de l'article L 145-34, alinéa 4 du Code de commerce, « la variation de loyer qui découle [du déplafonnement] ne peut conduire à des augmentations supérieures, pour une année, à 10 % du **loyer acquitté** au cours de l'année précédente. »

L'emploi du mot « acquitté » n'est pas exempt d'ambiguïté car, dans son acception courante, il renvoie au loyer effectivement payé. Mais ce n'est à l'évidence pas l'intention du législateur. Le loyer acquitté doit être compris ici au sens d'acquitter sa dette. C'est donc le loyer dû en vertu du bail qui doit être pris en considération.

55242 On a pu se demander si le seuil de 10 % devrait s'appliquer, de façon constante et sur toute la durée du bail, au seul loyer de l'année précédant le renouvellement, ce qui allongerait considérablement le délai pour atteindre le loyer fixé par le juge.

Le texte ne semble pas toutefois sujet à interprétation dans la mesure où il précise sans aucune restriction que chaque année, le seuil d'augmentation ne peut dépasser « 10 % du loyer acquitté **au cours de l'année précédente** ». Le seuil de 10 % s'applique donc nécessairement sur le palier de loyer de l'année précédente (Ph.-H. Brault, L'augmentation par paliers de 10 % des loyers fixés en révision ou en renouvellement selon la valeur locative : Loyers et copr. sept. 2014 dossier Loi du 18 juin 2014 n° 7).

Par un avis remarqué du 9 mars 2018, la Cour de cassation confirme cette analyse en considérant que l'augmentation du loyer déplafonné s'opère chaque année par une majoration non modulable de 10 % du loyer de l'année précédente, sauf lorsque la différence entre la valeur locative restant à atteindre et le loyer de cette année est inférieure à ce taux (Cass. 3e civ. avis 9-3-2018 n° 17-70.040 PB : RJDA 10/18 n° 708).

EXEMPLE

Si le loyer précédant le renouvellement est de 50 000 € et si le loyer déplafonné fixé par le juge est de 90 000 €, le calcul s'établira ainsi :
– Année 1 : 55 000 €
– Année 2 : 60 500 €
– Année 3 : 66 550 €
– Année 4 : 73 205 €
– Année 5 : 80 525,50 €
– Année 6 : 88 578,05 €
– Année 7 : 90 000 €.
Le loyer déplafonné sera ainsi atteint seulement à la septième année du bail. Si le loyer déplafonné avait été de 115 000 €, il n'aurait jamais été versé au cours du bail.

Elle a également précisé que ce dispositif était distinct de celui de la fixation du loyer, de sorte qu'il revient aux parties, et non au juge des loyers commerciaux, d'**établir l'échéancier** de l'augmentation progressive du loyer que le bailleur est en droit de percevoir (Cass. 3e civ. avis 9-3-2018 n° 17-70.040 précité ; Cass. 3e civ. 25-1-2023 n° 21-21.943 FS-B : RJDA 5/23 n° 243). Les juges du fond se sont inscrits dans la ligne de cette prescription (CA Aix-en-Provence 14-9-2023 n° 22/08073 ; CA Douai 16-3-2023 n° 22/02391 : Administrer avril 2023 p. 28 obs. Panepinto).

Difficulté d'interprétation Comment s'appliquera l'étalement du loyer par paliers de 10 %, lorsque le **loyer** fixé par le juge n'aura **pas** été **atteint à l'expiration du bail** ? Le preneur devra-t-il continuer à régler les paliers de 10 % dus au titre du bail précédent dans le cadre du bail renouvelé ? **55245**

Une première réponse semble être dictée par les dispositions du 1er alinéa de l'article L 145-34 selon lesquelles le calcul du plafonnement s'effectue sur « la fixation initiale du loyer du bail expiré ». Le loyer du bail à renouveler s'applique donc nécessairement sur le montant du loyer déplafonné fixé initialement par le juge au titre du bail expiré. Si par exemple, le loyer atteint la neuvième année est de 90 000 €, alors que le loyer déplafonné fixé par le juge était de 120 000 €, le plafonnement sera calculé non pas sur 90 000 €, mais sur le loyer fixé initialement soit 120 000 €, ce qui en pratique permettra le « rattrapage » du loyer déplafonné la dixième année.

Toutefois, cette solution n'est valable que pour les baux à renouveler qui auraient été déplafonnés lors du précédent renouvellement et qui bénéficient à nouveau de la règle du plafonnement et dont la valeur locative ne sera pas inférieure au loyer plafond. En revanche, pour les baux déplafonnés de plein droit en raison de leur durée, le « rattrapage » ne pourra pas avoir lieu puisque le bail renouvelé est un nouveau bail dont le loyer doit correspondre à la valeur locative. C'est donc cette valeur locative qui s'appliquera au bail à renouveler, qu'elle soit inférieure au loyer initial ou supérieure mais, dans ce cas, avec à nouveau l'application des paliers de 10 %.

L'équilibre économique paraît avoir nettement été rompu au détriment du bailleur.

INCIDENCE DU LISSAGE SUR L'APPLICATION DE LA CLAUSE D'INDEXATION

La limitation annuelle des augmentations résultant du loyer déplafonné ne devrait pas faire obstacle à l'application de la clause d'échelle mobile stipulée dans le bail. L'alinéa 4 de l'article L 145-34 vise en effet les augmentations découlant du loyer déplafonné. La limitation de 10 % s'applique ainsi uniquement sur le loyer déplafonné et laisse donc hors champ le jeu de la clause d'échelle mobile. **55250**

À la question de savoir sur quel **loyer de base** la clause d'échelle mobile devra s'appliquer, il existe deux méthodes possibles.

La plus simple consiste à appliquer la variation indiciaire sur chaque nouveau palier (en ce sens, J.-D. Barbier, Gaz. Pal. 8-9 août 2014, Dossier). Dans le cas d'un loyer précédant le renouvellement de 50 000 €, d'un loyer déplafonné de 90 000 € au 1er janvier 2025, et d'une variation indiciaire de 2 %, le calcul s'établira de la façon suivante :

(50 000 € × 10 %) = 55 000 € × 2 % = 56 100 €.

Cette interprétation paraît toutefois contraire aux dispositions de l'article L 145-39 du Code de commerce qui fonde la légalité de la clause d'indexation et selon lequel le seuil de 25 % s'applique « par rapport au prix précédemment fixé contractuellement ou par décision judiciaire ». Or, au cas d'espèce, le « loyer précédemment fixé » n'est pas la limitation de 10 % mais le loyer déplafonné fixé par le juge. C'est donc sur ce loyer que devrait s'appliquer la clause d'indexation.

On a pu comparer le plafonnement de 10 % par an à un mécanisme de loyers à paliers. Mais, en réalité, ce n'est nullement le cas car, contrairement aux loyers s'appliquant par paliers progressifs, il existe, dans le système de la limitation légale de 10 %, un loyer de base correspondant au loyer déplafonné fixé par le juge ; la règle de 10 % a seulement pour effet de lisser dans le temps les augmentations qui en résultent. Il est donc logique que la clause d'indexation s'applique sur le montant du loyer de base.

Si on se réfère à l'exemple précédent, le calcul s'établirait ainsi :

(50 000 × 10 %) = 55 000 + 1 800 € (90 000 € × 2 %) = 56 800 €.

Mise en œuvre de la révision triennale légale Le raisonnement est le même que pour la clause d'indexation. Il résulte en effet des dispositions de l'article L 145-38 du Code de commerce que la majoration ou la diminution du loyer ne peut excéder la variation indiciaire intervenue depuis la dernière fixation amiable ou judiciaire du loyer. **55255**

C'est donc sur le loyer initial déplafonné fixé par le juge que devrait s'appliquer la première révision triennale légale, la règle de 10 % ayant pour seul effet de limiter l'augmentation résultant du loyer déplafonné.

SECTION 4 INTANGIBILITÉ DU LOYER VARIABLE

55300 Le loyer binaire comportant une partie fixe et une partie variable (encore dénommée clause-recettes), calculée le plus souvent en fonction d'un pourcentage sur le chiffre d'affaires du locataire, est une technique de détermination du loyer inspirée des usages en matière de locaux monovalents, notamment les baux hôteliers. Cette méthode a été adoptée et aménagée par les promoteurs de centres commerciaux dans les années soixante, afin d'associer le locataire et le bailleur aux aléas de cette nouvelle forme de distribution. La pratique du loyer variable se rencontre aussi dans les baux des centres-villes, aux meilleurs emplacements.

Lors du renouvellement du bail, un conflit peut surgir entre les parties, lorsque l'évolution du chiffre d'affaires du locataire n'a pas permis de dépasser le loyer minimum garanti et que celui-ci s'avère inférieur aux loyers constatés dans le centre commercial. Cette question est étudiée nos 7030 s.

OBLIGATIONS DU BAILLEUR

SOMMAIRE

OBLIGATIONS GÉNÉRALES ET AMÉNAGEMENTS CONVENTIONNELS

Même **en l'absence de stipulations particulières du bail,** le bailleur est obligé, par la nature du contrat, de délivrer au locataire la chose louée, de l'entretenir en état de servir à l'usage pour lequel elle a été louée et d'en faire jouir paisiblement le preneur pendant la durée du bail (C. civ. art. 1719, 1° à 3°). 57000

En pratique, la stipulation de **clauses limitatives ou exonératoires** de ces obligations est très fréquente.

De telles clauses sont réputées non écrites lorsqu'elles **privent de leur substance l'une des obligations essentielles du bailleur** (C. civ. art. 1170 ; Cass. 3e civ. 22-10-1996 n° 93-18.632 PB : RJDA 1/97 n° 6, rendu dans un domaine différent mais transposable aux rapports locatifs ; Cass. com. 31-5-2011 n° 10-13.633 F-D : RJDA 10/11 n° 771, rendu en matière de location de matériel mais transposable au bail commercial).

En outre, depuis le 1er octobre 2016, elles encourent la même sanction lorsqu'elles créent un **déséquilibre significatif** entre les droits et obligations des parties dans un **contrat d'adhésion** (C. civ. art. 1171). Si le bail constitue un contrat d'adhésion (n° 18864), le bailleur ne peut pas s'exonérer de certaines de ses obligations de manière trop déséquilibrée.

Lorsque les **clauses** limitatives ou exonératoires sont **reconnues valides,** elles sont toujours interprétées restrictivement. Il importe donc de faire preuve de vigilance : le bailleur ne doit pas se méprendre sur la portée effective des clauses ainsi stipulées et le preneur ne doit pas nécessairement se fier au libellé de ces dernières.

> Précisions a. En matière de **baux d'habitation conclus par un consommateur,** les clauses créant un déséquilibre entre les droits et obligations du bailleur et du locataire sont également non écrites sur le fondement de l'article L 212-1 du Code de la consommation (clauses dites « abusives »). En ce domaine, la Commission des clauses abusives a recommandé que soient

éliminées les clauses ayant pour objet ou pour effet (Recommandation 2000-01) :
– d'interdire au locataire, par des clauses non limitatives de renonciation, tout recours contre le bailleur ;
– d'interdire au locataire de rechercher la responsabilité du bailleur en raison d'un défaut d'entretien de l'immeuble, de la vétusté ou de la dangerosité des éléments installés ;
– d'interdire au locataire de rechercher la responsabilité du bailleur en cas de destruction totale des lieux loués ;
– d'exonérer le bailleur de sa responsabilité lorsque le contrat impose au locataire de remettre ses clefs, en cas d'absence, à une personne qu'il n'a pas lui-même librement choisie ;
– d'exonérer, dans tous les cas, le bailleur de sa responsabilité pour les troubles, dommages ou actes délictueux causés par les colocataires occupants de l'immeuble ou par les tiers.

À notre avis, les mêmes clauses devraient être éliminées en matière de baux commerciaux.

b. Sur l'effet d'une **clause réputée non écrite,** voir nos 22155 s.

SECTION 1

OBLIGATION DU BAILLEUR D'INFORMER LE PRENEUR

INFORMATION PRÉCONTRACTUELLE

57005 Le devoir précontractuel d'information à la charge du bailleur est étudié nos 18000 s.

INFORMATIONS ENVIRONNEMENTALES

57010 Le Code de l'environnement met à la charge des bailleurs, **lors de la signature du bail,** l'obligation de fournir à leurs locataires une information relative à l'existence de certains risques environnementaux. Ces obligations d'information s'appliquent au bail commercial, qu'il porte sur des locaux principaux ou accessoires, tout comme au bail mixte (commercial et d'habitation), dès lors que les textes évoquent « le bailleur » sans aucune précision ou visent le bail commercial.

CONSEIL

Compte tenu des nombreuses incertitudes qui demeurent à la lecture du dispositif, il semble qu'il faille, en l'état, recommander au bailleur de respecter cette obligation d'information **lors du renouvellement** du bail.

L'obligation de remettre au locataire un état des risques s'applique aux baux commerciaux mentionnés par les articles L 145-1 et L 145-2 du Code de commerce (C. envir. art. L 125-5, II-al. 3). Elle ne s'applique pas aux **baux dérogatoires** régis par l'article L 145-5 du Code de commerce, cet article n'étant pas visé. Par suite, aucune sanction n'est encourue du fait de la non-remise d'un état des risques lors de la conclusion d'un tel bail dérogatoire (CA Paris 17-10-2018 n° 17/00501 : RJDA 6/19 n° 409).

57015 **Remise au locataire d'un état des risques** Les locataires de biens immobiliers situés dans des **zones** couvertes par un plan de prévention des risques technologiques, par un plan de prévention des risques miniers ou par un plan de prévention des risques naturels prévisibles, prescrit ou approuvé, dans des zones de sismicité ou dans des zones à potentiel radon ou dans une zone susceptible d'être atteinte par le recul du trait de côte ou encore de biens immobiliers assujettis à des obligations de débroussaillement et de maintien en l'état débroussaillé sont informés par le bailleur de l'existence de ces risques ou de ces obligations (C. envir. art. L 125-5, I modifié en dernier lieu par loi 2023-580 du 10-7-2023 ; art. R 125-23 modifié en dernier lieu par décret 2024-405 du 29-4-2024).

À cette fin, un **état des risques** doit être fourni au potentiel locataire par le bailleur lors de la première visite de l'immeuble, si une telle visite a lieu (C. envir. art. L 125-5, II-al. 2). Puis, lors de la conclusion du bail, l'état des risques doit être annexé au contrat (C. envir. art. L 125-5, II-al. 3). Il doit être établi moins de six mois avant la date de la première visite de l'immeuble et actualisé si les informations qu'il contient ne sont plus exactes à la date de signature du contrat de bail (C. envir. art. R 125-25, II). L'état des risques est établi selon un modèle de document disponible sur internet (notamment, www.georisques.gouv.fr), sur la base d'informations mises à disposition par le préfet du département du lieu de situation du bien.

Cette obligation concerne les **biens immobiliers,** qu'il s'agisse de terrains nus ou d'immeubles bâtis, **situés** (C. envir. art. R 125-23 modifié en dernier lieu par décret 2024-405 du 29-4-2024) :

– dans le périmètre d'exposition aux risques délimité par un plan de prévention des risques technologiques (PPRT) approuvé ;

– dans une zone exposée aux risques délimitée par un plan de prévention des risques naturels prévisibles (PPRNP) approuvé ou dont certaines dispositions ont été rendues immédiatement opposables en application de l'article L 562-2 du Code de l'environnement ;

– dans le périmètre mis à l'étude dans le cadre de l'élaboration d'un plan de prévention des risques technologiques ou d'un plan de prévention des risques naturels prévisibles prescrit ;

– dans une des zones de sismicité 2, 3, 4 ou 5 mentionnées à l'article R 563-4 du Code de l'environnement ;

– dans une zone exposée aux risques délimitée par un plan de prévention des risques miniers approuvé ou dont certaines dispositions ont été rendues immédiatement opposables en application de l'article L 562-2 du Code de l'environnement ;

– dans les zones à potentiel radon de niveau 3 définies à l'article R 1333-29 du Code de la santé publique ;

– dans une des zones exposées au recul du trait de côte délimitées par un plan local d'urbanisme, un document en tenant lieu ou une carte communale ou déterminées par une carte de préfiguration ;

– dans les zones assujetties à des obligations de débroussaillement et de maintien en l'état débroussaillé en application de l'article L 134-6 du Code forestier.

> **Précisions** **a.** Le **PPRT** détermine un périmètre autour d'installations classées présentant un risque élevé à l'intérieur duquel d'importantes servitudes d'urbanisme peuvent être édictées
> **b.** Le **PPRNP,** établi par arrêté préfectoral, détermine le périmètre à l'intérieur duquel un état des risques est nécessaire, les risques à prendre en compte, les services instructeurs, la liste des personnes associées et les modalités de cette association (C. envir. art. R 515-40). C'est le cas par exemple des zones submersibles ou inondables, des zones endiguées. Ce plan est annexé au plan local d'urbanisme (PLU) (C. envir. art. L 515-23).
> **c.** L'obligation de remise par le bailleur d'un état des risques naturels et technologiques s'applique même si l'immeuble se situe **en dehors d'une zone à risques** (CA Paris 2-10-2013 n° 11/20383).
> **d.** L'exigence de fourniture de l'état des risques n'est pas applicable aux **baux conclus avant** l'entrée en vigueur de la **loi du 12 juillet 2010** ayant étendu cette obligation aux baux commerciaux (CA Chambéry 15-10-2013 n° 12/01334).
> **e.** L'information sur l'**obligation de débroussailler** ou de maintenir en l'état débroussaillé, entrée en vigueur le 1er janvier 2025, est intégrée dans l'état des risques et prend la forme d'une fiche d'information disponible sur le site www.georisques.gouv.fr (C. envir. art. R 125-24 dans sa rédaction issue du décret 2024-405 du 29-4-2024).

Sanctions du défaut de remise au locataire d'un état des risques Lorsque l'état des risques n'a pas été établi et n'a pas été communiqué au locataire, celui-ci peut poursuivre la résolution du bail ou demander au juge une diminution du loyer (C. envir. art. L 125-5, V). **57017**

Le **manquement** à l'obligation de remise de l'état des risques ne peut pas être **régularisé** par le bailleur : une remise tardive ne vaut pas renonciation du locataire à se prévaloir de l'irrégularité commise lors de la conclusion du bail (CA Paris 2-10-2013 n° 11/20383 : condamnation du bailleur à verser au locataire une indemnité égale à 3 % des loyers payés).

Cependant, les tribunaux n'appliquent pas uniformément la sanction de **la résolution du bail ou** de la **diminution du loyer** prévue par le Code de l'environnement.

Certains juges estiment qu'il ne suffit pas au locataire d'invoquer l'absence d'état des risques pour obtenir automatiquement une diminution du loyer ou la résolution du bail, mais qu'il doit également prouver que ce manquement est suffisamment grave ou qu'il lui crée un préjudice (CA Nîmes 24-5-2012 n° 11/02158 ; CA Paris 9-1-2013 n° 10/22583). Ainsi, la cour d'appel de Toulouse a jugé que, faute de préjudice, l'absence d'état des risques n'entraîne pas la résiliation du bail ni de restitution. Il doit cependant être relevé que dans cette espèce le bailleur avait produit en cours d'instance l'état des risques naturels, miniers et technologiques qu'il avait fait établir antérieurement à la signature du bail (CA Toulouse 17-3-2021 n° 18/04865 : RJDA 3/22 n° 135).

À l'inverse, la cour d'appel de Versailles a prononcé la résolution du contrat aux torts du bailleur après que son locataire, qui n'avait jamais pris possession des locaux, avait demandé la résolution du bail du fait de l'absence de communication d'un état des risques naturels et technologiques de moins de six mois lors de la conclusion du contrat. La cour d'appel de Versailles a considéré que le locataire était en droit de demander la résolution du bail sans avoir à justifier d'un quelconque préjudice (CA Versailles 15-1-2019 n° 16/07715). Cette décision a été censurée par la Cour de cassation, qui a reproché à la cour d'appel de ne pas avoir vérifié si le manquement imputé au bailleur était d'une gravité suffisante pour justifier la résiliation du contrat de location (Cass. 3e civ. 10-9-2020 n° 19-13.760 F-D). Cependant, statuant sur renvoi après cassation, la cour d'appel de Paris résiste à la jurisprudence de la Cour de cassation en tranchant dans le même sens que la cour d'appel de Versailles (CA Paris 2-2-2022 n° 20/14673, Sté Galliéni Nanterre c/ Sté Pinon : RJDA 7/22 n° 393). Réitérant la solution retenue en 2020, la Haute Juridiction a cassé cet arrêt de la cour d'appel de Paris, considérant que l'absence de communication d'un état des risques datant de moins de six mois n'entraîne la résolution du bail que si le manquement imputé au bailleur est d'une gravité suffisante (Cass. 3e civ. 21-9-2023 n° 22-15.850 F-D : RJDA 1/24 n° 7). L'affaire est donc renvoyée une nouvelle fois devant la cour d'appel de Paris autrement composée. Si la cour d'appel devait à nouveau résister, un pourvoi, fondé sur les mêmes moyens, conduirait l'affaire devant l'assemblée plénière de la Cour de cassation qui pourrait trancher la question.

57020 **Existence de sinistres** Le bailleur doit aussi informer son locataire, dans l'état des risques, lorsque l'immeuble bâti a subi un sinistre ayant donné lieu au versement d'une indemnité au titre de la garantie nationale contre les effets des **catastrophes technologiques ou naturelles** constatées par arrêté interministériel, soit au profit du bailleur, soit au profit d'un précédent propriétaire, dans la mesure où il en a été lui-même informé (C. envir. art. L 125-5, IV). Cette exigence d'information ne concerne pas les seules communes visées à l'article L 125-5 du Code de l'environnement (n° 57015) mais toutes les communes ayant fait l'objet d'un arrêté de catastrophe (CA Bordeaux 22-5-2014 n° 13/04356). La liste des communes concernées peut être consultée sur internet (www.catnat.net).

À défaut d'information, le locataire peut poursuivre la résolution du contrat ou demander au juge une diminution du loyer (C. envir. art. L 125-5, V).

57025 **Risques de pollution des sols** Le bailleur doit indiquer par écrit au preneur si le **terrain** donné en location est **situé dans un « secteur d'information sur les sols »** (SIS) et lui communiquer les informations rendues publiques ; le bail doit attester de l'accomplissement de cette formalité (C. envir. art. L 125-7, al. 1) (L. Balzano et C. Billman, Les apports de la loi « Alur » dans le domaine des sites et sols pollués : RDI 2014 p. 432).

La liste des SIS publiés est disponible sur le site www.georisques.gouv.fr. Pour les zones où ils n'ont pas été définis, cette obligation d'information ne peut, en l'état, être respectée.

À défaut d'information écrite, et si une pollution rendant le terrain impropre à sa destination contractuelle (ou à l'usage envisagé au sens de l'article L 556-1 A du Code de l'environnement) est constatée dans un délai de deux ans après la découverte de la pollution, le locataire a le choix de poursuivre la résolution du contrat ou d'obtenir une réduction du loyer (C. envir. art. L 125-7, al. 2).

Si, nonobstant l'absence d'informations rendues publiques sur la pollution du terrain, celui-ci s'avère pollué, le locataire ne pourra pas invoquer le bénéfice de ces dispositions, mais seulement les garanties légales (obligation de délivrance ou garantie des vices cachés) ou un éventuel vice du consentement.

DIAGNOSTIC DE PERFORMANCE ÉNERGÉTIQUE

57030 Le diagnostic de performance énergétique (DPE) doit être établi **dès la mise en location** du bien puisque :

– d'une part, le classement du bien au regard de sa performance énergétique et de sa performance en matière d'émissions de gaz à effet de serre doit être mentionné dans les annonces relatives à la location d'un bien immobilier (CCH art. L 126-33 et CCH art. R 126-21 à R 126-25) ;

– d'autre part, le bailleur a l'obligation de tenir le diagnostic à la disposition du candidat locataire (CCH art. L 126-28).

Ces deux textes s'appliquent aux baux commerciaux dès lors que sont concernés des locaux susceptibles de faire l'objet d'un DPE, c'est-à-dire tout bâtiment ou partie de bâtiment clos et couvert, à l'exception notamment des constructions provisoires prévues pour une durée d'utilisation égale ou inférieure à deux ans, des bâtiments indépendants dont la surface de plancher au sens de l'article R 111-22 du Code de l'urbanisme est inférieure à 50 m^2 ou des bâtiments ou parties de bâtiments à usage agricole, artisanal ou industriel, autres que les locaux servant à l'habitation, dans lesquels le système de chauffage ou de refroidissement ou de production d'eau chaude pour l'occupation humaine produit une faible quantité d'énergie au regard de celle nécessaire aux activités économiques (CCH art. R 126-15). Le DPE doit être joint au contrat de location **au moment de sa conclusion,** sauf s'il s'agit d'une location saisonnière, et le locataire ne pourra pas se prévaloir à l'encontre du bailleur des recommandations accompagnant le diagnostic, qui n'ont qu'une valeur informative (CCH art. L 126-29).

L'article L 126-29 imposant expressément la communication du DPE lors de la conclusion du bail, cette obligation ne s'impose pas, à notre avis, en cas de **renouvellement** ou de tacite prolongation du bail.

Un DPE est spécifiquement prévu pour la vente et la location des **centres commerciaux** existants (Arrêté DEVL1220586A du 18-4-2012 : JO du 28 p. 7610). **57035**

Ce diagnostic porte sur les parties communes et privatives des centres commerciaux pourvues d'un mode commun de chauffage, de refroidissement ou de production d'eau chaude sanitaire, auxquelles des énergies communes sont délivrées par le gestionnaire de l'ensemble immobilier. En sont exclus les bâtiments (ou parties de bâtiments) devant garantir des conditions particulières de température, d'humidité ou de qualité de l'air ainsi que ceux destinés à rester ouverts sur l'extérieur.

Cas particulier des locaux à usage d'habitation Dès lors que le bail commercial porte en partie sur un local à usage d'habitation, le bailleur doit annexer au contrat un « **dossier** de diagnostic technique » comprenant, notamment, le DPE et le constat de risque d'exposition au plomb, lors de sa signature ou de son premier renouvellement (Loi 89-462 du 6-7-1989 art. 3-3 et décret 2008-461 du 15-5-2008 art. 5, I). La production du DPE est exigible pour les renouvellements de location survenant à une date postérieure à l'expiration du délai de validité du DPE fourni lors de la location initiale (Décret 2008-461 du 15-5-2008 art. 5, II). **57040**

Le dossier est complété, le cas échéant, à chaque changement de locataire, par l'état des risques (Loi 89-462 art. 3-3, al. 6).

AUTRES INFORMATIONS LÉGALES ET RÉGLEMENTAIRES

Production d'un état des lieux À chaque prise de possession par un locataire, un état des lieux doit être établi et joint au contrat de location (n°s 19005 s.). **57050**

Informations relatives aux charges, impôts et taxes Tout contrat de location, conclu ou renouvelé depuis le 5 novembre 2014 (Décret 2014-1317 du 3-11-2014 art. 8), doit comporter un **inventaire** précis et limitatif des catégories de « charges, impôts, taxes et redevances liés au bail » comportant leur répartition entre le bailleur et le locataire. En cours de bail, il incombe au bailleur d'informer le locataire des charges, impôts, taxes et redevances nouveaux (C. com. art. L 145-40-2). Sur cette question, voir n°s 12200 s. **57060**

Informations relatives aux travaux Lors de la conclusion du contrat de location puis tous les trois ans, le bailleur est tenu de communiquer au locataire les documents suivants (C. com. art. L 145-40-2, al. 2) : **57070**

- un **état prévisionnel** des travaux que le bailleur envisage de réaliser dans les trois années suivantes, assorti d'un budget prévisionnel ;
- un **état récapitulatif** des travaux que le bailleur a réalisés dans les trois années précédentes, en précisant leur coût.

Le bailleur doit transmettre ces documents au locataire dans un délai de deux mois à compter de chaque échéance triennale (C. com. art. R 145-37).

À la demande du locataire, le bailleur doit également communiquer tout document justifiant le **montant** de ces travaux (C. com. art. R 145-37).

Les dispositions de l'article L 145-40-2 relatives aux travaux sont d'ordre public, et toute **clause** contraire est réputée non écrite (application de l'art. L 145-15). En revanche, aucune **sanction** légale ou réglementaire spécifique n'est prévue en cas d'absence de transmission des documents ou de non-respect des délais prescrits.

> **Précisions** **a.** L'obligation d'informer le locataire sur les travaux est **applicable** aux contrats conclus ou renouvelés depuis le 5 novembre 2014 (Décret 2014-1317 du 3-11-2014 art. 8).
> **b.** Dans un **ensemble** immobilier **comportant plusieurs locataires** (par exemple, un centre commercial), le contrat doit préciser la répartition du coût des travaux entre les différents locataires occupants de l'immeuble. Ces dispositions sont étudiées n° 12935.

SECTION 2

OBLIGATION DE DÉLIVRANCE À LA CHARGE DU BAILLEUR

A. Étendue de l'obligation de délivrance

57200 Le bailleur est tenu, par la nature du contrat, et sans qu'il soit besoin d'aucune stipulation particulière, de délivrer les biens loués (C. civ. art. 1719, 1°).

DURÉE DE L'OBLIGATION DE DÉLIVRANCE

57210 Le bailleur est tenu de mettre à la disposition de son locataire un bien conforme à sa destination contractuelle tout au long de l'exécution du contrat (Cass. 3e civ. 10-9-2020 n° 18-21.890 F-D : RJDA 12/20 n° 629 ; Cass. 3e civ. 30-6-2021 n° 17-26.348 F-D), même en présence d'une clause de renonciation à l'encontre du bailleur de tout recours en cas d'humidité et d'une clause de prise en charge des gros travaux par le locataire (CA Aix-en-Provence 2-2-2017 n° 15/17278 : Rev. Loyers 2017 p. 120).

Il en résulte que le bailleur doit permettre au locataire d'**accéder aux locaux** loués pendant toute la durée du bail. Manque à son obligation le bailleur qui change en cours de bail la serrure du rideau métallique de l'entrée principale, interdisant au preneur tous accès aux lieux (Cass. 3e civ. 4-3-2021 n° 19-13.240 F-D : RJDA 6/21 n° 369).

Manque à son obligation de délivrer des **locaux propres à l'usage** auxquels ils sont destinés le bailleur qui, en cours de bail et après avoir découvert l'infestation par la mérule des locaux, y réalise pendant deux ans des travaux en vue de l'éradiquer (Cass. 3e civ. 27-2-2020 n° 18-20.865 : AJDI 2020 p. 326).

57212 Lorsqu'un **vice** est **apparu au cours du bail** et que seul le locataire a pu le constater, doit-il en informer le bailleur ? Oui, avait répondu la Cour de cassation en 2005 en jugeant que le locataire qui a attendu au moins huit ans avant d'avertir le bailleur de l'affaissement des planchers a commis une faute ayant contribué à la réalisation des désordres et peut donc être condamné à prendre en charge une partie de la remise en état de ces planchers (Cass. 3e civ. 9-2-2005 n° 03-19.609 : RJDA 5/05 n° 505). Solution qu'elle avait étendue en matière de bail d'habitation (Cass. 3e civ. 15-9-2010 n° 09-67.192 FS-PB : RJDA 11/10 n° 1047). Puis elle a répondu par la négative dans un arrêt isolé, jugeant qu'il appartenait au propriétaire, en exécution de son obligation de délivrance, de veiller de façon constante à l'entretien de son immeuble, et sans avoir même à être informé par son locataire de la nécessité de travaux à effectuer (Cass. 3e civ. 9-7-2020 n° 19-12.836 F-D). La Cour de cassation est revenue sur cette solution dans un arrêt rendu en formation de section et publié : lorsque le vice est apparu en cours de bail, il appartient au locataire de prévenir le bailleur pour pouvoir lui reprocher un manquement à ses obligations et notamment à son obligation de délivrance. En l'espèce, il n'était pas établi que le désordre affectant la charpente existait avant la conclusion du bail. En outre, le preneur n'avait informé le bailleur des difficultés liées à l'état de la charpente que deux ans après qu'il en avait eu connaissance (Cass. 3e civ. 13-10-2021 n° 20-19.278 FS-B : BPIM 6/21 inf. 398). Ainsi, si un vice apparaît en cours de bail, le preneur doit en informer le bailleur, lequel est tenu d'y remédier dans le cadre de son obligation de délivrance.

ILLUSTRATIONS

Une association sollicite l'indemnisation du trouble de jouissance qu'elle prétend avoir subi en invoquant l'absence de diligences des bailleurs afin de remédier aux conséquences d'un dégât des eaux.

Sa demande doit être rejetée, faute pour l'association d'avoir justifié de la déclaration du sinistre auprès de l'assureur et d'avoir produit une lettre de mise en demeure adressée au bailleur pour remédier aux désordres ; il n'était donc pas établi que ce sinistre avait été porté à la connaissance du bailleur et que celui-ci avait été mis en demeure d'en réparer les conséquences.

CA Versailles 25-6-2024 n° 23/01232.

DÉLIVRANCE MATÉRIELLE DU BIEN LOUÉ

57215 **Local commercial** Le bailleur doit remettre au locataire non seulement le local **principal,** objet du bail, mais aussi ses **accessoires,** lesquels comprennent par exemple les caves ou greniers ou le droit de passage dans une cour (Cass. 3e civ. 4-11-1992 n° 90-22.020 : Loyers et copr. 1993 comm. n° 88).

Lorsque le **local** est situé **dans un immeuble en copropriété,** le bailleur peut louer les parties privatives de son lot sans inclure dans l'assiette du bail commercial le droit de jouissance privative sur une cour commune attaché à ce lot (Cass. 3e civ. 23-9-2021 no 20-18.901 FS-B, Sté Pharmacie 2000 : RJDA 12/21 no 764).

S'agissant d'un immeuble bâti, la délivrance suppose la **remise des clefs.** Ainsi, manque à son obligation de délivrance le bailleur qui remplace la serrure des locaux loués avant la délivrance du commandement de payer visant la clause résolutoire et qui empêche le preneur d'accéder aux locaux (Cass. 3e civ. 4-3-2021 no 19-13.240 F-D : RJDA 6/21 no 369). Mais le bailleur, qui fixe à son locataire un rendez-vous le jour de la prise d'effet du bail en vue de la remise des clés, ne peut pas se voir reprocher un manquement à son obligation de délivrance si le locataire ne se présente pas après lui avoir fait savoir qu'il abandonnait son projet et souhaitait résilier amiablement le bail, même s'il n'a pas adressé au locataire de mise en demeure ou de sommation de prendre possession des clés (Cass. 3e civ. 20-10-2016 no 15-19.533 FS-D : RJDA 2/17 no 63).

Le bailleur manque à son obligation de délivrance en interdisant à son locataire d'apposer une **enseigne en façade** de l'immeuble où s'exerce son activité commerciale ; celle-ci est en effet un attribut du fonds de commerce, au même titre que le droit au bail, la clientèle, l'achalandage ou encore le mobilier commercial, le matériel et l'outillage servant à l'exploitation du fonds (CA Paris 5-1-2011 no 09/12098, ch. 5-3 : RJDA 6/11 no 500).

Sur la question de savoir si la fermeture des locaux à raison de l'épidémie de **Covid-19** constitue un manquement du bailleur à son obligation de délivrance, voir nos 60862 s.

Le bailleur ne peut pas s'exonérer de cette obligation lorsque la prise de possession des locaux est rendue impossible par le **fait d'un tiers** dont il doit répondre, tels : **57216**

– l'ancien locataire du local (Cass. 3e civ. 16-11-1994 no 93-11.184 P : RJDA 2/95 no 112 ; Cass. 3e civ. 19-5-2004 no 03-12.541 FS-PB : RJDA 8-9/04 no 947 ; Cass. 3e civ. 28-9-2005 no 04-13.720 FS-PB : RJDA 12/05 no 1321) ;

– les membres de sa famille (CA Versailles 20-1-2000 no 97/1988, 12e ch. 2e sect. : JCP G 2001 IV no 1029).

Constitue un manquement à l'obligation de délivrance du bailleur, résultant d'un fait volontaire de ce dernier et non d'un cas de force majeure, la faute consistant en la conclusion d'un **nouveau bail** sur des locaux déjà loués (Cass. 3e civ. 2-7-2013 no 11-18.228 : AJDI 2014 p. 446). Néanmoins, lorsque le bail a été résilié à tort, le bailleur ne peut pas être condamné sous astreinte à réintégrer le locataire s'il a entre-temps loué les locaux à un tiers (Cass. 3e civ. 26-3-2013 no 12-14.731 F-D ; Cass. 2e civ. 5-6-2014 no 13-18.599 F-D).

Le bailleur répond du trouble causé au locataire par les **stationnements** erratiques **des copropriétaires** devant son garage. Le **fait du tiers** ne peut exonérer le bailleur de son obligation de délivrance qui est une obligation de résultat et impose à ce dernier de prendre toutes les mesures nécessaires pour garantir l'entrée et le maintien en jouissance du preneur. Il appartient au bailleur, averti de la situation, de prouver qu'il a pris toutes les mesures efficaces pour assurer l'exécution de son obligation. Tel n'est pas le cas du bailleur qui a distribué des lettres appelant au civisme des copropriétaires, mais qui n'a pas demandé à l'assemblée des copropriétaires de voter la pose d'une barrière d'accès au garage (CA Grenoble 26-3-2013 no 11/01545, 2e ch. : Loyers et copr. 2013 comm. no 199 note B. Vial-Pedroletti).

Local d'habitation accessoire En cas de location d'une habitation principale, le bailleur doit délivrer un **logement décent** (sur les caractéristiques de la décence, voir nos 62006 s. du Mémento Gestion immobilière). Cette obligation s'applique au bailleur de locaux à usage commercial et d'habitation lorsque le locataire commerçant y a établi son habitation principale (Cass. 3e civ. 14-10-2009 no 08-10.955 FS-PB : RJDA 1/10 no 4 ; CA Rouen 5-1-2023 no 21/04620). La clause selon laquelle « le locataire prendra les locaux loués tels qu'ils se trouvent à l'époque fixée pour l'entrée en jouissance, sans pouvoir exiger aucune espèce de réparation d'aménagement, ou aucune réduction de loyer », ne fait pas échec à cette obligation (CA Paris 1-7-2009 no 05/5320, 16e ch. A : RJDA 12/09 no 1044). **57220**

Pour échapper à la réglementation sur le logement décent, le bailleur de locaux à usage mixte doit expressément **prévoir dans le bail** que le locataire ne pourra pas faire de la partie habitation son habitation principale. En effet, il a été jugé que l'insertion dans un bail commercial d'une clause prévoyant que les locaux sont « destinés à l'exploitation de tous commerces sans pouvoir avoir une autre destination sauf autorisation expresse du bailleur » ne fait pas obstacle à ce que les locaux soient en partie occupés par le locataire en tant qu'habitation principale, cette occupation ne constituant pas une violation de la clause de destination du bail (CA Versailles 1-7-2014 no 13/08720, 12e ch. : RJDA 11/14 no 825). Au cas particulier, le bail portait sur une maison composée « d'un rez-de-chaussée divisé en boutique et arrière-boutique, d'un premier étage divisé en réserve, cuisine, W-C, d'un deuxième étage édifié en deux chambres et cabinet de toilettes », et la cour d'appel de Versailles avait relevé qu'il n'était pas contestable que l'agencement et la composition des locaux des premier et second étages correspondaient à un appartement à usage d'habitation.

57222 Le locataire, dont le **logement ne répond pas aux caractéristiques de décence** malgré sa demande de travaux de mise en conformité, peut solliciter, à titre de dommages-intérêts, la **réduction du loyer** (Cass. 3e civ. 18-5-2011 n° 10-13.584 FS-D : RJDA 8-9/11 n° 683). La réduction du loyer est également un mode de réparation du trouble de jouissance et elle peut, le cas échéant, être cumulée avec l'allocation de dommages-intérêts (Cass. 3e civ. 23-11-2010 n° 09-15.120 F-D : RJDA 4/11 n° 284). Les dommages-intérêts ne peuvent pas être refusés au locataire en cas d'absence de preuve de l'origine des dégradations dès lors que l'indécence des lieux est matériellement établie (Cass. 3e civ. 8-11-2011 n° 10-31.011 F-D : RJDA 3/12 n° 260). L'indemnisation du locataire pour les troubles de jouissance subis du fait du manquement par le bailleur à son obligation de délivrance d'un logement décent n'est pas subordonnée à une mise en demeure du bailleur (Cass. 3e civ. 4-6-2014 n° 13-12.314 FS-PB : Loyers et copr. 2014 comm. n° 200 note B. Vial-Pedroletti). Lorsque le locataire a quitté le logement, la sanction de l'indécence consiste en une réduction rétroactive de loyer à l'exclusion non seulement de la condamnation du bailleur à la réalisation de travaux de mise aux normes, mais aussi de l'annulation du contrat (CA Paris 14-11-2013 n° 12/04496 ch. 4-3).

Le juge qui détermine la nature des travaux à réaliser pour que le logement soit mis en conformité peut réduire le montant du loyer durant le temps de leur exécution (Loi 89-462 du 6-7-1989 art. 20-1).

Seul un cas de force majeure peut exonérer le bailleur de son obligation de délivrer un logement décent (Cass. 3e civ. 27-6-2024 n° 23-15.226 F-D).

DÉLIVRANCE D'UN BIEN CONFORME AU CONTRAT

57225 L'obligation de délivrance suppose la remise d'un bien conforme à ce que prévoit le contrat.

ILLUSTRATIONS

Viole l'article 1719 du Code civil la cour d'appel qui, pour rejeter la demande en dommages-intérêts du locataire se plaignant que le bailleur lui a remis une parcelle de **terrain** d'une **surface inférieure à celle prévue au bail**, constate que, comprise en entier dans les biens donnés à bail, une parcelle a été partiellement vendue quelques semaines plus tôt par le bailleur, après sa division par les services du cadastre, le bailleur n'en ayant alors conservé qu'une partie, de superficie réduite, qui seule aurait dû faire l'objet du bail et retient que le propriétaire ne pouvant conférer plus de droits qu'il n'en disposait lui-même, le locataire ne peut être rétabli dans la jouissance de biens dont le bailleur ne dispose pas et que, s'il a pu, par tolérance, bénéficier de l'usage des lieux jusqu'à leur aménagement en place publique, il ne peut se plaindre de ce que, par suite des agissements de l'acquéreur de la partie vendue, ils auraient été dépourvus de clôture.

Cass. 3e civ. 21-7-1999 n° 98-10.009 D : RJDA 10/99 n° 1049.

57226 Il faut en outre que le local permette au locataire d'**exploiter l'activité prévue au bail.**

Cette obligation emporte deux conséquences :

– il faut que le **local** soit **matériellement apte** à permettre l'exploitation du fonds du preneur, ce qui n'est pas le cas, par exemple, si les locaux loués à usage de boutique ne peuvent pas accueillir du public ou si le local loué à usage de restaurant n'est pas équipé d'un système d'extraction des fumées (Cass. 3e civ. 12-10-2023 n° 22-16.175) ;

– il faut que le local réponde aux **règles légales et administratives** permettant au preneur d'exercer son activité et, notamment, que ce dernier dispose des autorisations nécessaires à son activité.

ILLUSTRATIONS

Quelques jours après la conclusion d'un bail commercial, le **plafond** de la chambre froide faisant partie des locaux loués s'était **effondré**, ce qui avait rendu l'exercice de l'activité du preneur impossible. Le contrat de bail limitant l'obligation d'entretien de la chose louée au gros œuvre, à la toiture, à la réfection en leur entier des couvertures, des poutres et des gros murs, le bailleur n'est responsable ni sur le fondement de son obligation de délivrance, ni sur celui de sa prise en charge des grosses réparations.

CA Nîmes 29-10-2015 n° 14/02092 : Rev. Loyers 2015 p. 507.

Un bailleur avait admis la nécessité pour lui d'entreprendre des travaux et élaboré un projet avec un architecte. En reportant l'exécution de ces travaux de nature non locative, le bailleur avait manqué à son obligation de délivrance dès lors qu'un huissier de justice avait établi l'état de **vétusté** des locaux n'en **permettant pas une jouissance normale.**

Cass. 3e civ. 28-1-2016 n° 13-25.250 F-D.

Sont impropres à établir que le bailleur avait satisfait à son obligation de délivrance les motifs selon lesquels le locataire avait visité les lieux à plusieurs reprises avant la signature du bail et aurait pu s'apercevoir, à ce moment-là, que les locaux pourraient ne pas convenir à l'usage qu'il en attendait, s'agissant de la **non-conformité de l'installation électrique** et de l'existence de **fuites d'eau.** **57226** (suite)

Cass. 3e civ. 22-5-2013 n° 16-16.021 F-D : Loyers et copr. 2013 comm. n° 231 note B. Vial-Pedroletti.

Après avoir réalisé des travaux dans les locaux à usage de salon de thé, glacier et restaurant avec l'accord du bailleur, le preneur s'était aperçu que la seule solution de **ventilation** efficace et conforme aux normes était l'installation d'une ventilation extérieure, supposant l'accord de la copropriété. Le bailleur n'avait pas contesté la nécessité des travaux et avait accompli les diligences nécessaires pour que l'assemblée générale des copropriétaires se prononce sur les travaux ; la seule contestation portait sur la **charge financière** de ceux-ci.
Cela ne constituait pas un manquement suffisamment grave du bailleur à son obligation de délivrance, qui justifierait la résiliation du bail à ses torts. Néanmoins, le retard apporté à la réalisation des travaux du fait de la contestation sur le montant de leur prise en charge a entraîné un préjudice pour la société locataire, qui doit être indemnisée.

CA Paris 15-1-2014 n° 13/05822, ch. 5-3.

Le locataire de locaux à usage de restaurant situés dans un immeuble en **copropriété,** placé dans l'impossibilité d'exploiter son fonds de commerce car le **plancher** haut du rez-de-chaussée présentait un risque pour la sécurité des personnes et des biens, peut demander réparation au bailleur sur le fondement de son obligation de délivrance, même si les désordres invoqués affectent les parties communes de l'immeuble ou ont été causés par des travaux de rénovation effectués par un ancien locataire ou sur d'autres appartements de la copropriété.

Cass. 3e civ. 3-12-2020 n° 19-12.871 F-D : RJDA 6/21 n° 368.

Une société avait donné à bail, en juillet 1990, un local dont elle était propriétaire au rez-de-chaussée d'un immeuble en copropriété, pour qu'y soit exercée une activité commerciale de **restauration,** et s'était engagée à faire le nécessaire pour obtenir l'autorisation des copropriétaires d'installer une **gaine d'extraction** sur la façade arrière de l'immeuble. En octobre 1990, elle avait vendu son lot à une SCI. Après avoir, par une décision du 27 novembre 1990, donné mission à un architecte de faire connaître son avis sur le projet de travaux en parties communes, l'assemblée générale des copropriétaires du 12 février 1991 avait refusé l'autorisation sollicitée.
Jugé que la SCI, propriétaire du lot et bailleresse du local, était tenue d'intenter tous les recours à l'encontre de cette décision de refus de l'assemblée générale, qu'elle avait seule qualité à exercer, pour remplir envers son locataire ses obligations contractuelles.

Cass. 3e civ. 26-3-1997 n° 95-14.103 P : RJDA 7/97 n° 883.

Dans un cas où des locaux loués étaient destinés à être utilisés par le preneur comme bureaux après des travaux de réaménagement, et notamment de cloisonnement du plateau, expressément autorisés par le bailleur et où, à l'occasion de la mise en œuvre de ces travaux, le locataire avait appris par les rapports de deux bureaux de contrôle, qu'il avait missionnés, que l'immeuble dans lequel se trouvaient les lieux loués ne répondait pas aux **normes fixées en matière de sécurité incendie** par le décret du 31 mars 1992 et ce, notamment en raison d'une ossature métallique de l'immeuble ne présentant aucune stabilité au feu, la cour d'appel a exactement retenu que le bailleur, qui se devait de livrer un bien conforme à sa destination, avait manqué à cette obligation et que le locataire, qui n'avait jamais pu utiliser les lieux loués comme bureaux, était fondé à demander la résiliation du contrat aux torts du bailleur.

Cass. 3e civ. 16-9-2008 n° 07-18.303 F-D : RJDA 12/08 n° 1224.

Manque à son obligation de délivrance le bailleur qui loue à usage exclusif de restaurant-brasserie un local ne comportant pas la gaine d'extraction de l'air pollué de la cuisine exigée par la **réglementation sanitaire.** En effet, le contrat de bail ne transférait pas au locataire la charge de réaliser un dispositif d'extraction des fumées et le bailleur n'avait pas informé le locataire avant la conclusion du bail des difficultés techniques liées à la conduite de tels travaux. Par suite, le locataire pouvait valablement se libérer de l'obligation de payer les loyers en invoquant l'exception d'inexécution.

Cass. 3e civ. 13-7-2010 n° 09-15.409 F-D : RJDA 12/10 n° 1133.

Un propriétaire avait donné en location, le 8 janvier 1992 et pour une durée de neuf ans, des locaux à usage de vente en gros, demi-gros et de détail de matériels et de mobiliers pour l'équipement du bâtiment à une société. En août 1992, le maire de la commune de situation des lieux loués avait interdit à la locataire de poursuivre son activité dans les lieux loués, en application du **plan d'occupation des sols** du 21 mars 1983 ayant classé la zone d'implantation du bâtiment en **zone non constructible** exclusivement réservée à l'agriculture. La société a assigné le bailleur pour manquement à son obligation de délivrance en lui réclamant le paiement de dommages et intérêts.

57226 (suite) Il a été fait droit à cette demande au motif que le bailleur aurait dû vérifier si le bien loué pouvait être affecté à l'usage prévu au bail, celui-ci étant différent de celui auquel les lieux loués avaient été préalablement destinés ; en ne le faisant pas, il avait manqué à son obligation de délivrance.

Cass. 3e civ. 2-7-1997 n° 95-14.151 P : RJDA 12/97 n° 1464.

Un local est loué « brut de décoffrage » pour un usage de restaurant, le locataire devant faire différents **raccordements des canalisations** d'eaux usées **et d'aération** sur les équipements collectifs de l'immeuble. Le **syndicat des copropriétaires** ayant **refusé** de donner son autorisation aux travaux, le locataire avait demandé la résiliation du bail. Il y a lieu de faire droit à sa demande car le fait que le bailleur ne se soit pas assuré que le syndicat des copropriétaires autoriserait le locataire à entreprendre lesdits travaux constituait un manquement à son obligation de délivrance.

Cass. 3e civ. 18-3-1998 n° 98-15.277 D : BPIM 4/98 n° 290.

Dans le cas d'un appartement précédemment loué à usage d'habitation, puis reloué en vue d'une utilisation commerciale, ce **changement d'affectation** nécessitant l'**autorisation administrative** prévue à l'article L 631-7 du Code de la construction et de l'habitation, la Cour de cassation a considéré que, en dépit d'une clause contraire, l'autorisation administrative exigée par la loi aurait dû être obtenue par le propriétaire préalablement à la signature du bail. À défaut de l'avoir obtenue, le bailleur avait manqué à son obligation de délivrance.

Cass. 3e civ. 29-4-2002 n° 00-20.213 : Rev. Loyers 2002 p. 410.

Une société civile immobilière a donné à bail un local à destination de snack-bar, petite restauration, plats à emporter et vente de vêtements de sport ; or antérieurement à la signature du bail, il avait été dressé à l'encontre de la SCI un procès-verbal de constat d'infraction à la **réglementation sur** le permis de construire : la demande de permis de construire déposée par la SCI concernant **le changement d'affectation** de l'immeuble avait été refusée et la situation n'était pas régularisable.
Jugé que, dès lors que la continuation de l'activité impliquant la réception du public était impossible, le bailleur ne pouvait opposer au preneur, qui demandait la résiliation du bail, la clause selon laquelle « le preneur ferait son affaire personnelle de l'obtention des autorisations administratives » alors que le bailleur était le seul à pouvoir mettre les locaux en conformité avec la réglementation.

Cass. 3e civ. 18-5-2005 n° 04-13.798 FS-D : RJDA 10/05 n° 1070.

La clause stipulant que le bailleur s'engage à « rendre la partie des locaux loués ouverte au public conforme aux règles de sécurité et à obtenir un avis favorable de la **commission de sécurité** » oblige le bailleur, non pas à l'obtention formelle d'un avis favorable de l'autorité compétente, mais à l'obtention d'un avis favorable correspondant à un niveau de sécurité réel permettant l'ouverture des bâtiments au public.

CA Paris 10-10-2007 n° 06/13507, 16e ch. A.

Un bailleur avait garanti à son locataire la commercialité des locaux donnés à bail. De ce seul fait, il devait assumer les conséquences de la fermeture de son immeuble pour des raisons de sécurité publique. Celle-ci était due à l'absence d'**autorisation de la commission départementale d'équipement commercial,** l'immeuble se trouvant dans une zone de vigilance du fait de l'existence d'un établissement soumis à la législation Seveso.

Cass. 3e civ. 28-11-2007 n° 06-17.758 FS-PB : RJDA 3/08 n° 235.

Jugé que la clause par laquelle le locataire prenait les lieux dans l'état où ils se trouvaient ne déchargeait pas le bailleur de son obligation de délivrance, à laquelle il n'était pas satisfait compte tenu des éléments suivants : le local ne comportait aucun **dispositif d'insonorisation** spécifique et il ressortait d'une expertise judiciaire que les essais acoustiques n'étaient pas conformes à la réglementation. Par suite, les travaux importants résultant de l'inadaptation du hangar à l'activité envisagée étaient à la charge du bailleur.

Cass. 3e civ. 10-12-2008 n° 07-20.277 FS-D : RJDA 3/09 n° 181.

Dès lors que le transfert d'un restaurant au premier étage de l'immeuble nécessitait la réalisation de travaux d'installation d'un monte-plats (exigé par les services de la **Ddass**), le refus qu'y oppose le bailleur caractérise un manquement à l'obligation de délivrance.

Cass. 3e civ. 3-5-2011 n° 10-15.662 F-D : AJDI 2011 p. 527.

Dans un cas où le locataire avait pris les lieux en leur état pour être conformes à la destination contractuelle d'« organisation de formations, études, recrutements et secrétariat services » sans précision technique particulière, il ne peut pas être reproché au bailleur un défaut de délivrance pour défaut d'aménagements appropriés, dès lors que la cour d'appel a souverainement retenu qu'il ne résultait nullement du bail que les lieux devaient nécessairement être équipés des **aménagements** réglementaires **permettant la réception de plus de 50 personnes.**

Cass. 3e civ. 28-6-2011 n° 10-16.854 F-D : AJDI 2011 p. 700 obs. S. Porcheron.

La fourniture d'un conduit de fumée pour un fonds de restauration rapide relève des travaux de mise en conformité aux **normes d'hygiène et de sécurité** à la charge du bailleur au titre de son obligation de délivrance. **57226** (suite)

Cass. 3e civ. 14-2-2012 n° 11-10.243 F-D : RJDA 7/12 n° 643, 2e espèce.

Il appartient au bailleur d'une résidence devant être classée en **résidence de tourisme** quatre étoiles de fournir un bâtiment exempt de malfaçons, non-conformités et non-finitions affectant l'immeuble et de fournir les documents nécessaires à l'obtention de ce classement.

Cass. 3e civ. 2-5-2012 n° 10-28.250 F-D : AJDI 2012 p. 669 obs. H. Guyader.

Les travaux de mise aux normes de **sécurité incendie** d'un établissement recevant du public à usage de café, bar, hôtel meublé et restaurant participent de la conformité des locaux avec leur destination, et les articles 1719, 1° et 2° du Code civil font obligation au bailleur de délivrer un bien conforme à la destination prévue au bail, sans qu'il soit besoin de clause particulière à cet égard.
Ne suffit pas à faire peser sur le preneur la charge des travaux de mise en conformité ordonnés par l'administration la clause prévoyant que « le preneur devra pour l'exploitation de son commerce se soumettre aux prescriptions légales et réglementaires pouvant s'y appliquer ».

CA Paris 19-9-2012 n° 11/22090.

L'acquéreur d'un fonds de commerce de café-restaurant-hôtel qui avait conclu un bail avec le propriétaire des locaux abritant l'activité l'avait poursuivi en exécution des travaux de mise en conformité de ces locaux. Encourt la censure l'arrêt qui, pour rejeter cette demande, a retenu que l'acte de cession du fonds de commerce stipulait que l'acquéreur avait pris connaissance d'un courrier de l'administration demandant la réfection générale des locaux et avait déclaré en faire son affaire personnelle sans recours contre le cédant du fonds et le rédacteur de l'acte, ce dont il résultait qu'il avait pleinement connaissance des **travaux de conformité** à entreprendre avant d'exploiter le fonds de commerce et s'y était engagé librement dans le cadre de la cession de ce fonds, ce qui l'empêchait d'invoquer l'inexécution par le bailleur de son obligation de délivrance. En effet, en statuant ainsi, la cour d'appel n'avait pas constaté que le bailleur avait satisfait à son obligation de délivrer des locaux conformes à l'usage auquel ils étaient destinés et exempts de vices affectant le **gros œuvre** et leur **sécurité.**

Cass. 3e civ. 19-6-2013 n° 12-18.337 FS-D : RJDA 12/13 n° 981.

Un bail commercial portant sur des locaux comprenant une réserve comportait une convention de travaux autorisant notamment le preneur à transformer un bureau en réserve, après avoir obtenu les éventuelles autorisations nécessaires. Un avis favorable à la poursuite de l'exploitation de l'établissement avait été émis avant l'entrée dans les lieux, un avis défavorable l'avait été lors de la visite périodique des lieux par la commission de **sécurité.**
Jugé que l'avis défavorable rendu par une commission de sécurité à la poursuite de l'exploitation de l'activité prévue au bail emporte violation par le bailleur de son obligation de délivrance conforme aux règles de sécurité permettant l'exercice de l'activité, sauf à démontrer que le caractère défavorable de l'avis résulte de transformations du local réalisées par le preneur. Le reproche de la création d'une réserve constituant un obstacle à l'issue de secours ne pouvait pas être adressé au preneur dès lors que, selon le descriptif des lieux loués, cette réserve existait déjà avant l'entrée dans les lieux de ce dernier.

CA Rennes 12-2-2014 n° 12/07964, 5e ch.

Une galerie commerciale avait subi un arrêté de fermeture au public pour motifs de **sécurité.** La circonstance selon laquelle le locataire était parfaitement informé de la situation administrative de la galerie et que le bail a été signé en pleine connaissance de cause puisqu'il y était stipulé que le bailleur ferait son affaire personnelle des autorisations nécessaires à l'ouverture de la galerie et supporterait seul les conséquences d'un défaut de sécurité des parties communes, d'une éventuelle absence d'autorisation d'ouverture de la galerie ainsi que d'une décision administrative de fermeture, n'exonère pas le bailleur de son obligation de délivrance.

CA Aix-en-Provence 17-11-2015 n° 14/06957 : Loyers et copr. 2016 comm. n° 16 obs. E. Chavance.

A manqué à son obligation de délivrance le bailleur qui a loué un local alors que la commune avait refusé de donner les **autorisations administratives** nécessaires pour l'ouverture d'un commerce d'alimentation au motif que le local n'était pas à usage commercial. Le bail commercial doit donc être résilié aux torts exclusifs du bailleur, lequel ne peut pas se prévaloir de la clause du bail prévoyant l'absence de garantie de la conformité des locaux aux prescriptions administratives et mettant à la charge du preneur les formalités administratives permettant d'exploiter le local.

CA Paris 2-12-2015 n° 13/22506 : Loyers et copr. 2016 comm. n° 45 obs. E. Chavance.

Un bail commercial portait sur un bâtiment industriel comprenant un **équipement** technique qui n'avait jamais fonctionné alors qu'il était **indispensable à l'exercice de l'activité** du preneur. Le fait pour le bailleur d'avoir acheté au preneur l'équipement industriel objet du bail ne l'exonère pas de son obligation de délivrance en l'absence d'indivisibilité des contrats de vente et de bail.

Cass. 3e civ. 9-2-2017 n° 15-25.414 F-D.

57226 (suite) Un preneur avait effectué, avec l'accord du bailleur, des **travaux** d'installation d'une hotte aspirante qui n'étaient pas conformes aux normes et **inadaptés à l'activité** de restauration exploitée dans les locaux loués. Une cour d'appel avait refusé de condamner le bailleur à rétablir un réseau d'évacuation conforme aux normes dès lors que le preneur n'avait pas respecté les normes du constructeur. La Cour de cassation casse l'arrêt au motif qu'il incombe au bailleur de délivrer un local conforme à la destination contractuelle.

Cass. 3e civ. 14-9-2017 n° 16-21.799 F-D : Gaz. Pal. 21-11-2017 p. 70 note C.-H. Brault.

Le four à buée d'une boulangerie avait entraîné l'effondrement du plafond de l'appartement situé au-dessus du local commercial. Le propriétaire est condamné à indemniser le locataire car l'effondrement n'est pas dû à un manque d'entretien du preneur mais à un manquement du bailleur à son obligation d'entretenir les lieux en état de servir à l'usage pour lequel ils avaient été loués à savoir un usage exclusif de boulangerie en raison de la nature du **plancher en bois** aggloméré **incompatible avec l'exploitation** d'un fournil.

Cass. 3e civ. 19-10-2017 n° 16-14.134 F-D : RJDA 5/18 n° 396.

Un preneur exploitait un **établissement recevant du public** de 5e catégorie au sens de l'article R 123-9 du Code de la construction et de l'habitation et devait donc obtenir une **autorisation par arrêté** du maire en vertu de l'article R 123-46 de ce même Code. La clause du bail qui stipulait que le preneur ferait son affaire personnelle de toutes autorisations à obtenir tant du syndicat des copropriétaires s'il existe que des administrations compétentes à ses risques et périls sans recours contre le bailleur est réputée non écrite. C'est bien au bailleur d'obtenir l'autorisation du maire en vertu de son obligation de délivrance.

CA Aix-en-Provence 19-10-2017 n° 16/14972 : AJDI 2017 p. 849.

La commission de **sécurité** avait rendu un avis défavorable à la poursuite de l'exploitation d'un hôtel-restaurant. Le locataire a assigné le bailleur en exécution des travaux prescrits dans un arrêté municipal. Dès lors que ces travaux relevaient de l'évolution constante de la réglementation, que leur coût était équivalent à la valeur vénale de l'immeuble et que le preneur n'avait pas mis en demeure le bailleur de procéder à leur exécution au fur et à mesure des visites périodiques, aucune faute ne pouvait être retenue dans l'exécution de ses obligations par le bailleur. La résiliation du bail pour **perte de la chose louée** doit être prononcée sans dédommagement du preneur.

Cass. 3e civ. 14-6-2018 n° 17-15.426 F-D : RJDA 11/18 n° 804.

Bien que l'activité d'hôtel exploitée dans les locaux à usage de commerce de café, hôtel, journaux, débit de tabac ne représente qu'une part marginale dans le chiffre d'affaires du locataire, la **fermeture** de ce dernier par décision administrative pour **non-conformité aux normes de sécurité** emporte la responsabilité du bailleur en ce qu'il n'a pas exécuté son obligation de délivrance.

Cass. 3e civ. 20-12-2018 n° 17-28.527 F-D : Ann. des loyers mars 2019 p. 104.

En l'absence de clause contraire et expresse, les travaux prescrits par l'autorité administrative sont à la charge du bailleur. C'est donc à tort qu'une cour d'appel rejette la demande du locataire de locaux à usage d'hôtel en remboursement des loyers payés après la fermeture administrative de l'hôtel, alors que la fermeture avait été prononcée par l'autorité administrative à raison de très graves **anomalies** de nature à mettre en danger la **sécurité** des personnes.

Cass. 3e civ. 19-10-2022 n° 22-13.451 F-D.

Sauf clause expresse contraire, la mise aux **normes pour les personnes handicapées** dans les ERP, résultant de la loi 2005-102 du 11 février 2005, incombe au bailleur soit au titre de l'obligation de délivrance de la chose louée, lorsque les normes existent à la date d'établissement du bail, soit au titre de l'obligation d'entretenir la chose en état de servir à l'usage pour lequel elle a été louée, lorsque les mises aux normes entrent en vigueur en cours de bail et ce, en vertu de l'article 1719, 1° ou 1719, 2° du Code civil.

CA Agen 9-1-2019 n° 16/01462.

Sauf stipulations expresses contraires, le bailleur doit réaliser les travaux de mise en conformité aux **normes** de sécurité **qu'exige l'exercice de l'activité du preneur** même si elle est différente de celle à laquelle les lieux étaient antérieurement destinés, dès lors qu'elle est autorisée par le bail.

Cass. 3e civ. 4-7-2019 n° 18-17.107 : Rev. loyers 2019 p. 389.

Un bailleur qui loue un local commercial édifié **sans permis de construire** manque à son obligation de délivrance.

Cass. 3e civ. 1-6-2022 n° 21-11.602 FS-B : RJDA 11/22 n° 617.

En cas de changement de destination des locaux par avenant en cours de bail, afin d'ajouter à la destination de « café, bar, brasserie, restaurant, spectacles » celle de « bar à ambiance musicale », le preneur est tenu d'effectuer les travaux d'**isolation phonique** dès lors que, dans l'avenant, les parties avaient entendu, déroger aux obligations normalement mises à la charge du bailleur. En effet, il était convenu que soit transféré au preneur le coût des travaux nécessaires afin de « se conformer rigoureusement aux prescriptions administratives et autres concernant l'exercice de cette activité et de veiller à ce que celle-ci n'apporte aucune nuisance de quelque sorte que ce soit aux autres occupants de l'immeuble ou au voisinage ».

Cass. 3e civ. 29-6-2022 n° 21-14.482 F-D : RJDA 11/22 n° 616.

Le bailleur qui a remis un local dans lequel les travaux de **désamiantage** prescrits par la loi n'ont pas été effectués n'a pas rempli son obligation de délivrance, ce qui constitue un motif sérieux de résiliation du bail.

CA Grenoble 27-7-2023 n° 21/04516.

Manque à son obligation de délivrer des locaux conformes à la destination contractuelle (fabrication de prothèses dentaires) le bailleur qui délivre des locaux présentant d'importantes **non-conformités rendant impossible l'exploitation** des lieux (installation électrique, systèmes de ventilation et système d'évacuation des eaux usées non conformes, puissance électrique insuffisante).
Le fait que le locataire ait préalablement visité les locaux est indifférent, dès lors qu'il est relevé que le bailleur n'avait pas pris le soin d'identifier les travaux nécessaires à l'exercice de l'activité contractuellement prévue.

CA Paris 21-9-2023 n° 20/18111.

Dans un cas où le bail mettait à la charge du locataire le cloisonnement du local loué, le bailleur manque à son obligation de délivrance dès lors que le local était situé dans un immeuble grevé d'une servitude de non-division en propriété ou en jouissance et que la situation juridique du local ne permettait donc pas la poursuite de l'exploitation dans les termes du bail.

Cass. 3e civ. 4-7-2024 n° 23-15.902 F-D : RJDA 11/24 n° 579.

OBLIGATION DE MAINTENIR UN ENVIRONNEMENT COMMERCIAL FAVORABLE

Lorsque le local loué se situe dans un **centre commercial** ou une galerie marchande, le bailleur n'est pas tenu, au titre de son obligation de délivrance, d'assurer le maintien de la commercialité du centre ou de la galerie (voir nos 7260 s.). **57230**

CLAUSE AMÉNAGEANT L'OBLIGATION DE DÉLIVRANCE

Clause exonérant le bailleur de son obligation de délivrance L'obligation de délivrance est inhérente au contrat de bail. **57235**

En conséquence, aucune stipulation particulière n'est nécessaire dans le bail pour que le bailleur y soit obligatoirement tenu, et aucune clause contractuelle ne peut en exonérer le bailleur ; une telle clause serait réputée non écrite (n° 57000).

Ainsi, la clause d'un bail exonérant le bailleur de son obligation de délivrance en bon état et des obligations d'entretien et de réparation en cours d'exécution du contrat, y compris pour les grosses réparations et celles résultant de la vétusté, ne peut pas décharger le bailleur de son obligation de délivrance d'un local en bon état de servir à l'usage contractuellement prévu (Cass. 3e civ. 31-10-2012 n° 11-12.970 FS-D : Administrer 12-2012 p. 47 note D. Lipman W. Boccara). De même, la clause selon laquelle « le preneur s'engage à réaliser tous les travaux d'aménagement nécessaires à l'exercice de son activité y compris l'aménagement d'un espace piscine à l'extérieur » et prévoyant qu'il « aura à sa charge en fonction de l'activité exercée dans les lieux toutes les installations spécifiques ainsi que tous aménagements imposés par la réglementation en vigueur » ne constitue pas une « stipulation expresse » permettant de décharger le bailleur de son obligation de délivrance portant sur la structure de l'immeuble et sur la charpente (CA Montpellier 23-6-2020 n° 17/04377). De même encore, la clause mettant les grosses réparations à la charge du preneur ne peut suffire à décharger totalement le bailleur de son obligation de délivrance d'un local en état de servir à l'usage contractuellement prévu ; par suite, en cas d'infiltrations qui atteignent l'hôtel loué en plusieurs lieux, et notamment dans les chambres, et qui portent atteinte à l'usage des locaux, les travaux de rénovation totale de la toiture sont à la charge du bailleur (CA Reims 23-5-2023 n° 22/00332).

Il a été jugé que les clauses visant à décharger le bailleur de son obligation de délivrance, dès lors qu'elles dérogent à une règle générale, doivent être rédigées sans ambiguïté et de manière expresse (CA Paris 20-1-2017 n° 16/03145). Cet arrêt s'inscrit dans un courant contraire à la jurisprudence actuelle. De plus, la solution pourrait s'avérer contraire aux dispositions du nouvel article 1170 du Code civil selon lequel « toute clause qui prive de sa substance de l'obligation essentielle du débiteur est réputée non écrite ».

Une **clause** du bail ne peut pas avoir pour effet de **vider de sa substance l'obligation de délivrance** à laquelle le bailleur est tenu pendant toute la durée du bail. Notamment, « le bailleur ne peut, par le biais d'une clause relative à l'exécution de travaux, s'affranchir de son obligation de délivrer les lieux loués » (Cass. 3e civ. 1-6-2005 n° 04-12.200 FS-PB : RJDA 10/05 n° 1071). **57236**

ILLUSTRATIONS

Si le bailleur peut mettre à la charge du preneur, par une clause expresse du bail, certains travaux d'entretien ou de réparation, il ne peut s'exonérer, à l'occasion de conventions aménageant la répartition de la charge des réparations, de l'obligation de procéder aux **travaux rendus nécessaires par les vices affectant la structure** de l'immeuble, et de réparer le trouble apporté à la jouissance paisible du locataire.

Cass. 3e civ. 24-11-2021 n° 20-15.814 : RJDA 2/22 n° 62.

Une clause d'un bail prévoyait que le **locataire prenait les lieux en l'état** et s'interdisait d'exercer contre le bailleur un recours quelconque pour vices cachés ou apparents, défauts ou malfaçons, cette clause étant « de rigueur » et « une condition essentielle et déterminante sans laquelle le bail n'aurait pas été consenti ». Des **infiltrations** avaient endommagé le mobilier du locataire et l'avaient contraint à cesser temporairement son exploitation. Le bailleur s'était retranché derrière la clause pour refuser l'indemnisation du locataire.
Si le bailleur peut mettre à la charge du locataire, par une clause expresse du bail, l'obligation de prendre en charge les travaux d'entretien ou de réparation, il ne peut, en raison de l'obligation de délivrance à laquelle il est tenu, s'exonérer de l'obligation de procéder aux **travaux rendus nécessaires par les vices affectant la structure** de l'immeuble.

Cass. 3e civ. 2-7-2013 n° 11-28.496 F-D.

Un bail stipulait que le locataire ne pouvait « exiger du propriétaire aucune réparation de quelque nature que ce soit même les grosses réparations prévues à l'article 606 du Code civil » et précisait que le locataire avait déclaré parfaitement connaître les lieux loués et les accepter dans l'état où ils se trouvaient le jour de son entrée en jouissance. À la suite de désordres affectant les murs et la toiture, le bailleur avait assigné le locataire pour le voir condamné à exécuter les travaux nécessaires.
Demande rejetée par la Cour de cassation : si le bailleur peut mettre à la charge du locataire, par une clause expresse du bail, l'obligation de prendre en charge les travaux rendus nécessaires par la vétusté, il ne peut, en raison de l'obligation de délivrance à laquelle il est tenu, s'exonérer de l'obligation de procéder aux **travaux rendus nécessaires par les vices affectant la structure** de l'immeuble.
La cour d'appel ayant relevé que selon l'expert « les fissures relevées dans la partie sous charpente métallique seraient liées pour certaines à la démolition des constructions voisines et pour d'autres notamment aux effets des mouvements de terrain et que les fissurations constatées dans la partie sous charpente en bois résulteraient également d'un vice structurel lié aux mouvements du terrain », et retenu que « les clauses du contrat de bail ne dégageaient pas le propriétaire de son obligation de participer aux réparations rendues nécessaires en raison de la vétusté de l'immeuble et qu'il restait tenu des vices structurels de l'immeuble », la cour en a exactement déduit que les travaux étaient à la charge du bailleur.

Cass. 3e civ. 9-7-2008 n° 07-14.631 : RJDA 11/08 n° 1092.

Ayant relevé qu'il résultait des rapports d'expertise que le **vice** affectant l'immeuble **concernait sa structure** même, la cour d'appel en a justement déduit un manquement du bailleur à son obligation de délivrance dont il était tenu de répondre contractuellement quelles que soient les clauses du bail.

Cass. 1e civ. 6-7-2011 n° 10-18.694.

Le bailleur qui fournit un local présentant des **défaillances graves dans l'installation électrique** manque à son obligation de délivrance, et ce quand bien même le bail stipule que « Le preneur prend les locaux en l'état, reconnaît et s'engage expressément à effectuer à sa charge exclusive tous les travaux intérieurs et extérieurs nécessaires à l'exploitation des lieux loués, et notamment ceux concernant la devanture et rideau de protection, la chape et le revêtement de sol, l'électricité, la plomberie, ainsi que les peintures et le cloisonnement des locaux, les sanitaires, les enseignes, etc. ».

CA Paris 24-11-2021 n° 21/02431, ch. 1-3.

En présence de désordres constitutifs de **défauts de construction de l'immeuble loué** et relevant soit des grosses réparations incombant au bailleur soit des garanties dues par les constructeurs, le bailleur ne peut pas utilement invoquer la clause de renonciation à recours pour non-fonctionnement des services et alimentations et pour infiltrations ou fuites, en vue de se soustraire à ses obligations et refuser d'indemniser le préjudice subi par le preneur (évalué en l'espèce compte tenu de la durée – 6 ans et demi – et du nombre – 67 désordres – à 7 % du loyer).

CA Versailles 6-7-2023 n° 21/06691.

57238 **Clauses ayant une incidence sur l'obligation de délivrance** Le bail peut valablement aménager l'obligation de délivrance à laquelle le bailleur est tenu. En effet, l'obligation de délivrance pesant sur le bailleur ne lui interdit pas de se délester de certaines charges, notamment en transférant au preneur certains travaux d'entretien et de réparation au moyen d'une stipulation expresse (Cass. 3e civ. 28-9-2022 n° 21-20.879 F-D ; CA Paris 19-1-2022 n° 20/11699). **57238** (suite)

Il en est fréquemment ainsi en pratique des clauses prévoyant que le preneur prend les lieux en l'état ou transférant au preneur la charge de travaux nécessités par l'état de l'immeuble. Ces clauses sont interprétées restrictivement (Cass. 3e civ. 29-9-2010 n° 09-69.337 : RJDA 2/11 n° 115).

ILLUSTRATIONS

Ne décharge pas le bailleur de son obligation de délivrance la clause d'un bail commercial stipulant que « le bénéficiaire prendra les **lieux dans l'état où ils se trouvent au jour de l'entrée** en jouissance, les ayant visités à plusieurs reprises et ayant reçu du promettant deux rapports sur les travaux nécessaires à l'exploitation dans lesdits locaux d'un commerce d'hôtel ».

Cass. 3e civ. 5-6-2002 n° 00-19.037 FS-PB : RJDA 8-9/02 n° 856.

La clause qui prévoit que le preneur déclare bien connaître les locaux loués et qu'il les **prend « dans l'état où ils se trouvent** lors de son entrée en jouissance sans pouvoir exiger des travaux de quelque nature que ce soit ni remise en état de la part du bailleur et que, connaissant parfaitement les équipements des locaux, il déclare faire son affaire personnelle de toutes démarches en vue d'obtenir les branchements desdits équipements et installation » n'est pas une stipulation suffisamment expresse pour mettre à la charge du preneur les travaux de raccordement nécessaires à la mise en conformité du local à sa destination contractuellement prévue.

Cass. 3e civ. 11-10-2018 n° 17-18.553 : RJDA 3/19 n° 167.

Une commune avait donné à bail un local à usage de bar par acte du 15 juin 1995 contenant une clause selon laquelle « le preneur devrait souffrir sans aucune indemnité, quelles qu'en soient l'importance et la durée, tous les travaux qui pourraient devenir utiles ou nécessaires dans les lieux loués ou dans l'immeuble dont ils dépendent ». Le fonds avait été mis en location-gérance en novembre 1996. Le maire de la commune ayant, par deux arrêtés, interdit l'activité du bar du 1er décembre 1997 au 30 avril 1999 en raison de la réalisation de travaux dans l'immeuble, les preneurs ont été condamnés à indemniser le locataire-gérant du préjudice subi du fait de l'impossibilité d'exercer son activité pendant cette période. Ils avaient alors formé une demande d'indemnisation à l'encontre de la commune. L'arrêt d'appel qui les avait déboutés de leur demande a été cassé par la Cour de cassation au motif que « le bailleur ne peut, par le biais d'une **clause relative à l'exécution de travaux,** s'affranchir de son obligation de délivrer les lieux loués ».

Cass. 3e civ. 1-6-2005 n° 04-12.200 FS-PB : RJDA 10/05 n° 1071.

Dans un cas où la charpente métallique, la charpente en bois ainsi que les murs de l'immeuble avaient été affectés de fissures provoquées par des mouvements de terrain, le bailleur s'était opposé à sa condamnation à payer au locataire une somme au titre des frais de remise en état en faisant valoir que le **bail** stipulait que « le locataire ne pouvait exiger du propriétaire aucune réparation de quelque nature que ce soit même les **grosses réparations** prévues à l'article 606 du Code civil ».
La Cour de cassation a rejeté le pourvoi au motif que « si le bailleur peut mettre à la charge du preneur, par une clause expresse du bail, l'obligation de prendre en charge les **travaux rendus nécessaires par la vétusté,** il ne peut en raison de l'obligation de délivrance à laquelle il est tenu, s'exonérer de procéder aux travaux rendus nécessaires par les **vices affectant la structure** de l'immeuble ».

Cass. 3e civ. 9-7-2008 n° 07-14.631 FS-PBRI : RJDA 11/08 n° 1092.

Ndlr : sur l'incidence de cette décision sur l'appréciation par les tribunaux de la répartition de la charge des travaux entre les parties au bail, voir n° 78605.

Une commune avait donné à bail un local à une société pour y développer une activité de karting en intérieur. Un voisin ayant agi à son encontre aux fins d'obtenir sa condamnation à exécuter des travaux d'insonorisation dans le local pris à bail, la société a assigné la bailleresse en garantie de toutes les condamnations qui pourraient être prononcées à son encontre.
Jugé que la clause par laquelle le **locataire prenait les lieux dans l'état où ils se trouvaient** ne déchargeait pas le bailleur de son obligation de délivrance, à laquelle il n'était pas satisfait compte tenu des éléments suivants : le local ne comportait aucun dispositif d'**insonorisation** spécifique et il ressortait d'une expertise judiciaire que les essais acoustiques n'étaient pas conformes à la réglementation. Par suite, les travaux importants résultant de l'inadaptation du hangar à l'activité envisagée étaient à la charge du bailleur.

Cass. 3e civ. 10-12-2008 n° 07-20.277 FS-D : RJDA 3/09 n° 181.

Le bailleur d'un local commercial abritant un commerce de café, cave, dégustation avait adressé à son locataire un commandement de mettre un terme aux nuisances sonores liées à l'installation d'un écran géant dans la salle de restaurant, visant la clause résolutoire du bail.
Une cour d'appel a jugé que l'**interdiction de nuisances sonores insérée dans le bail** impliquait dans la commune intention des parties que le locataire fasse effectuer à ses frais tous travaux nécessaires pour empêcher ce type de nuisance, limitant ainsi l'obligation de délivrance du bailleur.

57238 (suite) En conséquence, elle a prononcé la résiliation judiciaire du bail :
– la preuve que les fortes nuisances sonores tant diurnes que nocturnes avaient persisté après l'exécution de travaux par le locataire était établie ;
– le locataire n'était pas fondé à soutenir que cette persistance tenait à l'inadaptation des structures de l'immeuble à l'activité exercée alors que les travaux entrepris, s'ils avaient été conformes, n'auraient pas, en l'état de la structure de l'immeuble et si les lieux avaient été exploités dans des conditions normales, occasionné une gêne anormale ;
– le locataire n'avait pris aucune précaution pour atténuer les nuisances occasionnées dans les parties privatives de certains copropriétaires et dans la cage d'escalier en dépit des mises en garde répétées dont il avait fait l'objet, de l'interdiction en référé de diffuser des matchs à haut niveau sonore et de la connaissance qu'il avait eue après une expertise de l'insuffisance des travaux réalisés.

CA Paris 13-10-2010 n° 09-8833, ch. 5-3 : BPIM 2/11 n° 160.

Ne décharge pas le bailleur de son obligation de délivrance et ne prive pas le locataire d'un café-restaurant situé dans un centre commercial du droit de demander l'indemnisation de son trouble de jouissance résultant des entrées d'air froid, dues au mauvais fonctionnement des portes d'accès au centre, la **clause** du bail stipulant que le preneur s'**interdisait** tout **recours** en diminution de loyer du fait de l'interruption dans le fonctionnement des appareils communs.

Cass. 3e civ. 31-10-2012 n° 11-20.660 FS-D : RJDA 5/13 n° 388, 2e espèce.

Une clause d'un bail prévoyait que le « **preneur prendra les lieux loués dans leur état actuel,** sans pouvoir exiger aucune réparation du bailleur autre que celles qui seraient nécessaires pour que les lieux soient clos et couverts, ni lui faire aucune réclamation quelconque à ce sujet sans pouvoir exercer aucun recours contre lui pour **vices de construction,** dégradation, voirie, insalubrité humidité, infiltrations, cas de force majeure et toutes autres causes quelconques intéressant l'état des lieux ». Nonobstant cette clause, la cour d'appel a condamné à bon droit la société bailleresse à faire exécuter les travaux de réfection de chéneaux qui étaient à l'origine d'infiltrations et a autorisé le preneur à consigner la moitié des loyers dus jusqu'à exécution des travaux : la clause par laquelle le locataire prend les lieux en l'état ne dispensant pas le bailleur de son obligation de délivrance, le bailleur ne peut être exonéré de son obligation de prendre en charge les travaux liés à la vétusté que par une clause expresse.

Cass. 3e civ. 2-7-2013 n° 12-21.353 F-D.

Le bailleur doit maintenir à la disposition du preneur l'accès existant antérieurement au bail, ou, à défaut, un accès équivalent permettant l'exploitation normale des locaux. Ainsi, la **clause selon laquelle le preneur déclare prendre les lieux en l'état** n'évince pas le bailleur de son obligation de délivrance.

Cass. 3e civ. 30-6-2021 n° 17-26.348 F-D.

Aux termes du bail portant sur des locaux destinés à l'activité de mareyeur, conditionnement et vente de poissons et crustacés, il incombait au **locataire de « faire son affaire** de toutes démarches nécessaires **pour l'obtention des autorisations** nécessaires à l'exercice desdites activités sans recours d'aucune sorte contre le bailleur ». Le locataire avait présenté une déclaration de travaux exemptés de permis de construire pour procéder à divers aménagements. L'administration l'ayant informé que ces travaux devaient faire l'objet d'une demande de permis de construire et aucune régularisation n'étant intervenue, un procès-verbal pour défaut de permis a été établi par la mairie. Le locataire, soutenant qu'il se trouvait dans l'**impossibilité d'exploiter,** a assigné ses bailleurs pour faire prononcer l'annulation ou, à défaut, la résiliation du bail. Mais, comme « la société locataire s'était contractuellement engagée à faire son affaire personnelle de toutes les démarches administratives nécessaires à l'exercice de son activité », et « qu'il n'était nullement établi qu'elle s'était trouvée dans l'impossibilité d'obtenir ces autorisations », cette demande a été valablement rejetée.

Cass. 3e civ. 1-10-1997 n° 96-10.743 D : RJDA 12/97 n° 1464, 2e espèce.

La clause selon laquelle « le **locataire prend les locaux dans l'état où ils se trouvent** lors de son entrée en jouissance sans pouvoir exiger de travaux de quelque nature que ce soit, ni remise en état de la part du bailleur » ne décharge pas ce dernier de son obligation de délivrance. Dans le cas d'un bail comprenant l'**installation de la climatisation,** réalisée par le bailleur au moment de la rénovation générale de l'immeuble ayant précédé la location, cette obligation inclut la délivrance d'une installation exempte de vices. Il s'ensuit que la nécessité de modifier, voire de remplacer cette installation, défectueuse sur le plan sonore, ne résulte pas d'un manquement du locataire à son obligation d'entretien mais d'une défaillance intrinsèque liée à un défaut de conformité car un tel système doit, par sa conception même, être exempt de toutes **nuisances sonores.** De même, l'invocation de l'article 606 du Code civil est inopérante car seule la question du remplacement de cette installation du fait de son usure aurait pu valablement faire naître un débat sur l'application de ce texte, ce qui n'est pas le cas.

CA Paris 14-5-2008 n° 07-222, 16e ch. A : RJDA 11/08 n° 1093.

Le bailleur peut mettre à la charge du preneur, par une clause expresse du bail, l'obligation de prendre en charge des travaux autres que ceux rendus nécessaires par les vices affectant la structure de l'immeuble. Par suite, l'entretien de l'installation de climatisation peut être mis à la charge du locataire.

Cass. 3e civ. 28-9-2022 no 21-20.879 F-D.

Les clauses du bail renouvelé aux termes desquelles le preneur s'oblige, d'une part, à **prendre les lieux loués dans l'état** où ils se trouvent sans pouvoir exiger du bailleur aucune réparation, réfection, ni remise en état et à supporter à ses frais tous les travaux et réparations, remises en état et réfections que nécessiterait son activité, d'autre part, à se conformer strictement aux prescriptions de tous règlements, arrêtés de police, règlements sanitaires, sont générales et imprécises ; elles ne mettent pas à la charge du preneur la mise en conformité du local à usage de bar-restaurant aux normes d'accessibilité aux personnes à mobilité réduite des lieux recevant du public.

CA Grenoble 11-5-2023 no 21/03300.

La clause mettant à la charge du locataire la réparation de certains éléments de façon indicative est inefficace pour les éléments n'y figurant pas expressément.

CA Lyon 22-6-2023 no 22/03628.

La clause mettant le **ravalement** à la charge du locataire commercial ne suffit pas à faire peser sur lui le coût de ce ravalement lorsque celui-ci, même décidé en assemblée générale des copropriétaires, a été dicté par une injonction de l'autorité administrative. En effet, les travaux **prescrits par l'autorité administrative** relèvent de l'obligation de délivrance du bailleur et sont donc à sa charge, sauf stipulation expresse contraire dans le bail. En l'espèce, le bail mettait le ravalement à la charge du locataire mais ne comportait aucune stipulation concernant les travaux prescrits par l'autorité administrative. Or, le ravalement n'avait pas été librement voté mais imposé par l'autorité administrative, et devait donc incomber au bailleur.

Cass. 3e civ. 15-6-2023 no 21-19.396 F-D : RJDA 12/23 no 640.

PREUVE DE LA DÉLIVRANCE DU BIEN LOUÉ

En cas de contestation, le bailleur doit prouver qu'il a exécuté son obligation de délivrance (Cass. 3e civ. 30-10-1972 no 71-13.384 : Bull. civ. III no 563 ; Cass. 3e civ. 1-10-1997 no 95-20.869 D : RJDA 12/97 no 1465) et qu'il s'est libéré de cette obligation en remettant les clefs au locataire (Cass. 3e civ. 25-6-2008 no 07-14.341 FS-PB : RJDA 10/08 no 987 ; Cass. 3e civ. 6-5-2014 no 12-29.504 F-D ; Cass. 3e civ. 10-10-2019 no 18-20.418 F-D : RJDA 1/20 no 5). **57240**

En revanche, dès lors qu'il n'est pas constaté que le bailleur a empêché l'entrée dans les lieux du locataire, c'est à celui-ci qu'il incombe de prouver que le bailleur y aurait fait obstacle (Cass. 3e civ. 9-10-1996 no 94-21.207 D : RJDA 12/96 no 1439).

> **Précisions** Après la signature du bail, il appartient au bailleur de délivrer le bien loué, peu important qu'il ait unilatéralement décidé, avant l'entrée prévue dans les lieux, de ne pas donner suite à cette location. Les juges du fond doivent rechercher si la délivrance des locaux donnés à bail est intervenue, la charge de la preuve de cette délivrance pesant sur le bailleur (Cass. 3e civ. 15-10-2013 no 12-20.993 F-D : RJDA 1/14 no 8).

B. Sanctions du défaut de délivrance

L'inexécution par le bailleur de son obligation de délivrance peut donner lieu, sur l'initiative du locataire, à plusieurs actions. **57330**

ACTION EN EXÉCUTION FORCÉE

La réforme du droit des contrats, issue de l'ordonnance 2016-131 du 10 février 2016, consacre l'existence d'un droit à l'exécution forcée en nature (C. civ. art. 1221). Cette action peut viser aussi bien l'obligation de délivrance en tant que telle que celle de délivrer les lieux loués en bon état. **57335**

Depuis le 1er octobre 2016, l'exécution de la remise en l'état peut être réalisée par le bailleur, après mise en demeure par le locataire, sauf si cette exécution est impossible ou s'il existe une disproportion manifeste entre son coût pour le bailleur et son intérêt pour le locataire (C. civ. art. 1221). Le locataire peut également, après mise en demeure du bailleur restée infructueuse, faire exécuter lui-même les travaux de remise en l'état, dans un délai et à un coût raisonnable ou, sur autorisation préalable du juge, détruire ce qui a été fait en violation de l'obligation de délivrer les lieux en bon état. Il peut demander au bailleur le remboursement des sommes engagées à cette fin. Il peut aussi demander en justice que le bailleur avance les sommes nécessaires à cette exécution ou à cette destruction (C. civ. art. 1222).

> Précisions Pour l'application des **dispositions du Code civil antérieures à l'ordonnance du 10 février 2016** (ex-art. 1144 et 1149), la Cour de cassation a jugé que, en cas de manquement du bailleur à son obligation de délivrance, le locataire peut, d'une part, obtenir l'indemnisation des conséquences dommageables de l'inexécution par le bailleur des travaux lui incombant, d'autre part, soit obtenir l'exécution forcée en nature, soit être autorisé à faire exécuter lui-même les travaux et obtenir l'avance des sommes nécessaires à cette exécution (Cass. 3e civ. 6-4-2023 n° 19-14.118 FS-B : RJDA 10/23 n° 502).

ACTION EN EXCEPTION D'INEXÉCUTION

57340 Le locataire peut **refuser d'exécuter son obligation** de payer le prix de la location jusqu'à la délivrance des lieux loués par le bailleur (application de C. civ. art. 1219 ; Cass. 3e civ. 8-6-1988 n° 87-11.107 D : Juris-Data n° 87-11107 ; Cass. 3e civ. 13-7-2010 n° 09-15.409 F-D : RJDA 12/10 n° 1133).

L'exception d'inexécution n'est toutefois possible que si l'inexécution par le bailleur est de nature, par sa gravité, à affranchir le locataire de son obligation corrélative de payer le loyer. Les manquements dénoncés supposent que les locaux loués soient impropres à l'usage auquel ils étaient destinés (Cass. 3e civ. 25-6-2003 n° 01-15.364 FS-D : RJDA 10/03 n° 928 ; Cass. 3e civ. 6-7-2023 n° 22-15.923 FS-B : RJDA 1/24 n° 4 ; Cass. 3e civ. 27-6-2024 n° 23-10.340 F-D) ou que le locataire se soit trouvé dans l'**impossibilité** absolue d'**utiliser les lieux loués** conformément à la destination du bail (CA Paris 13-9-2019 n° 17/10880 ; CA Chambéry 9-4-2024 n° 23/00928).

ILLUSTRATIONS

En réponse à un commandement de payer visant la clause résolutoire délivré par le bailleur, le locataire avait invoqué l'exception d'inexécution pour violation de l'obligation de délivrance du bailleur en raison de nuisances sonores, de vibrations et de chutes de flocages. Jugé que cette exception d'inexécution était justifiée car les locaux avaient été rendus impropres à leur destination, ce qui caractérisait un manquement à l'obligation de délivrance du bailleur.

CA Paris 15-4-2016 n° 14/04444.

Une cour d'appel avait retenu qu'un bailleur, qui avait entrepris des travaux durant plus de deux ans afin d'éradiquer la mérule découverte dans les locaux loués, avait satisfait à son obligation légale de délivrance et d'entretien de son immeuble en effectuant les travaux nécessaires et que, en l'absence de manquement grave de celui-ci, le preneur ne pouvait pas décider de suspendre l'exécution de son obligation de payer les loyers.
La Haute Juridiction casse l'arrêt de la cour d'appel au motif qu'elle n'a pas recherché si les travaux entrepris avaient rendu, pendant leur exécution, les locaux impropres à l'usage auquel ils étaient destinés, ce qui serait de nature à justifier, au cours de cette période, l'inexécution par le bailleur de son obligation de délivrance autorisant le preneur à soulever l'exception d'inexécution.

Cass. 3e civ. 27-2-2020 n° 18-20.865 : AJDI 2020 p. 326.

Dans un cas où un locataire avait invoqué l'inexécution par le bailleur de son obligation de délivrance à raison d'infiltrations d'eau dans les locaux loués pour justifier le non-paiement du loyer, n'a pas donné de base légale à sa décision la cour d'appel qui retient que l'exception d'inexécution opposée par le locataire est justifiée par le manquement du bailleur à une obligation essentielle du bail, sans rechercher, comme il le lui était demandé, si les locaux loués avaient été rendus impropres à l'usage auquel ils étaient destinés.

Cass. 3e civ. 6-7-2023 n° 22-15.923 précité.

Depuis le 1er octobre 2016, le preneur peut également **suspendre son obligation** de payer le prix de la location dès lors qu'il est manifeste que le bailleur ne délivrera pas les lieux loués car les conséquences de cette inexécution sont suffisamment graves (application de C. civ. art. 1220). Cette exception pour risque d'inexécution peut être invoquée même si les faits qui la justifient sont antérieurs à la date précitée. Le locataire qui use de cette faculté doit notifier dans les meilleurs délais la suspension au bailleur (C. civ. art. 1220). La loi ne précise pas quel doit être le contenu de cette notification. Elle doit, à notre avis, contenir toutes les informations justifiant la mise en œuvre de l'exception, c'est-à-dire celles sur le risque d'inexécution invoquée et sur les conséquences entraînées par ce risque. Le bailleur informé peut fournir des garanties d'exécution.

N'est pas fondée une demande de suspension du paiement du loyer dans l'attente de la réalisation par le bailleur de travaux de remplacement du système de ventilation ; en effet, la défaillance d'un système de ventilation des locaux ne suffit pas à caractériser à elle seule un manquement du bailleur à son obligation de délivrance d'une importance telle qu'il justifie la suspension de l'obligation du preneur au paiement de l'intégralité du loyer et des charges jusqu'à ce qu'une décision définitive ait été rendue ; et ce, d'autant plus que le preneur reconnaît continuer à exploiter les locaux grâce au renfort d'une centrale de traitement de l'air dont il demande au tribunal de mettre le coût de location à la charge finale du bailleur dans le cadre de l'instance au fond, ce qui corrobore la possible exploitation (CA Versailles 14-9-2023 n° 22/05800).

ACTION EN RÉSILIATION OU EN RÉSOLUTION DU BAIL

Le locataire qui reproche au bailleur un défaut de délivrance peut agir en résolution du bail, laquelle met fin au bail (C. civ. art. 1229, al. 1). Concernant l'effet de la résolution sur les prestations échangées, l'article 1229, al. 3 consacre la notion de « résiliation » en la réservant aux cas où les prestations échangées ont trouvé leur utilité au fur et à mesure de l'exécution réciproque du contrat : l'effet extinctif n'a alors lieu que pour l'avenir. En revanche, un effet rétroactif doit se produire (« résolution » stricto sensu) lorsque les prestations échangées ne pouvaient trouver leur utilité que par l'exécution complète du contrat résolu : les parties doivent alors restituer intégralement ce qu'elles se sont procuré l'une à l'autre. **57350**

Il en résulte donc qu'un contrat résolu est privé d'effets pour l'avenir mais que sa résolution n'entraîne un droit à restitution que si la bonne exécution du contrat s'entendait seulement dans le cadre d'une mise en œuvre complète de ses stipulations. Dans la mesure où l'article 1229 ne semble pas d'ordre public, il est possible d'aménager le futur, en cas de résolution du contrat, soit pour élargir le champ des restitutions, soit au contraire pour le réduire.

RÉPARATION DU PRÉJUDICE

Le locataire peut demander des dommages-intérêts s'il a subi un préjudice. Cette sanction est notamment facilement prononcée lorsque le local est en très mauvais état et que cela rend l'occupation des lieux difficile par le locataire (CA Dijon 7-5-1999 n° 98-1319, 1e ch. sect. 1 : Juris-Data n° 1999-044949). Il est à noter que le gain manqué du fait de l'impossibilité d'exploiter une partie du local constitue un préjudice distinct de celui résultant de la privation de la jouissance qui avait donné lieu à la réduction des loyers (Cass. 3e civ. 6-9-2018 n° 17-21.630 : AJDI 2019 p. 283 obs. Lipman-W. Boccara). **57355**

Il en va de même lorsque la destination n'est pas conforme à celle autorisée par la loi (Cass. 3e civ. 19-1-2000 n° 98-13.194 D : RJDA 9-10/00 n° 836) ou par le règlement de copropriété (CA Aix-en-Provence 31-1-2002 n° 97-9103, 4e ch. A civ. : Loyers et copr. 2003 comm. n° 29).

ILLUSTRATIONS

Des dommages-intérêts ont été alloués dans un cas où l'autorisation préfectorale donnée en vue de transformer des locaux à usage d'habitation en locaux à usage de bureaux ne l'avait été qu'à un précédent locataire et sous condition et où la remise en cause de l'autorisation opérée antérieurement à la conclusion du bail ne pouvait pas être qualifiée d'événement imprévisible (Cass. 3e civ. 19-1-2000, précité).

Justifie également l'octroi de dommages-intérêts l'impossibilité pour le locataire d'obtenir un certificat d'urbanisme pour la reconstruction de bâtiments existants sur le terrain pris à bail à usage de parc de chasse (Cass. 3e civ. 28-5-2008 n° 07-11.413 FS-D : Rev. Loyers 2008 p. 379).

SECTION 3 OBLIGATION DU BAILLEUR D'ENTRETENIR ET DE RÉPARER LE BIEN LOUÉ

Le bailleur est obligé, par la nature du contrat, et sans qu'il soit besoin d'aucune stipulation particulière d'entretenir le bien en état de servir à l'usage pour lequel il a été loué (C. civ. art. 1719, 2°). Il doit y faire, pendant la durée du bail, toutes les réparations qui peuvent devenir nécessaires, autres que les locatives (C. civ. art. 1720, al. 2). **57500**

Ces obligations, de nature juridique différente, font l'objet d'un contentieux très fourni, tant il est vrai que les enjeux financiers des **travaux** devant être réalisés dans un local commercial peuvent être très importants. Elles sont étudiées en détail aux nos 78000 s.

Le **locataire-gérant,** tiers au contrat de bail, peut invoquer un manquement contractuel du bailleur à son obligation d'entretien et obtenir réparation de son préjudice (n° 79855). **57510**

SECTION 4

OBLIGATION DE GARANTIE À LA CHARGE DU BAILLEUR

57700 Le bailleur est obligé par la nature du contrat de faire jouir paisiblement le locataire des choses louées **pendant la durée du bail** (C. civ. art. 1719, 3°). Cette garantie se décline en trois obligations distinctes, à savoir, l'obligation de garantir le locataire, d'une part, des vices ou défauts de la chose louée qui en empêchent l'usage, d'autre part, des troubles dont il aurait à souffrir émanant du bailleur, et enfin des troubles causés au locataire par des tiers.

A. Garantie des vices affectant le bien loué

57710 Le bailleur doit au locataire la garantie pour tous les vices ou défauts de la chose louée qui en empêchent l'usage quand bien même il ne les aurait pas connus lors de la conclusion du bail (C. civ. art. 1721).

1. PRINCIPE LÉGAL DE GARANTIE DES VICES

DÉFINITION DU VICE AFFECTANT LE BIEN LOUÉ

57715 Pour que la garantie des vices puisse être invoquée par le locataire, ce dernier doit être gêné dans l'**usage des lieux loués.** Cette condition souligne l'importance qu'il y a de préciser dans le bail l'usage que le locataire entend faire desdits lieux. En effet, si, dans le silence du bail, la destination des lieux peut être présumée d'après les circonstances (C. civ. art. 1728, 1°), la garantie due en application de l'article 1721 du Code civil n'en sera cependant que plus facilement établie si les parties ont pris soin de définir l'usage autorisé des lieux loués.

Le vice doit rendre le **bien loué impropre à son usage** (C. civ. art. 1721, al. 1), c'est-à-dire que le locataire n'aurait pas conclu le bail s'il avait eu connaissance de ce vice.

Cette garantie doit jouer dès lors que le locataire est troublé dans la jouissance paisible des lieux loués, que le trouble porte sur le bien principal, objet de la location, ou sur ses accessoires dans la mesure où ces derniers contribuent à l'usage des lieux loués attendu du locataire. Cependant, il est suffisant que le vice entrave l'usage des lieux loués ; il n'est pas nécessaire que le vice rende ledit usage totalement impossible.

Il n'est toutefois dû garantie qu'en cas de vice ou défaut et non pas en cas de simple usage moins commode ou plus onéreux. Ainsi, il ne suffit pas que les défectuosités du système de chauffage d'un appartement aient entraîné des dépenses supplémentaires pour le locataire s'il n'est pas démontré que celui-ci a été contraint de vivre dans un logement insuffisamment chauffé (Cass. 3e civ. 3-2-1988 n° 86-17.486 : JCP G 1988 IV n° 131).

NATURE DU VICE AFFECTANT LE BIEN LOUÉ

57720 **Vice caché** Alors que l'article 1721 du Code civil ne précise pas si le vice doit être **caché ou apparent,** la jurisprudence a réduit cette obligation au seul vice caché (Cass. 3e civ. 26-2-1971 n° 69-14.401 : Bull. civ. III n° 146). Il a été considéré que, si le vice est apparent, le locataire en a eu connaissance ou aurait dû en avoir connaissance ; la responsabilité du bailleur est alors écartée. Le caractère apparent ou caché du vice relève de l'appréciation souveraine des juges du fond (en ce sens, Cass. 1e civ. 12-10-1959 n° 57-10.539 : Bull. civ. I n° 399).

En revanche, il importe peu que le **bailleur** ait, ou non, eu **connaissance du vice** lors de la conclusion du bail (Cass. soc. 29-3-1959 n° 57-40.295 : Bull. civ. IV n° 401 ; Cass. 3e civ. 7-1-2009 n° 07-11.516 FS-D : RJDA 4/09 n° 313). L'ignorance du bailleur ne peut combattre utilement son obligation dès lors qu'il doit garantie des vices de la chose louée, quand bien même il ne les aurait pas connus (CA Paris 31-10-2012 n° 10/08878, ch. 5-3).

Peu importe que le **vice** soit existant **lors** de la conclusion de bail, ou se révèle postérieurement à cette dernière, puisque cette obligation se poursuit pendant toute la durée du bail.

57723 Pour obtenir la condamnation du bailleur à le garantir du préjudice qu'il a subi, le **locataire** n'a pas à **prouver** que le bailleur n'a pas fait le nécessaire pour l'entretien de l'équipement défaillant mais à démontrer que l'équipement présente un dysfonctionnement à l'origine de son préjudice (Cass. 3e civ. 1-4-2009 n° 08-10.070 FS-PB : RJDA 7/09 n° 600).

ILLUSTRATIONS 57725

Ne constitue pas un vice dont le bailleur doit répondre une **insuffisance de chauffage** ressentie par les locataires alors que la société bailleresse avait déjà consenti une ristourne de charges pour compenser cette insuffisance.

CA Versailles 10-3-1983 n° 82-2218, 1e ch. 2e sect. : Gaz. Pal. 1984 som. p. 183.

Un défaut de l'**installation électrique** antérieure à la mise en location des lieux ayant entraîné l'électrocution du fils du locataire, la cour d'appel a confirmé que le vice caché était à l'origine directe de l'accident et que le bailleur était tenu à la garantie de ce vice vis-à-vis du locataire ; il devait être rendu entièrement responsable des conséquences dommageables en l'absence de toute faute démontrée à l'encontre du locataire et ce, alors même que la vérification de l'installation avait été réalisée par un organisme de contrôle qui n'avait relevé aucune anomalie.

CA Paris 16-3-1983, 7e ch. sect. B : Gaz. Pal. 1983 som. p. 112.

Dans le cas d'un sinistre engendré par l'arrêt du fonctionnement de l'**installation de chauffage** dû à un arrêt de la circulation du combustible liquide dans le circuit de distribution du fuel, le tribunal d'instance de Lyon a écarté la responsabilité des locataires « sur lesquels pesaient des obligations normales d'entretien et de prudence d'un locataire normalement diligent », et jugé qu'ils n'étaient pas tenus de remédier au vice résultant du fait que les canalisations d'alimentation en fuel se trouvaient cheminer partiellement dans un local ouvert au froid, ni de prendre des précautions concernant le calfeutrage de ces canalisations ou le chauffage du local pour éviter le gel du fuel.

TI Lyon 19-8-1987, 6e sect. : Rev. Loyers 1987 p. 428.

Le locataire d'un terrain sur lequel était construit un bâtiment à usage de station-service avait envisagé de construire un local pour l'exploitation d'un commerce d'antiquités et de brocante. Le bail prévoyait que le locataire devait faire son affaire personnelle de toutes les formalités nécessaires. Or, le permis de construire qu'il avait sollicité après son entrée dans les lieux lui avait été refusé au motif que le **terrain** était **situé sur une zone non constructible** dans laquelle la création d'un commerce était interdite.

La cour d'appel de Versailles reconnaît la responsabilité du bailleur puisque les lieux loués en vue d'un usage commercial étaient impropres à leur destination et le bailleur ne prouvait pas qu'il avait avisé le locataire de la situation administrative du terrain.

CA Versailles 14-12-1989 n° 88-8125, 12e ch. : D. 1990 som. p. 259.

Justifie légalement sa décision la cour d'appel qui condamne un bailleur à réparer le préjudice subi par des locataires en raison du trouble de jouissance causé par les **bruits** des surpresseurs d'eau de l'immeuble après avoir souverainement relevé que les bruits, s'ils n'étaient pas supérieurs aux niveaux limites réglementaires, causaient néanmoins aux locataires un trouble de jouissance du fait de leur fréquence, de leur émergence et de leurs caractéristiques spectrales.

Cass. 3e civ. 4-12-1991 n° 90-14.600 P : RJDA 2/92 n° 128.

Relèvent des obligations du bailleur les travaux de détermitage dès lors que le locataire n'avait pas connaissance de la **présence de termites** dans les lieux loués.

CA Bordeaux 9-1-2001 n° 99-2355, 5e ch. : Loyers et copr. 2001 comm. n° 168.

Ne tire pas les conséquences légales de ses propres constatations la cour d'appel qui, pour exonérer de toute responsabilité le bailleur et décider qu'il n'avait pas manqué à son obligation d'assurer à son locataire la jouissance paisible des lieux, a retenu que le dommage causé au locataire résultait de l'**effondrement** de la **voûte** supportant les lieux loués **du fait de sa fragilité d'origine** tenant à sa portée et à sa constitution, fragilité qu'avaient aggravée des fuites d'eau provenant des locaux exploités par un tiers et affectant la structure de l'immeuble.

Cass. 3e civ. 16-4-2008 n° 06-21.821 FS-D.

En présence de locaux loués à usage de **chai** présentant une teneur anormalement élevée en diverses **substances chimiques** corrompant le vin, le bailleur ne saurait être obligé à garantir cette pollution qui était due aux palettes de bois, meubles distincts des locaux loués et propriété des preneurs successifs.

Cass. 1e civ. 17-10-2012 n° 11-16.317 F-D : RJDA 4/13 n° 295.

Lorsque les lieux loués sont affectés de **désordres de nature décennale,** le fait que le bailleur ait effectué des démarches, en tant que maître d'ouvrage, pour voir la responsabilité des constructeurs engagée au titre de la responsabilité décennale ne l'exonère pas de sa propre responsabilité à l'égard de ses locataires, au titre de son obligation d'assurer une jouissance paisible.

CA Lyon 28-4-2015 n° 13/04064 : Loyers et copr. 2015 comm. n° 157.

Cas particulier : bailleur propriétaire d'un ensemble immobilier Le fait que le **local à l'origine du sinistre** soit la **propriété du bailleur** conduit à faire prévaloir, dans les rapports avec le locataire, la qualité de bailleur par rapport à celle de propriétaire des locaux voisins. 57728

Dans un cas où des locaux loués à usage commercial avaient été endommagés à la suite d'infiltrations d'eau provenant de l'appartement de l'étage supérieur, appartenant au même bailleur, l'assureur avait indemnisé la société locataire et assigné le propriétaire et son assureur en paiement de dommages-intérêts correspondant au montant de l'indemnisation. Pour accueillir cette demande, la cour d'appel avait retenu, d'une part, que la compagnie d'assurance avait agi contre le défendeur, non en sa qualité de bailleur, mais en celle de propriétaire d'un appartement, auquel elle imputait la responsabilité du sinistre, d'autre part, que la clause du bail selon laquelle la société locataire avait renoncé à tous recours en responsabilité contre son bailleur en cas de dégâts causés par suite de fuites ou d'infiltrations d'eau était inopposable et que, enfin, en application de l'article 1384, al. 1 du Code civil (devenu C. civ. art. 1242, al. 1), le propriétaire était responsable du dommage subi par la société locataire. La Cour de cassation a jugé au contraire qu'en statuant ainsi, sur le fondement de la responsabilité délictuelle, alors qu'elle retenait l'existence d'un bail entre les parties et que le manquement reproché au propriétaire ne pouvait permettre à la compagnie d'assurance d'exercer une action contre celui-ci dans d'autres conditions que celles que lui ouvrait le contrat, la cour d'appel avait violé l'article 1147 du Code civil (Cass. 3e civ. 14-5-1997 no 95-14.517 : Bull. civ. III no 105).

Jugé qu'une SCI avait manqué à son obligation de garantir à sa locataire la jouissance paisible des lieux loués et devait indemniser le préjudice subi par celle-ci pour des dommages causés au local exploité par la locataire et résultant d'un incendie ayant pris naissance dans l'appartement d'un autre locataire de la SCI (Cass. 3e civ. 10-12-2013 no 11-25.331 F-D).

LIMITES DE LA GARANTIE DES VICES

57730 **Vice connu du preneur** Le bailleur ne doit répondre que des vices ou défauts non apparents et inconnus du locataire lors de la prise à bail, le juge appréciant souverainement le caractère apparent ou non du vice. C'est le cas d'un bail qui précisait que le locataire reconnaissait que la canalisation d'eau potable n'existait pas dans la rue et qu'il renonçait à tout recours à ce sujet contre le propriétaire. Il ne pouvait donc pas demander réparation au bailleur à la suite d'une intoxication à cause de cette eau (Cass. 1e civ. 12-10-1959 no 57-10.539 : Bull. civ. I no 399).

En cas de **vice apparu en cours de bail** que seul le preneur est à même de constater, la responsabilité du bailleur ne peut être engagée que si, informé de la survenance du défaut, il n'a pris aucune disposition pour y remédier (voir no 57212 les solutions rendues en matière d'obligation de délivrance et transposables).

57735 Lorsque les **vices** de la chose louée invoqués par le locataire étaient **notoires lors de la prise à bail,** le bailleur n'est pas tenu par la garantie. Ainsi, la présence d'amiante dans les tours de La Défense était un fait notoirement connu qu'un locataire ne pouvait prétendre ignorer lors de la conclusion du bail ; l'amiante étant un élément inerte et non évolutif, le vice n'avait pu s'aggraver depuis la conclusion du contrat, il n'avait pas rendu les locaux impropres à leur usage puisqu'il n'existait pas à l'époque d'obligation de désamiantage, le preneur avait pu poursuivre normalement son activité dans les lieux et avait même décidé d'y rester, alors qu'il pouvait donner congé à l'expiration de la deuxième période triennale ; la seule conséquence de la présence d'amiante pouvait être l'augmentation des contraintes financières et techniques en cas de réalisation de travaux affectant des éléments où l'amiante était présente, mais ceci ne constituait pas un vice caché (CA Versailles 8-1-2004 no 02-1088, 12e ch. 2e sect. : JCP G 2004 IV no 2395).

57740 Le locataire peut néanmoins bénéficier de la garantie du bailleur lorsque les **vices** ou défauts connus de lui au moment de la conclusion du bail se sont ensuite **amplifiés** au point d'empêcher, alors, une jouissance paisible des lieux loués.

57745 **Faute du preneur** La faute du locataire exonère le bailleur de son obligation de garantie ou peut emporter partage de responsabilité entre les deux parties.

ILLUSTRATIONS

La locataire d'un local se blesse en faisant une chute dans l'escalier de l'immeuble dans lequel elle loue son local et assigne le syndic de l'immeuble. Cet immeuble comportait, lors de son achèvement quatre ans plus tôt, un escalier en parfait état et bien éclairé. La **défectuosité** de la **marche de l'escalier** sur laquelle la locataire a trébuché était minime et cette dernière ne prouvait pas qu'elle-même ou un autre locataire avait avisé, en l'absence de concierge, un représentant du syndic dans l'immeuble de cette défectuosité. Le syndic non avisé de cette défectuosité n'avait donc pas manqué à ses obligations.

Cass. 1e civ. 3-7-1962 no 60-12.635 : Bull. civ. I no 333.

Un des locataires d'un hôtel était mort intoxiqué par des émanations d'oxyde de carbone qui s'infiltraient dans sa chambre par une **fissure** existant dans le plafond de la salle à manger dans laquelle se trouvait un poêle non adapté à la cheminée de la salle de restaurant.
Jugé que l'hôtelier était seul responsable de cet accident, et devait donc assumer l'entière réparation du préjudice subi par la famille de la victime pour les raisons suivantes : la cause de l'accident est sans équivoque l'utilisation du poêle dans la salle de restaurant de l'hôtel que l'hôtelier avait installé à l'insu du bailleur ; les fissures existant au plafond ont aidé à la propagation du gaz, mais elles n'avaient pas été signalées au bailleur.

Cass. 3e civ. 13-11-1970 n° 69-11.945 : Bull. civ. III n° 599.

Doit être condamné à prendre en charge un tiers du montant de la remise en état du plancher du local loué le locataire qui, compte tenu de son utilisation des locaux depuis le début du bail, avait dû se rendre compte de la **dégradation** rapide et avancée du **plancher** et des **poutres** rongées par les infiltrations, et n'avait pas pris la précaution d'avertir le bailleur en temps opportun de cette situation.

Cass. 3e civ. 31-5-1994 n° 92-17.898 : Loyers et copr. 1994 comm. n° 375.

Les titulaires d'un bail portant sur des locaux à usage commercial avaient assigné leur bailleur en paiement de dommages et intérêts représentant le coût de travaux de remise en état des lieux loués affectés de graves désordres ainsi que l'indemnisation de leur préjudice commercial suite à l'affaissement des planchers et au pourrissement des poutres.
Ayant relevé que les locataires avaient attendu au moins huit ans avant d'**avertir les bailleurs de l'affaissement des planchers,** la cour d'appel, qui n'était pas tenue de suivre les parties dans le détail de leur argumentation et qui avait répondu aux conclusions, a pu en déduire que les locataires avaient commis une faute ayant contribué à la réalisation des désordres et qu'il convenait de les condamner à prendre en charge, dans une proportion qu'elle a souverainement appréciée, la remise en état des planchers hauts du rez-de-chaussée et du premier étage.

Cass. 3e civ. 9-2-2005 n° 03-19.609 FS-PB : RJDA 5/05 n° 505.

Force majeure L'obligation du bailleur d'assurer au preneur une jouissance paisible de la chose louée cesse en cas de force majeure (Cass. 3e civ. 9-10-1974 n° 73-11.721 : Bull. civ. III n° 345 ; Cass. 3e civ. 18-6-2002 n° 01-02.006 F-D : Loyers et copr. 2002 comm. n° 250 note B. Vial-Pedroletti ; Cass. 3e civ. 23-11-2011 n° 10-25.978 FS-D : RJDA 3/12 n° 251), auquel l'existence d'un vice ne saurait être assimilée (Cass. 3e civ. 2-4-2003 n° 01-17.724 FS-PB : RJDA 7/03 n° 692). 57750

C'est au bailleur qu'il incombe de **prouver** que la cause étrangère échappe à son contrôle, ne pouvait pas être raisonnablement prévue lors de la conclusion du bail et produit des effets qui ne peuvent pas être évités par des mesures appropriées (application de C. civ. art. 1218 issu de ord. 2016-131 du 10-2-2016).

Avant le 1er octobre 2016, les tribunaux avaient fixé les **caractéristiques de la force majeure** : l'événement constitutif de la force majeure devait être imprévisible, extérieur et irrésistible. Depuis cette date, l'article 1218, al. 1 du Code civil définit la force majeure. Bien que cette nouvelle définition ne reprenne pas exactement les critères jurisprudentiels antérieurs, elle y correspond au fond. Les applications jurisprudentielles des caractéristiques antérieures de la force majeure sont donc transposables sous l'empire du nouvel article 1218.

Cette notion donne lieu à une **appréciation au cas par cas,** circonstanciée et souveraine. Ainsi, de violentes intempéries entraînant l'inondation des lieux loués ne sont pas forcément assimilables à la force majeure (voir la jurisprudence sur ce point n° 57930). De même, l'incapacité d'un professionnel de procéder aux réparations et de remédier aux désordres ne présente pas les caractères d'un cas de force majeure exonérant le bailleur de son obligation d'assurer au locataire une jouissance paisible de la chose (Cass. 3e civ. 29-4-2009 n° 08-12.261 FS-PB : RJDA 7/09 n° 601).

ILLUSTRATIONS

Dans un cas où un locataire était décédé d'une intoxication provoquée par le fonctionnement d'un chauffe-eau, il a été jugé que le bailleur s'était trouvé dans un cas de force majeure l'exonérant de son obligation de garantie des vices de la chose louée compte tenu des éléments suivants : le chauffe-eau en excellent état et bien entretenu depuis 1959 n'était pas la cause de la mort du locataire ; celle-ci résidait dans la dimension insuffisante et dans l'interversion des orifices d'aération pratiqués par l'installateur dans les pièces dans laquelle l'appareil était posé. Le bailleur ne pouvait pas connaître ces détails purement techniques et leur réalisation apparente, et la **faute de l'installateur** ne pouvait être ni prévue, ni empêchée.

Cass. 3e civ. 26-10-1977 n° 76-10.994 : Bull. civ. III n° 357.

Un locataire avait transformé une chambre froide, située dans le sous-sol de locaux commerciaux, en chambre de congélation sans prévoir d'isolation complémentaire. Après son départ, les locaux avaient été loués à un nouveau locataire et une partie de la voûte du sous-sol s'était effondrée.

Le bailleur avait alors mis en œuvre la clause de résiliation de plein droit prévue par le bail en cas de destruction de la majeure partie des lieux par suite d'incendie ou de tout autre événement. La Cour de cassation a censuré la décision d'une cour d'appel qui, pour constater la résiliation du bail, avait retenu que l'effondrement de la voûte dû au fonctionnement de la chambre de congélation installée par le précédent locataire constituait un cas de force majeure pour le bailleur, alors que **l'existence d'un vice caché** ne peut pas être assimilée à un cas de force majeure, lequel a nécessairement une origine extérieure à la chose louée.

Cass. 3e civ. 2-4-2003 no 01-17.724 FS-PB : RJDA 7/03 no 692.

Ne revêtent pas les caractères d'imprévisibilité et d'irrésistibilité de la force majeure exonératoire de la responsabilité du propriétaire d'un immeuble, qui refusait d'installer des boîtes aux lettres nominatives, ni la mise en copropriété de l'immeuble ni le vote ultérieur de **résolutions** défavorables par **l'assemblée des copropriétaires.**

Cass. 3e civ. 3-10-2012 no 11-22.308 FS-D : Loyers et copr. 2012 comm. no 317 note B. Vial-Pedroletti.

57751 Lorsque le trouble trouve son origine **dans les parties communes de l'immeuble** et que la responsabilité du syndicat des copropriétaires pourrait être engagée, le bailleur doit établir qu'il a accompli toutes les diligences nécessaires auprès du syndic pour pallier le trouble de jouissance et qu'il s'est assuré qu'une suite concrète a été donnée à sa démarche. Tel n'est pas le cas lorsqu'il se contente, après mise en demeure du syndic, d'une simple assurance donnée par ce dernier qu'il avait fait le nécessaire (Cass. 3e civ. 23-11-2011 no 10-25.978 FS-D : RJDA 3/12 no 251).

57753 **Faute d'un tiers** Peu importe l'éventuelle faute commise par un professionnel à l'égard du bailleur : l'**intervention d'un professionnel** dans les lieux loués à la demande du bailleur n'exonère pas obligatoirement ce dernier de sa responsabilité à l'égard du locataire (Cass. 3e civ. 7-1-2009 no 07-11.516 FS-D : RJDA 4/09 no 313).

> Précisions Le **bailleur** peut néanmoins prétendre à être **garanti** par le professionnel ; les juges du fond apprécient alors souverainement la gravité de leurs fautes respectives pour déterminer la part de responsabilité incombant à chacun. Ainsi, un bailleur a été condamné à supporter la moitié des condamnations mises à la charge de l'électricien intervenu sur le système électrique avant la conclusion du bail car il avait commis une négligence fautive ayant directement contribué à la survenance de l'accident dont a été victime son locataire : les lieux loués n'avaient jamais fait l'objet du moindre entretien ni d'une quelconque vérification au cours des huit années ayant précédé l'accident ; il ne pouvait pas invoquer la force majeure pour s'exonérer totalement de sa responsabilité car le mauvais état de l'installation électrique pouvait être prévu et empêché (Cass. 3e civ. 9-11-2011 no 10-24.742 FS-D : RJDA 2/12 no 128).

57754 **Absence de faute du bailleur** La preuve de l'absence de faute du bailleur ne saurait suffire à exonérer celui-ci de la responsabilité d'un trouble de jouissance (Cass. 3e civ. 3-3-1971 no 70-12.691 : Bull. civ. III no 528 ; Cass. 3e civ. 9-10-1974 no 73-11.721 : Bull. civ. III no 345).

2. AMÉNAGEMENTS CONVENTIONNELS DE LA GARANTIE DES VICES

VALIDITÉ DES AMÉNAGEMENTS CONVENTIONNELS DE LA GARANTIE DES VICES

57755 Les parties au bail peuvent **aménager** la garantie des vices à laquelle est tenu le bailleur en vertu de l'article 1721 du Code civil, ce dernier n'étant pas d'ordre public. Ainsi, une clause du bail peut stipuler que le bailleur répondra des seuls vices dont il avait connaissance lors de la prise à bail ou encore de ceux préexistant à la signature du bail.

En revanche, depuis le 1er octobre 2016, les parties ne peuvent plus, à notre avis, **exonérer** totalement le bailleur de son obligation de garantie. En effet, le nouvel article 1170 du Code civil répute non écrite toute clause privant de sa substance l'obligation essentielle du débiteur. Or, une clause qui écarterait complètement l'article 1721 imposant de garantir le locataire pour « tous les vices ou défauts de la chose louée qui en empêchent l'usage » priverait de sa substance l'obligation essentielle du bailleur.

Avant le 1er octobre 2016, cette clause était fréquente. Toutefois, cette clause, licite dans son principe, devait, pour se voir prêter une réelle efficacité et donc être opposable au locataire, être précise et expresse. En effet, dérogeant au droit commun, elle était interprétée systématiquement de manière restrictive par les juges. Tel était le cas de la clause selon laquelle « le preneur fera son affaire personnelle de tous dégâts causés aux lieux loués et de tous troubles de jouissance causés par les autres occupants de l'immeuble, les voisins ou les tiers et se pourvoira directement contre les auteurs de ces troubles sans que le bailleur puisse être recherché », qui empêchait le preneur d'agir contre le bailleur en cas de dysfonctionnement du réseau d'évacuation des eaux usées, dont l'entretien incombait au syndicat des copropriétaires, tiers par rapport au preneur (CA Montpellier 22-1-2013 n° 11/04765). **57755** (suite)

Son interprétation et, corrélativement, sa portée tenaient compte de la connaissance que le bailleur aurait pu avoir du vice considéré lors de la conclusion du bail. Ainsi, en présence d'une clause par laquelle le **locataire accepte les lieux loués dans l'état** où ils se trouvent lors de la prise à bail, celui-ci reste fondé à demander à son bailleur la garantie des vices cachés sur le fondement de l'article 1721 du Code civil (CA Paris 1-10-1991 n° 90-1625, 16e ch. A : Loyers et copr. 1992 comm. n° 56 note B. Vial-Pedroletti).

ILLUSTRATIONS

Les locataires d'un local avaient accepté, par dérogation à l'article 1720 du Code civil, de prendre les lieux dans l'état dans lequel ils se trouvaient au moment de la location ; en conséquence, le bailleur ne pouvait être tenu vis-à-vis des dégradations ou vices apparents lors de la conclusion du bail. Or au cours du bail différents problèmes étaient survenus : défaut d'étanchéité de la colonne de descente des eaux usées, obstruction de tuyauterie.
Jugé que les vices qui ne peuvent être révélés que par l'usage sont cachés lors de la conclusion du bail. Par suite, le locataire pouvait agir en garantie contre le bailleur sur le fondement de l'article 1721 du Code civil.

CA Paris 7-12-1984 : RDI 1985 p. 290.

L'installation électrique d'un local loué était affectée d'un vice qui existait depuis la conclusion du bail et était resté caché jusqu'en 1983. Or le bail comprenait une clause selon laquelle le locataire avait pris les lieux dans l'état où ils se trouvaient « sans pouvoir exiger aucune réparation pendant la durée du bail hors les gros travaux prévus à l'article 606 du Code civil ». Pour la Cour de cassation cette clause n'avait pas déchargé le bailleur de son obligation de réfection de cette installation électrique.

Cass. 3e civ. 29-3-1995 n° 95-21.471 : Loyers et copr. 1995 comm. n° 315.

La clause d'un bail sur le non-recours en responsabilité du preneur à l'encontre du bailleur stipulait que le non-recours édicté l'était en considération de la garantie devant être souscrite par le preneur. Les locaux ayant été endommagés par les fumées provenant d'un incendie survenu dans le restaurant interentreprises mitoyen mis à la disposition d'autres locataires, le preneur avait engagé une action en responsabilité contre son bailleur. L'action a été déclarée recevable dans la mesure où le preneur ne peut souscrire de garantie pour les vices de construction dont seul le bailleur peut se garantir, ceci faisant tout naturellement exception à la règle du non-recours en cas de défectuosités dûment constatées de la construction.

CA Paris 15-9-2010 n° 09/01792, ch. 5-3 : AJDI 2010 p. 882.

Interprétant souverainement la clause d'un bail stipulant que le preneur prenait les lieux loués dans leur état actuel sans pouvoir exiger réparation, et retenu que cette clause ne pouvait concerner que l'état dans lequel le locataire avait pu se convaincre lors de la conclusion du bail et relevé que les désordres étaient non apparents ou apparus postérieurement à cette date, la cour d'appel en a exactement déduit que cette clause n'exonérait pas le bailleur de délivrer la chose dans un état conforme à l'usage auquel elle était destinée.

Cass. 3e civ. 18-12-2012 n° 10-21.636 F-D.

Une clause d'un bail stipulait que « le preneur prend les lieux dans l'état où ils se trouveront lors de l'entrée en jouissance, sans pouvoir exiger du bailleur aucune réparation ni remise en état autres que celles qui seraient nécessaires afin que les lieux soient clos et couverts ». En outre, les parties étaient expressément convenues dans le contrat d'écarter toute responsabilité du bailleur en cas d'inondation par les eaux pluviales, fuites d'eau, écoulement par chéneaux et autres circonstances provoquant ces débordements.
La clause de prise de possession des lieux en l'état étant dérogatoire à l'article 1721 du Code civil et n'exonérant pas le bailleur des réparations relatives au clos et au couvert, et les clauses exonératoires de garantie étant d'interprétation stricte, le bailleur doit supporter les conséquences d'infiltrations résultant de défauts de conception et d'entretien qui compromettaient le couvert des locaux (impossibilité de jouissance justifiant une diminution de loyer pour perte partielle des lieux loués).

CA Angers 10-12-2013 n° 12/01790.

La clause qui stipule que le preneur est subrogé dans les droits du bailleur envers l'assureur dommages-ouvrage n'est pas de nature à exonérer le bailleur de la garantie de l'article 1721 du Code civil. Le bailleur ne peut donc pas opposer cette clause au preneur en cas de refus de garantie par l'assureur.

Cass. 3e civ. 2-3-2017 n° 15-24.876 FS-PB : RJDA 5/17 n° 314.

La clause du bail selon laquelle « le preneur prendra les lieux loués dans leur état actuel » n'a pas pour objet ni pour effet de transférer au preneur l'ensemble des travaux. Elle n'exonère le bailleur, en tout état de cause, que des réparations exigibles à la date de l'entrée en jouissance du preneur et non de celles se révélant postérieurement à cette date et ne décharge pas le bailleur de maintenir les locaux, en cours de bail, en état de servir à l'usage auquel ils sont destinés.
CA Douai 5-3-2020 n° 18/03349.

APPLICATION DES AMÉNAGEMENTS CONVENTIONNELS DE LA GARANTIE DES VICES

57760 L'efficacité des stipulations contractuelles aménageant l'obligation de garantie du bailleur est liée à l'absence de **dol** ou réticence dolosive **ou** de **faute lourde** de la part du bailleur.

ILLUSTRATIONS

Commet une faute lourde :
– le bailleur qui, ayant conservé à sa charge les grosses réparations prévues à l'article 606 du Code civil, ne procède à aucune réparation efficace pendant quatre ans et laisse le locataire subir des infiltrations d'eau perturbant l'usage normal des lieux loués (CA Dijon 30-3-1995 n° 95-830, 1e ch. sect. 2 : Bull. inf. C. cass. 15-11-1995 n° 1186) ;
– le bailleur d'un centre commercial dont le locataire avait subi plusieurs inondations, dont les causes avaient été rapidement identifiées (inefficacité du système d'évacuation des eaux) : l'effondrement partiel du talus situé à l'arrière du magasin avait obstrué l'issue de secours et le mur du parking était resté soutenu par des tirants avec grillage. Le bailleur n'avait fait procéder à aucune réparation efficace de nature à remédier aux inondations, faisant ainsi courir un risque à la sécurité des personnes en ne mettant pas en place une installation pérenne pour prévenir tout éboulement à l'arrière du magasin et laissant l'environnement se dégrader par la présence d'un mur du parking réparé de manière provisoire. L'ensemble des sinistres ayant gravement troublé l'exploitation des locaux, jugé qu'était inopposable la clause écartant tous recours du locataire contre le bailleur en cas d'inondation des parkings ou d'interruption de prestations, le bail commercial devant être résilié aux torts du bailleur (CA Paris 2-10-2013 n° 11/18850, ch. 5-3).

3. SANCTION DU MANQUEMENT DU BAILLEUR À LA GARANTIE DES VICES

57765 S'il résulte des vices ou défauts de la chose louée quelque perte pour le preneur, le bailleur est tenu de l'indemniser (C. civ. art. 1721, al. 2).

Pour que le bailleur soit sanctionné, il faut que le **locataire** subisse un **préjudice** et qu'il n'ait pas bénéficié d'une réduction de loyer de ce fait.

Le **responsable du vice caché** est celui qui était propriétaire au moment où les troubles se sont produits (Cass. com. 25-7-1950 n° 36-552 : Bull. civ. II n° 275). Cependant, le bailleur tenu responsable pourra se retourner contre son vendeur (Cass. soc. 18-2-1954 n° 962 : Bull. civ. IV n° 121).

57770 Dès lors que le locataire peut apporter la preuve du lien de causalité entre le vice pour lequel il lui est dû garantie et le préjudice subi, ce préjudice doit être réparé dans son intégralité. Les **dommages-intérêts** doivent ainsi lui être alloués pour l'indemniser de toutes les pertes qu'il a subies (mobilier, frais de déménagement, valeur du fonds de commerce perdu, etc.), y compris pour les dommages corporels (CA Paris 25-3-2002 n° 01-1602, 17e ch. A : Juris-Data n° 2002-173283 pour des blessures résultant d'une chute causée par le descellement d'un garde-corps).

Il est important de noter que le locataire peut demander réparation de son préjudice à son bailleur même s'il n'a pas souscrit d'**assurance** couvrant l'indemnisation du type de préjudice subi. En effet, la Cour de cassation a précisé que l'inexécution par le locataire de l'obligation spécialement mise à sa charge de souscrire une assurance ne peut entraîner qu'une résiliation éventuelle du bail ; à défaut, rien n'interdit au locataire de réclamer à son bailleur la réparation des dommages qu'il a subis et dont celui-ci est responsable sur le fondement des articles 1719 et 1721 du Code civil (Cass. 1e civ. 18-6-1996 n° 94-14.470 : Juris-Data n° 1996-002679).

57775 Le locataire peut également demander la **réduction du loyer** pour privation de jouissance de tout ou partie des lieux loués. Le juge apprécie alors souverainement la diminution du loyer qu'il convient de retenir pour couvrir le préjudice subi par le locataire. Cette diminution du prix est proportionnelle à la privation de jouissance subie (CA Paris 6-5-1998 n° 96-80215 : Rev. Loyers 1999 p. 394).

Le juge qui constate l'existence d'un vice suffisamment important et grave peut prononcer la **résiliation du bail** aux torts du bailleur avec ou sans dommages-intérêts. C'est le cas lorsque le vice est tellement grave ou important qu'il ne peut faire l'objet d'une réparation uniquement pécuniaire. Par exemple, pour le décrochage des éléments d'attaches du ballon électrique destiné à l'alimentation en eau chaude, écrasant la cuvette des toilettes et provoquant une inondation des lieux loués, il a pu être décidé qu'il convenait de prononcer la résiliation judiciaire du bail aux torts du bailleur dès lors que la destruction de l'installation rendait le local inhabitable (CA Rennes 26-4-2001 n° 00-2055, 4e ch. : Juris-Data n° 2001-155590).

B. Garantie d'éviction du fait du bailleur

L'obligation de garantie du fait du bailleur n'est pas expressément prévue par le Code civil. En effet, outre l'article 1719, 3° du Code civil, lequel envisage l'obligation de garantie en général, seul l'article 1723 s'attache à un aspect de celle-ci : « Le bailleur ne peut, pendant la durée du bail, changer la forme de la chose louée. » Cette obligation très spécifique est liée à l'obligation de **jouissance paisible** ; elle est considérée comme essentielle (CA Versailles 26-11-1993 n° 91-6137, 1e ch. : Loyers et copr. 1994 comm. n° 145) et tout aménagement conventionnel qui priverait cette obligation de sa substance serait réputé non écrit (C. civ. art. 1170 issu de ord. 2016-131 du 10-2-2016 ; auparavant, CA Versailles 26-11-1993 n° 91-6137 précité). En revanche, les autres composantes de l'obligation de garantie du fait du bailleur peuvent faire l'objet d'une clause les atténuant, voire les supprimant. **57850**

En l'absence de clause expresse dans le bail, le bailleur ne peut, pour éluder sa responsabilité, se prévaloir d'une renonciation du locataire d'engager sa responsabilité. Ainsi, un locataire, qui, par esprit de bon voisinage, a supporté pendant un certain temps des troubles de jouissance provoqués par d'autres locataires, ne saurait être considéré avoir renoncé définitivement à agir contre son bailleur pour obtenir réparation de ces nuisances (Cass. 3e civ. 25-1-1983 n° 81-13.588 : Bull. civ. III n° 22).

Les **clauses exonératoires** afférentes à l'obligation de garantie du bailleur, laquelle n'est pas d'ordre public, doivent être interprétées de façon restrictive. Ainsi, une clause stipulant que le locataire souffrira toutes les réparations que le bailleur jugerait utile d'effectuer aux biens loués pendant le cours du bail, sans pouvoir réclamer aucune indemnité ni diminution de loyer et ce, quelles que soient la durée et l'importance des travaux, ne saurait s'appliquer en cas de privation totale de jouissance pendant un temps indéterminé. Dans un tel cas, le preneur est donc fondé à agir contre son bailleur (CA Rennes 4-9-2013 n° 10/01816, 5e ch.).

1. GARANTIE LÉGALE D'ÉVICTION

a. Troubles susceptibles d'engager la garantie du bailleur

Les troubles susceptibles d'engager la garantie du bailleur sont variés. L'on ne saurait en établir une **liste** exhaustive, faute d'existence d'une définition légale. La jurisprudence en donne de nombreux et variés exemples puisqu'il appartient aux juges du fond d'apprécier souverainement les cas dans lesquels le trouble causé par le bailleur est caractérisé (Cass. req. 29-1-1868 n° 28238 : DP 1868 I p. 213). L'obligation du bailleur d'assurer la jouissance paisible de son locataire ne cesse qu'en cas de force majeure (notamment, Cass. 3e civ. 23-5-2019 n° 18-10.034 F-D : RJDA 8-9/19 n° 549). **57860**

CHANGEMENT DE LA FORME DU BIEN LOUÉ

Principe Le changement de la forme de la chose louée est expressément visé par l'article 1723 du Code civil : le bailleur doit maintenir les lieux loués dans leur forme initiale lors de la prise à bail, puisque le locataire est censé avoir pris les lieux en location en considération de leur conformation (Cass. 3e civ. 18-7-2001 n° 00-10.082 FS-D : n° 79450). **57865**

Ce changement non autorisé, qui constitue un trouble, peut aussi bien porter sur le bien lui-même que sur ses accessoires. Il a en effet été jugé que les principes qui régissent le contrat de bail à loyer et qui imposent au bailleur d'assurer au preneur la complète et paisible jouissance de la chose louée et de ne pas en changer la forme s'appliquent non seulement aux objets énoncés dans le bail, mais encore à tous les avantages qui s'y rattachent et sur lesquels le preneur a pu compter (Cass. req. 25-4-1893 : DP 1893 I p. 287 ; Cass. 1e civ. 8-10-1962 n° 61-10.073 : Bull. civ. I n° 398). **57867**

ILLUSTRATIONS

La décision prise par le bailleur de **supprimer** le deuxième **escalier** menant aux lieux loués, réduisant ainsi leur accès, constitue un trouble ; le locataire est donc fondé à demander son rétablissement. Ce rétablissement ne saurait lui être refusé, au motif que cette transformation n'avait pas pour effet de diminuer « sensiblement » la jouissance du locataire et de lui causer un trouble sérieux.

Cass. 1e civ. 22-3-1961 n° 59-10.816 : Bull. civ. I n° 178.

Une personne avait pris à bail un immeuble comprenant un magasin, un arrière-magasin et un appartement et la bailleresse avait fait construire, sur un terre-plein lui appartenant qui séparait l'immeuble de la chaussée, un muret de 5 m de long dont la présence avait interdit aux camions qui venaient décharger les marchandises destinées au commerce d'alimentation de se garer à proximité.
La Cour de cassation approuve la cour d'appel d'avoir constaté que les **facilités d'accès** au magasin constituaient un avantage substantiel pris en considération par le locataire lors de la conclusion du contrat. La propriétaire ne pouvait donc pas l'en priver sans raison valable ; la cour d'appel a donc justement ordonné la destruction du muret.

Cass. 1e civ. 8-10-1962 n° 61-10.073 : Bull. civ. I n° 398.

Une clause du bail stipulant que le preneur devra souffrir sans indemnité l'exécution de tous travaux estimés utiles ou simplement convenables par le propriétaire n'autorise pas le bailleur à se livrer à des voies de fait et à **obturer** sans concertation préalable **les ouvertures existantes** nécessaires à la ventilation et à l'éclairage des lieux.

Cass. 3e civ. 23-6-1993 n° 91-14.333 D : Loyers et copr. 1993 comm. n° 387.

Ne constitue pas un changement de la forme de la chose louée l'**installation de poignées aux portes palières** donnant accès à l'ascenseur d'un immeuble, ce qui avait augmenté la fréquence de son utilisation jusqu'alors réservée aux seules personnes munies de « carrés ». Par suite, a été rejetée la demande de remise en état formulée par le locataire d'un appartement, dont un des murs formait l'une des parois de la cage où se déplaçait l'ascenseur, et qui subissait des nuisances sonores importantes lors de chaque déplacement.

Cass. 1e civ. 7-2-1967 n° 64-14.164 : Bull. civ. I n° 49.

En présence de travaux n'entraînant **aucune modification** définitive **défavorable** de la forme d'une galerie marchande, les locataires commerçants ne sont pas fondés à invoquer une atteinte aux dispositions de l'article 1723 du Code civil et au principe de l'immutabilité de la chose louée.

CA Paris 28-1-1998 n° 97-14704, 16e ch. A : D. aff. 1998 p. 366 obs. Y. R.

La pose d'une **grille** en façade d'un immeuble en copropriété **restreignant l'accès au local loué** ne justifie pas la résiliation du bail dès lors qu'elle n'a occasionné qu'un léger trouble de jouissance au locataire et que l'accessibilité du local n'était pas un élément déterminant du contrat.

CA Orléans 1-7-2021 n° 20/00118, SCI Carnyx c/ Association Centre régional d'information de la jeunesse : RJDA 11/21 n° 704.

57870 **Modifications autorisées** Les tribunaux admettent que le bailleur apporte aux lieux loués certaines modifications, notamment pour les **adapter aux normes** de confort moderne ou pour les **améliorer** (installation du chauffage central, par exemple).

ILLUSTRATIONS

Dans un cas où le propriétaire d'un local loué avait remplacé deux portes en bois vétustes par un large portail métallique, la demande en rétablissement formée par un locataire a été rejetée car la modification constituait pour l'immeuble une amélioration augmentant son confort et sa sécurité et le locataire ne prouvait pas qu'il avait dans ses conventions locatives, et comme condition essentielle de celles-ci, la jouissance exclusive, obligatoire, de la porte litigieuse, pas plus qu'il ne pouvait se prévaloir d'un droit personnel à la jouissance de celle-ci et il en a été valablement conclu « qu'il n'avait pas été porté atteinte à un élément même accessoire du bail » (Cass. soc. 3-2-1960 n° 58-10.451 : Bull. civ. IV n° 123).

57875 La loi 67-561 du 12 juillet 1967 relative à l'**amélioration** de l'habitat autorise également le bailleur, nonobstant toute stipulation contraire, à exécuter des travaux pour adapter totalement ou partiellement les locaux d'habitation à des normes de sécurité, de salubrité, d'équipement ou de confort. S'agissant des baux commerciaux seuls les locaux mixtes sont concernés et plus spécifiquement leur **partie affectée à l'habitation.**

57876 Le bailleur doit (Loi 67-56 12-7-1967 art. 2) :

– exécuter les travaux dans les mêmes conditions que les réparations urgentes visées à l'article 1724 du Code civil (nos 78510 s.), c'est-à-dire que, si les travaux durent plus de vingt et un jours, le prix du bail sera diminué à proportion du temps et de la partie du local dont le locataire a été privé, et, si ces travaux rendent le local inhabitable, le locataire pourra demander la résiliation du bail ; si les travaux présentent un caractère abusif ou vexatoire, le juge du tribunal d'instance statuant par ordonnance de référé est compétent pour prescrire leur interdiction ou leur interruption (il peut ordonner celles-ci à titre provisoire s'il estime nécessaire une mesure d'instruction) ;

– informer son locataire par acte extrajudiciaire ou lettre recommandée avec avis de réception de son intention d'exécuter les travaux lorsque ceux-ci n'affectent que les locaux occupés par le locataire.

Sauf s'il entend s'opposer aux travaux ou à leurs modalités d'exécution pour un motif sérieux et légitime (auquel cas il doit saisir, à peine de forclusion, la juridiction compétente, dans le délai de deux mois à compter de la réception de la notification qui lui a été faite), le locataire ne peut interdire l'accès des locaux loués ni s'opposer au passage dans ceux-ci de conduits de toute nature (Loi 67-561 12-7-1967 art. 2).

Sanctions Le changement irrégulier de forme du bien loué par le bailleur doit être sanctionné par la remise en l'état initial ; il ne peut pas se résoudre en dommages-intérêts, quelles que soient les conséquences de la remise en l'état (Cass. 3e civ. 3-4-1996 no 94-14.485 P : RJDA 7/96 no 892 ; dans le même sens, Cass. 3e civ. 20-2-2008 no 07-10.447 FS-PB : RJDA 5/08 no 492). **57880**

ILLUSTRATIONS

La remise en état a ainsi été ordonnée dans les cas suivants :
– pose d'une marquise privant le locataire de la vue de la chaussée (CA Paris 19-7-1895 : DP 1896 II p. 364) ;
– suppression d'un deuxième escalier (Cass. 1e civ. 22-3-1961 no 59-10.816 : no 57867) ;
– remplacement de l'accès d'un immeuble sur une voie dégagée par une sortie sur une voie resserrée et sans trottoir (Cass. 1e civ. 26-6-1967 : D. 1967 p. 673).

SUPPRESSION D'ÉQUIPEMENTS OU D'AMÉNAGEMENTS

La suppression d'équipements ou d'aménagements au vu desquels le locataire s'était engagé et qui entraîne un usage restreint ou suffisamment modifié pour caractériser un trouble de jouissance constitue un manquement à l'obligation de garantie du bailleur. Tel est le cas : **57885**

– du non-fonctionnement de plusieurs volets roulants ainsi que du mauvais fonctionnement du chauffe-eau électrique, le bailleur n'ayant pas, malgré plusieurs mises en demeure, pallié ce désagrément, lequel faisait suite à une première manifestation d'un phénomène de vétusté générale (CA Aix-en-Provence 13-5-1988 no 85-5676, 11e ch. civ. : Juris-Data no 1998-048558) ;

– de la privation brutale, à la suite de la maladresse d'une entreprise chargée de travaux dans un immeuble, de l'usage des W-C dont disposaient les locataires, les bailleurs ayant tardé à remédier à cette situation (Cass. 3e civ. 28-2-1990 no 88-10.314 : Loyers et copr. 1990 comm. no 203) ;

– des défauts d'isolation d'un immeuble ayant rendu insuffisant le chauffage électrique installé, ce qui avait contraint les locataires soit à partir, soit pour occuper les lieux dans des conditions normales à avoir recours à des chauffages d'appoint et à supporter des dépenses supplémentaires d'équipement et de consommation de courant (Cass. 3e civ. 3-6-1992 no 90-10.304 : Loyers et copr. 1992 comm. no 378) ;

– du mauvais état de la toiture d'un local donné à bail pour y exploiter des salles de gymnastique et de danse engendré par le retard mis par le bailleur pour la faire réparer (trois années pendant lesquelles le bailleur « avait fait couvrir la toiture ») qui avait entraîné différents sinistres ayant pour conséquence non seulement la détérioration du local mais aussi une perte de jouissance et d'exploitation des locaux (Cass. 3e civ. 3-3-1993 no 91-15.097 : Loyers et copr. 1993 comm. no 214) ;

– du remplacement de l'interphone par un système de badge rendant l'accès de l'immeuble plus difficile pour les visiteurs et clients (CA Paris 9-12-2009 no 08-7628 : no 57890).

EXÉCUTION DE TRAVAUX EMPÊCHANT UNE UTILISATION NORMALE DES LIEUX

L'article 1724 du Code civil autorise le bailleur à effectuer pendant la durée du bail les **réparations urgentes** qui ne peuvent être différées jusqu'à la fin du bail. Cette faculté ainsi donnée au bailleur appelle les remarques suivantes : d'une part, la loi ne vise que les réparations urgentes à l'exclusion de toutes les améliorations ou réparations dont le bailleur voudrait prendre l'initiative et, d'autre part, cette disposition énonce le principe d'une indemnisation du locataire si ces réparations durent plus de vingt et un jours. Cette disposition est étudiée aux nos 78510 s. **57890**

Lorsque le bailleur fait procéder à des travaux, sa responsabilité est engagée dès qu'un trouble est causé à son locataire soit par lui-même, soit par ceux qui réalisent les travaux. Dès lors que le locataire subit une **gêne sérieuse** lors de l'exécution des travaux, le bailleur doit réparer ce trouble. Le bailleur doit en particulier veiller à faire effectuer les travaux à une époque et à des heures occasionnant un minimum de gêne pour les locataires.

ILLUSTRATIONS

Engage sa responsabilité le bailleur qui fait commencer des travaux d'installation du chauffage central en pleine période de Noël et envoie les ouvriers chez une locataire sans prendre la précaution de la prévenir des conditions et de la durée des travaux.

CA Colmar 29-2-1936 : Gaz. Pal. 1936 pan. p. 896.

Si au terme de la clause d'un bail imposant au locataire « de souffrir toutes les grosses réparations et les travaux qui deviendraient nécessaires ou que le bailleur jugerait opportun de faire ainsi que toute reconstruction de murs et bouchements de jours de souffrance, constructions nouvelles et surélévations sans pouvoir prétendre à aucune indemnité ni diminution de loyer quand bien même leur durée excéderait quarante [désormais, vingt et un] jours », aucune indemnisation n'est due par le bailleur pour les travaux entrepris dans l'immeuble, le bailleur, par ailleurs tenu de l'obligation d'assurer à son locataire la jouissance paisible de la chose louée, doit prendre toutes dispositions utiles pour limiter au maximum la gêne consécutive aux travaux en veillant à ce que la destination contractuelle puisse, bien que nécessairement troublée par l'exécution des travaux, être néanmoins poursuivie dans des conditions acceptables.
Il résulte des éléments suivants que de telles dispositions n'ont pas été prises par le bailleur qui, en dépit de la clause susvisée, a engagé sa responsabilité :
– les travaux engagés sans interruption par le bailleur avaient généré un bruit infernal rendant particulièrement difficile, voire impossible, tout entretien téléphonique et non moins difficile l'exercice de l'activité consistant à la réalisation de travaux d'arts graphiques sur ordinateur, destinés à être ensuite imprimés, qui exigent une forte concentration ;
– ils avaient provoqué de nombreux dysfonctionnements dans le circuit électrique très préjudiciables pour le matériel informatique utilisé pour l'activité ;
– ils avaient occasionné des difficultés d'accès aux locaux par encombrement conséquent du hall d'entrée par du matériel de chantier et par la suppression, pendant toute la durée des travaux (soit pendant 5 mois), de l'interphone ayant conduit, selon les témoignages, à la non-remise de plis par des coursiers sans compter la gêne occasionnée par les déplacements rendus, de ce fait, nécessaires pour permettre l'accès de visiteurs et clients aux locaux.

CA Paris 9-12-2009 n° 08-7628, ch. 5-3.

La clause conventionnelle de « souffrance » ne peut exonérer le bailleur de réparer le préjudice subi par le preneur du fait des conditions dans lesquelles les travaux se sont déroulés avec pour conséquence d'empêcher la jouissance normale par le preneur des locaux loués. Cet empêchement est suffisamment grave pour prononcer la résiliation judiciaire du bail aux torts exclusifs du bailleur.

CA Versailles 15-12-2022 n° 21/04663.

La clause conventionnelle de « souffrance » est paralysée en raison de la durée et l'ampleur des travaux entrepris dans l'immeuble, générateurs de nuisances sonores, de poussière et ayant empêché l'accessibilité des locaux, à l'origine de préjudices pour le preneur.

CA Paris 19-4-2023 n° 21/07043 : RJDA 11/23 n° 568.

57895 La responsabilité du bailleur peut aussi être engagée lorsque les locataires subissent du fait des travaux des **dommages corporels.** Il en est ainsi lorsque les mandataires ou les préposés du propriétaire ont conseillé ou à tout le moins toléré la présence de plaques d'isorel dans le hall d'un immeuble dont la chute, quelques jours après le commencement des travaux, a blessé l'enfant d'un locataire ; le propriétaire ayant pris l'entière responsabilité de ce dépôt, il lui incombait de s'assurer que l'entrepreneur avait pris toutes les précautions qui s'imposaient pour la sécurité des locataires (Cass. 1e civ. 26-3-1963 n° 61-13.498 : Bull. civ. I n° 188). De même, il a été jugé que le propriétaire d'un immeuble était responsable des blessures causées à son locataire, à la suite de l'effondrement d'une terrasse en cours de réfection donnant accès à son logement, dès lors que cette terrasse était un accessoire nécessaire de la location, qu'aucune barrière n'empêchait le passage pendant les travaux et que l'imprudence du locataire n'était pas démontrée (Cass. 3e civ. 17-6-1970 n° 68-12.251 : D. 1970 som. p. 211).

IMPLANTATION PAR LE BAILLEUR D'UN COMMERCE SIMILAIRE OU IDENTIQUE

57900 **En l'absence de clause d'exclusivité** L'implantation par le bailleur d'un commerce similaire ou identique dans l'environnement proche d'un premier locataire ayant une activité commerciale, industrielle ou artisanale est autorisée. En effet le bailleur n'est pas tenu, en l'absence de clause contraire, de garantir l'exclusivité du locataire dans l'immeuble loué. Il peut donc louer à un autre locataire un local en vue de l'exploitation d'un commerce similaire ou l'exploiter lui-même (Cass. com. 2-7-1991 n° 88-20.420 D : RJDA 8-9/91 n° 690 ; Cass. 3e civ. 4-12-1991 n° 90-11.569 : D. 1992 IR p. 5 ; Cass. 3e civ. 19-3-1997 n° 95-16.585 : Rev. Loyers 1997 p. 482). On rappellera que, par l'effet de dispositions étrangères au bail (cahier des charges ou autres conventions), il peut être imposé aux locataires d'un immeuble de ne pas concurrencer les autres (Cass. com. 11-12-1978 n° 77-12.946 : RTD com. 1979 p. 250).

ILLUSTRATIONS 57905

Les locataires d'un magasin situé au rez-de-chaussée d'un immeuble demandent à la bailleresse de faire cesser un prétendu trouble résultant de l'installation d'un commerce de snack-bar leur faisant concurrence dans un local du même immeuble. Or le bail consenti aux locataires « ne contenait pas d'autre mention que celle selon laquelle le local loué était un magasin à usage exclusif de café, bazar, bureau de tabac » et « les obligations du bailleur définies par l'article 1719 du Code civil n'imposent à celui-ci que d'assurer à son locataire la jouissance paisible des lieux loués ; dans le silence du bail et à défaut de circonstances spéciales de nature à engager sa responsabilité, il conserve la faculté de donner en location dans le même immeuble un local pour l'exercice d'un commerce semblable à celui du preneur premier en titre ».

Cass. com. 29-6-1965 n° 62-11.246 : Bull. civ. III n° 411.

Une personne donne à bail un magasin stipulant que les lieux étaient « à usage d'alimentation générale avec interdiction de changer leur destination » et que « la locataire s'engageait à y exploiter le commerce d'alimentation générale à l'exclusion de tout autre ». La bailleresse a ensuite donné en location des locaux selon un contrat stipulant que le magasin était loué à usage de boucherie-charcuterie avec interdiction de changer la destination des lieux sans autorisation. Or le locataire-gérant du fonds ayant proposé des produits d'alimentation générale, la locataire de premier titre a assigné la bailleresse en interdiction de ces produits et en paiement de dommages-intérêts.

La cour d'appel considère que le bailleur « s'est implicitement engagé à s'abstenir de toute action ayant pour effet de diminuer la valeur du fonds de sa locataire » et « qu'il lui incombait donc de faire cesser les troubles commis » par le second locataire « qui a enfreint les clauses de son propre bail et qu'en s'abstenant de le faire, il a commis une faute dont il doit réparation ».

La Cour de cassation casse l'arrêt d'appel au visa de l'article 1719, 3° du Code civil : en l'absence de clause expresse le bailleur pouvait tout à fait louer une partie de son immeuble à un locataire exploitant un commerce semblable au premier.

Cass. 3e civ. 16-10-1985 n° 84-14.105 : Bull. civ. III n° 123.

Même en l'absence de toute clause d'interdiction expresse ou tacite, le locataire peut se plaindre s'il est établi que le bailleur a autorisé l'établissement dans son immeuble d'un commerce similaire en vue de favoriser frauduleusement une **concurrence déloyale.** Tel est par exemple le cas lorsque le bailleur, après avoir cédé à son locataire le fonds de commerce qu'il exploitait dans une partie de l'immeuble, a ensuite tenté, dans une intention manifestement frauduleuse, de se réinstaller dans les lieux mêmes où il avait exercé le commerce cédé, et que les deux fonds, séparés par une étroite cloison et comportant une enseigne commune, donnaient l'impression de n'en former qu'un seul, ce qui était de nature à tromper les clients (Cass. ass. plén. 29-5-1970 n° 67-14.497 : Bull. civ. n° 5). 57910

En présence d'une clause d'exclusivité Si le bail prévoit une clause d'exclusivité, le bailleur ne pourra ni exploiter un commerce similaire, ni louer un local à un autre locataire exploitant le même type de commerce dans le surplus de l'immeuble. 57915

Le bénéficiaire d'une telle clause est en droit d'exiger que le bailleur fasse respecter cette clause par ses **autres locataires,** alors même que ceux-ci ne sont pas parties au contrat contenant cette stipulation (Cass. 3e civ. 4-5-2006 n° 04-10.051 FS-PB : RJDA 8-9/06 n° 873).

De telles clauses d'exclusivité demeurent toutefois d'interprétation restrictive (Cass. 3e civ. 19-5-1971 n° 69-14.700 : Bull. civ. III n° 321 ; Cass. 3e civ. 25-10-1972 n° 71-11.563 : Bull. civ. III n° 547).

ILLUSTRATIONS

Un bail conclu en 1942 stipulait, d'une part, que le locataire ne pouvait pratiquer dans les lieux loués que le commerce de la « vraie bijouterie et joaillerie à l'exclusion de tout autre article » et, d'autre part, que les propriétaires « s'interdisaient formellement d'exercer ou de faire exercer dans aucune partie de la maison, un **commerce similaire** ». Or un autre bail est conclu en 1968 entre le même bailleur et un autre locataire, en vue d'exploiter un commerce de fabrique de bijouterie-or et chaînes. Le premier locataire avait agi en interdiction de cette activité. La cour d'appel l'avait débouté au motif que les commerces n'étaient en rien concurrentiels puisque l'un consistait en une fabrication industrielle et l'autre en un artisanat de travaux sur commande.

La Cour de cassation a censuré cette décision après avoir relevé que les bailleurs s'étaient engagés pendant la durée dudit bail à interdire l'exercice de tout commerce similaire à celui dont l'exclusivité était déjà réservée à leur locataire.

Cass. 3e civ. 9-11-1976 n° 74-11.578 : Bull. civ. III n° 397.

Un bail, conclu en 1951 et portant sur des locaux « à usage de commerce de crémerie et denrées alimentaires en général », prévoyait que le bailleur s'engageait « à ne louer dans cet immeuble ou dans les immeubles contigus dont il deviendrait propriétaire aucun commerce pouvant faire concurrence à celui des preneurs ». Or antérieurement à ce bail, un autre local appartenant au

57915 (suite) bailleur était exploité comme commerce de vins et spiritueux et, par un avenant de 1955, le locataire avait été autorisé à adjoindre « une alimentation générale sauf boulangerie, pâtisserie, glaces, et confiseries ». Les exploitants du commerce ont assigné le propriétaire ainsi que le locataire concurrent en réparation du préjudice et afin de faire ordonner la cessation du trouble. La cour d'appel, approuvée par la Cour de cassation, accepte la demande puisque, bien que le bail soit antérieur, l'**avenant** était **postérieur au bail** de 1951 ; le propriétaire avait manqué à son engagement et donc commis une faute contractuelle dont il devait réparation.

Cass. com. 24-3-1966 n° 62-12.454 : Bull. civ. III n° 166.

Les locataires de locaux commerciaux à usage de fruiterie, épicerie, comestibles ont formé une demande en vue de faire interdire la vente de produits de charcuterie à d'autres locataires exploitants, dans un local situé dans le même immeuble et appartenant aux mêmes propriétaires, un fonds de commerce à usage de boucherie et vente d'abats. La cour d'appel avait déclaré cette demande bien fondée en retenant que le bail des seconds locataires « n'autorisait pas la vente de charcuterie » alors que les premiers étaient « titulaires d'une carte professionnelle permettant la vente desdits produits ».

Décision censurée par la Cour de cassation au motif que la cour d'appel s'est fondée sur des **éléments étrangers au bail** alors qu'elle aurait dû rechercher si le bail prévoyait ou non une garantie d'exclusivité au moins implicite.

Cass. 3e civ. 3-5-1972 n° 70-14.146 : Bull. civ. III n° 275.

Une société avait donné à bail en 1973 des locaux situés dans une galerie marchande pour l'exploitation d'un commerce de vêtements de « future maman et enfants jusqu'à 10 ans ». Le bailleur avait vendu en 1987 une parcelle de terrain située à côté de la galerie marchande, et le nouveau propriétaire, après avoir construit une nouvelle galerie marchande, avait lui-même donné à bail un local pour l'exploitation d'un commerce similaire. La locataire des locaux de la première galerie marchande invoquait une clause d'exclusivité professionnelle dans son bail pour réclamer à son bailleur la cessation et la réparation du trouble.

La Cour de cassation approuve la cour d'appel d'avoir considéré qu'une **clause** d'exclusivité doit, pour être valable, être **limitée** dans le temps ou **dans l'espace** et que celle-ci devait donc s'interpréter restrictivement, et d'en avoir conclu que les parties n'avaient entendu viser dans la clause que la galerie marchande créée en 1973 et non celle ouverte en 1988.

Cass. 3e civ. 8-1-1997 n° 94-20.766 P : RJDA 2/97 n° 175.

Un locataire, titulaire d'un bail commercial comportant une **clause de non-concurrence,** avait fait valoir que, compte tenu des mutations et transformations de commerces intervenues dans l'immeuble loué à divers commerçants, cette clause était **devenue sans objet** et il avait demandé sa résolution.

La Cour de cassation a fait droit à sa demande en se fondant sur l'argumentation suivante. La clause du bail d'origine interdisant au locataire d'exploiter des commerces actuellement exercés par les autres locataires de l'immeuble avait été insérée dès le départ dans tous les baux du même immeuble, les bailleurs d'origine et les locataires initiaux ayant eu pour commune intention de préserver l'activité commerciale des autres commerces déjà exploités dans l'immeuble en évitant toute concurrence entre ses occupants. Sauf à la dénaturer ou à l'exécuter de mauvaise foi en créant un déséquilibre entre les droits et les obligations des parties, cette clause devait demeurer commune à tous les locataires et perdurer dans le temps. Le bailleur, qui s'était abstenu d'insérer cette clause dans un bail ultérieur et qui s'était ainsi exonéré de l'obligation qui pesait sur lui d'insérer cette clause dans tous les baux concernés par la zone de non-concurrence, avait commis une faute dans l'exécution du bail, rendant de fait impossible le respect de ladite clause.

Cass. 3e civ. 3-5-2007 n° 06-11.591 FS-PBI : RJDA 10/07 n° 939.

Une clause d'un bail portant sur des locaux à usage exclusif de « vente et maintenance de matériels et fournitures de bureaux » interdisait au bailleur d'exploiter directement ou indirectement dans l'immeuble un **commerce similaire** à celui du locataire ou de louer tout ou partie de l'immeuble pour l'exploitation d'un commerce identique à celui du locataire.

Il résulte du libellé de cette clause que les parties ont entendu distinguer le cas de l'exploitation d'un commerce par le bailleur du cas de la location : le bailleur n'avait pas le droit de donner en location des locaux pour une **activité identique** mais il pouvait le faire pour une activité simplement similaire. S'agissant d'un acte juridique et non d'un texte littéraire, les termes « similaires » et « identiques » ne pouvaient pas avoir été utilisés pour éviter une redondance car ils n'ont pas la même signification juridique.

Pour échapper à son obligation, le bailleur ne pouvait pas soutenir avoir ignoré le type d'activité exercée par les autres locataires car il lui appartenait de s'informer à ce sujet avant de signer le contrat.

Par suite, le bailleur a été condamné, sous astreinte de 500 € par mois de retard, à faire cesser la location qu'il avait conclue en violation de la clause d'exclusivité et à verser 5 000 € de dommages-intérêts au locataire bénéficiaire de cette clause.

CA Versailles 3-7-2008 n° 07-3548, 12e ch. sect. 1 : RJDA 11/08 n° 1095.

Le locataire de locaux destinés au commerce de vêtements pour hommes, femmes et enfants, avait expressément dans le contrat de bail renoncé à l'avance à toute déspécialisation et s'interdisait en outre d'exercer toute activité similaire à celles exploitées dans l'immeuble ainsi qu'à la vente de certaines marques nommément désignées. Interprétant cette clause de destination restreignant les activités autorisées dans le local loué comme une clause d'**exclusivité implicite** dont le bailleur devait garantir le respect, le locataire se plaignait de ce qu'un colocataire le concurrençait en exploitant un commerce de prêt-à-porter féminin.
Jugé que l'article 1719, 3° du Code civil impose au bailleur de garantir au locataire la jouissance paisible des lieux loués, mais non de lui assurer pour l'exercice de son commerce, dans le silence du bail et à défaut de circonstances particulières, le bénéfice d'une exclusivité dans l'immeuble. La preuve de ces circonstances particulières, qui est à la charge du locataire, n'est pas rapportée : l'interdiction de commercialiser certaines marques ne saurait, par elle-même, être regardée comme une circonstance particulière entraînant une exclusivité opposable au bailleur ; la restriction n'avait pas pour objet de garantir une absence de concurrence entre les différents locaux exploités dans l'immeuble, l'origine de la restriction tenant au fait qu'un locataire de l'immeuble y exploitant une laverie exploitait aussi un commerce de vêtements dans un immeuble situé à proximité où il commercialisait les marques visées au bail.

CA Caen 26-1-2013 n° 10/02808, 2e ch. civ. et com.

Le bailleur de locaux qui a consenti une **clause d'exclusivité** à un de ses locataires doit être condamné, sous astreinte, à faire cesser l'activité contraire à cette clause exercée par un autre locataire, dès lors que le locataire bénéficiaire de l'exclusivité peut demander que le bailleur fasse respecter cette clause par son autre locataire, même si celui-ci n'est pas partie au contrat contenant cette stipulation, et que la violation par le bailleur de la clause d'exclusivité caractérise un trouble manifestement illicite.

Cass. 3e civ. 11-10-2018 n° 17-23.902 : RJDA 1/19 n° 1.

Viole la **clause d'exclusivité** insérée dans le bail d'un local destiné à une activité d'officine pharmaceutique le bailleur qui consent dans le même centre commercial un bail à une société qui vend des produits de parapharmacie dès lors que la vente de produits de parapharmacie entre dans le champ de l'activité de pharmacie.

Cass. 3e civ. 28-1-2021 n° 19-18.233 : RJDA 4/21 n° 217.

La clause excluant la responsabilité du bailleur quant à la concurrence des commerçants déjà établis n'est pas un obstacle à une **garantie implicite de non-concurrence** pour des faits postérieurs à la conclusion du bail. Tel est le cas dans lequel un bail contenant ce type de clause est conclu pour l'exploitation d'un commerce quelconque, et où postérieurement à la conclusion dudit bail, celui-ci est cédé à un autre locataire qui verse au bailleur un « pas-de-porte ». La Cour de cassation a admis que ce pas-de-porte pouvait être analysé en une garantie implicite de non-concurrence à la charge du bailleur pour les commerces qui viendraient par la suite s'installer (Cass. 3e civ. 3-7-1970 n° 68-13.944 : Bull. civ. III n° 466). **57920**

INONDATION DES LIEUX LOUÉS

Le **bailleur** peut être **responsable** des conséquences dommageables d'une inondation des lieux loués, même si elle n'est pas due à un vice de la chose. **57930**

Il ne peut **s'exonérer** de cette garantie que de trois façons :

– il peut se prévaloir d'une clause, claire et précise, du bail qui le dispense expressément de toute responsabilité en matière d'inondation (Cass. 3e civ. 5-6-2002 n° 00-21.519 FS-PB : RJDA 8-9/02 n° 857) ;

– il peut prouver que les inondations sont le fait d'un tiers, ce qui l'exonère de responsabilité en application de l'article 1725 du Code civil (Cass. 3e civ. 28-6-2000 n° 98-20.406 FS-P : RJDA 9-10/00 n° 837 ; Cass. 3e civ. 18-12-2012 n° 11-24.288 F-D : RJDA 7/13 n° 586, 1e espèce) ;

– il peut établir que l'inondation est due à un cas de force majeure. Pour ce faire, il doit prouver que la cause de l'inondation revêtit les caractéristiques de la force majeure. L'appréciation des juges s'avère assez rigoureuse ainsi que le montrent les illustrations ci-dessous.

Avant le 1er octobre 2016, les tribunaux avaient fixé les caractéristiques de la force majeure : l'événement constitutif de la force majeure devait être imprévisible, extérieur et irrésistible. Depuis cette date, le nouvel article 1218, al. 1 du Code civil définit la force majeure : il y a force majeure lorsqu'un événement échappant au contrôle du débiteur, qui ne pouvait être raisonnablement prévu lors de la conclusion du contrat et dont les effets ne peuvent être évités par des mesures appropriées, empêche l'exécution de son obligation par le débiteur. Bien que cette nouvelle définition ne reprenne pas exactement les critères jurisprudentiels antérieurs, elle y correspond au fond. Les applications jurisprudentielles des caractéristiques antérieures de la force majeure sont donc transposables sous l'empire du nouvel article 1218. **57931**

ILLUSTRATIONS

C'est à bon droit que les juges du fond refusent de déclarer le bailleur d'un immeuble responsable des dommages causés aux locataires par le **débordement du ru** qui traversait la propriété, après avoir relevé qu'il n'était pas justifié qu'aucune chute d'eau ait été constatée dans la région comparable à celle qui eut lieu le 23 juin 1936, en l'espace de 45 minutes, et qui transforma de nombreuses rues en torrents inondant boutiques et sous-sols, l'écoulement des eaux ne pouvant s'effectuer par les égouts de la ville. En effet, ces constatations établissaient que l'orage qui provoqua le débordement du ru « présentait par sa violence anormale et imprévisible le caractère de la force majeure ».

Cass. 2e civ. 20-1-1955 no 3.456 : Bull. civ. II no 3 ; voir aussi dans le même sens Cass. soc. 22-3-1957 no 1844 : Bull. civ. IV no 362.

Un immeuble donné en location est inondé à la suite d'un **orage très violent,** les bouchons de regard aménagés dans les conduites d'eau traversant la cave ayant sauté sous la pression de l'eau. La cour d'appel, approuvée par la Cour de cassation, considère que le caractère tout à fait exceptionnel de ces tornades et ces ouragans qui avaient causé des dommages considérables dans la région faisait que l'on pouvait considérer qu'il s'agissait d'un cas de force majeure. En conséquence, le bailleur devait être exonéré de son obligation de garantie.

Cass. 1e civ. 21-11-1960 no 59-10.854 : Bull. civ. I no 503.

Ne constitue pas un cas de force majeure exonérant le bailleur de sa responsabilité l'inondation du local loué à la suite de **pluies exceptionnelles** dès lors que cette inondation était due à l'insuffisance du débit du réseau d'égout, dont le bailleur avait connaissance puisque deux refoulements d'eau antérieurs avaient eu lieu et qu'il avait prévenu les services d'assainissement pour y remédier.

Cass. 3e civ. 3-11-1971 no 70-12.691 : Bull. civ. III no 528.

Ne constitue pas un cas de force majeure un **orage** qui, en dépit de sa violence, avait été très loin d'entraîner le débit d'eau maximal prévu par les normes retenues pour les évacuations d'eaux pluviales. L'inondation de l'immeuble, à l'origine d'un dommage pour le locataire, avait pour cause principale l'accumulation de grêlons dans un tuyau de descente intérieur dont les emboîtements avaient été très mal réalisés. Par suite, le bailleur devait réparer le préjudice subi par le locataire.

Cass. 3e civ. 4-1-1979 no 77-11.847 : D. 1979 IR p. 237.

Dans un cas où les lieux loués avaient été envahis par des eaux usées à la suite de l'**obstruction de la conduite principale d'évacuation,** le locataire avait subi un trouble consistant en la détérioration d'effets personnels, mobiliers, et l'obligation de faire intervenir une entreprise pour réparer le dégât des eaux ; en outre, il n'avait pu occuper les lieux en raison de la persistance d'odeurs nauséabondes.
Jugé que le bailleur était tenu de réparer le trouble de jouissance subi par le locataire dès lors qu'il était constaté que cette inondation n'était pas un cas de force majeure.

CA Bordeaux 18-9-1989 no 88-5379, 1e ch. : Juris-Data no 1989-044515.

Jugé que la force majeure, constituée par des **orages exceptionnels** d'une violence telle qu'aucune installation n'aurait permis d'en évacuer le débit, supérieur à celui retenu par les normes applicables de dimension des canalisations, et qu'aucune mesure n'aurait pu être prise par le bailleur pour en supprimer ou en limiter les effets, exonérait la vétusté de **canalisations** hors normes, lesquelles étaient, avant leur remplacement en cours d'expertise, **vétustes,** de pente et de section insuffisantes et ne répondaient pas aux exigences du règlement sanitaire de la Ville de Paris.

Cass. 3e civ. 10-12-2013 no 12-25.331 F-D.

57932 Si l'inondation relève de la garantie du bailleur, celui-ci est tenu de **réaliser les travaux** nécessaires pour y mettre fin. Mais il ne peut être condamné à indemniser le locataire pour les troubles subis que pour autant qu'il a été informé de leur existence et qu'il a été **mis en demeure** d'y remédier. Le bailleur ne peut en effet être condamné à réparer les conséquences dommageables d'une inondation dont il ignorait l'existence, et ce n'est qu'à partir du moment où il est mis en demeure de faire cesser le trouble et qu'il ne fait aucune diligence pour y remédier, qu'il peut être condamné à prendre en charge le préjudice subi du fait dudit trouble (Cass. 3e civ. 19-3-1985 no 83-16.539 : Bull. civ. III no 57 ; Cass. 3e civ. 12-7-2005 no 04-11.317 ; Cass. 3e civ. 27-11-2012 no 11-24.722 F-D : RJDA 7/13 no 586, 2e espèce).

TROUBLE CAUSÉ PAR LES ASCENSEURS

57935 Dès lors que le locataire ou un membre de sa famille ou de son personnel est victime d'un accident d'ascenseur, le bailleur voit sa responsabilité contractuelle engagée. Lorsqu'un dommage est causé à un locataire par l'ascenseur de l'immeuble, les articles 1240 et suivants du Code civil relatifs à la responsabilité extracontractuelle sont sans application en raison de l'existence du contrat de bail qui met cet équipement à sa disposition. La responsabilité du bailleur a dans ce cas pour fondement les articles 1719 à 1721 du Code civil.

Le bailleur peut toutefois s'exonérer totalement ou partiellement de sa responsabilité s'il apporte la preuve que l'accident provient d'une cause étrangère revêtant le caractère d'un cas fortuit ou de force majeure ou qu'il est dû à la faute imprévisible de la victime (Cass. 2e civ. 23-6-1955 : JCP G 1955 II n° 8981). Mais la connaissance par le locataire du mauvais état de l'ascenseur ne peut, à elle seule, libérer le bailleur de toute responsabilité (CA Paris 21-2-1952 : D. 1952 jur. p. 239).

Le bailleur pourra tout à fait exercer une action en garantie contre la société chargée de l'entretien de l'appareil ensuite, cependant le locataire ne peut en aucun cas agir directement contre celle-ci.

PÉNÉTRATION DU BAILLEUR DANS LES LIEUX LOUÉS

En principe, il est interdit au bailleur d'entrer dans les lieux loués sans l'autorisation du locataire. **57940**
Si le bailleur s'introduit dans les locaux loués sans son autorisation, il porte atteinte à la vie privée du locataire (Cass. 3e civ. 25-2-2004 n° 02-18.081 FS-PB : RJDA 6/04 n° 675).

Pourtant il existe plusieurs limites à ce principe : tel est le cas, par exemple, lorsque cette possibilité est conventionnellement prévue par le bail. Il en est de même lorsque le bailleur doit remplir son obligation d'entretien ou d'exécution des travaux imposés par les pouvoirs publics et que ces travaux nécessitent l'entrée dans les lieux loués. Enfin, il est admis de longue date que le bailleur peut pénétrer dans les lieux pour les faire visiter à un acquéreur ou à un locataire potentiel.

Dans tous ces cas, l'exercice de ce droit ne doit pas dégénérer en abus ; c'est pourquoi il est préférable d'insérer une **clause** dans le bail afin d'organiser un tel droit de visite ou d'accès. À défaut d'accord avec le bailleur, le locataire peut demander aux tribunaux de réglementer les visites.

Dans un cas où un bailleur imposait à son locataire des visites à des heures matinales, ce qui occasionnait une gêne au locataire, la cour d'appel a résolu le différend en fixant les horaires de visite entre 14 h et 18 h (CA Rennes 17-6-1999 n° 99-2368, 4e ch. : Juris-Data n° 1999-044915).

DOMMAGE SURVENU DANS LES PARTIES COMMUNES D'UN IMMEUBLE EN COPROPRIÉTÉ

Lorsque les lieux loués sont situés dans un immeuble placé sous le régime de la copropriété, la **57945**
gestion des parties communes n'incombe pas au bailleur. Ce dernier ne peut donc pas être personnellement condamné à effectuer des réparations sur ces parties (Cass. 3e civ. 2-3-1994 n° 92-16.329).

Il doit en revanche faire en sorte que le locataire puisse en jouir paisiblement. Victime d'un sinistre prenant sa source dans les parties communes, le locataire peut donc exiger du bailleur qu'il fasse valoir ses propres droits à l'égard du syndicat des copropriétaires, et il n'est exonéré de toute responsabilité que s'il établit avoir accompli les **diligences** indispensables pour mettre fin au trouble subi par son locataire (Cass. 3e civ. 11-3-1992 n° 90-11.886 : Bull. civ. III n° 81 ; Cass. 3e civ. 9-2-2010 n° 08-10.324 F-D : AJDI 2010 p. 304 pour des dommages résultant d'une inondation dans les parties communes). À défaut, il s'expose à être condamné avec le syndicat des copropriétaires à réparer le préjudice subi par le locataire.

> **> Précisions** Tel est le cas lorsque le bailleur s'est contenté de transmettre au syndic de la copropriété des lettres de doléance de son locataire et que les travaux d'étanchéité sur les parties communes sont intervenus sept ans après la première plainte (Cass. 3e civ. 13-7-2010 n° 09-66.115 F-D : RJDA 12/10 n° 1134).

b. Auteurs du trouble engageant la garantie du bailleur

La garantie du fait personnel du bailleur peut être invoquée lorsque l'auteur du trouble est le **57990**
bailleur lui-même mais également lorsqu'il s'agit d'une personne dont ledit bailleur doit répondre.

CONCIERGE OU GARDIEN PRÉPOSÉ DU BAILLEUR

Lorsque le concierge ou gardien est contractuellement lié au bailleur, il est un préposé du **57995**
bailleur. De ce fait, tout manquement dans ses fonctions relevant de ses attributions et entraînant un préjudice pour le locataire peut être générateur de la mise en œuvre de la garantie du bailleur (Cass. 3e civ. 6-11-1970 n° 69-12.350 : Bull. civ. III n° 586).

La responsabilité du bailleur peut être engagée par exemple à propos de la réception et la délivrance de **courrier.** Cette obligation perdure aussi longtemps que le locataire occupe les lieux (même si le locataire a donné congé mais qu'il reste encore dans les lieux).

58000 La responsabilité du bailleur peut aussi être engagée en cas de **cambriolage** du local loué lorsque le vol a été favorisé par la faute ou le défaut de surveillance du gardien ou du concierge. Pour ce faire, il est indispensable que le contrat liant le bailleur au gardien ou au concierge prévoie une telle obligation de gardiennage. Dans le cas contraire, le bailleur ne pourra en aucun cas être responsable du cambriolage. Sur la responsabilité du bailleur lorsque le vol a été facilité par une faute de celui-ci, voir n° 59130.

Il est important de prouver que la faute ou la négligence est bien la cause du cambriolage. Cette preuve doit être rapportée par le locataire, demandeur de l'indemnité, conformément à l'article 1353 du Code civil (ex-art. 1315).

Ne constitue pas, en elle-même, une faute engageant la responsabilité du bailleur à raison du cambriolage perpétré en pleine nuit dans un local commercial loué le fait que la loge du concierge, située au rez-de-chaussée, n'était occupée que la journée, ce dernier regagnant son appartement, situé au 1er étage, le soir. En effet, cette situation quoique constituant une anomalie avait été implicitement acceptée par tous (CA Paris 23-12-1953 : JCP G 1954 IV p. 55).

ASSOCIÉS DU BAILLEUR PERSONNE MORALE

58002 Le bailleur, constitué en société civile, est tenu de garantir le locataire des troubles que ses associés, qui ne sont pas des tiers à son égard au sens de l'article 1725 du Code civil, ont apporté à sa jouissance par voie de fait (Cass. 3e civ. 9-3-2023 n° 21-21.698 FS-B).

COLOCATAIRES

58005 Le locataire qui subit un trouble de jouissance du fait des agissements d'un autre locataire de son bailleur peut actionner ce dernier en garantie. Le colocataire n'est pas en effet assimilé à un tiers (Cass. 3e civ. 29-5-1991 n° 89-15.973 P : RJDA 7/91 n° 567) et, en raison des droits locatifs qu'il a conférés, le bailleur est garant des perturbations causées par les agissements de ses locataires, sans qu'il y ait lieu de distinguer en fonction de la nature du trouble (Cass. 3e civ. 20-4-2005 n° 03-18.390 FS-PB analysé ci-dessous).

ILLUSTRATIONS

Un locataire est fondé à exiger de son bailleur la suppression d'une **construction** édifiée par un autre locataire dans la cour de l'immeuble.
CA Lyon 12-6-1952, 1e ch. : JCP G 1953 IV p. 10.

À la suite d'un cyclone survenu en septembre 1989, la société titulaire d'un bail de locaux où elle exploite un restaurant a été autorisée en référé, le 1er décembre 1989, à procéder elle-même à des **travaux** de réfection et à en retenir le prix sur les loyers. Soutenant que les travaux n'avaient pu être exécutés qu'en 1991 en raison de l'opposition d'un autre locataire, la société locataire a assigné le bailleur en réparation du préjudice résultant de ce **retard.** Pour refuser d'accéder à cette demande, une cour d'appel avait jugé que le bailleur ne pouvait se voir imputer les conséquences dommageables de l'attitude de l'autre locataire et se faire autoriser à pénétrer sur place et que les difficultés rencontrées par la société locataire n'avaient pas été dues au bailleur mais à un autre locataire. Décision censurée au motif qu'un colocataire n'est pas un tiers au sens de l'article 1725 du Code civil ; le bailleur devait donc répondre de son attitude.
Cass. 3e civ. 16-11-1994 n° 93-11.184 P : RJDA 2/95 n° 112.

La compagnie d'assurance ayant indemnisé le locataire a sollicité la condamnation du bailleur à réparer le préjudice subi à la suite d'un **incendie** ayant pris naissance chez un autre locataire de ce même bailleur. Pour rejeter comme non fondé l'ensemble de ces demandes, l'arrêt d'appel avait retenu que l'article 1719 du Code civil n'est pas applicable en matière d'incendie, matière régie par les dispositions spécifiques de l'article 1384, al. 2 du Code civil (devenu C. civ. art. 1242) qui exigent la preuve de la faute du propriétaire de l'immeuble pour que le tiers obtienne réparation du préjudice qu'il a subi du fait de l'incendie, et que, les causes de l'incendie étant restées indéterminées, la preuve de la faute du bailleur n'était pas rapportée.
La Cour de cassation censure l'arrêt au motif que le bailleur est responsable envers le locataire des troubles de jouissance causés par les autres locataires et n'est exonéré de cette responsabilité qu'en cas de force majeure.
Cass. 3e civ. 19-5-2004 n° 02-19.730 FS-PB : RJDA 8-9/04 n° 948.

Le propriétaire d'un local a donné à bail en renouvellement aux locataires des locaux à usage commercial de boucherie et d'habitation ; reprochant à leur bailleur de ne pas leur assurer une jouissance paisible des lieux loués et de manquer gravement à ses obligations contractuelles, les locataires l'ont assigné pour obtenir la « résolution » judiciaire du bail, se voir autoriser à délaisser les lieux et obtenir une certaine somme à titre de dommages-intérêts.

Pour débouter les locataires de leur demande tendant à voir imputer au bailleur la responsabilité de la résiliation du bail du fait des **troubles** anormaux **de voisinage** causés par un colocataire, l'arrêt retient que, si le bailleur est responsable des divers ennuis, troubles et abus qui peuvent se produire entre locataires habitant un même immeuble, lorsque ces agissements excèdent les inconvénients normaux de voisinage, ce principe de garantie ne s'applique pas lorsque les actes reprochés aux colocataires ne se rattachent en rien à la jouissance commune normale de l'immeuble, mais résultent de rapports de mauvais voisinage et que les locataires ne sont, dès lors, pas fondés à invoquer les troubles de voisinage, causés par un colocataire, qui ne lui sont pas imputables.
Jugé qu'en statuant ainsi la cour d'appel, qui a ajouté à la loi une condition qu'elle ne comporte pas, a violé les articles 1719 et 1725 du Code civil.

Cass. 3e civ. 20-4-2005 n° 03-18.390 FS-PB : RJDA 8-9/05 n° 938.

L'**incendie** d'origine indéterminée qui se déclare dans les locaux d'un locataire ne constitue par un **cas fortuit** pour le bailleur. Il doit en conséquence répondre du trouble de jouissance subi par ses autres locataires en raison de la destruction de l'immeuble par cet incendie.

Cass. 3e civ. 12-7-2018 n° 17-20.696 F-PB : RJDA 10/18 n° 704.

Le bailleur peut cependant **appeler en garantie** le colocataire incriminé pour qu'il soit apprécié si ses agissements découlaient de l'exécution normale ou fautive de son bail. Tel est le cas par exemple d'une inondation dans le local d'un locataire provoquée par la rupture d'une conduite d'eau dans le local voisin occupé par un locataire du même bailleur. Le bailleur doit donc réparation au locataire victime de l'inondation. Si cet accident a été provoqué par une faute du locataire occupant les locaux siège de la rupture, cela permet alors au bailleur d'appeler ce locataire en garantie afin de faire prononcer la sanction directement contre lui (Cass. civ. 20-7-1932 n° 17267 : DH 1932 p. 507). **58010**

TIERS INTRODUITS PAR D'AUTRES LOCATAIRES

Par une interprétation extensive de l'article 1725 du Code civil, favorable au locataire, la Cour de cassation considère que le bailleur doit également répondre des agissements des personnes que les autres locataires introduisent dans les lieux. Elle a ainsi jugé que, dans le cas d'une explosion provoquée par un poêle de gaz à butane dans un studio dépendant de locaux commerciaux mis en location-gérance ayant provoqué d'importants dégâts dans un local voisin occupé par un autre locataire de l'immeuble, le bailleur devait réparer le préjudice subi par ce locataire car le fait dommageable avait été causé par le **locataire-gérant,** tenant la jouissance des lieux d'un locataire (Cass. 3e civ. 2-2-1977 n° 75-13.198 : Bull. civ. III n° 57). **58015**

De même, les **clients** d'un autre locataire ne sont pas des tiers au sens de l'article 1725 du Code civil. Par suite, dans un cas où une société avait donné à bail une salle dans l'immeuble dont elle était propriétaire pour l'organisation d'un réveillon et loué une autre salle à d'autres personnes et où, en raison du nombre de billets vendus par l'un des locataires plus important que celui des places contenues dans leur salle, des personnes n'ayant pu accéder à cette salle ainsi que d'autres, étrangères à leur clientèle, avaient envahi les lieux loués par l'autre locataire, y commettant des vols et des dégradations et empêchant ses clients d'accéder à sa soirée, la société bailleresse a été condamnée à réparer le préjudice subi par le locataire (Cass. 3e civ. 22-10-2003 n° 01-17.183 FS-PB : RJDA 1/04 n° 16).

TIERS AGISSANT AVEC L'ACCORD DU BAILLEUR

Le bailleur doit répondre des troubles de jouissance supportés par son locataire lorsque ces troubles résultent du fait d'une personne **liée par contrat** au bailleur (Cass. 3e civ. 8-4-1999 n° 97-17.126 : Ann. Loyers 1999 p. 1611 ; Cass. 3e civ. 7-11-2001 n° 99-20.962 FS-PB : RJDA 2/02 n° 133). En application des dispositions de l'article 1984 du Code civil, le mandataire agissant au nom et pour le compte du bailleur engage la responsabilité et la garantie de ce dernier si la jouissance du locataire est troublée. **58020**

ILLUSTRATIONS

La Cour de cassation a ainsi censuré la décision d'une cour d'appel qui avait rejeté la demande de réparation des troubles de jouissance subis par un locataire suite à l'installation d'un caisson contenant une gaine de désenfumage et d'une tuyauterie de production d'eau gelée, sans rechercher si la pose de ce caisson et de la tuyauterie n'avait pas été autorisée du propre fait du bailleur car, dans ce cas, la pose de ces éléments d'équipement n'aurait pas été réalisée par un tiers au sens de l'article 1725 du Code civil (Cass. 3e civ. 8-4-1999, précité).
Elle a également jugé qu'une commune liée à un bailleur par une convention de travaux publics n'est pas un tiers au sens de l'article 1725 du Code civil et que le bailleur devait réparer les conséquences des infiltrations qui étaient apparues dans les lieux loués à la suite de la réfection de la chaussée (Cass. 3e civ. 7-11-2001, précité).

2. AMÉNAGEMENTS CONVENTIONNELS DE LA GARANTIE D'ÉVICTION DU FAIT DU BAILLEUR

58080 L'obligation de garantie du bailleur de son fait personnel n'est pas d'ordre public. Les parties sont libres de l'aménager comme elles le souhaitent. Mais en pareil cas, pour être efficaces, les stipulations du bail doivent être claires et précises. En outre, le bailleur ne peut pas s'exonérer de sa garantie de manière générale et illimitée. Ces aménagements doivent préciser les actes ou agissements pour lesquels le bailleur ne pourra pas être responsable, ou à l'inverse, quelles facultés lui seront accordées et à l'encontre desquelles le locataire ne pourra pas agir.

ILLUSTRATIONS

Ne fait qu'user de son pouvoir souverain d'appréciation une cour d'appel qui déclare nulles deux clauses d'un bail car elles n'avaient « d'autre but [...] que de supprimer la garantie du bailleur dans tous les cas » (Cass. soc. 25-11-1946 : JCP G 1947 II n° 3400).
En revanche, est valable la clause aux termes de laquelle en cas de dégâts causés au preneur dans des hypothèses déterminées, celui-ci n'aura de recours que contre les locataires auteurs du trouble au motif qu'une telle clause d'exonération limitée à la catégorie de dégâts spécifiés, résultant d'une voie de fait des locataires, ne constituait qu'une restriction à l'obligation légale imposée au bailleur d'assurer la jouissance du preneur, laquelle subsistait dans les autres cas non exclus par le bail (Cass. civ. 16-7-1951 n° 2.509 : D. 1951 p. 587).
De même, une clause exclusive de responsabilité du bailleur en cas de fuites et d'infiltrations est valable (CA Dijon 14-2-2019 n° 16/01889).

58085 Le jeu de la clause ne peut être écarté qu'en cas de dol ou de faute lourde du bailleur. Ainsi, en présence d'une clause d'un bail exonérant le bailleur de toute responsabilité pour les dégâts causés par les eaux ou le gel, une inondation pourtant principalement causée par la négligence du bailleur, qui avait omis de prendre des précautions contre le gel, a-t-elle pu être jugée non constitutive d'une faute lourde de nature à écarter le jeu de la clause (Cass. 3e civ. 28-10-1974 n° 73-11.832 : Bull. civ. III n° 379).

Les juges du fond ne peuvent, pour écarter la clause exclusive de responsabilité du bailleur, se contenter de relever l'existence d'une faute d'une gravité suffisante (Cass. 3e civ. 21-1-2009 n° 08-10.439 FS-PB : RJDA 4/09 n° 314).

3. SANCTIONS DES MANQUEMENTS À LA GARANTIE D'ÉVICTION DU FAIT DU BAILLEUR

59000 Le manquement à la garantie du fait personnel du bailleur peut entraîner plusieurs types de sanctions. Le juge peut tout d'abord ordonner la **cessation du trouble,** par exemple en interdisant la poursuite de l'activité gênante ou ordonner une remise en état de lieux, etc.

Il peut le faire avec ou sans astreinte. Le locataire peut demander les travaux nécessaires à la cessation du trouble : par exemple, que le bailleur soit condamné à réparer un chauffage ayant causé au locataire une intoxication par des émanations de gaz carbonique (Cass. 3e civ. 26-6-1996 n° 1778 D : Loyers et copr. 1996 comm. n° 340).

59005 Le locataire peut aussi demander des **dommages-intérêts** pour réparer le préjudice qu'il a subi. Ouvrent ainsi droit à des dommages-intérêts le fait que le bailleur ait tardé à remédier à la privation brutale de toilettes d'un locataire à la suite de travaux réalisés par une entreprise (Cass. 3e civ. 28-2-1990 n° 88-10.314 D : Loyers et copr. 1990 comm. n° 203), ou que le plancher soit absent sur 0,50 mètre dans une pièce et l'humidité permanente en raison d'infiltrations d'eaux pluviales réduisant l'habitabilité des lieux loués (CA Paris 3-4-1996 n° 94-247, 6e ch. sect. A : Loyers et copr. 1996 comm. n° 288 note B. Vial-Pedroletti).

Un **locataire personne morale** peut prétendre à la condamnation de son bailleur à l'indemniser de son trouble de jouissance, à condition qu'il établisse l'existence d'un préjudice personnel, distinct de celui de ses membres ou salariés (Cass. 3e civ. 4-1-2011 n° 09-70.932 F-D : RJDA 4/11 n° 283). Tel n'était pas le cas en l'espèce ; le locataire faisait valoir qu'il y avait eu des grèves à répétition, des arrêts maladie plus fréquents et que 143 agents avaient subi, pendant trois ans, un préjudice du fait du défaut de fonctionnement des installations de climatisation un jour sur trois et des odeurs nauséabondes dues à l'humidité et à la peinture, mais ne produisait aucun élément comptable qui aurait établi une perte d'exploitation due aux manquements de son bailleur ; en outre, le préjudice qu'il évaluait à 780 € par an et par agent ne constituait pas un préjudice personnel mais l'indemnisation qui pourrait être due à chacun des agents. La demande s'analysait donc en une demande pour le compte d'autrui ; au titre de jouissance, le locataire réclamait aussi les frais d'installation de climatisations individuelles pour un certain montant, mais ne produisait aucun élément comptable et aucune facture à l'appui de sa demande.

Dès lors qu'il est démontré que les **bailleurs** ont été **informés de l'existence de désordres** nécessitant des travaux leur incombant avant l'envoi d'une mise en demeure, il peut être mis à leur charge une indemnisation du préjudice de jouissance subi par les preneurs même antérieurement à cet envoi (Cass. 3e civ. 22-5-2013 n° 11-10.354 F-D : RJDA 10/13 n° 770).

Le locataire peut aussi demander une **diminution de loyer.** Cependant, le locataire ne peut pas : 59010
– cumuler une réduction de loyer et des dommages-intérêts s'ils ont pour but de réparer le même dommage (CA Paris 3-4-1996 n° 94-247, 6e ch. A : Loyers et copr. 1996 comm. n° 288 note B. Vial-Pedroletti) ;
– retenir les loyers sans autorisation du juge, même s'il est victime d'un trouble de jouissance (Cass. 3e civ. 18-3-1992 n° 90-16.438 : RJDA 6/92 n° 559). Cette exception d'inexécution n'est en effet admise que si le locataire est dans l'impossibilité totale d'utiliser les lieux loués (Cass. 3e civ. 31-10-1978 n° 77-11.355 : Bull. civ. III n° 329).

Enfin, le locataire peut demander la **résolution du bail** (C. civ. art. 1227). 59015

C. Garantie d'éviction du fait des tiers

Les articles 1725 et 1726 du Code civil énoncent les règles de garantie du fait des tiers en distinguant les troubles de fait des troubles de droit : 59100
– lorsque le tiers cause un **trouble de fait** au locataire, le bailleur n'en est pas garant ;
– en revanche, si le trouble causé est un **trouble de droit,** le bailleur en doit garantie au locataire ; celui-ci pourra donc agir directement contre le bailleur.

La détermination de la nature du trouble ainsi que celle de son auteur permettent de savoir dans quelle situation se situe le locataire troublé. Dans tous les cas, il s'agit là des agissements des tiers, autrement dit de tous ceux dont le bailleur n'a pas à répondre.

1. NOTION DE TIERS

Un tiers, au sens de l'article 1725 du Code civil, est toute personne étrangère au bail. La jurisprudence en donne une définition très étroite. À l'inverse des personnes qui tiennent leur droit du bailleur et dont ce dernier doit répondre (nos 57990 s.), les tiers n'ont aucun lien de droit avec le bailleur. Tel est le cas des squatters (Cass. soc. 9-2-1956 n° 2083 : Bull. civ. IV n° 138) ou des clochards (Cass. 3e civ. 10-11-1987 n° 86-14.762 : Bull. civ. III n° 183), mais aussi des copropriétaires qui, contrairement aux autres locataires du bailleur, sont considérés comme des tiers (Cass. 3e civ. 25-3-1998 n° 96-10.119 PFR : RJDA 5/98 n° 561), ou du propriétaire de l'immeuble voisin (Cass. 3e civ. 15-10-2008 n° 07-13.971 FS-D : RJDA 1/09 n° 4). 59110

Lorsque le bailleur est une société, ses associés ne sont pas des tiers au sens de l'article 1725 précité (Cass. 3e civ. 9-3-2023 n° 21-21.698 FS-B : RJDA 10/23 n° 501).

2. TROUBLES CAUSÉS PAR LES TIERS

Les droits du locataire à l'encontre de son bailleur varient selon qu'il s'agit de troubles de fait ou de troubles de droit. 59120

a. Troubles de fait

L'article 1725 du Code civil prévoit que « le bailleur n'est pas tenu de garantir le preneur du trouble que des tiers apportent par voies de fait à sa jouissance, sans prétendre d'ailleurs aucun droit sur la chose louée ; sauf au preneur à les poursuivre en son nom personnel ». 59125

Les troubles de fait, autrement dit les atteintes à la jouissance paisible du locataire, **sans** qu'il y ait une **revendication de droit sur les lieux loués,** sont exclus de la garantie légalement due par le bailleur. Il appartient au locataire de poursuivre directement et en son nom personnel les personnes responsables des troubles de jouissance qu'il subit (Cass. 3e civ. 19-3-1986 n° 84-15.501 : Gaz. Pal. 1986 pan. p. 133) et éventuellement obtenir des dommages-intérêts (Cass. 3e civ. 20-4-2005 n° 03-18.390 FS-PB : n° 58005). Il en est ainsi de toutes voies de fait telles que les cambriolages, les dégradations des lieux loués, y compris leurs accessoires, les actes de vandalisme, etc.

ILLUSTRATIONS

Jugé que le bailleur ne pouvait pas être condamné à munir la porte d'entrée d'un immeuble collectif d'une fermeture alors que les troubles provenaient d'agissements de clochards (Cass. 3e civ. 10-11-1987 n° 86-13.254 : Bull. civ. III n° 183). De même, le bailleur n'est pas tenu de réparer le préjudice subi par un locataire résultant des infiltrations d'eau affectant les lieux loués dues à la rupture d'une canalisation du réseau d'eaux pluviales géré par un tiers (Cass. 3e civ. 28-6-2000 n° 98-20.406 FS-P : RJDA 9-10/00 n° 837), ou de l'intrusion dans les lieux loués de squatters (Cass. 3e civ. 23-6-2015 n° 14-13.385 : Loyers et copr. 2015 comm. n° 184 note B. Vial-Pedroletti) ou des nuisances importantes (bruit même fenêtres fermées, poussière en grande quantité et tremblements pendant les travaux de forages) en provenance d'un chantier de construction (CA Paris 23-2-1999 nos 1997-11040, 1997-17179, 1997-16547, 6e ch. C : Loyers et copr. 1999 comm. n° 203) ou d'infiltrations provenant d'un immeuble voisin (Cass. 3e civ. 15-10-2008 n° 07-13.971 F-D : RJDA 1/09 n° 4) ou encore des odeurs nauséabondes et d'une humidité persistante entravant son activité ayant pour origine une fuite de la fosse septique des propriétaires voisins du local loué (Cass. 3e civ. 13-9-2018 n° 16-22.439 F-D : RJDA 3/19 n° 168). Il n'est pas non plus tenu d'indemniser les locataires du fait de travaux non votés par la copropriété et effectués par un voisin copropriétaire de son logement (CA Paris 9-4-2015 n° 14/10018 : Loyers et copr. 2015 comm. n° 129 note B. Vial-Pedroletti).

Mais le fait du tiers ne peut exonérer le bailleur de son obligation de délivrance (CA Grenoble 26-3-2013 n° 11/01545, 2e ch. : n° 57216).

De même, si l'article 1725 du Code civil dispense le bailleur de garantir le trouble de jouissance causé par la voie du fait d'un tiers, il ne met pas fin à son obligation d'entretenir le bien loué : étant tenu d'effectuer toutes les réparations autres que locatives, le bailleur doit donc remettre en l'état les lieux loués en cas de désordre engendrés par un immeuble mitoyen (Cass. 3e civ. 8-10-2015 n° 14-20.345 F-D : Loyers et copr. 2015 comm. n° 242 note B. Vial-Pedroletti).

59130 Le **bailleur** est cependant tenu de répondre de voies de fait de tiers lorsque celles-ci ont été rendues possibles ou facilitées par une **faute** de sa part. En particulier, le bailleur doit veiller à prendre toutes les précautions pour assurer la sécurité des locataires.

ILLUSTRATIONS

Dans un cas où une société avait confié le ravalement d'un immeuble dont elle était propriétaire à une entreprise et où des cambrioleurs s'étaient introduits de nuit dans les lieux loués grâce à l'**échafaudage** dressé contre la façade, il a été jugé que la société propriétaire avait manqué à son obligation d'assurer à la locataire une jouissance paisible des lieux loués compte tenu des éléments suivants : elle ne s'était pas assurée que toutes les précautions relatives à la sécurité des locataires avaient été prises en raison de l'échafaudage qui constituait pour les voleurs un mode d'accès facile protégé par des bâches ; elle n'avait donné aucune information aux occupants de l'immeuble, ni aucun conseil de prudence et de vigilance ; elle n'avait pas organisé un gardiennage spécial, au moins de nuit, ce qu'elle aurait dû faire.

Cass. 3e civ. 28-2-1990 n° 88-14.028 : Bull. civ. III n° 63.

Une bailleresse, compagnie d'assurance bien informée des règles de sécurité, fait preuve d'une carence revêtant les caractères d'une faute lourde, qui lui interdisait de se prévaloir de la clause d'exonération de sa responsabilité en cas de vol, compte tenu des éléments suivants : elle n'avait pas donné d'instructions précises à l'entreprise chargée des travaux de ravalement pour fermer les volets des appartements dont les locataires étaient absents ; elle avait omis, avant les travaux, de donner aux locataires des conseils de prudence et n'avait pas informé les locataires des caractéristiques inhabituelles du système d'ouverture de la fenêtre que les cambrioleurs avaient pu ouvrir par simple poussée de l'extérieur ; en outre, elle avait mis en place un système de surveillance dérisoire, inadapté aux circonstances compte tenu du risque exceptionnel constitué par la présence des échafaudages et l'exécution des travaux.

Cass. 3e civ. 8-7-1992 n° 90-18.367 : Loyers et copr. 1992 comm. n° 376.

Dans un cas où un locataire avait soutenu que le cambriolage dont il avait été victime avait un lien de causalité direct avec l'**échafaudage** situé sur la façade de l'immeuble, la cour d'appel a écarté la responsabilité du bailleur. En effet, elle a considéré que le bailleur avait pris toutes les mesures de protection destinées à remédier aux risques d'intrusion dans l'immeuble : fermeture de la trappe d'accès et étanchéité du plancher de travail situé à six mètres du sol, disposition chaque jour des échelles dans la hauteur des deux premiers planchers d'échafaudages depuis le sol, mise en place d'un bardage de tôle de deux mètres de hauteur au pied des échafaudages avec fermetures des portillons d'accès, mise en place d'un filet de protection sur les parties d'échafaudage en cours de pose. Enfin, le bailleur avait confié à une entreprise de gardiennage la mise en œuvre de deux rondes quotidiennes, une en début de soirée et l'autre au milieu de la nuit.

CA Paris 2-3-1993 n° 92-12177, 8e ch. sect. A : Loyers et copr. 1993 comm. n° 215.

Jugé qu'un bailleur devait réparer le préjudice subi par un locataire victime d'un cambriolage dès lors que les juges ont constaté que l'absence de **digicode** avait été « le plus important des facteurs ayant permis l'effraction » dans les lieux loués et que le mandataire du bailleur avait reconnu l'existence d'un retard dans la mise en place du système de digicode et du gardiennage.

Cass. 3e civ. 23-3-1994 n° 92-11.584 : Loyers et copr. 1994 comm. n° 235.

Il peut être stipulé une **absence de recours** contre le bailleur en cas de vol ou cambriolage. Mais l'application d'une telle clause peut être refusée au motif que l'immeuble est pourvu d'une concierge. 59135

Seule une faute lourde caractérisée permet d'écarter la clause exclusive de responsabilité, c'est-à-dire une négligence d'une extrême gravité confinant au dol et dénotant l'inaptitude du bénéficiaire de la clause à l'accomplissement de sa mission contractuelle (Cass. ch. mixte 22-4-2005 n° 02-18.326 : RJDA 7/05 n° 808 ; Cass. com. 5-6-2007 n° 06-14.832 : RJDA 3/08 n° 271).

> **Précisions** Dans un cas où l'**obligation de gardiennage** incombant au bailleur en vertu des clauses du bail comportait la mission essentielle d'assurer la garde et la surveillance de l'immeuble, le fait que le concierge ne se soit pas rendu compte du cambriolage, constitutif d'un réel déménagement des lieux loués, constitue une faute lourde excluant le jeu de la clause d'exonération de responsabilité du bailleur (Cass. 3e civ. 22-2-1983 n° 81-16.650 : Bull. civ. III n° 51). Sur l'application de cette obligation en matière de centres commerciaux, voir n° 59405.

b. Troubles de droit

Les troubles de droit sont envisagés à l'article 1726 du Code civil qui dispose que si le locataire a été troublé dans sa jouissance par suite d'une action concernant la propriété du fonds, il a droit à une diminution proportionnée sur le prix du bail à loyer, pourvu que le trouble et l'empêchement aient été dénoncés au propriétaire. Ces mêmes troubles sont aussi envisagés à l'article 1727 aux termes duquel « si ceux qui ont commis les voies de fait prétendent avoir quelque droit sur la chose louée, ou si le preneur est lui-même cité en justice pour se voir condamner au délaissement de la totalité ou de partie de cette chose, ou à souffrir l'exercice de quelque servitude, il doit appeler le bailleur en garantie, et doit être mis hors d'instance, s'il l'exige, en nommant le bailleur pour lequel il possède ». 59170

NOTION DE TROUBLE DE DROIT

Il y a trouble de droit quand un tiers prétend avoir un droit sur l'immeuble. L'article 1726 prévoit seulement « l'action concernant la propriété du fonds » mais il doit être complété par l'article 1727 qui y ajoute plus généralement toute revendication d'un droit sur le bien loué ayant pour objet de réduire, voire anéantir la jouissance du locataire sur celui-ci. Les troubles de droit peuvent donc revêtir plusieurs aspects mais concourent toujours à remettre en cause les droits du propriétaire des lieux donnés à bail : revendication de propriété, emprise, servitudes, etc. 59175

ILLUSTRATIONS

Les propriétaires d'un terrain avaient institué, par un acte du 23 avril 1980, une servitude de passage au profit de parcelles qu'ils avaient vendues, en février 1978, sur l'une des parcelles qu'ils avaient précédemment données à bail. Les titulaires de la servitude demandèrent que celle-ci puisse être exercée. C'est à bon droit qu'une cour d'appel a refusé cette demande après avoir retenu qu'étant acquéreur d'un droit réel grevant une partie de la propriété du fonds le bénéficiaire de la servitude litigieuse était tenu d'exécuter les obligations du bailleur; il ne pouvait pas revendiquer l'exercice de la servitude, qui entraînait une modification substantielle de la chose louée, pendant la durée du bail.

Cass. 3e civ. 23-10-1991 n° 89-14.147 : Bull. civ. III n° 248.

Dans un cas où la cession de locaux commerciaux conférait au cessionnaire la possibilité d'utiliser les lieux à usage commercial, il a été jugé que le cessionnaire était fondé à invoquer la garantie du bailleur, les locaux étant en réalité à usage d'habitation et l'administration s'étant opposée au changement de destination, dès lors que le bailleur avait personnellement participé à l'acte de cession.

Cass. 3e civ. 23-5-1973 n° 72-12.010 : Bull. civ. III n° 365.

Le bailleur n'est pas tenu de garantir le locataire du trouble que des tiers apportent par voie de fait à sa jouissance, sans prétendre avoir aucun droit sur la chose louée. Lorsque la restriction de l'accès aux lieux loués ne résulte que d'une action physique de force dont l'auteur est tiers au contrat de bail, il appartient au locataire de le poursuivre en son nom personnel, sans pouvoir prétendre à l'encontre du bailleur que les actes de ce tiers ont une conséquence dont il devrait répondre sur l'exécution du bail.

Cass. 3e civ. 9-3-2023 n° 21-21-698 FS-B : RJDA 10/23 n° 501.

ACTIONS JUDICIAIRES

Action du tiers contre le locataire Lorsque le tiers assigne le locataire en reconnaissance ou en exécution du droit qu'il prétend avoir, le bailleur a l'obligation de se substituer à son locataire. Pour ce faire, le locataire dispose aux termes de l'article 1727 59180 de deux moyens. Il peut, d'une part, après en avoir averti son bailleur, demander sa mise hors de cause, ou bien, d'autre part, appeler son bailleur en garantie tout en restant lui-même présent au procès.

La **mise en œuvre de la garantie** suppose donc une information préalable **du bailleur** qui doit avoir été prévenu du trouble et de l'empêchement en résultant. Le Code civil n'impose aucune forme particulière à l'information du bailleur : le locataire sera néanmoins prudent d'user d'une lettre recommandée avec accusé de réception ou d'une signification par huissier pour pouvoir, le cas échéant, prouver sa diligence.

59185 **Action du locataire contre le tiers** Le locataire n'est en principe pas fondé à agir directement contre le tiers lui causant le trouble de droit ; il doit appeler son bailleur en garantie sur le fondement d'un droit réel tel qu'un droit de propriété ou un droit de servitude (Cass. civ. 8-7-1920 : DP 1922 I p. 57). En revanche, si le trouble de droit résulte d'un droit personnel, alors le locataire est fondé à agir directement contre le tiers (Cass. soc. 23-6-1955 n° 1641 : Bull. civ. IV n° 565).

59190 **Effets** Lorsque le droit dont se prévaut le tiers est reconnu, il y a éviction partielle ou totale du locataire. La garantie d'éviction emporte pour le locataire droit à indemnisation. L'article 1726 du Code civil prévoit en effet que le locataire évincé a droit à une diminution proportionnée du prix du bail. Toutefois lorsque l'éviction est totale le locataire n'a plus la jouissance des lieux, il peut alors demander la résolution du bail. Enfin le locataire peut éventuellement aussi demander des dommages-intérêts.

SECTION 5

OBLIGATIONS DU BAILLEUR LIÉES À LA SÉCURITÉ DU BIEN LOUÉ

A. Obligations du bailleur relatives à l'amiante

59300 Édictée en 1996 afin de protéger la population contre les risques sanitaires liés à une exposition à l'amiante, l'obligation de rechercher la présence de ce matériau cancérigène dans les immeubles est régie par les articles L 1334-12-1 à L 1334-17, R 1334-14 à R 1334-29-9 et R 1337-2 à R 1337-5 du Code de la santé publique. Ce régime est exposé n°s 44030 s. du Mémento Gestion immobilière.

La réglementation impose, sous peine de sanctions pénales, à tout propriétaire d'immeubles bâtis, qu'ils appartiennent à des personnes privées ou à des personnes publiques, à la seule exception des immeubles à usage d'habitation comportant un seul logement, de :

– procéder au **dépistage** de l'amiante ;
– mesurer les dégradations ;
– faire procéder aux **travaux** de déflocage et de décalorifugeage ;
– constituer un dossier technique d'amiante qui doit être tenu à la disposition de tout occupant de l'immeuble et qui rassemble les informations relatives à la présence d'amiante et décrit les procédures générales de sécurité à respecter à l'égard des matériaux et produits amiantés et communiquer la fiche récapitulative du dossier technique amiante dans un délai d'un mois après sa constitution ou sa mise à jour aux occupants de l'immeuble bâti et, si cet immeuble comporte des locaux de travail, aux employeurs.

Si le propriétaire a bien des obligations en termes d'information relative à la présence d'amiante, celles-ci ne s'imposent pas lors de la conclusion du bail (Cass. 3e civ. 17-5-2018 n° 17-11.760 : RJDA 10/18 n° 702).

59305 En principe, la recherche de la présence d'amiante et les éventuels travaux de désamiantage sont à la **charge** du **propriétaire.** Dans sa version d'origine, le décret de 1996 sur le désamiantage prévoyait cependant que le bailleur pouvait transférer ses obligations de réparation à une personne physique ou morale, les obligations résultant des articles 2 à 9 du décret étant alors mises à la charge de cette personne (Décret du 7-2-1996 ex-art. 10). Cette disposition a été abrogée par le décret 2001-840 du 13 septembre 2001. Mais, à notre avis, rien n'interdit aux parties de convenir dans leur rapport contractuel d'un tel **transfert sur le locataire.** En présence d'une telle clause, le fait que les travaux de désamiantage soient imposés par une réglementation postérieure à la conclusion du bail ne saurait impliquer que le coût desdits travaux soit mis à la charge du bailleur en application de la jurisprudence relative aux travaux prescrits par l'administration.

ILLUSTRATIONS

Des recherches et analyses, faites courant 1997, à l'initiative de la bailleresse, ayant révélé la présence d'amiante dans l'immeuble loué, nécessitant des travaux d'élimination de ce matériau avec évacuation complète des lieux pendant toute leur durée, elle avait, par acte du 27 avril 1998, fait sommation à sa locataire de faire réaliser les travaux de mise en conformité de l'immeuble, en application des dispositions du décret du 7 février 1996.
Pour dire que les travaux d'élimination de l'amiante incombaient à la bailleresse, la cour d'appel avait retenu que, si une clause du bail mettait clairement à la charge du locataire les travaux de mise en conformité avec toute réglementation, cette clause ne pouvait s'appliquer en l'espèce puisque, le bail ayant été signé en août 1995, soit antérieurement à la mise en vigueur du décret du 7 février 1996, le « désamiantage » n'avait pu entrer dans les prévisions des parties et pas davantage son coût nécessairement très élevé compte tenu des mesures de sécurité.
La Cour de cassation a jugé au contraire qu'en statuant ainsi, alors qu'elle avait constaté que la clause litigieuse mettait à la charge de la locataire les travaux de mise en conformité avec toute réglementation, la cour d'appel avait violé la loi des parties.

Cass. 3e civ. 21-11-2001 n° 00-13.170 FS-D : RJDA 7/02 n° 735.

A légalement justifié sa décision la cour d'appel qui décide que la charge des travaux de désamiantage devait être supportée par le titulaire d'un bail commercial qui mettait à la charge de ce dernier les travaux « rendus nécessaires par l'application des règles de sécurité et de la réglementation actuelle ou future ». En effet, l'intention commune des parties exprimée clairement dans cette clause les engageait à faire prendre en charge par le locataire toutes les conséquences de toute réglementation à venir, la réglementation future ne pouvant par son essence même être déterminée avec précision. Il ne pouvait pas être reproché au bailleur de ne pas respecter son obligation de délivrer les lieux conformes à leur destination dans la mesure où la volonté des parties avait été de décharger le bailleur de toutes conséquences d'une modification de la réglementation, l'apparition de nouvelles normes auxquelles les lieux ne répondaient plus ne pouvant pas être assimilée à un défaut de délivrance.

Cass. 3e civ. 4-5-2004 n° 02-21.349 F-D : AJDI 2005 p. 124 obs. V. Zalewski.

Un bailleur a entrepris des travaux de remplacement de la toiture de l'immeuble composée de plaques de fibrociment contenant de l'amiante. Poursuivi en paiement d'un arriéré de loyers, le locataire a opposé qu'il avait été contraint d'évacuer son personnel qui n'a pu réintégrer les locaux qu'après levée des réserves, en raison d'un risque de propagation d'amiante identifié par l'inspection du travail.
Il ne peut être reproché au locataire d'avoir invoqué l'exception d'inexécution dès lors que l'inspecteur du travail, connaissance prise des résultats négatifs de prélèvements, avait souligné l'impossibilité d'affirmer que la poursuite des travaux dans les conditions constatées ne présentait aucun risque pour les salariés.

Cass. 3e civ. 19-11-2015 n° 14-24.612 : RJDA 2/16 n° 88.

Une association a conclu un contrat de promotion immobilière pour la conception et la réhabilitation d'un immeuble qu'elle s'apprête à prendre en location puis elle a signé un bail commercial. Elle a payé les travaux de désamiantage imprévus et demande au bailleur de la rembourser. Le bailleur ne peut pas se prévaloir des obligations du promoteur en matière d'amiante pour s'exonérer de son obligation de délivrance et de prendre en charge les travaux nécessaires à l'activité stipulée au bail sauf clause expresse contraire. Le bailleur doit donc prendre en charge les travaux.

Cass. 3e civ. 18-1-2018 n° 16-26.011 F-PBI : RJDA 4/18 n° 300.

B. Obligations du bailleur relatives au gardiennage et à la surveillance

Par définition le bailleur est un propriétaire non exploitant. En conséquence, les diverses **obligations administratives** de gardiennage ou de surveillance de certains locaux (parkings de 200 places ou plus, locaux ouverts au public des commerces de détail d'une surface de vente supérieure à 3 000 m², magasins faisant partie d'un ensemble commercial, pharmacies, banques, bijouteries ; Mémento Gestion immobilière nos 47000 s.) ne lui incombent pas. **59400**

59405 Néanmoins, le bailleur est tenu, comme nous l'avons vu, de garantir la jouissance paisible de la chose louée. C'est dans cette lignée que s'inscrit son obligation de gardiennage. Cette obligation se retrouve principalement pour les locaux situés dans des **centres commerciaux.** Le bail peut prévoir dans quelle mesure le bailleur devra accomplir cette obligation : par exemple, le règlement intérieur du centre annexé au bail pourra prévoir le gardiennage des locaux par cinq rondes par nuit.

Cependant, le bailleur peut s'en affranchir par une **clause** dans le bail l'en dispensant. Le bail peut ainsi contenir une clause aux termes de laquelle « le preneur renonce à tout recours en responsabilité contre le bailleur en cas de vol ou tout autre acte délictueux dont le preneur pourrait être victime dans les lieux loués ou dépendances de l'immeuble, le bailleur n'assumant personnellement aucune obligation de surveillance ».

Dans un cas où trois magasins situés dans un centre commercial avaient fait l'objet d'un vol avec effraction, il a été jugé qu'en faisant installer un système de détection d'intrusion dans le centre, aux frais duquel l'un des locataires victimes avait participé, et en faisant assurer le gardiennage du centre, dont les frais étaient répartis entre les locataires, le **bailleur** avait **renoncé** à se prévaloir de la **clause d'exonération de responsabilité** insérée dans le bail (CA Angers 4-11-1992 n° 91-906 : Juris-Data n° 1992-048654).

Mais ce genre de clause est sans effet en droit en cas de dol ou de faute lourde de celui qui entend s'en prévaloir.

ILLUSTRATIONS

Le règlement intérieur, annexé au bail, du centre commercial dans lequel est situé le local loué prévoyait le gardiennage des locaux par cinq rondes de nuit et le bailleur ne justifiait pas que, au moment où a été perpétré le cambriolage, les cinq rondes de nuit avaient été effectuées. Selon la cour d'appel de Toulouse, il apparaissait ainsi qu'aucun gardiennage par rondes n'avait été mis en place, contrairement aux exigences du règlement intérieur du centre, ce qui constituait la faute lourde excluant le bénéfice de la clause de non-responsabilité figurant au bail (CA Toulouse 23-3-1999 n° 97-4253 : JCP G 1999 IV n° 2807).

Un bail de locaux situés dans une galerie prévoyait que « le locataire ferait son affaire personnelle de la garde des lieux loués, le bailleur déclinant toute responsabilité en cas de vol nonobstant l'existence d'un service de surveillance dans l'immeuble ». À la suite d'un cambriolage, le locataire avait demandé réparation de son préjudice au bailleur, lui reprochant d'avoir commis une faute en supprimant le poste fixe de l'agent de sécurité sans l'en informer. Pour faire droit à cette demande, la cour d'appel de Paris avait estimé que le bailleur avait commis une faute d'une « gravité suffisante » pour l'empêcher de se prévaloir de la clause exclusive de responsabilité en supprimant l'agent sans en informer le locataire pour lui permettre de prendre les précautions qu'impliquait cette modification des conditions de gardiennage. Cette décision a été censurée au motif que ce manquement ne constitue pas une faute lourde qui seule permet d'écarter la clause exclusive de responsabilité (Cass. 3e civ. 21-1-2009 n° 08-10.439 FS-PB : RJDA 4/09 n° 314).

OBLIGATIONS DU LOCATAIRE

SOMMAIRE

PRÉSENTATION

Avant la conclusion du bail, le locataire peut être tenu d'une obligation précontractuelle d'information à l'égard du bailleur (voir n°s 18000 s.). D'autres obligations pèsent sur lui en cours de bail (n°s 60005 s.) et à l'expiration de celui-ci (n°s 61100 s.). **60000**

SECTION 1 OBLIGATIONS DU LOCATAIRE EN COURS DE BAIL

En application du Code civil, le locataire est tenu à deux obligations principales : d'une part, celle d'user raisonnablement de la chose louée et suivant la destination qui lui a été donnée par le bail, ou, à défaut de convention, suivant celle présumée d'après les circonstances et, d'autre part, celle de payer le prix du bail aux termes convenus (C. civ. art. 1728). **60005**

Le locataire est également tenu à d'autres obligations énoncées par le Code civil, telles que celles d'entretenir et réparer la chose louée (C. civ. art. 1754) ou de garnir les lieux loués (C. civ. art. 1752).

En outre, les dispositions du Code civil relatives au louage n'étant pas d'ordre public, la convention des parties peut accroître notablement les obligations mises à la charge du locataire.

A. Usage des lieux loués

1. USAGE RAISONNABLE DES LIEUX LOUÉS

JOUISSANCE NORMALE DES LIEUX LOUÉS

60010 Le locataire doit user de la chose louée raisonnablement (C. civ. art. 1728). À défaut, le bailleur peut faire résilier le bail (art. 1729).

60011 User de la chose raisonnablement signifie pour le locataire qu'il doit y apporter une diligence normale et qu'il ne doit pas commettre d'**abus de jouissance,** c'est-à-dire qu'il ne peut utiliser la chose louée d'une façon anormale qui entraînerait une détérioration de celle-ci ou causerait une gêne au propriétaire ou aux tiers. L'abus de jouissance peut aussi être caractérisé par le non-respect des stipulations contractuelles du bail, voire de celles du règlement de l'immeuble, que ce dernier soit ou non en copropriété.

60015 Le **règlement de copropriété** peut restreindre l'usage des parties privatives. Toutefois, ces restrictions sont interprétées strictement par les tribunaux car elles constituent une atteinte non seulement à la liberté de jouissance des copropriétaires, prévue par l'article 9 de la loi du 10 juillet 1965 fixant le statut de la copropriété des immeubles bâtis, mais aussi au principe de liberté du commerce. C'est la raison pour laquelle il a été jugé que la clause se limitant à prohiber les commerces susceptibles d'engendrer des nuisances pour les occupants de l'immeuble n'entraînait pas l'interdiction d'exercer une activité de restauration (Cass. 3e civ. 3-6-1998 n° 96-21.429 : Administrer mai 1999 p. 51 ; Cass. 3e civ. 6-10-1999 n° 98-10.463 : Loyer et copr. 2000 comm. n° 25 ; Cass. 3e civ. 21-11-2000 n° 96-17.101 F-D : RJDA 2/01 n° 131). Seule la preuve des nuisances effectives générées par l'activité pourrait conduire à interdire celle-ci en application d'une telle clause (Cass. 3e civ. 6-10-1999, précité).

ILLUSTRATIONS

Lorsque le règlement de copropriété impose que le commerce exploité au rez-de-chaussée n'incommode pas, par le bruit ou les odeurs, les personnes habitant l'immeuble, les nuisances sonores importantes provenant exclusivement de la terrasse caractérisent une violation du règlement de copropriété et donc une atteinte aux droits des copropriétaires (Cass. 2e civ. 8-9-2016 n° 15-10.100 F-D).

Dans un cas où le règlement de copropriété d'un immeuble à usage mixte d'habitation et d'exploitation commerciale prévoyait que les boutiques ne pourraient pas être utilisées pour des commerces qui, par leur nature, le bruit, les trépidations, les odeurs, seraient de nature à nuire au standing de l'immeuble ou à apporter une gêne quelconque à ses habitants et qu'étaient donc formellement interdits notamment tous commerces alimentaires entrant dans les catégories visées ci-dessus, les cafés, bars, restaurants, boîtes de nuit, dancings, discothèques, cinémas, toute salle de spectacle, une cour d'appel ne peut pas prononcer la résiliation du bail d'un local de cet immeuble dans lequel était exercée une activité de « salon de thé et petite restauration », sans rechercher si cette activité était précisément interdite par le règlement de copropriété et si elle était effectivement génératrice de nuisances (Cass. 3e civ. 2-7-2013 n° 11-26.363 : RJDA 12/13 n° 983).

Les **obligations nées du règlement** de copropriété sont opposables au locataire. Un syndicat de copropriétaires peut donc agir en indemnisation contre le locataire d'un lot commercial en présence des travaux d'aménagement de la façade de l'immeuble réalisés sans autorisation préalable de l'assemblée générale des copropriétaires (Cass. 3e civ. 14-4-2010 n° 09-13.315 FS-D : BPIM 3/10 n° 239). Il peut également agir en résiliation judiciaire du bail sur le fondement de l'action oblique en cas de violation des clauses du bail et du règlement de copropriété (Cass. 3e civ. 22-6-2005 n° 04-12.540), à condition que la carence du bailleur soit caractérisée (Cass. 3e civ. 12-7-2018 n° 17-20.680 FS-D : RJDA 12/18 n° 890).

60020 L'**abus** de jouissance susceptible d'être reproché au locataire relève de l'**appréciation** souveraine du juge. Les tribunaux ont retenu l'abus de jouissance dans des hypothèses très diverses telles que :

– l'occupation sans autorisation d'une partie commune non comprise dans les lieux loués, celle-ci n'ayant cessé que par l'effet d'une décision de justice exécutoire (Cass. 3e civ. 5-2-1997 n° 95-11.820 : RJDA 4/97 n° 477) ;

– l'occupation sans autorisation d'un toit-terrasse appartenant au bailleur et qui n'était pas compris dans le bail (Cass. 3e civ. 19-5-2015 n° 14-11.331 F-D) ;

– un état de « saleté repoussante » des lieux loués d'où se dégage « une odeur insupportable » et où des fils électriques sans protection courent contre les murs au risque de provoquer des incendies (Cass. 1e civ. 25-5-1966 n° 64-12.323 : Bull. civ. I n° 325) ;

– un encombrement des lieux loués (Cass. 3e civ. 19-1-1982 n° 80-14.270 : JCP G 1982 IV p. 122) ;

– des injures écrites réitérées adressées par le gérant de la société locataire à son bailleur à l'occasion de leurs litiges locatifs (Cass. 3e civ. 3-6-1992 n° 90-20.422 : Gaz. Pal. 1992 jur. p. 656 note J.-D. Barbier) ;

– des violences graves commises contre les employés du bailleur par un enfant du locataire vivant à son domicile, quel que soit le lieu de leur commission (Cass. 3e civ. 17-12-2020 n° 18-24.823 FP-PBI : RJDA 3/21 n° 151).

INTERDICTION DE CHANGER LA FORME DES LIEUX LOUÉS

L'interdiction de changer la forme du bien loué sans autorisation du bailleur résulte des articles 1728 et 1730 du Code civil. Elle n'a pas besoin d'être stipulée dans le contrat (CA Nîmes 26-5-2011 n° 09/03254 : AJDI 2012 p. 427). En pratique, cette interdiction est rarement absolue, les parties organisant la réalisation des travaux par le locataire. C'est ainsi que le bail définit les travaux soumis à autorisation ainsi que les modalités de leur réalisation. **60030**

L'ensemble de cette question est étudié nos 79480 s.

2. USAGE CONFORME À LA DESTINATION DU BIEN LOUÉ

Le locataire est tenu d'user du bien loué suivant la destination qui a été stipulée dans le bail ou, **60090** si la convention est demeurée muette sur ce point, suivant celle présumée d'après les circonstances (C. civ. art. 1728). En pareil cas, le juge recherche la commune intention des parties dans le contrat et non pas l'usage que le locataire a pu en faire. À cet effet, il retient souverainement différents critères tels l'intitulé de l'acte, sa durée, les clauses. La simple attitude passive ou la tolérance du bailleur n'implique pas, à elle seule, son consentement à un changement de destination des lieux (Cass. ass. plén. 3-5-1956 : Bull. civ. n° 1). Pour une étude complète de la destination du bail, le lecteur se reportera utilement aux nos 27020 s.

Lorsque le locataire ne satisfait pas à son obligation, il s'expose à plusieurs types de sanctions. Le bailleur peut, d'une part, demander la résiliation du bail (pour un exemple, CA Lyon 13-1-2015 n° 13/07129) et l'expulsion corrélative du locataire ou l'application de la clause résolutoire si le bail en contient une, d'autre part, demander la remise des lieux en l'état par le locataire, et enfin demander l'allocation de dommages-intérêts pour l'éventuel préjudice subi (éventuellement le coût de la remise en l'état si le bailleur ne l'a pas demandée aux frais du locataire).

En cas de troubles émanant du locataire, et de carence du bailleur, l'action en résiliation du bail peut être exercée par la voie oblique (par exemple, la résiliation peut être demandée par le syndicat des copropriétaires en cas de violation du règlement de copropriété).

B. Conservation des lieux loués

Contrairement à d'autres régimes locatifs, le statut des baux commerciaux ne régit pas cet **60200** aspect de la relation locative. Seules sont donc applicables les règles du droit commun du louage contenues dans le Code civil, lesquelles se révèlent notablement inadaptées car obsolètes. La possibilité de déroger à ces règles est donc largement utilisée.

1. ENTRETIEN ET RÉPARATIONS LOCATIVES

Le locataire est tenu, sauf clause contraire au contrat de bail, des réparations locatives ou menu **60210** entretien définis à l'article 1754 du Code civil. L'article 1755 du Code civil précise qu'aucune des réparations réputées locatives n'est à la charge des locataires, quand elles ne sont occasionnées que par vétusté ou force majeure. Le locataire doit satisfaire à l'obligation prévue à l'article 1754 du Code civil pendant toute la durée du bail. L'exécution de l'obligation du preneur aux réparations locatives ne peut être exigée par le bailleur qu'en fin de bail, sauf possibilité, pour celui-ci, de demander la résiliation du bail (Cass. 3e civ. 12-6-2003 n° 00-10.601 : AJDI 2003 p. 580). Cette obligation s'étend aux locaux accessoires (Cass. 3e civ. 11-12-2007 n° 06-19.256 F-D).

Le locataire est tenu de procéder aux réparations locatives alors même qu'elles ne sont pas imputables à son usage anormal des lieux.

Nous invitons le lecteur à se reporter aux nos 78010 s. où est exposé l'ensemble des règles applicables aux travaux d'entretien et de réparation, la répartition de ces charges faisant l'objet dans la pratique des baux commerciaux de stipulations contractuelles tendant à alourdir les obligations du locataire.

2. SITUATION EN CAS DE DÉGRADATION OU PERTE DES LIEUX LOUÉS

60260 L'article 1732 du Code civil dispose que le locataire répond des dégradations ou des pertes qui arrivent pendant sa jouissance, à moins qu'il ne prouve qu'elles ont eu lieu sans sa faute.

Ce **régime de présomption** applicable aux dégradations anormales doit être différencié des conséquences d'un usage normal et répété qui relève des réparations locatives de l'article 1754 du Code civil qui sont étudiées aux nos 78605 s.

CHAMP D'APPLICATION DE LA PRÉSOMPTION DE RESPONSABILITÉ DU LOCATAIRE

60265 La présomption édictée par l'article 1732 du Code civil s'applique dans le seul cadre des **relations** entre le bailleur et le locataire. Elle n'a pas vocation à s'appliquer :

– entre le syndicat de copropriétaires et le locataire (Cass. 3e civ. 5-6-1991 no 90-11.391 : Bull. civ. III no 161) ;

– entre le loueur et le locataire-gérant d'un fonds de commerce (Cass. com. 2-7-1996 no 93-14.130 PB : RJDA 12/96 no 1469 ; Cass. 3e civ. 13-10-1999 no 97-16.614).

60270 La présomption de l'article 1732 du Code civil trouve application si les dégradations ou les pertes sont intervenues pendant la durée du bail (Cass. 3e civ. 7-10-1998 no 96-19.956) ou pendant la **période** pendant laquelle le locataire a eu la jouissance du local avant de quitter les lieux (Cass. 3e civ. 18-3-1998 no 96-11.624 PB : RJDA 5/98 no 562).

De ce fait, la responsabilité du locataire ne peut être prononcée que s'il est établi que les dégradations ou les pertes se sont produites avant la remise des clés au bailleur (Cass. 3e civ. 18-3-1998 précité). Le fait qu'un nouveau bail ait été conclu entre le bailleur et le locataire consécutivement au bail au cours duquel ont été commises les dégradations n'interdit pas au bailleur de réclamer au locataire la réparation des dégradations commises au cours des baux antérieurs, lequel ne saurait être considéré y avoir, de ce seul fait, renoncé. Le locataire est tenu de les réparer en fin de jouissance (Cass. 3e civ. 8-12-1999 no 98-11.665 PB : RJDA 2/00 no 133).

Sur l'application de l'article 1732 du Code civil en cas de cessions successives, voir no 10065.

60275 Les dégradations peuvent résulter d'**agissements** actifs, tels que les travaux affectant sensiblement les lieux et non autorisés par le bailleur (comme une ouverture de mur, le descellement d'une cheminée) ; elles peuvent aussi résulter de négligences.

60280 Selon l'article 1735 du Code civil, le locataire est tenu des dégradations et des pertes qui arrivent par le fait des personnes de sa maison ou de ses sous-locataires.

Cette disposition est applicable dans les départements du Haut-Rhin, du Bas-Rhin et de la Moselle (Cass. 3e civ. 11-7-1990 no 89-11.100 : Loyers et copr. 1990 comm. no 420).

Par « **personnes de la maison** », il faut entendre les personnes qui vivent avec le locataire dans les lieux loués, ce qui, en matière de baux commerciaux, se limite à l'hypothèse des locaux mixtes. Les enfants du locataire, même majeurs, peuvent donc être des « personnes de la maison » (Cass. 3e civ. 10-11-2009 no 09-11.027 FS-PB : RJDA 2/10 no 121). Cette expression englobe aussi toutes les personnes que le locataire a laissé pénétrer dans les lieux loués (Cass. civ. 13-12-1927 : DP 1928 I p. 93), telles notamment les personnes qui interviennent à titre professionnel dans les lieux à la demande du locataire (Cass. 3e civ. 19-1-2000 no 98-12.697 PB : RJDA 3/00 no 245 ; Cass. 3e civ. 16-6-2004 no 03-12.528 FS-PB : RJDA 10/04 no 1090). La responsabilité du locataire peut être engagée pour des dégradations commises dans les parties communes de l'immeuble par des déménageurs que le locataire a introduit dans les lieux (CA Dijon 20-11-1981 : D. 1982, I p. 224). En revanche, les patients ne constituent pas des personnes de la maison (Cass. 3e civ. 19-11-2008 no 07-15.508 FP-PBRI : RJDA 2/09 no 74). Par suite, un médecin, preneur à bail d'un local dans lequel le bailleur lui a donné l'autorisation d'exercer sa profession, ne peut, en l'absence de toute faute qui lui soit imputable, être personnellement tenu pour responsable du comportement de certains de ses patients dans les parties communes de l'immeuble (même arrêt).

La responsabilité du locataire du fait des dégradations commises par les **sous-locataires** s'explique par le fait qu'il n'existe pas de lien juridique entre le bailleur et ceux-ci. Cette disposition permet donc au bailleur d'agir directement contre son locataire.

LIMITES À LA RESPONSABILITÉ DU LOCATAIRE POUR DÉGRADATION DES LIEUX

60285 Si l'article 1732 du Code civil prévoit une présomption de faute du locataire dans la survenance de la dégradation ou des pertes pendant la jouissance du bien loué, cette présomption est néanmoins réfragable puisque le **locataire** est dégagé de sa responsabilité s'il parvient à **prouver** que les dégradations ou les pertes ont eu lieu **sans sa faute.**

Le locataire peut ainsi être exonéré de toute responsabilité lorsque les dégradations sont la conséquence de dommages, dont la généralisation à l'ensemble immobilier démontre, même si on ne peut en rapporter l'origine et la date de survenance, qu'elles ne sont pas liées à l'occupation du logement par le locataire (Cass. 3e civ. 13-7-2010 n° 09-15.748 : RJDA 11/10 n° 1042 pour des infiltrations d'eau et d'humidité). En revanche, le fait que le bailleur ait refusé de faire connaître le nom de son assureur, n'ait pas déclaré le sinistre à son assureur, ce qui lui aurait permis d'être indemnisé de son préjudice, ou qu'il n'ait pas été assuré, n'exonère pas le locataire de sa responsabilité (Cass. 3e civ. 17-11-2021 n° 20-10.100 F-D : RJDA 5/22 n° 249).

Les juges du fond **apprécient souverainement** tant l'existence ou non d'une éventuelle faute du locataire dans la dégradation du local, que l'étendue de sa responsabilité (Cass. 3e civ. 24-3-1999 n° 531 D).

ILLUSTRATIONS

C'est ainsi qu'à la suite de l'effondrement d'un plancher, les juges ont souverainement retenu la responsabilité du locataire à hauteur de 75 % après avoir constaté que la cause principale du désordre était due à un défaut de conception de la salle de bains installée par le locataire et à l'écoulement des eaux à la périphérie, la responsabilité du bailleur étant retenue à hauteur de 25 % pour ne pas avoir agi de manière plus rapide et plus efficace (Cass. 3e civ. 27-11-2007 n° 06-19.482 F-D).

Le locataire peut s'exonérer de sa responsabilité en invoquant l'**état des lieux** qui aura été établi lors de l'entrée en jouissance faisant état des dégradations qui lui sont reprochées, voire plus globalement de l'état vétuste des lieux. L'absence d'état des lieux ne fait pas obstacle à ce que le propriétaire prouve la perte d'un élément du bien loué, notamment par voie de témoignage (Cass. 3e civ. 8-4-1999 n° 97-17.476 D : RJDA 6/99 n° 647). **60290**

La jurisprudence a en outre confirmé le caractère exonératoire de la survenance d'un cas de **force majeure** (Cass. 3e civ. 18-1-1950 n° 36.058 : Bull. civ. I n° 15). Le locataire devra alors prouver que la cause de la dégradation ou de la perte était extérieure, imprévisible et insurmontable (application de l'art. 1218 du Code civil). Les juges du fond apprécient souverainement les faits considérés et déterminent s'ils relèvent ou non de la force majeure. **60292**

PREUVE DE LA RESPONSABILITÉ DU LOCATAIRE POUR DÉGRADATION DES LIEUX

L'article 1732 du Code civil instituant une présomption de faute à l'encontre du locataire, le bailleur n'a pas à prouver la faute du locataire (Cass. 3e civ. 6-12-1972 n° 71-14.294 : Bull. civ. III n° 662 ; Cass. 3e civ. 28-1-2004 n° 02-11.814 FS-PB : Rev. Loyers 2004 p. 323). En l'absence d'état des lieux lors de l'entrée du locataire, il n'appartient pas non plus au bailleur de prouver que la dégradation ou la perte a eu lieu à l'occasion de l'occupation des lieux par le locataire (Cass. 3e civ. 25-1-2023 n° 21-22.311 F-D). **60295**

La preuve de la dégradation peut être rapportée par la comparaison entre l'état des lieux d'entrée et de sortie, révélatrice du soin apporté par le locataire dans l'entretien du bien loué (Cass. 3e civ. 5-10-1999 n° 98-11.279). Rappelons à cet égard que l'obligation d'entretien présente un caractère continu.

Cependant, les juges doivent rechercher si le mauvais état constaté n'est pas imputable au bailleur en raison de l'inexécution de ses propres obligations, telle son obligation de procéder aux grosses réparations (Cass. 3e civ. 2-6-1999 n° 97-18.692). Un doute sur l'origine des dégradations et l'absence de preuve que celles-ci proviennent d'un défaut d'entretien du locataire ne suffisent pas à exonérer ce dernier (Cass. 3e civ. 2-12-2014 n° 13-24.491 F-D : RJDA 4/15 n° 237).

ILLUSTRATIONS

Dans l'affaire ayant donné lieu à l'arrêt du 2 décembre 2014, les eaux de ruissellement provenant des voiries privatives du bailleur avaient pénétré dans les locaux, occasionnant des dégradations dans les lieux restés inoccupés les deux dernières années du bail, car le caniveau se trouvant devant le portail d'accès était obstrué. En outre, le débordement des chéneaux avait causé des infiltrations dans la couverture. Pour rejeter l'action en réparation du bailleur, la cour d'appel s'était fondée sur le rapport d'un expert en assurance, qui avait conclu qu'il existait un doute sur l'origine des dégradations constatées ainsi que sur les causes des inondations : celles-ci pouvaient relever soit d'un défaut de l'ouvrage (sous-dimensionnement du caniveau et des chéneaux) imputable au bailleur, soit d'un défaut d'entretien par obstruction du caniveau et des chéneaux par le locataire.

SANCTIONS EN CAS DE RESPONSABILITÉ DU LOCATAIRE

Le locataire doit réparer le préjudice subi par le bailleur : il peut s'agir de **dommages-intérêts,** mais aussi d'une **retenue sur** l'éventuel **dépôt de garantie.** Le locataire peut aussi être condamné à **remettre les lieux en l'état.** **60300**

La réparation du dommage consécutif à la dégradation des lieux loués doit être intégrale ; les juges doivent évaluer le montant du préjudice subi par le bailleur (Cass. 3e civ. 14-12-2023 no 21-19.488 F-D : Gaz. Pal. 23-4-2024 p. 48 obs. Barbier) et ne peuvent donc pas procéder à une évaluation forfaitaire du dommage (Cass. 3e civ. 21-9-2010 no 09-68.534 F-D : AJDI 2011 p. 43). A ainsi été censurée la décision des juges du fond qui, ayant retenu une perturbation d'activité du bailleur sur trois jours et relevé que les documents analysés ne permettaient toutefois pas de justifier des pertes de recettes invoquées par le bailleur à hauteur de plus de 77 000 €, avait évalué le préjudice du bailleur à hauteur d'une somme forfaitaire de 15 000 € (Cass. 3e civ. 21-9-2010 précité).

Si les dégradations sont constatées en cours de bail, le bailleur pourra aussi demander la résiliation du contrat soit en mettant en jeu la clause résolutoire, soit en la demandant en justice.

> **Précisions** L'indemnisation du bailleur, en raison des dégradations affectant l'immeuble loué qui sont la conséquence de l'inexécution par le locataire de ses obligations, n'est subordonnée ni à l'**exécution des réparations,** ni à l'**engagement** effectif de **dépenses** (Cass. 3e civ. 15-11-2018 no 17-22.130 FS-D : RJDA 2/19 no 72 ; Cass. 3e civ. 7-1-2021 no 19-23.269 F-D : RJDA 4/21 no 214), ni à la justification d'une **perte de valeur locative** (Cass. 3e civ. 7-1-2021 précité).

3. SITUATION EN CAS D'INCENDIE

RESPONSABILITÉ DU LOCATAIRE EN CAS D'INCENDIE

60360 Aux termes de l'article 1733 du Code civil, le locataire répond de l'incendie, à moins qu'il ne prouve que l'incendie soit arrivé par cas fortuit ou force majeure, ou par vice de construction, soit que le feu a été communiqué par un bâtiment voisin.

ATTENTION

Les dispositions de l'article 1733 du Code civil ne sont pas applicables dans les départements du **Haut-Rhin,** du **Bas-Rhin** et de la **Moselle** où la responsabilité du locataire en cas d'incendie ne peut être engagée qu'en cas de faute prouvée de la part du locataire (Cass. 3e civ. 26-1-2022 no 20-17.715 FS-B).

En dehors de ces trois cas, le locataire est tenu responsable :

– même si le lieu exact de l'origine du sinistre n'est pas connu (Cass. 3e civ. 5-2-1991 no 89-19.945 : Loyers et copr. 1991 comm. no 153). À titre d'exemple, un locataire a été condamné à indemniser le bailleur dans un cas où l'expert judiciaire avait constaté que le sinistre était probablement dû à un court-circuit sans avoir pu déterminer si celui-ci avait pris naissance sur l'installation électrique, laquelle était en partie récente et non vétuste, ou sur un appareil fonctionnant à l'électricité (Cass. 3e civ. 13-5-1997 no 95-17.176 : Rev. loyers 1997 p. 554) ;

– même s'il prouve qu'il n'a pas commis de faute. Ainsi, le seul fait qu'aucun défaut d'entretien ne puisse lui être reproché ne suffit pas à écarter la présomption de responsabilité qui pèse sur lui (Cass. 3e civ. 9-11-2010 no 09-69.910 F-D : RJDA 3/11 no 213).

De même, peu importe que l'incendie fasse suite à une explosion (Cass. 3e civ. 7-11-1978 no 77-11.663 : Bull. civ. III no 331 ; Cass. 3e civ. 30-5-1990 no 89-10.356 : Bull. civ. III no 129 ; Cass. 3e civ. 10-3-2010 no 09-10.736 FS-D : RJDA 5/10 no 478). En revanche, la présomption de responsabilité du locataire ne s'applique pas lorsque les dégâts à réparer ne sont dus qu'à une explosion (Cass. 3e civ. 10-3-1999 no 97-12.133 : RJDA 5/99 no 535).

60365 L'article 1733 du Code civil n'étant pas d'ordre public, le bail peut prévoir d'exonérer le locataire de cette responsabilité (Cass. civ. 26-12-1950 no 226 : Bull. civ. I no 268 ; Cass. req. 28-1-1868 : DP 1868 I p. 483).

60380 **Champ d'application** La présomption de responsabilité instaurée par l'article 1733 du Code civil en cas d'incendie suppose l'existence de **rapports locatifs** (Cass. 3e civ. 22-6-1983 no 82-12.236 : Bull. civ. III no 144 ; Cass. 3e civ. 31-10-2006 no 03-10.730 FS-D : RJDA 1/07 no 20). Par suite, son application est exclue :

– entre le bailleur et un nouveau locataire entré dans les lieux avant la prise d'effet du bail dès lors qu'il n'est pas établi qu'il existait une contrepartie pour cette période (Cass. 3e civ. 29-11-2000 no 98-21.540 FS-PB : RJDA 2/01 no 130) ;

– entre le nu-propriétaire d'un immeuble donné à bail par un usufruitier et le locataire (Cass. 3e civ. 23-11-1993 no 92-13.531) ;

– entre un locataire et un syndicat de copropriétaires (Cass. 3e civ. 22-6-1983 no 82-12.236 : Bull. civ. III no 144) ;

– entre un bailleur et un sous-locataire (Cass. 3e civ. 8-12-1993 no 1946 PF : RJDA 3/94 no 266 ; CA Douai 7-10-1999 no 96-4469, 3e ch. : Juris-Data no 1999-118219 ; Cass. 3e civ. 7-7-2016 no 15-12.370 FS-PB : RJDA 11/16 no 765). En revanche, ce dernier doit répondre vis-à-vis du locataire principal, dans les conditions de l'article 1733 du Code civil, de toutes les conséquences dommageables de l'incendie (Cass. civ. 13-4-1934 : Gaz. Pal. 1934 jur. p. 1001 ; Cass. 3e civ. 24-1-2007 n° 06-13.028 FS-PB : RJDA 4/07 n° 334 ; Cass. 3e civ. 23-5-2012 n° 11-17.183 FS-PB : RJDA 10/12 n° 830) ;

– entre le locataire et le propriétaire d'un local voisin, tiers au contrat de location (Cass. 3e civ. 19-9-2012 n° 11-10.827 FS-PB : RJDA 12/12 n° 1045 ; Cass. 3e civ. 28-1-2016 n° 14-28.812 FS-PBRI : RJDA 4/16 n° 259).

L'article 1733 du Code civil ne peut pas être invoqué lorsque le **contrat** donnant la jouissance des lieux a été rétroactivement anéanti (Cass. 3e civ. 24-11-1976 n° 75-13.076 : Bull. civ. III n° 423) ou en présence d'un contrat sui generis qui ne pouvait s'insérer dans aucune catégorie strictement définie, la volonté des parties ayant été d'exclure formellement toute possibilité de faire entrer la convention dans le cadre d'une location, d'une location-gérance ou même d'un louage de services, et de ne prendre que des engagements temporaires correspondant à une période d'essai (Cass. 3e civ. 16-12-1970 n° 69-12.936 : Bull. civ. III n° 703). **60385**

Concernant le champ d'application matériel, l'article 1733 du Code civil concerne les **immeubles** bâtis, peu important que ces immeubles soient ou non destinés à l'habitation. **60390**

La présomption de responsabilité du locataire ne joue que si l'**incendie** a pris **naissance dans les lieux loués.**

La jurisprudence fait néanmoins preuve d'une certaine souplesse et admet que cette présomption s'applique également lorsque l'incendie naît dans un **accessoire de la chose louée,** qui ne fait pas formellement partie du bail mais dont le locataire a l'usage. C'est le cas par exemple lorsqu'un feu a pris naissance dans une dépendance des locaux loués, telle une caravane accolée à l'immeuble, qui est à l'usage du locataire (Cass. 1e civ. 10-7-2001 n° 98-16.687 : Bull. civ. III n° 207) ou dans un local de l'immeuble servant de débarras à usage privatif des locataires (Cass. 3e civ. 13-12-1989 n° 88-13.903 : Bull. civ. III n° 233).

L'article 1733 du Code civil ne trouve en revanche pas à s'appliquer lorsque l'incendie a pris naissance en dehors des locaux loués ou d'un accessoire de ceux-ci. Ainsi, la présomption de responsabilité du locataire ne joue pas lorsque l'incendie a pris naissance dans les parties communes de l'immeuble mises à disposition de tous les occupants (CA Paris 27-10-1998 n° 97-12143, 7e ch. A : Juris-Data n° 1998-02.3210), ni lorsque l'incendie a pris naissance dans un container à ordures se trouvant à proximité de la façade du bâtiment donné à bail (Cass. 3e civ. 19-12-2019 n° 18-24.012 F-D : RJDA 3/20 n° 130).

Indemnisation du bailleur Le locataire, présumé responsable de l'incendie, est tenu de réparer personnellement l'entier préjudice subi par le bailleur du fait de l'incendie. Le bailleur est en droit d'exiger une remise des lieux loués dans leur état antérieur à l'incendie. En revanche, il ne peut pas prétendre à ce que le locataire prenne en charge des travaux de mise en conformité à des normes qui n'existaient pas avant la survenance du sinistre (Cass. 3e civ. 7-3-2007 n° 05-17.146 FS-D : RJDA 6/07 n° 592). **60410**

Les **dommages-intérêts** auxquels le bailleur peut prétendre sont fixés conformément aux règles énoncées par les articles 1231-2 et 1231-3 du Code civil. Par combinaison de ces articles, ils correspondent à la perte subie par le bailleur et au gain dont il a été privé et aux dommages-intérêts éventuellement prévus au contrat. En conséquence, le locataire devra dédommager le bailleur du préjudice subi non seulement par la destruction des lieux loués mais aussi par la perte des loyers encourue durant la reconstruction, même si le bail a été résilié à la suite du sinistre (Cass. 3e civ. 11-7-2019 n° 18-15.424 F-D : RJDA 12/19 n° 742). Quand un immeuble détruit par un incendie ne peut être reconstruit à l'identique, l'indemnité due au propriétaire est égale à sa valeur vénale et non à sa valeur de reconstruction à neuf (Cass. 3e civ. 7-9-2017 n° 16-15.257 FS-PB : RJDA 11/17 n° 700). **60412**

En revanche, en cas de revente sans reconstruction de l'immeuble, le propriétaire ne peut voir allouer une indemnité correspondant à la valeur à neuf de l'immeuble ni obtenir le remboursement de frais d'architecte, de contrôle technique et de coordonnateur de sécurité qu'il ne va pas exposer (Cass. 3e civ. 8-4-2010 n° 08-21.393 FS-PB : RJDA 7/10 n° 710).

Concernant l'**indemnité pour reconstruction,** le calcul de son montant ne peut pas donner lieu à application d'un **coefficient de vétusté.** **60415**

En effet, par un arrêt rendu au visa des articles 1733 et 1149 du Code civil (désormais C. civ. art. 1231-2), la Cour de cassation a jugé que la déduction d'un coefficient de vétusté sur la valeur du bien ne replaçait pas les propriétaires dans la situation où ils se seraient trouvés si l'acte dommageable ne s'était pas produit (Cass. 3e civ. 9-1-1991 n° 87-18.226 P : Loyers et copr. 1991 comm. n° 104 ; Cass. 3e civ. 19-7-1995 n° 93-16.106 : RJDA 11/95 n° 1203). En conséquence, le locataire est tenu de réparer l'entier préjudice subi par le bailleur.

Le statut des baux commerciaux ne prévoit aucune obligation d'assurance à la charge du locataire. Toutefois, en pratique, les baux stipulent souvent que le risque incendie est couvert **60420** par une assurance contractée par le locataire. L'article L 121-13 du Code des assurances confère au bailleur un droit direct sur l'**indemnité d'assurance.** Ce recours appartient au propriétaire de l'immeuble incendié, mais aussi à son assureur lorsque ce dernier est subrogé dans ses droits, l'action de l'assureur ayant alors le même fondement que celui dont dispose le bailleur, peu important la qualité de tiers de l'assureur au contrat de bail (CA Nîmes 17-3-2022 n° 21/02973, 2e ch. civ.).

60430 **Causes exonératoires de responsabilité** Aux termes de l'article 1733 du Code civil, le locataire ne peut s'exonérer de sa responsabilité qu'en prouvant soit que l'incendie est arrivé par cas fortuit ou de force majeure, soit qu'il est imputable à un vice de construction, soit enfin que le feu a été communiqué par un bâtiment voisin.

Pour pouvoir être invoqué, le **cas fortuit ou de force majeure** doit présenter les critères inhérents à cette situation d'imprévisibilité, d'irrésistibilité et d'extériorité (application de l'article 1218 du Code civil). Tel est le cas d'un incendie provoqué par la foudre (CA Rennes 21-3-1989 n° 87-383, 7e ch. : Juris-Data n° 044250) ou celui provoqué par un effondrement d'une partie de la charpente sur des conducteurs électriques, effondrement lui-même causé par la présence de termites (CA Bordeaux 6-10-1999 n° 97-1895, 1e ch. C : Juris-Data n° 045106).

60435 Pour être exonératoire de responsabilité, l'**origine criminelle** de l'incendie doit présenter pour le locataire les caractères d'imprévisibilité et d'irrésistibilité propres à la force majeure (Cass. 3e civ. 28-9-1983 n° 81-15.840 : Bull. civ. III n° 172 ; Cass. 3e civ. 21-12-1987 n° 86-14.626 : Bull. civ. III n° 211 ; Cass. 3e civ. 26-5-2009 n° 08-15.579 ; Cass. 3e civ. 4-6-2013 n° 12-20.654). En revanche, le locataire ne peut pas être exonéré de sa responsabilité lorsqu'est établie une négligence de sa part ayant facilité l'incendie volontaire (Cass. 3e civ. 2-10-2012 n° 11-21.589 FD : RJDA 4/13 n° 298).

ILLUSTRATIONS

Constitue un cas de force majeure :

– l'incendie d'un bar d'origine criminelle dont les auteurs sont inconnus et qui s'est produit la nuit en l'absence de clientèle et des exploitants, alors qu'aucun manquement du locataire concernant la protection des locaux n'était établi (Cass. 3e civ. 12-12-1990 n° 89-14.919 : Bull. civ. III n° 260) ;
– l'incendie ayant éclaté la nuit après la fermeture de l'établissement, en l'absence de clients, d'employés ou de tiers, après effraction, aucune négligence n'ayant pu faciliter celle-ci (Cass. 3e civ. 27-1-1993 n° 90-18.679 D : Rev. loyers 1993 p. 204) ;
– celui ayant embrasé avec une rapidité inexplicable un chapiteau à usage de discothèque compte tenu des constatations suivantes : les occupants d'un véhicule avaient tiré un coup de fusil en direction de la porte avant le sinistre, les prélèvements effectués sur les lieux présentaient des traces d'essence et de paraffine et la discothèque était verrouillée et surveillée par des rondes et un dispositif auditif (Cass. 3e civ. 18-3-1998 n° 96-10.769 PF : RJDA 5/98 n° 563) ;
– un incendie d'origine criminelle, dès lors que les auteurs n'avaient aucun lien établi avec le locataire et que ce dernier avait pris toutes les précautions nécessaires pour éviter une intrusion ou le départ d'un incendie, sans que la situation géographique du bâtiment, qualifiée de « plutôt sensible » par l'expert, puisse suffire à rendre prévisible un incendie (Cass. 3e civ. 14-9-2010 n° 09-69.051 F-D : RJDA 12/10 n° 1135) ;
– l'incendie d'origine criminelle dû à l'explosion d'un mélange d'hydrocarbures répandu dans les deux niveaux de la maison compte tenu des circonstances suivantes : les quatre locataires étaient absents le jour des faits, l'enquête n'avait établi aucun manquement de leur part à leurs obligations relatives à la protection ou à l'utilisation des lieux susceptible d'avoir facilité le sinistre, les objets découverts sur place et utilisés par eux pour les besoins de leurs études, notamment les bombes de peinture sous pression, n'avaient joué aucun rôle causal dans le déclenchement de l'explosion (Cass. 3e civ. 15-10-2013 n° 12-23.126 FD : RJDA 1/14 n° 9) ;
– un incendie dont la cause la plus probable serait une cigarette mal éteinte dans les combles, dès lors que les locataires n'étaient pas fumeurs et que leur état de santé ne leur permettait pas de monter dans ces combles (Cass. 3e civ. 8-10-2015 n° 14-19.477 F-D : AJDI 2015 p. 838) ;
– l'incendie d'origine criminelle survenu dans les circonstances suivantes : il a éclaté un dimanche, hors la présence du locataire et des occupants de l'immeuble ; aucun manquement dans l'utilisation des locaux à l'origine du feu n'a été établi contre le locataire ; l'accumulation de matières ou produits inflammables n'a pas été retenue comme ayant participé au sinistre (Cass. 3e civ. 14-6-2018 n° 17-19.891 F-D : RJDA 8-9/18 n° 625) ;
– l'incendie d'origine criminelle, survenu la nuit dans les locaux loués, compte tenu des circonstances suivantes : les lieux étaient convenablement fermés ; le fait qu'un scooter ait été entreposé dans le local n'avait ni causé l'incendie ni contribué à sa propagation en l'absence de fuite d'essence ; le locataire n'avait aucune obligation d'installer un système de détection d'incendie ou d'intrusion ou de vidéosurveillance de sorte qu'il n'était établi aucune négligence de sa part à l'origine du sinistre (Cass. 3e civ. 6-2-2025 n° 23-14.734 F-D).

Ne constitue pas un cas de force majeure :
– un incendie allumé par des clochards qui fréquentaient les locaux loués et alors qu'aucun des locataires n'avait pris de mesures pour empêcher ces intrusions (Cass. 3e civ. 17-10-1990 n° 89-14.823 : Loyers et copr. 1990 comm. n° 453) ;
– l'incendie allumé par des auteurs non identifiés qui connaissaient les lieux, y étaient entrés par la fenêtre donnant sur la terrasse dont les volets n'étaient jamais fermés et alors qu'aucune mesure de protection particulière n'était prise par la locataire, les moyens de fermeture usuels n'étant même pas habituellement mis en œuvre (Cass. 3e civ. 17-3-1993 n° 502 D : Loyers et copr. 1993 comm. n° 212) ;
– l'incendie survenu à la suite d'un acte de malveillance alors que des actions criminelles avaient été commises à deux reprises, en période sensible, dans un contexte identique et que le locataire n'avait pas pris les mesures de sécurité élémentaires (Cass. 3e civ. 29-5-1991 n° 89-21.099 D).

Le locataire peut aussi s'exonérer de sa responsabilité en établissant l'existence d'un **vice de construction** à l'origine de l'incendie. Un tel vice n'a pas à revêtir le caractère de la force majeure (Cass. 3e civ. 21-3-1990 n° 88-16.187 : Bull. civ. III n° 79 ; Cass. 3e civ. 12-3-2002 n° 493 F-D : Loyers et copr. 2002 comm. n° 168). **60440**

En revanche, le locataire ne peut pas s'exonérer si le vice a seulement été la cause de propagation du sinistre (Cass. 3e civ. 18-3-1992 n° 89-15.310 : Bull. civ. III n° 89 ; Cass. 3e civ. 23-1-2008 n° 06-19.520 FS-D). Les juges du fond sont souverains pour apprécier l'existence des vices de construction.

ILLUSTRATIONS

Justifie légalement sa décision la cour d'appel, qui a souverainement retenu, sans dénaturation ni inversion de la charge de la preuve, que l'anomalie électrique constituait un vice de construction exonérant la locataire de sa responsabilité édictée par l'article 1733 du Code civil, après avoir relevé les éléments suivants : il résultait des conclusions du rapport d'expertise que la preuve directe de l'origine de l'incendie résidait dans un défaut du tableau électrique, propriété de la bailleresse ; les différentes explications envisagées par l'expert sur les causes de ce défaut n'enlevaient rien à la réalité d'une anomalie inhérente à l'installation ; le fait que cette installation fût bien conçue, correctement réalisée et bien entretenue, ne prouvait pas que le tableau n'était pas la cause de l'accident.

Cass. 3e civ. 7-6-2000 n° 98-17.603.

Après avoir souverainement retenu que si la localisation d'un transformateur, antérieure au bail, avait pu favoriser la propagation rapide de l'incendie, le défaut de conception de l'installation électrique assimilable à un vice de construction n'était pas pour autant caractérisé, une cour d'appel en a exactement déduit que la société locataire était responsable des dommages survenus non seulement dans les locaux qui lui avaient été donnés à bail mais également dans ceux, voisins, donnés à bail par les mêmes propriétaires à un autre.

Cass. 3e civ. 27-11-2002 n° 1721 FS-PB : RJDA 2/03 n° 113.

Après avoir retenu que n'étaient en cause dans le sinistre ayant endommagé le local loué ni le défaut de ramonage, ni le défaut d'entretien, ni la structure de l'âtre et de la cheminée du voisin du locataire, pas plus qu'un usage anormal du foyer et qu'il était établi par l'expertise que le feu était né de l'embrasement d'une gaine électrique, située sur le mur opposé à l'âtre, ce défaut de la chose louée étant la cause des pertes subies par le locataire, la cour d'appel, qui a procédé à la recherche demandée, a pu, sans dénaturation, écarter la responsabilité du locataire et de son voisin.

Cass. 3e civ. 9-7-2013 n° 12-21.511 F-D : RJDA 12/13 n° 982.

Le **défaut d'entretien imputable au bailleur,** lorsqu'il est à l'origine d'un incendie, est assimilable à un vice de construction (Cass. 3e civ. 10-7-1991 n° 1266 D : Loyers et copr. 1991 comm. n° 370 ; Cass. 3e civ. 15-6-2005 n° 732 FS-PBI : RJDA 10/05 n° 1073 ; Cass. 3e civ. 25-3-2014 n° 12-35.268 F-D). **60445**

En revanche, ne constitue pas une cause exonératoire de la responsabilité du locataire les **fautes du bailleur** qui ne sont **pas à l'origine du sinistre** (Cass. 3e civ. 13-6-2007 n° 06-10.033 FS-PB : RJDA 6/07 n° 938). Au cas particulier, la Cour de cassation a censuré une cour d'appel qui avait exonéré partiellement le locataire de sa responsabilité en constatant que l'expertise avait mis en évidence des violations manifestes, par le bailleur, des règles de sécurité applicables aux installations classées ainsi que des règles d'urbanisme en ajoutant des constructions sauvages sur les lieux sans en assurer la protection contre le feu. **60447**

Il appartient au locataire de rapporter la **preuve** du lien de causalité entre le vice de construction et l'incendie (Cass. 3e civ. 27-5-1974 n° 72-12.382 : Bull. civ. III n° 222) : le vice doit être la cause initiale du sinistre ; un vice de construction ayant seulement contribué à accroître les dommages est insuffisant à exonérer le locataire (Cass. 3e civ. 18-3-1992 n° 493 PF : RJDA 5/92 n° 428). Il est admis que cette preuve puisse être rapportée par des présomptions graves, précises et concordantes pouvant ressortir d'un rapport d'expert (Cass. 3e civ. 4-6-1991 n° 916 D : Loyers et copr. 1991 comm. n° 330). **60450**

60460 Le locataire peut enfin s'exonérer de sa responsabilité en établissant que **l'incendie a été communiqué par une maison voisine.** Le fondement de cette exonération réside dans la preuve de l'antériorité du sinistre voisin par rapport au sinistre ayant détruit les lieux loués.

ILLUSTRATIONS

Dans un cas où un locataire occupait une partie du bâtiment où le feu avait commencé et une partie de l'immeuble auquel l'incendie avait été communiqué, il a été jugé qu'il ne pouvait pas se prévaloir de cette cause d'exonération dans l'hypothèse où, en les réunissant, ses locaux étaient devenus indivisibles. Il a en effet été considéré que « la jouissance du locataire, et, par suite, l'obligation de veiller à la conservation de l'immeuble loué, portait sur un tout indivisible » (Cass. civ. 25-2-1920 : Gaz. Pal. 1924 I p. 93).

RESPONSABILITÉ DE L'INCENDIE EN CAS DE PLURALITÉ DE LOCATAIRES

60470 En cas de pluralité de locataires, tous sont responsables de l'incendie proportionnellement à la valeur locative de la partie de l'immeuble qu'ils occupent à moins qu'ils ne prouvent que l'incendie a commencé dans le local de l'un d'eux, auquel cas celui-là seul en est tenu, ou que quelques-uns ne prouvent que l'incendie n'a pu commencer chez eux, auquel cas ceux-là ne sont pas tenus (C. civ. art. 1734).

Toutefois, la présomption de responsabilité cesse de s'appliquer **lorsque le bailleur occupe lui-même une partie des locaux** incendiés dans les mêmes conditions qu'un locataire (Cass. 3e civ. 22-2-1989 n° 87-18.415 : Bull. civ. III n° 43 ; Cass. 3e civ. 30-3-1994 n° 623 D : RJDA 6/94 n° 627 ; Cass. 3e civ. 15-2-1995 n° 92-19.913 P : RJDA 4/95 n° 408 ; Cass. 3e civ. 1-10-2003 n° 02-11.557 FS-PB : RJDA 1/04 n° 17 ; Cass. 3e civ. 23-6-2015 n° 14-18.072 F-D : RJDA 10/15 n° 632).

Dès lors qu'il est assimilé à un locataire, le bailleur est soumis aux mêmes présomptions, si bien qu'il ne peut plus les invoquer à l'égard des locataires, sauf à prouver que le feu n'a pas commencé dans les locaux occupés par lui (Cass. 3e civ. 18-11-1998 n° 97-11.026 D : RJDA 1/99 n° 18).

En outre, même en cas de jouissance d'une partie des lieux par le propriétaire assimilable à celle d'un locataire, le preneur demeure présumé responsable de l'incendie qui s'est déclaré dans les lieux qu'il occupe exclusivement (Cass. 3e civ. 2-4-2003 n° 01-11.269 FS-PB : RJDA 7/03 n° 693).

La présomption de responsabilité ne joue pas pour le propriétaire des lieux qui occupe à titre privatif et dans les conditions d'un locataire des locaux situés dans l'immeuble loué et dans lesquels l'incendie s'est déclenché. Il ne peut donc être condamné à réparer les désordres subis par son locataire que si ce dernier établit une faute qui lui est imputable ou agit en réparation du trouble de jouissance subi du fait de l'incendie (Cass. 3e civ. 9-12-2009 n° 08-21.592 FS-D : RJDA 3/10 n° 215).

C. Paiement des loyers et des charges

1. MODALITÉS DE PAIEMENT DES LOYERS ET DES CHARGES

60600 Aux termes de l'article 1728 du Code civil, le locataire est tenu « de payer le prix du bail aux termes convenus ». Il s'agit d'une obligation essentielle du bail. Le contrat de bail doit préciser les modalités de paiement du loyer et des charges.

DATE, MODE ET LIEU DU PAIEMENT DU LOYER ET DES CHARGES

60610 **Date et mode de paiement** Le bail doit déterminer les **époques** de paiement du loyer. Cette détermination est libre et les parties peuvent, par exemple, choisir un paiement mensuel, trimestriel, semestriel, voire annuel. Le bail doit également préciser si le paiement doit être effectué à terme échu ou d'avance. En pratique, il est généralement prévu que le loyer est payable trimestriellement d'avance par virement bancaire. Toutefois, dans l'est de la France, l'usage est que le loyer soit payable mensuellement d'avance.

La modalité du paiement des loyers peut avoir des conséquences sur le montant du dépôt de garantie. En effet, en vertu de l'article L 145-40 du Code de commerce, les loyers payés d'avance, sous quelque forme que ce soit, et même à titre de garantie, portent intérêts au profit du locataire au taux pratiqué par la Banque de France pour les avances sur titres, pour les sommes excédant deux termes de loyer. Le versement d'un pas-de-porte ou droit d'entrée qualifié de supplément de loyer entre dans la définition des loyers payés d'avance.

ATTENTION

Le **projet de loi de simplification de la vie économique**, déposé au Sénat le 24 avril 2024, prévoit que le paiement mensuel du loyer serait de droit lorsque le locataire d'un local commercial au sens du 2° du III de l'article 231 ter du Code général des impôts en ferait la demande à la condition qu'il ne fasse pas l'objet d'une action du bailleur en paiement d'un arriéré de loyer. Cette demande prendrait effet à compter de la prochaine échéance de paiement du loyer prévue par le bail. Cette disposition ne s'appliquerait pas aux locaux construits en vue d'une seule utilisation. En outre, le projet prévoit de limiter le montant du dépôt de garantie à trois mois de loyer, les sommes versées ne portant pas intérêt au profit du locataire ; le dépôt de garantie devrait être remboursé dans un délai raisonnable ne pouvant excéder trois mois à compter de la remise des clés au bailleur ou à son mandataire (Texte Sén. n° 635 art. 24).

Toute clause contraire est réputée non écrite car l'article L 145-40 fait partie des dispositions d'ordre public visées à l'article L 145-15 auxquelles il est interdit de déroger.

Ce n'est que dans le silence de la convention que les époques de paiement sont déterminées par référence aux usages locaux.

ILLUSTRATIONS

Dans un cas où un bailleur se prévalait du retard répété dans le paiement du loyer pour refuser le renouvellement du bail, le locataire avait essayé de se prévaloir de l'usage parisien en vertu duquel le locataire peut régler le 16 du mois son loyer même si celui-ci est payable le premier. Les juges ont considéré au contraire que l'usage parisien ne peut jouer qu'en l'absence de disposition contractuelle, ce qui n'était pas le cas en l'espèce puisque le bail liant les parties prévoyait que « le loyer est payable par trimestre d'avance » (CA Paris 31-5-2001 n° 00-13344, 6e ch. B : Juris-Data n° 146817).

Le paiement du loyer doit être effectué par **chèque** barré **ou virement** dès lors qu'il dépasse 1 000 € s'il est effectué en espèces et 3 000 € s'il est effectué au moyen de monnaie électronique (C. mon. fin. art. L 112-6, I-al. 1 et art. D 112-3). En outre, il doit être réglé en euros. **60611**

Lieu du paiement Sauf convention contraire, le paiement du loyer est portable, c'est-à-dire payable au domicile du bailleur (application de l'article 1343-4 du Code civil). Il n'est pas payable au domicile du locataire (c'est-à-dire quérable). L'envoi d'un avis d'échéance n'est pas obligatoire, que le loyer soit quérable ou portable (CA Lyon 29-4-2021 n° 18/04864, 1e ch. civ.). **60615**

Le paiement du loyer peut être effectué **entre les mains d'un mandataire** du bailleur si ce dernier est titulaire d'un mandat régulier pour percevoir les loyers pour le compte du bailleur. Précisons que, dans l'hypothèse où le mandataire est un administrateur de biens, celui-ci doit être titulaire de la carte professionnelle portant la mention « Gestion immobilière » prévue par la « loi Hoguet » du 2 janvier 1970. **60616**

DÉBITEUR DU PAIEMENT DU LOYER ET DES CHARGES

Le locataire est débiteur du loyer. Toutefois un tiers agissant en son nom peut aussi s'en acquitter. **60620**

En cas de décès du locataire, la dette de loyer se transmet à ses héritiers. Toutefois, lorsque les héritiers renoncent à la succession, ils ne peuvent être tenus des arriérés de loyers (CA Paris 16-1-2003 n° 01-7140, 6e ch. B : Juris-Data n° 200352).

Lorsque **plusieurs locataires** sont **titulaires du bail** sans qu'une clause de solidarité n'ait été prévue, le bailleur doit agir contre chacun des locataires à hauteur de sa part dans la dette. Le bailleur ne peut se voir opposer un accord entre les locataires sur les modalités de paiement des loyers (application de l'ex-art. 1165 devenu l'article 1199 du Code civil) (CA Versailles 26-11-1999 n° 97-8778, 1e ch. sect. 2 : Juris-Data n° 106180). Si l'**un** des **colocataires** donne **congé,** le locataire qui reste dans les lieux est, à compter de la date d'effet du congé, seul titulaire du bail et donc seul tenu au paiement de l'intégralité du loyer (CA Chambéry 27-2-2018, n° 16/01622).

En cas de pluralité de locataires ou de cession du droit au bail, la dette de loyers est le plus souvent garantie par une clause de **solidarité.** Sur la mise en œuvre de cette clause, le lecteur se reportera utilement aux nos 37540 s.

> **Précisions** La **preuve** de la **qualité** de **colocataire** semble pouvoir résulter du fait que sur la signification du congé pour vendre, la qualité de locataire de l'occupant était expressément mentionnée et que ce dernier ne l'a pas contestée (CA Aix-en-Provence 7-6-2018 n° 16/14691, 11e ch. A : JurisData n° 2018-010137).

RÈGLES D'IMPUTATION DES PAIEMENTS DU LOYER ET DES CHARGES

Le bail peut valablement préciser les règles d'imputation des paiements applicables lorsque le locataire est tenu envers le bailleur de plusieurs dettes. Lorsque les parties n'ont rien prévu, les règles instituées par le Code civil s'appliquent, selon les distinctions suivantes. **60630**

Le **locataire** peut **indiquer,** lorsqu'il paie, **quelle dette il entend acquitter** (C. civ. art. 1342-10, al. 1). Dans ce cas, la quittance doit reproduire cette déclaration. Toutefois, pour prétendre à une telle imputation, il doit respecter les règles suivantes :

– il doit imputer ses paiements sur les dettes échues, car il doit respecter le terme convenu ;

– sauf accord du bailleur pour un paiement partiel, le locataire doit verser une somme au moins égale au montant de la dette qu'il désire imputer car il n'est pas en droit d'imposer au bailleur un paiement partiel (C. civ. art. 1342-4) ;

– lorsque le locataire est débiteur d'une dette qui porte intérêt et que le bailleur a accepté un paiement partiel, le locataire doit imputer son paiement d'abord sur les intérêts (C. civ. art. 1343-1). Toutefois, le consentement du bailleur peut permettre l'imputation de paiements partiels sur les loyers échus par préférence aux intérêts produits par la créance de loyers impayés. En effet, bien que l'article 1343-1 ne prévoie pas la possibilité pour le créancier de donner son accord à une imputation différente, cet accord est à notre avis possible car la règle légale d'imputation ne tend qu'à la protection des intérêts du créancier, et donc du bailleur.

60635 Enfin, lorsque le **locataire n'a formulé aucune requête** et que la quittance ne porte aucune imputation, les règles édictées par le Code civil sont les suivantes (C. civ. art. 1342-10, al. 2) :

– l'imputation se fait prioritairement sur les dettes échues ;

– entre des dettes échues, le paiement doit être imputé sur celle que le débiteur avait le plus intérêt à acquitter ;

– à égalité d'intérêt, l'imputation se fait sur la plus ancienne ;

– toutes choses égales, elle se fait proportionnellement.

> Précisions L'acceptation de **prélèvements bancaires** n'implique pas, à défaut de stipulation contractuelle expresse, que le locataire a entendu renoncer aux règles d'imputation légale (Cass. 3e civ. 10-3-2004 nº 03-10.807 FS-PB : RJDA 6/04 nº 746).

2. PREUVE DU PAIEMENT DES LOYERS ET DES CHARGES

CHARGE DE LA PREUVE DU LOYER ET DES CHARGES

60690 Il appartient au **locataire** d'apporter la preuve du paiement de son loyer et de ses charges et ce, conformément à l'article 1353 du Code civil aux termes duquel « celui qui réclame l'exécution d'une obligation doit la prouver. Réciproquement, celui qui se prétend libéré, doit justifier le paiement ou le fait qui a produit l'extinction de son obligation ». Cette obligation est rappelée avec constance par la Haute Juridiction, qui censure les cours d'appel rejetant les demandes en paiement du bailleur du seul chef de l'absence de justificatif (Cass. 3e civ. 4-4-1990 nº 88-19.097 : Loyers et copr. 1990 comm. nº 290 ; Cass. 3e civ. 9-3-2010 nº 07-18.269 F-D : RJDA 6/10 nº 600 ; Cass. 3e civ. 2-7-2013 nº 12-19.243 F-D : RJDA 12/13 nº 991 ; Cass. 3e civ. 13-11-2013 nº 12-25.768 F-D : RJDA 4/14 nº 305 som.).

Inversement, le **bailleur** doit justifier de la réalité et de l'exigibilité des loyers, charges et accessoires dont il se prétend créancier. En l'absence de justification par le bailleur d'avoir opté pour l'assujettissement des loyers à la TVA, il doit restituer au locataire la totalité de la somme indûment perçue au titre de la TVA (Cass. 3e civ. 12-9-2024 nº 23-11.661 F-D).

Il est d'ailleurs tenu de communiquer au locataire, à sa demande, tout document justifiant le montant des charges, impôts, taxes et redevances imputés à celui-ci (C. com. art. R 145-36).

CONSEIL

Afin d'apporter toute justification au locataire quant aux **charges de copropriété,** le bailleur prendra utilement l'initiative de demander au syndic de consulter les pièces justificatives. En effet, si les copropriétaires disposent d'un droit individuel de consultation « pendant le délai s'écoulant entre la convocation de l'assemblée générale appelée à connaître des comptes et la tenue de celle-ci » en application de l'article 18-1 de la loi du 10-7-1965, le syndic n'a pas l'obligation de faire parvenir à chaque copropriétaire les pièces justificatives ; il doit seulement les tenir à leur disposition (CA Versailles 18-6-1993 nº 92-3204, 1e ch. C : Administrer février 1994 p. 69). Cette consultation devra se dérouler selon les modalités suivantes : le syndic tiendra à disposition les pièces justificatives pendant une durée qui ne pourra pas être inférieure à un jour ouvré et qui devra, en tout cas, être appropriée à la dimension de la copropriété ; il fixera le lieu de la consultation (à son siège ou au lieu où il assure habituellement l'accueil des copropriétaires), ainsi que le ou les jours et les heures auxquels elle s'effectuera (Décret 67-223 du 17-3-1967 art. 9-1).

MODES DE PREUVE DU LOYER ET DES CHARGES

60700 **Quittance** La preuve du paiement des loyers et des charges résulte normalement de la production des quittances de loyers. L'article 11 de la loi 77-1457 du 29 décembre 1977, applicable à tout type de location, énonce que « tout locataire ou occupant de bonne foi peut exiger la remise d'une quittance ou d'un reçu à l'occasion d'un règlement effectué par lui ».

Le bailleur ne peut pas se soustraire discrétionnairement à cette obligation légale impérative, en se prévalant, par exemple, du fait que le locataire n'a effectué que des paiements partiels. Dans ce cas, le bailleur doit délivrer des quittances pour les termes effectivement réglés, en imputant les versements effectués à chaque échéance successive (CA Paris 17-1-1995 n° 93/15507, 6e ch. A : Loyers et copr. 1995 comm. n° 207) selon les règles détaillées nos 60630 s.

Le bailleur satisfait à son obligation légale en adressant au locataire des quittances de loyers mentionnant le montant du loyer mensuel, les charges ainsi que des quittances d'indemnité d'occupation. En revanche, aucune réglementation n'impose au bailleur de mentionner sur les quittances son nom et son adresse puisque ces **mentions** résultent nécessairement du contrat de location (CA Paris 26-9-1996 n° 95/19420, 8e ch. B : Loyers et copr. 1996 comm. n° 464). **60705**

Aucune **sanction** n'est prévue en cas d'inexécution de cette obligation par le bailleur. **60710**

En revanche, il ne pourra pas se prévaloir des retards de paiement pour résilier le bail. Ainsi, dans un cas où un bailleur s'était abstenu d'adresser au locataire des avis d'échéance, des quittances de loyer et les décomptes de charges annuelles, la cour d'appel de Paris a estimé que si ce fait ne pouvait justifier en totalité les retards ou insuffisances de règlements locatifs, cela les facilitait dans une certaine mesure ; elle a en conséquence jugé que le locataire ne pouvait pas se voir opposer une résiliation du bail pour violation grave de ses obligations contractuelles (CA Paris 17-1-1995 n° 93/15507, 6e ch. A : Loyers et copr. 1995 comm. n° 208).

Le locataire est quant à lui en droit de rechercher la responsabilité du bailleur si ce manquement lui a causé un préjudice. Pour un exemple en matière de baux d'habitation, voir CA Paris 19-9-1988 n° 04986, 6e ch. A : JurisData n° 1988-025895.

La cour d'appel d'Aix-en-Provence a condamné un bailleur à délivrer à son locataire des quittances de loyers correspondant aux sommes effectivement réglées sur le fondement de l'article 11 de la loi 77-1457 du 29 décembre 1977 (CA Aix-en-Provence 18-3-2010 : Juris-Data n° 2010-020438, Loyers et copr. 2011 comm. n° 119 obs. E. Chavance).

Concernant la **force probante de la quittance,** celle-ci constitue un acte sous signature privée faisant foi entre les parties au contrat de bail (cf. C. civ. art. 1372). **60715**

Outre l'apport de la preuve de la matérialité du paiement, la délivrance d'une quittance de loyer permet de constituer la preuve de l'existence et de l'exécution d'un bail, même si celui-ci est purement verbal (Cass. com. 13-6-1951 : Gaz. Pal. 1951 jur. p. 256).

Toutefois, la quittance n'est pas libératoire dans tous les cas. À titre d'exemple, la jurisprudence a pu retenir que la preuve de l'existence du bail ne pouvait résulter de reçus et d'avertissements qui n'émanaient pas du véritable propriétaire (Cass. 1e civ. 3-2-1965 : D. 1965 p. 172 note A. Brun, pour un bail rural de terrain).

Mise en demeure du bailleur et consignation Lorsque le bailleur refuse de recevoir son paiement à l'échéance sans motif légitime, le locataire peut le mettre en demeure d'accepter le paiement (C. civ. art. 1345, al. 1). **60720**

La mise en demeure du bailleur arrête le cours des intérêts dus par le locataire mais elle n'interrompt pas le cours de la prescription (art. 1345, al. 2 et 3).

Par ailleurs, si l'obstruction du bailleur n'a pas pris fin dans les deux mois qui suivent la mise en demeure, le locataire peut consigner la somme à la Caisse des dépôts et consignations (art. 1345-1, al. 1). La consignation libère le locataire à compter de sa notification au bailleur (art. 1345-1, al. 3), à supposer bien entendu que la somme consignée soit conforme à l'objet de l'obligation.

Sur les modalités de la consignation, art. L 518-17 s. du Code monétaire et financier, précisant le rôle de la Caisse des dépôts et consignations.

3. INCIDENTS DE PAIEMENT DES LOYERS ET DES CHARGES

EXISTENCE D'UN INCIDENT DE PAIEMENT

Pour être libératoire, et donc dégager le locataire de son obligation de payer le prix, le paiement du loyer et de ses accessoires doit être fait à la **date** convenue et **entre les mains** de la personne désignée au bail, laquelle est, le plus souvent, le bailleur. Les juges doivent effectuer cette recherche (Cass. 3e civ. 2-3-1977 n° 75-14.072 : Bull. civ. III n° 105 ; Cass. 3e civ. 5-3-1997 n° 95-13.539 : RJDA 5/97 n° 616). **60770**

Ne vaut pas paiement le versement des loyers entre les mains du notaire chargé de la succession du bailleur (Cass. 3e civ. 29-9-2010 n° 09-15.511 FS-PB : RJDA 2/11 n° 113).

Dès lors que le paiement n'est pas effectué dans ces conditions, il y a incident de paiement.

ACTION DU BAILLEUR CONTRE LE LOCATAIRE EN CAS D'INCIDENT DE PAIEMENT

60772 En cas d'incident de paiement, le bailleur peut donc intenter une **action** à l'encontre du locataire pour le **contraindre** au **paiement** des loyers échus, voire intenter une **action en résiliation du bail,** ou se prévaloir de la clause résolutoire insérée dans le contrat de location.

Il peut également **refuser le renouvellement** du bail commercial sans être tenu au paiement d'aucune indemnité d'éviction s'il justifie d'un motif grave et légitime.

ILLUSTRATIONS

Un motif grave et légitime a été retenu à l'encontre d'un locataire qui n'avait pas réglé plusieurs termes de loyer et charges dans le délai d'un mois imparti par deux commandements de payer et qui, après avoir reçu congé du bailleur, avait recommencé à payer les loyers avec retard, conduisant le bailleur à délivrer de nouveaux commandements (Cass. 3e civ. 16-10-2007 n° 06-14.789 F-D : RJDA 1/08 n° 11 som.).
De même, jugé que le refus de renouvellement pour motif grave et légitime était justifié dès lors que, pendant la durée du bail, d'une part, le solde du compte locatif avait été constamment débiteur à une seule exception, ce dont il résultait indiscutablement des manquements graves et répétés à l'obligation principale du locataire de payer son loyer, et d'autre part, les causes de plusieurs commandements de payer visant la clause résolutoire n'avaient pas été payés dans le délai d'un mois (CA Paris 9-2-2022 n° 20/03781, ch. 5-3).

En cas de retard dans le paiement des loyers ou des charges, les **dommages-intérêts** sont dus au bailleur, sans qu'il n'ait à justifier d'une perte quelconque ; sauf clause contraire, ils sont égaux aux intérêts au taux légal (C. civ. art. 1231-6, al. 1). Les intérêts courent du jour de la mise en demeure de payer faite au locataire (C. civ. art. 1231-6, al. 1).

> Précisions Le **désistement** par le **bailleur** de son action tendant à faire constater l'acquisition de la clause résolutoire est sans conséquence sur la validité même du commandement de payer visant cette clause et ne vaut pas renonciation à ses effets quant au point de départ des intérêts qu'il faisait courir (Cass. 3e civ. 9-12-2008 n° 08-10.127 F-D : RJDA 3/09 n° 188). Pour mettre en œuvre la clause résolutoire, le bailleur doit être de bonne foi (Cass. 3e civ. 5-11-2015 n° 14-11.024 F-D : RJDA 4/16 n° 256 ; Cass. 3e civ. 25-4-2024 n° 23-10.384 F-D : RJDA 7/24 n° 383).

INCIDENT DE PAIEMENT EN CAS DE SOUS-LOCATION

60775 En cas de sous-location, le propriétaire bailleur dispose d'une action personnelle et directe en paiement à l'encontre du sous-locataire, et ce dans la limite du sous-loyer (Cass. 3e civ. 19-2-1997 n° 331 P : RJDA 4/97 n° 475). Cette solution n'est que l'application du principe posé par l'article 1753 du Code civil aux termes duquel « le sous-locataire n'est tenu envers le propriétaire que jusqu'à concurrence du prix de sa sous-location dont il peut être débiteur au moment de la saisie, et sans qu'il puisse opposer des paiements faits par anticipation ».

SUSPENSION DE PAIEMENT EN CAS DE MANQUEMENT DU BAILLEUR

60780 L'action en paiement à l'encontre du locataire peut toutefois être évitée lorsque le bailleur manque lui-même à ses obligations contractuelles. Bien qu'en principe le locataire ne puisse pas valablement suspendre le paiement du loyer en raison d'un manquement du bailleur à ses obligations (application de l'article 1728 du Code civil), l'exception d'inexécution est admise lorsque le locataire ne peut pas utiliser les lieux loués. L'exception d'inexécution, d'origine jurisprudentielle, a été consacrée aux articles 1219 et 1220 du Code civil, mais son régime demeure et les juges du fond restent souverains pour apprécier si les **manquements** constatés sont **suffisamment graves** pour justifier la suspension par le locataire du paiement des loyers (Cass. 3e civ. 15-12-1993 n° 92-12.324 PF : RJDA 3/94 n° 267 ; Cass. 3e civ. 8-4-1998 n° 97-10.714 D : RJDA 6/98 n° 686 ; Cass. 3e civ. 27-6-2024 n° 23-10.340 F-D).

ILLUSTRATIONS

Ayant retenu que la locataire n'avait pu exploiter normalement les lieux dès lors que le ballon d'eau chaude est un élément indispensable à la bonne exploitation du fonds de commerce de coiffure, une cour d'appel en a exactement déduit que sa demande de remboursement des loyers indûment payés était fondée et que les bailleurs devaient être déboutés de leur demande de paiement des loyers (Cass. 3e civ. 19-3-2003 n° 01-13.912 FS-D : RJDA 6/03 n° 569).
Pour un exemple en matière de location-gérance de fonds de commerce, voir Cass. 3e civ. 11-1-2006 n° 04-30.240 FS-PB : RJDA 4/06 n° 404.

60785 Toutefois, si les juges du fond sont souverains pour apprécier le bien-fondé de l'exception d'inexécution, ils ne peuvent pas nier le principe de cette voie de justice privée en relevant qu'il existe des voies de droit pour mettre fin à la situation qui justifie qu'un cocontractant n'exécute plus ses obligations (Cass. 3e civ. 21-3-2006 n° 04-11.515 F-D : RJDA 6/06 n° 624). En l'espèce, la Haute Juridiction a censuré une cour d'appel qui, pour rejeter l'exception d'inexécution d'un locataire ayant cessé de payer les loyers au motif qu'un tiers avait gardé les clés des lieux loués dans lesquels il lui était désormais impossible d'accéder, avait énoncé que ce locataire disposait de toutes les voies de droit lui permettant de réinvestir les locaux sans tarder. Les juges du fond ne peuvent donc pas s'opposer à l'exception d'inexécution au seul motif qu'il existe des **voies de droit parallèles.**

L'exception d'inexécution n'est admise qu'en cas d'**impossibilité** absolue **d'utiliser les lieux** loués (Cass. 3e civ. 31-10-1978 n° 77-11.355 : Bull. civ. III n° 329) ou d'user des lieux conformément à la destination prévue au bail. Le manquement du bailleur à une obligation essentielle du bail ne suffit pas à justifier l'exception d'inexécution (Cass. 3e civ. 6-7-2023 n° 22-15.923 FS-B : RJDA 1/24 n° 4 ; Cass. 3e civ. 27-6-2024 n° 23-10.340 F-D). **60790**

ILLUSTRATIONS

Concernant l'impossibilité d'user des lieux loués conformément à la destination contractuelle

N'a pas tiré les conséquences légales de ses propres constatations la cour d'appel qui, pour prononcer la résiliation pour défaut de paiement des loyers d'un bail commercial portant sur un local destiné au commerce de boulangerie-pâtisserie, retient l'absence d'impossibilité totale d'utiliser les lieux loués au motif que le magasin de vente au détail et l'appartement n'avaient pas été détruits, tout en relevant que le fournil était sinistré, ce qui impliquait l'impossibilité d'user les lieux loués conformément à la destination prévue au bail.

Cass. 3e civ. 21-11-1990 n° 89-16.189 P : RJDA 2/91 n° 96.

Concernant l'impossibilité absolue d'utiliser les lieux loués

N'a pas tiré les conséquences légales de ses propres constatations et viole la loi l'arrêt qui, après avoir déclaré nul le congé, condamne le locataire à payer les loyers échus, tout en constatant qu'en raison de l'exécution provisoire dont était assorti le jugement autorisant l'expulsion, le locataire avait libéré les lieux.

Cass. 3e civ. 30-10-1991 n° 89-20.273 P : RJDA 12/91 n° 1002.

Conformément aux dispositions de l'article 1728 du Code civil, le locataire ne peut opposer l'exception d'inexécution au commandement de payer les loyers au motif de désordres dans les lieux loués, sauf s'il y a impossibilité totale d'utiliser les locaux. L'obligation du locataire de s'acquitter des loyers et charges lors de la délivrance du commandement de payer est sérieusement contestable en présence de locaux très humides, les lieux loués étant dans une situation d'inhabitabilité totale du fait de la non-exécution des travaux incombant au bailleur, une attestation du maire ayant même constaté l'état d'insalubrité des lieux.

CA Montpellier 14-6-1999 n° 98-3035, 5e ch. A : Juris-Data n° 034135.

L'exception d'inexécution doit être admise au profit des locataires d'un logement dès lors qu'un rapport d'expertise et un constat d'huissier indiquaient que le local était affecté d'une importante humidité résultant d'un manquement grave des propriétaires à leur obligation d'entretien des lieux en l'état de servir à l'usage pour lequel ils avaient été loués, et ce, bien que les locataires aient continué à occuper le logement.

CA Douai 10-1-2002 n° 01-4594, 3e ch. : JurisData n° 186169.

Un arrêté de péril concernant l'immeuble pris à bail ne dispense pas le locataire de payer le loyer stipulé au bail jusqu'à l'exécution des travaux.

Cass. 3e civ. 12-5-2015 n° 14-10.838 F-D.

Le locataire commercial qui évacue les locaux loués dans lesquels des travaux de désamiantage de la toiture sont diligentés par le bailleur, à la suite d'une lettre de l'inspecteur du travail constatant que tout risque de propagation de l'amiante n'était pas écarté pour les salariés, oppose à bon droit au bailleur tenu des obligations de l'article 1719 du Code civil l'exception d'inexécution en paiement des loyers pour la période considérée.

Cass. 3e civ. 19-11-2015 n° 14-24.612 FS-PB : RJDA 2/16 n° 88.

L'obligation du locataire de régler ses loyers est sérieusement contestable en cas d'impossibilité d'exploiter confirmée par la note établie par l'expert désigné par ordonnance de référé, qui a constaté un état de dégradation avancé des locaux du rez-de-chaussée et du 1er étage, les désordres importants au niveau des planchers ayant nécessité la mise en place d'un ensemble d'étais sur toute la surface concernée par le sinistre, et qui a estimé nécessaire de faire réaliser un nouveau bilan sanitaire et une mise à jour des étaiements actuels et d'interdire complètement l'accès du bâtiment pour des raisons de sécurité, dans l'attente de ces vérifications. Les dispositions de l'article 1725 du Code civil ne font pas obstacle à l'exception d'inexécution opposée par le locataire dès lors que, si les désordres affectent une partie commune, il ne s'agit pas d'une voie de fait imputable à un tiers au sens de ces dispositions légales. Par ailleurs, si l'obligation du bailleur d'assurer au locataire une jouissance paisible de la chose louée cesse en cas de force majeure, les désordres affectant le plancher du premier étage de l'immeuble n'étaient ni imprévisibles ni insurmontables dans un immeuble des années 50 nécessitant des travaux d'entretien.

CA Dijon 20-1-2022 n° 21/00961, 2e ch. civ.

INCIDENCE D'UNE DEMANDE DE DÉLAIS DE PAIEMENT

60795 Le locataire a la faculté de demander judiciairement des délais de paiement tant que la résiliation du bail n'est pas acquise. En effet, le juge peut, compte tenu de la situation du débiteur et en considération des besoins du créancier, reporter ou échelonner, dans la limite de deux années, le paiement des sommes dues (C. civ. art. 1343-5). Ces délais de paiement n'empêchent en aucun cas la résiliation du contrat de bail régi par le droit commun lorsque telle est la demande du bailleur.

Rappelons cependant qu'en matière de baux commerciaux statutaires, l'article L 145-41, alinéa 2 du Code de commerce énonce que les juges saisis d'une demande présentée dans les formes et conditions prévues à l'article 1343-5 du Code civil peuvent, en accordant des délais, suspendre la réalisation et les effets des clauses de résiliation, lorsque la résiliation n'est pas constatée ou prononcée par une décision de justice ayant acquis l'autorité de la chose jugée (nos 73300 s.).

INCIDENCE DE LA PRESCRIPTION

60800 L'obligation de paiement du locataire peut s'éteindre par le biais de la prescription extinctive. À ce titre, l'article 2224 du Code civil prévoit que les actions personnelles ou mobilières se prescrivent par cinq ans.

4. IMPACT DE LA CRISE SANITAIRE DE LA COVID-19 SUR LE PAIEMENT DES LOYERS

60820 Les **mesures administratives** prises par le gouvernement afin **de lutter contre la propagation de la pandémie** de Covid-19 (confinement, restrictions de déplacements, etc.) ont affecté plus ou moins directement l'utilisation des locaux loués.

De nombreux commerces ont fait l'objet d'interdictions de recevoir du public.

60821 Dans ce **contexte,** les bailleurs et les locataires se sont opposés sur la **question des loyers commerciaux** : les locataires sont-ils dispensés, totalement ou partiellement, définitivement ou provisoirement, du paiement des loyers dus pour les périodes affectées par des mesures de restrictions sanitaires ? Les bailleurs peuvent-ils poursuivre le recouvrement de ces loyers ?

60822 Les arguments échangés sont de deux types : les premiers sont issus du droit dérogatoire adopté par le Parlement et le Gouvernement pour aider les entreprises à faire face à la crise sanitaire ; les autres sont issus du droit commun des contrats ou du bail.

Dans trois arrêts très attendus rendus le 30 juin 2022, la Cour de cassation a mis fin au suspens de l'exigibilité des loyers commerciaux en écartant les arguments issus du droit commun des contrats ou du bail relatifs à la force majeure, l'exception d'inexécution et la perte des locaux loués (Cass. 3e civ. 30-6-2022 no 21-19.889 FS-D : RJDA 11/22 no 618, 3e espèce ; Cass. 3e civ. 30-6-2022 no 21-20.127 FS-B : RJDA 11/22 no 618, 2e espèce ; Cass. 3e civ. 30-6-2022 no 21-20.190 FS-B : RJDA 11/22 no 618, 1e espèce) (nos 60850 s.).

a. Arguments issus du droit dérogatoire

60825 Deux séries de textes peuvent être invoqués par les locataires, suivant la période concernée. Ils ont tous pour effet de neutraliser, avec plus ou moins de vigueur, les sanctions encourues en cas de non-paiement des loyers.

DISPOSITIF APPLICABLE AUX LOYERS DU PRINTEMPS 2020

60826 En ce qui concerne les loyers dus à l'occasion du **premier confinement,** deux textes dérogatoires pouvaient venir au secours du locataire commercial :

– l'**ordonnance 2020-306 du 25 mars 2020 relative à la prorogation des délais** échus pendant la période d'urgence sanitaire et à l'adaptation des procédures pendant cette même période. Ce texte, d'application générale, neutralisait **provisoirement** les sanctions encourues en cas de non-paiement des loyers (no 72505) ;

– l'**ordonnance 2021-316 du 25 mars 2020 relative au paiement des loyers,** des factures d'eau, de gaz et d'électricité afférents aux locaux professionnels des entreprises dont l'activité est affectée par la propagation de l'épidémie de Covid-19. Ce texte, au champ d'application plus limité, neutralise **définitivement** les sanctions encourues en cas de non-paiement de certains loyers.

Entreprises protégées L'ordonnance 2020-316 ne **concerne** que les **entreprises** susceptibles de bénéficier du fonds de solidarité (Ord. art. 1). 60828

> **Précisions** Le décret d'application de l'ordonnance (Décret 2020-378 du 31-3-2020 art. 1) précise qu'il s'agit des entreprises remplissant des **conditions et critères** définis notamment à l'article 1 du décret 2020-371, portant création d'un fonds de solidarité à destination des entreprises particulièrement touchées par les conséquences économiques, financières et sociales de la propagation de l'épidémie de Covid-19 et des mesures prises pour limiter cette propagation. Ce dernier texte a été modifié à plusieurs reprises, entraînant corrélativement des modifications du champ d'application de l'ordonnance 2020-316.

Loyers visés Les dispositions de l'ordonnance 2020-316 s'appliquent aux loyers et charges locatives dont l'**échéance de paiement** est intervenue **entre** le 12 mars 2020 et l'expiration d'un délai de deux mois après la date de cessation de l'état d'urgence sanitaire. L'état d'urgence s'étant achevé le 10 juillet inclus (Loi 2020-546 du 11-5-2020), la période protégée s'étend du 12 mars au 11 septembre 2020. 60830

Les loyers étant classiquement appelés trimestriellement, il s'agit des 2e et 3e trimestres si le loyer est payable d'avance, des 1er et 2e si le loyer est payable à terme échu. Il s'ensuit que des loyers dus pour une période antérieure à la période protégée (du 1er janvier au 11 mars) pourraient être couverts par la protection (G. Allard-Kohn et T. Brault, « Bail commercial et impayés locatifs pendant la crise sanitaire : les moyens d'action du bailleur » : BRDA 12/20 inf. 28).

Effets Les **locataires** éligibles **ne peuvent pas encourir** de pénalités financières ou intérêts de retard, de dommages-intérêts, d'astreinte, d'exécution de clause résolutoire, de clause pénale ou de toute clause prévoyant une déchéance, ou d'activation des garanties ou cautions, en raison du défaut de paiement de loyers ou de charges locatives visés n° 60830 et afférents à leurs locaux professionnels et commerciaux, nonobstant toute stipulation contractuelle. 60832

Cette interdiction des sanctions ne s'applique pas aux effets d'une **clause résolutoire acquise antérieurement** à la période protégée, dont la suspension était conditionnée au respect d'un échéancier fixé par le juge, même si la méconnaissance de l'échéancier a eu lieu pendant la période protégée (Cass. 3e civ. 15-6-2023 n° 21-23.902 FS-B : RJDA 1/24 n° 10).

ILLUSTRATIONS

En l'espèce, une ordonnance de référé rendue en décembre 2019 avait constaté les effets de la clause résolutoire du bail, en avait suspendu les effets à l'apurement de l'arriéré locatif par fractions mensuelles et avait prévu qu'à défaut de paiement à bonne date, la clause résolutoire serait acquise après l'envoi d'une mise en demeure. Le locataire n'avait pas respecté l'échéancier entre mars et septembre 2020. Or, en l'absence de libération dans les conditions fixées par le juge, la clause résolutoire est réputée avoir joué un mois après la délivrance du commandement de payer resté infructueux. Par conséquent, le bailleur avait pu valablement mettre en demeure le locataire de payer les mensualités et les termes de loyers impayés échus pendant la période de protection, puis notifier en exécution de l'ordonnance, un commandement de quitter les lieux.

Le dispositif instaure une **protection** absolue et perpétuelle. Les loyers et charges concernés ne peuvent donc pas faire l'objet d'une quelconque pénalité ou d'un commandement de payer visant la clause résolutoire. Or, comme ce commandement est le point de départ de plusieurs actions, par exemple celle en résiliation du bail pour défaut de paiement de loyers, cette résiliation est exclue pour les loyers de cette période (H. Kenfack, « La clause résolutoire des baux commerciaux dans la tourmente du Covid-19 » : Gaz. Pal. 15/9/2020). 60833

ATTENTION

Le texte n'interdit pas expressément les **actions en paiement de loyers** et ne remet pas en cause leur **exigibilité** (TJ Paris 10-7-2020 n° 20/04516 : RJDA 11/20 n° 555 ; TJ Paris réf. 26-10-2020 nos 20/53713 et 20/55901 : RJDA 2/21 n° 76 ; TJ Paris 26-10-2021 n° 20/06292 ; TJ Paris 20-1-2022 n° 20/06770, 18e ch. sect. 2) : le propriétaire peut donc compenser sa dette envers le locataire avec les loyers dus pendant la période protégée.

DISPOSITIF APPLICABLE À COMPTER DE L'AUTOMNE 2020

Le dispositif de printemps a été reconduit avec de nombreux aménagements par la loi 2020-1379 du 14 novembre 2020 et le décret 2020-1766 du 30 décembre 2020 prorogeant l'état d'urgence sanitaire. Le **nouveau dispositif** est **entré en vigueur** le 17 octobre 2020. 60835

Entreprises protégées **Sont concernées** par le dispositif les entreprises affectées par une mesure de police administrative (interdiction ou réglementation de l'accueil du public, par exemple), se situant en deçà des seuils de salariés et de chiffre d'affaires (CA) qui définissent la catégorie des PME par opposition à la catégorie des entreprises de grande taille ou de taille intermédiaire (Loi 2020-1379 du 14-11-2020 art. 14 et décret 2020-1766 art. 1). 60836

60837 Pour bénéficier de la protection, les entreprises doivent fournir au bailleur ou au juge saisi une **déclaration sur l'honneur** qu'elles remplissent les conditions requises, et y joindre tout document justifiant du nombre de salariés et du montant de CA. Les entreprises **bénéficiaires du fond de solidarité** pour novembre 2020 peuvent se contenter de produire l'accusé de réception de leur demande d'aide pour ce mois, accompagné des documents justifiant du respect du seuil de CA.

> Précisions Les **critères** d'effectifs et de chiffre d'affaires sont les suivants (Décret 2020-1766 art. 1) :
– un **effectif** inférieur à 250 salariés au premier jour d'application de la mesure de police administrative, et, si l'entreprise est une association, au moins un salarié. Dans un groupe de sociétés c'est l'effectif global des entités liées qui est pris en compte ;
– un **chiffre d'affaires** inférieur à 50 millions d'euros au premier jour d'application de la mesure de police administrative. Pour les activités n'ayant pas d'exercice clos, le chiffre d'affaires mensuel moyen doit être inférieur à 4,17 millions d'euros. Le chiffre d'affaires est apprécié entreprise par entreprise, même si la locataire fait partie d'un groupe ;
– une **perte** (en ce qui concerne le second confinement) d'au moins 50 % de son chiffre d'affaires sur le mois de novembre par rapport à un chiffre d'affaires de référence précisé dans le texte. Pour les entreprises ayant fait l'objet d'une interdiction d'accueil du public, le chiffre d'affaires du mois de novembre 2020 n'intègre pas les ventes à distance avec retrait en magasin ou livraison. La perte de CA est appréciée entreprise par entreprise.

60839 **Loyers visés** La **protection concerne** les loyers et les charges locatives dus pour la période au cours de laquelle l'activité de l'entreprise est affectée par une mesure de police et n'**expire** que deux mois après que l'activité a cessé d'être affectée par la mesure de police (Loi 2020-1379 art. 14, II).

Ainsi, la protection est susceptible d'avoir théoriquement porté, selon la nature du commerce exercé, sur la période du 11 juillet 2020 au 30 septembre 2022 inclus au plus tard, dès lors que n'ont pu être prises que jusqu'au 31 juillet 2022 les mesures de police administrative adoptées en application de l'article 1, I-2° ou 3° de la loi 2020-856 du 9 juillet 2020 organisant la sortie de l'état d'urgence sanitaire, de l'article 1, I-2° de la loi 2021-689 du 31 mai 2021 relative à la gestion de la sortie de crise sanitaire ou de l'article L 3131-15, I-5° du Code de la santé publique (y compris lorsqu'elles ont été prises par le représentant de l'État dans le département en application l'article 1, III-al. 1 et 2 de la loi du 31-5-2021 précitée ou de l'article L 3131-17, I-al. 2 du Code de la santé publique).

La durée de la protection effective doit être appréciée au cas par cas, selon le commerce exercé et l'existence de mesures de police administrative affectant l'activité du locataire : la période du 11 juillet 2020 au 1er août 2021 inclus a ainsi été retenue pour un commerce de prêt-à-porter (TJ Paris réf. 12-1-2022 n° 21/57528) et pour une agence immobilière (TJ Paris réf. 19-1-2022 n° 21/55019).

60840 Seules les **mesures de police administrative** prises en application des dispositions expressément visées par l'article 14 de la loi 2020-1379 du 14 novembre 2020 (Loi 2020-856 du 9 juillet 2020 art. 1, I-2° ou 3° et CSP art. 3131-15, I-5°) peuvent faire bénéficier le locataire du dispositif organisé par la loi 2020-1379 du 14 novembre 2020 ; les mesures prises en application d'autres dispositions ne le peuvent pas, quand bien même elles affecteraient l'activité du locataire (Cass. 3e civ. 6-7-2023 n° 22-22.052 FS-B : RJDA 1/24 n° 5).

Constituent des mesures de police administrative pouvant **déclencher** la **protection** du locataire la fermeture provisoire et la réglementation de l'ouverture, y compris les conditions d'accès et de présence, des catégories d'établissements recevant du public concernés. Tel est le cas, pour les établissements recevant du public de type N (restaurants et débits de boissons), de l'obligation d'accueillir les personnes à une place assise, de ne recevoir que des personnes venant ensemble ou ayant réservé ensemble, dans la limite de dix personnes, et de respecter une distance minimale d'un mètre entre les tables, sauf installation d'une paroi fixe ou amovible assurant une séparation physique (Cass. 3e civ. 30-11-2023 n° 22-14.594 FS-B : RJDA 4/24 n° 208). En revanche, les mesures restreignant la liberté de circulation des personnes (prévues au 1° du I de l'article 1 de la loi 2020-856 du 9 juillet 2020), telles que le couvre-feu, ne sont pas incluses dans les mesures de police administrative visées par le droit dérogatoire, de sorte que le locataire affecté par ces « seules » restrictions ne peut pas se prévaloir de l'interdiction des voies d'exécution (Cass. 3e civ. 6-7-2023 n° 22-22.052 précité).

60841 **Effets** Jusqu'à l'expiration de la « période protégée », l'entreprise locataire ne peut pas encourir d'**intérêts,** de **pénalités,** de mesure financière ou d'**action,** de sanction ou de **voie d'exécution** forcée pour retard ou non-paiement des loyers et charges afférents aux locaux professionnels ou commerciaux où son activité est ou était affectée par la mesure administrative (Loi art. 14, II). En revanche, la compensation entre créances réciproques reste possible (Loi art. 14, III).

À l'expiration du délai de protection, le bailleur retrouve ses droits. Les clauses résolutoires ou de déchéance retrouvent leur efficacité. Toutefois, les intérêts ou pénalités financières ne pourront être dus et calculés qu'à compter de l'expiration du délai (Loi art. 14, IV).

ATTENTION

Les procédures d'exécution engagées par le bailleur contre le locataire avant le 17 octobre 2020 pour non-paiement de loyers ou de charges exigibles sont suspendues jusqu'à l'expiration d'un délai de deux mois à compter de la date à laquelle l'activité du locataire a cessé d'être affectée par une mesure de police.

Pendant la période protégée, les **sûretés** réelles et personnelles – notamment gage, nantissement, cautionnement ou garantie à première demande (pour cette dernière, voir Cass. 3e civ. 25-1-2023 no 22-10.648 FS-B : RJDA 5/23 no 239) garantissant le paiement des loyers et charges concernés ne peuvent pas être mises en œuvre et le bailleur ne peut pratiquer de mesures conservatoires qu'avec l'autorisation du juge, par dérogation à l'article L 511-2 du Code des procédures civiles d'exécution (Loi art. 14, II modifié par loi 2021-689 du 31-5-2021). **60842**

Toute **stipulation contraire** – notamment toute clause résolutoire ou prévoyant une déchéance en raison du non-paiement ou retard de paiement des loyers ou de charges – est réputée non écrite (Loi art. 14, II). **60843**

Entre la date de fin des dispositifs instaurés au printemps et le 17 octobre 2020, date de mise en place du nouveau dispositif, il est susceptible de rester une **période intercalaire** au cours de laquelle le retard ou le défaut de paiement des loyers ou charges semble relever pour l'essentiel du droit commun. **60844**

b. Remèdes de droit commun

Les arguments issus du droit commun des contrats (bonne foi contractuelle, exception d'inexécution, force majeure, etc.) ont été appelés à la rescousse tant par les bailleurs que par les locataires. L'**application** de chacune de ces **notions** dans le **contexte** issu de la **crise sanitaire** a été discutée et a divisé la doctrine, les praticiens et les juges jusqu'aux trois arrêts rendus par la Cour de cassation le 30 juin 2022 (Cass. 3e civ. 30-6-2022 no 21-19.889 FS-D : RJDA 11/22 no 618, 3e espèce ; Cass. 3e civ. 30-6-2022 no 21-20.127 FS-B : RJDA 11/22 no 618, 2e espèce ; Cass. 3e civ. 30-6-2022 no 21-20.190 FS-B : RJDA 11/22 no 618, 1e espèce) qui rejettent les moyens fondés sur la force majeure, l'exception d'inexécution et la perte des locaux loués (nos 60850 s.). Le communiqué de presse accompagnant les trois arrêts de la Cour de cassation précise que les mesures prises par les autorités publiques pour lutter contre la propagation de la Covid-19 n'ont pas écarté l'application du droit commun de la relation contractuelle. **60850**

LA FORCE MAJEURE

Mécanisme Il y a force majeure en matière contractuelle lorsqu'un événement échappant au contrôle du débiteur, qui ne pouvait être raisonnablement prévu lors de la conclusion du contrat et dont les effets ne peuvent être évités par des mesures appropriées, empêche l'exécution de son obligation par le débiteur. Si l'**empêchement** est **temporaire,** l'exécution de l'obligation est suspendue à moins que le retard qui en résulterait ne justifie la résolution du contrat. Si l'empêchement est **définitif,** le contrat est résolu de plein droit et les parties sont libérées de leurs obligations (C. civ. art. 1218). **60851**

Application dans le cadre de la crise sanitaire En principe, la force majeure ne s'applique pas à l'**obligation de payer** une **somme d'argent** (Cass. com. 16-9-2014 no 13-20.306 F-PB : RJDA 12/14 no 886). Par ailleurs, la Cour de cassation a récemment posé en principe que la partie à un contrat qui, du fait d'un événement de force majeure, n'a pas pu profiter de la prestation qu'il a payée ne peut pas obtenir l'anéantissement du contrat en invoquant cet événement (en l'espèce, il s'agissait du client d'un établissement de cure thermale qui avait dû interrompre son séjour en raison de son hospitalisation : Cass. 1e civ. 25-11-2020 no 19-21.060 FS-PBI : RJDA 2/21 no 72 ; voir cependant en sens contraire, mais isolé : Cass. 1e civ. 10-2-1998 no 96-13.316 : Bull. civ. I no 53). **60852**

Face à un argument ayant rarement prospéré (notamment TJ Paris réf. 26-10-2020 nos 20/53713 et 20/55901 : RJDA 2/21 no 71 ; T. com. Lyon 17-11-2022 no 2020J00420 ; CA Riom 2-3-2021 no 20/01418, 1e ch. civ. : RJDA 6/21 no 366 ; CA Lyon 31-3-2021 no 20/05237, 8e ch. ; CA Versailles 6-5-2021 no 19/08848, 12e ch.), la **Cour de cassation** a confirmé que l'interdiction d'accueillir du public ne constitue pas un cas de force majeure susceptible de justifier la suspension du paiement des loyers, après avoir rappelé que le créancier qui n'a pu profiter de la contrepartie à laquelle il a droit ne peut pas obtenir la résolution du contrat ou la suspension de son obligation en invoquant la force majeure (Cass. 3e civ. 30-6-2022 no 21-20.190 FS-B : **60853**

RJDA 11/22 n° 618, 1e espèce). Elle a ensuite réaffirmé fermement sa position en jugeant que l'impossibilité d'exercer une activité économique du fait des mesures de restriction sanitaire ne peut pas exonérer le locataire du paiement des loyers échus pendant cette période au motif que la force majeure ne s'applique pas à l'obligation de payer une somme d'argent (Cass. 3e civ. 5-6-2023 n° 21-10.119 FS-B : RJDA 10/23 n° 500).

> **Précisions** Dans le cadre d'une des affaires ayant donné lieu à un des arrêts du 30 juin 2002, le locataire avait sollicité l'application d'une **clause du bail** prévoyant que le loyer serait réduit à 30 % des recettes effectivement encaissées en cas de force majeure interrompant l'activité touristique, résultant notamment d'une entrave administrative ou autre au libre accès aux lieux loués ou à la circulation des personnes et des biens, sauf en cas de prise en charge du préjudice par un assureur, et avait produit une attestation de son commissaire aux comptes établissant l'absence d'indemnisation. La Cour de cassation a refusé de statuer sur ce moyen au motif qu'il n'était manifestement pas de nature à entraîner la cassation (Cass. 3e civ. 30-6-2022 n° 21-20.127 FS-B).

LA BONNE FOI DANS L'EXÉCUTION DES CONTRATS

60855 **Mécanisme** Les conventions doivent être exécutées de bonne foi (C. civ. art. 1104). Cette exigence de bonne foi imposerait aux parties confrontées à des circonstances exceptionnelles de vérifier si ces circonstances ne rendent pas nécessaire une **adaptation des modalités d'exécution** de leurs **obligations** respectives. L'obligation des parties de rechercher une solution amiable pourrait influer sur l'exigibilité de l'opération, de sorte que l'exception d'inexécution devrait être appréciée à l'aune de cette obligation pour les parties de négocier de bonne foi (TJ Paris 10-7-2020 n° 20/04516 : RJDA 11/20 n° 550, décision rendue au fond ; TJ Paris réf. 26-10-2020 nos 20/53713 et 20/55901 : RJDA 2/21 n° 71).

60856 **Application dans le cadre de la crise sanitaire** L'argument a souvent été soulevé et a été admis aussi bien au fond qu'en référé, où il peut constituer une contestation sérieuse opposable à la demande en paiement du bailleur (par exemple, TJ Paris 10-7-2020 n° 20/04516 : RJDA 11/20 n° 550 ; TJ Paris réf. 26-10-2020 nos 20/53713 et 20/55901 : RJDA 2/21 n° 71).

La **portée du moyen** doit cependant être **appréciée** au regard de la règle selon laquelle l'exigence de bonne foi dans l'exécution des conventions n'autorise pas le juge à porter atteinte à la substance même des droits et obligations issus de ce contrat, dont font partie les modalités de paiement (Cass. com. 19-6-2019 n° 16-29.000 F-D : selon lequel il ne peut être reproché à une partie de ne pas avoir consenti des délais de paiement à son cocontractant pour le sauver de ses difficultés financières). Il a également été jugé que les juges ne peuvent pas se fonder sur le droit commun des contrats pour aller plus loin que les mesures dérogatoires prises par les pouvoirs publics, transférer en tout ou partie le risque lié à l'activité économique d'un opérateur vers un autre, ou permettre de contourner les nouvelles dispositions sur l'imprévision (TJ Strasbourg réf. 19-2-2021 n° 20/00552 : RJDA 6/21 n° 367).

60857 Quoi qu'il en soit, le **comportement des parties** est presque systématiquement pris en compte par les juges depuis le début de la crise sanitaire et le locataire pourra très certainement invoquer le manquement du **bailleur** à son obligation d'exécuter le bail de bonne foi toutes les fois où celui-ci aura refusé toute négociation. À l'inverse, le bailleur pourra, pour faire échec à l'argument du locataire, opposer ses tentatives de trouver une solution amiable (TJ Paris 10-7-2020 n° 20/04516 : RJDA 11/20 n° 550 ; CA Riom 2-3-2021 n° 20/01418, 1e ch. civ. : RJDA 6/21 n° 366 ; CA Paris 3-6-2021 n° 21/01679, ch. 1-10, confirmé par Cass. 3e civ. 30-6-2022 n° 21-20.190 FS-B : RJDA 11/22 n° 618, 1e espèce), ou faire valoir qu'il a consenti à une franchise de loyer à la suite du premier confinement (TJ Toulouse 1-7-2021 n° 21/02415, pôle civ. collégiale).

De son côté, le bailleur pourra se prévaloir de la mauvaise foi du **locataire** qui a décidé de suspendre unilatéralement le paiement des loyers sans pour autant justifier de quelconques éléments comptables pour asseoir sa position et sans entreprendre au préalable aucune négociation avec son bailleur ni se concerter avec lui (CA Lyon 31-3-2021 n° 20/05237, 8e ch.).

60860 **Loyers concernés** La **mise en œuvre** de ce moyen peut être invoquée, à notre avis, quelle que soit la **période** pour laquelle les loyers sont dus (notamment, pour les loyers du deuxième trimestre 2020, affecté par la fermeture totale des commerces : TJ Paris réf. 26-10-2020 nos 20/53713 et 20/55901 : RJDA 2/21 n° 71, comme pour ceux du troisième trimestre 2020 : TJ Paris réf. 21-1-2021 n° 20/55750 : RJDA 6/21 n° 371 ou encore ceux du quatrième trimestre 2020 et des premiers trimestres 2021 : TJ Toulouse 1-7-2021 n° 21/02415, pôle civ. collégiale).

L'EXCEPTION D'INEXÉCUTION

60862 **Mécanisme** Une partie peut refuser d'exécuter son obligation si l'autre n'exécute pas la sienne et si cette inexécution est suffisamment grave (C. civ. art. 1219). Une partie peut même désormais suspendre l'exécution de son obligation lorsqu'il est manifeste que son cocontractant ne s'exécutera pas à l'échéance et que les conséquences de cette inexécution sont suffisamment graves pour elle (C. civ. art. 1220). Ce **moyen** est intéressant pour les locataires, notamment car il **peut être opposé** en dehors de tout recours à un juge (et même, pour les inexécutions avérées, sans mise en demeure). Pour pouvoir être invoquée par le locataire, l'exception d'inexécution suppose donc que celui-ci établisse que le bailleur a manqué à son obligation de délivrer le local loué et d'en garantir la jouissance paisible. Par ailleurs, l'inexécution doit être suffisamment grave.

L'exception d'inexécution est admise de façon générale en matière de bail lorsque le locataire ne peut pas utiliser les lieux loués (n° 60780).

Application dans le cadre de la crise sanitaire L'exception d'inexécution **60863**
peut-elle être opposée par le locataire touché par la crise sanitaire ? L'argument a divisé la doctrine et les juges.

En **faveur d'une réponse positive,** il a pu être avancé que l'**obligation de délivrance des lieux loués** ne se réduit pas à la remise des clés du local mais consiste à en faire jouir paisiblement le preneur pendant toute la durée du bail et conformément à sa destination. L'obligation de délivrance inclurait donc nécessairement l'accessibilité du local au public. Il y aurait donc bien un manquement à l'obligation de garantie de la jouissance paisible. Par ailleurs, le fait qu'aucune **faute du bailleur** ne soit à l'origine du trouble de jouissance – et même que celui-ci puisse justifier d'un cas de force majeure – ne serait pas de nature à mettre en échec l'exception d'inexécution, celle-ci n'étant pas réservée au cas d'une faute du cocontractant (en ce sens notamment les termes des articles 1219 et 1220 et leur insertion dans une section du Code civil consacrée à l'inexécution du contrat en général). Des décisions rendues en référé sont en ce sens (notamment TJ Strasbourg réf. 19-2-2021 n° 20/00552 : RJDA 6/21 n° 367).

En faveur d'une réponse négative, il a été soutenu que l'obligation de délivrance porterait sur **60864**
le local, et non pas sur le fonds de commerce, qui serait seul affecté par les mesures sanitaires. Le local, même fermé au public, resterait accessible au locataire (dans le même sens, A. Confino, Covid-19 et art. 1719 du Code civil : www.labocom.org).

La majorité des décisions ont rejeté l'exception d'inexécution aux motifs que l'obligation de délivrance porte sur le local lui-même, que celui-ci a été mis à disposition par le bailleur et/ou est demeuré apte à remplir la destination pour laquelle il a été loué et qu'aucun manquement ne pouvait être reproché au bailleur (en référé, TJ Paris réf. 26-10-2020 n°s 20/53713 et 20/55901 : RJDA 2/21 n° 71 ; au fond : CA Grenoble 5-11-2020 n° 16-04533 : RJDA 5/21 n° 292 ; TJ Paris 25-2-2021 n° 18/02353 : RJDA 7/21 n° 455 ; TJ La Rochelle 23-3-2021 n° 20/02428 : RJDA 8-9/21 n° 550 ; CA Versailles 6-5-2021 n° 19/08848, 12e ch. ; TJ Quimper 8-6-2021 n° 21/00196, 1e ch. ; TJ Paris 28-10-2021 n° 16/13087, 18e ch. sect. 2 ; TJ Paris 22-6-2022 n° 20/08161, 18e ch. sect. 2).

Appelée à se prononcer sur la question, la **Cour de cassation** a considéré que le locataire ne **60865**
peut pas se prévaloir d'une exception d'inexécution pour suspendre le paiement de ses loyers aux motifs, d'une part, que les locaux loués ont été mis à sa disposition (Cass. 3e civ. 30-6-2022 n° 21-20.190 FS-B : RJDA 11/22 n° 618, 1e espèce) et, d'autre part, que la mesure générale de police administrative portant interdiction de recevoir du public n'est pas constitutive d'une inexécution par le bailleur de son obligation de délivrance (Cass. 3e civ. 30-6-2022 n° 21-19.889 FS-D : RJDA 11/22 n° 618, 3e espèce).

L'impossibilité d'exploiter alléguée par le locataire est le seul fait du législateur (Cass. 3e civ. 30-6-2022 n° 21-20.190 précité) : elle résulte d'une mesure générale et temporaire, sans lien direct avec la destination contractuelle du local, qui n'est pas imputable au bailleur (Cass. 3e civ. 30-6-2022 n° 21-20.127 FS-B : RJDA 11/22 n° 618, 2e espèce).

La Cour de cassation semble ici s'attacher à l'absence de toute faute commise par le bailleur, lequel ne saurait garantir le locataire contre l'adoption de mesures générales dépassant le strict cadre du bail.

IMPRÉVISION

Mécanisme La théorie de l'imprévision introduite dans le Code civil a créé une obligation **60870**
générale de **renégociation du bail** en cas de changements de circonstances imprévisibles lors de la conclusion du contrat, rendant l'exécution du bail excessivement onéreuse pour une, voire les deux parties (C. civ. art. 1195, applicable aux baux conclus à compter du 1er octobre 2016 : n°s 51150 s.).

La **mise en œuvre** de la demande de révision suit deux **étapes** : au cours d'une première phase, la partie qui soulève l'imprévision demande la renégociation du contrat, tout en continuant à exécuter ses obligations ; en cas d'échec de cette phase amiable, le juge peut intervenir pour réviser le contrat ou y mettre fin.

60871 **Application dans le cadre de la crise sanitaire** Même si la Cour de cassation ne s'est pas encore prononcée sur les **conditions d'application** de l'imprévision, il est généralement admis que le changement de circonstances opéré par la crise sanitaire était totalement imprévisible lors de la conclusion du contrat (au moins pour ceux conclus avant la fin janvier 2020) et rend l'exécution du contrat excessivement onéreuse, sans doute même pour les deux parties, au moins provisoirement (par exemple, A. et J.-P. Confino, « Les baux commerciaux malades de la peste » : AJDI 2020 p. 326 ; P. Julien, « Crise du coronavirus : faut-il payer les loyers commerciaux du 2e trimestre 2020 ? : BRDA 7/20 inf. 28 ; TJ Paris réf. 21-1-2021 n° 20/55750 : RJDA 6/21 n° 371 ; TJ Paris 22-6-2022 n° 20/08161, 18e ch. sect. 2). Une ordonnance du tribunal de commerce de Paris retient cependant que l'exécution n'est pas devenue excessivement onéreuse puisque le montant du loyer est resté le même (T. com. Paris réf. 11-12-2020 n° 2020/035120).

60872 L'imprévision paraît cependant un remède de long terme, peu adapté au **but du locataire** qui cherche à éviter de payer les loyers dus pour des périodes affectées par les restrictions sanitaires. En effet, l'imprévision n'a pas pour objet d'obtenir la révision du montant du loyer pour les périodes au cours desquelles le locataire a subi une interdiction d'accueil du public mais vise à procéder à un rééquilibrage durable et pour l'avenir des obligations réciproques des parties (TJ Paris 22-6-2022 n° 20/08161, 18e ch. sect. 2).

La saisine du juge n'est en principe possible qu'après l'échec de la renégociation des conditions du contrat et après un « délai raisonnable ». Le locataire est tenu d'exécuter le contrat **pendant la discussion** (C. civ. art. 1195, al. 1) et sans doute jusqu'à l'issue de l'éventuelle procédure judiciaire (en ce sens, TJ Strasbourg réf. 19-2-2021 n° 20/00552 : RJDA 6/21 n° 367).

Il a cependant été jugé en référé que constituait une contestation sérieuse opposable à l'action en paiement du bailleur visant la mise en œuvre d'une clause résolutoire pour non-paiement des loyers du 3e trimestre 2020, l'intention exprimée par le locataire de se prévaloir des dispositions sur l'imprévision dans le cadre d'une action au fond en opposition à un commandement de payer visant la clause résolutoire du bail, dans un contexte où des négociations avaient été engagées et avaient échoué (TJ Paris ref. 21-1-2021 n° 20/55750 : RJDA 6/21 n° 371). À l'inverse, il a été jugé en référé que le moyen relatif à l'imprévision ne saurait constituer une contestation sérieuse de la demande en paiement du bailleur, dès lors que le locataire n'a pas continué à exécuter son obligation de paiement et que l'absence d'exploitation des locaux loués n'est que le fruit d'une décision du locataire, exploitant un commerce d'alimentation générale (CA Paris réf 8-6-2022 n° 21/21760, ch. 1-3).

En pratique, les locataires qui se trouvent privés de leur commerce pendant de longs mois voire pour certains plus d'une année ne sont pas dans la capacité de régler leur loyer et d'attendre l'aboutissement de la révision judiciaire. Le contentieux de l'inexécution du bail va en conséquence se combiner avec celui de l'imprévision que le preneur, attrait en paiement voire en résolution du bail, fera valoir en défense. Les juridictions devront trancher la question de savoir si l'obligation d'exécuter le contrat est une condition de recevabilité de la demande. La doctrine civiliste n'y est pas favorable (O. Deshayes, T. Genicon, Y.-M. Laithier, Réforme du droit des contrats, du régime général et de la preuve des obligations, p. 462, 2e éd. LexisNexis).

DESTRUCTION DU BIEN LOUÉ (C. CIV. ART. 1722)

60874 **Mécanisme** Si, pendant la durée du bail, le bien loué est détruit en totalité ou par cas fortuit, le bail est résilié de plein droit ; s'il n'est détruit qu'en partie, le locataire peut, suivant les circonstances, demander une diminution du prix ou la résiliation même du bail (C. civ. art. 1722 ; n°s 74470 s.).

60875 **Application dans le cadre de la crise sanitaire** La fermeture des commerces et, de façon plus générale, les restrictions prises pour lutter contre la propagation de l'épidémie de Covid-19 peuvent-elles être assimilées à une perte du local loué ?

En faveur d'une réponse positive, il a été avancé que la jurisprudence admet depuis longtemps que la **perte** par cas fortuit ne soit pas de nature uniquement **matérielle** mais puisse être **« juridique »** et consister dans l'impossibilité pour le locataire de jouir complètement du local loué. Il a par exemple été jugé qu'il y avait perte totale du bien loué en cas d'interdiction administrative d'exploiter une salle de cinéma où les conditions de sécurité du public ne sont plus assurées (Cass. com. 19-6-1962 : Bull. civ. III n° 323), en cas d'interdiction d'exploiter un commerce situé dans un périmètre de rénovation urbaine résultant d'une disposition légale (Cass. 3e civ. 12-5-1975 n° 73-14.051 : Bull. civ. III n° 161), en cas de fermeture d'un centre commercial par arrêté administratif (Cass. 3e civ. 30-10-2007 n° 07-11.939 F-D), ou en cas de publication d'un arrêté municipal interdisant la circulation des véhicules de plus de 19 tonnes sur la voie permettant d'accéder aux locaux loués par une entreprise de transport routier (CA Dijon 29-9-2009 n° 08-2140, 8e ch. civ. : RJDA 11/10 n° 1039).

Plusieurs décisions se sont prononcées en ce sens depuis le début de la crise sanitaire (TJ Paris JEX 20-1-2021 n° 20/80923 : RJDA 5/21 n° 294 ; TJ Paris réf. 19-2-2021 n° 2020/047783 ; CA Versailles réf. 4-3-2021 n° 20/02572 : RJDA 6/21 n° 370 ; au fond : TJ La Rochelle 23-3-2021 n° 20/02428 : RJDA 8-9/21 n° 550 ; TJ Toulouse 1-7-2021 n° 21/02415, pôle civ. collégiale).

En faveur d'une réponse négative, deux arguments ont pu être opposés à cette solution : d'une part, la jurisprudence exigerait que l'impossibilité d'user du bien loué conformément à sa destination soit **définitive** (Cass. 3e civ. 2-7-2003 n° 02-14.642 FS-PB : RJDA 11/03 n° 1048) et non pas limitée dans le temps. Plusieurs décisions ont statué en ce sens (TJ Strasbourg réf. 19-2-2021 n° 20/00552 : RJDA 6/21 n° 367 ; TJ Quimper 8-6-2021 n° 21/00196, 1e ch.).

D'autre part, la **perte devrait toucher** la chose louée elle-même, sa mise à disposition au profit du locataire. Dès lors que l'impossibilité d'exploiter du fait de l'état d'urgence sanitaire s'explique par l'activité économique exercée dans les locaux, et non de la chose louée en elle-même, le moyen tiré d'une perte de la chose louée a été rejeté (CA Versailles 6-5-2021 n° 19/08848, 12e ch. ; TJ Quimper 8-6-2021 n° 21/00196 précité ; TJ Paris 28-10-2021 n° 16/13087, 18e ch. sect. 2 ; TJ Paris 22-6-2022 n° 20/08161, 18e ch. sect. 2).

La **Cour de cassation** a **tranché** la discussion : l'effet de l'interdiction d'accueil du public, mesure générale et temporaire, est sans lien direct avec la destination contractuelle du local loué. Il ne peut donc pas être assimilé à la perte de la chose au sens de l'article 1722 du Code civil (Cass. 3e civ. 30-6-2022 n° 21-19.889 FS-D : RJDA 11/22 n° 618, 3e espèce ; Cass. 3e civ. 30-6-2022 n° 21-20.127 FS-B : RJDA 11/22 n° 618, 2e espèce ; Cass. 3e civ. 30-6-2022 n° 21-20.190 FS-B : RJDA 11/22 n° 618, 1e espèce). **60877**

A ainsi été approuvée la cour d'appel statuant en référé qui, après avoir relevé que seuls les exploitants d'une résidence de tourisme s'étaient vu interdire de recevoir leurs clients pour des raisons étrangères aux locaux loués qui n'avaient subi aucun changement, a retenu que les mesures d'interdiction d'exploitation, qui ne sont ni du fait ni de la faute du bailleur, ne constituaient pas une circonstance affectant le bien, emportant perte de la chose louée (Cass. 3e civ. 23-11-2022 n° 21-21.867 FS-B : RJDA 3/23 n° 136, 1e espèce).

> **Précisions** Dans cette affaire, le locataire a également invoqué une **clause** prévue au bail **de suspension du loyer** ne pouvant recevoir application que dans les cas où le bien est indisponible soit par le fait ou par la faute du bailleur, soit en raison de désordres de nature décennale ou de la survenance de circonstances exceptionnelles affectant le bien loué lui-même. La cour d'appel ayant constaté, sans interpréter le contrat, que la clause de suspension du loyer prévue au bail ne pouvait pas recevoir application, a pu en déduire que l'obligation de payer le loyer n'était pas sérieusement contestable (Cass. 3e civ. 23-11-2022 n° 21-21.867 précité ; Cass. 3e civ. 23-11-2022 n° 22-12.753 FS-B : RJDA 3/23 n° 136, 2e espèce). La Cour de cassation a ultérieurement confirmé que la clause de suspension du loyer stipulée au bail ne pouvait être mise en œuvre et approuvé une cour d'appel d'avoir considéré que l'obligation de payer le loyer n'était pas sérieusement contestable, après avoir relevé, d'une part que la clause de suspension du loyer prévue au bail, dont la clarté excluait toute interprétation, impliquait, à l'évidence, que le bien lui-même soit affecté et, d'autre part, que les mesures prises pour lutter contre la crise sanitaire avaient affecté, non les biens loués eux-mêmes, mais leurs seules conditions d'exploitation (Cass. 3e civ. 8-2-2024 n° 22-17.620 F-D : RJDA 11/24 n° 577).

D. Autres obligations du locataire

OBLIGATIONS LIÉES À LA SÉCURITÉ DES LIEUX LOUÉS

En vertu de l'article 1719, 2° du Code civil, le bailleur doit entretenir la chose louée en état de servir à l'usage pour lequel elle a été louée. Corrélativement, il pèse sur le locataire l'obligation d'avertir son bailleur des désordres affectant le bien loué lorsque leur réparation incombe à ce dernier. Il est usuel que le bail prévoit que le locataire informera immédiatement par écrit le bailleur de tout sinistre s'étant produit dans les lieux loués quand bien même il n'en résulterait aucun dégât apparent. **60900**

Indépendamment des obligations pesant sur le bailleur, la responsabilité civile du locataire est retenue, et ce dernier est sanctionné lorsqu'il n'alerte pas le bailleur des désordres survenant dans les lieux loués que sa situation sur place lui permet d'identifier (n° 78100).

OBLIGATION D'ASSURANCE

Le statut des baux commerciaux n'édicte aucune obligation à la charge du locataire concernant l'obligation d'assurance, à l'inverse du statut des baux à usage d'habitation ou mixte d'habitation et professionnel. L'assurance n'est donc pas obligatoire mais reste indispensable. **60905**

En pratique, le bailleur cherche à se prémunir contre les dommages causés par le locataire, notamment si ce dernier est insolvable, l'obligation d'assurance est donc quasi systématiquement imposée par la voie contractuelle par une mention particulière dans le bail. Lorsqu'une telle obligation a été contractuellement stipulée, le fait pour le locataire de ne pas avoir été assuré pendant plus de quatre ans constitue une grave inexécution justifiant la résiliation du bail, le locataire ne pouvant opposer au bailleur qu'un tel manquement ne lui a pas, en raison de l'absence de sinistre, causé de préjudice (Cass. 3e civ. 4-5-1994 n° 92-11.196 : Bull. civ. III n° 84).

Mais **en cas d'incendie,** le défaut d'assurance ne peut avoir pour conséquence de priver le locataire de son droit à réparation pour le préjudice qu'il a subi du fait de l'incendie causé par un autre locataire car le bailleur doit lui assurer la jouissance paisible des lieux loués, obligation qui ne cesse qu'en cas de force majeure (Cass. 3e civ. 23-1-2008 n° 06-19.520 FS-D : Loyers et copr. 2008 comm. n° 74).

Par ailleurs, la jurisprudence a considéré que cette obligation d'assurance mise à la charge du locataire était la contrepartie de son droit de jouissance des lieux. Ainsi, un locataire, mis dans l'**impossibilité d'exploiter** les lieux et dispensé de ce fait par décision de justice irrévocable du paiement des loyers, doit cependant remplir son obligation contractuelle d'assurance des risques locatifs dans la mesure où il conserve la jouissance des lieux (Cass. 3e civ. 29-11-2005 n° 04-19.835 F-D : RJDA 3/06 n° 238).

Il est assez fréquent que le bail prévoie que le locataire s'engage à communiquer au bailleur, en cours de bail, tous éléments susceptibles de modifier la destination des locaux loués ou simplement d'aggraver le risque et de modifier le taux de prime applicable aux locaux loués.

60910 La souscription d'une assurance de choses peut être mise à la charge du locataire afin qu'il soit garanti des dommages matériels qu'il pourrait subir. Cette assurance de choses ne couvre en aucun cas l'indemnisation des pertes pécuniaires, telles que les pertes de loyers, les pertes d'exploitation.

L'assurance de responsabilité civile garantit, quant à elle, les dommages corporels, matériels et immatériels dont il pourrait être responsable à l'égard des tiers.

INSTALLATION D'ANTENNE DE RADIOTÉLÉVISION

60920 Le locataire doit respecter les dispositions législatives ou réglementaires relatives à l'installation d'antenne réceptrice de radiodiffusion : tout occupant de bonne foi, qu'il s'agisse d'une personne physique ou d'une personne morale, a le droit d'installer, d'entretenir ou de remplacer, à ses frais, une « antenne extérieure réceptive de radiodiffusion », ce qui inclut les antennes paraboliques (CA Paris 25-10-1996 n° 95-20432, 6e ch. B) ou « une antenne réceptrice et émettrice de télécommunication fixe » (Loi 66-457 du 2-7-1966 art. 1, I-al. 1), c'est-à-dire une antenne réceptrice de « boucle locale radio ». Le bail ne peut pas soumettre l'installation d'une antenne parabolique à l'autorisation préalable du bailleur (Cass. 3e civ. 3-11-2005 n° 02-21.489 FS-PB : RJDA 2/06 n° 205).

Toutefois, avant de procéder aux travaux, le locataire doit en **informer** par lettre recommandée AR **le propriétaire** en y joignant s'il y a lieu une description des travaux à exécuter ainsi qu'un plan ou un schéma, sauf si leur établissement a été rendu impossible du fait du bailleur. Le locataire doit également indiquer la nature du ou des services télévisuels obtenus.

ATTENTION

La **notification** doit être **faite** (Décret 67-1171 du 22-12-1967 art. 1er) :
– au bailleur et au syndic, si l'immeuble est en copropriété ;
– à l'un des propriétaires indivis, si l'immeuble est en indivision, à charge pour celui-ci d'informer sans délai les coïndivisaires ;
– et, si l'immeuble appartient à une société, au représentant légal de celle-ci et, le cas échéant, au porteur de parts qui a consenti le bail.

Le domaine d'application de ce texte prête à interrogation ; pour la cour d'appel d'Aix-en-Provence, ce texte, d'ordre public, ne serait pas applicable aux commerçants qui, propriétaires ou locataires d'un lot de copropriété, voudraient n'en invoquer le bénéfice que pour un usage strictement professionnel dans le cadre de leur activité commerciale à but par nature lucratif (CA Aix-en-Provence 7-4-1998 n° 98-714, 4e ch. A : Loyers et copr. 1998 comm. n° 193 note G. Vigneron).

Sur les conséquences du défaut d'information du bailleur par le locataire, voir n° 60930.

60925 Le **propriétaire** ne peut **s'opposer** à la pose de ces antennes que s'il justifie d'un **motif** sérieux et légitime (Loi 66-457 du 2-7-1966 art. 1, I-al. 1). La loi du 2 juillet 1966 assimile à un tel motif le fait pour le propriétaire d'offrir le raccordement à un système collectif de réception (antenne ou réseau câblé) (art. 1, I-al. 2). Mais encore faut-il que le mode de réception adopté permette à l'occupant de recevoir les chaînes qu'il souhaite.

La préservation de l'esthétique de l'immeuble peut également être invoquée par le propriétaire dès lors que celui-ci rapporte la preuve que la pose de l'antenne trouble la qualité esthétique de l'immeuble et qu'il s'agit pour son propriétaire d'une véritable préoccupation (CA Versailles 27-10-2000 nº 98/09621 : Loyers et copr. 2001 comm. nº 234). Tel n'est pas le cas lorsque l'immeuble a déjà été défiguré par « du linge et des objets hétéroclites encombrant et enlaidissant les balcons » (CA Nancy 29-11-1995 nº 93/2781) ou lorsque l'antenne est posée sur le toit (CA Paris 28-3-1995 : D. 1996 som. p. 379).

L'argument selon lequel la pose d'une telle installation risquerait d'entraîner d'autres poses anarchiques est inopérant (Cass. 3e civ. 5-1-2011 nº 09-72.538 FS-PB : RJDA 4/11 nº 361).

Le bailleur qui entend faire **opposition** doit, à peine de forclusion, **saisir** le **tribunal** judiciaire du lieu de situation de l'immeuble dans le délai de trois mois, sauf si, dans le même délai, il propose le raccordement à une antenne collective ou à un réseau câblé. Dans ce cas, il doit avoir procédé audit raccordement dans un délai de trois mois à compter de la proposition, faute de quoi le locataire peut effectuer les travaux (Décret 67-1171 du 22-12-1967 art. 2 et 4). **60930**

Lorsque l'immeuble est en copropriété, le syndic a trois mois pour obtenir une décision des copropriétaires soit pour installer une antenne collective ou se raccorder à un réseau câblé, soit pour être autorisé à saisir le tribunal.

> **> Précisions** Si le locataire n'a **pas informé** le **bailleur** de son souhait d'installer une telle antenne, le bailleur n'est pas tenu par le délai de trois mois et peut contester à tout moment cette installation devant le tribunal s'il justifie d'un motif sérieux et légitime (Cass. 3e civ. 5-1-2011 nº 09-72.538 FS-PB : RJDA 4/11 nº 361).

RACCORDEMENT À UN RÉSEAU DE FIBRES OPTIQUES

Le **propriétaire** ne peut, nonobstant toute convention contraire, même antérieurement conclue, s'opposer à la demande du locataire de bonne foi de se raccorder à ses frais à un **réseau à très haut débit en fibre optique** sauf s'il justifie de l'un des motifs légitimes et sérieux suivants (Loi 66-457 du 2-7-1966 art. 1, II ; décret 2009-53 du 15-1-2009) : **60935**

– des lignes de communications électroniques en fibre optique préexistent, permettant de répondre aux besoins spécifiques du demandeur. Dans ce cas, le propriétaire peut demander que le raccordement soit réalisé au moyen desdites lignes, dans les conditions prévues par l'article L 34-8-3 du Code des postes et des communications électroniques ;

– le propriétaire a pris la décision, dans un délai de six mois suivant la demande du locataire, de raccorder l'immeuble dans des conditions satisfaisant aux besoins spécifiques de ce dernier.

Si le propriétaire entend s'opposer au raccordement pour d'autres motifs, il doit saisir le tribunal judiciaire du lieu de situation de l'immeuble dans les six mois de la demande après en avoir informé le locataire.

Avant de procéder aux travaux, le **locataire** doit en informer le propriétaire par tout moyen permettant de donner date certaine à la réception de cette information en y joignant une description des travaux à exécuter ainsi qu'un plan ou un schéma, sauf si leur établissement a été rendu impossible du fait du bailleur. Le locataire doit préciser éventuellement les besoins spécifiques liés à une utilisation professionnelle (Décret 2009-53 du 15-1-2009 art. 1er).

ATTENTION

La **notification** doit être faite (Décret 2009-53 du 15-1-2009 art. 1) :
– au bailleur et au syndic, si l'immeuble est en copropriété ;
– à l'un des propriétaires indivis, si l'immeuble est en indivision, à charge pour celui-ci d'informer sans délai les coïndivisaires ;
– et, si l'immeuble appartient à une société, au représentant légal de celle-ci.

Le locataire peut procéder à l'exécution des travaux si le propriétaire ne lui a pas notifié la décision ferme de lancement des travaux dans les six mois de sa demande, ou si les travaux n'ont pas été réalisés dans les six mois suivant cette décision ou encore si le projet a fait l'objet d'une résolution défavorable de l'assemblée générale des copropriétaires ; l'occupant en informe alors le propriétaire (Décret 2009-53 du 15-1-2009 art. 2, II-al. 3).

SECTION 2

OBLIGATIONS DU LOCATAIRE À L'EXPIRATION DU BAIL

61100 À l'expiration du bail, le locataire doit libérer les lieux loués et les restituer en bon état de réparations. En effet, l'article 1730 du Code civil énonce que « s'il a été fait un état des lieux entre le bailleur et le preneur, celui-ci doit rendre la chose telle qu'il l'a reçue, suivant cet état, excepté ce qui a péri ou a été dégradé par vétusté ou force majeure ». L'article 1731 prévoit quant à lui qu'en l'absence d'état des lieux « le locataire est présumé les avoir reçus en bon état de réparations locatives et doit les rendre tels, sauf la preuve contraire ».

Les locataires exploitant une installation classée sont, quant à eux, tenus à des obligations spécifiques.

A. Obligation de libérer les lieux loués

61110 Les articles 1730 et 1731 du Code civil traitent seulement de la restitution des lieux loués en bon état. Aucune disposition ne fait référence à l'obligation de libérer les lieux stricto sensu. Toutefois, il s'agit d'une condition nécessaire pour que la restitution des lieux loués soit considérée comme parfaite.

Les locaux pris à bail doivent, en fin de jouissance, être restitués libres de toute occupation. Pour être parfaite et entière, cette libération doit revêtir deux aspects :

– le locataire doit personnellement évacuer les lieux loués et les faire évacuer par tous les **occupants** de son chef ;

– tous les **effets mobiliers** appartenant au locataire doivent avoir été enlevés (CA Rouen 4-9-2007 n° 06/02023). S'agissant des locaux loués nus, ceux-ci doivent être vides à la libération des lieux loués.

La libération des lieux loués s'étend aussi aux **locaux** accessoires (caves, garages, grenier...).

61115 C'est la **remise des clés** par le locataire au domicile ou au siège du bailleur (Cass. 3e civ. 5-11-2003 n° 01-17.530 FS-PB : Bull. civ. III n° 10), ou de son représentant, qui matérialise la restitution des lieux loués (Cass. 3e civ. 8-4-2021 n° 20-14.247 FS-D). Seule la remise effective des clés, ou le refus du bailleur de les recevoir, entraîne la libération des lieux loués (Cass. 3e civ. 13-10-1999 n° 97-21.683 PB : RJDA 12/99 n° 1301 ; Cass. 3e civ. 3-12-2020 n° 19-22.443 F-D : RJDA 2/21 n° 77 ; Cass. 3e civ. 16-3-2023 n° 21-25.002 F-D : RJDA 12/23 n° 641). La preuve de la remise des clés incombe au locataire (Cass. 3e civ. 5-2-2013 n° 11-22.463 FD : RJDA 1/14 n° 10 ; Cass. 3e civ. 1-7-2003 n° 02-11.845). Le locataire ne peut s'exonérer au motif que le bailleur aurait gardé un double des clés (CA Montpellier 14-6-2007 n° 06/06209 : Juris-Data n° 2007-341455).

ILLUSTRATIONS

La remise des clés à un huissier (ou commissaire de justice) mandaté par le seul locataire ne vaut pas remise des clés au bailleur ou au mandataire de celui-ci (Cass. 3e civ. 13-6-2001 n° 99-14.998 FS-PB : RJDA 10/01 n° 951 ; Cass. 3e civ. 20-10-2016 n° 15-19.533 FS-D : RJDA 2/17 n° 63). En revanche, est valable celle effectuée entre les mains du mandataire apparent du bailleur, tel que le gardien de l'immeuble dès lors que ce dernier a lui-même remis les clés aux locataires lors de leur entrée dans les lieux (CA Paris 20-11-1997 n° 96-81462, 6e ch. B : Juris-Data n° 023776).

Le dépôt des clés dans la boîte aux lettres de la gardienne de l'immeuble ne saurait valoir preuve de la libération effective des lieux loués (CA Lyon 14-3-2001 n° 99/6224, 6e ch. : Juris-Data n° 151364). Le dépôt des clés dans une boîte aux lettres ne vaut pas restitution, excepté dans l'hypothèse où les parties se sont mises d'accord sur ce mode de remise (CA Paris 9-10-1997 n° 96-80891, 6e ch. B : Juris-Data n° 022737).

Jugé que les locaux avaient été restitués par le locataire dès lors que celui-ci avait avisé son bailleur de la date de libération des lieux par lettre recommandée AR, que le bailleur ne s'était pas présenté pour la remise des clés et la rédaction de l'état des lieux de sortie et avait par la suite refusé à deux reprises, par lettre et par acte d'huissier de justice, de recevoir les clés (Cass. 3e civ. 7-2-2019 n° 17-27.561 F-D).

61120 Seule une **restitution** régulière des locaux loués libère le locataire de toute obligation.

En conséquence, le locataire qui quitte les locaux donnés à bail commercial de manière prématurée en dehors d'une échéance statutaire ou contractuelle, commet une faute. Dans ce cas, il reste débiteur des loyers jusqu'à l'échéance de la période en cours, sans que le bailleur ait à justifier d'un préjudice (Cass. 3e civ. 23-5-2012 no 11-12.214 FS-D : RJDA 10/12 no 833).

À l'expiration du bail, le locataire qui se maintient indûment dans les lieux loués devient débiteur, non pas d'une dette de loyer, mais d'une indemnité d'occupation (Cass. 3e civ. 3-12-2020 no 19-22.443 F-D : RJDA 2/21 no 77 ; CA Rouen 7-9-2023 no 22/01468 : RJDA 1/24 no 6). Sur la nature de l'indemnité d'occupation, voir nos 74060 s.

B. Obligation de restituer les lieux en bon état de réparations

INCIDENCE DE L'ÉTAT DES LIEUX SUR LA RESTITUTION DES LIEUX

Obligation d'établir un état des lieux **Depuis le 20 juin 2014,** date d'entrée en vigueur de la loi Pinel 2014-626 du 18 juin 2014, l'établissement d'un état des lieux est obligatoire lors de la conclusion du bail et lors de la restitution des lieux (C. com. art. L 145-40-1, al. 1 ; sur les modalités d'établissement, voir no 19010). Il s'agit d'une obligation d'ordre public (C. com. art. L 145-15), et le bailleur qui n'a pas fait toutes diligences pour la réalisation de l'état des lieux ne peut pas invoquer la présomption de l'article 1731 du Code civil (art. L 145-40-1 , al. 3). Pour les baux conclus avant cette date, l'établissement d'un état des lieux de sortie n'est obligatoire que si un état des lieux d'entrée a été établi (Loi 2014-626 du 18-6-2014 art. 13, II). 61250

Avant le 20 juin 2014, l'obligation de restituer les lieux loués en bon état de réparations était exclusivement régie par les dispositions du Code civil : si les parties avaient établi un état des lieux lors de l'entrée dans les lieux, le locataire devait restituer les locaux dans l'état dans lequel ils avaient été loués, excepté ce qui avait péri ou avait été dégradé par vétusté ou force majeure (C. civ. art. 1730). En l'absence d'état des lieux d'entrée, les locaux étaient présumés avoir été délivrés en bon état de réparations locatives et le locataire devait les rendre dans le même état (C. civ. art. 1731). En l'absence de clauses dérogatoires au droit commun quant à son obligation de réparation, le locataire devait donc effectuer les seules réparations visées à l'article 1754 du Code civil (nos 78605 s.).

> **Précisions** Sous le **régime antérieur** à la **loi Pinel,** si l'état des lieux d'entrée avait été dressé **après l'exécution par le locataire de travaux** de cloisonnement, les locaux devaient être considérés comme ayant été délivrés ainsi cloisonnés, sans que le bailleur soit en droit d'exiger l'enlèvement des cloisonnements en cause à la sortie (Cass. 3e civ. 15-9-2009 no 08-14.605 F-D : AJDI 2010 p. 300 obs. C. Dreveau).
> **En cas de contentieux,** un état des lieux dressé par un huissier (ou commissaire) de justice, même établi hors la présence du locataire ou du bailleur, devait être examiné dès lors qu'il était régulièrement versé aux débats et soumis à la libre discussion des parties (Cass. 3e civ. 2-5-2007 no 06-12.586 F-D ; Cass. 3e civ. 7-2-2019 no 17-27.561 F-D).
> En présence d'un état des lieux d'entrée, les juges du fond devaient rechercher si, lors de la sortie, le locataire n'avait pas laissé sur place des meubles, des cloisons et du carrelage qui n'étaient pas dans les lieux lorsqu'il y était entré, et qu'il devait dès lors supprimer (Cass. 3e civ. 13-4-2022 no 21-12.814 F-D).
> Lorsque l'état des lieux d'entrée avait dépeint les locaux en bon état, un tribunal ne pouvait pas juger que l'absence d'état des lieux de sortie faisait présumer que le locataire les avait rendus en bon état et que, compte tenu des infractions en matière d'humidité auxquelles le bailleur devait mettre un terme, celui-ci était mal venu de tenter de mettre ces travaux à la charge du locataire. En effet, ces motifs étaient insuffisants pour établir que les désordres avaient eu lieu sans la faute du locataire (Cass. 3e civ. 12-5-2016 no 15-12.477 F-D : Loyers et copr. 2016 comm. no 162).

Force probante de l'état des lieux L'état des lieux n'est pas d'une force probante irréfragable. La jurisprudence a rappelé à plusieurs reprises qu'un état des lieux établi contradictoirement constate une situation de fait jusqu'à preuve du contraire (Cass. 3e civ. 25-2-2004 no 02-16.589 FS-PB : RJDA 6/04 no 683 ; Cass. 3e civ. 18-3-2008 no 07-11.536 F-D). Un état des lieux est donc un simple document qui constate une situation de fait et non un acte juridique créant, modifiant ou éteignant une obligation ou un droit ; tous autres moyens de preuve peuvent lui être opposés. En conséquence, la preuve contraire par témoins est recevable, et la formalité du double original inutile (Cass. 3e civ. 23-5-2002 no 00-13.144 FS-PB : RJDA 8-9/02 no 860, 2e espèce). 61255

ILLUSTRATIONS

Cette preuve contraire peut résulter d'un rapport de la direction de l'environnement, des explications des parties et d'attestations qui démontrent que l'état des lieux d'entrée ne correspond manifestement pas à la réalité (Cass. 3e civ. 23-5-2002 no 00-13.144 FS-PB : RJDA 8-9/02 no 860, 1e espèce).

INCIDENCE DES CLAUSES CONTRACTUELLES SUR L'ÉTENDUE DE LA RESTITUTION DES LIEUX

61260 Si l'article 1730 du Code civil impose une restitution à l'identique, il peut cependant être prévu une **clause d'accession** au bailleur, voire un choix laissé à ce dernier, de conserver ou non les ouvrages ; dans ce dernier cas, le bailleur ne saurait se voir reprocher de souhaiter, même s'il a autorisé les transformations, obtenir le rétablissement des lieux loués dans leur état primitif. Sur l'ensemble de cette question, voir n°s 79900 s.

61261 Les clauses d'un bail stipulant que le locataire s'oblige à prendre les **lieux en l'état** et à les entretenir, le bailleur n'assumant aucune **réparation** même celles prévues par l'article 606 du Code civil, n'ont pas pour effet d'obliger le locataire à restituer les locaux loués dans un meilleur état que celui dans lequel il les a reçus (CA Versailles 29-10-2009 n° 08/01805, 12e ch. sect. 2 : RJDA 10/10 n° 914).

Sauf convention contraire expresse, l'obligation du locataire de restituer les locaux dans leur état primitif n'inclut pas la réparation des dommages liés à la vétusté (Cass. 3e civ. 30-11-2023 n° 21-23.173 F-D : RJDA 4/24 n° 209).

PROCÉDURE CONTRACTUELLE DE RESTITUTION DES LIEUX

61262 Les baux organisent souvent une procédure contractuelle encadrant les derniers mois de la relation locative, en prévoyant notamment l'établissement d'un **pré-état des lieux de sortie** destiné à identifier les réparations et travaux de remise en état à réaliser avant le départ du locataire ou encore un calendrier pour soumettre, contester ou approuver les devis de travaux de remise en état.

Les parties doivent veiller à respecter la procédure convenue entre elles. Le non-respect de cette procédure est susceptible de rendre inefficaces les autres stipulations du bail relatives à la restitution des locaux.

ILLUSTRATIONS

Le non-respect par le bailleur de l'obligation de provoquer, au plus tard un mois avant l'expiration du bail, un état des lieux comportant le relevé des réparations à effectuer, en application de la clause du bail, rend inapplicables les stipulations sur la présomption d'accord du locataire pour défaut de réponse au devis de réparation dans les huit jours de sa notification (Cass. 3e civ. 9-6-2015 n° 14-13.682 FS-D).

Doit être débouté de sa demande d'indemnisation au titre des travaux de remise en état le bailleur qui ne justifie pas avoir suivi la procédure contractuelle et notamment avoir notifié au locataire un devis de réfection le privant ainsi de la possibilité, d'une part de contester la nature et le montant des travaux envisagés, d'autre part d'exécuter lui-même les travaux, et alors que le remboursement du montant des travaux est contractuellement conditionné à une exécution qui n'est pas établie (CA Paris 20-2-2013 n° 11/03676, ch. 5-3).

Le bailleur n'a pas suivi la procédure contractuellement prévue pour pouvoir réclamer au locataire le coût des travaux de remise en état des lieux, et donc la réparation du préjudice prétendument subi en raison des conditions financières du nouveau bail consenti. En outre, en l'absence d'état des lieux d'entrée, le seul procès-verbal d'état de lieux de sortie est insuffisamment probant aux termes des stipulations du bail pour permettre d'imputer des fautes au locataire. Par ailleurs, le bailleur a reloué les lieux sans opérer un quelconque réagencement, de sorte que le bailleur ne démontre pas que des sommes puissent venir en déduction du dépôt de garantie qu'il est tenu de reverser en fin de bail (CA Versailles 8-2-2024 n° 22/02528, ch. civ. 1-5).

INDEMNISATION DU BAILLEUR EN CAS DE LOCAUX NON RESTITUÉS DANS UN ÉTAT CONFORME

61265 Le locataire qui restitue les locaux dans un état non conforme à ses obligations découlant de la loi ou du bail commet un **manquement contractuel** et doit réparer le préjudice éventuellement subi de ce chef par le bailleur (Cass. 3e civ. 27-6-2024 n°s 22-24.502, 22-10.298, 22-21.272 FS-B : RJDA 1/25 n° 9, 3 espèces).

ATTENTION

Le manquement du locataire à son obligation de restituer les lieux dans un état conforme ne constitue pas nécessairement en soi un préjudice pour le bailleur : le constat de l'**absence de préjudice** exclut toute allocation de dommages-intérêts (Cass. 3e civ. 3-12-2003 n° 02-13.199 FP-PBRI : RJDA 4/04 n° 407 ; Cass. 3e civ. 27-6-2024 n° 22-24.502, 22-10.298, 22-21.272 précités).

61270 Le **préjudice** du bailleur peut **comprendre** le coût de la remise en état des locaux, sans que son indemnisation ne soit subordonnée à l'engagement effectif de dépenses (Cass. 3e civ. 27-6-2024 n°s 22-24.502, 22-10.298, 22-21.272 FS-B : RJDA 1/25 n° 9, 3 espèces) ou à l'exécution des réparations (Cass. 3e civ. 3-4-2001 n° 99-13.668 F-D : Loyers et copr. 2001 comm. n° 139 note B. Vial-Pedroletti ; Cass. 3e civ. 25-1-2006 n° 04-20.726 FS-D : RJDA 4/06 n° 392 ; Cass. 3e civ. 2-10-2007 n° 06-18.142 F-D : RJDA 1/08 n° 12 ; Cass. 3e civ. 27-6-2024 n°s 22-24.502, 22-10.298, 22-21.272 précités). Comme le précise M.-L. Aldigé, Conseiller référendaire à la Cour de cassation, « Il importe de garder à l'esprit que le principe de la réparation intégrale exclut tout contrôle sur l'utilisation des fonds alloués à la victime, qui conserve leur libre utilisation. En conséquence, le bailleur qui demande à être indemnisé des dégradations commises par le preneur n'a pas à produire des factures de travaux acquittées par lui. Il reste donc acquis que l'indemnisation du bailleur n'est pas subordonnée à l'exécution des réparations ou à l'engagement effectif de dépenses. » (M.-L. Aldigé, Condition de l'indemnisation du bailleur lorsque les locaux loués lui sont restitués dans un état non conforme : RJDA 1/25 chronique p. 7).

Le bailleur ayant droit à la réparation intégrale de son préjudice, il peut solliciter des **dommages-intérêts complémentaires** aux frais de remise en état, en raison du préjudice, notamment financier, que peut lui causer l'inexécution par le locataire des réparations locatives. **61272**

Ainsi, il peut être indemnisé du préjudice de jouissance qu'il subit en raison de l'immobilisation de son bien entre la date de libération des lieux et le versement de l'indemnité nécessaire à la réalisation des travaux (Cass. 3e civ. 6-2-2020 no 19-10.117 F-D : RJDA 4/20 no 200).

Pour **apprécier** l'existence du préjudice et l'évaluer, les juges doivent se placer **au jour** où ils statuent (Cass. com. 21-4-1953 no 7.357 : Bull. civ. III no 145 ; Cass. com. 2-11-1993 no 91-14.673 P : RJDA 4/94 no 387 ; Cass. 1e civ. 6-10-1998 no 96-19.575 P : RJDA 1/99 no 15 ; Cass. 3e civ. 3-12-2003 no 02-18.033 FP-PBRI : RJDA 4/04 no 407). **61275**

Les juges doivent prendre en compte, lorsqu'elles sont invoquées, les circonstances postérieures à la libération des locaux, telles que la relocation, la vente ou la démolition (Cass. 3e civ. 27-6-2024 nos 22-24.502, 22-10.298, 22-21.272 FS-B : RJDA 1/25 no 9, 3 espèces).

ILLUSTRATIONS

Doit être approuvée une cour d'appel qui, pour refuser d'accorder des dommages-intérêts à un bailleur qui se plaignait du manquement de son locataire à son obligation de restituer les lieux en bon état de réparations locatives, a relevé, d'une part, que celui-ci avait reloué les locaux à une société qui les avait entièrement réaménagés à ses frais et, d'autre part, que le nouveau bail n'avait pas été conclu à des conditions plus défavorables que si les lieux avaient été restitués en bon état.

Cass. 3e civ. 3-12-2003 no 02-13.199 FP-PBRI : RJDA 4/04 no 407.

Doit être cassé l'arrêt rendu par une cour d'appel qui a condamné le locataire à payer le coût de travaux de remise en état, au seul motif de l'inexécution des réparations par le locataire, sans constater qu'un préjudice pour le bailleur était résulté de la faute contractuelle du locataire, après avoir retenu que le locataire s'était engagé à restituer un local en bon état général, que le procès-verbal de constat des lieux de sortie établissait que le local n'avait pas été restitué en bon état et qu'il était indifférent que le bailleur ait reloué le local et ne justifiait pas avoir effectivement engagé des dépenses.

Cass. 3e civ. 27-6-2024 no 22-24.502 FS-B : RJDA 1/25 no 9, 3e espèce.

Doit être approuvée une cour d'appel qui, pour rejeter la demande indemnitaire du bailleur faute pour le bailleur de rapporter la preuve du préjudice allégué, a, d'une part, rappelé qu'il appartenait au bailleur de rapporter la preuve d'un préjudice et, d'autre part, constaté qu'il avait vendu les locaux loués trois mois après leur restitution sans effectuer de travaux et qu'il ne prouvait pas une dépréciation du prix des locaux à la revente en lien avec les manquements du locataire.

Cass. 3e civ. 27-6-2024 no 22-10.298 FS-B : RJDA 1/25 no 9, 1e espèce.

Doit être cassé l'arrêt rendu par une cour d'appel qui a condamné le locataire à indemniser le bailleur de dégradations commises, au seul motif de l'inexécution des réparations par le locataire, sans constater qu'un préjudice pour le bailleur était résulté de la faute contractuelle du locataire, après avoir retenu que l'absence de devis de travaux de réparation ou le fait que les bailleurs aient réalisé le cas échéant une plus-value lors de la vente du bien immobilier sont inopérants sur le droit à indemnisation des bailleurs qui est la conséquence de l'inexécution par la locataire de son obligation de réparations locatives.

Cass. 3e civ. 27-6-2024 no 22-21.272 FS-B : RJDA 1/25 no 9, 2e espèce.

Lorsque les juges ont constaté l'existence d'un préjudice dans son principe, ils ne peuvent pas refuser de l'évaluer à défaut d'éléments permettant cette évaluation (Cass. 2e civ. 17-3-1993 no 91-17.345 : Bull. civ. II no 118 ; Cass. 3e civ. 6-2-2002 no 00-10.543 : Bull. civ. III no 34).

En plus de la réparation du préjudice subi, le locataire qui n'effectue pas les réparations auxquelles il est contractuellement tenu avant la date d'expiration de son bail s'expose à devoir verser au bailleur une **indemnité d'occupation** pendant la durée nécessaire à l'exécution des réparations non exécutées (Cass. 3e civ. 20-12-1983 : Rev. loyers 1984 p. 126). **61280**

Lorsqu'une telle indemnité d'occupation est contractuellement prévue, elle s'analyse en une clause pénale qui, conformément aux dispositions de l'article 1231-5 du Code civil, peut être modérée ou augmentée par le juge si elle est manifestement excessive ou dérisoire.

C. Obligations spécifiques des installations classées

61400 S'agissant des travaux de remise en état environnemental, il existe une **procédure** administrative spéciale imposant à tout exploitant d'une installation classée qui cesse son activité de notifier à l'administration cette cessation et d'adresser un mémoire de réhabilitation du site exposant les mesures de remise en état envisagées (C. envir. notamment art. L 512-6-1 ; art. L 512-7-6 ; art. L 512-12-1).

Les détails de cette procédure sont exposés dans notre Mémento Urbanisme-Construction n°s 21450 s.

DÉBITEUR DE L'OBLIGATION DE REMISE EN ÉTAT DE L'INSTALLATION CLASSÉE

61405 L'obligation de remise en état du site incombe au dernier exploitant (en ce sens, CE 8-7-2005 n° 247976 : D. 2005 p. 3075 ; CE 6-12-2012 n° 333977 ; Cass. 3e civ. 16-1-2013 n° 11.27-101 FS-PBR : RJDA 5/13 n° 395). Ainsi, sans prévoir une dépollution totale, le droit des installations classées dispose que lorsqu'une telle **installation** est mise à l'**arrêt définitif,** son exploitant doit placer le site dans un état tel qu'il ne puisse porter atteinte aux intérêts que la loi sur les installations classées a pour mission de prévenir (C. envir. art. L 511-1 ; art. L 211-1) et qu'il permette un usage futur du site déterminé conjointement avec le maire ou le président de l'établissement public de coopération intercommunale compétent en matière d'urbanisme et, s'il n'est pas l'exploitant, le propriétaire du terrain, sur lequel est sise l'installation (C. envir. art. L 512-6-1, pour les installations soumises à autorisation et L 512-7-6, pour les installations soumises à enregistrement), ou qu'il permette un usage du site compatible avec la dernière période d'exploitation (C. env. art. L 512-12-1 pour les installations soumises à déclaration).

La Cour de cassation a précisé que la remise en état du site d'une installation classée est à la charge du locataire, dernier exploitant, même si ce site était déjà pollué lors de la prise de possession des lieux (Cass. 3e civ. 2-4-2008 n° 07-12.155 FS-PBI : RJDA 7/08 n° 762).

La cessation d'activité par le locataire exploitant vaut arrêt définitif de l'installation et, de ce fait, obligation de remise en état à ses frais, même si le propriétaire a manifesté son souhait de reprendre ultérieurement le site, y compris pour une activité similaire (Cass. 3e civ. 11-5-2022 n° 21-16.348 FS-B : RJDA 10/22 n° 549 ; Cass. 3e civ. 12-10-2022 n° 21-20.970 F-D). En jugeant ainsi, la Cour de cassation abandonne la solution qu'elle avait adoptée dans un précédent arrêt (Cass. 3e civ. 8-4-2015 n° 14-14.385 FS-D).

En revanche, l'exploitant n'a pas à prendre en charge le coût d'une dépollution complémentaire induite par le nouvel usage voulu par l'acquéreur du site (Cass. 3e civ. 29-6-2022 n° 21-17.502 B).

ATTENTION

L'obligation légale de remise en état se distingue de l'**obligation contractuelle** qui peut figurer dans un bail. C'est ce qu'a rappelé la Cour de cassation en distinguant expressément la dépollution de la remise en état en tant qu'obligation légale (Cass. 3e civ. 11-9-2013 n° 12-15.425 FS-D : RJDA 12/13 n° 980). Ainsi, le locataire – dernier exploitant d'une installation classée – demeurera tenu de son obligation légale quand bien même le bail aurait été moins exigeant quant à la dépollution que le Code de l'environnement.

En tout état de cause, le bailleur ne peut qu'être incité à prévoir contractuellement la communication par le locataire de l'ensemble des pièces attestant de la remise en état du site par ses soins, et notamment le procès-verbal de récolement.

61406 Le **changement d'exploitant** d'une installation classée doit faire l'objet d'une procédure administrative particulière prenant la forme soit d'une **déclaration** au préfet dans le mois (C. envir. art. R 512-68 pour les installations soumises à enregistrement et déclaration) ou les trois mois (art. R 181-47 pour les installations soumises à autorisation) suivant la prise en charge de l'exploitation, soit d'une **autorisation** préalable du préfet pour certaines installations limitativement énumérées à l'article R 516-1 du Code de l'environnement (notamment, installations de stockage de déchets à l'exclusion des installations de stockage de déchets inertes, carrières, installations susceptibles de donner lieu à des servitudes d'utilité publique dites « Seveso »).

Une telle démarche revêt une importance toute particulière au regard de la charge de la remise en état puisque le Conseil d'État a clairement précisé que, au sens de la législation sur les installations classées, l'exploitant est celui qui détient le titre d'exploitation (CE 29-3-2010 n° 318886 : BPIM 3/10 inf. 203, JCP N 2010 n° 1247 note O. Herrnberger ; CE 6-12-2012 n° 333977). En conséquence, en l'absence de changement régulier d'exploitant (CE 8-9-1997 n° 121904 : Dr. adm. 1997 comm. n° 347), l'exploitant en titre est seul responsable de la remise en état du site (CE 6-12-2012 n° 333977, précité).

61407 Les obligations résultant du dispositif légal ne régissent que les rapports entre le locataire, en sa qualité d'ancien exploitant, et l'administration. Dès lors, en pratique, l'on ne peut que recommander d'imposer **à titre contractuel** que le locataire s'engage, vis-à-vis du bailleur, à exécuter l'ensemble des prescriptions qui lui seront imposées à ce titre par l'administration.

À la question de savoir si le propriétaire d'une installation classée pouvait néanmoins se voir imposer les travaux de remise en état, le Conseil d'État a considéré que le propriétaire d'un immeuble ne pouvait, en cette seule qualité, faire l'objet d'une obligation de remise en état du site (CE 21-2-1997 n° 160250, 6e et 2e s.-s. : Gaz. Pal. 26-7-2005 p. 19), ni même supporter la charge financière des mesures à prendre à ce titre (CE 23-3-2011 n° 325618). **61410**

Malgré les réticences initiales de certaines cours administratives d'appel (CAA Lyon 10-6-1997 n° 95-1435 : BPIM 6/97 n° 371 ; CAA Douai 4-5-2000 n° 96-1056, 2e ch.), il semble aujourd'hui établi que le **propriétaire non exploitant** d'une installation classée ne pourra pas être tenu comme responsable de la remise en état de son terrain. Le Conseil d'État a, en effet, affirmé que l'obligation de remise en état du site pèse sur l'ancien exploitant ou, si celui-ci a disparu, sur son ayant droit ; lorsque l'exploitant ou son ayant droit a cédé le site à un tiers, cette cession ne l'exonère de ses obligations que si le cessionnaire s'est substitué à lui en qualité d'exploitant (CE 10-1-2005 n° 252307, 6e et 1e s.-s. : RJDA 10/05 n° 1110 ; CE 8-7-2005 n° 247976 : BPIM 6/05 n° 385, Lebon p. 311 ; CAA Nantes 21-6-2024 n° 22NT01281).

Toutefois, ce principe jurisprudentiel doit être nuancé. En effet, le propriétaire-bailleur commercial peut être rendu responsable, à titre subsidiaire, en cas de pollution des sols ou de risques de pollution des sols causée par une activité ou des déchets, s'il est démontré qu'il a fait preuve de **négligence** ou qu'il n'est pas étranger à cette pollution (C. envir. art. L 556-3, II-2°). De même, en ce qui concerne l'activité de stockage de déchets non dangereux relevant de la réglementation des installations classées, lorsque le propriétaire-bailleur, qui n'est pas l'exploitant en titre, procède lui-même, de sa propre initiative pour vaincre l'inertie du locataire, au déplacement de déchets pour les stocker sur un autre site, ce propriétaire doit être regardé comme l'**exploitant de fait** de l'installation (CE 28-4-2024 n° 467046 : BPIM 3/24 inf. 171).

La jurisprudence valide les **clauses** contractuelles **mettant à la charge du bailleur les frais de remise en état** du site. À titre d'exemple, la cour d'appel de Paris a jugé que la législation d'ordre public sur les installations classées ne fait pas obstacle à la conclusion, entre personnes privées, de conventions par lesquelles ces dernières règlent entre elles les conséquences pécuniaires des obligations environnementales ; de telles conventions, si elles sont inopposables à l'administration, qui est en droit d'enjoindre à l'exploitant de remettre en état le site pollué, n'en sont pas moins valables et efficaces entre les parties qui les ont souscrites (CA Paris 9-6-2004 n° 02-21819, 16e ch. A : RJDA 12/04 n° 1300). Au cas particulier, les parties à un bail, qui avaient décidé d'y mettre fin, ont pu valablement insérer, dans leur convention de résiliation, une clause libérant le locataire de toutes les charges pouvant lui incomber à la suite de la résiliation amiable du bail, y compris celles résultant de l'obligation de remise en état du site. **61420**

L'obligation de remise en état peut être transférée à un tiers, par anticipation ou dès la notification de la cessation d'activité, sous certaines conditions et limites (C. envir. art. L 512-21, modifié par loi 2023-973 du 23-10-2023). Ainsi, un « **tiers intéressé** » peut demander au représentant de l'État dans le département à se substituer à l'exploitant, avec son accord, pour réaliser les travaux de réhabilitation en fonction de l'usage que ce tiers envisage pour le terrain concerné. Ce tiers intéressé peut également demander, selon les mêmes modalités, à se substituer à l'exploitant pour réaliser, outre la réhabilitation, tout ou partie des mesures de mise en sécurité de l'installation. L'accord du dernier exploitant, du maire (ou président de l'EPCI) et, s'il ne s'agit pas du dernier exploitant, du propriétaire doit être recueilli lorsque le tiers envisage de remettre en état le site pour un usage autre que celui fixé par les textes applicables en matière de remise en état d'une installation classée. **61422**

Il est à noter qu'en cas de défaillance matérielle et financière du tiers dans son engagement de remise en état, la responsabilité du dernier exploitant pourra être recherchée pour mettre en œuvre les mesures de réhabilitation (X. Couton, Les modifications apportées au traitement des sols et sites pollués par la loi Alur : Constr.-urb. 2014 comm. n° 78).

Sur les modalités d'application de l'article L 512-21, voir les articles R 512-76 s. dans leurs versions issues du décret 2024-742 du 6 juillet 2024 et applicables depuis le 8 juillet 2024.

EXÉCUTION DES TRAVAUX DE REMISE EN ÉTAT DE L'INSTALLATION CLASSÉE

Le **retard** apporté par le locataire exploitant une installation classée dans l'accomplissement des travaux de dépollution constitue un préjudice indemnisable pour le bailleur qui est apprécié souverainement par les juridictions du fond (Cass. 3e civ. 2-4-2008 n° 07-12.155 : Bull. civ. III n° 63). **61425**

Tant que les travaux de mise en sécurité et de remise en état du site n'ont pas été exécutés, l'exploitant est redevable d'une indemnité d'occupation (Cass. 3e civ. 19-5-2010 n° 09-15.255 FS-PB : RJDA 8-9/10 n° 831 ; Cass. 3e civ. 11-5-2022 n° 21-16.348 FS-B : RJDA 10/22 n° 549 ; Cass. 3e civ. 12-10-2022 n° 21-20-970 F-D) : le

61425 (suite) site ne peut donc être considéré comme restitué au bailleur qu'à compter de la date à laquelle les mesures de dépollution sont achevées.

L'indemnité d'occupation peut donc continuer à courir après la date à laquelle le locataire évincé a effectivement quitté les lieux, ce départ ne préjugeant pas de l'achèvement des opérations. L'indemnité d'occupation doit être fixée par référence au loyer prévu au bail (Cass. 3e civ. 23-6-2016 n° 15-11.440 FS-PB : RJDA 10/16 n° 672 ; Cass. 3e civ. 12-10-2022 n° 21-20.970 précité).

La charge de la preuve de l'accomplissement de l'obligation légale de remise en état du site pèse sur le locataire exploitant (Cass. 3e civ. 21-9-2022 n° 21-17.431 F-D).

Le coût de dépollution et de remise en état sont exclus de l'**indemnité d'éviction** due au locataire en cas de refus de renouvellement (Cass. 3e civ. 22-6-2022 20-20.844 FS-B : RJDA 1/23 n° 13).

Enfin, doit être signalé l'arrêt de la Cour de cassation approuvant, certes implicitement, que l'obligation de dépollution pouvait faire l'objet d'une compensation avec l'indemnité d'éviction due par le bailleur ayant refusé de renouveler le bail commercial (Cass. 3e civ. 11-9-2013 n° 12-15.425 FS-D : RJDA 12/13 n° 980).

PROCÉDURE COLLECTIVE DU LOCATAIRE

SOMMAIRE

GRADUATION DES PROCÉDURES COLLECTIVES D'APUREMENT DU PASSIF

Comme toute personne éprouvant des difficultés dans le cadre de son activité professionnelle, **63000**
le locataire peut faire l'objet de l'une des procédures collectives d'apurement du passif prévues par les articles L 620-1 et suivants du Code de commerce. Chacune de ces procédures correspond à un degré différent de gravité des difficultés rencontrées par le locataire.

Ainsi, lorsque le locataire n'est pas en cessation des paiements mais éprouve des difficultés qu'il n'est pas en mesure de surmonter, il peut demander l'ouverture d'une procédure de **sauvegarde** (C. com. art. L 620-1). S'il est en cessation des paiements, il peut être mis, y compris à la demande d'un créancier, en **redressement judiciaire** (art. L 631-1) ou, si le redressement est manifestement impossible, en **liquidation judiciaire** (art. L 640-1).

Ces procédures collectives présentent la particularité de limiter en tout ou partie les pouvoirs de gestion du locataire et de soumettre ses créanciers, dont le bailleur, à des règles communes contraignantes : suspension des poursuites individuelles, déclaration et vérification des créances, poursuite des contrats en cours...

Le locataire, personne physique, peut bénéficier d'une procédure de **rétablissement profes-** **63002**
sionnel sous certaines conditions (cessation des paiements, redressement manifestement impossible, absence de salarié, patrimoine d'une valeur limitée... ; C. com. art. L 645-1 s.). Cette procédure, alternative à la liquidation judiciaire, tend non pas à désintéresser les créanciers du locataire ni à redresser son activité (même par cession) mais à l'effacement de ses dettes antérieures sans liquidation des biens. Nous n'en exposons pas le régime car, si elle affecte le bailleur (ses créances peuvent être effacées),

elle n'emporte aucun dessaisissement du locataire et ne soumet pas ses créanciers à la discipline collective évoquée ci-dessus. À l'issue de la procédure, si le locataire ne peut pas bénéficier d'un effacement de ses dettes, il est mis en liquidation judiciaire.

> **Précisions a.** Il existe **deux procédures de sauvegarde** : la « classique » (C. com. art. L 620-1 s.) et la sauvegarde accélérée (art. L 628-1 s.). Cependant, la sauvegarde accélérée présentant peu de différences avec la sauvegarde classique pour les principes exposés ci-dessous (cf. art. L 628-1, al. 1 et L 628-6), ces procédures sont désignées, sauf exception, sous le terme unique de sauvegarde dans les développements qui suivent.
> **b.** Jusqu'au 21 novembre 2025, le locataire en difficulté peut, sous des conditions particulières (notamment, avoir moins de 20 salariés), demander à bénéficier d'une **procédure** judiciaire **simplifiée de « traitement de sortie de crise »** (Loi 2021-689 du 31-5-2021 art. 13 et décrets 2021-1354 et 2021-1355 du 16-10-2021). Cette procédure, partiellement soumise au régime de la sauvegarde et du redressement judiciaires et d'une durée plus courte, n'est pas exposée ici.

RÉGIME PARTICULIER DU BAIL COMMERCIAL PENDANT LA PROCÉDURE COLLECTIVE

63005 L'ouverture d'une procédure de sauvegarde, de redressement ou de liquidation judiciaire à l'encontre du locataire a un effet considérable sur les relations entre celui-ci et le bailleur, le Code de commerce prévoyant alors des **règles dérogatoires** à celles du statut des baux commerciaux et privant d'efficacité certaines clauses du bail. Le privilège reconnu au bailleur d'immeuble par l'article 2332, 1° du Code civil est également affecté.

Le sort du bail commercial en cas de procédure collective du locataire est déterminé par les articles L 622-13, I et II et L 622-14 du Code de commerce, le premier de ces textes fixant le régime général des contrats en cours et le second le régime spécifique du **bail des immeubles** loués au débiteur et **utilisés pour l'activité de l'entreprise locataire.** Schématiquement, on peut dire que l'article L 622-13, I et II détermine les conditions de la poursuite du bail, tandis que l'article L 622-14 traite des conditions de sa résiliation.

Le bail des locaux qui ne sont **pas utilisés pour l'activité** de l'entreprise (non visé par l'article L 622-14) relève exclusivement, y compris pour sa résiliation, du régime prévu par l'article L 622-13 du Code de commerce, qui n'est pas exposé ici.

SECTION 1 SORT DU BAIL DURANT LA PROCÉDURE COLLECTIVE DU LOCATAIRE

ABSENCE DE RÉSILIATION DU BAIL DU FAIT DE LA PROCÉDURE COLLECTIVE

63100 **Maintien de plein droit du bail** L'ouverture d'une procédure collective d'apurement du passif à l'encontre du locataire n'entraîne pas de plein droit la résiliation des contrats en cours, nonobstant toute disposition légale ou stipulation contractuelle contraire (C. com. art. L 622-13, I-al. 1 pour la sauvegarde ; art. L 631-14, al. 1 pour le redressement judiciaire ; art. L 641-11-1, I-al. 1 pour la liquidation judiciaire). Ce principe est réaffirmé par l'article L 145-45 pour le bail des immeubles affectés à l'industrie, au commerce ou à l'artisanat du locataire, y compris les locaux dépendant de ces immeubles et servant à son habitation ou à celle de sa famille ; toute clause contraire est réputée non écrite.

ILLUSTRATIONS

Est illicite la clause résolutoire fondée sur l'état de cessation des paiements du cocontractant (Cass. com. 2-3-1993 n° 90-21.849 : Bull. civ. IV n° 87), cet état étant l'un des critères d'ouverture d'une procédure de redressement ou de liquidation judiciaire.

Le principe est donc celui du **maintien** du bail entre le locataire et le bailleur, même si ce maintien peut n'être que temporaire. En effet, le bail peut être continué, résilié ou encore **cédé.**

Neutralisation des clauses fondées sur la procédure collective Est interdite toute **clause** qui modifie les conditions de poursuite d'un contrat en cours en **diminuant les droits ou** en **aggravant les obligations du débiteur** du seul fait de l'ouverture de la procédure collective (Cass. com. 14-1-2014 n° 12-22.909 F-PB : RJDA 4/14 n° 361 rendu à propos d'un contrat d'assurance mais le principe est de portée générale). Tel est le cas par exemple, d'une clause prévoyant, dans cette hypothèse, une majoration du taux des intérêts dus en cas de retard de paiement (Cass. com. 2-7-2013 n° 12-22.284 F-PB : RJDA 10/13 n° 819). Mais est valable la clause prévoyant le versement au créancier d'une indemnité au cas où, pour obtenir paiement de sa créance, il serait obligé de « produire à un ou plusieurs ordres amiables ou judiciaires » (Cass. com. 8-9-2015 n° 14-14.183 F-D : RJDA 12/15 n° 843). 63102

Respect de ses obligations par le bailleur Quelle que soit la nature de la procédure collective du locataire et comme tout cocontractant de ce dernier, le bailleur doit remplir ses obligations **malgré le défaut d'exécution par le locataire d'engagements antérieurs** au jugement qui a ouvert la procédure ; ce défaut d'exécution n'ouvre droit au profit du bailleur qu'à déclaration de sa créance au passif du locataire (C. com. art. L 622-13, I-al. 2, L 631-14, al. 1 et L 641-11-1, I-al. 2). 63103

Si les textes précités visent sans distinction les « engagements antérieurs » du débiteur, n'est concernée que l'inexécution par le débiteur d'une obligation de payer et non celle d'une obligation de faire ou de ne pas faire. En effet, ces textes ne sont qu'un prolongement de ceux prohibant les poursuites fondées sur des créances antérieures (nos 63800 s. et 63330 s.) et le paiement de ces créances (nos 63900 s.).

Vente des meubles garnissant les locaux loués Le locataire ou l'administrateur judiciaire (ou le liquidateur judiciaire) a la possibilité de vendre, sur autorisation du juge-commissaire, des meubles garnissant les lieux loués soumis à dépérissement prochain, à dépréciation imminente ou dispendieux à conserver, ou dont la réalisation ne met pas en cause soit l'existence du fonds, soit le maintien de garanties suffisantes pour le bailleur (C. com. art. L 622-16, al. 4, L 631-14, al. 1 et L 641-11). 63105

A. Continuation du bail pendant la procédure collective du locataire

PERSONNES POUVANT EXIGER LA CONTINUATION DU BAIL

En cas de **sauvegarde ou de redressement judiciaire du locataire,** la décision de poursuivre le bail relève de la compétence exclusive de l'administrateur judiciaire désigné (C. com. art. L 622-13, II et L 631-14, al. 1), quelle que soit l'étendue de la mission – surveillance, assistance, représentation – que lui a confiée le tribunal (Cass. com. 20-9-2017 n° 16-15.363 FS-D : RJDA 2/18 n° 148). Ce n'est qu'en l'absence de désignation d'un administrateur que le locataire peut lui-même demander la poursuite du bail après avis conforme du mandataire judiciaire ; à défaut de consultation de ce dernier, la poursuite du bail est irrégulière (Cass. com. 5-2-2020 n° 18-21.529 F-PB : RJDA 5/20 n° 276) ; en cas de désaccord, le juge-commissaire est saisi par tout intéressé (art. L 627-2) ; il peut donc l'être par le bailleur. 63120

En cas de **liquidation judiciaire,** il incombe au liquidateur judiciaire, ou à l'administrateur s'il en a été désigné un (art. L 641-10, al. 5), de se prononcer sur la poursuite du bail (art. L 641-11-1, II). Cette poursuite peut être exigée même si l'activité de l'entreprise n'est pas maintenue, l'article précité ne faisant nullement référence à ce maintien.

> **Précisions a.** Le **tribunal** ne peut pas, lorsqu'il ouvre la procédure collective, se prononcer sur le sort d'un contrat en cours (Cass. com. 7-2-2012 n° 10-26.626 FS-PB : RJDA 10/12 n° 886, rendu à propos de la liquidation judiciaire mais transposable aux autres procédures collectives).
> **b.** La **désignation d'un administrateur** ne s'impose que si le débiteur réalise un chiffre d'affaires hors taxe égal ou supérieur à 3 M€ et s'il emploie au moins 20 salariés (C. com. art. L 621-4, al. 4, L 641-10, R 621-11 et R 641-19). En liquidation judiciaire, cette désignation suppose en outre le maintien de l'activité (art. L 641-10).
> **c.** Sur les effets d'une **mise en demeure** de se prononcer sur le sort du bail adressée **par le bailleur** à l'administrateur ou au liquidateur, voir n° 63270.

CONDITIONS DE LA CONTINUATION DU BAIL

Existence d'un bail en cours Pour que le contrat soit poursuivi, il faut qu'il soit « en cours » **au jour du jugement ouvrant la procédure** collective du locataire (cf. C. com. art. L 622-13, II et L 641-11-1, II). Il faut donc que le bail ait déjà été conclu et n'ait pas encore pris fin. 63130

Est un contrat en cours d'exécution un bail commercial dont, conformément à l'article 1709 du Code civil, tous les éléments nécessaires à sa validité ont été réunis dans un protocole **signé avant** l'ouverture de la procédure collective du bailleur, le contrat devant seulement recevoir sa formulation définitive par l'adjonction des clauses usuelles (Cass. com. 6-2-1996 n° 253 P : RJDA 4/96 n° 547).

En revanche, le bail n'est plus en cours lorsqu'il a fait l'objet d'une **résiliation** amiable avant l'ouverture de la procédure collective (Cass. com. 30-3-1999 n° 96-15.252 D : Loyers et copr. comm. n° 240) ou s'il est résilié en vertu d'une décision judiciaire définitive ou en vertu d'une clause de résiliation de plein droit définitivement acquise avant le jugement d'ouverture (n° 63280).

Le **bail renouvelé** après délivrance d'un congé est un nouveau bail, le précédent cessant par l'effet du congé, de sorte qu'il ne constitue pas un contrat en cours dont l'administrateur peut exiger l'exécution (Cass. com. 17-2-1998 n° 95-13.296 P : RJDA 6/98 n° 756 ; Cass. ass. plén. 7-5-2004 n° 515 P : RJDA 10/04 n° 1138).

Si le **bail** n'est **plus en cours** et que le locataire occupe encore les lieux, le bailleur peut l'expulser (n° 63290).

63140 **Paiement du loyer** La poursuite du bail durant la procédure collective du locataire suppose bien sûr le paiement du loyer et des charges afférents à cette poursuite.

En principe, le paiement des sommes dues par un débiteur en procédure collective au titre de l'exécution d'un contrat poursuivi s'effectue, en cas de sauvegarde, conformément aux **termes du contrat** ou, en cas de redressement ou de liquidation judiciaire, **au comptant** sauf à obtenir du cocontractant des délais de paiement (C. com. art. L 631-14, al. 4 et L 641-11-1, II). La notion de paiement au comptant, aisément applicable à un contrat d'approvisionnement, est moins simple à appréhender en matière de bail, le paiement pouvant être convenu à terme échu ou d'avance et selon une périodicité variable (mensuelle, trimestrielle, annuelle). Un auteur en a déduit que l'exigence d'un paiement comptant est inapplicable au bail (P. M. Le Corre, Droit et pratique des procédures collectives 2023-2024 § 431-542) ; d'autres auteurs en ont déduit qu'elle s'entend du paiement à l'échéance convenue au bail, le locataire perdant toutefois le bénéfice d'éventuels délais de paiement accordés par le bailleur avant l'ouverture de la procédure collective et le bailleur ne pouvant pas, si le loyer est payable à terme échu, réclamer un paiement par avance (F. Reille, Droit et pratique des baux commerciaux 2018/2019 § 811-133).

En tout état de cause, le droit des procédures collectives prévoit, quelle que soit la procédure en cause, un paiement « à l'échéance » pour les créances postérieures à l'ouverture de la procédure et « utiles » à celle-ci (n° 64150) tandis que les créances postérieures « non utiles » doivent être déclarées à la procédure collective (n° 64230). Les loyers et les charges pour la période d'occupation postérieure au jugement d'ouverture relèvent de cette première catégorie de créances, sauf exception.

L'administrateur ou le liquidateur judiciaire doit s'assurer, au moment où il demande la poursuite du bail et au vu des documents prévisionnels, qu'il disposera des fonds nécessaires à cet effet ; à défaut, il doit mettre fin au bail (art. L 622-13, II-al. 2 ; n° 63230). En cas de non-paiement des loyers du bail continué, le bailleur peut résilier le bail dans les conditions exposées n°s 63340 s.

EFFETS DE LA CONTINUATION DU BAIL

63160 Le contrat de bail doit être continué aux conditions contractuelles arrêtées par les parties avant le jugement ayant ouvert la procédure collective du locataire (cf. C. com. art. L 622-13, II et L 641-11-1, II), ce qui suppose le paiement des loyers dans les conditions exposées n° 63140 mais aussi le **respect** de toutes les autres **stipulations du bail** (par exemple, la destination des locaux) par le locataire, l'administrateur ou le liquidateur judiciaire.

Sur le cas particulier d'un défaut d'exploitation après l'ouverture de la procédure collective, voir n° 63390.

63165 De son côté, le **bailleur** doit **remplir ses obligations** malgré le défaut d'exécution par le locataire d'engagements antérieurs à l'ouverture de la procédure collective (n° 63102). Il ne peut résilier le bail, pour des causes antérieures ou postérieures au jugement d'ouverture, que dans les conditions exposées n°s 63270 s.

Le bailleur ne peut pas exiger le paiement des **loyers à échoir** si les sûretés données lors de la conclusion du bail sont maintenues ou si des sûretés suffisantes lui ont été données depuis le jugement d'ouverture (C. com. art. L 622-16, al. 3, L 631-14, al. 1 et L 641-12, dernier al.). Mais les loyers et charges postérieurs à ce jugement bénéficient en principe d'un traitement préférentiel (n°s 64150 s.).

ABSENCE DE CONTINUATION

Les conditions et les effets de la décision de l'administrateur ou du liquidateur judiciaire de ne pas poursuivre le bail sont exposés nos 63230 s. 63170

B. Résiliation du bail pendant la procédure collective du locataire

POSSIBLE RÉSILIATION DU BAIL

L'ouverture d'une procédure collective à l'encontre du locataire n'emporte pas résiliation automatique du bail commercial (nos 63100 s.), mais celle-ci peut être demandée soit par l'administrateur ou le liquidateur judiciaire, soit par le bailleur. 63220

1. RÉSILIATION DU BAIL PAR L'ADMINISTRATEUR OU LE LIQUIDATEUR

MOTIFS DE RÉSILIATION

L'administrateur ou le liquidateur judiciaire peut décider, **sans** avoir à **justifier** de motifs, de ne pas continuer le bail des locaux utilisés pour l'activité de l'entreprise locataire (cf. C. com. art. L 622-14, 1° pour la sauvegarde et sur renvoi de l'art. L 631-14, al. 1 pour le redressement judiciaire ; art. L 641-12, 1° pour la liquidation judiciaire). Il peut résilier le bail qu'il a d'abord poursuivi même s'il est en mesure de payer les loyers (Cass. com. 24-1-2018 n° 16-13.333 F-PBI : RJDA 4/18 n° 386). 63230

Mais, il est tenu de mettre fin au bail s'il ne **dispose pas des fonds nécessaires** pour remplir les obligations du terme suivant (C. com. art. L 622-13, II-al. 2 et L 641-11-1, II-al. 2). Lorsque l'administrateur ou le liquidateur a demandé la poursuite du bail ou tardé à mettre fin à celui-ci alors qu'il n'avait pas les fonds nécessaires pour les loyers, sa **responsabilité** peut être engagée si sa décision était fautive. Mais, comme le montre la jurisprudence ci-dessous, le seul fait de laisser des loyers impayés ne suffit pas à caractériser la faute des organes de la procédure.

ILLUSTRATIONS

Jugé que n'a **pas** commis **de faute** :
– l'administrateur qui, ayant d'abord opté pour la poursuite d'un bail commercial, a décidé quatre mois plus tard de mettre un terme à celui-ci dès lors que, alors totalement informé de la situation de son administré, il a pris conscience que la poursuite de l'activité, notamment par cession, s'avérait impossible et que le délai de quatre mois était tout à fait raisonnable puisque le bailleur bénéficiait d'un dépôt de garantie égal à trois mois de loyers et qu'il avait bénéficié sans contrepartie d'investissements faits par le locataire (CA Versailles 18-3-1999 n° 96-5530, 1e ch. A : RJDA 7/99 n° 802) ;
– l'administrateur qui a poursuivi le bail au vu d'un compte provisionnel d'exploitation satisfaisant et non suspect, même si le locataire a été mis en liquidation judiciaire deux mois après cette option (Cass. com. 5-5-2004 n° 01-12.404 F-D : RJDA 10/04 n° 1139) ;
– l'administrateur qui a laissé un bail en cours se poursuivre malgré les difficultés financières du locataire à payer les loyers dès lors qu'il recherchait, avant de demander l'arrêt de l'activité de l'entreprise et le prononcé de sa liquidation judiciaire, des solutions propres à assurer sa pérennité et le paiement de ses créanciers, y compris du bailleur et que la poursuite des contrats s'inscrivait dans une perspective raisonnable de redressement de l'entreprise débitrice par voie de cession de son activité et un souci d'assurer ainsi le paiement de l'ensemble de ses créanciers (Cass. com. 18-1-2017 n° 15-10.287 F-D : RJDA 5/17 n° 351) ;
– l'administrateur qui, chargé de surveiller la gestion du débiteur en sauvegarde, n'a pas résilié le bail dès les premiers impayés alors qu'il n'avait pas encore établi le bilan économique et social (Cass. com. 7-10-2020 n° 19-14.807 F-PB : RJDA 1/21 n° 35) ;
– l'administrateur qui a poursuivi le bail dès lors que cette poursuite s'inscrivait dans une perspective raisonnable de redressement de l'entreprise locataire par voie de cession de son activité et un souci d'assurer ainsi le paiement de l'ensemble de ses créanciers (Cass. com. 18-1-2017 n° 15-10.287 F-D : RJDA 5/17 n° 351) ;
– dans le cadre d'une sauvegarde ou d'un redressement judiciaire sans désignation d'un administrateur judiciaire, le mandataire judiciaire qui n'a pas été consulté par le débiteur, ce dernier ayant ainsi poursuivi irrégulièrement le bail (Cass. com. 5-2-2020 n° 18-21.529 F-PB : RJDA 5/20 n° 276) ;
– l'administrateur ou le liquidateur judiciaire pour non-paiement des loyers dès lors que le bailleur s'est abstenu de le mettre en demeure de les payer et de demander la résiliation de plein droit du bail (Cass. com. 31-5-2016 n° 14-23.946 F-D ; Cass. com. 5-2-2020 n° 18-21.529 précité) ;
– le liquidateur judiciaire qui a poursuivi le bail sans payer les loyers pendant deux ans dans le contexte suivant : il lui incombait de procéder, dans l'intérêt des créanciers, à la vente du matériel

stocké dans les locaux loués ; il n'était pas établi qu'il aurait pu déménager ce matériel dans d'autres locaux à un prix plus abordable pour la procédure collective ; le dirigeant commun aux sociétés bailleresse et locataire n'avait pas collaboré à l'inventaire du matériel et s'était opposé à sa cession (Cass. com. 8-1-2020 n° 18-20.844 F-D : RJDA 7/20 n° 382).

MODALITÉS DE LA RÉSILIATION

63245 Dans les cas ci-dessus et quelle que soit la procédure collective, la **résiliation** du bail **intervient au jour** où le bailleur est informé de la décision de l'administrateur ou du liquidateur judiciaire de ne pas continuer le bail (C. com. art. L 622-14, 1°, L 631-14, al. 1 et L 641-12, 1°). La loi ne prévoit pas les modalités de cette information. À notre avis, la résiliation n'intervient qu'en cas de manifestation expresse par l'administrateur ou le liquidateur de sa volonté de ne pas poursuivre le bail ; telle est la solution retenue par la Cour de cassation pour l'application de l'article L 641-11-1, III-3° du Code qui prévoit la résiliation dans les mêmes conditions d'autres contrats en cours (Cass. com. 17-2-2015 n° 13-17.076 FS-PB : RJDA 6/15 n° 450, estimant que le défaut de paiement des mensualités d'un crédit-bail après sommation ne suffit pas à caractériser cette volonté) et elle nous paraît transposable ici.

L'administrateur ou le liquidateur ne peut pas différer la date de résiliation ; s'il le fait, la résiliation demeure régulière mais n'intervient qu'à la date précitée (Cass. com. 24-1-2018 n° 16-13.333 F-PBI : RJDA 4/18 n° 386).

Le bailleur fait **constater** la résiliation de plein droit du bail et la date de celle-ci par le juge-commissaire (C. com. art. R 622-13, al. 2).

63250 L'article L 143-2 du Code de commerce, aux termes duquel le bailleur doit **notifier** sa demande de résiliation **aux créanciers titulaires d'un privilège ou d'un nantissement inscrit** sur le fonds de commerce exploité dans les lieux loués, sous peine d'inopposabilité de la résiliation à ces créanciers, s'applique-t-il à la demande du bailleur tendant à faire constater par le juge-commissaire la résiliation du bail après la décision de l'administrateur ou du liquidateur judiciaire de ne pas poursuivre ce contrat ? La réponse est incertaine.

En application de cet article, les créanciers inscrits disposent d'un délai d'un mois à compter de la date de notification pour empêcher la résiliation en exécutant à la place du locataire les obligations nées du bail. En cas de procédure collective, reconnaître cette faculté aux créanciers inscrits irait à l'encontre de la compétence exclusive de l'administrateur ou du liquidateur judiciaire pour statuer sur le sort du bail (n° 63120).

Toutefois, les tribunaux l'ont admis sous l'empire des **textes antérieurs à la réforme du droit des procédures collectives** opérée par la loi de sauvegarde des entreprises du 26 juillet 2005.

En vertu de l'article 37 de la loi du 25 janvier 1985 (avant qu'il ne soit modifié par la loi du 10 juin 1994), le bailleur pouvait mettre en demeure l'administrateur (ou le liquidateur) de se prononcer sur le sort du bail et, à défaut de réponse dans un délai d'un mois, il pouvait demander la résiliation judiciaire du bail. Relevant que la notification aux créanciers inscrits avait une portée générale, la Cour de cassation avait alors jugé que le bailleur n'avait pas à notifier aux créanciers inscrits sa mise en demeure (Cass. com. 11-12-1990 n° 89-16.225 P : RJDA 3/91 n° 341) mais seulement sa demande ultérieure en résiliation (Cass. com. 13-10-1998 n° 96-13.140 D : RJDA 12/98 n° 1332). Mais cette solution n'est pas transposable aux textes actuels qui ne laissent aucune initiative au bailleur et qui prévoient la résiliation de plein droit du bail en cas de renonciation de l'administrateur (ou du liquidateur) à le poursuivre.

En application de l'ancien article L 621-28 du Code de commerce, qui prévoyait la résiliation de plein droit après une mise en demeure adressée à l'administrateur par le bailleur et restée plus d'un mois sans réponse, un tribunal a jugé que la notification aux créanciers nantis était obligatoire en cas de saisine du juge-commissaire pour lui faire constater cette résiliation (TGI Béthune 11-8-2004 n° 04-2402, ch. com. : RJDA 4/05 n° 418). Ce tribunal a estimé que cette notification n'était pas privée d'intérêt pratique puisqu'elle permettait aux créanciers inscrits d'intervenir spontanément aux débats ouverts devant le juge-commissaire ou de former tierce opposition contre sa décision. Le raisonnement est, à notre avis, applicable au régime actuel.

De même, dans un cas où, après un commandement de payer demeuré sans effet, le bailleur avait assigné le locataire en référé pour faire constater l'acquisition de la clause résolutoire et où, le locataire ayant été mis en redressement judiciaire, le bailleur avait fait constater par le représentant des créanciers que la résolution du bail était acquise, la Cour de cassation a censuré la décision d'une cour d'appel ayant déclaré la résiliation opposable à un créancier inscrit malgré l'absence de notification, au motif que la cour d'appel avait violé l'article L 143-2 du Code de commerce en retenant que la résiliation du bail ne trouvait pas sa cause dans la procédure de référé préalable mais dans la décision du représentant des créanciers (désormais le mandataire judiciaire ; Cass. 3ᵉ civ. 22-1-1997 n° 95-10.049 D : Rev. Loyers 1997 p. 254 note Ch.-H. Gallet).

Dans l'attente d'une réponse de la Cour de cassation sur le fondement des textes actuels, il est conseillé au bailleur de notifier aux créanciers inscrits la demande qu'il présente au juge-commissaire.

EFFETS DE LA RÉSILIATION

Si l'administrateur ou le liquidateur judiciaire n'use pas de la faculté de poursuivre le bail ou y met fin faute de disposer des fonds nécessaires, l'inexécution peut donner lieu à des **dommages-intérêts** que le bailleur doit déclarer au passif dans les conditions exposées nos 64030 s. (C. com. art. L 622-14, 1° pour la sauvegarde ; sur renvoi de l'art. L 631-14, al. 1 pour le redressement judiciaire). Le bailleur ne peut pas demander une provision pour cette indemnisation (Cass. com. 24-1-2018 n° 16-14.705 F-D : RJDA 4/18 n° 335). **63260**

Le bailleur peut néanmoins différer la restitution des sommes qui auraient été versées en excédent par le locataire en exécution du bail (par exemple le dépôt de garantie) jusqu'à ce qu'il ait été statué sur les dommages-intérêts (art. précités). Il pourra alors invoquer la compensation entre ces sommes.

Le régime de la liquidation judiciaire ne comporte pas les mêmes précisions (cf. C. com. art. L 641-12 muet sur le sort des dommages-intérêts). Mais en tout état de cause, les indemnités et pénalités résultant de la résiliation d'un contrat régulièrement poursuivi doivent être déclarées auprès du mandataire ou du liquidateur judiciaire (nos 64000 s.).

Si le bail est résilié, les locaux doivent être restitués au bailleur. À défaut, le bailleur peut demander l'expulsion du locataire et une indemnité d'occupation en cas de maintien dans les lieux. **63262**

Un défaut de restitution peut engager la **responsabilité des organes de la procédure,** notamment de l'administrateur ou du liquidateur.

ILLUSTRATIONS

Commet une faute engageant sa responsabilité le liquidateur judiciaire qui, malgré l'acquisition de la clause résolutoire, continue l'occupation des locaux d'exploitation d'une entreprise en liquidation judiciaire alors qu'il n'a pas été saisi d'une offre concrète de reprise du fonds de commerce pouvant justifier la continuation du bail (Cass. com. 3-4-2001 n° 98-12.368 FS-D : RJDA 8-9/01 n° 884). Il doit en conséquence indemniser le bailleur de la perte des revenus légitimes de son bien et des frais de déménagement des meubles auquel celui-ci fait procéder (arrêt précité).

Le syndic de la procédure de règlement judiciaire ouverte à l'encontre d'une SARL a engagé sa responsabilité à l'égard de la SCI bailleresse dès lors que, après avoir déclaré ne pas donner suite au bail, il n'a pas pris toutes les dispositions nécessaires afin que les lieux loués soient immédiatement remis à la disposition de la bailleresse nonobstant la résistance des dirigeants de la société locataire et que cette dernière n'a libéré les locaux que cinq mois plus tard, en exécution d'une ordonnance d'expulsion (Cass. com. 1-3-1988 n° 86-16.105 : Bull. civ. IV n° 91). Le syndic a été condamné à payer à la SCI une indemnité d'occupation pour cette période.

Lorsque le bail a été consenti à **plusieurs locataires** et que l'un d'eux fait l'objet d'une procédure collective, le refus par l'administrateur judiciaire de poursuivre le bail pour ce locataire ne met pas un terme au bail à l'égard des autres locataires, sauf clause contraire expresse du bail (Cass. 3e civ. 27-9-2005 n° 04-16.040 F-PB : RJDA 12/05 n° 1326). Il en est ainsi même en cas de restitution au bailleur des clés par l'administrateur ou le liquidateur (Cass. 3e civ. 18-2-2015 n° 14-10.510 FS-PB : RJDA 7/15 n° 486) ou même si le locataire faisant l'objet de la procédure collective était le seul exploitant de l'activité prévue au bail (Cass. 3e civ. 15-12-2016 n° 15-25.240 F-D : RJDA 3/17 n° 159). **63265**

Si le bail prévoit la solidarité entre les locataires pour le paiement des loyers et charges, les colocataires qui ne font pas l'objet de la procédure collective qui vise l'un d'eux sont des coobligés de ce dernier et sont protégés des poursuites du bailleur dans les conditions exposées n° 64130.

2. RÉSILIATION DU BAIL À L'INITIATIVE DU BAILLEUR

ENCADREMENT LÉGAL DE LA RÉSILIATION PAR LE BAILLEUR

Le Code de commerce encadre strictement le droit de résiliation du bailleur en cas de procédure collective du locataire car le bail des locaux utilisés pour l'activité de l'entreprise est souvent indispensable à la viabilité du plan de sauvegarde ou de redressement ou à la cession de l'entreprise dans des conditions permettant le désintéressement des créanciers. La loi limite les causes pour lesquelles la résiliation peut être demandée et paralyse partiellement le jeu de la clause de résiliation insérée dans le bail mais elle prévoit des cas de résiliation de plein droit spécifiques aux procédures collectives. **63270**

Les principes exposés ci-dessous valent tant pour l'action en **résiliation judiciaire** du bail que pour celle tendant à **faire constater par le juge l'acquisition d'une clause de résiliation** de plein droit figurant au bail.

ATTENTION

L'article L 622-13, III du Code de commerce (applicable à la sauvegarde classique et, sur renvoi de l'article L 631-14, au redressement judiciaire) permet au **cocontractant** du débiteur **de mettre l'administrateur en demeure de se prononcer sur le sort d'un contrat** en cours et de se prévaloir de la résiliation de plein droit du contrat en cas de silence gardé par l'administrateur pendant plus d'un mois. Ce dispositif n'est pas applicable pour le bail des locaux utilisés par le débiteur pour son activité, l'article L 622-14 ne renvoyant pas sur ce point à l'article L 622-13. Son application est également exclue en cas de liquidation judiciaire compte tenu du renvoi partiel de l'article L 641-12 à l'article L 641-11-1. En conséquence, même si le bailleur met l'administrateur ou le liquidateur en demeure de trancher le sort du bail, cette mise en demeure est sans effet et le bail n'est pas résilié de plein droit à défaut de réponse (Cass. com. 2-3-2010 n° 09-10.410 FS-PBRI : RJDA 6/10 n° 646).

RÉSILIATION ACQUISE AVANT L'OUVERTURE DE LA PROCÉDURE COLLECTIVE

63280 **Conditions** Le bailleur ne peut se prévaloir d'une clause de résiliation de plein droit du bail pour des causes antérieures à la procédure collective du locataire que si l'**acquisition de la clause de résiliation** a été constatée par une **décision de justice passée en force de chose jugée** avant l'ouverture de la procédure collective (jurisprudence constante), c'est-à-dire par une décision insusceptible de recours suspensif d'exécution ou n'ayant pas fait l'objet d'un recours dans le délai requis (CPC art. 500).

Le seul écoulement du délai d'un mois qui a suivi le commandement demeuré infructueux ne suffit pas à établir que la clause résolutoire a produit son effet, en l'absence de décision passée en force de chose jugée constatant la résiliation (Cass. 3e civ. 13-10-1993 n° 1461 D : RJDA 12/93 n° 1081). La solution est sévère pour le bailleur. En effet, compte tenu de l'obligation de respecter le délai d'un mois précité (nos 72600 s.) et de la possibilité pour le locataire de demander des délais de grâce et de contester l'acquisition de la clause, le bailleur se heurtera le plus souvent à la règle de la suspension des poursuites individuelles qui prévaut en matière de procédure collective (n° 63330) et ne pourra pas s'opposer à la poursuite du bail.

De même, le bailleur ne peut utilement invoquer la résiliation judiciaire du bail si elle n'est pas passée en force de chose jugée avant le jugement ouvrant la procédure collective.

63282 En matière de baux commerciaux, l'acquisition de la clause résolutoire est le plus souvent constatée par le **juge des référés** mais l'**ordonnance** rendue par celui-ci n'est pas passée en force de chose jugée avant l'ouverture de la procédure collective lorsque :

– le délai de recours contre l'ordonnance n'est pas expiré au jour du jugement d'ouverture (Cass. com. 23-11-2004 n° 1685 FS-PB : RJDA 3/05 n° 329) ;

– si l'ouverture de la procédure collective survient au cours de l'instance d'appel (Cass. 3e civ. 13-5-1992 n° 835 P : RJDA 8-9/92 n° 864 ; Cass. com. 9-12-1997 n° 95-16.560 : Loyers et copr. 1998 comm. n° 129 ; Cass. com. 28-10-2008 n° 07-17.662 F-PB : RJDA 8-9/09 n° 707 ; Cass. 3e civ. 26-5-2016 n° 15-12.750 F-D : RJDA 8-9/16 n° 601), peu important sa confirmation ultérieure en appel (Cass. com. 15-2-2011 n° 10-12.747 F-D : RJDA 4/11 n° 332).

Dans ce cas, le juge saisi de la constatation de l'acquisition de la clause résolutoire doit relever, au besoin d'office, les effets attachés au principe de l'interdiction des poursuites individuelles (Cass. 3e civ. 26-5-2016 n° 15-12.750 précité).

63285 Lorsque le juge des référés a accordé des **délais de grâce** au locataire pour exécuter les obligations visées au commandement, le **non-respect** de ces délais avant l'ouverture de la procédure collective du locataire emporte acquisition définitive de la clause résolutoire (Cass. 3e civ. 9-1-1991 n° 90-10.127 P : RJDA 2/91 n° 97, 2e espèce ; Cass. com. 12-5-1992 n° 90-17.755 P : Bull. civ. IV n° 183 ; Cass. 3e civ. 4-11-1998 n° 96-18.554 D : RJDA 12/98 n° 1385 ; Cass. 3e civ. 8-12-1999 n° 98-15.025 PB : RJDA 2/00 n° 136) dans la mesure où l'ordonnance n'a pas fait l'objet d'un recours (Cass. com. 11-1-1994 n° 92-11.288 PF : Bull. civ. IV n° 18 ; Cass. 3e civ. 17-5-2011 n° 10-15.957 F-D).

63290 **Effets** Si la clause de résiliation de plein droit est définitivement acquise dans les conditions exposées ci-dessus avant l'ouverture de la procédure, le **bail** ne peut être **ni continué ni cédé** dans le cadre de la procédure collective du locataire. Mais le bailleur est soumis aux règles exposées nos 63730 s. pour le paiement de ses créances antérieures.

Le locataire ne peut plus contester la résiliation du bail en se prévalant de la suspension des poursuites individuelles attachée à l'ouverture de la procédure collective (notamment Cass. 3e civ. 8-12-1999 n° 98-15.025 PB : RJDA 2/00 n° 136). Le bailleur peut l'expulser, y compris au cours de la période d'observation, car l'**expulsion** n'est pas une voie d'exécution sur meubles ou immeubles que l'article L 622-21, II interdit aux créanciers antérieurs une fois la procédure collective ouverte (Cass. com. 19-12-1989 nº 88-10.322 : Bull. civ. IV nº 320 ; Cass. 3ᵉ civ. 21-2-1990 nº 88-13.644 : Bull. civ. III nº 52 ; Cass. com. 11-1-1994 nº 92-11.288 : Bull. civ. IV nº 18 ; Cass. com. 3-12-2003 nº 02-13.371). Après l'ouverture de cette procédure, l'expulsion du locataire suppose la mise en cause des organes de la procédure collective (administrateur ou liquidateur judiciaire).

a. Résiliation du bail pour défaut de paiement

RÉSILIATION POUR IMPAYÉS ANTÉRIEURS À LA PROCÉDURE COLLECTIVE

Le jugement ouvrant une procédure collective interrompt ou interdit toute action en justice de la part des créanciers dont la créance est née avant ce jugement et tendant à la résolution d'un contrat pour défaut de paiement d'une somme d'argent (C. com. art. L 622-21, I-2° pour la sauvegarde ; sur renvoi de l'art. L 631-14, al. 1 pour le redressement judiciaire et de l'art. L 641-3, al. 1 pour la liquidation judiciaire). Cette règle, dite de **« suspension des poursuites individuelles »,** s'applique bien évidemment au bailleur, y compris lorsqu'il invoque non pas un défaut de paiement mais les retards systématiques de paiement des loyers antérieurs (Cass. com. 15-11-2016 nº 14-25.767 FS-PBI : RJDA 2/17 nº 97, assimilant défaut et retard de paiement pour l'application des textes précités). **63330**

ATTENTION

Lorsqu'une instance est en cours entre le bailleur et le locataire à la date où une procédure collective est ouverte à l'encontre de ce dernier, le locataire doit **informer** le **bailleur** de l'ouverture de la procédure dans les dix jours de celle-ci (art. L 622-22, al. 2). S'il omet sciemment d'avertir le bailleur, le locataire en redressement ou en liquidation judiciaire (ou, s'il s'agit d'une personne morale, son dirigeant de droit ou de fait) encourt une interdiction de gérer (art. L 653-8, al. 2).

Est aussi paralysée l'action du bailleur tendant à faire constater l'acquisition de la clause résolutoire mise en œuvre pour un défaut de paiement antérieur (Cass. com. 14-5-1991 nº 89-16.924 P : Bull. civ. IV nº 166 ; Cass. com. 3-7-2007 nº 05-20.519 F-D : RJDA 1/08 nº 59 ; Cass. 3ᵉ civ. 18-9-2012 nº 11-19.571 F-D : RJDA 1/13 nº 15 ; Cass. 3ᵉ civ. 13-4-2022 nº 21-15.336 FS-B : RJDA 12/22 nº 703). À moins que l'acquisition de la clause n'ait déjà été constatée par une décision passée en force de chose jugée, l'ouverture de la procédure collective prive d'effet le commandement de payer précédemment adressé au locataire (Cass. com. 16-3-1993 nº 91-11.736 P : Bull. civ. IV nº 107 ; Cass. 3ᵉ civ. 9-1-2008 nº 06-21.499 FS-PB : RJDA 4/08 nº 381).

Une fois le locataire mis sous sauvegarde, en redressement ou en liquidation judiciaire, le bailleur ne peut donc plus demander ou faire constater la résiliation du bail pour défaut de paiement des **loyers et charges antérieurs,** à moins qu'ils ne correspondent à une **période de jouissance** postérieure au jugement ouvrant la procédure collective (nº 63330). Sur la notion de créance antérieure, voir nº 63730. **63332**

> Précisions En cas de **liquidation judiciaire,** ce principe n'est pas remis en cause par l'article L 641-12, 2° du Code de commerce qui permet au bailleur de demander la résiliation judiciaire ou de faire constater la résiliation de plein droit du bail pour des causes antérieures au jugement d'ouverture. En effet, même s'il ne distingue pas entre les défauts de paiement et les manquements à une autre obligation, ce texte ne constitue pas une exception au principe de l'arrêt des poursuites individuelles, de sorte que les causes antérieures susceptibles de justifier la résiliation ne peuvent concerner que des obligations autres que le paiement d'une somme d'argent (Cass. com. 28-5-2002 nº 1041 FS-P : RJDA 12/02 nº 1304 et Cass. com. 30-3-2005 nº 520 F-D : RJDA 7/05 nº 861 rendus sous l'empire des textes antérieurs mais transposables au régime actuel par analogie).

Seules les actions en résiliation ou en résolution à l'encontre du locataire sont concernées par l'arrêt des poursuites individuelles. N'est donc pas visée l'action en déclaration de validité du congé avec **refus de renouvellement** pour motifs graves et légitimes même si ce refus est fondé sur le défaut de paiement de loyers antérieurs à la procédure collective (Cass. 3ᵉ civ. 3-6-1992 nº 998 P : RJDA 9/92 nº 865 ; Cass. 3ᵉ civ. 14-5-1997 nº 833 D : RJDA 7/97 nº 954). **63334**

Reprise des actions interrompues L'action en résiliation (ou en constatation de l'acquisition de la clause de résiliation) engagée avant l'ouverture de la procédure collective du locataire est interrompue et elle est reprise à l'initiative du bailleur sous les **conditions** suivantes qui sont cumulatives (C. com. art. L 622-22, R 622-20, R 631-20, R 631-22 et R 641-23) : **63335**

– le bailleur a déclaré sa créance dans le cadre de la procédure collective et il a remis au greffe du tribunal saisi de l'action en résiliation une copie de cette déclaration ou tout autre élément justifiant de la mention de sa créance sur la liste des créances déclarées ;

– il a mis en cause le mandataire judiciaire ainsi que, le cas échéant, l'administrateur (en cas de sauvegarde, lorsqu'il a pour mission d'assister le débiteur ; en cas de redressement judiciaire, quelle que soit sa mission) ou le commissaire à l'exécution du plan ou, en cas de liquidation judiciaire, le liquidateur.

L'instance est reprise devant le **juge** initialement saisi et non pas devant le tribunal ayant ouvert la procédure ou le juge-commissaire (Cass. com. 3-11-2009 n° 08-20.490 F-PB : RJDA 3/10 n° 263 ; Cass. com. 26-1-2010 n° 09-11.288 F-PB : RJDA 6/10 n° 650). Mais elle tend uniquement à la constatation de la créance du bailleur et à la fixation de son montant (C. com. art. L 622-22), dans les limites du montant indiqué dans la déclaration de créance (Cass. com. 3-11-2010 n° 09-72.029 F-PB : RJDA 1/11 n° 63 ; Cass. com. 13-5-2014 n° 13-11.296 F-D : RJDA 7/14 n° 624). Le juge ne peut pas condamner le locataire à payer (cf. Cass. com. 8-1-2020 n° 18-22.462 F-D : RJDA 3/20 n° 160).

> **Précisions** **a.** Ne peut être reprise qu'une instance tendant à obtenir, de la juridiction saisie du principal, une décision définitive sur le montant et l'existence de la créance ; tel n'est pas le cas d'un **référé-provision** et la créance qui en fait l'objet doit être soumise à la procédure de vérification des créances et à la décision du juge-commissaire (Cass. com. 3-7-2007 n° 05-20.519 F-D : RJDA 1/08 n° 59 ; Cass. 3e civ. 18-9-2012 n° 11-19.571 F-D : RJDA 1/13 n° 15 ; Cass. com. 11-12-2019 n° 18-19.425 F-D : RJDA 4/20 n° 225).
b. Une fois l'existence et le montant de sa créance constatée par le juge, le bailleur transmet une copie de la décision (appelée expédition) au greffe du tribunal de la procédure collective afin qu'elle soit portée sur l'**état des créances du locataire** (C. com. art. R 624-9 et R 624-11).
c. Dès lors que le bailleur, qui avait demandé avant l'ouverture de la procédure collective de son locataire sa condamnation à régler des loyers impayés ainsi que la résiliation du bail, a régulièrement déclaré sa créance locative et mis en cause le mandataire judiciaire, il peut en faire constater le principe et en fixer le montant au passif du locataire, la **demande en paiement des arriérés de loyers** pouvant être examinée indépendamment de la résiliation du bail (Cass. com. 3-7-2024 n° 22-13.676 F-B : RJDA 12/24 n° 661).

RÉSILIATION POUR IMPAYÉS POSTÉRIEURS À LA PROCÉDURE COLLECTIVE

63337 **Exclusion de la résiliation pour non-paiement de certaines créances**
À notre avis, le bailleur ne peut procéder à la résiliation du bail dans les conditions exposées ci-dessous que si la créance dont il invoque l'absence de paiement est née régulièrement après l'ouverture de la procédure collective du locataire et est « utile » à celle-ci selon les critères exposés n° 64150. En effet, à compter du jugement d'ouverture, il est interdit à tout créancier, et donc au bailleur, de demander la résolution d'un contrat pour défaut de paiement d'une **créance postérieure** ne remplissant pas ces conditions (C. com. art. L 622-21, I-al. 1 et, sur renvoi, art. L 622-17). En pratique, cette limite ne vise que l'hypothèse où les loyers et charges impayés sont nés de la poursuite irrégulière du bail car ces créances sont inopposables à la procédure collective (cf. Cass. com. 21-2-2012 n° 11-12.235 F-D).

63340 **Faculté d'agir du bailleur au bout de trois mois** Le bailleur peut demander la résiliation ou faire constater la résiliation de plein droit du bail pour défaut de paiement des **loyers et charges** afférents à une **occupation postérieure au jugement d'ouverture** de la procédure collective du locataire mais seulement à l'issue d'un délai de trois mois qui court à compter de ce jugement (C. com. art. L 622-14, 2° pour la sauvegarde ; sur renvoi des art. L 631-14, al. 1 pour le redressement judiciaire et L 641-12, 3° pour la liquidation judiciaire) ou, lorsque la procédure de sauvegarde ou de redressement du locataire est ensuite convertie en liquidation judiciaire, à compter du jugement d'ouverture de la sauvegarde ou du redressement judiciaire (Cass. com. 19-2-2013 n° 12-13.662 FS-PB : RJDA 6/13 n° 542 ; Cass. com. 15-11-2017 n° 16-13.219 F-PB : RJDA 3/18 n° 264). Si la liquidation judiciaire est ouverte sur résolution du plan de sauvegarde ou de redressement, ce délai court à compter du jugement prononçant la résolution et ouvrant la nouvelle procédure (Cass. com. 18-1-2023 n° 21-15.576 FS-B : RJDA 4/23 n° 211).

Le **délai d'attente** court à compter du prononcé du jugement et non à compter de la date de sa publication.

ATTENTION

> Le bailleur ne peut **saisir le juge-commissaire** que par voie de requête (C. com. art. R 621-21, al. 1 ; Cass. com. 18-1-2023 n° 21-15.576 précité) et le respect du délai précité s'apprécie à la date de cette dernière (même arrêt). Une demande prématurée de résiliation ne peut pas être régularisée par voie écrite ou orale lors de l'audience devant le juge-commissaire (même arrêt) ; le bailleur doit donc présenter une nouvelle requête.

L'administrateur (ou, s'il n'en a pas été désigné un, le débiteur) ou le liquidateur judiciaire bénéficie ainsi d'un délai de paiement pour les premiers loyers dus après l'ouverture de la procédure collective, sans que le bailleur puisse s'y opposer et sans intervention du juge. Mais si les **sommes dues** sont **payées avant** l'expiration de ce délai, il n'y a pas lieu à résiliation (art. précités).

> **Précisions a.** Les textes précités autorisent le bailleur à agir pour défaut de paiement d'un **loyer échu avant** l'ouverture de la procédure mais relatif à une occupation postérieure à celle-ci (loyer payable par avance). Est aussi recevable la demande en résiliation fondée sur le défaut de paiement des loyers correspondant **pour partie** seulement à une période de jouissance postérieure au jugement d'ouverture (Cass. com. 14-6-1994 n° 1458 P : RJDA 12/94 n° 1363 ; Cass. 3e civ. 9-10-1996 n° 94-21.222 D ; Cass. com. 15-11-2000 n° 99-12.103 FS-D).
> **b.** Lorsque le **loyer** est **payable par trimestre,** le bailleur peut agir à l'expiration du délai de trois mois, sans attendre la deuxième échéance (Cass. com. 17-12-1996 n° 2198 D : RJDA 4/97 n° 560).
> **c.** La **renonciation d'un bailleur à sa déclaration de créance,** à l'occasion de la cession du fonds de commerce emportant cession du droit au bail, est incompatible avec le maintien d'une demande tendant à la résiliation du bail fondée sur le défaut de paiement des loyers postérieurs au jugement d'ouverture du redressement judiciaire (Cass. com. 5-10-2022 n° 21-11.759 F-D : RJDA 3/23 n° 154).

Options ouvertes au bailleur pour obtenir la résiliation du bail En cas de non-paiement des loyers et charges afférents à une occupation postérieure au jugement d'ouverture de la procédure collective, le bailleur dispose du choix suivant. 63342

Soit il fait constater la résiliation de plein droit du bail prévue par les articles L 622-14, 2° et L 641-12, 3° du Code de commerce. Si seul ce dernier texte prévoit que cette résiliation est de plein droit en cas de liquidation judiciaire, la Cour de cassation a estimé que tel était aussi le cas pour la sauvegarde et le redressement judiciaire (Cass. com. 15-1-2020 n° 17-28.127 F-D : RJDA 4/20 n° 212).

Soit il peut « demander la résiliation du bail », c'est-à-dire saisir le juge d'une demande de résiliation judiciaire ou mettre en œuvre la clause résolutoire du bail ou en faire constater judiciairement l'acquisition.

Résiliation de plein droit du bail. Lorsque le juge-commissaire est saisi, sur le fondement de 63343
l'article L 622-14, 2° ou de l'article L 641-12, 3° du Code de commerce, d'une demande de constat de la résiliation de plein droit du bail, en raison d'un défaut de paiement des loyers et charges afférents à une occupation postérieure au jugement ouvrant la procédure du locataire, cette procédure, qui obéit à des conditions spécifiques, est distincte de celle qui tend, en application de l'article L 145-41 du même Code, à faire constater l'acquisition de la clause résolutoire stipulée au bail ; le bailleur qui agit devant le juge-commissaire pour lui demander la constatation de la résiliation de plein droit du bail, **sans revendiquer le bénéfice d'une clause résolutoire,** n'est pas dans l'obligation de délivrer le commandement exigé par l'article L 145-41 (Cass. com. 9-10-2019 n° 18-17.563 FS-PBI : RJDA 1/20 n° 27 ; Cass. com. 15-1-2020 n° 17-28.127 F-D : RJDA 4/20 n° 212 ; Cass. 3e civ. 24-11-2021 n° 20-20.973 F-D : RJDA 2/22 n° 98). Le juge-commissaire ne peut pas accorder au locataire des délais de paiement, que ce soit sur le fondement de l'article L 145-41 du Code de commerce ou de l'article 1343-5 du Code civil (Cass. com. 18-5-2022 n° 20-22.164 FS-B : RJDA 8-9/22 n° 494 ; CA Angers 17-9-2024 n° 23/01842).

Le bailleur peut demander cette résolution de plein droit, y compris s'il a saisi parallèlement le juge des référés d'une demande tendant à faire constater l'acquisition de la clause résolutoire (Cass. 3e civ. 24-11-2021 n° 20-20.973 précité). Le bailleur peut avoir intérêt à **cumuler les deux actions** : le juge-commissaire n'a pas compétence pour allouer une provision au bailleur, ordonner la consignation de sommes ou ordonner l'expulsion du locataire, seul le juge des référés pouvant être saisi à cette fin (P.-M. Le Corre, Droit et pratique des procédures collectives 2023/2024 § 433-254 ; pour l'expulsion, voir Cass. com. 5-12-1995 n° 93-18.977 D, excluant la compétence du juge-commissaire au profit du juge des référés du TGI, devenu tribunal judiciaire). Les deux actions étant distinctes, même si les délais de paiement accordés par le juge des référés sont respectés de sorte que la clause résolutoire est réputée ne pas avoir joué (C. com. art. L 145-41, al. 2), le bailleur peut obtenir devant le juge-commissaire la constatation de la résiliation de plein droit du bail commercial s'il existe un impayé dans les trois mois suivant l'ouverture de la procédure collective, non régularisé dans ce délai.

> **Précisions a.** Sur la **notification** de la demande de constatation de la résiliation de plein droit **aux créanciers** titulaires d'un privilège ou d'un nantissement inscrit sur le fonds de commerce exploité dans les lieux loués, voir n° 63250.
> **b.** Le bailleur peut demander au **juge-commissaire** de constater cette résiliation de plein droit, même si ce magistrat a **autorisé le liquidateur à céder le bail** (ou le fonds de commerce qui l'inclut) tant que la cession n'est pas intervenue (cf. Cass. com. 21-2-2012 n° 11-11.512 F-PB : Bull. civ. IV n° 42).
> **c.** La **résiliation** du bail pour non-paiement par le locataire en redressement judiciaire des loyers dus pour son occupation postérieure au jugement d'ouverture ne **peut pas être constatée par le juge-commissaire** si le paiement intervient avant que ce dernier ne statue (Cass. com. 12-6-2024 n° 22-24.177 FS-B : RJDA 11/24 n° 603).

Clause résolutoire. Un **commandement de payer** visant la clause résolutoire reste exigé du 63345
bailleur pour invoquer l'acquisition de cette clause pour non-paiement des loyers et charges

postérieurs à l'ouverture de la procédure collective (Cass. com. 28-6-2011 n° 10-19.331 F-D : RJDA 12/11 n° 1057 ; Cass. com. 9-10-2019 n° 18-17.563 FS-PBI : RJDA 1/20 n° 27 ; Cass. com. 15-1-2020 n° 17-28.127 F-D : RJDA 4/20 n° 212). Le commandement, non soumis au délai d'attente exposé n° 63340, peut être délivré dès le premier impayé après le jugement d'ouverture (Cass. 3e civ. 9-10-1996 n° 94-21.222 D : AJPI 1997 p. 935 note Gallet ; Cass. com. 2-2-1999 n° 95-21.625 D : AJDP 2000 p. 232 note Gallet). Le commandement visant non seulement des loyers et charges dus après l'ouverture de la procédure collective mais aussi des sommes dues antérieurement n'est pas nul (Cass. 3e civ. 16-6-2004 n° 02-19.692 F-D : Rev. Loyers 2004 p. 632 note Ch.-H. Gallet ; Cass. com. 15-11-2000 n° 99-12.103 FS-D). À notre avis, il ne vaut toutefois que pour les sommes dues au titre d'une occupation postérieure au jugement ouvrant la procédure collective.

En application de l'article L 145-41 du Code de commerce, l'administrateur (ou, s'il n'en a pas été désigné un, le débiteur) ou le liquidateur peut solliciter des **délais de paiement** ainsi que la suspension des effets de la clause résolutoire tant que la résiliation du bail n'est pas constatée par une décision passée en force de chose jugée (Cass. com. 30-10-2007 n° 05-17.719 F-D : RJDA 3/08 n° 238 ; Cass. com. 6-12-2011 n° 10-25.689 F-PB : RJDA 3/12 n° 319). Le fait que l'acquisition de la clause ait été ainsi suspendue n'interdit pas au bailleur de demander au juge-commissaire de constater la résiliation de plein droit prévue par les articles L 622-14, 2° et L 641-12, 3° (n° 63343).

La demande du bailleur tendant à faire constater l'acquisition de la clause résolutoire doit être **notifiée aux créanciers** qui ont inscrit un privilège ou un nantissement sur le fonds de commerce du locataire (Cass. com. 19-5-2004 n° 01-12.814 F-D : RJDA 11/04 n° 1196) mais pas le commandement de payer (Cass. 3e civ. 16-3-2017 n° 15-29.206 FS-PB : RJDA 6/17 n° 394).

> Précisions a. La question de savoir **à qui doit être adressé le commandement** de payer n'est pas réglée par les textes et n'a reçu qu'une réponse partielle de la Cour de cassation. Elle a jugé que, si le commandement de payer et l'assignation en référé visent des loyers échus après le jugement d'ouverture de la sauvegarde ou du redressement judiciaire, l'article L 622-23 du Code de commerce n'est pas applicable, de sorte que le commandement adressé au seul locataire est valable en l'absence de désignation d'un administrateur et n'a pas à être notifié au mandataire judiciaire et que ce dernier n'a pas à être appelé à l'instance en constatation de l'acquisition de la clause résolutoire (Cass. 3e civ. 16-3-2017 n° 15-29.206 FS-PB : RJDA 6/17 n° 394). Lorsqu'un administrateur judiciaire a été désigné, il est prudent de lui adresser également le commandement, afin d'éviter un risque d'annulation de ce dernier et la remise en cause de l'acquisition de la clause résolutoire. Dans le cadre d'une liquidation judiciaire, le commandement doit être adressé au seul liquidateur puisque le locataire est dessaisi de l'administration et de la disposition de ces biens jusqu'à la clôture de la procédure (C. com. art. L 641-9, I).

b. Le juge ne peut subordonner l'octroi de **délais de paiement** et la suspension de la clause qu'au règlement des causes du commandement de payer et non, par exemple, à la cession du fonds du commerce du locataire dans le cadre de la procédure collective (Cass. 3e civ. 9-3-2005 n° 02-13.390 FS-PB : RJDA 6/05 n° 661).

c. Quel est le **juge compétent pour constater l'acquisition de la clause** résolutoire du bail : le juge-commissaire (que l'article R 622-13, al. 2 déclare compétent pour constater la résiliation de plein droit) ou le juge des référés ? La Cour de cassation a jugé que la compétence du juge-commissaire n'excluait pas celle du juge de référés pour constater l'acquisition de la clause indépendamment de la procédure collective (Cass. com. 10-7-2001 n° 1396 FS-P : RJDA 8-9/02 n° 910 ; Cass. com. 13-3-2007 n° 05-21.117 F-D : Rev. Loyers 2007 p. 272 obs. Ch.-H. Gallet ; aussi, CA Paris 15-1-2013 n° 12/17592, ch. 7-8 : RJDA 4/13 n° 347 ; dans le même sens mais à propos d'un autre contrat, Cass. com. 17-9-2013 n° 12-21.659 F-PB : RJDA 12/13 n° 1032, retenant la compétence du juge des référés et excluant celle du tribunal de la procédure collective). Une fois que les fonctions du juge-commissaire ont pris fin, seul le juge des référés peut être saisi (cf. Cass. com. 20-9-2017 n° 16-15.363 FS-D : RJDA 2/18 n° 148).

d. Lorsque, dans le cadre de la liquidation judiciaire, le juge-commissaire a autorisé le liquidateur à **céder le bail** de gré à gré, le bailleur peut néanmoins faire constater l'acquisition de la clause résolutoire dès lors que, à l'échéance du commandement visant cette clause, la transmission du bail n'a pas été réalisée (Cass. com. 10-7-2001 n° 99-10.397 FS-P : RJDA 8-9/02 n° 910). En effet, si la cession est parfaite dès l'ordonnance du juge-commissaire l'ayant autorisée, le transfert de propriété ne s'opère, s'il n'en est pas autrement décidé par cette ordonnance, qu'à la date de la passation des actes nécessaires à la réalisation de la vente (Cass. com. 13-3-2012 n° 10-24.192 F-PB : RJDA 7/12 n° 702).

63350 **Résiliation judiciaire.** Le bailleur peut aussi demander la résiliation judiciaire du bail pour défaut de paiement des loyers et charges afférents à une occupation postérieure à l'ouverture de la procédure collective du locataire, mais les juges du fond apprécient souverainement si ce manquement est d'une gravité suffisante pour prononcer la résiliation (Cass. com. 16-3-1999 n° 96-17.195 D : PA 2000 n° 24 p. 20 note Gallet, refusant de la prononcer). La demande, qui n'a pas à être précédée d'une mise en demeure (n° 73930) mais qui doit être notifiée aux créanciers inscrits sur le fonds de commerce du locataire, relève du juge de droit commun et non du tribunal ayant ouvert la procédure collective ; elle suppose la mise en cause de l'administrateur ou du liquidateur judiciaire.

> **Précisions** Si le locataire est situé dans le ressort d'un **tribunal des activités économiques** (TAE), ce dernier sera compétent pour connaître de l'action en résiliation intentée par le bailleur, le lien de connexité entre cette action et la procédure collective du locataire ne faisant pas de doute (sur la compétence reconnue aux TAE, voir n° 63343).

Procédure collective ouverte par un TAE : incertitudes sur le juge compétent pour statuer sur la résiliation du bail 63355

Depuis le 1er janvier 2025, douze tribunaux de commerce (Avignon, Auxerre, Le Havre, Le Mans, Limoges, Lyon, Marseille, Nancy, Nanterre, Paris, Saint-Brieuc et Versailles) sont devenus des « **tribunaux des activités économiques** » (TAE), à titre expérimental et pour quatre ans (Loi 2023-1059 du 20-11-2023 art. 26, I ; Décret 2024-674 du 3-7-2024 et Arrêté JUSB2418778A du 5-7-2024 art. 2). Ces tribunaux sont compétents pour ouvrir une procédure collective à l'encontre d'un locataire dont l'adresse professionnelle ou le siège est situé dans leur ressort.

L'article 26, II-al. 6 de la loi précitée précise : « Nonobstant les dispositions du Code de l'organisation judiciaire et sans préjudice des pouvoirs attribués en premier ressort au juge-commissaire, le tribunal des activités économiques, saisi de la procédure de sauvegarde, de redressement ou de liquidation judiciaire du débiteur, connaît de toutes les actions et les **contestations relatives aux baux commerciaux** qui sont **nées de la procédure et qui présentent avec celle-ci des liens de connexité suffisants** ». Ces dispositions remettent-elles en cause en tout ou partie les règles de compétence admises pour la résiliation du bail commercial en cas de procédure collective ouverte devant un « simple » tribunal de commerce ? La réponse est en partie incertaine.

Le juge-commissaire désigné au sein du TAE reste compétent, en premier ressort, pour constater, à la demande du bailleur, la **résiliation** de plein droit **pour défaut de paiement des loyers postérieurs** à l'ouverture de la procédure collective sans qu'une clause résolutoire ait été invoquée (n° 63343).

En cas d'action du bailleur en constatation de l'acquisition d'une clause résolutoire pour défaut de paiement de loyers nés postérieurement à l'ouverture de la procédure, cette action devra être portée devant le TAE. Le lien de connexité semble en effet suffisamment établi avec la procédure collective du locataire.

En revanche, des interrogations demeurent en cas d'action en **résiliation** du bail (en constatation de la clause résolutoire ou en résiliation judiciaire) **pour des motifs autres qu'un défaut de paiement** introduite après l'ouverture de la procédure collective du locataire. Un conflit de compétence est susceptible d'exister entre le tribunal judiciaire (ou son président) et le TAE (ou son président) selon qu'il existe ou non un lien de connexité suffisant entre la demande et la procédure collective du locataire.

En effet, le TAE n'est compétent que si la demande est née de la procédure collective et suffisamment connexe à celle-ci ; à défaut, le tribunal judiciaire demeurerait compétent. Si la **connexité entre la demande et la procédure collective** du locataire est établie de manière suffisante et si une autre juridiction a néanmoins été saisie, celle-ci doit à notre avis se déclarer incompétente au profit du TAE.

La notion de connexité n'est pas définie par la loi 2023-1059. Elle est appréhendée en procédure civile (CPC art. 101) et est appréciée souverainement par le juge. Le degré suffisant de connexité exigé par la loi précitée est susceptible d'entraîner des divergences d'interprétation entre juridictions d'un même ressort territorial sur la compétence ou non du TAE.

b. Résiliation du bail pour un manquement autre qu'un défaut de paiement

MANQUEMENT ANTÉRIEUR À L'OUVERTURE DE LA PROCÉDURE COLLECTIVE

Il résulte de l'interprétation stricte de l'article L 622-21 du Code de commerce exposé n° 63330 que 63360 l'action en résiliation du bail (résiliation judiciaire ou demande en constatation de l'acquisition de la clause résolutoire) fondée sur une cause antérieure à la procédure collective autre que le non-paiement d'une somme d'argent, telle la violation d'une **obligation d'exécuter une prestation en nature,** n'est ni interrompue ni interdite. C'est en ce sens que la Cour de cassation s'est prononcée sous l'empire des textes antérieurs à la réforme opérée par la loi du 26 juillet 2005 (Cass. com. 12-5-1992 n° 823 P : RJDA 6/92 n° 636 ; Cass. com. 26-5-1998 n° 1146 P : RJDA 11/96 n° 1394 ; Cass. com. 28-5-2002 n° 98-14.259 FS-P : RJDA 12/02 n° 1304). La solution est transposable au régime actuel, les réformes successives des procédures collectives n'ayant rien modifié sur ce point.

L'article L 622-13, I-al. 2 du Code de commerce, qui oblige tout cocontractant à exécuter le contrat malgré le défaut d'exécution par le débiteur d'engagements antérieurs au jugement d'ouverture, ne contrevient pas, à notre avis, à ce principe. Certes une lecture littérale et isolée de ce texte peut conduire à y voir la négation du droit du cocontractant de demander la résiliation du contrat pour toute cause antérieure. Mais cet article n'est qu'un prolongement des textes prohibant les poursuites fondées sur des créances antérieures (art. L 622-21) et le paiement de ces créances (art. L 622-7). À notre avis, la paralysie des exceptions d'inexécution antérieures prévue par ce texte ne concerne que les manquements pécuniaires du débiteur. Par ailleurs, en étendre la portée au droit de résilier y compris pour d'autres manquements priverait de sens l'article L 622-21 qui n'exclut la résiliation que si elle est fondée sur le défaut de paiement d'une somme d'argent.

Ce raisonnement est applicable à l'article L 641-11-1, I-al. 2 qui, pour la liquidation judiciaire, reprend à l'identique les dispositions de l'article L 622-13, I-al. 2.

ILLUSTRATIONS

Sont ainsi recevables les actions en résiliation pour violation par le locataire :
– de l'obligation de **garnir** les lieux loués (Cass. com. 11-4-1995 nº 789 D), étant toutefois précisé que le juge-commissaire peut autoriser la vente de certains des biens garnissant les locaux (nº 63105) ;
– de l'obligation de **respecter la destination** des lieux loués (Cass. com. 11-4-1995 nº 789 D ; CA Aix-en-Provence 31-5-1989 nº 87-11365) ;
– d'exploiter le fonds de commerce (Cass. com. 11-10-2016 nº 15-16.099 F-D : Rev. proc. coll. 2017 comm. nº 101 note F. Macorig-Venier) ;
– de l'obligation d'**entretenir** les lieux loués et d'effectuer les réparations locatives (Cass. 3e civ. 21-7-1999 nº 96-11.634 PB : Bull. civ. III nº 185 rendu à propos d'un bail rural, mais transposable au bail commercial ; Cass. com. 16-10- 2007 nº 06-16.713 F-D ; CA Orléans 29-4-1988, ch. civ. : Rev. jur. com. 1989 p. 183) ;
– de l'obligation de ne pas troubler les autres locataires par des **nuisances** sonores (Cass. com. 26-10-1999 nº 96-21.745 : RJDA 12/99 nº 1350 ; Cass. 3e civ. 24-6-1998 nº 96-17.509) ;
– de l'obligation d'obtenir l'accord du bailleur pour **sous-louer** (CA Paris 14-1-1993 nº 91-21648, 16e ch. B) ou pour effectuer des **travaux** dans les locaux loués (CA Chambéry 9-9-1992 nº 91-507 ; CA Paris 16-1-1998 nº 96-19849, 16e ch. B) ;
– de la clause imposant au locataire de **s'assurer** contre les risques incendie, bris de glace et dégâts des eaux (CA Poitiers 22-7-1993 nº 91-3266, ch. 2e civ. sect.) ou de justifier de la souscription d'une assurance et du paiement des primes (Cass. com. 28-10-2008 nº 06-20.862 F-D : Gaz. Pal. 22-1-2009 jur. p. 33 note F. Kendérian).

63365 Pour la résiliation fondée sur un manquement antérieur et non financier du locataire, la loi ne fixe au bailleur aucun **délai** pour agir en cas de sauvegarde ou de redressement judiciaire. Mais il doit néanmoins le faire rapidement afin, le cas échéant, d'éviter que le bail ne soit cédé à un tiers.

En revanche, en cas de liquidation judiciaire, l'article L 641-12, 2° du Code de commerce précise que, si le bailleur n'a pas déjà introduit sa demande (au cours de la sauvegarde ou du redressement qui a précédé la liquidation), il doit le faire dans les trois mois de la publication du jugement de liquidation judiciaire. Il s'agit là d'un délai de forclusion.

63370 Lorsque les actions en résiliation précitées ont été engagées avant l'ouverture de la procédure collective du locataire, elles ne sont pas interrompues par le jugement d'ouverture mais elles ne peuvent être poursuivies qu'après la **mise en cause des organes de la procédure** : mandataire judiciaire et, le cas échéant, administrateur judiciaire (en cas de sauvegarde, lorsqu'il a pour mission d'assister le débiteur ; en cas de redressement judiciaire, quelle que soit sa mission) ou liquidateur judiciaire (C. com. art. L 622-23, L 631-14, al. 6 et L 641-4, al. 4). Sous la même réserve, elles peuvent être exercées après l'ouverture de la procédure collective.

Elles supposent aussi une **notification** de la demande en résiliation (ou en constatation judiciaire de l'acquisition de la clause résolutoire) **aux créanciers inscrits** sur le fonds de commerce du locataire.

63375 Une **interrogation** subsiste sur la résiliation du bail pour des causes non financières antérieures à la liquidation judiciaire : l'article L 641-12, 2° du Code de commerce précise que le bailleur demande la résiliation ou « fait constater la résiliation du plein droit du bail » pour ces causes. De la formulation identique figurant au 3° du même article (cette fois, en cas de défaut de paiement des loyers et charges postérieurs à la liquidation judiciaire), la Cour de cassation a déduit l'existence d'un cas de résiliation plein droit spécifique aux procédures collectives (nos 63342 s.), qui s'ajoute à la résiliation de droit commun (résiliation judiciaire ou par l'acquisition d'une clause résolutoire). Est-on là aussi en présence d'un cas de résiliation de plein droit spécifique ? La Cour de cassation ne s'étant à notre connaissance jamais prononcée sur ce point, il est conseillé au bailleur de demander la résiliation judiciaire ou de mettre en œuvre la clause résolutoire.

MANQUEMENT POSTÉRIEUR À L'OUVERTURE DE LA PROCÉDURE COLLECTIVE

Rien n'interdit au bailleur d'invoquer les manquements du locataire (autres qu'un défaut de paiement) postérieurs au jugement ouvrant la procédure collective pour demander la résiliation du bail. **63380**

Il est parfois difficile de **déterminer la date du manquement** afin de savoir s'il est postérieur ou antérieur.

Ainsi jugé, sous le régime de la loi du 13 juillet 1967, désormais abrogée, mais les solutions sont transposables par analogie :

– que la continuation et l'achèvement par le syndic (désormais, l'administrateur judiciaire) de travaux en infraction aux clauses du bail ne constituaient pas une cause de résiliation antérieure au jugement (Cass. 3e civ. 26-1-1982 no 80-16.805 P : Bull. civ. III no 24) ;

– qu'une sous-location irrégulièrement consentie par le locataire avant le jugement ouvrant son règlement judiciaire et se poursuivant après ce jugement constituait un manquement postérieur au jugement (Cass. 3e civ. 14-11-1985 : Loyers et copr. 1986 comm. no 65) ;

– que la créance d'indemnité pour défaut de remise des lieux en état à la fin du bail était postérieure au jugement ouvrant la procédure collective dès lors que la restitution des locaux incombait au liquidateur judiciaire (Cass. com. 22-6-1982 no 78-11.291 P : Bull. civ. IV no 239).

Si le bailleur demande la résiliation sur le seul fondement d'un manquement autre qu'un défaut de paiement, son **action** n'est soumise ni au **délai** d'attente de l'article L 622-14, 2° du Code de commerce (qui vise la résiliation pour défaut de paiement postérieur à l'ouverture de la procédure) ni au délai de forclusion prévu par l'article L 641-12, 2° (qui concerne la résiliation pour des manquements non financiers antérieurs à l'ouverture de la liquidation judiciaire). **63385**

Mais le bailleur doit mettre en cause l'administrateur ou le liquidateur judiciaire et notifier sa demande aux créanciers qui ont inscrit un privilège ou un nantissement sur le fonds de commerce du locataire.

Selon le cas, le débiteur, l'administrateur ou le liquidateur judiciaire peut demander des délais de grâce, qui suspendront l'acquisition de la clause résolutoire.

Cas particulier du défaut d'exploitation En cas de **sauvegarde** ou de **redressement judiciaire,** le défaut d'exploitation **pendant la période d'observation** dans un immeuble loué par l'entreprise n'entraîne pas résiliation du bail nonobstant toute clause contraire (C. com. art. L 622-14, al. 5 et L 631-14, al. 1). Ce texte ne vise que l'inexploitation pendant la période d'observation, de sorte qu'il ne s'applique pas, à notre avis, au défaut d'exploitation perdurant après l'adoption d'un plan de sauvegarde ou de redressement. La même interprétation restrictive prévaut en matière de refus de renouvellement du bail (no 34110). **63390**

La neutralisation de la résiliation pour défaut d'exploitation s'applique-t-elle en cas de **liquidation judiciaire** ? La question n'est pas clairement tranchée. Certes l'article L 641-12, 3° du Code de commerce relatif à cette procédure renvoie vers les alinéas 3 à 5 de l'article L 622-14, mais ce renvoi ne concerne que la résiliation pour défaut de paiement des loyers et charges postérieurs au jugement de liquidation judiciaire et non la résiliation pour d'autres causes. En outre, il n'existe pas de période d'observation en cas de liquidation judiciaire, même si l'activité de l'entreprise concernée peut être temporairement maintenue sous certaines conditions (C. com. art. L 641-10, al. 1). La conversion d'une sauvegarde ou d'un redressement en liquidation judiciaire met d'ailleurs un terme à la période d'observation (C. com. art. L 622-11 et L 631-15). L'ambiguïté de ce renvoi peut donc conduire à penser que l'article L 622-14, al. 5 n'est pas applicable à la liquidation judiciaire (dans le même sens, M. Le Corre, Droit et pratique des procédures collectives éd. 2023-2024 Dalloz action § 433-221, prônant une interprétation stricte du dispositif qui porte atteinte aux droits du bailleur). Toutefois, une telle interprétation prive totalement de sens le renvoi à l'alinéa 5 de l'article L 622-14 et peut remettre en cause la viabilité du plan de cession de l'entreprise ou de la cession isolée du fonds de commerce qui ont été décidés dans le cadre de la liquidation judiciaire.

À notre connaissance, la chambre commerciale de la Cour de cassation n'a pas encore eu à trancher ce point. En matière de refus de renouvellement du bail, la troisième chambre civile a estimé que le défaut d'exploitation du fonds après l'ouverture d'une liquidation judiciaire pouvait être légitime dans certains cas (no 34115).

C. Cession du bail pendant la procédure collective du locataire

1. CESSION DE L'ENTREPRISE LOCATAIRE

CONTEXTE DE LA CESSION DE L'ENTREPRISE LOCATAIRE

63600 Les procédures de **redressement** et de **liquidation** judiciaires peuvent aboutir à la cession totale ou partielle (cession d'une branche d'activité autonome) de l'entreprise (C. com. art. L 631-22 et L 642-1) tandis qu'en cas de **sauvegarde** seule la cession d'une ou de plusieurs activités peut être envisagée (art. L 626-1) mais, dans tous les cas, cette cession peut inclure un bail commercial.

Ces cessions, qui interviennent dans le cadre d'un **plan de cession,** sont soumises au même **régime,** qui est celui applicable à la liquidation judiciaire (art. L 626-1, al. 3 pour la sauvegarde et L 631-22, al. 1 pour le redressement judiciaire).

ATTENTION

Le locataire ou les dirigeants de fait ou de droit de la personne morale locataire (ainsi que leurs parents ou alliés jusqu'au deuxième degré inclus) ne peuvent présenter une offre de reprise ni directement ni par **personne** interposée ; il leur est **interdit d'acquérir,** directement ou indirectement, dans les cinq ans de la cession, tout ou partie des biens compris dans celle-ci (C. com. art. L 642-3, L 626-1 et L 631-22). Le tribunal peut toutefois déroger à ces interdictions, sauf en ce qui concerne le locataire (art. précité).

CONDITIONS DE LA CESSION DE L'ENTREPRISE

63610 L'offre de reprise de l'entreprise locataire doit comporter la mention des contrats inclus dans cette offre (C. com. art. L 642-2, II-al. 1). Le tribunal qui retient une offre de reprise détermine les **contrats** de location **nécessaires au maintien de l'activité** (art. L 642-7, al. 1), sans pouvoir imposer le transfert de contrats que le repreneur ne réclame pas (Cass. com. 15-12-2009 n° 08-21.235 F-PB : RJDA 3/10 n° 272, 3e espèce).

Dans la mesure où la cession du fonds de commerce n'implique pas nécessairement cession du bail des locaux dans lesquels ce fonds est exploité, celle-ci doit être décidée **expressément dans le plan** et le tribunal vérifie le caractère nécessaire du bail au maintien de l'activité (Cass. com. 17-12-1996 n° 94-18.981 P : RJDA 4/97 n° 574 ; Cass. com. 9-5-2007 n° 05-20.057 F-D : RJDA 10/07 n° 993).

> **Précisions a.** Le **bail** qui n'a pas été poursuivi après l'ouverture de la procédure collective est **résilié** de plein droit (n° 63245) ; il ne saurait donc être cédé. Tel est également le cas si le bailleur a fait constater par le juge l'acquisition de la clause de résiliation de plein droit ; à notre avis, il peut le faire jusqu'à la passation de l'acte réalisant la cession du bail prévue par le jugement arrêtant le plan de cession et, non comme l'a retenu une cour d'appel, seulement avant l'arrêté de ce plan (CA Paris 15-1-2013 n° 12/17592, ch. 7-8 : RJDA 4/13 n° 347).
> Certes, le jugement qui arrête le plan emporte cession des contrats (C. com. art. L 642-7, al. 2) mais le transfert des droits et obligations résultant de ceux-ci ne prend effet qu'à la date de la conclusion des actes de cession ou de la prise de possession par le cessionnaire (n° 63620).
> **b.** Le **bailleur** doit être convoqué à l'audience lors de laquelle le tribunal statuera sur la cession du bail ; la **convocation** est faite par le greffe du tribunal, par lettre recommandée AR et 15 jours au moins avant la date d'audience (C. com. art. R 642-7).

SORT DES RESTRICTIONS À LA CESSION DE L'ENTREPRISE

63615 Les **droits de préemption** institués par le Code rural ou le Code de l'urbanisme (notamment celui dont bénéficient les communes en cas de cession d'un bail commercial en application des articles L 214-1 s. du Code de l'urbanisme) ne peuvent pas s'exercer sur un bail compris dans le plan de cession totale ou partielle de l'entreprise (C. com. art. L 626-1, al. 5 pour la sauvegarde, art. L 642-5, al. 4 pour la liquidation judiciaire et, sur renvoi de l'art. L 631-22, pour le redressement judiciaire ; C. urb. art. R 214-3, dernier al.).

Sont privées d'effet les **clauses du bail** :

– **subordonnant la cession** du bail **à l'accord** écrit **du bailleur** (Cass. com. 6-12-1994 n° 2273 P : RJDA 4/95 n° 501 ; CA Paris 25-6-2004 n° 04-2812, 3e ch. B, rendus sous l'empire des textes antérieurs mais transposables au régime actuel) ;

– **réservant un droit de préférence ou de préemption au bailleur** (Cass. com. 13-1-2015 n° 13-21.650 F-D ; CA Paris 15-1-2013 n° 12/17592, ch. 7-8 : RJDA 4/13 n° 347 ; CA Rouen 14-2-2013 n° 12/04679, ch. civ. et com. : RJDA 7/13 n° 654) ;

– prévoyant des **exigences de forme** pour toute cession (en l'espèce, le bail stipulait que toute cession devait être reçue par acte authentique), sauf disposition contraire du jugement arrêtant le plan de cession (Cass. com. 1-3-2016 n° 14-14.716 FS-PB : RJDA 5/16 n° 384).

> **Précisions** L'acte de cession du bail ne peut pas déroger au plan de cession arrêté par le tribunal. Dans un cas où le tribunal avait ordonné la **cession d'un sous-bail** commercial, la Cour de cassation a jugé que la clause, figurant dans l'acte de cession et subordonnant la cession à la condition suspensive de l'accord du bailleur principal, était dépourvue de tout effet juridique (Cass. 3e civ. 7-12-2011 n° 10-30.695 FS-PB : RJDA 6/12 n° 567 ; dans le même sens, Cass. 3e civ. 18-9-2012 n° 10-30.696 F-D : RJDA 3/13 n° 249 som.).

EFFETS DE LA CESSION DE L'ENTREPRISE

Le jugement qui arrête le plan de cession de l'entreprise locataire emporte **cession** du bail jugé nécessaire par le tribunal au maintien de l'activité (C. com. art. L 642-7, al. 2). Toutefois, le transfert des droits et obligations résultant du bail ne prend effet qu'à la **date** de la conclusion des actes de cession ou de la prise de possession par le repreneur en vertu des dispositions du jugement ou de l'autorisation de l'administrateur lorsqu'elle intervient avant ces actes ; en cas de cession de contrats à exécution successive, le cessionnaire est tenu des **créances** correspondant à la **période de jouissance postérieure** à la date ainsi fixée, peu important l'exigibilité de ces créances, antérieure à cette date (Cass. com. 6-1-1998 n° 45 PB : RJDA 5/98 n° 624, rendu sous l'empire de l'article 86 de la loi du 25-1-1985 mais transposable au régime actuel par identité des termes de l'article L 642-7). Le repreneur ne sera donc tenu aux loyers antérieurs à la cession que s'il a pris l'engagement de les prendre en charge, un tel engagement pouvant constituer tout ou partie du prix de cession. 63620

Neutralisation des clauses de solidarité **Clause de solidarité classique.** La clause de solidarité, dite « classique », est celle en vertu de laquelle le locataire cédant le bail est solidaire, à l'égard du bailleur, des sommes dues au titre du bail par le repreneur de ce dernier. 63621

Aux termes de l'article L 641-12, al. 5 du Code de commerce, le liquidateur judiciaire peut céder le bail dans les conditions prévues au contrat conclu avec le bailleur avec tous les droits et obligations qui s'y rattachent mais, en ce cas, toute clause imposant au cédant des dispositions solidaires avec le cessionnaire est réputée non écrite. La question de savoir si ce texte, qui vise la cession par le liquidateur, est applicable lorsque le bail est inclus dans un **plan de cession** arrêté par le tribunal ou seulement lorsque le liquidateur cède le bail **en dehors du plan de cession** n'est pas clairement tranchée. Certes, la réalisation du plan de cession arrêté par le tribunal en cas de liquidation judiciaire incombe au liquidateur, sauf désignation d'un administrateur à cette fin (C. com. art. L 642-8, al. 1) mais cela suffit-il à étendre le dispositif au plan de cession ? La doctrine n'est pas unanime, hésitant entre donner une portée générale à l'article L 641-12 (E. Simon Michel, La neutralisation relative de la solidarité inversée dans la loi Pacte : JCP N 2019 n° 21-22 n° 1207 § 4 s.), comme l'a admis une cour d'appel (CA Versailles 12-3-2015 n° 14/02599 et 14/03274 : Gaz. Pal. 5-5-2015 p. 26 note F. Kendérian) ou en limiter l'application à la cession isolée du bail par le liquidateur (F. Kendérian précité), débat que la Cour de cassation n'a pas eu l'occasion de trancher à notre connaissance. En tout état de cause, à supposer que l'article L 641-12, al. 5 soit applicable à la cession de l'entreprise dans le cadre de la liquidation judiciaire, il ne saurait l'être pour les cessions prévues par le plan de sauvegarde ou de redressement, en l'absence de renvoi des articles L 626-1 et L 631-22 relatifs à ces cessions vers l'article L 641-12. En effet, le renvoi opéré par ces articles aux dispositions sur la liquidation judiciaire ne concerne que les articles L 642-1 à L 642-17 (section 1 du chapitre II du titre IV).

À défaut de préciser les cessions visées par l'article L 641-12, la Cour de cassation a limité la portée de ce texte : la neutralisation de la clause de solidarité ne profite qu'au locataire en liquidation judiciaire, de sorte que la clause retrouve son plein effet au profit du bailleur en cas de **nouvelle cession du bail** (cette fois par le repreneur) selon les modalités de droit commun (Cass. com. 15-11-2017 n° 16-19.131 F-PB : RJDA 2/18 n° 158). Mais la clause pourrait néanmoins être neutralisée si la nouvelle cession survenait dans le cadre de la procédure collective du repreneur. La clause ne retrouve pas son plein effet lorsque l'auteur de l'offre de reprise s'est substitué un tiers puisque, dans cette hypothèse, ce dernier est devenu cessionnaire du bail sans qu'aucune nouvelle cession ne soit intervenue entre lui et l'auteur de l'offre (CA Paris 5-7-2022 n° 20/18031 : RJDA 12/22 n° 706).

> **Précisions** Avant que sa rédaction soit remaniée par l'ordonnance 2008-1345 du 18 décembre 2008, l'article L 641-12 du Code de commerce procédait par renvoi : « en cas de cession du bail, les dispositions de l'article L 622-15 sont applicables » ; ce dernier neutralise la clause de solidarité classique pour les cessions intervenant durant la période d'observation. Ce renvoi n'induisait aucune distinction selon que la cession du bail intervenait lors de la cession de l'entreprise ou de manière isolée, contrairement à l'architecture actuelle des textes.

Clause de solidarité inversée. Lorsque le bail est inclus dans le plan de cession, est réputée non écrite toute clause imposant au repreneur du bail des dispositions solidaires avec le locataire cédant (C. com. art. L 642-7, al. 3, L 626-1, al. 3 et L 631-22, al. 1), c'est-à-dire toute clause qui rend le repreneur solidaire du locataire pour les sommes restant dues par ce dernier au bailleur à la date de la 63622 cession. Ce dispositif est destiné à faciliter la reprise, le montant des impayés du locataire pouvant être dissuasif.

> **Précisions a.** Avant l'introduction de cette disposition, la clause de solidarité inversée s'appliquait lorsque le bail était cédé dans le cadre du plan de cession (Cass. com. 27-9-2011 n° 10-23.539 FS-PB : RJDA 4/12 n° 424 ; CA Versailles 12-3-2015 n° 14/02599 et 14/03274 : Gaz. Pal. 5-5-2015 p. 26 note F. Kendérian), ce qui constituait un frein à la reprise de l'entreprise.
> **b.** À notre avis, la clause de solidarité inversée est de nouveau applicable lorsque le repreneur cède à son tour le bail (comme cela a été admis pour la clause de solidarité classique ; n° 63621).

63625 **Exécution du bail par le repreneur** Les contrats cédés dans le cadre du plan de cession doivent être **exécutés aux conditions en vigueur** au jour de l'ouverture de la procédure collective du locataire, nonobstant toute clause contraire de ces contrats (C. com. art. L 642-7, al. 3).

Toutefois, le tribunal qui prononce la cession du bail peut, après avoir entendu ou dûment appelé le bailleur, autoriser le repreneur à adjoindre à l'activité prévue au bail des activités connexes ou complémentaires (art. L 642-7, al. 4 pour la liquidation judiciaire et, sur renvoi, des art. L 626-1 et L 631-22 pour la sauvegarde et le redressement judiciaire). Une **déspécialisation partielle** du bail peut en effet faciliter la reprise du fonds de commerce. À notre avis, cette procédure de déspécialisation se substitue à celle organisée par l'article L 145-47 du Code de commerce qui, laissant deux mois au bailleur pour répondre à l'acte lui notifiant l'intention du locataire de procéder à une déspécialisation partielle, est inadaptée dans le cadre d'une procédure collective. L'article L 642-7 ne précise pas, contrairement à l'article L 145-47, al. 2, si la connexité ou la complémentarité de l'activité proposée doit être appréciée au regard de l'évolution des usages commerciaux. Le repreneur s'expose à une augmentation du loyer lors de la première révision triennale (art. L 145-47, al. 3) ou lors du renouvellement du bail.

Le bailleur peut demander une substitution de **garantie** dans les conditions exposées n°s 10190 s. À défaut de précision dans la décision arrêtant le plan sur le sort du dépôt de garantie, le droit commun s'applique.

Si le bail cédé conférait au locataire initial un **droit** personnel **de préférence** en cas de vente des locaux loués par le bailleur, le repreneur ne peut pas en bénéficier (Cass. com. 13-2-2007 n° 05-17.296 FS-PBRI : RJDA 8-9/07 n° 826), cette créance personnelle au cédant ne lui étant pas transmise par l'homologation du plan de cession.

> **Précisions** Le jugement arrêtant la cession des actifs d'une société avait constaté que le bailleur avait consenti au repreneur une **diminution du loyer** annuel pendant trois ans à compter de la reprise de l'exploitation, **sous condition d'obtention d'une garantie bancaire** pour le paiement du loyer. À défaut d'obtention de cette garantie, le montant du loyer restait celui antérieurement fixé. Jugé, d'une part, que si la date de fourniture de cette garantie n'avait pas été précisée, elle ne pouvait être que concomitante à la reprise et, d'autre part, qu'ayant fourni cette garantie plusieurs mois après la cession, le repreneur ne pouvait pas invoquer la réduction du loyer et était redevable du montant initial de celui-ci (Cass. 3e civ. 23-1-2013 n° 11-25.594 FS-D : RJDA 7/13 n° 588).

63630 **Résiliation du bail par le repreneur** Le repreneur peut résilier le bail, c'est-à-dire donner congé au bailleur, sans autorisation préalable du tribunal et même s'il n'a pas encore réglé le prix de cession (Cass. com. 8-6-1999 n° 96-19.437 P : RJDA 8-9/99 n° 970). Cette solution, qui écarte l'application à cette résiliation de l'article L 642-9 (interdiction pour le repreneur de céder le bail tant qu'il n'a pas payé le prix de cession, sauf autorisation du tribunal), doit à notre avis être étendue à l'article L 642-10, et donc à l'hypothèse où le tribunal a déclaré le bail incessible.

63635 **Cession du bail par le repreneur** Tant qu'il n'a pas payé le prix de cession, le repreneur ne peut pas céder le bail sauf autorisation du tribunal (C. com. art. L 642-9, al. 1 et 2). Il ne le peut pas non plus si, en arrêtant le plan, le tribunal a déclaré le bail incessible sans son autorisation pour une durée donnée (art. L 642-10, al. 1). La cession du bail effectuée en violation de ces dispositions peut être annulée à la demande de tout intéressé et du ministère public dans un délai de trois ans à compter de sa conclusion ou, si la cession était soumise à publicité (cas, par exemple, de la cession conjointe du bail et fonds de commerce ; art. L 141-12 et L 141-13), à compter de cette publicité (art. L 642-9, al. 4 et L 642-10, al. 4).

Lorsqu'il cède le bail alors qu'il le peut, le repreneur n'échappe pas à l'éventuelle clause de solidarité figurant dans le bail (n° 63621).

2. CESSION ISOLÉE DU BAIL

CESSION ISOLÉE DU BAIL PENDANT LA PÉRIODE D'OBSERVATION

En cas de **sauvegarde** ou de **redressement judiciaire** du locataire, une cession isolée du bail (ou du fonds de commerce incluant le bail) est possible durant la période d'observation, c'est-à-dire entre le jugement ouvrant la procédure collective et celui qui arrête le plan ou convertit la procédure en liquidation judiciaire. En pratique, cette cession est limitée à l'hypothèse où le locataire dispose de **plusieurs baux ou fonds de commerce** ; si le locataire n'en a qu'un, la cession compromettrait la poursuite et le redressement de l'activité. 63650

La cession pendant la période d'observation, que l'initiative en ait été prise par le locataire ou l'administrateur judiciaire, requiert l'**autorisation du juge-commissaire,** à moins que la cession ne puisse être considérée comme un acte de gestion courante (cf. C. com. art. L 622-7, II et L 631-14), ce qui est rarement le cas. À défaut d'autorisation préalable, la cession peut être annulée (art. L 622-7, III et L 631-14, al. 1) ; le locataire (ou les dirigeants de la société locataire) et le repreneur sont passibles de sanctions pénales (art. L 654-8, 1°).

Les **clauses du bail** relatives à la cession de celui-ci doivent être respectées sauf celle imposant au locataire cédant des dispositions solidaires avec le repreneur car elle est réputée non écrite (art. L 622-15 et L 631-14, al. 1). La clause de solidarité redevient toutefois opposable par le bailleur si le repreneur cède à son tour le bail selon les règles du droit commun (Cass. com. 15-11-2017 n° 16-19.131 F-PB : RJDA 2/18 n° 158 rendu à propos de l'art. L 642-12, al. 5 mais à notre avis transposable). La clause de solidarité inversée – qui rend le repreneur solidaire du locataire cédant – n'est pas neutralisée (cf. Cass. com. 27-9-2011 n° 10-23.539 FS-PB : RJDA 4/12 n° 424 retenant une lecture stricte de l'art. L 642-12, al. 5, transposable à l'art. L 622-15).

La cession isolée du bail commercial n'échappe pas au **droit de préemption** dont les communes bénéficient en application des articles L 214-1 s. du Code de l'urbanisme, ce droit n'étant exclu que pour le plan de cession. Avant la signature de l'acte de cession, une déclaration d'intention d'aliéner (DIA) doit donc être adressée à la commune afin qu'elle puisse, le cas échéant, exercer son droit de préemption (C. urb. art. R 214-8).

CESSION ISOLÉE DU BAIL EN CAS DE LIQUIDATION JUDICIAIRE

La cession du bail commercial, en dehors du plan de cession, intervient surtout en cas de liquidation judiciaire du locataire, où elle fait l'objet d'un régime spécifique : il appartient au juge-commissaire soit d'ordonner la cession aux enchères publiques, soit d'autoriser, aux conditions qu'il détermine, la vente de gré à gré des biens mobiliers du débiteur non compris dans un plan de cession (C. com. art. L 642-19 s.). 63655

Dans le cadre d'un redressement judiciaire, elle est aussi envisageable : si, après adoption d'un plan de cession, le locataire n'est pas en mesure de faire l'objet d'un plan de redressement (c'est-à-dire notamment si ses créanciers ne sont pas désintéressés grâce au prix de cession), il est mis en liquidation judiciaire et les biens non compris dans le plan sont vendus dans les conditions exposées ci-dessous (art. L 631-22, al. 3).

> **Précisions** **a.** Les **interdictions d'acquérir** exposées n° 63600 sont ici applicables (C. com. art. L 642-20, al. 1 et, sur renvoi, art. L 642-3), y compris dans le cadre d'une vente aux enchères (Cass. com. 3-2-2021 n° 19-20.616 FS-P : RJDA 11/21 n° 731).
> **b.** Si la **vente de gré à gré** n'est réalisée que par l'accomplissement d'actes postérieurs à la décision du juge-commissaire qui ordonne la cession du bien, elle n'en n'est pas moins parfaite dès l'ordonnance, sous la condition suspensive que celle-ci acquière force de chose jugée ; il en résulte que la prise de possession effective du fonds de commerce dont le juge-commissaire a ordonné la cession oblige son bénéficiaire à exécuter les obligations nées des contrats dont il ne conteste pas qu'ils lui ont été transférés comme accessoires du fonds ; le bénéficiaire qui a refusé de signer l'acte de cession du fonds de commerce a ainsi été condamné à payer au bailleur des murs une indemnité d'occupation pour la période courant de sa prise de possession du local jusqu'à la libération effective de celui-ci (Cass. com. 15-5-2019 n° 15-17.435 F-PB : RJDA 10/19 n° 651).

Cession respectant les termes du bail En cas de liquidation judiciaire du locataire, le liquidateur (ou l'administrateur s'il en a été désigné un) peut **céder** le bail **dans les conditions prévues au contrat** conclu avec le bailleur, avec tous les droits et obligations qui s'y rattachent (C. com. art. L 641-12, al. 5). 63660

Ainsi, les **clauses restreignant la cession** du bail au seul cas de vente simultanée du fonds de commerce ou subordonnant sa réalisation à l'agrément du bailleur ou à son concours doivent être respectées (en ce sens, CA Versailles 2-2-1995 : AJPI 1995 p. 588 et CA Rouen 19-1-2012 n° 10/04429 pour une clause n'autorisant la cession qu'au profit du successeur dans le commerce ; CA Paris 26-2-1999 n° 96-84910, 16ᵉ ch. B : RJDA 12/99 n° 1365 et Cass. com. 19-4-2023 n° 21-20.655 F-B : RJDA 8-9/23 n° 447 pour une clause d'agrément).

ILLUSTRATIONS

Dans le cadre de la liquidation judiciaire ouverte à l'encontre du titulaire d'un bail commercial sur un restaurant, le liquidateur judiciaire avait demandé l'autorisation au juge-commissaire de céder les actifs du locataire à l'auteur d'une offre d'achat qui exerçait aussi une activité de restauration. Une cour d'appel a infirmé l'autorisation donnée par le juge-commissaire pour les raisons suivantes (CA Rouen 19-1-2012 précité) :
– le bail précisait que le locataire ne pouvait **céder** tout ou partie de son droit au **bail,** sous peine de résiliation, sauf **à un successeur de son fonds de commerce** ou de son entreprise ; la demande d'autorisation présentée par le liquidateur judiciaire portait sur les éléments subsistants du fonds de commerce sans préciser ces éléments ; il n'était donc pas démontré que la cession était faite au successeur du fonds ;
– selon les termes du bail, était exercée dans les lieux loués l'activité de restauration, pizzeria, loundge, bar chicha, vente à emporter, alors que l'auteur de l'offre exerçait l'activité de restauration japonaise traiteur, ce qui ne correspondait pas à la même activité que le locataire.
Dans un cas où, sur autorisation du juge-commissaire, le liquidateur judiciaire avait cédé le fonds de commerce et le bail du locataire par acte sous signature privée, jugé que le liquidateur était responsable, solidairement avec le rédacteur de l'acte, à l'égard du repreneur du bail dès lors qu'aux termes du bail, la **cession** de celui-ci ne pouvait intervenir que **par acte authentique** et que le non-respect de cette exigence avait permis au bailleur de refuser au repreneur le renouvellement du bail sans indemnité (Cass. com. 17-5-2017 n° 15-27.140 F-D : RJDA 8-9/17 n° 573).

63662 Le liquidateur doit également respecter la clause du bail accordant en cas de cession un **droit de préférence** au bailleur ou à un tiers (Cass. com. 13-2-2007 n° 06-11.289 FS-PBRI : RJDA 8-9/07 n° 826 rendu à propos de la cession d'un bail compris dans une unité de production mais intervenue sur autorisation du juge-commissaire et non dans le cadre d'un plan de cession homologué par le tribunal).

Un tiers qui envisage d'acquérir un bien peut demander au bénéficiaire d'un pacte de préférence de confirmer, dans un délai qu'il fixe, l'existence du pacte et s'il entend s'en prévaloir (C. civ. art. 1123, al. 3). À notre avis, il appartient au candidat à la reprise du bail commercial, et non au liquidateur, d'interroger le bailleur.

63665 La cession du droit au bail autorisée par le juge-commissaire et acceptée par le bailleur se faisant aux conditions prévues par le contrat à la date du jugement d'ouverture de la procédure collective, le bailleur peut exiger le **respect de la destination** de l'activité prévue au bail, sauf indemnisation (Cass. com. 11-5-1999 n° 97-10.045 F-D : Loyers et copr. 1999 comm. n° 241).

La possible déspécialisation partielle du bail inclus dans un plan de cession (n° 63625) n'est prévue que dans cette hypothèse : elle ne saurait être étendue en cas de cession isolée du bail. Le liquidateur judiciaire qui, afin de favoriser cette cession, souhaiterait ajouter des activités connexes ou complémentaires à celles visées au bail doit, à notre avis, suivre la procédure de déspécialisation partielle prévue par le statut des baux commerciaux.

63670 Par **exception** au principe du respect des termes du bail, la **clause** du bail prévoyant la **solidarité** du locataire avec le repreneur est réputée non écrite (C. com. art. L 641-12, al. 5) mais elle est de nouveau opposable par le bailleur si le repreneur cède à son tour le bail (Cass. com. 15-11-2017 n° 16-19.131 F-PB : RJDA 2/18 n° 158). La clause qui rend le repreneur solidaire du locataire cédant (solidarité dite « inversée ») n'est pas neutralisée, même si elle n'est pas reproduite dans l'ordonnance du juge-commissaire (Cass. com. 27-9-2011 n° 10-23.539 FS-PB : RJDA 4/12 n° 424).

63675 **Droit de préemption des communes** La cession isolée du bail commercial dans le cadre de la liquidation judiciaire du locataire n'échappe pas au droit de préemption dont les communes bénéficient en application des articles L 214-1 s. du Code de l'urbanisme. Avant la signature de l'acte de cession, le liquidateur doit donc adresser à la commune une déclaration d'intention d'aliéner (DIA) afin que la commune puisse, le cas échéant, exercer son droit de préemption (C. urb. art. R. 214-8).

SECTION 2

SORT DES CRÉANCES DU BAILLEUR EN CAS DE PROCÉDURE COLLECTIVE DU LOCATAIRE

TRAITEMENT DIFFÉRENCIÉ DES CRÉANCES

Tous les créanciers d'un débiteur en procédure collective sont soumis à des règles communes dont l'objet est d'empêcher que l'un d'entre eux obtienne du débiteur un avantage particulier au détriment des autres ; le bailleur est un créancier comme les autres soumis à ce principe d'**égalité des créanciers.** 63700

Ce principe ne signifie pas que toutes les créances (y compris celles d'un même créancier) sont soumises à un régime unique. La loi prévoit en effet un **traitement préférentiel pour certaines créances** : il s'agit notamment des créances nées régulièrement après le jugement d'ouverture pour les besoins du déroulement de la procédure ou de la période d'observation ou en contrepartie d'une prestation fournie au débiteur pendant cette période (C. com. art. L 622-17, I). Ces créances n'ont pas besoin d'être déclarées et doivent être payées à leur échéance ou, à défaut, par privilège aux autres créances. En revanche, les créances ne répondant pas à ces critères (telles celles qui sont nées avant l'ouverture de la procédure) doivent être déclarées et ne sont payées qu'après les créances bénéficiant du traitement préférentiel.

Généralement, les créances du bailleur entrent dans chacune de ces deux grandes catégories : les loyers dus après le jugement d'ouverture relèvent du traitement préférentiel en ce qu'ils constituent une contrepartie d'une prestation fournie au locataire, tandis que les loyers antérieurs au jugement d'ouverture n'en bénéficient pas.

> **Précisions** Le fait pour un créancier, après le jugement ouvrant la procédure collective, de passer une **convention comportant un avantage particulier** à la charge du débiteur est puni de cinq ans de prison et de 375 000 € d'amende ; la juridiction saisie prononce la nullité de cette convention (C. com. art. L 654-13).

A. Créances antérieures à l'ouverture de la procédure collective

DÉFINITION DES CRÉANCES ANTÉRIEURES

Sont considérées comme des créances antérieures à la procédure collective du locataire toutes les créances du bailleur nées **avant le jugement d'ouverture de la procédure,** même si leur paiement devait s'effectuer après. 63730

Sont donc concernés les **loyers et charges** dus pour une période d'occupation des locaux antérieure à ce jugement, quelle que soit leur date d'exigibilité.

Sont également des créances antérieures :

– le **droit d'entrée** (ou pas-de-porte) payable par fractions dès lors qu'il a le caractère d'une indemnité destinée à compenser la dépréciation de l'immeuble résultant de l'octroi de la propriété commerciale, de sorte que cette créance est née dès la conclusion du bail, peu important l'étalement du paiement (Cass. com. 14-4-1992 n° 89-18.486 P : Bull. civ. IV n° 158) ;

– la créance de restitution d'un **dépôt de garantie,** même si la fin du bail est postérieure au jugement d'ouverture, dès lors que le fait générateur à l'origine de la restitution (à savoir le versement de ce dépôt) est antérieur (Cass. com. 23-1-2007 n° 05-13.995 F-PB : RJDA 6/07 n° 639) ;

– le montant des **frais de remise en état** des lieux dès lors que le bailleur a donné congé au locataire pour défaut d'entretien des locaux avant le jugement d'ouverture (Cass. com. 26-5-1998 n° 1146 P : RJDA 9/98 n° 1133) ou lorsque la dégradation invoquée est antérieure à ce jugement (Cass. com. 13-3-2007 n° 05-21.504 F-D : Rev. Loyers 2007 p. 339 note C.-H. Gallet) ;

– la **créance de dommages et intérêts** pour trouble anormal de voisinage dès lors que l'assignation est antérieure au jugement d'ouverture, peu important que le trouble ait continué après (Cass. com. 7-12-2004 n° 1782 FS-PB : RJDA 4/05 n° 421) ;

– la **clause pénale** d'un bail sanctionnant l'inexécution de l'obligation d'édifier des constructions souscrite par le locataire, dès lors que l'inexécution a été constatée avant l'ouverture de la procédure (Cass. 3e civ. 13-10-1999 n° 1551 PB : RJDA 12/99 n° 1353).

Tel est également le cas de l'indemnité de résiliation si la résiliation est devenue définitive avant le jugement d'ouverture.

> Précisions a. Le **jugement d'ouverture** d'une procédure collective prend **effet** à compter de sa **date** (C. com. art. R 621-4, al. 2, R 631-7 et R 641-1), soit dès la première heure du jour de son prononcé (Cass. com. 2-10-2007 n° 06-20.140 F-D).
b. Dans un cas où le bailleur d'un tènement immobilier avait réclamé au locataire mis en liquidation judiciaire le remboursement des **frais de dépollution du terrain,** a été cassé l'arrêt d'une cour d'appel qui, pour déclarer cette créance née régulièrement après le jugement d'ouverture et imputable au liquidateur, a retenu que le bail avait poursuivi son cours pendant trois mois après l'ouverture de la liquidation judiciaire, sans rechercher si l'activité polluante du locataire avait été poursuivie après le jugement d'ouverture (Cass. com. 23-10-1990 n° 88-17.993 D : Petites Affiches 14-7-1993 n° 84 p. 20).

63755 Le jugement d'ouverture de la procédure collective arrête le cours des **intérêts** légaux et conventionnels, ainsi que de tous intérêts de retard et majorations (C. com. art. L 622-28, al. 1, L 631-14, al. 1 et L 641-3, al. 1) ; cet arrêt est définitif (Cass. com. 5-2-2020 n° 18-19.044 F-D : RJDA 6/20 n° 317). Le bailleur reste créancier des intérêts échus avant le jugement d'ouverture, qu'il doit déclarer avec la créance à laquelle ils se rattachent (n° 64050).

> Précisions Il est fait **exception** à l'arrêt du cours des intérêts dès lors qu'ils sont nés des prêts conclus pour une durée d'au moins un an ou des contrats assortis d'un paiement différé d'au moins un an (C. com. art. L 622-28, al. 1, L 631-14, al. 1 et L 641-3, al. 1).

1. INTERRUPTION DES POURSUITES DU BAILLEUR CONTRE LE LOCATAIRE

ACTIONS EN PAIEMENT NEUTRALISÉES

63800 L'ouverture de la procédure collective du locataire emporte l'interruption et l'interdiction de toute action en justice contre celui-ci et tendant à sa condamnation au paiement d'une somme d'argent de la part d'un créancier dont la créance est née avant le jugement d'ouverture (C. com. art. L 622-21, I pour la sauvegarde ; sur renvoi de l'art. L 631-14, al. 1 pour le redressement judiciaire et de l'art. L 641-3, al. 1 pour la liquidation judiciaire).

Le bailleur ne peut donc plus agir en paiement des loyers et charges impayés antérieurement au jugement d'ouverture. Son droit de résilier le bail est également limité (nos 63330 s.).

Les actions en paiement en cours lors de l'ouverture de la procédure collective et interrompues par celle-ci sont reprises dans les conditions et limites exposées n° 63335.

Sur le recours du bailleur contre les personnes garantissant l'exécution du bail, voir n° 64130.

VOIES D'EXÉCUTION NEUTRALISÉES

63820 Le jugement d'ouverture de la procédure collective du locataire arrête ou interdit également toute voie d'exécution de la part du bailleur pour des créances antérieures tant **sur les meubles** que sur les **immeubles** du locataire ainsi que toute procédure de distribution n'ayant pas produit un effet attributif avant le jugement d'ouverture (C. com. art. L 622-21, II pour la sauvegarde ; sur renvoi de l'art. L 631-14, al. 1 pour le redressement judiciaire et de l'art. L 641-3, al. 1 pour la liquidation judiciaire).

ILLUSTRATIONS

L'ouverture de la procédure collective implique la mainlevée d'une procédure de saisie-vente lorsque, à la date du jugement d'ouverture, la vente des biens saisis n'est pas encore survenue (Cass. com. 27-3-2012 n° 11-18.585 F-PB : RJDA 7/12 n° 696). Si le bien saisi a été vendu, la procédure de distribution du prix de vente est caduque si les sommes n'ont pas été distribuées aux créanciers avant l'ouverture de la procédure collective (Cass. com. 17-4-2019 n° 17-15.960 F-PB : RJDA 7/19 n° 520).
Une saisie conservatoire qui n'a pas été convertie en saisie-attribution avant le jugement ouvrant la procédure collective du saisi ne peut plus produire ses effets après ce jugement (Cass. 2e civ. 20-10-2005 n° 04-10.870 F-PB : RJDA 5/06 n° 583 ; Cass. com. 2-3-2010 n° 08-19.898 F-PB : RJDA 6/10 n° 677 ; Cass. com. 14-12-2022 n° 21-15.957 F-D : RJDA 3/23 n° 155).

Toutefois, si la résiliation du bail est acquise avant l'ouverture de la procédure collective, le bailleur peut demander l'**expulsion** du locataire après le jugement d'ouverture (n° 63290).

2. INTERDICTION DE PAYER LE BAILLEUR

PRINCIPE DU NON-PAIEMENT DES CRÉANCE ANTÉRIEURES

63900 Le jugement ouvrant la procédure collective emporte de plein droit interdiction de payer toute créance née antérieurement au jugement d'ouverture, à l'exception du paiement par compensation de créances connexes (C. com. art. L 622-7, I pour la sauvegarde ; sur renvoi de l'art. L 631-14, al. 1 pour le redressement judiciaire et de l'art. L 641-3, al. 1 pour la liquidation judiciaire). L'interdiction vaut pour tous les **modes de paiement** (chèque, virement, espèces, etc.) et pèse tant sur le locataire que sur l'administrateur ou le liquidateur judiciaire.

ATTENTION

Tout paiement passé en **violation de cette interdiction** est annulé à la demande de tout intéressé ou du ministère public, présentée dans le délai de trois ans à compter du paiement de la créance (C. com. art. L 622-7, III pour la sauvegarde ; sur renvoi de l'art. L 631-14, al. 1 pour le redressement judiciaire et de l'art. L 641-3, al. 1 pour la liquidation judiciaire). En cas d'annulation d'un paiement fait au bailleur, ce dernier doit restituer les sommes perçues. Le locataire (ou le dirigeant de la personne morale locataire) s'expose à des sanctions pénales (C. com. art. L 654-8).

Il n'est toutefois pas interdit au bailleur de recevoir **paiement** de cette créance de la part **d'un tiers** sur ses propres deniers (Cass. com. 9-11-2004 n° 02-11.757 F-D : RJDA 3/05 n° 287, validant un paiement fait par le dirigeant de la société débitrice).

COMPENSATION AUTORISÉE ENTRE CRÉANCES CONNEXES

63950 Par exception à l'interdiction de payer les créances antérieures à l'ouverture de la procédure collective du locataire, la compensation est possible entre les créances que le bailleur a sur le locataire et celles que ce dernier détient sur le premier dès lors que ces créances sont **connexes** (C. com. art. L 622-7, I) et que cette connexité n'a pas été organisée artificiellement par les parties pour échapper à l'interdiction des paiements (Cass. com. 26-10-1999 n° 1592 D : RJDA 1/00 n° 46 ; Cass. com. 22-10-2013 n° 12-27.044 F-D : RJDA 3/14 n° 250).

Le fait que la créance du locataire sur le bailleur est née après le jugement ouvrant la procédure collective tandis que celle du bailleur sur le locataire est née avant ne s'y oppose pas (Cass. com. 7-3-2006 n° 04-18.128 F-D : RJDA 7/06 n° 805 ; Cass. com. 21-2-2012 n° 11-18.027 F-PB : Bull. civ. IV n° 44).

> Précisions a. La compensation entre les **créances** connexes du bailleur et du locataire suppose en outre qu'elles soient **réciproques** entre ces deux personnes (C. civ. art. 1347, al. 1) et **certaines** ou probables mais pas qu'elles soient liquides et exigibles (C. civ. art. 1348-1, al. 1 ; Cass. 3e civ. 29-11-2018 n° 17-26.670 F-D : RJDA 4/19 n° 276). Le bailleur peut invoquer la compensation même si sa créance antérieure n'est pas encore admise au passif du locataire ; le juge saisi de la demande peut alors retenir le principe de la compensation sous réserve de la décision du juge-commissaire sur le montant de la créance (Cass. com. 10-5-2012 n° 11-17.523 F-D : RJDA 7/12 n° 695 ; Cass. com. 3-4-2019 n° 17-28.463 F-PB : RJDA 6/19 n° 442) ou ordonner un sursis à statuer jusqu'à la décision du juge-commissaire (Cass. com. 21-2-2012 n° 11-18.027 F-PB : RJDA 5/12 n° 515), ou encore rejeter la demande si la créance ne lui apparaît pas vraisemblable (Cass. com. 3-4-2001 n° 98-15.432 F-D ; Cass. com. 1-10-2002 n° 00-16.493 F-D ; Cass. com. 10-12-2002 n° 00-10.194 F-D) ou est dépourvue de caractère certain (Cass. com. 14-2-2006 n° 04-11.887 F-D : JCP E 2006 n° 1850 § 19 obs. J. Stoufflet).

b. Il ne peut pas y avoir compensation entre la **créance de restitution du locataire** en procédure collective consécutive à l'annulation de paiements qu'il a effectués au bailleur en période suspecte, qui est **indisponible** car affectée au profit de la collectivité des créanciers, et celle dont se prévaut le bailleur au titre des loyers échus après l'ouverture de la procédure (Cass. com. 12-6-2024 n° 23-13.360 F-B : RJDA 11/24 n° 605).

63955 **Nécessité d'une déclaration de créance** La compensation entre créances connexes n'est admise que si le bailleur a régulièrement déclaré la créance dont il invoque la compensation (Cass. com. 3-5-2011 n° 10-16.758 FS-PBRI : RJDA 8-9/11 n° 719 ; Cass. com. 19-6-2012 n° 10-21.641 F-PB : RJDA 12/12 n° 1092 ; Cass. com. 2-3-2022 n° 20-20.500 F-D ; et sous l'empire des textes antérieurs Cass. com. 23-1-1990 n° 88-16.172 P : Bull. civ. IV n° 17).

La déclaration de la créance doit être effectuée pour la totalité de ce qui lui est dû, c'est-à-dire abstraction faite du jeu de la compensation.

63960 **Connexité des créances à compenser** La notion de connexité entre créances n'est pas définie par la loi. Les tribunaux retiennent la connexité lorsque les créances sont **liées par un même rapport de droit,** c'est-à-dire lorsqu'elles dérivent d'un même contrat ou d'un ensemble contractuel unique servant de cadre général aux relations des parties (notamment Cass. com. 5-4-1994 n° 92-13.989 P : RJDA 10/94 n° 1070 ; Cass. com. 14-10-2014 n° 13-24.482 FS-D : RJDA 12/14 n° 936 ; Cass. com. 20-4-2017 n° 15-25.319 F-D : RJDA 7/17 n° 495). En matière de bail, la notion d'ensemble contractuel unique est rarement invoquée.

ILLUSTRATIONS

Il y a **connexité,** et donc possible compensation :
– entre un arriéré de loyers et la créance de restitution du dépôt de garantie (Cass. com. 6-6-1989 n° 88-13.501 : Bull. civ. IV n° 177 ; Cass. 3e civ. 5-4-1995 n° 93-15.538) ou du fonds de roulement versé par le locataire (Cass. com. 18-1-2005 n° 02-12.324 F-PB : RJDA 5/05 n° 592), même si le bailleur n'en a pas indiqué l'existence dans sa déclaration de créance (Cass. com. 18-1-2005 précité) mais la compensation pour connexité est refusée ou limitée si ces créances de restitutions ont déjà été en tout ou partie compensées de plein droit avec des loyers postérieurs par le jeu de la compensation légale (Cass. com. 20-3-2001 n° 98-14.124 FS-P : RJDA 7/01 n° 807) ;
– entre un arriéré de loyers et la créance du locataire au titre de travaux de réparation incombant au bailleur (Cass. 3e civ. 13-2-2002 n° 246 FS-PB : Bull. civ. III n° 37) ou la créance du locataire au titre de l'astreinte mise à la charge du bailleur condamné à réaliser des travaux dans les lieux loués (Cass. com. 27-9-2016 n° 15-10.393 FS-PB : RJDA 12/16 n° 898) ;
– entre l'indemnité d'éviction due par le bailleur et l'indemnité d'occupation due par le locataire, ces deux indemnités étant nées de la situation constituée par la résiliation du bail (Cass. 1e civ. 9-5-2001 n° 98-22.664 : Bull. civ. I n° 126 rendu dans un cas où les indemnités avaient été judiciairement fixées) ;
– entre l'indemnité d'éviction et la créance relative aux loyers et accessoires (Cass. 3e civ. 29-11-2018 n° 17-26.670 F-D : RJDA 4/19 n° 276) ;
– entre la créance indemnitaire du locataire au titre d'un manquement du bailleur à l'obligation de délivrance et des loyers impayés (Cass. 3e civ. 7-1-2021 n° 19-20.898 F-D : RJDA 5/21 n° 337).
À l'inverse, l'**absence de connexité** a été retenue :
– entre une dette délictuelle et une créance contractuelle (Cass. 1e civ. 16-5-2000 n° 97-16.628 FS-P : RJDA 7-8/00 n° 797 ; Cass. com. 18-9-2007 n° 06-16.070 F-PB : RJDA 12/07 n° 1194 ; Cass. com. 18-12-2012 n° 11-17.872 F-PB : RJDA 4/13 n° 361), par exemple entre la créance de loyers impayés du bailleur et la créance du locataire au titre de l'indemnité que lui devait le bailleur pour avoir abusivement contesté son droit au bail (Cass. com. 22-4-1997 n° 97-17.600 P : RJDA 8-9/97 n° 1071) ;
– entre la dette de restitution consécutive à l'annulation d'une opération passée pendant la période suspecte d'une procédure collective et une créance admise à cette procédure (Cass. com. 13-4-2022 n° 20-22.389 F-B : RJDA 7/22 n° 420), ou entre la créance de restitution du montant d'un paiement interdit fait au profit d'un créancier et une créance de celui-ci déclarée au passif (Cass. com. 16-6-2021 n° 20-15.048 F-D : RJDA 10/21 n° 677) ;
– dans un cas où le bailleur et le locataire avaient souscrit ensemble un emprunt pour permettre au locataire de financer des travaux exécutés dans les lieux loués, entre la créance du bailleur au titre du remboursement de l'emprunt et sa dette au titre des travaux réalisés par le locataire (Cass. com. 4-1-2000 n° 97-18.059 D : RJDA 3/00 n° 333) ;
– entre des créances issues de contrats distincts – un bail et un contrat de travail à façon – non constitutifs d'un ensemble contractuel unique servant de cadre aux relations des parties, même si les contrats s'inscrivaient dans la reprise d'une branche d'activité du bailleur par le locataire et s'exécutait sur le même site industriel (Cass. com. 20-4-2017 n° 15-25.319 F-D : RJDA 7/17 n° 495).

AUTRES CAS DE COMPENSATION AUTORISÉE

63970 **Compensation légale** Nonobstant l'interdiction de recevoir paiement de ses créances antérieures à l'ouverture de la procédure collective du locataire, le bailleur peut invoquer à tout moment la compensation légale (C. civ. art. 1347 et 1347-1) mais à condition que celle-ci soit intervenue avant l'ouverture de la procédure collective, et donc que les créances aient été, avant cette date, certaines, liquides et exigibles (cf. Cass. com. 27-9-2011 n° 10-24.793 F-PB : RJDA 1/12 n° 69), peu important en revanche qu'elles n'aient pas été connexes (Cass. com. 15-12-2009 n° 08-70.164 F-D : RJDA 4/10 n° 428).

> **Précisions** Le paiement par voie de compensation légale survenue en période suspecte (entre la date de cessation des paiements de l'une des parties et celle à laquelle celle-ci a fait l'objet d'une procédure collective) est susceptible d'annulation (Cass. com. 28-5-1996 n° 94-10.688 : RJDA 10/96 n° 1209 ; CA Paris 7-4-2011 n° 10/06823 : Bull. Joly 2011 p. 912 note Ph. Roussel Galle ; Cass. com. 16-9-2014 n° 13-19.294 : RJDA 12/14 n° 922).

63972 **Compensation conventionnelle** La compensation conventionnelle – c'est-à-dire celle organisée par les parties en dehors des cas prévus par la loi, par exemple entre des créancesnon connexes ou non exigibles – peut jouer en cas de procédure collective d'une des parties (Cass. com. 9-4-2013 n° 12-14.356 F-D : RJDA 8-9/13 n° 734), à **condition** qu'elle ait été convenue avant la période suspecte (Cass. com. 9-12-1997 n° 2491 P : RJDA 4/98 n° 471 ; Cass. com. 19-5-2015 n° 14-12.872 : GP 2015.som.19 juillet note Bonhomme). La convention de compensation doit s'inscrire dans un contrat ou un accord cadre régissant les relations des parties, ce qui n'est pas le cas en présence d'accords ponctuels de compensation entre les parties (Cass. com. 15-12-2009 n° 08-70.164 F-D : RJDA 4/10 n° 428).

3. OBLIGATION DU BAILLEUR DE DÉCLARER SES CRÉANCES

CRÉANCES À DÉCLARER

Les créances **nées avant le jugement d'ouverture** de la procédure collective doivent être déclarées dans le cadre de cette procédure (C. com. art. L 622-24 pour la sauvegarde ; sur renvoi de l'art. L 631-14, al. 1 pour le redressement judiciaire et de l'art. L 641-3, al. 4 pour la liquidation judiciaire ; sur la notion de créances antérieures, voir n° 63730). **64000**

Par exception, en cas d'ouverture d'une nouvelle procédure collective après résolution du plan de sauvegarde ou de redressement, les créanciers soumis au plan ou admis au passif sont dispensés de déclarer à nouveau leurs créances ; les créances inscrites à ce plan sont admises de plein droit (C. com. art. L 626-27, III pour la sauvegarde ; sur renvoi de l'art. L 631-19, I pour le redressement judiciaire) mais cela n'interdit pas aux créanciers de procéder à une nouvelle déclaration (Cass. com. 30-1-2019 n° 17-31.060 F-PB : RJDA 4/19 n° 279).

Sur le régime spécifique applicable à la sauvegarde accélérée, voir n° 64085.

Les **créances** de loyers **garanties par un cautionnement** doivent aussi être déclarées. **64010**

Ces créances peuvent être déclarées à la fois par le bailleur et par la caution (Cass. com. 29-10-1991 n° 1316 P : RJDA 1/92 n° 87) ; la déclaration faite par la caution, avant de payer (C. com. art. L 622-34), n'a pas pour effet de sauvegarder la créance non déclarée par le bailleur mais seulement de préserver le recours personnel de la caution contre le locataire (Cass. com. 12-7-1994 n° 1689 P : RJDA 2/95 n° 188 ; CA Orléans 1-2-2001 : RJDA 7/01 n° 786).

> **Précisions a.** Est puni de cinq ans de prison et de 75 000 € d'amende le fait de **déclarer** frauduleusement dans la procédure de sauvegarde, de redressement ou de liquidation judiciaire, soit en son nom, soit par interposition de personne, **des créances supposées** (C. com. art. L 654-9, 2° et L 654-3).
> **b.** Lorsque la **caution** est elle-même **soumise à une procédure collective,** le bailleur doit déclarer sa créance à cette procédure si sa créance est née avant le jugement d'ouverture alors même qu'elle a été admise au passif de la procédure collective du locataire, débiteur principal (Cass. 1re civ. 22-1-2002 n° 88 FS-P : RJDA 5/02 n° 521).

AVERTISSEMENT DES CRÉANCIERS

Le mandataire judiciaire (ou le liquidateur en cas de liquidation judiciaire) doit, dans les quinze jours du jugement ouvrant la procédure collective du locataire, avertir les **créanciers figurant sur la liste établie par le locataire** de leur obligation de déclarer leur créance dans le délai imparti (C. com. art. R 622-21 pour la sauvegarde classique, applicable à la sauvegarde accélérée, au redressement et à la liquidation judiciaire par renvoi des art. R 628-1, R 631-27 et R 641-25). Cet avertissement reproduit certaines dispositions légales et réglementaires relatives notamment aux délais et formalités à observer pour cette déclaration et pour une éventuelle demande en relevé de forclusion (art. R 622-21). **64020**

L'avertissement est adressé par **lettre** simple, sauf pour les créanciers titulaires d'une sûreté ayant fait l'objet d'une publication ou liés au débiteur par un contrat publié qui doivent être avertis personnellement par lettre recommandée AR et, s'il y a lieu, à domicile élu (art. L 622-24, al. 1 et R 622-21, al. 3).

DÉLAIS POUR DÉCLARER UNE CRÉANCE

À peine de forclusion du créancier, la déclaration des créances antérieures doit être effectuée dans les **deux mois à compter** de la publication au Bodacc du jugement d'ouverture de la procédure collective (C. com. art. R 622-24). **64030**

Ce **délai** est **augmenté** de deux mois si la procédure est ouverte (art. précité) :

- par un tribunal de France métropolitaine, pour les créanciers n'y demeurant pas ;
- par un tribunal d'un département ou d'une collectivité d'outre-mer, pour les créanciers qui ne demeurent pas dans ce département ou cette collectivité.

Pour les **créanciers titulaires d'une sûreté publiée** ou liés au débiteur par un contrat publié, ce délai court à compter de la notification de l'avertissement que leur a adressée le mandataire judiciaire (art. L 622-24, al. 1). Si le créancier a été averti avant la publication du jugement d'ouverture, le délai court à compter de cette publication et non de l'avertissement (Cass. com. 30-10-2012 n° 11-22.836 FS-PB : RJDA 3/13 n° 248).

Le créancier retardataire peut demander à être **relevé de forclusion** (n° 64080).

> **Précisions a.** Si le **jugement** d'ouverture n'est pas **publié** au Bodacc ou sa publication est irrégulière (par exemple en cas d'identification incomplète du débiteur), le délai de déclaration des créances ne court pas (Cass. com. 14-2-1995 n° 93-10.151 : RJDA 6/95 n° 767 ; Cass. com. 9-1-2001 n° 54 FP : RJDA 4/01 n° 468 ; Cass. com. 31-1-2012 n° 11-11.940 F-PB : RJDA 4/12 n° 420).
> **b.** La **conversion d'une sauvegarde ou d'un redressement en liquidation judiciaire** ne fait pas courir un nouveau délai de déclaration pour les créanciers antérieurs (Cass. com. 9-1-2001 n° 98-11.002 F-P : RJDA 4/01 n° 468 ; Cass. com. 15-2-2011 n° 09-14.318 F-D : RJDA 8-9/11 n° 720).

AUTEUR DE LA DÉCLARATION DE CRÉANCE

64040 La déclaration de créance peut être faite par le **bailleur** ou par tout préposé **ou mandataire** de son choix (C. com. art. L 622-24, al. 2).

Si l'**habilitation** est consentie à un **préposé,** elle doit être donnée par un acte émanant du bailleur ou, si celui-ci est une personne morale, d'un représentant légal de celle-ci ou d'une personne ayant reçu délégation régulière de pouvoir pour déclarer les créances avec faculté de subdélégation (notamment, Cass. com. 28-9-2004 n° 1420 FS-PB : RJDA 2/05 n° 167 ; Cass. com. 22-6-2010 n° 09-65.481 F-PB : RJDA 12/10 n° 1172 ; Cass. com. 14-1-2014 n° 12-29.749 F-D : RJDA 5/14 n° 456).

64042 Si l'**habilitation** est consentie par le bailleur à un **tiers** (commissaire de justice, notaire, expert-comptable, etc.), elle doit résulter d'un pouvoir spécial donné par écrit (mandat dit « ad litem » ; C. com. art. R 662-1 et, sur renvoi, CPC art. 416 et 853 ; Cass. ass. plén. 4-2-2011 n° 09-14.619 PBRI : RJDA 6/11 n° 557 ; Cass. com. 5-10-2022 n° 21-14.226 F-D : RJDA 1/23 n° 43). Le mandat est spécial s'il a été donné pour déclarer les créances dans la procédure collective d'un débiteur déterminé et non pour toute procédure collective (Cass. com. 1-2-2000 n° 96-18.186 P : RJDA 3/00 n° 310 ; Cass. com. 15-3-2005 n° 00-22.228 F-D : RJDA 7/05 n° 850).

Seuls les avocats sont dispensés de ce pouvoir spécial (Cass. com. 3-6-1997 n° 1431 D : RJDA 11/97 n° 1404 ; Cass. com. 13-2-2007 n° 05-17.676 F-PB : RJDA 6/07 n° 645) mais ils ne peuvent pas faire signer, pour ordre, la déclaration par leur secrétaire (Cass. com. 17-2-2009 n° 08-13.728 FS-PB : RJDA 8-9/09 n° 764).

> **Précisions a.** L'exigence de mandat spécial vaut également entre **sociétés du même groupe.** Ainsi, la société mère ou l'une quelconque des sociétés du groupe – ou encore un préposé de celle-ci – ne peut pas déclarer une créance au nom d'une autre société du groupe sans avoir reçu de celle-ci un mandat à cet effet (Cass. com. 17-6-1997 n° 95-11.957 P : RJDA 11/97 n° 1405, 2ᵉ espèce ; Cass. com. 26-11-2002 n° 01-02.476 F-D : RJDA 4/03 n° 408).
> **b.** Si le bailleur a chargé une **société d'avocats** de la déclaration de ses créances, l'un quelconque des avocats associés peut valablement procéder à cette déclaration sans avoir à justifier d'un mandat spécial à cet effet (Cass. com. 31-5-2011 n° 10-11.723 F-D : RJDA 10/11 n° 830).

64043 Le bailleur peut **ratifier la déclaration faite en son nom** jusqu'à ce que le juge statue sur l'admission de la créance (C. com. art. L 622-24, al. 2). Cette ratification peut être implicite et résulter de la demande d'admission de sa créance formée par le bailleur dès sa comparution devant le juge-commissaire (Cass. com. 19-4-2023 n° 21-20.183 F-D : RJDA 7/23 n° 391) ou dans ses conclusions en appel (Cass. com. 10-3-2021 n° 19-22.385 FS-P : RJDA 6/21 n° 413 ; Cass. com. 29-9-2021 n° 20-12.291 F-B : RJDA 1/22 n° 28 ; Cass. com. 23-3-2022 n° 20-19.274 F-D : RJDA 7/22 n° 416).

64044 **Déclaration par le locataire** La déclaration des créances du bailleur peut être valablement faite par le locataire en procédure collective. En effet, lorsque ce dernier a porté une créance à la connaissance du mandataire judiciaire (ou du liquidateur), il est présumé avoir agi pour le compte du bailleur tant que celui-ci n'a pas lui-même adressé une déclaration de créance (C. com. art. L 622-24, al. 3).

Pour que cette information soit considérée comme une déclaration, il faut que (art. R 622-5, al. 3) :

– le mandataire soit informé dans les deux mois de la publication au Bodacc du jugement ouvrant la procédure collective ;

– elle indique le montant de la créance due au jour du jugement d'ouverture avec mention des sommes à échoir et de la date de leurs échéances, et précise la nature et l'assiette de la sûreté dont la créance est éventuellement assortie ; elle indique aussi les modalités de calcul des intérêts.

> **Précisions a.** En pratique, la **créance** est **portée à la connaissance du mandataire** judiciaire (ou du liquidateur) par la liste des créanciers que le locataire doit établir dès l'ouverture de la procédure collective (cf. art. L 622-6, al. 2, R 622-5, al. 2 et R 628-8). La déclaration est présumée dans la limite du contenu de l'information fournie au mandataire judiciaire (Cass. com. 5-9-2018 n° 17-18.516 F-PBI : RJDA 11/18 n° 853 estimant qu'aucune présomption ne pouvait être déduite de la seule mention du nom du créancier sur la liste remise par le débiteur au mandataire ; Cass. com. 8-2-2023 n° 21-19.330 F-B : RJDA 5/23 n° 267 estimant que le créancier pouvait se prévaloir d'une présomption de déclaration dès lors que son nom et la somme qui lui était due figuraient sur la liste des créanciers que le débiteur avait remise à son mandataire judiciaire après l'ouverture de la procédure collective). Le locataire a l'obligation de mentionner sur cette liste toutes ses créances, y compris celles qu'il conteste (Cass. com. 3-7-2024 n° 23-15.715 F-B : RJDA 10/24 n° 540).
> **b.** La **déclaration** d'une créance par le locataire **n'interdit pas** à ce dernier **de contester** ultérieurement cette créance et n'exonère pas le bailleur d'en prouver l'existence car cette déclaration ne vaut pas reconnaissance du bien-fondé de la créance (Cass. com. 23-5-2024 n° 23-12.133 FS-B : RJDA 10/24 n° 542 ; Cass. com. 3-7-2024 n° 23-15.715 précité). Elle ne lui interdit pas non plus d'en invoquer la prescription (Cass. com. 11-12-2024 n° 23-13.300 F-B : RJDA 3/25 n° 151).
> **c.** Le **locataire** en redressement ou en liquidation judiciaire qui **déclare** sciemment, au nom d'un créancier, une **créance supposée** encourt la faillite personnelle (art. L 653-5, 7°) ou l'interdiction de gérer (art. L 653-8, al. 1) pendant une durée maximale de quinze ans (art. L 653-11, al. 1).

DESTINATAIRE DE LA DÉCLARATION DE CRÉANCE

La déclaration de créance doit être adressée au mandataire judiciaire en cas de sauvegarde ou de redressement judiciaire (C. com. art. L 622-24, al. 1 et L 631-14, al. 1) et au liquidateur en cas de liquidation judiciaire (art. L 641-3, al. 4). La déclaration adressée à l'administrateur est inopérante (Cass. com. 14-2-1995 nº 354 P : RJDA 6/95 nº 766), sauf si ce dernier l'a transmise à son véritable destinataire qui l'a enregistrée dans le délai légal (Cass. com. 6-1-1998 nº 48 P : RJDA 5/98 nº 619). **64045**

Si le tribunal a désigné plusieurs mandataires judiciaires en leur confiant des missions distinctes (C. com. art. L 621-7), la déclaration faite auprès d'un seul d'entre eux est valable même si la créance déclarée n'entrait pas dans la mission de celui-ci (Cass. com. 30-5-2006 nº 05-14.248 F-PB : RJDA 10/06 nº 1054).

> **Précisions** Lorsque le **mandataire** ou le liquidateur judiciaire est une **SCP** (ou un associé de celle-ci), la déclaration de créance est valablement adressée à l'un quelconque des associés de cette SCP, que ce soit au siège social ou à un bureau annexe (Cass. com. 3-7-2024 nº 23-10.067 F-B : RJDA 1/25 nº 32).

FORME ET CONTENU DE LA DÉCLARATION DE CRÉANCE

Aucune forme particulière n'est exigée pour la déclaration. Néanmoins, il est conseillé d'utiliser un procédé permettant de prouver la réalité et la date de la déclaration et de sa réception afin d'éviter tout risque de contestation et de forclusion, par exemple en déclarant par **lettre recommandée AR** ou en ligne sur le **portail électronique dédié** à certains actes concernant les procédures collectives. **64047**

ATTENTION

Adresser la déclaration par **fax** ou par **mail** est plus aléatoire : une déclaration faite par télécopie a été considérée comme régulièrement faite mais seulement dans la mesure où le représentant des créanciers (désormais mandataire judiciaire) en avait accusé réception (Cass. com. 17-12-2003 nº 01-10.692 FS-PB : RJDA 5/04 nº 592), ce dont il ressortait qu'elle lui était bien parvenue.

Des **formulaires** types de déclaration (Cerfa nº 10021-01) sont gratuitement disponibles au greffe du tribunal ayant ouvert la procédure collective (ou sur le site internet du tribunal) et sur le site Service-public.fr.

La déclaration doit **mentionner** le montant de la créance due au jour du jugement d'ouverture de la procédure collective avec indication des **sommes** à échoir et de la date de leurs échéances (C. com. art. L 622-25, al. 1). Si le montant de la créance n'a pas encore été fixé, celle-ci est déclarée sur la base d'une **évaluation.** **64050**

La déclaration précise également la nature et l'assiette de la **sûreté** dont la créance est éventuellement assortie (notamment, le privilège du bailleur) (art. L 622-25, al. 1). À défaut, le créancier n'est admis au passif qu'à titre chirographaire, c'est-à-dire sans le bénéfice de sa sûreté, et il sera primé, dans les distributions, par les créanciers titulaires de telles garanties (Cass. com. 17-5-1988 nº 86-16.244 P : Bull. civ. IV nº 165 ; Cass. com. 8-6-1999 nº 97-12.233 P : RJDA 8-9/99 nº 931).

> **Précisions** **a.** Si elle ne résulte pas d'un **titre exécutoire,** la créance déclarée doit être certifiée sincère par le créancier, le visa de l'expert-comptable pouvant être demandé par le juge-commissaire (C. com. art. L 622-25, al. 3).
> **b.** Les documents **justificatifs** (contrats, bordereau d'inscription des sûretés...) doivent être joints sous bordereau à la déclaration (art. R 622-23, al. 6). Ils peuvent être valablement produits après l'expiration du délai de déclaration (Cass. com. 23-3-2022 nº 20-19.274 F-D : RJDA 7/22 nº 416 ; CA Paris 26-9-2023 nº 21/22144 : RJDA 2/24 nº 119).
> **c.** Si la créance fait l'objet d'un **litige en cours,** la déclaration doit mentionner la juridiction saisie (art. R 622-23, 3º).

EFFETS DE LA DÉCLARATION DE CRÉANCE

Les créances déclarées sont opposables à la procédure collective. Cela ne signifie pas pour autant qu'elles seront payées. Elles peuvent être rejetées lors de la vérification des créances. Si elles sont admises au passif (admission qui peut être totale ou partielle), elles sont prises en compte dans les répartitions et dividendes qui seront arrêtés par le tribunal. **64060**

La déclaration des créances interrompt la prescription jusqu'à la clôture de la procédure collective ; elle dispense de toute mise en demeure et vaut acte de poursuites (C. com. art. L 622-25-1).

ATTENTION

La déclaration de créance est une condition nécessaire de la **reprise des actions en justice** interrompues par le jugement d'ouverture de la procédure collective (nº 63335) et d'une éventuelle **compensation** entre les créances réciproques du bailleur et du locataire (nº 63955).

ABSENCE DE DÉCLARATION DE CRÉANCE

64070 À défaut de déclaration de ses créances dans les délais, le bailleur n'est pas admis dans les **répartitions et dividendes** arrêtés par le tribunal de la procédure collective (C. com. art. L 622-26, al. 1 pour la sauvegarde ; art. L 631-14, al. 1 pour le redressement judiciaire et art. L 641-3, al. 4 pour la liquidation judiciaire), c'est-à-dire qu'il ne peut pas être payé dans le cadre de la procédure collective.

Les **créances** et les sûretés non déclarées régulièrement dans les délais sont **inopposables** au **locataire** pendant l'exécution du plan de sauvegarde ou de redressement et après cette exécution lorsque les engagements énoncés dans le plan ou décidés par le tribunal ont été tenus (C. com. art. L 622-26, al. 2, L 631-14, al. 1 et L 641-3, al. 4). Le bailleur retrouve son droit de poursuivre le paiement d'une créance non déclarée en cas de résolution du plan (Cass. com. 9-9-2020 n° 19-10.206 FS-PB : RJDA 12/20 n° 657), à condition que cette résolution ne soit pas suivie de l'ouverture d'une nouvelle procédure collective car, sinon, le bailleur est évidemment tenu d'y déclarer sa créance.

64075 Pendant l'exécution du plan de sauvegarde ou de redressement et après cette exécution lorsque les engagements énoncés dans le plan ou décidés par le tribunal on été tenus, les créances et les sûretés non déclarées sont inopposables aux personnes physiques coobligées ou ayant consenti une sûreté personnelle (tel un cautionnement) ou ayant affecté ou cédé un bien en garantie (art. L 622-26, al. 2). En revanche, cette **inopposabilité** ne profite pas **aux garants** en cas de liquidation judiciaire ; le bailleur peut donc les poursuivre.

> **Précisions** **a.** Dans les **procédures collectives ouvertes avant le 1er octobre 2021,** les garants du débiteur en redressement judiciaire ne peuvent pas se prévaloir de l'inopposabilité des créances non déclarées (C. com. ex-art. L 631-14, al. 7 abrogé par ord. 2021-1193 du 15-9-2021 ; Ord. art. 73, I).
> **b.** Même dans le cas où la créance non déclarée est opposable à la **caution,** cette dernière est libérée de son engagement si le défaut de déclaration du bailleur a fait perdre à celle-ci un avantage effectif du droit d'être admise dans les répartitions et dividendes, susceptible de lui être transmis par subrogation (cf. C. civ. art. 2314 ; Cass. com. 19-2-2013 n° 11-28.423 F-PB : RJDA 5/13 n° 436 ; Cass. 1e civ. 3-7-2013 n° 12-21.126 F-PB : RJDA 11/13 n° 922). Il en est ainsi même si la créance concernée n'était pas privilégiée mais simplement chirographaire (Cass. com. 19-2-2013 précité).
> **c.** Seules les personnes physiques dont l'engagement est de nature conventionnelle ont la **qualité de coobligés** au sens de l'article L 622-26 du Code de commerce (Cass. com. 14-6-2023 n° 21-21.330 FS-B : RJDA 8-9/23 n° 442).

RELEVÉ DE FORCLUSION

64080 **Conditions** Le juge-commissaire peut relever de leur forclusion les créanciers qui n'ont pas déclaré leurs créances dans les délais requis, s'ils établissent que leur **défaillance n'est pas due à leur fait** ou qu'elle est due à une **omission** du débiteur lors de l'établissement de la liste de ses créanciers (C. com. art. L 622-26, al. 1, L 631-14, al. 1 et L 641-3, al. 4) ou au défaut d'établissement de cette liste (Cass. com. 16-6-2021 n° 19-17.186 FS-B : RJDA 12/21 n° 784 ; Cass. com. 2-2-2022 n° 20-19.157 F-D : RJDA 4/22 n° 210). Le créancier peut obtenir un relevé de forclusion même si l'omission de la liste des créanciers a été involontaire de la part du débiteur.

ILLUSTRATIONS

Ne constituent **pas** des **motifs justifiant le relevé** de forclusion :
– le fait que la créance concernée résulte d'un acte authentique (Cass. com. 22-10-1996 n° 93-20.537 F-D : RJDA 1/97 n° 122) ;
– le fait que le créancier retardataire ait lui-même fait l'objet d'une procédure collective (Cass. com. 8-7-2003 n° 00-13.391 F-D) ;
– le défaut d'avertissement d'avoir à déclarer (notamment, Cass. com. 6-7-1999 n° 97-11.191 F-D : RJDA 11/99 n° 1229 ; Cass. com. 8-6-2010 n° 09-15.769 F-PB : RJDA 12/10 n° 1171).

Le créancier défaillant n'est pas tenu de **déclarer** sa créance **avant** de saisir le juge-commissaire (Cass. com. 23-4-2013 n° 11-25.963 FS-PB : RJDA 10/13 n° 821).

Les **frais** de l'instance en relevé de forclusion sont à la charge du créancier demandeur mais le juge peut les mettre à la charge du débiteur si celui-ci n'a pas mentionné la créance concernée dans la liste des créances qu'il doit remettre au mandataire et à l'administrateur à l'ouverture de la procédure ou s'il n'a pas utilement porté cette créance à la connaissance du mandataire dans les deux mois de la publication du jugement d'ouverture (C. com. art. R 622-25, al. 2).

64082 **Délai** L'**action** en relevé de forclusion doit être exercée dans le délai de six mois qui court (C. com. art. L 622-26, al. 3) :
– pour les créanciers titulaires d'une sûreté publiée ou liés au débiteur par un contrat publié, à compter de la réception de l'avis qui leur est donné de déclarer (sur cet avis, voir n° 64020) ;

– pour le créancier justifiant avoir été placé dans l'impossibilité de connaître l'obligation du débiteur avant l'expiration du délai de six mois, à compter de la date à laquelle il est établi qu'il ne pouvait pas ignorer l'existence de sa créance ;

– pour les autres créanciers et donc dans la majorité des cas, à compter de la publication du jugement d'ouverture de la procédure collective.

> **Précisions** L'expiration du délai constitue une fin de non-recevoir d'ordre public que le juge doit relever d'office sans se prononcer sur le fond de la demande (Cass. com. 26-10-1999 n° 97-13.238 P : RJDA 1/00 n° 68 ; Cass. com. 5-5-2004 n° 01-16.602 F-D : RJDA 8-9/04 n° 1016).

Effets Le créancier qui bénéficie d'un relevé de forclusion ne peut concourir que pour la distribution des répartitions postérieures à sa demande (C. com. art. L 622-26, al. 1). **64084**

S'il avait déjà procédé à une déclaration avant d'être relevé de forclusion, il n'est pas tenu de faire une seconde déclaration (Cass. com. 24-9-2003 n° 1289 F-D : RJDA 2/04 n° 192 ; CA Douai 6-10-2005 n° 04-794 : RJDA 3/06 n° 305).

S'il n'avait pas encore déclaré, il doit le faire dans un délai d'un mois à compter de la notification de la décision de relevé de forclusion (art. L 622-24, al. 1 et R 622-24). Ce délai est de deux mois pour les procédures ouvertes en France métropolitaine si le créancier n'y demeure pas et pour les procédures ouvertes dans un département ou une collectivité d'outre-mer si le créancier n'y demeure pas (art. précités).

64085

Spécificités de la déclaration de créancedans une sauvegarde accélérée

L'obligation de déclarer les créances dans une procédure collective a pour but de déterminer le passif qui devra être traité dans le cadre de cette procédure. En cas de sauvegarde accélérée, ce **passif** est, pour l'essentiel, **connu** car l'ouverture de cette procédure suppose que le débiteur soit engagé dans une conciliation et qu'un accord ait déjà été négocié avec les principaux créanciers (C. com. art. L 628-1). La loi prévoit donc un mécanisme différent de celui prévu pour les autres procédures collectives.

Établissement des listes des créances concernées par la procédure

Après ouverture de la sauvegarde accélérée, le débiteur doit établir deux **listes** :

– une liste globale de tous ses **créanciers** avec indication de leurs créances antérieures, qu'il remet à l'administrateur et au mandataire judiciaire qui la dépose du greffe du tribunal (C. com. art. L 622-6) ;

– une liste mentionnant les créances antérieures dont est titulaire chaque créancier ayant participé à la conciliation et qui est soumise à déclaration (art. L 628-7, al. 1).

Cette seconde liste indique les nom ou dénomination, siège ou domicile de chaque créancier, la nature de la créance, son montant au jour du jugement d'ouverture (y compris les sommes à échoir et les dates d'échéance), les modalités de calcul des intérêts dont le cours n'est pas arrêté, la nature du privilège ou de la sûreté dont elle est assortie et, si la créance est en monnaie étrangère, la conversion en euros selon le cours du change à la date du jugement d'ouverture (art. L 628-7, al. 1 et R 628-8). La liste doit aussi comporter, le cas échéant, les accords de subordination portés à la connaissance du débiteur par les créanciers avant l'ouverture de la procédure (art. L 628-7, al. 1).

Dépôt de la liste et avertissement des créanciers

Dans les dix jours de l'ouverture de la sauvegarde accélérée, le débiteur dépose la seconde liste des créances, certifiée par le commissaire aux comptes ou attestée par l'expert-comptable, au greffe du tribunal ; ce **dépôt vaut déclaration** au nom des créanciers à moins que ceux-ci n'adressent la déclaration de leurs créances dans les conditions prévues pour les autres procédures collectives (art. L 628-7, al. 1 et 3 et R 628-8).

En cas de différences entre les informations portées sur deux listes pour un même créancier, seules celles figurant sur la première sont prises en considération (art. R 628-8, al. 3).

Le greffier remet un exemplaire de la liste au mandataire judiciaire qui, dans les huit jours, communique par lettre recommandée AR ou par le portail électronique dédié, à chaque créancier concerné les informations relatives à ses créances telles qu'elles figurent sur la liste et porte à sa connaissance les dispositions des articles L 628-7 et R 628-9 du Code de commerce ; cette information vaut avertissement d'avoir à déclarer (art. R 628-9). Le **créancier** peut **actualiser sa créance** mentionnée sur la liste dans un délai de deux mois à compter du jugement d'ouverture ou, s'il est titulaire d'une sûreté ou d'un contrat publié, à compter de l'avertissement précité (art. L 628-7, al. 4).

PROCÉDURE DE VÉRIFICATION DES CRÉANCES

64090 Le mandataire judiciaire, le débiteur et, le cas échéant, les créanciers désignés comme contrôleurs vérifient les créances déclarées (C. com. art. R 624-1, al. 1).

Dans le délai fixé par le tribunal, le mandataire judiciaire établit, après avoir sollicité les observations du débiteur, la **liste des créances** déclarées, contenant ses propositions d'admission, de rejet ou de renvoi devant la juridiction compétente, et remet cette liste, avec les éventuelles observations du débiteur, au greffe pour être transmise sans délai au juge-commissaire (art. L 624-1, al. 1 et R 624-2, al. 1).

En cas de liquidation judiciaire, la vérification des créances incombe au liquidateur judiciaire (art. L 641-4, al. 1).

64100 **Intervention du créancier** S'il y a **discussion** sur tout ou partie d'une créance déclarée, le mandataire judiciaire en avise le créancier concerné, ou son mandataire (Cass. com. 19-12-2006 n° 05-19.115 F-PB : RJDA 6/07 n° 643), en l'invitant à faire connaître ses explications (C. com. art. L 622-27).

À cette fin, le mandataire judiciaire lui indique, par une lettre recommandée AR ou via le portail électronique dédié, l'objet de la discussion, le montant de la créance dont l'inscription est proposée et la conséquence du défaut de **réponse dans les trente jours** à compter de la réception de la lettre, à savoir que le créancier défaillant dans ce délai ne peut plus contester ultérieurement la décision du juge-commissaire validant la proposition du mandataire judiciaire, à moins que la discussion ne porte sur la régularité de la déclaration de créance (C. com. art. L 622-27, L 624-3 et R 624-1, al. 2 ; Cass. com. 12-11-1997 n° 2260 P : RJDA 3/98 n° 312), ne serait-ce qu'en partie (Cass. com. 28-6-2017 n° 16-12.382 FS-PBI : RJDA 12/17 n° 825).

> **Précisions** **a.** Le délai de trente jours ne court pas, et le créancier n'encourt pas la sanction ci-dessus, s'il n'a pas reçu l'**avertissement** du mandataire ou du liquidateur (Cass. com. 5-11-2003 n° 01-00.881 FS-PB : RJDA 2/04 n° 194), si l'avertissement n'indique pas l'objet de la contestation, le mandataire s'étant contenté d'exiger les justificatifs de la créance déclarée (Cass. com. 14-5-1996 n° 943 P : JCP G 1996.II.22657 rapport Rémery, RJDA 10/96 n° 1262) ou s'il ne mentionne pas qu'à défaut de réponse dans le délai toute contestation ultérieure sera impossible (Cass. com. 5-12-1995 : RJDA 3/96 n° 417).
> Le **mandataire** judiciaire qui **enjoint à un créancier de communiquer des pièces justificatives** de sa créance ne conteste pas celle-ci ; aussi, même s'il n'a pas répondu, le créancier n'est pas privé du droit de contester la proposition du mandataire sur le sort de sa créance (Cass. com. 13-9-2023 n° 22-15.296 F-B : RJDA 12/23 n° 672).
> **b.** La sanction n'est pas non plus applicable lorsqu'une **instance** au fond, relative à la créance déclarée, était **en cours** au jour de l'ouverture de la procédure collective du débiteur (Cass. com. 15-3-2005 n° 00-19.918 FS-PB : RJDA 7/05 n° 852 ; Cass. com. 5-9-2018 n° 17-14.960 F-PBI : D. 2018 p. 1692), y compris si la reprise de l'instance en cours n'a pas été régulière (Cass. com. 13-2-2019 n° 17-28.749 F-PB : RJDA 4/19 n° 278).

64105 **Intervention du débiteur** À l'occasion de la vérification des créances, le débiteur doit présenter ses **observations dans** un **délai** de trente jours qui court à compter de la date à laquelle il a été mis en mesure, par le mandataire ou le liquidateur judiciaire, de le faire ou, s'il ne participe pas à la vérification des créances, à compter de la réception de la lettre recommandée AR par laquelle le mandataire ou le liquidateur judiciaire lui a communiqué les propositions d'admission, de rejet ou de renvoi devant la juridiction compétente (C. com. art. L 624-1, al. 2, R 624-1, al. 3, R 631-29 et R 641-28).

Le débiteur qui ne formule **pas d'observation dans** ce **délai** ne peut émettre aucune contestation ultérieure sur la proposition du mandataire ou du liquidateur judiciaire (C. com. art. L 624-1, al. 2). Le juge-commissaire n'est pas tenu de l'entendre ou de l'appeler lorsqu'il se prononce sur l'admission d'une créance non contestée (Cass. com. 3-10-2000 n° 97-21.584 P : RJDA 1/01 n° 51) et le débiteur n'a pas de recours contre la décision du juge-commissaire (Cass. com. 4-2-1992 n° 90-17.993 P : RJDA 5/92 n° 511, 1re espèce ; Cass. com. 22-6-1999 n° 1278 : RJDA 8-9/99 n° 965 ; Cass. com. 8-1-2013 n° 11-22.796 F-PB : Bull. civ. IV n° 1).

64120 **Intervention du juge-commissaire** Le juge-commissaire statue sur le sort des créances déclarées qui figurent sur la liste que le mandataire ou le liquidateur judiciaire lui a remise avec ses propositions ; si la demande d'admission (c'est-à-dire la déclaration de créance) est recevable, il décide de l'**admission ou** du **rejet des créances** ou constate soit qu'une instance est en cours, soit que la contestation ne relève pas de sa compétence (C. com. art. L 624-2). Le juge-commissaire a également compétence, dans les limites de la compétence matérielle de la juridiction qui l'a désigné (tribunal de commerce ou judiciaire, selon le cas), pour statuer sur tout moyen opposé à la demande d'admission (art. précité).

Les décisions prononcées par le juge-commissaire sont portées par le greffier sur la liste des créances déclarées qui a été déposée au greffe ; cette liste ainsi complétée à laquelle s'ajoutent le relevé des créances salariales ainsi que les décisions rendues par d'autres juridictions constitue **l'état des créances,** qui est déposé au greffe du tribunal, où toute personne peut en prendre connaissance (C. com. art. R 624-8, al. 1 et 2).

> **Précisions** **a.** Contre les décisions du juge-commissaire statuant sur l'admission des créances, le débiteur, le créancier concerné (pour ces derniers, sous les réserves exposées ci-dessus), le mandataire judiciaire ainsi qu'en cas de redressement judiciaire l'administrateur chargé d'assurer l'administration de l'entreprise et le liquidateur en cas de liquidation judiciaire peuvent (C. com. art. L 624-3, al. 1, L 624-4, L 631-18, al. 3, L 641-4, al. 1 et R 624-7) : faire **appel** si la créance concernée excède en principal 5 000 € (C. com. art. R 721-6 ; C. org. jud. art. R 211-3-25 et R 211-4, I-6°) ; se pourvoir en **cassation** si la créance n'excède pas cette somme, le juge-commissaire ayant alors statué en dernier ressort (CPC art. 605 ; C. com. art. L 624-4).
> **b.** Tout **tiers** intéressé est autorisé à former **réclamation** devant le juge-commissaire **contre l'état des créances** (C. com. art. L 624-3-1) ou plus exactement contre les décisions prises par ce dernier qui figurent sur cet état, dans le mois qui suit la publication au Bodacc de l'insertion indiquant le dépôt au greffe de l'état des créances (art. R 624-8, al. 4). Ce recours n'est pas ouvert aux personnes pouvant faire appel ou se pourvoir en cassation ; il est notamment ouvert à la caution du débiteur (Cass. com. 6-12-2011 n° 10-25.571 F-PB : RJDA 3/12 n° 313), au codébiteur solidaire (Cass. com. 30-10-2007 n° 04-16.655 F-PB : RJDA 2/08 n° 176), au dirigeant de fait de la société débitrice (Cass. com. 28-9-2004 n° 1309 F-D : RJDA 4/05 n° 428) ou encore à un créancier mais seulement pour une créance autre que la sienne et à condition d'invoquer un intérêt personnel et distinct de celui des autres créanciers (Cass. com. 30-1-2007 n° 119 F-D : RJDA 5/07 n° 530 ; Cass. com. 2-6-2021 n° 19-24.154 F-P : RJDA 11/21 n° 729).
> **c.** Dans les procédures collectives ouvertes depuis le 1er octobre 2021, lorsqu'un **coobligé ou garant du débiteur est poursuivi,** l'état des créances ne lui est pas opposable tant que la décision d'admission de la créance ne lui a pas été notifiée (C. com. art. L 624-3-1, al. 2 issu de ord. 2021-1193 du 15-9-2021 ; Ord. art. 73, I). Le délai d'un mois dans lequel il peut former une réclamation contre l'état des créances ne court qu'à compter de cette signification (art. R 624-8, al. 4).

4. RECOURS DU BAILLEUR CONTRE LES GARANTS DU LOCATAIRE

Les recours du bailleur contre les **personnes physiques** qui garantissent l'exécution du bail sont encadrés différemment selon la nature de la procédure collective ouverte à l'encontre du locataire. Sont visés les coobligés du locataire, les personnes ayant – pour garantir l'exécution du bail – consenti une sûreté personnelle (cautionnement, garantie autonome et lettre d'intention) ou ayant affecté ou cédé un bien en garantie (gage, nantissement ou fiducie-sûreté), étant précisé que cette dernière catégorie de garanties trouve rarement application en matière de bail. Les garants personnes morales ne bénéficient d'aucune protection particulière en cas de procédure collective du locataire. **64130**

En cas de **sauvegarde,** les garants personnes physiques :

– peuvent se prévaloir de l'arrêt du cours des intérêts contre le locataire, débiteur principal (C. com. art. L 622-28, al. 1 ; n° 63755) ;

– ne peuvent pas être poursuivis par le bailleur pendant la période d'observation (entre le jugement d'ouverture de la procédure collective du locataire jusqu'au jugement arrêtant le plan ou prononçant la liquidation judiciaire), le tribunal pouvant ensuite leur accorder des délais ou un différé de paiement dans la limite de deux ans (art. L 622-28, al. 2) ; le bailleur peut néanmoins prendre des mesures conservatoires sur leurs biens (art. L 622-28, al. 3) ;

– peuvent se prévaloir du plan de sauvegarde (art. L 626-11) ; ils ne sont donc tenus de payer la dette garantie que dans les conditions prévues par ce plan quant à son montant ou son exigibilité ; le bailleur qui a obtenu un titre exécutoire contre un garant ne peut pas le mettre en œuvre tant que le plan de sauvegarde est respecté par le locataire (Cass. com. 2-6-2015 n° 14-10.673 FS-PB : RJDA 8-9/15 n° 591 ; Cass. com. 22-6-2017 n° 16-20.027 F-D).

En cas de **redressement judiciaire,** dans les procédures collectives ouvertes depuis le 1er octobre 2021, les garants personnes physiques bénéficient de la même protection : ils peuvent se prévaloir de l'arrêt du cours des intérêts, de la suspension des poursuites pendant la période d'observation et des dispositions du plan de redressement (art. L 631-14, al. 1 et, sur renvoi, art. L 622-28 ; art. L 631-19, I-al. 1 et, sur renvoi, art. L 626-11).

Dans le cadre d'une **liquidation judiciaire,** les garants personnes physique ne bénéficient pas de ces protections (cf. art. L 641-3). Si la liquidation résulte de la conversion d'une sauvegarde ou d'un redressement, ils perdent le bénéfice de la suspension des poursuites qui leur était applicable et les créanciers peuvent reprendre leurs poursuites sur justification du jugement prononçant la liquidation judiciaire (art. R 641-26, al. 1) et, le cas échéant, prendr e des mesures conservatoires sur les biens des garants (art. R 641-26, al. 2).

> **Précisions** **a.** Dans les **procédures collectives ouvertes avant le 1er octobre 2021,** les garants personnes physiques d'un locataire en redressement judiciaire ne peuvent pas se prévaloir du plan de redressement et ne peuvent notamment pas invoquer le bénéfice des délais et remises accordés au locataire dans le cadre de ce plan (ex-art. L 631-20 modifié par ord. 2021-1193 du

15-9-2021 ; Ord. art. 73, I) ; le bailleur peut donc les poursuivre dès l'arrêté du plan (Cass. com. 3-11-2015 n° 14-19.191 F-D : RJDA 3/16 n° 227). Les garants ne bénéficient pas non plus de l'arrêt du cours des intérêts (ex-art. L 631-14, al. 7 abrogé par ord. 2021-1193).

b. L'**irrecevabilité de l'action en paiement** engagée par un bailleur contre la caution d'un locataire en redressement judiciaire, pendant la période d'observation, peut être **régularisée** si le juge se prononce sur l'action après l'adoption du plan de redressement (Cass. com. 22-11-2023 n° 22-18.766 F-B : RJDA 2/24 n° 118, transposable au plan de sauvegarde).

c. Seules les personnes physiques dont l'engagement est de nature conventionnelle ont la **qualité de coobligés** au sens de l'article L 626-11 du Code de commerce (Cass. com. 14-6-2023 n° 21-21.330 FS-B : RJDA 8-9/23 n° 442).

d. Sur la faculté pour les garants personnes physiques de se prévaloir de l'inopposabilité des **créances non déclarées,** voir n° 64075.

B. Créances postérieures à l'ouverture de la procédure collective

1. CRÉANCES POSTÉRIEURES PAYÉES À L'ÉCHÉANCE OU PRIVILÉGIÉES

CRÉANCES « UTILES » À LA PROCÉDURE COLLECTIVE

64150 En cas de **sauvegarde ou** de **redressement judiciaire,** doivent être payées à leur échéance ou, à défaut, par privilège avant les autres créances, les créances nées régulièrement après le jugement d'ouverture pour les besoins du déroulement de la procédure ou de la période d'observation, ou en contrepartie d'une prestation fournie au débiteur pendant cette période (C. com. art. L 622-17, I et L 631-14, al. 1).

En cas de **liquidation judiciaire,** doivent être payées de même les créances nées régulièrement après le jugement qui ouvre ou prononce la liquidation judiciaire (art. L 641-13, I modifié par loi 2023-973 du 23-10-2023) :

– pour les besoins du déroulement de la procédure ou du maintien provisoire de l'activité ;

– en contrepartie d'une prestation fournie au débiteur pendant ce maintien de l'activité ou en exécution d'un contrat en cours régulièrement décidée après le jugement d'ouverture de la procédure de sauvegarde ou de redressement judiciaire, s'il y a lieu, et après le jugement d'ouverture de la procédure de liquidation judiciaire ;

– pour assurer la mise en sécurité des installations classées pour la protection de l'environnement en application des articles L 512-6-1, L 512-7-6 ou L 512-12-1 du Code de l'environnement ;

– des besoins de la vie courante du débiteur, personne physique.

En cas de conversion d'une sauvegarde ou d'un redressement en liquidation judiciaire, s'y ajoutent les créances mentionnées à l'article L 622-17, I ci-dessus.

Les créances de **loyers** et de charges nés après le jugement d'ouverture sont en principe des **créances** payables à leur échéance ou par privilège, à condition toutefois d'être **nées régulièrement** (C. com. art. L 622-17). Tel est le cas :

– des loyers et charges afférents à la période d'occupation des locaux courant entre le jugement d'ouverture et la date à laquelle la personne habilitée se prononce sur le sort du contrat (Cass. com. 27-10-1998 n° 95-21.286 : RJDA 12/98 n° 1378), y compris si elle renonce à le poursuivre (Cass. com. 25-11-1997 n° 95-18.432 D : RJDA 4/98 n° 462 ; Cass. com. 20-1-1998 n° 95-14.845 D : RJDA 5/98 n° 61) ou si l'activité de l'entreprise locataire n'est pas poursuivie (Cass. com. 27-10-1998 précité) ; en effet, sur cette période, le bail est poursuivi de plein droit ;

– des loyers et charges dus après la décision de poursuivre le contrat dès lors que celle-ci a été prise conformément aux règles régissant, dans la procédure collective en cause, les pouvoirs du débiteur, de l'administrateur, du liquidateur judiciaire ou encore du juge-commissaire, pour se prononcer sur le sort d'un contrat en cours (cf. Cass. com. 13-10-1998 n° 95-21.988 P : RJDA 12/98 n° 1377 ; Cass. com. 21-2-2012 n° 11-12.235 F-D ; Cass. com. 5-2-2020 n° 18-21.529 F-PB : RJDA 5/20 n° 276 ; sur ces règles, voir n° 63120) ;

– des loyers et charges dus par le locataire depuis l'ouverture de sa liquidation judiciaire dès lors que ni le liquidateur ni le bailleur n'avait pris l'initiative de la résiliation du bail qui était donc toujours en cours, que le liquidateur avait obtenu l'autorisation de céder le bail et que l'utilité de la prestation fournie par le bailleur pour la procédure collective en cours ne pouvait pas être contestée, même en l'absence de poursuite d'activité, le droit au bail constituant un élément essentiel du fonds de commerce pouvant être vendu par le liquidateur au titre des opérations de réalisation de l'actif (Cass. com. 18-5-2022 n° 20-22.623 F-D : RJDA 8-9/22 n° 496).

Ne **bénéficient pas du traitement préférentiel** de l'article L 622-17 :

– la créance née de la résiliation du bail à la suite de la décision de l'administrateur ou du liquidateur de ne pas poursuivre le bail (n° 64230) ;

– la créance relative au coût des travaux de remise en état si les dégradations reprochées au locataire n'ont pas été commises pendant la période d'observation (ou de maintien de l'activité en cas de liquidation judiciaire), peu important que les locaux aient été restitués au bailleur après le jugement ouvrant la procédure collective (Cass. com. 2-12-2014 n° 13-11.059 FS-PB : RJDA 3/15 n° 203) ;

– les dommages-intérêts demandés pour la perte de la chance de pouvoir relouer immédiatement les locaux (Cass. com. 2-12-2014 n° 13-11.059 FS-PB précité) ;

– les créances nées après l'adoption du plan de sauvegarde ou de redressement ou après la clôture de la procédure collective (Cass. com. 26-10-2022 n° 21-13.474 F-B : RJDA 1/23 n° 45 ; Cass. com. 6-3-2024 n° 22-23.993 F-B : RJDA 6/24 n° 352) ; ces créances peuvent être recouvrées par le bailleur selon les voies du droit commun (Cass. com. 26-10-2022 n° 21-13.474 F-B précité).

> **Précisions** Est née pour les besoins de la procédure collective du locataire et doit donc être payée à l'échéance l'**indemnité transactionnelle** en contrepartie de laquelle le bailleur a renoncé à poursuivre la résiliation du bail, dès lors qu'elle a permis de vendre le fonds de commerce de celui-ci, bail compris (Cass. com. 23-3-2022 n° 20-22.284 F-D : RJDA 6/22 n° 350).

DROIT DE POURSUITE INDIVIDUELLE DU BAILLEUR

Pour les créances utiles définies ci-dessus, le bailleur peut exercer son droit de poursuite 64160 individuelle (notamment, Cass. com. 28-6-2016 n° 14-21.668 FS-PB : RJDA 10/16 n° 709 ; Cass. com. 9-5-2018 n° 16-24.065 F-PB : RJDA 8-9/18 n° 657) et mettre en œuvre des **voies d'exécution** sur les biens du locataire. Il peut demander en **référé** une **provision** (Cass. com. 13-10-1998 n° 1535 P : RJDA 12/98 n° 1379), pratiquer une **saisie** sur le patrimoine du débiteur (Cass. com. 13-11-2001 n° 1835 F-D : RJDA 3/02 n° 309), ou une saisie-attribution entre les mains d'un adjudicataire (Cass. com. 26-4-2000 n° 97-16.953 PB : RJDA 11/00 n° 1010). Toutefois, le bailleur ne peut pas saisir les sommes déposées à la Caisse des dépôts et consignations par les organes de la procédure (C. com. art. L 662-1).

Le bailleur peut agir dès que ses créances sont devenues exigibles sans que puisse lui être opposé le **rang préférable d'un autre créancier,** serait-il titulaire d'une créance superprivilégiée (cf. Cass. com. 7-9-2010 n° 09-66.595 : RJDA 1/11 n° 60 ; Cass. com. 9-5-2018 n° 16-24.065 précité). En effet, l'ordre de paiement des créances utiles postérieures, exposé n°s 64220 s., ne vise qu'à départager les créanciers qui viendraient en concours au même moment, de sorte que l'existence d'un créancier de meilleur rang qui n'a pratiqué aucune voie d'exécution ne saurait priver d'effet celle qui est pratiquée par un créancier de moindre rang (Cass. com. 13-5-2003 n° 98-22.741 : RJDA 11/03 n° 1093).

Cet ordre de paiement ne fait pas non plus obstacle à la **compensation** entre une créance utile du bailleur et la dette de celui-ci envers le locataire. Le bailleur peut ainsi invoquer la compensation légale entre les loyers impayés pour une occupation postérieure au jugement d'ouverture et sa dette au titre de la restitution du dépôt de garantie résultant de la résiliation du bail après ce jugement (Cass. com. 24-1-2018 n° 16-14.705 F-D : RJDA 4/18 n° 335) ou encore au titre de frais de justice (au titre de l'article 700 du Code de procédure civile) qu'il doit au liquidateur (Cass. com. 1-7-2020 n° 18-25.487 F-PB : RJDA 11/20 n° 583), puisqu'il n'est alors requis que les créances soient connexes (arrêts précités).

PAIEMENT PAR PRIVILÈGE

Lorsqu'elles n'ont pas été payées à leur échéance, les créances utiles définies n° 64150 sont payables 64180 par « privilège » avant d'autres créances (C. com. art. L 622-17, II pour la sauvegarde, sur renvoi des art. L 631-14, al. 1 pour le redressement judiciaire, et L 641-13, II pour la liquidation judiciaire), en cas de **concours entre les créanciers.**

Conservation du privilège Pour bénéficier de ce privilège, le bailleur doit avoir **porté** 64190 ses **créances** utiles impayées **à la connaissance** :

– en cas de sauvegarde ou de redressement judiciaire, de l'administrateur et, à défaut, du mandataire judiciaire ou, lorsque ces organes ont cessé leurs fonctions, du commissaire à l'exécution du plan ou du liquidateur, dans le délai d'un an à compter de la fin de la période d'observation (C. com. art. L 622-17, IV) ;

– en cas de liquidation judiciaire, du mandataire judiciaire, de l'administrateur lorsqu'il en est désigné un ou du liquidateur, au plus tard, dans le délai de six mois à compter de la publication du jugement ouvrant ou prononçant la liquidation ou, à défaut, dans le délai d'un an à compter de celle du jugement arrêtant le plan de cession (art. L 641-13, III).

En cas d'**absence** de cette formalité, le bailleur perd non pas son droit de poursuite individuelle (Cass. com. 28-6-2016 n° 14-21.668 FS-PB : RJDA 10/16 n° 709 ; CA Versailles 7-7-2022 n° 21/02643 : RJDA 11/22 n° 645) mais son droit de préférence dans les répartitions entre créanciers. Aucune procédure de relevé de forclusion n'est prévue.

> Précisions a. Dans les procédures ouvertes depuis le 1er octobre 2021, les **frais et dépens** impayés de la liquidation judiciaire ne perdent pas leur privilège même s'ils n'ont pas fait l'objet de la déclaration ci-dessus (art. L 641-13, III modifié par ord. 2021-1193 du 15-9-2021 ; Ord. art. 73, I).

b. Les **modalités** de cette formalité (qui se distingue de la déclaration des créances) ne sont pas précisées par la loi. Il est conseillé au bailleur d'adresser cette information par lettre recommandée AR ou via le portail électronique dédié pour pouvoir justifier, en cas de contestation ultérieure, du respect du délai précité.

c. Lorsque cette information porte sur une **créance déclarée par le locataire** pour le compte du bailleur, elle rend caduque cette déclaration si le juge n'a pas statué sur l'admission de la créance (art. L 622-17, IV et L 641-13, III).

64200 **Liste des créances privilégiées** La liste des créances privilégiées portées à la connaissance des organes de la procédure est **déposée au greffe** du tribunal dans le délai (art. R 622-15 et R 641-39) :

– en cas de sauvegarde ou de redressement judiciaire, d'un an qui suit la fin de la période d'observation ;

– en cas de liquidation judiciaire, de six mois à compter de la publication du jugement ouvrant ou prononçant la liquidation ou, le cas échéant, à l'issue du délai d'un an à compter de celle du jugement arrêtant le plan de cession de l'entreprise.

Tout **intéressé** peut **prendre connaissance** de cette liste et la **contester** devant le juge-commissaire par voie de requête dans un délai d'un mois à compter de la publication au Bodacc d'une insertion indiquant le dépôt de la liste (art. précités et R 621-21, al. 1). Les créances rejetées de cette liste par le juge-commissaire sont réputées avoir été régulièrement déclarées mais le créancier doit fournir au mandataire ou au liquidateur les informations requises pour une déclaration de créance (pour plus de détail, voir art. R 622-15 et R 641-39).

64220 **Rang des créanciers** Lorsqu'elles ne sont pas payées à l'échéance, les créances postérieures de loyers sont payées par **privilège** avant toutes les autres créances, assorties ou non de privilèges ou sûretés (C. com. art. L 622-17, II), sous réserve des exceptions suivantes.

En cas de sauvegarde et de redressement judiciaires, ce privilège s'efface toutefois devant le superprivilège des salariés, devant certains frais de justice (ceux nés régulièrement après le jugement d'ouverture pour les besoins du déroulement de la procédure) et devant le privilège accordé aux créanciers ayant, dans le cadre d'une procédure antérieure de conciliation, consenti un apport en trésorerie au débiteur ou lui ayant fourni un nouveau bien ou service pour la poursuite de l'activité (« privilège de conciliation » institué par l'art. L 611-11 ; C. com. art. L 622-17, II et L 631-14, al. 1).

En cas de liquidation judiciaire, si la procédure collective a été ouverte avant le 1er octobre 2021, le privilège des créances postérieures est primé par les privilèges ci-dessus et par les créances qui sont garanties par des sûretés immobilières ou les créances assorties d'un droit de rétention opposable à la procédure collective (C. com. ex-art. L 641-13, II dans sa rédaction antérieure à ord. 2021-1193 du 15-9-2021 ; Ord. art. 73, I). Si la procédure a été ouverte à compter de cette date, le paiement des créances postérieures non payées à l'échéance se fait selon l'ordre des privilèges prévu par l'article L 643-8 du Code de commerce (art. L 641-13, II modifié par ord. 2021-1193 ; n° 64226).

64225 Dans les procédures collectives ouvertes avant le 1er octobre 2021, le **paiement** des créances privilégiées se fait dans l'**ordre** suivant en cas de **sauvegarde** ou de **redressement judiciaire** (C. com. ex-art. L 622-17, III dans sa rédaction antérieure à ord. 2021-1193 du 15-9-2021 ; Ord. art. 73, I) :

1° les créances de salaires dont le montant n'a pas été avancé par l'AGS (Association pour la gestion du régime d'assurance des créances des salariés ; C. trav. art. L 3253-6 et L 3253-8 à L 3253-12) ;

2° les prêts consentis ainsi que les créances résultant de l'exécution des contrats poursuivis en application de l'article L 622-13 et dont le contractant accepte de recevoir un paiement différé, exception faite des indemnités et pénalités dues en cas de résiliation d'un contrat régulièrement poursuivi ;

3° les autres créances selon leur rang.

Dans les procédures collectives ouvertes **depuis le 1er octobre 2021,** l'ordre de paiement est quasi-identique mais viennent s'ajouter avant les créances résultant de l'exécution des contrats poursuivis celles qui résultent d'un nouvel apport de trésorerie consenti en vue d'assurer la poursuite de l'activité pour la durée de la procédure (art. L 622-17, III modifié par ord. 2021-1193).

64226 Dans les procédures collectives ouvertes avant le 1er octobre 2021, l'**ordre de paiement** en cas de **liquidation judiciaire** est le suivant (C. com. ex-art. L 641-13, III dans sa rédaction antérieure à ord. 2021-1193 du 15-9-2021 ; Ord. art. 73, I) :

1° les créances de salaires dont le montant n'a pas été avancé par l'AGS (C. trav. art. L 3253-6 et L 3253-8 à L 3253-12) ;

2° les prêts consentis ainsi que les créances résultant de l'exécution des contrats poursuivis en application de l'article L 622-13 et dont le contractant accepte de recevoir un paiement différé, exception faite des indemnités et pénalités dues en cas de résiliation d'un contrat régulièrement poursuivi ; 64226 (suite)

3° les créances avancées par l'AGS (C. trav. art. L 3253-8, 5°) ;

4° les autres créances selon leur rang.

Dans les procédures collectives ouvertes **depuis le 1er octobre 2021,** le paiement des créances privilégiées se fait, en cas de liquidation judiciaire, dans l'ordre suivant, sans préjudice du droit de propriété ou de rétention opposable à la procédure collective (C. com. art. L 643-8 modifié par ord. 2021-1193, sur renvoi de art. L 641-13, II) :

1° les subsides dus, en l'absence de rémunération spécifique, au débiteur personne physique ou au dirigeant de la personne morale débitrice, au titre de leurs fonctions (C. com. art. L 631-11) ;

2° les rémunérations des salariés (C. trav. art. L 3253-2) et les indemnités de congés payés auxquelles ils ont droit (art. L 3253-4), créances garanties par le « superprivilège » ;

3° les frais de justice nés régulièrement après le jugement d'ouverture pour les besoins du déroulement de la procédure ;

4° les sommes dues aux producteurs agricoles par leurs acheteurs (C. com. art. L 624-21) ;

5° les créances résultant des apports en trésorerie consentis ou des biens ou services fournis au débiteur, dans le cadre d'une procédure de conciliation ayant donné lieu à un accord homologué, afin d'assurer la poursuite de son activité (C. com. art. L 611-11) ;

6° dans les liquidations judiciaires ouvertes (ou prononcées) après le 23 octobre 2023, date de promulgation de la loi 2023-973 relative à l'industrie verte, les créances nées régulièrement après le jugement ouvrant ou prononçant la liquidation pour assurer la mise en sécurité des installations classées pour la protection de l'environnement en application des articles L 512-6-1, L 512-7-6 ou L 512-12-1 du Code de l'environnement (C. com. art. L 641-13, I-al. 4) restées impayées à l'échéance, ainsi que les créances résultant, après mise en demeure infructueuse de l'exploitant d'une installation non conforme, de l'arrêté lui enjoignant de payer une somme correspondant au montant des travaux et opérations à réaliser (C. envir. art. L 171-8, II-1°) ;

7° les créances garanties par des sûretés immobilières classées entre elles dans l'ordre prévu au Code civil ;

8° les créances de salaires dont le montant n'a pas été avancé en application des articles L 3253-6 s. du Code du travail ;

9° les créances résultant des apports en trésorerie consentis en vue d'assurer la poursuite de l'activité du débiteur, qu'ils l'aient été pendant la période d'observation (C. com. art. L 622-17, III-2°) ou au moment de l'exécution du plan de sauvegarde ou de redressement (art. L 626-10), créances garanties par le privilège dit « d'argent frais » ;

10° les créances résultant de l'exécution des contrats poursuivis en application de l'article L 622-13 et dont le cocontractant accepte de recevoir un paiement différé (C. com. art. L 622-17, III-3°) ;

11° les sommes dues aux salariés dont le montant a été avancé en application de l'article L 3253-8, 5° du Code du travail ;

12° les autres créances non soumises à l'interdiction de paiement énoncée à l'article L 622-7, al. 1 du Code de commerce, selon leur rang ;

13° les créances garanties par le privilège du Trésor (CGI art. 1920), à l'exception des créances de toutes natures en matière de contributions indirectes et de celles mentionnées à l'article 379 du Code des douanes ;

14° les créances garanties par un nantissement, par le privilège du bailleur (C. civ. art. 2332) et par le privilège du vendeur de fonds de commerce (C. com. art. L 141-5 s.) ;

15° les créances de toutes natures en matière de contributions indirectes et celles de l'administration des douanes au titre des impositions de toutes natures et taxes assimilées, confiscations, amendes et restitutions (C. douanes art. 379) ;

16° les créances chirographaires, en proportion de leur montant.

2. AUTRES CRÉANCES POSTÉRIEURES

64230 Les créances du bailleur nées après le jugement d'ouverture de la procédure collective et ne répondant pas aux conditions exposées nº 64150 sont soumises au même régime que les créances antérieures :

– elles ne peuvent pas être payées à l'échéance, sauf par voie de compensation (C. com. art. L 622-7, I-al. 1 ; Cass. com. 9-5-2018 nº 16-24.065 F-PB : RJDA 8-9/18 nº 657 ; Cass. 3e civ. 12-10-2023 nº 22-20.375 F-D : RJDA 2/24 nº 113 ; nºs 63900 s.) ;

– elles doivent être déclarées dans les deux mois de leur exigibilité (art. L 622-24, al. 6) et sont soumises à la procédure de vérification des créances ;

– le bailleur ne peut pas en demander le paiement en justice (nº 63800) ni demander la résolution du bail pour non-paiement de ces créances (art. L 622-21, 1º).

ATTENTION

Les créances **nées irrégulièrement** (c'est-à-dire en violation de la répartition des pouvoirs entre le locataire et les organes de la procédure) sont inopposables à la procédure collective (Cass. com. 21-2-2012 nº 11-12.235 F-D) ; elles n'ont pas à être déclarées (P. Le Corre, Droit et pratique des procédures collectives, Dalloz action 2023-2024 § 454-121) et ne peuvent pas être admises au passif du locataire (Cass. com. 2-5-2024 nº 22-21.148 FS-B : RJDA 8-9/24 nº 480). Ces créances, qui sont en dehors de la procédure collective, peuvent toutefois être recouvrées à l'issue de celle-ci, y compris en cas de clôture de la liquidation judiciaire pour insuffisance d'actif, sans que le créancier puisse se voir opposer la prescription puisqu'il a été empêché d'agir durant la procédure (Cass. com. 2-5-2024 précité).

Bien que née régulièrement après l'ouverture de la procédure collective, la créance relative à l'**indemnité** et aux pénalités dues en cas **de résiliation** du bail sur décision de l'administrateur ou du liquidateur judiciaire de ne pas le poursuivre est également soumise à déclaration (art. L 622-14, 2º ; Cass. com. 24-1-2018 nº 16-14.705 F-D : RJDA 4/18 nº 335), dans un délai d'un mois à compter de la date de la résiliation de plein droit ou de la notification de la décision prononçant la résiliation (art. R 622-21, al. 2). Le bailleur ne peut pas bénéficier de la prorogation de délai de deux mois prévue au profit des créanciers « lointains » (nº 64030), qui ne concerne que la déclaration des créances nées avant le jugement d'ouverture de la procédure collective (Cass. com. 18-1-2023 nº 21-15.514 F-B : RJDA 4/23 nº 210).

SECTION 3 EXTENSION DE LA PROCÉDURE COLLECTIVE DU LOCATAIRE AU BAILLEUR

CAUSES D'EXTENSION DE LA PROCÉDURE AU BAILLEUR

65000 En principe, le bailleur et le locataire ont des personnalités juridiques bien distinctes, mais il peut arriver, essentiellement lorsqu'ils ont la forme de sociétés, le **locataire** étant une société commerciale et le **bailleur** une société civile immobilière, que les **patrimoines** des deux sociétés soient **confondus** ou que l'**une des sociétés soit fictive.** Dans ce cas, la procédure collective ouverte à l'encontre de la société locataire peut être étendue à la société bailleresse (C. com. art. L 621-2, al. 2 pour la sauvegarde, L 631-7, al. 1 pour le redressement judiciaire et L 641-1, I-al. 1 pour la liquidation judiciaire), même si cette dernière ne remplit pas les conditions d'ouverture d'une telle procédure (existence de difficultés insurmontables pour la sauvegarde, état de cessation des paiements pour le redressement judiciaire couplé, pour la liquidation judiciaire, à l'impossibilité de redresser l'entreprise ; Cass. com. 11-10-1994 nº 90-14.457 P : RJDA 2/95 nº 200 ; Cass. com. 7-1-2003 nº 00-13.192 FS-P : RJDA 8-9/01 nº 974). La confusion de patrimoines peut aussi exister entre un bailleur, personne physique, et la société locataire (par exemple, Cass. com. 1-10-2013 nº 12-24.817 F-D : nº 65150).

Les cas de **société fictive** sont assez rares. La fictivité se retrouve notamment lorsqu'une société a été constituée pour masquer les activités d'une autre personne, morale ou physique. Le fait que deux sociétés aient des dirigeants et un siège communs ou une communauté d'intérêts ne suffit pas à caractériser la fictivité de l'une d'elles (Cass. com. 21-1-1997 nº 94-19.585 D : RJDA 6/97 nº 782 ;

Cass. com. 27-10-1998 n° 96-13.277 P : RJDA 1/99 n° 42 ; CA Paris 15-9-2009 n° 09-2265 : RJDA 2/10 n° 165). Il faut en outre démontrer que la personne, dont il est prétendu qu'elle agit sous le couvert de la personne morale, est bien le maître de l'affaire (Cass. com. 19-2-2002 n° 98-20.578 FS-P : RJDA 6/02 n° 655 ; pour un cas où la procédure d'une société a été étendue à son dirigeant, Cass. com. 15-10-2013 n° 12-24.389 F-D : RJDA 2/14 n° 112 ; pour un cas où elle ne l'a pas été, Cass. com. 3-2-1998 n° 95-21.174 P : RJDA 6/98 n° 748 ; pour un cas où l'extension de la procédure entre sociétés locataire et bailleresse a été écartée, Cass. com. 8-7-2003 n° 01-15.676 F-D : RJDA 11/03 n° 1089).

Les développements qui suivent sont consacrés au cas plus courant de la confusion de patrimoines.

Ces **cas** d'extension sont **alternatifs** : si la fictivité d'une des sociétés est établie, le juge n'a pas en outre à rechercher l'existence d'une confusion de patrimoines (Cass. com. 8-2-1994 n° 91-15.844 D : Bull. Joly 1994 p. 394) et inversement.

A. Confusion de patrimoines entre sociétés bailleresse et locataire

CRITÈRES DE LA CONFUSION DE PATRIMOINES

L'opération consistant à créer une société civile immobilière (SCI) pour acquérir des immeubles **65100**
au moyen d'emprunts et à les louer à une société chargée de leur exploitation commerciale est un montage classique en son principe qui, à lui seul, ne suffit pas à prouver la confusion des patrimoines des deux sociétés (Cass. com. 28-6-1994 n° 1537 D : RJDA 11/94 n° 1206).

L'existence de **dirigeants ou d'associés communs** et l'identité des sièges sociaux ne suffisent pas à caractériser une confusion des patrimoines d'une société commerciale et d'une société civile (CA Paris 21-12-1982 : BRDA 8/83 p. 20 ; Cass. com. 14-3-1995 n° 529 : RJDA 7/95 n° 886 ; Cass. com. 25-6-1996 n° 1207 : RJDA 12/96 n° 1481).

La confusion ne peut davantage être déduite du seul **défaut de paiement des loyers** (Cass. com. 19-2-2013 n° 12-11.546 : RJDA 5/13 n° 434), ni de la facturation des loyers à des dates qui semblent n'obéir qu'à des considérations d'opportunité (Cass. com. 10-5-2005 n° 697 : RJDA 10/05 n° 1126 ; pour un autre cas où la confusion n'a pas été caractérisée, voir Cass. com. 11-2-2014 n° 13-12.270 : RJDA 5/14 n° 454). Un **loyer minoré** payé par une société commerciale à une SCI ne caractérise pas une relation anormale entre elles si ce loyer tient compte des charges auxquelles est tenue la société commerciale en vertu du bail (CA Paris 14-4-2015 n° 14/2233 : RJDA 7/15 n° 508).

Des **relations financières anormales,** c'est-à-dire incompatibles avec des obligations contractuelles réciproques normales (Cass. com. 27-9-2016 n° 14-29.278 F-PB : RJDA 12/16 n° 880), caractérisent en revanche une confusion des patrimoines, même s'il n'y a pas imbrication permanente et inextricable des éléments d'actif et de passif des sociétés concernées (Cass. com. 2-11-2016 n° 15-13.006 F-D : Rev. proc. coll. 2017 n° 2 § 14 note B. Saintourens ; Cass. com. 16-1-2019 n° 17-20.725 F-D : RJDA 5/19 n° 352) ou si les opérations contestées ont été inscrites en comptabilité (Cass. com. 28-2-2018 n° 16-26.735 F-D : RJDA 6/18 n° 515), peu important que cette comptabilité ait été certifiée par le commissaire aux comptes (Cass. com. 27-9-2016 n° 14-29.278 F-PB : RJDA 12/16 n° 880). La confusion de patrimoines peut être retenue en l'absence même de mouvement de fonds entre les sociétés (Cass. com. 13-9-2011 n° 10-24.536 F-D : n° 65150) ou d'augmentation du passif de la société soumise à la procédure collective dont l'extension est demandée (Cass. com. 16-6-2015 n° 14-10.187 F-PB : RJDA 10/15 n° 677).

Il convient d'examiner les relations existant entre les sociétés, sans que soit pris en compte le fait que les tiers aient pu légitimement croire à la confusion des patrimoines de celles-ci (Cass. com. 11-5-1993 n° 856 P : RJDA 11/93 n° 948).

Comme le montrent les décisions présentées ci-dessous, l'absence de paiement de loyers ou le **65101**
paiement de loyers très faibles ou au contraire le paiement de loyers élevés, l'absence de réclamation des loyers impayés, les travaux importants faits par la société locataire et récupérés en fin de bail par la société propriétaire sont des **éléments pris en compte par les juges** pour retenir la confusion de patrimoines mais seulement dans la mesure où ces faits « procèdent d'une volonté systématique » de méconnaître l'autonomie patrimoniale des personnes morales en cause (D. Tricot, La confusion des patrimoines et les procédures collectives : Rapport de la Cour de cassation 1997 p. 170 ; Cass. com. 2-5-2007 n° 06-12.378 F-D et Cass. com. 11-2-2014 n° 13-12.270 F-D : n° 65200).

La caractérisation de la confusion de patrimoines ne peut être fondée que sur des **faits antérieurs au jugement ouvrant la procédure** collective dont l'extension est demandée (Cass. com. 28-11-2000 n° 98-10.083 FS-P : RJDA 2/01 n° 168 ; Cass. com. 9-2-2010 n° 08-21.271 F-D : RJDA 7/10 n° 766 ; Cass. com. 16-10-2012 n° 11-23.036 F-D : RJDA 1/13 n° 51).

La Cour de cassation contrôle les décisions des juges du fond sur ces points.

CAS OÙ LA CONFUSION DE PATRIMOINES A ÉTÉ RETENUE

65150 ILLUSTRATIONS

Il y a confusion des patrimoines entre une SCI et une SARL dans le cas suivant : la SCI et la SARL ont été constituées simultanément entre les mêmes personnes physiques en vue de l'acquisition par la première d'un ensemble immobilier aussitôt donné à bail à la seconde pour un montant en augmentation de 1 500 % par rapport au loyer en cours lors de la cession, les ressources ainsi dégagées, qui étaient les seules dont disposait la SCI, devant lui permettre de rembourser les échéances de l'emprunt contracté par elle pour réaliser son achat ; la SARL avait de son côté contracté un emprunt en vue de la réalisation d'**aménagements** devant rester **acquis au bailleur sans indemnité,** de sorte que la SCI se retrouvait, après la liquidation judiciaire de la SARL, propriétaire de locaux aménagés sans bourse délier, la création des deux sociétés n'ayant eu dès lors pour fonction que de répartir le passif à l'une et l'actif à l'autre quand elles constituaient, en réalité, une seule entité économique.

Cass. com. 17-12-1991 n° 1674 D : RJDA 2/92 n° 187.

La liquidation judiciaire d'une société anonyme (SA) doit être étendue à une SCI, bailleur de l'immeuble occupé par celle-ci, pour les raisons suivantes : le terrain acquis par la SCI a été payé à l'aide de fonds qui lui ont été prêtés par la SA ; la plupart des travaux de construction ont été effectués sur ce terrain avant la signature du bail et la SCI a reçu des **avances financières** de la SA pour le règlement des assurances ; il résulte de ces flux anormaux que la SCI a été constituée pour faire échapper le patrimoine immobilier aux créanciers de la SA et que les patrimoines des deux sociétés ont été confondus.

Cass. com. 24-11-1998 n° 1846 D : RJDA 1/99 n° 62.

Dans un cas où une SARL avait été constituée entre les mêmes associés que la SCI dont elle avait financé les travaux d'aménagement des locaux, celle-ci n'ayant pas la surface financière pour le faire, et où, au jour du redressement judiciaire de la SARL, la SCI s'avérait débitrice de 550 000 F, alors qu'elle disposait d'une créance de **loyers impayés** par la SARL s'élevant à 850 000 F qu'elle n'avait pas déclarée, a justifié sa décision la cour d'appel qui a étendu le redressement judiciaire de la SARL à la SCI en raison de la confusion des patrimoines des deux sociétés, après avoir relevé, d'une part, que la SCI avait renoncé à percevoir les loyers dus par la SARL et, d'autre part, qu'en cas de défaillance de la SARL la SCI profitait seule des **travaux** en reprenant les bâtiments aménagés et ce, au préjudice des autres créanciers de la SARL.

Cass. com. 6-7-1999 n° 1347 D : RJDA 10/99 n° 1097.

Dans un cas où l'exploitant d'un fonds artisanal avait donné ce fonds en location-gérance à la SARL qu'il avait créée avec sa fille et où la SCI que cet exploitant avait antérieurement créée avec sa femme et sa fille avait consenti à cette SARL un bail à construction, a légalement justifié sa décision d'étendre la liquidation judiciaire de la SARL à la SCI et à l'exploitant en raison de la confusion de leurs patrimoines la cour d'appel qui a constaté que :
– les redevances de location-gérance dues à l'exploitant et les **loyers** dus à la SCI étaient restés **impayés** pendant six ans sans qu'aucune des parties n'ait intenté d'action afin d'obtenir l'exécution de la contrepartie financière des conventions ;
– l'exploitant avait contracté un **emprunt** de 100 000 F (15 250 €) ayant servi à financer la dette de la SARL à l'égard d'un fournisseur et avait mis à la disposition de la SARL du matériel à titre gratuit et sans convention écrite ;
– la SCI avait garanti, par un **cautionnement hypothécaire,** un prêt contracté par la SARL.

Cass. com. 7-12-1999 n° 1947 D : RJDA 4/00 n° 442.

Dans un cas où une SCI a été constituée entre les mêmes associés et avec le même gérant qu'une société commerciale locataire d'un immeuble appartenant à la SCI, a légalement justifié sa décision la cour d'appel qui a étendu la liquidation judiciaire de la société commerciale à la SCI en raison de la confusion des patrimoines des deux sociétés, après avoir relevé que la société commerciale avait versé à la SCI un **dépôt de garantie représentant plus du quart de la valeur du bien** loué **et plus de deux ans de loyers,** pour le paiement duquel elle avait fait un emprunt cautionné par la SCI, et a ainsi retenu que des rapports financiers anormaux ont été créés dans le cadre du bail, aboutissant au transfert injustifié d'actifs à la SCI.

Cass. com. 14-3-2000 n° 639 D : RJDA 6/00 n° 681.

La liquidation judiciaire d'une SARL doit être étendue à une SCI, bailleur des locaux occupés par la SARL, pour les raisons suivantes : la SARL, constituée entre les membres d'une même famille, avait pris en location-gérance le fonds artisanal d'un de ses associés et ce dernier avait cédé un terrain à une SCI qu'il avait créée avec son épouse avec un capital réduit de 10 000 F (environ 1 500 €) ; le taux de l'emprunt contracté par la SCI pour financer cette acquisition ainsi que la construction d'un bâtiment dépendaient du loyer payé par la SARL à la SCI, loyer lui-même déterminé en fonction du nombre de salariés de la SARL ; en dehors du prix de souscription de ses parts sociales, la SCI n'avait reçu aucun bien propre ni somme d'argent de l'épouse ; la SCI n'avait donc **aucune existence économique autonome** et l'existence de flux financiers anormaux entre ces deux sociétés fait ressortir la confusion de leurs patrimoines. **65150** (suite)

Cass. com. 14-3-2000 n° 675 D : RJDA 11/00 n° 1003.

A justifié sa décision la cour d'appel qui, pour étendre la procédure de redressement judiciaire d'une SARL à une SCI, a fait ressortir l'existence de flux financiers anormaux entre les deux sociétés en retenant les éléments suivants : les sociétés ne tenaient pas de comptabilité ; les créanciers de la SARL adressaient leurs factures au gérant de la SCI parce qu'ils ne pouvaient pas faire la différence entre les deux sociétés ; la SCI avait mis pendant plus de trois ans ses **immeubles à disposition** de la SARL **sans contrepartie** ; les deux sociétés s'étaient fait consentir de façon « conjointe et solidaire » un découvert en compte courant de 300 000 F (environ 45 700 €) en garantie duquel la SCI avait consenti une **hypothèque** alors que les fonds n'avaient profité qu'à la SARL, ce qui constituait une opération désastreuse pour la SCI.

Cass. com. 4-7-2000 n° 1482 F-D : RJDA 1/01 n° 36.

Justifie sa décision d'étendre la procédure de liquidation judiciaire d'une SARL à une SCI, en raison de la confusion de leurs patrimoines, la cour d'appel qui constate que :
– la SCI a loué un immeuble à la SARL **sans percevoir les loyers** qui s'élevaient à la somme de 445 589 F (environ 68 000 €) ;
– la SCI a acquis un immeuble contigu pour agrandir le premier et y a financé des **travaux** pour un montant de 1 000 000 F (environ 150 000 €), au profit de la SARL, bien qu'elle n'eût aucun intérêt à le faire en l'absence de paiement des loyers ;
– la dette de loyers n'apparaissait pas dans les documents comptables de la SARL ;
– la SARL a réglé une facture représentant un acompte à valoir sur les travaux pris en charge par la SCI pour un montant de 110 000 F (environ 16 800 €).

Cass. com. 19-12-2000 n° 2112 F-D : RJDA 3/01 n° 338.

A violé l'article 7 de la loi du 25 janvier 1985 (C. com. art. L 621-5) la cour d'appel qui n'a pas étendu la procédure de liquidation judiciaire d'une société commerciale à la SCI dont elle était locataire alors que l'**absence** de versement **de tout loyer** et le **cautionnement** donné par la SCI à sa locataire en vue de garantir l'apurement du passif de cette dernière caractérisent des relations financières anormales constitutives de la confusion des patrimoines.

Cass. com. 3-4-2002 n° 732 F-D : RJDA 6/02 n° 654.

Justifie légalement sa décision d'étendre la liquidation judiciaire d'une société commerciale à une SCI la cour d'appel qui relève l'existence d'une confusion des patrimoines entre ces deux sociétés, dirigées par la même personne, compte tenu des mouvements financiers anormaux suivants intervenus entre elles :
– l'emprunt contracté par la SCI pour acquérir les locaux qu'elle avait ultérieurement loués à la société commerciale avait été exclusivement garanti par **un nantissement sur le fonds de commerce** de cette dernière ;
– la société commerciale avait dû emprunter des fonds pour réaliser dans ces locaux des **travaux** d'aménagement qui devaient rester acquis à la SCI **sans dédommagement** ;
– enfin, le **loyer** était manifestement **excessif.**

Cass. com. 13-11-2002 n° 1862 F-D : RJDA 2/03 n° 151.

L'existence de relations financières anormales constitutives de la confusion des patrimoines des deux sociétés est établie dès lors que la cour d'appel, après avoir relevé le **caractère excessif des loyers** perçus par la société civile et le fait que celle-ci devait rester **propriétaire,** en fin de bail, des travaux **d'embellissement effectués par le locataire,** à savoir la société commerciale et deux époux, ses seuls associés, a retenu que la société commerciale avait **cessé de régler** les loyers depuis trois ans, sans que la société civile en réclame le paiement, se mettant ainsi dans l'impossibilité de faire face au remboursement de ses emprunts, et qu'elle s'était abstenue de lui délivrer le moindre commandement de payer visant la clause résolutoire, la faisant ainsi bénéficier, sans contrepartie, de la mise à disposition de son seul actif.

Cass. com. 7-1-2003 n° 38 FS-P : RJDA 6/03 n° 609.

A légalement justifié sa décision la cour d'appel qui a ordonné l'extension, pour confusion des patrimoines, de la liquidation judiciaire d'une première société à une seconde après avoir relevé que la seconde société a exercé son activité dans les locaux loués à la première société jusqu'à l'ouverture de la procédure collective de celle-ci et qui a ainsi fait ressortir que cette **mise à disposition** pendant plusieurs mois **sans aucune contrepartie** pour la première société, qui a assumé l'intégralité des loyers et charges afférents aux locaux, caractérisait l'existence d'un flux financier anormal.

Cass. com. 15-2-2005 n° 215 F-D : RJDA 6/05 n° 726.

La liquidation judiciaire d'une société commerciale doit être étendue à une société civile immobilière (SCI), bailleur des locaux occupés par la société commerciale, dès lors qu'il existe une confusion de patrimoines entre ces deux sociétés qui forment en réalité une seule entreprise dont le patrimoine immobilier a été constitué grâce aux ressources de la société commerciale : en effet,

65150 (suite) les **loyers excessifs** prévus au profit de la SCI ont été fixés non en considération de la valeur locative de l'immeuble mais en fonction du montant des remboursements de l'emprunt contracté par la SCI pour l'acquisition de cet immeuble ; la société commerciale a effectué des **travaux** dans l'immeuble loué pour un montant représentant plus de 63 % du prix d'achat de ce dernier, ces travaux, d'un **montant anormalement important et qui devaient rester en fin de bail la propriété du bailleur** sans indemnité, apparaissant n'avoir été réalisés que parce que les locaux loués appartenaient à la SCI ; lorsque la société commerciale en difficulté financière a cessé de payer les **loyers,** ces derniers ne lui ont **jamais été réclamés** par la SCI, la société commerciale bénéficiant ainsi sans contrepartie du seul actif de la SCI.

CA Rouen 6-1-2000, 2e ch. civ. : RJDA 6/00 n° 681 et, sur pourvoi, Cass. com. 7-1-2003 n° 00-13.192 FS-P : RJDA 6/03 n° 609.

Dans un cas où une société à responsabilité limitée (SARL) exploitait un hôtel-restaurant dont une SCI lui avait loué les murs, qu'elle avait acquis au moyen d'un prêt, l'existence de relations financières anormales constitutives d'une confusion de patrimoines entre ces deux sociétés a été suffisamment démontrée par les éléments suivants : la SCI avait mis à la charge de la SARL un **loyer calculé en fonction des échéances du prêt** à rembourser et non en fonction de la valeur locative des lieux et des **travaux importants** de remise aux normes de l'hôtel, dont l'état de vétusté avait interdit l'exploitation immédiate ; le gérant de la SCI, qui dirigeait également la SARL, ne pouvait pas ignorer que celle-ci était dans l'impossibilité de faire face à ces charges exorbitantes dès le début de l'exploitation ; la SCI n'avait pas cherché à recouvrer les **loyers,** que la SARL n'avait **jamais payés,** et avait laissé s'accumuler une dette qui la mettait en péril, le loyer devant seul lui permettre de rembourser le prêt.

CA Paris 16-5-2006 n° 05-20517, 3e ch. A : RJDA 10/06 n° 1050.

Les faits suivants caractérisent des relations financières anormales entre une SARL locataire de locaux d'exploitation appartenant à une SCI et cette dernière, constitutives d'une confusion de leurs patrimoines et justifiant l'extension de la liquidation judiciaire de la SARL à la SCI : la SCI a consenti des **abandons de loyers** à la société locataire pour un montant de 230 770 € tandis que le total des loyers hors charges et sans indexation s'établissait à 247 800 € ; les versements de loyers jusqu'à la date de cessation des paiements ne se sont élevés qu'à 22 900 € ; la SCI n'a fait délivrer **ni mise en demeure, ni commandement de payer** à sa locataire bien que ce loyer ait représenté plus des deux tiers de son revenu locatif ; des factures de réparation de tuyauterie établies à l'ordre de la locataire pour un montant de 13 700 €, portant pour la quasi-totalité sur des **travaux d'entretien** ou de menues réparations de nature locative, lui ont été remboursées par la SCI bien que leur prise en charge ne corresponde pas à l'application du bail et surtout sans que la SCI n'opère de compensation.

Cass. com. 20-1-2009 n° 07-17.026 F-D : RJDA 5/09 n° 452.

Une société commerciale constituée pour exploiter un pub avait pris à cette fin en location des locaux appartenant à une SCI et elle y avait entrepris à ses frais des travaux de rénovation complète (pour plus de 350 000 €) tandis qu'elle accumulait les loyers impayés (plus de 42 000 €).

Il y a lieu d'étendre la liquidation judiciaire de la société commerciale à la SCI, compte tenu de l'existence de flux financiers anormaux entre les deux sociétés caractérisant une confusion de leurs patrimoines : la **société commerciale** avait **financé des travaux** pour un montant excédant largement ses possibilités du moment et même futures ; elle se trouvait depuis l'origine dans une situation de **dépendance économique** et juridique totale par rapport à la SCI, qui n'avait aucun lien capitalistique direct avec elle mais dont le gérant était l'un de ses quatre associés ; elle n'avait **jamais payé les loyers** et la **SCI** avait attendu plus d'un an pour délivrer une première sommation et résilier le bail, cette **passivité** inhabituelle et répétée de la SCI caractérisant une collusion manifeste avec la société commerciale ; la SCI, qui n'était pas tenue par le contrat de bail d'indemniser la société commerciale du montant des travaux réalisés, avait ainsi bénéficié d'un flux financier anormal au détriment des créanciers de cette dernière, comme cela était prévisible dès l'origine du contrat, exécuté dans les conditions d'une confusion de patrimoines.

Cass. com. 26-5-2010 n° 09-66.615 F-D : RJDA 8-9/10 n° 865.

Une cour d'appel a légalement justifié sa décision d'étendre la liquidation judiciaire d'une **société commerciale** à la SCI qui lui louait des locaux en vertu d'un bail commercial dès lors qu'elle a retenu que :

– dépassant la seule obligation d'effectuer les grosses réparations imposée par le bail, la société commerciale locataire avait **supporté,** en plus du loyer, **la charge d'importants travaux** d'aménagement (intérieur et extérieur) de l'immeuble pour un coût équivalent à six années de loyers ;

– elle avait partiellement financé ce coût par le recours à l'emprunt tandis que la **SCI** devenait, au terme du bail, **propriétaire de tous les aménagements** sans avoir à verser d'indemnité.

En effet, ces éléments caractérisaient des relations financières anormales entre les deux sociétés, constitutives d'une confusion de leurs patrimoines, peu important l'**absence de mouvements de fonds** entre elles, relatifs aux travaux d'aménagement.

Cass. com. 13-9-2011 n° 10-24.536 F-D : RJDA 11/11 n° 935.

Dans un cas où une société commerciale occupait des locaux appartenant à une SCI et avait le même dirigeant qu'elle, il ne peut pas être reproché à une cour d'appel d'avoir étendu la liquidation judiciaire de la société commerciale à la SCI dès lors qu'elle a déduit des éléments suivants que des flux financiers anormaux constitutifs d'une confusion de patrimoines avaient existé entre ces sociétés durant plusieurs années : **65150** (suite)

– la société commerciale avait réalisé pendant six ans d'**importants travaux** (pour plus de 27 000 €) dans les locaux qu'elle avait facturés à la SCI mais que celle-ci n'avait **jamais réglés** ; la société commerciale, qui avait volontairement évité le recouvrement du montant des travaux, n'en avait retiré aucune contrepartie ; elle avait ainsi accepté un abus de ses biens dont la SCI, détenue à 80 % par son gérant, avait profité ;

– aucun bail commercial n'avait été conclu entre les deux sociétés et l'apurement des comptes entre elles ne résultait que d'un jeu d'écritures, le **procès** engagé par la société commerciale sur le principe de la charge des travaux s'avérant purement **fictif** et de circonstance ; il était donc impossible de distinguer les éléments des deux patrimoines que l'on cherchait à opposer fictivement ;

– les **prétendues créances invoquées par la SCI** sur la société commerciale étaient destinées à sauvegarder le patrimoine immobilier de la SCI et à créer l'espérance de paiements complémentaires sur le passif de la liquidation judiciaire de la société commerciale, qui s'avérait inéluctable.

Cass. com. 10-5-2012 n° 11-13.709 F-D : RJDA 8-9/12 n° 783.

A légalement justifié sa décision la cour d'appel qui pour étendre à une SCI la liquidation judiciaire ouverte à l'encontre de la SARL à qui elle louait ses locaux a déduit des constatations suivantes l'existence de relations financières anormales entre les deux sociétés caractérisant une confusion de leurs patrimoines :

– la SARL n'avait **versé aucun loyer pendant sept années** consécutives ;

– la SCI n'avait entrepris **aucune démarche pour recouvrer la dette** de loyer de 346 664 € ou obtenir la résiliation du bail, cette abstention procédant d'une volonté réitérée et systématique ;

– la SCI prétendait que deux conventions constituaient une **contrepartie à la perte de loyer** alors que l'une ne permettait pas de justifier le défaut de paiement des loyers et que l'autre ne lui procurait aucun avantage en prévoyant le renouvellement du bail avec abandon des indexations légales, gel de la révision des loyers et possibilité pour la SARL de libérer les lieux à tout moment avec un préavis de trois mois tandis que le seul engagement de celle-ci était de verser les loyers impayés en cas de volume d'activité le lui permettant.

Cass. com. 8-1-2013 n° 11-30.640 F-D : RJDA 4/13 n° 342.

A caractérisé l'existence de relations financières anormales entre le propriétaire d'un immeuble et la société locataire de celui-ci, constitutives d'une confusion des patrimoines et justifiant l'extension de la liquidation judiciaire de la société au propriétaire, la cour d'appel qui a retenu les éléments suivants : le **loyer, inférieur** de moitié à la valeur locative, n'avait **pas** été **réclamé** pendant plusieurs années ; aucune quittance n'avait été produite ; **aucune demande de résiliation** du bail n'avait été présentée ; la SARL avait effectué dans les lieux, en supportant le coût, d'importants **travaux d'édification et de construction** excédant « la notion même de travaux afférents à un bail commercial », ces travaux restant, en fin de bail, la propriété du bailleur sans indemnité en vertu d'une **clause d'accession** ; le bailleur ne faisait pas la différence entre son patrimoine et celui de la SARL dont il avait été gérant.

Cass. com. 1-10-2013 n° 12-24.817 F-D : RJDA 12/13 n° 1029.

Une SARL et une SCI s'étaient substituées à une troisième société en vue d'acquérir pour la première les actifs mobiliers et pour la seconde les actifs immobiliers d'une clinique dans le cadre d'un plan de cession d'actifs. Par la suite, la SCI avait donné à bail à la SARL les locaux ainsi acquis. Quelques mois plus tard, la SARL avait été placée en redressement judiciaire.

Il y a lieu d'étendre cette procédure à l'encontre de la SCI. En effet, il ressort des éléments suivants que le but réel de la reprise n'était pas le maintien de l'activité et de l'emploi mais la volonté d e réaliser une très fructueuse **opération immobilière** en obtenant en quelques mois seulement le remboursement du prix de l'immeuble acquis grâce à des flux financiers totalement anormaux appauvrissant la SARL au profit de la SCI, la SARL n'étant qu'une société fictive destinée à la bonne fin de l'opération immobilière, de sorte que la confusion des patrimoines est caractérisée :

– la SARL et la SCI, qui avaient le même gérant, étaient l'émanation de la société qui se les était substituées ;

– dans l'offre de reprise qu'elle avait déposée, cette société avait indiqué que la reprise des actifs immobiliers par une société du même groupe était nécessaire au maintien et à la pérennité de l'activité médicale de la clinique puisqu'une importante baisse des loyers était un préalable indispensable au retour à l'équilibre de l'exploitation de la clinique, ce qui n'avait pas empêché le dirigeant commun de la SCI et de la SARL de prévoir, dans le bail conclu entre les deux sociétés, un montant de **loyer** annuel qu'il savait **incompatible avec la survie de la SARL**, puisque neuf fois supérieur à celui présenté dans l'offre de reprise du repreneur comme devant permettre à l'activité de la clinique de se redresser ;

65150 (suite)

– la SARL avait réglé le loyer pendant les neuf premiers mois d'exploitation, **permettant à la SCI de rembourser** largement le montant des **investissements immobiliers**, puis avait cessé tout paiement, l'arriéré locatif s'accumulant pendant pratiquement dix mois, jusqu'à la déclaration de cessation des paiements de la SARL et ce, sans que la SCI ne réagisse ou mette en œuvre la clause résolutoire de plein droit insérée dans le bail, alors que parallèlement, l'activité de la SARL périclitait, générant d'importantes pertes ;
– deux semaines seulement après l'ouverture du redressement judiciaire de la SARL, son avocat n'avait pas hésité à demander, dans le cas où le renvoi qu'il sollicitait ne serait pas accordé, la mise en liquidation judiciaire de la SARL, mesure signant la fin de l'activité et des emplois mais ne portant pas atteinte au patrimoine immobilier de la SCI.

CA Chambéry 15-10-2013 n° 13/01268, ch. 1e civ. sect. : RJDA 5/14 n° 454 et, sur pourvoi, Cass. com. 13-1-2015 n° 13-27.868 F-D : RJDA 4/15 n° 287.

Une SCI familiale qui détenait majoritairement le capital d'une société commerciale à laquelle elle donnait en location des **locaux** avait été informée que ceux-ci allaient faire l'objet d'une procédure d'**expropriation.** Avant le début de cette procédure, la société commerciale avait cessé de payer les loyers et la SCI lui avait délivré un commandement visant la clause résolutoire du bail. Puis la société commerciale avait libéré spontanément les lieux et son dirigeant, un membre de la famille contrôlant la SCI, avait déclaré qu'elle était en cessation des paiements. La **société commerciale** n'ayant plus d'actif, elle avait été **mise en liquidation judiciaire.**
Il y a lieu, à la demande du liquidateur judiciaire, d'étendre la liquidation judiciaire à la SCI pour confusion de patrimoines entre les deux sociétés car l'opération, réalisée sans contrepartie pour la société commerciale, était anormale et caractérisait une confusion des patrimoines :
– le capital des deux sociétés était détenu par la même famille (directement pour la SCI et indirectement pour la société commerciale) et celles-ci étaient dirigées par les membres de cette famille ;
– la société commerciale avait été volontairement mise en liquidation judiciaire alors qu'elle n'était pas en état de cessation des paiements pour **permettre à la SCI de percevoir une indemnité d'expropriation** calculée sans décote puisque les locaux concernés étaient libres de tout occupant ; le droit au bail abandonné était le seul actif de la société commerciale et son activité avait été détournée au profit d'une nouvelle société commerciale créée par cette famille et dirigée par l'un de ses membres.

CA Paris 23-10-2014 n° 14/12672, ch. 5-9 : RJDA 2/15 n° 119.

Une cour d'appel a pu retenir l'existence d'une confusion des patrimoines entre une SCI et la société commerciale à qui elle a donné des locaux en location en l'état des constatations suivantes :
– la SCI, qui avait facturé à la société locataire près de 1 300 000 € de loyers pendant plus de trois ans, n'avait encaissé que 487 000 € et avait déclaré à la procédure collective de celle-ci 153 000 € ;
– la différence avait été soldée, dans la comptabilité de la société locataire, par le débit fictif du compte fournisseur de la SCI et l'inscription concomitante d'une créance du même montant au crédit du compte courant d'associé du dirigeant commun des deux sociétés, sans que la cause de ce changement de créancier ne soit justifiée ni la créance de loyers payée ;
– en l'absence de convention de nature à justifier ce transfert, le **procédé** utilisé **pour éteindre la dette de la société locataire** envers la SCI n'est qu'un **artifice comptable** destiné à dissimuler l'abandon sans contrepartie par la SCI des loyers facturés.

Cass. com. 27-9-2016 n° 14-29.278 F-PB : RJDA 12/16 n° 880.

Caractérise des relations financières anormales constitutives d'une confusion des patrimoines entre une société civile immobilière (SCI) et une société d'exploitation ayant pris à bail un immeuble de la SCI la cour d'appel qui relève, d'une part, l'existence d'une **augmentation de loyers anormalement élevée** (+ 56 % neuf mois après la conclusion du bail), non justifiée et sans rapport avec la valeur locative et, d'autre part, le fait que la **société d'exploitation a continué de payer** les loyers malgré son état de cessation des paiements.

Cass. com. 12-7-2017 n° 16-10.542 F-D : RJDA 11/17 n° 734.

Le liquidateur judiciaire d'une SARL exploitant un fonds de commerce dans un local donné en location par une société civile immobilière (SCI) avait demandé que la liquidation judiciaire de la SARL, ouverte en 2013, soit étendue à la SCI pour confusion des patrimoines des deux sociétés.
A légalement justifié sa décision la cour d'appel qui a fait droit à cette demande dès lors que les faits invoqués, qui s'étaient déroulés de façon continue depuis 2004, ne présentaient pas – contrairement à ce que soutenait la SCI – un caractère isolé et ponctuel :
– de 2004 à 2013, la **SARL** n'avait **pas payé des loyers** à hauteur de 52 180 €, alors que le loyer annuel était de 52 200 € environ, et la SCI n'avait formulé aucune réclamation sur cette période ;
– la **SCI** avait **encaissé** en 2008 **une somme** de 25 000 € **due à la SARL,** encaissement qui ne pouvait pas être justifié par une compensation avec une créance réciproque, alléguée par la SCI, sur la SARL ; cette compensation n'était pas non plus de nature à justifier le reversement partiel

de cette somme à la SARL (à hauteur de 15 000 €) dès lors que la créance réciproque invoquée s'élevait à 25 400 € ; **65150** (suite)
– la **SCI** avait **payé** deux **factures** d'un montant total de 25 400 € **pour le compte de la SARL** et elle n'établissait pas les avoir payées à titre d'avance, en l'absence de convention en ce sens.
Il existait donc un ensemble d'indices concordants caractérisant l'existence de relations financières anormales constitutives d'une confusion de patrimoines, parmi lesquels le non-recouvrement de loyers impayés représentant une année de loyers. Il importait peu que certaines des **opérations** reprochées aient été **inscrites en comptabilité** dès lors que des relations financières anormales étaient établies.

Cass. com. 28-2-2018 n° 16-26.735 F-D : RJDA 6/18 n° 515.

Dans un cas où une société civile immobilière (SCI) avait donné en location à une société à responsabilité limitée (SARL) les murs dans lesquels celle-ci exploitait un hôtel-restaurant, a légalement justifié sa décision la cour d'appel qui, pour étendre la liquidation judiciaire de la SARL à la SCI, a caractérisé l'existence de relations financières anormales constitutives d'une confusion des patrimoines en relevant les éléments suivants :
– la SARL et la SCI avaient, en cours de bail, conclu un **avenant réduisant la surface des biens loués** en supprimant la location de 29 places de stationnement sans indemnité ni modification du loyer, ce qui avait eu pour objet d'enlever une part importante des biens loués sans aucune contrepartie ;
– la **SARL avait vendu à la SCI du matériel et du mobilier** en paiement de loyers impayés alors qu'il n'était pas prouvé que la SARL était redevable d'une telle somme, que la valeur des biens était bien inférieure au prix visé dans l'acte de vente et que la SARL avait continué d'utiliser ceux-ci sans convention de mise à disposition ni contrepartie, si bien que l'opération était injustifiée sur le plan économique, financier et comptable.

Cass. com. 16-1-2019 n° 17-20.725 F-D : RJDA 5/19 n° 352.

La liquidation judiciaire d'une société exploitant un hôtel dans un local devait être étendue à la SARL propriétaire du local dès lors que les éléments suivants démontraient l'existence de relations constitutives d'une confusion des patrimoines entre les deux sociétés :
– la **créance locative** déclarée par la SARL au passif de la société locataire s'établissait à **377 032 €,** le loyer mensuel de 7 500 € ayant été occasionnellement versé pendant les sept ans ayant précédé l'ouverture de la liquidation judiciaire ;
– en dépit de l'importance de cette créance, **aucune mise en demeure ni aucun commandement de payer** visant la clause résolutoire n'avait été délivré, l'absence de conséquence juridique tirée du défaut récurrent de paiement des loyers ayant été facilitée par l'identité des dirigeants des deux sociétés ;
– il ne pouvait **pas** être soutenu que la SARL avait octroyé des **délais de paiement implicites** dans l'espoir d'un règlement des loyers puisque la comptabilité de la société locataire faisait apparaître une perte de 801 140 € deux ans avant l'ouverture de la procédure collective, la situation financière étant considérablement dégradée malgré un prêt de 570 000 € et une fusion avec une société tierce.

Cass. com. 20-10-2021 n° 20-17.124 F-D : RJDA 1/22 n° 24.

La liquidation judiciaire d'une SARL exploitant un fonds de commerce dans un local en location devait être étendue à la SCI propriétaire dès lors que les indices concordants suivants démontraient l'existence de relations financières anormales entre les deux sociétés et une confusion de leurs patrimoines :
– l'acquittement par la SARL de **travaux de rénovation** de l'immeuble **en lieu et place de la SCI,** et la carence de la SARL à recouvrer cette créance, qui n'avait été payée que partiellement plusieurs années après ;
– des **paiements** multiples et réitérés sur plusieurs exercices par la SARL de **charges incombant à la SCI** (notamment, taxe foncière, facture EDF à une période où la SARL n'occupait pas le local, frais d'avocat) ;
– des **virements** effectués par la SARL au bénéfice de la SCI **sans contreparties** justifiées.

CA Angers 8-2-2022 n° 21/00136, ch. A com. : RJDA 10/22 n° 573.

CAS OÙ LA CONFUSION DE PATRIMOINES N'A PAS ÉTÉ RETENUE

65200 ILLUSTRATIONS

Justifie sa décision la cour d'appel qui, pour refuser de déclarer la liquidation d'une SARL commune à celle d'une société civile immobilière (SCI) en raison d'une confusion de leurs patrimoines, a jugé que constituait un **montage juridique** et financier **classique** en son principe l'opération ayant consisté à créer la SCI en vue d'acquérir des immeubles au moyen d'emprunts et de les louer dans le cadre d'une convention de crédit-bail immobilier à la SARL chargée de leur exploitation commerciale alors même que la SARL, qui était le seul bailleur de fonds, versait à la SCI des **loyers** dont le montant était au moins **équivalent à la charge des emprunts** supportés par celle-ci et peu important qu'elle ait été l'associée majoritaire de la SCI et que l'essentiel des garanties prises par la banque ait été donné par elle.

Cass. com. 28-6-1994 n° 1537 D : RJDA 11/94 n° 1206.

Sont impropres à caractériser la confusion des patrimoines d'une SCI et d'une SA qui avait fait édifier des constructions sur des terrains que lui louait la SCI les éléments suivants :
– si le **loyer** initial, particulièrement modéré, avait été **réévalué** à l'issue de chacune des deux premières périodes de location de neuf ans, le loyer de la troisième période ne correspondait qu'à environ 42 % de la valeur locative estimée par des professionnels ; en outre, il n'avait pas connu d'autres augmentations que celles résultant de l'application de l'indice du coût de la construction, bien qu'en cours de bail la SCI ait mis de nouveaux terrains à disposition de la SA, augmentant ainsi de plus de 55 % la surface louée ;
– la SCI avait consenti à sa locataire, trois années de suite, des **abandons** de créances représentant 50 à 75 % **des loyers dus,** ces abandons ne pouvant pas être justifiés par la seule clause du bail réservant à la SCI la propriété des constructions édifiées par la SA, sans indemnité pour celle-ci ;
– la SCI avait souscrit à une augmentation du capital de la SA à laquelle elle avait été la seule à participer et qui avait eu pour résultat de lui attribuer le tiers des actions de cette société, alors qu'une telle **prise de participation** n'entrait nullement dans son objet ;
– la SCI avait consenti à une banque un **cautionnement** hypothécaire en garantie du remboursement d'un emprunt contracté par la SA, ce qui avait permis aux dirigeants de celle-ci d'obtenir de nouveaux concours financiers avec des garanties nouvelles à une époque où les difficultés de la SA paraissaient déjà sérieuses.

Cass. com. 10-12-2002 n° 2096 FS-P : RJDA 5/03 n° 526.

Sont impropres à caractériser la confusion des patrimoines d'une SAS et d'une SCI du même groupe :
– l'avenant portant **doublement du prix du bail** commercial consenti à la SAS par la SCI et les conditions dans lesquelles s'était opéré le remplacement de la SAS par un tiers témoignaient de l'existence de relations économiques et financières anormales entre les deux sociétés dont la première détenait la quasi-totalité des parts de la seconde ;
– la **facturation** des loyers à des **dates** qui semblaient n'obéir qu'à des considérations **d'opportunité** comptable et émise en infraction aux clauses du contrat illustrait l'existence de flux financiers anormaux entre les deux sociétés ;
– les deux sociétés fonctionnaient de manière fusionnelle sans qu'il soit possible de dissocier les intérêts de l'une par rapport à l'autre, sous une **direction unique** et sous l'empire de décisions qui ne trouvaient aucune explication logique dans la recherche de l'intérêt du groupe auquel elles appartenaient.

Cass. com. 10-5-2005 n° 697 F-D : RJDA 10/05 n° 1126.

L'**identité de dirigeant** de deux sociétés anonymes, la **détention par l'une** de 98 % **du capital de l'autre** et les **versements** faits par l'une à l'autre **sans contrepartie,** versements dont il n'est pas démontré qu'ils ont procédé d'une volonté systématique, sont des éléments insuffisants pour caractériser la confusion des patrimoines entre les deux sociétés, dont les mouvements financiers ont été identifiés en comptabilité.

Cass. com. 2-5-2007 n° 06-12.378 F-D : RJDA 10/07 n° 985.

Ne caractérise pas la confusion des patrimoines de deux sociétés exerçant l'une et l'autre l'activité d'agent immobilier la cour d'appel qui, après avoir constaté qu'il existait une **identité de gérants, d'associés et d'objet entre les deux sociétés,** que la première bénéficiait du réseau de clientèle de la seconde, que les collaborateurs de la seconde transitaient d'une société à l'autre et que les démarchages des clients s'effectuaient conjointement cependant que des commissions étaient partagées entre les sociétés ou que des mandats signés au nom de la seconde société étaient repris par un second mandat au nom de la première société, retient que la confusion des patrimoines ne résulte pas uniquement de la confusion des comptes et des flux financiers anormaux.
Sont pareillement impropres à établir la confusion des patrimoines les motifs par lesquels la cour d'appel retient que la première société ne produit aucune pièce permettant de vérifier qu'elle a versé une contrepartie à la seconde société pour la présentation dans les vitrines des agences de

celle-ci, dans les pages de publicité que la seconde société achetait dans les journaux locaux ainsi que sur son site internet, de biens figurant sous le seul mandat donné à la première société ou de biens qui, sous double mandat, n'ont pas été vendus par l'intermédiaire des deux sociétés. **65200** (suite)
Cass. com. 30-10-2007 n° 06-18.676 F-D : RJDA 2/08 n° 171.

Ne donne pas de base légale à sa décision d'étendre la liquidation judiciaire d'une société à responsabilité limitée (SARL) à une SCI, bailleur des locaux commerciaux occupés par la SARL, la cour d'appel qui retient que la confusion des patrimoines résulte de l'existence de flux financiers anormaux révélés par le contrat de bail qui prévoyait un **loyer très supérieur à la valeur locative** ce qui a eu pour conséquence de conférer au droit au bail une valeur négative et qu'il n'est pas contradictoire d'affirmer que si le loyer a été versé c'est dans l'intérêt exclusif de la SCI et de ses dirigeants, dans le seul but de mettre les actifs de la société commerciale à l'abri des créanciers, tout en permettant à la SCI et à ses associés de capitaliser et de s'enrichir personnellement au détriment de la société locataire et que, s'il ne l'a pas été, ce non-versement est significatif d'une relation financière anormale puisque dépourvue de contrepartie.
Cass. com. 30-9-2008 n° 07-16.255 F-D : RJDA 12/08 n° 1289.

L'extension de la liquidation judiciaire d'une société à responsabilité limitée (SARL) à une SCI qui lui avait donné à bail plusieurs biens immobiliers ne peut pas résulter des éléments suivants, impropres à établir l'existence de relations financières anormales constitutives d'une confusion des patrimoines des deux sociétés :
– le prix d'achat des biens donnés à bail avait été entièrement financé à l'aide d'un prêt remboursable en 144 mensualités d'environ 2 500 € chacune tandis que le loyer mensuel du bail avait été fixé à 3 100 €, montant qui permettait à la SCI de financer largement son investissement immobilier ;
– ce montage, réalisé par le dirigeant des deux sociétés, avait pour conséquence de **faire financer par la SARL l'achat et l'extension des bâtiments loués**, laquelle devenait par accession la propriété de la SCI sans que celle-ci verse de contrepartie à la SARL ;
– la valeur du bien ainsi financé avait été soustraite au gage des créanciers de la SARL puisque la charge de ce financement incombait normalement à la SCI, qui aurait dû délivrer au locataire la libre jouissance de la totalité des biens désignés dans le bail, y compris celle des bâtiments dont la construction était projetée.
Cass. com. 5-4-2011 n° 10-16.705 F-D : RJDA 8-9/11 n° 718.

Ne donne pas de base légale à sa décision la cour d'appel qui, pour étendre le redressement puis la liquidation judiciaires d'une SARL à une SCI ayant donné en location un immeuble à cette dernière, s'est déterminée par les motifs suivants, impropres à établir une confusion des patrimoines des deux sociétés :
– une **banque** avait **consenti un prêt à la SCI,** prétendument affecté à l'équipement, mais celle-ci s'était engagée à **verser le montant du prêt à la SARL** et l'acte de prêt visait les besoins en fonds de roulement ;
– une hypothèque avait été prise sur le seul bien immobilier de la SCI en garantie du remboursement du prêt ;
– la SCI avait versé 99 000 € à la SARL, qui avait manifestement d'importants besoins en fonds de roulement que la banque refusait de satisfaire en lui consentant directement un prêt ;
– en attribuant le prêt à la SCI, à charge pour elle d'en reverser la majeure partie à la SARL, la banque avait réduit le solde débiteur du compte courant de cette société et avait bénéficié simultanément d'une hypothèque, preuve de la confusion des comptes des deux sociétés ;
– aucune modalité de remboursement n'avait été prévue ni aucun acte signé entre les deux sociétés pour concrétiser l'avance de trésorerie prétendument consentie.
Cass. com. 15-6-2011 n° 10-23.113 F-D : RJDA 10/11 n° 829.

Doit être cassé l'arrêt d'une cour d'appel qui, pour étendre la liquidation judiciaire d'une SARL à la SCI qui lui louait des locaux, s'est déterminée par les motifs suivants, impropres à caractériser l'existence de relations financières anormales constitutives d'une confusion des patrimoines des deux sociétés :
– la **SCI** n'avait **pas exigé pendant** plus de **trois ans le paiement des loyers** des locaux qu'elle avait mis à disposition de la SARL, et avait attendu un an après le commandement de payer resté infructueux pour solliciter la constatation de la **clause résolutoire** stipulée dans le bail ;
– ces relations anormales entre les sociétés, même sans enrichir la SARL qui restait débitrice des loyers dus, avaient **permis une poursuite de l'exploitation** manifestement **déficitaire** et la création d'un passif tant social que fiscal de celle-ci.
Cass. com. 21-2-2012 n° 10-27.907 F-D : RJDA 5/12 n° 514.

Le liquidateur judiciaire d'une SARL qui louait des locaux appartenant à une SCI ayant le même gérant qu'elle avait demandé que la liquidation de la SARL soit étendue à la SCI pour confusion de leurs patrimoines.
Ne donne pas de base légale à sa décision la cour d'appel qui, pour accueillir cette demande, relève les éléments suivants : la SCI avait **négligé de réclamer** à la SARL **les loyers** convenus (18 000 €

65200 (suite) par an), ce qui avait permis à celle-ci de bénéficier sans contrepartie du seul actif de la SCI et de financer des travaux d'équipement et d'aménagement (pour plus de 65 000 €) dans les locaux loués, destinés à devenir à très court terme la propriété du gérant ; cette abstention durable à réclamer les loyers avait eu pour effet d'éviter la survenance plus précoce de la cessation des paiements de la SARL, dont le capital (8 000 €) et la trésorerie courante ne permettaient pas de financer les investissements concernés. En effet, la seule constatation du défaut de paiement des loyers permettant la prise en charge par la SARL des travaux d'aménagement nécessaires à l'exploitation des locaux loués, si elle révélait la **poursuite d'un intérêt commun,** n'était pas de nature à établir l'imbrication des éléments d'actif et de passif des deux sociétés caractérisant la confusion de leurs patrimoines.

Cass. com. 19-2-2013 n° 12-11.546 F-D : RJDA 5/13 n° 434.

Doit être cassé l'arrêt d'une cour d'appel qui, pour constater l'existence de relations financières anormales entre une société à responsabilité limitée et une SCI caractérisant une confusion des patrimoines et ouvrir à l'égard de cette dernière une procédure de liquidation judiciaire sans période d'observation par extension de celle de la SARL, retient qu'un **remboursement de travaux** a été effectué à la SCI par la SARL **sans contrepartie** pour une somme de 23 448 €, que des **variations** incohérentes et **inexpliquées de loyers** ont été relevées, que ces relations anormales ont été facilitées par les **liens matrimoniaux unissant les gérants et associés** de ces sociétés, lesquels étaient à l'origine domiciliés à la même adresse et qu'une facture établie au nom de la SCI lui avait été envoyée au siège de la SARL. En effet, de tels motifs sont impropres à caractériser l'existence de relations financières anormales constitutives d'une confusion des patrimoines dès lors qu'il n'est pas démontré que les anomalies constatées ont procédé d'une volonté systématique.

Cass. com. 11-2-2014 n° 13-12.270 F-D : RJDA 5/14 n° 454.

Doit être rejetée la demande du liquidateur judiciaire d'une société par actions simplifiée (SAS) tendant à ce que la liquidation judiciaire de la SAS soit étendue à la SCI ayant donné en location à la SAS les locaux où celle-ci exerçait son activité car le liquidateur, qui faisait valoir que le **loyer** payé par la société commerciale était minoré de 30 % par rapport au prix du marché, n'établissait pas que cette **minoration** était constitutive d'une relation financière anormale entre les deux sociétés, détenues directement ou indirectement par le même associé. En effet, l'écart de 30 % résultait d'un rapport d'expertise non contradictoire qui avait été établi à la demande de cet associé et qui laissait place à des négociations entre les parties pour tenir compte des autres **conditions contractuelles.** Or, le bail faisait supporter à la SAS diverses charges, notamment les grosses réparations, pour des locaux anciens dont la partie bureaux était dans un état moyen. Ces éléments étaient de nature à limiter le montant du loyer.

En outre, les **défauts de paiement des loyers** survenus au cours des deux années ayant précédé la mise en liquidation (plus de 450 000 €) ne caractérisaient pas non plus une relation anormale entre les deux sociétés, tout bailleur pouvant être exposé à la défaillance du locataire. L'abandon de cet arriéré de loyer par la SCI n'aurait constitué une telle relation que s'il avait été volontaire, réitéré et sans motif contractuel. Or, les factures de loyer étaient envoyées à la SAS, un point était fait régulièrement sur les paiements attendus et des **relances** avaient été effectuées ; la SCI avait même indiqué que les loyers ne pouvaient pas faire l'objet d'un arbitrage et que la SAS devait se mettre à jour des sommes dues.

Enfin, l'**abandon volontaire des loyers** ne pouvait pas être déduit du fait que la SCI n'avait pas fait constater la clause résolutoire du bail car une attitude bienveillante est habituelle dans un premier temps entre sociétés d'un même groupe, d'autant que la défaillance de la SAS avait été progressive. Les impayés étaient dus à son insolvabilité et ses difficultés rendaient vaine toute mesure d'exécution forcée de la part de la SCI.

CA Paris 14-4-2015 n° 14-22333, ch. 5-8 : RJDA 7/15 n° 508.

Doit être censuré l'arrêt d'appel qui, pour retenir l'existence de relations financières anormales constitutives d'une confusion des patrimoines, d'un côté, entre une SARL et ses associés, de l'autre, entre cette SARL et une société civile immobilière (SCI), se fonde sur la circonstance que la SARL, qui exploitait plusieurs fonds de commerce, payait des loyers aux propriétaires des locaux où les fonds étaient exploités (les associés pour deux fonds, la SCI pour un troisième) **sans** qu'un **bail** n'ait été **versé aux débats.** En effet, de tels motifs sont impropres à caractériser l'existence de relations financières anormales constitutives d'une confusion des patrimoines dès lors qu'un bail peut être verbal et que le versement des **loyers,** qui n'étaient pas argués d'excessifs, avait une **contrepartie,** l'occupation des lieux, par la SARL locataire, n'étant pas contestée.

Cass. com. 15-5-2019 n° 18-14.974 F-D : RJDA 7/19 n° 517.

B. Action en extension de la procédure collective

MODALITÉS DE MISE EN ŒUVRE

L'extension de la procédure collective du locataire peut être **demandée par** l'administrateur, le mandataire judiciaire, le liquidateur judiciaire, le débiteur ou le ministère public auprès du tribunal qui l'a ouverte (art. L 621-2, al. 2, L 631-7, al. 1 et L 641-1, I-al. 1). **65300**

Cette faculté n'est pas ouverte :

- au bailleur (cf. Cass. com. 28-5-2002 n° 98-21.730 F-D : RJDA 1/03 n° 42) ;
- aux autres créanciers du locataire (Cass. com. 15-5-2001 n° 98-14.560 FS-P : RJDA 10/01 n° 990 ; Cass. com. 19-2-2002 n° 99-12.776 F-D : Dr. sociétés 2002 comm. n° 134 note J.-P. Legros ; CA Orléans 22-1-2004 n° 03-1358, ch. com. : RJDA 5/04 n° 588), les créanciers nommés contrôleurs ayant toutefois qualité pour agir en cas de carence du mandataire ou du liquidateur judiciaire (art. L 622-20, L 631-14, al. 1 et L 641-1, II) ;
- au tribunal qui ne peut pas se saisir d'office.

L'action en extension de procédure est irrecevable **après l'adoption d'un plan** de cession totale (Cass. com. 5-4-2016 n° 14-19.869 FS-PB : RJDA 6/16 n° 458 ; Cass. com. 27-9-2017 n° 16-16.670 F-PBI : RJDA 2/18 n° 143) ou de cession partielle (Cass. com. 5-12-2018 n° 17-25.664 FPBI : RJDA 2/19 n° 104 ; Cass. com. 11-3-2020 n° 18-22.960 FS-PB : RJDA 11/20 n° 578), d'un plan de sauvegarde ou de redressement (Cass. com. 4-1-2000 n° 97-11.712 P : RJDA 3/00 n° 302) **ou** après **clôture de la liquidation** judiciaire (Cass. com. 11-7-1995 n° 93-15.525 P : Bull. civ. IV n° 208). **65305**

Le jugement du tribunal statuant sur l'extension au bailleur de la procédure collective du locataire est susceptible d'**appel,** et l'arrêt de la cour d'appel statuant sur ce jugement d'un pourvoi en **cassation,** mais seulement de la part du locataire, du bailleur visé par l'extension, du mandataire ou du liquidateur judiciaire, de l'administrateur et du ministère public (C. com. art. L 661-1, I-3°). Il est aussi susceptible de tierce **opposition** (art. L 661-2) de la part des tiers intéressés. **65310**

MESURES CONSERVATOIRES

Le président du tribunal saisi d'une demande d'extension d'une procédure collective peut ordonner toute mesure conservatoire utile (saisie conservatoire, hypothèque ou nantissement judiciaire) **à l'égard des biens du défendeur** à l'action (C. com. art. L 621-2, al. 4, L 631-7, al. 1 et L 641-1, I-al. 1) et donc dans le cas envisagé ici sur les biens du bailleur visé par l'extension. **65320**

Lorsque les mesures portent sur des biens dont la conservation ou la détention génère des frais ou qui sont susceptibles de dépérissement, le juge-commissaire peut autoriser, aux prix et conditions qu'il détermine, l'administrateur, le mandataire judiciaire ou le liquidateur à les **vendre** (C. com. art. L 663-1-1). Le prix de vente est versé sur un compte de la Caisse des dépôts et consignations (art. précité). Le bailleur pourra le percevoir, ainsi que les intérêts servis par la Caisse sur cette somme (cf. art. R 663-45, al. 2), notamment si le tribunal rejette l'extension de la procédure collective à son égard.

> **> Précisions** Le président du tribunal doit déterminer le **montant des sommes pour la garantie desquelles la mesure conservatoire est ordonnée,** au vu du passif déclaré dans la procédure collective ouverte ou, si le délai de déclaration des créances n'est pas expiré, au vu des relevés des créances salariales établis par le mandataire judiciaire ou le liquidateur judiciaire (C. com. art. R. 621-8-2, R 631-7 et R 641-1).

EFFETS DE L'EXTENSION DE LA PROCÉDURE COLLECTIVE

Après la constatation de la confusion des patrimoines de plusieurs sociétés, une **procédure unique** doit être suivie, avec actif et passif uniques et unicité d'organes (Cass. com. 17-2-1998 n° 609 P : RJDA 6/98 n° 749 ; Cass. com. 30-6-2009 n° 08-15.715 F-D : RJDA 11/09 n° 980). **65350**

Les sociétés concernées sont considérées comme formant une entreprise unique du point de vue patrimonial. L'extension de la procédure collective n'emporte pas pour autant création d'une indivision entre ces sociétés (Cass. com. 30-6-2009 précité).

Il en résulte notamment les conséquences suivantes :

- pour le redressement et la liquidation judiciaires, fixation d'une **date** unique **de cessation des paiements** à partir de la comparaison entre le passif exigible et l'actif disponible des sociétés concernées (Cass. com. 7-1-2003 n° 00-15.316 FS-P : RJDA 5/03 n° 511 ; Cass. com. 16-6-2004 n° 01-17.234 FS-PB : RJDA 12/04 n° 1346) ;
- la **déclaration de créances** faite entre les mains du mandataire ou du liquidateur judiciaire vaut pour n'importe laquelle des sociétés auxquelles la procédure a été étendue, mais à condition que cette déclaration unique soit effectuée après la constatation de la confusion des

65350 (suite) patrimoines (Cass. com. 19-2-2002 n° 98-22.011 FS-P : RJDA 7/02 n° 786) et qu'elle contienne les indications permettant d'identifier chaque créance (Cass. com. 1-10-1997 n° 1870 D : RJDA 3/98 n° 311) ;

– l'**issue de la procédure** est commune aux sociétés concernées (Cass. com. 17-2-1998 n° 97-13.098 P : RJDA 6/98 n° 749 ; Cass. com. 7-1-2003 n° 99-16.204 FS-P : RJDA 6/03 n° 610) ; la résolution du plan de redressement commun entraîne la fin de l'extension de procédure et les procédures de liquidation judiciaire ouvertes après cette résolution ne peuvent être jointes qu'à condition de caractériser une confusion de patrimoines par des faits postérieurs au jugement arrêtant le plan (Cass. com. 8-12-2021 n° 20-17.766 FS-B : RJDA 3/22 n° 158).

Toutefois, le jugement qui prononce l'extension d'une procédure ne rétroagit pas au jour du jugement initial d'ouverture (Cass. com. 28-9-2004 n° 1317 : RJDA 2/05 n° 162 ; Cass. com. 7-4-2009 n° 07-16.061 F-D : RJDA 10/09 n° 877 ; Cass. com. 4-11-2014 n° 13-24.014 F-D : RJDA 5/15 n° 363). En conséquence, en cas d'extension d'une liquidation judiciaire, la **date de dessaisissement** de chacune des sociétés de ses droits et actions (C. com. art. L 641-9) est distincte : pour l'une, la date du jugement ouvrant la liquidation judiciaire, pour l'autre, la date du jugement d'extension (Cass. com. 28-9-2004 précité).

> **Précisions** Après **clôture de la procédure** collective unique, chaque société redevient maître des biens qui étaient les siens à l'ouverture de la procédure, ou du moins des biens subsistants. Celle dont tous les biens ont été vendus pour apurer le passif de l'ensemble n'a aucun droit sur le patrimoine de l'autre (cf. Cass. com. 30-6-2009 n° 08-15.715 F-D : RJDA 11/09 n° 980). Si les sociétés ont fait l'objet d'une liquidation judiciaire clôturée pour insuffisance d'actif, elles sont dissoutes (C. civ. art. 1844-7, 7°).

REFUS DE RENOUVELLEMENT DU BAIL

SOMMAIRE

Le bailleur n'est jamais tenu d'accorder au locataire le renouvellement de son bail et le juge n'a aucun pouvoir pour le lui imposer (Cass. com. 2-7-1963 n° 61-11.486, O'Donovan c/ Martin : Bull. civ. III n° 348). C'est là un principe fondamental affirmé par l'article L 145-14 du Code de commerce. Ce principe doit néanmoins être combiné avec le droit au renouvellement du bail reconnu au locataire par le statut (nos 69010 s.). C'est pourquoi le bailleur qui entend refuser le renouvellement du bail doit soit payer au locataire une indemnité d'éviction (nos 66010 s.), soit, s'il veut y échapper, justifier d'un motif légitime de non-renouvellement (nos 66600 s.) ou d'un droit de reprise (nos 67800 s.). 66000

FORMES ET CONTENU DU REFUS DE RENOUVELLEMENT

Le refus de renouvellement se matérialise soit par un **congé** délivré à l'initiative du bailleur, soit par une **réponse** de ce dernier **à une demande de renouvellement** du locataire. 66003

Le congé avec refus de renouvellement est soumis aux mêmes règles que celles applicables au congé avec offre de renouvellement (nos 69560 s.) avec cependant quelques particularités que nous présentons ci-dessous (nos 66005 s.).

Quant à la réponse négative du bailleur à la demande de renouvellement, elle obéit à des conditions de forme, de contenu et de délai qui sont exposées n° 70350.

66005 Lorsque la propriété des locaux est démembrée entre un usufruitier et un nu-propriétaire, le **congé** sans offre de renouvellement peut être **délivré** par l'**usufruitier** agissant seul (Cass. 3e civ. 9-12-2009 n° 08-20.512 FS-PB : RJDA 3/10 n° 222). Le concours du nu-propriétaire n'est donc pas nécessaire.

66006 S'agissant du **contenu** du congé, l'article L 145-9, al. 5 du Code de commerce indique qu'il doit préciser les motifs pour lesquels il est donné. Une distinction doit cependant être faite selon la nature du congé. En effet, l'exigence de motivation concerne seulement le refus de renouvellement sans indemnité d'éviction, mais pas le congé avec offre d'indemnité d'éviction (Cass. 3e civ. 5-1-1993, Sté Meijac c/ Sté Sajd : Gaz. Pal. 1993 p. 310 ; Cass. 3e civ. 2-7-1997 n° 1170 D : RJDA 11/97 n° 1319 ; Cass. 3e civ. 8-2-2006 n° 170 FS-PB : RJDA 5/06 n° 512 ; Cass. 3e civ. 14-4-2015 n° 14-14.000 F-D).

Par ailleurs, le congé doit indiquer que le locataire qui entend soit contester le congé, soit demander le paiement d'une indemnité d'éviction, doit saisir le tribunal avant l'expiration d'un délai de deux ans à compter de la date pour laquelle le congé a été donné (art. L 145-9, al. 5).

66007 À défaut de mention des motifs et/ou du délai de contestation, la **nullité** du congé est encourue aux termes mêmes de l'article L 145-9, alinéa 5 du Code de commerce. Elle l'est également en cas de mention erronée (par exemple, en cas de fausse indication du point de départ du délai de saisine du tribunal : CA Nancy 26-6-1978 : JCP G 1979 II n° 19224 note B. Boccara).

Sur les effets de la nullité d'un congé insuffisamment ou non motivé, voir n° 67180.

66008 La nullité du congé visée par l'article L 145-9, alinéa 5 du Code de commerce est une **nullité relative** qui ne peut être invoquée que par le locataire (Cass. 3e civ. 28-6-2018 n° 17-18.756 FS-PBI : RJDA 10/18 n° 709).

Il s'agit d'une **nullité pour vice de forme** relevant des articles 112 et suivants du Code de procédure civile (Cass. 3e civ. 10-5-1991 n° 89-15.026 : Bull. civ. III n° 133 ; Cass. 3e civ. 27-5-2003 n° 661 F-PB : RJDA 8-9/03 n° 815).

En conséquence, elle ne peut être prononcée que si l'irrégularité cause un **préjudice** au locataire (Cass. 3e civ. 18-5-1989 n° 87-17.145 ; Cass. 3e civ. 5-5-1999 n° 750 PB : RJDA 6/99 n° 649 ; Cass. 3e civ. 19-12-2000 n° 1752 F-D : RJDA 5/01 n° 566).

ILLUSTRATIONS

Il n'y a **pas de préjudice** du fait de l'omission de la mention du délai de saisine du tribunal dans le congé lorsque le locataire en a eu connaissance en temps utile (CA Paris 11-10-1988, 16e ch. A). De même, un congé insuffisamment motivé n'est pas nul dès lors qu'il se réfère à un commandement précis délivré la veille faisant état de manquements précis, de sorte que le locataire ne peut pas se méprendre sur les griefs invoqués par le bailleur pour refuser le renouvellement (Cass. 3e civ. 5-5-1999 n° 750 PB : RJDA 6/99 n° 649).

En revanche, en cas d'omission sur la durée du délai dont il disposait pour saisir la juridiction compétente, le locataire a subi un **préjudice** dès lors qu'il n'était plus en mesure soit de prétendre à une indemnité d'éviction, qui eût été importante compte tenu de l'activité exercée (clinique), soit d'engager à titre principal une action tendant à obtenir le renouvellement de son bail (CA Rouen 12-6-1990, sur renvoi de Cass. 3e civ. 18-5-1989 précité). Il en est de même lorsqu'un acte extrajudiciaire indique au locataire qu'il doit saisir le tribunal avant l'expiration d'un délai de deux ans « à compter de la date à laquelle [lui] est signifié le présent congé avec refus de renouvellement » (au lieu de la date pour laquelle le congé a été donné) et que ce locataire, qui n'a pas demandé le paiement d'une indemnité d'éviction, soutient qu'il ne l'a pas fait parce qu'il s'est imaginé, sur le fondement des mentions erronées du congé, qu'il était forclos, alors que le propriétaire ne rapporte pas la preuve que le locataire s'est abstenu volontairement d'agir et que l'irrégularité ne lui a pas fait grief (CA Nancy 26-6-1978 : JCP G 1979 II n° 19224 note B. Boccara).

En outre, la nullité peut être **couverte** si celui qui l'invoque a, postérieurement à l'acte critiqué, fait valoir des défenses au fond ou opposé une fin de non-recevoir sans soulever la nullité. La nullité est ainsi couverte par une demande en paiement d'une indemnité d'éviction (Cass. 3e civ. 27-1-1981 n° 78-16.432 : Rev. Loyers 1981 n° 186), si la cause de nullité a été supprimée (Cass. 3e civ. 19-12-1990 n° 89-13.402 : Bull. civ. III n° 271 ; Cass. 3e civ. 2-10-1996 n° 1539 D : RJDA 12/96 n° 1447) ou lorsque les parties se sont entendues sur le renouvellement.

SECTION 1

REFUS DE RENOUVELLEMENT AVEC INDEMNITÉ D'ÉVICTION

A. Principes

Le **bailleur** qui ne justifie pas d'un motif légitime ou d'un droit de reprise doit verser au locataire une indemnité d'éviction qui doit être égale au préjudice causé par le défaut de renouvellement (C. com. art. L 145-14, al. 1). Il ne peut pas échapper à cette obligation en offrant au locataire un bail portant en partie sur d'autres locaux (Cass. 3e civ. 1-2-1989 nº 87-17.063 : Bull. civ. III nº 27). **66010**

Toutefois, le **locataire** ne peut prétendre à l'indemnité d'éviction due en réparation du préjudice subi du fait du refus de renouvellement de son bail que s'il remplit lui-même les conditions du droit au renouvellement visées aux articles L 145-1 (existence d'un immeuble ou d'un local ; immatriculation) et L 145-8 du Code de commerce (exploitation d'un fonds de commerce dont le locataire est propriétaire). En outre, quand bien même il remplit ces conditions, le locataire évincé ne bénéficie pas d'un droit acquis à l'indemnité d'éviction s'il décide de se maintenir dans les lieux jusqu'au paiement de l'indemnité : dans ce cas, pour être éligible à l'indemnité, il doit remplir des conditions supplémentaires qui sont exposées, avec les modalités du maintien dans les lieux, nº 46885 s. **66015**

Le locataire peut renoncer au bénéfice de l'indemnité d'éviction à condition que cette **renonciation** intervienne après l'acquisition du droit à indemnité. La renonciation doit alors résulter d'une volonté non équivoque du locataire. **66020**

Il a par exemple été jugé que la renonciation ne pouvait pas être déduite du seul fait que le locataire avait accepté l'insertion dans le bail d'une clause d'accession stipulant que les constructions et améliorations qu'il réalisera au cours du bail profiteront au bailleur sans indemnité en fin de bail (Cass. 3e civ. 17-7-1996 nº 1406 D : RJDA 11/96 nº 1308).

B. Repentir du bailleur

DÉFINITION

Le bailleur qui a refusé le renouvellement du bail en offrant une indemnité d'éviction a le droit de revenir sur sa décision en offrant le renouvellement. Cette faculté, connue sous le nom de « droit de repentir », est organisée par l'article L 145-58 du Code de commerce. **66120**

> **Précisions** Le droit de **repentir** ne porte atteinte ni au droit de propriété, ni à l'accès au juge de cassation de sorte que la question portant sur sa **constitutionnalité** n'a pas à être transmise au Conseil constitutionnel : en effet, le droit de repentir ne prive pas le bailleur de son droit de propriété, ce dernier conservant le droit de percevoir un loyer ou de vendre son bien. En outre, le fait d'enfermer son exercice dans un certain délai et de lui conférer un caractère irrévocable répond à un objectif d'intérêt général de sécurité juridique et de pérennité du fonds de commerce. Enfin, le bailleur bénéficie d'un recours juridictionnel effectif devant un juge compétent (Cass. 3e civ. QPC 13-12-2011 nº 11-19.043 FS-PB : RJDA 4/12 nº 382, 2e espèce).

1. CONDITIONS D'EXERCICE DU REPENTIR

L'exercice du repentir suppose avant tout que le **congé** avec refus de renouvellement délivré par le bailleur au locataire soit **valable.** En conséquence, une cour d'appel qui déclare nul le congé ne peut pas décider que le bailleur a exercé son droit de repentir par envoi d'un courrier au locataire (Cass. 3e civ. 15-12-1999 nº 1972 D : Petites Affiches 2000 nº 224 p. 20). **66130**

Ensuite, pour produire effet, le repentir doit répondre à un certain nombre de conditions énoncées par l'article L 145-58 du Code de commerce et examinées ci-après. Lorsqu'elles sont remplies, le locataire n'a en principe aucun moyen de s'y opposer. La Cour de cassation réserve cependant le cas où le **bailleur abuse de son droit** (nº 66260). En revanche, la seule volonté du bailleur de faire échec au paiement d'une indemnité d'éviction ne caractérise pas, à elle seule, un exercice fautif du droit de repentir (Cass. 3e civ. 9-7-2020 no 18-25.329 F-D : RJDA 10/20 no 474). De même, l'existence d'une faute ne peut pas être retenue à l'encontre du bailleur pour avoir exercé son repentir après avoir lancé un programme de réhabilitation de la galerie marchande qui a causé une difficulté accrue pour le locataire d'exercer son activité (Cass. 3e civ. 15-2-2023 no 21-21.985 F-D : RJDA 5/23 no 244).

66133 En cas de **démembrement de la propriété** des locaux, l'usufruitier ne peut pas exercer seul le droit de repentir (Cass. 3e civ. 31-5-2012 no 11-17.534 FS-PB : RJDA 10/12 no 834). En effet, ce droit conduit au renouvellement du bail qu'il n'a pas le pouvoir d'accorder sans le concours du nu-propriétaire (voir no 69650).

Sur le titulaire du droit de repentir en cas de **vente de l'immeuble,** voir no 88450.

a. Délai d'exercice du droit de repentir

66140 Le droit de repentir peut être exercé jusqu'à l'expiration d'un délai de quinze jours à compter de la date à laquelle la décision fixant l'indemnité d'éviction sera passée en force de chose jugée (C. com. art. L 145-58). Si le législateur attache des effets précis à la décision fixant l'indemnité, c'est parce qu'elle seule permet aux parties d'aviser en pleine connaissance de cause : le locataire sait de quelle somme il va disposer et le bailleur connaît le montant qu'il doit débourser ; en conséquence, la décision visée par cette disposition ne peut pas être celle qui reconnaît le droit du locataire à une indemnité d'éviction (Cass. 3e civ. 9-3-2023 no 21-16.064 F-D).

ATTENTION

Lorsque la décision ayant fixé l'indemnité fait l'objet d'une **décision rectificative** ayant pour objet de réparer l'**erreur matérielle** affectant son dispositif, le délai pour exercer le repentir court à compter de la décision rectifiée, celle ayant autorité de la chose jugée sur la question de l'indemnité (Cass. 3e civ. 15-12-2016 no 15-28.786 PB : RJDA 3/17 no 161).

Le délai prévu à l'article L 145-58 est un **délai ultime** au-delà duquel le droit de repentir ne peut plus être exercé ; le refus du bailleur de renouveler le bail devient alors irrévocable.

66142 Le **délai** qui expirerait normalement un samedi, un dimanche ou un jour férié ou chômé, n'est pas, à notre avis, **prorogé** jusqu'au premier jour ouvrable suivant. En effet, l'article 642 du Code de procédure civile prévoit une telle prorogation seulement en matière de délais de procédure ; or, le délai de quinze jours n'entre pas dans cette catégorie mais dans celle des délais préfix (CA Paris 7-3-1964, 16e ch. : AJPI 1964 p. 1044).

66145 Le bailleur peut revenir sur sa décision **avant la fixation judiciaire** de l'**indemnité** d'éviction. Il peut donc, après avoir refusé le renouvellement du bail, l'accepter avant l'expiration du bail (Cass. 3e civ. 30-5-1978 no 77-10.332 : Bull. civ. III no 223). Il peut également exercer son repentir pendant la procédure de première instance tendant à cette fixation (Cass. 3e civ. 4-4-1962 no 59-12.530 : Bull. civ. III no 210).

66150 Une fois l'**indemnité fixée** par les juges de **première instance,** le bailleur peut encore exercer son repentir pendant le délai d'appel et durant la procédure d'appel, celle-ci ayant toujours un effet suspensif (CPC art. 539), même si le caractère exécutoire de droit des décisions de première instance (CPC art. 514) tend à vider le principe de l'effet suspensif de sa substance.

Si aucun appel n'est formé, le délai prévu par l'article L 145-58 court à compter de l'expiration du délai d'appel, date à laquelle le jugement acquiert force de chose jugée en application de l'article 500, al. 2 du Code de procédure civile. En principe, le délai d'appel est d'un mois à compter de la notification du jugement rendu en premier ressort (CPC art. 528 et 538).

66155 Lorsque l'indemnité est **fixée** par un **arrêt d'appel,** ce dernier a force de chose jugée dès son prononcé puisque le pourvoi en cassation est dépourvu d'effet suspensif. Le point de départ du délai de l'article L 145-58 est alors la date du prononcé de l'arrêt et non celle de sa signification aux parties (CA Versailles 2-10-1997, 12e ch. : Administrer 1997 no 295 p. 23 note E. Frank ; Cass. 3e civ. 29-9-1999 no 1430 PB : RJDA 11/99 no 1182 ; CA Paris 31-1-2001 no 2000-2617, 16e ch. A ; CA Aix-en-Provence 13-1-2022 no 2022/028, ch. 1-9).

Il en va différemment si, en application de l'article 450 du Code de procédure civile, le prononcé de l'arrêt est renvoyé, pour plus ample délibéré, à une date ultérieure qui doit être indiquée aux parties par le juge. Dans cette hypothèse, l'accomplissement de la formalité par laquelle le président de la juridiction informe les parties de la date du prononcé ne se présume pas et doit faire l'objet d'une mention expresse dans la décision de renvoi (Cass. 3e civ. 13-6-2001 no 907 FS-PB : RJDA 10/01 no 948). En conséquence, cette dernière doit non seulement indiquer la date du prononcé mais aussi mentionner que cette date a été effectivement portée à la connaissance des parties (dans le même sens, Cass. 2e civ. 13-5-1985 no 84-10.439 : Bull. civ. II no 98 ; Cass. 2e civ. 11-6-1997 no 95-14.635 : Bull. civ. II no 172).

À défaut, le délai de quinze jours ne commencera à courir qu'à partir du moment où le bailleur aura eu connaissance de l'arrêt fixant l'indemnité d'éviction, par exemple par la notification qui lui en aura été faite.

b. Forme du droit de repentir

L'article L 145-58 du Code de commerce ne précise pas la forme dans laquelle doit être notifié le droit de repentir. En revanche, l'article L 145-12 du même Code énonce que, lorsque le bailleur accepte le renouvellement après l'avoir refusé, le nouveau bail prend effet à partir du jour où le repentir a été notifié par **acte extrajudiciaire** ou par **lettre recommandée AR.** Ce texte, qui a pour seul but de fixer la date du nouveau bail, ne prévoit aucune sanction si la notification n'est pas faite selon les formes prescrites. **66200**

Lorsque le repentir a été notifié par lettre recommandée AR, la date de notification est le jour de l'expédition de la lettre (application de C. com. art. R 145-38). Si la lettre n'a pas pu être présentée au locataire, le bailleur doit renouveler la démarche par acte extrajudiciaire (C. com. art. R 145-38).

La jurisprudence admet que le repentir peut être exercé de manière formelle ou informelle ; il suffit que l'intention du bailleur de renouveler le bail soit exprimée de façon claire et non équivoque. **66205**

Par exemple, constitue un acte manifestant clairement cette volonté la signification par le bailleur au locataire de son **désistement d'action** avec offre de payer les frais de la procédure en fixation d'une indemnité d'éviction (Cass. 3e civ. 25-10-1972 n° 71-12.225 : Bull. civ. III n° 550), ou la **demande en fixation du loyer** formée par l'acquéreur de l'immeuble à l'encontre du locataire auquel le précédent propriétaire avait notifié un congé avec offre d'indemnité d'éviction (Cass. 3e civ. 23-2-1982 : Bull. civ. III n° 52). De même, l'envoi d'une **lettre recommandée** au locataire dans laquelle le bailleur manifeste sa volonté expresse de renouveler le bail a été qualifié d'exercice du droit de repentir (Cass. 3e civ. 15-6-2010 n° 09-15.621 F-D).

En revanche ne constituent pas une manifestation non équivoque du bailleur d'exercer son droit de repentir : **66210**

- son attitude purement passive découlant du **non-paiement de l'indemnité d'éviction** (Cass. 3e civ. 20-6-1995 n° 1350 D : Loyers et copr. 1995 comm. n° 374) ;
- la délivrance de **quittances de « loyers »** (Cass. 3e civ. 20-6-1995 précité) ;
- la délivrance d'un **commandement de payer visant** la **clause résolutoire** et d'une demande de résiliation du bail (Cass. 3e civ. 31-1-2012 n° 10-31.081 F-D : RJDA 6/12 n° 568, 2e espèce) ;
- la proposition faite au locataire de conclure un **nouveau bail** à des **clauses** et conditions **différentes** de celles du bail pour lequel le congé a été donné (Cass. 3e civ. 22-11-2011 n° 10-26.021 F-D : RJDA 6/12 n° 568, 1e espèce ; Cass. 3e civ. 12-9-2019 n° 18-18.218 F-D : RJDA 11/19 n° 678) ;
- une **offre de renouvellement** effectuée **sous réserve** de l'issue d'une procédure en cours relative à un précédent refus de renouvellement dès lors qu'elle est dépourvue de caractère irrévocable (Cass. 3e civ. 9-3-2011 n° 10-10.409 FS-PB : RJDA 11/11 n° 890).

c. Situation du locataire

Le bailleur ne peut exercer son droit de repentir qu'autant que le locataire est encore dans les lieux et n'a pas déjà loué ou acheté un autre immeuble destiné à sa réinstallation (C. com. art. L 145-58). **66250**

L'absence de l'une de ces conditions rend irrecevable le droit de repentir (Cass. 3e civ. 24-4-1970 n° 68-13.653 : Bull. civ. III n° 278). Celui-ci ne peut donc plus être exercé si le locataire a quitté les lieux en exécution du congé lui refusant le renouvellement du bail, ou s'il a acquis ou loué un autre local pour s'y réinstaller (Cass. 3e civ. 15-7-1971 n° 70-11.568 : Bull. civ. III n° 456 ; Cass. 3e civ. 24-3-1981 ; Cass. 3e civ. 14-11-1996 n° 95-10.644 ; Cass. 3e civ. 1-6-1999 n° 975 D ; Cass. 3e civ. 18-7-2000 n° 1163 FD).

PRÉSENCE DU LOCATAIRE DANS LES LIEUX

Traditionnellement, le locataire était considéré comme étant encore dans les lieux tant qu'il n'y avait pas eu **libération effective et complète** des locaux **et remise des clés** au bailleur, ces deux conditions étant cumulatives (Cass. 3e civ. 29-11-2000 n° 1628 FS-D : RJDA 4/01 n° 431 ; Cass. 3e civ. 27-11-2002 n° 1720 FS-PB : RJDA 2/03 n° 116). **66260**

Désormais, même s'il n'y a pas libération effective et complète des locaux, le locataire n'est plus considéré comme étant encore dans les lieux dès lors qu'il a engagé un **processus irréversible de départ** des lieux (Cass. 3e civ. 10-3-2010 n° 09-10.793 FS-PB : RJDA 5/10 n° 482 ; Cass. 3e civ. 1-10-2014 n° 13-17.114 FS-PB : RJDA 3/15 n° 165). Le fait que le bailleur ait ignoré l'existence d'un tel processus est sans incidence (Cass. 3e civ. 15-12-2021 n° 21-11.634 FS-D : RJDA 5/22 n° 252). Par ailleurs, les démarches en vue d'une réinstallation dans un autre lieu, qui permettent d'évaluer l'état du cheminement vers la libération des lieux, peuvent être effectuées par un tiers mais à condition de l'être dans l'intérêt exclusif du locataire (Cass. 3e civ. 6-7-2022 n° 21-12.024 FS-D : RJDA 1/23 n° 11).

La notion de processus irréversible est parfois utilisée pour rechercher si le bailleur a abusé de son droit de repentir (Cass. 3e civ. 10-3-2010 précité ; CA Paris 7-11-2018 n° 17/03627 : RJDA 4/19 n° 248).

ILLUSTRATIONS

Est **fautif** le **repentir** exercé par le bailleur dans les circonstances suivantes traduisant sa volonté manifeste de mettre son locataire en difficulté et d'échapper au paiement d'une indemnité d'éviction : lors du repentir, exercé onze mois après la délivrance du congé au locataire, ce dernier n'avait certes pas entièrement vidé les lieux et rendu les clés, mais un **processus irréversible** de départ des lieux, rendant impossible la continuation de l'exploitation du fonds dans les lieux, s'était déjà engagé de longue date puisque, à la suite de la délivrance du congé, le locataire, exploitant une galerie d'art, avait renvoyé cent trente œuvres à leurs auteurs et avait expédié d'autres œuvres, des archives et du mobilier dans un local lui appartenant qu'il avait aménagé à cet effet et dans lequel il employait des salariés ; le bailleur était parfaitement informé de la situation par la voie des conclusions déposées par le locataire et par la réception d'un courrier dans lequel le locataire indiquait avoir procédé au déménagement et sollicitait un rendez-vous pour un état des lieux contradictoire.

Cass. 3e civ. 10-3-2010 n° 09-10.793 FS-PB : RJDA 5/10 n° 482.

Ayant constaté que le licenciement économique des salariés n'était pas intervenu à la date de l'exercice du droit de repentir, que le locataire n'établissait ni avoir liquidé son stock, ni signé un nouveau bail en vue de sa réinstallation, ni acheté un immeuble à cette fin, une cour d'appel a pu en déduire que le locataire n'avait **pas** engagé un **processus irréversible** de départ des lieux de nature à faire obstacle à l'exercice du droit de repentir.

Cass. 3e civ. 1-10-2014 n° 13-17.114 FS-PB : RJDA 3/15 n° 165.

Le **bailleur** n'a **pas abusé de son droit** de repentir dès lors qu'il résulte des circonstances suivantes qu'à la date du repentir le locataire n'avait **pas** engagé un **processus irréversible** et irrévocable de libération des lieux rendant impossible la poursuite de l'activité :
– certes, un mois avant l'exercice du repentir par le bailleur en janvier, le locataire a adressé au bailleur un acte dans lequel il indiquait que, compte tenu du congé précédemment délivré, il avait pris toute disposition irrévocable et définitive, par liquidation du stock, licenciement du personnel, demande de droit à bénéficier de la retraite, aux fins de libérer les lieux en août, suivant arrêt du bilan fin juillet, mais seule la résiliation du contrat d'approvisionnement non exclusif a été demandée avant l'exercice du repentir ; les autres démarches tendant à la cessation d'activité (résiliation de la police d'assurance multirisque professionnelle, convocation du salarié unique à un entretien préalable de licenciement) ont été effectuées postérieurement à cette date ;
– la demande de résiliation du contrat d'approvisionnement effectuée avant l'exercice du repentir mais avec une date d'effet postérieure ne suffit pas à établir le caractère irréversible du départ des lieux du locataire à la date du repentir car rien ne l'empêchait de conclure à compter de cette date un nouveau contrat d'approvisionnement pour éviter toute rupture de stock ;
– même si le locataire entendait prendre sa retraite à compter du mois d'août, il pouvait d'ici cette date mettre son fonds de commerce en vente puisqu'il bénéficiait d'un bail renouvelé ; il pouvait également se prévaloir des dispositions de l'article L 145-51 du Code de commerce lui permettant de vendre son droit au bail dans le cadre des dispositions spéciales dont bénéficient les commerçants qui souhaitent faire valoir leur droit à la retraite.

CA Paris 7-11-2018 n° 17/03627 : RJDA 4/19 n° 248.

66265 Lorsque le locataire **rend** les **clés** au bailleur en les lui envoyant **par lettre recommandée** AR, la formalité de remise des clés est accomplie, conformément à l'article 668 du Code de procédure civile, par l'expédition du courrier et non par la réception de celui-ci ; en conséquence, est tardif le repentir du bailleur exercé le 16 du mois si les clés ont été expédiées le 15 et reçues le 17 (CA Paris 17-1-2001, 16e ch. A : AJDI 2001 p. 790, 2e espèce).

66270 Les juges du fond apprécient souverainement la **régularité du départ** du locataire (Cass. 3e civ. 7-1-1971 n° 69-12.314 : Bull. civ. III n° 11 ; Cass. 3e civ. 17-1-1979 n° 77-12.115 : Bull. civ. III n° 15).

Le locataire n'est pas tenu d'informer le bailleur de son prochain départ ou de lui faire sommation d'avoir à prendre parti dans un certain délai. Il peut même quitter l'immeuble sans profiter du maintien dans les lieux pendant la durée de la procédure de fixation de l'indemnité d'éviction. S'il a reçu congé plusieurs mois à l'avance, il peut également délaisser le local avant l'expiration du délai qui lui est imparti pour profiter d'une occasion d'acquérir un fonds adapté à ses besoins (Cass. 3e civ. 16-1-1969 n° 66-11.597 : Bull. civ. III n° 47).

Cependant, le bailleur conserverait son droit de repentir si le locataire quittait les lieux avec une hâte anormale susceptible de caractériser un exercice abusif de son droit (Cass. 3e civ. 17-1-1979, précité) ou organisait sciemment son départ dans le but de faire échec au droit de repentir (Cass. 3e civ. 18-5-2004 no 613 FD : AJDI 2004 p. 884). C'est pourquoi on ne saurait trop conseiller au locataire d'informer le bailleur de son intention de quitter les lieux, avant de prendre une initiative, et de procéder à une remise contradictoire des clés.

ILLUSTRATIONS

Jugé que le locataire qui avait commencé son déménagement la veille de la notification du repentir pour l'achever postérieurement ne pouvait pas se voir reprocher d'avoir quitté les locaux avec une hâte anormale, dès lors qu'il n'avait pris ses dispositions qu'après avoir négocié avec le bailleur la date de la remise des clés. Au contraire, c'est le bailleur qui, constatant le début du déménagement, s'était empressé d'exercer son droit (Cass. 3e civ. 15-5-1991 no 847 D : RJDA 6/91 no 469).

ACHAT OU LOCATION D'UN AUTRE IMMEUBLE PAR LE LOCATAIRE

Le bailleur est privé de son droit de repentir si le locataire a acheté ou loué « un autre **immeuble destiné à sa réinstallation** ». Il en est ainsi lorsque le locataire a pris l'initiative de faire construire un immeuble pour y transférer son activité (Cass. 3e civ. 26-1-1994 no 91-20.011 : Bull. civ. III no 12) ou a acheté un terrain à bâtir en vue d'y transférer le fonds (Cass. 3e civ. 24-4-1970 no 68-13.653 : Bull. civ. III no 278). **66280**

Une **réinstallation à l'identique** n'est pas exigée. Il en résulte que le nouveau local peut ne pas être équivalent à l'ancien (CA Paris 14-2-1985 no L 13123, 16e ch. B). Le locataire évincé peut donc par exemple choisir un local plus vaste pour tenir compte du futur développement de son entreprise (dans le même sens, Ph.-H. Brault : Gaz. Pal. 985 som. p. 205). Dans le seul arrêt qu'à notre connaissance elle a rendu sur cette question, la Cour de cassation a reconnu implicitement l'absence de nécessité d'une réinstallation à l'identique ; dans cette affaire, elle a rejeté le pourvoi formé par le bailleur qui faisait valoir que le locataire ne s'était pas « réinstallé » car le nouveau bail portait sur un terrain nu à usage exclusif de stationnement et de stockage de véhicules alors que l'ancien local était un immeuble bâti destiné à recevoir de la clientèle : elle a jugé qu'en retenant le caractère tardif du repentir du bailleur, les juges du fond avaient légalement justifié leur décision dès lors qu'ils avaient relevé qu'un bail avait été consenti au locataire par un tiers sur un emplacement commercial qu'il occupait effectivement depuis cette date (Cass. 3e civ. 15-3-2000 no 371 PB : RJDA 5/00 no 519). Dans un arrêt devenu définitif, la cour d'appel de Versailles a jugé que le locataire ne justifiait pas d'une véritable réinstallation car l'acquisition du nouveau local avait été réalisée pour permettre au locataire de diversifier ses activités (CA Versailles 8-12-2015 no 13/08090 : RJDA 6/16 no 425).

Par ailleurs, il n'est pas exigé que le locataire exerce le même commerce dans le nouveau local car l'article L 145-58 du Code de commerce n'impose pas une identité de nature entre les deux commerces (Cass. 3e civ. 9-5-1972 no 71-11.181 : Bull. civ. III no 289).

Néanmoins, il doit s'agir d'une **véritable réinstallation** : l'engagement contracté sur le nouveau local doit être la conséquence du refus de renouvellement. Tel n'est pas le cas du bail conclu par un locataire, non pour continuer l'exploitation du fonds évincé, mais pour y transférer un autre fonds lui appartenant (CA Paris 28-10-1998 no 96-18563, 16e ch. A : AJPI 1999 p. 39).

Dès la date du refus de renouvellement, le locataire est en droit d'envisager son déménagement (Cass. 3e civ. 13-3-1973 no 71-14.714 : Bull. civ. III no 190). L'**engagement** contracté sur le nouveau local peut donc intervenir **avant** la date pour laquelle le **congé** a été donné, à condition bien entendu que le locataire n'ait pas abusé de son droit dans le but de faire échec au droit de repentir du bailleur (Cass. 3e civ. 11-2-1971 no 69-14.452 : Bull. civ. III no 101). **66285**

La personne qui **souscrit l'engagement** d'achat ou de location peut être le locataire mais aussi une personne morale qu'il dirige ; il importe peu que le locataire soit gérant majoritaire ou non de cette société (CA Paris 17-1-1997 no 95-1574, 16e ch. B). Il a même été jugé que l'acquisition avait pu être effectuée par le biais d'une société constituée par l'épouse et les enfants du locataire, lui-même étant caution (CA Paris 20-9-2000 no 99-6429, 16e ch. A). **66290**

L'acte invoqué à l'appui de l'achat ou de la location du nouveau local doit présenter un caractère définitif (Cass. 3e civ. 27-2-1991 no 409 P : RJDA 4/91 no 283). **66295**

Une simple **déclaration d'intention** du locataire de se réinstaller ailleurs ne suffit donc pas, même si elle est exprimée clairement (même arrêt). Il en est de même de la **promesse unilatérale de vente** qui, en tout état de cause, n'engage pas le locataire puisqu'il peut toujours renoncer à lever l'option dont il est bénéficiaire (CA Paris 29-1-1971, 16e ch. A).

À la question de savoir si une **promesse synallagmatique** de vente présente ce caractère, la Cour de cassation a répondu qu'une telle promesse n'engage définitivement le locataire que si toutes les conditions suspensives qu'elle contient sont réalisées avant la date de l'exercice du droit de repentir (Cass. 3e civ. 16-2-2000 no 223 D : RJDA 4/00 no 387). Ainsi, a été jugé tardif le droit de repentir exercé par le bailleur un 26 mai dès lors que le locataire avait, le 22 février, signé une promesse de cession du droit au bail d'un nouveau local sous la condition suspensive de l'obtention d'un prêt, promesse dans laquelle les éléments essentiels de la cession étaient déterminés, et que la cession, signée le 30 mai, était devenue parfaite le 29 avril, date de réalisation de la condition suspensive (Cass. 3e civ. 3-7-2013 no 12-18.819 FS-D : RJDA 1/14 no 14).

66300 **Opposabilité au bailleur de l'achat ou de la location d'un autre immeuble** Pour que l'**acte d'acquisition ou de location** des nouveaux locaux soit opposable au bailleur, le locataire doit démontrer que cet acte a été conclu à une **date** antérieure à celle de l'exercice du repentir. Le mode d'administration de la preuve va différer selon que le bailleur est commerçant ou non.

La **Commission Pelletier** avait estimé qu'il serait utile de préciser les conditions d'opposabilité au bailleur de la réinstallation du locataire et avait suggéré d'imposer au locataire l'obligation d'informer le bailleur, par acte extrajudiciaire ou lettre recommandée AR, de la conclusion d'un acte de vente ou de location (Rapport Pelletier, avril 2004 no 89). L'adoption de cette suggestion serait la bienvenue car elle mettrait fin aux difficultés liées à la preuve de l'antériorité de l'acte.

66302 En cas de **démembrement** de la **propriété** des **locaux,** l'antériorité de l'acte de réinstallation du locataire doit être établie à l'égard du nu-propriétaire et de l'usufruitier ; si l'un d'eux est commerçant et l'autre pas, l'administration de la preuve relève des règles du Code civil (Cass. 3e civ. 31-5-2012 no 11-17.534 FS-PB : RJDA 10/12 no 834).

Sur l'application de ces règles de preuve en cas de repentir exercé par l'acquéreur non commerçant des locaux, voir no 88450.

66305 Lorsque le **bailleur** n'est **pas commerçant,** le locataire doit prouver que l'acte de location ou d'acquisition a acquis **date certaine** avant l'exercice du droit de repentir (Cass. 3e civ. 29-6-1976 no 74-13.639 : Bull. civ. III no 287 ; Cass. 3e civ. 27-2-1991 no 409 P : RJDA 4/91 no 283 ; Cass. 3e civ. 15-3-2000 no 371 PB : RJDA 5/00 no 519 ; Cass. 3e civ. 13-6-2007 no 06-14.856 FS-PB : RJDA 10/07 no 943). Si tel est le cas, les juges du fond n'ont pas à rechercher si le bailleur en a eu connaissance (Cass. 3e civ. 13-11-2002 no 1636 F-D).

ATTENTION

L'acte passé sous la forme authentique a date certaine, la date de l'acte faisant foi jusqu'à inscription de faux (C. civ. art. 1371). En revanche, si l'acte a été conclu sous signature privée, il n'acquiert date certaine, conformément à l'article 1377 du Code civil, qu'à partir du jour de son enregistrement, de la mort de l'un des signataires ou de sa constatation dans un acte authentique.

Si le locataire bénéficie d'une promesse unilatérale de vente, c'est la levée de l'option qui doit avoir date certaine (Cass. 3e civ. 20-12-2000 no 1828 FS-BP : RJDA 3/01 no 281). Dans cette affaire, la promesse avait été passée par acte authentique et avait donc date certaine mais elle ne valait pas vente ; la vente elle-même s'était conclue par la levée de l'option, mais celle-ci, faite par simple lettre, n'avait pas date certaine. Dans ces conditions, seul l'acte authentique réitérant la vente avait date certaine, mais il était postérieur à l'exercice par le bailleur de son droit de repentir lequel était donc valable.

66310 Lorsque l'acte d'acquisition ou de location n'a pas date certaine, le locataire doit démontrer que le bailleur en a eu effectivement **connaissance** (Cass. 3e civ. 6-1-1972 no 71-10.889 : Bull. civ. III no 6 ; Cass. 3e civ. 21-6-1995 no 1377 D : RJDA 8-9/95 no 952). Les juges du fond apprécient souverainement si cette preuve est rapportée (Cass. 3e civ. 21-6-1995 précité). Il n'est pas exigé que le bailleur ait communication du contenu de l'acte permettant au locataire de se réinstaller (Cass. 3e civ. 28-5-1986 no 83-15.379 : Bull. civ. III no 79).

ILLUSTRATIONS

La **preuve** de cette connaissance peut résulter :
– d'une assignation en fixation d'indemnité d'éviction dans laquelle le locataire a précisé avoir acquis un terrain de remplacement (Cass. 3e civ. 28-5-1986, précité) ou avoir l'intention de se réinstaller ailleurs « dès maintenant » (CA Reims 26-6-1989, ch. civ. sect. 1, no 489 : Jurisprudence Champagne-Ardennes 1989/90 no 9, no 707) ;
– d'une correspondance « déconfidentialisée » reçue par le conseil du bailleur et précisant que le locataire avait racheté un bail avec facture jointe (CA Paris 2-11-1995 no 94-5974, 16e ch. B) ;
– d'une lettre recommandée AR envoyée au bailleur l'informant du bail portant sur des locaux de remplacement (CA Paris 19-12-1995 no 94-3747, 16e ch. A).
En revanche, la connaissance du bailleur ne **peut pas** être déduite de l'acquisition de titres sociaux par le locataire, même régulièrement enregistrée, car une telle opération est distincte de la conclusion d'un bail (Cass. 3e civ. 13-6-2007 no 06-14.856 FS-PB : RJDA 10/07 no 943).

66315 Lorsque le **bailleur** est **commerçant,** le locataire peut, par tous moyens, rapporter la preuve de la date de conclusion de l'acte, conformément à l'article L 110-3 du Code de commerce qui dispose qu'à l'égard des commerçants, les actes de commerce se prouvent librement (Cass. 3e civ. 29-11-2005 no 1288 FS-PB : RJDA 2/06 no 115).

2. EFFETS DU REPENTIR

RENOUVELLEMENT DU BAIL

L'exercice, par le bailleur, de son droit de repentir ne constitue pas une simple offre de renouvellement du bail mais entraîne le renouvellement de celui-ci. Il en résulte que le locataire n'a ni à répondre ni à intenter une quelconque action pour bénéficier du renouvellement et ne peut donc pas se voir opposer la prescription de ce droit acquis, le défaut d'action en fixation du loyer ne pouvant avoir de conséquence que sur ce loyer et non sur le renouvellement lui-même (Cass. 3e civ. 5-1-1977 n° 75-13.003 : Bull. civ. III n° 8). **66360**

Lorsque le **repentir** est exercé **après l'expiration du bail,** le nouveau bail prend effet à compter du jour où le repentir est notifié au locataire par acte extrajudiciaire ou par lettre recommandée AR (C. com. art. L 145-12, al. 4). Ces exigences ne sont pas prescrites à peine de nullité et la notification par d'autres moyens est admise (nos 66200 s.). **66365**

Lorsque le repentir est notifié par lettre recommandée AR, sa date d'exercice est celle de première présentation de la lettre au locataire (C. com. art. L 145-12, précité et R 145-38). Si la lettre n'a pas pu être présentée au locataire, le bailleur doit renouveler la démarche par acte extrajudiciaire (C. com. art. R 145-38, précité).

En cas d'exercice du **repentir avant l'expiration du bail,** l'article L 145-12, al. 4 précité est inapplicable ; le point de départ du nouveau bail est fixé à la date d'expiration du bail à renouveler (Cass. 3e civ. 30-5-1978 n° 77-10.332 : Bull. civ. III n° 223).

Les modalités de fixation du **loyer du bail renouvelé** après exercice par le bailleur de son droit de repentir sont étudiées nos 54000 s. Soulignons ici néanmoins que lorsque le repentir est exercé après l'expiration du bail, le report du point de départ du nouveau bail est sans influence sur la durée du bail expiré (Cass. 3e civ. 28-9-1982 n° 81-11.763 : Bull. civ. III n° 185 ; Cass. 3e civ. 13-6-1984 n° 82-12.510 : Bull. civ. III n° 113). Il en résulte que la période intermédiaire comprise entre la date d'effet du congé et celle du repentir ne peut pas être prise en compte pour calculer la durée du bail expiré dont dépend le plafonnement du loyer du bail renouvelé. **66370**

Par ailleurs, pendant la période intermédiaire, le locataire est tenu de payer une **indemnité d'occupation** (n° 47070). Le montant de cette indemnité est fixé à la valeur locative à laquelle un abattement peut être appliqué afin de tenir compte de la précarité de l'occupation pendant la période intermédiaire (CA Versailles 30-6-2015 n° 13/08370 : RJDA 11/15 n° 738 ; dans cet arrêt, la cour d'appel de Versailles a même accordé un abattement en raison de la situation économique du locataire).

INDEMNISATION DU LOCATAIRE

Le bailleur qui exerce son droit de repentir supporte les **frais de l'instance** (C. com. art. L 145-58). La prise en charge des frais par le bailleur étant une conséquence attachée par la loi au repentir, le bailleur n'a pas besoin de prendre d'engagement spécifique à cet égard lors de l'exercice de son droit de repentir (Cass. 3e civ. 19-6-1969 n° 67-14.198 : Bull. civ. III n° 503). Le refus du bailleur de payer les frais de l'instance n'entraîne pas la nullité du repentir car le paiement de ces frais est une conséquence de l'exercice du droit de repentir et non une condition de sa validité (Cass. 3e civ. 1-10-2014 n° 13-17.114 FS-PB : RJDA 3/15 n° 165). **66380**

Que faut-il entendre par « frais de l'instance » ? La Cour de cassation refuse d'y voir les seuls frais de procédure, c'est-à-dire les frais taxables au sens de l'article 695 du Code de procédure civile, autrement appelés « dépens » (Cass. 3e civ. 27-3-2002 n° 601 FS-PB : RJDA 6/02 n° 610). Elle a précisé que les frais de l'instance incluent la totalité des frais **taxables et non taxables** que le locataire a exposés jusqu'au terme de l'instance pendant laquelle le repentir a été exercé (Cass. 3e civ. 14-4-2016 n° 14-29.963 F-D : RJDA 10/16 n° 674 ; Cass. 3e civ. 15-2-2023 n° 21-21.985 F-D : RJDA 5/23 n° 244). Sont donc notamment compris les frais qu'un juge peut mettre à la charge de la partie perdante en application de l'article 700 du Code de procédure civile, en particulier les honoraires d'avocat (CA Aix-en-Provence 10-5-2016 n° 15/04604 : Rev. Loyers 2016 p. 284).

L'exercice du droit de repentir par le bailleur ne peut pas donner lieu à l'allocation de **dommages-intérêts** au locataire. La Cour de cassation a par conséquent censuré la décision d'une cour d'appel qui avait accordé des dommages-intérêts au locataire pour les motifs suivants : il existait une étroite corrélation entre la délivrance du congé sans offre de renouvellement et la baisse incessante des résultats du fonds de commerce ; ce congé avait jeté l'incertitude sur l'avenir professionnel du locataire, ce qui l'avait conduit à arrêter tout projet de développement jusqu'à l'exercice du droit de repentir, quatre ans après ; compte tenu de la situation financière devenue précaire, le locataire n'avait pas pu engager les dépenses d'aménagements qui auraient été nécessaires à une meilleure protection du commerce, victime de vingt-deux cambriolages pendant cette période (Cass. 3e civ. 29-11-2005 n° 1303 F-D : Loyers et copr. 2006 comm. n° 57). **66385**

CARACTÈRE IRRÉVOCABLE DU REPENTIR

66390 L'exercice du repentir est irrévocable (C. com. art. L 145-59). Le bailleur ne peut donc plus **changer** une nouvelle fois **de décision** et refuser le renouvellement du bail. Cela est vrai même si le bailleur a ensuite connaissance d'une cause de dénégation du statut (CA Paris 28-4-2000 n° 98-15.191, 16e ch. B). Sur la possibilité pour le locataire d'exercer son droit d'option après le repentir du bailleur, voir n° 71020.

66395 Le bailleur ne peut pas non plus faire échec aux conséquences de l'exercice de son droit de repentir en invoquant, même par la voie d'une action tendant à faire constater la **résiliation du bail** en application de la clause résolutoire, des violations du contrat antérieures à l'exercice de ce droit (Cass. 3e civ. 6-11-1970 n° 69-13.844 : Bull. civ. III n° 585 ; CA Amiens 4-7-2003 n° 02-2385, 1e ch. : Loyers et copr. 2004 comm. n° 187). Par conséquent, l'exercice du droit de repentir fait obstacle à la poursuite d'une instance en **résiliation** engagée avant l'exercice de ce droit (Cass. 3e civ. 20-7-1989 n° 88-12.164 ; Cass. 3e civ. 4-7-2012 n° 11-19.043 FS-PB : RJDA 11/12 n° 943 ; Cass. 3e civ. 24-1-2019 n° 17-11.010 F-D : RJDA 5/19 n° 321).

Le bailleur perd également son intérêt à **agir en contestation** du montant de l'**indemnité d'éviction** puisque celle-ci n'est plus due. Il en résulte que le bailleur, qui exerce son droit de repentir après avoir formé un pourvoi contre l'arrêt statuant sur le montant de l'indemnité d'éviction, doit être réputé avoir, ce faisant, acquiescé à l'arrêt (Cass. com. 25-5-1961 n° 58-11.317 : Bull. civ. III n° 223 ; Cass. 3e civ. 23-4-1981 n° 79-15.856 : Bull. civ. III n° 75).

SECTION 2 REFUS DE RENOUVELLEMENT SANS INDEMNITÉ D'ÉVICTION

66600 Aux termes de l'article L 145-17, I du Code de commerce, le bailleur peut refuser au locataire le renouvellement du bail sans lui verser d'indemnité d'éviction :

- s'il justifie d'un motif grave et légitime à l'encontre de son locataire (nos 66610 s.) ;
- ou s'il est établi que l'immeuble loué est insalubre ou dangereux (nos 67300 s.).

La privation de l'indemnité d'éviction sanctionne, dans un cas, un comportement fautif du locataire et résulte, dans l'autre, de la prise en considération de l'état objectif de l'immeuble.

ATTENTION

Ces situations doivent être distinguées du cas où le locataire, faute de remplir les conditions pour bénéficier d'un droit au renouvellement, ne peut prétendre à une indemnité d'éviction. Dans cette situation, en effet, le droit à indemnité d'éviction du locataire n'a jamais existé. Il en découle une différence de régime juridique avec les cas visés par l'article L 145-17, I du Code de commerce. Sur la **dénégation** par le bailleur du **droit au renouvellement** du locataire, voir nos 70510 s.

A. Refus de renouvellement pour motif grave et légitime

1. MOTIFS SUSCEPTIBLES D'ÊTRE RETENUS

NOTION DE MOTIF GRAVE ET LÉGITIME

66610 L'article L 145-17, I-1° du Code de commerce ne définit pas le motif grave et légitime et n'apporte aucune limitation quant aux motifs pouvant être invoqués par le bailleur. L'analyse de la jurisprudence permet toutefois d'en dégager les principaux contours.

Le motif n'est pas nécessairement propre au statut des baux commerciaux (Cass. 3e civ. 24-1-1996 n° 129 D : RJDA 4/96 n° 470) ; il peut reposer sur toute **infraction au bail,** peu importe qu'elle résulte d'une violation du statut des baux commerciaux ou des stipulations particulières du contrat de bail.

La jurisprudence n'exige pas que le motif de refus soit directement lié à l'exécution du bail (Cass. com. 3-2-1958 : Bull. civ. III n° 55 ; Cass. 3e civ. 29-6-1977 n° 75-15.264 : Bull. civ. III n° 295). Il en résulte que des **fautes extracontractuelles** peuvent constituer un motif grave et légitime (pour des illustrations, voir nos 66820 s.). 66615

Le bailleur ne peut toutefois pas se prévaloir de n'importe quelle faute extracontractuelle. La cour d'appel de Paris a précisé que le motif grave et légitime peut résider en un acte suffisamment grave, imputable au locataire sortant, à condition de se rattacher par un lien suffisant à l'exécution du bail commercial (CA Paris 2-9-1998 n° 96-86.633, 16e ch. A : DA 133/1998 p. 1557). Ainsi, le manquement du locataire doit avoir une incidence notable sinon sur l'exécution même du contrat du moins sur les rapports entre le bailleur et son locataire.

ILLUSTRATIONS

La décision de la cour d'appel de Paris précitée a été rendue dans l'espèce suivante : un pharmacien biologiste était titulaire dans le même immeuble de deux baux d'habitation pour des appartements situés au 1er étage et d'un bail commercial portant, au rez-de-chaussée, sur une boutique à usage de pharmacie et, au 1er étage, sur des locaux à usage de laboratoire. Il avait étendu son activité de laboratoire aux locaux d'habitation sans l'autorisation du propriétaire. La cour d'appel a considéré que les manquements imputables au locataire dans le cadre des baux d'habitation constituaient un motif grave et légitime au regard de l'activité de laboratoire, dès lors qu'ayant précisément permis l'extension de cette activité, ils présentaient un lien suffisant avec l'exécution du bail commercial. En revanche, de tels manquements ne se rattachaient pas par un lien suffisant à l'exécution du bail commercial au regard de l'activité de pharmacie exercée dans les locaux du rez-de-chaussée, de sorte qu'ils ne constituaient pas un motif grave et légitime de refus de renouvellement pour ces locaux.

Une faute du locataire peut être considérée comme un motif grave et légitime, même si elle n'a pas causé de **préjudice** au bailleur (Cass. 3e civ. 18-10-1960 n° 58-10.008 : Bull. civ. III n° 324 ; Cass. 3e civ. 21-5-1985 n° 739 S). 66620

a. Conditions d'existence du motif grave et légitime

Pour pouvoir être qualifiée de motif grave et légitime, la faute doit être imputable au locataire (nos 66675 s.) et visée dans l'acte de refus de renouvellement (nos 66695 s.) ; en outre, le bailleur ne doit pas avoir autorisé ou ratifié le comportement du locataire (nos 66710 s.). 66670

FAUTE IMPUTABLE AU LOCATAIRE

Le bailleur doit justifier d'un motif grave et légitime à l'encontre du locataire sortant (C. com. art. L 145-17, I-1°). 66675

Lorsque les locaux sont loués par une **personne morale,** les faits constitutifs du motif de refus sont généralement commis par ses représentants légaux. Ces actes sont imputables à la société même s'ils n'entrent pas dans l'objet social (Cass. 3e civ. 29-6-1977 n° 75-15.264 : Bull. civ. III n° 295 rendu à propos de fautes commises par le gérant d'une SARL locataire).

En cas de **cession de bail,** le lecteur se reportera utilement n° 10054. 66680

Dans le cadre d'une **colocation,** les faits commis par l'un des colocataires rejaillissent sur les autres. En effet, les colocataires sont tenus de veiller à l'utilisation des lieux loués en bon père de famille [raisonnablement] (Cass. 3e civ. 17-2-1965 n° 63-10.482 : Bull. civ. III n° 131) et sont responsables à l'égard du bailleur d'une exploitation commerciale licite (Cass. 3e civ. 4-1-1985 n° 83-13.442 : Bull. civ. III n° 4). Un colocataire ne peut donc pas, pour s'opposer à un refus de renouvellement pour motif grave et légitime, se prévaloir du fait que la faute invoquée par le bailleur a été commise par un autre colocataire. 66685

Si la faute doit être imputable au locataire sortant, l'article L 145-17, I-1° du Code de commerce n'exige pas qu'elle lui soit personnelle. Le bailleur est donc admis à se prévaloir de la faute commise par une **personne dont le locataire répond** (Cass. 3e civ. 11-6-2008 n° 07-14.256 FS-PB : RJDA 11/08 n° 1098). Ainsi, il a été jugé que le locataire devait répondre des fautes commises par : 66690

- son conjoint (Cass. com. 14-2-1961 n° 59-10.106 : Bull. civ. III n° 83) ;
- son père (Cass. 3e civ. 11-6-2008 précité) ou sa mère (CA Rouen 14-9-2023 n° 21/04099 : RJDA 1/24 n° 11) ;
- ses préposés (Cass. com. 10-10-1961 n° 59-13.141 : Bull. civ. III n° 351) ;
- le gérant libre que le locataire a introduit dans les lieux (Cass. 3e civ. 29-5-1991 n° 972 P : RJDA 8-9/91 n° 693) ;
- ses sous-locataires (Cass. 3e civ. 13-6-1969 n° 67-14.101 : Bull. civ. III n° 480 rendu à propos de la résiliation mais transposable).

En revanche, il a été jugé que le bailleur ne pouvait pas invoquer les violences commises sur sa personne par une amie du locataire (Cass. 3e civ. 2-3-1976 : Rev. Loyers 1976 p. 277).

FAUTE VISÉE DANS L'ACTE DE REFUS DE RENOUVELLEMENT

66695 **Principe de l'« immutabilité des motifs » de refus** Le refus de renouvellement doit être motivé pour permettre au locataire d'apprécier la portée des motifs et de les discuter (C. com. art. L 145-9, al. 5 ; art. L 145-10, al. 4). Il en résulte que le bailleur ne peut pas **modifier les motifs** graves et légitimes dont il a fait état dans l'acte de refus de renouvellement (Cass. com. 4-3-1963 n° 60-13.008 : Bull. civ. III n° 132 ; Cass. com. 19-5-1971 n° 69-14.042 : Bull. civ. III n° 323). Les motifs nouveaux que le bailleur entend soit substituer soit ajouter à ceux précisés dans l'acte de refus de renouvellement sont irrecevables.

Il appartient aux juges du fond de vérifier que les motifs invoqués par le bailleur au cours de la procédure ne sont pas différents de ceux dont il avait fait état dans l'acte de refus de renouvellement (Cass. 3e civ. 10-5-1991 n° 769 D : RJDA 6/91 n° 470).

ILLUSTRATIONS

Ont été cassés les arrêts qui ont retenu comme motif grave et légitime la cession irrégulière du bail alors que le bailleur en avait refusé le renouvellement en raison d'un changement de destination des lieux et d'un mauvais entretien (Cass. com. 20-3-1961 n° 58-11.097 : Bull. civ. III n° 147) ou d'un défaut d'exploitation personnelle du commerce (Cass. 3e civ. 19-3-1997 n° 453 D : RJDA 5/97 n° 622). De même, le bailleur qui n'a visé dans le congé qu'un changement de destination des lieux ne peut pas, pour la première fois devant la cour d'appel, y ajouter un motif tiré d'un défaut d'entretien (Cass. com. 9-3-1964 n° 61-11.572 : Bull. civ. III n° 128).

66700 **Exceptions au principe de l'« immutabilité des motifs »** Il existe deux exceptions au principe de l'« immutabilité des motifs ». En premier lieu, les faits dont le bailleur n'a eu **connaissance** que **postérieurement** à l'acte de refus de renouvellement peuvent constituer un motif recevable (Cass. com. 20-6-1967 n° 65-10.060 : Bull. civ. III n° 253).

ILLUSTRATIONS

Un bailleur de locaux à usage de boulangerie, qui avait refusé à son locataire le renouvellement du bail pour divers motifs, a pu invoquer dans son assignation un nouveau motif tiré du défaut d'utilisation du four de boulangerie installé dans les lieux loués, le locataire n'établissant pas que le bailleur connaissait l'abandon du four avant la notification du congé (Cass. 3e civ. 19-6-1979 n° 1049). De même, un bailleur a pu invoquer des faits de proxénétisme hôtelier commis dans les lieux loués avant le refus de renouvellement dès lors qu'ils lui ont été révélés après le jugement de première instance, à la suite d'une décision pénale condamnant le locataire (Cass. 3e civ. 4-1-1985 n° 83-13.442 : Bull. civ. III n° 4).

Il incombe aux juges de rechercher si le manquement allégué par le bailleur postérieurement au refus de renouvellement était connu de ce dernier au jour du refus (Cass. 3e civ. 17-11-1981 n° 80-12.242 : Bull. civ. III n° 187 ; Cass. 3e civ. 29-5-1991 n° 974 D : RJDA 7/91 n° 575 ; Cass. 3e civ. 1-3-1995 n° 513 D : RJDA 5/95 n° 553).

66705 En second lieu, les **infractions commises** par le locataire **postérieurement** au refus de renouvellement peuvent être invoquées par le bailleur après la signification de l'acte de refus (Cass. com. 20-6-1967 n° 65-10.060 : Bull. civ. III n° 253 ; Cass. 3e civ. 26-1-2017 n° 15-26.371 F-D : RJDA 4/17 n° 230).

ILLUSTRATIONS

Il en est ainsi de la transformation en SA de la SARL locataire, en cours de procédure, dans le seul but de transférer sur le terrain du bailleur, contigu à ses autres propriétés, des établissements qui étaient les seuls concurrents sérieux de sa propre entreprise (Cass. com. 8-1-1963 n° 57-10.975 : Bull. civ. III n° 20), de l'envoi d'une lettre à caractère grossier et injurieux à l'expert désigné par le tribunal dans le cadre de la procédure (Cass. com. 21-1-1963 n° 60-13.196 : Bull. civ. III n° 48), ou encore de la cession irrégulière du bail intervenue après la délivrance du congé (CA Paris 13-2-2008 n° 07-2263, 16e ch. A : RJDA 2/09 n° 76).

ABSENCE DE RENONCIATION DU BAILLEUR

66710 La renonciation du bailleur à invoquer un manquement du locataire peut être **expresse.** Tel est le cas lorsqu'elle découle des stipulations même du contrat. Ainsi, il a été jugé que le bailleur ne pouvait pas refuser le renouvellement du bail pour défaut d'occupation des lieux par le locataire alors qu'une clause du bail claire et précise stipulait que le bailleur renonçait dès à présent à refuser le renouvellement du bail sur ce fondement (Cass. 3e civ. 20-6-1990 n° 89-12.283 : Bull. civ. III n° 152).

66715 Le locataire peut également alléguer une autorisation ou une renonciation **tacite** de la part du bailleur. Seul un acte manifestant sans équivoque sa volonté peut être constitutif d'une telle renonciation (Cass. 3e civ. 29-11-1995 n° 93-14.250 : Loyers et copr. 1996 comm. n° 267).

L'analyse de la jurisprudence révèle que la simple tolérance du bailleur ou son seul silence au regard des actes du locataire ne suffit pas à caractériser une autorisation ou une renonciation tacite.

ILLUSTRATIONS 66720

Dans un cas où un locataire avait adjoint à son commerce de vins un commerce de boissons gazeuses sans l'autorisation expresse du bailleur, une cour d'appel, après avoir justement observé qu'une simple attitude passive du bailleur n'impliquait pas son consentement, a pu déduire son autorisation tacite des circonstances de faits suivantes : le locataire était **inscrit** depuis près de dix ans **au registre du commerce** pour l'exploitation d'un fonds de débit de vins, liqueurs, apéritifs et boissons gazeuses, ce commerce a été exercé pendant de nombreuses années **au vu et au su du bailleur** qui exploitait son propre fonds dans le local voisin, qui n'a jamais émis **aucune protestation** ou formulé **aucune réserve** et qui, à une première demande de renouvellement, a uniquement opposé l'**exercice du droit de reprise.**

Cass. com. 25-1-1955 n° 141 : Bull. civ. III n° 39.

Une cour d'appel a pu décider que la sous-location, interdite par une clause du bail, d'une partie des lieux par le locataire constituait un motif grave et légitime dès lors qu'après avoir relevé que le silence du bailleur ne constituait qu'une **simple tolérance,** elle a considéré comme exprimant le défaut d'acquiescement du bailleur le fait que l'**interdiction de sous-louer** avait été **reprise et prévue dans chacun des baux successifs** dont le locataire avait bénéficié, alors que le sous-locataire occupait déjà une partie des lieux.

Cass. com. 8-2-1960 n° 56-359 : Bull. civ. III n° 52.

N'est pas fondé à invoquer le motif tiré du non-paiement d'une somme forfaitaire que le locataire s'était engagé à verser en cas de renouvellement du bail, le bailleur qui n'a réclamé cette somme que **quatre ans après l'expiration du bail** alors que le locataire était resté dans les lieux par l'effet de la reconduction **[prolongation] tacite** du bail et qu'il avait déjà, en vertu de la loi, un **droit acquis au renouvellement.**

Cass. com. 12-1-1967 n° 65-10.196 : Bull. civ. III n° 29.

Dans un cas où un locataire, à qui il était reproché d'utiliser les lieux à titre de locaux loués meublés alors que le contrat de bail initial n'autorisait que l'exploitation d'un fonds de commerce de café restaurant hôtel, faisait valoir que l'acte de cession du fonds et l'acte de renouvellement du bail mentionnaient l'existence d'un « fonds de café, restaurant, meublés », une cour d'appel, qui a relevé que le bailleur n'avait **pas** été **présent à l'acte de cession** et que l'acte de renouvellement précisait que le bail initial était **renouvelé** aux **mêmes clauses et conditions** à l'exception du prix du loyer, en a déduit à bon droit, par une interprétation nécessaire de la convention liant les parties, « qu'il n'est pas intervenu conventionnellement une modification des conditions d'exploitation des lieux » et que le bailleur avait des motifs graves et légitimes pour refuser le renouvellement du bail.

Cass. 3e civ. 13-5-1971 n° 70-10.339 : Bull. civ. III n° 296.

Le fait pour un bailleur d'agir sans réserve, devant le juge des loyers, en fixation du loyer du bail à renouveler et d'offrir la fixation de ce loyer à un certain prix ne constitue pas une renonciation à son action en refus de renouvellement dès lors que la **demande en fixation d'un nouveau loyer** a un **caractère conservatoire** pour le cas où le refus de renouvellement du bail sans indemnité ne serait pas admis.

Cass. 3e civ. 10-12-1985 : Gaz. Pal. 1986 jur. p. 427.

Un bailleur est fondé à refuser, pour motif grave et légitime, le renouvellement d'un bail de locaux loués à usage de cinéma en raison de la projection systématique de films érotiques dont les caractéristiques n'ont que de lointains rapports avec l'art cinématographique tel qu'envisagé par les parties dans leur convention compte tenu des circonstances suivantes :

– un locataire ne peut pas invoquer le **silence** observé par le bailleur pendant les premières années du changement de son exploitation, la simple tolérance du bailleur n'étant pas constitutive de droit pour le locataire ;

– les **conventions** intervenues **en renouvellement** se réfèrent exclusivement aux charges et conditions du bail initial et ne comportent aucune renonciation expresse ou implicite du bailleur à se prévaloir de l'exigence d'un commerce de luxe et de la bonne tenue de l'immeuble prévue dans le contrat de bail initial ;

– le **projet du nouveau bail** élaboré en commun par les parties et adressé par le bailleur au locataire ne constitue qu'une offre non acceptée par le destinataire, qui a refusé de la signer, et reste sans influence sur leurs rapports juridiques.

CA Paris 29-1-1987, 16e ch., SA Parisienne d'Exploitation Immobilière et Commerciale (SPEIC) c/ SCI Clichy Brantome : JCP G 1987 II 20814.

Après avoir relevé que le bailleur, qui **connaissait les travaux** effectués par le locataire, avait accepté de **renouveler le bail aux mêmes conditions** qu'auparavant et que les ayants droit du propriétaire initial avaient fait de même, une cour d'appel a pu retenir, à juste titre, que les griefs invoqués par le bailleur n'étaient pas d'une gravité suffisante pour constituer un motif grave et légitime.

Cass. 3e civ. 5-1-1993 n° 91-14.944.

La **radiation** demandée par le bailleur de sa **procédure en résiliation** du bail pour faits de proxénétisme n'emporte pas renonciation à se prévaloir de ces infractions pour refuser le renouvellement du bail.
Cass. 3e civ. 27-1-1999 no 97-11.762 D.

Une personne morale ne pouvant pas habiter bourgeoisement un appartement, la faculté d'occuper à usage d'habitation un appartement suppose nécessairement l'**autorisation** d'en accorder la **jouissance** à l'un des représentants personnes physiques de la société locataire. Par suite, ne constitue pas un motif grave et légitime le fait pour la société locataire d'avoir accordé une sous-location partielle à son représentant légal sans le concours du bailleur.
Cass. 3e civ. 23-5-2002 no 866 FS-PB : RJDA 8-9/02 no 866.

Une cour d'appel ne peut pas débouter le locataire de locaux à usage commercial de sa demande d'indemnité d'éviction sans constater la survenance d'un manquement nouveau ou inconnu du bailleur lorsqu'il a donné son accord sur le renouvellement du bail. Par suite, le bailleur, qui a offert le renouvellement du bail sous la condition suspensive que des travaux d'entretien soient exécutés par le locataire, n'est pas fondé à refuser le renouvellement du bail, **deux ans et demi après la date de prise d'effet du renouvellement,** au motif que ces travaux n'ont pas été effectués.
Cass. 3e civ. 7-7-2004 no 875 FS-PB : RJDA 11/04 no 1197.

b. Preuve de la faute du locataire

66770 La preuve de la faute incombe au bailleur. Ainsi, dans un cas où un bailleur avait refusé le renouvellement du bail sans indemnité d'éviction en raison d'un prétendu défaut d'exploitation du fonds de commerce par le locataire, a inversé la **charge** de la preuve la cour d'appel qui, après avoir relevé que devait être pris en considération le refus du locataire de produire des documents fiscaux établissant l'exploitation du fonds et de percevoir toute indemnité d'éviction, a retenu que le souci évident du locataire d'échapper à toute mesure d'instruction établissait l'exactitude du motif allégué du bailleur (Cass. 3e civ. 12-6-1985 no 873 S).

c. Appréciation de la faute du locataire

POUVOIR DES JUGES DU FOND

66800 Les juges du fond disposent d'un pouvoir **souverain** d'appréciation quant à la gravité et à la légitimité des motifs invoqués à l'appui du refus de renouvellement du bail sans indemnité (Cass. com. 25-1-1955 no 141 : Bull. civ. III no 39 ; Cass. 3e civ. 11-10-1972 no 71-12.153 : Bull. civ. III no 510 ; Cass. 3e civ. 19-10-1983 no 1172). Réciproquement, il leur appartient de dire si la cessation des actes reprochés au locataire ou la réparation de leurs conséquences laissent subsister leur caractère de motifs graves et légitimes (Cass. com. 22-3-1961 no 57-12.563 : Bull. civ. III no 150).

Si le refus de renouvellement peut être fondé sur un seul motif dès lors qu'il est suffisamment grave (C. com. art. L 145-17, I-1o employant le terme « motif grave et légitime » au singulier), il se justifie parfois par la réunion de faits qui, pris isolément, n'auraient pas pu constituer un motif grave et légitime (en ce sens, Cass. 3e civ. 14-6-1995 no 93-20.574 D).

66805 En raison de leur pouvoir souverain, les juges saisis d'une instance en refus de renouvellement de bail ne sont pas liés par l'**appréciation** que **d'autres juges,** précédemment saisis d'une demande portant sur un autre objet, ont pu faire de l'importance et de la gravité des manquements dont le bailleur se prévaut à l'appui de son refus de renouvellement (Cass. 3e civ. 20-1-1965 no 60-11.584 : Bull. civ. III no 59).

Ainsi, si le refus de renouvellement du bail et sa résiliation peuvent être fondés sur des faits de même nature (Cass. 3e civ. 18-11-1980 no 79-13.750 : Bull. civ. III no 178), l'action en refus de renouvellement du bail n'ayant pas le même objet que l'action en résiliation de cette convention, l'autorité de la chose jugée attachée à la précédente décision ne s'impose pas au second juge (Cass. com. 18-6-1962 no 59-13.373 : Bull. civ. III no 317 ; Cass. 3e civ. 5-10-1994 no 1572 P : RJDA 12/94 no 1264).

66810 L'appréciation de la gravité et de la légitimité du motif doit s'effectuer à la **date** du refus de renouvellement (Cass. com. 18-12-1961 no 58-12.973 : Bull. civ. III no 479) et non à la date où le juge statue (Cass. 3e civ. 3-6-1992 no 982 P : RJDA 8-9/92 no 813).

MOTIFS LIÉS À L'EXÉCUTION DU BAIL

66815 Les motifs les plus fréquemment invoqués sont des infractions aux clauses du bail ou au statut des baux commerciaux. Ces manquements sont envisagés sous les rubriques spécifiques consacrées aux obligations du locataire et aux conditions d'application du statut. On se reportera donc, s'agissant notamment :

– de la violation des dispositions interdisant ou limitant la **cession** du bail aux nos 9200 s. ou de celles relatives à la **sous-location,** aux nos 75450 s. ;

– de la violation de la clause délimitant la **destination** du bail, aux nos 27010 s. ou de celle encadrant la réalisation de **travaux** dans les lieux loués, aux nos 79480 s. ;

– du non-respect des obligations d'**exploitation,** aux nos 33010 s., de paiement du **loyer et des charges,** au no 60770 ou d'**entretien** aux nos 78010 s.

MOTIFS EXTRACONTRACTUELS

Outre les infractions au bail, des agissements du locataire liés à sa conduite et à sa moralité, sans lien direct avec le contrat, peuvent être retenus comme des motifs graves et légitimes. 66820

Le tableau présenté ci-dessous classe les motifs extracontractuels par catégorie et expose les circonstances de chaque espèce qui ont amené les juges à retenir ou à rejeter un motif allégué par le bailleur.

Violences 66825

Motifs retenus
Violences exercées par le **locataire** sur le bailleur (Cass. com. 7-10-1958 no 54-1871 : Bull. civ. III no 330 ; Cass. 3e civ. 28-3-1995 : Gaz. Pal. 1996 jur. p. 126 ; CA Pau 7-4-2008 no 05-1070, 2e ch. sect. 1 : RJDA 1/09 no 13) dès lors qu'elles constituent un manquement grave à la civilité et à la décence du comportement que des cocontractants doivent observer entre eux et qu'elles ont pour effet certain de rendre intolérable le maintien du lien contractuel (Cass. 3e civ. 11-7-1977 no 1089).
Violences du **conjoint du locataire** exercées sur le bailleur dans les parties communes de l'immeuble et pour lesquelles il a été condamné pénalement (Cass. com. 14-2-1961 no 59-10.106 : Bull. civ. III no 83).
Violences commises par un **préposé du locataire** contre le bailleur au cours d'un incident locatif survenu à l'intérieur de l'immeuble (Cass. com. 10-10-1961 no 59-13.141 : Bull. civ. III no 351).
Violences sur la femme du bailleur par un **colocataire** qui a fait l'objet d'une condamnation pénale amnistiée (Cass. 3e civ. 6-3-1996 no 488 D : RJDA 6/96 no 759).
Propos insultants ou provocants tenus par le **gérant de la société locataire et sa mère** à l'égard du bailleur, s'ajoutant à des actes de violence physique commis à l'encontre de membres de la famille du bailleur, l'existence d'un différend sur l'état des locaux loués étant insuffisant pour justifier un tel comportement (CA Rouen 14-9-2023 no 21/04099 : RJDA 1/24 no 11).
Motifs rejetés
Violences commises sur le bailleur par les locataires, fille et gendre de ce dernier, dès lors que ces faits ne peuvent pas être appréciés indépendamment du **climat familial très particulier** dans lequel ils se situent et dont le bailleur n'est pas le moindre artisan néfaste et que la demande de celui-ci s'inscrit dans le même esprit de dépossession systématique qu'il a entrepris à l'encontre de ses enfants en recelant aux dépens de sa fille une partie importante du mobilier provenant de la succession de son mari (Cass. com. 5-10-1965 no 62-10.628 : Bull. civ. III no 478).
Coups portés au bailleur par une **amie du gérant** de la société locataire et pour lesquels l'auteur a été condamné pénalement pour coups et blessures volontaires dès lors que ces faits ne sont pas imputables au gérant (Cass. 3e civ. 2-3-1976 : Rev. loyers 1976 p. 277).

Injures, diffamation, menaces 66830

Motifs retenus
Envoi par le locataire d'une **lettre à caractère grossier et injurieux** à l'expert désigné par le tribunal dans le cadre de la procédure qui constitue un manquement grave et caractérisé aux obligations générales de conduite incombant à tout locataire, lequel doit adopter à l'égard du bailleur et des membres de sa famille une attitude décente et, à tout le moins, exempte de toute manifestation fautive contre leur personne (Cass. com. 21-1-1963 no 60-13.196 : Bull. civ. III no 48).
Accusations mensongères et révélation par le locataire de la vie privée du bailleur livrée à la curiosité malsaine du public dans des chroniques publiées dans un **journal** et constituant un appel à la délation (Cass. 3e civ. 29-6-1977 no 75-15.264 : Bull. civ. III no 295 ; Cass. 3e civ. 5-3-1980 : Rev. loyers 1980 p. 313).
Participation du locataire à un **climat de menaces** entretenu dans les lieux loués par une personne travaillant à son service (Cass. 3e civ. 14-12-1988 no 87-14.021).

Proxénétisme 66835

Motifs retenus
Actes de proxénétisme commis dans les lieux loués par le locataire (Cass. com. 17-2-1965 no 63-10.482 : Bull. civ. III no 131 ; Cass. 3e civ. 4-1-1985 no 83-13.442 : Bull. civ. III no 4), même si les faits délictueux se sont déroulés dans des locaux voisins des lieux loués dès lors que le locataire exploite un seul et unique fonds de commerce dans ces deux locaux contigus (Cass. 3e civ. 27-1-1999 no 97-11.762).

66840 Motifs économiques

Motifs retenus
Risque d'insolvabilité de la société locataire gérée par un **incapable condamné** pour émission de chèques sans provision et maintenu dans ses fonctions de gérant en dépit de toutes les interdictions légales, alors même que son incarcération le met dans l'impossibilité d'assurer ses fonctions (Cass. com. 23-1-1962 n° 57-10.072 : Bull. civ. III n° 49).
Transformation, en cours de procédure, de la SARL locataire en SA dont le but et le résultat sont de transférer sur le terrain du bailleur, contigu à ses autres propriétés, des établissements, seuls concurrents sérieux de sa propre entreprise. En effet, cette transformation a conduit au transfert du siège social de la SA au sein des établissements concurrents, à la nomination de trois administrateurs dont les deux fondateurs des établissements concurrents et à l'exercice d'une **activité concurrente** à celle de l'entreprise du bailleur (Cass. com. 8-1-1963 n° 57-10.975 : Bull. civ. III n° 20).
Concert frauduleux entre l'ancien propriétaire des lieux et son locataire qui ont conclu la **vente** du terrain loué alors qu'une option avait été antérieurement levée par un premier acquéreur, lequel, reconnu comme seul propriétaire, est fondé à donner congé au locataire avec refus de renouvellement pour motif grave et légitime (Cass. 3e civ. 23-1-1973 n° 71-11.772 : Bull. civ. III n° 63).
Production par le locataire, au cours de l'expertise destinée à évaluer l'**indemnité d'éviction,** de **documents** qu'il savait entachés d'une très grave inexactitude, dans le but de bénéficier d'une **augmentation indue** du montant de cette indemnité (Cass. 3e civ. 19-12-2001 n° 1891 FS-PB : RJDA 5/02 n° 480).
Fabrication d'un **faux contrat de bail** par le père de la locataire le faisant apparaître comme le cocontractant du bailleur (Cass. 3e civ. 11-6-2008 n° 07-14.256 FS-PB : RJDA 11/08 n° 1098).
Prise de contrôle de la société sous-locataire **par un concurrent** de la société locataire alors que la sous-location consentie n'était causée que parce que les deux sociétés faisaient partie du même groupe et avaient une collaboration professionnelle incontestable à tous les niveaux (CA Aix-en-Provence 1-6-2022 n° 19/10911 : RJDA 1/23 n° 7, rendu pour une sous-location mais transposable à un bail).

66845 Infractions à l'origine d'une fermeture administrative

Motifs retenus
Exercice dans les lieux loués de l'activité pénalement répréhensible de recel ayant entraîné, **à trois reprises,** la fermeture administrative des lieux, dont la dernière pour une durée de **trois mois** (Cass. 3e civ. 25-6-1997 n° 1105 D : RJDA 11/97 n° 1322 rendu sur pourvoi de CA Paris 2-2-1995 n° 93-26316, 16e ch. B).
Motifs rejetés
Trafic de stupéfiants dans les lieux loués ayant entraîné la fermeture temporaire de l'établissement mais ne constituant pas un événement d'une gravité suffisante compte tenu des circonstances suivantes : étant gravement malade, le gérant de la société locataire a confié son établissement à un cogérant qui s'est seul rendu coupable du trafic de stupéfiants. Il s'agit donc d'un **incident isolé,** dû à la maladie du gérant qui l'a empêché d'assurer un contrôle direct et continu sur son commerce (Cass. 3e civ. 16-12-1998 n° 1869 PB : RJDA 2/99 n° 156 rendu sur pourvoi de CA Aix-en-Provence 12-9-1996 n° 96-1389, 4e ch. civ. sect. A).
Infractions, dont notamment défaut de déclaration d'embauche d'un salarié et ouverture illicite d'un débit de boissons, ayant entraîné la fermeture d'un fonds de commerce mais n'étant pas suffisamment graves pour justifier le refus d'une indemnité d'éviction, la fermeture étant à la mesure des infractions constatées et ayant été ordonnée pour une durée d'**un mois** alors qu'elle pouvait l'être pour une durée de six mois (Cass. 3e civ. 29-1-2002 n° 151 F-D : RJDA 4/02 n° 364 rendu sur pourvoi de CA Nîmes 23-2-2000 n° 97-5916, 1e ch. A).

66850 Autres motifs

Motifs retenus
Participation active du locataire à la **vente à vil prix** d'objets électriques soustraits au bailleur par les ouvriers de celui-ci, clients du café exploité par le locataire, et pour laquelle ce dernier a fait l'objet d'une plainte du bailleur et de poursuites (Cass. com. 28-3-1962 n° 56-2767 : Bull. civ. III n° 200).
Emission par le locataire d'un **chèque sans provision** qui, même si le loyer a été réglé ultérieurement, constitue une faute distincte du non-paiement du loyer et a, de façon irréversible, détérioré les rapports entre le propriétaire et le locataire (Cass. 3e civ. 19-11-1975 n° 1208).
Occupation irrégulière par le locataire, à deux reprises, de locaux d'habitation inoccupés et situés dans le même immeuble que le local loué, ce comportement étant en liaison avec sa qualité de locataire (Cass. 3e civ. 20-6-1979 : Rev. loyers 1980 p. 42).

Motifs rejetés

Défaut de communication par le locataire de projets d'aménagements dans la mesure où la communication réclamée par le bailleur était de nature à entraîner des frais considérables qu'il était concevable que le locataire ne veuille pas engager avant d'être certain d'obtenir le renouvellement du bail (Cass. 3e civ. 22-4-1971 no 69-14.178 : Bull. civ. III no 252).

2. MISE EN ŒUVRE DU REFUS DE RENOUVELLEMENT

S'il s'agit soit de l'inexécution d'une obligation, soit de la cessation sans raison sérieuse et légitime de l'exploitation du fonds, l'infraction commise par le locataire ne peut être invoquée comme motif de refus de renouvellement sans indemnité d'éviction que si elle s'est poursuivie ou renouvelée plus d'un mois après **mise en demeure** du bailleur d'avoir à la faire cesser. Cette mise en demeure doit, à peine de nullité, être effectuée par acte extrajudiciaire, préciser le motif invoqué et reproduire les termes du présent alinéa (C. com. art. L 145-17-I, 1o). **66900**

a. Nécessité d'une mise en demeure

DOMAINE DE LA MISE EN DEMEURE

Le bailleur doit impérativement adresser au locataire une mise en demeure d'avoir à faire cesser le manquement lorsqu'il lui reproche l'inexécution d'une obligation (nos 66910 s.), la cessation sans raison sérieuse et légitime de l'exploitation du fonds (nos 66930 s.) et, d'une manière générale, tout manquement susceptible de cesser dans les conditions de mise en œuvre du commandement (no 66945). **66905**

Inexécution d'une obligation Le plus souvent, l'obligation inexécutée est **liée au bail,** qu'elle découle du statut des baux commerciaux ou des dispositions particulières du contrat. **66910**

Ainsi, il y a lieu à mise en demeure en cas de défaut de paiement des loyers et des charges, de défaut d'entretien des lieux loués ou encore de violation des clauses délimitant la destination du bail ou encadrant la réalisation de travaux dans les lieux loués.

ILLUSTRATIONS **66915**

S'agissant d'un bail portant sur un immeuble où est exploité un hôtel restaurant, le bailleur ne peut être admis à alléguer la **non-tenue du restaurant** comme motif grave et légitime qu'après une mise en demeure effectuée dans les termes de l'article 9 du décret du 30 septembre 1953 (désormais C. com. art. L 145-17).

Cass. 3e civ. 22-4-1971 no 69-14.178 : Bull. civ. III no 252.

Doit être censuré l'arrêt qui, pour valider le congé refusant le renouvellement du bail, énonce que, le congé visant des infractions irréversibles au moment où il a été délivré, il n'était pas nécessaire qu'il fût accompagné d'une mise en demeure de les faire cesser, alors que les **retards** dans le paiement des **loyers** ne pouvaient constituer des motifs graves et légitimes d'un refus de renouvellement que s'ils s'étaient prolongés plus d'un mois après mise en demeure.

Cass. 3e civ. 2-12-1980 no 1764.

Après avoir relevé qu'en manifestant leur intention d'**exclure de la location certaines parcelles,** les locataires n'avaient pas créé, dès ce moment, une situation définitive et irréversible, qui n'était devenue telle qu'après la location de ces terres à des tiers, une cour d'appel a pu retenir qu'il appartenait au propriétaire, après avoir reçu le congé partiel, de procéder à une mise en demeure pour refuser le renouvellement du bail portant sur ces terres sans indemnité d'éviction.

Cass. 3e civ. 10-5-1983 no 682.

Doit être cassé l'arrêt qui, pour valider un congé avec refus de renouvellement du bail sans indemnité d'éviction, retient que l'attention du locataire a été attirée par huit commandements et que l'infraction reprochée réside, non en un défaut de paiement, mais dans les **retards réitérés de paiement** constitutifs d'un motif grave et légitime, et ce, indépendamment du délai d'un mois visé à l'article 9 du décret du 30 septembre 1953 (désormais C. com. art. L 145-17), en raison du caractère irréversible de l'infraction, alors que des paiements sont intervenus dans le délai d'un mois à compter de chaque commandement.

Cass. 3e civ. 6-2-1991 no 305 PF : RJDA 3/91 no 199.

Encourt la censure la décision de la cour d'appel qui, pour déclarer valable un congé avec refus de renouvellement fondé sur un **changement de destination des lieux,** retient qu'il ne s'agit ni de l'exécution d'une obligation, ni de la cessation de l'exploitation du fonds, mais d'une transformation complète de l'activité d'origine et que, s'agissant d'un changement d'affectation prohibé, le bailleur n'a pas l'obligation de délivrer une mise en demeure.

Cass. 3e civ. 12-2-1992 no 90-12.392.

Doit être cassé l'arrêt qui, pour déclarer valable le congé refusant le renouvellement du bail pour **dégradation des parties communes,** retient que ces dégradations avaient valu au bailleur des poursuites judiciaires ayant abouti à sa condamnation à payer le coût des travaux de remise en état au syndicat des copropriétaires et qu'aucune mise en demeure préalable n'était nécessaire s'agissant de détériorations qui n'auraient pu être réparées grâce à une intervention directe du locataire.

Cass. 3e civ. 11-6-1997 n° 975 P : RJDA 10/97 n° 1177.

Justifie légalement sa décision de fixer l'indemnité d'éviction à une certaine somme, une cour d'appel qui, n'étant saisie que d'une demande tendant à faire dire que le locataire était privé de son droit à indemnité d'éviction, notamment en raison du **défaut de paiement de l'indemnité d'occupation,** retient que le locataire n'avait pas été mis en demeure de payer l'indemnité d'occupation alors que l'infraction n'était pas irréversible.

Cass. 3e civ. 16-12-1998 n° 1869 PB : RJDA 2/99 n° 156.

Doit être censuré l'arrêt qui, pour valider le congé refusant le renouvellement du bail sans indemnité d'éviction, retient que le locataire avait continué d'**exploiter** son **fonds** de commerce de débit de boissons **en dépit de condamnations pénales** le lui interdisant et qu'aucune mise en demeure préalable n'était exigée puisque cette infraction était consommée et non susceptible de régularisation, alors que le locataire pouvait régulariser sa situation selon différentes voies de droit.

Cass. 3e civ. 23-11-2011 n° 10-24.180 FS-PB : RJDA 4/12 n° 384.

Ndlr : Pour régulariser sa situation et mettre fin à l'infraction, le locataire pouvait obtenir un relèvement de sa condamnation, céder son fonds de commerce avec son droit au bail, ou encore donner son fonds en location-gérance.

66920 S'agissant des manquements à l'obligation de faire concourir le bailleur à un acte de cession du bail ou de sous-location, voir n° 66955.

66925 La nécessité de délivrer une mise en demeure s'impose au bailleur même si l'**obligation** inexécutée par le locataire **résulte d'une décision de justice.** Ainsi, un bailleur doit délivrer une mise en demeure au locataire qui refuse d'effectuer des travaux, même si ces derniers ont été ordonnés par le juge de la mise en état (Cass. 3e civ. 25-3-1992 n° 516 P : RJDA 7/92 n° 693) ou qui s'abstient de verser au bailleur l'indemnité qu'il a été condamné à payer sur le fondement de l'article 700 du Code de procédure civile (CA Paris 30-11-2001, 16e ch. B : Loyers et copr. 2002 comm. n° 120).

66930 **Cessation de l'exploitation du fonds** L'obligation de délivrer une mise en demeure s'impose au bailleur lorsqu'il reproche au locataire d'avoir cessé l'exploitation du fonds sans raison sérieuse et légitime, « compte tenu des dispositions de l'article L 145-8 » (C. com. art. L 145-17, I-1°). Ce texte suscite des difficultés d'interprétation.

L'article L 145-8 du Code de commerce refuse en effet au locataire le droit au renouvellement du bail lorsque l'exploitation du fonds n'a pas été effective au cours des trois années qui ont précédé la date d'expiration du bail. La cessation d'exploitation peut donc :

- soit constituer un motif grave et légitime de refus de renouvellement (C. com. art. L 145-17, I-1°) ;
- soit priver le locataire du droit au renouvellement du bail et le placer en dehors du champ d'application du statut, rendant ainsi inutile toute mise en demeure (C. com. art. L 145-8).

66935 Pour articuler ces textes, et ainsi déterminer si la délivrance d'une mise en demeure est nécessaire, la Cour de cassation s'appuie sur la notion de **cessation définitive ou irréversible.** Si la cessation d'exploitation n'a pas un caractère définitif ou irréversible, la formalité de la mise en demeure s'impose au bailleur (Cass. 3e civ. 16-2-1982 n° 80-13.528 : Bull. civ. III n° 44 ; Cass. 3e civ. 5-10-1999 n° 1469 D : RJDA 11/99 n° 1185).

En revanche, si la cessation d'activité présente un caractère définitif ou irréversible, la mise en demeure est inutile (Cass. 3e civ. 5-7-1995 n° 1530 D : RJDA 8-9/95 n° 950). Sur l'appréciation de l'irréversibilité des infractions par les juges du fond, voir nos 66950 s.

CONSEIL

Lorsque le locataire est privé du droit au renouvellement du bail, faute de justifier de la **durée d'exploitation** prévue à l'article L 145-8 du Code de commerce, il ne peut pas se prévaloir du défaut de mise en demeure prévu en cas de refus de renouvellement sans indemnité d'éviction (Cass. 3e civ. 6-6-1972 n° 70-14.068 : Bull. civ. III n° 362). Par conséquent, lorsque le locataire n'a pas exploité le fonds de commerce, de façon effective, au cours des trois années qui ont précédé la date d'expiration du bail, il est plus prudent, à notre avis, que le bailleur motive son congé par l'absence de droit au renouvellement du bail (C. com. art. L 145-8) plutôt que par un motif grave et légitime (C. com. art. L 145-17, I-1°). Cela aura en effet l'avantage d'éviter toute discussion quant à la nécessité ou pas d'une mise en demeure.

Sanction du défaut de mise en demeure L'**absence** de **mise en demeure** n'entraîne pas la nullité de l'acte (congé ou réponse à la demande de renouvellement) par lequel le bailleur a refusé le renouvellement du bail. L'acte de refus subsiste mais le locataire conserve son droit à indemnité d'éviction (Cass. 3e civ. 15-5-2008 no 07-12.669 FS-PB : RJDA 7/08 no 767 ; Cass. 3e civ. 19-12-2012 no 11-24.251 FS-PB : RJDA 8-9/13 no 696) ; le bailleur ne peut donc pas se prévaloir du motif grave et légitime. **66940**

Les juges doivent, avant de statuer sur le refus de renouvellement, constater l'existence d'une mise en demeure (Cass. 3e civ. 8-2-1968 no 64-13.147 : Bull. civ. III no 51 ; Cass. 3e civ. 17-2-1993 no 328 D : RJDA 5/93 no 386 ; Cass. 3e civ. 8-3-2005 no 321 F-D, Buonnacoris c/ Sté Hippone : AJDI 2005 p. 657). Une telle constatation s'impose même lorsque la faute est postérieure au refus de renouvellement (Cass. 3e civ. 25-3-1992 no 516 P : RJDA 7/92 no 693 ; Cass. 3e civ. 13-12-2005 no 1429 F-D, Methlin c/ Tensfeld ; Cass. 3e civ. 26-1-2017 no 15-26.371 F-D : RJDA 4/17 no 230) ou que le locataire justifie, au jour où le juge statue, avoir pris toutes dispositions pour faire cesser l'infraction (Cass. 3e civ. 3-6-1992 no 982 P : RJDA 8-9/92 no 813). Les juges n'ont toutefois pas à rechercher d'office si une mise en demeure a été délivrée (Cass. 3e civ. 9-7-2008 no 06-16.052 FS-D : RJDA 10/08 no 995).

CAS DANS LESQUELS LA MISE EN DEMEURE EST INUTILE

La mise en demeure a pour objet de permettre au locataire de mettre fin au manquement qui lui est reproché dans un délai d'un mois (C. com. art. L 145-17, I-1°). Elle suppose donc que l'infraction reprochée au locataire soit susceptible de cesser ou d'être réparée dans cet intervalle. Lorsque ce n'est pas le cas, la mise en demeure n'est plus d'aucune utilité et le bailleur peut s'en dispenser (Cass. 3e civ. 9-7-2003 no 892 FS-PB : RJDA 1/04 no 22). **66945**

La jurisprudence recourt notamment aux notions d'**infractions irréversibles** et **instantanées** pour traduire l'impossibilité pour le locataire de remédier à ses manquements : **66950**

– l'infraction irréversible est celle qui est définitivement réalisée et dont les conséquences ne sont plus susceptibles d'être réparées par le locataire (Cass. 3e civ. 19-11-1975 no 1208, Sté La plume rouge c/ Coupe Burande) ;

– l'infraction instantanée prend fin à l'instant même qui a suivi sa commission et ne peut donc ni se poursuivre ni se renouveler (Cass. 3e civ. 2-11-1982 no 80-16.723 : Bull. civ. III no 210). Elle est également irréversible quand elle n'est pas susceptible de régularisation (CA Versailles 11-9-1997 no 7689-95, 12e ch. sect. 2 : Loyers et copr. 1999 comm. p. 16).

Les exemples jurisprudentiels ci-dessous présentent différents cas de manquements dans lesquels les juges ont considéré que la délivrance d'une mise en demeure était inutile. **66955**

ILLUSTRATIONS

Dans un cas où un bailleur avait refusé le renouvellement du bail pour motif grave et légitime tiré du fait que la société locataire avait cédé la totalité de ses parts à un associé sans son accord préalable prévu au contrat, une cour d'appel a pu décider qu'une mise en demeure était inutile dès lors que, par l'effet de la **cession de parts,** qui s'analysait en une cession de bail, et de leur réunion entre les mains d'un associé, la **société** s'était trouvée **irrémédiablement dissoute** et n'avait aucune survie, ce qui rendait impossible toute exécution de la clause du bail prévoyant l'agrément du bailleur.

Cass. 3e civ. 22-2-1968 no 66-11.268 : Bull. civ. III no 68.

À la suite de la cession d'un terrain à la société qui le louait, alors qu'une option avait été antérieurement levée par un premier acquéreur, une décision de justice irrévocable avait jugé que la vente consentie à ce dernier était la seule valable, la seconde ayant été conclue sur un **concert frauduleux** du bailleur et de son locataire pour faire échec aux droits du premier acquéreur. Celui-ci avait alors délivré un congé au locataire, lui refusant le renouvellement du bail pour motif grave et légitime tiré de ce concert frauduleux, sans procéder à une mise en demeure. Une cour d'appel a pu décider qu'il n'était pas tenu de mettre en demeure le locataire dès lors que la fraude était consommée à la signature de l'acte de vente et définitivement établie, qu'elle n'était pas assimilable à une obligation de faire ou de ne pas faire, susceptible de cesser ou d'être observée, sous le coup d'une mise en demeure, et qu'elle résultait d'un fait irréversible.

Cass. 3e civ. 23-1-1973 no 71-11.772 : Bull. civ. III no 63.

Doit être cassé l'arrêt qui, après avoir constaté que le bailleur n'avait pas été appelé à l'acte de **cession du bail** en contravention à une clause du bail et que cette cession lui avait été ultérieurement signifiée, énonce qu'il ne pouvait pas, pour refuser le renouvellement du bail, se prévaloir de ce manquement qui n'avait pas fait l'objet d'une mise en demeure conformément aux prescriptions de l'article 9 du décret du 30 septembre 1953 (désormais C. com. art. L 145-17), alors que l'infraction ne pouvait pas être réparée et que la signification de la cession n'avait pas pu conférer au cessionnaire la qualité de locataire.

Cass. 3e civ. 13-2-1973 no 71-10.415 : Bull. civ. III no 112.

Ndlr : La jurisprudence ne semble toutefois pas définitivement fixée sur la question de la régularisation d'une cession de bail irrégulière : voir nos 9960 s.

La mise en demeure n'est pas nécessaire lorsque l'infraction commise a un caractère irréversible. Par suite, une cour d'appel a pu admettre que l'émission par le locataire d'un **chèque sans provision,** même réglé ultérieurement, était une faute distincte du non-paiement du loyer qui avait de façon irréversible détérioré les rapports entre le bailleur et le locataire.

Cass. 3e civ. 19-11-1975 no 1208.

Une cour d'appel énonce à juste titre que la mise en demeure n'est nécessaire que lorsque le motif de refus invoqué réside dans l'inexécution d'une obligation résultant du bail ou du droit commun. Dans un cas où un bailleur avait refusé le renouvellement du bail au motif qu'une **décision de justice** irrévocable avait condamné, pour tolérance habituelle de prostituées dans les lieux loués, la gérante de la société locataire à diverses peines et ordonné trois mois de fermeture de plusieurs chambres de l'hôtel, la mise en demeure ne pouvait pas être exigée dès lors que le refus était fondé sur les conséquences d'une décision judiciaire irrévocable dont il n'était plus possible pour le locataire de réparer les conséquences et les effets.

Cass. 3e civ. 12-10-1976 no 1222 : AJPI 1977 no 68.

En dépit de l'absence d'une mise en demeure, une cour d'appel a pu retenir comme motif grave et légitime le **défaut d'utilisation d'un four** de boulangerie pendant près de dix ans, invoqué par le bailleur en cours d'instance, dans la mesure où ce dernier ne pouvait plus mettre en demeure le locataire de remettre le four en marche, un arrêté ministériel ayant interdit trois ans auparavant l'usage de fours inutilisés pendant plus d'un an.

Cass. 3e civ. 19-6-1979 no 1049.

C'est à bon droit qu'une cour d'appel a décidé que la mise en demeure n'était pas nécessaire pour le motif de refus de renouvellement du bail tiré du fait que le gérant de la société locataire avait commis une **faute délictuelle** en livrant la **vie privée** du bailleur à la curiosité malsaine du public dans des chroniques publiées qui constituaient un appel à la délation.

Cass. 3e civ. 5-3-1980 : Rev. loyers 1980 p. 313.

S'agissant du motif de non-renouvellement tiré de la réalisation de **travaux d'amélioration,** tant l'absence d'accord exprès et par écrit du bailleur à la réalisation des travaux, qui n'est pas susceptible de régularisation, que la nature et l'importance des travaux effectués, rendent l'infraction irréversible de sorte que la délivrance d'une mise en demeure préalable n'est pas nécessaire pour permettre au bailleur d'invoquer ce motif.

CA Rouen 12-1-1993 no 2097-91, ch. civ. réunies.

L'omission par le locataire de faire concourir le bailleur à l'acte de **sous-location** ne pouvant pas être réparée, le bailleur n'a pas l'obligation de faire délivrer une mise en demeure préalable au congé sans offre de renouvellement ni indemnité d'éviction.

Cass. 3e civ. 9-7-2003 no 892 FS-PB : RJDA 1/04 no 22 ; dans le même sens, Cass. 3e civ. 2-11-1982 no 80-16.723 : Bull. civ. III no 210 ; Cass. 3e civ. 13-3-1991 no 517 D : RJDA 5/91 no 388 ; Cass. 3e civ. 29-11-1995 : Loyers et copr. 1996 comm. no 267.

b. Conditions de validité de la mise en demeure

FORME DE LA MISE EN DEMEURE

67000 La mise en demeure doit être effectuée par **acte extrajudiciaire** (C. com. art. L 145-17, I-1°). Elle prend la forme d'une sommation d'huissier (ou de commissaire de justice) d'avoir à mettre fin à l'infraction, voire d'un commandement dès lors qu'il remplit les conditions énumérées par l'article L 145-17 du Code de commerce (Cass. 3e civ. 13-3-1974 no 73-10.024 : Bull. civ. III no 115).

La mise en demeure est donc privée d'effet si elle est délivrée sous une autre forme, par exemple une lettre recommandée. Elle est également privée d'effet lorsqu'elle n'est pas signifiée à la personne même du locataire alors qu'aucune circonstance n'a rendu impossible la signification à personne (Cass. 3e civ. 23-3-2010 no 09-10.318 F-D : RJDA 7/10 no 719).

67005 S'ils peuvent être délivrés indépendamment l'un de l'autre, la mise en demeure et le refus de renouvellement peuvent également figurer dans un **acte unique** (Cass. 3e civ. 16-12-1987 no 86-16.189 : Bull. civ. III no 203.; Cass. 3e civ. 24-3-1999 no 97-16.708 ; Cass. 3e civ. 7-5-2002 no 00-21.618 ; Cass. 3e civ. 18-6-2002 no 1066 F-D : RJDA 10/02 no 993).

De même, le commandement tendant à mettre en œuvre une clause résolutoire et la mise en demeure peuvent figurer dans un même acte (Cass. 3e civ. 12-10-1982 no 80-16.280 : Bull. civ. III no 197 ; Cass. 3e civ. 13-3-1974 no 73-10.024 : Bull. civ. III no 115). L'intérêt d'un tel acte est de permettre au bailleur d'invoquer un motif grave et légitime de refus de renouvellement si la clause résolutoire ne peut pas être mise en œuvre.

DÉLAI DE LA MISE EN DEMEURE

67010 La mise en demeure, ayant pour objet d'ouvrir au bailleur la possibilité d'invoquer un motif grave et légitime si elle n'est pas suivie d'effet, est, en principe, **préalable** à l'acte de refus de renouvellement.

Mais elle peut être **concomitante,** délivrée le même jour que le refus de renouvellement, par acte unique (nº 67005) ou par exploit séparé (Cass. 3e civ. 21-3-1973 nº 71-13.742 : Bull. civ. III nº 216), ou la veille du congé (Cass. 3e civ. 5-5-1999 nº 750 PB : RJDA 6/99 nº 649). 67015

Elle peut même être **postérieure** au refus de renouvellement (Cass. com. 20-5-1963 nº 61-11.666 : Bull. civ. III nº 238). Elle intervient alors soit pour régulariser le défaut ou l'irrégularité d'une précédente mise en demeure, soit lorsque la faute commise ou révélée après la signification de l'acte de refus est susceptible de régularisation (sur la possibilité pour le bailleur d'invoquer de nouveaux motifs après le refus de renouvellement, voir nos 66700 s.). 67020

Il n'en reste pas moins que le locataire doit pouvoir, en tout état de cause, disposer d'un délai d'un mois pour régulariser la situation. Ainsi, lorsque le tribunal a été saisi pour statuer sur le refus de renouvellement, la mise en demeure délivrée en cours d'instance doit être adressée au plus tard un mois avant la date prévue du jugement (Cass. 3e civ. 21-5-1970 nº 68-11.263 : Bull. civ. III nº 344). Passé ce délai, la sommation est irrégulière (CA Paris 23-3-1995 nº 93-23092, 16e ch. B : Loyers et copr. 1995 comm. nº 324). Dans cette affaire, la cour a fixé la date limite de signification de la mise en demeure par référence à la date prévue pour les plaidoiries et non à celle du jugement.

CONTENU DE LA MISE EN DEMEURE

La mise en demeure doit préciser le motif invoqué (C. com. art. L 145-17, I-1°). Elle doit faire état, de façon claire et précise, des **manquements reprochés** au locataire (Cass. 3e civ. 5-5-1999 nº 750 PB : RJDA 6/99 nº 649 ; Cass. 3e civ. 15-3-2000 nº 98-18.626). 67025

Cette obligation s'impose même lorsque le locataire ne peut pas ignorer l'étendue des manquements qui lui sont reprochés (Cass. 3e civ. 11-5-1995 nº 932 P : RJDA 8-9/95 nº 949 rejetant la validité d'une mise en demeure qui, faisant suite à un constat d'huissier, était libellée en termes généraux).

Dans un cas où un locataire devait plusieurs termes de loyers et où son bailleur lui avait fait sommation de respecter l'obligation générale de paiement des loyers, une cour d'appel a pu considérer que cette mise en demeure était valable (Cass. 3e civ. 10-12-1985 : Gaz. Pal. 1986 jur. p. 427). Il semblerait donc que le bailleur n'ait pas à indiquer expressément dans la mise en demeure le montant des sommes réclamées ni le nombre de termes dus. Compte tenu de la jurisprudence (nº 67110), le bailleur a cependant tout intérêt à détailler précisément le montant ainsi que les échéances impayées.

La mise en demeure doit **viser expressément l'article L 145-17, I-1° du Code de commerce** et en reproduire les termes (Cass. 3e civ. 13-3-1974 nº 73-10.024 : Bull. civ. III nº 115 ; CA Paris 10-7-1990 nº 89-11595, 16e ch. A, Sté Défi JPL c/ Tordjman ; CA Paris 23-3-1995 nº 93-23092, 16e ch. B : Loyers et copr. 1995 comm. nº 324 ; CA Paris 30-11-2001, 16e ch. B : Loyers et copr. 2002 comm. nº 120). 67030

SANCTION D'UNE MISE EN DEMEURE IRRÉGULIÈRE

La mise en demeure qui ne respecte pas les conditions énumérées ci-dessus est nulle. Le bailleur se trouve ainsi dans l'impossibilité d'invoquer le motif grave et légitime, sauf à délivrer une nouvelle mise en demeure en respectant, notamment, les conditions de délai visées nos 67010 s. 67035

> **Précisions a.** La demande en nullité de la mise en demeure s'analyse en une **exception de procédure** qui doit donc être présentée avant toute défense au fond, faute de quoi elle est irrecevable (Cass. 3e civ. 2-6-2010 nº 09-14.194 FS-PB : RJDA 10/10 nº 924).
> **b.** S'agissant du **régime de la nullité,** un auteur opère une distinction selon l'irrégularité constatée : la délivrance de la mise en demeure sous une autre forme qu'un acte extrajudiciaire entraînerait toujours sa nullité alors que l'omission de la mention de l'article L 145-17 du Code de commerce nécessiterait la preuve d'un préjudice causé au locataire pour entraîner la nullité de la mise en demeure (Droit et pratique des baux commerciaux Dalloz Action 2021-22 nº 422.42). Cette position est à rapprocher de la jurisprudence appliquant le régime des nullités de forme à l'acte de refus de renouvellement (voir nº 66007).

c. Portée de la mise en demeure

Le locataire dispose d'un **délai** d'un mois après la mise en demeure **pour faire cesser l'infraction** (C. com. art. L 145-17, I-1°). Ce délai ne peut être ni réduit ni allongé, que ce soit par les parties ou les juges. 67090

Pour que le locataire échappe au refus de renouvellement sans indemnité d'éviction, encore faut-il que la **cessation** de l'infraction soit **effective.** Ainsi, un locataire mis en demeure de faire cesser une sous-location irrégulière ne satisfait pas à l'injonction en donnant simplement congé au sous-locataire dans le mois de la mise en demeure ; il aurait dû prendre toutes les dispositions pour que la situation soit régularisée, c'est-à-dire pour que le sous-locataire ait quitté les lieux 67095

(Cass. 3e civ. 9-12-1980 : Rev. loyers 1981 p. 155). De même, le fait pour un locataire d'assigner en référé son gérant libre dans le mois de la mise en demeure en rétablissement de la destination des lieux ne caractérise pas la cessation de l'infraction dès lors que le manquement reproché n'avait pas cessé dans le délai imparti (Cass. 3e civ. 29-5-1991 no 972 P : RJDA 8-9/91 no 693).

67100 Lorsque la mise en demeure concerne la **réalisation de travaux,** la Cour de cassation a admis que l'impossibilité matérielle d'achever les travaux dans le mois de la mise en demeure pouvait permettre de considérer que le locataire avait satisfait à l'injonction du bailleur (Cass. com. 17-5-1966 : Bull. civ. III no 257 ; Cass. 3e civ. 11-5-1995 no 932 P : RJDA 8-9/95 no 949). En revanche, l'attente du rapport d'un expert désigné avant la délivrance du congé afin de déterminer l'étendue des travaux à effectuer par le locataire ne suffit pas à justifier la réalisation de ces travaux quatre ans après la mise en demeure et deux ans après la prise d'effet du congé (en ce sens, Cass. 3e civ. 23-5-1995 no 93-10.185).

67105 Si **l'infraction persiste ou se renouvelle** au-delà du délai, le bailleur peut l'invoquer pour refuser le versement d'une indemnité d'éviction. Mais cela ne signifie pas que le refus de renouvellement pour motif grave et légitime soit définitivement validé : il ne le sera qu'après confirmation par le juge ou à l'expiration du délai permettant au locataire de contester le refus (cf. C. com. art. L 145-60).

67110 **Pour valider le refus de renouvellement,** les juges doivent vérifier que le locataire n'a pas fait cesser le manquement dans le mois de la mise en demeure (Cass. com. 20-5-1963 no 61-11.666 : Bull. civ. III no 238).

La Cour de cassation veille strictement au respect de ce principe, notamment lorsque le motif grave et légitime est fondé sur une violation de l'obligation de paiement des loyers et des charges : dès lors que le paiement intervient dans le mois de la mise en demeure, elle considère que l'infraction est réparée et ne peut pas constituer un motif grave et légitime, même si le bailleur subit des retards ou des défauts de paiement réitérés, constants et chroniques (Cass. 3e civ. 6-2-1991 no 305 PF : RJDA 3/91 no 199 analysé no 66915 ; Cass. 3e civ. 17-2-1993 no 328 D : RJDA 5/93 no 386 ; Cass. 3e civ. 18-7-2000 no 98-21.158 F-D). À chaque défaut de paiement de loyers échus, le bailleur est donc dans l'obligation de délivrer une nouvelle mise en demeure et d'attendre l'issue du délai d'un mois pour pouvoir l'invoquer, en l'absence de règlement, comme motif grave et légitime (Cass. 3e civ. 9-11-1981 no 80-12.037 : Bull. civ. III no 182 ; Cass. 3e civ. 1-3-1989 no 87-17.730 : Bull. civ. III no 52).

La cour d'appel de Paris, résistant à cette jurisprudence, a considéré que des retards réitérés dans le paiement des loyers, en dépit de nombreux commandements de payer adressés par le bailleur, pouvaient constituer un motif grave et légitime de refus de renouvellement même si toutes les sommes ont finalement été réglées (CA Paris 2-3-2005 no 03-19458, 16e ch. A ; CA Paris 12-9-2005 no 04-3152, 16e ch. A).

3. EFFETS DU REFUS DE RENOUVELLEMENT

CAS OÙ LE REFUS EST VALIDÉ

67160 Dès lors que le refus de renouvellement est définitivement validé, soit par le juge, soit du fait de l'expiration du délai de contestation (no 67105) le locataire perd tout droit au renouvellement du bail et au paiement d'une indemnité d'éviction (Cass. 3e civ. 10-12-1985 : Gaz. Pal. 1986 jur. p. 427).

Le bail prend fin à la date d'effet du refus de renouvellement.

67165 **Indemnité d'éviction** La **perte** de l'indemnité d'éviction est **totale.** Elle ne peut être contournée par le locataire évincé en demandant au nouveau locataire une indemnité pour la valeur du fonds de commerce fondée sur l'enrichissement sans cause (Cass. 3e civ. 10-9-2020 no 19-14.254 F-D : RJDA 1/21 no 8). Les juges ne peuvent pas non plus accorder une indemnité **partielle** au locataire en prenant en compte les avantages que le bailleur aurait pu tirer du bail ou en minimisant la gravité des fautes du locataire.

Par conséquent, doit être cassé l'arrêt qui, après avoir reconnu que les griefs invoqués par le bailleur étaient fondés et justifiaient le refus de renouvellement, a condamné le bailleur à payer au locataire la moitié de l'indemnité d'éviction au motif qu'en prenant possession du fonds, il profiterait indûment d'avantages provenant du travail de son locataire (Cass. 3e civ. 4-1-1960 no 58-10.782 : Bull. civ. III no 3).

De même, après avoir retenu que constituait un motif grave et légitime justifiant la rétractation par le bailleur de son offre de payer une indemnité d'éviction le fait pour un locataire de produire sciemment, au cours de l'expertise destinée à évaluer l'indemnité d'éviction, deux documents qu'il savait entachés d'une très grave inexactitude, dans le but de bénéficier d'une augmentation indue du montant de cette indemnité, une cour d'appel ne peut pas considérer que la déchéance du droit à indemnité d'éviction du locataire ne sera pas totale et emportera seulement diminution du tiers du droit à cette indemnité au motif que la déchéance totale n'aurait pu sanctionner que des agissements frauduleux ayant eu pour fin de fausser toutes les données et, partant, le montant total de l'indemnité d'éviction qui en serait la conséquence (Cass. 3e civ. 19-12-2001 n° 1891 FS-PB : RJDA 5/02 n° 480).

Cependant, dans un cas où un bailleur avait refusé le renouvellement d'un bail pour motif grave et légitime et où deux activités commerciales étaient exercées dans les lieux loués, il a été jugé que la perte de l'indemnité d'éviction ne valait que pour une seule de ces activités dès lors que le motif de refus de renouvellement du bail n'était reconnu comme grave et légitime qu'à l'égard de cette activité (CA Paris 2-9-1998 n° 96-86633, analysé n° 66615).

Les **ayants droit** du locataire perdent également le droit à l'indemnité d'éviction. Il en est ainsi, par exemple, de l'acquéreur du fonds de commerce qui s'est vu céder le droit au bail plus d'un an et demi après le refus de renouvellement adressé au locataire et qui, subrogé à ce dernier, ne peut pas avoir plus de droits que lui (Cass. com. 18-12-1961 n° 58-12.973 : Bull. civ. III n° 479). **67170**

Dommages-intérêts Lorsque la faute constitutive du motif grave et légitime cause un **préjudice spécifique** au bailleur, celui-ci peut en obtenir réparation par voie de dommages-intérêts. Ainsi, une cour d'appel peut à la fois valider un refus de renouvellement sans indemnité d'éviction fondé sur une cession de bail irrégulière et condamner le locataire à des dommages et intérêts, dès lors qu'elle retient qu'en faisant dans l'immeuble loué d'importantes transformations, postérieurement à la délivrance du congé et en dépit d'une interdiction du bailleur, le locataire avait commis une faute qui avait entraîné un préjudice pour le bailleur en rendant plus difficile l'expulsion (Cass. 3e civ. 21-11-2001 n° 1610 FS-D : RJDA 2/02 n° 136). **67175**

De même, si les actes du locataire portent atteinte à la réputation du fonds de commerce qu'il exploite dans les lieux loués, cette perte de considération durable dans l'esprit du public est constitutive d'un préjudice certain et actuel pour le bailleur qui est ainsi fondé à solliciter des dommages-intérêts (Cass. 3e civ. 5-5-1970 n° 669 rendu à propos de la résiliation mais transposable).

CAS OÙ LE REFUS N'EST PAS VALIDÉ

Lorsque le **congé** est délivré **sans motifs ou** pour **motifs équivoques,** le locataire peut (Cass. 3e civ. 28-6-2018 n° 17-18.756 FS-PBI : RJDA 10/18 n° 709) : **67180**

– soit **se prévaloir de la nullité** du congé : la nullité produit alors ses effets et le congé est censé n'avoir jamais existé, si bien que le bail se poursuit par tacite reconduction ;

– soit **renoncer** à la **nullité** du congé : le congé irrégulier met alors bien fin au bail mais le bailleur est tenu de payer une indemnité d'éviction.

Par l'arrêt de 2018, la Cour de cassation infléchit sa jurisprudence. En effet, jusqu'alors, elle considérait que le congé non motivé, mal motivé ou dont le motif est jugé injustifié produisait les effets d'un congé avec offre d'indemnité d'éviction : il mettait fin au bail et le bailleur était tenu de payer l'indemnité d'éviction (Cass. 3e civ. 1-2-1995 n° 284 P : RJDA 4/95 n° 413 ; Cass. 3e civ. 1-4-1998 n° 568 PB : RJDA 6/98 n° 692 ; Cass. 3e civ. 8-4-1999 n° 678 PB : RJDA 6/99 n° 650 ; Cass. 3e civ. 28-10-2009 n° 08-16.135 FS-PB : RJDA 1/10 n° 12 ; Cass. 3e civ. 19-2-2014 n° 11-28.806 FS-PBR : RJDA 5/14 n° 414). La nouvelle solution est plus protectrice du locataire puisqu'elle lui laisse en définitive le choix des armes.

Si le bailleur se rend compte que l'indemnité d'éviction à laquelle il est condamné, ou à laquelle il est susceptible d'être condamné, est trop élevée ou pourrait être trop élevée, il peut encore revenir sur le congé qu'il a délivré en exerçant le droit de **repentir** institué par l'article L 145-58 du Code de commerce et offrir ainsi à son locataire le renouvellement du bail (Cass. 3e civ. 30-11-2005 n° 1298 FS-PB : RJDA 2/06 n° 116). **67185**

B. Refus de renouvellement en cas d'immeuble insalubre ou dangereux

Le bailleur peut refuser le renouvellement du bail sans être tenu au paiement d'aucune indemnité s'il est établi que l'immeuble doit être totalement ou partiellement démoli comme étant en état d'insalubrité reconnue par l'autorité administrative ou s'il est établi qu'il ne peut plus être occupé sans danger en raison de son état (C. com. art. L 145-17, I-2°). **67300**

Sur l'exercice frauduleux de ce refus de renouvellement, les principes exposés n°s 67945 s. s'agissant de la reprise des lieux loués sont transposables.

1. CONDITIONS DU REFUS DE RENOUVELLEMENT

67305 L'article L 145-17, I-2° vise deux situations bien distinctes permettant au bailleur de refuser le renouvellement du bail sans indemnité :

- lorsque l'immeuble est déclaré insalubre par l'autorité administrative ;
- lorsque l'immeuble présente un danger pour ses occupants.

Si chacune de ces situations répond à des conditions bien spécifiques (nos 67390 s.), des conditions communes aux deux hypothèses doivent être respectées pour permettre le refus de renouvellement (nos 67310 s.).

a. Conditions communes à l'immeuble insalubre ou dangereux

IMMEUBLE PARTIELLEMENT INSALUBRE OU DANGEREUX

67310 Le bailleur peut-il refuser le renouvellement du bail lorsque l'insalubrité ou l'état de danger touche seulement une partie des locaux loués ? Dès lors que l'état de péril n'affecte qu'une partie des locaux et n'interdit pas la poursuite de l'**exploitation du fonds de commerce,** les juges estiment que le bailleur n'est pas fondé à refuser le renouvellement du bail (Cass. 3e civ. 30-1-2002 n° 199 FS-PB, analysé n° 67315). Pour déclarer recevable ou non le refus de renouvellement la jurisprudence se fonde donc sur le critère de la poursuite de l'exploitation du fonds de commerce.

Cette solution peut étonner dans la mesure où, a priori, l'article L 145-17, I-2° du Code de commerce ne distingue pas selon que le fonds de commerce lui-même est menacé ou pas. Mais un bail commercial étant constitué pour l'essentiel par les locaux spécifiquement dédiés à l'exploitation du fonds de commerce, si ces locaux ne sont pas en péril, la privation de l'indemnité d'éviction n'est pas justifiée.

67315 Le plus souvent, les juges considèrent que le locataire peut poursuivre son exploitation lorsque, en raison du **caractère divisible des locaux** loués, le fonds de commerce n'est pas affecté par le caractère insalubre ou dangereux d'une partie des lieux loués.

ILLUSTRATIONS

Après avoir relevé « qu'abstraction faite d'un mur de clôture en mauvais état, les seuls bâtiments ruinés ou menaçant ruine étaient des **locaux totalement indépendants** du local principal où l'industrie était exploitée, que ces bâtiments n'étaient plus utilisés depuis longtemps et qu'à l'époque du dernier renouvellement, ils n'étaient plus en état de servir à l'usage auquel ils étaient autrefois destinés », une cour d'appel, qui n'a nullement admis que seule l'insalubrité ou l'état de danger présenté par la totalité des locaux loués pouvait justifier la reprise, a pu souverainement en déduire que les lieux pouvaient être occupés sans danger et que le bailleur ne pouvait refuser le renouvellement du bail en invoquant le mauvais état des lieux et le danger que présentait leur occupation.

Cass. com. 4-5-1964 n° 59-11.085 : Bull. civ. III n° 226.

Après avoir constaté que l'arrière de l'immeuble loué s'était effondré trois ans avant le congé mais que, hormis cette partie tout à fait secondaire, la **partie subsistante,** de beaucoup la plus importante puisqu'elle **avait toujours suffi au commerce** et à l'habitation du locataire, était parfaitement habitable sans danger pour les habitants et les tiers, une cour d'appel a pu en déduire que les dispositions de l'article 9, 2° du décret du 30 septembre 1953 (désormais C. com. art. L 145-17, I-2°) étaient sans application.

Cass. com. 21-2-1966 n° 62-11.968 : Bull. civ. III n° 106.

Doit être cassé l'arrêt qui, pour déclarer valable un congé avec refus de renouvellement sans indemnité d'éviction, retient qu'un arrêté municipal énonce que le bâtiment dont est propriétaire le bailleur présente un état de péril et qu'il y a lieu de procéder aux travaux de démolition, sans rechercher si, comme le soutenait le locataire, le **bâtiment** concerné n'était pas **distinct du reste des locaux** loués et si sa démolition affectait l'exploitation du fonds de commerce.

Cass. 3e civ. 13-3-1991 n° 88-19.147 : Bull. civ. III n° 90.

Pour priver le locataire de l'indemnité d'éviction, l'état de péril doit interdire la poursuite de l'exploitation du fonds de commerce : le bail portant sur des **locaux divisibles** et les dégradations essentielles ne concernant que la partie à usage d'habitation, aucun danger réel ne menaçait le fonds de commerce lui-même dont la poursuite de l'activité restait possible.

Cass. 3e civ. 30-1-2002 n° 199 FS-PB : RJDA 4/02 n° 365.

67320 Si le locataire peut bénéficier du renouvellement de son bail lorsque son fonds de commerce n'est pas menacé par l'insalubrité ou le danger touchant une partie des locaux loués, il ne peut toutefois pas proposer au bailleur la **restitution** de la partie **des locaux** vétuste et inutilisée (Cass. com. 4-5-1964 n° 59-11.085 : Bull. civ. III n° 226). En effet, cela conduirait à réduire l'objet du bail, ce qui est impossible compte tenu de son indivisibilité.

IMMEUBLE ADOSSÉ À UN BÂTIMENT INSALUBRE OU DANGEREUX

Le refus de renouvellement peut être justifié même si l'insalubrité ou le danger ne touche pas directement l'immeuble loué. En effet, s'il fait corps avec un bâtiment insalubre ou dangereux, l'état de ce dernier a nécessairement des conséquences sur les locaux loués. **67325**

ILLUSTRATIONS

Dans un cas où le local loué ne jouissait d'**aucune indépendance architecturale** par rapport à l'édifice contigu auquel il était adossé et qui était menacé d'écroulement, une cour d'appel a pu considérer que le refus de renouvellement pour vétusté était fondé dès lors que « il est d'évidence qu'un bâtiment dont deux murs sur quatre sont constitués par ceux d'une maison mitoyenne menacée d'écroulement ne peut plus lui-même être occupé sans danger en raison de son état ».

Cass. com. 28-11-1962 n° 57-10.694 : Bull. civ. III n° 489.

Pour admettre un refus de renouvellement du bail en raison de l'état dangereux de l'immeuble, une cour d'appel n'a fait qu'user de son pouvoir souverain d'appréciation en retenant que si les locaux loués étaient dans un état relativement satisfaisant, et séparés du bâtiment principal, il n'en demeurait pas moins qu'ils **formaient un tout** avec ce bâtiment en raison de la nécessité de passer sous ce dernier pour accéder aux locaux loués et que, de ce fait, il y avait danger si ce bâtiment menaçait ruine.

Cass. com. 10-12-1963 n° 821.

Une cour d'appel a pu considérer que le refus de renouvellement sans indemnité était fondé, après avoir relevé que la construction litigieuse était adossée au bâtiment visé par l'arrêté préfectoral dont la démolition était ordonnée et « **faisait corps** » avec lui et que l'arrêté avait été notifié au locataire de la construction légère, cette notification devant être faite aux intéressés parmi lesquels il figurait nominativement.

Cass. com. 10-4-1964 n° 61-10.857 : Bull. civ. III n° 170.

ABSENCE DE FAUTE DU BAILLEUR

Si le bailleur est à l'origine de l'insalubrité ou du danger, il ne peut pas se prévaloir de l'article L 145-17, I-2° du Code de commerce pour se soustraire au paiement de l'indemnité d'éviction. Ainsi, la jurisprudence écarte l'application de cet article lorsque l'état d'insalubrité ou de danger de l'immeuble est la conséquence des **travaux engagés** par le bailleur (Cass. 3e civ. 17-4-1985 n° 83-12.399 : Bull. civ. III n° 63) ou encore lorsque l'état de danger résulte des **négligences** du bailleur dans l'entretien de l'immeuble (Cass. 3e civ. 24-10-1990 n° 1538 P : Navis droit des affaires ; Cass. 3e civ. 21-6-1995 n° 1379 D : RJDA 8-9/95 n° 951 ; CA Paris 29-6-1993, 16e ch. A : Loyers et copr. 1994 comm. n° 70). En revanche, si la situation est pour partie imputable à un défaut d'entretien, mais est avant tout la conséquence de l'ancienneté des bâtiments dont la remise en état entraînerait une dépense hors de proportion avec leur valeur, les juges peuvent admettre le jeu de l'article L 145-17 (Cass. com. 27-11-1963 n° 61-11.494 : Bull. civ. III n° 503, à propos de bâtiments dont la reconstruction remontait à 200 ans). **67330**

Il appartient au locataire de prouver que l'état insalubre ou dangereux de l'immeuble est le fait du bailleur (CA Paris 13-12-1994, 16e ch. A : Loyers et copr. 1995 comm. n° 73 ; Cass. 3e civ. 28-5-1997 n° 867 PF : RJDA 7/97 n° 884 rendu à propos de la résiliation mais transposable).

DATE DE L'INSALUBRITÉ OU DU DANGER

Le bailleur peut se prévaloir du caractère insalubre ou dangereux de l'immeuble loué lors du **congé** ou de la réponse à la demande de renouvellement du locataire. Mais s'il n'en a pas fait état à cette occasion et dès lors qu'un **fait postérieur** établit l'insalubrité ou le danger, le bailleur peut l'invoquer à tout moment, notamment en cours d'instance, et même si un jugement a définitivement consacré le droit du locataire à une indemnité d'éviction (Cass. 3e civ. 4-6-1973 n° 72-11.087 : Bull. civ. III n° 389) ou si un expert a déjà été désigné pour fixer le montant de l'indemnité d'éviction réclamée par le locataire (CA Paris 30-6-1981 n° G 05493, 16e ch. ; CA Grenoble 15-5-1991 n° 90-3714, ch. urg.). **67335**

ILLUSTRATIONS

Il a été jugé que constituaient un fait postérieur au congé permettant de se prévaloir de l'article L 145-17, I-2° :

– la décision d'un tribunal administratif, rendue le lendemain du congé offrant une indemnité d'éviction, qui constate que l'immeuble menace ruine et constitue un danger grave pour la sécurité publique et ordonne la démolition de l'immeuble (Cass. com. 17-11-1964 n° 60-13.631 : Bull. civ. III n° 501) ;

– deux arrêtés, l'un de péril, l'autre d'interdiction d'habiter, survenus plus de trois ans après un congé fondé sur une reprise pour reconstruire l'immeuble, qui établissent le caractère inhabitable de l'immeuble (Cass. com. 12-6-1967 n° 65-13.009 : Bull. civ. III n° 238) ;
– un arrêté pris par le préfet plus de dix ans après le congé et déclarant l'immeuble totalement inhabitable, de jour comme de nuit (Cass. 3e civ. 4-6-1973 précité).

67340 La survenance d'un tel fait permet alors au bailleur de délivrer un **nouveau congé** venant se substituer au précédent. Il importe peu que celui-ci ait refusé le renouvellement du bail et le paiement d'une indemnité d'éviction pour un autre motif ou ait offert une indemnité d'éviction (Cass. com. 12-6-1967 n° 65-13.009 : Bull. civ. III n° 238 ; Cass. 3e civ. 9-7-1973 n° 72-12.439 : Bull. civ. III n° 468 ; CA Grenoble 15-5-1991 n° 90-3714, ch. urg.). De même, est sans incidence le fait que le bailleur ait eu **connaissance de l'insalubrité ou du danger,** antérieurement à la délivrance du congé initial offrant une indemnité d'éviction (Cass. 3e civ. 9-7-1973 n° 72-12.439 précité).

b. Conditions propres à l'immeuble insalubre

EXISTENCE D'UN ARRÊTÉ DE TRAITEMENT DE L'INSALUBRITÉ

67390 L'insalubrité doit être reconnue par une autorité administrative pour que le bailleur puisse s'en prévaloir à l'appui de son refus de renouvellement (C. com. art. L 145-17, I-2°).

Est **insalubre** tout local, installation, bien immeuble ou groupe de locaux, vacant ou non, qui constitue par lui-même, soit par les conditions dans lesquelles il est occupé, exploité ou utilisé, un danger pour la santé ou la sécurité physique des personnes (CSP art. L 1331-22, al. 1) ou tout local contenant des revêtements dégradés contenant du plomb à des concentrations supérieures à certains seuils (CSP art. L 1331-22, al. 2).

Le préfet est l'**autorité** administrative **compétente** pour prendre un « arrêté de traitement de l'insalubrité » (anciennement dénommé « arrêté d'insalubrité ») (CCH art. L 511-4, 2° et L 511-2, 4°). La procédure est régie par les articles L 511-4 et suivants du Code de la construction et de l'habitation (MGI n° 45001 s.).

67395 Le **bailleur** doit informer son locataire de l'existence d'un arrêté de traitement de l'insalubrité frappant l'immeuble loué. En cas de cession du bail, le bailleur qui n'a pas été appelé aux actes de cession ne peut pas se voir reprocher de ne pas avoir averti les cessionnaires successifs (Cass. 3e civ. 25-10-1972 n° 71-12.334 : Bull. civ. III n° 551).

67400 L'arrêté d'insalubrité s'impose au **juge** de l'ordre judiciaire qui n'est pas compétent pour en apprécier le bien-fondé (Cass. com. 17-11-1966 n° 63-10.150 : Bull. civ. III n° 434 ; CA Paris 4-3-1988 n° 87-14010, 14e ch. B).

DÉMOLITION DE L'IMMEUBLE

67405 L'article L 145-17, I-2° du Code de commerce pose une seconde condition en énonçant que l'immeuble doit être totalement ou partiellement démoli. Pourtant, lorsque le préfet prend un arrêté de traitement de l'insalubrité (CCH art. L 511-11), il n'est pas obligé d'ordonner la démolition de l'immeuble reconnu comme étant insalubre. La démolition n'est prescrite que s'il n'existe aucun moyen technique d'y mettre fin, ou lorsque les travaux nécessaires à sa résorption seraient plus coûteux que la reconstruction (CCH art. L 511-11, al. 7). Ainsi, on peut se demander si la démolition est une **condition nécessaire** à l'application de l'article L 145-17, I-2° : la seule reconnaissance de l'insalubrité par un arrêté préfectoral pourrait-elle suffire à justifier le refus de renouvellement ou, au contraire, la démolition doit-elle être expressément ordonnée par le préfet ?

67410 La doctrine est partagée sur ce point et, à notre connaissance, les juges n'ont pas eu l'occasion de se prononcer sur la question. À titre d'exemple, certains auteurs considèrent qu'il n'est pas nécessaire que « la démolition soit prescrite ou entreprise comme la lettre du texte pourrait le laisser penser » (J. Lafond, B. Vial-Pedroletti, F. Kendérian et E. Chavance : Code des Baux 2023 éd. LexisNexis note n° 51 sous art. L 145-17 ; dans le même sens, J.-P. Blatter : Traité des baux commerciaux, Le Moniteur 7e éd. n° 1482) alors que d'autres estiment que le refus de renouvellement repose essentiellement sur la « nécessité de démolir l'immeuble » (Dict. perm. Gestion Immobilière V° Baux commerciaux n° 646 ; F. Auque : Les baux commerciaux LGDJ 1996 n° 237).

À notre avis, il ne serait pas opportun, en pratique, de considérer que seul un arrêté de traitement de l'insalubrité ordonnant la démolition de l'immeuble puisse fonder un refus de renouvellement, l'essentiel étant bien que l'immeuble soit reconnu comme étant en état d'insalubrité par le préfet. Il ne nous paraît donc pas nécessaire que la démolition soit expressément ordonnée par le préfet. Toutefois, compte tenu des dispositions de l'article L 145-17, I-2° qui précisent clairement que l'immeuble doit être démoli, nous pensons que l'arrêté de traitement de l'insalubrité doit conduire, au moins dans les faits, à une démolition ou à des travaux d'une telle ampleur qu'ils ne peuvent qu'être assimilés à une démolition (en ce sens Cass. com. 25-10-1960 n° 57-11.698 : Bull. civ. III n° 335). La démolition doit donc être une conséquence de l'arrêté, sans qu'il soit nécessaire que celui-ci l'ordonne expressément.

La démolition partielle ou totale de l'immeuble est une **condition suffisante.** Dès lors que l'immeuble est destiné à être démoli à la suite d'un arrêté de traitement de l'insalubrité, le bailleur peut se fonder sur l'article L 145-17, I-2° pour refuser le paiement de l'indemnité d'éviction, peu important que : **67415**
- la démolition soit suivie d'une reconstruction (Cass. com. 25-10-1960 n° 57-11.698 : Bull. civ. III n° 335) ; dans ce cas, le locataire bénéficiera toutefois d'un droit de priorité pour louer l'immeuble reconstruit (nos 67550 s.) ;
- le contrat de bail ait accordé au locataire la faculté de démolir les bâtiments insalubres et en état d'écroulement et de reconstruire sur les lieux. Le locataire ne peut pas, pour s'opposer au refus de renouvellement, se prévaloir du fait que l'état de l'immeuble a été précisé dans le contrat de bail et que la démolition a été prévue et mise à sa charge. En effet, l'arrêté d'insalubrité (désormais appelé arrêté de traitement de l'insalubrité) frappant l'immeuble et enjoignant au bailleur de le démolir est une contrainte imposée à celui-ci, indépendante de la faculté qu'avait le locataire de procéder lui-même à la démolition (Cass. 3e civ. 9-1-1969 : Gaz. Pal. 1969 p. 224).

c. Conditions propres à l'immeuble dangereux

EXISTENCE D'UN DANGER

Lorsque le bailleur se fonde sur le caractère dangereux de l'immeuble pour refuser le renouvellement du bail, la seule condition exigée pour que son refus soit justifié est l'existence d'un danger pour les **occupants de l'immeuble.** Ne constituent pas des conditions de l'application de l'article L 145-17, I-2° : **67470**
- la nécessité de démolir l'immeuble par suite d'une ruine imminente (Cass. com. 13-3-1962 n° 57-10.415 : Bull. civ. III n° 159) ; par exemple, il a été jugé que le refus de renouvellement était justifié en raison du danger que présentait l'état de l'immeuble même si la démolition de la partie de l'immeuble abritant le commerce du locataire n'était intervenue que quatre ans après le refus de renouvellement (Cass. com. 28-1-1963 n° 59-10.699 : Bull. civ. III n° 63) ;
- l'imminence ou la proximité dans le temps de la ruine de l'immeuble (Cass. 3e civ. 1-2-2000 n° 98-13.188).

PREUVE DU DANGER

Elle incombe au bailleur. Contrairement à l'état d'insalubrité qui doit nécessairement être établi par un arrêté préfectoral (n° 67390), le caractère dangereux de l'immeuble peut être prouvé par tous **moyens** (Cass. com. 28-11-1962 n° 57-10.694 : Bull. civ. III n° 489). Mais cette preuve ne peut plus être rapportée lorsque le bailleur a fait démolir l'immeuble sans avoir préalablement fait constater son état (Cass. 3e civ. 9-1-1991 n° 89-14.466). **67475**

Les **modes** de preuve les plus fréquemment utilisés sont : **67480**
- le rapport d'expertise : l'expertise peut être diligentée à l'initiative du bailleur ou du locataire ou conjointement par ceux-ci ou encore à l'initiative du juge qui souhaite contrôler l'état de péril de l'immeuble (Cass. 3e civ. 31-10-1969 n° 68-12.633 : Bull. civ. III n° 708) ;
- l'arrêté de mise en sécurité émanant du maire (ou du préfet de police pour Paris) et mettant le propriétaire en demeure d'effectuer des travaux de réparation, d'interdire l'accès aux lieux ou de démolir dans un délai déterminé (CCH art. L 511-4 et L 511-11) ;
- la décision émanant d'une juridiction administrative qui peut se borner à constater l'état de péril de l'immeuble mais aussi mettre en demeure le bailleur de démolir l'immeuble menaçant ruine.

En revanche, une attestation de l'architecte mandaté par le bailleur est à elle seule insuffisante pour démontrer le caractère dangereux de l'immeuble (CA Paris 25-2-2009 n° 08-19187, 14e ch. A. : RJDA 7/09 n° 604).

APPRÉCIATION DU DANGER

Les juges du fond disposent d'un **pouvoir souverain** d'appréciation (Cass. 3e civ. 31-10-1969 n° 68-12.633 : Bull. civ. III n° 708). Ils doivent rechercher si l'immeuble peut être occupé sans danger (Cass. 3e civ. 11-2-1971 n° 69-13.025 : Bull. civ. III n° 102) : c'est par rapport à la personne de l'occupant que la menace doit être appréciée (CA Colmar 13-12-1963, 2e ch. civ. : Rev. jur. Alsace Lorraine 1964 p. 85). En général, la seule existence de réparations, si importantes et si urgentes soient-elles, ne suffit pas à caractériser ce danger (Cass. com. 17-5-1966 n° 63-10.218 : Bull. civ. III n° 258). **67485**

67490 Les exemples jurisprudentiels ci-dessous présentent les circonstances de chaque espèce qui ont amené les juges à retenir ou à rejeter le caractère dangereux de l'immeuble.

ILLUSTRATIONS

Après avoir relevé qu'un arrêté municipal avait constaté que l'immeuble constituait un péril pour la sécurité publique puis qu'un arrêté préfectoral avait retenu que la construction constituait, en raison de sa **vétusté** et de son **mauvais entretien,** un danger pour la sécurité des passants, des occupants et du voisinage, une cour d'appel n'a fait qu'user de son pouvoir souverain en décidant que le fait prévu par l'article 9, 2° du décret du 30 septembre 1953 (désormais C. com. art. L 145-17, I-2°) était établi par les décisions administratives intervenues après expertises.

Cass. com. 13-3-1962 n° 57-10.415 : Bull. civ. III n° 159.

Une cour d'appel a suffisamment justifié que, dès la date du refus de renouvellement, il existait pour le locataire de l'immeuble un danger sérieux d'occupation dont la confirmation ultérieure avait rendu inéluctable son expulsion dès lors qu'elle a relevé que :
– deux arrêtés préfectoraux publiés douze ans avant le refus de renouvellement enjoignaient au bailleur d'effectuer certaines **réparations** à son immeuble ;
– quatre jours après le refus de renouvellement, le préfet avait, par un premier arrêté de péril, prescrit la **démolition** d'une partie du bâtiment ;
– même si l'administration n'avait pris un ordre de démolition pour la partie de l'immeuble abritant le commerce du locataire que quatre ans après le refus de renouvellement, force était de constater que les **travaux confortatifs** qu'elle avait fait exécuter d'office deux ans avant le refus, et qu'elle avait reconnus par la suite inopérants, n'avaient été ordonnés que par **mesure éminemment provisoire** dans le but d'éviter l'éviction des occupants.

Cass. com. 28-1-1963 n° 59-10.699 : Bull. civ. III n° 63.

Après avoir relevé qu'il résultait de trois rapports d'expertise, l'un homologué par la cour, les deux autres officieusement dressés à la demande de chacune des parties, qu'un bâtiment utilisé pour l'étendage du linge était menacé de ruine, ainsi qu'un des lavoirs subsistants, que les autres bâtiments ne pouvaient être utilisés sans danger d'accident en raison de leur **extrême vétusté,** que leur remise en état entraînerait une dépense hors de proportion avec leur valeur et consisterait en une véritable reconstruction et que cette situation, si elle était pour partie imputable à un défaut d'entretien, était avant tout la conséquence de l'ancienneté des bâtiments dont la reconstruction remontait à 200 ans, une cour d'appel a pu souverainement affirmer qu'aucun des bâtiments ne pouvait être occupé sans danger en raison notamment de leur extrême vétusté.

Cass. com. 27-11-1963 n° 61-11.494 : Bull. civ. III n° 503.

Pour rejeter la demande d'indemnité d'éviction qu'un locataire avait formée à la suite d'un refus de renouvellement du bail fondé sur l'impossibilité d'occuper les lieux sans danger, une cour d'appel a pu retenir souverainement que les désordres affectant l'immeuble étaient importants, que des réparations n'étaient pas envisageables, qu'un pan de mur entier risquait de s'effondrer à tout instant et que la **ruine** des locaux occupés par le locataire devait fatalement intervenir par la ruine de l'ensemble des bâtiments.

Cass. 3e civ. 16-12-1980 n° 1846.

L'article 9 du décret du 30 septembre 1953 (désormais C. com. art. L 145-17, I-2°) n'est applicable que si le danger existe et si l'évacuation doit être immédiate. Il n'y a pas lieu de considérer que l'immeuble est en péril et ne peut plus continuer à être occupé sans danger dès lors que l'état de péril n'existe pas encore au moment du refus de renouvellement puisqu'il suffirait de faire des travaux pour que l'**évacuation** des locaux ne soit **pas nécessaire** et que, même si ces travaux n'étaient pas exécutés, l'évacuation ne devrait pas être immédiate, les intéressés pouvant attendre l'intervention d'un arrêté administratif qui l'ordonnerait.

CA Paris 5-6-1984, 16e ch. A et, sur pourvoi, Cass. 3e civ. 19-11-1985 n° 1358 S.

Après avoir relevé qu'un arrêté de péril visant l'immeuble était postérieur à son effondrement et consécutif à l'action de démolisseurs, qu'aucun document ne démontrait que cet arrêté avait été pris ou aurait été pris indépendamment des opérations de démolition, que, selon une expertise, si l'immeuble était vétuste, il ne présentait **aucun danger à moyen terme** et qu'ainsi l'immeuble loué, quoique vétuste, pouvait subsister encore de nombreuses années, une cour d'appel a pu en déduire que le bailleur ne pouvait pas donner congé à son locataire sans lui offrir le paiement d'une indemnité d'éviction.

Cass. civ. 28-10-1985 n° 1245 S.

Justifie légalement sa décision une cour d'appel qui retient que, si un rapport avait conclu à l'existence de certains dangers, l'**immeuble** avait continué d'être **normalement utilisé** pendant plus de quinze ans pour l'usage auquel il était destiné et qu'en procédant à sa **démolition** sans faire constater son état, le bailleur s'était privé de la possibilité de démontrer le caractère dangereux de l'immeuble lui permettant de refuser au locataire le paiement d'une indemnité d'éviction.

Cass. 3e civ. 9-1-1991 n° 89-14.466.

> Il y a lieu de considérer que l'arrêté municipal déclarant un immeuble en état de péril imminent et le rapport d'expertise, qui décrit l'**état de dégradation avancé** de la toiture, le danger des tuiles qui peuvent tomber ainsi que le début de pourrissement du plancher, établissent le fait que cet immeuble ne peut pas être occupé sans danger en raison de son état.
> *CA Grenoble 15-5-1991 n° 90-3714, ch. urg.*

Compte tenu de son pouvoir souverain, le juge a, en principe, toute latitude pour apprécier le caractère dangereux de l'immeuble. Mais pourrait-il aller jusqu'à refuser de prendre en compte les constats de danger faits par une autorité administrative ou judiciaire ? Quel est son **degré d'indépendance** par rapport à de telles décisions ? L'analyse de la jurisprudence permet de dégager une tendance. Lorsque les décisions administratives ou judiciaires constatent un péril et ordonnent une **démolition,** il apparaît que le juge est quasiment lié par ces constatations. Jugé notamment qu'une cour d'appel avait justifié sa décision de faire droit au refus de renouvellement du bailleur sans indemnité d'éviction en raison du danger causé par l'état de l'immeuble dès lors qu'elle ne pouvait pas méconnaître la constatation faite, avant le congé, par le tribunal administratif du péril qu'engendrait cet état et en raison duquel le maire était autorisé à procéder d'office à la démolition de l'immeuble, aux frais du bailleur, si celui-ci n'y procédait pas dans les deux mois de la notification du jugement (Cass. com. 6-2-1967, Établissements Blanc et Cie c/ Sté immobilière et Forez : AJPI 1967 p. 593). Le juge peut donc difficilement méconnaître de telles décisions. **67495**

S'il veut aller à leur encontre, encore faut-il qu'il justifie sa démarche : doit être censurée une cour d'appel qui a déclaré qu'il n'y avait pas « danger immédiat pour le locataire, mais que des réparations étaient nécessaires pour la paisible jouissance des lieux » sans s'expliquer sur l'existence d'un arrêté municipal ordonnant l'évacuation de l'immeuble en raison de son état de péril imminent, d'un jugement d'un tribunal administratif mettant en demeure de démolir dans le mois la partie de l'immeuble menaçant ruine et d'une ordonnance de référé prescrivant l'expulsion du locataire dans les huit jours (Cass. com. 20-7-1965 n° 62-10.573 : Bull. civ. III n° 463).

Au contraire, lorsque les décisions mettent en demeure le propriétaire d'effectuer les travaux nécessaires et ne tendent **pas** à l'**évacuation** de l'immeuble, le juge retrouve sa liberté d'appréciation et a tendance à déclarer non fondé le congé donné en vertu de l'article L 145-17, I-2° lorsqu'il s'appuie uniquement sur une telle décision (Cass. com. 21-2-1966 n° 62-11.968 : Bull. civ. III n° 106). Ainsi, après avoir constaté que trois arrêtés de péril pris par le maire de la commune laissaient au propriétaire de l'immeuble le choix soit de le démolir, soit de le consolider par tout moyen jugé efficace, une cour d'appel a pu souverainement décider, au vu des éléments de fait qui lui étaient soumis et notamment du rapport de l'expertise qu'elle avait précédemment ordonnée, qu'il n'était pas établi que l'immeuble ne pouvait plus être occupé sans danger (Cass. 3e civ. 11-2-1971 n° 69-13.025 : Bull. civ. III n° 102). De même, ne viole pas un arrêté municipal de péril une cour d'appel qui relève que le bail portait sur des locaux divisibles, que les dégradations essentielles ne concernaient que la partie à usage d'habitation et qu'aucun danger réel ne menaçait le fonds de commerce lui-même dont la poursuite de l'activité restait possible (Cass. 3e civ. 30-1-2002 n° 199 FS-PB : RJDA 4/02 n° 365). **67500**

2. DROIT DE PRIORITÉ DU LOCATAIRE

CONDITIONS D'EXISTENCE DU DROIT DE PRIORITÉ

En cas de **reconstruction** par le propriétaire ou son ayant droit d'un nouvel immeuble, le locataire a un droit de priorité pour louer des locaux dans l'immeuble reconstruit (C. com. art. L 145-17, II), à condition que le nouvel immeuble comprenne des **locaux commerciaux** (Cass. com. 11-12-1961 n° 59-10.822 : Bull. civ. III n° 466 rendu en matière de reprise pour construire mais transposable). **67550**

ATTENTION

Ce droit de priorité est d'interprétation stricte : il ne peut être invoqué qu'en cas de refus de renouvellement uniquement. Il ne joue donc pas si le locataire a été évincé en application de l'article 1722 du Code civil à la suite d'une demande de **résiliation du bail** fondée sur la **ruine de l'immeuble** constatée par un arrêté de péril (Cass. 3e civ. 7-2-1978 n° 76-13.440 : Bull. civ. III n° 72 ; Cass. 3e civ. 15-1-1980, Bruckert c/ Ideco : Rev. loyers 1980 p. 489). Sur la résiliation du bail pour perte de l'immeuble, voir nos 74470 s.

Seul le **locataire évincé** peut bénéficier du droit de priorité. L'ancien locataire devenu propriétaire de l'immeuble ne peut pas y prétendre puisqu'il a perdu définitivement les droits attachés à son ancienne qualité de locataire (Cass. 3e civ. 13-10-1976 n° 75-11.336 : Bull. civ. III n° 345 ; Cass. 3e civ. 22-3-1977 n° 75-12.382 : Bull. civ. III n° 138). **67555**

S'agissant de la possibilité pour le **sous-locataire** de se prévaloir du droit de priorité, les textes ne donnent pas de précision et, à notre connaissance, aucune décision n'est intervenue sur ce point. Il est permis de penser qu'en application des principes généraux qui régissent la sous-location, le sous-locataire ne bénéficiera du droit de priorité que si le locataire principal en fait lui-même la demande.

MODALITÉS D'EXERCICE DU DROIT DE PRIORITÉ

67560 Le **locataire** doit, en quittant les lieux ou, au plus tard, dans les trois mois qui suivent, notifier au bailleur, par acte extrajudiciaire ou par lettre recommandée AR, sa volonté d'user du droit de priorité en lui faisant connaître son nouveau domicile ; sous peine de déchéance, le locataire doit aussi notifier tout changement de domicile (C. com. art. L 145-19, al. 1). Satisfait à ces exigences le locataire qui notifie son intention d'user de son droit de priorité à son ancien propriétaire dès qu'il a été avisé que le local rénové avait été mis à la disposition de celui-ci par la société de rénovation à laquelle il avait cédé son immeuble (Cass. 3e civ. 13-5-1969 n° 64-11.536 : Bull. civ. III n° 378).

Le **propriétaire** qui a reçu cette notification doit, avant de louer ou d'occuper lui-même un nouveau local, aviser de la même manière le locataire qu'il est prêt à lui consentir un nouveau bail en lui indiquant, à peine de nullité de la notification, qu'il dispose d'un délai de trois mois pour se prononcer ; passé ce délai, le bailleur peut disposer du local (C. com. art. L 145-19, al. 2 et 3).

À **défaut d'accord** entre les parties sur les conditions de ce bail, celles-ci sont déterminées judiciairement (art. L 145-19, al. 2).

> **Précisions** En cas de **notification** du locataire par **lettre recommandée AR,** la date de notification est celle de l'expédition de la lettre. Si la lettre n'a pas pu être présentée au bailleur, la démarche doit être renouvelée par acte extrajudiciaire (application de C. com. art. R 145-38).

LIMITE DU DROIT DE PRIORITÉ

67565 Lorsque l'immeuble reconstruit possède une superficie supérieure à celle de l'immeuble primitif, le droit de priorité est limité à des locaux possédant une **superficie équivalente** à celle des locaux précédemment occupés ou susceptibles de satisfaire aux mêmes besoins commerciaux que ces derniers (C. com. art. L 145-20, al. 1). Dans un cas où le locataire considérait que le local proposé par le bailleur ne satisfaisait pas les mêmes besoins commerciaux que celui dont il avait été évincé et ne répondait pas aux exigences légales, il a été jugé que l'offre du nouveau local était suffisante et conforme aux obligations légales du bailleur compte tenu des circonstances suivantes : si un expert avait retenu une différence de surface importante entre le nouveau local proposé et l'ancien, c'est parce qu'il avait refusé à tort d'admettre l'utilisation possible d'une salle de séjour comme pièce de réserve, alors qu'une cuisine et une resserre servaient à une telle utilisation dans l'ancien local ; en outre, l'expert avait déclaré que les locaux offerts à l'endroit même où était situé l'ancien magasin étaient susceptibles de satisfaire aux besoins commerciaux normaux du locataire et offraient à la clientèle plus d'attrait que l'ancienne boutique et que la gêne que le locataire pouvait éprouver constituait un inconvénient secondaire (Cass. com. 7-5-1963 n° 59-10.011 : Bull. civ. III n° 228 rendu en matière de reprise pour construire mais transposable).

Lorsque l'immeuble reconstruit ne permet pas la **réinstallation** de **tous** les **occupants,** la préférence est accordée aux locataires titulaires des baux les plus anciens qui auront fait connaître leur intention d'occuper les lieux (C. com. art. L 145-20, al. 2).

VIOLATION DU DROIT DE PRIORITÉ

67570 Le propriétaire qui ne respecte pas le droit de priorité du locataire peut être condamné à lui verser des dommages-intérêts (C. com. art. L 145-19, al. 4). Par exemple, commet une faute génératrice de dommages-intérêts le propriétaire du local démoli qui occupe lui-même les locaux reconstruits au mépris des droits du locataire (Cass. 3e civ. 13-5-1969 n° 64-11.536 : Bull. civ. III n° 378).

La demande en dommages-intérêts du locataire fondée sur le non-respect du droit de priorité est distincte de celle relative au paiement d'une indemnité d'éviction, la source de ces deux actions étant différente (Cass. 3e civ. 13-5-1969 précité). Par conséquent, les juges qui évaluent le préjudice résultant du non-respect du droit de priorité n'ont pas à se référer aux règles fixées pour le calcul de l'indemnité d'éviction (Cass. 3e civ. 5-4-1978 n° 76-14.939 : Bull. civ. III n° 150).

SECTION 3

REPRISE DES LIEUX LOUÉS PAR LE BAILLEUR

PRINCIPES

Le droit de reprise accordé au propriétaire de locaux commerciaux lui permet de mettre fin au bail pour des motifs tirés de sa propre situation : volonté d'habiter les lieux loués ou d'y loger ses proches (nos 67810 s.) ou encore d'y effectuer certains types de travaux (nos 68300 s.), tels que la surélévation de l'immeuble ou la construction d'un local d'habitation sur un terrain nu. 67800

Selon les cas, le bailleur peut exercer la faculté de reprise en cours de bail ou seulement à l'échéance du bail. Il n'est pas nécessairement dispensé de payer une indemnité d'éviction au locataire.

Le bailleur doit préciser dans le congé le motif de la reprise et ne peut pas, en principe, lui substituer un autre motif de reprise. Par exemple, un bailleur ne peut pas refuser le renouvellement du bail en invoquant le droit de reprise pour reconstruire son immeuble puis, devant la cour d'appel, évoquer l'exercice du droit de reprise en raison de l'obtention d'un permis de construire un local d'habitation sur tout ou partie d'un terrain loué nu (Cass. com. 25-11-1957, Sté FIGE c/ Sté Immobilière Martin et Cie : Gaz. Pal. 1958 p. 89). De même, le principe de l'immutabilité des motifs interdit au bailleur de se prévaloir d'un motif grave et légitime lorsque le refus de renouvellement est initialement fondé sur un droit de reprise. Ainsi, le bailleur ne peut pas motiver son refus de renouvellement par une installation dans les lieux d'un service public puis, en cours d'instance, par le non-respect de la destination des lieux (Cass. com. 8-2-1961 n° 58-10.662 : Bull. civ. III n° 71) ou par une reprise pour travaux puis, devant le tribunal, par une sous-location irrégulière (Cass. com. 15-1-1962 n° 59-10.449 : Bull. civ. III n° 27).

> **Précisions** Lorsque les locaux donnés à bail sont la propriété d'une **indivision,** la reprise peut être exercée par l'un des indivisaires (Cass. com. 21-4-1953 n° 7128 : Bull. civ. III n° 141 ; Cass. com. 16-7-1953 n° 7825 : Bull. civ. III n° 266).

I. REPRISE DES LOCAUX D'HABITATION

A. Reprise pour habiter

En **fin de bail,** le bailleur peut refuser le renouvellement du bail pour les locaux d'habitation accessoires aux locaux commerciaux pour les habiter lui-même ou pour les faire habiter par son conjoint, ses ascendants, ses descendants ou ceux de son conjoint, à condition que le bénéficiaire de la reprise ne dispose pas d'une habitation correspondant à ses besoins normaux et à ceux des membres de sa famille vivant habituellement ou domiciliés avec lui (C. com. art. L 145-22, al. 1). Le bailleur n'est alors, en principe, **pas** tenu de verser **d'indemnité d'éviction.** 67810

> **Précisions** Les dispositions de l'article L 145-22 ne prévoient pas une simple **reprise partielle** des locaux d'habitation. La reprise doit porter sur la totalité des locaux d'habitation (CA Versailles 23-2-1995, 12e ch. sect. 1 : RJDA 11/95 n° 1211). En revanche, une **reprise multiple** est possible : le texte n'apporte aucune limitation quant au nombre de locaux sur lesquels peut s'exercer la reprise ; par conséquent, le propriétaire qui a déjà exercé une reprise ne peut pas se voir opposer une fin de non-recevoir tirée de ce que son droit est épuisé (Cass. req. 10-1-1938 : DH 1938 p. 116).

1. CONDITIONS DE LA REPRISE

NATURE DES LOCAUX REPRIS

Locaux accessoires et à usage d'habitation Le droit de reprise ne peut s'exercer que sur la partie des locaux affectée conventionnellement à usage d'habitation. Tel n'est pas le cas lorsque, en l'absence de clause expresse prévoyant un usage mixte, commercial et d'habitation, la **destination contractuelle** des lieux apparaît commerciale pour le tout, l'appartement du premier étage (le rez-de-chaussée étant à usage d'une pharmacie) pouvant même faire l'objet d'une sous-location à usage médical ou paramédical (CA Paris 6-7-1993, 16e ch. A : JCP N 1994 II p. 282). De même, lorsque dans l'énumération des locaux loués, le bail mentionne 67820 l'existence de « deux petites pièces d'habitation » et « une grande cave en sous-sol » en précisant que l'ensemble des locaux est loué pour être affecté à usage commercial, il y a lieu de considérer que la reprise ne peut porter que sur les deux pièces d'habitation et non sur la cave dès lors que l'intention certaine des parties est d'attribuer à titre principal un caractère commercial au bail en laissant subsister à titre accessoire la destination à usage d'habitation des « deux petites pièces d'habitation », à l'exclusion de la cave en sous-sol dont l'affectation commerciale doit être seule admise à défaut de toute autre volonté clairement manifestée par les parties au bail (CA Grenoble 27-2-1961 : JCP G 1961 II n° 12081).

67825 Il ne suffit pas que les locaux aient été destinés à l'habitation **avant le bail** : dès lors qu'ils ont ensuite été loués en vue de l'exploitation d'un fonds de commerce et qu'ils ont été utilisés pour cette exploitation, la reprise pour habiter n'est pas possible (Cass. com. 25-5-1966 n° 64-11.482 : Bull. civ. III n° 275).

67830 **Locaux divisibles des locaux commerciaux** Le bailleur ne peut pas exercer son droit de reprise lorsque les locaux commerciaux et les locaux d'habitation forment un tout indivisible (C. com. art. L 145-22, al. 3). L'indivisibilité est appréciée souverainement par les juges du fond (Cass. 3ᵉ civ. 15-3-1972 n° 71-10.045 : Bull. civ. III n° 183).

67835 À titre d'exemple, ne forment pas un tout indivisible les locaux commerciaux et d'habitation, situés à des plans différents, qui ont une **utilisation distincte** et qui ont même été **divisés à une certaine époque** : le seul lien matériel entre les deux locaux est un escalier intérieur « visiblement installé pour la commodité de la société locataire », l'appartement étant desservi également par l'escalier de l'immeuble, et l'isolement de la boutique pouvant être assuré par la pose d'un plancher pour fermer la communication ainsi établie (Cass. 3ᵉ civ. 15-3-1972 n° 71-10.045 : Bull. civ. III n° 183).

De même, il y a lieu de considérer qu'un appartement est totalement indépendant du local commercial avec lequel il est loué compte tenu des éléments suivants :

– l'appartement est situé au 1ᵉʳ étage et est exclusivement desservi par l'escalier dudit immeuble sans **aucune communication avec les locaux commerciaux** du rez-de-chaussée ;

– le fait allégué par le locataire que des tuyaux d'évacuation puissent passer par le faux plafond du rez-de-chaussée est sans la moindre influence sur la divisibilité des lots ;

– il en va de même de l'alimentation en eau chaude qui n'est d'ailleurs nullement mentionnée au bail, étant observé qu'en tout état de cause, le bailleur propose, si tel était le cas, d'installer à ses frais exclusifs un chauffe-eau permettant d'alimenter les locaux du rez-de-chaussée en eau chaude et de les rendre ainsi autonomes (CA Versailles 30-1-1997, 12ᵉ ch. : Loyers et copr. 1997 comm. n° 291).

67840 **Exclusion de certaines catégories de locaux** La reprise ne peut pas être exercée lorsque les locaux sont affectés à usage d'hôtel, de location en meublé, à usage hospitalier ou d'enseignement (C. com. art. L 145-22, al. 2). Doivent être assimilés aux hôtels ou meublés les pensions de famille (Cass. com. 6-10-1959 n° 56-2762 : Bull. civ. III n° 332).

Bien entendu, cette interdiction n'empêche pas le bailleur de refuser le renouvellement du bail à charge de payer au locataire une indemnité d'éviction (Cass. com. 8-7-1957 n° 878 : Bull. civ. III n° 217).

ABSENCE DE TROUBLE GRAVE À L'EXPLOITATION DU FONDS

67845 La reprise ne peut pas être exercée lorsque le locataire établit que la privation de jouissance des locaux d'habitation apporte un trouble grave à l'exploitation du fonds (C. com. art. L 145-22, al. 3). Le caractère de gravité suffisante est apprécié souverainement par les juges du fond (Cass. 3ᵉ civ. 1-2-1968 n° 66-12.004 : Bull. civ. III n° 43).

La **preuve** du trouble appartient au locataire. Il ressort des illustrations jurisprudentielles présentées ci-dessous que le locataire aura souvent des difficultés à démontrer autre chose qu'une simple gêne, même s'il habite lui-même les lieux. Finalement, il semble que la privation de jouissance des locaux d'habitation ne cause véritablement de trouble à l'exploitation que lorsque l'activité du locataire exige sa présence sur place, ou celle d'un employé.

ILLUSTRATIONS

Dans un cas où un locataire s'était opposé à la reprise des pièces d'habitation situées au-dessus de son commerce en prétendant que le premier étage destiné à l'habitation était nécessaire pour les besoins de son commerce et que la reprise de ces pièces compromettrait les **chances de cession du fonds,** une cour d'appel a pu en déduire, après avoir constaté que le locataire n'occupait effectivement que le rez-de-chaussée, qu'il n'était pas établi que le trouble éventuellement subi par le locataire dans l'exercice de son droit de cession du fonds, du fait de la reprise du premier étage, serait d'une gravité suffisante pour faire obstacle à cette reprise.

Cass. 3ᵉ civ. 1-2-1968 n° 66-12.004 : Bull. civ. III n° 43.

Il y a lieu de considérer que la **privation de jouissance** d'une pièce de 13 m² située au deuxième étage d'un immeuble ne paraît pas déterminante sur la capacité du locataire à assurer la marche de sa boulangerie-pâtisserie établie au rez-de-chaussée de cet immeuble et n'apporte donc pas un trouble grave à l'exploitation du fonds dès lors que le locataire et sa famille, au total composée de cinq personnes, continueront à disposer, après l'exercice du droit de reprise, d'une unité d'habitation d'une surface de 73 m² composée d'une cuisine et d'une pièce au rez-de-chaussée reliée directement à quatre pièces situées au premier étage soit cinq pièces d'habitation auxquelles s'ajoutent une entrée, un wc et une salle de bains.

CA Paris 13-1-1988 n° 87-735, 16ᵉ ch. A.

Un locataire ne peut pas soutenir qu'il résulterait de la privation de l'appartement du 1ᵉʳ étage attenant à son commerce un trouble pour l'exploitation du fonds dès lors que :
– le locataire conserve la possibilité de **se reloger à proximité** des lieux où est exploité son commerce ; le fait que le gérant ne puisse plus résider dans l'appartement du 1ᵉʳ étage n'est pas de nature à obérer gravement son exploitation, s'agissant d'un commerce d'optique lunetterie ouvrant de 9 heures à 12 heures et de 14 heures à 19 heures, et ne comportant pas d'heure de pointe comme les commerces de bouche ou « de coup de feu » comme cela existe dans certaines activités commerciales ;
– il n'est pas démontré que la privation de l'appartement obligerait le locataire à **embaucher un salarié supplémentaire** dès lors que les conditions d'exploitation ne se trouveront pas sensiblement modifiées.

CA Versailles 30-1-1997, 12ᵉ ch. : Loyers et copr. 1997 comm. n° 291.

AUTEUR DE LA REPRISE

Le droit de reprise pour habiter est réservé au bailleur **personne physique.** Par conséquent, les **personnes morales** sont exclues du bénéfice de l'article L 145-22 dans la mesure où elles ne peuvent pas occuper personnellement les lieux (Cass. civ. 1-3-1930 : DH 1930 p. 270). Ce principe s'applique même si la reprise a pour but de loger le personnel de la société (Trib. civ. Seine 2-6-1955, 18ᵉ ch., Sté Pierre Soultzener c/ Sté Flammarion et Cie : JCP G 1955 II n° 8831) ou si elle est exercée en vue d'opérations n'ayant aucun caractère commercial (Cass. civ. 1-3-1930 précité). **67850**

Depuis la loi 2014-626 du 18 juin 2014 ayant abrogé l'article L 145-23 du Code de commerce, les bailleurs de **nationalité étrangère** ne sont plus exclus du droit de reprise.

En cas de **décès** du bailleur, le droit de reprise qu'il avait exercé en faveur de ses héritiers passe à ces derniers (Cass. com. 7-1-1959 n° 55-1686 : Bull. civ. III n° 9). **67855**

Lorsque le bailleur est sous **curatelle** au moment où il exerce son droit de reprise, le locataire qui conteste la régularité de la reprise n'a pas le pouvoir de demander la nullité du congé. En effet, l'action en nullité prévue à l'article 465 du Code civil pour les actes irrégulièrement accomplis par un majeur sous curatelle n'est ouverte qu'au majeur protégé (Cass. 3ᵉ civ. 5-10-2017 n° 16-21.973 F-D : RJDA 6/18 n° 485, rendu pour un bail rural mais transposable). **67857**

ILLUSTRATIONS

Dans cette affaire, un propriétaire de parcelles de terre sous curatelle avait donné, avec l'assistance de son fils, curateur, congé au locataire des parcelles pour reprise au profit du fils. La Cour de cassation a censuré la décision de la cour d'appel qui, pour accueillir la demande en nullité de ce congé formée par le locataire, avait retenu que la délivrance d'un congé pour reprise par un descendant constitue un acte de disposition nécessitant l'assistance du curateur en cas de curatelle renforcée et que l'intérêt personnel et direct du curateur à la délivrance du congé créait une opposition d'intérêts entre le majeur protégé et le curateur et imposait la désignation d'un curateur ad hoc.

Lorsque l'**immeuble** a été **acquis à titre onéreux,** le bailleur ne peut bénéficier du droit de reprise que si l'acquisition a date certaine plus de six ans avant le refus de renouvellement (C. com. art. L 145-22, al. 4). **67860**

La « date certaine » est celle de l'acte authentique ou, lorsque l'acquisition a été faite par acte sous signature privée, celle de l'enregistrement (C. civ. art. 1377). Le texte n'exige pas que le congé mentionne cette date (CA Bordeaux 29-10-1956, 3ᵉ ch. : Gaz. Pal. 1956 p. 315). L'ancienneté d'acquisition s'apprécie à la date pour laquelle le congé a été donné, et non à la date du congé lui-même (Cass. com. 12-6-1961 n° 58-10.139 : Bull. civ. III n° 263).

> **Précisions** L'attribution d'un bien **par voie de partage** même avec une soulte importante n'est pas une acquisition à titre onéreux et ne soumet pas l'attributaire à la condition prévue par l'article L 145-22, al. 4 (Cass. com. 15-12-1959 n° 56-607 : Bull. civ. III n° 430).

BÉNÉFICIAIRES DE LA REPRISE

67865 **Limitation des bénéficiaires** Les bénéficiaires de la reprise sont limitativement énumérés par l'article L 145-22, al. 1 du Code de commerce : le bailleur, son conjoint, ses ascendants, ses descendants ou ceux de son conjoint.

67870 **Besoins normaux du bénéficiaire** La reprise n'est autorisée que si le bénéficiaire ne dispose pas d'une habitation correspondant à ses besoins normaux et à ceux des membres de sa famille vivant habituellement ou domiciliés avec lui. Ces besoins normaux doivent correspondre à une utilisation normale du local repris (Cass. com. 9-11-1959 n° 54-1726 : Bull. civ. III n° 378).

L'**appréciation** des besoins en vue desquels la notification de reprise est formulée relève du pouvoir souverain des juges du fond (Cass. com. 6-1-1960 n° 56-2198 : Bull. civ. III n° 14). Ces besoins doivent en principe s'apprécier à la **date** de notification du congé ou du refus de renouvellement (Cass. com. 17-6-1953, Sté métallurgique de la Jatte c/ Centre d'hygiène infantile : Gaz. Pal. 1953 p. 159). Mais les juges considèrent qu'ils doivent encore exister à la date à laquelle la reprise doit se réaliser (Cass. com. 27-6-1961 n° 58-11.187 : Bull. civ. III n° 295) et persister à la date où les juges statuent (Cass. com. 17-12-1964 n° 60-10.843 : Bull. civ. III n° 569). Les tribunaux peuvent également tenir compte d'événements postérieurs à la date du congé mais établis au jour où le juge statue : par exemple, un enfant à naître (Cass. com. 9-2-1960 n° 57-11.641 : Bull. civ. III n° 56) ou une décision d'expulsion (Cass. com. 25-2-1963 n° 59-12.611 : Bull. civ. III n° 121).

67875 Les exemples jurisprudentiels ci-dessous illustrent différents **critères** que les juges ont pu retenir pour apprécier les besoins personnels et familiaux du bénéficiaire de la reprise.

ILLUSTRATIONS

Après avoir constaté que les locaux habités par le bailleur et sa famille, bien que suffisants pour les loger, étaient froids, humides, exposés au nord, sans soleil et sans jardin, qu'en revanche les locaux occupés par le locataire étaient mieux exposés, abrités du vent et comportaient un jardin et qu'ils répondaient ainsi beaucoup mieux, quoique partiellement, aux besoins familiaux du bailleur dont un de ses enfants présentait un état de santé déficient qui exigeait plus de soleil et de grand air, une cour d'appel a pu faire droit à la demande de reprise du bailleur, en tenant compte des besoins de **santé de l'enfant,** dont la satisfaction, quoique partielle, présentait un intérêt assez important pour pouvoir être considéré comme légitime et répondait ainsi aux besoins normaux du bailleur.

Cass. com. 14-4-1959 n° 57-10.417 : Bull. civ. III n° 163.

Justifie légalement sa décision une cour d'appel qui, après avoir relevé que d'après des certificats médicaux versés aux débats, l'épouse et le fils du bailleur présentaient un **état de fragilité** pulmonaire qui leur avait fait conseiller un séjour dans une atmosphère autant que possible exempte de brouillard et de poussières, en a déduit que le logement dont disposait actuellement le bailleur et qui se trouvait à proximité de hauts-fourneaux et d'une usine de carbure de calcium ne correspondait pas aux besoins normaux des membres de sa famille domiciliés avec lui, alors que, située en pleine campagne, la maison sur laquelle il entendait exercer le droit de reprise lui permettrait d'y faire face.

Cass. com. 15-12-1959 n° 56-607 : Bull. civ. III n° 430.

Après avoir constaté que le propriétaire d'un local loué à des commerçants pour l'exploitation de leur fonds de commerce était âgé, qu'il avait été, en raison de son **très mauvais état de santé,** contraint d'abandonner son logement au 3e étage d'un immeuble situé en face de l'épicerie exploitée par ses enfants pour aller demeurer à un rez-de-chaussée à un kilomètre environ de ses enfants, qu'il était isolé et avait déjà eu plusieurs syncopes, qu'il avait besoin de soins immédiats, qu'il ne pouvait plus monter d'escaliers, qu'il devait de toute nécessité loger à un rez-de-chaussée ou à un premier étage, qu'il était préférable qu'il soit logé le plus près possible de ses enfants et qu'une porte percée dans le mur mitoyen mettrait en communication le local commercial actuellement loué avec le logement de ses enfants, une cour d'appel a légalement justifié sa décision en déduisant de ces circonstances que les locaux dans lesquels était exploité le fonds de commerce répondait aux besoins normaux et actuels du propriétaire, lesquels n'avaient rien d'excessif.

Cass. com. 19-4-1961 n° 58-12.087.

N'a fait qu'user de son pouvoir souverain une cour d'appel qui, pour déclarer fondé le droit de reprise exercé par un bailleur, a estimé que les **membres de la famille** du bailleur vivant habituellement avec lui et appelés à occuper le local objet de la reprise étaient **plus nombreux** que les personnes ayant vécu dans le local délaissé.

Cass. com. 14-3-1962 n° 59-10.337 : Bull. civ. III n° 169.

Dans un cas où une décision d'**expulsion** avait été prononcée à l'encontre du bailleur en cours d'instance, les juges ont pu tenir compte de cette décision pour apprécier les besoins personnels du bailleur dès lors que celui-ci faisait valoir qu'il avait adressé son congé, à la suite d'un congé qui lui avait été donné par son propre bailleur, en prévision du besoin de logement que la décision d'expulsion ne faisait qu'établir définitivement.

Cass. com. 25-2-1963 n° 59-12.611 : Bull. civ. III n° 121.

En retenant que le bailleur était un ancien prisonnier de guerre **invalide à 100 %** qui avait besoin de la présence d'une tierce personne, dont le médecin traitant indiquait que tout effort pouvait lui être nuisible et pour qui il était nécessaire qu'il dispose d'un local aéré et ensoleillé autant que possible au rez-de-chaussée, une cour d'appel a pu, par une appréciation des circonstances de la cause qui relève de son pouvoir souverain, déclarer que le logement dont le bailleur disposait actuellement au premier étage ne répondait plus à ses besoins normaux.

Cass. com. 10-2-1964 n° 60-12.834 : Bull. civ. III n° 59.

Après avoir constaté que la situation du bénéficiaire du droit de reprise, ressortissant français vivant en Guinée, était devenue précaire en raison des événements politiques, entraînant nécessairement la **précarité du logement** dont il pouvait disposer, que la **santé de son enfant** ne permettait pas à celui-ci de rentrer en Guinée et qu'il avait le souci normal de ne pas s'en séparer, une cour d'appel a pu déduire que la demande de reprise d'un logement situé à Marseille était fondée.

Cass. com. 17-12-1964 n° 60-10.768 : Bull. civ. III n° 568.

Est bien fondé à exercer son droit de reprise sur une pièce de 13 m² mitoyenne de son appartement et uniquement séparée de lui par une porte condamnée, le bailleur qui, avant l'exercice du droit de reprise, dispose avec sa femme et leur fille de deux ans d'un appartement de trois pièces offrant une surface de 74 m² et soutient que cette habitation ne satisfait plus aux besoins normaux de sa famille dès lors que la date d'acquisition (1979) de la pièce de 13 m², objet du droit de reprise, celle de la naissance de l'enfant (1983), celle de l'expiration du délai de six ans (1985) et celle de la revendication du droit de reprise (1985) montrent, par leur rapprochement, le dessein délibéré d'assurer une constance à l'espace de vie, alors qu'augmente le **nombre** de ses **occupants.**

CA Paris 13-1-1988 n° 87-735, 16e ch. A.

Ne rapporte pas la preuve d'un défaut d'habitation correspondant aux besoins normaux de sa famille, l'auteur de la reprise d'un local situé à Paris qui, s'il a bien fait l'objet d'une **mutation professionnelle** de Nancy à Paris, ne prouve pas qu'il n'a pas bénéficié d'un logement de fonction au nombre des avantages annoncés, n'établit pas que son épouse et son fils seraient toujours domiciliés à Nancy et garde le plus grand silence sur son adresse actuelle et ses conditions d'habitation.

CA Paris 6-7-1993, 16e ch. A : JCP N 1994 II p. 282.

L'occupant d'un local trop vaste ou trop onéreux peut, au même titre que l'occupant d'un local trop exigu, justifier d'un droit de reprise ; il en va de même en cas de problème de santé de l'occupant, le seul élément à prendre en compte étant le caractère réel et sérieux du motif invoqué à l'appui de la demande.

Par suite, il y a lieu de considérer qu'il est suffisamment justifié que le logement actuel des époux bailleurs n'est plus adapté à leur besoins normaux qui sont ceux d'un couple de **retraités** qui ne peuvent plus assurer la charge d'une vaste propriété dont ils n'ont plus, de surcroît, l'utilité compte tenu des circonstances suivantes :

– les époux bailleurs sont tous les deux retraités et leurs quatre enfants ont pris leur indépendance ;

– la maison qu'ils occupent d'une surface de 270 m² comprend neuf pièces principales, outre un garage et dépendances ainsi qu'un studio indépendant ;

– les ressources des époux, bien qu'élevées, ont diminué et les frais d'entretien de leur propriété représentent environ le quart de leurs ressources ;

– le mari souffre de diverses affections qui lui interdisent des déplacements importants.

CA Versailles 30-1-1997, 12e ch. : Loyers et copr. 1997 comm. n° 291.

2. CONSÉQUENCES DE L'EXERCICE DU DROIT DE REPRISE

OBLIGATIONS DU BÉNÉFICIAIRE DE LA REPRISE

Mise à disposition du local libéré Le bénéficiaire de la reprise est tenu de mettre à la disposition du locataire dont il reprend le local le logement qui, le cas échéant, pourrait être rendu vacant par l'exercice de ce droit (C. com. art. L 145-22, al. 5). Ce n'est qu'une obligation éventuelle : si aucun logement disponible ne se libère au moment du départ du bénéficiaire, celui-ci n'est tenu à aucune mise à disposition. Tel est le cas, par exemple, de la reprise exercée dans l'intérêt de l'enfant majeur habitant chez ses parents. **67930**

67935 **Occupation personnelle des lieux** Sauf motif légitime, le bénéficiaire de la reprise doit occuper personnellement les lieux dans un délai de six mois à dater du départ du locataire évincé et pendant une durée minimum de six ans, faute de quoi le locataire évincé a droit à une indemnité d'éviction en rapport avec l'importance des locaux repris (C. com. art. L 145-22, al. 7).

En cas de **motif légitime,** le bailleur est fondé à ne pas donner suite à l'occupation personnelle des lieux repris et le refus de renouvellement donné antérieurement conserve tous ses effets. Jugé qu'un bailleur avait justifié d'un motif légitime dans les circonstances suivantes :

– il se trouvait, au moment du refus de renouvellement, menacé d'être lui-même expulsé des locaux où il exerçait un commerce, dans la même localité que les lieux loués ;

– si, au cours de l'instance engagée par le locataire, il avait renoncé à occuper les locaux repris, c'est à la suite de circonstances nouvelles qui lui avaient permis de conserver son établissement primitif, ce choix lui ayant d'ailleurs été conseillé par l'âge et la maladie ;

– si le locataire qui, au moment de la renonciation du bailleur, se trouvait encore dans les lieux où il s'était maintenu pendant deux ans après l'expiration du bail, n'avait pas profité de la possibilité qu'il aurait eu d'y demeurer définitivement, c'est parce qu'il avait déjà loué un autre local dans le voisinage ;

– le bailleur n'avait d'ailleurs vendu l'immeuble litigieux que postérieurement au départ du locataire et dans des conditions excluant toute idée de préméditation de fraude (Cass. civ. 21-6-1939 : DH 1939 p. 418).

INDEMNISATION DU LOCATAIRE

67940 **Diminution du loyer du bail renouvelé** Le locataire évincé de la partie des locaux à usage d'habitation n'a droit à aucune indemnité d'éviction, sauf défaut d'occupation personnelle des lieux par le bénéficiaire (n° 67935), mais a droit au renouvellement du bail pour les locaux commerciaux. Dans ces conditions, le loyer du bail renouvelé doit tenir compte du **préjudice** causé au locataire ou à son ayant droit dans l'exercice de son activité (C. com. art. L 145-22, al. 6). La diminution du loyer devra tenir compte non seulement de la diminution des locaux loués mais aussi du préjudice éventuel causé à l'activité commerciale.

67945 **Dommages-intérêts** S'il vient à être établi que le bailleur n'a exercé son droit de reprise qu'en vue de faire échec frauduleusement aux droits du locataire, notamment par des opérations de location et de revente, le locataire a droit à une indemnité égale au montant du préjudice subi (C. com. art. L 145-27). Cette disposition vise, en principe, tous les cas de refus de renouvellement du bail et de reprise sans offre d'indemnité d'éviction (C. com. art. L 145-17 s.). Mais, en pratique, la **fraude du bailleur** s'illustre essentiellement dans les cas de reprise pour habiter : c'est la raison pour laquelle elle est traitée ici.

67950 La **preuve** de la fraude appartient au locataire (Cass. com. 14-10-1953 n° 8686 : Bull. civ. III n° 304). Elle doit être recherchée dans le mobile déterminant de l'exercice du droit de reprise (Cass. civ. 4-11-1940 : Gaz. Pal. 1940 p. 179 ; Cass. com. 16-5-1950 : Gaz. Pal. 1950 p. 167 ; Cass. com. 14-10-1953 n° 8686 précité). La fraude ne pouvant pas être présumée, elle doit résulter de faits certains et actuels : il peut s'agir de faits intervenus lors de l'exercice du droit de reprise (Cass. com. 23-2-1953 n° 6124, Prud'homme c/ Weissen : Bull. civ. III n° 80) mais aussi d'actes du propriétaire postérieurs à la reprise (Cass. req. 29-5-1937 : Gaz. Pal. 1937 p. 730). Dans ce cas, c'est au moment de la reprise qu'il y a lieu de se placer pour apprécier l'intention frauduleuse du propriétaire (Cass. com. 16-5-1950 précité).

Il a été jugé que commettait une fraude le bailleur qui n'occupait qu'une partie des locaux repris tout en ayant reloué l'autre partie à un tiers (Cass. req. 29-5-1937 : Gaz. Pal. 1937 p. 730 ; Cass. com. 28-3-1960 n° 54-20.93 : Bull. civ. III n° 117). Une telle relocation est d'autant plus frauduleuse lorsque le bailleur en profite pour fixer un loyer plus élevé et ainsi effectuer une opération spéculative (Cass. civ. 4-11-1940 : Gaz. Pal. 1940 p. 179).

67955 La reprise entachée de fraude n'est pas frappée de nullité. Le locataire ne peut prétendre qu'à une **indemnité** et non à une réintégration dans les lieux. Conformément à l'article L 145-60 du Code de commerce, il doit alors agir dans les deux ans à compter du jour où il a eu connaissance de la fraude pour demander la réparation de son préjudice (Cass. com. 28-3-1960 n° 54-20.93 : Bull. civ. III n° 117).

B. Reprise des locaux inutilisés

68060 Lorsque des locaux d'habitation ont été donnés en location accessoirement à des locaux commerciaux, leur propriétaire peut les reprendre en vue de les **remettre sur le marché locatif** (C. com. art. L 145-23-1 et art. L 145-4, al. 3). Cette disposition, qui reprend une proposition du groupe de travail sur la modernisation du régime juridique des baux commerciaux (Rapport Pelletier), a pour but de lutter contre la vacance des locaux situés au-dessus des commerces (Circulaire 2006-68 du 11-9-2006 : BO équip. du 10-10-2006 n° 1200).

Ce droit de reprise peut être exercé sur les locaux d'habitation qui ne sont pas affectés à cet usage. Les conditions dans lesquelles ce droit peut être exercé sont les mêmes que celles de la reprise pour habiter :

– le local d'habitation doit être divisible du local commercial (nos 67830 s.) ;

– les locaux repris ne doivent pas être affectés à usage d'hôtel, de location en meublé, à usage hospitalier ou d'enseignement (n° 67840) ;

– la privation de jouissance ne doit pas causer un trouble grave à l'exploitation du fonds de commerce (n° 67845).

Le bailleur peut reprendre le logement à l'expiration d'une période triennale ou lors du renouvellement du bail après avoir délivré un **congé** à cet effet à son locataire au moins six mois à l'avance, à condition toutefois que le local ne soit pas utilisé à usage d'habitation après un délai de six mois suivant la notification dudit congé. Sur la forme du congé, voir n° 69730.

Le **loyer** doit alors être diminué en conséquence, sans que la reprise puisse constituer en elle-même une modification notable des éléments de la valeur locative.

II. REPRISE POUR TRAVAUX NÉCESSITANT L'ÉVACUATION DES LOCAUX

Le Code de commerce offre au bailleur la possibilité, soit à l'expiration d'une période triennale, soit en fin de bail, de reprendre les locaux dans différentes situations : **68300**

– lorsqu'il a l'intention de construire ou reconstruire l'immeuble existant (C. com. art. L 145-18, al. 1 ; nos 68310 s.) ;

– lorsqu'il entend surélever l'immeuble (C. com. art. L 145-21 ; n° 68550) ;

– lorsqu'il a obtenu un permis de construire un local d'habitation sur tout ou partie d'un terrain loué nu (C. com. art. L 145-24 ; nos 68600 s.) ;

– pour effectuer des travaux nécessitant l'évacuation des immeubles situés dans des secteurs protégés ou des opérations de restauration immobilière (C. com. art. L 145-18, al. 2 ; nos 68700 s.).

Contrairement à la reprise pour habiter, le principe est celui du paiement d'une **indemnité d'éviction** au locataire, hormis les cas où le bailleur propose au locataire un local de remplacement.

A. Reprise pour construire ou reconstruire l'immeuble

Le bailleur a le droit de refuser le renouvellement du bail pour construire ou reconstruire l'immeuble existant, à charge de payer au locataire évincé une indemnité d'éviction. Il peut toutefois se soustraire au paiement de celle-ci en offrant au locataire un local de remplacement correspondant à ses besoins et possibilités, situé à un emplacement équivalent (C. com. art. L 145-18, al. 1 et 3). **68310**

1. CONDITIONS DE LA REPRISE POUR CONSTRUIRE OU RECONSTRUIRE L'IMMEUBLE

PROPRIÉTÉ DU BIEN

Le bailleur ne peut exercer son droit de reprise que s'il est propriétaire du bien loué. En conséquence, lorsque le bail porte sur un terrain nu et autorise le locataire à y édifier des constructions, le bailleur doit non seulement être propriétaire du terrain mais aussi des constructions qui y sont élevées (Cass. com. 19-6-1961 n° 56-429 : Bull. civ. III n° 274). Tel n'est pas le cas du bail qui écarte tout droit d'accession et qui ne prévoit pas d'option permettant en fin de bail soit de conserver les constructions, soit de les démolir (même arrêt). **68315**

NATURE DES TRAVAUX

68320 Le droit de reprise ne peut être exercé qu'en cas de construction ou de reconstruction. Des travaux d'aménagement, de transformation ou de réparation ne suffisent pas (Cass. com. 7-7-1959 n° 56-405 : Bull. civ. III n° 309).

Il a été jugé que constituait une **construction** le projet consistant à aménager un espace vert pour jardin d'enfants et garage pour bicyclettes à l'emplacement de l'immeuble repris et à construire sur un terrain voisin un nouvel immeuble dont la hauteur entraînait l'élargissement de la rue en utilisant l'emplacement de l'immeuble repris. En effet, les juges ont considéré que l'utilisation du terrain occupé par l'immeuble loué avait permis, selon les nécessités du plan d'urbanisme, l'édification d'un nouvel immeuble contigu de dimensions plus vastes que celles qu'il eût été possible de lui donner sans l'exercice de la reprise (Cass. com. 23-2-1960 n° 56-1750 : Bull. civ. III n° 76).

68325 S'agissant de la **reconstruction,** elle doit être totale, ce qui implique la démolition de l'immeuble existant (Cass. com. 19-1-1960 n° 55-1909 : Bull. civ. III n° 27). Il semble, toutefois, que les travaux de démolition-reconstruction puissent ne porter que sur la partie de l'immeuble affectant la totalité de l'assiette des lieux loués, à condition que la configuration du bâtiment le permette (CA Paris 26-4-2000 n° 97-15484, 16ᵉ ch. A). Les juges apprécient au cas par cas si les travaux envisagés ou déjà effectués consistent bien en une reconstruction.

ILLUSTRATIONS

Procède à des travaux de surélévation et non de reconstruction le bailleur dont le projet consiste à **élever** au-dessus de la seconde partie du hangar loué **un immeuble de cinq étages** sur rez-de-chaussée en construisant depuis le sol du hangar quatre poteaux en ciment armé qui supporteront, avec les murs existants, l'ossature de ce bâtiment dès lors que cette réalisation ne modifiera pas la surface du sol louée, si ce n'est de la surface négligeable des piliers, et que la démolition sera limitée au faîte inutilisé du hangar et se rattache directement aux nécessités découlant de la surélévation.

Cass. com. 8-2-1961 n° 59-11.014 : Bull. civ. III n° 73.

Reconstruire implique de démolir préalablement ; la reconstruction doit être totale et non partielle. Des travaux de transformation ou d'aménagement ne suffisent pas à permettre le jeu de l'article 10 du décret du 30 septembre 1953 (désormais C. com. art. L 145-18, al. 1). La surélévation ne rentre pas dans les prévisions de cet article.

Par suite, n'est pas fondé à exercer un droit de reprise pour reconstruire le bailleur qui, dans le cadre d'un projet tendant à **surélever de deux étages** un immeuble à usage d'habitation qui en comprend déjà quatre et à **réaménager le sous-sol** ainsi que des locaux commerciaux au rez-de-chaussée, n'est amené à détruire que partiellement les locaux sur cour et les locaux intérieurs pour installer un ascenseur, améliorer le confort sanitaire et redistribuer les caves.

TGI Nanterre 19-2-1992 n° 91-6555, 7ᵉ ch. sect. 2 : Loyers et copr. 1992 comm. n° 174.

Ne constituent pas une reconstruction de l'immeuble après la démolition qui doit nécessairement la précéder les travaux d'aménagement consistant, selon la demande de permis de construire, à la **création d'un parc de stationnement** en sous-sol, au remaniement des circulations verticales, à la modification des escaliers, à la création d'un ascenseur entrant et la modernisation des installations techniques (électricité, climatisation, informatisation).

CA Paris 16-12-1993 n° 93-2690, 16ᵉ ch. B.

Ne visent nullement, en dépit de leur ampleur et de la transformation du bâtiment qui en résulte nécessairement, à démolir l'immeuble et à le reconstruire les travaux consistant, au sous-sol, à la création de cinq poteaux qui reposeront sur des fondations nouvelles, au remplacement d'un mur fissuré et à la construction d'une trémie pour l'installation d'un ascenseur, au rez-de-chaussée, à la prolongation de la trémie, au déplacement de la cage d'escalier et à la création de trois files de poteaux et au premier étage, au prolongement des poteaux et au remplacement de la façade, dès lors qu'ils s'inscrivent naturellement dans l'**opération qu'appellent l'état du mur porteur, fissuré et bombé, et la surélévation de l'édifice,** laquelle nécessite en elle-même que plusieurs poteaux soient mis en place à divers niveaux, rend un ascenseur indispensable et autorise une mise en harmonie de la façade avec celle des étages qui sont créés.

CA Paris 28-1-1994, 16ᵉ ch. B : Loyers et copr. 1994 comm. n° 243 et, sur pourvoi, Cass. 3ᵉ civ. 5-7-1995 n° 1503 P : RJDA 8-9/95 n° 948.

Un bailleur avait fait réaliser dans un immeuble trois niveaux de sous-sols supplémentaires à usage de stationnement pour les voitures et avait délivré un congé pour construire au locataire d'un local à travers lequel, pour des raisons techniques, l'accès du parking pouvait seulement se faire.

Il est de jurisprudence constante que l'article 10 du décret du 30 septembre 1953 (désormais C. com. art. L 145-18, al. 1) s'applique seulement en cas de reprise en vue de la reconstruction totale de l'immeuble objet du bail et non en cas de reconstruction partielle ni de travaux de transformation, de surélévation ou d'aménagement ; cette jurisprudence est applicable à des **travaux de création en sous-sol de niveaux de parkings.**

Même s'il devait être considéré que la démolition et la reconstruction sont totales, non pour l'immeuble pris dans son entier mais bien pour les locaux objet du bail, encore doit-il être observé que le locataire est, dans le même immeuble, titulaire de plusieurs autres baux lesquels soit sont concernés en partie par les travaux envisagés, soit ne le sont pas du tout.
Par suite, le bailleur ne pouvait pas se prévaloir d'un droit de reprise pour construire.
TGI Paris 31-1-1995, 18e ch. sect. 1 : AJPI 1995 p. 584.

Les travaux visant à **modifier les deux derniers niveaux d'un immeuble** en redressant la toiture côté rue avec création de 22 m^2 de plancher peuvent être qualifiés de rénovation mais non de reconstruction.
CA Paris 20-11-1998, 16e ch. B, SARL Ecad Consultants c/ SNC CGEI : Loyers et copr. 1999 comm. n° 183.

Consistent bien en une reconstruction après démolition les travaux se traduisant par la **démolition des existants** et la reconstruction des immeubles **hormis les façades** extérieures devant être traitées sous le contrôle des Bâtiments de France pour leur rendre leur état originel.
TGI Paris 3-5-2001 n° 00-2039, 18e ch. sect. 2.

INTENTION DU BAILLEUR

Le bailleur doit avoir, à la date du congé, l'intention de démolir l'immeuble pour le reconstruire. **68330**
La **sincérité** du bailleur est présumée. Par conséquent :
– il n'est pas obligé d'obtenir, préalablement à sa demande de reprise pour reconstruire, un permis de construire (Cass. com. 1-7-1958 n° 2047 : Bull. civ. III n° 289) ni de le produire à l'appui de sa demande (Cass. com. 8-10-1958 n° 56-1567 : Bull. civ. III n° 337 ; Cass. com. 6-4-1960 n° 56-2070 : Bull. civ. III n° 142) ;
– il n'a pas à donner les raisons qui le conduisent à reconstruire, l'article L 145-18 n'exigeant aucune justification de la part du propriétaire (Cass. com. 21-4-1958 n° 1104 : Bull. civ. III n° 155 ; Cass. com. 4-11-1959 n° 56-2363 : Bull. civ. III n° 372).

Il appartient donc au locataire qui conteste la reprise d'établir que le bailleur n'est pas sincère. Il a été jugé que si le locataire produisait des éléments sérieux laissant planer un doute sur la sincérité du bailleur, il appartenait à ce dernier de justifier par un minimum de preuve du sérieux de ses projets de démolition et de faisabilité de la reconstruction et qu'à défaut, les juges pouvaient ordonner une mesure d'instruction afin d'être pleinement informés (CA Paris 29-9-1994 n° 94-4128, 16e ch. B : Gaz. Pal. 1995 somm. p. 628). Par exemple, la présomption de bonne foi du bailleur a été anéantie dans un cas où, six ans après la date d'effet du congé, le bailleur n'avait apporté aucune preuve de travaux de démolition-reconstruction et s'était borné à faire allusion à des travaux déjà effectués par le syndicat de copropriété de l'immeuble (CA Paris 26-4-2000 n° 97-15484, 16e ch. A).

Il importe peu que les **travaux** de reconstruction soient **effectués par un tiers** et non par le bailleur (Cass. 3e civ. 14-9-2010 n° 09-15.338 F-D : RJDA 1/11 n° 18).

S'il apparaît qu'**à la date du congé ou du refus de renouvellement,** le bailleur n'entend pas reconstruire l'immeuble repris, il ne peut invoquer le bénéfice des dispositions légales et le congé sera annulé (Cass. 3e civ. 27-10-1993 n° 91-06.964 P : RJDA 12/93 n° 1005). **68335**

Les exemples jurisprudentiels ci-dessous sont des cas d'espèce dans lesquels le bailleur n'avait pas l'intention, lors de la délivrance du congé, de reconstruire l'immeuble mais de le revendre, le plus souvent dans un but spéculatif. La solution pourrait être différente si le bailleur précisait d'emblée dans le congé son intention de reconstruire ou de faire reconstruire.

ILLUSTRATIONS

N'avait pas l'intention de reconstruire lui-même mais d'en laisser le soin à l'acquéreur de son bien le bailleur qui, après avoir délivré un congé pour reconstruire à l'issue de la deuxième période triennale, a vendu l'immeuble à une société de marchands de biens qui a ensuite revendu les lieux à une société civile « ad hoc » créée spécialement pour réaliser les travaux de reconstruction.
Cass. 3e civ. 27-10-1993 n° 91-06.964 précité.

Doit être cassé l'arrêt qui a déclaré valable le congé pour reconstruire délivré par le bailleur, sans répondre aux conclusions du locataire qui invoquait l'existence d'une fraude à la loi au moment de la délivrance du congé, le bailleur n'ayant eu aucune intention de reconstruire puisqu'il avait vendu l'immeuble à un promoteur.
Cass. 3e civ. 12-7-1995 n° 93-10.133 : Loyers et copr. 1995 comm. n° 527.

Il résulte des éléments suivants que le bailleur, en délivrant le congé pour reconstruire, n'avait pas l'intention de démolir l'immeuble pour le reconstruire mais avait le projet de le revendre dans un but spéculatif à une société, professionnel de l'immobilier, qui seule avait l'intention de démolir et de reconstruire : la société avait acquis l'immeuble un mois après la délivrance du congé et avait mandaté un cabinet d'architecte pour établir un projet immobilier incluant l'immeuble, avant cette délivrance.
CA Paris 13-5-2004 n° 02-8883, 16e ch. B.

Est nul car frauduleux le congé donné au locataire afin de reconstruire l'immeuble loué dès lors qu'il résulte des circonstances suivantes que le bailleur n'avait pas l'intention de reconstruire l'immeuble au moment de la délivrance du congé :
– si l'intention du bailleur de démolir et reconstruire l'immeuble était très antérieure à la signification du congé au locataire, puisqu'il avait obtenu les permis de démolir et de reconstruire deux ans avant de délivrer le congé, le bailleur n'a pas fait réaliser les travaux et a vendu l'immeuble ;
– lors de la délivrance du congé, le bailleur savait qu'il n'exécuterait pas les travaux car les deux permis avaient été transférés au futur acquéreur trois mois avant, en vue de la vente de l'immeuble ;
– le fait que l'acquéreur ait fait réaliser les travaux de démolition et de reconstruction ne fait pas perdre au congé son caractère frauduleux car c'est le bailleur qui doit avoir l'intention de démolir et reconstruire, et non son ayant droit ; de surcroît, la mention de l'acte de vente selon laquelle le local commercial était devenu libre à la date de la vente démontre qu'il n'y a pas eu transmission du congé à l'acquéreur et que les lieux ont été libérés en vertu de ce congé avant la vente.
CA Toulouse 22-5-2017 n° 15/02550 : RJDA 12/17 n° 796.

2. OFFRE D'UN LOCAL DE REMPLACEMENT

68390 Le bailleur peut se soustraire au paiement de l'indemnité d'éviction en offrant au locataire évincé un local de remplacement correspondant à ses besoins et possibilités, situé à un emplacement équivalent (C. com. art. L 145-18, al. 3). Tel n'est pas le cas de l'offre d'un local qui ne comporte pas deux des éléments essentiels du fonds de commerce exploité dans les locaux loués à usage de « café, comptoir, jeux de boules et garnis », à savoir les chambres garnies et les jeux de boule (Cass. 3e civ. 9-12-1975 n° 74-12.434 : Bull. civ. III n° 365). En revanche, remplit les critères exigés l'offre portant sur un local neuf situé à proximité immédiate de l'actuel magasin et intégré dans un ensemble d'autres commerces en arc de cercle sur le parking neuf d'un supermarché, le seul fait que la façade de vente soit réduite de plus de moitié étant sans incidence, dans la mesure où le local présente une superficie supérieure pour un même prix (CA Paris 31-1-2008 n° 07-1722, 16e ch. B : RJDA 6/08 n° 616).

La date à prendre en considération pour apprécier si le local de remplacement offert par le bailleur correspond aux **besoins et possibilités du locataire** évincé est celle du refus de renouvellement ou du congé, et non celle de la sortie du locataire (Cass. 3e civ. 7-12-1977 n° 76-12.080 : Bull. civ. III n° 430).

L'offre n'est valable que si elle porte sur un **autre local existant,** ce qui exclut le cas où le bailleur offre seulement un local qu'il se propose de construire et qui pourrait n'être jamais construit (Cass. 3e civ. 6-1-1976 n° 73-13.628 : Bull. civ. III n° 2). Il en est ainsi même si la construction du local a déjà commencé et si les plans ont été fournis au locataire (Cass. 3e civ. 14-1-2016 n° 14-19.092 FS-PB : RJDA 4/16 n° 266).

68395 Seule une offre acceptée ou jugée valable libérera le bailleur du paiement d'une **indemnité d'éviction.**

Toutefois, même en cas de relogement, l'article L 145-18, al. 4 du Code de commerce prévoit que le bailleur aura, le cas échéant, d'**autres indemnités** à payer :

– indemnité compensatrice de la privation temporaire de jouissance qui consiste à indemniser le locataire qui fera une perte de chiffre d'affaires du fait du déménagement de son activité et des aménagements à réaliser dans le local de remplacement ;

– indemnité de moins-value du fonds de commerce qui ne sera due que si le local de remplacement accepté par le locataire peut lui faire perdre une part de clientèle ;

– remboursement des frais normaux de déménagement et d'emménagement, lesquels seront dus dans tous les cas de relogement.

Ces indemnités sont dues au locataire même s'il refuse le relogement dans les locaux de remplacement reconnus satisfaisants par le juge dès lors qu'il prend soin de déterminer le montant qu'il estime lui être dû (Cass. 3e civ. 13-3-2002 n° 567 FS-PB : RJDA 6/02 n° 611).

Le locataire ne bénéficie de ces dispositions qu'à la condition d'occuper encore matériellement les lieux (Cass. com. 7-3-1962 n° 57-11.676 : Bull. civ. III n° 146).

Le locataire est enfin fondé à demander des dommages-intérêts en cas d'exercice frauduleux du droit de reprise par le bailleur qui tente de se soustraire au paiement d'une indemnité d'éviction en offrant un local de remplacement (en ce sens CA Paris 17-12-2003, 16e ch. A, Sté de l'Union nouvelle c/ Sté Logistic : Loyers et copr. 2004 comm. n° 90). Sur la fraude du bailleur, voir nos 67945 s.

3. PROCÉDURE RÉGISSANT LA REPRISE POUR CONSTRUIRE OU RECONSTRUIRE L'IMMEUBLE

Lorsque le **bailleur** invoque le bénéfice de ce droit de reprise, il doit, dans l'acte de refus de renouvellement ou dans le congé, viser les dispositions relatives à l'offre d'un local et préciser les nouvelles conditions de location (C. com. art. L 145-18, al. 5). 68450

Le **locataire** doit, dans un délai de trois mois, soit faire connaître par acte extrajudiciaire ou par lettre recommandée AR son acceptation, soit saisir la juridiction compétente (art. L 145-18, al. 5). À défaut de réponse dans ce délai, le locataire est réputé avoir accepté l'offre s'il n'a pas saisi la juridiction compétente. Mais la situation serait différente si, avant l'offre de local par le bailleur, le locataire avait saisi la juridiction d'une demande d'indemnité d'éviction ; il ne pourrait pas être réputé avoir accepté l'offre (Cass. 3e civ. 9-12-1975 n° 74-12.434 : Bull. civ. III n° 365).

Si les parties sont seulement en désaccord sur les conditions du nouveau bail, celles-ci sont fixées par les tribunaux (art. L 145-18, dernier al.).

B. Reprise temporaire pour surélévation de l'immeuble

Le bailleur peut **différer le renouvellement** du bail pendant une durée maximale de trois ans s'il se propose de surélever l'immeuble et si cette surélévation rend nécessaire l'éviction temporaire du locataire (C. com. art. L 145-21). 68550

ILLUSTRATIONS

Il ressort des éléments suivants que les travaux de surélévation envisagés par le propriétaire d'un hôtel rendent nécessaire l'éviction temporaire du locataire qui exploite au rez-de-chaussée un fonds de commerce de restaurant (CA Chambéry 29-8-2006, ch. com., Sté Savoie c/ Sté La Perdrix Blanche) :
– l'attestation d'un architecte confirme que les travaux projetés sont bien des travaux effectués par surélévation de l'immeuble actuel nécessitant l'évacuation de tous les locaux de l'hôtel (hôtel, pharmacie, supérette et brasserie) pendant toute la durée des travaux, dès lors que l'ensemble des réseaux existants (électriques, eaux pluviales, eaux usées, distribution d'eau, chauffage) est à reprendre, que de nombreux renforcements des structures actuelles ainsi que de nombreuses reprises en sous-œuvre sont indispensables pour supporter la surélévation du bâtiment existant et ses parties neuves, en particulier dans tous les locaux du rez-de-chaussée et du sous-sol, que la création d'une galerie couverte et des vides sanitaires en sous-sol devant l'actuel alignement des façades des magasins demande également des reprises en sous-œuvre et que les installations de la clôture et du chantier pendant les travaux rendront l'ensemble de l'immeuble inaccessible au public ;
– l'importance des travaux structurants dans les étages du bâtiment ainsi que la surélévation de l'immeuble conduisant à l'édification d'ouvrages de structure dans la hauteur du rez-de-chaussée et la réfection des chutes d'eaux usées constituent des travaux incompatibles avec le maintien d'activités sensibles comme la restauration et la vente de produits alimentaires.

Dans ce cas, le locataire a droit à une **indemnité** égale au préjudice subi, sans pouvoir excéder trois ans de loyer.

L'article L 145-21 ne concerne que la surélévation de l'immeuble loué et n'est pas applicable à sa **démolition suivie d'une reconstruction** (Cass. 3e civ. 6-1-1976 n° 73-13.628 : Bull. civ. III n° 2 ; Cass. 3e civ. 5-7-1995 n° 1503 P : RJDA 8-9/95 n° 948). Sur la distinction opérée par les juges entre surélévation et reconstruction, voir n° 68325.

C. Reprise d'un terrain loué nu

Le bailleur qui a obtenu un permis de construire un local d'habitation sur tout ou partie d'un terrain loué nu peut refuser le renouvellement du bail (C. com. art. L 145-24). Ce droit de reprise ne peut, en tout état de cause, être exercé que sur la partie du terrain indispensable à la construction. 68600

Seule la **construction d'un local d'habitation** permet au bailleur d'exercer son droit de reprise : s'il bâtit un immeuble à un autre usage (édification de constructions scolaires par une commune, par exemple), il doit l'indemnité d'éviction totale (T. civ. Seine 6-3-1956, 1e ch., Sté Malherbaud et Gendre c/ Ville de Paris).

Le bailleur doit être titulaire d'un permis de construire à la date du refus de renouvellement (Cass. com. 18-2-1959 n° 1122 : Bull. civ. III n° 92).

En outre, le bail doit exclusivement porter sur un **terrain nu.** S'il porte sur un bâtiment avec un terrain non construit, la jurisprudence considère que, le bail étant indivisible, il porte pour le tout sur un bâtiment (Cass. com. 20-1-1959 n° 56-1832 : Bull. civ. III n° 31).

68605 Si la reprise a pour effet d'entraîner obligatoirement la cessation de l'exploitation commerciale, industrielle ou artisanale, le locataire a droit au paiement de l'**indemnité d'éviction.** Le bailleur qui veut se soustraire au versement de cette indemnité doit offrir un local de remplacement et préciser les nouvelles conditions de location (C. com. art. L 145-18 sur renvoi de L 145-24 ; nos 68390 s.).

D. Reprise en secteur protégé

68700 Les secteurs sauvegardés ont été créés par la loi 62-903 du 4 août 1962 dite « loi Malraux » qui visait à conserver le patrimoine architectural et historique de la France et à améliorer les conditions de vie et de travail dans les quartiers anciens des villes. Depuis la loi 2016-925 du 7 juillet 2016 les secteurs sauvegardés sont devenus des « sites patrimoniaux remarquables ».

Dans le même objectif de conservation, la loi Malraux a mis en place un dispositif de restauration immobilière dont le régime juridique figure dans le Code de l'urbanisme (C. urb. art. L 313-4 à L 313-4-4 et R 313-23 à R 313-29).

Lorsque le bailleur effectue des travaux dans les sites patrimoniaux remarquables ou des opérations de restauration immobilière, il bénéficie de deux types de droit de reprise :

- à la fin du bail ou à l'occasion d'une échéance triennale en application de l'article L 145-18, al. 3 du Code de commerce (nos 68715 s.) ;
- à tout moment sous réserve de reporter le bail du locataire sur un autre local, en application de l'article L 145-6 du Code de commerce (nos 68725 s.).

68710 Les opérations de **restauration immobilière** consistent en des travaux de remise en état, d'amélioration, de rénovation (y compris énergétique lorsqu'elle conduit à une amélioration de la performance énergétique), de réhabilitation ou de démolition ayant pour objet ou pour effet de garantir la salubrité, l'intégrité ou l'habitabilité d'un ou de plusieurs immeubles ainsi que la sécurité des personnes. Elles sont engagées à l'initiative soit des collectivités publiques, soit d'un ou plusieurs propriétaires. Lorsqu'elles ne sont pas prévues par un plan de sauvegarde et de mise en valeur approuvé, ces opérations doivent être déclarées d'utilité publique (C. urb. art. L 313-4 modifié par loi 2024-322 du 9-4-2024).

REPRISE EN FIN DE BAIL OU D'ÉCHÉANCE TRIENNALE

68715 À la fin du bail ou à l'occasion de l'échéance d'une période triennale, le bailleur peut refuser le renouvellement du bail pour effectuer les travaux visés ci-dessus (n° 68710) et nécessitant l'**évacuation** des lieux (C. com. art. L 145-18, al. 2). Dans ce cas, l'ensemble des règles énoncées pour la reprise pour construire ou reconstruire sont applicables (nos 68310 s.).

68720 Toutefois, dans le cas où le bailleur ne propose pas de local de remplacement et doit payer une indemnité d'éviction, le locataire ne bénéficie pas du droit au maintien dans les lieux jusqu'au paiement de celle-ci ; il doit quitter les lieux dès le versement d'une **indemnité provisionnelle.** Cette indemnité sera fixée par le président du tribunal judiciaire statuant au vu d'une expertise qu'il aura préalablement ordonnée (C. com. art. L 145-28, al. 2, L 145-56 et art. R 145-30, al. 3).

REPRISE EN COURS DE BAIL

68725 **Conditions de la reprise en cours de bail** À tout moment en cours de bail, le bailleur peut reprendre les lieux en tout ou en partie pour exécuter les travaux évoqués ci-dessus et nécessitant l'évacuation des lieux s'il offre de **reporter le bail** sur un local équivalent, dans le même immeuble ou dans un autre immeuble, permettant la continuation de l'exercice de l'activité antérieure du locataire (C. com. art. L 145-6, al. 1).

Encore faut-il que l'offre de relogement ait un sens. Jugé que le bailleur pouvait exercer son droit de reprise sans formuler une offre de reporter le bail sur un autre immeuble dès lors que cette offre n'aurait pas eu de sens pour un commerce de brasserie exploité dans l'enceinte d'un théâtre municipal qui nécessitait des travaux de réhabilitation et que le locataire n'était pas évincé pour des travaux de longue haleine mais pour une durée d'un mois équivalente à celle des congés annuels et fixée d'un commun accord (CA Lyon 28-2-2001 n° 00-4028, 6e ch.).

L'**offre** doit préciser les caractéristiques du local offert et être notifiée un an à l'avance (C. com. art. L 145-6, al. 1). 68730
Le locataire dispose de deux mois pour répondre (C. com. art. L 145-6, al. 2). Il peut :
- accepter l'offre purement et simplement dans ce délai ;
- ne pas répondre ; dans ce cas, son silence vaudra acceptation de l'offre ;
- accepter l'offre mais discuter les prix et les conditions accessoires du bail qui seront alors fixés par le tribunal judiciaire à la requête de la partie la plus diligente (C. com. art. L 145-7, al. 3) ;
- refuser l'offre, auquel cas il devra faire valider les motifs de son refus par le tribunal.

Effets de la reprise en cours de bail Le bail en cours est transféré sur le nouveau local avec ses modifications éventuelles. Le bail étant poursuivi, sa durée est inchangée. 68735
Lorsque l'offre a été acceptée ou reconnue valable par le tribunal, et à l'expiration du délai d'un an à compter de la ratification de l'offre, le locataire doit quitter les lieux dès la mise à disposition effective du local offert et le versement d'une indemnité provisionnelle (C. com. art. L 145-7, al. 2).
Le locataire déplacé a droit à une **indemnité** de dépossession comprenant :
- l'indemnisation des conséquences dommageables de la privation temporaire de jouissance, notamment les frais éventuels de l'installation provisoire ;
- l'indemnisation du préjudice subi du fait du transfert : frais de déménagement et de réinstallation.
Lorsque l'offre de remplacement n'a pas été reconnue valable, le locataire est indemnisé de la perte du fonds.

III. CAS PARTICULIERS

A. Vente du fonds de commerce par le bailleur

Le propriétaire ou le locataire principal qui, en même temps qu'il est bailleur des lieux, est le vendeur du fonds de commerce qui y est exploité et qui a reçu le prix intégral ne peut refuser le renouvellement qu'à la charge de payer l'**indemnité d'éviction,** sauf s'il justifie d'un motif reconnu grave et légitime à l'encontre du locataire (C. com. art. L 145-25). 68840

ATTENTION

Le propriétaire ne peut pas **contourner l'obligation** qui lui est faite par l'article L 145-25 de verser une indemnité d'éviction en cas de refus de renouvellement en concluant avec l'acquéreur du fonds une convention d'occupation précaire (Cass. 3e civ. 12-6-1996 no 1127 P : RJDA 10/96 no 1165).

Ce texte ne fait exception à l'obligation pour le bailleur vendeur du fonds de payer l'indemnité d'éviction que lorsqu'il peut se prévaloir d'un **motif grave et légitime** à l'encontre du locataire. Sur ces motifs, voir nos 66610 s.
Cette disposition ne s'applique pas lorsque le locataire ne remplit pas les conditions légales pour avoir droit au renouvellement (Cass. 3e civ. 5-3-1971 no 69-12.458 : Bull. civ. III no 169).

B. Locaux appartenant à une collectivité publique

Lorsque l'immeuble appartient à l'État, à une collectivité territoriale ou à un établissement public, la personne publique propriétaire qui refuse de renouveler le bail est tenue de payer l'indemnité d'éviction, même si son **refus** est justifié par une **raison d'utilité publique** (C. com. art. L 145-26). 68900
Ce texte n'exclut pas que la collectivité publique puisse, comme les autres bailleurs, échapper au paiement de l'indemnité en se prévalant d'un motif grave et légitime ou de l'état d'insalubrité de l'immeuble (Cass. com. 17-11-1966 no 63-10.150 : Bull. civ. III no 434).
En cas d'**expropriation,** l'expropriant peut se soustraire au paiement de l'indemnité d'expropriation – qui couvre les conséquences de l'éviction – en offrant au locataire évincé un local équivalent situé dans la même agglomération ; le locataire peut alors se voir allouer une indemnité de déménagement et une indemnité compensatrice de sa privation de jouissance (C. expr. art. L 322-12, al. 2 et 3).

RENOUVELLEMENT DU BAIL COMMERCIAL

SOMMAIRE

69000 Dans le souci d'assurer la stabilité du fonds de commerce, de permettre au locataire de garder sa clientèle et de l'inciter à procéder aux investissements nécessaires, la loi prévoit une protection du locataire à l'expiration de son contrat de bail, dérogatoire au droit commun du bail : il a le droit d'obtenir le renouvellement de son bail. Le bailleur peut certes toujours refuser le renouvellement, mais il doit alors soit justifier d'un motif légitime de non-renouvellement, soit payer une indemnité d'éviction. Par ailleurs, le bailleur qui, dans un premier temps, a refusé le renouvellement bénéficie d'un droit de repentir lui permettant d'accepter ensuite le renouvellement et d'échapper ainsi au paiement de l'indemnité d'éviction.

Le droit au renouvellement se traduit donc soit par le renouvellement du bail, soit par l'indemnisation du locataire évincé si l'éviction n'est pas justifiée. Nous n'étudierons ici que le renouvellement du bail.

SECTION 1 DROIT AU RENOUVELLEMENT DU LOCATAIRE

A. Principe d'ordre public

Le droit au renouvellement est d'ordre public : sont réputés non écrits, quelle qu'en soit la forme, les clauses, stipulations et arrangements qui ont pour effet de faire échec au droit de renouvellement (C. com. art. L 145-15). **69010**

Afin de tourner ce principe, certains bailleurs imposent au locataire de signer un contrat en apparence différent d'un bail commercial ; il s'agit d'un cas de simulation frauduleuse. Il appartient alors au juge de requalifier le contrat.

> **Précisions** **a.** Il a été jugé que les dispositions du décret du 30 septembre 1953 relatives au renouvellement du bail (désormais codifiées) réalisant un juste équilibre entre les exigences de l'intérêt général et les impératifs de la sauvegarde des droits fondamentaux de l'individu ne sont **pas contraires** aux dispositions de l'article 1er du protocole additionnel à la **Convention européenne de sauvegarde des droits de l'Homme** et des libertés fondamentales qui n'admet de restriction légale au droit de propriété que « pour réglementer l'usage des biens conformément à l'intérêt général ou pour assurer le paiement des impôts ou d'autres contributions ou des amendes » (Cass. 3e civ. 27-2-1991 n° 89-18.729 : Bull. civ. III n° 67).
> **b.** Le droit au renouvellement est exclu pour les baux concernant les immeubles acquis en vue de la constitution de **réserves foncières** (C. urb. art. L 221-2, al. 2).
> **c.** Sur le droit au renouvellement des baux consentis au nom d'un **mineur** non émancipé par son tuteur, voir nos 14045 s.

CLAUSES FAISANT ÉCHEC AU PRINCIPE DU DROIT AU RENOUVELLEMENT

Les clauses faisant échec au principe du droit au renouvellement sont **réputées non écrites** en vertu de l'article L 145-15 du Code de commerce, mais le contrat de bail lui-même reste valable. **69015**

Différentes clauses ont fait l'objet de décisions des tribunaux sur la question de savoir si elles faisaient échec ou non au droit au renouvellement. Dans les développements ci-dessous, nous avons conservé les décisions rendues avant la réforme issue de la loi du 18 juin 2014 car celle-ci a seulement modifié les conséquences attachées aux clauses illicites.

> **Précisions** Jusqu'au 20 juin 2014, date d'entrée en vigueur de la **loi** 2014-626 du 18 juin **2014,** ces clauses étaient sanctionnées par la **nullité.** Sur les effets de la réforme de 2014 et son application dans le temps, voir nos 22150 s.

Clause de renonciation Les clauses par lesquelles le locataire renonce à son droit au renouvellement au **moment** de la conclusion initiale du bail sont réputées non écrites. Il en est ainsi qu'elles soient incluses dans le bail lui-même (Cass. 3e civ. 5-12-1962 : Bull. civ. III n° 500 ; Cass. 3e civ. 25-2-1976 n° 74-10.316 : Bull. civ. III n° 90, solution implicite) ou dans un acte différent mais concomitant (Cass. 3e civ. 7-10-1987, analysé n° 69050 ; Cass. 3e civ. 30-11-1988 n° 87-15.291 : Loyers et copr. 1989 comm. n° 64), et il importe peu que la prise d'effet du bail ait été reportée (Cass. 3e civ. 4-5-2006 n° 529 FS-PB : RJDA 8-9/06 n° 875). **69020**

ILLUSTRATIONS

N'est pas valable le congé signé par le locataire le jour de la conclusion du bail même s'il a été postdaté, dès lors que l'arrangement destiné à faire échec à son droit au renouvellement était concomitant à la signature du bail (Cass. 3e civ. 30-11-1988 n° 87-15.291 : précité ; Cass. 3e civ. 30-11-1988 n° 87-15.292 : Loyers et copr. 1989 comm. n° 183).

Doit être réputée non écrite la clause de renonciation au renouvellement insérée dans un bail commercial conclu pour neuf ans le 7 avril 2010 à l'issu d'un bail dérogatoire de deux ans ayant commencé le 2 mai 2006, dès lors que le bail commercial a pris effet rétroactivement le 2 mai 2006 de sorte que la clause a eu pour effet de faire échec, au terme de neuf années, au droit de renouvellement du bail commercial (Cass. 3e civ. 21-4-2022 n° 21-10.375 F-D, rectifié par Cass. 3e civ. 23-11-2022 : RJDA 5/23 n° 242).

Sont également nulles [réputées non écrites] les clauses par lesquelles le locataire limite par avance son droit au renouvellement, en acceptant un **nombre** limité **de renouvellements** ou en s'engageant à ne plus solliciter aucun renouvellement, alors que le renouvellement du bail peut être sollicité à plusieurs reprises par le locataire (Cass. req. 4-11-1936 : Gaz. Pal. 1936 2 p. 741). **69025**

69030 **Clause de nivellement** La clause de nivellement prévoit que le locataire, titulaire d'un **bail portant sur un terrain nu,** qui est autorisé à faire édifier des **constructions au cours du bail** devra les détruire à la fin du bail et rendre au bailleur le terrain nivelé.

Une telle clause est réputée non écrite si elle a pour effet de faire échec au droit de renouvellement du locataire. Tel est le cas de la clause spécifiant qu'en fin de bail le terrain serait rendu nu et nivelé et comportant par ailleurs autorisation de construire et sous-louer avec l'indication que le propriétaire resterait étranger aux locations faites par le locataire (Cass. 3e civ. 29-11-1961 : Bull. civ. III no 447) : cette clause ôtait tous droits aux tiers locataires et ce, d'autant plus que le locataire n'avait jamais exercé personnellement de commerce dans les lieux.

La solution existait déjà sous l'empire de la loi du 30 juin 1926. Ainsi, la Cour de cassation avait censuré un arrêt qui avait déclaré irrecevable une demande de renouvellement d'un locataire pour le seul motif qu'une clause du bail stipulait que lors de son expiration, le locataire serait tenu d'enlever les constructions édifiées sur le terrain litigieux (Cass. civ. 3-2-1948 : Rev. Loyers 1948 p. 431).

69035 En revanche, la clause de nivellement est valable si elle ne porte pas atteinte au droit au renouvellement. Ainsi, la clause qui n'autorise que les **constructions légères et démontables** « à l'exclusion de toutes autres », celles-ci devant être enlevées en fin de bail aux frais du locataire, doit recevoir exécution même si les constructions élevées par le locataire nécessitent la délivrance d'un permis de construire à la demande duquel le propriétaire doit donner son accord (Cass. com. 21-6-1966 : Bull. civ. III no 315).

69045 **Clause de divisibilité** Les clauses qui permettent au bailleur de n'accorder le renouvellement du bail que pour une partie des locaux loués sont réputées non écrites, même si la réduction ne concerne que les locaux accessoires, car le droit au renouvellement du locataire doit porter sur les mêmes locaux que le bail initial.

69050 **Clauses relatives à la fixation et à la détermination du montant de l'indemnité d'éviction** Comme elles constituent des atteintes indirectes au droit au renouvellement, les clauses portant **renonciation à l'indemnité** d'éviction sont réputées non écrites au même titre que celles concernant le droit au renouvellement.

ILLUSTRATIONS

Dans un cas où un bail conclu pour une durée de trois ans et portant sur une **maison** d'habitation autorisait le locataire à exercer dans les lieux loués l'activité pour laquelle il était immatriculé au registre du commerce et où le locataire, par acte séparé signé le même jour, avait déclaré renoncer à tous ses droits à indemnité à l'expiration du bail, jugé que cet acte faisait échec au droit de renouvellement du bail ; il n'a pas été tenu compte de l'argument invoqué par le bailleur selon lequel le locataire avait le droit de renoncer aux dispositions d'ordre public lui accordant le maintien dans les lieux, à la seule condition que cette renonciation soit opérée dans une convention postérieure à la signature du bail (Cass. 3e civ. 7-10-1987 no 86-11.297 : Bull. civ. III no 162).

Les clauses prévoyant une **fixation forfaitaire** de l'indemnité d'éviction font échec à la fois aux règles du droit au renouvellement et aux règles relatives à la détermination du montant de l'indemnité d'éviction (CA Paris 13-2-1961 analysé no 69060).

ILLUSTRATIONS

Si les parties peuvent librement convenir dans le bail qu'une compensation sera effectuée entre le droit d'entrée payable en fin de bail et l'indemnité d'éviction, elles ne peuvent en revanche pas valablement prévoir un engagement irrévocable du locataire à renoncer à la part de l'indemnité d'éviction qui pourrait excéder le montant du droit d'entrée réévalué. En effet, une telle clause revient à évaluer à l'avance forfaitairement l'indemnité d'éviction et doit donc être réputée non écrite comme portant potentiellement atteinte au droit au renouvellement dont la garantie est constituée par l'indemnité d'éviction (CA Chambéry 22-9-2020 no 18/02150, ch. civ. sect. 1).

En revanche, ne sont pas contraires à l'ordre public les clauses précisant les **modalités de calcul** de l'indemnité d'éviction, dès lors qu'elles n'ont pas pour effet de priver le locataire de son indemnisation ou de la limiter forfaitairement par avance et, par voie de conséquence, de limiter directement ou indirectement le droit au renouvellement (Cass. 3e civ. 18-1-2023 no 21-22.209 F-D). Tel est le cas de la clause prévoyant que l'indemnité d'éviction du locataire serait calculée en fonction des caractéristiques d'exploitation du sous-locataire et qu'elle devrait être d'un montant suffisant pour lui permettre d'indemniser le sous-locataire du préjudice subi par ce dernier en raison du non-renouvellement du bail (même arrêt).

69060 **Clause de résiliation anticipée** Sont réputées non écrites les clauses par lesquelles le bailleur se réserve le droit de résilier le bail en dehors des conditions permises par le statut des baux commerciaux. Ainsi, fait directement échec au droit de renouvellement une clause de résiliation de plein droit sans indemnité, moyennant un simple préavis de six mois, pour cause de démolition ou de vente de l'immeuble par le propriétaire (Cass. com. 16-5-1950 : D. 1950 p. 468).

Mais la clause du bail par laquelle il est prévu que le propriétaire aura la possibilité, en cas de vente ou de démolition de l'immeuble, de faire cesser le contrat de location avec un préavis d'un an moyennant paiement d'une indemnité d'éviction correspondant à une année de loyer, s'analyse en deux stipulations juxtaposées : l'une, principale, ayant pour objet de permettre au propriétaire la résiliation du bail à certaines conditions, l'autre, accessoire, fixant les modalités d'indemnisation du locataire ; la clause est valable en ce qu'elle prévoit en cas de vente de l'immeuble le droit de résiliation du bail par le propriétaire mais elle ne l'est pas en ce qu'elle limite le droit du locataire à une indemnité forfaitaire (CA Paris 13-2-1961, Sté Toutmain c/ Sté immobilière du 26 av. des Champs Elysées : JCP 1962 II n° 12671).

Clause de reprise différée Fait échec au droit au renouvellement la clause par laquelle le propriétaire, tout en consentant au locataire le renouvellement du bail, se réserve la faculté d'exercer dans un délai déterminé un droit de reprise notamment pour démolir et reconstruire (Cass. civ. 28-7-1942 : D. 1943 p. 19). **69065**

Clauses de préemption La clause prévoyant un droit de préemption au profit du bailleur en cas de vente de son fonds par le locataire est valable car elle ne porte pas sur le droit au renouvellement mais sur la propriété même du fonds de commerce, qui peut faire l'objet d'un contrat valable entre le bailleur de l'immeuble et le locataire propriétaire de ce fonds (Cass. com. 17-2-1960 : Bull. civ. III n° 68 ; Cass. 3e civ. 12-7-2000 n° 1127 FS-FB, SDIMA c/ Sté du Centre commercial de la Défense : RJDA 11/00 n° 965). **69070**

Autres clauses Viole l'article L 145-15 du Code de commerce et ne peut pas recevoir exécution : **69075**

– la clause limitant la **durée** du bail à trois ans qui n'a pour but que de priver le locataire de son droit à renouvellement (Cass. 3e civ. 3-11-1971 n° 70-11.511 : Bull. civ. III n° 526) ;

– la clause qui, incluse dans un bail de neuf ans, prévoit un « renouvellement » automatique triennal sans limitation de périodes, car elle prive le locataire du droit de demander le renouvellement pour une durée de neuf années, laquelle est la durée minimale du bail renouvelé (Cass. 3e civ. 1-7-1998 n° 1161 PB : RJDA 10/98 n° 1079) ;

– la clause qui stipule qu'à l'expiration de la période initiale de neuf ans le bail se renouvellera par périodes triennales sauf préavis donné par l'une des parties au moins six mois avant l'expiration de chaque période car elle impose par avance au locataire ce renouvellement et la durée de celui-ci est inférieure à la durée minimale légale (TGI Bobigny 22-11-1995, 5e ch., confirmé par CA Paris 18-2-1998 n° 96-2227, 16e ch. A) ;

– la clause qui impose une **exploitation** personnelle du fonds par le locataire pendant les trois dernières années dès lors que cette condition n'est pas prévue par le statut des baux commerciaux (Cass. 3e civ. 23-7-1986 n° 85-13.192 : Bull. civ. III n° 131).

En revanche, les stipulations suivantes ont été validées : **69080**

– la clause faisant **obligation** au locataire, acquéreur par ailleurs du fonds de commerce du bailleur, **de poursuivre un contrat** de concession conclu par ce dernier car elle ne fait pas obstacle à la poursuite de l'exploitation par ce locataire ou l'acquéreur de ce fonds (Cass. 3e civ. 22-7-1987 n° 86-11.357) ;

– l'obligation pour le locataire de respecter un **délai de préavis** d'un an en cas d'usage par ce dernier de la faculté que lui donne le bail de résilier le contrat à la fin d'une période triennale, car une telle stipulation n'affecte pas le droit du locataire au renouvellement du bail commercial (Cass. 3e civ. 10-5-2001 n° 660 FS-PB : RJDA 10/01 n° 761 et, sur renvoi, CA Paris 2-10-2002 : D. 2002 jur. p. 3080 ; pourvoi rejeté par Cass. 3e civ. 9-3-2004 n° 313 D : Administrer mai 2004 p. 24 ; Cass. 3e civ. 18-6-2013 n° 12-20.241 F-D : Loyers et copr. 2013 comm. n° 273).

AMÉNAGEMENTS CONVENTIONNELS AUTORISÉS DU DROIT AU RENOUVELLEMENT

Prorogation du bail Il y a prorogation lorsque, par accord des parties, le bail arrivé à son terme se poursuit aux mêmes clauses et conditions ; il y a renouvellement lorsqu'un nouveau bail est conclu. Les parties sont libres de convenir qu'à son expiration le bail sera prorogé plutôt **69085**

que renouvelé pour une durée inférieure à neuf ans (Cass. 3e civ. 26-10-1977 no 76-11.561 : Bull. civ. III no 358). En effet, une telle convention, qui laisse le locataire en place, n'est pas contraire aux dispositions relatives au droit au renouvellement.

69090 **Autres aménagements** Le droit au renouvellement n'interdit pas au bailleur d'obtenir amiablement le **départ anticipé du locataire,** moyennant contrepartie le cas échéant (Cass. 3e civ. 18-5-1994 no 904 P : RJDA 10/94 no 1009).

Les parties peuvent aussi faire rétroagir le **point de départ du** nouveau bail à une date antérieure à l'expiration de l'ancien, en donnant ainsi au **bail renouvelé** une durée effective inférieure à neuf ans dès lors que le locataire peut valablement renoncer à bénéficier d'un bail de neuf ans postérieurement à l'expiration du bail à renouveler (Cass. 3e civ. 29-10-1984 no 1264 : Loyers et copr. 1985 comm. no 69).

B. Conditions du droit au renouvellement

GÉNÉRALITÉS

69200 Le caractère d'ordre public du droit au renouvellement du locataire n'implique pas en lui-même l'automaticité du renouvellement. Pour en bénéficier, le locataire doit satisfaire à l'ensemble des **conditions générales** d'application du statut, telles que définies à l'article L 145-1 du Code de commerce :

- existence d'un bail portant sur un immeuble ou un local,
- exploitation d'un fonds de commerce ou artisanal dans l'immeuble loué,
- immatriculation du propriétaire du fonds au registre du commerce et des sociétés ou au registre national des entreprises.

69205 Le locataire doit également satisfaire à des **conditions spécifiques** : il doit être propriétaire du fonds (nos 33250 s.) et le fonds doit avoir été exploité pendant une certaine durée, sauf motif légitime de non-exploitation (nos 33810 s.). La nationalité française du locataire n'est plus une condition du droit au renouvellement (no 69220).

69210 Ces **conditions** sont **cumulatives** et l'absence d'une seule condition fait perdre au locataire le droit au renouvellement. Il appartient à ce dernier de prouver qu'il remplit les conditions prévues par les textes (Cass. 3e civ. 17-10-1972 no 71-12.752 : Bull. civ. III no 519).

69215 Le bailleur qui a connaissance d'une cause d'inapplicabilité du statut au moment où se pose la question du renouvellement, c'est-à-dire lors du congé ou de la réponse à une demande de renouvellement du locataire, peut opposer à ce dernier un refus pur et simple (nos 70510 s.). Comme nous le verrons, cette **dénégation du statut** est également possible bien après l'acceptation du principe du renouvellement (nos 70520 s.).

CONDITION DE RENOUVELLEMENT LIÉE À LA NATIONALITÉ DU LOCATAIRE

69220 Traditionnellement, et sauf exceptions limitativement énumérées, le Code de commerce réservait le droit au renouvellement aux locataires de **nationalité française** : l'article L 145-13 du Code de commerce posait en effet le **principe** selon lequel les dispositions sur le droit au renouvellement ne pouvaient être invoquées par des commerçants de nationalité étrangère agissant directement ou par personne interposée.

Ce texte a été abrogé par l'article 5 de la loi 2014-626 du 18 juin 2014 qui a ainsi tiré les conséquences d'un arrêt de la Cour de cassation ayant jugé discriminatoire cette condition liée à la nationalité (Cass. 3e civ. 9-11-2011 no 10-30.291 FS-PBI : RJDA 3/12 no 257).

Il s'ensuit, **en pratique,** qu'un bailleur ne peut plus invoquer la nationalité du locataire pour lui refuser le droit au renouvellement du bail.

SECTION 2

MISE EN ŒUVRE DU RENOUVELLEMENT

PRINCIPES RÉGISSANT LE RENOUVELLEMENT

En principe, le renouvellement du bail n'est **pas automatique.** Il peut résulter d'un congé donné par le bailleur ou de la réponse de ce dernier à la demande de renouvellement formulée par le locataire. Si aucune partie ne prend l'initiative à l'arrivée du terme, il n'y a pas renouvellement, mais le locataire ne devient pas pour autant occupant sans titre car le bail se poursuit alors par tacite prolongation. **69450**

Il en va différemment en présence d'une **clause de renouvellement** automatique. Dans un tel cas, le renouvellement du bail est automatique à l'arrivée du terme et le bailleur n'a aucune obligation de donner congé avec offre de renouvellement (Cass. 3e civ. 27-10-2004 n° 1065 FS-PB : RJDA 1/05 n° 14). Sur le contenu et les effets de cette clause, voir nos 18500 s. **69455**

Aucune disposition légale n'impose aux parties de respecter une quelconque procédure comme la délivrance d'un congé dès lors qu'elles ont décidé d'un commun accord de conclure un **nouveau bail à des conditions différentes** du précédent (Cass. 3e civ. 25-6-2003 n° 785 FS-D : RJDA 10/03 n° 928), que ce soit dans sa période initiale ou en cours de tacite prolongation. **69460**

I. MISE EN ŒUVRE DU RENOUVELLEMENT PAR LE BAILLEUR

A. Congé

Le bail soumis au statut ne prend fin que par l'effet d'un congé donné six mois à l'avance (C. com. art. L 145-9, al. 1). **69560**

Le congé peut être donné avec offre de renouvellement ou sans offre de renouvellement et, dans ce cas, avec offre d'une indemnité d'éviction ou non.

1. NOTION DE CONGÉ

Le congé est un **acte** juridique **unilatéral** qui, régulièrement délivré, met fin au bail et à l'obligation de payer le loyer par la seule manifestation de volonté de celui qui l'a délivré (Cass. 3e civ. 12-6-1996 n° 1068 P : RJDA 10/96 n° 1164 ; Cass. 3e civ. 4-2-2009 n° 07-20.980 FS-PBI : RJDA 10/09 n° 815). Il n'a donc pas à être accepté par son destinataire et n'a pas besoin d'être validé (Cass. 3e civ. 12-7-1988 n° 86-19.610 : Bull. civ. III n° 126). **69570**

Le congé doit se présenter comme un acte ayant pour but de prévenir d'une façon **non équivoque** le cocontractant de la volonté de mettre fin au bail pour la date et les conditions précisées (Cass. 3e civ. 19-3-1997, 2e esp. : D. aff. 1997 p. 529). **69572**

ILLUSTRATIONS

Tel n'est pas le cas d'une opposition faite par le locataire à un commandement du bailleur dès lors qu'elle ne contenait aucune des mentions légales propres à lui conférer les effets d'un congé (Cass. 3e civ. 19-3-1997, précité).
De même, il n'y a pas congé s'il résulte des correspondances échangées par les parties que le locataire n'avait nullement l'intention de mettre fin au bail puisque, après avoir affirmé son désir de quitter les lieux au terme de la seconde période triennale, il avait affirmé son intention de céder son bail à un repreneur intéressé par les trois années restant à courir ; le fait que le locataire n'ait pas protesté contre le terme de congé utilisé uniquement par le bailleur, tout en faisant de nouvelles propositions pour une cession qui n'était concevable que si le bail se poursuivait, démontre qu'il n'y avait aucun accord des parties pour mettre fin au bail (CA Paris 29-5-1998 n° 94-26225, 16e ch. B : D. aff. 1998 p. 1306 rendu pour la résiliation triennale).
N'est pas non plus assimilable à un congé la résiliation d'une franchise par le franchiseur qui a par ailleurs consenti au franchisé un bail comportant une clause d'enseigne (Cass. 3e civ. 30-6-2010 n° 09-13.335 FS-D : RJDA 11/10 n° 1066).

69575 Le **congé** ne peut être **rétracté** par son auteur que si l'autre partie donne son consentement pour faire revivre le bail (Cass. 3e civ. 27-6-1984 no 83-12.552 : Bull. civ. III no 125 s'agissant d'une résiliation triennale mais transposable ; Cass. 3e civ. 18-1-1989 : JCP G 1989 II no 21335 ; Cass. 3e civ. 18-12-2002 no 2000 FS-PB : RJDA 3/03 no 236). À défaut, la rétractation est sans effet. Il en est ainsi même si l'huissier (ou commissaire de justice) a délivré le congé par erreur (Cass. 3e civ. 30-9-2009 no 08-13.756 FS-PB : RJDA 12/09 no 1048).

69577 En revanche, l'auteur du congé est libre de **renoncer** à se prévaloir du bénéfice de son congé. Cette renonciation doit résulter d'une volonté expresse et non équivoque (Cass. 3e civ. 9-2-1994 no 91-21.834).

ILLUSTRATIONS

La délivrance de quittances de loyers pendant une période de temps limitée et l'application de la clause de révision prévue au bail ne suffisent pas à établir la volonté non équivoque du bailleur de renoncer à invoquer le bénéfice du congé qu'il a délivré (Cass. 3e civ. 9-2-1994 précité). De même, jugé que la perception de loyers par le bailleur pendant la période de maintien du locataire dans les lieux, alors que ce bailleur avait saisi le tribunal d'une action en fixation de l'indemnité d'éviction, ne pouvait pas s'analyser en une renonciation expresse et non équivoque de sa part à renoncer au congé délivré (CA Aix-en-Provence 10-9-2015 no 14/10739).
En revanche, dans le cas d'une cession de bail commercial intervenue un an et demi après que le bailleur avait donné congé au cédant, il a été déduit des constatations suivantes que le bailleur avait renoncé implicitement à se prévaloir du congé : en accusant réception de la notification de la cession, le bailleur avait indiqué au cessionnaire qu'il avait procédé à la régularisation de la situation dans ses fichiers et lui avait réclamé les loyers impayés ; il n'avait alors pas fait la moindre allusion au congé délivré avant la cession de bail, ni interdit au cessionnaire d'entrer dans les lieux puisque le terme visé au congé était depuis longtemps échu, ni rappelé qu'il n'avait pas la qualité de locataire mais celle d'occupant sans titre ; il ne l'avait pas invité à déférer sans délai au congé ; enfin, il avait entretenu pendant neuf mois des rapports normaux avec le cessionnaire (CA Paris 4-10-2007 no 06-12914, 6e ch. B. : RJDA 8-9/08 no 888).
S'agissant d'un congé triennal donné par le locataire, le maintien du locataire dans les lieux après la date d'effet du congé qu'il a lui-même délivré et la poursuite du paiement des loyers peuvent valoir renonciation au bénéfice de ce congé (Cass. 3e civ. 30-3-2017 no 15-20-559 FS-D : RJDA 6/17 no 391). Toutefois, la volonté non équivoque du locataire de renoncer au congé triennal qu'il avait délivré n'a pas été retenue dans un cas où, deux jours après avoir délivré congé, il avait envoyé au bailleur un courrier électronique dans lequel il lui précisait avoir fait délivrer congé par « mesure de précaution totalement formelle », précisant « mais j'espère bien qu'on est là et ici pour longtemps ». En effet, le courriel du locataire ne visait qu'à maintenir un climat propice à la négociation sans impliquer de volonté de renoncer au bénéfice du congé en cas d'échec ; le maintien du locataire dans les lieux au-delà de la date d'effet du congé était lié à cette possibilité de parvenir à la conclusion d'un nouveau contrat à des conditions plus avantageuses ; l'usage habituel du terme « loyer » dans les correspondances échangées par les parties après la délivrance du congé pour désigner les sommes dues en contrepartie du maintien dans les lieux ne traduisait pas une volonté non équivoque de poursuivre le bail, alors qu'au contraire leurs échanges révélaient un désaccord sur la poursuite du bail aux conditions antérieures (Cass. 3e civ. 26-1-2022 no 21-10.828 F-D : RJDA 5/22 no 250). De même, jugé que la volonté non équivoque du locataire de renoncer au congé qu'il avait délivré n'était pas établie dans un cas où, étant resté dans les lieux après la date d'effet du congé, sans verser une quelconque somme en contrepartie de son occupation, il avait envoyé un courrier au bailleur pour l'informer de son intention de proroger de six mois le délai de préavis tout en précisant que la prorogation de l'effet du congé ne pouvait pas être considérée comme un renouvellement du bail (CA Rouen 7-9-2023 no 22/01468 : RJDA 1/24 no 6).

CONGÉ CONDITIONNEL

69580 Le bailleur peut notifier au locataire un congé sous condition suspensive : il donne ainsi son accord de principe au renouvellement mais le subordonne par exemple à l'exécution par le locataire de divers travaux dans les lieux loués. Cette situation peut se présenter quand le bailleur constate par exemple un manquement grave du locataire à la date d'expiration du bail ; dans ce cas, la non-réalisation de la condition suspensive ne peut déboucher que sur le non-renouvellement du bail, assorti de l'indemnité d'éviction et non sur le refus de renouvellement sans indemnité, à défaut de survenance d'un manquement nouveau depuis l'expiration du bail ou inconnu du bailleur lors de l'accord de celui-ci sur le renouvellement (Cass. 3e civ. 7-7-2004 no 875 FS-PB : RJDA 11/04 no 1197).

CAS DU BAIL DONT LA DURÉE EST SUBORDONNÉE À UN ÉVÉNEMENT

69585 Le bail dont la durée est subordonnée à un événement dont la réalisation autorise le bailleur à demander la résiliation ne cesse, **au-delà de la durée de neuf ans,** que par l'effet d'une notification faite six mois à l'avance et pour le dernier jour du trimestre civil (C. com. art. L 145-9, al. 3).

Toutefois, la survenance de cet événement ne prive pas le locataire de son droit au renouvellement s'il remplit les conditions requises. En effet, cette résiliation met fin au bail dans des conditions en tous points semblables à celles découlant de la délivrance d'un congé par le bailleur, et ce dernier ne peut refuser le renouvellement sans indemnité que dans les cas limitativement prévus par l'article 9 du décret de 1953, devenu l'article L 145-17 du Code de commerce (Cass. 3e civ. 3-10-1973 no 72-12.640 : Bull. civ. III no 500).

La notification doit mentionner la réalisation de l'événement prévu au contrat.

2. AUTEUR ET DESTINATAIRE DU CONGÉ

AUTEUR DU CONGÉ

C'est le bailleur qui donne congé. 69640

Le congé délivré à la requête d'une personne qui n'est pas le bailleur est nul, sans que la preuve d'un préjudice soit nécessaire et peu important que le locataire connaisse parfaitement l'identité du propriétaire. En effet, le **défaut de pouvoir** de la personne qui a délivré le congé constitue une irrégularité de fond affectant la validité du congé et les exceptions de nullité fondées sur l'inobservation des règles de fond relatives aux actes de procédure doivent être accueillies sans que celui qui les invoque ait à justifier d'un grief (Cass. 3e civ. 29-9-1999 no 98-11.746 : Bull. civ. III no 190).

Le congé délivré au nom d'une **personne décédée** est également entaché d'une irrégularité de fond, laquelle peut être soulevée par tout intéressé (Cass. 3e civ. 19-3-1997 no 95-16.826 : Loyers et copr. 1997 comm. no 287).

Le congé peut être donné par le **représentant du bailleur** ou son **préposé,** à condition que celui-ci ait reçu un mandat spécial (Cass. 3e civ. 10-10-1972 no 71-20.094 : Bull. civ. III no 502). 69642

En cas de décès du bailleur, le congé peut être déclaré valable si le mandataire est resté dans l'ignorance du décès et s'il a agi dans les limites de son mandat, peu important le fait qu'il ait envoyé des comptes de gérance à l'épouse de son mandant concomitamment au décès (Cass. 3e civ. 19-7-1995 no 1751 P : Bull. civ. III no 190, décès survenu cinq semaines avant l'envoi du congé).

Lorsque le bail a été consenti par des **époux communs en biens,** se pose la question de savoir si le congé doit être délivré par les deux époux ou s'il peut l'être par l'un d'eux seulement. 69644

La solution dépend de l'analyse qui est faite de la délivrance d'un congé : soit l'on considère que cet acte entre dans le pouvoir d'administration dont dispose chaque époux sur les biens communs (C. civ. art. 1421), de sorte qu'un époux seul peut délivrer cet acte, soit l'on assimile cet acte à la conclusion d'un bail (C. civ. art. 1425), auquel cas l'intervention des deux époux est nécessaire.

Cette question n'a pas été tranchée par la Cour de cassation pourtant appelée à se prononcer sur le sujet.

Dans l'affaire qui avait été soumise à la Cour, le congé, délivré au locataire par la seule épouse alors que le bail concernait un bien commun aux deux époux, avait été validé par les juges du fond. Ils avaient estimé qu'en vertu du pouvoir d'administration dont dispose chaque époux sur les biens communs en vertu de l'article 1421 du Code civil, l'épouse pouvait seule délivrer ce congé sauf à répondre des fautes qu'elle aurait pu commettre dans sa gestion. Le locataire s'était alors pourvu en cassation et avait demandé que le congé soit déclaré nul faute d'avoir été délivré par les deux époux comme l'exige l'article 1425 du même Code. La Cour de cassation a rejeté l'exception de nullité soulevée par le locataire au motif qu'il résulte de l'article 1427, al. 1 du Code civil que l'action en nullité d'un acte passé par un époux relativement à un bien commun n'est ouverte qu'au conjoint de cet époux (Cass. 3e civ. 14-11-2007 no 06-13.818 FP-D : RJDA 4/08 no 385). Ce faisant, la Cour a éludé la question en substituant ce motif de pur droit à celui retenu par la cour d'appel mais elle ne l'a pas désavouée clairement puisqu'elle a rejeté le pourvoi. Cette décision traduit l'hésitation de la troisième chambre civile de la Cour de cassation sur cette question.

En cas d'usufruit En cas de démembrement de la propriété, l'**usufruitier** ne peut pas délivrer seul un congé avec offre de renouvellement. En effet, dès lors qu'aux termes de l'article 595, al. 4 du Code civil l'usufruitier ne peut, sans le concours du nu-propriétaire, donner à bail un immeuble à usage commercial, industriel ou artisanal, il ne peut pas non plus consentir au renouvellement du bail seul, le texte ne comportant aucune distinction entre renouvellement et conclusion du bail initial (Cass. 3e civ. 24-3-1999 no 537 PB : RJDA 5/99 no 525 ; Administrer juin 1999 p. 33 note B. Boccara). 69650

En conséquence, nous renvoyons le lecteur sur nos développements nos 15055 s.

> **Précisions** B. Boccara a déduit de la décision du 24 mars 1999 qu'en cas de congé il appartient à l'usufruitier de s'assurer de l'accord amiable du nu-propriétaire dans les conditions permettant de signifier le congé à la diligence conjointe de l'un et de l'autre.

69655 **En cas d'indivision** Lorsque le bien loué est en indivision, les règles des articles 815-3 et suivants du Code civil définissant les pouvoirs des **indivisaires** sont applicables.

Il convient, sous peine de nullité de l'acte, de veiller à la régularité du libellé de l'auteur du congé : le nom de chaque coïndivisaire doit être mentionné (Cass. 3e civ. 10-12-2002 no 1871 FS-D : RJDA 3/03 no 231). En outre, le congé ne peut pas être délivré au nom de l'« indivision X » ou de la « famille X », l'indivision étant dépourvue de personnalité juridique (Cass. 3e civ. 10-6-1998 no 970 D : RJDA 8-9/98 no 952 ; Cass. 3e civ. 25-4-2001 no 630 FS-PB : RJDA 7/01 no 757). Il s'agit d'une irrégularité de fond au sens de l'article 117 du Code de procédure civile (mêmes arrêts) qui peut cependant être couverte par l'intervention de chaque indivisaire pris individuellement dans l'assignation introductive d'instance (Cass. 3e civ. 3-11-2005 no 1169 FS-D : RJDA 3/06 no 234). De même, l'irrégularité d'un congé ne mentionnant pas le nom de chaque coïndivisaire est couverte dès lors que l'indivisaire dont le nom avait été omis est intervenu dans l'assignation devant le tribunal de grande instance (désormais tribunal judiciaire) et dans les actes subséquents (Cass. 3e civ. 5-12-2001 no 1744 FS-PB : RJDA 2/02 no 135). Cette irrégularité peut également être couverte par la cession de droits indivis entraînant la réunion de tous les droits indivis entre les mains d'un seul indivisaire (Cass. 3e civ. 23-9-2021 no 19-25.410 FS-D : RJDA 4/22 no 190).

DESTINATAIRE DU CONGÉ

69660 Le congé doit être signifié au véritable **locataire,** c'est-à-dire au propriétaire du fonds exploité dans les lieux loués. Ainsi est inopérant le congé délivré au gérant libre du fonds de commerce (Cass. 3e civ. 21-12-1964 no 61-11.870 : Bull. civ. III no 575). De même, en cas de démembrement de la propriété du fonds, serait inopérant le congé adressé à l'usufruitier au lieu du nu-propriétaire.

En cas d'**erreur** dans la **désignation du locataire,** le congé est entaché d'une irrégularité de forme : il ne peut donc être annulé que si cette erreur a causé un préjudice au réel destinataire (Cass. 3e civ. 23-3-2011 no 10-13.540 FS-D : RJDA 2/12 no 133). Il s'agit d'une nullité relative, dont seul le destinataire du congé peut se prévaloir (même arrêt).

69665 En cas de **décès du locataire,** le congé doit être notifié à chacun des cohéritiers (Cass. 3e civ. 2-11-2005 no 1183 FD : RJDA 3/06 no 241).

Le congé délivré au seul conjoint, qui est seulement usufruitier du fonds de commerce, n'est donc pas valable et pas opposable aux enfants du locataire (Cass. 3e civ. 5-11-2003 no 1171 FS-D : RJDA 2/04 no 142).

Le fait que l'héritier qui exploite le fonds de commerce refuse de communiquer l'identité de ses cohéritiers ne dispense pas le bailleur de son obligation (Cass. 3e civ. 2-11-2005 no 1183 FD : RJDA 3/06 no 241). En conséquence, dès qu'il a connaissance du décès de son locataire et avant toute notification d'un quelconque congé, le bailleur doit enjoindre l'héritier connu, par voie d'huissier (ou de commissaire de justice), de lui communiquer le nom des autres cohéritiers, ou plus sûrement le nom du notaire chargé de la succession, à charge pour celui-ci de les inviter à se faire connaître. Faute de réponse, il devra saisir les tribunaux.

69670 **Bail consenti à une société** Lorsque le bail a été consenti à une société, la notification du congé est valablement faite lorsque l'acte est délivré au représentant légal de la société, à un fondé de pouvoir ou à toute personne habilitée à cet effet (CPC art. 654, al. 2). La notion de « personne habilitée » est largement interprétée par les tribunaux. Il suffit que la personne se déclare habilitée à réceptionner l'acte qui lui est remis ; l'huissier (ou commissaire) de justice n'a pas à vérifier la qualité revendiquée (Cass. 2e civ. 18-9-2003 no 01-16.604 : RJDA 1/04 no 44 ; Cass. com. 12-11-2008 nos 08-12.542 et 08-12.543 : RJDA 2/09 no 98).

69675 **Bail consenti à des colocataires** Si le local est loué à plusieurs locataires, la solution est différente selon qu'ils sont solidaires ou non. Lorsque les **colocataires** sont **solidaires,** le congé délivré à l'un d'eux est opposable aux autres, en application des règles de la solidarité prévues par l'ancien article 1203 du Code civil, devenu l'article 1313 (Cass. 3e civ. 20-7-1989 no 88-12.676, Bellois c/ Callac : Bull. civ. III no 174, solution rendue à propos d'un bail rural, mais transposable). En cas de décès d'un colocataire solidaire, le congé signifié au colocataire resté dans les lieux produit ses effets à l'égard des héritiers du colocataire décédé, même s'il ne leur a pas été signifié (Cass. 3e civ. 19-2-2014 no 12-17.263 FS-PB : RJDA 5/14 no 413).

En l'**absence de solidarité,** le congé doit être délivré à chaque colocataire (Cass. 3e civ. 21-10-1992 no 90-21.738 : JCP 1993 no 22184 note critique BH Dumortier). Le congé délivré au colocataire après son décès est affecté d'une nullité de fond qui n'est pas susceptible d'être écartée en raison de ce que le bailleur n'a pas été informé du décès avant la délivrance de cet acte ; faute d'avoir été régulièrement signifié à l'ensemble des cotitulaires du bail, ce congé est nul (Cass. 3e civ. 14-1-2015 no 13-22.931 FS-D).

Bail consenti à des époux Lorsque le bail a été consenti à deux **époux** contractuellement **séparés de biens,** le congé délivré au mari seul n'est pas valable, même si le mari s'est constitué gérant d'affaires de sa femme (Cass. 3e civ. 11-12-1969 : Rev. loyers 1970 p. 212). Le congé délivré à un seul des époux n'est valable que si les époux se sont engagés solidairement à l'égard du bailleur (Cass. 3e civ. 21-10-1992 no 90-21.738 : JCP 1993 no 22184). 69680

Lorsque des **époux mariés sous le régime de la communauté légale** exploitent un fonds de commerce dont ils sont copropriétaires dans un local commercial pris en location par un seul époux, seul l'époux contractuellement désigné dans le bail a la qualité de locataire car la qualité de copropriétaire du fonds de commerce n'entraîne pas celle de colocataire du bail commercial (Cass. 3e civ. 28-5-2008 no 07-12.277 FS-PB : RJDA 8-9/08 no 890 ; Cass. 3e civ. 17-9-2020 no 19-18.435 F-PBI : RJDA 11/20 no 556). Par conséquent, le bailleur n'est tenu de délivrer le congé qu'au seul époux titulaire du bail (Cass. 3e civ. 28-5-2008 précité). 69685

3. FORME ET CONTENU DU CONGÉ

FORME DU CONGÉ

Le congé doit être donné par **acte extrajudiciaire** (C. com. art. L 145-9, al. 5), c'est-à-dire par acte d'huissier ou de commissaire de justice. 69730

Traditionnellement, le congé a toujours requis un acte extrajudiciaire. Mais entre le 20 juin 2014 et le 7 août 2015, les congés ont pu être délivrés également par lettre recommandée AR, au libre choix de chacune des parties (art. L 145-9 dans sa rédaction issue de la loi 2014-626 du 18-6-2014).

ATTENTION

Avant la loi du 6 août 2015, le congé du locataire à l'expiration d'une période triennale devait être donné dans la forme de l'article L 145-9, ce qui n'est plus le cas désormais. Néanmoins, nous continuons de faire **référence aux décisions** sur la résiliation triennale rendues sous le régime **antérieur à 2015** car les précisions qu'elles apportent conservent toute leur valeur concernant les conséquences des exigences de forme de l'article L 145-9.

Les parties ne peuvent pas déroger aux exigences de forme de l'article L 145-9, al. 5. Il en est ainsi même si : 69732

- une autre forme a été autorisée par le bail (Cass. 3e civ. 4-3-1992 no 429 P : RJDA 5/92 no 434 ; Cass. 3e civ. 13-1-1999 no 42 PF : RJDA 3/99 no 263, 1e espèce pour une résiliation triennale) ;
- à la date de la notification du congé, le locataire n'était pas immatriculé au registre du commerce (Cass. 3e civ. 1-10-2003 no 1017 FS-PB : RJDA 1/04 no 20) ;
- les parties se sont soumises volontairement au statut des baux commerciaux (Cass. ass. plén. 17-5-2002 no 488 P : RJDA 8-9/02 no 861).

Sanctions Le congé donné sous une autre forme que l'acte extrajudiciaire est nul (Cass. 3e civ. 24-1-1996 no 124 PF : RJDA 4/96 no 467 pour une résiliation triennale ; Cass. 3e civ. 30-4-1997 no 682 P : RJDA 6/97 no 757 ; Cass. 3e civ. 13-12-2000 no 1680 FS-PB : RJDA 3/01 no 280 pour une résiliation triennale ; Cass. 3e civ. 9-3-2005 no 314 FS-D : RJDA 6/05 no 662). 69735

Il s'agit d'une **nullité** relative, dont seul le destinataire du congé peut se prévaloir (Cass. 3e civ. 20-12-1982 no 81-13.495 : Bull. civ. III no 257 ; Cass. 3e civ. 19-5-1993 no 91-16.254 ; Cass. 3e civ. 18-5-1994 no 906 P : RJDA 8-9/94 no 915 ; CA Paris 29-5-1998, 16e ch. B : D. aff. 1998 p. 1306 ; Cass. 3e civ. 15-9-2010 no 09-15.192 FS-PB : RJDA 1/11 no 20). Celui-ci peut choisir d'y renoncer par un acte positif quelconque mais dépourvu d'équivoque ; une renonciation par avance est toutefois inefficace puisque la renonciation à un droit doit être postérieure à la naissance de celui-ci (Cass. 3e civ. 16-7-1998 no 1327 D : RJDA 10/98 no 1082, rendu à propos de la résiliation triennale).

La nullité encourue pour non-respect de la forme du congé peut être demandée **même en l'absence de préjudice** du destinataire qui l'invoque car il s'agit d'un vice de fond au sens de l'article 119 du Code de procédure civile (Cass. 3e civ. 8-6-1982 no 1022 : Bull. civ. III no 146 ; Cass. 3e civ. 13-12-2000 no 1680 FS-PB : RJDA 3/01 no 280 pour une résiliation triennale ; CA Versailles 2-2-1995, 12e ch., 1e sect. : RJDA 5/95 no 552). 69740

CONTENU DU CONGÉ

Le congé doit, à peine de nullité, préciser les motifs pour lesquels il est donné et indiquer que le locataire qui entend soit contester le congé, soit demander le paiement d'une indemnité d'éviction doit saisir le tribunal avant l'expiration d'un délai de deux ans à compter de la date d'effet du congé (C. com. art. L 145-9, al. 5). 69750

L'**obligation de motiver** le congé fait écho à l'intention du législateur d'assurer au locataire un droit au renouvellement de son bail, ou à défaut une indemnité d'éviction. C'est pourquoi, bien que le texte ne distingue pas selon la nature du congé, la motivation nous paraît inutile lorsque le congé est donné avec offre de renouvellement (dans le même sens, Droit et pratique des baux commerciaux : Dalloz Action 2021-22 n° 362.63 ; J.-P. Blatter : Traité des baux commerciaux n° 403, Dalloz Le Moniteur, 7e éd.).

Quant à l'**indication** du **délai de saisine du tribunal,** il n'est pas certain qu'elle soit indispensable dans un congé avec offre de renouvellement mais elle n'est pas dénuée de tout intérêt car le locataire peut vouloir engager une action en contestation du congé. Quoi qu'il en soit, l'omission des mentions relatives au délai ne peut entraîner la nullité du congé que si elle a causé un préjudice au locataire car il s'agit d'un vice de forme (Cass. 3e civ. 19-12-2000 n° 1752 F-D : RJDA 5/01 n° 566 ; Cass. 3e civ. 25-10-2018 n° 17-20.713 F-D : RJDA 2/19 n° 78).

69755 Dans le congé avec offre de renouvellement, il faut juste mentionner que le congé est donné pour mettre fin au bail avec offre d'un bail renouvelé, sans qu'il soit besoin que le **nouveau loyer** soit fixé. En effet, le renouvellement n'est pas subordonné à la fixation préalable ou concomitante du loyer du nouveau bail, celle-ci pouvant se faire postérieurement, de façon amiable ou judiciaire. Il suffit que les parties se soient entendues sur le principe du renouvellement (Cass. 3e civ. 9-11-1981 n° 80-12.909 : Bull. civ. III n° 180 ; Cass. 3e civ. 21-3-1990 n° 88-20.402 : Bull. civ. III n° 81 ; Cass. 3e civ. 15-5-1996 n° 921 PF : RJDA 8-9/96 n° 1025 ; CA Paris 24-10-2003 n° 03-5000, 14e ch. B : RJDA 4/04 n° 410). Par suite, un congé avec offre de renouvellement ne peut pas être déclaré caduc au motif qu'aucun nouveau bail n'aurait été conclu, les parties ne s'étant jamais entendues sur le nouveau prix à appliquer, et aucune des parties n'ayant introduit dans le délai de deux ans une action aux fins de déterminer les conditions de ce bail (Cass. 3e civ. 8-7-1980 n° 79-11.079 : Bull. civ. III n° 132 ; voir aussi Cass. 3e civ. 4-7-2001 n° 1159 FS-D : RJDA 11/01 n° 1082).

Mais le bailleur qui désire obtenir une modification du prix du bail a intérêt à faire connaître le loyer qu'il propose dans le congé, faute de quoi le nouveau prix ne sera dû qu'à compter de la demande qui en sera faite ultérieurement (C. com. art. L 145-11), soit par acte extrajudiciaire ou lettre recommandée AR, soit dans le mémoire préalable à l'assignation (C. com. art. R 145-1). Dans ce cas, le bailleur n'a aucune obligation de motiver le congé en précisant les motifs du déplafonnement du loyer proposé (CA Paris 10-4-2019 n° 16/11550 : RJDA 3/20 n° 135).

4. DATE DE DÉLIVRANCE ET D'EFFET DU CONGÉ

69830 Le congé doit être donné six mois à l'avance (C. com. art. L 145-9, al. 1). Autrement dit, il doit être donné au moins six mois avant la date d'expiration du bail et il prend effet à cette date.

Si le bail est à périodes, le congé doit être délivré dans les mêmes délais (C. com. art. L 145-9, al. 4).

69832 Un congé délivré dans le délai de préavis légal, mais pour une **date prématurée,** produit ses effets à la date d'expiration du bail (Cass. soc. 3-11-1956 : Bull. civ. IV n° 808 ; Cass. 3e civ. 9-10-1996 n° 94-17.198 D : RJDA 12/96 n° 1446 ; Cass. 3e civ. 10-2-2015 n° 13-26.403 F-D : JCP E 2015.1198 note Brignon, rendu à propos d'une résiliation triennale mais transposable).

69835 Le délai de six mois est un **délai minimal.** Lorsque le congé est donné moins de six mois avant le terme du bail, il prend effet postérieurement à la date d'expiration du bail, c'est-à-dire en période de tacite prolongation ; il obéit donc aux règles exposées n° 31010.

Le texte ne prévoit en revanche pas de **délai maximal** et rien ne s'oppose à ce que le bailleur donne congé plus longtemps à l'avance.

ILLUSTRATIONS

Un congé signifié plus de sept ans avant la date d'expiration du bail ne peut être déclaré nul et abusif parce que prématuré, un locataire n'étant pas fondé à se plaindre de ce que son propriétaire l'avise **longtemps à l'avance,** ayant même intérêt à être fixé très tôt pour prendre des dispositions appropriées (CA Paris 7-1-1964, 16e ch. : Gaz. Pal. 1964 II p. 136). Un congé comportant refus de renouvellement avec offre d'indemnité d'éviction donné trois ans à l'avance ne constitue pas non plus un abus de droit (Cass. 3e civ. 9-11-1981 n° 80-12.972 : Bull. civ. III n° 181 ; CA Paris 5-5-1994, 16e ch. B). Il en est de même du congé sans offre de renouvellement ni indemnité d'éviction donné deux ans à l'avance à un locataire non immatriculé au RCS (CA Paris 20-6-2012 n° 10/10098, ch. 5-3).

En revanche, le congé sans offre de renouvellement ni indemnité d'éviction délivré par le bailleur cédant sept ans avant la date d'expiration du bail pour non-immatriculation du locataire est nul et privé de tout effet dès lors qu'il a été délivré dans des conditions révélant une **collusion frauduleuse** entre les bailleurs successifs (Cass. 3e civ. 5-3-2008 n° 06-20.831 FS-PB : RJDA 5/08 n° 497). Est également privé d'effet le congé délivré par le bailleur à son locataire trois ans avant la fin du bail, à une date où ce dernier venait de transférer son siège social dans les lieux loués et était en cours d'immatriculation au RCS, ce qui démontre que le **bailleur** a agi dans le seul but de faire échec au renouvellement du bail, **abusant** ainsi **de son droit** de délivrer un congé (CA Paris 21-5-2008 n° 07-9087, 16e ch. A : RJDA 4/09 n° 317).

Le **délai court** à compter de la signification de l'acte à personne, à domicile, à résidence ou, en cas de domicile inconnu, à compter de l'établissement du procès-verbal (CPC art. 664-1). 69837

Pour les congés délivrés entre le 20 juin 2014 et le 7 août 2015 (sur ces dates, n° 69730) par lettre recommandée, le délai court à compter de la première présentation de la lettre (C. com. art. R 145-1-1).

Le délai **se calcule** de quantième en quantième en application des articles 641 et 642 du Code de procédure civile (Cass. 3e civ. 13-1-2004 n° 02-18.337 F-PB : RJDA 5/04 n° 529 ; Cass. 3e civ. 3-7-2013 n° 12-17.914 FS-PB : RJDA 12/13 n° 987) : lorsque le délai part le dernier jour du mois, il arrive à échéance le dernier jour du mois qui sert de terme au délai, et ce jour d'échéance compte dans le délai. 69840

L'alinéa 2 de l'article 642, qui reporte le délai lorsqu'il se termine un samedi, dimanche ou jour férié, n'est pas applicable (Cass. 3e civ. 8-3-2018 n° 17-11.312 F-PBI : RJDA 5/18 n° 397, rendu pour un congé triennal mais transposable).

B. Réponse du locataire

Le locataire peut **accepter** le congé notifié par le bailleur **aux conditions proposées.** 69960

Le renouvellement peut être accepté formellement, même s'il n'existe pas de forme particulière à respecter. Il n'y a pas acceptation lorsque le locataire a continué à payer le loyer sur la base de l'ancien prix, a écrit des lettres suffisamment précises sur son intention de ne pas renouveler le bail, le fait de rester dans les lieux au-delà de la date de fin du bail ne valant pas à lui seul acceptation du renouvellement (CA Nancy 22-1-1986 n° 86-172, 2e ch. : Rev. loyers 1986 p. 317). De même, ne caractérise pas l'acceptation tacite sans équivoque par le locataire de l'offre de renouvellement le fait de s'être maintenu dans les lieux après la délivrance du congé avec offre de renouvellement, d'avoir gardé le silence et de s'être acquitté régulièrement du loyer prévu au congé qui était identique à celui du bail expiré (Cass. 3e civ. 7-9-2022 n° 21-11.592 F-D).

Le locataire peut aussi **accepter le principe** du renouvellement mais **contester les modalités** de l'offre. Si le désaccord des parties porte sur un élément essentiel du contrat, comme le point de départ du bail renouvelé, l'acceptation n'est pas valable et le contrat de bail n'est pas formé (Cass. 3e civ. 22-4-1980 n° 78-15.954 : Bull. civ. III n° 82). 69965

Si le désaccord porte sur le montant du loyer, le locataire doit alors saisir le juge des loyers d'une demande de fixation du loyer du bail renouvelé. Si aucune partie ne le fait dans le délai de deux ans de l'article L 145-60, cette inaction n'entraîne ni la caducité du congé, ni la déchéance du locataire qui ne devient pas occupant sans droit ni titre ; le bail est renouvelé aux clauses et conditions, notamment de prix, du bail expiré (voir n° 22100).

II. MISE EN ŒUVRE DU RENOUVELLEMENT PAR LE LOCATAIRE

Si le bailleur ne s'est pas manifesté six mois avant l'expiration du bail, le locataire peut soit garder le silence, auquel cas le bail se poursuivra tacitement (C. com. art. L 145-9, al. 2) avec cependant le risque que le loyer soit déplafonné à l'expiration de la douzième année (art. L 145-34, al. 3), soit contraindre le bailleur à prendre position sur le renouvellement en lui signifiant une demande de renouvellement de son bail. 70060

> **Précisions** Le **bail verbal à durée indéterminée** n'entre pas dans les prévisions de l'article L 145-10 du Code de commerce : celui-ci ne peut prendre fin que par un congé et le locataire ne peut pas former, avant de l'avoir reçu, une demande de renouvellement (Cass. 3e civ. 7-1-1971 n° 69-11.387 : Bull. civ. III n° 10).

A. Demande de renouvellement

1. CONDITION PRÉALABLE À LA DEMANDE DE RENOUVELLEMENT

Le locataire ne peut faire une demande en renouvellement de bail qu'« **à défaut de congé** » (C. com. art. L 145-10, al. 1), cette expression devant s'entendre comme « à défaut de congé délivré pour la **date d'expiration du bail** ». 70070

Lorsque le bailleur délivre un **congé pour une date postérieure** à l'échéance contractuelle, il y a lieu de distinguer selon que le congé s'accompagne ou non d'une offre de renouvellement : lorsque le bailleur délivre un congé assorti d'une offre de renouvellement, le locataire conserve la possibilité de demander le renouvellement du bail (Cass. 3e civ. 13-2-1980 n° 78-12.522 : Bull. civ. III n° 38 ; Cass. 3e civ. 27-11-1990 n° 1874 P : RJDA 1/91 n° 10 ; Cass. 3e civ. 18-12-1991 n° 90-10.109 : Bull. civ. III n° 323). En revanche, le locataire perd cette faculté si le congé est assorti d'un refus de renouvellement (Cass. 3e civ. 21-2-2007 n° 05-21.623 : RJDA 5/07 n° 455).

2. AUTEUR ET DESTINATAIRE DE LA DEMANDE DE RENOUVELLEMENT

AUTEUR DE LA DEMANDE DE RENOUVELLEMENT

70120 La demande de renouvellement doit être formée par le locataire. Ce dernier peut être le locataire d'origine, le cessionnaire ou tout ayant droit du locataire ; en revanche, la demande ne peut pas être faite par le locataire-gérant du fonds de commerce.

Lorsque le bail a été consenti à **plusieurs locataires,** la demande de renouvellement doit être formée par l'ensemble des locataires ; la demande formée par un seul est irrecevable. Jugé ainsi que le bailleur qui a donné son bien en location à plusieurs locataires engagés solidairement au paiement des loyers et à l'exécution des charges, ne peut être tenu de consentir au renouvellement du bail à la demande d'un seul agissant pour son compte personnel (Cass. com. 9-4-1962 : Bull. civ. IV n° 216).

La demande de renouvellement peut être délivrée par un **mandataire** du locataire (un huissier ou commissaire de justice, notamment). Si l'huissier (ou commissaire de justice) commet une erreur et délivre un congé au bailleur au lieu d'une demande de renouvellement, le congé n'est pas entaché d'une irrégularité de fond et produit donc ses effets (Cass. 3e civ. 5-6-2013 n° 12-12.065 FS-PB : RJDA 10/13 n° 776).

70125 **Demande de renouvellement par une société** La demande de renouvellement doit être faite au nom de la société locataire par le **représentant légal** de celle-ci.

Lorsque la **société** locataire a été **dissoute,** c'est à son liquidateur amiable qu'il revient de demander le renouvellement du bail. En effet, la personnalité morale d'une société ne prend pas fin par sa dissolution mais elle subsiste pour les besoins de sa liquidation (C. civ. art. 1844-8, al. 3). Cette liquidation pouvant durer plusieurs années, il importe que la société dissoute puisse obtenir le renouvellement de son bail, opération nécessaire à la poursuite de la liquidation.

ILLUSTRATIONS

Une demande de renouvellement formulée par le gérant de la société locataire est valable, même si la société a fait savoir quelques mois après qu'elle s'opposait à ce renouvellement et qu'elle dénonçait le bail, dès lors que le gérant, en renouvelant le contrat aux clauses et conditions du bail initial, effectuait un acte d'administration indispensable dans le cadre de la gestion courante de la société, donc un acte qu'il était habilité à effectuer aux termes de l'article 1848 du Code civil auxquels renvoyaient les statuts de la société.

CA Nancy 24-9-1997 n° 94-2397, 2e ch.

Dans un cas où une société titulaire d'un bail commercial s'était trouvée dissoute par la réunion de la totalité des parts sociales entre les mains d'un seul associé et où l'associé en sa qualité de liquidateur de la société avait conclu un nouveau bail au nom de la société, c'est à tort qu'une cour d'appel a prononcé, à la demande du bailleur, la nullité de ce bail en refusant d'admettre qu'il avait été passé pour les besoins de la liquidation.

Cass. 3e civ. 3-10-1969 : JCP 1970 éd. G n° 16160.

DESTINATAIRE DE LA DEMANDE DE RENOUVELLEMENT

70130 **Bailleur** Le locataire doit en principe adresser sa demande de renouvellement au bailleur.

La demande signifiée par acte extrajudiciaire qui comporte une **erreur** sur le **prénom du bailleur** ne peut pas être annulée pour vice de fond dès lors qu'aucun texte n'exige que le prénom du destinataire de la demande soit mentionné dans l'acte extrajudiciaire et que la mention d'un prénom inexact résulte d'une erreur matérielle (Cass. 2e civ. 7-6-2012 n° 11-17.502 F-D : RJDA 11/12 n° 941) ; dans ce cas, la demande est sans effet (Cass. 3e civ. 10-2-2015 n° 13-28.838 F-D : RJDA 7/15 n° 487).

70132 Le locataire doit veiller, en particulier en présence d'une **société,** à désigner le bailleur sous sa qualité correcte sous peine de voir sa demande invalidée. Ainsi, une demande signifiée à une société civile immobilière prise en la personne de son administrateur n'est pas valable dès lors que le propriétaire des lieux loués n'était pas la société mais le dirigeant en son nom personnel

(Cass. 3e civ. 29-6-2005 n° 815 FS-PB : RJDA 10/05 n° 1078). De même, un associé, propriétaire indivis d'une partie du capital de la société propriétaire du local commercial, ne peut pas recevoir la demande de renouvellement du bail (Cass. 3e civ. 9-3-1988 : Loyers et copr. 1988 comm. n° 279).

S'il y a **plusieurs propriétaires,** la demande adressée à l'un d'eux vaut à l'égard de tous, sauf stipulations ou notifications contraires (C. com. art. L 145-10, al. 2). Cela signifie que chacun des bailleurs a qualité pour recevoir la demande en renouvellement. Mais cette disposition ne fait pas échec à la règle de l'unanimité des copropriétaires nécessaire pour accorder ou refuser le renouvellement (sur cette règle, voir n° 15665) ; il appartient donc au copropriétaire à qui la demande a été notifiée d'en informer immédiatement les autres copropriétaires pour qu'ils prennent position. **70135**

En cas d'**usufruit,** la demande de renouvellement doit être adressée à l'usufruitier et au nu-propriétaire et non au seul usufruitier (Cass. 3e civ. 19-10-2017 n° 16-19.843 F-D : RJDA 2/18 n° 106 ; CA Paris 22-6-2005 n° 05-2156, 14e ch. A ; CA Toulouse 31-7-2012 n° 11/05985, ch. 2 sect. 1 : RJDA 12/12 n° 1050) car celui-ci n'a pas le pouvoir de renouveler le bail sans le consentement du nu-propriétaire (n° 69650). **70137**

ILLUSTRATIONS

Lorsque la propriété d'un local commercial est démembrée entre un père (usufruitier) et son fils mineur (nu-propriétaire), la demande de renouvellement du locataire doit être délivrée non seulement au père en sa qualité d'usufruitier mais également au père et à la mère, en leur qualité d'administrateurs légaux purs et simples du nu-propriétaire mineur sur lequel ils exerçaient conjointement l'autorité parentale (CA Toulouse 31-7-2012 précité).

Gérant L'article L 145-10, al. 2 du Code de commerce prévoit que le gérant du bailleur est réputé avoir qualité pour recevoir la demande du locataire sauf si le bail comporte une clause contraire ou si le bailleur a notifié sa volonté de recevoir personnellement la demande. Cette disposition est favorable au locataire puisqu'elle permet de faire courir le délai de réponse du bailleur (n° 70350) et évite dans bien des cas à ce dernier des recherches fastidieuses alors qu'il n'est en contact qu'avec la personne qui gère le bien au nom du (ou des) bailleur(s). **70140**

ILLUSTRATIONS

Doit être déclarée valable une demande de renouvellement de bail notifiée au gérant de l'immeuble dès lors que le gérant percevait depuis l'origine du bail les loyers et qu'il délivrait quittance au locataire, qu'il a continué après le décès du bailleur à percevoir les loyers pour le compte de la succession et à délivrer quittance, de sorte que le locataire pouvait légitimement croire que le gérant agissait pour le compte des cohéritiers, même s'il avait connaissance de l'existence d'un différend entre les cohéritiers ; il n'aurait pu en être autrement que si les légataires avaient pris la précaution de faire savoir au locataire qu'ils refusaient au gérant tout pouvoir de prendre un engagement en leur nom (CA Versailles 17-2-1994, 12e ch. : Loyers et copr. 1995 comm. n° 24).

Il appartient au bailleur de prouver que le gérant désigné de l'immeuble n'avait pas qualité pour recevoir une demande en renouvellement de bail et il doit le faire autrement que par de simples allégations (CA Paris 16-6-1983, 16e ch. B : Gaz. Pal. 1983 II p. 380).

3. DATE DE LA DEMANDE DE RENOUVELLEMENT

La demande du locataire doit être faite soit **dans les six mois** précédant l'expiration du bail, soit à tout moment au cours de sa prolongation (C. com. art. L 145-10, al. 1). **70190**

Ce **délai,** fixé en mois, **se calcule** de quantième à quantième. Lorsqu'il part le dernier jour du mois, il arrive à échéance le dernier jour du mois qui sert de terme au délai, et ce jour d'échéance compte dans le délai (Cass. 3e civ. 5-2-1971 n° 69-12.712 : Bull. civ. III n° 87). Ainsi, à titre d'exemple, la demande en renouvellement notifiée au propriétaire le 31 mars pour un bail expirant le 30 septembre ne peut pas être déclarée nulle comme prématurée.

Le délai de six mois prévu par l'article L 145-10 du Code de commerce n'est pas un délai minimal mais un **délai maximal.** Il en résulte qu'une demande formulée plus de six mois avant la date d'expiration du bail est irrégulière. Le destinataire de la demande peut invoquer cette irrégularité : la demande de renouvellement ne produit alors aucun effet (Cass. 3e civ. 11-2-1987 n° 85-16.162 : Bull. civ. III n° 24). En revanche, le locataire ne peut pas s'en prévaloir (Cass. 3e civ. 16-10-2012 n° 11-30.526 F-D : RJDA 1/13 n° 17). Par conséquent, si le bailleur a renoncé à tirer les conséquences de l'irrégularité de la demande, celle-ci produit effet (même arrêt). **70195**

Lorsque la demande de renouvellement est faite par lettre recommandée AR, la **date de notification** est celle de l'expédition de la lettre ; si la lettre n'a pas pu être présentée au bailleur, la démarche doit être renouvelée par acte extrajudiciaire (application de C. com. art. R 145-38). **70200**

4. FORME ET CONTENU DE LA DEMANDE DE RENOUVELLEMENT

FORME DE LA DEMANDE DE RENOUVELLEMENT

70240 La demande de renouvellement doit être faite par acte extrajudiciaire ou par lettre recommandée AR (C. com. art. L 145-10, al. 2). Elle ne peut pas être valablement faite par acte judiciaire, notamment par assignation en justice ou conclusions régulièrement signifiées par huissier (ou commissaire) audiencier (Cass. 3e civ. 10-7-1996 no 1239 PB : RJDA 11/96 no 1306 et sur renvoi CA Versailles, 22e ch. A, 24-9-1998).

CONTENU DE LA DEMANDE DE RENOUVELLEMENT

70245 Bien qu'elle ne tende qu'à obtenir le positionnement du bailleur sur le principe même du renouvellement, la demande peut contenir une **proposition de loyer.** Dans ce cas, le nouveau loyer est dû dès que le nouveau bail prend effet. La même solution s'applique lorsque le locataire formule sa proposition de loyer postérieurement. En effet, l'article L 145-11 du Code de commerce qui reporte l'entrée en vigueur du nouveau loyer à la date de la proposition ultérieure de ce loyer n'est pas applicable au locataire (Cass. 3e civ. 7-1-2009 no 07-19.464 FS-PB : RJDA 3/09 no 185).

ATTENTION

Lorsque les parties conviennent de renouveler le bail « aux **mêmes clauses et conditions antérieures** » sans mentionner aucune réserve, elles concluent un accord exprès sur les conditions et clauses du bail précédent, en ce compris le prix du bail (Cass. 3e civ. 15-4-2021 no 19-24.231 FP-P : RJDA 7/21 no 457).

En tout état de cause, la demande doit **reproduire** les termes suivants de l'**alinéa 4 de l'article L 145-10** : « Dans les trois mois de la notification de la demande en renouvellement, le bailleur doit, par acte extrajudiciaire, faire connaître au demandeur s'il refuse le renouvellement en précisant les motifs de ce refus. À défaut d'avoir fait connaître ses intentions dans ce délai, le bailleur est réputé avoir accepté le principe du renouvellement du bail précédent » (C. com. art. L 145-10, al. 3).

SANCTIONS DE LA DEMANDE DE RENOUVELLEMENT IRRÉGULIÈRE

70250 Le non-respect des conditions de forme ou l'omission de la reproduction des termes de l'article L 145-10 rendent la **demande** de renouvellement **nulle** (C. com. art. L 145-10, al. 2 et 3 ; CA Paris 2-6-1992, 16e ch. A). Les parties peuvent néanmoins conclure ultérieurement un nouveau contrat, cet accord couvrant alors l'inexistence ou la nullité des formalités préalables (Cass. 3e civ. 6-10-1983, Sté Meyer Sansbœuf c/ Sté O'Kennedy : Loyers et copr. 1984 comm. no 24 ; CA Paris 26-2-2009 no 08-757, 16e ch. B : RJDA 7/09 no 603).

70255 Lorsque la demande de renouvellement a été faite en infraction aux prescriptions légales mais conformément aux stipulations contractuelles, le locataire est à notre avis en droit d'engager la **responsabilité** du bailleur professionnel lorsque ce dernier est à l'origine de la clause non conforme (no 72210).

B. Réponse du bailleur à la demande de renouvellement

REFUS DE RENOUVELLEMENT

70350 En vertu de l'article L 145-10, al. 4 du Code de commerce, le bailleur dispose d'un **délai** de trois mois à compter de la notification de la demande pour faire connaître au locataire, par **acte extrajudiciaire,** sa décision de refuser le renouvellement, en précisant les motifs. Ne constitue pas un acte de refus de renouvellement la déclaration verbale de refus de renouveler le bail, faite par le bailleur en réponse à l'interpellation de l'huissier (commissaire) de justice lui signifiant une demande de renouvellement du locataire, même si cette déclaration a été portée sur l'acte d'huissier (Cass. 3e civ. 24-9-2020 no 19-13.333 FS-PBI : RJDA 12/20 no 632).

Comme pour le congé (no 66006), l'exigence de **motivation** concerne seulement le refus de renouvellement sans indemnité d'éviction. Lorsqu'une offre de paiement d'une indemnité d'éviction accompagne un refus de renouvellement, cette proposition constitue, au sens de l'article L 145-10, une motivation suffisante (CA Versailles 20-11-1997 no 95-9272, 12e ch. sect. 2).

En outre, l'**acte** doit, à peine de nullité, **indiquer** que le locataire qui entend, soit contester le refus de renouvellement, soit demander le paiement d'une indemnité d'éviction, doit saisir le tribunal avant l'expiration d'un délai de deux ans à compter de la date à laquelle est signifié le refus de renouvellement (C. com. art. L 145-10, al. 5).

ILLUSTRATIONS

Un refus de renouvellement donné par lettre simple adressée à un huissier (ou commissaire) de justice qui ne précise pas les motifs et qui omet d'indiquer au locataire l'existence du délai de deux ans est dénué de toute valeur (CA Paris 12-7-1978, 16e ch. A : Gaz. Pal. 1979 som. 53). Mais un acte notifiant un refus de renouvellement ne peut pas être déclaré sans valeur et insusceptible de faire courir le délai de deux ans donné au locataire pour le contester au seul motif que la formule employée – qui indiquait le délai accordé au locataire pour agir – était celle d'un congé (Cass. 3e civ. 23-11-1977 : Bull. civ. III n° 404).

En cas de **démembrement de la propriété,** l'usufruitier a le pouvoir de refuser seul la demande de renouvellement du bail formée par le locataire (Cass. 3e civ. 9-12-2009 n° 08-20.512 FS-PB : RJDA 3/10 n° 222). Le concours du nu-propriétaire n'est donc pas nécessaire. **70352**

En cas de vente du local loué à un acquéreur finançant l'achat au moyen d'un **crédit-bail** immobilier, le crédit-preneur n'a pas le pouvoir de refuser la demande de renouvellement car il n'a pas qualité de bailleur (CA Versailles 31-3-2015 n° 14/05768 : RJDA 4/16 n° 315). **70353**

De même, le bénéficiaire d'une **promesse de vente du local** loué n'a pas qualité pour refuser le renouvellement et offrir une indemnité d'éviction, faute de disposer d'un mandat spécial (CA Versailles 17-11-2022 n° 21/01160, 12e ch.).

ACCEPTATION DU RENOUVELLEMENT

Acceptation expresse du bailleur Bien que l'article L 145-10 ne l'envisage pas, le bailleur peut évidemment accepter expressément le principe du renouvellement. **70355**

S'il désire, à cette occasion, obtenir une modification du **loyer,** il doit faire connaître dans sa réponse celui qu'il propose, faute de quoi le nouveau loyer ne sera dû qu'à compter de la demande qui en sera faite ultérieurement (C. com. art. L 145-11), soit par acte extrajudiciaire ou lettre recommandée AR, soit dans le mémoire préalable à l'assignation (C. com. art. R 145-1).

Acceptation tacite du bailleur À défaut d'avoir fait connaître ses intentions dans le délai de trois mois, le bailleur est réputé avoir accepté le **principe du renouvellement** du bail précédent (C. com. art. L 145-10, al. 4). Le silence du bailleur pendant le délai de trois mois après la demande de renouvellement équivaut donc à une acceptation de principe de cette demande (pour des illustrations, Cass. 3e civ. 3-10-1990 n° 88-17.668 : Rev. loyers 1991 p. 27 ; Cass. 3e civ. 30-1-1991 n° 286 P : RJDA 3/91 n° 197 ; Cass. 3e civ. 17-7-1991 n° 90-10.102 : Bull. civ. III n° 213 ; Cass. 3e civ. 30-5-1996 n° 976 D : RJDA 8-9/96 n° 1026 ; Cass. 3e civ. 4-5-2011 n° 10-15.473 FS-PB : Bull. civ. III n° 65). **70360**

La présomption d'acceptation ne porte pas sur le **loyer** du bail renouvelé. Le bailleur conserve le droit de demander la fixation d'un nouveau loyer (Cass. 3e civ. 4-5-2011 n° 10-15.473 précité) qui, en application de l'article L 145-11, prendra effet à compter de sa demande.

Faculté de rétractation du bailleur Qu'elle soit expresse ou tacite, l'acceptation du principe du renouvellement n'est pas définitive. En effet, le bailleur peut ensuite se raviser et : **70365**

- soit exercer son droit d'option, c'est-à-dire refuser le renouvellement (nos 71000 s.) ;
- soit refuser le renouvellement pour motif grave et légitime, sauf s'il invoque des faits dont il avait connaissance à la date de l'acceptation réputée du renouvellement (n° 70850).

Incidence de l'acceptation du renouvellement sur une action en résiliation Le bailleur qui a accepté, même tacitement, la demande de renouvellement ne peut pas ensuite réclamer la résiliation judiciaire du bail pour des manquements du locataire antérieurs au renouvellement (Cass. 3e civ. 1-2-2018 n° 16-29.054 F-D : RJDA 4/18 n° 304). Il en va de même lorsque l'instance en résiliation est en cours à la date de l'acceptation du renouvellement ; seuls des manquements réitérés après le renouvellement peuvent justifier la résiliation (Cass. 3e civ. 20-5-2021 n° 19-26.021 FS-D : RJDA 8-9/21 n° 554). **70370**

ATTENTION

Lorsque l'acceptation du renouvellement a eu lieu plus d'un mois après la délivrance d'un commandement de payer visant la **clause résolutoire,** il ne peut pas en être déduit que la résiliation du bail est intervenue de plein droit par le jeu de la clause résolutoire avant cette acceptation, dès lors qu'à la date de l'acceptation les effets de la clause résolutoire n'avaient pas encore été constatés judiciairement : l'acceptation du renouvellement par le bailleur emporte renonciation sans équivoque à se prévaloir des infractions dénoncées au commandement antérieur pour obtenir la résiliation du bail renouvelé (Cass. 3e civ. 11-5-2022 n° 19-13.738 FS-B : RJDA 8-9/22 n° 461).

SECTION 3 ABSENCE DE RENOUVELLEMENT DU BAIL

70500 L'offre de renouvellement ou de paiement d'une indemnité d'éviction faite par le bailleur n'a qu'un **caractère provisoire.** Elle n'interdit pas au bailleur de refuser par la suite le renouvellement du bail, sans indemnité, dans deux hypothèses bien précises : d'une part, s'il établit que la location n'entre pas dans le champ d'application du statut (dénégation : nos 70510 s.), d'autre part, lorsqu'il invoque un motif grave et légitime de refus de renouvellement (nos 70850 s.).

Par ailleurs, dans le mois qui suit la décision définitive fixant le loyer, le locataire et le bailleur peuvent renoncer au renouvellement ; c'est ce qu'on appelle le droit d'option du bailleur et du locataire (nos 71000 s.).

A. Dénégation du bénéfice du statut

MOTIFS DE DÉNÉGATION DU STATUT

70510 Le bailleur peut toujours invoquer une cause d'inapplicabilité du statut des baux commerciaux, soit directement, soit dans un second temps par le biais de la rétractation, s'il établit que la location n'entre pas dans le champ d'application du statut pour quelque motif que ce soit.

Les tribunaux ont ainsi admis que le bailleur avait pu dénier le bénéfice du statut à son locataire dans les cas suivants :

– le locataire avait **cessé d'exploiter le fonds** (Cass. 3e civ. 16-5-1962 no 58-10.643 : Bull. civ. III no 261 ; Cass. 3e civ. 17-10-1972 no 71-12.752 : Bull. civ. III no 519 ; Cass. 3e civ. 27-2-1991 no 464 P : RJDA 4/91 no 284) ;

– la seule **activité** réelle et effective exercée par le locataire dans les trois ans précédant le congé était de **nature civile** (Cass. 3e civ. 28-1-2016 no 14-18.628 F-D : RJDA 5/16 no 356) ;

– le locataire exploitait personnellement le fonds depuis moins de trois ans et n'avait pas acquis le fonds de ceux qui lui avaient cédé le droit au bail, de sorte qu'il ne pouvait joindre la **durée** de son **exploitation** à celle des cédants (voir nos 33980 s.) ;

– le locataire n'était **pas inscrit au registre du commerce** (Cass. 3e civ. 18-5-1971 no 70-10.647 : Bull. civ. III no 308 ; Cass. 3e civ. 23-2-1994 no 403 D, analysé no 70585 ; Cass. 3e civ. 18-5-2005 no 04-11.985 : Bull. civ. III no 107 ; Cass. 3e civ.19-11-2015 no 14-22.000 F-D : RJDA 3/16 no 175) ou, tout au moins, pas pour l'activité exercée dans les lieux loués (Cass. 3e civ. 18-1-2011 no 09-71.910 F-D : Loyers et copr. 2011 comm. no 81 ; Cass. 3e civ. 22-9-2016 no 15-18.456 F-PB : RJDA 12/16 no 847), même s'il s'agissait d'un établissement secondaire (Cass. 3e civ. 9-10-1991 no 1402 P : RJDA 12/91 no 1005 ; Cass. 3e civ. 15-4-2008 no 07-14.000 F-D) ;

ATTENTION

Pour dénier le bénéfice du statut des baux commerciaux à son locataire, le bailleur ne peut pas invoquer le défaut d'immatriculation des **locaux accessoires,** car ceux-ci ne sont pas soumis à immatriculation (Cass. 3e civ. 11-12-1996 no 1843 D).

DATE DE LA DÉNÉGATION DU STATUT

70520 La dénégation du statut par le bailleur peut intervenir **dès** la délivrance du **congé** ou en réponse à la demande de renouvellement du locataire.

Elle peut aussi être signifiée **après le congé** (Cass. 3e civ. 23-2-1994, analysé no 70585), même après l'acceptation du principe du renouvellement ou après une offre de paiement d'une indemnité d'éviction (Cass. 3e civ. 5-3-1971 no 69-12.458 : Bull. civ. III no 169 ; Cass. 3e civ. 19-10-1971 no 70-12.385 : Bull. civ. III no 493 ; Cass. 3e civ. 29-2-1972 no 71-10.236 : Bull. civ. III no 136 ; Cass. 3e civ. 31-5-1978 no 77-10.371 : Bull. civ. III no 229 ; Cass. 3e civ. 9-10-1991 no 1402 P : RJDA 12/91 no 1005).

70525 La dénégation du statut peut être invoquée par le bailleur **à tout moment de la procédure** en fixation du loyer du bail renouvelé ou de l'indemnité d'éviction (Cass. 3e civ. 30-10-1978 : Gaz. Pal. 1979 I p. 145 ; CA Paris 27-9-1990 no 89-6574, 16e ch. B : Loyers et copr. 1991 comm. no 30 ; Cass. 3e civ. 10-1-1996 no 60 P : RJDA 4/96 no 468 ; CA Paris 6-3-1998 no 96-84363, 16e ch. B : Loyers et copr. 1998 comm. no 189 ; Cass. 3e civ. 18-1-2011 no 09-71.910 F-D : Loyers et copr. 2011 comm. no 81 ; Cass. 3e civ. 19-11-2015 no 14-22.000 F-D : RJDA 3/16 no 175 ; Cass. 3e civ. 3-11-2016 no 15-25.427 FS-PB : RJDA 2/17 no 66 ; Cass. 3e civ. 20-4-2023 no 22-12.937 FS-D : RJDA 12/23 no 643).

Elle peut être invoquée, pour la première fois, **en appel** (Cass. civ. 12-10-1960 : Bull. civ. III no 320 ; CA Paris 18-2-1992, 16e ch. A : RJDA 5/92 no 437) mais pas **en cassation** (Cass. com. 26-4-1963 : Bull. civ. III no 202).

ATTENTION

Lorsque la demande initiale a pour objet la résiliation judiciaire du bail, une demande en dénégation du statut peut être présentée pour la première fois devant la cour d'appel par le bailleur car elle tend aux mêmes fins que la demande initiale, à savoir la cessation des rapports locatifs entre les parties, et ne constitue donc pas une **demande nouvelle** qui, à ce titre, serait irrecevable (Cass. 3e civ. 16-11-2023 n° 22-17.409 F-D : RJDA 7/24 n° 382).

À notre avis, le bailleur peut dénier le bénéfice du statut, et donc refuser le renouvellement, **jusqu'à** l'expiration du délai qui lui est ouvert par l'article L 145-57, al. 2 du Code de commerce pour **exercer** son **droit d'option** (n° 71030 ; en ce sens, Cass. 3e civ. 31-10-1989 n° 88-12.212 : Bull. civ. III n° 204, rendu au sujet de la fermeture administrative ayant affecté le fonds pendant six mois). Qui plus est, s'il exerce son droit d'option, il peut dénier au locataire le droit au statut tant qu'une décision définitive n'a pas été rendue sur la fixation de l'indemnité d'éviction (Cass. 3e civ. 7-9-2017 n° 16-15.012 FS-PBRI : RJDA 1/18 n° 9). **70530**

Mais le bailleur ne peut plus opposer au locataire une dénégation au bénéfice du statut **après l'exercice du droit de repentir,** le fait qu'il ait eu postérieurement connaissance du défaut d'immatriculation du locataire étant indifférent dès lors que le bail renouvelé est en cours au moment de la signification de l'acte de rétractation (CA Paris 28-4-2000 n° 98-15191, 16e ch. B).

MISE EN ŒUVRE DE LA DÉNÉGATION DU STATUT

La dénégation du bénéfice du statut des baux commerciaux n'est soumise à aucune condition autre que celle de la constatation de la cause d'inapplicabilité du statut à la date du congé ou de la demande de renouvellement. Ainsi, contrairement au refus de renouvellement pour motif grave et légitime, il n'est pas nécessaire de délivrer préalablement une quelconque **mise en demeure** (CA Paris 3-12-1999 n° 98-16970, 16e ch. B : AJDI 2000 p. 143 ; Cass. 3e civ. 11-7-2006 n° 881 F-D : RJDA 11/06 n° 1117 ; Cass. 3e civ. 8-1-2008 n° 06-14.190 F-D : RJDA 12/08 n° 1231 ; Cass. 3e civ. 22-9-2016 n° 15-18.456 F-PB : RJDA 12/16 n° 847). Le bailleur n'a pas non plus à justifier de l'existence d'un **préjudice** (Cass. 3e civ. 22-5-1979 n° 77-15.653 : Bull. civ. III n° 113). **70580**

La dénégation n'est soumise à aucune **forme** : ainsi le bailleur n'a pas à reproduire dans l'acte de dénégation l'indication que le locataire doit agir dans le délai de deux ans pour contester cet acte, cette indication n'étant requise par la loi que pour l'acte de congé (Cass. 3e civ. 13-6-2001 n° 1013 FS-PB : RJDA 10/01 n° 945, solution rendue au sujet d'une rétractation d'une offre d'indemnité d'éviction, mais à notre avis transposable à la dénégation).

Il importe peu qu'au moment du renouvellement ou lors d'un précédent renouvellement le bailleur ait eu **connaissance** de l'absence d'une des conditions d'application du statut. **70585**

Même si cette condition vaut pour tous les cas de dénégation, la jurisprudence la plus importante concerne le défaut d'immatriculation.

ILLUSTRATIONS

Viole l'article 1er du décret du 30 septembre 1953 (devenu C. com. art. L 145-1) la cour d'appel qui, pour rejeter l'action d'un bailleur en validation du refus de renouvellement du bail sans indemnité d'éviction pour absence d'immatriculation de la société locataire au RCS, retient qu'au moment du renouvellement du bail le bailleur savait parfaitement que l'immatriculation de la société au RCS avait été requise à une mauvaise adresse, ce point ne lui étant dès lors pas apparu depuis la délivrance du congé, et qu'en conséquence il était irrecevable à invoquer une irrégularité qu'il avait couverte, alors que le bailleur peut, après le congé, refuser le renouvellement du bail sans indemnité, s'il établit que les conditions du droit au renouvellement ne sont pas établies.

Cass. 3e civ. 23-2-1994 n° 403 D.

Le bailleur ayant offert le renouvellement du bail peut, même si, lors de cette offre, il avait eu connaissance de la situation, ultérieurement rétracter cette offre sans payer une indemnité d'éviction s'il établit que les conditions d'application du statut des baux commerciaux ne sont pas remplies. Par suite, une cour d'appel qui relève que le contrat de location-gérance consenti par le locataire était nul faute pour celui-ci d'avoir alors exploité le fonds depuis deux années au moins retient exactement que le bailleur, qui n'avait pas renoncé à se prévaloir de la déchéance du bénéfice du statut, pouvait invoquer, en tout état de cause, l'inapplicabilité de ce statut résultant de la nullité du contrat de location-gérance.

Cass. 3e civ. 10-1-1996 n° 94-12.348 P : RJDA 4/96 n° 468.

Ne tire pas les conséquences légales de ses constatations et viole l'article 1er du décret du 30 septembre 1953 (désormais C. com. art. L 145-1), la cour d'appel qui, pour accueillir une demande en paiement d'une indemnité d'éviction, retient qu'ayant assuré une exploitation saisonnière du fonds de commerce sans que la location fût saisonnière, le locataire s'est fait radier et inscrire chaque année au registre du commerce, que la bonne foi du bailleur peut être mise en doute, dès lors que celui-ci prétend avoir ignoré ces faits tout en ayant visé dans son congé le défaut d'inscription au registre du commerce, que l'on peut se poser la question de savoir pour quelles raisons le congé a été délivré le 8 décembre 1993 alors que la radiation du locataire remonte au 30 septembre précédent, qu'il apparaît donc que le bailleur a entendu profiter d'une situation qu'il connaissait pour éviter le paiement d'une indemnité d'éviction et que sa fraude est manifeste alors que la cour d'appel avait constaté l'absence d'inscription du locataire au registre du commerce à la date de délivrance du congé.

Cass. 3e civ. 18-11-1998 n° 1629 D : RJDA 1/99 n° 19.

L'immatriculation au registre du commerce ou au répertoire des métiers (devenu registre national des entreprises) constitue une condition nécessaire pour pouvoir bénéficier du statut des baux commerciaux qui peut être invoquée en tout état de cause et s'apprécie au jour du congé. Par suite, justifie sa décision la cour d'appel qui en a exactement déduit que le fait que le bailleur ait pu, avant le congé, connaître le défaut d'immatriculation de l'acquéreur d'un fonds par la signification de l'acte de cession du bail, était sans incidence, qu'il importait peu qu'une demande d'immatriculation ait été formée avant la délivrance de cet acte et qu'enfin, faute d'être inscrit au registre du commerce et des sociétés l'acquéreur du fonds ne pouvait pas se prévaloir du statut des baux commerciaux.

Cass. 3e civ. 30-1-2002 n° 188 FS-D : RJDA 4/02 n° 360.

L'infraction au statut des baux commerciaux commise par un colocataire, propriétaire indivis d'un fonds de commerce, qui s'est abstenu de s'inscrire au registre du commerce a des conséquences irréversibles et à supposer même que le bailleur ait eu connaissance de cette irrégularité, on ne saurait en déduire sa renonciation au droit de se prévaloir des conséquences qui en découlent car une telle renonciation aurait dû être formulée de façon explicite. Par suite, les locataires ne peuvent pas prétendre au bénéfice du statut des baux commerciaux et au paiement d'une indemnité d'éviction dès lors qu'ils ne remplissent pas les conditions d'ordre public prévues par l'article 1er du décret du 30 septembre 1953 (C. com. art. L 145-1 s.).

CA Versailles 16-6-1994 n° 93-7896.

Le fait que l'activité réelle et effective exercée par le locataire dans les lieux était de nature civile, dès lors qu'il sous-louait tous les locaux et n'avait jamais exploité une autre activité dans les trois années précédant la date du congé, autorisait le bailleur à dénier le droit au renouvellement et au paiement d'une indemnité d'éviction, peu important que cette circonstance ait été connue du bailleur au moment de la délivrance du congé avec offre d'indemnité d'éviction.

Cass. 3e civ. 28-1-2016 n° 14-18.628 F-D : RJDA 5/16 n° 356.

RENONCIATION DU BAILLEUR À INVOQUER LA DÉNÉGATION DU STATUT

70640 Le bailleur qui constate que son locataire ne satisfait pas à l'ensemble des conditions rappelées aux nos 69200 s. peut néanmoins accepter le renouvellement du bail. Ce faisant, il renonce à invoquer la ou les causes d'inapplicabilité du statut.

La renonciation n'est pas nécessairement expresse mais elle doit être non équivoque. Ainsi, la renonciation du bailleur à se prévaloir de l'absence de droit au statut ne peut pas résulter de sa seule connaissance du défaut d'immatriculation du locataire (Cass. 3e civ. 19-11-2015 n° 14-22.000 F-D : RJDA 3/16 n° 175). De même, le fait que le bailleur ait donné son accord à la cession du bail au profit du locataire cessionnaire puis qu'il ait sollicité auprès de celui-ci la révision du loyer ne vaut pas renonciation non équivoque à se prévaloir d'un défaut d'exploitation dans les lieux d'un fonds de commerce (Cass. 3e civ. 13-11-2013 n° 11-28.341 FS-D : RJDA 3/14 n° 203).

En pratique, la reconnaissance de cette renonciation n'est pas fréquente.

Sur la renonciation du bailleur à invoquer une condition légale du droit au renouvellement en cas de soumission volontaire des parties au statut, voir n° 2085.

EFFETS DE LA DÉNÉGATION DU STATUT

70660 La **rétractation** par le bailleur de son offre de renouvellement (ou de paiement d'une indemnité d'éviction) pour absence de droit au statut n'entraîne pas la rétractation du **congé** (Cass. 3e civ. 9-3-2011 n° 10-10.973 FS-D : RJDA 11/11 n° 888).

70665 Le problème se pose de savoir si la **décision** du bailleur de dénier tout droit de renouvellement au locataire est **irrévocable** ou non ; ainsi doit-on appliquer l'article L 145-59 du Code de commerce qui déclare irrévocable la décision du propriétaire de refuser le renouvellement du bail, alors que ce texte ne vise que le refus de renouvellement en application de l'article L 145-57, al. 2 sur l'exercice du droit d'option ?

Il a été jugé que le caractère irrévocable de la décision du bailleur n'est attaché qu'au droit de repentir ou au droit d'option ; l'article L 145-59 ne saurait donc s'appliquer au droit de rétractation du bailleur qui refuse le renouvellement sans indemnité en raison soit d'une dénégation du droit même au statut, soit d'un refus pour motif grave et légitime (TGI Paris 14-11-1995, 18e ch. sect. 14 : Administrer avril 1996 p. 44).

B. Rétractation pour motifs graves et légitimes

Le bailleur a également une faculté de rétractation lorsqu'il invoque un motif grave et légitime de refus de renouvellement (Cass. 3e civ. 7-12-1977 n° 75-15.462 : Bull. civ. III n° 431 ; Cass. 3e civ. 24-1-1996 n° 129 D : RJDA 4/96 n° 470). Sur le caractère irrévocable de la décision du bailleur, voir n° 70665. **70850**

Le motif invoqué doit avoir été inconnu du bailleur au moment où il a proposé ou accepté le renouvellement ou être né après (Cass. 3e civ. 12-10-1976 : Gaz. Pal. 1976 p. 140 ; Cass. 3e civ. 4-5-1982 n° 80-16.305, Chergui c/ Sté civile Didot : Bull. civ. III n° 110 ; Cass. 3e civ. 29-5-1991 n° 974 D : RJDA 7/91 n° 575 ; Cass. 3e civ. 1-3-1995 n° 513 D : RJDA 5/95 n° 553 ; Cass. 3e civ. 7-7-2004, analysé n° 66720).

La preuve de cette postériorité incombe au bailleur (Cass. 3e civ. 4-5-1973 n° 72-10.977 : Bull. civ. III n° 308).

ILLUSTRATIONS

Le bailleur ne peut pas, pour s'opposer au renouvellement du bail, invoquer postérieurement au congé l'extension d'activité du locataire (vente de plats préparés pour un fonds de commerce de charcuterie) alors qu'il en avait connaissance au moment de ce congé, qu'il ne la critiquait pas et ne se plaignait pas des odeurs qui en découlaient (Cass. 3e civ. 4-5-1973 n° 72-10.977 précité).

Le bailleur peut se prévaloir de toutes les infractions au bail, qu'il s'agisse ou non de **motifs propres au statut** des baux commerciaux (Cass. 3e civ. 24-1-1996 n° 129 D : RJDA 4/96 n° 470). Les juges apprécieront si l'infraction alléguée est suffisamment grave pour justifier le refus de renouvellement. **70855**

> **> Précisions** N'est pas valable le congé du bailleur rétractant son offre de renouvellement motif pris d'un **désaccord sur le montant du loyer,** un tel motif ne constituant pas un motif grave et légitime au sens de l'article L 145-17 du Code de commerce (Cass. 3e civ. 12-9-2019 n° 18-18.590 F-D : RJDA 7/20 n° 359).

C. Renonciation des parties au renouvellement

GÉNÉRALITÉS

Le bailleur qui, initialement, a offert le renouvellement du bail peut se raviser et le refuser ensuite. De même, le locataire qui, dans un premier temps, a accepté le principe du renouvellement ou l'a même demandé, peut finalement y renoncer. **71000**

La justification de ce « **droit d'option** » réside dans l'idée que les contractants ne sauraient être définitivement liés sans un accord sur le montant du loyer. Quand il y a eu désaccord sur le loyer et que le juge a fixé celui-ci, les parties disposent, en application de l'article L 145-57, al. 2 du Code de commerce, d'un dernier délai de réflexion, soit pour former définitivement le nouveau bail, soit pour le refuser.

Sur la possibilité pour le bailleur de demander une expertise sur le montant de l'indemnité d'éviction avant d'exercer son droit d'option, voir n° 21375.

Il convient de **distinguer** le **droit d'option** et la faculté de **rétractation.** La distinction est cependant délicate et même la jurisprudence semble parfois les confondre, utilisant le terme de rétractation quand il s'agit de droit d'option. **71005**

La distinction a un intérêt en ce que le bailleur conserverait la faculté d'exercer ultérieurement le droit de repentir s'il a utilisé sa faculté de rétractation pour motifs graves et légitimes alors que l'option est irrévocable pour le bailleur (n° 71090).

> **> Précisions** Un jugement du TGI (désormais tribunal judiciaire) de Paris (30-1-1996, 18e ch. 1e sect., Sté d'exploitation et de gestion commerciale c/ Sté Le Gan Capitalisation : Loyers et copr. 1996 comm. n° 478) a relevé **trois différences** :
> – le droit d'option, à la différence du droit de rétractation, est exercé discrétionnairement par son auteur qui n'a pas besoin d'invoquer de motif ;
> – le droit d'option ne peut être exercé qu'une seule fois, alors que la rétractation peut l'être autant de fois qu'apparaissent des motifs graves et légitimes ;
> – le bailleur qui exerce son droit d'option pour refuser le renouvellement doit nécessairement offrir le paiement de l'indemnité d'éviction.

1. MISE EN ŒUVRE DU DROIT D'OPTION

TITULAIRES DU DROIT D'OPTION

Bailleur Dans tous les cas où il y a désaccord sur le prix, le bailleur a la faculté d'exercer son droit d'option (Cass. 3e civ. 12-6-2003 n° 695 FS-PBIR : RJDA 10/03 n° 930 ; Cass. 3e civ. 23-3-2004 n° 387 F-D : RJDA 7/04 n° 797 ; Cass. 3e civ. 23-11-2004 n° 1244 F-D : RJDA 10/05 n° 1082). **71010**

En revanche, le bailleur ne peut pas exercer le droit d'option s'il a **promis le renouvellement** de son bail au locataire (Cass. 3e civ. 12-11-1980 : Rev. loyers 1981.87 ; Cass. 3e civ. 23-5-1995 no 93-11.103 : Loyers et copr. 95 comm. no 526).

En tout état de cause, le bailleur peut toujours **renoncer** à son droit d'option (Cass. 3e civ. 29-10-1970 no 69-11.287 : Bull. civ. III no 553). Cette renonciation est licite, l'article L 145-57, al. 2 du Code de commerce n'étant pas au nombre des textes énumérés par l'article L 145-15 comme ayant un caractère impératif.

71015 Le bailleur conserve son droit d'option même en présence d'une **clause-recettes** dans le bail (notamment Cass. 3e civ. 12-6-2003 no 695 FS-PBIR : RJDA 10/03 no 930 ; Cass. 3e civ. 11-1-2006 : Loyers et copr. 2006 comm. no 56). En effet, le droit d'option trouve son fondement, non dans une décision judiciaire de fixation du prix du bail renouvelé qui ne satisferait pas l'une ou l'autre des parties, mais dans leur désaccord persistant sur le montant du prix du contrat. On peut alors estimer qu'il est logique que le bailleur puisse toujours mettre fin au contrat en cas de désaccord sur un élément aussi fondamental que le prix.

71020 **Locataire** Le locataire peut bénéficier également de ce droit d'option et renoncer au renouvellement tant qu'il n'y a pas accord sur les conditions du nouveau bail (CA Lyon 11-10-1995, 6e ch. : Rev. loyers 1996 p. 249 ; CA Versailles 22-10-1998 no 96-3123, 12e ch. : D. aff. 1999 p. 17).

Il peut donc exercer son droit d'option aussi bien après le congé du bailleur avec offre de renouvellement qu'après le repentir du bailleur (Cass. 3e civ. 17-7-1997 no 1316 PF : RJDA 10/97 no 1175), si le nouveau loyer à fixer judiciairement lui apparaît comme une charge trop lourde.

DÉLAI D'EXERCICE DU DROIT D'OPTION

71025 Le droit d'option peut être exercé :

– tant qu'aucun accord n'est intervenu entre les parties sur le montant du loyer (Cass. 3e civ. 6-12-1995 no 2184 D : RJDA 2/96 no 193 ; voir aussi CA Paris 28-1-1997 no 95-12029, 16e ch. A : Loyers et copr. 1997 comm. no 266) ;

– tant que l'action en fixation du loyer n'est pas prescrite (Cass. 3e civ. 5-10-1994 no 92-11.170 concernant à la fois le droit d'option et la faculté de rétractation).

Il est parfois difficile de savoir s'il y a eu un accord des parties sur le principe et sur le prix proposé avant l'exercice de l'option.

ILLUSTRATIONS

Dans un cas où un bailleur avait rétracté au bout de cinq mois son offre de renouvellement du bail, exerçant ainsi son droit d'option en refusant le renouvellement, la demande du locataire en constatation du renouvellement du bail a été écartée pour les motifs suivants : pendant les cinq mois compris entre l'offre de renouvellement et la rétractation du bailleur, le locataire n'avait manifesté ni expressément ni tacitement et de manière non équivoque son acceptation de principe du renouvellement du bail et encore moins du nouveau loyer proposé ; en outre, il s'était borné à régler les échéances de loyer au montant stipulé dans le bail venu à expiration de sorte qu'il ne pouvait être tiré de la délivrance des quittances correspondantes durant cette période aucun argument quant à l'acceptation par le locataire des conditions financières du bail renouvelé ; enfin, la délivrance des quittances durant la période postérieure à la date de rétractation était sans incidence, dès lors, d'une part, que le droit d'option avait été régulièrement exercé et avait produit ses effets en rétractant l'offre de renouvellement et, d'autre part, que ces quittances, délivrées pour un loyer du montant du bail antérieur, ne pouvaient manifester un accord des parties sur le prix d'un nouveau bail (CA Paris 15-9-2004 no 03-14206, 16e ch. A, Sté The Ritz hôtel limited c/ Bank Sepah : RJDA 5/05 no 512).
En revanche, jugé que le locataire avait accepté tacitement le nouveau loyer dans un cas où les correspondances échangées avec le gérant de l'immeuble, mandataire du bailleur, établissaient sans ambiguïté cette acceptation (CA Paris 28-1-1997 précité).

71030 Mais en tout état de cause, le droit d'option doit être exercé **au plus tard** dans le mois qui suit la signification de la décision définitive fixant le loyer (C. com. art. L 145-57, al. 2).

Il s'agit d'une limite maximale : le droit d'option peut s'exercer avant même l'introduction d'une procédure en fixation du loyer (Cass. 3e civ. 9-10-1974 no 73-11.561 : Bull. civ. III no 349 ; Cass. 3e civ. 15-2-1983 no 81-11.486 : Bull. civ. III no 41 ; Cass. 3e civ. 2-12-1992 no 1713 : RJDA 1/93 no 10 ; Cass. 3e civ. 23-3-2011 no 06-20.488 FS-PB, Fetis c/ Galinet : RJDA 7/11 no 612) ou à tout moment de la procédure (Cass. 3e civ. 11-12-2013 no 12-29.020 FS-PBI : RJDA 3/14 no 205).

Le locataire qui exerce son droit d'option n'est soumis à aucune autre condition de délai (Cass. 3e civ. 29-11-2005 no 04-16.974). Il n'a donc pas à respecter un quelconque **préavis** ; néanmoins, il peut valablement décider que l'exercice de son droit d'option ne prendra pas effet immédiatement.

ILLUSTRATIONS

Jugé que l'exercice du droit d'option a été notifié sans faute un 9 août pour le 15 septembre suivant (Cass. 3e civ. 29-11-2005, précité). De même, jugé que le locataire qui avait renoncé au bénéfice du renouvellement avant l'assignation devant le juge des baux commerciaux mais après l'échange des mémoires avait régulièrement exercé son droit d'option et ce, sans abus, laissant même au bailleur un délai raisonnable de quatre mois pour trouver un autre locataire (CA Paris 28-10-1997 n° 98-1866, 16e ch. A : Gaz. Pal. 1998 I som. p. 165).

Le **point de départ** du délai d'un mois est le jour de la signification de la décision définitive, c'est-à-dire de la décision de fixation du loyer qui dessaisit le juge. S'il s'agit d'une décision de première instance du juge des baux commerciaux, sa signification fait courir tant le délai d'option que le délai d'appel (Cass. 3e civ. 14-1-2015 n° 13-23.490 FS-PBI : RJDA 4/15 n° 243). En cas d'appel, c'est la signification de l'arrêt d'appel qui fait courir le délai d'un mois et non l'expiration du délai du pourvoi en cassation (TGI Paris 31-1-1977 : Rev. loyers 1977 p. 227). **71035**

FORME ET CONTENU DU DROIT D'OPTION

L'article L 145-57, al. 2 du Code de commerce n'édicte aucune condition de **forme** quant à l'exercice du droit d'option (Cass. 3e civ. 14-5-1997 : Administrer novembre 1997 p. 63 réfutant les arguments du pourvoi selon lesquels le refus devait répondre aux exigences de forme de l'article L 145-9, al. 1 et être notifié explicitement au locataire ; CA Versailles 22-10-1998 n° 96-3123, 12e ch. sect. 2 : D. aff. 1999 p. 17). En conséquence, la notification par acte du Palais suffit dès lors qu'elle est dépourvue d'ambiguïté sur l'intention de la société locataire de renoncer au renouvellement (CA Paris 7-1-1997 n° 93-16487, 16e ch. A : Loyers et copr. 1997 comm. n° 207). **71040**

Encore faut-il que l'option soit explicite : tel est le cas lorsque le locataire écrit que, suite au congé avec offre de renouvellement du bailleur, il informe ce dernier de son intention de mettre fin au bail à une date certaine et précise, qu'il reste à finaliser les détails de la fin du bail et de l'état des lieux (CA Paris 27-6-2003 n° 02-05760, 16e ch. B, SA Tarom c/ SA 38 Opéra).

Certains auteurs considèrent néanmoins que l'option du bailleur devrait être formulée par acte extrajudiciaire puisqu'elle revient à refuser le renouvellement, mais sans aucune formule obligatoire ; en revanche, l'option du locataire peut être manifestée sans forme puisqu'il se borne à ne pas accepter l'offre de renouvellement (Droit et pratique des baux commerciaux : Dalloz Action 2021-22 n° 363.54).

Ni le bailleur ni le locataire n'ont l'obligation de donner les **raisons** de leur choix : l'option n'a pas à être motivée. Ainsi, jugé que le locataire avait pu valablement exercé son droit d'option alors même qu'il n'avait pas manifesté de désaccord sur le loyer (CA Caen 12-1-2023 n° 20/00860, 2e ch. civ.). **71045**

Le bailleur n'a pas à reproduire sur l'acte de renonciation l'indication que le locataire doit agir dans le **délai** de deux ans **pour contester** cet acte, cette indication n'étant requise par la loi que pour l'acte de congé (Cass. 3e civ. 13-6-2001 n° 1013 FS-PB : RJDA 10/01 n° 945 cassant CA Paris 21-5-1999 : Administrer juin 2000 p. 48 qui, pour un acte de rétractation, avait considéré que dans le silence des textes cet acte devait nécessairement satisfaire au formalisme exigé pour le congé, en considération du but poursuivi et des effets produits sur les relations entre bailleur et locataire).

Pour être exercé valablement, le droit d'option ne doit pas être **assorti de réserves** (Cass. 3e civ. 14-11-2007 n° 06-16.063 FS-PBI : RJDA 2/08 n° 106). N'est donc pas valable le droit d'option notifié sous réserve de l'issue des procédures judiciaires engagées aux fins de fixer le loyer du bail renouvelé (même arrêt). **71050**

2. EFFETS DU DROIT D'OPTION

IRRÉVOCABILITÉ DE L'OPTION

Aux termes de l'article L 145-59 du Code de commerce, la décision du **bailleur** de refuser le renouvellement du bail en application de l'article L 145-57 est irrévocable. Ainsi, le bailleur, en notifiant au visa de l'article L 145-57 la rétractation de l'offre de renouvellement contenue dans un congé antérieur et en refusant de renouveler le bail en offrant le versement d'une indemnité d'éviction, ne peut ensuite revenir sur cette position et rétracter son offre d'indemnité d'éviction s'il estime le montant trop élevé. De même, il ne peut plus valablement prétendre faire jouer ultérieurement le droit de repentir et changer ainsi une seconde fois d'opinion (CA Versailles 21-10-1999 n° 5162/96, 12e ch. 2e sect. : Bull. inf. C. cass. 2000 n° 928). **71090**

Sur la possibilité pour le bailleur de dénier au locataire le droit au bénéfice du statut après l'exercice de son droit d'option, voir n° 70530.

Comme l'article L 145-59 ne tient expressément pour irrévocable que la décision du bailleur de refuser le renouvellement, la question se pose de savoir si la renonciation du **locataire** à revendiquer le renouvellement l'est aussi. À notre avis, il faut raisonner par analogie et donner le même effet irrévocable à l'option exercée par le locataire.

INDEMNITÉ D'OCCUPATION DUE APRÈS L'OPTION

71095 Quelle que soit la partie qui exerce le droit d'option, celui-ci agit rétroactivement au jour où le titre prend fin et le locataire doit donc une indemnité d'occupation à compter de la date d'expiration du bail (Cass. 3e civ. 7-11-1984 n° 83-13.550 : Bull. civ. III n° 185 ; Cass. 3e civ. 18-1-2011 n° 09-68.298 F-D : RJDA 7/11 n° 613 pour l'exercice du droit d'option par le bailleur ; Cass. 3e civ. 30-9-1998 n° 1373 PF : RJDA 11/98 n° 1193 pour l'exercice par le locataire du droit d'option).

Sur la qualification de l'indemnité d'occupation, voir n° 47080.

INDEMNITÉ D'ÉVICTION DUE APRÈS L'OPTION

71100 Malgré le silence de l'article L 145-57 sur le sujet, il semble que le bailleur qui exerce son droit d'option pour refuser le renouvellement doit nécessairement offrir le paiement de l'indemnité d'éviction (en ce sens, Cass. 3e civ. 9-10-1974 n° 73-11.561 : Bull. civ. III n° 349 ; CA Paris 7-12-1993, 16e ch. A : Loyers et copr. 1994 comm. n° 159 ; Cass. 3e civ. 16-9-2015 n° 14-20.461 FS-PB : RJDA 12/15 n° 813). Si la doctrine majoritaire va dans ce sens (Droit et pratique des baux commerciaux : Dalloz Action 2021-22 n° 363.61 ; J.-P. Blatter : Traité des baux commerciaux n° 1248 éd. Dalloz Le Moniteur, 7e éd. ; Dict. perm. Gestion immobilière V° Baux commerciaux n° 452), un courant minoritaire soutient le contraire (P.-H. Brault : Loyers et copr. 1996 n° 478).

Lorsque c'est le locataire qui exerce le droit d'option, il n'a droit à aucune indemnité d'éviction (dans le même sens, J.-P. Blatter : Traité des baux commerciaux n° 1253 éd. Dalloz Le Moniteur, 6e éd. ; Dict. perm. Gestion immobilière V° Baux commerciaux n° 454).

PAIEMENT DES FRAIS APRÈS L'OPTION

71105 Celui qui exerce l'option doit supporter « tous les frais » (C. com. art. L 145-57, al. 2).

Sont exclusivement concernés les frais **exposés à l'occasion de la procédure** en fixation du loyer du bail renouvelé et non ceux d'une nouvelle procédure engagée postérieurement pour fixer le montant des indemnités d'éviction et d'occupation (Cass. 3e civ. 16-9-2009 n° 08-15.741 FS-PB : RJDA 11/09 n° 934). La détermination de la partie qui a la charge des frais postérieurs relève du pouvoir discrétionnaire du juge (même arrêt).

Les « frais » visés à l'article L 145-57 comprennent les **dépens** afférents à l'instance mais aussi, à notre avis, les **frais non taxables** au sens de l'article 700 du Code de procédure civile. En effet, une telle solution, qui a été retenue à propos des « frais » visés à l'article L 145-58 en matière de droit de repentir (Cass. 3e civ. 14-4-2016 n° 14-29.963 F-D : RJDA 10/16 n° 674), est à notre avis transposable au droit d'option, par analogie de texte.

En revanche, ne sont pas compris dans les frais ceux d'une expertise amiable demandée par le locataire auquel la preuve n'incombait pas (CA Paris 4-10-2017 n° 15/21267 : RJDA 5/18 n° 401).

Des **dommages-intérêts** supplémentaires ne peuvent être demandés que s'ils ont été prévus au contrat (CA Nîmes 10-10-1996 n° 95-190, 1re ch. civ., Coulouvrat c/ Dumas).

SECTION 4 RÉGIME DU BAIL RENOUVELÉ

NOUVEAU BAIL

71300 Comme pour tout contrat (C. civ. art. 1214, al. 2), le renouvellement donne naissance à un nouveau bail (Cass. 3e civ. 26-11-1985 n° 84-16.760 : Bull. civ. III n° 154 ; Cass. 3e civ. 30-5-1990 n° 89-12.061, Boscher c/ Hucher : Bull. civ. III n° 131 ; Cass. 3e civ. 13-5-2009 n° 08-15.564 FS-PB : RJDA 8-9/09 n° 709), qui n'est pas le prolongement du bail antérieur (Cass. 3e civ. 29-10-1986 n° 84-14.757 : Bull. civ. III n° 140), même s'il reprend les stipulations de ce dernier (Cass. 3e civ. 24-11-1999 n° 1756 D : RJDA 1/00 n° 14).

A. Clauses et conditions du bail renouvelé

REPRISE DES CLAUSES ET CONDITIONS DU BAIL EXPIRÉ

71310 **Principe** Le renouvellement d'un bail s'opère aux clauses et conditions du bail venu à expiration (notamment, Cass. 3e civ. 14-6-1983 n° 82-11.275 : Bull. civ. III n° 137 ; Cass. 3e civ. 6-3-1991 n° 89-20.452 : Bull. civ. III n° 77 ; Cass. 3e civ. 17-5-2006 n° 04-18.330 FS-PB : RJDA 8-9/06 n° 877). C'est pourquoi un congé avec offre de renouvellement du bail à des clauses et conditions différentes du bail expiré, hors le prix, s'analyse comme un congé avec refus de renouvellement ouvrant droit à indemnité d'éviction (Cass. 3e civ. 11-1-2024 n° 22-20.872 FS-B : RJDA 5/24 n° 275).

Exceptions Cette règle comporte des exceptions. **71312**

Tout d'abord, elle ne s'applique pas au **loyer** qui est fixé selon les dispositions des articles L 145-33 et L 145-34 du Code de commerce (Cass. 3e civ. QPC 6-2-2020 n° 19-19.503 FS-PB : RJDA 4/20 n° 203).

En outre, les **clauses dérogatoires** au droit commun supposent un nouvel accord des parties pour être maintenues dans le bail renouvelé (Cass. 3e civ. 7-9-2022 n° 21-11.592 F-D). Tel est le cas de la clause par laquelle le locataire renonce à sa faculté de résiliation triennale pour un local monovalent (même arrêt) ou de la clause prévoyant une durée du bail supérieure à neuf ans (voir nos 30500 s.).

Par ailleurs, rien n'empêche les **parties** de **décider de ne pas reprendre** les clauses du bail expiré : interprétant leur volonté, les juges du fond déterminent alors souverainement le contenu du nouveau contrat.

ILLUSTRATIONS

Dans la partie intitulée « occupation – jouissance », une clause d'un bail commercial prévoyait que, en cas de cession à une société, l'acte devait contenir l'engagement personnel solidaire de chaque associé ou un cautionnement par chacun du paiement des loyers et charges. Cette clause n'avait pas été reprise dans l'acte de renouvellement, mais celui-ci faisait expressément référence au bail initial et prévoyait que « les autres clauses, conventions, dispositions, charges et conditions [de ce bail] demeurent inchangées ». Jugé qu'il résultait des éléments suivants que le renvoi aux « autres clauses » du bail ne rendait pas applicable au bail renouvelé la clause de garantie prévue dans le bail initial en cas de cession à une société : la partie intitulée « occupation – jouissance » du bail renouvelé était aussi détaillée que celle du bail initial, dans laquelle figurait la clause litigieuse, et couvrait les mêmes sujets ; elle était rédigée de manière identique dans les deux baux, à l'exception de trois clauses du bail initial qui envisageaient l'hypothèse du locataire personne physique qui « changerait d'état » et deviendrait une personne morale (notamment par cession du fonds à une société), clauses non reprises et remplacées dans le bail renouvelé par trois autres portant sur le garnissement et l'ouverture des lieux loués, la cession du droit au bail et la sous-location. Or, lors de la conclusion du bail initial, le locataire était une personne physique et, lors du renouvellement, il était une société, de sorte qu'un lien existait entre les modifications apportées et l'évolution de la situation du locataire (CA Paris 22-1-2019 n° 18/17613 : RJDA 6/19 n° 411).

Enfin, par l'**effet de la loi,** le bail renouvelé peut ne pas l'être aux mêmes clauses et conditions que le bail expiré. **71313**

C'est ainsi que les baux renouvelés après l'entrée en vigueur de la loi du 18 juin 2014 doivent en respecter les prescriptions impératives et que les clauses du bail expiré, conformes au droit en vigueur avant la loi de 2014, mais qui se heurtent désormais aux nouvelles dispositions d'ordre public, ne peuvent pas être maintenues dans les contrats renouvelés (Cass. 3e civ. QPC 6-2-2020 n° 19-19.503 FS-PB : RJDA 4/20 n° 203).

La question de la conformité des clauses du bail renouvelé à ces nouvelles dispositions constitue une contestation sérieuse qui échappe au pouvoir du juge des référés (CA Pau 13-10-2021 n° 21/00274 : JCP E 2022.1062 obs. Brault). Ainsi, dans un cas où un bail antérieur à 2014 prévoyait que le locataire devrait « rembourser au bailleur en même temps que chaque terme de loyer, les charges de copropriété, y compris le coût des grosses réparations prévues par l'article 606 du Code civil et d'une manière générale toutes les réparations et entretien de l'immeuble incombant normalement au propriétaire », jugé qu'il appartenait au juge du fond d'interpréter le contrat et la commune intention des parties, pour dire si, en l'absence d'inventaire précis et limitatif des catégories de charges, impôts, taxes et redevances notifié au locataire à la date d'effet du congé avec offre de renouvellement, les parties avaient entendu renouveler le bail aux conditions antérieures, s'agissant des charges récupérables sur le locataire et de préciser ce que recouvrait ces charges et ce qu'elles ne pouvaient inclure au regard des nouvelles dispositions des articles L 145-40-2 et R 145-35 du Code de commerce (même arrêt).

> **Précisions** Saisie d'une **question prioritaire de constitutionnalité** concernant les dispositions du Code de commerce, dans leur rédaction issue de la loi 2014-626 du 18 juin 2014, dont il était soutenu qu'elles portaient une atteinte disproportionnée à l'économie des contrats en ce qu'elles sont applicables aux contrats de bail commercial renouvelés postérieurement à leur entrée en vigueur mais initialement conclus sous le régime antérieur, la Cour de cassation a refusé de transmettre cette question au Conseil constitutionnel au motif que le bail renouvelé est un nouveau contrat et non pas la prolongation du contrat précédent, de sorte que l'application des dispositions issues de la loi de 2014 aux baux renouvelés ne porte pas d'atteinte aux contrats légalement conclus (Cass. 3e civ. QPC 6-2-2020 n° 19-19.503, précité).

OBJET DU BAIL RENOUVELÉ

71315 Le bail renouvelé doit en principe avoir le même objet que le bail expiré et porter sur les mêmes locaux.

Si le bail initial portait sur un **terrain nu,** le bail renouvelé doit porter sur ce même terrain nu (Cass. 3e civ. 3-2-1988 no 86-16.158 : Bull. civ. III no 23).

Lorsque le bail porte sur **plusieurs locaux,** le bail renouvelé portera sur les mêmes locaux dès lors qu'ils sont indivisibles : en effet, le bailleur ne peut pas refuser de louer une partie des locaux sous peine d'être condamné au paiement d'une indemnité d'éviction, car le refus de renouvellement partiel équivaut alors à un refus de renouvellement pour le tout (Cass. com. 1-12-1966 no 65-12.024 : Bull. civ. III no 464 ; Cass. 3e civ. 28-10-1985, SARL Pillet c/ Roannaise d'imprimerie : Rev. loyers 1986 p. 98).

Mais l'objet du bail renouvelé sera moins étendu que celui du bail d'origine en l'absence d'indivisibilité matérielle ou conventionnelle entre les locaux ; dans ce cas, le bailleur peut refuser partiellement de renouveler le bail (Cass. 3e civ. 7-7-1993 no 1252 P : RJDA 11/93 no 879).

Sur le cas d'une sous-location partielle, voir nos 76340 s.

L'objet du bail renouvelé peut être également plus étendu que celui du bail expiré lorsque par suite du droit d'accession, le bailleur est devenu propriétaire des constructions et améliorations réalisées par le locataire pendant la durée du bail (Cass. 3e civ. 14-6-1983 no 82-11.275 : Bull. civ. III no 137 ; Cass. 3e civ. 26-11-1985 no 84-16.760 : Bull. civ. III no 154).

> **> Précisions** Lorsque des **locaux loués** en vertu d'un bail comportant une clause d'indivisibilité ont été **vendus** en cours de bail à deux acquéreurs chacun pour une partie, la **clause d'indivisibilité** est reconduite lors du renouvellement du bail accepté par les deux acquéreurs, si bien que l'action en fixation judiciaire du loyer ne peut être engagée que par les deux bailleurs et non par un seul (Cass. 3e civ. 19-12-2012 no 11-21.340 FS-P : RJDA 5/13 no 392).

OBLIGATIONS DU BAILLEUR DANS LE CADRE DU BAIL RENOUVELÉ

71320 Le bailleur a les mêmes obligations que lors du bail initial. Ainsi, tenu d'assurer au locataire la **jouissance** paisible de la chose louée, il ne peut, lors du renouvellement du bail, lui imposer une restriction de jouissance qui n'était pas prévue dans le bail expiré ; il ne peut donc demander l'insertion dans le bail renouvelé d'une clause instituant un droit de passage dans la cour de l'immeuble au motif que la restriction à la jouissance de la cour présentait le caractère d'une condition accessoire (Cass. 3e civ. 13-11-1979 no 78-14.555 : Bull. civ. III no 201).

DESTINATION DU BAIL RENOUVELÉ

71325 Les locaux loués conservent la même destination. En présence d'un bail stipulant que la société propriétaire réserve au locataire « pendant la durée du bail et son renouvellement, l'exclusivité pharmacie, herboristerie et accessoires, dans la totalité des bâtiments qui sont sa propriété dans la nouvelle cité », cette clause doit être maintenue dans le bail renouvelé dès lors que, si les parties avaient voulu limiter dans le temps la garantie d'exclusivité, elles auraient indiqué un délai passé lequel la garantie cesserait de plein droit et qu'en utilisant au contraire la formule « pendant la durée du bail et son renouvellement », elles ont entendu attribuer à la clause litigieuse une durée de validité correspondant au temps pendant lequel le locataire occupera les lieux loués, tant en vertu du bail originaire que des renouvellements successifs de ce bail (Cass. civ. 10-10-1960 : Gaz. Pal. 1960 II p. 312).

La clause qui interdit au locataire « sous aucun prétexte, de changer la destination des locaux loués, qui doivent être affectés au commerce de brûlerie de café » doit être reconduite dans le bail renouvelé (Cass. 3e civ. 21-11-1969 no 68-10.710 : Bull. civ. III no 751).

ÉTABLISSEMENT D'UN NOUVEAU CONTRAT

71330 En cas d'**accord** sur le montant du **loyer,** les parties établissent généralement un nouveau contrat constatant le nouveau loyer et le complément du dépôt de garantie.

Quand il y a eu **désaccord** sur le montant du **loyer** et recours au juge, les parties doivent dresser un nouveau bail dans les conditions fixées judiciairement, dans le délai d'un mois qui suit la signification de la décision définitive ; faute pour le bailleur d'avoir envoyé dans ce délai à la signature du locataire le projet de bail conforme à la décision de fixation du loyer ou faute d'accord dans le mois de cet envoi, l'ordonnance ou l'arrêt fixant le prix ou les conditions du nouveau bail vaut bail (C. com. art. L 145-57, al. 2).

Sur le sort du cautionnement, voir no 37110.

POUVOIR DU JUGE DE MODIFIER DES CLAUSES DU BAIL RENOUVELÉ

71335 Le juge n'a pas le pouvoir de **modifier les clauses** d'un bail dont la licéité n'est pas discutée (Cass. 3e civ. 12-10-1982 no 80-16.387 : Bull. civ. III no 196), même si elles sont accessoires (Cass. 3e civ. 14-10-1987 n° 85-18.132 : Bull. civ. III n° 169 ; Cass. 3e civ. 6-3-1991 n° 89-20.452 : Bull. civ. III n° 77 ; CA Paris 18-9-1998, n° 97-05.364, 16e ch. B : Gaz. Pal. 1999 som. 144). Ainsi, les juges du fond ne peuvent pas :

– ajouter une clause prévoyant le versement d'un dépôt de garantie égal à six mois de loyers et supprimer la clause autorisant les cessions et les sous-locations (Cass. 3e civ. 12-10-1982, précité) ;

– modifier une clause de non-réinstallation souscrite par le locataire (Cass. 3e civ. 17-5-1966 n° 65-10.301 : Bull. civ. III n° 256) ;

– supprimer la clause d'un bail limitant à une certaine somme le remboursement de l'impôt foncier par le locataire et réduire en conséquence le montant du loyer (Cass. 3e civ. 30-5-1984 n° 83-12.500 : Bull. civ. III n° 108) ;

– se déclarer compétents pour connaître d'une demande d'insertion dans le bail renouvelé d'une clause instituant un droit de passage dans la cour de l'immeuble au motif que la restriction à la jouissance de la cour présentait le caractère d'une condition accessoire (Cass. 3e civ. 13-11-1979 n° 78-14.555 : Bull. civ. III n° 201) ;

– modifier la consistance même des locaux objet de la location (Cass. com. 10-10-1962 : JCP 1963 IV p. 71).

> **Précisions** La **jurisprudence** refusant au juge de modifier les clauses du bail est fondée sur l'intangibilité des conventions. Elle est **critiquée** par quelques auteurs qui considèrent qu'elle assimile à tort le renouvellement à la prorogation et fige les relations contractuelles sans prendre en considération l'évolution des données (F. Auque, Les baux commerciaux 1996 n° 222, éd. LGDJ ; B. Boccara au JCP 1984 II n° 20125 ; E.-E. Frank, Le sort des clauses accessoires et indépendantes lors du renouvellement des baux commerciaux : Administrer févr. 1989 n° 198 p. 2).

B. Conventions distinctes

Dans des cas où il est possible d'isoler une convention distincte, il a été jugé que : **71400**

– Un accord intervenu en cours de bail avec le nouveau propriétaire concernant l'application de la TVA à laquelle il n'était pas assujetti n'avait qu'une portée temporaire et ne saurait être reconduit lors du renouvellement (CA Paris 26-6-1990 n° 89-7567, 16e ch. A : Gaz. Pal. 1990 som. 589).

– La clause d'un bail accordant au locataire la priorité de location de deux chambres dans le même immeuble en cas de départ de leur occupant est accessoire et ne doit pas être insérée dans le bail renouvelé dès lors qu'elle a un objet distinct et séparable des conditions d'exploitation du fonds de commerce et n'est ni nécessaire ni indispensable à une jouissance normale par des locataires (Cass. 3e civ. 24-11-1966 n° 65-12.789 : Bull. civ. III n° 453).

– La clause prévoyant que le locataire aura au cours du bail la faculté d'agrandir de 1,50 mètre une partie de son local constitue une faculté d'extension de la consistance des locaux loués ; elle est étrangère aux locaux dont le locataire avait la jouissance à l'expiration du bail et ne doit pas figurer dans le bail renouvelé (Cass. com. 24-1-1966 n° 64-11.874 : Bull. civ. III n° 45).

Le **pacte de préférence** inséré dans le bail initial n'est pas reporté dans le bail renouvelé, ce pacte étant devenu caduc à l'expiration du premier bail car il constitue une convention distincte de celui-ci ; même si un avenant accompagnant le renouvellement de bail au profit d'un cessionnaire stipule que toutes les clauses et conditions du bail demeurent inchangées, les juges du fond peuvent constater que les stipulations relatives au pacte ne sont pas reprises à l'avenant (Cass. 3e civ. 13-7-1994 n° 92-10.577 : Rev. loyers 1994 p. 494 ; Cass. 3e civ. 21-12-1988 n° 87-14.943 : JCP G 1989.II.21324 note M. Dagot). **71405**

Mais les parties peuvent toujours manifester leur intention de renouveler le pacte de préférence (en ce sens, M. Dagot).

La **clause de fourniture exclusive** d'une durée égale à celle du bail n'est pas automatiquement reconduite ; elle ne l'est que si elle a été la condition déterminante du contrat de bail. Il a été ainsi jugé que lorsque dans un bail consenti par une brasserie il est prévu que « comme condition essentielle formant l'élément substantiel et principal sans lequel le présent bail n'aurait pas été consenti, les locataires s'obligent, tant pour eux-mêmes que pour leurs successeurs légaux et commerciaux éventuels, à prendre toute la bière dont ils auront besoin exclusivement auprès de la brasserie propriétaire », cette clause est l'une des conditions essentielles du contrat de bail, de sorte que la convention de fourniture exclusive de bière doit figurer aux conditions du bail renouvelé (Cass. civ. 14-12-1959 : Gaz. Pal. 1960 I p. 112). **71410**

En revanche, doit être cassé l'arrêt qui, statuant sur les conditions d'un bail commercial renouvelé, décide que la clause de fourniture de bière serait maintenue pendant la durée du bail renouvelé, au motif que cette clause formait partie intégrante du bail et en était une condition déterminante, sans répondre aux conclusions du locataire qui, d'une part, soutenait que le

71410 (suite) bailleur lui faisait des livraisons irrégulières et défectueuses, de sorte que la clause devenait contraire à l'équité, et, d'autre part, proposait de prouver les conditions préjudiciables pour lui dans lesquelles le bailleur s'était acquitté de son obligation de livraison de bière (Cass. 3e civ. 17-2-1964 : Bull. civ. III no 77).

La **doctrine** considère que la clause d'exclusivité ne peut pas être reconduite automatiquement dès lors qu'un nouvel accord des parties est nécessaire pour déterminer la durée de la clause qui ne saurait excéder dix ans conformément à l'article L 330-1 du Code de commerce (L. Rozès : D. 2001 som. p. 3520).

RÉSILIATION DU BAIL

SOMMAIRE

La résiliation du bail est la rupture pour l'avenir du contrat en cours. Elle peut notamment résulter d'infractions aux clauses du bail (résiliation judiciaire ou résiliation de plein droit par application d'une clause résolutoire), d'un accord des parties (révocation mutuelle) ou de la perte de l'immeuble. Par ailleurs, les parties disposent d'une faculté de résiliation triennale. **72000**

Parce qu'elle risque d'entraîner la disparition du fonds de commerce exploité dans les lieux et la disparition corrélative des garanties qui étaient inscrites sur ce fonds, la résiliation du bail doit, dans certains cas, être notifiée aux créanciers inscrits.

ATTENTION

Le bail ne cesse pas par l'effet du **décès du bailleur ou du locataire** (C. civ. art. 1742) : il est transmis aux héritiers qui sont alors tenus à l'exécution du bail.

SECTION 1

RÉSILIATION TRIENNALE DU BAIL

A. Résiliation triennale du bail par le locataire

1. DROIT DE RÉSILIATION TRIENNALE DU LOCATAIRE

FACULTÉ LÉGALE DE RÉSILIATION TRIENNALE RECONNUE AU LOCATAIRE

72010 Le Code de commerce permet au locataire de donner congé à l'expiration de chaque période triennale (C. com. art. L 145-4, al. 2). Sur la notion de congé et la possibilité d'y renoncer, voir nº 69570 s.

Cette faculté de résiliation est discrétionnaire et le locataire n'est pas tenu de préciser les motifs pour lesquels il donne congé (Cass. 3e civ. 16-11-1994 nº 92-18.280 PF : RJDA 1/95 nº 10).

Faute de congé, le bail se poursuit au terme de chaque période triennale aux conditions prévues initialement, sauf possibilité de révision légale du loyer (Cass. 3e civ. 10-10-1973 nº 72-13.481 : Bull. civ. III nº 523).

> **Précisions** **a.** L'article L 145-4, al. 2 du Code de commerce s'applique aussi bien au bail principal qu'à la **sous-location** consentie par le locataire principal (Cass. 3e civ. 11-12-1996 nº 95-11.018 D, SCI La Fourmi c/ Sté Alpes métal : RJDA 2/97 nº 176).
> **b.** La présentation volontaire à la formalité de l'enregistrement d'un acte constatant la résiliation d'un bail à durée limitée donne lieu à la perception du **droit fixe** de 125 € prévu à l'article 738, 1° du CGI.

AMÉNAGEMENTS CONVENTIONNELS DU DROIT DE RÉSILIATION DU LOCATAIRE

72012 La possibilité pour les parties d'**aménager** le droit de résiliation triennale du locataire est admise pour **certains baux** limitativement énumérés (C. com. art. L 145-4, al. 2) :

- les baux conclus pour plus de neuf ans ;
- les baux de locaux construits en vue d'une seule utilisation (locaux « monovalents ») ;
- les baux de locaux à usage exclusif de bureaux ;
- les baux de locaux de stockage mentionnés à l'article 231 ter, III-3° du CGI (locaux ou aires couvertes destinés à l'entreposage de produits, de marchandises ou de biens et qui ne sont pas intégrés topographiquement à un établissement de production).

Dans ces quatre cas, les parties peuvent exclure conventionnellement toute faculté de résiliation triennale ou assortir l'exercice de cette résiliation d'une indemnité destinée à compenser le préjudice subi par le bailleur du fait de la résiliation anticipée du bail.

72015 **Hormis** ces **exceptions,** les parties ne peuvent pas conférer au bail une durée ferme de neuf ans, ni assortir l'exercice de la résiliation triennale d'une indemnité au profit du bailleur, contrairement à la faculté qui leur en était reconnue avant la loi 2014-626 du 18 juin 2014 qui a modifié l'article L 145-4 (CA Paris 3-5-2002 nº 00-22.731, 16e ch. B ; Cass. 3e civ. 21-6-1995 nº 1309 P : RJDA 8-9/95 nº 943).

En effet, avant l'adoption de cette loi, la faculté reconnue au locataire de donner congé à l'expiration de chaque période triennale était prévue « à défaut de convention contraire ». En supprimant cette formule, le législateur a rétabli le caractère d'ordre public du droit de résiliation triennale, ce qui exclut la possibilité de prévoir non seulement une durée ferme de neuf ans mais également toute indemnité au profit du bailleur car cela conduirait à admettre que le locataire peut renoncer à utiliser la faculté de résiliation triennale telle qu'elle est prévue par l'article L 145-4.

> **Précisions** La loi du 18 juin 2014 étant muette sur l'**entrée en vigueur** des modifications apportées à l'article L 145-4, une réponse ministérielle a considéré qu'il convient de régler la question en faisant application des principes jurisprudentiels qui gouvernent l'application des lois dans le temps : la faculté de résiliation triennale reconnue au locataire relève de l'ordre public de protection ; ces modifications régissent immédiatement les effets légaux des situations juridiques ayant pris naissance avant son entrée en vigueur et non définitivement réalisées, si bien qu'elles s'appliquent aux baux en cours au 20 juin 2014 (Rép. Dubié : AN 31-5-2016 nº 93154). À l'inverse, la cour d'appel de Poitiers a jugé que les modifications apportées à l'article L 145-4 ne s'appliquent pas aux baux en cours (CA Poitiers 26-4-2016 nº 14/02891), mais sans justifier sa solution.

Régime fiscal de l'indemnité de résiliation Lorsqu'elle est autorisée, l'indemnité de résiliation versée par le locataire au propriétaire doit être comprise dans les **recettes brutes foncières** imposables de celui-ci. Cette solution s'impose dès lors que l'indemnité est destinée à compenser une perte de recettes (perte de loyers) ou un accroissement des charges du bailleur (frais exposés pour la recherche d'un nouveau locataire, travaux de remise en état des locaux, etc.) (BOI-RFPI-BASE-10-20 n° 220). **72020**

En matière d'imposition des **bénéfices industriels et commerciaux,** le régime fiscal de l'indemnité versée par le locataire au propriétaire lors de la rupture du contrat de bail, pour compenser le préjudice subi par le bailleur, n'a jusqu'à présent donné lieu à aucune solution particulière. Par application des règles générales, cette indemnité doit selon nous être prise en compte pour la détermination des bénéfices imposables du bailleur relevant de cette catégorie, dans la mesure où elle a pour objet de compenser un manque à gagner ou est destinée à faire face à un supplément de charges.

Pour le locataire, l'indemnité versée est déductible dès lors qu'elle présente un caractère normal.

Au regard de la **TVA,** pour les bailleurs imposables à cette taxe, la question est de déterminer si les indemnités de résiliation perçues constituent ou non la contrepartie d'une prestation de services rendue à titre onéreux. Ainsi, une indemnité de résiliation qui se borne à réparer le préjudice subi par le bailleur du fait de la rupture prématurée du contrat n'est pas soumise à la TVA. En revanche, une indemnité qui constitue la rémunération d'une prestation de services individualisée est taxable. **72025**

ILLUSTRATIONS

Dans une espèce où les locaux quittés par le locataire nécessitaient des **travaux de remise en état,** le tribunal administratif de Paris a jugé que l'indemnité versée au bailleur et destinée à permettre la remise en état des locaux à l'issue de la location s'analyse comme une rémunération présentant un lien direct avec une prestation de services individualisée imposable à la TVA, et non comme la réparation d'un simple préjudice.

TA Paris 17-10-2006 n° 00-1614 : RJF 3/07 n° 265 ; solution toutefois contraire à celle retenue par le tribunal administratif de Versailles en matière de dépôts de garantie (TA Versailles 23-9-2003 n° 01-1982 : RJF 1/04 n° 27).

Le Conseil d'État juge que la libération de locaux consécutive à la résiliation anticipée d'un bail commercial consenti par une SCI à une SA constitue une prestation de services individualisée dès lors qu'elle intervient en vertu d'une **convention** ayant **pour seul objet d'obtenir la résiliation du bail** afin de permettre à la SCI, sur son initiative, de **bénéficier des locaux en cause** et de les **louer dans des conditions de marché plus avantageuses.** L'indemnité versée par la SCI à la SA à cette occasion constitue donc la rémunération de ce service et doit, comme telle, être assujettie à la TVA.

CE 27-2-2015 n° 368661 : RJF 7/15 n° 576.

2. AUTEUR DU CONGÉ TRIENNAL

Le congé donné pour une échéance triennale doit être délivré par le locataire. Ce dernier peut être le locataire d'origine, le cessionnaire ou tout ayant droit du locataire. En revanche, le congé ne peut pas être délivré par le locataire-gérant du fonds de commerce. **72080**

Lorsque le bail a été consenti à **plusieurs locataires,** le congé doit être délivré par l'ensemble des locataires. En effet, sauf stipulation conventionnelle expresse, la seule volonté d'un locataire de résilier le bail ne peut suffire à mettre fin au contrat à l'égard des autres colocataires (Cass. 3e civ. 27-9-2005 n° 1047 F-PB : RJDA 12/05 n° 1326 ; Cass. 3e civ. 15-12-2016 n° 15-25.240 F-D : RJDA 3/17 n° 159). **72085**

L'**époux** commun en biens qui exploite, indépendamment de son conjoint, un fonds de commerce commun peut valablement agir seul en résiliation, la résiliation d'un bail n'étant pas assimilée à l'aliénation d'un fonds de commerce pour laquelle le consentement du conjoint est requis (Cass. 3e civ. 18-12-2002 n° 2000 FS-PB : RJDA 3/03 n° 236). **72090**

La solution est différente si l'époux collabore de façon effective à l'activité professionnelle de son conjoint car l'article L 121-5 du Code de commerce exige le consentement de l'époux travaillant dans l'entreprise pour aliéner les éléments du fonds de commerce dépendant de la communauté qui, par leur importance, sont nécessaires à l'exploitation de l'entreprise.

Lorsque le locataire est une **société,** le congé doit être délivré par le représentant légal de celle-ci. Toutefois, en application de la théorie du mandat apparent (nos 15250 s.), une société peut être engagée par toute personne si les tiers avec qui cette personne a traité ont légitimement cru que celle-ci disposait des pouvoirs nécessaires. **72095**

Lorsque la société locataire a été dissoute, c'est à son liquidateur qu'il revient de donner congé. En effet, la personnalité morale d'une société ne prend pas fin par sa dissolution mais elle subsiste pour les besoins de sa liquidation (C. civ. art. 1844-8, al. 3).

Une société radiée du registre du commerce et des sociétés ne peut pas valablement délivrer le congé car elle n'a plus d'existence juridique (CA Grenoble 5-5-2022 nº 20/02042 : RJDA 1/23 nº 9). Au cas particulier, la société avait fait l'objet d'une fusion-absorption ; c'était donc la société absorbante (à condition d'être immatriculée au RCS pour les locaux loués) qui aurait dû délivrer le congé car, en application de l'article L 145-16, al. 2 du Code de commerce, cette société se substitue à la société absorbée dans tous les droits et obligations découlant du bail.

3. DESTINATAIRE DU CONGÉ TRIENNAL

72140 Aucun texte n'envisage la question de savoir à qui le locataire doit adresser son congé. Si l'article L 145-10 du Code de commerce prévoit que la demande en renouvellement du locataire peut être valablement adressée à la personne du gérant, sauf stipulation ou notification contraire du bailleur (nº 70140), aucune disposition de cette nature n'existe pour la résiliation triennale.

Il en résulte que, à défaut de disposition contraire dans le bail, le congé doit être délivré au bailleur lui-même (Cass. 3e civ. 4-7-2001 nº 1190 FS-PB : RJDA 11/01 nº 1084 ; Cass. 3e civ. 11-7-2006 nº 880 F-D : RJDA 11/06 nº 1118 ; CA Paris 2-12-2015 nº 13/20706 : RJDA 6/16 nº 427 ; CA Paris 4-10-2017 nº 15/20827 : RJDA 3/18 nº 214) ou à son mandataire si celui-ci est muni d'un pouvoir spécial, à charge pour le locataire de vérifier ce pouvoir (CA Paris 13-11-1998, 16e ch. B : JCP E 1999 p. 914 note Ph.-H. Brault ; CA Paris 4-10-2017 nº 15/20827 précité) : la signification du congé à une autre personne équivaut à une absence de congé (mêmes arrêts).

ILLUSTRATIONS

Est privé d'effet le congé délivré au bailleur initial qui, en cours de bail, a vendu les locaux sans en informer le locataire (CA Paris 4-10-2017 nº 15/20827 précité). Il en est de même du congé qui a été signifié au représentant de l'ancien bailleur, même si ce représentant est également le gestionnaire du nouveau propriétaire (Cass. 3e civ. 4-7-2001 nº 1190 FS-PB précité). Équivaut aussi à une absence de congé la délivrance d'un congé faite au nom de l'ancien bailleur à l'adresse de son siège social, même si celle-ci est identique à celle du nouveau propriétaire qui en a eu parfaitement connaissance (Cass. 3e civ. 11-7-2006 nº 880 F-D précité).

Jugé qu'était dépourvu d'effet le congé remis à l'adresse du siège social du bailleur, identique à celle des lieux loués, mais reçu par un salarié du locataire s'étant déclaré habilité à le recevoir (Cass. 3e civ. 28-10-2009 nº 08-15.506 FS-PB : RJDA 1/10 nº 11).

En revanche, n'équivaut pas à une absence de congé mais encourt une nullité de forme le congé qui a bien été délivré à la société bailleresse, mais au domicile de son représentant légal et non à son siège social (Cass. 3e civ. 11-5-2017 nº 16-13.098 F-D : RJDA 12/17 nº 790).

72142 En présence d'**époux cobailleurs,** le congé doit être délivré à chacun d'eux (Cass. 3e civ. 17-10-2006 nº 05-17.393 : D. 2006 p. 2669 note Y. Rouquet).

Il en est de même en cas de bail consenti par des **propriétaires indivis,** sauf si l'un d'eux a reçu mandat du ou des autres indivisaires (Cass. 3e civ. 11-7-2007 nº 06-12.210 FS-PB : RJDA 11/07 nº 1067).

Le congé délivré à un seul cobailleur ou à un seul coïndivisaire ne peut pas valablement opérer et équivaut à une absence de congé. Aucune régularisation n'est possible. Ainsi, il a été jugé que l'assignation en référé du locataire, conjointement délivrée par les deux époux cobailleurs et faisant expressément mention du congé délivré par l'un d'eux seulement, ne couvrait pas l'irrégularité de ce congé (Cass. 3e civ. 17-10-2006, précité).

72145 L'**identification du propriétaire** des locaux, objet du bail, n'est pas toujours facile. En effet, aucun texte ne faisant obligation au bailleur d'informer le locataire de la vente de l'immeuble ou de sa transmission par voie de succession, le locataire, qui ne connaît souvent que le représentant du bailleur, n'a pas nécessairement connaissance des changements de propriétaire pouvant intervenir en cours de bail.

Il est donc **conseillé** au locataire de faire introduire dans le bail une clause imposant au bailleur de lui notifier toute modification dans la propriété des locaux loués. Si le bailleur contrevient à cette obligation, il engage sa responsabilité contractuelle. À défaut d'une telle clause, le locataire qui souhaite donner congé a tout intérêt à contacter préalablement le représentant de son bailleur afin de s'enquérir de l'identité du bailleur avant de procéder à la notification du congé ou à vérifier que le représentant dispose d'un pouvoir spécial pour recevoir le congé.

4. FORME ET DÉLAI DU CONGÉ TRIENNAL

Le locataire a la faculté de donner congé à l'expiration d'une période triennale au moins six mois à l'avance par lettre recommandée AR ou acte extrajudiciaire (C. com. art. L 145-4, al. 2 ; Cass. 3e civ. 24-10-2019 n° 18-24.077 FS-PBI : RJDA 1/20 n° 7). 72190

Le respect des **règles de forme** est impératif. 72191

Il en est ainsi même pour les baux qui peuvent comporter des **aménagements conventionnels** du droit de résiliation triennale (n° 72012). En effet, avant sa modification par la loi du 18 juin 2014, il avait été jugé que si l'article L 145-4, al. 2 disposait que, sauf convention contraire, le locataire avait la faculté de donner congé à l'expiration d'une période triennale dans les formes et délai de l'article L 145-9, l'expression « sauf convention contraire » ne visait pas la forme du congé (Cass. 3e civ. 24-1-1996 n° 124 PF : RJDA 4/96 n° 467 ; Cass. 3e civ. 30-5-1996 n° 982 P : RJDA 8-9/96 n° 1020 ; Cass. 3e civ. 4-5-2000 n° 645 FS-D). On peut raisonnablement penser que la nouvelle rédaction de l'article L 145-4, al. 2 ne remet pas en cause cette solution qui devrait donc être retenue pour les baux qui, par exception, peuvent comporter des « stipulations contraires ».

Le délai de **préavis** étant un **délai minimal,** rien n'interdit aux parties de prévoir un délai plus long dans leur bail (n° 69080). 72192

Si le congé est donné à une date ne permettant pas le respect du délai minimal de préavis légal, il ne prendra effet qu'à la période triennale suivante (Cass. 3e civ. 7-7-1975 n° 74-11.090 : Bull. civ. III n° 238 ; CA Versailles 12-10-2000 n° 99-6315, 12e ch. sect. 2). En revanche, le congé délivré pour une date prématurée, mais dans le délai de préavis légal, produit ses effets à la première échéance utile après cette délivrance (Cass. 3e civ. 10-2-2015 n° 13-26.403 F-D : JCP E 2015.1198 note Brignon).

S'agissant de la **computation du délai,** l'article 642, al. 2 du Code de procédure civile, qui reporte le délai lorsqu'il se termine un samedi, dimanche ou jour férié, n'est pas applicable (Cass. 3e civ. 8-3-2018 n° 17-11.312 F-PBI : RJDA 5/18 n° 397). Ainsi, dans le cas où l'échéance triennale d'un bail intervient un 30 septembre, dernier jour de ce mois, le congé doit être signifié par le locataire au bailleur avant le dernier jour du mois de mars précédent, soit le 31 mars ; le congé signifié le 2 avril ne peut donc produire effet au 30 septembre, même si les 30 et 31 mars étaient respectivement un samedi et un dimanche et que le 1er avril était un jour férié (Cass. 3e civ. 8-3-2018 n° 17-11.312 précité). 72193

Lorsque le congé est donné par **lettre recommandée** AR, la **date de notification** de celle-ci est celle de l'expédition ; lorsque la lettre n'a pas pu être présentée au bailleur, la démarche doit être renouvelée par acte extrajudiciaire (application de C. com. art. R 145-38). 72194

SANCTION DES CONDITIONS DE FORME DU CONGÉ TRIENNAL

Nullité du congé En cas de non-respect des conditions de forme, le congé est nul (Cass. 3e civ. 24-1-1996 n° 124 PF : RJDA 4/96 n° 467 ; Cass. 3e civ. 13-12-2000 n° 1680 FS-PB : RJDA 3/01 n° 280 ; sur la nature de la nullité, voir nos 69735 s.). Le bail se poursuit, sauf à convenir d'une rupture amiable. 72195

Il en résulte que le **locataire** reste redevable des **loyers dus** jusqu'au terme du bail ou, si un congé est par la suite régulièrement délivré, jusqu'à l'expiration de la période triennale suivante (Cass. 3e civ. 14-10-1992 n° 1370 P : Bull. civ. III n° 268 ; Cass. 3e civ. 10-11-1999 n° 1636 D ; CA Paris 16-4-1999 n° 97-21329, 16e ch. B ; CA Paris 28-4-2000 n° 99-1555, 16e ch. B).

ATTENTION

Il n'est pas possible de **limiter** le **montant des loyers** dus par le locataire en se fondant sur les dispositions de l'article 1760 du Code civil aux termes desquelles « en cas de résiliation par la faute du locataire, celui-ci est tenu de payer le prix du bail pendant le temps nécessaire à la relocation »; cet article ne s'applique en effet qu'en cas de résiliation sollicitée en justice par le bailleur ou acceptée par lui, et non en cas de résiliation unilatérale imposée par le locataire (Cass. 3e civ. 8-11-1995 n° 1963 P : RJDA 12/95 n° 1337 ; CA Versailles 7-11-1996 n° 95-3680, 12e ch. ; CA Paris 27-3-1998, 16e ch. B : Loyers et copr. 1998 comm. n° 267 note Ph.-H. Brault et C. Mutelet).

Le **bailleur** est en droit de se prévaloir de la nullité d'un congé irrégulier sans se voir reprocher un **abus de droit** (Cass. 3e civ. 13-1-1999 n° 61 PB : RJDA 3/99 n° 263, 2e esp. ; Cass. 3e civ. 27-6-2001 n° 1051 FS-D : Loyers et copr. 2001 comm. n° 227 note Ph.-H. Brault et P. Pereira) et sa bonne ou sa **mauvaise foi** est sans influence sur cette nullité (Cass. 3e civ. 7-2-1996 n° 94-12.628 : Bull. civ. III n° 36 ; Cass. 3e civ. 13-1-1999 n° 42 PF : RJDA 3/99 n° 263, 1e esp. ; CA Paris 21-5-1999, 16e ch. B : Loyers et copr. 1999 comm. n° 237 note Ph.-H. Brault et C. Mutelet). 72200

Responsabilité du bailleur La mauvaise foi du bailleur, sans incidence sur la validité du congé (n° 72200), peut toutefois constituer une faute ouvrant droit à réparation si elle a causé un 72205 préjudice au locataire. Dans ce cas, le bailleur peut être condamné à des dommages-intérêts venant se compenser avec les loyers restant dus par le locataire du fait de la continuation du bail (Cass. 3e civ. 5-11-2003 no 1209 FS-PB : RJDA 2/04 no 141).

72210 Il résulte de la jurisprudence reproduite ci-dessous que la responsabilité du bailleur est retenue lorsque ce dernier, professionnel de l'immobilier, est à l'origine de la clause du bail prévoyant la délivrance du congé sous une autre forme que celles légalement prescrites. Par ailleurs, l'absence de réaction d'un bailleur professionnel à réception d'un congé irrégulier ou le temps mis pour avertir le locataire de l'irrégularité sont pris en compte pour apprécier sa responsabilité.

La responsabilité d'un bailleur, même professionnel, ne peut toutefois pas être recherchée par un locataire qui a notifié un congé irrégulier au tout dernier moment, s'interdisant ainsi toute possibilité de régulariser celui-ci.

Avertissement : Avant la loi du 18 juin 2014, le congé pouvait être donné seulement par acte extrajudiciaire et non par lettre recommandée comme c'est le cas désormais. C'est pourquoi les décisions ci-dessous, rendues sous le régime antérieur, retiennent l'irrégularité du congé donné par lettre recommandée. Nous continuons néanmoins à faire référence à ces décisions car les précisions qu'elles apportent conservent toute leur valeur concernant les conséquences d'un congé donné sous une forme irrégulière.

ILLUSTRATIONS

Cas où la responsabilité du bailleur a été retenue

A commis une faute le bailleur qui s'est **abstenu d'attirer l'attention de son locataire** sur l'irrégularité du congé que ce dernier lui avait délivré par lettre recommandée alors que, si ce fait lui avait été signalé, le locataire disposait encore d'un délai de deux mois pour adresser un congé par acte extrajudiciaire. En effet, le **bailleur** était un **professionnel** de l'immobilier et, même s'il n'était pas le rédacteur de l'acte, il ne pouvait pas sérieusement prétendre s'être rendu compte de l'irrégularité du congé seulement six mois après sa réception alors que, par son activité, il avait nécessairement connaissance de la législation en matière de congé.

Cass. 3e civ. 5-11-2003 no 1209 FS-PB : RJDA 2/04 no 141.

Un **bailleur professionnel** de l'immobilier est susceptible d'engager sa responsabilité envers son locataire s'il **a inséré dans le bail une clause** permettant à ce dernier de résilier le bail par lettre recommandée avec avis de réception, même si, à la suite d'un premier congé délivré dans ces conditions, il lui a rappelé qu'il devait respecter les formes légales.

Cass. 3e civ. 30-11-2005 no 1289 FS-D : RJDA 3/06 no 239.

N'a pas adopté un comportement loyal le **bailleur,** propriétaire d'un centre commercial, qui n'a **signalé au locataire l'irrégularité de son congé** que quatre semaines avant la date de sa prise d'effet alors qu'il avait été délivré 18 mois à l'avance et que le service juridique du bailleur avait immédiatement identifié l'anomalie. Au moment où le bailleur avait fait état de la nullité du congé, il était trop tard pour que le locataire puisse délivrer un nouveau congé dans les formes légales. Cette faute a constitué pour le locataire un préjudice qui n'est constitué toutefois que par la perte de chance d'avoir pu mettre fin au bail à la fin de la période triennale. Ce préjudice sera réparé par l'octroi de la somme de 96 579,45 € représentant 90 % des loyers, frais de gestion, charges et fonds marketing dus au bailleur au-delà de cette date.

CA Grenoble 5-5-2022 no 20/02042 : RJDA 1/23 no 9.

Cas où la responsabilité du bailleur a été écartée

Dans un cas où un locataire avait donné congé par lettre recommandée AR conformément aux stipulations du bail et où le bailleur avait refusé la résiliation du bail compte tenu du caractère irrégulier du congé, une cour d'appel ne peut pas valablement condamner le bailleur à payer des dommages-intérêts au locataire en retenant que, professionnel de l'immobilier et rédacteur de l'acte, il avait manqué à son obligation d'exécuter la convention locative de bonne foi et était donc à l'origine du préjudice subi par le locataire, sans répondre aux conclusions du bailleur selon lesquelles il avait, **dès le lendemain de la réception** du congé, **adressé un courrier au locataire** lui indiquant qu'il ne pouvait pas accepter le congé, celui-ci devant impérativement être délivré par acte extrajudiciaire.

Cass. 3e civ. 9-12-1998 no 1757 D : RJDA 2/99 no 151.

Si la mauvaise foi du bailleur est sans incidence sur la nullité du congé irrégulier, elle peut constituer une faute ouvrant droit à réparation si elle a causé un préjudice au locataire. Tel n'est pas le cas en l'espèce puisque, contrairement à ce que soutient le locataire, il ne ressort pas de l'examen du bail que la société bailleresse ait été le rédacteur du contrat de location et ait reçu à ce titre des honoraires ; en outre, le locataire ne rapporte pas la preuve que la société bailleresse, dont la seule qualité de professionnel de l'immobilier ne suffit pas à caractériser la mauvaise foi, a délibérément inséré la clause du bail dérogeant à la législation sur les baux commerciaux. Enfin, le locataire ne peut pas reprocher à la société bailleresse de ne pas avoir exécuté la convention de bonne foi et de l'avoir informé seulement le 18 septembre que le congé notifié par lettre recommandée le 13 septembre devait être délivré par acte extrajudiciaire, alors que la société **bailleresse,** ayant accusé réception le 14 septembre du courrier, n'avait **matériellement pas le temps de l'aviser** de l'irrégularité du congé avant la date limite du 15 septembre. Le locataire, en notifiant son congé au tout dernier moment, s'était ainsi interdit toute possibilité de le régulariser.

CA Paris 21-5-1999, 16e ch. B : Loyers et copr. 1999 comm. n° 237 note Ph.-H. Brault et C. Mutelet.

Ayant retenu que l'article 3-1 du décret du 30 septembre 1953 (devenu C. com. art. L 145-4) permet de donner congé en cours de bail pour une date autre que la fin d'une période triennale et que cette liberté ne concerne pas la forme du congé, a justement jugé qu'était nul le congé délivré par lettre recommandée, conformément aux stipulations contractuelles, la cour d'appel qui a souverainement apprécié l'absence de fraude ou d'abus de droit de la part du **bailleur** en constatant que celui-ci avait reçu la lettre de congé à une date qui ne lui avait laissé que très **peu de temps pour réagir** et relevé souverainement que le fait pour le bailleur de ne pas avoir répondu au congé immédiatement était insuffisant pour prouver sa mauvaise foi.

Cass. 3e civ. 4-5-2000 n° 645 FS-D.

Un locataire ne peut pas reprocher à son bailleur de ne pas avoir exécuté le bail de bonne foi et de ne pas l'avoir informé que le congé délivré le 27 mars ne pouvait pas être accepté et devait être délivré par acte extrajudiciaire, alors qu'à l'évidence le **bailleur,** qui avait accusé réception du courrier le 28 mars, n'avait **matériellement pas le temps d'aviser le locataire** de l'irrégularité du congé avant la date limite du 31 mars suivant. Ainsi, le locataire s'est interdit toute possibilité de régulariser le congé en le notifiant au tout dernier moment, la veille d'une fin de semaine.

Par ailleurs, le locataire ne peut pas reprocher au bailleur de ne pas avoir pris toutes les dispositions pour remettre le local sur le marché locatif dès lors qu'à défaut pour lui d'avoir délivré valablement le congé, le bail s'était poursuivi sans obligation pour le bailleur de chercher à relouer les locaux.

CA Paris 22-9-2000 n° 99-15161, 16e ch. B.

Si le bailleur peut se prévaloir de l'irrégularité du congé sans que sa mauvaise foi puisse lui être utilement opposée, cette dernière peut toutefois constituer une faute ouvrant droit à réparation si elle a causé un préjudice au locataire. Or en l'espèce, le locataire ne peut pas reprocher au bailleur de ne pas avoir exécuté la convention locative de bonne foi et de ne pas l'avoir informé de l'irrégularité du congé alors qu'à l'évidence le mandataire du **bailleur,** qui a accusé réception le 31 décembre du congé posté le 26 décembre, n'avait **matériellement plus le temps de l'aviser** de l'irrégularité du congé avant la date limite du 30 décembre. Ainsi, en notifiant son congé au tout dernier moment, le locataire s'était interdit toute possibilité de le régulariser.

En tout état de cause, le silence gardé par le bailleur jusqu'à l'instance en référé initiée neuf mois plus tard pour obtenir le paiement de loyers et le fait qu'il ait refusé les clés du local ne suffisent pas à caractériser sa mauvaise foi et sa déloyauté, le locataire étant seul responsable de la situation qu'il a créée en ne se renseignant pas sur la forme que devait revêtir l'écrit visé à la clause du bail.

CA Paris 19-10-2001 n° 00-4961, 16e ch. B.

Dans un cas où le locataire n'avait pas donné congé dans les formes prévues par la législation sur les baux commerciaux, a légalement justifié sa décision la cour d'appel qui, après avoir constaté que le congé délivré était inopérant, a condamné le locataire à payer au bailleur le montant des loyers dus du fait de la continuation du bail aux motifs qu'il n'était **pas établi** que le **bailleur** aurait **sciemment induit en erreur** le **locataire** sur les formes à respecter pour donner congé et que le locataire aurait pu se délier des liens de sa location d'une manière régulière s'il s'était comporté en professionnel normalement avisé.

Cass. 3e civ. 6-4-2004 n° 447 F-D.

Responsabilité du tiers rédacteur d'actes La responsabilité du rédacteur du bail, professionnel de l'immobilier, peut être engagée pour avoir inséré ou laissé subsister dans l'acte une clause irrégulière. Il peut le cas échéant être condamné à garantir le locataire du paiement des loyers dus en raison de la continuation du bail. **72220**

Dans le cadre de l'obligation de conseil qui pèse sur lui, le professionnel rédacteur d'actes doit éclairer ses clients sur ce qui est juridiquement possible et notamment attirer l'attention du locataire sur l'irrégularité éventuelle d'une clause. Les compétences personnelles du locataire ou le fait qu'il soit assisté par un professionnel du droit ne fait pas disparaître cette obligation.

ILLUSTRATIONS

Est légalement justifiée la décision d'une cour d'appel qui condamne le mandataire du bailleur, rédacteur du contrat de bail, à garantir le locataire de la condamnation au paiement des loyers et charges de la période triennale en cours, après annulation du congé irrégulièrement délivré, en relevant qu'il incombait au rédacteur de l'acte d'**appeler l'attention du locataire sur l'irrégularité** de la clause régissant la forme du congé, sans que la **présence d'un juriste aux côtés du locataire** soit de nature à l'affranchir de son obligation.

Cass. 3e civ. 13-1-1999 nº 42 PF : RJDA 3/99 nº 263, 1re espèce.

Une cour d'appel a caractérisé la faute commise par le rédacteur du contrat de bail en retenant que sa qualité de mandataire du bailleur, professionnel de l'immobilier, lui interdisait de tromper volontairement ou non le cocontractant de son mandant, **en insérant ou en laissant subsister dans le contrat une clause irrégulière,** génératrice d'un préjudice pour le locataire.

Cass. 1e civ. 7-4-1999 nº 97-10.067 : Loyers et copr. 1999 comm. nº 211.

Le mandataire du bailleur, tenu en tant que rédacteur du contrat de bail d'un devoir de conseil et devant comme tel veiller à la conformité des clauses du bail aux exigences des textes, a incontestablement commis une faute **en insérant** dans le bail une **clause** relative au congé **irrégulière** au regard du décret du 30 septembre 1953 et **en n'avisant pas le locataire en temps utile** de cette irrégularité, alors qu'ayant notifié son congé huit mois à l'avance, le locataire aurait été en mesure de le régulariser. Si la faute du rédacteur d'actes doit s'apprécier notamment en fonction des connaissances du cocontractant, en l'espèce, la société locataire n'était pas un professionnel de l'immobilier et le fait qu'elle soit dotée d'un service juridique n'établit nullement qu'elle ait eu, lors de la conclusion du bail, des connaissances suffisantes pour apprécier la régularité de la clause litigieuse par rapport au texte spécifique régissant la matière.

CA Paris 23-5-2001, 16e ch. A : Loyers et copr. 2001 comm. nº 287.

Doit être rejetée la demande du locataire tendant à mettre en cause la responsabilité du mandataire du bailleur, professionnel de la gestion immobilière et rédacteur du contrat de bail. En effet, il ne peut pas être sérieusement reproché à ce mandataire de ne pas avoir fait référence, lors de la rédaction du bail, au décret du 30 septembre 1953 dès lors que cette exigence ne ressort d'aucune disposition légale. Par ailleurs, si la clause contractuelle relative au congé précise que ce dernier doit être délivré six mois avant chaque période triennale et par écrit, elle ne donne effectivement aucune indication sur la forme que doit revêtir l'écrit en question ; toutefois, le terme « écrit » est suffisamment large pour recouvrir les notions de lettre et d'acte extrajudiciaire. Il appartenait **au locataire de s'informer** sur la forme que devait revêtir l'écrit au regard des dispositions d'ordre public du décret de 1953 régissant son bail commercial. L'insertion dans le bail de la clause, nonobstant l'**absence de précision relative à la forme de l'écrit,** ne caractérise aucune faute du rédacteur de l'acte ni sa volonté de tromper le cocontractant de son mandant.

CA Paris 19-10-2001 nº 00-4961, 16e ch. B : D. 2001 AJ p. 3436 note Y. Fouquet ; en sens contraire, voir ci-dessous CA Paris 29-11-2002.

A engagé sa responsabilité envers le locataire le mandataire du bailleur qui a **rédigé un contrat de bail contenant une clause contraire** à la législation sur les baux commerciaux **et** qui s'est **abstenu d'en informer le locataire,** de sorte qu'il a délibérément maintenu celui-ci dans l'erreur.

CA Paris 17-5-2002 nº 01-8915, 16e ch. B.

Le rédacteur de l'acte doit mettre en mesure la société locataire, quelle que soit la qualité de celle-ci de professionnelle de l'immobilier, de respecter les dispositions impératives de la législation sur les baux commerciaux en précisant le mode approprié de délivrance du congé ; en **se bornant à indiquer que le congé doit être donné par écrit,** sans préciser qu'il devait être fait par acte extrajudiciaire, il a manqué à ses obligations et doit donc garantir le paiement des loyers dus par le locataire.

CA Paris 29-11-2002 nº 01-18.307, 16e ch. B.

B. Résiliation triennale du bail par le bailleur

72300 Le bailleur a la faculté de donner congé à l'expiration d'une période triennale pour construire, reconstruire ou surélever l'immeuble existant, réaffecter le local d'habitation accessoire à cet usage, transformer à usage principal d'habitation un immeuble existant par reconstruction, rénovation ou réhabilitation, ou exécuter des travaux prescrits ou autorisés dans le cadre d'une opération de restauration immobilière et en cas de démolition de l'immeuble dans le cadre d'un projet de renouvellement urbain (C. com. art. L 145-4, al. 3). Ces différents **motifs** justifiant le droit de reprise triennale du bailleur font l'objet de développements aux nos 68060 et 68300 s.

Le congé doit être donné dans les **formes et délai** de l'article L 145-9 du Code de commerce (n°s 69730 s. et 69830 s.).

Le bailleur peut donner congé à l'issue d'une période triennale même s'il a délivré **auparavant,** pour la date d'expiration du bail, un précédent **congé avec refus de renouvellement** et offre d'une indemnité d'éviction (Cass. 3e civ. 20-12-1995 n° 2299 PB : RJDA 3/96 n° 322). **72305**

Cette solution est une application du caractère d'ordre public des dispositions de l'article L 145-4 du Code de commerce (cf. C. com. art. L 145-15) : le bailleur ne peut pas renoncer par avance à la faculté qui lui est reconnue de donner congé à l'expiration d'une période triennale et la renonciation ne peut pas être déduite du fait qu'il a délivré un congé pour la date d'expiration du bail.

Par ailleurs, le **bailleur qui a donné congé** pour une échéance triennale peut **revenir sur sa décision** (par exemple, dans l'hypothèse où, faute d'autorisation administrative ou de concours bancaire, il est amené à renoncer à un projet de reconstruction) et exercer le droit de repentir de l'article L 145-58 du Code de commerce (TGI Paris 16-1-1996, 18e ch. sect. 1, SBS Valeurs France c/ Sté foncière du Parc de Penthièvre : Loyers et copr. 1997 comm. n° 107 ; CA Paris 10-10-1996, 16e ch. B, SA Banque Pallas Stern c/ Sté foncière du Parc de Penthièvre : Loyers et copr. 1997 comm. n° 108 ; CA Paris 20-9-2000 n° 99-6429, 16e ch. A). Sur les conditions d'exercice du droit de repentir, voir n°s 66130 s. **72310**

SECTION 2

RÉSILIATION EN PRÉSENCE D'UNE CLAUSE RÉSOLUTOIRE

La plupart des baux commerciaux contiennent une clause qui prévoit la résiliation de plein droit du bail en cas de manquement du locataire à une seule de ses obligations (par exemple, pour défaut de paiement d'un seul terme de loyer à son échéance, pour usage de l'immeuble contraire à sa destination, pour défaut de notification des changements d'état du locataire...). **72480**

Cette clause est régie par les dispositions de l'**article L 145-41 du Code de commerce.**

ATTENTION

Les dispositions de l'article L 145-41 sont d'**ordre public,** de sorte que tout aménagement conventionnel est réputé non écrit (C. com. art. L 145-15). Tel est le cas par exemple de la clause qui prive expressément le juge du pouvoir d'accorder des délais pour régulariser l'infraction commise (CA Douai 9-11-2023 n° 23/01695 : RJDA 8-9/24 n° 447). Jusqu'au 20 juin 2014, les clauses contraires à cet article étaient sanctionnées par la nullité (sur ce régime antérieur et les effets de la réforme issue de la loi du 18-6-2014, voir n°s 22150 s.).

S'agissant des modalités d'application de la clause résolutoire en cas de procédure collective du locataire, voir n°s 63100 et 63270 s. et en cas de réalisation de travaux de transformation découlant de la déspécialisation, voir n°s 28390 et 29025.

Par rapport à la résolution du bail qui peut toujours être demandée en justice (**résolution** dite « **judiciaire** » ; n°s 73870 s.), la **clause résolutoire** de plein droit présente un **intérêt** certain pour les parties. En présence d'une telle clause, le juge ne dispose d'aucun pouvoir d'appréciation : il ne peut que constater, si tel est le cas, l'acquisition de la clause et la résiliation du bail. **72485**

ILLUSTRATIONS

Lorsque le tribunal est saisi aux fins de « constater », et non pas de « prononcer », la résiliation du bail, il s'agit à l'évidence d'une résiliation de plein droit par l'effet de la clause résolutoire (CA Paris 5-1-1993 n° 91-11767, 16e ch. A).
En revanche, lorsque le bailleur demande dans ses conclusions de première instance que soit prononcée la résiliation du bail et forme la même demande dans ses conclusions récapitulatives d'appel, tout en expliquant que le jeu de la clause résolutoire est acquis, une cour d'appel peut en déduire, par une interprétation souveraine que rend nécessaire l'ambiguïté des conclusions, qu'il s'agit d'une demande de résolution judiciaire (Cass. 3e civ. 14-10-2008 n° 07-17.686 F-D).

Sur la question de savoir si l'une des parties peut demander la résolution judiciaire lorsque le bail comporte une clause résolutoire, voir n° 73960.

72490 Une attention particulière doit être portée à la **rédaction de la clause** résolutoire. Celle-ci doit exprimer de manière non équivoque la commune intention des parties de mettre fin de plein droit à la convention (Cass. 3e civ. 7-12-1988 n° 87-11.892 : Bull. civ. III n° 176 ; Cass. 3e civ. 16-7-1992 n° 90-17.760 : Bull. civ. III n° 227 ; voir également CA Paris 7-5-2004 n° 03-18897 : n° 73030). Tel n'est pas le cas lorsque la clause stipule qu'à défaut de paiement à son échéance d'un seul terme, et un mois après un commandement de payer resté infructueux, une partie « peut » demander la résolution du contrat (Cass. 3e civ. 7-10-1998 n° 1514 PF : RJDA 12/98 n° 1325), ou lorsque la clause précise qu'en cas d'inexécution par le locataire de telle obligation, le bailleur pourra « faire prononcer » la résolution du bail ; en effet, de telles clauses ne privent pas le juge de son pouvoir d'apprécier le bien-fondé de la demande et ne constituent qu'un rappel des articles 1217, 1224 et 1228 du Code civil (Cass. 3e civ. 7-12-1988 n° 87-11.892 ; Cass. 3e civ. 16-7-1992 n° 90-17.760, précités ; rendus sous l'empire de l'ex-art. 1184 mais transposables).

I. MISE EN ŒUVRE DE LA CLAUSE RÉSOLUTOIRE

APPLICATION DE LA CLAUSE RÉSOLUTOIRE DANS LE TEMPS

72500 La clause résolutoire est applicable **pendant** toute la **durée du bail** commercial dans lequel elle est stipulée ; elle continue à s'appliquer lorsque, à l'expiration du **bail,** celui-ci est **tacitement prolongé** (car il n'y a alors pas formation d'un nouveau contrat ; n° 31005) ou s'il est **renouvelé** dans les mêmes termes que le bail expiré. À l'occasion du renouvellement, les parties peuvent toutefois convenir de supprimer ou de modifier la clause résolutoire figurant dans le bail initial.

Par ailleurs, en cas de **refus de renouvellement,** le bailleur peut invoquer la clause résolutoire du bail expiré à l'égard du locataire qui se maintient dans les lieux jusqu'au paiement de l'indemnité d'éviction (Cass. 3e civ. 4-12-1968 : Bull. civ. III n° 516 ; Cass. 3e civ. 1-3-1995 n° 93-10.172 : Bull. civ. III n° 66). En effet, jusqu'au paiement de l'indemnité, les conditions et clauses du bail expiré s'appliquent (C. com. art. L 145-28 ; nos 46960 s.).

Le bailleur ne peut plus invoquer le bénéfice de la clause à l'encontre du locataire lorsque, à la date d'effet du congé, le **bail** a été **cédé** (Cass. 3e civ. 20-11-1991 n° 89-20.728 : Bull. civ. III n° 281). Sur la question de savoir s'il peut faire jouer la clause à l'encontre de l'acquéreur du bail pour une infraction antérieure à la cession, voir n° 72890.

72505

Clause résolutoire et Covid-19

Trois **régimes dérogatoires** ont été instaurés pour protéger les locataires touchés économiquement lors de l'épidémie de Covid-19. Ils neutralisent les clauses résolutoires au cours de différentes périodes juridiquement protégées.

Interdiction de la clause

Dispositif entre le 17 octobre 2020 et le 30 septembre 2022

Un dispositif spécifique protège les locataires commerciaux, personnes physiques ou morales de droit privé, dont l'activité économique a été affectée par une **mesure de police administrative** instaurée à l'occasion de la crise sanitaire de Covid-19 (CSP art. L 3131-15, I-5° et L 3131-17, I-al. 2 ; Loi 2020-856 du 9-7-2020 art. 1, I-2° et 3° ; Loi 2021-689 du 31-5-2021 art. 1, I-2° et III-al. 1 et 2 ; abrogés par Loi 2022-1089 du 30-7-2022).

Ainsi, ce dispositif prévoit qu'est interdite toute sanction en raison d'un retard ou défaut de paiement de loyers ou charges locatives dus pour la période au cours de laquelle l'activité du locataire a été affectée par la mesure de police, jusqu'à l'expiration d'un délai de deux mois après que l'activité a cessé d'être affectée. Toute stipulation contraire est réputée non écrite, de sorte qu'aucune clause résolutoire ne peut être mise en œuvre pendant cette période (Loi 2020-1379 du 14-11-2020 art. 14, II).

Pour les locataires affectés par une mesure de police administrative qui répondent aux conditions d'éligibilité définies, voir nos 60836 s.

Dispositif applicable aux loyers échus entre le 12 mars et 11 septembre 2020

À l'égard des locataires susceptibles de bénéficier du **fonds de solidarité** prévu par l'ordonnance 2020-317 du 25 mars 2020, la mise en œuvre des clauses résolutoires est définitivement interdite pour sanctionner le retard ou défaut de paiement des loyers ou charges locatives échus entre le 12 mars et le 11 septembre 2020 (Ord. 2020-316 du 25-3-2020 art. 4). Cette interdiction des sanctions ne s'applique pas aux effets d'une clause résolutoire acquise antérieurement à cette période, dont la suspension était conditionnée au respect d'un échéancier fixé par le juge, même si la méconnaissance de l'échéancier a eu lieu pendant la période protégée (Cass. 3e civ. 15-6-2023 n° 21-23.902 FS-B : RJDA 1/24 n° 10).

Bénéficient de ce régime les personnes physiques ou morales de droit privé, exerçant une activité économique qui remplissent certains **critères d'éligibilité** au fonds de solidarité définis n° 60828.

Suspension de la clause entre le 12 mars et le 23 juin 2020
Pour les locataires ne relevant pas de ces régimes spécifiques, un **dispositif général** a suspendu de manière provisoire toutes les clauses résolutoires acquises entre le 12 mars et le 23 juin 2020 (Ord. 2020-306 du 25-3-2020 art. 4, al. 1). Leur prise d'effet a été reportée, à compter du 24 juin, d'un délai égal au temps écoulé entre, d'une part, le 12 mars ou la date de naissance de l'obligation si elle est plus tardive, d'autre part, la date à laquelle celle-ci aurait dû être exécutée (Ord. 2020-306 art. 4, al. 2). La clause résolutoire d'un bail commercial ne produisant effet qu'un mois après un commandement demeuré infructueux (n° 72830), il convient de distinguer selon la date de délivrance de celui-ci :
– le commandement a été délivré **avant le 12 mars,** le délai d'un mois est prorogé, à compter du 24 juin, de la fraction qui restait à courir au 12 mars ;
– il a été délivré **entre le 12 mars et le 24 mai,** le délai d'un mois ne court qu'à partir du 24 juin ;
– il a été délivré **entre le 24 mai et le 23 juin,** le délai d'un mois n'est pas affecté, car la clause a pris effet après la fin de la période juridiquement protégée (pour des applications, CA Riom 2-3-2021 n° 20/01418 : RJDA 6/21 n° 366 ; Cass. 3e civ. 12-10-2023 n° 22-19.117 FS-B : RJDA 1/24 n° 9, rendu pour un bail d'habitation mais transposable). Une exception s'applique en cas d'infraction au bail autre que le non-paiement des sommes dues : le délai d'un mois court à compter du jour où la clause est acquise, augmenté du temps écoulé entre la date de délivrance du commandement et le 24 juin (Ord. 2020-306 art. 4, al. 3).

A. Conditions de mise en œuvre de la clause résolutoire

1. INFRACTION COMMISE PAR LE LOCATAIRE

Initialement limité au seul défaut de paiement des loyers, le domaine d'application de l'article L 145-41 du Code du commerce a été étendu à **toutes les infractions au bail** (Loi 89-1008 du 31-12-1989 art. 7, II). Toutefois, le bailleur doit invoquer un manquement au bail, ce qui implique, d'une part, la violation d'une stipulation expresse du bail (nos 72515 s.) et, d'autre part, que la clause résolutoire sanctionne contractuellement l'infraction (nos 72540 s.). **72510**

VIOLATION D'UNE STIPULATION EXPRESSE DU BAIL

La clause résolutoire doit être rédigée avec attention car elle ne peut être mise en œuvre que pour les manquements aux **obligations expressément visées dans le bail** (Cass. 3e civ. 8-1-1985 n° 83-15.132 : Bull. civ. III n° 6 ; Cass. 3e civ. 18-5-1988 n° 87-11.669 : Bull. civ. III n° 94 ; Cass. 3e civ. 13-12-2006 n° 1309 FS-PB : RJDA 3/07 n° 231 ; Cass. 3e civ. 15-9-2010 n° 09-10.339 FS-PB : RJDA 1/11 n° 19). **72515**

La clause qui vise d'une manière générale « toutes les infractions ou dispositions du présent bail » ou certaines obligations précises du bail ne joue que pour ces obligations. Elle ne peut pas sanctionner les **obligations** mises à la charge du locataire par le statut des baux commerciaux ou des textes particuliers et **non reprises dans le bail.** **72520**

Le bailleur ne peut donc pas mettre en œuvre la clause résolutoire en cas de sous-location irrégulière lorsque l'**interdiction de sous-louer** ne figure pas dans le bail mais résulte exclusivement des dispositions de l'article L 145-31 du Code de commerce (Cass. 3e civ. 11-6-1986 n° 84-15.512 : Bull. civ. III n° 92 ; Cass. 3e civ. 29-4-1987 : Quot. Jur. 1988 n° 8 p. 7).

Il ne peut pas non plus l'invoquer en cas de non-exploitation du fonds de commerce par le locataire dès lors qu'aucune stipulation expresse du bail ne fait **obligation** au locataire **d'exploiter** son fonds dans les lieux loués (Cass. 3e civ. 8-1-1985 n° 83-15.132 : Bull. civ. III n° 6 ; Cass. 3e civ. 19-5-2004 n° 589 FS-D : RJDA 8-9/04 n° 953 ; CA Limoges 19-2-1992 n° 92-288 : Bull. inf. C. cass. 1992 n° 1490), ou de l'exploiter de manière continue (Cass. 3e civ. 3-4-1996 n° 692 D : RJDA 7/96 n° 896). Il a toutefois été jugé qu'un bail commercial se référant « aux conditions ordinaires et de droit » implique l'exploitation normale d'un fonds de commerce dans les lieux loués, de sorte que la clause résolutoire s'appliquant, aux termes du contrat, à toutes les infractions du bail devait recevoir application dès lors que le locataire avait cessé l'exploitation du fonds (Cass. 3e civ. 19-6-1974 n° 73-12.985 : Bull. civ. III n° 259).

CONSEIL

Il est recommandé au bailleur de **préciser** dans le **contrat de bail** les obligations légales ou réglementaires du locataire qui, en cas de violation, entraîneront la mise en œuvre de la clause résolutoire, même si cette précision consiste à reprendre les dispositions applicables (en ce sens, J. Lafond : La rédaction des clauses résolutoires dans les baux commerciaux : JCP E 1995 I n° 434).

72525 ILLUSTRATIONS

La clause résolutoire ne s'applique pas lorsque des **travaux** ont été faits par le locataire malgré le refus exprès et préalable du bailleur, dès lors que le bail autorisait expressément de tels travaux **sous** la seule **réserve** qu'ils fussent contrôlés par l'architecte du bailleur.

Cass. 3e civ. 18-5-1988 n° 87-11.669 : Bull. civ. III n° 94.

Lorsqu'un bail commercial consenti à une société en commandite simple prévoit que les **modifications des statuts** de cette société devront être notifiées au bailleur dans le mois qui suit la modification sous peine de résiliation, le bail doit être résilié dès lors que l'augmentation du capital social, la transformation de la société en SARL, ainsi que le changement de dénomination sociale et le remplacement du gérant ont été communiqués au bailleur, sur sa demande, deux mois et demi après ces modifications.

CA Paris 15-3-1991, 16e ch. B : RJDA 7/91 n° 576.

La clause résolutoire ne peut pas être invoquée en raison de l'occupation par le locataire d'une cour non comprise dans la location, car la clause ne peut pas recevoir application pour l'occupation des **parties de l'immeuble** qui n'ont **pas** été **données en location.**

Cass. 3e civ. 24-3-1993 n° 544 D : RJDA 6/93 n° 481 ; dans le même sens : Cass. 3e civ. 3-7-1984 n° 83-11.501 : Bull. civ. III n° 128 ; Cass. 3e civ. 15-9-2010 n° 09-10.339 FS-PB : RJDA 1/11 n° 19 ; Cass. 3e civ. 8-6-2023 n° 21-19.099 F-D : RJDA 12/23 n° 642.

Ont commis des infractions au bail justifiant l'application de la clause résolutoire les locataires qui ont installé un restaurant dans les **locaux loués à usage de café,** vins et liqueurs et ont utilisé, pour la confection des repas, la cuisine dépendant de l'appartement qu'ils devaient occuper pour leur propre logement.

Cass. 3e civ. 11-5-1993 n° 91-19.011.

Dans un cas où un bailleur avait mis en demeure son locataire d'avoir, sous la sanction de la clause résolutoire, à occuper les locaux, faute de justifier d'une cession régulière du bail, la clause résolutoire ne s'applique pas car si la **cession** du bail était **irrégulière** en la forme, aucune clause du bail ne faisait dans ce cas **obligation** au locataire **de réintégrer** les locaux irrégulièrement cédés.

Cass. 3e civ. 27-10-1993 n° 91-17.332.

S'agissant de locaux à usage de bar-restaurant, les juges du fond ne peuvent pas annuler la sommation visant la clause résolutoire de « cesser toute activité bruyante » au motif que l'activité de bar n'est pas contraire en elle-même aux clauses du bail et que le bailleur ne pouvait pas interdire l'exercice d'une **activité autorisée par le bail** alors que le bail autorisait dans les lieux loués l'exercice de tous commerces à l'exception de ceux qui sont dangereux, bruyants ou insalubres.

Cass. 3e civ. 5-10-1999 n° 1467 D.

Une cour d'appel ne peut pas constater l'acquisition d'une clause résolutoire en raison de l'absence d'**exploitation effective d'un fonds** de commerce dans les lieux loués en retenant que le bail imposait au locataire d'exercer effectivement son commerce de vente d'appareils radio-télévision dans les lieux alors que le bail n'imposait pas une exploitation effective mais stipulait juste que le locataire emploierait les lieux loués uniquement pour le commerce d'appareils radio-télévision.

Cass. 3e civ. 12-6-2001 n° 992 F-D : AJDI 2001 p. 983 note J.-P. Blatter.

Pour s'opposer à l'acquisition d'une clause résolutoire en raison de l'inoccupation des lieux loués, un locataire fait valoir en vain qu'aucune obligation d'exploiter ne lui était imposée par le bail, alors que ce dernier destinait le **local loué à l'usage d'un commerce,** ce qui **implique l'obligation d'en exploiter un,** et mettait à la charge du locataire l'obligation de garnir les lieux de meubles, objets mobiliers, marchandises et matériels de valeur.

CA Orléans 31-5-2007 n° 06-3044, ch. éco. fin. : RJDA 4/08 n° 382.

Dans un cas où un bail commercial prévoyait que le locataire ne pouvait réaliser de **travaux** sans le **consentement** exprès et par écrit **du bailleur** et où, pour obtenir ce consentement, le locataire devait communiquer à ce dernier un **dossier technique** des travaux envisagés, a commis une infraction au bail justifiant l'application de la clause résolutoire le locataire qui, ayant réalisé des travaux sans le consentement du bailleur, a produit une lettre de l'entreprise de maçonnerie chargée de ces travaux assortie de la facture de ceux-ci et de leur description sommaire, dès lors que cette lettre était insuffisante pour permettre au bailleur d'apprécier la nature exacte des travaux et ne pouvait pas suppléer le dossier technique.

CA Paris 16-3-2011 n° 08-22097, ch. 3-5 : RJDA 10/11 n° 773.

Dans un cas où l'**entretien** de la **toiture** de l'immeuble était mis à la charge du locataire, le manquement à cette obligation, au point que des réparations substantielles étaient devenues nécessaires, justifie l'application de la clause résolutoire.
Cass. 3e civ. 14-10-2014 no 13-18.335 F-D.

INFRACTION VISÉE PAR LA CLAUSE RÉSOLUTOIRE

Même lorsqu'elle vise avec précision les manquements susceptibles d'entraîner la résiliation, la clause résolutoire est **interprétée restrictivement.** Aussi, pour constater son acquisition, les juges doivent rechercher si la clause sanctionne bien l'infraction commise par le locataire (Cass. 3e civ. 29-4-1985 no 83-13.775 : Bull. civ. III no 71 ; Cass. 3e civ. 24-5-2000 no 777 FS-PB : RJDA 9-10/00 no 840). **72540**

Par exemple, la clause résolutoire qui ne vise que le **non-paiement « des loyers »** ne peut pas sanctionner : **72545**

– le non-paiement d'une **indemnité d'occupation** (Cass. 3e civ. 9-12-1980 no 79-14.235 : Bull. civ. III no 191 ; Cass. 3e civ. 24-2-1999 no 418 PB : RJDA 4/99 no 387 ; CA Paris 13-9-2002 no 00-9497, 16e ch. B) ;

– le **rappel de sommes dues** à la suite d'une **fixation judiciaire du loyer d'un bail renouvelé** (Cass. 3e civ. 11-7-1990 no 1364 P : RJDA 1/91 no 5 ; CA Paris 4-6-1999 no 98-9395, 16e ch. B ; CA Paris 27-11-2002 no 02-4978, 14e ch. sect. A) ;

– le non-paiement des **charges** (Cass. 3e civ. 3-4-1973 no 72-10.537 : Bull. civ. III no 249).

ILLUSTRATIONS

Dans un cas où le bail prévoyait un loyer trimestriel, payable à terme échu, ainsi que le règlement des charges payables en même temps que le loyer principal et l'acquisition de la clause résolutoire en cas de non-paiement d'un seul terme de loyer, le non-paiement des charges ne peut constituer un cas d'inexécution d'une condition du bail que s'il s'agit de charges à régler en même temps que le loyer principal, c'est-à-dire en pratique une provision trimestrielle sur charges. En revanche, ne peut pas entraîner le jeu de la clause résolutoire le non-paiement d'un solde de charges, telle une régularisation annuelle dont la date d'exigibilité n'a pas été stipulée dans le bail, qui se rapporte à une opération isolée, effectuée a posteriori, en dehors des règlements trimestriels de provisions et qui n'est prévue par aucune disposition du bail (CA Paris 10-1-1989 no 88-4088, 14e ch. C).
La clause résolutoire ne peut pas recevoir application pour défaut de paiement des charges dès lors qu'elle n'est prévue qu'en cas de non-paiement des loyers et de non-exécution des clauses du bail, ces dernières ne concernant pas le paiement des accessoires du loyer (CA Aix-en-Provence 23-4-1991 no 89-14266, 4e ch. civ. sect. A).

En revanche, lorsque le bail comporte une **clause d'échelle mobile** stipulant la révision triennale automatique du loyer, la clause résolutoire qui sanctionne le défaut de paiement des loyers s'applique à un rappel de loyers résultant de l'application de la clause d'échelle mobile (Cass. 3e civ. 10-11-2010 no 09-15.937 FS-PB : RJDA 3/11 no 221).

La clause résolutoire ne peut pas recevoir application : **72550**

– pour le non-paiement d'une **clause pénale** (CA Paris 19-12-2001 no 01-11264, 14e ch. A : AJDI 2002 p. 223, concernant un bail d'habitation) ou de **frais de commandement** qui ne constituent pas un **accessoire du loyer** alors qu'elle ne vise que les loyers et ses accessoires (Cass. 3e civ. 24-5-2000 no 777 FS-PB : RJDA 9-10/00 no 840) ;

– pour défaut de paiement de **compléments d'arriérés** dus à la suite de la fixation rétroactive du loyer de renouvellement dès lors que la clause ne se réfère qu'aux « **loyers en cours** » (CA Paris 27-10-1992, 16e ch. A : D. 1993 IR p. 35).

Il n'est pas nécessaire que l'**auteur de l'infraction** soit le locataire. Celle-ci peut avoir été commise par un sous-locataire (no 76100) ou par un gérant libre que le locataire a introduit dans les lieux (Cass. com. 8-4-1967 no 65-14.579 : Bull. civ. III no 131 ; Cass. 3e civ. 21-5-1969 : Bull. civ. III no 398 : fermeture administrative du fonds ; Cass. 3e civ. 9-11-1981 no 80-11.067 : Bull. civ. III no 183 : condamnation pour proxénétisme hôtelier du gérant libre ; Cass. 3e civ. 29-5-1991 no 89-20.432 : Bull. civ. III no 155 : changement de destination des lieux). Ainsi jugé que la mise en location-gérance de son fonds de commerce par le locataire, même si elle a été acceptée par le bailleur, n'a pas pour effet de faire disparaître la clause résolutoire ou de la rendre inefficace, le locataire principal répondant de l'exécution de ses obligations par son locataire-gérant (CA Reims 18-5-1994 : Navis droit des affaires). **72555**

L'**emplacement de la clause** résolutoire **dans le contrat** de bail par rapport aux obligations qu'elle sanctionne importe peu. Ainsi, dans un cas où un bailleur a fait délivrer un commandement à son locataire de fournir une caution bancaire, les juges du fond ne peuvent pas écarter la mise en œuvre de la clause résolutoire au motif que l'engagement de fournir une caution bancaire ne figure pas au nombre des charges et conditions énumérées à l'article du contrat de bail qui précède la clause résolutoire, mais n'est énoncé qu'après la stipulation de cette clause, **72560** alors que le locataire avait, selon le bail, l'obligation de fournir une caution et que la clause résolutoire visait le défaut d'exécution d'une seule des conditions du bail (Cass. 3e civ. 23-11-1993 no 92-11.136).

2. COMMANDEMENT VISANT LA CLAUSE RÉSOLUTOIRE

a. Nécessité d'un commandement

72600 La mise en œuvre de la clause résolutoire est subordonnée à la **délivrance** d'un commandement (C. com. art. L 145-41, al. 1), acte par lequel le bailleur fait connaître au locataire les infractions qui lui sont reprochées et l'informe de ce qu'il entend user du bénéfice de la clause résolutoire si le locataire n'exécute pas ses obligations dans le délai imparti.

Le commandement ne peut être délivré que par acte extrajudiciaire (Cass. 3e civ. 21-12-2017 no 16-10.583 FS-PBI : RJDA 4/18 no 302).

ATTENTION

Le seul fait pour le bailleur de délivrer à son locataire un commandement d'avoir à régulariser une situation n'établit pas la réalité de l'infraction reprochée, même si le locataire ne conteste pas ledit commandement (Cass. 3e civ. 5-1-2010 no 08-21.882 F-D : RJDA 3/10 no 221).

72605 Le recours au commandement est une **formalité impérative.** Il ne saurait être remplacé ni par une assignation délivrée pour « entendre prononcer la résiliation du bail » (Cass. 3e civ. 17-10-1972 no 71-14.210 : Bull. civ. III no 520), ni par les conclusions de première instance, renouvelées en appel, par lesquelles le bailleur somme le locataire de s'acquitter du loyer (Cass. 3e civ. 20-2-1991 no 362 D : RJDA 4/91 no 281), ni par un avis du percepteur faisant sommation au locataire de payer les loyers (Cass. 3e civ. 1-10-1997 : Bull. civ. III no 179). A ainsi été censuré l'arrêt qui, après avoir constaté la nullité du commandement de payer délivré par le bailleur, a retenu qu'une assignation en référé connue du locataire avait fait courir le délai d'un mois nécessaire pour permettre l'expulsion, sans constater l'existence, antérieurement à la saisine du juge, d'un commandement conforme aux exigences légales (Cass. 3e civ. 28-5-1986 no 85-11.559 : Bull. civ. III no 78).

En revanche, peu importe que l'acte ne soit pas qualifié de « commandement » (qui comporte la menace d'une voie d'exécution indépendante du recours au juge) mais de « sommation » (qui est une simple mise en demeure) dès lors que, par cet acte, le bailleur a notifié au locataire son intention de se prévaloir de la clause résolutoire en cas de non-paiement du loyer à l'expiration du délai légal expressément mentionné à la sommation (TI Le Mans 30-9-1983).

Le commandement tendant à mettre en œuvre la clause résolutoire et la mise en demeure préalable au refus de renouvellement du bail pour motifs graves et légitimes peuvent figurer dans un même acte (Cass. 3e civ. 12-10-1982 no 80-16.280 : Bull. civ. III no 197).

72607 La délivrance d'un commandement n'est requise que si la résiliation du bail concerne un **manquement à une obligation contractuelle** (Cass. 3e civ. 14-10-2009 no 08-14.926 FS-PB : RJDA 1/10 no 7). N'a pas à être précédée d'un commandement la demande en acquisition de la clause prévoyant la résolution du bail en cas de destruction du bien loué par cas fortuit (même arrêt).

72610 Le commandement s'impose quel que soit le manquement du locataire invoqué et même si ce **manquement** présente un caractère **irréversible** (Cass. 3e civ. 30-5-1996 no 1029 P : RJDA 8-9/96 no 1021 ; Cass. 3e civ. 19-2-1997 no 270 D : RJDA 4/97 no 479).

Les juges ne peuvent donc pas constater l'acquisition de la clause résolutoire d'un bail au motif que l'infraction commise par le locataire, qui avait consisté à ne pas céder le bail dans les conditions prévues, était instantanée et ne pouvait pas être régularisée a posteriori, si bien que la sommation d'exécuter n'était pas nécessaire et ne pouvait pas avoir d'effet (Cass. 3e civ. 19-4-2005 no 541 F-D : RJDA 10/05 no 1077).

Jugé qu'une cession de bail entre époux non autorisée par le bailleur peut être régularisée et que cette régularisation fait obstacle à l'acquisition de la clause résolutoire (Cass. 3e civ. 27-3-2002 no 616 FS-D : RJDA 6/02 no 606).

72615 En cas de **réitération du manquement** postérieure à une mise en conformité à la suite d'un premier commandement, il y a lieu de délivrer un nouveau commandement visant la clause résolutoire (Cass. 3e civ. 22-7-1987 no 86-13.998 : Bull. civ. III no 152).

72620 La **décision de référé** qui, ayant retenu l'existence d'une contestation sérieuse, **renvoie les parties à se pourvoir au principal** laisse subsister les effets attachés au commandement. Il en résulte que les juges du fond peuvent prononcer la résiliation du bail dès lors que le locataire n'a pas satisfait aux causes de ce commandement dans le délai, sans que la délivrance d'un nouveau commandement soit nécessaire (Cass. 3e civ. 25-2-1987 : Quot. Jur. 1987 no 135 p. 9).

b. Auteur et destinataire du commandement

AUTEUR DU COMMANDEMENT VISANT LA CLAUSE RÉSOLUTOIRE

Le commandement doit être délivré **par le propriétaire de l'immeuble** (Cass. 3e civ. 20-12-1983 no 1543 : Bull. civ. III no 271). 72650

Est irrégulier, et donc insusceptible d'entraîner la résiliation du bail, le commandement délivré au locataire au nom de **propriétaires indivis** dont certains étaient antérieurement décédés (Cass. 3e civ. 23-1-1975 no 73-13.799 : Bull. civ. III no 27). En revanche, un commandement de payer visant la clause résolutoire est régulier même lorsqu'il est délivré par un seul des propriétaires indivis (Cass. 3e civ. 4-2-2014 no 12-13.653 F-D : RJDA 5/14 no 409 ; solution rendue en matière de bail d'habitation mais transposable) ou par ceux détenant moins des deux tiers des droits indivis (Cass. 1e civ. 9-7-2014 no 13-21.463 F-PB : RJDA 11/14 no 827), car il s'agit d'un acte conservatoire et non d'un acte d'administration.

Est également irrégulier le commandement délivré par une **société dépourvue de représentant légal** (Cass. 3e civ. 25-3-1992 no 517 P : RJDA 8-9/92 no 808 ; Cass. 3e civ. 4-1-2006 no 5 FS-P : RJDA 4/06 no 409 ; Cass. 3e civ. 29-10-2008 no 07-14.242 FS-PB : RJDA 1/09 no 5 ; Cass. 2e civ. 21-3-2013 no 12-17.107 F-PB : RJDA 6/13 no 509).

DESTINATAIRE DU COMMANDEMENT VISANT LA CLAUSE RÉSOLUTOIRE

Le commandement doit être délivré au titulaire du bail. Est donc irrégulier le commandement délivré uniquement à l'épouse autorisée judiciairement à gérer le fonds de commerce exploité dans les lieux loués et non à son mari, titulaire du bail (Cass. 3e civ. 8-12-1993 no 91-10.034 P : Navis droit des affaires). 72655

Lorsque le **commandement** est **délivré à une société,** la signification de l'acte est valablement faite lorsqu'elle l'a été à son représentant légal, à un fondé de pouvoir de ce dernier ou à toute autre personne habilitée à cet effet (CPC art. 654, al. 2).

Faute de pouvoir être signifié à l'une de ces personnes, l'acte peut être délivré au lieu où la société est établie (CPC art. 655), qui correspond en principe au siège social. À défaut d'un tel lieu, la notification est faite en la personne de l'un de ses membres habilité à la recevoir (CPC art. 690, al. 2).

Cette impossibilité de délivrer l'acte à personne doit résulter de l'acte de l'huissier ou du commissaire de justice. Par suite, doit être cassé l'arrêt qui, pour retenir la validité du commandement visant la clause résolutoire, signifié à la société locataire en l'étude du notaire rédacteur du bail, a retenu qu'il résultait d'une lettre de l'huissier antérieure à cette signification que, selon les renseignements qu'il avait recueillis, la société avait déménagé et sa nouvelle adresse était inconnue (Cass. 3e civ. 3-1-1984 no 19).

Lorsqu'un local est pris à bail par plusieurs personnes, le commandement visant la clause résolutoire doit nécessairement être notifié à chacun des **colocataires.** Par suite, dans un cas où un bail a été consenti à des époux et le commandement n'a été délivré qu'à la seule épouse, cette dernière n'a pas, à ce stade de la procédure, à dénoncer le décès de son époux dans la mesure où le commandement n'est pas destiné à ce dernier ; il en résulte que la clause résolutoire ne peut pas valablement opérer à l'encontre des enfants de l'époux décédé, lesquels bénéficient, en leur qualité d'ayants droit, de la propriété commerciale au même titre que leur mère (CA Versailles 14-5-1992 no 90-10976, 12e ch.). 72660

IRRÉGULARITÉ DU COMMANDEMENT VISANT LA CLAUSE RÉSOLUTOIRE

Le commandement de payer visant la clause résolutoire d'un bail qui ne mentionne pas valablement son auteur ou son destinataire est affecté d'une **irrégularité de fond** qui ne peut pas être couverte et entraîne ainsi la nullité de tous les actes subséquents (Cass. 3e civ. 25-3-1992 no 517 P : RJDA 8-9/92 no 808 ; Cass. 3e civ. 4-1-2006 no 5 FS-D : RJDA 4/06 no 409 ; Cass. 2e civ. 21-3-2013 no 12-17.107 F-PB : RJDA 6/13 no 509 ; CA Versailles 14-5-1992, analysé no 72660). 72665

En revanche, l'irrégularité résultant du défaut de qualité de la société mentionnée comme locataire dans une opposition à commandement de payer peut être régularisée avant que le juge ne statue (Cass. 3e civ. 31-5-2012 no 11-17.883 FS-D : RJDA 10/12 no 921).

c. Lieu de délivrance du commandement

Le commandement peut valablement être délivré à l'adresse des lieux loués en cas de clause d'**élection de domicile** dans ces lieux (Cass. 3e civ. 16-2-1977 no 76-10.508 : Bull. civ. III no 77 ; Cass. 3e civ. 26-1-1994 no 92-10.946 ; Cass. 2e civ. 20-1-2005 no 123 D ; Cass. 3e civ. 29-11-2005 no 1315 F-D : RJDA 3/06 no 233). 72700

ILLUSTRATIONS

Une société locataire reprochait à une cour d'appel d'avoir donné effet au commandement délivré au gérant libre de son fonds de commerce alors que, selon elle, la signification ne pouvait se faire qu'à personne, c'est-à-dire à son représentant légal, à son fondé de pouvoir ou à toute autre personne habilitée à cet effet, ce qui n'était pas le cas d'un simple gérant libre, qui, dans les rapports entre le locataire et le bailleur, avait la qualité de tiers. La Cour de cassation a écarté cet argument aux motifs qu'aucun texte n'impose la signification à personne d'un commandement délivré en vertu d'une clause résolutoire et que la cour d'appel, qui avait constaté que l'acte avait été signifié au domicile élu dans le bail, lui avait donné justement effet (Cass. 3e civ. 16-2-1977 no 76-10.508 : Bull. civ. III no 77).

72705 **À défaut d'élection de domicile** dans les lieux loués, le commandement est délivré soit au domicile du locataire personne physique, soit sur son lieu de travail, soit encore sur tout autre lieu du moment qu'il le reçoive en main propre (CPC art. 689). La signification du commandement à une personne morale locataire doit être faite au lieu de son établissement (qui correspond habituellement à celui du siège social) ; à défaut d'un tel lieu, l'acte est délivré à la personne de l'un de ses membres habilité à le recevoir (CPC art. 690).

d. Contenu du commandement

72730 Le commandement visant la clause résolutoire n'est efficace que s'il comporte certaines mentions (nos 72735 s.) mais aucune forme particulière n'est exigée pour la rédaction de ces mentions (Cass. 3e civ. 12-10-1982 no 80-16.280 : Bull. civ. III no 197).

Le **juge** n'a pas à **vérifier** d'office la **régularité du commandement.** Une cour d'appel, saisie d'une action en constatation de la résiliation du bail, qui a relevé la persistance de l'infraction à la suite du commandement, n'a pas à procéder à une recherche, qui ne lui était pas demandée, sur le fait que le commandement visant la clause résolutoire avait imparti au locataire un délai pour se conformer aux obligations du bail visées par cet acte (Cass. 3e civ. 12-6-1996 no 1076 P : Bull. civ. III no 139).

Par ailleurs, la nullité du commandement pour vice de forme ne peut pas être invoquée pour la première fois en appel dès lors que le locataire a déjà fait valoir sa défense au fond en première instance (application de l'article 112 du CPC ; Cass. 3e civ. 14-12-1994 no 92-21.263 : Bull. civ. III no 215).

MENTION DU DÉLAI D'UN MOIS DANS LE COMMANDEMENT

72735 Le commandement doit, à peine de nullité, mentionner le **délai d'un mois** dont dispose le locataire pour remédier au manquement invoqué (C. com. art. L 145-41, al. 1 ; Cass. 3e civ. 31-10-1989 no 88-12.590 : Bull. civ. III no 200 ; Cass. 3e civ. 6-3-1996 no 486 P : RJDA 6/96 no 756).

ILLUSTRATIONS

N'ont pas été tenus pour valables deux commandements demandant au locataire de fournir au bailleur les justificatifs relatifs à la bonne étanchéité du conduit de cheminée et la conformité des installations avec les normes de construction, d'hygiène et de sécurité, car cette demande, qui ne pouvait s'analyser en une mise en demeure d'avoir à exécuter des travaux, était reléguée en fin d'acte sans qu'il fût précisé, contrairement à la demande en paiement des loyers, qu'il devait y être satisfait dans le délai d'un mois ; elle ne permettait donc pas au locataire de savoir que le bailleur entendait se prévaloir de la clause résolutoire s'il n'était pas satisfait à cette demande dans le délai légal (Cass. 3e civ. 24-5-2000 no 777 FS-PB : RJDA 9-10/00 no 840).

La Cour de cassation interprète cette règle très strictement et considère qu'un **délai de trente jours,** qui ne correspond pas au mois calendaire, n'est pas valable (Cass. 3e civ. 11-12-2013 no 12-22.616 FS-PB : RJDA 3/14 no 204).

De même, ne peut produire aucun effet le commandement d'avoir à régulariser « immédiatement et **sans délai** » (Cass. 3e civ. 14-12-1994 no 1966 P : Bull. civ. III no 206) ou celui impartissant, conformément à la clause résolutoire, une exécution dans les **quinze jours** (Cass. 3e civ. 8-12-2010 no 09-16.939 FS-PBI : RJDA 4/11 no 289).

72740 Un **commandement comportant plusieurs délais** n'est valable que s'il permet au locataire d'appréhender la mesure exacte des injonctions qui lui sont faites, ce qui en pratique semble difficile. À notre connaissance, ce type de commandement a toujours été jugé irrégulier, car il est susceptible de créer la confusion dans l'esprit du locataire en l'empêchant d'apporter aux injonctions qui lui sont faites la réponse appropriée dans le délai requis (Cass. 3e civ. 29-6-2010 no 09-10.394 F-D : RJDA 11/10 no 1043 ; Cass. 3e civ. 17-3-2016 no 14-29.923 FS-D : RJDA 7/16 no 516). Il a par exemple été jugé qu'est source de confusion l'indication de deux délais ne se référant pas aux mêmes conséquences de droit (Cass. 3e civ. 3-10-2007 no 06-16.361 FS-PB, analysé no 72755) ou le commandement faisant injonction au locataire de payer sous huitaine puis rappelant en page suivante les dispositions de l'article L 145-41 du Code de commerce (Cass. 3e civ. 29-6-2010 n° 09-10.394 précité). Est également source de confusion le commandement de payer précisant à la fois que, faute pour le locataire d'y satisfaire dans un délai d'un mois, le bailleur entendait se prévaloir de la clause résolutoire et qu'à défaut de paiement sous huit jours le locataire pourrait y être contraint par la saisie conservatoire de ses biens mobiliers (Cass. 3e civ. 17-3-2016 n° 14-29.923 précité). Il en est de même lorsque le commandement délivre injonction aux locataires d'avoir à libérer les lieux immédiatement puis indique que, à défaut d'exécution dans le délai d'un mois, le bailleur se pourvoirait en justice pour constater l'acquisition de la clause résolutoire (CA Paris 26-6-2019 n° 17/20179, ch. 5-3 : AJDI 2020 p. 40).

Le délai d'un mois étant un délai minimal, les parties sont libres de prévoir un **délai de régularisation plus long** auquel cas le commandement doit viser ce délai conventionnel, à peine de nullité (CA Grenoble 4-2-2016 n° 15/04629 : RJDA 8-9/16 n° 600). **72742**

En revanche, la clause résolutoire insérée au bail qui impartit un **délai inférieur à un mois** au locataire pour s'exécuter est réputée non écrite en application de l'article L 145-15 du Code de commerce car contraire aux dispositions d'ordre public de l'article L 145-41 du même Code (n° 22150) ; il s'ensuit que le commandement qui la visait est privé d'effet, même si ce dernier mentionnait le délai d'un mois (CA Paris 28-9-2005 n° 05-9136, 16e ch. A ; CA Paris 15-10-2008 n° 07-10624, 16e ch. A ; CA Paris 18-12-2008 n° 07-21640 : RJDA 6/09 n° 519 ; décisions rendues sous l'empire des dispositions antérieures à la loi 2014-626 du 18 juin 2014 ayant modifié l'art. L 145-15 mais transposables).

MENTION DES INFRACTIONS REPROCHÉES AU LOCATAIRE DANS LE COMMANDEMENT

Précision du commandement Le locataire ayant, dans le délai qui lui est accordé, la possibilité de mettre fin aux infractions qui lui sont reprochées et dont le bailleur entend se prévaloir, le commandement doit indiquer de façon précise les **manquements** auxquels il doit être remédié (notamment Cass. 3e civ. 17-7-1972 n° 71-12.947 : Bull. civ. III n° 459 ; Cass. 3e civ. 11-10-1977 n° 76-12.730 : Bull. civ. III n° 331 ; Cass. 3e civ. 12-12-1990 n° 89-10.430). Le commandement ne peut pas se borner à énoncer que le locataire n'a pas rempli ses obligations (Cass. 3e civ. 16-11-1971 n° 70-11.407 : Bull. civ. III n° 556 ; Cass. 3e civ. 28-10-2003 n° 02-16.115 : RJDA 1/04 n° 25). **72750**

Faute d'être suffisamment explicite sur les manquements invoqués à l'encontre du locataire, le commandement ne met pas valablement en œuvre la clause résolutoire, sans qu'il y ait lieu de constater que cette irrégularité aurait causé un préjudice au locataire (Cass. 3e civ. 4-2-1997 n° 95-15.243).

ILLUSTRATIONS **72755**

Dans un cas où le bailleur demandait à ce que soit constatée l'acquisition de la clause résolutoire pour réalisation par le locataire de **travaux non conformes à l'autorisation** qu'il lui avait accordée, la cour d'appel, qui relève que le locataire a été sommé « de faire exécuter les travaux de remplacement de la devanture et les agencements intérieurs de la boutique en conformité avec les plans signés, seuls travaux que le locataire a été autorisé à faire et à supprimer toutes installations non prévues qui sortent des limites de sa location », déclare justement que l'**imprécision des termes de la sommation** ne permettait pas au locataire de connaître très exactement les infractions caractérisées aux clauses du bail qui lui étaient reprochées, qu'il a été ainsi dans l'impossibilité de mettre fin à ces infractions et que la mise en demeure litigieuse rédigée en termes aussi vagues ne saurait ainsi faire perdre au locataire son droit au bail.

Cass. 3e civ. 1-10-1975 n° 74-12.076 : Bull. civ. III n° 268.

Est rédigé en termes vagues, qui ne permettent pas au locataire de savoir très exactement ce qui lui est reproché et ce qu'il doit faire pour déférer à l'injonction, le commandement qui se borne à rappeler au locataire qu'il doit **respecter la destination du local loué,** en l'occurrence l'activité de photographie à l'exclusion de toute autre, et qu'il doit également **remettre en état les lieux loués,** le tout sans **aucune précision** ni quant à la nature du manquement à l'obligation de respecter la destination (manquement pouvant s'entendre soit d'une occupation bourgeoise, soit de l'exercice d'une activité commerciale ou professionnelle non autorisée par le bail, soit d'une occupation mixte, soit encore d'une utilisation à des fins commerciales ou professionnelles multiples), ni quant à la nature des travaux de transformation effectués sans autorisation.

CA Paris 3-12-1992 nos 92-10960 et 92-9036, 6e ch. B.

La clause résolutoire ne peut jouer de plein droit que si le locataire a fait l'objet d'une mise en demeure claire, nette, précise, rappelant les clauses dont le respect est sollicité, la clause résolutoire et la loi applicable.

Tel n'est pas le cas lorsqu'est délivré un acte qui relève des **faits de non-exploitation** et fait sommation d'avoir à exploiter dans le mois, en faisant **référence aux conditions du bail, sans** en donner **le détail, la teneur ou la reproduction,** et en reproduisant l'article 9 du décret du 30 septembre 1953 (devenu C. com. art. L 145-17) qui, relatif au refus de renouvellement, ne s'applique pas à une demande de résiliation.
Au surplus, ce commandement ne comporte ni la reproduction de la clause résolutoire, ni la reproduction des clauses obligeant le locataire à exploiter, informations de nature à mettre le locataire en demeure de s'exécuter ou de se défendre. Le défaut de telles informations, allié aux autres imperfections de l'acte qui ne vise pas clairement le bail dont la résiliation est demandée, alors que les parties sont liées par deux baux, constitue une irrégularité qui ne peut pas être réparée en cours d'instance.

CA Lyon 7-4-1993, 6e ch., Sté française de boulangerie c/ SCI Matignon : Rev. Loyers 1994 p. 83.

La clause résolutoire ne peut pas recevoir application lorsque le commandement se borne à rappeler au locataire l'article du bail mettant à sa charge une **obligation d'entretien** sans préciser la **nature exacte des travaux requis.**

Cass. 3e civ. 28-3-1995 n° 93-15.645.

N'est pas valable le commandement qui rappelle la clause du bail relative à l'**obligation d'entretien** des lieux loués et enjoint au locataire « d'avoir à respecter les clauses du bail et notamment d'entretenir la devanture de la boutique en effectuant les travaux de réfection nécessaires »; cet acte présente une **rédaction imprécise et équivoque** dès lors qu'au vu de la photographie annexée au procès-verbal de constat, la devanture apparaît parfaitement entretenue de sorte que le locataire était manifestement dans l'impossibilité de savoir quels travaux il devait entreprendre pour satisfaire aux exigences de la mise en demeure.

CA Paris 22-3-2002 n° 01-02921, 16e ch. B.

La résiliation de plein droit d'un bail commercial par l'effet d'un commandement ne peut pas être constatée en référé dès lors que la **formulation** employée dans ce commandement « d'avoir à respecter les clauses et conditions du contrat de location » est **générale** et n'est **pas indicative des mesures précises que le locataire doit prendre** dans le délai légal d'un mois pour faire cesser l'infraction.

Cass. 3e civ. 28-10-2003 n° 1088 F-D : RJDA 1/04 n° 25.

Il y a lieu d'annuler le commandement de payer dont les **irrégularités et imprécisions** ne permettaient pas au locataire de prendre la mesure exacte des injonctions qui lui avaient été faites et d'y apporter la réponse appropriée dans le délai requis. En effet, en faisant référence à la **législation sur les baux d'habitation,** le commandement était de nature à tromper le locataire sur ses causes et sa portée; par ailleurs, en visant, d'une part, un délai de huit jours sous peine de saisie-vente et, d'autre part, un délai de deux mois autorisant le bailleur à se prévaloir de la clause résolutoire, le commandement était source de confusion pour le locataire puisque les **deux délais** ne se référaient pas aux mêmes conséquences de droit.

Cass. 3e civ. 3-10-2007 n° 06-16.361 FS-PB : RJDA 11/08 n° 1096.

Doit être annulé le commandement délivré au locataire et qui vise la clause résolutoire du bail d'avoir à effectuer toutes les réparations d'entretien lui incombant, à **réparer les dégradations constatées par acte extrajudiciaire** et à remettre les lieux en état. En effet, les imprécisions du commandement sont de nature à créer, dans l'esprit du locataire, une confusion l'empêchant de prendre la mesure exacte des injonctions qui lui sont délivrées et d'y satisfaire dans le délai requis : le commandement se réfère à un constat d'huissier (ou de commissaire de justice) qui énumère étage par étage et appartement par appartement les désordres que le bailleur impute au locataire, mais il ne précise pas les travaux en fonction de leur nature et des lieux et ne distingue pas les travaux relevant de l'entretien de ceux relevant de la remise en état.

Cass. 3e civ. 30-3-2017 n° 16-11.970 F-D : RJDA 7/17 n° 443.

72765 **Cas du commandement de payer** En cas de mise en demeure de payer, le commandement doit indiquer le **montant des loyers** dus (Cass. 3e civ. 6-1-1982 n° 80-12.869). Il doit informer clairement le locataire et être suffisamment précis pour lui permettre d'identifier les causes des sommes réclamées, leur bien-fondé et leurs dates d'échéances (CA Paris 19-10-2022 n° 19/18389, ch. 5-3 : Loyers et copr. 2023 comm. 9 obs. E. Chavance).

A été jugé irrégulier le commandement :

– portant sur une **somme globale** ne permettant pas d'apprécier le bien-fondé du commandement et plaçant le locataire dans l'impossibilité de déterminer à concurrence de quelle somme précise il doit l'exécuter et à concurrence de quelle autre il peut contester (Cass. 3e civ. 10-2-1988 n° 86-18.453 : Loyers 1988 n° 276) ;

– **mêlant loyers commerciaux et loyers** dus au titre de locaux **d'habitation** faisant l'objet d'un bail spécifique sans que puisse être déterminée la part exacte des loyers dus au titre du seul bail commercial (Cass. 3e civ. 30-6-2010 n° 09-16.244 FS-PB : RJDA 10/10 n° 928) ;

– qui ne donne aucun **décompte** des sommes réclamées, ne fait pas référence aux dates et au montant des échéances impayées et n'est accompagné d'aucune pièce justificative, laissant le locataire dans l'incertitude sur les causes exactes des créances alléguées (Cass. 3e civ. 19-7-1988 n° 87-12.554) ;

– peu explicite quant aux postes réclamés et peu intelligible, mentionnant des **frais de relance** et des **provisions sur charges de copropriété** alors que le bail ne prévoyait pas la possibilité pour le bailleur de facturer de telles sommes (CA Paris 19-10-2022 n° 19/18389 précité).

En revanche, une cour d'appel ne peut pas valablement refuser de constater l'acquisition de la clause résolutoire en retenant que le commandement, par son imprécision, ne permettait pas au locataire de vérifier la réalité et l'étendue de la créance revendiquée ainsi que les dates d'échéances des postes la composant, dès lors que, par l'effet du commandement délivré avec rappel des dispositions de l'article L 145-41 du Code de commerce et précisant qu'il était réclamé le paiement de la somme représentant les loyers et charges impayés, le jeu de la clause résolutoire incluse dans le commandement de payer était acquis dès l'expiration du délai d'un mois imparti au locataire pour s'en acquitter (Cass. com. 7-11-2006 n° 1210 F-D : RJDA 2/07 n° 177).

ATTENTION

L'imprécision du commandement de payer ne peut pas être régularisée par la **production ultérieure d'un décompte.** Si un tel commandement rend donc inefficace la demande de mise en jeu de la clause résolutoire, il ne fait pas obstacle à une demande en paiement des loyers dès lors que le créancier produit toute pièce justificative au jour où le juge statue (CA Toulouse 3-9-2020 n° 19/04382, ch. 3 : Gaz. Pal. 10-11-2020 p. 85 obs. S. Chastagnier).

La mention d'une **somme supérieure à la dette véritable** n'emporte pas la nullité du commandement. Ce dernier reste valable à due concurrence pour la partie qui n'a fait l'objet d'aucune contestation de la part du débiteur (Cass. 3e civ. 2-7-1970 n° 69-10.872 : Bull. civ. III n° 461 ; Cass. 3e civ. 1-3-1977 n° 75-20.022 : Bull. civ. III n° 103 ; Cass. 3e civ. 4-3-1980 n° 78-15.407 : Bull. civ. III n° 48 ; Cass. 3e civ. 27-10-1993 n° 1539 PF : RJDA 12/93 n° 1006, 1re espèce) et quelle que soit l'importance de la disproportion (Cass. 3e civ. 5-2-1992 n° 235 P : RJDA 4/92 n° 317). 72770

Effet du contenu du commandement sur le pouvoir du juge Le juge ne peut pas constater l'acquisition de la clause résolutoire pour une **infraction** commise par le locataire qui n'est **pas visée dans le commandement.** 72780

Il a ainsi été jugé que la résiliation du bail ne peut pas être constatée au motif que :

– le bailleur ayant contesté le versement fait par le locataire à la suite d'un commandement de payer des loyers arriérés, il appartenait au locataire d'en justifier dans les conditions de paiement stipulées au bail prévoyant un règlement par prélèvement automatique, sans rechercher si le commandement visait les modalités de paiement (Cass. 3e civ. 25-11-1992 n° 91-10.641) ;

– le locataire a cédé son fonds sans l'autorisation expresse et écrite du bailleur alors que le bailleur avait délivré un commandement de payer des loyers et de faire cesser une sous-location irrégulière (Cass. 3e civ. 1-6-1994 n° 979 D) ;

– le locataire n'a pas déféré au commandement en cessant de recevoir sa clientèle dans la cave et en remettant les lieux en leur état d'origine dans le délai d'un mois, alors que le commandement visant la clause résolutoire mettait le locataire en demeure de faire procéder aux travaux nécessaires pour une occupation conforme aux clauses du bail et qu'il n'a pas recherché si le locataire avait satisfait à cette injonction (Cass. 3e civ. 20-3-1996 n° 619 D : RJDA 6/96 n° 758).

En revanche, a légalement justifié sa décision la cour d'appel qui a refusé de constater la résiliation du bail en raison du paiement tardif des frais dès lors que ceux-ci n'avaient pas fait l'objet du commandement de payer visant la clause résolutoire (Cass. 3e civ. 19-10-1988 n° 87-13.311).

MENTIONS NON EXIGÉES DANS LE COMMANDEMENT

En dehors des mentions exposées nos 72735 s., l'**article L 145-41 du Code de commerce** n'exige pas que ses dispositions soient **reproduites intégralement** dans le commandement visant la clause résolutoire (CA Paris 5-4-1990 n° 89-19804, 14e ch. B ; CA Versailles 13-12-2002 n° 01-16195, 16e ch. B), ni qu'il soit fait mention dans le commandement du **droit** pour le locataire **de solliciter** une **suspension de la clause** résolutoire dans le cadre des délais de paiement (CA Versailles 13-12-2002 n° 01-16195 précité). 72790

3. PERSISTANCE DE L'INFRACTION PENDANT PLUS D'UN MOIS

CARACTÉRISATION DE L'INFRACTION APRÈS DÉLIVRANCE DU COMMANDEMENT

La résiliation de plein droit du bail ne peut intervenir qu'un mois au moins après le commandement de payer ou d'exécuter demeuré infructueux (C. com. art. L 145-41, al. 1 ; Cass. 3e civ. 30-11-1994 n° 1906 D ; Cass. 3e civ. 29-9-2010 n° 09-13.922 FS-PB : RJDA 2/11 n° 117). Il faut se placer à la **date** à laquelle le 72830 commandement devait produire effet pour savoir si ses causes ont été satisfaites (Cass. 3e civ. 3-2-1988 n° 86-16.327 : Bull. civ. III n° 24 ; Cass. 3e civ. 5-2-1992 n° 235 P : RJDA 4/92 n° 317).

La **preuve** de la persistance de l'infraction aux clauses du bail après l'expiration du délai de mise en demeure incombe au bailleur (Cass. 3e civ. 13-11-1997 n° 1533 P : RJDA 1/98 n° 25 ; Cass. 3e civ. 20-5-2021 n° 20-12.533 F-D : RJDA 8-9/21 n° 553). Il importe que ce soit l'infraction visée dans le commandement qui ait perduré.

Ainsi, en présence d'un commandement d'avoir à cesser des activités de pressing, blanchisserie et retouche non prévues par le bail, la clause résolutoire ne peut pas jouer lorsque, plusieurs mois après, est constaté l'exercice par le locataire d'une activité de nettoyage à sec (Cass. 3e civ. 10-7-2007 n° 06-17.830 F-D).

72835 ILLUSTRATIONS

La **clause** résolutoire est **acquise** au bailleur lorsque :

– le locataire n'a entrepris les travaux d'aménagement mis à sa charge que trois mois après le commandement alors que le bail lui faisait obligation de garnir et exploiter les locaux (Cass. 3e civ. 1-2-1989 : Gaz. Pal. 1989 pan. p. 79) ;

– le locataire ne conteste pas qu'à l'issue du délai d'un mois imparti pour exécuter le commandement, il reste débiteur du bailleur (Cass. 3e civ. 14-5-1991 n° 90-11.500) ;

– la somme figurant au commandement n'est pas sérieusement contestable, qu'elle n'a pas été intégralement payée dans le délai du mois du commandement et que le locataire n'a présenté aucune demande de délais fondée sur les articles 1244-1 à 1244-3 du Code civil, désormais article 1343-5 (Cass. 3e civ. 19-2-2003 n° 273 FS-PB : Bull. civ. III n° 44) ;

– le locataire a étendu son activité sans attendre l'issue de son action en déspécialisation et n'a pas obtempéré dans le délai d'un mois au commandement visant la clause résolutoire lui faisant injonction de respecter la destination du bail (Cass. 3e civ. 28-5-2003 n° 676 FS-PB : RJDA 8-9/03 n° 817) ;

– le locataire, qui ne pouvait, aux termes du bail ni sous-louer ni prêter les locaux même à titre gratuit, ne prouve pas avoir usé de tous les moyens légaux pour déloger les occupants des constructions élevées sans autorisation sur le terrain (Cass. 3e civ. 29-3-1995 n° 761 D : RJDA 6/95 n° 693).

72840 En revanche, si le locataire a **obtempéré** à la mise en demeure **dans le délai** prévu, la clause résolutoire ne joue plus (Cass. 3e civ. 3-7-1970 n° 69-11.330 : Bull. civ. III n° 467 : locataire ayant entrepris les travaux nécessaires qui étaient en voie d'achèvement à l'expiration du délai, à l'exception de quelques réparations minimes non préjudiciables au bailleur ; Cass. 3e civ. 3-11-2005 n° 1173 FS-D : RJDA 3/06 n° 240 : locataire, enjoint de respecter la destination contractuelle des lieux, ayant cessé l'exploitation interdite dans le mois du commandement).

ILLUSTRATIONS

Un locataire qui avait mis son fonds de commerce en location-gérance avait reçu du propriétaire du local commercial un commandement d'exercer personnellement son activité dans les lieux loués conformément au contrat de bail, le commandement visant la clause résolutoire. Jugé que la clause résolutoire n'était pas acquise dès lors que le locataire, dans le mois qui avait suivi la délivrance du commandement, avait créé une société en participation afin d'exploiter son fonds de commerce avec un tiers.

Cass. 3e civ. 24-1-2019 n° 17-27.383 F-D : BRDA 4/19 inf. 14.

CAS DU COMMANDEMENT DE PAYER

72850 Le **paiement** dans le délai imparti doit être fait **au bailleur ou à une personne ayant pouvoir** pour le recevoir au nom du bailleur (C. civ. art. 1342-2 ; Cass. 3e civ. 2-3-1977 n° 75-14.072 : Bull. civ. III n° 105 ; Cass. 3e civ. 5-3-1997 n° 396 P : RJDA 5/97 n° 616 ; rendus à propos de l'ex-art. 1239 mais transposables). Lorsque le paiement s'effectue par l'intermédiaire d'un avocat, l'effet libératoire se produit lorsque la somme due est mise à la disposition du bailleur par un transfert au sous-compte de son mandataire à la Carpa (Caisse des règlements pécuniaires des avocats) (Cass. 1e civ. 3-12-1991 n° 89-21.672 : Bull. civ. I n° 338 ; Cass. 3e civ. 17-7-1996 n° 1396 P : RJDA 11/96 n° 1301 ; Cass. 3e civ. 26-5-2009 n° 08-15.772 F-PB : RJDA 8-9/09 n° 706).

ILLUSTRATIONS

Pour refuser de dire la clause résolutoire acquise, une cour d'appel avait retenu que si l'attitude du locataire était fautive en ce qu'il s'était obstiné à payer ses loyers et charges entre les mains du notaire qu'il savait n'être plus le mandataire de son bailleur, le commandement concernait des sommes déjà réglées et qui se trouvaient à la disposition du bailleur, ce que celui-ci ne pouvait pas ignorer puisqu'il avait déjà prié son locataire de lui régler directement les loyers. La cour en avait déduit que le commandement, qui aurait abouti au su du bailleur à un double paiement s'il avait été suivi d'effet, n'avait pas pu être délivré de bonne foi et n'aurait pas pu entraîner la résiliation de plein droit du bail. Cette décision a été censurée au motif que la cour aurait dû relever le paiement entre les mains du créancier ou de la personne habilitée à percevoir pour lui, et caractériser la mauvaise foi du bailleur (Cass. 3e civ. 5-3-1997 n° 396 précité).

En cas de **paiement par chèque,** c'est la date de sa remise au bailleur qui doit être prise en compte (Cass. 3e civ. 28-10-1987 n° 83-15.240). Ainsi, dans un cas où le locataire avait remis au bailleur un chèque couvrant l'intégralité des causes du commandement dans le délai imparti mais avait demandé d'en différer l'encaissement au-delà de ce délai, une cour d'appel ne peut pas constater l'acquisition de la clause résolutoire en retenant qu'il résulte des dates d'encaissement demandées par le locataire qu'il n'entendait pas régler les causes du commandement dans le délai imparti. La Cour de cassation a en effet jugé que le chèque, non refusé lors de sa remise, était payable à vue nonobstant toute mention contraire, réputée non écrite, et que le bailleur, à qui il incombait de le prouver, n'établissait pas que le chèque n'avait pas été payé (Cass. com. 3-6-2003 n° 930 FS-PBI : RJDA 12/03 n° 1166). Le bailleur aurait dû, dans une telle hypothèse, soit refuser le chèque s'il redoutait un défaut de provision, soit le présenter au paiement avant de se prévaloir de la clause résolutoire. **72855**

Par ailleurs, l'émission d'un chèque obligeant le tireur à conserver la provision jusqu'au paiement, un locataire ne peut pas soutenir que son chèque a été rejeté par la faute du bailleur qui l'a remis tardivement à l'encaissement. En tout état de cause, le chèque avait été remis au bailleur plus de quatre mois après la délivrance du commandement de payer (CA Paris 30-6-2000 n° 2000-961, 16e ch. B).

VENTE DE L'IMMEUBLE LOUÉ ET CLAUSE RÉSOLUTOIRE

Pour faire jouer la clause résolutoire, l'acquéreur de locaux commerciaux donnés à bail peut se prévaloir des **manquements** du locataire **antérieurs à la vente** dès lors qu'ils se sont **poursuivis après** celle-ci. Il en est ainsi en cas de construction édifiée sans l'autorisation du bailleur (Cass. 3e civ. 13-11-1979 n° 78-11.633 : Bull. civ. III n° 202) ou lorsque des sous-locations interdites par le bail ont persisté après sommation, sans que l'accord du nouveau propriétaire soit établi (Cass. 3e civ. 14-11-1970 n° 69-10.190 : Bull. civ. III n° 607). **72870**

La résiliation d'un bail en vertu d'une clause résolutoire intervenant de plein droit à l'expiration du délai visé dans le commandement (n° 73700), l'acquéreur de l'immeuble loué peut par ailleurs faire constater en justice cette **résiliation intervenue avant l'acquisition** (Cass. 3e civ. 19-3-1986 n° 84-11.396 : Bull. civ. III n° 32). **72875**

CESSION DU BAIL ET CLAUSE RÉSOLUTOIRE

Le manquement du cédant devient celui du cessionnaire si, mis en demeure de le faire cesser, ce dernier n'obtempère pas. Par suite, un cessionnaire peut se voir opposer l'acquisition de la clause résolutoire en raison de la **continuation du manquement après la cession** du bail (Cass. 3e civ. 11-5-1999 n° 1002 D : RJDA 7/99 n° 767 : construction édifiée par le cédant en infraction aux clauses du bail). **72890**

Il appartient aux juges du fond de rechercher si, à la suite du commandement délivré au cessionnaire, il n'incombe pas à ce dernier de mettre un terme au manquement contractuel visé par le commandement. Ainsi, la Cour de cassation a censuré la décision d'une cour d'appel qui, pour écarter le jeu de la clause résolutoire, avait retenu que les modifications des lieux faites sans l'autorisation du bailleur étaient l'œuvre de l'ancien locataire et non du cessionnaire et que rien ne permettait d'établir que ce dernier avait eu connaissance des modifications avant de recevoir le commandement (Cass. 3e civ. 30-1-2002 n° 200 FS-PB : RJDA 4/02 n° 362). De même, la décision d'une cour d'appel a été censurée dans un cas où, pour écarter le jeu de la clause résolutoire, elle s'était limitée à retenir que le cessionnaire n'était pas l'auteur des manquements et que la transformation des locaux était antérieure à la cession (Cass. 3e civ. 8-10-2015 n° 14-13.179 FS-PB : RJDA 1/16 n° 9).

MOYENS DE DÉFENSE DU LOCATAIRE FACE AU JEU DE LA CLAUSE RÉSOLUTOIRE

Exception d'inexécution Sur la question de savoir si le locataire à l'encontre duquel est invoquée la clause résolutoire pour non-paiement des loyers peut, pour justifier sa défaillance, se prévaloir du manquement du bailleur à ses propres obligations, voir nos 60780 s. **72900**

Force majeure L'inexécution par le locataire de ses obligations, dans le délai imparti par le commandement, peut être justifiée par la force majeure. Mais des difficultés indépendantes du comportement du locataire ne suffisent pas (Cass. 3e civ. 16-4-1986 n° 84-14.782 : Bull. civ. III n° 41). L'événement invoqué, en plus d'échapper au contrôle du locataire, doit être irrésistible et imprévisible (C. civ. art. 1218, al. 1 ; Cass. ass. plén. 14-4-2006 nos 537 et 538 P : RJDA 7/06 n° 753). **72905**

Tel est le cas de l'**incident technique** survenu dans le **système informatique d'une banque** qui a retardé le paiement du loyer dû par le locataire. En effet, les ordres de virement permanent au profit du bailleur avaient été donnés par le locataire avec une marge suffisante pour respecter la date de paiement mensuel fixée et les virements avaient été régulièrement effectués pendant dix-sept mois ; l'incident s'était produit pendant la période estivale et en fin de semaine, empêchant tout paiement par un autre moyen avant le terme fixé, paiement qui aurait de surcroît supposé que le locataire soit immédiatement informé du problème, ce qui n'avait pas été le cas (Cass. 3e civ. 17-2-2010 n° 08-20.943 FS-PB : RJDA 10/10 n° 923).

72910 La **fermeture du fonds de commerce** exploité dans les lieux loués **par décision administrative** ne constitue pas un cas de force majeure justifiant le défaut d'exploitation lorsque cette fermeture fait suite aux agissements fautifs du locataire (Cass. 3e civ. 25-6-1974 : Bull. civ. III n° 263 ; Cass. 3e civ. 20-11-1985 n° 84-16.225 : Bull. civ. III n° 148 ; Cass. 3e civ. 11-10-1989 n° 87-19.490 ; Cass. 3e civ. 4-2-1997 n° 95-13.629 ; CA Paris 7-1-1994 n° 93-6641, 14e ch. C).

En revanche, l'arrêté de fermeture non imputable au locataire est un cas de force majeure. Par suite, l'acquisition d'une clause résolutoire pour non-paiement des loyers ne peut pas être constatée dès lors que le loyer est la contrepartie de la mise à disposition du locataire des locaux où il peut exploiter son commerce et que l'arrêté de fermeture privant le locataire de toute exploitation des locaux est imputable au bailleur qui n'a pas respecté les règles du permis de construire (CA Nîmes 11-3-1993 nos 91-4175 et 92-3254, 1e ch.).

Sur la possibilité d'invoquer la force majeure pour justifier le non-paiement des loyers pendant les mesures administratives mises en place en raison de la crise sanitaire liée à l'épidémie de **Covid-19,** voir nos 60852 s.

72915 Par ailleurs, le **mauvais état de santé du locataire** ou encore son **décès** font rarement obstacle au jeu de la clause résolutoire dans la mesure où ces événements n'ont pas nécessairement un caractère irrésistible. Par exemple, dans ces hypothèses, le défaut d'exploitation du fonds par le locataire peut être pallié par le recours à un salarié ou à un locataire-gérant.

ILLUSTRATIONS

En cas de **défaut d'exploitation** dans les lieux loués, l'excuse tirée de l'état de **santé** du locataire doit être rejetée faute pour ce dernier d'établir qu'il a été dans l'impossibilité absolue de faire exploiter le fonds par un tiers ; il lui appartenait en effet de faire exploiter son fonds soit par un tiers salarié, soit par un gérant libre.

Cass. com. 10-4-1962 : Bull. civ. III n° 223 ; Cass. 3e civ. 16-5-1968 : Bull. civ. III n° 215 ; rendus en matière de renouvellement mais transposables.

Doit être cassé l'arrêt d'une cour d'appel statuant en référé, qui, pour refuser de déclarer acquise au bailleur la clause résolutoire figurant au bail, retient qu'il y avait une difficulté sérieuse relevant de la seule juridiction du principal, le locataire ayant fait état de son **impossibilité de s'acquitter des loyers** dans les délais impartis par le commandement en raison de difficultés insurmontables résultant de son **invalidité** et du retard apporté au règlement de prestations sociales ; les juges du fond n'avaient pas relevé l'existence d'un événement imprévisible et irrésistible susceptible de faire obstacle à l'exécution de ses obligations par le locataire.

Cass. 3e civ. 16-2-1983.

Le **décès** du titulaire du bail ne peut pas justifier la **non-exploitation du fonds** de commerce, et la clause résolutoire doit être déclarée acquise, lorsque l'administrateur provisoire n'a pas fait cesser l'infraction relative à la non-exploitation du fonds et n'a pas réglé les charges qui lui étaient réclamées dans le mois du commandement.

CA Paris 15-12-1984, Sté Parinor c/ Direction nationale d'interventions domaniales : D. 1984 IR p. 99.

Les **locataires** qui ont **cessé d'exploiter les lieux** loués, alors que le bail les y obligeait expressément, et qui n'ont pas repris leur activité dans le délai d'un mois à compter de la sommation visant la clause résolutoire insérée au bail qui leur avait été faite de reprendre l'exploitation, font valoir en vain, pour écarter le jeu de la clause résolutoire, que la **maladie de l'un d'eux** constituait un cas de force majeure. En effet faisait défaut le caractère d'irrésistibilité, puisque l'activité aurait pu être maintenue jusqu'à la vente du fonds soit par le locataire qui n'était pas touché par la maladie et pouvait prendre un salarié, soit par une mesure de location-gérance.

Cass. 3e civ. 18-10-2005 n° 1124 F-D : Loyers et copr. 2005 comm. n° 224 note P. Pereira Osouf.

4. BONNE FOI DU BAILLEUR DANS LA MISE EN ŒUVRE DE LA CLAUSE RÉSOLUTOIRE

72950 La règle selon laquelle les contrats doivent être exécutés de bonne foi (C. civ. art. 1104, al. 1) permet de sanctionner l'usage déloyal d'une prérogative contractuelle (Cass. com. 10-7-2007 n° 06-14.768 FS-PBIR : RJDA 11/07 n° 1057 ; CA Paris 29-10-1992 n° 91-14296, analysé n° 72990). En la matière, la sanction réside dans la paralysie de la clause résolutoire mise en œuvre de mauvaise foi par le bailleur.

Les **juges** du fond doivent, lorsque le locataire invoque cette mauvaise foi, faire une **recherche** sur ce point (Cass. 3e civ. 5-6-1991 no 1021 P : no 72960 ; Cass. 3e civ. 24-9-2002 no 1380 F-D : RJDA 12/02 no 1239 ; Cass. 3e civ. 27-10-2010 no 09-69.820 FS-D : RJDA 3/11 no 220 ; Cass. 3e civ. 5-11-2015 no 14-11.024 F-D : RJDA 4/16 no 262 ; Cass. 3e civ. 1-2-2018 no 16-28.684 F-D ; Cass. 3e civ. 25-4-2024 no 23-10.384 F-D : RJDA 7/24 no 383).

Leur **appréciation** de la bonne ou de la mauvaise foi du bailleur est souveraine (Cass. com. 7-1-1963 : no 72970 ; Cass. 3e civ. 17-7-1992 no 1246 P : RJDA 11/92 no 996, concernant un bail d'habitation ; Cass. 3e civ. 18-9-2012 no 11-23.051 F-D : RJDA 12/12 no 1049), à condition qu'ils motivent leur décision (Cass. 3e civ. 5-3-1997 no 396 P : RJDA 5/97 no 616) et que ces **motifs** présentent un lien avec la délivrance du commandement (Cass. 3e civ. 2-12-1998 no 1759 PB : no 72990). C'est la raison pour laquelle les juges se situent généralement à la date de la délivrance du commandement pour apprécier le comportement du bailleur (Cass. 3e civ. 12-10-2010 no 09-12.380 F-D : RJDA 1/11 no 14).

Si le commandement visant la clause résolutoire met en demeure le locataire de mettre fin à **plusieurs manquements,** la mauvaise foi du bailleur doit s'apprécier au regard de chacun, et le fait qu'un manquement soit invoqué de mauvaise foi ne prive pas la mise en demeure de tout effet (Cass. 3e civ. 23-5-2012 no 11-14.456 FS-D : RJDA 10/12 no 832).

Sur l'obligation pour le bailleur de mettre en œuvre la clause résolutoire de bonne foi lors de la crise sanitaire liée à l'épidémie de **Covid-19,** voir nos 60856 s.

CLAUSE RÉSOLUTOIRE INVOQUÉE DE MAUVAISE FOI : ILLUSTRATIONS

ILLUSTRATIONS **72955**

Bailleur à l'origine du manquement reproché au locataire

L'arrêt qui retient que le **bailleur** a **lui-même créé les conditions de non-exploitation** du fonds de commerce exploité par son locataire et qu'il est l'auteur d'une manœuvre pour faire échec au droit au renouvellement du bail caractérise l'intention de nuire et justifie légalement sa décision de rejeter l'action en résiliation du bail.

Cass. 3e civ. 28-9-1982 : Loyers 1983 no 21.

La clause résolutoire n'a pas été invoquée de bonne foi par le **bailleur** dès lors que, par sa **carence dans l'entretien** de l'immeuble, il n'est pas étranger aux infiltrations d'eau qui ont motivé la mise en demeure adressée au locataire d'avoir à exécuter les travaux d'entretien qui lui incombaient.

Cass. 3e civ. 27-5-1987 no 85-18.076 : Bull. civ. III no 108.

ILLUSTRATIONS **72960**

Délivrance du commandement dans des conditions telles qu'il est impossible au locataire d'y satisfaire

Après avoir relevé qu'appelé à intervenir à la cession du fonds de commerce fixée au lendemain, le **bailleur savait,** en sommant le **locataire** de respecter les clauses du bail, que celui-ci, perdant la qualité de locataire du fait de la cession, était **dans l'incapacité de satisfaire** dans le délai prévu **à la sommation** visant la clause résolutoire, la cour d'appel a pu en déduire que le bailleur avait agi de mauvaise foi pour empêcher la cession du bail et a pu déclarer nulle la sommation.

Cass. 3e civ. 9-10-1984 no 1154.

N'a pas donné de base légale à sa décision la cour d'appel qui constate la résiliation de plein droit d'un bail commercial sans rechercher, comme il lui était demandé, si, compte tenu des **délais nécessaires à l'exécution des travaux** visés au commandement, **eu égard à leur nature et à leur importance,** la clause résolutoire n'a pas été mise en œuvre de mauvaise foi.

Cass. 3e civ. 5-6-1991 no 1021 P : RJDA 8-9/91 no 692 ; dans le même sens, Cass. 3e civ. 27-10-2010 no 09-69.820 FS-D : RJDA 3/11 no 220.

Ndlr : Dans la première espèce, le locataire avait fait valoir que la réalisation de travaux importants de ravalement n'avait pas pu débuter dans le délai du commandement du fait de travaux préalables de colmatage d'infiltrations d'eau eux-mêmes retardés par l'intervention des assureurs. Il soulignait explicitement la mauvaise foi du propriétaire.

En délivrant un commandement d'avoir à payer les loyers depuis la prise d'effet du bail alors qu'il **savait,** avant même de louer les locaux à destination de restaurant, **que le locataire ne pouvait pas obtenir immédiatement l'arrêté d'ouverture au public,** faute de réalisation des travaux ordonnés par la commission de la sécurité civile et subordonnés à l'accord du syndic de la copropriété, le bailleur agit de mauvaise foi, alors au surplus que le locataire lui avait demandé son aide pour accélérer l'obtention de l'arrêté d'autorisation des travaux et qu'il n'ignorait en rien toutes les diligences qu'il n'avait cessé de faire pour obtenir l'autorisation d'exploiter un restaurant dans les lieux.

CA Paris 27-5-1998 no 96-331, 16e ch. A.

Le commandement d'exécuter tous travaux qui s'avéreraient nécessaires pour éviter la réitération de désordres liés à l'étanchéité des sols a été délivré de mauvaise foi par le bailleur, compte tenu des circonstances suivantes : le locataire ne pouvait pas avoir un accès permanent à l'ensemble du réseau de canalisations dont une partie passait par des parties communes ou des caves occupées par des tiers ; s'il n'est pas établi que le locataire avait demandé plusieurs années auparavant l'autorisation d'accès pour réaliser ces travaux, le bailleur ne pouvait pas en tous les cas ignorer que la réalisation des travaux en cause supposait l'établissement d'un dossier technique préalable, nécessitant l'accès à des parties auxquelles le locataire n'avait normalement pas accès, et ne pouvait davantage ignorer dans ces conditions, et le dossier devant être soumis à son agrément, que les **travaux** ne **pouvaient pas raisonnablement être entrepris dans le délai** d'un mois imparti dans le commandement.

CA Paris 16-11-2005 n° 04-14385, 16e ch. A.

Après avoir relevé que le bailleur avait délivré aux locataires un commandement, visant la clause résolutoire, d'avoir à effectuer des **travaux qui faisaient l'objet d'une expertise judiciaire** ordonnée à sa demande, la cour d'appel, qui a retenu que le **bailleur** avait cherché à éluder la suite de la procédure et fait preuve d'une **attitude déloyale,** en a souverainement déduit que la clause résolutoire n'avait pas été invoquée de bonne foi et que le commandement ne pouvait pas produire effet.

Cass. 3e civ. 18-9-2012 n° 11-23.051 F-D : RJDA 12/12 n° 1049.

72965 ILLUSTRATIONS

Délivrance du commandement en connaissance de l'absence du locataire

Les juges, saisis de l'application d'une clause résolutoire pour non-paiement de loyers, peuvent estimer que le bailleur, en présentant une quittance au domicile de ses **locataires qu'il savait en vacances,** et en leur faisant signifier un commandement et une assignation en référé dans les mêmes conditions, alors qu'il **connaissait leur adresse de vacances,** a manifesté une diligence suspecte tendant à surprendre la bonne foi des locataires, et n'a pas exécuté la convention de bonne foi, ce qui exclut l'application de la clause résolutoire.

Cass. 3e civ. 16-10-1973 n° 72-11.956 : Bull. civ. III n° 529.

C'est par une appréciation souveraine que les juges, constatant qu'un commandement a été délivré à un **locataire** en son absence pendant la **période de vacances,** en déduisent que le propriétaire est de mauvaise foi et que le commandement ne peut pas avoir effet pour mettre en jeu une clause résolutoire.

Cass. 3e civ. 15-12-1976 n° 75-15.377 : Bull. civ. III n° 465.

L'article 1134 du Code civil (devenu art. 1104) exige que les contrats soient exécutés de bonne foi. Tel n'est pas le cas lorsque le bailleur a fait, en pleine connaissance de cause, délivrer un commandement de payer visant la clause résolutoire à un moment où le **locataire** était **légitimement absent.**

CA Aix-en-Provence 13-10-1994, 4e ch. A : Loyers et copr. 1995 comm. n° 68.

72970 ILLUSTRATIONS

Inaction prolongée du bailleur

Si la clause résolutoire s'impose aux juges, son application reste subordonnée aux exigences de la bonne foi conformément à l'article 1134 du Code civil (devenu art. 1104). Ne font qu'user de leur pouvoir souverain les juges qui refusent de faire produire effet à une clause résolutoire visant le non-paiement des loyers dès lors qu'ils ont constaté que le bailleur, resté **plus de onze ans sans recouvrer les loyers,** avait réclamé par sommation une **somme supérieure à celle précédemment demandée** par lui, **sans fournir de précisions** au locataire malgré sa demande, le juge des référés ayant dû recourir à une expertise pour vérifier l'exactitude de la somme réclamée et qu'ainsi le locataire n'avait pas été mis en mesure d'accomplir pleinement ses obligations.

Cass. com. 7-1-1963 : Bull. civ. III n° 16.

Si la clause prévoyant le réajustement annuel des loyers s'applique de plein droit sans être subordonnée à une manifestation de volonté du bailleur et si le seul fait que celui-ci n'ait pas réclamé le montant des augmentations dès leur prise d'effet n'implique pas de sa part renonciation à se prévaloir de la clause d'indexation, il n'en reste pas moins que le bailleur doit porter à la connaissance du locataire le montant du loyer révisé afin de le mettre en mesure de l'acquitter. Par suite, le bailleur agit de mauvaise foi lorsqu'il fait délivrer un commandement de payer un **arriéré de loyers sur neuf ans,** résultant de l'inapplication de la révision annuelle conventionnellement convenue, sans entamer la moindre démarche avant le commandement pour obtenir le **rappel de l'indexation** qu'il n'a **jamais réclamée.**

CA Paris 12-5-1993 n° 92-004418, 6e ch. C.

ILLUSTRATIONS 72975

Commandement relatif à une obligation déjà exécutée

Une cour d'appel qui a relevé que le bailleur avait mis en demeure le locataire d'effectuer des **travaux déjà exécutés** avant le commandement a pu en déduire que la clause résolutoire n'était pas applicable et que le bailleur avait agi avec une légèreté fautive justifiant l'allocation de dommages-intérêts.

Cass. 3e civ. 18-2-1981 n° 316.

Justifie légalement sa décision d'avoir privé de tout effet le commandement visant la clause résolutoire la cour d'appel qui a retenu que le bailleur avait tenté de se prévaloir de la clause résolutoire sous le **prétexte d'inexécution de travaux** d'entretien **pourtant exécutés** de manière satisfaisante **ou revêtant un caractère très minime,** ce dont il résultait que la clause résolutoire n'avait pas été invoquée de bonne foi.

Cass. 3e civ. 2-3-1988 n° 86-16.854.

ILLUSTRATIONS 72980

Autres cas caractérisant la mauvaise foi du bailleur

La clause résolutoire devant être invoquée de bonne foi, les juges ont pu rejeter la demande d'un bailleur tendant à faire constater la résiliation du bail pour inobservation du règlement de copropriété, dès lors que le locataire s'étant porté caution du prêt obtenu par le bailleur pour l'acquisition de l'immeuble, avec affectation de son fonds de commerce en nantissement, rembourse les annuités du prêt au lieu et place de ce dernier et que la demande du **bailleur,** qui **essaye de récupérer sans bourse délier un fonds de commerce** d'une valeur certaine, se heurte à la simple équité.

Cass. 3e civ. 25-1-1983 n° 81-12.647 : Bull. civ. III n° 21.

Si l'infraction aux stipulations d'un bail commercial subordonnant tout « changement de distribution » et « percement de murs » des locaux loués au consentement exprès et par écrit du bailleur et à la surveillance de l'architecte de ce dernier ne peut pas être écartée au seul motif que les travaux dont le locataire a pris l'initiative sans demander l'autorisation du bailleur sont utiles et profiteront à celui-ci en fin de bail, il y a lieu néanmoins d'annuler le commandement visant la clause résolutoire par lequel le bailleur a enjoint le locataire de remettre les lieux en l'état, pour les raisons suivantes :

– les travaux n'avaient pas causé de préjudice au bailleur, rendant au contraire les lieux plus esthétiques, fonctionnels et confortables ;

– il n'était pas établi que les travaux litigieux (suppression d'un faux plafond et correctifs mineurs de cloison n'ayant ni affecté le gros œuvre ni modifié la distribution globale des lieux) faisaient partie de ceux nécessitant l'autorisation du bailleur ;

– les travaux, qui avaient été effectués au cours du bail initial, avaient été acceptés par le bailleur puisque celui-ci avait, à l'expiration du bail, donné congé au locataire avec offre de renouvellement ;

– le commandement avait été délivré plus de deux ans après le constat d'huissier auquel le bailleur avait tardivement fait procéder dans les lieux loués, ce qui démontrait que le **commandement** n'avait pas eu d'autre **finalité** que de **permettre la récupération des locaux sans paiement d'une indemnité d'éviction.**

CA Versailles 14-2-2002 n° 00-1470, 12e ch. sect. 1 : RJDA 7/02 n° 739.

Une cour d'appel qui constate que le bailleur de locaux à usage commercial a sollicité et obtenu, dans des conditions avantageuses, le renouvellement du bail à un **loyer déplafonné en raison de la** seule **modification de l'affectation des lieux** loués peut en déduire qu'il est malvenu d'**invoquer cette modification** seize mois après en avoir eu connaissance **pour obtenir la résiliation** du bail.

Cass. com. 29-9-2004 n° 939 F-D : RJDA 12/04 n° 1304.

Le bailleur qui ne s'est pas préalablement acquitté de son obligation de justification annuelle des charges, résultant de l'article R 145-36 du Code de commerce, ne peut pas, de bonne foi, mettre en œuvre la clause résolutoire pour non-paiement de loyers et de charges, que le locataire est en droit de discuter.

CA Douai 30-3-2023 n° 22/03601 : RJDA 10/23 n° 503.

CLAUSE RÉSOLUTOIRE INVOQUÉE DE BONNE FOI : ILLUSTRATIONS

ILLUSTRATIONS 72990

S'il est vrai que l'article 1134, al. 3 du Code civil (devenu art. 1104) est l'affirmation d'un principe général selon lequel les contractants doivent respecter les exigences de bonne foi dans l'exécution de leur contrat et notamment dans la mise en œuvre de leurs prérogatives contractuelles, il convient de ne pas en tirer d'autres conclusions que celle selon laquelle le contractant qui méconnaît cette exigence de bonne foi s'expose à une sanction.

Un locataire qui avait modifié l'activité prévue au bail sans observer la procédure de déspécialisation prétendait que le **bailleur** invoquait de mauvaise foi la clause résolutoire car il **connaissait depuis longtemps l'activité** exercée dans les lieux loués. Cet argument a été rejeté : il n'était pas démontré que le bailleur entendait faire jouer la clause résolutoire de façon déloyale dès lors que le **locataire,** qui ne s'est pas soumis à la procédure de déspécialisation, avait été **régulièrement averti du refus du bailleur de modifier la destination contractuelle** des lieux.

CA Paris 29-10-1992 n° 91-14296, 16e ch. B.

Viole l'article 1134 du Code civil (devenu art. 1104) la cour d'appel qui, pour débouter le bailleur de sa demande en constatation de l'acquisition de la clause résolutoire, retient que le locataire a fait procéder aux travaux afférents à la porte, à la ventilation, à la robinetterie et aux canalisations, au plafond de la réserve et que, pour toutes les autres infractions, la clause résolutoire ne saurait davantage s'appliquer en raison de la mauvaise foi évidente du bailleur au lieu et place duquel le locataire avait dû notamment intervenir pour la réfection de la toiture de la réserve afin de mettre fin aux infiltrations, tout en constatant que les travaux de réparation et remise en état effectués l'avaient été postérieurement au délai fixé par le commandement et en retenant la mauvaise foi du bailleur par des **motifs étrangers à la délivrance du commandement.**

Cass. 3e civ. 2-12-1998 n° 1759 PB : RJDA 2/99 n° 152.

Un locataire, qui avait réalisé des **travaux** dans les lieux loués **sans l'accord** préalable écrit **du bailleur,** en infraction aux clauses du bail, fait valoir en vain que le bailleur lui a fait délivrer le commandement visant la clause résolutoire de mauvaise foi dès lors que, ayant découvert l'existence des travaux en cause fortuitement et cinq ans après leur achèvement, le **bailleur** était fondé, pour **préserver légitimement ses droits,** à exercer toutes les actions qui lui étaient offertes légalement et judiciairement pour y parvenir et qu'il appartenait au locataire, s'il avait exécuté loyalement le bail, de recueillir l'accord préalable du bailleur avant d'entreprendre les travaux plutôt que de le mettre devant un fait accompli en violation des termes du bail.

CA Versailles 31-5-2001 n° 98-4621, 12e ch. sect. 2. Voir également CA Paris 8-11-2002 n° 01-8196, 16e ch. B, analysé n° 73060.

Un bailleur a délivré le commandement visant la clause résolutoire de bonne foi lorsque, préalablement à cette délivrance, il a **mis à deux reprises le locataire en demeure** de respecter ses obligations, fait intervenir un expert pour constater les défauts d'entretien et averti une nouvelle fois le locataire.

Cass. 3e civ. 14-10-2014 n° 13-18.335 F-D.

5. RENONCIATION DU BAILLEUR AU BÉNÉFICE DE LA CLAUSE RÉSOLUTOIRE

CLAUSE RÉSOLUTOIRE « SI BON SEMBLE AU BAILLEUR »

73030 Le bailleur peut ne **pas invoquer** la clause résolutoire. Il peut aussi y **renoncer après avoir manifesté l'intention de s'en prévaloir** (Cass. soc. 13-3-1958 n° 1-574 : Bull. civ. IV n° 377), tant que le locataire n'a pas exprimé sa volonté d'accepter la résiliation (CA Paris 9-11-1995 n° 94-5694, 16e ch. B : n° 73045).

La plupart des clauses résolutoires contiennent d'ailleurs une formule selon laquelle « le bail est résilié de plein droit si bon semble au bailleur en cas d'infraction ayant persisté un mois après un commandement visant ladite clause ».

ILLUSTRATIONS

Les juges ne peuvent pas refuser de constater l'acquisition d'une clause résolutoire au motif que la clause dont se prévaut le bailleur n'est pas une clause résolutoire de plein droit puisqu'elle ne produit ses effets que si le bailleur le décide. En effet, une clause résolutoire de plein droit est celle qui permet aux parties de soustraire la résiliation d'une convention à l'appréciation du juge. La clause ainsi libellée : « Il est expressément convenu qu'à défaut du paiement du dépôt de garantie (...), le présent contrat de location sera résilié de plein droit, si bon semble au bailleur un ou deux mois après un commandement (...) demeuré sans effet, ce conformément à la loi et sans qu'il soit besoin de remplir aucune formalité judiciaire (...) » exprime de manière non équivoque la volonté des parties de mettre fin de plein droit à la convention et le fait que la clause résolutoire ne produise ses effets que si le bailleur décide de s'en prévaloir est sans incidence sur la nature et la **validité** de la clause (CA Paris 7-5-2004 n° 03-18897, 14e ch. B).

73035 Cette clause, stipulée uniquement dans l'**intérêt du bailleur,** ne joue qu'à sa volonté. Il en résulte que le locataire ne peut pas revendiquer la résiliation automatique du bail au motif qu'il n'a pas exécuté ses obligations à l'expiration du délai fixé dans le commandement dès lors que le bailleur ne s'en prévaut pas lui-même ou y renonce (voir les arrêts analysés n° 73045). L'objet de la clause résolutoire est en effet de sanctionner le locataire qui a manqué à une obligation contractuelle, et non lui permettre de se désengager.

En présence d'une clause résolutoire prévoyant la résiliation « si bon semble au bailleur », le fait que le **bailleur** indique, dans le **commandement préalable** à la mise en œuvre de la clause, qu'il **entend se prévaloir de la clause** ne vaut pas prise de position de ce dernier en faveur de la résiliation de plein droit du bail (notamment, Cass. 3e civ. 14-5-1991 n° 90-14.088 ; Cass. 3e civ. 19-12-2000 n° 1750 ; pour une cour d'appel ayant retenu une solution contraire, voir CA Paris 2-10-2002 n° 00-13705 ; arrêts analysés n° 73045). **73040**

En revanche, la résiliation du bail est acquise, et le locataire peut s'en prévaloir, lorsque le bailleur lui notifie un commandement aux termes duquel la **résiliation prendra effet inéluctablement** dès l'expiration du délai si le locataire ne l'a pas mis à profit pour exécuter son obligation (Cass. 3e civ. 16-7-1997 n° 95-20.983, n° 73045).

La résiliation est également acquise, et le bailleur ne peut plus se raviser en demandant unilatéralement l'exécution du bail, lorsque le locataire n'exécute pas une **ordonnance de référé** passée en force de jugée ayant suspendu les effets de la clause résolutoire et accordé des délais de paiement, en l'absence de décision contraire au principal (Cass. 3e civ. 22-10-2020 n° 19-19.542 FS-PBI, n° 73045).

ILLUSTRATIONS **73045**

Le juge ne peut pas, à la demande du locataire, constater l'acquisition de la clause résolutoire au profit du bailleur en relevant que le bailleur, en **précisant dans le commandement qu'il entendait se prévaloir de la clause** résolutoire du bail, a manifesté clairement sa volonté de se prévaloir de la clause et de la mettre en application et en retenant que le locataire n'avait pas réglé les causes du commandement dans le délai imparti. En effet, le jeu de la clause résolutoire ne peut être constaté que sur la demande du bailleur qui a seul l'initiative du commandement et de la constatation en justice d'un avantage qu'il lui appartient de réclamer personnellement. En constatant l'acquisition de la clause à la **demande du locataire** et **contre le gré du bailleur,** le juge des référés n'a pas respecté la clause contractuelle qu'il appliquait.

CA Paris 10-4-1991 n° 90-15373, 14e ch. A.

Un locataire fait valoir en vain que le bailleur lui ayant délivré un commandement rappelant la **clause résolutoire, dont il déclarait entendre profiter,** le contrat se trouvait résilié de plein droit dans les conditions prévues par la clause alors que, selon le bail, la résiliation de plein droit, consécutive à la **mise en œuvre de la clause** résolutoire, ne constituait pour le bailleur qu'une simple **faculté,** et que ce dernier avait entendu ne pas s'en prévaloir.

Cass. 3e civ. 14-5-1991 n° 90-14.088 : Bull. civ. III n° 135.

La **clause** usuelle des baux commerciaux selon laquelle le bail est résilié de plein droit si bon semble au bailleur en cas d'infraction ayant persisté un mois après un commandement visant ladite clause n'est stipulée que **dans l'intérêt du bailleur** et ne joue qu'à sa volonté. Celui-ci peut donc y renoncer tant que ce délai n'est pas écoulé et même après, tant que le **locataire** n'a pas exprimé sa **volonté d'accepter la résiliation,** un nouveau contrat se formant alors entre les parties.

En l'espèce, après avoir fait délivrer un commandement et poursuivi le locataire en paiement d'une provision et en expulsion, le bailleur a déclaré devant le juge renoncer à sa demande tendant à voir constater le jeu de la clause résolutoire. Il en résulte que le locataire ne peut pas soutenir que la mise en œuvre de la clause résolutoire opérée dans le commandement a exprimé sans ambiguïté la volonté du bailleur de la faire jouer et qu'elle est donc acquise du seul fait que le locataire s'est abstenu de remplir ses obligations ou de saisir le juge pour obtenir la suspension des effets de la clause.

CA Paris 9-11-1995 n° 94-5694, 16e ch. B.

La résiliation du bail est acquise, et le locataire peut s'en prévaloir, lorsque le bailleur lui a notifié un **commandement** aux termes duquel il lui semblait bon, non pas de se réserver, à l'expiration du délai d'un mois et faute de paiement, la possibilité de faire constater la résiliation du contrat, mais de **considérer d'ores et déjà que cette résiliation prendrait effet, inéluctablement** dès l'expiration du délai, si le locataire ne l'avait pas mis à profit pour payer.

Cass. 3e civ. 16-7-1997 n° 95-20.983.

Aucune offre ferme de résiliation anticipée à la date du commandement ne peut être déduite de la clause résolutoire reproduite au commandement, assortie de la mention « si bon lui semble », stipulée **dans l'intérêt du bailleur,** qui se réservait ainsi la **faculté** de se prévaloir ou non de la clause.

Cass. 3e civ. 24-3-1999 n° 613 PB : RJDA 5/99 n° 527.

Le locataire invoque en vain la résiliation du bail par l'effet de la clause résolutoire dès lors que tant les effets de la clause que ceux du commandement restaient au bon vouloir du bailleur et que, dans ce **commandement,** le bailleur n'avait **pas expressément notifié** à son locataire qu'il lui semblait bon de considérer **que la résiliation prendrait effet inéluctablement** dès l'expiration du délai d'un mois, si celui-ci n'était pas mis à profit par le locataire pour payer les causes du commandement, et dès lors qu'étaient sans incidence les dispositions de l'ordonnance de référé auxquelles n'avaient pas déféré le locataire, en l'absence là encore de la manifestation expresse de la volonté du bailleur de voir la clause résolutoire se réaliser et les effets de l'ordonnance la suspendant anéantis.

Cass. 3e civ. 19-12-2000 n° 1750 F-D.

Une clause résolutoire stipulant que la constatation de l'acquisition du bénéfice de cette clause était réservée au seul bailleur qui pourrait la demander en justice, une cour d'appel a pu en déduire qu'il en ressortait qu'**en indiquant dans les commandements** de payer délivrés au locataire qu'il **entendait se prévaloir de la clause** résolutoire, le bailleur n'en conservait pas moins la faculté de saisir ou non le juge, à l'expiration du délai d'un mois, pour faire constater l'acquisition des effets de cette clause.

Cass. 3e civ. 3-4-2001 n° 504 F-D.

Dans un cas où la clause résolutoire prévoyait que le bail serait résilié de plein droit à l'expiration du délai de mise en demeure « si bon semble au bailleur », ce dernier a **pris position et renoncé à l'alternative** de se prévaloir de l'acquisition de la clause ou d'y renoncer dès lors qu'il a, **dans le commandement même, fait connaître sa volonté de se prévaloir** de la résiliation de plein droit à l'expiration dudit délai en annonçant qu'à défaut de paiement dans le délai d'un mois, il se prévaudra de la clause résolutoire insérée dans le bail.

CA Paris 2-10-2002 n° 00-13705, 16e ch. A.

Viole l'article 1134 du Code civil (devenu art. 1104) la cour d'appel qui, pour constater la résiliation du bail, retient, d'une part, que dans le délai d'un mois après le commandement, le locataire avait contesté les infractions reprochées, contestant ainsi la clause résolutoire, et signifié son départ au bailleur et, d'autre part, que l'absence de production d'un courrier de protestation, présenté par le bailleur comme l'expression de son refus, caractérisait en réalité son accord à la révocation mutuelle du bail. En effet, la clause résolutoire était stipulée **dans l'intérêt du bailleur** qui avait la faculté de ne pas s'en prévaloir et le **commandement** de payer ne constituait qu'une **simple mise en demeure** adressée au locataire de régulariser sa situation.

Cass. 3e civ. 2-10-2012 n° 11-24.222 F-D : RJDA 4/13 n° 299.

Dans un cas où un bailleur de locaux commerciaux avait poursuivi le locataire en paiement d'une provision à valoir sur les loyers impayés plus d'un mois après lui avoir délivré un **commandement** de payer visant la clause résolutoire prévue au contrat, le locataire ne peut pas utilement demander la constatation de l'acquisition de la clause résolutoire et donc la résiliation du bail car la **clause** avait été stipulée **au seul profit du bailleur** et celui-ci demandait la poursuite du bail.

Cass. 3e civ. 27-4-2017 n° 16-13.625 FS-PBI : RJDA 8-9/17 n° 532.

Dans un cas où le bail comportait une clause résolutoire « si bon semble au bailleur », ce dernier, après avoir fait délivrer au locataire un **commandement** de payer puis saisi le juge des référés en constatation de la résiliation, ne peut plus y renoncer en demandant unilatéralement l'exécution du bail dès lors que le locataire n'a pas exécuté l'**ordonnance de référé passée en force de chose jugée** qui avait suspendu les effets de la clause résolutoire et accordé des délais de paiement, en l'absence de décision contraire au principal.

Cass. 3e civ. 22-10-2020 n° 19-19.542 FS-PBI : RJDA 1/21 n° 7.

CLAUSE RÉSOLUTOIRE ET RÉSOLUTION JUDICIAIRE

73050 Le bailleur peut renoncer à la clause résolutoire et exercer l'action en résolution du bail. En effet, la résolution peut, en toute hypothèse, être demandée en justice (C. civ. art. 1227). Ainsi, l'insertion dans un bail d'une clause prévoyant la résiliation de plein droit ne prive pas le bailleur du droit de demander la résolution judiciaire pour le même manquement.

MANIFESTATION DE L'INTENTION DE RENONCER À LA CLAUSE RÉSOLUTOIRE

73055 La renonciation ne se présume pas et implique des **actes positifs** manifestant de façon **non équivoque** l'intention de renoncer de leur auteur (Cass. com. 18-11-1965 n° 63-11.712 : Bull. civ. III n° 587 ; Cass. 3e civ. 11-10-1968 : Bull. civ. III n° 374 ; CA Versailles 31-5-2001 n° 98-04621, 12e ch. sect. 2).

La renonciation du bailleur à la clause résolutoire ne peut notamment pas se déduire d'une attitude passive ou de l'absence de protestation de ce dernier, assimilable à une simple tolérance, d'actes purement conservatoires des droits, du seul écoulement du temps, pas plus que de la perception de loyers sans réserves ou encore d'une demande de révision triennale du loyer (n° 73060).

La Cour de cassation exerce son contrôle sur les appréciations des juges du fond.

ILLUSTRATIONS

73060

Renonciation à la clause résolutoire

S'analyse en une renonciation tacite du bailleur à la clause résolutoire la **conclusion d'un avenant de révision du loyer** postérieurement à un commandement de payer.

Cass. 3e civ. 21-11-1995 : Loyers et copr. 1996 comm. n° 264 note Ph.-H. Brault et C. Mutelet.

A expressément manifesté sa volonté de poursuivre les relations contractuelles le bailleur qui, dans le courrier échangé avec le locataire dans le cadre de la fixation du nouveau loyer, s'est référé aux **travaux** exécutés par le locataire **au cours du bail écoulé** pour demander le déplafonnement du loyer, ce qui démontre qu'il avait une parfaite connaissance des travaux réalisés, même s'il ne les avait **pas expressément autorisés,** et qu'il entendait renoncer à se prévaloir de l'infraction du locataire.

CA Versailles 19-12-1996 n° 95-5014, 12e ch. 2e sect.

Ndlr : Comparer avec CA Versailles 31-5-2001 n° 98-04621, 12e ch. sect. 2, analysé ci-dessous.

Lorsqu'un **plan d'apurement** a été conclu entre le bailleur et son locataire qui s'engageait à apurer son retard de loyers et charges locatives par des remboursements mensuels « en sus du loyer courant », cet acte, contenant un accord du bailleur pour poursuivre le bail, intervenu après l'expiration du délai de deux mois du commandement de payer, est de nature à faire croire au locataire que son bailleur a renoncé au jeu de la clause résolutoire. Il existe donc une contestation sérieuse faisant obstacle à la compétence du juge des référés.

CA Reims 2-10-1997 n° 768, 2e ch. civ.

Lorsqu'après avoir délivré un **premier commandement** visant la clause résolutoire de respecter la destination du bail, un bailleur a donné **congé avec offre de renouvellement** puis a délivré un nouveau commandement enjoignant le locataire de démolir des murettes réalisées en violation de la clause interdisant toute modification des lieux, il en résulte que le bailleur a renoncé sans équivoque à se prévaloir du bénéfice du premier commandement.

Cass. 3e civ. 28-6-2018 n° 17-15.247 F-D : RJDA 11/18 n° 808.

Le bailleur qui, après avoir délivré un commandement visant la clause résolutoire, a notifié au locataire une **acceptation du principe du renouvellement** du bail, sous la seule réserve d'une éventuelle **fixation judiciaire du loyer** du bail renouvelé, a manifesté sa volonté de renoncer à la résolution de celui-ci en raison des manquements du locataire antérieurement dénoncés dans le commandement.

Cass. 3e civ. 11-5-2022 n° 19-13.738 FS-B : RJDA 8-9/22 n° 461.

Absence de renonciation à la clause résolutoire

Statuant sur le bien-fondé d'une demande en résiliation d'un bail dont l'une des clauses stipule la **faculté de sous-louer** avec l'autorisation du propriétaire et la résiliation de plein droit du contrat en cas d'inexécution, une cour d'appel énonce à bon droit que « l'**absence de protestation** du bailleur ne constitue pas une renonciation tacite à une clause, qui ne saurait être abandonnée sans la manifestation positive d'une volonté contraire (...), que cette renonciation exige la preuve de faits précis et non équivoques, attestant de la part du bailleur, outre la connaissance de la sous-location, sa volonté de l'autoriser ».

Cass. com. 31-5-1960 n° 530 : Bull. civ. III n° 210.

Dans un cas où le bailleur avait adressé au locataire une **sommation de payer** un trimestre de loyers **restée sans effet,** le fait que le bailleur avait ensuite **réclamé le trimestre suivant** de loyers sous la menace de faire jouer la clause résolutoire ne permet pas de déduire qu'il a renoncé implicitement au bénéfice de la clause résolutoire réclamée précédemment et déjà acquise.

Cass. com. 9-10-1962 n° 59-11.069 : Bull. civ. III n° 389.

Ni le fait d'avoir **encaissé des loyers sans réserves** après la date des commandements ni l'introduction d'une **action en révision triennale** du prix **du loyer,** alors notamment que le bailleur faisait valoir qu'un accord avait mis fin à cette instance en révision « sous réserve de la procédure de la résolution du bail en cours », n'impliquent nécessairement la volonté du propriétaire de renoncer à la clause résolutoire.

Cass. com. 18-11-1965, n° 63-11.712 : Bull. civ. III n° 587.

La **demande** du bailleur **en révision du loyer** formée au lendemain d'une ordonnance de référé prononçant la résiliation du bail et l'expulsion du locataire, en application d'une clause résolutoire, constitue une simple **mesure conservatoire** et ne peut s'analyser ni en un désistement de cette instance ni en une renonciation à se prévaloir de la clause résolutoire. Par suite, n'excède pas les limites de sa compétence la cour d'appel qui, estimant établie l'inexécution d'une clause du bail sanctionnée par la clause résolutoire, confirme ladite ordonnance.

Cass. 2e civ. 8-12-1965 : Bull. civ. II n° 990.

73060 (suite) L'**acceptation sans réserves** par le bailleur d'un **paiement partiel** effectué par le locataire **après le commandement** n'implique pas nécessairement une renonciation du bailleur au bénéfice de la clause résolutoire.

Cass. 3e civ. 11-10-1968 : Bull. civ. III n° 374.

Lorsqu'un bail oblige le locataire d'un café à une exploitation continue du commerce et que le bailleur invoque la clause résolutoire à la suite d'une mesure de fermeture administrative, n'est pas légalement justifiée la décision d'une cour d'appel qui, pour refuser de constater la résiliation, se fonde uniquement sur l'attitude du **bailleur,** qui avait précédemment **accepté** de signer un **nouveau bail malgré les agissements fautifs antérieurs du locataire** et sans relever aucun fait positif ultérieur à cette signature établissant sans équivoque une renonciation du bailleur à se prévaloir de la clause résolutoire.

Cass. 3e civ. 17-11-1971 n° 70-13.138 : Bull. civ. III n° 563.

Doit être cassé l'arrêt qui, pour écarter l'application d'une clause résolutoire à l'occasion d'une **cession de bail irrégulière,** se fonde sur le fait que le bailleur a été appelé à intervenir à la réitération de cette cession et qu'il a renoncé au bénéfice de la clause résolutoire en **s'abstenant de s'opposer** à cette cession et en continuant de percevoir les loyers, alors que, d'une part, il résulte des énonciations de l'arrêt que le bail subordonnait la validité de la cession à un accord du bailleur qui n'avait pas été donné, et que, d'autre part, la renonciation non équivoque au bénéfice de la clause résolutoire ne peut pas résulter d'une simple attitude passive ou de la **perception de loyers sans réserves.**

Cass. 3e civ. 5-11-1976 n° 75-11.126 : Bull. civ. III n° 385.

Ni la **perception de loyers sans réserves** ni la **demande de révision triennale** formulée sans réserves n'impliquent nécessairement la volonté du bailleur de renoncer à la résiliation du bail.

Cass. 3e civ. 16-10-1984 n° 1200.

Le seul fait qu'un bailleur donne, **postérieurement à une ordonnance constatant la résiliation** du bail, des **quittances de loyers sans réserves** ou « sous réserve de l'augmentation en cours » n'implique pas de façon non équivoque son intention de renoncer à se prévaloir de la résiliation du bail.

CA Versailles 14-3-1988 n° 87-7038, 14e ch.

La renonciation à une clause résolutoire ne se présume pas et ne peut résulter que d'une déclaration expresse qui ne saurait être déduite de la seule **offre de renouvellement** sur la base d'un nouveau prix dont les termes ne contredisent nullement le rappel au respect des conditions du bail.

CA Paris 28-4-1988 n° 86-16868, 16e ch. B.

Dans un cas où le bailleur avait délivré un commandement à son locataire de fournir une caution bancaire et de payer une somme à titre de loyer en visant la clause résolutoire insérée au bail, ne donne pas de base légale à sa décision la cour d'appel qui, pour rejeter la demande en constatation de la résiliation du bail fondée sur le non-paiement de loyers, retient que le bailleur avait fait savoir qu'il avait définitivement **reçu paiement du montant réclamé** dans l'assignation, mais **postérieurement au délai** d'un mois visé au commandement, et qu'il maintenait sa demande en l'absence de justification de la caution bancaire, de sorte que le bailleur avait implicitement, mais nécessairement, renoncé à se prévaloir de l'acquisition de la clause résolutoire à raison du paiement tardif du loyer. En effet, la cour d'appel n'a pas caractérisé une renonciation non équivoque du bailleur à se prévaloir, de ce chef, de la clause résolutoire.

Cass. 3e civ. 23-11-1993 n° 92-11.136.

Ayant constaté que les activités d'hôtel et de café avaient été supprimées en infraction aux clauses du bail, relevé qu'une simple **attitude passive** du bailleur n'implique pas à elle seule acceptation du **changement de destination des lieux** et retenu que lors du renouvellement du bail, la commune intention des parties avait maintenu la destination d'hôtel et café aux locaux litigieux, une cour d'appel a justement fait application de la clause résolutoire.

Cass. 3e civ. 4-2-1997 n° 95-14.837.

Dans un cas où le bailleur avait notifié une **demande de révision triennale** au locataire alors qu'il avait demandé en justice la constatation de la résiliation du bail par acquisition d'une clause résolutoire de plein droit, une cour d'appel a pu déduire des éléments suivants que la révision n'avait été demandée qu'**à titre conservatoire** et ne traduisait pas la volonté non équivoque du bailleur de renoncer à l'acquisition de la clause résolutoire :
– le bailleur avait notifié sa demande de révision alors que la résiliation du bail ne devait être constatée qu'aux termes d'un arrêt rendu 10 jours après ;
– si le bailleur, ignorant lors de sa demande de révision le sort du procès en cours, avait eu l'intention de ne pas poursuivre de ce chef, il n'eût pas manqué de le faire savoir aux juges du second degré, qui n'avaient pas rendu leur décision, ou, plus tard, à la Cour de cassation saisie sur le pourvoi du locataire.

Cass. 3e civ. 4-2-1997 n° 95-13.890.

Un locataire, qui avait réalisé des **travaux** dans les lieux loués **sans l'accord** préalable écrit **du bailleur,** en infraction aux clauses du bail, faisait valoir que le bailleur avait renoncé à invoquer la clause résolutoire puisque lorsqu'il lui avait révélé l'existence des travaux lors d'une instance antérieure en fixation du loyer du bail renouvelé, le bailleur n'avait pas demandé la résiliation du bail mais avait choisi de les invoquer comme motif de déplafonnement. Or, contrairement à ces affirmations, le bailleur n'avait pas alors parfaite connaissance de la nature, de l'étendue et de la consistance des travaux litigieux, ceux-ci étant évoqués de manière très générale et accessoire, avec d'autres travaux qui eux avaient été autorisés. Il en résulte que le locataire ne rapporte pas la preuve qui lui incombe d'une ratification tacite des travaux qu'il a réalisés irrégulièrement, ni d'une renonciation positive et non équivoque à se prévaloir de l'infraction commise. **73060** (suite)

CA Versailles 31-5-2001 n° 98-4621, 12e ch. sect. 2.

Ndlr : Comparer avec CA Versailles 19-12-1996 n° 95-5014, 12e ch. 2e sect., analysé ci-dessus.

Ne tire pas les conséquences légales de ses propres constatations la cour d'appel qui retient qu'un bailleur a renoncé au bénéfice d'une clause résolutoire en ayant consenti au **renouvellement du bail** moyennant un certain loyer sans exprimer de motifs qui soient de nature à empêcher ce renouvellement et **sans cesser d'encaisser les loyers,** alors qu'elle avait relevé qu'un **pourvoi en cassation** était **en cours** sur une demande du bailleur en constatation de la résiliation du contrat de location.

Cass. 3e civ. 5-6-2002 n° 975 FS-PB : RJDA 8-9/02 n° 862, 2e espèce.

Ne suffisent pas à caractériser une renonciation du bailleur à se prévaloir de l'infraction constituée par le **changement de destination** des lieux effectué **sans** son **autorisation** les motifs selon lesquels l'**activité** de petite restauration exercée dans les lieux loués était **connue** du bailleur précédent et de celui qui représente l'indivision actuellement propriétaire des lieux, qui l'ont ainsi tacitement acceptée.

Cass. 3e civ. 5-6-2002 n° 974 FS-PB : RJDA 8-9/02 n° 862, 1e espèce.

Si le renouvellement automatique d'un bail, conséquence de l'exercice par le **bailleur** de son **droit de repentir,** implique renonciation à se prévaloir des manquements du locataire réalisés antérieurement au repentir dès lors que ces **manquements** constituent des actes positifs matériels dont les effets sont **instantanés et irréversibles,** à l'inverse, l'exercice du droit de repentir n'emporte pas renonciation du bailleur à invoquer la clause résolutoire du bail en cas de violation de son obligation d'entretien par le locataire, pour les motifs suivants :
– l'obligation d'entretien des locaux loués est une **obligation continue** qui doit s'exécuter pendant toute la durée du bail ;
– les manquements, constatés à plusieurs reprises antérieurement à l'exercice du droit de repentir, étaient le fait d'une abstention fautive du locataire qui avait perduré au cours du bail renouvelé ;
– la clause résolutoire n'avait pas été mise en œuvre de mauvaise foi par le bailleur dès lors que la sommation tendant à la remise en état des lieux avait été délivrée au locataire plus d'un an après la notification du repentir ce qui laissait à ce dernier toute possibilité de satisfaire à son obligation, et ce, d'autant qu'il avait pris de longue date l'engagement de le faire.

CA Paris 8-11-2002 n° 01-8196, 16e ch. B : RJDA 5/03 n° 476.

Ndlr : Le « droit de repentir » est la faculté accordée au bailleur, qui a refusé le renouvellement en proposant une indemnité d'éviction, de se rétracter en offrant le renouvellement du bail (nos 66120 s.).

Ne peut pas être considéré comme ayant renoncé au bénéfice de la clause résolutoire le bailleur qui **adresse** à son locataire **des quittances,** qu'elles soient de loyers ou d'indemnité d'occupation, qui déclare au redressement judiciaire du locataire une créance de loyers, charges et rappels de loyers, qui **perçoit des loyers** et les réactualise, alors que ce même bailleur a, par la suite, fait savoir à l'administrateur judiciaire du locataire que la clause résolutoire était acquise, qu'il a demandé la restitution des clefs et fait délivrer un nouveau commandement de quitter les lieux.

Cass. 3e civ. 13-11-2002 n° 1638 F-D : RJDA 2/03 n° 114.

La renonciation ne se présumant pas, le fait que le bailleur ait envoyé au locataire un **avenant de révision** à une **date où la clause résolutoire n'avait pas encore pu jouer** compte tenu des délais accordés par le juge des référés ne constitue ni un comportement de mauvaise foi ni un acte positif suffisamment explicite valant renonciation du bailleur à invoquer le bénéfice de la clause résolutoire.

CA Paris 27-6-2003 n° 02-11582, 16e ch. B.

La notification d'un **congé avec offre de renouvellement** ne vaut pas renonciation expresse du bailleur à se prévaloir de la clause résolutoire lorsque les causes du commandement de payer n'ont pas été réglées dans le délai imparti.

CA Lyon 4-5-2004 n° 02-2572, 8e ch. civ. : Bull. inf. C. cass. 2005 n° 1365.

Doit être cassé l'arrêt qui, pour rejeter la demande du bailleur en constatation de l'acquisition de la clause résolutoire insérée au bail, retient qu'en faisant délivrer un **congé sans offre de renouvellement** plus de **dix années après** avoir signifié le commandement visant la clause résolutoire, sans former de réserve sur l'application de cette clause et en ne saisissant pas dans ce délai le juge du fond, le bailleur a délibérément renoncé à se prévaloir de ce fondement juridique alors que le seul **écoulement du temps** ne constitue pas par lui-même un acte manifestant sans équivoque la volonté de renoncer à se prévaloir des effets de la clause résolutoire insérée au bail.

Cass. 3e civ. 7-12-2004 n° 03-14.605.

La notification de mémoires par le bailleur dans une **instance en fixation du loyer du bail renouvelé** sans qu'il émette de réserves sur la procédure en cours concernant la clause résolutoire ne vaut pas renonciation non équivoque du bailleur à se prévaloir de cette clause. Cette instance était en cours au jour de la délivrance du commandement visant la clause résolutoire et au jour de l'échange des mémoires entre les parties et elle conservait un intérêt nonobstant l'éventuelle acquisition de la clause résolutoire dès lors que la résiliation du bail par l'effet de la clause n'aurait eu effet que postérieurement.

CA Paris 16-11-2005 n° 04-14385, 16e ch. A.

Le bailleur n'a pas renoncé à invoquer les nuisances sonores produites par le locataire constitutives de fautes dans l'exécution du bail, peu important que le **bail** ait été **renouvelé,** dès lors que la renonciation ne se présume pas, qu'à la date du congé avec offre de renouvellement, le caractère de trouble et de nuisances des faits reprochés au locataire n'était pas acquis puisque aucune décision n'était intervenue et que ce n'est que postérieurement que deux décisions judiciaires ont établi que le locataire produisait des nuisances sonores supérieures à la normale et qu'une nouvelle assignation a été délivrée pour des faits similaires.

Cass. 3e civ. 22-1-2008 n° 07-10.175 F-D.

Le seul **écoulement du temps** ne peut pas caractériser un acte manifestant sans équivoque la volonté de renoncer à se prévaloir des effets de la clause résolutoire.
Par suite, le bailleur qui a laissé passer cinq ans entre le non-respect du plan d'apurement des loyers impayés concédé à son locataire par le juge des référés et la procédure d'expulsion n'a pas renoncé à se prévaloir de l'acquisition de la clause résolutoire.

Cass. 3e civ. 19-3-2008 n° 07-11.194 FS-PB : RJDA 6/08 n° 610.

Lorsqu'une instance en résiliation de bail pour manquements du locataire à ses obligations est en cours à la demande du bailleur, le fait, pour ce dernier, de ne **pas notifier dans les formes** prévues par la loi son **refus de renouvellement** à la suite de la demande du locataire, ce qui entraîne le renouvellement du bail, ne peut valoir renonciation du bailleur à se prévaloir des manquements commis antérieurement à ce renouvellement.

Cass. 3e civ. 19-1-2010 n° 08-20.664 F-D : RJDA 4/10 n° 338.

B. Constatation judiciaire de la résiliation

1. TRIBUNAL COMPÉTENT POUR STATUER SUR LE JEU DE LA CLAUSE RÉSOLUTOIRE

73140 La mise en œuvre d'une clause résolutoire relève, dans tous les cas et quel que soit le manquement invoqué, de la compétence du **tribunal judiciaire** (ex-TGI) du lieu de situation de l'immeuble (C. com. art. R 145-23 ; COJ art. R 211-4, 2°).

73145 La demande de mise en jeu de la clause peut être faite en **référé** sur le fondement de l'article 835 du Code de procédure civile selon lequel, dans les cas d'urgence, le président du tribunal judiciaire (ex-TGI) peut ordonner en référé toutes les mesures qui lui paraissent justifiées, sauf s'il y a lieu de trancher une contestation sérieuse (Cass. com. 4-6-1962 : Bull. civ. III n° 298 ; Cass. 3e civ. 18-7-1972 n° 71-14.140 : Bull. civ. III n° 479 ; Cass. 2e civ. 23-6-1976 n° 75-11.473 : Bull. civ. II n° 206 ; Cass. 3e civ. 11-3-1980 n° 78-15.175 : Bull. civ. III n° 57 ; rendus sous l'empire de l'ex-art. 808 mais transposables).

Ainsi, le juge des référés ne peut pas trancher une contestation sur l'exigibilité des sommes réclamées dans le commandement de payer (Cass. 1e civ. 14-12-1965 : Bull. civ. I n° 708) et, saisi d'une demande de résiliation pour exercice par le cessionnaire du bail d'une activité non prévue au bail, il ne peut pas se prononcer sur la portée et les effets contestés de l'autorisation de cession de bail avec changement de commerce (Cass. 3e civ. 18-7-1972 n° 71-14.140 : Bull. civ. III n° 479 ; voir également CA Reims 2-10-1997 n° 768, ch. 2e civ. sect., analysé n° 73060). De même, saisi d'une demande d'acquisition de la clause résolutoire pour non-paiement des loyers, le juge des référés ne peut pas rejeter l'exception d'inexécution présentée par le locataire et fondée sur le manquement du bailleur à son obligation d'entretien (Cass. 3e civ. 23-3-2010 n° 08-21.358 F-D : RJDA 7/10 n° 711). De même encore, le juge ne peut pas statuer sur une demande d'indemnité d'occupation mais seulement sur une demande de provision (Cass. 3e civ. 23-5-2012 n° 11-14.456 FS-D : RJDA 10/12 n° 832 ; Cass. 3e civ. 24-11-2021 n° 19-26.174 F-D).

La **clause** résolutoire peut d'ailleurs valablement **attribuer compétence au juge des référés** pour donner effet à la résiliation. Le juge n'a pas alors à relever l'urgence (Cass. 3e civ. 20-1-1988 nº 86-18.276 : Bull. civ. III nº 14), ni, à notre avis, l'absence de contestation sérieuse, car les parties, en choisissant d'investir le juge des référés, n'ont fait qu'exercer un droit (celui de choisir leur juge) dont elles ont la libre disposition. 73150

2. POUVOIRS DU JUGE DANS LA MISE EN ŒUVRE DE LA CLAUSE RÉSOLUTOIRE

Dès lors que ses conditions d'application sont remplies (nos 72510 s.) et qu'aucune demande de suspension des effets de la clause n'a été formulée par le locataire (nos 73300 s.), la clause résolutoire s'impose au juge (Cass. 3e civ. 16-7-1975 nº 74-13.221 : Bull. civ. III nº 253). Son rôle se limite à **constater l'acquisition de la clause résolutoire** qui intervient à la date d'expiration du délai imparti par le commandement (nº 73700) et à ordonner l'expulsion du locataire. La mise en œuvre de la clause résolutoire n'est pas susceptible de constituer une atteinte disproportionnée au droit du locataire à la propriété commerciale protégé par l'article 1er du protocole additionnel nº 1 à la convention européenne des droits de l'Homme, ce droit visant seulement le droit au renouvellement du bail (Cass. 3e civ. 11-3-2021 nº 20-13.639 FS-PI : RJDA 6/21 nº 446). 73180

Sur la distinction entre la « constatation » et le « prononcé » de la résiliation et son incidence sur le rôle du juge, voir nº 72485.

Le juge n'a pas à rechercher si la **sanction** est **proportionnée** ou non à la **gravité du manquement** invoqué (Cass. 3e civ. 20-7-1989 nº 88-13.856 : Bull. civ. III nº 172 ; Cass. 3e civ. 5-2-1992 nº 235 P : RJDA 4/92 nº 317 ; Cass. 3e civ. 5-10-2017 nº 15-25.018 F-D : RJDA 4/18 nº 303). 73185

Par exemple, il ne peut pas refuser de faire jouer la clause résolutoire d'un bail au motif que les quelques réparations locatives qui restaient à faire étaient minimes et ne constituaient pas un manquement grave aux clauses du bail entraînant la résiliation de celui-ci (Cass. 3e civ. 16-2-1983).

Le juge ne peut pas non plus **limiter les effets de la clause** résolutoire à certains manquements. Ainsi, lorsque la clause résolutoire stipule la résiliation de plein droit du bail « à défaut de paiement à son échéance d'un seul terme de loyers et en cas d'inexécution d'une seule des clauses et conditions du présent bail », une cour d'appel dénature les termes clairs et précis de cette clause en limitant sa mise en œuvre aux manquements à l'obligation de payer le loyer (Cass. 3e civ. 3-11-2005 nº 1172 FS-D). De même, dans un cas où un bail mettait à la charge du locataire les travaux de mise en conformité du local avec les règles d'hygiène et de sécurité tandis qu'une autre clause exigeait l'autorisation préalable du bailleur en cas de travaux entraînant le percement des murs et où l'exécution des travaux imposés par l'administration avait nécessité le percement de murs, que n'avait pas autorisé le bailleur, la Cour de cassation a censuré la décision d'une cour d'appel qui, pour limiter les effets de la clause résolutoire, avait retenu que les percements réalisés par le locataire avaient été strictement circonscrits à la nécessaire mise en conformité des locaux à laquelle il était tenu ; les juges du fond auraient en effet dû rechercher si le locataire avait respecté le bail en sollicitant préalablement l'autorisation expresse et par écrit du bailleur pour faire effectuer ces travaux (Cass. 3e civ. 26-9-2001 nº 1265 FS-PB : RJDA 12/01 nº 1189). 73190

La résiliation de plein droit du bail s'impose au juge même si le manquement ne porte pas **préjudice au bailleur** (Cass. 3e civ. 11-7-1977 nº 76-10.165 : Bull. civ. III nº 306). Ainsi, en cas de violation de la clause imposant au locataire de souscrire une assurance contre le vol, le juge ne peut pas refuser de faire jouer la clause résolutoire au motif que cette infraction apparaît très secondaire, l'appartement ayant été loué nu et rien n'étant susceptible d'être volé au préjudice de la société propriétaire (Cass. 3e civ. 13-4-1972 : Bull. civ. III nº 225). 73195

Peu importe enfin la **bonne foi du locataire.** Par suite, une cour d'appel ne peut pas rejeter la demande de constatation de l'acquisition d'une clause résolutoire au motif que le locataire est un débiteur de bonne foi alors que ce dernier n'a pas réglé la totalité des causes du commandement dans le délai imparti (Cass. 3e civ. 10-3-1993 nº 91-12.031, concernant un bail d'habitation), ou au motif que la négligence du bailleur, si elle n'excuse pas la carence du locataire dans l'entretien des lieux loués, explique que ce dernier n'ait pas mis l'ardeur nécessaire à exécuter les travaux qui lui incombaient (Cass. 3e civ. 12-12-2006 nº 05-20.403 F-D). De même, les juges ne peuvent que constater la résiliation du bail, dès lors qu'il est établi que le bénéficiaire d'une sous-location prohibée par le bail n'a pas vidé les lieux à l'expiration du délai imparti dans la sommation, malgré les diligences du locataire principal (Cass. com. 20-11-1963 : Bull. civ. III nº 489). 73200

Un arrêt de cour d'appel a toutefois été censuré pour avoir prononcé la résiliation du bail, en application d'une clause résolutoire, pour non-justification de l'existence du contrat d'assurance dans le délai imparti, tout en ayant constaté que le locataire avait souscrit depuis plusieurs années une police d'assurance toujours en cours pour les risques locatifs, constatations dont il résultait que le locataire exécutait de bonne foi ses obligations (Cass. 3e civ. 13-4-1988 nº 87-10.516 : Bull. civ. III nº 68).

Précisons que la bonne foi du locataire est prise en compte lorsqu'il **demande des délais** pour exécuter les causes du commandement : nos 73530 s.

CONSTATATION DE LA RÉSILIATION PAR LE JUGE DES RÉFÉRÉS

73210 La décision du juge des référés qui constate la résiliation du bail par l'effet d'une clause résolutoire et ordonne l'expulsion du locataire est une ordonnance qui a un **caractère provisoire** (CPC art. 484). Mais cette ordonnance est **exécutoire** de plein droit à titre provisoire (CPC art. 514) même si elle est frappée d'appel ; cette exécution est alors poursuivie aux risques et périls du bailleur, à charge pour lui de réparer, en cas d'infirmation de la décision, le préjudice qui en résulte, sans qu'il soit nécessaire de relever une faute de sa part (Cass. 2e civ. 22-1-2004 nº 80 F-PB : RJDA 5/04 nº 651 ; Cass. ass. plén. 24-2-2006 nº 05-12.679 P : Bull. civ. nº 2).

73215 **Rapports avec les décisions rendues au fond** L'ordonnance de référé ayant constaté l'acquisition de la clause résolutoire n'a pas, au principal, autorité de chose jugée (CPC art. 488, al. 1) ; il en résulte que les **juges du fond,** qui ne sont pas liés par ce que le juge des référés a pu décider, peuvent **revenir sur la décision rendue** (Cass. 3e civ. 14-10-1987 nº 85-11.407 : Bull. civ. III nº 170 ; Cass. 3e civ. 25-1-1989 nº 88-13.428 : Bull. civ. III nº 19 ; Cass. 3e civ. 12-10-1994 nº 92-20.327 : Bull. civ. III nº 174 ; Cass. 3e civ. 8-6-1995 nº 1203 D ; Cass. 3e civ. 6-3-1996 nº 512 P : RJDA 6/96 nº 854 ; Cass. 3e civ. 9-10-1996 nº 1609 D : Gaz. Pal. 1997 I p. 14 note Ph. Brault) et notamment annuler le commandement ou suspendre les effets de la clause résolutoire. Ils peuvent également accorder rétroactivement des délais de paiement au débiteur de bonne foi qui s'est acquitté de l'intégralité de sa dette au jour où ils statuent (Cass. 3e civ. 12-5-2016 nº 15-14.117 F-D : RJDA 8-9/16 nº 602).

La Cour de cassation reconnaît toutefois une **limite** à ce principe : la décision de référé lie les juges du fond lorsqu'elle accorde des délais de paiement au débiteur en suspendant les effets d'une clause résolutoire (nº 73710).

73220 Cette absence d'autorité de chose jugée des décisions de référé n'existe cependant que dans le cas où le juge du fond est saisi aux mêmes fins ; s'il statue dans une **instance ayant un objet distinct,** l'ordonnance de référé s'impose à lui. Ainsi dans un cas où le bailleur d'un immeuble à usage d'hôtel meublé donné en location à une société avait fait constater en référé l'acquisition de la clause résolutoire pour défaut de paiement de loyers et où, après la mise en liquidation judiciaire de la société locataire, le liquidateur avait cédé le fonds de commerce de celle-ci à un tiers, il ne peut pas être reproché à une cour d'appel d'avoir déclaré la cession du fonds de commerce inopposable au bailleur et d'avoir ordonné l'expulsion de l'acquéreur du fonds dès lors que, statuant dans une instance ayant un objet distinct, à savoir l'opposabilité au bailleur de la cession du fonds intervenue postérieurement à l'ordonnance ayant constaté l'acquisition de la clause résolutoire, la cour d'appel a exactement décidé que cette ordonnance étant devenue définitive, l'acquéreur du fonds de commerce était sans droit au bail (Cass. 3e civ. 9-1-1991 nº 120 PF : RJDA 2/91 nº 97). De même, une cour d'appel statuant sur la validité de la demande de renouvellement du bail formée par le locataire postérieurement à l'ordonnance de référé ayant suspendu les effets de la clause résolutoire, qui relève que l'échéance de loyer fixée par cette ordonnance n'a pas été honorée par le locataire, de sorte que la clause résolutoire est réputée acquise à cette date, en déduit exactement que l'ordonnance de référé étant devenue irrévocable, le locataire ne peut pas valablement solliciter le renouvellement du bail (Cass. 3e civ. 25-2-2004 nº 241 FS-PB : RJDA 6/04 nº 678).

73230 **Rapports entre décisions de référés successives** Les dispositions de l'article 500 du Code de procédure civile, aux termes desquelles un jugement susceptible d'un recours suspensif d'exécution acquiert force de chose jugée si ce recours n'a pas été exercé dans le délai imparti, s'appliquent à l'ordonnance de référé constatant l'acquisition de la clause résolutoire. Il en résulte que, faute de recours exercé dans le délai prévu contre cette ordonnance, elle devient définitive et s'impose aux **autres juridictions de référé saisies aux mêmes fins,** qui ne peuvent que se borner à en tirer les conséquences (Cass. com. 11-1-1994 nº 59 P et Cass. com. 24-10-1995 nº 1736 P, analysés ci-dessous).

ILLUSTRATIONS

Ayant constaté que le locataire de locaux commerciaux objet d'un contrat de crédit-bail n'avait pas respecté l'accord enregistré par une ordonnance de référé ayant décidé qu'à défaut d'exécution de cet accord, la clause résolutoire serait acquise, et que cette ordonnance, régulièrement signifiée, n'avait fait l'objet d'aucun recours et était donc passée en force de chose jugée antérieurement au jugement d'ouverture du redressement judiciaire du locataire, c'est à bon droit qu'une cour d'appel, peu important l'absence, au principal, d'autorité de chose jugée de la décision du juge des référés, a décidé, statuant en référé, que la clause résolutoire était acquise et que l'expulsion du locataire pouvait être réalisée.

Cass. com. 11-1-1994 n° 59 P : RJDA 6/94 n° 630.

Encourt la cassation l'arrêt qui déclare un bailleur irrecevable à poursuivre la résiliation d'un bail commercial, à laquelle il avait procédé en exécution d'une ordonnance de référé ayant suspendu les effets de la clause résolutoire de plein droit insérée au contrat, sous la condition pour le locataire de respecter les échéances fixées pour le paiement des loyers dus, et ordonne la réintégration du locataire dans les lieux, aux motifs qu'une contestation sérieuse s'était élevée entre les parties sur le respect par le locataire des délais de paiement fixés et que si, par une ordonnance postérieure à la précédente, le juge des référés avait rejeté cette contestation, son ordonnance n'avait pas acquis force de chose jugée, alors que la cour d'appel avait relevé que la première ordonnance n'avait pas été frappée d'appel dans le délai légal, ce dont il résultait que cette décision était passée en force de chose jugée, la clause résolutoire étant dès lors réputée acquise à la date de la première échéance non respectée.

Cass. com. 24-10-1995 n° 1736 P : RJDA 1/96 n° 164.

C. Effets de la clause résolutoire

À compter de la date d'acquisition de la clause résolutoire, le bail est résilié, le locataire peut être expulsé et n'est plus tenu au paiement de loyers (Cass. 3e civ. 29-9-2010 n° 09-13.922 FS-PB : RJDA 2/11 n° 117) mais est redevable, le cas échéant, d'une indemnité d'occupation (n° 74060). Une seconde résiliation pour défaut de paiement des loyers ne peut donc pas être constatée (arrêt précité). **73250**

II. OCTROI DE DÉLAIS ET SUSPENSION DES EFFETS DE LA CLAUSE RÉSOLUTOIRE

Les juges saisis d'une demande présentée dans les formes et conditions prévues à l'article 1343-5 du Code civil peuvent, en accordant des délais, suspendre la réalisation et les effets des clauses de résiliation, lorsque la résiliation n'est pas constatée ou prononcée par une décision de justice ayant acquis l'autorité de la chose jugée (C. com. art. L 145-41, al. 2). La clause résolutoire ne joue pas, si le locataire se libère dans les conditions fixées par le juge (art. précité). **73300**

Le juge peut donc, sans se contredire, après avoir constaté l'acquisition de la clause résolutoire, en suspendre les effets pendant le délai accordé pour apurer la dette et dire que celle-ci sera réputée ne pas avoir joué en cas de paiement dans le délai (Cass. 3e civ. 4-3-2009 n° 08-14.557 FS-PB : RJDA 5/09 n° 414).

> **Précisions** Jugé que l'article L 145-41 du Code de commerce ne porte à l'évidence pas **atteinte** au **principe constitutionnel** de maintien de l'économie des conventions légalement conclues car il répond à un motif d'intérêt général et sa mise en œuvre est entourée de garanties procédurales et de fond suffisantes (Cass. QPC 18-6-2010 n° 09-71.209 PB : RJDA 5/11 n° 491).

INDIVISIBILITÉ ENTRE DÉLAIS ET SUSPENSION DE LA CLAUSE RÉSOLUTOIRE

L'octroi de délais implique nécessairement la suspension des effets de la clause résolutoire (Cass. 3e civ. 9-11-1983 n° 1291 : Rev. Loyers 1984 p. 45 ; Cass. 3e civ. 7-1-1998 n° 14 P : RJDA 3/98 n° 266). **73305**

Réciproquement, les effets d'une clause résolutoire ne peuvent pas être suspendus sans que des délais soient accordés au locataire pour s'acquitter de l'obligation en cause (Cass. 3e civ. 7-12-2004 n° 1313 F-PB : RJDA 3/05 n° 236 ; Cass. 3e civ. 8-4-2010 n° 09-11.292 FS-PB : Bull. civ. III n° 78). En **conséquence,** lorsque les causes du commandement ont été réglées hors du délai imparti, mais avant que le juge ne statue, il appartient à ce dernier, s'il veut éviter la résiliation du contrat et l'expulsion du locataire, d'**accorder rétroactivement des délais** au locataire, puis de constater que le paiement ou l'exécution demandée a eu lieu dans ces délais (en ce sens, Cass. 3e civ. 18-5-2010 n° 09-13.785 F-D : RJDA 8-9/10 n° 830).

ILLUSTRATIONS

Ayant relevé que la société locataire, arguant de sa bonne foi, avait demandé la suspension des effets de la clause résolutoire visée dans les commandements des 14 août 1989 et 7 mars 1990, une cour d'appel a pu retenir qu'il convenait, au vu du paiement total des sommes réclamées intervenu le 12 septembre 1991, des circonstances survenues dans la vie de la société locataire et du comportement du bailleur, d'accorder un délai expirant au jour du règlement (Cass. 3e civ. 30-11-1994 nº 1914 D).

De même, dans un cas où le locataire avait réglé intégralement les 15 et 27 février 2008 les causes des commandements de payer datant d'avril 2007 et démontré avoir été aidé financièrement pour apurer sa dette, de sorte que sa bonne foi pour faire face à ses obligations malgré ses difficultés ne saurait être remise en cause, une cour d'appel a pu suspendre les effets de la clause résolutoire, impartir un délai expirant le 1er mars 2008 et, constatant que le locataire s'était libéré dans les conditions fixées par la présente décision, dire que la clause était réputée ne pas avoir joué (CA Paris 12-9-2008 nº 08-4173, 14e ch. B : RJDA 1/09 nº 9).

Voir également CA Paris 16-11-2005 nº 04-14385, 16e ch. A, analysé nº 73535.

A. Demande de délais émanant du locataire

1. NÉCESSITÉ D'UNE DEMANDE D'OCTROI DE DÉLAIS DE GRÂCE

73310 Les **juges** ne peuvent pas **suspendre d'office** les effets de la clause résolutoire ; ils doivent être saisis d'une demande du locataire à bénéficier des délais prévus par l'article 1343-5 du Code civil (C. com. art. L 145-41, al. 2 ; Cass. com. 17-7-1967 nº 66-11.509 : Bull. civ. III nº 296 ; Cass. 3e civ. 16-7-1975 nº 74-13.221 : Bull. civ. III nº 253 ; Cass. 3e civ. 23-11-1993 nº 92-12.075 ; Cass. 3e civ. 18-5-2010 nº 09-66.848 F-D : RJDA 8-9/10 nº 829).

ILLUSTRATIONS

Encourt la cassation l'arrêt qui ordonne la résiliation du bail et l'expulsion du locataire après avoir constaté l'accomplissement de la clause résolutoire mais ajoute que cette décision n'aura d'effet que si le locataire ne paie pas les causes du commandement dans les 48 heures de la signification de la décision alors que le locataire a conclu exclusivement à l'incompétence du juge des référés et n'a formé aucune demande subsidiaire de délais (Cass. com. 11-6-1958 nº 57-10.197 : Bull. civ. III nº 246).

La demande de délais est indispensable même si le locataire a satisfait aux causes du commandement en cours de procédure (mais au-delà du délai d'un mois du commandement). Dans ce cas, le locataire doit solliciter du juge des délais dits « rétroactifs » (nº 73305) et ne peut pas se contenter de demander que la résiliation ne soit pas constatée car il a régularisé sa situation (en ce sens, Cass. 3e civ. 18-5-2010 nº 09-66.848 précité).

Une demande de consignation des fonds litigieux ne peut pas être considérée comme une demande portant sur l'octroi de délais (Cass. 3e civ. 10-11-1982 nº 1497).

73320 La demande du locataire peut être formulée pour la **première fois en appel** (Cass. 3e civ. 6-1-1993 nº 88 P : RJDA 2/93 nº 97). Lorsqu'un locataire, expulsé à la suite d'une résiliation de bail pour non-paiement des loyers, demande à la cour d'appel confirmation de l'ordonnance lui accordant des délais de grâce qu'il n'avait pas demandés, les juges d'appel peuvent estimer qu'ils sont saisis, par ces conclusions d'appel, d'une demande de délais de grâce (Cass. 3e civ. 28-5-1974 nº 73-11.550 : Bull. civ. III nº 227).

73325 Une fois saisis d'une demande de délais, les **juges** sont **tenus d'examiner** la demande. Ainsi jugé qu'une cour d'appel ne peut pas constater l'acquisition d'une clause résolutoire au motif que l'escalier édifié sans l'accord du bailleur a été supprimé après l'expiration du délai d'un mois imparti dans le commandement, sans répondre aux conclusions du locataire sollicitant un délai en application de l'article L 145-41 du Code de commerce (Cass. 3e civ. 10-1-1995 nº 93-13.749 D).

2. DÉLAI DE LA DEMANDE D'OCTROI DE DÉLAIS DE GRÂCE

73360 La demande de délais et de suspension de la clause résolutoire peut être formée même **après l'expiration du délai d'un mois** à compter du commandement (Cass. 3e civ. 26-11-1997 nº 1692 D : RJDA 2/98 nº 149 ; Cass. 3e civ. 7-1-1998 nº 14 P : RJDA 3/98 nº 266).

ILLUSTRATIONS

Dans un cas où le locataire, acquéreur du fonds de commerce, s'est trouvé hors délai pour demander la suspension des effets de l'ordonnance de référé ayant constaté le jeu de la clause résolutoire à cause du comportement de l'agent immobilier qui, chargé par lui de procéder à la signification de la cession, n'a accompli cette formalité qu'après l'expiration du délai de recours contre l'ordonnance susvisée, une cour d'appel ne peut pas rejeter la demande de réparation de l'acquéreur à l'encontre de l'agent immobilier au motif que, le commandement du bailleur ayant été délivré le 23 septembre 1988, cette clause avait été acquise le 23 octobre 1988 de sorte que la signification de la cession intervenue le 24 février 1989 était sans incidence sur le préjudice subi par l'acquéreur (Cass. 3e civ. 26-11-1997 no 1692 D : RJDA 2/98 no 149).

La demande de délais doit toutefois intervenir **avant** que la **résiliation** n'ait été **constatée par une décision de justice** ayant acquis l'autorité de la chose jugée (C. com. art. L 145-41, al. 2 ; Cass. 3e civ. 3-11-1971 no 70-14.012 : Bull. civ. III no 527 ; Cass. 3e civ. 13-5-1986 no 83-14.991 : Bull. civ. III no 69 ; Cass. 3e civ. 5-10-1994 no 1575 PF : RJDA 12/94 no 1266 ; Cass. 3e civ. 20-12-1994 no 2016 D). **73362**

La demande est donc recevable devant le juge du fond même si une ordonnance de référé a constaté l'acquisition de la clause résolutoire car cette ordonnance n'a pas au principal autorité de la chose jugée (no 73215) ; elle est en revanche irrecevable devant la juridiction de référé en présence d'une précédente ordonnance devenue définitive (no 73230). **73365**

B. Pouvoirs du juge dans l'octroi de délais

1. ÉTENDUE

Le juge a le pouvoir d'accorder des délais **quel que soit le manquement** du locataire à ses obligations (Cass. 3e civ. 15-1-1992 no 90-16.625 : Bull. civ. III no 15 ; Cass. 3e civ. 15-1-1992 no 90-16.059 : Bull. civ. III no 16 ; Cass. 3e civ. 6-2-2025 no 23-18.360 FS-B : BRDA 5/25 inf. 14), et ce, même si ce manquement ne peut pas être régularisé (Cass. 3e civ. 27-10-1993 no 1572 PF : RJDA 12/93 no 1006, 2e espèce). **73450**

La suspension de la clause a ainsi été accordée :

- pour un usage des lieux non conforme aux clauses du bail, tel que l'apposition d'une enseigne en contravention avec le bail (Cass. 3e civ. 15-1-1992 no 90-16.625 précité) ;
- pour un défaut de paiement de toute somme due en vertu du bail, telles les charges (Cass. 3e civ. 15-1-1992 no 90-16.059 précité ; CA Paris 5-4-1990 no 89-19.804, 14e ch. B) ;
- pour l'omission de faire concourir le bailleur à l'acte de sous-location (Cass. 3e civ. 27-10-1993 no 1539 PF : RJDA 12/93 no 1006, 1e espèce).

L'article L 145-41 du Code de commerce étant un texte d'**ordre public** (C. com. art. L 145-15), aucune stipulation contractuelle ne peut faire échec au pouvoir du juge de suspendre les effets de la clause résolutoire en accordant des délais. Par suite, une stipulation du bail prévoyant la résiliation de plein droit un mois après un commandement de payer resté infructueux « nonobstant toutes offres et consignations ultérieures » ne peut pas empêcher le juge d'accorder des délais compte tenu des difficultés d'exploitation du locataire (Cass. 3e civ. 3-3-1993 no 369 P : RJDA 5/93 no 387). De même, il ne peut pas être soutenu que la transaction conclue entre le bailleur et son locataire, aux termes de laquelle le paiement du loyer ne peut intervenir que d'avance et par trimestre, empêche le juge de revenir sur les termes de l'engagement souscrit en suspendant les effets de la clause résolutoire de façon à permettre un paiement échelonné des loyers (CA Versailles 13-1-2000 no 98-4283, 12e ch. sect. 2). **73455**

Les **juges du fond** peuvent suspendre les effets d'une clause résolutoire même si une ordonnance de référé a constaté la résiliation du bail car cette ordonnance n'a pas au principal autorité de la chose jugée (no 73215). Le **juge des référés** ne peut suspendre les effets de la clause qu'autant qu'une précédente décision de référé devenue définitive n'a pas déjà constaté l'acquisition de la clause résolutoire (no 73230). **73460**

Sur la compétence du juge des référés pour accorder des délais, voir nos 21360 s.

> **Précisions** Aucun texte ne permet au **juge de l'exécution** d'accorder des délais en matière de baux commerciaux (CA Paris 26-11-1998 no 98-6032, 8e ch. B ; dans le même sens, CA Paris 10-11-1994 no 93-25162, 8e ch. B ; CA Paris 2-6-2010 no 08-22506, ch. 5-3). L'octroi des délais de grâce de l'article 1343-5 du Code civil, auquel renvoie l'article L 145-41 du Code de commerce, n'est pas en effet une mesure d'exécution (au sens de voies d'exécution) mais une mesure de réaménagement de la dette (voir en ce sens, J. Lafond : La rédaction des clauses résolutoires dans les baux commerciaux : JCP E 1995 I no 434).

2. DÉCISION DU JUGE

REFUS D'OCTROYER DES DÉLAIS DE GRÂCE

73500 Les juges disposent d'un **pouvoir discrétionnaire** pour refuser d'accorder des délais (Cass. 3e civ. 27-10-1993 n° 1539 PF : RJDA 12/93 n° 1006, 1e esp. ; Cass. 1e civ. 29-10-2002 n° 00-12.703 : Bull. civ. I n° 257 ; Cass. com. 13-12-2005 n° 1632 FS-PB : RJDA 4/06 n° 391), ce qui leur permet de rendre leur décision sans avoir à la motiver.

OCTROI DE DÉLAIS DE GRÂCE

73505 En revanche, l'octroi d'un délai relève du **pouvoir souverain** des juges (Cass. 3e civ. 12-2-1970 n° 69-10.397 : Bull. civ. III n° 100 ; Cass. 3e civ. 27-10-1993 n° 1542 PF : RJDA 12/93 n° 1006, 2e esp.), car la nécessité de prendre en compte la situation du locataire et les besoins du bailleur pour accorder un délai (nos 73530 s.) impose une motivation précise.

73510 Lorsqu'ils accordent des **délais,** les juges doivent les **subordonner au règlement des causes du commandement** (Cass. 3e civ. 9-3-2005 n° 316 FS-PB : RJDA 6/05 n° 661). Par suite, dans un cas où un locataire s'était vu délivrer un commandement de payer des loyers, a été censuré l'arrêt d'une cour d'appel qui, estimant que la vente du fonds de commerce du locataire désormais en liquidation judiciaire pouvait seule permettre le désintéressement du bailleur et des autres créanciers, avait accordé au mandataire-liquidateur un délai de trois mois pour réaliser la vente du fonds, suspendu pendant ce délai les effets de la clause résolutoire et dit que si, à l'expiration du délai, la vente projetée n'était pas réalisée, le bail serait résilié de plein droit et le locataire expulsé.

73515 Lorsqu'ils accordent des délais au locataire pour s'acquitter d'**arriérés de loyers,** les juges peuvent exiger, comme **condition** de la suspension, que les **loyers courants** soient **également payés** (Cass. 3e civ. 29-9-1999 n° 98-12.399 ; Cass. 3e civ. 2-4-2003 n° 485 FS-PBRI : RJDA 7/03 n° 700 et les illustrations analysées n° 73695). Cette faculté est toutefois contrôlée ; il a en effet été jugé qu'un premier juge avait fait usage de manière injustifiée de la possibilité d'intégrer le paiement des loyers dans le jeu de la clause résolutoire dès lors qu'à la date de délivrance du commandement, le locataire était à jour du paiement de loyers, de sorte que le bailleur n'encourait pas le risque de voir s'accroître un arriéré de loyers (CA Paris 18-4-2005 n° 03-3176, 16e ch. A).

73520 En outre, par décision spéciale et motivée, le juge peut prescrire que les sommes correspondant aux échéances reportées porteront **intérêt à un taux réduit** qui ne peut pas être inférieur au taux légal ou que les paiements s'imputeront d'abord sur le capital (C. civ. art. 1343-5, al. 2). Il peut subordonner ces mesures à l'accomplissement, par le débiteur, d'actes propres à faciliter ou **à garantir le paiement de la dette** (art. 1343-5, al. 3). Ces dispositions sont d'ordre public (art. 1343-5, al. 5).

CRITÈRES D'APPRÉCIATION POUR L'OCTROI DE DÉLAIS DE GRÂCE

73530 Les juges doivent se prononcer en fonction des critères posés par l'article 1343-5, al. 1 du Code civil, c'est-à-dire en considération de la **situation du locataire** et des **besoins du bailleur.** Leur appréciation souveraine leur impose une motivation (n° 73505), mais la Cour de cassation adopte une position très libérale en la matière en estimant que les **juges du fond** tiennent compte de la situation des parties par le seul fait qu'ils ont fixé un certain délai (Cass. 3e civ. 15-5-1996 n° 927 P : RJDA 8-9/96 n° 1023).

Le **juge des référés,** saisi d'une demande en suspension des effets d'une clause résolutoire, doit examiner la demande au seul regard de l'article L 145-41 du Code de commerce et de l'article 1343-5 du Code civil et ne peut pas suspendre les effets de la clause au seul motif qu'une procédure au fond est pendante (Cass. 3e civ. 15-1-1992 n° 90-15.483 : Bull. civ. III n° 17 ; Cass. 3e civ. 30-5-1996 n° 1033 P : RJDA 8-9/96 n° 1022 ; Cass. 3e civ. 8-3-2006 n° 314 FS-D : RJDA 6/06 n° 627 ; CA Paris 25-11-1998 n° 98-14489, 14e ch. A).

73535 Il résulte de la jurisprudence rendue en la matière que, pour apprécier l'opportunité de suspendre ou non les effets d'une clause résolutoire, les juges prennent essentiellement en compte la situation du **locataire** en recherchant s'il est de **bonne foi** (Cass. 3e civ. 16-4-1973 n° 72-11.628 : Bull. civ. III n° 299) et/ou s'il se trouve dans une situation qui ne lui permet **pas** de **se libérer immédiatement** (Cass. 3e civ. 9-5-1978 n° 77-13.019 : Bull. civ. III n° 197 ; Cass. 3e civ. 13-3-1991 n° 533 D : RJDA 5/91 n° 385).

ILLUSTRATIONS

Octroi de délais de grâce

Les juges, qui constatent que seule l'**erreur commise de bonne foi** par le locataire sur le montant de sa dette l'a empêché de payer ses loyers, tiennent ainsi compte de la position du débiteur pour lui accorder les délais prévus à l'article 25 du décret du 30 septembre 1953 (désormais C. com. art. L 145-41), sans être tenus de prendre spécialement en considération les conditions économiques prévues à l'article 1244 du Code civil (désormais art. 1343-5).

Cass. 3e civ. 5-3-1974 n° 73-10.373 : Bull. civ. III n° 99.

Une cour d'appel ayant constaté que le **locataire,** qui était **en butte à des difficultés** et qui n'avait **pas contesté le principe de sa dette,** avait réglé en cours d'instance les causes du commandement visant la clause résolutoire et ayant ainsi retenu la bonne foi du débiteur a souverainement apprécié l'opportunité d'écarter les effets de la clause. **73535** (suite)

Cass. 3e civ. 20-4-1977 : Bull. civ. III n° 172.

La **bonne foi des locataires** qui ont pu se méprendre sur la portée de la clause de destination du bail (exercice du commerce de restaurant et de bar de luxe) en raison de l'imprécision de la notion de luxe justifie la suspension des effets de la clause résolutoire.

CA Paris 10-11-1992 n° 92-12983, 1e ch. D.

En présence d'une clause résolutoire dont les conditions d'acquisition sont remplies, le juge peut, par application de l'article 25 du décret du 30 septembre 1953 (désormais C. com. art. L 145-41), en suspendre les effets si le **locataire** est **de bonne foi,** s'il établit l'existence des **motifs valables pour expliquer son retard** et s'il propose des **moyens sérieux d'apurer sa dette** dans des conditions acceptables pour le créancier.

Remplit ces conditions le locataire ayant mis son fonds en location-gérance à qui il est reproché le non-paiement des loyers et l'inexploitation du fonds dès lors que les loyers échus ont été réglés dans le mois du commandement et qu'il fait la preuve de diligences suffisantes depuis la mise en demeure pour obtenir la résiliation du contrat de location-gérance, ou à tout le moins la remise des clefs lui permettant de se substituer provisoirement à son locataire-gérant dans l'exploitation du fonds.

CA Reims 18-5-1994 : Navis droit des affaires.

Justifie légalement sa décision la cour d'appel qui constate que, compte tenu du **contentieux relatif à la validité du titre du bailleur,** le locataire peut se prévaloir de l'article 1244-1 du Code civil (désormais art. 1343-5) et qui suspend souverainement les effets de la clause résolutoire.

Cass. 3e civ. 20-6-1995 n° 1268 D.

La faculté donnée au juge d'accorder des délais dans les conditions prévues par les articles 1244-1 à 1244-3 du Code civil (désormais art. 1343-5) relevant de son pouvoir souverain d'appréciation, la cour d'appel, qui constate que le **locataire** était **de bonne foi** et **temporairement gêné par les difficultés économiques** et les investissements réalisés pour l'aménagement des locaux loués, tient compte de la situation des parties en fixant à une certaine date le délai de grâce assorti d'une suspension des effets de la clause résolutoire.

Cass. 3e civ. 15-5-1996 n° 927 P : RJDA 8-9/96 n° 1023.

Justifie légalement sa décision d'ordonner la suspension des effets de la clause résolutoire et d'accorder des délais de paiement la cour d'appel qui constate que le **locataire** avait fait preuve **de bonne foi,** qu'il était soumis à un **contentieux locatif permanent** et que l'**immeuble** était dans un **état déplorable** auquel le bailleur avait reçu injonction de remédier.

Cass. 3e civ. 19-5-1999 n° 895 D : RJDA 7/99 n° 765.

Est un débiteur de **bonne foi** pouvant prétendre à un délai de grâce et au bénéfice de la suspension des effets de la clause résolutoire le **locataire** qui justifie que, du fait des engagements pris auprès des banques qui lui ont prêté les fonds nécessaires à l'exécution des travaux de modernisation et de mise en conformité des lieux loués, il avait été conduit à **choisir de régler en priorité le prêteur** afin d'obtenir le rééchelonnement de sa dette, ce qui lui a **permis en définitive de payer** la banque et le bailleur pour la totalité de sa créance de loyers.

Cass. 3e civ. 18-7-2000 n° 1170 F-D.

La clause résolutoire d'un bail avait produit ses effets du fait de la non-réalisation complète des travaux litigieux dans le délai d'un mois de la délivrance de la sommation. Toutefois le **locataire** avait, dès cette délivrance fin février 2001, **fait le nécessaire pour que les travaux soient réalisés** : il avait ainsi fait entreprendre les travaux d'étanchéité du sol de la cuisine début mars 2001, ces travaux ayant ainsi pu être achevés en avril 2001 ; il avait, pour des dégâts des eaux antérieurs, **toujours ponctuellement procédé aux réparations nécessaires** et il avait de même immédiatement procédé aux réparations d'urgence pour faire cesser les désordres consécutifs au dégât des eaux survenus au cours de la première expertise.

Dans ces circonstances, jointes au fait que les travaux nécessaires pour mettre fin à la réitération des désordres ne pouvaient pas être immédiatement réalisés, leur mise en œuvre supposant un accès que le locataire n'avait pas, ce dernier ne saurait être considéré comme de mauvaise foi, ceci justifiant que les délais sollicités lui soient accordés concernant les travaux d'étanchéité du sol avec suspension, durant leur cours, des effets de la clause résolutoire. Il lui est ainsi accordé rétroactivement un délai jusqu'au 21 avril 2001 pour réaliser les travaux d'étanchéité du sol de la cuisine de sorte que, les travaux dont il s'agit ayant été exécutés à cette date, la clause résolutoire n'avait pas joué.

CA Paris 16-11-2005 n° 04-14385, 16e ch. A.

73535 (suite) La mauvaise foi d'un locataire payant ses loyers avec retard n'est pas établie compte tenu des éléments suivants :
– les **retards de paiement** étaient certes préjudiciables au bailleur mais ils n'étaient pas, par nature, constitutifs d'une mauvaise foi imputable au locataire ;
– le locataire avait été obligé de fermer le fonds de commerce qu'il exploitait pour réaliser des travaux d'assainissement prescrits par la direction départementale de la concurrence, de la consommation et de la répression des fraudes, qui avait identifié de nombreux manquements aux règles d'hygiène ; ces circonstances caractérisaient l'importante **négligence du locataire mais pas** sa **mauvaise foi.**
C'était donc en vain que le bailleur s'opposait à l'octroi de délais de paiement.
CA Paris 8-4-2009 n° 08-21196, 14e ch. A : RJDA 1/10 n° 8.

Refus d'octroyer des délais de grâce

L'article 25 du décret du 30 septembre 1953 (devenu C. com. art. L 145-41) qui prévoit la possibilité pour le juge d'accorder des délais de paiement a été conçu au seul profit du titulaire d'un bail commercial et non, lorsque le locataire est en liquidation judiciaire, dans la **perspective d'une reprise du fonds par un tiers** au bénéfice des créanciers.
CA Dijon 18-12-1991, 1e ch. 1e sect. : Bull. inf. C. cass. 1992/344 p. 27 n° 722.

Une cour d'appel a souverainement retenu qu'il n'existait aucun motif valable de nature à justifier la suspension des effets de la clause en relevant que le paiement des causes du commandement était intervenu en cours de procédure et que le syndic de la liquidation judiciaire de la société locataire **disposait des fonds** nécessaires pour acquitter le montant des sommes réclamées **avant l'expiration du délai d'un mois** fixé dans le commandement.
Cass. 3e civ. 27-1-1993 n° 159 D : Loyers et copr. 1993 comm. n° 224 note Ph.-H. Brault et C. Mutelet.

Justifie légalement sa décision constatant la résiliation de plein droit d'un bail commercial la cour d'appel qui relève que des loyers n'avaient pas été réglés dans le mois du commandement et retient souverainement que le **retard** dans le versement **des loyers** est **endémique** et que l'**incapacité manifeste du locataire de faire face à ses obligations** ne permet pas de lui accorder des délais.
Cass. 3e civ. 10-1-1995 n° 35 D.

Aux termes d'une transaction, le bailleur avait exceptionnellement accepté que le loyer soit payé mensuellement et à terme échu jusqu'à une certaine date ; au-delà, le loyer devait être payé, conformément aux clauses du bail, par trimestre et d'avance.
Le locataire, qui s'était vu délivrer un commandement de payer le solde du loyer du premier trimestre pour n'avoir pas respecté les termes de la transaction en continuant à payer au mois même au-delà de la limite fixée, avait demandé la suspension des effets de la clause résolutoire. Sa demande a été rejetée car, pour prétendre au bénéfice de la suspension de la clause résolutoire, le locataire doit être de bonne foi et justifier de sa situation de débiteur malheureux. Tel n'est pas le cas en l'espèce puisque le défaut de paiement de l'intégralité des causes du commandement dans le délai visé dans ce commandement s'explique davantage par la volonté délibérée du locataire de pérenniser un règlement mensuel du loyer contrairement aux clauses du bail et de la transaction que par l'existence de **difficultés économiques non démontrée** pour la période concernée qui l'auraient empêché de régler son loyer d'avance.
CA Versailles 13-1-2000 n° 98-4283, 12e ch. sect. 2.

Il résulte des circonstances suivantes que le locataire n'est pas de bonne foi et qu'il n'y a donc pas lieu de lui accorder des délais de paiement : non seulement les causes du commandement sont restées impayées pendant quatre mois, mais le **chèque** qui a alors été envoyé au bailleur était **sans provision** ; la somme réclamée dans le commandement représentait une année entière de loyers et le **locataire** a **attendu d'être poursuivi en justice,** plusieurs mois après le rejet de son premier chèque, **pour payer.**
CA Paris 30-6-2000 n° 2000-961, 16e ch. B.

La suspension des effets de la clause résolutoire est subordonnée à la bonne foi du locataire. Compte tenu des circonstances suivantes et eu égard à la mauvaise foi de la société locataire et à la gravité des infractions commises, il n'y a pas lieu de lui accorder le bénéfice des dispositions de l'article L 145-41, al. 2 du Code de commerce :
– la société locataire, qui avait réalisé des **travaux** dans les lieux loués **sans l'accord** préalable écrit **du bailleur,** en infraction aux clauses du bail, invoque en vain les relations de confiance instaurées avec le bailleur qui aurait été pendant des années son conseil juridique dès lors qu'elle en a formellement dénié l'existence en première instance ;
– elle ne peut pas davantage prétendre qu'il s'agissait de simples travaux d'aménagement alors même que les planchers ont été supprimés, qu'une trémie a été créée, que les locaux ne sont plus clos à la suite de la suppression de deux fenêtres et que l'ensemble des travaux, qui avait pour seul but de moderniser ses équipements afin de rentabiliser son exploitation, porte **atteinte à la solidité de l'immeuble** ;

– la société locataire, qui dispose de services techniques spécialisés, ne saurait alléguer avoir été induite en erreur en prétendant avoir pu estimer que les travaux seraient compris dans les autorisations fournies antérieurement par le bailleur ;
– enfin, la société locataire ne peut pas sérieusement prétendre que, grâce à son initiative, le bailleur a pu avoir connaissance de l'existence des travaux alors qu'il lui incombait d'exécuter de bonne foi le bail et qu'elle n'a **fait état des travaux que pour réclamer un abattement sur la valeur locative,** à son profit exclusif.

CA Versailles 31-5-2001 n° 98-4621, 12e ch. sect. 2.

Il y a lieu de rejeter la demande de délais de paiement formée par un locataire, mesure réservée aux débiteurs malheureux et de bonne foi pour laquelle il doit être tenu compte des besoins du créancier, dès lors que le **locataire** a **laissé sa dette locative s'aggraver** depuis plus d'un an et a déjà bénéficié de délais du seul fait des délais de procédure et que le **bailleur** a contracté un **prêt afin d'acquérir les locaux** loués.

CA Versailles 24-1-2008 n° 07-5768, 12e ch. sect. 1

Le locataire d'un local à usage de cordonnerie situé dans un centre commercial, qui s'était vu délivrer un commandement de payer un arriéré de loyers visant la clause résolutoire du bail, avait demandé l'octroi de délais de grâce en invoquant des difficultés financières liées notamment à des travaux dans le centre commercial et à une facture d'électricité erronée de 1 800 € qu'il avait dû acquitter.
Il y a lieu de rejeter cette demande pour les raisons suivantes :
– la facture d'électricité était d'un montant sans rapport avec la dette de loyer et le locataire n'établissait pas en quoi les travaux avaient provoqué une baisse de son activité ;
– le **locataire** avait **bénéficié de délais de fait de plus de deux ans** (sur le délai légal de deux ans, voir n° 73570) pour apurer sa dette qui s'élevait encore à 14 000 € dix mois après la délivrance du commandement, même si les causes de celui-ci avaient fini par être entièrement réglées ;
– le montant du résultat comptable de la cordonnerie pour l'exercice de sept mois au cours duquel le commandement avait été délivré et celui le précédant était inférieur au montant des échéances trimestrielles de loyers et de charges, de sorte qu'il existait un doute sur la capacité du locataire à en assumer durablement le paiement ;
– il n'aurait pas été équitable de faire peser sur le propriétaire du local, tenu d'assumer les charges de l'immeuble, un **nouveau risque d'impayés** alors que les effets de la clause résolutoire étaient acquis.

CA Amiens 2-10-2012 n° 10/03307, ch. éco. : RJDA 3/13 n° 198.

3. DURÉE DU DÉLAI DE GRÂCE

Les juges doivent fixer la durée du délai accordé, autrement dit la **date à laquelle le locataire doit se libérer** (Cass. 2e civ. 7-1-1998 n° 96-12.979 : Bull. civ. II n° 4). Il n'est, par exemple, pas possible de juger qu'en raison de l'actuelle fermeture de l'hôtel exploité dans les lieux loués, le délai d'un an octroyé au locataire pour régler au bailleur un arriéré de loyers courra à compter de la réouverture de l'établissement, après exécution des travaux ordonnés auxquels chacune des parties a été respectivement condamnée, car cela revient à donner au délai octroyé une durée indéterminée en raison de l'incertitude existant sur la durée des travaux et sur la date de l'autorisation administrative de réouverture (Cass. 3e civ. 15-6-1994 n° 1153 D). **73570**

Le délai ainsi accordé ne peut **pas excéder** deux ans (C. civ. art. 1343-5, al. 1).

POINT DE DÉPART DU DÉLAI DE GRÂCE

Le délai de grâce court à compter du jour du **jugement** qui l'accorde lorsque celui-ci est contradictoire (Cass. 3e civ. 18-12-1991 n° 89-19.914 : Bull. civ. III n° 327) et du jour de la notification du jugement dans les autres cas (CPC art. 511). **73575**

Par suite, il ne peut pas être soutenu que, plus de deux ans s'étant écoulés depuis la délivrance du commandement, le délai de grâce maximal autorisé par l'article 1343-5 du Code civil était épuisé lorsque la juridiction a statué, la date du commandement ne pouvant pas être retenue comme point de départ du délai (Cass. 3e civ. 27-10-1993 n° 1542 PF : RJDA 12/93 n° 1006, 2e espèce, à propos de l'ex-art. 1244-1 mais transposable).

> **Précisions** L'article 503 du Code de procédure civile selon lequel les jugements ne peuvent être exécutés contre ceux auxquels ils sont opposés qu'après leur avoir été notifiés ne s'applique pas à une décision qui, suspendant les effets d'une clause résolutoire stipulée dans un bail, impartit au locataire une date limite pour le règlement des loyers (Cass. 3e civ. 17-7-1986 n° 84-15.531 : Bull. civ. III n° 115). Le locataire doit donc s'acquitter de sa dette aux échéances fixées par

l'ordonnance sans attendre la **signification** de cette décision (Cass. 3e civ. 7-7-1993 no 1283 D : Loyers et copr. 1993 comm. no 436). Le paiement intervenu après le terme impératif fixé par une ordonnance de référé rendue contradictoirement est hors délai et le locataire ne peut pas, sans ajouter à l'ordonnance, exiger que celle-ci lui soit signifiée pour s'acquitter du montant de l'arriéré locatif (Cass. 3e civ. 3-12-2003 no 1354 FS-PB : RJDA 3/04 no 276).

EXPIRATION DU DÉLAI DE GRÂCE

73580 Le délai de grâce expire le dernier jour à 24 heures, sauf prorogation au premier jour ouvrable suivant si le dernier jour est un samedi, un dimanche ou un jour férié chômé (CPC art. 642 ; Cass. 3e civ. 17-7-1996 no 1396 P : RJDA 11/96 no 1301).

C. Effet de l'octroi de délais de grâce

1. PENDANT LE DÉLAI IMPARTI

73660 En premier lieu, et c'est l'effet recherché, l'octroi d'un délai de grâce par le juge **paralyse** les effets de la **clause résolutoire.** Ainsi une ordonnance de référé, non frappée d'appel, qui, même à tort, suspend les effets d'une clause résolutoire, dispense le débiteur de satisfaire au commandement dans le délai que celui-ci impartit et fait ainsi obstacle au jeu de la clause (Cass. 3e civ. 4-7-1978 no 76-15.003 : Bull. civ. III no 275).

73665 Par ailleurs, la décision qui accorde le délai de grâce suspend les **procédures d'exécution** qui auraient été engagées par le bailleur ; les **majorations d'intérêts** ou les **pénalités** encourues à raison du retard cessent d'être dues pendant le délai fixé par le juge (C. civ. art. 1343-5, al. 4). Toute clause contraire à ces dispositions est réputée non écrite (C. civ. art. 1343-5, al. 5).

2. À L'EXPIRATION DU DÉLAI IMPARTI

EXÉCUTION DU LOCATAIRE DANS LE DÉLAI OCTROYÉ

73680 Si le locataire **se libère** dans les conditions fixées par le juge, la clause résolutoire ne joue pas (C. com. art. L 145-41, al. 2 ; Cass. 3e civ. 9-1-1991 no 121 PF : RJDA 2/91 no 97, 2e espèce).

INEXÉCUTION DU LOCATAIRE DANS LE DÉLAI OCTROYÉ

73685 La **clause** est définitivement **acquise** si le locataire ne satisfait pas aux obligations prescrites par le juge (Cass. com. 12-5-1992 no 838 P : RJDA 8-9/92 no 810 ; Cass. com. 11-1-1994 no 59 P : RJDA 6/94 no 630), à moins que le locataire n'y ait été empêché en raison d'un cas de force majeure (Cass. 3e civ. 17-2-2010 no 08-20.943 FS-PB, analysé no 72905). Dans un premier temps, la Cour de cassation considérait que la mauvaise foi du bailleur faisait obstacle à ce que la clause résolutoire produise son effet (Cass. 3e civ. 5-7-1995 no 1532 D : RJDA 8-9/95 no 945). Opérant un revirement, la Haute Juridiction retient désormais la solution contraire (Cass. 3e civ. 26-10-2023 no 22-16.216 FS-B : RJDA 3/24 no 152).

Lorsque des travaux restent à exécuter à l'expiration du délai fixé par le juge, ce dernier ne peut pas refuser de constater la résiliation du bail en retenant que le locataire a déjà accompli des efforts pour satisfaire à son obligation d'entretien des lieux loués et que faire droit à la demande du bailleur reviendrait à lui infliger une sanction démesurée (Cass. 3e civ. 5-2-1997 no 151 D : RJDA 4/97 no 480).

73690 Lorsqu'une décision a suspendu les effets de la clause résolutoire en autorisant le locataire à se libérer en plusieurs mensualités des loyers impayés, la clause est acquise au bailleur dès qu'**un des versements** prévus n'a **pas** été **effectué à l'échéance** fixée (Cass. com. 12-5-1992 no 838 P : RJDA 8-9/92 no 810 ; Cass. 3e civ. 8-4-1999 no 658 D ; Cass. 3e civ. 30-10-2012 no 11-16.890 F-D).

Sur la date d'effet du paiement effectué entre les mains d'un tiers ou par chèque, voir nos 72850 s.

Le **règlement postérieur et intégral** de sa dette par le locataire ne peut pas non plus faire obstacle à l'acquisition de la clause résolutoire (Cass. 3e civ. 26-10-1977 no 76-14.680 : Bull. civ. III no 359 ; Cass. 3e civ. 14-5-2008 no 07-17.121 F-D ; Cass. 3e civ. 16-6-2010 no 09-67.300 FS-D : RJDA 11/10 no 1044).

73695 La clause est également acquise lorsque des **loyers courants** n'ont pas été payés alors que la décision des juges prévoyait, comme condition de l'octroi de délais, outre le paiement des **arriérés de loyers** selon un échéancier prévu, le paiement des loyers courants pendant toute la durée de la suspension (voir no 73515 et les arrêts analysés ci-dessous).

Précisons que si les loyers courants ne sont pas visés par la décision des juges, leur non-paiement ne peut entraîner la résiliation du bail que si un nouveau commandement visant ces sommes est délivré au locataire (Cass. 3e civ. 9-7-2003 no 921 FS-D).

ILLUSTRATIONS

Lorsqu'une ordonnance de référé ayant suspendu les effets de la clause résolutoire d'un bail commercial prévoit que le locataire doit, outre le paiement du loyer en cours, s'acquitter de sa dette par versements mensuels et qu'à défaut d'un seul versement à son échéance le bénéfice de la clause résolutoire serait acquis, une cour d'appel, statuant en référé sur le respect des conditions fixées par cette ordonnance, ne peut pas rejeter la demande du bailleur en constatation de la résiliation du bail en **imputant le paiement des loyers courants sur l'arriéré.**

Cass. 3e civ. 10-1-1990 n° 88-18.198 : Bull. civ. III n° 12.

Ayant relevé qu'aux termes de l'ordonnance de référé, les effets de la clause résolutoire n'étaient suspendus que dans la seule hypothèse où les conditions fixées par le juge étaient respectées, la cour d'appel, qui a retenu que cette ordonnance prescrivait que les échéances concernant le paiement des loyers **arriérés** devaient être **réglées en sus des loyers** et charges **en cours,** a légalement justifié sa décision en constatant le non-paiement des loyers échus postérieurement à l'ordonnance de référé.

Cass. 3e civ. 21-11-1995 n° 94-12.147.

Ayant constaté que l'ordonnance de référé ayant suspendu les effets de la clause résolutoire avait mis comme condition à cette suspension que le locataire s'acquitte de son **arriéré** de loyers **en deux mensualités** égales fixées, **sans préjudice** du paiement **des loyers courants,** et relevé que, si le locataire avait réglé le montant de la provision fixée par le premier juge, il n'avait pas payé les loyers courants, une cour d'appel a, par ce seul motif, légalement justifié sa décision de constater l'acquisition de la clause résolutoire.

Cass. 3e civ. 20-12-2000 n° 1768 FS-D.

Voir également CA Paris 14-3-2005, analysé n° 73710.

La clause résolutoire reprend son plein **effet** à l'expiration du délai imparti par le commandement (Cass. 3e civ. 19-3-1986 n° 84-11.396 : Bull. civ. III n° 32 ; Cass. 3e civ. 11-5-1995 n° 93-11.410 : Bull. civ. III n° 117 ; Cass. 3e civ. 19-3-2003 n° 414 FS-D : ADJI 2003 p. 582 note M.-P. Dumont). Par suite, doit être cassé l'arrêt qui retient que la résiliation du bail est intervenue à la date à laquelle, après la signification du jugement ayant accordé la suspension des effets de la clause résolutoire, le premier loyer est devenu impayé, et que ce n'est qu'après cette date que le locataire est devenu occupant sans droit ni titre (Cass. 3e civ. 11-5-1995 n° 93-11.410 précité). **73700**

Le bailleur ne peut plus renoncer au bénéfice de la clause résolutoire et demander unilatéralement l'exécution du bail en cas de non-respect par le locataire des délais de paiement accordés par une ordonnance de référé passée en force de chose jugée ayant suspendu les effets de la clause résolutoire, en l'absence de décision contraire au principal (Cass. 3e civ. 22-10-2020 n° 19-19.542 FS-PBI, analysé n° 73045).

Octroi de nouveaux délais de grâce L'**ordonnance de référé** n'a pas, au principal, l'autorité de la chose jugée (n° 73215). Toutefois, elle lie les **juges du fond** lorsque, passée en force de chose jugée (c'est-à-dire lorsque les délais des voies de recours suspensives d'exécution sont expirés ou que celles-ci ont déjà été épuisées), elle a accordé des délais de paiement au locataire en suspendant les effets de la clause résolutoire. En conséquence, les juges du fond qui constatent que les délais accordés en référé n'ont pas été respectés ne peuvent pas en accorder de nouveaux (Cass. 3e civ. 14-10-1992 n° 90-21.657 : Bull. civ. III n° 271 ; Cass. 3e civ. 2-4-2003 n° 485 FS-PBRI : RJDA 7/03 n° 700 ; Cass. 3e civ. 15-10-2008 n° 07-16.725 FS-PB : RJDA 12/08 n° 1227 ; Cass. 3e civ. 11-7-2024 n° 23-16.040 F-D : RJDA 11/24 n° 583), même si le locataire bénéficie de la procédure de conciliation instituée par les articles L 611-4 s. du Code de commerce (Cass. 3e civ. 10-12-2008 n° 07-19.899 FS-PB : RJDA 2/09 n° 77). **73710**

ILLUSTRATIONS

Une ordonnance de référé prévoyait que le locataire devrait payer sa dette par sixième, augmentée des loyers courants à leur échéance, et précisait qu'à défaut de paiement à bonne date d'une seule échéance ou du paiement des loyers courants, la clause résolutoire serait acquise. Jugé que même si elle n'a pas l'autorité de la chose jugée au principal, l'ordonnance de référé est passée en force de chose jugée, les délais ayant été définitivement déterminés par cette décision et avec eux le fractionnement des paiements ainsi que l'exigibilité des loyers en cours sous la même sanction et que cette décision constituant un tout, le juge du fond ne peut pas revenir sur les exigences posées par le juge des référés pour écarter le jeu de la clause (CA Paris 14-3-2005, 16e ch. A : Loyers et copr. 2005 comm. n° 158 note Ph.-H. Brault).

En revanche, l'acquisition automatique de la clause résolutoire, à l'expiration du délai de suspension accordé par le **premier juge,** ne s'impose pas aux **juges d'appel.** Il en résulte qu'une cour d'appel peut suspendre les effets de la clause résolutoire pendant un **délai supérieur** **73715** à celui que le premier juge avait accordé (Cass. 3e civ. 8-4-1992 no 625 PF : RJDA 6/92 no 564 ; CA Paris 20-12-1983 no K 5819, 14e ch. C : Rev. Loyers 1984 p. 91), à condition que des circonstances nouvelles justifient la demande de délai complémentaire du locataire (Cass. 3e civ. 29-9-1999 no 98-12.399).

ILLUSTRATIONS

Une ordonnance de référé avait suspendu l'acquisition de la clause résolutoire moyennant paiement des causes du commandement dans la quinzaine de la signification de l'ordonnance mais l'intégralité des causes du commandement n'avait été payée que trois mois après cette signification. Le locataire avait demandé à profiter de délais suffisants pour permettre à la cour de prendre en compte le paiement tardif des causes du commandement. Jugé que, compte tenu de sa bonne foi, il y a lieu de le faire bénéficier d'un **délai complémentaire arrivant à expiration au jour de l'arrêt** et de constater qu'en raison du paiement effectué au cours de cette période, le jeu de la clause résolutoire doit être écarté (CA Paris 20-12-1983 no K 5819 précité).

SECTION 3 RÉSOLUTION JUDICIAIRE DU BAIL COMMERCIAL

73870 Le bail peut être résilié en cas d'inexécution par le bailleur ou par le locataire de leurs engagements (C. civ. art. 1741). Cette règle est le rappel, appliqué au contrat de bail, du principe selon lequel la partie envers qui l'engagement n'a pas été exécuté, ou l'a été imparfaitement, peut provoquer la résolution du contrat (C. civ. art. 1217) ; cette résolution pouvant, en toute hypothèse, être demandée en justice (art. 1227).

> **Précisions** Depuis la **réforme** opérée par l'ordonnance 2016-131 du 10 février **2016,** toute rupture du contrat demandée au juge et prononcée par lui est une résolution ; elle ne devient **résiliation** que si les prestations échangées ne sont pas soumises à restitution (C. civ. art. 1229).

A. Conditions de la résolution du bail commercial

MOTIFS DE RÉSOLUTION DU BAIL

73875 La résolution judiciaire du bail ne peut être prononcée qu'en cas d'inexécution par l'une des parties de ses **obligations nées du bail,** qu'elles soient d'origine contractuelle ou légale. Il en résulte, par exemple, que, à défaut de clause expresse stipulant que le locataire doit être inscrit au registre du commerce, le défaut d'immatriculation n'est pas une cause de résolution du bail car il ne concerne que le droit au bénéfice du statut des baux commerciaux et ne peut s'analyser en un manquement aux obligations nées du bail (Cass. 3e civ. 15-5-1996 no 923 PB : RJDA 8-9/96 no 1024 ; CA Versailles 20-11-1997, 12e ch. 2e sect.). La même solution est retenue pour le défaut d'exploitation (Cass. 3e civ. 10-6-2009 nos 07-18.618 FS-PB et 08-14.422 FS-PB : RJDA 8-9/09 no 705 ; Cass. 3e civ. 16-10-2012 no 11-25.234 F-D : RJDA 1/13 no 16 ; Cass. 3e civ. 3-12-2020 no 19-20.613 F-D : RJDA 2/21 no 79). De même, des infractions d'abus de confiance commises par le bailleur en sa qualité de directeur salarié de la société locataire ne permettent pas à celle-ci d'obtenir la résiliation du bail car ces agissements sont sans lien avec la relation contractuelle de louage (CA Aix-en-Provence 15-10-2020 no 19/18060 : RJDA 4/21 no 219).

73880 Les infractions aux clauses du bail ou au statut des baux commerciaux sont envisagées sous les rubriques spécifiques consacrées aux obligations du locataire et du bailleur et aux conditions d'application du statut. On se reportera donc, s'agissant notamment :
- du manquement à l'obligation de **délivrance,** aux nos 57200 s. ;
- du défaut de **paiement des loyers** ou leur paiement avec retard, aux nos 60770 s. ;
- du non-respect des obligations d'**exploitation,** aux nos 33000 s. ;
- du non-respect de la **destination** des lieux, aux nos 27010 s. ;
- de la violation de l'interdiction de **sous-louer,** aux nos 75750 s. ;
- de la violation des dispositions interdisant ou limitant la **cession** du bail, aux nos 9200 s. ;
- de la violation des règles encadrant la réalisation de **travaux,** aux nos 78000 s.

Des agissements liés à la **conduite des parties,** sans lien direct avec le contrat, peuvent toutefois être admis comme motif de résolution. **73885**

Ont ainsi été retenues comme justifiant la résolution du bail les injures réitérées adressées par le locataire au bailleur à l'occasion de leurs litiges locatifs (Cass. 3e civ. 3-6-1992 no 90-20.422).

INFRACTION JUSTIFIANT LA RÉSOLUTION DU BAIL

Pour entraîner la résolution du bail, le manquement invoqué doit revêtir une **gravité suffisante** (C. civ. art. 1224), qui est souverainement appréciée par les juges du fond (Cass. com. 18-2-1963 : Bull. civ. III no 106 ; Cass. 3e civ. 20-10-1971 no 70-12.995 : Bull. civ. III no 504 ; Cass. 3e civ. 8-5-1974 no 73-10.887 : Bull. civ. III no 187 ; Cass. 3e civ. 7-10-1987 no 86-11.297 : Bull. civ. III no 162 ; Cass. 3e civ. 8-4-1999 no 97-18.294). Cette appréciation doit tenir compte de toutes les circonstances intervenues jusqu'au jour de leur décision et ne pas exclure certains éléments au seul motif qu'ils sont postérieurs aux faits reprochés (Cass. com. 14-11-2006 no 05-11.278 F-D : RJDA 4/07 no 341). **73890**

Il résulte de ce qui précède que le **juge des référés,** qui ne peut prendre que des mesures provisoires sans prendre parti sur le fond, ne peut pas prononcer la résolution judiciaire d'un bail (Cass. 3e civ. 21-7-1993 no 1352 D : RJDA 12/93 no 1102 ; Cass. 3e civ. 20-12-2018 no 17-16.783 F-D : RJDA 3/19 no 171).

La résolution est possible alors même que l'**inexécution** par l'une des parties de ses obligations n'est **pas fautive** (Cass. 1e civ. 4-2-1976 no 74-13.837 : Bull. civ. I no 53 ; Cass. 3e civ. 9-10-1979 no 78-10.014 : Bull. civ. III no 169). **73895**

En revanche, l'inexécution par l'une des parties de ses obligations peut ne pas donner lieu à résolution si, en réalité, l'**autre partie** en est **à l'origine.**

ILLUSTRATIONS

Le bailleur qui a refusé d'autoriser son locataire à entreprendre à ses frais les travaux nécessaires pour raccorder le local loué à usage de garage au niveau atteint par la route après l'exécution de travaux publics ne peut pas demander la résolution du bail pour cessation d'exploitation du commerce, l'impossibilité de continuer l'exploitation du fonds résultant uniquement de ce refus.
Cass. 3e civ. 1-2-1968 no 66-11.525 : Bull. civ. III no 44.

Dans un cas où le bail n'autorisait le locataire à céder le bail qu'au repreneur de son fonds de commerce et à condition que le bailleur ait agréé celui-ci par écrit, il a été jugé que la cession du fonds et du bail au frère du locataire sans l'agrément du bailleur n'était pas suffisamment grave pour justifier la résolution du bail dès lors que le bailleur avait commis un abus de droit à l'origine du comportement du locataire et du repreneur en s'étant délibérément abstenu de répondre au locataire qui, à de multiples reprises, avait sollicité son consentement à la cession du bail à son frère et en n'ayant jamais demandé d'informations sur la cession projetée ni opposé de motif sérieux de refus.
Cass. 3e civ. 5-1-2012 no 10-20.179 FS-D : RJDA 4/12 no 381.

Le **motif** qui a empêché la partie de remplir ses obligations est par ailleurs indifférent (Cass. com. 9-3-1999 no 557 D : RJDA 6/99 no 643), cet empêchement résulterait-il du fait d'un **tiers** ou de la **force majeure** (Cass. 1e civ. 2-6-1982 no 81-10.158 : Bull. civ. I no 205 ; Cass. 1e civ. 12-3-1985 no 84-10.169 : Bull. civ. I no 94 ; Cass. 3e civ. 6-5-2009 no 08-13.824 FS-D : RJDA 11/09 no 930). **73900**

Enfin, il importe peu que l'inexécution invoquée ait causé ou non un **préjudice** à l'autre partie (Cass. 3e civ. 4-5-1982 no 81-10.770 ; Cass. 3e civ. 4-5-1994 no 92-11.196 : Bull. civ. III no 84). **73905**

AUTEUR DE L'INFRACTION JUSTIFIANT LA RÉSOLUTION DU BAIL

Le bailleur peut se prévaloir de tous les manquements aux clauses du bail quel qu'en soit l'auteur : **locataire, sous-locataire** ou **gérant libre** (voir no 72555). **73915**

De même, un locataire reprochant à son bailleur de ne pas lui assurer une jouissance paisible des lieux loués peut demander la résolution du bail du fait des troubles anormaux de voisinage causés par un **autre locataire du bailleur** (Cass. 3e civ. 20-4-2005 no 529 FS-PB : RJDA 8-9/05 no 938).

En cas de **cession du bail,** le bailleur ne peut pas se prévaloir à l'égard du locataire actuel des fautes commises par son prédécesseur pour obtenir la résolution du bail (Cass. 3e civ. 30-6-2010 no 09-13.754 FS-PB : RJDA 11/10 no 1042), sauf si elles se sont poursuivies après la cession malgré la mise en demeure de l'acquéreur car ces infractions deviennent alors un manquement personnel de l'acquéreur (no 72890).

DEMANDE EN RÉSOLUTION DU BAIL

La résolution doit être demandée **en justice** (C. civ. art. 1227). **73925**

Le degré de gravité des manquements du locataire pour décider de la résolution judiciaire du bail étant laissé à l'appréciation souveraine du juge du fond (Cass. 3e civ. 25-5-1976 no 74-11.671 : Bull. civ. III no 223), celui-ci peut refuser de la prononcer, mais il doit dans ce cas prévoir des mesures pour mettre fin aux manquements constatés (Cass. 3e civ. 22-5-2013 no 12-16.217 F-D : RJDA 5/14 no 408).

Il peut notamment ordonner l'exécution du contrat, en accordant éventuellement un délai, ou encore allouer des dommages et intérêts (C. civ. art. 1228).

MISE EN DEMEURE POUR OBTENIR LA RÉSOLUTION DU BAIL

73930 Contrairement à la mise en œuvre d'une clause résolutoire ou au refus de renouvellement, la demande en résolution judiciaire d'un bail commercial n'a **pas à être précédée** d'une mise en demeure (Cass. 3e civ. 31-3-1978 n° 75-13.989 : Bull. civ. III n° 138 ; Cass. 3e civ. 23-2-1994 n° 415 D : RJDA 7/94 n° 788 ; Cass. 3e civ. 4-5-2000 n° 648 FS-PB : RJDA 7/03 n° 750 ; Cass. 3e civ. 6-5-2009 n° 08-13.824 FS-D : RJDA 11/09 n° 930), sauf clause contraire du bail. L'acte introductif d'instance suffit à mettre en demeure la partie qui n'a pas exécuté son engagement (Cass. 1re civ. 23-1-2001 n° 44 F-P : RJDA 8-9/01 n° 848).

DROIT D'AGIR EN RÉSOLUTION DU BAIL

73935 En cas de carence du bailleur, le **syndicat des copropriétaires,** qui peut exercer à sa place, par la voie oblique, les actions dont il dispose à l'encontre de son locataire, peut demander la résolution du bail et l'expulsion du locataire dès lors que ce dernier contrevient aux obligations du règlement de copropriété intégrées dans le contrat de bail (Cass. 3e civ. 14-11-1985 : Administrer mai 1986 p. 28). Agissant alors dans les seuls droits du copropriétaire-bailleur, le syndicat n'a pas à mettre en cause ce dernier (Cass. 3e civ. 20-12-1994 n° 2001 P : RJDA 3/95 n° 258).

La demande de résolution du bail par la voie oblique est également reconnue aux autres **copropriétaires** (Cass. 3e civ. 8-4-2021 n° 20-18.327 FS-P : RJDA 7/21 n° 456).

73940 L'**époux commun en biens** qui exploite, indépendamment de son conjoint, un fonds de commerce commun peut valablement agir seul en résolution, la résolution d'un bail n'étant pas assimilée à l'aliénation d'un fonds de commerce pour laquelle le consentement du conjoint est requis (Cass. 3e civ. 18-12-2002 n° 2000 FS-PB : RJDA 3/03 n° 236).

La solution est différente si l'époux collabore de façon effective à l'activité professionnelle de son conjoint car l'article L 121-5 du Code de commerce exige le consentement de l'époux travaillant dans l'entreprise pour aliéner les éléments du fonds de commerce dépendant de la communauté qui, par leur importance, sont nécessaires à l'exploitation de l'entreprise.

73945 En cas de **pluralité de locataires,** la résolution du bail ne peut pas être demandée par un seul d'entre eux, sauf stipulation contraire du bail (Cass. 3e civ. 27-9-2005 n° 1047 F-PB : RJDA 12/05 n° 1326).

Sur la manifestation de volonté d'un seul des colocataires pour mettre fin au contrat, voir n° 74290.

RENONCIATION À INVOQUER LES MANQUEMENTS AU BAIL

73950 L'article 1227 du Code civil prévoit que la résolution judiciaire peut être demandée en justice « en toute hypothèse ». La question se pose de savoir si cette formulation remet, ou non, en cause la possibilité qui existait auparavant pour le demandeur de renoncer expressément ou tacitement à invoquer les manquements de son cocontractant.

Le rapport au Président de la République sur l'ordonnance 2016-131 du 10 février 2016, ordonnance qui a introduit cet article 1227, admet la validité des **clauses de renonciation.** En effet, celles-ci n'interdisent pas à la partie renonçante de faire sanctionner les manquements de son débiteur par les autres moyens mis à sa disposition, notamment en demandant l'exécution forcée. Il appartient au juge de vérifier au cas par cas que la restriction ainsi consentie ne porte pas atteinte à la substance même du droit et au droit d'agir en justice. Reste à savoir si la Cour de cassation fera sienne cette analyse.

RÉSOLUTION JUDICIAIRE ET CLAUSE RÉSOLUTOIRE DU BAIL

73960 La résolution pouvant, en toute hypothèse, être demandée en justice (C. civ. art. 1227), l'insertion dans un bail d'une clause prévoyant la résiliation de plein droit ne prive pas le bailleur du droit de demander la résolution judiciaire **pour le même manquement** (Cass. 3e civ. 29-4-1985 n° 83-14.916 : Bull. civ. III n° 70 ; Cass. 3e civ. 4-5-1994 n° 752 P : Bull. civ. III n° 84). Ainsi, dans un cas où un bailleur avait délivré à son locataire une mise en demeure visant la clause résolutoire, lui demandant de justifier d'une police d'assurance contre l'incendie, et où le locataire avait satisfait dans le délai prévu à ces exigences, la demande du bailleur tendant à la résolution judiciaire du bail a toutefois été accueillie au motif que le locataire avait commis un manquement grave à ses obligations en omettant pendant plus de quatre ans de souscrire une assurance (Cass. 3e civ. 4-5-1994 n° 752, précité). De même, les juges peuvent constater que la clause résolutoire n'est pas acquise pour sous-location irrégulière, l'infraction ayant cessé dans le mois du commandement, tout en prononçant la résolution judiciaire du bail pour les violations graves et réitérées au contrat de bail suivantes : le locataire avait sous-loué les locaux pendant trois ans sans l'accord du bailleur ; le sous-locataire y exerçait une activité non conforme à la destination contractuelle du bail ; de ce fait, le locataire n'avait plus exploité personnellement les lieux loués (CA Paris 13-2-2008 n° 06-20074, 16e ch. A).

> Précisions L'article L 145-41 du Code de commerce qui régit seulement les conditions d'application de la clause résolutoire d'un bail commercial ne limite pas les pouvoirs des juges du fond d'apprécier souverainement la gravité des manquements de nature à justifier le prononcé de la résolution judiciaire du bail (Cass. 3e civ. 26-11-1991 n° 91-10.492 : Bull. civ. III n° 286). Mais les motifs retenus pour suspendre les effets d'une clause résolutoire (retards dans le paiement des loyers dus à des difficultés financières ou à des méprises du locataire et non à sa mauvaise foi) peuvent être repris par les juges pour considérer que le manquement invoqué n'est pas suffisamment grave pour justifier la résolution judiciaire du bail (CA Paris 2-7-2008 n° 08-06235, 16e ch. A).

RÉSOLUTION JUDICIAIRE ET REFUS DE RENOUVELLEMENT DU BAIL

Le bailleur peut solliciter la résolution du bail pour des motifs invoqués ou non dans le **congé** et éventuellement postérieurs à celui-ci, même après notification au locataire d'un **refus de renouvellement** avec ou sans offre d'indemnité d'éviction (Cass. 3e civ. 1-3-1995 n° 93-10.172 P : Bull. civ. III n° 66 ; Cass. 3e civ. 4-5-2000 n° 648 FS-PB : RJDA 7-8/00 n° 750 ; Cass. 3e civ. 12-7-2011 n° 10-19.047 F-D : RJDA 1/12 n° 19). **73965**

En revanche, le bailleur qui a **accepté,** même tacitement, la **demande de renouvellement** du bail formée par le locataire ne peut pas ensuite en réclamer la résolution judiciaire pour des manquements contractuels antérieurs au renouvellement (Cass. 3e civ. 1-2-2018 n° 16-29.054 F-D : RJDA 4/18 n° 304). Seuls des manquements postérieurs peuvent justifier une telle résiliation (Cass. 3e civ. 20-5-2021 n° 19-26.021 FS-D : RJDA 8-9/21 n° 554). Il en est ainsi lorsque le locataire a réitéré ses agissements illicites après le renouvellement du bail (même arrêt).

PRESCRIPTION DE L'ACTION EN RÉSOLUTION DU BAIL

Sur la prescription de l'action en résolution judiciaire, voir n° 21865. **73970**

B. Effets de la résolution du bail commercial

PRISE D'EFFET DE LA RÉSOLUTION DU BAIL

La résolution judiciaire prend effet à la **date** fixée par le juge ou, à défaut, au jour de l'assignation en justice (C. civ. art. 1229). **74050**

La résolution judiciaire **met fin au contrat** (C. civ. art. 1229, al. 1) ; elle agit donc, en principe, seulement **pour l'avenir.** Les prestations échangées avant la résolution peuvent néanmoins être remises en cause : elles doivent être intégralement restituées si elles ne pouvaient trouver leur utilité que par l'exécution complète du contrat résolu ; en revanche, les prestations ayant trouvé leur utilité au fur et à mesure de l'exécution réciproque du contrat n'ont pas à être restituées, la résolution est alors appelée résiliation (C. civ. art. 1229, al. 3).

Le prononcé de la résolution du contrat aux torts partagés des parties ne fait pas obstacle aux restitutions (Cass. com. 15-5-2024 n° 23-13.990 F-B : RJDA 8-9/24 n° 441).

VERSEMENT D'UNE INDEMNITÉ D'OCCUPATION APRÈS LA RÉSOLUTION DU BAIL

Obligation de verser une indemnité d'occupation À compter de la résolution du bail, le **locataire** devient occupant sans droit ni titre. S'il **se maintient dans les lieux après la résolution,** il commet une faute extracontractuelle qui l'expose à payer une indemnité d'occupation au bailleur (Cass. 3e civ. 21-5-1969 : Bull. civ. III n° 399 ; Cass. 3e civ. 16-5-1984 : Bull. civ. III n° 99). Cette indemnité d'occupation est différente de celle qui est due en cas de **refus de renouvellement** avec maintien dans les lieux, nos 47050 s. **74060**

En l'état d'un bail assorti d'une **clause pénale** en cas de retard à évacuer les lieux en fin de contrat, et en l'absence de stipulation prévoyant en outre une indemnité d'occupation à verser par le locataire resté dans les lieux, l'inexécution de l'obligation de vider les lieux se confond avec le retard donnant lieu à l'application de la clause pénale : le bailleur ne peut donc réclamer, en plus de cette dernière, une indemnité d'occupation (Cass. 3e civ. 28-3-1977 n° 75-14.896 : Bull. civ. III n° 154).

Nature de l'indemnité d'occupation À la fois compensatoire et indemnitaire (Cass. com. 26-5-1961 : Bull. civ. IV n° 233 ; Cass. 3e civ. 26-11-1997 n° 1620 P : RJDA 1/98 n° 131 ; Cass. 3e civ. 10-10-2001 n° 1394 FS-D : RJDA 1/02 n° 118), l'**indemnité** d'occupation est **destinée à** rémunérer la jouissance des lieux et à réparer le préjudice subi par le bailleur du fait de l'occupation sans droit ni titre (Cass. com. 26-5-1961, précité ; Cass. 3e civ. 26-11-1974 n° 73-12.629 : Bull. civ. III n° 440 ; CA Versailles 2-4-1999, 1e ch. sect. 2 : RJDA 8-9/99 n° 894). **74065**

C'est pourquoi l'indemnité est **due** non seulement **pendant** le temps de l'occupation effective mais également tant que le locataire n'a pas remis les clés au bailleur afin qu'il retrouve la jouissance de son bien (Cass. 3e civ. 4-4-1991 n° 677 P : RJDA 5/91 n° 384 ; Cass. 3e civ. 17-7-1997 n° 1318 PB : RJDA 1/98 n° 21 ; Cass. 3e civ. 18-3-1998 n° 420 D : RJDA 5/98 n° 565). Sur les modalités de remise des clés, voir n° 61115.

74070 **Demande de versement d'une indemnité d'occupation** La demande d'indemnité d'occupation est considérée par la Cour de cassation comme l'accessoire de la demande en résolution du bail ; il en résulte que le bailleur qui agit en résolution du bail et en expulsion de son locataire, mais qui omet de solliciter en première instance une indemnité d'occupation pour la période postérieure à la date de résolution, peut valablement présenter cette demande pour la **première fois devant la cour d'appel** (Cass. 3e civ. 13-6-2001 n° 1014 FS-PB : RJDA 10/01 n° 942).

Une demande en paiement d'une indemnité est irrecevable devant le **juge des référés** ; celui-ci peut seulement allouer une provision à valoir sur son montant (Cass. 3e civ. 23-5-2012 n° 11-14.456 FS-D : RJDA 10/12 n° 832).

Sur la **prescription** de l'action en paiement d'une indemnité d'occupation, voir n° 21865.

74085 **Débiteur de l'indemnité d'occupation** L'indemnité d'occupation est due à compter de la cessation du bail par le **locataire ou l'occupant de son chef** qui se maintient dans les lieux (Cass. 3e civ. 21-1-1998 n° 67 PF : RJDA 4/98 n° 391 ; Cass. 3e civ. 13-6-2001 n° 906 FS-D : RJDA 10/01 n° 943, 1e espèce).

Sur le sort en cas de résolution du bail de la **clause** prévoyant la **solidarité** entre les colocataires, voir n° 37610.

74090 **Évaluation de l'indemnité d'occupation** L'indemnité d'occupation, dont le montant est souverainement évalué par les juges du fond, est destinée à assurer la réparation intégrale du préjudice subi par le bailleur (Cass. 3e civ. 7-5-1969 : Bull. civ. III n° 355 ; Cass. 3e civ. 4-7-2017 n° 17-70.008 F-PBRI : RJDA 11/17 n° 701). Elle ne correspond donc pas nécessairement à la valeur locative des locaux occupés (Cass. com. 23-3-1954 : Bull. civ. III n° 120). Les juges peuvent indexer l'indemnité d'occupation s'ils estiment qu'une telle mesure est justifiée pour réparer le préjudice subi par le bailleur (Cass. 3e civ. 4-7-2017 n° 17-70.008, précité).

ILLUSTRATIONS

En cas de sous-location partielle de locaux dont le caractère indivisible a été reconnu, jugé que l'assiette de l'indemnité d'occupation, due par un sous-locataire qui se maintient sans droit ni titre, doit inclure la totalité des surfaces immobilisées et non les seuls locaux qui font l'objet de la sous-location (CA Versailles 19-2-1998, 12e ch. 2e sect. : Bull. inf. C. cass. 1-8-1998 n° 427).

74095 **Régime fiscal de l'indemnité d'occupation** En matière de **revenus fonciers,** l'administration considère que la partie de l'indemnité d'occupation qui représente la contrepartie de la jouissance des locaux constitue un revenu imposable pour le propriétaire. En revanche, le supplément d'indemnité qui peut être versé au titre de la réparation du préjudice subi par le propriétaire présente le caractère de dommages et intérêts et n'est donc pas imposable (BOI-RFPI-BASE-10-20 n° 110).

En matière de **bénéfices industriels et commerciaux,** le régime fiscal de l'indemnité d'occupation n'a jusqu'à présent donné lieu à aucune solution particulière. Par application des règles générales, l'indemnité versée par le locataire au bailleur doit à notre avis être imposée comme un loyer, en tant qu'elle est destinée à rémunérer la jouissance des lieux. Il en est de même pour la partie de l'indemnité correspondant à la réparation d'un préjudice subi par le bailleur, lorsque ce préjudice consiste en un manque à gagner (perte de recettes) ou un accroissement de charges.

Au regard de la **TVA,** il a été jugé que l'indemnité d'occupation accordée par le juge au bailleur et ayant pour seul objet de réparer le préjudice causé à ce dernier par l'ancien locataire n'est pas taxable, même si son montant a été fixé par référence à celui de l'ancien loyer (CE 30-5-2018 n° 402447 : RJF 8-9/18 n° 840).

DOMMAGES-INTÉRÊTS EN CAS DE RÉSOLUTION DU BAIL

74120 Des dommages-intérêts peuvent être mis à la charge de la **partie défaillante** ou, en cas de résolution aux **torts réciproques** des deux parties, à la charge de chacune selon ses torts (Cass. com. 3-1-1978 n° 76-13.919 : Bull. civ. IV n° 4 ; Cass. com. 15-5-2024 n° 23-13.990 F-B : RJDA 8-9/24 n° 441).

74130 En plus de l'indemnité d'occupation (nos 74060 s.), le **locataire** qui est **resté dans les lieux** après la résolution peut être condamné à verser des dommages-intérêts destinés à réparer un **préjudice distinct de celui résultant du maintien dans les lieux** (Cass. 3e civ. 11-12-2007 n° 05-21.833 F-D : RJDA 3/08 n° 237). Ainsi jugé que le locataire qui n'a pas effectué de démarches sérieuses et utiles pour son relogement et s'est maintenu délibérément et abusivement dans les lieux jusqu'à son expulsion doit indemniser le bailleur du préjudice fondé sur sa résistance abusive (Cass. 3e civ. 3-4-2001 n° 99-18.191).

SECTION 4

AUTRES CAS DE RÉSOLUTION DU BAIL COMMERCIAL

RÉSOLUTION DU BAIL PAR NOTIFICATION

Le bailleur ou le locataire peut, en cas d'inexécution suffisamment grave des obligations de l'autre partie, notifier à celle-ci la résolution du bail (C. civ. art. 1226). **74270**

Celui qui décide de résoudre le contrat par voie de notification agit **à ses risques et périls** (C. civ. art. 1226, al. 1). **74272**

Il doit préalablement **mettre en demeure** l'autre partie de satisfaire à son engagement dans un délai raisonnable, sauf en cas d'urgence (C. civ. art. 1226, al. 1), ou lorsqu'il l résulte des circonstances que la mise en demeure serait vaine (Cass. 3e civ. 25-1-2024 n° 22-16.583 F-D : RJDA 5/24 n° 273). Aucune précision n'étant donnée par le texte sur la notion de délai raisonnable, celle-ci est appréciée par le juge en fonction des circonstances.

ILLUSTRATIONS

Jugé que n'avait pas valablement mis en œuvre les dispositions relatives à la résolution du contrat par voie de notification le locataire qui avait mis le bailleur en demeure de réaliser des travaux pour remédier à ses manquements contractuels en lui laissant un délai de onze jours pour le faire. En effet, le délai ainsi imparti n'apparaissait pas raisonnable au regard des circonstances de l'espèce : les travaux étaient d'une importance certaine et imposaient le recours à une entreprise dotée des connaissances nécessaires à la mise en conformité des locaux au regard de la réglementation en vigueur, en une période de l'année (décembre) où nombre d'entre elles sont en congés (CA Reims 10-5-2022 n° 21/00852 : RJDA 12/22 n° 675).
En revanche, jugé que la mise en demeure préalable à la résiliation du bail n'était pas nécessaire dans un cas où le gérant de la société bailleresse avait eu des gestes déplacés à l'égard des salariées de la locataire (contacts physiques inappropriés, propos à connotation sexuelle...) et où le comportement de ce gérant était de nature à porter atteinte à la jouissance paisible des locaux loués par la locataire, dont le personnel était constitué à 80 % de femmes. Le comportement du gérant avait rendu manifestement impossible la poursuite des relations contractuelles, la mise en demeure préalable à la résiliation du bail était donc vaine (Cass. 3e civ. 25-1-2024 n° 22-16.583 F-D : RJDA 5/24 n° 273).

La mise en demeure doit mentionner expressément qu'à défaut pour la partie notifiée de satisfaire à son obligation le demandeur sera en droit de résoudre le contrat (C. civ. art. 1226, al. 2).
Lorsque l'inexécution persiste, celui qui a pris l'initiative de la mesure notifie à son cocontractant la résolution du contrat et les raisons qui la motivent (C. civ. art. 1226, al. 3).

Celui qui reçoit la notification peut à tout moment saisir le juge pour contester la résolution et la partie qui a pris l'initiative de la mesure devra alors prouver la gravité de l'inexécution (C. civ. art. 1226, al. 4).

S'il trouve la résolution justifiée, le juge en donne acte aux parties en la constatant et la résolution prend effet au jour de la réception de la notification par la partie défaillante (C. civ. art. 1229, al. 2). En revanche, s'il estime la résolution injustifiée, le juge ne peut, à notre avis, qu'accorder des dommages-intérêts. **74274**

Compte tenu des incertitudes et risques, notamment en termes d'indemnisation, ce mode de résolution devrait être peu utilisé en pratique.

RÉVOCATION MUTUELLE DU BAIL

Les dispositions régissant le statut de baux commerciaux ne font pas obstacle à une révocation du bail d'un commun accord par les parties (Cass. 3e civ. 18-5- 1994 n° 904 P : RJDA 10/94 n° 1009 ; CA Orléans 5-1-1994 n° 92-2042, ch. 1e civ. sect. ; CA Dijon 27-1-1995 n° 94-220, 1e ch. 2e sect.). Celles-ci peuvent donc **décider à tout moment** de mettre un terme à leurs relations contractuelles en modifiant les modalités sur lesquelles elles s'étaient initialement entendues. **74280**

Sur le plan fiscal, la présentation volontaire à la formalité de l'**enregistrement** d'un acte constatant la résolution d'un bail à durée limitée donne lieu à la perception du droit fixe de 125 € prévu à l'article 738, 1° du CGI (BOI-ENR-JOMI-10 n° 30).

74285 La révocation mutuelle n'est soumise à aucune condition de **forme** ; elle est donc acquise dès qu'une partie a accepté l'offre de résolution faite par l'autre (Cass. 3e civ. 9-2-1991 no 89-10.365).

Toutefois, la volonté des parties de mettre fin au bail à l'amiable ne se présume pas (Cass. com. 13-12-1960 : Bull. civ. III no 410). Cette volonté peut être seulement tacite et résulter des circonstances de fait, mais elle doit être certaine et non équivoque (Cass. 3e civ. 13-11-2008 no 07-16.663 FS-D ; Cass. 3e civ. 23-3-2011 no 10-10.226 FS-D : RJDA 2/12 no 131).

ILLUSTRATIONS

À défaut de congé délivré régulièrement à l'expiration d'une période triennale conformément à la convention des parties et de résolution judiciaire au cours de cette période, le bail ne peut pas être considéré comme résolu par anticipation avec l'accord du **bailleur**, du seul fait que celui-ci a **attendu trois ans pour réclamer le paiement des arriérés de loyer.**

Cass. 3e civ. 14-10-1992 no 1370 P : Bull. civ. III no 268.

Dans un cas où un locataire avait adressé à son bailleur un congé irrégulier, il peut être déduit du comportement postérieur du bailleur que celui-ci avait manifesté sa volonté d'accepter la résolution amiable du bail. En effet, après avoir reçu le congé, il avait **chargé un huissier** (devenu commissaire de justice) **de récupérer les clés** du local. En outre, il avait fait apposer sur la façade du local un **panneau « locaux disponibles »** et il avait confirmé à une agence immobilière sa **volonté de louer les locaux.** Enfin, le jour où l'huissier lui avait remis les clés, il lui avait expressément **déclaré reprendre possession des lieux.**

CA Orléans 5-1-1994 no 92-2042, 1e ch. civ.

Trois jours après avoir averti verbalement le bailleur, le locataire avait déménagé et lui avait remis les clés. Afin d'avoir la certitude qu'il pouvait reprendre les lieux, le bailleur avait écrit au locataire pour connaître ses intentions et, en réponse, ce dernier avait confirmé par écrit qu'il n'entendait pas revenir. Il résulte des **correspondances** ainsi **échangées** que les parties ont été parfaitement d'accord pour que le bail soit résolu à l'amiable et que cette résolution a pris effet à la date à laquelle le locataire a levé toute incertitude à ce sujet.

CA Dijon 27-1-1995 no 94-220, 1e ch. 2e sect..

74287 Lorsque la révocation mutuelle du bail est subordonnée à la **signature d'un nouveau bail** avec le successeur du locataire, le bailleur peut, sauf abus de droit, modifier les **conditions** de la nouvelle convention. Par suite, dans un cas où un bailleur avait refusé de signer avec le successeur présenté par son locataire un nouveau bail aux clauses et conditions de l'ancien, a été censurée la décision d'une cour d'appel qui, sans caractériser la faute commise par le bailleur, avait jugé que ce refus procédait d'un manquement du bailleur à ses engagements envers son locataire (Cass. 3e civ. 14-11-2007 no 06-15.544 FS-PB : RJDA 4/08 no 380).

74290 Sauf stipulation conventionnelle expresse, la seule volonté d'un locataire de résoudre le bail ne peut suffire à mettre fin au contrat à l'égard des autres **colocataires.** Par suite, ont été censurés les arrêts de cours d'appel qui :

– pour considérer que le bail souscrit par trois locataires, dont une société exploitant seule les locaux, avait été résolu du seul fait de la volonté de la société, avait retenu qu'il était manifeste que, dans la commune intention des parties y compris celle du bailleur, l'engagement de l'ensemble des colocataires était lié à celui de la société, seule exploitante de l'activité prévue au bail (Cass. 3e civ. 27-9-2005 no 1047 F-PB : RJDA 12/05 no 1326) ;

– pour considérer que le bail souscrit par trois locataires, dont une société exploitant seule les locaux, avait été résolu à l'égard de tous les locataires, avait retenu que le commissaire-priseur (ou commissaire de justice), agissant sur instruction du liquidateur de la société, avait remis les clefs des locaux à la société et que celle-ci les avait acceptées sans réserve (Cass. 3e civ. 18-2-2015 no 14-10.510 FS-PB : RJDA 7/15 no 486) ;

– pour considérer que le bail souscrit par une société et son représentant légal, agissant en cette qualité et en celle de colocataire, avait été résolu à l'égard de ce dernier, a retenu que seule la société exerçait une activité, que le colocataire n'était pas immatriculé au registre du commerce et des sociétés, et que le liquidateur judiciaire de la société avait manifesté sa décision de ne pas poursuivre le contrat (Cass. 3e civ. 15-12-2016 no 15-25.240 F-D : RJDA 3/17 no 159).

Sur la question de savoir si un **époux** peut agir seul en résolution, les règles exposées no 73940 sont à notre avis transposables.

74295 La révocation mutuelle ne doit pas être faite en **fraude des droits des tiers.** Ainsi, dans un cas où, alors que la cession du bail résultant d'une promesse synallagmatique de vente du fonds de commerce avait été soumise à l'accord du bailleur conformément aux stipulations du bail, ce dernier avait signé avec le cédant une convention de résiliation du bail et notifié au bénéficiaire de la promesse son refus de donner son agrément, le bailleur et le cédant ont été condamnés in solidum à verser des dommages-intérêts au cessionnaire : en effet, le bailleur n'avait aucun motif légitime de refuser l'agrément du successeur que lui soumettait son locataire, ce dont il a été déduit que la précipitation du bailleur à signer avec le cédant une résolution amiable du bail, qui rendait impossible la cession envisagée, avait été faite en fraude des droits de l'acquéreur (Cass. com. 4-1-1994 n° 22 D : RJDA 6/94 n° 636).

La révocation mutuelle ne devient définitive qu'un mois après la **notification** qui en a été faite **aux créanciers inscrits** (C. com. art. L 143-2, al. 2 ; sur la notification aux créanciers, voir nos 74710 s.). 74300

RÉSILIATION DU BAIL EN CAS DE PROCÉDURE COLLECTIVE

Les règles applicables à la résiliation du bail en cas de procédure collective d'apurement du passif à l'encontre du locataire sont étudiées nos 63220 s. 74310

RÉSOLUTION DU BAIL POUR ÉVÉNEMENT DÉTERMINÉ

Sur la faculté pour le bailleur de demander la résolution d'un bail dont la durée est subordonnée à la survenance d'un événement déterminé, voir nos 30150 s. 74320

RÉSILIATION DU BAIL EN CAS DE RECONVERSION DU LOCATAIRE

Dans le cas où, à l'issue d'un **stage de conversion ou de promotion** prévu à l'article L 145-43 du Code de commerce, le commerçant ou l'artisan quitte le local dont il est locataire pour convertir son activité en la transférant dans un autre local ou pour prendre une activité salariée, la résiliation du bail intervient de plein droit et sans indemnité à l'expiration d'un délai de trois mois à partir du jour où elle est signifiée au bailleur (C. com. art. L 145-44). 74325

DÉPART À LA RETRAITE OU INVALIDITÉ DU LOCATAIRE

Le locataire qui a demandé à bénéficier de ses droits à la retraite du régime social auquel il est affilié ou qui a été admis au bénéfice d'une pension d'invalidité attribuée dans le cadre de ce régime social peut donner congé à tout moment pendant le cours du bail sans attendre l'expiration d'une période triennale (C. com. art. L 145-4, al. 4). 74330

Le congé doit alors être notifié dans les formes et délai de l'alinéa 2 de l'article L 145-4 du Code de commerce (même article) dont l'exposé complet des règles est étudié aux nos 72190 s.

Cette disposition s'applique également à l'associé unique d'une EURL ou au gérant majoritaire depuis au moins deux ans d'une SARL, lorsque celle-ci est titulaire du bail (C. com. art. L 145-4, al. 5). 74335

SECTION 5 DESTRUCTION DU BIEN LOUÉ

Le Code civil précise les effets que la destruction du bien loué peut avoir entre les parties. Ceux-ci varient selon que la perte résulte d'un cas fortuit (C. civ. art. 1722) ou de la faute de l'une ou l'autre des parties (C. civ. art. 1741). Il appartient au juge de rechercher si la perte résulte de l'une ou l'autre cause (Cass. 3e civ. 10-1-1996 n° 93-17.470 : Rev. Loyers 1996 p. 170). 74470

A. Destruction du bien loué par cas fortuit

PRINCIPE

Aux termes de l'article 1722 du Code civil, si pendant la durée du bail la chose louée est détruite en totalité par cas fortuit, le bail est résilié de plein droit ; si elle n'est détruite qu'en partie, le locataire peut, suivant les circonstances, demander une diminution du prix ou la résiliation du bail. Dans l'un et l'autre cas, il n'y a lieu à aucun dédommagement. 74475

Cette disposition s'applique aux **baux commerciaux** (Cass. 3e civ. 20-1-1981 n° 79-14.576 : Bull. civ. III n° 15 ; Cass. 3e civ. 1-3-1995 n° 512 P : RJDA 5/95 n° 551) et ce, même pendant la période de maintien dans les lieux avant la fixation de l'indemnité d'éviction (n° 46970).

L'article 1722 du Code civil ne porte pas atteinte aux droits et libertés garantis par la Constitution (Cass. 3e civ. QPC 4-1-2011 n° 10-19.975 FS-D : RJDA 5/11 n° 491).

AMÉNAGEMENT DES RÈGLES SUR LA PERTE DU BIEN PAR CAS FORTUIT

74477 Les parties peuvent écarter l'application du principe posé par l'article 1722 du Code civil par une clause du bail telle que « Par dérogation à l'article 1722 du Code civil, en cas de destruction par suite d'incendie, ou autre événement, de la majeure partie des lieux loués, le bail sera résilié de plein droit, si bon semble au bailleur, le locataire renonçant expressément à user de la faculté de maintenir le bail moyennant une diminution de loyer » (Cass. 3e civ. 24-1-2001 no 99-14.426 : Administrer 2001 p. 58). Pour un autre exemple de clause, voir CA Paris 11-12-2002 no 2001-07534 : no 78021 ; Cass. 3e civ. 17-12-2015 no 14-23.385 F-D.

NOTION DE DESTRUCTION DU BIEN LOUÉ

74480 **Destruction totale** Il y a perte de la chose lorsque sa **destruction matérielle** est effective et définitive. Ainsi, n'équivaut pas à une perte totale des lieux l'apposition de scellés puisque le bien loué reste matériellement intact et n'est soustrait que momentanément à la jouissance du locataire qui pourra l'utiliser de nouveau après leur levée (CA Paris 20-12-1995, 6e ch. C : Loyers et copr. 1997 comm. no 258).

En conséquence, lorsqu'un acte administratif ou la décision d'une juridiction administrative ont décidé de la démolition d'un bien, il est exclu que la juridiction civile applique, dans un litige entre bailleur et locataire, l'article 1722 du Code civil tant que l'immeuble n'est pas effectivement détruit (CA Paris 4-3-1986, 16e ch. A).

74485 Il y a également perte totale du bien loué lorsque son **usage ou** sa **jouissance conformément à sa destination** sont devenus **impossibles,** peu important à cet égard que le coût des travaux excède ou pas la valeur vénale de l'immeuble (Cass. 3e civ. 8-3-2018 no 17-11.439 FS-PBI : RJDA 5/18 no 398).

ILLUSTRATIONS

Il y a **perte totale** de la chose en cas :
– de dommages affectant une toiture à 80 %, celle-ci n'assurant plus le couvert (Cass. com. 12-2-1962 no 58-11.833 : Bull. civ. III no 90) ;
– d'interdiction administrative d'exploiter une salle de cinéma où les conditions de sécurité du public ne sont plus assurées (Cass. com. 19-6-1962 no 60-12.941 : Bull. civ. III no 323) ;
– d'interdiction d'exploiter un commerce situé dans un périmètre de rénovation urbaine résultant d'une disposition légale (Cass. 3e civ. 12-5-1975 no 73-14.051 : Bull. civ. III no 161) ;
– de destruction par un incendie du bâtiment principal d'une entreprise dès lors que les locaux subsistants ne permettaient plus l'exploitation des lieux suivant la destination prévue au bail (Cass. 3e civ. 19-3-1997 no 449 P : RJDA 5/97 no 615) ;
– d'effondrement, à la suite de travaux réalisés à l'étage supérieur, de la voûte constituant le plafond d'un local abritant un commerce de lingerie et ayant entraîné la dévastation du local et sa fermeture (CA Bastia 2-11-2011 no 09/00475, ch. civ. B : RJDA 3/12 no 252) ;
– d'interdiction administrative d'exercer toute activité commerciale, intervenue après la conclusion du bail, consécutivement à un changement de réglementation et à des inondations majeures (CA Aix-en-Provence 14-11-2014 no 12/24015 : Loyers et copr. 2014 comm. no 15) ;
– de local endommagé par le feu, la suie et les fumées et devenu inexploitable, dès lors que l'îlot sur lequel est situé ce local a été barricadé de panneaux métalliques, que les travaux de reconstruction ont fait l'objet d'un permis de construire mais qu'ils n'ont pas été entamés (CA Versailles 27-2-2020 no 18/02634 : RJDA 7/20 no 354).

En revanche, il n'y a **pas perte de la chose** louée :
– lorsque, malgré des travaux de construction au-dessus d'un local, le locataire a continué à l'occuper et à y exercer son commerce conservant ainsi l'usage et la jouissance de la chose louée conformément à sa destination (Cass. com. 10-12-1958 no 1828 : Bull. civ. III no 431) ;
– dès lors que l'interdiction administrative d'exercer l'activité de grossiste en fleurs coupées à laquelle le locataire a contrevenu était antérieure à la conclusion du bail, peu important que cette interdiction ait été constatée par une ordonnance de référé rendu après, que le bail stipulait que le local était à usage de bureaux et d'activités et qu'il laissait au locataire les problèmes relatifs à l'usage des locaux et aux autorisations éventuellement nécessaires pour l'exercice de ses activités (Cass. 3e civ. 19-2-1997 no 256 P : RJDA 4/97 no 476) ;
– en cas d'impossibilité d'accéder aux locaux loués pendant une durée de 4 mois en raison de travaux de désamiantage réalisés à la suite d'un incendie (CA Paris 19-9-2024 no 22/14224 : RJDA 1/25 no 8).

74490 Les dispositions de l'article 1722 du Code civil peuvent également être invoquées lorsque le **coût des travaux** de remise en état est **excessif** pour assurer l'usage auquel le bien est destiné. Les tribunaux doivent rechercher si leur coût n'excède pas la valeur de l'immeuble (Cass. 3e civ. 9-12-2009 no 08-17.483 FS-PB : RJDA 3/10 no 216), laquelle s'apprécie notamment en fonction des revenus procurés par l'immeuble (Cass. 3e civ. 20-12-2018 no 16-23.449 F-D : RJDA 2/19 no 74).

Sur l'appréciation de ce caractère excessif qui permet de distinguer ce qui relève de la reconstruction ou de la réparation, voir nos 78165 s. et la jurisprudence citée.

Destruction partielle La perte du bien loué est partielle lorsque seulement une partie de celui-ci disparaît et que le locataire n'est privé de la jouissance que d'une partie du bien. 74495

ILLUSTRATIONS

Il y a **perte partielle** du bien loué justifiant la résiliation du bail lorsque :
– les dégâts causés par une tempête à la toiture d'un immeuble loué à usage commercial étaient suffisamment importants pour rendre impossible toute exploitation normale des lieux loués (Cass. 3e civ. 30-9-1998 n° 1372 D : RJDA 11/98 n° 1191) ;
– les lieux loués ont été dévastés aux deux tiers par la tempête de 1999, le locataire ne poursuivant une activité sur le tiers restant qu'en procédant lui-même à une partie des réparations et en développant une nouvelle activité accessoire non contractuellement prévue (Cass. 3e civ. 4-5-2010 n° 09-12.844 F-D : RJDA 8-9/10 n° 824) ;
– un logement est devenu temporairement inhabitable en raison d'une inondation consécutive à une tempête ayant détruit le toit de l'immeuble même si des travaux de remise en état sont possibles et envisagés par le bailleur (Cass. 3e civ. 11-4-2019 n° 18-12.635 F-D : RJDA 6/19 n° 408).
En revanche, il n'y a **pas de perte partielle** du bien loué en cas :
– d'apparition de fissures sur les baies vitrées constituant la façade du local qui n'a pas empêché le locataire de continuer normalement son activité (Cass. 3e civ. 1-4-1992 n° 90-17.823 : Loyers et copr. 1992 comm. n° 292) ;
– de détérioration par un incendie d'un local de 26 m^2 sur des locaux loués d'une superficie de 200 m^2, dès lors que le locataire n'apporte pas la preuve de l'impossibilité de jouir de la chose ou d'en faire un usage conforme à sa destination (CA Paris 27-10-1994, 8e ch. B : Loyers et copr. 1995 comm. n° 56) ;
– de travaux de désamiantage réalisés à la suite d'un incendie des locaux et ayant rendu l'accès temporairement indisponible dès lors que le coût de ces travaux n'était pas excessif (environ 50 000 € alors que le bâtiment a été vendu à 430 000 € un an après la résiliation du bail) (CA Paris 19-9-2024 n° 22/14224 : RJDA 1/25 n° 8).

Comme en cas de perte totale, la destruction partielle du bien loué doit être distinguée de la **détérioration** des locaux qui oblige le bailleur à y faire face en raison de son obligation d'entretien et de réparations. Les tribunaux prennent en considération la diminution de l'usage du bien, l'importance et le coût des travaux à effectuer lesquels peuvent être appréciés au regard de la valeur vénale des lieux loués et de leur rentabilité locative (Cass. soc. 13-2-1958 n° 47977 : Bull. civ. IV n° 230 ; Cass. 3e civ. 3-6-1971 n° 69-14.829 : Bull. civ. III n° 348). Par exemple, si en cas d'expropriation partielle d'un immeuble, le locataire peut obtenir la résiliation de son bail lorsque l'immeuble est devenu impropre à l'usage auquel il était destiné, il en va différemment si la partie de l'immeuble non comprise dans l'expropriation est susceptible d'être appropriée à l'usage en vue duquel le bail a été consenti ; dans ce cas, le locataire peut exiger que le bailleur fasse les travaux nécessaires (Cass. 1e civ. 9-7-1962 n° 61-10.169 : Bull. civ. III n° 349). 74497

EXISTENCE D'UN CAS FORTUIT

La destruction des lieux loués par cas fortuit suppose un événement indépendant de la volonté des parties et ne pouvant être imputé à aucune d'elles, notamment l'absence de faute du bailleur ou d'un manquement à ses obligations. 74500

Tel n'est pas le cas, par exemple, lorsque l'impossibilité pour le locataire d'exploiter un hôtel résulte de graves désordres affectant les salles de bains des chambres consécutifs aux importants travaux de rénovation et d'agrandissement dès lors qu'ils sont la conséquence nullement imprévisible de la décision du bailleur d'entreprendre lesdits travaux (Cass. 3e civ. 24-11-2009 n° 08-18.652 F-D). De même, le cas fortuit ne peut pas être invoqué dans le cas d'une dégradation du bien loué due à un vice caché ou à un défaut d'entretien de la chose louée imputable au bailleur (Cass. 3e civ. 9-1-2025 n° 23-16.698 F-D : RJDA 4/25 n° 190). En ce qui concerne les incendies, voir nos 60360 s.

> **Précisions** Le cas fortuit est, depuis longtemps, **assimilé à la force majeure** par les tribunaux. Prenant acte de cette confusion, l'ordonnance 2016-131 du 10 février 2016 réformant le droit des contrats a supprimé toute référence au cas fortuit dans le droit commun des contrats, pour ne plus mentionner que la force majeure (C. civ. art. 1218). La définition de la force majeure posée par l'article 1218 du Code civil ne mentionne plus l'exigence parfois requise par les tribunaux tirée de l'extériorité de l'événement ; ceci ne devrait cependant pas entraîner de bouleversement majeur dans la manière d'appréhender la force majeure. En toute hypothèse, cette définition ne s'impose pas nécessairement aux tribunaux saisis sur le fondement de l'article 1722 du Code civil, qui pourraient décider d'interpréter la notion de cas fortuit indépendamment de celle de force majeure.

Phénomène naturel Un phénomène naturel peut constituer un cas de force majeure. 74505

Résulte ainsi d'un cas fortuit la dislocation d'un immeuble causée par l'**effondrement** du ciel **de carrière** sur lequel il était construit dû à la légère **décompression et aux vibrations** résultant de la construction d'un autre immeuble à côté. En effet, le propriétaire n'est pas responsable de la présence de la carrière sous l'immeuble, ni de l'effondrement du ciel de celle-ci : il s'agit bien d'un événement extérieur à l'immeuble, imprévisible et irrésistible et aucune faute ne peut être reprochée au bailleur (CA Paris 3-11-1989 n° 88-18665, 19e ch. B).

Ayant retenu qu'une maison de bois, construite depuis plus de 40 ans, n'aurait pu résister à un **cyclone** qui avait revêtu les caractéristiques d'imprévisibilité, d'insurmontabilité et d'irrésistibilité de la force majeure excluant la responsabilité du bailleur, une cour d'appel en a justement déduit la résiliation du bail (Cass. 3e civ. 3-4-2001 n° 99-17.130 : Administrer janvier 2002 p. 36).

74510 **Vétusté** La ruine d'un bâtiment par vétusté n'est un cas fortuit que s'il n'y a pas faute ou défaut d'entretien imputable au bailleur (Cass. 3e civ. 29-1-1975 n° 73-14.295 : Bull. civ. III n° 35 ; Cass. 3e civ. 3-10-1978 n° 77-11.120 : Bull. civ. III n° 297 ; Cass. 3e civ. 1-3-1995 n° 511 P : Gaz. Pal. 1996 p. 125).

ILLUSTRATIONS

Dès lors que l'**affaissement des fondations** d'un immeuble a favorisé un écartement des murs porteurs, ce phénomène étant évolutif et s'étant poursuivi au fil des ans, la perte totale de la chose louée est établie et la ruine de l'immeuble est due à un état de vétusté avancée, aggravée par les infiltrations au travers des collecteurs de l'égout de la ville ; cet état de chose ne résultant pas de la faute du bailleur mais d'une irrémédiable vétusté assimilable au cas fortuit au sens de l'article 1722 du Code civil, il s'ensuit que le bail se trouve résilié de plein droit.

CA Paris 26-4-1990 n° 88-22299, 6e ch. B.

Ayant adopté les conclusions du rapport d'expertise selon lequel, à chaque fois que des travaux avaient incombé au propriétaire, il y avait eu un accord pour les entreprendre et ayant constaté que les réparations de la **toiture** avaient toujours été effectuées à la demande du locataire, mais qu'en raison du **vieillissement naturel** de cet élément, il y avait lieu de refaire la charpente et la couverture sans qu'il soit possible de se contenter de réparations partielles, une cour d'appel a pu retenir qu'aucune faute n'était de ce chef à reprocher au bailleur et, ayant pu déduire de ces constatations que l'état de vétusté constituait en l'occurrence le cas fortuit visé à l'article 1722 du Code civil, a retenu à bon droit que le bail était résilié sans indemnité pour le locataire.

Cass. 3e civ. 7-6-2000 n° 882 FS-D.

74515 **Décision administrative** Une décision administrative peut constituer un cas fortuit.

ILLUSTRATIONS

Tel est le cas de :
– la publication d'un arrêté municipal réglementant la publicité dans une commune qui a empêché le locataire d'une palissade entourant un terrain en construction destinée à supporter de la publicité de l'utiliser pendant une certaine période (Cass. 1e civ. 29-11-1965 n° 63-13.621 : Bull. civ. I n° 655) ;
– l'existence d'une décision administrative ordonnant la démolition de l'immeuble en raison de son état de vétusté (Cass. 3e civ. 20-1-1988 n° 86-11.922 : Bull. civ. III n° 13) ;
– l'interdiction légale d'exercer certains commerces dans un périmètre de rénovation urbaine (Cass. 3e civ. 12-5-1975 n° 73-14.051 : Bull. civ. III n° 161) ;
– une injonction impérative de la préfecture de police de Paris qui a entraîné l'obturation du passage d'accès aux parkings loués avec un local commercial (CA Paris 31-10-1995, 16e ch. A : D. 1996 IR p. 3) ;
– un arrêté administratif de fermeture d'un centre commercial, dès lors que les circonstances à l'origine de cette décision ne pouvaient pas être imputées au bailleur (Cass. 3e civ. 30-10-2007 n° 07-11.939 F-D : Rev. Loyers 2008 p. 31) ;
– la publication en cours de bail d'un arrêté municipal qui interdisait la circulation des véhicules de plus de 19 tonnes sur la voie permettant d'accéder aux locaux loués par une entreprise de transport routier (CA Dijon 29-9-2009 n° 08-2140, ch. civ. B : RJDA 11/10 n° 1039) ;
– la délivrance par la municipalité d'un certificat d'urbanisme négatif, faisant suite à d'importantes inondations, et rendant impossible pour l'avenir l'activité du preneur, même si une clause du bail mettait à la charge de ce dernier l'obtention des autorisations administratives nécessaires à cette activité, dès lors qu'aucune autorisation ne pouvait plus être obtenue (CA Aix-en-Provence 14-11-2013 n° 12/24015, ch. 11 sect. B).

En revanche, le locataire d'un local, initialement exploité en tant que mûrisserie de bananes, ne peut pas se prévaloir de l'impossibilité dans laquelle il s'est trouvé de jouir des lieux conformément à leur destination, du fait des dispositions légales transférant à Rungis les Halles Centrales de Paris, pour conclure à la perte de la chose louée, dès lors que l'immeuble loué n'est pas inclus dans le périmètre de rénovation urbaine du quartier des Halles, que l'article 13 de l'ordonnance du 22 septembre 1967 permettait en ce cas au locataire d'exercer une activité nouvelle ou de céder le bail, et que ne constituent pas un cas fortuit ou de force majeure les difficultés de cession d'un bail ou d'utilisation nouvelle des lieux résultant de leur agencement particulier (Cass. 3e civ. 9-10-1973 n° 72-13.502 : Bull. civ. III n° 513).

Sur la question de savoir si les mesures administratives de fermeture de certains établissements en raison de l'épidémie de **Covid-19** entraînent la perte du bien loué, voir nos 60874 s.

EFFETS DE LA DESTRUCTION DU BIEN LOUÉ PAR CAS FORTUIT

Aux termes de l'article 1722 du Code civil, dès lors qu'il y a perte de la chose louée par cas fortuit, il n'y a lieu à aucun **dédommagement,** que la perte soit totale ou partielle (Cass. 3e civ. 13-7-1994 no 91-10.568 : Loyers et copr. 1994 comm. no 376 ; Cass. 3e civ. 9-12-2009 no 08-17.483 FS-PB : RJDA 3/10 no 216). En particulier, lorsque celle-ci survient pendant la période de maintien dans les lieux, le locataire perd son droit à l'indemnité d'éviction (no 46970). Ainsi, un locataire ne peut pas être dédommagé pour la perte de son logement et le bailleur ne peut pas être tenu de réparer le préjudice subi par le locataire qui a vécu pendant plusieurs années dans un logement insalubre (Cass. 3e civ. 27-11-2007 no 06-10.358 F-D). **74530**

Le remboursement des loyers payés d'avance ne s'analyse pas en une indemnité prohibée par l'article 1722 du Code civil (Cass. 3e civ. 1-4-1998 no 96-10.399 : Bull. civ. III no 76).

La **destruction totale** des lieux loués par cas fortuit entraîne la résiliation de plein droit du bail (C. civ. art. 1722) et dispense en conséquence le locataire du paiement des loyers pour la période postérieure à la destruction totale (Cass. com. 8-10-1991 no 89-10.491 : Bull. civ. IV no 278 ; Cass. 3e civ. 4-4-2001 no 99-12.322 : Rev. Loyers 2001 p. 327 note J. Remy). **74535**

La **destruction partielle** autorise seulement le locataire à choisir entre une diminution du prix ou la résiliation sans indemnité du bail (C. civ. art. 1722). La décision du locataire est discrétionnaire et, après avoir opté pour l'une de ces alternatives, il a épuisé son droit et ne peut pas ensuite introduire devant le tribunal une autre demande (Cass. soc. 11-12-1953 : AJPI 1954 p. 33). **74540**

Le fait que le locataire ait procédé à ses frais à une remise en état des lieux loués, partiellement détruits, ne fait pas obstacle à son droit d'obtenir une diminution du loyer sur le fondement de l'article 1722 (Cass. 3e civ. 11-7-1990 no 89-13.769 : Bull. civ. III no 172).

La faculté de résiliation n'est pas ouverte au bailleur (Cass. 3e civ. 13-10-1993 no 1464 D : Rev. Loyers 1994 p. 19 ; Cass. 3e civ. 16-3-1994 no 91-21.999 : Loyers et copr. 1994 comm. no 236 ; Cass. 3e civ. 1-2-1995 no 228 P : RJDA 4/95 no 409).

En cas de perte, même partielle, de l'immeuble loué, le propriétaire n'est pas tenu de le **reconstruire** (Cass. 1e civ. 21-11-1961 no 60-11.172 : Bull. civ. I no 541 ; Cass. 1e civ. 6-2-1963 no 59-11.178 : Bull. civ. I no 84), même s'il a reçu une indemnité de son assureur (Cass. 3e civ. 20-1-1981 no 79-14.576 : no 78175). Il a été déduit de la clause d'un bail prévoyant que, « en cas de sinistre survenant aux bâtiments loués, le bailleur n'est tenu d'affecter à la réparation, réfection ou reconstruction aucune somme supérieure au montant de l'indemnité d'assurance qui lui serait allouée », que les parties avaient entendu favoriser le bailleur par rapport aux obligations que fait peser sur lui l'article 1722 du Code civil en cas de perte partielle et que la résiliation du bail en cas de destruction totale restait applicable (Cass. com. 10-4-1964 no 60-12.841 : Bull. civ. III no 171). **74545**

B. Destruction du bien loué imputable à l'une des parties

En présence d'une faute du bailleur ou du locataire, entraînant une destruction totale ou partielle des lieux loués, le **bail** peut être **résilié** en application de l'article 1741 du Code civil, des **dommages et intérêts** pouvant être mis à la charge de celle des parties déclarée responsable de la perte (Cass. com. 19-6-1962 no 60-12.941 : Bull. civ. III no 323 ; Cass. com. 8-10-1991 no 1201 P : RJDA 12/91 no 1019 ; Cass. 3e civ. 22-1-1997 no 95-12.410 : Bull. civ. III no 17). **74570**

Commet ainsi une **faute** en relation de cause à effet avec l'écroulement d'un immeuble donné à bail le **bailleur** qui ne contacte le bureau Veritas que six mois après avoir reçu une mise en garde de son locataire lui signalant les anomalies affectant l'immeuble ; le bailleur ne pouvait donc pas invoquer les dispositions de l'article 1722 du Code civil (Cass. 3e civ. 18-5-1994 no 92-17.815 : Loyers et copr. 1994 comm. no 422). **74575**

En cas de perte partielle du bien loué par la faute du bailleur, celui-ci peut être condamné à faire procéder aux travaux de remise en état. Ainsi, un bailleur a été condamné à procéder aux travaux de réfection d'une installation électrique tout en allouant au locataire des dommages et intérêts en réparation des préjudices matériels et moraux occasionnés par les carences du propriétaire (CA Limoges 22-7-1998 no 97-38, ch. civ.). Jugé que la dégradation des bâtiments étant due à un défaut d'entretien imputable au bailleur, celui-ci ne pouvait dès lors prétendre que la remise en état était hors de proportion avec la valeur actuelle des bâtiments qui n'était que la conséquence de sa négligence (Cass. 3e civ. 30-9-1998 no 96-17.684 : Bull. civ. III no 177).

74580 Lorsque la perte totale est la conséquence d'une **faute du locataire,** le bail étant résilié de plein droit et le contrat n'ayant plus d'objet, le bailleur ne peut pas réclamer le paiement des loyers postérieurs à la perte ; il ne peut obtenir que des dommages et intérêts (Cass. 3e civ. 4-4-2001 no 99-12.322 : Rev. Loyers 2001 p. 327 note J. Remy).

74585 Aux termes de l'article 1231-4 du Code civil, les dommages-intérêts ne doivent comprendre que ce qui est une suite immédiate et directe de l'inexécution de la convention. Viole ce texte l'arrêt qui, statuant sur le montant de l'indemnité due par le bailleur au locataire à la suite de la résiliation du bail commercial qu'il lui avait consenti pour **perte** de la chose louée **imputable aux deux parties,** a décidé que le fait que le locataire ait contribué partiellement à la ruine de l'immeuble en s'abstenant d'effectuer en temps utile les travaux d'entretien lui incombant contractuellement était sans influence sur la fixation du préjudice et a condamné le bailleur à sa réparation intégrale (Cass. 3e civ. 4-7-1978 no 77-10.920 : Bull. civ. III no 274).

SECTION 6 PROTECTION DES CRÉANCIERS INSCRITS EN CAS DE RÉSILIATION DU BAIL COMMERCIAL

OBLIGATION DE NOTIFIER LA RÉSILIATION DU BAIL AUX CRÉANCIERS

74710 Le bailleur qui poursuit la résiliation du bail de l'immeuble dans lequel est exploité un **fonds de commerce grevé d'inscriptions** doit notifier sa demande aux créanciers antérieurement inscrits, au domicile élu par eux dans leurs inscriptions (C. com. art. L 143-2 ; art. R 143-22). L'obligation ne vise que le bailleur ; il ne peut donc pas être reproché au locataire qui fait appel de ne pas avoir appelé à l'instance un créancier inscrit (CA Rennes 6-7-2022 no 21/06798).

74712 La notification vaut mise en demeure d'exécuter les clauses du bail (Cass. 3e civ. 8-2-1989 no 87-11.919 : Bull. civ. III no 31). Elle a pour but de réserver aux créanciers inscrits un moyen de sauvegarder leur gage, dont le bail est un des principaux éléments, en leur permettant d'accomplir les obligations nées du bail au lieu et place de leur débiteur (Cass. 3e civ. 13-4-1976 no 74-11.774 : Bull. civ. III no 151 ; Cass. 3e civ. 17-5-1977 no 75-14.976 : Bull. civ. III no 215).

DOMAINE D'APPLICATION DE LA NOTIFICATION DE RÉSILIATION DU BAIL

74715 La notification doit être faite dans tous les **cas de résiliation** : résolution unilatérale (par voie de notification au cocontractant), résiliation amiable (ou révocation mutuelle), résolution judiciaire et résiliation de plein droit par application d'une clause résolutoire insérée dans le contrat de bail.

74720 Jugé que ne constituaient pas des cas de résiliation obligeant le bailleur à effectuer une notification :
– l'expulsion du locataire ordonnée par le juge des référés en raison du caractère immoral et scandaleux de l'exploitation, la demande d'expulsion n'étant ni une résiliation ni l'équivalent d'une résiliation (Cass. req. 29-10-1934 : DH 1934 p. 553) ;
– l'expiration du bail par l'effet d'un congé délivré par le précédent propriétaire, le locataire se trouvant de surcroît en situation de maintien dans les lieux (CA Paris 2-4-1999 no 97-24978, 16e ch. B) ;
– le congé donné par le locataire à l'issue d'une période triennale (CA Paris 17-11-2000 no 99-23483, 16e ch. B).

DESTINATAIRES DE LA NOTIFICATION DE RÉSILIATION DU BAIL

74735 Les créanciers destinataires de la notification sont l'ensemble des **créanciers ayant** requis l'inscription d'un **privilège ou** d'un **nantissement** sur le fonds de commerce (TGI Paris 7-7-1994, 18e ch. sect. 2, SCP Brouard-Daudé ès qual. c/ Sté Transama : Gaz. Pal. 1994 p. 713). Encore faut-il, bien entendu, qu'ils soient « régulièrement » inscrits. Sur les conditions à remplir, voir Mémento Droit commercial 2025 nos 3423 à 3424.

Il importe peu que l'inscription ait été prise du chef du locataire actuel ou des locataires antérieurs, même si les différentes cessions intervenues n'ont pas été notifiées au bailleur (Cass. 3e civ. 8-12-1993 no 1934 P : RJDA 3/94 no 271).

Les **créanciers subrogés** doivent également être destinataires de la notification à condition que leur subrogation ait été mentionnée en marge de l'inscription du privilège (CA Paris 18-11-1988 n° 88-6364, 14e ch. B).

En revanche, le créancier bénéficiaire d'une **inscription provisoire** de nantissement sur un fonds de commerce ne peut pas se prévaloir des dispositions de l'article L 143-2 du Code de commerce s'il n'a pas procédé à une inscription complémentaire dans les deux mois à compter du jour où la décision constatant la créance a acquis l'autorité de la chose jugée ; en effet, dans ce cas, l'inscription provisoire est devenue rétroactivement sans effet (Cass. 3e civ. 6-12-1995 n° 2210 P : RJDA 2/96 n° 191, 3e espèce, rendu sous l'empire de l'ancien Code de procédure civile mais transposable à l'art. L 511-4 C. exécution prévoyant la caducité de l'inscription provisoire).

Les créanciers destinataires de la notification sont les créanciers **« antérieurement » inscrits.** **74740**
L'antériorité de l'inscription s'apprécie différemment selon le type de résiliation :
– en cas de résiliation judiciaire, l'inscription doit être antérieure à la date de la demande en justice (en ce sens, C. com. art. L 143-2, al. 1) ;
– en cas de résiliation amiable, l'inscription doit être antérieure à la date de l'accord (en ce sens, C. com. art. L 143-2, al. 2) ;
– en cas de résolution par voie de notification au cocontractant, l'inscription doit être antérieure à la date de réception de la notification par le cocontractant qui en est destinataire (en ce sens, C. civ. art. 1226, al. 2) ou, en cas de contestation de la notification, antérieure à la date fixée par le juge (en ce sens, C. civ. art. 1229, al. 2) ;
– lorsque la résiliation opère de plein droit par l'effet d'une clause résolutoire, la notification doit être faite à tous les créanciers inscrits avant la date à laquelle le bailleur poursuit en justice la constatation de l'acquisition de cette clause (Cass. 3e civ. 22-3-2006 n° 385 FS-PBR : RJDA 6/06 n° 628 ; Cass. com. 16-10-2007 n° 05-19.756 F-PB : RJDA 1/08 n° 10). Cette date est celle de l'assignation ou de la demande reconventionnelle du bailleur (Cass. 3e civ. 22-3-2006, précité) mais pas celle du commandement de payer car il ne constitue pas une demande en justice (Cass. 3e civ. 3-10-2007 n° 05-22.031 FS-PB : RJDA 12/07 n° 1196). Par suite, doit notamment être considéré comme un créancier inscrit pour l'application de l'article L 143-2 celui qui a inscrit un nantissement entre la date de délivrance du commandement visant la clause résolutoire du contrat de bail et celle de l'expiration du délai d'un mois prévu par cette clause pour mettre fin au manquement (Cass. 3e civ. 13-5-1980 n° 79-10.775 : Bull. civ. III n° 95).

En application du même principe, les créanciers inscrits entre la date d'expiration du délai d'un mois prévu par la clause résolutoire et la date de l'assignation ou de la demande reconventionnelle du bailleur visant à faire constater l'acquisition de la clause devraient également être destinataires d'une notification.

MOMENT DE LA NOTIFICATION DE LA RÉSILIATION DU BAIL

L'article L 143-2, al. 1, qui vise la **résiliation judiciaire,** indique que le propriétaire doit notifier **74750**
« sa demande » aux créanciers antérieurement inscrits. Par conséquent, la dénonciation de la demande en justice, soit l'assignation, soit la demande reconventionnelle, vaut notification.

Le jugement prononçant la résiliation devant être rendu au minimum un mois après la notification, celle-ci pourra intervenir à tout moment en cours d'instance, et donc postérieurement à la date de l'assignation, dès lors qu'elle aura été faite plus d'un mois avant le jugement (en ce sens, C. com. art. L 143-2, al. 1).

S'agissant de la **résiliation amiable,** le texte précise que la résiliation ne devient définitive qu'un **74755**
mois après la notification qui en est faite aux créanciers inscrits. La notification peut donc avoir pour objet l'accord amiable intervenu entre les parties.

En cas de **résolution par voie de notification** au cocontractant, la notification aux créanciers **74757**
inscrits doit, à notre avis, avoir lieu au moins au moment où le demandeur notifie à son cocontractant la résolution du contrat et les raisons qui la motivent, en application de l'article 1226, alinéa 3 du Code civil.

Lorsque la **résiliation** opère **de plein droit** par l'effet d'une clause résolutoire, la notification au **74760**
créancier inscrit du commandement de payer visant la clause résolutoire ne constitue pas la notification au sens de la loi (Cass. 3e civ. 16-3-2017 n° 15-29.206 FS-PB : RJDA 6/17 n° 394), dès lors qu'elle manifeste seulement l'intention de se prévaloir d'une résiliation encore éventuelle, le délai de paiement accordé au locataire n'étant pas encore expiré (Cass. com. 6-11-1961 n° 60-11.908 : Bull. civ. III n° 393 ; Cass. 3e civ. 21-7-1975 n° 74-11.033 : Bull. civ. III n° 265 ; Cass. com. 3-3-1992 n° 427 P : RJDA 7/92 n° 690).

En revanche, la notification est régulière dès lors que le bailleur adresse au créancier inscrit soit l'assignation délivrée après expiration du délai d'un mois suivant le commandement et tendant à la constatation de la résiliation (Cass. 3e civ. 4-3-1998 n° 346 PB : RJDA 5/98 n° 571, 2e espèce), soit la décision de justice constatant celle-ci (Cass. 3e civ. 4-3-1998 n° 347 PF : RJDA 5/98 n° 571, 1e espèce).

La notification de l'assignation dispense de la notification de l'ordonnance de référé rendue sur cette assignation (Cass. 3e civ. 4-3-1998 n° 346, précité ; Cass. 3e civ. 10-6-1998 n° 962 D : RJDA 8-9/98 n° 957).

FORME ET CONTENU DE LA NOTIFICATION DE RÉSILIATION DU BAIL

74770 L'article L 143-2 du Code de commerce ne prévoit **aucun formalisme particulier** pour la notification de la résiliation du bail aux créanciers inscrits. Le plus souvent, elle s'effectue par acte extrajudiciaire dans le but d'attirer l'attention du créancier inscrit sur le fait que la résiliation peut gravement porter atteinte à ses intérêts (CA Limoges 10-6-1991, 1e ch. civ. : Rev. Loyers 1992 p. 450).

La notification n'a pas à indiquer qu'elle est faite au créancier inscrit en cette qualité et en application de l'article L 143-2 du Code de commerce (Cass. 3e civ. 16-2-2000 n° 283 D : RJDA 4/00 n° 388).

74775 L'objectif de cette notification étant de permettre au créancier inscrit de préserver son gage, il importe qu'il soit clairement et sans équivoque informé de la résiliation. C'est pourquoi la Cour de cassation a considéré que la forme de la notification importe peu dès lors qu'une **information claire et sans équivoque** a été fournie au créancier (Cass. com. 16-1-2001 n° 112 FS-P : RJDA 4/01 n° 429). La Cour a ainsi estimé que la lettre adressée par le bailleur au créancier inscrit, aux termes de laquelle il lui rappelait les pourparlers engagés entre eux en vue de la « relocation » des lieux par celui-ci et les différents « contacts » déjà intervenus, consacrait la connaissance certaine et non équivoque, par ce dernier, de la résiliation intervenue et valait dès lors notification au créancier inscrit au sens de l'article L 143-2 (Cass. 3e civ. 16-1-2001, précité).

La cour d'appel de Paris a, pour sa part, jugé que ne permettait pas au créancier d'apprécier l'intérêt d'un règlement de la dette à la place du débiteur une dénonciation qui se bornait à faire état d'une ordonnance ayant suspendu les effets de la clause résolutoire du bail en accordant des délais de paiement au locataire et qui suggérait ainsi que cette clause n'était pas acquise, sans préciser que les délais de paiement n'avaient pas été respectés dès la première échéance et que la société locataire avait fait l'objet d'un jugement de liquidation judiciaire (CA Paris 21-1-2004 n° 03-21260, 14e ch. sect. A).

EFFETS DE LA NOTIFICATION DE RÉSILIATION DU BAIL

74790 **Dans les rapports entre le bailleur et les créanciers inscrits** La notification vise à permettre aux créanciers inscrits de faire valoir, avant le jugement statuant sur la demande de résiliation, les moyens qu'ils peuvent mettre en œuvre à l'encontre de cette demande (Cass. com. 27-5-1972 n° 71-11.011 : Bull. civ. IV n° 157 ; Cass. 2e civ. 8-7-1976 n° 75-10.792 : Bull. civ. III n° 240 ; Cass. 3e civ. 22-3-1989 n° 87-19.019 : Bull. civ. III n° 67).

Certains juges ont considéré que la notification avait pour objet, non pas uniquement de mettre en mesure le créancier de se substituer au locataire défaillant, mais plus généralement de lui permettre d'intervenir dans l'instance à toutes fins qu'il jugeait utiles, notamment pour contester la demande de résiliation du bailleur (CA Versailles 10-11-1988 n° 87-4890, 12e ch. ; TGI Paris 30-4-2002, 18e ch. sect. 1 : Gaz. Pal. 2002 p. 1103).

74795 Les créanciers inscrits disposent d'un délai d'un mois à compter de la date de notification pour **empêcher la résiliation** en exécutant à la place du débiteur les obligations nées du bail. Agir pendant ce délai est d'autant plus important pour les créanciers inscrits qu'en cas d'inaction, ils ne peuvent même plus interjeter appel d'une décision qui constaterait la résiliation du bail (Cass. 3e civ. 27-5-2009 n° 08-12.726 FS-PB : RJDA 8-9/09 n° 708).

Les règles de computation des délais de procédure (CPC art. 640 et 642) sont applicables. Par suite, si le jour d'expiration du délai tombe un samedi, le créancier inscrit bénéficie d'une prorogation jusqu'au premier jour ouvrable suivant (Cass. 3e civ. 14-11-1996 n° 1715 D : RJDA 1/97 n° 21).

74800 Lorsque la résiliation est fondée sur le défaut de paiement des loyers, le **créancier** peut aisément **exécuter,** à la place du locataire, cette obligation en réglant les loyers. Mais l'exécution des obligations du locataire n'implique pas nécessairement l'**intervention** directe du créancier dans l'exploitation du fonds ; il peut faire procéder à celle-ci par un tiers (Cass. com. 11-7-2006 n° 917 F-PB : RJDA 1/07 n° 21). De même, lorsque le créancier ne peut pas se substituer au locataire pour faire cesser la contravention, il peut toujours éviter que la résiliation ne devienne définitive si, spontanément ou sur son intervention, le locataire met fin à l'infraction dans le délai d'un mois qui suit la notification (Cass. 3e civ. 13-4-1976 n° 74-11.774 : Bull. civ. III n° 151).

En revanche, si les causes invoquées à l'appui de la demande en résiliation du bail ne cessent pas dans le délai d'un mois, la résiliation produit ses effets. Ainsi, un chèque émis par un créancier en paiement des loyers la veille de l'expiration du délai d'un mois mais adressé au bailleur huit jours après l'expiration de ce délai constitue une offre de paiement hors délai et est inopérante, de sorte que la résiliation du bail doit être prononcée (CA Douai 17-11-1994 n° 93-5987, 3e ch.). De même, le règlement, au bailleur qui l'a accepté, des loyers impayés par le créancier inscrit ne fait pas obstacle à la résiliation du bail dès lors que le règlement est intervenu quelques jours après l'expiration de la première échéance du plan d'apurement de la dette locative fixé par le juge, et donc à une date où la résiliation était déjà acquise (Cass. 3e civ. 21-1-2009 n° 07-19.916 FS-PB. : RJDA 4/09 n° 316).

Si les créanciers inscrits poursuivent, dans le délai, la réalisation de leur gage et font ordonner la **vente du fonds de commerce,** cette procédure ne peut pas faire échec au droit du bailleur de demander la résiliation du bail (CA Paris 2-12-1930, 1e ch. : Gaz. Pal. 1930 p. 1051 ; CA Paris 13-11-1935, 11e ch. référés, Sté Séquanaise-Capitalisation c/ Claridge's Hotels : Gaz. Pal. 1935 p. 920 ; CA Paris 1-10-1991 n° 90-18615, 1e ch. urg.). Le droit au bail, compris dans les éléments du fonds de commerce dont le créancier demande la vente forcée, reste soumis à toutes les éventualités pouvant l'affecter au terme du droit commun et en application notamment du bail lui-même (arrêts précités). **74805**

En cas de résiliation de plein droit, les créanciers inscrits régulièrement informés de la procédure de résiliation ne peuvent pas se prévaloir en leur nom personnel des possibilités de délai et de suspension des effets de la clause résolutoire prévues à l'article L 145-41 du Code de commerce (Cass. com. 22-10-1963 n° 61-13.730 : Bull. civ. III n° 434 ; Cass. 3e civ. 1-2-1989 n° 87-11.992).

Dans les rapports entre les créanciers inscrits et les cautions du locataire Si la notification permet au créancier inscrit d'empêcher la résiliation du bail, elle n'entraîne aucune obligation à sa charge (Cass. com. 30-10-2000 n° 1813 D : RJDA 2/01 n° 230 ; Cass. com. 25-6-2002 n° 1262 FS-D : RJDA 12/02 n° 1322). Le créancier inscrit apprécie librement s'il est de son intérêt d'effectuer le paiement des loyers arriérés pour préserver son gage et ne commet pas de faute en s'en abstenant, même s'il résulte de cette abstention une diminution de la valeur du fonds de commerce (CA Paris 20-1-1998 n° 95-17396, 15e ch. A : D. aff. 1998 p. 280). **74815**

Par conséquent, le créancier ne commet pas de faute à l'égard des cautions du locataire :

- en ne comparaissant pas à l'audience où la demande en résiliation du bail a été accueillie et en ne payant pas les loyers (Cass. com. 30-10-2000 n° 1813 D, précité) ;
- en s'abstenant d'informer la caution de l'intention du bailleur de résilier le bail de l'immeuble dans lequel s'exploite un fonds de commerce grevé d'inscriptions (Cass. com. 30-10-2000 n° 1813 D, précité ; Cass. com. 7-12-2004 n° 1770 F-D : RJDA 4/05 n° 464).

Dans les rapports entre le bailleur et le locataire Les formalités prescrites par l'article L 143-2 du Code de commerce sont étrangères aux rapports existant entre le bailleur et le locataire (Cass. 3e civ. 4-11-1987 n° 86-15.115 : Bull. civ. III n° 178 ; Cass. 3e civ. 10-2-1988 n° 87-10.094 : Bull. civ. III n° 33 ; Cass. 3e civ. 20-5-1992 n° 852 PF : RJDA 7/92 n° 689). Par conséquent, la notification aux créanciers inscrits ne modifie pas les **obligations** nées **du contrat de bail.** Jugé à ce titre que le locataire qui n'a pas réglé ses loyers dans le délai du commandement visant la clause résolutoire ne peut pas se prévaloir, pour accomplir ses propres obligations, des délais spéciaux accordés aux créanciers inscrits (Cass. 3e civ. 17-4-1974 n° 73-12.162 : Bull. civ. III n° 146 ; Cass. 3e civ. 20-5-1992 n° 852 PF, précité). **74825**

DÉFAUT DE NOTIFICATION DE RÉSILIATION DU BAIL

Protection des créanciers inscrits La notification n'a pas un caractère d'ordre public (Cass. req. 14-11-1933 : DH 1934 p. 2 ; CA Paris 14-10-1998 n° 98-6315, 14e ch. A : D. aff. 1999 p. 113). La notification étant imposée dans l'**intérêt particulier** des créanciers inscrits, eux seuls sont recevables à invoquer un défaut de notification (Cass. req. 14-11-1933, précité ; Cass. com. 26-5-1961 n° 60-11.917 : Bull. civ. III n° 237 ; Cass. com. 16-10-2007 n° 05-19.756 F-PB : RJDA 1/08 n° 10). Ainsi, il a été jugé que n'avait pas qualité pour se prévaloir du défaut de notification : **74840**

- le propriétaire du fonds de commerce exploité dans les lieux loués (Cass. req. 14-11-1933, précité) ;
- l'acquéreur du fonds de commerce (Cass. 3e civ. 9-1-1991 n° 89-13.790 : Bull. civ. III n° 15) ;
- le locataire (Cass. 3e civ. 22-5-1973 n° 72-13.423 : Bull. civ. III n° 358 ; Cass. 3e civ. 10-10-1979 n° 77-15.722 : Bull. civ. III n° 172 ; Cass. 3e civ. 6-12-1995 n° 2204 P : RJDA 2/96 n° 191, 1e espèce ; CA Paris 27-9-2000 n° 00-9320, 16e ch. A) ;
- le liquidateur en charge de la liquidation des biens du locataire (Cass. 3e civ. 9-1-1991 n° 89-13.790, précité ; CA Paris 3-11-1995 nos 94-16669 et 95-21958, 14e ch. B) ;
- les associés de la société en participation locataire (Cass. com. 16-10-2007, précité).

> **Précisions** Sur l'impossibilité pour le locataire de se prévaloir du défaut de notification, à noter cependant que, dans un cas où une société avait pris à bail plusieurs locaux dont certains avaient été antérieurement loués à d'autres locataires qui avaient consenti des **nantissements sur les fonds de commerce** qu'ils y exploitaient et où ces baux antérieurs avaient été **résiliés**

amiablement sans que leur résiliation ait été notifiée aux créanciers nantis, il a été admis que le **nouveau locataire** pouvait être fondé à solliciter la résolution de son bail dès lors qu'il courait un risque d'éviction en raison du défaut de notification aux créanciers nantis, ceux-ci pouvant à tout moment demander la réalisation de leur gage (Cass. 3e civ. 10-5-1990 n° 89-15.772 : Bull. civ. III n° 111).

74850 **Sanction** La sanction du défaut de notification à un créancier inscrit est l'**inopposabilité** de la résiliation à ce créancier (Cass. com. 24-2-1954 n° 239 : Bull. civ. III n° 75 ; Cass. com. 22-5-1969 n° 67-13.266 ; Cass. 3e civ. 22-1-1997 n° 94 D ; CA Paris 14-10-1998 n° 98-6315, 14e ch. A : D. aff. 1999 p. 113).

74855 En principe, il ne peut pas être **suppléé ultérieurement** au défaut de notification (Cass. com. 25-5-1970 n° 69-10.590 : Bull. civ. IV n° 170 ; Cass. 2e civ. 8-7-1976 n° 75-10.792 : Bull. civ. II n° 240 ; Cass. 3e civ. 22-3-1989 n° 87-19.019 : Bull. civ. III n° 67 ; Cass. 3e civ. 6-12-1995 n° 2197 P : RJDA 2/96 n° 191, 2e espèce). Ce principe s'applique même lorsque c'est par la faute du greffier du tribunal de commerce que le propriétaire n'a pas fait la notification, cette faute ne pouvant avoir pour conséquence de rendre opposable au créancier inscrit une procédure irrégulière à son égard en tant qu'elle ne lui a pas été notifiée (Cass. civ. 1-10-1941 n° 25.750 : DA 1942 som. p. 2).

Toutefois, rien n'empêche le bailleur, qui a délivré à son locataire un commandement de payer visant la clause résolutoire du bail et a été, à la suite d'une assignation en référé du locataire aux fins d'obtenir des délais, débouté de sa demande reconventionnelle visant à faire constater la résiliation du bail pour ne l'avoir pas notifiée aux créanciers inscrits, d'assigner son locataire devant le juge des référés, aux mêmes fins, en notifiant son assignation aux créanciers, sans avoir à délivrer un nouveau commandement (Cass. 3e civ. 28-6-2000 n° 98-22.703 : Loyers et copr. 2000 comm. n° 225).

74860 Compte tenu de la jurisprudence rendue dans ce domaine, une question se pose cependant : la **connaissance de la résiliation du bail** que le créancier inscrit a pu avoir par ailleurs permettrait-elle de suppléer le défaut de notification ? En effet, certaines décisions affirment clairement que la connaissance de la résiliation du bail, ou du projet de le résilier, ne peut pas suppléer le défaut de notification (Cass. com. 19-5-2004 n° 805 F-D : RJDA 11/04 n° 1196 ; CA Limoges 10-6-1991, 1e ch. civ., Sté Minoterie Lagarde c/ Sté Banque Populaire du Massif Central). D'autres, au contraire, permettent de penser qu'en cas de connaissance de la résiliation par le créancier inscrit, le défaut de notification serait sans incidence. En effet, dans une espèce où un créancier inscrit avait adressé au conseil du bailleur, demandeur en résiliation judiciaire, un courrier par lequel il indiquait n'avoir pas l'intention de se présenter à l'audience ni de se faire représenter, ne souhaitant pas régler les loyers à la place du locataire, il a été jugé que le défaut de notification était sans incidence puisque cette lettre constituait une renonciation au bénéfice des formalités de l'article L 143-2 (Cass. 3e civ. 4-11-1992 n° 91-11.679 : Rev. huissiers 1993 p. 260). Dans le même sens, jugé que la participation de l'unique créancier inscrit aux pourparlers en vue de la « relocation » des lieux faisant l'objet du bail résilié consacrait la connaissance certaine et non équivoque, par ce dernier, de la résiliation intervenue et valait dès lors notification au créancier inscrit (Cass. 3e civ. 16-1-2001 n° 112 FS-P : n° 74775).

74865 À notre avis, ces divergences relèvent avant tout d'une question de **preuve** : dès lors que le bailleur établit que le créancier inscrit a eu une connaissance claire et non équivoque de la résiliation, celle-ci permettrait de suppléer le défaut de notification. Il se dégage de la jurisprudence actuelle que ne suffirait pas à établir cette connaissance :

– la **tierce opposition** formée par le créancier inscrit contre la décision prononçant la résiliation du bail (Cass. 2e civ. 8-7-1976 n° 75-10.792 : Bull. civ. II n° 240 ; Cass. 3e civ. 4-6-1986 n° 85-10.136 : Bull. civ. III n° 86 ; Cass. 3e civ. 22-3-1989 n° 87-19.019 : Bull. civ. III n° 67) ; en effet, la connaissance implicite des défaillances du locataire que révélerait la tierce opposition formée par le créancier inscrit ne peut suppléer le défaut de notification (Cass. 3e civ. 4-6-1986 n° 85-10.136, précité) ;

– la **publication** de la résiliation amiable **dans un journal d'annonces légales** (ou autre support d'annonces légales : cf. Loi 55-4 du 4-1-1955 art. 1) et la signification d'une défense faite aux créanciers inscrits d'inclure le droit au bail dans les éléments du fonds de commerce dont la vente était annoncée (Cass. req. 25-4-1939 : Gaz. Pal. 1939 p. 220) ;

– la publicité faite à l'occasion d'une procédure de saisie immobilière pratiquée sur un immeuble loué, et notamment la **mention au cahier des charges** d'une résiliation du bail constatée judiciairement hors la présence des créanciers inscrits (Cass. com. 6-3-1968 : Bull. civ. IV n° 98) ;

– le fait que le créancier inscrit ait produit, à l'occasion de sa tierce opposition, une **ordonnance** rendue dans un litige l'opposant à une caution et mentionnant expressément la résiliation déjà intervenue du bail (Cass. com. 19-5-2004 n° 805 F-D : RJDA 11/04 n° 1196) ;

– l'**intervention volontaire en appel** d'un créancier inscrit à la suite d'un jugement ayant prononcé la résiliation judiciaire du bail (Cass. 3e civ. 12-7-2006 n° 854 FS-PB : RJDA 11/06 n° 1119).

Droits du créancier inscrit Le créancier inscrit a le droit, lorsqu'une décision judiciaire a prononcé la résiliation, sans qu'aucune notification lui ait été faite, d'y faire tierce opposition afin d'exiger le **maintien du bail** pour la sauvegarde de son gage (Cass. 3e civ. 15-12-1976 n° 75-14.898 : Bull. civ. III n° 466 ; Cass. 3e civ. 8-2-1989 n° 87-11.919 : Bull. civ. III n° 31). La décision rendue sur sa tierce opposition et qui déclare la résiliation inopposable au créancier inscrit entraîne rétractation à l'égard de toutes les parties de la décision initiale constatant la résiliation du bail, en raison de l'impossibilité absolue d'exécuter simultanément les deux décisions (Cass. 3e civ. 15-12-1976 n° 75-14.898, précité ; Cass. 3e civ. 3-11-1988 n° 86-18.180 : Bull. civ. III n° 155 ; Cass. 3e civ. 22-3-1989 n° 87-19.019 : Bull. civ. III n° 67 ; Cass. com. 1-10-2002 n° 1496 F-D). **74875**

Le créancier est également en droit de demander la réalisation du gage dont le droit au bail est l'un des éléments constitutifs : il peut donc poursuivre la **vente forcée du fonds de commerce,** y compris le droit au bail, la résiliation ne lui étant pas opposable (Cass. req. 3-12-1930 : Gaz. Pal. 1931 p. 113). **74880**

Dès lors qu'il a subi un préjudice du fait du défaut de notification, le créancier inscrit peut agir en **dommages-intérêts** à l'encontre du bailleur (Cass. req. 21-3-1938 : DH 1938 p. 308 ; Cass. com. 1-2-1971 n° 69-14.379 : Bull. civ. IV n° 31 ; Cass. 3e civ. 14-12-1988 n° 87-10.620 : Bull. civ. III n° 183). **74885**

Le créancier inscrit peut également agir en dommages-intérêts à l'encontre de celui qu'il avait chargé d'effectuer les inscriptions de privilège et de nantissement en mentionnant un domicile élu précis dès lors qu'il a manqué à cette obligation en indiquant un autre domicile élu, ce qui a privé le créancier d'avoir connaissance de la demande de résiliation et de la possibilité de prendre les mesures nécessaires pour la conservation de son gage (Cass. 3e civ. 1-3-1995 n° 498 D).

Pour que le créancier inscrit puisse agir en dommages-intérêts, encore faut-il que soit établi le **lien de causalité** entre le préjudice né de la perte de la sûreté et le défaut de notification. Tel n'est pas le cas lorsque ce préjudice résulte de la seule inertie du créancier (Cass. 3e civ. 9-11-2011 n° 10-20.021 FS-PB : RJDA 3/12 n° 256). En l'espèce, le créancier inscrit, qui n'avait pas été appelé en première instance par le bailleur dans la procédure de résiliation du bail mais était présent en cause d'appel, avait bénéficié, compte tenu de la durée de la procédure de résiliation, d'un délai conséquent pour payer la dette locative au lieu et place du locataire ou faire vendre le fonds ; pourtant, il s'était abstenu, pendant plus de six ans, de toute initiative visant à recouvrer sa créance et il n'avait pas prouvé que sa créance était irrécouvrable dès l'origine. **74886**

En revanche, l'inertie du créancier n'empêche pas l'existence du lien de causalité lorsque le défaut de notification du bailleur a causé un préjudice irréversible au créancier (Cass. com. 3-2-2015 n° 13-26.210 F-D : RJDA 1/16 n° 10).

Il convient également qu'une **faute** puisse être retenue à l'encontre du bailleur (Cass. com. 3-7-1978 n° 77-10.526 : Bull. civ. IV n° 185). L'omission de notifier la demande de résiliation du bail ne constitue pas une telle faute lorsqu'elle résulte d'une erreur invincible (Cass. com. 24-1-1995 n° 190 D). **74887**

ILLUSTRATIONS

Ne constitue pas une erreur invincible le fait pour un bailleur de ne pas avoir appelé à la procédure de résiliation un créancier qui avait fait inscrire un nantissement sur le fonds exploité par son débiteur en indiquant le nom exact de celui-ci dès lors que, même si l'état délivré au bailleur par le greffe du tribunal de commerce, à partir d'une désignation incorrecte du débiteur, indiquait qu'il n'existait aucun nantissement sur le fonds, le bailleur avait la possibilité de se faire communiquer les statuts du débiteur et de vérifier au greffe du tribunal de commerce sa dénomination exacte.

Cass. 3e civ. 22-5-1975 n° 74-10.691 : Bull. civ. III n° 171.

Ne constitue pas une erreur invincible le fait pour un bailleur d'avoir considéré qu'aucune inscription ne grevait plus le fonds de commerce en se fondant sur l'acte de vente par lequel son locataire avait acquis le fonds et qui mentionnait de façon erronée qu'un créancier avait donné son accord pour lever ses inscriptions.

Cass. com. 24-1-1995 n° 190 D.

Ne constitue pas une erreur invincible l'erreur commune d'un bailleur qui, lors de sa demande de délivrance d'un état des inscriptions auprès du greffe du tribunal de commerce, n'a sélectionné qu'une dénomination sociale pour la société locataire alors qu'il était informé de l'existence de deux sociétés de dénomination voisine et qu'il lui appartenait ainsi de mener des investigations sérieuses sur l'une et l'autre de ces dénominations, tant au registre du commerce qu'au registre des nantissements ; en effet, sa légèreté apparaissait pleinement caractérisée au simple constat que le bail indiquait la dénomination exacte du locataire et que l'examen nécessaire des pièces comptables établissait l'existence d'un prêt, un an à peine avant la résiliation, assorti notamment de nantissement de fonds de commerce.

CA Paris 5-1-1996 n° 95-3588, 15e ch. B.

74890 Lorsqu'il existe, le **préjudice** subi par le créancier inscrit s'analyse dans la perte d'une chance pour celui-ci de recouvrer sa créance (Cass. com. 11-7-2006 n° 917 F-PB : RJDA 1/07 n° 21 ; CA Paris 12-1-1993, 16e ch. A : Loyers et copr. 1993 comm. n° 183). Ainsi, dans un cas où, après une cessation d'activité d'une année consécutive à la résiliation du bail, un fonds de commerce d'hôtel-restaurant avait été rouvert et exploité par le propriétaire lui-même, dégageant des résultats positifs, une cour d'appel aurait dû rechercher si cet état de fait n'impliquait pas la persistance de l'existence et de la valeur du fonds malgré la cessation temporaire d'exploitation et si, par conséquent, le créancier qui n'avait pas été destinataire de la notification de l'article L 143-2 n'avait pas subi un préjudice dans la mesure où il aurait pu exploiter, ou faire exploiter, le fonds de commerce afin de conserver la valeur de son gage (Cass. com. 11-7-2006 n° 917, précité).

La réparation de cette chance doit être mesurée à la chance perdue et ne peut être égale à l'avantage qu'aurait procuré cette chance si elle s'était réalisée (Cass. com. 13-11-2003 n° 1520 F-D : RJDA 5/04 n° 629).

74895 Les exemples jurisprudentiels ci-dessous illustrent la manière dont les juges apprécient l'existence d'un éventuel préjudice.

ILLUSTRATIONS

Dans un cas où un bailleur avait obtenu la résiliation judiciaire du bail sans avoir notifié sa demande à un créancier puis exécuté cette décision en s'opposant à la vente du fonds de commerce, une cour d'appel a légalement justifié sa décision en considérant que le défaut de notification constituait une faute ayant causé un préjudice au créancier inscrit dès lors que celui-ci avait été dans **l'impossibilité de négocier** avec le bailleur **l'abandon de ses poursuites.**

Cass. req. 21-3-1938 : DH 1938 p. 308.

Cause un préjudice à un créancier inscrit le bailleur qui ne lui a pas notifié la résiliation du bail dès lors que cette résiliation **a empêché la vente des éléments incorporels du fonds** de commerce et que, si le fonds n'a pas été cédé dans son universalité, c'est en raison du défaut de notification de la résiliation au créancier inscrit qui n'avait pas été mis en mesure de se substituer éventuellement à son débiteur.

Cass. com. 13-11-1969 n° 67-13.425 : Bull. civ. IV n° 333.

En notifiant tardivement au créancier inscrit la résiliation du bail et alors que l'indemnité de résiliation avait été remise directement au locataire, sans séquestre préalable, le bailleur a commis une faute à l'égard de ce créancier ; cette faute a causé un préjudice à celui-ci dès lors que le fonds de commerce qui constituait son **gage a perdu la quasi-totalité de sa valeur** en raison de la disparition du bail et que l'indemnité de résiliation a été dilapidée par le locataire qui est dans l'impossibilité de la représenter compte tenu de son insolvabilité.

CA Paris 11-9-1991 n° 90-2689, 16e ch. A.

Cause un préjudice à un créancier inscrit le bailleur qui ne lui a pas notifié, dans le délai légal, sa demande en résiliation du bail dès lors que la faute du bailleur, constituée par la disparition du fonds de commerce du locataire à la suite de la résiliation du bail et de l'expulsion de celui-ci des locaux, a eu pour effet de **priver le créancier de sa faculté de** se substituer au locataire pour **préserver son gage ou de réaliser le fonds de commerce.**

Cass. com. 3-2-2015 n° 13-26.210 F-D : RJDA 1/16 n° 10.

Cause un préjudice au créancier inscrit le bailleur qui omet de lui dénoncer l'assignation en résiliation du bail l'empêchant ainsi de payer l'arriéré locatif à la date du commandement et de **préserver** le droit au bail et, partant, le **fonds de commerce qui constituait son gage.**

Cass. 3e civ. 25-10-2018 n° 17-16.828 FS-PBI : RJDA 1/19 n° 4.

SOUS-LOCATION

SOMMAIRE

SECTION 1

EXISTENCE DE LA SOUS-LOCATION

FINALITÉ DE LA SOUS-LOCATION

Des préoccupations de rentabilisation des surfaces prises à bail, spécialement dans une période où les entreprises gèrent leurs parcs immobiliers au plus serré, des décisions de délocalisation ou de relocalisation d'activités, l'installation de sociétés dépendant d'un même groupe dans un immeuble pris à bail par une entité pivot, la mise en place, dans le cadre de montages **75000** immobiliers, de sociétés dites « d'exploitation » constituent quelques-uns des **motifs d'emploi** de la formule **de la sous-location commerciale** (Ch. Lavabre, Les particularités de la sous-location commerciale : RJDA 6/95 p. 519).

NATURE DE LA SOUS-LOCATION

75010 La sous-location ne fait l'objet d'aucune **définition** légale. Elle constitue avant tout un bail, c'est-à-dire la mise à disposition d'un bien moyennant une contrepartie (cf. C. civ. art. 1709), qui a la particularité de porter sur un bien déjà loué.

En application du Code civil, le transfert de jouissance du local loué au locataire à un tiers pour l'exercice d'une activité commerciale est donc insuffisant pour caractériser l'existence d'une sous-location ; il faut en outre établir que le tiers a payé un prix ou fourni une contrepartie (Cass. 3e civ. 5-7-1995 n° 93-10.924 P : RJDA 8-9/95 n° 937 ; Cass. 3e civ. 19-5-1999 n° 97-18.057 P : RJDA 7/99 n° 764 ; CA Aix-en-Provence 14-6-2012 n° 11-17563, analysé n° 75115).

ILLUSTRATIONS

Dans un cas où une société était locataire de locaux à usage commercial dans lesquels son gérant avait exercé une activité commerciale en son nom personnel, sans autorisation du bailleur, et où une cour d'appel en avait déduit qu'il s'agissait d'une sous-location irrégulière justifiant le refus de renouvellement du bail de la société sans indemnité d'éviction, la Cour de cassation a censuré cette décision au motif que les juges n'avaient pas recherché, comme il le leur était demandé, si la mise à disposition des locaux avait entraîné le paiement d'un prix ou la fourniture d'une contrepartie, condition de la sous-location (Cass. 3e civ. 10-11-2009 n° 08-17.892 FS-D : RJDA 2/10 n° 124).

Les tribunaux entendent largement la notion de contrepartie, constituée dès que le locataire trouve un avantage dans la sous-location, qui peut être le simple maintien de l'ouverture du commerce sous-loué (Cass. 3e civ. 26-2-1992 n° 90-19.710, analysé n° 75330).

75015 L'**intérêt de distinguer** la sous-location **d'autres contrats voisins** réside dans le fait que le Code de commerce la soumet à un régime particulier. D'une part, dans la mesure où le régime des baux commerciaux prohibe en principe la sous-location, le bailleur peut être tenté de demander la résiliation du bail à la moindre mise à disposition des locaux par le locataire à un tiers, tandis que, pour la même raison, le locataire peut essayer de dissimuler une sous-location sous un autre type de contrat qui n'encourt aucune prohibition.

D'autre part, la sous-location ouvre des droits au bailleur même si elle est irrégulière ainsi que des droits au sous-locataire lorsqu'elle a été agréée par ce dernier, droits qui ne sont pas attachés à d'autres types de contrats voisins.

75020 Dans tous les cas, il appartient au **juge** de donner ou de **restituer** leur **exacte qualification** aux faits et **aux actes** litigieux sans s'arrêter à la qualification retenue par les parties (CPC art. 12, al. 2 ; Cass. com. 8-2-1972 n° 70-13.978 : Bull. civ. V n° 53). C'est sur celui qui invoque l'existence d'une sous-location déguisée (en pratique le bailleur) que pèse la charge de rapporter la preuve du caractère fictif de la qualification du contrat (Cass. com. 13-5-1965 : Bull. civ. III n° 313), étant précisé que, pour ce faire, les juges recherchent la volonté des parties en se fondant sur un faisceau d'**indices,** parmi lesquels l'existence ou non d'une contrepartie à la mise à disposition des locaux, l'occupation effective des locaux par un tiers ou encore l'existence ou non d'autres prestations accompagnant ou conditionnant la mise à disposition des lieux.

Ces différents indices apparaissent, isolément ou conjointement, dans la jurisprudence que nous avons choisi d'exposer en la classant par type de contrat voisin ou assimilable à la sous-location. Afin d'obtenir une vision plus globale de ces indices, le **tableau** ci-dessous liste les décisions de justice sélectionnées, classées par indice, avec renvoi aux numéros correspondants du Mémento où elles sont analysées.

Indices	Décisions	Analyses (n°)
Existence d'une contrepartie à la mise à disposition		
Contrepartie financière		
– cas général	Cass. com. 22-1-1963	75190
	Cass. 3e civ. 19-4-1989	75250
	Cass. 3e civ. 12-12-1990	75190
	Cass. 3e civ. 7-4-1994	75190
	CA Versailles 28-3-1996	75190
	Cass. 3e civ. 21-7-1999	75060
	CA Paris 15-5-2003	75310

75020 (suite)

Indices	Décisions	Analyses (n°)
	Cass. 3e civ. 22-10-2003	75370
	Cass. 3e civ. 10-11-2009	75010
	CA Aix-en-Provence 14-6-2012	75115
– redevance annuelle	Cass. com. 9-3-1953	75060
– redevance proportionnelle aux ventes effectuées par l'occupant	Cass. com. 5-7-1961	75250
	Cass. 3e civ. 20-6-1989	75250
Contrepartie en nature	Cass. 3e civ. 8-5-1969	75190
	Cass. 3e civ. 17-3-1975	75190
	Cass. 3e civ. 26-2-1992	75330
	CA Versailles 28-3-1996	75190
Contreparties réciproques indéterminées mais certaines	Cass. com. 15-1-1963	75115
Locaux appartenant au bailleur ou au locataire	Cass. 3e civ. 4-12-1968	75235
	TGI Nice 7-7-1976	75235
Caractéristiques de la mise à disposition des locaux		
Bénéficiaire (notion de tiers)	Cass. com. 29-5-1961	75360
Caractère précaire ou temporaire	Cass. 3e civ. 10-11-1971	75190
	Cass. 3e civ. 7-4-1994	75190
	CA Versailles 28-3-1996	75190
	CA Paris 20-2-1998	75320
	CA Paris 15-5-2003	75310
Caractère effectif	Cass. com. 26-11-1962	75340
	CA Paris 8-1-1993	75115
	Cass. 3e civ. 9-7-2003	75060
	CA Paris 10-11-2010	75115
Mise à disposition effectuée dans le cadre de l'activité professionnelle du locataire	Cass. 3e civ. 30-4-1969	75320
	Cass. 3e civ. 8-7-1969	75320
	CA Paris 20-2-1998	75320
	Cass. 3e civ. 22-10-2003	75320
	CA Rennes 12-10-2023	75320
Limitations posées par le locataire à la jouissance des locaux	Cass. 3e civ. 13-2-2002	75320
Exercice d'une activité commerciale par l'occupant		
Exploitation à ses risques et périls	Cass. com. 9-3-1953	75060
	Cass. 3e civ. 23-5-1995	75060
Vente de produits sous sa propre enseigne ou sa propre marque	Cass. com. 28-6-1961	75060
	Cass. 3e civ. 1-7-1975	75060
	Cass. 3e civ. 26-6-2007	75060
	Cass. com. 17-3-2015	75060
Exploitation d'un commerce différent ou identique à celui du locataire	Cass. 3e civ. 15-1-1971	75060
	CA Paris 19-5-1999	75060
	Cass. 3e civ. 21-7-1999	75060
	Cass. 3e civ. 26-6-2007	75060
Activité commerciale de l'occupant plus étendue que celle prévue au bail	Cass. 3e civ. 1-7-1975	75060
	Cass. 3e civ. 26-2-1992	75330
Contrat entre locataire et occupant ne mentionnant ni matériel ni marchandises	Cass. 3e civ. 15-1-1971	75060
Autorisation donnée à l'occupant de vendre ses produits dans les lieux sous contrôle du locataire	Cass. 3e civ. 20-6-1989	75250
	Cass. 3e civ. 13-9-2011	75320

Indices	Décisions	Analyses (n°)
Cessation d'activité du locataire	CA Colmar 22-1-1992 Cass. 3e civ. 23-5-1995 CA Paris 24-3-2004 Cass. 3e civ. 26-6-2007 Cass. 3e civ. 7-12-2010 Cass. com. 17-3-2015	75060 75060 75060 75060 75060 75060
Fourniture d'autres prestations par le locataire	CA Paris 20-2-1998 Cass. 3e civ. 13-2-2002 Cass. 3e civ. 17-10-2012 CA Rennes 12-10-2023	75320 75320 75320 75320
Locataire ayant conservé son activité dans les locaux	Cass. 3e civ. 26-11-1997	75060
Représentation commerciale	Cass. 3e civ. 19-4-1989 Cass. 3e civ. 20-6-1989	75250 75250
Personne rémunérant le personnel	Cass. 3e civ. 19-4-1989	75250
Clauses particulières		
Clause imposant le paiement direct du loyer par l'occupant au bailleur principal	Cass. com. 2-6-1958	75060
Clause imposant à l'occupant de respecter le bail principal	Cass. com. 2-6-1958 Cass. 3e civ. 21-7-1999	75060 75060
Clause prévoyant une indemnité en cas de non-renouvellement du contrat au profit de l'occupant	Cass. com. 28-6-1961 Cass. 3e civ. 21-7-1999	75060 75060
Durée du contrat	Cass. com. 28-6-1961 Cass. 3e civ. 21-7-1999	75060 75060
Autres		
Immatriculation de l'occupant au RCS à l'adresse des lieux loués	Cass. 3e civ. 7-2-1996	75115

A. Location-gérance de fonds de commerce et sous-location

75050 La location-gérance ou « gérance libre » est la convention par laquelle le propriétaire d'un fonds de commerce ou artisanal loue ce dernier à un gérant qui l'exploite à ses risques et périls (C. com. art. L 144-1).

En **principe,** la mise en location-gérance ne constitue pas une sous-location des locaux dans lesquels est exploité le fonds (notamment, Cass. com. 9-3-1953 n° 2.640 : Bull. civ. III n° 95 ; Cass. 3e civ. 23-5-1995 n° 1044 P : RJDA 8-9/95 n° 944 ; Cass. 3e civ. 14-11-2002 n° 1671 FS-D : RJDA 2/03 n° 115), mais la location d'un meuble incorporel (Cass. com. 9-3-1953 n° 2.640 précité ; CA Paris 2-5-2012 n° 10/21618, ch. 5-3). La jouissance des locaux n'est que la conséquence accessoire et nécessaire de la location-gérance (Cass. 3e civ. 9-7-2003 n° 899 FS-PB : RJDA 10/03 n° 925 ; Cass. 3e civ. 19-3-2008 n° 07-11.805 FS-PB : RJDA 6/08 n° 614).

Le bail peut néanmoins interdire la location-gérance (n° 33270).

75055 Dans la mesure où la location-gérance de fonds de commerce ou artisanal échappe au statut des baux commerciaux (n° 240) et où la sous-location est en principe prohibée (n° 75450), les parties peuvent être tentées de **conclure, sous couvert d'une location-gérance, une sous-location** interdite. Les juges du fond apprécient souverainement l'existence d'une telle dissimulation (Cass. com. 13-5-1965 n° 63-12.486 : Bull. civ. III n° 314).

Il résulte des décisions analysées ci-dessous que les juges se fondent sur plusieurs **indices** pour distinguer les deux contrats, tels notamment :

– l'existence d'une contrepartie financière ou en nature à la charge du cocontractant du locataire ;

– l'existence du fonds de commerce loué et son identité avec celui réellement exploité par ce cocontractant ;

– l'exploitation personnelle du fonds par le cocontractant à ses risques et périls ;
– l'existence dans le contrat litigieux de clauses calquées sur le statut des baux commerciaux.

En revanche, l'existence d'une sous-location prohibée ne peut pas être déduite de la seule irrégularité de la location-gérance au regard des textes qui la régissent (Cass. 3e civ. 20-12-1983 : Loyers 1984 no 175).

Enfin, comme le montre la jurisprudence ci-dessous, le fait que le locataire ait temporairement cessé son activité avant la location-gérance n'entraîne pas toujours une perte du fonds de commerce et la requalification systématique du contrat en sous-location.

ILLUSTRATIONS **75060**

Cas de requalification en sous-location

Dans un cas où le bail portant sur un immeuble à usage de commerce et d'habitation interdisait de sous-louer la totalité des lieux sans le consentement exprès du propriétaire, le juge des référés n'a pas excédé sa compétence en déclarant que la convention, par laquelle le locataire avait donné à bail de gérance libre son fonds de commerce, les accessoires de celui-ci et le droit au bail des lieux où il était exploité et qui imposait au **sous-locataire** de payer **directement** au propriétaire le prix du **loyer** indépendamment du prix de la gérance libre et de **satisfaire** à toutes charges, clauses et **obligations du bail,** constituait la sous-location de l'ensemble de l'immeuble et devait entraîner le jeu de la clause résolutoire.

Cass. com. 2-6-1958 n° 2.083 : Bull. civ. III n° 219.

Est fondé le refus de renouvellement d'un bail commercial pour sous-location interdite dès lors que le contrat de « gérance libre » consenti par le locataire à une société tierce doit être qualifié de sous-location compte tenu des éléments suivants :
– les **clauses** de ce contrat sont **contraires à l'usage en matière de gérance libre** : la coutume limite en effet la durée de la gérance libre à brève période, annuelle le plus souvent, renouvelable par tacite reconduction (désormais prolongation) alors que la clause du contrat litigieux est identique à celle usitée en matière de location de locaux ; de même, la stipulation d'une forte indemnité en cas de non-renouvellement à l'issue de la période de neuf ans constitue une indemnité d'éviction s'apparentant directement à celle accordée par la loi en cas de défaut de renouvellement à l'issue d'un bail de locaux commerciaux ;
– la société, prétendue **gérante du fonds,** fabrique et **vend des produits sous sa marque personnelle,** ce qui est incompatible avec la notion de location d'un fonds de commerce qui implique le maintien en activité du fonds loué ;
– elle occupe les lieux avec une autre société ayant le même gérant.

Cass. com. 28-6-1961 n° 59-11.041 : Bull. civ. III n° 300.

Il y a sous-location partielle de nature à entraîner la résiliation du bail lorsque le bénéficiaire d'un prétendu contrat de location-gérance de fonds de commerce exerce dans les lieux un **commerce différent,** sans opposition du locataire, et que le **contrat ne mentionne ni matériel ni marchandises** et se réduit donc à la cession du droit à l'occupation d'une partie des locaux.

Cass. 3e civ. 15-1-1971 n° 69-12.239 : Bull. civ. III n° 36.

Le contrat qualifié de location-gérance par les parties par lequel le locataire concède à un tiers la jouissance des lieux loués constitue en réalité une sous-location dès lors que le prétendu gérant exerce dans les lieux une **activité plus étendue que celle prévue par le bail,** sous son **enseigne propre** et sans faire usage du nom commercial du fonds prétendument cédé qui a ainsi perdu toute individualité.

Cass. 3e civ. 1-7-1975 n° 74-11.702 : Bull. civ. III n° 229.

Dans un cas où le locataire, qui exerçait une activité de vente de meubles et accessoires sous franchise, avait donné en location-gérance son fonds comprenant l'enseigne, le nom commercial, la clientèle et l'achalandage, le mobilier commercial et le droit au bail, il y a lieu de requalifier ce contrat en sous-location dès lors que, compte tenu des éléments suivants, aucun des éléments du fonds de commerce du locataire n'avait été mis à la disposition du locataire-gérant à l'exception du droit au bail sur les locaux commerciaux :
– un mois après la conclusion de ce contrat, le locataire avait procédé « à la liquidation totale et définitive de son stock » en annonçant sur des affichettes **apposées** sur le magasin et destinées à la clientèle qu'il avait pris une participation dans une autre société et confié la direction du magasin à une autre personne « pour y faire autre chose » et enfin qu'il espérait revoir ses clients dans sa nouvelle activité ; en procédant ainsi le locataire avait clairement manifesté qu'il **ne laisserait aucun stock de marchandises au locataire-gérant** et qu'il entendait **garder sa clientèle,** son successeur dans les locaux devant avoir une autre activité commerciale que la sienne ;
– l'expert-comptable du locataire avait attesté que ce dernier avait cédé au locataire-gérant un ensemble d'aménagements, agencements et installations pour un prix global de 150 000 F (environ 22 800 €), somme qu'il avait adressée au notaire rédacteur du contrat « en règlement

75060 (suite) d'une partie du prix de **cession du matériel et mobilier** », sans qu'il soit établi que ce montant aurait été, par la suite, imputé au fur et à mesure sur les redevances de location-gérance ;
– le **locataire** n'avait pas repris la vente de meubles et avait exercé une activité de solderie ; s'il avait expliqué que son franchiseur n'avait pas accepté de poursuivre le contrat avec le locataire-gérant, raison pour laquelle il avait liquidé son stock, il ne prouvait pas néanmoins qu'il avait une autre **activité** commerciale que celle faisant l'objet du contrat de franchise, de sorte qu'il était établi que le fonds de commerce ne comprenait plus que le droit au bail ;
– comme le contrat l'y autorisait, le **locataire-gérant** avait changé d'enseigne et de nom commercial et ce changement d'activité ne lui avait pas permis de **reprendre la clientèle** attachée au fonds, par ailleurs invitée à suivre le locataire.
Or si, en l'espèce, le bail autorisait le locataire à sous-louer, cette autorisation ne le dispensait pas d'appeler le bailleur à concourir à l'acte, ce qu'il n'a pas fait. Ce manquement a privé le bailleur de la faculté d'exiger un loyer plus élevé (en l'espèce, loyer principal de 8 000 F (environ 1 220 €) / mois, loyer de la sous-location 20 000 F (environ 3 050 €) / mois) ; il y a donc lieu de prononcer la résiliation du bail aux torts du locataire.

CA Colmar 22-1-1992, 1e ch. civ., SARL Bristol c/ SA Dynam et, sur pourvoi, Cass. 3e civ. 5-10-1994 n° 1559 D.

Dès lors qu'**aucun** des **éléments du fonds de commerce** de la société locataire n'avait été **mis à la disposition** de la société cocontractante **à l'exception du droit au bail** portant sur les locaux commerciaux, il a pu en être déduit que le contrat de location-gérance devait être disqualifié en contrat de sous-location soumis aux dispositions de l'article 21 du décret du 30 septembre 1953 (désormais C. com. art. L 145-31).

Cass. 3e civ. 5-10-1994, Sté Dynam c/ Sté Servit : Loyers et copror. 1995 n° 28.

La cour d'appel qui retient que le **propriétaire du fonds** de commerce, donné en location-gérance selon les termes du contrat, **s'étant réservé toute l'exploitation** prévue à son propre bail, la convention devait s'analyser en une simple sous-location et non en un contrat de location-gérance, en déduit exactement qu'aucune redevance n'était due à ce titre et que la clause résolutoire pour non-paiement d'une telle redevance n'était dès lors pas applicable.

Cass. 3e civ. 26-11-1997 n° 1624 P : RJDA 1/98 n° 40.

En l'état d'un bail commercial portant sur des locaux contractuellement destinés au commerce « d'antiquaire, meubles anciens, objets d'art et, en général, tous commerces de luxe », le bailleur avait demandé la résiliation du bail aux torts du locataire pour avoir, soutenait le bailleur, consenti à une société tierce une sous-location déguisée en contrat de location-gérance et pour non-respect de la destination des lieux dans la mesure où le prétendu sous-locataire n'avait pas pour activité un commerce de luxe mais la vente de vêtements à prix moyen. Le locataire avait alors soutenu qu'ayant essuyé un refus du bailleur de l'autoriser à sous-louer, il avait décidé de confier son fonds en location-gérance et avait, dans un premier temps, modifié son objet social et exploité lui-même des activités d'habillement puis avait, dans un second temps, signé le contrat de location-gérance en décembre 1995.
Il y a lieu de prononcer la résiliation du bail demandée par le bailleur dès lors que le **locataire** n'apporte pas la preuve qu'il ait **géré directement un commerce** d'habillement de luxe, qu'il ne produit aucun document (bons de commandes ou de livraison) démontrant qu'il a fait des achats, le compte de résultats pour 1995 qu'il produit ne permettant pas de savoir quelle marchandise a été vendue, et que les voisins du magasin attestent que celui-ci était toujours affecté à la vente de meubles anciens sous l'enseigne « antiquité » puis qu'il est devenu en octobre 1995 un lieu de vente de vêtements. Il résulte de ces éléments que le contrat de location-gérance, conclu le 22 décembre suivant, ne portait ni sur la clientèle du magasin « Antiquité » qu'exploitait le locataire ni sur les **éléments corporels** ni sur le **nom commercial** mais qu'il constituait en réalité une sous-location puisque la location ne portait que sur les murs.

CA Paris 19-5-1999, 16e ch. sect. A.

Dans un cas où, se prévalant d'une sous-location prohibée, le bailleur avait délivré à la société locataire un congé avec refus de renouvellement sans offre d'indemnité d'éviction pour motif grave et légitime, a légalement justifié sa décision la cour d'appel qui, pour déclarer le refus de renouvellement injustifié et condamner le bailleur à verser une indemnité d'éviction à son locataire, a déduit des éléments suivants que le locataire et son cocontractant avaient conclu un contrat de location-gérance et non une sous-location :
– la modicité de la **redevance** (équivalente au montant du loyer principal) s'expliquait par l'économie des actes successifs de cessions de parts ayant permis au locataire-gérant de devenir seul responsable de l'exploitation et seul associé de la société locataire, afin de réaliser des investissements que cette dernière ne pouvait pas supporter ;
– le **locataire-gérant** avait poursuivi la même **activité** que le locataire ;
– les parties avaient donné au **contrat** de location-gérance une **durée** habituelle, en avaient prévu la **résiliation** amiable anticipée et n'avaient pas stipulé, pour le cas de refus de **renouvellement,** d'indemnité s'apparentant à une indemnité d'éviction.

Cass. 3e civ. 21-7-1999 n° 1367 D.

Ndlr : Le bailleur se prévalait du fait que le loyer, outre sa modicité, lui était réglé directement par le locataire-gérant et que ce dernier était, aux termes du contrat litigieux, substitué dans l'exécution de toutes les charges et conditions du bail principal. La Cour de cassation n'a ni retenu ni discuté cet argument qui, dans une décision isolée, a été précédemment retenu comme indice d'une sous-location (Cass. com. 2-6-1958 n° 2.083, ci-dessus). **75060** (suite)

La jouissance des locaux n'est que la conséquence accessoire et nécessaire de la location-gérance. Par suite, viole les articles 1134 du Code civil (devenu art. 1103) et L 145-31, al. 1 du Code de commerce la cour d'appel qui, pour valider un congé sans offre de renouvellement et sans indemnité d'éviction, retient que le contrat de location-gérance conclu entre le locataire et un tiers précise que la **jouissance des locaux et du droit au bail** est concédée pour la durée de la gérance et que cette jouissance donnée sans l'assentiment du bailleur contrevient à la clause du bail interdisant la sous-location.

Cass. 3e civ. 9-7-2003 n° 899 FS-PB : RJDA 10/03 n° 925.

Le locataire de locaux à usage commercial exploitait un fonds de commerce « de plats à emporter, activités connexes, produits et soins esthétiques ». Il avait à deux reprises donné son fonds de commerce en location-gérance et le bailleur avait soutenu que la seconde location-gérance constituait en réalité une sous-location déguisée justifiant la résiliation du bail.
Il a été fait droit à cette demande dès lors que le locataire ne justifiait d'aucune exploitation du fonds entre les deux contrats de location-gérance et qu'un huissier (ou, désormais, commissaire) de justice avait d'ailleurs constaté que les locaux loués étaient inoccupés et vides de produits, que le rideau de fer était baissé et que la consommation électrique ne correspondait nullement à celle d'une occupation normale en période hivernale, ce dont il résultait que le prétendu **fonds de commerce donné en location-gérance n'existait plus.**

CA Paris 24-3-2004 n° 2002-6157, 16e ch. A.

Ndlr : Au cas particulier, le bail a été résilié et le locataire et le sous-locataire expulsés. Outre le fait qu'il avait conclu une sous-location prohibée par le bail, le locataire avait toléré une déspécialisation des locaux lors de la première location-gérance. En effet, le prétendu locataire-gérant y exerçait non l'activité de vente de plats à emporter et de cosmétiques, mais une activité de traduction et d'assistance aux démarches administratives pour les ressortissants chinois non francophones. Cette première location-gérance aurait également pu être qualifiée de sous-location déguisée mais ce point n'était pas soumis aux juges du fond. En tout état de cause, elle confirmait, s'il en était besoin, la disparition du fonds de commerce du locataire principal.

Une clause d'un bail de locaux à usage de salon de coiffure prévoyait que le locataire ne pouvait pas céder son droit au bail, ni sous-louer les locaux sans le consentement exprès et écrit du bailleur, sauf à un successeur dans son commerce. Après le décès du locataire, les lieux étaient restés vides et inexploités durant sept mois puis le fonds de commerce avait été donné en location-gérance. Le bailleur avait alors soutenu que la location-gérance dissimulait une sous-location prohibée par le bail et il avait demandé que soit constatée l'acquisition de la clause résolutoire.
Il y a lieu de rejeter cette demande pour les raisons suivantes : un **arrêt** même prolongé **de toute activité** n'entraîne pas nécessairement la disparition de la clientèle et par voie de conséquence du fonds de commerce ; la location-gérance était régulière ; en effet, le salon de coiffure qu'exploitait seul le locataire, **sans enseigne,** était fréquenté par une clientèle de quartier ; à supposer que cette clientèle se soit momentanément détournée vers d'autres coiffeurs installés dans un périmètre de 400 mètres, ce fait n'avait pas pu entraîner la disparition irrémédiable du fonds de commerce d'autant que la clientèle habituelle, dans un quartier populaire tel que celui où étaient situés les locaux, ne recourt pas aux services du coiffeur tous les mois ; la localisation du fonds de commerce était essentielle.

CA Paris 30-9-2004 n° 03-11551, 16e ch. B.

Il a été déduit des constatations suivantes qu'un **contrat** par lequel un locataire de locaux commerciaux avait donné son fonds de commerce de vente de vêtements en location-gérance constituait en réalité une sous-location :
– il **autorisait le gérant** du fonds **à changer l'enseigne,** ce qu'il avait fait en adoptant une dénomination plus significative afin de s'adresser à une clientèle haut de gamme, qui n'était pas celle du prêt-à-porter commun attaché au fonds, et ce changement devait entraîner la disparition de la clientèle ;
– la **liquidation de son stock par le locataire** peu avant la conclusion de la location-gérance était révélatrice de la volonté du gérant du fonds de liquider un stock qui ne s'inscrivait pas dans son projet d'ouvrir un établissement secondaire de vente de ses propres produits ;
– le **montant des loyers,** substantiel par rapport au loyer principal, ne se concevait que dans la perspective de la cession ultérieure du fonds de commerce au gérant.
Par suite, ce contrat ayant été délibérément conclu en vue de contourner la clause du bail commercial interdisant la sous-location des locaux, sa conclusion constituait une faute grave justifiant la résiliation du bail principal.

Cass. 3e civ. 26-6-2007 n° 04-10.295 F-D : RJDA 11/07 n° 1066.

Un fonds de commerce supposant l'existence d'une clientèle qui lui est attachée, doit être cassé l'arrêt d'une cour d'appel qui a refusé de requalifier en contrat de sous-location un contrat de

75060 (suite) location-gérance alors que le fonds de commerce donné en location-gérance n'avait pas de **clientèle propre** et qu'en réalité un nouveau fonds avait été créé par le locataire-gérant.

Cass. 3e civ. 7-12-2010 n° 09-71.489 F-D : RJDA 4/11 n° 288.

Le contrat, intitulé « location-gérance de fonds de commerce », consenti par le locataire de locaux à usage commercial doit être requalifié en sous-location prohibée par le bail pour les raisons suivantes : le **fonds de commerce du locataire, fermé pendant six mois,** a été réouvert par le prétendu **locataire-gérant** qui y a exploité sa propre marque **en changeant d'enseigne** ; l'interruption de l'activité précédemment exercée, qui n'a pas été poursuivie sous la même forme, s'avérait définitive et a entraîné la disparition de la clientèle et consécutivement du fonds de commerce. N'ayant pu donner aucun fonds en location-gérance mais seulement les locaux dont il était locataire, l'intéressé a commis une infraction grave aux stipulations du bail justifiant sa résiliation.

Cass. com. 17-3-2015 n° 09-15.433 F-D : Loyers et copr. 2015 comm. n° 119 note E. Chavance.

Sur la qualification de sous-location d'un « contrat de location-gérance » faisant suite à une fermeture pendant presque deux ans après le départ d'un précédent locataire-gérant, voir CA Paris 1-9-2021 n° 19/08998, analysé n° 75770.

Absence de requalification en sous-location

En présence d'une clause stipulant qu'à peine de résiliation du bail, le locataire ne peut pas céder son droit au bail ou sous-louer en tout ou partie, il appartient aux juges d'interpréter les conventions conclues entre le locataire et le tiers au sujet de l'exploitation du fonds de commerce dans les lieux loués.

Viole l'article 1741 du Code civil la cour d'appel qui prononce la résiliation du bail pour sous-location prohibée après avoir relevé que la convention passée entre le locataire et le tiers avait pour objet la mise en gérance libre du fonds de commerce du locataire et que le **tiers** devait assurer l'**exploitation du fonds à ses risques** et périls **moyennant** le paiement d'**une redevance** mensuelle forfaitaire.

Cass. com. 9-3-1953 n° 2.640 : Bull. civ. III n° 95.

Doit être cassé l'arrêt d'une cour d'appel qui, pour prononcer la résiliation du bail commercial à la demande du bailleur, a retenu que le locataire avait violé la clause du bail lui interdisant de sous-louer dès lors qu'il avait déclaré la cessation de son exploitation, que le contrat de location-gérance avait fait l'objet d'une publicité, que le **locataire-gérant** s'était engagé à **exploiter le fonds** loué **pour son compte personnel** et à ses risques et périls et qu'il occupait les locaux.

Cass. 3e civ. 23-5-1995 n° 1044 P : RJDA 8-9/95 n° 944.

La jouissance des locaux n'est que la conséquence accessoire et nécessaire de la location-gérance. Par suite, viole les articles 1134 du Code civil (devenu art. 1103) et L 145-31, al. 1 du Code de commerce la cour d'appel qui, pour valider un congé sans offre de renouvellement et sans indemnité d'éviction, retient que le contrat de location-gérance conclu entre le locataire et un tiers précise que la **jouissance des locaux et du droit au bail** est concédée pour la durée de la gérance et que cette jouissance donnée sans l'assentiment du bailleur contrevient à la clause du bail interdisant la sous-location.

Cass. 3e civ. 9-7-2003 n° 899 FS-PB : RJDA 10/03 n° 925.

Une société (A) exploitait un fonds de commerce de prêt-à-porter en franchise sous une enseigne de luxe dans un magasin situé dans le quartier Saint-Honoré à Paris et qu'elle occupait en vertu d'un bail commercial. L'intégralité des parts de la société A avait été cédée à une autre société (B) et la première avait donné son fonds de commerce en location-gérance à la seconde. Après **fermeture du magasin pendant quelques mois** pour travaux, la société B l'avait **rouvert sous une enseigne différente.** Le bailleur avait alors demandé la résiliation du bail aux torts de la société A pour sous-location interdite.

Il y a lieu de refuser la requalification de la location-gérance de fonds de commerce en sous-location pour les raisons suivantes :

– la fermeture temporaire des lieux pendant la durée des travaux, nécessitée par la résiliation de la franchise et l'aménagement des locaux pour leur exploitation sous une nouvelle enseigne, n'était pas de nature à faire disparaître le fonds de commerce ni à faire perdre à la société propriétaire du fonds sa clientèle préexistante ;

– si la **résiliation de la franchise** et l'ouverture d'un nouveau point de vente sous l'enseigne du franchiseur à proximité des locaux loués pouvaient faire perdre à la société une partie de sa clientèle, elles ne permettaient pas au bailleur d'affirmer que la clientèle avait disparu en totalité ; le bailleur n'établissait pas que cette clientèle aurait été exclusivement constituée des fidèles clientes de cette enseigne, insusceptibles de trouver un intérêt dans d'autres marques de prêt-à-porter telles que celles proposées par la société B dont les produits s'adressaient au même segment de clientèle que ceux précédemment diffusés par la société A ;

– l'achalandage de la rue Saint-Honoré, dans laquelle de nombreuses enseignes de même nature coexistent, génère une clientèle composée pour beaucoup de touristes étrangers attirés par le luxe supposé des boutiques de la rue et non exclusivement attachée à une marque ; cet **achalandage,** qui participe des éléments du fonds de commerce, existait à la date de conclusion du contrat de location-gérance et avait subsisté depuis, de même que le personnel affecté à la vente auquel la clientèle était susceptible d'être attachée.

CA Paris 10-4-2013 n° 11/01736, ch. 3-5 : RJDA 8-9/13 n° 695 et, sur pourvoi, Cass. com. 3-6-2014 n° 13-21.345 F-D : RJDA 7/15 n° 485.

Sur un cas de qualification de location-gérance d'un contrat faisant suite à une fermeture du fonds de commerce pendant huit mois alors que le fonds était exploité depuis au moins quatre ans, voir CA Paris 1-9-2021 n° 19/08998, analysé n° 75770.

B. Domiciliation d'entreprise et sous-location

La **question** de savoir si la pratique de la domiciliation d'entreprise tombe sous le coup de la qualification de sous-location n'est **pas clairement tranchée** par la jurisprudence qui est peu abondante sur le sujet. Par ailleurs, le terme de domiciliation recouvre des situations diverses qui vont de la stricte domiciliation de siège social à l'installation, dans les lieux loués, d'une tierce personne qui y exerce son activité commerciale. À ces hypothèses, on peut adjoindre celles voisines des hébergements proposés par les centres d'affaires, les pépinières ou les hôtels d'entreprises. **75100**

Même si elle comporte une **mise à disposition de locaux moyennant contrepartie** (critères principaux du bail), la domiciliation n'est pas nécessairement une sous-location (Cass. 3e civ. 7-2-1996, analysé n° 75115). La Cour de cassation a par ailleurs précisé que l'autorisation de domicilier des sociétés dans les locaux ne vaut pas autorisation de sous-louer (Cass. 3e civ. 10-4-2002, analysé n° 75630), distinguant ainsi les deux opérations. **75105**

Ainsi, la jouissance de locaux peut s'accompagner de **prestations complémentaires fournies par le locataire** au sous-locataire (fourniture d'une adresse commerciale, de services nécessaires à la tenue, à la conservation et à la consultation des livres, registres et documents prescrits par les lois et règlements ; mise à disposition de divers matériels : ordinateur, fax, téléphone, photocopieur ; accès à un service de traduction ; etc.). Si la fourniture de locaux n'est qu'accessoire par rapport aux autres prestations fournies, l'opération s'analyse en un contrat de prestation de services (c'est-à-dire un contrat d'entreprise) et non en un bail ; inversement si la mise à disposition du local est la prestation principale, la qualification de bail, et donc celle de sous-location, doit être retenue (Ch. Lavabre, Les particularités de la sous-location commerciale : RJDA 6/95 p. 519 ; pour des illustrations, voir Cass. 3e civ. 7-11-2001 et Cass. 3e civ. 13-2-2002, analysés n° 75320). **75110**

ATTENTION

Dans un arrêt récent, la Cour de cassation n'a **pas retenu la pertinence du critère du principal et de l'accessoire** pour distinguer la sous-location d'un contrat de prestation de services ; ainsi, elle a jugé que ne constitue pas une sous-location mais un contrat de prestation de services la mise à disposition à des tiers des locaux loués moyennant un prix fixé globalement, qui rémunère indissociablement tant la mise à disposition des locaux que des prestations de services spécifiques (Cass. 3e civ. 27-6-2024 n° 22-22.823 FS-B : RJDA 10/24 n° 518).

Autre indice parfois retenu pour écarter la qualification de sous-location : les **modalités de mise à disposition des locaux.** En effet, comme le relève Y. Reboul, la mise à disposition se caractérise, dans les contrats de domiciliation, par le fait qu'elle est intermittente ; elle n'a lieu qu'à la demande du client domicilié et pour une durée limitée au contrat (note sous CA Paris 8-1-1993, 16e ch. B : Bull. Joly 1993 p. 474 n° 135). **75115**

Certaines décisions de jurisprudence relèvent également les **limites** apportées par le contrat **à l'usage des locaux** par le prétendu sous-locataire (Cass. 3e civ. 13-2-2002, analysé n° 75320). Le fait que ce dernier ne puisse accéder aux locaux qu'aux horaires imposés par le locataire est en effet peu compatible avec la notion de bail qui postule une jouissance exclusive à l'égard de tous.

ILLUSTRATIONS

Dans un cas où le bail d'un immeuble interdisait au locataire de sous-louer sans en avoir préalablement référé au bailleur, ce dernier devant recevoir une grosse de l'acte authentique de sous-location pour lui servir de titre exécutoire contre le sous-locataire, une cour d'appel, appréciant souverainement la gravité du motif opposé par le bailleur à la demande de renouvellement du bail, a suffisamment caractérisé l'infraction commise au bail en relevant que :
– d'une part, doit être assimilée à une sous-location déguisée l'**installation dans les lieux loués** d'un tiers, opérée dans son intérêt et celui du locataire et **conditionnée par des prestations**

75115
(suite)

réciproques certaines, même s'il n'est pas possible d'établir les conditions exactes dans lesquelles la jouissance des lieux a été concédée ;
– et, d'autre part, qu'en introduisant ainsi, contrairement aux clauses du bail, un nouvel occupant et exploitant dans les lieux sans en avoir au préalable référé au bailleur, le locataire l'a privé du droit de contrôle et d'appréciation impliqué par ces clauses et l'a mis hors d'état d'assister à la régularisation de la sous-location qui aux termes du bail ne pouvait être valable qu'à ces conditions.

Cass. com. 15-1-1963 n° 60-12.830 : Bull. civ. IV p. 30 n° 38.

Pour un cas où le contrat de bail conclu entre le propriétaire d'un immeuble et une société autorisait cette dernière « à héberger » ses filiales dans les locaux loués, voir Cass. 3e civ. 20-6-1989, analysé n° 75250.
La domiciliation du siège social d'une société se distingue d'une sous-location par le fait qu'elle ne dispose pas dans le local du domicile d'une partie du local. Dès lors, on ne peut pas déduire de la clause du bail qui interdit la sous-location une interdiction de domiciliation.

CA Paris 8-1-1993 n° 91-18934, 16e ch. B : Bull. Joly 1993 p. 474 note Y. Reboul.

Ndlr : Cette décision fait référence à une domiciliation « boîte aux lettres » aujourd'hui prohibée (C. com. art. R 123-168, 1°).

Viole l'article 21 du décret du 30 septembre 1953 (désormais C. com. art. L 145-31) et l'article 1709 du Code civil la cour d'appel qui, pour constater la résiliation d'un bail consenti à une société, retient qu'il résulte de l'**extrait K bis d'une autre société** qu'elle est toujours **domiciliée dans les lieux loués** et que cette domiciliation constitue une sous-location prohibée, alors que de tels motifs ne caractérisent pas l'existence d'une sous-location.

Cass. 3e civ. 7-2-1996 n° 297 D : RJDA 5/96 n° 613 som.

La domiciliation du siège d'une société s'entend de la mise à disposition d'une entreprise de locaux lui permettant d'établir son **siège administratif** et se différencie de la sous-location qui suppose l'exercice d'une activité dans les lieux mis à disposition de façon durable à un sous-locataire qui en a la jouissance exclusive moyennant une contrepartie financière.

CA Paris 20-2-1998, 16e ch., Sté ACME Films c/ Sté Vincent : D. aff. 1998 p. 656 note Y. Rouquet.

Un bailleur de locaux à usage de bureaux avait envoyé à la **société locataire** un commandement visant la clause résolutoire de plein droit du bail ; il soutenait qu'en **domiciliant des filiales** dans les locaux, la société avait violé l'interdiction de sous-louer qui figurait au bail et l'obligation d'occuper personnellement les lieux loués.
Jugé que le commandement ne pouvait pas avoir d'effet dès lors qu'il résultait des éléments suivants que la domiciliation de ces filiales ne pouvait pas être envisagée comme une activité prohibée par le bail :
– les locaux avaient été loués à la société locataire à usage de bureaux pour permettre à cette dernière d'y exercer son activité ;
– les statuts de la société précisaient qu'elle poursuivait une activité de promotion immobilière comprenant notamment l'acquisition et la vente de biens immobiliers et la création de sociétés nouvelles à cette fin ;
– les sociétés civiles immobilières effectivement domiciliées dans les locaux étaient des filiales de la société locataire dont cette dernière ou ses associés assuraient la gestion.

CA Paris 15-3-2006 n° 04-14914, 16e ch. A : Administrer juillet 2006 p. 49 note D. Lipman et W. Boccara.

Un bail commercial avait été conclu pour l'exercice par le locataire de l'activité de « **domiciliation, mise à disposition temporaire de bureaux** ou de salles de réunion au profit de la clientèle, permanence téléphonique, secrétariat, à l'exclusion de toute autre activité ». Le bail interdisait en outre au locataire de sous-louer les locaux. Invoquant l'existence de sous-locations prohibées, le bailleur avait demandé en justice la résiliation du bail aux torts du locataire, l'expulsion de celui-ci et sa condamnation au paiement d'une indemnité d'occupation.
Il y a lieu de faire droit à ces demandes pour les raisons suivantes : la domiciliation d'entreprises exclut la **jouissance privative** de bureaux et toute activité dans les bureaux qui sont simplement mis à disposition de façon temporaire quand l'entreprise domiciliée en a besoin pour réunir ses organes, pour permettre la tenue et la consultation des documents exigés par la réglementation, pour recevoir son courrier et y trouver des services mis à disposition par le domiciliant (accueil, permanence téléphonique, usage d'équipement informatique, secrétariat) ; or, il résultait de plusieurs constats d'huissiers (ou désormais de commissaires) de justice que le locataire avait concédé à diverses entreprises la jouissance privative de certains bureaux : ces entreprises en détenaient les clés, avaient apposé leur nom sur les portes, avaient installé du personnel dans les bureaux et y exerçaient leur activité ; il s'agissait d'une violation d'une condition du bail jugée essentielle par les parties qui avaient expressément exclu toute autre activité que la domiciliation et interdit la sous-location ; le locataire n'apportait pas la preuve que cette violation ait cessé pour tous les bureaux concernés.

CA Paris 10-11-2010 n° 09-16431, ch. 3-5 : RJDA 6/11 n° 503.

Le fait pour un art thérapeute, **locataire** en vertu d'un bail commercial, d'avoir domicilié dans les locaux loués une **association en lien avec son activité professionnelle** ne constitue pas une sous-location dès lors que le locataire ne perçoit **aucun loyer** de l'association et qu'aucune prestation réciproque n'est convenue entre lui et l'association qui n'est qu'une émanation de son activité. Par suite, le bailleur ne peut pas utilement invoquer la clause prévoyant la résiliation de plein droit du bail en cas de sous-location.

CA Aix-en-Provence 14-6-2012 n° 11-17563, 1e ch. C : RJDA 1/13 n° 13.

C. Crédit-bail de fonds de commerce et sous-location

L'article L 313-7, 3 du Code monétaire et financier autorise le crédit-bail de fonds de commerce, d'établissement artisanal ou d'un de leurs éléments incorporels : il s'agit d'une location assortie d'une promesse unilatérale de vente moyennant un prix tenant compte, au moins pour partie, des versements effectués à titre de loyers. Ce type d'opération relève en principe du **monopole des établissements de crédit** ; toutefois il est admis, sous certaines conditions, qu'un particulier **propriétaire d'un fonds de commerce** puisse conclure, à titre exceptionnel, sur celui-ci une convention de location assortie d'une promesse de vente, pouvant être qualifiée d'opération de crédit-bail (Rép. Valleix : AN 9-12-1991 p. 5098). **75150**

Dans une décision isolée qui n'a pas été publiée au Bulletin de la Cour de cassation, la Haute Juridiction a estimé que le crédit-bail de fonds de commerce constitue une **sous-location** (Cass. 3e civ. 21-1-1998 n° 75 D : RJDA 4/98 n° 393). Au cas particulier, le bail de locaux commerciaux interdisait au locataire de sous-louer les locaux ou de céder le droit au bail sans l'autorisation écrite et expresse du bailleur et prévoyait la résiliation de plein droit du bail en cas de manquement du locataire à l'une de ses clauses. La Cour de cassation a jugé qu'avait légalement justifié sa décision une cour d'appel qui, pour dire la clause résolutoire acquise et le bail résolu, avait constaté que le locataire avait « cédé » son fonds de commerce en crédit-bail à un tiers et retenu, à bon droit, que ce dernier était devenu le locataire de celui-ci et que le locataire initial ne justifiait pas avoir obtenu l'autorisation du bailleur exigée contractuellement pour sous-louer les locaux. **75155**

La solution retenue par la Cour de cassation suscite des réserves : l'opération litigieuse portait sur le fonds de commerce et non sur le droit au bail. Or, en vertu d'une jurisprudence constante et ancienne, la mise en location du fonds de commerce ne constitue pas une sous-location (n° 75050). Par suite, le bailleur ne pouvait se prévaloir de l'acquisition de la clause résolutoire qu'à la condition de démontrer que l'opération était une sous-location déguisée, c'est-à-dire s'il prouvait que le locataire n'avait pas mis à la disposition de son cocontractant son fonds de commerce mais seulement les locaux.

D. Mise à disposition d'un logement de fonction et sous-location

L'hypothèse ici visée est principalement celle du locataire logeant son salarié dans les locaux loués. La situation n'est pas si rare, comme le montre un contentieux non négligeable, et peut s'expliquer par les impératifs d'exploitation du fonds de commerce, notamment ses heures d'ouverture. **75180**

Lorsque le locataire met à la disposition d'un tiers, à titre de logement de fonction, une partie des locaux loués, l'opération est qualifiée de sous-location si elle implique le **paiement d'un prix** ou la **fourniture d'une contrepartie** à la charge du tiers (notamment Cass. com. 22-1-1963 n° 60-13.788 : Bull. civ. III n° 52 ; Cass. 3e civ. 7-4-1994 n° 600 P : RJDA 7/94 n° 782).

Il en est ainsi que la mise à disposition s'effectue moyennant une somme d'argent, versée par le salarié ou prélevée directement sur son salaire, ou en échange de prestations en nature spécifiques (réalisation de travaux, d'heures de ménage ou autres) ou encore qu'elle ait été prévue par les parties comme un complément de salaire (Cass. 3e civ. 17-3-1975 n° 74-20.031 : Bull. civ. III n° 103 ; Cass. 3e civ. 12-12-1990 n° 1941 D : RJDA 2/91 n° 93 ; Cass. 3e civ. 7-4-1994 précité).

Le fait que la mise à disposition soit l'**accessoire d'un contrat de travail** et qu'elle prenne fin en cas d'extinction de ce dernier ne permet pas d'écarter la qualification de sous-location malgré **75185** le **caractère précaire** de la jouissance du sous-locataire (Cass. 3e civ. 8-5-1969, Cass. 3e civ. 10-11-1971 et Cass. 3e civ. 7-4-1994, analysés n° 75190). En effet, bien qu'obéissant à des règles particulières, la mise à disposition d'un logement de fonction constitue une location (Cass. 3e civ. 30-10-1969 n° 68-12.441 : Bull. civ. III n° 700 ; Cass. 3e civ. 10-11-1971, analysé n° 75190).

Le locataire ne peut pas non plus utilement soutenir, pour échapper aux sanctions d'une **sous-location** prohibée, que celle-ci est **nécessaire à l'exploitation du fonds de commerce** (Cass. 3e civ. 12-12-1990 n° 1941 D : RJDA 2/91 n° 93).

75190 ILLUSTRATIONS

C'est par une interprétation souveraine de la clause d'un bail commercial interdisant formellement toute cession ou sous-location gratuite que les juges du fond décident que cette clause ne vise pas l'**hébergement gratuit** par le locataire d'un membre de sa famille et que cet hébergement ne constitue pas une sous-location interdite par l'article 21 du décret du 30 septembre 1953 (désormais C. com. art. L 145-31).

Cass. com. 22-1-1963 n° 60-13.788 : Bull. civ. III n° 52.

Le salarié, bénéficiant d'un logement attribué pour son habitation accessoirement à ses fonctions, occupe les lieux ainsi mis à sa disposition par son employeur en vertu d'un contrat qui, bien qu'obéissant à des règles particulières, n'en est pas moins un contrat de location; la **jouissance** des lieux n'est pas **concédée** gratuitement mais a pour **contrepartie** le **travail du salarié.** Par suite, doit être cassé l'arrêt d'une cour d'appel qui, pour refuser la résiliation du bail commercial pour sous-location prohibée, retient que la mise à disposition du logement litigieux constituait, non une sous-location, mais l'**accessoire d'un contrat de travail.**

Cass. 3e civ. 8-5-1969 n° 67-13.365 : Bull. civ. III n° 360.

Le cessionnaire du droit au bail d'un local mixte de commerce et d'habitation qui a mis à disposition d'un de ses employés les locaux d'habitation dont il était locataire ne peut pas utilement reprocher à une cour d'appel d'avoir prononcé la résiliation du bail pour sous-location prohibée en soutenant que la mise à disposition du logement, accessoire au contrat de travail, constituait un contrat d'occupation précaire et non une location, qui suppose une **jouissance paisible** alors que cette mise à disposition constituait une sous-location prohibée, un tel contrat ayant, malgré ses règles particulières, le caractère d'une location.

Cass. 3e civ. 10-11-1971 n° 70-12.747 : Bull. civ. III n° 547.

Dans un cas où le locataire d'un appartement avait mis à disposition de son employé de maison une chambre de service, a légalement justifié sa décision la cour d'appel qui, pour déclarer le locataire déchu de son droit au maintien dans l'appartement à la demande du bailleur, a retenu que la convention entre le locataire et son employée de maison prévoyait que six **heures de travail** par semaine devaient être effectuées par l'employée « **en échange du logement** dans la chambre de service » et a estimé que la mise du local à disposition avait pour contrepartie des prestations en nature et devait être regardée comme une véritable sous-location, indépendamment de la forme de la rémunération perçue par le locataire ou occupant principal.

Cass. 3e civ. 17-3-1975 n° 74-20.031 : Bull. civ. III n° 103.

Le fait pour un locataire commercial de mettre une partie des lieux loués à la disposition d'un de ses employés, comme logement de fonction, constitue une sous-location qui peut justifier la résiliation lorsqu'elle est prohibée par le bail. Par suite, doit être cassé l'arrêt d'une cour d'appel qui, pour débouter le bailleur de sa demande tendant à faire constater l'acquisition de la clause résolutoire, retient que l'occupation du logement est l'**accessoire du contrat de travail** liant l'employée au locataire comme constituant un **complément de son salaire,** qu'elle est nécessaire à l'exercice de leur commerce et que l'infraction à la clause interdisant la sous-location n'est pas établie.

Cass. 3e civ. 12-12-1990 n° 1941 D : RJDA 2/91 n° 93.

Dans un cas où le locataire de locaux commerciaux comprenant un logement avait donné son fonds de commerce en location-gérance à une société qui avait logé un de ses employés dans l'appartement, doit être censuré l'arrêt d'une cour d'appel qui, pour rejeter la demande du bailleur tendant à faire constater l'acquisition de la clause résolutoire figurant au bail, a retenu que l'occupation du logement constituait un accessoire du contrat de travail liant le locataire-gérant à son employé, que la rémunération de 600 F (environ 91 €) par mois perçue par **prélèvement direct sur le salaire** de celui-ci correspondait à la rémunération de l'avantage en nature que constituait la mise à disposition du logement par le locataire-gérant et que cette **mise à disposition** était **précaire,** l'employé s'étant engagé à libérer les lieux dans les huit jours en cas de cessation du contrat de travail alors que la mise à la disposition d'un des employés du locataire-gérant, comme logement de fonction, des locaux d'habitation, moyennant une contrepartie, constituait une sous-location prohibée par le bail.

Cass. 3e civ. 7-4-1994 n° 600 P : RJDA 7/94 n° 782.

La sous-location, telle que visée aux articles 21 et 22 du décret du 30 septembre 1953 (désormais C. com. art. L 145-31 et L 145-32), suppose que le sous-locataire exerce une activité commerciale dans les lieux loués ou occupe tout ou partie desdits locaux en vertu d'un titre locatif et qu'en contrepartie de cette jouissance, il verse des loyers réguliers au locataire principal.

Tel n'est pas le cas lorsque l'occupante, qui dispose de faibles ressources, **occupe** au vu et au su de tous une **chambre** dans les locaux **pour le seul besoin de son logement** et n'a **jamais versé,** au titre de cette occupation, le moindre **loyer.** Les **menus services** qu'elle a pu rendre aux locataires successifs dans l'exercice de leur commerce, dont le caractère habituel n'est ni allégué ni démontré, ne peuvent pas s'analyser en une contrepartie sérieuse équivalente au paiement régulier d'un loyer. Cette **occupation précaire,** qui ne lui conférait aucun droit opposable au bailleur (elle a d'ailleurs volontairement accepté de quitter les lieux) ne peut s'analyser qu'en un prêt à usage n'entrant pas dans le champ d'application des dispositions précitées.

Par suite, c'est à tort que les premiers juges ont retenu que le bailleur justifiait d'un motif grave et légitime pour refuser de renouveler le bail commercial sans indemnité d'éviction. Le congé délivré doit être tenu comme ayant valeur de congé simple, ouvrant droit au locataire à une indemnité d'éviction.

CA Versailles 28-3-1996 n° 8848/94, 12e ch. 2e sect.

Sur la portée de la clause autorisant le **locataire, personne morale,** à **occuper un local d'habitation** inclus dans le bail commercial, voir Cass. 3e civ. 23-5-2002 n° 866 FS-PB et Cass. 3e civ. 5-1-2010 n° 08-21.062 F-D, analysés n° 75630.

E. Bail d'un local consenti par le locataire d'un terrain nu et sous-location

Le propriétaire d'un terrain nu peut louer celui-ci en autorisant le **locataire** à y édifier des **constructions** (sur les conditions dans lesquelles ce type de bail relève du statut des baux commerciaux, voir nos 960 s.). Le locataire du terrain peut ensuite consentir soit une location des seuls bâtiments construits par ses soins, soit une sous-location du terrain et une location des constructions, soit une sous-location de l'ensemble. Tout dépend des modalités de jouissance prévues dans le bail. Le seul accès au travers du terrain loué pour accéder à la construction du locataire principal n'est pas constitutif d'une sous-location dudit terrain. Tel n'est en revanche pas le cas si, outre la location de tout ou partie de l'immeuble, le locataire principal consent la jouissance privative au même locataire de tout ou partie du terrain. **75230**

La jurisprudence rendue par les différentes chambres de la Cour de cassation sur le sujet traduit cette **variété de situations,** certaines décisions écartant la qualification de sous-location, d'autres la retenant. À notre avis, ces solutions ne sont pas contradictoires mais visent des hypothèses différentes qui ne sont pas toujours parfaitement identifiées dans les décisions. **75232**

Ainsi, dans le cas où le locataire a été autorisé à construire sur le terrain loué mais que le bail prévoit le report de l'accession de ces constructions à l'issue de l'ultime renouvellement, on se trouve en présence, d'une part, d'un bail portant sur un terrain et, d'autre part, d'un bail portant sur un immeuble. Les baux n'ayant pas le même objet, il en résulte que le second ne saurait être considéré comme un sous-bail du premier. C'est le raisonnement suivi par une partie de la jurisprudence (Cass. com. 9-10-1961 n° 58-11.173 : Bull. civ. III n° 344 ; Cass. 3e civ. 4-12-1968, analysé n° 75235).

Dans le cas où le bail ne règle pas le sort des constructions, ces dernières accéderont au bailleur à l'expiration du bail au cours duquel elles ont été édifiées ; une fois l'accession intervenue, le locataire du terrain est également locataire de l'immeuble qu'il a construit ; la mise à disposition de l'immeuble à un tiers s'analyse alors en une sous-location pour l'ensemble (Cass. com. 29-11-1961 et Cass. com. 17-1-1966, analysés n° 75235).

ILLUSTRATIONS **75235**

L'autorisation donnée dans le bail au locataire de sous-louer tout ou partie des locaux pris à bail ne le dispense pas de l'obligation de se conformer aux dispositions de l'article 21 du décret de 1953 (désormais C. com. art. L 145-31).

Par suite, dans un cas où le **bail d'un terrain nu** interdisait la sous-location mais **permettait au locataire d'édifier des constructions sur le terrain et de les louer,** manque de base légale l'arrêt d'une cour d'appel qui, pour faire droit à la demande d'indemnité d'éviction formée par un sous-locataire contre le bailleur, a notamment retenu qu'en autorisant le locataire à louer ses constructions, le bailleur avait autorisé la sous-location du terrain lui-même mais sans retenir de motifs dont il résulterait que le bailleur a été appelé à concourir ou qu'il a expressément ou tacitement agréé celle-ci.

Cass. com. 29-11-1961 : Bull. civ. III n° 447.

75235 (suite)

Ndlr : Cette décision prononce en outre la nullité de la clause de nivellement figurant dans le bail principal qui, compte tenu de la destination commerciale des lieux loués, faisait obstacle au droit au renouvellement du locataire. Pour un cas où l'efficacité de cette clause a été retenue, voir Cass. com. 6-4-1965, analysé n° 76690.

Le **bail d'un terrain** nu interdisait au locataire toute sous-location partielle ou totale mais **l'autorisait à y édifier des constructions,** une **clause de nivellement** lui imposant de rendre le terrain nu et nivelé à l'expiration du bail. Le locataire sous-loua les constructions qu'il avait édifiées sur le terrain.
Quelques années plus tard, une cour d'appel refusa le renouvellement du bail car le locataire n'exerçait plus aucune activité commerciale dans les lieux ainsi que le renouvellement du sous-bail, le bailleur n'ayant pas été appelé à concourir à l'acte et n'ayant ni expressément ni tacitement agréé la sous-location. Le sous-locataire avait alors soutenu que la clause de nivellement figurant au bail principal excluait nécessairement la formalité de l'appel du bailleur à l'acte de sous-location, clause qui avait été ultérieurement annulée pour fraude aux droits du locataire.
Jugé au contraire que, nonobstant la clause de nivellement déclarée nulle, le locataire et le sous-locataire n'étaient nullement dispensés de se conformer aux prescriptions des articles 21 et 22 du décret du 30 septembre 1953 (désormais C. com. art. L 145-31 et L 145-32) qui leur imposaient d'appeler le bailleur à concourir à l'acte de sous-location et à ses renouvellements afin de lui rendre opposables les droits des sous-locataires.

Cass. com. 17-1-1966 : Bull. civ. III n° 25.

Ndlr : Le raisonnement du sous-locataire consistait à soutenir qu'en insérant la clause de nivellement qui avait nécessairement pour effet de le priver de tout droit au renouvellement du sous-bail, le bailleur avait renoncé à prendre connaissance des sous-locations qui ne lui imposaient aucune obligation. Dans une autre décision du même jour rendue entre les mêmes parties (Bull. civ. III n° 26), le sous-locataire avait en outre soutenu qu'en raison de l'annulation de la clause de nivellement, le bailleur était devenu par accession propriétaire des constructions édifiées par le locataire, de sorte qu'il se trouvait dans la situation de l'acquéreur d'un bien loué et devait donc, en application de l'article 1743 du Code civil, respecter le sous-bail ayant date certaine. Cet argument a été rejeté par la Cour de cassation car il était invoqué pour la première fois devant elle, ce qui le rendait irrecevable, mais il aurait valablement pu être invoqué devant les juges du fond.

Le **locataire d'un terrain nu avait loué l'immeuble** qu'il y avait édifié et **dont il était propriétaire,** en informant son cocontractant qu'il n'était en revanche pas propriétaire du sol.
À la suite de la résiliation du bail du terrain, le locataire de l'immeuble ne peut réclamer une indemnité d'éviction ni au bailleur du terrain ni au bailleur de l'immeuble dès lors que :
– d'une part, le locataire de l'immeuble ne pouvait pas se prétendre sous-locataire du terrain et les baux n'avaient pas le même objet, le premier concernant un terrain nu, le second un bâtiment, de sorte que l'intéressé était resté un tiers par rapport au propriétaire du sol et sans qualité pour exercer une action directe contre ce dernier ; en outre, si le bail de l'immeuble imposait au locataire de payer le loyer du terrain, ce paiement avait été fait, en l'acquit du propriétaire de l'immeuble en exécution d'une obligation contractuelle ; les quittances de ces paiements ne constituaient donc nullement la preuve d'un lien locatif avec le propriétaire du terrain ;
– et, d'autre part, le droit de propriété sur l'immeuble s'était éteint au jour où le bail du terrain avait pris fin pour un motif indépendant de la volonté du bailleur et bien connu du locataire de l'immeuble dès son entrée dans les lieux ; la précarité excluait l'application de l'article 16 du décret du 30 septembre 1953 (désormais C. com. art. L 145-25).

Cass. 3e civ. 4-12-1968 n° 66-13.919 : Bull. civ. III n° 515.

Dans le cas du bail d'un terrain supportant des constructions, le locataire s'était engagé, après destruction de celles-ci, à y édifier un immeuble qui devait revenir gratuitement au bailleur à la fin du bail ; ce dernier autorisait les sous-locations totales ou partielles. Cassation de l'arrêt qui a retenu que les dispositions de l'article 21, al. 3 du décret de 1953 (désormais C. com. art. L 145-31, al. 3) étaient applicables, les loyers des sous-locations étant supérieurs à celui du bail principal alors que le locataire, après la destruction prévue au bail, n'était **locataire** que **d'un terrain** devenu nu et qu'il ne sous-louait pas ce terrain mais **donnait en location des locaux situés dans la construction dont il demeurait propriétaire.**

Cass. 3e civ. 6-12-1972 n° 71-13.197 : Bull. civ. III n° 665.

Ndlr : Dans une autre décision opposant les mêmes parties, la Cour de cassation a écarté l'action en réajustement en relevant que le locataire, faute d'exploiter un fonds de commerce dans les locaux, n'était pas soumis au statut des baux commerciaux (Cass. 3e civ. 3-2-1976, analysé n° 76140).

Pour qu'il y ait sous-location interdite au sens de l'article 21 du décret de 1953 (désormais C. com. art. L 145-31), il faut que le locataire ait loué à un tiers la chose qui lui a été donnée en location. Tel n'est pas le cas lorsque le **locataire d'un terrain nu a loué les bâtiments qu'il y a édifiés et dont il est seul propriétaire.**
La clause prévoyant la résiliation du bail d'un terrain nu en cas de sous-location par le locataire de tout ou parties des terrains est d'application stricte et ne s'applique donc pas à des sous-locations ne portant pas sur les terrains mais sur les constructions postérieurement édifiées et ne faisant pas l'objet du bail.

TGI Nice 7-7-1976, 4e ch. : Gaz. Pal. 6-10-1977 p. 528 note de Belot.

F. Représentation commerciale et sous-location

Le terme de représentation commerciale couvre des hypothèses diverses qui peuvent aller de l'accord par lequel le locataire permet, moyennant rémunération, à un tiers de vendre ses produits ou ses prestations de services dans les locaux loués à la mise à disposition d'un hall d'exposition (showroom). Comme le montrent les décisions analysées ci-dessous, les tribunaux écartent généralement la qualification de sous-location, sous réserve de l'existence d'une simulation. **75250**

ILLUSTRATIONS

Doit être cassé l'arrêt d'une cour d'appel qui qualifie de sous-location une convention intitulée « engagement de représentant vendeur », conclue entre le locataire d'un local commercial et un tiers, dès lors que ce contrat, fréquent dans le quartier des Halles, ne comporte au profit du tiers qu'une **simple autorisation de vendre dans les lieux** des fruits sous le **contrôle du locataire** et moyennant une redevance calculée sur le montant des ventes ainsi réalisées et que le contrat ne conférait au tiers aucun droit de sous-location et n'était pas entaché de simulation.

Cass. com. 5-7-1961 n° 58-12.402 : Bull. civ. III n° 313.

Dans un cas où, pour demander la résiliation d'un bail pour sous-location prohibée, le bailleur avait invoqué le fait que le locataire avait mis **une partie de sa boutique** et de ses installations **à la disposition de deux comités touristiques** moyennant le paiement d'une commission, a légalement justifié sa décision la cour d'appel qui, pour rejeter cette demande, a relevé que le contrat conclu entre le locataire et les comités confiait au premier, moyennant rémunérations des prestations, la représentation commerciale des comités et que le **personnel** travaillait **sous la** seule **responsabilité du locataire** et était rémunéré par lui à la date des faits incriminés.

Cass. 3e civ. 19-4-1989 n° 87-15.055.

Dans un cas où la destination des lieux loués était, aux termes du bail, l'exposition, la vente de meubles et d'objets mobiliers de toute provenance, notamment sous la forme de « **showrooms** » (salons d'exposition), le bailleur ne peut pas utilement soutenir, pour demander la résiliation du bail, qu'en **vendant des meubles pour le compte d'autres fabricants,** le locataire avait consenti des sous-locations prohibées dès lors que la clause précitée ne pouvait pas être interprétée comme autorisant seulement le locataire à vendre des meubles lui appartenant ou qu'il a fabriqués.
En effet, ladite clause, issue d'une modification du bail initial, avait été prévue à une date où le locataire, âgé, avait déjà cessé toute fabrication ; l'indication de l'activité « showroom » impliquait nécessairement celle de vendre des objets appartenant à d'autres fabricants et à utiliser les lieux pour les exposer ; si le locataire n'avait pu exposer que des meubles lui appartenant, il était alors inutile de viser au bail le terme de « showroom » car il se serait alors agi d'une activité commerciale traditionnelle ; la convention de showroom correspond à des prestations de services nettement définies et est essentiellement différente d'une sous-location ; enfin, le bailleur ne pouvait pas se méprendre sur ce terme, le bail précisant en outre qu'il pouvait s'agir d'expositions permanentes ou temporaires.

CA Paris 17-5-1989 n° 87-9253, 16e ch. A.

Ndlr : En l'espèce, le locataire avait fait valoir que son activité consistait à mettre les locaux à la disposition des exposants contre redevance mais qu'en sa qualité de prestataire du local d'exposition, il veillait à la conservation des meubles exposés, accompagnait la clientèle et lui communiquait les informations techniques.

Dans un cas où le contrat de bail conclu entre le propriétaire d'un immeuble et une société autorisait cette dernière **« à héberger »** ses filiales dans les locaux loués et où, la société ayant usé de cette faculté, le bailleur lui avait reproché de ne pas l'avoir appelé à concourir aux sous-locations ainsi consenties et avait en conséquence demandé la mise en œuvre de la clause résolutoire figurant au bail, cette demande a été rejetée au motif que les contrats conclus par la société locataire avec ses filiales ne constituaient pas des sous-locations mais des contrats de représentation commerciale, les commissions perçues par le locataire étant extrêmement variables d'un mois à l'autre et ne pouvant pas être assimilées à un loyer.

Cass. 3e civ. 20-6-1989 n° 1090 D.

G. Autres modes de mise à disposition des locaux et sous-location

La mise à disposition d'un tiers de locaux loués peut s'effectuer sous des formes autres que celles étudiées nos 75050 s. (location-gérance de fonds de commerce, mise à disposition d'un logement de fonctions, crédit-bail...). Les décisions rapportées ci-dessous illustrent l'**appréciation,** au cas par cas, **par les juges** de l'existence d'une sous-location. **75300**

75310 ILLUSTRATIONS

Mise à disposition pour un tournage de film

Aux termes d'un bail commercial, le locataire était autorisé à exercer dans les lieux loués « les commerces de vins et liqueurs, restaurant à l'exclusion de tous autres »; le bail lui interdisait en outre de céder son droit au bail ou de sous-louer. Reprochant au locataire d'avoir mis les lieux à disposition pour le tournage de plusieurs films, le bailleur avait demandé la résiliation du bail pour violation des clauses précitées.

Il y a lieu de rejeter cette demande dès lors que :

– le **bail n'interdit pas le prêt** ou la mise à disposition d'un tiers des locaux loués;

– si le prêt à usage est par essence gratuit, il n'en demeure pas moins que le locataire s'est fait légitimement payer les repas et boissons consommés par les équipes de tournage et ces prestations entrent dans le cadre de l'activité prévue au bail;

– il n'est pas démontré que le locataire a perçu une rémunération pour les tournages, seule étant établie l'existence de « recettes journalières » faites dans le cadre de l'activité de bar-restaurant;

– le fait qu'une plaque apposée sur le mur de l'établissement indique que ce dernier, datant du XIXe siècle, est aujourd'hui le rendez-vous des voyageurs « sans oublier les caméras » ne démontre pas que le tournage de films soit une **activité habituelle**;

– à supposer que des tournages aient eu lieu à l'intérieur des locaux (et non seulement en extérieur), cette **mise à disposition temporaire** des lieux loués ne peut s'analyser en une cession de droit au bail ni en une sous-location des locaux;

– enfin, l'utilisation très **ponctuelle** des locaux à des fins autres que celles prévues au bail sans autorisation du bailleur ne constitue pas une violation suffisamment grave des obligations contractuelles justifiant la résiliation du bail.

CA Paris 15-5-2003 n° 02-18716, 16e ch. B.

Dans le cas d'un **bail** d'habitation **interdisant** au locataire de céder son droit au bail, de sous-louer ainsi **que de prêter** même temporairement **les lieux** à des tiers et où le bailleur avait demandé la résiliation du bail au motif que le locataire avait, par convention, laissé « libre accès » à son appartement pour le tournage d'un film publicitaire sous la responsabilité de son fils ou de la gardienne de l'immeuble en son absence, il ne peut pas être reproché à une cour d'appel d'avoir prononcé la résiliation du bail aux torts du locataire dès lors que :

– elle a souverainement retenu, interprétant les termes obscurs et ambigus de cette convention, que celle-ci s'analysait en une cession temporaire ou prêt des lieux;

– la cession temporaire ou le prêt des lieux étant prohibés par le bail, la **surveillance** requise du fils **du locataire** ou de la gardienne n'était pas de nature à faire disparaître l'infraction;

– cette faute était aggravée par le refus du locataire d'obtempérer aux sommations délivrées par le bailleur de faire cesser le trouble occasionné à l'immeuble.

Cass. 3e civ. 4-4-2001 n° 98-21.971.

75320 ILLUSTRATIONS

Mise à disposition de locaux par le locataire dans le cadre de son activité

Le propriétaire de divers immeubles avait loué ceux-ci à une société civile immobilière (SCI), le bail interdisant à cette dernière de sous-louer sauf à une SARL qui exploitait déjà un garage dans une partie des lieux.

Néanmoins, la SCI avait sous-loué certains locaux à une société de taxis puis, sous la menace du bailleur de mettre en jeu la clause résolutoire du bail, avait mis fin à ces sous-locations et la société de taxis avait transféré son siège social dans le voisinage. La SCI avait finalement sous-loué les locaux litigieux, comme l'y autorisait le bail, à la SARL, laquelle avait loué le même jour vingt places de garage à la société de taxis. Le bailleur avait à nouveau demandé la résiliation du bail de la SCI.

Cette demande a été rejetée aux motifs que la SARL n'avait fait qu'**exercer** normalement **son activité en mettant à la disposition** de la société de taxis une partie des **emplacements de garage** dont elle était sous-locataire, que la société de taxis n'était plus qu'un client de la SARL et que, si certaines facilités lui avaient été consenties à titre provisoire, son nouveau titre d'occupation excluait tout droit locatif et ne pouvait en aucune façon être assimilé au contrat de sous-location dont elle bénéficiait antérieurement.

Cass. 3e civ. 30-4-1969 : AJPI 1970 II p. 332 n° 44 note J. Viatte.

Dans un cas où le bailleur avait refusé le renouvellement du bail reprochant au **locataire** d'avoir consenti des sous-locations illicites en **mettant des chais à disposition de tiers** et où le locataire soutenait que cette mise à disposition n'était pas une sous-location mais l'**exercice normal de sa profession** en vue de laquelle le bail avait été consenti, une cour d'appel a pu, appréciant souverainement les faits de la cause, déduire que le contrat d'entreposage, tel que pratiqué par le locataire, en faveur d'un tiers payant une redevance, équivalait à une sous-location, prohibée tant par le bail que par la loi.

Cass. 3e civ. 8-7-1969 n° 67-14.166 : Bull. civ. III n° 553.

Pour un cas où la **destination des lieux** loués était, aux termes du bail, l'exposition, la vente de meubles et d'objets mobiliers de toute provenance, notamment sous la forme de « **showrooms** », voir CA Paris 17-5-1989 n° 87-9253, analysé n° 75250. **75320** (suite)

Dans un cas où le bailleur réclamait la résiliation judiciaire du bail en soutenant que la société locataire avait consenti sans autorisation des « **sous-locations journalières de plateaux de cinéma** » alors que le bail subordonnait expressément toute sous-location au consentement préalable du bailleur, il y a lieu de rejeter cette demande dès lors que le locataire avait pour **objet social** « la prestation de service en personnel et matériel technique requis pour toute production, conception et réalisation à caractère audiovisuel » et que les contrats litigieux comprenaient nécessairement la mise en place d'une **logistique** audiovisuelle en **matériel et techniciens** permettant de tourner un film, accompagnée d'une mise à disposition d'un espace pendant un temps limité (quelques jours) qui ne pouvait s'analyser en une sous-location.

CA Paris 20-2-1998, 16e ch., SARL ACME Films c/ SA Vincent : D. aff. 1998 p. 656 note Y. Rouquet.

Ne peut pas être qualifié de sous-location le contrat par lequel le locataire d'une **salle de spectacle** met à disposition de particuliers, pendant une soirée, son **personnel** ainsi qu'un disc-jockey ou un orchestre et se charge des **formalités** administratives, telle la déclaration à la préfecture de police.

Cass. 3e civ. 16-5-2000 n° 98-19.427.

Ayant constaté que la destination contractuelle des lieux loués était « le conseil et les prestations de services aux entreprises dans le domaine des activités culturelles et artistiques », une cour d'appel retient exactement que la **mise à disposition des clients** de la société **d'un studio et de matériels de haute technologie** installés dans les lieux loués, sous le contrôle de cette société et avec la collaboration d'un ingénieur du son dont les prestations font l'objet d'une facturation à part, ne s'analyse ni en contrat de location ni en contrat de sous-location.

Cass. 3e civ. 7-11-2001 n° 1487 FS-D : RJDA 2/02 n° 134 som.

Une société avait pris à bail des locaux à usage d'exploitation de studios de gymnastique, danse, musique, arts plastiques et activités audiovisuelles et, après avoir réalisé dans les lieux loués d'importants travaux, conclu une **convention de mise à disposition de** ces **studios** avec un conservatoire de danse. Le bailleur, propriétaire des lieux, prétendait que cette convention de mise à disposition était en réalité une sous-location, ce qui lui permettait d'invoquer les dispositions de l'article L 145-31 du Code de commerce pour obtenir le réajustement du loyer, qui était d'un montant très inférieur à la « redevance » payée par celui qui serait un sous-locataire.

A légalement justifié sa décision rejetant cette demande la cour d'appel qui a retenu que les **limitations à la jouissance des lieux** dans le temps, les **nombreuses prestations** relatives à l'équipement et à l'entretien des locaux assurées par la société locataire, ainsi que le contrôle de l'accueil et de la sécurité conservés par cette dernière démontraient que le contrat passé avec le conservatoire de danse ne pouvait pas se réduire à une sous-location.

Cass. 3e civ. 13-2-2002 n° 234 FS-PBR : RJDA 5/02 n° 475.

Une cour d'appel peut refuser d'augmenter le loyer principal d'un bail commercial en application de l'article L 145-31 du Code de commerce après avoir relevé que le prix du loyer fixé initialement l'avait été en considération de l'**activité de meublés pour les maisons à usage d'habitation comprises dans le bail commercial** et qu'il ne s'agissait pas d'une sous-location qui pouvait ou non être autorisée par le bailleur du fonds loué en application d'une clause prévue au bail, mais d'actes de commerce exécutés dans le cadre de l'exploitation du fonds, impliqués par le commerce du locataire.

Cass. 3e civ. 22-10-2003 n° 02-15.975 FS-D : RJDA 1/04 n° 23.

Dans un cas où une **association équestre** louait un domaine comportant des boxes et avait sous-loué ceux-ci à ses membres, l'action du bailleur, qui demandait la résiliation du bail au motif que le locataire avait sous-loué sans l'avertir ni l'appeler à concourir aux actes, doit être rejetée dès lors qu'il résulte des termes du bail, qui autorisait la sous-location des locaux habitables aux employés de l'association et celle des boxes aux seuls membres de cette dernière, que la **sous-location de boxes** par l'association locataire s'exerçait **dans le cadre de son activité** et ne correspondait pas à une sous-location dans les termes de l'article L 145-31 du Code de commerce.

CA Paris 5-12-2003 n° 2002-15298, 16e ch. sect. B.

Pour un cas où la **domiciliation de filiales** a été considérée comme entrant dans l'**objet social du locataire,** voir CA Paris 15-3-200604-14914, analysé n° 75115.

Le propriétaire d'un local commercial destiné à l'activité de **studio photo,** vidéo et film avait tiré argument de ce que son locataire mettait ce local à la disposition de tiers pour lui refuser le renouvellement du bail sans indemnité d'éviction. Selon lui, le locataire avait ainsi sous-loué les lieux en dépit de la clause du bail le lui interdisant.

75320 (suite) Il y a lieu de juger au contraire que le locataire n'avait consenti aucune sous-location, et qu'il avait donc droit à une indemnité d'éviction dès lors que :
– la mise à disposition relevait de l'activité de studio photo exercée dans les lieux par le locataire conformément à la destination du bail et sous une enseigne pour laquelle il justifiait d'une inscription à la chambre des métiers ;
– les contrats de **mise à disposition des plateaux photographiques,** permettant à des professionnels de les utiliser trois ou quatre jours par mois, portaient sur des espaces spécialement équipés et non simplement sur le local loué ;
– ils contenaient une limitation de jouissance dans le temps et ne conféraient pas un droit exclusif sur les lieux.

CA Paris 9-9-2009 n° 08-7653, ch. 5-3 : RJDA 2/10 n° 125.

Ne s'analyse pas en une sous-location la convention conclue entre une société exploitant un immeuble à usage de résidence de tourisme situé dans une station de sport d'hiver et une école de ski dès lors que, par cette convention, la société affectait une partie des locaux loués à une **activité** parahôtelière **prévue dans son objet social,** réservée à la clientèle de la résidence, qu'elle **sous-traitait à un tiers,** l'école de ski, mais dont elle conservait la maîtrise, la contrepartie de l'occupation étant une commission sur le chiffre d'affaires réalisé.

Cass. 3e civ. 13-9-2011 n° 10-21.087 F-D : RJDA 12/11 n° 1002.

Dans un cas où le locataire d'un domaine viticole avait conclu avec des tiers des contrats prévoyant la « **mise à disposition** » de ces derniers **de cuves et de matériel de vinification,** une cour d'appel a pu déduire des éléments suivants qu'aucun bien compris dans le bail n'avait été mis à la disposition de tiers et que la vinification de leurs récoltes par le locataire devait être qualifiée de prestation de service et non de sous-location : les cocontractants du locataire n'avaient pas d'accès personnel direct à la cave, tout accès se faisant en présence de celui-ci ou de ses employés ; ils n'avaient aucune libre disposition du local à titre exclusif ; ils n'étaient assistés d'aucun personnel autre qu'un œnologue ; la rémunération demandée par le locataire n'était pas un prix fixe à la journée mais un prix à l'hectolitre vinifié ; ils n'avaient **aucune** maîtrise ni **jouissance personnelle** du matériel ; les cocontractants n'avaient effectué dans les locaux aucune transformation ni aucun entretien ; le contrôle de l'opération de vinification était fait par le locataire.

Cass. 3e civ. 17-10-2012 n° 11-24.031 FS-D : RJDA 2/13 n° 93.

Ndlr : Rendu à propos d'un bail rural, pour lequel l'article L 411-35, al. 5 du Code rural et de la pêche maritime interdit la sous-location, cette décision est transposable au bail commercial.

Un bail commercial de locaux comprenant une partie de stockage et une partie de bureaux sur deux niveaux avait pour objet la mise à disposition en libre-service auprès des entreprises et des particuliers de surfaces de petites dimensions modulables destinées à l'entreposage, le stockage ou l'archivage de marchandises, matériels ou consommables et accessoires destinés à l'emballage. La sous-location était interdite sans le consentement du bailleur.
Il résulte des éléments suivants que le contrat par lequel le locataire a mis des bureaux à disposition d'une entreprise tierce constitue un contrat de sous-location irrégulièrement conclu et non un contrat de prestations de services :
– le contrat de mise à disposition d'un bureau au profit de l'entreprise mentionne expressément le numéro de bureau qu'il lui est affecté et sa surface ;
– ce contrat prévoit une contrepartie financière fixée notamment en fonction de la superficie du bureau et pas seulement par la prestation de services ;
– le contrat indique que l'entreprise a accès au bureau sept jours sur sept, vingt-quatre heures sur vingt-quatre, qu'elle s'engage à le maintenir dans un bon état d'entretien et en assurent la fermeture ;
– l'entreprise dispose d'une **jouissance exclusive** du bureau qu'elle loue sans limitation de temps ;
– la prestation essentielle du contrat conclu avec le locataire est bien la mise à disposition de bureaux et non la fourniture de prestations, les prestations fournies comme l'entretien, l'accueil et la sécurité, l'assurance et le wifi, n'étant que des prestations accessoires à la fourniture de bureau ;
– la mise à disposition de bureaux n'entre pas dans le **champ de l'activité du locataire** ; en effet, son objet social ne comprend pas la mise à disposition de bureaux avec prestations et une telle activité ne peut pas non plus être considérée comme une activité connexe ou complémentaire de l'activité principale du locataire ;
– une telle activité ne peut pas non plus être considérée comme une **activité connexe ou complémentaire** de l'activité principale de mise à disposition de lieux de stockage car ces deux activités sont différentes, elles reposent sur des aménagements et des modes d'exploitation distincts et sont pratiquées de manière indépendante.

CA Rennes 12-10-2022 n° 21/06583, SCI [Adresse 6] c/ SARL Modulobox : RJDA 5/23 n° 241.

ILLUSTRATIONS 75330

Remplacement temporaire dans l'exploitation d'un fonds de commerce

Dans un cas où une personne louait des locaux à usage commercial pour y exercer l'activité de vente d'articles de sport, camping, skis et location de skis, le bail doit être résilié pour sous-location illicite dès lors que le **locataire,** qui n'a **pas exploité lui-même son fonds** de commerce **pendant une saison** d'été, **l'avait mis à disposition d'un tiers** qui y a exercé des activités nouvelles (vente de revues, de journaux, de cartes postales et de pellicules photos) non autorisées par le bail, moyennant un avantage consistant dans le maintien de l'ouverture du commerce alors qu'il exerçait lui-même une autre activité.

Cass. 3e civ. 26-2-1992 n° 90-19.710.

ILLUSTRATIONS 75340

Mise à disposition d'un espace publicitaire

Une cour d'appel n'a fait qu'user de son pouvoir souverain d'appréciation en jugeant que l'apposition de **publicité sur un mur de l'immeuble loué,** où elle n'a **pas** causé **de dégradation** et qui a été enlevée après une longue **tolérance** du bailleur, ne peut pas être raisonnablement assimilée à une sous-location introduisant un tiers dans les lieux et à un changement dans les rapports entre les parties et qu'elle ne constitue pas un abus de jouissance suffisamment grave pour légitimer le refus de renouvellement du bail.

Cass. com. 26-11-1962 : Bull. civ. III n° 480.

Le fait pour le locataire de **mettre à disposition** d'un tiers **un mur** des locaux **pour y apposer un panneau publicitaire** et de **percevoir** de ce tiers **une rémunération périodique** en contrepartie de la jouissance du mur constitue incontestablement une sous-location partielle des locaux.
Par suite, dans un cas où le bail imposait au locataire d'obtenir l'autorisation expresse et écrite du bailleur pour sous-louer et où le locataire avait, sans autorisation, mis un des murs à la disposition d'une agence de publicité, il y a lieu de constater la résiliation du bail dès lors que, à l'expiration de la sommation adressée par le bailleur au locataire de mettre un terme à cette sous-location et de remettre les lieux en état sous peine d'application de la clause de résiliation de plein droit, le panneau publicitaire était toujours en place.

CA Nîmes 13-12-1990, 2e ch., Sté Codisud c/ Sté immobilière moderne : Loyers 1991 n° 304 note Ph.-H. Brault.

ILLUSTRATIONS 75350

Apport du bail en société

Dans un cas où le titulaire d'un bail commercial avait constitué une EURL à laquelle il avait fait apport de son bail et où, deux ans plus tard, il avait cédé la presque totalité des parts de l'EURL à des tiers, la Cour de cassation a cassé l'arrêt d'une cour d'appel qui, pour débouter le bailleur de sa demande en résiliation du bail, avait retenu que la cession de la quasi-totalité des parts de l'EURL, transformant celle-ci en SARL, n'avait pas opéré une cession du bail, sans rechercher, comme il le lui était demandé, si la cession de son droit au bail à l'EURL, sans l'accord du bailleur, ne constituait pas une sous-location irrégulière.

Cass. 3e civ. 4-2-1997 n° 191 D : Dr. sociétés 1997 comm. n° 57 note T. Bonneau.

Ndlr : À notre avis, l'apport d'un bail commercial à une société doit être qualifié de **cession de bail** en cas d'apport en propriété et de sous-location s'il s'agit d'un apport en jouissance (en ce sens, C. Regnault-Moutier, La notion d'apport en jouissance, Thèse LGDJ 1994). Cette distinction est rarement faite par la jurisprudence qui retient majoritairement la notion de cession de bail.
Dans cette décision isolée et non publiée au Bulletin civil de la Cour de cassation, la troisième chambre civile de la Haute Cour admet la qualification de sous-location et simultanément... celle de cession et sans pour autant indiquer la nature de l'apport en l'espèce.
La qualification de cession et celle de sous-location ne sont pas neutres : d'une part, ces opérations ne sont pas soumises aux mêmes formalités, même si l'une comme l'autre suppose l'intervention du bailleur. D'autre part, elles n'ont pas la même incidence quant aux droits des parties : en cas de liquidation de la société, l'apporteur en propriété a droit à un boni de liquidation correspondant à la valeur de l'apport alors que l'apporteur en jouissance doit récupérer le bien apporté.

ILLUSTRATIONS 75360

Changement de forme sociale du locataire

Dans un cas où le bailleur de locaux commerciaux avait demandé l'expulsion de son locataire, une **SNC qui s'était transformée en SARL,** estimant qu'il avait ainsi favorisé l'intrusion d'une autre société dans les lieux en violation des clauses du bail relatives à la cession et à la sous-location, une cour d'appel a pu décider que la transformation de la société locataire et l'installation à titre précaire dans les lieux du siège social d'une société distincte ne constituaient pas une violation du bail dès lors que :
– d'une part, la SNC avait été transformée purement et simplement en SARL avec la même raison sociale et le même objet social, sans liquidation de l'ancienne société et sans apport de son actif et de son passif à la société nouvelle qui était la continuation de l'ancienne ;
– et d'autre part, l'installation dans les lieux du siège de la SARL ne comportait aucune cession de bail ni aucune location au profit de cette société.

Cass. com. 29-5-1961 n° 59-10.230 : Bull. civ. III n° 245.

75370 ILLUSTRATIONS

Contrat de collaboration
Un bail professionnel conclu avec un chirurgien-dentiste interdisait le prêt et la sous-location des lieux loués sans le consentement exprès et écrit du bailleur. Ayant appris la présence d'un collaborateur dans les lieux, celui-ci avait mis en œuvre la clause résolutoire du bail.
Pour constater la résiliation du bail, la cour d'appel avait estimé que la situation concrètement créée par la signature d'un contrat de collaboration constituait soit un prêt du droit au bail, soit plus logiquement une sous-location des équipements autant que du local aménagé pour l'exercice professionnel.
Après avoir relevé que le contrat de collaboration mettait à la charge du collaborateur la **rétrocession d'une partie de ses honoraires au titulaire du bail,** la Cour de cassation a censuré la cour d'appel au motif que ce contrat était onéreux et que le prix payé n'était pas assimilable à un loyer, de par son caractère variable étranger à toute valeur locative et indépendant du temps d'utilisation effective des lieux.
Cass. 3e civ. 22-10-2003 n° 1052 FS-PB : RJDA 1/04 n° 18.

SECTION 2

CONDITIONS DE RÉGULARITÉ DE LA SOUS-LOCATION

75450 En **principe,** les locaux faisant l'objet d'un bail commercial soumis aux articles L 145-1 s. du Code de commerce ne peuvent pas être sous-loués par le locataire, l'article L 145-31, al. 1 précisant que, sauf stipulation contraire du bail ou accord du bailleur, toute **sous-location** totale ou partielle est **prohibée.** Le régime de la sous-location déroge ainsi au droit commun du bail pour lequel l'article 1717 du Code civil autorise la sous-location, sauf clause contraire du bail.

Le Code de commerce prévoit une **exception** à ce principe et permet la sous-location sous certaines conditions que bailleur et locataire peuvent aménager (nos 75460 s.). Le non-respect des conditions posées par les textes ou par les parties a des conséquences dans les rapports existant entre chacune des parties, bailleur, locataire, sous-locataire (nos 75750 s.).

A. Autorisation de sous-louer et concours du bailleur à l'acte

75460 Pour être régulière, la sous-location doit remplir les deux **conditions cumulatives** suivantes : la sous-location doit avoir été autorisée par le bailleur soit par une clause du bail soit ultérieurement, et le bailleur doit avoir été appelé à concourir au contrat de sous-location (C. com. art. L 145-31).

> **Précisions** La validité de la sous-location est en outre subordonnée au respect des conditions de formation des contrats prévues par l'article 1128 du Code civil, notamment le consentement et la capacité des parties.

1. CHAMP D'APPLICATION DES FORMALITÉS PRÉALABLES À LA SOUS-LOCATION

CONTRAT INITIAL ET RENOUVELLEMENT

75470 La question de savoir si l'**autorisation de sous-louer** est requise pour le contrat initial et pour ses renouvellements se pose rarement en pratique car souvent la clause autorisant la sous-location est générale et vaut donc pour le renouvellement des contrats.

Toutefois, une nouvelle autorisation est requise dans l'hypothèse où l'autorisation initiale a été donnée pour une durée limitée, si le renouvellement de la sous-location intervient après l'expiration de cette durée, ou dans le cas où l'autorisation a été donnée pour un sous-locataire nommément désigné, si le locataire consent une nouvelle sous-location à une autre personne.

75475 L'**appel du bailleur à concourir** à l'acte, qui contrairement à l'autorisation est un acte instantané, est exigé, non seulement pour le contrat de sous-location initial (C. com. art. L 145-31, al. 2), mais aussi pour chacun des **renouvellements** amiables suivants (C. com. art. L 145-32, al. 1 ; Cass. 3e civ. 3-10-1973 n° 72-12.418 : Bull. civ. III n° 501 ; Cass. 3e civ. 16-6-1999 n° 1048 PB : RJDA 10/99 n° 1052 ; Cass. 3e civ. 28-10-2009 n° 08-18.736 FS-PB : RJDA 2/10 n° 126). Le bail renouvelé est en effet un nouveau bail (n° 71300).

En revanche, la **tacite prolongation** (anciennement reconduction) de la sous-location, qui n'emporte pas formation d'un nouveau contrat (n° 31005), échappe, à notre avis, à cette exigence.

La question se pose parfois de savoir si on est en présence d'un renouvellement du sous-bail ou d'un simple **avenant** non soumis à l'exigence de l'appel du bailleur à concourir à l'acte. Les décisions rapportées ci-dessous illustrent le pouvoir de requalification du juge. **75480**

ILLUSTRATIONS

Dans un cas où un bailleur avait donné congé au locataire avec refus de renouvellement et d'indemnité d'éviction car il n'avait pas été appelé à concourir à l'acte par lequel le locataire et le sous-locataire avaient convenu de **modifier le loyer** initial de la sous-location tout en maintenant les autres conditions de celle-ci, n'a fait qu'user de son pouvoir souverain d'appréciation la cour d'appel qui, pour refuser de valider le congé, a jugé que l'acte litigieux n'avait pour objet ni l'établissement ni le renouvellement d'une sous-location mais constituait un simple avenant d'une sous-location agréée par le bailleur.

Cass. com. 20-10-1964 n° 61-12.223 : Bull. civ. III n° 428.

Doit être censurée la cour d'appel qui, pour reconnaître au sous-locataire le droit au renouvellement du sous-bail, retient notamment que l'acte par lequel le locataire et le sous-locataire ont **prorogé la durée** de la sous-location pour une année avec faculté de tacite reconduction (désormais prolongation) n'était qu'un avenant à la sous-location et n'exigeait donc pas le concours du bailleur alors que cet acte constituait un renouvellement de bail.

Cass. 3e civ. 10-10-1968 n° 66-12.377 : Bull. civ. III n° 366.

Il est nécessaire d'appeler le bailleur à concourir à l'acte par lequel le locataire et le sous-locataire décident de **faire revivre le sous-bail expiré** pour la durée restant à courir du bail principal et moyennant un nouveau sous-loyer, cet acte constituant un renouvellement au sens de l'article L 145-32 du Code de commerce.

CA Paris 1-6-1970, 16e ch. : JCP G 1970 II n° 16458 note CPL.

À notre connaissance, les tribunaux ne se sont pas prononcés sur le cas du **renouvellement judiciaire** du sous-bail. Se fondant sur la raison d'être de l'appel du bailleur à concourir à la sous-location (informer ce dernier des conditions de celle-ci) et sur le fait que le juge peut, dans le cadre d'une telle procédure, être amené à fixer le montant du sous-loyer en cas de désaccord entre les parties (n° 21565), certains auteurs ont estimé que le bailleur devait être appelé en cas de renouvellement judiciaire du bail mais selon des modalités différentes de celles prévues par l'article L 145-32 du Code de commerce ; ils préconisent en effet que le bailleur soit poursuivi aux fins de mise en cause (Ch. Clément, J.-Cl. civ. art. 1708 à 1762 fasc. 1460 n° 32). **75485**

ÉTENDUE DE LA SOUS-LOCATION

La sous-location doit être autorisée par le bailleur et ce dernier appelé à concourir à l'acte qu'elle soit partielle ou totale. L'étendue des locaux sous-loués n'a d'incidence que sur le droit au renouvellement du bail (n° 76300) et du sous-bail (nos 76680 s.). **75500**

SOUS-LOCATION COMMERCIALE

L'autorisation du bailleur et l'appel de ce dernier à concourir à l'acte sont requis que la **sous-location** soit ou non **soumise au statut des baux commerciaux,** l'article L 145-31 du Code de commerce ne faisant aucune distinction de cette sorte. **75510**

Ce formalisme doit donc être respecté en cas de **sous-location à usage d'habitation** d'une partie des locaux objets d'un bail commercial (Cass. 3e civ. 27-9-2006 n° 1012 FS-PB : RJDA 12/06 n° 1203). En effet, un bail portant à la fois sur des locaux commerciaux et d'habitation est commercial pour le tout (n° 645) et la sous-location n'emporte pas la modification de l'affectation commerciale des lieux loués (Cass. 3e civ. 6-2-1991 n° 89-16.961 : Bull. civ. III n° 46). Voir n° 665 en cas de mise à disposition du logement au représentant (ou au dirigeant) de la société locataire.

La Cour de cassation a en outre jugé que les **sous-locations de courte durée,** et pour lesquelles les parties sont autorisées à déroger au statut des baux commerciaux (nos 3000 s.), doivent également respecter les conditions posées par l'article précité (Cass. 3e civ. 11-7-1990 n° 89-11.756 : Loyers et copr. 1990 n° 482 ; Cass. 3e civ. 1-3-1995 n° 93-11.445 P : RJDA 5/95 n° 550 ; Cass. 3e civ. 6-10-2016 n° 14-23.375 F-D : RJDA 1/17 n° 2, rendu à propos de sous-locations saisonnières). Admettre le contraire, au motif par exemple que le sous-locataire n'a pas droit au renouvellement du sous-bail en raison de sa durée, reviendrait à priver le bailleur de la faculté que lui ouvre l'article L 145-31, al. 3 de demander, le cas échéant, une réévaluation du loyer principal.

2. DÉROGATIONS CONVENTIONNELLES AU FORMALISME DE LA SOUS-LOCATION

75540 Les dispositions de l'article L 145-31 du Code de commerce, qui requièrent l'autorisation du bailleur de sous-louer et l'appel de ce dernier à concourir à l'acte de sous-location, ne sont pas au nombre de celles que l'article L 145-15 répute d'ordre public.

Le bailleur et le locataire peuvent donc convenir d'y déroger. Ils peuvent choisir d'**alourdir le formalisme,** par exemple en imposant au locataire d'avertir préalablement le bailleur de toute sous-location et de lui signifier le contrat de sous-location.

Ils peuvent à l'inverse opter pour un **allégement.** Le bailleur peut ainsi renoncer à être appelé à concourir à l'acte. Cette renonciation doit être clairement exprimée dans le bail principal car, comme le montrent les décisions rapportées ci-dessous, les tribunaux refusent généralement de la déduire des formalités spécifiques dont les parties sont convenues.

ILLUSTRATIONS

Dans un cas où le sous-locataire avait demandé le renouvellement du sous-bail directement au bailleur à l'expiration du bail principal et où ce dernier avait refusé le renouvellement pour irrégularité de la sous-location et demandé l'expulsion du sous-locataire, il a été fait droit à la demande du bailleur pour les raisons suivantes : ni l'autorisation de sous-louer, stipulée dans le bail principal et présentant un caractère général, ni l'obligation prévue au bail d'**aviser préalablement le bailleur** de la sous-location et de lui **remettre un double du contrat** de sous-location ne dispensaient les parties à cet acte d'appeler le bailleur à concourir audit contrat, ce qui n'avait pas été fait ; l'avis préalable aurait résulté de l'appel et la remise du double était la suite normale du concours du bailleur ; il n'y avait donc pas d'incompatibilité entre ces obligations contractuelles et les obligations prescrites par la loi et les premières ne se substituaient pas aux secondes.

CA Paris 15-10-1963, 16e ch., EDF c/ L'Urbaine-vie.

Le bailleur d'un terrain nu doit être appelé à concourir au sous-bail d'un immeuble construit par le locataire sur ledit terrain même si le bail impose au locataire de restituer le terrain nivelé à l'expiration du bail (**clause** dite **« de nivellement »**).

Cass. com. 17-1-1966 : Bull. civ. n° 25, confirmant CA Amiens 11-7-1963, aud. sol.

Il n'est pas nécessaire d'appeler le bailleur à concourir à l'acte de sous-location et à ses renouvellements dès lors que le **bail impose** au locataire de consentir pendant toute la durée du bail **des sous-locations** aux commerçants qui occupent le rez-de-chaussée de l'immeuble.

Cass. 3e civ. 5-1-1983 n° 80-17.309 : Bull. civ. III n° 6.

Ndlr : En l'espèce, la Cour de cassation a estimé qu'une telle clause traduisait la commune intention des parties de remplacer les différents baux antérieurs par un bail unique avec affectation de certains locaux à la sous-location et caractérisait l'indivisibilité contractuelle de la sous-location. Or dans une telle hypothèse, le bailleur ne peut pas, à l'expiration du bail, limiter le renouvellement aux seuls locaux occupés par le locataire, le renouvellement devant porter sur l'ensemble des locaux (nos 76680 s.). Dans le même sens, voir CA Lyon 5-5-2009 n° 08-4142, analysé ci-dessous.

Ne donne pas de base légale à sa décision la cour d'appel qui, pour rejeter une demande en résiliation du bail, retient que celui-ci stipule simplement que le propriétaire doit être informé des sous-locations et que l'**envoi chaque année de la liste des sous-locataires** satisfait à cette obligation, sans rechercher, comme il lui était demandé, si le locataire principal avait appelé le bailleur à concourir aux actes.

Cass. 3e civ. 4-10-1995 n° 1909 D : RJDA 11/95 n° 1208.

Dès lors que le **bail** principal intègre la sous-location dans celui-ci en **imposant au locataire de sous-louer** pour un usage précis une partie déterminée de l'immeuble loué, le locataire est dispensé, du fait de cette indivisibilité contractuelle, de solliciter le concours du propriétaire au renouvellement du sous-bail, qui est opposable au bailleur. Le sous-locataire est donc fondé à revendiquer son droit direct au renouvellement auprès du bailleur à l'expiration du bail principal.

CA Lyon 5-5-2009 n° 08-4142, 1e ch. B : RJDA 1/11 n° 16.

Ndlr : Déjà en ce sens, Cass. 3e civ. 5-1-1983, analysé ci-dessus.

La clause d'un bail qui prévoit que « les lieux loués pourront être sous-loués sous la seule responsabilité du **locataire** qui **fera son affaire personnelle des sous-locations,** le bailleur ne devant jamais être inquiété à ce sujet » ne dispense pas le locataire d'appeler le bailleur à concourir à l'acte de sous-location. La renonciation expresse et non équivoque du bailleur à cette formalité ne peut pas résulter d'une telle formulation ambiguë.

CA Paris 26-2-2020 n° 18/05192, ch. 1-8 : RJDA 7/20 n° 357.

3. AUTORISATION DE LA SOUS-LOCATION PAR LE BAILLEUR

75570 Le plus souvent l'autorisation figure **dans le bail** mais le bailleur peut la donner après la conclusion du bail dans un **acte séparé,** à la demande du locataire.

FORME DE LA DEMANDE D'AUTORISATION DE SOUS-LOCATION

La demande d'autorisation n'est soumise à aucune forme particulière par la loi. Toutefois, afin d'éviter d'éventuelles contestations ultérieures et pour donner date certaine à la demande, il est conseillé d'envoyer au bailleur un courrier recommandé AR. 75580

FORME DE L'AUTORISATION DE SOUS-LOCATION

Aucune forme particulière n'est requise par la loi pour l'autorisation de sous-louer donnée par le bailleur. Elle peut être donnée par **écrit** (clause du bail initial, avenant au bail, courrier...) ou **oralement.** 75590

CONSEIL

Dans le cas où l'autorisation est donnée oralement par le bailleur, il peut être délicat, voire impossible, de rapporter la **preuve** de cette **autorisation.** Le locataire a donc intérêt à demander au bailleur de confirmer par écrit sa volonté d'autoriser la sous-location.

L'**autorisation** du bailleur peut être **tacite.** L'hypothèse visée est celle où la sous-location a été consentie sans que le locataire y ait été expressément autorisé mais où il résulte du comportement du bailleur que ce dernier a néanmoins entendu la permettre. Il ne s'agit alors pas tant d'une autorisation tacite et tardive de la sous-location que d'une renonciation du bailleur à se prévaloir de l'irrégularité du sous-bail au regard des dispositions du Code de commerce (nos 76000 s.). La simple connaissance de la sous-location par le bailleur n'implique pas l'existence d'une autorisation (Cass. 3e civ. 13-4-1972, analysé no 76030).

POUVOIR DISCRÉTIONNAIRE DU BAILLEUR D'INTERDIRE LA SOUS-LOCATION

Le droit pour le bailleur d'interdire toute sous-location sans son autorisation expresse et préalable est discrétionnaire et n'est soumis à aucune limitation. En cas de refus du bailleur d'autoriser la sous-location, les juges n'ont pas à rechercher ou à contrôler les motifs de ce refus (Cass. com. 16-7-1962 : Bull. civ. III no 362). Le refus d'agrément du bailleur échappe au contrôle judiciaire. Par ailleurs, le locataire ne peut ni poursuivre le bailleur pour abus de droit ni demander au juge d'autoriser la sous-location. 75600

AUTORISATION DE SOUS-LOUER FIGURANT DANS LE BAIL INITIAL

Si l'autorisation de sous-louer figurait dans le **bail initial** et que ce dernier a été **renouvelé,** l'autorisation cesse de produire ses effets si la clause d'autorisation n'est pas reproduite dans le bail renouvelé (Cass. 3e civ. 13-4-1983 no 500). Le locataire doit alors demander une nouvelle autorisation. 75610

Si le bail initial a été **tacitement prolongé** (anciennement reconduit), l'autorisation qu'il comportait demeure, à notre avis, valable car la prolongation tacite du bail n'emporte pas la formation d'un nouveau contrat, contrairement au renouvellement. Le bail initial se poursuit donc selon les conditions initialement fixées par les parties, sauf exception (no 31005).

AUTORISATION DE SOUS-LOUER DONNÉE PAR LE PRÉCÉDENT PROPRIÉTAIRE

L'hypothèse ici visée est celle où, après la vente de locaux faisant l'objet d'un bail commercial, le locataire invoque à l'égard de l'acquéreur des locaux, son nouveau bailleur, une autorisation de sous-louer donnée par le précédent propriétaire. 75620

Deux situations doivent alors être distinguées. Si l'**autorisation** de sous-louer figure **dans le bail initial,** elle est opposable à l'acquéreur au même titre que le bail lui-même en application de l'article 1743 du Code civil. Si l'**autorisation** a été **donnée en cours de bail et avant la vente,** elle n'est opposable à l'acquéreur que si l'autorisation a date certaine ou était connue de l'acquéreur avant la vente (Cass. 3e civ. 17-11-1998 no 1695 D : JCP E 2000 p. 82 note F. Auque).

Sur les règles d'opposabilité du bail, voir nos 87000 s.

ÉTENDUE DE L'AUTORISATION DE SOUS-LOUER

Le bailleur peut donner son autorisation à toute sous-location ou ne l'accorder que pour une sous-location déterminée. Il peut limiter son autorisation à certaines personnes (par exemple à une société filiale ou apparentée à la société locataire) et, le cas échéant, prévoir une clause lui donnant le droit d'agréer le sous-locataire proposé. L'**autorisation** peut être **limitée** à des activités précises ou encore à une partie des locaux loués ; le bailleur peut également autoriser la sous-location à condition que sa durée n'excède pas trois ans. L'autorisation peut en outre s'accompagner d'un formalisme renforcé à la charge du locataire (avertissement préalable du bailleur, signification du contrat de sous-location...). 75630

75630 (suite) En tout état de cause, il appartient aux **juges** du fond d'**interpréter** souverainement les **clauses** du bail qui restreignent la faculté de sous-louer (Cass. com. 6-5-1953 : Bull. civ. III n° 162). Les parties et leurs conseils doivent donc être vigilants à la rédaction de l'autorisation de sous-location.

ILLUSTRATIONS

Il résulte de la clause d'un bail commercial n'autorisant la sous-location des lieux que pour tous genres de commerces ou de petites industries que le bailleur a eu l'intention de conserver aux locaux leur **caractère** strictement **commercial** et d'exclure toute **sous-location à usage d'habitation.**

Cass. soc. 2-6-1955 : Bull. civ. IV n° 482.

Un **bail à usage mixte** (appartement à usage d'habitation et local destiné à l'exploitation d'un salon de coiffure) précisait que le locataire était autorisé à céder le bail ou à sous-louer à condition que ce ne soit pas pour installer dans les locaux les commerces de bar-hôtel-restaurant, poissonnerie, seuls interdits par le bailleur.
Le locataire ayant sous-loué l'appartement sans autorisation, le bailleur avait demandé la résiliation du bail; le locataire avait alors soutenu que l'autorisation de sous-louer figurant dans le bail était générale, de sorte qu'aucune autorisation n'était nécessaire pour la sous-location de l'appartement.
La cour d'appel a légalement justifié sa décision de résilier le bail aux torts du locataire dès lors que, interprétant souverainement la **clause ambiguë du bail,** elle a estimé que le bail ayant un caractère commercial, la clause autorisant le locataire à céder ou sous-louer doit s'interpréter, faute de dérogation expresse, comme s'appliquant nécessairement à une cession ou sous-location de même nature, de sorte que le locataire avait commis une infraction au bail en sous-louant l'appartement sans autorisation.

Cass. com. 20-3-1963 n° 60-11.507 : Bull. civ. IV n° 170.

Ndlr : En d'autres termes, la clause litigieuse qui autorisait, sauf exception, la sous-location « commerciale » ne valait pas autorisation de sous-louer les locaux d'habitation.

L'acte de **refus de renouvellement** du bail qui **indique qu'aucune sous-location ne sera plus autorisée** à compter de la date pour laquelle le congé est donné au locataire n'implique pas que le bailleur a autorisé la sous-location jusqu'à cette date.

Cass. com. 1-7-1964 : Bull. civ. III n° 344.

Sur la portée d'une clause prévoyant que la **destination des lieux** loués était la vente de meubles et d'objets mobiliers de toute provenance, notamment sous la forme de **showrooms,** voir CA Paris 17-5-1989, analysé n° 75250.
L'**autorisation de domiciliation** n'implique pas autorisation de sous-location.
Par suite, dans un cas où, autorisée à domicilier des sociétés de son groupe dans les locaux loués, une société locataire avait sous-loué les locaux à celles-ci et où le bailleur avait alors refusé le renouvellement du bail sans indemnité d'éviction pour sous-location illicite, a légalement justifié sa décision la cour d'appel qui, pour condamner le bailleur à payer cette indemnité, a souverainement retenu que ces infractions ne constituaient pas, dans les circonstances de la cause, un motif grave justifiant le refus de renouvellement sans offre d'indemnité d'éviction.

Cass. 3e civ. 10-4-2002 n° 705 D.

Ndlr : En l'espèce, les juges du fond avaient retenu que la société locataire avait pu croire, à tort mais de bonne foi, que l'autorisation de domiciliation valait autorisation de sous-louer, eu égard aux décisions de jurisprudence ancienne qu'elle citait dans ses moyens de défense.
Par ailleurs, la Cour de cassation a relevé que les juges du fond avaient pu statuer ainsi car ils n'étaient pas saisis d'une demande en résiliation du bail par acquisition de la clause résolutoire. En clair, la demande du bailleur était mal fondée car il aurait pu obtenir gain de cause en application de la clause résolutoire de plein droit.

La clause d'un **bail** commercial à usage de magasin et d'atelier de fabrication qui **interdit** à la société locataire **de sous-louer** tout ou partie des locaux, **sauf à une « société apparentée »,** doit être interprétée comme n'autorisant la sous-location qu'à une société ayant des liens capitalistiques de famille (mère, fille ou sœur) avec la société locataire.
Est donc irrégulière la sous-location consentie à une société ayant repris l'activité de fabrication abandonnée par la société locataire, dès lors que l'existence de liens capitalistiques ne peut être déduite :
– de la totale dépendance économique de la société de fabrication par rapport à la société locataire, fournisseur exclusif de la première;
– de la simple cession, aux associés de la société locataire, des parts détenues par un associé de la société de fabrication;
– du fait que la société locataire avait accordé à l'associé cédant une garantie de rachat de ses parts.
En outre, c'est en vain que la société locataire faisait référence à la constitution d'un groupe entre ces deux sociétés, faute de définition juridique du groupe.

CA Versailles 13-2-2001, ch. com. réunies, Sté Twin holding c/ Sté de Participations immobilières et financières de Passy : RJDA 10/01 n° 944 et, sur pourvoi, Cass. 3e civ. 19-2-2003 n° 281 F-D.

Ndlr : Cette décision illustre l'importance du choix des termes lors de la rédaction du bail. L'emploi de l'expression « société apparentée », qui n'est pas juridiquement définie, est source de litiges. Les parties ont donc tout intérêt à faire par exemple référence à la notion de contrôle telle qu'elle est définie par l'article L 233-3 du Code de commerce. Au cas particulier, la société locataire n'était devenue la société mère de la sous-locataire que cinq ans après la conclusion de la sous-location. Jusqu'à cette date, il n'existait qu'une communauté d'intérêts entre ces sociétés.

Dans un cas où un bail portant sur des locaux commerciaux et un appartement prévoyait que la société locataire ne pouvait sous-louer tout ou partie des lieux loués qu'avec le consentement exprès et écrit du bailleur, il a été jugé que, une **personne morale** ne pouvant habiter bourgeoisement un appartement, la **faculté d'occuper le logement** supposait nécessairement l'autorisation d'en accorder la jouissance à l'un de ses représentants personnes physiques. Par suite, l'absence d'autorisation du bailleur pour l'occupation de l'appartement par un représentant de la société ne constituait pas un motif légitime de refus de renouvellement du bail sans indemnité d'éviction.

Cass. 3e civ. 23-5-2002 n° 866 FS-PB : RJDA 8-9/02 n° 866.

Lorsque le locataire d'un bail commercial est une **personne morale,** la **faculté d'occuper** à usage d'habitation **l'appartement faisant partie des lieux loués** suppose nécessairement l'autorisation d'en accorder la jouissance à l'un des représentants personne physique de la société preneuse, mais non à ses préposés.

Par suite, ayant relevé qu'une clause du bail renvoyait à l'article L 145-31 du Code de commerce prévoyant le concours du bailleur à l'acte de sous-location, que l'appartement était occupé par le frère du gérant de la société locataire, moyennant un loyer mensuel payé à cette dernière et que le bailleur n'avait été appelé à intervenir à aucun acte d'établissement d'une sous-location, une cour d'appel qui en a, à bon droit, déduit qu'il y avait une sous-location irrégulière, a pu retenir que la société locataire, qui avait aussi manqué à deux reprises à son obligation de paiement régulier des loyers à leur échéance, avait accumulé des manquements suffisamment graves et répétés pour constituer un motif légitime, pour le bailleur, de s'opposer au renouvellement du bail sans indemnité d'éviction.

Cass. 3e civ. 5-1-2010 n° 08-21.062 F-D : RJDA 3/10 n° 218.

4. APPEL DU BAILLEUR À CONCOURIR À L'ACTE DE SOUS-LOCATION

CARACTÈRE OBLIGATOIRE DE L'APPEL À CONCOURIR À LA SOUS-LOCATION

L'appel du bailleur à concourir au contrat de sous-location est une **formalité substantielle** dont le locataire ne peut pas se dispenser même si la sous-location a été autorisée (Cass. 3e civ. 17-10-1990 n° 1463 D : RJDA 1/91 n° 8 ; Cass. 3e civ. 27-9-2006 n° 05-14.700 : RJDA 12/06 n° 1203 ; CA Aix-en-Provence 13-6-2019 n° 16/18821, ch. 1-8 : RJDA 11/19 n° 677) ou si elle était simplement connue ou tolérée de longue date par le bailleur (Cass. com. 12-3-1962 : Bull. civ. III n° 153 ; Cass. com. 9-2-1965 : Bull. civ. III n° 98 ; Cass. 3e civ. 22-2-2006 n° 233 FS-PBI : RJDA 5/06 n° 509). En effet, cette formalité n'a pas seulement pour but d'informer le bailleur de l'existence d'un projet de sous-location et de l'identité du sous-locataire mais lui donne surtout la possibilité de prendre connaissance des conditions du sous-bail (durée, loyer, activités dont l'exercice est prévu dans les locaux, etc.) et de vérifier leur conformité au bail principal et, le cas échéant, de demander un réajustement du bail principal (nos 76120 s.). **75660**

L'appel du bailleur à concourir à la sous-location est nécessaire que l'**autorisation** ait été donnée dans des termes généraux (CA Paris 15-10-1963, analysé n° 75540) ou, à l'inverse, de façon très précise. Elle est requise même si l'autorisation de sous-louer est nominative ou si le bailleur connaît le candidat à la sous-location. Il en est de même lorsque le bail n'autorise le locataire à sous-louer qu'aux seuls locataires déjà en place dans l'immeuble (Cass. com. 2-3-1960 : Bull. civ. III n° 93). Lors de la conclusion d'un contrat de bail commercial contenant une autorisation générale de sous-louer, le notaire doit informer les parties de l'obligation du locataire d'appeler le bailleur à concourir aux actes de sous-location (Cass. 3e civ. 6-10-2016 n° 14-23.375 F-D : RJDA 1/17 n° 2).

La Cour de cassation a admis une **exception** à l'obligation pour le locataire d'appeler le bailleur à concourir au contrat de sous-location. Lorsque les lieux loués sont destinés à une activité de résidence hôtelière consistant à mettre à disposition de la clientèle, outre un hébergement, des prestations de services, la sous-location étant l'objet même de l'activité du locataire, le bailleur n'a pas à être appelé à concourir aux actes de sous-location (Cass. 3e civ. 15-4-2015 n° 14-15.976 FS-PB : RJDA 7/15 n° 484). C'est par l'effet de la volonté même du bailleur que le locataire propose hébergement et prestations de services à des tiers. Il n'est donc pas nécessaire qu'il réitère systématiquement son accord initial à chaque contrat de sous-location, ce qui s'avérerait en pratique très compliqué. De plus, la sous-location ne nuit pas à ses intérêts dès lors que le résident au bénéfice duquel les lieux sont mis à disposition ne peut à l'évidence pas obtenir l'application du statut des baux commerciaux. **75662**

Sur la nécessité d'appeler le bailleur à concourir à l'acte de sous-location en cas de bail imposant au locataire de consentir des sous-locations, voir Cass. 3e civ. 5-1-1983, analysé n° 75540.

75665 Si l'appel du bailleur constitue une condition nécessaire de la régularité de la sous-location, il en constitue également une **condition suffisante** : il suffit que le bailleur ait été appelé à concourir ; il n'est pas nécessaire qu'il soit présent lors de la signature de l'acte ou qu'il donne son accord à celui-ci (n° 75700).

Sur la possibilité de **déroger** à ce formalisme, voir nos 75540 s.

FORME ET CONTENU DE L'APPEL À CONCOURIR À L'ACTE DE SOUS-LOCATION

75680 Le locataire doit faire connaître au propriétaire son intention de sous-louer par acte extrajudiciaire ou par lettre recommandée AR (C. com. art. L 145-31, al. 4).

En informant le bailleur de son intention de sous-louer il peut, dans le même acte, lui communiquer les lieu, date et heure de signature du sous-bail. Dans le silence de la loi sur ce point et sauf clause contraire du bail, ces informations peuvent n'être transmises au bailleur qu'après que ce dernier a manifesté son intention de concourir.

Le bail peut étendre l'obligation d'information pesant sur le locataire par exemple en obligeant ce dernier à fournir au bailleur des informations précises sur le sous-locataire ou le projet de contrat.

AUTEUR DE L'APPEL À CONCOURIR À L'ACTE DE SOUS-LOCATION

75690 Si l'obligation d'appeler le bailleur à concourir à l'acte de sous-location pèse, aux termes de l'article L 145-31, al. 4 du Code de commerce, sur le seul **locataire** principal, il appartient néanmoins au sous-locataire de vérifier que cette prescription a été bien observée (n° 75925).

ATTENTION

En cas de **carence du locataire,** rien n'interdit au sous-locataire de prendre l'initiative d'informer le bailleur et de l'appeler à concourir à l'acte. Il a même fortement intérêt à le faire car seul le respect de cette formalité rend le sous-bail opposable au bailleur. Par ailleurs, son inaction peut lui être reprochée (n° 75925).

RÉPONSE DU BAILLEUR À L'APPEL À CONCOURIR À L'ACTE DE SOUS-LOCATION

75700 Dans un **délai** de quinze jours à compter de la réception de l'avis par lequel le locataire lui fait part de son intention de sous-louer, le propriétaire doit faire connaître s'il entend concourir à l'acte (C. com. art. L 145-31, al. 4).

Le bailleur n'est pas tenu de répondre à l'appel du locataire, pas plus qu'il n'est obligé d'être présent lors de la signature de l'acte de sous-location. La formalité du concours à l'acte n'a pas pour but de permettre au bailleur de discuter le principe même de la sous-location puisque, par hypothèse, il l'a déjà autorisée, mais simplement de lui permettre de prendre connaissance des modalités de la sous-location (identité du sous-locataire, destination des lieux, montant du sous-loyer, durée...).

D'ailleurs, si, malgré l'autorisation de sous-louer, le **bailleur refuse** la sous-location ou s'il omet de répondre à l'avis, il est passé outre (C. com. art. L 145-31, al. 4).

B. Sanctions d'une sous-location irrégulière

75750 L'absence d'autorisation de la sous-location et/ou d'appel du bailleur à concourir à l'acte n'est pas sanctionnée par la **nullité du contrat** de sous-location ; néanmoins celui-ci peut être remis en cause (n° 75850).

75755 L'irrégularité de la sous-location peut être invoquée par le bailleur et, en cas de **vente de l'immeuble loué,** par l'acquéreur de celui-ci (Cass. com. 8-10-1958 : Bull. civ. III n° 335 ; pour le cas où l'acquéreur est le locataire, voir n° 76540).

ILLUSTRATIONS

Le bail d'une conciergerie attenante à un domaine précisait que le locataire y exploiterait son commerce et ne pourrait sous-louer sans le consentement exprès et écrit du bailleur. Le locataire avait consenti une sous-location et, quelques années plus tard, le domaine avait été vendu. L'acquéreur avait donné congé au sous-locataire qui avait alors fait demander le renouvellement du sous-bail. Cette demande doit être rejetée pour les motifs suivants : ni le contrat de sous-location ni l'autorisation de sous-louer donnée par le bailleur initial après la vente de l'immeuble ni son éventuelle ratification n'avaient date certaine, de sorte que le sous-locataire ne possédait aucun titre opposable à l'acquéreur; cette autorisation, à la supposer valable, ne dispensait pas le locataire d'appeler le bailleur à concourir à l'acte de sous-location, ce qui n'avait pas été fait et l'acquéreur était recevable à se prévaloir de l'inobservation de cette prescription légale (Cass. com. 8-10-1958 précité).

1. CONSÉQUENCES DANS LES RELATIONS ENTRE LE BAILLEUR ET LE LOCATAIRE PRINCIPAL

L'irrégularité de la sous-location consentie par le locataire, qu'elle résulte du non-respect des formalités légales ou de celles requises par le bail principal, permet au bailleur de remettre en cause le bail principal soit en demandant la résiliation, soit en refusant le renouvellement. Le bailleur peut aussi mettre en œuvre une éventuelle clause résolutoire de plein droit. **75760**

Le bailleur peut également solliciter du locataire le remboursement de l'intégralité des sous-loyers qu'il a perçus du sous-locataire car ils constituent des fruits civils qui lui appartiennent par accession en application des articles 546 et 547 du Code civil (Cass. 3e civ. 12-9-2019 n° 18-20.727 FS-PBRI : RJDA 11/19 n° 676, rendu à propos d'un bail d'habitation mais transposable ; Cass. com. 8-3-2023 n° 20-20.141 F-D : RJDA 6/23 n° 299).

Sur la faculté du bailleur de demander un réajustement du loyer principal en cas de sous-location irrégulière, voir n° 76130.

> **Précisions** Quelle que soit la possibilité pour le bailleur d'engager une action contre le sous-locataire après la résiliation du bail principal, le locataire doit satisfaire à son obligation de faire libérer l'ensemble des locaux et peut être condamné à une **indemnité d'occupation** jusqu'à libération complète de ceux-ci par le sous-locataire introduit dans les lieux de son chef (Cass. 3e civ. 22-1-1992 n° 90-13.736 P : RJDA 4/92 n° 326).

RÉSILIATION JUDICIAIRE DU BAIL

En cas de sous-location prohibée ou irrégulièrement consentie par le locataire, le bailleur peut demander la résiliation judiciaire du bail mais les **juges du fond** ont un pouvoir souverain d'**appréciation** pour la gravité de l'infraction ainsi commise et donc pour prononcer la résiliation (pour plus de détails sur la résiliation judiciaire du bail, voir nos 73875 s.). Il n'en va différemment que si le bail comporte une clause prévoyant la résiliation de plein droit du bail en cas de sous-location prohibée. **75770**

ILLUSTRATIONS

Les juges du fond, qui ont retenu que, ayant sous-loué le local, sous couvert d'un contrat de « gérance », malgré l'interdiction figurant au bail et sans appeler le bailleur à concourir à l'acte comme la loi lui en faisait l'obligation, le locataire avait ainsi commis une **double infraction** et qui ont prononcé la résiliation du bail, ont implicitement mais nécessairement estimé que la **gravité** de cette infraction devait comporter une telle sanction.

Cass. 3e civ. 16-1-1970 n° 68-10.171.

Il y a lieu de résilier un bail commercial aux torts du locataire dès lors :
– d'une part, qu'il a **omis d'appeler le bailleur à concourir** aux différentes sous-locations qu'il avait consenties et que le non-respect de cette formalité apparaît particulièrement **grave** dans la mesure où le bailleur, non informé du prix des sous-locations représentant toutes taxes confondues le triple du loyer principal, n'a pas pu solliciter rapidement le réajustement du loyer principal, dont les effets partent du jour de la demande de réajustement ;
– d'autre part, dans le silence de la clause autorisant la sous-location, que le locataire est tenu de **respecter la destination contractuelle des lieux** en consentant des sous-locations pour des activités conformes à cette destination, ce qui n'était pas le cas en l'espèce ;
– et, enfin, que les sous-locations litigieuses ont été suivies de deux autres, pour lesquelles le concours du bailleur n'a été sollicité que postérieurement à l'entrée des nouveaux sous-locataires dans les lieux et qu'ainsi la **réitération des infractions** ajoutait encore à leur gravité.

CA Paris 11-2-1992, 16e ch. A : RJDA 6/92 n° 565.

A légalement justifié sa décision de résilier un bail commercial aux torts du locataire la cour d'appel qui a retenu que le **locataire,** qui s'était abstenu volontairement d'appeler son bailleur à concourir à tous les actes de sous-location, n'avait **pas satisfait aux demandes de communication des baux des sous-locataires** et des polices d'assurance et que les conditions de la renonciation du bailleur à concourir aux actes de sous-location n'étaient pas établies.

Cass. 3e civ. 1-6-1994 n° 954 D.

Ndlr : Au cas particulier, la Cour de cassation a écarté l'argument du locataire qui soutenait qu'il ne pouvait être privé de son indemnité d'éviction que pour une infraction relative au bail commercial et qu'il avait seulement sous-loué des locaux à usage exclusif d'habitation, situation qui ne contenait aucune notion de commercialité.

Ayant relevé que le locataire, qui n'avait pas soumis à l'acquiescement du bailleur sa décision de sous-louer les lieux, s'était mis en infraction avec les clauses du bail et les dispositions du statut des baux commerciaux, une cour d'appel a souverainement retenu que ce **manquement caractérisé** justifiait la résiliation du bail.

Cass. 3e civ. 28-3-1995 n° 93-12.778 D.

Dans un cas où le propriétaire de locaux commerciaux comportant un appartement avait demandé la résiliation du bail pour sous-location irrégulière de l'appartement, a légalement justifié sa décision la cour d'appel qui, pour rejeter la demande, a relevé que les **sous-locations invoquées** par le bailleur **ne portaient que sur l'appartement** et que la boutique, objet essentiel du bail, n'avait jamais été sous-louée et, appréciant souverainement la gravité de l'infraction reprochée, a estimé qu'elle n'était pas suffisante à justifier la résiliation du bail.

Cass. 3e civ. 10-1-1996 n° 37 D : Rev. Loyers 1996 p. 174.

Un bail interdisait la sous-location mais autorisait la domiciliation de filiales ou de sociétés ayant des activités annexes ou connexes à l'activité du locataire. Invoquant l'existence de sous-locations auxquelles il n'avait pas été appelé à concourir, le bailleur avait demandé la résiliation du bail. Jugé que ces manquements n'étaient pas suffisamment graves pour justifier la résiliation compte tenu des élément suivants : si le locataire ne pouvait pas prétendre n'avoir pas violé le bail en consentant des **sous-locations d'une durée de 24 mois,** l'interdiction figurant dans le bail ne faisant aucune distinction de ce type, il était évident qu'en raison du caractère dérogatoire de ces sous-locations, le bailleur n'encourait aucun risque de droit direct du sous-locataire au renouvellement du sous-bail et n'avait en fait subi aucun préjudice ; à la date de l'assignation en résiliation, les **sous-locataires avaient quitté les lieux** depuis deux ans ; compte tenu des termes du bail, le **locataire,** qui n'était pas juriste, avait pu de **bonne foi confondre les domiciliations** expressément autorisées **avec les sous-locations précaires.**

CA Paris 20-2-1998, 16e ch., SARL ACME Films c/ SA Vincent : D. aff. 1998 p. 656 note Y. Rouquet.

A légalement justifié sa décision la cour d'appel qui, après avoir relevé que le locataire, autorisé à sous-louer, avait consenti deux sous-locations sans appeler le bailleur à concourir aux actes, a retenu que cette **violation délibérée et non régularisable** des règles d'ordre public de l'article L 145-31 du Code de commerce entraînait à elle seule la résiliation du bail.

Cass. 3e civ. 12-3-2002 n° 487 F-D : RTD com. 2003 p. 277 obs. J. Monéger.

Reprochant à son locataire d'avoir, à deux reprises, et sous couvert de location-gérance, sous-loué son local en violation du contrat de bail, un bailleur avait demandé la résiliation de celui-ci.
Cette demande doit être rejetée aux motifs suivants :
– si le premier contrat de location-gérance visé par le bailleur comme constituant une sous-location avait succédé à une période de fermeture de huit mois du restaurant exploité dans le local loué, ce délai n'était pas en soi suffisant pour établir la perte de clientèle attachée au fonds de commerce du locataire ; celui-ci était en effet auparavant exploité depuis au moins quatre ans, soit depuis suffisamment longtemps pour qu'une clientèle stable et propre au fonds ait subsisté à cette fermeture ; il n'est donc pas établi que le contrat de location-gérance serait une sous-location déguisée, le fait qu'aucun salarié n'ait été transféré n'étant par ailleurs pas pertinent, dès lors que le personnel n'est pas un élément du fonds de commerce ;
– en revanche, le second contrat avait fait suite à une fermeture d'une durée de presque deux ans ayant suivi le départ du locataire-gérant précédent ; ce dernier avait exploité le fonds de commerce sous une autre enseigne, un autre concept (en proposant des concerts) et une autre cuisine (de type burger et cocktail) que ceux du locataire, qui proposait de la cuisine méditerranéenne, de sorte que la clientèle attachée au fonds de commerce avait manifestement changé de nature ; par suite, la clientèle appartenant au locataire avait été perdue du fait de ces changements combinés à la durée conséquente de la seconde fermeture ; le locataire n'ayant donc pu concéder la location-gérance d'un fonds de commerce inexistant à la date du contrat litigieux, celui-ci n'avait pu porter que sur la location des locaux objet du bail, et ce en violation de ce bail.
Toutefois, cette sous-location ne constitue pas une violation suffisamment grave du bail dès lors que la société locataire l'était depuis 1967, soit près de 50 ans à la date du contrat litigieux, qu'il n'était allégué aucun manquement dans le paiement des loyers, y compris pendant les périodes où le fonds n'avait pas été exploité, que le délai de non-exploitation de deux années était lié aux difficultés rencontrées avec le locataire-gérant précédent, ayant contraint le locataire à agir en référé pour obtenir la remise des clés puis effectuer des travaux.

CA Paris 1-9-2021 n° 19/08998, SARL La Grotte de Chypre c/ D. : RJDA 12/21 n° 765.

REFUS DE RENOUVELLEMENT DU BAIL

75780 Les juges du fond disposent d'un pouvoir souverain d'appréciation quant à la gravité et à la légitimité des motifs invoqués à l'appui du refus de renouvellement du bail sans indemnité (nos 66800 s.). La jurisprudence exposée ci-dessous montre que, dans la majorité des cas, les juges considèrent que le fait pour le locataire d'avoir consenti une sous-location sans autorisation du bailleur ou sans avoir appelé ce dernier à concourir constitue un **motif grave et légitime**

justifiant le refus de renouvellement du bail principal sans indemnité d'éviction. Les juges n'ont pas à rechercher si ce manquement a en outre causé un préjudice au bailleur (Cass. com. 15-1-1962 : Bull. civ. IV n° 28 ; CA Versailles 13-2-2001, ch. com. réunies, SARL Twin Holding c/ SA de Participations immobilières et financières de Passy : RJDA 10/01 n° 944 et, sur pourvoi, Cass. 3e civ. 19-2-2003 n° 281 F-D).

Toutefois, le **bailleur qui a agréé la sous-location** (ou, ce qui revient au même, qui a renoncé à en invoquer l'irrégularité) dans les conditions exposées nos 76000 s. ne peut plus s'en prévaloir pour refuser le renouvellement ; mais l'agrément de la sous-location est en pratique rarement caractérisé.

ILLUSTRATIONS

Une cour d'appel peut refuser le renouvellement d'un bail commercial dès lors que :
– le **locataire** a, à l'insu du bailleur, sous-loué la majeure partie de l'immeuble en tentant de prendre de multiples précautions pour **dissimuler la nature véritable des sous-locations** sous l'apparence de prêts amicaux ou de concessions précaires de locaux momentanément disponibles, ce qui caractérisait sa mauvaise foi ;
– les **sous-locataires** étaient **demeurés dans les lieux** après l'expiration du délai imparti par la sommation adressée par le bailleur au locataire pour faire cesser les sous-locations ;
– les **sous-locations** litigieuses **violaient** non seulement l'article 21 du décret du 30 septembre 1953 (désormais C. com. art. L 145-31) mais aussi **plusieurs clauses du bail** principal.

Cass. 3e civ. 29-4-1969 : Bull. civ. III n° 333.

Dans un cas où, reprochant à son sous-locataire d'avoir consenti **des sous-locations de second rang** sans l'avoir appelé à concourir à l'acte, le locataire avait donné congé à son sous-locataire sans offre de renouvellement ni d'indemnité d'éviction, a justifié sa décision la cour d'appel qui, pour valider le congé, a retenu que l'appel du bailleur à l'acte ne pouvait pas être remplacé par la simple connaissance que ce dernier aurait eu de la sous-location, que même si la sous-location a été autorisée par le bail, le locataire devait respecter les prescriptions impératives de l'article 21, al. 2 du décret de 1953 (désormais C. com. art. L 145-31, al. 2) et **a souverainement estimé** que la sous-location sans appel du bailleur à l'acte constituait, à elle seule, un motif grave et légitime de refus de renouvellement du bail.

Cass. 3e civ. 20-12-1976 n° 75-11.700 : Bull. civ. III n° 469.

Dans un cas où le bail autorisait le locataire à sous-louer exclusivement pour un des commerces spécialement autorisés et devant un notaire en présence du bailleur, ce dernier avait donné congé au locataire en invoquant l'irrégularité au regard du bail des sous-locations consenties par ce dernier. N'a fait qu'user de son **pouvoir souverain** d'appréciation la cour d'appel qui, après avoir constaté que le **locataire** avait **enfreint la clause du bail limitant son droit de sous-location,** a estimé que la violation de cette clause constituait une double faute grave justifiant légitimement le refus de renouvellement du bail, sans qu'il y ait lieu de rechercher si un préjudice matériel découlait pour le bailleur de ces infractions à la loi et au bail liant les parties.

Cass. com. 15-1-1962 : Bull. civ. III n° 28.

La sous-location irrégulière des locaux par la société locataire et le défaut de concours du bailleur à l'acte de sous-location constituent un motif grave et légitime, au sens de l'article L 145-17 du Code de commerce, suffisant et de nature à priver la société locataire du droit à indemnité d'éviction sans qu'il y ait lieu de rechercher un **préjudice** subi par le bailleur.

CA Versailles 13-2-2001, ch. com. réunies, SARL Twin holding c/ SA de participations immobilières et financières de Passy : RJDA 10/01 n° 944 et, sur pourvoi, Cass. 3e civ. 19-2-2003 n° 281 F-D.

Pour un cas où le **refus** de renouvellement sans indemnité a été déclaré **justifié** au motif que le locataire avait consenti une sous-location sans appeler le bailleur à concourir à l'acte et avait aussi manqué à son obligation de payer régulièrement le loyer, voir Cass. 3e civ. 5-1-2010 n° 08-21.062 F-D, analysé n° 75630.

En principe, l'inexécution d'une de ses obligations par le locataire ne peut être invoquée par le bailleur pour refuser le renouvellement du bail que si elle s'est poursuivie ou renouvelée plus d'un mois après **mise en demeure** du bailleur de la faire cesser (C. com. art. L 145-17, I-1°). Le locataire qui n'a pas appelé le bailleur à concourir à l'acte peut-il échapper au refus de renouvellement du bail en invoquant l'absence de mise en demeure préalable du bailleur ? La réponse est clairement négative : le défaut d'appel du bailleur à concourir à la sous-location est une **infraction** instantanée qui ne peut pas être **régularisée** par le locataire (nos 66945 s.). **75790**

2. CONSÉQUENCES DANS LES RELATIONS ENTRE LE BAILLEUR ET LE SOUS-LOCATAIRE

Lorsque la sous-location a été conclue ou renouvelée irrégulièrement et que le bailleur n'a pas renoncé à se prévaloir de cette irrégularité, la sous-location lui est inopposable ; aucun rapport **75830** de droit ne le lie au sous-locataire. Ce dernier ne bénéficie donc ni des avantages ni de la protection du statut des baux commerciaux auxquels il aurait pu prétendre.

Le bailleur ne peut pas non plus agir en responsabilité contre le sous-locataire en demandant à celui-ci la réparation du préjudice qu'il a subi du fait de la perte des sous-loyers qui auraient dû lui revenir, faute de préjudice réparable : la sous-location avait pris fin avant la restitution des locaux et il n'était pas démontré que le montant des loyers versés par le sous-locataire aurait excédé le montant dû par le locataire principal (Cass. com. 8-3-2023 n° 20-20.141 F-D : RJDA 6/23 n° 299).

ABSENCE DE DROIT AU RENOUVELLEMENT DU SOUS-BAIL

75840 En cas de sous-location prohibée ou irrégulière, le sous-locataire ne peut pas, à l'expiration du bail principal, **demander directement au bailleur** le renouvellement du sous-bail (C. com. art. L 145-32, al. 2). Lorsque sa **demande** de renouvellement est **restée sans réponse,** le sous-locataire ne peut pas non plus se prévaloir des dispositions de l'article L 145-10, al. 4 du Code de commerce aux termes desquelles le bailleur qui n'a pas fait connaître sa décision dans les trois mois de la notification d'une demande de renouvellement du bail est réputé avoir accepté le principe du renouvellement (Cass. 3e civ. 11-5-1976 n° 74-10.585 : Bull. civ. III n° 194).

Par **exception,** le sous-locataire peut faire valoir un droit au renouvellement du sous-bail si, nonobstant son irrégularité, le bailleur a agréé la sous-location (sur la notion d'agrément, voir nos 76000 s.) et si les locaux ne sont pas indivisibles (nos 76680 s.).

> **Précisions** Occupant sans droit ni titre, le sous-locataire irrégulier ne peut pas prétendre à une **indemnité d'éviction** en cas d'expropriation de l'immeuble pour cause d'utilité publique (Cass. 3e civ. 5-5-1970 n° 69-10.121 : Bull. civ. III n° 309 ; Cass. 3e civ. 14-11-1978 n° 76-15.069 : Bull. civ. III n° 342).

RÉSILIATION DU SOUS-BAIL

75850 Le bailleur ne peut pas demander la résiliation du **contrat de sous-location** auquel il n'est pas partie, pas plus qu'il ne peut demander l'expulsion du sous-locataire tant que le bail principal se poursuit (Cass. 3e civ. 1-2-2012 n° 10-22.863 FS-PB : RJDA 6/12 n° 567 ; voir aussi Cass. 3e civ. 2-5-2012 n° 11-14.043 F-D : Administrer juillet 2012 p. 28 note D. Lipman et W. Boccara, refusant ce droit à l'adjudicataire des locaux loués).

En revanche, il peut demander la résiliation du **bail principal** (n° 75770). Les droits que le sous-locataire tient du locataire s'éteindront alors avec le bail. Jugé en effet que la résiliation, à la demande du bailleur, du bail principal pour sous-location irrégulière entraîne nécessairement la résiliation de celle-ci et la transforme en occupation sans droit ni titre ; le sous-locataire est alors tenu au versement non d'un loyer, mais d'une indemnité d'occupation dont le montant est, à défaut d'accord entre les parties, évalué par les juges (Cass. 3e civ. 19-6-1970 n° 68-13.854 : Bull. civ. III n° 434). Au cas particulier, la Cour de cassation a écarté l'argument du sous-locataire selon lequel la sous-location irrégulière s'étant poursuivie plus de dix ans après la résiliation du bail principal, le locataire étant demeuré dans les lieux et continuant à percevoir le sous-loyer, la sous-location avait « conservé son autonomie » par rapport au bail principal. De même, le sous-locataire qui reste dans les locaux après la mise en liquidation judiciaire du locataire principal et la résiliation du bail principal bénéficie d'une convention d'occupation précaire, le bailleur ayant donné son accord à la poursuite de cette situation de fait jusqu'à l'issue de la procédure collective (CA Aix-en-Provence 13-6-2019 n° 16/18821, ch. 1-8 : RJDA 11/19 n° 677).

3. CONSÉQUENCES DANS LES RELATIONS ENTRE LE LOCATAIRE ET LE SOUS-LOCATAIRE

VALIDITÉ DU SOUS-BAIL

75900 La sous-location consentie en violation des dispositions de l'article L 145-31 du Code de commerce ou de l'interdiction de sous-louer figurant au bail n'est pas nulle ; elle produit tous ses effets entre le locataire et le sous-locataire tant que le premier a la jouissance des lieux (Cass. 3e civ. 30-3-1978 n° 76-14.923 : Bull. civ. III n° 131 ; Cass. 3e civ. 7-12-2011 n° 10-30.695 FS-PB : RJDA 6/12 n° 767, 1e espèce ; Cass. 3e civ. 18-9-2012 n° 10-30.696 F-D : RJDA 3/13 n° 249).

Le locataire principal qui a acquis les lieux loués ne peut pas se dérober aux obligations nées de la sous-location irrégulière qu'il a consentie au sous-locataire en invoquant l'inopposabilité de celle-ci au précédent propriétaire (Cass. 3e civ. 30-3-1978 précité).

RÉSILIATION DU SOUS-BAIL

75910 Comme tout bailleur, le locataire qui consent une sous-location doit garantir au sous-locataire une exploitation paisible pendant toute la durée du sous-bail (nos 57700 s.). La Cour de cassation a jugé que les droits du sous-locataire ne sont assurés à cet égard que si la sous-location a été rendue opposable au bailleur dans les conditions légales et qu'en conséquence, le **sous-**

locataire peut **demander** la résiliation du sous-bail lorsque le locataire n'est pas en mesure de lui assurer le respect par le bailleur de son droit à exploiter le fonds pendant la durée du sous-bail et qu'il suffit, pour qu'il puisse agir, qu'il soit troublé dans sa jouissance actuelle, ce qui est le cas lorsque le bailleur l'informe qu'il refuse de reconnaître la sous-location irrégulière, faute d'appel à concourir à l'acte, et qu'il est décidé à poursuivre la résiliation du bail principal (Cass. com. 14-12-1959 : Bull. civ. III n° 425).

INDEMNISATION DU SOUS-LOCATAIRE ÉVINCÉ

Le sous-locataire est en droit de demander au locataire **réparation du préjudice** qu'il subit lorsqu'il est évincé des locaux en raison de l'irrégularité de la sous-location (Cass. 3e civ. 7-12-1977 n° 76-13.741 : Bull. civ. III n° 433 ; Cass. 3e civ. 1-2-1995 n° 224 D). **75915**

ILLUSTRATIONS

Jugé qu'en omettant d'appeler le bailleur à concourir au sous-bail ainsi qu'à l'avenant qui le soumettait au statut des baux commerciaux, le locataire principal avait engagé sa responsabilité à l'égard du sous-locataire en rendant son droit inopposable au bailleur et qu'il devait réparer le préjudice subi par le sous-locataire, même si celui-ci avait connaissance de la précarité du sous-bail (Cass. 3e civ. 18-9-2012 n° 11-21.693 F-D : AJDI 2012 p. 753 note S. Porcheron).

Encore faut-il que le sous-locataire réunisse les **conditions** suivantes pour prétendre à une indemnisation.

Le sous-locataire n'a droit à une indemnisation que s'il a subi une **éviction** : la question de l'indemnisation se pose donc soit à la **fin du sous-bail** en cas de refus de renouvellement, soit en cours de sous-bail en cas de résiliation du bail principal, cette dernière entraînant celle du sous-bail (n° 75850). **75920**

ILLUSTRATIONS

Un sous-locataire avait réclamé des dommages-intérêts au locataire et au notaire, rédacteur du sous-bail, pour n'avoir pas appelé le bailleur à concourir à l'acte ; il faisait valoir que la précarité de son occupation résultant de l'irrégularité de la sous-location lui causait préjudice puisqu'elle l'empêchait d'effectuer des travaux d'aménagement et de vendre ainsi à bon prix son fonds de commerce ou ses parts sociales. Cette demande a été rejetée au motif que le préjudice invoqué par le sous-locataire n'était ni actuel ni certain. En effet, ce ne serait qu'à l'expiration du sous-bail que le sous-locataire pourrait demander le renouvellement du sous-bail au locataire et ce ne serait qu'en cas de non-renouvellement du bail principal que se poserait la question du droit direct du sous-locataire à demander au bailleur le renouvellement du bailleur. Or, rien ne permettait de savoir si le bail serait ou non renouvelé ; il n'y avait donc encore aucune certitude qu'un dommage puisse résulter de la situation juridique des parties (Cass. 3e civ. 11-7-1968 : Bull. civ. III n° 339).

L'éviction suppose que le sous-locataire soit contraint de **quitter les lieux.** Il n'a donc pas droit à une indemnité s'il les quitte de son plein gré alors que le sous-bail a été reconduit pour la durée du bail principal (Cass. 3e civ. 10-6-1998 n° 975 D : RJDA 8-9/98 n° 956 som.).

Le **locataire principal** peut être **exonéré partiellement de sa responsabilité** lorsque le sous-locataire a commis une faute ayant contribué à son éviction, notamment lorsque ce dernier n'a pas exigé que le bailleur soit appelé à concourir à l'acte de sous-location. **75925**

ILLUSTRATIONS

Il ne peut pas être reproché à une cour d'appel d'avoir déclaré le locataire principal responsable seulement de la moitié du préjudice causé au sous-locataire du fait du non-renouvellement du sous-bail irrégulier dès lors qu'elle a constaté que le **sous-locataire,** ayant connaissance du bail principal qui ne contenait aucune autorisation d'exercer un commerce dans les lieux loués, a commis une imprudence en **n'approfondissant pas les clauses de ce bail** et en **n'exigeant pas du locataire qu'il appelle le bailleur à concourir à l'acte** de sous-location et qu'elle a pu en déduire que le sous-locataire était en partie responsable de sa propre éviction.

Cass. com. 1-4-1965 : Bull. civ. III n° 251.

Un sous-locataire avait cédé son fonds de commerce et son droit au sous-bail. À l'expiration du bail principal, le bailleur avait refusé le renouvellement du bail et du sous-bail car il n'avait pas été appelé à concourir à l'acte de sous-location initial. L'acquéreur du fonds et du droit au sous-bail avait alors demandé des dommages-intérêts tant au sous-locataire cédant qu'au locataire principal.
Le sous-locataire cédant ne peut pas utilement reprocher à une cour d'appel d'avoir prononcé sa condamnation au versement de dommages-intérêts in solidum avec le locataire dès lors que, si la législation sur les baux commerciaux fait obligation au locataire principal d'appeler le bailleur à concourir à l'acte de sous-location, il appartient néanmoins au **sous-locataire,** notamment en cas de cession par lui du sous-bail, de **vérifier** que cette prescription a bien été respectée et qu'en

outre l'acte de cession énonçait inexactement que le bailleur avait autorisé la sous-location et engageait nécessairement la responsabilité du cédant.
Cass. 3e civ. 24-10-1968 : Bull. civ. III no 409.

L'acquéreur d'un fonds de commerce et d'un droit au sous-bail, qui s'était vu refuser le renouvellement du sous-bail à l'expiration du bail principal, par le bailleur qui n'avait pas été appelé à concourir au sous-bail, avait demandé réparation de son préjudice au **locataire** principal. Ce dernier ne peut pas faire grief à une cour d'appel de l'avoir déclaré **seul responsable** du préjudice subi par l'acquéreur dès lors qu'elle a constaté que l'acquéreur était en droit d'admettre que le locataire, qui disposait de services spécialisés en la matière, qui avait rédigé l'acte de cession et qui avait effectué les formalités d'inscription au registre du commerce et de déclaration à la préfecture, avait « accepté le mandat de parfaire toutes diligences nécessaires à l'entière validité de l'opération », y compris « la signification de la cession du sous-bail » au bailleur et qu'elle en a justement déduit que, dans ces conditions, il ne pouvait pas être reproché à l'acquéreur du sous-bail d'avoir pris le risque d'une inopposabilité de ce dernier au bailleur faute de vérifications personnelles.
Cass. 3e civ. 11-1-1978 no 75-15.297 : Bull. civ. III no 32.

Dans un cas où, le bailleur n'ayant pas été appelé à concourir au renouvellement d'une sous-location, cette dernière n'avait pas été renouvelée, le sous-locataire doit être considéré comme ayant contribué à son éviction dès lors que, si le locataire a commis une faute en méconnaissant ses obligations légales, ce qui avait entraîné l'absence de droit au renouvellement du sous-bail, le **sous-locataire qui connaissait la situation locative** du locataire par le contenu de l'acte de renouvellement avait omis de régulariser la situation en temps utile et **s'était contenté d'une promesse de renouvellement du locataire** sans réclamer le concours du bailleur.
CA Paris 1-6-1970, 16e ch. : JCP G 1970 II no 16458 note CPL.

75930 Sur la question de l'**évaluation** de l'indemnité due au sous-locataire en raison de son éviction, la cour d'appel de Paris a jugé qu'elle devait être évaluée comme en matière d'éviction (CA Paris 22-2-2002 no 2000-14237, 16e ch. B). Ces règles d'évaluation sont exposées nos 45400 s.

C. Confirmation d'une sous-location irrégulière

76000 La sous-location qui n'a pas été consentie dans les conditions de l'article L 145-31 du Code de commerce est-elle régularisable ? Certes, il ne peut en principe pas être pallié à l'absence d'appel du bailleur à concourir à l'acte (no 66945). Toutefois, rien n'empêche le bailleur de **renoncer à invoquer l'irrégularité** de la sous-location. D'ailleurs, en application de l'article L 145-32, al. 2 du même Code, la sous-location est opposable au **bailleur** lorsqu'il a expressément ou tacitement autorisé ou agréé celle-ci. Les notions de renonciation et d'agrément se confondent.

La renonciation ou l'agrément ne peuvent pas être présumés : ils doivent résulter d'**actes manifestant** sans équivoque **la volonté** expresse ou tacite du bailleur (notamment Cass. 1e civ. 3-10-2000 no 98-22.132 : Bull. civ. I no 231 ; Cass. 2e civ. 10-3-2005 no 376 F-PB : Bull. civ. II no 68). Les faits présentés au juge doivent donc permettre d'établir, d'une part, que le bailleur a eu connaissance de l'existence de la sous-location et de l'irrégularité dont elle est atteinte et, d'autre part, que le bailleur est néanmoins déterminé à la considérer comme étant régulière. Il en résulte notamment que la seule tolérance de la sous-location par le bailleur ne vaut pas renonciation de celui-ci à en invoquer l'irrégularité. De même, l'autorisation générale de sous-louer prévue par le bail n'est pas suffisante pour conférer au sous-locataire, non expressément ou tacitement agréé par le bailleur, un droit direct au renouvellement (Cass. 3e civ. 22-1-1992 no 90-13.736 P : RJDA 4/92 no 326 ; Cass. 3e civ. 5-4-2011 no 10-14.215 F-D : RJDA 4/12 no 377).

76010 L'appréciation de l'existence d'un agrément ou d'une renonciation relève du **pouvoir** souverain **des juges** du fond (Cass. com. 9-2-1965 : Bull. civ. III no 98 ; Cass. 3e civ. 3-10-1973 no 72-12.418 : Bull. civ. III no 501).

76015 La renonciation à invoquer l'irrégularité de la sous-location, ainsi que l'**agrément** de cette dernière, peuvent émaner des **représentants du bailleur** dans la mesure où leur intervention en cette qualité est dénuée d'équivoque. Ainsi ne constitue pas une renonciation du bailleur au bénéfice des dispositions de l'article 21 du décret du 30 septembre 1953 (désormais C. com. art. L 145-31) le comportement du **mandataire** du bailleur qui a agréé la sous-location en la considérant comme étant régulière dès lors que, dans ses relations avec le sous-locataire, ce mandataire a agi en tant que représentant du locataire et non du bailleur (Cass. com. 18-12-1963 : Bull. civ. III no 560 ; Cass. com. 1-7-1964 : Bull. civ. III no 344).

ILLUSTRATIONS

76030

Cas où la confirmation de la sous-location n'a pas été retenue

Un bail précisait que le locataire ne pouvait sous-louer qu'à condition que la sous-location soit faite devant un notaire de Paris en présence du bailleur ou celui-ci dûment appelé ; une autre clause prévoyait la résiliation de plein droit du bail en cas d'inexécution de ses conditions. Se prévalant d'une sous-location dont il n'avait pas été informé, le bailleur avait refusé le renouvellement du bail et du sous-bail.

A justifié sa décision la cour d'appel qui, pour rejeter la demande du sous-locataire tendant au paiement d'une indemnité d'éviction, a retenu que :

– la sous-location litigieuse est intervenue sans que le bailleur ait été appelé à concourir à l'acte et donc en violation tant des dispositions légales que des clauses du bail ;

– la **connaissance** possible **de la sous-location** par le bailleur n'obligeait pas ce dernier à **mettre en œuvre la clause résolutoire** avant que ne se pose la question de l'indemnité d'éviction ;

– son attitude passive, sans accomplissement d'actes non équivoques d'agrément, ne constituait qu'une simple **tolérance** ;

– lors de son refus de renouveler le bail et le sous-bail, le bailleur avait expressément réservé ses droits ;

– si, dans le cadre du contentieux l'opposant au sous-locataire, le bailleur avait offert une **indemnité d'éviction,** ce n'était qu'à titre subsidiaire et sans abandonner son moyen principal.

Cass. com. 7-11-1961 : Bull. civ. III n° 398.

Pour juger qu'un sous-locataire était fondé à demander le renouvellement du sous-bail au locataire et au bailleur, une cour d'appel avait retenu que la clause du **bail** principal, selon laquelle le locataire ne pouvait sous-louer qu'en demeurant responsable du paiement des loyers, **autorisait** le locataire **à sous-louer** sous réserve de son obligation de garantie et que la sous-location faite sans accomplissement des formalités prévues par la loi apparaissait, en raison du **silence gardé par le bailleur** du jour de la sous-location et depuis, comme une renonciation au moins tacite à se prévaloir de l'infraction commise et aux conséquences de celle-ci, qui étaient minimes, la sous-location ayant été faite moins de trois mois après le bail principal.

Cassation pour manque de base légale. En effet, les juges n'avaient relevé aucun fait impliquant nécessairement de la part du bailleur la renonciation tacite à son droit d'invoquer l'irrégularité commise alors qu'ils ne peuvent faire résulter la renonciation tacite à un droit que de faits l'impliquant nécessairement.

Cass. com. 22-11-1961 : Bull. civ. III n° 429.

Une simple **attitude passive du bailleur ou de ses représentants** n'implique pas à elle seule leur consentement à des infractions commises par le locataire et la simple connaissance qu'ils ont eue d'une situation irrégulière, même si elle constitue une tolérance, ne peut conférer au locataire des droits nouveaux en l'absence d'acte positif non ambigu valant autorisation.

Par suite, dans un cas où, d'une part, le bail autorisait le locataire à sous-louer mais uniquement à des personnes solvables et honorables et en en informant au préalable par lettre recommandée le bailleur qui se réservait le droit d'agréer ou de refuser la personne présentée et où, d'autre part, le bail interdisait tout changement de distribution des locaux sans le consentement exprès du bailleur, une cour d'appel ne s'est pas contredite en estimant que les sous-locations et les transformations intervenues sans l'accord du bailleur constituaient des infractions de nature à justifier la résiliation du bail, tout en constatant que « le gérant de l'immeuble et le mari de l'une des propriétaires » avaient **connu sans réagir la sous-location** sans qu'il soit établi du reste qu'ils avaient été au courant de la transformation ultérieure des locaux.

Cass. com. 18-12-1963 : Bull. civ. III n° 560.

Il ne peut pas être reproché à une cour d'appel d'avoir refusé au sous-locataire le renouvellement de son bail demandé directement au bailleur dès lors qu'elle a souverainement estimé qu'en l'absence d'appel du bailleur à concourir à l'acte de sous-location, la **connaissance** qu'avait pu avoir **indirectement** le bailleur de cette dernière **à l'occasion de la cession du fonds de commerce par le locataire** principal ne pouvait, pas plus que l'accord donné à la cession à laquelle n'intervenait pas le sous-locataire, tenir lieu de l'agrément même indirect ou tacite de la sous-location.

Cass. com. 30-11-1964 : Bull. civ. III n° 520.

La **connaissance de la sous-location** et le fait de l'avoir **tolérée** ne peuvent pas être assimilés au concours ou à l'agrément du bailleur imposé par la loi.

Par suite, dans un cas où le sous-locataire avait demandé le renouvellement du sous-bail directement au **bailleur** en soutenant que ce dernier, qui **connaissait le locataire depuis plusieurs décennies** et avait négocié diverses opérations, devait nécessairement être considéré comme ayant renoncé à se prévaloir de l'omission des formalités requises par la loi, une cour d'appel n'a fait qu'user de son pouvoir souverain en décidant que les circonstances de fait invoquées par le sous-locataire laissaient au moins planer un doute sur l'intention du bailleur d'agréer la sous-location et a ainsi justifié sa décision de refuser le renouvellement du sous-bail.

Cass. com. 9-2-1965 : Bull. civ. III n° 98.

76030 (suite)

Dans un cas où une **lettre de l'architecte du bailleur agréait**, sous réserve des droits de ce dernier, les **travaux proposés par le sous-locataire**, manque de base légale l'arrêt d'une cour d'appel qui, pour accorder une indemnité d'éviction au sous-locataire après le refus du bailleur de renouveler le sous-bail, a retenu que : cette **lettre** paraissait renfermer le consentement exprès et écrit du bailleur ainsi que la reconnaissance qu'il avait reçu une lettre du locataire faisant allusion à la sous-location ; cette interprétation était confirmée par le comportement du **bailleur** qui était **resté pendant 14 ans sans réaction** contre l'établissement et l'exploitation d'un fonds de commerce par le sous-locataire, impliquant qu'il avait donné son consentement exprès et écrit à la sous-location ou, à tout le moins, qu'il avait renoncé à la clause du bail requérant un tel consentement. En effet, ces motifs dubitatifs ou comportant des contradictions n'établissent en conséquence ni le consentement exprès et par écrit du bailleur ni sa renonciation à se prévaloir de ladite clause du bail.

Cass. com. 25-1-1966 : Bull. civ. III n° 50.

Lorsque le bailleur n'a pas été appelé à concourir à l'acte de sous-location, l'**autorisation** de principe donnée à une sous-location ou la **simple connaissance** que le bailleur a pu en avoir de façon indirecte, alors que le loyer et les clauses de cet acte sont demeurées inconnues, ne peuvent pas être assimilées au concours du bailleur ou à son agrément.

Cass. com. 27-4-1966 : Bull. civ. III n° 200.

Ne constitue pas une renonciation tacite au droit d'être prévenu des sous-locations consenties par le locataire le **silence gardé par le bailleur** à l'égard d'une sous-location dont il n'a pas été informé et à laquelle il n'a pas été appelé à concourir.

Cass. 3e civ. 19-1-1968 : Bull. civ. III n° 30.

Un bailleur avait refusé le renouvellement du bail principal au motif que le locataire avait sous-loué puis renouvelé le sous-bail, sans l'avoir appelé à concourir à l'acte et que le sous-locataire avait à son tour sous-loué dans les mêmes conditions et fait apport de son sous-bail à une société.
Il ne peut pas être reproché à une cour d'appel d'avoir jugé que ni le locataire ni les sous-locataires n'avaient droit au renouvellement de leur bail dès lors qu'elle a relevé que n'étaient indiqués dans le bail principal ni les sous-locations litigieuses ni les noms des sous-locataires et que, si le bail principal comportait une **autorisation de principe de sous-louer**, il n'en résultait pas que le locataire était dispensé d'appeler le bailleur aux actes successifs de sous-location afin de les lui rendre opposables et que la **tolérance** et le seul **silence** du bailleur ne pouvaient pas être tenus pour une renonciation tacite à se prévaloir de l'infraction commise.

Cass. 3e civ. 12-3-1969 : Bull. civ. III n° 216 ; dans le même sens, Cass. 3e civ. 12-3-1969 : Bull. civ. III n° 215.

En l'absence d'autres faits impliquant nécessairement l'intention non équivoque du bailleur d'agréer la sous-location, la **tolérance,** si prolongée soit-elle, n'équivaut pas à une autorisation tacite.
Par suite, cassation de l'arrêt d'une cour d'appel qui, pour décider qu'un sous-locataire était fondé à demander le renouvellement du sous-bail directement au bailleur, a retenu qu'en l'absence de toute protestation pendant **huit ans,** le bailleur devait être considéré comme ayant tacitement agréé la sous-location.

Cass. 3e civ. 6-3-1969 : Bull. civ. III n° 197.

Une **tolérance,** si prolongée soit-elle, ainsi que la **perception des loyers dus** ne constituent pas des actes de renonciation non équivoques à l'application de l'article 21 du décret de 1953 (désormais C. com. art. L 145-31).
En conséquence, doit être censurée une cour d'appel qui, pour estimer qu'un bailleur avait tacitement agréé un sous-locataire, de sorte que ce dernier avait droit au renouvellement de son sous-bail, a retenu que, si le locataire avait omis d'appeler le bailleur à concourir à l'acte de sous-location, il avait, conformément aux exigences du bail, adressé au bailleur un exemplaire de cet acte et que le bailleur n'avait élevé aucune protestation et avait au contraire continué à percevoir les loyers du bail principal.

Cass. 3e civ. 18-6-1969 : Bull. civ. III n° 493.

Il ne peut pas être reproché à une cour d'appel d'avoir jugé qu'une sous-location n'était opposable ni au précédent bailleur ni à l'adjudicataire des locaux loués dès lors que le sous-locataire ne pouvait justifier d'aucun titre opposable, aucun écrit n'ayant été établi. Il ne suffisait pas, en effet, que le **cahier des charges** dressé en vue de l'adjudication, qui ne faisait pas état de la sous-location, **mentionne** l'existence du bail principal et la **faculté** pour le locataire **de sous-louer** sans l'autorisation préalable du bailleur ; il fallait encore qu'il fut établi que le bailleur avait été appelé à concourir à la sous-location ; la simple connaissance que le bailleur aurait pu avoir de l'existence de la sous-location ne peut pas être assimilée à son concours ou à son agrément.

Cass. 3e civ. 2-12-1970 n° 69-13.494 : Bull. civ. III n° 659.

Dans un cas de locaux situés dans un immeuble en copropriété, les juges du fond ont pu estimer que le sous-locataire n'était pas en droit de demander le renouvellement du sous-bail directement au bailleur après avoir relevé que la simple **présence du bailleur à une réunion des copropriétaires** appelés à se prononcer sur une demande d'autorisation de travaux formée par le sous-locataire qui, après consultation des autres copropriétaires, a été refusée, ne saurait constituer l'agrément d'une sous-location dont les conditions n'ont pas été connues du bailleur. **76030** (suite)

Cass. 3e civ. 23-11-1971 n° 70-13.022 : Bull. civ. III n° 570.

La sous-location n'est opposable au bailleur que s'il l'a agréée expressément ou tacitement. Faute de concours de ce dernier à l'acte de sous-location, la simple connaissance de celle-ci par le bailleur n'implique ni agrément ni autorisation.
Par suite, il ne peut pas être reproché à une cour d'appel d'avoir déclaré une sous-location inopposable au bailleur, et d'avoir en conséquence rejeté la demande d'indemnité d'éviction formée par le sous-locataire à l'encontre de celui-ci, dès lors qu'elle a estimé que la lettre par laquelle le bailleur **avait demandé au sous-locataire l'étendue des locaux** qu'il occupait et le **montant de son loyer** constituait une simple demande de renseignement sans conséquence de droit et que la simple connaissance de fait de la sous-location par le bailleur n'impliquait de sa part ni l'agrément ni l'autorisation de la sous-location à laquelle il n'avait pas concouru.

Cass. 3e civ. 13-4-1972 n° 71-10.473 : Bull. civ. III n° 228.

Le sous-locataire d'un terrain reprochait à une cour d'appel de lui avoir dénié le droit de réclamer au bailleur une indemnité d'éviction alors, soutenait-il, qu'en demandant son expulsion, le bailleur avait nécessairement reconnu l'existence d'un lien de droit entre eux et que le bailleur avait expressément toléré la sous-location puisque le bail comportait une autorisation générale de sous-louer.
Le pourvoi en cassation a été rejeté et la décision de la cour d'appel confirmée pour les raisons suivantes :
– l'**assignation en expulsion délivrée par le bailleur** ne pouvait pas être considérée comme la reconnaissance d'un droit au profit du sous-locataire ;
– à défaut d'avoir été appelé à concourir à l'acte de sous-location, l'agrément du bailleur peut être tacite mais doit résulter d'acte non équivoque et une simple tolérance ne suffit pas ;
– l'agrément ne peut pas être confondu avec l'**autorisation générale de sous-louer** et doit porter sur une sous-location déterminée ;
– les juges du fond avaient souverainement estimé qu'en l'espèce aucun acte d'agrément de la sous-location par le bailleur ne pouvait être invoqué.

Cass. 3e civ. 3-10-1973 n° 72-12.418 : Bull. civ. III n° 501.

Dans le cas d'une sous-location ne respectant pas les formalités de l'article 21 du décret du 30 septembre 1953 (désormais C. com. art. L 145-31), le sous-locataire prétendait, pour demander le renouvellement de son sous-bail, que le **bailleur** avait agréé la sous-location puisqu'il avait procédé entre ses mains à une **saisie-arrêt** (désormais saisie-attribution) **pour le paiement du loyer principal.**
A légalement justifié sa décision rejetant la demande du sous-locataire la cour d'appel qui a retenu que le recouvrement sur un tiers débiteur du locataire principal n'impliquait pas nécessairement reconnaissance d'un droit direct au profit du tiers saisi.

Cass. 3e civ. 26-11-1991 n° 1675 D : Gaz. Pal. 1992 jur. p. 83 note J.-D. Barbier.

La connaissance ou la **tolérance** du bailleur ou encore l'autorisation de principe qu'il donne à la sous-location ne peuvent pas être assimilées à son concours à l'acte.
Par suite, doit être cassé l'arrêt d'une cour d'appel qui a déduit des constatations suivantes l'agrément tacite du sous-locataire par le bailleur : le **congé** délivré par le bailleur au locataire **indiquait** que les locaux étaient exploités par le **sous-locataire** sans émettre de réserve ; le **bailleur avait répondu aux courriers du sous-locataire** lui demandant d'effectuer des travaux sans contester la qualité de celui-ci à formuler une telle demande.

Cass. 3e civ. 22-2-2006 n° 233 FS-PBI : RJDA 5/06 n° 509.

Un bailleur qui louait plusieurs locaux à un même locataire – qui les sous-louait – avait adressé à celui-ci un **congé avec offre de renouvellement** moyennant un nouveau loyer. Le congé **précisait qu'au cas où une autorisation aurait été donnée au locataire de sous-louer, cette autorisation ne serait pas reconduite pour les baux renouvelés.** Le bailleur avait ensuite demandé en justice que soit constatée l'interdiction pour le sous-locataire de sous-louer.
La cour d'appel avait écarté la demande du bailleur estimant qu'il avait au contraire renoncé à invoquer l'irrégularité des sous-locations dès lors que le bail, dont le renouvellement avait été constaté par jugement, ne pouvait que reprendre les termes des baux antérieurs pour ce qui était d'une éventuelle autorisation de sous-louer – sans l'ajouter si elle n'existait pas ni la retirer si elle existait – et que ce renouvellement avait été accordé alors que l'infraction était connue du bailleur.
Cette décision doit être cassée : en effet, la cour d'appel avait relevé que ni les baux expirés ni les baux renouvelés ne comportaient l'autorisation de sous-louer et que le bailleur avait, par courrier puis lors du congé avec offre de renouvellement, fait connaître au locataire son intention de ne pas accorder l'autorisation de sous-louer. La cour d'appel n'a donc pas tiré les conséquences légales de ses propres constatations.

Cass. 3e civ. 14-11-2007 n° 06-17.636 FS-D : Rev. Loyers 2008 p. 100.

Dans un cas où un bail de locaux commerciaux à usage de hangar prévoyait que la sous-location était autorisée mais qu'elle devait faire l'objet d'une autorisation expresse du bailleur et de son intervention à l'acte, la sous-location conclue en application de ce bail est irrégulière et inopposable au **bailleur** lorsque ce dernier a donné son **accord de principe à la sous-location** d'une partie des locaux mais n'a **pas été appelé à concourir à l'acte,** alors qu'il avait expressément demandé à participer à sa signature. Le locataire ne pouvait pas se prévaloir de la renonciation du bailleur à la régularité de la sous-location.

CA Aix-en-Provence 13-6-2019 n° 16/18821, ch. 1-8 : RJDA 11/19 n° 677.

76050 ILLUSTRATIONS

Cas où la confirmation de la sous-location a été retenue

Dans un cas où, à la suite du refus du bailleur de renouveler le sous-bail, le sous-locataire avait réclamé une indemnité d'éviction, a légalement justifié sa décision la cour d'appel qui, pour faire droit à cette demande, a pu trouver dans les faits suivants la preuve que le bailleur avait bien accepté la sous-location : dans une lettre adressée au locataire, le **bailleur avait réclamé une augmentation du loyer** principal en faisant état de la sous-location ; dans le même courrier, le bailleur avait en outre signalé que le sous-locataire employait des peintures inflammables faisant courir un risque aux immeubles voisins et **demandait au locataire de s'assurer** en conséquence.

Cass. com. 4-3-1963 : Bull. civ. III n° 134.

Dans un cas où un bailleur n'avait pas été appelé à concourir à la sous-location consentie par son locataire, a légalement justifié sa décision une cour d'appel qui, pour déclarer que la sous-location était néanmoins opposable au **bailleur** a retenu que ce dernier, informé par le locataire de cette sous-location, **avait donné son accord** à celle-ci sans réclamer la communication de ses conditions et avait **autorisé directement le sous-locataire à effectuer des travaux** dans les locaux.

Cass. 3e civ. 8-4-1992 : Bull. civ. III n° 122.

Un bail commercial contenait la clause suivante : toute sous-location totale est interdite ; toutefois le preneur pourra faire dans l'immeuble loué des sous-locations partielles sans être astreint d'appeler le propriétaire ni de lui fournir la grosse mais ces sous-locations prendront fin en même temps que le bail principal lui-même et se trouveront résiliées de plein droit s'il était résilié par anticipation quelle qu'en soit la cause. Pendant la durée de ce bail, une sous-location partielle avait été consentie sur les lieux loués et le bailleur en avait eu connaissance. À la suite du congé avec refus de renouvellement délivré par ce dernier, le sous-locataire avait réclamé au locataire une indemnité d'éviction pour non-renouvellement de son sous-bail.

Jugé que le locataire principal ne pouvait pas être condamné à verser une indemnité d'éviction destinée à compenser un refus de renouvellement du sous-bail dès lors qu'à la suite du congé qui lui avait été notifié par le bailleur, il n'avait plus lui-même de bail et qu'il n'avait plus qualité pour offrir ou refuser le renouvellement.

En revanche, le sous-locataire était fondé à réclamer directement au bailleur une indemnité d'éviction dans la mesure où, d'une part, il ressortait de la clause du bail qui autorisait les sous-locations partielles que le **bailleur avait expressément renoncé au droit d'être appelé à concourir à l'acte de sous-location** et qu'en s'interdisant ainsi de le remettre en cause ultérieurement, il était irréfragablement **réputé avoir donné son consentement au sous-locataire** choisi par le locataire et, d'autre part, il n'était pas contesté que les lieux faisant l'objet du bail principal ne formaient pas un tout indivisible matériellement ou dans la commune intention des parties.

CA Paris 18-3-1998, 16e ch. A : D. aff. 121/98 p. 1037 note Y. Rouquet.

La renonciation du bailleur au droit d'être appelé à l'acte, c'est-à-dire en fait son agrément à la sous-location, ne peut pas se présumer ; elle doit résulter d'actes positifs, précis et non équivoques. La preuve de cette ratification est rapportée, et la sous-location opposable au bailleur, dès lors que ce dernier a, par avenant au bail principal, autorisé le locataire à sous-louer l'ensemble des locaux à une société déterminée et **augmenté le loyer** de 15 % compte tenu de cette faculté et qu'il a régulièrement **adressé les avis d'échéance et des quittances au sous-locataire.**

CA Paris 3-11-2000, 16e ch. : RJDA 3/01 n° 277.

Le locataire de locaux commerciaux les avait intégralement sous-loués. À l'expiration du bail principal, le sous-locataire avait demandé directement au bailleur le renouvellement du sous-bail. Le bailleur s'y était opposé en faisant valoir que le sous-locataire n'a un droit direct au renouvellement que si le locataire principal a lui-même perdu le bénéfice de son droit au renouvellement du bail principal, ce qui n'était pas le cas en l'espèce où une cour d'appel avait accordé au locataire une indemnité d'éviction à la suite du refus de renouvellement qui lui avait été signifié. En outre, le bailleur, qui n'avait pas été appelé à concourir au renouvellement du sous-bail, contestait avoir donné son agrément à la sous-location.

Jugé que le sous-locataire pouvait demander directement au bailleur le renouvellement du sous-bail dès lors que :
– le bail principal avait pris fin par l'effet du congé délivré par le bailleur;
– le bailleur avait tacitement autorisé la sous-location au bénéfice du sous-locataire : en effet, il savait, dès la conclusion du bail initial, que les locaux avaient vocation à être sous-loués en totalité à ce dernier; les clauses du bail prenaient en compte cette situation; des **relations directes entre le sous-locataire et le bailleur** s'étant poursuivies, au cours des baux successifs, pour l'exécution de travaux ou de contrôles de la commission de sécurité, le bailleur avait antérieurement accepté de renouveler le bail principal en connaissance de la réalité de l'exploitation des lieux par un sous-locataire.
Cass. 3e civ. 4-5-2011 n° 09-72.550 FS-PB : Bull. civ. III n° 66.

SECTION 3 RÉGIME DE LA SOUS-LOCATION

A. Relations entre le bailleur et le locataire

1. RESPECT DU BAIL

Le locataire qui sous-loue demeure tenu envers le bailleur de l'exécution des obligations dérivant du bail comme s'il occupait les locaux lui-même ; il est donc responsable des **manquements de son sous-locataire** aux obligations du bail principal (Cass. 3e civ. 13-6-1969 : Bull. civ. III n° 480). 76100

ILLUSTRATIONS

Dans un cas où le sous-locataire avait sous-loué à son tour une partie des locaux, il ne peut pas être reproché à une cour d'appel d'avoir constaté la résiliation du bail principal par acquisition de la clause résolutoire au vu des éléments suivants : en acquérant le droit au bail lors d'une adjudication, le locataire s'était engagé dans le cahier des charges à faire son affaire personnelle d'une sous-location existante et dont il recueillait d'ailleurs le bénéfice en percevant les loyers; il devait veiller à l'observation des clauses du **bail** en particulier à celle **portant interdiction de sous-louer** et il était donc responsable de l'inobservation de cette clause par le sous-locataire; à la suite de la sommation du bailleur, il n'a fait aucune diligence auprès du sous-locataire se contentant de recevoir, sans les vérifier, des explications dont, eu égard à l'importance de l'occupation des lieux par le sous-locataire de second rang, il ne pouvait pas être dupe; il n'a mis en demeure le sous-locataire de faire cesser la situation irrégulière que vingt mois après la sommation que lui avait adressée le bailleur (Cass. 3e civ. 13-6-1969 précité).
Pour un cas où l'activité du sous-locataire ne respectait pas la **destination des lieux,** voir CA Paris 11-2-1992, 16e ch. A : n° 75770.

Le **bailleur** doit également respecter les termes du bail. La loi lui reconnaît néanmoins la possibilité de modifier le loyer en présence d'une sous-location (n° 76120) et de refuser en tout ou partie le renouvellement du bail dans les conditions exposées nos 76300 s. 76105

Si le **bail** est **résilié aux torts du bailleur,** le locataire ne peut pas réclamer, au titre de la perte des sous-loyers, une **indemnisation** correspondant à la valeur du droit au bail du sous-locataire. Le locataire principal ne perçoit les loyers de la sous-location qu'à raison du bail principal ; or, la résiliation de celui-ci entraîne l'extinction du droit de les percevoir et la valeur du droit au bail du sous-locataire n'est pas incluse dans le fonds de commerce du locataire (Cass. 3e civ. 8-7-2009 n° 08-10.869 FS-PB : RJDA 10/09 n° 819).

> **Précisions** En l'espèce, la sous-location était régulière et le sous-locataire s'était vu reconnaître un droit direct au renouvellement de son bail. Il est certain que ce droit a une valeur qui est la propriété du fonds de commerce exploité par le sous-locataire mais cette valeur ne s'ajoute pas à celle du fonds exploité par le locataire principal et ce dernier ne subit aucun préjudice particulier du fait de la résiliation du bail principal au regard du fonds de commerce du sous-locataire. Le fait de **sous-louer** ne doit pas être pour le **locataire** une **source de revenus.** La disparition de l'obligation de payer le loyer principal par le fait de la résiliation entraîne nécessairement l'extinction du droit de percevoir les sous-loyers.

2. RÉAJUSTEMENT DU LOYER PRINCIPAL

76120 Lorsque le loyer de la sous-location est supérieur au prix de la location principale, le propriétaire a la faculté d'exiger une augmentation correspondante de la location principale, augmentation qui, à défaut d'accord entre les parties, est déterminée selon une procédure fixée par décret, en application des dispositions de l'article L 145-56 du Code de commerce (C. com. art. L 145-31, al. 3).

a. Conditions du réajustement du loyer

CONDITION DU RÉAJUSTEMENT DU LOYER TENANT À LA SOUS-LOCATION

76130 Le bailleur peut demander le réajustement du loyer principal en application de l'article L 145-31, al. 3 du Code de commerce, même si la **sous-location** est **irrégulière** (Cass. 3e civ. 2-3-1988 n° 86-15.380 : Bull. civ. III n° 51). Contrairement donc à ce qu'a affirmé une cour d'appel (CA Paris 3-2-1970, SCI 1 rue Daunou c/ Sté Choiseul-Opéra : Rev. Loyers 1970 p. 359), l'action en réajustement du loyer n'est pas réservée au seul bailleur qui a été appelé à concourir à l'acte de sous-location ou qui a agréé cette dernière.

76135 Dans une décision demeurée isolée à notre connaissance, la Cour de cassation a exclu la faculté de réajustement du loyer principal lorsque la **mise à disposition** des locaux par le locataire à un tiers constitue un acte de commerce exécuté **dans le cadre de l'activité commerciale du locataire** (Cass. 3e civ. 22-10-2003 n° 02-15.975 FS-D, analysé n° 75320). L'article L 145-31, al. 3 du Code de commerce ne comporte aucune distinction entre la mise à disposition consentie par le locataire dans le cadre de son activité et celle consentie en dehors de ce cadre mais, selon la jurisprudence dominante, ce premier cas ne constitue pas à proprement parler une sous-location (n° 75320).

CONDITION DU RÉAJUSTEMENT DU LOYER TENANT AU BAIL PRINCIPAL

76140 L'action en réajustement du loyer prévue par l'article L 145-31 du Code de commerce n'est ouverte au bailleur que si le locataire est **soumis au statut des baux commerciaux.**

ILLUSTRATIONS

Dans un cas où, aux termes d'un bail portant sur un terrain construit, le locataire s'était engagé, après destruction des constructions, à y édifier un immeuble de 1 500 m^2 qui devait revenir gratuitement au bailleur à la fin du bail, a légalement justifié sa décision la cour d'appel qui, pour refuser le droit au bailleur de demander le réajustement du loyer en application de l'article 21, al. 3 du décret de 1953 (désormais C. com. art. L 145-31, al. 3), a retenu que le locataire n'était pas soumis aux dispositions dudit décret. En effet, elle a souverainement estimé, au vu des éléments suivants, que la preuve des éléments constitutifs d'un fonds de commerce, et spécialement d'une clientèle, exploité par le locataire n'était pas rapportée : il n'était pas établi que le locataire exerçait une autre activité que celle de sous-louer les locaux situés dans l'immeuble qui lui était loué ; le bailleur ne donnait aucune indication sur les actes de commerce que le locataire aurait accomplis dans les lieux ; il n'était ni établi ni prétendu que le locataire procurait à ses propres locataires d'autres prestations que celles qui sont l'accessoire habituel d'une location nue ; le bureau dont le locataire s'était réservé l'usage dans l'immeuble était rendu nécessaire par l'administration, l'entretien et la surveillance d'un bâtiment de cette importance (Cass. 3e civ. 3-2-1976, Sté Lord Byron c/ Sté La réunion foncière : Rev. Loyers 1976 p. 279).
Dans une autre décision opposant les mêmes parties, la Cour de cassation a écarté l'action en réajustement au motif que la mise à disposition des locaux par le locataire n'était pas constitutive d'une sous-location (Cass. 3e civ. 6-12-1972, analysé n° 75235).

CONDITION DU RÉAJUSTEMENT DU LOYER TENANT AU MONTANT DU SOUS-LOYER

76150 L'action en réajustement du loyer n'est ouverte au bailleur que si le sous-loyer est plus élevé que le loyer principal (C. com. art. L 145-31, al. 3). Toutefois, l'appréciation du bénéfice que le locataire tire de la sous-location ne résulte pas d'une simple **confrontation** entre le **montant nominal** du sous-bail et celui du bail principal tels que fixés dans les contrats.

Pour avoir une image fidèle de la situation sous-locative, les tribunaux prennent en considération d'autres éléments comme le **paiement par le sous-locataire de charges qui incombent** en principe **au locataire.**

ILLUSTRATIONS

Après avoir constaté que, selon les extraits délivrés par les services de l'enregistrement, un locataire avait consenti cinq sous-locations sur l'immeuble loué et qu'aux termes d'une copie des charges et conditions jointe à l'un des sous-baux, le sous-locataire supportait toutes les réparations (à l'exception des grosses réparations de l'article 606 du Code civil), les impôts, la garde de nuit et de jour de l'immeuble ainsi que l'entretien des locaux, une cour d'appel, saisie d'une action en réajustement du loyer principal, a pu souverainement apprécier la valeur que représentait cette copie comme preuve du régime auquel étaient soumises les sous-locations dans leur ensemble et estimer que le locataire n'assurait aucune prestation à ses sous-locataires et qu'il y avait lieu d'ajouter au montant du loyer le bénéfice réalisé par le locataire en sous-louant (Cass. com. 19-12-1961 : Bull. civ. III n° 489).

La question de savoir si le **pas-de-porte versé par le sous-locataire** au locataire doit être pris en compte dans la détermination du montant du sous-loyer dépend de la qualification donnée audit pas-de-porte. En effet, ce dernier peut être considéré comme un supplément de loyer ou comme la contrepartie d'avantages commerciaux (n° 48910). **76155**

ILLUSTRATIONS

Dans un cas où un locataire, autorisé à sous-louer, avait effectivement sous-loué la plus grande partie des locaux à plusieurs personnes et avait perçu une somme de chacune d'elles à l'occasion de la conclusion des sous-locations, manque de base légale l'arrêt d'une cour d'appel qui, pour faire droit à la demande du bailleur qui réclamait un réajustement du loyer principal eu égard aux pas-de-porte ainsi perçus par le locataire, s'est bornée à affirmer que, juridiquement, le pas-de-porte pratiqué entre locataire principal et sous-locataire ne peut pas être considéré autrement que comme un supplément de loyer dont le législateur n'a pas entendu laisser le bénéfice au locataire alors que le pas-de-porte est susceptible de constituer dans l'intention des cocontractants la contrepartie d'éléments de nature diverse, notamment d'avantages commerciaux, sans rapport avec le loyer (Cass. com. 14-11-1962 : Bull. civ. III n° 452).

En cas de **sous-location partielle,** la faculté d'exiger la majoration du loyer est ouverte au propriétaire lorsque le prix de la sous-location est proportionnellement supérieur à celui du bail principal (Cass. 3e civ. 28-5-1997 n° 876 PF : RJDA 8-9/97 n° 1014). **76160**

ILLUSTRATIONS

Le prix de la sous-location est proportionnellement supérieur à celui du bail principal lorsqu'à surfaces égales, le loyer du sous-bail est plus élevé que le loyer principal, peu important la qualité de l'emplacement des locaux sous-loués (arrêt précité). Dans un cas où un locataire avait consenti plusieurs sous-locations occultes sur une partie des locaux loués, jugé qu'il ne pouvait pas être reproché à une cour d'appel d'avoir fait droit à la demande en réajustement du loyer formée par le bailleur dès lors que, si le locataire n'avait pas perçu des sous-locataires un loyer supérieur à celui qu'il versait au bailleur, la sous-location d'une partie de l'immeuble seulement pour un loyer sensiblement égal à celui payé au bailleur pour la totalité de celui-ci procurait au locataire un bénéfice correspondant à la location quasi gratuite de la partie qu'il conservait (Cass. 3e civ. 2-3-1988 n° 86-15.380 : Bull. civ. III n° 51).

La comparaison du loyer et du sous-loyer doit donc se faire proportionnellement aux **surfaces** : en pratique, il faut comparer les prix ramenés au mètre carré.

Le bailleur peut demander le réajustement du loyer quelle que soit l'**origine du dépassement** ; il importe peu que le sous-loyer ait été fixé lors de la conclusion de la sous-location ou lors de son renouvellement ou encore dans le cadre d'une révision triennale ou d'une procédure judiciaire. Contrairement à ce qu'a affirmé une cour d'appel (CA Paris 3-2-1970, SCI 1 rue Daunou c/ Sté Choiseul-Opéra : Rev. Loyers 1970 p. 359), le bailleur n'est pas tenu, à notre avis, de prouver que la supériorité du sous-loyer sur le loyer résulte d'une fraude. **76170**

b. Action en réajustement du loyer

PROCÉDURE EN RÉAJUSTEMENT DU LOYER

À défaut d'accord entre les parties, la majoration du loyer est fixée selon une procédure fixée par décret, en application des dispositions de l'article L 145-56 du Code de commerce (C. com. art. L 145-31, al. 3). **76220**

La demande doit être formée devant le juge des loyers après notification d'un mémoire (nos 21560 s.).

> **Précisions** La loi 2020-1379 du 14 novembre 2020 avait interdit, pendant la période protégée toute action à l'encontre de certains locataires pour retard ou non-paiement des loyers, en raison de la crise sanitaire liée à l'épidémie de **Covid-19** (nos 60835 s.), mais l'action en réajustement du loyer principal demeurait possible pendant cette période.

PRESCRIPTION DE L'ACTION EN RÉAJUSTEMENT DU LOYER

L'action en réajustement du loyer principal constitue une action en fixation du loyer et non en paiement du loyer ; elle est donc soumise à la prescription **biennale** de l'article L 145-60 du Code de commerce (Cass. 3e civ. 1-4-1998 n° 488 PF : RJDA 6/98 n° 691 ; Cass. 3e civ. 18-12-2002 n° 1984 FS-PB : RJDA 3/03 n° 241). **76230**

Le **point de départ** du délai de prescription est la date à laquelle le bailleur a eu connaissance du prix des sous-locations (Cass. 3e civ. 30-10-1991 n° 1536 D : RJDA 1/92 n° 17 ; Cass. 3e civ. 1-4-1998 n° 488 précité ; Cass. 3e civ. 9-9-2021 n° 20-19.631 F-D : RJDA 1/22 n° 6).

ILLUSTRATIONS

Dans un cas où le bailleur avait réclamé en décembre 1981 le réajustement du loyer en raison de sous-locations consenties par le locataire en octobre 1978, une cour d'appel a légalement justifié sa décision déclarant l'action recevable dès lors qu'elle a souverainement retenu que le bailleur n'avait pas eu connaissance des sous-locations occultes avant janvier 1980, l'occupation des lieux ayant toutes les apparences de la régularité et en a justement déduit que la prescription n'avait pas couru contre lui avant la notification du mémoire (Cass. 3e civ. 2-3-1988 n° 86-15.380 : Bull. civ. III n° 51).

Dans un cas où, poursuivi en réajustement du loyer principal, le locataire avait soutenu que l'avenant au bail, portant augmentation du loyer et le dispensant de notifier au bailleur le contrat de sous-location déjà signé, manifestait la volonté du bailleur de fixer le loyer sans tenir compte des conditions de la sous-location et, par conséquent, celle de renoncer à la faculté de réajustement prévue par la loi, une cour d'appel, après avoir souverainement retenu que la connaissance de l'existence d'un prix de sous-location supérieur à celui de la location principale ne résultait pas dudit avenant, a pu au contraire juger que l'article 21, al. 3 du décret de 1953 (désormais C. com. art. L 145-31, al. 3) permettait au bailleur, qui avait acquis une telle connaissance, de demander une augmentation du loyer (Cass. 3e civ. 20-12-1982 n° 81-12.473 : Bull. civ. III n° 258).

MAJORATION DU LOYER

76240 Les juges apprécient souverainement le **montant** de la majoration de loyer mise à la charge du locataire (Cass. 3e civ. 14-11-1985, SARL Sopromap c/ Sté Stem : Rev. Loyers 1986 p. 146). Cette majoration a pour seule cause et pour seul objet l'appropriation par le bailleur du profit résultant de la sous-location ; elle est donc totalement indépendante de la valeur locative des locaux (CA Paris 31-1-1991, Sté Escoffier c/ Sté Euro Studios : Navis droit des affaires).

La loi ne précise pas à partir de quelle date la majoration doit être appliquée : à la date de la conclusion (ou du renouvellement) du sous-bail, à la date de la demande du bailleur tendant au réajustement du loyer ou encore à la date de la décision de justice statuant sur cette demande ? Le réajustement du loyer constituant une simple faculté pour le bailleur, on peut penser que c'est la date de la demande du bailleur qui constitue le point de départ de l'application de la majoration (en sens contraire, J.-D. Barbier : Administrer avril 2007 p. 27 prônant une prise d'effet rétroactive à la date de la conclusion ou du renouvellement de la sous-location). À notre connaissance, la Cour de cassation ne s'est pas prononcée sur cette question et les réponses apportées par les juges du fond sont diverses.

ILLUSTRATIONS

Jugé par exemple qu'il y a lieu de retenir comme point de départ du loyer majoré la date à laquelle a pris effet la sous-location (plus exactement la date du premier versement du sous-loyer), et non pas la date de la demande en réajustement formée par le bailleur deux ans plus tard, dès lors qu'il serait injuste de sanctionner le retard de ce dernier qui n'a pas été appelé à concourir à l'acte et qui a seulement eu connaissance de cet acte à l'occasion d'opérations d'expertise (CA Paris 31-1-1991, Sté Escoffier c/ Sté Euro Studios précité). Jugé au contraire, à propos de sous-locations auxquelles le bailleur n'avait pas été appelé à concourir, que les effets du réajustement du loyer principal partent du jour de la demande de réajustement (CA Paris 11-2-1992, analysé n° 75770 ; dans le même sens, TGI Paris 2-10-1987 : JPC N 1989 II p. 271, 3e esp.).

76245 Selon la cour d'appel de Paris, la majoration du loyer n'est valable que pour une **durée** dont le terme ne peut pas être connu à l'avance et ne donne naissance à aucun droit définitivement acquis, ce droit devant disparaître à la date à laquelle cesse la sous-location qui l'a motivé ; au cas particulier, elle a mis fin au loyer majoré, comme le demandait le locataire, à la date à laquelle le sous-locataire avait été expulsé (CA Paris 31-1-1991, Sté Escoffier c/ Sté Euro Studios : Navis droit des affaires). Selon J.-D. Barbier, le réajustement du loyer principal, destiné à absorber le bénéfice généré par la sous-location, s'applique pendant toute la durée de celle-ci et prend fin avec elle (note sous Cass. 3e civ. 7-2-2007 n° 05-20.252 FS-PB : Administrer avril 2007 p. 27).

c. Réajustement du loyer et fixation du loyer du bail renouvelé

76260 L'action en fixation du loyer du bail renouvelé et l'action en réajustement du loyer pour sous-location (C. com. art. L 145-31) sont des **actions** bien **distinctes.** Ainsi, dans le cadre de la première, le bailleur ne peut demander le réajustement prévu par l'article L 145-31 ni à titre reconventionnel (Cass. 3e civ. 7-2-2007 n° 05-20.252 FS-PB : RJDA 5/07 n° 456), ni à titre subsidiaire devant la cour d'appel (Cass. 3e civ. 9-7-2020 n° 19-16.290 F-D : RJDA 10/20 n° 475) : il doit donc engager une nouvelle procédure à ce titre. Jugé également qu'une fois l'action en réajustement prescrite, le bailleur ne peut pas invoquer la sous-location, même non autorisée, qui est intervenue au cours du bail expiré pour obtenir le déplafonnement du loyer du bail renouvelé ; en effet, la sous-location ne constitue pas une modification des éléments mentionnés aux articles 23-1 à 23-4 du décret du

30 septembre 1953 (désormais C. com. art. R 145-2 s.) (Cass. 3e civ. 24-11-1999 n° 1790 PB : RJDA 1/00 n° 16). Cette solution est critiquée (n° 84370).

> **Précisions** Même si ces actions sont proches, elles répondent à des **règles spécifiques** notamment en ce qui concerne la prise d'effet de la décision qui en résulte et sa durée d'application.
> Compte tenu de l'indépendance de ces deux actions, la solution selon laquelle le bailleur ne pouvait demander le réajustement du loyer pour sous-location que s'il n'avait pas eu connaissance du montant du loyer du sous-bail lors de la fixation du loyer du bail renouvelé (Cass. 3e civ. 30-10-1991 n° 1536 D : RJDA 1/92 n° 17) doit, à notre avis, être considérée comme obsolète (en ce sens Ph.-H. Brault : Loyers et copr. 2007 comm. n° 152).

d. Effet du réajustement du loyer à l'égard du sous-locataire

La **hausse** du loyer principal ne peut pas être **répercutée** par le locataire sur le sous-locataire dès lors qu'aucune des dispositions de la loi ou du contrat de sous-location ne lui en donne le droit (CA Chambéry 16-5-1995 : Navis droit des affaires). 76280

ILLUSTRATIONS

Pour refuser de répercuter la hausse du loyer principal sur le sous-locataire, la cour de Chambéry s'est fondée sur le raisonnement suivant : ni le lien étroit qui existe entre la sous-location et la location principale, ni l'intervention du bailleur à l'acte de sous-location ne peuvent justifier une dépendance du sous-loyer par rapport au loyer principal ; si, dans le sous-bail, il était fait expressément référence aux dispositions du bail principal et il était prévu que la sous-location se faisait dans le respect des charges et conditions stipulées dans le bail principal, il résultait clairement de la rédaction du sous-bail que les charges et conditions visées ne comprenaient pas le sous-loyer qui faisait l'objet d'une rubrique distincte aux termes de laquelle le sous-loyer était révisable à l'expiration de chaque période triennale dans les conditions prescrites par la loi ; selon l'article 21 du décret de 1953 (désormais C. com. art. L 145-31), si le locataire tire des sous-locations un loyer supérieur au loyer principal, seul le propriétaire peut demander une révision du loyer ; le fait que le locataire subisse un préjudice à défaut de pouvoir répercuter les augmentations de loyers qui lui sont appliquées ne saurait suffire à justifier une telle mesure ; il importe peu aussi que le réajustement du loyer principal résulte non pas d'un accord intervenu entre le bailleur et le locataire principal mais d'une décision judiciaire ; en tout état de cause, le jugement du juge des loyers commerciaux ayant statué sur le réajustement était inopposable au sous-locataire qui n'y était pas partie.

À notre avis, le locataire qui répercuterait l'augmentation du loyer principal sur le sous-locataire s'exposerait à une nouvelle demande du bailleur tendant au réajustement du loyer principal.

Sur la faculté pour le locataire de demander le **déplafonnement du sous-loyer** lors du renouvellement à la suite d'un réajustement du loyer principal en application de l'article L 145-31, voir n° 76260.

3. RENOUVELLEMENT DU BAIL PRINCIPAL

La sous-location consentie par le locataire peut avoir une incidence sur son droit au renouvellement du bail principal. Si le locataire qui sous-loue tout ou partie des locaux objet du bail peut conserver le bénéfice du statut des baux commerciaux, c'est à la condition de rester propriétaire du fonds exploité dans les lieux sous-loués (notamment Cass. 3e civ. 26-10-1982 n° 1373). Tel est le cas si le fonds de commerce a continué de subsister dans les lieux après la sous-location et si le locataire principal en a conservé la jouissance (Cass. com. 30-11-1959, analysé n° 76310 ; Cass. com. 7-12-1959 : Bull. civ. III n° 417). 76300

SOUS-LOCATION TOTALE

Il est très rare que le locataire principal qui sous-loue la totalité des lieux loués conserve la propriété du fonds exploité ; le plus souvent c'est le **sous-locataire qui exploite le fonds et en est propriétaire.** Pour le cas où la sous-location constitue la seule activité de la société locataire des lieux, voir n° 33055. 76310

ILLUSTRATIONS

Ne bénéficie pas du droit au renouvellement le locataire d'un local à usage commercial qui n'y a installé aucun fonds de commerce mais a sous-loué le local à une autre personne qui y exploite un fonds d'horlogerie. Le locataire ne peut pas prétendre avoir donné ce fonds en gérance libre car la gérance libre suppose que le bailleur soit lui-même propriétaire du fonds de commerce, ce qui n'est pas le cas en l'espèce puisque le **fonds** d'horlogerie **appartient au sous-locataire** qui est d'ailleurs inscrit sous son nom au registre du commerce.

Cass. com. 30-11-1959 : Bull. civ. III n° 400.

Après avoir relevé qu'une **société** anonyme (SA) ayant pour objet notamment « l'achat, sous toutes les formes, le louage, l'affermage, l'exploitation, la gérance et l'entretien de tous biens immobiliers bâtis ou non » avait sous-loué à une autre personne morale l'immeuble dont elle était **locataire,** une cour d'appel a pu décider que la société ne pouvait pas prétendre exploiter, dans l'immeuble loué, un fonds de commerce qui se superposait dans les mêmes locaux à celui du sous-locataire, dès lors qu'elle n'occupait pas l'immeuble et qu'elle avait son **siège** et ses **bureaux dans un autre immeuble** où elle recevait les personnes susceptibles de faire appel à elle. Cette société ne pouvait donc pas prétendre à une indemnité d'éviction à défaut de renouvellement de son bail.

Cass. com. 13-11-1962 n° 60-10.147 : Bull. civ. III n° 445.

Dans un cas où une SA ayant pour objet notamment « l'achat, sous toutes les formes, le louage, l'affermage, l'exploitation, la gérance et l'entretien de tous biens immobiliers bâtis ou non » avait sous-loué à différentes entreprises les locaux dont elle était locataire, une cour d'appel a pu, après avoir relevé les éléments suivants, admettre que cette société n'exploitait elle-même aucun fonds de commerce dans les lieux et ne pouvait donc pas prétendre au renouvellement de son bail : la **société** n'occupait matériellement aucun local dans l'immeuble loué ; elle avait son **siège** et ses **bureaux dans un autre immeuble** ; elle avait donné en location les locaux composant l'immeuble loué, se bornant à procurer à ses locataires, outre la jouissance de ces locaux, les services qui sont généralement l'accessoire du bail d'un local nu, c'est-à-dire l'éclairage, le chauffage des parties communes, le gardiennage de l'immeuble.

Cass. com. 3-3-1964, Sté La Foncière des Champs-Élysées c/ Compagnie d'assurances générales sur la vie : AJPI 1964 p. 839.

Le statut des baux commerciaux ne s'applique pas au locataire qui, ayant sous-loué en totalité les locaux pour qu'y soit **exercée** une **activité distincte** de la sienne, n'est donc pas propriétaire du fonds de commerce exploité dans les lieux.

Cass. 3e civ. 29-10-1985 n° 84-14.391 : Bull. civ. III n° 135.

Justifie légalement sa décision de dire qu'un locataire a perdu le bénéfice du statut des baux commerciaux et ne peut donc pas exiger le renouvellement de son bail ou une indemnité d'éviction la cour d'appel qui, ayant relevé que le contrat liant ce dernier à un sous-locataire était strictement limité à la **location des locaux** et que la preuve d'un contrat même verbal de **location du fonds** de commerce n'était pas rapportée, a souverainement retenu que ce locataire ne justifiait d'aucun motif légitime de non-exploitation de son fonds de commerce.

Cass. 3e civ. 30-5-1996 n° 94-17.939 D : RJDA 8-9/96 n° 1018.

Pour un exemple où le **locataire principal** s'est vu reconnaître le **bénéfice du statut** des baux commerciaux, voir CA Paris 10-7-1984, analysé n° 33055.

76315 En cas de sous-location totale, il arrive que le locataire ne soit plus **immatriculé** au registre du commerce ou au registre national des entreprises ou qu'il n'exploite plus de fonds de commerce dans les lieux loués ; il perd alors le bénéfice du droit à renouvellement (n° 70510).

76320 Aucune disposition n'interdit au **bailleur** de **faire bénéficier son locataire d'un droit au renouvellement** que la loi ne lui permet pas d'exiger (Cass. 3e civ. 20-3-1984 n° 82-12.753 : Bull. civ. III n° 71). Le bailleur peut volontairement lui accorder le bénéfice du statut des baux commerciaux à l'occasion du renouvellement comme il peut, dès la conclusion du bail, s'engager à accorder ce renouvellement même si le locataire ne remplit pas les conditions requises par le statut. Dans tous les cas, la volonté du bailleur doit être exprimée de manière non équivoque (n° 2065).

ILLUSTRATIONS

Le bailleur qui a offert le renouvellement du bail venu à expiration en sachant que son locataire n'était pas commerçant et qu'il avait sous-loué les lieux, objet du bail, où était exploité le fonds de commerce s'est ainsi volontairement soumis à l'application du statut des baux commerciaux en ce qui concerne le renouvellement du bail dont le locataire a accepté le principe.

Cass. 3e civ. 8-12-1982 n° 81-13.323.

Ayant relevé que le bailleur savait que les locaux donnés à bail avaient vocation à être sous-loués dans leur totalité et que le bail stipulait que les locaux devaient être maintenus constamment utilisés soit par le locataire lui-même, soit par ses sous-locataires, une cour d'appel a pu en déduire que les parties au bail avaient entendu soumettre celui-ci au statut des baux commerciaux sans faire de l'exploitation des lieux par le locataire principal une condition nécessaire à son application.
Par suite, est légalement justifiée la décision de la cour d'appel déclarant non fondé le congé donné par le bailleur au locataire principal sans offre de renouvellement ni indemnité d'éviction.

Cass. 3e civ. 4-5-2011 n° 09-72.550 FS-PB : Bull. civ. III n° 66.

Le locataire qui sous-loue intégralement les locaux objets du bail n'a pas droit au renouvellement du bail dès lors que :
– il n'est pas immatriculé au registre du commerce et des sociétés pour les locaux concernés et que, les ayant donné en sous-location, il n'est pas propriétaire du fonds de commerce qui y est exploité ;

– l'autorisation de sous-louer figurant dans le bail ne lui permet pas de revendiquer le bénéfice du statut des baux commerciaux, le bail n'envisageant pas, directement ou indirectement, que le locataire en bénéficiera conventionnellement même s'il n'exploite aucun fonds de commerce dans les locaux et n'est pas immatriculé au registre du commerce et des sociétés à cette adresse.

CA Paris 2-5-2012 n° 10/21283, ch. 5-3 : RJDA 2/13 n° 94 et, sur pourvoi, Cass. 3e civ. 3-7-2013 n° 12-21.966 FS-D : RJDA 12/13 n° 986.

SOUS-LOCATION PARTIELLE

Lorsque le **locataire** sous-loue une partie des locaux loués et qu'il continue d'exploiter un fonds de commerce dans l'autre partie, il conserve son droit au renouvellement du bail mais il peut alors se trouver en **concours avec le sous-locataire** qui, sous certaines conditions (nos 76650 s.), a le droit de demander le renouvellement du sous-bail directement au bailleur. Ainsi, aux termes de l'article L 145-32, al. 2 du Code de commerce, le sous-locataire a droit au renouvellement pour les locaux sous-loués à condition que les **locaux objet du bail principal** ne forment pas un tout **indivisible** matériellement ou dans la commune intention des parties (sur la notion d'indivisibilité matérielle ou conventionnelle, voir n° 76680). En clair, si les locaux ne sont pas indivisibles conventionnellement ou matériellement, le locataire n'a droit au renouvellement que pour les locaux qu'il occupe lui-même et non pour les locaux sous-loués. **76340**

Le locataire ne peut pas prétendre au renouvellement du bail principal pour l'intégralité des locaux, y compris ceux sous-loués, en se fondant sur le fait que, le bailleur ayant gardé le silence pendant plus de trois mois après la demande de renouvellement (C. com. art. L 145-10 ; n° 70360), le bail s'est renouvelé automatiquement pour le tout ; seule l'indivisibilité matérielle et conventionnelle des locaux lui donne un tel droit (Cass. 3e civ. 15-11-2006 n° 05-17.572 FS-PB : RJDA 2/07 n° 132).

Le locataire principal qui, même avec l'agrément du bailleur, a sous-loué une partie des lieux, n'a droit à une **indemnité d'éviction** que pour la partie des locaux où il exploite son fonds dans les conditions prévues par le statut ; en l'absence de dispositions contractuelles particulières, il ne peut pas prétendre à une telle indemnité pour la partie distincte des lieux dans laquelle le sous-locataire exploite un fonds de commerce différent (Cass. 3e civ. 21-11-1974 n° 73-12.925 : Bull. civ. III n° 431). **76345**

L'indemnité d'éviction due au locataire ne devant réparer que le préjudice qu'il subit, il ne peut pas être indemnisé des frais que l'éviction occasionne au sous-locataire, tels que les frais de déménagement de la partie des locaux sous-loués, les frais de ré-installation incombant au sous-locataire ou le double loyer supporté en partie par celui-ci (Cass. 3e civ. 10-10-2019 n° 18-19.662 F-D : RJDA 12/19 n° 743).

Si le montant du sous-loyer était supérieur à celui du loyer du bail principal, jugé que le bailleur n'est pas autorisé par la loi à déduire de l'indemnité d'éviction due au locataire le différentiel entre le loyer et le sous-loyer que celui-ci a perçu à compter de la sous-location (CA Paris 18-11-2009 n° 05-14335, ch. 5-3 : RJDA 1/11 n° 21).

La limitation du droit au renouvellement a également une incidence sur l'assiette du **droit de rétention** dont bénéficie le locataire ou le sous-locataire **sur les locaux** tant que l'indemnité ne lui a pas été versée. Ainsi, a justifié sa décision la cour d'appel qui, pour rejeter la tierce opposition formée par le locataire à l'encontre de la décision ordonnant son expulsion et celle de son sous-locataire, a retenu qu'il n'existait aucune indivisibilité conventionnelle ou matérielle entre les locaux occupés par le locataire et ceux occupés par le sous-locataire et en a déduit que le locataire ne pouvait exercer aucun droit de rétention sur les locaux sous-loués (Cass. 3e civ. 19-2-1970 n° 68-12.074 : Bull. civ. III n° 122). **76347**

B. Relations entre le locataire et le sous-locataire

Comme tout bail, la sous-location produit ses effets entre le locataire et le sous-locataire, même si elle est irrégulière (n° 75900), le locataire ayant avec le sous-locataire les mêmes rapports que ceux existant entre un bailleur et un locataire. Par exemple, la présomption de responsabilité qui pèse sur le locataire en cas d'incendie (C. civ. art. 1733) s'applique au sous-locataire à l'égard du locataire principal (n° 60380). **76400**

La sous-location comporte toutefois des particularités en ce qui concerne sa durée et son renouvellement.

1. DURÉE DE LA SOUS-LOCATION

76410 En principe, la durée de la sous-location est celle d'un bail commercial de droit commun. Il n'est pas nécessaire que la durée du bail principal et celle du sous-bail coïncident (Cass. 3e civ. 24-2-1988 n° 86-15.458 : Bull. civ. III n° 44). Lorsqu'elles ne coïncident pas, le locataire ne peut pas consentir une sous-location d'une durée supérieure à la durée résiduelle du bail principal. Le sous-bail peut être conclu pour une durée inférieure à celle restant à courir du bail sans que cela constitue une renonciation au bénéfice du statut des baux commerciaux par l'une ou l'autre des parties (Cass. 3e civ. 17-3-2016 n° 14-24.748 FS-PB : RJDA 5/16 n° 355). Le sous-bail peut aussi être conclu pour une courte durée permettant de déroger au statut des baux commerciaux (Cass. 3e civ. 17-12-1986 : Rev. Loyers 1987 p. 104), à la condition que cette durée ne soit pas supérieure à trois ans (C. com. art. L 145-5).

ILLUSTRATIONS

Dans un cas où le locataire de locaux commerciaux en avait sous-loué une partie pour une durée de 24 mois avec faculté de résiliation et où, après résiliation du sous-bail au terme convenu, le sous-locataire avait réclamé au locataire une indemnité d'éviction, il ne peut pas être reproché à une cour d'appel d'avoir rejeté cette demande dès lors qu'elle n'a pas présumé une renonciation du sous-locataire au bénéfice du statut des baux commerciaux mais constaté que les parties étaient convenues de faire application des dispositions dérogatoires prévues par l'article 3-2 du décret du 30 septembre 1953 (désormais C. com. art. L 145-5) et qu'elle a retenu qu'aucune disposition du décret n'interdit aux parties à la sous-location d'user de la faculté de déroger aux règles concernant la durée de la location édictée par ce décret bien que le bail principal y soit soumis.

Cass. 3e civ. 17-12-1986 précité.

Dans un cas où une société s'était engagée, dans le cadre d'un contrat de distribution exclusive, à mettre à disposition de son cocontractant, pour l'exercice de son activité, des locaux dont elle était elle-même locataire pour neuf ans et où, au terme du contrat d'exclusivité, le cocontractant avait réclamé le bénéfice du statut des baux commerciaux, viole l'article 1134 du Code civil (désormais C. civ. art. 1103) la cour d'appel qui, pour faire droit à cette demande, retient que la volonté des parties n'était pas de s'engager de façon précaire et provisoire mais dans le strict cadre d'une convention à durée déterminée de deux ans, puis d'un an renouvelable. En effet, en statuant ainsi, la cour d'appel a dénaturé les clauses claires et précises du contrat selon lequel le locataire mettait les locaux à disposition de son cocontractant « dans le cadre et à titre d'accessoire » du contrat d'exclusivité, que cette mise à disposition prendrait fin en même temps que ce contrat et qu'en aucun cas, elle ne pouvait conférer au cocontractant le bénéfice du statut des baux commerciaux, ce qu'avait expressément reconnu le cocontractant.

Cass. 3e civ. 14-11-2002, Sté JD investissements c/ Sté Electronic service distribution.

2. ÉTENDUE DE LA SOUS-LOCATION

76430 La sous-location des locaux loués peut être **totale ou partielle** ; son étendue n'a d'incidence qu'au moment du renouvellement du bail principal et du sous-bail, le locataire et le sous-locataire pouvant alors se trouver en concurrence (nos 76300 s.).

Par ailleurs, la sous-location n'a pas pour effet de modifier l'affectation commerciale des lieux loués ; en conséquence lorsque le locataire de **locaux** commerciaux sous-loue ceux qui sont **affectés à l'habitation,** la sous-location n'est pas soumise au **régime** des baux d'habitation (Cass. 3e civ. 6-2-1991 n° 89-16.961 : Bull. civ. III n° 46).

3. RENOUVELLEMENT DU SOUS-BAIL

76460 Le sous-locataire peut **demander** le renouvellement de son bail au locataire principal dans la mesure des droits que ce dernier tient lui-même du propriétaire (C. com. art. L 145-32, al. 1).

C'est donc au locataire, et non au bailleur, que le sous-locataire doit demander le renouvellement du sous-bail lorsque le bail principal est en cours ou a été renouvelé (Cass. 3e civ. 6-12-1972 n° 71-13.240 : Bull. civ. III n° 664) ou encore prorogé en l'absence de congé donné par le bailleur au locataire (Cass. 3e civ. 8-4-1992 n° 90-21.168 : Bull. civ. III n° 122).

Le locataire principal ne peut pas être condamné à verser au sous-locataire une indemnité d'éviction destinée à compenser un refus de renouvellement du sous-bail dès lors qu'à la suite du congé qui lui avait été notifié par le bailleur, il n'avait plus lui-même de bail et qu'il n'avait plus qualité pour offrir ou refuser le renouvellement (CA Paris 18-3-1998, analysé n° 76050 ; dans le même sens, CA Versailles 14-11-1996, Cie de constructions électriques et électroniques c/ Thomson CSF : Gaz. Pal. 1997 som. p. 143 note J.-D. Barbier).

76470 Autre conséquence, la **durée du sous-bail renouvelé** varie selon la durée du bail principal restant à courir. En pratique, le sous-locataire a seulement droit au renouvellement pour la durée résiduelle du bail principal, le locataire ne pouvant donner plus de droits qu'il n'en tient lui-même du bailleur. Si le locataire accorde le renouvellement du sous-bail pour une durée plus longue que celle du bail principal, le sous-bail prendra néanmoins fin à l'expiration de ce dernier mais le sous-locataire pourra alors demander le renouvellement directement au bailleur.

Ce n'est donc que dans l'hypothèse exceptionnelle où le locataire bénéficie lui-même d'un bail de longue durée que le sous-locataire peut obtenir le renouvellement pour la durée de droit commun, soit neuf ans.

Pour que le **sous-bail renouvelé** soit **régulier,** la sous-location doit avoir été autorisée et le bailleur appelé à concourir à l'acte de renouvellement (C. com. art. L 145-32, al. 1 ; n°s 75470 s.). **76475**

4. INDEMNISATION DU SOUS-LOCATAIRE

Lorsqu'**à l'expiration du bail principal,** le sous-locataire ne peut faire valoir aucun droit direct au renouvellement du sous-bail par le bailleur, peut-il réclamer des dommages-intérêts au locataire pour la perte du sous-bail ? La réponse est différente selon les causes d'extinction du bail principal. **76500**

Elle est négative lorsque **le locataire ne demande pas le renouvellement du bail.** En effet, comme le montrent les décisions rapportées ci-dessous, le renouvellement du bail est un droit auquel le locataire peut renoncer librement sans engager sa responsabilité à l'égard du sous-locataire. Ce dernier ne dispose d'aucun recours contre le locataire à moins que l'abstention de ce dernier ne soit intervenue en fraude de ses droits. **76505**

ILLUSTRATIONS

Dans un cas où un locataire avait consenti plusieurs sous-locations avec l'accord du bailleur et où, après congé donné par le bailleur, ce dernier et le locataire avaient conclu un accord par lequel le locataire s'engageait à donner congé aux sous-locataires et à rendre les locaux libres de toute occupation à la date d'effet du congé, un sous-locataire avait soutenu que cet accord avait été conclu en fraude de son droit au renouvellement du sous-bail.

Ayant relevé que rien n'interdisait aux parties de rechercher un accord pour mettre fin à leur différend et qu'il était loisible au locataire de renoncer au renouvellement de son bail moyennant l'abandon par le bailleur des augmentations de loyer, un tel accord n'étant pas en soi démonstratif d'une fraude, la cour d'appel a souverainement retenu que le sous-locataire ne rapportait pas la preuve d'une collusion entre le bailleur et le locataire.

Cass. 3e civ. 3-4-1996 n° 94-21.471 D : Rev. Administrer novembre 1996 p. 21 note J.-D. Barbier.

Aucune disposition légale ne fait obligation au locataire principal de demander le renouvellement de son propre bail arrivé à échéance. En effet nul ne peut obliger quiconque à conclure contre son gré et l'exercice, par le locataire, du droit d'option offert par le bailleur au terme d'un bail commercial n'est pas en lui-même constitutif d'une faute, d'une fraude ou d'un abus de droit.

Au cas particulier, le locataire n'avait commis aucune faute ou fraude ou abus justifiant l'allocation de dommages-intérêts dès lors qu'il avait assuré la bonne fin du sous-bail jusqu'à son terme en laissant au sous-locataire la jouissance paisible des locaux pendant la durée contractuellement prévue et qu'il avait renoncé au renouvellement du bail principal pour des motifs légitimes concernant sa gestion et son organisation et alors qu'il n'occupait que 30 % des locaux et que le bailleur annonçait une forte augmentation du loyer que le sous-locataire avait refusé, par principe, de se voir appliquer.

CA Versailles 14-11-1996, Cie de constructions électriques et électroniques c/ Sté Thomson TSF : Gaz. Pal. 1997 som. p. 143 note J.-D. Barbier.

Le locataire de plusieurs locaux situés dans un centre commercial avait sous-loué une partie d'entre eux pour la durée restant à courir jusqu'à la fin de son bail. Quelque temps plus tard, le sous-locataire avait cédé son fonds de commerce et son droit au sous-bail. La sous-location comme la cession avaient été autorisées par le bailleur. Le locataire avait renouvelé son accord pour la sous-location en faveur du sous-acquéreur sous réserve du renouvellement par le bailleur du bail principal. Avant l'expiration dudit bail, le locataire avait notifié au bailleur, dans le délai requis, son intention de ne pas en demander le renouvellement. Le sous-locataire, qui n'avait pas exercé en temps voulu auprès du bailleur son droit direct au renouvellement du sous-bail, avait mis en cause la responsabilité du locataire soutenant que celui-ci avait eu un comportement fautif en demandant la résiliation anticipée du bail, en lui notifiant trop tardivement cette demande de résiliation et en ne lui rappelant pas dans cette notification l'existence d'un droit direct au renouvellement du sous-bail.

Cette demande a été rejetée pour les raisons suivantes : le locataire n'avait pas demandé la résiliation anticipée en cours de bail mais usé de la faculté de ne pas demander le renouvellement de celui-ci au terme contractuel ; ce comportement était d'autant moins fautif qu'en donnant son accord pour la cession du fonds du sous-locataire d'origine, il avait précisé qu'il ne pouvait préjuger, pour le renouvellement du bail, ni de la décision du bailleur ni de la sienne ; le fait que ces termes n'avaient pas été repris dans l'acte de cession auquel l'intéressé n'avait pas participé ne pouvait pas lui être imputé comme une faute ; le décret du 30 septembre 1953 (désormais C. com. art. L 145-1 s.) ne prévoit aucun formalisme particulier quant à la dénonciation au sous-locataire du congé donné par le locataire principal en fin de bail ; en tout état de cause, si le locataire n'avait pas dénoncé rapidement à son sous-locataire le congé, il l'avait informé antérieurement de son intention de mettre fin au bail et lui avait rappelé à cette occasion que le bailleur avait consenti à la sous-location et qu'il pourrait donc conclure directement un bail avec lui ; enfin, en sa qualité de commerçant, le sous-locataire ne pouvait pas ignorer les dispositions de l'article 22 du décret précité (désormais C. com. art. L 145-32).

CA Paris 15-5-1998, 16e ch.

76510 En revanche, le **locataire** engage sa responsabilité à l'égard du sous-locataire s'il **demande la résiliation anticipée du bail.** Cette dernière entraînant celle de la sous-location, le sous-locataire est privé de la jouissance des locaux pour la durée qui restait à courir du bail principal.

ILLUSTRATIONS

Dans un cas où le locataire avait donné congé au bailleur à la date d'expiration de la seconde période triennale du bail et avait dénoncé ce congé aux sous-locataires, a légalement justifié sa décision la cour d'appel qui, pour déclarer le locataire responsable du préjudice subi par les sous-locataires du fait de leur éviction anticipée des locaux, a retenu que les sous-locations venaient à échéance à la date d'expiration du bail principal, avec faculté de résiliation triennale seulement au profit du sous-locataire et que le locataire en mettant fin prématurément aux sous-locations, qui ne pouvaient pas survivre au bail principal, avait enfreint l'engagement qu'il avait pris à l'égard des sous-locataires (Cass. 3e civ. 7-4-1994 n° 91-18.424).

À notre avis, le sous-locataire peut également mettre en cause la responsabilité du locataire lorsque le **bailleur** obtient la résiliation anticipée du bail aux torts du locataire ou encore lorsque ce dernier ne conteste pas un refus de renouvellement du bail injustifié.

5. ACQUISITION DES LOCAUX PAR LE LOCATAIRE

76540 En cas d'acquisition du bien loué par le locataire principal, le **bail principal s'éteint** par application de l'article 1349 du Code civil, en raison de la confusion qui résulte de la réunion des qualités de créancier et de débiteur d'une même obligation dans la même personne (Cass. 3e civ. 15-7-1971 n° 70-11.507 : Bull. civ. III n° 459, rendu sous l'empire de l'ex-art. 1300 mais transposable).

Mais cette **extinction** du bail entraîne-t-elle celle **du contrat de sous-location** précédemment consenti par le locataire ? La réponse est négative.

En principe, la disparition du bail principal, quelle que soit sa cause, conduit à la disparition du contrat de sous-location faute pour le locataire d'avoir encore la faculté de concéder la jouissance des lieux à un tiers. Mais le locataire, devenu propriétaire des lieux, dispose de cette faculté, pleine et entière, d'attribuer la jouissance de son bien. Jugé que l'extinction du bail après acquisition par le locataire des locaux loués ne s'étend pas au sous-bail, ce dernier conservant un créancier et un débiteur distincts (Cass. 3e civ. 2-10-2002 n° 00-16.867 FS-PB : RJDA 12/02 n° 1245). Cette solution rendue en application de l'ex-article 1300 du Code civil perdure sous l'empire de l'article 1349. Ce dernier précise d'ailleurs que l'extinction intervient sous réserve des droits acquis par ou contre des tiers.

Sur la faculté pour le locataire devenu propriétaire d'invoquer l'irrégularité de la sous-location, voir n° 75900.

C. Relations entre le bailleur et le sous-locataire

76600 En principe, il n'existe pas de lien de droit direct entre le bailleur et le sous-locataire. Toutefois, le bailleur peut obtenir paiement du loyer principal auprès du sous-locataire et le sous-locataire est autorisé sous certaines conditions à réclamer le renouvellement du sous-bail directement au bailleur.

Indirectement, le bailleur peut sanctionner les manquements du sous-locataire au bail principal en demandant la résiliation du bail principal, ce qui entraînera l'extinction de la sous-location (n° 76100).

Sur la possibilité pour le bailleur d'agir contre le sous-locataire en cas d'incendie dans les locaux sous-loués, voir n° 60380.

ATTENTION

Il résulte de l'article L 145-32 du Code de commerce que l'expiration du bail principal entraîne nécessairement, même en l'absence de congé délivré au sous-locataire, la cessation du contrat de sous-location en cours. À défaut d'actes caractérisant la volonté de nover le bail par changement de bailleur, une cour d'appel ne peut donc pas retenir que la **sous-location** s'est **prolongée tacitement** au profit du propriétaire, devenant ainsi le bail principal (Cass. 3e civ. 6-5-2021 n° 20-13.511 F-D).

1. PAIEMENT DU LOYER PRINCIPAL

C'est le Code civil, et non le statut des baux commerciaux, qui reconnaît au bailleur une action directe contre le sous-locataire pour le paiement du loyer principal (Cass. 3e civ. 19-2-1997 n° 331 P : RJDA 4/97 n° 475). **76620**

En effet, aux termes de l'article 1753, al. 1 de ce Code, le sous-locataire n'est tenu envers le propriétaire que jusqu'à concurrence du prix de sa sous-location dont il peut être débiteur au moment de la saisie et sans qu'il puisse opposer des paiements faits par anticipation. Les paiements faits par le sous-locataire, soit en vertu d'une clause du sous-bail, soit en conséquence de l'usage des lieux, ne sont pas réputés faits par anticipation (art. 1753, al. 2).

Le bailleur ne peut agir directement contre le sous-locataire dans la limite du sous-loyer qu'en cas de défaillance du locataire principal (Cass. com. 8-3-2023 n° 20-20.141 F-D : RJDA 6/23 n° 299).

Sur la question de savoir si la saisie pratiquée par le bailleur entre les mains du sous-locataire vaut agrément de la sous-location, voir Cass. 3e civ. 26-11-1991, analysé n° 76030.

2. RENOUVELLEMENT DU SOUS-BAIL

Le régime exposé ci-dessous ne concerne que les sous-locations régulières ou régularisées et elles-mêmes soumises au statut des baux commerciaux. **76650**

Le droit direct du sous-locataire au renouvellement du sous-bail est subordonné à plusieurs **conditions cumulatives** : le sous-bail doit être opposable au bailleur ; le bail principal doit être expiré et, en cas de sous-location partielle, les locaux occupés par le sous-locataire ne doivent pas être indivisibles de ceux qui étaient occupés par le locataire.

Le droit du sous-locataire au renouvellement n'est pas affecté par les vices éventuels du bail qui a donné lieu à la sous-location (Cass. 3e civ. 7-3-1973 n° 72-11.058 : Bull. civ. III n° 181).

a. Conditions de renouvellement du sous-bail

OPPOSABILITÉ DU SOUS-BAIL AU BAILLEUR

Le sous-locataire ne peut demander le renouvellement du sous-bail au bailleur que si le sous-bail est opposable à ce dernier. Tel est le cas lorsque la sous-location a été autorisée et que le bailleur a été appelé à concourir à l'acte. **76660**

Toutefois, même si ces conditions ne sont pas remplies, l'article L 145-32, al. 2 du Code de commerce reconnaît au sous-locataire le droit au renouvellement du sous-bail si le **bailleur a,** expressément ou tacitement, autorisé ou **agréé la sous-location** (sur la notion d'agrément, voir nos 76000 s.).

L'autorisation générale de sous-louer prévue au bail commercial est insuffisante pour conférer au sous-locataire un droit direct au renouvellement à défaut d'agrément exprès ou tacite par le bailleur principal (Cass. 3e civ. 5-4-2011 n° 10-14.215 F-D : RJDA 4/12 n° 377).

EXTINCTION DU BAIL PRINCIPAL

La faculté reconnue, par l'article L 145-32 du Code de commerce, au **sous-locataire** de **demander le renouvellement du sous-bail** directement au bailleur a un caractère subsidiaire : il ne peut en user qu'en cas d'insuffisance des droits que le locataire tient lui-même du bailleur (Cass. 3e civ. 7-12-1977 n° 76-12.386 : Bull. civ. III n° 432), c'est-à-dire en cas d'extinction du bail (Cass. 3e civ. 17-7-1987 n° 1444 D) et ce, quelle que soit la cause de la cessation des relations contractuelles entre le bailleur et le locataire principal (CA Paris 16-6-1994 n° 93-13042, 16e ch. B : Loyers et copr. 1994 comm. n° 392 note Ph.-H. Brault et C. Mutelet ; CA Paris 3-11-2000, 16e ch. B : RJDA 3/01 n° 277 rendu dans un cas de refus de renouvellement du bail principal pour absence d'immatriculation du locataire au registre du commerce). Le sous-locataire peut demander le renouvellement à l'expiration du bail principal, même si le locataire principal n'a pas perdu son propre droit à renouvellement et s'est vu octroyer une indemnité d'éviction à l'expiration du bail (Cass. 3e civ. 4-5-2011 n° 09-72.550 FS-PB, analysé n° 76050). **76670**

> Précisions Le droit direct du sous-locataire au renouvellement ne naissant qu'à la date de l'expiration du bail principal, la **renonciation** du **sous-locataire** à ce droit ne peut pas non plus être antérieure à cette date (Cass. 3e civ. 28-11-2007 n° 06-16.758 FS-PB : RJDA 2/08 n° 104). Au cas particulier, le bailleur avait notifié au locataire principal un congé avec offre de renouvellement pour un nouveau loyer puis avait rétracté cette offre au motif que le locataire n'était pas immatriculé au registre du commerce au titre des lieux loués et l'avait poursuivi aux fins d'expulsion. Une cour d'appel avait rejeté l'intervention volontaire du sous-locataire à l'instance (qui réclamait la reconnaissance de son droit direct au renouvellement du sous-bail) en retenant qu'il avait, par les mentions de l'acte de sous-location selon lesquelles, à l'échéance du bail, seul le locataire principal pouvait en solliciter le renouvellement auprès du bailleur, renoncé au bénéfice des dispositions de l'article L 145-32 du Code de commerce. Cette décision a été censurée ; en effet le sous-locataire, qui ne disposait d'un droit direct au renouvellement de son bail qu'à compter de l'expiration du bail principal, ne pouvait valablement renoncer à la date de conclusion du sous-bail à un droit dont il n'était pas encore titulaire.

ABSENCE D'INDIVISIBILITÉ DES LOCAUX LOUÉS

76680 En cas de **sous-location partielle,** le sous-locataire n'a droit au renouvellement du sous-bail qu'à la condition que les lieux faisant l'objet du bail principal ne forment pas un tout indivisible matériellement ou dans la commune intention des parties (C. com. art. L 145-32, al. 2).

Cette condition ne s'applique pas en cas de sous-location totale, le sous-locataire ayant vocation à obtenir le renouvellement pour l'intégralité des locaux tandis que le locataire perd ses propres droits (n° 76310).

76685 L'**indivisibilité** des locaux objet du bail principal peut être expressément **stipulée,** y compris en cas de divisibilité matérielle des locaux (Cass. 3e civ. 11-6-1997 n° 979 P : RJDA 10/97 n° 1173 ; CA Paris 6-11-1992, 16e ch. B : Loyers et copr. 1993 n° 99 note Ph.-H. Brault et C. Mutelet). Cette solution présente l'avantage de la sécurité juridique pour chacune des parties, les juges n'ayant aucun pouvoir d'interprétation en présence d'une clause claire et précise.

76690 À **défaut d'indication expresse,** les juges recherchent la commune intention des parties qui peut notamment être déduite des clauses du bail. Mais l'existence d'un bail unique pour l'ensemble des locaux est insuffisante pour établir leur indivisibilité (Cass. 3e civ. 7-7-1993 n° 91-14.658 P : RJDA 11/93 n° 879). Les juges du fond apprécient souverainement l'existence d'une **indivisibilité conventionnelle** (notamment Cass. 1e civ. 13-4-1964 : Bull. civ. I n° 183 ; Cass. 3e civ. 21-11-1974 n° 73-12.925 : Bull. civ. III n° 431).

ILLUSTRATIONS

A légalement justifié sa décision de rejeter la demande en renouvellement d'un sous-bail la cour d'appel qui a relevé que, dans ce contrat, le sous-locataire avait déclaré avoir eu connaissance des clauses du **bail principal** et que ce dernier **précisait** qu'en raison de **l'indivisibilité** des lieux loués, les sous-locataires ne pourraient se prévaloir d'aucun droit direct envers le bailleur, et qui, dans une appréciation souveraine, en a déduit que, dans la commune intention des parties, les **locaux** qui, au surplus, **n'avaient qu'une entrée** sur le palier, formaient un tout indivisible.
Cass. 1e civ. 13-4-1964 : Bull. civ. I n° 183.

Le propriétaire d'un terrain avait loué celui-ci, autorisant le locataire à y édifier des constructions à condition de les détruire en fin de bail et de rendre le terrain nivelé. Une partie des constructions était occupée par des sous-locataires qui réclamèrent le renouvellement de leur sous-bail directement au propriétaire, le locataire ayant été déchu de son droit au renouvellement pour défaut d'exploitation d'un fonds de commerce dans les lieux.
Une cour d'appel avait fait droit à leur demande en relevant que la clause de nivellement, opposée par le propriétaire aux sous-locataires, était nulle dans la mesure où elle avait pour effet de faire échec au droit que les sous-locataires tenaient du décret du 30 septembre 1953.
Cassation de cette décision au motif que l'article 22 du décret de 1953 (désormais C. com. art. L 145-32) prévoit que l'indivisibilité conventionnelle des lieux loués ne permet pas au sous-locataire d'une partie des lieux d'obtenir du propriétaire le renouvellement de son sous-bail.
Cass. com. 6-4-1965 : Bull. civ. III n° 261.

Ndlr : Il résulte de cette décision que la clause de nivellement vaut indivisibilité conventionnelle des lieux loués. Dans une précédente décision, la Cour de cassation avait retenu la nullité de cette clause (Cass. com. 29-11-1961, analysé n° 75235).

Pour le cas où l'indivisibilité conventionnelle a été déduite de l'**obligation faite au locataire de sous-louer** partiellement les locaux, voir Cass. 3e civ. 5-1-1983 et CA Lyon 5-5-2009 n° 08-4142, analysés n° 75540.
Un sous-locataire n'a pas de droit direct lui permettant de demander le renouvellement du sous-bail au bailleur dès lors que le **bail principal précise** que le locataire peut sous-louer sans autorisation préalable du bailleur qui renonce en outre à concourir à tout acte de sous-location et à recevoir signification de ces actes, à charge pour le locataire de rester garant solidaire avec les sous-locataires du paiement du loyer et de l'exécution du bail et que ces clauses, qui laissent toute la responsabilité de la gestion des sous-locations au locataire, apparaissent peu compatibles

avec la reconnaissance en fin de bail d'un droit direct à des sous-locataires que le bailleur a systématiquement voulu méconnaître lorsque le bail était en cours.

CA Paris 6-11-1992, 16e ch. B : Loyers et copr. 1993 n° 99 note Ph.-H. Brault et C. Mutelet.

Manque de base légale l'arrêt d'une cour d'appel qui, pour décider que le **locataire d'un magasin et de locaux d'habitation** situés à l'étage avait droit au renouvellement du bail pour le seul magasin, a retenu que les habitations, objet de sous-locations licites, n'étaient pas affectées à l'exploitation commerciale, de sorte que le bailleur pouvait être autorisé à les reprendre, sans rechercher, comme il était soutenu, si les locaux faisant l'objet du bail principal ne formaient pas un tout indivisible matériellement ou dans l'intention des parties.

Cass. 3e civ. 16-12-1992 n° 91-12.133.

Ayant constaté que la partie des lieux sous-loués avec l'agrément du bailleur était indépendante du reste de l'**immeuble** et que l'**activité du sous-locataire** était entièrement distincte de celle qu'exerçait le locataire principal, les juges du fond, qui constatent qu'il n'existe aucune indivisibilité matérielle ou conventionnelle et retiennent que la conclusion d'un **bail unique** ne suffit pas pour permettre au locataire principal d'obtenir le droit au renouvellement total de son bail, justifient légalement leur décision de refuser à celui-ci un droit à renouvellement et à indemnité d'éviction sur la partie des locaux sous-loués.

Cass. 3e civ. 7-7-1993 n° 91-14.658 P : RJDA 11/93 n° 879.

Un **bail précisait** que « la **société preneuse** est autorisée à sous-louer tout ou parties des locaux faisant l'objet du présent acte ; elle n'aura pas à en justifier au propriétaire, mais **devra faire son affaire personnelle de ses sous-locataires** ».
Il résulte de cette clause claire et précise, qui dispense des formalités de concours, que le bailleur a voulu pendant la durée du bail principal méconnaître les sous-locataires et exclure tous droits directs de ceux-ci du fait d'une indivisibilité conventionnelle des locaux. L'autorisation de sous-location ne saurait donc être considérée comme la reconnaissance par le bailleur principal d'un droit direct au renouvellement des sous-locations.

CA Paris 20-6-1995 n° 64-1688, 16e ch. A.

Un sous-locataire reprochait à une cour d'appel de lui avoir refusé un droit direct au renouvellement du sous-bail alors que, soutenait-il, la **mention au bail principal de l'indivisibilité des locaux loués** ne lui était pas opposable puisque la page produite du bail la mentionnant n'était pas signée des parties et que les lieux étaient parfaitement divisibles matériellement et dans l'intention des parties puisqu'il y avait autorisation de sous-location à trois sociétés différentes et que les locaux étaient en fait divisés.
Jugé au contraire que la cour d'appel avait légalement justifié sa décision dès lors qu'ayant constaté que les locaux donnés à bail et sous-loués en partie, avec l'autorisation de la bailleresse, formaient, aux termes du contrat de bail, « matériellement et selon la volonté du bailleur et dans la commune intention des parties un tout indivisible », elle n'avait pas à répondre à des conclusions que ces constatations rendaient inopérantes.

Cass. 3e civ. 11-6-1997 n° 979 P : RJDA 10/97 n° 1173.

L'**indivisibilité matérielle** des locaux est une question de fait qui dépend le plus souvent de la configuration des lieux et relève de l'appréciation des juges du fond. Ainsi les locaux forment un tout indivisible lorsqu'ils ont une entrée unique (Cass. 1e civ. 13-4-1964, analysé n° 76690). L'existence d'une sous-location ne suffit pas à elle seule à établir l'existence d'une divisibilité matérielle des locaux (Cass. 3e civ. 16-12-1992, analysé ci-dessous). **76700**

ILLUSTRATIONS

Doit être censuré l'arrêt d'une cour d'appel qui, pour exclure du renouvellement du bail principal un appartement, a retenu que ce dernier faisait l'objet d'une sous-location licite et n'était pas affecté à l'exploitation commerciale, sans rechercher si, comme il était soutenu, les locaux faisant l'objet du bail principal ne formaient pas un tout indivisible matériellement ou dans la commune intention des parties.

Cass. 3e civ. 16-12-1992 n° 91-12.133.

Dans un cas où le locataire principal d'une galerie marchande avait sous-loué un local de la galerie pour l'exercice d'une activité de restaurant, jugé que le sous-locataire avait un droit direct au renouvellement de son bail par le bailleur dès lors que :
– le bail principal autorisait le locataire à sous-louer en tout ou partie les locaux ; par acte d'huissier, le locataire principal avait signifié au bailleur son intention de sous-louer en joignant un projet de sous-bail et en indiquant les date et lieu de signature de celui-ci ; le bailleur n'ayant pas fait connaître dans un délai de quinze jours s'il entendait concourir à l'acte, il avait été passé outre et le sous-bail avait été signé dans les conditions prévues ;
– contrairement à ce que soutenait le bailleur, les locaux étaient parfaitement divisibles matériellement, s'agissant d'une **galerie marchande** avec **plusieurs commerces distincts**, et

aucune clause du bail principal ne stipulait directement ou indirectement une indivisibilité juridique ;
– la résiliation du bail principal, prononcée par le tribunal de grande instance (devenu tribunal judiciaire), avait entraîné son expiration au sens de l'article L 145-32 du Code de commerce ;
– le fait pour le locataire principal d'avoir signé le sous-bail alors que la procédure de résiliation du bail principal était en cours n'était pas constitutif d'une fraude, la conclusion de contrats de sous-location étant un mode d'exploitation normal de la galerie commerciale dont les ressources étaient nécessaires à la poursuite de ses activités.

CA Paris 12-3-2008 n° 07-6755, 16e ch. A : RJDA 7/08 n° 765.

Encourt la cassation la cour d'appel qui refuse à un sous-locataire le droit au renouvellement du sous-bail au motif que le bail principal, qui portait sur plusieurs pièces et une cour, ne prévoyait pas leur division en **deux magasins distincts,** l'existence de deux lots séparés ne pouvant pas être déduite de l'acceptation par le bailleur de la présence d'un sous-locataire dans une partie des locaux. Elle s'était en effet fondée sur les seuls termes du bail, qui ne précisaient pas que les lieux loués formaient un tout indivisible, sans rechercher, comme il le lui était demandé, si les locaux n'étaient pas matériellement divisibles.

Cass. 3e civ. 19-1-2011 n° 09-72.040 FS-D : RJDA 7/11 n° 609.

b. Refus de renouvellement du sous-bail

76730 En cas de refus de renouvellement du sous-bail, le sous-locataire a droit à une **indemnité d'éviction.** Cette indemnité n'étant que la conséquence d'un refus de renouvellement du bail, le sous-locataire ne peut pas y prétendre dès lors qu'il n'a formulé aucune demande de renouvellement auprès du bailleur (Cass. 3e civ. 14-6-2006 n° 733 FS-PB : RJDA 10/06 n° 998).

ILLUSTRATIONS

Une cour d'appel a pu déduire des éléments suivants qu'un sous-locataire n'avait pas droit à une indemnité d'éviction de la part du bailleur : si le sous-locataire avait un droit direct au renouvellement du sous-bail, il n'avait pas demandé ce renouvellement et s'était contenté de réclamer une indemnité d'éviction plus d'un an après la date d'effet du congé ; durant cette année, il avait cessé d'exploiter son fonds de commerce de café-restaurant et la licence d'exploitation avait été définitivement perdue (Cass. 3e civ. 14-3-1973 n° 71-14.119 : Bull. civ. III n° 202).

Sur la détermination de l'indemnité d'éviction en cas de sous-location partielle, voir n° 76345.

D. Régime fiscal de la sous-location

1. IMPÔTS DIRECTS

a. Imposition du locataire principal relevant de l'impôt sur le revenu

77000 Les loyers perçus par le locataire principal à raison de la sous-location de l'immeuble pris à bail sont susceptibles de relever soit de la catégorie des bénéfices industriels et commerciaux (BIC), soit de la catégorie des bénéfices non commerciaux (BNC).

Ils ne relèvent jamais de la catégorie des **revenus fonciers,** qui ne concerne que les revenus tirés de la **propriété** des immeubles.

IMPOSITION DES REVENUS DE SOUS-LOCATION DANS LA CATÉGORIE DES BIC

77005 **Opérations concernées** Les revenus tirés de la sous-location d'un immeuble commercial pris à bail relèvent des bénéfices industriels et commerciaux lorsque :

– les **locaux** sous-loués sont **aménagés,** munis du mobilier ou du matériel nécessaire à leur exploitation (BOI-BIC-CHAMP-50 n° 130) ;

– la sous-location a pour effet de faire **participer** le locataire principal **à la gestion ou aux résultats de l'entreprise commerciale** exploitée par le sous-locataire (BOI-BIC-CHAMP-60-20 nos 70 et 80).

77007 Les revenus tirés de la sous-location d'un **immeuble nu** sans participation du locataire à la gestion ou aux résultats de l'entreprise du sous-locataire entrent normalement dans la catégorie des bénéfices non commerciaux (voir nos 77020 s.). Toutefois, il résulte de l'article 155, I-1 du CGI que lorsqu'une entreprise industrielle ou commerciale effectue des opérations dont les résultats entrent normalement dans la catégorie des BNC, il doit être tenu compte de ces résultats pour la détermination des BIC si les opérations non commerciales présentent un caractère **accessoire**

à l'activité industrielle ou commerciale (BOI-BIC-CHAMP-30 n° 120). Ces dispositions sont applicables à un **commerçant locataire de l'immeuble où il exerce son activité** et qui sous-loue des pièces nues, lorsque ces dernières font partie des locaux sur lesquels porte le bail commercial (BOI-BIC-CHAMP-30 n° 160). Dans une telle situation, les revenus tirés de la sous-location sont donc imposés, au même titre que les revenus de l'activité industrielle ou commerciale, dans la catégorie des BIC.

Selon la cour administrative d'appel de Versailles, relèvent également de la catégorie des bénéfices industriels et commerciaux sur le fondement de l'article 155, I-1 du CGI, les résultats réalisés par une entreprise unipersonnelle à responsabilité limitée au titre de l'activité de **sous-location de locaux nus** qu'elle exerce conjointement à une activité de **location de locaux meublés** dès lors que les recettes tirées de l'activité commerciale de location meublée sont **prépondérantes** et que les deux activités sont complémentaires (CAA Versailles 7-3-2006 n° 04-2481, 3e ch. : RJF 8-9/06 n° 984). Cette solution devra être confirmée : en l'espèce, la cour a considéré ces deux activités comme complémentaires car relevant d'un même secteur d'activité même si elles s'adressent à des clientèles différentes. Mais le Conseil d'État juge d'une façon générale que le caractère accessoire à l'activité industrielle ou commerciale au sens de l'article 155, I-1 du CGI est révélé lorsque les deux activités commerciale et non commerciale sont dans le prolongement naturel l'une de l'autre, et pas seulement juxtaposées sans confusion de moyens (en ce sens, CE 10-5-1991 n° 64021 : RJF 7/91 n° 896).

Règles d'imposition Les loyers perçus du sous-locataire par le locataire principal sont imposés dans la catégorie des bénéfices industriels et commerciaux dans les conditions de droit commun (voir nos 49210 s.), étant précisé : **77010**

- que le locataire principal ne peut déduire d'amortissement au titre de l'immeuble sous-loué dès lors qu'il n'en est pas propriétaire ;
- que les loyers qu'il verse lui-même au propriétaire de l'immeuble sont admis en déduction de son propre résultat imposable.

IMPOSITION DES REVENUS DE SOUS-LOCATION DANS LA CATÉGORIE DES BNC

Opérations concernées Les revenus tirés de la sous-location d'un immeuble pris à bail relèvent de la catégorie des bénéfices non commerciaux lorsque la sous-location porte sur un immeuble nu (BOI-BIC-CHAMP-50 n° 130) et qu'elle n'a pas pour effet de faire participer le locataire principal à la gestion ou aux résultats de l'entreprise exploitée par le sous-locataire. **77020**

Règles d'imposition Le bénéfice non commercial imposable est celui qui est réalisé au cours de l'**année civile,** même si le locataire tient une comptabilité de périodicité différente. **77025**

Il est déterminé par différence entre les **recettes encaissées** et les **dépenses payées** au cours de l'année (CGI art. 93, 1), sauf si le contribuable opte pour la prise en compte des créances acquises et des dépenses engagées (CGI art. 93 A). Les dépenses susceptibles d'être retranchées des recettes sont celles qui sont nécessitées par l'exercice de l'activité, à condition qu'elles n'aient pas pour contrepartie l'acquisition d'éléments d'actif. Le locataire principal peut notamment déduire des loyers perçus du sous-locataire les loyers dont lui-même s'acquitte auprès du propriétaire, sous réserve que ceux-ci soient d'un montant normal.

Il existe deux modes d'imposition des bénéfices non commerciaux : **77027**

- le régime de déclaration et d'imposition simplifiées, dit **« régime micro-BNC »,** qui s'applique en 2025 aux contribuables dont le montant hors taxe de recettes de l'année civile 2023 ou 2024 n'excède pas 77 700 €, qu'ils relèvent ou non de la franchise en base de TVA. Ce seuil est revalorisé tous les trois ans dans la même proportion que l'évolution triennale de la première tranche du barème de l'impôt sur le revenu (CGI art. 102 ter). La prochaine révision triennale interviendra en 2026. Les contribuables concernés sont imposés sur un bénéfice évalué forfaitairement à 66 % du montant brut de leurs recettes (montant brut qu'ils portent directement sur leur déclaration annuelle de revenus n° 2042). Les intéressés peuvent toutefois opter pour le régime de la déclaration contrôlée ;
- le **régime de la déclaration contrôlée** qui, en 2025, s'applique obligatoirement aux contribuables dont le montant annuel de recettes au titre de 2023 et 2024 est supérieur à 77 700 € et, sur option, aux contribuables relevant de plein droit du régime « micro ». Les contribuables soumis au régime de la déclaration contrôlée doivent déclarer le montant exact de leur bénéfice déterminé à partir de leur comptabilité. Leur déclaration (effectuée sur l'imprimé spécial n° 2035) est soumise au droit de contrôle de l'administration qui peut la vérifier et, le cas échéant, la rectifier dans les limites de la prescription.

Les **associés de sociétés de personnes** sont exclus du champ d'application du régime micro-BNC pour l'imposition de la quote-part de résultat correspondant à leurs droits au sein de la société. Ils relèvent donc de plein droit du régime de la déclaration contrôlée.

> **Précisions** Les contribuables qui relèvent du régime micro-BNC peuvent également **opter pour le régime de l'auto-entrepreneur** si le montant des revenus nets du foyer fiscal de 2023 n'excède pas, pour une part de quotient familial, 28 797 € pour les options exercées au titre de 2025. Cette limite est majorée de 50 % ou 25 % par demi-part ou par quart de part supplémentaire. Pour plus de précisions sur ce régime, voir Mémento Fiscal n°s 85100 s.

b. Imposition du locataire principal relevant de l'impôt sur les sociétés

CAS D'IMPOSITION DES REVENUS DE SOUS-LOCATION À L'IS

77050 Les revenus provenant de la sous-location d'un immeuble pris à bail sont assujettis à l'impôt sur les sociétés lorsque le locataire principal revêt l'une des trois formes suivantes :

- une société relevant de plein droit du régime fiscal des **sociétés de capitaux** ;
- une société relevant normalement du régime des **sociétés de personnes** mais qui a **opté pour** son **assujettissement à l'IS** (lorsque la société n'a pas opté pour son assujettissement à l'IS, seule la quote-part de ses résultats qui revient à un **associé relevant lui-même de l'impôt sur les sociétés** est soumise à cet impôt) ;
- une **société civile** qui exerce une **activité commerciale.** Sont notamment réputées exercer une activité commerciale les sociétés civiles qui donnent en sous-location des locaux équipés ou qui participent à la gestion ou aux résultats de l'entreprise exploitée par le sous-locataire.

RÈGLES D'IMPOSITION DES REVENUS DE SOUS-LOCATION À L'IS

77055 Les bénéfices passibles de l'impôt sur les sociétés sont déterminés, en principe, de la même manière que les bénéfices industriels ou commerciaux soumis à l'impôt sur le revenu selon le régime réel (CGI art. 209, I), sous réserve des exceptions relatives à certains points spécialement désignés par la loi pour lesquels des règles propres à l'impôt sur les sociétés ont été prévues.

Les règles générales de **détermination du bénéfice** imposable à l'impôt sur les sociétés s'appliquent donc aux loyers de sous-location soumis à cet impôt, étant rappelé :

- que le locataire ne peut pas déduire d'amortissement au titre de l'immeuble sous-loué, dont il n'est pas propriétaire ;
- que les loyers que lui-même verse au propriétaire de l'immeuble sont admis en déduction de son résultat imposable dans les conditions habituelles.

Le bénéfice net réalisé est imposable en principe au **taux** de 25 % (sur le taux de l'IS : n° 49630). Si les conditions en sont remplies, un taux réduit de 15 % en faveur des PME s'applique à la fraction de bénéfices n'excédant pas 42 500 € (CGI art. 219, I-b).

c. Imposition du sous-locataire

77070 Le sous-locataire qui exerce dans les locaux pris en sous-location une activité industrielle ou commerciale est imposé au titre des revenus de cette activité soit à l'impôt sur les sociétés s'il relève de cet impôt, soit à l'impôt sur le revenu dans la catégorie des bénéfices industriels et commerciaux. Dans les deux cas, les loyers acquittés sont déductibles des revenus de l'activité dans les conditions habituelles.

2. TVA

77100 Le locataire principal est susceptible d'être assujetti à la TVA à raison des loyers provenant de la sous-location dans les mêmes conditions que le propriétaire bailleur (voir n°s 50000 s.) :

- exonération de principe des sous-locations portant sur des **locaux nus** (CGI art. 261 D, 2°), sauf option exercée par le locataire au titre des locaux sous-loués pour les besoins de l'activité du sous-locataire (CGI art. 260, 2°) ;
- assujettissement de plein droit des sous-locations portant sur des locaux nus lorsqu'elles constituent pour le locataire principal un moyen de poursuivre l'exploitation d'un **actif commercial** ou d'accroître ses **débouchés,** ou lorsqu'il participe aux **résultats** de l'entreprise sous-locataire (CGI art. 261 D, 2°) ;
- assujettissement de plein droit des sous-locations portant sur des **locaux aménagés** à usage professionnel ;
- assujettissement de plein droit des opérations portant sur des locaux à usage d'habitation exploités par certains **établissements d'hébergement.**

Lorsqu'il est **assujetti de plein droit** à la TVA, le locataire principal est dispensé du paiement de la taxe s'il bénéficie de la **franchise en base** (CGI art. 293 B).

ILLUSTRATIONS 77105

La sous-location consiste à donner au sous-locataire la jouissance de locaux dans des conditions similaires à celles de la location. Par suite, la sous-location de locaux nus à usage professionnel entre dans le champ de l'exonération de la TVA prévue par l'article 261 D, 2° du CGI et n'ouvre pas droit à déduction, sauf option pour le paiement de la taxe prévue à l'article 260, 2° du même Code.

CE 16-11-2005 n° 257532 : RJF 2/06 n° 130 ; BOI-TVA-CHAMP-50-10 n° 20.

L'entreprise qui prend en location un immeuble nu, y effectue d'importants aménagements et sous-loue à un tiers la partie de l'immeuble qu'elle n'utilise pas, réalise une opération de sous-location commerciale dès lors que les locaux sous-loués sont munis des agencements et matériels nécessaires à leur utilisation pour le tiers sous-locataire.
Les sommes que celui-ci lui verse et qui correspondent au remboursement d'une fraction (proportionnelle à la surface occupée), d'une part, du loyer versé au propriétaire et, d'autre part, des charges de fonctionnement supportées sont donc passibles de la TVA.
Corrélativement, l'entreprise locataire qui sous-loue les locaux qu'elle a aménagés peut opérer la déduction de la TVA ayant grevé les travaux d'aménagement opérés et les acquisitions de matériels utilisés.

CE 18-2-1987 n° 44446 : RJF 4/87 n° 384.

3. CONTRIBUTION SUR LES REVENUS LOCATIFS

Les loyers relatifs à des immeubles achevés depuis au moins quinze ans et perçus par certaines personnes morales sont assujettis, sauf lorsqu'ils donnent lieu au paiement de la TVA ou lorsqu'ils n'excèdent pas 1 830 € annuels par local, à la contribution sur les revenus locatifs (CGI art. 234 nonies). 77150

La doctrine administrative prévoit que seules les locations consenties par le propriétaire des locaux, l'usufruitier ou le titulaire d'un droit réel (emphytéose, par exemple) sont susceptibles d'être soumises à la contribution sur les revenus locatifs, laquelle n'est donc pas applicable aux revenus retirés de la **sous-location** consentie par le locataire principal, quand bien même cette sous-location serait **exonérée** de la TVA (BOI-RFPI-CTRL-20-10 n° 180).

Pour sa part, la cour administrative d'appel de Paris juge que la contribution est due par le bailleur, sans qu'il soit nécessaire de distinguer selon que celui-ci est titulaire ou non d'un droit réel sur le bien donné en location. Selon elle, les personnes qui pratiquent la sous-location, bien que ne disposant que d'un **droit personnel** sur le bien sous-loué, sont donc légalement redevables de la contribution mais peuvent, le cas échéant, se prévaloir de l'interprétation qu'en donne l'administration pour en **obtenir la décharge** (CAA Paris 23-3-2017 n° 16PA00198, 5e ch. : RJF 7/17 n° 693).

4. COTISATION FONCIÈRE DES ENTREPRISES

Le locataire principal se trouve à l'égard du sous-locataire dans la même situation que le propriétaire bailleur à l'égard du locataire (voir nos 20100 s.). Ainsi : 77170

– c'est le **sous-locataire** qui dispose des locaux pour l'exercice de son activité professionnelle qui est **redevable** de la cotisation foncière des entreprises (CFE) assise sur la valeur locative des locaux sous-loués ;

– le **locataire principal** peut, sous certaines conditions, être **redevable** de la CFE et de la cotisation sur la valeur ajoutée des entreprises au titre de son activité de sous-location ;

– le locataire principal est **solidairement responsable** du paiement d'une fraction de la CFE due par le sous-locataire qui a quitté les lieux, s'il n'a pas informé le comptable du Trésor de ce déménagement (CGI art. 1687).

TRAVAUX DANS LES LOCAUX LOUÉS

SOMMAIRE

ENJEUX DES TRAVAUX DANS LES LOCAUX LOUÉS

De natures diverses mais incontournables, tant pour le bailleur que pour le locataire, et d'un coût qui peut se révéler élevé, les travaux, véritable enjeu lors de la **négociation des baux,** sont au cœur de nombreux litiges. En cause notamment la complexité des qualifications juridiques et la rédaction des baux encore trop souvent imprécise. Quelle répartition entre les parties ? Pour quels travaux ? Le locataire est-il autorisé à réaliser des travaux dans les lieux loués ? Lesquels ? Selon quelles modalités ? Quel sort leur sera réservé en fin de bail ? Autant de questions auxquelles le bail devrait répondre avec le plus de précision possible. **78000**

> **Précisions** Sur les obligations du bailleur lors de la **délivrance** du bien, voir nos 57200 s. Concernant l'incidence des travaux d'aménagement et de transformation réalisés par le locataire sur le calcul du **loyer** du bail renouvelé, voir nos 83500 s. Sur l'**information du locataire** en ce qui concerne les travaux envisagés et réalisés par le bailleur, voir nos 12200 s.

MODIFICATION DU RÉGIME DES TRAVAUX PAR LA LOI PINEL

Les développements qui suivent sont consacrés au régime, tant juridique (nos 78010 s.) que fiscal (nos 80505 s.), applicable aux travaux réalisés par les parties en cours de bail. **78001**

La **loi Pinel** 2014-626 du 18 juin **2014** et son décret d'application 2014-1317 du 3 novembre 2014 ont modifié une partie des règles régissant la matière : les dispositions issues de cette loi n'étant **applicables** qu'aux **contrats conclus** ou **renouvelés** à compter du 1er septembre 2014, pour certaines, ou du 5 novembre 2014, pour les autres, l'ancien et le régime actuel seront exposés successivement.

SECTION 1 TRAVAUX D'ENTRETIEN ET DE RÉPARATION

A. Principes régissant l'entretien et la réparation des locaux loués

1. RÉPARTITION DES TRAVAUX ENTRE BAILLEUR ET LOCATAIRE

RÉPARTITION LÉGALE DES TRAVAUX ENTRE BAILLEUR ET LOCATAIRE

L'entretien et la réparation des locaux commerciaux constituent des obligations, aussi bien pour le bailleur que pour le locataire, qui sont régies en grande partie par les dispositions de droit commun du **Code civil** sur le bail, lesquelles fixent les principes de la répartition des travaux entre les parties. **78010**

Le **bailleur** est obligé, par la nature du contrat et sans qu'il soit besoin d'aucune stipulation particulière, d'entretenir le bien en état de servir à l'usage pour lequel il a été loué (C. civ. art. 1719, 2°).

Il est également tenu de délivrer le bien en bon état de réparations (C. civ. art. 1720, al. 1) et doit, pendant la durée du bail, faire toutes les réparations, autres que locatives, qui peuvent devenir nécessaires dans les lieux loués (art. 1720, al. 2).

Pour sa part, le **locataire** est tenu, sauf clause contraire, des seules réparations locatives ou de menu entretien (C. civ. art. 1754), à moins qu'elles ne soient occasionnées par la vétusté ou la force majeure (C. civ. art. 1755).

En outre, depuis le décret 2014-1317 du 3 novembre 2014, le statut des baux commerciaux impute au bailleur les dépenses relatives aux grosses réparations mentionnées à l'article 606 du Code civil (C. com. art. R 145-35).

RÉPARTITION CONVENTIONNELLE DES TRAVAUX ENTRE BAILLEUR ET LOCATAIRE

78015 **Validité** Il peut être valablement dérogé par des conventions particulières à la **répartition** de la charge des travaux prévue par le Code civil. En effet, ne sont **pas d'ordre public** les dispositions :

– de l'article 1719 relatives à l'obligation d'entretien du bailleur (Cass. com. 9-4-1964 : Bull. civ. III n° 167 ; CA Paris 22-1-1992 n° 89-21885, analysé n° 78016 ; CA Paris 11-12-2002 n° 01-7534, analysé n° 78021) ;

– de l'article 1720, al. 1 en vertu desquelles le bailleur doit délivrer le bien en bon état de réparations, les clauses par lesquelles le locataire prend les lieux dans l'état où ils se trouvent étant valables (pour des illustrations, voir n° 57225) ;

– de l'article 1720, al. 2 mettant à la charge du bailleur les réparations autres que locatives qui peuvent devenir nécessaires en cours de bail (Cass. soc. 14-1-1955 n° 1391 : Bull. civ. IV n° 42 ; Cass. 3e civ. 7-2-1978 n° 76-14.214 : Bull. civ. III n° 71 ; Cass. 3e civ. 30-6-1999 n° 97-15.913 D : RJDA 8-9/99 n° 891 ; Cass. 3e civ. 24-9-2002 n° 01-11.248 F-D : n° 78050) ;

– de l'article 1755 selon lesquelles les réparations nécessitées par la vétusté ou la force majeure ne sont pas à la charge du locataire (pour des exemples d'aménagements conventionnels à cette règle, voir n° 78685).

ILLUSTRATIONS

A été jugée valable la clause d'un bail :
– par laquelle le locataire s'était engagé à prendre les lieux dans l'état où ils se trouvaient sans pouvoir demander aucune réparation de quelque nature que ce soit pendant la durée du bail (Cass. com. 9-4-1964 précité) ;
– qui comportait l'obligation pour le locataire, « à l'exclusion des gros travaux à faire aux murs, du rétablissement des poutres et des réfections entières de couvertures, d'effectuer toutes les réparations locatives et d'entretien et tous autres travaux nécessaires au même titre que s'il était propriétaire de l'immeuble loué » (Cass. soc. 14-1-1955 n° 1391 précité) ;
– qui stipulait qu'aucune espèce de réparation ne serait à la charge du bailleur pendant la durée du bail (Cass. 3e civ. 7-2-1978 n° 76-14.214 précité) ;
– qui déchargeait le bailleur de toute responsabilité pour les dommages causés par des infiltrations quelle que soit leur origine (Cass. 3e civ. 14-3-2019 n° 17-31.122 F-D : RJDA 7/19 n° 486).

De même, l'article 1754 prévoit expressément que les parties peuvent déroger à la règle selon laquelle les réparations locatives sont à la charge du locataire.

78016 **Limites à la liberté contractuelle** Toute **clause** qui **prive de sa substance l'obligation essentielle** du débiteur est réputée non écrite (C. civ. art. 1170). Cette règle, désormais consacrée dans la loi, était déjà appliquée indirectement par les juges pour apprécier la validité de clauses dérogeant aux obligations d'entretien et de réparation mises à la charge du bailleur par le Code civil.

Il en résulte notamment que les aménagements conventionnels ne doivent pas avoir pour effet de transférer au locataire l'intégralité des obligations du bailleur.

ILLUSTRATIONS

Dans un cas où un bail distinguait les réparations à la toiture et aux gros murs, qui devaient être supportées par le bailleur, et les autres, jugé que cette clause était léonine dès lors que, le bail ayant été conclu au moment où l'immeuble loué venait d'être construit, le risque de réparations sur la toiture et les gros murs était nul durant les deux premières périodes de location (bail initial de neuf ans et premier renouvellement), et que le caractère abusif de la clause était d'autant plus manifeste qu'une autre stipulation prévoyait que le locataire « supportera sans aucune indemnité ni diminution de loyer tous les cas fortuits prévus ou imprévus, ordinaires ou extraordinaires qui pourraient survenir au cours de la période de jouissance » (CA Paris 22-1-1992 n° 89-21885, 8e ch. A).

Nous verrons différentes applications de ce principe à l'occasion des développements propres à chaque catégorie de travaux.

78017 Si le **bail** est un **contrat d'adhésion,** la clause répartissant la charge des travaux entre le bailleur et le locataire qui crée un déséquilibre significatif entre les droits et obligations des parties est réputée non écrite en application de l'article 1171 du Code civil (sur cet article, voir nos 18860 s.).

78018 Dans les **contrats conclus ou renouvelés à partir du 5 novembre 2014,** ne peuvent pas être imputés au locataire, au titre des charges relatives aux travaux d'entretien et de réparation (C. com. art. R 145-35) :

– les dépenses relatives aux grosses réparations mentionnées à l'article 606 du Code civil (nos 78310 s.) ;

– les dépenses relatives aux travaux ayant pour objet de remédier à la vétusté dès lors qu'ils relèvent des grosses réparations de l'article 606 du Code civil (nº 78685) ;
– dans un ensemble immobilier, le coût des travaux relatifs à des locaux vacants ou imputables à d'autres locataires.

Rédaction des clauses de travaux Les aménagements conventionnels sont la règle dans la pratique des baux commerciaux, soit pour tempérer le dispositif légal, soit pour y déroger substantiellement. La loi 2014-626 du 18 juin 2014 a consacré expressément cette pratique en ce qui concerne les charges récupérables, dans lesquelles sont généralement incluses des dépenses relatives à certains travaux (nºs 12100 s.). **78020**

Il convient d'apporter le plus grand soin à la rédaction de ces clauses qui tendent à transférer sur le locataire les obligations incombant normalement au bailleur afin de **respecter les limites** à la liberté contractuelle posées par la loi, en ne se contentant pas de clauses types mais en adaptant leur contenu aux caractéristiques et contraintes de l'immeuble loué et à l'usage auquel il est destiné.

Il convient par ailleurs d'éviter les **clauses ambiguës ou imprécises** et de vérifier qu'il n'existe pas de clauses contradictoires. **78021**

Les décisions présentées ci-dessous ont été rendues sous l'empire du droit antérieur à la loi 2014-626 du 18 juin 2014 et à son décret d'application ; les dépenses relatives aux grosses réparations ne peuvent plus, désormais, être laissées à la charge du locataire (nº 78330) mais, sous cette réserve, les solutions citées conservent leur intérêt pour l'interprétation des baux soumis au régime issu de la loi de 2014.

ILLUSTRATIONS

Sont **expresses et dépourvues d'ambiguïté** les clauses suivantes : « Les preneurs ne pourront réclamer aucune indemnité (...) pour cause de (...) défectuosité quelconque dans les lieux loués (...) ils ne pourront réclamer à la bailleresse aucuns travaux ni réparations quelconques en dehors des gros travaux tels qu'ils sont prévus par l'article 606 du Code civil qui restent seuls à la charge de la propriétaire (...) ils feront exécuter pendant le cours du bail toutes les réparations locatives et d'entretien dans le sens le plus large du mot ». Ces stipulations, qui sont courantes, n'ont aucun caractère léonin, ne sont pas contraires à l'ordre public ou à un texte impératif et ne mettent pas, au demeurant, la totalité des réparations à la charge d'un seul contractant, se réfèrent seulement au critère de l'article 606 du Code civil et dans une stricte interprétation excluent par là même celui de l'article 1754 du Code civil (qui n'est pas d'ordre public).

CA Versailles 27-11-1987 nº 1254-86, 4e ch. et, sur pourvoi, Cass. 3e civ. 28-6-1989 nº 88-11.577.

Constitue une **clause « extrêmement précise »,** dérogeant valablement aux articles 1719 et 1720 du Code civil qui ne sont pas d'ordre public, celle qui met à la charge du locataire les obligations suivantes :
– prendre les locaux loués dans l'état où ils se trouvent actuellement, bien qu'ils ne correspondent pas aux conditions notamment d'hygiène, de sécurité et de salubrité requises pour l'exercice du commerce qu'il entend exploiter, et s'interdire d'exiger du bailleur aucuns travaux de remise en état ou de réparation de quelque nature qu'ils soient et quelle qu'en soit la cause (vice de construction, vétusté, dégradations, force majeure, etc., sans que ladite liste soit limitative) ;
– effectuer toutes les réparations qui pourraient être nécessaires en ce compris les grosses réparations définies par l'article 606 du Code civil et réaliser, soit à l'entrée dans les lieux, soit en cours de bail tous travaux généralement quelconques, même de modifications, qui pourraient être engagés par l'administration pour permettre l'utilisation des locaux en fonction de leur destination, en conformité de la réglementation actuelle ou future, quelle qu'en soit la nature (hygiène, sécurité, etc.).
Le bail prévoyait en outre que « dans l'hypothèse où les travaux de réfection et de remplacement seraient assimilables à une perte partielle ou totale de la chose louée dans les termes de l'article 1722 du Code civil, les parties conviennent que le bail serait résilié de plein droit sans indemnité de part ni d'autre, le locataire renonçant à tous recours à l'encontre du bailleur ».

CA Paris 11-12-2002 nº 01-7534.

Un bail commercial prévoyait que « le preneur devra entretenir les lieux loués pendant toute la durée du bail en bon état de réparations de toute nature, tous travaux d'entretien, de réfection ou de remplacement restant en entier à sa charge » et ajoutait qu'il était expressément convenu que le preneur aura notamment à sa charge « le nettoyage et l'entretien constant des toitures-terrasses des bâtiments ».
La clause principale permet deux interprétations : il est en effet possible d'envisager que les parties ont voulu, après avoir posé une obligation se limitant à l'entretien, étendre les charges du preneur à l'ensemble des travaux de réfection. Mais l'on peut tout aussi bien retenir que l'obligation

principale d'entretien a été précisée par une obligation de réfection qui se limiterait, dans cette hypothèse, à la charge des réfections entrant dans le cadre de l'entretien.
Cette seconde interprétation doit être préférée compte tenu de la tournure grammaticale de la phrase, qui introduit la mention des réfections après une virgule et non une césure plus forte, alors surtout que, dans le doute, **la convention s'interprète en faveur de celui qui a contracté l'obligation.**
Par suite, la charge des travaux de réfection de l'étanchéité des toitures-terrasses incombe au bailleur, sans que ce dernier puisse valablement se prévaloir d'un défaut d'entretien de la part du preneur : les manquements ponctuels relevés par l'expert (présence de plantes grasses sur les terrasses, matériels déposés, morceaux arrachés) sont mineurs et sans incidence sur le fait que l'étanchéité avait largement dépassé sa durée d'effectivité.
CA Paris 8-2-2006 n° 04-19630, 16e ch. A.

Sont à la charge du locataire les gros travaux de **ravalement** de l'immeuble lorsqu'il résulte du rapprochement de deux clauses du bail que les parties ont entendu, d'une part, que le locataire ait la charge de toutes les dépenses d'entretien courant à hauteur de la quote-part des charges de copropriété et, d'autre part, qu'il assume l'ensemble des dépenses d'entretien de l'immeuble. Cette analyse est confortée par d'autres clauses mettant à sa charge les travaux prescrits par l'administration pour éliminer les risques d'accessibilité au plomb ainsi que les travaux préventifs ou d'éradication des termites ou encore les travaux consécutifs au diagnostic amiante, ce qui manifeste la commune intention des parties, libres en matière commerciale de déterminer leurs obligations générales, de faire supporter au locataire toutes les dépenses concernant l'immeuble.
CA Paris 25-2-2009 n° 07-16081, 16e ch. A : RJDA 10/09 n° 814.

78030 Les parties doivent veiller à **attribuer soit au bailleur, soit au locataire** toutes **les réparations** susceptibles de devoir être exécutées en cours de bail. Il a en effet été jugé que la clause claire et précise d'un bail commercial selon laquelle « le locataire prendra les immeubles loués dans l'état où ils se trouvaient le jour de l'entrée en jouissance sans pouvoir exiger aucune réparation du propriétaire même en ce qui concerne le clos et le couvert » n'avait d'autre objet que de décharger le bailleur de l'obligation qui pesait sur lui ; elle ne mettait pas à la charge du locataire l'obligation d'y procéder (Cass. 3e civ. 4-3-1987 n° 85-16.485 et, sur renvoi, CA Angers 8-9-1989 n° 1353/87, aud. sol.). Dans une telle situation, les lieux peuvent se dégrader sans que nul ne soit tenu de remédier à cette dégradation, ce qui revient, de fait, à imposer au bailleur d'intervenir pour assurer la conservation de son bien.

78035 **Incidence de la clause relative à l'acceptation des lieux en l'état** De nombreux baux contiennent une clause par laquelle le **locataire** s'engage à **prendre les lieux dans l'état** où ils se trouvent lors de l'entrée en jouissance. Ainsi qu'il est dit nos 57225 s., la présence d'une telle clause peut permettre au bailleur de s'exonérer de son obligation de délivrance du bien loué en bon état de réparations.

En revanche, elle ne le dispense pas, par elle-même, de son obligation d'entretenir le bien en état de servir à l'usage auquel il est destiné (Cass. 3e civ. 31-5-1989 n° 87-19.051 ; Cass. 3e civ. 18-3-1992 n° 90-12.809 : Bull. civ. III n° 88 ; Cass. 3e civ. 17-12-2002 n° 1952 F-D : RJDA 3/03 n° 229 ; Cass. 3e civ. 3-11-2016 n° 15-10.036 F-D : RJDA 3/17 n° 157) ni de son obligation à réparations (CA Versailles 29-9-2000 n° 98-09019, 1e ch. 2e sect.).

Il en est ainsi même si le locataire connaissait le mauvais état des lieux. En effet, la Cour de cassation a précisé que l'entrée dans les lieux par un **locataire connaissant leur mauvais état** n'équivaut pas à une renonciation de ce dernier à se prévaloir ensuite de ses droits concernant l'obligation légale du bailleur d'entretenir les lieux en état de servir à l'usage pour lequel ils ont été loués, alors que celui-ci n'en a pas été déchargé par la convention. Elle a en conséquence rejeté l'argument du bailleur selon lequel le locataire ne pouvait exiger en cours de bail des réparations que dans la mesure où il y avait une aggravation de l'état des lieux (Cass. 3e civ. 2-3-1977 n° 75-14.072 : Bull. civ. III n° 105). De même, dans un cas où un locataire, qui avait déclaré dans le bail bien connaître les locaux loués, avait dû par la suite réaliser des travaux de raccordement au réseau des eaux usées et au réseau électrique et avait poursuivi le bailleur pour manquement à son obligation de délivrance, il a été jugé que le bailleur, en l'absence de stipulation expresse du bail mettant à la charge du locataire le coût de ces travaux, ne pouvait pas être déchargé de son obligation. En effet, le bail se contentait de prévoir que le locataire prendrait les locaux « dans l'état où ils se trouvent lors de son entrée en jouissance sans pouvoir exiger de travaux de quelque nature que ce soit ni remise en état de la part du bailleur » et que, connaissant parfaitement les équipements des locaux, il ferait « son affaire personnelle de toutes démarches en vue d'obtenir les branchements desdits équipements et installations de toute nature nécessaires à l'exercice de son activité » (Cass. 3e civ. 11-10-2018 n° 17-18.553 F-D : RJDA 3/19 n° 167).

Mais il en irait différemment en présence de **stipulations** contractuelles **complémentaires** précisant notamment l'absence de réparation pendant la durée du bail, le traitement des réparations rendues nécessaires par la vétusté (nos 78685 s.), la connaissance réelle des lieux par le locataire. Ainsi, a été jugée opposable au locataire la clause d'un bail commercial selon laquelle « le preneur prendra les lieux loués dans l'état dans lequel ils se trouveront au moment de l'entrée en jouissance, sans pouvoir exiger du bailleur aucune remise en état ni réparation ou aucune réparation de remise en état autre que celles qui seraient nécessaires pour que les lieux soient clos et couverts... le preneur se déclarant prêt à supporter tous inconvénients en résultant et à effectuer à ses frais toutes réparations et remises en état que nécessiterait l'état des lieux, même celles nécessitées par la vétusté ou l'usure » (CA Paris 26-10-2001 n° 00-09956, 16e ch. B, arrêt rendu sous l'empire du droit antérieur à la loi 2014-626 du 18 juin 2014 et à son décret d'application). Pour des exemples de clauses ayant fait disparaître l'obligation d'entretien ou de réparation du bailleur, voir n° 78050. 78040

De même, la prise de possession en l'état de locaux « vétustes et délabrés » en contrepartie d'un **loyer modique** a pu valoir renonciation du locataire à exiger du bailleur les réparations que cet état justifiait (Cass. 3e civ. 12-11-1975 n° 74-14.878 : Bull. civ. III n° 327).

Interprétation des clauses de travaux par les tribunaux En cas de désaccord entre les parties, la portée des clauses relatives aux travaux sera déterminée par les tribunaux selon les principes généraux d'interprétation des conventions (C. civ. art. 1188 s.) : la recherche de la commune intention des parties opérée par le rapprochement des diverses clauses du bail, l'analyse de l'économie générale de ce dernier et le comportement des parties, étant précisé, d'une part, que les **stipulations dérogatoires** au droit commun sont **interprétées restrictivement** et étroitement limitées à leurs propres termes (Cass. soc. 24-1-1958 n° 605 : Bull. civ. IV n° 145 ; Cass. 3e civ. 29-9-2010 n° 09-69.337 FS-PB : RJDA 2/11 n° 115) et, d'autre part, que, en cas de doute et en l'absence de tout élément contraire, toute **clause doit être interprétée en faveur de celui qui s'oblige** ou lorsqu'il s'agit d'un contrat d'adhésion contre celui qui l'a proposé (C. civ. art. 1190 ; pour un exemple, voir CA Paris 8-2-2006, analysé n° 78021). 78045

Les décisions présentées ci-dessous ont été rendues sous l'empire du droit antérieur à la loi 2014-626 du 18 juin 2014 et à son décret d'application ; les dépenses relatives aux grosses réparations ne peuvent plus, désormais, être laissées à la charge du locataire (n° 78330) mais, sous cette réserve, les solutions citées conservent leur intérêt pour l'interprétation des baux soumis au régime issu de la loi de 2014.

ILLUSTRATIONS 78050

Exemples de clauses ayant fait disparaître l'obligation d'entretien ou de réparation du bailleur

Un bail commercial stipulait que le locataire s'engageait à prendre les lieux dans l'état où ils se trouvaient sans pouvoir demander en cours de bail aucune réparation de quelque nature que ce soit. Le locataire qui avait été débouté de sa demande tendant à condamner le bailleur à effectuer les **travaux consécutifs à des infiltrations d'eau** et à verser des dommages-intérêts avait fait valoir que le bailleur était tenu de par la nature du contrat de remédier à l'aggravation de l'état des lieux qui, due à la **vétusté,** était survenue depuis la conclusion du bail.

Ces arguments ont été rejetés au motif que si le bailleur est tenu en principe d'entretenir la chose louée en état de servir à l'usage auquel elle est destinée, il ne lui est nullement interdit de s'affranchir contractuellement de cette obligation. En rejetant la demande du locataire, la cour d'appel n'a fait qu'appliquer la convention des parties.

Cass. 3e civ. 9-4-1964 n° 62-12.558 : Bull. civ. III n° 167.

Une cour d'appel, qui relève que le preneur d'un immeuble à usage d'**hôtel-restaurant** s'était engagé à prendre les lieux dans l'état où ils se trouvaient sans pouvoir élever aucune réclamation et à effectuer « les réparations locatives et d'entretien », ne fait qu'appliquer la convention des parties en déboutant le preneur de sa prétention de faire condamner le bailleur à effectuer les **réparations nécessaires aux volets** de l'immeuble loué, y compris celles dues à la vétusté.

Cass. 3e civ. 9-10-1974 n° 73-11.721 : Bull. civ. III n° 345.

Une cour d'appel retient souverainement que la clause d'un bail portant sur un **hôtel** selon laquelle « les locataires devront prendre l'immeuble loué dans l'état où il se trouvera le jour de leur entrée en jouissance sans pouvoir exiger des bailleurs **aucune réparation** » affranchissait le bailleur de toutes réparations et interdisait au locataire toutes réclamations.

Cass. 3e civ. 17-6-1980 n° 1063.

La clause d'un bail stipulant que « le preneur accepte les locaux dans leur état actuel sans que le bailleur ait une quelconque prestation à effectuer », ni obscure ni ambiguë, ne permet pas à la société locataire d'exiger du bailleur des travaux de remise en état de la **toiture** ou l'indemnisation des dommages dus au mauvais état de celle-ci.

Cass. 3e civ. 6-1-1993 n° 12 D : RJDA 4/93 n° 301.

78050 (suite) Après avoir constaté qu'un bail, signé après un an d'occupation des lieux en toute connaissance de cause, prévoyait expressément la délivrance des locaux en l'état et excluait toutes réclamations relatives à des problèmes d'humidité et d'infiltrations, et relevé que les clauses contractuelles dérogeant à l'article 1720 du Code civil sont licites, une cour d'appel a pu en déduire que si les **infiltrations** s'étaient aggravées dans des proportions catastrophiques deux ans après la signature du bail, cet état de fait n'était imputable qu'à la carence du locataire qui n'avait pas effectué, comme il en avait l'obligation en vertu du contrat, les réparations nécessaires en temps utile et qu'il ne pouvait pas reprocher au bailleur de ne pas lui avoir **assuré le clos et le couvert** et d'avoir ainsi manqué à son obligation d'entretien en cours du bail.

Cass. 3e civ. 24-9-2002 n° 1377 F-D.

Dans un cas où le bail portant sur un **hôtel-restaurant** stipulait que « le preneur prendra les lieux loués dans leur état au jour de l'entrée en jouissance sans pouvoir demander au bailleur aucune réparation ni aménagement ni travaux quelconques » et où, avant même de signer le bail, le preneur connaissait parfaitement l'existence de vices affectant le **dallage de la piscine** et les **infiltrations** au niveau des fenêtres, le bailleur ne pouvait pas être tenu, à titre provisionnel, de supporter le coût des travaux de réfection de ces ouvrages.

Cass. 3e civ. 6-4-2004 n° 446 F-D.

Un bail prévoyait que le locataire s'engageait à « prendre les lieux dans leur état actuel et total sans pouvoir demander au bailleur aucune réparation d'aucune sorte, de faire exécuter tant au début du bail que pendant son cours, toutes réparations quelconques, petites ou grosses, sans aucune exception, entretenir la devanture, la fermeture et le sol des lieux loués, cette énonciation (étant) purement indicative et non limitative, de telle sorte qu'en fin de jouissance, le preneur rende les lieux en parfait état d'entretien, le bailleur ne (conservant) à sa charge que les grosses réparations prévues à l'article 606 du Code civil ».
Une cour d'appel a pu considérer, au vu de la production de quittances de loyers afférentes à la location d'un **parking**, que le bail commercial portait non seulement sur le bâtiment proprement dit mais également sur le parking, de sorte que le locataire avait méconnu son obligation contractuelle d'entretien en le laissant se dégrader.

Cass. 3e civ. 11-12-2007 n° 06-19.256 F-D.

La clause d'un bail prévoyant le transfert au locataire de tous les travaux d'entretien et de réparation, y compris les gros travaux, le ravalement des façades et la réfection de la couverture dispense le bailleur de prendre en charge les **travaux de clos et de couvert** des lieux loués.

Cass. 3e civ. 28-5-2020 n° 19-14.230 F-D : RJDA 8-9/20 n° 412, 2e espèce.

Un bailleur peut, sans manquer à son obligation de délivrance et d'entretien résultant des articles 1719, 1° et 1720 du Code civil, mettre à la charge du locataire, par une clause expresse et précise, les travaux autres que ceux rendus nécessaires par les vices affectant la structure de l'immeuble. Est donc valable la clause d'un bail stipulant que le locataire entretiendrait régulièrement l'installation de climatisation afin de la restituer en parfait état de marche.

Cass. 3e civ. 28-9-2022 n° 21-20.879 F-D.

Exemples de clauses n'ayant pas fait disparaître l'obligation d'entretien ou de réparation du bailleur

La clause d'un bail précisant que le locataire acceptait les lieux en l'état et que le bailleur ne garantissait pas les lieux contre l'**humidité** ne peut pas dispenser le bailleur de son obligation de réparer les conséquences d'un **défaut d'étanchéité de la terrasse ou des aménagements sanitaires et de chauffage intérieur,** dès lors que les défectuosités étaient imputables au bailleur et que le locataire ne pouvait en soupçonner l'existence lors de son entrée dans les lieux, le local ayant été entièrement refait à neuf.

Cass. 3e civ. 22-10-1970 n° 1236.

La clause aux termes de laquelle le preneur s'engage à prendre les locaux en l'état sans pouvoir demander au bailleur aucune réparation ou indemnité d'aucune sorte n'exonère le bailleur que des réparations qui auraient été nécessaires **lors de la conclusion** de la convention, mais non des réparations et de l'entretien qui se révéleraient nécessaires **au cours de l'exécution** du bail.

CA Paris 19-5-2000 n° 98-15926, 16e ch. B.

On ne peut pas déduire des clauses suivantes que les parties ont entendu décharger le bailleur de l'obligation d'entretien de l'article 1719, 2° du Code civil :
– (...) le preneur doit prendre les lieux dans l'état où ils se trouvent lors de son entrée en jouissance et en effectuer en tant que de besoin tous les travaux supplémentaires (...) ;
– (...) le preneur doit maintenir les locaux loués en parfait état d'entretien et de réparation de quelque nature que ce soit de telle sorte qu'en fin de bail ils soient rendus en parfait état (...) ;
– (...) le preneur devra faire entretenir et remplacer au besoin, sous son entière responsabilité, toutes installations à son usage personnel (...) ;
– (...) seules les réparations prévues à l'article 606 du Code civil restent à la charge du bailleur.

Par suite, les travaux d'**adaptation du système de climatisation** assurant le chauffage et le refroidissement d'un immeuble destiné à la location de bureaux de prestige, qui ne constituent pas des grosses réparations au sens de l'article 606 du Code civil, doivent être supportés par le bailleur.

CA Versailles 2-10-2001 n° 99-2978, ch. com. réunies : RJDA 3/02 n° 230.

La clause d'un bail commercial aux termes de laquelle les locataires, qui exploitent un fonds de commerce dans les lieux et y habitent, « prendront les lieux loués dans leur état actuel ; ils les entretiendront en bon état de réparations locatives. Ils ne pourront exiger aucune réparation autre que celles qui deviendraient nécessaires à la toiture et aux gros œuvres » ne peut pas dispenser le bailleur, tenu de garantir aux locataires la jouissance des lieux, de procéder aux réparations qui s'imposent pour maintenir les lieux en état de servir à l'usage auquel ils sont destinés, même si celles-ci résultent de leur vétusté. Par suite, le bailleur est tenu de procéder aux réparations liées au clos et au couvert en remplaçant la **chaudière,** hors d'usage et dangereuse, qui ne pouvait pas être réparée du fait de sa vétusté et le **chauffe-eau,** également hors d'usage. Il est en outre tenu de mettre en conformité l'**installation électrique** et la **ventilation de la cuisine,** s'agissant d'installations indispensables aux locataires pour qu'ils puissent profiter des lieux conformément à leur destination.

CA Limoges 16-10-2007 n° 06-1319, 1e ch. civ. sect. : RJDA 10/08 n° 988.

Les clauses d'un bail prévoyant que le locataire déclare bien connaître les locaux loués, qu'il les prend « dans l'état où ils se trouvent lors de son entrée en jouissance sans pouvoir exiger de travaux de quelque nature que ce soit ni remise en état de la part du bailleur » et que, connaissant parfaitement les équipements des locaux, il fera « son affaire personnelle de toutes démarches en vue d'obtenir les branchements desdits équipements et installations de toute nature nécessaires à l'exercice de son activité » ne suffisent pas à décharger le bailleur de ses obligations de délivrance et d'entretien prévues à l'article 1719, 1° et 2° du Code civil et ne permettent pas, en l'absence de stipulation expresse en ce sens, de faire peser sur le locataire les travaux de **raccordement aux eaux usées et au réseau électrique.**

Cass. 3e civ. 11-10-2018 n° 17-18.553 F-D : RJDA 3/19 n° 167.

La clause d'un bail stipulant que « le preneur sera responsable de toutes réparations normalement à la charge du bailleur, lesquelles seront faites du consentement et sous l'autorité du bailleur mais dont le preneur en supportera la charge financière » ne dispense pas le bailleur, faute de **stipulation expresse** prévoyant le contraire, de réaliser les travaux de réfection de la **toiture** et de **ravalement** de la façade du local, qui ne constituent pas des réparations locatives.

Cass. 3e civ. 28-5-2020 n° 19-10.411 F-D : RJDA 8-9/20 n° 412, 1e espèce.

La clause d'un bail par lequel le locataire s'engage, pendant tout le cours du bail, à « conserver les locaux loués en bon état d'entretien et de réparations locatives et effectuer ou faire effectuer à ses frais et sous sa seule responsabilité les réparations de toute nature, y compris celles visées à l'article 606 du Code civil et y compris également tous travaux de ravalement de façades », ne décharge pas le bailleur de son obligation de prendre en charge la **réfection de la couverture et la charpente** des locaux, la clause ne visant pas précisément ces travaux.

Cass. 3e civ. 1-6-2022 n° 21-14.598 F-D : Loyers et copr. 2022 comm. 140 obs. E. Chavance.

2. DISTINCTION ENTRE ENTRETIEN ET RÉPARATION DES LOCAUX LOUÉS

Au titre de son obligation d'**entretien** (C. civ. art. 1719, 2° ; n° 78010), le bailleur doit « réparer les outrages naturels du temps et de l'usure normale due à l'action des éléments » (Cass. soc. 21-2-1959 n° 57-10.867 : Bull. civ. IV n° 286). Il s'agit d'une obligation continue : il doit veiller de façon constante à l'entretien du bien sans avoir même à être informé par son locataire de la nécessité des travaux à effectuer. **78100**

Quant à l'obligation, pour le bailleur, de faire toutes les **réparations,** autres que locatives, qui peuvent devenir nécessaires (C. civ. art. 1720, al. 2), elle vise notamment les accidents pouvant survenir en dehors même de « l'usure normale » et que le bailleur ne peut pas connaître s'il n'en a pas été prévenu (Cass. soc. 21-2-1959 précité).

Il faut néanmoins nuancer ces principes : le locataire doit prévenir le bailleur notamment lorsque l'usure ne peut être perçue qu'en pénétrant dans les lieux loués, le bailleur ayant, en pratique, très rarement accès au bien loué. Ainsi, en cas de vice apparu en cours de bail que seul le locataire peut constater, la responsabilité du bailleur n'est engagée que si, informé de la survenance du défaut, il n'a pris aucune disposition pour y remédier (Cass. 3e civ. 13-10-2021 n° 20-19.278 FS-B : RJDA 1/22 n° 7).

ILLUSTRATIONS

Le locataire d'un immeuble rural avait été victime d'un accident provoqué par l'effondrement d'un balcon situé au premier étage. La Cour de cassation a jugé que le bailleur, n'ayant pas été averti d'une manière quelconque de la nécessité de procéder à des réparations dont il n'était pas à même de constater l'urgence et alors qu'il n'était pas garant des vices apparents lors du contrat, devait être exonéré de toute responsabilité (Cass. 1e civ. 15-7-1963 nº 62-11.051 : Bull. civ. I nº 391).

Un locataire qui avait attendu plusieurs années avant de mettre en garde son bailleur du risque d'affaissement des planchers en raison du pourrissement d'une poutre maîtresse avait commis une faute ayant contribué à la réalisation des désordres ; il devait donc contribuer, avec le bailleur qui a normalement la charge de ce type de travaux, à la remise en état des lieux (Cass. 3e civ. 9-2-2005 nº 192 FS-PB, analysé nº 57745).

Bien qu'ayant constaté des difficultés liées à l'état de la charpente, un locataire avait attendu deux ans pour en informer le bailleur et n'avait pas tenu compte de l'offre de travaux de ce dernier qui auraient pu mettre un terme aux désordres allégués ; la responsabilité du bailleur n'a donc pas été retenue (Cass. 3e civ. 13-10-2021 nº 20-19.278 précité).

3. DURÉE ET ÉTENDUE DES OBLIGATIONS DU BAILLEUR

DURÉE DES OBLIGATIONS D'ENTRETIEN ET DE RÉPARATION DU BAILLEUR

78150 En application des articles 1719, 2° et 1720, al. 2 du Code civil (nº 78010), le bailleur doit entretenir et réparer les locaux pendant toute la durée de la location. Son obligation perdure donc **en cas de prorogation du bail.** Ainsi un bailleur a-t-il été condamné à effectuer des grosses réparations dans un immeuble loué en vertu d'un bail commercial prorogé au motif que les lois instituant un droit au maintien dans les lieux, qui n'ont apporté aucun changement aux règles fixées par le Code civil en la matière et ont laissé subsister les clauses et conditions des contrats prorogés ou liant originairement les parties, n'ont pas fait disparaître l'obligation aux réparations du bailleur (Cass. soc. 15-10-1953 nº 5361 : Bull. civ. IV nº 627).

De même, pendant la période de **maintien dans les lieux** du locataire **après** que lui a été signifié un congé avec **refus de renouvellement,** le bailleur doit exécuter toutes les réparations qui lui incombent, qu'il s'agisse de réparations d'entretien ou de grosses réparations (Cass. 3e civ. 24-3-1993 nº 537 P : RJDA 6/93 nº 485 ; CA Dijon 7-2-2019 nº 17/01785, 2e ch. civ. : Loyers et copr. mai 2019 comm. nº 77). En statuant ainsi, la Cour de cassation a rejeté la solution prônée par la cour d'appel de Paris selon laquelle seules les réparations d'entretien survivaient à l'expiration du bail (CA Paris 14-11-1989, 16e ch. B : D. 1990 som. p. 257).

ÉTENDUE DES OBLIGATIONS D'ENTRETIEN ET DE RÉPARATION DU BAILLEUR

78155 **Entretien mis à la charge d'un tiers** L'obligation d'entretien mise à la charge du bailleur par l'article 1719, 2° du Code civil (nº 78010) doit s'entendre non seulement de l'entretien qu'il doit assurer personnellement mais aussi de celui qu'il a pu mettre **contractuellement à la charge d'autres personnes.** Il en est ainsi notamment lorsque le propriétaire d'un immeuble s'est exonéré contractuellement de l'entretien de certaines parties communes (par exemple celui des cages d'escalier) en mettant cette obligation à la charge des locataires, chacun pour une part déterminée. Dans ce cas, il reste tenu à l'égard des divers locataires de l'observation par les autres de leurs obligations respectives (Cass. soc. 6-2-1958 nº 47-993 : Bull. civ. IV nº 207).

78160 **Réparations nécessaires** Le bailleur doit effectuer toutes les réparations autres que locatives qui se révèlent nécessaires pour maintenir l'immeuble en l'état de servir à l'usage pour lequel il a été loué (C. civ. art. 1720, al. 2 ; Cass. soc. 26-11-1954 nº 1115 : Bull. civ. IV nº 760), même si elles résultent de la **vétusté** ou d'un cas de **force majeure.** Par réparations nécessaires, il convient de comprendre toutes les réparations indispensables pour que l'immeuble loué et ses dépendances soient exploitables conformément à la destination en vue de laquelle ils ont été loués.

ILLUSTRATIONS

Ne tire pas les conséquences de ses énonciations la cour d'appel qui, dans un cas où le bail ne laissait à la charge du bailleur que les grosses réparations prévues par l'article 606 du Code civil, condamne le locataire à payer au bailleur le montant de travaux d'entretien non exécutés pendant la location (réfection d'une verrière, travaux de couverture et de ravalement) après avoir énoncé que le **ravalement** ne peut pas être mis à la charge du locataire lorsque, comme dans le cas d'espèce, il n'y en a jamais eu et lorsqu'il est rendu nécessaire par la **vétusté** du bâtiment.
Cass. 3e civ. 10-5-1990 nº 89-11.716.

Un bail prévoyait que le locataire prenait les locaux dans l'état où ils se trouvaient lors de son entrée en jouissance et que toutes les réparations qui pourraient être nécessaires lui incombaient

à l'exception des grosses réparations définies par l'article 606 du Code civil qui restaient à la charge du bailleur.
Il est constant que la charge de travaux particulièrement importants incombe au bailleur à qui il appartient d'entretenir le bien loué en état de servir à l'usage pour lequel il a été loué, de le maintenir dans cet état en cours de bail et ainsi d'assumer la **vétusté** des lieux loués, et ce, même si le locataire a accepté de prendre les lieux en l'état. La **mise en conformité de l'installation électrique,** qui était vétuste et nécessitait une réfection complète, était à la charge du bailleur, que l'administration ait ou non délivré une injonction au locataire.
CA Paris 28-9-2000 n° 99/01643, 16e ch. B.

Dans un cas où des murs du sous-sol du local loué avaient été détériorés par l'**humidité** résultant de l'absence du chéneau de descente des eaux pluviales, imputable au bailleur, il y a lieu de condamner ce dernier, au titre de son obligation d'entretien, à supporter la charge des travaux de remise en état comprenant le **brossage des murs avec réfection partielle des enduits.**
Cass. 3e civ. 1-4-2003 n° 01-17.353 F-D.

Le plancher d'un appartement situé au-dessus d'un local loué à usage exclusif de boulangerie avait cédé en raison de l'**humidité** générée par l'utilisation du four à buée du boulanger.
Le bailleur a été condamné à indemniser le locataire pour manquement à son obligation d'entretenir les lieux en état de servir à l'usage pour lequel ils avaient été loués pour les raisons suivantes : le locataire avait régulièrement entretenu le four, dont l'état de vétusté n'était pas établi ; la nature du plancher en bois aggloméré était incompatible avec l'exploitation d'un fournil ; l'humidité dégagée par le four à buée était la conséquence d'un usage normal des locaux destinés exclusivement à l'exploitation d'une boulangerie ; il incombait au bailleur de réaliser des **travaux pour assurer la solidité de la structure du plafond.**
Cass. 3e civ. 19-10-2017 n° 16-14.134 F-D : RJDA 5/18 n° 396.

Limite à l'obligation d'entretien et de réparation du bailleur L'obligation du bailleur trouve sa limite lorsque les travaux s'apparentent à une **reconstruction.** En effet, l'article 1719 du Code civil oblige le bailleur à entretenir le bien en l'état de servir à l'usage pour lequel il a été loué et non à reconstruire en cas de perte totale ou partielle (Cass. soc. 5-10-1960 n° 58-11.507 : Bull. civ. IV n° 812 ; Cass. 1e civ. 6-2-1962 n° 59-11.178 : Bull. civ. I n° 84). **78165**

La destruction du bien loué est régie par l'**article 1722 du Code civil,** lequel règle les effets entre les parties en cas de perte totale ou partielle par cas fortuit : résiliation de plein droit du bail ou option ouverte au locataire entre résiliation et diminution du loyer. Pour une étude complète de cette disposition, voir nos 74470 s. Mais il en va autrement si la perte résulte d'une cause qui aurait pu être évitée si le **bailleur** n'avait pas commis de **faute** dans l'exécution de ses obligations d'entretien telles que définies par les articles 1719 et 1720 du Code civil, ou lorsqu'il s'agit d'un vice de construction sans qu'il y ait faute de sa part et alors même qu'il aurait ignoré ce vice (Cass. soc. 24-1-1959 n° 57-10.328 : Bull. IV n° 113 ; dans le même sens, Cass. 3e civ. 3-10-1978 n° 77-11.120 : Bull. civ. III n° 297 ; Cass. 3e civ. 2-7-2003 n° 793 FP-PB : RJDA 11/03 n° 1048). Le bailleur peut donc être tenté d'invoquer les dispositions de l'article 1722 du Code civil pour échapper à sa responsabilité.

Il importe de distinguer, au cas par cas, si l'on se trouve en présence d'une réparation ou d'une reconstruction et, dans ce cas, si un défaut d'entretien est, ou non, à l'origine du dommage. **78170**
Les juges du fond disposent à cet égard d'un pouvoir souverain d'appréciation, sous réserve de préciser les raisons qui les conduisent à opter pour la reconstruction (Cass. soc. 24-1-1959 n° 57-10.328 : Bull. civ. IV n° 113).

ILLUSTRATIONS

La clause d'un bail par laquelle le locataire s'engage à « entretenir l'ensemble de la propriété et à faire effectuer toutes les réparations incombant ordinairement au propriétaire sans réclamer à ce dernier aucune participation » ne met à la charge du locataire que les réparations de gros entretien et non les travaux de **reconstruction partielle,** sauf si ceux-ci ont été rendus nécessaires par un défaut d'entretien. En conséquence, lorsque pour déterminer à qui incombent les frais de **réfection d'une toiture,** les juges désignent un expert afin de dire si le locataire a effectué les réparations lui incombant et si la réfection devenue nécessaire est ou non la conséquence d'un défaut d'entretien, ils doivent préciser les raisons pour lesquelles ils assimilent la réfection de toiture à la reconstruction d'un immeuble partiellement détruit.
Cass. soc. 26-10-1959 n° 2248 : Bull. civ. IV n° 1063.

Après avoir retenu que la **dégradation des lieux** loués était due à un défaut d'entretien imputable au bailleur, une cour d'appel a pu rejeter la demande du bailleur en résiliation du bail pour perte du bien loué et condamner ce dernier sous astreinte à effectuer divers travaux sur les bâtiments, sans faire droit à son argument selon lequel la remise en état était hors de proportion avec la valeur actuelle de ces bâtiments qui n'était que la conséquence de sa négligence.
Cass. 3e civ. 30-9-1998 n° 96-17.684 : Bull. civ. III n° 177.

Un bailleur est particulièrement mal fondé à se prévaloir des dispositions de l'article 1722 du Code civil et à solliciter la résiliation du bail pour une prétendue perte de la chose louée, dès lors que la dépense nécessaire pour **mettre en conformité l'installation électrique,** particulièrement dangereuse et vétuste, n'était nullement excessive par rapport à la valeur du bien loué et que les travaux à entreprendre n'étaient en aucune manière imputables au comportement fautif du locataire mais résultaient du manquement du bailleur à ses obligations d'entretien normal de l'immeuble.

CA Limoges 22-7-1998 n° 97-00038, 2e ch. civ. sect.

Un locataire est fondé à demander au bailleur, tenu de lui assurer une jouissance paisible de la totalité des lieux loués, de **reconstruire un hangar** que ce dernier avait démoli sur autorisation de justice car il menaçait ruine. En effet, plusieurs années avant, le locataire avait demandé au bailleur d'effectuer sur le hangar des gros travaux lui incombant contractuellement, ce qu'il n'avait pas fait. De ce fait, la perte aurait pu être évitée si le bailleur n'avait pas commis de faute dans l'exécution de ses obligations d'entretien ; l'article 1722 du Code civil ne pouvait donc pas recevoir application.

Cass. 3e civ. 25-1-2006 n° 117 FS-PB : RJDA 4/06 n° 384.

78175 Les tribunaux prennent comme **critère de distinction** entre réparation et reconstruction le coût des travaux, qu'il s'agisse de son importance (Cass. soc. 5-10-1960 et Cass. 1e civ. 6-2-1962, analysés ci-dessous), de sa distorsion avec la valeur vénale de l'immeuble (Cass. 3e civ. 3-6-1971, analysé ci-dessous ; Cass. 3e civ. 19-7-1988 n° 86-17.618 ; Cass. 3e civ. 15-2-1995, analysés ci-dessous) ou encore de son importance par rapport à la rentabilité locative de l'immeuble (Cass. 3e civ. 12-11-1975 n° 74-14.878 : Bull. civ. III n° 327 ; Cass. 3e civ. 17-12-1986 n° 1471 S : Rev. Loyers 1987 p. 95 ; Cass. 3e civ. 4-10-2000, analysé ci-dessous). Pour apprécier l'ampleur de la destruction, et donc le coût des travaux de reconstruction, les juges peuvent prendre en compte des éléments postérieurs au sinistre, telles que les conclusions d'un rapport d'expertise établi après un incendie (Cass. 3e civ. 19-12-2012 n° 11-26.076 : RJDA 7/13 n° 587).

ILLUSTRATIONS

Doit être cassé l'arrêt qui condamne un bailleur à effectuer diverses réparations aux bâtiments et les réparations nécessaires aux toitures au motif que l'état des lieux mentionne que « les couvertures des bâtiments, vu leur mauvais état, restent entièrement à la charge du bailleur » tout en constatant que ces toitures se trouvent en état de destruction partielle et que leur remise en état équivaudrait à leur **reconstruction sur des bâtiments « minés par la vétusté »** et sans rechercher si lesdites réparations ne dépassaient pas la remise en état du bien dans l'état où il se trouvait lors de l'entrée en jouissance du locataire.

Cass. soc. 5-10-1960 n° 58-11.507 : Bull. civ. IV n° 812.

Donne une base légale à sa décision la cour d'appel qui décide que le propriétaire de locaux loués à usage de **boulangerie** ne pouvait pas être tenu de procéder à la **réfection du four** dont la voûte s'était affaissée après avoir considéré, par une appréciation souveraine, que compte tenu du loyer annuel de 70 000 francs (10 600 € environ), la **dépense** de reconstruction du four, qui s'élevait à 545 000 francs (83 000 € environ), était **excessive.**

Cass. 1e civ. 6-2-1962 n° 59-11.178 : Bull. civ. I n° 84.

La clause d'un bail mettant à la charge du locataire « toutes les réparations incombant ordinairement au propriétaire sans réclamer à ce dernier aucune participation » ne peut pas être étendue aux travaux de réfection d'une **toiture** en état de **vétusté** totale, la destruction partielle consécutive à cet état ne pouvant trouver remède que par la reconstruction.

Cass. soc. 3-3-1966 n° 64-12.539 : Bull. civ. IV n° 239.

En présence d'un **immeuble vétuste** de 300 ans d'âge loué à usage d'**hôtel,** qui a fait l'objet d'un arrêté de péril et dont la démolition a été ordonnée, les juges peuvent, par une interprétation souveraine, décider que, compte tenu de l'**importance de l'immeuble** et la **modicité du loyer,** l'intention des parties n'avait pu être d'imposer au bailleur des réparations qui constitueraient des travaux de reconstruction et non d'entretien normal.

Cass. 3e civ. 2-7-1969 n° 67-12.266 : Bull. civ. III n° 534.

Dès lors que des **bâtiments, devenus vétustes et délabrés** sans défaut d'entretien caractérisé, sont inaptes à leur destination et ne peuvent plus être conservés sans dépense excessive, le **coût des travaux** de restauration atteignant **au moins la valeur vénale des bâtiments,** les juges ont pu estimer qu'il y avait perte partielle de la chose louée par cas fortuit et débouter le locataire de sa demande en réparation.

Cass. 3e civ. 3-6-1971 n° 69-14.829 : Bull. civ. III n° 348.

Dans un cas où un **incendie** avait détruit une partie de l'immeuble exploité par le locataire en **hôtel,** ce dernier avait fait valoir, d'une part, que des réparations pouvaient assurer la remise en état de l'immeuble, et, d'autre part, que ces réparations devaient être entreprises par le bailleur au

moyen de l'indemnité qu'il avait reçue de son assureur, son refus ayant pour résultat de priver arbitrairement le locataire du droit au maintien dans les lieux et, éventuellement, d'une indemnité d'éviction.
La Cour de cassation a jugé au contraire que, dès lors que l'incendie avait rendu l'immeuble impropre à l'utilisation d'hôtel prévue au bail et que la remise en état des lieux nécessitait non pas de simples réparations mais une véritable reconstruction affectant le gros œuvre et dont le coût serait excessif, la perte du bien devait être considérée comme totale et le bail résilié, sans que le propriétaire soit obligé de reconstruire l'immeuble, fût-ce par l'emploi de l'**indemnité de l'assurance.**

Cass. 3e civ. 20-1-1981 n° 79-14.576 : Bull. civ. III n° 15.

L'état défectueux de la **toiture** d'un immeuble donné en location nécessitait des travaux de réfection. Le coût de la réfection en l'absence de laquelle le bâtiment serait en ruine s'élevant à un montant de plus de 90 000 F (13 700 € environ) alors que la valeur de cet immeuble ne dépasse pas 100 000 F (15 200 € environ), la Cour de cassation considère que, dès lors « qu'aucun défaut d'entretien ne peut être imputé aux propriétaires, les **dépenses** de remise en état apparaissent **excessives**, que la ruine de la toiture par la seule vétusté présente le caractère de la perte par cas fortuit ».

Cass. 3e civ. 6-3-1984 n° 82-15.817 : Bull. civ. III n° 59.

Un **arrêté de péril** ordonne l'évacuation immédiate des lieux loués en vue de leur destruction, l'immeuble étant dans un état de délabrement avancé. Pour décider que le bail est résilié de plein droit en application de l'article 1722 du Code civil, la Cour de cassation souligne que « l'ampleur et le coût de réfection nécessaire commandaient des travaux trop onéreux par rapport à la **valeur vénale de l'immeuble** ».

Cass. 3e civ. 19-7-1988 n° 86-17.618 : Juris-Data n° 1988-1378.

Une cour d'appel a pu valablement décider de résilier un bail portant sur des locaux à usage d'**abattoir de volailles** après avoir souverainement retenu qu'il résultait d'un rapport d'expertise, d'une part, que la **mise en conformité** de l'exploitation avec les règlements d'hygiène, compte tenu de son fonctionnement, de la disposition des lieux et de la grande vétusté des bâtiments, exigeait des transformations importantes et, d'autre part, que le **coût des travaux** essentiellement à la charge du bailleur était excessif par rapport à la **valeur du bien** loué.

Cass. 3e civ. 15-2-1995 n° 92-19.712, statuant sur renvoi après Cass. 3e civ. 12-6-1991 n° 1065 P : RJDA 8-9/91 n° 691.

Dans un cas où une **inondation** avait provoqué divers dommages (chute de plaques de faux plafonds et de lustres et de leur équipement électrique, moquette détrempée, matériel et dossiers endommagés, coupure d'électricité, de chauffage et de téléphone), il a été jugé que la remise en état des locaux constituait des travaux de réparation et non de reconstruction dès lors que le **coût des travaux** effectués correspondait à une somme de l'ordre de 58 000 francs (8 800 € environ) hors taxe, laquelle n'était pas disproportionnée au **loyer annuel** de 89 138 francs (13 589 €) hors taxe.

Cass. 3e civ. 4-10-2000 n° 98-21.843.

Des travaux de désamiantage d'une durée de trois mois ne peuvent justifier une résiliation de plein droit du bail sur le fondement de l'article 1722 du Code civil dès lors que s'ils nécessitaient l'évacuation de l'ensemble des occupants de l'immeuble et étaient d'une durée prévisible de 1 an à 18 mois, ils autorisaient la réoccupation des lieux sans aucune difficulté, leur **coût** étant **inférieur à la valeur des locaux.**
Par ailleurs, le bailleur ayant été, avant la signature du bail, informé par le syndic de la copropriété de la présence d'amiante dans l'immeuble – de sorte qu'il connaissait les risques encourus à plus ou moins long terme et s'était abstenu d'en informer le locataire –, il devait à son locataire sa garantie pour le trouble qu'il subissait en application des dispositions de l'article 1721 du Code civil.

Cass. 3e civ. 2-7-2003 n° 793 FP-PB : RJDA 11/03 n° 1048 ; CA Versailles 4-11-2004 n° 03-4613, 12e ch. sect. 1 : RJDA 5/05 n° 507.

B. Catégories de réparations

Le décret 2014-1317 du 3 novembre 2014, applicable aux baux conclus depuis le 5 novembre 2014, fait expressément référence aux grosses réparations de l'article 606 du Code civil. Avant l'entrée en vigueur de ce texte, cette catégorie de réparations n'était pas abordée dans le statut des baux commerciaux. Les dispositions du Code civil relatives au contrat de louage n'envisageaient que deux catégories de réparations : les **réparations locatives** ou de menu entretien qui, incombant au locataire, sont définies de façon non exhaustive à l'article 1754 du Code civil (nos 78605 s.) et toutes les autres, dont la charge pèse sur le bailleur. Néanmoins, compte tenu de **78300** l'indétermination de ces dernières et du caractère supplétif des dispositions du Code civil, les praticiens avaient depuis fort longtemps fait appel aux règles de l'usufruit (C. civ. art. 605 et 606) pour restreindre les obligations du bailleur... et étendre celles du locataire. Au premier, assimilé à un nu-propriétaire, les « **grosses réparations** » ; au second, assimilé à l'usufruitier, les « réparations d'entretien », ces dernières étant entendues de façon plus large que les « réparations locatives » de l'article 1754 puisqu'il s'agit de toutes celles qui n'entrent pas dans la catégorie des grosses réparations.

1. GROSSES RÉPARATIONS

a. Définition des grosses réparations

DÉFINITION LÉGALE DES GROSSES RÉPARATIONS

78310 Les grosses réparations sont celles des gros murs et des voûtes, le rétablissement des poutres et des couvertures entières, celui des digues et des murs de soutènement et de clôture aussi en entier ; toutes les autres réparations sont d'entretien (C. civ. art. 606).

Le statut des baux commerciaux, depuis 2014, et de nombreux contrats de baux commerciaux, même avant la réforme, se réfèrent à cette disposition pour répartir la charge des travaux entre bailleur et locataire.

DÉFINITION DES GROSSES RÉPARATIONS PAR LA COUR DE CASSATION

78315 Avant 2005, la Cour de cassation estimait que l'énumération des grosses réparations au sens de l'article 606 était limitative et non énonciative (Cass. 3e civ. 25-10-1983 n° 82-11.261 : Bull. civ. III n° 194 ; Cass. 3e civ. 27-11-2002 n° 1719 FS-PB : RJDA 2/03 n° 112). Se livrant ainsi à une **interprétation restrictive** de cette disposition, elle exerçait généralement un contrôle sur la qualification des grosses réparations et censurait en conséquence les juges du fond qui tentaient de donner une portée plus large à ce type de réparations.

ILLUSTRATIONS

C'est à tort que, pour faire supporter au bailleur le coût du remplacement des chaudières de chauffage central exposé par le locataire, la cour d'appel de Paris a estimé que constituait une grosse réparation la dépense afférente à un élément d'équipement nécessaire pour maintenir les locaux loués dans un état conforme à l'usage auquel ils étaient destinés et satisfaire ainsi à l'une des obligations essentielles contractées par le bailleur (Cass. 3e civ. 25-10-1983 précité).

Pour condamner le bailleur à rembourser au locataire les sommes payées par celui-ci au titre des travaux de remplacement du dispositif de climatisation de l'immeuble, la cour d'appel de Paris a retenu à tort que la climatisation faisait partie des éléments indissociables du clos et du couvert, de sorte que le changement du système entier relevait des grosses réparations (Cass. 3e civ. 10-2-1999 n° 285 D : RJDA 4/99 n° 385). Au cas particulier, la cour d'appel de renvoi, tout en affirmant que les travaux d'adaptation d'un système de climatisation ne constituent pas des grosses réparations, est parvenue à la même solution que la cour d'appel de Paris en déplaçant le débat sur le terrain de l'article 1719, 2° du Code civil (CA Versailles 2-10-2001 n° 99-2978, ch. com. réunies, analysé n° 78050).

78320 Un arrêt du 13 juillet 2005 a marqué dans ce domaine une nette **évolution** de la jurisprudence de la Cour de cassation. En effet, cette dernière a abandonné toute référence au caractère limitatif de l'article 606 et s'est contentée d'approuver une **définition générale** donnée par une cour d'appel de ce qu'il faut entendre par grosses réparations et réparations d'entretien (Cass. 3e civ. 13-7-2005 n° 04-13.764 FS-PB : RJDA 12/05 n° 1323 ; P.-Y. Gautier, Pour l'abandon d'une trompeuse analogie entre bail et usufruit : à propos des grosses réparations : RTD civ. 2005 p. 795 ; Ph.-H. Brault, Bail commercial : les grosses réparations et les obligations d'entretien du preneur : Loyers et copr. 2006 comm. 1) : au sens de l'article 606 du Code civil, les réparations d'entretien sont celles qui sont utiles au maintien permanent en bon état de l'immeuble tandis que les grosses réparations intéressent l'immeuble dans sa structure et sa solidité générale.

Ce faisant, la Cour de cassation a adopté l'**interprétation extensive** des grosses réparations déjà retenue dans certaines décisions (n° 78315).

78325 À l'intérieur de ce cadre conceptuel, la Cour de cassation laisse ensuite aux **juges du fond** le soin d'**apprécier souverainement** si telle ou telle réparation rentre dans l'une ou l'autre de ces deux catégories. Ainsi a-t-elle approuvé la cour d'appel d'Orléans, dans un cas où le bail mettait à la charge du locataire les réparations locatives ou d'entretien à l'exception des grosses réparations visées par l'article 606 du Code civil, d'avoir décidé que les réparations suivantes, qui visaient à remédier à des inondations et à des désordres dus à des « dispositions constructives inadéquates », entraient dans cette dernière catégorie dès lors qu'elles concernaient la structure et la préservation de l'immeuble : travaux de remise en état des lieux loués après les inondations et travaux destinés à prévenir le risque d'inondation ; mise en conformité de toitures et réfection de l'installation électrique ; reprise d'une fuite d'eau en cave ; réparation d'une canalisation détruite par le gel en raison d'un manque de calorifugeage (Cass. 3e civ. 13-7-2005 no 04-13.764 précité).

> **Précisions** En matière d'usufruit, la Cour de cassation a affirmé depuis longtemps que « l'appréciation du caractère des réparations est une question de fait abandonnée à l'appréciation des tribunaux » (Cass. 2e civ. 7-12-1961 no 60-10.445 : Bull. civ. II no 842).

RÉPARTITION CONVENTIONNELLE DES GROSSES RÉPARATIONS

Depuis la loi Pinel, le statut des baux commerciaux interdit expressément au bailleur de laisser **78330**
à la charge du locataire les dépenses relatives aux grosses réparations de l'article 606 du Code civil (C. com. art. R 145-35, 1o), au moins lorsqu'elles peuvent être considérées comme des charges (no 12112). Cette disposition, applicable aux **contrats conclus ou renouvelés depuis le 5 novembre 2014** (CA Nîmes 24-9-2015 no 13/00940 : Loyers et copr. 2016 comm. 205), fige donc la pratique qui consistait, jusqu'ici, à stipuler dans les baux commerciaux que le bailleur n'était tenu que des grosses réparations au sens de l'article 606 du Code civil. L'interprétation extensive, par la Cour de cassation, de la notion de grosses réparations (no 78320), qui devrait être maintenue sous l'empire du droit issu de la loi Pinel, conjuguée au large pouvoir d'appréciation laissé aux tribunaux, risque donc d'être une source d'insécurité juridique pour les parties au contrat de bail. Elle prive par ailleurs de tout intérêt la rédaction de clauses détaillées visant à circonscrire la notion de grosse réparation puisque l'interdiction de transférer au locataire la charge des grosses réparations est d'ordre public et ne laisse aucune marge de manœuvre aux parties au contrat.

> **Précisions** Pour les **contrats antérieurs au 5 novembre 2014,** le bailleur ne peut transférer au locataire la charge des travaux intéressant la structure et la solidité des locaux loués que par une clause claire et précise, dont la portée doit être interprétée strictement. Ainsi jugé que la clause par laquelle le locataire s'engage à « conserver les locaux loués en bon état d'entretien et de réparations locatives et effectuer ou faire effectuer à ses frais et sous sa seule responsabilité les réparations de toute nature, y compris celles visées à l'article 606 du Code civil et y compris également tous travaux de ravalement de façades » ne décharge pas le bailleur de son obligation de prendre en charge la réfection de la couverture et la charpente des locaux, cette clause ne visant pas expressément ces travaux (Cass. 3e civ. 1-6-2022 no 21-14.598 F-D : Loyers et copr. 2022 comm. 140 obs. E. Chavance). Le simple fait de viser les réparations de l'article 606 ne suffirait donc pas.

b. Appréciation des grosses réparations par les tribunaux

La qualification des travaux en tant que grosses réparations a fait l'objet d'un important **78370**
contentieux sous l'empire de la jurisprudence de la Cour de cassation antérieure à celle du 13 juillet 2005. Si certaines des solutions retenues alors sont encore d'actualité, d'autres en revanche sont à notre avis sujettes à caution compte tenu des définitions retenues depuis par la Haute Juridiction (nos 78320 s.). L'abandon, aux juges du fond, du pouvoir souverain d'apprécier la nature de ces réparations rend par ailleurs ces solutions moins prévisibles.

TRAVAUX AFFECTANT DES ÉLÉMENTS DE LA STRUCTURE DE L'IMMEUBLE LOUÉ

Clause visant « le clos et le couvert » Les clauses faisant référence à l'article 606 **78375**
du Code civil sur les grosses réparations ne doivent pas être assimilées à celles faisant référence aux réparations concernant « le clos et le couvert ». Tenu contractuellement d'assurer le clos et le couvert, un bailleur peut en effet être obligé d'effectuer les réparations locatives, d'entretien ou de grosses réparations afférentes au clos et au couvert. Les notions de clos et de couvert sont donc à éviter dans les baux commerciaux, malgré leur possible interprétation au regard de l'article R 111-2 du Code de la construction et de l'habitation, qui définit les gros et menus ouvrages.

Ainsi que le souligne J. Lafond, lorsqu'on s'interroge à propos de ce type de clause, « on constate qu'elle suscite de multiples difficultés et que les questions qui se posent n'appellent jamais de réponse évidente. De ce fait, les discussions qui naîtront entre bailleur et preneur ont toutes les chances de déboucher sur un contentieux dont l'issue est chaque fois relativement incertaine » (J. Lafond, Les réparations aux « clos et couvert » : JCP N 1993 I p. 457).

> **Précisions** Les **gros ouvrages** sont (CCH art. R 111-2, II-1o) :
> – les éléments porteurs concourant à la stabilité ou à la solidité du bâtiment et tous autres éléments qui leur sont intégrés ou forment corps avec eux ;
> – les éléments qui assurent le clos, le couvert et l'étanchéité à l'exclusion de leurs parties mobiles, ceux-ci comprenant notamment les revêtements des murs à l'exclusion de la peinture et des papiers peints, les escaliers et planchers ainsi que leur revêtement en matériau dur, les plafonds et les cloisons fixes, les portions de canalisations, tuyauteries, conduites et gaines de toutes sortes logées à l'intérieur des murs, plafonds ou planchers, ou prises dans la

masse du revêtement, à l'exclusion de celles qui sont seulement scellées, les charpentes fixes des ascenseurs et monte-charge, les bâtis et huisseries des portes, fenêtres et verrières.
Les **menus ouvrages** sont les éléments du bâtiment autres que les gros ouvrages, façonnés, fabriqués ou installés par l'entrepreneur, comprenant notamment les canalisations, radiateurs, tuyauteries, conduites, gaines et revêtements de toutes sortes autres que ceux constituant de gros ouvrages, les éléments mobiles nécessaires au clos et au couvert tels que portes, fenêtres, persiennes et volets (CCH art. R 111-2, II-2°).

78380 **Interventions sur les toitures** La **réfection** de la toiture d'un bâtiment, dès lors qu'elle est **totale,** constitue une grosse réparation (C. civ. art. 606). Le bailleur lié par un contrat postérieur au 5 novembre 2014 ne peut donc pas s'exonérer du coût relatif à ce type de réparation.

Sous l'empire du droit antérieur, la Cour de cassation estimait déjà que, en présence d'une clause mettant les grosses réparations à la charge du locataire, la réfection totale de la toiture devait être prise en charge par le bailleur (Cass. 3e civ. 11-12-1984 n° 83-13.063 : Bull. civ. III n° 209 ; Cass. 3e civ. 10-5-1991 n° 89-18.165 : RJDA 6/91 n° 467), y compris lorsque le bail portait sur plusieurs bâtiments et qu'un seul d'entre eux était concerné (Cass. 3e civ. 29-9-2010 n° 09-69.337 FS-PB : RJDA 2/11 n° 115). Il a ainsi été jugé que le bailleur devait supporter le coût de la réfection en présence de clauses mettant à la charge du locataire :

– « toutes les réparations qui seraient nécessaires aux bâtiments, y compris les réparations de murs et de toitures et, d'une manière générale, toutes les grosses réparations et celles de la toiture » (Cass. 3e civ. 10-5-1991 n° 824 P : RJDA 6/91 n° 467) ;

– toutes les réparations de quelque nature qu'elles soient à faire aux lieux loués pendant la durée du bail « sans aucune exception, y compris celles à faire à la toiture et aux gros murs et celles concernant le clos et le couvert ». Un expert ayant estimé qu'il y avait lieu de procéder à un « remaniage » complet de la toiture et au remplacement total des gouttières et des tuyaux de descente, il a été précisé que les termes de « remaniage » et de remplacement ainsi employés impliquaient la nécessité d'une réfection et non simplement de grosses réparations incombant au locataire (Cass. 1e civ. 17-10-1962 n° 60-13.627 : Bull. civ. I n° 426).

Dans un cas où des désordres internes aux lieux loués avaient été causés par la vétusté des couvertures dont le très mauvais état rendait illusoire toute réparation ponctuelle et nécessitait des travaux importants, il a été jugé que la mise en conformité de l'installation électrique, la remise en état des fenêtres et volets, celle des murs intérieurs, la remise en état et en conformité du plancher supérieur, incombaient au bailleur même si elles ne constituaient pas des grosses réparations dès lors que les réparations qui s'imposaient sur la couverture relevaient d'une reprise de celle-ci en son entier et donc de l'article 606 du Code civil (CA Paris 14-3-2007 n° 04-3708, 16e ch. A).

78385 Le coût de la réfection de l'**étanchéité** de la totalité de la toiture de l'immeuble loué incombe au bailleur même en l'absence de « reconstruction de la toiture après démolition » (CA Paris 13-5-1998 n° 97-2903, 1e ch. G, rendu sous l'empire du droit antérieur à la réforme de 2014).

78390 Le bailleur doit supporter le coût lorsque la réfection totale de la toiture résulte de surcroît de la **vétusté.** En effet, l'article 1755 du Code civil (n° 78010) apporte une limite à la possibilité de déroger aux prescriptions de l'article 1720 en énonçant qu'aucune des réparations locatives n'est à la charge des locataires quand elles ne sont occasionnées que par vétusté. Ce texte ne vise que les réparations locatives mais il est étendu par la jurisprudence aux grosses réparations mises à la charge du locataire (Cass. 3e civ. 11-12-1984 n° 83-13.063 : Bull. civ. III n° 209). Tel est le cas, que le locataire soit tenu des réparations visées par l'article 606 du Code civil (Cass. 3e civ. 16-5-2000 n° 729 D) ou qu'une clause du bail mette à sa charge les grosses réparations sans faire référence à cette disposition (Cass. 3e civ. 14-1-1992 n° 90-18.353).

Les **baux conclus ou renouvelés depuis le 5 novembre 2014** ne peuvent plus mettre à la charge du locataire les dépenses liées aux travaux occasionnés par la vétusté lorsqu'ils constituent des grosses réparations au sens de l'article 606 du Code civil (C. com. art. R 145-35, 2° ; n° 78685).

78395 Le bailleur peut être déchargé de son obligation, au moins pour partie, lorsque la nécessité de réfection totale de la toiture résulte de l'**inexécution par le locataire de son obligation d'entretien.** Il appartient aux juges du fond de procéder à cette recherche lorsque celle-ci leur est demandée (Cass. 3e civ. 11-12-1991 n° 1819 P : RJDA 2/92 n° 129).

ILLUSTRATIONS

Un bail portant sur des locaux à usage de **cinéma** stipulait que le locataire s'engageait à exécuter au lieu et place du bailleur toutes les réparations qui pourraient être nécessaires dans les lieux loués à l'exception toutefois des grosses réparations telles que définies à l'article 606 du Code civil qui seules restaient à la charge du bailleur. Jugé que le locataire ne pouvait pas faire grief à un arrêt d'avoir mis à sa charge les 4/5e de la réfection complète de la couverture de l'immeuble loué dès lors qu'il avait été constaté que les **infiltrations d'eau de pluie** ayant rendu nécessaires les travaux en toiture étaient dues pour la plus grande partie à l'absence totale de travaux d'entretien et de réparations de la toiture pendant de très nombreuses années par le locataire (Cass. 3e civ. 18-7-1979 n° 78-12.603 : Bull. civ. III n° 156).

Un bail prévoyait la prise des lieux loués en l'état où ils se trouvaient au jour de l'entrée en jouissance et l'exécution aux frais du locataire de toutes les réparations nécessaires en cours de bail à l'exception de celles visées par l'article 606 du Code civil. Après avoir retenu qu'une telle clause mettait à la charge du locataire l'entretien de la toiture sauf s'il y avait lieu à sa reprise complète, il a été jugé que le coût de la remise en état de celle-ci devait être mis à la charge du locataire dès lors que la part résultant de la vétusté était due à un défaut d'entretien (Cass. 3e civ. 10-1-1995 n° 93-12.830 rendu après renvoi de Cass. 3e civ. 11-12-1991 précité).

La solution retenue pour les toitures traditionnelles est applicable aux **verrières** ou toitures partiellement en verre. En effet, il a été jugé qu'une verrière ayant vocation à assurer le clos et le couvert d'une salle privative doit, par la spécificité de sa structure et donc de sa réfection, être assimilée à une couverture entière au sens de l'article 606 du Code civil (CA Versailles 3-4-1997 n° 2749/94). En conséquence, sa réfection incombe au bailleur dès lors qu'elle est totale (Cass. 3e civ. 28-6-1989 n° 88-11.577). **78400**

ILLUSTRATIONS

Constitue une grosse réparation le fait de déposer et remplacer toutes les **vitres** après avoir exécuté des travaux de réfection et de protection de l'**ossature** en fers à « T », le ferraillage de la verrière et son châssis grillagé de protection étant enchâssés dans les murs de refend (CA Versailles 3-4-1997 précité).

En présence d'une **toiture en sheds**, c'est-à-dire en dents de scie, avec deux versants de pente différents dont le plus court était **vitré** et l'autre recouvert de tuiles, une cour d'appel a souverainement retenu que la reprise de désordres affectant une trentaine de vitres devait rester à la charge du locataire au titre des réparations d'entretien (Cass. 3e civ. 2-5-2012 n° 11-16.266 F-D : RJDA 10/12 n° 828).

L'ensemble des solutions retenues par les tribunaux avant l'arrêt de la Cour de cassation du 13 juillet 2005 (n° 78320) devraient à notre avis perdurer, mais les tribunaux pourraient être conduits à inclure dans les grosses réparations des **réfections** de toiture **partielles** dès lors que celles-ci « intéressent l'immeuble dans sa structure et sa solidité ». **78405**

Autres interventions Parmi les autres travaux affectant des éléments de la structure de l'immeuble considérés comme constituant des grosses réparations, on relèvera notamment : **78410**

- la réfection de **zingueries** affectant une partie importante de l'immeuble (Cass. 1e civ. 2-2-1955 n° 148 : Bull. civ. I n° 55 rendu pour un usufruit mais transposable) ;
- la réfection des **souches de cheminées,** constructions maçonnées indispensables au tirage des cheminées qui font partie des gros murs qu'elles prolongent au-dessus des combles (Cass. 1e civ. 15-3-1961 nos 2250 et 2249 : Bull. civ. I n° 166) ;
- la réfection d'un **plafond** qui s'était effondré partiellement à la suite d'infiltration d'eau provenant d'une fissure située au-dessus du linteau en bois de la fenêtre du pignon (CA Rennes 17-12-1998 n° 97-475, 4e ch.) ;
- les travaux nécessaires pour remédier au décollement d'un **mur** de l'immeuble, générateur d'humidité dans les lieux loués (Cass. 3e civ. 17-6-1980 n° 1057) ;
- le remplacement d'un **ascenseur** dès lors qu'il a pour origine la vétusté et la non-conformité de l'appareil (CA Paris 17-6-2009 n° 08-07290, 16e ch. A : RJDA 2/10 n° 120) ;
- la réfection totale d'un **système de climatisation** dès lors qu'elle vise à permettre la conformité de l'immeuble à sa destination et qu'elle est d'une ampleur importante, avec notamment une réorganisation du système hydraulique et une intervention sur les planchers (CA Paris 22-9-2010 n° 09-03422, 3e ch.) ou encore la remise en état intégrale d'une climatisation incluant le remplacement du compresseur (CA Paris 16-2-2011 n° 09/13644, 3e ch.) ; en revanche, l'entretien régulier de l'installation de climatisation n'est pas considéré comme des travaux affectant la structure de l'immeuble (Cass. 3e civ. 28-9-2022 n° 21-20.879 F-D) ;
- la réfection des **poteaux de façade** d'un immeuble de grande hauteur dès lors qu'elle concerne les éléments structurants de l'immeuble (CA Paris 22-9-2010 précité) ;
- la réparation des **fenêtres** du local loué dès lors qu'elles assurent le clos de l'immeuble et sa protection contre la pluie (CA Rennes 17-12-1998 n° 97-475, 4e ch. : Juris-Data n° 1998-049114). Néanmoins, jugé que la réparation et le changement de fenêtres ne constituaient pas de grosses réparations dans un cas où le locataire s'était engagé à réparer et entretenir les fenêtres de l'immeuble loué, le

bailleur n'étant tenu qu'aux grosses réparations définies par l'article 606 du Code civil (Cass. 3e civ. 29-3-2000 n° 507 D ; dans le même sens, CA Paris 9-6-2010 n° 05-5851, ch. 3-5).

78420 Compte tenu de la définition des grosses réparations donnée par la Cour de cassation dans son arrêt du 13 juillet 2005 (n° 78320), certains travaux qui étaient auparavant exclus de la catégorie des grosses réparations pourraient y figurer. Ainsi, des réparations affectant des **canalisations,** exclues en 2002 (Cass. 3e civ. 27-11-2002 n° 1719 FS-PB : RJDA 2/03 n° 112), ont été admises en 2005 (Cass. 3e civ. 13-7-2005 précité). De même, il n'est pas certain que la réfection de 190 m² de **plancher** au rez-de-chaussée d'un local commercial serait encore exclue des grosses réparations, ainsi qu'il a été jugé en 2004 (Cass. 3e civ. 24-2-2004 n° 260 D).

TRAVAUX DE RAVALEMENT DE L'IMMEUBLE LOUÉ

78425 **Ravalement d'entretien et grosses réparations** Le ravalement d'un immeuble recouvre des opérations très différentes allant du simple nettoyage à la reprise de structure. Compte tenu du coût que de tels travaux sont susceptibles d'occasionner, il n'est pas étonnant qu'un contentieux important se soit développé en la matière.

Les distinctions opérées par la Cour de cassation avant l'arrêt du 13 juillet 2005 (n° 78320) sont à notre avis transposables puisque la définition nouvelle des grosses réparations englobe le concept de « gros œuvre ». Ainsi, intéressent l'immeuble dans sa structure et sa solidité générale les travaux de ravalement qui, touchant à l'**étanchéité,** comportent le traitement au silicone d'une façade en briques poreuses et le remplacement de panneaux en tôle (Cass. 3e civ. 12-4-1995 n° 815 P : RJDA 6/95 n° 688). Il en va de même de ceux effectués sur trois façades d'un immeuble et comportant un lot « **maçonnerie** avec décroutage » et un lot « ravalement » (Cass. 3e civ. 31-3-1998 n° 96-15.862).

En revanche, ne constituent pas des grosses réparations au sens de l'article 606 du Code civil les travaux de ravalement qui tendent à remettre les façades en état de **propreté** (brossage, lessivage, décapage, enduit, peinture, vernissage). Dans ce cas, les travaux peuvent donner lieu à des **reprises de surface** mais celles-ci ne doivent pas avoir pour effet de renforcer, modifier ou restaurer les ouvrages principaux. Tel est le cas notamment du simple recrépissage d'un immeuble (Cass. 1e civ. 21-3-1961 n° 61-10.244 : Bull. civ. I n° 175), de la dépose et de la pose de carreaux de céramique en façade (Cass. 3e civ. 11-5-1995 n° 945 D) ou de la dépose des volets roulants, du remplacement des descentes d'eau pluviale et de la reprise de l'ensemble des zincs (CA Paris 21-9-1999, 8e ch. D : RJDA 12/99 n° 1299).

78428 Quelle que soit la date du bail, les travaux de ravalement ne peuvent être mis à la charge du **locataire** que par une **clause expresse** (Cass. 3e civ. 19-12-2012 n° 11-25.414 FS-PB : RJDA 7/13 n° 585, 1e espèce ; Cass. 3e civ. 6-3-2013 n° 11-27.331 FS-PB : RJDA 7/13 n° 585, 2e espèce). Toutefois, selon que l'on est en présence d'un contrat de bail conclu avant ou après le 5 novembre 2014, les travaux de ravalement pouvant être imputés au locataire ne sont pas les mêmes (nos 78430 s.).

78430 Pour les **contrats conclus avant le 5 novembre 2014,** la répartition du coût de ces travaux entre les parties dépend des seules stipulations contractuelles, les grosses réparations pouvant être mises à la charge du locataire (n° 78330).

ILLUSTRATIONS

Un bail portant sur des locaux à usage d'hôtel meublé mettait le **ravalement à la charge du locataire.** Condamné à prendre en charge les frais de ravalement, ce dernier avait fait valoir qu'il n'était tenu aux travaux de ravalement que dans le cadre de l'obligation mise à sa charge d'entretenir les murs en état de propreté et qu'en interprétant le terme « ravalement », isolément en le séparant de son contexte, comme comportant la remise en état des murs, y compris le recrépissage nécessaire et non seulement le nettoyage et la réfection des peintures, la cour d'appel avait dénaturé la clause du bail. Cet argument a été rejeté par la Cour de cassation au motif que le ravalement comporte essentiellement la remise en état des murs extérieurs de l'immeuble, y compris le recrépissage nécessaire (Cass. 3e civ. 12-7-1989 n° 88-11.989).

Le bailleur peut donc indifféremment faire peser sur le locataire tous les travaux de ravalement, que ce soit des travaux touchant à l'étanchéité des murs de l'immeuble, qui constituent des grosses réparations (n° 78425) ou des travaux visant simplement à remettre les façades en bon état de propreté. La seule condition étant qu'une clause expresse du bail prévoie l'imputation de ces travaux sur le locataire.

78435 Pour les **contrats conclus ou renouvelés depuis le 5 novembre 2014,** le bailleur doit supporter les dépenses liées aux travaux de ravalement toutes les fois où ceux-ci constituent une grosse réparation (n° 78330). Il ne peut donc imputer au locataire, par une clause expresse du bail, que les « petits ravalements », à savoir ceux qui ne touchent pas à la structure et à la solidité générale de l'immeuble et qui ne constituent de ce fait pas des grosses réparations (n° 78425). Notons qu'une interprétation restrictive du décret 2014-1317 du 3 novembre 2014 permettrait néanmoins de transférer au locataire la charge de tous les travaux portant sur des locaux dont il a la jouissance privative : sur ce point voir n° 12112.

Ravalement prescrit par l'administration Lorsque le ravalement est prescrit par l'autorité administrative, à la suite ou non d'une injonction, la Cour de cassation a posé comme principe que les travaux sont à la charge du bailleur, sauf stipulation expresse contraire (Cass. 3e civ. 24-3-1993 n° 523 P : RJDA 6/93 n° 480 ; Cass. 3e civ. 13-7-1994 et Cass. 3e civ. 5-10-2017 : n° 79317) concernant les travaux en cause (Cass. 3e civ. 10-5-2001 n° 768 FS-PB : RJDA 7/01 n° 756 ; Cass. 3e civ. 15-6-2023 n° 21-19.396 F-D : RJDA 12/23 n° 640). C'est ainsi que, dans un cas où un bail mettait à la charge du locataire les travaux de ravalement, le bailleur a dû les prendre en charge dès lors qu'ils avaient été exécutés à la suite d'une injonction de l'autorité administrative, ce cas n'ayant pas été prévu par le bail (Cass. 3e civ. 10-5-2001 et Cass. 3e civ. 15-6-2023 précités). Il importe donc d'apporter le plus grand soin à la rédaction des clauses du bail. Dans tous les cas, le locataire tenu au titre d'un bail conclu ou renouvelé depuis le 5 novembre 2014 ne pourra pas se voir imputer le coût d'un ravalement prescrit par l'administration s'il relève des grosses réparations mentionnées à l'article 606 (C. com. art. R 145-35, 2° ; voir cependant sur la possibilité d'interpréter plus restrictivement ce texte n° 12112). Pour plus de détails sur les travaux prescrits par l'administration, voir nos 79100 s. **78440**

2. RÉPARATIONS URGENTES

Le locataire doit pouvoir jouir paisiblement des lieux loués pendant toute la durée du bail (C. civ. art. 1719, 3°). Il en résulte que le bailleur doit garantir son cocontractant des troubles qui pourraient résulter de l'exécution par celui-ci de travaux. **78510**

Toutefois, l'article 1724 du Code civil réserve le cas des réparations urgentes. Bien qu'initialement prévu en considération des baux d'habitation, ce texte a une portée générale.

RÉGIME LÉGAL DES RÉPARATIONS URGENTES

Droits du bailleur Le bailleur peut effectuer dans les lieux loués toutes les réparations urgentes qui ne peuvent pas être différées jusqu'à la fin du bail. Dès lors que la **durée** des travaux est de **vingt-et-un jours maximum,** le locataire doit les souffrir, quelles que soient les incommodités que lui causent ces travaux et, même s'il est privé d'une partie du bien loué, il ne peut pas réclamer une diminution de loyer ou une indemnité (C. civ. art. 1724, al. 1). **78515**

> **Précisions** Avant le 27 mars 2014, date d'entrée en vigueur de la loi 2014-366 dite « loi Alur » du 24 mars 2014, qui a modifié l'article 1724, le délai pendant lequel le locataire était tenu de souffrir les travaux sans pouvoir réclamer d'indemnité était de quarante jours.

Protection du locataire Si les réparations durent **plus de vingt et un jours,** le prix du bail sera diminué à proportion du temps et de la partie du bien loué dont le locataire aura été privé (C. civ. art. 1724, al. 2). **78520**

En outre, si les réparations sont de telle nature qu'elles rendent inhabitable ce qui est nécessaire au logement du locataire et de sa famille, celui-ci pourra faire résilier le bail (art. 1724, al. 3).

Travaux concernés Seules sont visées les réparations urgentes **à l'exclusion** de tous les travaux d'amélioration ou de réparation dont le bailleur voudrait prendre l'initiative. Ainsi, n'entrent pas dans cette catégorie des travaux de modernisation des installations de chauffage et de distribution d'eau (CA Paris 16-9-1994 : Loyers et copr. 1994 comm. n° 466). Il en va de même pour des travaux de restructuration de l'immeuble entrepris en vue d'une meilleure valorisation de celui-ci (CA Paris 16-3-2001 : n° 78540) ou encore de la suppression d'une interlucarne éclairant les lieux loués et programmée dans le cadre de travaux plus conséquents de réfection d'une toiture (Cass. 3e civ. 16-4-2008 n° 07-12.789 FS-D : RJDA 7/08 n° 770). **78530**

RÉPARTITION CONVENTIONNELLE DES RÉPARATIONS URGENTES

Les dispositions de l'article 1724 du Code civil ne sont pas d'ordre public et il peut y être dérogé par des conventions particulières, ce que ne manquent pas de prévoir les baux commerciaux. Ces **clauses,** dites **de souffrance,** étendent généralement la dérogation à l'ensemble des travaux, et ce, quelle que soit la durée de ces derniers. **78535**

MODÈLE

Clauses de souffrance

À titre d'exemple, la clause de souffrance peut être rédigée de l'une des manières suivantes :

« Le preneur doit souffrir sans aucune indemnité quelles qu'en soient l'importance et la durée tous les travaux qui pourraient devenir utiles ou nécessaires dans les lieux loués ou dans l'immeuble dont ils dépendent. »

« Le preneur a l'obligation de souffrir quelle qu'en soit la durée, même si elle excède vingt et un jours, et ce, par dérogation à l'article 1724 du Code civil, les grosses réparations et les améliorations nécessaires et utiles, même si elles ne doivent pas profiter au preneur ainsi que les travaux et constructions nouvelles exécutés éventuellement par le bailleur. »

« Le preneur s'engage à souffrir les travaux sans pouvoir prétendre à aucune indemnisation ou diminution de loyer et renonce à tout recours en responsabilité contre le bailleur au cas où les lieux viendraient à être détruits en totalité ou en partie. »

RESPONSABILITÉ DU BAILLEUR EXÉCUTANT CERTAINS TRAVAUX

78540 La clause de souffrance n'exonère pas pour autant le bailleur de sa responsabilité dans tous les cas. En particulier, il ne peut pas, grâce à une telle clause, s'affranchir de son **obligation de délivrance** qui est de l'essence même du bail (Cass. 3e civ. 1-6-2005 n° 669 FS-PB : RJDA 10/05 n° 1071). Tel est le cas lorsque le locataire est dans l'impossibilité d'utiliser le local et d'y exercer son activité (Cass. 3e civ. 30-11-1994 n° 92-16.675).

De même, le bailleur engage sa responsabilité lorsque, par leur importance et leur durée, les travaux ont provoqué une **gêne anormale.**

ILLUSTRATIONS

La clause d'un contrat de bail commercial prévoyant que le preneur doit « souffrir sans aucune indemnité toute réparation, tous travaux d'amélioration, de modification ou même de construction nouvelle que le bailleur se réserve de faire exécuter, quels qu'en soient les inconvénients et la durée », ne saurait autoriser le bailleur à anéantir sa propre prestation ; le contrat de bail est privé à la fois d'objet et de cause (devenus contenu licite et certain) quand les **travaux** exécutés par le bailleur sont d'une ampleur et d'une durée telles qu'ils **rendent impossible l'exercice normal de la profession** prévue par le bail. Le bailleur, qui est responsable de la nécessité où le locataire s'est trouvé de quitter les lieux, doit être condamné à l'indemniser du préjudice subi.

Trib. com. Paris 20-12-1993, 1e ch. A, SCP Rambaud Martel c/ SA Foncière Hugo : RJDA 5/94 n° 496.

Le propriétaire d'un immeuble de prestige situé place Vendôme à Paris, profitant du départ de l'un de ses locataires, avait décidé d'entreprendre des **travaux** de rénovation, réaménagement et modernisation **de grande envergure,** tant dans les locaux libérés que **dans les parties communes** de l'immeuble. Un locataire, exerçant l'activité d'agence immobilière de luxe, avait assigné le bailleur en réparation du trouble de jouissance occasionné par lesdits travaux malgré l'existence d'une clause du bail aux termes de laquelle « en cas de travaux dans l'immeuble, même s'ils ne doivent pas lui profiter, et même s'ils doivent excéder la durée de quarante jours [désormais vingt et un jours], le preneur s'engage à supporter, quelle qu'en soit la durée, et ce, par dérogation à l'article 1724 du Code civil, les réparations à la charge du bailleur, tous les travaux et notamment les améliorations nécessaires ou utiles, soit dans les lieux loués, soit dans les autres parties de la maison ».

Le locataire n'avait pas pu recevoir dans de bonnes conditions ses clients en raison des conditions d'exécution des travaux, lesquelles lui avaient causé une gêne excessive et durable (27 mois), non conforme à l'esprit de la clause exonératoire de responsabilité stipulée au bail pour les raisons suivantes :

– S'il est vrai que la clause litigieuse était claire et licite, puisqu'il n'est pas interdit aux parties de prévoir une clause restreignant l'obligation du bailleur d'assurer la jouissance paisible du preneur prévue par l'article 1719 du Code civil, cette restriction aux obligations du bailleur ne peut valablement avoir pour effet de supprimer purement et simplement l'obligation de délivrance de la chose louée, qui est de l'essence du contrat de bail, et le droit d'occupation paisible du preneur, conformément à la destination de bureaux de prestige, parfaitement connue du bailleur.

– L'obligation de délivrance du bailleur devait s'accompagner d'une prestation de haute qualité qui ne saurait disparaître totalement sous prétexte de travaux – même de rénovation – et de l'existence de cette clause exonératoire, laquelle ne pouvait en tout état de cause que concerner la « gêne normale » inhérente aux travaux mais non le trouble anormal excessif et durable résultant d'un important chantier d'ouvriers. Cette gêne doit être analysée de façon subjective. Il en est ainsi lorsque les travaux, même exécutés conformément aux règles de l'art, par leur nature, leur importance et leur durée causent une gêne excessive et portent atteinte aux prestations de confort,

d'esthétique et de prestige attendues par le locataire, eu égard au prix du loyer et à la qualité de l'emplacement choisi par lui lors de la conclusion du bail. **78540** (suite)
Le bailleur, dont les efforts à pallier la gêne furent insuffisants et tardifs, a été condamné à verser 200 000 F (30 400 € environ) de dommages-intérêts au locataire.
CA Paris 21-11-1997 n° 96-86030, 16e ch. B.

Le propriétaire d'un immeuble avait entrepris les travaux suivants : restructuration du 6e étage de combles en trois appartements et de la cage d'escalier en totalité avec surélévation de l'ascenseur et de l'escalier pour desservir le 6e étage, réfection complète de la couverture et de ses ouvrants, remise en jeu totale avec le remplacement si nécessaire des fenêtres, réfection du hall d'entrée, ravalement des façades sur courettes intérieures et sur rue. Ces travaux, qui ont duré plus d'une année, ont entraîné de nombreuses nuisances sonores ayant perturbé l'activité du locataire situé au 3e étage, un empoussièrement important des parties communes et privatives ayant occasionné des problèmes de santé, l'arrêt de l'ascenseur pendant six mois.
Pour échapper à sa responsabilité, le propriétaire ne peut pas invoquer l'article 1724 du Code civil qui vise des réparations urgentes ne pouvant être différées pour soutenir que le locataire devait souffrir l'exécution des travaux, alors que les **travaux** en cause concernaient une **restructuration de l'immeuble** en vue d'une meilleure valorisation de celui-ci.
Il ne peut davantage invoquer la clause du bail selon laquelle le locataire s'était engagé à « souffrir sans indemnité tous travaux ou réparations, bouclements de jours de souffrance, reconstruction de murs mitoyens que le bailleur ferait exécuter, quels qu'en soient les inconvénients et la durée, cette dernière excédât-elle quarante jours [désormais vingt et un jours], et à laisser traverser ces locaux par toutes canalisations nécessaires », alors qu'il est démontré que les travaux en cause par leur importance et leur durée ont causé une gêne anormale au locataire.
Réparation du dommage : réduction de 30 % du montant du loyer.
CA Paris 16-3-2001 n° 99-24155, 16e ch. B.

Dans un cas où le locataire ne pouvait prétendre à aucune indemnité ou diminution de loyer en cas de travaux d'une durée supérieure à quarante jours [désormais vingt et un jours], aucune indemnité ne peut lui être versée en réparation du préjudice causé par les **travaux de ravalement** de l'immeuble abritant les lieux loués et l'aménagement du 6e étage dès lors qu'il ne démontre pas avoir été dans l'impossibilité de travailler dans les lieux loués ou de recevoir sa clientèle, seuls faits qui auraient été de nature à rendre inopérante la clause litigieuse qui vise des perturbations n'entraînant nullement un arrêt des activités exercées ou une baisse notable du chiffre d'affaires du locataire.
CA Paris 17-12-2003 n° 01-11376, 16e ch. A.

Dans un cas où le locataire s'obligeait à supporter, sans indemnités et quelle qu'en soit la durée, toutes les transformations nécessaires convenues avec le bailleur, doit être confirmée la décision d'une cour d'appel qui avait souverainement retenu que, loin d'avoir été privé contre son gré du local objet du contrat, le locataire n'avait fait que supporter les inconvénients de **travaux d'agrandissement et de rénovation** qu'il avait lui-même jugés nécessaires et qui entraient dans le champ d'application de la clause du bail, et en avait déduit que le locataire n'était pas fondé à demander des dommages-intérêts pour un défaut de délivrance de la chose objet du contrat, ni en droit d'obtenir une indemnité pour trouble de jouissance.
Cass. 3e civ. 16-5-2007 n° 06-18.286 FS-D : RJDA 8-9/07 n° 818.

Dans un cas où une clause du bail imposait au locataire de supporter sans indemnité les travaux de grosses et petites réparations quelles qu'en soient l'importance et la durée, et où des travaux urgents de **réparation de l'affaissement du sol** de la cuisine **du restaurant** exploité dans les locaux avaient dû être réalisés, faisant suite à des travaux effectués pour remédier à un premier affaissement du sol de la cour du restaurant, encourt la cassation l'arrêt qui rejette la demande de la société locataire en indemnisation de son préjudice d'exploitation aux motifs qu'une telle clause ne fait pas de distinction entre les différents travaux pouvant être entrepris, qu'il s'agisse de travaux d'amélioration ou de travaux rendus nécessaires à la suite d'un sinistre. Une clause de souffrance ne peut en effet pas permettre au bailleur de s'affranchir de son obligation de délivrer les lieux loués.
Cass. 3e civ. 6-11-2013 n° 12-25.816 FS-D.

Dans un cas où le locataire s'engageait à souffrir, sans aucune indemnité ni diminution de loyer, les grosses réparations qui deviendraient nécessaires, même pour une durée excédant quarante jours [désormais vingt et un jours], à condition que ces travaux soient exécutés sans interruption et qu'ils ne gênent pas le libre accès des lieux loués, une cour d'appel a déduit des éléments suivants que l'ampleur des travaux de restructuration entrepris dans l'immeuble, résultant d'un changement de destination d'un étage du bâtiment, et leur durée avaient paralysé la clause de souffrance et entraîné l'obligation pour le bailleur d'indemniser son locataire des troubles subis : ces travaux lourds de transformation avaient duré plus d'un an ; l'ampleur de la gêne subie, notamment en termes de nuisances sonores, de poussière et d'accessibilité des locaux, ne pouvait pas être raisonnablement discutée par le bailleur au regard des nombreux procès-verbaux de

constats concordants sur la durée du chantier ; les démarches entreprises par le bailleur sur toute la période avaient été insuffisantes pour contredire le fait que le locataire avait subi des troubles dépassant la tolérance raisonnablement attendue dans de telles circonstances ; il ne pouvait pas être valablement reproché au locataire d'avoir sciemment retardé le chantier de sept semaines, dès lors que la proposition d'échange des caves qui avait occasionné le retard avait été initiée par le bailleur dans son propre intérêt.
CA Paris 19-4-2023 n° 21/07043 : RJDA 11/23 n° 568.

78545 L'existence d'une clause de souffrance n'a pas pour effet d'exonérer le **bailleur** de sa **responsabilité personnelle** et de celle des entrepreneurs pour les fautes commises dans l'exécution des travaux (Cass. 3e civ. 27-11-1974 n° 73-13.511 : Bull. civ. III n° 443).

> Précisions Au cas particulier, un locataire qui exerçait son activité commerciale en étage s'était engagé « à souffrir, par dérogation aux articles 1724 et suivants du Code civil, quelles que soient l'importance, la cause et la durée, l'exécution de tous les travaux quand bien même ces travaux ne profiteraient pas au preneur, et ce, dans l'immeuble ainsi que dans les lieux loués ». Le bailleur a été condamné à réparer les dommages causés par les travaux d'aménagement d'un parking souterrain à onze niveaux sous l'immeuble, et caractérisés par un déficit d'exploitation, pour les raisons suivantes : les travaux avaient été conduits sans respecter les instructions de l'expert pour assurer la sécurité et l'accès aux étages ni les règles élémentaires de l'art, ce qui, pendant quatre ans, avait rendu l'**accès de l'immeuble dangereux** pour la clientèle du locataire qui, composée de personnes marchant difficilement, avait été privée d'ascenseur par le chantier.

3. RÉPARATIONS D'ENTRETIEN

78600 La classification des réparations d'entretien issue du Code civil diffère selon le régime visé (n° 78300), et la difficulté vient de ce que, s'agissant de dispositions supplétives, les parties conviennent généralement de calquer leur régime sur celui applicable à un autre domaine.

RÉGIME LÉGAL DES RÉPARATIONS D'ENTRETIEN

78605 **Menu entretien** Dans la pratique des baux commerciaux antérieure à la loi 2014-626 du 18 juin 2014, il était rare que les parties n'aient pas réglé la question de la répartition des réparations dans le bail. Cela est encore plus rare sous l'empire de cette loi, dès lors qu'elle impose aux parties, depuis le 1er septembre 2014, de dresser un **inventaire** précis et limitatif des catégories de charges liées à ce bail, lors de la rédaction du **contrat de location** (C. com. art. L 145-40-2) ; un grand nombre de dépenses liées aux travaux est incluse dans les charges.

Néanmoins, lorsque les parties n'ont rien prévu, les obligations du **locataire** se limitent aux seules « réparations locatives ou de menu entretien » telles qu'elles résultent de l'article 1754 du Code civil. Il est maintenant admis que cette obligation est la conséquence de la jouissance des lieux par le locataire et qu'à ce titre il y est tenu, même si les réparations ne sont pas imputables à un usage anormal des lieux loués (Cass. 3e civ. 23-2-1994 n° 92-11.238 : Loyers et copr. 1994 comm. n° 182) ; il ne peut s'en exonérer que lorsque les réparations sont occasionnées par la vétusté, un cas de force majeure ou un vice de construction (nos 78670 s.).

Les travaux de menu entretien doivent être réalisés à l'expiration du bail, mais le bon sens commande d'y procéder **au fur et à mesure.**

78606 Aux termes de l'article 1754 du Code civil, les réparations de menu entretien sont celles désignées comme telles par l'usage des lieux, et, **entre autres,** les réparations à faire :

- aux âtres, contre-cœurs, chambranles et tablettes de cheminées ;
- au recrépissage du bas des murailles des appartements et autres lieux d'habitation à la hauteur d'un mètre ;
- aux pavés et carreaux des chambres, lorsqu'il y en a seulement quelques-uns de cassés ;
- aux vitres, à moins qu'elles ne soient cassées par la grêle ou autres accidents extraordinaires et de force majeure, dont le locataire ne peut être tenu ;
- aux portes, croisées, planches de cloison ou de fermeture de boutiques, gonds, targettes et serrures.

Cette liste des réparations locatives, qui présente un caractère obsolète certain, n'est pas exhaustive et il appartient aux juges du fond d'apprécier le caractère locatif ou non d'une réparation au sens de l'article 1754. Ainsi a-t-il été jugé que le ravalement ne constitue pas une réparation locative, même s'il n'affectait pas l'intégrité des gros murs (Cass. 3e civ. 21-2-1996 n° 441 D : RJDA 5/96 n° 611).

Les tribunaux peuvent, à titre indicatif, se référer aux travaux de la **commission Delmon** qui ont donné lieu à l'établissement d'une liste de réparations locatives pour les locaux d'habitation (Circ. 76-58 du 30-3-1976), laquelle a été largement reprise par le décret 87-712 du 26 août 1987 applicable aux baux à usage d'habitation et à usage mixte d'habitation principale et professionnel. Nous reproduisons cette liste ci-dessous. **78607**

Liste des réparations locatives

I. – Parties extérieures dont le locataire a l'usage exclusif

a. Jardins privatifs : Entretien courant, notamment des allées, pelouses, massifs, bassins et piscines ; taille, élagage, échenillage des arbres et arbustes ; remplacement des arbustes ; réparation et remplacement des installations mobiles d'arrosage.
b. Auvents, terrasses et marquises : Enlèvement de la mousse et des autres végétaux.
c. Descentes d'eaux pluviales, chéneaux et gouttières : Dégorgement des conduits.

II. – Ouvertures intérieures et extérieures

a. Sections ouvrantes telles que portes et fenêtres : Graissage des gonds, paumelles et charnières ; menues réparations des boutons et poignées de portes, des gonds, crémones et espagnolettes ; remplacement notamment de boulons, clavettes et targettes.
b. Vitrages : Réfection des mastics ; remplacement des vitres détériorées.
c. Dispositifs d'occultation de la lumière tels que stores et jalousies : Graissage ; remplacement notamment de cordes, poulies ou de quelques lames.
d. Serrures et verrous de sécurité : Graissage ; remplacement de petites pièces ainsi que des clés égarées ou détériorées.
e. Grilles : Nettoyage et graissage ; remplacement notamment de boulons, clavettes, targettes.

III. – Parties intérieures

a. Plafonds, murs intérieurs et cloisons : Maintien en état de propreté ; menus raccords de peintures et tapisseries ; remise en place ou remplacement de quelques éléments des matériaux de revêtement tels que faïence, mosaïque, matière plastique ; rebouchage des trous rendu assimilable à une réparation par le nombre, la dimension et l'emplacement de ceux-ci.
b. parquets, moquettes et autres revêtements de sol : Encaustiquage et entretien courant de la vitrification ; remplacement de quelques lames de parquets et remise en état, pose de raccords de moquettes et autres revêtements de sol, notamment en cas de taches et de trous.
c. Placards et menuiseries telles que plinthes, baguettes et moulures : Remplacement des tablettes et tasseaux de placard et réparation de leur dispositif de fermeture ; fixation de raccords et remplacement de pointes de menuiserie.

IV. – Installations de plomberie

a. Canalisations d'eau : Dégorgement ; remplacement notamment de joints et de colliers.
b. Canalisations de gaz : Entretien courant des robinets, siphons et ouvertures d'aération ; remplacement périodique des tuyaux souples de raccordement.
c. Fosses septiques, puisards et fosses d'aisance : Vidange.
d. Chauffage, production d'eau chaude et robinetterie : Remplacement des bilames, pistons, membranes, boîtes à eau, allumage piézo-électrique, clapets et joints des appareils à gaz ; rinçage et nettoyage des corps de chauffe et tuyauteries ; remplacement des joints, clapets et presse-étoupe des robinets ; remplacement des joints flotteurs et joints-cloches des chasses d'eau.
e. Éviers et appareils sanitaires : Nettoyage des dépôts de calcaire, remplacement des tuyaux flexibles de douches.

V. – Équipements d'installations d'électricité

Remplacement des interrupteurs, prises de courant, coupe-circuits et fusibles, des ampoules, tubes lumineux ; réparation ou remplacement des baguettes ou gaines de protection.

VI. – Autres équipements mentionnés au contrat de location

a. Entretien courant et menues réparations des appareils tels que réfrigérateurs, machines à laver le linge et la vaisselle, sèche-linge, hottes aspirantes, adoucisseurs, capteurs solaires, pompes à chaleur, appareils de conditionnement d'air, antennes individuelles de radiodiffusion et de télévision, meubles scellés, cheminées, glaces et miroirs.
b. Menues réparations nécessitées par la dépose des bourrelets.
c. Graissage et remplacement des joints des vidoirs.
d. Ramonage des conduits d'évacuation des fumées et des gaz et des conduits de ventilation.

Cas particulier En l'absence de stipulation contraire, l'article 1756 du Code civil met à la charge du bailleur le **curement des puits et** celui des **fosses d'aisance.** Ce texte, qui est rarement invoqué aujourd'hui devant les tribunaux, sert de base aux juges pour statuer sur la répartition entre les parties des dépenses relatives à la fourniture d'eau ainsi qu'à l'évacuation **78615**

et au traitement des **eaux usées.** Ainsi, il a été jugé que le prix du contrat souscrit par le locataire pour l'entretien du réseau d'évacuation des eaux usées incombait à ce dernier ; en revanche, la Cour de cassation a censuré la décision d'une cour d'appel qui, pour refuser de rembourser au locataire deux factures de curage des fosses d'aisance, avait estimé que cette dépense avait trait à l'entretien du réseau d'évacuation des eaux usées (Cass. 3e civ. 21-2-1996 n° 441 D : RJDA 5/96 n° 611). Mais une fosse d'aisances (simple cavité étanche destinée à recueillir des matières et liquides depuis une installation sanitaire) n'est pas une **fosse septique** (dotée d'un système de liquéfaction partielle des matières concentrées dans les eaux usées et d'évacuation des liquides) de sorte que la vidange de cette dernière incombe au locataire (Cass. 3e civ. 24-3-2010 n° 09-10.218 FS-PB : RJDA 6/10 n° 601).

> **> Précisions** Selon J. Monéger, il n'est pas certain que la solution qui impute au locataire l'entretien d'un réseau d'évacuation des eaux usées soit toujours pertinente dans la mesure où la construction contemporaine rend souvent difficile l'intervention du locataire et fait peser sur lui une charge qui procède plus de la structure des **canalisations intégrées au gros œuvre** que de canalisations apparentes faciles à entretenir et à réparer (J. Monéger, commentaire sous C. civ. art. 1756 : Code des baux, Dalloz 2025).

RÉPARTITION CONVENTIONNELLE DES RÉPARATIONS D'ENTRETIEN

78620 La plupart des baux commerciaux répartissant la charge des réparations entre les parties en fonction de la classification applicable à l'usufruit (C. civ. art. 605 et 606), il en résulte que les réparations d'entretien couvrent un domaine plus vaste que les réparations locatives de l'article 1754 du Code civil (n° 78606) puisque, aux termes de l'article 606 du même Code, sont dites d'entretien toutes les réparations qui n'entrent pas dans la catégorie des grosses réparations.

78623 Pour déterminer ce qui entre ou non dans les réparations d'entretien, les tribunaux doivent tenir compte de la définition qu'en a donnée la Cour de cassation (Cass. 3e civ. 13-7-2005 : n° 78320) : « Au sens de l'article 606, les réparations d'entretien sont celles qui sont utiles au **maintien permanent en bon état de l'immeuble** ». Cette définition vient en contrepoint de celle retenue par la même Cour pour les grosses réparations qui « intéressent l'immeuble dans sa structure et sa solidité générale ».

Parmi les réparations d'entretien retenues par la jurisprudence avant l'arrêt du 13 juillet 2005, on citera notamment la réparation des conduits de cheminées rendue nécessaire du fait de leur fissuration à la suite d'un travail trop intensif (Cass. 3e civ. 30-5-1996 n° 981 D : RJDA 8-9/96 n° 1015 som.), le remplacement d'une chaudière et la réfection d'une chaufferie dans un cas où le bail, portant sur un local à usage d'**hôtel-restaurant,** laissait à la charge du locataire toutes les réparations imposées par une exploitation normale de l'activité d'hôtelier, les obligations du bailleur étant restreintes aux grosses réparations énumérées à l'article 606 du Code civil (Cass. 3e civ. 25-6-1985 n° 931 S).

4. RÉPARATIONS RÉSULTANT DE LA VÉTUSTÉ OU DE LA FORCE MAJEURE

78670 Aucune des réparations réputées locatives n'est à la charge des locataires quand elles ne sont occasionnées que par la vétusté ou un cas de force majeure (C. civ. art. 1755). Toutefois, cette disposition n'étant pas d'ordre public, les parties peuvent en décider autrement, à condition de respecter certaines conditions.

DÉFINITIONS DE LA VÉTUSTÉ ET DE LA FORCE MAJEURE

78675 **Vétusté** La vétusté est définie comme l'état de ce qui est **abîmé par le temps.** La détérioration des lieux loués ne doit pas avoir été provoquée par un usage anormal ou par le fait du locataire : seul le temps doit avoir provoqué les délabrements constatés. Ainsi, en l'absence de stipulation contractuelle expresse ayant pour effet de transférer à la charge du locataire les réparations dues à la vétusté, il a été jugé que le bailleur devait remplacer la tour de refroidissement de l'installation de climatisation du bien loué affectée par la vétusté, ce remplacement étant indispensable à l'exercice de l'activité prévue au bail et ne constituant ni une transformation ni une amélioration (Cass. 3e civ. 5-10-1999 n° 1470 D).

Pour apprécier l'existence, ou non, de la vétusté, les juges du fond prennent en compte l'état du bien loué au moment de l'entrée dans les lieux et la durée de la location.

ATTENTION

Si le locataire n'est pas tenu des travaux rendus nécessaires par la vétusté en l'absence de clause expresse dérogeant à l'article 1755 du Code civil, il reste toutefois tenu pour la part de la **vétusté** qui a été **aggravée par un défaut d'entretien** (Cass. 3e civ. 27-6-2024 n° 23-10.042 F-D : RJDA 11/24 n° 578).

Force majeure Il y a force majeure lorsqu'un événement échappant au contrôle du débiteur, qui ne pouvait être raisonnablement prévu lors de la conclusion du contrat, et dont les effets ne peuvent pas être évités par des mesures appropriées, empêche l'exécution de ses obligations par le débiteur (C. civ. art. 1218 ; auparavant Cass. ass. plén. 14-4-2006 n° 02-11-168 : RJDA 7/06 n° 753). **78680**

Les tribunaux sont très stricts sur la constatation des **conditions** de la reconnaissance d'une force majeure. En outre, pour être exonératoire, le cas de force majeure invoqué doit être la cause première des dégradations (Cass. 3e civ. 5-9-2012 n° 11-14.108 FS-D, analysé ci-dessous).

ILLUSTRATIONS

Une cour d'appel ne peut pas déduire de la simple constatation administrative de l'**état de catastrophe naturelle** que des **inondations** présentaient le caractère de la force majeure dans les rapports contractuels entre le bailleur et le locataire.

Cass. 3e civ. 10-12-2002 n° 01-12.851 FS-PBR : RJDA 3/03 n° 243.

Une cour d'appel a pu déduire des constatations suivantes que les multiples dégâts des eaux subis, après le passage du **cyclone** Erica, par le locataire de locaux commerciaux situés en Nouvelle-Calédonie étaient la conséquence d'un **manquement du bailleur** à ses obligations d'entretien et de réparation :

– les constatations de l'expert démontraient l'état de vétusté avancée de la toiture et son défaut d'étanchéité, lesquels ne résultaient pas du passage du cyclone mais d'un manque d'entretien de la couverture ;

– le bailleur ne justifiait d'aucune facture d'entretien ou de réparation de cette toiture depuis l'entrée dans les lieux de son locataire quatorze ans plus tôt.

Cass. 3e civ. 5-9-2012 n° 11-14.108 FS-D : RJDA 1/13 n° 11.

La **force majeure exonère** le débiteur de ses obligations mais seulement pendant le temps où elle l'empêche de donner ou de faire ce à quoi il est obligé (Cass. 3e civ. 22-2-2006 n° 05-12.032 FS-PBI : RJDA 5/06 n° 509). L'exonération ne dure donc que le temps strictement requis pour effacer les effets de l'événement et cette durée doit être mesurée en fonction des circonstances particulières de chaque situation. Il s'agit d'une question de fait relevant de l'appréciation souveraine des juges du fond. **78681**

ILLUSTRATIONS

Le locataire d'un local commercial dont une partie de la toiture s'était effondrée lors de la **tempête** du 26 décembre 1999 avait cessé de payer les loyers neuf mois plus tard au motif que les travaux n'avaient pas été effectués par le bailleur. Celui-ci avait alors demandé que soit constatée la résolution du bail en application de la clause résolutoire.

Il y a lieu de faire droit à la demande du **bailleur** car il n'avait **pas commis de négligences** fautives à l'origine de la non-exécution des travaux. En effet, l'expert de la compagnie d'assurance s'était déplacé sur les lieux en février 2000 et les travaux, qui devaient commencer en novembre, n'avaient pas pu être effectués du fait de l'opposition du locataire ; celui-ci n'avait d'ailleurs pris aucune mesure pour protéger le matériel des intempéries, il avait abandonné l'exploitation du fonds de commerce à compter du mois de mai puis il avait cessé de régler ses loyers.

Cass. 3e civ. 13-6-2007 n° 06-12.283 FS-D : RJDA 10/07 n° 936.

Dans un cas où les réparations consécutives à la **tempête** de décembre 1999 (réfection totale de la cheminée, de la plus grande partie du système d'étanchéité et toute l'installation du sous-sol du local loué et de la terrasse située dans son prolongement) n'étaient pas réalisées en mai 2002, la cour d'appel de Paris a jugé que l'inertie à laquelle s'était heurté le locataire de la part du bailleur, qui avait laissé se pérenniser une situation au mépris de la paisible et complète jouissance du locataire, justifiait la suspension du paiement des loyers. En effet, la force majeure n'exonère le débiteur de ses obligations que pendant le temps où elle l'empêche de donner ou faire ce à quoi il s'est obligé, à savoir pour le bailleur son obligation de délivrance. Or le délai qui s'était écoulé depuis la tempête démontrait que le bailleur n'avait pas accompli les diligences indispensables pour faire effectuer les travaux efficaces dans un délai admissible, le **temps** strictement **requis pour effacer les effets** négatifs de la tempête pour la jouissance des lieux par le locataire étant largement achevé.

CA Paris 2-7-2008 n° 04-17860, 16e ch. A.

CHARGE CONVENTIONNELLE DES TRAVAUX DUS À LA VÉTUSTÉ OU LA FORCE MAJEURE

Le bail peut mettre à la charge du locataire les réparations occasionnées par la vétusté ou la force majeure compte tenu du caractère supplétif de l'article 1755 du Code civil. La **liberté contractuelle** des parties est toutefois **limitée** : ainsi, dans les contrats conclus ou renouvelés depuis le 5 novembre 2014, les dépenses ayant pour objet de remédier à la vétusté ne peuvent pas être imputées au locataire si elles relèvent des **grosses réparations** (C. com. art. R 145-35, 2°). Une **78685** interprétation restrictive de ce texte permettrait néanmoins de transférer au locataire la charge de tous les travaux portant sur des locaux dont il a la jouissance privative : voir n° 12112.

Par ailleurs, il a été jugé, sous l'empire du droit antérieur au décret du 3 novembre 2014, que si le bailleur peut mettre à la charge du locataire l'obligation de prendre en charge les travaux rendus nécessaires par la **vétusté,** il ne peut pas s'exonérer de l'obligation de procéder aux travaux rendus nécessaires par les **vices affectant la structure de l'immeuble** en raison de l'obligation de délivrance à laquelle il est tenu (Cass. 3e civ. 9-7-2008 n° 07-14.631 FS-PBRI : RJDA 11/08 n° 1092 ; Cass. 3e civ. 24-11-2021 n° 20-15.814 F-D : RJDA 2/22 n° 62). Dans l'arrêt de 2008, le bailleur s'était opposé au paiement de travaux de remise en état des murs et de la toiture (partie sous charpente) affectés de fissures provoquées par des mouvements de terrain en faisant valoir que le bail stipulait que « le locataire ne pouvait exiger du propriétaire aucune réparation de quelque nature que ce soit même les grosses réparations prévues à l'article 606 du Code civil ». En refusant d'assimiler ces travaux à de grosses réparations, et même si la solution est justifiée au regard de l'obligation de délivrance, la Cour de cassation complique la tâche des juges du fond qui doivent distinguer les travaux nécessités par la vétusté de ceux entrant dans le cadre des réparations d'entretien – en examinant s'ils constituent ou non de grosses réparations –, puis vérifier que les travaux en question ne trouvent pas leur origine dans un vice de structure inhérent à l'immeuble. Enfin, ils doivent examiner les clauses du bail pour répartir la charge de ces travaux entre le bailleur et le locataire. Depuis le 5 novembre 2014, le recours à la notion de vice affectant la structure de l'immeuble devrait cependant être inutile, puisque les grosses réparations ne peuvent désormais plus être mises à la charge du locataire.

78686 Les parties doivent veiller à **stipuler expressément** tout transfert sur le locataire des réparations occasionnées par la vétusté ou la force majeure, car les tribunaux interprètent restrictivement ce type de clause.

Les décisions présentées ci-dessous ont été rendues sous l'empire du droit antérieur à la loi 2014-626 du 18 juin 2014 et à son décret d'application ; les dépenses liées aux grosses réparations ne peuvent plus, désormais, être laissées à la charge du locataire (n° 78330) mais, sous cette réserve, les solutions citées conservent leur intérêt pour l'interprétation des baux soumis au régime issu de la loi de 2014.

ILLUSTRATIONS

Un bail stipulait que le locataire, qui agréait les lieux dans leur état actuel, aurait la charge de **toutes les réparations foncières et locatives.** À l'expiration du bail, le bailleur avait demandé à ce que le locataire soit déclaré entièrement responsable des dégradations et condamné à procéder à la remise en état complète des lieux.

Après avoir constaté qu'un certain état de **vétusté** existait au moment de la conclusion du bail, qu'il n'était justifié d'aucune réparation antérieure et que l'état de vétusté s'était seulement « accru » pendant la durée du bail, c'est à bon droit qu'une cour d'appel a estimé que le locataire, qui avait accepté de prendre les lieux dans un état déjà vétuste, ne pouvait être tenu que de l'aggravation de la vétusté due au défaut d'entretien et qu'une partie des dégâts imputés à la vétusté devait être supportée par le bailleur.

Cass. 1e civ. 18-10-1965 n° 64-10.630 : Bull. civ. I n° 548.

Un bail commercial portant sur un local à usage de boulangerie-pâtisserie stipulait que **le locataire prenait le lieu « dans son état actuel,** sans pouvoir exiger d'autres réparations que celles de clôtures et de couvertures nécessaires ». Le locataire, qui avait entrepris des travaux d'aménagement, autorisés en justice, avait demandé à ce qu'une partie des sommes soit prise en charge par le bailleur.

Jugé que nonobstant les clauses limitatives, incluses au bail et dérogatoires à l'article 1720 du Code civil, les réparations exigées au gros œuvre par les « désordres graves » dus à la **vétusté** ne peuvent incomber qu'au bailleur, rien n'établissant que le locataire ait eu connaissance de ces vices lors de la conclusion du bail.

Par suite, le bailleur a été condamné à prendre à sa charge les travaux rendus nécessaires par l'état de vétusté des locaux (réparation des lézardes des murs et remplacement du four à pain à l'exclusion de la construction proprement dite du nouveau four).

Cass. 3e civ. 8-1-1969 n° 67-12.441 : Bull. civ. III n° 21.

Le locataire d'un immeuble dont le bail stipulait qu'il avait la charge de « **toutes les réparations tant locatives que foncières** » avait demandé à son bailleur le remboursement du coût de la réparation de la **toiture** et l'achèvement de la remise en état de celle-ci. Pour s'opposer à cette demande, le bailleur avait notamment fait valoir qu'il n'y avait pas lieu d'appliquer les dispositions de l'article 1755 du Code civil déchargeant le locataire des réparations occasionnées par la **vétusté** des lieux, lorsque le bail prévoit que toutes les réparations tant locatives que foncières seraient supportées par le locataire.

Argument rejeté par la Cour de cassation : les dégâts causés par la vétusté doivent être supportés par le bailleur ; les désordres avaient pour seule origine la vétusté d'une toiture qui présentait, par ailleurs, de graves anomalies de structure, tous faits empêchant qu'un défaut d'entretien locatif ou foncier soit imputé au locataire ; il n'était pas prouvé que l'état actuel de la toiture eût pour cause une défaillance de ce dernier dans son obligation d'entretien. **78686** (suite)

Cass. 3e civ. 12-4-1995 n° 851 P : RJDA 7/95 n° 820.

Un bail stipulait que le locataire était tenu de « mettre, entretenir et conserver constamment les lieux et bâtiments loués en parfait état sans pouvoir exiger [du bailleur] aucune remise en état ou réparation, **toutes** les **réparations** nécessaires ou simplement utiles étant de convention expresse à la charge [du locataire], **y compris les grosses réparations de l'article 606 du Code civil** ». Pour condamner le locataire à payer au bailleur diverses sommes au titre de la remise en état des lieux à l'expiration du bail, une cour d'appel avait retenu qu'aucun état des lieux n'avait été dressé, qu'il avait été valablement dérogé à l'article 1720 du Code civil, qui n'est pas d'ordre public, et que le locataire, qui avait acquis le fonds de commerce et le droit au bail sur adjudication, n'avait pas ignoré les obligations mises à sa charge et qu'il avait pris les lieux en parfaite connaissance de leur état de **vétusté** et de son obligation de réparer.
Décision censurée au motif que, sauf convention particulière, le bailleur répond de la vétusté.

Cass. 3e civ. 3-4-2001 n° 468 F-D : Gaz. Pal. 2001 p. 1175 note J.-D. Barbier.

La clause mettant à la charge du locataire les réparations de toute nature « **au même titre que s'il était propriétaire** » ne permet pas d'inclure parmi ces réparations celles dues à la vétusté compte tenu de son caractère trop général. Il en va de même de celle précisant que le locataire prend les lieux en l'état, celui-ci pouvant être mauvais, en s'engageant à y faire les réparations nécessaires, faute de spécifier que ce mauvais état est dû à la vétusté.
Toutefois, le rapport d'expertise ayant mis en évidence qu'un manque d'entretien de la part du locataire avait manifestement contribué à l'aggravation de la **vétusté de la toiture** (manque d'entretien pendant plusieurs années) **et de la charpente** du grenier (absence de traitement curatif), les travaux de réparation doivent être pris en charge pour 2/3 par le bailleur et 1/3 par le locataire.

CA Paris 29-3-2006 n° 04-8107, 16e ch. A.

Un bail comportait une clause aux termes de laquelle **le locataire renonçait à toute réparation** lors de l'entrée dans les lieux comme en cours de bail en s'engageant à effectuer « tant au début du bail que pendant son cours toutes réparations, petites ou grosses, sans aucune exception (...), y compris les grosses réparations prévues à l'article 606 du Code civil ».
Après avoir relevé que, si l'obligation de réparer pesant sur le locataire cesse normalement en cas de **force majeure,** il peut être fait exception à cette règle puisque les dispositions de l'article 1755 du Code civil ne sont pas d'ordre public, une cour d'appel a jugé que, dès lors que la clause litigieuse, par la généralité de ses termes, n'opérait aucune distinction quant à l'origine des désordres à réparer, le bailleur devait être exonéré en vertu du bail de toute obligation de réparation, y compris lorsque les dégâts résultaient d'un cas de force majeure.
Jugé qu'en statuant ainsi, alors que, sauf stipulation expresse contraire, l'obligation de réparer pesant sur le locataire cesse en cas de force majeure, la cour d'appel, qui n'avait pas constaté que le bail contenait une telle stipulation, avait violé les articles 1134 et 1755 du Code civil.

Cass. 3e civ. 31-10-2006 n° 1116 FS-PB : RJDA 1/07 n° 19.

Un bail comportait une clause aux termes de laquelle les locataires d'un immeuble s'étaient engagés à « régler au bailleur **toutes les charges relatives à la gestion, à l'entretien et aux réparations de l'immeuble** à l'exception des travaux relevant expressément de l'article 606 du Code civil ». Après avoir demandé à une entreprise de procéder à la **réparation des ascenseurs** de l'immeuble, le bailleur avait assigné ses locataires en paiement des charges correspondant aux travaux.
La Cour de cassation a censuré la décision d'une cour d'appel qui, pour accueillir cette demande, avait retenu que les réparations des ascenseurs constituaient des charges stipulées locatives par le bail et qu'ainsi les dispositions de l'article 1755 du Code civil n'étaient pas applicables sans relever de clause expresse du bail mettant à la charge des locataires les travaux rendus nécessaires par la **vétusté,** dont elle avait retenu que les réparations des ascenseurs résultaient.

Cass. 3e civ. 5-4-2011 n° 10-14.877 F-D : RJDA 11/12 n° 937.

Le propriétaire d'un local commercial avait délivré à son locataire une sommation visant la clause résolutoire d'avoir à réaliser divers travaux dans le local, puis l'avait poursuivi en constatation de la résiliation du bail. Une cour d'appel avait accueilli cette demande au motif que le **locataire** n'avait pas respecté l'obligation mise à sa charge par le bail de **maintenir les lieux en bon état d'entretien.** Il résultait en effet de constatations faites par huissier de justice (aujourd'hui commissaire de justice) que les revêtements des sols, murs et plafonds étaient très anciens, vétustes, usagés et surannés, que l'électricité et la plomberie des lieux étaient non conformes, notamment des prises électriques étaient posées en appliques alimentées par des fils courant en

78686 (suite) extérieur, et que la très grande majorité des surfaces était encombrée par une multitude de téléviseurs et concasses de pièces d'électroménager.
Jugé qu'en statuant ainsi sans constater que le bail mettait expressément à la charge du locataire les travaux de **mise aux normes de l'installation électrique et les réparations dues à la vétusté,** la cour d'appel avait violé les articles 1719 et 1720 du Code civil.

Cass. 3e civ. 18-5-2011 n° 10-15.946 FS-D : RJDA 11/12 n° 937.

Un locataire avait poursuivi son bailleur en résiliation du bail en invoquant notamment l'état de **vétusté de l'installation électrique,** non conforme aux normes.
Une cour d'appel avait rejeté cette demande car, aux termes du bail, le locataire devait « tenir les lieux loués de façon constante en **parfait état de réparations locatives** et de menu entretien visés à l'article 1754 du Code civil et supporter aussi celles de **gros entretien** visées à l'article 606, al. 3 du même Code » ; en outre, la réfection de l'installation électrique ne figurait pas dans la liste des travaux que le bailleur avait accepté de prendre à sa charge ; enfin, il s'agissait de travaux qui ne concernaient ni la conservation de l'immeuble ni la restauration d'une structure essentielle de l'immeuble, de sorte qu'ils devaient être considérés comme des réparations de gros entretien à la charge du locataire.
Jugé qu'en statuant ainsi alors qu'elle avait constaté que l'installation électrique des locaux loués était vétuste, la cour d'appel avait violé l'article 1719 du Code civil.

Cass. 3e civ. 27-9-2011 n° 10-24.065 F-D : RJDA 11/12 n° 937.

Une clause d'un bail commercial prévoyait que les preneurs s'engageaient « à prendre les lieux loués, sans pouvoir exiger aucuns travaux de quelque nature que ce soit, ni remise en état de la part du bailleur, à les entretenir constamment et à les rendre, en fin de bail, en **bon état de réparations de toute nature,** à l'exception de celles visées à l'article 606 du Code civil ». Pour rejeter la demande du locataire en réalisation sous astreinte de travaux de remise en état, une cour d'appel avait retenu qu'une telle clause inclut nécessairement les travaux nécessités par la **vétusté** et en déduit que la charge de ceux-ci incombe au locataire.
En statuant ainsi, sans relever de clause expresse mettant à la charge du preneur les travaux rendus nécessaires par la vétusté, la cour d'appel avait violé l'article 1755 du Code civil.

Cass. 3e civ. 3-11-2016 n° 15-24.799 F-D : RJDA 3/17 n° 157, 1re espèce.

Un locataire de locaux commerciaux dépendant d'un immeuble en copropriété avait poursuivi son bailleur en restitution des frais de **réfection d'un emplacement de stationnement** constituant une partie commune, qu'il lui avait payés. Pour rejeter cette demande, une cour d'appel avait retenu que le bail stipulait que le locataire était tenu des **travaux d'entretien** et des **réparations autres que celles de l'article 606 du Code civil.**
Jugé qu'en statuant ainsi, sans rechercher, comme il le lui était demandé, si le mauvais état de l'emplacement de stationnement était lié à la **vétusté,** alors que, sauf disposition expresse du bail, le locataire, nonobstant la clause du bail mettant à sa charge l'entretien et les réparations autres que celles de l'article 606 du Code civil, ne peut pas être tenu des réparations qui sont la conséquence de la vétusté, la cour d'appel avait privé sa décision de base légale.

Cass. 3e civ. 9-5-2019 n° 18-14.123 F-D : RJDA 8-9/19 n° 548.

Le locataire d'un local à usage de **restaurant** avait dû en retarder la réouverture pour **remplacer une canalisation d'eau** qui avait cédé en raison de la vétusté.
A violé les articles 1134 (désormais art. 1103) et 1755 du Code civil la cour d'appel qui, pour rejeter la demande en dommages-intérêts formée contre le bailleur par le locataire, a retenu que le remplacement d'une telle canalisation, fût-elle vétuste, ne rentrait pas dans les grosses réparations de l'article 606 du Code civil, seules laissées par le bail à la charge du bailleur. En effet, la cour d'appel n'avait pas constaté l'existence d'une clause expresse mettant les travaux rendus nécessaires par la vétusté à la charge du locataire, lequel n'était tenu, en vertu du bail, que d'**entretenir les lieux loués** et d'**effectuer les réparations autres que celles de l'article 606 du Code civil.**

Cass. 3e civ. 26-3-2020 n° 19-10.415 F-D : RJDA 7/20 n° 353.

À propos de la clause d'un bail qui prévoyait que tous les travaux réalisés par le locataire resteraient la propriété du bailleur, celui-ci ayant toutefois le droit d'exiger le **rétablissement des lieux dans leur état primitif** et aux frais exclusifs du locataire, hormis les travaux d'aménagement, a été censuré l'arrêt d'appel qui avait retenu que le bailleur pouvait réclamer le paiement des travaux permettant de remettre les lieux dans leur état primitif, sans qu'il y ait lieu de prendre en considération une quelconque vétusté. En effet, une telle clause n'incluait pas la réparation des dommages dus à la vétusté.

Cass. 3e civ. 30-11-2023 n° 21-23.173 F-D : RJDA 4/24 n° 209.

Dans un cas où un bail stipulait que le locataire tiendrait les lieux loués en parfait état de réparation et d'entretien et aurait **à sa charge toutes les réparations, quelle qu'en soit la cause,** y compris celles définies par les articles 1754 et 606 du Code civil, a été censurée, au visa de l'article 1134 (désormais art. 1103) du même Code, la décision d'une cour d'appel qui avait retenu l'avis de l'expert proposant de mettre à la charge du bailleur l'ensemble des travaux liés au mauvais

entretien des lieux et à la vétusté normale des locaux. En effet, il résultait de la clause précitée que le locataire était tenu de supporter les réparations liées à la vétusté seulement pour la part résultant d'un défaut d'entretien, et non les réparations liées à la vétusté normale.
Cass 3e civ. 27-6-2024 n° 23-10.042 F-D : RJDA 11/24 n° 578.

SECTION 2

TRAVAUX ORDONNÉS PAR L'ADMINISTRATION

Selon l'activité qu'il exerce dans les lieux loués, le locataire doit se conformer à diverses réglementations imposées par l'administration. Ainsi, par **exemple,** un immeuble loué en vue de l'exploitation d'un hôtel, d'une salle de spectacles ou d'un restaurant doit-il respecter des règles très strictes assurant la protection du public en matière d'**hygiène et de sécurité,** incendie notamment. Lorsque l'immeuble ne répond pas, ou ne répond plus, à ces règles, des travaux de mise en conformité s'imposent sous peine de fermeture des lieux. La question se pose alors de savoir qui, du bailleur ou du locataire, doit prendre en charge ces travaux. **79100**

A. Charge des travaux ordonnés par l'administration en l'absence de clause particulière

1. PRINCIPES RÉGISSANT LA CHARGE DES TRAVAUX ORDONNÉS PAR L'ADMINISTRATION

Les travaux de mise en conformité avec la réglementation sont en principe **à la charge du bailleur** (Cass. 3e civ. 1-6-1999 n° 986 D). Les parties peuvent **déroger** à ce principe dans des proportions variables selon la date de conclusion du contrat. **79110**

Pour les **contrats antérieurs au 5 novembre 2014** (date d'entrée en vigueur du décret 2014-1317 du 3-11-2014), les parties peuvent convenir de transférer tout ou partie de ces travaux à la charge du locataire.

Pour les **contrats conclus ou renouvelés depuis le 5 novembre 2014,** les dépenses relatives à ces travaux ne peuvent jamais être mises à la charge du locataire lorsqu'elles relèvent des grosses réparations (C. com. art. R 145-35, 2°). Une interprétation restrictive de ce texte permettrait néanmoins de transférer au locataire la charge de tous les travaux portant sur des locaux dont il a la jouissance privative (n° 12112).

Dans tous les cas, le locataire n'est tenu d'exécuter les travaux prescrits par l'administration qu'à la **condition** qu'une clause claire et précise le prévoie (Cass. 3e civ. 17-4-1996 n° 94-15.906 P : RJDA 7/96 n° 891 ; Cass. 3e civ. 19-10-2022 n° 22-13.451 F-D : AJDI 2023 p. 108 obs. T. Brault).

> Précisions Le **principe** ainsi dégagé a d'abord été **fondé sur** l'obligation d'entretien du bailleur prévue par l'article 1719, 2° du Code civil (Cass. 3e civ. 10-5-1989 n° 87-20.196 : Bull. civ. III n° 102 ; Cass. 3e civ. 17-10-1990 n° 1522 P : RJDA 1/91 n° 3 ; Cass. 3e civ. 24-3-1993 n° 523 P : RJDA 6/93 n° 480 ; Cass. 3e civ. 23-2-1994, analysé n° 79317 ; Cass. 3e civ. 17-4-1996 n° 748 P : RJDA 7/96 n° 891). Par la suite, les tribunaux se sont appuyés sur l'obligation de délivrance du bailleur (C. civ. art. 1719, 1°), lui imposant de mettre à la disposition de son locataire un bien conforme à sa destination contractuelle (Cass. 3e civ. 19-4-1989 n° 87-14.942 : Bull. civ. III n° 83 ; Cass. 3e civ. 19-11-2003 n° 1274 FS-D ; Cass. 3e civ. 16-9-2008 n° 07-18.303 F-D : RJDA 12/08 n° 1224 ; Cass. 3e civ. 11-10-2011 n° 10-17.257 F-D : RJDA 7/12 n° 643). Certains arrêts font référence aux deux fondements, lorsque la mise en conformité s'impose non pas à l'entrée des lieux mais en cours de bail en raison de l'évolution des normes administratives (Cass. 3e civ. 14-2-2012 n° 11-10.243 F-D : RJDA 7/12 n° 643 ; Cass. 3e civ. 19-10-2022 n° 22-13.451 précité).

NATURE DES TRAVAUX ORDONNÉS PAR L'ADMINISTRATION

79115 Lorsque les **travaux** en cause se rapportent à la **sécurité,** la Cour de cassation a toujours considéré que le propriétaire devait en assumer les frais (Cass. soc. 20-11-1953, analysé n° 79317 ; Cass. 3e civ. 12-3-1985 n° 83-16.406 : Bull. civ. III n° 48 ; Cass. 3e civ. 28-5-1997 : Rev. Loyers 1997 p. 546 ; Cass. 3e civ. 24-6-1998 n° 96-17.471 D : RJDA 8-9/98 n° 944 ; Cass. 3e civ. 2-7-2003 n° 01-16.246 FP-PBI : RJDA 10/03 n° 1027 ; Cass. 3e civ. 10-12-2008 n° 07-20.277 FS-D : RJDA 3/09 n° 181), y compris lorsqu'ils font suite à un incendie et sont destinés à mettre aux normes un local commercial qui ne l'était pas avant cet événement (Cass. 3e civ. 7-3-2007 n° 05-17.146 FS-D : RJDA 6/07 n° 592).

79120 S'agissant des **autres travaux** (hygiène, ravalement, etc.), la position de la Cour de cassation n'a pas toujours été aussi nette (Cass. 3e civ. 17-10-1990 et Cass. 3e civ. 7-11-1990 n° 1741 D : RJDA 1/91 n° 3) avant qu'un arrêt ne lève toute ambiguïté (Cass. 3e civ. 24-3-1993 n° 523 P : RJDA 7/01 n° 756). Il est donc désormais clairement acquis que seule une stipulation expresse contraire du bail peut faire échapper le propriétaire à la charge des travaux prescrits par l'autorité publique (Cass. 3e civ. 13-7-1994, analysé n° 79317 ; Cass. 3e civ. 9-7-2013 n° 12-19.880 F-D ; Cass. 3e civ. 5-10-2017, analysé n° 79317).

Jugé que sont également à la charge du bailleur les travaux esthétiques connexes à des travaux d'assainissement effectués sur demande de l'administration (CA Rennes 8-6-2005, 7e ch. : JCP G 2006 IV p. 1624).

2. TRAVAUX IMPOSÉS PAR L'ADMINISTRATION À LA CHARGE DU LOCATAIRE

REMISE EN L'ÉTAT D'UNE INSTALLATION CLASSÉE

79200 Les travaux de remise en état des installations classées ne constituent pas des **travaux imposés par l'administration** tels qu'on les entend traditionnellement en matière de baux commerciaux. Lorsqu'il s'agit de l'obligation de remise en état d'une installation classée, obligation légale particulière imposée à l'exploitant de l'installation, la solution ne peut qu'être inverse puisque, quand le terrain est loué, l'exploitant est le locataire auquel la jouissance des lieux a été donnée (C. civ. art. 1709). La Cour de cassation a donc légitimement considéré que, par exception au principe énoncé au n° 79110, l'obligation de remise en état d'une installation classée imposée à l'exploitant est à la charge du locataire (Cass. 3e civ. 10-4-2002 n° 706 FS-PB : RJDA 7/02 n° 734). Pour plus de détails sur les obligations de remise en état d'une installation classée, voir nos 61400 s.

TRAVAUX IMPOSÉS PAR L'ADMINISTRATION EN RAISON DE L'USAGE DES LOCAUX

79210 Le bailleur n'a pas à supporter la charge des travaux imposés par l'administration lorsque ceux-ci n'ont pas pour objet de rendre les lieux conformes à leur destination contractuelle et ne sont devenus nécessaires qu'en raison de l'utilisation que le locataire faisait des locaux (Cass. 3e civ. 20-6-1989 n° 88-11.390 et Cass. 3e civ. 4-10-2000 n° 1370 FS-D, analysés ci-dessous).

Tel est le cas lorsque les travaux :

– résultent du choix de l'activité du locataire dans le cadre d'un bail « tous commerces » (Cass. 3e civ. 19-4-1989 n° 87-14.535 : Bull. civ. III n° 82) ;

– ne sont pas motivés par l'impossibilité dans laquelle se serait trouvé le locataire d'exercer son activité en raison de l'état des lieux loués, mais en raison du non-respect par ce dernier de son obligation d'entretien et de respect des normes d'exploitation (Cass. 3e civ. 9-7-2013 n° 12-19.880 F-D ; Cass. 3e civ. 30-10-2013 n° 12-25.798 FS-D), tels des manquements quotidiens aux règles d'hygiène élémentaire (Cass. 3e civ. 28-5-2003 n° 679 FS-D : RJDA 8-9/03 n° 814) ;

– n'ont été rendus nécessaires qu'en raison de l'adjonction par le locataire d'activités complémentaires à celles contractuellement prévues (Cass. 3e civ. 13-6-2007 n° 06-13.661 FS-PB : RJDA 10/07 n° 365).

ILLUSTRATIONS

Une société exploitait un **magasin à rayons multiples dans plusieurs locaux,** loués à cinq propriétaires différents, qu'elle avait **reliés entre eux** en établissant des ouvertures de communication. La préfecture de police de Paris l'ayant mise en demeure d'effectuer des travaux destinés à assurer la protection des tiers en cas d'incendie, la locataire avait demandé que les bailleurs soient condamnés à en supporter le coût. Sa demande a été rejetée et elle a été condamnée à prendre en charge les travaux ainsi requis pour les raisons suivantes :

– les locaux appartenant à deux propriétaires avaient été loués à usage d'entrepôt, tandis que les mesures édictées par l'administration visaient à la protection de locaux contigus recevant le public ;

– en incluant dans les baux consentis par les trois autres propriétaires une clause, tout à fait exceptionnelle, selon laquelle le locataire avait « le droit d'effectuer dans les lieux loués tous travaux généralement quelconques (...) sans aucune restriction ni réserve (...) et sans avoir à solliciter l'autorisation du bailleur, et dans la seule mesure où il estimera ces travaux nécessaires ou simplement utiles à la bonne exploitation de son commerce », les parties avaient eu la commune intention de donner au locataire « la maîtrise » des lieux et de décharger en contrepartie les bailleurs de tous travaux de quelque nature qu'ils soient, y compris ceux imposés par l'autorité administrative.

Cass. 3e civ. 20-6-1989 no 88-11.390 : Bull. civ. III no 142.

L'acte de vente d'un fonds de commerce indiquait que le locataire avait acquis un fonds de **bar-café « exploité comme crêperie** depuis plus de dix ans » mais il n'en rappelait pas moins les clauses du bail d'origine liant les parties et aux termes desquelles les locaux étaient loués pour y exploiter un fonds de bar-café à l'exception de tous autres commerces. Par suite, le locataire, qui n'avait pas demandé au bailleur l'autorisation d'exercer dans les locaux loués l'activité de crêperie non prévue au bail, devait prendre les travaux prescrits par l'administration à sa charge.

Cass. 3e civ. 4-10-2000 no 1370 FS-D.

En revanche, lorsque **la destination des lieux est restée la même,** la charge de travaux prescrits par l'administration doit être supportée par le bailleur, même si une partie de ces travaux est la conséquence des aménagements nécessités par la modification et le développement de l'exploitation (Cass. 3e civ. 12-6-2001 no 976 F-D). **79215**

B. Charge des travaux ordonnés par l'administration en présence d'une clause particulière

CLAUSE RÉPARTISSANT LES TRAVAUX ORDONNÉS PAR L'ADMINISTRATION

Rédaction de la clause La clause mettant à la charge du locataire les travaux ordonnés par l'administration doit **figurer dans** le bail lui-même, et non dans l'acte de vente du fonds de commerce qui est étranger aux rapports locatifs (Cass. 3e civ. 10-5-1989 no 87-20.196 : Bull. civ. III no 102). Ainsi, le cessionnaire n'est pas tenu de respecter la clause selon laquelle les « travaux éventuellement nécessaires dans l'immeuble notamment toutes prescriptions administratives sont à la charge exclusive du locataire », lorsqu'elle a été prévue dans des courriers échangés avant la cession entre le cédant et le bailleur et dont il n'a pas été constaté qu'ils avaient date certaine, qu'ils étaient connus du cessionnaire et avaient été annexés au bail initial (Cass. 3e civ. 26-11-2013 no 12-25.769 F-D : RJDA 4/14 no 306, 3e espèce). **79300**

Par ailleurs, la clause ne doit pas permettre au **bailleur** de s'exonérer de son **obligation de délivrance** : la clause de l'acte de cession d'un fonds de commerce par laquelle le cessionnaire déclare faire son affaire personnelle de la réfection générale des locaux exigée par l'administration ne dispense pas le bailleur de satisfaire à son obligation de délivrance (Cass. 3e civ. 19-6-2013 no 12-18.337 FS-D : RJDA 12/13 no 981).

La Cour de cassation est exigeante sur le **caractère exprès** de la clause et les parties doivent veiller à exprimer leur commune intention de la manière la plus **précise** et la plus **claire,** que cela concerne la « prise en charge » ou les « travaux » eux-mêmes. **79305**

ILLUSTRATIONS

Une clause mettant le « **ravalement** » à la charge du locataire sans autre précision ne peut pas jouer lorsque le ravalement est prescrit par l'autorité administrative (Cass. 3e civ. 10-5-2001 no 768 FS-PB : RJDA 7/01 no 756 ; voir aussi Cass. 3e civ. 13-7-1994 no 1356 et Cass. 3e civ. 15-6-2023 no 21-19.396 analysés no 79317).

La clause prévoyant que le locataire devra se soumettre aux injonctions de la commission de **sécurité** ne suffit pas à exonérer le bailleur de son obligation de procéder aux travaux prescrits par l'autorité administrative (Cass. 3e civ. 1-12-2016 no 15-22.248 F-D : RJDA 3/17 no 156 ; pour d'autres exemples en ce sens, voir no 79317).

La clause d'un bail stipulant que le **locataire prend les lieux en l'état** ne dispense pas le bailleur de prendre en charge les travaux prescrits par l'administration (Cass. 3e civ. 27-3-2002 no 602 FS-D : RJDA 6/02 no 601).

La clause d'un bail mettant à la charge du locataire toutes les **transformations et réparations nécessitées par l'exercice de son activité** ne libère pas le bailleur de son obligation d'assumer le coût des travaux prescrits par l'administration, notamment lorsqu'ils ont pour objet de rendre les lieux conformes à leur destination contractuelle ou à la sécurité des lieux. Tel est le cas de la mise en conformité des lieux aux normes d'accès aux personnes handicapées (CA Nîmes 7-7-2022 nº 21/02678, 2e ch. sect. A : Loyers et copr. 2022 comm. 141 obs. E. Marcet).

79310 Comme l'indique Jacques Lafond à propos de l'important contentieux relatif aux travaux prescrits par l'administration, « si l'on veut une fois pour toutes y mettre fin, il est nécessaire que le problème soit systématiquement évoqué lors de la conclusion des baux commerciaux et qu'une clause particulière indique qui devra en supporter la charge. Ce peut être soit le bailleur, soit le preneur : ce qui importe c'est que la convention des parties soit claire et que l'on ne se contente pas des habituelles « clauses de style » pour régler un problème dont la pratique montre la fréquence » (Baux commerciaux : la charge des travaux exigés par l'administration : JCP N 1992 I p. 89).

MODÈLE

Clause mettant à la charge du locataire les travaux prescrits par l'administration

Tous travaux, quelle qu'en soit la nature, à l'exception des grosses réparations de l'article 606 du Code civil, résultant des prescriptions administratives relatives à l'hygiène, la salubrité, la sécurité ou autres, sont à la charge du locataire, que ces travaux portent sur l'intérieur ou sur l'extérieur des lieux loués, qu'ils soient la conséquence de prescriptions existantes ou à venir.

79315 **Interprétation par les juges du fond** Les clauses imprécises ou trop générales peuvent être considérées comme ambiguës et, par conséquent, être interprétées en faveur du locataire en application des dispositions de l'article 1190 du Code civil. En tout état de cause, les clauses exonérant le bailleur sont interprétées restrictivement (Cass. soc. 20-11-1953 : nº 79317).

Les décisions présentées ci-dessous ont été rendues sous l'empire du droit antérieur au décret 2014-1317 du 3 novembre 2014 qui interdit désormais de mettre à la charge du locataire les dépenses liées aux travaux de conformité lorsqu'ils relèvent des grosses réparations (nº 78330) ; sous cette réserve, elles restent pertinentes pour l'interprétation des baux soumis au régime issu du décret de 2014.

ILLUSTRATIONS

Exemples de clauses jugées dérogatoires

Dans un cas où le bail stipulait que le locataire s'obligeait à prendre les lieux loués dans leur état actuel sans pouvoir élever de réclamation et s'engageait à se « conformer à **toutes les prescriptions de l'autorité administrative pour cause d'hygiène, de salubrité ou autres causes** et sera tenu d'exécuter à ses frais tous travaux qui seraient prescrits à ce sujet dans les lieux loués », une cour d'appel a fait une exacte application de ces clauses dérogatoires expresses en rejetant la demande du locataire en annulation du bail engagée après que la commission de sécurité avait prescrit la réalisation de travaux avant l'ouverture du local loué au public.

Cass. 3e civ. 23-6-1993 nº 1159 P : RJDA 11/93 nº 878.

Justifie légalement sa décision la cour d'appel qui, après avoir constaté qu'un bail portant sur un local commercial faisait obligation au locataire de prendre en charge **toutes les transformations et réparations nécessitées par l'exercice de l'activité,** en déduit, par une appréciation souveraine de la commune intention des parties, qu'il appartenait au locataire d'apporter au local les modifications nécessaires à sa mise en conformité avec les règlements administratifs.

Cass. 3e civ. 13-12-1994 nº 2332 D.

Viole l'article 1134 du Code civil (désormais art. 1103) la cour d'appel qui, pour dire qu'un bailleur devait supporter la charge d'une partie des travaux entrepris sur autorisation de justice par le locataire d'un local, destiné à l'usage de discothèque, débit de boissons avec spectacle, retient que les travaux d'isolation au feu, de chauffage et de sécurité contre l'incendie constituent de grosses réparations, rattachables de plus à l'obligation de délivrance du bien loué, le locataire s'étant trouvé dans l'impossibilité de commencer son activité avant leur réalisation, alors qu'elle avait constaté que le bail stipulait, d'une part, que le locataire prenait les locaux dans leur état actuel, le bailleur ne s'obligeant à prendre en charge que les grosses réparations visées à l'article 606 du Code civil et, d'autre part, que le locataire devait faire exécuter à ses frais et sans aucun recours contre le bailleur les **travaux qui pourraient lui être imposés par la commission d'hygiène et de salubrité et par toute administration ou autorité compétente.**

Cass. 3e civ. 6-11-2001 nº 1461 F-D.

En présence d'une clause imposant au locataire de satisfaire à **toutes les obligations qui pourraient être exigées par le service de salubrité et les inspecteurs du travail,** pour la

79315 (suite)

ventilation, l'aération et toutes autres prescriptions, de telle sorte que la société bailleresse ne puisse être jamais inquiétée ni recherchée pour quelque cause que ce soit à ce sujet, le bail prévoyant par ailleurs qu'incombaient au locataire **tous travaux déterminés par les règlements administratifs,** une cour d'appel a pu souverainement retenir que la volonté des parties était de laisser au locataire la charge des travaux prescrits par une quelconque autorité administrative pour cause d'hygiène, de réglementation du travail mais aussi pour quelque cause que ce soit et en a exactement déduit que les travaux de mise aux normes prescrits par la commission de sécurité n'incombaient pas à la bailleresse.

Cass. 3e civ. 8-12-2004 n° 1293 FS-D : RJDA 3/05 n° 231.

En présence d'une clause stipulant que le locataire prendrait les lieux loués en l'état, sans pouvoir exiger du bailleur aucune réparation ni remise en état autres que celles nécessaires au clos et au couvert des lieux, qu'il ferait son affaire personnelle, de façon que le bailleur ne soit jamais inquiété ni recherché à ce sujet, de toutes réclamations ou contestations qui pourraient survenir du fait de son activité dans les lieux loués et aurait à sa charge toutes les transformations et réparations nécessitées par l'exercice de son activité et que le locataire devrait satisfaire à **toutes les charges de ville, de police, réglementations sanitaires, voirie, salubrité, hygiène** ainsi qu'à **celle pouvant résulter des plans d'aménagement de la ville** et autres charges dont les locataires sont ordinairement tenus, justifie légalement sa décision une cour d'appel qui en a déduit qu'il résultait de l'ensemble de ces stipulations que les parties étaient convenues qu'il incombait au locataire, en sa qualité d'exploitant d'un commerce dans les lieux loués, de se conformer à **toute réglementation prescrite par l'autorité administrative** pour l'exercice de cette activité et de faire procéder à sa charge aux travaux nécessaires à la mise en conformité des lieux loués aux normes de sécurité requises.

Cass. 3e civ. 14-10-2008 n° 07-16.475 F-D.

Un bail prévoyait que le locataire prendrait les locaux loués dans l'état où ils se trouvaient lors de l'entrée en jouissance sans pouvoir exiger du bailleur aucuns travaux de remise en état ou réparation ; qu'il s'engageait à exécuter au lieu et place du bailleur toutes les réparations qui pourraient être nécessaires à l'exception des grosses réparations telles que définies à l'article 606 du Code civil, les réparations afférentes à la mise en conformité des installations électriques et gazières étant d'entretien ; qu'il pourrait exercer tous commerces mais sous son entière responsabilité notamment quant à la mise en conformité des locaux avec **toute réglementation,** reconnaissant être parfaitement informé des prescriptions imposées par les diverses **commissions de sécurité** pour l'exploitation du fonds. Dans ces conditions, les travaux de mise en conformité des lieux étaient à la charge du locataire qui avait en outre acquis le fonds de commerce, évalué à 184 000 €, pour la somme de 10 000 € en se prévalant de ce que d'importants travaux étaient nécessaires pour le mettre aux normes d'hygiène et de sécurité de sorte qu'il était parfaitement informé lors de son entrée dans les lieux de cette nécessité et avait nécessairement accepté de prendre en charge les travaux.

Cass. 3e civ. 15-6-2010 n° 09-67.103 F-D : RJDA 10/10 n° 915.

En présence d'une clause mettant à la charge du locataire tous les travaux qui pourraient être nécessaires pour **mettre l'immeuble en conformité avec la réglementation existante** concernant l'activité du locataire ou l'activité commerciale, notamment les travaux de sécurité, la cour d'appel qui constate que les travaux réalisés visaient à la mise en conformité de l'établissement en vue de recevoir du public et constituaient des travaux de sécurité au sens du contrat, en a justement déduit que le locataire ne pouvait pas en demander le remboursement au bailleur.

Cass. 3e civ. 21-3-2012 n° 11-14.809 FS-D : RJDA 7/12 n° 643.

En présence d'une clause prévoyant que le **remplacement des installations,** appareils et en général de tous équipements **devenu nécessaire par suite d'exigence administrative** serait entièrement à la charge du locataire, une cour d'appel a pu retenir que la rénovation de l'installation électrique, la mise en conformité de l'éclairage de sécurité et le remplacement des portes vitrées donnant sur l'escalier par des portes coupe-feu constituaient un remplacement des installations ou équipements existants qui ne relevait pas des obligations du bailleur.

Cass. 3e civ. 19-12-2019 n° 18-19.136 FS-D : RJDA 3/20 n° 129.

Dans un cas où la clause de destination d'un bail visant l'activité de café-restaurant avait été modifiée pour y adjoindre celle de bar à ambiance musicale, avec la précision que le locataire devait se conformer rigoureusement aux prescriptions administratives concernant l'exercice de cette nouvelle activité et veiller à ce que celle-ci n'apporte aucune nuisance aux autres occupants de l'immeuble ou au voisinage, les juges du fond ont pu considérer que, par cette clause, les parties avaient entendu transférer au locataire la charge des **travaux,** notamment **d'isolation phonique,** qui s'avéreraient nécessaires à l'exercice de la nouvelle activité, par dérogation aux obligations normalement mises à la charge du bailleur.

Cass. 3e civ. 29-6-2022 n° 21-14.482 F-D : RJDA 11/22 n° 616.

79317 ILLUSTRATIONS

Exemples de clauses jugées non dérogatoires

Dans le cas d'un bail portant sur un local à usage de cinéma qui imposait au locataire « de prendre toutes les **mesures** utiles **pour assurer** en toutes circonstances **la sécurité du public** », les travaux de réparation et d'aménagement exigés par la commission départementale de sécurité sont à la charge du bailleur. En effet, cette clause, qui doit être interprétée restrictivement, n'avait en vue que les précautions à prendre dans l'utilisation des lieux tels quels et non leurs modifications.

Cass. soc. 20-11-1953 n° 8.690 : Bull. civ. IV n° 739.

Un bail commercial portant sur un local à usage d'hôtel-restaurant stipulait que le locataire « devra, au cours de la location, faire à l'immeuble les **réparations de toute nature, grosses et menues, qui pourraient devenir nécessaires à l'exception du clos et du couvert** ». Une cour d'appel avait estimé qu'il résultait de cette stipulation claire et précise que les travaux de gros œuvre prescrits par la commission départementale de sécurité dont l'inexécution aurait pu entraîner la fermeture de l'établissement étaient à la charge du locataire. Cette décision a été censurée par la Cour de cassation au motif que les juges du fond auraient dû rechercher si les parties avaient entendu assimiler à des réparations les travaux de mise en conformité de l'immeuble avec les prescriptions administratives.

Cass. 3e civ. 17-12-1986 n° 85-12.981 : Bull. civ. III n° 183.

La clause d'un bail stipulant que le locataire doit **satisfaire à toutes les charges de ville et de police, notamment** en ce qui concerne **le balayage et l'arrosage,** ne déroge pas à l'obligation mise à la charge du bailleur par l'article 1719, 2° du Code civil d'entretenir la chose louée en état de servir à l'usage pour lequel elle a été louée. Par suite, justifie légalement sa décision la cour d'appel qui condamne le bailleur d'un immeuble dans lequel le locataire exploitait un **hôtel-restaurant** à payer les travaux de mise en conformité des locaux aux nouvelles normes d'hygiène et de sécurité.

Cass. 3e civ. 23-2-1994 n° 339 D.

Viole l'article 1719, 2° du Code civil la cour d'appel qui, pour condamner des locataires au paiement de travaux de **ravalement** effectués en exécution des prescriptions municipales, retient que deux clauses du bail mettent à la charge des locataires les **réparations** et remises en état **autres que** celles définies à l'article 606 du Code civil comme étant de **grosses réparations,** alors que les travaux prescrits par l'autorité administrative sont à la charge du bailleur sauf stipulation expresse contraire et qu'elle n'a pas constaté que le bail contenait une telle stipulation.

Cass. 3e civ. 13-7-1994 n° 1356 P : RJDA 12/94 n° 1262.

Ne constituent pas une dérogation expresse à l'obligation incombant au bailleur de prendre en charge les travaux prescrits par l'autorité administrative les stipulations contractuelles selon lesquelles le locataire :
– déclarait faire son affaire personnelle des **autorisations** qui seraient le cas échéant **nécessaires à l'exercice de son activité** ;
– s'obligeait, afin de se conformer à la réglementation le concernant, à exécuter à ses seuls frais tous les travaux les concernant ;
– prenait à sa charge tous les travaux, le bailleur gardant à sa charge uniquement la réfection entière des toitures et des travaux de consolidation et de réfection des murs extérieurs et charpente ;
– entretenait tous les équipements spécifiques, installations électriques et téléphoniques conformément aux normes en vigueur ;
– s'obligeait à respecter, le cas échéant, la réglementation relative aux établissements recevant du public.

Cass. 3e civ. 29-1-2002 n° 72 F-D.

Jugé qu'en présence de deux baux stipulant que le locataire prend les lieux dans l'état où ils se trouvent lors de l'entrée en jouissance, qu'il a à sa charge toutes les **transformations et réparations nécessitées par l'exercice de son activité,** devant se conformer strictement aux **prescriptions de tous règlements notamment sanitaires et veiller à toutes les règles d'hygiène et de salubrité,** le coût des travaux demandés par l'autorité administrative pour la mise en conformité des installations sanitaires doit être assumé par le bailleur.

Cass. 3e civ. 19-6-2002 n° 1081 FS-D.

Si un bail, initialement conclu en 1962, stipulait que le locataire devait prendre à sa charge les frais d'aménagement des locaux jusqu'alors destinés à un atelier de maréchalerie pour y installer une **boucherie,** ces stipulations relatives à la **transformation de l'activité** étaient ponctuelles. Par suite, même si le dernier bail conclu en 1990 renvoyait aux clauses et conditions du bail d'origine, les stipulations relatives à la **transformation des locaux** étaient caduques et les autres clauses et conditions du bail n'avaient ni pour objet ni pour effet de mettre à la charge du locataire les travaux de remise en état aux normes sanitaires demandés par la direction des services vétérinaires, de sorte que le coût des travaux devait être supporté par le bailleur.

Cass. 3e civ. 16-9-2008 n° 07-17.713 F-D.

Un bail de locaux à usage de clinique stipulait que le locataire prenait les locaux dans l'état où ils se trouvaient, devait effectuer toutes réparations et remplacement à ses frais de tous éléments défectueux dont le **remplacement** serait **imposé** ou recommandé **par mesures administratives** et enfin devait satisfaire à toutes les charges de ville et de police, règlements sanitaires, voirie hygiène et salubrité.
Ce cumul de stipulations contractuelles n'a pas pour effet de rendre expresse une clause non précisément stipulée dans le contrat et ne saurait être assimilé à une stipulation expresse du bail qui aurait mis à la charge du locataire les travaux prescrits par l'autorité administrative.

Cass. 3e civ. 13-11-2012 n° 11-22.716 : JCP E 2012 pan. n° 1771.

Un **bail imposait** au locataire de satisfaire à la réglementation sanitaire, voirie, salubrité, hygiène, de manière à ce que le bailleur ne puisse aucunement être recherché à ce sujet ; les **actes de cession successifs** du fonds de commerce **prévoyaient** par ailleurs que l'acquéreur devrait faire son affaire personnelle de la réglementation relative à l'hygiène, la salubrité et la sécurité, et devrait se soumettre aux éventuelles injonctions des services administratifs compétents ou de la commission de sécurité.
Ce cumul de stipulations contractuelles ne suffit pas, en l'absence de stipulation expresse, à mettre les travaux prescrits par l'autorité administrative à la charge des locataires successifs.

Cass. 3e civ. 1-12-2016 n° 15-22.248 F-D : RJDA 3/17 n° 156.

Dans un cas où le bail ne laissait à la charge du bailleur « que les grosses réparations ou travaux définis à l'article 605 du Code civil » et prévoyait, à titre de clause particulière, que « le **ravalement des façades** de l'immeuble reste à la charge de la partie preneuse », des travaux de ravalement imposés par la mairie de Paris doivent demeurer à la charge du bailleur qui ne peut pas invoquer un manquement du locataire à ses obligations pour n'avoir pas exécuté ces travaux.

Cass. 3e civ. 5-10-2017 n° 16-11.470 F-D : BPIM 6/17 inf. 432.

Dans un cas où une convention portant sur l'exploitation d'un restaurant prévoyait l'**obligation** pour l'exploitant **de se conformer aux lois et règlements en vigueur** concernant notamment la sécurité des locaux, le bailleur ne peut pas être déchargé des travaux de sécurité prescrits par l'autorité administrative.

Cass. 3e civ. 28-1-2021 n° 20-13.854 F-D : RJDA 5/21 n° 293, rendu à propos d'une convention exclusive du statut des baux commerciaux mais transposable à un contrat de bail commercial.

Dans un cas où un bail obligeait le locataire à supporter les **travaux de ravalement de l'immeuble** mais ne comportait aucune stipulation mettant à la charge de ce dernier les travaux prescrits par l'autorité administrative, une cour d'appel a légalement justifié sa décision de ne pas décharger le bailleur des travaux de ravalement, objet d'une injonction administrative, dès lors que l'assemblée générale des copropriétaires qui avait décidé d'engager ces travaux y avait été contrainte par cette injonction.

Cass. 3e civ. 15-6-2023 n° 21-19.396 F-D : RJDA 12/23 n° 640.

TRAVAUX IMPOSÉS PAR L'ADMINISTRATION SOUMIS À ACCORD DU BAILLEUR

L'existence d'une clause mettant les travaux ordonnés par l'administration à la charge du locataire ne dispense pas ce dernier, appelé à procéder à de tels travaux, d'obtenir préalablement l'autorisation du bailleur **lorsque le bail prévoit** qu'une telle **autorisation** est nécessaire pour l'engagement de travaux. Ainsi, dans un cas où une clause du bail exigeait l'autorisation préalable du bailleur en cas de travaux entraînant le percement des murs et où le bailleur avait mis en œuvre la clause résolutoire après avoir constaté que l'exécution des travaux imposés par l'administration avait nécessité le percement de murs qu'il n'avait pas autorisé, la Cour de cassation a censuré la décision d'une cour d'appel qui, pour limiter les effets de la clause résolutoire, avait retenu que les percements réalisés par le locataire avaient été strictement circonscrits à la nécessaire mise en conformité des locaux à laquelle il était tenu, sans rechercher si le locataire avait respecté le bail en sollicitant préalablement l'autorisation expresse et par écrit du bailleur pour faire effectuer ces travaux (Cass. 3e civ. 26-9-2001 n° 1265 FS-PB : RJDA 12/01 n° 1189). **79320**

Sur le cas particulier des travaux portant sur les parties communes d'un immeuble en copropriété, voir nos 79570 s. **79325**

SECTION 3 AUTRES TRAVAUX

A. Travaux d'aménagement ou d'amélioration

79400 En principe, le bailleur comme le locataire ne peuvent pas procéder à des travaux d'aménagement ou d'amélioration pendant la durée du bail. Les stipulations contractuelles aménageant ce principe sont cependant fréquentes.

Sur la prise en compte des améliorations réalisées par le bailleur pour la détermination de la valeur locative, voir nos 83400 s.

1. TRAVAUX RÉALISÉS PAR LE BAILLEUR

TRAVAUX D'AMÉNAGEMENT OU D'AMÉLIORATION SOUMIS À ACCORD DU LOCATAIRE

79410 L'obligation de garantie à laquelle il est tenu (C. civ. art. 1723) interdit au bailleur, pendant la durée du bail, de changer la forme du bien loué, ce qui inclut ses dépendances et accessoires. En application de ce principe de l'**immutabilité de la chose louée,** il ne peut donc pas faire de travaux sans l'accord du locataire, sous réserve des réparations urgentes (sur ces réparations, voir nos 78510 s.) et de certaines adaptations. Pour une étude de l'article 1723 du Code civil, voir nos 57865 s.

TRAVAUX D'AMÉNAGEMENT OU D'AMÉLIORATION IMPOSÉS AU LOCATAIRE

79440 **Clause de souffrance** La plupart du temps, le bail prévoit une clause de souffrance qui impose au locataire de supporter certains travaux. Pour être prise en compte par les tribunaux, cette **clause** doit être **effectivement dérogatoire à l'article 1723** du Code civil.

ILLUSTRATIONS

Déroge à l'article 1723 la clause qui prévoit que le locataire « ne pourra mettre obstacle aux travaux que le bailleur jugerait bon d'exécuter tant dans l'immeuble que dans les locaux loués (...) », celui-ci pouvant « de même » faire procéder à des extensions de constructions contiguës. L'intérêt de cette clause était bien, dans la commune intention des parties, de soumettre les travaux d'extension au même régime conventionnel que les simples réparations, c'est-à-dire d'empêcher le locataire de s'y opposer ; l'expression « de même », qui conférait une unité à l'ensemble de la clause, devait en conséquence être entendue comme : « le bailleur pourra dans les mêmes conditions » ; le locataire s'étant engagé à ne pas s'opposer à des travaux de cette nature, il ne pouvait pas sérieusement invoquer les changements provisoires dans les accessoires de la galerie marchande pour s'opposer à l'extension entreprise par le bailleur (CA Paris 28-1-1998 n° 97-14704, 16e ch. A : D. aff. 1998 p. 366 obs. Y. R.).

La clause, claire et dépourvue d'ambiguïté, par laquelle le locataire s'engage à supporter, sans indemnité ni réduction de loyer, tous les travaux que le bailleur exécutera, et ce, quels que soient les inconvénients pour lui, notamment quant à la durée, constitue une dérogation, non pas à l'article 1723 du Code civil, mais à l'article 1724 du même Code relatif aux réparations urgentes. Des travaux d'améliorations et des constructions nouvelles peuvent parfaitement être exécutés par le bailleur sans entraîner de modification définitive de la chose louée ou de ses accessoires, même s'ils apportent des inconvénients temporaires à l'exploitation de la chose. Par suite, le projet envisagé par le bailleur, qui consistait dans la suppression de l'accès d'angle d'une galerie marchande ainsi que du mail diagonal d'angle et dans la modification de la façade, constituait en lui-même une violation de l'article 1723 du Code civil (CA Paris 29-4-2004 n° 03-14536, 16e ch. B : AJDI 2004 p. 724).

79450 **Interprétation de la clause** L'**interprétation** de la clause dérogatoire **par les juges du fond** se fait au regard des cas d'exonération du bailleur expressément énumérés par le bail. Elle est d'interprétation stricte et il a été jugé que le bailleur ne peut pas exiger le règlement du loyer lorsque les travaux ont pour conséquence l'impossibilité totale d'utiliser les lieux loués (Cass. 3e civ. 30-11-1994 n° 92-16.675 : Rev. Loyers 1996 p. 406 note J.-M. Gelinet).

En présence d'une clause stipulant que le locataire s'obligeait à souffrir sans indemnité « toutes réparations, tous travaux, toutes modifications, surélévations ou même constructions nouvelles exécutés dans le centre commercial qu'il occupait ou les terrains adjacents quels qu'en soient les inconvénients et la durée, cette dernière excédât-elle quarante jours [désormais vingt et un jours] », la Cour de cassation a censuré la décision d'une cour d'appel qui avait retenu que les travaux, effectués pour les nécessités d'une extension du centre commercial et dont le locataire avait été informé, entraient dans les prévisions de cette clause et devaient être supportés sans indemnité, sans rechercher, comme il le lui était demandé, si ces travaux n'avaient pas entraîné de modification substantielle de la chose louée (Cass. 3e civ. 18-7-2001 n° 00-10.082 FS-D : RJDA 12/01 n° 1185). En l'espèce, si le locataire devait souffrir toutes modifications, le bail n'allait pas jusqu'à préciser que l'exonération du bailleur s'étendait aux modifications substantielles de la chose louée. Il est probable qu'une clause visant une telle modification substantielle ne pourrait de toute façon pas produire effet devant les tribunaux car elle fait dépendre l'existence même de la chose louée de la seule volonté du bailleur.

Limite à la dérogation La clause dérogatoire ne doit **pas** avoir pour effet d'**exonérer** le bailleur **de toute responsabilité** de son fait personnel (CA Orléans 26-2-2004 n° 03-00337). En l'espèce, la cour d'appel a jugé que la clause prévoyant que le locataire devait « souffrir sans indemnité toutes les réparations, tous les travaux, toutes les modifications (...) exécutés dans le centre commercial ou sur les terrains adjacents, quels qu'en soient les inconvénients et la durée, cette dernière excédât-elle quarante jours [désormais vingt-et-un jours] », avait pour effet d'affranchir le bailleur de toute obligation d'assurer une jouissance paisible au locataire notamment au titre de modifications quelconques et indéterminées de l'immeuble donné à bail et lui conférait une exonération totale et générale de responsabilité ; la cour en a déduit que la clause ne pouvait pas faire obstacle à l'article 1723 du Code civil et être opposée au locataire. **79455**

2. TRAVAUX RÉALISÉS PAR LE LOCATAIRE

TRAVAUX D'AMÉNAGEMENT OU D'AMÉLIORATION INTERDITS AU LOCATAIRE

Le locataire est tenu d'user de la chose louée raisonnablement et suivant la destination qui lui a été donnée par le bail (C. civ. art. 1728, 1°). Il doit en outre rendre la chose dans l'état où il l'a reçue si un état des lieux d'entrée a été établi (C. civ. art. 1730), ce qui est en principe le cas pour les contrats de bail conclus depuis le 20 juin 2014 (C. com. art. L 145-40-1), ou en bon état de réparations locatives en l'absence d'état des lieux (C. civ. art. 1731). **79480**

Il en résulte qu'en principe il est **interdit** au locataire de **modifier la forme ou l'aspect** de la chose louée (T. civ. Nantes 26-2-1941 : Gaz. Pal. 1941 p. 364, ordonnant une expertise pour savoir si l'installation d'un petit tuyau extérieur passant par une fenêtre de la cuisine et se terminant sur le toit par une cheminée en métal pour évacuer les gaz d'un chauffe-bain constituait une violation de son obligation par le locataire).

ILLUSTRATIONS

Dans le cadre d'un bail à usage commercial et d'habitation, les locataires avaient remplacé une verrière par une dalle en béton et utilisé le local ainsi modifié comme entrepôt en facilitant, depuis l'étage, l'accès à la dalle par la transformation d'une fenêtre en porte-fenêtre. Le bailleur avait fait délivrer une sommation de remettre les lieux en l'état visant la clause résolutoire puis mis en œuvre cette clause. Une cour d'appel avait rejeté la demande du bailleur mais la Cour de cassation a censuré cette décision au motif que la cour d'appel n'avait pas recherché si les travaux entrepris constituaient ou non « selon les clauses du bail » un « changement dans la distribution des lieux loués autre que ceux nécessaires à l'exercice de la profession ».

Cass. 3e civ. 11-5-1993 : Loyers et copr. 1993 comm. n° 293.

Une société locataire de locaux commerciaux avait supprimé une cloison et modifié la distribution des lieux loués sans l'autorisation du bailleur et en contravention aux clauses du bail. Le bailleur avait alors demandé des dommages-intérêts qu'une cour d'appel lui avait refusés car il ne démontrait pas avoir subi un préjudice ni qu'il en serait résulté une atteinte à la solidité de l'immeuble ou une diminution de la valeur locative. Cassation de cette décision car le locataire ne pouvait pas changer la forme de la chose louée sans l'accord du bailleur.

Cass. 3e civ. 13-11-1997 : Bull. civ. III n° 202.

À défaut de clause d'interdiction ou de clause soumettant la réalisation de travaux à l'autorisation du bailleur, il est admis que le locataire puisse procéder à des **modifications peu importantes** ne pouvant nuire ni à l'immeuble ni à ses occupants et faciles à faire disparaître (T. civ. Nantes 26-2-1941 : Gaz. Pal. 1941 p. 364), sous réserve, bien sûr, que ces travaux ne modifient pas la destination contractuelle des lieux et ne portent pas atteinte à la structure de l'immeuble, auquel cas il pourrait lui être reproché de ne pas avoir usé de la chose raisonnablement. **79485**

ILLUSTRATIONS

La demande du bailleur en résiliation du bail à raison des différents aménagements réalisés par les locataires dans le local loué doit être rejetée dès lors que l'interdiction de changement prévue par le bail ne pouvait pas être étendue à tout changement, même sans percement de mur ou démolition, et que les locataires n'avaient en rien manqué à leurs obligations en procédant à des aménagements qui n'avaient entraîné aucune atteinte au gros œuvre, aucun percement, aucune pose ou dépose de revêtement mural, les nouveaux appareils étant seulement branchés sur les canalisations existantes (Cass. 3e civ. 4-4-1991 : Loyers et copr. 1991 no 243).

Il y a lieu d'écarter la demande de résiliation d'un bail formée par le bailleur en raison de la transformation d'une cave en espace de restaurant par le locataire dès lors que le bail, notamment à destination de restaurant, ne limitait pas l'usage qui pouvait être fait de ce lieu et que rien ne permettait de soutenir que les travaux effectués, qui consistaient en un aménagement du sous-sol avec des banquettes, des tables basses et un écran de télévision, auraient fait courir des risques à la solidité de l'immeuble (CA Paris 20-2-2008 no 07-4550, 16e ch. A).

Toute autre solution permettrait au bailleur d'exercer un contrôle très étroit sur les travaux entrepris par le locataire et l'autoriserait, par exemple, à interdire le remplacement du papier peint, la modification de la couleur des peintures, l'installation ou le retrait d'une moquette ou d'un parquet flottant, etc. (pour un exemple où la demande de réparation d'un bailleur fondée sur des travaux de peinture et la pose d'une moquette a été rejetée, voir CA Nancy 1-2-1995).

79490 Lorsque le bail n'interdit pas au locataire de modifier les lieux, les éventuelles conséquences des travaux réalisés par lui n'interviendront qu'à la fin du bail, le bailleur pouvant alors exiger une **remise des lieux dans leur état** antérieur (Cass. 3e civ. 19-1-1999 no 45 D : RJDA 3/99 no 259 ; voir également Cass. 3e civ. 19-6-1970 et Cass. 3e civ. 12-4-1972 : no 79560).

TRAVAUX D'AMÉNAGEMENT OU D'AMÉLIORATION AUTORISÉS PAR LE BAILLEUR

79495 **Clause limitant l'interdiction de principe** En pratique, l'interdiction de procéder à des travaux, qui résulte des articles 1728 et 1730 du Code civil (no 79480), est rarement absolue. Le plus souvent, le bail en précise l'étendue en énonçant la liste des **travaux soumis à autorisation** du bailleur et en prévoyant que la conduite des travaux autorisés se fera sous la surveillance de l'architecte de ce dernier.

MODÈLE

Clause soumettant la réalisation de travaux à l'autorisation du bailleur

Aucun changement de distribution, aucune démolition, aucun percement de murs, voûtes, plafonds, planchers, aucune construction, même légère telle une mezzanine, aucune modification des installations et équipements existants ne peut être fait sans l'autorisation préalable et écrite du bailleur. Si les travaux sont autorisés, ils devront être réalisés sous la direction de l'architecte du bailleur, et aux frais du locataire.

79500 **Autorisation du bailleur** Le locataire doit se soumettre à la **procédure** prévue par la clause du bail et obtenir l'autorisation du bailleur avant d'entreprendre les travaux envisagés. Ainsi, dans un cas où le bail stipulait que le locataire ne pourrait faire dans les lieux loués aucun changement de distribution, aucune démolition aux constructions, aucun percement de mur ou de voûtes sans l'autorisation expresse et par écrit du bailleur, la Cour de cassation a censuré la décision d'une cour d'appel qui, pour rejeter la demande du bailleur tendant à la constatation de l'acquisition de la clause résolutoire et l'expulsion du locataire, avait retenu que l'exigence par le bail d'un écrit était seulement destinée à permettre au locataire d'apporter la preuve de l'autorisation du bailleur et que son absence était donc indifférente dès lors que le bailleur avait reconnu avoir donné son autorisation (Cass. 3e civ. 28-11-2006 no 05-17.357 F-D).

L'autorisation est requise même si une **clause d'accession** prévoit que le bailleur deviendra propriétaire des aménagements sans indemnité (voir toutefois Cass. 3e civ. 12-4-1972 : no 79560) et même si les **travaux** sont **indispensables** à la poursuite de l'activité du locataire.

L'autorisation de principe donnée par le bailleur est **opposable** à ses **ayants cause** (CA Saint-Denis de la Réunion 30-10-2006 no 05-728, ch. com.). Au cas particulier, le bailleur avait donné l'autorisation écrite au locataire d'effectuer tous les travaux nécessaires à l'exploitation commerciale, à la condition de n'apporter aucune modification aux murs porteurs du bâtiment. La cour d'appel a estimé que cette autorisation, qui ne visait aucuns travaux spécifiques et n'était assortie d'aucune limite temporelle, devait être considérée, non comme une autorisation ponctuelle, mais comme une autorisation de principe au regard de la généralité des termes employés, de sorte que, plusieurs années après avoir été donnée, elle était opposable à l'ex-épouse du bailleur devenue propriétaire des lieux loués à la suite de leur divorce.

Le bailleur ne doit pas soumettre l'**autorisation** requise à des **conditions** abusives en subordonnant par exemple son autorisation à la signature d'un nouveau bail et à l'augmentation du loyer (Cass. 3e civ. 4-3-1987 no 85-16.698). En l'espèce, le bailleur a été condamné à autoriser les travaux litigieux, lesquels concernaient seulement l'aspect intérieur du magasin et n'entraînaient ni modification de la disposition des lieux, ni nécessité de démolition ou percement des murs et cloisons. **79505**

De son côté, le locataire ne doit pas **utiliser abusivement l'autorisation** donnée par le bailleur sans quoi il s'expose à voir le bail résilié à ses torts. Ainsi, dans un cas où le bailleur avait autorisé son locataire à effectuer, à ses frais exclusifs et sous son entière responsabilité, les travaux et aménagements nécessaires à l'exercice de son activité et à modifier la structure de l'immeuble pour réaliser ces aménagements, la Cour de cassation a censuré la décision d'une cour d'appel qui avait retenu que l'autorisation accordée avait une portée générale et que le bailleur n'était pas fondé à solliciter la résiliation pour exécution de travaux ayant compromis la solidité de l'immeuble (Cass. 3e civ. 29-6-1994 no 1199 D). En revanche, le bailleur qui autorise son locataire à « rafraîchir » l'ensemble des peintures et moquettes ne saurait ensuite lui reprocher d'avoir utilisé des couleurs sortant de l'ordinaire, en l'occurrence bleu, rose, mauve et bordeaux clair, en uni ou en rayures (CA Paris 10-1-2008 no 06-19881, 6e ch. B : BPIM 3/08 inf. 251). **79510**

Refus du bailleur Lorsque le locataire, respectant la clause du bail, sollicite l'autorisation du bailleur et qu'il se voit opposer un refus, la question s'est posée de savoir s'il dispose d'un **recours** devant les tribunaux. Plusieurs axes jurisprudentiels se dessinent. **79515**

Certains arrêts reconnaissent au bailleur le droit de **refuser discrétionnairement** l'autorisation demandée (Cass. 3e civ. 20-7-1993, analysé ci-dessous).

ILLUSTRATIONS

En présence d'une clause claire et précise stipulant que le locataire « ne pourra pas faire dans la maison louée de travaux de percements de mur ou de plancher, ni de changement de distribution sans le consentement exprès et par écrit du bailleur », dénature la convention des parties la cour d'appel qui accepte d'ordonner une expertise destinée à vérifier l'importance des travaux ainsi que leur incidence sur les diverses parties de l'immeuble alors que ces travaux, qui ne pouvaient être qualifiés de légers (démolition de cloisons, changement de distribution, construction d'un demi-étage, modification du chauffage et rénovation des parquets), étaient interdits par le bail et que le bailleur les avait refusés.

Cass. 3e civ. 24-1-1969 no 67-11.918 : Bull. civ. III no 76.

Le locataire d'un local dans lequel il exploitait une station-service avait demandé l'autorisation de remplacer à ses frais la cuve de supercarburant existante pour une cuve de capacité plus importante ainsi que l'implantation d'une cuve de gazole.
Jugé qu'en présence d'une clause du bail interdisant l'exécution des travaux, sans l'autorisation du bailleur, les juges ne pouvaient pas autoriser le locataire à les effectuer contre le gré du bailleur, même si ces travaux étaient utiles ou nécessaires au commerce exercé dans les lieux et même pour en permettre une meilleure utilisation.

Cass. 3e civ. 16-3-1983.

Dans un cas où le bail prévoyait que le locataire devait entretenir les lieux loués en bon état de réparations et qu'il ne pouvait faire aucun percement de gros mur ni démolition sans le consentement écrit du bailleur, une cour d'appel en a justement déduit que le locataire avait pris possession des lieux en toute connaissance de cause et que le bailleur pouvait discrétionnairement refuser de répondre à la demande du locataire tendant à être autorisé à effectuer des travaux de gros œuvre.

Cass. 3e civ. 20-7-1993 no 1206 D.

D'autres arrêts considèrent au contraire que le **refus** du bailleur doit être **légitime et justifié**, sans quoi il constitue un abus de droit (CA Paris 26-6-2002, analysé no 79530 ; voir également Cass. 3e civ. 27-6-1990, analysé no 79530), lequel abus peut aboutir à une autorisation judiciaire des travaux. **79520**

À notre avis, le refus du bailleur est d'autant moins légitime et justifié que la demande porte sur des travaux indispensables à l'activité normale du locataire (voir notamment CA Paris 26-6-2002 précité) et non sur des travaux de simple convenance.

Dans un arrêt ancien, la Cour de cassation a jugé que pour établir l'**abus de droit,** les juges du fond doivent rechercher si le refus du bailleur a été opposé de mauvaise foi ou avec une légèreté blâmable (Cass. 3e civ. 12-10-1971 : JCP G 1972 II no 16966). En l'espèce, la Cour de cassation a censuré la décision d'une cour d'appel qui avait considéré que le refus d'un bailleur, fondé sur la seule raison « qu'on a le droit de s'opposer », était « inspiré par l'égoïsme et maintenu par entêtement » et constituait un abus de droit, tout en admettant que le bailleur n'avait pas agi avec l'intention de nuire. À notre connaissance, l'exigence posée par cet arrêt n'a pas été rappelée depuis.

79525 Par ailleurs, la Cour de cassation a jugé que n'inverse pas la **charge de la preuve** la cour d'appel qui, pour autoriser le changement d'un four de boulangerie, retient que le bailleur, qui soutenait que le nouveau four pouvait être générateur de nuisances pour le voisinage, n'avait produit aucun document probant à l'appui de son refus et qu'il ne pouvait être demandé au locataire d'établir que cette allégation n'était pas pertinente, ce qui aurait conduit à exiger de lui une preuve négative (Cass. 3e civ. 13-12-1989 n° 88-15.205 : Bull. civ. III n° 234 ; voir également Cass. 3e civ. 27-6-1990, analysé n° 79530). Selon un auteur, cet arrêt de la Cour de cassation « conduit, en définitive, à renverser le fardeau traditionnel de la preuve en matière d'abus de droit et à imposer au bailleur la preuve du bien-fondé de son opposition » (F. Auque, Les baux commerciaux : éd. LGDJ p. 149).

79530 ILLUSTRATIONS

Cas où l'abus de droit a été reconnu

Une cour d'appel, qui ne pouvait faire abstraction de la situation du commerce de bijouterie-joaillerie pour apprécier l'abus du refus d'autoriser une modification du local dans lequel était exercé le commerce, a, sans inverser la charge de la preuve ni constater l'existence de motifs légitimes de refus, légalement justifié sa décision en relevant que l'objection relative à la valeur locative ne pouvait être retenue comme déterminante alors que le couloir, restant partie intégrante du local loué, rejoignait la façade de l'immeuble, que l'aménagement apportait une plus-value à ce local pour une location dans le même commerce, qui était celui actuellement autorisé par le règlement de copropriété, et que les inconvénients signalés par le bailleur étaient peu sérieux et, selon les constatations de l'expert, inexistants en ce qui concerne l'état de l'immeuble et du local loué.

Cass. 3e civ. 27-6-1990 n° 89-10.115 : Bull. civ. III n° 154.

Le refus du bailleur de laisser procéder aux travaux sollicités par le locataire apparaît comme manifestement abusif et ne s'explique que par la volonté qu'il avait manifestée de monnayer son autorisation en subordonnant sa délivrance à une augmentation immédiate du loyer afin d'échapper aux dispositions relatives à la révision des baux commerciaux, dès lors que les travaux envisagés ne mettaient nullement l'immeuble en péril et qu'ils ne pouvaient rien changer à la nature de l'immeuble dont la valeur vénale en serait certainement augmentée, la remise des lieux en l'état étant en outre facile à exécuter.

CA Rouen 6-11-1970, 2e ch. civ.

Le refus d'autorisation des travaux par le bailleur doit être légitime et justifié faute de quoi il constitue un abus de droit. Tel est le cas lorsque, invoquant la clause du bail qui stipulait que le locataire ne pouvait faire dans les lieux loués aucune modification, aucun percement de mur ou de plafond sans l'autorisation du bailleur, ce dernier a refusé à son locataire la possibilité de réaliser des travaux d'ouverture d'une baie libre entre les deux locaux commerciaux qu'elle exploitait, pour les raisons suivantes :

– le locataire avait régulièrement sollicité auprès du bailleur l'autorisation de réunir les locaux et avait obtenu de l'assemblée générale des copropriétaires de faire effectuer les travaux à ses frais exclusifs sous la surveillance d'un architecte ;

– c'est à tort que le bailleur interprétait la clause du contrat comme étant une interdiction d'effectuer des travaux d'aménagement alors qu'il s'agissait d'une clause visant une restriction soumise à condition, à savoir l'autorisation du bailleur ;

– le locataire rapportait la preuve que le percement entre les locaux était indispensable à une exploitation normale de son activité et il avait subi un préjudice économique lié à la perte du chiffre d'affaires ;

– l'ouverture demandée ne devait pas générer d'obligations supplémentaires pour le bailleur, les travaux étant sans incidence sur la structure de l'immeuble, et le locataire s'était engagé à remettre les lieux en l'état à son départ.

CA Paris 26-6-2002 n° 00-08565, 16e ch. A.

79535 ILLUSTRATIONS

Cas où l'abus de droit n'a pas été reconnu

Une « boutique avec chambre froide de 4 m^3 aménagée pour boucherie » avait été louée en vue d'y exercer l'activité de « fabrication et vente à emporter de plats cuisinés et de produits fabriqués dans l'ancien duché de Gascogne à l'exclusion de toute autre activité et en respectant le règlement de copropriété », activité étendue par la suite à celle de restauration. Le bail stipulait que « le preneur s'engage à ne faire aucun changement, démolition, percement des murs ou cloisons, etc., sans le consentement exprès et par écrit du bailleur ou de son mandataire ». Jugé que le cessionnaire du fonds ne pouvait pas être autorisé à supprimer la chambre froide et le billot dès lors qu'il n'appartenait pas à la cour de modifier un contrat régulièrement passé entre les parties. Par ailleurs, en s'opposant aux travaux demandés, le propriétaire n'a fait qu'user de la faculté qui lui était reconnue par le contrat, ne commettant ainsi aucun abus de droit.

CA Paris 17-2-1994, 16e ch. B : Loyers et copr. 1994 comm. n° 385 note Ph.-H. Brault et C. Mutelet.

Dans un cas où le bail imposait au locataire de ne faire aucun changement de destination ni de distribution sans le consentement écrit du bailleur, c'est à juste titre qu'un tribunal a considéré que le refus opposé par un bailleur à la demande de travaux envisagés par son locataire ne constituait pas un abus de droit, pour les raisons suivantes :

– un expert avait conclu qu'il n'était pas possible d'installer dans les lieux une cuisine dès lors qu'il existait une barrière physique incontournable constituée par la cage d'escalier desservant les caves, le fond du hall et les étages et que la configuration des lieux ne permettait pas d'éviter le croisement entre matières propres et sales ;

– le projet du locataire ne permettait pas d'éviter cet inconvénient majeur, contraire à toutes les règles d'hygiène et de sécurité, et nécessitait la mise en place de conduites d'eau, de conduites d'évacuation, d'un système d'aération, d'une alimentation électrique particulière et d'une redistribution du système de chauffage, ce qui constituait incontestablement un changement de distribution des lieux ;

– l'expert avait démontré qu'aucune autre installation de cuisine n'était possible sans réaliser des travaux très lourds avec modification des parties communes et déplacement de la cage d'escalier, ce qui ne pouvait pas être imposé au bailleur ;

– la création d'une salle à manger dans la salle de billard constituait également un changement de distribution.

CA Dijon 25-1-1996, 1e ch. civ. : Rev. Loyers 1996 p. 387, note J.-C. Berthault.

Violation de la clause par le locataire La clause soumettant la réalisation de travaux d'aménagement à l'autorisation préalable du bailleur est considérée comme d'application stricte pour le locataire. Lorsque celui-ci réalise des travaux sans l'autorisation du bailleur, il s'expose à la **résolution** du bail à ses torts, y compris sur le fondement de la clause résolutoire. **79540**

Le bailleur peut également se prévaloir d'un motif grave et légitime de **refus de renouvellement du bail** conformément aux conditions prévues par l'article L 145-17 du Code de commerce (sur ce point, voir nos 66610 s.). Il peut même poursuivre son locataire après son départ des lieux loués lorsque celui-ci a réalisé des travaux sans son accord et obtenir, sur le fondement de l'article 1142 du Code civil (désormais C. civ. art. 1231), des **dommages-intérêts** pour inexécution de son obligation (Cass. 3e civ. 19-2-2002 n° 294 F-D).

Pour donner lieu à résolution, encore faut-il que les **travaux** réalisés soient **effectivement compris dans la prohibition.** Tel n'est pas le cas lorsque les travaux litigieux rentraient dans la catégorie des travaux d'aménagement et d'amélioration que le locataire pouvait effectuer sans autorisation du bailleur (Cass. 3e civ. 19-6-1970, analysé n° 79560). **79545**

Les tribunaux déduisent parfois des faits de l'espèce que le bailleur a **renoncé** à se prévaloir de l'infraction commise par le locataire, notamment par des actes positifs, tels que le renouvellement du bail (Cass. com. 5-11-1963 n° 61-10.426 : Bull. civ. III n° 458). Cette renonciation doit être sans équivoque, un acte accompli par le bailleur dans l'ignorance des modifications intervenues n'impliquant pas renonciation de même qu'une simple tolérance ne peut s'interpréter comme une acceptation des travaux. **79550**

ILLUSTRATIONS **79555**

Cas où la rupture du contrat a été prononcée

Un bail stipulait l'impossibilité pour le locataire de faire dans les locaux loués « sans le consentement exprès et par écrit du bailleur, aucune démolition, aucun percement de mur ou de cloison et aucun changement de distribution » étant précisé « qu'en cas d'autorisation, les travaux auraient lieu sous la surveillance de l'architecte du bailleur ».

Il y a lieu de constater l'acquisition de la clause résolutoire figurant dans le bail, pour les raisons suivantes :

– il n'était pas contesté par le locataire qu'il avait fait effectuer d'importants travaux dans les locaux loués en vue de l'exploitation d'un commerce sous enseigne sans recueillir l'autorisation préalable du bailleur et sans le contrôle de son architecte ;

– les explications données par le locataire, selon lesquelles il n'avait effectué aucune démolition mais seulement le remplacement des parties abîmées de l'auvent et des gouttières du bâtiment et n'avait ainsi fait que remplir son obligation d'entretien, n'étaient pas sérieuses et traduisaient une mauvaise foi évidente ;

79555 (suite)

– il résultait du constat dressé par un huissier de justice (aujourd'hui commissaire de justice) et de photographies que le locataire avait profondément modifié les lieux, notamment la structure extérieure de l'immeuble, en créant un chapiteau pointu à la place de l'auvent horizontal existant, en supprimant deux poteaux de soutien et en déplaçant les gouttières, entraînant un changement dans l'écoulement des eaux ;
– le locataire avait modifié l'organisation intérieure du bâtiment : en supprimant un faux plafond (qui avait été exigé dans les années 80 pour servir de pare-feu) ; en transformant en réserve une chambre froide, qui selon les plans comparatifs produits était le laboratoire de boucherie ; en construisant sur l'espace livraison des constructions en dur ; en ajoutant une surface en béton dur ; en remplaçant le système de chauffage initialement électrique par un système au fuel ; en changeant les baies des portes ;
– le locataire avait encore effectué l'adjonction de nouvelles installations et la modification de l'aménagement intérieur pour augmenter la surface de vente et les réserves internes ;
– il ne s'agissait pas de travaux d'entretien ou de simples aménagements ou encore de simples déplacements de gondoles mais de profondes transformations de la structure, voire de démolitions nécessairement soumises à l'autorisation du bailleur ou au contrôle de l'architecte.

CA Paris 22-1-1993 n° 92-016428, 16e ch. B.

Un bail commercial stipulait que « le preneur s'engage à ne faire aucun changement, démolition, percement des murs ou cloisons, etc., sans le consentement exprès et écrit du bailleur ». Pour rejeter la demande de résiliation du bail formée par le bailleur, condamner ce dernier à rembourser au locataire le prix des travaux qu'il avait engagés (pose de poutres métalliques) et en exécuter d'autres préconisés par un expert, une cour d'appel avait retenu qu'il s'agissait de travaux de réparation, et non de modification, qui étaient en vertu du bail à la charge du bailleur comme entrant dans les grosses réparations de l'article 606 du Code civil et qui présentaient un caractère d'urgence pour la sauvegarde de l'immeuble autorisant le locataire à les entreprendre sans l'aval du bailleur, dès lors que celui-ci, averti par les conclusions d'une précédente expertise judiciaire des risques de l'immeuble, était resté dans l'inaction. Cette décision encourt la censure car aucune disposition contractuelle n'autorisait le locataire à exécuter de tels travaux sans l'autorisation du bailleur.

Cass. 3e civ. 13-10-1993 n° 1402 D.

Manque à ses obligations contractuelles le locataire qui avait réalisé de véritables travaux de construction soumis par le bail à l'autorisation écrite et préalable du bailleur, sans avoir obtenu ni même sollicité une telle autorisation et avait adjoint, à son activité initiale de « vente d'objets d'art, de produits locaux, d'antiquités et d'import-export », celle de « bonbonneries, confiseries, friandises, boissons, locations de tous moyens de transport » sans avoir présenté au préalable de demande d'autorisation au bailleur, alors que, s'agissant d'activités nouvelles totalement différentes de celle prévue au bail, un tel accord était requis et exigeait l'acceptation écrite du bailleur ; de tels manquements justifiaient la résiliation du bail aux motifs, d'une part, que les travaux réalisés en infraction avec le bail avaient complètement défiguré le cachet typiquement local de la case créole d'origine et, d'autre part, que le changement de destination des lieux procédait d'une violation délibérée des dispositions tant conventionnelles que légales par le locataire qui, en outre, n'avait donné aucune suite aux mises en demeure que lui avait adressées le bailleur.

Cass. 3e civ. 16-12-1997 n° 1800 D.

En présence d'un bail de locaux à usage de bar-snack-jeu, la cour d'appel, qui constate que les stipulations du bail obligeaient le preneur à recueillir le consentement exprès et par écrit du bailleur avant d'entreprendre la transformation des lieux et que le locataire y avait créé un véritable restaurant en aménageant une cuisine et en transformant la salle de bar en salle à manger, a pu retenir que le locataire avait commis une faute dont, appréciant souverainement la gravité, elle a décidé qu'elle justifiait le prononcé de la résiliation du bail.

Cass. 3e civ. 27-5-1998 n° 826 D : RJDA 7/98 n° 842.

C'est à bon droit qu'une cour d'appel résilie un bail aux torts du locataire après avoir constaté que si certains des travaux avaient été accomplis par ce dernier pour se conformer aux normes de sécurité et d'hygiène, d'autres, comme la mise à niveau de la partie arrière du rez-de-chaussée du magasin ou encore la démolition du mur porteur d'une réserve ou la réalisation d'un plancher haut de rez-de-chaussée en partie arrière, avaient été effectués au-delà des exigences de la commission de sécurité pour répondre à des exigences commerciales et d'amélioration de la rentabilité et que ces travaux avaient abouti à une véritable restructuration du magasin avec modification de ses parties essentielles.

Cass. 3e civ. 23-6-1998 n° 1064 D.

C'est à bon droit qu'une cour d'appel a estimé qu'en présence d'un bail qui interdisait au locataire de « faire dans les lieux démolition, percement de mur ou de cloison ou changement de distribution sans le consentement exprès et par écrit du bailleur » la suppression d'une cloison ayant augmenté la surface de vente du local loué constituait une violation grave du bail justifiant sa résiliation.

Cass. 3e civ. 19-12-2000 n° 1788 F-D.

Ne donne pas de base légale à sa décision la cour d'appel qui, pour refuser de constater l'acquisition d'une clause résolutoire en raison du déplacement d'une cloison sans autorisation du bailleur, retient qu'il existe un doute sur la réalité de l'infraction alléguée dans la mesure où le locataire produit une attestation selon laquelle la modification aurait été opérée en plein accord avec le bailleur qui n'aurait à aucun moment contesté les travaux, sans rechercher, comme il le lui était demandé, si, conformément au bail, une autorisation écrite avait été donnée pour modifier les lieux.

Cass. 3e civ. 12-3-2002 no 540 F-D.

Viole l'article 1134 du Code civil (désormais art. 1103) la cour d'appel qui, pour rejeter la demande du propriétaire d'un local commercial tendant à la constatation de l'acquisition de la clause résolutoire et l'expulsion du locataire pour travaux non autorisés, retient que les travaux de percement et de démolition au sens de la clause du bail doivent s'entendre non pas de travaux de second œuvre mais d'interventions sur le gros œuvre susceptibles de donner lieu à détérioration d'une partie de la structure de l'immeuble et pouvant ainsi porter atteinte à l'ensemble de la copropriété, alors que le bail stipulait que le locataire ne pourrait faire dans les lieux loués aucun changement de distribution, aucune démolition aux constructions et aucun percement de murs ou de voûtes sans le consentement exprès et par écrit du bailleur.

Cass. 3e civ. 28-11-2006 no 05-17.357 F-D.

Dans un cas où une clause du bail interdisait au locataire de faire des travaux sans le consentement exprès et par écrit du bailleur et soumettait l'obtention de ce consentement à l'envoi d'un dossier technique des travaux envisagés, et où le bailleur avait demandé au locataire, qui n'avait pas respecté cette clause, de fournir le dossier technique prévu par le bail dans le mois suivant un commandement visant la clause résolutoire du bail, il a été jugé qu'une lettre de l'entreprise de maçonnerie chargée de ces travaux assortie de la facture de ceux-ci et de leur description sommaire était insuffisante pour permettre au bailleur d'apprécier leur nature exacte et ne pouvait pas remplacer le dossier technique, de sorte qu'en application de la clause résolutoire, la résiliation du bail devait être constatée.

CA Paris 16-3-2011 no 08-22097, ch. 5-3 : RJDA 11/12 no 773.

ILLUSTRATIONS **79560**

Cas où la rupture du contrat n'a pas été prononcée

Dans un cas où le bail imposait « de ne faire aucun changement de distribution ni de démolition, ni percement quelconque », la cour d'appel, saisie d'une action en résiliation dirigée contre un locataire qui avait transporté la baignoire et le chauffe-bain d'une chambre dans le cabinet de toilette contigu, n'a fait qu'user de son pouvoir souverain d'interpréter la convention des parties et d'apprécier si, en considération de celle-ci, la nature et la gravité des agissements du locataire justifiaient ou non la résiliation du bail en retenant que le locataire n'avait fait qu'apporter une utilisation plus rationnelle des lieux loués et en constatant qu'aucun percement n'avait été effectué, qu'aucune modification n'avait été faite dans la distribution des pièces et qu'aucune cloison, porte ou séparation n'avait été touchée.

Cass. 3e civ. 18-2-1963 no 58-11.131 : Bull. civ. III no 106.

Dans un cas où un bail commercial portant sur des locaux à usage de boulangerie stipulait que le locataire pourrait faire des aménagements dans les lieux à condition de ne pas nuire à la solidité de l'immeuble et de ne pas effectuer de travaux touchant le gros œuvre sans le consentement du bailleur et où le locataire ayant fait démolir le four existant et installer à sa place un four au mazout sans avoir demandé l'autorisation du bailleur, ce dernier avait demandé la résiliation du bail et la remise en état des lieux, c'est à bon droit qu'une cour d'appel, appréciant souverainement la gravité des infractions aux obligations du contrat – dès lors qu'il ne lui était pas demandé d'appliquer une clause résolutoire de plein droit – a débouté le bailleur de sa demande de résiliation et ordonné le rétablissement des lieux dans leur état d'origine après avoir relevé les éléments suivants :

– la démolition du four ancien n'avait provoqué qu'un léger fléchissement du plancher et les fissures constatées n'étaient pas de nature à compromettre la solidité de l'immeuble ;

– les travaux litigieux rentraient dans la catégorie des travaux d'aménagement et d'amélioration que le locataire pouvait effectuer sans autorisation du bailleur ;

– le locataire avait offert de faire exécuter les travaux préconisés par l'expert pour remédier aux désordres ;

– si l'agrandissement de la fenêtre du fournil avait touché au gros œuvre, une telle contravention aux clauses du bail n'apparaissait pas à elle seule d'une gravité suffisante pour justifier la mesure rigoureuse que constitue la résiliation du bail mais autorisait ce dernier à exiger le rétablissement des lieux dans leur état primitif.

Cass. 3e civ. 19-6-1970 no 972.

Dans un cas où le locataire avait transformé les lieux loués sans respecter la clause du bail qui lui imposait de demander préalablement l'autorisation écrite du bailleur, ne fait qu'user de son pouvoir souverain d'appréciation la cour d'appel qui considère que la faute reprochée au locataire n'était pas suffisamment grave pour justifier la résiliation judiciaire du bail, dès lors que, d'une part, les travaux réalisés n'avaient apporté aucune gêne à l'immeuble, n'avaient rien détérioré et n'avaient amené aucun désordre dans le gros œuvre, et que, d'autre part, ils n'avaient nui ni à l'immeuble ni à son propriétaire mais avaient été, pour les locaux loués, lesquels étaient auparavant sales et vétustes, une cause de plus-value et d'embellissement et, enfin, si en dépit de ces avantages le bailleur ne voulait pas conserver les aménagements réalisés, il avait la faculté d'exiger le rétablissement des lieux dans leur état primitif sans débours de sa part et aux frais du locataire.

Cass. 3e civ. 12-4-1972, Sté Chaussures Bailly c/ Sté Twiggy : JCP G 1973 II n° 17591.

En présence d'une clause prévoyant que le locataire « ne pourra faire, dans les lieux loués, sans le consentement exprès et par écrit du bailleur, aucune démolition, aucun percement de mur ou de cloison ni aucun changement de distribution », doit être rejetée la demande du bailleur tendant à constater l'application et l'acquisition de la clause résolutoire prévue par le bail en raison des travaux entrepris par le locataire sur sa vitrine, compte tenu des éléments suivants :
– la dépose de l'ensemble des baies vitrées, le déshabillage des piliers et du bandeau de la devanture, l'enlèvement des stores et de gravois ainsi que la mise en place d'une balustrade de chantier ne constituaient pas des démolitions ;
– le bailleur ne rapportait pas la preuve que le locataire avait procédé à des démolitions, des percements de murs ou de cloisons et qu'il avait modifié la distribution des lieux loués, le seul changement qu'il avait apporté par les travaux réalisés étant un nouvel habillage de la devanture en remplacement de l'ancien qu'il avait fait déposer ;
– en application de la clause du bail, les travaux réalisés ne nécessitaient pas l'autorisation du bailleur ;
– le bailleur n'établissait pas que la modification apportée à la devanture ait entraîné des désordres ;
– le fait pour un commerçant de modifier la devanture de son magasin, dans le but d'améliorer les conditions de l'exploitation de son fonds de commerce, ne saurait être qualifié de modification matérielle de la structure des lieux loués et constituer une infraction susceptible d'entraîner la résolution du bail, étant précisé que le bail autorisait expressément le locataire à réaliser toutes les transformations et réparations nécessitées par l'exercice de son activité.

CA Caen 12-1-1999 n° 97-01536, 1e ch. civ. et, sur pourvoi, Cass. 3e civ. 19-12-2000 n° 99-13.120.

La résiliation du bail n'est pas justifiée par le seul fait, pour un locataire qui entendait exercer dans les lieux une activité de centre de soins à la suite de la cession du bail, d'avoir effectué des travaux importants de transformation et de changement de distribution sans respecter les clauses du bail exigeant l'autorisation préalable du bailleur. En effet, l'infraction caractérisée aux clauses du bail n'était pas assez grave pour entraîner sa résiliation, compte tenu des éléments suivants :
– l'état des lieux établi lors de l'arrivée du nouveau locataire prouvait que les locaux étaient totalement vétustes ; en particulier l'installation électrique devait être remise aux normes, ce qui ne nécessitait pas l'autorisation du bailleur ;
– les travaux de transformation et de redistribution des lieux, notamment la maçonnerie et la plomberie, étaient coûteux et soignés et, sauf des percements de murs très ponctuels d'environ 20 × 20 cm pour permettre le passage de canalisations, n'avaient pas porté sur le gros œuvre ;
– le bailleur, soumis à une obligation de délivrance, n'aurait pas pu valablement s'opposer aux travaux qui étaient nécessaires à l'exercice de la nouvelle activité ;
– enfin, il résultait des clauses du bail que le bailleur pouvait exiger la remise du bien loué dans son état primitif aux frais du locataire pour les travaux qu'il n'aurait pas expressément autorisés.

CA Paris 12-3-2008 n° 07-6526, 16e ch. A.

Si est incontestable la réalité de l'infraction reprochée à un locataire de locaux commerciaux contigus, occupés en vertu de baux distincts, qui avait effectué des travaux sans autorisation du bailleur et sans surveillance de son architecte, cette infraction ne revêt pas un caractère de gravité suffisant pour justifier la résiliation judiciaire des baux. En effet, la cloison séparant les deux locaux en cause ne participait pas de la structure de l'immeuble, la reprise des refends des étages supérieurs étant assurée par une poutrelle rivetée et les travaux réalisés étaient conformes aux règles de l'art et aux termes des deux baux. En outre, le bailleur avait la possibilité de réclamer en fin de jouissance la remise en l'état d'origine.

CA Paris 28-10-2009 n° 08-13346, ch. 5-3 : RJDA 6/10 n° 602.

TRAVAUX D'AMÉNAGEMENT SUR LES PARTIES COMMUNES DE L'IMMEUBLE

79570 Lorsque le bailleur est copropriétaire de l'immeuble abritant le local loué, il arrive que les travaux d'aménagement, auxquels le locataire entend procéder, portent sur les parties communes de l'immeuble et requièrent ainsi l'autorisation de la copropriété. Le locataire doit alors s'adresser au bailleur, auquel il appartient de provoquer une **réunion de l'assemblée générale** (Cass. 3e civ.

6-3-1991 n° 88-16.770 : Bull. civ. III p. 48 n° 81) et de faire toutes diligences auprès de celle-ci pour obtenir les autorisations de travaux nécessaires à l'exécution de ses obligations contractuelles envers son locataire (CA Paris 28-6-2002 n° 98-00174, 16ᵉ ch. B : Loyers et copr. 2003 comm. n° 24).

Le locataire, qui n'a aucun lien de droit avec le **syndicat des copropriétaires,** est sans qualité pour demander lui-même l'autorisation de réaliser des travaux et pour exercer les actions que le statut de la copropriété réserve au copropriétaire (Cass. 3ᵉ civ. 16-6-1993 n° 1047 P : RJDA 10/93 n° 831), même s'il doit observer les stipulations du règlement de copropriété qui lui sont opposables. **79575**

L'article 25, b de la loi 65-557 du 10 juillet 1965 permet au **bailleur copropriétaire** de se faire autoriser par l'assemblée à effectuer, à ses frais, des travaux affectant les parties communes ou l'aspect extérieur de l'immeuble et conformes à la destination de celui-ci. L'assemblée décide à la majorité de l'article 25 (majorité absolue des voix de tous les copropriétaires) et, le cas échéant, à celle de l'article 24 (majorité des voix des copropriétaires présents, représentés ou ayant voté par correspondance). En cas de refus, le copropriétaire peut, avant toute exécution des travaux, se faire autoriser par le tribunal si ces travaux constituent une amélioration même pour un seul copropriétaire (art. 30, al. 4 ; Cass. 3ᵉ civ. 6-3-1991 n° 88-16.770 : Bull. civ. III p. 48 n° 81). **79580**

Le cas échéant, le bailleur peut rechercher la responsabilité du syndic pour refus d'inscrire la demande d'autorisation à l'ordre du jour ou donner à cette fin un mandat ad litem à son locataire.

En cas de réalisation de travaux sans autorisation, le bailleur et le locataire sont **responsables in solidum** envers le syndicat. Tel est le cas lorsque le locataire a installé une ventilation sans autorisation sur la façade de l'immeuble (CA Paris 28-6-2002 n° 98-00174, 16ᵉ ch. B : Loyers et copr. 2003 comm. n° 24). **79585**

B. Travaux d'embellissement

Le Code de commerce dans sa rédaction issue du **décret** 2014-1317 **du 3 novembre 2014,** pris pour l'application de la loi Pinel du 18 juin 2014, interdit de mettre à la charge du locataire : **79590**

– les dépenses relatives aux grosses réparations mentionnées à l'article 606 du Code civil (C. com. art. R 145-35, 1° ; n° 78330) ;

– les dépenses relatives à des travaux prescrits par l'administration ou nécessaires pour remédier à la vétusté, lorsqu'ils relèvent des grosses réparations (C. com. art. R 145-35, 2° ; sur les différentes interprétations possibles de ce texte voir n° 12112).

Le dernier alinéa de l'article R 145-35 prévoit cependant que « ne sont pas comprises dans les dépenses mentionnées aux 1° et 2° celles se rapportant à des travaux d'embellissement dont le montant excède le coût du remplacement à l'identique ».

L'**interprétation** de cette dernière disposition est délicate (E. Chavance et A. Regnault, Variations sur la notion de travaux d'embellissement au sens de l'article R 134-35 du Code de commerce : Loyers et copr. 2016/7-8 n° 10). À s'en tenir à la lettre du texte, le coût afférent à des travaux d'embellissement pourrait, dans certains cas, être répercuté sur le locataire, même s'il s'agit de grosses réparations, à condition qu'une clause expresse du bail le précise.

Deux points au moins demeurent pour l'instant sans réponse précise, à notre avis.

D'une part, il n'existe, en droit positif, aucune définition de la notion de travaux d'embellissement, qui n'est pas utilisée en matière de baux commerciaux et qui ne devrait pas être assimilée à celle d'amélioration, puisque le texte réglementaire a préféré utiliser un autre terme.

D'autre part, la notion postulerait, selon un auteur, un remplacement de l'existant (A. Reygrobellet, JCP E 2014 n° 49, act. 917), mais la rédaction du décret ne permet pas d'en être certain. En effet, selon l'article R 145-35, les dépenses d'embellissement pourraient être imputées au locataire lorsqu'elles excèdent le coût d'un remplacement à l'identique. Une lecture littérale de cette disposition conduirait à retenir que ces dépenses ne peuvent être mises à la charge du locataire que si elles sont élevées, tandis qu'elles devraient rester à la charge du bailleur toutes les fois où leur coût est inférieur à celui d'un remplacement de l'existant. À notre avis, une telle interprétation n'a aucun sens et ne peut pas être retenue : les dépenses relatives à des travaux d'embellissement devraient pouvoir être mises à la charge du locataire dans tous les cas, y compris lorsqu'elles excèdent le coût du remplacement à l'identique.

C. Travaux de transformation

TRAVAUX DE TRANSFORMATION DE LOCAUX À USAGE PARTICULIER

Des règles spécifiques à l'activité exercée peuvent s'appliquer aux travaux de transformation des locaux. **79750**

Ainsi, les projets d'**installations de salles de cinéma** sont soumis pour autorisation préalable à des commissions départementales d'aménagement cinématographique (Code du cinéma et de l'image animée art. L 212-6 à L 212-13). Pour le détail de cette procédure, voir Mémento Urbanisme-Construction n°s 20800 s.

Sur les travaux dans un **immeuble dans lequel est exploité un hôtel,** voir n°s 39300 s. ; sur la transformation par le locataire d'un **local dans lequel est exploité un débit de boissons** de 3e ou 4e catégorie, voir n°s 29330 s.

SECTION 4 SANCTIONS DE LA VIOLATION DES DISPOSITIONS CONCERNANT LES TRAVAUX DANS LES LOCAUX LOUÉS

APPLICATION DANS LE TEMPS DE LA RÉFORME DU DROIT DES CONTRATS

79770 Certaines dispositions, issues de l'**ordonnance** 2016-131 **du 10 février 2016,** ont modifié les règles antérieures relatives aux sanctions applicables en cas d'inexécution par une partie de ses obligations contractuelles ; d'autres ont consacré de nouveaux remèdes, comme la réduction du prix. Quelques-unes de ces dispositions ont été rectifiées par la **loi** 2018-287 **du 20 avril 2018,** ratifiant l'ordonnance de 2016. S'est alors posée la question de l'application dans le temps de ces deux séries de modifications.

Les règles issues de l'ordonnance du 10 février 2016 ne sont en principe applicables qu'aux contrats conclus depuis le 1er octobre 2016, ceux établis avant cette date demeurant soumis à la loi ancienne (Ord. 2016-131 art. 9). L'article 16, III de la loi de ratification a complété l'article 9 de l'ordonnance en précisant que les contrats conclus avant le 1er octobre 2016 restent soumis à la loi ancienne, « y compris pour leurs effets légaux et pour les dispositions d'ordre public » ; cette modification s'applique rétroactivement depuis le 1er octobre 2016 (Loi 2018-287 art. 16, III).

ATTENTION

Avant la ratification de l'ordonnance, la **Cour de cassation** n'avait pas hésité à faire une **application** immédiate de la **réforme** à des contrats en cours, en se fondant sur « l'évolution du droit des obligations » pour effectuer des revirements de jurisprudence dans des domaines divers (notamment Cass. soc. 21-9-2017 n°s 16-20.103 et 16-20.104 FS-PBRI : RJDA 12/17 n° 784, sur la caractérisation de la formation du contrat). Depuis la modification de l'article 9 précité par la loi du 20 avril 2018, si la Cour de cassation a opéré un nouveau revirement de jurisprudence consacrant une solution similaire au régime issu de la réforme, elle s'est appuyée uniquement sur des textes antérieurs pour fonder son raisonnement sans faire référence à l'évolution du droit des contrats (par exemple, Cass. 3e civ. 23-6-2021 n° 20-17.554 FS-B : RJDA 11/21 n° 708, sur la rétractation d'une promesse unilatérale de vente).

La loi de ratification du 20 avril 2018 a opéré, pour son application dans le temps, une classification en deux catégories de dispositions : celles qui modifient significativement les règles issues de l'ordonnance 2016-131 (par exemple, art. 1223, sur la réduction du prix ; n°s 79795 s.) et entrées en vigueur le 1er octobre 2018 ; celles qui apportent des modifications mineures, considérées comme « interprétatives » (par exemple, art. 1221, sur l'exécution forcée en nature ; n° 79780), et qui sont applicables rétroactivement à tous les contrats conclus depuis le 1er octobre 2016.

A. Sanctions de l'inexécution des travaux incombant au bailleur

1. SANCTIONS DE L'INEXÉCUTION DES TRAVAUX ENVERS LE LOCATAIRE

EXÉCUTION FORCÉE DES TRAVAUX PAR LE BAILLEUR

79780 Le locataire peut, après mise en demeure, demander la condamnation du bailleur à l'exécution forcée des travaux (C. civ. art. 1221 ; auparavant jurisprudence constante) ; il peut agir en ce sens, par exemple, s'il est dans l'impossibilité d'exploiter son fonds de commerce du fait du refus du bailleur d'exécuter les travaux prescrits par l'administration.

Pour les **contrats conclus ou renouvelés depuis le 1er octobre 2016,** l'exécution en nature est cependant écartée si elle est impossible ou s'il existe une disproportion manifeste entre son coût pour le débiteur de bonne foi et son intérêt pour le créancier (art. 1221). Avant la réforme du droit des contrats, l'exécution en nature était déjà exclue en cas d'impossibilité mais, en dehors de cette **exception,** elle pouvait être obtenue quoi qu'il en coûtât au débiteur (Cass. 3e civ. 11-5-2005 n° 03-21.136 P : Bull. civ. III n° 103).

EXCEPTION D'INEXÉCUTION POUR INEXÉCUTION DES TRAVAUX PAR LE BAILLEUR

L'exception d'inexécution permet au locataire de **refuser d'exécuter** ses obligations en cas de manquement grave du bailleur à ses propres obligations (C. civ. art. 1219). Depuis le 1er octobre 2016, le locataire peut également **suspendre ses obligations** dès lors qu'il est manifeste que le bailleur ne s'exécutera pas à l'échéance et que les conséquences de cette inexécution sont suffisamment graves (C. civ. art. 1220). Demeurent applicables les principes dégagés par la jurisprudence avant l'ordonnance 2016-131 du 10 février 2016, notamment concernant l'appréciation de la gravité des manquements du bailleur. **79790**

ATTENTION

Le locataire se voit rarement reconnaître le droit de se prévaloir de l'inexécution de travaux par le bailleur pour refuser de payer des loyers échus et il s'expose à voir le **bail résilié** pour faute à la demande du bailleur s'il invoque à tort l'exception d'inexécution. Cela s'explique notamment par le fait que, le plus souvent, le défaut de réalisation des travaux nécessaires à l'entretien du local loué n'empêche pas le locataire de l'occuper.

Si le manquement du bailleur rend **impossible** ou difficile l'**usage** du local conformément à sa destination contractuelle, l'exception d'inexécution peut être valablement invoquée (pour des exemples, Cass. 3e civ. 20-2-1991 n° 89-18.372 ; Cass. 3e civ. 19-11-2015 n° 14-24.612 FS-PB, analysé n° 59305 ; CA Paris 2-7-2008 n° 04-17860, 16e ch. A). **79791**

En matière de **travaux imposés par l'administration,** le bailleur qui ne réalise pas les travaux **nécessaires,** aux termes de la réglementation, **à l'exploitation des locaux,** manque à son obligation de délivrance et pourra se voir opposer l'exception d'inexécution. Tel est le cas, par exemple, en présence d'un local loué à usage exclusif de restaurant-brasserie ne comportant pas de gaine d'extraction de l'air pollué de la cuisine, exigée par la réglementation sanitaire, dès lors que le contrat ne transférait pas au locataire la charge de réaliser un dispositif d'extraction des fumées et qu'avant la conclusion du bail, le bailleur n'avait pas informé ce dernier des difficultés techniques liées à la conduite de tels travaux (Cass. 3e civ. 13-7-2010 n° 09-15.409 F-D : RJDA 12/10 n° 1133). Tel est également le cas lorsque le bailleur n'a pas exécuté des travaux de désamiantage des locaux, des prélèvements et mesures réalisés dans les lieux ayant révélé des concentrations de fibres d'amiante par litre d'air jusqu'à trente fois supérieures au seuil sanitaire fixé par décret (Cass. 3e civ. 10-9-2020 n° 18-21.890 F-D : RJDA 12/20 n° 629 ; sur les obligations spécifiques du bailleur relatives à l'amiante, voir nos 59300 s.).

RÉDUCTION DU LOYER EN CAS D'INEXÉCUTION DES TRAVAUX PAR LE BAILLEUR

Réduction unilatérale Pour les **contrats ou renouvelés depuis le 1er octobre 2018,** si le créancier n'a pas encore payé tout ou partie du prix, il peut, après mise en demeure du débiteur, lui **notifier dans les meilleurs délais** sa décision de diminuer le prix proportionnellement à l'inexécution constatée (C. civ. art. 1223, al. 1). Ce texte permet au locataire d'accepter une exécution imparfaite du bail, notamment en cas d'inexécution de travaux ne le privant que partiellement de son droit de jouissance, moyennant une réduction du montant des loyers. **79795**

Si le bailleur accepte la réduction de prix décidée par le locataire, il doit l'en informer par écrit (art. précité). Dans le cas contraire, il peut saisir le juge pour contester la décision du locataire.

> **Précisions a.** La réduction unilatérale du prix est une **faculté ouverte au créancier** de l'obligation mal exécutée (par hypothèse, le locataire), et uniquement à lui : le bailleur ne peut pas lui imposer la réduction du prix pour éviter l'exécution forcée des travaux ou la résolution du bail.

b. L'article 1223, al. 2 du Code civil prévoit que, depuis le 1er octobre 2018, dans le cas où le **créancier a déjà payé le prix,** il ne peut pas décider unilatéralement une réduction. Il doit, à défaut d'accord avec le débiteur, demander au juge la réduction de prix, c'est-à-dire un remboursement de ce qu'il a versé, proportionnel à l'inexécution.

Cette règle semble inapplicable au bail commercial. En effet, le locataire ne peut jamais avoir intégralement payé le prix dans la mesure où le règlement de ses loyers se fait par paiements successifs. L'article 1223, al. 1 lui permet de décider unilatéralement d'une réduction sur le montant des prochains loyers qu'il aura à payer.

c. L'article 1223 est issu de l'ordonnance 2016-131 du 10 février 2016 mais a été réécrit par la loi 2018-287 du 20 avril 2018 car la **version initiale** de ce texte, applicable aux contrats conclus entre le 1er octobre 2016 et le 30 septembre 2018, était assez **peu compréhensible.** En particulier, le texte ne précisait pas si le créancier devait demander au juge la réduction de prix ou s'il s'agissait d'un mécanisme extrajudiciaire.

79797 **Montant de la réduction** La réduction du prix doit être **proportionnée** à l'imperfection alléguée (C. civ. art. 1223, al. 1). Le Code civil ne donne aucune directive ni au locataire ni au juge pour apprécier la valeur du manquement.

La réduction du prix doit, par ailleurs, pouvoir s'accompagner de l'octroi de **dommages-intérêts,** dès lors qu'elle ne répare pas entièrement le dommage que l'inexécution a causé à la victime. Toutefois, « l'acceptation » de l'inexécution par le locataire moyennant une réduction du montant des loyers pourrait inscrire cette réduction dans une logique transactionnelle qui exclut la condamnation du bailleur à des dommages-intérêts.

79798 **Aménagements conventionnels** Le régime de la réduction du prix, tel que prévu par l'article 1223 du Code civil, peut être aménagé par les parties qui peuvent organiser une procédure (en prévoyant des délais, par exemple, ou encore le recours à une expertise), fixer des limites à la réduction, en faire un préalable au recours aux autres sanctions, etc.

La licéité de la **clause qui priverait totalement le locataire** de la possibilité de soulever ce remède est en revanche incertaine : d'un côté, le texte ne précise rien, ce qui milite en faveur de son caractère supplétif ; d'un autre côté, une telle clause, qui permettrait au créancier de renoncer à l'avance à sauver le contrat, irait contre l'objectif général de sauvegarde du contrat porté par l'ordonnance 2016-131 du 10 février 2016 et qui relève de l'intérêt général.

MODÈLE

Clause de réduction proportionnelle du loyer en cas d'exécution imparfaite de ses obligations par le bailleur

En cas de manquement du bailleur à l'une ou l'autre de ses obligations, le locataire pourra, en application de l'article 1223 du Code civil, trente jours après la réception par le bailleur d'une mise en demeure de s'exécuter adressée par lettre recommandée avec demande d'avis de réception et restée sans effet, lui notifier dans un délai de trente jours sa décision d'accepter une exécution imparfaite du bail et de réduire de manière proportionnelle le montant du loyer. À défaut d'une telle notification, le locataire sera réputé avoir renoncé à se prévaloir du manquement invoqué. L'acceptation par le bailleur de la décision du locataire de réduire le loyer doit être donnée par écrit.

À défaut d'accord entre les parties sur le montant de cette réduction proportionnelle du loyer, celui-ci sera déterminé par un expert choisi par les parties ou, faute d'accord entre elles, par un expert choisi par la société X, agent immobilier. Les frais d'expertise seront à la charge du locataire.

EXÉCUTION DES TRAVAUX PAR LE LOCATAIRE AU LIEU ET PLACE DU BAILLEUR

79800 **Contrats conclus depuis le 1er octobre 2016** Le créancier peut, après mise en demeure, dans un délai et à un coût raisonnables, faire exécuter lui-même l'obligation. Il peut demander au débiteur le remboursement des sommes engagées à cette fin. Il peut aussi demander en justice que le débiteur avance les sommes nécessaires à cette exécution (C. civ. art. 1222). Ces dispositions permettent au locataire de procéder lui-même à la réalisation des travaux sans **autorisation préalable du juge,** sauf s'il veut obtenir du bailleur qu'il avance le coût des travaux. Le locataire doit à notre avis agir avec prudence, notamment en raison de l'absence de définition légale de la notion de coût raisonnable.

79803 Les **parties** peuvent-elles **déroger** à l'article 1222 du Code civil ? Notamment, le bail peut-il imposer au locataire d'obtenir une autorisation judiciaire d'effectuer les travaux en question au lieu et place du bailleur ? À défaut de précision par le texte de son caractère d'ordre public, on pourrait être tenté de conclure qu'il est supplétif, de sorte que de telles clauses peuvent être envisagées. Il n'est pas certain cependant que le bailleur puisse faire échec en totalité à cette faculté de remplacement unilatérale, qui s'inscrit dans l'objectif de favoriser l'exécution en nature du contrat poursuivi par l'ordonnance 2016-131 du 10 février 2016 : des clauses aménageant la faculté du locataire, par exemple en définissant les notions de délai et de coût raisonnables ou le type de travaux pouvant être effectué sans autorisation judiciaire devraient en revanche pouvoir être intégrées dans les contrats de bail.

Contrats conclus avant le 1er octobre 2016 En vertu du droit antérieur à l'ordonnance 2016-131 du 10 février 2016, le locataire ne peut procéder lui-même à la réalisation des travaux et en demander le remboursement au bailleur qu'aux **conditions** suivantes : le bailleur doit avoir la possibilité d'exécuter lui-même les travaux et il ne doit pas être mis devant le fait accompli (Cass. 3e civ. 24-6-1998 n° 1009 D : RJDA 8-9/98 n° 944) ; lorsque le bailleur n'exécute pas spontanément les travaux, le locataire doit le mettre en demeure de les réaliser, puis, à défaut d'accord du bailleur, obtenir une autorisation judiciaire de se substituer à lui ; à défaut, le bailleur n'est pas tenu de lui rembourser les frais et coûts correspondants (Cass. 3e civ. 12-3-2002 n° 543 F-D : RJDA 6/02 n° 600 ; Cass. 3e civ. 11-1-2006 n° 58 FS-PB : RJDA 4/06 n° 385 ; Cass. 3e civ. 9-11-2010 n° 09-69.762 F-D : RJDA 3/11 n° 214 ; Cass. 3e civ. 23-5-2013 n° 11-29.011 FS-PB et, statuant sur la demande formée par un bailleur, Cass. 3e civ. 23-4-2013 n° 11-27.798 F-D : RJDA 8-9/13 n° 691 ; Cass. 3e civ. 29-9-2015 n° 14-17.913 F-D : RJDA 12/15 n° 811). 79805

Ces solutions s'appliquent même s'agissant de travaux de mise en conformité aux réglementations administratives. Ainsi, les travaux de mise aux normes d'accessibilité des établissements recevant du public aux personnes handicapées ne dispensent pas le locataire de locaux commerciaux soumis à une telle obligation d'obtenir l'autorisation préalable du bailleur ou, à défaut, une autorisation judiciaire de les réaliser (Cass. 3e civ. 30-6-2021 n° 20-17.399 F-D : RJDA 11/21 n° 703).

Anticipant l'entrée en vigueur de la réforme du droit des contrats, la Cour de cassation a marqué un infléchissement de cette jurisprudence en considérant que l'ordonnance du juge de la mise en état accordant au locataire une provision pour réaliser des travaux vaut nécessairement autorisation de les faire (Cass. 3e civ. 7-7-2016 n° 15-18.306 FS-PB : RJDA 11/16 n° 766).

L'obligation faite au locataire de solliciter le bailleur et d'obtenir, à défaut d'accord de celui-ci, une autorisation judiciaire avant d'entreprendre des travaux souffre cependant une exception en cas d'**urgence** (Cass. 3e civ. 30-1-1973 n° 72-10.338 : Bull. civ. III n° 82 ; Cass. 3e civ. 13-3-1991 n° 89-14.352 ; Cass. 3e civ. 27-5-1997 n° 95-20.509 ; Cass. 3e civ. 9-11-2010 n° 09-69.762 F-D précité ; Cass. 3e civ. 13-12-2018 n° 17-27.676 F-D ; en sens contraire, Cass. 3e civ. 11-1-2006 n° 04-20.142 : RJDA 4/06 n° 385) : en pareil cas, le locataire peut effectuer les travaux qui s'imposent puis demander le remboursement au bailleur. Toute situation d'urgence, quelle qu'elle soit, peut justifier que le locataire procède aux travaux de sa propre initiative et en obtienne le remboursement (Cass. 3e civ. 28-1-2021 n° 19-24.349 F-D : RJDA 4/21 n° 215, rendu à propos d'un bail d'habitation mais transposable). Les travaux doivent être réalisés de façon économique, c'est-à-dire que le locataire ne peut pas demander un montant démesuré par rapport aux travaux effectués (Cass. 3e civ. 12-6-2001 n° 99-21.127 : Loyers et copr. 2001 comm. n° 220 note B. Vial-Pedroletti). Une panne de chaudière en plein hiver constitue par exemple une urgence qui justifie que des travaux de réparation soient exécutés par le locataire, sans que celui-ci n'ait à en informer le bailleur (CA Bordeaux 28-10-1999 n° 96-5353 : Juris-Data n° 1999-115918).

Le rejet de la demande de remboursement de travaux réalisés sans autorisation judiciaire n'interdit cependant pas au locataire de solliciter des dommages-intérêts pour le **trouble de jouissance** éventuellement subi du fait des manquements du bailleur (Cass. 3e civ. 9-11-2010 n° 09-69.762 F-D précité).

Le bailleur peut, en application de l'article 1144 du Code civil dans sa rédaction antérieure à l'ordonnance 2016-131 du 10 février 2016, être condamné à effectuer l'**avance des frais de remise en état** des locaux ; ce coût ne constitue pas un préjudice indemnisable mais bien une avance sur l'exécution des travaux (Cass. 3e civ. 6-4-2023 n° 19-14.118 FS-B : RJDA 8-9/23 n° 502). C'est pourquoi le bailleur qui a effectué cette avance peut demander la condamnation du locataire à exécuter les travaux ainsi financés sous astreinte, dès lors que celui-ci dispose de l'autorisation requise, qu'il a reçu du bailleur les sommes nécessaires et qu'il ne justifie d'aucun empêchement légitime à l'exécution des travaux (Cass. 3e civ. 21-12-2017 n° 15-24.430 F-PBI : RJDA 3/18 n° 213). Cette solution, rendue sous l'empire du droit antérieur à la réforme du droit des contrats, est transposable au régime actuel (n° 79800). 79807

RESPONSABILITÉ DU BAILLEUR EN CAS D'INEXÉCUTION DES TRAVAUX

Responsabilité civile Le locataire qui subit un préjudice du fait de l'inertie du bailleur peut agir en responsabilité contre ce dernier. 79830

Le locataire peut, par exemple, obtenir en justice une **réduction du loyer** pendant la remise en état des lieux loués et des **dommages-intérêts** pour la privation de jouissance subie du fait du défaut d'entretien des locaux. Les juges du fond peuvent cumuler ces sanctions sans violer la règle de la réparation intégrale du préjudice, aux termes de laquelle l'indemnité doit réparer tout le préjudice mais seulement le préjudice (Cass. 3e civ. 23-11-2010 n° 09-15.120 F-D : RJDA 4/11 n° 284). Encore faut-il que le bailleur ait été informé de l'existence des désordres nécessitant des travaux lui incombant et ne soit pas intervenu dans les meilleurs délais (Cass. 3e civ. 15-6-2010 n° 09-15.465 F-D).

ILLUSTRATIONS

Dans un cas où une commission de sécurité avait émis un avis défavorable à la poursuite de l'activité d'un fonds de commerce d'**hôtel-restaurant** et où un arrêté municipal avait prescrit des travaux de mise aux normes, la résiliation du bail pour perte de la chose louée doit être prononcée sans dédommagement du locataire exploitant le fonds dès lors qu'aucune faute dans l'exécution de ses obligations ne peut être retenue à la charge du bailleur. En effet, les travaux prescrits, dont la valeur était équivalente à la valeur vénale de l'immeuble, résultaient de l'évolution constante de la réglementation, et le locataire ne démontrait pas avoir mis le bailleur en demeure d'exécuter des travaux au fur et à mesure des visites périodiques et des arrêtés défavorables intervenus au cours des neuf années ayant précédé sa mise en demeure (Cass. 3e civ. 14-6-2018 n° 17-15.426 F-D : RJDA 11/18 n° 804).

La preuve de cette information suffit : l'indemnisation du préjudice de jouissance subi par le locataire peut être mise à la charge du bailleur même avant l'envoi d'une mise en demeure (Cass. 3e civ. 22-5-2013 n° 11-10.354 F-D : RJDA 10/13 n° 770).

Le mécanisme de réduction du prix introduit à l'article 1223 du Code civil (nos 79795 s.) permet désormais au locataire de réduire unilatéralement le montant du loyer sans recourir au juge.

79832 Le locataire peut également demander réparation au bailleur ayant refusé d'exécuter des **travaux de mise aux normes** :

– des conséquences financières d'une fermeture ordonnée par l'administration (Cass. 3e civ. 15-1-1980 n° 88), même si habituellement de tels travaux n'impliquent pas la fermeture des établissements dans lesquels ils sont exécutés (CA Rouen 15-9-1992, 1e et 2e ch., inédit) ;

– du dommage résultant du transfert d'une partie de ses activités dans d'autres locaux dispersés et à distance de ceux qu'il louait et où il recrutait sa clientèle (CA Paris 8-9-2010 n° 08-15197, ch. 5-3 : RJDA 3/11 n° 218).

Les juges ne peuvent pas écarter cette responsabilité sans constater l'existence d'une stipulation contraire mettant les travaux à la charge du locataire (Cass. 3e civ. 7-1-1998 n° 23 D : RJDA 3/98 n° 262).

> **Précisions** En l'espèce, un fonds de commerce d'**hôtel** exploité dans deux immeubles contigus faisait l'objet de deux baux distincts et les services de sécurité de la ville avaient dressé un procès-verbal faisant **obligation** au locataire **d'ouvrir un accès secondaire sur la voie publique** par l'un des deux immeubles. Le bailleur avait refusé de supporter les frais d'ouverture, ce qui avait contraint le locataire à suspendre le règlement du loyer entraînant ainsi la résiliation du bail et son expulsion. Il avait alors assigné le bailleur en réparation du préjudice né de l'impossibilité d'exploiter son fonds. Pour rejeter cette demande, une cour d'appel avait estimé que les travaux ne relevaient pas des obligations du bailleur, s'agissant de transformations qui ne rentraient pas dans le cadre de l'article 606 du Code civil ; en outre, le locataire ne pouvait pas demander au bailleur de remettre l'immeuble dans l'état où il se trouvait à l'origine de la location, après les nombreux aménagements dont il avait été l'objet et qui avaient été transmis aux locataires successifs. La Cour de cassation a jugé qu'en statuant ainsi, sans constater que les clauses du bail mettaient à la charge du locataire les travaux prescrits par l'autorité administrative ni rechercher, comme il le lui était demandé, si le locataire ne s'était pas trouvé dans l'impossibilité d'exercer le commerce prévu par le bail, la cour d'appel n'avait pas donné de base légale à sa décision.

79834 Lorsque le bailleur est condamné à verser une indemnité au locataire, les juges doivent rechercher, si cela leur est demandé, si ce dernier peut, au regard des règles fiscales, récupérer la **TVA.** Dans ce cas, l'**indemnité allouée doit être calculée** sur le montant hors taxe des travaux, et non sur leur montant TTC (Cass. 3e civ. 17-1-2012 n° 10-16.321 F-D : RJDA 6/12 n° 565). Cette solution, rendue sur l'empire du droit antérieur, devrait être maintenue.

79835 **Responsabilité pénale** La responsabilité pénale du bailleur peut être engagée si le manquement à son obligation d'entretien cause un dommage, voire la mort d'une personne. La victime pourra en pareil cas invoquer l'article 121-3 du Code pénal, lequel incrimine du délit de **mise en danger de la vie d'autrui** celui qui a commis une faute d'imprudence, une négligence ou un manquement à une obligation de prudence ou de sécurité prévue par la loi ou le règlement, s'il est établi qu'il n'a pas accompli les diligences normales compte tenu, le cas échéant, de la nature de ses missions ou de ses fonctions, de ses compétences ainsi que du pouvoir et des moyens dont il disposait. L'application de l'article 221-6 du Code pénal pour **homicide involontaire** peut également être envisagée.

> **Précisions** La responsabilité pénale du bailleur peut également être engagée, sur le fondement de l'article L 480-4 du Code de l'urbanisme, lorsque le locataire a érigé sur le terrain loué des constructions en **violation des règles d'urbanisme,** dès lors que le bailleur avait le pouvoir, selon les stipulations du bail, de contraindre le locataire à respecter les règles d'urbanisme lors des travaux, dont il était le véritable bénéficiaire du fait notamment des loyers élevés qu'il percevait en contrepartie (Cass. crim. 24-10-2017 n° 16-87.178 F-PB : RJDA 2/18 n° 103). En l'espèce, le propriétaire d'un terrain agricole non constructible l'avait loué à des entrepreneurs de travaux publics et de transport qui avaient, sans permis et en violation du plan d'occupation des sols, effectué des travaux de terrassement, construit un hangar et déposé des conteneurs sur le terrain. De même, a été déclaré coupable d'infractions aux dispositions d'un plan d'occupation des sols (aujourd'hui plan local d'urbanisme) le bailleur qui avait loué des terrains sur lesquels des cabanons avaient été implantés et qui avait refusé de communiquer des informations sur les baux et leurs titulaires, ce dont il se déduisait qu'il avait donné son accord à l'implantation des constructions irrégulières qui lui permettaient de percevoir des loyers (Cass. crim. 24-6-2008 n° 07-87.730).

RÉSOLUTION DU BAIL EN CAS D'INEXÉCUTION DES TRAVAUX PAR LE BAILLEUR

Le locataire peut obtenir en justice la résolution du bail **aux torts du bailleur** (C. civ. art. 1741 et 1217 ; ex-art. 1184). **79845**

ILLUSTRATIONS

Le bailleur qui s'était limité à une exécution partielle des prescriptions de la commission de sécurité avait manqué à son obligation d'entretenir la chose à l'usage pour lequel elle avait été louée et plus précisément de maintenir les locaux en conformité avec les normes de sécurité applicables aux établissements recevant du public ; il était ainsi à l'origine du trouble grave mettant en péril l'exploitation du fonds de commerce de son locataire, ce qui justifiait la résiliation du bail à ses torts (Cass. 3e civ. 21-3-2001 n° 414 FS-D : AJDI 2001 p. 424 note J.-P. Blatter).

Ne donne pas de base légale à sa décision la cour d'appel qui, pour rejeter une demande de résolution d'un bail portant sur un local destiné à la vente de véhicules aux torts du bailleur pour non-exécution par ce dernier des travaux de mise en conformité exigés par la commission de sécurité, retient que le locataire avait déclaré dans le bail avoir eu pleine connaissance des lieux et qu'il s'était engagé à faire son affaire personnelle des autorisations administratives éventuellement nécessaires pour l'exercice de son activité de vente ou de location de véhicules, sans s'expliquer, comme il le lui était demandé, sur la clause du bail par laquelle le bailleur s'engageait à réaliser tout aménagement imposé par l'administration en raison de la non-conformité des locaux à la réglementation relative à la sécurité (Cass. 3e civ. 22-3-1995 n° 564 D).

Il est permis par ailleurs à tout créancier d'une obligation contractuelle de **résoudre unilatéralement** le contrat par voie de notification, en cas d'inexécution suffisamment grave (C. civ. art. 1226 ; auparavant, Cass. 1e civ. 28-10-2003 n° 1319 F-P : RJDA 6/04 n° 666). Le créancier doit au préalable mettre le débiteur en demeure de s'exécuter et lui offrir un délai raisonnable pour le faire (art. 1226, al. 1). Cette faculté a déjà été reconnue au locataire (TGI Lille 15-5-2014 n° 12/03280). Sur cette faculté de résolution unilatérale, voir n° 74270. **79846**

2. EFFETS DE L'INEXÉCUTION DES TRAVAUX À L'ÉGARD DES TIERS

Le tiers à un contrat peut invoquer sur le fondement de la **responsabilité extracontractuelle** un manquement contractuel dès lors que ce manquement lui a causé un dommage (Cass. ass. plén. 6-10-2006 n° 05-13.255 PBRI : RJDA 1/07 n° 18 et Rapport M. Assié p. 3 ; Cass. ass. plén. 13-1-2020 n° 17-19.963 FS-PBI : RJDA 4/20 n° 198). Il lui suffit de prouver l'existence et l'étendue de son préjudice et le lien de causalité entre celui-ci et la faute commise, sans être tenu de prouver l'existence d'une faute distincte, extérieure au contrat (Cass. ass. plén. 13-1-2020 n° 17-19.963 précité). Toutefois, si le contrat comporte une clause limitative de responsabilité, celle-ci peut lui être opposée (Cass. com. 3-7-2024 n° 21-14.947 FS-B : RJDA 11/24 n° 626). **79855**

ILLUSTRATIONS

Le **locataire-gérant** d'un fonds de commerce a pu obtenir réparation, par le bailleur, de son préjudice d'exploitation compte tenu des éléments suivants : les accès à l'immeuble loué n'étaient pas entretenus, le portail d'entrée était condamné, le monte-charge ne fonctionnait pas, ce qui avait entraîné une impossibilité d'utiliser normalement les lieux loués (Cass. ass. plén. 6-10-2006 précité).

B. Sanctions de l'inexécution des travaux incombant au locataire

Le bailleur dispose à l'encontre du locataire des mêmes **actions** que celles exposées à propos de l'inexécution de travaux incombant au bailleur (nos 79780 s.). Sous l'empire du droit antérieur à **79860**

l'ordonnance 2016-131 du 10 février 2016, il s'est toutefois vu refuser le droit de mettre fin unilatéralement au contrat de bail (Cass. 3e civ. 28-10-2009 n° 08-16.758 FS-D : RJDA 2/10 n° 122).
Même si le bon sens commande d'y procéder au fur et à mesure, les travaux de **menu entretien,** qui incombent au locataire, doivent cependant être réalisés à l'expiration du bail : le bailleur n'a donc, en principe, aucune action, au titre de ces travaux, avant la fin du bail.

SECTION 5 SORT DES AMÉLIORATIONS ET DES CONSTRUCTIONS À LA FIN DU BAIL

79900 En fin de bail, le sort des améliorations et des constructions effectuées par le locataire au cours du bail est réglé par les clauses du bail. À défaut de prévision contractuelle, ce sont les dispositions du Code civil qui s'appliquent.

A. Sort des améliorations et constructions en l'absence de stipulations contractuelles

1. SORT DES CONSTRUCTIONS

79920 En fin de bail et à défaut de clause dans le contrat de bail, le sort des constructions est réglé sur le fondement des règles du Code civil. Lorsqu'un **état des lieux d'entrée** a été établi, comme cela doit être le cas pour les contrats conclus depuis le 20 juin 2014, date d'entrée en vigueur de la loi 2014-626 du 18 juin 2014 (C. com. art. L 145-40-1), le bailleur peut exiger du locataire que les locaux loués lui soient restitués dans l'état où il les a donnés, suivant cet état. À défaut d'état des lieux, le bailleur doit apporter la preuve de la consistance des locaux loués (C. civ. art. 1730).
Le bailleur peut aussi invoquer les dispositions relatives à l'**accession à la propriété** prévues par l'article 555 du Code civil qui régissent le sort des constructions en fin de bail. Ces dispositions ne sont pas d'ordre public et les parties peuvent y déroger par une clause du contrat de bail (n° 79935).

a. Principe de l'accession à la propriété des constructions réalisées par le locataire

79930 Aux termes de l'article 555 du Code civil, lorsque les plantations, constructions et ouvrages ont été faits par un tiers et avec des matériaux appartenant à ce dernier, le propriétaire du fonds a le droit soit d'en conserver la propriété en indemnisant le **tiers,** soit d'obliger le tiers à les enlever.
Le bailleur et le locataire peuvent invoquer ces dispositions lorsque le bail autorise le locataire à effectuer des constructions sans rien prévoir sur le sort de celles-ci en fin de bail. En effet, malgré le contrat qui lie les parties et bien que le locataire ne soit pas un tiers pour le bailleur, la jurisprudence a admis que ces dispositions sont applicables dans les **rapports entre bailleur et locataire** (Cass. 3e civ. 3-10-1990 n° 1390 : Bull. civ. III n° 180).

79935 Encore faut-il s'assurer que le contrat de bail ne comporte pas de **stipulation** réglant le sort des constructions en fin de bail et **écartant conventionnellement** les dispositions de l'article 555 du Code civil (Cass. 3e civ. 6-11-1970 : D. 1971 p. 395).
La simple autorisation donnée par le bailleur d'effectuer des travaux n'est pas de nature à écarter l'application de l'article 555 (Cass. 3e civ. 10-11-1999 n° 97-21.942 : Bull. civ. III n° 211 ; en l'espèce, les juges ont accueilli la demande d'indemnisation du locataire d'une parcelle de terre avec un atelier à usage commercial qui avait construit sur place un hangar avec l'autorisation du bailleur). En revanche, l'article 555 est inapplicable en présence d'une clause d'accession prévoyant qu'« à la fin du bail les locaux devront être rendus en bon état de

réparations au propriétaire ; toutes les installations fixes effectuées par le locataire dans les lieux loués (...) qui ne pourraient être enlevées sans causer de dégradations aux locaux devront être abandonnées par les locataires et deviendront propriété du bailleur en vertu du droit d'accession » (Cass. 3e civ. 5-11-2015 n° 14-19.820 F-D : RJDA 3/16 n° 173).

Certaines situations peuvent, malgré l'absence de clause spécifique, justifier la non-application de l'article 555 du Code civil. Tel est le cas lorsque les **travaux** réalisés devaient **compenser** l'absence de paiement de **loyer** ou le paiement d'un prix réduit (Cass. 3e civ. 12-3-2002 n° 546 F-D : RJDA 6/02 n° 602). **79940**

L'**option** entre le droit de conserver la propriété des constructions et celui d'obliger le tiers à les enlever, prévue par l'article 555 du Code civil, est **librement exercée** par le bailleur. Il doit effectuer ce choix et informer son locataire sur le sort qu'il entend réserver aux constructions à la fin du bail. À défaut, sa volonté peut implicitement résulter des circonstances de la cause. **79945**

ILLUSTRATIONS

Dans un cas où l'acte de vente d'un terrain sur lequel des constructions avaient été édifiées par un tiers précisait que la vente portait sur les constructions effectuées, une cour d'appel a pu en déduire que le vendeur avait définitivement choisi d'en conserver la propriété de sorte que l'action exercée contre lui, en sa qualité d'acquéreur par accession sur le fondement de l'article 555 du Code civil, était recevable (Cass. 3e civ. 29-1-1980 n° 78-12.826 : Bull. civ. III n° 26).
L'option du bailleur peut s'induire du fait qu'il a repris les lieux sans exiger leur remise en l'état (Cass. 1e civ. 25-1-1961 n° 356).

L'option exercée dans un premier temps en faveur de la conservation des constructions ne fait pas obstacle à ce que le bailleur se ravise ensuite et demande la suppression de l'ouvrage tant qu'une **décision définitive** constatant l'exercice de l'option n'est pas intervenue (Cass. 3e civ. 17-7-1996 : JCP G 1996 IV n° 2172, rejetant la demande de démolition ultérieure dès lors que l'option manifestée par le demandeur avait été constatée par un arrêt définitif). **79950**

b. Date de l'accession à la propriété des constructions réalisées par le locataire

Le Code civil n'apporte aucune précision quant à la date à laquelle le bailleur devient propriétaire des améliorations et constructions édifiées par le locataire. **À défaut de convention** des parties, la Cour de cassation considère que l'accession s'effectue à l'expiration du bail (Cass. 1e civ. 1-12-1964 n° 58-11.561 : Bull. civ. I n° 535 ; Cass. 3e civ. 15-5-1970 n° 69-10.601 ; Cass. 1e civ. 23-10-1990 n° 88-20.296 : Bull. civ. I n° 217 ; Cass. 3e civ. 4-4-2002 n° 00-15.917 : Bull. civ. III n° 82). **80000**

Reste à déterminer ce qu'il convient d'entendre par « expiration du bail ». Pour la Cour de cassation, il s'agit de la fin du bail initial. En effet, lorsque le bail est renouvelé, un nouveau bail prend naissance si bien que les améliorations et constructions effectuées par le locataire au cours du bail précédent deviennent la propriété du bailleur (en ce sens, Cass. 3e civ. 25-2-2016 nos 14-26.845 et 14-29.085 F-D ; Cass. 3e civ. 23-11-2017 n° 16-16.815 FS-PBI : JCP G 2018.404 note Périnet-Marquet ; arrêts rendus à propos de baux ruraux mais transposables, les solutions retenues résultant du régime de droit commun de l'accession).

Lorsqu'une **clause du bail** initial stipule qu'**en fin de bail** les constructions édifiées deviendront la propriété du bailleur dans les conditions prévues par l'article 555 du Code civil, l'accession joue à l'expiration du bail initial. Par suite, viole les articles 1134 (désormais art. 1103) et 555 du Code civil la cour d'appel qui, pour dire n'y avoir lieu à fixation d'une indemnité d'accession, retient que le locataire reste propriétaire des constructions édifiées sur le terrain du bailleur pour toute la durée de la location dont il jouit et que les relations contractuelles n'ayant pas cessé, le bailleur n'était pas fondé à se prévaloir des dispositions de l'article 555 du Code civil, alors qu'à la suite de la notification du repentir, le bail s'était renouvelé (Cass. 3e civ. 27-1-1999 n° 129 D : RJDA 3/99 n° 268). Sur le renouvellement du bail consécutivement à l'exercice par le bailleur de son droit de repentir, voir nos 66360 s. **80005**

Dans un cas où le bail stipulait que « les constructions élevées pendant le cours dudit **bail** appartiendront **à l'expiration** de celui-ci au [bailleur] à charge pour celui-ci d'en payer la valeur aux locataires au moment de l'expiration du bail et ce, après expertise établie contradictoirement par les architectes des parties en cause » et où le locataire avait, plus de trente ans après le premier renouvellement du bail et à la suite du congé délivré par le bailleur, demandé le paiement d'une indemnité d'éviction incluant le coût des constructions qu'il avait édifiées sur le terrain, la cour d'appel de Versailles a jugé qu'il ressortait nécessairement de la clause d'accession que le transfert de propriété était conditionné par le paiement par le bailleur de la valeur des constructions édifiées par le locataire ; faute d'expertise contradictoire à l'expiration du bail, les parties avaient d'un commun accord entendu différer le paiement des constructions à la **fin** de leurs **relations contractuelles,** et celles-ci ayant été constamment renouvelées, le locataire ne pouvait pas en demander l'indemnisation avant que le propriétaire ne lui donne congé. En conséquence et contrairement à ce que soutenait le bailleur qui estimait être devenu propriétaire des constructions à la date du premier renouvellement du bail, la demande du locataire n'était pas prescrite (CA Versailles 27-2-2018 n° 16/06319, 12e ch. sect. 2 : RJDA 7/18 n° 557).

En revanche, dans un cas où le bail stipulait que le bailleur ne deviendrait propriétaire des constructions « qu'à la fin du bail et à défaut de renouvellement », la Cour de cassation a confirmé la décision d'une cour d'appel qui avait retenu qu'en cas de **résiliation anticipée** de son **bail** du fait d'une expropriation, le locataire avait un droit à indemnisation pour les constructions qu'il avait régulièrement édifiées sur le terrain loué et dont il était resté propriétaire pendant la durée de la location (Cass. 3e civ. 4-4-2002 n° 697 FS-PB : RJDA 5/03 n° 472). Au cas particulier, tant que le bail était renouvelé, le locataire restait propriétaire de ces constructions, cessant seulement de l'être à la fin des relations contractuelles, c'est-à-dire à sa sortie des lieux. Il en résultait que si un bail était en cours, même à la suite d'un énième renouvellement, et si ce bail se trouvait résilié par suite d'une expropriation, le nouveau propriétaire du bien, en l'occurrence une commune, devait indemniser le locataire ayant édifié un hangar, sans pouvoir soutenir que le bailleur était devenu propriétaire de cette construction lors du premier renouvellement du contrat de location.

80010 **En cas de résolution du bail,** le propriétaire accède à la propriété des immeubles construits ou des améliorations réalisées avant l'expiration du bail (Cass. com. 24-6-1997 n° 1695 P).

80015 Tant que le bailleur n'est pas propriétaire de la construction, il ne peut exiger du locataire quelque **réparation** que ce soit sur cette construction (Cass. 3e civ. 21-10-1992 : Loyers et copr. 1993 comm. n° 8).

c. Mécanisme de l'accession à la propriété des constructions réalisées par le locataire

CONSERVATION PAR LE BAILLEUR DE LA PROPRIÉTÉ DES CONSTRUCTIONS

80050 Lorsque le bailleur choisit de conserver la propriété des constructions, il doit à son **choix** rembourser au locataire soit une somme égale à celle dont le fonds a augmenté de valeur, soit le coût des matériaux et le prix de la main-d'œuvre estimés à la date du remboursement, compte tenu de l'état dans lequel se trouvent les constructions, plantations et ouvrages (C. civ. art. 555, al. 3).

Il en est ainsi même si le constructeur est de **mauvaise foi** (Cass. 3e civ. 2-2-2000 n° 82 D), étant précisé que celui qui construit sur le terrain loué est toujours considéré comme de mauvaise foi (nos 80070 s.).

80055 Les juges du fond ne peuvent pas se substituer au propriétaire dans l'exercice du choix des **modalités de calcul de l'indemnité** due au constructeur. Par suite, doit être confirmée la décision d'une cour d'appel qui estime fondée la demande du locataire qui réclamait une somme égale à la valeur du coût des matériaux et de la main-d'œuvre, le bailleur n'ayant pas levé l'option qui lui était accordée (Cass. 3e civ. 10-11-1999 n° 1685 : Bull. civ. III n° 211).

En revanche, doit être censurée la décision d'une cour d'appel qui, tout en constatant que le propriétaire n'avait pas levé l'option que lui accordait l'article 555 du Code civil, s'était substituée à ce dernier et avait modifié l'objet du litige en retenant que, le propriétaire disposant d'un choix discrétionnaire sur l'une ou l'autre des deux solutions offertes par l'article 555 du Code civil, il convenait de retenir la plus avantageuse pour lui (Cass. 3e civ. 4-5-2006 n° 525 FS-PB : RJDA 8-9/06 n° 872).

DEMANDE DE SUPPRESSION DES CONSTRUCTIONS PAR LE BAILLEUR

80060 **Principe** Le bailleur peut en principe exiger que les constructions ou ouvrages du locataire soient supprimés aux frais du locataire et sans indemnité pour celui-ci (C. civ. art. 555, al. 2).

Il n'a **pas** à **justifier sa demande** et les juges du fond ne peuvent pas refuser de faire droit à la demande de démolition au motif que la construction ne semble pas causer au propriétaire une gêne sérieuse et que le préjudice léger qu'il invoque peut être réparé par l'allocation de dommages-intérêts (Cass. 1re civ. 13-1-1965 n° 62-10.951 : Bull. civ. I n° 34).

80065 Le bailleur peut **renoncer** à demander la suppression des constructions et ouvrages réalisés par le locataire. Cette renonciation peut être implicite. Ainsi, dans un cas où un bail prévoyait qu'à son expiration, tous aménagements, améliorations, décors et embellissements resteront au bailleur sans indemnité, à moins que celui-ci ne préfère le rétablissement des lieux dans leur état primitif aux frais du locataire, il a été jugé qu'en retenant que le bailleur, qui avait renoncé à demander la remise en état des lieux en relouant ceux-ci à des tiers dans l'état où ils se trouvaient, avait implicitement mais nécessairement opté pour l'appropriation des améliorations apportées par le locataire, une cour d'appel n'avait pas violé les articles 555 et 1730 du Code civil (Cass. 3e civ. 16-11-1988 n° 87-14.426).

Exception L'article 555 précise que si le **tiers** est de **bonne foi,** le propriétaire ne peut pas exiger la suppression des ouvrages, constructions et plantations. Il doit indemniser le tiers en lui remboursant soit une somme égale à celle dont le fonds a augmenté de valeur, soit le coût des matériaux et le prix de la main-d'œuvre estimé à la date du remboursement, compte tenu de l'état dans lequel se trouvent lesdits constructions, plantations et ouvrages (al. 4). **80070**

La jurisprudence considère que le terme « de bonne foi » doit être entendu par référence à l'article 550 du Code civil et ne vise que celui qui possède comme propriétaire en vertu d'un titre translatif de propriété dont il ignore les vices (Cass. 3e civ. 17-11-1971 n° 70-13.346 : Bull. civ. III n° 565 ; Cass. 3e civ. 30-11-1988 n° 87-12.387 : Bull. civ. III n° 172 ; Cass. 3e civ. 29-3-2000 n° 506 PF : RJDA 11/00 n° 959).

Tel n'est jamais le cas du locataire qui a édifié des constructions, fût-ce avec l'autorisation du bailleur (Cass. 3e civ. 29-3-2000 n° 506 PF : RJDA 11/00 n° 959). **80075**

Le locataire, qui ne possède jamais le terrain en vertu d'un titre translatif de propriété dont il ignore les vices puisqu'il tient ses droits du bail, ne pourra en aucun cas être considéré comme un constructeur de bonne foi et le bailleur pourra toujours exiger la suppression des ouvrages construits par le locataire (application de l'article 555 du Code civil). On ne saurait donc trop conseiller au locataire de demander l'insertion dans le bail d'une clause réglant le sort des constructions en fin de bail et comportant la renonciation du bailleur à en exiger la suppression.

ILLUSTRATIONS

Viole les articles 1730 et 555 du Code civil la cour d'appel qui, pour décider que l'article 555, al. 4 devait s'appliquer, retient que le locataire, ayant réalisé des constructions nouvelles sur une longue période avec l'accord du bailleur, devait être considéré comme de bonne foi, alors que le terme de bonne foi, employé par l'article 555, s'entend par référence à l'article 550 du Code civil et ne vise que celui qui possède comme propriétaire en vertu d'un titre translatif de propriété dont il ignore les vices et que le bailleur était en droit de réclamer la restitution du bien loué en son état primitif.

Cass. 3e civ. 12-7-2000 n° 1119 FS-PB : RJDA 12/00 n° 1074.

Dans un cas où un locataire, qui avait construit une maison en dur en remplacement de la maison initialement édifiée sur le terrain qu'il louait, avait été assigné en expulsion et en démolition de la maison, la Cour de cassation a censuré la décision d'une cour d'appel qui, pour décider que le locataire était constructeur de bonne foi et fondé à rester dans les lieux jusqu'au paiement d'une indemnité par le bailleur, avait retenu que, ayant construit avec l'accord verbal du bailleur, et étant donc de bonne foi, le locataire était en droit d'obtenir une indemnité correspondant, au choix de ce dernier, soit à une somme égale à celle dont le terrain a augmenté de valeur, soit au coût des matériaux et au prix de la main-d'œuvre estimés à la date du remboursement, compte tenu de l'état d'avancement des travaux à la date du procès-verbal de transport sur les lieux.

Cass. 3e civ. 14-11-2002 n° 1664 FS-D.

Viole les articles 550 et 555 du Code civil la cour d'appel qui, pour juger un locataire constructeur de bonne foi au sens de l'article 555, al. 4 et décider de son indemnisation en application de ces dispositions, retient que l'intéressé avait fait édifier des constructions sur les terrains loués avec l'autorisation du bailleur, alors que le terme de bonne foi employé par cet article s'entend par référence à l'article 550 et ne vise que celui qui possède comme propriétaire en vertu d'un titre translatif de propriété dont il ignore le vice. En conséquence, le bailleur était en droit de réclamer la restitution de la chose louée en son état primitif.

Cass. 3e civ. 1-6-2010 n° 08-21.254 F-D : RJDA 10/10 n° 916.

Permis de démolir Aux termes de l'article R 423-1 du Code de l'urbanisme, la demande de permis de démolir est présentée soit par le propriétaire du bâtiment ou son mandataire, soit par une personne justifiant d'un titre l'habilitant à exécuter les travaux, soit par une personne ayant qualité pour bénéficier de l'expropriation du bâtiment pour cause d'utilité publique. **80080**

La cour d'appel de Reims en a déduit que la signature du propriétaire n'est pas indispensable (CA Reims 11-10-1995 n° 718).

2. SORT DES AMÉLIORATIONS

Les dispositions de l'article 555 du Code civil relatives à l'accession (nos 79920 s.) ne concernent que les constructions ou les ouvrages nouveaux de sorte que de simples travaux de réparation ou d'amélioration appliqués à des ouvrages préexistants échappent à ce texte (Cass. 3e civ. 5-6-1973 n° 72-12.323 : Bull. civ. III n° 405). **80120**

Le sort des améliorations apportées aux **bâtiments existants** est réglé par les articles 546 et 551 du Code civil. Le premier de ces articles institue un droit d'accession qui est un mode d'acquisition de la propriété mais l'article 551 subordonne cette acquisition à une incorporation de la chose à l'immeuble : « Tout ce qui s'unit et s'incorpore à la chose appartient au propriétaire. »

ATTENTION

Les améliorations visées par les règles de l'accession doivent être distinguées des **impenses** (nº 80235). Le bailleur peut, en application de l'article 551 du Code civil, bénéficier des améliorations faites par le possesseur évincé mais il doit, même si ce dernier est de mauvaise foi, lui rembourser ses impenses dans la limite de son appauvrissement et de l'enrichissement du propriétaire (Cass. 3e civ. 12-3-1985 nº 83-16.548 : Bull. civ. III nº 50).

Il y a donc lieu de distinguer les améliorations qui s'unissent aux bâtiments d'une manière tellement étroite que leur enlèvement nécessiterait des travaux de remise en l'état primitif des améliorations résultant de l'apport d'objets mobiliers qui peuvent en être détachés sans modifier la structure de l'immeuble.

80125 En cas d'améliorations s'unissant aux bâtiments d'une telle manière que leur enlèvement nécessiterait des travaux de remise en l'état primitif, le bien meuble devient **immeuble par nature** (et non par destination dès lors que l'apport provient d'un autre que le propriétaire) et l'accession se réalise du seul fait de l'incorporation, immédiatement, en dehors de la volonté du propriétaire (Cass. 2e civ. 22-5-1973 : D. 1974 som. p. 24).

C'est pourquoi les juges du fond ne peuvent pas se contenter de décider que le locataire peut reprendre tous les éléments qu'il a financés. Par suite, ne donne pas de base légale à sa décision au regard des articles 551 et 555 du Code civil la cour d'appel qui, pour limiter le montant de l'indemnisation alloué à un bailleur de locaux à usage commercial au titre des travaux de remise en état des lieux, retient que le locataire sortant était en droit d'emporter divers éléments d'équipement puisqu'il en avait assuré le financement, sans rechercher, comme il le lui était demandé, si ces éléments n'avaient pas été incorporés à l'immeuble pour devenir la propriété du bailleur par voie d'accession (Cass. 3e civ. 7-7-2004 nº 879 FS-D : RJDA 11/04 nº 1195).

80130 En cas d'améliorations résultant de l'apport d'un objet mobilier pouvant en être détaché sans modifier la structure de l'immeuble, le **bien,** n'étant **pas incorporé,** conserve la qualité de bien mobilier et reste la propriété du locataire. Par suite, ne tire pas les conséquences légales de ses propres constatations et viole l'article 551 du Code civil la cour d'appel qui, tout en constatant que le caractère mobilier d'une installation de chauffage central n'était pas contesté, a retenu qu'elle appartenait au propriétaire par voie d'accession (Cass. 3e civ. 21-10-1992 nº 91-11.293 : RJDA 12/92 nº 1107).

> Précisions En l'espèce, la cour d'appel n'avait pas constaté que l'installation apportée par le locataire avait une nature de fixité qui la faisait s'incorporer à l'immeuble. Au contraire, elle avait constaté qu'il s'agissait d'un meuble. Elle avait même fait état de l'acte de cession de l'installation de chauffage entre deux locataires successifs. Dès lors que les juges du fond constataient le caractère mobilier et cessible de l'installation litigieuse, ils ne pouvaient pas considérer que le droit d'accession avait néanmoins joué. Il eût été nécessaire pour statuer comme ils l'ont fait qu'ils retiennent la réalisation de l'incorporation. Cette appréciation, s'agissant d'une question de pur fait, aurait relevé de leur pouvoir souverain.

B. Sort des améliorations et constructions en présence de stipulations contractuelles

CLAUSE INTERDISANT AU LOCATAIRE LES AMÉLIORATIONS ET CONSTRUCTIONS

80200 En présence d'une clause du bail interdisant au locataire d'effectuer toute construction ou amélioration, le locataire qui enfreint cette interdiction s'expose à une action en résiliation judiciaire du bail ou à la mise en œuvre de la clause résolutoire stipulée dans le bail ou, encore, à la remise en état des locaux (nº 79490).

CLAUSE AUTORISANT AU LOCATAIRE LES AMÉLIORATIONS OU CONSTRUCTIONS

80215 **Remise des locaux en l'état** La clause du bail qui autorise le locataire à exécuter des travaux d'amélioration ou des constructions soumet le plus souvent ces travaux à l'**autorisation préalable du bailleur** (nos 79500 s.).

Le locataire qui ne sollicite pas cette autorisation s'expose à ce que le bailleur lui demande à la fin du bail de remettre les locaux loués en l'état. Mais le bailleur peut aussi renoncer à l'option de restitution des lieux dans leur état initial. Tel est notamment le cas lorsque d'importants travaux d'aménagement sont à prévoir, les locaux étant par exemple loués à l'état brut et sans installation particulière.

Le locataire peut être condamné à supporter le coût de la remise en état des locaux même si une clause du bail prévoit le transfert de la propriété des constructions au bailleur en fin de bail (Cass. 3e civ. 18-12-2002 no 1985 FS-D). En l'espèce, le locataire, qui avait transformé une mezzanine en local d'habitation et salle d'eau sans l'autorisation du bailleur, avait été condamné par une cour d'appel au paiement du coût de remise en état des locaux après son départ. La Cour de cassation a confirmé cette décision et rejeté l'argument par lequel le locataire faisait valoir que la clause du bail qui prévoyait le transfert de la propriété des constructions au bailleur excluait toute demande de démolition et faisait obstacle, en application de l'article 555 du Code civil, au paiement du coût de la démolition, au motif que la clause litigieuse n'était pas applicable aux travaux non autorisés par le bailleur, lequel avait manifesté explicitement sa volonté de ne pas les conserver en demandant en justice leur démolition.

Lorsque le **locataire** a été **autorisé** à réaliser des améliorations ou des constructions, le bailleur n'a pas pour autant renoncé à la faculté de lui demander de remettre les locaux en l'état à la fin du bail. Tel est le cas en l'absence de stipulations contractuelles réglant le sort des améliorations ou des constructions (Cass. 3e civ. 9-1-1979 no 77-12.470 : Bull. civ. III no 6 ; voir no 79935). En l'espèce, le locataire d'un terrain nu avait édifié des constructions avec l'autorisation des précédents propriétaires. La Cour de cassation a confirmé la décision d'une cour d'appel qui avait exactement énoncé que le bailleur ne pouvait pas être tenu de conserver ces constructions en fin de bail et qu'il était en droit de réclamer la restitution de la chose louée en son état primitif. **80220**

Il en va de même, a fortiori, lorsque les parties ont contractuellement prévu cette remise en état (Cass. 3e civ. 29-4-2002, SCI Les Guerins Nord c/ Sté A Co Pro). En l'espèce, la Cour de cassation a censuré la décision d'une cour d'appel qui, pour rejeter la demande d'indemnisation formée par le bailleur au titre du coût de la destruction des ouvrages effectués par le locataire, avait retenu que les travaux avaient été créés à l'étage dans un style et avec des matériaux n'affectant pas l'architecture de l'ensemble et qu'au regard de l'importance des travaux de remise en état, supposant la démolition des bureaux et l'obturation des fenêtres, le préjudice se trouvait compensé par le maintien en l'état des améliorations apportées, alors que le contrat de location permettait au bailleur de demander le rétablissement des lieux dans leur état primitif même s'il avait autorisé les travaux.

Il a néanmoins été précisé qu'une clause prévoyant que tous les travaux réalisés par le locataire resteraient la propriété du bailleur, celui-ci ayant toutefois le droit d'exiger le rétablissement des lieux dans leur état primitif et aux frais exclusifs du locataire, hormis les travaux d'aménagement, n'imposait pas au locataire, sauf convention contraire expresse, de réparer les dommages dus à la vétusté (Cass. 3e civ. 30-11-2023 no 21-23.173 F-D : RJDA 4/24 no 209).

Clause d'accession Les règles d'accession énoncées aux articles 546 et 551 du Code civil (no 80120) ne sont pas d'ordre public et peuvent être écartées par une convention préalable ou une renonciation expresse des parties (Cass. 3e civ. 6-11-1970 no 69-11.900 : D. 1971 p. 395). **80225**

Il en va de même des dispositions de l'article 555 du Code civil (no 79935). Le bailleur et le locataire peuvent y déroger conventionnellement par une clause expresse du bail et modifier notamment le moment de l'accession à la propriété du bailleur ou encore écarter le principe de l'indemnité due au locataire du fait de l'accession.

Le plus souvent, cette clause prévoit qu'à la fin du bail en cours, le bailleur deviendra propriétaire des améliorations ou constructions réalisées par le locataire sans avoir à payer d'indemnité. Toutefois, depuis environ une dizaine d'années, de nouvelles clauses d'accession sont apparues dans certains baux, stipulant le report de la date d'accession « à la fin de la jouissance du locataire » ou « au dernier des renouvellements » c'est-à-dire au départ des lieux du locataire. Sur ces clauses et leur incidence sur le calcul de la valeur locative, voir nos 83970 s. **80230**

MODÈLE

Clauses d'accession

Si les travaux d'amélioration sont indemnisés

« Les travaux de transformation ou d'amélioration qui seront faits par le locataire, avec ou sans l'autorisation du bailleur, ne donneront pas lieu de la part de ce dernier à une quelconque indemnité au profit du locataire. »

Sur la base du coût des travaux

« Toutefois, si le bailleur autorise les transformations ou améliorations, mais seulement en cas d'éviction ou de non-renouvellement pour une cause non imputable au locataire, le bailleur devra payer au locataire, lors de son départ, une indemnité correspondant au montant des travaux réalisés diminué de l'amortissement effectué conformément aux usages, compte tenu de la nature des améliorations ; en cas de désaccord sur le taux d'amortissement pratiqué par le locataire, ce taux sera fixé par expert désigné d'un commun accord ou, à défaut, sur requête de la partie la plus diligente, par le président du tribunal judiciaire de la situation des biens statuant en référé. »

Sur la base de la plus-value générée par les travaux

« Toutefois, si le bailleur autorise les transformations ou améliorations, mais seulement en cas d'éviction ou de non-renouvellement pour une cause non imputable au locataire, le bailleur devra payer au locataire, lors de son départ, une indemnité correspondant à la plus-value apportée au fonds et qui, faute d'accord des parties, sera fixée par un expert désigné d'un commun accord ou, à défaut, sur requête de la partie la plus diligente, par le président du tribunal judiciaire de la situation des biens statuant en référé. »

Si les travaux d'amélioration ne sont pas indemnisés

« Les travaux de transformation ou d'amélioration qui seront faits par le locataire, avec ou sans l'autorisation du bailleur, ne donneront pas lieu de la part de ce dernier à une quelconque indemnisation au profit du locataire, le bailleur se réservant la faculté d'exiger la remise en état des lieux, aux frais du locataire.

En toute hypothèse, le locataire ne pourra, en fin de jouissance, reprendre aucun élément ou matériel qu'il aura incorporé aux biens loués à l'occasion d'une amélioration ou d'un embellissement. »

Si les constructions nouvelles reviennent au bailleur moyennant indemnisation

« Toute construction nouvelle qui serait faite par le locataire, même avec l'autorisation du bailleur, ne deviendra la propriété de ce dernier qu'en fin de bail. L'accession du bailleur, quand elle se réalisera, donnera lieu au paiement d'une indemnité au locataire égale, au choix du bailleur, à l'une des deux sommes prévues à l'article 555 du Code civil. »

Si les constructions nouvelles reviennent au bailleur sans indemnité

« Toute construction nouvelle qui serait faite par le locataire, même avec l'autorisation du bailleur, deviendra la propriété de ce dernier en fin de bail, sans indemnité. »

80231 La **résolution conventionnelle** du bail par les parties avant le terme initialement prévu entraîne l'application de la clause d'accession incluse dans ce bail (Cass. 3e civ. 19-3-2008 n° 07-10.679 FS-PB : RJDA 6/08 n° 617). Après la résolution amiable du bail, le bailleur est titulaire d'une action directe contre l'assureur du constructeur et a qualité pour recevoir l'indemnité correspondant à la réparation des désordres affectant l'ouvrage réalisé à l'initiative du locataire avant la résolution (Cass. 3e civ. 4-4-2007 n° 06-11.154 FS-PB : RJDA 7/07 n° 699).

En cas de **résiliation judiciaire** du bail prononcée aux torts du bailleur pour défaut de délivrance, ce dernier peut également demander l'application de la clause d'accession qui prévoit qu'en fin de jouissance, les travaux faits par le locataire deviendront, sans indemnité, la propriété du bailleur, celui-ci s'engageant expressément à ne pas demander au locataire la remise des lieux dans leur état initial, cette clause ne précisant pas les circonstances dans lesquelles intervient la fin de jouissance (CA Bordeaux 20-6-2023 n° 21/02688).

80232 En présence d'une clause stipulant que le locataire « s'engage à laisser, en fin de bail, tous les aménagements, améliorations et embellissements à la propriété, sans indemnité », il a été jugé que les embellissements détruits par un **incendie** avaient seulement vocation à devenir la propriété du bailleur en fin de bail si bien que ce dernier, qui avait signifié au locataire la résiliation du bail pour perte totale de la chose louée, ne pouvait pas prétendre à l'indemnisation de biens qui n'existaient plus au jour de cette résiliation et qui, au jour du sinistre, appartenaient au locataire (Cass. 3e civ. 20-4-2005 n° 531 FS-D).

De même, dans un cas où les aménagements et les améliorations réalisés par le locataire dans les lieux loués avaient été détruits par un incendie avant même la fin du bail, il a été jugé que la cour d'appel, qui avait retenu que le bailleur ne devait accéder à la propriété des améliorations qu'à la fin du bail et avait constaté qu'avant cette issue il n'avait vocation à aucune prétention à ce titre, en a justement déduit que ce dernier était mal fondé à prétendre au paiement de leur contre-valeur (Cass. 3e civ. 2-4-2003 n° 500 FS-PB : RJDA 7/03 n° 696 ; dans le même sens, Cass. 3e civ. 5-7-1995 n° 93-18.021).

Mais, dans un cas où une clause du contrat stipulait que l'accession devait jouer au fur et à mesure de la réalisation des constructions, il a été jugé que le bailleur, devenu propriétaire des constructions et ouvrages construits par le locataire au cours du bail, était titulaire d'une **action**

directe contre l'assureur du locataire et aurait qualité pour recevoir l'indemnité correspondant à la réparation des désordres affectant les ouvrages (Cass. 3e civ. 4-4-2007 n° 339 FS-PB : RJDA 7/07 n° 699).

Impenses En présence d'une clause autorisant l'exécution d'améliorations ou de constructions, les dépenses faites par le locataire, autrement appelées impenses, doivent, dans certains cas, lui être remboursées par le bailleur. **80235**

Il en est notamment ainsi lorsque les dépenses engagées par le locataire étaient **nécessaires,** les travaux engagés étant indispensables à la jouissance normale des lieux loués (réfection de la toiture, de murs, etc.). La dépense doit toutefois avoir été engagée à un coût normal. À notre avis, le locataire doit en outre avoir informé le bailleur même si certaines décisions reconnaissent le droit à remboursement, quand bien même le locataire n'aurait pas averti préalablement le bailleur (CA Grenoble 23-6-1891 : DP 1892 II p. 300).

Les **impenses utiles,** autrement dit celles qui, sans être indispensables à la jouissance des lieux loués, ont augmenté la valeur de ceux-ci (installation du confort moderne : eau, électricité, etc.), doivent être indemnisées au locataire soit en lui remboursant le coût des travaux, soit en lui payant le montant de la plus-value apportée aux lieux loués. Les juges ne peuvent pas refuser le remboursement de travaux réalisés par le locataire au motif qu'il ne s'agissait pas d'impenses utiles sans préciser en quoi les travaux ne méritaient pas cette qualification (Cass. 1e civ. 19-1-1977 n° 75-13.578 : Bull. civ. I n° 38).

En revanche, les dépenses engagées pour le seul agrément du locataire, dites **impenses somptuaires,** ne donnent lieu à l'allocation d'aucune indemnité au bénéfice du locataire (Cass. 3e civ. 4-3-1971 : JCP G 1971 IV p. 98 ; Cass. 3e civ. 17-1-1990 n° 88-17.319 : Loyers et copr. 1990 comm. n° 161). Tel est le cas de travaux d'installation de double vitrage dans un appartement, quoique ce dernier ait été situé dans un quartier animé et bruyant (CA Paris 27-10-1994, 6e ch. B : Loyers et copr. 1995 comm. n° 108).

SECTION 6 RÉGIME FISCAL

I. PENDANT LE BAIL

A. Travaux effectués par le bailleur

1. IMPÔTS DIRECTS

a. Imposition du bailleur selon le régime des bénéfices industriels et commerciaux

PRINCIPES

Les dépenses d'entretien et de réparation effectuées par le bailleur ont pour objet de conserver ou de remettre en bon état d'utilisation les immobilisations données en location. Leur **qualification en charges ou en immobilisations** dépend : **80505**

– en premier lieu, du choix fait par le bailleur d'identifier dès l'origine l'élément d'actif concerné comme un **composant** dans le cadre de la méthode d'amortissement par composants ;

– en second lieu, du point de savoir si, conformément aux critères dégagés par la jurisprudence pour le classement des dépenses entre charges et immobilisations, les coûts engagés à raison de l'élément considéré (bien non décomposé ou composant identifié) ont pour effet d'augmenter sa **valeur** ou sa **durée réelle d'utilisation** (CE 29-1-1975 n° 92198 : RJF 4/75 n° 172).

La portée pratique de ces critères varie selon le type de travaux effectués sur le local commercial donné à bail.

En tout état de cause, les frais d'entretien et de réparation doivent, pour être déductibles, être **justifiés** et engagés dans l'**intérêt de l'entreprise,** conformément aux règles de droit commun.

DÉPENSES COURANTES D'ENTRETIEN ET DE RÉPARATION

80510 **Définition** Les dépenses d'entretien et de réparation constituent en principe des **charges** immédiatement déductibles dès lors qu'elles n'aboutissent **pas au remplacement d'un composant** et que, conformément aux critères dégagés par la jurisprudence du Conseil d'État, elles n'ont **pas d'autre effet** que de maintenir les éléments d'actif en état d'usage et de fonctionnement jusqu'au terme de leur période normale d'utilisation. Seules doivent être **immobilisées** et amorties les dépenses qui se traduisent par l'apparition d'un nouvel élément d'actif, une augmentation de la valeur des éléments existants ou la prolongation notable de leur durée probable d'utilisation (CE 17-1-1975 n° 86610. : RJF 3/75 n° 86). L'appréciation de la prolongation de la durée d'utilisation ou de l'augmentation de la valeur d'une immobilisation s'opère à la date d'engagement des dépenses concernées et non pas à la date d'acquisition ou de création de l'immobilisation (BOI-BIC-CHG-20-20-20 n° 140).

Les critères jurisprudentiels de classement des dépenses d'entretien doivent, à notre avis, être appréciés de manière différente selon que les travaux concernent un **composant** ou un **bien non identifié comme tel.** Dans le premier cas, on se réfère au composant en tant que tel pour apprécier si les dépenses ont ou non pour effet de prolonger sa durée de vie propre ou augmenter sa valeur. Dans le second cas, on apprécie si les dépenses augmentent la valeur ou la durée de vie du bien considéré dans son ensemble.

80512 ILLUSTRATIONS

Les travaux périodiques de **peinture,** de **pose de papier peint,** de **vitrerie,** de **nettoyage** et de réfection partielle de **plomberie** et d'**électricité** constituent des dépenses d'entretien et de réparation déductibles au titre des charges courantes de l'exercice au cours duquel elles sont exposées, à condition bien entendu que, par leur nature et leur importance limitée, ils conservent leur caractère de dépenses récurrentes nécessitées pour l'entretien courant des locaux. De tels travaux ne peuvent pas faire l'objet d'une provision.

CE 8-7-1987 nos 72701 et 72702 : RJF 10/87 n° 967.

Les dépenses de **ravalement** exposées par une entreprise pour ses immeubles professionnels constituent des dépenses d'entretien déductibles immédiatement. Elles n'ont pas pour effet de prolonger la durée de vie de la structure de l'immeuble, ni de l'immeuble dans son ensemble. À cet égard, il a été jugé que la circonstance qu'elles ont été engagées immédiatement après l'acquisition du bien ne doit pas être regardée comme un obstacle à leur déduction.

CAA Bordeaux 7-5-1991 nos 501 et 1506, 1e ch. : RJF 10/91 n° 1189.

Ndlr : Dans l'hypothèse où les travaux de ravalement s'inscrivent dans un programme pluriannuel d'entretien, leur coût peut faire l'objet d'une provision pour gros entretien.

Certaines dépenses qui, compte tenu notamment de leur importance ou de leur **caractère exceptionnel,** excèdent le caractère de simples dépenses d'entretien courant mais sont rendues **nécessaires pour le maintien en bon état** et le bon fonctionnement du bien concerné, constituent néanmoins des charges déductibles. C'est par exemple le cas de travaux portant sur l'**étanchéité** de la construction et des installations de chauffage-sanitaire résultant des malfaçons de l'immeuble.

TA Dijon 2-1-1996 n° 93-5730, 2e ch. : RJF 4/96 n° 420.

Ndlr : De tels travaux peuvent, s'ils représentent une charge excessive pour un seul exercice et s'ils font l'objet d'une programmation détaillée, donner lieu à la constitution d'une provision pour gros entretien.

Des travaux consistant en la **démolition,** le **reprofilage du sol** et le **coulage d'une dalle de béton** ne sont pas constitutifs d'une immobilisation dès lors qu'ils n'entraînent pas une modification de la configuration ou de la nature des locaux ayant pour effet un accroissement de la valeur ou de la durée probable de l'immeuble.

CE 23-12-2010 n° 306228 : RJF 3/11 n° 370.

Le régime des travaux d'entretien ou de réparation d'une **toiture** dépend de la nature des travaux réalisés lorsque la toiture a été comptabilisée séparément en tant que composant à l'actif du bilan. Lorsque les travaux effectués consistent en de simples **réparations ponctuelles** ou en une **réfection partielle** de la toiture, les dépenses correspondantes constituent des dépenses d'entretien courant qui n'augmentent ni la durée d'utilisation réelle du toit, ni sa valeur. Elles sont déductibles en totalité dès leur engagement.

CE 4-3-1992 n° 80797 : RJF 5/92 n° 618.

En revanche, lorsque les travaux ont pour objet une **réfection substantielle** de la toiture et aboutissent à une rénovation complète, les dépenses en cause n'ont pas le caractère de dépenses d'entretien courant et sont assimilées à des dépenses de remplacement. Ces dépenses sont immobilisées et se traduisent dans les écritures de la société par l'inscription d'un nouveau composant à l'actif et la sortie corrélative du composant remplacé.

Avant l'application de la méthode d'amortissement par composant, la jurisprudence considérait que les travaux de réfection d'une toiture constituaient d'une manière générale des dépenses d'entretien courant de l'immeuble dès lors qu'elles n'avaient pas pour effet de prolonger de manière notable la durée d'utilisation de l'immeuble.

Voir, sur ce dernier point, notamment CE 26-6-1992 n° 78850 : RJF 10/92 n° 1307.

Le régime des travaux d'entretien portant sur les **revêtements de sol** diffère selon que le bailleur a ou non choisi d'identifier à l'origine ces éléments comme un composant.
Si les différents revêtements de sol sont comptabilisés chacun comme un **composant** distinct, leur remplacement, lorsqu'ils sont usagés, donne lieu à la sortie du composant usagé et à l'entrée d'un nouveau composant amortissable sur sa durée effective d'utilisation. Dans cette hypothèse, il ne s'agit plus de dépenses d'entretien mais de dépenses de remplacement.
En l'absence d'une telle décomposition, le remplacement d'un des revêtements de sol usagé ne va pas nécessairement entraîner l'immobilisation de ces dépenses. Il s'agit d'examiner si les dépenses ont eu pour effet de **prolonger la durée de vie** de l'immeuble. Il est admis que les frais de **remplacement d'un dallage** en ciment constituent des charges d'exploitation immédiatement déductibles dès lors qu'elles n'ont pas pour effet de faire entrer dans l'actif un élément nouveau susceptible d'être amorti (CE 9-1-1959 n° 45822 : Dupont 1959, p. 266). L'administration considère également que les frais de **remplacement du carrelage** d'un local professionnel peuvent être retranchés en totalité du bénéfice de l'année au cours de laquelle le remplacement a eu lieu (BOI-BIC-AMT-20-30-90 n° 390, a contrario).
La déduction immédiate de telles dépenses en l'absence de décomposition suppose que le changement de revêtement soit effectué à niveau qualitatif équivalent. En cas d'installation d'éléments d'un niveau qualitatif substantiellement supérieur, l'immobilisation de la dépense serait justifiée par le fait qu'elle confère un **supplément de valeur** au bien (CE 19-11-1976 n° 99290 : RJF 1/77 n° 9).
Les dépenses d'entretien courant proprement dit (**nettoyage, réfection ponctuelle**) constituent des charges d'exploitation immédiatement déductibles sans qu'il y ait lieu de distinguer selon que le revêtement en question fait ou non l'objet d'une comptabilisation séparée au bilan.

CE 4-3-1992 n° 80797 : RJF 5/92 n° 618.

Dépenses d'entretien constatées en charges Lorsque les dépenses d'entretien courant constituent des charges d'exploitation, elles sont déductibles des charges de l'exercice au cours duquel elles sont engagées. Lorsqu'il s'agit de dépenses de gros entretien, le bailleur peut, sous certaines conditions, les déduire par voie de provision (voir n° 80537). **80515**

Dépenses d'entretien immobilisées Les dépenses d'entretien courant qui ont pour effet d'**accroître la valeur des éléments d'actifs existants** (composants ou non) doivent être immobilisées et peuvent faire l'objet d'un amortissement fiscalement déductible. S'agissant de dépenses exposées sur des biens en cours d'amortissement, ces dépenses doivent, à notre avis, être amorties sur la période d'utilisation restant à courir pour le bien auquel elles se rapportent. **80518**

Lorsque les dépenses engagées postérieurement à l'acquisition ont pour effet de **prolonger la durée d'utilisation** attendue du bien auquel elles se rapportent, la durée d'amortissement initialement retenue est elle-même modifiée pour tenir compte de cette prolongation. C'est donc sur cette durée résiduelle prolongée que les dépenses d'entretien sont en définitive amorties.

En ce qui concerne le cas où la dépense d'entretien ou de réparation est analysée comme un **remplacement de composant,** voir n°s 80525 s.

DÉPENSES DE REMPLACEMENT D'UN COMPOSANT

Les dépenses de remplacement d'un **composant identifié à l'origine** entraînent obligatoirement l'inscription à l'actif d'un nouveau composant sans qu'il y ait besoin de se demander si elles ont pour effet d'augmenter la valeur ou la durée d'utilisation du bien concerné. En effet, les coûts significatifs de remplacement ou de renouvellement d'un composant ou d'un élément d'immobilisation corporelle doivent être comptabilisés comme l'acquisition d'un actif séparé. Le nouveau composant est inscrit pour une valeur correspondant au coût de remplacement (BOI-BIC-CHG-20-20-10 n° 260). Ce nouveau composant est amorti sur sa durée réelle d'utilisation propre. Cette durée peut, le cas échéant, être limitée à la durée résiduelle d'utilisation de la structure lorsque celle-ci est plus courte. La valeur nette comptable du composant remplacé ou renouvelé est passée en charges. Sa valeur d'origine doit être sortie de l'actif du bilan. Cette règle exclut la possibilité de constituer des **provisions** pour gros entretien destinées à faire face aux dépenses de remplacement (BOI-BIC-CHG-20-10-10 n° 150). **80525**

Sont notamment concernées les dépenses engagées pour la réalisation d'**échanges standard** de pièces maîtresses de gros équipement, les travaux de réfection d'une **toiture** et les dépenses liées au remplacement des **installations techniques** d'un immeuble d'exploitation (ascenseur, électricité, climatisation, plomberie, etc.) lorsque ces éléments ont été inscrits distinctement à l'actif lors de l'acquisition du bien. Sont également visées les dépenses engagées pour le remplacement ou la reconstruction d'**installations sinistrées.** Lorsque les immobilisations sont seulement **endommagées,** les frais de remise en état sont déductibles s'ils n'augmentent pas la valeur de l'actif (CE 4-6-1947 n° 78889 ; BOI-BIC-CHG-60-20-10 n° 1).

80527 L'obligation d'immobiliser les dépenses de remplacement d'un composant s'applique également dans le cas où le bailleur a omis, par erreur, de décomposer le bien à l'origine. Lorsque l'élément qui doit être remplacé constitue un élément significatif du bien concerné (c'est-à-dire qu'il doit faire l'objet de remplacement à intervalles réguliers et a une durée de vie plus courte que celle du bien considéré dans son ensemble) mais n'a **pas été identifié** comme tel **à l'origine,** le bailleur doit procéder à cette identification lors du remplacement. Le bailleur est alors regardé comme procédant à la **correction d'une erreur.** Le nouvel élément est inscrit à l'actif et amorti, en principe, sur la durée d'utilisation qui lui est propre. La valeur nette comptable reconstituée de l'élément d'origine est intégralement déductible du résultat au cours duquel le remplacement est intervenu.

80530 Lorsque le bailleur doit procéder au remplacement d'un élément qui, à l'origine, n'a **pas été comptabilisé** séparément à l'actif **en tant que composant, à juste titre,** au motif qu'il n'était pas prévu de procéder à ce changement avant la fin de l'utilisation du bien considéré dans son ensemble, les critères posés par la jurisprudence pour qualifier l'opération conservent toute leur portée (n° 80505). Conformément à ces critères, les dépenses correspondantes ont le caractère de **charges** d'exploitation lorsqu'elles n'ont pas d'autre objet que de maintenir le bien concerné en état de fonctionnement jusqu'à la fin de sa période normale d'utilisation sans en augmenter la valeur. Le plan d'amortissement fixé à l'origine à raison du bien affecté par les dépenses de remplacement n'a pas à être modifié au moment de la réparation. En revanche, les dépenses engagées doivent être inscrites à l'actif lorsqu'elles prolongent sa durée d'utilisation ou accroissent sa valeur grâce aux améliorations apportées à l'occasion du changement. Dans cette hypothèse, il semble que le bailleur peut prétendre à la constatation d'une sortie partielle d'actif à raison de l'élément remplacé (dans la mesure où le bailleur est en mesure de reconstituer de manière fiable la valeur brute de l'élément remplacé).

DÉPENSES DE GROS ENTRETIEN ET DE GRANDES RÉVISIONS

80535 Les dépenses de gros entretien et de grandes révisions correspondent à des travaux s'inscrivant dans le cadre de projets pluriannuels ayant pour seul **objet** de vérifier le bon état de fonctionnement des installations et d'y apporter un entretien sans prolonger leur durée de vie au-delà de celle prévue initialement et dont l'importance excède celle des opérations courantes d'entretien. Il s'agit par **exemple** des travaux essentiels pour le maintien en état d'un immeuble qui consistent notamment en la remise en état du gros équipement, l'entretien du gros œuvre, la réfection de charpentes et de toiture, le ravalement de la façade.

Au plan comptable, ces dépenses peuvent, au **choix de l'entreprise,** soit donner lieu à la constatation d'une provision pour gros entretien, soit être comptabilisées dès l'origine séparément à l'actif en tant que composant (il s'agit alors de composants dits de « deuxième catégorie »).

CONSEIL

La méthode de comptabilisation par composants des dépenses de gros entretien ou de grandes révisions exclut la constatation de provisions. Les bailleurs n'ont donc pas intérêt à inscrire ces dépenses à leur actif comme des composants mais plutôt à constituer des provisions destinées à y faire face. En effet, la constitution de provisions permet d'**anticiper la déduction des dépenses** en cause (n° 80537) alors que leur comptabilisation en tant que composant, non prise en compte pour la détermination du résultat fiscal, conduit à différer la déduction des dépenses au titre de l'exercice de leur engagement (n° 80536).

80536 **Application de la méthode par composants** En **comptabilité,** les dépenses qui se rapportent à des opérations de gros entretien ou de grandes révisions peuvent être comptabilisées séparément à l'actif en tant que composant qui sera amorti sur la durée séparant deux révisions ou entretiens planifiés. Mais, au **plan fiscal,** ces dépenses ne constituent pas des composants compte tenu de leur définition (CGI ann. II art. 15 bis). En cas d'identification d'un tel composant dans les comptes, les dotations excédentaires constatées doivent être réintégrées au résultat fiscal. L'entreprise doit également procéder à des retraitements extra-comptables lors du remplacement du composant (BOI-BIC-CHG-20-20-20 n° 280).

Constitution de provisions pour gros entretien ou grandes révisions Les dépenses de gros entretien et de grandes révisions qui ne sont pas identifiées comme un composant en comptabilité peuvent donner lieu à une provision déductible des résultats imposables si : 80537

– elles excèdent par leur **nature** et leur **importance** les travaux courants d'entretien ou de réparation et représentent une charge sensiblement supérieure aux montants normalement supportés pour un seul exercice sans pour autant se traduire par une augmentation des valeurs d'actif ;

– elles sont **probables** et **nettement précisées** à la clôture de l'exercice dont elles affectent les résultats. Sont notamment considérés comme probables les travaux dont l'exécution résulte d'une obligation légale, réglementaire ou contractuelle, les travaux, engagés en dehors de toute obligation, lorsqu'ils sont réalisés de manière récurrente et selon des modalités bien définies ainsi que les travaux ayant donné lieu à une délibération du conseil d'administration (ou à une décision spécifique de tout autre organe exécutif de l'entreprise). Selon l'administration, le caractère probable et nettement précisé des dépenses suppose une programmation détaillée des travaux à entreprendre assortie d'une estimation précise de leur coût (BOI-BIC-PROV-30-20-40 n° 140). L'absence de programmation détaillée des travaux à la clôture d'un exercice ne fait toutefois pas obstacle à la déduction de la provision constituée dès lors que les travaux sont nettement précisés et rendus nécessaires par la dégradation de l'état de la propriété et qu'ils ont été réalisés peu de temps après la constitution de la provision (CE 27-7-2005 n°s 259009 et 259678 : RJF 11/05 n° 1157 ; Rép. Grau : AN 22-12-2020 n° 28370) ;

– elles sont effectuées dans un **délai raisonnable,** faute de quoi la provision devient sans objet et doit être rapportée aux bénéfices imposables. Le Conseil d'État a ainsi jugé que, dans l'hypothèse où une entreprise n'établit pas avoir été dans l'impossibilité de réaliser les travaux en vue desquels elle a, plus de 10 ans auparavant, constitué une provision, l'administration peut, à bon droit, estimer que ces travaux n'ont pas été réalisés dans un délai raisonnable et réintégrer à son résultat les provisions correspondantes devenues sans objet (CE 1-2-1978 n° 3490 : RJF 3/78 n° 78). Toutefois, il ne semble pas qu'un retard non justifié dans l'utilisation d'une provision pour travaux puisse suffire à lui seul à justifier sa réintégration s'il est établi par ailleurs que lesdits travaux restent nécessaires.

DÉPENSES D'INSTALLATIONS, D'AGENCEMENTS ET D'AMÉNAGEMENTS

Définition Les dépenses qui ont pour objet la mise en place des installations générales (téléphone, électricité, chauffage, etc.), la réalisation de nouveaux agencements ou encore l'aménagement ou la transformation d'installations existantes ont pour effet, en règle générale, de faire entrer un ou plusieurs **nouveaux éléments** à l'actif du bilan ou d'augmenter la valeur ou la durée de vie des éléments auxquels elles se rapportent. Dès lors, conformément aux critères traditionnels de classement des dépenses fixés par la jurisprudence, elles sont immobilisables et déduites par voie d'amortissement dans les conditions décrites n°s 49380 s. 80545

Lorsque l'entreprise réalise de nouveaux agencements, elle est amenée à s'interroger, lors de leur inscription à l'actif, sur la nécessité de **décomposer** le nouvel agencement en plusieurs éléments principaux. La décision prise par l'entreprise de décomposer ou non le nouvel agencement a une incidence sur le régime de déduction des dépenses d'entretien qui seront engagées ultérieurement sur ce bien (voir n°s 80510 s.).

ILLUSTRATIONS 80548

Les frais d'installation d'**appareils téléphoniques** constituent des dépenses d'immobilisation et non des dépenses d'entretien et ne peuvent par suite être admis dans les charges immédiatement déductibles du bénéfice de l'entreprise.

CE 31-3-1971 n° 73813 : Dupont 1971 p. 223 ; BOI-BIC-CHG-20-10-20 n° 260.

Les sommes investies dans l'acquisition d'**équipements de protection** de locaux professionnels **contre le vol** ne peuvent, en aucune manière, revêtir le caractère de charges déductibles du bénéfice imposable dès lors qu'elles ont pour contrepartie l'entrée de nouveaux éléments dans l'actif immobilisé de l'entreprise.

Rép. Bachelet et Médecin : AN 6-8-1984 p. 3604 n°s 43581 et 45910 ; Rép. Palmero : Sén. 16-8-1984 p. 1295 n° 14853, non reprises dans Bofip.

Les frais de **rénovation** et de **transformation de magasins** concourent à l'augmentation de l'actif et peuvent seulement faire l'objet d'amortissements.

CE 27-10-1982 n° 24741 : RJF 12/82 n° 1094.

L'**aménagement** et la **décoration d'un magasin** ne peuvent faire l'objet que d'un amortissement.
CE 26-10-1983 n° 24899 : RJF 12/83 n° 1478.

Les travaux effectués dans l'ancienne salle de radiologie d'une clinique ne peuvent faire l'objet que d'un amortissement dès lors qu'ils ont consisté en une **transformation de local** ayant le caractère d'une immobilisation et non d'une simple remise en état.
CE 24-7-1970 n° 78878 : Dupont 1970 p. 410 ; BOI-BIC-CHG-20-20-20 n° 90.

Ne constituent pas des dépenses immédiatement déductibles les frais relatifs à la **pose de volets roulants,** à l'aménagement d'un **vestiaire** et à la construction d'un four.
CE 27-11-1970 n°s 70616, 70617 et 73179 : Dupont 1971 p. 76 ; BOI-BIC-CHG-20-10-20 n° 260.

Des travaux qui ont eu pour effet l'**édification de cinq niveaux** de vente dans un magasin n'en comportant précédemment que deux ont été regardés comme une construction amortissable.
CE 1-7-1987 n° 52982 : RJF 10/87 n° 1032.

Les dépenses correspondant à des **travaux de démolition et de reconstruction partielle** d'une aciérie, à la construction d'un plancher dans un bâtiment industriel et à la modification des pentes intérieures d'un silo, qui ont pour objet la réalisation de nouvelles installations ou la prolongation de la durée d'utilisation d'équipements existants, constituent le coût d'acquisition d'éléments de l'actif immobilisé et ne sont donc pas susceptibles d'être déduites au titre des charges d'exploitation.
CAA Nancy 6-3-1996 n°s 93-868 et 93-1013, 2e ch. : RJF 12/96 n° 1395.

Entraînent un accroissement de l'actif immobilisé de l'entreprise, et ne peuvent donc pas être déduits en tant que charges, les **travaux de transformation** d'une ancienne écurie en salle de stockage de vins qui consistent dans la démolition de l'aménagement intérieur du bâtiment et du sol, l'ouverture de portes, la réalisation de plafonds et l'isolation du bâtiment et la mise en place d'une nouvelle installation électrique correspondant à la pose de luminaires sous plancher, de spots encastrés, de luminaires centraux, d'une installation de secours et d'une armoire électrique. Il en est de même des travaux de réfection de la toiture et de ravalement de la façade qui doivent être regardés comme indissociables de l'ensemble de ces travaux.
CAA Bordeaux 16-2-2006 n° 02-729, 4e ch. : RJF 8-9/06 n° 992.

DÉPENSES DE MISE AUX NORMES

80555 Au plan comptable, comme au plan fiscal, doivent être immobilisées les dépenses d'acquisition, de production ou d'amélioration d'**immobilisations corporelles** rendues obligatoires par des dispositions légales ou réglementaires dans le domaine de la **sécurité** ou de l'**environnement** lorsque leur défaut de réalisation entraînerait l'arrêt immédiat ou différé de l'activité ou de l'installation de l'entreprise et non pas l'application de sanctions pécuniaires (PCG art. 212-4 ; BOI-BIC-CHG-20-20-20 n°s 220 s.). À défaut, si la non-réalisation des travaux n'implique pas d'arrêter tout ou partie de la production de l'entreprise, les dépenses correspondantes peuvent être passées en charges à condition qu'elles n'aient pour effet ni d'augmenter la valeur vénale du bien ni d'en augmenter la durée d'utilisation (pour des aménagements mineurs : CE 23-12-2011 n° 327077 : RJF 3/12 n° 223 ; pour des travaux nécessitant une réfection très importante de l'installation électrique existante : CAA Marseille 9-1-2007 n° 04-8 : RJF 10/07 n° 1016).

Les travaux de mise aux normes immobilisés sont **amortis** sur la période correspondant à la durée résiduelle d'amortissement du bien concerné. L'administration indique toutefois que si le bien est complètement amorti, l'immobilisation résultant des travaux de mise aux normes doit être regardée comme un bien autonome susceptible d'être amorti sur une durée d'utilisation propre. Cette durée ne peut toutefois excéder celle de l'immobilisation à laquelle il s'incorpore, arbitrée en fonction de son état au moment de la mise aux normes (BOI-BIC-CHG-20-20-20 n° 250).

> Précisions Le coût des travaux d'**élimination de l'amiante** dans les locaux professionnels est déductible immédiatement en charges dès lors que les opérations de désamiantage ne requièrent pas l'arrêt total de l'activité de l'entreprise en cas de non-engagement de ces dépenses (BOI-BIC-CHG-20-20-20 n° 230).

b. Imposition du bailleur selon les revenus fonciers

DÉPENSES D'ENTRETIEN ET DE RÉPARATION

80570 **Principes** Les dépenses d'entretien et de réparation sont, en principe, déductibles du revenu foncier (CGI art. 31, I-1°-a).

ATTENTION

Les travaux d'entretien et de réparation réalisés **à l'occasion de travaux de reconstruction ou d'agrandissement** (voir n°s 80587 s.) ou de travaux **d'amélioration** non déductibles des revenus fonciers (voir n°s 80580 s.) ne peuvent donner lieu à déduction lorsqu'ils sont indissociables de ces derniers (en ce sens, par exemple, CE (na) 16-5-2018 n° 412660 : RJF 8-9/18 n° 855).

Nature des travaux concernés Par « dépenses d'entretien et de réparation », il faut entendre, d'une manière générale, tous les travaux qui ont pour **objet de maintenir ou de remettre l'immeuble en bon état** et d'en permettre un usage normal sans en modifier la consistance, l'agencement ou l'équipement initial. 80571

Constituent par **exemple** des dépenses d'entretien et de réparation (BOI-RFPI-BASE-20-30-10 n°s 40 s.) :

– la remise en état du gros œuvre (toitures, façades, etc.), les travaux de ravalement, quelle que soit leur fréquence, le crépissage des murs et la réfection des peintures extérieures ;

– la remise en état des canalisations, de l'installation électrique ;

– la remise en état de l'installation de chauffage central (remplacement de chaudière, de canalisations, d'éléments de radiateur, etc.) ;

– la mise en conformité d'un ascenseur ou le remplacement d'un ascenseur vétuste (pour l'installation d'un ascenseur, voir n°s 80583 et 80587) ;

– la remise en état de la climatisation ;

– les opérations de recherche et d'analyse de la nocivité de l'amiante (les travaux d'enlèvement ou destinés à assurer son innocuité sont des dépenses d'amélioration, voir n° 80584) ;

– les dépenses de diagnostics relatifs au risque d'exposition au plomb (les travaux de mise en conformité des canalisations en plomb constituant quant à eux des dépenses d'amélioration, voir Rép. Depierre : AN 20-10-2003 p. 8011 n° 15020), à la sécurité des installations intérieures de gaz et d'électricité ou à l'information des locataires sur les risques naturels et technologiques majeurs ;

– les dépenses de diagnostics de performance énergétique.

Montant déductible La déduction des dépenses de réparation et d'entretien porte non seulement sur le montant des **travaux proprement dits,** quel que soit leur coût, mais aussi sur celui des dépenses connexes comme les **honoraires** versés à l'architecte en contrepartie de l'établissement du devis ainsi que de la direction et de la surveillance des travaux (BOI-RFPI-BASE-20-30-30 n° 110). Les **frais de déplacement** engagés pour la réalisation de travaux d'entretien et de réparation sont déductibles pour leur montant réel en tant que dépenses d'entretien et de réparation (CAA Lyon 25-5-2010 n° 08-786 : RJF 12/10 n° 1172). 80573

Si le bailleur fait appel à des **salariés** pour la surveillance ou l'exécution des travaux de réparation ou d'entretien, les rémunérations correspondantes sont également déductibles. Il peut notamment justifier des dépenses par la production des factures des matériaux et des reçus de cotisations établis par l'Urssaf au vu des bordereaux récapitulatifs de cotisations déposés par l'employeur (BOI-RFPI-BASE-20-30-30 n° 150).

En ce qui concerne les **travaux effectués personnellement par le bailleur,** les sommes correspondant à la valeur du travail ne viennent pas en déduction (CE 22-5-1992 n°s 87731 et 89752 : RJF 7/92 n° 986), mais le prix d'achat des matériaux justifié par des factures est déductible des revenus fonciers (BOI-RFPI-BASE-20-30-30 n° 140).

Cas particuliers des réparations locatives prises en charge par le bailleur Lorsque, au lieu d'être supportées par le locataire auquel elles incombent normalement, les dépenses de réparations locatives (frais de réfection des peintures intérieures notamment) sont prises en charge par le bailleur, elles ne peuvent, selon l'administration, être admises en **déduction** des revenus fonciers que dans les trois cas suivants (BOI-RFPI-BASE-20-30-20 n°s 30 s.) : 80575

1. Elles sont rendues nécessaires par la **vétusté** ou la **force majeure** : frais consécutifs à des travaux affectant le gros œuvre et dont la charge incombe au propriétaire (exemple : travaux de peinture effectués à la suite de la remise en état des conduits de fumée ou consécutifs à des désordres de la plomberie) ; travaux de réparation faisant suite à un cataclysme naturel (inondation, gelée, etc.). Il en est de même des dépenses occasionnées par un vice de construction ou une malfaçon.

2. Les dépenses sont engagées, avant l'installation d'un locataire, en vue de **faciliter la location.** Dans ce cas, la déduction est subordonnée à la condition que la location puisse être considérée comme normale, compte tenu notamment des rapports personnels, familiaux ou d'intérêts existant entre les parties (voir n°s 49260 s.) et que les dépenses en cause se rattachent directement à la location (CAA Paris 10-10-1996 n° 95-744 : RJF 8-9/97 n° 796).

3. Les dépenses supportées pour le compte du locataire par le propriétaire ne lui ont **pas été remboursées au 31 décembre de l'année du départ du locataire.**

DÉPENSES D'AMÉLIORATION

Principes Les dépenses d'amélioration ont pour **objet** d'apporter à un immeuble un équipement ou un élément de confort nouveau ou mieux adapté aux conditions modernes de 80580 vie sans modifier cependant la structure de cet immeuble (BOI-RFPI-BASE-20-30-10 n° 70). De telles dépenses, lorsqu'elles portent sur des **locaux professionnels ou commerciaux,** ne sont **pas déductibles sauf** lorsqu'elles sont destinées à faciliter l'accueil des personnes handicapées ou à protéger ces locaux de l'effet de l'amiante et qu'elles ne correspondent pas à des travaux de construction, de reconstruction ou d'agrandissement (CGI art. 31, I-1°-b bis).

80583 **Dépenses destinées à faciliter l'accueil des personnes handicapées** Les dépenses dont la déduction est admise à ce titre s'entendent des dépenses de **travaux d'accessibilité ou d'aménagement interne,** tels que l'aménagement de bateaux pour franchir les trottoirs, la construction de rampes, la suppression de marches ou de seuils, l'amélioration des revêtements de sol, l'installation d'un ascenseur ou d'autres appareils permettant le transport de personnes handicapées, la modification des volets et fenêtres ou de la robinetterie et des divers systèmes de commande des installations électriques et autres (BOI-RFPI-BASE-20-30-20 n° 150).

La notion d'accueil des personnes handicapées doit être entendue au sens large. Elle s'applique aussi bien à la **présence continue** de personnes handicapées (salariés, etc.) qu'à l'accueil **temporaire** de ces personnes (visiteurs, clients, etc.).

80584 **Dépenses de désamiantage** Ces dépenses admises en déduction s'entendent de l'ensemble des travaux d'enlèvement de l'amiante ou des matériaux contenant de l'amiante (flocage, calorifugeage ou faux plafonds) ou destinés à assurer son innocuité (confinement des matériaux contenant de l'amiante par fixation ou encoffrement) (BOI-RFPI-BASE-20-30-20 n° 160).

DÉPENSES DE CONSTRUCTION, RECONSTRUCTION ET AGRANDISSEMENT

80587 **Principes** Alors même qu'elles seraient rendues nécessaires par la modernisation d'un immeuble ancien, les dépenses de construction, de reconstruction et d'agrandissement ne peuvent pas être déduites pour la détermination du revenu net foncier (BOI-RFPI-BASE-20-30-20 n° 190).

Les dépenses de reconstruction dont la déduction du revenu foncier est exclue expressément par l'article 31 du CGI ne sont pas davantage déductibles sur le fondement de l'article 13 du CGI ; même exposées dans le but de pérenniser le bail avec le locataire, elles ne constituent pas des dépenses exposées en vue de l'acquisition ou la conservation d'un revenu (CAA Douai 17-11-2009 n° 08-473 : RJF 4/10 n° 361 ; CE (na) 30-12-2010 n° 335628 : RJF 5/11 n° 585).

Cette exclusion vise les travaux de construction proprement dits, mais également les **équipements** installés à cette occasion (par exemple, un ascenseur).

ATTENTION

L'administration refuse la déduction d'**équipements** qui sont **réalisés postérieurement à la construction ou à la reconstruction** d'un immeuble lorsqu'il apparaît que ces dépenses font partie, en réalité, du coût de réalisation du nouvel immeuble (BOI-RFPI-BASE-20-30-20 n° 250).

80590 **Nature des travaux concernés** Les opérations de construction ou de reconstruction s'entendent de travaux comportant soit la **démolition** complète d'un immeuble suivie de sa **reconstruction,** soit des **modifications importantes apportées au gros œuvre** de locaux existants. Des travaux de réparation effectués dans le cadre d'une restructuration d'immeuble (transformation d'un immeuble à usage industriel en immeuble de bureaux) sont **indissociables** des opérations de démolition et de reconstruction et ne sont donc pas déductibles (CE 27-1-2010 n° 299250 : RJF 4/10 n° 358).

Sont considérés comme des travaux d'agrandissement ceux qui ont pour effet d'**accroître le volume ou la surface** de locaux existants.

2. TVA

80620 Lorsque le bailleur est imposé à la TVA de plein droit ou sur option, il peut **déduire** de la taxe dont il est redevable au titre des loyers la taxe ayant grevé les travaux de grosses réparations ou d'amélioration ou les agencements commerciaux lorsqu'il en supporte la charge, c'est-à-dire lorsque ces travaux lui sont facturés et sont réglés par lui à l'entrepreneur.

Le bailleur peut, si le bail le lui permet, facturer ensuite au locataire un **complément de loyer** taxable, correspondant au montant de ces travaux. De son côté, le locataire pourra déduire, dans les conditions de droit commun, la taxe acquittée et facturée par le bailleur sur le supplément de loyer correspondant aux travaux.

Lorsque les **travaux** en cause sont financés directement et définitivement **par le locataire,** le bailleur n'est pas tenu d'en comprendre le montant dans sa base d'imposition bien qu'ils lui incombent normalement et bien que, de ce fait, le coût pris en charge par le preneur s'analyse en un complément de loyer (BOI-TVA-DED-40-30 n° 60).

3. TAXE POUR CRÉATION DE BUREAUX EN ÎLE-DE-FRANCE

Codifiée aux articles L 520-1 et suivants et R 520-1 et suivants du Code de l'urbanisme, la taxe est **exigible** : **80640**

- sur la **construction,** la reconstruction ou l'agrandissement, en région Île-de-France, de locaux à usage de bureaux, de locaux commerciaux et de locaux de stockage (C. urb. art. L 520-1) ;
- sur l'**affectation** à de tels usages de locaux précédemment affectés à un autre usage (C. urb. art. L 520-2), y compris lorsque le changement d'affectation est réalisé sans travaux (C. urb. art. R 520-2).

Sont notamment **exonérés** de la taxe :

- les locaux situés dans les zones franches urbaines-territoires entrepreneurs (C. urb. art. L 520-6) ;
- les locaux utilisés par des associations reconnues d'utilité publique (C. urb. art. L 520-6) ;
- les reconstructions pour une superficie équivalente de locaux détruits par sinistre ou expropriés pour cause d'utilité publique (C. urb. art. L 520-13).

La taxe est **due** par le propriétaire des locaux ou par le titulaire d'un droit réel (usufruitier, preneur à bail à construction, emphytéote, titulaire d'une autorisation d'occupation temporaire du domaine public) portant sur les locaux à la date du **fait générateur.** Celui-ci est constitué, pour les **opérations soumises à autorisation d'urbanisme,** par la date de délivrance (expresse ou tacite) de l'autorisation de construire ou d'aménager. **80641**

En cas de constructions ou d'aménagements **sans autorisation** ou en infraction aux obligations résultant de l'autorisation de construire ou d'aménager, le fait générateur est constitué par l'établissement du procès-verbal constatant l'achèvement des constructions ou des aménagements. Pour les seules opérations qui ne sont **pas soumises à un régime d'autorisation,** le fait générateur est le début des travaux ou le changement d'affectation (C. urb. art. L 520-4 et R 520-3).

La taxe est **calculée** sur la **surface de construction** telle que retenue pour l'assiette de la taxe d'aménagement (CGI art. 1635 quater H s.). **80645**

Elle est égale au produit de la superficie des locaux par un **tarif** au mètre carré qui varie selon la nature des locaux et leur situation au regard de ses différentes zones géographiques d'application. La zone 1 correspond à Paris et au département des Hauts-de-Seine, la zone 2 aux communes de la métropole du Grand Paris (autres que les communes de la zone 1), la zone 3 aux communes de l'unité urbaine de Paris telle que délimitée par l'arrêté EFIE1238702A du 31 décembre 2012 modifié en dernier lieu par l'arrêté ECOE2429677A du 28 novembre 2024 (autres que les communes des zones 1 et 2) et la zone 4 aux autres communes de la région Île-de-France.

Les tarifs au **1er janvier 2025** sont les suivants (Arrêté LRUL2432033A du 18-12-2024) :

- pour les locaux à usage de **bureaux** : 463,96 € en zone 1 ; 104,42 € en zone 2 ; 58,03 € en zone 3 et 0 € en zone 4 ;
- pour les **locaux commerciaux** : 149,67 € en zone 1 ; 92,84 € en zone 2 ; 37,16 € en zone 3 et 0 € en zone 4 ;
- pour les **locaux de stockage** : 16,28 € dans chacune des quatre zones.

Les tarifs sont **actualisés** au 1er janvier de chaque année en fonction de la prévision de l'indice des prix à la consommation hors tabac retenue dans le projet de loi de finances et comportent deux **dérogations tarifaires** pour les communes de la zone 1 :

- les communes éligibles à la fois, au titre de l'année précédant celle de l'imposition, à la dotation de solidarité urbaine (DSU) et au bénéfice du fonds de solidarité des communes de la région d'Île-de-France (FSRIF) sont classées dans la zone 2 ;
- les communes perdant leur éligibilité à la DSU ou au bénéfice du FSRIF bénéficient, au titre de l'année suivant cette perte d'éligibilité et pendant les deux années suivantes, d'un abattement dégressif respectivement des trois quarts, de la moitié et du quart de l'augmentation du tarif de la taxe due à cette perte d'éligibilité. L'augmentation du tarif de la taxe est égale à la différence entre le tarif applicable après la perte d'éligibilité et le tarif de la zone 2.

Le **montant** de la taxe est **plafonné** à 30 % de la part du coût de l'opération imputable à l'acquisition et à l'aménagement de la surface de construction (C. urb. art. L 520-9). Cette part comprend les coûts hors taxe suivants : coût d'acquisition du terrain d'assiette, coûts d'aménagement du terrain permettant d'obtenir un terrain constructible, coûts de démolition totale ou partielle de l'immeuble bâti (C. urb. art. R 520-8).

B. Travaux effectués par le locataire

1. RÉGIME DE DÉDUCTION SELON LES BÉNÉFICES INDUSTRIELS ET COMMERCIAUX

DÉPENSES D'ENTRETIEN ET DE RÉPARATION

80680 **Dépenses courantes d'entretien et de réparation** Les dépenses courantes supportées par le locataire et afférentes au local commercial pris à bail constituent en principe des charges déductibles de l'exercice au cours duquel elles sont engagées dès lors qu'elles sont exposées pour les besoins et dans l'intérêt de l'exploitation. Ainsi constituent des dépenses d'entretien locatives déductibles du bénéfice du locataire les dépenses de **remplacement des casiers et d'une moquette** usagée garnissant un magasin pris en location sans apporter d'amélioration (CE 13-5-1991 n° 74729 : RJF 7/91 n° 1006).

Ces dépenses qui constituent une charge normale d'exploitation de l'exercice au cours duquel elles sont engagées ne peuvent pas faire l'objet d'une **provision.**

80683 **Dépenses de grosses réparations** Les grosses réparations relatives aux immeubles sont en principe à la charge du propriétaire (sur la définition des dépenses de grosses réparations : voir n° 80535). Lorsqu'elles sont supportées par le locataire, elles sont admises en déduction si elles sont engagées dans l'intérêt de l'exploitation et si leur **montant,** ajouté à celui du loyer et des autres frais incombant au locataire, n'est pas excessif par rapport à la valeur locative réelle de l'immeuble. Il n'est pas exigé que la prise en charge de ces dépenses par le locataire résulte d'une convention écrite (CE 12-2-1964 n° 54607 ; BOI-BIC-CHG-40-20-10 n° 130).

Le locataire peut constituer une **provision** pour grosses réparations dans les mêmes conditions que le bailleur (voir n° 80537).

CONSTRUCTIONS ET AMÉNAGEMENTS SUR SOL D'AUTRUI

80690 **Inscription à l'actif** Les travaux effectués sur des immeubles appartenant à autrui qui, par leur importance, excèdent les simples dépenses d'entretien ou de réparation ne constituent pas des charges déductibles mais doivent être inscrites à l'actif du bilan du locataire parmi les **immobilisations corporelles.** Le caractère immobilisable de ces travaux est déterminé par l'application des critères de classement des dépenses entre charges et immobilisations fixés à propos des travaux réalisés directement par le propriétaire (voir n° 80510).

Les dépenses qualifiées de « constructions et aménagements sur sol d'autrui » sont celles dont l'objet ne se limite pas à maintenir les éléments existants en état d'usage et de fonctionnement jusqu'au terme de leur période d'utilisation mais qui, au contraire, se traduisent soit par l'apparition d'un **nouvel élément à l'actif** du locataire, soit par une **augmentation de la valeur** des éléments existants, ou encore par la **prolongation de leur durée d'utilisation.** Sont notamment concernées les dépenses suivantes :

- l'installation ou l'aménagement de nouveaux **agencements** dans l'immeuble loué comme, par exemple, l'installation de bureaux, placards, cloisons supplémentaires, la réalisation de nouveaux sanitaires ou encore l'installation du chauffage central ;
- le **remplacement** d'éléments faisant partie intégrante de l'immeuble comme, par exemple, la toiture ou les installations techniques diverses (remplacement de l'installation électrique, de la chaudière, etc.) ;
- les travaux de **surélévation** de l'immeuble ;
- l'édification d'une **nouvelle construction** sur le terrain loué.

La jurisprudence a notamment qualifié de constructions sur sol d'autrui la réfection d'une charpente et d'une toiture ainsi que la consolidation des éléments de soutien d'un immeuble (CE 4-11-1987 n° 42264 : RJF 12/87 n° 1202), ou encore la reconstruction d'un mur et la pose de canalisations souterraines (CE 24-7-1987 n° 47321 : RJF 11/87 n° 1084).

80693 L'entreprise locataire qui effectue les travaux ne peut pas déduire immédiatement les dépenses correspondantes. Elle doit les inscrire à l'actif en respectant la **méthode** de comptabilisation des actifs **par composants** (voir n° 49380) et les amortir sur leur durée d'utilisation. L'inscription à l'actif et l'amortissement des constructions et aménagements supposent que ces dépenses s'inscrivent dans le cadre d'une **gestion commerciale normale** (BOI-BIC-AMT-20-40-30 n° 10). L'intérêt du locataire peut être établi même si le bail contient une clause selon laquelle les aménagements réalisés reviendront gratuitement au bailleur en fin de bail. Il convient alors que les travaux soient utiles à l'exploitation de l'entreprise locataire et que leur coût ne soit pas disproportionné par rapport aux avantages qu'elle peut en attendre compte tenu de la durée de la location. Leur prise en charge par le locataire peut notamment se justifier par l'existence d'un loyer modéré.

Durée d'amortissement L'article 39 D du CGI prévoit que l'amortissement des constructions et aménagements sur sol d'autrui doit être réparti sur la **durée normale d'utilisation** de chaque élément. En application de la méthode de comptabilisation par composants à laquelle l'entreprise est tenue de se conformer, la durée d'amortissement d'un actif est fixée d'après sa **durée réelle d'utilisation** attendue par l'entreprise. Cette règle doit conduire l'entreprise locataire à amortir les constructions et aménagements sur leur durée réelle d'utilisation correspondant, à notre avis, à la durée la plus courte entre la durée du bail et la durée de vie de l'ouvrage. **80695**

Au plan fiscal, l'**administration** considère que ces éléments doivent être amortis sur leur durée normale d'utilisation, y compris si la durée du bail est inférieure (BOI-BIC-AMT-20-40-30 n° 20). Cette solution devrait s'appliquer tant pour l'amortissement des composants que pour celui de la structure d'une nouvelle construction édifiée sur le sol appartenant au bailleur. Il résulte de la position de l'administration que, dans l'hypothèse où la durée d'amortissement retenue au plan fiscal est plus longue que la durée du bail restant à courir, la fraction de l'amortissement comptable qui excède l'amortissement fiscalement déductible doit être réintégrée extra-comptablement. La fraction non déduite devrait être admise en déduction lors de la cession du bien (BOI-BIC-AMT-10-40-10 n° 40). Lorsque la durée de l'amortissement fiscal est plus courte que la durée du bail, le complément d'amortissement est comptabilisé par voie de provision pour amortissement dérogatoire.

DÉPENSES DE REMISE EN ÉTAT OU DE RENOUVELLEMENT

Remise en état des matériels Les dépenses de remplacement des matériels et mobiliers loués qui incombent au locataire **en vertu du contrat de location** sont déductibles de l'exercice au cours duquel elles sont exposées si elles sont engagées pour les besoins et dans l'intérêt de l'exploitation. En effet, les matériels et mobiliers acquis en remplacement ne deviennent pas la propriété du locataire et ne peuvent dès lors être inscrits à son actif et faire l'objet d'un amortissement. Ainsi, une société qui a pris en location une **usine munie de son matériel,** à charge de rendre les objets loués à la fin du bail en bon état d'entretien et de marche, peut comprendre dans ses frais généraux les charges qu'elle supporte pour satisfaire à ses obligations de locataire et déduire, en conséquence, de ses bénéfices imposables de chaque exercice la somme dépensée au cours de cet exercice en achat de matériel de remplacement ou d'appoint nécessaire au bon fonctionnement de l'usine (CE 20-10-1941 n° 59840). **80705**

L'entreprise locataire peut constituer des provisions en vue de faire face à ces dépenses de remise en état ultérieures dès lors que les événements en cours à la clôture de l'exercice rendent probable l'engagement de telles dépenses.

Provision pour renouvellement des matériels L'entreprise locataire qui doit faire face à une obligation contractuelle de renouvellement des **biens amortissables** qu'elle doit restituer en fin de contrat au bailleur (lorsque cette obligation excède la simple remise en état) peut constituer des provisions en vue de faire face ultérieurement à ces frais de renouvellement. Ces provisions sont déductibles sous la **triple condition** (CGI art. 39, 1-5° al. 27 à 31 ; BOI-BIC-PROV-30-30-20-10 n°s 250 s.) : **80707**

– que la charge de renouvellement n'ait pas pour contrepartie un accroissement d'actif : condition remplie en ce qui concerne les installations que le locataire doit remettre en bon état en fin de contrat sans qu'une indemnité soit prévue à son profit ;

– que les dépenses soient par nature susceptibles d'amortissement ;

– que les dépenses soient prévisibles avec une certitude suffisante à la clôture de l'exercice : condition considérée comme remplie lorsque l'entreprise établit un plan de renouvellement et s'y conforme (TA Nîmes 2-6-2016 n° 1403331 : RJF 12/16 n° 1063).

Le **calcul de la provision** doit être effectué avec une approximation suffisante, en fonction des données disponibles à la clôture de l'exercice. S'agissant des provisions constituées en vue de faire face à l'obligation de renouveler un bien, l'entreprise doit être en mesure d'individualiser l'élément d'actif concerné et d'évaluer avec une approximation suffisante le montant de la charge de renouvellement correspondante, lequel ne saurait être regardé comme évalué avec l'approximation suffisante requise par la simple application de pourcentages forfaitaires à la valeur d'origine des biens à renouveler (BOI-BIC-PROV-30-30-20-10 n°s 360 et 370).

80710 La provision pour renouvellement est **déduite** selon des **modalités progressives,** sur la durée réelle d'utilisation du bien à renouveler prévue par le plan de renouvellement. Les dotations comptabilisées après l'expiration de ce plan ne sont donc pas déductibles (BOI-BIC-PROV-30-30-20-20 n° 1). La provision constituée est déductible à hauteur de la différence entre le coût estimé de remplacement du bien à la clôture de l'exercice et son prix de revient initial affecté d'un coefficient progressif. Ce coefficient est égal au quotient du nombre d'années d'utilisation du bien depuis sa mise en service sur sa durée totale d'utilisation. La durée d'utilisation est, selon l'administration, exprimée en nombre de mois. Pour le premier exercice d'utilisation, elle court du premier jour du mois au cours duquel le bien a été mis en service jusqu'au dernier jour du mois au cours duquel l'exercice est clos (BOI-BIC-PROV-30-30-20-20 nos 10 et 30).

INTÉRÊTS DES EMPRUNTS CONTRACTÉS POUR FINANCER DES TRAVAUX

80715 Les intérêts des emprunts contractés par le locataire pour le financement des travaux sur le local pris à bail sont déductibles de ses résultats imposables dès lors que la dette a été contractée pour les besoins ou dans **l'intérêt de l'entreprise.** La nécessité qu'une dette soit contractée pour les besoins de l'exploitation résulte du principe général suivant lequel les frais et charges de toute nature ne sont déductibles des bénéfices imposables que s'ils se rattachent à la gestion normale de l'entreprise. L'appréciation de la gestion commerciale normale résulte notamment du caractère utile des travaux (meilleure adaptation des immeubles aux besoins de l'exploitation), du montant du loyer et de la durée du bail restant à courir (en ce sens, voir CE 10-7-1981 n° 12864 : RJF 10/81 n° 847 ; CE 25-4-1990 n° 57386 : RJF 6/90 n° 662).

La déduction des intérêts est subordonnée à l'inscription de la dette au **passif du bilan** du locataire.

2. TVA

80740 Le locataire peut déduire dans les conditions de droit commun la TVA ayant grevé les **réparations locatives** qu'il prend en charge.

Quand il procède à des **agencements commerciaux,** il doit se les livrer à lui-même. La taxe ayant grevé l'opération est intégralement déductible ; la taxe due sur la livraison à soi-même est déductible dans les conditions de droit commun.

Le locataire qui a la charge de travaux de **grosses réparations** ou d'**amélioration** (que cette charge soit ou non prévue au contrat), qui lui sont facturés directement par l'entrepreneur et qu'il règle directement à celui-ci, peut déduire la taxe correspondante, bien qu'il ne soit pas propriétaire de l'immeuble dans lequel s'incorporent ces travaux. Ce droit à déduction est directement reconnu au locataire et peut s'exercer même si le bailleur n'est pas redevable de la TVA à raison des loyers qu'il perçoit (BOI-TVA-DED-40-30 n° 60).

Le locataire qui fait édifier un immeuble (**constructions nouvelles** ou additions de constructions) sur le terrain pris à bail peut opérer la déduction de la taxe afférente à la construction, sous réserve des limitations, exclusions et obligations de droit commun (BOI-TVA-DED-40-30 n° 50).

3. CAS PARTICULIERS : TRAVAUX INCOMBANT AU BAILLEUR ET INDEMNITÉ DE DÉMOLITION VERSÉE AU BAILLEUR

RÉPARATIONS INCOMBANT AU BAILLEUR DONT LE PAIEMENT EST MIS À LA CHARGE DU LOCATAIRE

80770 Le régime fiscal des dépenses de réparation incombant au bailleur et mises à la charge du locataire est étudié au n° 49305.

INDEMNITÉ DE DÉMOLITION VERSÉE AU BAILLEUR

80775 **Situation du bailleur** Le preneur d'un bail commercial peut être conduit à démolir une partie des locaux loués pour satisfaire aux besoins de son exploitation moyennant le versement d'une indemnité au bailleur.

Lorsque cette indemnité est destinée à dédommager le bailleur d'une **dépréciation** de la valeur des locaux, elle n'est pas imposable, pour autant que cette dépréciation soit réelle et sous réserve des circonstances particulières susceptibles de motiver ce versement. Cette solution qui concerne un bailleur imposable dans la catégorie des **revenus fonciers** fait application des règles dégagées par le Conseil d'État (CE 24-2-1978 n° 97347 : voir n° 50525). Dans une affaire rendue en matière de bail à construction, mais dont la solution est transposable selon nous à un bail commercial, le Conseil d'État pose le principe que la démolition d'un immeuble, lorsqu'elle est dissociable de la reconstruction, entraîne une perte en capital que l'indemnité de démolition vient compenser ; pour apporter la preuve du caractère dissociable des opérations, le contribuable doit démontrer que l'immeuble n'était pas initialement destiné à la démolition mais à être exploité (CE 23-1-2002 n° 221530 : RJF 4/02 n° 398).

L'indemnité de démolition de bâtiments anciens versée par le locataire constitue un droit d'entrée imposable chez le bailleur en tant que revenus fonciers, en l'**absence de dépréciation** du bien loué, compte tenu des circonstances de l'espèce (CAA Douai 23-3-2000 n° 96-2077 : RJF 11/00 n° 1277). Dans cette affaire, la cour administrative d'appel de Douai a considéré que l'absence de dépréciation du bien résultait de la faible valeur des bâtiments démolis, et de leur remplacement par d'autres bâtiments de qualité et de valeur équivalentes construits par le preneur et destinés à revenir au bailleur en fin de bail.

Lorsque le bailleur est imposable dans la catégorie des **bénéfices industriels et commerciaux,** les sommes perçues à titre de droits d'entrée constituent, le plus souvent, des suppléments de loyer imposables et, à défaut, la cession d'un élément de l'actif commercial.

Sur les conséquences de la qualification de l'indemnité sur l'imposition du bailleur : voir n° 50530 s.

Situation du locataire L'indemnité de démolition versée par le locataire au bailleur peut être qualifiée de **charges déductibles** ou d'éléments du coût de revient d'un **élément incorporel de l'actif immobilisé** selon que le montant du loyer est considéré comme normal ou anormal (voir nos 50600 s.). **80778**

C. Incidences des travaux sur la valeur locative

AUGMENTATION DES LOYERS

Une majoration des loyers n'ouvre droit à une déduction des résultats du locataire que si ce loyer majoré peut être considéré comme normal. Sur l'exigence d'un loyer normal : voir nos 49710 s. **80800**

TAXE FONCIÈRE

La taxe foncière est établie au nom du propriétaire (CGI art. 1400). Celui-ci est en principe seul redevable de la taxe vis-à-vis du Trésor, même si le bien est donné en location. **80805**

Travaux effectués dans les locaux Lorsque des travaux d'aménagement sont réalisés dans un local après achèvement de sa construction et que ces travaux ne constituent pas de simples frais d'entretien pouvant être comptabilisés dans les charges de l'entreprise, ils figurent en **immobilisation** à l'actif du bilan de celui qui les a réalisés (propriétaire ou locataire). Ces travaux sont susceptibles d'affecter le calcul de la valeur locative servant de base à la taxe foncière, selon qu'ils modifient ou non les caractéristiques du local. **80807**

Les travaux qui ont pour effet de **modifier les caractéristiques physiques** du local effectués soit par le propriétaire, soit en dehors de ses obligations contractuelles par le locataire d'un local commercial et destinés à revenir gratuitement au propriétaire à l'expiration du bail sont pris en compte pour le calcul de la valeur locative servant de base à la taxe foncière. Tel est le cas, notamment, des travaux qui correspondent à l'adjonction d'équipements nouveaux (chauffage, ascenseur, etc.), à la rénovation du gros œuvre (portes, fenêtres, carrelage, vitrerie, etc.) ou affectent la structure interne du local (suppression ou élévation de cloisons, etc.). Les travaux qui **ne modifient pas les caractéristiques physiques** du local ne sont pas retenus dans les bases de la taxe foncière (BOI-IF-TFB-20-10-30-30 n° 90).

Constructions sur sol d'autrui En application des dispositions de l'article 555 du Code civil, l'**accession à la propriété** des biens construits par un tiers sur le terrain que lui loue son propriétaire ne peut avoir lieu qu'à l'**expiration du bail** conclu avec ce tiers, sauf **stipulations contraires** des parties. Par suite, le locataire demeure propriétaire, pendant la durée de la location, des constructions qu'il a édifiées sur le terrain du bailleur (CE 24-2-2017 n° 387972 : RJF 5/17 n° 439 ; CE 10-7-2017 n° 407733 : RJF 11/17 n° 1053). Comme tel, il est donc redevable de la taxe foncière afférente à ces constructions. **80810**

L'administration considère pour sa part que le locataire est propriétaire de la construction qu'il a fait édifier sur sol d'autrui si celle-ci doit revenir au bailleur **contre indemnité** ou si elle doit être enlevée à l'expiration du bail. En cas de clause de **retour gratuit,** au contraire, c'est le propriétaire du sol qui a la propriété de la construction dès l'achèvement de celle-ci. Ainsi, la personne imposable à la taxe foncière est soit le locataire dans le premier cas, soit le bailleur dans le second cas (BOI-IF-TFB-10-20-10 nos 150 s.). Toutefois, compte tenu des décisions du Conseil d'État précitées, cette interprétation semble désormais privée de portée.

Le propriétaire du sol demeure, en revanche, seul redevable de la taxe foncière due sur la valeur du terrain.

COTISATION FONCIÈRE DES ENTREPRISES

80815 La cotisation foncière des entreprises (CFE) est due par le locataire qui dispose du bien pour les besoins de son activité professionnelle (nº 20070).

80817 **Travaux effectués dans les locaux** Les travaux réalisés dans les locaux par le propriétaire ou le locataire sont susceptibles d'être pris en compte pour le calcul de la valeur locative servant de base à la CFE dans les mêmes conditions qu'en matière de taxe foncière : voir nº 80807.

80820 **Constructions sur sol d'autrui** Lorsque le locataire édifie une construction sur sol d'autrui, il est imposable à la CFE à la fois sur la valeur locative du sol et sur celle de sa construction, puisqu'il a l'ensemble à sa disposition pour l'exercice de son activité professionnelle. Il en est ainsi quel que soit le sort réservé à la construction en fin de bail : **retour gratuit** ou **retour contre indemnité** au bailleur, ou **démolition.**

II. SORT DES TRAVAUX ET AMÉLIORATIONS EN FIN DE BAIL

1. TRANSFERT AU BAILLEUR SANS INDEMNITÉ

a. Conséquences pour le locataire

80850 À l'expiration du bail, les aménagements effectués par l'entreprise locataire sont, en principe, transférés au bailleur. C'est le cas en fin de période de location ou lorsque, à l'occasion de la conclusion d'un **nouveau bail** portant sur la totalité de l'immeuble (constructions comprises), les éléments ajoutés par l'entreprise doivent être considérés comme ayant fait retour au bailleur (CE 26-7-1985 nº 42742 : RJF 11/85 nº 1408).

Tel n'est pas le cas si le contrat prévoit expressément que les travaux d'aménagement ne deviendront la propriété du bailleur qu'en cas de **perte de jouissance des lieux occupés** (CE 28-6-1978 nº 6558 : RJF 10/78 nº 399) ou si le bail est **reconduit dans les mêmes conditions,** c'est-à-dire sans tenir compte des aménagements réalisés par le locataire (CE 10-10-1966 nº 62282 : BOCD 1966-II-3559). De même lorsque le **bail est reconduit tacitement,** il est réputé se poursuivre dans les mêmes conditions et les constructions doivent continuer à figurer au bilan de l'entreprise locataire jusqu'à la conclusion d'un nouveau contrat de bail (CE 2-10-1985 nº 45818 : RJF 11/85 nº 1409).

80860 Le retour gratuit au bailleur, en fin de bail, des constructions et aménagements sur les locaux loués entraîne leur sortie du bilan de l'entreprise locataire mais reste sans conséquence sur son résultat imposable dès lors que leur plan d'amortissement a été échelonné sur une **durée n'excédant pas celle du contrat de bail** (voir nº 80695).

En revanche, lorsque les aménagements réalisés par l'entreprise locataire ont été amortis sur une **durée supérieure à celle du contrat de bail,** la valeur résiduelle des installations transférées au propriétaire est normalement déductible du résultat imposable du locataire sous réserve que le retour gratuit ne constitue pas un acte anormal de gestion. Ainsi, un contribuable contraint d'abandonner les agencements effectués dans un local pris à bail dont il est expulsé est en droit de déduire une perte correspondant à la valeur comptable résiduelle desdits agencements (CAA Bordeaux 13-10-1998 nº 96-7, 3ᵉ ch. : RJF 4/99 nº 381).

ATTENTION

Le retour gratuit constitue un **acte anormal de gestion** s'il s'avère que le coût des constructions transférées gratuitement est disproportionné par rapport à la valeur des services rendus sous forme de mise à disposition des sols pendant la durée du bail, ou s'il existe une étroite communauté d'intérêts entre le bailleur et le preneur (BOI-BIC-AMT-20-40-30 nº 40).

b. Conséquences pour le bailleur

IMPOSITION DANS LA CATÉGORIE DES REVENUS FONCIERS

80870 Lorsque le bail prévoit, par une **clause expresse,** la faculté ou l'obligation pour le locataire d'effectuer des travaux de construction ou d'aménagement qui doivent revenir gratuitement au propriétaire en fin de bail, le profit correspondant est imposé dans la catégorie des revenus fonciers au nom du propriétaire. À défaut d'une telle clause, la valeur des aménagements réalisés par le locataire ne présente pas le caractère d'un revenu imposable (CE 15-1-1975 n° 90302 : RJF 3/75 n° 119).

> **Précisions** Les dépenses de **travaux** qu'un **locataire assume volontairement,** sans y être contraint par les clauses du bail (cas notamment des travaux d'amélioration qu'il fait exécuter pour des raisons de convenance personnelle), ne constituent pas un élément du revenu du propriétaire, même si celui-ci a donné son assentiment préalable à l'exécution des travaux.

Date de l'imposition Le supplément de loyer résultant de la remise gratuite de la construction édifiée par le locataire est imposable au titre de l'année où le bailleur en a la disposition. **80873**

Il s'agit, en **règle générale,** de l'année d'expiration ou de résiliation du bail. Cela étant, si le contrat stipule expressément l'accession immédiate du bailleur à la propriété des travaux effectués par le locataire, l'avantage résultant de la réalisation de ces travaux est immédiatement imposable (CE plén. 6-1-1993 n° 63844 : RJF 3/93 n° 363).

Lorsqu'une clause du bail prévoit que la location ne peut prendre fin que le 31 décembre d'une année N, le bailleur ne recouvre la libre disposition des locaux que le 1er janvier de l'année suivante : il n'est donc imposable sur la valeur des constructions qu'au titre de l'année N + 1 (CAA Lyon 20-1-1999 n° 95-21669, 2e ch. : RJF 5/99 n° 567).

En cas de **renouvellement du bail** initialement conclu par les parties, les travaux d'aménagement réalisés au cours de la période couverte par le contrat initial sont imposables au titre de l'année d'expiration de cette première période, bien que le contrat soit prorogé.

Toutefois, dans le cas où le bail est renouvelé par **tacite prolongation** (anciennement tacite reconduction), l'imposition intervient au moment où le bail n'est plus renouvelé tacitement (Rép. Cabé : AN 14-1-1985 p. 150 n° 52909, non reprise dans Bofip). Dans cette situation, la date de l'imposition fait débat lorsqu'un **nouveau bail avec effet rétroactif** est conclu entre les parties. Selon la cour administrative d'appel de Paris, il s'agit de la date de conclusion du nouveau bail, les dispositions rétroactives de celui-ci n'ayant pas d'incidence (CAA Paris 10-2-1994 n° 92-1190, 2e ch. : RJF 5/94 n° 553, solution approuvée par le Conseil d'État : CE CAPC 6-2-1995 n° 157674 : RJF 4/95 n° 477). La cour administrative d'appel de Bordeaux a, au contraire, considéré qu'il fallait retenir la date de prise d'effet du nouveau bail (CAA Bordeaux 29-3-2007 n° 04-2168, 4e ch. : RJF 10/07 inf. n° 1053).

En cas de **retour anticipé des constructions** dans le patrimoine du propriétaire, l'avantage en nature correspondant est imposé au titre de l'année au cours de laquelle cette opération est réalisée (BOI-RFPI-BASE-10-30 n° 20).

Base de l'imposition L'**avantage en nature** à comprendre dans les recettes brutes **est égal** en principe à la valeur vénale des constructions transférées au bailleur, c'est-à-dire à leur valeur marchande réelle, ou en cas de reconstruction à la différence entre la valeur des constructions nouvelles et celle des parties démolies (CE 10-7-1981 n° 12865 : RJF 10/81 n° 876). **80875**

IMPOSITION DANS LA CATÉGORIE DES BÉNÉFICES INDUSTRIELS ET COMMERCIAUX

L'accroissement de valeur de l'immeuble, résultant des constructions et aménagements effectués par le locataire, constitue pour l'entreprise propriétaire un bénéfice de l'**exercice en cours** à la date à laquelle elle a recouvré la **disposition de son immeuble.** La jurisprudence est nettement fixée en ce sens depuis un arrêt du Conseil d'État du 16 novembre 1981 (CE 16-11-1981 n° 16111 : RJF 1/82 n° 9). Il s'agit ici de l'application d'une règle identique à celle dégagée en matière de revenus fonciers (n° 80873). La Haute Juridiction a également jugé qu'un bailleur est tenu de comptabiliser, au terme du bail, le supplément de loyer correspondant à la valeur vénale de l'addition de construction faite par son locataire. En l'absence d'écriture comptable, il ne peut opposer à l'administration une décision de gestion de ne pas conserver cette construction à l'actif de son entreprise (CE 5-12-2005 n° 263505 : RJF 3/06 n° 238). **80880**

Lors du retour gratuit des constructions ou aménagements édifiés dans le local par le preneur, le bailleur devra constater un **produit imposable** (CGI art. 38, 2) **correspondant** à la valeur vénale des constructions ou aménagements concernés. S'agissant des travaux de rénovation, si ceux-ci n'ont pas la nature d'actif immobilisé, un produit imposable ne doit être constaté que s'ils ont eu pour conséquence un accroissement de la valeur du local ou un prolongement notable de sa durée d'utilisation. Le produit est alors constaté à raison de la différence entre la valeur réelle des actifs rénovés et leur valeur d'origine (Rép. Villaumé : AN 30-6-2015 p. 5027 n° 51475).

DROITS D'ENREGISTREMENT

80885 Le retour gratuit au bailleur à la fin du bail des constructions et aménagements édifiés par le locataire, qui déroge au principe d'indemnisation posé par l'article 555 du Code civil, doit être prévu au contrat de bail (n° 80225). Sauf dérogation expresse dans le bail, le bailleur n'est propriétaire des constructions qu'à l'expiration du contrat, le locataire le demeurant corrélativement jusqu'à cette même date. Il en résulte que lorsque les constructions et aménagements réalisés par le locataire reviennent gratuitement au bailleur **en fin de bail,** ce transfert de propriété, qui s'opère par voie d'accession conformément à l'article 555 du Code civil (sauf clause contraire spécifique dans le bail), ne donne pas lieu à la perception du droit de vente d'immeuble.

L'acte qui constate le transfert de propriété n'est soumis à la **taxe de publicité foncière** qu'au taux réduit (BOI-ENR-DMTOI-10-60 n° 140) de 0,70 % (soit un taux global de 0,71498 % avec le prélèvement de 2,14 % pour frais d'assiette et de recouvrement).

Dès lors qu'elle n'est exigible qu'à raison des **mutations à titre onéreux** de locaux à usage de bureaux, de locaux commerciaux ou de locaux de stockage situés en Île-de-France, la **taxe additionnelle** aux droits d'enregistrement ou à la taxe de publicité foncière, prévue par l'article 1599 sexies du CGI n'est pas applicable aux constructions de cette nature faisant retour gratuit au bailleur en fin de bail (BOI-ENR-DG-60-10-20 n° 100).

> **› Précisions** Dans le cas d'une cession de l'immeuble au locataire **en cours de bail,** la Cour de cassation a jugé que la cession de l'immeuble avait éteint le bail par confusion des droits locatifs et de propriété et qu'aucun transfert de propriété au bailleur des améliorations effectuées par le locataire ne s'était produit avant la vente. La valeur des travaux réalisés par le locataire ne pouvait donc pas être soumise au droit de vente (Cass. com. 4-12-2012 n° 11-25.958 : RJF 3/13 n° 358).

2. TRANSFERT AU BAILLEUR AVEC INDEMNITÉ

a. Conséquences en matière d'impôts directs

SITUATION DU LOCATAIRE

80910 Lorsque les aménagements réalisés par le locataire sont **transférés à l'expiration du bail** (voir n° 80850) au bailleur moyennant une indemnité, l'opération s'analyse, en matière d'impôts directs, comme une cession d'éléments d'actif immobilisé. Dans le cas où l'**indemnité est inférieure à la valeur résiduelle** desdits éléments, l'entreprise locataire peut déduire de ses résultats la moins-value à court terme correspondante. L'administration est toutefois fondée à contester la déduction de cette moins-value si le montant de l'indemnité est disproportionné par rapport à l'avantage consenti au bailleur (BOI-BIC-AMT-20-40-30 n° 40).

80915 En cas de **rachat** des constructions par le bailleur **en cours de bail,** la plus-value ou moins-value réalisée par le locataire à l'occasion du transfert doit être soumise aux règles des plus-values ou moins-values à court terme et à long terme s'il relève des bénéfices industriels et commerciaux. Ces dispositions s'appliquent sous réserve que les conventions conclues entre les parties ne présentent pas le caractère d'actes de gestion anormale (par exemple, attribution des constructions pour un prix inférieur à la valeur des droits transmis). Dans le cas contraire, l'avantage consenti au bailleur devrait être considéré comme une distribution indirecte de bénéfices imposables à son nom au titre des revenus de capitaux mobiliers. Symétriquement, l'administration serait fondée à rectifier la prise en compte chez le locataire de la moins-value à court terme éventuellement dégagée par cette opération (Rép. Kaspereit : AN 9-8-1982 p. 3302 n° 754, non reprise dans Bofip).

SITUATION DU BAILLEUR

80940 Si les constructions et aménagements effectués par le locataire sont acquis au bailleur moyennant indemnité, il n'y a pas lieu de tenir compte de cette opération pour la **détermination du revenu imposable** du bailleur, qu'il soit imposable dans la catégorie des **revenus fonciers** (BOI-RFPI-BASE-10-30 n° 20) ou dans celle des **bénéfices industriels et commerciaux** (Rép. Denais : AN 11-6-1949 p. 3318 n° 8399, non reprise dans Bofip).

b. Conséquences en matière de droits d'enregistrement

80950 Si aucune clause dans le bail ne prévoit le sort, en fin de bail, des constructions effectuées par le locataire, le retour de ces constructions au bailleur en fin de bail se fait par voie d'accession (C. civ. art. 555) moyennant indemnisation du locataire (nos 79930 s.). Si une clause du bail prévoit le retour des constructions au bailleur en fin de bail moyennant indemnité, c'est en général également le mécanisme juridique de l'accession qui s'applique, sauf stipulations contractuelles contraires (nos 80225 s.). 80950 (suite)

Lorsque le retour des constructions au bailleur se fait **en fin de bail,** par voie d'accession, le transfert des constructions au bailleur ne donne pas lieu à la perception du droit de vente d'immeuble mais seulement à la taxe de publicité foncière au taux réduit (BOI-ENR-DMTOI-10-60 n° 140) de 0,70 % (soit un taux global de 0,71498 % avec le prélèvement de 2,14 % pour frais d'assiette et de recouvrement).

Dès lors qu'elle n'est pas exigible à raison des opérations afférentes aux locaux à usage de bureaux, de locaux commerciaux ou de locaux de stockage situés en Île-de-France qui ne **constituent pas** une **vente ou une opération assimilée,** la **taxe additionnelle** aux droits d'enregistrement ou à la taxe de publicité foncière, prévue par l'article 1599 sexies du CGI n'est pas applicable aux constructions de cette nature faisant retour contre indemnité au bailleur en fin de bail (BOI-ENR-DG-60-10-20 n° 110).

VALEUR LOCATIVE DES LOCAUX COMMERCIAUX

SOMMAIRE

La valeur locative constitue la pierre angulaire du statut des baux commerciaux. Le renouvellement du bail qui représente le moment de vérité pour les deux parties s'articule autour de cette notion. Tout le jeu du bailleur consiste à retourner à la valeur locative afin d'obtenir une revalorisation de son loyer, celui du locataire, au contraire, à bloquer ce retour en revendiquant la règle du plafonnement. Le bailleur doit prouver que les données de départ concourant à la formation de la valeur locative ont été modifiées en cours de bail, et qu'il faut donc revaloriser le loyer. Le locataire doit, au contraire, démontrer que rien n'a changé. **82000**

SECTION 1 GÉNÉRALITÉS

DÉFINITION DE LA VALEUR LOCATIVE

Ainsi que le souligne le professeur Monéger, il n'y a pas une, mais des valeurs locatives (J. Monéger, Réflexion sur la valeur en matière de fonds de commerce et de baux commerciaux : Loyers et copr. 2006 étude n° 6). **82010**

Il y a la **valeur de marché** qui correspond aux loyers des nouveaux baux, négociés librement par les parties dans un contexte de concurrence de toutes les destinations. Les investisseurs voudraient faire correspondre la valeur locative du loyer de renouvellement avec la valeur de marché, afin de les rendre synonymes. Le débat se focalise sur les prix de comparaison de l'article R 145-7 du Code de commerce. Certains plaident pour que seuls les prix de marché soient pris comme termes de référence, à l'exclusion de la **valeur judiciaire** telle qu'elle résulte des décisions de justice en fixation des loyers déplafonnés. D'autres s'interrogent sur la licéité des clauses de retour à la valeur locative de marché en renouvellement de bail dès lors qu'elles ont pour conséquence, faute de différentiel de loyer à capitaliser, d'exclure toute valorisation d'un droit au bail, lequel serait consubstantiel au statut des baux commerciaux. La Cour de cassation ne s'est toutefois pas prononcée sur ce point.

Si la référence à la valeur locative de marché pour fixation du loyer en renouvellement de bail est licite, il importe cependant qu'elle soit explicite (CA Paris 10-5-2023 n° 20/11507, ch. 5-3).

La commission Pelletier chargée de proposer une réforme du statut des baux commerciaux s'est quant à elle refusée à trancher entre « la valeur locative de marché » et « la valeur locative équitable », par référence à l'expression anglaise « fair value ». Le groupe de travail a considéré que l'expression « valeur locative » se suffisait à elle-même et invitait clairement à sa détermination par référence aux loyers du marché.

En réalité, la valeur locative du bail renouvelé n'est, à notre avis, pas réductible aux seuls loyers de marché, même si, au regard du critère des prix de comparaison, elle doit nécessairement en tenir largement compte (n°s 82600 s.).

> **Précisions** Les dispositions relatives à la fixation du loyer du bail renouvelé n'étant pas d'ordre public, les **parties au bail** peuvent **convenir** de donner une définition contractuelle de la **valeur locative,** laquelle s'imposera au juge. Par exemple, elles peuvent prévoir qu'il sera fait référence aux seuls loyers de locations nouvelles, lesquels sont souvent assortis de la prise en compte contractuelle des droits d'entrée généralement décapitalisés au coefficient 10, ou qu'il sera fait référence aux seuls loyers conventionnels, soit ceux des locations nouvelles (décapitalisés ou non) et ceux des renouvellements amiablement négociés ou renégociations.
> Les parties au bail se contentent parfois de prévoir une valeur locative au prix du marché. Dans ce cas, les juges considèrent qu'il y a lieu de ne prendre en compte que les loyers de locations nouvelles incluant le cas échéant les loyers décapitalisés (TGI Paris 28-9-2015 n° 14/00459 ; CA Lyon 8-10-2020 n° 17/08329, 1re ch. civ. ; TJ Paris 21-12-2023 n° 19/12978 ; TJ Paris 22-12-2023 n° 21/00316). On note toutefois que les juridictions peuvent faire une appréciation modérée du prix du marché (TGI Paris 30-1-2012 n° 10/02225 ; TGI Paris 28-9-2015 n° 14/00459).

APPRÉCIATION DE LA VALEUR LOCATIVE PAR LES TRIBUNAUX

Les juridictions du fond disposent d'un pouvoir souverain pour fixer la valeur locative des locaux à usage commercial en adoptant la méthode qui leur paraît la plus appropriée, la Cour de cassation se refusant à exercer un contrôle sur la définition de la valeur locative (Cass. 3e civ. 7-5-1986 n° 83-14.535 : Bull. civ. III n° 63 ; Cass. 3e civ. 6-7-2005 n° 839 FP-PBI : RJDA 11/05 n° 1194 ; Cass. 3e civ. 3-11-2005 n° 1158 FS-PB : RJDA 2/06 n° 113 ; Cass. 3e civ. 18-1-2012 n° 11-10.072 FS-PB : RJDA 4/12 n° 383 ; Cass. 3e civ. 6-3-2012 n° 11-30.104 F-D : AJDI 2012 **82015**

p. 590 obs. D. Lipman-W. Boccara). Il s'ensuit une très grande diversité d'application selon les différentes cours d'appel. On peut regretter cette absence d'unification de la méthode d'évaluation (note B. Boccara sous Cass. 3e civ. 3-6-2004, précité : Administrer août-septembre 2004 p. 20). Toutefois, la liberté des juridictions du fond permet une meilleure adaptation de la règle de droit à la diversité des biens et des situations juridiques dans lesquelles ils se trouvent (M. Lassner, Les différentes hypothèses d'évaluation du loyer commercial : AJDI 2005 p. 458).

À propos du loyer d'une boutique louée sans pas-de-porte, la cour d'appel de Versailles a rappelé que la loi ignore l'existence d'une « valeur locative de marché » et d'une « valeur locative judiciaire » et qu'il n'existe qu'une seule valeur locative déterminée en priorité par les parties ou, à défaut, en fonction des éléments fixés par le décret de 1953 (CA Versailles 5-12-2002 no 01-854, 12e ch. sect. 1 : Loyers et copr. 2003 comm. no 98) : la cour d'appel a estimé que les prix couramment pratiqués dans le voisinage sont nécessairement les prix de marché, librement négociés entre bailleurs et locataires, les fixations judiciaires étant accessoires car numériquement les moins nombreuses et devant nécessairement se référer au prix de marché. Elle a, en conséquence, écarté, comme étant dépourvues de pertinence, les références judiciaires considérées, en raison de leur différence substantielle avec les prix de marché.

À l'inverse, la cour d'appel de Paris continue de tenir compte, dans son appréciation, tant des loyers des nouveaux baux que des fixations judiciaires et des renouvellements amiables (CA Paris 26-10-2005 no 02/20996, 16e ch. A : AJDI 2006 p. 462). C'est également la pratique dominante des autres cours d'appel.

ILLUSTRATIONS

La cour d'appel de Paris a jugé que, s'il n'est pas illégitime de décapitaliser la somme versée au titre de droit au bail ou de pas-de-porte pour apprécier la valeur locative réelle du local loué avec cette particularité, aucun impératif logique ne commande de ne retenir que les locations nouvelles ou avec pas-de-porte décapitalisé. En effet, suivant les dispositions de l'article L 145-33 du Code de commerce, la valeur locative est déterminée d'après les caractéristiques du local, la destination des lieux, les obligations des parties, les facteurs locaux de commercialité et les prix couramment pratiqués dans le voisinage. L'article R 145-8 du Code mentionne les modalités suivant lesquelles le prix antérieur a été originairement fixé au titre de la détermination des obligations respectives des parties. Il ne conduit en rien à écarter certaines références de prix pratiqués couramment dans le voisinage (CA Paris 27-6-2007, 16e ch. A, Marseillaise de Gestion et d'Investissement et de Participation c/ Sté Rivoli Souvenirs : Administrer novembre 2007 p. 32 obs. D. Lipman-W. Boccara).

82016 Même si l'article R 145-8 du Code de commerce prévoit qu'il est aussi tenu compte des modalités selon lesquelles le prix antérieurement applicable a été originairement fixé, on doit regretter que tant la pratique expertale que celle des tribunaux tiennent insuffisamment compte de la différence de nature existant entre le locataire qui, au moment de la conclusion du bail, a accepté un loyer dit « à l'américaine », donc sans pas-de-porte, correspondant à la valeur de marché, et le locataire qui a acquitté un prix de cession ou un droit d'entrée en contrepartie d'un loyer réduit. On ne voit pas, que ce soit au plan de l'équité ou de la logique économique, pourquoi le locataire « à l'américaine », surtout dans une fixation de loyer à la baisse, bénéficierait du même loyer que celui ayant versé un capital. Inversement, ce dernier ne devrait pas se voir appliquer les références du marché avec loyer décapitalisé, ou, à tout le moins, avec modération (voir dans le même sens, D. Lipman-W. Boccara : Administrer novembre 2007 p. 32).

82020 **Contraintes des tribunaux** Le renouvellement du bail ne s'opère pas dans un contexte de libre concurrence dans lequel ce serait l'enseigne qui offrirait le meilleur prix qui obtiendrait l'emplacement, quitte à le « surpayer ». La fixation du loyer du bail renouvelé s'inscrit au contraire dans un cadre réglementé, le législateur imposant les critères que le juge doit prendre en considération pour déterminer la valeur locative. Outre les prix de comparaison, le juge doit ainsi tenir compte, en vertu de l'article L 145-33 du Code de commerce, des caractéristiques du local, de la destination des lieux, des obligations respectives des parties, des modalités de fixation du loyer initial et des facteurs locaux de commercialité.

C'est ainsi que le juge doit **adapter la valeur locative à la destination** autorisée par le bail : un commerce alimentaire ne se verra pas appliquer le même loyer qu'une parfumerie ou une solderie, dans la mesure où les marges qui permettent de payer le loyer ne sont pas les mêmes.

De même, le loyer de renouvellement de certains locaux peut être fixé par le juge en dehors du système des **prix de comparaison.** C'est le cas notamment de la plupart des locaux monovalents, tels que théâtre, cinéma, hôtel, résidence de tourisme, clinique et maison de retraite, pour lesquels c'est le chiffre d'affaires « théorique » de l'établissement qui est pris en compte.

Par construction, la valeur locative du bail renouvelé ne peut jamais être une valeur de marché, dans la mesure où elle n'est pas déterminée par les règles de libre concurrence qui caractérisent le marché, mais fixée par un juge et selon des critères légaux. Elle doit en revanche s'alimenter aux sources du marché, puisque la méthode des prix de comparaison s'applique à la majorité des locaux commerciaux.

Il n'est fait exception à ce principe qu'en présence d'un dispositif contractuel sans équivoque qui renvoie au marché pour fixer le loyer du bail renouvelé. Les dispositions des articles L 145-33 et L 145-34 du Code de commerce relatives à la fixation du loyer du bail renouvelé ne sont toutefois pas d'ordre public. La jurisprudence considère que l'on peut valablement y déroger. Pour la Cour de Cassation en effet, rien ne s'oppose à ce que les parties choisissent d'un commun accord de déterminer à l'avance par une stipulation du bail les conditions de fixation du prix du bail renouvelé (Cass. 3e civ. 10-3-2004 n° 02-14.998 F-PBI : RJDA 6/04 n° 681).

RÔLE DE L'EXPERTISE DANS LA VALEUR LOCATIVE

En pratique, pour rechercher ces informations indispensables à la solution du litige, le juge des loyers recourt presque systématiquement à un sachant, en ordonnant une mesure d'expertise avant dire droit. L'expert joue un rôle essentiel dans la procédure en fixation du loyer de renouvellement puisqu'il va proposer au juge une valeur locative sur la base des informations collectées dans son rapport. **82025**

Or, l'une des difficultés principales à laquelle se heurtent les parties et leur conseil est le libre **accès aux références de l'expert.** La notion de procès équitable, telle que consacrée par l'article 6-1 de la convention européenne des droits de l'Homme, suppose que les parties puissent vérifier et discuter les documents tels que les baux et leurs annexes, sur lesquels l'expert s'est appuyé pour établir ses références (J. Monéger, Réflexion sur la valeur en matière de fonds de commerce et de baux commerciaux : Loyers et copr. 2006 étude n° 6). On ne pourra dès lors que regretter que le Gouvernement n'ait pas retenu la proposition du groupe de travail sur la réforme du statut des baux commerciaux consistant à faire obligation à l'expert désigné par le tribunal d'annexer à son rapport la copie des documents justifiant les références qu'il mentionne (Rapport Pelletier, avril 2004 n° 84 p. 63). Toutefois, la remise d'une note de synthèse ou d'un prérapport s'est largement développée, là où ne se pratiquait qu'une communication orale des premières conclusions de l'expert, dans le sens d'une communication contradictoire élargie. Les experts se heurtent à de larges réticences des acteurs du marché à communiquer, notamment au sein des centres commerciaux. À cet égard, les juridictions soutiennent les experts qu'elles missionnent dans leurs investigations en faisant injonction aux bailleurs de déférer à leurs demandes de communication des baux (par exemple, TGI Toulouse 5-7-2019 n° 17/02139 ; TGI Versailles 28-11-2019 n° 15/07527). Certains tribunaux judiciaires donnent d'ailleurs mission aux experts de rechercher les références de comparaison les plus utiles, en pouvant exiger du bailleur soit qu'il « communique tous les documents utiles à cet égard, ladite obligation pouvant être étendue à l'assiette entière du centre commercial et pouvant porter sur tous les documents contractuels liant le bailleur à tous les autres locataires du centre, et sans avoir à recevoir d'aucune des parties la moindre instruction dans l'accomplissement de sa mission, à cet égard » (TJ Créteil 6-11-2020 n° 19/00023), soit qu'il produise « un état locatif exhaustif dépourvu de valeurs à la date de renouvellement du bail ainsi que tous les baux, avenants, quittances et autres documents relatifs aux conditions particulières consenties au locataire que l'expert estimerait nécessaires au bon exercice de sa mission, pour ce qui concerne la sélection de références qu'il estimerait pertinentes et qu'il mette à disposition de l'expert les comptages de flux au sein du centre commercial » (TJ Versailles 23-1-2024 n° 23/02376).

Plus généralement, la fixation du loyer de renouvellement des locaux commerciaux se heurte à une opacité des références du marché. L'exemple du système américain prévoyant l'enregistrement des baux et le dépôt des actes locatifs dans une banque de données ouverte à la consultation du public devrait inspirer un législateur soucieux de transparence économique.

SECTION 2

DÉTERMINATION DE LA VALEUR LOCATIVE

82200 Alors qu'ils ne peuvent constituer un motif de déplafonnement, les **loyers de comparaison** constituent le critère essentiel de détermination de la valeur locative. Afin de parvenir à une cohérence et une homogénéité des références, une **pondération** est appliquée aux surfaces.

Tout l'art de l'expert, mais aussi des avocats et du juge, consiste à adapter et corriger le panel de valeurs de comparaison pour tenir compte de la particularité du local loué, tant par ses caractéristiques physiques que par sa commercialité, sa destination, l'organisation juridique par le bail des obligations respectives des parties.

À côté du système des prix de comparaison ramenés au m^2, qui s'applique tant aux boutiques qu'aux bureaux et aux locaux d'activité, il existe des biens spécifiques qualifiés de monovalents, parce qu'ils ont été construits en vue d'une seule utilisation, et pour lesquels la valeur locative est déterminée en fonction des **usages de la profession** prenant généralement en considération la recette annuelle théorique à laquelle, après corrections, on applique un taux permettant de calculer le loyer. Cette méthode n'est pas marginale, elle concerne pratiquement toute l'industrie du loisir (cinéma, théâtre, salle de spectacle) et du tourisme (hôtel, résidences), ainsi qu'une partie de la santé (clinique et maison de retraite).

A. Critères légaux de détermination de la valeur locative

82210 Si les dispositions du Code de commerce ne fournissent pas de définition de la valeur locative, elles énoncent les critères de son appréciation, qui sont de deux ordres (C. com. art. L 145-33) :

– intrinsèques (caractéristiques des lieux loués, destination contractuelle, obligations respectives des parties),

– extrinsèques (facteurs locaux de commercialité, prix couramment pratiqués dans le voisinage).

Aux termes de cette disposition, le montant des loyers des baux renouvelés ou révisés doit correspondre à la valeur locative. À défaut d'accord, cette valeur est déterminée d'après :

1° les caractéristiques du local considéré ;

2° la destination des lieux ;

3° les obligations respectives des parties ;

4° les facteurs locaux de commercialité ;

5° les prix couramment pratiqués dans le voisinage.

La consistance de ces éléments est déterminée aux **articles R 145-3 à R 145-8 du Code de commerce.**

B. Méthodes d'évaluation de la valeur locative

82250 La valeur locative de la généralité des locaux commerciaux est déterminée par la **méthode métrique** par application d'un prix unitaire à une surface utile ou pondérée, les valeurs locatives unitaires étant déterminées par comparaison avec les conditions locatives de locaux similaires.

Seule la valeur locative de certains locaux dits « monovalents » est déterminée par référence à des **méthodes spécifiques** directement liées au potentiel économique qu'offre l'outil immobilier.

C. Pondération des superficies

82300 La pratique de la pondération trouve son fondement juridique dans l'obligation de se référer aux valeurs de comparaison par « unité de surface » (C. com. art. R 145-7). Elle permet la mise en équivalence avec les loyers de comparaison, également analysés au mètre carré unitaire pondéré.

Les **pondérations** sont **immobilières** et ne prennent en compte que les caractéristiques physiques des locaux sans considération des choix d'affectation de l'exploitant. Seul le choix du prix unitaire est à nuancer pour tenir compte de la plus ou moins bonne adéquation du local à sa destination.

On remarquera qu'il n'est pas tenu compte des cloisonnements légers dans le choix des coefficients de pondération.

La pondération est une question de fait relevant de l'appréciation des juges du fond (Cass. 3e civ. 19-9-2007 n° 06-16.820 FS-D : RJDA 12/07 n° 1197).

ILLUSTRATIONS

Lors de l'évaluation de la valeur locative d'un local commercial, une cour d'appel ne peut pas exclure du calcul de la surface pondérée les surfaces des combles et des deuxième et troisième étages de l'immeuble en retenant qu'il n'est pas contesté que ces surfaces sont inexploitables tant pour l'activité commerciale que pour une habitation faute d'accès distinct du magasin, alors que le bailleur a fait expressément valoir dans ses conclusions d'appel que le locataire pouvait exercer son activité commerciale sur la totalité des surfaces données à bail et que la décision du locataire de ne pas exploiter les surfaces litigieuses ne lui était pas opposable (Cass. 3e civ. 3-4-2012 n° 10-21.008 F-D : RJDA 10/12 n° 920). De même, prive sa décision de base légale la cour d'appel qui fixe le loyer commercial en considération de la surface de vente effectivement exploitée par le locataire compte tenu de la transformation en réserve d'une partie antérieurement utilisée en surface de vente, sans rechercher, comme elle y était invitée, si l'affectation à la vente d'une surface moindre que celle autorisée par le bail pour cette activité ne résultait pas d'un choix de gestion du locataire inopposable au bailleur (Cass. 3e civ. 11-5-2022 n° 20-21.689 FS-B : RJDA 8-9/22 n° 463). En revanche, la cour d'appel qui n'a pas constaté que le contrat de bail définissait spécifiquement une surface de vente a pu, après avoir relevé que les travaux d'aménagement réalisés par le locataire n'avaient pas modifié la structure du bâtiment et que la configuration des locaux répondait pleinement à l'activité exercée, déterminer la valeur locative en se fondant sur les caractéristiques propres du local au jour du renouvellement et en prenant en considération l'importance des surfaces respectivement affectées à la réception du public et à l'exploitation suite à ces travaux (Cass. 3e civ. 13-6-2024 n° 23-13.613 F-D : RJDA 10/24 n° 519).

Aucune autorité de chose jugée n'est attachée à la pondération des surfaces retenue par une décision de justice dans le cadre d'une procédure antérieure en fixation du loyer (CA Paris 10-6-2015 n° 13/13238 : Administrer juillet 2015 p. 44 note M.L.S.), ce qui permet au juge des loyers de tenir compte de l'évolution des méthodes de pondération dans le temps.

En pratique, lorsqu'une clause de pondération est prévue dans le bail, sa mise en œuvre peut soulever des difficultés au moment de la fixation du loyer en renouvellement de bail lorsque les contenances ont été modifiées au cours du bail, lorsque la surface contractuellement pondérée est assise sur des surfaces utiles également contractuelles mais manifestement erronées, ou lorsque les pratiques de pondération ont évolué depuis la prise d'effet du bail, ce qui, pour ménager la nécessaire équivalence avec les loyers de comparaison, contraint à un ajustement du prix unitaire.

Le fait qu'une clause du bail fixe contractuellement la pondération des locaux ne constitue pas une **clause exorbitante du droit commun** justifiant une minoration de la valeur locative lors de la fixation du prix du bail renouvelé (Cass. 3e civ. 9-4-2013 n° 12-15.002 F-D : RJDA 11/13 n° 881). **82301**

Dix-sept institutions représentatives des professionnels de l'immobilier adhèrent à la Charte de l'expertise en évaluation immobilière (5e édition – mars 2017, mise à jour au 11 novembre 2019 et en cours de refonte au 15 mars 2025, date de mise à jour des présents développements) ; elles ont adopté plusieurs **grilles de pondération** des surfaces de commerces. Ces grilles constituent des recommandations susceptibles d'être adaptées à des configurations atypiques. **82302**

Elles distinguent les modalités de pondération applicables selon le format du commerce et visent des implantations diverses : centre-ville, centre commercial, « retail park », zone de trafic...

La cour d'appel de Paris a souligné la première qu'en matière de pondération il est de règle de se référer à la Charte de l'expertise en évaluation immobilière (CA Paris 14-5-2014 n° 12/13628). Elle a depuis été très largement suivie.

1. COMMERCES

La valeur locative des boutiques est déterminée en appliquant un prix unitaire à une superficie pondérée. **82310**

82310 (suite) La pondération permet de donner la mesure de la **fonctionnalité de chaque espace,** l'unité de référence étant celle des premiers mètres carrés situés derrière la vitrine, les mieux exposés à la vue des chalands. L'éloignement progressif depuis la vitrine est sanctionné par l'application de coefficients de pondération dépréciatifs, la zone de vente faisant l'objet d'un découpage par zones. Il en est de même des différences de plateaux et des surfaces accessoires.

Les trémies d'escaliers (vides) et leur emprise au sol sont déduites.

Les grilles de pondération ajustées sont les suivantes :

PONDÉRATION BOUTIQUE CENTRE-VILLE JUSQU'À 600 m² UTILES	
Niveaux	Coefficients de pondération
Rez-de-chaussée	
Zone d'angle (triangle isocèle de 5 m × 5 m)	1,10 à 1,30 en fonction de l'effet vitrine
1e zone de vente sur 5 m de profondeur	1,00
2e zone de vente (entre 5 et 10 m)	0,80 à 1,00
3e zone de vente de 10 m de profondeur	0,40 à 0,60
4e zone de vente : le surplus	0,25 à 0,35
Annexes diverses (réserves, locaux sociaux)	0,10 à 0,40
Premier sous-sol	
Zone de vente reliée	0,30 à 0,40
Annexes diverses reliées	0,15 à 0,25
Annexes diverses non reliées	0,10 à 0,15
Premier étage	
Zone de vente de 5 m sur façade (effet bandeau)	0,50
Zone de vente (hors effet bandeau)	0,30 à 0,40
Mezzanine	0,30 à 0,40
Annexes diverses reliées	0,15 à 0,25
Deuxième étage	
Zone de vente	0,20 à 0,30
Annexes diverses reliées	0,10 à 0,15
Troisième étage et suivants	
Toutes surfaces confondues	0,10

PONDÉRATION MOYENNES SURFACES DE 600 à 3 000 m² UTILES	
Niveaux	Coefficients de pondération
Rez-de-chaussée	
Surface de vente sans effectuer de zones	1,00
Annexes diverses	0,20 à 0,30
Locaux techniques	0,00 à 0,10
Premier sous-sol	
Zone de vente	0,40
Annexes diverses reliées	0,10 à 0,20
Locaux techniques	0,00 à 0,10
Premier étage	
Zone de vente	0,40 à 0,50
Mezzanine	0,30 à 0,40
Annexes diverses reliées	0,10 à 0,20
Locaux techniques	0,00 à 0,10

82310 (suite)

PONDÉRATION MOYENNES SURFACES DE 600 à 3 000 m² UTILES	
Niveaux	Coefficients de pondération
Deuxième étage	
Zone de vente	0,30
Annexes diverses reliées	0,10 à 0,20
Locaux techniques	0,00 à 0,10
Troisième étage et suivants	
Zone de vente	0,20
Annexes diverses reliées	0,10 à 0,20
Locaux techniques	0,00 à 0,10

Il est possible d'effectuer une double approche, en boutique et en moyenne surface, pour les locaux de surface, comprise entre 600 et 800 m^2 utiles : les étages dont la destination est assimilable à du bureau et qui disposent d'un accès indépendant sont valorisés au m^2 utile par référence à un prix de marché de bureaux, majoré s'il y a lieu selon la qualité de la liaison avec le rez-de-chaussée ; en l'absence d'accès indépendant, ces surfaces sont pondérées comme annexes du commerce.

Les logements sont valorisés distinctement par référence à des prix de marché de même catégorie.

PONDÉRATION GRANDS MAGASINS DE PLUS DE 3 000 m²	
Nature des surfaces	Coefficients de pondération
Toute la surface de vente	1
Surfaces annexes (réserves, locaux techniques, dégagements)	0,10

Cette pondération peut être adaptée pour les grands magasins exploités sur plusieurs niveaux.

Il est possible d'effectuer une double approche, en moyenne surface et en grands magasins, pour les locaux de surface comprise entre 3 000 et 5 000 m^2 utiles.

Des coefficients adaptés sont préconisés pour les centres commerciaux, galeries marchandes et zones de transit.

CENTRES COMMERCIAUX, GALERIES MARCHANDES ET ZONES DE TRANSIT (surface GLA)	
Niveaux	Coefficients de pondération
Rez-de-chaussée (niveau mail)	
Sans effectuer de zonage, quelle que soit la destination, sauf dispositions contractuelles particulières	1,00
1er étage	
Si accès par le mail	1,00
Si accès par la seule boutique	0,50
Mezzanine structurelle	0,40

Les réserves déportées sont traitées en m^2 de réserve.

Une méthode est enfin appropriée aux locaux commerciaux de périphérie.

LOCAUX DE PÉRIPHÉRIE ET RETAIL PARKS	
Niveaux	Coefficients de pondération
Rez-de-chaussée	
Sans effectuer de zonage, quelle que soit la destination, sauf dispositions contractuelles particulières	1,00
Surfaces annexes reliées, sauf en cas de dispositions contractuelles particulières	0,20

LOCAUX DE PÉRIPHÉRIE ET RETAIL PARKS	
Niveaux	Coefficients de pondération
Premier étage	
Surface de vente	0,50
Mezzanine structurelle pour la vente	0,40
Mezzanine structurelle pour les annexes en fonction de l'accès et du volume	0,10 à 0,15

Les réserves déportées sont traitées en m² de réserve.

S'agissant des terrains, ils sont pondérés comme suit :

- 0,30 pour les aires de vente couvertes ;
- 0,20 pour les aires de vente découvertes ;
- 0,10 pour les réserves découvertes.

82315 Quelle que soit la catégorie de locaux considérés, les coefficients moyens de pondération retenus sont adaptés aux caractéristiques physiques propres à chaque partie du local pour tenir compte, le cas échéant, de différences de niveaux (déclivité/dénivelé) des hauteurs sous plafond, du niveau d'éclairage, de la disproportion des surfaces entre les niveaux et des contraintes administratives d'utilisation du local.

La pondération est strictement immobilière sans considération des choix d'affectation du locataire. D'autre part, la destination contractuelle et l'adéquation des locaux à cette destination ne sont considérées que pour adapter le prix unitaire.

La pondération doit toutefois tenir compte de la règle contractuelle ou des autorisations administratives en matière d'affectation des différents espaces.

La dernière mise à jour des grilles de pondération de la charte a introduit la possibilité de prendre en compte les surfaces de hauteur inférieure à 1,80 m bien qu'elles n'entrent pas dans la catégorie des surfaces utiles lorsqu'elles sont néanmoins fonctionnelles : il leur est alors appliqué un coefficient adapté.

2. BUREAUX

82430 Il est d'usage de ne pas pondérer les superficies des bureaux qui présentent généralement une homogénéité de leur **fonctionnalité.**

Il est procédé en appliquant un prix approprié à chaque catégorie de surfaces lorsque les locaux présentent des disparités importantes, telles que par exemple :

- des surfaces « nobles » dotées de beaux volumes et bien éclairées sur rue et des pièces moins bien agencées, de taille plus modeste et ouvrant sur cour (c'est le cas d'appartements à usage bourgeois d'origine) ;
- des bureaux répartis sur plusieurs plateaux dont certains peuvent être aveugles, mansardés, de hauteurs sous plafond différentes.

Lorsque des bureaux présentent des défauts de **distribution** tels qu'un excès relatif à des dépendances ou des circulations, c'est dans le choix du prix unitaire que sera trouvée la sanction de tels défauts.

ATTENTION

Une réflexion a été engagée au sein du **comité d'application de la Charte** pour y introduire des règles de pondération des surfaces de bureaux en ce qui concerne certaines annexes ou les superficies en infrastructure. Il est admis pour cette catégorie de locaux de prendre en compte une quote-part de parties communes en dépit du fait que le locataire n'en a pas la jouissance privative dès lors que les loyers de comparaison incluent banalement cette quote-part de parties communes.

82435 Le loyer des locaux à usage exclusif de **bureaux situés en pied d'immeuble** (par exemple, agence bancaire ou agence immobilière) **ou en centres commerciaux** est estimé en privilégiant leur nature physique sur la base d'une surface pondérée, s'il y a lieu, et par référence à des loyers de boutiques du secteur ou du centre.

La jurisprudence privilégie leurs caractéristiques physiques de boutique à leur statut juridique de bureaux.

3. ATELIERS, LOCAUX D'ACTIVITÉS ET PLATES-FORMES LOGISTIQUES

Les ateliers sont valorisés comme les bureaux au mètre carré utile. Les locaux d'activités le sont également. C'est la mixité des superficies qui caractérise cette seconde catégorie : ateliers, zones de stockage et bureaux d'accompagnement. **82490**

La part des bureaux excède rarement 25 à 30 %. Lorsque c'est le cas, il peut y avoir lieu à valorisation distincte par nature de surfaces, choix d'un prix unitaire majoré ou application d'un coefficient de pondération positif aux surfaces de bureaux.

Les critères d'appréciation de ces catégories de locaux intègrent spécialement l'accessibilité avec une prime aux sites pourvus d'une desserte multimodale, la qualité du bâti, sa modularité, les infrastructures technologiques, la sécurité, la hauteur de gerbage pour les surfaces de stockage, la résistance au sol, la fonctionnalité des quais de chargement, le confort de stationnement et des aires de manœuvre, les performances énergétiques, la durabilité et la conformité à la réglementation environnementale...

4. LOGEMENTS

Les surfaces d'habitation accessoires à un local commercial sont valorisées par référence à des prix de marché de locaux de même nature, sans pondération et avec des adaptations éventuelles du prix unitaire en présence de défauts physiques particuliers tels qu'une contrainte d'accès par la boutique ou une communauté de cuisine avec le commerce. Sont à retenir les surfaces utiles et non celles définies par la loi « Carrez » du 18 décembre 1996 en matière de logement qui ne sont pas applicables aux logements inclus dans les baux commerciaux. **82530**

En l'absence de marché locatif résidentiel dans le même secteur pouvant offrir des éléments de comparaison, en particulier lorsque le logement n'est accessible que par les surfaces de commerce, il peut être pratiqué une pondération par référence à un prix de base de boutique (0,40 à 0,50 le plus souvent).

Les normes relatives au « logement décent » (C. civ. art. 1719, al. 1) sont applicables aux baux commerciaux incluant un appartement d'habitation (Cass. 3e civ. 14-10-2009 nos 08-10.955 et 08-17.750 FS-PB : RJDA 1/10 no 4) lorsqu'il s'agit de la résidence principale du locataire (CA Paris 20-5-2020 no 18/19805).

La valorisation d'un logement accessoire à un commerce qui ne répond pas aux critères d'habitabilité ou qui ne dispose pas d'un accès indépendant peut s'opérer par pondération d'un prix de base de boutique (CA Versailles 19-9-2019 no 18/01576) ou par application d'un prix de local d'habitation décoté (TJ Nanterre 4-6-2020 no 19/07919).

D. Éléments de comparaison locatifs

MIXITÉ DES VALEURS

La valeur locative en renouvellement de bail est recherchée en rapprochant les prix couramment pratiqués dans le voisinage au sens de l'article L 145-33 du Code de commerce en termes de : **82600**

- prix de marché afférents à des implantations nouvelles,
- accords amiables en renouvellement de baux,
- fixations judiciaires de loyers.

La prise en compte des deux dernières catégories introduit un élément de modération, l'écart entre loyer de marché et valeur locative « judiciaire » n'étant significatif qu'en matière de commerces. Les valeurs locatives des autres catégories de locaux sont le plus souvent fixées à un loyer conforme au marché.

Les dispositions sur le lissage du loyer déplafonné prévu à l'article L 145-34 du Code de commerce peuvent affecter la lisibilité de l'échantillon des références.

ACTUALITÉ ET PÉRENNITÉ DES LOYERS DE COMPARAISON

Dans un marché locatif fluctuant, il est habituel de considérer l'environnement conjoncturel des références locatives sélectionnées pour comparaison, d'analyser les prix observés pour prendre en compte telle ou telle modification locale de la commercialité. **82605**

L'échantillon idéal devrait comprendre, pour autant que le marché local le permette, des loyers de **comparaison** échelonnés **sur les années les plus récentes** pour souligner une évolution. Cette exigence permet de réduire l'inévitable part d'arbitraire : extrapoler des valeurs anciennes en les indexant sur l'indice Insee du coût de la construction les dénature, l'évolution de cet indice étant sans rapport avec celle du marché locatif.

De la même façon, recourir à des actualisations des valeurs mesurées année par année selon une évolution supposée générale du marché est une pratique risquée qui revient à extrapoler une tendance qui n'est pas uniforme sur l'ensemble des sites à la même époque.

La recherche de la valeur locative impose de disposer de références très récentes pour valider son actualité, mais également d'élargir l'observation à des références un peu plus anciennes dont la pérennité garantit le caractère économiquement significatif à l'épreuve du temps.

DÉCAPITALISATION

82610 Les locations nouvelles peuvent avoir été consenties avec ou sans acquisition d'un droit au bail ou versement d'un droit d'entrée, dont il peut y avoir lieu de tenir compte pour l'appréciation d'une valeur locative de marché. La **prise en compte des versements en capital** est une pratique largement admise par la pratique expertale.

Ajouter au loyer périodique la « décapitalisation » du versement d'un droit au bail ou d'un droit d'entrée permet d'approcher une valeur locative de marché « reconstituée ». Cette opération est fondée sur l'idée que le locataire commerçant qui accepte d'effectuer un versement en capital valorise l'**avantage d'un loyer modéré,** offert à un niveau inférieur à ce que serait, à surface et autres conditions égales, un loyer pur et simple dit « à l'américaine ». Il verse en capital x fois le montant de cet écart.

De même que l'on estime un droit au bail en capitalisant ce différentiel à l'avantage du commerçant, à l'inverse, on obtient une **valeur locative de marché reconstituée** en procédant par décapitalisation. L'un des points délicats tient au choix, fondé sur un examen statistique du marché, du coefficient de capitalisation dans le schéma de l'estimation d'un droit au bail ou à l'inverse, de décapitalisation lorsqu'est recherchée une valeur locative.

82615 La **jurisprudence** reste divisée sur cette question. Le **principe** de la décapitalisation a été **admis** de manière expresse une première fois par un jugement du tribunal de grande instance de Paris, confirmé en appel dans les termes suivants : « Les baux incluant le versement d'un droit au bail doivent être pris en compte en incluant la valeur de décapitalisation de ce versement afin de tenir compte de la réalité du prix accepté par le locataire. Le fait que ce prix soit encaissé par le bailleur dans le cadre d'un pas-de-porte ou d'un loyer à l'américaine ou par le locataire sortant dans le cadre d'un droit au bail résulte de l'existence même d'un droit à renouvellement et des dispositions légales en cours actuellement en France, mais est indifférent au regard de l'évaluation que le juge doit faire de la valeur locative » (TGI Paris 8-11-2001 n° 98-21132 confirmé par CA Paris 22-10-2003 n° 01/20447, 16e ch. A).

Plusieurs décisions se sont prononcées **contre la décapitalisation** du droit d'entrée et surtout du droit au bail afin de reconstituer un loyer dit « de marché » :

– la **cour d'appel** de Douai a ainsi jugé que « pour apprécier la valeur locative, il n'y a pas lieu de tenir compte de la valeur du droit au bail ou du droit d'entrée, dans la mesure où, en l'espèce, le droit d'entrée n'a pas été versé au bailleur mais au précédent exploitant dans le cadre de la cession du fonds de commerce et qu'il n'a aucune incidence sur la fixation du loyer d'origine » (CA Douai 20-5-2010 n° 07/07272, 2e ch. sect. 2) ;

– la cour d'appel d'Aix-en-Provence, modifiant sa jurisprudence antérieure, adopte une solution similaire : la valeur du droit au bail constitue un élément de fonds de commerce et ne correspond pas à une somme que perçoit le bailleur. Elle ne peut être transformée en loyer et intégrée d'une manière artificielle aux loyers payés couramment pratiqués dans le voisinage auxquels le juge doit se référer pour le calcul du loyer renouvelé (CA Aix-en-Provence 20-1-2011 n° 09/05136, 4e ch. C : Administrer mars 2011 p. 37 obs. M.-L. Sainturat). Des positions identiques ont été adoptées par les cours d'appel de Rennes et de Toulouse (CA Rennes 6-1-2010 n° 06/03680, 7e ch. ; CA Toulouse 10-3-2010 n° 08/04083, 2e ch. sect. 1 : Loyers et copr. 2010 comm. n° 167 obs. Ph.-H. Brault, confirmé par Cass. 3e civ. 31-5-2011 n° 10-18.662 F-D) ;

– la cour d'appel de Paris infléchit au fil du temps sa jurisprudence dans un sens plus restrictif. Dans un premier temps, si elle n'a pas rejeté complètement la méthode, elle a accueilli avec la plus grande réserve le loyer décapitalisé aux motifs que, artificiellement déterminé, il ne reflète pas exactement la réalité du marché et doit donc être recoupé avec d'autres références pour approcher cette réalité (CA Paris 6-10-2010 n° 09/03891, ch. 5-3) ; pour fixer une indemnité d'éviction, elle a ainsi apprécié le coût locatif de réinstallation du locataire (donc le prix du marché) en faisant masse du loyer périodique et du coût du droit au bail décapitalisé (CA Paris 5-3-2014 n° 12/08046, ch. 5-3 : Loyers et copr. 2014 comm. n° 150 obs. E. C.). Dans un deuxième temps, elle a approuvé l'expert judiciaire de ne pas avoir pratiqué la décapitalisation des droits d'entrée aux motifs que celle-ci ne constitue pas un supplément de loyer (CA Paris 2-12-2015 n° 13/19625 : Administrer janvier 2016 p. 29 note A.G. et M.L.S.). Elle a par ailleurs retenu que « c'est de manière pertinente que l'expert n'a pas tenu compte, dans son examen des loyers du voisinage, de ceux dits décapitalisés en estimant que la valeur locative était à apprécier uniquement au regard des valeurs locatives unitaires qui se dégagent des loyers périodiques et non en tenant compte de celles issues de l'amortissement des droits d'entrée ou des prix de cession (versés aux cédants et non aux bailleurs) et ce, notamment pour des emplacements de haute commercialité pour lesquels la valeur du droit au bail qui est payée peut inclure d'autres éléments de valorisation qui ne sont pas strictement liés à l'économie de loyer et peuvent revêtir une valeur d'opportunité ou de stratégie de développement, de sorte que le droit au bail qui est acquitté n'a pas la qualité d'un complément de loyer (CA Paris 16-9-2016 n° 14/13401). En outre, la cour d'appel de Paris a refusé de prendre en considération des références de loyers décapitalisés fournies par le bailleur en retenant qu'il s'agit de loyers artificiellement déterminés, qui ne reflètent pas exactement la réalité du marché (CA Paris 22-11-2017 n° 16/02948 ; cf. également CA Paris 29-11-2017 n° 16/02633 : Administrer janv. 2018 p. 54 obs. M.-L. Sainturat : « en excluant les loyers décapitalisés en ce que le droit au bail ou le pas de porte ne constitue pas un élément du loyer, et n'a donc pas à être réintégré de façon artificielle dans le calcul du loyer pour apprécier par comparaison la valeur d'autres locaux, il convient d'examiner les éléments de comparaison les plus pertinents retenus par l'expert »). En dernier lieu, la cour de Paris a écarté la prise en compte des loyers décapitalisés en considérant que le prix de cession du droit au bail ne correspond pas à un loyer mais a le caractère d'une immobilisation que le locataire peut récupérer lors de la vente du fonds (CA Paris 3-6-2020 n° 18/20160) ;

– la cour d'appel de Lyon a adopté une position encore plus radicale en considérant que le droit d'entrée versé au bailleur ne peut pas être considéré comme un élément de prix couramment pratiqués dans le voisinage au sens de l'article L 145-33 du Code de commerce. Si les acteurs économiques acceptent de régler, dans le cadre du marché des baux commerciaux, un droit d'entrée, celui-ci n'est pas la contrepartie de la location mais ne peut que se rattacher au bénéfice de la propriété commerciale (CA Lyon 5-2-2015 n° 13/03008 : Gaz. Pal. 2015 p. 1161 note Ch.-E. Brault).

La **Cour de cassation** a écarté le principe de la décapitalisation lorsque le bailleur n'établit pas que les droits au bail correspondent à des suppléments de loyer (Cass. 3e civ. 31-5-2011 n° 10-18.662 F-D : AJDI 2011 p. 699 obs. J.-P. Dumur ; Gaz. Pal. 2 juillet 2011 jur. p. 22 note Ph.-H. Brault).

Elle a cependant rappelé que c'est souverainement que les juges du fond fixent la valeur locative en adoptant le mode de calcul qui leur paraît le meilleur (Cass. 3e civ. 11-12-2012 n° 11-11.466 F-D).

Débat sur la décapitalisation 82616

Avis de Ph. Riglet

Dans la plupart des arrêts rapportés ci-dessus, les juridictions du fond ont refusé à juste titre d'intégrer la valeur du **droit au bail** dans le montant du loyer pratiqué, aux motifs que ces sommes ne sont pas versées au propriétaire mais au locataire sortant et qu'elles ne constituent donc pas un supplément de loyer. En outre, comme le relève la cour d'appel d'Aix-en-Provence, la valeur du droit au bail constitue un élément du fonds de commerce, lequel ne s'analyse pas en une charge, mais en un élément d'actif, une immobilisation.

En revanche, plus délicate est la question du **droit d'entrée** versé par le locataire au moment de la conclusion du bail. En pratique, rien ne devrait s'opposer à sa décapitalisation dans le loyer périodique, dès lors qu'il s'agit d'une somme perçue par le bailleur. Toutefois, le droit d'entrée est susceptible de qualifications distinctes tant au plan juridique (nos 48910 s.) qu'au plan fiscal (nos 50510 s.). Il paraît dès lors nécessaire de se référer à la qualification contractuelle retenue par les parties. Si elles ont conçu le pas-de-porte comme un supplément de loyer, il serait logique de le « réintégrer » dans le loyer périodique sur la durée du bail. En revanche, si les parties ont retenu la qualification d'« indemnité », en contrepartie de l'octroi de la propriété commerciale, et qu'elles ont expressément exclu sa prise en compte dans le calcul du loyer révisé et du loyer plafond, la décapitalisation du droit d'entrée paraît contestable. Il serait en effet singulier d'inclure dans le loyer périodique, comme du supplément de loyer, une somme que les parties elles-mêmes ont expressément exclue dans le calcul du loyer plafond, en cas de renouvellement du bail, et qui n'a donc pas le caractère récurrent propre au loyer. Corrélativement, il serait logique de ne pas tenir compte, si ce n'est à titre indicatif, des loyers des locations comportant un droit d'entrée, car, ainsi que le souligne la cour d'appel de Paris dans son arrêt du 2 décembre 2015 (n° 82615), ces loyers sont généralement fixés à la baisse pour tenir compte précisément de la perception d'un droit d'entrée, dont la décapitalisation sur la durée du bail ne permet pas une comparaison utile avec les autres loyers puisqu'il ne constitue pas en principe un complément de loyer. En cas d'insuffisance des loyers « purs », c'est-à-dire sans droit d'entrée, il appartiendra aux experts, comme les y invite l'article R 145-7 du Code de commerce, d'adapter les éléments de comparaison pour trouver la vérité de la valeur locative.

Avis de R. Garraud

La question de la décapitalisation est un sujet qui agite chroniquement les praticiens de la propriété commerciale. De façon sans doute un peu vaine :

– l'opportunité, ou non, de prendre en compte les versements en capital dont peut être assorti le loyer périodique est une question qui ne pourra pas être réglée dans une bataille de concepts juridiques. Il s'agit de valeur locative, donc de prix. La réponse est à trouver sur le **marché locatif** plus que dans de fines analyses en droit ;

– la prise en compte des loyers décapitalisés demeure validée par une part de la **jurisprudence.** Elle s'impose lorsque le bail stipule la fixation du loyer en renouvellement de bail au prix du marché et lorsqu'est recherché ce prix de marché pour estimation du droit au bail ;

– la recherche de la valeur locative statutaire se pose le plus souvent dans le cadre d'un déplafonnement fondé sur une **progression** notable **de la commercialité.** Dans ce contexte, les implantations nouvelles s'opèrent presque chaque fois par acquisition de droits aux baux. Faute de vacance, les loyers dits « à l'américaine », soit sans versement en capital, sont l'exception et limités aux livraisons de produits immobiliers restructurés. Dès lors, fonder l'appréciation de la valeur locative sur les seuls loyers périodiques revient pratiquement à s'en tenir aux valeurs « historiques » en escamotant tout un pan du marché, le plus actuel et le plus pertinent au regard du développement de la commercialité ;

– la vanité du débat est soulignée par la **pratique des experts,** lesquels estiment une valeur locative soit en pratiquant une décapitalisation directe, soit en éclairant l'interprétation des loyers périodiques par la simple mention des versements en capital, soit même en considérant que le « pas-de-porte » est une immobilisation financière que le commerçant espère réaliser à terme avec une plus-value (dans ce schéma, c'est la rémunération théorique de ce placement qui est ajoutée au loyer périodique pour donner la mesure de la valeur locative) ;

– les évolutions les plus récentes du marché et la progression de la vacance après la crise sanitaire mettent en évidence un large **effacement de la pratique des droits au bail,** ce qui pourrait contribuer à solder le débat sur la décapitalisation.

82620 **Coefficients utilisés** Pendant longtemps les experts ont eu recours à un coefficient de capitalisation déterminé **par application des tables financières** en prenant en compte la durée du bail et le taux du loyer de l'argent. Cela aboutissait le plus souvent à un coefficient voisin de 6 qui n'a dû sa pérennité qu'au fait que, par une coïncidence arithmétique, ce coefficient se trouvait proche de la réalité des transactions, tout au moins sur des artères de commercialité moyenne. En capitalisant l'économie de charge locative à un taux du loyer de l'argent alors tassé – et ce taux est le diviseur dans la règle de trois de la capitalisation – on parvenait au résultat paradoxal d'une estimation théorique des droits aux baux à des niveaux records quand on constatait de fait un déclin presque général du niveau des transactions. Ces coefficients financiers, dont on a pu constater qu'ils étaient déconnectés de la réalité économique, ne sont plus utilisés.

82625 Désormais, les coefficients de capitalisation – et donc de décapitalisation – ne sont plus que des **coefficients dits « de situation »,** issus de l'observation du marché et susceptibles d'ajustements selon la nature des locaux, le niveau de commercialité du site, et selon les époques. Ils sont de nature statistique et ont été longtemps recherchés pour les boutiques dans une large fourchette de 3 à 10, voire jusqu'à 12 pour les emplacements d'exception.

ATTENTION

Le contexte économique consécutif à la crise sanitaire liée à la Covid-19 et l'amoindrissement des valeurs de droits au bail doivent conduire à **revoir** la **grille** des coefficients de situation.

E. Critères d'appréciation du prix unitaire

82700 L'estimation de la valeur locative unitaire est éclairée par l'analyse des **éléments de comparaison** réduits au mètre carré unitaire utile ou pondéré, selon la catégorie de locaux considérés.

Pour tenir compte des critères énoncés par l'article R 145-7 du Code de commerce et des dispositions de l'article L 145-33 du Code de commerce, il est examiné divers critères valorisants et dépréciatifs, tels que :

– le caractère plus ou moins libéral et valorisant de la destination, le fait qu'elle soit plus ou moins adaptée au site, qu'il s'agisse d'activités commerciales en développement ou en repli...

– le niveau de commercialité de l'implantation rapproché de celui des éléments de référence s'ils ne sont pas situés sur la même artère,

– l'incidence du volume sur le prix (effet bonbonnière, abattement pour grande surface...),

– l'adéquation de la configuration des locaux à la destination,
– les effets d'un report éventuel de l'accession au bailleur des améliorations financées par le locataire (n° 83160),
– l'existence de clauses libérales relatives à la faculté de céder librement ou de sous-louer,
– l'avantage de la communication avec des locaux contigus,
– le caractère exorbitant du droit commun de certaines clauses relatives aux charges (n° 83100),
– l'échéance du renouvellement du bail rapprochée de la date d'effet des loyers de comparaison dès lors que le marché locatif local a connu des fluctuations...

F. Cas particuliers d'évaluation de la valeur locative

1. LOCAUX MONOVALENTS

Selon les dispositions de l'article R 145-10 du Code de commerce, la valeur locative des locaux construits en vue d'une seule utilisation peut, par dérogation aux articles L 145-33 et R 145-3 et suivants, être **déterminée selon les usages** observés dans la branche d'activité considérée. **82830**

L'application des usages professionnels n'est qu'une faculté pour le juge, qui a la liberté d'adopter la méthode qui lui paraît la meilleure et n'a pas à s'expliquer sur son choix (n° 82015) ; pour les cinémas, voir n° 82990.

On relèvera toutefois que la cour d'appel de Paris a semblé considérer, au moins implicitement, qu'en présence d'usages pour déterminer la valeur locative dans une branche d'activité donnée, le juge est tenu de se référer à ces usages (CA Paris 31-3-2010 n° 08/21291, ch. 5-3).

En l'absence d'usage de la profession, le loyer des locaux monovalents est fixé selon la méthode classique du prix au m^2 par référence aux loyers de comparaison (Cass 3e civ. 17-11-1981 n° 80-10.953 : Bull. civ. III n° 186).

Les conditions juridiques d'appréciation de la monovalence sont décrites nos 54950 et suivants.

Les méthodes applicables aux hôtels et aux résidences-services sont étudiées nos 39500 et suivants.

a. Garages

On peut distinguer trois catégories de locaux dans cette branche d'activité. **82910**

1. Les locaux abritant des **distributeurs automobiles et/ou ateliers de mécanique** qui pourraient être, sans transformations coûteuses, affectés à d'autres activités commerciales ou industrielles. La monovalence est ici exclue et leur valeur locative, si le déplafonnement se trouve fondé sur d'autres motifs, est recherchée par la méthode métrique : valorisation distincte des surfaces techniques et d'exposition ou application d'un prix unitaire à une surface pondérée pour souligner les différences de nature des superficies.

2. Les **garages dotés d'équipements spécifiques** tels que fosses, cuves, rampes maçonnées dont la suppression serait coûteuse. De tels locaux sont le plus souvent considérés comme monovalents (Cass. 3e civ. 14-12-1994 n° 1961 D) et la valeur locative est déterminée, non par une méthode spécifique mais par la méthode métrique, comme pour les autres ateliers.

Cette position pourrait évoluer avec celle des modes de distribution : d'anciens garages abritent en effet des activités diverses sans suppression de la rampe.

On note cependant qu'une jurisprudence a distingué entre l'adaptation physique d'un garage aux besoins du public et l'adaptation du public à la configuration du garage pour conclure à la monovalence des locaux dans le second cas (TGI Paris 1-7-2004 n° 99-13513).

Il appartient au bailleur de rapporter la preuve du coût des travaux de réaffectation des locaux à une autre utilisation pour caractériser la monovalence des locaux, même en présence d'une rampe maçonnée importante (Cass. 3e civ. 10-11-2010 n° 09-16.783 FS-PB : Rev. loyers 2010 p. 470 note C. Lebel).

3. Les **garages-hôtels.** Sont ainsi qualifiés les établissements de location d'emplacements de stationnement. Leur valeur locative est déterminée par application à la recette mensuelle théorique hors taxe, résultat de la location de l'ensemble des emplacements de parking, d'un coefficient multiplicateur, lequel est le plus souvent compris entre 3 et 4.

Il n'y a pas lieu en matière de garage-hôtel à application d'un coefficient de fréquentation, le choix du taux sur recettes prenant en compte l'état du marché et la situation de la concurrence.

Enfin, les locaux simplement accessoires à l'exploitation (bureau d'accueil, de gardiennage...) ne font pas l'objet d'une valorisation distincte.

b. Salles de spectacles

82950 La valeur locative des locaux à usage de théâtre est traditionnellement estimée en rapprochant deux méthodes spécifiques : la première par la « jauge », la seconde « au fauteuil ».

La méthode applicable aux théâtres l'est également aux salles qui présentent d'**autres types de spectacles** (cinémas exceptés puisqu'il existe une méthode qui leur est propre). En effet, les exploitants de théâtres privés n'assurent plus que de façon marginale la production de spectacles de théâtre. Ils se bornent le plus souvent à mettre une salle à la disposition de producteurs pour un certain nombre de représentations avec fourniture des matériels de plateau et personnels. Ce mode d'exploitation est commun à la majorité des salles de spectacles.

C'est la raison pour laquelle la méthode des théâtres s'applique indifféremment à des théâtres de format traditionnel ou à des salles qui proposent des spectacles divers mais qui présentent avec les premiers une similitude physique (salle, loges, scène, foyer, etc.).

> Précisions Lorsque les **représentations** proposées sont d'une très grande **diversité** et que sont organisées d'autres activités, la salle de spectacle ne peut être analysée comme un théâtre traditionnel. Dès lors, la méthode par la jauge ainsi que celle du fauteuil doivent être exclues au profit de la méthode de comparaison par le prix unitaire (CA Paris 2-7-2008 n° 06-19420, 16e ch. A : Loyers et copr. 2009 comm. n° 13 note Ph.-H. Brault). Tel est le cas du Bataclan qui, s'il relève administrativement et fiscalement de l'activité « théâtre », propose des représentations aussi diverses que one man show, comédie musicale, variétés et concerts, café-concert et cabaret, mais également d'autres activités telles que plateau de télévision et plateau de tournage de cinéma, discothèque, réunions politiques et soirées privées, défilés de mode ou matchs de boxe (même arrêt).

MÉTHODE PAR LA JAUGE

82955 Cette méthode consiste à appliquer un coefficient à une recette annuelle théorique déterminée en multipliant un prix moyen affiché par le nombre de séances journalières (une généralement) puis par la « jauge ».

Ce prix moyen a été longtemps retenu en termes de prix affiché pour évoluer en faveur d'un prix praticable de source statistique, dans la logique de recherche d'une recette normative.

Le prix effectif a toutefois pu être retenu en considérant qu'un prix moyen praticable ne tenait pas suffisamment compte du format de la salle (CA Paris 30-9-2020 n° 18/07548, ch. 5-3). Il a pu être pratiqué une majoration de 50 % de la jauge lorsqu'il est proposé plus d'une séance journalière pour certains spectacles (CA Paris 14-10-2020 n° 18/22316).

La « jauge » est égale à la capacité d'accueil totale autorisée par l'administration, réduite des « servitudes » (places réservées pour raisons de police administrative). Il n'est pas apporté de correction au titre d'un coefficient de fréquentation.

S'il était d'usage habituel d'exclure les places difficilement vendables (strapontins et places à visibilité réduite), la cour d'appel de Paris les a comptés dans la jauge (CA Paris 14-10-2020, précité).

Le coefficient multiplicateur varie dans une fourchette comprise habituellement entre 4 et 5,5 avec des exceptions jusqu'à 7, voire exceptionnellement jusqu'à 10, pour les petites salles, plus faciles à remplir. Le coefficient appliqué à la jauge tient compte par ailleurs de critères tels que la fonctionnalité, le niveau d'équipement, la sécurité, l'implantation.

Si la méthode par la jauge demeure privilégiée, elle peut être **adaptée** lorsque l'outil immobilier offre au locataire la jouissance de **surfaces annexes** autres que les dépendances banales qui sont génératrices de recettes propres ou qui apportent un confort particulier à l'exploitation (salles susceptibles d'être louées isolément, aires de livraison, surfaces administratives importantes...). Ces annexes sont alors valorisées selon la méthode métrique (TGI Paris 28-6-2011 n° 07/06378).

MÉTHODE AU FAUTEUIL

82960 Cette deuxième méthode, utilisée pour rapprocher le loyer estimé par la jauge avec les loyers pratiqués pour d'autres salles de spectacles du même secteur, est devenue une méthode alternative à part entière.

MÉTHODE MÉTRIQUE

82965 Certaines décisions ont rapproché les deux méthodes traditionnelles avec une méthode métrique.

L'application d'un prix unitaire à une surface pondérée présente un intérêt lorsque la pratique tarifaire présente une grande disparité en raison de la diversité des spectacles (CA Paris 2-7-2008 n° 06-19420, 16e ch. A).

Elle ne modifie pas de manière substantielle l'approche de la valeur locative dès lors que le prix unitaire est appuyé sur des références locatives afférentes à des locaux comparables, soit d'autres théâtres (dont le loyer a souvent été fixé lui-même à la jauge ou au fauteuil), et que les pondérations pratiquées sont homogènes.

Il peut être déduit une moyenne des trois approches de la valeur locative si elles sont suffisamment cohérentes entre elles (CA Paris 2-7-2008, 16e ch. A, nº 07-10860).

ATTENTION

L'**évolution** des **modes d'exploitation** des salles de spectacles devrait conduire à une refonte des méthodes d'estimation de leur valeur locative. La méthode par la jauge apparaît largement obsolète dans la mesure où le titulaire du bail est de plus en plus rarement le producteur du spectacle et se borne bien souvent à mettre à disposition pour un certain nombre de séances les locaux, la billetterie, les agencements scénographiques et des personnels.

c. Cinémas

Le loyer des locaux construits ou aménagés en vue d'une utilisation comme établissement de spectacles cinématographiques au sens de l'article L 212-2 du Code du cinéma et de l'image animée est déterminé selon les seuls usages observés dans cette branche d'activité (C. com. art. L 145-36, al. 2). Si la mise en œuvre de la méthode spécifique aux cinémas a été longtemps d'usage, ce texte l'a rendu obligatoire, excluant ainsi toute autre méthode, notamment métrique. **82990**

La valeur locative des cinémas est déterminée par application d'un pourcentage aux **recettes hors taxe ventilées.** **82992**

Les taux les plus fréquemment retenus sont les suivants :

- recettes billetterie : 7 à 10 % ;
- recettes confiserie : 15 à 20 % ;
- recettes publicité : 15 à 30 %.

La **recette billetterie** sur laquelle est appuyée l'estimation de la valeur locative est déterminée en appliquant un taux de fréquentation à une recette égale au nombre de places multiplié par le prix moyen des places et le nombre de séances journalières. **82995**

La recette théorique est à corriger du montant de la TVA au taux réduit de 5,5 %. Elle est également soumise à la taxe spéciale additionnelle (TSA) au taux de 10,72 %, prévue aux articles L 115-1 du Code du cinéma et de l'image animée (modifié par ord. 2023-1210 du 20-12-2023) et L 452-5 du Code des impositions sur les biens et les services (issu de ord. précitée), appliquée aux prix des entrées, TVA comprise.

Le Centre national de la cinématographie (CNC) gère le soutien financier de l'État à l'industrie cinématographique et à l'industrie des programmes audiovisuels. Il fournit des aides automatiques à la production, à la distribution, à l'exploitation et un soutien sélectif à l'ensemble des métiers de la filière. Sur les recettes des guichets des salles de cinéma, il est prélevé une contribution au soutien financier au bénéfice des exploitants. Cette allocation est proportionnelle au montant de la taxe encaissée sur le prix du billet, selon un barème dégressif et redistributif qui privilégie les petites et moyennes exploitations. Le soutien accordé sous forme de subventions est destiné à financer les travaux de modernisation et les créations de salles.

La prise en compte ou non de la TSA dans la détermination de la recette théorique fait l'objet de divergences jurisprudentielles.

La cour d'appel de Paris a pris le parti très explicite de déduire la TSA nette des réversions effectives servies à l'exploitant (CA Paris 1-2-2012 nos 09/06393 et 09/06339), ce qui revient à intégrer à la recette le montant des subventions allouées à l'exploitant par le CNC. Quant à la cour d'appel de Colmar, elle a posé le principe selon lequel cette subvention doit être incluse dans les recettes pour le calcul du loyer, même si le calcul effectif retenu revient à l'exclure (CA Colmar 22-3-2012 nº 11/00726, 1e ch. civ.). Un autre arrêt de la cour d'appel de Paris a fait valoir que, dès lors que c'est le montant de la recette théorique qui a servi de base de calcul au montant du loyer, les subventions par nature variables et aléatoires allouées à l'exploitant n'ont pas à figurer dans la recette théorique (CA Paris 21-5-2014 nº 12/13670). Pour autant, le même arrêt a relevé que l'expert commis par la juridiction a estimé que « les usages professionnels conduisent à calculer les loyers en renouvellement des cinémas à raison de 5 à 10 % de la recette théorique des entrées, hors TVA, mais TSA incluse », ce qui revient à prendre en compte non seulement le montant de la subvention mais la TSA globale. À notre connaissance, la position la plus récente du tribunal judiciaire de Paris résulte d'un jugement du 20 janvier 2015 (TJ Paris 20-1-2015 nº 12/14518) lequel conclut qu'il n'y a pas lieu de déduire de ce montant la TSA (taxe interne à la profession).

Il s'agit d'une question de fait que la Cour de cassation n'a pas vocation à trancher. Elle a d'ailleurs rappelé que les juges du fond sont souverains pour fixer le loyer à la valeur locative en matière de cinéma en adoptant le mode de calcul qui leur paraît le meilleur (Cass. 3e civ. 18-6-2013 nº 12-22.226).

82997 En ce qui concerne les **salles** classées **Art et essai,** la Cour de cassation a considéré que même si cette programmation est un choix de l'exploitant, la perception de subventions demeure une source de revenus aléatoire, irrégulière et imprévisible : il n'y a pas lieu de les intégrer à la recette sur laquelle est assis le calcul de la valeur locative (Cass. 3e civ. 18-6-2013 nº 12-22.226 F-D : Loyers et copr. 2014 comm. nº 16 note E. Chavance).

83005 En ce qui concerne l'**incidence des cartes d'abonnement** ouvrant droit pour ses titulaires à des conditions d'entrée réduites, elle se traduit par un accroissement de la fréquentation mais un allégement limité de la recette globale apparente. En effet, les entrées de cette nature sont généralement comptabilisées non pour leur montant effectif mais à un niveau de valorisation unitaire théorique qui vise à préserver les droits à redevance des distributeurs de films. L'influence de ces cartes sur le calcul de la valeur locative est donc quasiment négligeable.

d. Cliniques

83030 La méthode d'estimation de la valeur locative des cliniques doit être adaptée après la réforme du mode de financement de la sécurité sociale qui encadre les pratiques tarifaires des cliniques et a fait disparaître la notion de prix de journée au profit d'une tarification à l'activité (T2A) entrée en vigueur dans le cadre du plan « Hôpital 2007 » (Loi 2003-1199 du 18-2-2003 art. 22 à 34).

La valeur locative des cliniques a pu être approchée en croisant plusieurs méthodes :

- au mètre carré par comparaison avec les conditions locatives d'établissements comparables ;
- et, pour recoupement, au lit et par référence à un taux d'effort fondé non sur les recettes, mais sur une capacité bénéficiaire appréciée dans une logique normative en termes d'EBITDAR théorique.

La cour d'appel d'Orléans a constaté qu'il n'existait plus d'usage avéré en matière de loyers de cliniques depuis la réforme de la tarification à l'acte ou selon la pathologie, laquelle peut se traduire par des tarifs de 1 à 15 pour un même lit. La cour a validé une approche métrique de la valeur locative par référence à des loyers de locaux de proximité au sein desquels sont exercées des activités de service, approche recoupée avec le rendement du coût de construction du bien immobilier (CA Orléans 26-5-2011 nº 10-01741). Cette décision a été confirmée par la Cour de cassation (Cass. 3e civ. 11-12-2012 nº 11-21.910 F-D : RJDA 5/13 nº 391). D'autres décisions des juges du fond se sont prononcées dans le même sens (CA Aix-en-Provence 28-3-2013 nº 10/13609 ; TGI Paris 4-7-2016 nº 10/14332 : Administrer août-sept. 2016 p. 59 obs. Sainturat ; CA Nîmes 13-1-2021 nº 18/03125 : Administrer février 2021 p. 39 obs. Panepinto).

2. TERRAINS NUS

83070 Sont exclus du statut des baux commerciaux les terrains nus et ceux qui y sont assimilés parce que les constructions ne présentent pas un caractère suffisant de solidité et de fixité ou parce que les constructions n'ont pas été autorisées par le bailleur.

L'estimation de la valeur locative d'un terrain ne vise pratiquement que les terrains objet d'un bail commercial dont les constructions n'ont pas fait accession au bailleur ou ceux sur lesquels sont édifiées des constructions très modestes (casses automobiles, parkings...).

Conformément aux dispositions de l'article R 145-9 du Code de commerce, il est tenu compte de la **nature du terrain** et de ses **modalités d'exploitation.** Sont ainsi considérées ses caractéristiques physiques (accessibilité, terrain stabilisé ou non, viabilisé ou non, configuration homogène ou non, largeur de façade sur la voirie, planéité...) et juridiques (potentiel contractuel en termes de constructibilité, présence d'une clause de nivellement éventuelle...).

La **méthode métrique** est la plus légitime mais se heurte souvent à la rareté des termes de comparaison.

La pratique expertale et la jurisprudence ont ainsi admis des **méthodes alternatives** :

- rentabilité théorique déterminée sur la base d'une valeur vénale (CA Caen 23-5-2013 nº 12/00539) ;
- récupération foncière avec abattement pour encombrement ;
- quote-part de la valeur locative globale de l'actif terrain et bâti.

Il est également procédé par rapprochement de différentes méthodes (TGI Paris 10-4-2012 nº 03/06240, 18e ch. sect. 1 ; TGI Versailles 20-9-2019 nº 19/02579, 3e ch. ; CA Toulouse 24-9-2024 nº 22/02744).

3. CLAUSES EXORBITANTES DU DROIT COMMUN

Aux termes de l'article R 145-8, alinéa 1 du Code de commerce, du point de vue des obligations respectives des parties, les restrictions à la jouissance des lieux et les obligations incombant normalement au bailleur dont celui-ci se serait déchargé sur le locataire sans contrepartie constituent un facteur de diminution de la valeur locative. Il en est de même des obligations imposées au locataire au-delà de celles qui découlent de la loi ou des usages. En conséquence, la valeur locative brute doit être nuancée pour tenir compte de l'existence éventuelle de clauses exorbitantes du droit commun, qu'elles soient valorisantes (clauses libérales) ou dépréciatives. **83100**

En la matière, l'**incidence de la loi Pinel** 2014-626 du 18 juin 2014 (C. com. art. L 145-40-2) et de son décret d'application 2014-1317 du 3 novembre 2014 (C. com. art. R 145-35) ne sera pas négligeable puisqu'il existe désormais une liste des **charges** qui, en raison de leur nature, ne peuvent être imputées au locataire (nos 12020 s.). Dès lors qu'une charge est considérée comme « récupérable » sur le locataire au sens de l'article L 145-40-2 et dans la mesure où elle n'entre pas dans la liste définie par l'article R 145-35, on doit se poser la question de savoir si elle peut constituer une clause exorbitante de droit commun au sens de l'article R 145-8 et donner droit à une minoration de loyer.

Que décider par exemple pour la taxe foncière dont le bailleur est le redevable légal, mais qui constitue néanmoins une charge récupérable sur le locataire ? En réalité, il semble que les charges « récupérables » au sens de l'article R 145-35 et les clauses exorbitantes de droit commun représentent des notions distinctes qui n'ont pas vocation à s'exclure. Si le bail peut valablement mettre la taxe foncière à la charge du locataire, cela n'en reste pas moins une taxe incombant légalement au bailleur qui a été transférée au locataire et qui doit donc être prise en considération dans l'appréciation de la valeur locative (Cass. 3e civ. 16-3-2017 no 16-11.972 F-D : RJDA 6/17 no 395). Le montant de l'impôt foncier doit donc être déduit de la valeur locative lorsque son paiement a été contractuellement mis à la charge du locataire (Cass. 3e civ. 23-5-2019 no 18-14.917 F-D : RJDA 10/19 no 610 ; Cass. 3e civ. 25-1-2023 no 21-21.943 FS-B : RJDA 5/23 no 243), même si ce transfert constitue un usage dans le secteur concerné (Cass. 3e civ. 23-5-2019 précité ; Cass. 3e civ. 8-2-2024 no 22-24.268 F-D).

Minore également la valeur locative le fait de mettre contractuellement à la charge du locataire les travaux de mise en conformité, l'assurance souscrite par le bailleur et les frais de gérance (Cass. 3e civ. 24-11-2021 no 20-21.570 F-D : RJDA 2/22 no 65).

ATTENTION

Il n'en reste pas moins que la déduction « légale » des clauses exorbitantes de droit commun ne doit pas aboutir à fausser le critère, légal lui aussi, des **prix de comparaison** (C. com. art. R 145-7), et de leur nécessaire équivalence, notamment lorsque les loyers de comparaison concernent des baux dans lesquels la taxe foncière, par exemple, est à la charge du locataire. Dans cette hypothèse, il nous semble que la bonne logique voudrait que les références sur lesquelles s'appuie l'expert soient corrigées, et le cas échéant majorées, pour tenir compte du fait que les loyers de comparaison concernent majoritairement des baux dans lesquels, par exemple, la taxe foncière est à la charge du locataire, alors que s'agissant d'une clause exorbitante de droit commun, cette taxe foncière est déduite de la valeur locative du local considéré. À défaut de correction, les termes de comparaison ne sont donc pas équivalents, puisque cela revient à appliquer des références de loyers net de charges pour déterminer une valeur locative charges comprises.

La prise en compte des **transferts de charges** peut s'opérer : **83105**

- par déduction directe de leur montant de la valeur locative brute ;
- par application d'une décote mesurée en pourcentage de cette valeur ;
- par ajustement du prix unitaire de base.

Ces corrections sont à nuancer si on les traite par abattement forfaitaire (par exemple, les coûts techniques de mise aux normes ne sont pas directement proportionnels à la commercialité de l'artère ni donc à la valeur locative).

Tout **avantage** particulier accordé au locataire (par exemple, libre cession) constitue un élément de majoration de la valeur locative, que ces clauses libérales soient utilisées ou non. Il en est ainsi également de la libéralité de la destination contractuelle, pour autant que la configuration des locaux se prête à l'exercice de la gamme des activités autorisées. En revanche, la faculté de sous-louer ou de donner le fonds en gérance, considérée comme banale, n'a pas justifié de majoration de la valeur locative (CA Paris 13-5-2020 no 18/09252). **83110**

À l'inverse, la renonciation du locataire au plafonnement du loyer en renouvellement de bail a pu justifier une décote (TJ Paris 20-5-2020 no 17/15939).

4. RÉGIME DE L'ACCESSION DES TRAVAUX D'AMÉLIORATION

83160 L'article R 145-8 du Code de commerce prévoit qu'en cas d'améliorations **financées par le locataire,** la prise en compte des travaux ne produit d'effets juridiques qu'au-delà du premier renouvellement du bail.

La jurisprudence est évolutive sur ce point et des difficultés proviennent de l'absence de définition précise de la notion de travaux d'amélioration (voir nos 83500 s.).

83165 Le report de l'accession au bailleur de travaux financés par le locataire, si le bailleur n'y a pas contribué, impose que soit pratiquée une correction négative de la valeur locative par rapport à l'état constaté.

Cette décote est nuancée selon l'importance physique des travaux dont il est justifié, du supplément de valeur apporté au bien immobilier, du gain de fonctionnalité, du coût de leur réalisation, etc. Elle est pratiquée soit dans le choix du prix unitaire, soit par application d'une correction forfaitaire exprimée en pourcentage de la valeur locative brute.

Il peut être recherché sur quelle durée l'allégement de loyer résultant de la décote sur la valeur locative brute revient à « amortir » le coût des travaux dont l'accession se trouve reportée.

L'aménagement d'un local loué « brut de béton » peut justifier une correction négative qui peut atteindre 20 %.

83170 Le régime de l'accession des **travaux hôteliers** fait l'objet de dispositions réglementaires spécifiques (nos 39330 s.).

SECTION 3 MODIFICATIONS DE LA VALEUR LOCATIVE

83300 Le législateur a établi une corrélation étroite entre les facteurs tant internes qu'externes permettant de déterminer la valeur locative et les motifs de déplafonnement. C'est précisément la modification des éléments de la valeur locative, tels que limitativement énumérés à l'article L 145-33 du Code de commerce, qui autorise le déplafonnement du loyer. Paradoxalement, le critère essentiel pour définir une valeur, celui des loyers de comparaison, placé en dernier dans l'énumération légale, est exclu des modifications admises au titre du déplafonnement. C'est là la limite ultime du lien logique existant entre le déplafonnement et la valeur locative.

Effet de l'épidémie de Covid-19 sur l'estimation de la valeur locative des commerces

La crise sanitaire liée à l'épidémie de Covid-19 pose le problème de l'estimation de la valeur locative lorsque l'échéance du renouvellement du bail s'inscrit dans ce contexte particulier alors que le marché locatif était fragilisé avec raréfaction des transactions, voire totalement figé. Les commerces de proximité implantés sur des artères de commercialité secondaire se sont trouvés moins affectés que ceux dont l'activité était largement assujettie à la fréquentation touristique ou qui ont souffert du déploiement du télétravail. Les commerces d'équipement de la personne ont été impactés par l'essor du e-commerce, la frilosité de la clientèle dans un environnement conjoncturel et sanitaire incertain, le repli de la consommation liée au télétravail et à la privation d'activités sociales. On ne peut exclure l'impact de la crise, inégal selon les sites, les activités et l'adéquation des activités aux sites. On ne peut pas non plus raisonner en appliquant une valeur locative dégradée sur la durée d'un bail.

Faute de pouvoir anticiper les effets pérennes de la crise sanitaire sur la valeur locative, la pratique expertale a mis en œuvre une méthode de **lissage** du loyer **sur la durée du bail à renouveler.**

Cette méthode a été très ponctuellement considérée par la jurisprudence pour la valider ou l'écarter. Le marché locatif s'étant trouvé rapidement résilient, cette méthode s'est trouvée obsolète. Les incidences de la crise sanitaire sur le marché locatif ne se mesurent plus qu'en termes de dépréciation relative des valeurs locatives et des valeurs de droits au bail.

Certaines décisions du tribunal judiciaire de Paris concluent à une modération des valeurs locatives en renouvellement de bail en raison des incertitudes économiques liées à la crise

sanitaire pour fixation de loyers de baux renouvelés au 1er juillet 2020 (TJ Paris 5-4-2024 n° 22/06167), au 1er octobre 2020 (TJ Paris 3-5-2024 n° 21/09470), au 1er janvier 2021 (TJ Paris 1-8-2024 n° 22/03557).
À l'inverse, d'autres décisions excluent que soit pratiquée une correction négative de la valeur locative :
– pour un renouvellement de bail au 1er avril 2021 : « [...] aucun élément ne démontre une baisse de la valeur locative dans le secteur des locaux du fait de la crise sanitaire. Dès lors, il n'y a pas lieu d'appliquer un abattement à la valeur locative en raison de la crise sanitaire » (TJ Paris 7-4-2023 n° 21/06464) ;
– pour un renouvellement de bail au 1er janvier 2021 : « Il sera rappelé que la valeur locative est appréciée au jour de la date d'effet du renouvellement, soit en l'espèce, le 1er janvier 2021, et non en fonction des événements survenant au cours du bail renouvelé. En l'espèce, le juge des loyers commerciaux relève qu'aucune incidence spécifique de la crise sanitaire sur la valeur locative dans la zone de chalandise ne transparaît des références fournies par l'expert judiciaire. La société locataire échoue à démontrer une diminution des valeurs locatives du fait de la crise sanitaire. Par conséquent, aucune décote ne sera appliquée en raison de la crise sanitaire » (TJ Paris 12-4-2024 n° 21/09714) ;
– pour un renouvellement de bail au 1er octobre 2020 : « [...] il n'est pas justifié de faire droit à la demande de la locataire relative à un abattement supplémentaire afin de prendre en compte la crise sanitaire » (TJ Paris 21-4-2024 n° 22/03478).
Ce qui précède ne traduit pas une dispersion de la jurisprudence mais au contraire une recherche cohérente de l'impact de la crise sanitaire sur la valeur locative au cas par cas selon les secteurs concernés.
S'agissant des **baux renouvelés avant survenance de la crise sanitaire** et même si celle-ci est susceptible de produire des effets sur une durée significative de ces baux, la jurisprudence considère que cette circonstance ne peut pas affecter la fixation du loyer (CA Toulouse 21-7-2021 n° 19/04342, 2e ch. ; CA Amiens 23-11-2021 n° 19/06437, ch. écon. ; CA Aix-en-Provence 6-1-2022 n° 19/08984, ch. 1-7 ; CA Aix-en-Provence 12-5-2022 n° 19/18338, ch. 3-4).

I. MODIFICATIONS DES CARACTÉRISTIQUES DU LOCAL ET INCIDENCE DES TRAVAUX D'AMÉLIORATION

Les travaux réalisés dans les lieux loués au cours du bail constituent un des principaux motifs de déplafonnement et une source abondante de litiges, tant leur régime juridique est complexe. Le principal écueil auquel se heurtent les praticiens résulte de la combinaison des dispositions des **articles R 145-3 et R 145-4** du Code de commerce, permettant le déplafonnement du loyer dès le premier renouvellement, à raison de la modification des caractéristiques des locaux, avec le statut juridique des améliorations édicté à l'**article R 145-8** du Code de commerce, organisant un déplafonnement différé au second renouvellement. **83310**

A. Modification des caractéristiques du local

Les caractéristiques propres au local s'apprécient en considération des éléments suivants (C. com. art. R 145-3 et R 145-4, al. 2) : **83320**
– sa situation dans l'immeuble où il se trouve, sa surface et son volume, la commodité de son accès pour le public ;
– l'importance des surfaces respectivement affectées à la réception du public, à l'exploitation ou à chacune des activités diverses qui sont exercées dans les lieux ;
– les rapports entre ses dimensions, la conformation de chaque partie et son adaptation à la forme d'activité qui y est exercée ;
– l'état d'entretien, de vétusté ou de salubrité et, le cas échéant, de la conformité aux normes exigées par la législation du travail ;
– la nature et l'état des équipements et des moyens d'exploitation mis à la disposition du locataire ;
– l'existence de locaux accessoires, de locaux annexes ou de dépendances, loués par le même bailleur et susceptibles d'une utilisation conjointe avec les locaux principaux.
Lorsque les lieux loués comportent une partie affectée à l'habitation, la valeur locative de celle-ci est déterminée par comparaison avec les prix pratiqués pour des locaux d'habitation analogues

faisant l'objet d'une location nouvelle, majorés ou minorés, pour tenir compte des avantages ou des inconvénients présentés par leur intégration dans un tout commercial.

1. MODIFICATION DE L'ASSIETTE DU BAIL

83330 La surface constitue à l'évidence une caractéristique essentielle des lieux loués, le prix du bail étant le plus souvent fixé en fonction des mètres carrés. Sa modification est habituellement retenue par les juges comme une cause de déplafonnement. Néanmoins, les juridictions du fond bénéficient d'un pouvoir souverain d'appréciation tant pour caractériser la modification que pour en apprécier le caractère notable (Cass. 3ᵉ civ. 2-12-1998 n° 1753 PB : RJDA 2/99 n° 155 ; Cass. 3ᵉ civ. 13-1-2004 n° 36 F-D : RJDA 5/04 n° 532). Sur l'appréciation du caractère notable, voir nos 54620 s.

ATTENTION

Dans la mesure où l'adjonction ou la réduction des surfaces louées s'accompagne d'une **modification du loyer initial,** en cours de bail, les parties risquent de se heurter à une impossibilité technique d'appliquer la règle du plafonnement, ce qui justifierait de retourner à la valeur locative, sauf à admettre une application distributive des coefficients de l'indice Insee aux montants successifs du loyer (voir en ce sens, CA Paris 29-4-1986 : D. 1986 IR p. 344).

MODIFICATION DE L'ASSIETTE PAR AUGMENTATION DES SURFACES LOUÉES

83335 Lorsqu'elle améliore la capacité commerciale du local, l'augmentation des surfaces constitue une modification notable des caractéristiques des locaux. Il en va ainsi :

- de l'adjonction d'un bureau (Cass. 3ᵉ civ. 2-12-1980 n° 79-13.693 : Gaz. Pal. 1981 pan. p. 122) ;
- de locaux d'un seul tenant en sous-sol (CA Paris 27-6-1989, 16ᵉ ch. A : Juris-Data n° 1989-023754) ;
- de la mise à disposition du locataire d'un appartement dans l'immeuble où est exploité le fonds, permettant au locataire ou à son personnel d'y habiter (CA Paris 12-7-1988, 16ᵉ ch. A : Loyers et copr. 1988 comm. n° 499 ; CA Paris 3-10-1991, 16ᵉ ch. B : Administrer février 1992 p. 58) ;
- de la mise à disposition du locataire d'une surface de 44 m^2 utilisée comme atelier d'expédition (CA Paris 6-10-1992 n° 91-4125, 16ᵉ ch. A : Loyer et copr. 1993 comm. n° 105) ;
- de l'adjonction par le locataire d'une terrasse réalisée sur le terrain du bailleur (CA Paris 18-2-1998 n° 96-2551, 16ᵉ ch. A : Loyer et copr. 1999 comm. n° 97 note Ph.-H. Brault) ;
- de l'augmentation importante de la surface accessible au public (CA Paris 21-10-2016 n° 14/16055 : Loyer et copr. 2016 comm. n° 256 obs. Chavance).

Sur l'application de l'article R 145-3 en cas de travaux du locataire ayant entraîné une augmentation de l'assiette du bail, voir n° 83805.

En revanche, ne constitue pas une modification notable l'extension d'une surface de stockage par l'ajout d'une cave (CA Chambéry 14-6-2011 n° 10/01480, ch. com.).

83340 **Adjonction de locaux annexes** Les caractéristiques propres au local peuvent être affectées par des éléments extrinsèques constitués par des locaux accessoires, des locaux annexes ou des dépendances loués, à condition qu'ils aient été **loués par le même bailleur et** qu'ils soient susceptibles d'une **utilisation conjointe** avec les locaux principaux (C. com. art. R 145-4, al. 1). Il en va ainsi même si l'adjonction a fait l'objet d'un bail distinct (Cass. 3ᵉ civ. 2-12-1992 n° 1742 P : RJDA 1/93 n° 11).

Ces locaux annexes doivent toutefois présenter un véritable intérêt pour les locaux loués. Tel n'est pas le cas de l'attribution d'une nouvelle cave au locataire, car elle ne représentait qu'une modification de surface pondérée de 0,15 m^2 et ne présentait pas d'intérêt pour l'activité de librairie dès lors qu'on ne pouvait pas y accéder depuis la boutique (CA Paris 3-4-2008 n° 06-22226, 16ᵉ ch. B : Administrer juin 2008 p. 35).

83345 **Droit de terrasse** Il arrive très souvent dans les commerces de centre-ville que le locataire bénéficie d'une autorisation, consentie par un tiers, pour adjoindre un local contigu au local principal. Il s'est ainsi développé une jurisprudence abondante en matière de droit de terrasse consenti par les municipalités directement au locataire et sur leur **domaine public.**

Certaines juridictions ont écarté la demande de déplafonnement du bailleur aux motifs que l'assiette du bail n'était pas modifiée et que l'autorisation donnée par la ville était personnelle au commerçant et essentiellement précaire (CA Paris 16-1-1996 n° 94-11307, 16ᵉ ch. A : Loyers et copr. 1996 comm. n° 124 note Ph.-H. Brault ; CA Paris 19-6-2002 n° 00-4850, 16ᵉ ch. A ; CA Poitiers 20-1-2004 n° 02-26, 2ᵉ ch. civ. : Juris-Data n° 2004-233632 ; CA Paris 26-10-2011 n° 10/075, ch. 5-3 ; CA Caen 2-2-2012 n° 10/02848, 2ᵉ ch. civ. et com.). Cette position a été confirmée par la Cour de cassation qui, au-delà du caractère précaire de l'autorisation, considère que l'installation de la terrasse ne concerne pas les lieux loués mais seulement le domaine public (Cass. 3ᵉ civ. 25-11-2009 n° 08-21.049 : RJDA 3/10 n° 223).

Pour d'autres juridictions, les conditions d'une modification des caractéristiques du local seraient remplies dès lors que l'emprise de la terrasse, comparée à la surface qui est réservée à la réception de la clientèle dans les lieux loués, s'avère suffisamment importante (CA Paris 7-3-1996 n° 94-12450, 16e ch. B : Juris-Data n° 1996-020661 ; CA Paris 23-9-1997 n° 96-16046, 16e ch. A : Juris-Data n° 1997-022741).

Mais, soulignant à nouveau le caractère précaire du titre d'occupation, la Cour de cassation a expressément réaffirmé que l'agrandissement de la terrasse extérieure d'une brasserie sur le domaine public n'affecte pas les caractéristiques des locaux loués (Cass. 3e civ. 13-10-2021 n° 20-12.901 FS-PB : RJDA 1/22 n° 2).

Adjonction de locaux appartenant à des tiers De telles adjonctions sont contraires aux dispositions de l'article R 145-4, al. 1 du Code de commerce dès lors que la condition d'identité de bailleur n'est pas remplie. C'est sur le fondement de ce texte que la Cour de cassation a censuré une cour d'appel qui avait retenu le déplafonnement à raison de l'adjonction par le locataire à la réserve de son local commercial, par abattage d'une cloison, d'une cave appartenant à un tiers et qu'il occupait sans droit ni titre (Cass. 3e civ. 30-11-2005 n° 1287 FS-PB : RJDA 2/06 n° 112, AJDI 2006 p. 464 obs. M.-P. Dumont). Elle avait déjà, auparavant, et pour le même motif d'absence de modification de l'assiette des locaux loués et d'identité du bailleur, cassé un arrêt d'appel qui avait retenu le déplafonnement en raison de l'annexion aux locaux loués de la loge du concierge de l'immeuble et de la cuisine de cette loge, le tout ayant été intégré à la cuisine du restaurant par suppression du mur séparatif, mais appartenant à la copropriété qui en avait concédé la jouissance au locataire (Cass. 3e civ. 27-11-2002 n° 1736 FS-PB : RJDA 3/03 n° 237, RJDA 2/03 n° 117 ; voir aussi, dans le même sens, à propos du percement d'un mur donnant accès à un local adjacent n'appartenant pas au même bailleur, Cass. 3e civ. 3-7-2013 n° 12-21.328 FS-D : Administrer octobre 2013 p. 33 obs. J.-D. Barbier). **83350**

En réalité, le débat judiciaire devrait porter sur les travaux d'aménagement et de liaison du local annexe et du local principal et sur l'éventuelle application de l'article R 145-8 du Code de commerce relatif au régime des améliorations, lors du renouvellement du bail suivant celui au cours duquel les travaux ont été réalisés (voir n° 83820).

Incidence du versement d'une contrepartie financière Le déplafonnement est acquis au bailleur, quand bien même l'adjonction de locaux a donné lieu au versement d'une indemnité ou à une augmentation du loyer (Cass. 3e civ. 14-5-1997 n° 95-15.444 : Bull. civ. III n° 102 ; Cass. 3e civ. 1-2-2000 n° 140 D : Administrer mai 2000 p. 42 obs. B. Boccara et D. Lipman-Boccara ; CA Paris 10-2-1999 n° 97-15430, 1e ch. : JCP G 1999 IV n° 2516 ; Cass. 3e civ. 13-5-1997 n° 95-15.511 : Administrer novembre 1997 p. 61). Une solution contraire aboutirait en effet à ajouter au texte une nouvelle condition, alors que le critère de la modification des lieux loués est uniquement matériel. En revanche, les parties peuvent valablement exclure dans un avenant au bail ou un protocole distinct ce cas de déplafonnement. **83355**

MODÈLE

Clause excluant l'adjonction de locaux comme cas de déplafonnement

« De convention expresse, l'adjonction au local principal du local annexe défini à l'article... ainsi que les travaux d'agencement et de liaison entre les deux locaux ne pourront jamais constituer une cause de déplafonnement, que ce soit lors du prochain renouvellement du présent bail et/ou des éventuels renouvellements successifs. »

MODIFICATION DE L'ASSIETTE PAR RÉDUCTION DES SURFACES LOUÉES

La réduction des surfaces louées est rarement reconnue comme une cause de déplafonnement du loyer. Il semble que dans ce cas la jurisprudence se fonde moins sur la modification des caractéristiques des locaux que sur celle des obligations des parties relevant de l'article R 145-8. **83360**

ILLUSTRATIONS

Une réduction de 5 % de la surface totale pondérée, portant sur un vestiaire, donc un local non affecté à l'exploitation, et une réduction en contrepartie de 8 % du loyer ne modifient pas l'équilibre de la convention et ne constituent pas une modification notable des obligations des parties justifiant le déplafonnement du loyer renouvelé.

CA Paris 8-11-2002 n° 01-10833, 16e ch. B : Juris-Data n° 2002-197169.

Le loyer initial de 210 000 francs avait été porté à 322 720 francs à raison de l'extension de la location à un local de trois pièces situé au 1er étage. Après convention de restitution de ce local, le loyer avait été ramené à la somme de 244 700 francs. Selon la Cour de cassation, la cour d'appel a souverainement retenu que la différence de 16,50 % entre le loyer du bail initial et celui

applicable après accord de restitution de l'appartement du 1er étage ne pouvait être qualifiée de notable, dès lors qu'elle n'impliquait pas un substantiel bouleversement de l'économie du bail.
Cass. 3e civ. 21-3-2006 n° 401 F-D : Loyers et copr. 2006 comm. n° 178 note Ph.-H. Brault.

Constitue une modification notable des caractéristiques des locaux loués la restitution des locaux du 2e étage de l'immeuble d'une superficie de 326,75 m² sur un total de 1 597,75 m².
CA Paris 17-1-2007 n° 06-10617, 16e ch. A.

La restitution de 15 % de la surface des locaux loués, quand bien même elle ne serait pas accessible à la clientèle, est une modification notable des caractéristiques du bail entraînant un déplafonnement du loyer.
CA Paris 13-9-2017 n° 15/18249 : Administer octobre 2017 p. 56 note M.-L. Sainturat.

2. PRISE EN COMPTE DES TRAVAUX DU BAILLEUR

83400 L'**amélioration,** au cours du bail, **des équipements et moyens d'exploitation** mis à la disposition du locataire constitue un motif souvent invoqué par les bailleurs pour obtenir le déplafonnement du loyer. Pour qu'il soit retenu, le juge vérifie que le locataire est susceptible de bénéficier des aménagements apportés au local loué ou à l'immeuble dans l'exercice de son commerce ou de son activité.

L'installation d'un ascenseur et d'un interphone dans l'immeuble est habituellement considérée comme une modification des caractéristiques des locaux justifiant le déplafonnement, notamment pour les bureaux et les locaux d'activité situés en étage (CA Paris 19-10-1993 n° 91-11455, 16e ch. A : fabricant de chapeaux situé au 3e étage ; Cass. 3e civ. 20-12-1995 n° 93-12.447 : RJDA 2/96 n° 192, Loyers et copr. 1996 comm. n° 220 note Ph.-H. Brault, Administrer août-septembre 1996 p. 29 note B. Boccara et D. Lipman-Boccara ; CA Paris 17-3-1999 n° 96-17610, 16e ch. A : RJDA 6/99 n° 651), mais également pour une boutique en pied d'immeuble, ce qui est plus discutable (Cass. 3e civ. 9-10-1996 n° 1600 P : RJDA 12/96 n° 1444 ; Cass. 3e civ. 20-12-1995 n° 93-12.447 précité).

La Cour de cassation semble toutefois infléchir sa jurisprudence vers une plus grande sévérité en exigeant que les travaux réalisés par le bailleur aient une **incidence** favorable **sur l'activité exercée par le locataire.** Elle a ainsi approuvé une cour d'appel qui a jugé que les travaux d'installation d'un ascenseur ne constituaient pas un motif de déplafonnement, dès lors qu'ils n'avaient pas eu d'incidence particulière sur l'activité principale d'enseignement exercée par le locataire au 8e étage, les élèves étant essentiellement attirés par la réputation de l'école. Quant à l'activité de vente de sculptures, céramiques, émaux exercée également par le locataire, elle n'attirait pas une clientèle de passage, de sorte qu'en réduisant le passage dans les escaliers l'installation des ascenseurs avait plutôt une incidence négative pour le développement de l'entreprise du locataire (Cass. 3e civ. 9-7-2008 n° 07-16.605 FS-PBI : RJDA 10/08 n° 991).

83405 Les **améliorations** apportées à l'immeuble peuvent être simplement **esthétiques.** La Cour de cassation a ainsi censuré une cour d'appel qui avait débouté un locataire de sa demande de fixation du loyer du bail renouvelé selon la valeur locative au motif que le changement complet des huisseries et des volets de l'immeuble qui ne s'imposait pas, ne concernait pas l'entretien des lieux loués, mais affectait seulement l'esthétique de l'immeuble (Cass. 3e civ. 19-3-1997 n° 446 D : RJDA 5/97 n° 621).

83410 Mais les améliorations doivent dépasser le simple **entretien de l'immeuble.** Ont ainsi été exclus les travaux suivants :

- réfection d'une charpente motivée par d'importantes infiltrations (Cass. 3e civ. 30-6-1976 : Rev. Loyers 1977 p. 35) ;
- réfection d'une toiture (CA Paris 21-4-1992, 16e ch. A : Gaz. Pal. 1992 somm. p. 508) ;
- travaux de sécurité incendie, de modification du système de chauffage d'un centre commercial (CA Rouen 3-2-2011 n° 10/01255, ch. civ. et com.) ;
- remise en état de la cour et des quais de locaux de stockage justifiée par leur vétusté (CA Nancy 15-6-2011 n° 10/00202, 2e ch. com.).

83415 Les **travaux entrepris par le bailleur** peuvent être **appréciés cumulativement avec ceux réalisés par le locataire** dans le local loué et constituer ensemble une modification notable. Une cour d'appel a ainsi considéré que le remplacement d'une verrière, l'amélioration d'une façade, l'extension de la galerie marchande, la création d'un second parking aérien, l'installation d'ascenseurs, réalisés par le bailleur et ajoutés aux travaux entrepris par le locataire dans les locaux loués (réunion de différents locaux, installation d'une mezzanine à usage de bureaux, aménagement d'une terrasse) constituaient une amélioration notable de l'environnement du restaurant ainsi qu'une modification notable des caractéristiques des locaux loués justifiant le déplafonnement du loyer (CA Grenoble 29-8-2013 n° 11/00178, ch. com.).

B. Incidence des travaux d'amélioration réalisés par le locataire

Les travaux réalisés par le locataire, en cours de bail, suscitent un abondant contentieux en fixation du loyer renouvelé dû en grande partie à la complexité excessive de leur régime juridique. Ces travaux sont, en effet, susceptibles d'une double qualification qui peut être soit alternative, soit cumulative. **83500**

Ils peuvent relever de l'article R 145-3, dès lors qu'ils **modifient** les **caractéristiques** des **locaux** loués. Ils peuvent aussi constituer des **améliorations** apportées aux lieux loués au sens de l'article R 145-8, étant précisé que la notion d'amélioration n'est définie ni par le texte ni par la jurisprudence.

> Précisions Lorsque les travaux décidés et réalisés par le seul locataire entraînent une **modification notable des caractéristiques des locaux** loués, cette modification justifie à elle seule le déplafonnement du loyer du bail renouvelé, sans qu'il soit nécessaire de rechercher si les travaux ont eu une incidence favorable sur l'activité exercée par le locataire (Cass. 3e civ. 9-9-2021 n° 19-19.285 FS-B : RJDA 1/22 n° 1).

1. RÉGIME DES AMÉLIORATIONS

PRINCIPE

Lorsque les travaux du locataire s'analysent en des améliorations, le déplafonnement du loyer et leur intégration dans la valeur locative sont acquis dès le renouvellement du bail au cours duquel ces travaux ont été réalisés, à la condition expresse que le **bailleur** en ait **assumé la charge** directement ou indirectement, notamment par l'acceptation d'un loyer réduit (C. com. art. R 145-8, al. 1). La Cour de cassation impose aux juridictions du fond de vérifier à chaque fois si cette condition est bien remplie (Cass. 3e civ. 4-12-1991 n° 1778 P : RJDA 2/92 n° 131). **83510**

En revanche, si le **bailleur** n'a **pas participé** à leur financement, les travaux ne peuvent être valorisés dans le loyer que lors du second renouvellement suivant leur accomplissement. Ce déplafonnement n'est pas subordonné à la preuve que l'amélioration a eu une incidence favorable sur l'activité exercée par le locataire (Cass. 3e civ. 26-5-2016 n° 15-13.944 F-D : RJDA 10/16 n° 673), contrairement à la solution retenue par la Cour de cassation pour les travaux réalisés par le bailleur (n° 83400).

PRISE EN CHARGE DES AMÉLIORATIONS PAR LE BAILLEUR

Forme de la prise en charge La prise en charge des améliorations peut prendre la forme d'une **réduction de loyer** comme l'indique à titre d'exemple l'article R 145-8, al. 1 du Code de commerce. Est ainsi réputé avoir assumé la charge des travaux : **83515**

– le bailleur d'un terrain sur lequel a été édifié par le locataire un hangar, et qui n'a réclamé aucun loyer pendant dix ans sur la partie construite, de sorte que le locataire a pu récupérer totalement le coût de cette construction (Cass. 3e civ. 20-12-1989 n° 88-16.268 : Bull. civ. III n° 244) ;

– les bailleurs qui, en contrepartie des travaux que devaient effectuer les locataires dans un second sous-sol, ont renoncé à exiger la valeur locative desdits locaux, dès lors que l'abandon du loyer est plus important que le coût des travaux (CA Bordeaux 14-5-1996 n° 93-6065, 5e ch.).

La jurisprudence a admis d'**autres modalités** de participation du bailleur, telles que l'allongement de la durée initiale du bail ou la non-mise en œuvre de la révision triennale du loyer. **83520**

Ainsi, dans un cas où un bailleur avait prorogé le bail en cours pour quinze ans à compter du 1er octobre 1960, la Cour de cassation a estimé qu'en renonçant à l'accession, à cette date, des constructions édifiées par le locataire en 1957, le bailleur s'était privé pendant cette période d'un loyer correspondant à la valeur locative des constructions (Cass. 3e civ. 26-1-1982 n° 80-12.434). Il en va de même du bailleur qui, d'une part, s'est abstenu d'appliquer pendant six ans la révision triennale légale du loyer, ce qui a permis au locataire de bénéficier d'un loyer constant, sans augmentation, cet élément devant s'analyser comme l'acceptation d'un loyer réduit et, d'autre part, a accepté la poursuite du bail pendant vingt-sept ans alors que la durée originaire était de dix-huit ans (CA Nancy 12-11-2002 n° 00-83, 1e ch. civ. : Loyers et copr. 2003 comm. n° 221).

En revanche, ne caractérisent pas la participation indirecte du bailleur aux travaux :

– une remise de six mois de loyers correspondant à 1,5 % du montant des travaux réalisés par le locataire consentie par le bailleur pour compenser l'indisponibilité des locaux loués à la prise d'effet du bail, ainsi que l'absence de reprise d'un pas-de-porte ou de paiement du prix de cession du fonds (CA Versailles 1-6-1999 n° 303, 12e ch. sect. 2) ;

– la seule prorogation de trois années de la durée d'un bail de vingt ans, dès lors que le bailleur ne démontrait pas que le loyer avait été fixé à un faible montant pour permettre aulocataire d'amortir le coût des travaux de construction et que l'intention des parties de prévoir le financement des constructions par la signature de ce bail de longue durée ne se déduisait d'aucun élément (Cass. 3e civ. 17-3-2016 no 14-25.412 F-D : Administrer avril 2016 p. 33 obs. D. Lipman-W. Boccara).

83525 **Importance de la prise en charge** L'article R 145-8 ne précise pas si cette prise en charge doit être **totale ou partielle.** La cour d'appel de Paris a rendu deux arrêts divergents. Dans le premier, elle a exigé que le coût des travaux soit totalement assumé par le bailleur et refusé en conséquence de tenir compte d'une réduction de loyer équivalant sur la durée du bail à environ un tiers du montant des travaux (CA Paris 26-1-1993 no 91-14202, 16e ch. : Loyers et copr. 1993 comm. no 359 note Ph.-H. Brault). Dans la seconde, la cour a admis, au contraire, comme étant notable une participation financière sous forme de réduction de loyer correspondant à 11 % du coût des travaux (CA Paris 7-6-1994 no 93-4635, 16e ch. A : Loyer et copr. 1994 comm. no 342 note Ph.-H. Brault).

La **notion de participation notable** du bailleur au financement des travaux, retenue par la cour d'appel de Paris, dans sa seconde décision, et directement inspirée de la « modification notable » de l'article L 145-33 du Code de commerce, nous paraît ajouter au texte. L'article R 145-8 dispose en effet que le bailleur doit avoir « assumé la charge » des améliorations. Or, assumer la charge d'un coût, c'est le supporter, ce qui ne se conçoit que totalement, sinon il s'agit d'une simple participation.

En outre, la finalité du texte est de permettre au locataire d'amortir le coût de son investissement. Il ne serait pas logique de le priver de cette mesure sous prétexte que le bailleur a participé au coût des travaux, surtout si on retient un taux de 11 % comme étant significatif.

Il appartiendra à la Cour de cassation de trancher cette question d'interprétation.

83527 Les tribunaux semblent exiger l'existence d'un **lien** direct **entre** la **participation** du bailleur **et** les **travaux.** Ainsi, a été rejetée une réduction de loyer stipulée pour tenir compte de tous les investissements que le locataire devait réaliser dans les lieux sans distinction, sans indication du montant des travaux que le locataire envisageait de réaliser et sans rapport avec ceux-ci (CA Paris 6-5-2015 no 13/09093 : Administrer juin 2015 p. 33).

83530 **Incidence de la conclusion d'une nouvelle convention locative en cours de bail** Il est fréquent, lors des cessions de droit au bail, voire de fonds de commerce, que le bail en cours soit résilié par anticipation, un instant de raison après la réalisation de la cession du bail, et qu'une nouvelle convention locative soit conclue entre le propriétaire et le cessionnaire du bail. Il arrive aussi que le bailleur et le locataire, en dehors des cas de transmission du bail, s'entendent sur de nouvelles conditions et décident de mettre fin au bail en cours avant son terme et de conclure une nouvelle convention.

Dans tous ces cas, se pose la question de savoir si le bailleur pourra, à l'expiration du nouveau bail, se prévaloir des améliorations accomplies par le locataire au cours du premier bail.

La cour d'appel de Paris a estimé que la résiliation par anticipation du bail en cours et la conclusion par les parties d'une convention intitulée expressément « nouveau bail », portant sur une surface de 222 m^2 au lieu de 180 m^2 avec adjonction d'un parking, ne faisait pas obstacle à l'application de la notion de « bail renouvelé » telle que stipulée par l'article R 145-8 du Code de commerce. Elle s'est fondée sur le fait que le prix convenu à la prise d'effet du bail échu ne prenait pas en compte les aménagements apportés aux lieux loués. Elle a, en conséquence, retenu le déplafonnement à raison des travaux réalisés par le locataire au cours du précédent bail résilié (CA Paris 11-12-1992 no 91-20756, 16e ch. B : Loyers et copr. 2003 comm. no 395 note Ph.-H. Brault).

83540 La conclusion d'une nouvelle convention locative, voulue expressément par les parties, paraît néanmoins difficilement compatible avec la notion de bail renouvelé au sens de l'article R 145-8, surtout lorsqu'elle est conclue entre le bailleur et une nouvelle partie, cessionnaire du bail initial, à de nouvelles conditions.

Dans un arrêt ultérieur, la cour d'appel de Paris, dans une affaire où le bailleur prétendait que le prix du nouveau bail ne tenait pas compte des travaux réalisés par le locataire, a au contraire jugé que la commune intention des parties était de résilier purement et simplement, de manière anticipée, le bail en cours et de conclure un nouveau bail. Elle en a déduit que le bailleur ne pouvait pas se prévaloir des travaux réalisés au cours du premier bail résilié par anticipation, la condition du bail renouvelé n'étant pas remplie (CA Paris 26-9-2003 no 02-9864, 16e ch. B : Loyers et copr. 2004 comm. no 49 note Ph.-H. Brault). De même, la cour d'appel de Colmar a considéré que des travaux d'amélioration réalisés par le locataire dans le cadre du bail initial ne pouvaient être pris en considération dès lors que ce dernier n'avait pas été renouvelé mais résilié et remplacé par deux baux distincts, et que lesdits travaux avaient été pris en compte par les parties lors de la négociation des deux nouveaux baux avec une augmentation du loyer par rapport à celui fixé dans le bail antérieur (CA Colmar 30-5-2012 n° 11/01817, 1e ch. civ. B).

CONSEIL

Devant ces difficultés d'interprétation, les **rédacteurs d'actes** ont intérêt à préciser le caractère novatoire de la nouvelle convention et la volonté des parties de ne pas tenir compte du bail précédent.

Incidence d'une contrepartie financière immédiate Lorsque l'autorisation donnée par le bailleur de réaliser les travaux s'est accompagnée d'une contrepartie financière, immédiate ou du moins au cours du bail pendant lequel les travaux ont été réalisés, se pose la question de savoir si le bailleur se trouve déchu du droit d'invoquer ces travaux comme cause de déplafonnement lors du second renouvellement. La Cour de cassation a répondu par la négative, jugeant que la réalisation par le locataire de travaux d'amélioration qu'il a financés est un motif de déplafonnement du loyer du bail renouvelé à l'occasion du second renouvellement qui suit leur réalisation, même si les travaux ont donné lieu, par la signature d'un avenant, à une contrepartie financière (Cass. 3e civ. 12-5-2016 n° 14-29.812 F-D : RJDA 8-9/16 n° 605). 83542

Situation en cas de déplafonnements successifs La Cour de cassation fait une application très rigoureuse, voir mécaniste, du déplafonnement différé de l'article R 145-8, sans considération pour les augmentations de loyer survenues lors du renouvellement précédent. C'est ainsi qu'une majoration du loyer, convenue par les parties lors du renouvellement subséquent à l'exécution des travaux et en tenant compte, n'empêche pas le déplafonnement, à raison de ces mêmes travaux, lors du second renouvellement, selon le mécanisme de l'article R 145-8 (Cass. 3e civ. 4-3-1998 n° 361 P : RJDA 5/98 n° 572, AJDI 1998 p. 1056 note J.-P. Blatter ; Cass. 3e civ. 31-10-2000 n° 1434 FS-PB : Loyers et copr. 2001 comm. n° 119). 83545

De même, le déplafonnement du loyer, lors du premier renouvellement consécutif à l'exécution des améliorations et aboutissant à la fixation d'une valeur locative intégrant les travaux, ne constitue pas un obstacle au déplafonnement de l'article 23-3, lors du second renouvellement (Cass. 3e civ. 2-12-1998 n° 1762 PF : RJDA 2/99 n° 153).

Cette jurisprudence ne paraît pas complètement justifiée tant sur le terrain statutaire que sur celui de l'article 1103 du Code civil consacrant l'autonomie de la volonté des parties. Lorsque le loyer du premier renouvellement tient compte des travaux, qu'il ait été fixé amiablement ou au terme d'une procédure, il n'y a pas eu de modification de la valeur locative des lieux loués au sens de l'article L 143-34 du Code de commerce, du chef de ces travaux, et donc, le déplafonnement n'est pas fondé. Au regard de l'article 1103 du Code civil, cette jurisprudence fait échec à la convention des parties qui lors du premier renouvellement se sont entendues sur un prix tenant compte des travaux. 83550

La mise en œuvre de l'article R 145-8 ne semble justifiée que si, lors du précédent renouvellement, les parties ou le juge des loyers n'ont pas tenu compte des améliorations dans la fixation de la valeur locative. C'est d'ailleurs le sens de certains arrêts (CA Paris 7-11-1996, 16e ch. B : Administrer janvier 1997 p. 28 note B. Boccara). Ce qui, d'un point de vue statutaire, devrait être la règle puisque cet article n'organise pas seulement un déplafonnement différé mais aussi une valorisation différée des travaux. Il faut, en effet, se rappeler qu'il constitue une exception à la règle suivant laquelle les travaux modifiant les caractéristiques des locaux doivent être pris en compte dans la valeur locative. Cette dérogation se traduit tant au niveau du déplafonnement du loyer que de la valorisation des travaux. Dans l'hypothèse où le déplafonnement du loyer intervient lors du premier renouvellement consécutif aux améliorations pour un motif différent, telle la modification des facteurs locaux de commercialité, les travaux ne doivent pas être pris en compte dans la valeur locative. Il est dès lors logique que le loyer soit déplafonné, lors du second renouvellement, en application de l'article R 145-8, afin de tenir compte des travaux dans la valorisation.

Cette démarche n'est pas étrangère à la Cour de cassation, dans la mesure où dans un arrêt ultérieur elle a infléchi sa jurisprudence. Elle a en effet jugé que les mêmes travaux ne pouvaient pas être pris en compte comme motif de déplafonnement au titre de l'article R 145-3 lors du premier renouvellement et être à nouveau invoqués lors du second renouvellement, sur le terrain de l'article R 145-8, comme constitutifs d'une amélioration apportée aux lieux loués (Cass. 3e civ. 12-6-2001 n° 993-FD : JCP E 2002 n° 997). 83555

2. ENJEUX DE LA QUALIFICATION DES TRAVAUX

DATE DE LA PRISE EN COMPTE DES TRAVAUX

83590 La différence de régime juridique attaché à la qualification des travaux représente un enjeu essentiel pour les parties et leurs conseils puisque la date de prise en compte des travaux dans le calcul de la valeur locative sera différente.

Lorsque **les travaux** du locataire **relèvent uniquement de l'article R 145-3,** ils doivent être invoqués par le bailleur lors du premier renouvellement suivant leur réalisation, sous peine de déchéance du droit de s'en prévaloir pour les renouvellements ultérieurs (Cass. 3ᵉ civ. 4-11-1998 nº 1568 PB : RJDA 3/99 nº 264 ; CA Paris 16-4-1996 et 24-2-2010 analysés nº 83645). Il s'agit d'une illustration de la règle issue de l'article L 145-34 du Code de commerce suivant laquelle les modifications des éléments de la valeur locative doivent être intervenues au cours du bail à renouveler pour être prises en compte comme facteur de déplafonnement (voir nºs 54630 s.).

Lorsque **les travaux** du locataire **relèvent uniquement de l'article R 145-8, alinéa 1,** seul le régime des améliorations s'applique : déplafonnement au second renouvellement, sauf prise en charge directe ou indirecte des travaux par le bailleur (nºs 83510 s.).

83595 La question devient plus délicate lorsque **les travaux relèvent cumulativement des articles R 145-3 et R 145-8,** c'est-à-dire lorsque les travaux du locataire modifient les caractéristiques des locaux loués, tout en leur apportant une amélioration, telle que par exemple l'agrandissement de la cuisine d'un restaurant par emprise sur la cour et la création d'une nouvelle salle ouverte au public.

Dès lors que ces travaux sont qualifiés de travaux d'amélioration, la Cour de cassation considère que le régime des améliorations doit l'emporter (Cass. 3ᵉ civ. 28-5-1997 nº 95-17.486 : Bull. civ. III nº 120). Dans son rapport pour 1999, la Cour a précisé ainsi que « la troisième chambre civile a clairement tranché le conflit entre l'article [R 145-1] et l'article [R 145-8] au profit de la seule application du second de ces textes dans l'hypothèse où les travaux réalisés constituent cumulativement une modification notable et une amélioration des lieux. » (A. Fossaert-Sabatier, Le prix du bail renouvelé : encadrement ou liberté ? : Rapport de la Cour de cassation pour 1999). La Cour de cassation a depuis réaffirmé sa jurisprudence (Cass. 3ᵉ civ. 9-11-2010 nº 09-71-557 F-D : RJDA 3/11 nº 222 ; Cass. 3ᵉ civ. 7-9-2022 nº 21-16.613 F-D : RJDA 1/23 nº 10).

Les cours d'appel ont appliqué à plusieurs reprises cette thèse selon laquelle l'application combinée de ces dispositions doit conduire, en l'absence de toute extension de l'assiette du bail et de prise en charge par le bailleur, à reporter le déplafonnement au second renouvellement après la date d'exécution des travaux, c'est-à-dire à une date à laquelle le propriétaire, par l'effet différé de l'accession, sera en droit de se prévaloir de la modification des caractéristiques des locaux (CA Paris 26-1-1993 nº 91-14202, 16ᵉ ch. A : Loyers et copr. 1993 comm. nº 359 ; CA Aix-en-Provence 16-10-1997 nº 95-1223, 4ᵉ ch. A, : Loyers et copr. 1998 comm. nº 216 ; CA Paris 26-5-2010 nº 08/23327, ch. 5-3 Cass. 3ᵉ civ. 27-9-2011 nº 10-24.674 FS-D : Loyers et copr. 2012 comm. nº 299 note E. Chavance ; CA Paris 9-6-2010 nº 09/11168, ch. 5-3 ; CA Paris 27-6-2018 nº 16/25976 : Administrer 2018 p. 37 obs. M.-L. Sainturat).

83600 Le principe de prévalence de l'article R 145-8 est toutefois purement théorique, et présente peu d'intérêt au plan des effets juridiques, dans la mesure où la **Cour de cassation** n'exerce pas de **contrôle** sur la **qualification** des améliorations, mais vérifie seulement la cohérence interne des arrêts (B. Boccara, Travaux d'amélioration et déplafonnement des loyers commerciaux : AJDI 2000 p. 294 ; Rapport de la Cour de cassation de 1999 p. 158). Les juges du fond n'encourent la censure de la Cour de cassation que s'ils n'ont pas procédé à la qualification des travaux (Cass. 3ᵉ civ. 24-11-1999 nº 1755 D : RJDA 1/00 nº 17) ou s'ils n'ont pas tiré les conséquences attachées au régime juridique de cette qualification (Cass. 3ᵉ civ. 17-9-2013 nº 12-18.910 F-D : Loyers et copr. 2013 comm. nº 310 note E. Chavance, censurant la cour d'appel qui avait retenu la qualification de travaux de l'article R 145-3, mais reporté le déplafonnement au prochain renouvellement).

En conséquence, il suffit qu'une juridiction qualifie de travaux de l'article R 145-3 des transformations qui, en réalité, constituent des améliorations au sens de l'article R 145-8, pour faire échec à la règle de la prévalence tout en échappant à la cassation.

RECOMMANDATIONS PRATIQUES POUR LES BAILLEURS

83645 Les travaux du locataire constituent en quelque sorte le « trou noir » du statut des baux commerciaux. Compte tenu de l'incertitude quant à la qualification susceptible d'être retenue par les juridictions du fond, et afin d'éviter que le motif de déplafonnement tiré des travaux ne soit jugé irrecevable comme tardif, les bailleurs et leurs conseils devraient agir systématiquement en déplafonnement du loyer sur le terrain de l'article R 145-3 dès le premier renouvellement suivant l'exécution des travaux. En effet, dès lors que les travaux réalisés par le locataire constituent des travaux d'amélioration et que le bailleur a participé à leur financement, le bailleur, qui était en droit de les invoquer lors du premier renouvellement du bail mais qui s'en est abstenu, est irrecevable à le faire lors du renouvellement ultérieur (Cass. 3e civ. 9-11-2010 nº 09-71.557 F-D : RJDA 3/11 nº 222).

ILLUSTRATIONS

Une cour d'appel, statuant sur des travaux de suppression d'une cloison séparant les deux pièces situées au premier étage d'une boutique et reliées directement à cette dernière, a rejeté comme tardive la demande de déplafonnement formée par le bailleur lors du second renouvellement intervenu après exécution des travaux, après avoir relevé que ces derniers constituaient une modification notable des caractéristiques du local permettant une meilleure adaptation des lieux à l'activité exercée par le locataire et non une amélioration dans la mesure où les surfaces commerciales ne s'en étaient pas trouvées augmentées (CA Paris 16-4-1996 nº 95-5822, 16e ch. A : Loyers et copr. 1996 comm. nº 311).
La même cour d'appel s'est prononcée sur des travaux de rénovation réalisés au cours du bail précédant le bail expiré et qui ont eu pour effet d'augmenter la capacité d'accueil d'une boutique de 9 à 14 postes de coiffure ou de coloriste et d'accroître substantiellement la surface accessible au public. Dans cette espèce, les juges du fond n'ont pas fait droit à la demande de déplafonnement du bailleur faute d'éléments de preuve sur la date et la nature des travaux invoqués. Toutefois, ces derniers ont tout de même noté que les travaux allégués auraient été de nature à caractériser une modification de la structure du local apte à justifier une demande de déplafonnement, mais seulement lors du précédent renouvellement. Ainsi, le moyen tiré de la réalisation desdits travaux était en tout état de cause invoqué tardivement par le bailleur (CA Paris 24-2-2010 nº 08-21287, ch. 5-3 : Administrer avril 2010 p. 28 note A. Guillemain).

PREUVE DES TRAVAUX

Les procédures de renouvellement se heurtent à la difficulté de réunir les pièces justifiant la matérialité et surtout la **date** des travaux qui est déterminante pour leur prise en compte comme motif de déplafonnement. La Cour de cassation a rappelé qu'en vertu de l'ancien article 1315 du Code civil (devenu l'article 1353), la **charge de la preuve** de la date des travaux réalisés par le locataire pèse sur le bailleur, demandeur dans la procédure en déplafonnement (Cass. 3e civ. 1-3-2000 nº 98-18.787 : RJDA 5/00 nº 516 ; Cass. 3e civ. 28-9-2004 nº 958 F-D : RJDA 12/04 nº 1302). **83650**

ILLUSTRATIONS

Faisant application de ce principe, une cour d'appel a refusé de suivre l'expert qui proposait le déplafonnement du loyer d'un bail renouvelé portant sur des locaux comprenant un magasin, une arrière-boutique et un entresol communiquant avec une réserve bien qu'il ait été établi que les travaux entrepris par le locataire (extension de la surface du magasin par réunion avec l'arrière-boutique, extension de la mezzanine située à l'entresol) constituaient une modification notable de la surface des locaux (CA Pau 15-6-2012 nºs 11/00844, 12/2729, 2e ch. sect. 1).

La tâche se trouve compliquée pour le bailleur par le fait que n'étant pas, le plus souvent, l'auteur des travaux, il ne dispose pas des archives et peut se heurter à une certaine mauvaise volonté du locataire. Les juridictions du fond admettent libéralement les moyens de preuve tels que les bilans de l'entreprise locataire retraçant les immobilisations, voire même la production de documents photographiques et tiennent compte de la rétention d'informations de la part du locataire (pour un exemple, voir CA Paris 20-2-1998 nº 94-16304, 16e ch. B : D. aff. 1998 p. 792 obs. Y. Rouquet).

3. DOMAINE DES TRAVAUX D'AMÉLIORATION

L'absence d'une définition juridique des améliorations par la Cour de cassation ne permet pas une véritable systématisation de la jurisprudence qui est essentiellement casuelle, sans véritable fil conducteur, les mêmes travaux pouvant, selon la juridiction saisie, être qualifiés d'améliorations ou de simples modifications des caractéristiques des locaux. Les juridictions du fond raisonnent par exclusion, de sorte que le domaine des améliorations peut se définir par défaut. **83700**

a. Travaux exclus des travaux d'amélioration à raison de leur nature

Les travaux d'amélioration supposent une modification physique et structurelle des locaux. Sont donc exclus les simples travaux de second œuvre tels que les revêtements de sols et des murs, les aménagements mobiliers, tels qu'une mezzanine constituée d'éléments démontables qui a une nature mobilière (CA Paris 6-5-2015 nº 13/099093 : Administrer juin 2015 p. 33). **83710**

b. Changement d'affectation des locaux sans travaux

Les termes de l'article R 145-3, visant « l'importance des surfaces respectivement affectées à la réception du public », pourraient, par leur généralité, englober les changements d'usage. Cette **83720** interprétation ne serait pas toutefois conforme à la logique économique recherchée par le législateur. Ainsi que le souligne un auteur, ce qui importe, au regard de la modification de la valeur locative, ce n'est pas l'usage particulier des locaux par le locataire, mais leur affectation physique (B. Boccara et D. Lipman : Administrer juillet 2006 p. 49).

En conséquence, lorsqu'ils ne s'accompagnent pas d'un remaniement physique des locaux, les changements d'usage des surfaces ne constituent pas une amélioration au sens de l'article R 145-8 ouvrant droit au déplafonnement. Il en va ainsi, par exemple, de la suppression d'une activité de réparation exercée dans un atelier, délaissée au profit exclusivement de la vente, même si ce changement d'usage permet une augmentation significative de la surface de vente ainsi que l'installation d'une surface de vente dans un sous-sol précédemment utilisé en bureaux et réserves, alors que le bailleur n'invoque pas des travaux lourds nécessités par ce changement d'affectation (CA Paris 22-3-2006 n° 05-6761, 16e ch. A : Administrer juillet 2006 p. 49 obs. B. Boccara et D. Lipman ; Cass. 3e civ. 26-11-1997 n° 1630 PB, analysé n° 83820).

c. Travaux réalisés en application du bail ou de la réglementation administrative

83730 Il est fréquent dans les baux portant sur des **locaux en l'état futur d'achèvement** que le promoteur-bailleur limite son obligation de délivrance à la mise à disposition d'un local brut de gros œuvre fluides en attente et transfère au locataire la réalisation des travaux de second œuvre permettant l'utilisation des locaux conformément à leur destination.

En dehors de ces hypothèses, particulièrement pour les **boutiques** et les **locaux monovalents,** les baux délèguent le plus souvent au locataire la charge d'adapter les locaux à la destination contractuelle, et plus globalement au concept commercial de l'enseigne, ce qui peut nécessiter des travaux lourds et coûteux lorsqu'il s'agit, par exemple, de transformer un théâtre ou un cinéma en commerce.

ABSENCE DE DÉPLAFONNEMENT EN CAS DE TRAVAUX DE MISE EN CONFORMITÉ

83735 Selon une jurisprudence très ferme de la Cour de cassation, la notion d'amélioration s'oppose à ce que soient pris en compte les **travaux** simplement destinés à l'exploitation du fonds en **conformité** avec la **destination contractuelle** retenue par les parties (Cass. 3e civ. 31-10-1989 n° 88-15.403 : Bull. civ. III n° 2033 ; Cass. 3e civ. 30-6-1999 n° 1206 PF : RJDA 8-9/99 n° 899 ; Cass. 3e civ. 12-6-2012 n° 11-20.153 F-D : RJDA 1/13 n° 18).

Que ce soit sur le terrain de l'article R 145-8 ou sur celui de l'article R 145-3, ces travaux ne peuvent jamais constituer une cause de déplafonnement.

ILLUSTRATIONS

Des travaux réalisés par le locataire à ses frais, à la prise d'effet du bail, consistant à installer un salon de coiffure dans un local livré brut de décoffrage, sont des travaux de mise en conformité à la destination contractuelle qui ne peuvent constituer ni une modification notable des lieux intervenue au cours du bail justifiant le déplafonnement du loyer à l'occasion du premier renouvellement, ni une amélioration justifiant le déplafonnement à l'occasion du second renouvellement.

CA Paris 13-2-2004 n° 02-18894, 16e ch. B : Loyers et copr. 2004 comm. n° 129 obs. Ph.-H. Brault.

Ne justifient pas le déplafonnement du loyer du bail renouvelé les travaux importants d'adaptation d'un local à usage de salon de coiffure en restaurant, débit de boissons, bar, traiteur ayant consisté à :
– réunir les locaux loués aux locaux mitoyens appartenant à un autre propriétaire pour faire du tout une seule unité d'exploitation ;
– déplacer dans les locaux objet du bail litigieux un escalier et une mezzanine existante par un autre escalier et par une mezzanine plus grande située à un autre endroit et utilisée comme salle de restaurant ;
– installer un extracteur, cette installation ayant nécessité une modification de la charpente ;
– poser de la céramique au sol ;
– installer des faux plafonds et de nouveaux appareils d'éclairage.
De tels travaux ayant tout à la fois modifié la configuration des lieux et amélioré ceux-ci doivent être considérés dans leur ensemble comme se rattachant à des travaux d'amélioration.
Ayant été réalisés en vue de rendre les lieux conformes au concept d'exploitation Mc Donald's et donc en vue de rendre ceux-ci conformes à leur nouvelle destination, ils ne peuvent, comme tels, ressortir des dispositions de l'article R 145-3.
À supposer que ces travaux puissent être considérés comme ayant uniquement modifié les caractéristiques des locaux, il s'agirait alors pareillement de travaux se rattachant à la délivrance desdits locaux puisqu'étant nécessaires à l'adaptation de ceux-ci à la nouvelle activité.

CA Paris 25-3-2009 n° 05/08940, 16e ch. A.

Ne justifie pas le déplafonnement du loyer d'un bail à usage de boulangerie-pâtisserie l'aménagement par le locataire et à ses frais d'un laboratoire au sous-sol au lieu et place d'une ancienne chambre à farine avec pose d'un carrelage au sol initialement en terre battue, de faïence sur les murs, création d'un système d'évacuation d'eau, de deux éviers et d'une douche et l'installation d'une porte métallique sur les parties communes, dès lors qu'il s'agissait d'une opération de mise en conformité avec les exigences actuelles d'un tel commerce.

CA Paris 2-12-2009 n° 08/16545, ch. 5-3.

Un bail à usage de station-service prévoyait que le locataire s'engageait à effectuer les travaux d'aménagement nécessaires à l'activité projetée et notamment ceux afférents à la devanture, à la fermeture du local et au revêtement de sol. Lors du renouvellement, le bailleur avait demandé le déplafonnement du loyer en invoquant la réalisation des travaux par le locataire parmi lesquels figurait l'installation d'une station de lavage.

Demande rejetée pour les motifs suivants : les aménagements, effectués pour permettre l'exercice de l'activité pour laquelle le bail a été conclu et prévus dès l'origine, ne peuvent être considérés comme des travaux ayant pour effet de modifier les caractéristiques du bail d'autant qu'il n'est invoqué aucune modification de l'assiette du bail ou des surfaces affectées à la réception de la clientèle. Les travaux ne peuvent davantage recevoir la qualification de travaux d'amélioration, dès lors qu'ils n'ont été effectués par le locataire que pour permettre l'exercice de l'activité commerciale conformément à la destination du bail et qu'il n'existe aucune clause d'accession en fin de bail, les équipements restant au terme du bail la propriété du locataire.

CA Paris 29-9-2010 n° 09/05764, ch. 5-3.

Ne peuvent être qualifiés d'améliorations les travaux suivants réalisés par le successeur d'une entreprise de fabrication et de négoce d'articles pour l'ameublement et la literie qui avait loué l'immeuble pour un usage de galerie d'art et de librairie :

– la création d'une aire de stationnement de 37 m^2 avec une hauteur de 4 mètres à l'intérieur de l'immeuble à l'emplacement du porche, dès lors que cette création ne constitue que la réponse à une exigence imposée par l'administration pour respecter le règlement du plan d'occupation des sols de la ville de Paris, d'autant plus que les locaux loués donnent sur une voie très étroite où le stationnement est particulièrement peu aisé sauf à entraver la circulation qui se fait à sens unique ;

– l'édification d'un escalier d'accès au premier étage de 1,50 m de large répond à l'exigence de sécurité concernant l'évacuation du public ;

– la démolition d'un kit démontable et le remplacement de la surface de plancher de la salle d'exposition du premier étage sont dus à leur insuffisance de résistance, l'administration exigeant un plancher dit « collaborant ».

CA Paris 27-4-2011 n° 10/14949 confirmé par Cass. 3e civ. 12-6-2012 n° 11-20.153 F-D : RJDA 1/13 n° 18.

Selon certains **auteurs,** cette jurisprudence n'aurait pas de véritable base juridique au regard de l'article L 145-33, 1° du Code de commerce dans la mesure où ce texte précise que la valeur locative est déterminée d'après les caractéristiques des locaux, et que les travaux d'adaptation et d'aménagement du locataire modifient nécessairement ces caractéristiques (Ph.-H. Brault : Loyers et copr. 2004 comm. n° 129). D'autres auteurs proposent de distinguer suivant que les travaux ont été réalisés au moment de la prise d'effet du bail afin de rendre les locaux conformes à l'exploitation du locataire et ceux réalisés postérieurement pour mettre les lieux en adéquation avec telle ou telle nouvelle activité autorisée par une clause pluricommerces. Dans le premier cas, le loyer initial serait réputé avoir été fixé en tenant compte de la nouvelle configuration physique des locaux ; dans le second cas, cette présomption étant douteuse, il serait fait application des dispositions des articles R 145-3 et R 145-8 (CA Paris 12-3-1999 n° 97-13836, 16e ch. B : Loyers et copr. 1999 comm. n° 239 note Ph.-H. Brault, Administrer février 2000 p. 39 note B. Boccara). **83740**

Même si on peut regretter l'insuffisance de motivation des arrêts de la Cour de cassation et des juridictions d'appel, tous rendus aux seuls visas des articles 23-1 et 23-3 (R 145-3 et R 145-8), les analyses mentionnées ci-dessus nous paraissent négliger le véritable fondement de cette jurisprudence qui réside non pas dans les dispositions statutaires mais dans le droit commun du louage. Il résulte en effet des dispositions de l'article 1719 du Code civil que le bailleur est tenu de délivrer les locaux et de les entretenir en état de servir à l'usage prévu au contrat. Ainsi, les travaux d'adaptation des locaux à la destination contractuelle ou de mise en conformité à la réglementation sur la sécurité ou le Code du travail se rattachent directement à l'obligation de délivrance du bailleur, même si le contrat prévoit que leur réalisation incombe, en tout ou partie, au locataire. **83745**

Or, la jurisprudence a toujours considéré que, pour constituer une modification des caractéristiques des locaux au sens de l'article R 145-3, les travaux du bailleur devaient excéder les obligations qui lui incombent en vertu du contrat ou de la loi. Il n'y a pas de raison objective pour que la solution soit différente quand les travaux incombant normalement au bailleur en vertu de son obligation de délivrance ont été transférés par convention au locataire.

ILLUSTRATIONS

En raison de problèmes de nuisance sonore l'ayant opposé à des voisins, le locataire a dû réaliser à ses frais des travaux consistant dans une isolation phonique et la construction et l'aménagement d'une nouvelle salle de restaurant et d'un bureau d'accueil. La Cour de cassation a approuvé la cour d'appel qui avait considéré que ces travaux étaient nécessaires pour rendre les lieux loués adaptés à leur destination contractuelle et ne constituaient pas des améliorations apportées en cours de bail.

Cass. 3e civ. 19-12-2000 n° 1749 F-D : Administrer mars 2001 p. 29 obs. B. Boccara et D. Lipman-Boccara.

Dans un cas où, lors du précédent renouvellement du bail, le locataire avait obtenu l'autorisation du bailleur de réaliser des travaux d'aménagement et de transformation portant sur une partie du rez-de-chaussée et le sous-sol précédemment sous-loués à une autre société, et alors qu'une partie de ces travaux avait été réalisée en cours de bail, la cour d'appel de Paris a refusé le déplafonnement du loyer au titre de l'article R 145-3 pour les raisons suivantes : le bailleur avait donné, dans l'acte de renouvellement du bail, son autorisation de principe auxdits travaux dont l'exécution était d'ores et déjà programmée. En outre, il avait connaissance de l'utilisation que le locataire comptait faire de ces surfaces et du départ, déjà prévu, du sous-locataire.

CA Paris 14-3-2007 n° 05-12998, 16e ch. A : Administrer juin 2007 p. 39 note D. Lipman-Boccara.

DÉPLAFONNEMENT ENVISAGEABLE EN CAS DE TRAVAUX DE MISE EN CONFORMITÉ

83750 La cour d'appel de Paris a apporté un tempérament à la règle d'absence de prise en compte des travaux de mise en conformité, en admettant que **les travaux** du locataire puissent être retenus comme des améliorations de l'article R 145-8 lorsqu'ils **excèdent notablement les nécessaires travaux d'adaptation à la nouvelle activité** exercée (CA Paris 12-3-1999 n° 97-13836, 16e ch. B : Loyers et copr. 1999 comm. n° 239 note Ph.-H. Brault). La cour d'appel n'a toutefois pas retenu, au cas d'espèce, l'application de cette distinction dans la mesure où les travaux en cause n'avaient entraîné qu'une augmentation de 4 % de la surface pondérée.

83755 Faisant **application** de cette distinction entre aménagements nécessaires et travaux simplement utiles, la **cour d'appel** de Paris a aussi considéré que la construction en dur, à l'intérieur de l'un des hangars loués, d'un bâtiment avait modifié de façon notable l'état des lieux et leur consistance du fait de la création d'une toiture-terrasse servant de mezzanine et agrandissant la surface utilisable de 130 m^2. Elle a, en conséquence, écarté la règle du plafonnement à raison de la modification des caractéristiques des lieux loués, sur le fondement de l'article R 145-3 du Code de commerce (CA Paris 10-3-2010 n° 08-21953, ch. 5-3 : Administrer juillet 2010 p. 37).

En pratique, le départ entre les travaux nécessaires à l'adaptation contractuelle et les travaux d'amélioration sera malaisé à établir, dans la mesure où ils s'inscrivent dans un programme global et cohérent. Il serait, à notre avis, plus logique d'assimiler aux travaux d'adaptation contractuelle l'ensemble des transformations et aménagements accomplis accessoirement, qu'ils soient nécessaires ou simplement utiles.

C'est cette logique qu'a suivie la cour d'appel de Versailles en présence de travaux d'adaptation des locaux précédemment loués à usage de boutique d'électroménager à leur nouvelle destination de commerce de surgelés. Lors de son entrée dans les lieux, le locataire avait été autorisé à effectuer divers travaux, dont notamment le déplacement des sanitaires et leur réaménagement, l'ouverture des murs porteurs jouxtant le commerce, la couverture de celle-ci et l'implantation d'une chambre froide. Alors que le bailleur soutenait qu'une partie des travaux constituait des travaux d'amélioration au sens de l'article R 145-8, la Cour a considéré que tous les travaux autorisés, indissociables et constituant une opération d'ensemble, avaient été réalisés lors de l'entrée dans les lieux et avaient pour objet de transformer les locaux pour les adapter à leur destination contractuelle ; ils ne constituaient donc pas des travaux d'amélioration au sens de l'article R 145-8 (CA Versailles 17-3-2011 n° 09/09985, 12e ch. sect. 2 : Juris-Data 2011-005167).

En revanche, dans une affaire très similaire, intéressant le même locataire et des travaux d'adaptation de locaux précédemment affectés à usage de garage en commerce de produits surgelés, la cour d'appel de Paris a considéré que certains travaux, tels que l'annexion et la couverture de la cour permettant d'améliorer la liaison entre les bureaux et la salle de réunion, constituaient des améliorations au sens de l'article R 145-8, ce quand bien même le bailleur avait donné son accord pour l'ensemble de ces travaux lors de la conclusion du bail (CA Paris 26-1-2011 n° 09/11868, ch. 5-3).

On ne peut que regretter le manque de visibilité de la jurisprudence et la sophistication extrême des critères applicables, au détriment de la sécurité juridique.

83760 Dans la logique de sa jurisprudence, la **Cour de cassation** n'exerce pas de contrôle sur ce nouveau critère d'adaptation, dès lors que la distinction entre les travaux d'adaptation contractuelle et les travaux d'amélioration relève de l'appréciation souveraine des juges du fond. Statuant sur le pourvoi formé contre l'arrêt du 26 janvier 2011 (ci-dessus n° 83755), la Cour de cassation a ainsi considéré qu'ayant relevé que les travaux réalisés par le locataire n'étaient pas tous des travaux nécessaires à l'adaptation des locaux à leur destination, près de 19 % sur le montant total concernant la réunion de la boutique au magasin et l'annexion de la cour couverte pour améliorer la liaison entre les bureaux et les salles de réunion préexistantes, la cour d'appel avait souverainement retenu que ces travaux constituaient des améliorations notables (Cass. 3e civ. 3-4-2012 n° 11-15.225 FD : Loyers et copr. 2012 comm. n° 174). Dans le même sens, la Cour de cassation a approuvé une cour d'appel ayant considéré que les travaux réalisés en cours de bail et permettant notamment l'annexion de la cour-terrasse de 200 m² désormais couverte et permettant l'agrandissement des locaux contigus ne procédaient pas de l'adaptation des locaux à leur nouvelle destination, mais d'une amélioration ayant une incidence notable sur le commerce (Cass. 3e civ. 21-1-2014 n° 12-28.925 F-D : Administrer avril 2014 p. 44 obs. D. Liman-W. Boccara).

d. Travaux de l'article R 145-3

83800 Les travaux d'amélioration de l'article R 145-8 sont définis, par les tribunaux, de façon négative par opposition à ceux de l'article R 145-3. S'il n'existe aucune cohérence véritable dans la jurisprudence, on distingue toutefois trois catégories de travaux qui sont, le plus souvent, exclusifs de la notion d'amélioration.

TRAVAUX EMPORTANT UNE EXTENSION DE L'ASSIETTE DU BAIL

83805 Lorsque les travaux du locataire entraînent un accroissement de l'assiette du bail, ils sont exclusifs de la notion d'amélioration et entraînent un déplafonnement immédiat (Cass. 3e civ. 19-12-1990 n° 1979 D : Administrer mai 1991 p. 37 note J.-D. Barbier), dès lors qu'ils sont notables.

TRAVAUX D'AMÉNAGEMENT INTERNE POUR ACCROÎTRE LES SURFACES DE VENTE

83810 Lorsque les surfaces accessibles au public ont été augmentées au moyen de travaux internes légers tels que percement de cloisons, ouverture d'une trémie, ou encore lorsque deux magasins ont été réunis par la création d'une ouverture ou la suppression d'un mur, la jurisprudence dominante considère que ces travaux, en raison de leur faible consistance, n'entrent pas dans le champ d'application des améliorations, mais relèvent de la simple modification des caractéristiques des locaux. Le déplafonnement du loyer est dans ce cas acquis dès le premier renouvellement qui suit l'exécution des travaux.

ILLUSTRATIONS

Relèvent ainsi de l'article R 145-3 :
– la suppression de la cloison intérieure séparant la boutique et l'arrière-boutique permettant un accroissement de 47 % de la surface de vente accessible à la clientèle (CA Paris 14-5-1996 n° 95-11663, 16e ch. A : Rev. Loyers et copr. 1996 n° 399 note Ph.-H. Brault) ;
– la transformation d'une salle à manger en réserve communiquant avec le magasin d'exposition et la suppression d'une cloison séparant le magasin et le hall d'exposition (CA Paris 6-10-1999 n° 97-18171, 16e ch. A : RJDA 1/00 n° 18) ;
– la transformation de deux magasins distincts en un seul par la suppression d'un mur contigu (Cass. 3e civ. 19-7-2000 n° 1267 FS-D) ;
– la création d'une grande pharmacie d'un seul tenant d'une surface d'environ 100 m² et d'un appartement de six pièces au 1er étage, par la suppression de cloisons séparant deux boutiques (Cass. 3e civ. 19-2-2003 n° 269 FS-D : RJDA 5/03 n° 474) ;
– l'installation dans un restaurant d'un monte-plat desservant le sous-sol, d'un usage réduit et limité dans le temps (Cass. 3e civ. 11-12-2007 n° 06-21.086 F-D) ;
– la mise en communication de deux boutiques dont l'une est louée par le locataire dans le cadre d'un bail distinct (CA Paris 23-9-2009 n° 08-12060, ch. 5-3 : Administrer novembre 2009 p. 63 obs. M.-L. Sainturat ; CA Paris 7-3-2012 n° 10/15691, ch. 5-3) ;
– les travaux qui ont eu pour effet d'augmenter de 42 % la surface des locaux affectés à la réception du public et à la vente, de porter à 8,10 mètres la largeur de la boutique sur rue et de permettre un accès direct entre le partie commerciale des locaux situés au rez-de-chaussée et ceux de l'étage (CA Versailles 5-3-2009 n° 07-1181, ch. 12 sect. 2 : RJDA 12/09 n° 1049),

– l'aménagement des pièces situées en étage qui ont eu pour effet de doubler la capacité d'accueil de la clientèle ainsi que le potentiel de l'activité de café-brasserie (CA Rouen 5-1-2012 n° 11/00888, ch. civ. et com.) ;
– des travaux de percements créant une ouverture entre deux locaux à usage de restaurant appartenant à des bailleurs distincts pour créer une unité commerciale et à l'occasion desquels une petite cour intérieure a été aménagée et intégrée à la cuisine existante (CA Aix-en-Provence 15-5-2014 n° 12/211963, 11e ch. B).
En revanche, l'adjonction d'une loge, par percement d'un mur séparatif, d'une faible superficie par rapport au reste des ateliers et donnant sur la cour intérieure de l'immeuble, sans accès sur l'extérieur, ne justifie pas le déplafonnement du loyer car elle n'emportait pas d'amélioration notable des conditions d'exercice de l'activité de la société locataire (Cass. 3e civ. 13-1-2004 n° 36 F-D : RJDA 5/04 n° 532).

83815 Une cour d'appel a toutefois admis que des travaux en façade nécessités par l'installation d'une porte à ouverture automatique, la mise en place d'une grille à enroulement, la pose d'un bandeau enseigne sur toute la longueur de l'officine de pharmacie, auxquels s'ajoutaient les travaux de revêtement tissu ou similaire sur les piliers intérieurs, le remplacement du faux plafond existant par un faux plafond à lames aluminium laquées blanc, la pose d'un carrelage sur la surface client avaient, par leur conjonction, constitué une amélioration incontestable devant être qualifiée de notable (CA Paris 30-1-2008 n° 06-17803, 16e ch. A : Administrer avril 2008 p. 34 obs. D. Lipman-W. Boccara).

Cette jurisprudence, si elle devait prospérer, pourrait s'appliquer aux **travaux de « relooking »** que font régulièrement les enseignes dans les locaux loués, ce alors même que la fonctionnalité physique et commerciale des locaux n'a pas été affectée.

TRAVAUX DE REDISTRIBUTION INTERNE

83820 D'autres arrêts se fondent sur la simple redistribution des locaux loués pour exclure la notion d'amélioration tout en retenant une modification notable des caractéristiques des locaux loués, à raison d'une meilleure adaptation des locaux loués. Toutefois, pour des travaux identiques ou similaires, d'autres décisions font au contraire prévaloir le régime de l'article R 145-8, dès lors que la commercialité du local est améliorée.

ILLUSTRATIONS

Travaux admis au titre de l'article R 145-3

La réorganisation des locaux loués à usage de pharmacie consistant en la réaffectation de l'espace réservé jusqu'alors au laboratoire à la réception de la clientèle, et l'installation d'un ascenseur permettant l'accès de la clientèle au 1er étage, ne constituent pas des améliorations au sens de l'article 23-3, alinéa 2 du décret (C. com. art. R 145-8), dès lors que l'augmentation importante de la surface affectée à la vente n'était pas nécessairement la conséquence des travaux entrepris par le locataire à ses frais et que le changement d'affectation des locaux à usage initial de laboratoire pouvait être réalisé au moyen d'une simple réfection des lieux. La cour d'appel a donc pu en déduire que ces travaux n'entraient pas dans le champ d'application de l'article 23-3 du décret, mais qu'ils constituaient une modification, qu'elle a souverainement qualifiée de notable, des caractéristiques propres au local.

Cass. 3e civ. 26-11-1997 n° 1630 PB : RJDA 2/98 n° 150.

La transformation au cours du bail d'une salle à manger en bureau et l'intégration d'une arrière-boutique à la surface de vente ouverte à la clientèle consistent en une simple redistribution des locaux ayant eu pour effet d'entraîner une augmentation notable de la surface de vente et d'améliorer la commercialité des locaux, de sorte que ces aménagements constituent un motif de déplafonnement qui doit être immédiatement pris en compte.

CA Versailles 11-5-1999 n° 96-7361, 12e ch. sect. 2 : D. aff. 1999 p. 1148 note Y. Rouquet.

La suppression de l'ancienne cuisine d'un restaurant, le déplacement des sanitaires et la transformation des anciens sanitaires en local de préparation des repas permettant d'augmenter la surface d'accueil de la clientèle d'un tiers, en la faisant passer de 81 m^2 à 117 m^2, constituent une modification notable des caractéristiques des locaux loués favorable au commerce considéré. En revanche, l'adaptation des locaux au mode d'exploitation spécifique du locataire intégré dans une chaîne, alors et surtout que la substitution de la cuisine qui existait auparavant en une zone de « préparation des repas » ne constitue pas en même temps, pour un bail à destination de restauration, une amélioration objective des lieux, ne saurait être considérée dans son ensemble comme des travaux d'amélioration des locaux.

CA Paris 2-3-2011 n° 09/20921, ch. 5-3.

La transformation en cuisine à l'usage de restaurant de l'ancienne salle de café-bar située au rez-de-chaussée constitue une modification notable des caractéristiques des locaux loués dès lors, d'une part, qu'elle porte sur une surface non négligeable de 34,09 m² et que, d'autre part, elle a entraîné une modification de la répartition des locaux du rez-de-chaussée affectés à la réception du public, au sens de l'article R 145-3, 2° du Code de commerce. En revanche, la société locataire ne démontre pas que cette modification constituerait une amélioration nécessaire des lieux loués, dès lors qu'elle a conduit à une réduction d'environ un tiers de la surface du rez-de-chaussée affectée à la clientèle, même si cette diminution a été compensée par la création de terrasses extérieures, celle-ci ne pouvant être prise en compte puisque les terrasses ne dépendent pas des locaux donnés à bail. **83820** (suite)

CA Poitiers 7-9-2010 n° 08/04269, 2e ch. civ.

Pour un cas constitutif d'une modification notable des caractéristiques du local mais non admis en raison de la tardiveté de la demande de déplafonnement, voir CA Paris 16-4-1996, analysé n° 83645.

Constituent des modifications notables des caractéristiques du local justifiant le déplafonnement du loyer les travaux effectués par le locataire qui ont affecté la distribution des locaux en étendant les surfaces réservées à la réception de la clientèle, développé les surfaces de bureaux, facilité l'accès aux caves en sous-sol et créé des doubles sanitaires et une cuisine.

Cass. 3e civ. 31-3-2016 n° 15-12.356 FS-D : Loyers et copr. 2016 com. n° 123 note E. Chavance.

Constitue une modification notable des caractéristiques des locaux loués le changement d'affectation du 6e étage ayant conduit à la suppression totale du logement affecté à l'habitation pour l'affecter à un usage de stockage purement commercial, dès lors qu'une superficie supplémentaire a ainsi pu être donnée en location pour du stockage et générer un revenu contrairement au local d'habitation qui était destiné au gardien.

CA Paris 3-7-2019 n° 17/14572, ch. 5-3 : Gaz. Pal. 2019 p. 59 note C.-E. Brault.

Travaux exclus au titre de l'article R 145-3

La réalisation d'un escalier reliant la boutique au sous-sol constitue une amélioration au sens de l'article 23-3 (C. com. art. R 145-8) dès lors que l'activité autorisée est celle de tapissier et que le sous-sol est utilisé comme salle de découpe, de repassage et de stockage. Cette amélioration ne pourra donc être invoquée qu'à l'occasion du second renouvellement.

CA Paris 24-6-1998, 16e ch. A : Administrer mars 1999 p. 24 note B. Boccara et D. Lipman-Boccara.

La suppression d'une cloison entre la boutique et la réserve aboutissant à une augmentation de 37 % de la surface accessible à la clientèle constitue une amélioration notable des lieux loués, dès lors qu'elle permet d'exposer à la vente une plus grande quantité de marchandises dans de meilleures conditions.

CA Paris 3-9-1999 n° 99/4226, 16e ch. B : RJDA 12/99 n° 1303.

Les travaux de percement d'un mur permettant de transformer deux caves voûtées en une seconde salle accessible à la clientèle ont apporté à l'exploitation du commerce une amélioration notable au sens de l'article 23-3.

CA Paris 26-10-2001 n° 00/5180, 16e ch. B : AJDI 2002 p. 215.

Les travaux ayant consisté en la suppression des cloisons, la démolition des escaliers et le rebouchage des trémies existantes dans la salle d'exposition, le prolongement du plancher au niveau de l'entrée, le déplacement du sanitaire aboutissant à un agrandissement de l'entrée par emprise sur la salle d'exposition, constituent une amélioration car ils ont permis une utilisation rationnelle des locaux et offert une distribution adaptée à l'activité du locataire.

CA Paris 24-1-2005 n° 04/1454, 16e ch. A : Juris-Data n° 2005-274742.

Le propriétaire d'un local loué à usage de café-restaurant, brasserie et alimentation de luxe soutenait que les nombreux travaux effectués par son locataire constituaient une modification notable des caractéristiques des lieux ainsi qu'une amélioration permettant le déplafonnement puisqu'il avait participé financièrement et indirectement à leur financement. La cour d'appel a jugé au contraire que :

– si la création d'une terrasse fermée par emprise précaire sur le domaine public ne modifie pas l'assiette du bail et s'il peut être soutenu qu'elle ne constitue en soi ni une modification des caractéristiques des lieux loués ni même une amélioration pouvant constituer une cause de déplafonnement, il en est différemment si cette création a entraîné la démolition du muret de façade, le déplacement des vitrines existantes ainsi que le déplacement des portes d'accès de la clientèle, tous éléments qui conduisent à une amélioration notable des conditions d'accueil du public ;

– la rénovation complète de la salle de restauration avec installation de deux comptoirs réfrigérants, de faux plafonds, ainsi que l'agrandissement de la trémie pour le remplacement du monte-charge et la création d'un monte-fût, la construction de nouveaux cloisonnements entre la salle et la cuisine, et au sous-sol, la suppression de la cuisine, outre le déplacement et l'agrandissement des vestiaires du personnel et la création de deux douches, de lavabos et d'un

WC ne peuvent conduire à retenir que les caractéristiques du bail ont été modifiées au cours du bail expiré, étant observé que la cuisine du rez-de-chaussée a été créée sur l'emprise de l'office et du vestiaire qui existaient lors du précédent renouvellement et que la cuisine du sous-sol a été remplacée par une zone de préparation des repas, mais que ni l'assiette du bail, ni l'importance des surfaces respectivement affectées au public et à l'exploitation des activités n'a été modifiée au cours du bail expiré.
Les travaux réalisés constituent néanmoins des améliorations des lieux loués. Or dès lors que les travaux relèvent cumulativement des articles R 145-3, R 145-4 et R 145-8, alinéa 1, il convient de faire application du second de ces textes, lequel ne permet pas au bailleur de solliciter une modification du loyer lors du renouvellement du bail au cours duquel ont eu lieu les travaux d'amélioration sauf si directement ou indirectement, il a participé à leur financement, ce que la cour ne retient pas.

CA Paris 9-6-2010 n° 09/11168, ch. 5-3 : Juris-Data n° 2010-015347.

Constituent des améliorations les travaux d'aménagement intérieur de locaux loués à usage d'alimentation générale et de distribution de carburants ayant augmenté les surfaces de vente de plus de 620 m^2, sans modification de l'assiette du bail ni participation du bailleur à leur financement.

Cass. 3e civ. 4-5-2011 n° 10-16.777 FS-D : AJDI 2011 p. 624 obs. D. Lipman-W. Boccara.

Constituent des travaux d'amélioration d'un local à usage de café, bar-restaurant la suppression des vestiaires et de la cuisine du rez-de-chaussée ayant permis la création d'une grande salle de restaurant et l'augmentation de près de 21 m^2 de la surface accessible à la clientèle, ainsi que le déplacement du monte-charges et de la chambre froide et les nouveaux accès aux sanitaires pour la clientèle.

Cass. 3e civ. 11-3-2014 n° 13-10.748 F-D.

Constituent une amélioration notable les travaux d'extension ayant eu pour effet de doubler la surface de vente d'une grande surface et de répondre ainsi aux besoins de la clientèle.

Cass. 3e civ. 8-4-2014 n° 13-11.728 F-D.

83825 On peut comprendre que des travaux légers, tels que le percement de cloisons permettant d'agrandir l'espace accessible à la clientèle ou l'ouverture d'une porte dans un mur contigu à deux magasins, d'un faible **coût financier** pour le locataire, soient exclus de la notion d'amélioration, dans la mesure où le mécanisme du différé d'accession a pour objectif de permettre au locataire d'amortir son investissement sur une durée minimale.

En revanche, dès lors que ces travaux représentent un coût substantiel et qu'ils améliorent la commercialité ou la fonctionnalité du local, il est difficilement concevable qu'ils n'entrent pas dans le champ d'application de l'article R 145-8. On peut regretter, à nouveau, une absence de contrôle de la Cour de cassation sur la qualification des améliorations, empêchant toute cohérence jurisprudentielle.

TRAVAUX LOURDS DE TRANSFORMATION DES LOCAUX

83830 **Nouveau critère** Depuis 1999, la cour d'appel de Paris applique un nouveau critère distinctif, celui des **modifications substantielles dépassant les simples travaux d'amélioration.** Dans un cas où une société avait ouvert une porte dans le mur mitoyen permettant la communication entre deux fonds loués à des propriétaires différents, et avait aménagé les combles en bureaux administratifs, la cour d'appel a considéré que les transformations réalisées par la société locataire, à ses frais exclusifs, constituaient des modifications des caractéristiques des lieux loués ainsi que de la désignation contractuelle et non une simple amélioration. Les travaux ayant été effectués au cours du bail, le déplafonnement du loyer a été retenu (CA Paris 7-5-1999 n° 97-23231, 16e ch. B : AJDI 2000 p. 315). Cette jurisprudence est également suivie par d'autres cours d'appel.

ILLUSTRATIONS

Ce critère a été appliqué aux travaux suivants :
– transformation d'une dalle en béton d'une surface de 35,80 m^2 à usage de réserve située à l'entresol en quatre bureaux moquettés et munis de faux plafonds, reliés au rez-de-chaussée par un escalier, d'une superficie de 90,80 m^2, soit une augmentation de 55 m^2.

CA Paris 17-11-2000 n° 99-15693, 16e ch. B.

– transformation de la surface du 1er étage autrefois affectée à l'usage de bureaux en une surface de vente, avec déplacement de l'escalier d'accès et ouverture d'une trémie dans le plancher du 1er étage pour former un puits de lumière.

CA Paris 15-12-2000 n° 98-15473, 16e ch. B.

– création de deux escaliers destinés à relier le rez-de-chaussée aux locaux du 1er étage permettant à la clientèle d'accéder aux locaux d'exposition du 1er étage et augmentant la surface d'exposition de plus de 80 % par la création d'un espace d'un seul tenant de 525 m².

CA Paris 2-2-2001 n° 99-9810, 16e ch. B : Administrer juin 2001 p. 22 obs. B. Boccara et D. Lipman-Boccara.

– création d'une ouverture avec le local contigu, pris en location selon un bail distinct, avec modification de la distribution intérieure, ce qui a eu pour effet de doubler pratiquement la surface de vente accessible à la clientèle de la pharmacie dans laquelle était développée l'activité de parapharmacie.

CA Paris 10-4-2008 n° 07-13437, 16e ch. B : Juris-Data n° 2008-360544.

– augmentation de la capacité d'accueil d'une boutique de 9 à 14 postes de coiffure et accroissement substantiel de la surface accessible au public.

CA Paris 24-2-2010 analysé n° 83645.

– construction d'un bâtiment en dur à l'intérieur d'un hangar avec création d'une toiture-terrasse servant de mezzanine et agrandissement de la surface utilisable de 130 m².

CA Paris 10-3-2010 analysé n° 83750.

– travaux de transformation d'un café-bar-snack en un commerce de vêtements consistant en la réfection de la façade, la modification de l'ouverture de la partie de la façade située à l'entresol, la modification de l'accès à la partie entresol avec création d'un très vaste escalier et une importante emprise au niveau de la cour couverte de manière à dégager totalement la surface de l'entresol, l'aménagement intérieur et la remise aux normes des éléments d'équipements avec remplacement des anciennes cuisines par des cabines d'essayage, le tout ayant entraîné une augmentation de la surface des locaux loués, facilité l'accès à l'entresol et étendu la surface de vente.

CA Bordeaux 15-9-2009, 2e ch. civ., confirmé par Cass. 3e civ. 8-12-2010 n° 09-17.294 FS-D : RJDA 4/11 n° 291.

– réalisation d'importants travaux consistant en la suppression de la majeure partie d'un mur porteur contigu au local mitoyen dans le but d'une mise en communication des locaux.

CA Paris 25-1-2023 n° 20/17972, ch. 5-3, confirmé par Cass. 3e civ. 12-12-2024 n° 23-14.800 F-D : RJDA 3/25 n° 128.

Cette jurisprudence a reçu un accueil critique de la **doctrine** (notamment M. Assouline, Travaux réalisés par le preneur dans le bail commercial : Gaz. Pal. 20 mars 2001 p. 399 s.). **83835**

Elle dénature clairement les textes en réduisant le domaine de l'article R 145-8 aux simples améliorations, excluant de ce fait les travaux emportant une transformation lourde des lieux loués. De même, la notion de modification substantielle de la chose louée paraît étrangère aux règles statutaires définissant les modifications de la valeur locative ouvrant droit au déplafonnement. Enfin, ces décisions présentent une incohérence logique avec la jurisprudence tendant à exclure l'application de cette disposition en présence de travaux d'une ampleur insuffisante, tels que la suppression de cloisons. On peut légitimement se demander quel est le domaine de l'article R 145-8, entre les travaux pas suffisants pour justifier son application et ceux qui, au contraire, sont trop importants.

Conformément à sa jurisprudence, la **Cour de cassation** ne s'est pas prononcée : saisie d'un pourvoi à l'encontre d'une décision de la cour d'appel de Paris ayant fait application de la notion de simple amélioration à propos des travaux de suppression d'un mur séparant des lots et le percement d'une trémie pour permettre le passage d'un monte-plats, elle a rendu un arrêt de rejet en limitant son examen à la cohérence interne de la décision, à l'exclusion de la qualification des travaux qui relève des juges du fond (Cass. 3e civ. 25-4-2001 n° 622 FS-D ; voir aussi Cass. 3e civ. 3-4-2001 n° 483 F-D et n° 480 F-D : Administrer juillet 2001 p. 31 obs. B. Boccara et D. Lipman-Boccara ; Cass. 3e civ. 10-5-2001 n° 661 FS-D ; Cass. 3e civ. 8-12-2010 n° 09-17.294 FS-D : RJDA 4/11 n° 291 ; Cass. 3e civ. 12-12-2024 n° 23-14.800 F-D : RJDA 3/25 n° 128). **83840**

Divergence de jurisprudence En présence de travaux lourds de transformation des locaux, d'autres arrêts retiennent au contraire la qualification de travaux d'amélioration et ne retiennent le déplafonnement du loyer que lors du second renouvellement. Ces arrêts se situent dans le droit fil de la jurisprudence de la Cour de cassation affirmant la prévalence de l'article R 145-8 (n° 83595). Il en va ainsi de : **83845**

- l'agrandissement des surfaces de vente du rez-de-chaussée par la transformation de pièces à usage d'habitation (CA Bourges 27-6-1994 n° 93-462, 1e ch., confirmé par Cass. 3e civ. 17-7-1996 n° 1409 D : RJDA 11/96 n° 1307) ;
- l'aménagement, dans un local de boucherie, d'une chambre froide dont la superficie était presque cinq fois supérieure à celle existant auparavant, ce qui facilitait l'exploitation du fonds et lui apportait une plus-value certaine en permettant un stockage plus important et l'augmen-

tation de 17 % de la surface du local affectée à la réception de la clientèle (CA Versailles 21-9-1999 n° 97-3426, 22e ch. A : RJDA 12/99 n° 1303) ;

– la création d'une mezzanine ayant pour effet d'augmenter la surface de vente de 32 m² et de rationaliser le stockage des marchandises (CA Paris 31-3-2000 n° 99-13510, 16e ch. B : Loyers et copr. 2000 comm. n° 229 note Ph.-H. Brault et P. Pereira) ;

– la construction d'une salle à manger d'été d'une surface de 28 m² pouvant être considérée comme une extension de la surface accessible à la clientèle (CA Versailles 6-3-1997, 12e ch., 1e sect., confirmé par Cass. 3e civ. 2-6-1999 n° 97-15.205 D : RJDA 8-9/99 n° 898) ;

– la création d'une nouvelle salle de 9,20 m² en fond de boutique, de dégagement et de sanitaires, soit 11,12 % de la surface réelle et la création de 14 places assises (CA Paris 10-12-1999 n° 98-12848, 16e ch. B) ;

– la création d'un hall d'exposition au rez-de-chaussée et d'un magasin de pièces détachées au sous-sol au lieu et place d'emplacements de stationnement, implantation d'une nouvelle porte permettant un accès direct à la clientèle à la suite du percement des vitrines existantes (CA Paris 20-3-1998 n° 97-27362, 16e ch. B) ;

– la réalisation d'importants travaux de restructuration ayant permis la création d'un vaste ensemble sur trois niveaux constitue tout à la fois une modification notable des caractéristiques du local au sens de l'article 23-1 du décret du 30 septembre 1953 (C. com. art. R 145-3) et une amélioration apportée aux lieux loués au sens de l'article 23-3 (art. R 145-8) en raison notamment de l'augmentation des surfaces commerciales intérieures, des équipements en marbre et de l'installation d'une salle de coffres dans les caves au sous-sol. Dans ces conditions, l'application combinée des deux articles implique la prise en considération des effets différés de l'accession (CA Paris 17-9-1996, 16e ch. A) ;

– la réalisation de très importants travaux de réorganisation de l'espace des lieux loués principalement au rez-de-chaussée et au premier étage, par la suppression de multiples cellules dans lesquelles étaient exploités auparavant plusieurs commerces (CA Aix-en-Provence 30-3-1999 n° 95-5460, 4e ch. civ. A : AJDI 2001 p. 698 note J.-P. Blatter confirmé par Cass. 3e civ. 21-3-2001 n° 418 FS-PB : RJDA 6/01 n° 666) ;

– la réalisation de travaux importants affectant la structure des lieux loués. En effet, si par leur nature et leur étendue de tels travaux pouvaient relever des dispositions de l'ancien article 23-1, ils avaient manifestement constitué une amélioration des conditions d'exploitation du local loué et étaient entrés de ce fait dans le champ d'application des dispositions de l'ancien article 23-3 (CA Paris 20-12-2007 n° 06-20163, 16e ch. B : Loyers et copr. 2008 comm. n° 112) ;

– la restructuration importante des parties de l'immeuble susceptibles d'accueillir la clientèle, ayant notamment conduit à une augmentation de 28,5 % des surfaces de vente outre des aménagements au niveau des deuxième et troisième étages non ouverts au public. Ces travaux constituent à la fois des travaux de construction modifiant les caractéristiques propres des locaux et des travaux d'amélioration (CA Pau 31-1-2012 n° 10/03638, 2e ch. sect. 1).

e. Constructions nouvelles

83890 Sous réserve de l'accession du bailleur, les constructions réalisées par le locataire sur un terrain nu donné à bail sont traitées par la jurisprudence comme des améliorations, éligibles au régime juridique du déplafonnement différé organisé par l'article R 145-8 du Code de commerce. La Cour de cassation a validé à plusieurs reprises cette approche qui permet au locataire d'amortir son investissement sur une durée plus longue (Cass. 3e civ. 3-5-1978 n° 76-15.589 : Rev. Loyers 1979 p. 384 ; Cass. 3e civ. 16-10-1979 n° 78-12.010 : JCP G 1979 II n° 19392 note B. Boccara ; Cass. 3e civ. 10-4-1991 n° 89-19.837 : Rev. Loyers 1991 p. 286 note J.-C. Berthault ; Cass. 3e civ. 10-11-1999 n° 1685 PB : Bull. civ. III n° 211).

Il faut toutefois se souvenir que la Cour de cassation exerce un contrôle limité sur la qualification des travaux, de sorte que les juridictions du fond disposent d'un très large pouvoir d'appréciation pour classer les constructions nouvelles dans la catégorie des améliorations de l'article R 145-8 ou dans celle de l'article R 145-3.

ILLUSTRATIONS

Un bailleur avait consenti le renouvellement d'un bail commercial portant sur un terrain nu à usage industriel, à compter du 1er janvier 1984 pour se terminer le 31 décembre 1992, moyennant un loyer déplafonné de 561 200 francs, à compter du 1er janvier 1993.

La cour d'appel a fait droit à la demande de déplafonnement en se fondant sur l'importance des démolitions et des constructions effectuées sur le terrain et résultant des vues aériennes produites aux débats. Elle a estimé que l'article 23-3 du décret de 1953 (C. com. art. R 145-8) est un texte dérogatoire qui doit être interprété restrictivement en matière de constructions nouvelles, dans

la mesure où elles ne sont pas, comme des améliorations, l'accessoire du contrat de location, mais où elles deviennent les éléments essentiels, voire constitutifs, d'un nouveau bail. Elle a considéré que les travaux de démolitions et d'aménagements dépassaient le stade des obligations locatives normales et entraînaient de ce fait le déplafonnement du loyer du bail renouvelé par application de l'article 23-1 (art. R 145-3) et ce, quel que soit celui qui a assumé la prise en charge financière des démolitions ou des aménagements et des travaux (CA Paris 20-2-1998 n° 94-16304, 16e ch. B : D. aff. 1998 p. 792).
Cet arrêt peut être rattaché au courant de la jurisprudence de la cour d'appel de Paris écartant le régime des améliorations en présence de modifications substantielles de la chose louée (voir n° 83845).

C. Accession du bailleur aux travaux

83950 Les dispositions des articles R 145-3, R 145-4 et R 145-8 du Code de commerce relatives aux travaux doivent être combinées avec les effets légaux ou contractuels de l'accession.

Les règles de l'accession diffèrent selon qu'il s'agit de simples travaux ou de constructions entrant dans le champ d'application de l'article 555 du Code civil. Sur le domaine d'application de cette disposition, voir nos 79920 s.

1. EN L'ABSENCE DE CLAUSE D'ACCESSION

83960 La jurisprudence considère qu'en l'absence de clause spécifique, l'accession aux travaux d'amélioration intervient à la fin du bail au cours duquel ils ont été effectués et qu'en conséquence les travaux peuvent entraîner le déplafonnement du loyer à l'occasion du second renouvellement suivant leur réalisation (Cass. 3e civ. 14-3-2019 n° 18-13.221 D ; CA Paris 7-2-2008 n° 07-7733, 16e ch. B : Loyers et copr. 2008 comm. n° 134).

On en revient ainsi à une application pure et simple de l'article R 145-8 du Code de commerce.

2. EN PRÉSENCE D'UNE CLAUSE D'ACCESSION

83970 Si la plupart des baux comportent des clauses d'accession, les parties n'ont pas toujours conscience de l'enjeu majeur qu'elles peuvent représenter dans la valorisation des locaux loués. Ces clauses ont pour objet principal de déroger aux règles légales d'indemnisation en prévoyant le principe d'une accession gratuite du bailleur aux travaux réalisés par le locataire. En ce qui concerne la date, il existe deux systèmes alternatifs aux effets diamétralement opposés : l'accession intervient soit en fin de bail, soit en fin de jouissance.

ACCESSION DU BAILLEUR AUX TRAVAUX EN FIN DE BAIL

83975 Les rédacteurs d'acte utilisent des formules diverses telles que « Tous embellissements, améliorations, réparations, travaux quelconques effectués par le locataire dans les lieux loués accéderont, de plein droit et sans formalité, au bailleur à la fin du présent bail », ou encore « Le bailleur restera propriétaire des travaux réalisés par le locataire, en fin de location. »

Ces types de clause permettent au bailleur de devenir propriétaire des ouvrages et travaux à l'expiration du bail au cours duquel ils ont été réalisés. Il s'ensuit que le bailleur peut valablement invoquer les **travaux** comme **motif de déplafonnement,** soit au titre d'une modification des caractéristiques des locaux lors du premier renouvellement, soit au titre des améliorations lors du second renouvellement.

ILLUSTRATIONS

En présence d'une clause stipulant que les améliorations faites par le locataire resteraient « à la propriété à l'expiration du présent bail », la Cour de cassation a jugé que les améliorations faites par le locataire au cours du premier bail étaient acquises dès son expiration, le bail renouvelé étant un nouveau bail. Elle a, en conséquence, censuré l'arrêt d'appel qui avait rejeté la demande de déplafonnement du bailleur, lors du second renouvellement, sur le terrain de l'article R 145-8 (Cass. 3e civ. 26-11-1985 n° 84-16.760 : Bull. civ. III n° 154 ; Cass. 3e civ. 15-5-1991 n° 484 P : Bull. civ. III n° 136 ; Cass. 3e civ. 30-11-1994 n° 1913 P : RJDA 1/95 n° 9 ; CA Montpellier 24-2-2010 n° 009/05536, 1e ch. D).

83976 Il faut toutefois veiller à assurer une certaine **cohérence entre la clause d'accession et celle de remise des lieux en leur état initial,** sous peine d'une interprétation pénalisante pour le bailleur.

ILLUSTRATIONS

Une cour d'appel a pu décider qu'un bailleur ne pouvait pas se prévaloir des améliorations apportées par le locataire aux locaux loués pour obtenir le déplafonnement du loyer du bail renouvelé après avoir relevé que le bail liant les parties stipulait que « tous les travaux qui auront été faits par le locataire ainsi que toute installation de gaz, d'électricité et de chauffage central resteront en bon état au bailleur, sans indemnité, à moins qu'il ne préfère le rétablissement des lieux en leur état primitif », et retenu, par une interprétation souveraine de la commune intention des parties, que le renouvellement du bail étant incompatible avec la remise des lieux en leur état primitif, la clause d'accession ne pourrait jouer qu'à la fin des relations contractuelles (Cass. 3e civ. 7-2-2007 n° 05-21.428 FS-D : RJDA 5/07 n° 457 ; Cass. 3e civ. 17-9-2020 n° 19-21.713 F-D : RJDA 12/20 n° 633).

Une cour d'appel, ayant relevé que, aux termes du bail, tous changements, embellissements ou améliorations, et en règle générale, tous travaux exécutés par la société locataire dans les lieux loués, demeuraient en fin de bail la propriété du bailleur, sans indemnité, mais que le bailleur pourrait demander à la société locataire le rétablissement des lieux loués dans leur état primitif, aux frais exclusifs de celle-ci, a retenu, par une interprétation souveraine de la commune intention des parties, que, le renouvellement du bail étant incompatible avec la remise des lieux dans leur état primitif, la clause d'accession ne pouvait jouer qu'à la fin des relations contractuelles, et a pu en déduire que les travaux effectués par la société locataire ainsi que l'augmentation de la surface des locaux loués en résultant n'avaient pas à être pris en compte dans la détermination de la valeur locative (Cass. 3e civ. 17-11-2021 n° 20-16.802 F-D : Loyers et copr. 2022 comm. n° 27).

Un bail commercial portant sur des locaux à usage d'hôtel contenait une clause d'accession prévoyant que « le locataire devra laisser en fin de bail les embellissements et augmentations ou améliorations qu'il pourrait faire dans les lieux loués sans indemnité de la part du bailleur qui pourra, s'il le préfère, faire rétablir les lieux loués dans leur état primitif aux frais du locataire ». À la suite d'un dégât des eaux, l'assureur du locataire avait refusé de l'indemniser car les dommages matériels occasionnés ne rentraient pas selon lui dans le champ de la garantie de l'assuré : ils affectaient des aménagements (installations de plomberie, revêtements de sol, carrelage, faïences, électricité) étant devenus, en application de la clause d'accession, la propriété du bailleur lors du renouvellement du bail intervenu l'année précédente, de sorte que c'était à l'assureur du bailleur qu'il revenait d'indemniser le locataire. Interprétant la clause d'accession jugée ambiguë, la cour d'appel de Paris a estimé que les termes « en fin de bail » signifiaient « en fin de relations contractuelles ». Les aménagements réalisés par le locataire dans les lieux loués n'étant pas encore la propriété du bailleur, l'assureur du locataire était donc tenu d'indemniser son assuré au titre des aménagements réalisés qui avaient été endommagés, conformément à ce que prévoyait le contrat d'assurance (CA Paris 27-2-2013 n° 11/05464, ch. 5-3 : RJDA 2/14 n° 87).

ACCESSION DU BAILLEUR AUX TRAVAUX EN FIN DE JOUISSANCE

83980 Depuis environ une dizaine d'années, de **nouvelles clauses** d'accession sont apparues dans certains baux, stipulant le report de la date d'accession « à la fin de la jouissance du locataire » ou « au dernier des renouvellements ». Ces formules sont synonymes : elles signifient que le bailleur ne pourra accéder aux travaux et améliorations qu'au départ des lieux du locataire. Contrairement aux clauses habituelles examinées n° 83975, le report de l'accession en fin de jouissance affecte considérablement le jeu des articles R 145-3 et R 145-8, puisque le mécanisme du déplafonnement à raison des travaux du locataire suppose, pour son application, que le bailleur devienne propriétaire par accession des améliorations. Si le locataire conserve la propriété de ses aménagements, le processus est bloqué.

Dans un arrêt de principe, la **Cour de cassation** a ainsi jugé que l'article 23-3 du décret (art. R 145-8) n'étant pas d'ordre public, les parties peuvent y déroger contractuellement en reportant la date d'accession en fin de jouissance du locataire (Cass. 3e civ. 21-3-2001 n° 418 FS-PB : Bull. civ. III n° 35 ; Cass. 3e civ. 27-5-2003 n° 666 F-D : AJDI 2003 p. 668). Ainsi, dans un cas où un bail commercial autorisait le locataire à effectuer tous les travaux nécessaires à l'exercice de son activité de restauration rapide et où ce dernier avait entrepris des travaux à la fois fonctionnels et esthétiques et comportant une modification de la devanture, la cour d'appel de Versailles a refusé le déplafonnement du loyer au titre des améliorations pour la raison suivante : quand bien même la nature des travaux entrepris était susceptible de relever du régime des améliorations de l'article R 145-8, le bailleur ne pouvait pas s'en prévaloir compte tenu de la clause d'accession selon laquelle « tous travaux d'aménagement, embellissement, amélioration, installation par le locataire dans les locaux loués deviendront propriété du bailleur à la fin de l'occupation des locaux loués » (CA Versailles 9-4-2009 n° 08-5064, 12e ch. sect. 1 : RJDA 10/09 n° 820). Dans le cas d'un bail comportant une clause d'accession identique à celle de l'affaire précitée, la cour d'appel de Toulouse a jugé également que les travaux d'amélioration effectués par le locataire dans un salon de coiffure étaient sans incidence sur la fixation du loyer jusqu'à la sortie des lieux du locataire, de sorte qu'il n'y avait pas lieu à déplafonnement du loyer du bail renouvelé (CA Toulouse 19-6-2019 n° 17/04677, 2e ch.).

Dans un arrêt dissident, la cour d'appel de Paris a jugé que la clause du bail stipulant que les locataires laisseront à leur départ et sans indemnité toutes installations ou améliorations faites par eux ne modifiait en rien la date d'accession à la fin du bail au cours duquel les améliorations ont été faites et a accordé le déplafonnement du loyer du chef de l'article 23-3, s'agissant du second renouvellement (CA Paris 5-9-2005 n° 03-15694, 16e ch. A : Loyers et copr. 2006 comm. n° 81).

Bien que les arrêts de la Cour de cassation aient été rendus au visa de l'ancien article 23-3 (art. R 145-8), dans des affaires où étaient en cause des travaux d'amélioration, la solution paraît **transposable aux travaux** constituant uniquement une modification des caractéristiques des locaux au sens de l'article 23-1 (art. **R 145-3**). On ne voit pas comment pourrait être prise en compte une transformation des lieux loués qui n'entrerait pas dans l'objet de la location, puisque le locataire en conserve la propriété. 83990

Incidence sur la valeur locative Le report de l'accession en fin de jouissance n'affecte pas seulement les règles de déplafonnement mais aussi la valorisation des locaux loués. Lors du renouvellement du bail, si le loyer est déplafonné, par exemple pour un motif tiré d'une modification des facteurs locaux de commercialité, la valeur locative devra être appréciée en faisant abstraction des ouvrages et aménagements réalisés par le locataire. Il s'agit d'une conséquence particulièrement lourde pour le bailleur qui ne pourra jamais valoriser les travaux du locataire jusqu'à son départ des lieux alors que, parallèlement, la valeur du droit au bail du locataire s'en trouve substantiellement accrue. C'est ainsi qu'en présence d'un bail portant sur un terrain nu sur lequel le locataire avait édifié des constructions qui selon les stipulations du bail ne devenaient propriété du bailleur qu'en fin de jouissance, une cour d'appel a considéré que la valeur locative ne devait prendre en compte que le terrain à l'exclusion des bâtiments demeurés la propriété du locataire (CA Caen 23-5-2013 n° 12/00539, 2e ch. civ. com.). 83995

Compte tenu des avantages substantiels que représente cette clause pour le locataire, il serait logique, sur le fondement des clauses dérogatoires de l'article 23-3, alinéa 1 [R 145-8], d'appliquer, au moment du renouvellement, une majoration à la valeur locative de base (en ce sens, Cass. 3e civ. 21-3-2001 n° 418 FS-PB : RJDA 6/01 n° 666, Administrer juin 2001 p. 21 note B. Boccara).

CONSEIL

L'estimation a posteriori de la valeur locative des locaux avant aménagement par le locataire peut s'avérer difficile. La pratique la plus courante est celle d'un **abattement forfaitaire** en considération de l'importance des coûts engagés et de la plus-value apportée aux locaux. La correction peut s'opérer également sur la pondération de ces locaux.

3. INCIDENCE DE CERTAINES STIPULATIONS CONTRACTUELLES SUR LA VALEUR LOCATIVE

Certaines stipulations particulières du bail peuvent, indépendamment du mécanisme de l'accession, avoir une incidence directe sur la valeur locative. Il en va ainsi des **clauses qui,** en dehors de toute règle d'accession, **excluent expressément les investissements du locataire** dans la détermination de la valeur locative. Ainsi, dans un cas où le bail stipulait « il est d'ores et déjà convenu que le bailleur ne pourra prétendre à un supplément de loyer lié à la mise en état de modernité et de rentabilité dues à l'initiative et à l'investissement du preneur qui, sans cette clause, n'aurait pas accepté le présent bail », la Cour de cassation a censuré une cour d'appel qui avait fixé le loyer du bail renouvelé à une certaine somme égale à la valeur locative sans répondre aux conclusions du locataire qui faisait valoir que l'accroissement de surface des locaux loués, résultant des travaux qu'il avait réalisés pour moderniser les lieux et assurer leur rentabilité, ne pouvait être pris en compte dans la détermination du loyer du bail renouvelé, en application de ladite clause (Cass. 3e civ. 15-5-2008 n° 07-14.113 FS-D). 84050

D. Travaux réalisés dans des locaux monovalents

1. RÉGIME APPLICABLE AUX AMÉLIORATIONS DANS LES LOCAUX MONOVALENTS

Les travaux d'amélioration réalisés par le locataire s'apprécient différemment suivant que le **loyer** de renouvellement est **déterminé,** ou non, **selon les usages** de la profession. 84100

Selon la jurisprudence de la Cour de cassation, la soumission du bail aux dispositions de l'article R 145-10 du Code de commerce relatif à la fixation du loyer des locaux monovalents exclut l'application des dispositions de l'article R 145-8 relatif au régime des travaux d'amélioration (Cass. 3e civ. 1-3-2000 no 325 PB : RJDA 5/00 no 518 ; Cass. 3e civ. 5-10-2017 no 16-18.059 FS-PBI : RJDA 1/18 no 7). En conséquence, dès lors que le bail porte sur un local monovalent au sens de l'article R 145-10, le loyer doit être fixé à la valeur locative selon les usages observés dans la branche d'activité considérée (Cass. 3e civ. 5-10-2017 précité).

Cette position jurisprudentielle est contestable. En effet, à bien relire l'article R 145-10, on constate que le législateur n'a pas expressément exclu l'application des articles R 145-3 et suivants. Le texte précise simplement que par dérogation à ces articles le loyer des locaux monovalents peut être déterminé selon les usages. C'est donc une faculté laissée au juge d'exclure la méthode des prix de comparaison au profit de celle instituée par les usages. Rien n'interdit, en revanche, au juge d'appliquer certaines règles issues des articles R 145-3 et suivants lorsqu'elles sont compatibles avec la méthode préconisée par les usages, laquelle repose généralement sur un pourcentage de la recette générée par l'exploitation des locaux loués.

84105 Il en va en revanche différemment lorsque, **en l'absence d'usage** avéré, le loyer du local monovalent est fixé selon les valeurs de comparaison. Il y a lieu, à notre avis, dans cette hypothèse, de faire application des dispositions des articles R 145-3 à R 145-8 du Code de commerce puisque la dérogation à ces règles n'est admise, selon l'article R 145-10, que si le loyer du local monovalent est déterminé selon les usages observés dans la branche d'activité considérée. Telle est la position adoptée par une cour d'appel pour fixer le loyer du bail renouvelé d'un emplacement situé dans les nouvelles halles de la ville de Dinard abritant exclusivement les commerces de bouche et matérialisé par un étal brut de béton (CA Rennes 6-6-2012 no 10/09245, 5e ch.).

2. CAS PARTICULIER DES TRAVAUX DANS LES HÔTELS

84110 Les travaux réalisés par le locataire d'un établissement hôtelier obéissent à un régime spécifique régi par les articles L 311-2 à L 311-6 du Code du tourisme selon lequel le bailleur ne peut s'opposer à certains travaux d'équipement et d'amélioration que le locataire entend réaliser à ses frais dans les lieux loués, même s'ils doivent entraîner une modification dans la distribution des locaux dès lors que ce dernier respecte une formalité préalable : notifier son intention au bailleur. Ce régime spécifique est exposé nos 39310 s.

II. MODIFICATION DE LA DESTINATION DES LIEUX LOUÉS

84200 En tant qu'élément de détermination de la valeur locative visée à l'article L 145-33 du Code de commerce, la modification de la destination des lieux loués constitue un motif de déplafonnement, dès lors qu'elle présente un caractère notable.

La destination des lieux est celle effectivement autorisée par le bail et ses avenants, ou par le tribunal au cas de déspécialisation (C. com. art. R 145-5).

A. Existence d'un changement de destination

NOTION DE CHANGEMENT DE DESTINATION

84210 À la différence des autres critères d'appréciation de la valeur locative, celui de la destination s'apprécie par référence aux clauses du bail. Il n'existe de changement de destination que pour autant que le locataire exerce une activité différente de celle(s) autorisée(s) par le bail, ou par le tribunal en cas de déspécialisation.

84215 **Articulation de la clause « destination » avec les autres stipulations du bail** L'appréciation du changement de destination peut se heurter à des difficultés d'interprétation de la clause « destination » du bail et de son articulation avec les autres dispositions contractuelles. La cour d'appel de Paris a considéré qu'il fallait avoir égard aux indications figurant dans la rubrique « destination des lieux » sans s'attacher aux mentions relevées dans la **clause relative à la « désignation des lieux »** (CA Paris 30-5-1995 no 94-7709, 16e ch. A : Administrer octobre 1995 p. 27 obs. B. Boccara).

ILLUSTRATIONS

Lorsque la destination fixée par le contrat est celle de « café-bar-restaurant », le fait qu'une partie des locaux soit désignée comme « logement » n'empêche pas qu'elle puisse être utilisée comme annexe du commerce (CA Paris 30-5-1995, précité).

De même, dans un cas où un bail portant sur un local à usage de bureau situé en rez-de-chaussée avait été étendu, en cours de bail, à l'appartement du premier étage avec lequel il communiquait par un escalier intérieur, une cour d'appel, qui a relevé que les autres clauses du bail, y compris celle relative à la destination contractuelle, avaient été maintenues et qu'il n'était pas interdit au locataire d'utiliser le local du premier étage pour l'exercice de son activité commerciale, a pu en déduire que l'ensemble des locaux loués étaient à usage commercial et fixer le loyer du bail renouvelé à la valeur locative (Cass. 3e civ. 17-11-1998 n° 1673 D : RJDA 2/99 n° 154, 1e espèce).

De même encore, la transformation de deux pièces, désignées comme logement par le bail, en lingerie avec douche et réserve ne constitue pas une modification de la destination, le bail ayant pour destination un usage de coiffeur-parfumeur pour le tout (CA Paris 14-12-2011 n° 09/16735 ch. 5-3 : Juris-Data 2011-029100).

Cette jurisprudence doit être approuvée dans la mesure où il ne faut pas confondre la destination des lieux loués avec l'usage particulier qui en est fait par le locataire. On relèvera toutefois qu'en présence d'un bail précisant qu'étaient loués « les locaux à usage de pharmacie ci-après désignés : au rez-de-chaussée une boutique et au 1er étage un appartement de 53 m^2 », la Cour de cassation a approuvé une cour d'appel qui avait déduit de ces énonciations imprécises que l'appartement était à usage d'habitation. Par suite, constituait une modification notable de la destination des lieux loués justifiant le déplafonnement du loyer l'adjonction au local principal du rez-de-chaussée de l'appartement utilisé comme réserve et laboratoire (Cass. 3e civ. 17-11-1998 n° 1685 D : RJDA 2/99 n° 154, 2e espèce).

Les parties doivent, en conséquence, attacher le plus grand soin à la conception de la clause « destination » et plus particulièrement à la définition de l'affectation des **locaux** dits **annexes** (voir aussi nos 27030 s.).

Destination pluriactivités La question s'est posée de savoir si la condition du changement de destination était remplie lorsque, au cours du bail, le locataire exerçait une activité différente mais permise par une clause de destination « plurielle ». Selon la jurisprudence, il n'y a pas de modification de la destination des lieux lorsque le changement d'activité s'exerce dans le respect des clauses du bail. C'est ainsi que, lorsque le **bail** est stipulé **tous commerces,** l'exploitation d'une nouvelle activité ne peut pas constituer un motif de déplafonnement (CA Paris 9-9-1994 n° 93-1854, 16e ch. B : Loyers et copr. 1994 comm. n° 481). **84220**

On relève toutefois un arrêt de la Cour de cassation retenant le changement de destination des lieux loués, en cas de cession du bail à un tiers, pour exercer une nouvelle activité. Dans cette affaire, le bail autorisait seulement l'activité de promoteur-constructeur mais comportait une **clause** dérogatoire **autorisant la cession du bail à un successeur dans un autre commerce.** Le locataire avait, en application de cette clause, cédé son bail à une société pour y exercer le commerce d'antiquaire. La cour d'appel avait rejeté la demande de déplafonnement formée par le bailleur au motif que la nouvelle activité était conforme au bail. La Cour de cassation a, au contraire, considéré qu'il y avait eu une modification de la destination des lieux au sens de l'article 23-2 (désormais C. com. art. R 145-5) et censuré l'arrêt d'appel (Cass. 3e civ. 10-1-1996 n° 94-12.787 : Loyers et copr. 1996 comm. n° 357). **84225**

Dans une autre affaire aux faits similaires, le locataire, qui exerçait une activité d'achat, vente, location et réparation de véhicules automobiles, avait cédé son bail à la société France Quick. À l'occasion de cette cession, la clause relative à la destination avait été modifiée pour y inclure outre l'activité de vente et réparation de véhicules automobiles, celle de brasserie et restauration, et le loyer avait été augmenté. Toutefois, la possibilité de modifier la destination contractuelle de manière très large et le montant du loyer ayant été prévus dès la signature du bail d'origine par les parties, la Cour de cassation a approuvé la cour d'appel d'en avoir déduit que les bailleurs ne pouvaient pas se prévaloir d'un changement de destination pour obtenir la fixation du loyer du bail renouvelé à la valeur locative (Cass. 3e civ. 7-7-2004 n° 878 FS-PB : RJDA 11/04 n° 1198, Administrer novembre 2004 p. 27 note J.-D. Barbier).

> Précisions Ce second **arrêt** paraît en **contradiction** avec celui du 10 janvier 1996, sauf à considérer que pour la Cour de cassation la modification de la destination des lieux loués doit s'apprécier uniquement en fonction de la clause « destination » du bail. Cette lecture serait toutefois très restrictive alors que l'article R 145-5 vise d'une façon large la destination autorisée par le bail et ses avenants.

B. Caractère notable du changement de destination

84250 La modification de la destination des lieux ne suffit pas en soi à entraîner le déplafonnement du loyer (Cass. 3e civ. 9-10-1996 n° 1606 D : RJDA 12/96 n° 1445 ; Cass. 3e civ. 3-3-1981 n° 79-15.760 : Bull. civ. III n° 43). Comme pour les autres éléments de la valeur locative, le caractère notable du changement ainsi que sa réalisation au cours du bail expiré doivent être rapportés (Cass. 3e civ. 19-7-1995 n° 1765 D : RJDA 11/95 n° 1210).

En revanche, contrairement à d'autres éléments de la valeur locative, la modification de la destination peut entraîner le déplafonnement du loyer du bail renouvelé même si elle n'a pas eu une incidence favorable sur l'activité exercée par le locataire (Cass. 3e civ. 18-1-2012 n° 11-10.072 FS-PB : RJDA 4/12 n° 383, 2e espèce).

84255 L'**appréciation** du caractère notable se fait de façon objective et abstraite, au regard des nouvelles activités et possibilités commerciales qu'offre l'extension par rapport à la destination contractuelle initiale, le bailleur n'étant pas tenu de rapporter la preuve que cette modification a entraîné une amélioration effective de la commercialité (Cass. 3e civ. 4-11-1998 n° 1561 D : RJDA 10/98 n° 1335). Le déplafonnement est acquis quand bien même le locataire démontre qu'il n'a jamais en fait utilisé l'extension du bail (Cass. 3e civ. 4-1-2012 n° 10-23.532 F-D, analysé n° 84275).

Il s'agit d'une question de fait qui relève du pouvoir souverain des juridictions du fond (Cass. 3e civ. 3-6-1992 n° 996 P : RJDA 8-9/92 n° 811). S'il est délicat de systématiser une jurisprudence très influencée par les considérations de l'espèce, on relèvera néanmoins que le déplafonnement du loyer est retenu dans les cas exposés ci-dessous.

CHANGEMENT DE NATURE DE L'ACTIVITÉ

84260 Un tel changement a ainsi été reconnu pour un commerce de bonneterie qui avait été transformé en celui de radio-télévision-électroménager (Cass. 3e civ. 3-6-1992 n° 996 P : RJDA 8-9/92 n° 811), ou dans un cas où le locataire avait substitué une activité d'antiquaire à celle de promoteur-constructeur (Cass. 3e civ. 10-1-1996, analysé n° 84225) ou adjoint à l'activité de gestion d'opérations publicitaires ou promotionnelles toute autre activité commerciale ou de prestations de services (CA Versailles 27-5-2004 n° 03-4266, 12e ch.), ou pour la transformation d'une activité de marchand de bois, charbons et dérivés en commerce de chauffagiste (CA Paris 14-12-2011 n° 09/24586, ch. 5-3 : Juris-Data 2011-029104).

CHANGEMENT DE NATURE DE CLIENTÈLE OU DU MODE DE COMMERCIALISATION

84265 Il en va ainsi de l'extension d'un commerce de gros au commerce de détail (CA Paris 7-1-1992 n° 90-9225, 16e ch. A : Loyers et copr. 1992 comm. n° 176 note Ph.-H. Brault et C. Mutelet), du développement de la vente de bijoux contemporains spécialement créés et fabriqués alors que la destination contractuelle était exclusivement celle de « commissionnaire en meubles et objets mobiliers, bibelots et objets d'art, tableaux, livres, gravures et tapis et tous objets de décoration d'intérieur et d'exposition » (CA Paris 11-10-2004 n° 03-9609, 16e ch. A : AJDI 2005 p. 304 obs. S. Porcheron).

De même, il a été jugé que l'activité de coiffure pour hommes ne peut pas être considérée comme une activité comprise dans celle de coiffure pour dames. En effet, les techniques, les produits et les méthodes de travail diffèrent ; la clientèle est également par nature différente et a des besoins distincts. En revanche, il s'agit d'une activité connexe qui ne correspond pas à une nouvelle conception de l'exercice de l'activité de coiffure mais à une extension de cette activité. Par suite, l'exercice par le locataire d'une activité de coiffeur mixte – hommes et femmes – dans des locaux loués exclusivement à destination de coiffeur pour femmes constitue une modification notable de la destination contractuelle des lieux justifiant le déplafonnement du loyer (CA Paris 27-2-2013 n° 11/15987, ch. 5-3 : RJDA 11/13 n° 880).

EXTENSION D'UNE OU PLUSIEURS BRANCHES D'ACTIVITÉS

84270 Il s'agit des cas de modification de la destination les plus habituellement retenus par les tribunaux comme motif de déplafonnement. Le locataire continue à s'adresser à la même clientèle mais en lui proposant une nouvelle activité.

Il en va ainsi de l'adjonction d'un rayon presse à une librairie-papeterie (CA Paris 21-3-2003 n° 02-6425, 16e ch. B : Administrer décembre 2003 p. 48 obs. B. Boccara et D. Lipman-Boccara), de l'extension de l'activité de coiffure-parfumerie à celle de soins esthétiques (CA Paris 24-1-1992 n° 90-23342, 16e ch. B : Gaz. Pal. 1992 somm. p. 1999 obs. Ph.-H. Brault), de l'extension du commerce de joaillerie, bijouterie, orfèvrerie, horlogerie, maroquinerie à celui de prêt-à-porter haut de gamme (CA Paris 16-4-1992 n° 91-5498, 16e ch. B : RJDA 7/92 n° 692 ; CA Paris 14-5-1996, 16e ch. A, SCI du 11 rue Faubourg-Saint-Honoré c/ Sté La Bagagerie : Loyers et copr. 1996 comm. n° 480 note Ph.-H. Brault et C. Mutelet), de l'adjonction de l'activité de brasserie à un fonds de commerce de débit de boissons et tabac (Cass. 3e civ. 26-11-1997 n° 96-11.191 (n° 1628 D) : Administrer janvier 1998 p. 42), de l'extension d'un commerce « d'articles de Paris » en assemblage et fabrication de bijoux fantaisie (CA Paris 4-12-1998 n° 97-15418, 16e ch. B : Loyers et copr. 1999 comm. n° 95 note Ph.-H. Brault et C. Mutelet).

DISTINCTION ENTRE ACTIVITÉ NOUVELLE ET ACTIVITÉ INCLUSE

Le départ entre une activité véritablement nouvelle et une activité simplement complémentaire qui constitue le prolongement naturel de la destination principale (encore dénommée activité incluse) et s'inscrit dans l'évolution nécessaire du commerce est difficile à établir. Selon la jurisprudence, le développement du commerce dans le respect de la destination des lieux telle que stipulée au bail ne constitue pas une modification d'un élément de la valeur locative. **84275**

ILLUSTRATIONS

Constitue une activité incluse ne pouvant pas être retenue comme motif de déplafonnement :
– l'adjonction de la vente de billets de loterie nationale à une activité de loto (Cass. 3e civ. 12-10-1988 n° 87-13.958 : Bull. civ. III n° 138) ;
– l'adjonction de la vente de petites bijouteries fantaisies, articles de mode et maroquinerie à l'activité d'esthétique et de soins de beauté autorisée par le bail (CA Paris 31-3-1998 n° 96-4955, 16e ch. A : Loyers et copr. 1999 comm. n° 68, analysé n° 27230) ;
– la mise en service de jeux électroniques dans un bar (Cass. 3e civ. 12-7-2000 n° 1126 FS-D : Administrer octobre 2000 p. 40) ;
– l'adjonction de l'activité de parapharmacie à celle de pharmacie, cette dernière comportant la vente de produits de parapharmacie qui lui sont réservés ou autorisés par les textes législatifs ou réglementaires (Cass. 3e civ. 21-3-2007 n° 06-12.322 FS-PB : RJDA 8-9/07 n° 821) ;
– l'adjonction de l'activité de jardinage à celle de bricolage-décoration (CA Paris 19-11-2008 n° 07-17226, 16e ch. A : Administrer février 2009 p. 43 note M. L Sainturat, AJDI 2009 p. 447 note D Lipman-W Boccara) ;
– l'activité de brasserie pour des locaux destinés à l'usage de « marchand de vin, traiteur », tout comme l'activité de loto pour un débitant de tabac (CA Paris 13-5-2009 n° 08-627, 16e ch. A : RJDA 1/10 n° 10) ;
– l'adjonction de l'activité de garde de fourrures, vente de peaux non mises en œuvre et vente de vêtements et objets fabriqués par le locataire à celle d'essayage ou finition et vente de fourrures (CA Paris 10-9-2008 n° 07-308, 16e ch. A : RJDA 1/09 n° 11) ;
– l'adjonction de l'activité de brasserie à celle de café-restaurant, dès lors que l'activité de brasserie se définit comme un débit de boissons, notamment de bières, où l'on sert aussi des repas chauds ou froids, rapidement préparés (CA Paris 6-5-2015 n° 13/18071 : RJDA 2/16 n° 90) ;
– l'adjonction des activités de vente à emporter et de vente en ligne avec livraison à celles d'alimentation générale et de restauration prévues au bail (CA Paris 17-2-2021 n° 18/07905 : RJDA 6/21 n° 373) ;
– l'adjonction d'une activité de vente de bijoux fantaisie, vernis à ongles et parfum, dans des locaux loués à usage de commerce d'équipement de la personne (CA Paris 30-9-2016 n° 13/08227 : RJDA 4/17 n° 229).

Constitue une activité nouvelle justifiant le déplafonnement du loyer :
– le fait d'utiliser plus de la moitié de la surface commerciale d'un commerce de bar-jeux-brasserie, comme salle de billard (Cass. 3e civ. 19-3-2003 n° 418 FS-D : AJDI 2003 p. 348) ;
– l'adjonction de l'activité de PMU à celle de café-bar-restaurant autorisée par le bail (CA Paris 13-6-1997 n° 95-15860, 16e ch. B : Loyers et copr. 1999 comm. n° 11 note Ph.-H. Brault et C. Mutelet), l'adjonction de l'activité de « PMU-loto-jeux » à celle de « commerce de vins, liqueurs, brasserie, restaurant » (Cass. 3e civ. 22-1-2013 n° 11-25.030 F-D : RJDA 5/13 n° 390, 2e espèce), ainsi que l'adjonction de l'activité de PMU à celle de guichet d'enjeux de la Française des jeux, outre notamment celle de gérance d'un débit de tabac, dès lors que l'adjonction d'une telle activité entraîne la venue d'une clientèle autre que celle attirée par les jeux de la Française des jeux (CA Paris 13-11-2013 n° 11/23359 : Loyers et copr. 2014, comm. n° 81 note Ph.-H. Brault) ;
– l'extension du commerce de bonneterie et maillots de bain à celui de tricot, bas, lingerie (Cass. 3e civ. 6-10-1981 n° 79-17.021 : Ann. Loyers 1982 p. 959) ;
– l'extension de l'activité de glacier-traiteur à celle de boulanger-pâtissier (CA Paris 14-10-1993 n° 92-16541 et n° 92-16542, 16e ch. B : Administrer mars 1994 p. 56) ;
– l'adjonction de l'activité d'épicerie à celle de bar-restaurant-traiteur-vente à emporter (CA Paris 29-4-2009 n° 08-5963, 16e ch. A : Administrer août-septembre 2009 p. 35 obs. A. Guillemain) ;
– l'adjonction de la vente de tous produits de téléphonie à celle de débit de tabac (CA Versailles 23-6-2011 n° 09/02886, ch. 12 sect. 1 : AJDI 2012 p. 349 obs. S. Porcheron) ;
– l'adjonction de l'activité de restaurant-brasserie à celle de marchands de vins et liqueurs avec possibilité de choucroute garnie, assiette à l'anglaise, fruits, sans faire la cuisine (CA Paris 5-1-2011 n° 08/23915, ch. 5-3 : Juris-Data n° 201-000635) ;
– l'adjonction, par extension de l'objet social de la société locataire, de la vente de volets roulants, stores, portes de garage et serrurerie à l'activité de miroiterie et vitrerie, même en l'absence d'exercice effectif de cette activité (Cass. 3e civ. 4-1-2012 n° 10-23.532 F-D : RJDA 4/12 n° 383 som. 1e espèce) ;
– l'adjonction d'une activité de restauration servie à table à l'activité de snack-bar (Cass. 3e civ. 13-4-2022 n° 19-24.068 F-D : AJDI 2022 p. 672 obs. Boccara).

INCIDENCE D'UNE CONTREPARTIE FINANCIÈRE AU CHANGEMENT DE DESTINATION

84280 Comme pour les autres modifications affectant l'appréciation de la valeur locative, le fait que le changement de destination ait été préalablement indemnisé par le locataire, que ce soit par le versement d'une somme en capital ou par l'acceptation d'un supplément de loyer, ne fait pas obstacle à sa prise en compte, lors du renouvellement du bail en tant qu'élément modifiant la valeur locative et justifiant le déplafonnement du loyer (Cass. 3e civ. 24-2-1988 n° 86-17.687 : Gaz. Pal. 1988 jur. p. 798 note J.-D. Barbier; CA Paris 2-11-1993 n° 86-17687, 16e ch. A : Gaz. Pal. 1994 somm. p. 177 note J.-D. Barbier; Cass. 3e civ. 16-12-1997 n° 1786 D : Loyers et copr. 1998 comm. n° 126 note Ph.-H. Brault et C. Mutelet).

INCIDENCE D'UNE MODIFICATION IRRÉGULIÈRE DE LA DESTINATION

84285 Dans l'hypothèse où le locataire a modifié la destination des lieux en contravention avec les clauses du bail, **le bailleur peut décider** soit de demander la sanction de la faute par la résiliation du bail ou le refus de renouvellement (nos 27580 s.), soit d'entériner la modification irrégulière et de s'en prévaloir comme motif de déplafonnement (Cass. 3e civ. 26-11-1997 n° 96-11.191 D : Administrer janvier 1998 p. 42 ; Cass. 3e civ. 18-7-2000 n° 1157 F-D : Administrer novembre 2000 p. 31 obs. B. Boccara et D. Lipman-Boccara ; CA Paris 21-9-2001 n° 95-23537, 16e ch. B : Loyers et copr. 2002 comm. n° 36 note Ph.-H. Brault et P. Pereira ; CA Paris 1-12-1994 n° 97-17936, 16e ch. B : Loyers et copr. 1995 comm. n° 121 ; CA Paris 29-6-1993 n° 90-3489, 16e ch. A : Loyers et copr. 1994 comm. n° 73).

Ce choix est toutefois irréversible : l'engagement d'une procédure de déplafonnement fondée sur le changement de destination est assimilé par la jurisprudence à une ratification tacite empêchant le bailleur d'invoquer ces mêmes faits à l'appui d'une action en résiliation du bail (CA Paris 5-9-1995 n° 94-4705, 16e ch. A : Administrer janvier 1996 p. 56 obs. B. Boccara).

ATTENTION

Dans le **choix de la stratégie** judiciaire, le bailleur et son conseil doivent prendre en considération la jurisprudence de la Cour de cassation selon laquelle le fait que la modification soit irrégulière ne dispense pas les juridictions du fond de vérifier son caractère notable (Cass. 3e civ. 8-1-1997 n° 26 PB : RJDA 2/97 n° 180 ; Cass. 3e civ. 6-11-2001 n° 00-17.967 : Loyers et copr. 2002 comm. n° 36 ; CA Paris 4-12-1998 n° 97-15418, 16e ch. B : Loyers et copr. 1999 comm. n° 95 note Ph.-H. Brault et C. Mutelet).

III. MODIFICATIONS DES OBLIGATIONS RESPECTIVES DES PARTIES

84350 La valeur locative d'un bien immobilier ne dépend pas seulement de facteurs matériels tels que la commercialité du secteur ou les caractéristiques physiques des locaux, mais aussi de facteurs juridiques, qu'ils soient contractuels ou légaux. L'économie du contrat de bail, la répartition conventionnelle des charges, l'environnement fiscal peuvent affecter considérablement le rendement locatif. C'est pourquoi la modification, au cours du bail, des obligations des parties constitue, selon l'article L 145-34 du Code de commerce, un motif de déplafonnement.

L'article R 145-8, al. 1 et 2 du Code de commerce distingue entre les obligations respectives des parties relevant du contrat de bail et celles découlant de la loi.

A. Obligations contractuelles du bailleur et du locataire

84360 Toutes les obligations contractuelles ne doivent pas être prises en considération mais seulement celles qui s'analysent en une restriction à la **jouissance** des locaux loués ou qui modifient les **charges** et obligations imposées au locataire au-delà de la loi ou des usages (C. com. art. R 145-8, al. 1).

Il en va ainsi de la suppression d'une clause imposant au locataire de supporter forfaitairement 30 % des charges du local loué (TGI Paris 21-5-1975 : Rev. Loyers 1975 p. 493) ou de la réunion en un seul bail de deux baux distincts consentis au même locataire (Cass. 3e civ. 8-6-1982 n° 80-16.333 : JCP G 1982 IV n° 296 ; Cass. 3e civ. 12-3-1986 n° 84-15.161 : Gaz. Pal. 1986 pan. p. 132).

En revanche, tel n'est pas le cas de l'annulation d'une clause d'échelle mobile, à raison des effets attachés à cette nullité, la clause étant réputée n'avoir jamais existé (Cass. 3e civ. 21-11-1979 n° 78-11.858 : Bull. civ. III n° 210), ni de la clause fixant contractuellement la pondération des locaux car il ne s'agit pas d'une clause exorbitante imposant une obligation au locataire (Cass. 3e civ. 9-4-2013 n° 12-15.002 F-D : RJDA 11/13 n° 881).

> **Précisions** Dans l'affaire ayant donné lieu à l'arrêt de 2013, la cour d'appel avait été sensible à l'argument du locataire selon lequel les méthodes de pondération avaient été considérablement modifiées au cours de la dernière décennie, de sorte que la pondération prévue par le bail conclu en 1998 n'était plus conforme aux usages actuels.

AUTORISATIONS DONNÉES PAR LE BAILLEUR EN COURS DE BAIL

Les prérogatives dont bénéficie le locataire en vertu de son bail, notamment la possibilité de sous-concéder la jouissance ou de transférer ses droits locatifs à un tiers, influent nécessairement sur la valeur locative. C'est pourquoi les juridictions du fond retenaient comme motifs de déplafonnement, sur le terrain de l'article R 145-8, les dérogations consenties par le bailleur en cours de bail aux fins de sous-louer les locaux (CA Paris 6-6-1991 n° 90-16748, 16e ch. B : Loyers et copr. 1991 comm. n° 387 note Ph.-H. Brault), ou de donner le fonds en location-gérance (CA Paris 30-4-1987 n° 86-740, 16e ch. B). **84365**

Toutefois, dans une affaire où le bailleur invoquait la **sous-location** irrégulière des locaux par son locataire à l'appui de sa demande de déplafonnement du loyer, la Cour de cassation a censuré la cour d'appel qui avait fait droit à cette action, au motif qu'une sous-location, même non autorisée, ne constitue pas une modification des éléments constitutifs de la valeur locative (Cass. 3e civ. 24-11-1999 n° 1790 PB : RJDA 1/00 n° 16). Rappelant cette solution, une cour d'appel a par ailleurs indiqué que l'économie du contrat de bail n'est pas modifiée du fait de sous-locations à des tarifs supérieurs au montant du loyer principal, dès lors que l'article L 145-31 du Code de commerce permet au bailleur d'obtenir une augmentation correspondante (CA Paris 19-2-2009 n° 08-8852, 16e ch. B : RJDA 6/09 n° 520). **84370**

La règle posée par la Cour de cassation, qui devrait mutatis mutandis s'appliquer aux autres autorisations données par le bailleur au cours du bail, ne convainc pas. La sous-location, par les effets qui lui sont attachés, paraît caractériser une « restriction à la jouissance des lieux », dans la mesure où son interdiction oblige le locataire à utiliser personnellement les locaux loués, le cas de la location-gérance étant mis à part, ce qui constitue une limitation des prérogatives du locataire sur la chose louée.

La portée de cet arrêt ne se limite pas à la règle du plafonnement ; elle affecte aussi la détermination de la valeur locative. Si la clause de sous-location n'affecte pas les obligations des parties au sens de l'article R 145-8, peut-on la considérer comme un avantage particulier justifiant une majoration du loyer ? La question risque de se poser pour l'ensemble des correctifs de minoration ou de majoration appliqués par les juridictions du fond à la valeur locative de base, afin de tenir compte des clauses particulières du bail.

Dans un arrêt postérieur, la cour d'appel de Paris a en revanche considéré que l'autorisation donnée par le bailleur à l'exploitation d'un fonds de commerce en **location-gérance** et l'augmentation corrélative du loyer en cours de bail constituait une modification notable des obligations des parties justifiant le déplafonnement du loyer (CA Paris 17-4-2013 n° 11/12161, ch. 5-3).

MODIFICATION CONVENTIONNELLE DU LOYER EN COURS DE BAIL

Selon la Cour de cassation, la modification conventionnelle du loyer intervenue au cours du bail expiré dans des conditions étrangères tant à la loi qu'au bail initial s'analyse en une modification notable des obligations des parties justifiant à elle seule l'exclusion de la règle du plafonnement. Il en va ainsi quel que soit le sens de la modification : il peut s'agir tant d'une augmentation du loyer convenue par les parties (Cass. 3e civ. 4-4-2001 n° 518 FS-PB : RJDA 6/01 n° 665, pour une augmentation convenue en dehors de la révision triennale légale ; Cass. 3e civ. 15-2-2018 n° 17-11.866 FS-PBI : RJDA 5/18 n° 402, pour une augmentation convenue dans le cadre d'une procédure de révision) que d'une diminution. Tel est ainsi le cas d'une baisse de loyer consentie par le bailleur à son locataire pour tenir compte du contexte économique général (Cass. 3e civ. 24-3-2004 n° 366 FS-PB : RJDA 6/04 n° 679). **84375**

Toute **modification** conventionnelle du loyer ne constitue pas en soi une cause de déplafonnement. Il faut encore que son caractère **notable** soit établi. La Cour de cassation a ainsi approuvé une cour d'appel d'avoir refusé le déplafonnement du prix du bail en raison de la faible importance de la modification, par avenant, du loyer (Cass. 3e civ. 5-5-2004 n° 506 FS-PB : RJDA 8-9/04 n° 952).

Les juridictions du fond disposent d'un pouvoir souverain pour apprécier le caractère notable de la modification (n° 54620). Une augmentation du loyer de 66 % a ainsi été considérée comme suffisante pour justifier le déplafonnement du loyer (CA Paris 25-1-2005 n° 01-3647, 16e ch. A : Juris-Data n° 2005-274547), de même pour une augmentation de 14,7 % du loyer consentie en contrepartie d'une autorisation d'enseigne personnelle, incessible, précaire et révocable à tout moment (CA Paris 22-5-2013 n° 11/12440, ch. 5-3 : Juris-Data n° 2013-01529, Loyers et copr. 2013 comm. n° 215), alors qu'une diminution de 8 % du montant du loyer n'a pas été retenue (arrêt du 5-5-2004, précité), ni une diminution de 16 % (Cass. 3e civ. 21-3-2006, analysé n° 83360). Voir aussi sur la difficulté technique d'appliquer la règle du déplafonnement, n° 83330.

84380 La modification du loyer doit être intervenue **au cours du bail expiré.** Dans une affaire où le loyer du premier renouvellement avait été fixé par voie d'avenant transactionnel, en cours de procédure de fixation du loyer, le bailleur, au moment du second renouvellement, prétendait obtenir le déplafonnement du loyer en invoquant le fait que l'avenant avait été signé au cours du bail expiré. La Cour de cassation a approuvé la cour d'appel d'avoir rejeté cette demande, dès lors que l'avenant transactionnel avait pour objet de fixer le loyer du premier renouvellement et que celui-ci rétroagissait au premier jour du bail expiré (Cass. 3e civ. 22-2-2005 n° 272 F-D : RJDA 6/05 n° 663). De même, il a été jugé qu'une augmentation conventionnelle du loyer prévue dès l'origine du bail ne peut être assimilée à une augmentation intervenue après accord pris en cours de bail (CA Paris 12-10-2005 n° 04-12935, 16e ch. A : AJDI 2006 p. 283 ; CA Reims 13-3-2006 n° 04-01855, ch. civ. sect. 1 : Gaz. Pal. 2006 somm. p. 4036 obs. J.-D. Barbier). En revanche, a été considérée comme étant intervenue au cours du bail expiré la modification du loyer issue d'un avenant conclu postérieurement à la date d'effet du renouvellement mais qui a pris effet rétroactivement à cette date (Cass. 3e civ. 15-2-2018 n° 17-11.866 FS-PBI : RJDA 5/18 n° 402).

B. Obligations légales du bailleur et du locataire

84450 Selon l'article R 145-8, alinéa 2 du Code de commerce, les obligations découlant de la loi et génératrices de charges pour l'une ou l'autre des parties depuis la dernière fixation du prix peuvent être invoquées lors du renouvellement du bail par celui qui est tenu de les assumer.

ILLUSTRATIONS

L'aggravation des charges de copropriété ne peut pas constituer un motif de déplafonnement dans la mesure où elles ne découlent pas de la loi, mais de l'exécution d'une délibération de l'assemblée générale des copropriétaires (CA Paris 28-2-2001 n° 99-2165, 16e ch. A : Loyers et copr. 2002 comm. n° 10 note P.-H. Brault et P. Pereira).

Le fait qu'une clause du bail fixe contractuellement la pondération des locaux ne constitue pas une clause exorbitante du droit commun justifiant une minoration de la valeur locative lors de la fixation du prix du bail renouvelé (Cass. 3e civ. 9-4-2013 n° 12-15.002 F-D : RJDA 11/13 n° 881).

En revanche, l'obligation de souscrire une assurance de responsabilité civile de copropriétaire non occupant, instituée au cours du bail expiré par l'article 58 de la loi n° 2014-366 du 24 mars 2014 et figurant à l'article 9-1 de la loi du 10 juillet 1965 régissant le statut de la copropriété, peut constituer un motif de déplafonnement, peu important que cette assurance ait été volontairement souscrite par le bailleur avant qu'elle soit obligatoire (Cass. 3e civ. 23-1-2025 n° 23-14.887 FS-B).

INCIDENCE DE L'INTERDICTION DE RÉPERCUTER CERTAINES CHARGES

84452 Les contrats conclus ou renouvelés depuis le 5 novembre 2014, date d'entrée en vigueur du décret 2014-1314 du 3 novembre 2014 pris en application de la loi Pinel 2014-626 du 18 juin 2014, ne peuvent pas mettre à la charge du locataire les dépenses relatives aux grosses réparations mentionnées à l'article 606 du Code civil ainsi que, le cas échéant, les honoraires liés à ces travaux, de même que les honoraires du bailleur liés à la gestion des loyers et la contribution économique et territoriale (CET), que ce soit au titre des dépenses de réparation proprement dites ou des travaux de mise en conformité (C. com. art. R 145-35). Par dérogation au principe consacré par la jurisprudence selon lequel le renouvellement du bail s'opère aux mêmes clauses et conditions du bail venu à expiration, les baux renouvelés ne pourront donc plus mettre à la charge du locataire les charges ainsi définies, alors même que ce dispositif contractuel était stipulé dans le bail initial.

La question s'est posée dès lors de savoir si ce transfert, par l'effet de la loi, peut constituer une cause de déplafonnement sur le terrain de l'article R 145-8, alinéa 2 du Code de commerce au regard, d'une part, de la **période** de la modification pouvant être prise en compte (voir n° 54630), et d'autre part, du **caractère notable** de la modification. Cette question est diversement appréciée par les juges du fond. Ainsi, la cour d'appel de Caen considère que la mise à la charge du bailleur des grosses réparations de l'article 606 du Code civil à la suite de l'adoption de la loi Pinel constitue en soi une modification notable des obligations des parties (CA Caen 25-11-2021 n° 19/03390 : RJDA 5/22 n° 251). En revanche, pour la cour d'appel de Versailles, ce transfert de charges ne présente pas nécessairement un caractère notable et doit être démontré par le bailleur (CA Versailles 16-5-2024 n° 22/05743 : RJDA 1/25 n° 12). En l'espèce, elle a considéré que ce caractère n'était pas démontré, car le bailleur ne justifiait pas, au cours du bail expiré, de travaux relevant de l'article 606 du Code civil qui auraient effectivement été pris en charge par le locataire. La cour d'appel de Paris considère elle aussi que le caractère notable doit être apprécié concrètement par rapport aux travaux envisagés au cours du bail à renouveler (CA Paris 3-4-2019 n° 17/21462, ch. 5-3 ; CA Paris 31-3-2021 n° 17/14904 ch. 5-3).

Si c'est la position de la cour d'appel de Caen qui venait à l'emporter, cela reviendrait à considérer que le loyer en renouvellement de tous les baux qui prévoyaient avant mise en œuvre de la loi Pinel le transfert au locataire des grosses réparations est susceptible de fixation à la valeur locative.

AUGMENTATION DE LA CHARGE FISCALE

La Cour de cassation a jugé, à plusieurs reprises, que l'augmentation de l'**impôt foncier** entre dans le domaine d'application de ce texte : l'évolution de cet impôt, résultant de la loi et des règlements, est un élément à prendre en considération pour la fixation du prix du bail renouvelé (Cass. 3e civ. 13-7-1999 n° 1269 PB : RJDA 10/99 n° 1054 ; Cass. 3e civ. 2-10-2002 n° 1443 FS-PB : RJDA 12/02 n° 1248 ; Cass. 3e civ. 25-6-2008 n° 07-14.682 FS-PB : RJDA 10/08 n° 994), et justifie, lorsqu'elle est importante, le déplafonnement du loyer (Cass. 3e civ. 13-7-1999 précité : triplement de l'impôt affectant de manière substantielle les revenus locatifs ; Cass. 3e civ. 2-2-2000 n° 180 PB : RJDA 4/00 n° 386 : augmentation constante et sensible de chacun des principaux taux). **84455**

Comme pour le loyer, l'appréciation du caractère notable de la modification de cette charge fiscale relève du pouvoir souverain des juridictions du fond (Cass. 3e civ. 6-11-2001 n° 1565 F-D : RJDA 1/02 n° 20 ; Cass. 3e civ. 14-9-2011 n° 10-23.510 FS-D : RJDA 1/12 n° 14).

ILLUSTRATIONS

Ont été jugés notables des taux d'augmentation de 418 % (Cass. 3e civ. 7-2-2007 n° 117 FS-PB : RJDA 6/07 n° 595), 186 % (CA Montpellier 4-9-1996 : Ann. Loyers 1997 p. 1004), 57 % (CA Paris 25-3-2004 n° 03-12537, 16e ch. B : AJDI 2004 p. 724 obs. S. Porcheron), 64 % accompagné d'un doublement de la cotisation d'assurance à la charge du propriétaire (CA Paris 28-9-2006 n° 05-18852, 16e ch. B : Administrer janvier 2007 p. 46), 24,5 % pendant la durée du bail (CA Montpellier 8-9-2010 n° 09/07625, 1e ch. D).

En revanche, le déplafonnement a été refusé pour une hausse de 25 % en neuf ans (Cass. 3e civ. 30-6-2004 n° 820 FS-PB : RJDA 10/04 n° 1094), de 5 906 francs en dix ans (CA Montpellier 12-2-2002 n° 01-237, 2e ch. B : Loyers et copr. 2002 comm. n° 284 note Ph.-H. Brault et P. Pereira), de 82 % en un an dès lors que cette augmentation restait modeste au regard du revenu tiré de la location (Cass. 3e civ. 14-9-2011, précité), de 220 € par an car cette progression n'affectait pas de manière substantielle le revenu du bailleur (TGI Paris 10-3-2016 n° 12/06092 : Administrer avril 2016 p. 37).

Cette jurisprudence a reçu un accueil réservé d'une partie de la **doctrine,** dans la mesure où l'augmentation des charges fiscales supportées par le bailleur en sa qualité de propriétaire paraît extérieure au mécanisme de formation du prix du bail, soumis aux lois du marché (B. Boccara sous Cass. 3e civ. 13-7-1999 n° 1269 PB : Administrer octobre 1999 p. 33, Ph.-H. Brault sous le même arrêt : Loyers et copr. 1999 comm. n° 238). Il est certain que la charge de l'impôt foncier n'a pas d'influence directe sur l'appréciation de la valeur locative, mais constitue un simple correctif du prix de base, issu des valeurs de comparaison. **84460**

En revanche, cette charge fiscale a un **impact** direct **sur le rendement locatif.** Or, le plafonnement, ainsi que le souligne le rapport de la Cour de cassation pour 1999, ne se conçoit que dans un environnement économique stable (A. Fossaert-Sabatier, Le prix du bail renouvelé, encadrement ou liberté : Rapport de la Cour de cassation 1999 p. 157). Il est dès lors logique, lorsqu'une donnée aussi essentielle que les charges fiscales grevant l'immeuble loué a été modifiée au point d'obérer le revenu locatif, de retourner à la vérité de la valeur locative. Cette lecture paraît autorisée par l'article R 145-8, alinéa 2, dès lors que sont visées, d'une façon large, les obligations découlant de la loi et génératrices de charges, comme éléments, à prendre en considération pour la fixation du loyer.

En revanche, peu importe que la **charge fiscale du locataire** ait subi dans le même temps une aggravation. Ainsi, la Cour de cassation n'a pas suivi un locataire qui, pour échapper au déplafonnement de son loyer en raison de la forte augmentation de la taxe foncière supportée par le bailleur, avait fait valoir que la taxe professionnelle avait aussi augmenté de manière importante, de sorte que les deux hausses se neutralisaient, et soutenu qu'il ne pouvait y avoir de modification notable des obligations des parties que si un déséquilibre entre leurs situations respectives était survenu (Cass. 3e civ. 7-2-2007 n° 117 FS-PB : RJDA 6/07 n° 595). **84463**

OBLIGATIONS RELATIVES À LA SÉCURITÉ DES IMMEUBLES

L'application du troisième alinéa de l'article R 145-8, aux termes duquel « il est aussi tenu compte des modalités selon lesquelles le prix antérieurement applicable a été originairement fixé », pourrait connaître des développements futurs avec l'adoption de nouveaux textes aggravant les obligations du bailleur en matière de conformité et de sécurité des immeubles, telles que les opérations de désamiantage. **84465**

IV. MODALITÉS DE FIXATION DU LOYER INITIAL

84530 Lorsqu'à l'origine des relations contractuelles, le loyer du bail a été fixé selon des modalités spécifiques qui ne se retrouvent pas lors du renouvellement, le bailleur est fondé, selon l'**article R 145-8, alinéa 3** du Code de commerce, à revendiquer le déplafonnement.

VERSEMENT D'UN PAS-DE-PORTE LORS DU BAIL INITIAL

84535 Selon la rédaction des clauses du bail, le pas-de-porte peut être qualifié d'indemnité compensatrice de la propriété commerciale ou de supplément de loyer (nos 48910 s.). Dans cette dernière hypothèse, la jurisprudence dominante tend à appliquer la règle du plafonnement en réintégrant le droit d'entrée dans le loyer de base à hauteur d'un neuvième (voir n° 54420). Toutefois, certains arrêts ont admis, sur le terrain de l'article R 145-8, alinéa 3, le versement d'un pas-de-porte, **supplément de loyer,** comme motif de déplafonnement dès lors que cette somme, acquittée au moment de la conclusion du bail, ne se retrouvait pas lors du renouvellement (CA Paris 24-2-1988 n° 87-5109, 16e ch. A : Loyers et copr. 1988 comm. n° 227).

La question pourrait à nouveau se poser lorsque les parties ont, par une clause du bail, expressément exclu la prise en compte du droit d'entrée dans le calcul du loyer du bail renouvelé.

LOYER DU BAIL INITIAL MINORÉ EN CAS DE CIRCONSTANCES PARTICULIÈRES

84540 Ce cas de déplafonnement, s'il entre dans les prévisions de l'article R 145-8, alinéa 3, est rarement retenu par les tribunaux. Le bailleur doit rapporter la preuve qu'en raison de circonstances exceptionnelles particulières, ayant disparu à la date du renouvellement, le loyer du bail initial a été fixé par les parties à un montant anormalement bas par rapport à la valeur locative (CA Paris 7-2-2005 n° 03-20877, 16e ch. A : Rev. Loyers 2005 p. 261).

Lorsqu'il existait des liens particuliers entre le bailleur et le locataire qui justifiaient la minoration du loyer et qui ont disparu au moment du renouvellement, la jurisprudence admet le déplafonnement. Il peut s'agir de **liens familiaux** ou amicaux : lorsque le bailleur et le locataire étaient mariés et qu'ils ont par la suite divorcé (CA Paris 26-9-1995 n° 94-16423, 16e ch. A : Loyers et copr. 1995 comm. n° 528 note Ph.-H. Brault), ou lorsque le lien de parenté qui existait au moment de la conclusion du bail a cessé (CA Paris 19-1-1996 n° 95-1722, 16e ch. B). Toutefois, la disparition du lien initial ne suffit pas si la preuve de la modicité du loyer d'origine n'est pas rapportée (Cass. 3e civ. 21-1-2014 n° 12-26.147 F-D : Juris-Data n° 2014-004698 ; CA Paris 19-12-2012 n° 10/18403, ch. 5-3 : Juris-Data n° 2012-029830).

Il en va de même au cas de disparition de **liens capitalistiques** entre les parties lorsque, par exemple, le locataire et le bailleur étaient associés, ce qui justifiait la fixation du loyer minoré (CA Paris 4-2-1992 n° 90-11721, 16e ch. A : Loyers et copr. 1992 comm. n° 437 note Ph.-H. Brault). On relève toutefois une décision contraire de la cour d'appel de Paris (CA Paris 28-2-2001 n° 99-2165, 16e ch. A : AJDI 2001 p. 517 obs. J. Derruppé, Loyers et copr. 2002 comm. n° 10 note P.-H. Brault et P. Pereira).

84545 **En l'absence de liens particuliers entre les parties,** le déplafonnement a néanmoins été admis :
- lorsque le loyer minoré a été consenti par le bailleur à raison de la situation économique du locataire qui s'est redressée au cours du bail (Cass. 3e civ. 12-2-1992 n° 90-13.432 : Gaz. Pal. 1992 jur. p. 370 note J.-D. Barbier),
- lorsque le loyer a été minoré à l'origine en raison des convenances des deux parties et non du seul fait du bailleur (Cass. 3e civ. 10-7-1996 n° 1257 D : RJDA 1/97 n° 22),
- lorsque le loyer a été fixé à un prix anormalement bas en raison des circonstances économiques particulières dans lesquelles se trouvait alors le bailleur : exploitant lui-même dans le local une concession automobile et ayant perdu sa concession, il n'avait eu d'autre choix, pour pouvoir donner à bail son local, que d'accepter un loyer représentant la moitié de la valeur locative au profit du nouveau concessionnaire des locaux (Cass. 3e civ. 13-9-2011 n° 10-19.804 F-D : RJDA 1/12 n° 15).

84550 En revanche, en l'absence d'une modification notable des éléments de détermination de la valeur locative, le loyer nettement sous-évalué ne constitue pas en soi une cause de déplafonnement. Il en est ainsi même s'il est dû à l'**inexpérience du bailleur** ou à une erreur d'application du coefficient légal (Cass. 3e civ. 19-2-1980 n° 78-15.259 : Rev. Loyers 1980 p. 261 ; CA Paris 26-11-1990 n° 89-10039, 16e ch. A : Loyers et copr. 1991 n° 170 ; CA Paris 27-9-1994 n° 93-2045, 16e ch. A : RJDA 7/95 n° 824), ou s'il a été fixé dans le cadre d'une **transaction** (Cass. 3e civ. 29-9-2010 n° 09-67.584 FS-D : RJDA 2/11 n° 118).

De même, ont été jugées insuffisantes pour justifier le déplafonnement :
- la circonstance que le loyer avait été fixé à un montant anormalement bas en raison du fait que les grosses **réparations** étaient à la charge de la société locataire, dès lors que le

renouvellement du bail avait été offert aux conditions anciennes, hormis le montant du loyer (Cass. 3e civ. 3-4-1996 n° 690 P : RJDA 7/96 n° 897) ;
– une minoration du loyer initial justifiée par le fait que le **bailleur** était également le **cédant** du fonds de commerce (Cass. 3e civ. 2-10-1985 n° 83-13.593 : JCP G 1985 IV p. 351 ; voir toutefois solution contraire : CA Paris 10-10-1996 n° 95-3826, 16e ch. B : Administrer décembre 1996 p. 25 note B. Boccara).

ATTENTION

La question se pose de savoir si le fait d'avoir fixé, lors de la conclusion du bail initial ou lors du précédent renouvellement, un loyer qui tient compte de la prise en charge par le locataire des grosses réparations, par exemple au moyen d'un abattement sur la valeur locative, ne pourrait pas constituer une modalité particulière de fixation du loyer au sens de l'article R 145-8, alinéa 3, justifiant le déplafonnement du loyer, dès lors que, lors du renouvellement, les **grosses réparations** ont été **transférées** au bailleur **par l'effet de la loi** (cf. art. R 145-35).

V. MODIFICATION DES FACTEURS LOCAUX DE COMMERCIALITÉ

Aux termes de l'**article R 145-6** du Code de commerce, les facteurs locaux de commercialité dépendent principalement de l'intérêt que présente, pour le commerce considéré, l'importance de la ville, du quartier ou de la rue où il est situé, du lieu de son implantation, de la répartition des diverses activités dans le voisinage, des moyens de transport, de l'attrait particulier ou des sujétions que peut présenter l'emplacement pour l'activité considérée et des modifications que ces éléments subissent d'une manière durable ou provisoire. **84650**

La modification des facteurs locaux de commercialité ne constitue un motif de déplafonnement que si elle présente un intérêt pour le « commerce considéré » au sens de l'article R 145-6. La démarche logique induite par l'application de ce texte implique de définir au préalable la zone de chalandise du commerce exploité par le locataire (nos 84670 s.), d'identifier à l'intérieur de ce périmètre les facteurs commerciaux qui ont connu une mutation au cours du bail (nos 84800 s.), de caractériser l'intérêt que représente cette modification de la commercialité pour le commerce considéré (nos 85100 s.) et enfin, depuis le revirement de la jurisprudence de la Cour de cassation opéré le 14 septembre 2011, de caractériser l'impact favorable de l'évolution de la commercialité sur le commerce considéré (n° 85300). **84651**

A. Appréciation de la commercialité

1. DÉFINITION DE LA COMMERCIALITÉ

L'article R 145-6 du Code de commerce énonce les critères d'identification des facteurs locaux de commercialité sans donner de définition générale. Cette liste non limitative mentionne la répartition des diverses activités dans le voisinage, les moyens de transport, l'attrait particulier ou les sujétions que peut présenter l'emplacement pour l'activité considérée et les modifications que ces éléments subissent d'une manière durable ou provisoire. **84660**

Ces facteurs doivent permettre de caractériser, selon la célèbre définition de M. Boccara, « l'aptitude plus ou moins grande d'un secteur à permettre aux commerçants qui y sont installés, en bénéficiant d'une destination adéquate, de réaliser des profits sur le seul fondement des qualités propres de ce secteur, abstraction faite de l'aptitude des exploitants » (B. Boccara, La modification des facteurs locaux de commercialité : AJDI 1993 p. 494).

La modification de la commercialité d'un secteur suppose corrélativement que les facteurs identifiés aient apporté, au cours du bail à renouveler, un flux complémentaire de chalands susceptible de profiter objectivement au commerce exercé dans les locaux loués (H. Lefebvre, Le déplafonnement du loyer généré par un flux complémentaire de chalands : AJDI 2001 p. 782).

2. DÉLIMITATION DE LA ZONE DE CHALANDISE

L'article R 145-6 du Code de commerce ne définit pas la zone de chalandise à prendre en considération pour appréhender la modification de la commercialité. Il est seulement mentionné, à titre d'exemple, l'importance de la ville, du quartier ou de la rue où le commerce est situé. **84670**

Selon la jurisprudence, l'évolution des facteurs locaux de commercialité doit être appréciée, non sur la zone de chalandise potentielle, c'est-à-dire celle à l'intérieur de laquelle le locataire peut, par ses efforts, développer une clientèle, mais sur la **zone de chalandise naturelle** (CA Versailles 7-1-1999 n° 98-6154, 12e ch. sect. 2 : RJDA 5/99 n° 530). Dans cette affaire, la cour d'appel a refusé de déplafonner le loyer des locaux dans lesquels était exploité un garage, dès lors qu'ils étaient situés dans une rue à sens unique, à faible circulation, dans un quartier en cours de rénovation encore peu attirant pour la clientèle. En outre le nombre de bureaux vacants était important dans le quartier qui comportait également de larges zones de terrains vagues.

CRITÈRES D'APPRÉCIATION DE LA ZONE DE CHALANDISE

84675 La zone de chalandise naturelle dépend de l'**importance de la localité** où est situé le fonds de commerce. Plus la ville est grande, plus on est proche du centre, plus la zone de chalandise est restreinte. Un arrêt de la cour d'appel de Paris souligne ainsi que la commercialité comme son évolution peut varier dans un quartier donné d'un secteur à l'autre, d'une rue à une autre, voire d'une partie de rue à une autre, et même encore d'un trottoir à l'autre (CA Paris 14-2-1995 n° 93-21505, 16e ch. A : Loyers et copr. 1995 comm. n° 168).

ILLUSTRATIONS

Le déplafonnement pour modification des facteurs locaux de commercialité doit être exclu pour des locaux situés 19, quai Malaquais à Paris, car la fréquentation, certes accrue depuis fin 1993, du Grand Louvre et son attrait pour les touristes, n'est pas un facteur de modification notable de la commercialité pour le commerce considéré, situé sur l'autre rive de la Seine, alors que les touristes, en majorité en groupes organisés, sont dirigés vers les boutiques les plus proches, soit dans le Louvre même, soit sous les arcades de la rue de Rivoli.

CA Paris 12-12-2001 n° 00/5859, 16e ch. A : Administrer mars 2002 p. 23 note B. Boccara.

Si la commercialité des Champs-Élysées a connu une évolution notable, l'avenue ayant été rénovée et de nouvelles enseignes nationales et internationales étant venues s'y installer, cette évolution est restée sans incidence sur la commercialité de l'avenue Montaigne, dans la mesure où la commercialité de ces deux avenues est totalement différente : l'avenue Montaigne est spécialisée dans le commerce de grand luxe, haute couture et joaillerie et s'adresse à une clientèle internationale à fort pouvoir d'achat, tandis que l'avenue des Champs-Élysées offre une grande diversité de commerces et s'adresse à une clientèle moins fortunée et plus populaire.

CA Paris 5-4-2002 n° 00/14557, 16e ch. B : Loyers et copr. 2003 comm. n° 37.

Un commerce d'articles textiles situé dans le pôle commercial axé sur l'équipement de la maison et des commerces d'antiquités et fermé au nord du boulevard Saint-Germain par les rues Bonaparte, Jacob et Furstenberg ne bénéficie pas de l'implantation des enseignes de luxe dans la zone commerciale située au sud du boulevard Saint-Germain et dédiées à l'équipement de la personne.

CA Paris 9-6-2004 n° 03-7450, 16e ch. A : Loyers et copr. 2005 comm. n° 10.

Le déplafonnement pour modification des facteurs locaux de commercialité doit être exclu pour un local situé quai de la Mégisserie à Paris dans lequel est exploité un commerce de « marchand de graines, plantes vertes et accessoires » car l'évolution de la commercialité, de longue date spécifique, du quai de la Mégisserie ne peut s'analyser à la lueur de celle, différente, de la rue de Rivoli. Le bailleur ne peut donc pas tirer de l'implantation d'enseignes nationales, axées sur l'équipement de la personne, sur la rue de Rivoli l'existence d'une modification de la commercialité du secteur géographique concerné.

CA Paris 29-11-2006 n° 05-21668, 16e ch. A.

84680 En pratique, les juges limitent la zone de chalandise au **secteur immédiat des locaux loués,** dans un rayon d'environ 300 à 400 mètres.

ILLUSTRATIONS

L'ouverture, au cours du bail expiré, de la station de métro Cluny et de la gare Saint-Michel-Notre-Dame peut être retenue comme motif de déplafonnement pour un commerce situé au 112, boulevard Saint-Germain à environ 200 mètres des stations en cause.

TGI Paris 12-4-1995 n° 92-16295, ch. baux com. : Administrer novembre 1995 p. 34.

Ni le prolongement d'une ligne de métro, dès lors que la station se trouve à plus de 500 mètres des lieux loués, ni l'implantation d'un centre commercial à environ 400 mètres ne constituent une modification des facteurs locaux de commercialité suffisamment notable et favorable au commerce de café-restaurant.

CA Paris 24-3-2000 n° 98-20370, 16e ch. B : AJDI 2000 p. 554 note S. Porcheron.

L'extension du quartier du Sentier vers l'Est, le prolongement des lignes A et D du RER, la création de l'interconnexion via la gare du Châtelet-Les-Halles, lignes du nord et sud-est de l'Île-de-France n'ont pas eu d'impact notable sur un commerce d'articles de sport, maroquinerie, situé 5 bis, rue des Haudriettes à Paris, à plus de 500 mètres des lieux loués.

CA Paris 14-3-2005 n° 04-4139, 16ᵉ ch. A : AJDI 2005 p. 576 note S. Porcheron.

L'inauguration de la Pyramide du Louvre en mars 1989, l'ouverture du musée des Arts et de la Mode ne peuvent pas être admis comme cause de déplafonnement pour une brasserie située au 20, rue des Pyramides, dans une artère secondaire, à 500 mètres du musée du Louvre et de la Pyramide du Louvre.

CA Paris 21-3-2005 n° 03-13665, 16ᵉ ch. A : AJDI 2005 p. 577 note S. Porcheron.

La création, au cours du bail expiré, d'un grand nombre de logements dans le rayon de 400 mètres d'une entreprise de peinture constitue un motif de déplafonnement.

CA Paris 29-4-2009 n° 08-8730, 16ᵉ ch. A : Administrer août-septembre 2009 p. 38 note M.-L. Sainturat.

La zone de chalandise peut aussi varier en fonction de la **nature du commerce exploité.** Sa délimitation précise nécessite une analyse de la clientèle, de la situation de la concurrence, du comportement des consommateurs auxquels s'adressent les produits vendus, de l'implantation du réseau de l'enseigne. La zone d'influence primaire des autres points de vente de l'enseigne constitue, en effet, une barrière délimitant la zone de chalandise du local loué. **84685**

ILLUSTRATIONS

La zone de chalandise d'un commerce d'exposition et de **vente de véhicules** de la marque BMW exploité rue du Colisée, dans le 8ᵉ arrondissement de Paris, n'est pas limitée à la clientèle de proximité située dans le quartier proche des lieux loués où a toujours résidé une population disposant de hauts revenus, mais englobe également un secteur plus vaste, délimité par la localisation des autres concessionnaires de la même marque.

CA Paris 22-3-2002 n° 01-5901, 16ᵉ ch. B : Loyers et copr. 2002 comm. n° 230.

Le caractère limité des moyens qu'un **pharmacien** peut mettre en œuvre pour faire la différence avec un concurrent impose de réduire la zone de chalandise habituellement considérée pour la recherche des facteurs locaux de commercialité, au moins dans une zone urbaine disposant d'une forte densité d'officines. Sachant qu'il existe sept pharmacies dans un rayon de 400 mètres, il convient de ne retenir qu'une zone de chalandise de 200 mètres.

CA Paris 15-11-2006 n° 05-13709, 16ᵉ ch. A.

Il résulte des circonstances suivantes qu'il n'y a pas eu modification notable des facteurs locaux de commercialité justifiant le déplafonnement du loyer d'un bail commercial renouvelé d'un **supermarché** : la zone d'attraction du commerce considéré, s'agissant d'un supermarché, est supérieure à celle d'un rayon de 400 mètres habituellement retenue pour les boutiques de taille plus réduite et dont la zone d'attractivité s'exerce au sein d'un périmètre de quartier, et le tribunal l'a valablement étendue à un rayon de 700 mètres.

CA Paris 5-1-2011 n° 09/12955, ch. 5-3 : RJDA 7/11 n° 611.

Le **caractère national d'un événement** fait-il obstacle à sa prise en considération au niveau local ? La question se pose avec les mesures administratives de fermeture des commerces dits « non essentiels » prises par le Gouvernement français afin de lutter contre l'expansion de la pandémie de **Covid-19** pendant les années 2020 et 2021, tout particulièrement dans le secteur de la restauration, l'hôtellerie, les spectacles. L'article R 145-6 du Code de commerce n'indique pas que le facteur doit être exclusivement local pour être pris en considération. En réalité, peu importe que les mesures administratives aient été prises au niveau national et que la pandémie soit mondiale, dès lors que, localement, dans la zone de chalandise du commerce considéré, il y a eu altération de la commercialité. **84690**

À l'appui de la thèse selon laquelle seuls des éléments localement circonscrits peuvent être pris en compte, on cite souvent un arrêt ancien de la cour d'appel de Paris qui aurait exclu la prise en compte d'éléments de commercialité au niveau d'une agglomération entière (CA Paris 3-2-2001, 16ᵉ ch. B). En réalité, une lecture approfondie permet d'invalider cette interprétation. Il s'agissait d'apprécier la modification de la commercialité de l'avenue George-V où était située la boutique dont on demandait la révision du loyer à la baisse. Le seul motif de commercialité invoqué par le locataire était l'augmentation du nombre de locaux vacants dans le quartier. La cour précise certes que l'augmentation des surfaces de bureaux vacantes qui concerne l'ensemble de l'agglomération parisienne et pas seulement le quartier ne constitue pas, par elle-même, une modification des facteurs locaux de commercialité, mais elle prend le soin d'ajouter qu'aucun élément ne vient démontrer que le nombre de bureaux vacants avait entraîné un effondrement de la fréquentation des boutiques de la rue et qu'au contraire le chiffre d'affaires du locataire avait progressé. C'est donc le critère de la fréquentation de la clientèle et du flux des chalands au niveau local qui est déterminant et non la cause première de l'événement.

B. Identification des facteurs locaux de commercialité

1. CRITÈRES MATÉRIELS DES FACTEURS LOCAUX DE COMMERCIALITÉ

84800 Il appartient au bailleur qui invoque la modification de la commercialité d'en rapporter la **preuve.** Il a ainsi été jugé que de simples allégations relatives au pouvoir d'achat élevé des habitants d'une commune ne constituent pas une modification des facteurs locaux de commercialité et, en l'absence de tout commencement de preuve, ne justifient pas l'organisation d'une mesure d'expertise (CA Versailles 11-6-1998 n° 96-2679, 12e ch.). De même, il a été jugé qu'au-delà de l'avis théorique général et de principe de l'expert, selon lequel les nouvelles constructions sur les terrains en friche ou en remplacement d'immeubles anciens, voire vétustes n'ayant pu que contribuer à l'amélioration de l'environnement du commerce, l'augmentation modérée de la population, non précisément quantifiée sur la période de référence et dans le seul secteur de proximité du fonds de commerce et l'amélioration de la qualité de celle-ci sur l'ensemble de la commune, ne peuvent qu'être profitables à un commerce de restauration et de bar, le bailleur ne rapporte pas la preuve dont la charge lui incombe, de ce que ces évolutions auraient entraîné une modification notable des facteurs locaux de commercialité, qualitatifs ou quantitatifs, spécialement et concrètement, pour l'activité de restaurant-bar exercée par le locataire, compte tenu notamment de la clientèle qui était la sienne (CA Versailles 13-1-2011 n° 09/07180, 12e ch. sect. 2).

Les juridictions du fond disposent d'un pouvoir souverain dans l'**appréciation** des facteurs locaux (Cass. 3e civ. 11-12-1996 n° 95-12.169 : Bull. civ. III n° 233).

Néanmoins, la Cour de cassation exerce un contrôle sur la **caractérisation** de la modification des facteurs locaux. C'est sur ce fondement qu'elle a fait évoluer sa jurisprudence, en admettant, pour la première fois, qu'une autorisation administrative portant sur l'installation d'une terrasse sur le domaine public ou sur son agrandissement est susceptible de constituer une modification des facteurs locaux de commercialité (Cass. 3e civ. 13-10-2021 n° 20-12.901 FS-PB : RJDA 1/22 n° 2), solution qu'elle a confirmée depuis (Cass. 3e civ. 4-7-2024 n° 23-13.515 F-D).

MODIFICATION DE LA COMMERCIALITÉ PAR L'ÉVOLUTION DE LA POPULATION

84805 L'accroissement substantiel de la population au cours du bail constitue un motif de déplafonnement habituellement retenu par les tribunaux, surtout pour les **commerces de proximité.** Ainsi, en a-t-il été jugé :

– pour un commerce de boucherie-charcuterie, la cour d'appel ayant relevé une augmentation notable de la population et constaté que l'attraction s'élevait à 66 % pour le commerce et que ce taux « florissant » donnait toute sa valeur à l'incidence de l'augmentation de la population sur la commercialité du secteur (Cass. 3e civ. 23-11-1993 n° 92-11.177 : Rev. Loyers 1994 p. 151) ;

– pour un café, bar, restaurant, brasserie et salon de thé situé dans un centre commercial proche d'une artère principale de la ville de Charenton-le-Pont compte tenu des circonstances suivantes : au cours de la période du bail expiré, la population de la ville avait augmenté de 22 % et la commune avait connu une forte augmentation des catégories socioprofessionnelles à fort pouvoir d'achat caractérisée par une augmentation de 63 % des cadres et professions intellectuelles supérieures et de 42 % des professions intermédiaires contre seulement 11 et 13 % pour le département. En outre, la fréquentation de la station de métro à proximité de laquelle était situé le local avait augmenté au cours de la même période de 32 % et, dans un rayon de 400 mètres, 1 386 logements et 55 514 m^2 de bureaux avaient été construits (CA Paris 12-3-2009 n° 07-14278, 16e ch. B) ;

– pour un commerce de bricolage, la croissance de 3 % de la population de Biganos, largement supérieure à celle du département, a d'autant plus d'impact sur le commerce concerné que de nombreux logements sont des résidences secondaires et que le bricolage est une activité propice pour les loisirs (CA Bordeaux 14-2-2012 n° 10/00716, 2e ch. civ.) ;

– pour un commerce de boulangerie-pâtisserie situé rue des Petits Carreaux à Paris, une augmentation de 16 % de la population globale dans un périmètre de 400 mètres (contre 5,10 % pour la population parisienne) et une importante progression des cadres et professions intellectuelles supérieures (45 %), accompagnée d'une augmentation de 66 % du revenu fiscal de référence et d'un accroissement de 7 % des foyers fiscaux imposables, ainsi qu'une augmentation de près de 25 % de la fréquentation de la station de métro située à 150 mètres du commerce (alors que la hausse de la fréquentation pour l'ensemble du métro parisien n'a été que de 5,10 %) (CA Paris 1-3-2017 n° 15/07439 : RJDA 8-9/17 n° 536) ;

– pour un commerce de bar tabac situé rue Carnot à Levallois-Perret, une augmentation de la population de la commune de 2,53 %, ce qui représente 601 habitants supplémentaires, les zones situées à proximité des locaux représentant 80 % de cette augmentation, ainsi qu'une augmentation significative et notable de la fréquentation des deux stations de métro desservant le centre-ville (+ 14,87 %) (CA Versailles 9-9-2021 n° 19/06213 : RJDA 3/22 n° 136).

À l'opposé, l'augmentation de la population de 5,7 % relevée entre les recensements de 1987 et 1990 n'a pas été jugée significative pour un fonds d'orfèvrerie, cristallerie, articles de cadeaux qui ne constitue pas un commerce de proximité (Cass. 3e civ. 4-11-2003 n° 1191 F-D : AJDI 2003 p. 852). De même, l'accroissement de la population de la ville de 4,60 % au cours du bail expiré n'est pas significatif dès lors qu'il ne concerne pas la zone de chalandise du commerce exercé dans les locaux loués (CA Versailles 4-7-2017 n° 16/04885 : RJDA 12/17 n° 792).

MODIFICATION DE LA COMMERCIALITÉ PAR DES CONSTRUCTIONS NOUVELLES

L'édification de constructions, à l'intérieur de la zone de chalandise du local loué, est souvent invoquée par les bailleurs, à l'appui d'une modification des facteurs locaux de commercialité. Ce facteur doit toutefois être recoupé avec l'évolution, pendant la même période, de la population. Il est également nécessaire de vérifier s'il s'agit de constructions nouvelles ou de simples rénovations du parc de logements existant. D'une façon générale, les juges du fond ont tendance à rejeter le déplafonnement lorsque la population du secteur n'a pas corrélativement augmenté, même en cas de renouvellement sociologique de la population à pouvoir d'achat plus élevé. **84810**

ILLUSTRATIONS

Sont constitutifs d'une modification des facteurs locaux de commercialité :

– l'évolution stable et permanente de la population du quartier, le remplacement d'immeubles anciens par de nouveaux plus vastes et comportant un nombre de logements supérieur, lesquels apportent une clientèle potentielle certaine au fonds de commerce en cause ;

Cass. 3e civ. 1-6-1999 n° 984 D.

– la construction de 539 appartements auxquels s'ajoutent 5 097 m^2 de locaux commerciaux, 10 033 m^2 de bureaux et 2 369 m^2 de surfaces affectées à l'industrie qui ont nécessairement généré un apport de clientèle et n'ont pu avoir qu'une influence favorable sur le commerce de café-restaurant du locataire ;

CA Paris 22-10-1999 n° 98-4805, 16e ch. B : AJDI 2000 p. 72.

– l'évolution sociologique du quartier caractérisée par une augmentation des cadres et professions intellectuelles qui compense en partie la baisse de la population, la création de plus de 16 000 m^2 de bureaux et l'augmentation de la fréquentation des stations de métro avoisinantes qui profitent à un commerce d'alimentation générale, supermarché de quartier, situé au 43, rue Cler à Paris ;

CA Paris 31-1-2005 n° 03-14194, 16e ch. A : RJDA 6/05 n° 664.

– la construction du quartier de l'horloge édifié à la place de bâtiments vétustes et comprenant 750 appartements neufs de grand standing, dont les occupants constituent une clientèle potentielle pour une galerie d'art moderne exploitée rue Quincampoix dont la commercialité était, en outre, améliorée par la prolifération de galeries d'art venues profiter de l'attraction du centre culturel de Beaubourg ;

Cass. 3e civ. 31-5-1994 n° 1015 D : RJDA 11/94 n° 1118.

– la construction de 500 nouveaux logements à proximité d'un commerce de café-tabac-brasserie, alors qu'il en est résulté une augmentation du chiffre d'affaires par la fréquentation du commerce par une clientèle plus aisée venant des appartements neufs ;

CA Paris 29-5-1992 n° 91-8996, 16e ch. B. Dans le même sens, voir aussi CA Paris 12-3-2009 n° 07-14278, analysé n° 84805.

– la construction de 806 logements neufs dans le proche voisinage qui a une influence directe sur l'activité de pharmacie, corrélée par l'augmentation de 8,2 % de la population de Villeurbanne, et la hausse très sensible du chiffre d'affaires de la pharmacie, les ventes ayant augmenté de 55 % entre 2002 et 2006 ;

CA Lyon 17-6-2010 n° 09/02005, 1e ch. civ. A.

– pour un commerce d'alimentation générale, la construction de 959 logements nouveaux dans le secteur de référence (42, rue Tolbiac à Paris) ainsi que l'extension de la ligne de métro par la création des stations Bibliothèque François Mitterrand en 2000 et les Olympiades en 2003, entraînant une hausse significative de la population ;

CA Paris 13-2-2013 n° 10/23786 : Juris-Data n° 2013-002688.

84810 (suite) – pour un garage automobile situé à Suresnes, la construction de plus de 600 nouveaux appartements dans un rayon de 1 000 mètres autour du garage, dont 230 dans un rayon de 500 mètres, une augmentation de la population de la ville de 12,67 %, l'amélioration de la desserte du commerce par la mise en service de nouvelles lignes de transport en commun dont la ligne de tramway, la hausse du résultat net, passant de 74 279 € en 2005 à 121 138 € en 2006, et du chiffre d'affaires (1 654 438 € en 2008 contre 1 551 306 € en 2004) ;

CA Versailles 2-9-2014 n° 12/00469, 12e ch. : RJDA 2/15 n° 74.

– pour un café-bar exploité boulevard Magenta à Paris, les nouvelles constructions de logements et de bureaux au cours du bail expiré qui vont de pair avec l'augmentation de la population du quartier de plus de 8,76 % et le changement de la configuration du boulevard ;

CA Paris 2-12-2015 n° 14/09224.

– pour un restaurant situé dans un village, la croissance démographique et économique de la commune, la rénovation des halles et la création du pôle d'activités qui vise tant la clientèle sédentaire que touristique.

CA Pau 14-9-2021 n° 19/03162 : AJDI 2021 p. 848.

N'ont pas été jugés suffisants pour justifier le déplafonnement :

– la construction de nombreux locaux qui n'est significative que lorsqu'elle peut être rapprochée d'une augmentation notable de la population du quartier, le prolongement d'une ligne de métro, dès lors que la station se trouve à plus de 500 mètres des lieux loués, les grandes enseignes implantées sur la route nationale qui ne font qu'exploiter la chalandise existante sans accroître la commercialité d'un café-restaurant ;

CA Paris 24-3-2000 n° 98-20370, 16e ch. B : AJDI 2000 p. 554 note S. Porcheron.

– la construction de 432 logements dans un rayon de 400 mètres autour d'une boutique située dans le quartier de Javel, alors que le dernier recensement fait apparaître une densité d'habitants par résidence principale de 1,8 soit, si on applique ce chiffre aux 432 logements créés au cours du bail écoulé, une augmentation de population de 778 personnes, correspondant à 86 habitants par an. Cet accroissement ne tient pas compte du fait que les logements neufs ont remplacé pour partie les logements anciens dont le nombre d'habitants n'est pas connu ;

CA Paris 3-5-2002 n° 01-6391, 16e ch. B : AJDI 2002 p. 528.

– la construction d'un nombre significatif de logements dans un périmètre de 500 mètres des lieux loués situés 3, avenue de Paris et 2, rue Daubin à Villejuif (94800) pour un commerce de marchand de vins, débit de tabac, buffet froid et chaud, alors que les constructions nouvelles n'ont pas été accompagnées, pendant le cours du bail expiré, d'une augmentation de la population dans la zone concernée, et que le marché « de plein vent » situé en face des lieux loués est en constante régression ;

CA Paris 5-11-2003 n° 01-3972, 16e ch. A : RJDA 4/04 n° 411.

– la construction de 197 logements, 311 m² de surfaces commerciales et 382 m² de bureaux dans un rayon de 400 m autour d'un commerce de café-bar-brasserie-restaurant-PMU situé place de la Libération à Chilly-Mazarin (91380) car, si la population résidente s'est accrue, il n'en demeure pas moins que l'incidence de ces constructions sur la densité de la clientèle potentielle reste très limitée et l'accroissement des résidents reste modeste, même s'il a pu se traduire par une amélioration qualitative de la population en termes de pouvoir d'achat. Parallèlement, la concurrence s'est renforcée, dès lors qu'au cours de la période de référence, plusieurs établissements de restauration ont ouvert leurs portes en centre-ville ;

CA Paris 12-9-2003 n° 00-12077, 16e ch. B : AJDI 2004 p. 727.

– la création dans les 500 mètres autour d'un commerce de boulangerie-pâtisserie de 115 nouveaux logements, de bureaux et de surfaces de vente compte tenu des éléments suivants : il est établi que la population du secteur a baissé pendant le cours du bail, le quartier est déserté pendant les fins de semaine, la fréquentation de la tour Eiffel n'a aucun impact sur le fonctionnement d'un commerce de bouche au demeurant éloigné et invisible pour les touristes fréquentant cet édifice ;

CA Paris 19-5-2010 n° 08-23316, ch. 5-3 : Administrer juillet 2010 p. 35 obs. A Guillemain.

– la construction, dans la zone d'attraction d'un supermarché, de 1 132 logements, dès lors que la population n'a pas augmenté corrélativement, les logements nouvellement construits ayant remplacé d'anciens logements déjà occupés ;

CA Paris 5-1-2011 n° 09/12955, ch. 3-5 : RJDA 7/11 n° 611.

– l'aménagement, à proximité d'une agence immobilière, d'une friche commerciale par l'installation de nouveaux commerces (supermarché, magasin de vélos) dans la mesure où, d'une part, de nombreux locaux commerciaux ou bureaux demeuraient vacants à proximité immédiate de l'agence immobilière et où, d'autre part, compte tenu de son activité, l'agence immobilière ne fonctionnait pas sur le simple passage de chalandise, l'acte d'achat, de location ou d'investissement immobilier étant une démarche réfléchie, issue de recherches préalables effectuées notamment via internet et pour laquelle l'impact de l'affichage en vitrine restait limité.

CA Douai 6-7-2017 n° 16/03433 : RJDA 12/17 n° 791.

MODIFICATION DE LA COMMERCIALITÉ PAR LA CRÉATION DE PARKINGS

Si la création de parcs de stationnement est souvent retenue par la jurisprudence comme un élément concourant, avec d'autres facteurs, à la modification de la commercialité, elle constitue rarement, en revanche, à elle seule une cause autonome de déplafonnement. Dans les deux cas, les tribunaux exigent que les possibilités de stationnement du secteur soient difficiles. **84815**

ILLUSTRATIONS

L'amélioration des possibilités de stationnement et de circulation automobile résultant de l'ouverture de deux parkings, place de la Concorde et place de la Madeleine, et la pose de parcmètres sur Boissy-d'Anglas conjuguée au net développement dans le secteur et plus spécialement dans la rue du Faubourg-Saint-Honoré de magasins de luxe s'adressant à une clientèle féminine ont notablement modifié au cours du bail expiré les facteurs locaux de commercialité.

TGI Paris 20-5-1975, ch. Baux com. : Gaz. Pal. 1976 p. 376.

La création d'un parc de stationnement d'une capacité de 430 places, dans un quartier où les possibilités normales de stationnement sont difficiles et limitées dans le temps par l'existence de parcmètres, entraîne une modification notable de commercialité pour un commerce d'antiquités exploité 46, rue du Bac à Paris.

CA Paris 6-11-1986 n° L 16172, 16e ch. B : AJPI 1987 p. 237 note J.-P. Blatter.

L'installation d'un escalier mécanique à la sortie du chemin de fer métropolitain, débouchant juste devant une boutique, ce qui entraîne un apport supplémentaire de chalands et la création d'un parc de stationnement souterrain à proximité immédiate du fonds, ce qui facilite aux automobilistes l'accès à un quartier dépourvu de places de stationnement en surface, entraîne une modification notable des facteurs locaux de commercialité.

CA Paris 14-9-1989 n° 88-8412, 16e ch. B : D. 1989. IR p. 250.

L'ouverture d'un garage de 430 places de stationnement automobile n'a pas modifié la commercialité des lieux loués situés place des Victoires à Paris, dès lors que ces emplacements ne font que compenser l'accroissement corrélatif des difficultés de stationnement dans le quartier et qu'ils n'apporteront pas au locataire un client de plus.

CA Paris 2-3-2006 n° 05-4612, 16e ch. B : AJDI 2006 p. 567.

L'ouverture, pendant le cours du bail expiré et à proximité d'une boutique située quai de la Mégisserie, d'un parc de stationnement constitue une modification favorable des facteurs locaux de commercialité susceptible de profiter au commerce de « graines, plantes vertes et accessoires » qui y est exploité, puisque le quai de la Mégisserie est situé en axe rouge depuis septembre 1990. Néanmoins, cette amélioration correspondant à 300 places de stationnement ouvertes au public en semaine et 400 places le samedi (le parking étant fermé le dimanche) ne caractérise pas à elle seule une modification notable de la commercialité du quai.

CA Paris 29-11-2006 n° 05-21668, 16e ch. A.

La création d'un parking municipal de 35 places n'a pas de conséquences notables sur l'activité d'un commerce de vente de surgelés, dès lors que le magasin disposait déjà, devant son établissement, d'un vaste espace privatif comprenant une quinzaine de places de stationnement exclusivement réservées à sa clientèle.

CA Aix-en-Provence 20-1-2011 n° 09/06069, 4e ch. C.

MODIFICATION DE LA COMMERCIALITÉ PAR DE NOUVEAUX MOYENS DE TRANSPORT

L'amélioration des moyens de transport peut constituer à elle seule une modification de la commercialité dans la mesure où elle apporte un flux supplémentaire de chalands. La demande de déplafonnement est, en revanche, rejetée s'il n'est pas démontré que les nouveaux moyens de transport ont généré une clientèle supplémentaire pour le commerce considéré. **84820**

ILLUSTRATIONS

Cas où le déplafonnement a été admis

La réouverture d'une station de métro dans un quartier très fréquenté et animé, entraînant un afflux de voyageurs, se suffit à elle-même pour caractériser le motif de déplafonnement et établir l'accroissement obligatoire du nombre de chalands potentiels pour un commerce de bar-brasserie.

84820 (suite) Peu importe que le locataire n'ait pas su profiter de cette opportunité pour accroître son chiffre d'affaires, dans la mesure où la commercialité doit s'apprécier de façon objective.

CA Paris 18-1-1994 n° 92-19275, 16e ch. A : Administrer août-septembre 1994 p. 53.

L'implantation d'une station de RER/métro a entraîné non seulement des facilités de desserte, mais aussi une clientèle plus étendue composée notamment de touristes ou de personnes résidant en région parisienne. Cet élément n'a pu qu'avoir une incidence favorable sur l'activité de commerce à usage de café tel que celui du « Petit Cluny » qui est situé à proximité de la station RER et métro Cluny-Sorbonne.

CA Paris 19-9-1995 n° 93-17543 : D. aff. 1995 p. 105.

Si l'augmentation du trafic voyageurs est plus quantitative que qualitative et entraîne plus une augmentation de la clientèle de « fast-food » que celle de « restaurant-bistro », il n'en demeure pas moins que cette augmentation de trafic entraîne nécessairement une progression générale et massive du chaland drainé de toutes les lointaines banlieues, pas toutes nécessairement nécessiteuses, qui ne peut que profiter au café-restaurant exploité par le locataire.

CA Paris 19-12-1997 n° 96-13387, 16e ch. B : D. aff. 1998 p. 368.

L'extension du réseau de tramway pendant la durée du bail écoulé, notamment la prolongation des lignes C et D, ont amené un nombre plus important de chalands potentiels pour un commerce de parapharmacie et de parfumerie, les changements significatifs du quartier avec l'implantation d'une galerie commerciale d'enseignes locomotives, la fermeture de plusieurs pharmacies dont une avait occasionné une redistribution d'une partie de la clientèle sur la pharmacie de l'Homme de fer ont eu une incidence positive sur le commerce de parapharmacie qui justifiait le déplafonnement du loyer.

Cass. 3e civ. 17-9-2013 n° 12-22.604 F-D : AJDI 2014 p. 518 note D. Lipman-W. Boccara.

Cas où le déplafonnement n'a pas été admis

Le bailleur ne saurait soutenir qu'il y a eu amélioration des facteurs locaux de commercialité en fonction de l'augmentation du trafic voyageurs de deux gares proches du local commercial, alors que de telles augmentations ne prouvent en rien qu'une proportion quelconque des voyageurs ait quitté les divers moyens de transport pour se rendre dans le quartier avoisinant.

CA Paris 28-4-1987 n° 0507, 16e ch. A : D. 1987 IR p. 127.

Il convient de rejeter la demande de déplafonnement du loyer du bail commercial renouvelé, dans la mesure où la preuve n'est pas rapportée d'une modification des facteurs locaux de commercialité ayant eu une incidence notable sur le commerce de bar et piano-bar exploité par le locataire dans les locaux situés 13-15, rue de la Ferronnerie à Paris (75001). La nouvelle sortie de station de métro (ligne Meteor) créée à proximité du commerce du locataire est située à côté d'une station existant déjà et elle n'est pas susceptible d'augmenter de façon notable la clientèle du locataire, d'autant qu'une partie de cette clientèle, en raison de l'activité de spectacles se prolongeant à des horaires tardifs, n'emprunte pas les transports en commun.

CA Paris 5-5-2004 n° 02-7295, 16e ch. A : Juris-Data n° 2004-246460.

Le déplafonnement du loyer du bail commercial renouvelé d'une boutique « bonneterie de luxe, confection de robes et manteaux pour dames et enfants » située au milieu de la rue Tronchet à Paris doit être refusé, faute de modification notable des facteurs locaux de commercialité pour les raisons suivantes :
– si les deux extrémités de la rue Tronchet (secteur de la Madeleine et secteur des Grands Magasins) au milieu de laquelle se trouvait la boutique avaient bénéficié d'une évolution particulièrement favorable des facteurs locaux de commercialité en raison de la forte augmentation de la fréquentation de leurs deux stations de métro après la mise en service de la ligne Meteor, ces deux extrémités avaient développé des pôles d'attraction distincts, commerce de bouche pour l'une, plus diversifié et axé sur le prêt-à-porter pour l'autre ;
– le fait que ces deux pôles drainant des clientèles totalement distinctes avaient un accès direct au métro ne favorisait pas le passage par le segment central de la rue caractérisé par des boutiques de prêt-à-porter de taille plutôt réduite ;
– l'absence d'évolution des facteurs de commercialité pour la boutique était corroborée par la baisse significative de son chiffre d'affaires et de celui des magasins voisins.

CA Paris 26-3-2009 n° 08-19402, 16e ch. B.

Il résulte des circonstances suivantes qu'il n'y a pas eu de modification notable des facteurs locaux de commercialité justifiant le déplafonnement du loyer d'un bail commercial renouvelé d'un supermarché :
– si l'augmentation de plus de 18 % de la fréquentation d'une station de métro du secteur traduit l'attractivité du quartier, elle ne constitue pas un élément suffisamment déterminant pour permettre de retenir le caractère notable de l'évolution des facteurs locaux de commercialité pour ce commerce, dès lors que cette station se situe à plus de 400 mètres du supermarché et que la clientèle qui effectue ses courses dans le magasin n'emprunte pas de manière générale le métro ;

– l'augmentation du chiffre d'affaires du supermarché au cours du bail expiré, qui dépend de paramètres (politique commerciale, renommée de l'enseigne ou dynamisme de l'exploitant) autres que ceux servant au calcul du loyer, est inopérante.

CA Paris 5-1-2011 n° 09/12955, ch. 5-3 : RJDA 7/11 n° 611.

Si le prolongement d'une ligne de tramway peut contribuer à une évolution notable des facteurs locaux de commercialité, il est en l'espèce éloigné du commerce de poissonnerie exercé dans les locaux loués et ne constitue donc pas une modification notable des facteurs locaux de commercialité pouvant entraîner le déplafonnement du loyer du bail commercial renouvelé.

CA Versailles 4-7-2017 n° 16/04885 : RJDA 12/17 n° 792.

La création d'une station de métro à 220 mètres d'une supérette qui a pour effet de désenclaver le quartier constitue une modification notable des facteurs locaux de commercialité justifiant le déplafonnement du loyer lors du renouvellement du bail.

CA Paris 8-9-2021 n° 19/21095 : RJDA 12/21 n° 766.

MODIFICATION DE LA COMMERCIALITÉ PAR LA MUTATION PHYSIQUE D'UNE RUE

La transformation d'un secteur caractérisée, d'une part, par de nouveaux aménagements publics, tels que la création d'une voie piétonne, l'élargissement des trottoirs, l'agrandissement d'une place ou l'implantation d'un centre commercial (Cass. 3e civ. 27-2-1991 n° 89-21.150 : Rev. Loyers 1991 p. 321), d'autre part, par l'arrivée concomitante de nouveaux commerces, génère un nouveau flux de chalands, susceptible de profiter aux commerçants installés, et donc de justifier le déplafonnement du loyer. **84825**

ILLUSTRATIONS

L'ouverture du Forum des Halles et la transformation du tronçon de la rue Saint-Denis où sont situés les locaux loués en zone piétonnière ont amené dans ce secteur un nombre important de visiteurs ou de curieux, constituant un potentiel de clientèle non négligeable pour tout commerçant et justifiant le déplafonnement du loyer.

CA Paris 22-2-1985 n° L 371, 16e ch. B : D 1985 p. 318 ; voir aussi pour la création du Centre Pompidou : CA Paris 7-6-1984 : AJDI 1985 p. 178.

La transformation, au cours du bail, d'une rue en zone piétonne constitue une modification notable des facteurs locaux de commercialité ayant nécessairement un intérêt pour le commerce considéré. En effet, si, dans un premier temps, le fait de supprimer la circulation automobile peut entraîner une baisse de la fréquentation du secteur considéré par la clientèle traditionnelle, il est néanmoins démontré que, dans un second temps, une reprise s'effectue de façon durable. Une telle modification présente un attrait nouveau pour le chaland sans qu'il y ait à craindre l'effet négatif lié à la création de deux centres commerciaux qui ne se situent pas dans le même quartier.

Cass. 3e civ. 5-12-1990 n° 89-15.130.

L'ouverture du Palais des Festivals de Cannes à 150 mètres des locaux loués et l'élargissement des trottoirs permettant de doubler la circulation piétonnière générant chaque année un afflux de milliers de congressistes ne peuvent que bénéficier à un commerce de confiserie.

Cass. 3e civ. 29-3-1995 n° 92-21.537 D : RJDA 6/95 n° 695.

L'édification de 27 000 m^2 de constructions nouvelles dans un rayon de 400 m^2 des lieux loués, situés 8, rue de Castiglione à Paris, l'évolution favorable des capacités de stationnement non seulement au regard de l'augmentation du nombre de places de parkings (+ 188 emplacements) mais encore de la situation de celles-ci, puisque si le nombre de places du parking Saint-Honoré a diminué, le parking Vendôme situé seulement à 93 mètres des lieux loués a, en revanche, vu sa capacité de stationnement doubler, entraînent un flux de chalands plus important à proximité des lieux loués. La modernisation, voire la restructuration de trois grands hôtels de luxe à proximité immédiate des lieux loués, l'Hôtel Costes, l'Hôtel Intercontinental et l'Hôtel Meurice, outre la création d'un autre hôtel 4 étoiles rue Cambon ont également pu apporter un flux supplémentaire de chalands pour le commerce de librairie d'art principalement exercé dans les lieux qui s'adresse à une clientèle aisée que drainent indéniablement les hôtels de luxe et les constructions nouvelles.

TGI Paris 20-10-2003 n° 01-63.

La transformation en plateau piétonnier, au cours du bail expiré, de l'entrée du centre commercial proche de la rue de la République à Orléans, où sont situés les locaux loués, agrémentés d'aménagements esthétiques, ainsi que l'ouverture en continu des magasins et l'implantation d'enseignes de grande diffusion ou de services de restauration rapide caractérisent une modification notable des facteurs locaux de commercialité justifiant le déplafonnement du loyer.

CA Orléans 15-4-2004 n° 03-723, ch. com. : JCP E 2004 n° 1611.

La création à Bordeaux d'un réaménagement piétonnier cours de l'Intendance et rue Grassi, la rénovation complète de la place du Marché des Grands-Hommes, de ses voies adjacentes et la création d'un parking souterrain de 400 places, même si ces réalisations sont situées à 150 mètres du magasin, profitent au commerce considéré de prêt-à-porter féminin de luxe et justifient l'exclusion de la règle du plafonnement.

Cass. 3e civ. 10-1-2006 n° 71 F-D : AJDI 2006 p. 282.

La mise en voie piétonne de la rue dans laquelle est situé le commerce de poissonnerie exercé dans les lieux loués est intervenue cinq mois seulement avant la date du renouvellement du bail, de sorte que cette modification n'est pas de nature à avoir eu une influence favorable sur l'activité exercée au cours du bail expiré, l'incidence sur l'activité pendant cette période n'ayant pu être que très faible.

CA Versailles 4-7-2017 n° 16/04885 : RJDA 12/17 n° 792.

2. SITUATION EN CAS D'INSUFFISANCE DES FACTEURS MATÉRIELS DE COMMERCIALITÉ

84880 À la différence de l'action en révision triennale légale, la demande de déplafonnement du loyer du bail renouvelé peut s'appuyer sur une modification de la commercialité ne présentant pas un caractère matériel.

MODIFICATION DE LA COMMERCIALITÉ PAR TRANSFORMATION COMMERCIALE

84885 En l'absence d'aménagement physique, la **mutation d'une rue** peut aussi se révéler par la concentration des commerces, la spécialisation d'un secteur dans un certain type de clientèle, voire un effet de mode.

ILLUSTRATIONS

Outre l'amélioration des possibilités de stationnement, le changement de la rue du Dragon à Paris en une rue en vogue, passante avec de nombreux commerces de luxe et de marque, et un nouveau type de clientèle, constitue une modification de la commercialité.

CA Paris 26-6-1991 n° 90-11926 et n° 89-8483, 16e ch. A : Loyers et copr. 1992 comm. n° 79 note Ph.-H. Brault et C. Mutelet.

La transformation de la rue de Bucci, dans le 6e arrondissement de Paris, en rue de marché avec stationnement strictement réglementé, ainsi que la transformation et l'amélioration de nombreux commerces en ont modifié sensiblement la commercialité justifiant le déplafonnement du loyer d'une boutique à usage de librairie, disques, musique et appareils.

CA Paris 24-3-1995 n° 93-6641, 16e ch. B : Loyers et copr. 2005 comm. n° 430 note Ph-H. Brault et C. Mutelet.

L'augmentation importante des commerces liés à l'industrie du vêtement dans le quartier du Sentier à Paris au cours du bail écoulé, l'intense activité que ceux-ci font régner dans le quartier, le nombre de clients et de salariés qui s'y acheminent chaque jour constituent pour un commerce de bar-brasserie un apport de clientèle très important, justifiant la fixation du loyer à la valeur locative.

CA Paris 27-10-1995 n° 94-9632, 16e ch. B : D 1995 IR p. 247.

La démocratisation certaine des magasins d'un secteur ayant toujours eu une bonne commercialité constitue une cause de déplafonnement, dès lors que la concentration de marchands d'habits féminins qui ne prétendent pas présenter des articles classiques ou de demi-luxe, voire de luxe, ne peut qu'attirer une clientèle incomparablement plus nombreuse et dont l'intérêt pour les articles exposés est d'autant plus grand que ceux-ci sont réputés être à la portée de la majorité des acheteurs.

CA Paris 21-5-1996 n° 94-26587, 16e ch. A : D. aff. 1996 p. 1186.

La concentration de commerces depuis dix ans sur la rue de Fontenay et l'avenue du Château alors que les autres parties de la commune ont au contraire décliné ainsi que la construction de logements sur l'ensemble de la commune constituent une modification notable de la commercialité.

Cass. 3e civ. 5-10-1999 n° 1488 D : AJDI 1999 p. 1163.

La rue de la Grande-Chaussée, située dans le centre-ville de Lille, a connu, durant la période considérée, une évolution notable qui se traduit par une spécialisation de celle-ci dans l'équipement de la personne moyen-haut de gamme et haut de gamme qui ne peut que profiter au commerce considéré. La marque et l'enseigne dont est titulaire le locataire se situant dans la première catégorie des produits et vêtements moyen-haut de gamme, il appartient au locataire de tirer profit de cette situation, sa capacité ou son incapacité à le faire étant en l'espèce indifférente à la circonstance que cette évolution constitue une cause de déplafonnement du loyer.

TGI Lille 2-8-2004 n° 02-16.

MODIFICATION DE LA COMMERCIALITÉ PAR L'INSTALLATION D'ENSEIGNES

L'arrivée massive d'enseignes dans un quartier peut constituer une cause de déplafonnement lorsqu'il est avéré qu'elle apporte une **clientèle nouvelle.** Il en va ainsi notamment lorsqu'une « locomotive » s'installe, drainant avec elle un nouveau flux de clients. Très souvent, d'autres indicateurs, tels que l'augmentation de la fréquentation d'une station de métro ou la création de parkings, concourent à la modification de la commercialité. **84890**

ILLUSTRATIONS

Le déplafonnement a été retenu pour un commerce de confection pour hommes situé 8, rue du Four dans le quartier Saint-Germain à Paris pour les motifs suivants :
– de nombreuses enseignes nationales et internationales se sont installées à proximité immédiate des lieux loués, composées de marques prestigieuses proposant des produits de luxe, mais aussi de marques plus modestes. Cet ensemble attire une clientèle diverse et nombreuse, dont peuvent bénéficier tous les autres commerces de confection du quartier ;
– la station RER située à 400 mètres des lieux loués a vu sa fréquentation augmenter de façon conséquente. Certes, la station n'est pas à proximité immédiate de la boutique du locataire, mais l'impact d'une station RER est plus important que celui d'une station de métro, car le RER draine des voyageurs en provenance d'un périmètre plus large ;
– les prix de cession des fonds de commerce et des droits aux baux ont augmenté de façon conséquente.

CA Paris 13-2-2004 n° 03-7088, 16e ch. B : Juris-Data n° 2004-235720.

Les premiers juges ont valablement retenu une modification des facteurs locaux de commercialité pour un commerce situé Montée de Bellevue à Brives-Charensac, près du Puy-en-Velay compte tenu des éléments suivants : la zone commerciale sur laquelle se trouve le commerce a vu s'installer, à proximité, de nombreuses entreprises commerciales dont le supermarché Europa Discount, filiale de Carrefour, qui a attiré une nombreuse clientèle, créant ainsi une synergie commerciale. En outre, le bail consenti par les bailleurs à la société ED a permis de préserver la concurrence au profit du locataire en excluant de la vente certains produits alimentaires.

CA Riom 11-12-2002 n° 01-1938, ch. com. : Juris-Data n° 2002-207462.

C'est avec raison que les premiers juges ont retenu comme motif de déplafonnement l'installation d'une seule enseigne (la Fnac) à côté de la boutique du preneur. Cette enseigne, premier distributeur de biens culturels et de loisirs français, attire une clientèle qui ne se limite pas à celle aux revenus faibles et moyens.

CA Aix-en-Provence 23-10-2008 n° 2008-354, 4e ch. C : Administrer janvier 2009 p. 36 note M.-L. Sainturat.

Il a été déduit des circonstances suivantes qu'il y avait eu modification notable des facteurs locaux de commercialité justifiant le déplafonnement du loyer d'un bail commercial renouvelé d'une bijouterie-joaillerie située à Lyon :
– au cours du bail écoulé, de grandes enseignes, y compris du commerce de luxe, s'étaient installées dans le secteur et un nouveau parc de stationnement avait ouvert ;
– l'accroissement de la population active du secteur tertiaire et le développement considérable du tourisme d'affaires, caractérisé notamment par un doublement du nombre de congressistes, généraient un potentiel de clientèle en hausse ;
– les locaux étaient situés sur la partie piétonne d'une rue au centre du circuit habituel des touristes et des congressistes avec une situation d'angle particulièrement attractive ;
– l'éventail des produits offerts à la vente par le locataire permettait de cibler et d'attirer une clientèle importante puisque la fourchette de prix qu'il pratiquait était large (entre 20 € et 51 000 €) et que sa notoriété dépassait la ville de Lyon, étant précisé que le chiffre d'affaires des commerces du quartier concerné provenait à 81 % de la clientèle non résidente.

Cass. 3e civ. 5-1-2010 n° 09-11.313 : RJDA 3/10 n° 224.

L'implantation de nouvelles enseignes dans la rue Saint-Denis à Colombes où est situé le commerce de poissonnerie exercé dans les lieux loués ne justifie pas une évolution positive de la chalandise et de l'attractivité commerciale de la rue car celle-ci a une vocation commerciale ancienne et le renouvellement d'enseignes est inhérent à la vie d'une rue commerçante.

CA Versailles 4-7-2017 n° 16/04885 : RJDA 12/17 n° 792.

Il n'est nullement justifié que la rénovation du centre commercial et de sa galerie ait présenté un intérêt particulier pour le locataire, dont la boutique est située à proximité mais en dehors de la galerie commerciale rénovée. Rien ne démontre que le locataire ait pu profiter d'un afflux accru de chalands. Dès lors, il n'existe pas de modification notable des facteurs locaux de commercialité.

CA Douai 17-10-2019 n° 18/01903 : Administrer novembre 2019 p. 43 obs. Panepinto.

3. CAS PARTICULIERS DES SECTEURS DE FORTE COMMERCIALITÉ

84940 Si la forte notoriété d'un secteur ne constitue pas, en soi, un obstacle à la modification de sa commercialité, il n'en reste pas moins que, pour ces lieux particuliers, les critères habituels sont appréciés de façon restrictive par la jurisprudence.

En particulier, la cour d'appel de Paris ne retient pas comme motif de déplafonnement le **phénomène dit de commercialité d'adresse,** en vertu duquel certaines enseignes s'installent dans des quartiers célèbres, moins pour développer leur chiffre d'affaires que pour profiter d'une image de marque leur permettant de communiquer. Un exemple topique est donné par l'arrivée des enseignes de luxe (Armani, Vuitton, Cartier) dans le quartier au passé littéraire et artistique prestigieux de Saint-Germain-des-Prés. Le déplafonnement du loyer d'un bail de locaux à usage de café, expiré fin 1999, installé dans ce secteur, a été rejeté pour les raisons suivantes (CA Paris 21-3-2005 n° 03-18291, 16e ch. A : RJDA 11/05 n° 1195) :

- la venue de grandes enseignes dans le quartier traduisait la volonté de marques de luxe de se prévaloir dans leur publicité d'une adresse de prestige, à la fois en raison de son passé célèbre attaché à sa fréquentation par les intellectuels existentialistes après 1945 et en raison d'une tradition toujours actuelle de galeries et d'antiquaires de ce que l'on appelle parfois le « Carré Rive Gauche » ;
- cette implantation depuis 1996 dans le quartier, conséquence d'une nouvelle conception du grand commerce en vogue depuis 1990, était commandée par des raisons de prestige sans rapport avec le bénéfice immédiat attendu de la boutique implantée dans ce quartier, l'intérêt pour ces marques tenant avant tout à « faire savoir » l'existence de cette implantation et d'en tirer parti pour créer dans la publicité une image de vente d'articles de luxe ;
- en d'autres termes, les grandes enseignes qui s'étaient installées comptaient moins tirer parti de l'afflux de chalands, dont l'importance n'était pas leur premier critère d'implantation, que du « mythe » qu'elle leur permettrait de créer autour de leur marque qui se trouvait ainsi consacrée marque de luxe en raison de l'environnement de leur boutique.

84945 La jurisprudence n'admet le déplafonnement qu'en présence d'une **mutation profonde** du secteur révélée par une **combinaison d'indicateurs** tels que l'installation d'une galerie commerciale ou d'une « locomotive », la transformation de la voirie, l'implantation d'une nouvelle station de métro ou RER, participant à la création d'un véritable renouveau commercial, se traduisant par un accroissement de la clientèle potentielle.

ILLUSTRATIONS

Avenue Montaigne

Il est vain pour le bailleur d'invoquer la création de six nouvelles boutiques dans l'avenue Montaigne, puisque cet élément ne constitue pas une évolution notable des facteurs locaux de commercialité, cette avenue comptant au total 60 boutiques. De même, la création d'un parking important ne peut avoir d'influence significative sur le commerce litigieux, puisqu'il est situé à près de 500 mètres des locaux loués.

CA Paris 5-4-2002 n° 00-14557, 16e ch. B : Loyers et copr. 2003 comm. n° 37 note Ph.-H. Brault et P. Pereira-Osouf.

Avenue des Champs-Élysées

Les travaux de rénovation des Champs-Élysées, entrepris de février 1992 à février 1994, ont entraîné la suppression des contre-allées, l'agrandissement des trottoirs, la plantation d'arbres, la création d'un mobilier urbain spécifique, la création d'environ 450 nouvelles places de parking et le classement en zone touristique permettant l'ouverture de commerces liés au tourisme le dimanche. Il n'est donc contesté par personne que le secteur des Champs-Élysées qui avait connu une dévalorisation sensible dans les années 1980 a, depuis les travaux de rénovation entrepris durant cette période, connu un regain commercial très important, le seul débat consistant à dater le phénomène.

Il résulte de la liste même des ouvertures d'enseignes attractives que celles-ci ont commencé à s'implanter de façon massive à partir de 1995, leur multiplication s'étant, à l'évidence, confirmée par la suite, que l'implantation des enseignes nationales et internationales a commencé dès 1992 et s'est réellement accélérée depuis 1997. Il y a donc lieu de retenir une modification notable des facteurs locaux de commercialité qui apparaît évidente et qui est donc survenue au cours du bail expiré.

TGI Paris 2-3-2001 n° 99-5849, ch. Loyers com. : Administrer novembre 2001 p. 29 obs. B. Boccara et D. Lipman-Boccara.

L'avenue des Champs-Élysées a connu d'importants travaux de rénovation entre 1992 et septembre 1994, qui ont été indéniablement à l'origine d'un renouveau commercial de l'avenue créant un environnement plus attractif et générant une augmentation substantielle de la chalandise. Cette transformation a bénéficié à l'avenue des Champs-Élysées dans son ensemble. La rue Quentin-Bauchard où est exploité le restaurant Hippopotamus constitue l'un des points de passage entre l'avenue George-V, la rue François 1er et l'avenue des Champs-Élysées. Le fait pour le restaurant du groupe Flo de ne pas être situé sur l'avenue des Champs-Élysées ne l'empêche pas de bénéficier de l'afflux des chalands généré par la réalisation des grands travaux évoqués ci-dessus et l'implantation de nombreuses enseignes attractives. En outre, la fréquentation du RER Charles-de-Gaulle Étoile a crû au cours du bail écoulé de façon significative de plus de 7 % et les possibilités de stationnement se sont améliorées. **84945** (suite)

La conjugaison de tous ces éléments caractérise une modification notable au cours du bail expiré ayant une incidence sur le commerce considéré ce que, au demeurant, conforte le chiffre d'affaires de la Société Groupe Flo dont l'augmentation a été de 16 % en 1996 et 1999.

CA Paris 23-5-2005 n° 04-2538, 16e ch. A.

Si l'avenue des Champs-Élysées a toujours été d'une exceptionnelle commercialité, il est certain que l'arrivée massive d'enseignes nationales et internationales allant au-delà d'une simple substitution à des enseignes existantes, ainsi que la rénovation de l'avenue et la création de 1 267 places de parking souterrain au lieu des 390 se trouvant antérieurement en surface, l'augmentation de 8 % de la fréquentation hôtelière sur Paris dont l'expert relève justement qu'elle induit une augmentation du nombre des touristes sur les Champs-Élysées, site incontournable pour qui visite la capitale, ont créé par leur conjonction un effet dynamisant et ont modifié dans un sens encore plus favorable la commercialité déjà excellente du secteur.

La société locataire prétend à tort que cette évolution aurait été sans incidence notable sur son commerce de vente d'appareils photographiques, pellicules et tous accessoires s'y rattachant. En effet :

– l'arrivée, au cours du bail expiré, de 12 enseignes sur le trottoir où se situe ce commerce a amené un flux de chalands, ce d'autant que la fréquentation à la station de métro la plus proche a augmenté d'une manière significative au cours de la même période ;

– les techniques modernes permettent un développement rapide des photos propre à intéresser non seulement la clientèle d'habitués mais également, sur ce site touristique, la clientèle de passage, ce qui compense largement la diminution de la population résidente entre 1990 et 1999 ;

– l'activité accessoire de vente est elle aussi positivement concernée par l'augmentation des chalands.

L'intérêt de l'évolution des facteurs locaux de commercialité sur le commerce concerné est vérifié par l'augmentation importante des chiffres d'affaires de l'exploitante, évolution telle qu'elle ne peut pas correspondre au simple effet normal de croissance lié à la reprise d'un fonds de commerce.

CA Paris 28-6-2006 n° 05-01113, 16e ch. A : Administrer janvier 2007 p. 50 obs. D. Lipman-Boccara.

Les éléments suivants ont été retenus pour caractériser une modification notable des facteurs de commercialité favorable au commerce de librairie, tabac, vente d'articles de souvenirs, cadeaux situé en haut des Champs-Élysées à proximité de la place de l'Étoile durant la période 1997-2006 :

– l'augmentation de la fréquentation des stations (métro, RER) Charles-de-Gaulle-Etoile, George-V et Franklin Roosevelt : après avoir estimé que cette dernière station de métro, bien que située à distance du commerce, ne pouvait pas être exclue de sa zone d'attraction dès lors que le propre d'une grande partie des touristes était de déambuler le long d'une des avenues les plus célèbres du monde pour se rendre place de l'Etoile ou en revenir, les juges ont estimé que cette augmentation était en rapport avec l'augmentation de la fréquentation touristique en France d'une manière générale et à Paris qui est la ville la plus visitée du monde ;

– l'implantation croissante des enseignes nationales et internationales de grande distribution : d'une part, bien que l'avenue des Champs-Élysées soit depuis une date bien antérieure à 1997 un secteur de très haute commercialité, l'implantation s'est poursuivie durant la période considérée, représentant une augmentation de 16 % pour l'ensemble de l'avenue pendant la durée du bail expiré, d'autre part, le locataire ne démontre pas que les personnes qui fréquentent les grandes enseignes ne sont pas les mêmes que celles qui sont susceptibles de fréquenter le commerce en cause ;

– l'augmentation du chiffre d'affaires du locataire de 73 % au cours du bail expiré, qui ne s'explique pas seulement par la nouvelle organisation mise en place par l'entreprise, confirme cette évolution favorable et notable.

CA Paris 22-2-2012 n° 09/25080, ch. 5-3.

Ndlr : Pour maintenir la valeur locative à 3 200 €/m² (et non 4 500 € comme proposé par l'expert), la cour d'appel a relevé que la boutique bénéficiait de l'afflux touristique dans une moindre mesure que les commerces situés dans la partie médiane de l'avenue et tenu compte de la réduction de la largeur de la voie en raison de l'entrée du tunnel routier ainsi que des nuisances sonores et visuelles qu'il occasionne.

84945 (suite) La modification notable des facteurs locaux de commercialité durant la période 1998-2007 n'a pas été retenue pour un commerce de luxe de vestes de fourrure pour les raisons suivantes :
– l'évolution de la fréquentation du métro George-V, qui s'est élevée à 19 %, n'est pas significative,
– si le nombre de chambres offertes par les hôtels de luxe a augmenté de 60 % pendant la période considérée, les palaces mentionnés par l'expert sont en réalité situés à proximité du Faubourg-Saint-Honoré et de l'avenue Montaigne, alors que ne doit être prise en compte que l'avenue des Champs-Élysées correspondant à la zone de chalandise du commerce,
– l'implantation de 6 commerces de luxe sur environ 332 commerces ne suffit pas à définir l'avenue des Champs-Élysées comme une avenue dédiée au luxe et ne traduit pas une mutation notable de la commercialité du secteur.

TGI Paris 21-3-2012 n° 09/02332 : Administrer juin 2012 p. 44 obs. M.-L.-S.

Rue du Faubourg-Saint-Honoré

S'agissant de locaux situés 3, rue du Faubourg-Saint-Honoré, dans la partie de la rue où sont implantées les plus grandes enseignes de luxe, il y a lieu de constater une évolution notable des facteurs locaux de commercialité entre le 1er juillet 1987 et le 1er juillet 1996 pour un commerce de prêt-à-porter compte tenu des éléments suivants : les mètres carrés de commerces créés au cours de la période du bail expiré n'ont pas remplacé les mètres carrés disparus puisque les magasins des Trois Quartiers étaient en déclin depuis de nombreuses années et que la Galerie du Village Royal était non exploitée bien avant le début du bail expiré ; l'ouverture du centre commercial des Trois Quartiers a eu lieu en 1991 et celle de la Galerie Royale en 1994, soit au cours du bail expiré.

CA Paris 19-12-2001 n° 00-14930, 16e ch. A : Administrer mars 2002 p. 23 note B. Boccara.

Place de la Madeleine

Si la commercialité de la place de la Madeleine à Paris est élevée de très longue date, ce qui devrait exclure qu'il puisse y avoir modification notable des facteurs locaux de commercialité, il doit être dérogé à ce principe dans le cas particulier d'une boutique disposant d'une longueur de deux fois 16 mètres de vitrine côté place et côté boulevard de la Madeleine et tenant lieu de boutique d'exposition d'appareils sanitaires haut de gamme vendus, non sur place, mais grâce à un réseau de grossistes.

Au cas particulier, il se déduit des éléments suivants qu'il y a eu modification notable des facteurs locaux de commercialité justifiant le déplafonnement du loyer du bail commercial renouvelé de cette boutique :
– plusieurs magasins destinés à l'équipement de la maison (Habitat, Conran Shop, Maison de famille et Le Cèdre Rouge) s'étaient installés à proximité de la boutique ;
– sur le boulevard de la Madeleine, un programme immobilier avait permis la création de nombreuses activités qui, s'étendant sur 27 500 m^2 de bureaux et 7 152 m^2 de surfaces commerciales, augmentaient la proportion de personnel d'encadrement, tant dans le secteur tertiaire que commercial, susceptible d'être intéressé par la boutique, sans compter les cadres visiteurs des sociétés installées dans ce nouvel espace ; la création d'une résidence hôtelière quatre étoiles et de 63 appartements était en revanche dépourvue d'incidence sur les facteurs locaux de commercialité ;
– la restructuration des « Trois Quartiers », grand magasin situé en face des lieux, avait regroupé une galerie commerciale sur trois étages et des bureaux d'une superficie totale de 16 930 m^2 et avait permis l'implantation de l'enseigne Décathlon en sous-sol et l'extension du magasin « Madelios », implanté à cet endroit depuis très longtemps, de 1 300 à 4 150 m^2 ;
– la mise en service de la ligne de métro « Meteor » avait accru le nombre des chalands autour de la place de manière suffisamment sensible pour que la boutique en bénéficie.

Additionnés, ces éléments concouraient à une augmentation substantielle de la clientèle potentiellement intéressée par la boutique que sa situation unique, à la fois visible de loin et placée juste en face d'une bouche de métro, permettait de capter à plein.

CA Paris 19-1-2005 n° 03-14928, 16e ch. A : RJDA 4/06 n° 393.

Rue Saint-Honoré

Au cours du bail expiré entre le 1er février 2004 et le 31 janvier 2013 et dans le rayon très réduit de la rue Saint Honoré compris entre la rue Cambon et la rue de Castiglione, la création d'un hôtel grand luxe inauguré en juin 2011 au lieu et place d'un immeuble désaffecté ainsi que la réalisation au 239-241 de la rue Saint Honoré à compter de 2004 d'une opération immobilière avec notamment 25 000 m^2 de bureaux et 5 000 m^2 de commerces où se sont installées plusieurs marques de notoriété internationale de luxe constituent une modification notable de la commercialité du secteur.

TGI Paris 24-3-2016 n° 13/07204.

La modification des facteurs locaux de commercialité est retenue en raison des modifications apportées au titre de l'hôtellerie de luxe dans la rue Saint-Honoré (ouverture d'un hôtel 5 étoiles de 194 chambres, rénovation de quatre autres hôtels à proximité du commerce en cause, augmentation de près de 20 % du taux d'occupation des hôtels quatre étoiles et plus), lesquels profitent au commerce de prêt-à-porter de la société locataire.

TGI Paris 8-4-2015 n° 13/0467.

Boulevard Saint-Germain

Ne suffisent pas à établir l'existence d'une modification notable des facteurs locaux de commercialité entre 2000 et 2009 pour l'activité de café-restaurant de la Brasserie Lipp située 151, boulevard Saint-Germain :
– l'installation de 66 enseignes nationales ou internationales durant la période de référence, dès lors que plus de 40 d'entre elles sont situées sur des axes dont la commercialité est relative car les véritables rues commerçantes sont la rue de Rennes et la rue Bonaparte qui est plutôt éloignée de la brasserie ; il s'agit pour la plupart d'enseignes de moyenne et basse gammes ;
– l'installation de deux enseignes plus luxueuses telles que Ladurée, qui a ouvert en 2002 un salon de thé à l'angle de la rue Jacob et de la rue Bonaparte, et les établissements Flamand, qui se sont installés fin 2001 dans un vaste show-room ouvrant sur la rue de l'Abbaye et sur la place Furstenberg où ils exposent des meubles et des objets de décoration et proposent à leur clientèle une restauration.

TGI Paris 14-11-2012 n° 10/06795 : Administrer janvier 2013 p. 40 obs. M.-L. Sainturat.

Rue de Béthune à Lille

Le fait que la rue de Béthune a pu être une rue à très forte commercialité dès les années 1986 ne constitue pas un obstacle dirimant à une modification notable de ses facteurs locaux de commercialité à partir de 1990. Il y a lieu de retenir le déplafonnement du loyer du bail d'un commerce de restauration rapide pour l'ensemble des considérations suivantes : l'extension du secteur piétonnier dans le centre-ville depuis 1990 est un élément favorable à un tel commerce. Il en est de même de l'ouverture de la Fnac, « locomotive » dans beaucoup de centres-villes qui, compte tenu de son concept associant librairie-musique-hifi-vidéo-informatique, génère une clientèle jeune identique en grande partie à celle fréquentant les restaurants Quick. En outre, l'augmentation des salles de cinéma et surtout leur réaménagement et leur modernisation sont d'incontestables facteurs d'attirance sur une population jeune.

CA Douai 5-6-2003 n° 01-6824.

Rue Esquermoise à Lille

Les locaux dans lesquels le locataire exerce une activité de vente d'ameublement haut de gamme se situent dans un secteur de haute commercialité, dans le quartier du Vieux Lille et à proximité immédiate de l'hyper centre-ville. Ils bénéficient d'une très bonne accessibilité et la rue Esquermoise est l'une des principales artères bénéficiant d'un flux piétonnier ; elle constitue une rue très commerçante et dynamique, spécialisée de longue date dans l'équipement de la maison et notamment dans la vente d'ameublement moyen et haut de gamme. Dans le secteur considéré se sont implantées plusieurs enseignes d'ameublement moyen et haut de gamme, dont l'une pouvant être tenue pour une enseigne locomotive. Si le nombre d'enseignes spécialisées dans l'aménagement de la maison est similaire, la nature de ces magasins et leur attractivité ont notablement évolué, de sorte qu'il y a lieu de considérer que les facteurs locaux de commercialité ont connu une modification notable, ce que reflète d'ailleurs la hausse de près de 60 % du chiffre d'affaires du locataire.

CA Douai 26-10-2017 n° 17/02349 2e ch. sect. 1 : Rev. Loyers 2017 p. 485.

4. ÉMERGENCE DE NOUVEAUX CRITÈRES D'IDENTIFICATION DES FACTEURS DE COMMERCIALITÉ

On constate depuis les années 1990, compte tenu de la complexité des mutations commerciales, la recherche par la jurisprudence de **critères complémentaires** permettant de vérifier ou d'invalider l'approche purement matérielle des facteurs locaux de commercialité. **84990**

ÉVOLUTION DES PRIX DE CESSION DU DROIT AU BAIL ET DES LOYERS

La cour d'appel de Paris a souligné que « le meilleur baromètre de la commercialité, qui se définit comme l'aptitude d'un secteur à générer du chiffre d'affaires, réside dans l'augmentation sensible des prix de vente des fonds de commerce comme dans celle des loyers, à condition toutefois que les augmentations constatées ne traduisent pas des tendances purement spéculatives dissimulant une évolution factice » (CA Paris 23-11-1993, SCI Maucourt c/ La Taverne Basque : Loyers et copr. 1994 comm. n° 117 note Ph.-H. Brault et C. Mutelet). **84995**

Certaines décisions se sont appuyées sur ce nouveau critère pour retenir une modification de la commercialité justifiant le déplafonnement du loyer. Pour un commerce de cuisiniste, exploité au 71, boulevard Raspail, sous la marque Mobalpa, la cour d'appel de Paris a ainsi infirmé le jugement qui avait retenu le plafonnement, s'appuyant sur l'augmentation des loyers et des prix des fonds de commerce, en tant que symptôme d'un essor commercial certain et supérieur à la moyenne (CA Paris 27-6-1991, 16e ch. B, SCI Haussman Italiens c/ Sté La Cuisine sur Mesure : Loyers et copr. 1992 comm. n° 119).

Toutefois, la majorité des décisions tiennent compte de ces éléments, non comme facteur autonome de déplafonnement, mais comme un simple **élément de recoupement.** La cour d'appel de Paris a ainsi jugé que si une forte augmentation des prix de cession de baux et de fonds peut être admise au nombre des éléments caractérisant une évolution des facteurs locaux de commercialité, à titre confortatif, une telle augmentation ne saurait, à elle seule, en l'absence de tout autre élément, caractériser une évolution notable des facteurs locaux de commercialité (CA Paris 9-1-1998 n° 96-18663, 16e ch. B : Loyers et copr. 1998 comm. n° 125 note Ph.-H. Brault et C. Mutelet).

Ce nouveau critère, qui n'est pas expressément visé par l'article R 145-6, n'est pas adopté par toutes les juridictions du fond (pour un rejet, voir CA Aix-en-Provence 16-10-1997 n° 95-1223, 4e ch. civ. : Loyers et copr. 1998 comm. n° 216 note Ph.-H. Brault).

ÉVOLUTION DU CHIFFRE D'AFFAIRES DU LOCATAIRE

85000 Les juridictions du fond prennent de plus en plus souvent en compte l'évolution du chiffre d'affaires du locataire, au cours du bail, comme **élément de recoupement.** En effet, le chiffre d'affaires ne caractérise pas une composante de la valeur locative telle que définie par le Code de commerce mais peut constituer un indice permettant de corroborer la valeur locative obtenue : le chiffre d'affaires et le bénéfice sont des notions trop dépendantes des choix de gestion opérés par le locataire pour être retenues pour calculer la valeur locative d'un bien (CA Aix-en-Provence 13-6-2019 n° 16/21349 : RJDA 10/19 n° 609). La cour d'appel de Paris a rappelé que l'évolution du chiffre d'affaires ne peut être examinée que pour confirmer une évolution des facteurs locaux de commercialité et l'influence positive de ceux-ci sur le commerce considéré, mais ne peut pas suppléer l'absence de démonstration de cette évolution notable (CA Paris 1-6-2011 n° 09/22106, ch. 5-3).

ILLUSTRATIONS

Dans une affaire où le bailleur invoquait comme motif de déplafonnement l'ouverture d'une autoroute à proximité des lieux loués, une cour d'appel a condamné le locataire, qui s'y était refusé en cours d'expertise, à produire ses comptes de résultat pour les périodes précédant et suivant l'ouverture de l'autoroute, afin de vérifier si l'amélioration de la desserte était confortée par une augmentation sensible du chiffre d'affaires (CA Paris 8-10-1996 n° 95-22456, 16e ch. A : RJDA 2/97 n° 179 ; voir aussi CA Paris 5-9-2005, 16e ch. A : AJDI 2005 p. 838 note S. Porcheron).

L'augmentation du chiffre d'affaires au cours du bail, ou au contraire sa stagnation, ne sont pas toujours connectés à l'évolution de la commercialité du secteur. Or, c'est seulement **en tant que symptôme objectif de la commercialité** qu'il peut en être tenu compte, le bailleur n'étant pas l'associé de son locataire. Lorsque l'augmentation du chiffre d'affaires est due aux efforts personnels du locataire, il n'y a pas lieu d'en tenir compte dans l'appréciation de la commercialité. Tel est le cas lorsqu'un locataire a engagé un budget de publicité exceptionnel pour développer une clientèle étrangère (TGI Paris 22-12-2000 n° 98-10664, ch. loyers com. : Administrer mars 2001 p. 27 note B. Boccara et D. Lipman-Boccara). De même, et contre l'avis de l'expert, une augmentation de 47 % du chiffre d'affaires d'une pharmacie n'a pas été prise en compte comme critère pertinent de la modification des facteurs locaux de commercialité pour les raisons suivantes : si la pharmacie échappe pour partie aux effets habituels de la commercialité dans la mesure où l'implantation des officines ne relève pas de la liberté commerciale mais d'une décision administrative, les produits pharmaceutiques remboursables sur prescription médicale représentent plus des 3/4 du chiffre d'affaires alors même que le pharmacien ne dispose d'aucun pouvoir sur les prix, il n'en reste pas moins que, au moins pour partie, la qualité de l'accueil et l'agrément de la présentation peuvent motiver un consommateur à choisir un commerce plutôt qu'un autre dans un secteur urbain fortement concurrentiel (CA Paris 15-11-2006 n° 05-13709, 16e ch. A). Pour un local situé au 154, rue du Faubourg Saint-Antoine, la cour d'appel de Paris a jugé que la progression du chiffre d'affaires des locataires pourrait uniquement et éventuellement servir d'élément de recoupement au cas où l'incidence notable de l'implantation de 9 enseignes au cours du bail expiré aurait été susceptible d'être retenue, ce qui n'était pas le cas dès lors que l'activité de café-brasserie de quartier du commerce en cause n'était pas spécialement de nature à attirer la clientèle nouvelle plus jeune amenée par lesdites enseignes relatives, pour l'essentiel, à la téléphonie et à l'équipement de la personne et, pour une autre partie, à la coiffure et à la restauration rapide, et qui privilégiera plutôt la restauration rapide (CA Paris 3-3-2010 n° 08-18706, ch. 5-3).

Inversement, s'il existe des facteurs objectifs démontrant une modification notable de la commercialité, la stagnation du chiffre d'affaires du locataire ne peut pas constituer un obstacle au déplafonnement (Cass. 3e civ. 12-6-2001 n° 968 F-D : Administrer novembre 2001 p. 25 note J.-D. Barbier ; CA Versailles 9-9-2021 n° 19/06213 : RJDA 3/22 n° 136).

Le chiffre d'affaires du locataire est utilisé par les juges du fond pour vérifier l'absence de modification des facteurs locaux de commercialité. Il en est ainsi en cas d'absence de progression du chiffre d'affaires (CA Paris 17-12-2008 n° 07-20947, 16e ch. A : Administrer mars 2009 p. 52 note M.-L. Sainturat) ou de baisse significative du chiffre d'affaires du locataire et des magasins voisins (CA Paris 26-3-2009 n° 08-19402, 16e ch. B : RJDA 12/09 n° 1050 ; CA Pau 30-6-2011 n° 08/01454, 2e ch. sect. 1).

L'évolution du chiffre d'affaires devrait néanmoins constituer un critère déterminant pour apprécier la réalité d'une modification prétendue de la commercialité, dès lors que l'examen n'est pas limité au seul chiffre d'affaires du locataire, mais étendu à celui des **autres commerces du secteur** considéré. Car si les événements matériels tels que l'installation d'un nouveau parc de stationnement, d'un palais des congrès, d'une nouvelle ligne de train ne se sont pas traduits par l'augmentation du chiffre d'affaires des commerçants, on peut douter que ces facteurs aient apporté un flux complémentaire de chalands et donc réellement modifié la commercialité des lieux. **85005**

ILLUSTRATIONS

La cour d'appel de Paris a refusé de déplafonner le loyer d'une pharmacie installée sur les Champs-Élysées, aux motifs que si l'arrivée des enseignes de marques de grande consommation, telles que Zara, Virgin, Mango, Naf-Naf, Celio, Tara Jarmon a fait des Champs-Élysées en dix ans une immense vitrine de marques, il n'en demeure pas moins que ce mouvement qui a créé de la notoriété n'a pas pour autant généré du chiffre d'affaires. La cour constate que durant la période de référence, la plupart des chiffres d'affaires avaient diminué sur cette prestigieuse avenue : le chiffre d'affaires de McDonald avait baissé d'environ 10 % en cinq ans, celui de Virgin en francs constants hors café avait enregistré une baisse vertigineuse, l'évolution du chiffre d'affaires et le résultat brut d'exploitation de la pharmacie étaient également à la baisse (CA Paris 13-2-2004 n° 02-5609, 16e ch. B : Administrer mai 2004 p. 24 note B. Boccara).

MODIFICATION DE LA COMMERCIALITÉ PAR LA SITUATION DE LA CONCURRENCE

Dans l'analyse économique de la commercialité d'un secteur, la situation de la concurrence constitue un élément essentiel qu'experts et tribunaux prennent de plus en plus souvent en considération. C'est ainsi que la restructuration de la gare du Nord à Paris n'a pas été retenue comme motif de déplafonnement pour un commerce de café-bar-brasserie, en dépit de l'augmentation des voyageurs et de l'implantation des enseignes nationales de restauration rapide. L'expert désigné par le tribunal avait estimé que les restructurations de la gare du Nord n'avaient pas profité à la commercialité de la rue de Dunkerque, dans la mesure où elles avaient contribué au développement d'une circulation des usagers en sous-sol et à l'intérieur de la gare. Après avoir constaté une réorganisation des possibilités de restauration à l'intérieur de la gare, avec un **accroissement** du nombre de points de vente, la cour d'appel a conclu que les grandes enseignes de restauration rapide installées dans le secteur attiraient probablement assez peu de voyageurs et réalisaient leur chiffre d'affaires au détriment d'autres commerces, notamment des brasseries traditionnelles (CA Paris 11-12-1998 n° 97-14171, 16e ch. B : Loyers et copr. 1999 comm. n° 98 note B. Vial-Pedroletti). **85010**

En revanche, l'effet négatif de l'implantation d'un concurrent sous l'enseigne « Brico Dépôt » à proximité d'un magasin exploité par la société Bricorama n'a pas été retenu par la cour d'appel pour rejeter le principe de déplafonnement en raison de la modification des facteurs locaux de commercialité. La cour a considéré que l'implantation de cette enseigne, directement concurrente sur certains secteurs de l'activité de la société Bricorama, a eu un impact négatif sur celle-ci mais celui-ci aurait dû être compensé par le développement de l'attractivité de la zone telle que retenue par les autorités publiques et mise en exergue par le rapport d'expertise judiciaire. Le défaut d'attractivité du magasin relève d'une politique commerciale sur laquelle la société locataire a seule l'initiative (CA Bordeaux 14-2-2012 n° 10/00716, 2e ch. civ.).

À l'opposé, une **réduction** de la concurrence peut contribuer à la modification de la commercialité, dès lors que les conditions d'exercice du commerce considéré s'en trouvent améliorées. Il en va ainsi pour une activité de bar-tabac lorsque, au cours du bail expiré, deux bureaux de tabac concurrents situés à proximité des locaux loués ont fermé, fait qui a été évidemment profitable à la part de l'activité courante de vente de cigarettes du locataire, puisque le montant des remises brutes provenant du tabac est passé de 538 366 francs (environ 82 000 €) au début du bail à 738 792 francs (environ 112 000 €) à la fin du bail (CA Paris 14-10-1998 n° 96-21028, 16e ch. A : Administrer août-septembre 1999 p. 48). **85015**

C. Intérêt pour le commerce considéré

85100 A supposer que la preuve d'une modification des facteurs locaux de commercialité, au cours du bail expiré, soit rapportée, il faut encore que la modification ait un intérêt pour le « commerce considéré » (C. com. art. R 145-6).

1. NOTION DE COMMERCE CONSIDÉRÉ

85110 La définition de cette notion présente une importance essentielle, dans la mesure où elle conditionne le **lien** logique qui doit exister **avec la modification alléguée.**

Si on limite le commerce considéré à celui effectivement exploité par le locataire, seules les modifications ayant une influence directe sur ce commerce pourront être prises en compte.

En revanche, si on étend le commerce considéré à toutes les activités autorisées par le bail, même si elles ne sont pas exploitées par le locataire, il suffira d'établir que la commercialité a évolué favorablement pour une de ces activités pour que le déplafonnement soit acquis. Dans un bail tous commerces, le déplafonnement serait ainsi presque toujours obtenu. Un arrêt de la cour d'appel de Paris illustre cette approche purement virtuelle : bien que le locataire n'exerçât effectivement qu'une activité d'antiquaire spécialisé dans les objets du XVIIe siècle, la cour d'appel a néanmoins estimé qu'il fallait apprécier l'ouverture du musée d'Orsay, qui se trouvait à proximité des locaux loués, au regard de son influence sur le commerce de luxe autorisé également par le bail (CA Paris 13-6-1995 n° 94-3302, 16e ch. A : Juris-Data n° 022121).

85115 La jurisprudence a tout d'abord adopté une conception large de cette notion puisqu'elle était étendue à l'ensemble des activités autorisées par le bail et non pas limitée au seul commerce exercé par le locataire (Cass. 3e civ. 20-6-1990 n° 89-12.284 : Rev. Loyers 1991 p. 80). Toutefois, la **Cour de cassation** est revenue sur cette approche en faisant prévaloir une lecture restrictive de l'article R 145-6 ; elle a ainsi approuvé une cour d'appel qui avait apprécié l'incidence de l'évolution du quartier dans lequel était situé le fonds de commerce, non au regard de l'éventail des activités autorisées par le bail (commerce de textile), mais de l'activité de gros et de demi-gros effectivement exercée par le locataire (Cass. 3e civ. 8-1-1997 n° 30 P : RJDA 2/97 n° 177).

Cette nouvelle conception peut s'autoriser de la lettre du texte, l'article R 145-6 visant au singulier « le commerce considéré » et non le pluriel des activités autorisées par le bail. Elle a été confirmée dans les arrêts postérieurs de la Cour de cassation, et est suivie dans leur majorité par les juridictions du fond.

ILLUSTRATIONS

En présence d'un bail à usage de commerce de parfumerie, coiffure, vente de tous accessoires se rapportant à la coiffure, produits de beauté et tous soins esthétiques, justifie légalement sa décision de fixer le loyer du bail renouvelé à la valeur locative la cour d'appel qui constate que l'implantation de bureaux avenue de l'Opéra présentait un intérêt pour la seule activité de coiffeur pour dames, correspondant à celle effectivement exploitée par le locataire.

Cass. 3e civ. 21-1-1998 n° 73 D : RJDA 3/98 n° 268.

La cour d'appel, qui a souverainement retenu qu'à supposer que la rue de Charenton ait connu au cours du bail expiré une évolution notable des facteurs locaux de commercialité, il n'apparaissait nullement que cette évolution ait pu avoir une incidence significative sur le commerce de miroiterie considéré exercé dans le respect de la destination contractuelle, a décidé à bon droit qu'il n'y avait pas lieu à déplafonnement du loyer.

Cass. 3e civ. 16-7-1998 n° 1266 PF : RJDA 10/98 n° 1081.

L'incidence de la modification des facteurs locaux de commercialité sur le commerce en cause doit être appréciée, selon l'article 23-4 du décret du 30 septembre 1953 (C. com. art. R 145-6), en fonction non des activités autorisées au bail, mais de l'activité réellement exercée par le locataire et conforme à la destination des lieux. En l'état d'un bail tous commerces, alors que le locataire a fait le choix de limiter l'activité à celle de vente de matière première pour les fabricants de chaussures, c'est au regard de cette seule activité que doit être appréciée l'incidence de constructions nouvelles dans le secteur considéré.

CA Paris 10-5-2000, 16e ch. A : AJDI 2000 p. 735.

La densification progressive du réseau routier avant l'expiration d'un bail conclu à usage du commerce de transport ne peut pas justifier le déplafonnement du loyer du bail renouvelé compte tenu des circonstances suivantes :

– le locataire exerçait une activité de location de tracteurs routiers et non une activité de transport ; or si cette dernière suppose l'acheminement de marchandises, l'activité de loueur implique seulement la mise à disposition d'un véhicule sans que le loueur ait la maîtrise du déplacement des marchandises ;

– les locaux objet du bail n'étaient pas utilisés pour l'exploitation commerciale de la société, les véhicules donnés en location n'y étant pas stationnés ;
– le chiffre d'affaires de la société n'avait d'ailleurs pas sensiblement augmenté durant cette période et aucune nouvelle clientèle notable ne s'était développée.

CA Paris 17-5-2000 n° 98-17704, 16e ch. A : RJDA 12/00 n° 1078.

La création d'un parking, une augmentation de la population à revenus élevés et un accroissement de ce revenu ainsi qu'une amélioration du niveau de vie favorable à l'activité d'un commerce de vente et installation de cuisines haut de gamme ne constituent pas une modification notable des facteurs locaux de commercialité justifiant le déplafonnement du loyer du bail renouvelé compte tenu des circonstances suivantes :
– l'activité exercée par le locataire, dont la clientèle adressée par des professionnels de la décoration et des architectes provient de l'ensemble de la région parisienne, ne présente pas les caractéristiques d'un commerce de proximité dont la zone de chalandise serait limitée à l'environnement immédiat ;
– le locataire réalise plus des deux tiers de son chiffre d'affaires en dehors de ce dernier ;
– l'activité exercée est tributaire de celle du bâtiment et de l'immobilier dans la région parisienne qui s'est avérée défavorable au cours du bail expiré en raison de la crise immobilière qui y a sévi.

CA Versailles 7-3-2002 n° 99-3634, 12e ch. sect. 2 : RJDA 8-9/02 n° 865.

Ni l'édification, au cours du bail expiré, d'une surface commerciale nouvelle de plus de 18 000 m^2 dans un rayon de 400 mètres des lieux loués, ni l'ouverture d'un nouveau parking de 554 places ne constituent des modifications notables des facteurs locaux de commercialité de nature à justifier le déplafonnement du loyer du bail renouvelé portant sur un local à usage de commerce de vente de fourrures, compte tenu des circonstances suivantes : les enseignes nouvellement implantées proposent des articles de large distribution dans le domaine de l'équipement de la personne qui visent une clientèle qui n'est pas celle d'un fourreur ; l'aménagement du parc de stationnement a peu d'impact car la clientèle de proximité n'a pas vocation à utiliser ce parking qui constitue tout au plus un confort pour une clientèle professionnelle et d'habitués, plus fidélisée par la compétence et la sécurité que par la qualité de la desserte.

CA Paris 10-9-2008 n° 07-308, 16e ch. A.

Le déplafonnement du loyer du bail renouvelé portant sur un local dans lequel est exercée une activité de « café-restaurant » n'est pas justifié par une modification des facteurs locaux de commercialité, compte tenu des éléments suivants :
– au cours du bail expiré, la fréquentation des stations de métro les plus proches a été stable, le nombre de nouvelles constructions dans un rayon de 400 mètres a été faible, la structure de la population de l'arrondissement a évolué défavorablement au regard du commerce considéré de café-restaurant moyen/bas de gamme attirant une clientèle ne disposant pas d'un fort pouvoir d'achat ;
– l'installation de nombreuses enseignes prestigieuses sur l'avenue des Champs-Élysées est sans incidence sur la commercialité de la rue de Ponthieu, rue voisine où sont situés les locaux. En effet, au cours du bail expiré, la commercialité de cette voie, assez courte, étroite et à sens unique, n'a pas connu de modification notable. Elle est demeurée dominée par les établissements de nuit, par des commerces de restauration comparables au commerce considéré, en forte concurrence avec celui-ci, et par des commerces de proximité.

CA Paris 6-5-2015 n° 13/18071 : RJDA 2/16 n° 90.

Une agence immobilière louait des locaux commerciaux dans le centre-ville de Lille alors que se trouvait à proximité, à l'emplacement d'un ancien grand magasin, une large façade sans commerce. L'aménagement de la friche commerciale par l'installation de nouveaux commerces (supermarché, magasin de vélos) n'a pas constitué une modification matérielle des facteurs locaux de commercialité présentant objectivement et concrètement un intérêt pour l'activité exercée par l'agence immobilière, et ne justifiait donc pas un déplafonnement du loyer, dès lors que :
– en dépit de la suppression de la friche commerciale, de nombreux locaux commerciaux ou bureaux demeuraient vacants à proximité immédiate de l'agence immobilière, et la zone de la rue où se situait l'agence était toujours en retrait par rapport aux emplacements numéro 1 de cette rue ;
– le magasin d'alimentation attirait une clientèle locale pour des courses de dépannage (panier moyen de 12 €) et le magasin de vente de vélos avait déménagé après trois ans d'exploitation ;
– compte tenu de son activité, l'agence immobilière ne fonctionnait pas sur le simple passage de chalandise, l'acte d'achat, de location ou d'investissement immobilier étant une démarche réfléchie, issue de recherches préalables effectuées notamment via internet et pour laquelle l'impact de l'affichage en vitrine restait limité.

CA Douai 6-7-2017 n° 16/03433 : RJDA 12/17 n° 791.

La Cour de cassation a estimé que le commerce considéré au sens de l'article R 145-6 du Code de commerce s'entendait également de l'activité exercée par le **sous-locataire,** laquelle devait **85120** être prise en considération pour l'appréciation de la modification des facteurs de commercialité au regard du loyer du bail principal (Cass. 3e civ. 8-12-2010 n° 09-70.784 FS-PB : RJDA 4/11 n° 290 ; Cass. 3e civ. 18-2-2014 n° 12-28.468 F-D : Juris-Data n° 2014-004486).

2. APPRÉCIATION PAR LES TRIBUNAUX DE LA NOTION DE COMMERCE CONSIDÉRÉ

85150 Dès lors que le commerce considéré vise le fonds de commerce exploité par le locataire, le juge doit se livrer à une **appréciation in concreto** des facteurs commerciaux et vérifier, au besoin d'office, leur importance et leurs incidences effectives et non pas simplement virtuelles.

La Cour de cassation a ainsi censuré une cour d'appel qui, au regard de la transformation d'un quartier typique et historique de Pau, avait retenu le déplafonnement du loyer d'un restaurant situé dans ce secteur. La Cour a reproché à la juridiction du fond de s'être bornée à constater que la modification des facteurs locaux de commercialité profitait aux restaurants en général, sans vérifier si elle pouvait concerner le fonds de commerce du locataire (Cass. 3e civ. 30-6-2004 n° 810 F-PBI : RJDA 10/04 n° 1095, JCP E 2004 n° 1601 note B. Demoustier ; voir aussi, en matière de révision triennale légale, Cass. 3e civ. 7-4-2004 n° 419 FS-PB : RJDA 7/04 n° 796 ; voir n° 51785). Au même motif, elle a censuré une cour d'appel qui avait déduit des circonstances suivantes qu'il y avait eu modification notable des facteurs locaux de commercialité justifiant le déplafonnement du loyer d'un bail commercial renouvelé d'un commerce de chaussures, maroquinerie et accessoires situé dans le centre de Châteauroux : dans 5 parkings situés à proximité immédiate du commerce, le stationnement, gratuit les 45 premières minutes, avait été facilité ; la mise en place d'un système de gratuité des transports en commun avait favorisé les commerces du centre-ville en permettant l'entrée de clients potentiels ; si 2 grandes surfaces commerciales du centre-ville avaient fermé, leurs locaux avaient été réinvestis par des enseignes nationales (Cass. 3e civ. 13-7-2011 n° 10-30.870 FS-D : RJDA 2/12 n° 34).

a. Appréciation objective du commerce considéré

85160 Le bailleur n'étant pas l'associé de son locataire, la modification de la commercialité ne doit pas s'apprécier au regard de la performance particulière du fonds de commerce, mais objectivement par référence au **secteur d'activité.**

INCIDENCE DE LA CLIENTÈLE DE PASSAGE SUR LE COMMERCE CONSIDÉRÉ

85165 Certains commerces tels que l'équipement de la personne, les métiers de la restauration s'adressent plus particulièrement à une clientèle de passage alors que d'autres en raison de la nature de leurs produits ont une chalandise essentiellement locale.

ILLUSTRATIONS

Un commerce de **vente de produits surgelés,** à raison de la nature des produits, constitue un commerce d'intérêt strictement local et l'évolution de la commercialité quant au secteur d'équipement de la personne, avenue Victor-Hugo à Paris 16e, n'a aucune influence sur les commerces de bouche qui ne s'adressent pas à la même clientèle.

CA Paris 13-10-2004 n° 02-18441, 16e ch. A : AJDI 2005 p. 304 note S. Porcheron, voir aussi CA Aix-en-Provence 20-1-2011 n° 09/06069, 4e ch. C.

L'installation d'un magasin Virgin Megastore sur les Champs-Élysées, dans le même immeuble que celui de Prisunic, n'a pas d'incidence sur la clientèle de ce magasin à rayons multiples dont le chiffre d'affaires provient à 4 % de la **vente d'alimentation.** Au surplus, la clientèle fréquentant le magasin Virgin Megastore est majoritairement constituée de jeunes désireux d'acheter des CD et n'est donc nullement intéressée par le rayon alimentation de la société Prisunic qui ne présente d'intérêt que pour les habitants du quartier.

CA Paris 20-12-2000 n° 97-19737, 16e ch. A : Administrer mars 2001 p. 25 note B. Boccara et D. Lipman-Boccara.

Un commerce de **pharmacie,** à la différence d'un café, ne profite pas sensiblement de la clientèle de passage que représente celle des grandes enseignes comme la Fnac.

CA Paris 18-4-2005 n° 03-15010, 16e ch. A : AJDI 2005 p. 739 note S. Porcheron.

L'affluence considérable des touristes pendant la courte période des **marchés de Noël** de Colmar concerne directement les commerces de vente de souvenirs d'Alsace, et le surcroît ponctuel de chalands potentiels que cette affluence est susceptible d'apporter ne constitue pas une modification notable des facteurs locaux de commercialité pour une **boutique de prêt-à-porter pour enfants.**

Cass. 3e civ. 17-12-2013 n° 12-25.073 F-D : RJDA 4/14 n° 307.

TYPOLOGIE DE LA CLIENTÈLE POUR LE COMMERCE CONSIDÉRÉ

Dans l'appréciation du commerce considéré, les juges prennent en considération la **spécificité** de la clientèle **attachée aux produits commercialisés.** C'est ainsi que l'apparition de grandes enseignes, notamment dans le commerce de l'habillement, dans une artère traditionnellement consacrée au commerce de bouche, ne présente pas d'intérêt pour un café-brasserie-tabac-PMU, dont l'activité ne dépend pas du type de clientèle attirée dans l'artère en cause, mais de son volume, alors que celui-ci n'a pas sensiblement évolué (CA Paris 7-2-2005 n° 03-14791, 16e ch. A : AJDI 2005 p. 388 note S. Porcheron). De même, l'évolution de l'avenue de la Grande Armée en un pôle commercial dédié à la moto et à l'automobile a peu d'intérêt pour le locataire qui exerce des activités nautiques car il n'est pas établi que l'augmentation de la population de motards est de nature à avoir une influence favorable sur l'activité du locataire (CA Paris 24-6-2015 n° 13/19189 : RJDA 2/16 n° 91). De même encore, le développement urbain de la commune d'Ivry-sur-Seine, qui a entraîné l'arrivée d'une nouvelle population, jeune, urbaine et familiale, mais pas nécessairement d'origine asiatique, a un impact modéré sur l'activité de vente de produits asiatiques (CA Paris 16-5-2018 n° 16/17333 : Administrer 2018 p. 36 obs. M.-L. Sainturat). **85170**

À l'intérieur de la même branche d'activité, telle que le prêt-à-porter ou la restauration, la jurisprudence est amenée à s'éloigner du critère objectif pour tenir compte de la **particularité** de la clientèle attachée au **fonds de commerce** du locataire. C'est ainsi que l'installation sur les Champs-Élysées des marques connues telles que Virgin, s'adressant à une clientèle jeune et populaire, a été considérée sans intérêt pour les commerces de luxe déjà implantés à raison d'une clientèle différente, même si elles appartenaient à la même branche d'activité (pour une activité de maroquinerie de qualité : TGI Paris 3-11-1997 n° 94-12346, ch. Baux com. : Administrer mars 1998 p. 32 note B. Boccara ; pour un commerce de luxe : CA Paris 7-6-2002 n° 01-4349, 16e ch. B : Administrer août-septembre 2002 p. 46 note B. Boccara). **85175**

Un exemple topique de cette démarche est fourni par le cas du « Bistrot Romain » dont le déplafonnement du loyer a été rejeté, aux motifs que si l'ouverture d'une station RER sur les Champs-Élysées et l'afflux d'une nouvelle clientèle venant de banlieue est de nature à favoriser les établissements de **restauration rapide,** et notamment ceux situés à proximité d'un complexe de salles de cinéma, il en va différemment pour le « Bistrot Romain » dont la vocation n'est pas la restauration rapide à bas prix et qui demeure un **restaurant traditionnel** s'adressant à une toute autre clientèle que celle du « Burger King », son voisin mitoyen (CA Paris 4-2-1997 n° 95-10863, 16e ch. A : Administrer juin 1997 p. 30 note B. Boccara). **85176**

De même, le déplafonnement du loyer du « Mc Donald » situé boulevard Saint-Michel à Paris, à hauteur du jardin du Luxembourg a été rejeté pour les raisons suivantes : le **nombre et** la **typologie des commerces** et des enseignes nationales situés dans le secteur n'avaient pas évolué ; il faisait partie d'une chaîne internationale de restauration à forte notoriété dans laquelle les conditions d'exploitation sont hautement standardisées, de sorte que l'**évolution** des facteurs locaux de commercialité, **notable pour d'autres commerces** tels que ceux de l'habillement, ne l'était pas nécessairement pour cet établissement : il était ainsi douteux que l'accroissement du nombre de places du parking situé à proximité bénéficiait de manière notable à la clientèle habituelle de l'établissement ; il n'était pas non plus démontré que l'augmentation du trafic RER, la création d'une ligne de bus réservée aux touristes ainsi que l'accroissement de la fréquentation des musées du Luxembourg et du Panthéon avaient apporté une modification notable pour l'établissement (CA Paris 28-5-2008 n° 07-10061, 16e ch. A : RJDA 12/08 n° 1228).

De même encore, jugé que la **création** d'un **hôtel 5 étoiles** n'avait pas eu d'impact sur la commercialité d'un restaurant type « bistrot de quartier » car la clientèle essentiellement internationale d'un établissement hôtelier de cette catégorie ne fréquente pas ce type de restaurant (CA Paris 27-9-2017 n° 15/19792 : Administrer 2017 p. 56 note M.-L. Sainturat).

À l'inverse, la même cour d'appel a retenu le déplafonnement du loyer d'un **café-restaurant** situé dans la galerie du Forum des Halles, en considération du fait que si l'augmentation du trafic voyageurs est plus quantitative que qualitative et entraîne plus une augmentation de la clientèle de « fast-food » que celle de « restaurant-bistrot », il n'en demeure pas moins que cette augmentation du trafic entraîne nécessairement une progression générale et massive du chaland drainée de toutes les lointaines banlieues, pas toutes nécessairement nécessiteuses, qui ne peut que profiter au café-restaurant exploité par le locataire (CA Paris 19-12-1997 n° 96-13387, 16e ch. B : D. aff. 1999 p. 368).

b. Appréciation concrète du commerce considéré

DU COMMERCE CONSIDÉRÉ À LA CLIENTÈLE CONSIDÉRÉE

85220 La prise en compte du commerce considéré, même si elle se veut objective, aboutit nécessairement à une analyse du fonds de commerce du locataire, afin de vérifier s'il peut profiter de la nouvelle clientèle générée par la modification de la commercialité. C'est ainsi que la modification de la structure de la population à pouvoir d'achat élevé a été jugée sans influence tant pour une activité d'agence d'assurances dont la clientèle est constituée de la catégorie de population à pouvoir d'achat plus faible (CA Paris 22-9-2004 n° 03-7934, 16e ch. A : Juris-Data n° 2004-252165) que pour une petite librairie traditionnelle (CA Paris 19-1-2001 n° 97-17785, 16e ch. B : Loyers et copr. 2001 comm. n° 66 note Ph.-H. Brault).

85221 Afin d'appréhender concrètement le « commerce considéré », les juridictions sont amenées, dans une même branche d'activité, à prendre en considération les particularités du fonds de commerce du locataire, non seulement le type d'articles commercialisés, le métier spécifique, mais aussi le positionnement de la marque ou de l'enseigne, le segment de clientèle auquel elle s'adresse.

ILLUSTRATIONS

La transformation du quartier du Marais à Paris, caractérisée par l'augmentation de la fréquentation touristique, et l'arrivée d'une nouvelle population à hauts revenus et plutôt « branchée » est sans incidence sur le commerce de vente de chaussures « bon marché », exercé par le locataire sous l'enseigne Eram, situé rue de Rivoli.

CA Paris 10-10-2001 n° 99-21640, 16e ch. A : Loyers et copr. 2002 comm. n° 63 note Ph.-H. Brault et P. Pereira.

Le déplafonnement du loyer du magasin exploité par la société Roche-Bobois au 207, boulevard Saint-Germain à Paris, doit être rejeté pour les raisons suivantes :
– les nouveaux magasins implantés dans ce secteur sont spécialisés dans le commerce des meubles de cuisine ou de bureaux, alors que la société Roche-Bobois est un ensemblier décorateur pour l'habitat ;
– s'agissant des boutiques qui se sont installées boulevard Raspail, ce sont des commerces de prêt-à-porter de luxe qui attirent une clientèle à fort pouvoir d'achat dont la boutique Roche-Bobois ne tire pas nécessairement profit.

CA Paris 2-2-2001 n° 99-9810, 16e ch. B : Administrer juin 2001 p. 22 note B. Boccara et D. Lipman-Boccara.

La considérable augmentation des places de parking ouvertes au public et l'accroissement sensible des enseignes de notoriété sont sans incidence notable pour la commercialité d'un restaurant qui, bien que se trouvant à l'intérieur du triangle formé par l'avenue des Champs-Élysées, l'avenue George-V et l'avenue Montaigne, était néanmoins situé dans la rue Boccador, voie secondaire composée essentiellement d'habitations bourgeoises et de bureaux dont la commercialité est inférieure aux artères environnantes et fréquentée par une clientèle de quartier et non par la clientèle extérieure attirée par les établissements prestigieux du « triangle d'or ».

CA Paris 16-1-2008 n° 06-20739, 16e ch. A : Juris-Data n° 2008-3532003.

L'arrivée, dans le secteur, de prestigieuses enseignes notoires de luxe dédiées au prêt-à-porter et à l'équipement de la personne n'exercent aucune influence favorable sur un commerce dont l'activité s'apparente à un « bazar » proposant à la vente divers articles de cadeau et décoration à bas prix, avec un ticket moyen d'achat de 30 € environ.

CA Paris 3-6-2016 n° 14/08396 : RJDA 11/16 n° 768.

L'émergence d'une nouvelle population aux revenus plus élevés et l'installation d'enseignes nationales et internationales relatives à l'équipement de la personne ainsi que l'ouverture de nombreux bars restaurants ont certes modifié la physionomie du secteur du Faubourg Saint-Antoine mais n'ont pas eu d'influence réelle sur un commerce de fabrication et de vente de mobilier traditionnel, essentiellement de type anglais.

TGI Paris 18-1-2016 n° 13/18266 : Administrer mars 2016 p. 41 note M.-L.S.

Si les revenus imposables des foyers fiscaux imposés de Montrouge ont augmenté, il n'est pas établi que cela a entraîné une augmentation corrélative de la part des revenus consacrée à l'alimentation des ménages, l'évolution constante à la baisse du chiffre d'affaires du commerce de surgelés démontrant que cette augmentation du pouvoir d'achat n'a eu aucune influence positive sur ce commerce. S'agissant de l'ouverture de la station de métro « mairie de Montrouge », il n'est pas établi qu'elle ait un intérêt pour le commerce considéré, dès lors que la clientèle des magasins de produits surgelés ne peut, au regard des contraintes de la chaîne du froid, se recruter parmi les usagers du métropolitain ; il s'agit au contraire d'une clientèle résidant à proximité immédiate du commerce considéré.

CA Versailles 15-1-2019 n° 18/00595 : RJDA 5/19 n° 320.

La légère augmentation de la population pendant la durée du bail (+ 4,59 %), avec une proportion de cadres et de professions intellectuelles plus importante, est sans incidence sur le commerce de laverie automatique et pressing exploité par le locataire. En effet, cette catégorie de population n'a que rarement recours au service de laverie automatique, disposant du matériel électroménager adéquat à domicile et ne recourant qu'au service de pressing. Quant à l'augmentation de la fréquentation de la station de métro, cette station est trop éloignée du local considéré (961 mètres) pour apporter un flux supplémentaire au commerce, puisque la zone de chalandise peut être fixée à 400 mètres.

CA Versailles 27-2-2020 n° 18/08534 : RJDA 7/20 n° 360.

RESTRICTION JURISPRUDENTIELLE À LA NOTION DE COMMERCE CONSIDÉRÉ

Sous prétexte d'objectiver la notion de commerce considéré, un certain courant jurisprudentiel refuse de prendre en considération les caractéristiques propres au fonds de commerce exploité par le locataire et notamment les **modalités particulières d'exploitation.** **85225**

La cour d'appel de Paris a ainsi estimé que la circonstance que la crèche, exploitée par l'association locataire, avait vocation à accueillir des enfants de familles juives et ne bénéficiait pas d'une évolution favorable de la population du 18e arrondissement, un seul enfant inscrit étant domicilié dans cet arrondissement, constituait une utilisation spécifique des lieux loués qui ne pouvait être opposée au bailleur, la preuve n'étant pas rapportée qu'il connaissait le mode particulier de gestion de la crèche. Le déplafonnement du loyer a dès lors été admis (CA Paris 29-11-2000 n° 99-14418, 16e ch. A : Administrer mars 2001 p. 27 note B. Boccara).

Dans un autre arrêt, la cour d'appel de Paris a, de même, fait abstraction de la clientèle spécifique d'un tapissier constituée principalement de professionnels (antiquaires et décorateurs), au motif qu'il appartenait au locataire d'exploiter la clientèle locale potentielle générée par les nouvelles constructions du quartier et a retenu le déplafonnement du loyer (CA Paris 17-5-2002 n° 00-23030, 16e ch. B : Administrer novembre 2002 p. 23 note B. Boccara et D. Lipman-Boccara).

Ce **courant** jurisprudentiel paraît **critiquable,** dans la mesure où il aboutit à une immixtion du juge dans la gestion de l'entreprise, voire à une stigmatisation du locataire qui n'a pas su profiter de la clientèle nouvelle générée par la modification de la commercialité. **85230**

Il n'appartient pas aux juridictions de dicter aux commerçants, qui investissent et prennent les risques, leurs choix économiques, lesquels sont soumis à la loi du marché. Le commerce considéré qui est une notion à la fois juridique et économique ne peut faire abstraction de la réalité du fonds de commerce créé par le locataire et de la clientèle spécifique qui lui est attachée. C'est au demeurant le sens de la jurisprudence dominante.

D. Un nouveau critère : l'incidence favorable de la modification sur le commerce considéré

Conçu initialement comme une mesure de protection du locataire, le plafonnement était devenu, depuis la fin des années 90, de plus en plus, une méthode de fixation du loyer dans un environnement contractuel et économique stable. Que cet environnement évolue, et le loyer devait être réévalué selon la valeur locative, que ce changement soit favorable ou non au locataire. Seul importait le constat objectif du changement (A. Fossaert-Sabatier, Le prix du bail renouvelé, encadrement ou liberté : Rapport de la Cour de cassation 1999 p. 157). **85300**

ILLUSTRATIONS

La Cour de cassation a censuré une cour d'appel qui a retenu la règle du plafonnement alors que la baisse de la population constatée constituait, s'agissant d'un commerce de proximité (pharmacie), une modification notable d'un facteur local de commercialité (Cass. 3e civ. 13-7-1999 n° 97-18.295 PB : RJDA 10/99 n° 1053).

S'inscrivant dans un contexte économique différent, marqué par la crise et annoncé par un précédent arrêt du 9 juillet 2008 à propos des travaux réalisés par le bailleur (n° 83400), la Cour de cassation a opéré un **revirement de jurisprudence.** Elle considère désormais qu'une modification notable des facteurs locaux de commercialité ne peut constituer un motif de déplafonnement du nouveau loyer qu'autant qu'elle est de nature à avoir une incidence favorable sur l'activité commerciale exercée par le locataire (Cass. 3e civ. 14-9-2011 n° 10-30-825 FS-PBR : RJDA 1/12 n° 16 ; Cass. 3e civ. 17-1-2012 n° 11-12.090 F-D : AJDI 2012 p. 199 obs. S. Porcheron).

85300 (suite) Ce revirement de jurisprudence illustre la grande plasticité du statut des baux commerciaux. La notion d'intérêt pour le commerce considéré, à raison de son acception large, autorise en effet les deux lectures opposées, faites successivement par la Cour de cassation. L'« intérêt » peut s'analyser tant objectivement comme simple lien de causalité que subjectivement comme avantage, impact favorable. Cette dernière lecture doit être approuvée car elle réconcilie le droit et l'économie : il était assez paradoxal d'autoriser l'ajustement à la hausse du loyer à la valeur locative, au moment même où la commercialité du secteur se dégrade et que les marges des locataires se réduisent.

Mais le principal intérêt de cette nouvelle jurisprudence réside dans le pouvoir reconnu aux juridictions du fond, dans la lignée de la jurisprudence qui s'est développée sur la notion de commerce considéré, de prendre en considération la particularité du fonds de commerce et la réalité de l'impact de la modification de la commercialité sur l'activité effectivement exploitée par le locataire.

ILLUSTRATIONS

L'accroissement de la population, la création d'un parking, les aménagements dans le cimetière et le développement des activités culturelles n'ont pas eu d'incidence positive sur le commerce de **pompes funèbres** exploité par le locataire, d'autant qu'il existe une circonstance défavorable tenant à la création de deux entreprises concurrentes.

CA Lyon 17-1-2013 n° 11/073333, 1e ch. A : Juris-Data n° 2013-000671.

La mise en voie piétonne de la rue dans laquelle est situé un commerce de **poissonnerie,** intervenue cinq mois seulement avant la date du renouvellement du bail, n'est pas de nature à avoir eu une influence favorable sur l'activité exercée au cours du bail expiré, l'incidence sur l'activité pendant cette période n'ayant pu être que très faible.

CA Versailles 4-7-2017 n° 16/04885 : RJDA 12/17 n° 792.

L'amélioration de la desserte des locaux loués par la création d'une ligne de tramway et d'une piste cyclable à double sens, l'aménagement des parkings par le bailleur, la création de logements collectifs et d'un bâtiment à usage de bureaux à proximité des locaux ont modifié notablement les facteurs locaux de commercialité mais ces modifications, même prises globalement, n'ont pas eu une incidence favorable sur le commerce de **vente de vêtements et accessoires en cuir** du locataire :

– celui-ci n'exploite pas un commerce de proximité mais sa clientèle est régionale et se déplace pour son activité spécifique qui propose des produits dont les prix oscillent entre 350 et 1 500 € ;
– il n'est pas démontré qu'une clientèle venant de la métropole proche utiliserait le tramway ou le vélo pour faire ses courses dans la zone, et plus spécifiquement dans le commerce du locataire ;
– l'aménagement du parking du local par le bailleur n'est pas de nature à attirer une clientèle supplémentaire dans le commerce, dès lors qu'un parking suffisant existait dès l'origine ;
– s'agissant de la construction de nouveaux logements à proximité du commerce, 10 sont en accession et 11 sont des logements sociaux, et il n'est pas établi que cette clientèle serait attirée par le commerce de vêtements de cuir nécessitant un certain pouvoir d'achat.

CA Bordeaux 17-3-2022 n° 19/03562 : RJDA 8-9/22 n° 462.

VENTE DES LOCAUX LOUÉS

SOMMAIRE

SECTION 1 — DROIT DE PRÉFÉRENCE DU LOCATAIRE COMMERCIAL

DROIT DE PRÉFÉRENCE LÉGAL

86000 En cas de mise en vente des locaux loués, le locataire bénéficie d'un droit de préférence (ou de préemption) pour se porter acquéreur (C. com. art. L 145-46-1).

Ce droit de préférence, instauré par la loi 2014-626 du 18 juin 2014, s'applique à toute vente intervenue depuis le 18 décembre 2014 (Loi 2014-626 art. 21, III ; CA Paris 16-1-2019 n° 16/14143, pôle 5-3).

CONSEIL

Le propriétaire ou le professionnel qui l'assiste doit veiller à purger le droit de préférence même si le bail est antérieur au 18 décembre 2014 et même si aucune disposition contractuelle n'y fait référence, l'élément déclencheur du droit de préférence étant la date de la vente des locaux et non la date du bail.

86005 L'article L 145-46-1 du Code de commerce est une disposition d'**ordre public** (Cass. 3e civ. 28-6-2018 n° 17-14.605 FS-PBI : RJDA 10/18 n° 710 ; Cass. 3e civ. 30-11-2023 n° 22-17.505 FS-B : RJDA 2/24 n° 80). En conséquence, les parties ne peuvent pas en écarter l'application, toute clause contraire devant être réputée non écrite.

> **Précisions** La question de savoir si les clauses du bail peuvent **aménager le droit de préférence** n'est pas tranchée. Dans le cadre des articles L 145-15, L 145-16 et L 145-45 du Code de commerce listant les dispositions du statut qui sont impératives, la liberté contractuelle des parties n'est pas totalement absente puisqu'elles peuvent conférer plus de droits au bénéficiaire de la protection que ne le prévoit le statut. Par exemple, la durée du bail peut être supérieure à neuf ans (nos 30120 s.) ou une clause résolutoire peut prévoir un délai de mise en œuvre supérieur à un mois (n° 72742). En conséquence, il nous paraît possible, par exemple, de prévoir des stipulations augmentant les délais légaux prévus par l'article L 145-46-1 du Code de commerce au bénéfice du locataire.

DROIT DE PRÉFÉRENCE CONVENTIONNEL

86015 Certains baux, notamment ceux antérieurs à l'instauration du droit de préférence légal (n° 86000), contiennent un pacte de préférence (régi depuis le 1er octobre 2016 par l'art. 1123, al. 1 du Code civil), parfois appelé « droit de préemption », par lequel le bailleur s'engage, en cas de vente des locaux loués, à donner la préférence au locataire.

La **coexistence** d'un **droit de préférence légal et** d'un droit de préférence **conventionnel** peut poser des difficultés de mise en œuvre surtout quand les délais et modalités d'exercice de ces droits diffèrent.

Par ailleurs, des difficultés peuvent se présenter lorsque la **vente** a un **objet plus important que l'objet du pacte.** La solution dépend alors des termes de ce dernier et de la commune intention des parties souverainement appréciée par les juges du fond. Ainsi, dans un cas où le bail prévoyait un pacte de préférence « en cas de vente des locaux présentement loués », il a été jugé que le vendeur avait manqué à son obligation contractuelle en vendant l'immeuble entier sans l'offrir au bénéficiaire dès lors que le pacte ne distinguait pas l'hypothèse de la vente de la totalité de l'immeuble de celle de la vente des seuls locaux loués (Cass. 3e civ. 6-6-2012 n° 11-12.893 FS-D : RJDA 11/12 n° 944). À l'inverse, il a été jugé que l'existence d'un pacte portant sur une partie d'un bien ne pouvait pas faire obstacle à la vente de la totalité du bien en un seul bloc, le pacte de préférence ne pouvant être invoqué ni pour obtenir la préférence sur l'ensemble ni pour obtenir la préférence sur l'objet du pacte après division et ventilation du prix (CA Versailles 3e ch. 16-12-2005 n° 05-1199 : RJDA 10/06 n° 1002). Jugé également que le droit de préférence conféré au locataire sur les locaux loués par une clause du bail ne saurait imposer au propriétaire de diviser son bien en vue de le céder à des personnes distinctes (Cass. 3e civ. 9-4-2014 n° 13-13.949 : RJDA 8-9/14 n° 690).

CONSEIL

En pratique, pour éviter toute incertitude, il est utile de préciser dans le pacte de préférence s'il jouera, et de quelle manière, lorsque la vente porte sur un bien ne correspondant pas strictement à celui objet du pacte.

La rédaction du pacte peut également avoir une incidence sur le **prix auquel va s'exercer la préférence.** Ainsi, lorsque le pacte met en place un mécanisme de substitution du locataire dans les droits de l'acquéreur évincé plutôt qu'un droit prioritaire comme le prévoit l'article L 145-46-1 du Code de commerce, le locataire est tenu de payer la totalité du prix convenu avec cet acquéreur, y compris la **commission de l'agent** immobilier (Cass. 3e civ. 28-9-2022 n° 21-18.007 F-D : RJDA 1/23 n° 12, en l'espèce le droit de préférence conventionnel imposait au bailleur d'indiquer au locataire, avant de réaliser la vente, l'identité de l'acquéreur potentiel, le prix offert par celui-ci et les conditions générales et particulières de la vente projetée). Sur l'impossibilité de faire supporter au locataire les honoraires de l'agent immobilier en cas de droit de préférence légal, voir n° 86270.

> **Précisions** Le locataire, bénéficiaire d'un pacte de préférence, peut toujours y renoncer. La Cour de cassation a posé en principe que cette **renonciation** pouvait être tacite pourvu qu'elle soit certaine et non équivoque (Cass. 3e civ. 3-11-2011 n° 10-20.297 FS-PB : RJDA 2/12 n° 139). Tel est le cas lorsque le locataire, informé de la vente et invité à faire une offre, a payé les loyers au nouveau propriétaire pendant deux ans sans se prévaloir du pacte (Cass. 3e civ. 2-2-2022 n° 21-10.527 F-D : RJDA 6/22 n° 326). En revanche, la simple connaissance postérieure à l'acte de vente du changement d'identité du bailleur ne vaut pas renonciation (Cass. 3e civ. 14-12-2011 n° 10-18.105 FS-D : RJDA 4/12 n° 386).
> Afin d'éviter toute incertitude, il est donc utile de formaliser la renonciation de façon que celle-ci soit certaine et que la preuve puisse en être apportée par le promettant en cas de contestation. Si l'intention de renoncer du bénéficiaire n'est pas caractérisée, le pacte continue à produire ses effets.

A. Champ d'application du droit de préférence légal

1. VENTE DES LOCAUX LOUÉS

Le locataire commercial bénéficie d'un droit de préférence lorsque le propriétaire « envisage de vendre » le local (C. com. art. L 145-46-1). Sont visées les seules **ventes volontaires,** dont le prix et les conditions sont fixés par le propriétaire. 86030

Cela exclut non seulement tous les actes à titre gratuit, tels que les donations, les legs ou les prêts à usage, mais aussi toutes les aliénations à titre onéreux qui ne constituent pas stricto sensu une vente : apport, échange, dation en paiement. Ainsi, jugé que l'opération par laquelle une société bailleresse réduit son capital social par rachat puis annulation d'actions d'associés retrayants, associés auxquels ont été attribués en contrepartie des immeubles loués appartenant à la société ne s'analyse pas en une vente soumise à l'article L 145-46-1 mais en une opération comportant dation en paiement d'un immeuble en tant que modalité de paiement de la valeur des actions (CA Paris 18-1-2024 n° 21/15175). En cas de cession de l'intégralité des parts de la société bailleresse, aucune vente du local n'intervient ouvrant droit au droit de préférence (CA Paris 24-10-2018 n° 18/07660, pôle 1-3).

Le droit de préférence du locataire est exclu en cas de **ventes faites d'autorité de justice** (Cass. 3e civ. 30-11-2023 n° 22-17.505 FS-B : RJDA 2/24 n° 80) : vente sur adjudication consécutive à une saisie immobilière (Cass. 3e civ. 30-11-2023, précité ; CA Bastia 20-1-2016 n° 15/00833), vente judiciaire intervenant dans le cadre de la liquidation amiable de la société propriétaire (Cass. 3e civ. 17-5-2018 n° 17-16.113 FS-PBI : RJDA 7/18 n° 562) ou vente de gré à gré dans le cadre de la liquidation judiciaire de la société propriétaire (Cass. com. 23-3-2022 n° 20-19.174 F-B : RJDA 6/22 n° 353 ; Cass. com. 8-2-2023 n° 21-23.211 FD ; Cass. 3e civ. 15-2-2023 n° 21-16.475 FS-B : RJDA 6/23 n° 328), car ces ventes ne constituent pas des actes volontaires du propriétaire. En outre, ces mécanismes, dans lesquels le propriétaire ne fixe pas le prix de vente, sont inconciliables avec l'obligation faite à ce dernier de notifier au locataire les prix et les conditions de la vente envisagée (C. com. art. L 145-46-1, al. 1). 86035

Le rejet d'un amendement déposé en vue de faire entrer la **cession démembrée d'un local commercial** dans le champ d'application du droit de préemption conduit à considérer que le législateur a entendu exclure ce droit dans cette hypothèse (CA Rennes 10-9-2024 n° 22/07317 : RJDA 2/25 n° 69). 86040

Une telle volonté de restriction est applicable, selon la cour d'appel de Rennes, aux **cessions indivises** d'un local commercial, y compris au risque qu'elles soient utilisées pour contourner les dispositions du texte instaurant un droit de préemption (CA Rennes 10-9-2024, précité). Seule la vente portant sur l'entier local commercial, réalisée par tous les indivisaires, nous semble soumise au droit de préemption, l'article L 145-46-1 du Code de commerce visant en effet la vente d'« un local » par son propriétaire.

2. VENTE DE LOCAUX À USAGE COMMERCIAL OU ARTISANAL

L'article L 145-46-1, al. 1 du Code de commerce vise les locaux à usage commercial ou artisanal. L'**usage à retenir** est celui figurant dans la destination contractuelle, sans qu'il y ait lieu de s'attacher à l'activité réellement exercée dans les lieux loués. En effet, il résulte d'une jurisprudence constante que la destination des lieux se caractérise par l'affectation contractuelle que les parties ont donnée aux lieux loués (notamment, Cass. 3e civ. 2-7-1969 : Bull. civ. III n° 535 ; Cass. 3e civ. 13-6-1973 : Bull. civ. III n° 407 ; Cass. 3e civ. 11-6-1976 : Bull. civ. III n° 255 ; Cass. 3e civ. 6-12-1995 n° 2221 D : RJDA 2/96 n° 190 ; Cass. 3e civ. 17-7-1997 n° 1248 D) et non par l'usage que le locataire a pu en faire (Cass. 3e civ. 29-4-1997 n° 95-15.925 ; Cass. 3e civ. 5-6-1973 : Bull. civ. III n° 400). 86070

Le **projet de loi de simplification de la vie économique,** adopté en première lecture par le Sénat le 22 octobre 2024, prévoit de définir la notion de local commercial au sens de l'article L 145-46-1 comme tout local aménagé, à titre principal, pour l'accueil physique d'une clientèle en vue de la vente sur place de biens ou de la réalisation sur place de prestations de services (Texte Sén. n° 8 art. 24 A). Un local à usage artisanal s'entendrait de tout local aménagé à titre principal pour des activités de production, de transformation, de réparation ainsi que pour la vente des biens et services résultant de ces activités et au sein duquel est reçue à titre habituel la clientèle (même art.).

Le droit de préférence s'applique au locataire de locaux qui y exploite une **résidence de tourisme, hôtelière, étudiante ou de retraite,** donc pour un usage final d'habitation, dès lors qu'il fournit des prestations de services aux sous-locataires (n° 39210). 86075

Sur la faculté pour l'exploitant d'une résidence de tourisme en zone de montagne de céder à titre gratuit son droit de préférence légal, voir n° 39210.

86080 Les locaux à **usage industriel** sont exclus du champ d'application du droit de préférence (Cass. 3e civ. 29-6-2023 n° 22-16.034 FS-B : RJDA 1/24 n° 12). Cette solution était attendue puisque lors des débats parlementaires, deux amendements avaient expressément exclu les locaux industriels (voir en ce sens CA Orléans 10-3-2022 n° 20/01235, analysé ci-dessous). En outre, l'exclusion ressort de la lettre même de la loi : alors que le statut des baux commerciaux (C. com. art. L 145-1) s'applique aux locaux dans lesquels est exploité un fond commercial, artisanal ou industriel, l'article L 145-46-1 ne vise que le « local à usage commercial ou artisanal ».

En l'absence de définition légale, la Cour de cassation a récemment défini la notion de local à usage industriel, par référence aux critères dégagés par le Conseil d'État en matière fiscale, comme tout local principalement affecté à l'exercice d'une activité qui concourt directement à la fabrication ou la transformation de biens corporels mobiliers et pour laquelle le rôle des installations techniques, matériels et outillages mis en œuvre est prépondérant (Cass. 3e civ. 29-6-2023 n° 22-16.034, précité). Pour être à usage industriel, il suffit donc que les locaux loués soient principalement affectés à une activité industrielle, le caractère mixte de l'activité du locataire ne suffisant pas à le faire bénéficier du droit de préemption.

ILLUSTRATIONS

L'article L 145-46-1 du Code de commerce, qui prévoit un droit de préférence au profit du locataire lorsque le bailleur envisage de vendre son bien, comporte une condition tenant à son domaine d'application : le bailleur doit être « propriétaire d'un local à usage commercial ou artisanal ».
L'article L 145-1 prévoit expressément que le statut des baux commerciaux s'applique non seulement à un commerçant ou à un artisan mais aussi à un **industriel** ; il convient donc de rechercher pourquoi le législateur a expressément prévu que l'article L 145-1 s'applique en cas de « local à usage commercial ou artisanal », sans ajouter les termes « ou industriel », ou même sans se borner à indiquer que ce texte s'applique aux lieux loués, sans précision de leur usage commercial ou artisanal.
Pour répondre à cette question, il convient de se référer au compte-rendu des **travaux parlementaires** relatifs à la loi 2014-626 du 18 juin 2014. Il ressort de ces pièces qu'initialement le projet de loi prévoyait, sans autre précision, que le bailleur qui envisage de vendre les locaux loués doit en informer le locataire, et que c'est à la suite d'un amendement du rapporteur de la Commission des affaires économiques de l'Assemblée nationale que les termes « local à usage commercial ou artisanal » ont été ajoutés, le rapporteur indiquant expressément que l'amendement visait pour partie à « exclure les locaux industriels qui n'ont pas vocation à entrer dans le champ du droit de préférence ».
Compte tenu de la lettre de l'article L 145-1 précité, il appartient donc au locataire qui se prévaut d'un droit de préférence d'établir qu'il est bien locataire d'un local à « usage commercial ou artisanal » au sens de ce texte, faute de quoi il ne se verra reconnaître aucun droit de préférence lors de la vente.
En l'espèce, le locataire ne bénéficiait d'aucun droit de préférence car les lieux loués étaient destinés exclusivement à l'usage suivant : « **entreprise générale de bâtiment et travaux publics et fabrication d'agglomérés** ». En effet, même si les notions d'usage commercial et d'usage industriel ne sont pas définies par le Code de commerce, ces termes contenus dans le bail ne renvoient pas à un usage commercial mais bien à un usage « industriel » qui désigne, selon le dictionnaire Larousse, les locaux affectés à « la production de biens matériels par la transformation et la mise en œuvre de matières premières ». L'existence d'une activité de négoce, d'ailleurs minoritaire, ne suffisait pas à conférer au local la qualification de local à usage commercial.
CA Orléans 10-3-2022 n° 20/01235 : RJDA 8-9/22 n° 464.

86085 Une incertitude demeure quant aux **bureaux.** Le droit de préemption constituant une atteinte au droit de propriété du bailleur, il est d'interprétation stricte, de sorte que les locaux à usage de bureaux ne devraient pas être concernés. Il a toutefois été jugé que des locaux à usage de bureaux sont soumis au droit de préférence s'ils permettent l'exercice d'une activité commerciale (CA Aix-en-Provence 20-11-2018 n° 17/04435, 1e ch. et CA Paris 1-12-2021 n° 20/00194, analysés ci-dessous). Cette incertitude devrait inciter le propriétaire à purger par « prudence » lorsqu'il n'a pas trouvé d'acquéreur et qu'il lui est indifférent que le locataire se porte acquéreur. En revanche, dans l'hypothèse où une promesse de vente a été consentie à un tiers, faire une offre de vente au locataire de locaux à usage de bureaux va faire naître à son profit un droit de préférence. Si le locataire préempte alors qu'il ne bénéficiait pas légalement d'un tel droit, l'acquéreur pressenti va pouvoir demander l'annulation de la vente (voir n° 86292).

ILLUSTRATIONS

86085 (suite)

Une promesse de vente, portant sur un bien loué en vertu d'un bail commercial à une **société d'expertise comptable,** avait été consentie par un bailleur au profit d'un tiers. Le notaire chargé de la vente avait ensuite notifié au locataire la volonté du propriétaire de vendre les locaux tout en interrogeant le Cridon qui lui avait répondu que la notion de « local à usage commercial » ne recouvre pas les locaux loués pour l'exercice d'une activité libérale et qu'il convenait d'informer le locataire que son acceptation d'une offre de vente notifiée par erreur ne pouvait pas produire effet. Informé par le notaire de l'avis du Cridon, le locataire, souhaitant se porter acquéreur, lui avait fait interdiction de procéder à la vente au profit d'un tiers, tandis que le bénéficiaire de la promesse avait réitéré son intention d'acquérir. La vente avait été finalement réalisée au profit du locataire et le bénéficiaire de la promesse avait agi en responsabilité civile contre le notaire, lui reprochant d'avoir appliqué l'article L 145-46-1 du Code de commerce et invoquant la perte de chance d'avoir pu effectuer un investissement.

Jugé qu'il ressort des **débats parlementaires** que la notion de « local à usage commercial ou artisanal » est limitée aux commerces et aux locaux où sont exercées des activités commerciales, de sorte que les locataires qui bénéficient du statut des baux commerciaux sans pour autant exercer une activité ayant un caractère commercial ou artisanal (comme par exemple, un établissement d'enseignement) sont privés du bénéfice de l'article L 145-46-1. Le Sénat avait rejeté un amendement visant à étendre ces dispositions aux **bureaux,** l'objectif poursuivi par la loi étant de favoriser le commerce et l'artisanat et que le droit de préemption, qui porte atteinte au droit de propriété et au droit de vendre à la personne de son choix, ne vise ainsi pas les bureaux dans lesquels s'exerce une activité tertiaire.

Mais en l'espèce, le notaire soutenait justement qu'aucune jurisprudence ne permettait de considérer avec certitude que la société locataire n'aurait pas pu bénéficier du droit de préemption ouvert par l'article L 145-46-1 du Code de commerce dès lors que :

– le bail des locaux en cause était un bail commercial, et non professionnel, mentionnant, sur la **destination des lieux,** que « les biens immobiliers doivent être utilisés pour l'exercice d'une activité commerciale », même s'il est ajouté plus loin « à usage de bureaux » ;

– le bail a été consenti à une **société commerciale inscrite au registre du commerce** et des sociétés et, si l'expertise comptable est une **activité libérale,** la loi du 23 juillet 2010 a offert aux experts-comptables la faculté d'accomplir des **actes de commerce.**

Aussi, la responsabilité du notaire a-t-elle été écartée pour avoir par prudence purgé le droit de préférence du locataire, en considérant que le locataire était susceptible d'avoir une activité de nature commerciale, les juges du fond relevant qu'il ne pouvait en aller autrement dans la mesure où, faute de notification, un acte de vente au profit d'un tiers encourait la nullité.

CA Aix-en-Provence 20-11-2018 n° 17/04435, 1e ch.

Un bailleur de locaux loués en vertu d'un bail commercial à une société **administrateur de biens** avait consenti une promesse de vente au profit d'un tiers. La société locataire, usant du droit de préemption de l'article L 145-46-1 du Code de commerce, avait acheté les locaux, puis un mois après, elle les avait revendus à une société de gestion. Le bénéficiaire de la promesse avait assigné le vendeur, la société locataire et le tiers acquéreur pour obtenir l'annulation des ventes successives, la régularisation de la vente du bien à son profit et l'indemnisation de son préjudice.

Les locaux à usage de **bureaux** ne sont ni inclus ni exclus expressément du champ d'application de l'article L 145-1 et il est inopérant pour le demandeur de se prévaloir du rejet d'un amendement n° 148 visant à étendre ces dispositions aux locaux à usage de bureau dès lors que ce dernier ne visait à inclure dans le champ d'application du texte que les bureaux de professionnels non commerçants pratiquant une activité libérale.

Tel n'est pas le cas en l'espèce, le litige portant sur les locaux donnés à bail à une **société inscrite au registre du commerce** et des sociétés, locataire en vertu d'un bail commercial soumis aux dispositions des articles L 145-1 et suivants du Code de commerce. Il résulte de la **clause de destination** du bail que les locaux sont destinés à l'usage exclusif de bureaux, pour l'activité d'administrateur de biens, syndic de copropriété, location, transaction. Cette activité est une **activité commerciale** par application de l'article L 110-1 du Code de commerce. Par suite, les locaux loués étaient affectés à un usage commercial et le locataire bénéficiait d'un droit de préemption lors de leur vente.

CA Paris 1-12-2021 n° 20/00194 : RJDA 5/22 n° 253.

Un bail commercial consenti à une **société de HLM** contenait la clause de destination suivante : « Le preneur déclare qu'il utilisera l'ensemble des locaux, objet du présent bail à usage de bureaux. Les locaux pourront servir ni au dépôt ni à la livraison de marchandises. Les locaux ne pourront être utilisés pour la domiciliation des sièges sociaux sauf autorisation expresse du bailleur » ; en outre, le bail stipulait que, par dérogation aux dispositions de l'article L 145-46-1 du Code de commerce, le preneur renonçait à son droit de préemption en cas de vente.

Le bailleur avait consenti une promesse de vente au profit d'un tiers. Le notaire avait purgé le droit de préemption de la société locataire qui s'était portée acquéreur.

Le tiers conteste en vain le droit de préemption de la société locataire dès lors que contrairement à ce qu'il soutient, la destination contractuelle des locaux loués à usage exclusif de bureaux n'est pas de nature à exclure l'application de l'article L 145-1, lequel s'applique aux locaux à usage commercial et artisanal.
La Cour de cassation définit négativement les locaux à usage de bureaux comme étant les locaux dans lesquels la clientèle peut être reçue mais dans lesquels il ne doit pas y avoir de dépôt ou livraison de marchandises (Cass. 3e civ. 6-4-1976 n° 74-13.770).
S'il est admis que les bureaux à usage professionnel doivent être exclus du droit de préemption, en revanche, les **bureaux abritant une activité commerciale** sont considérés comme des locaux à usage commercial tels que visés par l'article L 145-1 précité.
Or, s'il est vrai qu'une partie de l'activité de la société locataire est de nature civile à vocation sociale, il résulte de ses statuts que d'autres **activités entrant dans son objet social constituent des actes de commerce par nature** telle que la prestation de service en matière de gestion immobilière (gestion pour le compte d'autrui, maîtrise d'ouvrage déléguée) ou d'aménagement. Outre son activité locative, elle peut réaliser, acquérir et améliorer des logements en vue de leur vente à des personnes physiques à titre de résidences principales ou encore souscrire des parts d'une société civile immobilière, sous certaines conditions. La seule **activité d'administration de biens pour le compte d'autrui** (autres organismes, collectivités, associations, société d'économie mixte...) exercée à partir des bureaux loués suffit à leur conférer un usage commercial dès lors que cette activité est commerciale par nature en application des dispositions de l'article L 110-1 du Code du commerce. Il est également observé que la société locataire dispose d'une **enseigne** installée sur la façade du bâtiment et qu'elle **reçoit du public** dans les locaux loués ce qui accrédite l'accomplissement d'actes de commerce au sein de ces locaux. Le fait que ces activités s'exercent dans un cadre réglementé à destination d'un public spécifique n'exclut pas que ce public soit constitutif d'une clientèle et que cette activité soit dénuée de tout caractère lucratif.
Ainsi, nonobstant la destination contractuelle des lieux loués, compte tenu de l'activité commerciale exercée par la locataire au sein des bureaux qu'elle occupe, le statut des baux commerciaux était applicable de plein droit et, dès lors, les parties ne pouvaient insérer dans le bail une clause de renonciation expresse anticipée du locataire à son droit de préemption.
Les dispositions du bail commercial portant renonciation anticipée du preneur à son droit de préemption n'étant pas licites, c'est à bon droit que le notaire, afin d'éviter tout risque de nullité, a purgé le droit de préemption de la société locataire en lui notifiant la vente, comme il avait d'ailleurs reçu mandat de le faire aux termes de la clause intitulée « droit de préemption » figurant au compromis de vente, lui imposant de notifier la vente à tous les titulaires d'un droit de préemption.
CA Rennes 11-1-2022 n° 20/01661.

3. BAIL COMMERCIAL EN COURS

86110 Le local vendu doit être l'objet d'un bail soumis au **statut des baux commerciaux.**

Ne sont pas soumises au droit de préférence les ventes de locaux objets d'un **bail dérogatoire** (baux dont la durée totale ou la durée des baux successifs n'excède pas trois ans) ou d'une **convention d'occupation précaire** (caractérisée, quelle que soit sa durée, par le fait que l'occupation n'est autorisée qu'en raison de circonstances particulières indépendantes de la seule volonté des parties) : les dispositions du Code de commerce relatives aux baux commerciaux, dont relève l'article L 145-46-1, sont expressément écartées pour ces deux types de baux (C. com. art. L 145-5, al. 1 et L 145-5-1).

L'usage commercial ou artisanal requis du local soumis au droit de préférence (nos 86070 s.) devrait conduire à exclure du champ d'application les ventes de locaux à usage exclusivement professionnel pour lesquels les parties ont écarté l'application des règles spécifiques aux locaux de cette nature (Loi 86-1290 du 23-12-1986 art. 57 A) pour les **soumettre conventionnellement au statut** des baux commerciaux, comme le permet l'article L 145-2, I-7° du Code de commerce.

86115 Lorsque le bailleur envisage de vendre son local **après la fin du bail,** en particulier après avoir donné congé avec refus de renouvellement au locataire, il semble que l'article L 145-46-1 ne soit pas applicable.

C'est en ce sens que s'est prononcée la cour d'appel de Paris, saisie d'une demande d'annulation d'une vente intervenue après que le bail a pris fin par l'effet d'un congé portant refus du renouvellement avec offre d'indemnité d'éviction : elle a estimé que le locataire avait certes droit au maintien dans les lieux jusqu'au paiement de l'indemnité d'éviction aux clauses et conditions du bail expiré, mais que le droit de préemption dont il se prévalait n'était pas prévu contractuellement et qu'il n'avait plus la qualité d'un locataire titulaire d'un bail en cours mais celle d'un locataire évincé. Dans ces conditions, le bail ayant pris fin avant la réalisation de la vente, le locataire ne pouvait pas se prévaloir du bénéfice du droit de préemption (CA Paris 28-3-2018 n° 16/13272 : RJDA 10/18 n° 706 ; CA Paris 25-1-2024 n° 21/15897).

Cette solution est partagée par le ministre de l'économie et des finances qui a également précisé que l'expiration du bail à la suite d'un congé régulièrement délivré au locataire fait obstacle au droit de préemption, même si le locataire se maintient dans les lieux, sauf à ce que ce droit ait été contractuellement prévu ; le bail ayant pris fin, le locataire évincé ne bénéficie plus d'aucun droit tiré du statut des baux commerciaux (Rép. Le grip : AN 13-11-2018 n° 9737 : BRDA 24/18 inf. 19).

4. EXCEPTIONS AU DROIT DE PRÉFÉRENCE LÉGAL

L'article L 145-46-1 du Code de commerce ne s'applique pas dans les **cas suivants** (C. com. art. L 145-46-1, al. 6) : **86150**

- cession unique de plusieurs locaux d'un ensemble commercial ;
- cession unique de locaux commerciaux distincts ;
- cession d'un local commercial au copropriétaire d'un ensemble commercial ;
- cession globale d'un immeuble comprenant des locaux commerciaux ;
- cession d'un local au conjoint du bailleur, ou à un ascendant ou un descendant du bailleur ou de son conjoint.

ATTENTION

Le propriétaire qui vend trois immeubles distincts, deux à usage d'habitation et l'un comprenant uniquement un local commercial, doit purger le droit de préférence au profit du locataire de cet immeuble (CA Amiens 2-6-2020 1e ch. civ. n° 18/03859).

Depuis le 23 février 2022, date d'entrée en vigueur de la loi 2022-217 du 21 février 2022 relative à la différenciation, la décentralisation, la déconcentration et portant diverses mesures de simplification de l'action publique locale (« Loi 3DS »), le droit de préférence du locataire est également exclu lorsque les locaux font l'objet de préemption par une collectivité territoriale sur le fondement du droit de préemption urbain (DPU), en zone d'aménagement différé (ZAD), ou dans les périmètres provisoires de ZAD prévus par le Code de l'urbanisme (C. com. art. L 145-46-1, al. 6 modifié et C. urb. art. L 213-9). Par ailleurs, l'aliénation d'un bien acquis par l'exercice de l'un de ces droits de préemption n'ouvre pas non plus droit à un droit de préférence au profit du locataire commercial (C. com. art. L 145-46-1, al. 6 modifié et C. urb. art. L 213-11).

> Précisions Jusqu'alors, les dispositions du Code de l'urbanisme et celles du Code de commerce conféraient deux droits de priorité distincts pour l'acquisition d'un même bien, sans établir de hiérarchie.

CESSION UNIQUE DE LOCAUX COMMERCIAUX DISTINCTS

L'article L 145-46-1 du Code de commerce exclut le droit de préférence en cas de « cession unique de locaux commerciaux distincts » mais ne l'a pas défini de sorte que ce sont les tribunaux qui, au fil des affaires qu'ils ont à connaître, en précisent les contours. **86160**

Ainsi, cette exception permet au bailleur de ne pas avoir à purger de droit de préférence quand il cède, par un acte unique, la propriété de **locaux commerciaux distincts,** ce qui s'entend de locaux faisant l'objet de baux commerciaux distincts consentis à des locataires également distincts susceptibles chacun d'exercer, dès lors de manière concurrente, le droit de préférence dont ils bénéficient (TGI Paris 24-1-2020 n° 18/08952 : RJDA 7/20 n° 361), **peu important** l'usage fait de ces locaux (TGI Paris 24-1-2020, précité), que ces derniers fussent situés dans le même immeuble ou que la vente ait également porté sur un lot à usage d'habitation et sur des caves (Cass. 3e civ. 29-6-2022 n° 21-16.452 FS-B : RJDA 10/22 n° 552).

La notion de **cession unique** vise une opération juridique globale constatée en un seul acte (CA Paris 17-3-2021 n° 19/10232 : RJDA 8-9/21 n° 557 confirmé par Cass. 3e civ. 29-6-2022 n° 21-16.452, précité) mais elle peut aussi être matérialisée par deux actes distincts signés le même jour pour les besoins pratiques de la publicité foncière, les parties s'étant entendues sur une vente globale de locaux commerciaux distincts (CA Amiens 14-1-2021 n° 10/03229 en l'espèce le bailleur avait vendu deux immeubles à usage de commerce situés à Amiens et Narbonne).

Dans un **immeuble en copropriété,** la notion de « local commercial » s'apprécie au regard de la destination stipulée au règlement de copropriété qui ne peut pas être modifiée unilatéralement par le propriétaire d'un lot, une telle modification devant être autorisée par l'assemblée générale (Cass. 3e civ. 15-9-2015 n° 14-11.602 F-D ; Cass. 3e civ. 17-12-2014 n° 13-25.134 FS-PB : Bull. civ. III n° 168). Ainsi, ne bénéficie pas du droit de préférence le locataire d'un local commercial au rez-de-chaussée d'un immeuble en copropriété lorsque le propriétaire vend ce local ainsi qu'un autre lot commercial du même rez-de-chaussée à un tiers, peu important que l'état descriptif de division définisse le second lot comme un logement, dès lors que seul a valeur contractuelle le **règlement de** **86165**

copropriété, lequel prévoyait que tous les lots du rez-de-chaussée de l'immeuble étaient à **usage commercial** (Cass. 3e civ. 15-11-2018 n° 17-26.727 F-D : RJDA 3/19 n° 170).

Appelée à se prononcer sur l'application de cette exception dans un cas où la cession portait sur un **lot unique de copropriété** que le bailleur avait **divisé en deux locaux commerciaux** loués à deux locataires, la cour d'appel de Paris a jugé que la loi, qui ne définit pas ce qu'il faut entendre par locaux commerciaux distincts, ne précise pas que le droit de préférence n'est pas applicable en cas de cession unique de lots distincts à usage commercial, mais uniquement qu'il n'est pas applicable en cas de cession unique de locaux commerciaux distincts. Dans ces conditions, pour l'application de ce texte, il importe peu que la division matérielle du lot n'ait pas été suivie de la création de deux nouveaux lots de copropriété. La division en deux du local ne lui a pas fait perdre son caractère commercial, quand bien même aurait-il été, pour moitié, donné à bail à une psychologue pour y exercer son activité professionnelle, par un bail soumis conventionnellement au statut des baux commerciaux. La division dudit local a ainsi créé deux locaux commerciaux distincts, occupés par deux locataires différents, séparés par une cloison et possédant chacun une entrée propre. En conséquence, le droit de préférence n'avait pas à être purgé (CA Paris 20-5-2020 n° 18/24248, Pôle 5-3).

CESSION GLOBALE D'UN IMMEUBLE COMPRENANT DES LOCAUX COMMERCIAUX

86180 L'article L 145-46-1 du Code de commerce dispose que le droit de préemption ne s'applique pas à la cession globale d'un immeuble comprenant des locaux commerciaux.

Des doutes persistent sur l'application à une cession globale d'un **immeuble comprenant un seul local commercial.**

Des **réponses ministérielles** ont précisé que le droit de préemption n'était pas applicable dans ce cas, car son application viendrait porter une atteinte trop importante au droit de propriété du bailleur, en l'obligeant à céder l'intégralité de l'immeuble au locataire ou à diviser la vente en ne cédant que le local à ce dernier (Rép. Massat : AN 12-4-2016 n° 95592 ; Rép. Quentin : AN 6-12-2016 n° 98594 ; Rép. Fabre : AN 14-8-2018 n° 5054), le ministre de l'économie ajoutant en dernier lieu que, « si la jurisprudence (en l'état peu significative) ne confirmait pas cette interprétation, il appartiendra au législateur de préciser le texte dans ce sens » (Rép. Marseille : Sén. 22-4-2021 n° 21155).

Du côté des **juridictions,** un indice en faveur de cette solution pourrait être trouvé dans un arrêt de la Cour de cassation du 17 mai 2018 (Cass. 3e civ. 17-5-2018 n° 17-16.113 FS-PBI : RJDA 7/18 n° 562). Le locataire reprochait aux juges du fond d'avoir fait application de cette exception, en soutenant que le terrain nu loué à l'autre locataire ne pouvait pas être assimilé à un « local commercial », de sorte que l'ensemble immobilier cédé globalement ne comprenait pas « des » locaux commerciaux, mais un seul. Dans une incidente dont il est difficile de mesurer la portée, la Cour de cassation paraît écarter cet argument et considérer que la cession globale en cause aurait été de nature à écarter l'application du droit de préemption. Certains commentateurs voient dans cet arrêt une précision du domaine de cette exception (J.-P. Blatter, « Domaine du droit de préférence du locataire commercial » : AJDI septembre 2018 p. 605 ; Ch. E. Brault, « Droit de préemption légal du locataire et vente de l'ensemble immobilier » : Gaz. Pal. 17-7-2018 n° 26 p. 51). La solution mérite, à notre avis, d'être confirmée car, en l'espèce, le seul fait que la vente soit judiciaire suffisait à écarter l'application du droit de préemption (dans le même sens, P. Viudès et F. Roussel, « Champ d'application du droit de préférence du locataire commercial : première jurisprudence entre clair et obscur » : AJDI septembre 2018 p. 578 ; G. Allard-Kohn, « Le droit de préférence du locataire commercial » : RJDA 2/20 chron.). Des cours d'appel ont estimé que l'exception légale devait s'entendre de la cession globale d'un immeuble comprenant indifféremment un ou des locaux commerciaux (CA Versailles 14-11-2019 n° 19/05033, 3e ch. ; CA Douai 23-3-2023 n° 20/05233, analysés ci-dessous).

Dans le cadre d'un droit de préférence conventionnel, la Cour de cassation a déjà jugé que le droit de préférence qu'une clause du bail confère au locataire sur les locaux loués ne saurait imposer au propriétaire de diviser son bien en vue de le céder à des personnes distinctes (n° 86015).

ILLUSTRATIONS

L'article L 145-46-1 du Code de commerce prévoit en son alinéa 6 que le droit de préemption n'est pas applicable à la cession globale d'un immeuble comprenant des locaux commerciaux. Il résulte des travaux préparatoires de la loi Pinel que l'expression plurielle « des locaux commerciaux » ne peut s'interpréter comme exigeant qu'il y ait plusieurs locaux commerciaux, ce texte ayant pour objet précisément de permettre la cession globale d'un immeuble partiellement loué et d'exclure, en un tel cas, le droit de préemption du locataire commercial. Ainsi, pour que ce texte soit applicable, il suffit que l'immeuble vendu ne soit que partiellement donné à bail commercial, peu important qu'il y ait **un seul local commercial loué ou plusieurs.**

CA Versailles 14-11-2019 n° 19/05033 confirmé par Cass. 3e civ. 30-6-2021 n° 20-11.893 FS-D : RJDA 11/21 n° 705, mais sans examen du moyen relatif au champ d'application déclaré irrecevable comme étant nouveau.

La « cession globale d'un immeuble comprenant des locaux commerciaux », qui constitue une exception légale à l'application de l'article L 145-46-1 du Code de commerce, doit s'entendre de la cession globale d'un immeuble comprenant **indifféremment un ou des locaux commerciaux.** En effet, le texte doit être strictement interprété car le droit de propriété est un droit fondamental, de valeur constitutionnelle, alors que l'obligation impartie au propriétaire de locaux désignés par ce texte de faire une offre au locataire de ces locaux, s'il envisage de les vendre, constitue une restriction légale du droit du propriétaire de disposer à sa guise du local dont il est propriétaire. Par égard pour la nécessité d'interpréter strictement les restrictions apportées au droit de propriété, il ne peut pas être considéré que cette expression limiterait l'exception légale à la cession globale d'un immeuble sur lequel seraient consentis plusieurs baux commerciaux. En outre, l'expression au pluriel « locaux commerciaux » ne constitue pas une qualification juridique distincte de celle, au singulier, de « local commercial ».
Par suite, l'article L 145-46-1, qui ne vise pas expressément dans son champ d'application le cas des locaux à usage mixte d'habitation et de commerce ou artisanal donnés en location, ne peut pas être considéré comme conférant un droit de préemption au locataire qui occupe seul un immeuble à usage commercial et d'habitation.
CA Douai 23-3-2023 n° 20/05233 : RJDA 11/23 n° 569.

B. Mise en œuvre du droit de préférence légal

1. NOTIFICATION AU LOCATAIRE DE LA VENTE ENVISAGÉE

FORME DE LA NOTIFICATION AU LOCATAIRE DE LA VENTE ENVISAGÉE

Le propriétaire doit **informer** le locataire de son intention de vendre le local loué **par** lettre **86250**
recommandée avec demande d'avis de réception, ou remise en main propre contre récépissé ou émargement (C. com. art. L 145-46-1, al. 1). La notification par acte extrajudiciaire, bien que non visée par le texte, est néanmoins possible (CPC art. 651).

CONTENU DE LA NOTIFICATION AU LOCATAIRE DE LA VENTE ENVISAGÉE

La notification doit, à peine de nullité, indiquer le prix et les conditions de la vente envisagée **86270**
(C. com. art. L 145-46-1, al. 1).

Les **conditions de la vente** s'entendent des modalités de paiement du prix et des éventuelles charges imposées à l'acquéreur. L'offre de vente ne peut pas inclure les **honoraires de négociation de l'agent** immobilier (Cass. 3e civ. 28-6-2018 n° 17-14.605 FS-PBI : RJDA 10/18 n° 710 ; Cass. 3e civ. 23-9-2021 n° 20-17.799 FS-B : RJDA 12/21 n° 767). Mais la seule mention dans la notification de vente du montant des honoraires de l'agent immobilier en sus du prix principal, si elle n'introduit aucune confusion dans l'esprit du locataire, qui savait ne pas avoir à en supporter la charge et qui pouvait accepter le prix proposé hors frais d'agence, n'est pas une cause de nullité de l'offre de vente (Cass. 3e civ. 23-9-2021 n° 20-17.799, précité).

Ce n'est pas la description des locaux qui doit figurer à peine de nullité dans l'offre de vente, mais la désignation sans ambiguïté du **bien offert à la vente** (CA Aix-en-Provence 28-5-2019 n° 18/17596, ch. 1-1).

Les dispositions des quatre premiers alinéas de l'**article** L 145-46-1 doivent être **reproduites,** à peine de nullité, dans la notification (C. com. art. L 145-46-1, al. 5).

MOMENT DE LA NOTIFICATION AU LOCATAIRE DE LA VENTE ENVISAGÉE

La régularité de l'**offre de vente** prévue par l'article L 145-46-1, al. 1 du Code de commerce, **86290**
adressée par le bailleur à son locataire préalablement à la vente du local commercial loué, n'est affectée ni par le **mandat de vente** consenti par le bailleur à une agence immobilière **avant la notification** de cette offre, ni par l'**organisation de visites** du bien loué, ni par la conclusion d'une **promesse unilatérale de vente sous la condition suspensive** du non-exercice par le locataire de son droit de préférence (Cass. 3e civ. 23-9-2021 n° 20-17.799 FS-B : RJDA 12/21 n° 767).

Par cet arrêt de 2021, la Cour de cassation a mis fin à la controverse née d'une précédente décision aux termes de laquelle en « application de l'article L 145-46-1, disposition d'ordre public, le bailleur qui envisage de vendre son local commercial doit préalablement notifier au preneur une offre de vente qui ne peut inclure des honoraires de négociation » (Cass. 3e civ. 28-6-2018 n° 17-14.605 FS-PBI : RJDA 10/18 n° 710). Cette décision, suivie de celles de cours d'appel (CA Douai 28-3-2019 n° 17/03524 : Loyers et copr. 2019 comm. n° 79 ; CA Paris 9-10-2019 n° 17/16417, ch. 5-3 reprenant l'attendu de la Cour de cassation et ajoutant que le bailleur ne doit pas attendre une offre d'achat pour informer le preneur de la possibilité qu'il a de se porter acquéreur du local) avaient conduit à s'interroger sur le délai dans lequel le bailleur doit informer le locataire de son intention de vendre le local loué.

Il avait été soutenu par une partie de la **doctrine** que la notification du bailleur devait être adressée au locataire avant toute recherche d'acquéreur, avant tout avant-contrat et que cette jurisprudence devrait inciter les bailleurs à abandonner la pratique fréquente qui consiste à rechercher d'abord un acquéreur, puis, une fois celui-ci trouvé, à notifier l'offre de vente au locataire (J. Lafond, Droit de priorité du locataire « commercial » : des pratiques condamnées : JCP N 2018 n° 1291 ; B.-H. Dumortier : Juris cl. Notarial fasc. 1455 n° 82 ; S. Regnault : JCP E 2019 n° 1426 § 18). Pour d'autres auteurs, le fait que l'offre de vente du bailleur ne doive pas inclure les frais de négociation n'interdisait pas pour autant toute démarche du bailleur avant de notifier son offre (Ch. E. Brault : Évolution et perspectives du droit de préemption légal du locataire : Gaz. Pal. 2019 n° 11 ; G. Allard-Kohn : Le droit de préférence du locataire commercial : RJDA 2/20 chron. 1).

86292 L'arrêt de la Cour de cassation du 23 septembre 2021 confirme la possibilité de consentir une **promesse de vente à un tiers sous condition suspensive** du non-exercice par le locataire de son droit de préférence car, si le locataire exerce son droit de préférence, la rétroactivité prévue par les parties de la condition suspensive permet d'anéantir la promesse qui devient caduque et d'être en conformité avec la loi (C. Gijsbers, Le sort des honoraires de négociation en cas de préemption par le locataire : regard critique sur un arrêt : JCP G 2018 n° 984 ; M. Mekki : JCP N 24-5-2019, 1201 n° 9 ; G. Allard-Kohn, précité).

Mais la caducité de la promesse de vente consentie à un tiers n'est pas encourue lorsque le **locataire** a exercé un **droit de préférence légal dont il ne bénéficiait pas** en réalité. Ainsi, le locataire, qui fait offre d'acquérir le bien après la signature de la promesse de vente stipulant une condition suspensive tenant à la purge du droit de préférence dont il ne bénéficie pas, agit en vain en constatation de la vente à son profit, la promesse n'étant pas caduque et la vente parfaite au profit du bénéficiaire de la promesse (Cass. 3e civ. 30-6-2021 n° 20-11.893 FS-D : RJDA 11/21 n° 705). Par ailleurs, le bénéficiaire de la promesse évincé a intérêt et qualité à agir en nullité de la vente conclue au bénéfice du locataire qui a exercé un droit de préférence dont il n'était pas titulaire (Cass. 3e civ. 30-1-2025 n° 23-12.495 F-D).

> **› Précisions** La jurisprudence a précisé, au sujet d'autres droits de préemption, les effets de l'**annulation de la décision de préemption** sur la promesse conclue sous la condition suspensive du non-exercice de ce droit (Cass. 3e civ. 22-6-2005 n° 03-20.473 FS-PB : RJDA 3/06 n° 252, relatif au droit de préemption de la commune ; Cass. 3e civ. 27-6-2007 n° 06-14.329 FS-PB : RJDA 12/07 n° 1211, relatif au droit de préemption de la Safer) : l'effet rétroactif de la décision d'annulation de la préemption a pour conséquence la réalisation de la condition suspensive et donc la promesse n'est pas caduque.

EFFET DE LA NOTIFICATION AU LOCATAIRE DE LA VENTE ENVISAGÉE

86310 La notification vaut **offre de vente** au profit du locataire. Le propriétaire ne semble pas pouvoir la rétracter pendant le délai accordé au locataire pour se prononcer.

2. RÉPONSE DU LOCATAIRE À LA NOTIFICATION

86340 Le locataire dispose d'un **délai** d'un mois à compter de la notification qui lui est faite de la vente envisagée pour faire savoir au propriétaire qu'il exerce son droit de préférence (C. com. art. L 145-46-1, al. 1).

CONSEIL

> Le texte n'impose aucune **forme** pour la décision de préempter. Il est recommandé de recourir à l'une des formes proposées au vendeur pour sa notification : lettre recommandée avec demande d'avis de réception ou remise en main propre contre récépissé ou émargement.

Le droit de préemption est exercé aux prix et conditions qui ont été notifiés : le locataire qui exerce son droit de préférence ne peut discuter ni le prix ni les conditions notifiées. Il peut cependant dans sa réponse notifier son intention de recourir à un prêt.

Le locataire ne peut se **substituer un autre acquéreur,** telle une société civile, ou si le locataire est une société, un actionnaire ou dirigeant de cette dernière ; il doit réaliser l'acquisition en son nom propre (en ce sens, Rép. Marseille : Sén. 22-4-2021 n° 21155). Mais une fois cette acquisition réalisée, il peut **revendre le bien** à un tiers, même dans un délai rapproché, en l'absence de preuve d'une fraude (CA Paris 1-12-2021 n° 20/00194, analysé ci-dessous). Pour le ministre de l'économie et des finances, l'exercice par le locataire de son droit de préférence n'est soumis à aucune condition de poursuite de son activité dans les lieux acquis pendant une période déterminée ; devenu propriétaire du local, il en dispose librement, à l'instar de tout propriétaire, et peut continuer à l'exploiter ou choisir de le revendre libre de toute occupation s'il y trouve un intérêt financier (Rép. Naegelen : AN 21-3-2023 n° 3255).

ILLUSTRATIONS

Un bailleur de locaux loués en vertu d'un bail commercial à une société administrateur de biens avait consenti une promesse de vente au profit d'un tiers. La société locataire, usant du droit de préemption de l'article L 145-46-1 du Code de commerce, avait acheté les locaux, puis un mois après, elle les avait revendus à une société de gestion. Le bénéficiaire de la promesse avait assigné le vendeur, la société locataire et le tiers acquéreur pour obtenir l'annulation des **ventes successives,** la régularisation de la vente du bien à son profit et l'indemnisation de son préjudice.
Le demandeur se prévaut en vain d'un concert frauduleux entre la société locataire et l'acquéreur final du bien consistant en un détournement de la loi afin de le spolier dans ses droits.
L'adage « la **fraude** corrompt tout » suppose établie la volonté de nuire à autrui et d'éluder les dispositions de la loi, la preuve de l'existence de la fraude incombant à celui qui s'en prévaut. Or, la société locataire bénéficiait d'un droit de préemption lors de la vente par le bailleur des locaux donnés à bail. Aucune fraude n'est caractérisée, étant souligné qu'aucun élément ne permet de démontrer que le vendeur était informé que la société locataire envisageait une revente après exercice de son droit de préemption. Par ailleurs, aucun texte ne restreint le droit pour l'acquéreur d'un bien par l'exercice de son droit de préemption d'en disposer librement, même dans un délai rapproché, et cette revente à une société juridiquement distincte procède d'un choix de gestion et non d'une quelconque intention de nuire, la société locataire ayant fait le choix de préserver ses intérêts en acquérant les locaux en cause pour les revendre.
CA Paris 1-12-2021 n° 20/00194 : RJDA 5/22 n° 253.

3. RÉALISATION DE LA VENTE DES LOCAUX LOUÉS

En cas d'acceptation de l'offre de vente du bailleur, le locataire dispose, à compter de la date d'envoi de sa réponse au bailleur, d'un **délai** de deux mois pour la réalisation de la vente. Si, dans sa réponse, il notifie son intention de recourir à un prêt, son acceptation de l'offre de vente est subordonnée à l'obtention du prêt et le délai de réalisation de la vente est porté à quatre mois. Si, à l'expiration de ce délai, la vente n'a pas été réalisée, l'acceptation de l'offre de vente est sans effet (C. com. art. L 145-46-1, al. 1 et 2). **86390**

ATTENTION

La rédaction du texte fait peser sur le **locataire** la **réalisation de la vente.** Il lui appartient donc d'agir sans délai, dès l'acceptation de l'offre du bailleur, pour que la vente soit régularisée dans le délai requis, en particulier en cas de recours à un prêt bancaire.

Il faut réserver l'hypothèse d'un **défaut de réalisation dans le délai** pour une raison non imputable au locataire. Ainsi, le locataire qui a exercé son droit de préférence et qui a fait preuve de diligence pour parvenir à la réalisation de la vente ne saurait se voir priver de son droit d'acquérir le local loué lorsque le défaut de signature de l'acte de vente est exclusivement **imputable au bailleur** (CA Paris 26-10-2022 n° 21/09608, analysé ci-dessous). **86395**

À l'inverse, s'il est **imputable au locataire,** le défaut de réalisation de la vente prive d'effet l'acceptation de l'offre (Cass. 3e civ. 24-11-2021 n° 20-16.238 F-D : RJDA 2/22 n° 67 ; CA Paris 26-10-2022, analysé ci-dessous) et l'assignation en réalisation forcée délivrée par le locataire juste avant l'expiration du délai imparti ne permet pas de pallier l'absence de signature de l'acte de vente dans ce délai (Cass. 3e civ. 24-11-2021 n° 20-16.238, précité).

La question se pose de savoir si les parties peuvent convenir d'**allonger les délais** pour la réalisation de la vente si ces derniers ne sont pas tenus (par exemple, parce que locataire n'a pas encore obtenu son financement). La pratique montre que les notaires du bailleur s'y opposent fréquemment en faisant valoir que la vente consentie au profit du locataire au-delà des délais légaux pourrait être remise en cause par un tiers acquéreur et que leur responsabilité et celle du bailleur pourraient être engagées par ce dernier.

ILLUSTRATIONS

Le délai de quatre mois est destiné à protéger le vendeur qui a trouvé un acquéreur pour son bien, afin d'éviter qu'il n'ait à souffrir, en plus d'une restriction à son droit de vendre à qui il veut, d'éventuels atermoiements du locataire. La **responsabilité du notaire recherchée par un tiers acquéreur** pour avoir régularisé un acte de vente au profit du locataire en novembre 2015 seulement, alors que la vente devait avoir lieu au plus tard le 17 juin 2015 doit être écartée compte tenu des circonstances suivantes :
– le notaire a hésité sur le bien-fondé de la notification du droit de préemption qu'il venait d'effectuer, a sollicité l'avis du Cridon et a, dans un premier temps, par lettre du 7 avril 2015, résisté à la demande du locataire ;

– la vente n'a été retardée que parce que le notaire se faisait alors l'écho du maintien de l'intention d'acquérir du tiers acquéreur, soutenu en cela par le vendeur ;
– le procès-verbal de comparution et de difficultés dressé par le notaire le 17 juin 2015 a constaté la présence du locataire venu signer l'acte de vente, et relevé l'existence de difficultés juridiques s'opposant à la signature de l'acte le 17 juin 2015, à raison surtout « du conflit d'analyse juridique entre le conseil de l'acquéreur initial, estimant que le locataire n'avait pas de droit de préemption, et le conseil du locataire, considérant que ce droit de préemption lui était ouvert ».
Dans ces conditions, le **dépassement du délai de 4 mois** n'a pu faire perdre au locataire le bénéfice de son acceptation de l'offre de vente et il ne peut pas être reproché au notaire, assigné en vente forcée aux côtés du vendeur, d'avoir fini par passer l'acte au profit du locataire, même après l'expiration du délai de quatre mois.

CA Aix-en-Provence 20-11-2018 n° 17/04435, 1re ch.

Un acquéreur évincé reproche en vain au notaire d'avoir régularisé l'acte de vente au profit du locataire **au-delà du délai de quatre mois** dès lors que :
– il ressort du courrier d'acceptation du locataire du 30 janvier 2015 que celui-ci a notifié son intention de recourir à un prêt, portant le délai de réalisation de la vente au 30 mai 2015 ;
– le locataire a fourni l'acte de prêt le 28 mai 2015, dans le délai légal, de sorte qu'il a valablement exercé son droit de préemption ;
– si la vente n'a été réalisée qu'en novembre 2015, ce retard n'est pas imputable au locataire mais à l'existence d'un cumul de droits de préemption, le local commercial faisant également l'objet d'un droit de préemption urbain qui n'avait pas été purgé.
C'est donc à bon droit que le notaire, requis par le vendeur, a instrumenté l'acte de vente, qui serait, de toute façon, intervenu, toutes les conditions en étant réunies.

CA Amiens 2-6-2020 n° 18/03859, 1re ch. civ.

La Cour de cassation considère que les dispositions de l'article L 145-46-1 du Code de commerce sont d'ordre public, de sorte qu'il ne peut y être dérogé du seul accord des parties. S'il peut être admis que la perte du bénéfice du droit de préférence ne soit pas opposée au locataire lorsque c'est par l'effet d'une faute ou d'une inertie du vendeur ou du notaire ou que c'est en raison de difficultés propres à la rédaction de l'acte de vente que la signature de l'acte authentique n'a pas pu intervenir dans le délai de quatre mois, le **locataire** ne peut pas **obtenir** une dérogation ou une **prorogation de ce délai** s'il est seul à l'origine de l'absence de signature à la date limite. En l'espèce, contrairement à ce qui est soutenu, le retard dans la réalisation de la vente n'est pas dû à des problèmes de préparation de l'acte imputables au vendeur ou au notaire mais résulte de l'absence de diligences du locataire qui n'a mandaté le notaire chargé de recevoir l'acte que huit jours avant la date limite pour la signature de la vente.
L'assignation en vente forcée délivrée le jour de la date butoir pour la signature de l'acte ne permet pas de pallier l'absence de réitération à cette date qui est prévue par le Code de commerce tant dans l'intérêt du preneur que dans celui du vendeur et du candidat acquéreur dont l'opération de vente se trouve suspendue dans l'attente de la purge du droit de préférence du locataire.

CA Aix-en-Provence 3-3-2020 n° 18/18662, ch. 1-1.

Un locataire commercial avait accepté l'offre de vente du bailleur en précisant qu'il entendait recourir à un prêt. Il résulte des circonstances suivantes que l'acceptation de l'offre de vente est devenue sans effet, le **locataire** n'ayant **pas fait preuve de toutes les diligences requises** pour parvenir à la réalisation de la vente dans le délai légal : trois jours seulement avant l'expiration du délai pour la réalisation de la vente, le vendeur et son notaire ont été informés d'une décision de principe de la banque d'accorder un prêt, contenant des réserves sur la justification d'un apport personnel, ce dont il n'a pas été justifié, et sans formalisation des cautionnements exigés par la banque. Ainsi, à l'expiration du délai de quatre mois imparti par l'article L 145-46-1 du Code de commerce, le locataire n'était pas en mesure de mettre les fonds à disposition du notaire, pour la régularisation d'un acte de vente.

CA Paris 26-10-2022 n° 21/09608, ch. 5-3.

86400 **En cas d'acquisition** du bien loué par le locataire principal, le bail principal s'éteint par application de l'article 1349 du Code civil, en raison de la confusion qui résulte de la réunion des qualités de créancier et de débiteur d'une même obligation dans la même personne (Cass. 3e civ. 15-7-1971 n° 70-11.507 : Bull. civ. III n° 459).

Sur les conséquences de l'acquisition sur la sous-location consentie précédemment par le locataire, voir n° 76540.

4. NOUVEAU DROIT DE PRÉFÉRENCE EN CAS DE PROJET DE VENTE À DES CONDITIONS PLUS AVANTAGEUSES

NOTIFICATION AU LOCATAIRE DU PROJET DE VENTE

Dans le cas où le propriétaire décide de vendre à des conditions ou à un prix plus avantageux **86450**
pour l'acquéreur, le notaire doit, lorsque le bailleur n'y a pas préalablement procédé, notifier au locataire dans les **formes** prévues n° 8350, à peine de nullité de la vente, ces conditions et ce prix (C. com. art. L 145-46-1, al. 3).

Les dispositions des quatre premiers alinéas de l'article L 145-46-1 du Code de commerce sont, à peine de nullité, reproduites dans la notification (C. com. art. L 145-46-1, al. 5).

Cette notification vaut **offre de vente** au profit du locataire. Elle est valable pendant une durée d'un mois à compter de sa réception. L'offre qui n'a pas été acceptée dans ce délai est caduque (C. com. art. L 145-46-1, al. 3).

RÉALISATION DE LA VENTE AU PROFIT DU LOCATAIRE

Le locataire qui accepte l'offre ainsi notifiée dispose, à compter de la date d'envoi de sa réponse **86470**
au bailleur ou au notaire, d'un **délai** de deux mois pour la réalisation de l'acte de vente. Si, dans sa réponse, il notifie son intention de recourir à un prêt, l'acceptation par le locataire de l'offre de vente est subordonnée à l'obtention du prêt et le délai de réalisation de la vente est porté à quatre mois. Si, à l'expiration de ce délai, la vente n'a pas été réalisée, l'acceptation de l'offre de vente est sans effet (C. com. art. L 145-46-1, al. 4) et le bailleur peut vendre à un tiers.

C. Sanctions du non-respect du droit de préférence légal du locataire

Deux nullités sont prévues par l'article L 145-46-1 du Code de commerce : **86520**

– la **nullité de la notification** qui n'indiquerait pas le prix et les conditions de la vente envisagée (al. 2) ou qui ne reproduirait pas les quatre premiers alinéas de l'article L 145-46-1 (al. 5) ;

– la **nullité de la vente** dans le cas où le propriétaire décide de vendre à des **conditions ou à un prix plus avantageux** pour l'acquéreur sans avoir préalablement notifié au locataire ces nouvelles conditions et ce nouveau prix (al. 3).

Le législateur a omis de préciser la sanction du **défaut de la première notification** de l'offre de vente au locataire. Il a été jugé que la vente alors conclue avec un tiers en violation du droit reconnu au locataire est frappée de nullité (CA Douai 13-2-2020 n° 18/02720, 2e ch. sect. 1 ; CA Basse-Terre 22-6-2020 n° 19/005311). Par ailleurs, le locataire, dont le droit de préférence n'a pas été respecté lors de la vente du local loué, peut demander l'annulation de la vente, même après que ce local a été détruit par un incendie ; en effet, le fait qu'il ne dispose plus de bail sur le bien, en raison de sa destruction postérieure à la vente, ne prive pas d'objet ses demandes d'annulation de la vente et d'indemnisation de son préjudice (Cass. 3e civ. 14-9-2023 n° 22-15.427 F-D : RJDA 1/24 n° 13).

La question se pose de savoir si l'**action en annulation** de la vente intervenue en violation du **86525**
droit de préférence est soumise à la **prescription** de droit commun, soit cinq ans à compter du jour où le locataire a eu ou aurait dû avoir connaissance de la vente (C. civ. art. 2224) ou à la prescription biennale de l'article L 145-60 du Code de commerce qui vise toutes les actions exercées en vertu du statut des baux commerciaux. En faveur de cette seconde solution, on peut soutenir que l'article L 145-46-1 du Code de commerce relève bien du statut. À notre connaissance, aucune décision n'a encore tranché la question.

Dans le silence du texte, le locataire ne peut pas demander sa **substitution** à l'acquéreur. La **86530**
cour d'appel de Douai a ainsi jugé que le non-respect du droit de préemption du locataire n'entraîne que la nullité de la vente et n'ouvre aucun droit de substitution au profit de celui-ci (CA Douai 13-2-2020 n° 18/02720, 2e ch. sect. 1).

> **Précisions** Il a été jugé, à propos du droit de préemption institué par l'article 10 de la loi 75-1351 du 31 décembre 1975 (vente d'un local d'habitation après division de l'immeuble) que le non-respect du droit de préemption du locataire n'entraîne que la nullité de la vente et n'ouvre aucun droit de substitution au profit de celui-ci (Cass. 3e civ. 15-11-2006 n° 04-15.679 FS-PB : RJDA 2/07 n° 136 ; Cass. 3e civ. 7-7-2009 n° 08-13.195 F-D : AJDI 2010 p. 137 obs. V. Zalewski ; Cass. 3e civ. 10-10-2012 n° 11-17.562 FS-D). Il a, en outre, été précisé que le locataire ne pouvait pas **exiger du propriétaire** qu'il lui adresse **une nouvelle offre** de vente (Cass. 3e civ. 12-4-2018 n° 17-11.015 FS-PBI : RJDA 6/18 n° 491).

Ces solutions paraissent devoir être transposées pour l'application du droit de préférence prévu par l'article L 145-46-1 du Code de commerce. En conséquence, si après l'annulation de la vente consentie en violation des droits du locataire, le propriétaire du local ne veut plus vendre, il n'est pas possible de le contraindre. Cette solution vaut également dans le cas où le locataire, informé par exemple d'une promesse de vente consentie au profit d'un tiers, a réussi à empêcher la vente définitive en faisant valoir que son droit n'avait pas été purgé.

SECTION 2

OPPOSABILITÉ DU BAIL À L'ACQUÉREUR

CONDITIONS D'OPPOSABILITÉ DU BAIL À L'ACQUÉREUR

87000 En cas de vente du bien loué, le titulaire d'un contrat de bail commercial continue à bénéficier de celui-ci et il peut l'opposer à l'acquéreur du bien s'il a un bail authentique ou dont la date est certaine (C. civ. art. 1743 ; nos 87050 s.), ou s'il établit que l'acquéreur connaissait l'existence du bail avant la vente (no 87080). L'opposabilité à l'acquéreur des accords modifiant le bail initial ou d'une promesse de renouvellement obéit aux mêmes règles (nos 87100 et 87120). La règle a pour objectif de protéger l'acquéreur contre la fraude consistant à antidater le bail.

> Précisions **a.** Une fois l'acquisition réalisée, l'acquéreur peut se prévaloir du bail, et ainsi donner congé, sans être tenu de signifier son acquisition au locataire par l'une des formalités de l'**article 1690 du Code civil,** car ces formalités ne concernent pas le transfert des droits réels immobiliers (Cass. 3e civ. 7-11-1990 no 89-11.328 : Bull. civ. III no 221).
b. Sur l'opposabilité du bail à l'acquéreur lorsque le **congé** a été **délivré avant la vente** de l'immeuble, voir nos 88370 s.
c. Sur l'opposabilité à l'acquéreur du bail consenti sur un **immeuble indivis** par un indivisaire sans le consentement des autres, voir no 15700.
d. Le **mandat de gestion** de l'immeuble n'est pas opposable à l'acquéreur, lequel n'est pas tenu de notifier au mandataire du vendeur la constitution d'un nouveau mandataire (Cass. 1e civ. 17-11-2011 no 10-22.865 : RJDA 2/12 no 145).

CAS PARTICULIER DE LA VENTE SUR SAISIE IMMOBILIÈRE

87020 En cas de vente sur saisie immobilière, les **baux consentis** par le débiteur saisi **après le commandement** de saisie sont inopposables à l'acquéreur et aux créanciers poursuivants, la preuve de l'antériorité du bail pouvant être faite par tout moyen (C. exécution art. L 321-4).

La Cour de cassation a toutefois assoupli la règle en jugeant que le bail, même conclu après la publication d'un tel commandement, est opposable à l'adjudicataire qui en a eu connaissance avant l'adjudication (Cass. 3e civ. 9-6-2016 no 15-10.595 F-D ; Cass. 2e civ. 27-2-2020 no 18-19.174 F-PBI : RJDA 7/20 no 386 à propos d'un bail d'habitation mais transposable). Elle maintient ainsi sa jurisprudence développée sous l'empire du droit antérieur à l'ordonnance 2006-461 du 21 avril 2006 portant réforme de la saisie immobilière lorsque l'ancien article 684 du Code de procédure civile disposait que les baux qui n'avaient pas acquis date certaine avant le commandement de saisie immobilière pouvaient être annulés et ceux postérieurs au commandement devaient l'être (Cass. 3e civ. 11-2-2004 no 153 FS-PB : RJDA 6/04 no 677 ; Cass. 3e civ. 23-3-2011 no 10-10.804 FS-PB : RJDA 2/12 no 132 ; Cass. 3e civ. 16-1-2025 no 21-17.794 F-B : RJDA 4/25 no 191).

Le bail **conclu antérieurement** à la délivrance du commandement valant saisie est opposable au créancier poursuivant et à l'adjudicataire (Cass. 2e civ. 6-6-2013 no 12-19.116 F-PB : RJDA 12/13 no 985 ; Cass. 2e civ. 10-1-2019 no 17-27.420 F-D).

> Précisions La **demande de renouvellement** du bail adressée par le locataire au bailleur après le commandement n'est pas concernée par ces dispositions (Cass. 3e civ. 7-9-2017 no 16-17.174 FS-PBI : RJDA 11/17 no 702 rendu sous l'empire des anciens textes mais à notre avis transposable au régime actuel).

BAIL AUTHENTIQUE OU DONT LA DATE EST CERTAINE

87050 Le bail par **acte authentique** ne pose pas de problème puisque la mention de sa date fait foi jusqu'à inscription de faux (C. civ. art. 1371).

Les **baux de plus de douze ans,** nécessairement passés en la forme authentique, ne sont toutefois opposables à l'acquéreur de l'immeuble que s'ils ont été publiés au service chargé de la publicité foncière (Décret 55-22 du 4-1-1955 art. 4 et 28, 1o-b). À défaut de publicité, ces baux sont inopposables aux tiers pour la durée du bail excédant les douze ans (Cass. 3e civ. 19-7-1995 n° 93-17.316 : Bull. civ. III n° 205 ; Cass. 3e civ. 7-3-2007 n° 224 FP-PB : RJDA 6/07 n° 593 ; Cass. 3e civ. 3-2-2010 n° 09-11.389 FS-PB : RJDA 4/10 n° 333).

Pour les baux conclus par **acte sous signature privée** contresigné ou non par avocat, la date portée dans l'acte fait foi entre les parties et leurs héritiers ou ayants cause (nos 19230 et 19245) mais elle ne peut être opposée aux tiers que si elle est devenue certaine dans les conditions ci-dessous. **87055**

La **date certaine** est (C. civ. art. 1377) :

– soit celle du jour où l'acte a été enregistré, étant précisé que la présentation volontaire à la formalité de l'enregistrement d'un acte constatant un bail ou une sous-location à durée limitée d'immeubles donne lieu à la perception du droit fixe de 25 € prévu à l'article 739 du CGI ;

– soit celle du jour de la mort de celui ou de l'un de ceux qui a souscrit l'acte (pour une application du principe, Cass. 3e civ. 9-5-2019 n° 18-16.051 F-D : RJDA 8-9/19 n° 550 jugeant que le décès du bailleur initial, antérieur à la vente du bien donné à bail, confère date certaine au bail et aux avenants qu'il a signés, lesquels sont dès lors opposables à l'acquéreur du bien) ;

– soit celle du jour où la substance du bail a été constatée par un officier public.

ILLUSTRATIONS

Il a ainsi été jugé qu'une assignation en référé avant la vente de l'immeuble loué et l'ordonnance qui en a été la suite ont été de nature à faire acquérir date certaine à un bail verbal dès lors que ces deux actes relataient le bail (Cass. 3e civ. 1-2-1978 n° 76-1429 : Bull. civ. III n° 61).

De même, la mention de l'existence d'un bail verbal ou d'un bail conclu sous signature privée dans l'acte authentique de vente de l'immeuble établi ultérieurement permet de lui conférer date certaine (Cass. com. 19-11-1957 : JCP 1958 II n° 10611 ; Cass. soc. 4-3-1965 n° 63-11.182 : Bull. civ. IV n° 192). Il suffit pour cela que les caractéristiques du bail figurent dans l'acte authentique, ce qui est le cas lorsque l'acte mentionne le nom des parties, l'existence d'un bail et la durée de celui-ci, ces éléments permettant d'identifier l'existence du contrat de louage alors même que le montant du loyer n'est pas spécifié (Cass. 3e civ. 15-3-2000 n° 367 PB : RJDA 5/00 n° 512).

A date certaine le bail cédé à l'occasion d'une cession de fonds de commerce enregistrée (Cass. 3e civ. 8-4-2012 n° 19-21.925).

Compte tenu de la liberté de la preuve en **matière commerciale** (C. com. art. L 110-3), l'exigence d'une date certaine ne s'applique pas lorsque le bail est conclu entre deux commerçants. L'acte fait foi de sa date par lui-même, sauf à apporter par tout moyen la preuve contraire (Cass. com. 25-4-1983 n° 81-16.804 : Bull. civ. IV n° 122 ; Cass. com. 17-3-1992 n° 535 P : RJDA 7/92 n° 787 ; Cass. com. 4-5-1999 n° 893 D : RJDA 7/99 n° 775). **87060**

ILLUSTRATIONS

Dans le cadre du droit de repentir du bailleur qui ne peut être exercé qu'autant que le locataire n'a pas déjà loué ou acheté un autre immeuble en vue de sa réinstallation (C. com. art. L 145-58), il a été jugé qu'entre un bailleur et un locataire, tous deux sociétés commerciales, la **preuve d'une location antérieure à la notification du droit de repentir** pouvait être apportée par tout moyen (Cass. 3e civ. 29-11-2005 n° 04-11.321 FS-PB : RJDA 2/06 n° 115).

CONNAISSANCE PAR L'ACQUÉREUR DE L'EXISTENCE DU BAIL

Même à défaut de date certaine, le bail est opposable à l'acquéreur de l'immeuble qui en connaissait de manière certaine l'existence avant son acquisition (Cass. 3e civ. 12-3-1969 n° 67-11.470 : Bull. civ. III n° 217 ; Cass. 3e civ. 20-7-1989 n° 88-13.413 : Bull. civ. III n° 169 ; Cass. 3e civ. 20-1-2009 n° 07-20.216 F-D : RJDA 4/09 n° 318 ; pour un exemple d'inopposabilité, le vendeur et le locataire ayant caché l'existence du bail à l'acquéreur : CA Versailles 3-2-1988, 14e ch., Sté des chargeurs électriques Guillet c/ Sté Unibail : Gaz. Pal. 1988 som. p. 446). La preuve de cette connaissance par l'acquéreur doit être apportée par le locataire. **87080**

Pour la vente par adjudication, voir n° 87020.

OPPOSABILITÉ À L'ACQUÉREUR DES MODIFICATIONS DU BAIL INITIAL

Tout accord passé entre le précédent propriétaire et le locataire, figurant dans un acte distinct du bail initial et ayant eu pour effet de le modifier, doit avoir **date certaine** ou avoir **été connu de l'acquéreur** pour lui être opposable (Cass. 3e civ. 17-11-1998 n° 97-13.494 : JCP E 2000 p. 82 note F. Auque). **87100**

Il est donc recommandé, s'il ne revêt pas une forme authentique, d'**enregistrer** tout avenant modifiant la destination des lieux ainsi que toute autorisation donnée au locataire en cours de bail.

ILLUSTRATIONS

Faute d'enregistrement ont été jugées inopposables à l'acquéreur de l'immeuble loué une remise de loyers de la sixième année consentie par le précédent bailleur au locataire dans une lettre rédigée le même jour que le contrat de bail qui, lui, avait été enregistré (Cass. 3e civ. 18-12-1991 n° 90-11.323 : Bull. civ. III n° 321) ainsi qu'une autorisation de sous-louer donnée par le précédent propriétaire (Cass. 3e civ. 17-11-1998, précité).

Conformément à l'article 1377 du Code civil (n° 87055), le **décès du bailleur** initial, antérieur à la vente du bien donné à bail, confère date certaine au bail et aux avenants qu'il a signés, lesquels sont dès lors opposables à l'acquéreur du bien (Cass. 3e civ. 9-5-2019 n° 18-16.051 F-D : RJDA 8-9/19 n° 550).

OPPOSABILITÉ À L'ACQUÉREUR DE LA PROMESSE DE RENOUVELLEMENT

87120 La promesse de renouvellement du bail consentie par le propriétaire initial est opposable à l'acquéreur de l'immeuble dans les mêmes conditions que le bail lui-même (sur celles-ci, voir nos 87000 s.). Ainsi, la promesse de renouvellement d'un bail, qui constituait un avenant au bail et avait été constatée dans un acte authentique dont l'existence était mentionnée dans l'acte de vente, est opposable au tiers, acquéreur de l'immeuble (Cass. 3e civ. 23-5-1995 n° 93-11.103 : Loyer et copr. 1995 comm. n° 526 note Ph.-H. Brault).

SECTION 3 CONSÉQUENCES DE L'ACQUISITION DES LIEUX LOUÉS SUR LES DROITS ET OBLIGATIONS DES PARTIES

ÉTENDUE DU TRANSFERT DE PROPRIÉTÉ

88000 Le transfert de propriété emporte transfert automatique des **droits réels** attachés à l'immeuble, telles les servitudes actives ou passives (C. civ. art. 1615). En revanche, les **droits personnels** nés du chef du vendeur relativement à l'immeuble vendu (c'est-à-dire nés d'un rapport d'obligation entre des personnes) ne sont pas transférés de plein droit à l'acquéreur, sauf clause subrogatoire expresse stipulée dans l'acte de vente ou cession de créance distincte. C'est le principe de la relativité des contrats qui en est le fondement (C. civ. art. 1199).

Par ailleurs, les droits et obligations du bailleur vendeur ne sont en principe transmis à l'acquéreur que **pour l'avenir,** sauf accord contraire des parties.

Ces principes généraux étant posés, seront examinés ci-après les problématiques spécifiques aux baux commerciaux posées à l'occasion de la vente des locaux loués.

A. Sort du loyer et des garanties

SORT DU LOYER

88030 **Depuis le jour de la vente,** tous les fruits de l'immeuble, c'est-à-dire notamment les loyers, appartiennent à l'acquéreur (C. civ. art. 1614, al. 2), sauf convention contraire et peu important que le prix n'ait pas été payé (Cass. 3e civ. 26-3-2014 n° 13-10.984 : RJDA 7/14 n° 615). A contrario, l'acquéreur d'un immeuble, qui convient avec le vendeur de différer le transfert de propriété postérieurement à l'acte, n'est pas fondé à réclamer une indemnité d'occupation à l'occupant des lieux, pour une date antérieure à l'acte (Cass. 3e civ. 19-9-2019 n° 18-14.172 F-D).

CONSEIL

Lorsque le **loyer** est **payable d'avance,** il convient d'en tirer les conséquences sur le plan financier en exigeant que le vendeur en rembourse à l'acquéreur la fraction courant de la date de signature de la vente jusqu'au terme de la période de paiement en cours.

88035 Si les parties entendent déroger au principe énoncé par l'article 1614 du Code civil, il convient d'insérer dans l'acte de vente une **clause de subrogation** précise. Jugé que l'acquéreur de locaux commerciaux loués n'est pas en droit de réclamer au locataire le paiement de loyers antérieurs à l'acquisition, dès lors que la clause de subrogation contenue dans l'acte de vente prévoit une substitution de l'acquéreur dans les droits et obligations du vendeur bailleur pour l'avenir mais ne comporte aucune précision quant à une subrogation pour la créance de loyers antérieurs (Cass. 3e civ. 13-11-2014 n° 13-24.116 FS-D : RJDA 8-9/15 n° 552).

88038 Le locataire peut agir à l'encontre de son bailleur originaire en **restitution de paiements indus** effectués au titre de loyers et charges échus antérieurement à la vente, sans que le bailleur, qui reste tenu à l'égard du locataire de ses obligations personnelles antérieures à la vente, ne puisse lui opposer une clause contenue dans l'acte de vente subrogeant l'acquéreur dans les droits et obligations du vendeur (Cass. 3e civ. 16-5-2024 n° 22-19.922 FS-B : RJDA 8-9/24 n° 443).

DROIT DE SUITE DU TRÉSOR PUBLIC

88060 Le Conseil constitutionnel a déclaré contraires à la Constitution les dispositions de l'article 1920, 2-2° du CGI qui permettaient à l'administration d'exercer le privilège du Trésor auprès du nouveau propriétaire d'un immeuble afin de recouvrer la **taxe foncière** due par l'ancien propriétaire (Cons. const. 13-5-2022 n° 2022-992 QPC : RJF 7/22 n° 669). Tirant les conséquences de cette déclaration d'inconstitutionnalité, la loi de finance 2022-1726 du 30 décembre 2022 a abrogé l'article 1920, 2 du CGI et, par coordination, le renvoi à ces dispositions qui figurerait à l'article 231 ter, VIII-al. 2 s'agissant du recouvrement de la **taxe annuelle sur les bureaux en Île-de-France.** Cette abrogation est entrée en vigueur depuis le 1er janvier 2023.

> **Précisions** La Cour de cassation considérait que l'article 1920, 2-2° du CGI ne distinguait pas selon que l'immeuble était ou non resté aux mains du même propriétaire, ce qui justifiait que le Trésor exerce un droit de suite sur les loyers pour le paiement de la taxe foncière dont le nouveau propriétaire devenait dès lors débiteur direct (Cass. com. 28-3-2006 n° 03-13.822 FS-PB : RJF 7/06 n° 948). L'administration considérait également que ce droit de suite atteignait tous les revenus des immeubles imposés, sans qu'il soit besoin de distinguer si ces immeubles étaient restés la propriété du contribuable ou s'ils avaient été vendus à l'amiable ou judiciairement ; elle s'estimait dès lors en droit de saisir par voie de saisie administrative à tiers détenteur les loyers dus par le locataire d'un immeuble à raison des taxes foncières concernant cet immeuble, quand bien même l'immeuble en question ne serait plus la propriété du contribuable inscrit au rôle (BOI-REC-GAR-10-10-20-10 n° 240).

SORT DU DÉPÔT DE GARANTIE

88080 En cas de vente du bien loué en cours de bail, c'est au bailleur originaire, et non à l'acquéreur, de **restituer le dépôt** de garantie (Cass. 3e civ. 30-1-1979 n° 77-12.349 : Bull. civ. III n° 27 ; Cass. 3e civ. 16-5-2000 n° 98-20.458 F-D ; Cass. 3e civ. 1-4-2003 n° 02-10.096 F-D : RJDA 7/03 n° 691 ; Cass. 3e civ. 28-6-2018 n° 17-18.100 F-D : RJDA 11/18 n° 803).

N'étant pas partie à la vente, le locataire ne peut pas être contraint, en vertu d'une **clause du contrat de vente** transmettant le dépôt de garantie à l'acquéreur, d'en réclamer paiement à ce dernier (Cass. 3e civ. 18-1-1983 n° 81-15.516 : Bull. civ. III n° 14). Cette solution résulte de l'application de l'article 1327 du Code civil relatif à la cession de dette. En présence d'une telle stipulation dans l'acte de vente, le locataire a en fait le choix entre l'invoquer et demander la restitution à l'acquéreur ou la refuser et s'adresser à l'ancien bailleur.

Le **projet de loi de simplification de la vie économique,** adopté en première lecture par le Sénat le 22 octobre 2024, prévoit de faire peser sur le nouveau bailleur l'obligation de restitution au locataire des sommes payées à titre de garantie (Texte Sén. n° 8 art. 24).

> **CONSEIL**
>
> Si l'acte de vente prévoit le transfert de l'obligation de restituer le dépôt de garantie à la charge du nouveau propriétaire (ou en cas d'adoption définitive du projet de loi de simplification de la vie économique), il convient d'en tirer les conséquences sur le plan financier en exigeant du vendeur qu'il rembourse à l'acquéreur, le jour de la signature, le montant de la somme versée par le locataire à ce titre.

88085 Réciproquement, l'acquéreur ne peut pas exiger du locataire le versement d'un **nouveau dépôt de garantie** car il s'est trouvé, par l'effet de la vente, substitué au bailleur initial pour l'intégralité des clauses du contrat de bail et de ses accessoires (Cass. 3e civ. 26-3-2014 n° 13-10.698 FS-PB : Bull. civ. III n° 41), à moins que le précédent bailleur ait restitué le dépôt initial au locataire au moment de la vente de l'immeuble (CA Paris 6-6-2001, 16e ch. A : Loyers et copr. 2001 comm. n° 288). Par ailleurs, lorsque le dépôt de garantie a été remis entre les mains d'un gestionnaire en vertu d'un mandat donné par le bailleur originaire, l'acquéreur du bien loué, qui a conservé le même gestionnaire, ne peut pas lui réclamer paiement du dépôt versé initialement car le gestionnaire en demeure comptable envers le locataire (Cass. 1e civ. 10-3-1998 n° 96-15.176 D : Loyers et copr. 1998 comm. n° 119).

> **CONSEIL**
>
> Afin de pallier les éventuelles difficultés de restitution du dépôt de garantie liées à la vente du bien loué en cours de bail, les parties peuvent utilement prévoir dans le **contrat de bail** que le locataire consent par avance au transfert du dépôt à l'acquéreur de l'immeuble.

SORT DU CAUTIONNEMENT GARANTISSANT LE PAIEMENT DES LOYERS

88120 Sauf stipulation contraire, le cautionnement garantissant le paiement des loyers est transmis de plein droit au nouveau propriétaire (Cass. ass. plén.6-12-2004 n° 520 P : RJDA 4/05 n° 458, chron. Ph. Simler p. 295 s.).

> **Précisions** La décision de l'assemblée plénière de la Cour de cassation met un terme à la jurisprudence de la chambre commerciale qui excluait le transfert du cautionnement à l'acquéreur (Cass. com. 26-10-1999 n° 1734 P : RJDA 12/99 n° 1382 ; Cass. com. 3-12-2003 n° 01-10.755 F-D : D. 2004 AJ p. 565). Le principe posé par l'assemblée plénière est fondé sur le caractère forcé de la cession du contrat de bail au nouveau propriétaire qui résulte de l'article 1743 du Code civil, cession qui entraîne la transmission de la créance au titre des loyers à échoir et, par application de l'article 1321, al. 3 du même Code, celle des accessoires de cette créance et donc du cautionnement.

B. Sort des actions en réparation

EN CAS DE MANQUEMENTS DU LOCATAIRE

88180 En application du principe selon lequel les droits personnels nés du chef du vendeur relativement à l'immeuble vendu (c'est-à-dire nés d'un rapport d'obligation entre des personnes) ne sont pas transférés de plein droit à l'acquéreur (n° 88000), les **droits ou actions à fin de dommages-intérêts** qui ont pu naître **au profit du vendeur** (dégradations commises par le locataire, non-paiement des loyers...) ne sont pas transmis à l'acquéreur, sauf cession de créance ou subrogation expresse dans les droits du vendeur (Cass. 3e civ. 2-10-2002 n° 01-00.696 : Bull. civ. III n° 189).

EN CAS DE MANQUEMENTS DU BAILLEUR

88210 La vente de l'immeuble loué ne dispense pas l'**ancien bailleur** de son obligation d'**effectuer** les **travaux** qui pesaient sur lui lorsqu'il était propriétaire (Cass. 3e civ. 9-7-1970 n° 69-10.888 : Bull. civ. III n° 471 ; Cass. 3e civ. 14-11-2007 n° 06-18.430 FS-PB : RJDA 4/08 n° 376). Il est également tenu d'**indemniser** le locataire du **trouble de jouissance** subi par ce dernier du fait de la non-exécution des travaux dont il avait la charge, y compris pour la période postérieure à la vente, ce trouble ne pouvant cesser que par leur exécution (Cass. 3e civ. 14-11-2007 n° 06-18.430 FS-PB, précité).

La présence dans l'**acte de vente** d'une **clause** subrogeant l'acquéreur dans les droits et obligations du vendeur bailleur ne décharge pas le bailleur originaire à l'égard du locataire des conséquences dommageables de l'inexécution de ses obligations (Cass. 3e civ. 23-1-2020 n° 18-19.589 F-D : RJDA 7/20 n° 356). En effet, le locataire n'est pas partie au contrat de vente, si bien que les stipulations de ce contrat ne lui sont pas opposables. Une telle clause permet néanmoins au vendeur poursuivi d'agir en garantie contre l'acquéreur.

88215 Le fait que l'ancien bailleur reste tenu de son obligation de prendre en charge les travaux qui étaient nécessaires alors qu'il était propriétaire ne dispense pas l'**acheteur** de toute obligation à cet égard. Il résulte en effet de l'article 1743 du Code civil que l'acquéreur de l'immeuble loué doit répondre, à compter du transfert de propriété, des obligations qui incombent au bailleur à l'égard du locataire. Il est donc tenu, notamment, d'une **obligation de délivrance** conforme. Si les travaux nécessaires n'ont pas été réalisés par le précédent propriétaire, le nouveau bailleur, lui-même tenu, à l'égard du locataire, d'une obligation de délivrance conforme, peut être condamné, in solidum avec l'ancien bailleur, à réaliser les travaux qui s'imposent pour le respect de cette obligation (Cass. 3e civ. 21-2-2019 n° 18-11.553 FS-PBI : RJDA 5/2019 n° 319).

C. Effets de la vente sur le renouvellement ou non-renouvellement du bail

1. RENOUVELLEMENT DU BAIL

DEMANDE DE RENOUVELLEMENT ÉMANANT DU LOCATAIRE

88280 En vertu de l'article L 145-10, al. 4 du Code de commerce, le **bailleur** dispose d'un **délai** de trois mois à compter de la notification de la demande pour faire connaître au locataire, par acte extrajudiciaire, sa décision de refuser le renouvellement, en précisant les motifs. À défaut d'avoir fait connaître ses intentions dans le délai de trois mois, le bailleur est réputé avoir accepté le principe du renouvellement du bail précédent (C. com. art. L 145-10, al. 4).

Il importe que le bailleur, destinataire d'une demande de renouvellement avant la vente, informe l'acquéreur dès lors que ce délai n'est **pas expiré.** L'acquéreur doit être en mesure de prendre position sur le sort du bail car il ne peut pas faire échec au renouvellement faute de réponse de l'ancien bailleur donné dans le délai, motif pris de son défaut de connaissance de la demande de renouvellement (pour un exemple, voir Cass. 3e civ. 7-9-2017 n° 16-17.174 FS-PB : RJDA 11/17 n° 702 rendu dans le cadre d'une vente par adjudication). Faute d'avoir informé l'acquéreur, le vendeur pourrait mettre en jeu sa responsabilité pour manquement à son obligation d'information (nos 18000 s.).

CONGÉ AVEC OFFRE DE RENOUVELLEMENT

Si le congé a été donné **par le propriétaire d'un local** avant que celui-ci ne soit vendu, le congé est valable et profite à l'acquéreur de l'immeuble (Cass. 3e civ. 15-3-1989 n° 87-20.226 : Bull. civ. III n° 63). **88310**

Lorsque le congé a été délivré par une **personne qui n'est plus propriétaire** des locaux, le congé est irrégulier mais cette irrégularité peut être couverte par des actes positifs du nouveau bailleur manifestant son intention d'exécuter le congé (Cass. 3e civ. 9-7-2014 n° 13-16.655 FS-PB : RJDA 12/14 n° 888). Par exemple, jugé que le nouveau propriétaire avait expressément entendu exécuter le congé délivré par l'ancien dès lors, d'une part, qu'il avait adressé, en qualité de bailleur, quatorze factures de paiement d'indemnités d'occupation au locataire à partir de la date d'expiration du bail alors qu'il avait adressé des factures de loyer sur la période antérieure et, d'autre part, qu'il avait convié le locataire à un rendez-vous d'état des lieux de sortie (même arrêt). **88315**

L'irrégularité peut également être couverte par l'intervention ultérieure du véritable propriétaire dans le cadre de la procédure : ainsi, en cas de congé notifié à la requête d'une personne qui n'était plus propriétaire des locaux, il a été jugé que l'intervention du nouveau propriétaire à l'instance en validation de congé couvrait la nullité du congé signifié, dès lors que la nullité des actes extrajudiciaires était régie par les dispositions qui gouvernent la nullité des actes de procédure (Cass. 3e civ. 19-12-1990 n° 89-13.402 : Bull. civ. III n° 271).

Lorsque, en cours de bail, la **propriété des locaux loués** a été **divisée entre** les mains de **propriétaires distincts,** le congé donné pour un lot est valablement délivré par l'acquéreur de ce lot (Cass. 3e civ. 4-5-2000 n° 98-18.108 FS-PB : RJDA 7-8/00 n° 749 ; Cass. 3e civ. 12-1-2005 n° 03-19.255 FS-PB : RJDA 4/05 n° 360) ; celui-ci n'est donc pas tenu d'obtenir le concours des acquéreurs des autres lots. **88320**

Sur l'opposabilité de la **promesse de renouvellement** au tiers acquéreur de l'immeuble, voir n° 87120. **88325**

2. CONGÉ AVEC OFFRE D'INDEMNITÉ D'ÉVICTION

DÉBITEUR DE L'INDEMNITÉ D'ÉVICTION

Indemnité d'éviction à la charge du vendeur Le congé donné par le bailleur vendeur avant la vente est valable et profite à l'acquéreur de l'immeuble (n° 88310). Pour autant, la vente de l'immeuble ne décharge pas le vendeur de payer l'indemnité d'éviction qui peut être due au locataire auquel il a délivré, avant la vente, un congé avec refus de renouvellement. La dette d'indemnité d'éviction a en effet un caractère personnel qui empêche qu'elle soit transférée à l'acquéreur en même temps que la propriété du bien immobilier loué (Cass. 3e civ. 27-10-1993 n° 91-18.859 : JCP E 1995 II n° 22390 note B. Boccara ; Cass. 3e civ. 30-5-2001 n° 00-10.111 FS-PB : Bull. civ. III n° 69). Le fait que le locataire ait payé les derniers loyers dus, puis restitué les clés au nouveau propriétaire, ou l'argument selon lequel l'acquéreur reste tenu des obligations du bail sont inopérants (Cass. 3e civ. 10-12-1997 : RJDA 2/98 n° 151 ; Cass. 3e civ. 15-12-1999 n° 98-13.029 et 98-15.988 : RJDA 3/00 n° 247 ; Cass. 3e civ. 13-9-2011 n° 10-18.241 F-D : RJDA 1/12 n° 18). **88370**

Le caractère personnel de la dette d'indemnité d'éviction met cependant l'acquéreur dans une situation paradoxale souvent relevée par la doctrine et la jurisprudence. En effet, alors qu'il n'est pas redevable de l'indemnité d'éviction, l'acquéreur doit subir le **droit au maintien dans les lieux du locataire** jusqu'au paiement de cette indemnité par le vendeur (Cass. 3e civ. 18-2-1998 n° 96-15.030 : RJDA 4/98 n° 397 ; Cass. 3e civ. 17-12-2003 n° 02-12.244 FS-D : RJDA 3/04 n° 283). **88380**

ILLUSTRATIONS

Dans un cas où les nouveaux propriétaires d'un immeuble acquis par adjudication en avaient interdit l'accès au locataire, créancier d'une indemnité d'éviction, dont le bail avait pris fin par l'effet d'un congé délivré par le précédent propriétaire, encourt la cassation d'arrêt qui, pour refuser de faire droit à la demande du locataire de faire cesser ce trouble illicite, estime notamment que le droit à l'occupation des lieux fondé sur l'article 20 du décret du 30 septembre 1953 (C. com. art. L 145-28) est devenu incertain dès lors que l'indemnité d'éviction due à la suite du congé donné par le précédent propriétaire est une dette personnelle à ce dernier qui ne se transmettait pas à l'acquéreur.

Cass. 3e civ. 18-2-1998 n° 96-15.030, précité.

> En cas d'acquisition d'un immeuble dans lequel est présent un locataire commercial qui se maintient dans les lieux dans l'attente du paiement d'une indemnité d'éviction, le nouveau propriétaire bailleur, auquel le droit au maintien dans les lieux est opposable, ne peut pas exiger de ce dernier qu'il fasse toutes diligences pour obtenir auprès de l'ancien propriétaire son indemnité d'éviction.
> *Cass. 3e civ. 13 juillet 2010 no 09-67.031 : RJDA 12/02 no 1241.*

88385 Les dispositions du statut garantissant au titulaire d'un bail commercial le droit au maintien dans les lieux n'interdisant pas au bailleur d'obtenir amiablement le **départ anticipé du locataire,** l'obligation pour le vendeur d'un immeuble partiellement occupé par une société titulaire d'un bail commercial de verser une indemnité de retard à défaut de livrer les lieux libres de toute occupation à une date antérieure à l'expiration du bail commercial n'a pas une cause illicite (désormais but illicite ; cf. C. civ. art. 1162) (Cass. 3e civ. 18-5-1994 no 92-19.238 P : RJDA 10/94 no 1009). Il s'agit là d'une application de l'effet relatif des contrats (C. civ. art. 1199) : l'acte de vente ne crée aucune obligation à la charge du locataire et ne le prive d'aucun droit pour la simple raison que l'engagement du vendeur ne lui est pas opposable.

88400 **Indemnité à la charge de l'acquéreur** Les parties au contrat de vente des lieux loués peuvent organiser entre elles la prise en charge par l'acquéreur de l'indemnité d'éviction.

La **clause stipulée dans l'acte de vente** d'un immeuble qui rappelle, d'une part, la délivrance par le vendeur d'un congé avec offre de renouvellement suivie d'une dénonciation de cette offre et, d'autre part, l'action intentée par le locataire pour obtenir une indemnité d'éviction et par laquelle l'acquéreur déclare faire son affaire personnelle et prendre en charge le paiement de l'indemnité d'éviction déchargeant le vendeur de toutes les conséquences financières s'analyse en une délégation imparfaite de paiement (désormais codifiée à l'art. 1338 du C. civ.) par laquelle le cédant (délégant) a transmis à l'acquéreur (délégué) la charge du paiement de l'indemnité d'éviction, ce qui autorise le locataire (délégataire) à réclamer le paiement de l'indemnité à l'acquéreur sans être tenu de s'adresser au vendeur (Cass. 3e civ. 5-3-2008 no 06-19.237 FS-PB : RJDA 5/08 no 498).

Encore faut-il que cet **accord** soit **clairement exprimé** (Cass. 3e civ. 7-1-2016 no 14-19.124 FS-D : AJDI 2016 p. 205). Tel n'est pas le cas dans le silence de l'acte de vente alors même que la promesse de vente stipulait que l'acquéreur serait subrogé dans tous les droits et actions du vendeur au titre des éventuelles procédures en cours à la date de signature de l'acte, dès lors que l'indemnité d'éviction s'analyse en une obligation du vendeur et non en un droit ou une action de celui-ci et que la procédure en fixation de l'indemnité d'éviction n'avait pas été introduite à la date de l'acte (Cass. 3e civ. 29-11-2005 no 04-17.723 F-D : AJDI 2006 p. 124).

Il a cependant pu être jugé qu'à partir de la publication de l'acte de vente, l'acquéreur était substitué au vendeur dans l'engagement de payer les indemnités et se trouvait ainsi redevable de l'indemnité d'éviction, le vendeur n'y étant tenu qu'en cas de défaillance de sa part (Cass. 3e civ. 2-12-1998 no 96-22.181 : Loyers et copr. 1999 comm. no 71). Mais il semble que cette décision ait été justifiée par la considération de l'accord passé entre vendeur et acquéreur aux termes duquel le vendeur, d'une part, s'était engagé à donner congé à ses locataires avant une date donnée et, d'autre part, avait subrogé l'acquéreur dans tous ses droits et actions à l'encontre des locataires.

88405 Le caractère personnel de la dette d'indemnité d'éviction a une autre incidence : le vendeur n'est déchargé du paiement de l'indemnité que si le **locataire** a donné expressément son **accord** au transfert de cette dette à l'acquéreur, soit dans le cadre d'une cession de dettes (C. civ. art. 1327), soit par l'effet d'une délégation parfaite (art. 1337).

88410 L'**annulation** ultérieure **de la vente** fait à nouveau peser la charge de l'indemnité sur le vendeur. La Cour de cassation a en effet jugé que la nullité de l'acte de vente d'un immeuble loué, aux termes duquel, d'une part, le vendeur avait accepté de donner congé sans offre de renouvellement à son locataire et, d'autre part, l'acquéreur s'était engagé à payer l'indemnité d'éviction, emporte le transfert de la charge de cette indemnisation sur le vendeur redevenu propriétaire, « le paiement de l'indemnité d'éviction au locataire commercial incombant au propriétaire » (Cass. 1e civ. 5-5-2004 no 00-22.902 FS-P : RJDA 8-9/04 no 964). Au cas particulier, la question posée était de savoir si le vendeur, redevenu propriétaire à la suite de l'annulation de la vente, devait rembourser à l'acquéreur le montant de l'indemnité d'éviction qu'il avait versée entre les mains du locataire, tiers au contrat de vente. À cette question, la Cour de cassation a répondu par l'affirmative, étendant ainsi la portée de l'effacement rétroactif du contrat annulé à des restitutions portant sur des obligations qui ne liaient pas les parties au contrat annulé.

DROIT D'EXERCER LE DROIT DE REPENTIR

Lorsque le bailleur a vendu l'immeuble après avoir délivré un congé sans offre de renouvellement, l'**acquéreur,** qui n'est pourtant pas redevable de l'indemnité d'éviction, est seul investi de la faculté d'exercer le droit de repentir. En effet, en tant que nouveau bailleur, il est le seul à pouvoir accorder le renouvellement du bail (dans le même sens, B. Boccara : JCP E 1995 I n° 448). **88450**

> **Précisions** Le repentir du bailleur ne peut être exercé qu'autant que le locataire n'a pas déjà loué ou acheté un autre immeuble en vue de sa réinstallation (C. com. art. L 145-58). Le mode d'administration de la **preuve** de l'**antériorité de l'acte de réinstallation du locataire** diffère selon que le bailleur est commerçant ou non. Lorsque le repentir est exercé par l'acquéreur des locaux non commerçant, même si le congé avec refus de renouvellement a été délivré par l'ancien bailleur commerçant, l'administration de la preuve relève des règles du Code civil (CA Paris 6-4-2011 n° 09/20464, ch. 5-3 : RJDA 2/12 n° 136). En effet, selon la cour, le fait que l'acquéreur soit subrogé dans les droits et actions de l'ancien bailleur commerçant pour le congé délivré et ses effets n'est pas de nature à lui conférer la qualité de commerçant.

3. AUTRES CONGÉS

CONGÉ EN VUE DE LA REPRISE DES LOCAUX POUR HABITER

En fin de bail, sous certaines conditions, le bailleur peut refuser le renouvellement pour les locaux d'habitation accessoires aux locaux commerciaux pour les habiter lui-même ou pour les faire habiter par son conjoint, ses ascendants, ses descendants ou ceux de son conjoint (C. com. art. L 145-22, al. 1 ; n°s 67810 s.). Compte tenu du caractère personnel d'un tel congé, l'acquéreur ne devrait pas pouvoir bénéficier du congé aux fins de reprise signifié par le vendeur (dans le même sens, J. Lafond, Juris-cl. notarial Fasc. 570). **88490**

Sur les conditions pour que le bailleur puisse bénéficier de ce droit de reprise après avoir acquis l'immeuble loué à titre onéreux, voir n° 67860.

CONGÉ POUR CONSTRUIRE OU RECONSTRUIRE

Sur la question de la validité du congé donné par le bailleur pour construire ou reconstruire (C. com. art. L 145-18, al. 1) lorsqu'il n'avait pas l'intention de reconstruire lui-même mais d'en laisser le soin à un acquéreur de son bien, voir n° 68335. **88510**

D. Résiliation ou annulation du bail

ACTION EN RÉSILIATION DU BAIL

L'acquéreur de locaux à usage commercial donnés à bail ne peut pas agir en résiliation du bail contre le locataire pour des **manquements antérieurs à la vente.** **88580**

Cette règle est toutefois **écartée dans les cas suivants** :

– l'acquéreur bénéficie d'une cession de créance ou d'une subrogation expresse de la part du cédant (Cass. 3e civ. 2-10-2002 n° 01-00.696 FS-PB : RJDA 12/02 n° 1241 ; Cass. 3e civ. 13-7-2010 n° 09-67.031 F-D : RJDA 12/10 n° 1139) ;

– les manquements du locataire antérieurs à la vente se sont poursuivis après celle-ci. Il en est ainsi en cas de construction édifiée sans l'autorisation du bailleur (Cass. 3e civ. 13-11-1979 n° 78-11.633 : Bull. civ. III n° 202), lorsque des sous-locations interdites par le bail ont persisté après sommation, sans que l'accord du nouveau propriétaire soit établi (Cass. 3e civ. 14-11-1970 n° 69-10.190 : Bull. civ. III n° 607) ou lorsque les manquements à l'interdiction de changer la disposition des lieux et de sous-louer se sont poursuivis après la vente (Cass. 3e civ. 12-4-1995 n° 92-21.446 D : RJDA 7/95 n° 823) ;

– l'acquéreur peut se prévaloir de l'effet acquis d'une clause résolutoire. En effet, la résiliation d'un bail en vertu d'une clause résolutoire intervenant de plein droit à l'expiration du délai visé dans le commandement (voir n° 73700), l'acquéreur de l'immeuble loué peut faire constater en justice cette résiliation intervenue avant l'acquisition (Cass. 3e civ. 19-3-1986 n° 84-11.396 : Bull. civ. III n° 32), sans même avoir à justifier d'une subrogation conventionnelle (Cass. 3e civ. 30-5-1990 n° 89-12.586 : Bull. civ. II n° 132).

ACTION EN ANNULATION DU BAIL

La nullité relative ne peut être demandée que par la partie que la loi entend protéger (C. civ. art. 1181, al. 1). Le droit d'invoquer un **vice du consentement** n'appartient donc en principe qu'à la partie qui a été victime du vice du consentement, l'autre cocontractant ne pouvant pas s'en prévaloir (Cass. 1e civ. 1-3-1988 : Bull. civ. I n° 56). En conséquence, l'acquéreur d'un immeuble loué ne peut pas engager une action en nullité du bail à raison du dol dont aurait été victime le précédent **88610** propriétaire et ce, même si l'acte de vente le subrogeait dans tous les droits et actions du vendeur à l'encontre du locataire pour des causes antérieures à la vente (Cass. 3e civ. 18-10-2005 n° 1117 F-PB : RJDA 4/06 n° 371).

E. Expulsion du locataire

88660 Si une **procédure** d'expulsion est **en cours** au moment du transfert de propriété, seul le vendeur est habilité à la poursuivre, sauf cession de créance au profit de l'acquéreur ou subrogation expresse dans les droits du vendeur (Cass. soc. 4-10-1962 : Bull. civ. IV n° 689, analysant comme une clause de subrogation expresse la clause d'un acte de vente énonçant que le vendeur deviendrait propriétaire de l'immeuble vendu à compter de la date de l'acte et qu'il devrait « faire son affaire personnelle » d'une demande d'expulsion pendante à l'encontre du locataire).

88665 En revanche, si la **décision d'expulsion** est passée en force de chose jugée **avant** que n'intervienne le **transfert de propriété,** l'acquéreur peut s'en prévaloir (CA Paris 15-2-1989 : D. 1989 IR p. 82).

Le locataire n'est pas fondé à s'opposer à la procédure d'expulsion entreprise par le nouveau propriétaire de l'immeuble en faisant valoir que son titre de propriété n'a pas été publié et ne lui est donc pas opposable. En effet, les règles de publicité foncière ne s'appliquent pas aux conflits survenus entre un nouveau propriétaire et un locataire (Cass. 3e civ. 4-5-2000 n° 98-20.136 : RJDA 7-8/00 n° 812), le locataire n'étant pas un tiers au sens au sens de l'article 30-1, al. 1 du décret 55-22 du 4 janvier 1955.

En cas d'**annulation de la décision d'expulsion,** même si le congé a été délivré par le vendeur avant le transfert de propriété, dès lors que c'est l'acquéreur qui a engagé la procédure en expulsion du locataire, l'action engagée par ce dernier aux fins d'obtenir réparation du préjudice résultant de son expulsion illégale doit être dirigée contre le nouveau propriétaire et non l'ancien (Cass. 3e civ. 11-1-2006 n° 04-20.791 : RJDA 4/06 n° 387).

CONSEIL

Si la décision d'expulsion n'est pas passée en force de chose jugée à la date de la vente, les parties ont intérêt à envisager dans l'acte de vente le cas où la décision serait infirmée et à prévoir quel sera le débiteur éventuel des indemnités à verser au locataire.

88670 L'acquéreur ne peut se prévaloir du **recours de la force publique** présenté par le vendeur avant la vente. S'il souhaite agir en responsabilité de l'État pour les préjudices qu'il subit depuis la cession, il lui appartient donc de désigner un huissier ou commissaire de justice afin de présenter une nouvelle réquisition en son nom du concours de la force publique (CE 19-10-2016 n° 383543).

TABLES DE CONCORDANCE

Décret 53-960 du 30 septembre 1953 – Code de commerce article ancien – article nouveau

88800

Décret	Code de commerce
art. 1er	L 145-1
art. 2	L 145-2
art. 3	L 145-3
art. 3-1	L 145-4
art. 3-2	L 145-5
art. 4	L 145-8
art. 5	L 145-9
art. 6	L 145-10
art. 6-1	L 145-11
art. 7	L 145-12
art. 8	L 145-14
art. 9	L 145-17
art. 10	L 145-18
art. 11	L 145-19
art. 12	L 145-20
art. 13	L 145-21
art. 14	L 145-22
art. 15	L 145-24
art. 16	L 145-25
art. 17	L 145-26
art. 19	L 145-27
art. 20, alinéas 1 et 2	L 145-28
art. 20, alinéas 3 et 4	L 145-29
art. 20, alinéas 5 et 6	L 145-30
art. 21	L 145-31
art. 22	L 145-32
art. 23	L 145-33
art. 23-1, alinéas 1 à 6	R 145-3
art. 23-1, alinéas 7 et 8	R 145-4
art. 23-2	R 145-5
art. 23-3	R 145-8
art. 23-4	R 145-6
art. 23-5	R 145-7
art. 23-6	L 145-34
art. 23-6-1	L 145-35
art. 23-7	R 145-9
art. 23-8	R 145-10
art. 23-9	R 145-11
art. 24	L 145-40
art. 25	L 145-41
art. 26, alinéa 1	L 145-37
art. 26, alinéas 2 et suivants	R 145-20
art. 27	L 145-38
art. 28, alinéa 1	L 145-39
art. 28, alinéas 2 et suivants	R 145-22
art. 29	R 145-23
art. 29-1, alinéas 1 à 4	R 145-24

Décret	Code de commerce
art. 29-1, alinéas 5 à 9	R 145-25
art. 29-1, alinéa 10	R 145-26
art. 29-2, alinéa 4	R 145-28
art. 29-2, alinéa 5	R 145-29
art. 29-2, alinéas 1 à 3	R 145-27
art. 30	R 145-21
art. 30-1, alinéas 1 à 4	R 145-30
art. 30-1, alinéas 5 à 7	R 145-31
art. 31	L 145-57
art. 32	L 145-58
art. 32-1	L 145-59
art. 33	L 145-60
art. 33-1	R 145-32
art. 33-2	R 145-33
art. 34	L 145-47
art. 34-1	L 145-48
art. 34-2	L 145-49
art. 34-3	L 145-50
art. 34-3-1	L 145-51
art. 34-4	L 145-52
art. 34-5	L 145-53
art. 34-6	L 145-54
art. 34-7	L 145-42
art. 34-8	L 145-55
art. 35	L 145-15
art. 35-1	L 145-16
art. 36	L 145-45
art. 37	L 145-46
art. 38, alinéas 1, 2 et 4	L 145-13
art. 38, alinéa 3	L 145-23
art. 38-1, alinéas 1 et 2	L 145-6
art. 38-1, alinéas 3 à 5	L 145-7
art. 38-2	L 145-4 L 145-51
art. 39	non repris
art. 45	non repris

Code de commerce – Décret 53-960 du 30 septembre 1953 article nouveau – article ancien

88805

Code de commerce	Décret
L 145-1	art. 1er
L 145-2	art. 2
L 145-3	art. 3
L 145-4	art. 3-1 art. 38-2
L 145-5	art. 3-2
L 145-6	art. 38-1, alinéas 1 et 2
L 145-7	art. 38-1, alinéas 3 à 5
L 145-8	art. 4
L 145-9	art. 5
L 145-10	art. 6
L 145-11	art. 6-1
L 145-12	art. 7
L 145-13	art. 38, alinéas 1, 2 et 4
L 145-14	art. 8

88805
(suite)

Code de commerce	Décret
L 145-15	art. 35
L 145-16	art. 35-1
L 145-17	art. 9
L 145-18	art. 10
L 145-19	art. 11
L 145-20	art. 12
L 145-21	art. 13
L 145-22	art. 14
L 145-23	art. 38, alinéa 3
L 145-24	art. 15
L 145-25	art. 16
L 145-26	art. 17
L 145-27	art. 19
L 145-28	art. 20, alinéas 1 et 2
L 145-29	art. 20, alinéas 3 et 4
L 145-30	art. 20, alinéas 5 et 6
L 145-31	art. 21
L 145-32	art. 22
L 145-33	art. 23
L 145-34	art. 23-6
L 145-35	art. 23-6-1
L 145-36	nouvel article
L 145-37	art. 26, alinéa 1
L 145-38	art. 27
L 145-39	art. 28, alinéa 1
L 145-40	art. 24
L 145-41	art. 25
L 145-42	art. 34-7
L 145-45	art. 36
L 145-46	art. 37
L 145-47	art. 34
L 145-48	art. 34-1
L 145-49	art. 34-2
L 145-50	art. 34-3
L 145-51	art. 34-3-1 art. 38-2
L 145-52	art. 34-4
L 145-53	art. 34-5
L 145-54	art. 34-6
L 145-55	art. 34-8
L 145-56	nouvel article
L 145-57	art. 31
L 145-58	art. 32
L 145-59	art. 32-1
L 145-60	art. 33
R 145-1	nouvel article
R 145-2	nouvel article
R 145-3	art. 23-1, alinéas 1 à 6
R 145-4	art. 23-1, alinéas 7 et 8
R 145-5	art. 23-2
R 145-8	art. 23-3
R 145-6	art. 23-4
R 145-7	art. 23-5
R 145-9	art. 23-7
R 145-10	art. 23-8
R 145-11	art. 23-9
R 145-20	art. 26, alinéas 2 et suivants
R 145-21	art. 30
R 145-22	art. 28, alinéas 2 et suivants

88805
(suite)

Code de commerce	Décret
R 145-24	art. 29-1, alinéas 1 à 4
R 145-25	art. 29-1, alinéas 5 à 9
R 145-26	art. 29-1, alinéa 10
R 145-27	art. 29-2, alinéas 1 à 3
R 145-28	art. 29-2, alinéa 4
R 145-29	art. 29-2, alinéa 5
R 145-30	art. 30-1, alinéas 1 à 4
R 145-31	art. 30-1, alinéas 5 à 7
R 145-32	art. 33-1
R 145-33	art. 33-2
non repris	art. 39
non repris	art. 45

Table alphabétique

Les chiffres renvoient aux paragraphes. La mention « s. » signifie que l'étude de la question se prolonge sur le ou les numéros suivants.

B

C

D

E

F

H

S

T

Y

Z

Achevé d'imprimer
mai 2025
Photocomposition
par MAURY IMPRIMEUR S.A.
45300 MANCHECOURT

Dépôt légal : Mai 2025

Certifié PEFC
Ce produit est issu de forêts gérées durablement et de sources contrôlées
PEFC
PEFC/04-31-0658
www.pefc.de

36893-734 (I) - PRL 50 g - MAU (LCO)
Achevé d´imprimer en mai 2025 sur les presses de C.H.BECK
Dépôt légal : mai 2025
Imprimé en Allemagne